BOÎTE NOIRE

# GUIDE VIDÉO + DVD 2002

FIDES

OUVRAGE RÉALISÉ SOUS LA DIRECTION DE
François Poitras

TEXTES ET CRITIQUES
ÉQUIPE MÉDIAFILM
Rédacteur en chef: Martin Girard
Rédacteur en chef adjoint: Louis-Paul Rioux
Comité de rédaction: Jean Beaulieu, André Caron, Carlo Mandolini et Johanne Larue
Autres textes: Robert-Claude Bérubé et Christian Depoorter

COMPILATION
Julie Gauthier et Dominique Chantraine

SÉLECTIONS
SOUS LA SUPERVISION DE MYRIAM AUBIN DÉCARY
Steve Bolduc, Marianne Bourdhouxe, Pascale Chamberland, Stéphane Courtois, Vincent Forget, Stéphan Larouche, Jacques Lizotte, Sébastien Maheux, Olivier Morissette, Juliette Poitras-Marzano, Vincent Poitras-Marzano, Mathieu St-Pierre, Nicolas Sylvestre, France Tourangeau

MISE EN PAGES
Folio infographie

DIRECTION ARTISTIQUE ET COUVERTURE
Gianni Caccia

ILLUSTRATION DE LA COUVERTURE
Hono Lulu

*Données de catalogage avant publication (Canada)*

Vedette principale au titre:
Guide vidéo et DVD 2002

Publié en collab. avec: La Boîte Noire.

ISSN 1495-9267
ISBN 2-7621-2310-0

1. Cinéma - Vidéos - Catalogues.
2. Vidéos - Catalogues.
3. DVD vidéo - Catalogues.
I. Boîte Noire (Association). II. Titre. III. Guide Vidéo. IV. Tout le cinéma du monde.

PN1992.95.T68 016.79145'72 C00-301893-8

Dépôt légal : 3e trimestre 2001
Bibliothèque nationale du Québec


Les Éditions Fides remercient le ministère du Patrimoine canadien du soutien qui leur est accordé dans le cadre du Programme d'aide au développement de l'industrie de l'édition. Les Éditions Fides remercient également le Conseil des Arts du Canada et la Société de développement des entreprises culturelles du Québec (SODEC). Les Éditions Fides bénéficient du Programme de crédit d'impôt pour l'édition de livres du Gouvernement du Québec, géré par la SODEC.

IMPRIMÉ AU CANADA

# SIGNES CONVENTIONNELS ET ABRÉVIATIONS

**APPRÉCIATION:**
(Cotes artistiques de MÉDIAFILM)
►1 - Chef-d'œuvre
►2 - Remarquable
▷3 - Très bon
▷4 - Bon
▷5 - Passable
▷6 - Médiocre
▷7 - Minable
▷0 - Non évalué

**VERSIONS:**
VO - Version originale
VF - Version doublée en français
VA - Version doublée en anglais
STF - Version originale sous-titrée en français
STA - Version originale sous-titrée en anglais
MT - Muet sans intertitres
ITF - Muet avec intertitres en français
ITA - Muet avec intertitres en anglais

**ÉDITIONS SPÉCIALES:**
LBX - «Letterbox» ou cadrage cinéma

**DISPONIBILITÉ DES TITRES:**
$ - Prix de vente indicatif
LS - Disponible pour la location seulement
PC - Prix de vente à confirmer

**CLASSEMENT DE LA RÉGIE DU CINÉMA:**
**Non classé** - Film non classé par la Régie
**Général** - Général
13+ - S'adresse à un public âgé de 13 ans et +
16+ - S'adresse à un public âgé de 16 ans et +
18+ - S'adresse à un public âgé de 18 ans et +
*Notes:*
**Déconseillé aux jeunes enfants - Enfants - Érotisme - Horreur - Langage vulgaire - Sexualité explicite - Violence**

**SECTION DVD:**
Cadrage :
W - « Widescreen » ou cadrage cinéma
P&S - « Pan & Scan » ou plein écran
16X9 - Optimisé pour téléviseur de format 16X9
Cotes *(appréciation de l'édition)*;
1 - Incontournable
2 - Excellent
3 - Correct
4 - Mauvais
Langues:
Alle - Allemand
Ang - Anglais
Ara - Arabe
Can - Cantonnais
Chi - Chinois
Coré - Coréen
Croa - Croate
Dan - Danois
Esp - Espagnol
Fin - Finnois
Fran - Français
Hin - Hindi
Ita - Italien
Jap - Japonais
Man - Mandarin
Néer - Néerlandais
Polo - Polonais
Port - Portugais
Rus - Russe
Thaï - Thaïlandais

**PAYS**
A.S. - Afrique du Sud
ALG. - Algérie
ALL. - Allemagne
ANG. - Angleterre
ARG. - Argentine
AUS. - Australie
AUT. - Autriche
BEL. - Belgique
BIR. - Birmanie
BOS. - Bosnie
BRÉ. - Brésil
BUL. - Bulgarie
BUR. - Burkina Faso
CAM. - Cameroun
CAMB. - Cambodge
CAN. - Canada
CHI. - Chine
COL. - Colombie
C.I. - Côte d'Ivoire
CUB. - Cuba
DAN. - Danemark
ÉCO. - Écosse (Royaume-Uni)
ÉGY. - Égypte
ESP. - Espagne
É.-U. - États-Unis
FIN. - Finlande
FR. - France
GRÈ. - Grèce
GUI. - Guinée
HOL. - Hollande
H. K. - Hong Kong
HON. - Hongrie
IND. - Inde
IRAN - Iran
IRL. - Irlande
ISL. - Islande
ITA. - Italie
JAM. - Jamaïque
JAP. - Japon
LIB. - Liban
LIBYE - Libye
LIECH. - Liechtenstein
LUX. - Luxembourg
MAC. - Macédoine
MAD. - Madagascar
MAR. - Maroc
MEX. - Mexique
NOR. - Norvège
N.-Z. - Nouvelle-Zélande
PÉR. - Pérou
POL. - Pologne
POR. - Portugal
QUÉ. - Québec
ROU. - Roumanie
RUS. - Russie et ex-URSS
SÉN. - Sénégal
SUÈ. - Suède
SUI. - Suisse
TAÏ. - Taïwan
TCH. - Tchécoslovaquie
TUN. - Tunisie
TUR. - Turquie
UKR. - Ukraine
URU. - Uruguay
VEN. - Vénézuela
VIÊT. - Viêtnam
YOU. - Yougoslavie
ZAÏ. - Zaïre
ZIM - Zimbabwe

**GOOD MORNING BABYLONE, VIETNAM ET SALAAM BOMBAY.**

**Ce guide 2002, nous vous le présentons avec**

- ❑ Frissons 2
- ❑ Ivresse au combat
- ❑ Le diable au corps
- ❑ La fièvre du samedi soir

**Une nouvelle édition à lire absolument**

- ❑ Une nuit d'été en ville
- ❑ 2 heures moins quart avant Jésus-Christ
- ❑ Un dimanche à la campagne
- ❑ Un 32 août sur terre

**Une bible, quoi ! Révisée en plus. Mais attention**

- ❑ Attache-moi
- ❑ La vérité si je mens
- ❑ Dieu vomit les tièdes
- ❑ La vie est un long fleuve tranquille

**Et surtout, qui que vous soyez**

- ❑ Alien
- ❑ La femme qui boit
- ❑ Alexandre le bienheureux
- ❑ Un homme et son péché
- ❑ Les bronzés en vacances

**Amusez-vous bien et**

- ❑ À l'année prochaine si tout va bien
- ❑ Adieu poulet
- ❑ Au revoir les enfants
- ❑ Adieu ma concubine
- ❑ Tchao pantin

# LES FILMS DE A À Z

**À BELLES DENTS** ▷6
ALL. 1966. Drame de Pierre GASPARD-HUIT avec Mireille Darc, Jacques Charrier et Peter Van Eyck. - Une ambitieuse parvient à la fortune mais non au bonheur.
VO→LS **Non classé**

**À BOUT DE COURSE**
Voir: RUNAWAY TRAIN

**À BOUT DE SOUFFLE** ►1
FR. 1959. Drame psychologique de Jean-Luc GODARD avec Jean-Paul Belmondo, Jean Seberg et Van Doude. - Un déserteur poursuivi par la police est dénoncé par sa maîtresse. - Film désinvolte réalisé à peu de frais. Œuvre marquante de la Nouvelle Vague. Grande virtuosité technique. Interprétation pleine d'aisance de J. P. Belmondo.
VO→LS STA→34,95$ **13 ans +**

**À CAUSE D'ELLE** ▷4
FR. 1993. Drame sentimental de Jean-Loup HUBERT avec Antoine Hubert, Olivia Munoz et Thérèse Liotard. - Alité à l'hôpital suite à un accident, un jeune cancre rattrape son retard scolaire grâce à l'aide d'une compagne dont il est secrètement amoureux.
VO→13,95$ **Général**

**À CHACUN SON DESTIN**
Voir: TO EACH HIS OWN

**À CHACUN SON ENFER** ▷4
FR. 1977. Drame policier d'André CAYATTE avec Annie Girardot, Stéphane Hillel et Bernard Fresson. - Une femme dont la fillette a été enlevée passe par de terribles épreuves.
VO→LS **Général**

**À CŒUR JOIE** ▷5
FR. 1966. Drame sentimental de Serge BOURGUIGNON avec Brigitte Bardot, Laurent Terzieff et Jean Rochefort. - Une femme mariée exerçant la profession de mannequin fait une fugue avec un ami de rencontre.
VO→LS **Général**

**À CŒUR PERDU**
Voir: TRUE ROMANCE

**À CŒUR VAILLANT**
Voir: WILD HEARTS CAN'T BE BROKEN

**À CONTRE SENS**
VOIR: BACKTRACK

**À CONTRE-COURANT**
Voir: ROWING THROUGH

**À CORPS PERDU** ▷3
QUÉ. 1988. Drame psychologique de Léa POOL avec Matthias Habich, Johanne-Marie Tremblay et Michel Voïta. - À son retour d'un éprouvant séjour en Amérique centrale, un photographe vit péniblement la rupture du ménage à trois où il trouvait son équilibre émotif. - Adaptation personnelle d'un roman d'Yves Navarre. Mise en scène assurée. Climat réussi de mélancolie et de détresse. Interprétation solide et nuancée.
STA→59,95$ VO→LS **13 ans +**

**À COUPS DE CROSSE** ▷5
ESP. 1983. Drame policier de Vincente ARANDA avec Fanny Cottençon, Bruno Cremer et Francisco Algora. - Une femme décide de se venger d'un policier qui lui a sauvagement brisé la mâchoire quelques années auparavant.
VO→LS **13 ans +**

**À COUPS DE MAGNUM**
Voir: MAGNUM FORCE

**À DEMAIN** ▷4
FR. 1992. Chronique de Didier MARTINY avec Laurent Lavergne, Jeanne Moreau et François Cluzet. - L'existence insouciante d'un jeune garçon qui vit au début des années 1960 dans un vaste appartement parisien avec les nombreux membres de sa famille.
VO→12,95$ **Général**

**À DOUBLE TRANCHANT**
Voir: JAGGED EDGE

**À GAUCHE EN SORTANT DE L'ASCENSEUR** ▷4
FR. 1988. Comédie d'Édouard MOLINARO avec Pierre Richard, Emmanuelle Béart et Richard Bohringer. - Pour être venu en aide à sa jolie voisine qui a oublié ses clés dans son appartement, un peintre se retrouve impliqué dans une série de quiproquos.
VO→LS **Général**

**À GILLIAN POUR SON 37e ANNIVERSAIRE**
Voir: TO GILLIAN ON HER 37TH BIRTHDAY

**À L'ATTAQUE PLEIN GAZ**
Voir: GUNG HO

**À L'EST D'ÉDEN**
Voir: EAST OF EDEN

**À L'OMBRE D'HOLLYWOOD** ▷4
QUÉ. 2000. Documentaire de Sylvie GROULX. - À l'heure de la mondialisation et de l'américanisation forcenée de la culture, des cinéastes européens, américains et québécois s'interrogent sur l'avenir du cinéma d'auteur.
VO→LS

**À L'OMBRE DE SHAWSHANK**
Voir: THE SHAWSHANK REDEMPTION

**À L'OUEST RIEN DE NOUVEAU**
Voir: ALL QUIET ON THE WESTERN FRONT

**À LA BELLE ÉTOILE** ▷5
FR. 1993. Comédie dramatique d'Antoine DESROSIÈRES avec Mathieu Demy, Julie Gayet et Aurélia Thierrée. - Un garçon de 17 ans s'emploie à draguer diverses jeunes femmes avec un bonheur inégal.
VO→18,95$ **Général**

**À LA CONQUÊTE D'AMY**
Voir: CHASING AMY

**À LA FOLIE** ▷5
FR. 1994. Drame psychologique de Diane KURYS avec Anne Parillaud, Béatrice Dalle et Patrick Aurignac. - Une jeune artiste peintre, qui vit depuis peu avec son amant, accueille sa sœur dont la présence finit par rouvrir de vieilles blessures.
VO→19,95$ STA→19,95$ **16 ans +**

**À LA MANIÈRE DE CARLITO**
Voir: CARLITO'S WAY

**À LA MODE (FAUSTO)** ▷5
FR. 1993. Comédie dramatique de Rémy DUCHEMIN avec Jean Yanne, Ken Higelin et François Hautesserre. - Les tribulations d'un orphelin optimiste qui fait fi de nombreuses brimades et finit par devenir un tailleur apprécié.
STA→18,95$ VO→18,95$ **Général**

**À LA PLACE DU CŒUR** ▷5
FR. 1998. Drame de mœurs de Robert GUÉDIGUIAN avec Laure Raoust, Ariane Ascaride et Alexandre Ogou. - À Marseille, les parents d'une adolescente s'emploient à disculper son fiancé de race noire, accusé de viol par un policier raciste.
VO→19,95$ **13 ans +**

**À LA POURSUITE D'OCTOBRE ROUGE**
Voir: THE HUNT FOR RED OCTOBER

**À LA POURSUITE DE BENJI**
Voir: BENJI, THE HUNTED

**À LA POURSUITE DU DIAMANT VERT**
Voir: ROMANCING THE STONE

**À LA POURSUITE DU SOLEIL**
Voir: SUNCHASER

**À LA RECHERCHE DE BOBBY FISCHER**
Voir: SEARCHING FOR BOBBY FISCHER

**À LA RECHERCHE DE GARBO**
Voir: GARBO TALKS

**À LA RECHERCHE DE M. GOODBAR**
Voir: LOOKING FOR MR. GOODBAR

**À LA VIE, À LA MORT**
Voir: PERMANENT RECORD

**À LA VIE, À LA MORT** ▷4
FR. 1995. Drame social de Robert GUEDIGUIAN avec Ariane Ascaride, Gérard Meylan et Jacques Boudet. - Les petites misères de plusieurs chômeurs qui finissent par vivre ensemble dans un petit cabaret miteux d'un faubourg de Marseille.
VO→LS **13 ans +**

**A MATTER OF LIFE AND DEATH**
Voir: STAIRWAY TO HEAVEN

**À MIAMI FAUT LE FAIRE**
Voir: CADDYSHACK

**À MORT L'ARBITRE** ▷5
FR. 1984. Drame de mœurs de Jean-Pierre MOCKY avec Michel Serrault, Eddy Mitchell et Carole Laure. - À la suite d'une décision controversée, les partisans d'une équipe de football entreprennent de faire un mauvais parti à l'arbitre du match.
VO→LS **13 ans +**

**À MORT LA MORT!** ▷4
FR. 1998. Comédie dramatique réalisée et interprétée par Romain GOUPIL avec Marianne Denicourt et Brigitte Catillon. - Ancien militant de gauche désabusé, un éditeur sur le déclin tente de garder sa fougue en accumulant les maîtresses.
VO→LS **Général - Déconseillé aux jeunes enfants**

**À NOS AMOURS** ▷3
FR. 1983. Drame psychologique réalisé et interprété par Maurice PIALAT avec Sandrine Bonnaire et Dominique Besnehard. - Les difficultés sentimentales et familiales d'une adolescente qui ne croit pas à l'amour. - Construction elliptique et un peu abrupte. Passages improvisés. Interprétation convaincante.
STA→LS **13 ans +**

**À NOUS LA LIBERTÉ** ▶2
FR. 1932. Comédie de René CLAIR avec Henri Marchand, Raymond Cordy et Paul Olivier. - Un pauvre diable devient l'employé d'un ancien camarade de prison. - Sujet fantaisiste et spirituel. Décors stylisés. Mise en scène fort adroite. Très bonne interprétation.
STA→49,95$ **Général**

**À NOUS LES GARÇONS** ▷5
FR. 1984. Comédie de mœurs de Michel LANG avec Sophie Carle, Valérie Allain et Roland Giraud. - Deux amies se partagent l'amour d'un sportif émérite alors que leurs parents vivent de leur côté des mésaventures conjugales.
VO→LS **13 ans +**

**À PREMIÈRE VUE**
Voir: AT FIRST SIGHT

**À PROPOS D'HENRY**
Voir: REGARDING HENRY

**À TABLE!**
Voir: BIG NIGHT

**À TOUT JAMAIS**
Voir: EVER AFTER: A CINDERELLA STORY

**À TOUT PRENDRE** ▷3
QUÉ. 1963. Drame psychologique réalisé et interprété par Claude JUTRA avec Johanne Harelle et Victor Désy. - La liaison d'un jeune homme de bonne famille avec un mannequin de race noire. - Du cinéma à la première personne. Mélange de rêve et de réalité. Recherche d'effets insolites. Réalisation rugueuse. Interprétation naturelle.
VO→24,95$ **13 ans +**

**À TOUTE ÉPREUVE**
Voir: BULLETPROOF

**À VENDRE** ▷4
FR. 1998. Drame psychologique de Laetitia MASSON avec Sandrine Kiberlain, Sergio Castellitto et Jean-François Stévenin. - Un cabaretier demande à un ami détective de retrouver une jeune femme au passé trouble qui a disparu le jour où ils devaient se marier.
VO→LS **16 ans +**

**À WONG FOO, MERCI POUR TOUT, JULIE NEWMAR**
Voir: TO WONG FOO, THANKS FOR EVERYTHING, JULIE NEWMAR

**ABANDON SHIP!** ▷4
E.-U. 1956. Drame de Richard SALE avec Tyrone Power, Mai Zetterling et Lloyd Nolan. - Après un naufrage, un officier décide de supprimer les blessés qui diminuent les chances de survie des autres rescapés.
VO→18,95$ **Général**

**ABBOTT & COSTELLO GO TO MARS** ▷6
É.-U. 1953. Comédie de Charles LAMONT avec Bud Abbott, Lou Costello et Mari Blanchard. - Deux compères mettent involontairement en marche une fusée interplanétaire.
VO→14,95$ **Général**

**ABBOTT & COSTELLO IN HOLLYWOOD** ▷5
É.-U. 1945. Comédie de S. Sylvan SIMON avec Bud Abbott, Lou Costello et Frances Rafferty. - Deux barbiers veulent devenir impresarios pour vedettes de cinéma.
VO→19,95$ **Général**

**ABBOTT & COSTELLO IN THE FOREIGN LEGION** ▷0
VO→14,95$

**ABBOTT & COSTELLO MEET DR. JEKYLL AND MR. HYDE** ▷5
É.-U. 1953. Comédie de Charles LAMONT avec Bud Abbott, Lou Costello et Boris Karloff. - Deux policiers sont à la poursuite d'un monstre qui terrorise Londres.
VO→14,95$ **Non classé**

**ABBOTT & COSTELLO MEET FRANKENSTEIN** ▷5
É.-U. 1948. Comédie de Charles BARTON avec Bud Abbott, Lou Costello et Bela Lugosi. - Deux amis ont maille à partir avec les personnages classiques des films d'horreur.
VO→14,95$ **Général**

**ABBOTT & COSTELLO MEET THE INVISIBLE MAN** ▷5
É.-U. 1951. Comédie de Charles LAMONT avec Bud Abbott, Lou Costello et Arthur Franz. - Deux détectives sont chargés de prouver l'innocence d'un boxeur accusé de meurtre.
VO→14,95$ **Général**

**ABBOTT & COSTELLO MEET THE KEYSTONE KOPS** ▷5
É.-U. 1955. Comédie de Charles LAMONT avec Bud Abbott, Lou Costello et Fred Clark. - Deux amis poursuivent en Californie un escroc qui les a trompés.
VO→14,95$ **Général**

**ABBOTT & COSTELLO MEET THE KILLER BORIS KARLOFF** ▷6
É.-U. 1949. Comédie de Charles BARTON avec Bud Abbott, Lou Costello et Boris Karloff. - Le personnel d'un hôtel tente de faire accuser un naïf d'un meurtre.
VO→14,95$ **Général**

**ABBOTT & COSTELLO MEET THE MUMMY** ▷5
É.-U. 1955. Comédie de Charles LAMONT avec Bud Abbott, Lou Costello et Marie Windsor. - En Égypte, deux compagnons de déveine sont aux prises avec une momie ressuscitée.
VO→14,95$ **Général**

**ABC CONTRE HERCULE POIROT**
Voir: THE ALPHABET MURDERS

**ABDUCTORS, THE** ▷0
É.-U. 1972, Don SCHAIN
VO→27,95$ **18 ans +**

**ABE LINCOLN IN ILLINOIS** ▷5
É.-U. 1940. Drame biographique de John CROMWELL avec Raymond Massey, Ruth Gordon et Mary Howard. - La jeunesse et l'âge mûr du célèbre président des États-Unis.
VO→LS **Général**

**ABIGAIL'S PARTY** ▷0
VO→29,95$ **Général**

**ABILENE TOWN** ▷4
É.-U. 1945. Western d'Edwin L. MARIN avec Randolph Scott, Ann Dvorak et Edgar Buchanan. - Des éleveurs de bétail s'opposent à l'établissement de fermiers dans leur région.
VO→PC **Non classé**

**ABOMINABLE DR. PHIBES, THE** ▷5
ANG. 1971. Drame d'horreur de Robert FUEST avec Vincent Price, Joseph Cotten et Peter Jeffrey. - Un détraqué décide de se venger des chirurgiens responsables d'une opération au cours de laquelle est morte sa femme.
VO→11,95$ **13 ans +**

**ABOMINABLE SNOWMAN, THE** ▷4
ANG. 1957. Aventures de Val GUEST avec Forrest Tucker, Peter Cushing et Maureen Connell. - Une expédition poursuit un monstre dans l'Himalaya.
LBX→14,95$ **Général**

**ABOUT LAST NIGHT...** ▷5
É.-U. 1986. Comédie sentimentale de Edward ZWICK avec Rob Lowe, Demi Moore et James Belushi. - Un jeune représentant de commerce court les aventures éphémères jusqu'au soir où il rencontre une graphiste avec qui il décide de vivre.
VO→14,95$ VF→14,95$ **13 ans +**

**ABOVE AND BEYOND** ▷5
É.-U. 1952. Drame de guerre de Melvin FRANK et Norman PANAMA avec Robert Taylor, Eleanor Parker et James Whitmore. - Les tribulations de l'aviateur américain chargé d'entraîner l'équipage qui devra lancer la première bombe atomique sur le Japon.
VO→18,95$ **Général**

**ABOVE SUSPICION** ▷5
É.-U. 1943. Drame d'espionnage de Richard THORPE avec Joan Crawford, Fred MacMurray et Basil Rathbone. - Un couple américain en voyage de noces en France en 1939 est mêlé à une affaire d'espionnage.
VO→18,95$ **Général**

**ABOVE THE LAW** ▷6
É.-U. 1988. Drame policier d'Andrew DAVIS avec Steven Seagal, Pam Grier et Henry Silva. - Un policier de Chicago apprend qu'un de ses supérieurs s'est lancé, durant la guerre du Viêt-nam, dans la vente de drogues.
VF→12,95$ **18 ans +**

**ABOVE THE RIM** ▷5
É.-U. 1994. Drame psychologique de Jeff POLLACK avec Duane Martin, Leon et Tupac Shakur. - Un vétéran du basket-ball prête main forte à un jeune joueur lors d'une compétition décisive.
VF→13,95$ **13 ans +**

**ABRACADABRA** ▷5
BEL. 1992. Drame de mœurs de Harry CLEVEN avec Philippe Volter, Clémentine Célarié et Thierry Frémont. - Alors qu'il bénéficie d'un week-end de liberté provisoire, un détenu se laisse entraîner par son frère à commettre un vol.
VO→26,95$ **Général**

**ABRACADABRA**
Voir: HOCUS POCUS

**ABRAHAM LINCOLN** ▷0
É.-U. 1930, D.W. GRIFFITH
VO→17,95$

**ABSENCE OF MALICE** ▷4
É.-U. 1981. Drame social de Sydney POLLACK avec Paul Newman, Sally Field et Bob Balaban. - Manipulée à son insu par un enquêteur fédéral, une journaliste écrit des articles qui ont des conséquences néfastes.
VF→14,95$ VO→13,95$ LBX-DVD→36,95$

**ABSENT-MINDED PROFESSOR, THE** ▷4
É.-U. 1961. Comédie fantaisiste de Robert STEVENSON avec Fred MacMurray, Nancy Olson et Keenan Wynn. - Un professeur de chimie original et distrait met au point une substance qui déjoue les lois de la gravité.
VO→18,95$ VF→19,95$ **Général**

**ABSOLOM 2022**
Voir: NO ESCAPE

**ABSOLUTE BEGINNERS** ▷5
ANG. 1986. Comédie musicale de Julien TEMPLE avec Eddie O'Connell, Patsy Kensit et James Fox. - À Londres dans les années 1950, un jeune photographe est amoureux d'une dessinatrice de mode qui lui préfère un célèbre modeliste.
VF→LS VO **Général**

**ABSOLUTE POWER** ▷5
É.-U. 1996. Drame policier réalisé et interprété par Clint EASTWOOD avec Gene Hackman et Ed Harris. - Un cambrioleur est témoin du meurtre de la femme d'un milliardaire par les hommes du président des États-Unis.
VO→18,95$ LBX→19,95$ VF→14,95$
LBX-DVD→29,95$ **13 ans +**

**ABSOLUTION, THE** ▷0
IND. 1994, K. Bikram SINGH
STA→26,95$ **Général**

**ABYSS, THE** ▷4
É.-U. 1989. Science-fiction de James CAMERON avec Ed Harris, Mary Elizabeth Mastrantonio et Michael Biehn. - L'équipage d'un sous-marin nucléaire, écrasé au fond de l'océan près d'un gouffre, découvre la présence d'entités étranges.
VF→11,95$ **Général**

**ACADIE, L'ACADIE, L'** ▷3
CAN. 1970. Documentaire de Pierre PERRAULT et Michel BRAULT. - En février 1968, les étudiants de l'Université de Moncton, au Nouveau-Brunswick, organisent une marche sur l'hôtel de ville pour réclamer le respect du bilinguisme. - Montage habilement concerté. Exemple type de cinéma pris sur le vif. Atmosphère bien rendue.
VO→LS **Général**

**ACCATTONE!** ▷3
ITA. 1962. Drame social de Pier Paolo PASOLINI avec Franco Citti, Franca Pasut et Silvana Corsini. - La vie misérable d'un souteneur dans un quartier de la banlieue romaine. - Portrait vigoureux d'un milieu démuni. Photographie de qualité. Habile direction d'acteurs non professionnels.
STA→44,95$ **Général**

**ACCÈS: INTERDIT**
Voir: THE NET

**ACCIDENT** ▷3
ANG. 1967. Drame psychologique de Joseph LOSEY avec Dirk Bogarde, Jacqueline Sassard et Stanley Baker. - Un tuteur d'Oxford jalouse les succès d'un confrère et se sent attiré par une étudiante étrangère. - Subtile analyse d'états d'âme. Mise en scène intelligente. Interprétation remarquablement juste.
VF→LS **13 ans +**

**ACCIDENTAL TOURIST, THE** ▷4
É.-U. 1988. Comédie dramatique de Lawrence KASDAN avec William Hurt, Kathleen Turner et Geena Davis. - Après que sa femme l'a quitté, un auteur de guides de voyages rencontre une dresseuse de chiens qui lui apprend à s'ouvrir à la vie.
VF→14,95$ VO→14,95$ **Général**

**ACCOMPAGNATRICE, L'** ▷4
FR. 1992. Drame de Claude MILLER avec Romane Bohringer, Elena Safonova et Richard Bohringer. - Durant l'hiver 1942-1943, une jeune pianiste devient l'accompagnatrice d'une cantatrice qui évolue dans un monde fait de menues intrigues.
STA→LS VO→LS **Général**

**ACCORDS ET DÉSACCORDS**
Voir: SWEET AND LOWDOWN

**ACCUSED, THE** ▷4
É.-U. 1988. Drame judiciaire de Jonathan KAPLAN avec Jodie Foster, Kelly McGillis et Bernie Carlson. - Une avocate se charge de défendre une jeune fille qui s'est fait violer par trois hommes dans un bar sous les encouragements des autres consommateurs.
VO→14,95$ VF→LS **13 ans +**

**ACE HIGH** ▷0
ITA. 1969, Giuseppe COLIZZI
VA→11,95$ **13 ans +**

**ACE VENTURA MÈNE L'ENQUÊTE**
Voir: ACE VENTURA: PET DETECTIVE

**ACE VENTURA: L'APPEL DE LA NATURE**
Voir: ACE VENTURA: WHEN NATURE CALLS

**ACE VENTURA: PET DETECTIVE** ▷5
É.-U. 1993. Comédie policière de Tom SHADYAC avec Jim Carrey, Sean Young et Courteney Cox. - Un jeune détective fantasque enquête sur la disparition d'un dauphin qui sert de mascotte à une équipe de football.
VF→11,95$ VO→12,95$ **Général**

**ACE VENTURA: WHEN NATURE CALLS** ▷5
É.-U. 1995. Comédie de Steve OEDEKERK avec Jim Carrey, Ian McNeice et Simon Callow. - Un détective facétieux part à la recherche d'une chauve-souris sacrée qui a été volée à une tribu africaine.
VF→11,95$ VO→11,95$ **Général**

**ACID HOUSE, THE** ▷0
ANG. 1998, Paul MCGUIGAN
LBX→LS

**ACROBATE, L'** ▷5
FR. 1975. Comédie de mœurs de Jean-Daniel POLLET avec Claude Melki, Laurence Bru et Guy Marchand. - Un jeune homme timide participe à un concours de danse.
VO→LS **Général**

**ACROSS 110th STREET** ▷4
É.-U. 1972. Drame policier de Barry SHEAR avec Anthony Quinn, Yaphet Kotto et Anthony Franciosa. - Dans le quartier de Harlem, à New York, des criminels de race noire entrent en lutte avec des représentants de la mafia.
VO→14,95$ **16 ans + Violence**

**ACROSS THE PACIFIC** ▷4
É-U. 1942. Drame d'espionnage de John HUSTON avec Humphrey Bogart, Mary Astor et Sydney Greenstreet. - Un officier américain empêche des agents du Japon de détruire le canal de Panama.
VO→19,95$ **Général**

**ACROSS THE WIDE MISSOURI** ▷4
É.-U. 1951. Western de William A. WELLMAN avec Clark Gable, Ricardo Montalban et Adolphe Menjou. - Un trappeur écossais épouse une jeune Indienne et devient le chef des Pieds Noirs.
VO→18,95$ **Général**

**ACTION AU CIVIL, UNE**
Voir: A CIVIL ACTION

**ACTION IN ARABIA** ▷5
É.-U. 1944. Drame d'espionnage de Leonide MOGUY avec George Sanders, Virginia Bruce et Lenore Aubert. - À Damas, en 1941, un journaliste américain entre en lutte avec des espions allemands.
VO→LS **Général**

**ACTION IN THE NORTH ATLANTIC** ▷4
É.-U. 1943. Drame de guerre de Lloyd BACON avec Humphrey Bogart, Raymond Massey et Alan Hale. - Le voyage difficile d'un convoi transportant du matériel de guerre en Russie.
VO→19,95$ **Général**

**ACTION: THE OCTOBER CRISIS OF 1970** ▷4
CAN. 1974. Documentaire de Robin SPRY. - Réunion, dans un ordre chronologique strict, d'un certain nombre de documents d'actualité relatifs à la crise d'octobre 1970.
VF→19,95$ VO→19,95$ **Général**

**ACTRICES** ▷4
ESP. 1996. Drame psychologique de Ventura PONS avec Nuria Espert, Anna Lizaran et Rosa Maria Sarda. - Une étudiante en théâtre écoute trois actrices évoquer leurs souvenirs d'une célèbre vedette de la scène.
STF→26,95$ **Général**

**ADAM HAD FOUR SONS** ▷4
É.-U. 1941. Comédie dramatique de Gregory RATOFF avec Warner Baxter, Ingrid Bergman et Susan Hayward. - Une jeune Française engagée comme gouvernante dans une famille américaine y travaille au bonheur de tous.
VO→18,95$

**ADAM'S RIB**
Voir: LA CÔTE D'ADAM

**ADAM'S RIB** ▷3
É.-U. 1949. Comédie de George CUKOR avec Spencer Tracy, Katharine Hepburn et Judy Holliday. - Un procureur général et sa femme avocate s'affrontent professionnellement à l'occasion d'un procès. - Touches satiriques efficaces. Rythme souple et vivant. Réalisation de qualité. Interprétation de premier ordre.
VO→14,95$ DVD→21,95$ **Général**

**ADDAMS FAMILY VALUES, THE** ▷4
É.-U. 1993. Comédie fantaisiste de Barry SONNENFELD avec Anjelica Huston, Raul Julia et Christopher Lloyd. - Engagée comme gouvernante par une étrange famille, une meurtrière projette de séduire le frère de son patron afin de s'emparer de sa fortune.
VF→11,95$ VO→11,95$ LBX-DVD→32,95$ **13 ans +**

**ADDAMS FAMILY, THE** ▷4
É.-U. 1991. Comédie fantaisiste de Barry SONNENFELD avec Anjelica Huston, Raul Julia et Christopher Lloyd. - Des escrocs tentent d'usurper l'immense fortune d'une famille d'excentriques qui cultivent le goût du macabre.
VF→LS VO→11,95$ LBX-DVD→32,95$ **13 ans +**

**ADDICTED TO LOVE** ▷5
É.-U. 1997. Comédie sentimentale de Griffin DUNNE avec Meg Ryan, Matthew Broderick et Kelly Preston. - Deux éconduits en amour s'ingénient à semer le trouble dans le couple formé par leurs anciens partenaires respectifs.
VF→PC VO→PC LBX-DVD→PC Général

**ADDICTION, THE** ▷0
É.-U. 1995, Abel FERRARA
VO→14,95$ 13 ans +

**ADDITION, L'** ▷4
FR. 1984. Drame policier de Denis AMAR avec Richard Berry, Richard Bohringer et Victoria Abril. - Incarcéré pour un délit mineur, un jeune acteur est en butte à la haine d'un gardien.
VO→LS 13 ans +

**ADHÉMAR (OU LE JOUET DE LA FATALITÉ)** ▷5
FR. 1950. Comédie réalisée et interprétée par FERNANDEL avec Fernandel, Andrex et Arnaudy. - Un homme laid qui fait rire tout le monde est admis dans un hospice pour disgraciés de la nature.
VO→LS Général

**ADIEU AU ROI, L'**
Voir: FAREWELL TO THE KING

**ADIEU AUX ARMES, L'**
Voir: A FAREWELL TO ARMS

**ADIEU BONAPARTE** ▷4
ÉGY. 1985. Drame historique de Youssef CHAHINE avec Michel Piccoli, Mohsen Mohieddine et Patrice Chéreau. - Pendant la campagne d'Égypte de 1798, un général ethnologue se fait aider par des jeunes gens du pays.
VO→LS Général

**ADIEU LAS VEGAS**
Voir: LEAVING LAS VEGAS

**ADIEU MA CONCUBINE** ►2
CHI. 1993. Chronique de Chen KAIGE avec Leslie Cheung, Zhang Fengyi et Gong Li. - L'amitié entre deux chanteurs d'opéra traverse les années malgré bien des épreuves. - Œuvre à la fois épique et intimiste. Évocation critique de l'histoire contemporaine chinoise. Grande magnificence picturale. Présence impressionnante des acteurs.
STA→17,95$ VF→12,95$ 13 ans +

**ADIEU MA JOLIE**
Voir: FAREWELL MY LOVELY

**ADIEU POULET** ▷5
FR. 1975. Drame policier de Pierre GRANIER-DEFERRE avec Lino Ventura, Patrick Dewaere et Victor Lanoux. - À la suite du meurtre d'un collègue, un policier cherche à incriminer un politicien.
STA→LS Général

**ADIEU, JE RESTE**
Voir: THE GOODBYE GIRL

**ADIEU, JE T'AIME** ▷6
FR. 1987. Drame de mœurs de Claude BERNARD-AUBERT avec Marie-Christine Barrault, Bruno Cremer et Stéphane Bonnet. - La vie paisible d'un couple est perturbée lorsque le mari s'engage dans une liaison amoureuse avec un jeune informaticien.
VO→LS 13 ans +

**ADJUSTER, THE** ▷3
CAN. 1991. Drame de mœurs de Atom EGOYAN avec Elias Koteas, Arsinée Khanjian et Maury Chaykin. - Un agent d'assurances, marié et père de famille, entretient d'étranges relations intimes avec certains de ses clients. - Récit parfois déconcertant sur l'aliénation sociale. Atmosphère oppressante. Réalisation rigoureuse. Interprétation dans le ton voulu.
VO→14,95 VF→14,95 18 ans +

**ADOPTION** ▷3
HON. 1974. Drame psychologique de Marta MESZAROS avec Kati Berek, Gyongyver Vigh et Laszlo Szabo. - Une veuve dans la quarantaine qui se désole de ne pas avoir d'enfant favorise les amours d'une adolescente. - Chronique intimiste à la fois sobre et sensible. Mise en scène souple. Interprétation remarquable de naturel.
STA→99,95$ Général

**ADORABLE VOISINE**
Voir: BELL, BOOK AND CANDLE

**ADOS**
Voir: KIDS

**ADRÉNALINE** ▷4
FR. 1990. Film à sketches de Yann PIQUER, Jean-Marie MADDEDDU, Anita ASSAL, John HUDSON, Barthélémy BOMPARD, Philippe DORISON et Alain ROBAK avec Jean-Marie Maddeddu, Clémentine Célarié et Ged Marlon. - Collection de courts récits marqués de fantastique et d'humour noir.
VO→LS 13 ans +

**ADULTÈRE (MODE D'EMPLOI)** ▷5
FR. 1995. Comédie de mœurs de Christine PASCAL avec Karin Viard, Vincent Cassel et Richard Berry. - En une même journée, deux jeunes époux vivent chacun une aventure adultère.
VO→18,95$ 13 ans + Érotisme

**ADULTES CONSENTANTS**
Voir: CONSENTING ADULTS

**ADVENTURE** ▷5
É.-U. 1945. Comédie dramatique de Victor FLEMING avec Clark Gable, Greer Garson et Thomas Mitchell. - De passage à San Francisco, un marin épouse une jolie bibliothécaire et repart en mer trois jours après son mariage.
VO→18,95$ Général

**ADVENTURE OF SHERLOCK HOLMES' SMARTER BROTHER, THE** ▷4
É.-U. 1975. Comédie policière réalisée et interprétée par Gene WILDER avec Madeline Kahn et Marty Feldman. - Le célèbre détective anglais confie une affaire importante à son jeune frère.
VF→LS Général

**ADVENTURER, THE** ▷0
H. K. 1995, Ringo LAM 1995
STA→LS 13 ans + Violence

**ADVENTURES OF BARON MUNCHAUSEN, THE** ▷3
ANG. 1988. Comédie fantaisiste de Terry GILLIAM avec John Neville, Sarah Polley et Eric Idle. - Un étrange personnage se targue de pouvoir libérer une ville assiégée par les Turcs s'il retrouve ses quatre anciens compagnons. - Munificente évocation d'un personnage fantastique. Scènes joyeusement extravagantes somptueusement illustrées. Rythme enlevé. Interprétation savoureuse.
VF→14,95$ VO→14,95$ Général

**ADVENTURES OF BUCKAROO BANZAI ACROSS THE 8th DIMENSION, THE** ▷4
É.-U. 1984. Science-fiction de W.D. RICHTER avec Peter Weller, John Lithgow et Ellen Barkin. - Un héros aux multiples talents réussit à pénétrer la matière et découvre l'existence d'une huitième dimension peuplée d'êtres étrangers.
VO→LS 13 ans +

**ADVENTURES OF DON JUAN, THE** ▷5
É.-U. 1949. Aventures de Vincent SHERMAN avec Errol Flynn, Viveca Lindfors et Robert Douglas. - Don Juan met son épée au service de la reine d'Espagne.
VO→19,95$ Général

**ADVENTURES OF HUCK FINN, THE** ▷4
É.-U. 1992. Aventures de Stephen SOMMERS avec Elijah Wood, Courtney B. Vance et Robbie Clotrane. - Un jeune orphelin espiègle et téméraire et un esclave noir en fuite vivent ensemble diverses aventures.
VF→9,95$ Général

**ADVENTURES OF HUCKLEBERRY FINN, THE** ▷4
É.-U. 1960, Michael CURTIZ
VO→14,95$ Général

**ADVENTURES OF HUCKLEBERRY FINN, THE** ▷4
É.-U. 1939. Aventures de Richard THORPE avec Mickey Rooney, Rex Ingram et William Frawley. - Un adolescent en fuite descend le Mississippi sur un radeau en compagnie d'un esclave noir.
VO→18,95$ Général

**ADVENTURES OF ICHABOD AND MR. TOAD, THE** ▷4
É.-U. 1949. Dessins animés de James Algar et Clyde Geronimi. - Deux histoires mettant en scène un crapaud voulant posséder une automobile et un instituteur qui courtise la fille d'un fermier.
VF→21,95$ VO→21,95$

**ADVENTURES OF MARCO POLO, THE** ▷4
É.-U. 1938. Aventures de Archie MAYO avec Gary Cooper, Sigrid Curie et Basil Rathbone. - Au XIIIe siècle, un jeune Vénitien se rend jusqu'en Chine et y découvre une civilisation raffinée.
VO→LS Général

**ADVENTURES OF MILO & OTIS, THE** ▷4
JAP. 1986. Conte de Masanori HATA. - Un chiot part à la recherche d'un chaton qui a été emporté par le courant d'un ruisseau vers une région sauvage.
VA→13,95$ Général

**ADVENTURES OF PINOCCHIO, THE** ▷4
É.-U. 1996. Conte de Steve BARRON avec Martin Landau, Geneviève Bujold et Udo Kier. - Un vieux sculpteur fabrique un pantin de bois qui s'anime par magie.
VF→12,95$ VO→19,95$ Général Enfants

**ADVENTURES OF PRISCILLA, QUEEN OF THE DESERT, THE** ▷4
AUS. 1994. Comédie de mœurs de Stephan ELLIOTT avec Terence Stamp, Hugo Weaving et Guy Pearce. - Un transsexuel et deux travestis s'en vont donner un spectacle de variétés dans une ville située en plein désert.
VF→14,95$ VO→14,95$ VF→14,95$
LBX-DVD→21,95$ 13 ans +

**ADVENTURES OF ROBIN HOOD, THE** ▷3
É.-U. 1938. Aventures de Michael CURTIZ et William KEIGHLEY avec Errol Flynn, Olivia de Havilland et Basil Rathbone. - Robin des Bois prend la défense des paysans opprimés par un prince cruel. - Bonne transposition de la légende célèbre. Mise en scène spectaculaire et mouvementée. Excellente interprétation.
VF→19,95$ VO→19,95$ Général

**ADVENTURES OF ROCKY AND BULWINKLE, THE** ▷4
É.-U. 2000. Comédie fantaisiste de Des McAnuff avec Piper Perabo, Rene Russo et Jason Alexander. - Le FBI recrute deux héros de dessins animés pour lutter contre un trio de criminels.
Général

**ADVENTURES OF SHERLOCK HOLMES, THE** ▷4
É.-U. 1939. Drame policier de Alfred L. WERKER avec Basil Rathbone, Nigel Bruce et Ida Lupino. - Sherlock Holmes découvre le voleur des diamants de la couronne britannique.
VO→LS Général

**ADVISE AND CONSENT** ▷4
É.-U. 1962. Drame de Otto PREMINGER avec Walter Pidgeon, Charles Laughton et Don Murray. - Les manœuvres politiques entourant la nomination d'un nouveau secrétaire d'État.
LBX→19,95$ Général

**ADVOCATE, THE** ▷5
ANG. 1994. Drame judiciaire de Leslie MEGAHEY avec Colin Firth, Amina Annabi et Jim Carter. - Au Moyen Âge, un jeune avocat quitte Paris pour s'installer dans une petite ville de campagne où il se voit confier par la cour locale des cas insuités.
VF→11,95$ VO→18,95$ 13 ans + Érotisme

**AELITA: QUEEN OF MARS** ▷4
RUS. 1924. Science-fiction de Yakov PROTAZANOV avec Nicolai Batalov, Yulia Solntseva et Iogr Ilinsky. - Un savant réussit à se rendre sur Mars où une classe privilégiée règne sur un peuple d'esclaves.
ITA→41,95$ ITA-DVD→PC Général

**AFFAIR IN TRINIDAD** ▷6
É.-U. 1952. Drame policier de Vincent SHERMAN avec Rita Hayworth, Glenn Ford et Alexander Scourby. - Une veuve collabore à l'enquête sur la mort de son mari.
VO→19,95$ Non classé

**AFFAIR TO REMEMBER, AN** ▷4
É.-U. 1957. Comédie sentimentale de Leo McCAREY avec Cary Grant, Deborah Kerr et Richard Denning. - Sur un bateau, deux voyageurs frivoles s'éprennent l'un de l'autre et se donnent rendez-vous à New York.
VO→15,95$ VF→16,95$ LBX-DVD→22,95$ Général

**AFFAIRE ALDO MORO, L'** ▷4
ITA. 1986. Drame politique de Giuseppe FERRARA avec Gian Maria Volontè, Margarita Lozano et Mattia Sbragia. - Évocation de l'enlèvement à Rome en 1978 du leader du Parti démocrate chrétien d'Italie par les Brigades rouges.
VF→LS Général

**AFFAIRE CHRISTIE, L'**
Voir: 10 RILLINGTON PLACE

**AFFAIRE COFFIN, L'** ▷4
QUÉ. 1980. Drame social de Jean-Claude LABRECQUE avec August Schellenberg, Yvon Dufour et Micheline Lanctôt. - Rappel d'un procès pour meurtre ayant défrayé la chronique judiciaire québécoise en 1953.
VO→LS Général

**AFFAIRE D'HOMMES, UNE** ▷4
FR. 1981. Drame policier de Nicolas RIBOWSKI avec Claude Brasseur, Jean-Louis Trintignant et Patrice Kerbrat. - Un policier s'efforce de disculper un ami accusé de meurtre.
VO→LS Général

**AFFAIRE DE CŒUR, UNE** ▷3
YOU. 1967. Drame de Dusan MAKAVEJEV avec Eva Ras, Slobodan Aligradic et Ruzica Sokic. - Une opératrice de téléphone a une liaison avec un inspecteur sanitaire. - Montage complexe et inventif. Amalgame curieux d'observation sociale et de satire. Passages audacieux.
STA→LS 18 ans +

**AFFAIRE DE FAMILLE**
Voir: FAMILY BUSINESS

**AFFAIRE DE FEMMES, UNE** ►2
FR. 1988. Drame social de Claude CHABROL avec Isabelle Huppert, François Cluzet et Marie Trintignant. - Sous l'Occupation, un homme qui revient de captivité accepte mal la situation de sa femme qui s'est procurée une modeste aisance en pratiquant des avortements. - Récit basé sur un fait réel. Explorations fictives sur les plans psychologique et sociologique. Construction rigoureuse. Interprétation pleine de justesse.
STA→LS 13 ans +

**AFFAIRE DE GOÛT, UNE** ▷4
FR. 1999. Drame psychologique de Bernard RAPP avec Jean-Pierre Lorit, Bernard Giraudeau et Florence Thomassin. - Un grand industriel engage un goûteur personnel et développe avec lui un étrange jeu de fascination mutuelle.
Général

**AFFAIRE DE TRINIDAD, L'**
Voir: AFFAIR IN TRINIDAD

**AFFAIRE DOMINICI, L'** ▷4
FR. 1973. Drame policier de Claude BERNARD-AUBERT avec Jean

Gabin, Paul Crauchet et Victor Lanoux. - Un paysan âgé est accusé par un de ses fils du meurtre de touristes anglais.
VO→LS **Général**

**AFFAIRE LINGUINI, L'**
Voir: THE LINGUINI INCIDENT

**AFFAIRE MATTEOTTI, L'** ▷4
ITA. 1973. Drame historique de Florestano VANCINI avec Mario Adorf, Vittorio de Sica et Umberto Orsini. - En 1924, un député socialiste est assassiné par des facistes après un discours retentissant.
VF→LS **Général**

**AFFAIRE NORMAN WILLIAM, L'** ▷5
QUÉ. 1994. Documentaire de Jacques GODBOUT. - Portrait du Québécois Pierre Doris Maltais, alias Norman William, qui fut tour à tour espion, felquiste, trafiquant et même gourou.
VO→19,95$ **Général**

**AFFAIRE PÉLICAN, L'**
Voir: THE PELICAN BRIEF

**AFFAIRE WALLRAFF, L'**
Voir: THE MAN INSIDE

**AFFAIRES DE CŒUR**
Voir: STRICTLY BUSINESS

**AFFAIRS OF ANATOL, THE** ▷0
É.-U. 1921, Cecil B. DeMILLE
ITA→34,95$ **Général**

**AFFLICTION** ▷4
É.-U. 1997. Drame psychologique de Paul SCHRADER avec Nick Nolte, James Coburn et Sissy Spacek. - Divers incidents plongent l'unique policier d'une petite ville dans une situation de crise familiale et professionnelle.
VO→149,95$ VF→18,95$ LBX-DVD→33,95$ **13 ans +**

**AFFRANCHIS, LES**
Voir: GOODFELLAS

**AFFREUX, SALES ET MÉCHANTS** ▷3
ITA. 1976. Comédie de mœurs d'Ettore SCOLA avec Nino Manfredi, Francesco Annibali et Maria Bosco. - Un vieillard vivant dans un bidonville de Rome est à couteaux tirés avec ses nombreux rejetons. - Dures conditions sociales traitées avec un humour grinçant. Excellente interprétation de N. Manfredi.
VF→LS **13 ans +**

**AFFRONTEMENT, L'**
Voir: HARRY AND SON

**AFRAID OF THE DARK** ▷4
ANG. 1991. Drame psychologique de Mark PEPLOE avec Ben Keyworth, Fanny Ardant et James Fox. - Un garçon de onze ans qui souffre de problèmes oculaires s'invente un monde factice où ce sont ses proches qui s'avèrent aveugles et accablés de malheurs.
VF→LS VO→PC **18 ans +**

**AFRICAIN, L'** ▷4
FR. 1982. Comédie de Philippe DE BROCA avec Philippe Noiret, Catherine Deneuve et Jean-François Balmer. - Venue en Afrique pour affaires, une femme y retrouve son ex-mari en lutte contre des trafiquants d'ivoire.
VO→19,95$ **Général**

**AFRICAN QUEEN, THE** ►1
É.-U. 1951. Aventures de John HUSTON avec Humphrey Bogart, Katharine Hepburn et Robert Morley. - Pendant la guerre 1914-1918, au Congo, un aventurier et la sœur d'un missionnaire s'unissent pour couler une canonnière allemande. - Habile dosage de psychologie et d'aventures. Mise en scène remarquable. Interprétation hors pair.
VF→LS **Général**

**AFTER DARK MY SWEET** ▷3
É.-U. 1990. Drame policier de James FOLEY avec Jason Patric, Rachel Ward et Bruce Dern. - Un ancien boxeur accepte de comploter un rapt d'enfant avec un ami d'une veuve alcoolique dont il s'est épris. - Adaptation magistrale d'un roman de Jim Thompson. Ramifications psychologiques exposées avec soin. Grande tension émotive. Réalisation inventive. Direction d'acteurs de talent adroitement maîtrisée.
VO→18,95$ **13 ans +**

**AFTER HOURS** ▷3
É.-U. 1985. Comédie de Martin SCORSESE avec Griffin Dunne, Rosanna Arquette et John Heard. - Pour avoir voulu revoir une femme bizarre, un informaticien new-yorkais vit une nuit cauchemardesque. - Vision grinçante de la violence urbaine. Climat quasi surréaliste. Touches d'humour insolite. Mise en scène habile. Interprétation convaincante.
VF→19,95$ VO→19,95$ **13 ans +**

**AFTER LIFE** ▷4
JAP. 1998. Drame fantastique de Hirokazu KORE-ADA avec Arata, Erika Oda et Susumu Terajima. - Dans une antichambre de l'au-delà, des trépassés doivent choisir un moment privilégié de leur vie qui sera ensuite filmé pour l'éternité.
STA→LS **Général**

**AFTER THE FOX** ▷5
ITA. 1966. Comédie policière de Vittorio DE SICA avec Peter Sellers, Britt Ekland et Victor Mature. - Un escroc italien imagine un ingénieux stratagème pour faire entrer en contrebande une cargaison d'or.
VO→14,95$ **Général**

**AFTER THE REHEARSAL**
Voir: APRÈS LA RÉPÉTITION

**AFTER THE THIN MAN** ▷4
É.-U. 1937. Comédie policière de W.S. VAN DYKE II avec William Powell, Myrna Loy et James Stewart. - Un détective amateur recherche un assassin.
VO→18,95$ **Général**

**AFTERGLOW** ▷4
É.-U. 1997. Comédie dramatique d'Alan RUDOLPH avec Julie Christie, Nick Nolte et Lara Flynn Boyle. - Une aventure adultère entre un ouvrier d'âge mûr et la jeune épouse d'un yuppie suscite une rencontre entre leurs partenaires respectifs.
VO→13,95$ VF→18,95$ **Général**

**AGAGUK - L'OMBRE DU LOUP**
Voir: AGAGUK - SHADOW OF THE WOLF

**AGAGUK - SHADOW OF THE WOLF** ▷5
CAN. 1992. Aventures de Jacques DORFMANN avec Lou Diamond Phillips, Jennifer Tilly et Toshiro Mifune. - En 1935 dans le Grand Nord canadien, un jeune Inuit rebelle tue un trafiquant de fourrures, ce qui l'oblige à s'éloigner de son peuple.
VO→14,95$ VF→13,95$ **13 ans + Violence**

**AGAINST ALL ODDS** ▷5
É.-U. 1984. Drame policier de Taylor HACKFORD avec Jeff Bridges, Rachel Ward et James Woods. - Un joueur de football sur la branche accepte de se rendre au Mexique pour y rechercher la maîtresse fugitive d'un racketter.
VO→11,95$ VF→10,95$ LBX-DVD→32,95$ **13 ans +**

**AGAINST THE WALL** ▷4
É.-U. 1993. Drame social de John FRANKENHEIMER avec Kyle MacLachlan, Samuel L. Jackson et Clarence Willams III. - Dans un pénitencier de l'état de New York, un gardien est pris en otage par un prisonnier révolté.
VO→11,95$ **13 ans + Violence**

**AGAINST THE WIND** ▷0
ESP. 1990, Francisco PERINAN
STA→21,95$ **13 ans + Érotisme**

**AGATHA** ▷4
ANG. 1977. Comédie dramatique de Michael APTED avec Dustin Hoffman, Vanessa Redgrave et Timothy Dalton. - Un journaliste américain retrouve dans une ville d'eau une romancière dont on a rapporté la disparition.
VO→14,95$ Général

**ÂGE D'OR, L'** ►1
FR. 1930. Film d'essai de Luis BUÑUEL avec Lya Lys, Gaston Modot et Max Ernst. - Variations surréalistes sur le thème de l'amour fou. - Chef-d'œuvre du surréalisme. Imagerie percutante marquée du goût de la provocation. Enchaînements d'une logique excentrique. Style abrupt et direct. Interprétation stylisée.
STA→LS Non classé

**ÂGE DE BRAISE, L'** ▷4
QUÉ. 1998. Drame psychologique de Jacques LEDUC avec Annie Girardot, France Castel et Michel Ghorayeb. - Sentant la mort approcher, une infirmière sexagénaire décide d'effacer toutes les traces matérielles de son existence.
VO→18,95$ Général

**ÂGE DE CRISTAL, L'**
Voir: LOGAN'S RUN

**ÂGE DES POSSIBLES, L'** ▷4
FR. 1995. Drame de mœurs de Pascale FERRAN avec Anne Cantineau, Christèle Tual et Anne Caillère. - Une saison dans la vie d'une dizaine de jeunes entre 20 et 30 ans qui se cherchent un avenir professionnel et sentimental.
VO→26,95$ Général

**AGE OF INNOCENCE, THE** ►2
É.-U. 1993. Drame de mœurs de Martin SCORSESE avec Daniel Day-Lewis, Michelle Pfeiffer et Winona Ryder. - En 1870, un jeune New-Yorkais de la haute bourgeoisie tombe amoureux d'une cousine de sa fiancée. - Fresque sociale d'une richesse de détails enivrante. Œuvre imprégnée d'une grande intensité dramatique. Illustration raffinée et somptueuse. Jeu subtil et précis des comédiens.
VO→14,95$ VF→14,95$ Général

**AGENDA D'UN TUEUR À GAGES, L'**
Voir: DIARY OF A HIT MAN

**AGENT DOUBLE**
Voir: DEEP COVER

**AGENT FAIT L'IDIOT, L'**
Voir: THE MAN WHO KNEW TOO LITTLE

**AGENT FAIT LA FARCE 2 1/2: L'ODEUR DE LA PEUR, L'**
Voir: THE NAKED GUN 2 1/2: THE SMELL OF FEAR

**AGENT FAIT LA FARCE 33 1/3: L'INSULTE FINALE, L'**
Voir: NAKED GUN 33 1/3: THE FINAL INSULT

**AGENT FAIT LA FARCE, L'**
Voir: THE NAKED GUN

**AGENT SECRET SE DÉCOUVRE, L'**
Voir: SPY HARD

**AGENT TROUBLE** ▷4
FR. 1987. Drame policier de Jean-Pierre MOCKY avec Catherine Deneuve, Richard Bohringer et Tom Novembre. - Une femme d'âge mûr essaie d'élucider le mystère entourant un accident dont son neveu a été témoin avant d'être assassiné.
VO→LS Général

**AGNÈS BROWNE** ▷4
IRL.-É.-U. 1999. Comédie dramatique réalisée et interprétée par Anjelica HUSTON avec Marion O'Dwyer et Ray Winstone. - En 1967, à Dublin, une veuve subvient aux besoins de ses sept enfants en travaillant dans un marché public où tout le monde se serre les coudes.
VF→LS VO→LS LBX-DVD

**AGNÈS DE DIEU**
Voir: AGNES OF GOD

**AGNES OF GOD** ▷4
CAN. 1985. Drame psychologique de Norman JEWISON avec Jane Fonda, Anne Bancroft et Meg Tilly. - Une psychiatre s'occupe du cas particulier d'une jeune religieuse accusée d'avoir tué son enfant nouveau-né.
VO→9,95$ VF→9,95$ 13 ans +

**AGNÈS VARDA COLLECTION (COFFRET)** ▷0
Voir: CLÉO DE 5 À 7, LE BONHEUR, SANS TOI NI LOI
FR. Agnès VARDA
STA→69,95$

**AGONY AND THE ECSTASY, THE** ▷4
É.-U. 1965. Drame historique de Carol REED avec Charlton Heston, Rex Harrison et Diane Cilento. - Le pape Jules II demande au sculpteur Michel-Ange de peindre le plafond de la chapelle Sixtine.
VO→11,95$ Général

**AGUIRRE, LA COLÈRE DE DIEU** ►2
ALL. 1972. Drame historique de Werner HERZOG avec Klaus Kinski, Cecilia Rivera et Ruy Guerra. - Après avoir franchi les Andes péruviennes, une expédition espagnole se trouve bloquée par la jungle. - Évocation historique très originale. Mise en scène à la fois lyrique et précise. Cadre exotique remarquablement bien utilisé. K. Kinski excellent.
STA Général

**AGUIRRE, THE WRATH OF GOD**
Voir: AGUIRRE, LA COLÈRE DE DIEU

**AH, WILDERNESS** ▷4
É.-U. 1935. Comédie dramatique de Clarence BROWN avec Eric Linden, Lionel Barrymore et Wallace Beery. - Au tournant du siècle, un adolescent connaît ses premières expériences sentimentales.
VO→PC Général

**AÏE** ▷4
FR. 2000. Comédie sentimentale de Sophie FILLIÈRES avec André Dussollier, Hélène Fillières et Emmanuelle Devos. - Un séducteur désirant renouer avec une ancienne maîtresse accepte qu'une jeune serveuse tombe délibérément amoureuse de lui.
Général

**AIGLE À DEUX TÊTES, L'** ▷4
FR. 1948. Drame psychologique de Jean COCTEAU avec Edwige Feuillère, Jean Marais et Jean Debucourt. - Un anarchiste venu tuer une reine devient son amant.
STA→44,95$ Général

**AIGLE DE LA TAÏGA, L'** ►2
RUS. 1975. Chronique d'Akira KUROSAWA avec Maxime Mounzouk, Youri Solomine et Sonia Danilchenko. - Au début du siècle, un officier russe se lie d'amitié avec un vieux chasseur mongol. - Admirable évocation d'une nature sauvage. Personnage central pittoresque et sympathique. Mise en scène au souffle soutenu. Interprétation simple et authentique.
STA Général

**AIGLE S'EST ENVOLÉ, L'**
Voir: THE EAGLE HAS LANDED

**AIGLE VOLE AU SOLEIL, L'**
Voir: THE WINGS OF EAGLES

**AILE OU LA CUISSE, L'** ▷4
FR. 1976. Comédie de Claude ZIDI avec Louis de Funès, Michel Coluche et Julien Guiomar. - L'éditeur d'un guide gastronomique est en lutte avec le président d'une chaîne de restaurants.
VO→26,95$ Général

**AILES DE L'ESPÉRANCE, LES**
Voir: BATTLE HYMN

**AILES DE LA COLOMBE, LES**
Voir: THE WINGS OF THE DOVE

**AILES DU DÉSIR, LES** ►2
ALL. 1987. Conte de Wim WENDERS avec Bruno Ganz, Solveig Dommartin et Peter Falk. - À Berlin, un ange fasciné par la beauté d'une trapéziste décide de s'incarner pour goûter aux plaisirs de la condition humaine. - Propos développé avec délicatesse et sensibilité. Images admirablement composées. Interprétation en parfait accord avec le ton de l'ensemble.
STA-LBX→14,95$ VF→14,95$ **Général**

**AILLEURS, L'HERBE EST PLUS VERTE**
Voir: THE GRASS IS GREENER

**AIMEZ-MOI!** ▷4
SUÈ. 1989. Drame social de Kay POLLAK avec Anna Linden, Lena Granhagen et Thomas Laustiola. - Une jeune fugueuse s'obstine à mener la vie dure à la famille d'accueil où elle a été placée par les services sociaux.
VF→LS **13 ans +**

**AIR BAGNARDS**
Voir: CON AIR

**AIR BUD** ▷5
É.-U. 1997. Comédie de Charles Martin SMITH avec Kevin Zegers, Michael Jeter et Wendy Makkena. - Un garçon adopte un chien abandonné qui s'avère doué pour le basket-ball.
VF→13,95$ **Général**

**AIR BUD 2: GOLDEN RECEIVER** ▷6
É.-U. 1998. Comédie de Richard MARTIN avec Kevin Zegers, Cynthia Stevenson et Gregory Harrison. - Un jeune adolescent découvre que son chien est doué pour le football.
VF→11,95$ **Général**

**AIR DE FAMILLE, UN** ▷3
FR. 1996. Comédie de mœurs de Cédric KLAPISCH avec Jean-Pierre Bacri, Agnès Jaoui et Jean-Pierre Darroussin. - De vieilles querelles familiales refont surface à l'occasion d'un dîner d'anniversaire. - Observation caustique de mœurs familiales. Personnages finement dessinés et interprétés avec justesse.
VO→28,95$ **Général**

**AIR FORCE ONE** ▷5
É.-U. 1997. Drame de Wolfgang PETERSEN avec Harrison Ford, Gary Oldman et Glenn Close. - À bord d'un jet, le président des États-Unis lutte contre des terroristes russes qui ont pris l'équipage et sa famille en otage.
LBX→18,95$ VF→12,95$ LBX-DVD→36,95$ **13 ans + Violence**

**AIRBORNE** ▷5
É.-U. 1993. Comédie de Rob BOWMAN avec Shane McDermott, Seth Green et Brittney Powell. - Un jeune Californien, amateur de surf et de patins à roulettes, séjourne chez un oncle à Cincinnati où il est confronté à un milieu scolaire hostile.
VO→18,95$ **Général**

**AIRPLANE!** ▷4
É.-U. 1980. Comédie satirique de Jim ABRAHAMS, David et Jerry ZUCKER avec Robert Hays, Julie Hagerty et Lloyd Bridges. - Un ancien pilote de guerre prend les commandes d'un avion commercial lorsque l'équipage tombe malade.
VF→LS VO→14,95$ **Général**

**AIRPLANE II: THE SEQUEL** ▷6
É.-U. 1982. Comédie de Ken FINKELMAN avec Robert Hays, Julie Hagerty et William Shatner. - Le premier vol commercial d'une navette spatiale vers la Lune est fertile en événements rocambolesques.
VF→LS VO→11,95$ **Général**

**AIRPORT** ▷4
É.-U. 1970. Drame de George SEATON avec Burt Lancaster, Dean Martin et Jean Seberg. - Durant une nuit d'hiver, le directeur d'un aéroport doit faire face à divers problèmes critiques.
VO→19,95$ **Général**

**AIRPORT 77** ▷5
É.-U. 1977. Drame de Jerry JAMESON avec Jack Lemmon, Darren McGavin et James Stewart. - Une opération de secours est mise en branle par la marine pour venir en aide aux survivants d'un avion qui s'est écrasé dans la mer des Bermudes.
VO→LS **Général**

**AIRPORT '79: THE CONCORDE** ▷5
É.-U. 1979. Drame de David Lowell RICH avec Alain Delon, George Kennedy et Susan Blakely. - La première envolée intercontinentale d'un avion est fertile en incidents périlleux.
VO→11,95$ **Général**

**AKIRA** ▷4
JAP. 1988. Dessins animés de Katsuhiro OTOMO. - En l'an 2019, un adolescent doté de pouvoirs télépathiques est traqué par les forces de l'ordre.
STA→LS VA-LBX→LS VF→LS **Général**

**AL CAPONE** ▷4
É.-U. 1958. Drame policier de Richard WILSON avec Rod Steiger, Fay Spain et James Gregory. - Histoire romancée d'un chef de gang de Chicago à l'époque de la prohibition.
VO→LS **Général**

**ALADDIN** ▷3
É.-U. 1992. Dessins animés de John MUSKER et Ron CLEMENTS. - Un voleur de grand chemin obtient l'aide d'un génie pour séduire une princesse et déjouer les plans d'un vizir cruel. - Conte féerique et romantique agrémenté de nombreuses touches comiques. Couleurs pimpantes. Animation somptueuse.
VF→LS VO→LS **Général Enfants**

**ALAMO BAY** ▷4
É.-U. 1985. Drame social de Louis MALLE avec Amy Madigan, Ed Harris et Ho Nguyen. - Les ennuis d'un réfugié vietnamien avec des pêcheurs de crevettes au Texas.
VF→LS VO→LS **13 ans +**

**ALAMO, THE** ▷4
É.-U. 1960. Drame historique réalisé et interprété par John WAYNE avec Richard Widmark et Laurence Harvey. - Des Américains cernés dans un fort du Texas résistent désespérément à une armée mexicaine.
VO→14,95$ LBX→LS **Général**

© 1987 Akira Committee

**ALAN & NAOMI** ▷5
É.-U. 1991. Drame psychologique de Sterling Van WAGENEN avec Lukas Haas, Vanessa Zaoui et Michael Gross. - En 1944, à Brooklyn, un adolescent juif doit s'occuper d'une voisine qui est traumatisée depuis que son père a été assassiné par les nazis.
VO→LS **Général**

**ALASKA** ▷5
É.-U. 1996. Aventures réalisées par Fraser HESTON avec Thora Birch, Vincent Kartheiser et Dirk Benedict. - Deux enfants partent à la rescousse de leur père dont l'avion s'est écrasé en Alaska.
VF→22,95$ **Général**

**ALBERTO EXPRESS** ▷3
FR. 1990. Comédie fantaisiste de Arthur JOFFE avec Sergio Castellitto, Nino Manfredi et Marco Messeri. - Devant rembourser tous les frais qu'il a occasionnés à sa famille, un homme fauché tente de réunir la somme voulue à bord du train qui le mène à Rome chez son père. - Suite de saynètes farfelues. Humour insolite. Traitement habile mêlant réalisme et onirisme. Interprétation convaincante de S. Castellitto.
VO→LS **Général**

**ALBINO ALLIGATOR** ▷5
É.-U. 1996. Drame policier de Kevin SPACEY avec Matt Dillon, Gary Sinise et William Fichtner. - Des criminels en fuite trouvent refuge dans un bar dont ils prennent les clients et la serveuse en otage.
VF→18,95$ VO→14,95$ LBX-DVD→27,95$ **13 ans + Violence**

**ALDO ET JUNIOR** ▷6
FR. 1985. Comédie de Patrick SCHULMANN avec Aldo Maccione, Riton Liebman et Andréa Ferréol. - Un publicitaire et son fils adolescent tentent de libérer un homme retenu dans une maison close pour dames.
VO **18 ans +**

**ALERTE AUX INDES**
Voir: DRUMS

**ALERTE MÉTÉO**
Voir: HARD RAIN

**ALERTE NOIRE**
Voir: PITCH BLACK

**ALEX IN WONDERLAND** ▷5
É.-U. 1970. Comédie de Paul MAZURSKY avec Donald Sutherland, Ellen Burstyn et Jeanne Moreau. - Ayant obtenu un grand succès avec son premier film, un réalisateur cherche un sujet pour son deuxième.
VO→19,95$ **13 ans +**

**ALEXANDER NEVSKY** ▶1
RUS. 1938. Drame épique de Sergei EISENSTEIN avec Nikolai Tcherkassov, Dimitri Orlov et Nicolai Okhlopkov. - Au XIIIe siècle, le prince Nevsky conduit les habitants de Novgorod à la victoire contre les chevaliers teutoniques. - Style grandiose parfaitement maîtrisé. Recherches réussies du côté du rythme et de la musique. Interprétation contrôlée. Œuvre marquante du cinéma russe.
STA→27,95$ STA-DVD→44,95$ **Général**

**ALEXANDER THE GREAT** ▷4
É.-U. 1956. Drame historique de Robert ROSSEN avec Richard Burton, Fredric March et Danielle Darrieux. - La vie d'un conquérant grec de l'Antiquité.
LBX→19,95$ **Général**

**ALEXANDER'S RAGTIME BAND** ▷4
É.-U. 1938. Comédie musicale de Henry KING avec Tyrone Power, Don Ameche et Alice Faye. - Un jeune violoniste se sent attiré par le rythme du jazz et fonde un orchestre populaire.
VO→24,95$ **Général**

**ALEXANDRE LE BIENHEUREUX** ▷4
FR. 1967. Comédie de Yves ROBERT avec Philippe Noiret, Françoise Brion et Marlène Jobert. - Après la mort de sa femme qui le menait à la baguette, un fermier se laisse aller à la vie de farniente.
VO→LS **Général**

**ALEXANDRIA AGAIN AND FOREVER** ▷0
ÉGY. 1990, Youssef CHAHINE

**ALEXANDRIA TRILOGY (COFFRET)** ▷0
Voir: ALEXANDRIA AGAIN AND FOREVER · ALEXANDRIA WHY? · AN EGYPTIAN STORY
STA

**ALEXANDRIA WHY?**
ÉGY. 1990, Youssef CHAHINE
STA→21,95$

**ALFIE** ▷4
ANG. 1966. Comédie dramatique de Lewis GILBERT avec Michael Caine, Julia Foster et Vivien Merchant. - Un coureur de jupons est amené à réfléchir sur sa conduite.
VO→14,95$ **Général**

**ALFRED HITCHCOCK (COFFRET 14 VOLUMES)** ▷0
Voir: ALFRED HITCHCOCK PRESENTS... · BIRDS, THE · FAMILY PLOT · FRENZY · MAN WHO KNEW TOO MUCH, THE · MARNIE · PSYCHO · ROPE · SABOTEUR · SHADOW OF A DOUBT · TOPAZE · TORN CURTAIN · TROUBLE WITH HARRY · VERTIGO
VO

**ALFRED HITCHCOCK (COFFRET 3 VOLUMES)** ▷0
Voir: ALFRED HITCHCOCK PRESENTS... · PSYCHO · VERTIGO

**ALFRED HITCHCOCK (COFFRET 4 VOLUMES)** ▷0
Voir: REBECCA · PARADINE CASE · THE-SPELLBOUND · NOTORIOUS
VO

**ALFRED LALIBERTÉ: SCULPTEUR** ▷4
QUÉ. 1987. Drame biographique de Jean-Pierre LEFEBVRE avec Paul Hébert, Albert Millaire et Marcel Sabourin. - Évocation de la vie et de la carrière du sculpteur Alfred Laliberté.
VO→24,95$ **Général**

**ALI - FEAR EATS THE SOUL**
Voir: TOUS LES AUTRES S'APPELLENT ALI

**ALI BABA AND THE FORTY THIEVES** ▷5
É.-U. 1944. Conte d'Arthur LUBIN avec Jon Hall, Maria Montez et Turhan Bey. - Le fils d'un calife assassiné lutte contre l'usurpateur et ses complices.
VO→16,95$

**ALI BABA ET LES QUARANTE VOLEURS** ▷4
FR. 1954. Conte de Jacques BECKER avec Fernandel, Samia Gamal et Henri Vilbert. - Les multiples aventures d'Ali Baba devenu subitement riche par la découverte d'un trésor.
VO→16,95$

**ALIAS JESSE JAMES** ▷5
É.-U. 1959. Western de Norman Z. McLEOD avec Bob Hope, Rhonda Fleming et Wendell Corey. - Un agent d'assurance doit protéger la vie d'un hors-la-loi à qui il a vendu une police de cent mille dollars.
VO→14,95$ **Général**

**ALIAS WILL JAMES** ▷4
QUÉ. 1988. Documentaire de Jacques GODBOUT. - Évocation de la vie d'Ernest Dufault, un Québécois qui se fit passer pour un cow-boy de l'Ouest et qui connut plusieurs succès littéraires.
VO→19,95$ **Général**

**ALIBI** ▷0
É.-U. 1929, ROLAND WEST
VO→34,95$ **Général**

**ALICE** ▷3
É.-U. 1990. Comédie fantaisiste de Woody ALLEN avec Mia Farrow, Joe Mantegna et William Hurt. - La femme gâtée d'un financier new-yorkais est troublée par l'attraction qu'elle ressent pour un autre homme. - Intrigue émouvante et humoristique. Illustration soignée. Trame musicale efficace. Jeu nuancé de M. Farrow.
VF→24,95$ VO→14,95$ **Général**

**ALICE** ▷3
TCH. 1988. Conte de Jan SVANKMAJER avec Krystyna Kohoutova. -

S'étant assoupie dans une chambre à débarras, une fillette se retrouve dans un monde étrange duquel elle ne peut s'échapper qu'en se réveillant. - Illustration fort originale du célèbre livre de Lewis Carroll. Traitement personnel quelque peu déroutant.
VF→24,95$ VA→34,95$ VA-DVD→49,95$ **Général**

**ALICE ADAMS** ▷3
É.-U. 1935. Drame de George STEVENS avec Katharine Hepburn, Fred MacMurray et Fred Stone. - L'ambition sociale d'une jeune provinciale lui aliène ses prétendants. - Adaptation soignée d'un roman de Booth Tarkington. Traitement intéressant. Mise en scène contrôlée. Jeu nuancé de K. Hepburn.
VO→19,95$ **Général**

**ALICE AU PAYS DES MERVEILLES**
Voir: ALICE IN WONDERLAND

**ALICE DANS LES VILLES** ▷3
ALL. 1974. Comédie dramatique de Wim WENDERS avec Rudiger Vogeler, Yella Rotlander et Elisabeth Kreuzer. - De passage aux États-Unis, un journaliste allemand accepte d'emmener une fillette à Amsterdam à la demande d'une compatriote. - Observation subtile et sensible de l'aliénation contemporaine. Rythme lent. Mise en scène exigeante.
STA→LS **Général**

**ALICE DOESN'T LIVE HERE ANYMORE** ▷4
É.-U. 1974. Drame psychologique de Martin SCORSESE avec Ellen Burstyn, Kris Kristofferson et Alfred Lutter. - Une veuve cherche à gagner sa vie et celle de son jeune fils comme chanteuse mais doit se contenter d'une place de serveuse.
VO→14,95$ **Général**

**ALICE ET MARTIN** ▷4
FR. 1998. Drame psychologique d'André TÉCHINÉ avec Juliette Binoche, Alexis Loret et Mathieu Amalric. - Une violoniste vit une liaison amoureuse avec un jeune mannequin hanté par un dramatique secret de famille.
VO→LS **13 ans +**

**ALICE IN THE CITIES**
Voir: ALICE DANS LES VILLES

**ALICE IN WONDERLAND** ▷3
É.-U. 1951. Dessins animés de Clyde GERONIMI, Hamilton LUSKE et Wilfred JACKSON. - Le rêve fantastique d'une petite fille qui s'endort pendant une leçon de sa préceptrice. - Adaptation fantaisiste de l'œuvre de Lewis Carroll. Virtuosité technique. Passages d'une verve étourdissante. Bonne humeur constante.
VF→22,95$ VO→22,95$ **Général**

**ALICE'S RESTAURANT** ▷3
É.-U. 1969. Étude de mœurs de Arthur PENN avec Arlo Guthrie, Pat Quinn et James Broderick. - Un jeune chanteur bohème accueilli par un couple d'ami a des ennuis avec la police. - Tableau quelque peu décousu mais riche d'observations pertinentes. Description habile et vivante. Interprétation dégagée.
VO→14,95$ **13 ans +**

**ALICE, DOUCE ALICE**
Voir: ALICE, SWEET ALICE

**ALICE, SWEET ALICE** ▷4
É.-U. 1976. Drame policier d'Alfred SOLE avec Linda Miller, Mildred Clinton et Brooke Shields. - Une enfant tourmentée et secrète est accusée du meurtre de sa sœur le jour de sa première communion.
LBX→13,95$ **18 ans +**

**ALIEN** ►2
ANG. 1979. Science-fiction de Ridley SCOTT avec Tom Skerritt, Sigourney Weaver et Ian Holm. - L'équipage d'un remorqueur de l'espace est aux prises avec un organisme vivant qui se transforme en un être dangereux. - Œuvre maîtresse du genre. Suspense horrifique à haute tension. Mise en scène particulièrement inventive. Interprétation convaincante.
VO→16,95$ VF→16,95$ LBX→22,95$
LBX-DVD→28,95$ **13 ans +**

**ALIEN 20TH ANNIVERSARY COLLECTION (COFFRET 5 VOLUMES)** ▷0
Voir: ALIEN (Ridley SCOTT) · ALIENS (James CAMERON) · ALIEN 3 (David FINCHER)· ALIEN: RESURRECTION (Jean-Pierre JEUNET) · ALIEN LEGACY, THE
VO→61,95$ LBX→69,95$ VF→59,95$

**ALIEN 3** ▷5
É.-U. 1992. Science-fiction de David FINCHER avec Sigourney Weaver, Charles S. Dutton et Charles Dance. - Une entité extraterrestre sème la mort sur une planète où une femme officier se trouve seule parmi d'anciens bagnards.
LBX→22,95$ VF→16,95$ LBX-DVD→23,95$ **13 ans +**

**ALIEN CONTAMINATION** ▷6
ITA. 1981. Science-fiction de Lewis COATES avec Ian McCulloch, Louise Monroe et Martin Mase. - Un commando est formé pour lutter contre un monstre qu'une mission spaciale a ramené de Mars.
VO→LS **13 ans +**

**ALIEN NATION** ▷5
É.-U. 1988. Science-fiction de Graham BAKER avec James Caan, Mandy Patinkin et Terence Stamp. - Dans une Californie peuplée d'humains et d'extraterrestres, un policier enquête avec un collègue venu de l'espace sur un trafic de drogue.
VF→LS VO→11,95$ **13 ans +**

**ALIEN RESURRECTION** ▷4
É.-U. 1997. Science-fiction de Jean-Pierre JEUNET avec Sigourney Weaver, Winona Ryder et Ron Perlman. - Des créatures monstrueuses s'attaquent aux derniers occupants d'un immense vaisseau spatial militaire ayant été évacué.
LBX→22,95$ VF→16,95$ LBX-DVD→28,95$ **13 ans +**

**ALIEN TERROR (SINISTER INVASION)** ▷6
MEX. 1968. Drame d'horreur de Juan IBANEZ et Jack HILL avec Boris Karloff, Enrique Guzman et Christa Linder. - Un savant qui a mis au point une forme d'énergie d'une puissance phénoménale provoque divers incidents plutôt étranges.
VO→LS **Général**

**ALIEN:LA RÉSURRECTION**
Voir: ALIEN RESURRECTION

**ALIENS** ▷3
É.-U. 1986. Science-fiction de James CAMERON avec Sigourney Weaver, Michael Biehn et Paul Reiser. - Des soldats aguerris sont dépêchés au secours d'une colonie d'humains installés sur une planète qui est peuplée de créatures monstrueuses. - Suite fort réussie du film *Alien*. Préséance aux scènes d'actions. Mise en scène à l'emporte-pièce. Interprétation déterminée.
VO→16,95$ VF→16,95$ LBX→21,95$
LBX-DVD→28,95$ **13 ans +**

**ALINE** ▷6
QUÉ. 1992. Comédie dramatique de Carole LAGANIÈRE avec Philippe Volter, Véronique Quinn Chasle et Dominique Leduc. - Alors qu'il se trouve en vacances avec sa fille de 11 ans, un jeune divorcé s'éprend d'une charmante travailleuse sociale.
VO→LS **Général**

**ALISÉE** ▷5
QUÉ. 1991. Comédie dramatique d'André BLANCHARD avec Elsa Zylberstein, Jacques Godin et André Montmorency. - Alors qu'elle recherche son père québécois qu'elle n'a jamais connu, une jeune Française se lie d'amitié avec un homme d'âge mûr.
VO→LS **Général**

**ALIVE** ▷4
É.-U. 1992. Drame de Frank MARSHALL avec Ethan Hawke, Vincent Spano et Josh Hamilton. - Les survivants d'un écrasement d'avion dans les Andes parviennent à se maintenir en vie pendant des semaines en mangeant de la chair humaine.
VF→LS VO→LS **13 ans +**

**ALIVE & KICKING** ▷4
ANG. 1996. Drame psychologique de Nancy MECKLER avec Jason Flemyng, Antony Sher et Dorothy Tutin. - Un danseur vedette atteint du sida tombe amoureux d'un psychothérapeute qui va lui donner la force de continuer à vivre.
VO→PC

**ALL ABOUT EVE** ►2
É.-U. 1950. Drame psychologique de Joseph Leo MANKIEWICZ avec Bette Davis, Anne Baxter et George Sanders. - Une vedette mûrissante recueille chez elle une admiratrice qui finit par la supplanter. - Fine observation du milieu théâtral. Mise en scène vigoureuse. Psychologie fouillée. Interprétation remarquable.
VO→16,95$ DVD→23,95$ Général

**ALL CREATURES GREAT AND SMALL** ▷4
ANG. 1974. Comédie de Claude WHATHAM avec Simon Ward, Anthony Hopkins et Lisa Harrow. - Les premières expériences d'un jeune vétérinaire engagé comme assistant par un collègue d'âge mûr.
VO→LS Non classé

**ALL DOGS GO TO HEAVEN** ▷4
IRL. 1989. Dessins animés de Don BLUTH, G. GOLDMAN et D. KUENSTER. - Tué par un vieux partenaire en magouilles, un cabot ingénieux s'octroie une période de vie supplémentaire et revient hanter ses anciens parages.
VF→14,95$ VO→14,95$ Général

**ALL DOGS GO TO HEAVEN 2** ▷5
É.-U. 1996. Dessins animés de Paul SABELLA et Larry LEKER. - Deux anges du paradis des chiens retournent sur Terre pour recouvrer le cor de Gabriel qui est tombé du ciel.
VF→14,95$ VO→14,95$ Général Enfants

**ALL FALL DOWN** ▷3
É.-U. 1962. Drame psychologique de John FRANKENHEIMER avec Brandon de Wilde, Eva Marie Saint et Warren Beatty. - Un adolescent découvre que l'admiration qu'il porte à son frère n'est guère justifiée. - Atmosphère bien créée. Mise en scène inventive. Interprétation sensible.
VO→19,95$ Général

**ALL I DESIRE** ▷5
É.-U. 1953. Comédie dramatique de Douglas SIRK avec Barbara Stanwyck, Richard Carlson et Lyle Bettger. - Après avoir quitté mari et enfants depuis dix ans, une actrice tente de reconquérir l'amour des siens.
VO→14,95$ Général

**ALL MY SONS** ▷4
É.-U. 1947. Drame d'Irving REIS avec Edward G. Robinson, Burt Lancaster et Mady Christians. - Le fils d'un industriel découvre que son père a livré du matériel défectueux à l'armée pendant la guerre.
VO→14,95$ Général

**ALL OF ME** ▷4
É.-U. 1984. Comédie fantaisiste de Carl REINER avec Steve Martin, Lily Tomlin et Victoria Tennant. - À la suite des manigances d'un mystique oriental, un avocat partage son corps avec l'âme d'une millionnaire décédée.
VO→PC Général

**ALL OVER ME** ▷4
É.-U. 1997. Drame de mœurs d'Alex SICHEL avec Alison Folland, Tara Subkoff et Cole Hauser. - Laissée un peu pour compte par son amie qui sort avec un macho, une adolescente new-yorkaise découvre sa sexualité au contact d'une chanteuse lesbienne.
VO→19,95$ 13 ans +

**ALL QUIET ON THE WESTERN FRONT** ►2
É.-U. 1930. Drame de guerre de Lewis MILESTONE avec Lew Ayres, Louis Wolheim et Slim Summerville. - Les expériences d'un jeune soldat allemand pendant la guerre 1914-1918. - Excellente adaptation du roman d'Erich Maria Remarque. Traitement humain des situations. Mise en scène expressive. Interprétation juste.
VO→16,95$ DVD→27,95$ Général

**ALL QUIET ON THE WESTERN FRONT** ▷4
É.-U. 1979. Drame de guerre de Delbert MANN avec Richard Thomas, Ernest Borgnine et Ian Holm. - Un jeune soldat allemand fait la dure expérience des tranchées pendant la Grande Guerre.
VO→11,95$ Général

**ALL SCREWED UP** ▷4
ITA. 1974. Comédie de mœurs de Lina WERTMULLER avec Luigi Diberti, Lina Polito et Nino Bignamini. - Divers individus s'installent en communauté dans une vieille maison de rapport perdue au milieu des tours du centre de Milan.
VA→LS 13 ans +

**ALL THAT HEAVEN ALLOWS** ▷4
É.-U. 1955. Drame sentimental de Douglas SIRK avec Jane Wyman, Rock Hudson et Agnes Moorehead. - Une riche veuve songe à se remarier avec un homme plus jeune qu'elle.
VO→14,95$ Général

**ALL THAT JAZZ** ►2
É.-U. 1979. Drame psychologique de Bob FOSSE avec Roy Scheider, Leland Palmer et Ann Reinking. - La vie sentimentale et professionnelle d'un chorégraphe est mise en péril par son acharnement au travail. - Evocation survoltée du monde du showbiz. Touches autobiographiques. Numéros de danse de style novateur. Très bonne composition de R. Scheider.
VF→LS VO→11,95$ 13 ans +

**ALL THE BROTHERS WERE VALIANT** ▷5
É.-U. 1953. Aventures de Richard THORPE avec Robert Taylor, Stewart Granger et Ann Blyth. - Sur un baleinier, deux frères entrent en conflit à cause d'une jeune fille.
VO→18,95$ Général

**ALL THE KING'S MEN** ▷3
É.-U. 1949. Drame social de Robert ROSSEN avec Broderic Crawford, Mercedes McCambridge et John Ireland. - Après s'être lancé en politique pour lutter contre la prévarication, un gouverneur tombe dans les mêmes travers que ses prédécesseurs. - Grande valeur psychologique et sociale. Rythme soutenu. Mise en scène vigoureuse. Excellents interprètes.
VO→18,95$ Général

**ALL THE LITTLE ANIMALS** ▷4
ANG. 1999. Drame de Jeremy THOMAS avec Christian Bale, John Hurt et Daniel Benzali. - Fuyant son beau-père cruel, un jeune homme simple d'esprit devient le compagnon d'un vieillard misanthrope qui vit dans une cabane en forêt.
VO→19,95$ DVD→28,95$ Général - Déconseillé aux jeunes enfants

**ALL THE LOVE IN THE WORLD** ▷0
É.-U. 1990, Daniel CURRAN
VO→LS Général

**ALL THE PRESIDENT'S MEN** ▷3
É.-U. 1976. Drame social de Alan J. PAKULA avec Dustin Hoffman, Robert Redford et Jason Robards. - Enquête de deux journalistes du Washington Post sur les dessous de l'affaire du Watergate. - Approche sobre de style quasi documentaire. Climat de suspense bien créé. Jeu convaincu des acteurs.
VF→18,95$ VO→19,95$ LBX-DVD→21,95$ Général

**ALL THE PRETTY HORSES** ▷5
É.-U. 2000. Drame de Billy Bob THORNTON avec Matt Damon, Henry Thomas et Penelope Cruz. - Perdant le ranch familial après la mort de son père, un jeune Texan et son ami se rendent au Mexique à cheval pour trouver du travail.
Général

**ALL THE RIGHT MOVES** ▷5
É.-U. 1983. Drame social de Michael CHAPMAN avec Tom Cruise, Lea Thompson et Craig T. Nelson. - Un fils d'ouvrier utilise son habileté au football pour obtenir une bourse d'études universitaires.
VO→11,95$

**ALL THE VERMEERS IN NEW YORK** ▷4
É.-U. 1990. Comédie de mœurs de Jon JOST avec Emmanuelle Chaulet, Stephen Lack et Grace Phillips. - Une jeune actrice française vivant à New York rencontre un agent de change durant une exposition des tableaux du peintre Vermeer.
VO→PC **Général**

**ALL THINGS FAIR** ▷4
SUÈ. 1995. Drame de mœurs Bo WIDERBERG avec Johan Widerberg, Marika Lagercrantz et Tomas von Brömssen. - En 1943, un adolescent devient l'amant de sa nouvelle institutrice pour ensuite se lier d'amitié avec le mari de celle-ci.
STA-LBX→19,95$ **13 ans + Érotisme**

**ALL THROUGH THE NIGHT** ▷5
É.-U. 1941. Drame d'espionnage de Vincent SHERMAN avec Humphrey Bogart, Conrad Veidt et Peter Lorre. - Un escroc lutte contre des espions nazis à New York.
VO→19,95$ **Général**

**ALL-AMERICAN MURDER** ▷4
É.-U. 1992. Drame policier de Anson WILLIAMS avec Charlie Schlatter, Christopher Walken et Josie Bissett. - Alors qu'il mène sa propre enquête sur le meurtre d'une camarade de classe, un collégien voit les morts suspectes se multiplier autour de lui.
VF→LS **Non classé**

**ALLÉE SANGLANTE, L'**
Voir: BLOOD ALLEY

**ALLEGHENY UPRISING** ▷4
É.-U. 1939. Aventures de William SEITER avec Claire Trevor, John Wayne et George Sanders. - Quelques années avant la Révolution américaine, James Smith et ses rebelles luttent contre les forces de l'ordre en Pennsylvanie.
VO→LS **Non classé**

**ALLEGRO NON TROPPO** ▷3
ITA. 1976. Dessins animés de Bruno BOZZETTO. - Un dessinateur s'efforce de mettre sur papier les images que lui inspirent des pièces musicales. - Fantaisies picturales au son de six œuvres classiques. Approche sympathique et inventive. Ensemble insolite.
STA→27,95$ **Général**

**ALLEMAGNE ANNÉE 90, NEUF ZÉRO** ▷4
FR. 1991. Film d'essai de Jean-Luc GODARD avec Eddie Constantine, Hanns Zischler et Claudia Michelsen. - En poste depuis des années dans un village est-allemand, un espion se retrouve laissé à lui-même après la chute du Mur de Berlin.
VO→LS **Général**

**ALLEMAGNE ANNÉE ZÉRO** ▷3
ITA. 1949. Drame social de Roberto ROSSELLINI avec Edmund Meschke, Ernest Pittschau et Ingetraud Hintze. - Imbu de principes nazis, un enfant tue son père malade puis se suicide. - Œuvre importante du néo-réalisme. Illustration émouvante des effets de la guerre.
STA→LS **Non classé**

**ALLIGATOR PEOPLE, THE** ▷0
É.-U. 1959, Roy Del RUTH
VO→15,95$ **Général - Déconseillé aux jeunes enfants**

**ALLO... MADAME** ▷5
FR. 1977. Drame de mœurs de Armado NANNUZZI avec Françoise Fabian, Ernest Borgnine et Corinne Cléry. - Une ex-prostituée devenue entremetteuse songe à quitter la profession pour s'établir en ménage.
VF→LS **18 ans +**

**ALLONSANFAN** ▷3
ITA. 1974. Drame historique de Paolo et Vittorio TAVIANI avec Marcello Mastroianni, Lea Massari et Mimsy Farmer. - Après un séjour en prison, un aristocrate est pourchassé par ses anciens camarades d'un groupe révolutionnaire. - Film élaboré au souffle épique et baroque. Décors somptueux. Belle musique. Interprétation ardente.
STA→49,95$ **Général**

**ALMONDS AND RAISINS** ▷4
ANG. 1983. Documentaire de Russ KAREL. - L'histoire du cinéma yiddish américain des années 30 qui a engendré plus de 300 films dont la plupart sont tombés dans l'oubli.
VO→LS **Général**

**ALMOST FAMOUS** ▷3
É.-U. 2000. Drame de mœurs de Cameron CROWE avec Patrick Fugit, Billy Crudup et Kate Hudson. - Au début des années 1970, un adolescent est engagé par un célèbre magazine américain pour suivre la tournée d'un groupe rock en pleine ascension. - Portrait idéalisé mais attachant d'une époque révolue. Personnages chaleureux. Choix musicaux fort à propos. Excellente distribution.
VF→LS VO→LS **Général - Déconseillé aux jeunes enfants**

**ALONG CAME JONES** ▷4
É.-U. 1945. Western de Stuart HEISLER avec Gary Cooper, Loretta Young et Dan Duryea. - Un inoffensif garçon de ferme est confondu avec un dangereux bandit.
VO→PC **Général**

**ALONG THE GREAT DIVIDE** ▷5
É.-U. 1951. Western de Raoul WALSH avec Kirk Douglas, Virginia Mayo et Walter Brennan. - Un policier sauve du lynchage un vieil homme accusé de meurtre.
VO→LS **18 ans +**

**ALPAGUEUR, L'** ▷4
FR. 1976. Drame policier de Philippe LABRO avec Jean-Paul Belmondo, Bruno Cremer et Patrick Fierry. - Un agent spécial est chargé de traquer un meurtrier mystérieux qui supprime tous les témoins de ses crimes.
VO→LS **Général**

**ALPHABET MURDERS, THE** ▷5
ANG. 1965. Comédie policière de Frank TASHLIN avec Tony Randall, Anita Ekberg et Robert Morley. - Un détective excentrique découvre l'auteur de nombreux meurtres.
VO→PC **Non classé**

**ALPHAVILLE** ▷3
FR. 1965. Science-fiction de Jean-Luc GODARD avec Eddie Constantine, Anna Karina et Howard Vernon. - Un agent secret est chargé de démasquer un savant qui dirige une ville habitée par des robots. - Style insolite. Monde fantastique bien créé. Mise en scène inventive.
STA-LBX→27,95$ LBX-DVD→59,95$ **Général**

**ALTER EGO**
Voir: DEAD RINGERS

**ALTERED STATES** ▷3
É.-U. 1980. Science-fiction de Ken RUSSELL avec William Hurt, Blair Brown et Bob Balaban. - À travers des expériences dangereuses, un professeur d'université subit des transformations physiques inquiétantes. - Adaptation électrisante du roman de Paddy Chayefsky. Fascinantes extrapolations scientifiques. Effets spéciaux impressionnants. Climat hypertendu. Interprétation fébrile.
VF→11,95$ VO→11,95$ LBX-DVD→18,95$ **18 ans +**

**ALVAREZ KELLY** ▷5
É.-U. 1966. Western de Edward DMYTRYK avec William Holden, Richard Widmark et Patrick O'Neal. - Pendant la guerre civile, un troupeau de bêtes à cornes est l'occasion de combats entre les deux camps.
VO→9,95$ **Général**

**ALWAYS** ▷4
É.-U. 1989. Drame fantastique de Steven SPIELBERG avec Richard Dreyfuss, Holly Hunter et John Goodman. - Un aviateur mort accidentellement devient l'ange gardien d'un jeune pilote.
VF→16,95$ LBX→19,95$ LBX-DVD→27,95$ **Général**

**ALWAYS** ▷4
É.-U. 1985. Comédie dramatique réalisée et interprétée par Henry JAGLOM avec Patrice Townsend et Joanna Frank. - Un couple séparé depuis deux ans est temporairement réuni la veille de la fête de l'indépendance américaine.
VO→14,95$ 13 ans +

**AMADEUS** ►2
É.-U. 1984. Drame psychologique de Milos FORMAN avec F. Murray Abraham, Tom Hulce et Elizabeth Berridge. - Le vieux musicien Salieri s'accuse d'avoir tué Mozart et raconte les circonstances de son forfait. - Adaptation somptueuse d'une pièce à succès. Heureux mélange de psychologie, de satire, d'évocation historique et de spectacle musical. Mise en scène brillante. Comédiens fort talentueux.
VF→14,95$ VO→14,95$ LBX→14,95$
LBX-DVD→21,95$ Général

**AMANT, L'**
Voir: THE LOVER

**AMANT DE LADY CHATTERLY, L'** ▷0
FR. 1955, Marc ALLEGRET
VA→LS Général

**AMANT DE POCHE, L'** ▷5
FR. 1977. Comédie dramatique de Bernard QUEYSANNE avec Pascal Sellier, Mimsy Farmer et Serge Sauvion. - Un adolescent s'attache à une call-girl qui le poursuit de ses attentions.
VO→LS 13 ans +

**AMANT MAGNIFIQUE, L'** ▷5
FR. 1986. Drame sentimental d'Aline ISSERMANN avec Isabel Otero, Hippolyte Girardot et Robin Renucci. - La jeune femme d'un éleveur de chevaux quitte son mari pour s'enfuir avec un palefrenier.
VO→LS 18 ans +

**AMANTS DE CAPRI, LES**
Voir: SEPTEMBER AFFAIR

**AMANTS DE TÉRUEL, LES** ▷5
FR. 1962. Spectacle musical de Raymond ROULEAU avec Ludmila Tchérina, Milko Sparemblek et Milenko Banovitch. - Deux comédiens ambulants se retrouvent dans la même situation que vivent les personnages de la pièce qu'ils préparent.
VO→LS Non classé

**AMANTS DIABOLIQUES, LES** ▷3
ITA. 1942. Drame de mœurs de Luchino VISCONTI avec Clara Calamai, Massimo Girotti et Juan de Landa. - Une femme pousse son amant à assassiner son mari. - Premier film de Visconti. Intrigue inspirée du *Facteur sonne toujours deux fois*. Traitement précurseur du néo-réalisme. Réalisation à la fois rugueuse et maîtrisée.
STA→29,95$ Général

**AMANTS DIABOLIQUES, LES**
Voir: KISS OR KILL

**AMANTS DU CERCLE POLAIRE, LES** ▷5
ESP. 1998. Drame sentimental de Julio MEDEM avec Fele Martinez, Najwa Nimri et Nancho Novo. - Un adolescent vit avec sa sœur adoptive une relation amoureuse secrète dans laquelle le destin joue un grand rôle.
STA→19,95$ Général

**AMANTS DU PONT-NEUF, LES** ▷3
FR. 1991. Drame sentimental de Léos CARAX avec Denis Lavant, Juliette Binoche et Klaus Michael Grüber. - Une jeune portraitiste réduite à la clochardisation à la suite d'un amour déçu vit une grande passion avec un jeune sans-abri. - Mélange de mélodrame, de poésie et de constat social. Climat quasi surréaliste. Nombreux flashs fulgurants.
STA→14,95$ VO→LS 13 ans +

**AMANTS ET MAITRESSES**
Voir: LOVERS, LOVERS

**AMARCORD** ►1
ITA. 1973. Chronique de Federico FELLINI avec Bruno Zanin, Magali Noël et Armando Brancia. - Divers incidents marquent la vie d'une petite ville italienne au milieu des années 1930. - Rappel à la fois satirique et nostalgique de l'époque. Suite de tableaux vivants. Mise en images aisée et inventive. Acteurs dirigés de main de maître.
VA→LS STA→35,95$ STA-LBX-DVD→56,95$ Général

**AMARILLY OF CLOTHESLINE ALLEY**
É.-U. 1918, Marshall NEILAN
ITA→54,95$

**AMATEUR** ▷4
É.-U. 1994. Drame policier de Hal HARTLEY avec Isabelle Huppert, Martin Donovan et Elina Lowensohn. - À New York, une ancienne religieuse décide de prendre en main un inconnu amnésique qui s'avère impliqué dans des histoires louches.
VF→18,95$ VO→18,95$ 13 ans +

**AMAZING COLOSSAL MAN, THE** ▷6
É.-U. 1957. Science-fiction de Bert I. GORDON avec Glenn Langan, Cathy Downs et William Hudson. - Victime des radiations d'une bombe au plutonium, un homme se met à grandir démesurément.
VO→LS Général

**AMAZING DR. CLITTERHOUSE, THE** ▷4
É.-U. 1938. Comédie policière d'Anatole LITVAK avec Edward G. Robinson, Humphrey Bogart et Claire Trevor. - Un savant se joint à un groupe de bandits pour étudier les réactions psychologiques des criminels.
VO→18,95$ Général

**AMAZING GRACE**
ISR. 1992, Amos GUTMAN
STA→LS 13 ans +

**AMAZING GRACE AND CHUCK** ▷4
É.-U. 1987. Comédie dramatique de Mike NEWELL avec Joshua Zuehlke, William L. Petersen et Gregory Peck. - Un écolier renonce aux sports et fait vœu de silence en signe de protestation contre l'utilisation du nucléaire.
VF→LS VO→LS Général

**AMAZING HOWARD HUGHES, THE** ▷4
É.-U. 1977. Drame biographique de William A. GRAHAM avec Tommy Lee Jones, Ed Flanders et James Hampton. - La vie et les entreprises du célèbre et excentrique milliardaire américain.
VO→9,95$ Général

**AMAZING PANDA ADVENTURE, THE** ▷4
É.-U. 1995. Aventures de Christopher CAIN avec Stephen Lang, Yi Ding et Ryan Slater. - Durant une visite en Chine, le fils d'un zoologiste tente de sauver un panda des mains de braconniers avec l'aide d'une adolescente.
VO→14,95$ VF→14,95$ Général

**AMAZING TRANSPARENT MAN, THE** ▷6
É.-U. 1960. Science-fiction de Edgar G. ULMER avec Marguerite Chapman, Douglas Kennedy et James Griffith. - Pour réussir des vols audacieux, un homme utilise un bandit qu'il rend invisible.
VO→11,95$

**AMAZON** ▷5
FIN. 1991. Aventures de Mika KAURISMÄKI avec Robert Davi, Rae Dawn Chong et Kari Vaananen. - Un veuf qui a quitté la Finlande pour venir vivre au Brésil avec ses deux fillettes connaît diverses mésaventures en Amazonie aux côtés d'un aventurier cinglé.
VO→PC Général

**AMAZON WOMEN ON THE MOON** ▷5
É.-U. 1986. Film à sketches de John LANDIS, Joe DANTE, Carl GOTTLIEB, P. HORTON et R.K. WEISS avec Steve Forrest, Joey Travolta et Rosanna Arquette. - Divers incidents étranges se produisent lors de la présentation d'un film de science-fiction par une station de télévision.
VO→11,95$ Général

**AMBITIEUSE, L'**
Voir: THE TEMP

**AMBITION REDUCED TO ASHES, AN** ▷0
CAMB. 1995, H.M. Norodom SIHANOUK
STA→41,95$ Général

**AMBUSHERS, THE** ▷5
É.-U. 1967. Aventures de Henry LEVIN avec Dean Martin, Janice Rule et Senta Berger. - Un agent secret se rend au Mexique pour y récupérer un appareil nouveau disparu dans la jungle.
VO→14,95$ Général

**AMELIA EARHART, THE FINAL FLIGHT** ▷4
É.-U. 1994. Drame biographique de Yves SIMONEAU avec Diane Keaton, Rutger Hauer et Bruce Dern. - Dans les années 1930, une pionnière de l'aviation se prépare à voler autour de la Terre en suivant l'équateur.
VO→LS Général

**AMERICA** ▷0
É.-U. 1924, David W. GRIFFITH
VO→41,95$ DVD→47,95$ Général

**AMERICA, AMERICA** ►2
É.-U. 1963. Drame psychologique d'Elia KAZAN avec Stathis Giallelis, Linda Marsh et Katharine Balfour. - En 1896, les tribulations d'un jeune Grec qui surmonte plusieurs obstacles avant de réaliser son rêve d'immigrer aux États-Unis. - Sens profond de l'analyse psychologique. Style à la fois réaliste et poétique. Images d'une grande beauté plastique. Direction d'acteurs remarquable.
VO→18,95$ Général

**AMERICAN BEAUTY** ▷3
É.-U. 1999. Comédie dramatique de Sam MENDES avec Kevin Spacey, Annette Bening et Thora Birch. - Un père de famille bouleverse l'existence de son entourage en rejetant le conformisme dans lequel il vit. - Dosage habile de satire décapante et de drame intense. Propos nuancé. Réalisation fort inventive. Excellents comédiens.
VF→LS VO→LS VO-SP.ED→23,95$ VF-SP.ED→23,95$ 13 ans +

**AMERICAN BUFFALO** ▷5
É.-U. 1996. Drame psychologique de Michael CORRENTE avec Dustin Hoffman, Dennis Franz et Sean Nelson. - Un collectionneur et son camarade élaborent un plan pour récupérer une pièce de monnaie de collection.
VF→13,95$ VO→13,95$ Général

**AMERICAN DREAM** ▷4
É.-U. 1990. Documentaire de Barbara KOPPLE. - Évocation d'un conflit de trav ail dans une manufacture alimentaire du Minnesota en 1984.
VO→LS Général

**AMERICAN FABULOUS**
É.-U. 1992, Reno DAKOTA
VO→LS Général - Déconseillé aux jeunes enfants

**AMERICAN FLYERS** ▷4
É.-U. 1985. Drame sportif de John BADHAM avec Kevin Costner, David Grant et Rae Dawn Chong. - Bien qu'il pense souffrir d'une maladie mortelle, un passionné de cyclisme accepte de participer à une course exigeante avec son frère médecin.
VO→14,95$ VF→14,95$ Général

**AMERICAN FRIEND, THE**
Voir: L'AMI AMÉRICAIN

**AMERICAN GIGOLO** ▷4
É.-U. 1980. Drame de mœurs de Paul SCHRADER avec Richard Gere, Lauren Hutton et Hector Elizondo. - Un gigolo épris de la femme d'un politicien est compromis dans une affaire de meurtre.
VF→LS VO→11,95$ 18 ans +

**AMERICAN GRAFFITI** ▷3
É.-U. 1973. Étude de mœurs de George LUCAS avec Richard Dreyfuss, Ron Howard et Paul Le Mat. - Au cours d'une nuit d'été, quatre adolescents connaissent diverses mésaventures. - Évocation réussie du climat du début des années 1960. Impression de vie et d'authenticité. Trame musicale appropriée. Interprétation naturelle.
VF→14,95$ VO→18,95$ Général

**AMERICAN HEART** ▷4
É.-U. 1991. Drame de Martin BELL avec Jeff Bridges, Edward Furlong et Lucinda Jenny. - À sa sortie de prison, un truand repenti éprouve de la difficulté à s'adapter à sa nouvelle vie auprès de son fils adolescent.
VO→11,95$ Général

**AMERICAN HISTORY X** ▷5
É.-U. 1998. Drame social de Tony KAYE avec Edward Norton, Edward Furlong et Fairuza Balk. - À sa sortie de prison, un ancien skinhead repenti s'efforce de ramener sur le droit chemin son frère cadet, qui a suivi ses traces.
VO→19,95$ VF→19,95$ LBX-DVD→27,95$ 16 ans + Violence

**AMERICAN IN PARIS, AN** ►2
É.-U. 1951. Comédie musicale de Vincente MINNELLI avec Gene Kelly, Leslie Caron et Oscar Levant. - Un jeune peintre américain vivant à Paris s'éprend d'une vendeuse fiancée à un chanteur. - Danses d'une richesse d'invention remarquable sur des musiques de George Gershwin. Ballet inspiré de peintures célèbres. Mise en scène brillante. Interprétation pleine d'aisance.
VO→14,95$ DVD→21,95$ Général

**AMERICAN MADNESS** ▷3
É.-U. 1932. Drame de Frank CAPRA avec Walter Huston, Pat O'Brien et Kay Johnson. - Durant la Dépression, un banquier se démène afin de regagner la confiance des clients qui voient d'un mauvais œil les pertes encourues à la suite d'un cambriolage. - Amalgame réussi de critique sociale et de mélodrame. Approche réaliste.
VO→18,95$ Général

**AMERICAN ME** ♠ ▷4
É.-U. 1992. Drame social réalisé et interprété par Edward James OLMOS avec William Forsythe et Pepe Serna. - Dans une prison de Los Angeles, un détenu forme un puissant gang qui va imposer sa loi jusqu'à l'extérieur de l'établissement.
VO→PC VF→11,95$ 18 ans +

**AMERICAN MOVIE** ▷4
É.-U. 1999. Documentaire de Chris SMITH. - Un cinéaste en herbe de trente ans s'efforce de terminer un court métrage avec l'aide de parents et amis.
VO→LS

**AMERICAN PIE** ▷5
É.-U. 1999. Comédie de mœurs de Paul WEITZ avec Chris Klein, Jason Biggs et Thomas Ian Nicholas. - À l'approche du bal des finissants, quatre adolescents décident de tout mettre en œuvre pour perdre leur virginité.
VF→16,95$ VO→16,95$ LBX-DVD→43,95$ 13 ans +

**AMERICAN PIMP** ▷5
É.-U. 1999. Documentaire d'Albert HUGHES et Allen HUGHES. - Des proxénètes afro-américains acceptent de se confier à la caméra, s'exprimant sur leur mode de vie et décrivant les règles du milieu dans lequel ils évoluent.
VO→LS 13 ans + Langage vulgaire

**AMERICAN POP** ▷4
É.-U. 1980. Dessins animés de Ralph BAKSHI. - Histoire-express de l'évolution de la musique à travers les générations d'une même famille.
VF→19,95$ VO→19,95$ LBX-DVD→36,95$ 13 ans +

**AMERICAN PRESIDENT, THE** ▷5
É.-U. 1995. Comédie sentimentale de Rob REINER avec Michael Douglas, Annette Bening et Martin Sheen. - Le président des États-Unis a maille à partir avec ses adversaires politiques lorsqu'il s'engage dans une liaison amoureuse avec une jeune célibataire.
VO→14,95$ VF→14,95$ Général

**AMERICAN PSYCHO** ▷4
É.-U. 2000. Drame de Mary HARRON avec Christian Bale, Willem Dafoe et Reese Witherspoon. - Un jeune yuppie narcissique, raffiné et matérialiste se transforme la nuit venue en tueur en série sadique.
VF→PC VO→LS

**AMERICAN TAIL, AN** ▷4
É.-U. 1986. Dessins animés de Don BLUTH. - Séparé des siens au cours de la traversée de souris russes en Amérique, un souriceau en quête de ses parents tombe sous les griffes de chats maraudeurs.
VO→PC VF→18,95$ **Général**

**AMERICAN TALE: FIEVEL GOES WEST, AN** ▷4
É.-U. 1991. Dessins animés de Phil NIBBELINK et Simon WELLS. - Une famille de souris vivant à New York décide de se joindre à un groupe de rongeurs en partance pour le Far West.
VF→LS VO→17,95$ **Général**

**AMERICAN WEREWOLF IN LONDON, AN** ▷5
É.-U. 1981. Drame d'horreur de John LANDIS avec David Naughton, Jenny Agutter et Griffin Dunne. - Un étudiant attaqué par une bête est condamné à se transformer en loup-garou.
VO→LS **13 ans +**

**AMERICAN WEREWOLF IN PARIS, AN** ▷5
É.-U. 1997. Drame d'horreur d'Anthony WALLER avec Tom Everett Scott, Julie Delpy et Vince Vieluf. - En vacances à Paris avec des copains, un adolescent américain est mordu par un loup-garou.
VF→LS **13 ans + Violence**

**AMERICAN WOMEN** ▷5
IRL. 1999. Comédie de mœurs d'Aileen RITCHIE avec Ian Hart, Niamh Cusack et Sean McGinley. - Dans un village côtier irlandais, cinq célibataires placent une annonce dans un journal de Miami afin de recruter des Américaines pour les marier.
VO→11,95$ **Général**

**AMERICANIZATION OF EMILY, THE** ▷5
É.-U. 1964. Comédie de Arthur HILLER avec James Garner, Julie Andrews et James Coburn. - Un officier chargé de relations publiques devient un héros récalcitrant lors du débarquement.
VO→18,95$ **Général**

**AMÉRIQUE DES AUTRES, L'**
FR.-ANG.-ALL.-GRÈ. 1997, Goran PASKALJEVIC
STA→18,95$ STF→18,95$ **Général**

**AMI AMÉRICAIN, L'** ►2
ALL. 1977. Drame policier de Wim WENDERS avec Bruno Ganz, Dennis Hopper et Gérard Blain. - Sous l'influence d'un Américain, un encadreur de Hambourg devient tueur à gages. - Suspense assaisonné de touches insolites. Évolution fascinante des rapports entre les personnages. Atmosphère envoûtante. Mise en scène recherchée. Interprétation solide.
STA→LS **Général**

**AMI DE MON AMIE, L'** ▷3
FR. 1987. Comédie sentimentale de Éric ROHMER avec Emmanuelle Chaulet, Sophie Renoir et Eric Viellard. - Les tribulations sentimentales de quatre jeune gens vivant dans une petite banlieue de Paris. - Recherches éthiques et stylistiques particulières. Traitement ironique et léger.
VO→LS **Général**

**AMI DE VINCENT, L'** ▷5
FR. 1983. Drame psychologique de Pierre GRANIER-DEFERRE avec Philippe Noiret, Jean Rochefort et Françoise Fabian. - L'amitié de deux musiciens est mise en péril lorsque l'un découvre la conduite frivole de l'autre.
VO→LS **Général**

**AMIE, L'** ▷3
ALL. 1983. Drame psychologique de Margarethe VON TROTTA avec Hanna Schygulla, Angela Winkler et Peter Striebeck. - Une universitaire allemande se lie d'amitié avec une compatriote qu'elle sauve du suicide. - Sujet intéressant. Argument féministe un peu trop sensible. Mise en scène vigoureuse. Jeu intense de A. Winkler.
VF→LS **Général**

**AMIES DE CŒUR, LES** ▷0
ITA. 1992, Michele PLACIDO
VO→12,95$ **13 ans +**

**AMIES DE MA FEMME, LES** ▷5
FR. 1992 Comédie de mœurs de Didier VAN CAUWELAERT avec Michel Leeb, Christine Boisson et Dominique Lavanant. - Les tribulations d'un présentateur de journal télévisé dont la femme fréquente cinq amies aussi insupportables les unes que les autres.
VO→LS **Général**

**AMIS DE PETER, LES**
Voir: PETER'S FRIENDS

**AMIS ET VOISINS**
Voir: YOUR FRIENDS et NEIGHBORS

**AMISTAD** ▷4
É.-U. 1997. Drame historique de Steven SPIELBERG avec Djimon Hounsou, Morgan Freeman et Anthony Hopkins. - En 1839, aux États-Unis, des esclaves africains accusés de mutinerie subissent un procès teinté de considérations politiques.
VF→11,95$ LBX→16,95$ LBX-DVD→27,95$ **13 ans +**

**AMITYVILLE HORROR, THE** ▷5
É.-U. 1979. Drame d'horreur de Stuart ROSENBERG avec James Brolin, Margot Kidder et Rod Steiger. - D'étranges incidents inquiètent une famille qui vient d'emménager dans une maison où des meurtres ont été commis.
VF→LS VO→14,95$ **13 ans +**

**AMITYVILLE HORROR, THE (COFFRET 2 VOLUMES)** ▷0
VO→14,95$

**AMOK, IVRE D'AMOUR** ▷5
FR. 1992. Drame sentimental de Joël FARGES avec Andrzej Seweryn, Fanny Ardant et Bernard Le Coq. - En 1939, au fin fond de l'Inde, un médecin allemand poursuit désespérément de ses avances la femme d'un notable qui veut se faire avorter en secret.
VO→LS **Général**

**AMONG GIANTS** ▷0
É.-U. 1998, Sam MILLER
VO→LS **13 ans +**

**AMONGST FRIENDS** ▷5
É.-U. 1993. Drame social de Rob WEISS avec Steve Parlavecchio, Joseph Lindsey et Patrick McGaw. - Dans une banlieue aisée de Long Island, des rivalités naissent entre trois amis d'enfance devenus gangsters.
VO→PC **13 ans + Langage vulgaire**

**AMOR BANDIDO** ▷4
BRÉ. 1982. Drame policier de Bruno BARRETO avec Paulo Gracindo, Cristina Ache et Paulo Guarnieri. - La fille prostituée d'un policier de Copacabana est entraînée dans le crime par un bandit notoire devenu son amant.
STA→21,95$ **16 ans +**

**AMOR BRUJO, EL**
Voir: L'AMOUR SORCIER

**AMORE**
Voir: LA VOIX HUMAINE et LE MIRACLE

**AMORES PERROS**
Voir: AMOURSCHIENNES

**AMOS & ANDREW** ▷5
É.-U. 1993. Comédie policière de E. Max FRYE avec Nicolas Cage, Samuel L. Jackson et Dabney Coleman. - Les mésaventures d'un dramaturge de race noire qui a été pris pour un cambrioleur alors qu'il se trouvait dans sa nouvelle demeure.
VO→PC **Général**

**AMOUR** ►2
HON. 1970. Drame psychologique de Karoly MAKK avec Mari Tocrocsik, Lili Darvas et Ivan Darvas. - À Budapest, en 1953, une jeune femme cache à sa belle-mère que son fils est en prison pour raisons politiques. - Film nuancé marqué de pudeur et de retenue. Images mentales évocatrices habilement insérées. Jeu admirablement maîtrisé des interprètes.
STA→32,95$ Général

**AMOUR et CONFUSIONS** ▷5
FR. 1997. Comédie sentimentale réalisée et interprétée par Patrick BRAOUDÉ avec Kristin Scott-Thomas et Gérard Darmon. - À la suite d'un quiproquo, un homme croit que la femme dont il est tombé amoureux ne veut pas le revoir et vice versa.
VO→14,95$ 13 ans +

**AMOUR À L'ITALIENNE, L'**
Voir: ROME ADVENTURE

**AMOUR À LA PLAGE, L'**
Voir: BEACH PARTY

**AMOUR À LA VILLE, L'** ▷3
ITA. 1956. Film à sketches de Michelangelo ANTONIONI, Federico FELLINI, Dino RISI, Alberto LATTUADA, Carlo LIZZANI, Francesco MASELLI et Cesare ZAVATTINI - Six tableaux présentant une certaine vision de l'amour et de ses conséquences. - Tentative néo-réaliste originale et souvent poignante. Ensemble traité dans le style d'un reportage.
STA→LS Non classé

**AMOUR À VINGT ANS, L'** ▷4
FR.-ITA.-JAP.-POL. 1962. Film à sketches de Shintarô ISHIHARA, Marcel Ophüls, Renzo Rossellini, François Truffaut et Andrzej Wajda - Cinq sketches consacrés à divers problèmes concernant la jeunesse dans divers pays.
VO→LS Général

**AMOUR AVEC DES GANTS, L'** ▷4
ITA. 1991. Comédie fantaisiste de Maurizio NICHETTI et Guido MANULI avec Maurizio Nichetti, Angela Finocchiaro et Patrizio Roversi. - Alors qu'il s'éprend d'une call-girl aux clients très spéciaux, un bruiteur se métamorphose peu à peu en dessin animé.
VF→23,95$ Général

**AMOUR BRAQUE, L'** ▷6
FR. 1985. Drame psychologique de Andrzej ZULAWSKI avec Francis Huster, Tchéky Karyo et Sophie Marceau. - Un prince hongrois récemment débarqué en France est entraîné dans des aventures sanglantes et sensuelles par une bande de truands.
VO→LS 18 ans +

**AMOUR CAPTIF**
Voir: CAPTIVES

**AMOUR CONJUGAL, L'** ▷4
FR. 1995. Drame de mœurs de Benoît BARBIER avec Sami Frey, Caroline Sihol et Pierre Richard. - En 1629, un chevalier déchu et sa nouvelle épouse au passé secret fomentent des projets de vengeance contre leurs ennemis.
VO→16,95$ 13 ans +

**AMOUR DANS DE BEAUX DRAPS, L'**
Voir: SIBLING RIVALRY

**AMOUR DE COCCINELLE, UN**
Voir: THE LOVE BUG

**AMOUR DE JEANNE NEY, L'** ▷0
ALL. 1927, Georg Wilhelm PABST
ITA→28,95$ Général

**AMOUR DE PLOMBIER, UN**
Voir: LANA IN LOVE

**AMOUR DE PLUIE, UN** ▷5
FR. 1973. Drame sentimental de Jean-Claude BRIALY avec Romy Schneider, Nino Castelnuovo et Bénédicte Bucher. - Alors qu'elles sont en vacances, une jeune femme mariée et sa fille connaissent toutes deux une aventure.
VO→LS Général

**AMOUR DE PROF, UN**
Voir: STEPPING OUT

**AMOUR DE SORCIÈRE, UN** ▷6
FR. 1997. Comédie fantaisiste de René MANZOR avec Vanessa Paradis, Gil Bellows et Jean Reno. - Une gentille sorcière s'arrange pour qu'un simple mortel devienne le parrain de son enfant en lieu et place d'un parent maléfique.
VO→19,95$ Général

**AMOUR DE SWANN, UN** ▷4
FR. 1983. Drame psychologique de Volker SCHLÕNDORFF avec Jeremy Irons, Ornella Muti et Alain Delon. - Un aristocrate, pris d'une passion ardente pour une demi-mondaine, cherche à la retrouver au long d'une journée particulière.
VA→LS 13 ans +

**AMOUR EN ALLEMAGNE, UN** ▷4
ALL. 1983. Drame de mœurs d'Andrzej WAJDA avec Hanna Schygulla, Piotr Lysak et Marie-Christine Barrault. - En 1941, dans un village allemand, les conséquences dramatiques de la liaison d'une épicière avec un prisonnier de guerre polonais.
STA→LS VF→LS 13 ans +

**AMOUR EN FUITE, L'** ▷4
FR. 1978. Comédie sentimentale de François TRUFFAUT avec Jean-Pierre Léaud, Marie-France Pisier et Dorothée. - Un jeune homme instable retrouve une femme qu'il a aimée lorsqu'il était adolescent.
STA→LS Général

**AMOUR EN HERBE, L'** ▷5
FR. 1976. Drame psychologique de Roger ANDRIEUX avec Pascal Meynier, Guilhaine Dubos et Michel Galabru. - Un adolescent voit sa vie perturbée après s'être entiché d'une vendeuse de deux ans son aînée.
VO→LS Général

**AMOUR EN PREMIÈRE CLASSE, L'** ▷0
ITA. 1979, Salvatore SAMPERI
VA→LS Non classé

**AMOUR EN TROP, L'**
Voir: RICH IN LOVE

**AMOUR EST UN POUVOIR SACRÉ, L'** ►2
DAN. 1996. Mélodrame de Lars VON TRIER avec Emily Watson, Stellan Skarsgard et Katrin Cartlidge. - Une jeune Écossaise vivant dans une communauté rigoriste accepte d'aller avec d'autres hommes en espérant favoriser ainsi la guérison de son mari devenu paraplégique. - Œuvre extrêmement bouleversante. Récit déroutant où le sordide côtoie la grâce pure. Mise en scène experte. Interprétation extraordinaire d'E. Watson.
VF→LS VO→32,95$ 16 ans +

**AMOUR EST UNE GRANDE AVENTURE, L'**
Voir: SKIN DEEP

**AMOUR ET MAGIE**
Voir: PRACTICAL MAGIC

**AMOUR ET UN .45, L'**
Voir: LOVE AND A .45

**AMOUR ÉTRANGER, L'**
Voir: FOREIGN STUDENT

**AMOUR FOU, L'**
Voir: MAD LOVE

**AMOUR INFINI, UN**
Voir: ENDLESS LOVE

**AMOUR INTERDIT, UN** ▷5
FR. 1984. Drame de mœurs de Jean-Pierre DOUGNAC avec Fernando Rey, Saverio Marconi et Brigitte Fossey. - Au XVIIIe siècle, un orphelin adopté par un riche banquier italien accepte d'épouser une parente de celui-ci, tout en poursuivant une liaison secrète avec une autre femme.
VO→LS 13 ans +

**AMOUR L'APRÈS-MIDI, L'** ▷3
FR. 1972. Drame psychologique d'Éric ROHMER avec Bernard Verley, Zouzou et Françoise Verley. - La rencontre d'une ancienne amie permet à un homme de faire une mise au point sur sa vie conjugale. - Ensemble élégant et précis. Nuances psychologiques bien exprimées.
STA→LS STA-DVD→31,95$ 13 ans +

**AMOUR NU, L'** ▷3
FR. 1981. Drame psychologique de Yannick BELLON avec Marlène Jobert, Jean-Michel Folon et Zorica Lozic. - Découvrant qu'elle souffre d'une tumeur au sein, une femme rompt une idylle naissante avec un divorcé. - Scénario plausible. Évocation complexe du contexte sociologique.
VO→LS Général

**AMOUR POURSUITE, L'**
Voir: LOVE AT LARGE

**AMOUR PROPRE... NE LE RESTE JAMAIS LONGTEMPS, L'** ▷5
FR. 1985. Comédie satirique de Martin VEYRON avec Jean-Claude Dauphin, Nathalie Nell et Jean-Luc Bideau. - Un cadre veut vérifier par la pratique l'existence d'une zone érogène de l'anatomie féminine.
VO→LS 13 ans +

**AMOUR SORCIER, L'** ▷3
ESP. 1986. Drame musical de Carlos SAURA avec Antonio Gades, Cristina Hoyos et Laura del Sol. - Une gitane obsédée par le fantôme de son mari est courtisée par l'homme qui est injustement accusé de sa mort. - Adaptation d'un ballet de Manuel de Falla. Danses flamencos bien réglées. - Mélange de réalisme et de stylisation.
VF→LS Général

**AMOUR TABOU, L'**
Voir: CLOSE MY EYES

**AMOUR TOUJOURS L'AMOUR, L'**
Voir: ADDICTED TO LOVE

**AMOUR VIOLÉ, L'** ▷3
FR. 1977. Drame social de Yannick BELLON avec Nathalie Nell, Alain Fourès et Michèle Simonnet. - Enlevée et violée par quatre inconnus, une infirmière décide d'intenter une poursuite. - Traitement humain d'un sujet délicat. Rythme soutenu. Interprétation intelligente.
VO→LS 13 ans +

**AMOUR, DÉLICES ET... GOLF**
Voir: THE CADDY

**AMOUR, L'** ▷5
FR. 1968. Comédie sentimentale de Richard BALDUCCI avec Martine Brochard, Jose Maria Flotats et Christian Hay. - La période d'adaptation chez un jeune couple moderne.
VO→LS Non classé

**AMOUR, OBSESSION ET UNIFORME**
Voir: I LOVE A MAN IN UNIFORM

**AMOUREUSE** ▷4
FR. 1991. Drame psychologique de Jacques DOILLON avec Charlotte Gainsbourg, Yvan Attal et Thomas Langmann. - Une jeune fille hésite entre deux amoureux.
VO→23,95$ 13 ans +

**AMOUREUSE, L'**
Voir: THE GRASSHOPPER

**AMOUREUSES, LES** ▷4
QUÉ. 1992. Drame sentimental de Johanne PRÉGENT avec Louise Portal, Léa-Marie Cantin et Kenneth Welsh. - Alors que sa meilleure amie vient de tomber amoureuse, une quadragénaire connaît pour sa part des difficultés dans sa vie de couple.
VO→LS Général

**AMOUREUX DE MONTRÉAL, LES** ▷4
QUÉ. 1992. Documentaire de Jacques GIRALDEAU. - Le fascinant éclectisme de l'univers architectural de Montréal.
VO→LS Général

**AMOUREUX FOU** ▷5
QUÉ. 1991. Comédie sentimentale de Robert MÉNARD avec Rémy Girard, Nathalie Gascon et Jean Rochefort. - Un publicitaire marié s'engage dans une idylle avec une actrice en vue, ce qui lui amène bientôt de nombreux ennuis.
VO→LS Général

**AMOUREUX FOU** ▷5
ITA. 1981. Comédie sentimentale de Franco CASTELLANO et Pippolo avec Adriano Celentano, Ornella Muti et Adolfo Celi. - Une princesse voyageant incognito s'attache l'affection d'un chauffeur d'autobus romain qui lui sert de guide improvisé.
VF→LS Non classé

**AMOURS CHIENNES** ►2
MEX. 2000. Drame de mœurs d'Alejandro González IÑÁRRITU avec Emilio Echevarria, Gael Garcia Bernal et Goya Toledo. - Trois récits se déroulant à Mexico mettent en lumière les destins tragiques de divers personnages. - Intrigues parallèles aux ramifications sociales et psychologiques riches et complexes. Traitement stylistique varié et percutant. Grande maîtrise esthétique. Interprétation vibrante et vigoureuse.
STA→PC 16 ans +

**AMOURS D'UNE BLONDE, LES** ►2
TCH. 1965. Comédie de Milos FORMAN avec Hana Brejchova, Vladimir Pucholt et Vladimir Mensik. - Une jeune ouvrière s'éprend d'un pianiste de son âge à l'occasion d'une fête de village. - Sens de l'observation. Gentille ironie. Style alerte. Interprétation naturelle.
STA→LS Non classé

**AMOURS DE CARMEN, LES**
Voir: THE LOVES OF CARMEN

**AMOURS, FLIRT ET CALAMITÉS**
Voir: FLIRTING WITH DISASTER

**AMSTERDAM KILL, THE** ▷5
H.-K. 1977. Drame policier de Robert CLOUSE avec Robert Mitchum, Bradford Dillman et George Cheung. - Un ex-policier remonte la filière d'un trafic de stupéfiants.
VF→14,95$ VO→14,95$ 13 ans +

**AMSTERDAMNÉ**
Voir: AMSTERDAMNED

**AMSTERDAMNED** ▷4
Hol. 1988. Drame policier de Laurent GEELS et Dick MAAS avec Huub Stapel, Monique Van de Ven et Serge-Henri Valke. - Un détective enquête sur une série de crimes dont le coupable vivrait sur les canaux d'Amsterdam.
VF→LS Non classé

**ANACONDA** ▷5
É.-U. 1997. Drame d'horreur de Luis LLOSA avec Jennifer Lopez, Jon Voight et Ice Cube. - Dans la jungle amazonienne, une équipe de cinéastes tombe sous la coupe d'un aventurier qui tente de capturer un anaconda géant.
VF→14,95$ LBX→19,95$ LBX-DVD→36,95$ 13 ans +

**ANALYSE FATALE**
Voir: FINAL ANALYSIS

**ANALYSE-MOI ÇA**
Voir: ANALYZE THIS

**ANALYZE THIS** ▷4
É.-U. 1999. Comédie policière de Harold RAMIS avec Billy Crystal, Robert De Niro et Lisa Kudrow. - Un psychanalyste new-yorkais en vient, bien malgré lui, à traiter un gangster notoire en proie à des crises d'angoisse.
VF→14,95$ VO→14,95$
LBX-DVD→21,95$ Général - Déconseillé aux jeunes enfants

**ANARCHISTE OU LA BANDE À BONNOT** ▷3
FR. 1969. Drame policier de Philippe FOURASTIÉ avec Bruno Cremer, Jacques Brel et Annie Girardot. - En 1911, un groupe d'anarchistes se met à commettre des vols. - Reconstitution soignée d'un fait divers et de son contexte d'époque. Effort de stylisation.
VO→LS Non classé

**ANASTASIA** ▷4
É.-U. 1956. Drame de Anatole LITVAK avec Ingrid Bergman, Yul Brynner et Akim Tamiroff. - Des émigrés russes persuadent une amnésique qu'elle est la grande duchesse Anastasia, fille du dernier tsar.
VO→16,95$ Général

**ANASTASIA** ▷4
É.-U. 1997. Dessins animés de Don BLUTH et Gary GOLDMAN. - Une jeune orpheline démunie qui ne se souvient plus de son passé en vient à découvrir qu'elle est née princesse.
VF→16,95$ VO→24,95$ LBX→26,95$
VO→24,95$ Général

**ANATOMIE D'UN LIVREUR** ▷4
FR. 1971. Comédie de mœurs de Claude FARALDO avec Julian Negulesco, Paul Crauchet et Marie Dubois. - Un jeune livreur héberge son père devenu veuf et partage sa femme avec lui.
VO→LS 18 ans +

**ANATOMY** ▷5
ALL. 2000. Drame d'horreur de Stefan RUZOWITZKY avec Franka Potente, Benno Fuermann et Anna Loos. - Une étudiante en anatomie découvre que son école est le théâtre d'étranges expériences médicales.
STA→PC VF→PC LBX-DVD→29,95$

**ANATOMY OF A MURDER** ▷3
É.-U. 1959. Drame de Otto PREMINGER avec James Stewart, Lee Remick et Ben Gazzara. - Un avocat défend un lieutenant accusé d'avoir commis un meurtre par jalousie. - Vision critique de l'appareil judiciaire. Scénario intelligemment construit. Réalisation équilibrée et efficace. Interprétation brillante.
VO→19,95$ Général

**ANCHORESS** ▷4
BEL.-ANG. 1993. Drame religieux de C. NEWBY avec Natalie Morse, Eugène Bervoerts et Toyah Wilcox. - Au XIVe siècle, une adolescente qui a été frappée d'une révélation en contemplant une statue de la Vierge décide de vivre en recluse.
LBX-DVD→32,95$ LBX→PC LBX-DVD→32,95$ Général

**ANCHORS AWEIGH** ▷4
É.-U. 1944. Comédie musicale de George SIDNEY avec Frank Sinatra, Gene Kelly et Kathryn Grayson. - Les mésaventures de deux marins qui prétendent être les amis d'un célèbre pianiste.
VO→14,95$ DVD→26,95$ Général

**AND GOD CREATED WOMAN** ▷5
É.-U. 1987. Drame de mœurs de Roger VADIM avec Rebecca De Mornay, Vincent Spano et Frank Langella. - Une jeune détenue convainc un menuisier de l'épouser afin qu'elle puisse être libérée sur parole.
VO→LS Général

**AND JUSTICE FOR ALL** ▷4
É.-U. 1979. Drame judiciaire de Norman JEWISON avec Al Pacino, Jack Warden et John Forsythe. - Un avocat contestataire se voit forcé de défendre un juge contre une accusation de viol.
VF→LS VO→9,95$ 13 ans +

**AND LIFE GOES ON...** ▷3
IRAN. 1992. Drame d'Abbas KIAROSTAMI avec Farhad Kheradmand et Puya Paevar. - Au lendemain d'un tremblement de terre qui dévasta l'Iran, un cinéaste part à la recherche de l'enfant qui fut la vedette de l'un de ses films. - Récit se situant entre le documentaire et la fiction. Mise en scène épurée.
STA→28,95$ Général

**AND NOW FOR SOMETHING COMPLETELY DIFFERENT** ▷4
ANG. 1971. Film à sketches de Ian McNAUGHTON avec Graham Chapman, John Cleese et Terry Gilliam. - Assemblage de situations absurdes et de plaisanteries outrées présentées sous forme de saynètes et de séquences d'animation.
VO→19,95$ LBX-DVD→29,95$ Général

**AND THE BAND PLAYED ON** ▷4
É.-U. 1993. Chronique de Roger SPOTTISWOODE avec Matthew Modine, Alan Alda et Patrick Bachau. - Les efforts accomplis par un groupe de chercheurs pour identifier l'origine et la nature du virus du sida.
VO→14,95$ VF→LS Général

**... AND THE EARTH DID NOT SWALLOW HIM** ▷4
É.-U. 1994. Drame social de Severo PEREZ avec Jose Alcala, Daniel Valdez et Rose Portillo. - Le fils d'une famille d'immigrants latinos observe les dures conditions de vie dans la campagne américaine des années 50.
VO→PC Général

**AND THE SHIP SAILS ON**
Voir: ET VOGUE LE NAVIRE!

**AND THEN THERE WERE NONE** ▷3
É.-U. 1947. Comédie policière de René CLAIR avec Barry Fitzgerald, Louis Hayward et Walter Huston. - Dix personnes réunies dans un lieu inaccessible sont tuées l'une après l'autre par un mystérieux assassin. - Adaptation ingénieuse d'un roman d'Agatha Christie. Mise en scène fort soignée. Rythme bien maintenu. Interprétation homogène.
VO→24,95$ DVD→29,95$ Général

**AND THEN YOU DIE** ▷4
CAN. 1987. Drame policier de Francis MANKIEWICZ avec Kenneth Welsh, R.H. Thomson et Pierre Chagnon. - Un important trafiquant de drogues s'entend avec des motards pour éliminer un mafioso dont il convoite le territoire.
VO→LS 13 ans +

**ANDERSON TAPES, THE** ▷4
É.-U. 1971. Drame policier de Sidney LUMET avec Sean Connery, Dyan Cannon et Martin Balsam. - À sa sortie de prison, un homme prépare un coup d'envergure.
VF→LS VO→LS 13 ans +

**ANDRE** ▷4
É.-U. 1994. Comédie de George MILLER avec Keith Carradine, Tina Majorino et Chelsea Field. - Une fillette vivant dans une petite communauté de pêcheurs du Maine se met en frais de dresser un bébé phoque orphelin.
VF→PC VO→PC Général

**ANDREI RUBLEV** ►1
RUS. 1966. Drame historique d'Andrei TARKOVSKY avec Anatoli Solonitzine, Ivan Lapikov et Nikolai Sergueiev. - Les tribulations d'un peintre d'icônes dans la Russie du XVe siècle. - Évocation historique faite de grandeur et de lyrisme. Mise en scène magistrale. Interprétation inspirée.
STA-LBX→21,95$ STA-LBX-DVD→63,95$ 13 ans +

**ANDREI TARKOVSKY: THE GENIUS, THE MAN, THE LEGEND** ▷0
SUÈ. 1988, Michal LESZCZYLOWSKI
STA→41,95$ Général

**ANDROCLES AND THE LION** ▷5
É.-U. 1952. Comédie satirique de Chester ERSKINE avec Jean Simmons, Alan Young et Robert Newton. - Un chrétien livré aux fauves est épargné par un lion auquel il a jadis enlevé une épine.
VO→27,95$ Général

**ANDROID** ▷4
É.-U. 1982. Science-fiction de Aaron LIPSTADT avec Don Opper, Klaus Kinski et Brie Howard. - En 2036, un savant expérimentant des robots à forme humaine, reçoit dans sa station orbitale des évadés dont il compte se servir.
VF→LS Général

**ANDROÏDE**
Voir: ANDROID

**ANDROMEDA STRAIN, THE** ▷3
É.-U. 1971. Science-fiction de Robert WISE avec Arthur Hill, David Wayne et James Olson. - Dans un laboratoire ultra-secret, quatre spécialistes s'efforcent d'isoler un virus dangereux venu de l'espace. - Ton d'observation documentaire sobre et rigoureux. Personnages estompés par les décors et trucages. Excellents moments de suspense. Comédiens de talent.
VO→11,95$ LBX-DVD→44,95$ Général

**ANDY HARDY GETS SPRING FEVER** ▷5
É.-U. 1939. Comédie de W.S. VAN DYKE avec Mickey Rooney, Lewis Stone et Helen Gilbert. - Un adolescent s'éprend de son professeur d'art dramatique.
VO→18,95$ Général

**ANDY HARDY MEETS DEBUTANTE** ▷5
É.-U. 1945. Comédie de George B. SEITZ avec Mickey Rooney, Lewis Stone et Judy Garland. - Le fils d'un juge de province s'enfle la tête à l'occasion d'un voyage à New York.
VO→18,95$ Général

**ANDY HARDY'S DOUBLE LIFE** ▷6
É.-U. 1942. Comédie de George B. SEITZ avec Mickey Rooney, Lewis Stone et Esther Williams. - Un étudiant néglige sa petite amie et s'attache à une championne de natation.
VO→18,95$

**ANDY HARDY'S PRIVATE SECRETARY** ▷5
É.-U. 1940. Comédie de George B. SEITZ avec Mickey Rooney, Lewis Stone et Kathryn Grayson. - Un étudiant élu président de sa classe se laisse entraîner dans des activités qui nuisent à ses études.
VO→18,95$

**ANDY WARHOL'S BAD** ▷5
É.-U. 1976. Drame de mœurs de Jed JOHNSON avec Carroll Baker, Perry King et Susan Tyrrell. - Une femme qui donne des soins esthétiques à domicile sert d'intermédiaire à un réseau de jeunes filles prêtes à commettre des meurtres contre rénumération.
VO→27,95$ 18 ans +

**ANDY WARHOL'S DRACULA** ▷4
ITA. 1974. Drame d'horreur de Paul MORRISSEY avec Udo Kier, Joe Dallesandro et Vittorio De Sica. - Le comte Dracula se rend en Italie à la recherche de vierges dont le sang seul peut le maintenir en existence.
VO→34,95$ LBX-DVD→64,95$ LBX-DVD→64,95$ 16 ans +

**ANDY WARHOL'S FRANKENSTEIN** ▷5
ITA. 1973. Drame d'horreur de Paul MORRISSEY avec Udo Kier, Monique Van Vooren et Joe Dallesandro. - Le baron Frankenstein poursuit des expériences pour arriver à créer une race supérieure.
VO→34,95$ LBX-DVD→64,95$ 18 ans +

**ANGE AU PARADIS, UN** ▷5
FR. 1973. Comédie satirique de Jean-Pierre BLANC avec Michel Aumont, Catherine Samie et Mimi Young. - Un employé de pompes funèbres tente de réunir la somme d'argent que lui réclame un tenancier de bordel dont il a épousé une des prostituées.
VO→LS 13 ans +

**ANGE BLEU, L'** ►1
ALL. 1930. Drame psychologique de Josef VON STERNBERG avec Marlene Dietrich, Emil Jannings et Hans Albers. - Un professeur de collège connaît la déchéance après être devenu amoureux d'une chanteuse de cabaret. - Œuvre marquante du début du parlant. Réalisation magistrale alliant expressionnisme, naturalisme et théâtralité. Fortes créations de M. Dietrich et E. Jannings.
STA-KINO→LS STA→17,95$ Général

**ANGE DE LA MUSIQUE, L'**
Voir: THE SILENT TOUCH

**ANGE DE TROP, UN**
Voir: HEART CONDITION

**ANGE DÉNOMMÉ WANDA, UN**
Voir: A FISH CALLED WANDA

**ANGE ET LA FEMME, L'** ▷5
QUÉ. 1977. Drame fantastique de Gilles CARLE avec Carole Laure, Lewis Furey et Jean Comtois. - Un personnage mystérieux recueille le cadavre d'une jeune femme assassinée et lui rend la vie.
VO→LS 18 ans +

**ANGE EXTERMINATEUR, L'** ►2
MEX. 1962. Drame fantastique de Luis BUÑUEL avec Silvia Pinal, Jose Baviera et Augusto Benedico. - Les invités d'une soirée se sentent retenus chez leurs hôtes par une force mystérieuse. - Thème insolite. Traitement énigmatique enrichi d'une étude de mœurs satirique. Monde clos décrit avec force. Interprétation stylisée.
STA→39,95$ Général

**ANGE GARDIEN POUR TESS, UN**
Voir: GUARDING TESS

**ANGE NOIR, L'** ▷4
FR. 1994. Drame psychologique de Jean-Claude BRISSEAU avec Sylvie Vartan, Michel Piccoli et Tchéky Karyo. - Après avoir été acquittée du meurtre de son amant qu'elle a fait passer pour un violeur, l'épouse d'un riche magistrat est victime d'un maître chanteur.
VO→LS 16 ans + Érotisme

**ANGE PERVERS, L'**
Voir: OF HUMAN BONDAGE

**ANGEL** ▷4
É.-U. 1937. Drame sentimental d'Ernst LUBITSCH avec Marlene Dietrich, Herbert Marshall et Melvyn Douglas. - Après une aventure passagère, la femme d'un diplomate se ressaisit.
VO→16,95$ Général

**ANGEL** ▷0
GRÈ. 1982, Yiorgos KATAKOUZINOS
STA→59,95$

**ANGEL AT MY TABLE, AN** ▷3
N.-Z. 1990. Drame biographique de Jane CAMPION avec Kerry Fox, Alexia Keogh et Karen Fergusson. - Une jeune auteure, qui a été internée pendant huit ans à la suite d'un diagnostic psychiatrique erroné, parcourt l'Europe après que son premier roman a été primé. - Portrait impressionniste et souvent poétique. Mise en images saisissante. Réalisation sensible et délicate. Excellentes comédiennes.
VO→19,95$ Général

**ANGEL BABY** ▷3
AUS. 1995. Drame psychologique réalisé par Michael RYMER avec John Lynch, Jacqueline McKenzie et Colin Friels. - Deux patients souffrant de troubles psychiques doivent affronter les pressions de leur entourage lorsqu'ils conçoivent un enfant. - Scénario inspiré et bien construit. Réalisation efficace. Comédiens excellents.
VO→18,95$ 13 ans + Érotisme

**ANGEL HEART** ▷3
É.-U. 1987. Drame policier de Alan PARKER avec Mickey Rourke, Robert De Niro et Lisa Bonet. - En 1955, un homme mystérieux engage un détective pour retrouver un chanteur disparu. - Récit complexe. Atmosphère palpable de décrépitude. Nombreux effets de style. Bonne évocation d'époque. Mise en scène habile. Interprétation nerveuse.
VF→11,95$ VO→11,95$ LBX-DVD→29,95$ **13 ans +**

**ANGEL SQUARE** ▷4
CAN. 1990. Comédie fantaisiste de Anne WHEELER avec Jeremy Radick, Ned Beatty et Nicola Cavendish. - Un jeune garçon qui s'imagine souvent en justicier décide de mener sa propre enquête en vue de démasquer un mystérieux agresseur.
VF→LS VO→19,95$ **Général**

**ANGELA'S ASHES** ▷4
É.-U. 1999. Chronique d'Alan PARKER avec Emily Watson, Robert Carlyle et Joe Breen. - Mal secondée par un époux alcoolique et chômeur, une Irlandaise doit subvenir aux besoins de ses jeunes enfants durant la Dépression.
VF→LS VO→LS

**ANGÈLE** ▷3
FR. 1934. Comédie dramatique de Marcel PAGNOL avec Orane Demazis, Fernandel et Henri Poupon. - Un paysan de Haute-Provence traite durement sa fille qui a eu un enfant hors mariage. - Sujet tiré d'un texte de Jean Giono. Densité dramatique. Cadre paysan bien reconstitué. Interprétation sobre.
VO→29,95$ **Général**

**ANGELIC CONVERSATION, THE** ▷0
ANG. 1985, Derek JARMAN
VO→41,95$ **Général**

**ANGÉLIQUE (COFFRET)** ▷0
Voir: ANGÉLIQUE MARQUISE DES ANGES · MERVEILLEUSE ANGÉLIQUE · ANGÉLIQUE ET LE ROY · INDOMPTABLE ANGÉLIQUE · ANGÉLIQUE ET LE SULTAN
VO→69,95$

**ANGÉLIQUE ET LE ROY** ▷5
FR. 1965. Aventures de Bernard BORDERIE avec Michèle Mercier, Jean Rochefort et Jacques Toja. - Une veuve se voit confier une mission difficile par le roi Louis XIV.
VO→LS **13 ans +**

**ANGÉLIQUE ET LE SULTAN** ▷5
FR. 1968. Aventures de Bernard BORDERIE avec Michèle Mercier, Robert Hossein et Jean-Claude Pascal. - Une jeune femme, enlevée et destinée au harem d'un roi arabe, est recherchée par son mari.
VO→LS **13 ans +**

**ANGÉLIQUE, MARQUISE DES ANGES** ▷5
FR. 1964. Aventures de Bernard BORDERIE avec Michèle Mercier, Robert Hossein et Jean Rochefort. - Un gentilhomme laid et riche, marié à une jeune noble ruinée, est arrêté pour sorcellerie.
VO→LS **13 ans +**

**ANGÉLO, FRÉDO ET ROMÉO** ▷6
QUÉ. 1996. Comédie satirique de Pierre PLANTE avec Martin Drainville, Benoît Brière et Luc Guérin. - Un célibataire candide s'imagine le héros de différents films d'aventures ou d'amour tournés à travers le monde.
VO→18,95$ **Général**

**ANGELS & INSECTS** ▷4
ANG. 1995. Drame de mœurs de Philip HAAS avec Mark Rylance, Kristin Scott-Thomas et Patsy Kensit. - Un naturaliste qui a épousé la fille d'un aristocrate découvre des secrets troublants sur sa belle-famille.
VF→13,95$ **13 ans +**

**ANGELS IN THE OUTFIELD** ▷4
É.-U. 1951. Comédie fantaisiste de Clarence BROWN avec Paul Douglas, Janet Leigh et Donna Corcoran. - L'ange gardien du gérant d'un club de base-ball en perte de vitesse s'offre à l'aider s'il amende sa conduite.
VO→14,95$ **Général**

**ANGELS OVER BROADWAY** ▷4
É.-U. 1940. Drame de Ben HECHT et Lee GARMES avec Douglas Fairbanks Jr, Rita Hayworth et Thomas Mitchell. - Les habitués d'un café viennent en aide à un homme qui a tenté de se suicider.
VO→19,95$ **Général**

**ANGELS WITH DIRTY FACES** ▷3
É.-U. 1939. Drame social de Michael CURTIZ avec James Cagney, Pat O'Brien et Humphrey Bogart. - Un prêtre qui s'occupe d'une œuvre pour la jeunesse, cherche à ramener dans le droit chemin un ami d'enfance devenu criminel.- Thème doté d'une belle valeur psychologique. Mise en scène habile. Interprétation efficace.
VO→19,95$ **Général**

**ANGES, LES** ▷0
FR. 1972, Jean DESVILLES
VO→LS **Non classé**

**ANGES DE LA NUIT, LES**
Voir: STATE OF GRACE

**ANGES ET DES INSECTES, DES**
Voir: ANGELS et INSECTS

**ANGES GARDIENS, LES** ▷4
FR. 1994. Comédie fantaisiste de Jean-Marie POIRÉ avec Gérard Depardieu, Christian Clavier et Eva Grimaldi. - Un cabaretier et un prêtre mêlés à une affaire louche sont hantés par leurs consciences qui se manifestent sous la forme d'anges tentateurs ou réprobateurs.
VO→26,95$ **13 ans +**

**ANGIE** ▷5
É.-U. 1994. Comédie dramatique de Martha COOLIDGE avec Geena Davis, Stephen Rea et James Gandolfini. - Se sentant démunie après avoir eu un enfant, une jeune célibataire part à la recherche de sa mère qu'elle n'a pas revue depuis son enfance.
VO→PC **Général**

**ANGLAIS, L'**
Voir: THE LIMEY

**ANGLAISE ROMANTIQUE, UNE**
Voir: THE ROMANTIC ENGLISHWOMAN

**ANGOISSE DU GARDIEN DE BUT AU MOMENT DU PENALTY, L'** ▷3
ALL. 1971. Drame psychologique de Wim WENDERS avec Arthur Brauss, Kai Fischer et Erika Pluhar. - Après avoir étranglé une caissière, le gardien de but d'une équipe de soccer se rend en Autriche où il cherche à renouer avec une ancienne amie. - Récit dédramatisé au possible adapté d'un roman de Peter Handke. Œuvre intelligemment conduite dans une optique existentielle.
STA→LS **Général**

**ANGORA LOVE** ▷0
É.-U. 1929, Lewis R. FOSTER
VO→15,95$

**ANGRY HARVEST** ▷3
ALL. 1984. Drame psychologique d'Agnieszka HOLLAND avec Armin Muller-Stahl, Elisabeth Trissenaar et Wojtech Pszoniak. - Ayant réussi à échapper aux nazis, une Juive est recueillie par un fermier polonais avec lequel elle vit une liaison douloureuse. - Vision nuancée d'une relation passionnelle. Évocation d'époque convaincante. Atmosphère sombre mais prenante.
STA→LS **Non classé**

**ANGRY RED PLANET, THE** ▷6
É.-U. 1959. Science-fiction d'Ib MELCHIOR avec Gerald Mohr, Nora Hayden et Les Tremayne. - Des explorateurs arrivent sur Mars où ils sont attaqués par diverses créatures.
VO→11,95$ **Non classé**

**ANGUILLE, L'** ►2
JAP. 1997. Drame psychologique de Shohei IMAMURA avec Koji Yakusho, Misa Shimizu et Fujio Tsuneta. - Libéré sur parole huit ans après le meurtre de sa femme adultère, un homme taciturne réapprend à vivre et à aimer. - Récit foisonnant mené de main de maître. Mélange de genres habilement agencés. Mise en scène d'une admirable aisance. Interprétation de première force.
VF→LS STF→27,95$ 13 ans +

**ANGUS** ▷5
É.-U. 1995. Comédie dramatique de Patrick Read JOHNSON avec Charlie Talbert, George C. Scott et Kathy Bates. - Un garçon dégourdi et sensible subit les moqueries de ses camarades de classe en raison de son embonpoint.
VF→LS VO→LS Général

**ANIMAL CRACKERS** ▷4
É.-U. 1930. Comédie musicale de Victor HEERMAN avec Groucho Marx, Chico Marx et Harpo Marx. - La substitution d'un tableau, au cours d'une fête, occasionne une suite de quiproquos.
VO→14,95$ DVD→44,95$ Général

**ANIMAL FACTORY** ▷4
É.-U. 2000. Drame de Steve BUSCEMI avec Willem Dafoe, Edward Furlong et Seymour Cassel. - Un jeune détenu devient le protégé d'un bagnard qui exerce de l'ascendant sur les autres prisonniers et les gardiens d'un pénitencier.
VF→LS VO→LS

**ANIMAL FARM** ▷0
É.-U. 1999. John STEPHENSON

**ANIMAL FARM** ▷4
ANG. 1955. Dessins animés de John HALAS et Joy BATCHELOR. - Sur une ferme, les animaux se révoltent contre leur maître, ivrogne et incompétent.
VO→39,95$ Général

**ANIMAL, L'** ▷5
FR 1977. Comédie de Claude ZIDI avec Jean-Paul Belmondo, Raquel Welch et Aldo Maccione. - Un cascadeur essaie de conquérir une collègue américaine.
VA→LS VO→LS Général

**ANITA: DANCES OF VICE** ▷0
ALL. 1987, Rosa VON PRAUNHEIM
STA→LS 16 ans + Érotisme

**ANNA** ▷4
É.-U. 1986. Drame psychologique de Yurek BOGAYEVICZ avec Sally Kirkland, Paulina Porizkova et Robert Fields. - Jadis une vedette dans son pays natal, une actrice tchèque installée à New York accueille chez elle une jeune compatriote qui finit par la supplanter.
VO→PC Général

**ANNA 6-18** ▷3
RUS. 1993. Documentaire de Nikita MIKHALKOV. - Sur une période de vingt ans, un cinéaste russe questionne sa fille sur ses désirs, ses peurs et ses aspirations. - Œuvre empreinte d'un bel humanisme. Ensemble riche sur le plan psychologique et philosophique. Tableau émouvant de la Russie. Montage percutant. Commentaires des plus révélateurs.
STF→18,95$ Général

**ANNA AND THE KING** ▷4
É.-U. 1999. Drame d'Andy TENNANT avec Jodie Foster, Chow Yun-Fat et Bai Ling. - En 1862, une jeune veuve anglaise devient l'institutrice des nombreux enfants du roi de Siam.
VF→16,95$ VO→16,95$ Non classé

**ANNA AND THE KING OF SIAM** ▷4
É.-U. 1946. Drame de John CROMWELL avec Irene Dunne, Rex Harrison et Linda Darnell. - Une jeune veuve anglaise devient la préceptrice des enfants du roi de Siam.
VO→16,95$ Général

**ANNA CHRISTIE** ▷4
É.-U. 1930. Drame de Clarence BROWN avec Greta Garbo, Charles Bickford et Marie Dressler. - Une prostituée s'éprend d'un jeune marin en rendant visite à son père.
VO→19,95$ Général

**ANNA ET LE ROI**
Voir: ANNA AND THE KING

**ANNA KARENINA** ▷3
É.-U. 1935. Drame sentimental de Clarence BROWN avec Greta Garbo, Fredric March et Basil Rathbone. - Une femme mariée fait la connaissance d'un jeune officier dont elle s'éprend. - Adaptation soignée du roman de Tolstoï. Mise en scène somptueuse. Jeu fascinant de G. Garbo.
VO→19,95$ Général

**ANNA KARENINE D'APRÈS LÉON TOLSTOI**
Voir: LEO TOLSTOY'S ANNA KARENINA

**ANNABELLE PARTAGÉE** ▷5
FR. 1990. Drame psychologique de Francesca COMENCINI avec Delphine Zingg, François Marthouret et Jean-Claude Adelin. - Une jeune danseuse, qui entretient une liaison avec un architecte deux fois plus âgé qu'elle, s'éprend d'un garçon de son âge.
VO→18,95$ 13 ans + Érotisme

**ANNE FRANK: THE MISSING CHAPTER**
É.-U. 2000, Bernard HAMMELBURG
VO→27,95$

**ANNE FRANK REMEMBERED** ▷3
É.-U. 1995. Documentaire de Jon BLAIR. - Diverses personnes qui ont côtoyé Anne Frank tracent un portrait de cette victime de l'Holocauste rendue célèbre par le journal qu'elle tint pendant la Seconde Guerre mondiale. - Nombreux témoignages émouvants et révélateurs. Travail de recherche exemplaire. Portrait nuancé de l'héroïne.
VO→13,95$ Général

**ANNE OF GREEN GABLES** ▷3
CAN. 1985. Comédie dramatique de Kevin SULLIVAN avec Megan Follows, Colleen Dewhurst et Richard Farnsworth. - Alors qu'il s'attendait à adopter un garçon qui l'aiderait sur sa ferme, un célibataire voit débarquer une petite rouquine envoyée par erreur par l'orphelinat. - Adaptation réussie d'un roman populaire. Téléfilm à la réalisation très soignée. Interprétation de talent.
VF→21,95$ VO→21,95$ Général

**ANNE OF GREEN GABLES** ▷4
É.-U. 1934. Drame de George NICHOLLS Jr. avec Anne Shirley, Tom Brown et Helen Westley. - Une orpheline s'en va vivre dans une famille de l'Île-du-Prince-Édouard.
VO→21,95$ VF→21,95$ Général

**ANNE OF GREEN GABLES - THE SEQUEL** ▷3
CAN. 1987. Comédie dramatique de Kevin SULLIVAN avec Megan Follows, Colleen Dewhurst et Wendy Hiller. - Les tribulations d'une orpheline devenue institutrice sur l'Île-du-Prince-Édouard. - Téléfilm à l'intrigue anecdotique riche en détails savoureux. Mise en scène aérée. Photographie pittoresque. Interprétation charmante.
VO→21,95$ VF→21,95$ Général

**ANNE OF THE THOUSAND DAYS** ▷3
ANG. 1969. Drame historique de Charles JARROTT avec Richard Burton, Geneviève Bujold et Anthony Quayle. - L'amour du roi Henri VIII d'Angleterre pour Anne Boleyn le pousse à une rupture avec l'Église romaine. - Images somptueuses et soignées. Rythme soutenu. Jeu convaincant des interprètes.
VO→14,95$ Général

**ANNE TRISTER** ▷3
QUÉ. 1986. Drame psychologique de Léa POOL avec Albane Guilhe, Louise Marleau et Guy Thauvette. - Une jeune artiste suisse s'attache à une psychologue pour enfants de Montréal. - Variations

mélancoliques et troublantes sur un monde secret féminin. Réalisation d'un art subtil. Interprétation d'une intériorité convaincante.
VO→19,95$ **Général**

**ANNE... LA MAISON AUX PIGNONS VERTS**
Voir: ANNE OF GREEN GABLES

**ANNE... LA MAISON AUX PIGNONS VERTS - LA SUITE**
Voir: ANNE OF GREEN GABLES - THE SEQUEL

**ANNÉE DE L'ÉVEIL, L'** ▷4
BEL. 1991. Drame de mœurs de Gérard CORBIAU avec Grégoire Colin, Laurent Grevill et Chiara Caselli. - Les tribulations d'un jeune orphelin qui poursuit ses études dans un collège militaire.
VO→LS **13 ans +**

**ANNÉE DE TOUS LES DANGERS, L'**
Voir: THE YEAR OF LIVING DANGEROUSLY

**ANNÉE DE VIOLENCE, UNE**
Voir: YEAR OF THE GUN

**ANNÉE DERNIÈRE À MARIENBAD, L'** ►1
FR. 1960. Drame d'Alain RESNAIS avec Delphine Seyrig, Giorgio Albertazzi et Sacha Pitoëff. - Dans un somptueux hôtel, un homme cherche à convaincre une femme qu'ils se sont déjà rencontrés. - Narration envoûtante inspirée du Nouveau Roman. Montage savant. Musique captivante. Interprétation stylisée.
STA→21,95$ STA-LBX-DVD→34,95$ **Général**

**ANNÉE DES MÉDUSES, L'** ▷5
FR. 1984. Drame de mœurs de Christopher FRANK avec Valérie Kaprisky, Bernard Giraudeau et Caroline Cellier. - En vacances à Saint-Tropez, une jeune fille qui s'amuse à exciter les hommes se hérisse lorsque l'un d'eux lui préfère sa mère.
STA→LS **13 ans +**

**ANNÉE DU DRAGON, L'**
Voir: THE YEAR OF THE DRAGON

**ANNÉE DU SOLEIL TRANQUILLE, L'** ▷3
POL. 1984. Drame psychologique de Krzysztof ZANUSSI avec Maja Komorowska, Scott Wilson et Hanna Skarzanka. - En 1946, l'amour impossible d'une veuve polonaise et d'un soldat américain. - Drame humain dessiné avec justesse et sobriété. Contexte social et historique bien évoqué.
STA→LS VF→LS **Général**

**ANNÉE JULIETTE, L'** ▷4
FR. 1994. Comédie dramatique de Philippe LE GUAY avec Fabrice Luchini, Valérie Stroh et Philippine Leroy Beaulieu. - Un anesthésiste prétexte une liaison avec une inconnue pour repousser sa maîtresse.
VO→26,95$ **Général**

**ANNÉE SAINTE, L'** ▷5
FR. 1976. Comédie policière de Jean GIRAULT avec Jean Gabin, Jean-Claude Brialy et Danielle Darrieux. - À l'occasion de l'année sainte, deux évadés déguisés en ecclésiastiques décident d'aller récupérer un magot enfoui près de Rome.
VO→LS **Général**

**ANNÉES 80, LES** ▷3
FR. 1985. Comédie musicale de Chantal AKERMAN avec Delphine Seyrig, Fanny Cottençon et Charles Denner. - Les échanges amoureux entre les employés d'un magasin de confection et d'un salon de coiffure se faisant face dans une galerie marchande. - Mise en scène rythmée habilement contrôlée. Interprétation convaincante.
STA→PC **Général**

**ANNÉES DE RÊVES, LES** ▷4
QUÉ. 1984. Chronique historique de Jean-Claude LABRECQUE avec Gilbert Sicotte, Anne-Marie Provencher et Monique Mercure. - Durant les années 1960, l'impact des événements politiques au Québec sur la vie d'un jeune couple montréalais.
VO→LS **13 ans +**

**ANNEES FANTASTIQUES, LES**
Voir: THE IMPOSSIBLE YEARS

**ANNÉES-LUMIÈRE, LES** ▷3
FR. 1980. Drame poétique de Alain TANNER avec Trevor Howard, Mick Ford et Bernice Stegers. - Un jeune homme se soumet aux exigences bizarres d'un vieillard qui semble avoir quelque chose à lui apprendre. - Climat d'étrangeté. Aspects insolites. Mise en scène sûre.
VO→LS **Général**

**ANNIE** ▷4
É.-U. 1982. Comédie musicale de John HUSTON avec Aileen Quinn, Albert Finney et Carol Burnett. - Les mésaventures d'une orpheline choisie pour vivre une semaine chez un milliardaire.
VO→14,95$ VF→14,95$ **Général**

**ANNIE HALL** ►1
É.-U. 1977. Comédie réalisée et interprétée par Woody ALLEN avec Diane Keaton et Tony Roberts. - Un comédien vedette de la télévision s'éprend d'une apprentie chanteuse. - Ironie douce-amère. Mise en scène inventive. Dialogues savoureux. Interprètes à la fois drôles et touchants.
VO→14,95$ LBX-DVD→21,95$ **Général**

**ANNIE OAKLEY** ▷4
É.-U. 1935. Comédie de George STEVENS avec Barbara Stanwyck, Preston Foster et Melvyn Douglas. - Une jeune paysanne devient vedette du cirque de Buffalo Bill.
VO→LS **Général**

**ANNIE: A ROYAL ADVENTURE!** ▷5
É.-U. 1995. Comédie de Ian TOYNTON avec Ashley Johnson, George Hearn et Joan Collins. - Une orpheline contrecarre les projets d'un aristocrate qui veut faire sauter le palais de Buckingham afin de prendre la place de la reine d'Angleterre.
VF→13,95$ **Général**

**ANNIVERSARY, THE** ▷5
ANG. 1967. Comédie dramatique de Roy Ward BAKER avec Bette Davis, Sheila Hancock et Jack Hedley. - Les trois fils d'une veuve sont réunis pour fêter l'anniversaire de leur mère.
VO→22,95$ **Général**

**ANNONCE FAITE À MARIE, L'** ▷4
FR. 1991. Drame poétique réalisé et interprété par Alain CUNY avec Ulrika Jonsson et Jean des Ligneris. - La fille aînée d'un fermier est bannie par les siens après avoir contracté la lèpre.
VO→LS **Général**

**ANOTHER 48 HOURS** ▷5
É.-U. 1990. Drame policier de Walter HILL avec Eddie Murphy, Nick Nolte et Brion James. - Un policier demande l'aide d'un ancien associé tout juste sorti de prison pour mettre fin aux activités d'un criminel.
VF→14,95$ VO→LS **13 ans +**

**ANOTHER COUNTRY** ▷4
ANG. 1984. Drame psychologique de Marek KANIEVSKA avec Rupert Everett, Colin Firth et Michael Jenn. - Un transfuge anglais vivant à Moscou évoque pour une journaliste ses années d'études dans un collège huppé.
VO→13,95$ **Général**

**ANOTHER DAY IN PARADISE** ▷4
É.-U. 1998. Drame de mœurs de Larry CLARK avec James Woods, Melanie Griffith et Vincent Kartheiser. - Un criminel quadragénaire et sa complice héroïnomane prennent en charge un jeune couple de paumés.
VF→34,95$ **16 ans + Violence**

**ANOTHER MAN'S POISON** ▷5
ANG. 1951. Drame de mœurs de Irving RAPPER avec Bette Davis, Gary Merrill et Emlyn Williams. - Après avoir assassiné son mari, qui venait de s'évader de prison, une romancière se retrouve aux prises avec un ancien codétenu de celui-ci.
DVD→39,95$ **Non classé**

**ANOTHER STAKEOUT** ▷5
É.-U. 1993. Comédie policière de John BADHAM avec Richard Dreyfuss, Emilio Estevez et Rosie O'Donnell. - Afin de remplir incognito une mission de surveillance, deux policiers et une avocate se font passer pour père, mère et fils.
VF→LS VO→PC 13 ans +

**ANOTHER THIN MAN** ▷4
É.-U. 1939. Comédie policière de W.S. VAN DYKE II avec William Powell, Myrna Loy et Virginia Grey. - Un détective amateur et son épouse enquêtent sur le meurtre d'un richissime vieillard.
VO→18,95$ Général

**ANOTHER TIME, ANOTHER PLACE** ▷3
ANG. 1982. Drame de Michael RADFORD avec Phyllis Logan, Giovanni Mauriello et Gian Luca Favilla. - En 1944, une jeune Écossaise se prend d'amitié pour trois prisonniers italiens logeant dans la ferme qu'elle exploite avec son mari. - Peinture de mœurs haute en couleur. Mélange d'ironie et de sympathie. Rythme un peu lent. Mise en scène juste. Interprétation sensible.
VO→PC Non classé

**ANOTHER WAY** ▷0
HON. 1982, Karoly MAKK
STA→52,95$ 13 ans + Érotisme

**ANOTHER WOMAN** ▷3
É.-U. 1988. Drame psychologique de Woody ALLEN avec Gena Rowlands, Ian Holm et Blythe Danner. - S'étant retirée dans le but d'écrire un livre, une enseignante voit sa réflexion détournée par les propos d'une inconnue émanant du bureau contigu d'un psychiatre. - Œuvre dans la vague sérieuse de l'auteur. Construction complexe et émouvante. Fine psychologie. Interprétation juste et sobre.
VF→LS VO→14,95$ Général

**ANTARCTICA** ▷4
JAP. 1983. Aventures de Koreyoshi KURAHARA avec Ken Takakura, Tsunehiko Watase et Eiji Okada. - À cause des conditions climatiques, les membres d'une expédition scientifique en Antarctique doivent abandonner les chiens qui servaient à tirer les traîneaux.
VO→LS Général

**ANTHONY ADVERSE** ▷4
É.-U. 1936. Aventures de Mervyn LeROY avec Fredric March, Olivia de Havilland et Claude Rains. - Un orphelin adopté par un armateur connaît diverses aventures à travers le monde.
VO→19,95$ Général

**ANTIGONE** ▷0
GRÈ. 1961, George TZAVELLAS
STA→39,95$ Général

**ANTITRUST** ▷5
É.-U. 2000. Drame policier de Peter HOWITT avec Ryan Phillippe, Tim Robbins et Claire Forlani. - Un jeune informaticien s'efforce de déjouer un machiavélique complot ourdi par son patron, un magnat de la haute technologie.
Général

**ANTOINE ET ANTOINETTE** ▷3
FR. 1947. Comédie de Jacques BECKER avec Roger Pigaut, Claire Mafféi et Noël Roquevert. - Un jeune couple égare un billet de loterie gagnant. - Récit charmant. Rythme nerveux. Fines observations.
STA→44,95$ Général

**ANTOINE ET SÉBASTIEN** ▷4
FR. 1973. Comédie de mœurs de Jean-Marie PERIER avec François Périer, Jacques Dutronc et Ottavia Piccolo. - Un ancien pionnier de l'aviation projette de marier son fils adoptif à la fille de sa deuxième femme.
VO→LS Général

**ANTONIA & JANE** ▷4
ANG. 1991. Comédie dramatique de Beeban KIDRON avec Saskia Reeves, Imelda Staunton et Bill Nighy. - Deux amies qui s'adorent et se haïsssent à la fois parlent de cette houleuse amitié à leur psychanalyste.
VO→PC 13 ans +

**ANTONIA ET SES FILLES**
Voir: ANTONIA'S LINE

**ANTONIA'S LINE** ▷4
HOL. 1995. Chronique de Marleen GORRIS avec Willeke Van Ammelrooy, Els Dottermans et Jan Decleir. - La vie d'une fermière qui vit entourée d'excentriques et qui transmet sa soif d'indépendance à sa descendance exclusivement féminine.
STF→18,95$ STA→32,95$ STA-LBX-DVD→22,95$ 13 ans +

**ANTRE DE LA FOLIE, L'**
Voir: IN THE MOUTH OF MADNESS

**ANTZ** ▷3
É.-U. 1998. Dessins animés d'Eric DARNELL et Tim JOHNSON. - Les mésaventures d'une fourmi rêveuse et individualiste qui vit dans une immense colonie dirigée par un général mégalomane. - Fable assez réjouissante malgré des éléments convenus. Traitement fantaisiste. Conception visuelle inventive. Animation par ordinateur parfaitement au point.
VF→16,95$ VO→16,95$ LBX-DVD→27,95$ Général

**ANY GIVEN SUNDAY** ▷4
É.-U. 1999. Drame sportif d'Oliver STONE avec Al Pacino, Jamie F▷4 et Cameron Diaz. - L'entraîneur d'une équipe de football de Miami connaît une fin de saison mouvementée.
VF→19,95$ VO→LS

**ANY NUMBER CAN PLAY** ▷5
É.-U. 1949. Comédie dramatique de Mervyn LeROY avec Clark Gable, Alexis Smith et Darryl Hickman. - Le tenancier d'une maison de jeux tente de gagner l'amitié de son fils.
VO→18,95$ Général

**ANY WEDNESDAY** ▷5
É.-U. 1966. Comédie de Robert Ellis MILLER avec Jason Robards, Jane Fonda et Dean Jones. - Un homme d'affaires marié rencontre une jeune maîtresse tous les mercredis soirs.
VO→18,95$ Général

**ANYWHERE BUT HERE** ▷4
É.-U. 1999. Drame psychologique de Wayne WANG avec Natalie Portman, Susan Sarandon et Eileen Ryan. - Une adolescente du Wisconsin est forcée par sa mère d'aller vivre avec elle en Californie.
VF→16,95$ VO→16,95$ LBX-DVD→29,95$ Général

**ANZIO** ▷4
ITA. 1968. Drame de guerre d'Edward DMYTRYK avec Robert Mitchum, Peter Falk et Earl Holliman. - Le débarquement opéré par les alliés à Anzio près de Rome en janvier 1944.
VF→9,95$ VO→9,95$ 13 ans +

**APACHE** ▷4
É.-U. 1953. Western de Robert ALDRICH avec Burt Lancaster, Jean Peters et John McIntire. - Un jeune Indien ne peut se résoudre à se soumettre aux Blancs vainqueurs.
VO→14,95$ Général

**APARAJITO** ►1
IND. 1956. Étude de mœurs de Satyajit RAY avec Pinaki Sen Gupta, Karuna Banerjee et Samaran Ghosal. - Une famille de paysans de l'Inde a du mal à se faire à la vie de la ville. - Suite du film «Pather Panchali». Admirable évocation d'inspiration néo-réaliste. Description juste et attendrie. Jeu sincère et sobre des interprètes.
STA→47,95$ Général

**APART FROM HUGH**
É.-U. 1994, John FITZGERALD
VO→59,95$

**APARTMENT ZERO** ▷4
ANG. 1988. Drame psychologique de Martin DONOVAN avec Colin

Firth, Hart Bochner et Francesca d'Aloja. - Le propriétaire d'un cinéma de Buenos Aires partage son appartement avec un meurtrier Américain.
VF→LS VO→11,95$ **13 ans +**

**APARTMENT, THE** ▷3
É.-U. 1960. Comédie dramatique de Billy WILDER avec Jack Lemmon, Shirley MacLaine et Fred MacMurray. - Un employé de bureau prête son appartement à ses patrons pour leurs aventures galantes. - Satire mordante. Comique et drame bien équilibrés. Interprétation remarquable.
LBX→14,95$ VO→18,95$ **Général**

**APHRODITE** ▷6
FR. 1982. Drame de mœurs de Robert FUEST avec Horst Buchholz, Valérie Kaprisky et Daniel Beretta. - Un riche fabricant d'armes, entouré d'amis et de sa maîtresse, entreprend un séjour fastueux sur une île grecque où se situe la villa d'un ambassadeur russe.
VO→LS **18 ans +**

**APOCALYPSE 2024 (A BOY AND HIS DOG)** ▷6
É.-U. 1974. Science-fiction de L.Q. JONES avec Don Johnson, Susanne Benton et Jason Robards. - En 2024, après la quatrième guerre mondiale, un jeune homme est entraîné dans un monde souterrain où s'est constituée une société de survivants.
VF→LS VO→LS LBX-DVD→PC **13 ans +**

**APOCALYPSE NOW** ►1
É.-U. 1979. Drame de guerre de Francis Ford COPPOLA avec Martin Sheen, Robert Duvall et Marlon Brando. - Pendant la guerre du Viêtnam, un officier des forces spéciales remonte un fleuve en bateau pour aller tuer un colonel renégat. - Vision impressionnante des désastres de la guerre. Puissante réflexion sur les pièges du pouvoir guerrier. Étonnants morceaux de bravoure. Interprétation remarquable.
LBX→24,95$ VO→24,95$ VF→24,95$
LBX-DVD→32,95$ **13 ans +**

**APOLLO 13** ▷4
É.-U. 1995. Drame historique de Ron HOWARD avec Tom Hanks, Kevin Bacon et Bill Paxton. - À la suite d'une explosion dans leur capsule, trois astronautes doivent redoubler d'ingéniosité pour parvenir à ramener leur fusée sur terre.
VF→11,95$ VO→11,95$ LBX→16,95$
LBX-DVD→39,95$ **13 ans +**

**APOSTLE, THE** ▷4
É.-U. 1997. Drame de mœurs réalisé et interprété par Robert DUVALL avec Farrah Fawcett et Miranda Richardson. - Fuyant la justice après avoir commis un crime, un prédicateur fervent fonde une église dans un bled perdu.
LBX→19,95$ VF→19,95$ LBX-DVD→41,95$ **Général**

**APPALOOSA, THE** ▷4
É.-U. 1966. Western de Sidney J. FURIE avec Marlon Brando, John Saxon et Anjanette Comer. - Un rancher poursuit un bandit mexicain qui lui a volé un superbe étalon.
VO→14,95$ **Général**

**APPARTEMENT, L'** ▷4
FR. 1996. Drame psychologique de Gilles MIMOUNI avec Vincent Cassel, Romane Bohringer et Jean-Philippe Ecoffey. - Un homme sur le point de se marier ratisse Paris à la recherche de son ancienne flamme.
VO→19,95$ **Général**

**APPÂT, L'** ▷3
FR. 1995. Drame policier de Bertrand TAVERNIER avec Marie Gillain, Olivier Sitruk et Bruno Putzulu. - Deux jeunes Parisiens et leur copine en viennent à voler et à tuer dans l'espoir de se procurer l'argent dont ils ont besoin pour aller vivre aux États-Unis. - Scénario brillant inspiré d'événements authentiques. Traitement réaliste du sujet. Mise en scène nerveuse et précise. Jeu d'une grande spontanéité de M. Gillain.
STA→18,95$ VO→19,95$ **13 ans + Violence**

**APPEL À LA JUSTICE**
Voir: THE ACCUSED

**APPELEZ-MOI DOCTEUR**
Voir: HOUSE CALLS

**APPELLE-MOI**
Voir: HANGING UP

**APPOINTMENT WITH DEATH** ▷4
É.-U. 1987. Drame policier de Michael WINNER avec Peter Ustinov, Lauren Bacall et Carrie Fisher. - Lors d'une croisière en Palestine, un détective enquête sur la mort mystérieuse d'une mère autoritaire qui a falsifié le testament de son défunt mari.
VO→14,95$ **Général**

**APPOINTMENT WITH LOVE**
Voir: ALLO... MADAME

**APPRENTICESHIP OF DUDDY KRAVITZ, THE** ▷3
CAN. 1974. Comédie dramatique de Ted KOTCHEFF avec Richard Dreyfuss, Micheline Lanctôt et Jack Warden. - Dans le milieu juif de Montréal, le fils d'un chauffeur de taxi cherche à se faire une place au soleil par diverses combines. - Scénario abondant en éléments pittoresques. Mise en scène vivante et colorée. Excellente interprétation.
VF→LS VO→LS **13 ans +**

**APPRENTIE SORCIÈRE, L'**
Voir: BEDKNOBS AND BROOMSTICKS

**APPRENTIS, LES** ▷4
FR. 1995. Comédie de mœurs de Pierre SALVADORI avec François Cluzet, Guillaume Depardieu et Judith Henry. - Un paumé qui ne se remet pas d'une peine d'amour se fourvoie dans un hold-up minable avec un copain magouilleur.
VO→18,95$ **Général**

**APPRENTIS CHAMPIONS, LES**
Voir: COOL RUNNINGS

**APPRENTIS CHEVALIERS**
Voir: KIDS OF THE ROUND TABLE

**APPRENTIS COW-BOYS, LES**
Voir: CITY SLICKERS

**APPRENTIS COW-BOYS 2, LES**
Voir: CITY SLICKERS II: THE LEGEND OF CURLY'S GOLD

**APPRENTISSAGE DE DUDDY KRAVITZ, L'**
Voir: THE APPRENTICESHIP OF DUDDY KRAVITZ

**APRÈS L'AMOUR** ▷4
FR. 1991. Comédie de mœurs de Diane KURYS avec Isabelle Huppert, Bernard Giraudeau et Hippolyte Girardot. - Les difficultés amoureuses et professionnelles d'un architecte qui va et vient entre sa maîtresse et la mère de ses deux enfants.
STA→21,95$ VO→19,95$ STA-LBX-DVD→29,95$
STA-LBX-DVD→29,95$ **13 ans +**

**APRÈS LA GUERRE** ▷4
FR. 1989. Drame de guerre de Jean-Loup HUBERT avec Richard Bohringer, Antoine Hubert et Julien Hubert. - À la fin de la Seconde Guerre mondiale, deux gamins qui cherchent à rejoindre leur mère à Lyon se lient à un déserteur de l'armée allemande.
VO→LS **Général**

**APRÈS LA RÉPÉTITION** ▷3
SUÈ. 1984. Drame d'Ingmar BERGMAN avec Erland Josephson, Lena Olin et Ingrid Thulin. - Au terme d'une répétition, un metteur en scène et une jeune comédienne s'entretiennent sur leur métier. - Téléfilm à saveur autobiographique. Mise en scène dépouillée. Touches d'insolite. Interprétation excellente.
STA→LS **Général**

**APRÈS LUI, LE DÉLUGE**
Voir: SON OF FLUBBER

**APRÈS-MIDI DE CHIEN, UN**
Voir: DOG DAY AFTERNOON

**APRIL FOOLS, THE** ▷5
É.-U. 1969. Comédie sentimentale de Stuart ROSENBERG avec Jack Lemmon, C. Deneuve et P. Lawford. - Épris de l'épouse de son patron, un courtier décide d'abandonner sa famille pour partir avec elle.
VO➔24,95$ 13 ans +

**APRIL IN PARIS** ▷5
É.-U. 1952. Comédie musicale de D. BUTLER avec Doris Day, R. Bolger et C. Dauphin. - À la suite d'une erreur, une danseuse est envoyée à Paris pour représenter les États-Unis à un festival artistique.
VO➔11,95$ Non classé

**APRILE** ▷4
ITA. 1998. Film d'essai réalisé et interprété par Nanni MORETTI avec Silvio Orlando et Silvia Nono. - Au moment où il s'apprête à tourner un documentaire sur la politique italienne, le réalisateur Nanni Moretti apprend qu'il va devenir père.
VF➔19,95$ STA➔19,95$ Général

**APT PUPIL** ▷4
É.-U. 1998. Drame de Bryan SINGER avec Ian McKellen, Brad Renfro et Bruce Davison. - Un adolescent exerce un chantage sur un vieillard de son quartier dont il a découvert le passé nazi.
VO➔19,95$ VF➔18,95$ LBX-DVD➔29,95$ 13 ans + Violence

**ARABESQUE** ▷3
ANG. 1966. Drame d'espionnage de Stanley DONEN avec Gregory Peck, Sophia Loren et Alan Badel. - Un professeur d'université est entraîné à son corps défendant dans un complot politique. - Heureux mélange de suspense et d'humour. Prises de vue insolites. Jeu plein d'aisance des interprètes.
VO➔16,95$ Général - Déconseillé aux jeunes enfants

**ARABIAN NIGHTS** ▷5
É.-U. 1946. Aventures de John RAWLINS avec Maria Montez, Jon Hall et Sabu. - La danseuse Shéhérazade épouse le calife de Bagdad après maintes aventures.
VO➔16,95$ Général

**ARABIAN NIGHTS**
Voir: LES MILLE ET UNE NUITS

**ARACHNOPHOBIA** ▷4
É.-U. 1990. Drame d'horreur de Frank MARSHALL avec Jeff Daniels, Harley Jane Kozak et Julian Sands. - Une araignée dangereuse se glisse dans le cercueil d'un explorateur décédé et atteint ainsi un village de Californie où elle fait des ravages.
VO➔LS VF➔PC LBX-DVD➔26,95$ 13 ans +

**ARACHNOPHOBIE**
Voir: ARACHNOPHOBIA

**ARAIGNÉE D'EAU, L'** ▷4
FR. 1969. Drame fantastique de Jean-Daniel VERHAEGUE avec Elisabeth Wiener, Marc Eyraud et Marie-Ange Dutheil. - Un entomologiste amateur recueille une araignée d'eau qui se transforme en une belle jeune fille.
VO➔LS Non classé

**ARAIGNÉES, LES** ▷0
ALL. 1919, Fritz LANG
ITA➔41,95$ ITA-DVD➔44,95$ Général

**ARBALÈTE, L'** ▷5
FR. 1984. Drame policier de Sergio GOBBI avec Daniel Auteuil, Marcel Bozzuffi et Marisa Berenson. - Deux inspecteurs fortement contrastés sont appelés à intervenir afin de contrer des affrontements de gangs suscités par une disette de drogue.
VO➔LS 18 ans +

**ARBRE AUX SABOTS, L'** ►2
ITA. 1977. Chronique d'Ermanno OLMI avec Luigi Arnaghi, Lucia Pezzoli et Giuseppe Brignoli. - À la fin du siècle dernier, la vie de paysans qui partagent le quartier d'habitation d'une ferme de Lombardie. - Reconstitution soignée. Mélange habile de poésie et de réalisme. Photographie admirable. Beauté constante. Jeu naturel d'interprètes non professionnels.
STA➔LS Général

**ARBRE DE NOËL, L'** ▷4
FR. 1969. Drame de Terence YOUNG avec William Holden, Virna Lisi et Bourvil. - Un veuf s'efforce d'adoucir les derniers jours de son jeune fils atteint d'une maladie mortelle.
VO➔LS Non classé

**ARBRE DE VIE, L'**
Voir: RAINTREE COUNTY

**ARBRE, LE MAIRE ET LA MÉDIATHÈQUE, L'** ▷4
FR. 1993. Comédie dramatique d'Éric ROHMER avec Pascal Greggory, Arielle Dombasle et Fabrice Luchini. - Dans un petit village vendéen, un maire socialiste qui rêve de faire construire un centre culturel se heurte à l'opposition de l'instituteur.
VO➔LS Général

**ARCH OF TRIUMPH** ▷4
É.-U. 1947. Drame de Lewis MILESTONE avec Charles Boyer, Ingrid Bergman et Charles Laughton. - Un réfugié politique s'éprend d'une jeune femme qu'il sauve du désespoir.
VO➔13,95$ Général

**ARCHANGE, L'**
Voir: MICHAEL

**ARCHE DU DÉSERT, L'** ▷4
ALG. 1997. Conte de Mohamed CHOUIKH avec Myriam Aouffen, Hacen Abdou et Amin Chouikh. - Dans une oasis du Sahara algérien, un baiser entre deux jeunes gens d'ethnies différentes déclenche un conflit meurtrier.
STF➔26,95$ VO➔24,95$ Général

**ARÈNES SANGLANTES**
Voir: BLOOD AND SAND

**ARGENT COMPTANT**
Voir : MONEY TALKS

**ARGENT DE LA BANQUE, L'**
Voir: THE SILENT PARTNER

**ARGENT DE POCHE, L'** ▷3
FR. 1975. Comédie dramatique de François TRUFFAUT avec Geory Desmouceaux, Philippe Goldman et Jean-François Stévenin. - Divers incidents marquent la vie des enfants qui fréquentent l'école communale d'un village français. - Chronique unanimiste. Réalisation souple. Observations savoureuses. Jeu naturel et convaincant des interprètes, tant enfants qu'adultes.
STA➔19,95$ Général

**ARGENT DES AUTRES, L'** ▷3
FR. 1978. Drame de Christian de CHALONGE avec Jean-Louis Trintignant, Catherine Deneuve et Michel Serrault. - Un employé de banque injustement licencié entreprend de défendre sa cause. - Intrigue complexe mais bien conduite. Mise en scène efficace.
VO➔LS Général

**ARGENT FAIT LE BONHEUR, L'** ▷4
FR. 1992. Comédie de mœurs de Robert GUEDIGUIAN avec Jean-Pierre Darroussin, Ariane Ascaride et Pierre Banderet. - Un curé d'une cité de banlieue a du pain sur la planche depuis que ses paroissiens sont divisés en deux gangs.
VO➔LS Général

**ARIA** ▷4
ANG. 1987. Spectacle musical de Robert ALTMAN, Bill BRYDEN, Bruce BERESFORD, Jean-Luc GODARD, Derek JARMAN, Franc RODDAM, Nicolas ROEG, Ken RUSSELL, Charles STURRIDGE et Julien TEMPLE avec John Hurt, Theresa Russel et Marion Peterson. - Airs d'opéra reliés entre eux par la promenade d'un chanteur désabusé.
VO➔18,95$ LBX-DVD➔34,95$ 13 ans +

**ARIEL** ▷3
FIN. 1988. Drame social d'Aki KAURISMÄKI avec Turo Pajala, Susanna Haavisto et Matti Pellonpaa. - Parti chercher fortune à la ville, un mineur de Laponie déchante bien vite devant les

problèmes qui lui tombent dessus. - Style net et détaché très approprié pour la description des milieux évoqués. Approche un peu froide teintée d'ironie. Mise en scène intelligente. Interprétation irréprochable.
STA→112,95$ **Général**

**ARISTOCATS, THE** ▷4
É.-U. 1970. Dessins animés de Wolfgang REITHERMAN. - Une riche Parisienne décide de laisser sa fortune à ses chats, ce qui provoque la jalousie de son valet qui tente alors de se débarrasser des félins.
VF→22,95$ VO→21,95$ DVD→26,95$ **Général**

**ARISTOCHATS, LES**
Voir: THE ARISTOCATS

**ARIZONA DREAM** ▷3
FR. 1991, Emir KUSTURICA. Comédie dramatique d'Emir KUSTURICA avec Johnny Depp, Jerry Lewis et Faye Dunaway. - Venu en Arizona assister au mariage d'un vieil oncle, un jeune homme y rencontre une mère et sa belle-fille, deux originales qui habitent dans le désert. - Fantaisie à l'humour et au charme certains. Bel hommage à l'Amérique. Mise en scène lyrique et imaginative. Interprétation recherchée.
VO→19,95$ **13 ans +**

**ARIZONA JUNIOR**
Voir: RAISING ARIZONA

**ARLETTE** ▷5
FR. 1997. Comédie de Claude ZIDI avec Josiane Balasko, Christophe Lambert et Ennio Fantastichini. - Des mafieux de Las Vegas forcent un joueur endetté à aller en France séduire une serveuse qui ne sait pas qu'elle est l'héritière d'une immense fortune.
VO→18,95$ **Général**

**ARLINGTON ROAD** ▷4
É.-U. 1998. Drame psychologique de Mark PELLINGTON avec Jeff Bridges, Tim Robbins et Joan Cusack. - Un professeur dont la femme a été tuée dans une embuscade soupçonne son voisin d'être un dangereux terroriste.
VF→14,95$ VO→14,95$ LBX-DVD→27,95$ **13 ans + Violence**

**ARMAGEDDON** ▷5
É.-U. 1998. Science-fiction de Michael BAY avec Bruce Willis, Billy Bob Thornton et Liv Tyler. - La NASA envoie dans l'espace une équipe de foreurs pour détruire un astéroïde géant qui menace la Terre.
VA→21,95$ **Général - Déconseillé aux jeunes enfants**

**ARME AU POING, L'**
Voir: BLUE STEEL

**ARME FATALE, L'**
Voir: LETHAL WEAPON

**ARME FATALE 2, L'**
Voir: LETHAL WEAPON 2

**ARME FATALE 3, L'**
Voir: LETHAL WEAPON 3

**ARME FATALE 4, L'**
Voir: LETHAL WEAPON 4

**ARMÉE DES TÉNÈBRES, L'**
Voir: ARMY OF DARKNESS: EVIL DEAD 3

**ARMOUR OF GOD** ▷0
H. K. 1986, Jackie CHAN
VA→LS STA→LS VF→LS **Général**

**ARMY OF DARKNESS: EVIL DEAD** ▷5
É.-U. 1992. Comédie fantaisiste de Sam RAIMI avec Bruce Campbell, Embeth Davidtz et Marcus Gilbert. - Catapulté au Moyen Âge par une tornade temporelle, un homme du XXe siècle doit affronter les forces du Mal pour regagner son époque.
VF→LS VO→11,95$ **13 ans + Horreur**

**ARNAQUE, L'**
Voir: THE STING

**ARNAQUES, CRIMES et BOTANIQUE**
Voir: LOCK, STOCK et TWO SMOKING BARRELS

**ARNAQUEUR, L'**
Voir: THE HUSTLER

**ARNAQUEURS, LES**
Voir: THE GRIFTERS

**AROUND THE WORLD IN 80 DAYS** ▷4
É.-U. 1956. Aventures de Michael ANDERSON avec David Niven, Cantinflas et Shirley MacLaine. - Un riche gentleman de Londres fait le pari d'accomplir le tour du monde en 80 jours.
VO→29,95$ **Général**

**AROUSERS, THE** ▷0
É.-U. 1970, Curtis HANSON
VO→LS **Non classé**

**ARRANGEMENT, THE** ▷3
É.-U. 1969. Drame psychologique d'Elia KAZAN avec Kirk Douglas, Deborah Kerr et Faye Dunaway. - Après avoir tenté de se suicider, un publicitaire refuse de retourner à son travail. - Œuvre touffue et fouillée, riche en réflexions et en trouvailles techniques. Style bien adapté au sujet et aux personnages. K. Douglas excellent.
VO→19,95$ **13 ans +**

**ARRIÈRE-PAYS, L'** ▷4
FR. 1998. Drame de mœurs réalisé et interprété par Jacques NOLOT avec Henri Gardey et Henriette Sempé. - Un acteur dans la cinquantaine retourne dans son village natal au chevet de sa mère mourante.
VO→26,95$ **Général**

**ARRIVAL, THE** ▷5
É.-U. 1996. Science-fiction de David TWOHY avec Charlie Sheen, Ron Silver et Tony T. Johnson. - Après avoir découvert la présence sur Terre d'extraterrestres, un astronome risque sa vie pour en savoir plus.
VF→11,95$ LBX→16,95$ LBX-DVD→PC **Général**

**ARROWHEAD** ▷4
É.-U. 1953. Western de Charles Marquis WARREN avec Charlton Heston, Jack Palance et Brian Keith. - Un homme qui a vécu parmi les Apaches refuse de croire à leur prétendu désir de paix.
VO→14,95$ **Général**

**ARSENAL** ▷3
RUS. 1929. Drame social de Aleksandr DOVJENKO avec Semion Svachenko, Mikola Nademski et Piotr Machoka. - Lors de l'occupation allemande en Ukraine, des ouvriers déclenchent une grève de l'arsenal. - Utilisation créatrice du montage. Œuvre importante du cinéma russe.
ITA→34,95$ **Général**

**ARSENIC AND OLD LACE** ▷3
É.-U. 1944. Comédie de Frank CAPRA avec Cary Grant, Priscilla Lane et Raymond Massey. - Un critique dramatique découvre que sa famille est composée de fous meurtriers. - Adaptation réussie d'une pièce à succès. Mouvement soutenu. Humour macabre bien dosé. Excellente interprétation.
VO→18,95$ **Non classé**

**ART FOR TEACHERS OF CHILDREN** ▷0
É.-U. 1995, Jennifer MONTGOMERY
VO→44,95$ **16 ans +**

**ART INTERDIT, L'**
Voir: HIGH ART

**ART OF WAR** ▷5
É.-U. 2000. Drame d'espionnage de Christian DUGUAY avec Wesley Snipes, Marie Matiko et Anne Archer. - Soupçonné à tort de l'assassinat d'un diplomate chinois, un agent secret recherche le vrai coupable.
VF→LS VO→LS **Général Violence**

**ARTEMISIA** ▷4
FR. 1997. Drame biographique d'A. MERLET avec Valentina Cervi, Michel Serrault et Miki Manojlovic. - À Rome, au XVIIe siècle, une jeune peintre entretient une relation sentimentale passionnée avec son maître.
STA→19,95$ VO→18,95$ **13 ans + Érotisme**

**ARTHUR** ▷4
É.-U. 1981. Comédie de Steve GORDON avec Dudley Moore, John Gielgud et Liza Minnelli. - Un jeune homme riche doit épouser une fille de son milieu mais s'éprend d'une apprentie comédienne.
VF→11,95$ VO→11,95$ **13 ans +**

**ARTHUR 2: ON THE ROCKS** ▷6
É.-U. 1988. Comédie de mœurs de Bud YORKIN avec Dudley Moore, Liza Minelli et Stephen Elliott. - Un homme heureux en ménage doit épouser la fille d'un richissime personnage pour retrouver sa fortune.
VF→PC VO→PC **Général**

**ARTISTES ET MODÈLES**
Voir: ARTISTS AND MODELS

**ARTISTS AND MODELS** ▷4
É.-U. 1955. Comédie de Frank TASHLIN avec Dean Martin, Jerry Lewis et Shirley MacLaine. - Deux amis d'enfance, un peintre et un écrivain, tentent de faire fortune à New York.
VF→LS VO→14,95$ **Général**

**AS DES AS, L'** ▷4
FR. 1982. Comédie de Gérard OURY avec Jean-Paul Belmondo, Marie-France Pisier et Rachid Ferrache. - Pendant les Jeux olympiques de Berlin, un entraîneur de boxe français entreprend de sauver une famille juive des Nazis.
VO→LS **Général**

**AS GOOD AS IT GETS** ▷4
É.-U. 1997. Comédie dramatique de James James L. BROOKS avec Jack Nicholson, Helen Hunt et Greg Kinnear. - Un écrivain misanthrope intervient dans la vie de quelques personnes et voit ainsi son existence transformée.
LBX→14,95$ VF→12,95$ LBX-DVD→24,95$ **Général**

**AS YOU DESIRE ME** ▷4
É.-U. 1932. Drame psychologique de George FITZMAURICE avec Greta Garbo, Melvyn Douglas et Erich Von Stroheim. - Un peintre croit reconnaître en une amnésique la femme disparue d'un ami.
VO→19,95$ **Général**

**AS YOU LIKE IT** ▷4
ANG. 1936. Comédie de Paul CZINNER avec Laurence Olivier, Elisabeth Bergner et Sophie Stewart. - Des amours naissent dans une forêt enchantée entre des jeunes nobles proscrits par un usurpateur.
VO→5,95$ **Général**

**AS YOUNG AS YOU FEEL** ▷5
É.-U. 1951. Comédie de Harmon JONES avec Monty Woolley, Thelma Ritter et David Wayne. - Un imprimeur de 65 ans est indigné d'être mis à la retraite.
VO→LS **Non classé**

**ASCENSEUR POUR L'ÉCHAFAUD** ►2
FR. 1957. Drame policier de Louis MALLE avec Maurice Ronet, Jeanne Moreau et Georges Poujouly. - Un homme machine un crime parfait et prévoit tout, sauf une panne d'ascenseur. - Premier film de Louis Malle. Brillant exercice de style. Suspense soutenu avec rigueur et sobriété. Personnages fort bien étudiés.
VO→14,95$ **Général**

**ASH WEDNESDAY** ▷5
É.-U. 1973. Drame psychologique de Larry PEERCE avec Elizabeth Taylor, Henry Fonda et Helmut Berger. - Pour retenir son mari qui veut la quitter, une quinquagénaire se soumet à un traitement chirurgical de rajeunissement.
VO→18,95$ **13 ans +**

**ASHES AND DIAMONDS**
Voir: CENDRES ET DIAMANT

**ASHES OF TIME** ▷0
H. K. 1994, Wong KAR-WAI
STA→59,95$

**ASHIK KERIB** ▷0
RUS. 1988, Sergei PARADJANOV
STA→41,95$ **Général**

**ASK ANY GIRL** ▷4
É.-U. 1959. Comédie de Charles WALTERS avec David Niven, Shirley MacLaine et Gig Young. - Une jeune fille connaît une série d'aventures après avoir quitté sa petite ville natale pour se trouver un emploi et un mari à New York.
VO→18,95$ **Général**

**ASPHALT JUNGLE, THE** ▷3
É.-U. 1950. Drame policier de John HUSTON avec Sterling Hayden, Sam Jaffe et Louis Calhern. - Un repris de justice met au point avec des complices le vol d'une importante bijouterie. - Réalisation de qualité. Bonne création d'atmosphère. Interprétation sobre et juste.
VO→19,95$ **Général**

**ASPHYX, THE** ▷5
É.-U. 1972. Drame fantastique de Peter NEWBROOK avec Robert Stephens, Robert Powell et Jane Lapotaire. - En 1875, un riche aristocrate croit pouvoir atteindre l'immortalité grâce à des expériences en photographie.
VO→LS **13 ans +**

**ASSASSIN A PEUR LA NUIT, L'**
FR. 1942, Jean DELANNOY
VO→LS **Non classé**

**ASSASSIN DE L'ESPACE, L'**
Voir: PEACEMAKER

**ASSASSIN HABITE AU 21, L'** ▷4
FR. 1942. Drame policier de Henri-Georges CLOUZOT avec Pierre Fresnay, Suzy Delair et Pierre Larquey. - Un policier recherche un assassin dans une pension de famille.
VO→26,95$ **Général**

**ASSASSIN JOUAIT DU TROMBONE, L'** ▷5
QUÉ. 1991. Comédie policière de Roger CANTIN avec Germain Houde, Anaïs Goulet-Robitaille et Julie St-Pierre. - Un agent de sécurité est injustement soupçonné d'être le responsable d'une série de meurtres commis dans un studio de cinéma.
VO→LS **Général**

**ASSASSIN QUI PASSE, UN** ▷4
FR. 1981. Drame policier de Michel VIANEY avec Jean-Louis Trintignant, Richard Berry et Carole Laure. - Un commissaire de police enquête sur une série de meurtres similaires dont les victimes sont des femmes.
VO→LS **13 ans +**

**ASSASSIN SANS VISAGE, L'**
Voir: FOLLOW ME QUIETLY

**ASSASSIN(S)** ▷5
FR. 1996. Drame psychologique réalisé et interprété par Mathieu KASSOVITZ avec Michel Serrault et Medhi Benoufa. - Un vieux tueur à gages décide d'enseigner son métier à un jeune cambrioleur.
VO→18,95$ **18 ans + Violence**

**ASSASSINATION BUREAU, THE** ▷4
ANG. 1968. Comédie policière de Basil DEARDEN avec Oliver Reed,

Diana Rigg et Telly Savalas. - Une journaliste paie un chef de gang pour l'assassinat de nul autre que lui-même.
VO→11,95$ 13 ans +

**ASSASSINATION OF TROTSKY, THE** ▷4
ITA. 1972. Drame de Joseph LOSEY avec Richard Burton, Alain Delon et Romy Schneider. - En 1940, un assassin parvient à tromper la surveillance qui entoure un révolutionnaire russe vivant en exil au Mexique.
VO→LS 13 ans +

**ASSASSINS** ▷5
É.-U. 1995. Drame policier de Richard DONNER avec Sylvester Stallone, Antonio Banderas et Julianne Moore. - Considéré comme le meilleur de sa profession, un tueur à gages devient la cible d'un nouveau venu qui veut lui ravir son titre.
VF→14,95$ VO→PC 13 ans + Violence

**ASSASSINS DE L'ORDRE, LES** ▷4
FR. 1970. Drame policier de Marcel CARNÉ avec Jacques Brel, Charles Denner et Catherine Rouvel. - Un juge d'instruction fait inculper des policiers dont la brutalité a causé la mort d'un prévenu.
STA→LS VO→LS Général

**ASSASSINS ET VOLEURS** ▷6
Fr. 1956. Comédie de Sacha GUITRY avec Jean Poiret, Michel Serrault et Magali Noël. - Un assassin finit par tuer un cambrioleur qu'il a fait condamner à sa place.
VO→LS Non classé

**ASSAULT ON A QUEEN** ▷5
É.-U. 1966. Drame policier de Jack DONOHUE avec Frank Sinatra, Virna Lisi et Tony Franciosa. - Des aventuriers tentent de renflouer un sous-marin pour l'utiliser à des fins de piraterie.
VO→14,95$

**ASSAULT ON PRECINCT 13** ▷5
É.-U. 1976. Drame policier de John CARPENTER avec Austin Stoker, Darwin Joston et Laurie Zimmer. - Dans un commissariat de police désaffecté, un lieutenant de race noire se résout à libérer les prisonniers sous sa surveillance afin de résister à l'assaut d'une bande de voyous.
VO→18,95$ LBX→14,95$ LBX-DVD→44,95$ 18 ans +

**ASSIGNMENT, THE** ▷5
CAN. 1997. Drame d'espionnage de Christian DUGUAY avec Aidan Quinn, Donald Sutherland et Ben Kingsley. - Afin de piéger un terroriste en le faisant passer pour un traître, la CIA obtient l'aide d'un sosie du criminel.
VO→19,95$ VF→PM LBX-DVD→33,95$ 13 ans + Violence

**ASSOCIATE, THE** ▷5
É.-U. 1996. Comédie de Donald PETRIE avec Whoopi Goldberg, Dianne Wiest et Eli Wallach. - Désavantagée par le fait qu'elle est une femme et qu'elle est noire, une courtière s'invente un associé de race blanche.
VO→16,95$ Général

**ASSOCIATION DE MALFAITEURS** ▷5
FR. 1986. Comédie policière de Claude ZIDI avec François Cluzet, Christophe Malavoy et Claire Nebout. - À cause d'une blague faite à un ami, trois jeunes financiers sont obligés de cambrioler le coffre d'un homme d'affaires véreux.
VO→LS Général

**ASSOCIÉ, L'** ▷5
FR. 1979. Comédie satirique de Serge GAINVILLE avec Michel Serrault, Claudine Auger et Catherine Alric. - Un publicitaire ayant perdu son emploi ouvre un cabinet de conseiller financier.
VO→LS Général

**ASSOCIÉ, L'**
Voir: THE ASSOCIATE

**ASSOCIÉS, INC.**
Voir: COMPANY BUSINESS

**ASTÉRIX CHEZ LES BRETONS** ▷4
FR. 1986. Dessins animés de Pino VAN LAMSWEERDE. - Deux Gaulois vont prêter main-forte à un village d'Angleterre qui résiste toujours aux troupes d'invasion romaines.
VO→19,95$ Général

**ASTÉRIX ET CLÉOPÂTRE** ▷4
BEL. 1968. Dessins animés de Eddie LATESTE. - Cléopâtre fait appel à des Gaulois pour l'aider à bâtir un temple en défi à César.
VO→19,95$ Général

**ASTÉRIX ET LA SURPRISE DE CÉSAR** ▷4
FR. 1985. Dessins animés de Paul et Gaëtan BRIZZI. - Astérix et Obélix partent à la recherche de deux jeunes Gaulois enlevés par des Romains.
VO→19,95$ Général

**ASTÉRIX ET LE COUP DU MENHIR** ▷4
BEL. 1989. Dessins animés de Philippe GRIMOND. - Les garnisons romaines cherchent à tirer profit de l'amnésie soudaine du druide Panoramix, mésestimant la vigilance du vaillant guerrier Astérix.
VO→19,95$ Général

**ASTÉRIX ET LES INDIENS** ▷4
ALL. 1994. Dessins animés de Gerhard HAHN. - Alors qu'ils tentent de sauver leur druide kidnappé par les Romains, deux Gaulois se retrouvent en Amérique où ils font connaissance avec des Amérindiens.
VO→21,95$ Général

**ASTÉRIX ET OBÉLIX CONTRE CÉSAR** ▷5
FR. 1998. Comédie fantaisiste de Claude ZIDI avec Christian Clavier, Gérard Depardieu et Roberto Benigni. - Deux Gaulois se portent au secours de leur druide, qui a été enlevé par un gouverneur romain corrompu qui veut prendre la place de César.
VO→LS DVD→26,95$ Général

**ASTÉRIX LE GAULOIS** ▷5
BEL. 1968. Dessins animés de Ray GOOSSENS. - En 50 avant J.-C., le chef des Romains tente en vain de voler aux Gaulois le secret de leur potion magique.
VO→19,95$ Général

**ASTOUNDING SHE-MONSTER, THE** ▷0
É.-U. 1957, Ronald V. ASHCROFT
VO→29,95$ Général

**ASTRO ZOMBIES** ▷0
É.-U. 1967, Ted V. MIKELS
VF→LS Non classé

**ASTRONAUT'S WIFE, THE** ▷0
É.-U. 1999, Rand RAVICH
VF→15,95$ VO→15,95$ LBX-DVD→29,95$ 13 ans +

**ASTRONAUTES MALGRÉ EUX**
Voir: ROAD TO HONG KONG

**ASYLUM** ▷4
ANG. 1972. Drame d'horreur de Roy WARD BAKER avec Robert Powell, Barbara Parkins et Barry Morse. - Un jeune psychiatre vient s'engager dans un asile réservé à des cas incurables.
LBX→33,95$ Non classé

**AT CLOSE RANGE** ▷4
É.-U. 1985. Drame policier de James FOLEY avec Sean Penn, Christopher Walken et Mary Stuart Masterson. - Trouvant que son fils et ses amis en savent trop sur ses activités, un criminel entreprend de les éliminer.
VO→11,95$ 13 ans +

**AT FIRST SIGHT** ▷5
É.-U. 1998. Drame sentimental d'Irwin WINKLER avec Val Kilmer, Mira Sorvino et Kelly McGillis. - Un homme qui a été aveugle presque toute sa vie retrouve la vue et doit alors réapprendre à interpréter le monde.
VF→11,95$ VO→11,95$ Général

**AT MIDNIGHT I'LL TAKE YOUR SOUL** ▷0
BRÉ. 1965, José Mojica MARINS
STA→LS **13 ans + Violence**

**AT PLAY IN THE FIELDS OF THE LORD** ▷3
É.-U. 1991. Drame social de Hector BABENCO avec Tom Berenger, Aidan Quinn et John Lithgow. - Deux pasteurs protestants et leurs femmes s'installent près d'un village d'Indiens de l'Amazonie où un mercenaire américain partage la vie des autochtones. - Mœurs indigènes illustrées avec un souci d'authenticité. Images fascinantes. Psychologie nuancée. Excellents acteurs.
VO→18,95$ VF→18,95$ **Général**

**AT SWORD'S POINT** ▷5
É.-U. 1950. Aventures de Lewis ALLEN avec Cornel Wilde, Maureen O'Hara et Robert Douglas. - Trop âgés, quatre mousquetaires délèguent leurs enfants pour défendre la reine de France.
VO→LS **Non classé**

**AT THE CIRCUS** ▷5
É.-U. 1938. Comédie de Edward BUZZELL avec les frères Marx, Eve Arden et Kenny Baker. - Trois énergumènes essaient de renflouer les finances d'un cirque.
VO→19,95$ **Général**

**AT THE EARTH'S CORE** ▷5
ANG. 1976. Science-fiction de Kevin CONNOR avec Doug McClure, Peter Cushing et Caroline Munro. - Un savant et un financier parviennent au centre de la Terre à bord d'une foreuse géante et découvrent un étrange monde souterrain.
VF→LS VO→LS **Général**

**AT WAR WITH THE ARMY** ▷5
É.-U. 1950. Comédie de Hal WALKER avec Jerry Lewis, Dean Martin et Polly Bergen. - La vie militaire de deux artistes de music-hall.
VO→LS **Général**

**ATALANTE, L'** ►1
FR. 1934. Drame sentimental de Jean VIGO avec Jean Dasté, Dita Parlo et Michel Simon. - L'amour de deux jeunes mariés installés sur une péniche est momentanément ébranlé. - Version restaurée d'un film-culte. Atmosphère poétique. Lyrisme touchant. Décors fort pittoresques. Très bonne direction d'acteurs.
VO→LS **Général**

**ATALIA (WAR WINDOW)** ▷0
ISR. 1985, Akiva TEVET
STA→LS **Général**

**ATLANTIC CITY** ▷3
CAN. 1980. Drame de mœurs de Louis MALLE avec Burt Lancaster, Susan Sarandon et Kate Reid. - Un vieil homme vaguement acoquiné à la pègre connaît une grisante aventure avec une jeune voisine. - Bonne utilisation du cadre particulier d'Atlantic City. Mise en scène d'une grande qualité formelle. Ton doux-amer. Interprètes admirablement dirigés.
VF→LS VO→14,95$ **13 ans +**

**ATLANTIS, TERRE ENGLOUTIE**
Voir: ATLANTIS, THE LOST CONTINENT

**ATLANTIS, THE LOST CONTINENT** ▷5
É.-U. 1961. Drame fantastique de George PAL avec Anthony Hall, John Dall et Joyce Taylor. - Un jeune pêcheur grec ramène une jolie princesse en Atlantide et entre en lutte avec les chefs du pays.
VO→19,95$ **Général**

**ATOLL K**
Voir: LAUREL et HARDY: UTOPIA

**ATOM AGE VAMPIRE** ▷0
ITA. 1960 Anton Giulio MAJANO
VO→13,95$ **Général**

**ATOMIC CAFE, THE** ▷4
É.-U. 1982. Film de montage de Jayne LOADER, Kevin et Pierce RAFFERTY. - Assemblage de documents de l'après-guerre traitant de la bombe atomique.
VO→49,95$ **Général**

**ATOMIC KID, THE** ▷0
É.-U. 1954, Leslie H. MARTINSON
VO→LS **Général**

**ATOUT CŒUR À TOKYO POUR O.S.S. 117** ▷5
FR. 1966. Drame d'espionnage de Michel BOISROND avec Frederick Stafford, Marina Vlady et Henri Serre. - Un agent américain reçoit la mission de neutraliser une organisation criminelle.
VO→LS **Non classé**

**ATTACHE-MOI!** ▷5
ESP. 1989. Comédie sentimentale de Pedro ALMODOVAR avec Victoria Abril, Antonio Banderas et Loles Leon. - Un déséquilibré séquestre une femme dont il s'est épris dans l'espoir qu'elle développe des sentiments réciproques.
VF→14,95$ STA→LS **13 ans +**

**ATTACHEMENT FILIAL**
Voir: ROOMMATES

**ATTACK** ►2
É.-U. 1956. Drame de guerre de Robert ALDRICH avec Jack Palance, Eddie Albert et Lee Marvin. - En 1944, une compagnie d'infanterie doit lutter contre son capitaine incompétent et lâche. - Œuvre antibelliciste violente et puissante. Grande intensité dramatique.
VO→19,95$ **Général**

**ATTACK FORCE Z** ▷4
AUS. 1980. Drame de guerre de Tim BURSTALL et Jing Ao HSING avec John Philip Law, Mel Gibson et Sam Neill. - Un commando débarque dans une île du Pacifique occupée par les Japonais pour venir en aide aux survivants d'un avion allié qui s'y est écrasé.
VO→18,95$ **Général**

**ATTACK FROM MARS** ▷0
É.-U. 1956, Mark STOCK
VO→29,95$ **Général**

**ATTACK OF THE 50 FOOT WOMAN** ▷6
É.-U. 1957. Science-fiction de Nathan Hertz JURAN avec Allison Hayes, William Hudson et Yvette Vickers. - Après avoir été attaquée par un monstre, une femme devient géante et en profite pour se venger de son mari infidèle.
VO→14,95$ **Non classé**

**ATTACK OF THE 50 FOOT WOMAN** ▷6
É.-U. 1993. Science-fiction de Christopher GUEST avec Daryl Hannah, Daniel Baldwin et William Windom. - Après avoir séjourné à bord d'une soucoupe volante, une jeune femme se voit grandir à une vitesse extraordinaire.
VO→PC **Général**

**ATTACK OF THE GIANT LEE CHES** ▷7
É.-U. 1959. Science-fiction de Bernard KOWALSKI avec Yvette Vickers, Ken Clark et Jan Separd. - Des sangsues géantes et meurtrières se manifestent dans une rivière située près d'un village.
VO→14,95$ **Général**

**ATTACK OF THE KILLER TOMATOES** ▷6
É.-U. 1978. Comédie de John DeBELLO avec David Miller, George Wilson et Sharon Taylor. - Le gouvernement américain tente de porter remède à la panique provoquée par des tomates belliqueuses.
VF→LS VO→LS **Général**

**ATTACK OF THE MAYAN MUMMY** ▷0
É.-U.-MEX. 1964, Rafael PORTILLO et Jerry WARREN
VO→14,95$

**ATTACK OF THE PUPPET PEOPLE** ▷5
É.-U. 1958. Science-fiction de Bert I. GORDON avec John Agar, John Hoyt et June Kenny. - Un fabricant de poupées met au point un procédé lui permettant de réduire les humains à la dimension de ses jouets.
VO→11,95$ **Général**

**ATTAQUE**
Voir: ATTACK

**ATTAQUE AU CHEYENNE CLUB**
Voir: THE CHEYENNE SOCIAL CLUB

**ATTAQUE DE LA MALLE-POSTE, L'**
Voir: RAWHIDE

**ATTAQUE DES TOMATES TUEUSES, L'**
Voir: ATTACK OF THE KILLER TOMATOES

**ATTAQUE DURA SEPT JOURS, L'**
Voir: THE THIN RED LINE

**ATTENTAT, L'** ▷4
HOL. 1985. Drame psychologique de Fons RADEMAKERS avec Derek de Lint, Marc Van Uchelen et Monique Van de Ven. - Un homme cherche à retracer les circonstances entourant l'exécution de ses parents, suite au meurtre d'un collaborateur à la fin de la Seconde Guerre mondiale.
VF→LS **Général**

**ATTENTAT, L'** ▷4
FR. 1972. Drame policier de Yves BOISSET avec Jean-Louis Trintignant, Michel Piccoli et Gian Maria Volonté. - Un journaliste, mêlé malgré lui à un complot contre un leader politique, menace de tout révéler à la police.
VO→LS **Général**

**ATTENTE DES FEMMES, L'** ▷3
SUÈ. 1952. Film à sketches de Ingmar BERGMAN avec Anita Bjork, Majbritt Nilsson et Eva Dahlbeck. - Quatres femmes se font des confidences sur leur expérience amoureuse. - Analyse subtile. Forme élégante et soignée. Style tantôt léger, tantôt grave. Excellents interprètes.
STA→27,95$ **Général**

**ATTENTION! UNE FEMME PEUT EN CACHER UNE AUTRE** ▷4
FR. 1983. Comédie de Georges LAUTNER avec Miou-Miou, Roger Hanin et Eddy Mitchell. - À l'insu des intéressés, une femme partage sa vie entre deux emplois et deux foyers.
VO→LS **Général**

**ATTENTION BANDITS** ▷4
FR. 1987. Drame policier de Claude LELOUCH avec Jean Yanne, Marie-Sophie L. et Patrick Bruel. - Retrouvant sa fille après dix ans de prison, un receleur est décidé à venger l'assassinat de sa femme.
VO→LS STA→LS **Général**

**ATTENTION LES YEUX** ▷5
FR. 1975. Comédie satirique de Gérard PIRÈS avec Claude Brasseur, Guy Marchand et Robert Castel. - Un jeune réalisateur doit faire preuve de débrouillardise pour tourner un film porno avec les faibles moyens dont il dispose.
VO→LS **13 ans +**

**ATTENTION MADAME TINGLE!**
Voir: TEACHING MRS. TINGLE

**ATTIC, THE** ▷6
É.-U. 1979. Drame psychologique de George EDWARDS avec Carrie Snodgress, Ray Milland et Ruth Cox. - Une bibliothécaire célibataire qui vit avec son père infirme connaît d'étranges expériences.
VO→LS **Général**

**ATTILA 74: THE RAPE OF CYPRUS** ▷0
GRÈ. 1975, Michael CACOYANNIS

**ATTRAPE PARENTS, L'**
Voir: THE PARENT TRAP (1998)

**AU BEAU MILIEU DE L'HIVER**
Voir: MIDWINTER'S TALE, A

**AU BORD DU DÉSASTRE**
Voir: THE EDGE

**AU BOUT DE SOI**
Voir: THE POWER OF ONE

**AU BOUT DU BOUT DU BANC** ▷5
FR. 1979. Comédie dramatique de Peter KASSOVITZ avec Victor Lanoux, Jane Birkin et Henri Crémieux. - La réunion de quatre générations d'une famille juive à l'occasion d'une fête accentue les problèmes d'un couple en difficulté.
STA→LS **Général**

**AU CHIC RESTO POP** ▷5
QUÉ. 1990. Documentaire de Tahani RACHED - Évocation des difficultés rencontrées par les employés d'un restaurant de Montréal où l'on sert des repas aux plus démunis.
VO→LS **Général**

**AU CLAIR DE LA LUNE** ▷4
QUÉ. 1982. Comédie fantaisiste de Marc-André FORCIER avec Michel Côté, Guy L'Écuyer et Lucie Miville. - Un albinos à l'esprit fantasque lie amitié avec un ancien champion du jeu de quilles.
VO→21,95$ **Général**

**AU CŒUR DE LA VILLE**
Voir: GRAND CANYON

**AU CŒUR DU MENSONGE** ▷4
FR. 1998. Drame policier de Claude CHABROL avec Sandrine Bonnaire, Jacques Gamblin et Valeria Bruni-Tedeschi. - Au moment même où on le soupçonne du meurtre d'une fillette, un professeur de dessin découvre l'infidélité de sa femme.
VO→21,95$ **Général**

**AU FIL DE L'AMOUR**
Voir: HOW STELLA GOT HER GROOVE BACK

**AU FIL DU TEMPS** ▷3
ALL. 1976. Drame psychologique de Wim WENDERS avec Rudiger Vogler, Hanns Zischler et Lisa Kreuzer. - Un réparateur errant d'appareils de projection recueille à bord de son camion un homme qui a manqué son suicide. - Traitement déconcertant. Rigueur d'observation.
STA→LS **Général**

**AU GRAND MAGASIN**
Voir: THE BIG STORE

**AU LIT AVEC MADONNA**
Voir: MADONNA - TRUTH OR DARE

**AU NOM D'ANNA**
Voir : KEEPING THE FAITH

**AU NOM DE TOUS LES MIENS** ▷4
FR. 1983. Drame de Robert ENRICO avec Michael York, Jacques Penot et Macha Meril. - À la suite de la mort de sa femme et de ses enfants, un homme se remémore sa jeunesse en Pologne sous l'occupation nazie.
VO→LS **Général**

**AU NOM DU CIEL**
Voir: HEAVEN HELP US

**AU NOM DU PAPE ROI** ▷4
ITA. 1977. Comédie dramatique de Luigi MAGNI avec Nino Manfredi, Carlo Bagno et Carmen Scarpitta. - En 1867, la vie d'un prélat romain est compliquée par les conséquences d'un attentat terroriste.
STA→44,95$ **Général**

**AU NOM DU PÈRE**
Voir: IN THE NAME OF THE FATHER

**AU NORD LE PARADIS**
Voir: EL NORTE

**AU PAYS DES JULIETS** ▷5
FR. 1991. Drame psychologique de Mehdi CHAREF avec Claire Nebout, Maria Schneider et Laure Duthilleul. - Bénéficiant d'une permission de 24 heures, trois détenues de mentalité et de milieux très différents font ensemble un périple à Lyon.
VO→LS **Général**

**AU PETIT MARGUERY** ▷4
FR. 1995. Comédie dramatique de Laurent BÉNÉGUI avec Michel Aumont, Stéphane Audran et Jacques Gamblin. - Un couple de restaurateurs offrent un ultime dîner à leurs amis avant la fermeture définitive de leur établissement.
VO→19,95$ Général

**AU REVOIR AMERIKA** ▷4
ALL. 1993. Comédie dramatique de Jan SCHUTTE avec Otto Tausig, Jakov Bodo et Zofia Merle. - Trois Juifs polonais émigrés à New York depuis la Seconde Guerre mondiale décident de retourner vivre dans leur terre natale.
STF→18,95$ Général

**AU REVOIR CHARLIE**
Voir: GOODBYE CHARLIE

**AU REVOIR LES ENFANTS** ▶2
FR. 1987. Drame de Louis MALLE avec Gaspard Manesse, Raphaël Fejtö et Philippe Morier-Genoud. - En 1943, un élève d'un pensionnat religieux se lie d'amitié avec un condisciple juif inscrit sous un faux nom pour le soustraire aux recherches allemandes. - Souvenirs d'enfance disposés avec maestria et sensibilité. Tableau d'époque prenant. Réalisation assurée. Interprétation naturelle.
VO→LS Général

**AU REVOIR MON AMOUR**
Voir: GOODBYE LOVER

**AU REVOIR... À LUNDI** ▷5
FR. 1979. Comédie dramatique de Maurice DUGOWSON avec Miou-Miou, Carole Laure et Claude Brasseur. - Le désenchantement de deux jeunes femmes qui entretiennent des liaisons avec des hommes mariés.
VO→LS Général

**AU SECOURS DU PETIT PANDA**
Voir: THE AMAZING PANDA ADVENTURE

**AU-DELÀ DE NOS RÊVES**
Voir: WHAT DREAMS MAY COME

**AU-DELÀ DU JEU ET DE L'AMOUR**
Voir: FOR THE LOVE OF THE GAME

**AU-DELÀ DU MISSOURI**
Voir: ACROSS THE WIDE MISSOURI

**AU-DELÀ DU RÉEL**
Voir: ALTERED STATES

**AUBE DE L'APOCALYPSE, L'**
Voir: BY DAWN'S EARLY LIGHT

**AUDREY HEPBURN STORY, THE** ▷5
É.-U. 2000. Drame biographique de Steven ROBMAN avec Jennifer Love Hewitt, Frances Fisher et Eric McCormack. - La vie de l'actrice Audrey Hepburn, de son enfance en Hollande sous le régime nazi jusqu'à son triomphe à Hollywood.
VO→21,95$

**AUDREY ROSE** ▷5
É.-U. 1977. Drame fantastique de Robert WISE avec Marsha Mason, Anthony Hopkins et Susan Swift. - Un homme croit qu'une petite fille de onze ans est la réincarnation de sa fillette morte dans un accident.
VO→12,95$ 13 ans +

**AUGUST** ▷4
ANG. 1995. Drame de mœurs réalisé et interprété par Anthony HOPKINS avec Kate Burton et Leslie Phillips. - Divers chassés-croisés amoureux dans un domaine du Pays de Galles à la fin du XIXe siècle.
VO→PC Général

**AUGUSTIN** ▷5
FR. 1995. Comédie d'Anne FONTAINE avec Jean-Chrétien Sibertin-Blanc, Stéphanie Zhang et Thierry Lhermitte. - Un jeune homme affligé d'un défaut d'élocution met tout en œuvre pour obtenir un petit rôle dans un film.
STA→PC VO→9,95$ Général

**AUJOURD'HUI OU JAMAIS** ▷4
QUÉ. 1998. Comédie dramatique de Jean-Pierre LEFEBVRE avec Marcel Sabourin, Claude Blanchard et Julie Ménard. - Bien décidé à voler après une interruption de quinze ans, un aviateur quinquagénaire voit son projet compromis par l'arrivée de visiteurs imprévus.
VO→LS Général

**AUJOURD'HUI PEUT-ÊTRE** ▷4
FR. 1990. Comédie dramatique de Jean-Louis BERTUCCELLI avec Giulietta Masina, Véronique Silver et Eva Darlan. - Une vieille dame organise une grande réunion familiale en espérant qu'un de ses fils, dont elle est sans nouvelle depuis 15 ans, y assistera.
VO→LS Général

**AUNTIE MAME** ▷4
É.-U. 1958. Comédie de Morton DA COSTA avec Rosalind Russell, Forrest Tucker et Peggy Cass. - Devenu orphelin, un garçonnet est confié à une tante originale et excentrique.
LBX→19,95$ VO→19,95$ Général

**AUSTERIA** ▷0
POL. 1982, Jerzy KAWALEROWICZ
STA→LS 13 ans +

**AUSTIN POWERS** ▷4
É.-U. 1997. Comédie de Jay ROACH avec Mike Myers, Elizabeth Hurley et Mimi Rogers. - Placés en état d'hibernation en 1967, un espion et un criminel se réveillent en 97 pour reprendre leur affrontement.
VO→15,95$ LBX→14,95$ VF→PM LBX-DVD→PM Général

**AUSTIN POWERS: THE SPY WHO SHAGGED ME** ▷4
É.-U. 1999. Comédie fantaisiste de Jay ROACH avec Mike Myers, Heather Graham et Michael York. - Un agent secret lutte contre un criminel qui a inventé une machine à voyager dans le temps.
VF→14,95$ VO→24,95$ LBX→14,95$
LBX-DVD→27,95$ Général

**AUSTRALIA** ▷4
BEL. 1989. Drame de Jean-Jacques ANDRIEN avec Jeremy Irons, Fanny Ardant et Tchéky Karyo. - Un Belge installé en Australie retourne dans sa ville natale pour sauver l'entreprise familiale et connaît une idylle amoureuse avec une femme mariée.
VO→LS Général

**AUTANT EN EMPORTE LE VENT**
Voir: GONE WITH THE WIND

**AUTHOR! AUTHOR!** ▷4
É.-U. 1982. Comédie dramatique de Arthur HILLER avec Al Pacino, Tuesday Weld et Dyan Cannon. - Un dramaturge new-yorkais est aux prises avec des problèmes familiaux et des ennuis professionnels.
VF→LS VO→16,95$ Général

**AUTO-STOPPEUR, L'**
Voir: THE HITCHER

**AUTOBIOGRAPHY OF A PRINCESS** ▷0
ANG. 1975, James IVORY
VO→PC Général

**AUTOMNE SAUVAGE, L'** ▷4
QUÉ. 1992. Drame policier de Gabriel PELLETIER avec Serge Dupire, Anne Létourneau et Raoul Trujillo. - Son ami indien ayant été accusé de meurtres, un jeune Blanc retourne dans le Nord du Québec après une décennie d'absence.
VO→LS 13 ans +

**AUTOPORTRAIT** ▷4
QUÉ. 1962. Film de montage de Guy GLOVER. - Analyse de l'évolution du cinéma canadien.
VO→LS Général

**AUTOROUTE 61**
Voir: HIGHWAY 61

**AUTOROUTE PERDUE**
Voir: LOST HIGHWAY

**AUTOUR DE MINUIT**
Voir: ROUND MIDNIGHT

**AUTRE FEMME, UNE**
Voir: ANOTHER WOMAN

**AUTRE FILATURE, UNE**
Voir: ANOTHER STAKEOUT

**AUTRE HOMME, UN** ▷5
QUÉ. 1989. Comédie satirique de Charles BINAMÉ avec Denis Bouchard, Dorothée Berryman et Brigitte Paquette. - Après un accident d'avion et une opération chirurgicale, le chef d'un gouvernement à tendance écologique entreprend de curieuses réformes.
VO→LS Général

**AUTRE JOUR SANS PARADIS, UN**
Voir: ANOTHER DAY IN PARADISE

**AUTRE SŒUR, L'**
Voir: THE OTHER SISTER

**AUTRE, L'**
Voir: THE OTHER

**AUTRE, L'** ▷3
FR. 1990. Drame de Bernard GIRAUDEAU avec Francisco Rabal, Wadeck Stanczak et Smail Mekki. - Persuadé qu'un jeune touriste vit toujours sous les décombres d'un hôtel détruit par un tremblement de terre, un vieil homme tente l'impossible pour le sauver. - Récit simple et émouvant. Sujet rendu avec intensité et lyrisme. Mise en scène directe et rigoureuse. Jeu sensible de F. Rabal.
VO→LS Général

**AUTUMN IN NEW YORK** ▷5
É.-U. 2000. Drame sentimental de Joan CHEN avec Richard Gere, Winona Ryder et Anthony LaPaglia. - Un tombeur invétéré tombe amoureux d'une jeune designer qui s'avère atteinte d'une maladie incurable.
VF→PC VO→PC Général

**AUTUMN LEAVES** ▷5
É.-U. 1956. Mélodrame de Robert ALDRICH avec Joan Crawford, Cliff Robertson et Vera Miles. - Une femme d'âge mûr épouse un jeune homme et se rend compte qu'il souffre de déséquilibre mental.
VO→18,95$ Général

**AUTUMN MARATHON** ▷0
RUS. 1979, Georgy DANELIA
STA→LS Général

**AUTUMN MOON** ▷0
JAP. 1992, Clara LAW
STA→49,95$ Général

**AUTUMN SONATA**
Voir: SONATE D'AUTOMNE

**AUTUMN'S TALE, AN** ▷0
H. K. 1985, Yuen Ting CHEUNG
STA→PC Général

**AUX BONS SOINS DU DOCTEUR KELLOGG**
Voir: THE ROAD TO WELLVILLE

**AUX FRONTIÈRES DE L'AUBE**
Voir: NEAR DARK

**AUX FRONTIÈRES DE LA VILLE**
Voir: THE FRINGE DWELLERS

**AUX FRONTIÈRES DU RÉEL**
Voir: THE X-FILES

**AUX PETITS BONHEURS** ▷3
FR. 1993. Comédie de mœurs de Michel DEVILLE avec Anémone, André Dussollier et Nicole Garcia. - Dans une résidence d'été, une femme à la recherche de son premier amour est accueillie par des couples à l'humeur capricieuse. - Échafaudage habile de situations aux allures de fable romantique. Plans-séquences complexes. Réalisation fluide et précise. Excellente équipe de comédiens.
VO→LS Général

**AUX PORTES DE L'AU-DELÀ**
Voir: FROM BEYOND

**AUX PORTES DE L'ENFER**
Voir: ANGEL HEART

**AUX YEUX DU MONDE** ▷4
FR. 1991. Drame psychologique d'Éric ROCHANT avec Yvan Attal, Kristin Scott-Thomas et Charlotte Gainsbourg. - Un jeune désœuvré qui a détourné un autocar scolaire pour aller rejoindre sa petite amie finit par s'attirer la sympathie des otages.
VO→LS Général

**AVALANCHE** ▷6
É.-U. 1978. Drame de Corey ALLEN avec Rock Hudson, Mia Farrow et Robert Forster. - Pour reconquérir son ex-femme, un homme fait construire un chalet près de sa station de sports d'hiver en dépit des dangers d'avalanche.
VO→LS Général

**AVALON** ▷4
É.-U. 1990. Chronique de Barry LEVINSON avec Armin Mueller-Stahl, Aidan Quinn et Elijah Wood. - Évocation de la vie d'un groupe d'immigrants polonais venu s'établir à Baltimore durant la première moitié du XXe siècle.
VO→18,95$ VF→18,95$ Général

**AVANT L'AUBE TOUT EST POSSIBLE**
Voir: BEFORE SUNRISE

**AVANT-CINÉ, L'** ▷4
ALL. 1985. Documentaire de Werner NEKES. - Évocation des recherches et expérimentations tentées, avant l'invention du cinématographe, pour donner l'illusion d'une image en mouvement.
VA→41,95$ Général

**AVANTI!** ▷4
É.-U. 1972. Comédie de mœurs de Billy WILDER avec Jack Lemmon, Juliet Mills et Clive Revill. - Les ennuis d'un homme d'affaires américain venu à Ischia à cause de la mort accidentelle de son père.
VO→14,95$ 13 ans +

**AVARE, L'** ▷4
FR. 1980. Comédie réalisée par Jean GIRAULT et Louis DE FUNÈS avec Louis de Funès, Michel Galabru et Claude Gensac. - Un avare est aux prises avec les gens de son entourage qu'il veut mener à sa guise.
VO→26,95$ Général

**AVEC DISTINCTION**
Voir: WITH HONORS

**AVEC LES COMPLIMENTS DE L'AUTEUR**
Voir: AUTHOR! AUTHOR!

**AVÈNEMENT, L'**
Voir: THE ARRIVAL

**AVENGERS, THE** ▷5
É.-U. 1998. Drame d'espionnage de Jeremiah CHECHIK avec Ralph Fiennes, Uma Thurman et Sean Connery. - Deux agents secrets britanniques luttent contre un mégalomane qui menace de congeler l'Angleterre.
VF→14,95$ LBX→18,95$
LBX-DVD→23,95$ Général - Déconseillé aux jeunes enfants

**AVENTURE C'EST L'AVENTURE, L'** ▷4
FR. 1972. Comédie policière de Claude LELOUCH avec Lino Ventura, Jacques Brel et Charles Denner. - Les tribulations de cinq truands qui ont décidé de mettre en commun leurs talents respectifs.
VO→LS Général

**AVENTURE DU POSÉIDON, L'**
Voir: THE POSEIDON ADVENTURE

**AVENTURE EN COULISSE**
Voir: AN AWFULLY BIG ADVENTURE

**AVENTURE EST AU BOUT DU RÊVE, L'**
Voir: DREAMSCAPE

**AVENTURE INTÉRIEURE, L'**
Voir: INNERSPACE

**AVENTURE, L'**
Voir: ADVENTURE

**AVENTURES D'UNE JEUNE VEUVE, LES** ▷6
QUÉ. 1974. Comédie de Roger FOURNIER avec Dominique Michel, Guy Provost et Rose Ouellette. - La veuve d'un marchand de fourrures est entraînée dans diverses complications.
VO→13,95$ Général

**AVENTURES DANS LE MÉTRO**
Voir: SUBWAY STORIES

**AVENTURES DE BÉBÉ, LES**
Voir: BABY'S DAY OUT

**AVENTURES DE BUCKAROO BANZAÏ, LES**
Voir: THE ADVENTURES OF BUCKAROO BANZAI ACROSS THE 8th DIMENSION

**AVENTURES DE DON JUAN, LES**
Voir: THE ADVENTURES OF DON JUAN

**AVENTURES DE HUCK FINN, LES**
Voir: THE ADVENTURES OF HUCK FINN

**AVENTURES DE PINOCCHIO, LES**
Voir: THE ADVENTURES OF PINOCCHIO

**AVENTURES DE PRISCILLA, FOLLE DU DÉSERT, LES**
Voir: THE ADVENTURES OF PRISCILLA, QUEEN OF THE DESERT

**AVENTURES DE RABBI JACOB, LES** ▷4
FR. 1973. Comédie de Gérard OURY avec Louis de Funès, Claude Giraud et Suzy Delair. - Un homme d'affaires irritable doit se déguiser en rabbin juif pour échapper à des agents secrets arabes.
VO→26,95$ Général

**AVENTURES DE ROBINS DES BOIS, LES**
Voir: THE ADVENTURES OF ROBIN HOOD

**AVENTURES DE TARZAN À NEW YORK, LES**
Voir: TARZAN'S NEW YORK ADVENTURE

**AVENTURES DU BARON DE MUNCHAUSEN, LES**
Voir: THE ADVENTURES OF BARON MUNCHAUSEN

**AVENTURES DU CAPITAINE WYATT, LES**
Voir: DISTANT DRUMS

**AVENTURES FANTASTIQUES DU BARON DE MUNCHAUSEN, LES** ▷5
ALL. 1942. Comédie fantaisiste de Joseph VON BAKY avec Hans Albers, Herman Speelmans et Ilse Werner. - Les exploits fantastiques d'un aristocrate hableur.
STA→LS Non classé

**AVENTURIERS DE L'ARCHE PERDUE, LES**
Voir: RAIDERS OF THE LOST ARCK

**AVENTURIERS DU TIMBRE PERDU, LES**
Voir: TOMMY TRICKER AND THE STAMP TRAVELER

**AVENTURIERS, LES** ▷3
FR. 1967. Aventures de Robert ENRICO avec Lino Ventura, Alain Delon et Joanna Shimkus. - Trois amis, victimes de revers de fortune, partent à la recherche d'un trésor au large des côtes du Congo - Construction décontractée. Mise en scène aérée. Personnages bien campés par des acteurs de talent.
VO→LS 13 ans +

**AVEUX LES PLUS DOUX, LES** ▷3
FR. 1970. Drame psychologique d'Édouard MOLINARO avec Philippe Noiret, Roger Hanin et Marc Porel. - Déterminés à obtenir d'un inculpé les renseignements relatifs à l'arrestation de ses complices, deux policiers usent de moyens odieux. - Scénario vigoureux. Observations psychologiques justes.
VO→LS Non classé

**AVEUX SPONTANÉS** ▷5
ITA. 1979. Drame de Grigori TCHOUKRAI avec Giancarlo Giannini, Ornella Muti et Stefano Madia. - Un chauffeur de taxi portugais est incarcéré pour avoir conduit à l'aéroport un homme que la police soupçonne de préparer un attentat.
VF→LS Général

**AVIATEUR, L'**
Voir: THE AVIATOR

**AVIATOR, THE** ▷5
É.-U. 1985. Aventures de George MILLER avec Christopher Reeve, Rosanna Arquette et Scott Wilson. - En 1928, après l'écrasement d'un avion dans les Rocheuses, un pilote et sa passagère tentent de rejoindre la civilisation.
VO→PC Général

**AVOCAT DU DIABLE, L'**
Voir: GUILTY AS SIN

**AVOCAT DU DIABLE, L'**
Voir: DEVIL'S ADVOCATE

**AVRIL À PARIS**
Voir: APRIL IN PARIS

**AVRIL ENCHANTÉ**
Voir: ENCHANTED APRIL

**AVVENTURA, L'** ►1
ITA. 1960. Drame psychologique de Michelangelo ANTONIONI avec Gabriele Ferzetti, Monica Vitti et Lea Massari. - À la recherche de sa maîtresse disparue, un architecte s'éprend d'une amie de celle-ci. - Analyse subtile et intelligente. Grande beauté plastique. Interprétation remarquable.
STA→27,95$ Général

**AWAKENING OF THE BEAST, THE** ▷0
POR. 1970, José Mojica MARINS
STA→LS 13 ans +

**AWAKENINGS** ▷4
É.-U. 1990. Drame psychologique de Penny MARSHALL avec Robin Williams, Robert De Niro et Julie Kavner. - À New York dans les années 1960, un neurologue parvient à réveiller un patient enfermé depuis trente ans dans un état catatonique.
VF→12,95$ VO→11,95$ LBX-DVD→36,95$ Général

**AWAY ALL BOATS** ▷5
É.-U. 1956. Drame de guerre de Joseph PEVNEY avec Jeff Chandler, George Nader et Lex Barker. - Sur un navire de guerre, l'entraînement de soldats qui devront ensuite affronter les Japonais.
VO→19,95$

**AWFUL DR. ORLOFF, THE**
Voir: L'HORRIBLE DR. ORLOFF

**AWFUL TRUTH, THE** ▷3
É.-U. 1937. Comédie de Leo McCAREY avec Cary Grant, Irene Dunne et Ralph Bellamy. - Divorcé de fraîche date, un jeune couple finit par se réconcilier. - Marivaudage d'une grande drôlerie. Traitement vif et spirituel. Réalisation et montage habiles. Excellents interprètes.
VO→19,95$ Général

**AWFULLY BIG ADVENTURE, AN** ▷4
ANG. 1994. Drame de mœurs de Mike NEWELL avec Georgina Cates, Hugh Grant et Alan Rickman. - En 1947, une jeune fille secrètement amoureuse de son patron, un directeur de théâtre cynique, cède malgré tout aux avances d'un comédien d'âge mur.
VF→18,95$ VO→18,95$ **13 ans +**

**AY, CARMELA!** ▷4
ESP. 1990. Comédie dramatique de Carlos SAURA avec Carmen Maura, Andres Pajares et Gabino Diego. - Durant la guerre civile espagnole, trois bateleurs tombent aux mains des troupes franquistes qui veulent leur faire jouer un spectacle à la gloire de Franco.
STA→PC **Général**

**B & D**
Voir: BLOOD et DONUTS

**B. MONKEY** ▷4
ANG.-ITA.-É.-U. 1999. Drame de mœurs de Michael RADFORD avec Asia Argento, Jared Harris et Rupert Everett. - Une jeune voleuse dure à cuire s'engage dans une relation avec un professeur célibataire rangé.
VO→14,95$ LBX-DVD→27,95$ **13 ans + Érotisme**

**B.A.P. S. (BLACK AMERICAN PRINCESSES)** ▷0
É.-U. 1997, Robert TOWNSEND
**Général**

**BABAR: KING OF THE ELEPHANTS** ▷5
CAN. 1998. Dessins animés de Raymond JAFELICE. - Un éléphant éduqué par une vieille dame est proclamé roi après avoir sauvé son peuple des rhinocéros.
VO→14,95$ **Général Enfants**

**BABAR: LE FILM**
Voir: BABAR: THE MOVIE

**BABAR, ROI DES ÉLÉPHANTS**
Voir: BABAR: KING OF THE ELEPHANTS

**BABAR: THE MOVIE** ▷4
CAN. 1989. Dessins animés de Alan BUNCE. - Babar, le roi des éléphants, raconte à ses enfants une aventure de jeunesse.
VO→9,95$ VF→LS **Général**

**BABE** ▷3
N.-Z. 1995. Conte de Chris NOONAN avec James Cromwell et Magda Szubanski. - Grâce aux conseils d'une chienne et à sa propre débrouillardise, un porcelet nouvellement arrivé dans une ferme apprend à garder les moutons. - Histoire drôle et imaginative. Nombreux détails savoureux. Dialogues pleins d'esprit entre les animaux. Jeu complice des interprètes.
VF→14,95$ VO→14,95$ DVD→27,95$ **Général**

**BABE, LE BAMBINO**
Voir: THE BABE

**BABE, THE** ▷5
É.-U. 1992. Drame biographique de Arthur HILLER avec John Goodman, Kelly McGillis et Trini Alvarado. - La vie et la carrière du joueur de base-ball George Herman Ruth, surnommé le Babe.
VO→PC VF→11,95$ **Général**

**BABE: PIG IN THE CITY** ▷3
AUS. 1998. Comédie fantaisiste de George MILLER avec Magda Szubanski, James Cromwell et Mary Stein. - Une fermière et son porcelet surdoué vivent bien des mésaventures dans une grande ville. - Fable à portée sociale. Astucieuse et audacieuse métaphore animalière. Extraordinaire brio technique.
VF→16,95$ VO→16,95$ LBX-DVD→27,95$ **Général**

**BABE: UN COCHON DANS LA VILLE**
Voir: BABE: PIG IN THE CITY

**BABEL** ▷6
CAN.-FR. 1998. Comédie fantaisiste de Gérard PULLICINO avec Mitchell David Rothpan, Maria de Medeiros et Tcheky Karyo. - Un garçon et son institutrice aident trois petits êtres poilus à retrouver une pierre qui possède des pouvoirs maléfiques.
VA→LS VO→LS **Général**

**BABES IN ARMS** ▷4
É.-U. 1939. Comédie musicale de Busby BERKELEY avec Mickey Rooney, Judy Garland et Charles Winninger. - Des adolescents, enfants d'artistes de music-hall sans emploi, montent un spectacle à succès.
VO→14,95$ **Non classé**

**BABES ON BROADWAY** ▷4
É.-U. 1941. Comédie musicale de Busby BERKELEY avec Mickey Rooney, Judy Garland et Virginia Weidler. - Malheurs passagers de quelques adolescents ambitionnant la gloire théâtrale.
VO→LS **Non classé**

**BABY BOOM** ▷5
É.-U. 1987. Comédie de mœurs de Charles SHYER avec Diane Keaton, Sam Shepard et Sam Wanamaker. - La vie d'une femme d'affaires est bouleversée lorsqu'elle décide de prendre soin de la fille d'un cousin qui vient de mourir.
VF→LS VO→11,95$ **Général**

**BABY DOLL** ▷3
É.-U. 1956. Drame psychologique d'Elia KAZAN avec Carroll Baker, Eli Wallach et Karl Malden. - Soupçonnant un rival d'avoir incendié ses entrepôts, un producteur de coton tente de séduire la toute jeune épouse de celui-ci afin de lui arracher des aveux. - Scénario audacieux adapté d'une pièce de Tenessee Williams. Contexte du Sud admirablement dépeint.
VO→LS **Non classé**

**BABY SNAKES** ▷0
É.-U. 1979, Frank ZAPPA
VO→LS **Non classé**

**BABY TAKES A BOW** ▷6
É.-U. 1934. Mélodrame de Harry LACHMAN avec Shirley Temple, James Dunn et Claire Trevor. - Un gangster veut se convertir à une vie honnête pour l'amour de sa fillette.
VO→15,95$ **Général**

**BABY, IT'S YOU** ▷4
É.-U. 1982. Comédie dramatique de John SAYLES avec Rosanna Arquette, Vincent Spano et Claudia Sherman. - Dans les années 1960, les amours incertaines entre la fille adolescente d'un médecin et un camarade d'origine italienne.
VF→LS **13 ans +**

**BABY'S DAY OUT** ▷5
É.-U. 1994. Comédie de Patrick Read JOHNSON avec Joe Mantegna, Joe Pantoliano et Brian Haley. - Un bébé fausse compagnie à ses trois ineptes kidnappeurs et vit diverses aventures périlleuses dans une grande ville.
VF→PC VO→PC **Général**

**BABY, THE RAIN MUST FALL** ▷4
É.-U. 1964. Drame psychologique de Robert MULLIGAN avec Steve McQueen, Lee Remick et Don Murray. - Une jeune femme rejoint au Texas son mari récemment libéré sur parole.
VO→19,95$ **13 ans +**

**BABYFACE** ▷6
CAN. 1998. Drame de mœurs de Jack BLUM avec Lenore Zann, James Gallanders et Elisabeth Rosen. - Une femme dans la mi-trentaine appréhende une relation amoureuse entre son jeune amant et sa fille adolescente.
VO→LS **16 ans +**

**BABYSITTERS CLUB, THE** ▷0
É.-U 1995, Melanie MAYRON
VF→19,95$ Non classé

**BACCHANTES** ▷0
ITA. 1963, Georgio FERRONI
VO→PC Général

**BACH ET BOTTINE** ▷4
QUÉ. 1986. Comédie dramatique d'André MELANÇON avec Mahée Paiement, Raymond Legault et Andrée Pelletier. - Une fillette orpheline, dont la garde a été confiée à un oncle égoïste et vieux garçon, tente d'amadouer ce dernier.
VO→LS Général

**BACHELOR AND THE BOBBY-SOXER, THE** ▷4
É.-U. 1947. Comédie de Irving REIS avec Cary Grant, Myrna Loy et Shirley Temple. - Une collégienne s'éprend de son professeur qui est plus intéressé par sa sœur aînée.
VO→14,95$ Général

**BACHELOR MOTHER** ▷5
É.-U. 1939. Comédie de Garson KANIN avec Ginger Rogers, David Niven et Charles Coburn. - Une jeune fille est prise pour la mère d'un bébé abandonné.
VO→18,95$ Général

**BACK TO BATAAN** ▷5
É.-U. 1945. Drame de guerre de Edward DMYTRYK avec John Wayne, Anthony Quinn et Beulah Bondi. - Des Américains se joignent à des guerilleros philippins pour combattre les Japonais.
VO→LS Général

**BACK TO GOD'S COUNTRY** ▷0
CAN. 1919, David HARTFORD
ITA→54,95$

**BACK TO THE FUTURE** ▷3
É.-U. 1985. Comédie fantaisiste de Robert ZEMECKIS avec Michael J. Fox, Christopher Lloyd et Lea Thompson. - Grâce à une machine à voyager dans le temps, un adolescent se rend à l'époque où ses parents avaient son âge. - Variations originales et humoristiques sur un thème connu. Traitement ironique. Bonne évocation d'époque.
VF→LS VO→58,95$ Général

**BACK TO THE FUTURE 2** ▷4
É.-U. 1989. Comédie fantaisiste de Robert ZEMECKIS avec Michael J. Fox, Christopher Lloyd et Thomas F. Wilson. - Grâce à une machine à voyager dans le temps, un adolescent se rend en 1955 afin d'annuler la cause de bouleversements historiques provoqués par un vieillard lors d'une expédition antérieure en l'an 2015.
VO→19,95$ VF→19,95$ Général

**BACK TO THE FUTURE 3** ▷4
É.-U. 1990. Comédie fantaisiste de Robert ZEMECKIS avec Michael J. Fox, Christopher Lloyd et Mary Steenburgen. - Un adolescent retourne en 1885 afin de ramener au XX^e siècle l'inventeur d'une machine à voyager dans le temps.
VO→19,95$ VF→19,95$ Général

**BACKBEAT** ▷4
ANG. 1993. Drame biographique d'Iain SOFTLEY avec Stephen Dorff, Sheryl Lee et Ian Hart. - Après s'être amouraché d'une jeune photographe, le bassiste d'un groupe de rock'n'roll abandonne la musique pour se consacrer à la peinture.
VF→13,95$ VO→14,95$ 13 ans +

**BACKDRAFT** ▷4
É.-U. 1991. Drame policier de Ron HOWARD avec William Baldwin, Kurt Russell et Robert De Niro. - Un jeune pompier assiste un détective qui enquête sur une série d'incendies d'origine apparemment criminelle.
LBX→16,95$ VF→16,95$ VO→PC LBX-DVD→27,95$ 13 ans +

**BACKTRACK** ▷5
É-U. 1988. Drame policier réalisé et interprété par Dennis HOPPER avec Jodie Foster et Dean Stockwell. - Témoin d'un meurtre commis par la mafia, une jeune artiste se retrouve pourchassée par un tueur à gages qui tombe amoureux d'elle.
VO→PC Non classé

**BAD AND THE BEAUTIFUL, THE** ▷3
É.-U. 1952. Drame psychologique de Vincente MINNELLI avec Lana Turner, Kirk Douglas et Dick Powell. - Un producteur en faillite fait appel à des vedettes qu'il a lancées. - Description critique des milieux du cinéma. Étude psychologique intéressante. Mise en scène adroite. Excellents interprètes.
VO→19,95$ Non classé

**BAD BEHAVIOUR** ▷4
ANG. 1992. Comédie de mœurs de Les BLAIR avec Stephen Rea, Sinead Cusack et Philip Jackson. - Un couple londonien éprouve diverses difficultés conjugales alors qu'un entrepreneur malhonnête dirige les travaux de rénovation de sa maison.
VO→PC Général

**BAD BOYS** ▷5
É.-U. 1983. Drame social de Rick ROSENTHAL avec Sean Penn, Esai Morales et Reni Santoni. - Les dures expériences d'un adolescent délinquant enfermé dans une institution à cause de ses activités criminelles.
VO→11,95$ LBX-DVD→14,95$ 18 ans +

**BAD BOYS** ▷5
É.-U. 1995. Comédie policière de Michael BAY avec Martin Lawrence, Will Smith et Téa Leoni. - Deux détectives aux trousses d'un trafiquant de drogue sont obligés d'échanger leur identité pour mener l'enquête.
VF→PC LBX→12,95$ 13 ans + Violence

**BAD COMPANY** ▷4
É.-U. 1972. Western de Robert BENTON avec Jeff Bridges, Barry Brown et Jim Davis. - Pendant la guerre civile, un jeune homme de bonne famille s'enfuit vers l'Ouest pour échapper à la conscription et se joint à une bande de voleurs.
VO→PC 13 ans +

**BAD DAY AT BLACK ROCK** ▷3
É.-U. 1954. Drame de John STURGES avec Spencer Tracy, Robert Ryan et Anne Francis. - Les habitants d'un bourg de l'Ouest opposent une étrange résistance aux demandes d'un étranger en quête d'un fermier japonais. - Récit vigoureux et dépouillé. Belle photographie. Mise en scène solide. Création remarquable de S. Tracy.
VO→19,95$ Non classé

**BAD DREAMS** ▷6
É.-U. 1988. Drame d'horreur de Andrew FLEMING avec Jennifer Rubin, Bruce Abbott et Richard Lynch. - Dans un hôpital psychiatrique, une jeune femme revoit dans ses rêves le chef d'une secte religieuse responsable d'un suicide collectif dont elle est la seule survivante.
VO→32,95$ 13 ans +

**BAD GIRLS** ▷5
É.-U. 1994. Western de Jonathan KAPLAN avec Madeleine Stowe, Mary Stuart Masterson et Andie MacDowell. - Les tribulations de quatre femmes hors-la-loi qui fuient vers l'Oregon.
VO→LS VF→10,95$ Général

**BAD GIRLS GO TO HELL** ▷0
É.-U. 1965, Doris WISHMAN
VO→LS Non classé

**BAD INFLUENCE** ▷5
É.-U. 1990. Drame de mœurs de Curtis HANSON avec Rob Lowe, James Spader et Lisa Zane. - Un jeune homme machiavélique entraîne un garçon rangé dans une sombre affaire de meurtre.
VF→LS VO→11,95$ 13 ans +

**BAD LANDS** ▷0
É.-U. 1939, Lew LANDERS
VO→LS Non classé

**BAD LIEUTENANT** ▷4
É.-U. 1992. Drame policier d'Abel FERRARA avec Harvey Keitel, Frankie Thorn et Zoe Lund. - Un policier corrompu et dépravé est appelé à enquêter sur le viol d'une religieuse.
VO→LS LBX-DVD→22,95$ **18 ans + Violence**

**BAD SEED, THE** ▷5
É.-U. 1956. Drame psychologique de Mervyn LeROY avec Nancy Kelly, Patty McCormack et Henry Jones. - Une jeune femme se rend compte que sa fillette a des instincts meurtriers.
VO→14,95$ **Général**

**BAD SLEEP WELL, THE**
Voir: LES SALAUDS DORMENT EN PAIX

**BAD TASTE** ▷7
N.-Z. 1987. Drame d'horreur réalisé et interprété par Peter JACKSON avec Terry Potter et Peter O'Herne. - Un commando découvre qu'un petit village côtier a été dépeuplé par des extra-terrestres qui se nourrissent de chair humaine.
VO→27,95$ LBX-DVD→26,95$ **16 ans + Horreur**

**BADGE 373** ▷5
É.-U. 1973. Drame policier de Howard W. KOCH avec Robert Duvall, Verna Bloom et Henry Darrow. - Un policier suspendu enquête sur l'assassinat d'un ancien collègue.
VO→PC **13 ans +**

**BADIS** ▷4
MAR. 1988. Drame de mœurs de Mohamed Abderrahman TAZI avec Jitali Farhati, Maribel Verdu et Zakia Tahiri. - Dans un village marocain de la côte méditerranéenne, la fille d'un pêcheur poursuit une idylle secrète avec un soldat en poste dans une forteresse voisine.
STF→LS **Général**

**BADLANDERS, THE** ▷5
É.-U. 1958. Western de D. DAVES avec Alan Ladd, Ernest Borgnine et Claire Kelly. - Deux hommes veulent voler de l'or dans une mine.
VO→14,95$ **Général**

**BADLANDS** ►2
É.-U. 1973. Drame de mœurs de Terrence MALICK avec Martin Sheen, Sissy Spacek et Warren Oates. - Un jeune chômeur n'hésite pas à tuer pour fuir avec son amie. - Traitement insolite d'un fait divers des années 1950. Vision critique des personnages et du contexte. Réalisation contrôlée. Excellente interprétation.
LBX→19,95$ VO→19,95$ VF→LS LBX-DVD→21,95$ **13 ans +**

**BAGARRE À LA UNE**
Voir: I LOVE TROUBLE

**BAGARRE AU KING CRÉOLE**
Voir: KING CREOLE

**BAGARREUR DU KENTUCKY, LE**
Voir: THE FIGHTING KENTUCKIAN

**BAGDAD** ▷6
É.-U. 1949. Conte de Charles LAMONT avec Maureen O'Hara, Paul Christian et Vincent Price. - Une princesse orientale recherche l'assassin de son père.
VO→14,95$ **Général**

**BAGDAD CAFE** ▷3
ALL. 1987. Comédie de Percy ADLON avec Marianne Sägebrecht, CCH Pounder et Jack Palance. - Égarée dans un désert américain, une grosse Bavaroise trouve refuge dans un motel isolé où elle transforme la vie des habitants. - Intrigue et traitement originaux. Personnages attachants. Interprétation colorée.
VF→LS VO→14,95$ **Général**

**BAHUT VA CRAQUER!, LE** ▷6
FR. 1981. Comédie dramatique de Michel NERVAL avec Vincent Vallier, Christiane Montmory et Michel Galabru. - Outrés par une injustice commise par le proviseur de leur lycée à l'endroit d'une élève enceinte, des étudiants protestent en gardant le corps enseignant en otage.
VO→LS **Général**

**BAIN DE MOUTARDE**
Voir: MUSTARD BATH

**BAISE-MOI** ▷6
FR. 2000. Drame de mœurs de Coralie TRINH THI et Virginie DESPENTES avec Raffaela Anderson et Karen Bach. - La fuite en avant dans la drogue, le sexe et la violence meurtrière de deux jeunes paumées qui n'ont plus rien à perdre.
VO→LS **18 ans + Sexualité explicite**

**BAISER AVANT DE MOURIR, UN**
Voir: A KISS BEFORE DYING

**BAISER DE LA FEMME ARAIGNÉE, LE**
Voir: KISS OF THE SPIDER WOMAN

**BAISER DE LA MORT, LE**
Voir: KISS OF DEATH

**BAISER DE MINUIT, LE**
Voir: THAT MIDNIGHT KISS

**BAISER DU PAPILLON, LE**
Voir: BUTTERFLY KISS

**BAISERS VOLÉS** ►2
FR. 1968. Comédie dramatique de François Truffaut avec Jean-Pierre Léaud, Claude Jade et Delphine Seyrig. - Après son service militaire, un jeune homme retrouve son amie et doit se chercher un emploi. - Même héros que dans *Les 400 Coups*. Sens du détail expressif. Réalisation dégagée et efficace. Notations humoristiques. Interprétation juste.
VO→LS **Général**

**BAL DE L'HORREUR, LE**
Voir: PROM NIGHT

**BAL DES CASSE-PIEDS, LE** ▷4
FR. 1991. Comédie de mœurs de Yves ROBERT avec Jean Rochefort, Miou-Miou et Jean Carmet. - Un vétérinaire au tempérament plutôt obligeant et sa nouvelle conquête sont constamment contrariés par la présence inopinée d'enquiquineurs de toutes sortes.
VO→LS **Général**

**BAL DES SIRÈNES, LE**
Voir: BATHING BEAUTY

**BAL DES VAMPIRES, LE**
Voir: THE FEARLESS VAMPIRE KILLERS

**BAL DES VOYOUS, LE** ▷5
FR.-ITA. 1968. Drame policier de Jean-Claude DAGUE avec Jean-Claude Bercq, Marc Briand et Michel Le Royer. - Compromis par des criminels, un directeur de banque accepte de collaborer à un vol.
VO→LS **18 ans +**

**BAL POUSSIÈRE** ▷4
C.I. 1988. Comédie de mœurs de Henri DUPARC avec Bakary Bama, Tchelley Hanny et Naky Sy Savane. - Un riche paysan épouse une étudiante qui, par ses allures libres, sème la pagaille parmi ses cinq autres femmes.
VO→LS **Général**

**BAL, LE** ►2
ITA. 1983. Comédie musicale de Ettore SCOLA avec Marc Berman, Francesco de Rosa et Geneviève Rey-Penchenat. - Une salle de bal sert de cadre à l'évocation de quarante années d'histoire par la danse et la musique. - Sujet original traité avec brio. Rythme magnifiquement soutenu. Mise en scène bien conçue.
MT→LS **Général**

**BALADE SAUVAGE, LA**
Voir: BADLANDS

**BALAFRÉ, LE**
Voir: SCARFACE

**BALALAIKA** ▷5
É.-U. 1939. Comédie musicale de Reinhold SCHUNZEL avec Nelson Eddy, Illona Massey et Charlie Ruggles. - Un prince russe s'éprend d'une jeune révolutionnaire.
VO→LS **Général**

**BALANCE MAMAN HORS DU TRAIN**
Voir: THROW MOMMA FROM THE TRAIN

**BALANCE, LA** ▷4
FR. 1982. Drame policier de Bob SWAIM avec Richard Berry, Nathalie Baye et Philippe Léotard. - Un policier fait pression sur un ancien gangster pour qu'il lui serve d'indicateur.
VO→LS **13 ans +**

**BALCONY, THE** ▷5
É.-U. 1963. Comédie dramatique de Joseph STRICK avec Shelley Winters, Peter Falk et Lee Grant. - Trois clients d'une maison de prostitution se livrent à la mégalomanie pendant une révolution.
VO→LS **Général**

**BALEINES DU MOIS D'AOÛT, LES**
Voir: THE WHALES OF AUGUST

**BALL OF FIRE** ▷3
É.-U. 1942. Comédie de Howard HAWKS avec Gary Cooper, Barbara Stanwyck et Dana Andrews. - Huit philologues hébergent une jeune danseuse qui leur donne des leçons d'argot. - Situations comiques exploitant drôlement les contrastes. Jeu savoureux des comédiens.
VO→14,95$ DVD→26,95$ **Général**

**BALLAD OF A SOLDIER**
Voir: LA BALLADE DU SOLDAT

**BALLAD OF CABLE HOGUE, THE** ▷4
É.-U. 1969. Western de Sam PECKINPAH avec Jason Robards, Stella Stevens et David Warner. - Abandonné en plein désert, un homme transforme une source en une étape pour les diligences.
VO→14,95$ **13 ans +**

**BALLAD OF GREGORIO CORTEZ, THE** ▷3
É.-U. 1982. Western de Robert M. YOUNG avec Edward James Olmos, Brian James et James Gammon. - En 1901, un fermier mexicain du Texas est poursuivi pour le meurtre d'un shérif. - Éléments de réflexion sur les conflits raciaux. Téléfilm aux scènes de poursuite bien enlevées. Mise en scène inventive.
VO→14,95$ **Général**

**BALLAD OF LITTLE JO, THE** ▷4
É.-U. 1993. Western de Maggie GREENWALD avec Suzy Amis, Bo Hopkins et David Chung. - En 1860, une jeune femme, jetée à la rue par son père, se déguise en homme de manière à mystifier la population d'une ville minière.
VO→PC VF→13,95$ **13 ans +**

**BALLAD OF NARAYAMA, THE**
Voir: LA BALLADE DE NARAYAMA

**BALLADE DE BRUNO, LA** ▷3
ALL. 1977. Drame de mœurs de Werner HERZOG avec Bruno S., Eva Mattes et Clemens Scheitz. - Un pauvre hère et une prostituée se joignent à un vieil homme pour aller tenter fortune en Amérique. - Intrigue complexe. Personnages insolites. Mise en scène inventive.
STA→LS **Général**

**BALLADE DE LITTLE JO, LA**
Voir: THE BALLAD OF LITTLE JO

**BALLADE DE NARAYAMA, LA** ▷3
JAP. 1983. Drame de mœurs de Shohei IMAMURA avec Samiko Sakamoto, Ken Ogata et Aki Takejo. - Une vieille femme se préoccupe de trouver une épouse à son fils veuf avant de mourir. - Peinture convaincante de mœurs primitives et cruelles. Ensemble à la fois déconcertant et captivant.
VF→LS STA→LS **13 ans +**

**BALLADE DES DALTON, LA** ▷4
FR. 1978. Dessins animés de René GOSCINNY et MORRIS. - Un cowboy errant surveille des bandits redoutables qui, pour toucher un héritage, doivent éliminer les membres du jury qui a condamné leur oncle.
VO→19,95$ **Général**

**BALLADE DU SOLDAT, LA** ▷3
RUS. 1960. Drame de guerre de Grigori TCHOUKRAI avec Vladimir Ivachov, Janna Prokorenko et Antonina Maximova. - Un jeune soldat reçoit une permission de quelques jours pour acte de bravoure. - Traitement doté de sensibilité et de délicatesse. Touches poétiques.
STA→LS **Général**

**BALLE DANS LA TÊTE, UNE** ▷4
CAN. 1990. Drame de guerre réalisé et interprété par Attila BERTALAN avec David Garfinkle et Andrea Sadler. - Au début du siècle, dans un pays européen où une guerre fait rage, un jeune soldat blessé d'une balle à la tête erre dans la forêt.
VO→24,95$ **13 ans +**

**BALLE SIGNÉE X, UNE**
Voir: NO NAME ON THE BULLET

**BALLON ROUGE, LE** ►2
FR. 1956. Conte d'Albert LAMORISSE avec Pascal Lamorisse. - L'amitié entre un ballon et un gamin provoque la jalousie des autres enfants. - Véritable poème d'une rare inspiration. Mélange adroit de rêve et de réel. Photographie maîtrisée.
STA→13,95$ **Général**

**BALLON ROUGE, LE / CRIN-BLANC** ▷0
FR. Albert LAMORISSE
STA→22,95$

**BALTO** ▷4
É.-U. 1995. Dessins animés de Simon WELLS. - Un chien-loup se lance au secours d'une expédition perdue dans le blizzard.
VF→16,95$ VO→16,95$ **Général**

**BAMBI** ▷3
É.-U. 1942. Dessins animés de Dave HAND sous la supervision de Walt DISNEY. - Les expériences de vie d'un jeune cerf dans la forêt dont il doit devenir le roi. - Adaptation poétique et charmante d'un roman de Felix Salten. Caractérisation intéressante des divers animaux.
VF-THX→LS VO-THX→LS **Général**

**BAMBOOZLED** ▷4
É.-U. 2000. Comédie satirique de Spike LEE avec Damon Wayans, Savion Glover et Jada Pinkett Smith. - Un producteur de télévision afro-américain crée une émission de variétés provocante qui s'attaque au racisme dans les médias.
VO→LS **13 ans +**

**BANANAS** ▷4
É.-U. 1971. Comédie réalisée et interprétée par Woody ALLEN avec Louise Lasser et Carlos Montalban. - Un homme timide se trouve mêlé à son corps défendant à une révolution dans une île des Caraïbes.
VO→14,95$ **13 ans +**

**BANC DE CARTER, LE**
Voir: I'M NOT RAPPAPORT

**BAND OF ANGELS** ▷5
É.-U. 1956. Drame de Raoul WALSH avec Clark Gable, Yvonne de Carlo et Sidney Poitier. - À la mort de son père, une jeune fille apprend qu'elle est métisse et est vendue comme esclave.
VO→19,95$ **Général**

**BAND WAGON, THE** ▷3
É.-U. 1953. Comédie musicale de Vincente MINNELLI avec Fred Astaire, Cyd Charisse et Jack Buchanan. - Une ancienne étoile de la danse monte un spectacle. - Scénario simple bien utilisé. Satire charmante des milieux théâtraux. Couleurs recherchées. Numéros musicaux réussis. Interprètes rompus au genre.
VO→14,95$ **Général**

**BANDE À PAPA, LA** ▷5
FR. 1956. Comédie policière de Guy LEFRANC avec Fernand Raynaud, Noël Roquevert et Louis de Funès. - Après avoir empêché un vol à main armée, un employé de banque timide découvre que le voleur est son père.
VO→LS Général

**BANDE À PART** ▷3
FR. 1964. Comédie policière de Jean-Luc GODARD avec Anna Karina, Claude Brasseur et Samy Frey. - Avec la complicité d'une jeune étudiante, deux voleurs préparent le vol d'un magot dissimulé dans une maison de banlieue. - Accent mis sur les personnages plutôt que sur l'aspect policier du sujet. Traitement mi-sérieux, mi-ironique.
STA→39,95$ Général

**BANDE DES QUATRE, LA** ▷3
FR. 1988. Comédie dramatique de Jacques RIVETTE avec Laurence Cote, Bernadette Giraud et Bulle Ogier. - Des étudiantes en art dramatique qui partagent le même logement sont mêlées à une sombre affaire policière. - Jeu subtil sur les rapports entre le théâtre et la vie. Éléments dramatiques habilement dosés. Ensemble d'un intérêt soutenu. Interprétation pleine de fraîcheur et de finesse.
VO→LS Général

**BANDE DES QUATRE, LA**
Voir: BREAKING AWAY

**BANDIT QUEEN** ▷3
IND. 1994. Drame biographique de Shekhar KAPUR avec Seema Biswas, Nirmal Pandey et Manoj Bajpai. - Contrainte injustement à l'exil, une jeune paysanne indienne se joint à une horde de bandits dont elle devient le chef. - Scénario inspiré d'une histoire vraie. Réquisitoire incendiaire contre la violence faite aux femmes. Traitement assez puissant. Jeu intense de S. Biswas.
VF→18,95$ STA→19,95$ 16 ans +

**BANDIT, LE** ▷4
TUR.-BUL.-FR. 1996. Drame policier de Yavuz TURGUL avec Sener Sen, Ugur Yucel et Yeçim Salkim. - Libéré après 35 ans de prison, un bandit de montagne recherche sa bien-aimée à Istanbul, avec l'aide d'un jeune escroc acoquiné avec la mafia.
STF→26,95$ 13 ans +

**BANDITS** ▷0
ALL.-FR. 1997, Katja VON GARNIER
STA→24,95$ 13 ans +

**BANDOLERO!** ▷4
É.-U. 1968. Western de Andrew V. McLAGLEN avec James Stewart, Dean Martin et George Kennedy. - Un homme sauve de la potence son frère et ses complices.
VO→24,95$ Général

**BANG** ▷0
É.-U. 1998, KING JEFF
VO→99,95$ 13 ans + Violence

**BANG THE DRUM SLOWLY** ▷4
É.-U. 1973. Drame psychologique de John HANCOCK avec Michael Moriarty, Robert De Niro et Vincent Gardenia. - Un joueur de baseball témoigne de l'amitié à un camarade atteint d'une maladie incurable.
VO→14,95$ Général

**BANK DICK, THE** ▷4
É.-U. 1940. Comédie burlesque de Edward CLINE avec W.C. Fields, Una Merkel et Cora Witherspoon. - Un poivrot impénitent obtient par hasard la position de gardien de banque.
VO→16,95$ Général

**BANLIEUSARDS, LES**
Voir: THE BURBS

**BANLIEUSARDS ARRIVENT EN VILLE, LES**
Voir: THE OUT-OF-TOWNERS

**BANQUIÈRE, LA** ▷4
FR. 1980. Drame social de Francis GIROD avec Romy Schneider, Jean-Louis Trintignant et Daniel Mesguich. - Au début des années 1930, une femme dirigeant une entreprise bancaire entre en lutte avec un concurrent.
VO→LS Général

**BANZAÏ** ▷5
FR. 1983. Comédie de Claude ZIDI avec Michel Coluche, Valérie Mairesse et Eva Darlan. - Un employé d'une agence de secours pour touristes est entraîné dans diverses aventures.
VO→19,95$ Général

**BAPTÊME** ▷4
FR. 1989. Chronique de René FERET avec Valérie Stroh, Jean-Yves Berteloot et Jacques Bonnaffé. - Les tribulations de la fille d'un cafetier qui épouse un marchand ambulant et entreprend de fonder une famille.
VO→LS Général

**BAR DU TÉLÉPHONE, LE** ▷4
FR. 1980. Drame policier de Claude BARROIS avec Daniel Duval, François Périer et Raymond Pellegrin. - Décidé à effacer une vieille rancœur, un criminel solitaire s'en prend à une famille de la pègre qui met de jeunes tueurs à ses trousses.
VO→LS 13 ans +

**BAR EN OTAGE**
Voir: ALBINO ALLIGATOR

**BAR ROUTIER**
Voir: ROAD HOUSE

**BAR SALON** ▷4
QUÉ. 1974. Drame de mœurs d'André FORCIER avec Guy L'Écuyer, Madeleine Chartrand et Jacques Marcotte. - Les tentatives d'un quinquagénaire pour sauver son bar menacé par la faillite.
VO→21,95$ 13 ans +

**BARABBAS** ▷4
ITA. 1961. Drame historique de Richard FLEISCHER avec Anthony Quinn, Vittorio Gassman et Silvana Mangano. - Libéré à la place de Jésus, Barabbas est de nouveau emprisonné en Sicile puis envoyé à Rome comme gladiateur.
VO→14,95$ Non classé

**BARAKA SUR X 13** ▷5
FR.-ESP.-ITA. 1965. Drame d'espionnage de Maurice CLOCHE, Edgar LAWSON et Silvio SIANO avec Gérard Barray, Sylva Koscina et Jose Suarez. - Un agent secret parvient à empêcher des espions de s'emparer d'une invention extrêmement dangereuse.
VO→LS 13 ans +

**BARAKA, LA** ▷5
FR. 1982. Comédie dramatique de Jean VALÈRE avec Roger Hanin, Gérard Darmon et Magali Renoir. - À Marseille, un restaurateur s'attache à un fugitif qui lui a sauvé la vie.
VO→LS Général

**BARAKA: WORLD BEYOND WORDS** ▷4
É.-U. 1992. Documentaire de Ron FRICKE. - Observations de divers aspects de l'activité humaine et animale sur notre planète.
MT→23,95$ LBX-DVD→29,95$ Général

**BARB WIRE** ▷5
É.-U. 1995. Science-fiction de David HOGAN avec Pamela Anderson Lee, Temuera Morrison et Jack Noseworthy. - En 2017, une chasseuse de primes tente vainement de rester neutre dans la guerre civile qui ravage les États-Unis.
VO→LS VF→PC 13 ans + Violence

**BARBARELLA** ▷4
ITA. 1968. Science-fiction de Roger VADIM avec Jane Fonda, John Phillip Law et Milo O'Shea. - Avec l'aide d'un homme-oiseau, une jeune astronaute réussit à retrouver un savant disparu.
VF→LS VO→14,95$ LBX-DVD→32,95$ 18 ans +

**BARBARIAN AND THE GEISHA, THE** ▷4
É.-U. 1958. Drame historique de John HUSTON avec John Wayne, Eiko Ando et Sam Jaffe. - Un diplomate américain cherche à établir des relations commerciales entre son pays et le Japon.
VO→23,95$ Général

**BARBAROSA** ▷4
É.-U. 1981. Western de Fred SCHEPISI avec Willie Nelson, Gary Busey et Gilbert Roland. - Un jeune fermier du Texas et un vieux hors-la-loi, tous deux en fuite, se rencontrent et connaissent ensemble quelques aventures.
VO→11,95$ Général

**BARBARY COAST** ▷4
É.-U. 1935. Aventures de Howard HAWKS avec Edward G. Robinson, Miriam Hopkins et Joel McCrea. - À San Francisco, une entraîneuse à l'emploi d'un homme vénal s'éprend d'un jeune prospecteur.
VO→14,95$ Général

**BARBE D'OR ET LES PIRATES**
Voir: YELLOWBEARD

**BARBE-ROUSSE** ►2
JAP. 1965. Drame social de Akira KUROSAWA avec Toshiro Mifune, Yuzo Kayama et Miyuki Kuwano. - Un jeune médecin inexpérimenté fait un stage difficile dans un hôpital dirigé par un docteur rude et taciturne. - Tableau éloquent des misères sociales du vieux Japon. Rythme lent et ample. Mise en scène d'une sobre maîtrise. Excellente interprétation de T. Mifune.
STA→31,95$ 13 ans +

**BARBRA STREISAND (COFFRET 2 VOLUMES)** ▷0
Voir: FUNNY GIRL · FUNNY LADY
VO→31,95$

**BARCELONA** ▷4
ESP. 1994. Comédie de mœurs de Whit STILLMAN avec Taylor Nichols, Chris Eigeman et Tushka Bergen. - Un homme d'affaires américain travaillant à Barcelone héberge son cousin, un jeune officier de marine au caractère facétieux.
VF→LS VO→LS Général

**BAREFOOT CONTESSA, THE** ▷3
É.-U. 1954. Drame psychologique de Joseph Leo MANKIEWICZ avec Ava Gardner, Humphrey Bogart et Edmond O'Brien. - Une vedette de cinéma connaît d'amers revers. - Intéressante peinture de milieu. Excellents dialogues. Réalisation et interprétation de qualité.
VO→14,95$ Général

**BAREFOOT EXECUTIVE, THE** ▷4
É.-U. 1970. Comédie de Robert BUTLER avec Kurt Russell, Joe Flynn et Wally Cox. - Un jeune homme obtient un poste important dans un réseau de télévision grâce aux réactions de son chimpanzé devant les émissions.
VF→19,95$ VO→19,95$ Général

**BAREFOOT IN THE PARK** ▷4
É.-U. 1967. Comédie de Gene SAKS avec Jane Fonda, Robert Redford et Mildred Natwick. - Les difficultés d'installation d'un jeune couple.
VO→14,95$ LBX-DVD→32,95$ Non classé

**BARFLY** ▷4
É.-U. 1987. Drame psychologique de Barbet SCHROEDER avec Mickey Rourke, Faye Dunaway et Alice Krige. - Un écrivain alcoolique ayant toujours l'air d'une épave se lie à une femme qui boit sec elle aussi tout en gardant une certaine dignité.
VF→19,95$ VO→19,95$ 13 ans +

**BARKLEYS OF BROADWAY, THE** ▷4
É.-U. 1949. Comédie musicale de Charles WALTERS avec Fred Astaire, Ginger Rogers et Oscar Levant. - Les amours et les succès de deux vedettes de la danse.
VO→14,95$ Non classé

**BAROCCO** ▷4
FR. 1976. Drame d'André TÉCHINÉ avec Gérard Depardieu, Isabelle Adjani et Marie-France Pisier. - Un boxeur est abattu par un tueur qui lui ressemble comme un frère.
STA→32,95$ 13 ans +

**BARON DE CRAC, LE** ►2
TCH. 1961. Comédie fantaisiste de Karel ZEMAN avec Milos Kopecky, Rudolf Jelinek et Jana Brejchova. - Le baron de Crac invite un astronaute à un voyage au XVIIIe siècle. - Personnages vivants évoluant dans des décors dessinés. Originalité certaine alliée à une fine poésie. Utilisation originale de la couleur. Interprétation enjouée.
VA→LS Non classé

**BARON DE MUNCHAUSEN, LE** ▷5
FR. 1978. Dessins animés de Jean IMAGE. - Un baron raconte ses exploits fantastiques réalisés en compagnie de cinq hommes dotés de facultés extraordinaires.
VO→LS Général

**BARON MUNCHHAUSEN**
Voir: LES AVENTURES FANTASTIQUES DU BARON DE MUNCHAUSEN

**BARON ROUGE, LE**
Voir: VON RICHTHOFEN AND BROWN

**BARRIERS** ▷0
É.-U. 1998, Alan BAXTER
VO→44,95$ Général

**BARRY LYNDON** ►2
ANG. 1975. Drame de mœurs de Stanley KUBRICK avec Ryan O'Neal, Marisa Berenson et Patrick Magee. - Au XVIIIe siècle, après diverses aventures, un Irlandais sans fortune épouse une riche aristocrate anglaise. - Adaptation d'un roman de W.M. Thackeray. Reconstitution fastueuse et minutieuse. Réalisation magistrale.
VO→24,95$ VF→24,95$ LBX-DVD→26,95$ Général

**BARRY McKENZIE HOLDS HIS OWN...**
AUS. 1974, Bruce BERESFORD
VO→LS Non classé

**BARTLEBY** ▷4
ANG. 1972. Drame psychologique d'Anthony FRIEDMANN avec Paul Scofield, John McEnery et Thorley Walters. - À Londres, un comptable est troublé par l'attitude d'un nouvel employé taciturne et mélancolique.
VO→LS Général

**BARTON FINK** ▷3
É.-U. 1991. Comédie dramatique de Joel COEN avec John Turturro, John Goodman et Judy Davis. - Plusieurs malheurs s'abattent sur un dramaturge à succès lorsqu'il se rend à Hollywood pour y écrire son premier scénario de film. - Portrait cauchemardesque et cynique d'Hollywood. Œuvre exubérante et recherchée. Interprétation stylisée bien accordée au ton de l'ensemble.
VO→24,95$ 13 ans +

**BAS-FONDS NEW-YORKAIS, LES**
Voir: UNDERWORLD U.S.A

**BAS-FONDS, LES** ►2
JAP. 1957. Étude de mœurs de Akira KUROSAWA avec Toshiro Mifune, Isuzu Yamada et Ganjiro Nakamura. - Un vendeur ambulant tente d'aider les êtres misérables du bouge où il s'est installé. - Excellente analyse de caractères. Création d'atmosphère réussie. Réalisation de classe. Interprètes bien dirigés.
STA→27,95$ Général

**BASEKETBALL** ▷5
É.-U. 1998. Comédie de David ZUCKER avec Trey Parker, Matt Stone et Yasmine Bleeth. - Deux zigotos obtiennent un succès inattendu lorsqu'ils inventent un nouveau sport combinant de manière absurde les règles du base-ball et du basket-ball.
VF→15,95$ VO→15,95$ 13 ans +

**BASIC INSTINCT** ▷5
É.-U. 1992. Drame policier de Paul VERHOEVEN avec Michael Douglas, Sharon Stone et George Dzundza. - En enquêtant sur le meurtre d'un chanteur rock, un policier tombe sous le charme de la principale suspecte.
VO→14,95$ VF→11,95$ LBX-DVD→33,95$ 18 ans +

**BASIL, DÉTECTIVE PRIVÉ**
Voir: THE GREAT MOUSE DETECTIVE

**BASKET CASE** ▷6
É.-U. 1981. Drame d'horreur de Frank HENENLOTTER avec Kevin Van Hentenryck, Terri Susan Smith et Beverly Bonner. - Séparés à l'âge de douze ans, deux frères siamois, dont l'un est un monstre difforme aux instincts meurtriers, décident d'éliminer les responsables de l'opération.
VO→LS 18 ans +

**BASKET CASE II** ▷6
É.-U. 1989. Drame d'horreur de Frank HENENLOTTER avec Kevin Van Hentenryck, Anne Ross et Kathryn Meisle.
VO→LS 16 ans + Horreur

**BASKETBALL DIARIES, THE** ▷5
É.-U. 1995. Drame de mœurs de Scott KALVERT avec Leonardo DiCaprio, Mark Wahlberg et James Madio. - Un adolescent doué pour le basket-ball et la poésie connaît la déchéance après s'être mis à consommer de la drogue.
VF→LS VO→14,95$ 13 ans + Violence

**BASQUET SPATIAL**
Voir: SPACE JAM

**BASQUIAT** ▷5
É.-U. 1996. Drame biographique de Julian SCHNABEL avec Jeffrey Wright, David Bowie et Michael Wincott. - La carrière fulgurante du jeune peintre new-yorkais de race noire Jean-Michel Basquiat.
VF→11,95$ VO→11,95$ 13 ans +

**BASTARD OUT OF CAROLINA** ▷4
É.-U. 1996. Drame psychologique d'Anjelica HUSTON avec Jennifer Jason Leigh, Ron Eldard et Jena Malone. - Dans les années 50, une mère découvre qu'une de ses deux fillettes est victime d'abus physiques de la part de son second mari.
VF→PC VO→34,95$ 13 ans +

**BASTIEN LE MAGICIEN** ▷4
DAN. 1984. Comédie dramatique de Bille AUGUST avec Mads Bugge Andersen, Katerina Stenbeck et Peter Schroeder. - Les mésaventures d'un garçonnet qui pallie sa petite taille par sa débrouillardise.
VF→18,95$ Non classé

**BASTION DE LA LIBERTÉ, LE**
Voir: THE MAN FROM THE ALAMO

**BASTOGNE**
Voir: BATTLEGROUND

**BAT 21** ▷4
É.-U. 1988. Drame de guerre de Peter MARKLE avec Gene Hackman, Danny Glover et Jerry Reed. - Au cours de la guerre du Viêt-nam, un officier américain dont l'avion a été abattu en territoire ennemi est secouru par un autre pilote.
LBX→PC Général

**BAT WHISPERS, THE** ▷0
É.-U. 1930, Roland WEST
LBX→49,95$ LBX-DVD→44,95$ Général

**BAT, THE** ▷0
É.-U. 1926, Roland WEST
VO→17,95$ Général

**BATAILLE AU-DELÀ DES ÉTOILES**
Voir: THE GREEN SLIME

**BATAILLE D'ALGER, LA** ▷3
ITA. 1966. Drame social de Gillo PONTECORVO avec Brahim Haggiag, Jean Martin et Yacef Saadi. - En 1957, des parachutistes capturent, à Alger, un chef de la rébellion pour l'indépendance. - Ensemble impressionnant. Atmosphère d'authenticité. Interprètes bien dirigés.
STA→18,95$ 13 ans +

**BATAILLE D'ANGLETERRE, LA**
Voir: BATTLE OF BRITAIN

**BATAILLE DE LA PLANÈTE DES SINGES, LA**
Voir: BATTLE FOR THE PLANET OF THE APES

**BATAILLE DE LA VALLÉE DU DIABLE, LA**
Voir: DUEL AT DIABLO

**BATAILLE DE MIDWAY, LA**
Voir: MIDWAY

**BATAILLE DE SAN SEBASTIAN, LA** ▷4
FR.-ITA. 1968. Aventures de Henri VERNEUIL avec Anthony Quinn, Charles Bronson et Anjanette Comer. - Un aventurier qu'on prend pour un prêtre sauve un village mexicain d'une attaque des Indiens.
VO→LS Général

**BATAILLE DES ARDENNES, LA**
Voir: BATTLE OF THE BULGE

**BÂTARD DE DIEU, LE** ▷4
FR. 1993. Aventures de Christian FECHNER avec Pierre-Olivier Mornas, Ticky Holgado et Bernard-Pierre Donnadieu. - À la fin du XVIIe siècle, un adolescent à qui son père adoptif a enseigné la droiture et les arts du combat devient un aventurier hors-la-loi.
VO→12,95$ 13 ans +

**BÂTARD, LE** ▷0
FR. 1983 Bertrand Van EFFENTERRE
VO→LS 13 ans +

**BATEAU DE MARIAGE, LE** ▷4
FR. 1992. Drame psychologique de Jean-Pierre AMERIS avec Laurent Grévill, Florence Pernel et Marie Bunel. - En 1940, dans un petit village épargné par l'Occupation, un instituteur rangé épouse une jeune femme au tempérament frondeur.
VO→26,95$ Général

**BATEAU, LE** ▷3
ALL. 1981. Drame de guerre de Wolfgang PETERSEN avec Jürgen Prochnow, Herbert Grönemeyer et Klaus Wennemann. - En 1941, un correspondant de guerre allemand expérimente la vie à bord d'un sous-marin. - Approche quasi-documentaire. Tension dramatique soutenue. Mise en scène vigoureuse. Interprétation juste.
STA-LBX-D.CUT→22,95$ VF→LS
STA-LBX-DVD-D.CUT→33,95$ Général

**BATEAU-PHARE, LE**
Voir: THE LIGHTSHIP

**BATHING BEAUTY** ▷5
É.-U. 1944. Comédie musicale de George SIDNEY avec Esther Williams, Red Skelton et Basil Rathbone. - Un compositeur s'inscrit comme élève dans un collège de jeunes filles pour reconquérir le cœur de sa femme.
VO→19,95$ Non classé

**BATMAN** ▷3
É.-U. 1989. Drame fantastique de Tim BURTON avec Michael Keaton, Jack Nicholson et Kim Basinger. - Un justicier mystérieux qui se donne l'apparence d'une chauve-souris géante entre en lutte avec des criminels. - Adaptation d'une bande dessinée célèbre. Traitement sombre et sinistre. Décors impressionnants. Réalisation inventive. J. Nicholson assez éblouissant.
VO→14,95$ VF→14,95$ VF-LBX→19,95$
LBX-DVD→29,95$ 13 ans +

**BATMAN** ▷4
É.-U. 1966. Aventures de Leslie H. MARTINSON avec Adam West, Burt Ward et Lee Meriwether. - Un justicier masqué et son jeune assistant viennent au secours de la police pour combattre un gang de criminels.
VF→16,95$ VO→16,95$ **Général**

**BATMAN & MR FREEZE: SUBZERO**
É.-U. 1998, Boyd KIRKLAND
VO→21,95$ **Général**

**BATMAN & ROBIN** ▷5
É.-U. 1997. Drame fantastique de Joel SCHUMACHER avec George Clooney, Arnold Schwarzenegger et Uma Thurman. - Deux justiciers masqués doivent combattre un criminel qui congèle ses victimes et une botaniste dont les baisers sont fatals.
VF→24,95$ VO→24,95$ LBX→18,95$
LBX-DVD→30,95$ **Général**

**BATMAN FOREVER** ▷4
É.-U. 1995. Drame fantastique de Joel SCHUMACHER avec Val Kilmer, Tommy Lee Jones et Jim Carrey. - Un justicier s'oppose à un redoutable duo de criminels possédant un appareil qui permet de lire dans la pensée.
VF→14,95$ VO→14,95$ VF-LBX→18,95$
LBX-DVD→29,95$ **13 ans +**

**BATMAN RETURNS** ▷3
É.-U. 1992. Drame fantastique de Tim BURTON avec Michael Keaton, Danny DeVito et Michelle Pfeiffer. - Un justicier masqué s'efforce de contrer les entreprises de deux dangereux criminels. - Scénario imaginatif. Nombreuses trouvailles étonnantes. Humour insolite baignant dans l'absurde et la satire. Compositions saisissantes de M. Pfeiffer et D. DeVito.
VF→14,95$ VO→14,95$ LBX→19,95$
LBX-DVD→27,95$ **13 ans +**

**BATMAN: LE MASQUE DU PHANTASME**
Voir: MASK OF THE PHANTASM

**BATMAN: MASK OF THE PHANTASM** ▷5
É.-U. 1993. Dessins animés de Eric RADOMSKI et Bruce W. TIMM. Un justicier masqué enquête sur un mystérieux tueur qui décime l'un après l'autre les membres d'une organisation criminelle.
VF→14,95$ VO→14,95$ **Général**

**BATON ROUGE** ▷5
ESP. 1988. Drame de mœurs de Rafael MOLEON avec Carmen Maura, Antonio Banderas et Victoria Abril. - Un gigolo complote le meurtre d'un richard dont il a séduit la femme.
STA→32,95$ **13 ans +**

**BATS** ▷5
É.-U. 1999. Drame d'horreur de Louis MORNEAU avec Lou Diamond Phillips, Dina Meyer et Bob Gunton. - Des chauves-souris meurtrières s'attaquent aux habitants d'une petite ville du Texas.
VF→LS VO→LS LBX-DVD→29,95$ **13 ans +**

**BATS: LA NUIT DES CHAUVES-SOURIS**
Voir: BATS

**BATTANT, LE** ▷5
FR. 1982. Drame policier réalisé et interprété par Alain DELON avec François Périer et Anne Parillaud. - À sa sortie de prison, un truand est surveillé par la police et traqué par des rivaux qui convoitent le butin d'un vol de bijoux.
VO→LS **13 ans +**

**BATTERIES NOT INCLUDED** ▷4
É.-U. 1987. Comédie fantaisiste de Matthew ROBBINS avec Hume Cronyn, Jessica Tandy et Michael Carmine. - Des extraterrestres aident un couple new-yorkais à lutter contre des industriels qui veulent transformer leur quartier en un imposant ensemble architectural.
VF→PC VO→PC **Général**

**BATTLE CIRCUS** ▷5
É.-U. 1953. Drame de guerre de Richard BROOKS avec Humphrey Bogart, June Allyson et Keenan Wynn. - Sur le front coréen, une idylle s'ébauche entre un médecin et une infirmière.
VO→18,95$ **Général**

**BATTLE CRY** ▷5
É.-U. 1954. Drame de guerre de Raoul WALSH avec Van Heflin, Aldo Ray et Mona Freeman. - L'entraînement et les premiers combats de jeunes soldats pendant la guerre.
VO→19,95$ **Général**

**BATTLE FOR THE PLANET OF THE APES** ▷5
É.-U. 1973. Science-fiction de J. Lee THOMPSON avec Roddy McDowall, Claude Akins et Natalie Trundy. - Après une guerre nucléaire au XXI^e siècle, des singes doués de parole sont en lutte contre quelques survivants humains.
VF→16,95$ VO→23,95$ LBX-DVD **Général**

**BATTLE HYMN** ▷5
É.-U. 1957. Drame de guerre de Douglas SIRK avec Rock Hudson, Anna Kashfi et Dan Duryea. - Un aviateur qui a bombardé par erreur un orphelinat allemand se dévoue pour des enfants en Corée.
VO→14,95$ **Général**

**BATTLE OF ALGIERS, THE**
Voir: LA BATAILLE D'ALGER

**BATTLE OF BRITAIN** ▷4
ANG. 1969. Drame de guerre de Guy HAMILTON avec Laurence Olivier, Robert Shaw et Christopher Plummer. - La lutte aérienne dans le ciel d'Angleterre au cours de l'été 1940.
VO→14,95$ **Général**

**BATTLE OF THE BULGE** ▷5
É.-U. 1965. Drame de guerre de Ken ANNAKIN avec Henry Fonda, Robert Shaw et Robert Ryan. - Au début de l'hiver de 1944, les Allemands font une attaque massive sur les lignes alliées en Belgique.
VO→19,95$ **Général**

**BATTLE OF THE CENTURY, THE** ▷0
É.-U. 1927, Clyde BRUCKMAN
ITA→15,95$

**BATTLE OF THE SEXES** ▷0
É.U. 1928, D.W. GRIFFITH
ITA→34,95$ **Non classé**

**BATTLEFIELD EARTH** ▷6
É.-U. 2000. Science-fiction de Roger CHRISTIAN avec Barry Pepper, John Travolta et Forest Whitaker. - En l'an 3000, un humain organise une révolte contre des extraterrestres qui tiennent les survivants de l'humanité en esclavage.
VF→LS VO→LS **Général - Déconseillé aux jeunes enfants**

**BATTLEGROUND** ▷4
É.-U. 1948. Drame de guerre de William A. WELLMAN avec Van Johnson, John Hodiak et Marshall Thompson. - La bataille de Bastogne entre la 101^e division américaine et les troupes allemandes.
VO→19,95$ **Général**

**BATTLING BELLHOP**
Voir: KID GALAHAD

**BATTLING BUTLER** ▷3
É.-U. 1926. Comédie réalisée et interprétée par Buster KEATON avec Snitz Edwards et Sally O'Neil. - Un jeune homme de famille riche connaît des mésaventures lorsque son valet le fait passer pour un champion boxeur. - Usage inhabituel de quiproquos et autres trucs de la comédie de boulevard. Sens du gag. Interprétation enjouée.
ITA→41,95$ ITA-DVD→44,95$ **Général**

**BAXTER** ▷4
FR. 1988. Comédie satirique de Jérôme BOIVIN avec François Driancourt, Lise Delamare et Catherine Ferran. - Offert en cadeau à une vieille dame, un chien observateur a ses propres idées sur la façon dont on doit se comporter envers lui.
STA→LS VO→LS **13 ans +**

**BAY BOY, THE** ▷5
CAN. 1984. Drame de mœurs de Daniel PETRIE avec Kiefer Sutherland, Liv Ullmann et Alan Scarfe. - En 1937, en Nouvelle-Écosse, un adolescent destiné à la prêtrise change son orientation de vie à la suite de divers incidents.
VO→14,95$ **13 ans +**

**BEACH, THE** ▷5
É.-U. 2000. Drame de Danny BOYLE avec Leonardo DiCaprio, Virginie Ledoyen et Tilda Swinton. - Un jeune Américain et un couple français découvrent une île paradisiaque où vit une commune idyllique.
VF→16,95$ VO→LS

**BEACH BOYS: AN AMERICAN BAND, THE** ▷5
É.-U. 1984. Documentaire de Malcolm LEO. - Évocation de la carrière du groupe californien The Beach Boys à travers des interviews et des extraits de concerts.
VO→12,95$ **Général**

**BEACH PARTY** ▷5
É.-U. 1963. Comédie de William ASHER avec Robert Cummings, Annette Funicello et Frankie Avalon. - Un anthropologue fait une étude comparative des mœurs de la jeunesse moderne avec celles des tribus primitives.
VO→PC **Général**

**BEACHES** ▷5
É.-U. 1988. Mélodrame de Garry MARSHALL avec Bette Midler, Barbara Hershey et John Heard. - Une chanteuse issue de milieu populaire et une riche héritière atteinte d'un mal incurable entretiennent des liens d'amitié solides datant de leur jeune âge.
VO→11,95$ VF→11,95$ **Général**

**BEAN**
Voir: BEAN: THE ULTIMATE DISASTER MOVIE

**BEAN: THE ULTIMATE DISASTER MOVIE** ▷5
ANG. 1997. Comédie de Mel SMITH avec Rowan Atkinson, Peter MacNicol et Pamela Reed. - Un musée londonien se débarrasse d'un employé gaffeur en l'envoyant à Los Angeles en tant qu'expert pour y présenter un célèbre tableau.
VF→18,95$ VO→18,95$ LBX→18,95$
LBX-DVD→38,95$ **Général**

**BEAR ISLAND** ▷5
CAN. 1979. Aventures de Don SHARP avec Donald Sutherland, Vanessa Redgrave et Richard Widmark. - Une expédition scientifique fait des recherches dans une île de l'Arctique qui servit jadis de base à des sous-marins allemands.
VF→LS VO→LS **Général**

**BEAR, THE** ▷5
FR. 1988. Aventures de Jean-Jacques ANNAUD avec Tchéky Karyo, Jack Wallace et André Lacombe. - Dans les Rocheuses, un ourson orphelin et son protecteur, un ours mâle d'une superbe taille, sont traqués par des chasseurs. - Accent mis sur la vie des bêtes en pleine nature. Contexte majestueux. Prises de vue étonnantes. Utilisation habile des animaux.
VF→14,95$ VO→14,95$ LBX-DVD→29,95$ **Général**

**BEAST FROM 20,000 FATHOMS, THE** ▷5
É.-U. 1953. Drame d'horreur de Eugene LOURIE avec Paul Christian, Ross Elliot et Paula Raymond. - Libéré de sa prison de glace, un monstre préhistorique s'avance vers New York.
VO→14,95$ **Non classé**

**BEAST OF YUCCA FLATS, THE** ▷0
É.-U. 1961, Coleman FRANCIS
VO→LS **Non classé**

**BEAST WITHIN, THE** ▷6
É.-U. 1981, Philippe MORA. Drame d'horreur de Philippe MORA avec Paul Clemens, Ronny Cox et Bibi Besch. - Un adolescent est saisi par une force étrange qui le tranforme en brute homicide.
VF→LS VO→13,95$ **18 ans +**

**BEAST, THE** ▷4
É.-U. 1988. Drame de guerre de Kevin REYNOLDS avec Jason Patric, George Dzundza et Steven Bauer. - Abandonné par son supérieur, un soldat soviétique s'allie aux rebelles afghans dans l'espoir de se venger.
VF→LS VO→PC **Non classé**

**BEAT GIRL** ▷6
ANG. 1960. Drame de Edmond T. GREVILLE avec David Farrar, Noëlle Adam et Gillian Hills. - Jalouse de la nouvelle femme de son père, une adolescente fait les quatre cents coups.
VO→34,95$ **Général**

**BEAT THE DEVIL** ▷4
É.-U. 1954. Comédie satirique de John HUSTON avec Humphrey Bogart, Jennifer Jones et Robert Morley. - Des escrocs veulent s'emparer de dépôts d'uranium dans un pays d'Afrique.
VO→19,95$ DVD→17,95$ **Général**

**BEAT, THE** ▷0
É.-U. 1988, Paul MONES
VO→LS **Général**

**BEATLE AU PARADIS, UN**
Voir: THE MAGIC CHRISTIAN

**BEAU BRUMMELL** ▷4
ANG. 1954. Drame biographique de Curtis BERNHARDT avec Stewart Granger, Elizabeth Taylor et Peter Ustinov. - Au début du XIXe siècle, un dandy cherche à profiter de son amitié avec le prince héritier pour jouer un rôle politique.
VO→19,95$ **Général**

**BEAU FIXE** ▷4
FR. 1992. Comédie de mœurs de Christian VINCENT avec Isabelle Carré, Judith Rémy et Elsa Zylberstein. - Des tensions se font jour entre quatre amies réunies dans une villa pour y préparer leur examen de médecine.
VO→12,95$ **Général**

**BEAU FIXE SUR NEW YORK**
Voir: IT'S ALWAYS FAIR WEATHER

**BEAU SERGE, LE** ▷3
FR. 1957. Drame de Claude CHABROL avec Gérard Blain, Jean-Claude Brialy et Bernadette Lafont. - Un jeune homme tente de réhabiliter son ami alcoolique tombé dans la déchéance. - Premier film de Chabrol. Traitement vigoureux et réaliste. Beaucoup d'atmosphère.
STA→46,95$ **Général**

**BEAU TRAVAIL** ▷3
FR. 1998. Drame psychologique de Claire DENIS avec Denis Lavant, Michel Subor et Grégoire Colin. - Un adjudant qui commande d'une main ferme un peloton dans la Légion étrangère est troublé par l'attitude d'une jeune recrue rebelle. - Sujet traité de façon plus poétique que réaliste. Ton introspectif. Mise en scène stylisée. Jeu très physique des protagonistes.
STA→LS VO→LS **Général**

**BEAU-PÈRE** ▷4
FR. 1981. Drame psychologique de Bertrand BLIER avec Patrick Dewaere, Ariel Besse et Maurice Ronet. - Un pianiste de bar a une aventure sentimentale avec la fille adolescente d'une maîtresse décédée.
STA→21,95$ STA-LBX-DVD→31,95$ **18 ans +**

**BEAUCOUP DE BRUIT POUR RIEN**
Voir: MUCH ADO ABOUT NOTHING

**BEAUCOUP, PASSIONNÉMENT, À LA FOLIE**
Voir: TRULY, MADLY, DEEPLY

**BEAUMARCHAIS L'INSOLENT** ▷4
FR. 1996. Comédie de mœurs d'Édouard MOLINARO avec Fabrice Luchini, Manuel Blanc et Sandrine Kiberlain. - Aperçu de la vie publique et privée d'un célèbre auteur dramatique du XVIIIe siècle à l'aube de la Révolution française.
VO→19,95$ Général

**BEAUTÉ AMÉRICAINE**
Voir: AMERICAN BEAUTY

**BEAUTÉ DANGEREUSE**
Voir: DANGEROUS BEAUTY

**BEAUTÉ DE PANDORE, LA** ▷5
QUÉ. 1999. Drame sentimental de Charles BINAMÉ avec Pascale Bussières, Jean-François Casabonne et Maude Guérin. – Un entrepreneur montréalais rencontre une femme mystérieuse qui fait basculer sa vie du tout au tout.
VO→19,95$ Non classé

**BEAUTÉ DU DIABLE, LA** ▶2
FR. 1949. Drame fantastique de René CLAIR avec Gérard Philipe, Michel Simon et Nicole Besnard. - Un savant désabusé vend son âme au diable pour la jeunesse, la gloire et la richesse. - Adaptation de la célèbre légende de Faust. Récit développé avec virtuosité. Beauté formelle des images. Interprétation brillante.
STA→44,95$ VO→LS Général

**BEAUTÉ DU PÉCHÉ, LA** ▷4
YOU. 1986. Comédie de mœurs de Zivko NIKOLIC avec Mira Furlan, Milutin Karadzic et Petar Bozovic. - Venue travailler au bord de la mer avec son mari, une montagnarde constate étonnée qu'elle a été engagée dans un camp de naturistes.
VF→LS 13 ans +

**BEAUTÉ FATALE**
Voir: FATAL BEAUTY

**BEAUTÉS SAUVAGES**
Voir: WILD AMERICA

**BEAUTIFUL** ▷6
É.-U. 2000. Comédie dramatique de Sally FIELD avec Minnie Driver, Joey Lauren Adams et Leslie Stefanson. - Afin de pouvoir participer à un concours de beauté, une jeune femme cache le fait qu'elle est mère d'une fillette.
VF→LS VO→LS Général

**BEAUTIFUL BLONDE FROM? BASHFUL BEND, THE** ▷4
É.-U. 1949. Western de Preston STURGES avec Cesar Romero, Betty Grable et Olga San Juan. - Les mésaventures d'une fille de l'Ouest trop portée sur le maniement du revolver.
VO→LS Général

**BEAUTIFUL BUT DEADLY**
Voir: THE DON IS DEAD

**BEAUTIFUL DREAMERS** ▷4
CAN. 1990. Drame social de John HARRISON avec Colm Feore, Rip Torn et Wendel Meldrum. - En 1880, le directeur d'un asile à London en Ontario invite le célèbre poète américain Walt Whitman à séjourner quelque temps chez lui.
VF→LS VO→LS Général

**BEAUTIFUL GIRLS** ▷5
É.-U. 1996. Comédie dramatique de Ted DEMME avec Timothy Hutton, Matt Dillon et Michael Rapaport. - Un jeune pianiste retrouve ses amis à l'occasion d'une réunion d'anciens élèves.
VF→11,95$ VO→11,95$ 13 ans + Langage vulgaire

**BEAUTIFUL STRANGER** ▷0
POL. 1993, Jerzy HOFFMAN
STA→LS Général

**BEAUTIFUL THING** ▷4
ANG. 1995. Drame psychologique de Hettie MacDONALD avec Glen Berry, Scott Neal et Linda Henry. - Deux adolescents de la banlieue de Londres se découvrent une attirance mutuelle.
VO→19,95$ VF→19,95$ 13 ans +

**BEAUTY AND THE BEAST** ▷3
É.-U. 1991. Dessins animés de Gary TROUSDALE et Kirk WISE. - Une jeune villageoise devient la captive d'un homme à l'aspect monstrueux qui doit se faire aimer d'elle pour redevenir humain. - Adaptation somptueuse du conte de Leprince de Beaumont. Animation et décors très soignés. Ensemble rehaussé par de nombreux numéros musicaux. Réussite technique et artistique indiscutable.
VO→14,95$ VF→LS Général

**BEAUTY AND THE BEAST** ▷5
É.-U. 1962. Conte de Edward L. CAHN avec Joyce Taylor, Mark Damon et Edward Franz. Victime d'une malédiction, un jeune noble est transformé en bête hideuse jusqu'à ce qu'il soit sauvé par l'amour d'une belle.
VO→14,95$ Général

**BEAUTY AND THE BEAST: THE ENCHANTED CHRISTMAS** ▷0
É.-U. 1997, Andy KNIGHT
VF→24,95$ VO→24,95$ Général Enfants

**BEAUX DIMANCHES, LES** ▷4
QUÉ. 1974. Étude de mœurs de Richard MARTIN avec Jean Duceppe, Catherine Bégin et Denise Filiatrault. - Dans la maison cossue d'un nouveau riche, quatre couples s'échangent des aménités.
VO→16,95$ 13 ans +

**BEAUX SOUVENIRS, LES** ▷3
QUÉ. 1981. Drame psychologique de Francis MANKIEWICZ avec Monique Spaziani, Julie Vincent et Paul Hébert. - Le retour à la maison familiale d'une jeune femme en compagnie de son mari provoque des tensions. - Approche poétique du sujet. Traitement efficace. Climat mélancolique habilement ménagé. Interprétation excellente.
VO→19,95$ 13 ans +

**BEAVIS AND BUTT-HEAD DO AMERICA** ▷5
É.-U. 1996. Dessins animés de Mike JUDGE. - Deux adolescents peu dégourdis sont impliqués malgré eux dans une affaire louche qui les conduit d'un bout à l'autre du pays avec le FBI et des criminels à leurs trousses.
VF→LS VO→13,95$ Général

**BEAVIS AND BUTT-HEAD DO CHRISTMAS** ▷0
É.-U. 1996, Mike JUDGE
VO→13,95$ Général Enfants

**BEAVIS ET BUTT-HEAD SE FONT L'AMÉRIQUE**
Voir: BEAVIS AND BUTT-HEAD DO AMERICA

**BÉBÉ DE MADEMOISELLE, LE**
Voir: BUNDLE OF JOY

**BÉBÉ DE ROSEMARY, LE**
Voir: ROSEMARY'S BABY

**BÉBÉ, LE**
Voir: THE SNAPPER

**BECAUSE WHY** ▷4
QUÉ. 1993. Comédie de mœurs de Arto PARAGAMIAN avec Michael Riley, Heather Mathieson et Doru Bandol. - Les tribulations sentimentales d'un jeune Montréalais qui aimerait fonder une famille.
VO→62,95$ Général

**BECAUSE YOU'RE MINE** ▷5
É.-U. 1952. Comédie musicale de Alexander HALL avec Mario Lanza, James Whitmore et Doretta Morrow. - Les tribulations d'un chanteur d'opéra appelé sous les armes.
VO→19,95$ Général

**BECKET** ▷3
ANG. 1964. Drame de Peter GLENVILLE avec Peter O'Toole, Richard Burton et Donald Wolfit. - Thomas Becket, favori du roi d'Angleterre, devient son adversaire après sa consécration comme évêque de Canterbury. - Œuvre puissante tirée d'une pièce de Jean Anouilh. Vigueur dramatique. Remarquable duel d'acteurs.
LBX→18,95$ **13 ans +**

**BECOMING COLETTE** ▷5
É.-U. 1991. Drame biographique de Danny HUSTON avec Mathilda May, Klaus Maria Brandauer et Virginia Madsen. - La relation tumultueuse entre la romancière Colette et l'homme du monde Henri Gauthier-Villars.
VF→LS VO→LS **13 ans +**

**BED OF ROSES**
Voir: BED OF ROSES

**BED OF ROSES** ▷5
É.-U. 1995. Comédie sentimentale de Michael GOLDENBERG avec Christian Slater, Mary Stuart Masterson, Pamela Segall. - Une jeune femme résiste à l'amour que lui manifeste un étranger.
VO→14,95$ **Général**

**BED YOU SLEEP IN, THE**
É.-U. 1993, Jon JOST
VO→99,95$ **13 ans +**

**BEDAZZLED** ▷5
É.-U. 2000. Comédie fantaisiste d'Harold RAMIS avec Brendan Fraser, Elizabeth Hurley et Frances O'Connor. – Une incarnation féminine du diable exauce de façon malicieuse les vœux d'un jeune informaticien malheureux en amour.
VF→LS VO→11,95$ **Général**

**BEDFORD INCIDENT, THE** ▷4
ANG. 1965. Drame psychologique de James B. HARRIS avec Richard Widmark, Sidney Poitier et Eric Portman. - Un commandant de destroyer en patrouille dans l'Atlantique manque de déclencher une guerre.
VO→9,95$ **Général**

**BEDKNOBS AND BROOMSTICKS** ▷4
É.-U. 1971. Comédie fantaisiste de Robert STEVENSON avec Angela Lansbury, David Tomlinson et Roy Snart. - En 1940, les aventures de trois jeunes Londoniens recueillis par une gentille apprentie sorcière.
VF→22,95$ VO→22,95$ **Général**

**BEDROOM WINDOW, THE** ▷4
É.-U. 1987. Drame policier de Curtis HANSON avec Steve Guttenberg, Elizabeth McGovern et Isabelle Huppert. - Un architecte, qui accepte de témoigner à la place de sa maîtresse dans une affaire d'agressions sexuelles, est soupçonné par la police de ces méfaits.
VF→LS VO→LS **Général**

**BEDTIME FOR BONZO** ▷5
É.-U. 1950. Comédie de Frederick DE CORDOVA avec Ronald Reagan, Diana Lynn et Walter Slezak. - Grâce à une expérience avec un chimpanzé, un professeur tente de détruire certains préjugés.
VO→PC **Non classé**

**BEDTIME STORY** ▷4
É.-U. 1964. Comédie de Ralph LEVY avec Marlon Brando, David Niven et Shirley Jones. - Deux chevaliers d'industrie unissent leurs forces pour escroquer des femmes riches.
VO→16,95$ **Général**

**BEEFCAKE** ▷4
CAN. 1999. Étude de mœurs de Thom FITZGERALD avec Daniel MacIvor, Josh Peace et Carroll Godsman. - Dans les années 50, un photographe recrute de jeunes modèles pour un magazine consacré au nu masculin.
VO→LS **16 ans + Érotisme**

**BEETHOVEN** ▷6
É.-U. 1991. Comédie de Brian LEVANT avec Charles Grodin, Bonnie Hunt et Dean Jones. - Ayant échappé à un docteur qui voulait l'utiliser dans de criminelles expériences, un saint-bernard trouve refuge chez une famille accueillante.
VO→PC VF→14,95$ **Général**

**BEETHOVEN'S 2nd** ▷6
É.-U. 1993. Comédie de Rod DANIEL avec Charles Grodin, Bonnie Hunt et Nicholle Tom. - Malgré ses réticences, un père de famille finit par accepter que ses enfants adoptent les quatre chiots de leur saint-bernard.
VF→LS VO→PC **Général**

**BEETHOVEN'S NEPHEW** ▷5
ANG. 1985. Drame biographique de Paul MORRISSEY avec Wolfgang Reichmann, Dietmar Prinz et Jane Birkin. - Les relations tyranniques d'un grand compositeur avec son neveu dont il est le tuteur.
VF→LS VO→LS **Général**

**BEETLEJUICE** ▷4
É.-U. 1988. Comédie fantaisiste de Tim BURTON avec Alec Baldwin, Geena Davis et Michael Keaton. - Un couple de fantômes fait appel à un esprit malin pour chasser les nouveaux propriétaires de leur ancienne maison.
VF→14,95$ VO→14,95$ LBX-DVD→21,95$ **Général**

**BEFORE AND AFTER** ▷4
É.-U. 1995. Drame judiciaire de Barbet SCHROEDER avec Meryl Streep, Liam Neeson et Edward Furlong. - Un couple cherche à disculper leur fils adolescent du meurtre d'une jeune fille.
VF→16,95$ VO→9,95$ **Général**

**BEFORE I HANG** ▷0
É.-U. 1940, Nick GRINDE
VO→19,95$

**BEFORE NIGHT FALLS** ▷4
É.-U. 2000. Drame biographique de Julian SCHNABEL avec Javier Bardem, Olivier Martinez et Andrea Di Stefano. - La vie tumultueuse du romancier et poète cubain Reinaldo Arenas, persécuté par le régime castriste en raison de son homosexualité.
VO→LS **Général**

**BEFORE SUNRISE** ▷4
É.-U. 1995. Comédie sentimentale de Richard LINKLATER avec Julie Delpy et Ethan Hawke. - Un jeune Américain bohème convainc une étudiante parisienne qu'il a rencontrée sur un train de passer quelques heures avec lui lors d'une escale à Vienne.
VF→14,95$ VO→14,95$ LBX-DVD→21,95$
LBX-DVD→21,95$ **Général**

**BEFORE THE RAIN** ▷3
MAC.-ANG. 1994. Drame de Milcho MANCHEVSKI avec Rade Serbedzija, Katrin Cartlidge et Grégoire Colin. - Un photographe macédonien quitte Londres pour se retrouver impliqué malgré lui dans les tensions ethniques de son pays. - Belle illustration de la situation prévalant dans l'ex-Yougoslavie. Récit formant une sorte de cercle vicieux.
STA→18,95$ **13 ans +**

**BEFORE THE REVOLUTION** ▷3
ITA. 1964. Drame psychologique de Bernardo BERTOLUCCI avec Francesco Barilli, Adriana Asti et Alain Midgette. - Un jeune bourgeois devenu communiste se ravise et quitte le parti. - Adaptation dans un contexte moderne de *La Chartreuse de Parme*. Film intellectuel bien réalisé dans l'ensemble. Style complexe et somptueux.
STA→LS **13 ans +**

**BEGUILED, THE** ▷4
É.-U. 1970. Drame psychologique de Don SIEGEL avec Clint Eastwood, Geraldine Page et Elizabeth Hartman. - Un soldat nordiste blessé trouve refuge dans une pension sudiste pour jeunes filles.
VF→19,95$ VO→PC LBX-DVD→34,95$ **18 ans +**

**BEHIND LOCKED DOORS** ▷0
É.-U. 1948, Budd BOETTICHER
VO→34,95$

**BEHIND THE PLANET OF THE APES**
É.-U. 1998, Kevin BURNS et David COMTOIS
DVD

**BEHIND THE RISING SUN** ▷5
É.-U. 1943. Drame de guerre d'Edward DMYTRYK avec Margo, Tom Neal et J. Carrol Naish. - Son fils ayant joint les forces nipponnes, un Japonais se dresse contre l'aveugle dévotion que manifeste celui-ci.
VO→LS Non classé

**BEHOLD A PALE HORSE** ▷4
É.-U. 1964. Drame de Fred ZINNEMANN avec Gregory Peck, Anthony Quinn et Omar Sharif. - Un ancien héros loyaliste de la guerre d'Espagne est poursuivi par la haine d'un policier.
VO→19,95$ Général

**BEIJING EXPRESS**
Voir: BULLET TO BEIJING

**BEING AT HOME WITH CLAUDE** ▷4
QUÉ. 1992. Drame psychologique de Jean BEAUDIN avec Roy Dupuis, Jacques Godin et Jean-François Pichette. - Un jeune prostitué homosexuel qui a tué son amant avoue progressivement les motifs de son crime à un inspecteur perspicace.
STA→19,95$ VO→19,95$ 13 ans +

**BEING HUMAN** ▷5
É.-U. 1994. Film à sketches de Bill FORSYTH avec Robin Williams, Kelly Hunter et Maudie Johnson. - Cinq histoires explorant divers aspects de la condition humaine à l'âge du bronze, dans la Rome antique, au Moyen Âge, à la Renaissance et de nos jours.
VO→19,95$ VF→18,95$ Général

**BEING JOHN MALKOVICH** ▷3
É.-U. 1999. Comédie fantaisiste de Spike JONZE avec John Cusack, Cameron Diaz et Catherine Keener. - Un employé de bureau découvre l'existence d'un passage secret qui mène dans l'esprit de l'acteur John Malkovich. - Scénario imaginatif et imprévisible. Personnages savamment tordus. Mise en scène efficace. Excellents comédiens.
VF→14,95$ VO→14,95$ LBX-DVD→27,95$ Général

**BEING THERE** ▷3
É.-U. 1979. Comédie satirique de Hal ASHBY avec Peter Sellers, Shirley MacLaine et Melvyn Douglas. - Recevant l'hospitalité d'un multimillionnaire, un jardinier analphabète passe pour un philosophe. - Parabole satirique tirée d'un roman de Jerzy Kosinski. Gags insolites. Mise en scène rigoureuse. Excellente composition de P. Sellers.
VO→18,95$ Général

**BEING TWO ISN'T EASY**
JAP. 1962, Kon ICHIKAWA
STA→27,95$ Général

**BEL ANTONIO, LE** ▷4
ITA. 1960. Étude de mœurs de Mauro BOLOGNINI avec Marcello Mastroianni, Claudia Cardinale et Pierre Brasseur. - Un Sicilien, marié par intérêt, s'éprend bientôt de sa femme mais devient alors impuissant.
STA→34,95$ Général

**BELA LUGOSI MEETS A BROOKLYN GORILLA** ▷0
É.-U. 1952, William BEAUDINE
VO→29,95$ Général

**BELIEVERS, THE** ▷4
É.-U. 1987. Drame fantastique de John SCHLESINGER avec Martin Sheen, Helen Shaver et Harris Yulin. - Appelé à soigner des policiers new-yorkais, un psychologue découvre une secte vaudou qui pratique des sacrifices humains.
VF→LS VO→LS 13 ans +

**BELL, BOOK AND CANDLE** ▷3
É.-U. 1958. Comédie de Richard QUINE avec James Stewart, Kim Novak et Jack Lemmon. - Une sorcière se sert de ses pouvoirs pour charmer son voisin. - Charmant et original. Climat insolite. Mise en scène alerte. Interprétation brillante.
VO→19,95$ VF→19,95$ LBX-DVD→29,95$ Général

**BELLBOY, THE** ▷4
É.-U. 1960. Comédie réalisée et interprétée par Jerry LEWIS avec Alex Gerry et Bob Clayton. - Dans un hôtel de Miami, un groom maladroit mais plein de bonne volonté accumule les gaffes.
VO→14,95$ Général

**BELLE AFFAIRE, LA**
Voir: BEAUTIFUL THING

**BELLE CAPTIVE, LA** ▷4
FR. 1983. Drame fantastique de Alain ROBBE-GRILLET avec Daniel Mesguich, Gabrielle Lazure et Cyrielle Claire. - Un homme s'engage dans d'étranges aventures en cherchant à retrouver une belle inconnue qu'il a croisée plusieurs fois.
VO→LS Général

**BELLE DE JOUR** ►2
FR. 1967. Drame psychologique de Luis BUÑUEL avec Catherine Deneuve, Jean Sorel et Michel Piccoli. - Une jeune femme est victime d'un chantage alors qu'elle est «hôtesse» dans une maison de rendez-vous. - Mélange habile de fantaisie et de réalité. Mise en scène rigoureuse. C. Deneuve remarquable.
STA→19,95$ VO→19,95$ 13 ans +

**BELLE DE SAN FRANCISCO, LA**
Voir: FLAME OF BARBARY COAST

**BELLE DU PACIFIQUE, LA**
Voir: MISS SADIE THOMPSON

**BELLE EMMERDEUSE, LA** ▷4
FR. 1977. Comédie réalisée et interprétée par Roger COGGIO avec Elisabeth Huppert et Luisa Colpeyn. - Ayant organisé son suicide, une jeune femme voit ses plans contrecarrés par un quidam.
VO→LS Général

**BELLE ENSORCELLEUSE, LA**
Voir: THE FLAME OF NEW ORLEANS

**BELLE ÉPOQUE** ▷4
ESP.-POR.-FR. 1992. Comédie dramatique de Fernando TRUEBA avec Jorge Sanz, Fernando Gomez et Penélope Cruz. - Dans l'Espagne du début des années 1930, un jeune déserteur se réfugie chez un vieux peintre anarchiste dont il séduit les filles.
VF→12,95$ STA→14,95$ 13 ans +

**BELLE ET LA BÊTE, LA** ►1
FR. 1946. Conte de Jean COCTEAU avec Josette Day, Jean Marais et Michel Auclair. - Une jeune fille éprouve de la pitié, puis de l'amour, pour un monstre qui se transforme en prince charmant. - Remarquable richesse visuelle. Atmosphère onirique d'une beauté insolite. Interprétation stylisée.
STA→22,95$ STA-DVD→59,95$ Général

**BELLE ET LA BÊTE, LA**
Voir: BEAUTY AND THE BEAST

**BELLE ET LE CLOCHARD, LA**
Voir: LADY AND THE TRAMP

**BELLE ET LE VÉTÉRAN, LA**
Voir: BULL DURHAM

**BELLE HISTOIRE, LA** ▷4
FR. 1991. Comédie dramatique de Claude LELOUCH avec Gérard Lanvin, Béatrice Dalle et Vincent Lindon. - Le hasard fait se rencontrer des étrangers qui vont ressentir l'un pour l'autre des émotions qu'ils sont sûrs d'avoir déjà vécues.
VO→LS Général

**BELLE NAUFRAGÉE, LA**
Voir: OVERBOARD

**BELLE NOISEUSE, LA** ▷3
FR. 1991. Drame psychologique de Jacques RIVETTE avec Michel Piccoli, Jane Birkin et Emmanuelle Béart. - Une jeune femme qui pose pour une peintre voit sa vie transformée par l'expérience. - Œuvre à la fois lumineuse et trouble. Accent mis sur la transcendance du regard de l'artiste. Traitement un peu sec mais d'une précision remarquable. Ensemble envoûtant et déconcertant. Interprètes excellents.
VO→13,95$ **Général**

**BELLE OF NEW YORK** ▷5
É.-U. 1952. Comédie musicale de Charles WALTER avec Fred Astaire, Vera-Ellen et Marjorie Main. - Un noceur se réforme pour l'amour d'une jeune fille.
VO→LS **Non classé**

**BELLE OF THE NINETIES** ▷4
É.-U. 1934. Comédie de Leo McCAREY avec Mae West, Roger Pryor et John Mack Brown. - Les manigances d'une aventurière à la fin du siècle dernier.
VO→14,95$ **Général**

**BELLE OF THE YUKON** ▷5
É.-U. 1940. Western de William SEITER avec Randolph Scott, Gypsy Rose Lee et Dinah Shore. - Un honnête directeur de saloon s'applique à défendre les intérêts de ses concitoyens.
VO→LS **Général**

**BELLE STARR** ▷0
ITA. 1979, Lina WERTMULLER
VF→LS VA→LS **Non classé**

**BELLE TIGRESSE, UNE**
Voir: X, Y AND ZEE

**BELLE VERTE, LA** ▷4
FR. 1996. Comédie fantaisiste réalisée et interprétée par Coline SERREAU avec Vincent Lindon et Philippine Leroy-Beaulieu. - En voyage sur la Terre, une émissaire d'une planète pacifiste découvre un monde hostile et pollué.
VO→18,95$ **Général**

**BELLES DE L'OUEST, LES**
Voir: BAD GIRLS

**BELLES DE NUIT, LES** ▷3
FR. 1952. Comédie fantaisiste de René CLAIR avec Gérard Philipe, Martine Carol et Gina Lollobrigida. - Les rêveries d'un jeune musicien pauvre. - Brillant divertissement. Traitement humoristique et fantaisiste. Belle musique. Excellente interprétation.
STA→44,95$ **Général**

**BELLES OF ST. TRINIANS, THE** ▷5
ANG. 1954. Comédie de Frank LAUNDER avec Alastair Sim, Joyce Grenfell et George Cole. - L'arrivée d'une princesse dans un collège de filles plutôt délurées bouleverse la vie étudiante.
VO→LS **Général**

**BELLISSIMO: IMAGES OF THE ITALIAN CINEMA** ▷0
ITA. 1987, Gianfranco MINGOZZI
STA→49,95$ **Général**

**BELLMAN & TRUE** ▷4
ANG. 1987. Drame policier de Richard LONCRAINE avec Bernard Hill, Kieran O'Brien et Richard Hope. - Des criminels forcent un informaticien à décoder le système de sécurité électronique d'une banque qu'ils veulent cambrioler.
VO→LS **Général**

**BELLS ARE RINGING, THE** ▷3
É.-U. 1960. Comédie musicale de Vincente MINNELLI avec Judy Holliday, Dean Martin et Fred Clark. - Une téléphoniste s'occupe de la vie personnelle de ses clients, ce qui lui vaut diverses aventures. - Adaptation réussie d'un spectacle théâtral. Ton d'humour constant. Numéros musicaux finement présentés. Mise en valeur du jeu comique de J. Holliday.
VO→19,95$ **Général**

**BELLS OF ST.MARY'S, THE** ▷4
É.-U. 1945. Comédie dramatique de Leo McCAREY avec Ingrid Bergman, Bing Crosby et Henry Travers. - L'aumônier d'une école joint ses efforts à ceux de la supérieure pour sortir l'institution de ses difficultés.
VF→14,95$ VO→14,95$ DVD→34,95$ **Général**

**BELLS, THE** ▷0
É.-U. 1926, James YOUNG
ITA→ 34,95$ ITA-DVD→34,95$ **Général**

**BELLY** ▷5
É.-U. 1998. Drame policier de Hype WILLIAMS avec Nas, DMX et Taral Hicks. - Deux jeunes gangsters noirs sont devenus des cibles aussi bien pour leurs concurrents que pour la police.
VO→14,95$ **16 ans + Violence**

**BELLY OF AN ARCHITECT, THE** ▷3
ANG. 1987. Comédie satirique de Peter GREENAWAY avec Brian Dennehy, Chloe Webb et Lambert Wilson. - Préoccupé par son travail et par ses maux d'estomac, un architecte américain de passage à Rome néglige son épouse qui prend un amant. - Jeu intellectuel intéressant sur le thème de la création. Réflexion amusée sur l'agir humain.
VO→14,95$ **13 ans +**

**BELOVED** ▷5
É.-U. 1998. Drame psychologique de Jonathan DEMME avec Oprah Winfrey, Danny Glover et Thandie Newton. - En 1873, une ancienne esclave, qui vit en Ohio avec sa fille et son amant, est hantée par des événements tragiques de son passé.
VO→19,95$ VF→19,95$ LBX-DVD→24,95$ **13 ans + Violence**

**BELOVED INFIDEL** ▷5
É.-U. 1959. Drame psychologique de Henry KING avec Gregory Peck, Deborah Kerr et Eddie Albert. - Une jeune femme tente en vain de sauver un écrivain de l'alcoolisme.
VO→21,95$ **Général**

**BEN** ▷6
É.-U. 1972. Drame d'horreur de Phil KARLSON avec Lee H. Montgomery, Joseph Campanella et Meredith Baxter. - Un rat dressé qui dirige les déprédations d'une bande de rongeurs se laisse apprivoiser par un garçonnet malade.
VO→LS **13 ans +**

**BEN-HUR** ▷3
É.-U. 1926. Drame épique de Fred NIBLO avec Ramon Novarro, Francis X. Bushman et May McAvoy. - Une rivalité en vient à opposer un commandant romain et un prince juif qui ont grandi ensemble. - Adaptation muette du roman de Lew Wallace. Bataille navale et course de chars particulièrement spectaculaires. Mise en scène opulente. Interprétation fort valable.
VO→19,95$ **Général**

**BEN-HUR** ▷3
É.-U. 1959. Drame de William WYLER avec Charlton Heston, Stephen Boyd et Haya Harareet. - Injustement envoyé aux galères par les Romains, un prince juif entreprend de se venger. - Adaptation soignée du roman populaire de Lew Wallace. Mise en scène spectaculaire. Course de chars enlevante. Interprétation vigoureuse.
VO→24,95$ LBX→LS VO→19,95$ **Général**

**BEND OF THE RIVER** ▷3
É.-U. 1951. Western de Anthony MANN avec James Stewart, Arthur Kennedy et Julia Adams. - Au cours d'un voyage, un aventurier qui veut devenir honnête a des ennuis avec un bandit. - Sujet classique. Réalisation solide. Utilisation astucieuse des décors naturels. Bons interprètes.
VO→14,95$ **Général**

**BENEATH THE PLANET OF THE APES** ▷5
É.-U. 1969. Science-fiction de Ted POST avec James Franciscus,

Linda Harrison et James Gregory. - Sur une planète dominée par les singes, des humains vivent terrés dans des souterrains.
VF→LS VO→23,95$ LBX-DVD **Général**

**BENEATH THE VALLEY OF THE ULTRA-VIXENS** ▷0
É.-U. 1979, Russ MEYER
VO→69,95$ **18 ans +**

**BENJI** ▷5
É.-U. 1973. Comédie dramatique de Joe CAMP avec Patsy Garrett, Allen Fluzat et Cynthia Smith. - Un chien errant vient au secours de deux enfants kidnappés.
VF→LS **Général**

**BENJI, THE HUNTED** ▷4
É.-U. 1987. Comédie dramatique de Joe CAMP avec Red Steagall, Frank Inn et Nancy Francis. - Perdu dans une région sauvage, un chien dressé prend en charge quatre petits couguars dont la mère a été abattue par un chasseur.
VF→LS **Général**

**BENNY & JOON** ▷4
É.-U. 1993. Comédie de mœurs de Jeremiah CHECHIK avec Johnny Depp, Mary Stuart Masterson et Aidan Quinn. - Un mécanicien célibataire et sa sœur schizophrène sont forcés d'héberger temporairement un jeune excentrique.
VF→11,95$ VO→11,95$ **Général**

**BENNY GOODMAN STORY, THE** ▷5
É.-U. 1955. Drame biographique de Valentine DAVIES avec Steve Allen, Donna Reed et Herbert Anderson. - La carrière d'un célèbre musicien de jazz.
VO→18,95$ **Général**

**BENVENUTA** ▷3
BEL. 1983. Drame psychologique d'André DELVAUX avec Fanny Ardant, Vittorio Gassman et Françoise Fabian. - Un scénariste rend visite à une dame d'âge mûr dont il veut adapter à l'écran un roman possiblement autobiographique. - Variations intelligentes sur la littérature et le cinéma. Construction complexe. Mise en images fluide et judicieusement colorée.
VO→LS **Général**

**BERETS VERTS, LES**
Voir: THE GREEN BERETS

**BERKELEY IN THE SIXTIES** ▷3
É.-U. 1990. Documentaire de Mark KITCHELL. - La montée et le déclin de la contestation étudiante à l'université de Berkeley au cours des années 1960. - Ensemble assez percutant. Approche intéressante. Sujet traité de façon fouillée. Réalisation alerte.
VO→54,95$ **Général**

**BERLIN AFFAIR**
Voir: OBSESSION À BERLIN

**BERLIN ALEXANDERPLATZ** ▷3
ALL. 1980. Drame social de Rainer Werner FASSBINDER avec Gunter Lamprecht, Barbara Sukowa et Gottfried John. - Après s'être fourvoyé dans un cambriolage qui a mal tourné, un petit escroc reprend goût à la vie grâce à l'amour d'une jeune prostituée candide. - Série télévisée prenant l'allure d'une œuvre monumentale et ambitieuse. Variations stylistiques intéressantes.
STA→LS **13 ans +**

**BERLIN EXPRESS** ▷4
É.-U. 1948. Drame d'espionnage de Jacques TOURNEUR avec Robert Ryan, Merle Oberon et Paul Lukas. - Une organisation clandestine cherche à tuer un homme politique.
VO→LS **Non classé**

**BERLIN, SYMPHONIE D'UNE GRANDE VILLE** ▷0
ALL. 1927, Walther RUTTMANN
ITA→34,95$ DVD→39,95$ **Général**

**BERLIN, SYMPHONY OF A GREAT CITY**
Voir: BERLIN, SYMPHONIE D'UNE GRANDE VILLE

**BERNARD ET BIANCA**
Voir: THE RESCUERS

**BERNIE** ▷4
FR. 1996. Comédie dramatique réalisée et interprétée par Albert DUPONTEL avec Claude Perron et Roland Blanche. - À trente ans, un orphelin déshérité part à la recherche de ses parents.
LBX→18,95$ **18 ans + Violence**

**BERSERK!** ▷6
ANG. 1967. Drame policier de Jim O'CONNOLLY avec Joan Crawford, Ty Hardin et Diana Dors. - Plusieurs meurtres sont commis à l'intérieur d'un cirque ambulant.
VF→LS VO→19,95$ **Non classé**

**BESIEGED** ▷4
ITA. 1998. Drame sentimental de Bernardo BERTOLUCCI avec Thandie Newton, David Thewlis et Claudio Santamaria. - À Rome, un pianiste anglais amoureux d'une jeune réfugiée africaine s'emploie à faire libérer le mari de celle-ci détenu dans leur pays.
VF→19,95$ VO→19,95$ LBX-DVD→28,95$ **Général**

**BEST IN SHOW** ▷3
É.-U. 2000. Comédie satirique réalisée et interprétée par Christopher GUEST avec Catherine O'Hara et Eugene Levy. - Les tribulations d'un groupe hétéroclite de propriétaires de chiens lors d'une prestigieuse compétition canine. - Satire hilarante aux dialogues savoureux. Personnages désopilants. Mélange bien dosé de moquerie et d'affection. Aisance remarquable des comédiens.
VF→LS VO→LS **Général**

**BEST INTENTIONS, THE**
Voir: LES MEILLEURES INTENTIONS

**BEST LITTLE WHOREHOUSE IN TEXAS, THE** ▷6
É.-U. 1982. Comédie musicale de Colin HIGGINS avec Burt Reynolds, Dolly Parton et Dom De Luise. - Au Texas, un animateur de télévision part en guerre contre une maison de tolérance déjà installée depuis plusieurs années.
VF→11,95$ **13 ans +**

**BEST MAN, THE** ▷3
É.-U. 1964. Drame social de Franklin J. SCHAFFNER avec Henry Fonda, Cliff Robertson et Lee Tracy. - La lutte que se font deux aspirants à la nomination officielle de leur parti pour le titre de candidat à la présidence des États-Unis. - Vision critique des intrigues politiques. Mise en scène nerveuse et soignée. Interprétation solide.
VO→18,95$ **Général**

**BEST MAN, THE**
Voir: L'INVITÉ D'HONNEUR

**BEST MAN, THE** ▷4
É.-U. 1999. Comédie de mœurs de Malcolm D. LEE avec Taye Diggs, Nia Long et Morris Chestnut. - Un écrivain sème la pagaille dans son entourage en publiant un roman semi-autobiographique qui contient des secrets jusque-là bien gardés.
VF→16,95$ VO→16,95$ LBX-DVD→PC **13 ans +**

**BEST OF EVERYTHING, THE** ▷5
É.-U. 1959. Drame de Jean NEGULESCO avec Hope Lange, Stephen Boyd et Suzy Parker. - Les aventures amoureuses de diverses employées d'une maison d'édition.
VO→24,95$ **Général**

**BEST OF THE BLUES BROTHERS, THE** ▷0
É.-U. 1993, Dan AYKROYD et Tom DAVIS
VO→13,95$

**BEST SELLER** ▷4
É.-U. 1987. Drame policier de John FLYNN avec James Woods, Brian Dennehy et Paul Shenar. - Voulant s'inspirer du récit d'un tueur professionnel œuvrant pour les dirigeants d'une industrie, un policier écrivain se retrouve au centre d'une lutte violente.
VF→LS VO→11,95$ **13 ans +**

**BEST YEARS OF OUR LIVES, THE** ►2
É.-U. 1946. Drame social de William WYLER avec Fredric March, Dana Andrews et Harold Russell. - Les problèmes de réadaptation de trois soldats après la guerre. - Fresque sociale brossée de main de maître. Mise en scène sobre et efficace. Interprétation de qualité.
VO→14,95$ VF→14,95$ DVD→18,95$ Général

**BÊTE DE FOIRE, LA** ▷5
QUÉ. 1992. Drame d'Isabelle HAYEUR avec Linda Roy, David La Haye et Grigori Hlady. - Une étrange relation se développe entre une femme, son amant et le patron de celui-ci.
VO→24,95$ Général

**BÊTE DE GUERRE, LA**
Voir: THE BEAST

**BÊTE HUMAINE, LA** ►2
FR. 1938. Drame de Jean RENOIR avec Jean Gabin, Simone Simon et Fernand Ledoux. - Un mécanicien de locomotive songe à tuer le mari de celle qu'il aime. - Adaptation contemporaine du roman de Zola. Drame très prenant. Réalisation de classe. Interprétation brillante.
STA→29,95$ Général

**BÊTE LUMINEUSE, LA** ▷4
QUÉ. 1982. Étude de mœurs de Pierre PERRAULT avec Stéphane-Albert Boulais, Bernard L'Heureux et Louis-Philippe Lécuyer. - Un groupe de chasseurs compte un néophyte qui devient vite la tête de Turc de ses compagnons.
VO→19,95$ Général

**BÊTE, LA**
Voir: THE UGLY

**BÉTELGEUSE**
Voir: BEETLEJUICE

**BETHUNE: L'ÉTOFFE D'UN HÉROS**
Voir: BETHUNE: THE MAKING OF A HERO

**BETHUNE: THE MAKING OF A HERO** ▷4
CAN. 1990. Drame biographique de Phillip BORSOS avec Donald Sutherland, Helen Mirren et Colm Feore. - Apprenant la mort en Chine d'un médecin montréalais, un ami journaliste entreprend d'écrire sa biographie.
VF→LS VO→LS Général

**BETRAYED** ▷4
É.-U. 1988. Drame social de Constantin COSTA-GAVRAS avec Debra Winger, Tom Berenger et John Heard. - Infiltrée dans une communauté du Mid-West pour incriminer les coupables d'un assassinat raciste, une membre du FBI se lie sentimentalement à un des fermiers.
VF→11,95$ VO→11,95$ LBX-DVD→18,95$ Général

**BETSY'S WEDDING** ▷5
É.-U. 1990. Comédie de mœurs réalisée et interprétée par Alan ALDA avec Molly Ringwald et Joe Pesci. - Un petit entrepreneur désirant offrir à sa fille un mariage à la hauteur du statut social de son futur époux se voit mêlé malgré lui à une affaire malhonnête.
VF→LS VO→PC Général

**BETSY, THE** ▷5
É.-U. 1978. Drame de Daniel PETRIE avec Laurence Olivier, Tommy Lee Jones et Robert Duvall. - Un magnat de l'automobile fait appel aux services d'un constructeur et pilote de voitures de courses pour fabriquer un nouveau modèle.
VO→PC 13 ans +

**BETTER OFF DEAD** ▷5
É.-U. 1985. Comédie sentimentale de Steve HOLLAND avec John Cusack, Diane Franklin et David Ogden Stiers. - Pour reconquérir le cœur de sa dulcinée, un étudiant défie son rival sur une piste de ski dangereuse.
VO→11,95$ Général

**BETTER THAN CHOCOLATE** ▷5
CAN. 1999. Comédie sentimentale d Anne WHEELER avec Wendy Crewson, Karyn Dwyer et Christina Cox. - Une jeune aide-libraire ne sait comment annoncer à sa mère, qui vient s'installer chez elle, qu'elle est lesbienne.
VF→26,95$ VO→26,95$ LBX-DVD→29,95$ 13 ans + Érotisme

**BETTER THAN EVER** ▷0
É.-U.1997, UZO
VO→44,95$ Général - Déconseillé aux jeunes enfants

**BETTER TOMORROW 2, A** ▷0
H. K. 1988, John WOO
VA→9,95$ STA→59,95$ STA-LBX-DVD→27,95$ 18 ans +

**BETTER TOMORROW III, A** ▷0
H. K. 1990, Tsui HARK
STA-LBX-DVD→PC STA→59,95$ STA-LBX-DVD 13 ans +

**BETTER TOMORROW, A** ▷0
H. K. 1986, John WOO
VA→9,95$ VF→21,95$ STA-LBX-DVD→27,95$ 13 ans +

**BETTY** ▷3
FR. 1991. Drame psychologique de Claude CHABROL avec Marie Trintignant, Stéphane Audran et Jean-François Garreaud. - Bannie par sa riche belle-famille pour adultère, une femme est recueillie par la maîtresse d'un restaurateur qui devient sa confidente. - Adaptation feutrée d'un roman de Georges Simenon. Vision féroce des travers de la bourgeoisie provinciale. Jeu impressionnant des deux protagonistes.
VO→13,95$ 13 ans +

**BETWEEN THE DEVIL AND THE DEEP BLUE SEA**
Voir: LI

**BEVERLY HILLS COP** ▷4
É.-U. 1984. Comédie policière de Martin BREST avec Eddie Murphy, Lisa Eilbacher et Steven Berkoff. - Témoin du meurtre d'un ami, un jeune détective de Detroit se rend à Los Angeles pour trouver les coupables.
VF→14,95$ VO→14,95$ Général

**BEWARE, MY LOVELY** ▷5
É.-U. 1952. Drame policier de Harry HORNER avec Robert Ryan, Ida Lupino et Taylor Holmes. - Une femme est retenue prisonnière dans sa maison par un déséquilibré.
VO→19,95$ Général

**BEYOND RANGOON** ▷5
É.-U. 1995. Drame politique de John BOORMAN avec Patricia Arquette, U Aung Ko et Frances McDormand. - En voyage en Birmanie en 1988, une jeune Américaine médecin se retrouve plongée malgré elle dans la tourmente politique qui sévit dans le pays.
VO→18,95$ VF→19,95$ 13 ans +

**BEYOND SILENCE** ▷5
ALL. 1996. Drame psychologique de Caroline LINK avec Sylvie Testud, Tatjana Trieb et Howie Seago. - Influencée par sa tante, une jeune fille dont les parents sont sourds-muets aspire à devenir clarinettiste.
STA→11,95$ Général

**BEYOND THE POSEIDON ADVENTURE** ▷6
É.-U. 1979. Drame d'Irwin ALLEN avec Michael Caine, Sally Field et Telly Savalas. - Deux groupes rivaux explorent l'épave d'un paquebot pour y faire du pillage.
VF→11,95$ VO→11,95$ Général

**BEYOND THE VALLEY OF THE DOLLS** ▷5
É.-U. 1970. Drame de mœurs de Russ MEYER avec Dolly Read, Cynthia Meyers et Marcia McBroom. - Trois amies ayant formé un groupe musical tentent de percer à Hollywood avec l'aide d'un jeune richard excentrique.
VO→24,95$ 18 ans +

**BEYOND THE WALLS** ▷4
ISR. 1983. Drame social de Uri BARBASH avec Arnon Zadok, Muhamad Bakri et Assi Dayan. - Bien qu'ils se haïssent, des prisonniers israéliens et arabes finissent par s'entendre pour une action commune contre la direction de leur pénitencier.
VA→LS 13 ans +

**BEYOND THERAPY** ▷4
É.-U. 1986. Comédie satirique de Robert ALTMAN avec Jeff Goldblum, Julie Hagerty et Tom Conti. - Deux jeunes gens qui se sont rencontrés grâce à une petite annonce confient leur désarroi sentimental à leurs psychiatres respectifs.
VF→ LS VO→LS 13 ans +

**BHAJI ON THE BEACH** ▷5
ANG. 1993. Etude de mœurs de Gurinder CHADHA avec Kim Vithana, Jimmi Harkishin et Sarita Khajuria. - À Birmingham, des immigrées indiennes se retrouvent pour une excursion à la mer durant laquelle plusieurs drames éclatent.
VO→34,95$ Général

**BHOWANI JUNCTION** ▷3
É.-U. 1955. Drame social de George CUKOR avec Ava Gardner, Stewart Granger et Bill Travers. - Une Eurasienne doit prendre parti dans la révolte de l'Inde contre l'Angleterre. - Thème intéressant traité avec adresse. Scènes spectaculaires. Mise en scène assurée. Bonne interprétation.
VO→18,95$ Général

**BIBLE, THE** ▷4
ITA. 1966. Drame religieux réalisé et interprété par John HUSTON avec Michael Parks et George C. Scott. - Illustration de style populaire des premiers chapitres de la Genèse: création du monde, histoires de Noé et d'Abraham.
LBX→22,95$ VF→11,95$ Général

**BICENTENNIAL MAN** ▷5
É.-U. 1999. Science-fiction de Chris COLUMBUS avec Robin Williams, Sam Neill et Embeth Davidtz. - Créé en 2005, un robot domestique doté d'une conscience passe deux siècles à tenter de devenir humain.
VF→22,95$ VO→22,95$

**BICHES, LES** ▷3
FR. 1967. Drame psychologique de Claude CHABROL avec Stéphane Audran, Jacqueline Sassard et Jean-Louis Trintignant. - Une riche héritière emmène une jeune bohème dans sa villa de Saint-Tropez. - Ensemble soigné mais froid. Couleur remarquable. Bons interprètes.
STA→54,95$ Général

**BICYCLE THIEF, THE**
Voir: LE VOLEUR DE BICYCLETTE

**BIDASSE, LA**
Voir: PRIVATE BENJAMIN

**BIDASSES EN FOLIE, LES** ▷5
FR. 1971. Comédie de Claude ZIDI avec les Charlots, (Jean-Guy Fechner, Gérard Rinaldi, Luis Rego, Jean Sarrus et Gérard Filipelli). - Après avoir gagné un concours de musique, cinq copains sont appelés sous les armes.
VO→LS Général

**BIDOCHON, LES** ▷6
FR. 1995. Comédie satirique de Serge KORBER avec Anémone, Jean-François Stévenin et Elie Semoun. - Les tribulations d'un couple qui n'a toujours pas d'enfant après dix ans de mariage.
VO→18,95$ Général

**BIEN FAIRE... ET LA SÉDUIRE**
Voir: THE FULLER BRUSH MAN

**BIEN JOUÉ MATT HELM**
Voir: MURDERERS' ROW

**BIEN-AIMÉE, LA**
Voir: BELOVED

**BIENVENUE À GATTACA**
Voir: GATTACA

**BIENVENUE À PLEASANTVILLE**
Voir: PLEASANTVILLE

**BIENVENUE À SARAJEVO**
Voir: WELCOME TO SARAJEVO

**BIENVENUE AU PARADIS**
Voir: MADE IN HEAVEN

**BIENVENUE DANS L'ÂGE INGRAT**
Voir: WELCOME TO THE DOLLHOUSE

**BIENVENUE ROXY CARMICHAEL**
Voir: WELCOME HOME ROXY CARMICHAEL

**BIG** ▷4
É.-U. 1988. Comédie fantaisiste de Penny MARSHALL avec Tom Hanks, Elizabeth Perkins et Jared Rushton. - Après avoir formulé un vœu devant une machine à souhaits de fête foraine, un jeune garçon se retrouve transformé en un homme de trente ans.
VO→11,95$ VF→11,95$ Général

**BIG BLUE, THE**
Voir: LE GRAND BLEU

**BIG BRASS RING, THE** ▷5
É.-U. 1999. Drame politique de George HICKENLOOPER avec William Hurt, Nigel Hawthorne et Miranda Richardson. En pleine campagne électorale, un politicien en vue s'efforce d'éviter un scandale relié à des secrets troublants de son passé.
VF→LS VO→LS 13 ans +

**BIG BRAWL, THE** ▷5
É.-U. 1980. Comédie dramatique de Robert CLOUSE avec Jackie Chan, Jose Ferrer et Mako. - À Chicago, dans les années 30, un mafioso force un jeune Sino-Américain à participer à un concours de lutte libre.
VO→LS 13 ans +

**BIG BROADCAST OF 1938, THE** ▷5
É.-U. 1938. Comédie musicale de Mitchell LEISEN avec W.C. Fields, Martha Raye et Bob Hope. - Deux paquebots entreprennent une course de vitesse sur l'Atlantique.
VO→16,95$ Général

**BIG BUSINESS** ▷4
É.-U. 1988. Comédie de Jim ABRAHAMS avec Bette Midler, Lily Tomlin et Michele Placido. - L'entreprise où elles travaillent étant menacée, deux sœurs vont protester devant l'assemblée des actionnaires que dirigent deux sœurs avec qui elles ont une ressemblance frappante.
VO→PC VF→9,95$ Général

**BIG CHILL, THE** ▷3
É.-U. 1983. Drame de mœurs de Lawrence KASDAN avec William Hurt, Tom Berenger et Jeff Goldblum. - Un groupe d'amis qui a vécu la contestation se reforme à l'occasion de l'enterrement d'un camarade. - Observations sociales ou psychologiques nuancées. Dialogues mordants. Montage primesautier. Belle brochette d'interprètes.
VF→9,95$ LBX→9,95$ LBX-DVD→37,95$ 13 ans +

**BIG CLOCK, THE** ▷4
É.-U. 1948. Drame policier de John FARROW avec Ray Milland, Charles Laughton et Maureen O'Sullivan. - Un journaliste s'aperçoit qu'on veut le compromettre dans une affaire de meurtre.
VO→14,95$ Général

**BIG COMBO, THE** ▷5
É.-U. 1954. Drame policier de Joseph H. LEWIS avec Cornel Wilde, Richard Conte et Jean Wallace. - Un policier est chargé d'anéantir un réseau de criminels.
VO→34,95$ DVD→39,95$ Général

**BIG COUNTRY, THE** ▷3
É.-U. 1958. Western de William WYLER avec Gregory Peck, Jean Simmons et Charlton Heston. - Deux ranchers s'affrontent pour la possession d'un cours d'eau. - Traitement solennel et grandiose. Mise en scène experte. Personnages bien campés. Distribution de classe.
LBX→23,95$ VO→14,95$ **Général**

**BIG DADDY** ▷5
É.-U. 1999. Comédie de Dennis DUGAN avec Adam Sandler, Joey Lauren Adams et Cole Sprouse. - Un jeune homme irresponsable accepte de jouer le rôle du père de l'enfant illégitime de son colocataire.
VF→12,95$ **Général**

**BIG DEAL ON MADONNA STREET**
Voir: LE PIGEON

**BIG DIS, THE** ▷0
É.-U. 1990, Gordon ERIKSEN et John O'BRIEN
VO→LS **13 ans + Langage vulgaire**

**BIG EASY, THE** ▷4
É.-U. 1986. Drame policier de Jim McBRIDE avec Dennis Quaid, Ellen Barkin et Ned Beatty. - À la Nouvelle-Orléans, alors qu'il enquête sur le meurtre d'un trafiquant de drogue, un inspecteur est confronté à une avocate qui combat la corruption policière.
VO→8,95$ VF→LS LBX-DVD→33,95$ **13 ans +**

**BIG FELLA** ▷0
ANG. 1937, J. Elder WILLS
VO→34,95$ **Général**

**BIG HANGOVER, THE** ▷5
É.-U. 1950. Comédie de Norman KRASNA avec Van Johnson, Elizabeth Taylor et Leon Ames. - Une expérience de guerre a rendu un jeune avocat particulièrement sensible à l'alcool.
VO→18,95$ **Général**

**BIG HEAT, THE** ▷3
É.-U. 1952. Drame policier de Fritz LANG avec Glenn Ford, Gloria Grahame et Jocelyn Brando. - Un policier s'obstine à poursuivre une enquête sur le suicide d'une de ses collègues. - Suspense violent doublé de critique sociale. Style expressionniste. Interprétation solide.
VO→19,95$

**BIG HIT, THE** ▷5
É.-U. 1998. Comédie policière de Che-Kirk WONG avec Mark Wahlberg, Lou Diamond Phillips et China Chow. - Un tueur à gages débonnaire doit sauver sa peau tout en se préparant à recevoir pour la première fois les parents de sa fiancée.
VO→14,95$ VF→9,95$ **13 ans + Violence**

**BIG HOUSE, THE** ▷4
É.-U. 1930. Drame social de George HILL avec Robert Montgomery, Wallace Beery et Chester Morris. - Les prisonniers d'un pénitencier organisent une révolte.
VO→19,95$ **Général**

**BIG JAKE** ▷4
É.-U. 1970. Western de George SHERMAN avec John Wayne, Richard Boone et Maureen O'Hara. - Une femme fait appel à son ex-mari pour rechercher leur petit-fils que des bandits ont enlevé.
VO→11,95$ **Général**

**BIG KAHUNA** ▷5
É.-U. 1999. Comédie dramatique de John SWANBECK avec Kevin Spacey, Danny DeVito et Peter Facinelli. - Réunis dans une chambre d'hôtel, trois vendeurs confrontent leurs idées et discutent du sens à donner à leur vie.
VO→LS **Général**

**BIG LEBOWSKI, THE** ▷3
É.-U. 1997. Comédie fantaisiste de Joel COEN avec Jeff Bridges, John Goodman et Julianne Moore. - Un chômeur au tempérament relax et ses partenaires de bowling sont plongés dans une folle histoire d'enlèvement et d'extorsion. - Enfilade étourdissante de situations complètement folles. Illustration fort inventive. Performances savoureuses des comédiens.
VO→16,95$ VF→16,95$ LBX-DVD→27,95$ **13 ans +**

**BIG MAN, THE**
Voir: CROSSING THE LINE

**BIG MOMMA'S HOUSE** ▷5
É.-U. 2000. Comédie policière de Raja GOSNELL avec Martin Lawrence, Nia Long et Paul Giamatti. - Dans le cadre d'une mission de surveillance, un agent du FBI doit se déguiser en vieille dame corpulente.
VF→149,95$ VO→LS **Général**

**BIG MOUTH, THE** ▷4
É.-U. 1967. Comédie réalisée et interprétée par Jerry LEWIS avec Susan Bay et Buddy Lester. - Un honnête pêcheur et des bandits se disputent la découverte de diamants.
VO→19,95$ **Général**

**BIG NIGHT** ▷3
É.-U. 1996. Comédie dramatique de Stanley TUCCI et Campbell SCOTT avec Stanley Tucci, Tony Shalhoub et Minnie Driver. - Deux frères d'origine italienne espèrent éviter la faillite de leur restaurant en préparant un festin à l'intention d'un chanteur renommé. - Attachante étude de milieu. Personnages dessinés avec un humour teinté d'amertume. Jeu formidable des interprètes.
VF→LS VO→19,95$ LBX-DVD→LS **Général**

**BIG NOISE, THE** ▷5
É.-U. 1944. Comédie de Mel ST. CLAIR avec Stan Laurel, Oliver Hardy et Veda Ann Berg. - Les mésaventures de deux détectives privés chargés par un savant de veiller sur une bombe de son invention.
VO→11,95$ **Général**

**BIG ONE, THE** ▷4
É.-U. 1997. Documentaire de M. MOORE. - Un cinéaste parcourt les États-Unis afin d'enquêter sur la situation des travailleurs face aux politiques de rentabilité maximum des grandes compagnies.
VO→19,95$ **Général**

**BIG PARADE, THE** ▷3
É.-U. 1925. Drame de guerre de King VIDOR avec John Gilbert, Renee Adoree et Hobart Bosworth. - Durant la Première Guerre mondiale, trois soldats d'origines sociales différentes luttent pour leur survie. - Récit bien mené. Mélange d'archives et de fiction. Reconstitution parfois discutable. Réalisation de métier. Interprétation sensible.
VO→29,95$ **Général**

**BIG PICTURE, THE** ▷5
É.-U. 1988. Comédie satirique de Christopher GUEST avec Kevin Bacon, Emily Longstreth et Michael McKean. - Un jeune cinéaste connaît diverses aventures à Hollywood alors qu'il tente de faire produire son premier film professionnel.
VO→PC VF→18,95$ **Général**

**BIG RED ONE, THE** ▷4
É.-U. 1980. Drame de guerre de Samuel FULLER avec Lee Marvin, Mark Hamill et Robert Carradine. - Les tribulations de quatre jeunes soldats et de leur sergent pendant la campagne d'Europe en 1944.
VO→11,95$ LBX-DVD→18,95$ **13 ans +**

**BIG SKY, THE** ▷3
É.-U. 1952. Aventures de Howard HAWKS avec Kirk Douglas, Dewey Martin et Elizabeth Threatt. - Des commerçants en fourrures recueillent la fille d'un chef indien, espérant traiter avec sa tribu. - Ensemble pittoresque et captivant. Mise en scène ample et vigoureuse. Bons interprètes.
VO→LS **Non classé**

**BIG SLEEP, THE** ►2
É.-U. 1946. Drame policier de Howard HAWKS avec Humphrey Bogart, Lauren Bacall et Martha Vickers. - Un détective découvre la vérité sur la conduite étrange des deux filles d'un général. - Classique du film noir. Adaptation d'un roman de Raymond Chandler. Intrigue complexe. Mise en scène très habile. Dialogue amusant. H. Bogart en pleine forme.
VO→19,95$ 13 ans +

**BIG SLEEP, THE** ▷5
ANG. 1978. Drame policier de Michael WINNER avec Robert Mitchum, Candy Clark et Oliver Reed. - Un détective découvre la vérité sur la conduite étrange des deux filles d'un général.
VO→11,95$ 13 ans +

**BIG STEAL, THE** ▷5
É.-U. 1949. Drame policier de Don SIEGEL avec Robert Mitchum, Jane Greer et William Bendix. - Un capitaine est chargé d'enquêter au sujet d'un vol de bijoux.
VO→LS Non classé

**BIG STORE, THE** ▷5
É.-U. 1941. Comédie de Charles REISNER avec les frères Marx, Tony Martin et Virginia Grey. - Trois loustics sont mêlés au différend qui oppose le propriétaire et le directeur d'un magasin.
VO→19,95$ Général

**BIG STREET** ▷5
É.-U. 1942. Comédie de Irving REIS avec Henry Fonda, Lucille Ball et Eugene Pallette. - Un candide garçon de café s'attache à une danseuse rendue infirme par un gangster.
VO→19,95$ Non classé

**BIG TOP PEE WEE** ▷5
É.-U. 1988. Comédie de Randal KLEISER avec Paul Reubens, Valeria Golino et Kris Kristofferson. - Un excentrique qui dirige une ferme expérimentale a le coup de foudre pour la trapéziste d'un cirque de passage.
VF→LS VO→18,95$ Général

**BIG TOWN, THE** ▷5
É.-U. 1987. Drame de mœurs de Ben BOLT avec Matt Dillon, Diane Lane et Tommy Lee Jones. - Quittant son patelin pour tenter sa chance à la ville, un joueur de dés tombe sous l'emprise d'une femme qui se sert de lui pour ruiner son mari qu'elle déteste.
VO→LS Général

**BIG TRAIL, THE** ▷4
É.-U. 1930. Western de Raoul WALSH avec John Wayne, Marguerite Churchill et El Brendel. - Le périlleux voyage d'une caravane dans l'Ouest des pionniers.
VO→16,95$ Général

**BIG TREES, THE** ▷4
É.-U. 1952. Aventures de Felix E. FEIST avec Kirk Douglas, Eve Miller et Patrice Wymore. - Les habitants d'une région de Californie s'opposent à ce que des bûcherons abattent des arbres millénaires.
VO→24,95$

**BIG TROUBLE** ▷4
É.-U. 1985. Comédie policière de John CASSAVETES avec Alan Arkin, Peter Falk et Beverly D'Angelo. - Un agent d'assurances se laisse entraîner dans un complot douteux afin d'empocher l'argent nécessaire aux études de ses fils.
VO→19,95$ Général

**BIG TROUBLE IN LITTLE CHINA** ▷4
É.-U. 1986. Drame fantastique de John CARPENTER avec Kurt Russell, Kim Cattrall et James Hong. - Deux casse-cou poursuivent des Orientaux qui ont enlevé deux jeunes femmes pour le compte d'un esprit malin vieux de deux mille ans.
VO→9,95$ 13 ans +

**BIG WEDNESDAY** ▷5
É.-U. 1978. Comédie dramatique de John MILIUS avec Jan-Michael Vincent, William Katt et Gary Busey. - En 1962, les aventures de trois amis qui pratiquent l'aquaplane sur les côtes de la Californie.
VO→18,95$ Général

**BIGAMIST, THE** ▷5
É.-U. 1953. Drame réalisé et interprété par Ida LUPINO avec Edmond O'Brien et Joan Fontaine. C'est au moment de l'enquête sur un couple voulant adopter un enfant que la bigamie du mari est découverte.
VO→34,95$ Général

**BIGGER SPLASH** ▷0
ANG. 1974. Jack HAZAN
VO→27,95$

**BIJOUTIERS DU CLAIR DE LUNE, LES** ▷5
FR. 1957. Drame de Roger VADIM avec Brigitte Bardot, Stephen Boyd et Alida Valli. - Une jeune fille s'éprend d'un homme qui fuit la police.
VO→LS Général

**BIKINI BEACH** ▷6
É.-U. 1964. Comédie musicale de William ASHER avec Frankie Avalon, Annette Funicello et Keenan Wynn. - D'abord ennuyé par les activités d'un groupe de jeunes, un homme d'âge mûr finit par se raviser.
VO→7,95$ Général

**BILITIS** ▷5
FR. 1977. Drame sentimental de David HAMILTON avec Patti D'Arbanville, Mona Kristensen et Bernard Giraudeau. - Les expériences affectives d'une adolescente séjournant chez des amis de ses parents pendant ses vacances.
VF→LS 18 ans +

**BILL AND TED'S BOGUS JOURNEY** ▷5
É.-U. 1991. Comédie fantaisiste de Peter HEWITT avec Keanu Reeves, Alex Winter et William Sadler. - Victimes d'un génie du Mal, deux jeunes guitaristes rock sont envoyés en enfer et remplacés sur Terre par deux robots construits à leur image.
VF→PC VO→LS Général

**BILL AND TED'S EXCELLENT ADVENTURE** ▷5
É.-U. 1989. Comédie fantaisiste de Stephen HEREK avec Keanu Reeves, Alex Winter et George Carlin. - Deux adolescents, dont l'un est menacé par son père d'être placé à l'académie militaire, reçoivent l'aide inattendue d'un visiteur de l'avenir.
VF→LS VO→LS Général

**BILLBOARD DAD** ▷0
É.-U. 1998, Allan METTER
VF→19,95$ Général

**BILLE EN TÊTE** ▷5
FR. 1989. Comédie sentimentale de Carlo COTTI avec Thomas Langmann, Kristin Scott-Thomas et Danielle Darrieux. - Une grand-mère excentrique favorise les rencontres clandestines entre son petit-fils adolescent et une femme de trente ans.
VO→LS 13 ans +

**BILLETS POUR L'ENFER**
Voir: BLOWN AWAY

**BILLETS VERTS, LES**
Voir: DEAD PRESIDENTS

**BILLY BATHGATE** ▷4
É.-U. 1991. Drame policier de Robert BENTON avec Dustin Hoffman, Loren Dean et Nicole Kidman. - En 1935, à New York, un jeune homme né de parents pauvres se joint à une bande de gangsters dont il admire le chef.
VO→PC VF→11,95$ 13 ans +

**BILLY ELLIOTT** ▷4
ANG. 2000. Comédie de Stephen DALDRY avec Jamie Bell, Julie Walters et Jamie Draven. - Dans une petite ville anglaise affectée par une grève des mineurs, un jeune garçon trouve dans la pratique du ballet un sens à son existence.
VF→LS VO→LS Général

**BILLY JACK** ▷5
É.-U. 1971. Drame social de T.C.FRANK avec Tom Laughlin, Delores Taylor et Clark Howat. - Un métis vétéran de la guerre du Vietnam se fait le protecteur d'une école située sur le territoire d'une réserve indienne.
VF→PC VO→11,95$ **13 ans +**

**BILLY LIAR** ▷3
ANG. 1963. Comédie de John SCHLESINGER avec Tom Courtenay, Julie Christie et Wilfred Pickles. - Un petit employé de bureau frustré s'évade dans des rêves de grandeur. - Scénario original. Mise en scène fort adroite. Rôle-titre bien rendu.
VO→9,95$ **Général**

**BILLY THE KID** ▷4
É.-U. 1941. Western de David MILLER avec Robert Taylor, Brian Donlevy et Mary Howard. - Après avoir tenté de s'assagir, un jeune hors-la-loi revient à la violence lorsque son bienfaiteur est tué.
VO→19,95$ **Général**

**BILLY THE KID vs. DRACULA** ▷6
É.-U. 1965. Drame d'horreur de William BEAUDINE avec John Carradine, Chuck Courtney et Melinda Plowman. - Un vampire devient propriétaire d'un ranch dans l'Ouest.
VO→LS **Général**

**BILLY TWO HATS** ▷4
É.-U. 1973. Western de Ted KOTCHEFF avec Gregory Peck, Desi Arnaz jr et Sian Barbara Allen. - Capturé par un shérif après avoir participé à un vol de banque, un jeune métis cherche à s'enfuir.
VO→14,95$ **Général**

**BILOXI BLUES** ▷4
É.-U. 1988. Comédie dramatique de Mike NICHOLS avec Matthew Broderick, Christopher Walken et Corey Parker. - En 1945, un jeune écrivain en herbe vit ses premières expériences romantiques alors qu'il subit l'entraînement militaire.
VF→11,95$ VO→11,95$ **Général**

**BINGO** ▷5
QUÉ. 1973. Drame social de Jean-Claude LORD avec Réjean Guénette, Anne-Marie Provencher et Gilles Pelletier. - Un étudiant se laisse entraîner dans un complot terroriste.
VO→13,95$ **13 ans +**

**BIO-DOME** ▷6
É.-U. 1995. Comédie de Jason BLOOM avec Stephen Baldwin, Pauly Shore et William Atherton. - Deux hurluberlus sèment la pagaille dans une expérience scientifique à laquelle ils participent par accident.
VF→PC VO→PC **Général**

**BIRCH WOOD, THE**
Voir: LE BOIS DE BOULEAUX

**BIRD** ▷3
É.-U. 1988. Drame biographique de Clint EASTWOOD avec Forest Whitaker, Diane Verona et Michael Zelniker. - La vie difficile du saxophoniste de jazz Charlie Parker surnommé «Bird». - Approche sensible des faits. Traitement impressionniste. Trame musicale de grande qualité. Interprétation solide.
VO→19,95$ VF→19,95$ **Général**

**BIRD NOW** ▷4
BEL. 1987. Documentaire de Marc HURAUX. - La vie, les succès et les malheurs du célèbre jazzman Charlie Parker. - Utilisation de films d'époque montrant le musicien à l'œuvre. Témoignages intéressants de collègues et amis. Traitement parfois capricieux et prétentieux.
STF→LS **Général**

**BIRD ON A WIRE** ▷4
É.-U. 1990. Comédie policière de John BADHAM avec Mel Gibson, Goldie Hawn et David Carradine. - Une avocate est entraînée dans la fuite d'un vieil ami qui est poursuivi par des policiers corrompus.
VO→PC VF→11,95$ **13 ans +**

**BIRD WITH THE CRYSTAL PLUMAGE, THE**
Voir: L'OISEAU AU PLUMAGE DE CRISTAL

**BIRDCAGE, THE** ▷4
É.-U. 1996. Comédie de mœurs de Mike NICHOLS avec Robin Williams, Nathan Lane et Gene Hackman. - Le propriétaire d'une boîte de travestis, qui vit avec un homme, doit rencontrer les parents ultra-conservateurs de la future épouse de son fils.
VF→13,95$ LBX→14,95$ LBX-DVD→29,95$ **Général**

**BIRDMAN OF ALCATRAZ** ▷3
É.-U. 1962. Drame psychologique de John FRANKENHEIMER avec Burt Lancaster, Neville Brand et Karl Malden. - Un meurtrier devient en prison un ornithologue réputé. - Sujet tiré d'un fait réel. Réalisation faite d'observations attentives. Interprétation remarquable de B. Lancaster.
VO→14,95$ **Non classé**

**BIRDS, THE** ►1
É.-U. 1963. Drame d'horreur de Alfred HITCHCOCK avec Tippi Hedren, Rod Taylor et Suzanne Pleshette. - Des oiseaux attaquent les habitants d'un village côtier. - Suspense magistralement mené. Notations psychologiques fascinantes. Bande sonore originale et efficace. Direction d'acteurs fort minutieuse.
VO→14,95$ **13 ans +**

**BIRDY** ▷3
É.-U. 1984. Drame psychologique de Alan PARKER avec Matthew Modine, Nicolas Cage et John Harkins. - Un sergent est appelé à contribuer au traitement psychiatrique d'un ami d'enfance qui a adopté des attitudes d'oiseaux. - Aspects psychologiques et poétiques fort intéressants. Traitement complexe mais inventif. Interprétation remarquable.
VF→14,95$ VO→14,95$ LBX-DVD→29,95$ **13 ans +**

**BIRTH OF A NATION, THE** ►1
É.-U. 1915. Drame historique de David W. GRIFFITH avec Lilian Gish, Mae Marsh et Miriam Cooper. - Les tribulations de deux familles à l'occasion de la guerre de Sécession. - Classique des débuts du cinéma. Remarquable fresque historique. Utilisation inventive du langage filmique. Quelques naïvetés dans le récit. Œuvre importante du premier grand réalisateur américain.
ITA→LS ITA-DVD→44,95$ **Général**

**BIRTH OF THE BLUES** ▷4
É.-U. 1941. Comédie musicale de Victor SCHERTZINGER avec Bing Crosby, Mary Martin et Brian Donlevy. - Un joueur de trompette forme le premier orchestre de jazz.
VO→18,95$ Général

**BISBILLE ET BOULES DE NEIGE**
Voir: ANGEL SQUARE

**BISHOP'S WIFE, THE** ▷4
É.-U. 1947. Comédie fantaisiste de Henry KOSTER avec Cary Grant, Loretta Young et David Niven. - Un ange vient en aide, sous forme humaine, à un évêque protestant et émeut l'épouse de son protégé.
VO→14,95$ VF→14,95$ DVD→29,95$ Général

**BITCH, THE** ▷5
ANG. 1979. Drame de mœurs de Gerry O'HARA avec Joan Collins, Michael Coby et Kenneth Haigh. - Une riche veuve s'éprend d'un joueur professionnel qui a des ennuis avec la mafia.
VO→13,95$ 13 ans + Érotisme

**BITE THE BULLET** ▷3
É.-U. 1975. Western de Richard BROOKS avec Gene Hackman, Candice Bergen et James Coburn. - Deux anciens compagnons d'armes participent à une course à cheval de sept cents milles. - Ensemble spectaculaire et vigoureux. Rythme soutenu. Bonne photographie de paysages variés.
VF→9,95$ VO→9,95$ Général

**BITTER HARVEST** ▷5
É.-U. 1993. Drame policier de Duane CLARK avec Patsy Kensit, Stephen Baldwin et Jennifer Rubin. - Un jeune homme timide qui vient d'hériter du ranch familial s'éprend de deux jolies femmes dont l'une s'avère être une meurtrière.
VO→LS 13 ans + Violence

**BITTER MOON** ▷4
FR. 1992. Drame de mœurs de Roman POLANSKI avec Peter Coyote, Emmanuelle Seigner et Hugh Grant. - Sur un paquebot, un Américain paralytique raconte à un jeune Anglais timoré sa relation tumultueuse avec son épouse qu'il a rencontrée à Paris.
VF→LS VO→18,95$ 16 ans + Érotisme

**BITTER RICE**
Voir: RIZ AMER

**BITTER SWEET** ▷4
É.-U. 1940. Comédie musicale de W.S. VAN DYKE II avec Jeannette MacDonald, Nelson Eddy et George Sanders. - Les tribulations sentimentales d'une chanteuse mariée à un compositeur d'opérettes.
VO→19,95$ Non classé

**BITTER TEA OF GENERAL YEN, THE** ▷4
É.-U. 1933. Mélodrame de Frank CAPRA avec Barbara Stanwyck, Nils Asther et Gavin Gordon. - Alors que la guerre civile éclate en Chine, une Américaine, partie rejoindre son fiancé à Shanghai, est faite prisonnière par un général chinois épris d'elle.
VO→18,95$ Général

**BITTER TEARS OF PETRA VON KANT, THE**
Voir: LES LARMES AMÈRES DE PETRA VON KANT

**BIX** ▷0
É.-U.-ITA. 1990
STA→LS Général

**BLACK AND WHITE** ▷5
É.-U. 1999. Drame de mœurs de James TOBACK avec Power, Allan Houston et Brooke Shields. - À New York, un criminel qui rêve de devenir impresario évolue parmi des vedettes du rap, des athlètes et de jeunes Blancs idolâtrant la culture hip hop.
VF→LS VO→18,95$ 13 ans + Langage vulgaire

**BLACK ANGEL** ▷6
É.-U. 1946. Drame policier de Roy William NEILL avec Dan Duryea, June Vincent et Peter Lorre. - Pour disculper son mari d'un meurtre, une femme requiert l'aide du veuf de la victime.
VO→14,95$ Général

**BLACK ARROW, THE** ▷5
É.-U. 1948. Aventures de Gordon DOUGLAS avec Louis Hayward, Janet Blair et George Macready. - Un jeune chevalier recherche l'assassin de son père.
VO→13,95$ Non classé

**BLACK BELT JONES** ▷5
É.-U. 1974. Drame policier de Robert CLOUSE avec Jim Kelly, Gloria Hendry et Malik Carter. - Un expert en karaté vient en aide aux directeurs d'une école en butte aux tracasseries d'émissaires de la mafia.
VO→14,95$ 13 ans +

**BLACK CAESAR** ▷5
É.-U. 1973. Drame policier de Larry COHEN avec Fred Williamson, Phillip Roye et Gloria Hendry. - L'ascension d'un jeune Noir dans le monde de la pègre new-yorkaise.
VO→11,95$ 13 ans + Violence

**BLACK CASTLE, THE** ▷6
É.-U. 1952. Drame d'horreur de Nathan Hertz JURAN avec Boris Karloff, Richard Greene et Stephen McNally. - Un gentilhomme à la recherche de deux amis disparus s'arrête dans un château mystérieux.
VO→14,95$ Général

**BLACK CAT, THE** ▷5
É.-U. 1934. Drame d'horreur de Edgar G. ULMER avec Bela Lugosi, Boris Karloff et David Manners. - Un soir d'orage, un jeune couple cherche refuge dans un château habité par d'étranges personnages.
VO→14,95$ Non classé

**BLACK CAT, THE** ▷0
ITA. 1981, Lucio FULCI
VO→14,95$ 13 ans +

**BLACK CAT, THE** ▷5
É.-U. 1941. Comédie de Albert S. ROGELL avec Basil Rathbone, Hugh Herbert et Broderick Crawford. - Des incidents macabres se produisent dans un vieux manoir dont le propriétaire vient de mourir.
VO→14,95$ Général

**BLACK CAT, WHITE CAT**
Voir: CHAT NOIR, CHAT BLANC

**BLACK CAULDRON, THE** ▷0
É.-U. 1985, Ted BERMAN et Richard RICH
VF→LS VO→26,95$ Général

**BLACK CHRISTMAS** ▷6
É.-U. 1974. Drame policier de Bob CLARK avec Olivia Hussey, Keir Dullea et John Saxon. - Un lieutenant de police soupçonne à tort un jeune homme de plusieurs meurtres dans une pension pour étudiantes.
VF→LS VO→LS 13 ans +

**BLACK EYE** ▷0
É.-U. 1974, Jack ARNOLD
VO→19,95$

**BLACK FOX, THE** ▷4
É.-U. 1963. Film de montage de Louis Clyde STOUMEN. - Évocation de la carrière d'Hitler, de la montée du nazisme à son écroulement.
VO→29,95$ Général

**BLACK FRIDAY** ▷5
É.-U. 1940. Science-fiction d'Arthur LUBIN avec Boris Karloff, Stanley Ridges et Bela Lugosi. - À la suite d'une greffe au cerveau, un professeur d'université devient un criminel.
VO→14,95$ Général

**BLACK HOLE, THE** ▷4
É.-U. 1979. Science-fiction de Gary NELSON avec Maximilian Schell, Robert Forster et Yvette Mimieux. - L'équipage d'un vaisseau spatial découvre un astronef où vit un savant entouré de robots.
LBX→14,95$ LBX-DVD→27,95$ **Général**

**BLACK KING, THE** ▷0
É.-U. 1932, Bud POLLARD
ITA→LS **Général**

**BLACK LEGION** ▷4
É.-U. 1937. Drame de Archie MAYO avec Humphrey Bogart, Dick Foran et Ann Sheridan. - Par dépit, un chômeur se joint à une organisation raciste.
VO→19,95$ **Général**

**BLACK LIKE ME** ▷6
É.-U. 1964. Drame social de Carl LERNER avec James Whitmore, Richard Ward et David Huddleston. - Un journaliste se fait passer pour un Noir afin d'étudier les préjugés raciaux.
VO→13,95$ **Général**

**BLACK LIZARD**
Voir: LE LÉZARD NOIR

**BLACK MAMA, WHITE MAMA** ▷0
É.-U. 1973, Eddie ROMERO
VO→11,95$ **16 ans + Érotisme**

**BLACK MARBLE, THE** ▷4
É.-U. 1980. Drame policier de Harold BECKER avec Robert Foxworth, Paula Prentiss et Harry Dean Stanton. - Transféré à la brigade des vols, un détective se voit assigner une femme comme partenaire.
VO→LS **13 ans +**

**BLACK MASK** ▷5
H.-K. 1996. Drame policier de Daniel LEE avec Jet Li, Lau Ching-wan et Karen Mok. - Un justicier masqué expert en arts martiaux combat des criminels qui mettent l'île de Hong Kong à feu et à sang.
VF→11,95$ VA→11,95$ VA-LBX-DVD→27,95$ **16 ans + Violence**

**BLACK MOON RISING** ▷0
É.-U. 1986, Harley COKLISS
VO→9,95$

**BLACK NARCISSUS** ▷3
ANG. 1946. Drame psychologique de Michael POWELL et Emeric PRESSBURGER avec Deborah Kerr, Sabu et Jean Simmons. - Les difficultés de religieuses protestantes qui fondent une mission dans l'Himalaya.- Récit stylisé. Mise en scène somptueuse. Photographie remarquable. Interprétation dans le ton.
VO→14,95$ VO **Général**

**BLACK ORCHID, THE** ▷4
É.-U. 1958. Drame de Martin RITT avec Sophia Loren, Anthony Quinn et Ina Balin. - La fille d'un veuf s'oppose au remariage de son père.
VO→18,95$ **Général**

**BLACK PEARL, THE** ▷4
É.-U. 1977. Aventures de Saul SWIMMER avec Mario Custodio, Carlos Estrada et Gilbert Roland. - Les aventures du fils d'un armateur qui veut devenir pêcheur de perles.
VF→LS **Général**

**BLACK PIRATE, THE** ▷3
É.-U. 1926. Aventures de Albert PARKER avec Douglas Fairbanks, Billie Dove et Sam De Grasse. - Un jeune homme entreprend de venger son père tué par des pirates. - Traitement plein d'allant et de bonne humeur. D. Fairbanks agile et bondissant.
ITA→34,95$ ITA-DVD→64,95$

**BLACK RAIN** ▷4
É.-U. 1989. Drame policier de Ridley SCOTT avec Michael Douglas, Andy Garcia et Ken Takakura. - Deux policiers new-yorkais poursuivent dans la ville d'Osaka un criminel japonais qui leur a glissé d'entre les mains.
VF→13,95$ VO→LS LBX-DVD→39,95$ **13 ans +**

**BLACK RAINBOW** ▷4
ANG. 1989. Drame policier de Mike HODGES avec Rosanna Arquette, Jason Robards et Tom Hulce. - Après avoir anticipé un meurtre, une jeune voyante devient la cible de l'assassin qui craint qu'elle puisse le démasquer.
VF→LS VO→LS **Général**

**BLACK ROBE** ▷4
CAN. 1991. Drame historique de Bruce BERESFORD avec Lothaire Bluteau, August Schellenberg et Aden Young. - En Nouvelle-France, au XVIIe siècle, un missionnaire entreprend un voyage périlleux pour atteindre un campement huron.
VO→14,95$ VF→14,95$ LBX→19,95$
LBX-DVD→27,95$ **13 ans +**

**BLACK ROOM, THE** ▷0
É.-U. 1935, Roy William NEILL
VO→14,95$ **Général**

**BLACK SAMSON** ▷0
É.-U. 1974, Charles BAIL
VO→19,95$

**BLACK SCORPION, THE** ▷5
É.-U. 1957. Drame d'horreur de Edward LUDWIG avec Richard Denning, Carlos Rivas et Mara Corday. - Un scorpion géant sème la panique dans la ville de Mexico.
VO→14,95$ **Général**

**BLACK SHIELD OF FALWORTH, THE** ▷4
É-U. 1954. Aventures de Rudolph MATE avec Tony Curtis, Janet Leigh et David Farrar. Le fils d'un comte condamné injustement tente de réhabiliter la mémoire de son père.
VO→14,95$

**BLACK STALLION RETURNS, THE** ▷4
É.-U. 1983. Aventures de Robert DALVA avec Kelly Reno, Vincent Spano et Ferdinand Mayne. - Un jeune garçon traverse clandestinement l'Atlantique jusqu'au Maroc où il espère retrouver son magnifique cheval enlevé par des Arabes.
VO→14,95$ **Général**

**BLACK STALLION, THE** ▷3
É.-U. 1979. Comédie dramatique de Carroll BALLARD avec Kelly Reno, Mickey Rooney et Teri Garr. - Un jeune garçon ayant apprivoisé un étalon arabe entreprend d'en faire un cheval de course. - Adaptation réussie d'un roman pour enfants. Illustration poétique. Mise en scène soignée.
VF→LS VO→14,95$ LBX-DVD→18,95$ **Général**

**BLACK SUNDAY** ▷4
É.-U. 1976. Drame policier de John FRANKENHEIMER avec Robert Shaw, Bruce Dern et Marthe Keller. - Une terroriste arabe met au point un attentat meurtrier à l'occasion d'une importante partie de football en Floride.
VO→14,95$ **Général**

**BLACK SUNDAY**
Voir: LE MASQUE DU DÉMON

**BLACK SWAN, THE** ▷4
É.-U. 1942. Aventures de Henry KING avec Tyrone Power, Maureen O'Hara et George Sanders. - Un corsaire condamné à mort se met à la disposition des autorités pour combattre ses anciens camarades.
VO→22,95$ **Général**

**BLACK TIGHTS** ▷4
FR. 1961. Spectacle musical de Terence YOUNG avec Cyd Charisse, Zizi Jeanmaire et Moira Shearer. - Quatre ballets exécutés par la troupe des danseurs et danseuses des Ballets Roland Petit.
LBX→34,95$ LBX-DVD→44,95$ **Non classé**

**BLACK WIDOW** ▷4
É.-U. 1987. Drame policier de Bob RAFELSON avec Debra Winger, Theresa Russell et Sami Frey. - Une enquêteuse du gouvernement tend un piège à une femme qu'elle soupçonne du meurtre de plusieurs millionnaires.
VF→PC VO→11,95$ Général

**BLACKBEARD'S GHOST** ▷5
É.-U. 1967. Comédie fantaisiste de Robert STEVENSON avec Peter Ustinov, Dean Jones et Suzanne Pleshette. - Le fantôme d'un pirate vient au secours d'un jeune entraîneur sportif.
VF→LS VO→LS Général

**BLACKBOARD JUNGLE** ▷3
É.-U. 1955. Drame social de Richard BROOKS avec Glenn Ford, Sidney Poitier et Vic Morrow. - Dans une école de quartier, un jeune professeur triomphe de l'opposition d'élèves difficiles. - Approche réaliste du sujet. Traitement vigoureux et dépouillé. Suspense excellent. Jeu sobre de G. Ford.
VO→19,95$ Général

**BLACKENSTEIN** ▷0
É.-U. 1973, William A. LEVEY
VO (SP)→29,95$ 13 ans + Horreur

**BLACKMAIL** ▷4
ANG. 1929. Drame policier d'Alfred HITCHCOCK avec Anny Ondra, John Longden et Cyril Ritchard. - La fiancée d'un détective tue un homme qui veut abuser d'elle et devient victime d'un maître-chanteur.
VO→18,95$ VO Général

**BLACKOUT, THE** ▷5
É.-U. 1997. Drame psychologique d'Abel FERRARA avec Matthew Modine, Dennis Hopper et Béatrice Dalle. - Après avoir perdu momentanément la mémoire, un acteur toxicomane est hanté par le souvenir confus de son ancienne petite amie.
VF→PC VO→PC 18 ans + Érotisme

**BLACKSNAKE** ▷0
É.-U. 1970, Russ MEYER
LBX→69,95$ 13 ans +

**BLACULA** ▷5
É.-U. 1972. Drame d'horreur de William CRAIN avec William Marshall, Vonetta McGee et Denise Nicholas. - Un prince africain devenu vampire fait des ravages à Los Angeles.
VO→LS 13 ans + Horreur

**BLADE** ▷4
É.-U. 1998. Drame fantastique de Stephen NORRINGTON avec Wesley Snipes, N'bushe Wright et Stephen Dorff. - Un guerrier mi-humain mi-vampire combat un vampire cruel qui veut provoquer une véritable apocalypse.
VO→14,95$ VF→14,95$ LBX-DVD→27,95$ 16 ans +

**BLADE RUNNER** ►2
É.-U. 1982. Science-fiction de Ridley SCOTT avec Harrison Ford, Rutger Hauer et Sean Young. - En l'an 2019, un détective privé fait la chasse à des robots d'apparence humaine. - Vision futuriste fascinante. Mélange habile de science-fiction et d'enquête policière. Mise en scène brillante. Musique envoûtante. Interprétation fort satisfaisante.
VF-LBX→14,95$ LBX→14,95$
LBX-DVD→26,95$ 13 ans + Violence

**BLAIR WITCH PROJECT, THE** ▷4
É.-U. 1999. Drame d'horreur de Daniel MYRICK et Eduardo SANCHEZ avec Heather Donahue, Michael Williams et Joshua Leonard. - La découverte d'extraits de films de trois cinéastes permet de comprendre leur disparition mystérieuse dans une forêt hantée.
VO→11,95$ VF→11,95$ DVD→27,95$ 16 ans +

**BLAME IT ON RIO** ▷5
É.-U. 1983. Comédie de mœurs de Stanley DONEN avec Michael Caine, Joseph Bologna et Michelle Johnson. - Un divorcé d'âge mûr a une aventure sentimentale avec la fille adolescente d'un vieil ami.
VO→11,95$ 13 ans +

**BLAME IT ON THE BELLBOY** ▷5
É.-U. 1992. Comédie fantaisiste de Mark HERMAN avec Dudley Moore, Bryan Brown et Richard Griffiths. - Trois clients d'un hôtel de Venise vivent diverses mésaventures après avoir reçu chacun une lettre destinée à un autre.
VO→PC Général

**BLANC DE CHINE** ▷5
FR. 1988. Drame policier de Denys GRANIER-DEFERRE avec Robin Renucci, Marguerite Tran et Michel Piccoli. - Un spécialiste en écritures indochinoises est requis par la police afin de solutionner un conflit entre deux clans asiatiques.
VO→LS Général

**BLANC DE MÉMOIRE** ▷4
QUÉ. 1995. Documentaire de Jacques GIRALDEAU. - La scène culturelle montréalaise des années 1950 à travers l'histoire d'un Québécois qui est à la recherche d'un peintre mystérieux vivant en Europe.
VO→LS 16 ans +

**BLANCHE EST LA NUIT** ▷4
QUÉ. 1989. Science-fiction de Johanne PRÉGENT avec Léa Marie Cantin, Jean L'Italien et René Gagnon. - Un jeune homme a une liaison tourmentée avec une danseuse qu'il a sauvée du suicide.
VO→LS Général

**BLANCHE ET MARIE** ▷4
FR 1985. Drame de guerre de Jacques RENARD avec Miou-Miou, Sandrine Bonnaire et Maria Casarès. - Sous l'occupation allemande, la femme d'un ouvrier et la fille adolescente d'un coiffeur se joignent à la résistance française.
VO→LS Général

**BLANCHE NEIGE ET LES SEPT NAINS**
Voir: SNOW WHITE AND THE SEVEN DWARFS

**BLANCHE NEIGE: LE PLUS HORRIBLE DES CONTES**
Voir: SNOW WHITE: A TALE OF TERROR

**BLAST FROM THE PAST** ▷5
É.-U. 1998. Comédie sentimentale de H. WILSON avec Brendan Fraser, Alicia Silverstone et Christopher Walken. - Un homme ayant vécu depuis sa naissance dans un abri anti nucléaire tombe amoureux d'une jeune femme effarouchée.
VF→14,95$ VO→15,95$ Général

**BLAST'EM** ▷5
É.-U. 1992. Documentaire de Joseph BLASIOLI - Portrait de photographes, comme Victor Malafronte, qui se sont spécialisés dans la prise de clichés pour rubriques mondaines et journaux à sensations.
VO→PC Général

**BLAZE** ▷4
É.-U. 1989. Comédie dramatique de Ron SHELTON avec Paul Newman, Lolita Davidovich et Gailard Sartain. - Dans les années 1950, une jolie campagnarde qui aspire à devenir chanteuse se lie à un politicien aux idées libérales.
VF→11,95$ VO→10,95$ 13 ans +

**BLAZING SADDLES** ▷4
É.-U. 1974. Comédie satirique de Mel BROOKS avec Cleavon Little, Gene Wilder et Harvey Korman. - Un shérif de race noire tente de faire échec aux manœuvres de profiteurs.
VF→14,95$ VO→14,95$ LBX→19,95$
LBX-DVD→21,95$ 13 ans +

**BLEAK MOMENTS** ▷0
ANG. 1971, Mike LEIGH
VO→44,95$ Général

**BLESS THE BEASTS AND CHILDREN** ▷4
É.-U. 1971. Comédie dramatique de Stanley E. KRAMER avec Billy Mumy, Barry Robins et Miles Chapin. - Six garçons souffrant de troubles caractériels, réunis en colonie de vacances, partent en expédition pour libérer un troupeau de bisons.
VO→14,95$ 13 ans +

**BLESS THE CHILD** ▷6
É.-U. 2000. Drame fantastique de Chuck RUSSELL avec Kim Basinger, Jimmy Smits et Rufus Sewell. - Les membres d'un culte satanique kidnappent une fillette de six ans qui jouit d'étranges pouvoirs surnaturels.
VF→LS VO→PC 13 ans +

**BLEU COMME L'ENFER** ▷4
FR. 1986. Drame policier de Yves BOISSET avec Lambert Wilson, Tchéky Karyo et Myriem Roussel. - La femme d'un policier s'enfuit de chez elle avec un voleur que son mari vient d'arrêter.
VO→LS 13 ans +

**BLEU DES VILLES, LE** ▷0
FR. 1999, Stéphane BRIZÉ
VO→LS

**BLEUS AU CŒUR, LES** ▷4
QUÉ. 1987. Documentaire de Suzanne GUY. - Quelques détenues de la Maison Tanguay parlent de leur situation et des circonstances qui les ont conduites à la détention.
VO→LS Général

**BLIND CHANCE** ▷0
POL. 1981, Krzysztof KIESLOWSKI
STA→PC 13 ans +

**BLIND DATE** ▷4
É.-U. 1987. Comédie de Blake EDWARDS avec Bruce Willis, Kim Basinger et John Larroquette. - Les mésaventures d'un analyste financier qui a eu la malencontreuse idée de se faire accompagner à une importante réception par une charmante jeune femme qui ne supporte pas l'alcool.
VO→PC VF→9,95$ Général

**BLIND FURY** ▷5
É.-U. 1989. Drame policier de Phillip NOYCE avec Rutger Hauer, Brandon Call et Terry O'Quinn. - Un soldat devenu aveugle au Viêtnam utilise sa maîtrise du karaté pour venir en aide à un ami kidnappé par des gangsters.
VF→LS VO→PC 18 ans +

**BLINDSIDE** ▷5
CAN. 1987. Drame policier de Paul LYNCH avec Harvey Keitel, Lori Hallier et Michael Rudder. - Un expert en surveillance électronique devenu gérant de motel vient en aide à une femme menacée d'être supprimée par son amant et son mari.
VF→LS VO→LS 13 ans +

**BLINK** ▷4
É.-U. 1994. Drame policier de Michael APTED avec Madeleine Stowe, Aidan Quinn et James Remar. - Alors qu'elle retrouve progressivement la vue à la suite d'une opération, une jeune violoniste est témoin d'un meurtre.
VF→11,95$ VO→11,95$ 13 ans +

**BLISS** ▷5
AUS. 1985. Comédie dramatique de Ray LAWRENCE avec Barry Otto, Lynette Curran et Helen Jones. - À la suite d'une syncope, un publicitaire australien se met à agir de façon excentrique et s'entiche d'une jeune prostituée.
VO→19,95$ 13 ans +

**BLISS** ▷0
É.-U. 1997, Lance YOUNG
VO→19,95$ 13 ans + Érotisme

**BLISS OF MRS. BLOSSOM, THE** ▷4
ANG. 1968. Comédie de Joseph McGRATH avec Shirley MacLaine, Richard Attenborough et James Booth. - Une jeune femme loge dans son grenier, à l'insu de son mari, un employé de celui-ci.
VO→18,95$ Général

**BLITHE SPIRIT** ▷3
ANG. 1945. Comédie de David LEAN avec Rex Harrison, Constance Cummings et Kay Hammond. - L'apparition du fantôme de sa première femme cause des ennuis à un veuf remarié. - Adaptation d'une pièce de Noël Coward. Situations classiques. Réalisation excellente. Interprétation pleine de verve et de fantaisie.
DVD→44,95$ Général

**BLOB, THE** ▷5
É.-U. 1988. Drame d'horreur de Chuck RUSSELL avec Kevin Dillon, Shawnee Smith et Joe Seneca. - Une matière verte et visqueuse, surgie d'un météorite, s'attaque aux habitants d'une petite ville américaine.
VO→14,95$ VF→14,95$ 13 ans +

**BLOB, THE** ▷6
É.-U. 1958. Drame d'horreur de Irvin S. YEAWORTH avec Steve McQueen, Anita Corseau et Earl Rowe. - Une substance gélatineuse étrange venue de l'espace fait des ravages meurtriers dans une ville américaine.
VO→7,95$ Général

**BLONDE DE MES RÊVES, LA**
Voir: MY FAVORITE BLONDE

**BLONDE DE MON PÈRE, LA**
Voir: STEPMOM

**BLONDE ET LA ROUSSE, LA**
Voir: PAL JOEY

**BLONDE VENUS** ▷3
É.-U. 1932. Drame de mœurs de Josef VON STERNBERG avec Marlene Dietrich, Cary Grant et Herbert Marshall. - Pour pouvoir faire soigner son mari, une femme retourne à son métier de chanteuse de cabaret. - Scénario mélodramatique enrichi d'une bonne dose d'ironie. Illustration magnifique. Jeu sensible de M. Dietrich.
VO→16,95$ Général

**BLONDE, UNE BRUNE ET UNE MOTO, UNE** ▷5
ITA. 1975. Comédie de Carlo DI PALMA avec Monica Vitti, Claudia Cardinale et Guido Leontini. - Une jeune femme motocycliste entraîne une buandière dans de folles aventures.
VF→LS Général

**BLOOD & DONUTS** ▷6
CAN. 1995. Drame d'horreur de Holly DALE avec Gordon Currie, Justin Louis et Helene Clarkson. - Endormi depuis les années 60, un vampire se réveille en 1995 et doit alors s'adapter aux nouvelles réalités de la grande ville.
VO→32,95$ 13 ans + Horreur

**BLOOD ALLEY** ▷5
É.-U. 1955. Aventures de William A. WELLMAN avec John Wayne, Lauren Bacall et Paul Fix. - Un capitaine fait fuir des fugitifs de la Chine communiste sur son bateau.
VO→14,95$ Général

**BLOOD AND BLACK LACE** ▷5
ITA. 1964. Drame policier de Mario BAVA avec Eva Bartok, Cameron Mitchell et Thomas Reiner. - À Rome, une série d'assassinats se produit dans le contexte d'une maison de haute couture.
VO→24,95$ 13 ans + Violence

**BLOOD AND CONCRETE** ▷0
É.-U. 1991, Jeffrey REINER
VO→PC Non classé

**BLOOD AND SAND** ▷5
É.-U. 1922. Drame de Fred NIBLO avec Rudolph Valentino, Nita Naldi et Lila Lee. - Après avoir épousé son amie d'enfance, un toréador succombe aux charmes d'une voluptueuse étrangère.
STA→34,95$ Général

**BLOOD AND SAND** ▷4
É.-U. 1941. Drame de Rouben MAMOULIAN avec Tyrone Power, Linda Darnell et Rita Hayworth. - La carrière et les démêlés sentimentaux d'un célèbre torero.
VO→24,95$ **Général**

**BLOOD AND WINE** ▷4
É.-U. 1996. Drame de Bob RAFELSON avec Jack Nicholson, Stephen Dorff et Jennifer Lopez. - En Floride, le vol d'un collier de diamants par un marchand de vin entraîne des conséquences dramatiques dans sa famille dysfonctionnelle.
VF→11,95$ VO→11,95$ **16 ans +**

**BLOOD FEAST** ▷7
É.-U. 1963. Drame d'horreur de Herschell Gordon LEWIS avec Thomas Wood, Mal Arnold et Connie Mason. - Un restaurateur déséquilibré mutile des jeunes femmes pour les offrir en sacrifices à une divinité égyptienne.
VO→LS DVD-SP.ED→39,95$ **16 ans + Horreur**

**BLOOD IN... BLOOD OUT** ▷5
É.-U. 1992. Drame de mœurs de Taylor HACKFORD avec Damian Chapa, Jesse Borrego et Benjamin Bratt. - À Los Angeles, les tribulations de trois jeunes Hispano-Américains qui vivent l'enfer des gangs, de la drogue et du crime.
VO→11,95$ VF→9,95$ LBX-DVD→PC **16 ans + Violence**

**BLOOD IN THE FACE** ▷4
É.-U. 1991. Documentaire de Kevin RAFFERTY et Anne BOHLEN et J. Ridgeway. - Historique du mouvement néo-nazi aux États-Unis et portraits de quelques-uns de ses adeptes.
VO→34,95$ **18 ans +**

**BLOOD OF DRACULA** ▷7
É.-U. 1957. Drame d'horreur de Herbert L. STROCK avec Sandra Harrison, Louise Lewis et Jerry Blaine. - Après s'être soumise aux expériences d'un professeur de chimie, une adolescente est transformée en vampire.
VO→LS **Non classé**

**BLOOD OF HEROES, THE** ▷6
É.-U. 1989. Science-fiction de David PEOPLES avec Rutger Hauer, Joan Chen et Vincent Phillip D'Onofrio. - Dans le futur, un combattant qui s'adonne à un jeu violent et cruel cherche à se venger d'une puissante équipe dont il a jadis été chassé.
VO→11,95$ **13 ans + Violence**

**BLOOD OF JESUS** ▷0
É.-U. 1941, Spencer WILLIAMS
VO→LS **Général**

**BLOOD ON SATAN'S CLAW, THE** ▷5
ANG. 1970. Drame d'horreur de Piers HAGGARD avec Patrick Wymark, Barry Andrews et Linda Hayden. - Au XVIIe siècle, la découverte d'un crâne hideux à l'œil encore vivant provoque d'étranges événements dans un village anglais.
VO→14,95$ **18 ans +**

**BLOOD ON THE MOON** ▷4
É.-U. 1948. Western de Robert WISE avec Robert Mitchum, Barbara Bel Geddes et Robert Preston. - Un inconnu délivre une région d'une bande de vauriens.
VO→LS **Non classé**

**BLOOD ON THE SUN** ▷5
É.-U. 1945. Drame d'espionnage de Frank LLOYD avec James Cagney, Sylvia Sidney et Wallace Ford. - En 1940, à Tokyo, un journaliste américain met la main sur les plans de guerre japonais.
VO→18,95$ DVD→21,95$ **Général**

**BLOOD ORANGES, THE** ▷5
É.-U. 1997. Drame de mœurs de Philip HAAS avec Charles Dance, Colin Lane et Sheryl Lee. - Des jeux de séduction parfois troublants naissent entre deux couples qui habitent dans des villas au bord de la mer.
VO→LS LBX-DVD→38,95$ **13 ans + Érotisme**

**BLOOD RELATIVES**
Voir: LES LIENS DE SANG

**BLOOD SIMPLE** ▷3
É.-U. 1983. Drame policier de Joel COEN avec M. Emmet Walsh, Frances McDormand et John Getz. - Après avoir assassiné son client, un détective privé s'en prend à l'épouse et à un employé de celui-ci. - Brillant exercice de style sur les thèmes habituels du film noir. Intrigue savamment compliquée. Traitement savoureux. Bonne interprétation de M.E. Walsh.
VO→11,95$ **18 ans +**

**BLOOD WEDDING**
Voir: NOCES DE SANG

**BLOOD, SWEAT AND FEAR**
Voir: UN FLIC VOIT ROUGE

**BLOODHOUNDS OF BROADWAY** ▷5
É.-U. 1989. Comédie policière de Howard BROOKNER avec Randy Quaid, Julie Hagerty et Matt Dillon. - À Broadway, durant le nouvel an de 1928, une dame du monde organise une grande fête qui donne lieu à diverses intrigues.
VF→LS VO→PC **Général**

**BLOODLINE** ▷6
É.-U. 1979. Drame policier de Terence YOUNG avec Audrey Hepburn, Ben Gazzara et James Mason. - Héritière de la majorité des parts dans l'entreprise familiale, une jeune femme est en butte à des attentats meurtriers.
VF→LS VO→14,95$ **18 ans +**

**BLOODY MAMA** ▷5
É.-U. 1970. Drame policier de Roger CORMAN avec Shelley Winters, Don Stroud et Diane Varsi. - Dans les années 30, une campagnarde entraîne au crime ses quatre garçons.
VO→LS **18 ans +**

**BLOODY MARY KILLER** ▷0
H. K. 1994, Godfrey HO
LBX-STA→LS **18 ans + Violence**

**BLOSSOMS IN THE DUST** ▷5
É.-U. 1940. Drame sentimental de Mervyn LeROY avec Greer Garson, Walter Pidgeon et Marsha Hunt. - Une femme qui a perdu son jeune fils s'occupe d'enfants abandonnés.
VO→19,95$ **Général**

**BLOW-OUT** ▶2
É.-U. 1981. Drame policier de Brian DE PALMA avec John Travolta, Nancy Allen et John Lithgow. - Un preneur de son est entraîné par son travail dans une mystérieuse affaire de meurtre. - Suspense et drame politique brillamment amalgamés. Utilisation dramatique et raffinée du son, de la couleur et de la caméra. Excellente interprétation de J. Travolta.
VF→LS VO→7,95$ **18 ans +**

**BLOW-UP** ▶1
ANG. 1966. Étude de mœurs de Michelangelo ANTONIONI avec David Hemmings, Vanessa Redgrave et Sarah Miles. - Un photographe s'aperçoit qu'il a enregistré un crime alors qu'il était à l'œuvre dans un parc. - Anecdote prétexte à une étude ambiguë et complexe des problèmes de la vie moderne. Mise en scène d'un art consommé. Jeu de D. Hemmings d'un naturel inquiétant.
VF→LS VO→19,95$ **18 ans +**

**BLOWING WILD** ▷4
É.-U. 1953. Aventures de Hugo FREGONESE avec Gary Cooper, Barbara Stanwyck et Anthony Quinn. - Un prospecteur de pétrole entre en lutte avec des bandits.
VO→LS **Général**

**BLOWN AWAY** ▷5
É.-U. 1994. Drame policier de Stephen HOPKINS avec Jeff Bridges, Tommy Lee Jones et Lloyd Bridges. - Un spécialiste en désamorçage de bombe s'efforce de neutraliser un maniaque qui prend plaisir à concevoir d'astucieux engins explosifs.
VO→PC VF→11,95$ LBX-DVD→29,95$ **13 ans +**

**BLUE ANGEL, THE**
Voir: L'ANGE BLEU

**BLUE BIRD, THE** ▷5
É.-U. 1939. Conte de Walter LANG avec Shirley Temple, Johnny Russell et Spring Byington. - Un petit garçon et une petite fille partent à la recherche de l'oiseau du bonheur.
VO➔15,95$ **Général**

**BLUE CHIPS** ▷4
É.-U. 1994. Drame sportif de William FRIEDKIN avec Nick Nolte, Mary McDonnell et Ed O'Neill. - L'entraîneur d'une équipe de basket-ball collégial recrute illégalement quatre joueurs d'élite en dehors du circuit universitaire.
VF➔LS VO➔PC **Général**

**BLUE COLLAR** ▷4
É.-U. 1978. Drame social de Paul SCHRADER avec Richard Pryor, Harvey Keitel et Yaphet Kotto. - Trois ouvriers sont aux prises avec les dirigeants de leur syndicat après avoir volé un cahier compromettant.
VO➔LS LBX-DVD➔27,95$

**BLUE DAHLIA, THE** ▷5
É.-U. 1945. Drame policier de George MARSHALL avec Alan Ladd, Veronica Lake et William Bendix. - Accusé de l'assassinat de sa femme, un homme est sauvé par l'épouse d'un ancien amant de la victime.
VO➔14,95$ **Général**

**BLUE GARDENIA, THE** ▷4
É.-U. 1952. Drame policier de Fritz LANG avec Anne Baxter, Richard Conte et Ann Sothern. - Une jeune fille est accusée du meurtre d'un peintre.
DVD➔36,95$ VO➔34,95$ DVD➔36,95$ **Général**

**BLUE HAWAII** ▷5
É.-U. 1961. Comédie musicale de Norman TAUROG avec Elvis Presley, Joan Blackman et Angela Lansbury. - Par esprit d'indépendance, le fils d'un riche planteur s'engage comme guide dans une agence de tourisme.
VO➔14,95$ **Général**

**BLUE IN THE FACE** ▷4
É.-U. 1995. Comédie de mœurs de Wayne WANG et Paul AUSTER avec Harvey Keitel, Lou Reed et Roseanne Barr. - Une tabagie à Brooklyn où défile chaque jour une clientèle bigarrée devient le théâtre de diverses anecdotes.
VF➔11,95$ VO➔11,95$ **Général**

**BLUE KITE, THE**
Voir: LE CERF-VOLANT BLEU

**BLUE LAGOON, THE** ▷5
É.-U. 1980. Drame de Randal KLEISER avec Brooke Shields, Christopher Atkins et Leo McKern. - Deux enfants grandissent sur une île déserte après le naufrage de leur voilier.
VF➔9,95$ VO➔PC **13 ans +**

**BLUE MAX, THE** ▷4
É.-U. 1966. Drame de guerre de John GUILLERMIN avec George Peppard, James Mason et Ursula Andress. - Durant la Première Guerre mondiale, un aviateur allemand sacrifie tout à son ambition de devenir l'as des pilotes de chasse.
VO➔24,95$ **Non classé**

**BLUE SKIES** ▷4
É.-U. 1946. Comédie musicale de Stuart HEISLER avec Bing Crosby, Fred Astaire et Joan Caulfield. - Deux camarades, l'un chanteur, l'autre danseur, sont épris de la même femme.
VO➔18,95$ **Général**

**BLUE SKY** ▷4
É.-U. 1991. Drame de mœurs de Tony RICHARDSON avec Jessica Lange, Tommy Lee Jones et Powers Boothe. - Au début des années 1960, un scientifique vivant dans une base militaire éprouve des difficultés à contrôler sa femme qui est maniaco-dépressive.
VF➔LS VO➔13,95$ **Général**

**BLUE STEEL** ▷4
É.-U. 1989. Drame policier de Kathryn BIGELOW avec Jamie Lee Curtis, Ron Silver et Clancy Brown. - Une jeune policière a maille à partir avec un agent boursier qui lie ses crimes à son admiration pour elle.
VF➔PC VO➔PC **18 ans +**

**BLUE THUNDER** ▷4
É.-U. 1982. Drame policier de John BADHAM avec Roy Scheider, Malcolm McDowell et Warren Oates. - Un membre de l'équipe volante de la police est chargé de mettre à l'essai un hélicoptère perfectionné muni d'instruments d'écoute électronique.
VF➔9,95$ LBX➔9,95$ **13 ans +**

**BLUE VELVET** ▷3
É.-U. 1986. Drame policier de David LYNCH avec Kyle MacLachlan, Isabella Rossellini et Dennis Hopper. - Un jeune homme est entraîné dans une aventure dangereuse en voulant aider une chanteuse dont le mari et le fils ont été enlevés par un gangster. - Exploration insolite d'un monde pervers. Traitement d'ensemble assez fascinant. Brusques changements de ton dans le récit. Discordance dans le jeu des comédiens.
VF➔LS VO➔14,95$ LBX-DVD➔21,95$ **18 ans +**

**BLUEBEARD** ▷5
ITA. 1972. Comédie dramatique d'Edward DMYTRYK avec Richard Burton, Joey Heatherton et Raquel Welch. - Dans les années 1930, une danseuse épouse un baron autrichien et découvre qu'il a tué ses épouses précédentes.
VF➔LS **13 ans +**

**BLUEBEARD** ▷5
É.-U. 1944. Drame policier de Edgar G. ULMER avec Jean Parker, John Carradine et Nils Asther. - Une jeune cousette s'intéresse à un montreur de marionnettes qui se révèle être un maniaque criminelle.
VF➔LS **Général**

**BLUEBEARD'S EIGHTH WIFE** ▷4
É.-U. 1938. Comédie de Ernst LUBITSCH avec Gary Cooper, Claudette Colbert et Edward Everett Horton. - Un fêtard déjà sept fois divorcé épouse une jeune fille qui saura le garder définitivement.
VO➔16,95$ **Général**

**BLUES BROTHERS 2000** ▷6
É.-U. 1998. Comédie musicale de John LANDIS avec Dan Aykroyd, John Goodman et Joe Morton. - Un ex-détenu cherche à reformer son ancien groupe de blues afin de participer à un concours musical en Louisiane.
VF➔PC VO➔PC
LBX-DVD➔39,95$ **Général - Déconseillé aux jeunes enfants**

**BLUES BROTHERS, THE** ▷4
É.-U. 1980. Comédie de John LANDIS avec John Belushi, Dan Aykroyd et Carrie Fisher. - Deux frères entreprennent de venir en aide à l'orphelinat où ils ont été élevés en donnant un concert.
VF➔14,95$ VO➔18,95$ LBX➔19,95$
LBX-DVD➔39,95$ **Général**

**BLUME IN LOVE** ▷4
É.-U. 1973. Comédie sentimentale de Paul MAZURSKY avec George Segal, Susan Anspach et Kris Kristofferson. - Au cours d'un voyage à Venise, un avocat se remémore les circonstances qui ont entouré son divorce.
VO➔PC **18 ans +**

**BLUSH** ▷0
CHI.-H. K. 1994, Shaohong LI
STA➔49,95$ **Général**

**BOAT IS FULL, THE** ▷3
SUI. 1981. Drame social de Markus IMHOOF avec Tina Engel, Curt Bois et Renate Steiger. - Au cours de la Seconde Guerre mondiale, un groupe de réfugiés arrive à passer clandestinement en Suisse. -

Approche critique au ton juste. Mise en scène sobre et précise. Personnages bien campés. Interprétation naturelle et convaincante.
STA→PC **Général**

**BOB & CAROL & TED & ALICE** ▷4
É.-U. 1969. Comédie de Paul MAZURSKY avec Natalie Wood, Robert Culp, Dyan Cannon et Elliott Gould. - Deux couples amis tentent des expériences de libération sexuelle.
VF→9,95$ VO→9,95$ **18 ans +**

**BOB LE FLAMBEUR** ▷3
FR. 1956. Drame policier de Jean-Pierre MELVILLE avec Roger Duchesne, Isabelle Corey et Daniel Cauchy. - Un ancien gangster ruiné par le jeu met au point un cambriolage dans un casino. - Scénario fidèle aux conventions des modèles américains. Bonne création d'atmosphère. Mise en scène inventive. Interprétation dans le ton voulu.
STA→56,95$ **Général**

**BOB ROBERTS** ▷3
É.-U. 1992. Comédie satirique réalisée et interprétée par Tim ROBBINS avec Giancarlo Esposito et Ray Wise. - Adulé par les uns, vilipendé par les autres, un chanteur à succès entreprend une campagne électorale dans l'espoir de se faire élire sénateur. - Pseudo-documentaire riche et complexe. Satire mordante des manipulations électorales et médiatiques. Équipe d'interprètes hors pair.
VO→11,95$ **Général**

**BOBBY DEERFIELD** ▷4
É.-U. 1977. Drame psychologique de Sydney POLLACK avec Al Pacino, Marthe Keller et Anny Duperey. - Un coureur automobile s'éprend d'une jeune femme menacée d'une mort prochaine.
VO→14,95$ **Général**

**BOBO, THE** ▷5
ANG. 1967. Comédie de Robert PARRISH avec Peter Sellers, Britt Ekland et Rossano Brazzi. - Pour obtenir un contrat, un chanteur doit faire la conquête d'une courtisane.
VO→14,95$ **Général**

**BOCA DEL LOBO, LA** ▷4
PÉR.-ESP. 1984. Drame de mœurs de Francisco J. LOMBARDI avec Pablo Serra, Gustavo Bueno et Juan M. Ochoa. - Un nouvel élève d'une académie militaire prend charge des trafics illicites qui ont cours dans l'école.
STA→PC **13 ans +**

**BOCCACCIO 70** ▷3
ITA. 1962. Film à sketches de Federico FELLINI, Vittorio DE SICA, Luchino VISCONTI et Mario MONICELLI avec Anita Ekberg, Romy Schneider et Sophia Loren. - Les aventures d'un puritain, d'un couple d'aristocrates, d'une fille qui s'offre comme prix dans une loterie et d'un ouvrier d'usine qui aime une collègue. - Histoires traitées diversement selon le tempérament de chaque cinéaste. Ensemble de qualité. Bons interprètes.
VF→34,95$ **Général**

**BODIES, REST AND MOTION** ▷4
É.-U. 1993. Comédie dramatique de Michael STEINBERG avec Phoebe Cates, Bridget Fonda et Tim Roth. - Lorsqu'elle découvre que son compagnon a quitté la ville sans elle, une jeune femme trouve réconfort dans les bras d'un peintre en bâtiment.
VF→13,95$ VO→14,95$ **13 ans +**

**BODY**
Voir: BODY OF EVIDENCE

**BODY AND SOUL** ▷4
É.-U. 1948. Drame sportif de Robert ROSSEN avec John Garfield, Lilli Palmer et Anne Revere. - Un jeune boxeur tombe entre les mains de managers malhonnêtes.
VO→9,95$ **Général**

**BODY AND SOUL** ▷0
É.-U. 1925, Oscar MICHEAUX
VO→34,95$ **Général**

**BODY BAGS** ▷5
É.-U. 1993. Film à sketches de John CARPENTER et Tobe HOOPER avec Alex Datcher, Stacy Keach et Mark Hamill. - Trois histoires d'horreur mettant en scène une caissière de station-service, un chauve et un base-balleur qui a perdu un œil.
VF→17,95$ **13 ans + Horreur**

**BODY DOUBLE** ▷4
É.-U. 1984. Drame policier de Brian DE PALMA avec Craig Wasson, Gregg Henry et Melanie Griffith. - Un acteur au chômage tente de percer le mystère qui entoure l'assassinat d'une voisine qu'il épiait depuis quelque temps.
VF→9,95$ VO→9,95$ LBX-DVD→17,95$ **18 ans +**

**BODY HEAT** ▷4
É.-U. 1981. Drame policier de Lawrence KASDAN avec William Hurt, Kathleen Turner et Richard Crenna. - Une jeune femme frustrée pousse son amant à tuer son mari.
VO→11,95$ VF→11,95$ LBX-DVD→18,95$ **18 ans +**

**BODY IN THE LIBRARY, THE** ▷4
ANG. 1987. Comédie policière de Silvio NARIZZANO avec Joan Hickson, Gwen Watford et David Horovitch. - Une vieille dame férue de criminologie enquête sur le meurtre d'une jeune femme commis dans un manoir anglais.
VO→LS **Général**

**BODY OF EVIDENCE** ▷6
É.-U. 1992. Drame judiciaire de Uli EDEL avec Madonna, Willem Dafoe et Joe Mantegna. - Un avocat tombe sous le charme vénéneux d'une cliente accusée d'avoir tué son amant pour toucher un héritage.
VO→LS VF→PC **18 ans + Érotisme**

**BODY SNATCHER, THE** ▷4
É.-U. 1945. Drame d'horreur de Robert WISE avec Boris Karloff, Bela Lugosi et Henry Daniell. - Au XIXe siècle, un professeur de médecine achète des cadavres à des détrousseurs de tombes.
VO→LS **Général**

**BODY SNATCHERS** ▷4
É.-U. 1993. Drame fantastique de Abel FERRARA avec Gabrielle Anwar, Terry Kinney et Meg Tilly. - Venue vivre sur une base militaire avec sa famille, une adolescente y découvre que des extraterrestres éliminent les humains après avoir imité leur apparence.
VO→LS VF→14,95$ **13 ans + Horreur**

**BODY WITHOUT SOUL** ▷0
POL. 1996, Wiktor GRODECKI
STA→59,95$ **Non classé**

**BODYGUARD FROM BEIJING, THE** ▷0
H. K. 1994, Corey YUEN
STA→129,95$ **Non classé**

**BODYGUARD, THE** ▷5
É.-U. 1992. Drame policier de Mick JACKSON avec Kevin Costner, Whitney Houston et Gary Kemp. - Victime de menaces anonymes, une chanteuse populaire reçoit la protection d'un garde du corps dont elle tombe amoureuse.
VF→14,95$ VO→14,95$ **13 ans +**

**BOEING BOEING** ▷6
É.-U. 1965. Comédie de John RICH avec Tony Curtis, Jerry Lewis et Dany Saval. - À Paris, un correspondant de presse américain entretient des liaisons avec trois hôtesses de l'air.
VO→14,95$ **Général**

**BOGUS** ▷5
É.-U. 1996. Comédie fantaisiste de Norman JEWISON avec Whoopi Goldberg, Gérard Depardieu et Haley Joel Osment. - Un orphelin négligé par sa nouvelle mère adoptive s'invente un ami imaginaire qui aura une influence magique sur sa vie et celle de sa tutrice.
VF→11,95$ VO→11,95$ **Général**

**BOGUS BANDIT**
Voir: THE DEVIL'S BROTHER (FRA DIAVOLO)

**BOILER ROOM, THE** ▷4
É.-U. 2000. Drame de mœurs de Ben YOUNGER avec Giovanni Ribisi, Nicky Katt et Vin Diesel. - Un jeune décrocheur ambitieux se joint à une firme de courtage qui vend des titres boursiers douteux.
VF→14,95$ VO→14,95$

**BOILING POINT** ▷0
JAP. 1990, Takeshi KITANO
STA-LBX-DVD→31,95$ STA-LBX-DVD→31,95$ **13 ans + Violence**

**BOIRES ET DÉBOIRES**
Voir: BLIND DATE

**BOIS DE BOULEAUX, LE** ▷3
POL. 1970. Drame d'Andrzej WAJDA avec Daniel Olbrychski, Olgierd Lukaszewicz et Emilia Krakowska. - Un musicien malade vient passer ses derniers jours chez son frère veuf à la campagne. - Adaptation soignée d'une nouvelle écrite dans les années 30. Ton romantique.
STA→PC **Général**

**BOIS NOIRS, LES** ▷4
FR. 1989. Drame de Jacques DERAY avec Béatrice Dalle, Philippe Volter et Geneviève Page. - Supportant mal la vie austère du seigneur campagnard qu'elle vient d'épouser, une jeune actrice lui annonce bientôt son intention de le quitter.
VO→LS **Général**

**BOLIDES HURLANTS**
Voir: MAD MAX

**BOMBAY TALKIE** ▷4
IND. 1970. Drame sentimental de James IVORY avec Shashi Kapoor, Jennifer Kendall et Zia Mohyeddin. - Lors d'un voyage en Inde, une romancière américaine a une aventure avec un acteur marié.
VO→LS **Non classé**

**BOMBERS B-52** ▷5
É.-U. 1957. Drame de Gordon DOUGLAS avec Karl Malden, Natalie Wood et Efrem Zimbalist. - Un sergent-mécanicien de l'aviation s'entend mal avec un officier supérieur.
VO→19,95$ **Général**

**BOMBSHELL** ▷4
É.-U. 1932. Comédie de Victor FLEMING avec Jean Harlow, Lee Tracy et Frank Morgan. - Une vedette de cinéma voit ses amours étalées dans les journaux par la faute de son agent de presse.
VO→19,95$ **13 ans +**

**BON APPÉTIT MAMAN**
Voir: ED AND HIS DEAD MOTHER

**BON ET LES MÉCHANTS, LE** ▷4
FR. 1975. Comédie dramatique de Claude LELOUCH avec Jacques Dutronc, Marlène Jobert et Bruno Cremer. - La guerre amène trois voleurs à être mêlés aux opérations de la Résistance.
VO→LS **Général**

**BON FILS, LE**
Voir: THE GOOD SON

**BON FLIC, UN**
Voir: ONE GOOD COP

**BON PETIT DIABLE, UN** ▷4
FR. 1983. Comédie dramatique de Jean-Claude BRIALY avec Paul Courtois, Alice Sapritch et Bernadette Lafont. - Les tribulations d'un jeune orphelin espiègle confié à la tutelle d'une cousine vieille et revêche.
VO→LS **Général**

**BON PLAISIR, LE** ▷4
FR. 1983. Comédie satirique de Francis GIROD avec Catherine Deneuve, Jean-Louis Trintignant et Michel Serrault. - Le vol d'une lettre compromettante occasionne maintes complications dans la vie d'un homme d'État.
VO→LS **Général**

**BONANNO: A GODFATHER'S STORY** ▷5
CAN.-É.-U. 1999. Drame biographique de Michel POULETTE avec Bruce Ramsay, Tony Nardi et Martin Landau. - De retour dans son Italie natale, un vieux mafioso se souvient de sa longue carrière criminelle à New York.
VF→LS VO→LS **13 ans + Violence**

**BOND COLLECTION (COFFRET 5 VOLUMES)** ▷0
Voir: DR. NO-MAN WITH THE GOLDEN GUN, THE-MOONRAKER · ON HER MAJESTY'S SECRET SERVICES · SPY WHO LOVED ME, THE
VO→59,95$

**BOND COLLECTION (COFFRET 6 VOLUMES)** ▷0
Voir: OCTOPUSSY · LIVING DAYLIGHTS, THE · YOU ONLY LIVE TWICE · A VIEW TO A KILL · DIAMONDS ARE FOREVER · FROM RUSSIA WITH LOVE
VF→59,95$ VO→59,95$

**BOND COLLECTION (COFFRET 7 VOLUMES)** ▷0
Voir: FOR YOURS EYES ONLY · GOLDEN EYE-GOLDFINGER · LICENCE TO KILL-LIVE AND LET DIE-THUNDERBALL · TOMORROW NEVER DIES
VF→81,95$ VO→81,95$

**BONE COLLECTOR, THE** ▷4
É.-U. 1999. Drame policier de P. NOYCE avec Denzel Washington, Angelina Jolie et Queen Latifah. - Un criminologiste paralytique fait équipe avec une jeune collègue afin de retrouver un tueur en série.
VF→16,95$ VO→16,95$ LBX-DVD→27,95$ **16 ans + Violence**

**BONEYARD, THE** ▷0
É.-U. 1990, James CUMMINS
VO→LS **Non classé**

**BONFIRE OF THE VANITIES, THE** ▷4
É.-U. 1990. Comédie satirique de Brian DE PALMA avec Tom Hanks, Bruce Willis et Melanie Griffith. - S'étant rendu coupable d'un délit de fuite, un courtier subit un procès teinté de considérations politiques.
VO→14,95$ VF→14,95$ **Général**

**BONHEUR A ENCORE FRAPPÉ, LE** ▷6
FR. 1985. Comédie de Jean-Luc TROTIGNON avec Jean-Luc Bideau, Michèle Brousse et Jean-Noël Brouté. - La routine d'une famille de banlieue est perturbée par le retour imprévu du fils de son service militaire.
VO→LS **Général**

**BONHEUR, LE** ▷0
RUS. 1932, Alexander MEDVEDKIN
ITA→27,95$ **Non classé**

**BONHEUR, LE** ▷3
FR. 1965. Drame psychologique de Agnès VARDA avec Jean-Claude Drouot, Geneviève Drouot et Marie-France Boyer. - Un jeune homme tente de faire admettre par son épouse sa liaison avec une autre femme. - Traitement plus esthétique que psychologique. Grande recherche formelle. Interprétation naturelle.
STA→27,95$ **Général**

**BONHEUR AIGRE-DOUX**
Voir: DOUBLE HAPPINESS

**BONHEUR D'OCCASION** ▷4
QUÉ. 1983. Drame de mœurs de Claude FOURNIER avec Mireille Deyglun, Marilyn Lightstone et Pierre Chagnon. - Les épreuves d'une famille de gagne-petit dans le Montréal populaire des années 1940.
VO→PC **Général**

**BONHEUR EST DANS LE PRÉ, LE** ▷4
FR. 1995. Comédie de mœurs d'Étienne CHATILIEZ avec Michel Serrault, Eddy Mitchell et Sabine Azéma. - Fatigué de sa vie auprès de sa snobinarde d'épouse, un directeur d'usine se fait passer pour un fermier disparu 28 ans auparavant dont il est le sosie.
VO→19,95$ **Général**

**BONHEUR... OU PRESQUE, LE**
Voir : THE NEXT BEST THING

**BONHOMME, LE** ▷0
QUÉ. 2001, Pierre MAHEU
VO→19.95

**BONJOUR L'ANGOISSE** ▷5
FR. 1988. Comédie policière de Pierre TCHERNIA avec Michel Serrault, Pierre Arditi et Jean-Pierre Bacri. - Un employé timide travaillant pour une firme spécialisée dans les systèmes antivol découvre que son supérieur s'est fait le complice de voleurs de banque.
VO→LS **Général**

**BONJOUR LA VIE**
Voir: LIVING OUT LOUD

**BONJOUR TRISTESSE** ▷4
É.-U. 1957. Drame psychologique de Otto PREMINGER avec Jean Seberg, David Niven et Deborah Kerr. - Une adolescente tente d'empêcher le remariage de son père.
VO→19,95$ VF→19,95$ **Général**

**BONJOUR VIETNAM**
Voir: GOOD MORNING VIETNAM

**BONNE À TOUT FAIRE**
Voir: SITTING PRETTY

**BONNE ANNÉE, LA** ▷3
FR. 1973. Comédie policière de Claude LELOUCH avec Lino Ventura, Françoise Fabian et Charles Gérard. - En préparant un vol d'importance, un truand fait la rencontre d'une antiquaire dont il tombe amoureux. - Intrigue policière doublée d'une histoire d'amour. Ensemble riche en trouvailles.
VO→LS **Général**

**BONNE MÈRE MALGRÉ TOUT**
Voir: THE GOOD MOTHER

**BONNES FEMMES, LES** ▷5
FR. 1960. Drame de mœurs de Claude CHABROL avec Bernadette Lafont, Lucille Saint-Simon et Clotilde Joano. - Les aventures de quatre jeunes vendeuses parisiennes.
STA-LBX→34,95$

**BONNIE AND CLYDE** ►2
É.-U. 1967. Drame policier d'Arthur PENN avec Warren Beatty, Faye Dunaway et Michael J. Pollard. - La vie criminelle et aventureuse de Clyde Barrow et Bonnie Parker. - Récit inspiré de faits vécus. Œuvre personnelle et puissante. Mélange habile de tragique et de comique. Montage nerveux. Interprètes excellents.
VO→19,95$ VF→19,95$ LBX-DVD→21,95$ **13 ans + Violence**

**BONNIE SCOTLAND** ▷0
É.-U. 1935, James W. HORNE
VO→19,95$ **Non classé**

**BONS BAISERS D'ATHENA**
Voir: ESCAPE TO ATHENA

**BONS BAISERS D'HOLLYWOOD**
Voir: POSTCARDS FROM THE EDGE

**BONS BAISERS DE FRANCE**
Voir: FRENCH KISS

**BONS BAISERS DE RUSSIE**
Voir: FROM RUSSIA WITH LOVE

**BONS DÉBARRAS, LES** ►2
QUÉ. 1979. Drame de mœurs de Francis MANKIEWICZ avec Marie Tifo, Charlotte Laurier et Germain Houde. - Une jeune femme éprouve des difficultés avec sa fillette qu'elle élève seule tout en prenant soin de son frère simple d'esprit. - Description réaliste nuancée de touches poétiques. Richesse d'émotion. Interprétation exacerbée.
VO→22,95$ **13 ans +**

**BOOGIE NIGHTS** ▷3
É.-U. 1997. Chronique de P.T. ANDERSON avec Mark Wahlberg, Burt Reynolds et Julianne Moore. - En 1977, un jeune ambitieux devient le protégé d'un réalisateur de films porno qui fait de lui une vedette. - Peinture lucide d'un milieu marginal. Certains éléments d'intrigue insuffisamment développés. Riche reconstitution d'époque. Bonne interprétation.
VF→19,95$ VO→18,95$ LBX→19,95$
LBX-DVD→34,95$ **16 ans + Érotisme**

**BOOK OF SHADOWS: BLAIR WITCH 2** ▷6
É.-U. 2000. Drame d'horreur de Joe BERLINGER avec Kim Director, Jeffrey Donovan et Erica Leerhsen. - Au mépris du danger, cinq jeunes gens visitent une forêt hantée par une sorcière qui a déjà fait plusieurs victimes.
**13 ans + Violence**

**BOOM BOOM** ▷5
ESP.-BEL.-BUL. 1990. Comédie sentimentale de Rosa VERGES avec Viktor Lazlo, Sergi Mateu et Fernando Guillén Cuervo. - Un marchand de chaussures et une dentiste qui ont renoncé à l'amour après des déceptions sentimentales se rencontrent par hasard.
**Général**

**BOOM TOWN** ▷5
É.-U. 1946. Drame de Jack CONWAY avec Clark Gable, Spencer Tracy et Claudette Colbert. - Deux amis qui ont trouvé du pétrole connaissent plusieurs difficultés.
VO→18,95$ **Général**

**BOOM!** ▷0
É.-U. 1968, Joseph LOSEY
VO→14,95$

**BOOMERANG** ▷5
É.-U. 1992. Comédie de mœurs de Reginald HUDLIN avec Eddie Murphy, Robin Givens et Halle Berry. - Un publicitaire tente de séduire une nouvelle collègue qui a obtenu le poste de direction qu'il convoitait.
VF→LS VO→PC **13 ans +**

**BOOST, THE** ▷5
É.-U. 1988. Drame psychologique de Harold BECKER avec James Woods, Sean Young et John Kapelos. - Un couple voit sa vie bouleversée lorsque l'époux perd un emploi lucratif et développe un rapport maladif vis-à-vis de la drogue.
VO→11,95$ **13 ans +**

**BOPHA!** ▷4
É.-U. 1993. Drame social de Morgan FREEMAN avec Danny Glover, Maynard Eziashi et Alfre Woodard. - Sous le regard incrédule d'un policier noir, une ville d'Afrique du Sud est mise à feu et à sang après l'intervention brutale d'un officier raciste.
VF→LS VO→18,95$ **Général**

**BORDER, THE** ▷4
É.-U. 1981. Drame social de Tony RICHARDSON avec Jack Nicholson, Harvey Keitel et Valerie Perrine. - À la frontière du Texas et du Mexique, un policier est entraîné dans un trafic d'exploitation des immigrants clandestins.
VO→18,95$ **13 ans +**

**BORDERLINE** ▷5
É.-U. 1950. Comédie policière de William A. SEITER avec Fred MacMurray, Claire Trevor et Raymond Burr. - Deux agents fédéraux, un homme et une femme, enquêtent à l'insu l'un de l'autre sur une affaire de drogue.
VO→24,95$ **Non classé**

**BORIS AND NATASHA** ▷5
É.-U. 1991. Comédie burlesque de Charles Martin SMITH avec Sally Kellerman, Dave Thomas et Andrea Martin. - Un couple d'espions débarque aux États-Unis dans l'espoir d'y retrouver la trace d'un savant disparu.
VO→LS **Non classé**

**BORN FREE** ▷4
ANG. 1965. Aventures de James HILL avec Virginia McKenna, Bill Travers et Geoffrey Keen. - Les difficultés d'une lionne domestiquée que ses maîtres rendent à la brousse.
VO→14,95$ **Général**

**BORN IN FLAMES** ▷5
É.-U. 1983. Science-fiction de Lizzie BORDEN avec Honey, Jeanne Satterfield et Adele Bertei. - Dix ans après la révolution socialiste américaine, divers groupes de féministes insatisfaites cherchent à s'entendre sur une action commune.
STF→PC **Général**

**BORN ON THE FOURTH OF JULY** ▷3
É.-U. 1989. Drame biographique de Oliver STONE avec Tom Cruise, Caroline Kava et Raymond J. Barry. - Blessé au combat, un jeune soldat patriotique revient du Viêt-nam et s'engage dans un militantisme contre la guerre. - Récit basé sur l'expérience réelle de l'activiste américain Ron Kovic. Traitement d'une intensité prenante. Interprétation convaincante de T. Cruise.
VO→15,95$ VF→16,95$→LBX→16,95$
LBX-DVD→27,95$ **18 ans +**

**BORN TO BE BAD** ▷4
É.-U. 1950. Drame psychologique de Nicholas RAY avec Joan Fontaine, Zachary Scott et Robert Ryan. - Une jeune fille perfide détourne un richard de sa fiancée et se fait épouser par lui.
VO→LS **Non classé**

**BORN TO BOOGIE: MARC BOLAN & T.REX** ▷0
É.-U. 1972, Ringo STARR
VO→18,95$ **Général**

**BORN TO DANCE** ▷4
É.-U. 1936. Comédie musicale de Roy Del RUTH avec Eleanor Powell, James Stewart et Virginia Bruce. - Un marin en permission aide une danseuse à devenir vedette d'un spectacle.
VO→19,95$ **Général**

**BORN TO DEFENCE** ▷0
H. K. 1986, Jet LI
VA→46,95$ **13 ans + Violence**

**BORN TO KILL** ▷4
É.-U. 1947. Drame policier de Robert WISE avec Claire Trevor, Lawrence Tierney et Walter Slezak. - Une riche divorcée tombe sous la coupe d'un psychopathe qui est prêt à tuer pour assouvir ses désirs.
VO→LS **Général**

**BORN YESTERDAY** ▷3
É.-U. 1950. Comédie de George CUKOR avec Judy Holliday, William Holden et Broderick Crawford. - Un financier charge un journaliste de donner des leçons de savoir-vivre à sa petite amie. - Adaptation d'une pièce à succès. Ton satirique intéressant. Mise en scène habile. Très bons interprètes.
VO→19,95$ **Général**

**BORROWER, THE** ▷4
É.-U. 1989. Drame fantastique de John McNAUGHTON avec Rae Dawn Chong, Don Gordon et Antonio Fargas. - Deux policiers luttent contre une créature extraterrestre qui pousse à la violence les humains dans lesquels elle se glisse.
VO→14,95$ **16 ans + Horreur**

**BORROWERS, THE** ▷4
ANG. 1997. Comédie fantaisiste de Peter HEWITT avec John Goodman, Jim Broadbent et Mark Williams. - Des êtres humains miniatures veulent empêcher un promoteur immobilier de détruire la maison où ils vivent secrètement sous le plancher.
VF→19,95$ VO→19,95$ LBX-DVD→34,95$ **Général**

**BORSALINI, LES** ▷6
FR. 1979. Comédie de Michel NERVAL avec Jean Lefebvre, Darry Cowl et Robert Castel. - Une famille détenant le monopole du marché du whisky dans sa région entre en lutte avec des gangsters américains.
VO→LS **Général**

**BORSALINO** ▷3
FR. 1970. Drame policier de Jacques DERAY avec Jean-Paul Belmondo, Alain Delon et Michel Bouquet. - Au début des années 1930, deux malfaiteurs se lient d'amitié et deviennent les rois de la pègre à Marseille. - Récit nostalgique et violent. Habile reconstitution d'époque. Mise en scène soignée. Excellente interprétation des deux vedettes.
VA→LS **13 ans +**

**BORSALINO AND Co.** ▷4
FR. 1974. Drame policier de Jacques DERAY avec Alain Delon, Riccardo Cucciolla et Catherine Rouvel. - Ruiné par un gangster italien, un caïd marseillais s'enfuit en Italie puis revient au pays pour prendre sa revanche.
VO→LS **13 ans +**

**BOSSA NOVA** ▷4
BRÉ. 1999. Comédie sentimentale de Bruno BARRETO avec Amy Irving, Antonio Fagundes et Alexandre Borges. – Expatriée au Brésil, une veuve américaine se fait courtiser par un riche avocat de Rio de Janeiro.
STA→LS VF→LS LBX-DVD **Général**

**BOSSU DE NOTRE-DAME, LE**
Voir: THE HUNCHBACK OF NOTRE DAME

**BOSSU, LE** ▷4
FR. 1997. Aventures de Philippe DE BROCA avec Daniel Auteuil, Fabrice Luchini et Vincent Perez. - Un escrimeur impétueux jure de venger l'assassinat de son ami le Duc de Nevers et de protéger la fille héritière de celui-ci.
VO→19,95$ **Général - Déconseillé aux jeunes enfants**

**BOSTON STRANGLER, THE** ▷3
É.-U. 1968. Drame policier de Richard FLEISCHER avec Tony Curtis, Henry Fonda et George Kennedy. - À Boston, plusieurs femmes sont assassinées par un maniaque sexuel. - Récit basé sur un fait divers authentique. Style sobre et discret. Sujet abordé de façon sérieuse. Composition impressionnante de T. Curtis.
VO→LS **18 ans +**

**BOSTONIANS, THE** ▷3
ANG. 1984. Drame psychologique de James IVORY avec Christopher Reeve, Vanessa Redgrave et Madeleine Potter. - En 1876, une jeune fille de Boston, qui est devenue le porte-parole du mouvement féministe, est aimée par un homme aux idées opposées aux siennes. - Adaptation soignée d'un roman de Henry James.

Évocation d'époque très fignolée. Traitement sensible. Excellente interprétation de V. Redgrave.
VO→15,95$ **Général**

**BOTTLE ROCKET** ▷5
É.-U. 1995. Comédie de mœurs de Wes ANDERSON avec Luke Wilson, Owen Wilson et Robert Musgrave. - Les tribulations d'un apprenti escroc qui entraîne ses deux copains à commettre des vols qui tournent en général plutôt mal. - Personnages d'une douce excentricité. Situations cocasses. Rythme relâché. Ensemble un peu brouillon. Interprètes aimables.
LBX-DVD→PC VO→18,95$ LBX-DVD→PC **Général**

**BOUCANIERS, LES**
Voir: THE BUCCANEER

**BOUCHER, LE** ▷3
FR. 1968. Drame psychologique de Claude CHABROL avec Stéphane Audran, Jean Yanne et Roger Rudel. - Une institutrice de village se lie d'amitié avec un boucher local qui s'avère être un maniaque criminel. - Suspense bien conduit. Intéressante étude psychologique. Excellente interprétation.
STA→52,95$ **13 ans +**

**BOUDOIR, LE**
Voir : LADIES ROOM

**BOUDU SAUVÉ DES EAUX** ▷4
FR. 1932. Comédie satirique de Jean RENOIR avec Michel Simon, Charles Granval et Marcelle Hainia. - Un clochard jette le désarroi dans une maison bourgeoise.
STA→LS **Général**

**BOULE DE FEU**
Voir: BALL OF FIRE

**BOULEVARD DES ASSASSINS** ▷5
FR. 1982. Drame policier de Boramy TIOULONG avec Jean-Louis Trintignant, Victor Lanoux et Marie-France Pisier. - Installé dans une ville de la Côte d'Azur, un romancier s'intéresse à une affaire de spéculation immobilière qui semble louche.
VO→LS **Général**

**BOULEVARD DU RHUM** ▷4
FR. 1971. Comédie policière de Robert ENRICO avec Lino Ventura, Brigitte Bardot et Bill Travers. - Le commandant d'un cargo faisant la contrebande de l'alcool s'éprend d'une vedette de cinéma.
VO→LS **Général**

**BOULEVARD OF BROKEN DREAMS** ▷0
É.-U. 1988, Pino AMENTA
VO→LS **Général**

**BOUNCE** ▷5
É.-U. 2000. Drame sentimental de Don ROOS avec Ben Affleck, Gwyneth Paltrow et Natasha Henstridge. - Un jeune publicitaire s'éprend d'une veuve sans oser lui avouer son implication indirecte dans la mort accidentelle de son mari.
VF→LS VO→LS **Général**

**BOUND** ▷4
É.-U. 1996. Drame policier d'Andy et Larry WACHOWSKI avec Jennifer Tilly, Gina Gershon et Joe Pantoliano. - Une lesbienne est séduite par sa voisine qui lui propose de voler une somme importante à la mafia.
VF→LS **16 ans + Violence**

**BOUND FOR GLORY** ▷3
É.-U. 1976. Drame biographique de Hal ASHBY avec David Carradine, Melinda Dillon et Ronny Cox. - En 1936, un jeune fermier du Texas devient un chanteur populaire attentif à la misère des travailleurs errants. - Évocation réussie de la carrière de Woody Guthrie. Sorte d'épopée lyrique. Interprétation remarquable de D. Carradine.
VO→14,95$ LBX-DVD→21,95$ **Général**

**BOUNTY, THE** ▷4
ANG. 1983. Aventures de Roger DONALDSON avec Anthony Hopkins, Mel Gibson et Daniel Day-Lewis. - En 1787 au cours d'un voyage, la tyrannie du commandant du Bounty suscite la révolte de l'équipage.
VO→7,95$ **Général**

**BOURGEOIS GENTILHOMME, LE** ▷4
FR. 1982. Comédie de Roger COGGIO avec Michel Galabru, Rosy Varte et Xavier Saint-Macary. - Un bourgeois naïf, féru de noblesse, rêve pour sa fille d'un brillant mariage.
VO→LS **Général**

**BOURNE IDENTITY, THE** ▷5
É.-U. 1988. Drame d'espionnage de Roger YOUNG avec Richard Chamberlain, Jaclyn Smith et Anthony Quayle. - Croyant être un terroriste notoire, un amnésique kidnappe une économiste dans l'espoir d'échapper à des tueurs.
VO→24,95$ **Général**

**BOUTEILLE, LA** ▷4
CAN. 2000. Comédie dramatique d'Alain DESROCHERS avec Réal Bossé, François Papineau et Jean Lapointe. - Deux amis d'adolescence s'efforcent de retrouver une bouteille enterrée quinze ans plus tôt, dans laquelle ils avaient consigné leurs projets d'avenir.
VO→LS **13 ans +**

**BOUTEILLE À LA MER, UNE**
Voir: MESSAGE IN A BOTTLE

**BOWFINGER** ▷4
É.-U. 1999. Comédie de Frank OZ avec Steve Martin, Eddie Murphy et Heather Graham. - Un réalisateur sans le sou entreprend de filmer une vedette de cinéma à son insu et d'intégrer ces images au film qu'il tourne parallèlement.
VF→15,95$ VO→15,95$ LBX-DVD→34,95$ **Général**

**BOX OF MOONLIGHT** ▷5
É.-U. 1996. Comédie dramatique de Tom DiCILLO avec John Turturro, Sam Rockwell et Catherine Keener. - Un contremaître austère se transforme au contact d'un jeune marginal fantasque avec qui il doit séjourner quelque temps.
VF→13,95$ VO→17,95$ **Général - Déconseillé aux jeunes enfants**

**BOXCAR BERTHA** ▷5
É.-U. 1972. Drame social de Martin SCORSESE avec Barbara Hershey, David Carradine et Barry Primus. - Dans les années 1930, une jeune femme se joint à un Noir pour former une bande de voleurs de trains.
VO→LS **18 ans +**

**BOXER AND DEATH, THE** ▷0
TCH. 1962, Peter SOLAN
STA→LS **Général**

**BOXER, THE** ▷4
É.-U.-IRL. 1997. Drame social de Jim SHERIDAN avec Daniel Day-Lewis, Emily Watson et Brian Cox. - Après des années en prison, un membre de l'IRA doué pour la boxe ne tarde pas à croiser le fer avec ses anciens complices.
VO→14,95$ VF→14,95$ LBX-DVD→39,95$ **13 ans +**

**BOXEUR, LE**
Voir: THE BOXER

**BOXING HELENA** ▷6
É.-U. 1992. Drame psychologique de Jennifer CHAMBERS LYNCH avec Julian Sands, Sherilyn Fenn et Bill Paxton. - Obsédé par la jolie voisine avec qui il a déjà eu une aventure, un médecin enlève et séquestre la jeune femme après l'avoir amputée de ses jambes.
VO→14,95$ **16 ans + Érotisme**

**BOY FRIEND, THE** ▷3
ANG. 1971. Comédie musicale de Ken RUSSELL avec Leslie Hornsby (Twiggy), Christopher Gable et Max Adrian. - Dans un petit théâtre londonien, une jeune accessoiriste remplace au pied levé la vedette d'un spectacle. - Divertissement frais et charmant. Tableaux colorés. Mise en scène inventive. Acteurs bien dirigés.
VO→LS **Général**

**BOY MEETS GIRL** ▷3
FR. 1985. Drame poétique de Léos CARAX avec Denis Lavant, Mireille Perrier et Carroll Brooks. - Un apprenti cinéaste tombe amoureux d'une jeune fille désabusée de la vie et de l'amour. - Récit au romantisme écorché et ironique. Climat insolite. Mise en scène originale et moderne.
STA→LS VO→LS Général

**BOY'S NIGHT OUT** ▷6
É.-U. 1962. Comédie de Michael GORDON avec Kim Novak, James Garner et Tony Randall. - Quatre hommes d'affaires louent une garçonnière en commun.
VO→19,95$ Général

**BOYS** ▷6
É.-U. 1995. Drame de Stacy COCHRAN avec Winona Ryder, Lukas Haas et Skeet Ulrich. - Un étudiant cache dans sa chambre une jeune femme qui est impliquée dans la disparition d'un célèbre joueur de baseball.
VO→15,95$ Général

**BOYS, LES** ▷6
QUÉ. 1997. Comédie de Louis SAÏA avec Rémy Girard, Marc Messier et Serge Thériault. - Ayant contracté une dette de jeu, l'entraîneur d'une équipe de hockey amateur risque de tout perdre si ses joueurs ne gagnent pas un ultime match.
VO→19,95$ DVD→31,95$ 13 ans +

**BOYS, THE** ▷0
AUS. 1997, Rowan WOODS
VO→LS

**BOYS I et II, LES (COFFRET)** ▷0
QUÉ. Louis SAÏA
DVD→32,95$ VO→34,95$ DVD→32,95$ Général

**BOYS II, LES** ▷6
QUÉ. 1998. Comédie de Louis SAÏA avec Marc Messier, Rémy Girard et Patrick Huard. - Les tribulations des membres d'une équipe de hockey québécoise participant à un tournoi amateur en France.
VO→19,95$ DVD→31,95$ Général

**BOYS DON'T CRY** ▷3
É.-U. 1999. Drame de mœurs de Kimberly PEIRCE avec Hilary Swank, Chloe Sevigny et Peter Sarsgaard. - En se faisant passer pour un garçon, une jeune femme soulève la colère de jeunes délinquants. - Œuvre sincère, prenante et brutale. Grande économie dans l'écriture. Réalisation assurée. Interprétation extraordinaire de H. Swank.
VF→LS VO→LS LBX-DVD→31,95$ 18 ans +

**BOYS FROM BRAZIL, THE** ▷5
É.-U. 1978. Drame policier de Franklin J. SCHAFFNER avec Gregory Peck, Laurence Olivier et James Mason. - Un criminel de guerre réfugié au Brésil lance une entreprise meurtrière destinée à restaurer la puissance nazie.
VF→LS VO→LS 13 ans +

**BOYS IN THE BAND, THE** ▷4
É.-U. 1970. Drame psychologique de William FRIEDKIN avec Kenneth Nelson, Cliff Gorman et Frederick Combs. - La visite inattendue d'un camarade de collège trouble la réception organisée par un homosexuel pour ses amis.
VO→31,95$ 18 ans +

**BOYS OF ST. VINCENT, THE** ▷3
CAN. 1992. Drame de John N. SMITH avec Henry Czerny, Brian Dooley et Philip Dinn. - Dans un orphelinat, des religieux font face à des accusations de violence et d'attentats à la pudeur envers de jeunes garçons. - Téléfilm au sujet délicat basé sur des faits réels. Portraits nuancés et crédibles. Réalisation maîtrisée. Interprétation émouvante.
VF→32,95$ VO→29,95$ Général

**BOYS ON THE SIDE** ▷5
É.-U. 1994. Comédie sentimentale de Herbert ROSS avec Whoopi Goldberg, Mary-Louise Parker et Drew Barrymore. - Trois femmes de caractère et de provenance différents partagent une voiture pour se rendre en Californie.
VF→14,95$ VO→PC 13 ans +

**BOYS TOWN** ▷4
É.-U. 1938. Drame social de Norman TAUROG avec Spencer Tracy, Mickey Rooney et Henry Hull. - Un prêtre décide de s'occuper des jeunes abandonnés et fait construire un grand établissement qu'il organise comme une cité.
VO→18,95$ Général

**BOYZ'N THE HOOD** ▷4
É.-U. 1991. Drame social de John SINGLETON avec Ice Cube, Cuba Gooding Jr. et Morris Chestnut. - Indigné par la violence qui sévit dans son quartier, un jeune Noir tente d'aider son entourage.
VF→14,95$ VO→12,95$ LBX→18,95$ 13 ans +

**BOZARTS** ▷0
QUÉ. 1969, Jacques GIRALDEAU
VO→19,95$ Général

**BRACONNIER DE DIEU, LE** ▷5
FR. 1982. Comédie de Jean-Pierre DARRAS avec Pierre Mondy, Jean Lefebvre et Annie Cordy. - Les diverses aventures d'un frère qui sort de son monastère pour la première fois depuis trente-sept ans.
VO→LS 13 ans +

**BRAIN DEAD (DEAD ALIVE)** ▷4
N.-Z. 1992. Drame d'horreur de Peter JACKSON avec Timothy Balme, Diana Penalver et Elizabeth Moody. - Un célibataire découvre que sa mère s'est transformée en une morte-vivante susceptible de contaminer tout son entourage.
VF→LS VO→13,95$ LBX-DVD→26,95$ 18 ans +

**BRAIN DONORS** ▷5
É.-U. 1992. Comédie satirique de Dennis DUGAN avec John Turturro, Bob Nelson et Mel Smith. - En mémoire de son défunt mari, une veuve demande à un avocat sans envergure de fonder une compagnie de ballet.
VF→LS VO→14,95$ Général

**BRAIN EATERS, THE** ▷0
É.-U. 1958, Bruno VE SOTA
VO→LS Général

**BRAIN FROM PLANET AROUS, THE** ▷5
ANG. 1957. Science-fiction de Nathan Hertz JURAN avec John Agar, Joyce Meadows et Robert Fuller. - Un scientifique est possédé par une entité extraterrestre qui veut conquérir le monde.
VO→PC Général

**BRAIN THAT WOULDN'T DIE, THE** ▷7
É.-U. 1962. Drame d'horreur de Joseph GREEN avec Jason Evers, Virginia Leith et Adele Lamont. - Un chirurgien recherche un corps pour joindre à la tête gardée vivante de sa fiancée décapitée.
VO→13,95$ DVD 13 ans + Horreur

**BRAIN, THE**
Voir: LE CERVEAU

**BRAINSCAN** ▷6
É.-U. 1994. Drame d'horreur de John FLYNN avec Edward Furlong, Frank Langella et T. Ryder Smith. - En utilisant un jeu interactif qui donne l'illusion de commettre un meurtre, un adolescent voit surgir de son téléviseur un personnage machiavélique.
VF→9,95$ 16 ans +

**BRAINSTORM** ▷4
É.-U. 1983. Science-fiction de Douglas TRUMBULL avec Christopher Walken, Natalie Wood et Louise Fletcher. - Des savants mettent au point un appareil permettant de partager la pensée et les sensations d'autrui.
VO→14,95$ LBX-DVD→26,95$ 13 ans +

**BRAINWASH** ▷4
É.-U. 1982. Drame psychologique de Bobby ROTH avec Yvette

Mimieux, Christopher Allport et Cindy Pickett. - Pour obtenir une promotion, les cadres d'une entreprise publicitaire doivent se soumettre à des sessions spéciales d'entraînement.
VO→LS **18 ans +**

**BRAM STOKER'S DRACULA** ▷3
É.-U. 1992. Drame fantastique de Francis Ford COPPOLA avec Gary Oldman, Winona Ryder et Anthony Hopkins. - Un vampire jette son dévolu sur une jeune Londonienne qui ressemble à son épouse décédée il y a 400 ans. - Adaptation somptueuse et lyrique du roman de Bram Stoker. Traitement parfois chargé mais invention visuelle étonnante. Mise en scène fluide. Très bonne composition de G. Oldman.
VF→14,95$ VO→14,95$ LBX→14,95$
LBX-DVD→24,95$ **16 ans + Érotisme**

**BRAMBLE BUSH, THE** ▷6
É.-U. 1960. Drame de Daniel PETRIE avec Richard Burton, Barbara Rush et Jack Carson. - Un médecin accepte d'abréger la vie d'un ami qui souffre d'une maladie incurable.
VO→19,95$ **Général**

**BRANDED** ▷5
É.-U. 1950. Western de Rudolph MATÉ avec Alan Ladd, Mona Freeman et Charles Bickford. - Un aventurier se fait passer auprès d'un riche rancher pour son fils enlevé à l'âge de cinq ans.
VO→11,95$ **Général**

**BRANDED TO KILL** ▷0
JAP. 1967, Seijun SUZUKI
STA-LBX→27,95$ STA-LBX-DVD→44,95$ **13 ans +**

**BRANLE-BAS AU CASINO**
Voir: THE HONEYMOON MACHINE

**BRAS DE FER** ▷4
FR. 1985. Drame de guerre de Gérard VERGEZ avec Bernard Giraudeau, Christophe Malavoy et Angela Molina. - Durant la Seconde Guerre mondiale, les relations entre deux résistants, aimant la même femme, risquent de rendre problématique le succès de leur mission.
VO→LS **Général**

**BRAS DE FER, LE**
Voir: OVER THE TOP

**BRASIER, LE** ▷4
FR. 1990. Drame social d'Éric BARBIER avec Maruschka Detmers, Jean-Marc Barr et Wladimir Koliarov. - En 1931, dans une ville minière, un immigré polonais tombe amoureux d'une jeune Française.
VO→28,95$ **13 ans +**

**BRASS BOTTLE, THE** ▷5
É.-U. 1964. Comédie de Harry KELLER avec Tony Randall, Burl Ives et Barbara Eden. - Un architecte se voit mêlé à toutes sortes d'aventures après avoir libéré un génie d'une amphore.
VO→14,95$ **Général**

**BRASSED OFF** ▷3
ANG. 1996. Drame social de Mark HERMAN avec Pete Postlethwaite, Tara Fitzgerald et Ewan McGregor. - Alors qu'ils vont perdre leur emploi, des mineurs continuent tant bien que mal à faire vivre la fanfare de leur ville. - Charge corrosive contre le néo-libéralisme. Remarquable ton d'authenticité. Interprétation fort crédible.
VF→14,95$ VO→14,95$ LBX-DVD→PC LBX-DVD→PC **Général**

**BRAVE ET LA BELLE, LE**
Voir: THE MAGNIFICENT MATADOR

**BRAVE LITTLE TOASTER, THE** ▷4
É.-U. 1987. Dessins animés de Jeffrey REES. - Abandonnés depuis des années, cinq appareils ménagers se décident à retrouver leur propriétaire pour que celui-ci se remette à les utiliser.
VO→16,95$ **Général**

**BRAVEHEART** ▷4
É.-U. 1995. Drame historique réalisé et interprété par Mel GIBSON avec Sophie Marceau et Patrick McGoohan. - Au XIIIe siècle, l'Écossais William Wallace se soulève contre le roi d'Angleterre afin d'obtenir l'indépendance de son pays.
VO→23,95$ LBX→23,95$ VF→23,95$ **16 ans + Violence**

**BRAZIL** ►2
ANG. 1985. Science-fiction de Terry GILLIAM avec Jonathan Pryce, Kim Greist et Robert De Niro. - Dans un monde totalitaire, un fonctionnaire croit reconnaître la belle de ses rêves en la personne d'une conductrice de camions. - Version burlesque du *1984* de G. Orwell. Imagination débridée. Mélange habile d'humour et de romantisme. Effets visuels extravagants. Interprétation impressionnante.
VO→14,95$ LBX-DVD-D.CUT→27,95$ **Général**

**BREAD AND CHOCOLATE**
Voir: PAIN ET CHOCOLAT

**BREAK OF HEARTS** ▷5
É.-U. 1935. Drame sentimental de Philip MOELLER avec Katharine Hepburn, Charles Boyer et John Beal. - Le roman d'amour d'une musicienne et d'un chef d'orchestre.
VO→LS **Général**

**BREAKDOWN** ▷5
É.-U. 1997. Drame de Jonathan MOSTOW avec Kurt Russell, J.T. Walsh et Kathleen Quinlan. - Un homme recherche désespérément sa femme qui a disparu après s'être fait conduire par un camionneur jusqu'à une halte routière.
LBX→13,95$ LBX-DVD→38,95$ **13 ans + Violence**

**BREAKER MORANT** ▷3
AUS. 1980. Drame de guerre réalisé et interprété par Bruce BERESFORD avec Edward Woodward, Jack Thompson et John Waters. - Pendant la guerre des Boers, trois officiers australiens sont traduits en cour martiale pour avoir exécuté des prisonniers. - Scénario inspiré d'une affaire authentique. Judicieux retours en arrière. Mise en scène solide. Intérêt soutenu. Interprétation convaincue.
VO→LS **Général**

**BREAKFAST AT TIFFANY'S** ▷3
É.-U. 1961. Comédie de Blake EDWARDS avec Audrey Hepburn, George Peppard et Mickey Rooney. - Un écrivain s'intéresse à une voisine excentrique. - Adaptation d'un roman de Truman Capote. Thème plutôt artificiel. Mise en scène pleine de brio. A. Hepburn charmante.
VF→14,95$ VO→14,95$ LBX→14,95$ **Général**

**BREAKFAST AT TIFFANY'S (COFFRET)** ▷3
LBX→69,95$ **Général**

**BREAKFAST CLUB, THE** ▷4
É.-U. 1985. Comédie dramatique de John HUGHES avec Judd Nelson, Molly Ringwald et Emilio Estevez. - Cinq collégiens qui doivent passer un samedi en retenue échangent des confidences.
VO→12,95$ VF→12,95$ LBX-DVD→27,95$ **Général**

**BREAKFAST OF THE CHAMPIONS** ▷5
É.-U. 1999. Comédie fantaisiste d'Alan RUDOLPH avec Bruce Willis, Albert Finney et Nick Nolte. - Un vendeur d'autos en pleine crise existentielle croit pouvoir redonner un sens à sa vie en rencontrant un romancier réputé. - Adaptation délirante d'un roman de Kurt Vonnegut Jr. Exercice de style utilisant une surabondance d'effets. Caricature grossière. Interprétation agitée.
VO→LS **13 ans +**

**BREAKING AWAY** ▷4
É.-U. 1979. Comédie de mœurs de Peter YATES avec Dennis Christopher, Paul Dooley et Barbara Barrie. - Un adolescent, admirateur des coureurs cyclistes italiens, s'efforce d'adopter leur manière de vivre.
VO→11,95$ **Général**

**BREAKING IN** ▷4
É.-U. 1989. Comédie de Bill FORSYTH avec Burt Reynolds, Casey Siemaszko et Sheila Kelley. - Un cambrioleur d'expérience initie un jeune homme impulsif et irréfléchi aux trucs du métier.
VO→LS Non classé

**BREAKING THE WAVES**
Voir: L'AMOUR EST UN POUVOIR SACRÉ

**BREAKTHROUGH** ▷5
ALL.-ANG. 1978. Drame de guerre d'Andrew V. McLAGLEN avec Richard Burton, Robert Mitchum et Helmut Griem. - Les tribulations d'un sergent allemand à l'occasion du débarquement allié en Normandie.
VO→14,95$

**BREAST MEN** ▷5
É.-U. 1997. Comédie satirique de Lawrence O'NEILL avec David Schwimmer, Chris Cooper et Emily Procter. - L'histoire de deux pionniers de la chirurgie des implants mammaires, des années 60 jusqu'aux années 90.
VO→PC 13 ans + Érotisme

**BREATH OF SCANDAL, A** ▷5
ITA. 1960. Comédie de Michael CURTIZ avec Sophia Loren, Maurice Chevalier et John Gavin. - Au début du siècle, une princesse autrichienne met la cour en émoi par suite d'une aventure avec un Américain.
VO→11,95$ Général

**BREATHLESS** ▷4
É.-U. 1983. Drame de mœurs de Jim McBRIDE avec Richard Gere, Valérie Kaprisky et William Tepper. - Un jeune vaurien, poursuivi par la police pour meurtre, entraîne dans son aventure une amie française.
VF→LS VO→LS LBX-DVD→26,95$ 13 ans +

**BREEDERS** ▷0
É.-U. 1986, Tim KINCAID
VO→11,95$ 13 ans + Horreur

**BRENDA STARR** ▷6
É.-U. 1987. Aventures de Robert Ellis MILLER avec Brooke Shields, Timothy Dalton et Tony Peck. - Une journaliste entreprend une périlleuse équipée dans la jungle brésilienne pour neutraliser un scientifique qui a mis au point un dangereux combustible.
LBX→14,95$ Général

**BRÈVE RENCONTRE**
Voir: BRIEF ENCOUNTER

**BREWSTER McCLOUD** ▷4
É.-U. 1970. Comédie fantaisiste de Robert ALTMAN avec Bud Cort, Sally Kellerman et Michael Murphy. - Un jeune homme tente de fuir la police à l'aide d'une machine volante de son invention.
VO→19,95$ 13 ans +

**BRIAN'S SONG** ▷4
É.-U. 1971. Drame de Buzz KULIK avec James Caan, Billy Dee Williams et Jack Warden. - L'amitié née entre deux joueurs de football est mise à l'épreuve par la grave maladie de l'un d'eux.
VO→9,95$ Général

**BRIDAL NIGHT, THE**
Voir: LA MARIÉE EST TROP BELLE

**BRIDE AND THE BEAST, THE** ▷7
É.-U. 1957. Drame d'horreur de Adrian WEISS avec Charlotte Austin, Lance Fuller et Johnny Roth. - Un chasseur découvre que sa nouvelle épouse est la réincarnation d'une guenon.
VO→LS Général

**BRIDE OF FRANKENSTEIN, THE** ►2
É.-U. 1935. Drame d'horreur de James WHALE avec Boris Karloff, Colin Clive et Elsa Lanchester. - Un savant fabrique une compagne au monstre composite qu'il a créé. - Suite de «Frankenstein». Photographie et décors étonnants. Mise en scène inventive. Touches d'humour insolites. Interprétation savoureuse.
VO→14,95$ DVD→27,95$ Général

**BRIDE OF THE MONSTER** ▷7
É.-U. 1954. Drame d'horreur de Edward D. WOOD Jr. avec Bela Lugosi, Tor Johnson et Loretta King. - Un savant fou veut expérimenter une machine de son invention sur une jeune journaliste.
VO→14,95$ DVD→37,95$ Général

**BRIDE SUR LE COU, LA** ▷5
FR. 1960. Comédie de Roger VADIM, Jean AUREL et J.D. TROP avec Brigitte Bardot, Michel Subor et Jacques Riberolles. - Une femme décide de se venger d'un amant qui l'a abandonnée.
STA→14,95$ LBX-DVD

**BRIDE WITH WHITE HAIR 2, THE** ▷4
H. K. 1993. Drame fantastique de Ronny YU et David WU avec Christy Chung, Leslie Cheung et Brigitte Lin. - Un guerrier entre en lutte avec une sorcière qui a kidnappé sa jeune épouse.
STA→LS 13 ans +

**BRIDE WITH WHITE HAIR, THE** ▷3
H. K. 1993. Drame fantastique de Ronny YU avec Brigitte Lin, Leslie Cheung et Ng Chun-yu. - L'amour impossible entre un jeune guerrier fougueux et une mystérieuse sorcière qui appartiennent chacun à des clans rivaux. - Mélange flamboyant de romantisme échevelé et de combats d'arts martiaux époustouflants. Grande splendeur visuelle. Interprétation stylisée.
STA→LS 13 ans + Violence

**BRIDE WORE RED, THE** ▷0
É.-U. 1937, Dorothy ARZNER
VO→18,95$ Général

**BRIDE, THE** ▷4
ANG. 1985. Drame fantastique de Franc RODDAM avec Sting, Jennifer Beals et Clancy Brown. - Le baron Frankenstein donne vie à une femme composite promise à un monstre qu'il a créé.
VO→9,95$ 13 ans +

**BRIDES OF DRACULA, THE** ▷4
ANG. 1960. Drame d'horreur de Terence FISHER avec Peter Cushing, Yvonne Monlaur et David Peel. - Une institutrice en voyage dans les Balkans tombe sous l'emprise d'un vampire.
VO→14,95$ Général

**BRIDES OF FU MANCHU, THE** ▷4
ANG. 1966. Aventures de Don SHARP avec Christopher Lee, Douglas Wilmer et Marie Versini. - Un criminel retient en otage des jeunes filles apparentées à des savants dont il veut obtenir l'aide.
VO→19,95$ Général

**BRIDGE AT REMAGEN, THE** ▷5
É.-U. 1969. Drame de guerre de John GUILLERMIN avec George Segal, Ben Gazzara et Robert Vaughn. - À la fin de 1944, un bataillon américain est chargé de s'emparer du dernier pont sur le Rhin avant que les Allemands ne le fassent sauter.
VO→19,95$ 13 ans +

**BRIDGE OF SAN LUIS REY, THE** ▷5
É.-U. 1944. Drame de Rowland V. LEE avec Lynn Bari, Francis Lederer et Louis Calhern. - Au Pérou, un moine enquête sur le passé de cinq personnes mortes ensemble dans l'écroulement d'un pont.

**BRIDGE ON THE RIVER KWAI, THE** ►2
ANG. 1957. Drame de guerre de David LEAN avec Alec Guinness, William Holden et Jack Hawkins. - Des prisonniers de guerre anglais sont forcés par les Japonais de construire un pont dans la jungle. - Étude psychologique prenante. Mise en scène remarquable. Interprétation de grande classe.
VF→14,95$ VO→14,95$ LBX→LS Général

**BRIDGE TOO FAR, A** ▷4
ANG. 1977. Drame de guerre de Richard ATTENBOROUGH avec Sean Connery, Anthony Hopkins et Michael Caine. - En novembre 1944, les forces alliées tentent de s'emparer de cinq ponts sur le Rhin.
VO→24,95$ LBX→24,95$ LBX-DVD→18,95$ Général

**BRIDGES AT TOKO-RI, THE** ▷4
É.-U. 1954. Drame de guerre de Mark ROBSON avec William Holden, Grace Kelly et Fredric March. - La vie des aviateurs attachés à un porte-avions pendant la guerre de Corée.
VO→14,95$ Non classé

**BRIDGES OF MADISON COUNTY, THE** ▷4
É.-U. 1995. Drame sentimental réalisé et interprété par Clint EASTWOOD avec Meryl Streep et Annie Corley. - Durant une absence des siens, une mère de famille habitant la campagne vit une intense passion amoureuse avec un photographe.
VF→14,95$ VO→14,95$ DVD→PC Général

**BRIEF ENCOUNTER** ►2
ANG. 1946. Drame psychologique de David LEAN avec Celia Johnson, Trevor Howard et Stanley Holloway. - Une femme mariée s'attache à un médecin avec qui elle a des rencontres hebdomadaires. - Film intimiste de qualité tiré d'une pièce de Noel Coward. Réalisation d'une finesse remarquable. Interprétation sobre et sensible.
VO→LS Non classé

**BRIEF ENCOUNTER** ▷4
É.-U. 1974. Drame sentimental d'Alan BRIDGES avec Sophia Loren, Richard Burton et Jack Hedley. - Une femme mariée rencontre chaque semaine un médecin dont elle est éprise.
VO→LS

**BRIEF HISTORY OF TIME, A** ▷3
ANG. 1992. Documentaire d'Errol MORRIS. - Le physicien Stephen Hawking explique sa théorie sur la formation de l'univers et sur l'évolution de celui-ci. - Propos illustrés avec précision par des effets spéciaux impeccables. Anecdotes biographiques et notions scientifiques subtilement liées. Traitement soigné.
VF→14,95$ VO→14,95$ Général

**BRIGADE DU DIABLE, LA**
Voir: THE DEVIL'S BRIGADE

**BRIGADOON** ▷4
É.-U. 1953. Comédie musicale de Vincente MINNELLI avec Gene Kelly, Van Johnson et Cyd Charisse. - Deux Américains chassant en Écosse pénètrent dans un village fantôme et assistent à la célébration d'une noce.
LBX→14,95$ VO→14,95$ LBX-DVD→26,95$ Général

**BRIGHT ANGEL** ▷4
É.-U. 1990. Drame de Michael FIELDS avec Dermot Mulroney, Lily Taylor et Sam Shepard. - Un adolescent du Montana accepte de conduire au Wyoming une jeune Canadienne dont le frère est emprisonné dans cet État.
VO→12,95$ 13 ans +

**BRIGHT EYES** ▷5
É.-U. 1934. Mélodrame de David BUTLER avec Shirley Temple, James Dunn et Jane Withers. - Un aviateur cherche à obtenir la garde d'une petite orpheline, fille d'un collègue décédé.
VO→24,95$ Général

**BRIGHTON BEACH MEMOIRS** ▷4
É.-U. 1986. Comédie de mœurs de Gene SAKS avec Jonathan Silverman, Blythe Danner et Judith Ivey. - Un adolescent juif qui rêve de devenir écrivain décrit les tribulations de sa famille à Brooklyn en 1937.
VO→PC VF→11,95$ Général

**BRIGITTE BARDOT (COFFRET 4 VOLUMES)** ▷0
Voir: BRIDE SUR LE COU, LA-FEMMES, LES · SACRÉE GAMINE, CETTE · VOULEZ-VOUS DANSEZ AVEC MOI?
STA→57,95$

**BRILLANTINE**
Voir: GREASE

**BRILLANTINE 2**
Voir: GREASE 2

**BRIMSTONE & TREACLE** ▷4
ANG. 1982. Drame de mœurs de Richard LONCRAINE avec Sting, Denholm Elliott et Joan Plowright. - Un jeune homme étrange s'impose à un couple d'âge mûr dont la fille est devenue paraplégique après un accident.
VF→LS VO→14,95$ 13 ans +

**BRING ME THE HEAD OF ALFREDO GARCIA** ▷4
É.-U. 1974. Aventures de Sam PECKINPAH avec Warren Oates, Isela Vega et Emilio Fernandez. - Un riche Mexicain offre une forte récompense à qui lui rapportera la tête du séducteur de sa fille.
VO→14,95$ 18 ans +

**BRINGING OUT THE DEAD** ▷3
É.-U. 1999. Drame psychologique de Martin SCORSESE avec Nicolas Cage, Patricia Arquette et Ving Rhames. - L'existence d'un ambulancier new-yorkais est bouleversée en cinquante-six heures. - Écriture riche et complexe. Invention visuelle constamment renouvelée. Humour caustique. Jeu étonnamment retenu de N. Cage.
VF→14,95$ VO→14,95$ LBX→14,95$
LBX-DVD→34,95$ 13 ans + Violence

**BRINGING UP BABY** ►2
É.-U. 1938. Comédie de Howard HAWKS avec Katharine Hepburn, Cary Grant et Charles Ruggles. - Les mésaventures d'un paléontologiste, d'une héritière excentrique et d'un léopard apprivoisé. - Exemple type de la comédie américaine d'avant-guerre. Mise en scène remarquablement alerte. Drôlerie constante. Direction d'acteurs impeccable.
VO→18,95$ Général

**BRINGUE D'ENFER, UNE**
Voir: FANDANGO

**BRINK'S JOB, THE** ▷4
É.-U. 1978. Comédie policière de William FRIEDKIN avec Peter Falk, Peter Boyle et Allen Goorwitz (Garfield). - À la fin des années 40, une bande de truands minables réussit un vol important à l'agence de sécurité Brink.
VO→18,95$ Général

**BRISANTS HUMAINS**
Voir: AWAY ALL BOATS

**BRISBY ET LE SECRET DE NIMH**
Voir: THE SECRET OF NIMH

**BRITANNIA HOSPITAL** ▷3
ANG. 1982. Comédie satirique de Lindsay ANDERSON avec Graham Crowden, Leonard Rossiter et Malcolm McDowell. - Des incidents bizarres compliquent la célébration du cinq-centième anniversaire d'un hôpital londonien. - Caricature virulente. Humour un peu lourd mais efficace. Réalisation enlevée. Interprétation joyeusement outrée.
VO→LS Général

**BROADCAST NEWS** ▷4
É.-U. 1987. Comédie sentimentale de James L. BROOKS avec Holly Hunter, William Hurt et Albert Brooks. - Une relation amoureuse se développe entre une réalisatrice de télévision et un commentateur sportif aux caractères très opposés.
VF→15,95$ VO→15,95$ LBX-DVD→28,95$ Général

**BROADWAY BILL** ▷4
É.-U. 1934. Comédie de Frank CAPRA avec Warner Baxter, Myrna Loy et Walter Connelly. - Les difficultés rencontrées par le propriétaire d'un cheval de course à l'avenir prometteur.
VO→PC Général

**BROADWAY DANNY ROSE** ▷3
É.-U. 1984. Comédie réalisée et interprétée par Woody ALLEN avec Mia Farrow et Nick Apollo Forte. - Réunis dans un restaurant, quelques comédiens évoquent les aventures survenues à Danny Rose, un impresario de seconde zone. - Hommage amusé au monde du «show-biz» new-yorkais. Réalisation modeste mais sympathique jouant sur l'absurde. Mise en scène adroite. Interprétation insolite de M. Farrow.
VO→LS Général

**BROADWAY MELODY** ▷0
É.-U. 1929, Harry BEAUMONT
VO→14,95$ **Général**

**BROADWAY MELODY OF 1936** ▷4
É.-U. 1935. Comédie musicale de Roy DEL RUTH avec Jack Benny, Eleanor Powell et Robert Taylor. - Un journaliste spécialisé dans les potins cherche noise à un producteur de théâtre.
VO→LS **Général**

**BROADWAY MELODY OF 1938** ▷4
É.-U. 1937. Comédie musicale de Roy DEL RUTH avec Robert Taylor, Eleanor Powell et George Murphy. - Une jeune danseuse propriétaire d'un cheval de course espère pouvoir commanditer un spectacle.
VO→LS **Général**

**BROADWAY MELODY OF 1940** ▷4
É.-U. 1940. Comédie musicale de Norman TAUROG avec Fred Astaire, Eleanor Powell et George Murphy. - Un malentendu risque de briser l'amitié de deux danseurs de music-hall.
VO→LS **Général**

**BROKEDOWN PALACE** ▷5
É.-U. 1999. Drame de Jonathan KAPLAN avec Claire Danes, Kate Beckinsale et Bill Pullman. - Deux jeunes Américaines arrêtées en Thaïlande pour possession d'héroïne comptent sur un compatriote expatrié pour assurer leur défense.
VF→16,95$ VO→16,95$ LBX-DVD→34,95$ **Général**

**BROKEN ARROW** ▷3
É.-U. 1949. Western de Delmer DAVES avec James Stewart, Jeff Chandler et Debra Paget. - Un ancien officier tente d'amener les Apaches et les Blancs à faire la paix. - Fort bon western à caractère documentaire. Traitement sympathique aux Indiens.
VO→16,95$ **Non classé**

**BROKEN ARROW** ▷4
É.-U. 1996. Aventures de John WOO avec John Travolta, Christian Slater et Samantha Mathis. - Un pilote de l'air s'empare de deux missiles nucléaires qu'il menace de faire sauter.
VF→9,95$ LBX→22,95$ VO→21,95$ **16 ans + Violence**

**BROKEN BLOSSOMS** ►1
É.-U. 1919. Mélodrame de David W. GRIFFITH avec Lilian Gish, Richard Barthelmess et Donald Crisp. - Un Chinois prend sous sa protection une adolescente maltraitée par son père. - Thème modeste doté d'une mise en scène inventive. Exemple éloquent du style d'un pionnier du cinéma. Interprétation touchante.
ITA→LS ITA-DVD→PM **Général**

**BROKEN ENGLISH** ▷4
N.-Z. 1996. Drame de mœurs de Gregor NICHOLAS avec Aleksandra Vujcic, Julian Arahanga et Rade Serbedzija. - Une jeune Croate nouvellement installée en Nouvelle-Zélande suscite la colère de son père lorsqu'elle se met à fréquenter un garçon maori.
VO→13,95$ **13 ans +**

**BROKEN HARVEST** ▷0
IRL. 1997, Maurice O'CALLAGHAN
VO→PC **Général**

**BROKEN LANCE** ▷3
É.-U. 1953. Western d'Edward DMYTRYK avec Spencer Tracy, Richard Widmark et Robert Wagner. - Un rancher puissant régit son domaine en despote et s'aliène l'affection de ses fils. - Excellente étude psychologique. Réalisation vigoureuse. Interprètes de talent.
VO→16,95$ **Général**

**BROKEN NOSES** ▷0
É.-U. 1987, Bruce WEBER
VO→41,95$ **Général**

**BRONCO BILLY** ▷5
É.-U. 1980. Comédie réalisée et interprétée par Clint EASTWOOD avec Sondra Locke et Geoffrey Lewis. - Le directeur d'un spectacle ambulant engage une jeune femme sans savoir qu'il s'agit d'une riche héritière.
VF→PC VO→14,95$

**BRONX TALE, A** ▷4
VF→11,95$ VO→13,95$ LBX→14,95$
LBX-DVD→29,95$ **13 ans +**

**BRONZÉS FONT DU SKI, LES** ▷5
FR. 1979. Comédie de Patrice LECONTE avec Michel Blanc, Gérard Jugnot et Thierry Lhermitte. - Les mésaventures d'un petit groupe d'amis dans une station de sports d'hiver.
VO→LS **Général**

**BRONZÉS, LES** ▷5
FR. 1978. Comédie satirique de Patrice LECONTE avec Gérard Jugnot, Dominique Lavanant et Michel Blanc. - Les mésaventures d'estivants dans un club de vacances.
VO→LS **Général**

**BROOD, THE** ▷5
CAN. 1979. Drame d'horreur de David CRONENBERG avec Art Hindle, Oliver Reed et Samantha Eggar. - Un jeune homme découvre qu'un lien existe entre une série d'événements horribles et les traitements psychiatriques que subit sa femme.
VF→LS VO→LS **18 ans +**

**BROTHER** ▷0
RUS. 1997, Alexei BALABANOV
STA→109,95$ **13 ans +**

**BROTHER FROM ANOTHER PLANET, THE** ▷4
É.-U. 1984. Science-fiction de John SAYLES avec Joe Morton, Tom Wright et Ren Woods. - Après l'écrasement de son appareil près de New York, un extraterrestre qui a l'apparence d'un homme de couleur tente d'échapper à des chasseurs de primes.
VO→LS **Général**

**BROTHER JOHN** ▷5
É.-U. 1971. Drame social de James GOLDSTONE avec Sidney Poitier, Will Geer et Beverly Todd. - À son retour dans sa ville natale, en Alabama, un Noir est pris pour un agitateur.
VO→9,95$ **Général**

**BROTHER OF SLEEP** ▷4
ALL. 1995. Drame psychologique réalisé par Joseph VILSMAIER avec Andre Eisermann, Dana Vavrova et Ben Becker. - Dans un village des Alpes au XIXe siècle, un prodige musical suscite des passions violentes chez un jeune homme et la sœur de celui-ci.
STA→18,95$ **13 ans +**

**BROTHER'S KEEPER** ▷3
É.-U. 1992. Documentaire de Joe BERLINGER et Bruce SINOFSKY. - Les membres d'une petite localité organisent la défense d'un vieux fermier accusé du meurtre de son frère. - Portrait bouleversant empreint d'une grande délicatesse et d'une poésie légèrement austère. Réalisation assurée et souvent inventive. Charisme des intervenants mis à profit.
VO→LS **Général**

**BROTHER'S KISS, A** ▷0
É.-U. 1997, Seth SOSENFELD
VO→LS **16 ans + Langage vulgaire**

**BROTHER SUN, SISTER MOON** ►2
ITA. 1972. Drame biographique de Franco ZEFFIRELLI avec Graham Faulkner, Judi Bowker et Valentina Cortese. - Quelques épisodes de la vie de saint François d'Assise. - Évocation poétique adaptée à la sensibilité moderne. Grande richesse visuelle. Jeu spontané des acteurs.
VF→14,95$ VO→14,95$ **Général**

**BROTHERHOOD OF SATAN** ▷4
É.-U. 1971. Drame d'horreur de Bernard McEVEETY avec Strother Martin, L.Q. Jones et Charles Bateman. - Un jeune veuf, sa fillette et sa fiancée sont bloqués dans un village par une force mystérieuse.
VO→14,95$ **13 ans +**

**BROTHERHOOD, THE** ▷3
É.-U. 1968. Drame de Martin RITT avec Kirk Douglas, Alex Cord et Irene Papas. - Deux frères mêlés aux affaires d'un syndicat du crime en viennent à s'opposer. - Peinture intéressante du monde de la mafia. Personnages bien analysés. Réalisation vigoureuse. K. Douglas excellent.
VO→13,95$ **Général**

**BROTHERS IN TROUBLE** ▷4
ANG. 1995. Drame de mœurs de Udayan PRASAD avec Om Puri, Angeline Ball et Pavan Malhotra. - À Londres, dans les années 60, une quinzaine d'immigrants pakistanais clandestins vivent sous le même toit.
VO→44,95$ **Non classé**

**BROTHERS KARAMAZOV, THE** ▷4
É.-U. 1958. Drame de Richard BROOKS avec Yul Brynner, Lee J. Cobb et Maria Schell. Les quatre frères Karamazov sont en lutte avec leur père, homme cynique et débauché.
VO→26,95$ **Général**

**BROTHERS McMULLEN, THE** ▷5
É.-U. 1995. Comédie de mœurs réalisée et interprétée par Edward BURNS avec Mike McGlone et Jack Mulcahy. - À la mort de leur père, trois frères tentent de s'entraider mutuellement dans leurs problèmes sentimentaux.
VF→16,95$ VO→16,95$ **Général**

**BROUILLARD, LE**
Voir: THE FOG

**BROWNING VERSION, THE** ▷4
ANG. 1994. Drame psychologique de Mike FIGGIS avec Albert Finney, Greta Scacchi et Matthew Modine. - Trompé par sa femme et méprisé par ses pairs, un vieux professeur trouve un certain réconfort dans l'admiration que lui voue un de ses élèves.
VO→PC VF→LS **Général**

**BROWNING VERSION, THE** ▷3
ANG. 1951. Drame psychologique d'Anthony ASQUITH avec Michael Redgrave, Nigel Patrick et Jean Kent. - Un élève découvre la sensibilité d'un professeur qui passe pour être détestable. - Adaptation d'une pièce de Terence Rattigan. Construction dramatique solide. Subtile étude psychologique. Photo d'une beauté austère. Excellents interprètes.
VO→17,95$ **Général**

**BRUBAKER** ▷3
É.-U. 1980. Drame social de Stuart ROSENBERG avec Robert Redford, Yaphet Kotto et Tim McIntire. - Le nouveau directeur d'une ferme pénitentiaire lutte contre les abus qui y ont cours. - Scénario inspiré d'un fait vécu. Description âpre et réaliste du milieu. Mise en scène habile. Interprétation convaincue de R. Redford.
VF→LS VO→LS **13 ans +**

**BRUCE IS LOOSE** ▷0
H. K. Woo Ming HUNG
VA→LS **13 ans +**

**BRUCE LEE COLLECTION (5 VOLUMES)** ▷0
Voir: Chinese Connection · Fists of Fury-Game of Death · Return of the Dragon · Bruce Lee, the Legend
VO→LBX **Non classé**

**BRUCE THE SUPERHERO** ▷0
É.-U. 1979, INCONNU
VA→LS **Général**

**BRÛLURE, LA**
Voir: HEARTBURN

**BRUSSELS TRANSIT** ▷0
BEL. 1980, Samy SZLINGERBAUM
STA→LS **Général**

**BRUTE FORCE** ▷3
É.-U. 1947. Drame de Jules DASSIN avec Burt Lancaster, Hume Cronyn et Charles Bickford. - Plusieurs intrigues se nouent dans la prison de Westgate où gronde une révolte. - Intensité dramatique rigoureuse. Mise en scène d'une forte puissance visuelle.
KINO→34,95$ VO→14,95$ **Général**

**BRUTE MAN, THE** ▷0
É.-U. 1947, Jean YARBROUGH
VO→24,95$ **Général**

**BRUTE, LA** ▷5
FR. 1987. Drame policier de Claude GUILLEMOT avec Jean Carmet, Xavier Deluc et Assumpta Serna. - Chargé de défendre un jeune homme sourd, muet et aveugle, un avocat éclaircit les ombres qui entourent le meurtre dont il s'est avoué coupable.
VO→LS **Général**

**BRUTE, THE**
Voir: L'ENJÔLEUSE

**BUCCANEER, THE** ▷5
É.-U. 1958. Aventures d'Anthony QUINN avec Yul Brynner, Charlton Heston et Charles Boyer. - En 1815, un corsaire prête main forte aux Américains contre une invasion britannique.
VO→14,95$ **Non classé**

**BÛCHE, LA** ▷5
FR. 1999. Comédie de mœurs de Danièle THOMPSON avec Sabine Azéma, Charlotte Gainsbourg et Emmanuelle Béart. - Les tribulations affectives des membres d'une famille parisienne d'origine russe, à quelques jours de Noël.
VO→LS

**BÛCHER DES VANITÉS, LE**
Voir: THE BONFIRE OF THE VANITIES

**BUCK AND THE PREACHER** ▷4
É.-U. 1971. Western réalisé et interprété par Sidney POITIER avec Harry Belafonte et Ruby Dee. - Après la guerre de Sécession, d'anciens esclaves noirs tentent, malgré des mercenaires, de se rendre au Colorado pour s'y établir.
VO→9,95$ **Général**

**BUCK ET SON COMPLICE**
Voir: BUCK AND THE PREACHER

**BUCK PRIVATES** ▷5
É.-U. 1941. Comédie d'Arthur LUBIN avec Bud Abbott, Lou Costello et Shemp Howard. Deux vendeurs à la sauvette s'engagent dans l'armée.
VO→18,95$ **Général**

**BUCK ROGERS AU 25e SIECLE**
Voir: BUCK ROGERS IN THE 25TH CENTURY

**BUCK ROGERS IN THE 25TH CENTURY** ▷5
É.-U. 1979. Science-fiction de Daniel HALLER avec Gil Gerard, Pamela Hensley et Erin Gray. - Frigorifié dans l'espace à la suite d'un accident, un astronaute est ramené à la vie cinq cents ans plus tard.
VO→14,95$ **Général**

**BUCKET OF BLOOD, A** ▷6
É.-U. 1959. Drame d'horreur de Roger CORMAN avec Dick Miller, Barboura Morris et Antony Carbone. - Un simple d'esprit tue des hommes dont il enduit les corps d'argile pour les présenter comme des œuvres d'art de son cru.
VO→11,95$ **Général - Déconseillé aux jeunes enfants**

**BUCKTOWN** ▷0
É.-U. 1975, Fred WILLIAMSON
VO→11,95$

**BUDDY** ▷5
É.-U. 1997. Comédie de Caroline THOMPSON avec Rene Russo, Robbie Coltrane et Alan Cumming. - Une millionnaire excentrique adopte un bébé gorille qu'elle élève dans son manoir en lui enseignant les bonnes manières.
VF→13,95$ VO→22,95$ **Général**

**BUDDY BUDDY** ▷5
É.-U. 1981. Comédie de Billy WILDER avec Jack Lemmon, Walter Matthau et Paula Prentiss. - Un tueur à gages est dérangé dans ses occupations par un voisin suicidaire qui s'accroche à lui.
VF→LS VO→19,95$ 13 ans +

**BUDDY HOLLY STORY, THE** ▷4
É.-U. 1978. Drame biographique de Steve RASH avec Gary Busey, Don Stroud et Charles Martin Smith. - Evocation de la carrière d'un jeune chanteur rock mort prématurément à la fin des années 50.
VO→13,95$ Général

**BUDDY SYSTEM, THE** ▷5
É.-U. 1983. Comédie sentimentale de Glenn JORDAN avec Richard Dreyfuss, Susan Sarandon et Wil Wheaton. - Un agent de sécurité qui travaille dans une école se lie d'amitié avec la mère célibataire d'un jeune élève.
VO→PC Général

**BUENA VISTA SOCIAL CLUB** ▷4
ALL.-É.-U. 1999. Documentaire de Wim WENDERS. - Des musiciens cubains des années 30 connaissent une renommée mondiale après avoir été redécouverts par un guitariste américain.
STA→11,95$ STF→11,95$ LBX-DVD→19,95$ Général

**BUFFALO 66** ▷4
É.-U. 1998. Comédie dramatique réalisée et interprétée par Vincent GALLO avec Christina Ricci et Anjelica Huston. - À sa sortie de prison, un jeune homme kidnappe une jeune fille qu'il présente comme sa femme à ses parents.
VO→PC LBX-DVD→33,95$ 13 ans +

**BUFFALO BILL AND THE INDIANS** ▷3
É.-U. 1976. Comédie satirique de Robert ALTMAN avec Paul Newman, Joel Grey et Frank Kaquitts. - Profitant de sa réputation de héros, Buffalo Bill exploite un spectacle de cirque évoquant la conquête de l'Ouest. - Exploration des relations entre le spectacle et la réalité. Personnages caricaturés.
VO→14,95$ Général

**BUFFET FROID** ▷3
FR. 1979. Comédie satirique de Bertrand BLIER avec Gérard Depardieu, Bernard Blier et Jean Carmet. - D'étranges relations s'établissent entre un chômeur, un policier et un étrangleur. - Intrigue apparentée au théâtre de l'absurde. Situations insolites et confrontations surprenantes.
STA→LS Général

**BUFFY THE VAMPIRE SLAYER** ▷5
É.-U. 1992. Comédie fantaisiste de Fran RUBEL KUZUI avec Kristy Swanson, Donald Sutherland et Luke Perry. - Transformée en tueuse de monstres par un étrange individu, une adolescente affronte une horde de morts-vivants.
VO→11,95$ 13 ans + Violence

**BUG** ▷5
É.-U. 1975. Drame d'horreur de Jeannot SZWARC avec Bradford Dillman, Joanna Miles et Richard Gilliland. - À la suite d'un tremblement de terre, un professeur de biologie découvre de curieux insectes dotés de propriétés incendiaires.
VO→26,95$ 13 ans +

**BUG'S LIFE, A** ▷3
É.-U. 1998. Dessins animés de John LASSETER et Andrew STANTON. - Une fourmi fait appel à une troupe de bestioles acrobates pour défendre sa colonie contre des sauterelles. - Univers fantaisiste aux couleurs éclatantes. Scénario inspiré des «Sept Samouraïs» de Kurosawa. Conception visuelle ingénieuse. Réalisation souple et inventive.
LBX→26,95$ VF→22,95$ VO→26,95$
LBX-DVD→26,95$ Général

**BUGLES IN THE AFTERNOON** ▷5
É.-U. 1952. Western de Roy ROWLAND avec Ray Milland, Helena Carter et Hugh Marlowe. - Une haine farouche oppose deux officiers de cavalerie.
VO→LS Général

**BUGS BUNNY AND ROAD RUNNER MOVIE, THE** ▷0
É.-U. 1997
VO→13,95$ Général

**BUGSY** ▷4
É.-U. 1991. Drame de mœurs de Barry LEVINSON avec Warren Beatty, Annette Bening et Harvey Keitel. - Fasciné par Hollywood et amoureux d'une starlette, un mafioso sans scrupules rêve de construire un luxueux hôtel-casino en plein désert.
VF→9,95$ VO→9,95$ LBX-DVD→36,95$ 13 ans +

**BUGSY MALONE** ▷3
ANG. 1976. Comédie musicale d'Alan PARKER avec Scott Baio, Jodie Foster et Florrie Dugger. - Pour favoriser la carrière d'une chanteuse, un aventurier se met au service d'un gangster. - Parodie des films de gangsters où tous les rôles sont joués par des enfants. Idée originale et fantaisiste. Mise en images soignée. Transpositions amusantes. Interprétation d'un naturel étonnant.
VO→14,95$ Général

**BULL DURHAM** ▷3
É.-U. 1988. Comédie de Ron SHELTON avec Kevin Costner, Susan Sarandon et Tim Robbins. - Un joueur de base-ball vétéran s'éprend d'une enseignante qui a l'habitude de prendre pour amant durant l'été un joueur au talent prometteur. - Description savoureuse du contexte. Mise en scène d'une étonnante sûreté.
VO→14,95$ VF→14,95$ LBX-DVD→44,95$ 13 ans +

**BULLDOG DRUMMOND** ▷4
É.-U. 1929. Drame policier de F. Richard JONES avec Ronald Colman, Joan Bennett et Lilyan Tashman. - Un aventurier britannique affronte mille difficultés afin de libérer un richard emprisonné dans un sanatorium par une bande de malfaiteurs.
VO→11,95$ Général

**BULLDOZER** ▷0
QUÉ. 1973, Pierre HAREL
VO→21,95$ 13 ans +

**BULLET IN THE HEAD** ▷0
H. K. 1990, John WOO
LBX-STA-LBX→29,95$ STA-LBX-DVD→79,95$ 16 ans + Violence

**BULLET TO BEIJING** ▷5
CAN. 1995. Drame d'espionnage de George MIHALKA avec Michael Caine, Jason Connery et Mia Sara. - Un espion anglais tente d'intercepter des malfaiteurs qui convoient un virus mortel dans le train transsibérien.
VO→34,95$ VF→26,95$ Général

**BULLETPROOF** ▷5
É.-U. 1996. Comédie policière d'Ernest DICKERSON avec Damon Wayans, Adam Sandler et Kristen Wilson. - Un petit truand qui a consenti à témoigner contre un gros trafiquant de drogue se voit protégé par l'agent double qui se prétendait son ami.
VF→PC 13 ans + Violence

**BULLETS OR BALLOTS** ▷4
É.-U. 1936. Drame policier de William KEIGHLEY avec Edward G. Robinson, Humphrey Bogart et Joan Blondell. - Un policier entre dans une bande de criminels pour mieux les démasquer.
VO→LS Non classé

**BULLETS OVER BROADWAY** ▷3
É.-U. 1994. Drame policier de Woody ALLEN avec John Cusack, Dianne Wiest et Jennifer Tilly. - Les difficultés rencontrées par un jeune dramaturge qui produit sa première pièce de théâtre grâce au financement d'un mafioso. - Réflexion sur l'éthique dans l'art. Œuvre fine et inspirée. Reconstitution habile du New York des années 1920. Distribution harmonieuse et enthousiaste.
VF→11,95$ VO→11,95$ LBX-DVD→27,95$ Général

**BULLFIGHTERS, THE** ▷5
É.-U. 1945. Comédie burlesque de Mel ST. CLAIR avec Stan Laurel, Oliver Hardy et Margo Woode. - Un détective a des ennuis au Mexique parce qu'il ressemble à un toréador.
VO→LS Non classé

**BULLITT** ▷3
É.-U. 1968. Drame policier de Peter YATES avec Steve McQueen, Robert Vaughn et Jacqueline Bisset. - Un lieutenant de police poursuit les meurtriers d'un gangster qu'il devait protéger. - Traitement original. Rythme nerveux. Mise en scène soignée. Scène de poursuite menée avec brio. Jeu solide de S. McQueen.
VF→14,95$ VO→14,95$ LBX-DVD→21,95$ **13 ans +**

**BULLSHOT** ▷4
ANG. 1985. Aventures de Dick CLEMENT avec Alan Shearman, Diz White et Ron House. - Un aventurier britannique affronte mille difficultés afin de libérer un scientifique fait prisonnier par un comte allemand.
VO→19,95$ **Général**

**BULWORTH** ▷4
É.-U. 1998. Comédie satirique réalisée et interprétée par Warren BEATTY avec Halle Berry, Don Cheadle et Oliver Platt. - Après avoir engagé un tueur pour l'abattre, un sénateur dépressif décide de changer son discours politique en ne disant plus que la vérité.
VO→15,95$ LBX-DVD→32,95$ **13 ans + Langage vulgaire**

**BUMS DU PARADIS, LES** ▷0
QUÉ. 1991, Denys LORTIS
VO→19,95$ **Général**

**BUNDLE OF JOY** ▷5
É.-U. 1956. Comédie de Norman TAUROG avec Eddie Fisher, Debbie Reynolds et Adolphe Menjou. - Une jeune fille connaît diverses aventures après avoir trouvé un bébé abandonné.
VO→14,95$ **Général**

**BUNKER PALACE HOTEL** ▷4
FR. 1989. Science-fiction d'Enki BILAL avec Jean-Louis Trintignant, Carole Bouquet et Benoît Régent. - Alors qu'une révolution secoue un régime tyrannique, des dignitaires se réfugient dans un luxueux abri souterrain.
VO→LS **Général**

**BUNKER, THE** ▷4
É.-U. 1981. Drame historique de George SCHAEFER avec Anthony Hopkins, Susan Blakely et Richard Jordan. - Les derniers jours d'Hitler dans un bunker sous la chancellerie de Berlin.
VF→LS VO→11,95$ **Général**

**BUONA SERA, MRS. CAMPBELL** ▷5
É.-U. 1968. Comédie de Melvin FRANK avec Gina Lollobrigida, Phil Silvers et Peter Lawford. - Une Italienne se fait payer une pension alimentaire par trois Américains en faisant croire à chacun qu'il est le père de sa fille.
VO→14,95$ **Général**

**BURBS, THE** ▷5
É.-U. 1989. Comédie de Joe DANTE avec Tom Hanks, Rick Ducommun et Carrie Fisher. - Profitant de l'absence apparente de voisins bizarres, un résident de banlieue pénètre dans leur maison pour y faire d'étranges découvertes.
VF→11,95$ VO→11,95$ **Général**

**BURGLAR, THE** ▷0
RUS. 1987, Valeri OGORODNIKOV
STA→LS **Général**

**BURIED ALIVE** ▷4
É.-U. 1990. Drame de Frank DARABONT avec Tim Matheson, Jennifer Jason Leigh et William Atherton. - La vengeance impitoyable d'un homme que son épouse infidèle croyait avoir tué.
VO→9,95$ **13 ans +**

**BURIED ON SUNDAY** ▷5
CAN. 1993. Comédie satirique de Paul DONOVAN avec Maury Chaykin, Paul Gross et Denise Virieux. - Les habitants d'une petite île canadienne qui réclament leur indépendance s'emparent d'un sous-marin nucléaire soviétique.
VO→11,95$ **Général**

**BURKE & WILLS** ▷3
AUS. 1985. Drame de Graeme CLIFFORD avec Jack Thompson, Nigel Havers et Greta Scacchi. - Au milieu du XIXe siècle, deux explorateurs dirigent une expédition de reconnaissance des terres intérieures de l'Australie. - Fresque aventureuse inspirée d'un fait réel. Réalisation intelligente et sensible.
VO→LS **Non classé**

**BURLESQUE ON CARMEN, A** ▷0
É.-U. 1915, Charles CHAPLIN
VO→17,95$ **Général**

**BURN!** ▷4
ITA. 1968. Drame social de Gillo PONTECORVO avec Marlon Brando, Evaristo Marquez et Renato Salvatori. - Un agent britannique fomente une révolution dans une colonie portugaise.
VO→19,95$ **Général**

**BURN HOLLYWOOD BURN** ▷6
É.-U. 1997. Comédie satirique d'Alan SMITHEE avec Ryan O'Neil, Eric Idle et Richard Joni. - Un cinéaste hollywoodien croise le fer avec un producteur qui veut lui retirer le contrôle de son film d'action à gros budget.
VO→PC **Non classé**

**BURNING BED, THE** ▷4
É.-U. 1984. Drame psychologique de Robert GREENWALD avec Farrah Fawcett, Paul Le Mat et Richard Masur. - Une jeune femme maltraitée par son mari trouve un moyen dramatique pour se libérer de lui.
VO→7,95$ **Général**

**BURNING PARADISE** ▷0
H. K. 1994, Ringo LAM
STA→LS **16 ans + Violence**

**BURNING SEASON, THE** ▷5
É.-U. 1994. Drame social de John FRANKENHEIMER avec Raul Julia, Sonia Braga et Kamala Dawson. - Un syndicaliste brésilien s'oppose vigoureusement aux barons de l'élevage de bovins qui déboisent la forêt amazonienne pour y établir leurs ranchs.
VO→LS VF→18,95$ **13 ans +**

**BURNING SECRET** ▷4
ANG. 1988. Drame psychologique d'Andrew BIRKIN avec Faye Dunaway, Klaus Maria Brandauer et David Eberts. - Lors d'un séjour en montagne, le fils d'un diplomate américain en vient à partager un secret avec sa mère.
VO→LS **Non classé**

**BURNING TIMES, THE** ▷5
CAN. 1990. Documentaire de Donna READ. - Hommage aux sorcières d'hier et d'aujourd'hui.
VO→LS VF→19,95$ **Général**

**BURNT OFFERINGS** ▷5
É.-U. 1976. Drame fantastique de Dan CURTIS avec Karen Black, Oliver Reed et Bette Davis. - Un couple loue un manoir isolé qui semble doté de pouvoirs maléfiques.
VF→LS VO→14,95$ **13 ans +**

**BUS STOP** ▷3
É.-U. 1956. Comédie dramatique de Joshua LOGAN avec Marilyn Monroe, Don Murray et Arthur O'Connell. - Un jeune cow-boy encombrant force une vedette de cabaret à le suivre dans l'autobus qui le mène au Montana. - Adaptation astucieuse d'une pièce de William Inge. Données psychologiques justes.
VO→16,95$ **Non classé**

**BUSHIDO BLADE, THE** ▷5
JAP. 1978. Aventures de Tom KOTANI avec Richard Boone, Sonny Chiba et Frank Converse. - Au XIXe siècle, un prince japonais et un marin américain tentent de récupérer un sabre volé par des rebelles.
VO→LS **13 ans +**

**BUSINESS AS USUAL** ▷0
ANG. 1987, Lezli-An BARRETT
VO→LS Non classé

**BUSTER** ▷4
ANG. 1988. Comédie dramatique de David GREENE avec Phil Collins, Julie Walters et Larry Lamb. - À la suite d'un coup important, un petit criminel cherche à fuir la police en s'exilant au Mexique avec sa femme et son fils.
VO→9,95$ VF→23,95$ Général

**BUSTER KEATON RIDES AGAIN** ▷0
CAN. 1965, John SPOTTON
VF→19,95$ Général

**BUSTER'S BEDROOM** ▷6
CAN. 1990. Drame de Rebecca HORN avec Donald Sutherland, Amanda Ooms et Geraldine Chaplin. - Une jeune étudiante obsédée par Buster Keaton connaît diverses mésaventures en visitant la clinique psychiatrique où celui-ci a fait un bref séjour en 1930.
VO→LS Général

**BUT I'M A CHEERLEADER** ▷5
É.-U. 1999. Comédie satirique de Jamie BABBIT avec Natasha Lyonne, Clea DuVall et Cathy Moriarty. - Soupçonnée par ses parents d'être lesbienne, une adolescente est envoyée dans un camp de rééducation où elle s'entiche d'une belle garçonne.
VO→LS 13 ans +

**BUT NOT FOR ME** ▷5
É.-U. 1959. Comédie dramatique de Walter LANG avec Clark Gable, Carroll Baker et Lilli Palmer. - Encouragé par l'amour que lui porte sa secrétaire, un producteur assez âgé s'engage dans une nouvelle entreprise théâtrale.
VO→18,95$

**BUTCH CAMP** ▷0
É.-U. 1999, Alessandro De GAETANO
VO→99,95$ 13 ans + Érotisme

**BUTCH CASSIDY & THE SUNDANCE KID** ▷3
É.-U. 1969. Western de George Roy HILL avec Paul Newman, Robert Redford et Katharine Ross. - Traqués par la police, deux hors-la-loi de l'Ouest décident de tenter leur chance en Amérique du Sud. - Scénario original et humoristique. Jeu plein d'aisance des vedettes.
VF→16,95$ VO→LS 13 ans +

**BUTCHER BOY, THE** ►2
IRL. 1997. Chronique de Neil JORDAN avec Eamonn Owens, Stephen Rea et Fiona Shaw. - Dans un village irlandais, au début des années 60, un gamin subit des épreuves qui le font sombrer progressivement dans la folie. - Scénario d'une richesse remarquable. Contexte historique et social admirablement utilisé. Jeu exceptionnel d'E. Owens.
VO→14,95$ VF→14,95$ 16 ans +

**BUTCHER'S WIFE, THE** ▷5
É.-U. 1991. Comédie fantaisiste de Terry HUGHES avec Demi Moore, Jeff Daniels et George Dzundza. - La jeune épouse d'un boucher new-yorkais utilise ses dons de voyance pour régler les problèmes sentimentaux des gens du voisinage.
VF→LS VO→PC Général

**BUTTERFIELD 8** ▷5
É.-U. 1960. Drame de Daniel MANN avec Elizabeth Taylor, Laurence Harvey et Eddie Fisher. - Une jeune femme déséquilibrée aux nombreuses aventures amoureuses s'éprend d'un homme marié.
VO→14,95$ Général

**BUTTERFLIES ARE FREE** ▷4
É.-U. 1972. Comédie dramatique de Milton KATSELAS avec Edward Albert, Goldie Hawn et Eileen Heckart. - Un jeune aveugle installé dans un appartement d'un quartier bohème a une liaison avec une jolie voisine.
VO→9,95$ Général

**BUTTERFLIES ON THE SCAFFOLD** ▷0
CUB. 1996, Luis Felipe BERNAZA et Margaret GILPIN
STA→59,95$ Général

**BUTTERFLY** ▷4
ESP. 1998. Chronique de José Luis CUERDA avec Manuel Lozano, Fernando Fernan Gomez et Alexis De Los Santos. - Peu avant la guerre civile espagnole, les expériences vécues par un gamin qui se lie d'amitié avec son vieil instituteur républicain.
VF→LS STA→LS Général - Déconseillé aux jeunes enfants

**BUTTERFLY & SWORD** ▷0
H. K. 1992, Ching Siu TUNG et Michael MAK
STA→LS 13 ans + Violence

**BUTTERFLY KISS** ▷4
ANG. 1994. Drame psychologique de Michael WINTERBOTTOM avec Amanda Plummer, Saskia Reeves et Paul Bown. - Une caissière de station-service tombe amoureuse d'une meurtrière déséquilibrée.
VO→31,95$ 18 ans +

**BY DAWN'S EARLY LIGHT** ▷5
É.-U. 1990. Drame de guerre de Jack SHOLDER avec Powers Boothe, Rebecca DeMornay et Martin Landau. - L'équipage d'un bombardier, dont le pilote et la co-pilote ont entrepris une liaison, reçoit l'ordre de riposter à une attaque russe sur Washington.
VO→LS Général

**BY DESIGN** ▷5
CAN. 1981. Comédie de mœurs de Claude JUTRA avec Patty Duke Austin, Sara Botsford et Saul Rubinek. - Un couple de lesbiennes voulant élever un enfant se met à la recherche d'un père idéal.
VF→LS VO→LS 18 ans +

**BY LOVE POSSESSED** ▷5
É.-U. 1961. Drame de John STURGES avec Efrem Zimbalist, Lana Turner et George Hamilton. - L'existence bourgeoise d'un avocat est bouleversée par divers événements.
VO→13,95$ Général

**BY THE LIGHT OF THE SILVERY MOON** ▷5
É.-U. 1952. Comédie musicale de D. BUTLER avec Doris Day, Gordon MacRae et Billy Gray. - Un jeune homme semble peu pressé de se marier, au désespoir de sa fiancée.
VO→19,95$ Général

**BYE-BYE** ▷4
FR. 1995. Drame de mœurs de Karim DRIDI avec Sami Bouajila, Ouassini Embarek et Sofiano Mammeri. - Un jeune Parisien d'origine tunisienne recherche son frère cadet qui s'est enfui à Marseille.
VO→26,95$ 13 ans +

**BYE BYE BIRDIE** ▷4
É.-U. 1963. Comédie musicale de George SIDNEY avec Janet Leigh, Dick Van Dyke et Ann-Margret. - Un compositeur de chansons décide de faire lancer une de ses œuvres à la télévision par une vedette de «rock'n'roll».
VO→13,95$ Général

**BYE BYE BLUES** ▷3
CAN. 1989. Drame de Anne WHEELER avec Rebecca Jenkins, Luke Reilly et Michael Ontkean. - La femme d'un médecin militaire emprisonné par les Japonais se fait engager dans un orchestre de son village de l'Alberta et contribue à le rendre populaire. - Agréable tableau d'époque. Personnages bien campés. Relations personnelles dessinées avec finesse et précision. Fine interprétation.
VF→LS VO→LS Général

**BYE BYE BOSS**
Voir: SWIMMING WITH SHARKS

**BYE BYE BRÉSIL** ▷4
BRÉ. 1980. Comédie musicale de Carlos DIEGUES avec José Wilker, Betty Faria et Fabio Junior. - Un paysan musicien se joint à un groupe de forains qui vient de traverser son village.
STA→21,95$ **13 ans +**

**BYE BYE CHAPERON ROUGE**
Voir: BYE BYE LITTLE RED RIDING HOOD

**BYE BYE LITTLE RED RIDING HOOD** ▷5
QUÉ-HON. 1989. Conte de Marta MESZAROS avec Fanny Lauzier, Pamela Collyer et Jan Nowicki. - Au cours d'une de ses balades dans le bois, une adolescente fait la rencontre d'un loup qui parle.
VF→LS VO→LS **Général**

**BYE BYE MONKEY**
Voir: RÊVE DE SINGE

**C'EST ARRIVÉ À NAPLES**
Voir: IT STARTED IN NAPLES

**C'EST ARRIVÉ DEMAIN**
Voir: IT HAPPENED TOMORROW

**C'EST ARRIVÉ PRÈS DE CHEZ VOUS** ▷4
BEL. 1991. Comédie satirique réalisée et interprétée par Rémy BELVAUX, André BONZEL et Benoît POELVOORDE. - Une petite équipe de cinéastes réalise un documentaire sur un jeune criminel qui vole et tue pour subvenir à ses besoins.
VO→LS 18 ans + Violence

**C'EST DUR POUR TOUT LE MONDE** ▷5
FR. 1974. Comédie satirique de Christian GION avec Francis Perrin, Bernard Blier et Claude Piéplu. - Un jeune publicitaire ayant perdu son emploi arrive à partir sa propre agence, mais son ex-patron décide d'éliminer ce concurrent coriace.
VO→LS Général

**C'EST ELLE**
Voir: SHE'S THE ONE

**C'EST L'APOCALYPSE**
Voir: APOCALYPSE NOW

**C'EST LA FAUTE AU CHASSEUR**
Voir: BLAME IT ON THE BELLBOY

**C'EST LA VIE**
Voir: THAT'S LIFE!

**C'EST LE PETIT QU'IL NOUS FAUT**
Voir: GET SHORTY

**C'EST MA MORT APRÈS TOUT**
Voir: DEFENDING YOUR LIFE

**C'EST MA VIE APRÈS TOUT**
Voir: WHOSE LIFE IS IT ANYWAY?

**C'EST PAS LA FAUTE À JACQUES CARTIER** ▷0
QUÉ. 1967, Clément PERRON & Georges DUFAUX
VO→LS Général

**C'EST PAS MOI, C'EST LUI** ▷4
FR. 1979. Comédie réalisée et interprétée par Pierre RICHARD avec Aldo Maccione et Valérie Mairesse. - En acceptant d'accompagner un acteur italien en Tunisie, un scénariste s'attire divers ennuis.
VO→LS Général

**C'EST PAS PARCE QU'ON A RIEN À DIRE QU'IL FAUT FERMER SA GUEULE** ▷5
FR. 1974. Comédie policière de Jacques BESNARD avec Bernard Blier, Michel Serrault et Jean Lefebvre. - Des voleurs veulent cambrioler le coffre-fort d'une banque à partir de la salle de toilettes de la gare voisine.
VO→LS Général

**C'EST PAS PARCE QU'ON EST PETIT QU'ON PEUT PAS ÊTRE GRAND**
Voir: THE GREAT LAND OF THE SMALL

**C'EST SURTOUT PAS DE L'AMOUR**
Voir: NOT A LOVE STORY - A FILM ABOUT PORNOGRAPHY

**C'EST UN TOUR DE DESTINY**
Voir: DESTINY TURNS ON THE RADIO

**C'ÉTAIT DEMAIN**
Voir: TIME AFTER TIME

**C'ÉTAIT LE 12 DU 12 ET CHILI AVAIT LES BLUES** ▷5
QUÉ. 1993. Drame psychologique de Charles BINAMÉ avec Roy Dupuis, Lucie Laurier et Joëlle Morin. - Dans une gare où de nombreux passagers sont immobilisés par une tempête de neige, un vendeur itinérant réconforte une écolière mélancolique.
VO→19,95$ Général

**C'T'À TON TOUR, LAURA CADIEUX** ▷5
QUÉ. 1998. Comédie de mœurs de Denise FILIATRAULT avec Ginette Reno, Pierrette Robitaille et Denise Dubois. - Une mère de famille obèse se rend à son rendez-vous médical hebdomadaire, où elle fraternise avec d'autres femmes dans sa condition.
STA→18,95$ VO→19,95$ 13 ans + Langage vulgaire

**ÇA COMMENCE À VERA CRUZ**
Voir: THE BIG STEAL

**ÇA COMMENCE AUJOURD'HUI** ▷3
FR. 1999. Drame social de Bertrand TAVERNIER avec Philippe Torreton, Maria Pitarresi et Nadia Kaci. - Les combats quotidiens du directeur d'une école maternelle dans une petite ville du nord de la France durement frappée par le chômage. - Constat critique alarmant. Grande densité dramatique. Réalisation dynamique et maîtrisée. Interprétation de première force.
VO→LS Général

**ÇA N'ARRIVE QU'À MOI** ▷5
FR. 1984. Comédie réalisée et interprétée par Francis PERRIN avec Véronique Genest et Bernard Blier. - Tombé amoureux de la fille de son patron, un journaliste est entraîné dans une aventure rocambolesque.
VO→LS Général

**ÇA N'ARRIVE QU'AUX AUTRES** ▷4
FR. 1971. Drame psychologique de Nadine TRINTIGNANT avec Catherine Deneuve, Marcello Mastroianni et Dominique Labourier. - La dure épreuve d'un couple frappé par la mort inattendue de leur bébé.
VO→LS Général

**ÇA TOURNE À MANHATTAN**
Voir: LIVING IN OBLIVION

**ÇA VA CLANCHER!**
Voir: SPEED 2: CRUISE CONTROL

**ÇA VA FAIRE MAL** ▷6
FR. 1982. Comédie de Jean-François DAVY avec Daniel Ceccaldi, Henri Guybet et Bernard Menez. - Les tribulations d'un petit producteur de films qui entreprend la fabrication d'un film érotique pour se renflouer.
VO→LS Général

**ÇA VA PAS ÊTRE TRISTE** ▷5
FR. 1982. Comédie de Pierre SISSER avec Henri Courseaux, Daniel Russo et Darry Cowl. - Un jeune avocat est entraîné par deux de ses clients à participer à un hold-up de banque en province.
VO→LS Général

**CABALE**
Voir: NIGHTBREED

**CABARET** ►2
É.-U. 1972. Comédie musicale de Bob FOSSE avec Liza Minnelli, Michael York et Helmut Griem. - À Berlin en 1931, un jeune Anglais s'éprend d'une Américaine aux allures excentriques qui chante dans une boîte de troisième ordre.- Évocation brillante d'une période de décadence. Réalisation technique d'une grande habileté. Interprétation de qualité.
VO→19,95$ VF→LS LBX-DVD→21,95$ 13 ans +

**CABARET BALKAN** ▷0
FR.-GRÈ.-MAC.-TUR.-YOU. 1998, Goran PASKALJEVIC
STA→LS 13 ans +

**CABARET NEIGES NOIRES** ▷4
QUÉ. 1997. Comédie dramatique de Raymond SAINT-JEAN avec Suzanne Lemoine, Dominique Quesnel et Roger Larue. - À Montréal, un spectacle de cabaret met en scène des personnages au futur incertain.
VO→19,95$ 13 ans +

**CABEZA DE VACA** ▷3
MEX. 1991. Drame historique de Nicolas ECHEVARRIA avec Juan Diego, Daniel Gimenez Cacho et Roberto Sosa. - Au XVIe siècle, un conquistador naufragé en Floride est initié aux mœurs et coutumes d'une tribu d'indigènes dont il est le prisonnier. - Traitement épique. Approche documentaire fort intéressante. Reconstitution d'époque convaincante. Interprétation solide de J. Diego.
STA→LS Général

**CABIN IN THE SKY** ▷3
É.-U. 1942. Comédie musicale de Vincente MINNELLI avec Ethel Waters, Eddie Anderson et Lena Horne. - Un Noir blessé dans une rixe rêve que le diable et son ange gardien se disputent son âme. - Fantaisie poétique pleine de fraîcheur. Réalisation alerte. Interprétation savoureuse de comédiens de race noire.
VO→14,95$ Général

**CABINE DES AMOUREUX, LA** ▷6
ITA. 1977. Comédie de Sergio CITTI avec Luigi Proietti, Jodie Foster et Ugo Tognazzi. - Chassés-croisés amoureux autour d'une cabine de bain jusqu'à ce qu'un orage disperse les vacanciers.
VF→LS 18 ans +

**CABINET DU DR. CALIGARI, LE** ►2
ALL. 1919. Drame fantastique de Robert WIENE avec Werner Krauss, Conrad Veidt et Lil Dagover. - Un mystérieux saltimbanque fait commettre des crimes à un somnambule. - Classique de l'expressionnisme allemand. Réalisation technique originale. Décors volontairement déformés. Interprétation stylisée.
ITA→34,95$ ITA-DVD→49,95$ Général

**CABINET OF DR. CALIGARI, THE**
Voir: LE CABINET DU DR. CALIGARI

**CABIRIA** ▷0
ITA. 1914, Giovanni PASTRONE
ITA→34,95$ Général

**CABLE GUY, THE** ▷6
É.-U. 1996. Comédie satirique de Ben STILLER avec Jim Carrey, Matthew Broderick et Leslie Mann. - Un inconnu au caractère fantasque et un peu inquiétant s'immisce dans la vie d'un jeune architecte dont il veut devenir le meilleur ami.
VO→12,95$ VF→12,95$ Général

**CABOCHARD, LE**
Voir: SATURDAY NIGHT AND SUNDAY MORNING

**CABOOSE** ▷5
QUÉ. 1996. Drame policier de Richard ROY avec Gildor Roy, Céline Bonnier et James Hyndman. - Croyant sa vie menacée, un policier démissionnaire engage une jeune collègue inexpérimentée pour protéger ses arrières.
VO→19,95$ 16 ans +

**CACTUS EN FLEUR, LE**
Voir: THE SUMMER HOUSE

**CACTUS FLOWER** ▷4
É.-U. 1969. Comédie de Gene SAKS avec Ingrid Bergman, Walter Matthau et Goldie Hawn. - Un dentiste devient amoureux de sa secrétaire après maints quiproquos.
VO→9,95$ VF→9,95$ 13 ans +

**CADAVRE AU DESSERT, UN**
Voir: MURDER BY DEATH

**CADAVRE SOUS LE CHAPEAU, UN**
Voir: MILLER'S CROSSING

**CADAVRES NE PORTENT PAS DE COSTARDS, LES**
Voir: DEAD MEN DON'T WEAR PLAID

**CADDY, THE** ▷5
É.-U. 1953. Comédie de Norman TAUROG avec Jerry Lewis, Dean Martin et Donna Reed. - Timide et gauche, le fils d'un champion de golf tente d'être digne de la réputation de son père.
VF→LS VO→14,95$ Général

**CADDYSHACK** ▷6
É.-U. 1980. Comédie de Harold RAMIS avec Michael O'Keefe, Ted Knight et Rodney Dangerfield. - Les tentatives d'un adolescent employé dans un club de golf pour obtenir une bourse d'études.
VF→14,95$ VO→14,95$ 13 ans +

**CADEAU, LE** ▷5
FR. 1982. Comédie de Michel LANG avec Pierre Mondy, Clio Goldsmith et Claudia Cardinale. - Les mésaventures d'un cadre de banque qui, à l'occasion de sa retraite, reçoit en cadeau une aventure avec une call-girl.
VO→LS 13 ans +

**CADETS DE WEST POINT, LES**
Voir: WEST POINT STORY

**CADILLAC MAN** ▷5
É.-U. 1990. Comédie dramatique de Roger DONALDSON avec Robin Williams, Tim Robbins et Fran Drescher. - Un vendeur de voitures dont l'emploi est menacé doit affronter les excès de jalousie d'un énergumène le jour d'une vente exceptionnelle.
VF→LS VO→LS Général

**CAFÉ EUROPA EN UNIFORME**
Voir: G.I. BLUES

**CAFÉ EXPRESS** ▷4
ITA. 1979. Comédie de Nanni LOY avec Nino Manfredi, Vittorio Caprioli et Adolfo Celi. - Les problèmes d'un Napolitain qui essaie de vendre du café à la sauvette sur les trains.
VF→LS Général

**CAFÉ ITALIA MONTRÉAL** ▷4
QUÉ. 1985. Documentaire de Paul TANA avec Pierre Curzi, Toni Nardi et Aldo Nova. - Kaléidoscope de l'expérience italienne au Québec.
VO→21,95$ Général

**CAGE AUX FOLLES, LA** ▷4
FR. 1978. Comédie d'Édouard MOLINARO avec Michel Serrault, Ugo Tognazzi et Michel Galabru. - Les problèmes d'un couple d'homosexuels propriétaires d'une boîte de travestis.
STA→19,95$ 13 ans +

**CAGE AUX FOLLES 2, LA** ▷5
FR. 1980. Comédie d'Édouard MOLINARO avec Michel Serrault, Ugo Tognazzi et Marcel Bozzuffi. - Devenu dépositaire par inadvertance d'un microfilm recherché par divers agents secrets, un couple homosexuel fuit vers l'Italie.
STA→19,95$ 13 ans +

**CAGE AUX FOLLES 3, LA** ▷6
FR. 1985. Comédie de Georges LAUTNER avec Michel Serrault, Ugo Tognazzi et Antonella Interlenghi. - La vedette d'une revue de travestis hésite à se plier aux exigences de mariage liées à l'obtention d'un héritage.
VO→19,95$ Général

**CAGE DE MA TANTE, LA**
Voir: THE BIRDCAGE

**CAGED HEAT** ▷6
É.-U. 1974. Drame de Jonathan DEMME avec Juanita Brown, Roberta Collins et Erica Gavin. - Après s'être évadées d'une prison où les détenues sont fréquemment torturées, trois criminelles décident d'y retourner afin de délivrer une amie.
VF→LS VO→LS **18 ans +**

**CAHIER VOLÉ, LE** ▷4
FR. 1992. Drame de mœurs de Christine LIPINSKA avec Élodie Bouchez, Edwige Navarro et Benoît Magimel. - À la Libération, la fille d'un cafetier de village qui est aimée par deux amis d'enfance leur préfère une copine de classe.
VO→12,95$ **Général**

**CAHILL: UNITED STATES MARSHAL** ▷4
É.-U. 1973. Western de Andrew V. McLAGLEN avec John Wayne, Gary Grimes et George Kennedy. - Les jeunes fils d'un policier se rendent complices d'un vol de banque.
VO→PC **Général**

**CAÏD À HARLEM, UN**
Voir: NEW JACK CITY

**CAÏDS, LES** ▷5
FR. 1972. Drame policier de Robert ENRICO avec Serge Reggiani, Juliet Berto et Patrick Bouchitey. - Deux cascadeurs et un jeune meurtrier d'occasion participent à un hold-up et sont poursuivis par la police.
VO→LS **13 ans +**

**CAINE MUTINY, THE** ▷4
É.-U. 1953. Drame d'Edward DMYTRYK avec Humphrey Bogart, Van Johnson et Jose Ferrer. - Un officier de marine est jugé en cour militaire pour avoir pris la place de son capitaine.
VO→18,95$ LBX→19,95$ LBX-DVD→36,95$ **Général**

**CAIRO** ▷0
É.-U. 1942, W.S. VAN DYKE II
VO→LS **Général**

**CAL** ▷3
IRL. 1984. Drame psychologique de Pat O'CONNOR avec John Lynch, Helen Mirren et John Kavanagh. - Un jeune Irlandais catholique qui a été complice de l'assassinat d'un policier s'éprend de la veuve de la victime. - Histoire d'amour mélancolique et prenante. Mise en scène au ton retenu laissant percer une tristesse sourde. Interprétation sobre et juste.
VO→19,95$ **13 ans +**

**CALAMITY JANE** ▷4
É.-U. 1953. Comédie musicale de David BUTLER avec Doris Day, Howard Keel et Allyn McLerie. - Une femme aux allures masculines se transforme en une ravissante jeune fille.
VO→14,95$ **Non classé**

**CALENDAR** ▷4
CAN. 1993. Drame réalisé et interprété par Atom EGOYAN avec Arsinée Khanjian et Ashot Adamian. - Un photographe canadien d'origine arménienne parcourt le pays de ses ancêtres afin d'y photographier de vieilles églises pour un projet de calendrier.
VO→14,95$ **Général**

**CALENDRIER MEURTRIER**
Voir: THE JANUARY MAN

**CALICE D'ARGENT, LE**
Voir: THE SILVER CHALICE

**CALIFORNIA SUITE** ▷4
É.-U. 1978. Comédie de Herbert ROSS avec Jane Fonda, Maggie Smith et Walter Matthau. - Dans un hôtel de Los Angeles, des couples affrontent des problèmes divers.
VO→9,95$ **13 ans +**

**CALIGULA** ▷6
É.-U. 1979. Drame historique de Tinto BRASS avec Malcolm McDowell, Teresa Ann Savoy et Peter O'Toole. - Nommé nouvel empereur, le petit-fils adoptif de Tibère, Caligula, s'adonne à la cruauté et à l'excentricité.
VO→LS **18 ans +**

**CALIGULA REINCARNATED AS HITLER** ▷0
ITA. 1976, Cesare CANEVARI
VF→LS **Non classé**

**CALL ME BWANA** ▷5
É.-U. 1963. Comédie de Gordon DOUGLAS avec Bob Hope, Anita Ekberg et Edie Adams. - Un écrivain vantard doit retrouver une capsule spatiale tombée en Afrique.
VO→PC **Général**

**CALL NORTHSIDE 777** ▷4
É.-U. 1948. Drame policier de Henry HATHAWAY avec James Stewart, Richard Conte et Lee J. Cobb. - Un journaliste tente d'éclaircir une vieille affaire policière.
VO→24,95$ **Général**

**CALME BLANC**
Voir: DEAD CALM

**CAMELOT** ▷3
É.-U. 1967. Comédie musicale de Joshua LOGAN avec Richard Harris, Vanessa Redgrave et Franco Nero. - La femme du roi Arthur s'éprend du chevalier Lancelot. - Approche intimiste dans un film à grand déploiement. Mélange habile de familiarité et de révérence.
LBX→19,95$ VO→19,95$ LBX-DVD→21,95$ **Général**

**CAMERAMAN, THE** ►2
É.-U. 1928. Comédie d'Edward SEDGWICK avec Buster Keaton, Marceline Day et Harold Goodwin. - Afin de gagner le cœur de sa dulcinée, un photographe tente vainement de tourner des scènes d'actualité avec une caméra usagée. - Film muet. Pointes critiques envers l'industrie cinématographique. Gags des plus inventifs. B. Keaton donnant la pleine mesure de son talent.
VO→29,95$ **Général**

**CAMILA** ▷3
ARG.-ESP. 1984. Drame social de Maria Luisa BEMBERG avec Susu Pecoraro, Imanol Arias et Hector Alterio. - En 1847, en Argentine, un prêtre amoureux d'une jeune fille de bonne famille s'enfuit avec elle dans un village lointain. - Récit inspiré de faits réels. Contexte historique habilement évoqué. Touches psychologiques valables.
STA→56,95$ **Général**

**CAMILLA** ▷5
CAN. 1993. Comédie dramatique de Deepa MEHTA avec Jessica Tandy, Bridget Fonda et Elias Koteas. - Sur la route qui les conduit à Toronto, une jeune guitariste et une vieille violoncelliste se révèlent l'une à l'autre.
VO→34,95$ **Général**

**CAMILLE** ▷3
É.-U. 1936. Drame sentimental de George CUKOR avec Greta Garbo, Robert Taylor et Henry Daniell. - Un jeune homme de bonne famille s'éprend d'une courtisane. - Adaptation de «La Dame aux Camélias». Style un peu vieilli d'un romantisme accentué. Ensemble très soigné. Jeu sensible de G. Garbo.
VO→19,95$ **Général**

**CAMILLE CLAUDEL** ▷3
FR. 1988. Drame biographique de Bruno NUYTTEN avec Isabelle Adjani, Gérard Depardieu et Laurent Greville. - Une jeune femme sculpteur finit par être détruite par la passion dévorante qu'elle éprouve pour son art et pour Auguste Rodin. - Traitement convaincant. Évocation d'époque ne manquant pas de tonus. Mise en scène de belle qualité. Interprétation étonnante.
VO→19,95$ STA→LS **Général**

**CAMORRA** ▷4
ITA. 1985. Drame social de Lina WERTMULLER avec Angela Molina, Francisco Rabal et Harvey Keitel. - À Naples, les membres d'une famille de trafiquants de drogue sont tués tour à tour sans que la police n'arrive à trouver de coupable.
VF→LS **Non classé**

**CAMPBELL'S KINGDOM** ▷5
ANG. 1957. Aventures de Ralph THOMAS avec Dirk Bogarde, Stanley Baker et Barbara Murray. - Un jeune homme éprouve des difficultés à exploiter un terrain pétrolifère que lui a légué son grand-père.
VO→18,95$ **Général**

**CAN-CAN** ▷5
É.-U. 1960. Comédie musicale de Walter LANG avec Frank Sinatra, Shirley MacLaine et Louis Jourdan. - Les mésaventures sentimentales de la directrice d'une boîte de nuit parisienne.
VO→LS **Non classé**

**CAN SHE BAKE A CHERRY PIE?** ▷4
É.-U. 1983. Comédie de mœurs de Henry JAGLOM avec Karen Black, Michael Emil et Michael Margotta. - Les tribulations sentimentales d'un divorcé de New York.
VO→LS **13 ans +**

**CAN'T HARDLY WAIT** ▷5
É.-U. 1998. Comédie de Deborah KAPLAN et Harry ELFONT avec Ethan Embry, Seth Green et Jennifer Love Hewitt. - Divers incidents surviennent lors d'une soirée où de jeunes étudiants fêtent leur diplôme.
VF→14,95$ VO→PC **Général**

**CAN'T STOP THE MUSIC** ▷5
É.-U. 1980. Comédie musicale de Nancy WALKER avec Valerie Perrine, Steve Guttenberg et Bruce Jenner. - Pour lancer ses chansons, un jeune compositeur forme un groupe musical avec des inconnus.
VO→LS **Général**

**CAN'T YOU HEAR THE WIND HOWL?** ▷0
É.-U. 1997, Peter MEYER
VO→27,95$

**CANADIAN BACON** ▷5
É.-U. 1995. Comédie satirique de Michael MOORE avec Alan Alda, John Candy et Rhea Perlman. - Pour relever sa cote de popularité, le président des États-Unis provoque une guerre froide avec le Canada.
VO→11,95$ **Général**

**CANARD À L'ORANGE, LE** ▷5
ITA. 1975. Comédie de Luciano SALCE avec Ugo Tognazzi, Monica Vitti et John Richardson. - Apprenant les intentions de divorce de sa femme, un riche publicitaire invite son rival à passer un week-end chez lui.
VF→LS **Général**

**CANDIDATE, THE** ▷4
É.-U. 1972. Étude de mœurs de Michael RITCHIE avec Robert Redford, Peter Boyle et Don Porter. - Un organisateur de campagne électorale convainc un jeune avocat de se présenter au siège de sénateur en Californie.
VO→19,95$ VF→19,95$ **Général**

**CANDLESHOE** ▷4
É.-U. 1977. Comédie policière de Norman TOKAR avec Jodie Foster, David Niven et Helen Hayes. - Engagée par un escroc pour tromper une vieille dame anglaise, une adolescente délinquante se prend de sympathie pour sa victime.
VF→LS **Général**

**CANDY** ▷0
É.-U. 1968, Christian MARQUAND
VO→14,95$ DVD→34,95$

**CANDYMAN** ▷4
É.-U. 1992. Drame fantastique de Bernard ROSE avec Virginia Madsen, Tony Todd et Xander Berkeley. - Une jeune anthropologue enquête sur un meurtre qu'une croyance populaire attribue à un être maléfique.
VO→9,95$ VF→9,95$ LBX-DVD→23,95$ **13 ans + Horreur**

**CANNERY ROW** ▷5
É.-U. 1982. Comédie dramatique de David S. WARD avec Nick Nolte, Debra Winger et M. Emmet Walsh. - Un ancien joueur de base-ball dirige un laboratoire de zoologie marine dans un quartier habité par des clochards.
VF→LS VO→LS **Général**

**CANNIBAL FEROX** ▷0
ITA. 1980, Umberto LENZI
VF→LS **18 ans +**

**CANNIBAL HOLOCAUST** ▷0
ITA. 1979, Ruggero DEODATO
VF→LS **Non classé**

**CANNIBAL: THE MUSICAL** ▷0
É.-U. 1996, Trey PARKER
VO→LS **13 ans + Horreur**

**CANNONBALL RUN, THE** ▷6
É.-U. 1981. Comédie de Hal NEEDHAM avec Burt Reynolds, Dom De Luise et Farrah Fawcett. - Les tribulations des concurrents dans une course d'autos illégale à travers les États-Unis.
VO→11,95$ **Général**

**CANONS DE NAVARONE, LES**
Voir: THE GUNS OF NAVARONE

**CANTERBURY TALES, THE**
Voir: LES CONTES DE CANTERBURY

**CANTERVILLE GHOST, THE** ▷4
É.-U. 1944. Comédie fantaisiste de Jules DASSIN avec Charles Laughton, Robert Young et Margaret O'Brien. - Un noble anglais, mort en lâche, est condamné à être un fantôme jusqu'à ce qu'un de ses descendants fasse preuve d'héroïsme.
VO→19,95$ **Général**

**CANYON PASSAGE** ▷4
É.-U. 1946. Western de Jacques TOURNEUR avec Dana Andrews, Susan Hayward et Brian Donlevy. - Les aventures d'un jeune commerçant en Oregon vers 1856.
VO→14,95$ **Général**

**CAP CANAILLE** ▷0
FR. 1983, Jean-Henri ROGER
VO→LS **Non classé**

**CAP SUR LES ÉTOILES**
Voir: SPACE CAMP

**CAP TOURMENTE** ▷4
QUÉ. 1993. Drame psychologique de Michel LANGLOIS avec Andrée Lachapelle, Roy Dupuis et Élise Guilbault. - Dans une auberge de la Côte-Nord, une mère et sa fille voient leur existence bouleversée par le retour du fils et d'un vieil ami de la maison.
VO→12,95$ **16 ans +**

**CAPE FEAR** ▷3
É.-U. 1991. Drame de Martin SCORSESE avec Robert De Niro, Nick Nolte et Jessica Lange. - À sa sortie de prison, un déséquilibré entreprend de tourmenter la famille d'un avocat qu'il tient responsable de son incarcération. - Exercice de style dans l'épouvante. Progression dramatique implacable. Plusieurs moments de tension forte. Réalisation inventive. Interprétation prenante.
VF→11,95$ VO→13,95$ LBX→16,95$ **18 ans +**

**CAPE FEAR** ▷4
É.-U. 1962. Drame de J. Lee THOMPSON avec Gregory Peck, Robert Mitchum et Polly Bergen. - Un criminel se venge sur l'avocat qui l'a fait condamner à huit ans de prison.
VO→11,95$ **Non classé**

**CAPITAINE CONAN** ▷3
FR. 1996. Drame de guerre de Bertrand TAVERNIER avec Philippe Torreton, Samuel Le Bihan et Bernard Le Coq. - Dans les Balkans en 1918, un officier prend la défense de ses hommes qu'un tribunal veut condamner pour meurtre et vol. - Réflexions humanistes sur les traumatismes laissés par la guerre. Traitement d'un réalisme palpable. Mise en scène rigoureuse. Excellente interprétation de P. Torreton.
STA-LBX→34,95$ LBX→28,95$ **13 ans + Violence**

**CAPITAINE CROCHET**
Voir: HOOK

**CAPORAL ÉPINGLÉ, LE** ▷3
FR. 1962. Drame de guerre de Jean RENOIR avec Jean-Pierre Cassel, Claude Brasseur et Claude Rich. - Les tentatives d'un caporal pour s'évader d'un camp de prisonniers. - Adaptation chaleureuse du roman de Jacques Perret. Montage nerveux et soigné.
STA→LS **Général**

**CAPRICES D'UN FLEUVE, LES** ▷4
FR. 1995. Drame psychologique réalisé et interprété par Bernard GIRAUDEAU avec Richard Bohringer et France Zobda. - Ayant tué en duel un ami du roi, un noble est exilé dans une petite colonie africaine.
VO→18,95$ **13 ans +**

**CAPRICORN ONE** ▷5
É.-U. 1978. Science-fiction de Peter HYAMS avec Elliott Gould, James Brolin et Hal Holbrook. - Un journaliste découvre qu'une expédition sur Mars n'est qu'une supercherie.
VF→LS VO→11,95$ LBX-DVD→15,95$ **Général**

**CAPTAIN AMERICA** ▷6
É.-U. 1979. Aventures de Rod HOLCOMB avec Reb Brown, Len Birman et Heather Menzies. - Un justicier masqué combat les forces du mal à l'aide d'une motocyclette spéciale.
VO→18,95$ VO→18,95$ **Général**

**CAPTAIN AMERICA** ▷5
É.-U. 1989. Drame fantastique d'Albert PYUN avec Matt Salinger, Ronny Cox et Ned Beatty. - Un super-héros qui est demeuré congelé depuis la Seconde Guerre mondiale doit affronter un vieil ennemi à la solde d'un militaire mégalomane.
VO→16,95$ **13 ans +**

**CAPTAIN AMERICA II** ▷5
É.-U. 1980. Aventures de Ivan NAGY avec Reb Brown, Christopher Lee et Lana Wood. - Le fils d'un super-héros décédé prend la relève de son père pour combattre les forces du mal.
VO→18,95$ **Général**

**CAPTAIN BLOOD** ▷4
É.-U. 1934. Aventures de Michael CURTIZ avec Errol Flynn, Olivia de Havilland et Basil Rathbone. - Un condamné politique s'enfuit et devient pirate.
VF→19,95$ VO→19,95$ **Non classé**

**CAPTAIN BOYCOTT** ▷4
ANG. 1947. Drame de Frank LAUNDER avec Stewart Granger, Kathleen Ryan et Cecil Parker. - L'arrogance d'un riche propriétaire anglais provoque la résistance de ses fermiers irlandais.
VO→LS **Général**

**CAPTAIN FROM CASTILE** ▷5
É.-U. 1948. Aventures de Henry KING avec Tyrone Power, Jean Peters et Cesar Romero. - Un jeune noble espagnol participe à la conquête du Mexique.
VO→22,95$ **Général**

**CAPTAIN HORATIO HORNBLOWER** ▷5
ANG. 1951. Aventures de Raoul WALSH avec Gregory Peck, Virginia Mayo et Robert Beatty. - Les exploits du capitaine d'une frégate anglaise au début du XVIIIe siècle.
VO→19,95$ **Général**

**CAPTAIN KRONOS: VAMPIRE HUNTER** ▷4
ANG. 1972. Drame fantastique de Brian CLEMENS avec Horst Janson, John Cater et Caroline Munro. - Un docteur fait appel à un chasseur de vampires lorsque des jeunes filles de son village vieillissent prématurément et meurent.
VO→LS **13 ans +**

**CAPTAIN NEWMAN, M.D.** ▷4
É.-U. 1963. Comédie dramatique de David MILLER avec Gregory Peck, Tony Curtis et Angie Dickinson. - Pendant la guerre, un psychiatre soigne des soldats ébranlés par des expériences de combat.
VO→16,95$ **Non classé**

**CAPTAIN SINBAD** ▷5
É.-U. 1963. Conte de Byron HASKIN avec Guy Williams, Heidi Bruhl et Pedro Armendariz. - Sinbad revient au Baristan pour délivrer la princesse qu'il aime des mains d'un tyran.
VO→14,95$ **Général**

**CAPTAIN'S PARADISE, THE** ▷4
ANG. 1953. Comédie de Anthony KIMMINS avec Alec Guinness, Celia Johnson et Yvonne de Carlo. - Les mésaventures d'un capitaine de cargo qui a une femme à Gibraltar et une maîtresse au Maroc.
VO→LS **Non classé**

**CAPTAINS COURAGEOUS** ▷3
É.-U. 1937. Drame de Victor FLEMING avec Freddie Bartholomew, Spencer Tracy et Lionel Barrymore. - Après être tombé à la mer, un enfant au caractère difficile est recueilli à bord d'un bateau de pêche. - Adaptation soignée du roman de Rudyard Kipling. Belles images. Interprétation remarquable de S. Tracy.
VO→19,95$ **Général**

**CAPTIVE** ▷5
É.-U. 1985. Drame psychologique de Paul MAYERSBERG avec Irina Brook, Xavier Deluc et Corinne Dacla. - Enlevée par trois jeunes gens, la fille d'un millionnaire est soumise à de curieux traitements.
VF→LS **13 ans +**

**CAPTIVE WILD WOMAN** ▷0
É.-U. 1943, Edward DMYTRYK
VO→14,95$ **Général**

**CAPTIVES** ▷4
É.-U. 1995. Drame de mœurs d'Angela POPE avec Julia Ormond, Tim Roth et Keith Allen. - Une dentiste travaillant dans un pénitencier s'engage dans une liaison interdite avec un détenu.
VF→11,95$ VO→11,95$ **13 ans +**

**CAR WASH** ▷5
É.-U. 1976. Comédie de mœurs de Michael SCHULTZ avec Franklin Ajaye, Sully Boyar et Ivan Dixon. - Divers incidents se produisent dans un service de lavage d'autos.
VO→9,95$ **Général**

**CAR, THE** ▷5
É.-U. 1977. Drame fantastique de Elliot SILVERSTEIN avec James Brolin, Kathleen Lloyd et Ronny Cox. - Dans une région du sud-ouest américain, une voiture mystérieuse fait des ravages.
LBX-DVD→27,95$ LBX→14,95$ LBX-DVD→27,95$ **Général**

**CARACTÈRE** ▷4
HOL. 1997. Drame psychologique de Mike VAN DIEM avec Fedja Van Huêt, Jan Decleir et Betty Schuurman. - Dans les années 20, le fils illégitime d'un huissier impitoyable et d'une gouvernante voit toutes ses entreprises contrecarrées par son père.
STA→16,95$ VF→16,95$ **13 ans +**

**CARAVAGGIO** ▷4
ANG. 1986. Drame biographique de Derek JARMAN avec Nigel Terry, Sean Bean et Tilda Swinton. - En 1610, alors qu'il est en train de mourir, le peintre Michelangelo Merisi dit Caravaggio se remémore les points importants de sa vie.
VO→LS **Général**

**CARAVANE DE FEU, LA**
Voir: WAR WAGON, THE

**CARD, THE** ▷3
ANG. 1952. Comédie satirique de Ronald NEAME avec Alec Guinness, Valerie Hobson et Glynis Johns. - La carrière fructueuse d'un arriviste peu scrupuleux. - Humour subtil. Fines touches psychologiques.
VO→LS **Général**

**CARDINAL, THE** ▷4
É.-U. 1963. Drame de Otto PREMINGER avec Tom Tryon, Romy Schneider et John Huston. - La carrière mouvementée d'un prêtre américain qui devient cardinal.
LBX→29,95$ **Général**

**CAREER GIRLS** ▷3
ANG. 1997. Comédie dramatique de Mike LEIGH avec Katrin Cartlidge, Lynda Steadman et Mark Benton. - Deux jeunes femmes, colocataires durant leurs années d'études, se retrouvent six ans plus tard. - Touchante histoire d'amitié. Nombreux flash-backs intelligemment intégrés au récit. Mise en scène fluide.
VO→18,95$ VF→18,95$ **13 ans +**

**CAREER OPPORTUNITIES** ▷5
É.-U. 1991. Comédie de Bryan GORDON avec Frank Whaley, Jennifer Connelly et Dermot Mulroney. - Dans un grand magasin où il travaille la nuit, un jeune concierge s'aperçoit de la présence inattendue de la fille la plus riche en ville.
VO→18,95$ **13 ans +**

**CAREFREE** ▷4
É.-U. 1939. Comédie musicale de Mark SANDRICH avec Fred Astaire, Ginger Rogers et Ralph Bellamy. - Inquiet des fantaisies de sa fiancée, un jeune homme la fait examiner par un psychiatre qui s'éprend d'elle.
VO→14,95$ **Général**

**CAREFUL** ▷4
CAN. 1992. Drame de Guy MADDIN avec Kyle McCulloch, Gosia Dobrowolska et Sarah Neville. - Au XIXe siècle dans un village des Alpes, un jeune homme est tourmenté par un désir incestueux à l'endroit de sa mère.
VO→34,95$ **13 ans +**

**CAREFUL, HE MIGHT HEAR YOU** ▷3
É.-U. 1983. Drame psychologique de Carl SCHULTZ avec Wendy Hughes, Nicholas Gledhill et Robyn Nevin. - Deux sœurs qui se disputent la garde de leur neveu vont jusqu'à lutter en cour. - Récit émouvant. Approche délicate.
VO→LS **Général**

**CARESSES** ▷4
ESP. 1997. Drame de mœurs de Ventura PONS avec David Selvas, Laura Conejero et Julieta Serrano. - Dans une grande ville au cours d'une même nuit, divers individus interagissent et s'affrontent dans des contextes variés.
STA→119,95$ **13 ans + Érotisme**

**CARETAKERS, THE** ▷5
É.-U. 1963. Drame social de Hall BARTLETT avec Robert Stack, Joan Crawford et Polly Bergen. - Un jeune psychiatre rencontre une forte opposition lorsqu'il essaie la thérapie de groupe avec ses patients.
VO→18,95$ **Général**

**CARGAISON DANGEREUSE**
Voir: THE WRECK OF THE MARY DEARE

**CARGO** ▷5
QUÉ. 1990. Drame fantastique de François GIRARD avec Michel Dumont, Geneviève Rioux et Guy Thauvette. - En balade en voilier avec sa fille et l'amant de celle-ci, un homme d'âge mûr se réveille seul au lendemain d'une tempête et est recueilli à bord d'un cargo mystérieux.
VO→14,95$ **Général**

**CARIBOO TRAIL, THE** ▷0
É.-U. 1950, Edwin L. MARIN et Gerald THOMAS
VO→13,95$ **Général**

**CARLA'S SONG** ▷4
ANG.-ALL.-ESP. 1996. Drame de Ken LOACH avec Robert Carlyle, Oyanka Cabezas et Scott Glenn. - Un conducteur de bus écossais accepte de suivre au Nicaragua une jeune immigrante traumatisée par la guerre civile qui ravage son pays.
VF→LS STA→LS **13 ans + Violence**

**CARLITO'S WAY** ▷3
É.-U. 1993. Drame policier de Brian DE PALMA avec Al Pacino, Sean Penn et Penelope Ann Miller. - À sa sortie de prison, un gangster se laisse entraîner par son avocat dans une sale affaire de règlement de comptes. - Film noir agrémenté d'une étude de milieu vivante. Mise en scène fluide. Poursuite finale menée avec virtuosité. Compositions réussies d'A. Pacino et S. Penn.
VF→11,95$ VO→11,95$ LBX→16,95$
LBX-DVD→27,95$ **13 ans + Violence**

**CARLOS SAURA, COFFRET 1 (3 VOLUMES)** ▷0
Voir: CRIA! · DEPRISA, DEPRISA-PEPPERMINT FRAPPE
VO

**CARLOS SAURA, COFFRET 2 (3 VOLUMES)** ▷0
Voir: CRIA! · GARDEN OF DELIGHTS · PEPPERMINT FRAPPE
VO

**CARLTON BROWNE OF THE F.O.** ▷5
ANG. 1958. Comédie de Jeffrey DELL et Roy BOULTING avec Terry-Thomas , Peter Sellers et Luciana Paoluzzi. - Un diplomate peu futé est chargé d'une mission dans une colonie oubliée.
VO→LS **Non classé**

**CARMEN** ▷0
É.-U. 1915, Cecil B. DeMILLE
VO→41,95$ **Général**

**CARMEN** ►2
ESP. 1983. Drame musical de Carlos SAURA avec Antonio Gades, Laura del Sol et Cristina Hoyos. - Un chorégraphe s'éprend de la danseuse qui tient le rôle de Carmen dans un ballet flamenco. - Transposition moderne d'un sujet classique. Mouvement fort bien rythmé. Mélange harmonieux de divers arts. Interprétation juste.
STA→LS VF→LS **Général**

**CARMEN** ►2
FR. 1984. Spectacle musical de Francesco ROSI avec Julia Migenes-Johnson, Placido Domingo et Ruggero Raimondi. - À Séville, en 1820, un brigadier s'éprend d'une cigarettière qu'il est chargé de surveiller. - Adaptation somptueuse et vivante du célèbre opéra de Georges Bizet. Contexte espagnol admirablement évoqué. Apports thématiques intéressants. Interprétation fougueuse de J. Migenes-Johnson.
VO→41,95$ STA→LS LBX-DVD→33,95$ **Général**

**CARMEN JONES** ▷3
É.-U. 1957. Comédie musicale de Otto PREMINGER avec Dorothy Dandridge, Harry Belafonte et Pearl Bailey. - Les aventures amoureuses d'une jeune Noire devenue la coqueluche d'un régiment américain. - Transposition fantaisiste de l'opéra Carmen. Rythme mouvementé. Réalisation et interprétation soignées.
VO→24,95$ **Général**

**CARMEN MIRANDA: BANANAS IS MY BUSINESS** ▷4
É.-U. 1995. Documentaire de Helena SOLBERG et David MEYER. - Évocation de la vie tumultueuse et de la courte carrière de l'actrice brésilienne Carmen Miranda.
VO→13,95$ **Général**

**CARMEN, BABY** ▷0
É.-U.-HOL. 1967, Radley METZGER
LBX→49,95$ **16 ans + Érotisme**

**CARMILLA** ▷0
É.-U. 1990, Gabrielle BEAUMONT
VO→LS **Non classé**

**CARNAL KNOWLEDGE** ▷3
É.-U. 1971. Comédie satirique de Mike NICHOLS avec Jack Nicholson, Art Garfunkel et Candice Bergen. - Les expériences amoureuses de deux amis de collège depuis l'adolescence jusqu'à l'âge mûr. - Tableau satirique amer des complexes de l'Américain moyen. Mise en scène sobre et précise.
VF→14,95$ VO→14,95$ LBX-DVD→18,95$ **18 ans +**

**CARNAVAL DES ÂMES, LE**
Voir: CARNIVAL OF SOULS

**CARNAVAL DES DIEUX, LE**
Voir: SOMETHING OF VALUE

**CARNEGIE HALL** ▷0
É.-U. 1947, Edgar G. ULMER
VO→34,95$ **Non classé**

**CARNIVAL IN FLANDERS**
Voir: LA KERMESSE HÉROÏQUE

**CARNIVAL OF SOULS** ▷5
É.-U. 1962. Drame fantastique de Herk HARVEY avec Candance Hilligoss, Frances Feist et Sidney Berger. - Après un accident d'automobile, une jeune fille connaît d'étranges aventures.
VO→17,95$ **Général**

**CARNIVAL OF SOULS** ▷6
É.-U. 1998. Drame fantastique d'Adam GROSSMAN avec Bobbie Phillips, Larry Miller et Cleavant Derricks. - Des années après l'assassinat de sa mère, une jeune femme traumatisée se sent diaboliquement manipulée par le tueur.
VF→PC VO→17,95$→LBX-DVD→64,95$ **16 ans + Horreur**

**CARNIVAL ROCK** ▷5
É.-U. 1957. Comédie musicale de Roger CORMAN avec Susan Cabot, Brian Hutton et David J. Stewart. - Aimant désespérément une jeune chanteuse, un comédien burlesque fait tout pour rester dans son entourage.
VO→LS **Général**

**CARNY** ▷4
É.-U. 1980. Comédie dramatique de Robert KAYLOR avec Gary Busey, Jodie Foster et Robbie Robertson. - L'arrivée d'une jeune serveuse au sein d'une foire itinérante cause diverses tensions entre les forains.
VO→PC **13 ans +**

**CARO DIARIO**
Voir: JOURNAL INTIME

**CAROLINE CHÉRIE** ▷5
FR. 1967. Aventures de Denys DE LA PATELLIÈRE avec France Anglade, François Guérin et Bernard Blier. - Les aventures galantes d'une jeune aristocrate à l'époque de la Révolution française.
VO→LS **Non classé**

**CAROSSE D'OR, LE** ►2
FR. 1952. Comédie de Jean RENOIR avec Anna Magnani, Duncan Lamont et Paul Campbell. - Au XVIIIe siècle, une comédienne reçoit du vice-roi du Pérou un carrosse d'or. - Intrigue fondée sur le jeu entre le théâtre et la vie. Spectacle ravissant. Mise en scène remarquable. Interprétation de qualité.
VA→34,95$ **Général**

**CAROUSEL** ▷4
É.-U. 1955. Comédie musicale de Henry KING avec Gordon MacRae, Shirley Jones et Cameron Mitchell. - Après sa mort, un bonimenteur de foire reçoit la permission de revenir sur terre pour inspirer sa fille adolescente.
LBX→22,95$ VO→23,95$ **Général**

**CARPETBAGGERS, THE** ▷4
É.-U. 1963. Drame psychologique de Edward DMYTRYK avec George Peppard, Carroll Baker et Alan Ladd. - Les tribulations d'un industriel autoritaire qui s'est lancé dans la production de films.
VO→13,95$ **Général**

**CARREFOUR DES INNOCENTS**
Voir: LOST ANGELS

**CARRIE** ▷3
É.-U. 1976. Drame fantastique de Brian DE PALMA avec Sissy Spacek, Piper Laurie et Betty Buckley. - Victime d'une cruelle plaisanterie, une adolescente utilise ses dons de télékinésie pour une horrible vengeance. - Présentation intéressante de phénomènes métapsychiques. Suspense bien ménagé. Trucages réussis. S. Spacek excellente dans le rôle-titre.
LBX→14,95$ VO→14,95$ LBX-DVD→18,95$ **13 ans +**

**CARRIE** ▷4
É.-U. 1952. Drame psychologique de William WYLER avec Laurence Olivier, Jennifer Jones et Miriam Hopkins. - Un homme d'âge mûr sombre dans la déchéance après avoir quitté son foyer pour rejoindre une jeune fille.
VO→26,95$ **Général**

**CARRIED AWAY** ▷5
É.-U. 1995. Drame psychologique de Bruno BARRETO avec Dennis Hopper, Amy Irving et Amy Locane. - Dans une petite ville du Texas, un professeur d'âge mûr à l'existence morose se laisse séduire par une étudiante de 17 ans.
VF→18,95$ VO→14,95$ **13 ans + Érotisme**

**CARRINGTON** ▷4
ANG. 1995. Drame biographique de Christopher HAMPTON avec Emma Thompson, Jonathan Pryce et Steven Waddington. - La relation d'amour platonique entre la jeune peintre Dora Carrington et le poète homosexuel Lytton Strachey.
VF→LS VO→14,95$ **Général**

**CARS THAT ATE PARIS, THE** ▷4
AUS. 1974. Drame de mœurs de Peter WEIR avec Terry Camilleri, John Meillon et Melissa Jaffer. - Un jeune voyageur découvre que les habitants d'un village provoquent des accidents de la route afin de détrousser les victimes.
VO→LS **13 ans + Violence**

**CARTE DU MONDE, LA**
Voir: A MAP OF THE WORLD

**CARTE VERTE**
Voir: GREEN CARD

**CARTOUCHE** ▷3
FR. 1961. Aventures de Philippe DE BROCA avec Jean-Paul Belmondo, Claudia Cardinale et Odile Versois. - Les prouesses d'un bandit fantasque et chevaleresque au XVIIe siècle. - Traitement spirituel. Mise en scène vigoureuse. Images de qualité. J.-P. Belmondo excellent.
STA→49,95$ **Général**

**CASA, LA** ▷4
QUÉ. 1986. Documentaire de Michel RÉGNIER. - En Équateur, un homme pauvre décide de construire une case en bois sur pilotis pour loger sa nombreuse famille.
VO→LS **Général**

**CASABLANCA** ►2
É.-U. 1941. Drame de Michael CURTIZ avec Humphrey Bogart, Ingrid Bergman et Claude Rains. - Par amour pour une femme, un Américain propriétaire d'un club de nuit au Maroc aide un résistant tchèque à passer à l'étranger. - Classique du cinéma populaire hollywoodien. Habile mélange de romantisme et de cynisme. Mise en scène dynamique. Excellents interprètes.
VF→19,95$ VO→19,95$ DVD→21,95$ **Général**

**CASABLANCA (SPECIAL EDITION)** ▷3
É.-U. 1941. Drame de Michael CURTIZ avec Humphrey Bogart, Ingrid Bergman et Claude Rains. - Par amour pour une femme, un Américain propriétaire d'un club de nuit au Maroc aide un résistant

tchèque à passer à l'étranger. - Habile mélange de romantisme et de cynisme. Mise en scène dynamique. Excellents interprètes.
VO **Général**

**CASABLANCAIS, LES** ▷5
MAR.-CAN.-FR. 1998, Abdelkader LAGTAA
VO→LS **Général**

**CASANOVA BROWN** ▷4
É.-U. 1944. Comédie de Sam WOOD avec Gary Cooper, Teresa Wright et Frank Morgan. - À la veille de se marier, un professeur timide apprend qu'il a une fille d'un mariage précédent.
VO→19,95$ **Général**

**CASANOVA'S BIG NIGHT** ▷0
É.-U. 1954, Norman Z. McLEOD
VO→18,95$

**CASBAH** ▷6
É.-U. 1948. Drame de John BERRY avec Yvonne de Carlo, Tony Martin et Peter Lorre. - Un homme s'éprend d'une touriste qu'il voulait voler.
VO→9,95$ **Général**

**CASH McCALL** ▷5
É.-U. 1959. Drame de Joseph PEVNEY avec James Garner, Natalie Wood et Dean Jagger. - Un homme d'affaires très habile se spécialise dans la relance d'industries en faillite.
VO→18,95$ **Général**

**CASIMIR THE GREAT** ▷0
POL. 1975, Ewa et Czeslaw PETELSKI
LBX→LS **Général**

**CASINO** ▷3
É.-U. 1995. Drame de mœurs de Martin SCORSESE avec Robert De Niro, Joe Pesci et Sharon Stone. - Les hauts et les bas d'un directeur de casino de Las Vegas au début des années 1970. - Analyse des rouages d'une maison de jeux. Réalisation d'une virtuosité étourdissante. Milieu reconstitué avec un soin remarquable. Interprétation saisissante des trois vedettes.
VF→14,95$ LBX→14,95$ LBX-DVD→27,95$ **16 ans + Violence**

**CASINO ROYALE** ▷5
ANG. 1967. Comédie de Val GUEST, Ken HUGHES, John HUSTON, Joe McGRATH et Robert PARRISH avec David Niven, Peter Sellers et Ursula Andress. - Sir James Bond sort de sa retraite pour affronter un gang de criminels.
VF→LS VO→LS **Général**

**CASPER** ▷5
É.-U. 1995. Comédie fantaisiste de Brad SILBERLING avec Christina Ricci, Bill Pullman et Cathy Moriarty. - La fille d'un chasseur de fantômes devient l'amie d'un gentil spectre qui habite avec ses trois oncles malveillants dans un manoir décrépit.
VF→16,95$ VO→15,95$ **Général**

**CASPER L'APPRENTI FANTÔME**
Voir: CASPER: SPIRITED NEW BEGINNING

**CASPER: SPIRITED NEW BEGINNING** ▷0
É.-U. 1997, Sean McNAMARA
VF→21,95$ **Général**

**CASQUE D'OR** ►2
FR. 1951. Drame de mœurs de Jacques BECKER avec Simone Signoret, Serge Reggiani et Claude Dauphin. - Dans les milieux de la pègre, au début du siècle, deux hommes se disputent une femme surnommée «Casque d'Or». - Ensemble puissamment dramatique. Mise en scène minutieuse. Excellente photographie. Interprétation remarquable.
VO→14,95$ **Général**

**CASS TIMBERLANE** ▷4
É.-U. 1947. Comédie dramatique de George SIDNEY avec Spencer Tracy, Lana Turner et Zachary Scott. - Les démêlés conjugaux d'un juge qui a épousé une jeune fille d'un milieu populaire.
VO→19,95$ **Général**

**CASSANDRA CROSSING, THE** ▷5
É.-U. 1976. Drame de George P. COSMATOS avec Richard Harris, Sophia Loren et Burt Lancaster. - Un terroriste contaminé par un bacille virulent se réfugie sur un train.
VF→LS VO→LS LBX-DVD→34,95$ **13 ans +**

**CASSE DE L'ONCLE TOM, LE**
Voir: COTTON COMES TO HARLEM

**CASSE-PIED, LE**
Voir: BUDDY BUDDY

**CASSURE, LA** ▷6
FR. 1982. Drame policier de Ramon MUNOZ avec Christian Alers, Jean-Pierre Léaud et Danielle Maïkov. - Désemparé par la mort de sa fille survenue lors d'une intervention policière, un concierge entreprend de se venger en abattant les quatre officiers impliqués.
VO→LS **Général**

**CAST A GIANT SHADOW** ▷5
É.-U. 1966. Drame biographique de Melville SHAVELSON avec Kirk Douglas, Senta Berger et Yul Brynner. - En 1947, un officier américain d'origine juive, David Marcus, se met au service du mouvement israélien en Palestine.
VO→19,95$ **Général**

**CAST AWAY** ▷3
É.-U. 2000. Drame de Robert ZEMECKIS avec Tom Hanks, Helen Hunt et Nick Searcy. - Naufragé sur une île déserte, un homme doit survivre au sein d'une nature sauvage et apprivoiser sa solitude. - Tour de force narratif à partir d'une idée connue. Traitement à la fois simple et d'un grand pouvoir d'évocation. Réalisation de qualité aux idées visuelles souvent saisissantes. Jeu remarquable de T. Hanks

**CASTAWAY** ▷5
ANG. 1986. Drame de mœurs de Nicolas ROEG avec Amanda Donohoe, Oliver Reed et Virginia Hey. - Une bureaucrate accepte de participer à l'expérience d'un écrivain qui veut passer un an avec une compagne sur une île déserte.
VO→19,95$ **13 ans +**

**CASTLE FREAK** ▷0
É.-U. 1995, Stuart GORDON
VO→9,95$ **16 ans + Horreur**

**CASTLE KEEP** ▷3
É.-U. 1969. Drame de guerre de Sydney POLLACK avec Burt Lancaster, Jean-Pierre Aumont et Patrick O'Neal. - Au cours de la campagne des Ardennes, des soldats américains s'installent dans le château d'un comte. - Style baroque et insolite. Réalisation habile. Interprétation vigoureuse.
VO→19,95$ **18 ans +**

**CASTLE OF EVIL** ▷6
É.-U. 1967. Drame d'horreur de Francis D. LYON avec Scott Brady, Virginia Mayo et Lisa Gaye. - Six personnes réunies pour entendre la lecture du testament d'un savant sont en butte à un robot maléfique.
VO→9,95$ **Général**

**CASTLE OF THE WALKING DEAD** ▷5
ALL. 1967. Drame d'horreur de Harald REINLavec Lex Barker, Karin Dor et Christopher Lee. - Un vampire convoite le sang d'une jeune fille pour s'assurer une vie éternelle.
VA→27,95$ **Général - Déconseillé aux jeunes enfants**

**CASTLE, THE**
Voir: LE CHÂTEAU

**CASTLE, THE** ▷5
AUS. 1997. Comédie de mœurs de Rob SITCH avec Michael Caton, Anne Tenney et Charles (Bud) Tingwell. - Une famille vivant heureuse à côté d'un aéroport conteste devant les tribunaux un avis d'expropriation.
VO→18,95$ LBX-DVD→34,95$ LBX-DVD→34,95$ **Général**

**CASUAL RELATIONS** ▷0
É.-U. 1973, Mark RAPPAPORT
VO→LS 18 ans +

**CASUALTIES OF WAR** ▷3
É.-U. 1989. Drame de guerre de Brian DE PALMA avec Michael J. Fox, Sean Penn et Don Harvey. - Après avoir assisté impuissant au viol et au meurtre d'une jeune Vietnamienne par ses camarades, un jeune soldat américain tente de traîner son peloton en cour martiale. - Transposition d'une expérience vécue. Nette orientation critique. Mise en scène retenue. Jeu impressionnant de S. Penn.
VO→9,95$ VF→9,95$ 13 ans +

**CAT AND THE CANARY, THE** ▷4
É.-U. 1927. Drame d'horreur de Paul LENI avec Laura La Plante, Creighton Hale et Forest Stanley. - Dans un château, les personnes invitées à la lecture d'un testament disparaissent une à une.
ITA→34,95$ ITA-DVD→39,95$ Général

**CAT AND THE CANARY, THE** ▷5
ANG. 1977. Comédie policière de Radley METZGER avec Carol Lynley, Michael Callan et Peter McEnery. - Un mystérieux meurtrier s'attaque aux personnes réunies dans un manoir pour entendre la lecture du testament d'un vieil excentrique.
VO→49,95$ 13 ans +

**CAT BALLOU** ▷3
É.-U. 1965. Western de Elliot SILVERSTEIN avec Jane Fonda, Lee Marvin et Michael Callan. - Une jeune institutrice de retour dans l'Ouest doit défendre puis venger son père. - Joyeuse parodie. Gags enlevés. Mise en scène alerte. L. Marvin excellent dans un double rôle.
VF→14,95$ VO→14,95$ Général

**CAT CHASER** ▷4
É.-U. 1989. Drame policier d'Abel FERRARA avec Peter Weller, Kelly McGillis et Charles Durning. - Le propriétaire d'un motel en Floride s'engage dans une liaison amoureuse avec la femme d'un millionnaire.
VO→18,95$ 16 ans + Violence

**CAT FROM OUTER SPACE, THE** ▷4
É.-U. 1978. Comédie fantaisiste de Norman TOKAR avec Ken Berry, Sandy Duncan et Harry Morgan. - Un chat extraterrestre dont l'appareil spatial est en panne cherche de l'aide pour le réparer.
VO→9,95$ Général

**CAT GIRL** ▷6
ANG. 1957. Drame d'horreur d'Alfred SHAUGHNESSY avec Barbara Shelley, Robert Ayres et Kay Callard. - Une jeune femme se croit victime d'un sort qui la transforme en léopard.
VO→LS Général

**CAT O'NINE TAILS, THE** ▷5
ITA. 1971. Drame policier de Dario ARGENTO avec Karl Malden, James Franciscus et Catherine Spaak. - Un journaliste et un aveugle entreprennent une enquête pour trouver l'identité d'un meurtrier avant la police.
VF→LS VO→LS 13 ans +

**CAT ON A HOT TIN ROOF** ▷3
É.-U. 1958. Drame psychologique de Richard BROOKS avec Elizabeth Taylor, Paul Newman et Burl Ives. - Conflits entre les membres d'une riche famille du Sud des États-Unis. - Adaptation intelligente d'une pièce de Tennessee Williams. Mise en scène vigoureuse. Interprétation de qualité.
VO→14,95$ LBX-DVD→26,95$ Général

**CAT ON A HOT TIN ROOF** ▷4
É.-U. 1984. Drame psychologique de Jack HOFSISS avec Jessica Lange, Tommy Lee Jones et Rip Torn. - Des conflits éclatent entre les membres d'une riche famille du Sud des États-Unis.
VO→LS Général

**CAT PEOPLE** ▷4
É.-U. 1982. Drame fantastique de Paul SCHRADER avec Nastassja Kinski, Malcolm McDowell et John Heard. - Une jeune femme est persuadée qu'elle a hérité du pouvoir de se transformer en panthère.
VO→11,95$ LBX-DVD→21,95$ 18 ans +

**CAT PEOPLE** ▷3
É.-U. 1942. Drame d'horreur de Jacques TOURNEUR avec Simone Simon, Kent Smith et Tom Conway. - Une jeune femme est persuadée qu'elle a hérité du pouvoir de se changer en panthère. - Éléments horrifiques suggérés plus que montrés. Utilisation intelligente des jeux de lumière. Interprétation adéquate.
VO→11,95$ Général

**CAT WOMEN OF THE MOON** ▷0
É.-U. 1954, Arthur HILTON
VO→PC Non classé

**CAT'S EYE** ▷4
É.-U. 1984. Film à sketches de Lewis TEAGUE avec Drew Barrymore, James Woods et Robert Hays. - Les déambulations d'un chat errant servent de lien à trois histoires insolites.
VO→14,95$ 13 ans +

**CAT'S PLAY**
Voir: JEUX DE CHATS

**CATCH 22** ▷3
É.-U. 1970. Comédie satirique de Mike NICHOLS avec Alan Arkin, Jon Voight et Martin Balsam. - Durant la Seconde Guerre mondiale, un officier d'aviation, ayant accompli un nombre important de missions, tente d'obtenir la permission de retourner aux États-Unis. - Énorme caricature de la guerre. Mise en scène intelligente et soignée. Interprétation dans le ton voulu.
VO→14,95$ Général

**CATCH ME A SPY**
Voir: LES DOIGTS CROISÉS

**CATERED AFFAIR, THE** ▷4
É.-U. 1955. Drame de Richard BROOKS avec Bette Davis, Ernest Borgnine et Debbie Reynolds. - Une femme insiste pour organiser une réception coûteuse à l'occasion du mariage de sa fille.
VO→19,95$ Général

**CATHERINE THE GREAT** ▷0
É.-U. 1934, Paul CZINNER
VO→24,95$

**CATHERINE, IL SUFFIT D'UN AMOUR** ▷0
FR. 1968, Bernard BORDERIE
VO→LS Non classé

**CATLOW** ▷4
É.-U. 1971. Western de Sam WANAMAKER avec Yul Brynner, Richard Crenna et Daliah Lavi. - Un policier se voit forcé de poursuivre au Mexique un hors-la-loi avec qui il entretient des liens d'amitié.
VO→19,95$ Général

**CATS DON'T DANCE** ▷4
É.-U. 1997. Dessins animés de Mark DINDAL. - Un chat doué pour le chant et la danse tente de percer à Hollywood malgré les manœuvres déloyales d'une jeune starlette qui déteste les animaux.
VF→14,95$ VO→18,95$ Général - Enfants

**CAUCHEMARS DE FREDDIE, LES**
Voir: A NIGHTMARE ON ELM STREET 4: THE DREAM MASTER

**CAUGHT** ▷3
É.-U. 1949. Drame psychologique de Max OPHÜLS avec Barbara Bel Geddes, James Mason et Robert Ryan. - Une jeune ambitieuse épouse un industriel puis s'éprend d'un médecin de quartier.- Récit fort habilement charpenté. Mise en scène maîtrisée. Interprétation de qualité.
VO→13,95$ Général

**CAUGHT** ▷4
É.-U. 1996. Drame de mœurs réalisé par Robert M. YOUNG avec Edward James Olmos, Maria Conchita Alonso et Arie Verveen. - Au New Jersey, un couple propriétaire d'une poissonnerie engage un itinérant qui devient l'amant de sa patronne.
VO→13,95$ **13 ans +**

**CAUGHT IN THE DRAFT** ▷5
É.-U. 1941. Comédie de David BUTLER avec Bob Hope, Dorothy Lamour et Eddie Bracken. - Un fanfaron devient militaire accompli pour les yeux de sa belle.
VO→18,95$ **Général**

**CAULDRON OF BLOOD** ▷0
É.-U. 1967, Edward MANN
VO→9,95$ **Non classé**

**CAUSE OF DEATH** ▷5
CAN. 2000. Drame policier de Marc S. GRENIER avec Patrick Bergin, Maxim Roy et Joan Severance. - En enquêtant sur le cas d'une femme accusée du meurtre de son mari, un attorney met au jour un scandale impliquant des élus et la mafia.
VO→LS

**CAUSE TOUJOURS, TU M'INTÉRESSES** ▷4
FR. 1979. Comédie d'Édouard MOLINARO avec Jean-Pierre Marielle, Annie Girardot et Jacques François. - Pour tromper son ennui, un divorcé téléphone par hasard à une célibataire à qui il se présente sous une fausse identité.
VO→14,95$ **Général**

**CAVALCADE** ▷3
ANG. 1933. Chronique de Frank LLOYD avec Diana Wynyard, Clive Brook et Herbert Mundin. - De la guerre des Boers à la Grande Dépression, trois décennies dans la vie d'une famille londonienne. - Adaptation élégante d'une pièce de Noel Coward. Riche caractérisation. Critique aiguisée des événements historiques de l'époque. Réalisation alerte. Interprétation assurée.
VO→21,95$ **Général**

**CAVALE DES FOUS, LA** ▷5
FR. 1993. Comédie de Marco PICO avec Pierre Richard, Michel Piccoli et Dominique Pinon. - Interné dans un asile pour avoir tenté d'étrangler sa femme, un professeur est conduit par son psychiatre au chevet de cette dernière qui est mourante.
VO→LS **Général**

**CAVALEUR, LE** ▷3
FR. 1978. Comédie de mœurs de Philippe DE BROCA avec Jean Rochefort, Nicole Garcia et Annie Girardot. - Les problèmes d'un pianiste virtuose aux nombreuses aventures sentimentales. - Sujet élégamment traité. Mise en scène alerte. Fine interprétation.
STA→LS **Général**

**CAVALIER SOLITAIRE, LE**
Voir: PALE RIDER

**CAVALIERS, LES**
Voir: THE HORSEMEN

**CAVEMAN** ▷5
É.-U. 1981. Comédie de Carl GOTTLIEB avec Ringo Starr, Barbara Bach et Shelley Long. - Chassé de sa tribu pour avoir convoité la compagne de son chef, un homme préhistorique imagine des armes nouvelles et tente de conquérir celle qu'il aime.
VF→LS VO→11,95$ **Général**

**CE CHER INTRUS**
Voir: ONCE AROUND

**CE N'EST QU'UN AU REVOIR**
Voir: THE LONG GRAY LINE

**CE PLAISIR QUE L'ON DIT CHARNEL**
Voir: CARNAL KNOWLEDGE

**CE SOIR TOUT EST PERMIS**
Voir: CAN'T HARDLY WAIT

**CECIL B. DEMENTED** ▷5
É.-U. 2000. Comédie satirique de John WATERS avec Melanie Griffith, Stephen Dorff et Alicia Witt. - Un cinéaste underground kidnappe une star capricieuse pour l'obliger à jouer dans son nouveau film subversif.
VF→LS VO→LS **13 ans + Violence**

**CEINTURE NOIRE, LA**
Voir: BLACK BELT JONES

**CELEBRATION, THE**
Voir: FÊTE DE FAMILLE

**CELEBRITY** ▷4
É.-U. 1998. Comédie de mœurs de Woody ALLEN avec Kenneth Branagh, Judy Davis et Joe Mantegna. - Un journaliste côtoyant les grandes vedettes aspire à la gloire littéraire, pendant que son ex-femme devient, sans le vouloir, une vedette de la télé.
VF→19,95$ LBX-DVD→27,95$ **13 ans + Langage vulgaire**

**CÉLESTE** ▷3
ALL. 1981. Drame de Percy ADLON avec Eva Mattes, Juergen Arndt et Norbert Wartha. - Illustration des souvenirs de la gouvernante de Marcel Proust. - Étude psychologique intéressante. Mise en scène d'une belle sobriété. Contexte bien évoqué.
STA→LS **Général**

**CELESTIAL CLOCKWORK**
Voir: MÉCANIQUES CÉLESTES

**CÉLIBATAIRES**
Voir: SINGLES

**CÉLIBATAIRES EN CAVALE**
Voir: SWINGERS

**CÉLIBATAIRES, LES**
Voir: THE LONELY GUY

**CÉLINE** ▷4
FR. 1992. Drame religieux de Jean-Claude BRISSEAU avec Isabelle Pasco, Lisa Hérédia et Daniel Tarrare. - Initiée à la méditation par une infirmière qui l'a sauvée d'une tentative de suicide, une jeune fille se découvre d'étranges dons miraculeux.
VO→12,95$ **Général**

**CELL, THE** ▷6
É.-U. 2000. Science-fiction de Tarsem SINGH avec Jennifer Lopez, Vince Vaughn et Vincent D'Onofrio. - Grâce à une technique révolutionnaire, une psychologue pénètre dans l'esprit d'un tueur en série comateux afin de découvrir où se trouve sa dernière victime.
VF→LS VO→LS **16 ans +**

**CELLULOID CLOSET, THE** ▷4
É.-U. 1995. Documentaire de Rob EPSTEIN et Jeffrey FRIEDMAN. - Survol des changements d'attitude face à l'homosexualité depuis le début du cinéma hollywoodien.
VO→13,95$ VF→13,95$ **13 ans +**

**CELUI PAR QUI LE SCANDALE ARRIVE**
Voir: HOME FROM THE HILL

**CELUI QUI N'EXISTAIT PAS**
Voir: THE NIGHT WALKER

**CELUI QUI VOIT LES HEURES** ▷5
QUÉ. 1985. Comédie dramatique réalisée et interprétée par Pierre GOUPIL avec Frédérique Collin et Bernard Lalonde. - Malgré les remarques négatives dont on lui fait part, un jeune homme poursuit avec tenacité son rêve de devenir cinéaste.
VO→LS **Général**

**CEMENT GARDEN, THE** ▷4
ANG. 1992. Drame de mœurs d'Andrew BIRKIN avec Charlotte Gainsbourg, Andrew Robertson et Alice Coulthard. - Par crainte de l'orphelinat, un frère et une sœur enterrent dans la cave le corps de leur mère tout juste décédée et continuent à vivre comme si de rien n'était.
VO→LS **16 ans +**

**CENDRES D'ANGELA, LES**
Voir: ANGELA'S ASHES

**CENDRES ET DIAMANT** ▷3
POL. 1958. Drame d'Andrzej WAJDA avec Zbigniew Cybulski, Ewa Krzyzanowska et Adam Paxlikiwski. - En Pologne en 1945, un jeune étudiant nationaliste reçoit de son chef l'ordre d'abattre le secrétaire général du Parti communiste. - Œuvre à la fois bouleversante et fougueuse. Climat de désespoir moral bien rendu. Atmosphère habilement reconstituée.
STA→LS STA→LS Général

**CENDRILLON**
Voir: CINDERELLA

**CENT ET UNE NUITS, LES** ▷4
FR. 1994. Comédie fantaisiste d'Agnès VARDA avec Michel Piccoli, Julie Gayet et Marcello Mastroianni. - Une étudiante devient demoiselle de compagnie auprès d'un vieillard qui reçoit chez lui des stars du cinéma tout en se remémorant des souvenirs de cinéphile.
VO→LS Général

**CENT JOURS À PALERME** ▷5
ITA. 1984. Drame policier de Giuseppe FERRARA avec Lino Ventura, Giuliana de Sio et Stefano Satta Flores. - Nommé préfet de Palerme pour mater la mafia, le général Dalla Chiesa finit assassiné.
VF→LS 13 ans +

**CENTER OF THE WEB** ▷5
É.-U. 1992. Drame policier de David A. PRIOR avec Ted Prior, Charlene Tilton et Tony Curtis. - Pris pour un tueur, un professeur d'art dramatique doit, sous la pression de la CIA, jouer le jeu jusqu'au bout.
VO→LS Général

**CENTER STAGE** ▷5
É.-U. 2000. Drame de mœurs de Nicholas HYTNER avec Amanda Schull, Ethan Stiefel et Sascha Radetsky. - Les tribulations d'un groupe d'élèves inscrits dans une prestigieuse école de ballet.
VF→14,95$ VO→14,95$ Général

**CENTRAL STATION**
Voir: GARE CENTRALE

**CENTRE TERRE: 7e CONTINENT**
Voir: AT THE EARTH'S CORE

**CENTURY** ▷4
ANG. 1994. Drame de Stephen POLIAKOFF avec Charles Dance, Clive Owen et Miranda Richardson. - A l'aube du XXe siècle, une âpre rivalité vient troubler les relations d'un jeune médecin ambitieux et de son mentor.
VO→19,95$ Général

**CERCLE D'AMIS, UN**
Voir: CIRCLE OF FRIENDS

**CERCLE DE SANG, LE**
Voir: BERSERK!

**CERCLE DES INTIMES, LE** ▷4
ITA. 1991. Drame social d'Andrei KONCHALOVSKY avec Tom Hulce, Lolita Davidovich et Bob Hoskins. - Le projectionniste attitré de Staline est à ce point obnubilé par son maître qu'il en néglige sa jeune épouse.
VF→LS VO→LS Général

**CERCLE DU POUVOIR, LE**
Voir: BRAINWASH

**CERCLE DU SILENCE, LE**
Voir: BASTARD OUT OF CAROLINA

**CERCLE INFERNAL, LE**
Voir: FULL CIRCLE

**CERCLE INFERNAL, LE**
Voir: THE RACERS

**CERCLE PARFAIT, LE** ▷3
BOS. 1996. Drame de guerre d'Ademir KENOVIC avec Mustafa Nadarevic, Almedin Leleta et Almir Podgorica. - Durant le siège de Sarajevo, un poète prend sous sa protection deux orphelins égarés. - Description réaliste et bouleversante du conflit tel que vécu par les assiégés. Profond humanisme du discours.
VF→LS 13 ans +

**CERCLE ROUGE, LE** ►2
FR. 1970. Drame policier de Jean-Pierre MELVILLE avec Bourvil, Alain Delon et Yves Montand. - Un policier tend un piège à trois criminels qui viennent de réussir un vol de bijoux. - Récit captivant. Réalisation froide et efficace. Mise en scène précise et rigoureuse. Interprétation excellente.
VO→LS Général

**CERCLE, LE** ►2
IR. 2000. Drame social de Jafar PANAHI avec Fereshteh Sadr Orafal, Fatemeh Naghavi et Nargess Mamizadeh. - Les destins enchaînés de diverses Iraniennes victimes du rejet de leur famille ou de la société - Cri d'alerte vibrant face à l'oppression que subissent les femmes dans une société rigide. Récit en forme de spirale. Traitement réaliste. Interprétation d'une sobriété exemplaire.
Général

**CÉRÉMONIE SECRÈTE**
Voir: SECRET CEREMONY

**CÉRÉMONIE, LA** ▷3
FR. 1995. Drame psychologique de Claude CHABROL avec Sandrine Bonnaire, Isabelle Huppert et Jacqueline Bisset. - Une jeune domestique analphabète se lie d'amitié avec une postière délurée qui l'entraîne à se rebeller contre ses employeurs. - Étude précise des rapports de classe. Sujet traité avec un détachement troublant. Mise en scène très maîtrisée. Interprétation brillante des deux vedettes féminines.
VO→19,95$ 13 ans +

**CERF-VOLANT BLEU, LE** ▷3
CHI. 1992. Drame social de Tian ZHUANGZHUANG avec Lu Liping, Pu Quanxin et Li Xuejian. - Les tribulations d'une institutrice chinoise et de son jeune fils né au début des années 1950. - Fresque retraçant l'histoire contemporaine chinoise. Œuvre riche en détails sociologiques. Ensemble d'une belle complexité émotive. Réalisation très soignée. Excellent jeu de L. Liping.
STA→41,95$ Général

**CERTAINE RENCONTRE, UNE**
Voir: LOVE WITH THE PROPER STRANGER

**CERTAINES NOUVELLES** ▷4
FR. 1979. Drame de Jacques DAVILA avec Micheline Presle, Frédéric de Pasquale et Gérard Lartigau. - En 1961, deux familles françaises d'Algérie demeurent plus ou moins indifférentes aux troubles politiques qui secouent leur pays.
VO→LS Non classé

**CERVEAU, LE** ▷4
FR. 1969. Comédie policière de Gérard OURY avec Jean-Paul Belmondo, Bourvil et David Niven. - Un voleur expert et deux escrocs minables entrent en rivalité pour le vol d'un train.
VA→LS Général

**CES GARCONS QUI VENAIENT DU BRÉSIL**
Voir: THE BOYS FROM BRAZIL

**CÉSAR** ▷3
FR. 1936. Comédie dramatique de Marcel PAGNOL avec Pierre Fresnay, Raimu et Orane Demazis. - À la mort de celui qu'il croit son père, un jeune homme apprend le secret de sa naissance. - Épisode final de la trilogie de Pagnol. Thème développé avec humanité. Image subordonnée à la parole. Interprétation vivante.
VO→24,95$ Général

**CÉSAR ET ROSALIE** ▷3
FR. 1972. Drame psychologique de Claude SAUTET avec Yves Montand, Romy Schneider et Sami Frey. - Les réactions d'un homme d'âge mûr lorsque sa jeune compagne reprend contact avec un ancien amant. - Intrigue faite d'observations attentives. Fines touches psychologiques.
VO➔LS Général

**CET HOMME EST UN REQUIN**
Voir: CASH McCALL

**CET OBSCUR OBJET DU DÉSIR** ▷3
FR. 1977. Comédie dramatique de Luis BUÑUEL avec Fernando Rey, Carole Bouquet et Angela Molina. - Au cours d'un voyage en train, un homme se remémore une aventure sentimentale avec une jeune fille capricieuse. - Adaptation très personnelle d'un roman de P. Louÿs. Détails surréalistes. Curieux mélange de rigueur et de désinvolture.
STA➔LS 13 ans +

**CETTE CHOSE QU'ON APPELLE L'AMOUR**
Voir: THE THING CALLED LOVE

**CETTE NUIT OU JAMAIS**
Voir: THIS COULD BE THE NIGHT

**CETTE SACRÉE GAMINE** ▷5
FR 1955. Comédie policière de Michel BOISROND avec Brigitte Bardot, Jean Bretonnière et Raymond Bussière. - Les frasques d'une jeune fille confiée par son père à un ami qui est fiancé.
STA➔14,95$ LBX-DVD

**CEUX QUI M'AIMENT PRENDRONT LE TRAIN** ▷4
FR. 1997. Drame psychologique de Patrice CHÉREAU avec Valeria Bruni Tedeschi, Charles Berling et Pascal Greggory. - Les funérailles d'un peintre homosexuel donnent lieu à des règlements de compte émotifs entre ses amants, amis et parents.
VO➔18,95$ 16 ans +

**CHACAL**
Voir: THE DAY OF THE JACKAL

**CHACAL, LE**
Voir: THE JACKAL

**CHACUN CHERCHE SON CHAT** ▷4
FR. 1996. Comédie dramatique de Cédric KLAPISCH avec Garance Clavel, Zinedine Boualem et Renée Le Calm. - Une jeune femme qui a perdu son chat part à sa recherche dans les rues de son quartier parisien.
STA➔18,95$ LBX➔18,95$ Général

**CHACUN SA CHANCE**
Voir: EVERYBODY WINS

**CHAGRIN ET LA PITIÉ, LE** ▷3
SUI. 1969. Documentaire de Marcel OPHÜLS. - À l'aide d'interviews et de bandes d'actualités, le film fait revivre la période de l'occupation allemande en France. - Bain d'époque aidant à comprendre la complexité des événements et les diverses nuances d'opinion. Montage intelligent. Reflet de l'histoire contemporaine respectueux des faits et des personnes.
Général

**CHAIN LETTER** ▷0
É.-U. 1985, Mark RAPPAPORT
VO➔LS 13 ans +

**CHAIN LIGHTNING** ▷0
É.-U. 1950, Stuart HEISLER
VO➔19,95$ Général

**CHAIN REACTION** ▷5
É.-U. 1996. Drame policier d'Andrew DAVIS avec Keanu Reeves, Rachel Weisz et Morgan Freeman. - Injustement accusé de meurtre et de sabotage, un jeune chercheur doit fuir avec une collègue également compromise.
VF➔11,95$ VO➔PC Général

**CHAINED** ▷5
É.-U. 1934. Drame sentimental de Clarence BROWN avec Joan Crawford, Clark Gable et Otto Kruger. - La maîtresse d'un homme d'affaires s'éprend d'un rancher argentin au cours d'un voyage.
VO➔19,95$ Non classé

**CHAINED FOR LIFE** ▷7
É.-U. 1950. Mélodrame de Harry L. FRASER avec Allen Jenkins, Mario Laval et les sœurs Hilton. - Les tribulations sentimentales de sœurs siamoises exhibées dans un music-hall.
VO➔LS Général

**CHAÎNON MANQUANT, LE** ▷4
BEL. 1979. Dessins animés de Jean-Paul PICHA. - À l'orée des temps, deux enfants qui naissent dans une tribu d'hommes préhistoriques connaissent des sorts différents.
VO➔LS Général

**CHAIR POUR FRANKENSTEIN**
Voir: ANDY WARHOL'S FRANKENSTEIN

**CHALEUR ET POUSSIÈRE**
Voir: HEAT AND DUST

**CHALK GARDEN, THE** ▷4
ANG. 1964. Drame psychologique de Ronald NEAME avec Deborah Kerr, Hayley Mills et Edith Evans. - Une gouvernante s'efforce de soustraire une adolescente de caractère difficile à l'influence néfaste de sa grand-mère.
VO➔19,95$ Général

**CHALLENGE FOR ROBIN HOOD, A**
ANG. 1967, C.M, PENNINGTON-RICHARDS
BX➔14,95$ Général

**CHAMANE** ▷4
FR. 1995. Aventures de BARTABAS avec Igor Gotsman, Spartak Fedotov et Vladimir Yakovlev. - Un musicien qui s'est évadé d'un goulag en plein hiver fuit dans la taïga à dos de cheval.
VO➔LS Général

**CHAMBER, THE** ▷5
É.-U. 1996. Drame judiciaire de Joel SCHUMACHER avec Chris O'Donnell, Gene Hackman et Faye Dunaway. - Un jeune avocat tente de sauver son grand-père de la peine de mort.
VO➔PC VF➔PC Non classé

**CHAMBRE À PART** ▷5
FR. 1989. Comédie de mœurs de Jacky CUKIER avec Michel Blanc, Lio et Jacques Dutronc. - Deux marginaux, spécialisés dans le ménage à quatre comme moyen de subsistance, s'immiscent dans la vie d'un couple conformiste.
VO➔LS 13 ans +

**CHAMBRE AVEC VUE**
Voir: A ROOM WITH A VIEW

**CHAMBRE DES MAGICIENNES, LA** ▷4
FR. 1999. Drame psychologique de Claude MILLER avec Anne Brochet, Mathilde Seigner et Annie Noël. - Partageant une chambre dans une unité de neurologie avec deux autres patientes, une étudiante est intriguée par le comportement bizarre de l'une d'elles.
Général - Déconseillé aux jeunes enfants

**CHAMBRE VERTE, LA** ▷3
FR. 1978. Drame psychologique réalisé et interprété par François TRUFFAUT avec Nathalie Baye et Jean Dasté. - Un ancien soldat devenu veuf après quelques années de mariage se voue au culte des morts. - Sujet insolite. Style sobre. Photographie particulièrement soignée. Interprétation subtile.
STA➔19,95$ Général

**CHAMELEON STREET** ▷4
É.-U. 1989. Comédie satirique réalisée et interprétée par Wendell B. HARRIS avec Angela Leslie et Amina Fakir. - Ne supportant plus le style de vie ennuyeux qu'il mène, un Noir de Detroit endosse une multitude d'identités diverses.
VO➔PC Général

**CHAMP D'HONNEUR** ▷3
FR. 1987. Drame de guerre de Jean-Pierre DENIS avec Cris Campion, Pascale Rocard et Eric Wapler. - Durant la guerre entre la France et la Prusse, un jeune paysan sert au combat à la place du fils d'un notable. - Évocation historique à hauteur d'homme. Utilisation originale des différences linguistiques de la France du XIXe siècle. Récit simple illustré sobrement. Interprétation retenue.
STA→LS Général

**CHAMP DE RÊVES, LE**
Voir: FIELD OF DREAMS

**CHAMP, THE** ▷4
É.-U. 1931. Mélodrame de King VIDOR avec Wallace Beery, Jackie Cooper et Irene Rich. - Un garçonnet vit heureux avec son père, ex-champion boxeur, jusqu'au jour où sa mère reparaît.
VO→19,95$ Général

**CHAMP, THE** ▷4
É.-U. 1979. Mélodrame de Franco ZEFFIRELLI avec Jon Voight, Ricky Schroder et Faye Dunaway. - Elevant seul son fils, un boxeur déchu décide de remonter sur l'arène lorsque sa femme reparaît.
VF→LS VO→19,95$ Général

**CHAMPAGNE AMER** ▷5
TUN.-FR. 1986. Drame psychologique de Ridha BEHI avec Julie Christie, Ben Gazzara et Patrick Bruel. - Le fils d'une paysanne tunisienne retrouve dans la capitale son père français qui ne l'a jamais reconnu.
VF→LS Général

**CHAMPAGNE FOR CAESAR** ▷4
É.-U. 1950. Comédie satirique de Richard WHORF avec Ronald Colman, Celeste Holm et Vincent Price. - Un érudit sans emploi gagne une fortune à un quizz de télévision.
VO→29,95$ Général

**CHAMPAGNE SAFARI** ▷0
É.-U. 1952, Jackson LEIGHTER
VO→34,95$ Général

**CHAMPION** ▷3
É.-U. 1949. Drame de Mark ROBSON avec Kirk Douglas, Marilyn Maxwell et Arthur Kennedy. - Pour arriver au championnat, un boxeur n'épargne personne et ne recule devant rien. - Récit rapide et tendu. Mise en scène vigoureuse. Interprétation de classe.
VO→14,95$ Général

**CHAMPION, LE**
Voir: THE CHAMP

**CHAMPIONNE, LA** ▷5
ROU.-CAN. 1990. Drame sportif d'Elisabeta BOSTAN avec Izabela Moldovan, Mircea Diaconu et Carmen Galin. - Les efforts d'une jeune gymnaste qui s'entraîne en vue de participer aux Jeux olympiques.
VF→13,95$ Général

**CHANCE D'ÊTRE FEMME, LA** ▷5
FR.-ITA. 1957. Comédie de Alessandro BLASETTI avec Charles Boyer, Sophia Loren et Marcello Mastroianni. - Une jeune fille ambitieuse rêve de devenir vedette de cinéma.
VA→29,95$ Général

**CHANCE DE MA VIE, LA**
Voir : ME MYSELF I

**CHANCES ARE** ▷5
É.-U. 1989. Comédie fantaisiste de Emile ARDOLINO avec Cybill Shepherd, Robert Downey Jr et Ryan O'Neal. - Un jeune avocat qui a été tué dans un accident se réincarne dans un nouveau-né puis retrouve vingt-deux ans plus tard son épouse et sa fille.
VO→9,95$ Général

**CHANEL SOLITAIRE** ▷5
FR. 1981. Drame biographique de George KACZENDER avec Marie-France Pisier, Timothy Dalton et Rutger Hauer. - Au long de la présentation d'une collection, une couturière célèbre se remémore ses jeunes années.
VO→LS 13 ans +

**CHANG** ▷3
É.-U. 1927. Étude de mœurs d'Ernest B. SCHOEDSACK et Merian C. COOPER avec Kru, Nantui et Nah. - Un énorme troupeau d'éléphants menace la quiétude des habitants d'un village du Siam. - Œuvre tournée dans des conditions très difficiles avec des techniques de documentaire. Délicieux parfum d'aventures exotiques. Passages saisissants. Image constamment belle. Jeu convaincant d'interprètes non professionnels.
VO→52,95$ Général

**CHANGELING, THE** ▷4
CAN. 1980. Drame fantastique de Peter MEDAK avec George C. Scott, Trish Van Devere et Melvyn Douglas. - Installé dans une maison abandonnée, un musicien est influencé par l'esprit d'un enfant infirme qui y a jadis été tué.
VF→LS VO→11,95$ 13 ans +

**CHANSON DE L'ORPHELIN, LA** ▷5
ESP. 1961. Mélodrame de Antonio DEL AMO avec Joselito Jimenez, Cesareo Quesada et Enrique Rambal. - Venu chercher son père au Mexique, un garçonnet espagnol se lie d'amitié avec un petit vagabond.
VF→LS Général

**CHANSON DE LISBONNE, LA** ▷0
POR. 1994, Cottinelli TELMO
STF→LS Général

**CHANSON DE ROLAND, LA** ▷3
FR. 1977. Drame historique de Frank CASSENTI avec Klaus Kinski, Jean-Pierre Kalfon et Dominique Sanda. - Au XIIe siècle, des pèlerins sont encouragés dans leur voyage par des conteurs qui rappellent l'histoire épique de Roland. - Récit complexe. Mise en scène rigoureuse. Interprétation intelligente.
VO→LS Général

**CHANSON EST NÉE, UNE**
Voir: A SONG IS BORN

**CHANSONS DANS LE VENT**
Voir: SOMETHING IN THE WIND

**CHANT DE LA FORÊT, LE**
Voir: CRY OF THE WILD

**CHANT DES BALEINES, LE**
Voir: WHALE MUSIC

**CHANT DES SIRÈNES, LE**
Voir: I'VE HEARD THE MERMAIDS SINGING

**CHANT DU PRINTEMPS, LE**
Voir: MAYTIME

**CHANTAGE AU KGB**
Voir: LITTLE NIKITA

**CHANTEUR DE JAZZ, LE**
Voir: THE JAZZ SINGER

**CHANTEUR DE NOCES, LE**
Voir: THE WEDDING SINGER

**CHANTILLY LACE** ▷5
É.-U. 1993. Mélodrame de Linda YELLEN avec Lindsay Crouse, Jill Eikenberry et Martha Plimpton. - Dans une maison de campagne, sept amies se livrent à diverses confidences.
VO→6,95$ 13 ans +

**CHAPEAU DE PAILLE D'ITALIE, UN** ▷0
FR. 1928, René CLAIR
STA→LS Général

**CHAPEAU MELON ET BOTTES DE CUIR**
Voir: THE AVENGERS

**CHAPLIN** ▷5
É.-U. 1992. Drame biographique de Richard ATTENBOROUGH avec Robert Downey Jr., Geraldine Chaplin et Dan Aykroyd. - La vie tumultueuse du cinéaste et comédien Charlie Chaplin.
VO→11,95$ VF→11,95$ LBX→16,95$ Général

**CHARACHAR**
Voir: SHELTER OF THE WINGS

**CHARACTER**
Voir: CARACTÈRE

**CHARADE** ▷3
É.-U. 1963. Comédie policière de Stanley DONEN avec Audrey Hepburn, Cary Grant et Walter Matthau. - À la mort de son mari, une jeune femme découvre qu'il détenait le secret d'un trésor. - Suspense et humour habilement mêlés. Bonne utilisation des décors parisiens. Jeu charmant des interprètes.
VO→19,95$ LBX-DVD→64,95$ Général

**CHARADE CHINOISE** ▷5
QUÉ. 1987. Documentaire de Jacques LEDUC. - Une étude sur les attitudes actuelles de gens qui furent des activistes politiques il y a plusieurs années.
VO→LS Général

**CHARGE DE LA BRIGADE LÉGÈRE, LA**
Voir: CHARGE OF THE LIGHT BRIGADE

**CHARGE DES REBELLES, LA** ▷4
ESP. 1963. Drame de Carlos SAURA avec Francisco Rabal, Lea Massari et Philippe Leroy. Un paysan se joint à des bandits dont il devient le chef.
VF→LS Non classé

**CHARGE FANTASTIQUE, LA**
Voir: THEY DIED WITH THEIR BOOTS ON

**CHARGE OF THE LIGHT BRIGADE, THE** ▷3
ANG. 1968. Drame de guerre de Tony RICHARDSON avec Trevor Howard, David Hemmings et John Gielgud. - Les circonstances entourant le massacre d'un régiment anglais pendant la guerre de Crimée. - Vision critique de l'époque victorienne. Réalisation impressionnante. Excellents morceaux de bravoure. Interprétation solide.
VO→19,95$ 13 ans +

**CHARGE OF THE LIGHT BRIGADE, THE** ▷0
É.-U. 1936, Michael CURTIZ
VO→19,95$ Général

**CHARIOTS DE FEU, LES**
Voir: CHARIOTS OF FIRE

**CHARIOTS OF FIRE** ▷3
ANG. 1981. Drame sportif de Hugh HUDSON avec Ben Cross, Ian Charleson et Ian Holm. - Un étudiant juif et un futur missionnaire s'entraînent à la course pour des motivations différentes. - Rappel de faits vécus. Mise en images claire et alerte. Contexte d'époque bien évoqué. Interprétation convaincue.
VF→14,95$ VO→14,95$ Général

**CHARITÉ BIZ'NESS** ▷0
FR. 1998, Thierry BARTHES et Pierre JAMIN
VO→LS Général

**CHARLEY VARRICK** ▷4
É.-U. 1973. Drame policier de Don SIEGEL avec Walter Matthau, Joe Don Baker et John Vernon. - Un voleur de banques est aux prises avec un tueur de la mafia.
VO→19,95$ 13 ans +

**CHARLIE CHAN AND THE CURSE OF THE DRAGON QUEEN** ▷6
É.-U. 1980. Comédie policière de Clive DONNER avec Peter Ustinov, Lee Grant et Angie Dickinson. - Un célèbre détective chinois enquête sur une série de meurtres bizarres commis à San Francisco.
VO→LS Général

**CHARLIE CHAN ET LA MALÉDICTION DE LA REINE DRAGON**
Voir: CHARLIE CHAN AND THE CURSE OF THE DRAGON QUEEN

**CHARLIE CHAN IN THE SECRET SERVICES** ▷0
É.-U. 1944, Phil ROSEN
VO→12,95$ Général

**CHARLIE CHAN: MEETING AT MIDNIGHT** ▷0
É.-U. 1944, Phil ROSEN
VO→12,95$ Général

**CHARLIE CHAN: THE CHINESE CAT** ▷0
É.-U. 1944, Phil ROSEN
VO→12,95$ Général

**CHARLIE CHAN: THE JADE MASK** ▷0
É.-U. 1944, Phil ROSEN
VO→12,95$ Général

**CHARLIE CHAN: THE SCARLET CLUE** ▷6
É.-U. 1945. Drame policier de Phil ROSEN avec Sidney Toler, Mantan Moreland et Ben Carter. - Le détective Charlie Chan s'oppose à des espions qui veulent s'emparer des secrets du radar.
VO→12,95$ Général

**CHARLIE CHAN:THE SHANGHAI COBRA** ▷5
É.-U. 1945. Drame policier de Phil KARLSON avec Sydney Toler, Mantan Moreland et Benson Fong. - Un détective chinois est aux prises avec des bandits qui veulent s'emparer du radium dans une banque.
VO→12,95$ Général

**CHARLIE'S ANGELS** ▷4
É.-U. 2000. Comédie policière de Joseph McGINTY NICHOL avec Cameron Diaz, Drew Barrymore et Lucy Liu. - Trois justicières ont pour mission de retrouver un informaticien qui aurait été kidnappé par un magnat des communications.
VF→LS VO→19,95$ Général

**CHARLOTS CONNECTION** ▷6
FR. 1983. Comédie de Jean COUTURIER avec Gérard Rinaldi, Jean Sarrus et Gérard Filipelli. - Les tribulations de trois jeunes musiciens qui travaillent, à leur insu, pour un racketter.
VO→LS Général

**CHARLOTS CONTRE DRACULA, LES** ▷6
FR. 1980. Comédie fantaisiste de Jean-Pierre DESAGNAT avec Gérard Filipelli, Gérard Rinaldi et Jean Sarrus. - Les mésaventures de trois garçons à la recherche d'une amie enlevée par un émissaire du fils de Dracula.
VO→LS Général

**CHARLOTS EN DÉLIRE, LES** ▷6
FR. 1979. Comédie d'Alain BASNIER avec Gérard Rinaldi, Jean Sarrus et Gérard Filipelli. - Les mésaventures d'un directeur d'usine et de quelques-uns de ses employés qui se retrouvent en chômage.
VO→LS Général

**CHARLOTS FONT L'ESPAGNE, LES** ▷0
FR. 1972, Jean GIRAULT
VO→19,95$

**CHARLOTTE FOR EVER** ▷6
FR. 1986. Comédie dramatique réalisée et interprétée par Serge GAINSBOURG avec Charlotte Gainsbourg et Roland Bertin. - La fille d'un scénariste supporte de plus en plus mal son humeur massacrante à la suite de l'accident d'auto qui a coûté la vie à sa mère.
VO→LS 13 ans +

**CHARLOTTE'S WEB** ▷4
É.-U. 1972. Dessins animés de Charles A. NICHOLS et Iwao TAKAMOTO. - Un petit cochon est sauvé de la mort grâce à une araignée ingénieuse devenue son amie.
VF→LS VO→14,95$ Général

**CHARLY** ▷4
É.-U. 1968. Science-fiction de Ralph NELSON avec Cliff Robertson, Claire Bloom et Leon Janney. - À la suite d'une opération au cerveau, un attardé mental atteint un quotient intellectuel extraordinaire.
VO→9,95$ **13 ans +**

**CHARME DISCRET DE LA BOURGEOISIE, LE** ►1
FR. 1972. Comédie satirique de Luis BUÑUEL avec Fernando Rey, Delphine Seyrig et Stéphane Audran. - Deux ménages bourgeois et un ami diplomate s'efforcent en vain de se rencontrer régulièrement pour prendre un repas ensemble. - Œuvre maîtresse de Bunuel. Intrigue allègrement décousue. Style précis et détendu. Mélange déconcertant de rêve et de réalité. Interprétation fort réjouissante.
STA→14,95$ **Général**

**CHARUGA** ▷0
YOU. 1991, Rajko GRLIC
STA→LS **13 ans +**

**CHASE, THE** ►2
É.-U. 1965. Drame social d'Arthur PENN avec Marlon Brando, Jane Fonda et Robert Redford. - Le shérif d'une petite ville du Texas tente de sauver du lynchage un évadé de prison. - Scénario touffu mais riche d'intérêt. Progression dramatique puissante. Mise en scène adroite. Interprétation de premier ordre.
VO→LS **Général**

**CHASING AMY** ▷4
É.-U. 1996. Comédie dramatique de Kevin SMITH avec Ben Affleck, Joey Lauren Adams et Jason Lee. - Bien qu'elle soit lesbienne, une jeune auteure de bandes dessinées se laisse tenter par une aventure amoureuse avec un collègue.
VO→14,95$ VF→14,95$ LBX-DVD→31,95$
LBX-DVD→31,95$ **13 ans + Langage vulgaire**

**CHASSE À L'HOMME, LA** ▷4
FR.-ITA. 1964. Comédie d'Édouard MOLINARO avec Jean-Claude Brialy, Jean-Paul Belmondo et Claude Rich. - Un homme s'enfuit le jour de son mariage mais se laisse prendre aux charmes d'une étrangère.
VO→LS **Non classé**

**CHASSE À MORT**
Voir: DEATH HUNT

**CHASSE AUX MOUCHES, LA** ▷0
POL. 1969, Andrzej WAJDA
STA→LS **Général**

**CHASSE AUX SORCIÈRES**
Voir: WITCH HUNT

**CHASSE AUX SORCIÈRES, LA**
Voir: THE CRUCIBLE

**CHASSE, LA**
Voir: CRUISING

**CHASSES DU COMTE ZAROFF, LES**
Voir: THE MOST DANGEROUS GAME

**CHASSÉS-CROISÉS, LES**
Voir: SHORT CUTS

**CHASSEUR BLANC, CŒUR NOIR**
Voir: WHITE HUNTER, BLACK HEART

**CHASSEURS DE FANTÔMES**
Voir: FRIGHTENERS, THE

**CHASTE À 30 ANS**
Voir: GETTING IT RIGHT

**CHASTE ET PURE** ▷0
ITA. 1977, Salvatore SAMPERI
VF→LS **Non classé**

**CHAT DANS LE SAC, LE** ►2
QUÉ. 1963. Drame psychologique de Gilles GROULX avec Claude Godbout, Barbara Ulrich et Manon Blain. - Un jeune indépendantiste cherche des moyens de s'affirmer. - Œuvre rebelle. Discours à la fois personnel, philosophique et politique au diapason de la Révolution Tranquille. Réalisation vive et novatrice. Jeu naturel des interprètes.
VO→19,95$ **Général**

**CHAT ET LA SOURIS, LE** ▷4
FR. 1975. Drame policier de Claude LELOUCH avec Serge Reggiani, Michèle Morgan et Philippe Léotard. - Les aléas de l'enquête d'un inspecteur aux méthodes peu orthodoxes sur la mort d'un entrepreneur en construction.
VO→LS **Général**

**CHAT NOIR, CHAT BLANC** ▷4
FR.-ALL.-YOU. 1998. Comédie burlesque de Emir KUSTURICA avec Bajram Severdzan, Srdan Todorovic et Florijan Ajdini. - Pour dédommager un gangster, un gitan accepte de marier son fils avec la sœur naine et irascible de l'escroc.
VF→19,95$ STA→19,95$ **Général**

**CHAT QUI VIENT DE L'ESPACE, LE**
Voir: THE CAT FROM OUTER SPACE

**CHAT, LE** ▷3
FR. 1971. Drame psychologique de Pierre GRANIER-DEFERRE avec Jean Gabin, Simone Signoret et Annie Cordy. - Un chat devient l'objet d'une dispute entre de vieux conjoints qui se supportent difficilement. - Adaptation réussie d'un roman de Simenon. Atmosphère de souffrance et de tension bien rendue.
VO→LS **Général**

**CHÂTEAU DE L'ARAIGNÉE, LE** ►2
JAP. 1956. Drame d'Akira KUROSAWA avec Toshiro Mifune, Isuzu Yamada et Minoru Chiaki. - Un général tue son suzerain afin de lui succéder. - Transposition de *Macbeth* dans le contexte japonais. Dialogue réduit. Imagerie insolite. Très bon jeu des acteurs.
STA→27,95$ **13 ans +**

**CHÂTEAU DE MA MÈRE, LE** ▷3
FR. 1990. Comédie dramatique de Yves ROBERT avec Julien Ciamaca, Nathalie Roussel et Philippe Caubère. - Une famille en vacances à la campagne traverse à pied plusieurs propriétés privées pour se rendre à sa maison sur une colline. - Récit basé sur les souvenirs d'enfance de Marcel Pagnol. Délice provençal enrobé de bonhomie. Développements savoureux. Contexte naturel bien exploité. Interprétation naturelle.
STA→19,95$ VO→21,95$ **Général**

**CHÂTEAU DE RÊVES**
Voir: ICE CASTLES

**CHÂTEAU EN ENFER, UN**
Voir: CASTLE KEEP

**CHÂTEAU, LE** ▷3
ALL. 1968. Drame de Rudolf NOELTE avec Maximilian Schell, Cordula Trantow et Trudi Daniel. - Un arpenteur venu travailler dans un village tente en vain de contacter le châtelain qui l'a engagé. - Adaptation d'un roman de Franz Kafka. Climat de bizarrerie et de mystère.
VA→LS **Non classé**

**CHATO'S LAND** ▷4
É.-U. 1971. Western de Michael WINNER avec Charles Bronson, Jack Palance et Richard Basehart. - Un métis qui a tué un shérif est poursuivi dans le désert par un ancien officier sudiste.
LBX→14,95$ VO→14,95$ **13 ans +**

**CHATS BOTTÉS, LES** ▷6
QUÉ. 1971. Comédie de Claude FOURNIER avec Donald Pilon, Donald Lautrec et Jacques Famery. - Deux célibataires apathiques vivant de divers expédients cumulent les conquêtes féminines.
VO→18,95$ **18 ans +**

**CHATTAHOOCHEE** ▷4
É.-U. 1990. Drame social de Mick JACKSON avec Gary Oldman, Dennis Hopper et Pamela Reed. - Un patient dans un asile psychiatrique tente d'obtenir de meilleurs traitements pour les internés.
VO→19,95$ **13 ans +**

**CHAUFFEUR À GAGES, LE**
Voir: THE DRIVER

**CHAUFFEUR DE TAXI**
Voir: TAXI DRIVER

**CHEAP DETECTIVE, THE** ▷4
É.-U. 1978. Comédie policière de Robert MOORE avec Peter Falk, Madeline Kahn et Louise Fletcher. - Un détective privé a beaucoup à faire après l'assassinat de son partenaire.
VO→LS **Général**

**CHEAPER BY THE DOZEN** ▷4
É.-U. 1950. Comédie de mœurs de Walter LANG avec Clifton Webb, Jeanne Crain et Myrna Loy. - Un ingénieur spécialisé dans la rationalisation du travail élève ses douze enfants selon des méthodes très originales.
VO→LS **Général**

**CHEAT, THE** ▷0
É.-U. 1915, Cecil B. DeMILLE
VO→41,95$ **Général**

**CHEB** ▷4
ALG. FR. 1991. Drame social de Rachid BOUCHAREB avec Mourad Vounaas, Nozha Khouadra et Pierre-Loup Rajot. - Expulsé de France par décision judiciaire, un jeune beur se retrouve en Algérie où il a du mal à s'adapter à ses nouvelles conditions de vie.
STF→LS **Général**

**CHEECH & CHONG'S NEXT MOVIE** ▷6
É.-U. 1980. Comédie réalisée et interprétée par Thomas CHONG avec Richard Marin et Evelyn Guerrero. - Les mésaventures de deux copains qui cherchent à gagner de l'argent sans travailler.
VO→11,95$ **18 ans +**

**CHEECH ET CHONG, LA SUITE**
Voir: CHEECH AND CHONG'S NEXT MOVIE

**CHEESEBURGER FILM SANDWICH**
Voir: AMAZON WOMEN ON THE MOON

**CHEF DE RAYON EXPLOSIF, UN**
Voir : WHO'S MINDING THE STORE?

**CHEF IN LOVE, A**
Voir: LES MILLE ET UNE RECETTES DU CUISINIER AMOUREUX

**CHEIK BLANC, LE** ▷3
ITA. 1952. Comédie de Federico FELLINI avec Alberto Sordi, Brunella Bovo et Leopoldo Trieste. - En voyage de noces à Rome, une jeune femme s'esquive pour rencontrer le héros d'un roman-photo. - Thème subtil et attachant. Réalisation inventive. Interprètes bien dirigés.
STA→27,95$ **Général**

**CHEIK D'ARABIE, LE**
Voir: FLAME OF ARABY

**CHEMIN DE DAMAS, LE** ▷5
QUÉ. 1988. Comédie de George MIHALKA avec Rémy Girard, Pascale Bussières et Jessica Barker. - Un curé de campagne se voit confier les deux filles d'une ancienne amie emprisonnée pour trafic de fausse monnaie.
VO→LS **Général**

**CHEMIN DES ÉCOLIERS, LE** ▷5
FR. 1958. Étude de mœurs de Michel BOISROND avec Bourvil, Alain Delon et Françoise Arnoul. - Pendant l'occupation, un étudiant fait du marché noir pour entretenir une maîtresse.
VO→LS **Général**

**CHEMINS DE L'AMOUR, LES**
Voir: LOSING ISAIAH

**CHÊNE, LE** ►2
ROU. 1992. Comédie dramatique de Lucian PINTILIE avec Maia Morgenstern, Razvan Vasilescu et Victor Rebengiuc. - Dans une petite ville, une jeune enseignante rencontre un médecin marginal qui a maille à partir avec les autorités. - Dénonciation d'une société en pleine décomposition. Ton comique virulent. Imagination débordante d'énergie. Interprétation pleine d'authenticité.
STA→19,95$ VF→19,95$ **Général**

**CHER BON DIEU**
Voir: DEAR GOD

**CHER DISPARU, LE**
Voir: THE LOVED ONE

**CHÈRE BRIGITTE**
Voir: DEAR BRIGITTE

**CHÉRIE! J'AI RÉDUIT LES ENFANTS**
Voir: HONEY! I SHRUNK THE KIDS

**CHÉRIE, J'AI GONFLÉ LE BÉBÉ**
Voir: HONEY, I BLEW UP THE KID

**CHÉRIE, JE ME SENS RAJEUNIR**
Voir: MONKEY BUSINESS

**CHÉRIE, JE NOUS AI RÉDUITS**
Voir: HONEY, WE SHRUNK OURSELVES

**CHERRY 2000** ▷4
É.-U. 1986. Science-fiction de Steve DE JARNATT avec Melanie Griffith, David Andrews et Ben Johnson. - En 2017, un homme cherche dans une zone dangereuse des pièces de rechange pour sa compagne, un androïde dont les circuits ont sauté.
**Non classé**

**CHERRY... & HARRY & RAQUEL** ▷0
É.-U. 1969, Russ MEYER
VO→69,95$ **18 ans +**

**CHEVAL AUX SABOTS D'OR, LE**
Voir: THE HORSE IN THE GRAY FLANEL SUIT

**CHEVAL D'ORGUEIL, LE** ▷3
FR. 1980. Chronique de Claude CHABROL avec Jacques Dufilho, Bernadette Le Saché et François Cluzet. - La vie quotidienne en Bretagne au début du siècle. - Reconstitution d'époque soignée. Mise en scène de métier.
STA→34,95$ **Général**

**CHEVAL, MON CHEVAL** ▷0
TUR. 1982, Ali OZZENTURK

**CHEVALIER DES SABLES, LE**
Voir: THE SANDPIPER

**CHEVALIER DU CRÉPUSCULE, LE**
Voir: LOVE ME TENDER

**CHEVALIER DU DÉMON, LE**
Voir: TALES FROM THE CRYPT - DEMON KNIGHT

**CHEVALIER DU ROI, LE**
Voir: THE BLACK SHIELD OF FALWORTH

**CHEVALIER SANS ARMURE**
Voir: KNIGHT WITHOUT ARMOUR

**CHEVALIERS DE LA TABLE RONDE, LES**
Voir: KNIGHTS OF THE ROUND TABLE

**CHEVAUCHÉE MAGIQUE, LA**
Voir: INTO THE WEST

**CHEVAUCHÉE SAUVAGE, LA**
Voir: BITE THE BULLET

**CHEVAUX DE FEU, LES** ▷3
RUS. 1965. Drame poétique de Sergei PARADJANOV avec Ivan Nikolaitchouk, Larissa Kadotchnikova et Tatiana Bestaieva. - Un homme hanté par le souvenir d'un amour de jeunesse épouse une autre jeune fille qui tentera de conquérir son cœur par des sortilèges. - Coutumes et cérémonies folkloriques présentées dans une aura légendaire. Photographie soignée à l'extrême.
STA→LS **Général**

**CHÈVRE, LA** ▷4
FR. 1981. Comédie de Francis VEBER avec Pierre Richard, Gérard Depardieu et Michel Robin. - Un détective privé part en compagnie d'un maladroit chercher au Mexique la fille disparue d'un industriel.
VO→LS **Général**

**CHEYENNE AUTUMN** ▷3
É.-U. 1964. Western de John FORD avec Richard Widmark, Carroll Baker et Ricardo Montalban. - La cavalerie américaine veut empêcher des Cheyennes échappés d'une réserve de rejoindre leur terre natale. - Scénario un peu dispersé mais intéressant. Maîtrise des moyens techniques. Mouvement ample. Interprétation sobre.
VO→18,95$ **Général**

**CHEYENNE SOCIAL CLUB, THE** ▷5
É.-U. 1970. Western de Gene KELLY avec James Stewart, Henry Fonda et Shirley Jones. - Un cow-boy du Texas hérite d'une maison de tolérance lors de la mort de son frère.
VO→14,95$ **Général**

**CHEZ PORKY**
Voir : PORKY'S

**CHICKEN RUN** ▷3
É.-U. 2000. Film d'animation de Peter LORD et Nick PARK. - Des poules tentent de s'enfuir d'une ferme où on les destine à devenir de la chair à pâté. - Histoire fine et ingénieuse racontée au moyen de figurines en pâte à modeler. Animaux dotés de traits humains fort amusants. Conception visuelle imaginative. Grande virtuosité technique.
**Général**

**CHIEN DANS UN JEU DE QUILLES, UN** ▷5
FR. 1982. Comédie de Bernard GUILLOU avec Pierre Richard, Julien Guiomar et Sylvie Joly. - Menacé d'expulsion par le châtelain local, un fermier breton fait appel à son frère psychologue à Paris.
VO→LS **Général**

**CHIEN ENRAGÉ, UN** ▷0
JAP. 1949, Akira KUROSAWA
STA→27,95$ **Général**

**CHIENNE DE VIE**
Voir: LIFE STINKS

**CHIENS CHAUDS, LES**
Voir: HOT-DOGS

**CHIENS DE GUERRE, LES**
Voir: THE DOGS OF WAR

**CHIENS, LES** ▷4
FR. 1979. Drame de mœurs d'Alain JESSUA avec Gérard Depardieu, Victor Lanoux et Nicole Calfan. - Les habitants d'une petite ville industrielle s'achètent des chiens de garde pour se protéger des rôdeurs.
VO→LS **13 ans +**

**CHIENS-CHAUDS, LES** ▷6
QUÉ. 1980. Comédie de Claude FOURNIER avec Harry Reems, Nicole Morin et Geoffrey Bowes. - Les problèmes d'un jeune policier de l'escouade de la moralité aux prises avec un chef fanatique.
VF→LS **13 ans +**

**CHILD IS WAITING, A** ▷4
É.-U. 1962. Drame psychologique de John CASSAVETES avec Judy Garland, Burt Lancaster et Bruce Ritchey. - Une jeune femme travaille comme monitrice dans une institution pour enfants attardés.
VO→19,95$ **Non classé**

**CHILD'S PLAY** ▷4
É.-U. 1988. Drame fantastique de Tom HOLLAND avec Catherine Hicks, Chris Sarandon et Alex Vincent. - Un jeune garçon reçoit pour son anniversaire une poupée dans laquelle s'est réincarné un criminel.
VF→LS VO→LS LBX-DVD→29,95$ **13 ans +**

**CHILD'S PLAY 2** ▷5
É.-U. 1990. Drame d'horreur de John LAFIA avec Alex Vincent, Christine Elise et Jenny Agutter. - Un jeune garçon lutte contre un pantin maléfique qui a pris la place de la nouvelle poupée offerte par sa famille d'accueil.
VF→11,95$ **13 ans +**

**CHILDREN ARE WATCHING US, THE**
Voir: LES ENFANTS NOUS REGARDENT

**CHILDREN OF A LESSER GOD** ▷4
É.-U. 1986. Drame psychologique de Randa HAINES avec William Hurt, Marlee Matlin et Piper Laurie. - Dans un institut réservé aux sourds, un enseignant s'éprend d'une ancienne élève qui refuse d'apprendre à parler autrement que par signes.
VF→14,95$ VO→13,95$ **Général**

**CHILDREN OF HEAVEN** ▷3
IRAN. 1997. Drame de mœurs de Majid MAJIDI avec Mir Farrokh Hashemian, Bahareh Seddiqi et Amir Naji. - Ayant perdu la seule paire de chaussures de sa petite sœur, un garçon d'une famille pauvre cherche à remédier à la situation. - Récit à la fois touchant et comique. Réalisation simple et efficace. Jeunes interprètes fort attachants.
VF→19,95$ STA→19,95$ **Général**

**CHILDREN OF NATURE** ▷0
ISL. 1991, Fridrik Thor FRIDRIKSSON
STA→18,95$ **Général**

**CHILDREN OF NOISY VILLAGE, THE** ▷4
SUÈ. 1986. Drame de Lasse HALLSTRÖM avec Linda Bergström, Crispin Dickson Wendenius et Henrik Larsson. - Les aventures de six jeunes Suédois dans un petit village de province au cours des années 1920.
VA→34,95$ **Général**

**CHILDREN OF THE CORN** ▷0
É.-U. 1984, Fritz KIERSCH
VO→9,95$ LBX-DVD→27,95$

**CHILDREN OF THE DAMNED** ▷5
ANG. 1964. Science-fiction d'Anton LEADER avec Ian Hendry, Alan Badel et Barbara Ferris. - Six enfants de races différentes sont doués d'étranges pouvoirs.
VO→19,95$ **Général**

**CHILDREN OF THE REVOLUTION** ▷5
AUS. 1996. Comédie dramatique de Peter DUNCAN avec Judy Davis, Richard Roxburgh et Sam Neill. - Une ardente militante communiste australienne cache à son fils l'identité de son véritable père, Joseph Staline.
VO→14,95$ **13 ans +**

**CHILDREN'S HOUR, THE** ▷3
É.-U. 1961. Drame de William WYLER avec Audrey Hepburn, Shirley MacLaine et James Garner. - Pour se venger d'avoir été punie, une fillette accuse les directrices de son école de s'être mal conduites. - Adaptation intelligente d'une pièce de Lillian Hellman. Mise en scène pleine de tact et de sensibilité. Interprétation sincère.
VO→19,95$ **Non classé**

**CHINA** ▷4
É.-U. 1943. Drame de guerre de John FARROW avec Loretta Young, Alan Ladd et William Bendix. - Un Américain et une institutrice sont lancés dans une randonnée à travers la Chine envahie.
VO→14,95$ **Général**

**CHINA BEACH** ▷4
É.-U. 1988. Drame de guerre de Rod HOLCOMB avec Dana Delaney, Nan Woods et Michael Boatman. - Trois femmes font l'expérience de la guerre dans une unité américaine de premiers soins au Viêt-nam.
VO→18,95$ Général - Déconseillé aux jeunes enfants

**CHINA GATE** ▷5
É.-U. 1956. Drame de guerre de Samuel FULLER avec Gene Barry, Angie Dickinson et Nat «King» Cole. - En 1944, en Indochine, un colonel organise une expédition de volontaires chargés de faire sauter un dépôt de munitions.
VO→LS Général

**CHINA GIRL** ▷4
É.-U. 1987. Drame de mœurs d'Abel FERRARA avec Richard Panebianco, Sari Chang et James Russo. - Dans un quartier ravagé par la violence raciale, un jeune Italien tombe amoureux d'une Chinoise.
VF→LS VO→LS 16 ans + Violence

**CHINA MOON** ▷5
É.-U. 1991. Drame policier de John BAILEY avec Ed Harris, Madeleine Stowe et Benicio Del Toro. - Une richarde qui a assassiné son mari pousse son amant inspecteur de police à faire disparaître toute trace du meurtre.
VF→LS VO→LS 13 ans +

**CHINA SEAS** ▷4
É.-U. 1935. Aventures de Tay GARNETT avec Clark Gable, Jean Harlow et Wallace Beery. - Un capitaine est amené à défendre contre des pirates une cargaison d'or qu'il convoie vers Singapour.
VO→19,95$ Général

**CHINA SYNDROME, THE** ▷4
É.-U. 1978. Drame social de James BRIDGES avec Jane Fonda, Jack Lemmon et Michael Douglas. - Une journaliste de télévision décèle une situation inquiétante dans une centrale électrique alimentée par l'énergie nucléaire.
VF→9,95$ VO→9,95$ LBX→19,95$ LBX-DVD→29,95$ Général

**CHINA, MY SORROW**
Voir: CHINE, MA DOULEUR

**CHINATOWN** ►2
É.-U. 1974. Drame policier de Roman POLANSKI avec Jack Nicholson, Faye Dunaway et John Huston. - Dans les années 1930, à Los Angeles, un détective privé engagé pour une filature découvre d'étranges agissements. - Brillant pastiche des films policiers des années 1930 et 40. Intrigue sombre et compliquée racontée de façon captivante. Interprétation mémorable.
VF→14,95$ VO→LS VO-LBX (25TH)→14,95$ VF (25TH)→14,95$ LBX-DVD→29,95$ 13 ans +

**CHINE, MA DOULEUR** ▷3
FR. 1989. Drame social de Dai SIJIE avec Guo Liang Yi, Tieu Quan Nghieu et Vuong Han Lai. - Les tribulations d'un adolescent chinois enfermé dans un camp de rééducation pour une raison futile. - Dénonciation d'abus de pouvoir. Touches d'un humour feutré. Réalisation juste et sensible. Bonne interprétation de comédiens non professionels.
STA→52,95$ Général

**CHINESE BOX** ▷4
FR.-JAP.-É.-U. 1997. Drame psychologique de Wayne WANG avec Jeremy Irons, Gong Li et Maggie Cheung. - À Hong-Kong, un journaliste anglais leucémique est amoureux d'une barmaid, tout en étant fasciné par une punk.
VO→13,95$
LBX-DVD→38,95$ Général - Déconseillé aux jeunes enfants

**CHINESE CONNECTION, THE** ▷5
H.-K. 1972. Aventures de Lo WEI avec Bruce Lee, Miao Ker Hsiu et James Tien. - Un jeune athlète veut venger son maître assassiné sur les ordres d'un rival.
VO→11,95$ 13 ans +

**CHINESE FEAST, THE** ▷0
H. K. 1995, Tsui HARK
STA→LS Général

**CHINESE GHOST STORY II, A** ▷0
H. K. 1990, Siu-Tung CHING
STA→59,95$ 13 ans + Horreur

**CHINESE GHOST STORY III, A** ▷0
H. K. 1991, Ching Siu TUNG et Tsui HARK

**CHINESE GHOST STORY, A** ▷0
H. K. 1987, Siu-Tung CHING
STA→59,95$ 13 ans +

**CHINESE MACK, THE** ▷0
H. K. David CHEN Jr.
VA→LS 13 ans + Violence

**CHINESE ODYSSEY I, A** ▷0
H. K. 1995, Jeffrey LAU
STA→LS Général

**CHINESE ODYSSEY II, A** ▷0
H. K. 1995, Jeffrey LAU
LBX-STA→LS 13 ans + Violence

**CHINESE ROULETTE**
Voir: ROULETTE CHINOISE

**CHISUM** ▷4
É.-U. 1970. Western d'Andrew V. McLAGLEN avec John Wayne, Forrest Tucker et Geoffrey Deuel. - L'opposition entre un rancher du Nouveau-Mexique et un commerçant malhonnête dégénère en guerre ouverte.
VO→14,95$ Général

**CHITTY CHITTY BANG BANG** ▷4
ANG. 1968. Comédie musicale de Ken HUGHES avec Dick Van Dyke, Sally Ann Howes et Gert Fröbe. - Les enfants d'un inventeur se prennent d'affection pour une vieille auto de course mise au rancart.
VF→14,95$ VO→14,95$ DVD→18,95$ Général

**CHOC DES TITANS, LE**
Voir: CLASH OF THE TITANS

**CHOC, LE** ▷5
FR. 1982. Drame policier de Robin DAVIS avec Alain Delon, Catherine Deneuve et François Perrot. - Un tueur à gages retiré des affaires est traqué par l'organisation qui l'employait.
VO→LS 13 ans +

**CHOCOLAT** ▷4
ANG. 2000. Comédie dramatique de Lasse HALLSTRÖM avec Juliette Binoche, Alfred Molina et Johnny Depp. - À la fin des années 1950 dans un village français conservateur, une mère célibataire ouvre une chocolaterie en plein carême.
Général

**CHOCOLAT** ▷4
FR. 1988. Drame de mœurs de Claire DENIS avec Isaach de Bankolé, Giulia Boschi et François Cluzet. - Pendant le trajet qui la ramène au village de son enfance, une femme se remémore son passé colonial avec ses parents en poste au Cameroun.
STA→18,95$ VO→LS Général

**CHOCOLATE SOLDIER, THE** ▷5
É.-U. 1940. Comédie musicale de Roy DEL RUTH avec Nelson Eddy, Risë Stevens et Nigel Bruce. - Un chanteur emprunte une fausse identité pour éprouver la fidélité de sa femme.
VO→LS Général

**CHOCOLATE WAR, THE** ▷5
É.-U. 1988. Comédie dramatique de Keith GORDON avec Ilan Mitchell-Smith, Wally Ward et John Glover. - Désirant devenir membre d'un club d'étudiants, un garçon refuse de participer à la vente annuelle de chocolat organisée par un professeur sadique.
VF→LS VO→LS Général

**CHOIX D'UN PEUPLE, LE** ▷5
QUÉ. 1985. Documentaire de Hugues MIGNAULT. - Évocation de l'un des événements marquants de l'histoire politique du Québec: le référendum de 1980.
VO→LS **Général**

**CHOIX DE SOPHIE, LE**
Voir: SOPHIE'S CHOICE

**CHOIX DES ARMES, LE** ▷4
FR. 1981. Drame policier d'Alain CORNEAU avec Yves Montand, Gérard Depardieu et Catherine Deneuve. - Un ex-gangster, reconverti dans l'élevage des chevaux, voit sa vie bouleversée par l'arrivée d'un ancien complice blessé.
STA→LS **13 ans +**

**CHOIX DES SEIGNEURS, LE** ▷4
ITA. 1983. Aventures de Giacomo BATTIATO avec Rick Edwards, Barbara de Rossi et Tanya Roberts. - Endossant l'armure d'un mystérieux guerrier, une jeune femme libère une princesse sarrasine des mains d'un preux chrétien.
VF→14,95$ **13 ans + Violence**

**CHOOSE ME** ▷3
É.-U. 1984. Drame psychologique d'Alan RUDOLPH avec Geneviève Bujold, Lesley Ann Warren et Keith Carradine. - Un homme au passé obscur trouble la vie de quelques femmes. - Approche intelligente. Climat insolite quasi onirique. Réalisation subtile. Interprétation sensible.
VF→LS VO→LS **13 ans +**

**CHOPPER CHICKS IN ZOMBIETOWN** ▷5
É.-U. 1990. Comédie de Dan HOSKINS avec Jamie Rose, Catherine Carlen et Kristina Loggia. - Des jeunes femmes motocyclistes viennent en aide aux habitants d'une ville infestée de zombies.
VO→11,95$ **16 ans + Horreur**

**CHOPPING MALL** ▷0
É.-U. 1986, Jim WYNORSKI
VO→LS **Non classé**

**CHORUS LINE, A** ▷4
É.-U. 1985. Comédie musicale de Richard ATTENBOROUGH avec Michael Douglas, Alyson Reed et Terrence Mann. - Une vedette de la danse se joint à de jeunes postulants qui auditionnent pour un spectacle.
VO→14,95$ **Général**

**CHORUS OF DISAPPROVAL, A** ▷5
ANG. 1988. Comédie de Michael WINNER avec Jeremy Irons, Anthony Hopkins et Prunella Scales. - Nouveau venu dans une petite ville côtière, un homme se joint à une troupe de théâtre amateur où il ne tarde pas à faire des conquêtes féminines.
VO→LS **Général**

**CHOSEN, THE** ▷4
É.-U. 1981. Drame de mœurs de Jeremy KAGAN avec Barry Miller, Robby Benson et Rod Steiger. - Au milieu des années 1940, l'amitié de deux adolescents juifs de New York qui sont de formation différente.
VO→LS **Général**

**CHOSES DE LA VIE, LES** ▷3
FR. 1970. Drame psychologique de Claude SAUTET avec Michel Piccoli, Romy Schneider et Lea Massari. - Un architecte blessé dans un accident de la route revoit les incidents d'une vie partagée entre sa famille et sa maîtresse. - Évocation juste des sentiments. Montage complexe. Intérêt croissant.
STA→32,95$ **Général**

**CHOU-CHOU DU PROFESSEUR, LE**
Voir: TEACHER'S PET

**CHOUANS!** ▷4
FR. 1988. Drame historique de Philippe DE BROCA avec Philippe Noiret, Sophie Marceau et Lambert Wilson. - En 1793, les enfants élevés par un seigneur de Bretagne se retrouvent dans des camps opposés lors du soulèvement des Chouans contre les troupes républicaines.
VO→LS **Général**

**CHRIST S'EST ARRÊTÉ À EBOLI, LE** ▶2
ITA. 1979. Drame social de Francesco ROSI avec Gian Maria Volontè, Paolo Bonacelli et François Simon. - Les observations d'un peintre assigné à résidence dans un village de Lucanie pour ses idées politiques. - Illustration intelligente du livre de Carlo Levi. Mélange de réflexion politique et d'étude ethnologique. Fresque sobre et vigoureuse. Interprétation convaincante.
VF→LS **Général**

**CHRISTIAN** ▷4
DAN. 1989. Drame social de Gabriel AXEL avec Nikolaj Christensen, Nathalie Brusse et Preben Lendorff Rye. - Un jeune musicien danois qui fuit vers le sud après s'être échappé d'un centre de rééducation est accueilli par une charmante famille dans un village du Maroc.
VF→18,95$ **Général**

**CHRISTINE** ▷5
É.-U. 1983. Drame fantastique de John CARPENTER avec Keith Gordon, John Stockwell et Alexandra Paul. - Un adolescent timide achète une vieille automobile qui se révèle dotée de pouvoirs maléfiques.
VF→14,95$ VO→9,95$ **13 ans +**

**CHRISTINE** ▷5
FR. 1958. Drame sentimental de Pierre GASPARD-HUIT avec Romy Schneider, Alain Delon et Fernand Ledoux. - À Vienne, l'idylle d'un officier et d'une jeune chanteuse connaît une fin tragique.
VF→14,95$ **Général**

**CHRISTMAS CAROL, A** ▷4
É.-U. 1938. Conte de Edwin L. MARIN avec Reginald Owen, Gene Lockhart et Kathleen Lockhart. - Durant la nuit de Noël, un homme au cœur sec fait un rêve qui le décide à semer le bonheur autour de lui.
VO→14,95$ **Général**

**CHRISTMAS CAROL, A** ▷0
É.-U. 1997
VO→LS **Général - Enfants**

**CHRISTMAS IN JULY** ▷4
É.-U. 1940. Comédie de Preston STURGES avec Dick Powell, Ellen Drew et Raymond Walburn. - Un modeste employé gagne un concours de slogans publicitaires.
VO→11,95$ **Général**

**CHRISTMAS ROMANCE, A** ▷6
É.-U. 1994. Comédie sentimentale de Sheldon LARRY avec Olivia Newton-John, Gregory Harrison et Chloe Lattanzi. - Un banquier sans cœur tombe amoureux d'une veuve qu'il voulait expulser de son domicile.
VF→19,95$ **Général**

**CHRISTMAS STORY, A** ▷5
É.-U. 1983. Comédie de Bob CLARK avec Peter Billingsley, Melinda Dillon et Darren McGavin. - En 1940, à l'approche de Noël, un jeune garçon tire des plans pour obtenir en cadeau une carabine à air comprimé.
VF→LS **Général**

**CHRISTOPHE COLOMB - LA DÉCOUVERTE**
Voir: CHRISTOPHER COLUMBUS - THE DISCOVERY

**CHRISTOPHER COLUMBUS: THE DISCOVERY** ▷5
É.-U. 1992. Drame historique de John GLEN avec George Corraface, Robert Davi et Benicio Del Toro. - En naviguant vers l'ouest dans l'espoir de rejoindre les Indes, l'aventurier Christophe Colomb aborde les côtes de l'Amérique.
VO→PC VF→14,95$ **Général**

**CHRONICLE OF A DISAPPEARANCE**
Voir: CHRONIQUE D'UNE DISPARITION

**CHRONIQUE D'UNE DISPARITION** ▷4
PAL.-ISR.-É.-U.-ALL. 1996. Film d'essai réalisé et interprété par Elia SULEIMAN avec Ula Tabari et Nazira Suleiman. - Un cinéaste de retour en Palestine après une longue absence observe les nouveaux comportements de ses compatriotes.
STA➜LS **Général**

**CHRYSANTHÈME TARDIF, LE** ▷0
JAP. 1954, Mikio NARUSE
STA➜39,95$ **Général**

**CHUCK AND BUCK** ▷4
É.-U. 2000. Drame psychologique de Miguel ARTETA avec Mike White, Chris Weitz et Beth Colt. - À la mort de sa mère, un jeune homme peu mature renoue avec un ami d'enfance pour qui il éprouve une attirance sexuelle non réciproque.
VO➜LS **13 ans +**

**CHUNGKING EXPRESS** ▷3
H.-K. 1994. Comédie dramatique de Wong KAR-WAI avec Tony Leung Chiu-Wai, Faye Wang et Takeshi Kaneshiro. - Deux jeunes policiers largués par leur compagne vivent diverses expériences avec des femmes surprenantes. - Œuvre intrigante et fascinante bercée par une charmante poésie. Mise en scène stylisée. Illustration aux couleurs éclatantes. Solide interprétation.
STF➜LS STA➜22,95$ **Général**

**CHUTE DE L'ANGE, LA**
Voir: FALLEN

**CHUTE DE LA MAISON USHER, LA**
Voir: THE FALL OF THE HOUSE OF USHER

**CHUTE LIBRE**
Voir: THE BASKETBALL DIARIES

**CHUTES MULHOLLAND, LES**
Voir: MULHOLLAND FALLS

**CIAO! MANHATTAN** ▷0
É.-U. 1972, John PALMER et David WEISMAN
VO➜LS **Non classé**

**CIAO, FEDERICO!** ▷4
É.-U. 1970. Documentaire de Gideon BACHMANN. - Reportage sur les méthodes de travail du cinéaste Federico Fellini.
VO➜27,95$ **Général**

**CIAO, PROFESSORE!** ▷4
ITA. 1992. Comédie dramatique de Lina WERTMULLER avec Paolo Villaggio, Isa Danieli et Esterina Carloni. - À cause d'une erreur administrative, un instituteur est transféré à Naples où il doit s'occuper d'élèves rompus aux règles mafieuses.
STA➜11,95$ **13 ans + Langage vulgaire**

**CIBLE ÉMOUVANTE** ▷4
FR. 1993. Comédie policière de Pierre SALVADORI avec Jean Rochefort, Marie Trintignant et Guillaume Depardieu. - Alors qu'il entreprend d'enseigner son métier à un jeune apprenti peu dégourdi, un tueur à gages tombe amoureux d'une voleuse qu'il est chargé d'abattre.
VO➜18,95$ **Général**

**CIBLE HUMAINE**
Voir: SURVIVING THE GAME

**CIBLE, LA**
Voir: HARD TARGET

**CICATRICES DE DRACULA, LES**
Voir: THE SCARS OF DRACULA

**CIDER HOUSE RULES, THE** ▷4
É.-U. 1999. Chronique de Lasse HALLSTRÖM avec Tobey Maguire, Charlize Theron et Michael Caine. - En 1943, un garçon qui a passé sa vie dans un orphelinat tombe amoureux d'une jeune femme dont le conjoint est à la guerre.
VF➜16,95$ VO➜16,95$

**CIEL DE PARIS, LE** ▷5
FR. 1991. Drame de mœurs de Michel BENA avec Sandrine Bonnaire, Marc Fourrastier et Paul Blain. - Les relations entre deux garçons et une fille se compliquent par la tournure de leurs désirs.
VO➜16,95$ **Général**

**CIEL ET LA TERRE, LE**
Voir: HEAVEN AND EARTH

**CIEL PEUT ATTENDRE, LE**
Voir: HEAVEN CAN WAIT

**CIEL SOURIT À HENRIETTA, LE**
Voir: THE STARS FELL ON HENRIETTA

**CIEL, LES OISEAUX ET... TA MÈRE!, LE** ▷5
FR. 1998. Comédie de Djamal BENSALAH avec Jamel Debbouze, Stéphane Soo Mongo et Laurent Deutsch. - Profitant d'un séjour à Biarritz gagné lors d'un concours, quatre jeunes loubards parisiens entreprennent de vivre une vie de bohème.
VO➜LS **Général**

**CIGARETTE GIRL OF MÖSSELPROM, THE** ▷0
RUS. 1924, Yuri ZHELYABUZHSKY
ITA➜41,95$ **Général**

**CIGOGNES N'EN FONT QU'À LEUR TÊTE, LES** ▷5
FR. 1988. Comédie de Didier KAMINKA avec Marlène Jobert, Patrick Chesnais et Claude Rich. - Ne pouvant pas avoir d'enfant, un couple déniche une adolescente enceinte prête à céder le sien.
VO➜LS **Général**

**CIMARRON** ▷0
É.-U. 1931, Irene DUNNE
VO➜19,95$ **Non classé**

**CIMARRON** ▷4
É.-U. 1960. Western d'Anthony MANN avec Glenn Ford, Maria Schell et Anne Baxter. - Lors de la colonisation de l'Oklahoma, un directeur de journal idéaliste quitte sa femme pour courir l'aventure.
LBX➜14,95$ **Général**

**CIMETIÈRE VIVANT**
Voir: PET SEMATARY

**CINCINNATI KID, THE** ▷4
É.-U. 1965. Drame psychologique de Norman JEWISON avec Steve McQueen, Edward G. Robinson et Tuesday Weld. - Un joueur de poker se mesure à un homme qui n'a jamais été battu en trente ans.
VF➜LS VO➜19,95$ **Non classé**

**CINDERELLA** ▷4
É.-U. 1949. Dessins animés de Wilfred JACKSON, Hamilton LUSKE et Clyde GERONIMI. - Secourue par une fée, une jeune domestique maltraitée se rend majestueusement à un bal où elle séduit le prince héritier.
VF➜LS VO➜LS **Général**

**CINDERFELLA** ▷4
É.-U. 1960. Conte de Frank TASHLIN avec Jerry Lewis, Judith Anderson et Annamaria Alberghetti. - Un jeune homme maltraité par sa famille gagne le cœur d'une princesse.
VO➜9,95$ **Général**

**CINÉMA ET RÉALITÉ** ▷0
QUÉ. 1966, Clément PERRON et Georges DUFAUX

**CINÉMA PARADISO** ▷3
ITA. 1988. Comédie dramatique de Giuseppe TORNATORE avec Philippe Noiret, Salvatore Cascio et Marco Leonardi. - Un cinéaste se remémore son enfance en Sicile et son amitié avec le projectionniste du cinéma paroissial. - Scénario anecdotique. Nombreuses touches d'humour. Traitement pittoresque et sympathique. Personnages campés avec précision.
VF➜14,95$ STA➜14,95$ VA➜14,95$ **Général**

**CINÉMA, AMOUR ET CHAMPIGNONS**
Voir: COMING UP ROSES

**CINÉMA, CINÉMA** ▷4
QUÉ. 1985. Documentaire de Gilles CARLE et Werner NOLD. - Évocation de 25 ans de cinéma de l'Office national du film.
VO➜LS **Général**

**CINGLÉS, LES**
Voir: STILL CRAZY

**CINQ CARTES À ABATTRE**
Voir: 5 CARD STUD

**CINQ GARÇONS DANS LE VENT**
Voir: BACKBEAT

**CINQ JOURS EN JUIN** ▷4
FR. 1989. Drame sentimental de Michel LEGRAND avec Sabine Azéma, Annie Girardot et Matthieu Rozé. - Lors du débarquement des Alliés en Normandie, un musicien adolescent, accompagné de sa mère et d'une jeune femme fantasque, part en bicyclette rejoindre sa famille.
VO➜LS **Général**

**CINQ PIÈCES FACILES**
Voir: FIVE EASY PIECES

**CINQ SECRETS DU DÉSERT**
Voir: FIVE GRAVES TO CAIRO

**CINQ SEMAINES EN BALLON**
Voir: FIVE WEEKS IN A BALLOON

**CINQUANTE-HUIT MINUTES POUR VIVRE**
Voir: DIE HARD II

**CINQUIÈME ÉLÉMENT, LE**
Voir: THE FIFTH ELEMENT

**CIOCIARA, LA** ▷3
ITA. 1960. Drame de Vittorio DE SICA avec Sophia Loren, Eleonora Brown et Jean-Paul Belmondo. - Pendant la guerre, une femme gagne son village natal avec sa fillette. - Grand souci de vérité. Interprétation saisissante.
STA-DVD➜29,95$ STA➜22,95$ STA-DVD➜29,95$ **Non classé**

**CIRCLE OF FRIENDS** ▷4
IRL. 1995. Drame sentimental de Pat O'CONNOR avec Minnie Driver, Chris O'Donnell et Saffron Burrows. - En 1957, les amours respectives parfois tumultueuses de trois amies d'enfance qui étudient à l'université de Dublin.
VO➜12,95$ VF➜11,95$ **Général - Déconseillé aux jeunes enfants**

**CIRCONSTANCES ATTÉNUANTES** ▷4
FR. 1939. Comédie de mœurs de Jean BOYER avec Michel Simon, Arletty et Dorville. - À la suite d'une panne de voiture, un procureur très sévère échoue dans une auberge dont la clientèle est composée de gens louches.
VO➜LS **Général**

**CIRCUITRY MAN** ▷5
É.-U. 1990. Science-fiction de Stephen LOVY avec Jim Metzler, Dana Wheeler-Nicholson et Lu Leonard. - Dans le futur, une garde du corps et un androïde mettent la main sur de précieuses puces électroniques convoitées par un mutant.
VO➜LS **Non classé**

**CIRCULEZ, Y'A RIEN À VOIR** ▷5
FR. 1982. Comédie policière de Patrice LECONTE avec Michel Blanc, Jane Birkin et Jacques Villeret. - Fasciné par une jeune femme rencontrée lors d'une enquête de routine, un inspecteur de police multiplie les occasions pour la revoir.
VO➜LS **Général**

**CIRCUS OF HORRORS** ▷5
ANG. 1960. Drame d'horreur de Sidney HAYERS avec Anton Diffring, Erika Remberg et Kenneth Griffith. - Coupable d'un meurtre, un médecin maniaque se cache dans un cirque.
VO➜14,95$ **13 ans + Horreur**

**CIRCUS WORLD** ▷4
É.-U. 1964. Comédie dramatique de Henry HATHAWAY avec John Wayne, Claudia Cardinale et Rita Hayworth. - Un directeur est à la recherche d'une ancienne trapéziste dont il a adopté la fille.
VO➜LS **Non classé**

**CIRCUS, THE** ►2
É.-U. 1927. Comédie réalisée et interprétée par Charles CHAPLIN avec Merna Kennedy et Allan Garcia. - Un vagabond trouve un emploi dans un cirque et s'apitoie sur l'écuyère traitée durement par son père. - Subtil mélange de mélancolie et d'humour. Sens étonnant de la mécanique du gag. Charlot à l'apogée de ses dons de mime, de clown et d'acrobate.
ITA-DVD➜44,95$ **Général**

**CIRQUE DES HORREURS, LE**
Voir: CIRCUS OF HORRORS

**CIRQUE INFERNAL, LE**
Voir: BATTLE CIRCUS

**CIRQUE, LE**
Voir: THE CIRCUS

**CITADEL, THE** ▷3
É.-U. 1939. Drame de King VIDOR avec Robert Donat, Rosalind Russell et Ralph Richardson. - Un jeune médecin consciencieux doit lutter contre l'influence néfaste d'illustres confrères. - Adaptation d'un roman de A.J. Cronin. Intéressante étude de caractère. Mise en scène soignée. Dialogue abondant mais juste. Interprétation de classe.
VO➜26,95$ **Général**

**CITADELLE, LA** ▷3
ALG. 1988. Drame de mœurs de Mohammed CHOUIKH avec Khaled Barkat, Djillali Ain-Tedeles et Fettouma Ousliha. - Un idiot de village, amoureux d'une femme mariée, est l'objet d'une cruelle plaisanterie. - Étude de mœurs d'esprit critique. Notes folkloriques intéressantes.
STF➜LS **Général**

**CITÉ DE L'ESPOIR, LA**
Voir: CITY OF HOPE

**CITÉ DE L'INDUSTRIE**
Voir: CITY OF INDUSTRY

**CITÉ DE LA JOIE, LA**
Voir: CITY OF JOY

**CITÉ DES ANGES, LA**
Voir: CITY OF ANGELS

**CITÉ DES DANGERS, LA**
Voir : HUSTLE

**CITÉ DES ENFANTS PERDUS, LA** ▷4
FR. 1995. Drame fantastique de Jean-Pierre JEUNET et Marc CARO avec Ron Perlman, Daniel Emilfork et Dominique Pinon. - Dans son laboratoire situé sur une plate-forme en mer, un professeur tente de voler les rêves des enfants qu'il a kidnappés.
VO➜11,95$ **13 ans +**

**CITÉ DES FEMMES, LA** ▷3
ITA. 1979. Comédie satirique de Federico FELLINI avec Marcello Mastroianni, Ettore Manni et Anna Prucnal. - Un voyageur tombe au milieu d'un congrès de féministes, ce qui l'amène à revivre ses divers contacts avec les femmes au cours de sa vie. - Rêverie sur les rapports entre l'homme et la femme. Richesse de style coutumière à l'auteur.
STA➜LS **13 ans +**

**CITÉ DISPARUE, LA**
Voir: LEGEND OF THE LOST

**CITÉ DU CRIME, LA**
Voir: CITY OF INDUSTRY

**CITÉ OBSCURE**
Voir: DARK CITY

**CITIZEN KANE** ►1
É.-U. 1941. Drame psychologique réalisé et interprété par Orson WELLES avec Joseph Cotten et Dorothy Commingore. - Un journaliste enquête sur la vie privée d'un millionnaire décédé. - Construction intelligente et complexe. Ensemble riche d'idées et d'innovations techniques. Interprétation forte. Œuvre capitale dans l'histoire du cinéma.
VO→19,95$ STF→LS **Général**

**CITIZEN RUTH** ▷4
É.-U. 1996. Comédie satirique d'Alexander PAYNE avec Laura Dern, Swoozie Kurtz et Kurtwood Smith. - Une jeune toxicomane enceinte est amenée à se rallier tour à tour à la cause de groupes opposés et favorables à l'avortement.
VO→14,95$ VF→14,95$ **13 ans +**

**CITIZEN X** ▷4
É.-U. 1994. Drame policier de Chris GEROLMO avec Stephen Rea, Donald Sutherland et Jeffrey DeMunn. - Durant des années, malgré le peu de soutien des autorités, un détective russe cherche à capturer un tueur en série.
VF→15,95$ VO→14,95$ **16 ans + Violence**

**CITOYEN X**
Voir: CITIZEN X

**CITY HALL** ▷4
É.-U. 1995. Drame politique de Harold BECKER avec John Cusack, Al Pacino et Bridget Fonda. - Le jeune bras droit du maire de New York découvre une affaire de corruption impliquant la mafia et de hauts magistrats.
VF→14,95$ VO→13,95$ **Général**

**CITY HEAT** ▷5
É.-U. 1984. Comédie policière de Richard BENJAMIN avec Clint Eastwood, Burt Reynolds et Jane Alexander. - À Kansas City, dans les années 1930, des policiers rivaux se débattent entre deux clans criminels ennemis.
VF→PC VO→PC **13 ans +**

**CITY HUNTER** ▷0
É.-U.-H. K. 1992, Wong JING
VA-LBX→29,95$ **Général**

**CITY LIGHTS** ►1
É.-U. 1930. Comédie réalisée et interprétée par Charles CHAPLIN avec Virginia Cherrill et Harry Myers. - Un vagabond reçoit d'un millionnaire, à qui il a sauvé la vie, l'argent nécessaire à une opération pour une jeune amie aveugle. - Amalgame réussi de tendresse et de comique, de satire et de critique sociale. Scènes inventives. Excellents gags. Jeu génial de C. Chaplin.
VO→16,95$ DVD→44,95$ **Général**

**CITY OF ANGELS** ▷5
É.-U. 1998. Drame sentimental de Brad SILBERLING avec Nicolas Cage, Meg Ryan et Dennis Franz. - Amoureux d'une chirurgienne de Los Angeles, un ange se transforme en être humain.
LBX→19,95$ VF→19,95$ LBX-DVD→21,95$ **Général**

**CITY OF HOPE** ▷3
É.-U. 1991. Drame social de John SAYLES avec Vincent Spano, Tony Lo Bianco et Joe Morton. - Divers individus issus de milieux différents s'entrecroisent dans une grande ville rongée par la violence et la corruption. - Multitude d'histoires personnelles habilement entrecoupées. Panorama vif et intelligent de la vie urbaine contemporaine.
VO→19,95$ VF→19,95$ **13 ans + Langage vulgaire**

**CITY OF INDUSTRY** ▷5
É.-U. 1996. Drame policier de John IRVIN avec Harvey Keitel, Stephen Dorff et Famke Janssen. - Un criminel tente de retrouver la trace d'un ancien complice qui s'est enfui avec le magot d'un vol après avoir tué les autres membres de leur gang.
VF→LS VO→LS **16 ans + Violence**

**CITY OF JOY** ▷4
ANG. 1992. Drame social de Roland JOFFE avec Patrick Swayze, Om Puri et Pauline Collins. - Un médecin américain en visite à Calcutta est recruté par une infirmière bénévole qui soigne les démunis dans un quartier pauvre.
VO→12,95$ VF→12,95$ **13 ans +**

**CITY OF THE LIVING DEAD, THE** ▷0
ITA. 1980, Lucio FULCI
VA-LBX→14,95$

**CITY OF WOMEN**
Voir: LA CITÉ DES FEMMES

**CITY ON FIRE** ▷0
H. K. 1987, Ringo LAM
STA→29,95$ **13 ans + Violence**

**CITY SLICKERS** ▷4
É.-U. 1991. Comédie dramatique de Ron UNDERWOOD avec Billy Crystal, Daniel Stern et Bruno Kirby. - En guise de vacances, trois citadins entreprennent de convoyer du bétail dans l'Ouest en tant que cow-boys.
VF→21,95$ VO→19,95$ **Général**

**CITY SLICKERS II: THE LEGEND OF CURLY'S GOLD** ▷5
É.-U. 1994. Comédie de Paul WEILAND avec Billy Crystal, Daniel Stern et Jon Lovitz. - Trois citadins et un cow-boy font équipe dans l'espoir de retrouver un trésor caché dans le désert du Nevada.
VF→LS VO→19,95$ **Général**

**CITY WAR** ▷0
É.-U.-H. K. 1998, Chung SUN
STA→61,95$ **18 ans +**

**CIVIL ACTION, A** ▷3
É.-U. 1998. Drame judiciaire de Steven ZAILLIAN avec John Travolta, Robert Duvall et Kathleen Quinlan. - Un avocat poursuit deux grosses compagnies qui ont contaminé l'eau potable d'une petite ville, causant la mort de huit enfants. - Œuvre intelligemment conçue inspirée de faits réels. Réalisation sensible et subtile.
VF→19,95$ VO→16,95$ **Général**

**CIVILIZATION** ▷0
É.-U. Raymond B. WEST
VO→36,95$ **Général**

**CLAIRE OF THE MOON** ▷5
É.-U. 1992. Drame de mœurs de Nicole CONN avec Trisha Todd, Karen Trumbo et Faith McDevitt. - Partageant un chalet près de la côte du Pacifique, une écrivaine et une psychanalyste découvrent peu à peu qu'elles sont attirées l'une par l'autre.
VO→21,95$ **16 ans + Langage vulgaire**

**CLAIRONS SONNENT LA CHARGE, LES**
Voir: BUGLES IN THE AFTERNOON

**CLAN DES MILLIONNAIRES, LE**
Voir: THE BOILER ROOM

**CLAN DES SICILIENS, LE** ▷4
FR. 1968. Drame policier de Henri VERNEUIL avec Jean Gabin, Alain Delon et Lino Ventura. - Un jeune bandit obtient l'aide d'une famille sicilienne de Paris pour voler une collection de bijoux exposés dans un musée de Rome.
VO→19,95$ **Général**

**CLAN OF THE CAVE BEAR, THE** ▷5
É.-U. 1985. Aventures de Michael CHAPMAN avec Daryl Hannah, Pamela Reed et Thomas G. Waites. - Aux temps préhistoriques, une orpheline plus débrouillarde que ses compagnons de caverne est en butte à la jalousie d'un jeune guerrier.
VO→11,95$ **13 ans +**

**CLANCHES!**
Voir: SPEED

**CLANDESTINS** ▷4
SUI.-CAN.-FR.-BEL 1997. Drame psychologique de Denis CHOUINARD et Nicolas WADIMOFF avec Ovidiu Balan, Anton Kouznetsov et Moussa Maaskri. - Des immigrants illégaux sont coincés dans un conteneur après avoir embarqué clandestinement sur un cargo en partance pour le Canada.
VO→19,95$ 13 ans +

**CLARA'S HEART** ▷4
É.-U. 1988. Drame psychologique de Robert MULLIGAN avec Whoopi Goldberg, Neil Patrick Harris et Kathleen Quinlan. - Un jeune adolescent délaissé par ses parents se réconforte auprès de sa gouvernante au tempérament chaleureux.
VF→11,95$ Général

**CLARENCE THE CROSS-EYED LION** ▷5
É.-U. 1965. Aventures d'Andrew MARTON avec Marshall Thompson, Cheryl Miller et Betsy Drake. - Le directeur d'un centre d'études zoologiques en Afrique recueille à sa clinique un lion bigle.
VO→19,95$

**CLASH BY NIGHT** ▷4
É.-U. 1952. Drame psychologique de Fritz LANG avec Barbara Stanwyck, Paul Douglas et Robert Ryan. - De retour dans sa ville natale, une femme épouse un pêcheur et a une liaison avec un ami de celui-ci.
VO→19,95$ Général

**CLASH OF THE TITANS** ▷4
ANG. 1981. Conte de Desmond DAVIS avec Harry Hamlin, Laurence Olivier et Maggie Smith. - Le jeune demi-dieu Persée affronte diverses épreuves par amour pour la princesse Andromède.
VF→LS VO→14,95$ 13 ans +

**CLASS** ▷5
É.-U. 1983. Comédie dramatique de Lewis John CARLINO avec Andrew McCarthy, Rob Lowe et Jacqueline Bisset. - Un collégien a une aventure sexuelle avec la mère de son meilleur ami.
VO→PC 13 ans +

**CLASS ACTION** ▷4
É.-U. 1990. Drame judiciaire de Michael APTED avec Gene Hackman, Mary Elizabeth Mastrantonio et Colin Friels. - Une jeune avocate qui assume la défense d'une firme poursuivie en recours collectif entre en conflit avec son père qui s'occupe de la partie adversaire.
VF→11,95$ VO→11,95$ Général



**CLASSE DE NEIGE, LA** ▷4
FR. 1998. Drame psychologique de Claude MILLER avec Clément Van den Bergh, Lokman Nalcakan et Yves Verhoeven. - Durant un séjour en classe de neige, un enfant entraîne un camarade dans son monde très morbide de cauchemars.
VO→LS 13 ans +

**CLASSIC MONSTER MIX (COFFRET 8 VOLUMES)** ▷0
Voir: BRIDE OF FRANKENSTEIN · CREATURE FROM THE BLACK LAGOON · DRACULA (1931) · FRANKENSTEIN (1931) · INVISIBLE MAN, THE · MUMMY, THE (1932) · PHANTOM OF THE OPERA, THE (1943) · WOLF MAN, THE
VO

**CLAY PIDGEONS** ▷5
É.-U. 1998. Drame policier de David DOBKIN avec Joaquin Phoenix, Vince Vaughn et Janeane Garofalo. - Ayant été impliqué malgré lui dans un suicide suspect et un meurtre, un jeune garagiste hésite à dénoncer un tueur en série qu'il a démasqué.
LBX-DVD→PC VO→LS LBX-DVD→PC 16 ans + Violence

**CLÉ, LA** ▷5
ITA. 1983. Drame de mœurs de Tinto BRASS avec Frank Finlay, Stefania Sandrelli et Franco Branciaroli. - Sentant son énergie sexuelle décliner, un expert en art croit la faire revivre par la jalousie et manœuvre pour que son épouse succombe aux charmes de son futur gendre.
VF→LS 18 ans +

**CLÉ, LA** ▷5
JAP. 1983. Drame psychologique d'Akitaka KIMATA avec Msumi Okada et Kayo Matsuo. - Sentant sa vigueur sexuelle décliner, un professeur d'université tente de remédier à la situation en attisant sa jalousie.
STF→LS 18 ans +

**CLÉ, LA**
Voir: THE KEY

**CLEAN AND SOBER** ▷5
É.-U. 1988. Drame social de Glen Gordon CARON avec Michael Keaton, Kathy Baker et Morgan Freeman. - Un jeune toxicomane éprouve beaucoup de mal à se plier aux règles strictes du centre de désintoxication où il s'est réfugié.
VO→14,95$ VF→14,95$ Général

**CLEAR AND PRESENT DANGER** ▷4
É.-U. 1994. Drame d'espionnage de Phillip NOYCE avec Harrison Ford, Willem Dafoe et Anne Archer. - Un agent de la CIA découvre que le président des États-Unis a provoqué une offensive secrète contre un puissant cartel de trafic de drogue colombien.
VF→13,95$ LBX→14,95$ Général

**CLEAR CUT** ▷5
CAN. 1991. Drame de mœurs de Richard BUGAJSKI avec Graham Greene, Ron Lea et Michael Hogan. - Un Amérindien kidnappe un avocat et un chef d'entreprise pour réclamer la sauvegarde d'une forêt menacée par une industrie.
VF→12,95$ VO→21,95$ 13 ans +

**CLÉO DE 5 À 7** ►2
FR. 1962. Drame psychologique de Agnès VARDA avec Corinne Marchand, Antoine Bourseiller et Dominique Davray. - Une jeune chanteuse qui attend le résultat d'un examen médical est obsédée par l'idée de la mort. - Œuvre très belle, pleine de nuances et de sensibilité. Psychologie fouillée. C. Marchand remarquable.
STA→27,95$ STA-LBX-DVD→44,95$ Général

**CLEO LEO** ▷5
É.-U. 1989. Comédie fantaisiste de Chuck VINCENT avec Jane Hamilton, Scott Baker et Alan Naggar. - Un homme sexiste se rend compte des erreurs qu'il a commises lorsqu'il se retrouve dans le corps d'une femme ravissante.
VO→LS Non classé

**CLEOPATRA** ▷4
É.-U. 1963. Drame historique de Joseph Leo MANKIEWICZ avec Elizabeth Taylor, Richard Burton et Rex Harrison. - Cléopâtre, reine d'Égypte, fait la conquête de César puis de Marc-Antoine.
VO→34,95$ Général

**CLEOPATRA** ▷4
É.-U. 1934. Drame historique de Cecil B. DeMILLE avec Claudette Colbert, Warren William et Henry Wilcoxon. - Cléopâtre fait la conquête de Jules César puis de Marc-Antoine.
VO→14,95$ Général

**CLEOPATRA JONES** ▷5
É.-U. 1973. Drame policier de Jack STARRETT avec Tamara Dobson, Bernie Casey et Shelley Winters. - Une Noire, agent spécial du gouvernement, s'engage dans la lutte contre des trafiquants de drogue.
VO→14,95$ 13 ans +

**CLEOPATRA JONES AND THE CASINO OF GOLD** ▷5
É.-U. 1975. Drame policier de Chuck BAIL avec Tamara Dobson, Stella Stevens et Tanny. - Une Noire, agent spécial de la police fédérale, se rend à Hong-Kong où deux de ses hommes sont disparus.
VO→14,95$ 13 ans +

**CLERKS** ▷4
É.-U. 1994. Comédie de mœurs de Kevin SMITH avec Brian O'Halloran, Jeff Anderson et Marilyn Ghigliotti. - Une journée dans la vie d'un commis de «dépanneur» sur qui s'abattent de nombreux ennuis.
VF→14,95$ VO→14,95$ LBX-DVD→31,95$ 16 ans +

**CLÉS DU PARADIS, LES** ▷5
FR. 1991. Comédie de Philippe DE BROCA avec Gérard Jugnot, Pierre Arditi et Philippine Leroy-Beaulieu. - Un romancier célèbre qui en a marre de son existence trépidante convainc son frère d'échanger leurs vies, métiers et femmes.
VO→LS Général

**CLIENT, THE** ▷4
É.-U. 1994. Drame policier de Joel SCHUMACHER avec Brad Renfro, Susan Sarandon et Tommy Lee Jones. - Une avocate défend un adolescent qui refuse de révéler à la police le secret qu'un avocat de la mafia lui a confié avant de se suicider.
VF→11,95$ VO→14,95$ Général

**CLIFFHANGER** ▷5
É.-U. 1993. Aventures de Renny HARLIN avec Sylvester Stallone, John Lithgow et Michael Rooker. - Des secouristes sont aux prises avec des pirates de l'air dont l'appareil s'est écrasé dans les montagnes du Colorado.
LBX→18,95$ VF→9,95$ 16 ans + Violence

**CLIMAX, THE** ▷5
É.-U. 1944. Drame d'horreur de George WAGGNER avec Boris Karloff, Susanna Foster et Turhan Bey. - Un médecin fou veut empêcher une chanteuse d'opéra de reprendre le rôle tenu jadis par une femme qu'il a tuée.
VO→14,95$ Général

**CLINIC, THE** ▷4
AUS. 1982. Drame social de David STEVENS avec Chris Haywood, Simon Burke et Gerda Nicolson. - Les tribulations du personnel et des patients d'une clinique pour maladies vénériennes.
VO→LS Non classé

**CLINIQUE DE L'ÉPOUVANTE, LA**
Voir: CAT O'NINE TAILS, THE

**CLINIQUE DE LA TERREUR, LA**
Voir: THE BROOD

**CLINT EASTWOOD COMEDY (COFFRET)** ▷0
Voir: ANY WICH WAY YOU CAN · EVERY WICH WAY BUT LOOSE
VO→26,95$

**CLINT EASTWOOD WESTERN (COFFRET)** ▷0
Voir: OUTLAW JOSEY WALES · PALE RIDER
VF→34,95$

**CLIVE BARKER'S SALOME AND THE FORBIDDEN** ▷0
É.-U. Clive BARKER
VO→34,95$

**CLOAK AND DAGGER** ▷4
É.-U. 1946. Drame d'espionnage de Fritz LANG avec Gary Cooper, Lilli Palmer et Robert Alda. - Un savant américain accepte de participer à une mission d'espionnage pendant la guerre.
VO→9,95$ Général

**CLOCHARD DE BEVERLY HILLS, LE**
Voir: DOWN AND OUT IN BEVERLY HILLS

**CLOCHE ET L'IDIOT, LA**
Voir: DUMB AND DUMBER

**CLOCK, THE** ▷4
É.-U. 1944. Comédie sentimentale de Vincente MINNELLI avec Judy Garland, Robert Walker et James Gleason. - La rencontre accidentelle d'une jeune fille de New York et d'un soldat en permission donne naissance à une idylle.
VO→19,95$ Général

**CLOCKERS** ▷4
É.-U. 1995. Drame policier de Spike LEE avec Harvey Keitel, John Turturro et Delroy Lindo. - Un inspecteur de police entreprend de coincer un jeune délinquant de race noire qu'il soupçonne d'un meurtre dont s'est accusé le frère de ce dernier.
VF→11,95$ VO→11,95$ LBX-DVD→28,95$ 13 ans +

**CLOCKWATCHERS** ▷4
É.-U. 1997. Comédie dramatique de Jill SPRECHER avec Toni Collette, Parker Posey et Lisa Kudrow. - L'amitié entre quatre employées de bureau est mise à mal lorsque des objets personnels commencent à disparaître.
VO→PC Général

**CLOCKWISE** ▷4
ANG. 1985. Comédie de Christopher MORAHAN avec John Cleese, Alison Steadman et Sharon Maiden. - Un homme maniaque de discipline et de ponctualité est entraîné dans une suite de mésaventures alors qu'il se rend à un congrès.
VO→11,95$ Général

**CLOCKWORK ORANGE, A** ▶1
ANG. 1971. Science-fiction de Stanley KUBRICK avec Malcolm McDowell, Patrick Magee et Anthony Sharpe. - Un jeune voyou accepte de servir de cobaye à une expérience de réhabilitation rapide par des moyens scientifiques. - Vision de cauchemar évoquée avec grand brio. Sens aiguisé de l'ironie. Traitement à la fois envoûtant et provocant. Jeu excellent de M. McDowell.
VF→19,95$ VO→19,95$ LBX-DVD→26,95$ 16 ans + Violence

**CLOSE ENCOUNTERS OF THE THIRD KIND** ▶2
É.-U. 1977. Science-fiction de Steven SPIELBERG avec Richard Dreyfuss, François Truffaut et Melinda Dillon. - Diverses personnes sont témoins de phénomènes étranges signalant la présence d'extra-terrestres. - Récit inventif. Mise en scène fort brillante. Trucages fascinants. Interprétation convaincue.
VF→12,95$ LBX→12,95$ Général

**CLOSE MY EYES** ▷3
ANG. 1990. Drame de mœurs de Stephen PALIAKOFF avec Saskia Reeves, Clive Owen et Alan Rickman. - Un jeune architecte s'engage dans une liaison enfiévrée avec sa propre sœur nouvellement mariée à un riche excentrique. - Désordre amoureux dépeint avec beaucoup de finesse et de subtilité. Contexte social bien observé. Mise en scène attentive au sujet. A. Rickman sardonique à souhait.
VF→11,95$ 18 ans +

**CLOSE-UP** ▷4
IRA. 1990. Drame psychologique d'Abbas KIAROSTAMI avec Ali Sabzian, Hassan Frazmand et Abolfazi Ahankhah. - Un chômeur se fait passer auprès d'une famille bourgeoise pour un célèbre metteur en scène.
STA→27,95$ Général

**CLOSELY WATCHED TRAINS**
Voir: TRAINS ÉTROITEMENT SURVEILLÉS

**CLOSET LAND** ▷0
É.-U. 1990, Radha BHARADWAJ
VO→LS 13 ans +

**CLOUDED YELLOW, THE** ▷4
ANG. 1951. Drame policier de Ralph THOMAS avec Jean Simmons, Trevor Howard et Sonia Dresdel. - Un homme tente de prouver l'innocence de sa fiancée accusée de meurtre.
VO→34,95$ Général

**CLOUDS OVER EUROPE** ▷5
ANG. 1939. Drame d'espionnage de Tim WHELAN avec Laurence Olivier, Ralph Richardson et Valerie Hobson. - L'Intelligence Service enquête sur la disparition d'avions au cours de leur vol d'essai.
VO→LS Général

**CLOWNS, LES** ►2
ITA. 1969. Documentaire de Federico FELLINI. - Un réalisateur célèbre présente sa vision personnelle du monde du cirque. - Mélange de grotesque et de mélancolie savamment dosé avec une chaude humanité. Grande richesse imaginative. Séquence finale particulièrement colorée.
STA→29,95$ Général

**CLUB DE LA CHANCE, LE**
Voir: THE JOY LUCK CLUB

**CLUB DE RENCONTRES** ▷5
FR. 1986. Comédie de Michel LANG avec Francis Perrin, Jean-Paul Comart et Valérie Allain. - Un homme en instance de divorce vient en aide à un ami en échange d'une adhésion gratuite à un club de rencontres.
VO→LS Général

**CLUB DES EX, LE**
Voir: THE FIRST WIVES CLUB

**CLUB EXTINCTION (DOCTEUR M.)** ▷6
FR. 1989. Science-fiction de Claude CHABROL avec Alan Bates, Jennifer Beals et Jan Niklas. - À Berlin, en l'an 2000, un policier enquête sur une mystérieuse épidémie de suicides.
VF→LS 13 ans +

**CLUE** ▷4
É.-U. 1985. Comédie policière de Jonathan LYNN avec Tim Curry, Lesley Ann Warren et Madeline Kahn. - Un maître chanteur qui a invité ses six victimes dans son manoir est retrouvé assassiné.
VF→LS VO→14,95$ Général

**CLUELESS** ▷5
É.-U. 1995. Comédie de mœurs d'Amy HECKERLING avec Alicia Silverstone, Stacey Dash et Brittany Murphy. - Une adolescente à l'affût des dernières modes vestimentaires prend en charge une camarade de classe à l'allure négligée.
VF→LS VO→13,95$ Général

**COAL MINER'S DAUGHTER** ▷4
É.-U. 1980. Drame biographique de Michael APTED avec Sissy Spacek, Tommy Lee Jones et Beverly D'Angelo. - Loretta Webb, fille d'un mineur du Kentucky, devient vedette de la musique country.
VO→LS VF→11,95$ Général

**COBAYE, LE**
Voir: THE LAWNMOWER MAN

**COBB** ▷5
É.-U. 1994. Drame biographique de Ron SHELTON avec Tommy Lee Jones, Robert Wuhl et Lolita Davidovich. - En côtoyant une ancienne vedette du base-ball dont il rédige la biographie, un chroniqueur découvre en lui un homme égocentrique et violent.
VO→14,95$ VF→13,95$ 13 ans + Langage vulgaire

**COBRA** ▷0
É.-U. 1920, Joseph HENABERY
ITA→34,95$ Général

**COBRA** ▷6
É.-U. 1986. Drame policier de George P. COSMATOS avec Sylvester Stallone, Brigitte Nielsen et Reni Santoni. - Dans le cadre de son enquête sur une série de meurtres, un policier assure la protection d'un mannequin qui a été témoin de l'un d'eux.
VO→12,95$ 13 ans +

**COBRA, LE**
Voir: SSSSS

**COCA-COLA KID, THE** ▷4
AUS. 1985. Comédie satirique de Dusan MAKAVEJEV avec Eric Roberts, Greta Scacchi et Bill Kerr. - Les mésaventures d'un expert en ventes américain qui veut réformer les méthodes d'une filiale australienne.
VO→11,95$ VF→11,95$ Général

**COCCINELLE À MEXICO, LA**
Voir: HERBIE GOES BANANAS

**COCKTAIL MOLOTOV** ▷4
FR. 1979. Comédie dramatique de Diane KURYS avec Élise Caron, Philippe Lebas et François Cluzet. - Les mésaventures d'une adolescente qui, au printemps 1968, quitte la maison pour aller vivre dans un kibboutz en Israël.
STA-LBX→27,95$ 13 ans +

**COCOANUTS, THE** ▷5
É.-U. 1929. Comédie burlesque de Robert FLOREY et Joseph SANTLEY avec les frères Marx, Kay Francis et Oscar Shaw. - Trois compères font en sorte qu'une jeune fille puisse épouser celui qu'elle aime.
VO→14,95$ DVD→36,95$ Général

**COCOON** ▷4
É.-U. 1985. Science-fiction de Ron HOWARD avec Brian Dennehy, Wilford Brimley et Hume Cronyn. - Des vieillards rajeunissent après s'être baignés dans la piscine d'étrangers qui se révèlent être des extraterrestres.
VF→LS VO→9,95$ Général

**COCOON: LE RETOUR**
Voir: COCOON: THE RETURN

**COCOON: THE RETURN** ▷5
É.-U. 1988. Science-fiction de Daniel PETRIE avec Steve Guttenberg, Wilford Brimley et Don Ameche. - Un retraité, menant une vie monotone depuis la mort de sa femme, voit revenir des amis rajeunis après un voyage avec des extraterrestres.
VF→LS VO→LS Général

**CODE REBECCA, LE**
Voir: THE KEY TO REBECCA

**CŒUR AU POING, LE** ▷5
QUÉ. 1998. Drame de mœurs de Charles BINAMÉ avec Pascale Montpetit, Guy Nadon et Anne-Marie Cadieux. - Pour briser son isolement, une jeune femme accoste des inconnus en proposant de s'offrir à chacun d'eux durant une heure.
VO→28,95$ 13 ans +

**CŒUR CIRCUIT**
Voir: SHORT CIRCUIT

**CŒUR CIRCUIT 2**
Voir: SHORT CIRCUIT II

**CŒUR DE COW-BOY**
Voir: PURE COUNTRY

**CŒUR DE MÉTISSE**
Voir: MAP OF THE HUMAN HEART

**CŒUR DE TONNERRE**
Voir: THUNDERHEART

**CŒUR DE VAMPIRE**
Voir: BLOOD et DONUTS

**CŒUR DE VERRE** ▷4
ALL. 1976. Drame de mœurs de Werner HERZOG avec Sepp Bierbickler, Clemens Scheitz et Stefan Guettler. - Le jeune patron d'une verrerie installée dans un village de Bavière recherche désespérément le secret perdu du verre rubis.
STA→LS **Général**

**CŒUR DE VOLEUR**
Voir: ONCE A THIEF

**CŒUR EN HIVER, UN** ▷3
FR. 1992. Drame psychologique de Claude SAUTET avec Daniel Auteuil, Emmanuelle Béart et André Dussollier. - Engagée dans une liaison avec un luthier, une jeune violoniste s'éprend follement du collègue de celui-ci. - Histoire d'amour peu banale. Psychologie du héros bien observée. Mise en scène sobre et rigoureuse. Bonne utilisation de la musique de Ravel. Interprétation admirable.
STA→PC **Général**

**CŒUR EST UN CHASSEUR SOLITAIRE, LE**
Voir: THE HEART IS A LONELY HUNTER

**CŒUR QUI BAT, UN** ▷4
FR. 1991. Drame sentimental de François DUPEYRON avec Dominique Faysse, Thierry Fortineau et Jean-Marie Winling. - Une femme mariée s'engage dans une liaison adultère avec un inconnu qui l'a accostée dans le métro.
VO→LS **Général**

**CŒUR SAUVAGE**
Voir: UNTAMED HEART

**CŒUR VAILLANT**
Voir: BRAVEHEART

**CŒURS CAPTIFS, LES**
Voir: ANOTHER TIME, ANOTHER PLACE

**COFFRET PIERRE FALARDEAU (3 VOLUMES)** ▷0
Voir: OCTOBRE · ELVIS GRATTON: LE FILM · PARTY, LE
VO→34,95$

**COFFY** ▷6
É.-U. 1973. Drame policier de Jack HILL avec Pam Grier, Booker Bradshaw et Robert DoQui. - Une infirmière de race noire entreprend de venger sa jeune sœur des trafiquants de drogue qui ont abusé d'elle.
VO→13,95$ **13 ans + Violence**

**COHEN & TATE** ▷5
É.-U. 1988. Drame policier de Eric RED avec Roy Scheider, Adam Baldwin et Harley Cross. - Après avoir été kidnappé, un jeune garçon tente de déjouer ses deux ravisseurs lors d'un long voyage sur les routes du Texas.
VF→LS VO→LS **Non classé**

**COIN ROUGE**
Voir: RED CORNER

**COLD COMFORT** ▷0
CAN. 1990, Vic SARIN
VO→LS **13 ans +**

**COLD COMFORT FARM** ▷5
É.-U. 1995. Comédie de mœurs de John SCHLESINGER avec Kate Beckinsale, Sheila Burrell et Eileen Atkins. - Une jeune citadine s'en va vivre avec des parents excentriques qui habitent dans une ferme délabrée.
VF→15,95$ VO→15,95$ BOX-BBC→PC **Général**

**COLD EYES OF FEAR** ▷0
ITA.-ESP. 1971, Enzo G. CASTELLARI
VA-LBX→34,95$ **16 ans + Violence**

**COLD FEET** ▷4
É.-U. 1984. Comédie dramatique de Bruce VAN DUSEN avec Griffin Dunne, Marissa Chibas et Blanche Baker. - Les problèmes sentimentaux de jeunes New-Yorkais de classe professionnelle.
VO→LS **Général**

**COLD FEET** ▷4
É.-U. 1988. Comédie de Robert DORNHELM avec Keith Carradine, Sally Kirkland et Tom Waits. - Après avoir trahi ses deux acolytes, un malfaiteur prend la fuite avec le butin d'un vol.
VO→LS **13 ans +**

**COLD HEAVEN** ▷0
É.-U. 1992, Nicolas ROEG
VO→LS **13 ans +**

**COLD SASSY TREE** ▷4
É.-U. 1989. Drame de mœurs de Joan TEWKESBURY avec Faye Dunaway, Richard Widmark et Neil Patrick Harris. - Le vieux propriétaire d'une épicerie de village crée tout un émoi autour de lui quand il décide d'épouser une jeune citadine.
VF→LS VO→LS **Général**

**COLD SWEAT** ▷6
É.-U. 1993. Drame de mœurs de Gail HARVEY avec Ben Cross, Shannon Tweed et Dave Thomas. - Un promoteur immobilier qui a engagé un tueur à gages pour faire éliminer son associé voit sa machination se retourner contre lui.
VF→12,95$ VO→PC **16 ans + Érotisme**

**COLD SWEAT**
Voir: DE LA PART DES COPAINS
VO

**COLD TURKEY** ▷5
É.-U. 1970. Comédie satirique de Norman LEAR avec Dick Van Dyke, Pippa Scott et Bob Newhart. - Pour gagner un prix important, tous les habitants d'une petite ville de l'Iowa acceptent de cesser de fumer pendant un mois.
VO→18,95$ **Général**

**COLDITZ STORY, THE** ▷4
ANG. 1954. Drame de guerre de Guy HAMILTON avec John Mills, Eric Portman et Denis Shaw. - Des prisonniers de guerre anglais s'évadent de la forteresse allemande de Colditz.
VO→PC **Général**

**COLLECTION, THE** ▷4
ANG. 1976. Drame de Michael APTED avec Alan Bates, Laurence Olivier et Helen Mirren. - Le directeur d'une boutique de mode apprend que sa femme a été séduite par un étranger au cours de la présentation d'une nouvelle collection.
VO→LS **Non classé**

**COLLECTOR, THE** ▷3
É.-U. 1965. Drame psychologique de William WYLER avec Terence Stamp, Samantha Eggar et Mona Washbourne. - Un homme désaxé enlève une jeune fille et la séquestre dans l'espoir de se faire aimer d'elle. - Suspense soutenu avec beaucoup d'habileté. Interprétation exceptionnelle.
VF→18,95$ VO→19,95$ **18 ans +**

**COLLEGE** ▷3
É.-U. 1927. Comédie de James W. HORNE avec Buster Keaton, Ann Cornwall et Harold Goodwin. - Un étudiant timide et travailleur, amoureux d'une jeune fille attirée par les athlètes, décide de s'adonner au sport. - Traits satiriques amusants sur la vie de collège. Sorte d'anthologie des effets comiques mis au point par B. Keaton.
ITA→41,95$ ITA-DVD→44,95$ **Général**

**COLLÈGE AMÉRICAIN**
Voir: NATIONAL LAMPOON'S ANIMAL HOUSE

**COLLÈGE D'ÉLITE**
Voir: SCHOOL TIES

**COLLÈGE DE CLASSE, UN**
Voir: CLASS

**COLLEGE SWING** ▷6
É.-U. 1938. Comédie musicale de Raoul WALSH avec Gracie Allen, George Burns et Martha Raye. - Une jeune fille qui s'avère peu portée sur les études hérite d'un collège qu'elle transforme en un lieu de fête continue.
VO→14,95$ **Général**

**COLLÈGE, AMOUR ET CIE**
Voir: ON MY OWN

**COLLÉGIENNES, LES** ▷0
FR. 1977, Alain NAUROY
VA→49,95$ Non classé

**COLLINES DE LA TERREUR, LES**
Voir: CHATO'S LAND

**COLOCATAIRES**
Voir: THE NIGHT WE NEVER MET

**COLOMBES, LES** ▷5
QUÉ. 1972. Drame de Jean-Claude LORD avec Jean Besré, Lise Thouin et Jean Duceppe. - Le fils d'un riche avocat épouse une jeune chanteuse issue d'un milieu populaire.
VO→13,95$ 13 ans +

**COLONEL CHABERT, LE** ▷4
FR. 1994. Drame psychologique de Yves ANGELO avec Gérard Depardieu, Fanny Ardant et Fabrice Luchini. - En 1817, un colonel que l'on croyait mort à la guerre revient chez lui pour découvrir que sa femme s'est remariée et ne veut plus de lui.
VO→12,95$ Général

**COLONEL CHABERT, LE** ▷5
FR. 1943. Comédie dramatique de René LE HÉNAFF avec Raimu, Marie Bell et Aimé Clariond. - Un colonel qu'on avait cru mort à la guerre revient et trouve sa femme remariée.
STA→13,95$ VO→12,95$ Non classé

**COLONEL REDL** ▷3
HON. 1984. Drame historique d'Istvan SZABO avec Klaus Maria Brandauer, Gudrun Landgrebe et Armin Müller-Stahl. - Au début du siècle, un officier d'humble extraction, devenu chef des services secrets autrichiens, cherche à monter une affaire exemplaire de trahison. - Intrigue complexe inspirée d'une affaire authentique. Évocation historique somptueuse.
STA→LS 13 ans +

**COLONEL WOLODYJOWSKI** ▷0
POL. 1969, Jerzy HOFFMAN
STA-LBX→LS Général

**COLOR ME BLOOD RED** ▷0
É.-U. 1965, Herschell Gordon LEWIS

**COLOR OF MONEY, THE** ▷3
É.-U. 1986. Drame sportif de Martin SCORSESE avec Paul Newman, Tom Cruise et Mary Elizabeth Mastrantonio. - Un ancien champion de billard devient le gérant d'un jeune joueur au style flamboyant. - Suite du film *The Hustler* datant de 1961. Mise en scène impressionnante. Nombreux rebondissements dramatiques. Interprétation contrôlée et nuancée.
VF→11,95$ VO→11,95$ LBX-DVD→29,95$ Général

**COLOR OF NIGHT** ▷5
É.-U. 1994. Drame policier de Richard RUSH avec Bruce Willis, Jane March et Ruben Blades. - Un psychologue décide de prendre en charge les patients d'un confrère qui a été mystérieusement assassiné.
VF→11,95$ VO→11,95$ 16 ans + Violence

**COLOR OF PARADISE, THE** ▷3
IRA. 1999. Drame poétique de Majid MAJIDI avec Mohsen Ramezani, Hossein Majoob et Salimeh Feizi. – Un enfant aveugle ne sait pas que son père désire se débarrasser de lui pour pouvoir se remarier. – Récit émouvant traité comme un conte. Mélange de naturalisme et de merveilleux. Réalisation d'une grande beauté plastique. Interprétation sentie.
STA→LS Général

**COLOR OF POMEGRANATES, THE**
Voir: COULEUR DE GRENADE

**COLOR PURPLE, THE** ▷3
É.-U. 1985. Drame social de Steven SPIELBERG avec Whoopi Goldberg, Margaret Avery et Danny Glover. - Les tribulations d'une jeune Noire livrée en mariage à un fermier veuf qui la traite en servante. - Adaptation attachante du roman d'Alice Walker. Récit riche en détails. Illustration vibrante de vie et d'humanité. Réalisation de talent. Interprétation sensible de W. Goldberg.
VF→19,95$ LBX→14,95$ LBX-DVD→26,95$ 13 ans +

**COLORS** ▷4
É.-U. 1988. Drame policier de Dennis HOPPER avec Sean Penn, Robert Duvall et Maria Conchita Alonso. - Deux policiers de Los Angeles luttent contre des bandes criminelles de jeunes qui se disputent le monopole du trafic de la drogue.
VF→LS VO→11,95$ 13 ans +

**COLOSSE DE RHODES, LE** ▷4
ITA. 1961. Drame historique de Sergio LEONE avec Rory Calhoun, Lea Massari et Georges Marchal. - Un officier grec se joint aux habitants de Rhodes pour contrer le premier ministre qui s'est lié aux Phéniciens afin de renverser le roi.
VF→LS Non classé

**COLOSSUS OF RHODES, THE**
Voir: LE COLOSSE DE RHODES

**COLOSSUS: THE FORBIN PROJECT** ▷4
É.-U. 1969. Science-fiction de Joseph SARGENT avec Eric Braeden, Susan Clark et Gordon Pinsent. - Un cerveau électronique perfectionné prend le contrôle du destin de l'humanité.
VO→16,95$ Général

**COLTS DES SEPT MERCENAIRES, LES**
Voir: GUNS OF THE MAGNIFICENT SEVEN

**COLUMBO: MURDER BY THE BOOK** ▷4
É.-U. 1971. Drame policier de Steven SPIELBERG avec Peter Falk, Jack Cassidy et Rosemary Forsyth. - Un officier de police perspicace démasque un auteur de romans policiers coupable de meurtre.
VO→16,95$ Général

**COMA** ▷4
É.-U. 1978. Drame policier de Michael CRICHTON avec Geneviève Bujold, Michael Douglas et Richard Widmark. - Lorsque son amie reste dans le coma après une opération mineure, une chirurgienne commence une enquête personnelle.
VF→14,95$ LBX→14,95$ 13 ans +

**COMANCHE STATION** ▷4
É.-U. 1960. Western de Budd BOETTICHER avec Randolph Scott, Nancy Gates et Claude Akins. - Un aventurier ramène à son mari une femme faite prisonnière par les Comanches.
VO→14,95$ Général

**COMANCHE TERRITORY** ▷5
É.-U. 1950. Western de George SHERMAN avec Macdonald Carey, Maureen O'Hara et Charles Drake. - Les agissements de prospecteurs cupides menacent de briser une entente entre Indiens et Blancs.
VO→11,95$ Général

**COMANCHEROS, THE** ▷4
É.-U. 1961. Western de Michael CURTIZ avec John Wayne, Stuart Whitman et Ina Balin. - Un policier du Texas recherche des scélérats qui vendent des armes aux Indiens.
VO→16,95$ Général

**COMBAT DE MA MÈRE, LE**
Voir: A HOME OF OUR OWN

**COMBAT DU CAPITAINE NEWMAN, LE**
Voir: CAPTAIN NEWMAN M.D.

**COME ALONG WITH ME** ▷0
É.-U. 1981, Joanne WOODWARD
VO→32,95$ Non classé

**COME AND GET IT** ▷3
É.-U. 1936. Drame de Howard HAWKS et William WYLER avec Joel McCrea, Frances Farmer et Walter Brennan. - À la fin du XIXe siècle, un bûcheron ambitieux devient un magnat de l'industrie du bois. -

Peinture épique adaptée d'un roman d'Edna Ferber. Bonne évocation de milieu. Mouvement soutenu. Interprétation solide.
VO→LS DVD→29,95$ **Général**

**COME AND SEE**
Voir: MASSACRE

**COME BACK TO THE FIVE AND DIME, JIMMY DEAN, JIMMY DEAN** ▷3
É.-U. 1982. Drame psychologique de Robert ALTMAN avec Sandy Dennis, Cher et Karen Black. - Dans un village du Texas, un groupe d'amies de jeunesse se réunissent pour le vingtième anniversaire de la mort de James Dean. - Transposition d'une pièce de théâtre. Traitement inventif. Mise en scène ingénieuse.
VO→LS **Général**

**COME BACK, LITTLE SHEBA** ▷4
É.-U. 1952. Drame psychologique de Daniel MANN avec Burt Lancaster, Shirley Booth et Terry Moore. - La présence d'une jeune locataire perturbe la vie d'un couple sans enfants.
VO→14,95$ **Général**

**COME BLOW YOUR HORN** ▷5
É.-U. 1963. Comédie de mœurs de Bud YORKIN avec Frank Sinatra, Lee J. Cobb et Tony Bill. - Un jeune homme quitte le domicile paternel pour aller habiter chez son frère, un playboy notoire.
VO→19,95$ **Non classé**

**COME DANCE WITH ME**
Voir: Voulez-vous danser avec moi?

**COME SEE THE PARADISE** ▷4
É.-U. 1990. Drame social d'Alan PARKER avec Dennis Quaid, Tamlyn Tomita et Sab Shimono. - En 1941, un projectionniste est forcé de s'engager dans l'armée américaine alors que sa femme d'origine japonaise est internée dans un camp.
VO→23,95$ **Général**

**COME SEPTEMBER** ▷5
É.-U. 1961. Comédie sentimentale de Robert MULLIGAN avec Rock Hudson, Gina Lollobrigida et Sandra Dee. - Le majordome d'un riche Américain transforme en hôtel la villa italienne de son maître.
VO→14,95$ **Général**

**COME TO THE STABLE** ▷4
É.-U. 1949. Comédie de mœurs de Henry KOSTER avec Loretta Young, Celeste Holm et Hugh Marlowe. - Deux jeunes religieuses fondent un hôpital pour enfants aux États-Unis.
VO→15,95$ **Général**

**COMEDIANS, THE** ▷4
É.-U. 1967. Drame social de Peter GLENVILLE avec Richard Burton, Alec Guinness et Elizabeth Taylor. - Trois hommes débarqués en même temps en Haïti connaissent des fortunes diverses.
VO→LS **13 ans +**

**COMÉDIE!** ▷4
FR. 1987. Comédie dramatique de Jacques DOILLON avec Jane Birkin et Alain Souchon. - Lors d'un séjour dans une maison de campagne, une jeune femme joue à incarner toutes les femmes qui sont passées dans la vie de son nouveau compagnon.
VO→LS **Général**

**COMÉDIE D'AMOUR** ▷4
FR. 1989. Comédie de Jean-Pierre RAWSON avec Michel Serrault, Annie Girardot et Aurore Clément. - Une mondaine veut faire publier le journal d'un écrivain misanthrope où se trouvent notamment consignés vingt ans de vie tumultueuse avec sa maîtresse.
VO→LS **Général**

**COMÉDIE DU TRAVAIL, LA** ▷4
FR. 1987. Comédie de Luc MOULLET avec Roland Blanche, Sabine Haudepin et Henri Déus. - À son grand dam, un fonctionnaire qui a perdu son emploi voit un chômeur professionnel obtenir un poste qui lui siérait à merveille.
VO→LS **Général**

**COMÉDIE ÉROTIQUE D'UNE NUIT D'ÉTÉ**
Voir: A MIDSUMMER NIGHT'S SEX COMEDY

**COMEDY OF TERRORS, THE** ▷5
É.-U. 1963. Comédie de Jacques TOURNEUR avec Vincent Price, Peter Lorre et Basil Rathboone. - Un entrepreneur de pompes funèbres ruiné s'arrange pour faire mourir des gens riches.
VO→11,95$ **Général**

**COMES A HORSEMAN** ▷3
É.-U. 1978. Western d'Alan J. PAKULA avec James Caan, Jane Fonda et Jason Robards. - En 1945, au Montana, un petit rancher est entraîné dans le conflit qui oppose une voisine à un riche propriétaire. - Mélange habile d'ancien et de moderne. Interprétation solide.
LBX→13,95$ **Général**

**COMFORT OF STRANGERS, THE** ▷4
ITA. 1990. Drame de mœurs de Paul SCHRADER avec Christopher Walken, Natasha Richardson et Rupert Everett. - Un jeune couple en voyage romantique à Venise tombe sous l'emprise d'un homme mystérieux et de sa non moins bizarre épouse.
VF→33,95$ **13 ans +**

**COMIC BOOK CONFIDENTIAL** ▷4
CAN. 1988. Documentaire de Ron MANN. - Tour d'horizon de l'histoire de la bande dessinée américaine.
VO→LS **Général**

**COMIC, THE** ▷5
É.-U. 1969. Comédie dramatique de Carl REINER avec Dick Van Dyke, Michele Lee et Mickey Rooney. - La carrière et les amours d'un comique du cinéma muet.
VO→18,95$

**COMIN' AT YA!** ▷0
É.-U.-ITA.-ESP. 1981, Ferdinando BALDI
VA→18,95$

**COMING APART** ▷0
É.-U. 1969, Milton Moses GINSBERG
LBX→109,95$ LBX-DVD→44,95$ **Général**

**COMING HOME** ▷3
É.-U. 1978. Drame psychologique de Hal ASHBY avec Jane Fonda, Jon Voight et Bruce Dern. - Après le départ de son mari pour le Viêtnam, une femme engagée comme aide-volontaire dans un hôpital militaire s'éprend d'un grand blessé. - Climat d'époque bien reconstitué. Bande sonore efficace. Tableau intéressant des effets de la guerre. Interprétation de premier ordre.
LBX→14,95$ VO→14,95$ **13 ans +**

**COMING TO AMERICA** ▷5
É.-U. 1988. Comédie de John LANDIS avec Eddie Murphy, Arsenio Hall et James Earl Jones. - Pour échapper à un mariage arrangé par son père, un prince africain se rend à New York dans le but de se trouver une épouse.
VF→LS VO→14,95$ **Général**

**COMING UP ROSES** ▷4
ANG. 1986. Comédie de mœurs de Stephen BAYLY avec Dafydd Hywel, Iola Gregory et Olive Michael. - Le projectionniste d'un cinéma qui vient de fermer décide avec des proches de cultiver des champignons dans l'obscurité de la salle inoccupée.
STA→LS **Général**

**COMMAND DECISION** ▷4
É.-U. 1948. Drame de guerre de Sam WOOD avec Clark Gable, Walter Pidgeon et Van Johnson. - Un état-major s'interroge sur les problèmes d'une opération de bombardement.
VO→18,95$ **Général**

**COMMANDMENTS** ▷5
É.-U. 1996. Comédie dramatique de Daniel TAPLITZ avec Aidan Quinn, Courteney Cox et Anthony LaPaglia. - Poursuivi par une malchance peu commune, un jeune veuf décide de défier Dieu en désobéissant à chacun des dix commandements.
VF→PC VO→PC **13 ans +**

**COMMANDO** ▷6
É.-U. 1985. Drame policier de Mark L. LESTER avec Arnold Schwarzenegger, Rae Dawn Chong et Vernon Wells. - Un ancien soldat d'élite entreprend de libérer sa fillette enlevée par un ex-dictateur sud-américain pour le forcer à commettre un assassinat.
VO→15,95$ Général

**COMMANDO DE LA MORT, LE**
Voir: A WALK IN THE SUN

**COMMANDO FRAPPE A L'AUBE, LE**
Voir: COMMANDOS STRIKE AT DAWN

**COMMANDOS STRIKE AT DAWN** ▷5
É.-U. 1942. Drame de guerre de John FARROW avec Paul Muni, Anna Lee et Cedric Hardwicke. - Pendant la guerre, un jeune Norvégien travaille pour la Résistance.
VO→18,95$ Général

**COMME DANS UN MIROIR** ►2
SUÈ. 1962. Drame psychologique de Ingmar BERGMAN avec Harriet Andersson, Max von Sydow et Gunnar Bjornstrand. - Les crises de folie d'une jeune femme provoquent chez les siens une prise de conscience. - Scénario d'une richesse et d'une profondeur peu communes. Mise en scène dépouillée. Remarquable analyse de caractères. Excellente interprétation.
STA→27,95$ 13 ans +

**COMME DES ROIS** ▷5
FR. 1997. Comédie de François VELLE avec Mariusz Pujszo, Stéphane Freiss et Maruschka Detmers. - Deux frères polonais se font passer pour un cinéaste islandais et son interprète lors d'un festival de films à Reims.
VO→18,95$ Général

**... COMME ELLE RESPIRE** ▷4
FR. 1998. Comédie dramatique de Pierre SALVADORI avec Marie Trintignant, Guillaume Depardieu et Serge Riaboukine. - Un petit arnaqueur organise le kidnapping d'une jeune mythomane qui se prétend fille de millionnaire.
VO→PC Général

**COMME EN CALIFORNIE** ▷0
QUÉ. 1983, Jacques GODBOUT
VO→19,95$

**COMME UN BOOMERANG** ▷5
FR. 1976. Drame policier de José GIOVANNI avec Alain Delon, Louis Julien et Charles Vanel. - Un ancien truand devenu industriel se porte à la défense de son fils adolescent accusé du meurtre d'un policier.
VO→LS Général

**COMME UN CHEVAL FOU**
Voir: FRESH HORSES

**COMME UN CHEVEU SUR LA SOUPE** ▷0
FR. 1955, Maurice REGAMEY
VO→26,95$ Général

**COMMENT ÇA VA?** ▷0
FR. 1976, Jean-Luc GODARD et Anne-Marie MIÉVILLE
STA→114,95$ Général

**COMMENT ÇA VA BOB?**
Voir: WHAT ABOUT BOB?

**COMMENT DRAGUER TOUTES LES FILLES** ▷6
FR. 1981. Comédie réalisée et interprétée par Michel VOCORET avec Charlotte Walior et Emmanuel Karsen. - Trois étudiants se rendent à Deauville dans l'espoir d'y faire de nombreuses conquêtes féminines.
VO→LS 13 ans +

**COMMENT ÉPOUSER UN MILLIONNAIRE**
Voir: HOW TO MARRY A MILLIONAIRE

**COMMENT ET LE POURQUOI, LE** ▷5
ESP. 1994. Film à sketches de Ventura PONS avec Lluis Homar, Pepa Lopez et Alex Casanovas. - Série de courtes histoires illustrant diverses facettes de la nature humaine et des rapports amoureux.
STF→26,95$ 13 ans + Érotisme

**COMMENT FAIRE L'AMOUR AVEC UN NÈGRE SANS SE FATIGUER** ▷5
QUÉ. 1989. Comédie satirique de Jacques W. BENOÎT avec Isaach de Bankolé, Maka Kotto et Roberta Bizeau. - Le défilé de jolies femmes dans l'appartement de deux Noirs oisifs suscite l'envie et la suspicion d'un trio de revendeurs de drogue.
STA→22,95$ 13 ans +

**COMMENT GAGNER UN MILLIARD SANS SE FATIGUER (DRÔLES DE ZÈBRES)** ▷6
FR. 1977. Comédie de Guy LUX avec Sim, Patrick Préjean et Paul Tribout. - Deux parieurs malchanceux sont engagés pour créer des ennuis au propriétaire d'un hôtel.
VO→LS Général

**COMMENT JE ME SUIS DISPUTÉ... (MA VIE SEXUELLE)** ▷0
FR. 1996, Arnaud DESPLECHIN
VO→LS Non classé

**COMMENT RÉUSSIR EN AMOUR SANS SE FATIGUER**
Voir: DON'T MAKE WAVES

**COMMENT SE DÉBARRASSER DE SON PATRON**
Voir: 9 TO 5

**COMMIS EN FOLIE**
Voir: CLERKS

**COMMISSAR** ►2
RUS. 1967. Drame d'Alexander ASKOLDOV avec Nonna Mordoukova, Rolan Bykov et Raissa Neidashkovskaya. - Dans les années 1920, en Ukraine, une commissaire politique trouve refuge dans une famille juive pour mener à bien sa grossesse. - Scènes d'un lyrisme touchant mêlées à une approche de style réaliste. Ensemble bien contrôlé et fort convaincant. Interprétation prenante.
STA→82,95$ Général

**COMMISSIONER, THE** ▷5
BEL.-ALL.-ANG.-É.-U. 1997. Drame politique de George SLUIZER avec John Hurt, Rosana Pastor et Armin Mueller-Stahl. - Un commissaire anglais de la CEE reçoit des documents anonymes l'informant qu'une usine allemande fabrique des armes chimiques.
VF→LS VO→PC Général

**COMMITMENTS, THE** ▷4
ANG. 1991. Comédie dramatique d'Alan PARKER avec Robert Arkins, Michael Aherne et Angeline Ball. - Un jeune Irlandais et deux de ses amis recrutent des artistes afin de former un groupe de musique «soul».
VO→16,95$ DVD→27,95$ Général

**COMMITTED** ▷0
É.-U. 1984, Sheila McLAUGHLIN et Lynne TILLMAN
VO→49,95$ Général - Déconseillé aux jeunes enfants

**COMMON GROUND** ▷0
É.-U. 2000, Donna DEITCH

**COMMON-LAW CABIN** ▷0
É.-U. 1967, Russ MEYER
VO→69,95$ 18 ans +

**COMMUNIANTS, LES** ►2
SUÈ. 1963. Drame de Ingmar BERGMAN avec Gunnar Björnstrand, Ingrid Thulin et Max Von Sydow. - Un pasteur traverse une grave crise de foi. - Problème spirituel abordé avec sincérité. Style dépouillé. Images d'une grande beauté plastique. Personnages interprétés en profondeur.
STA→27,95$ 13 ans +

**COMMUNION** ▷6
É.-U. 1989. Science-fiction de Philippe MORA avec Christopher Walken, Lindsay Crouse et Frances Sternhagen. - Lors d'un séjour à la campagne, un écrivain new-yorkais aperçoit des créatures étranges dont il ne se souvient par la suite qu'en songe.
VF→LS VO→LS LBX-DVD→41,95$ 13 ans +

**COMPAGNIE DES LOUPS, LA**
Voir: COMPANY OF WOLVES, THE

**COMPAGNON DE LONGUE DATE, UN**
Voir: LONGTIME COMPANION

**COMPANY BUSINESS** ▷4
É.-U. 1991. Comédie de Nicholas MEYER avec Gene Hackman, Mikhail Baryshnikov et Kurtwood Smith. - Un agent de la CIA sympathise avec un espion soviétique qu'il doit escorter jusqu'à Berlin pour l'échanger contre un collègue retenu par le KGB.
VF→13,95$ Général

**COMPANY OF STRANGERS, THE** ▷4
CAN. 1990. Drame psychologique de Cynthia SCOTT avec Catherine Roche, Alice Diabo et Beth Webber. - Leur autobus étant tombé en panne, sept femmes âgées se réfugient dans une maison abandonnée et font connaissance.
VF→LS VO→18,95$ Général

**COMPANY OF WOLVES, THE** ▷3
ANG. 1984. Drame fantastique de Neil JORDAN avec Sarah Patterson, Angela Lansbury et Micha Bergese. - Une adolescente fait un rêve étrange où il est question de rapports bizarres entre les hommes et les loups. - Curieuses variations sur des contes anciens. Intuitions psychologiques intéressantes. Trucages impressionnants.
VF→LS VO→LS 13 ans +

**COMPÈRES, LES** ▷4
FR. 1983. Comédie de Francis VEBER avec Pierre Richard, Gérard Depardieu et Stéphane Bierry. - Restée sans nouvelles de son fils adolescent, une femme met sur ses traces deux anciens amants en faisant croire à chacun qu'il est le père du fugueur.
VO→LS Général

**COMPETITION, THE** ▷4
É.-U. 1980. Drame sentimental de Joel OLIANSKY avec Richard Dreyfuss, Amy Irving et Lee Remick. - Participant à un concours musical décisif pour sa carrière de concertiste, un jeune pianiste s'éprend d'une concurrente.
VF→LS VO→9,95$ Général

**COMPLAINTE DU SENTIER, LA** ►1
IND. 1955. Étude de mœurs de Satyajit RAY avec Subir Banerji, Uma Das Gupta et Karuma Banerji. - La vie d'une famille moyenne dans un petit village de l'Inde. - Œuvre majeure du cinéma indien. Superbe fresque poétique. Rythme lent et expressif. Photographie d'une grande qualité. Direction adroite des interprètes.
STA→27,95$ Général

**COMPLEAT BEATLES, THE** ▷4
ANG. 1982. Documentaire de Patrick MONTGOMERY - Évocation de la carrière du célèbre groupe musical The Beatles.
VF→LS VO→LS Général

**COMPLÈTEMENT DINGO**
Voir: A GOOFY MOVIE

**COMPLEXE DU KANGOUROU, LE** ▷4
FR. 1986. Comédie de mœurs de Pierre JOLIVET avec Roland Giraud, Clémentine Célarié et Zabou. - Se croyant le père du garçonnet de son ancienne maîtresse, un peintre tente de renouer avec celle-ci, ce qui compromet ses autres relations.
VO→LS Général

**COMPLICES DE LA DERNIÈRE CHANCE, LES**
Voir: LAST RUN

**COMPLOT À WASHINGTON**
Voir: THEY GOT ME COVERED

**COMPLOT DANS LA VILLE**
Voir: CITY HALL

**COMPLOT DE FAMILLE**
Voir: FAMILY PLOT

**COMPLOT MORTEL**
Voir: CONSPIRACY THEORY

**COMPLOT POUR UN MAGOT**
Voir: COOKIE'S FORTUNE

**COMPLOT, LE**
Voir: TO KILL A PRIEST

**COMPLOT, LE** ▷4
FR. 1973. Drame policier de René GAINVILLE avec Michel Bouquet, Jean Rochefort et Raymond Pellegrin. - En 1962, des activistes tentent de libérer un général emprisonné après s'être opposé à l'indépendance de l'Algérie.
STA→32,95$ VO→LS Général

**COMPORTEMENT INSOLITE**
Voir: DISTURBING BEHAVIOR

**COMPROMISING POSITIONS** ▷4
É.-U. 1985. Comédie policière de Frank PERRY avec Susan Sarandon, Raul Julia et Judith Ivey. - L'épouse d'un avocat entreprend de faire un reportage sur l'assassinat de son dentiste, qui aurait été impliqué dans un trafic de photos pornographiques.
VO→13,95$ 13 ans +

**COMPTE SUR MOI**
Voir: STAND BY ME

**COMPTOIR, LE** ▷4
Fr. 1998. Chronique de Sophie TATISCHEFF avec Mireille Perrier, Maurane et Christophe Odent. - Les acquéreurs d'un vieux comptoir de bistrot se laissent raconter par un client de l'établissement la vie mouvementée de l'ancienne propriétaire.
VO→18,95$ Général

**COMPULSION** ▷3
É.-U. 1959. Drame de Richard FLEISCHER avec Dean Stockwell, Orson Welles et Bradford Dillman. - Deux étudiants sont traduits en justice pour avoir commis un crime gratuit. - Intrigue basée sur un fait authentique. Scénario intelligent. Réalisation rigoureuse. Interprétation de classe.
VO→24,95$ Général

**COMPUTER WORE TENNIS SHOES, THE** ▷5
É.-U. 1969. Comédie de Robert BUTLER avec Kurt Russell, Cesar Romero et Joe Flynn. - En réparant un ordinateur, un étudiant reçoit un choc électrique par lequel s'opère en lui un transfert des capacités de l'appareil.
VF→21,95$ VO→19,95$ Général

**COMRADE X** ▷4
É.-U. 1940. Comédie de King VIDOR avec Clark Gable, Hedy Lamarr et Oscar Homolka. - Un journaliste américain qui n'approuve pas le régime politique soviétique convainc une conductrice de train de fuir son pays.
VO→19,95$

**COMTESSE DE BATON ROUGE, LA** ▷4
QUÉ. 1997. Comédie dramatique de André FORCIER avec Robin Aubert, Geneviève Brouillette et Isabel Richer. - Un cinéaste en herbe tombe amoureux d'une femme à barbe qu'il suit jusqu'en Louisiane.
VO→18,95$ 13 ans +

**CON AIR** ▷5
É.-U. 1997. Drame policier de Simon WEST avec Nicolas Cage, John Malkovich et John Cusack. - Une poignée de dangereux criminels prennent le contrôle de l'avion qui devait les transporter vers une nouvelle prison.
VF→15,95$ LBX→21,95$ LBX-DVD→PC 16 ans + Violence

**CONAGHER** ▷5
É.-U. 1991. Western de Reynaldo VILLALOBOS avec Sam Elliott, Katharine Ross et Barry Corbin. - Installée avec ses deux enfants dans une ferme de l'Ouest, une veuve se lie d'amitié avec un cowboy.
VO→17,95$ Non classé

**CONAN THE BARBARIAN** ▷5
É.-U. 1981. Aventures de John MILIUS avec Arnold Schwarzenegger, James Earl Jones et Sandahl Bergman. - Le fils d'un chef de tribu massacré par un ennemi devient gladiateur et entreprend de se venger.
VF→11,95$ VO→11,95$ 13 ans +

**CONAN THE DESTROYER** ▷5
É.-U. 1984. Aventures de Richard FLEISCHER avec Arnold Schwarzenegger, Grace Jones et Olivia d'Abo. - Un guerrier barbare accompagne une princesse dans un voyage périlleux.
VO→11,95$ VF→11,95$ Général

**CONAN, LE DESTRUCTEUR**
Voir: CONAN THE DESTROYER

**CONAN:**
**THE BARBARIAN et THE DESTROYER (COFFRET)** ▷5
É.-U. John MILIUS et Richard FLEISCHER
VF→11,95$ VO→11,95$ LBX-DVD→43,95$ LBX-DVD→43,95$ LBX-DVD→43,95$

**CONCIERGE, LE** ▷5
FR. 1973. Comédie de mœurs de Jean GIRAULT avec Bernard LeCoq, Maureen Kerwin et Jean Carmet. - Un jeune homme futé tire profit de son emploi de concierge dans un immeuble bourgeois.
VO→LS Général

**CONCIERGERIE, LA** ▷5
QUÉ. 1997. Drame policier de Michel POULETTE avec Serge Dupire, Tania Kontoyanni et Michel Forget. - Un détective privé enquête sur la mort du propriétaire d'une conciergerie habitée par des gens condamnés pour meurtre.
VO→18,95$ 13 ans +

**CONCOURS, LE**
Voir: THE COMPETITION

**CONDORMAN** ▷5
ANG. 1981. Comédie policière de Charles JARROTT avec Michael Crawford, Barbara Carrera et Oliver Reed. - Avec l'aide de la CIA, un auteur de bandes dessinées emprunte l'identité d'un super-héros.
LBX→14,95$ Général

**CONDUCTEURS DU DIABLE, LE**
Voir: REDBALL EXPRESS

**CONEHEADS, THE** ▷5
É.-U. 1993. Comédie fantaisiste de Steve BARRON avec Dan Aykroyd, Jane Curtin et Michelle Burke. - Échoué sur Terre, un couple d'extraterrestres dotés d'un crâne conique protubérant s'efforce de vivre parmi les humains sans trop se faire remarquer.
VF→LS VO→13,95$ Général

**CONFESSIONNAL, LE** ▷5
QUÉ. 1995. Drame de mœurs de Robert LEPAGE avec Lothaire Bluteau, Patrick Goyette et Jean-Louis Millette. - De retour à Québec, un jeune homme est plongé dans un mystère lorsqu'il tente de retrouver son frère dont il est sans nouvelles. - Intrigue complexe parsemée de dérapages spacio-temporels. Nombreuses références hitchcockiennes. Facture souvent audacieuse. Jeu assez intense des interprètes.
STA→14,95$ VO→14,95$ 13 ans +

**CONFESSIONS D'UN BARJO** ▷4
FR. 1991. Comédie dramatique de Jérôme BOIVIN avec Richard Bohringer, Anne Brochet et Hippolyte Girardot. - Les tribulations d'un grand naïf un peu attardé qui prend en note les moindres agissements de son entourage.
STA→LS VO→LS 13 ans +

**CONFESSIONS DE NUIT** ▷0
QUÉ. 1995, Denys LORTIE
VO→19,95$ Général

**CONFESSIONS DU DOCTEUR SACHS, LES** ▷3
FR. 1999. Drame de mœurs de Michel DEVILLE avec Albert Dupontel, Valérie Dréville et Dominique Reymond. - Un jeune médecin de campagne plein de compassion pour ses patients évacue sa souffrance et ses frustrations par l'écriture. - Portrait polyphonique et ludique d'un être attachant. Démarche d'un profond humanisme. Réalisation experte. Montage vif et intelligent. Interprétation sentie.
VO→LS Général

**CONFESSIONS OF A PROSTITUTE**
Voir: L'IMMORALE

**CONFIDENTIAL REPORT (MR. ARKADIN)** ▷3
ESP. 1955. Drame policier réalisé et interprété par Orson WELLES avec Robert Arden et Paola Mori. - Un homme puissant charge un détective de retrouver une série de personnes qui furent mêlées à son passé. - Récit complexe. Réalisation brillante. Interprétation insolite.
VO→27,95$ Général

**CONFORMIST, THE**
Voir: LE CONFORMISTE

**CONFORMISTE, LE** ►1
ITA. 1969. Drame psychologique de Bernardo BERTOLUCCI avec Jean-Louis Trintignant, Stefania Sandrelli et Dominique Sanda. - Un névrosé s'impose une vie conforme aux normes de la société où il vit et s'inscrit au Parti fasciste. - Evocation de l'époque fasciste riche en observations critiques. Mise en images nettement stylisée. Interprétation brillante de J.-L. Trintignant.
VA→LS Général

**CONFORT ET L'INDIFFÉRENCE, LE** ▷3
QUÉ. 1981. Documentaire de Denys ARCAND. - Aperçus de la campagne du référendum au Québec pendant le printemps 1980 entrecoupés de commentaires tirés de l'œuvre de Machiavel. - Utilisation ingénieuse de textes classiques sur la politique. Ton cynique et engagé. Montage astucieux.
VO→19,95$ Général

**CONFRONTATION À LA BARRE**
Voir: CLASS ACTION

**CONGO** ▷5
É.-U. 1995. Aventures de Frank MARSHALL avec Laura Linney, Dylan Walsh et Tim Curry. - Partie à la recherche d'une mine de diamants dans la jungle africaine, une expédition doit faire face à des gorilles d'une étonnante férocité.
VF→PC 13 ans +

**CONNECTICUT YANKEE IN**
**KING ARTHUR'S COURT, A** ▷5
É.-U. 1949. Comédie musicale de Tay GARNETT avec Bing Crosby, Rhonda Fleming et William Bendix. - Un Américain du XX^e^ siècle se retrouve en rêve au Moyen Âge.
VO→18,95$ Non classé

**CONNECTICUT YANKEE, A** ▷0
É.-U. 1931, David BUTLER
VO→23,95$ Général

**CONNECTION, THE** ▷3
É.-U. 1960. Drame de Shirley CLARKE avec Varren Finnerty, Carl Lee et James Anderson. - Des narcomanes acceptent de se laisser filmer par un cinéaste qui leur a promis de la drogue. - Description très réaliste. Situations inventives. Souplesse de la caméra. Montage nerveux. Interprètes de talent.
VO→41,95$ Général

**CONQUEROR WORM, THE** ▷4
ANG. 1968. Drame d'horreur de Michael REEVES avec Vincent Price,

Ian Ogilvy et Hilary Dwyer. - À l'époque troublée de la guerre civile en Angleterre, des chasseurs de sorcières improvisés prennent plaisir à torturer et à tuer.
VO→11,95$ **13 ans +**

**CONQUEROR, THE** ▷0
É.-U. 1956, Dick POWELL
VO→19,95$ **Général**

**CONQUEST** ▷4
É.-U. 1938. Drame historique de Clarence BROWN avec Greta Garbo, Charles Boyer et Reginald Owen. - Les amours tumultueuses de Napoléon et de la comtesse polonaise Marie Walewska.
VO→19,95$ **Général**

**CONQUEST** ▷4
CAN. 1998. Comédie dramatique de Piers HAGGARD avec Lothaire Bluteau, Tara Fitzgerald et Monique Mercure. - Une jeune femme tombe en panne de voiture dans un bled où un banquier candide s'efforce d'aider les fermiers démunis.
VO→14,95$ **Non classé**

**CONQUEST OF SPACE** ▷5
É.-U. 1954. Science-fiction de Byron HASKIN avec Walter Brooke, Eric Fleming et Phil Foster. - Les étapes d'une expédition spatiale vers la planète Mars.
VO→11,95$ **Général**

**CONQUEST OF THE PLANET OF THE APES** ▷5
É.-U. 1972. Science-fiction de Jack Lee THOMPSON avec Roddy McDowall, Don Murray et Hari Rhodes. - En 1991, des singes domestiqués se révoltent contre leurs maîtres sous la conduite d'un congénère doté d'intelligence.
THX→15,95$ VO→23,95$ VF→16,95$ LBX-DVD **Général**

**CONQUÊTE DE L'AMÉRIQUE, LA** ▷5
QUÉ. 1991. Documentaire d'Arthur LAMOTHE avec Pierre Leblanc, Walter Massey et Terrence La Brosse. - Les traditions de vie et les revendications territoriales des Montagnais de la Côte-Nord.
VO→19,95$ VO **Général**

**CONQUÊTE DE L'ESPACE, LA**
Voir: CONQUEST OF SPACE

**CONQUÊTE DE LA PEUR, LA**
Voir: SCREAM OF STONE

**CONQUÊTE DE LA PLANÈTE DES SINGES, LA**
Voir: CONQUEST OF THE PLANET OF THE APES

**CONQUÊTE DU GRAND ÉCRAN - L'AVENTURE DU CINÉMA QUÉBÉCOIS, LA** ▷3
QUÉ. 1996. Documentaire d'André GLADU. - Evocation de 100 ans de cinéma au Québec. - Ensemble bien documenté. Mélange heureux d'archives, de dramatisation et d'interviews. Montage vivant.
VO→24,95$ **Général**

**CONRACK** ▷4
É.-U. 1974. Drame social de Martin RITT avec Jon Voight, Madge Sinclair et Hume Cronyn. - Un jeune instituteur emploie des méthodes d'enseignement insolites avec des enfants de race noire.
VO→PC **Général**

**CONSEIL DE FAMILLE** ▷4
FR. 1986. Comédie policière de Constantin COSTA-GAVRAS avec Johnny Hallyday, Fanny Ardant et Guy Marchand. - Un cambrioleur impose à sa famille une façade respectable tout en continuant ses vols avec l'aide de son jeune fils.
STA→44,95$ **13 ans +**

**CONSENTING ADULTS** ▷4
É.-U. 1992. Drame policier d'Alan J. PAKULA avec Kevin Kline, Mary Elizabeth Mastrantonio et Kevin Spacey. - Un homme marié se laisse entraîner par un voisin dans une aventure adultère qui tourne mal.
VF→9,95$ **13 ans +**

**CONSPIRACY THEORY** ▷5
É.-U. 1997. Drame policier de Richard DONNER avec Mel Gibson, Julia Roberts et Patrick Stewart. - Un chauffeur de taxi new-yorkais qui voit des complots partout devient la cible d'un agent de la CIA.
VF→14,95$ LBX→19,95$ VO→18,95$
LBX-DVD→29,95$ **13 ans +**

**CONSPIRATOR** ▷5
ANG. 1950. Drame d'espionnage de Victor SAVILLE avec Robert Taylor, Elizabeth Taylor et Robert Fleming. - Une jeune femme découvre que son mari est un espion communiste.
VO→19,95$ **Général**

**CONTACT** ▷5
É.-U. 1997. Science-fiction de Robert ZEMECKIS avec Jodie Foster, Matthew McConaughey et James Woods. - Une astronome américaine décode un message extraterrestre qui renferme les plans d'un transporteur interstellaire.
LBX→19,95$ VF→14,95$ VO→14,95$
LBX-DVD→26,95$ **Général**

**CONTE D'AUTOMNE** ▷4
FR. 1998. Comédie sentimentale d'Éric ROHMER avec Béatrice Romand, Marie Rivière et Alexia Portal. - Deux amies d'une viticultrice solitaire tentent, à l'insu de celle-ci, de lui trouver un compagnon.
VO→18,95$ **Général**

**CONTE D'ÉTÉ** ▷3
FR. 1995. Comédie de mœurs d'Éric ROHMER avec Melvil Poupaud, Amanda Langlet et Gwenaëlle Simon. - Un étudiant en vacances en Bretagne s'intéresse à trois jeunes femmes, sans toutefois parvenir à s'engager avec l'une d'elles. - Dialogues spirituels et fins ayant préséance sur l'image. Personnages bien campés par de jeunes interprètes fort prometteurs.
VO→LS **Général**

**CONTE DE LA FOLIE ORDINAIRE** ▷4
ITA. 1981. Drame de mœurs de Marco FERRERI avec Ben Gazzara, Ornella Muti et Tanya Lopert. - Un écrivain errant et une prostituée aux obsessions suicidaires développent une relation fondée sur le désespoir et la souffrance.
VF→LS LBX→LS LBX-DVD→39,95$ **18 ans +**

**CONTEMPT**
Voir: LE MÉPRIS

**CONTENDER, THE** ▷4
É.-U. 2000. Drame politique de Rod LURIE avec Joan Allen, Gary Oldman et Jeff Bridges. - Une sénatrice pressentie au poste de vice-présidente des États-Unis se défend devant une commission d'enquête au sujet d'un scandale sexuel.
VF→LS VO→LS **13 ans +**

**CONTES DE CANTERBURY, LES** ▷5
ITA. 1975. Film à sketches de Pier Paolo PASOLINI avec Laura Betti, Hugh Griffith et Franco Citti. - Des pèlerins en route pour la cathédrale de Canterbury se racontent des contes grivois pour passer le temps.
VO→LS LBX-DVD→LS **18 ans +**

**CONTES DE LA LUNE VAGUE APRÈS LA PLUIE, LES** ▶1
JAP. 1953. Drame fantastique de Kenji MIZOGUCHI avec Machiko Kyo, Masayuki Mori et Kinuyo Tanaka. - Un paysan ambitieux tombe sous l'emprise du fantôme d'une princesse. - Habile mélange d'illusion et de réalité. Images rappelant les estampes japonaises. Rythme méditatif. Jeu stylisé des acteurs.
STA→22,95$ **Non classé**

**CONTES SAUVAGES, LES** ▷5
FR. 1992. Documentaire de Frédéric ROSSIF, Gérald CALDERON et Jean-Charles CUTTOLI. - Exploration de la faune peuplant l'ex-Union Soviétique, des glaces de Sibérie jusqu'aux déserts brûlants de la frontière afghane.
VO→LS **Général**

**CONTINENTAL DIVIDE** ▷4
É.-U. 1981. Comédie sentimentale de Michael APTED avec John Belushi, Blair Brown et Allen Goorwitz. - Un journaliste connaît diverses mésaventures en tentant d'interviewer une ornithologue installée dans les Rocheuses.
VO→11,95$ Général

**CONTRABAND** ▷0
ANG. 1940, Michael POWELL
VO→34,95$ Général

**CONTRAINTE PAR CORPS** ▷6
FR. 1988. Mélodrame de Serge LEROY avec Marianne Basler, Vittorio Mezzogiorno et Catherine Wilkening. - Obsédé par une jeune femme, un policier met tout en œuvre pour la faire emprisonner afin de la plier à sa volonté.
VO→LS 13 ans +

**CONTRAT, LE**
Voir: THE HIT

**CONTRE CŒUR**
Voir: ONE TRUE THING

**CONTRE TOUTE ATTENTE**
Voir: AGAINST ALL ODDS

**CONTRE-ATTAQUE**
Voir: RAPID FIRE

**CONTRE-ENQUÊTE**
Voir: Q et A

**CONVERSATION PIECE**
Voir: VIOLENCE ET PASSION

**CONVERSATION SECRÈTE**
Voir: THE CONVERSATION

**CONVERSATION, THE** ►2
É.-U. 1974. Drame psychologique de Francis Ford COPPOLA avec Gene Hackman, John Cazale et Allen Garfield. - Un homme se spécialise dans l'écoute électronique et loue ses services sans s'inquiéter des mobiles de ses clients. - Suspense psychologique d'une rare intensité. Intrigue énigmatique. Mise en scène magistrale. Jeu solide de G. Hackman.
VF→LS VO→LS Général

**CONVICTION, THE** ▷5
ITA. 1990. Drame de Marco BELLOCCHIO avec V. Mezzogiorno, Claire Nebout et A. Sewerin. - Une jeune femme accuse de viol un architecte dont le charisme sensuel vient troubler un procureur inhibé.
STA→LS 13 ans + Érotisme

**CONVOI, LE**
Voir: CONVOY

**CONVOYEURS ATTENDENT, LES** ▷4
BEL.-FR.-SUI. 1999. Comédie dramatique de Benoît MARIAGE avec Benoît Poelvoorde, Morgane Simon et Jean-François Devigne. - Désirant gagner une voiture, un père autoritaire enrôle son fils dans une extravagante course aux records.
VO→19,95$

**COOGAN'S BLUFF** ▷4
É.-U. 1968. Drame policier de Don SIEGEL avec Clint Eastwood, Lee J. Cobb et Susan Clark. - Les mésaventures d'un shérif de l'Arizona venu chercher un criminel à New York.
VO→14,95$ Général

**COOK, THE THIEF, HIS WIFE & HER LOVER, THE** ▷3
ANG. 1989. Comédie dramatique de Peter GREENAWAY avec Michael Gambon, Helen Mirren et Richard Bohringer. - Une femme qui dîne chaque soir au restaurant avec un mari vulgaire entretient une liaison avec un autre client. - Récit insolite. Goût de la provocation. Recherches stylistiques. Décors et jeux de couleur admirablement composés. Fort bons comédiens.
VO→14,95$ VF→LS 18 ans +

**COOKIE** ▷5
É.-U. 1989. Comédie policière de Susan SEIDELMAN avec Emily Lloyd, Peter Falk et Dianne Wiest. - Un gangster sortant de prison engage sa fille comme chauffeur et entreprend de brider ses manières désinvoltes et son franc-parler.
VF→PC VO→PC Général

**COOKIE'S FORTUNE** ▷3
É.-U. 1998. Comédie de mœurs de Robert ALTMAN avec Glenn Close, Charles S. Dutton et Liv Tyler. - Dans un village du Mississippi, le suicide d'une veuve excentrique est maquillé en meurtre par sa nièce bien-pensante. - Traitement bon enfant de sujets graves. Humour désarçonnant. Réalisation d'une grande aisance. Rythme délibérément indolent. Interprétation délicieuse.
LBX-DVD→28,95$ VF→14,95$ VO→14,95$
LBX-DVD→28,95$ Général

**COOL HAND LUKE** ▷3
É.-U. 1967. Drame social de Stuart ROSENBERG avec Paul Newman, George Kennedy et Strother Martin. - Incarcéré à la suite d'un délit mineur, un prisonnier réussit à s'évader trois fois. - Tableau saisissant du monde pénitentiaire. Choix de détails bien agencés. P. Newman et G. Kennedy très solides.
VF→19,95$ VO→14,95$ LBX→19,95$
LBX-DVD→21,95$ Général

**COOL RUNNINGS** ▷5
É.-U. 1993. Comédie dramatique de Jon TURTELTAUB avec Leon, Doug E. Doug et Malik Yoba. - Les difficultés qu'a dû surmonter la première équipe jamaïcaine de bobsleigh pour se rendre aux Jeux olympiques de Calgary en 1988.
VF→16,95$ Général

**COOL WORLD** ▷4
É.-U. 1992. Comédie fantaisiste de Ralph BAKSHI avec Gabriel Byrne, Brad Pitt et Kim Basinger. - Un auteur de «comic books» est si irrésistiblement attiré par son héroïne de papier qu'il est catapulté dans l'univers de dessins animés où elle évolue.
VF→LS VO→LS 13 ans +

**COOLEY HIGH** ▷5
É.-U. 1975. Drame de mœurs de Michael SCHULTZ avec Glynn Turman, Lawrence Hilton-Jacobs et Garrett Morris. - En 1964, deux adolescents noirs d'un quartier pauvre de Chicago connaissent diverses mésaventures.
VO→14,95$ 13 ans +

**COPACABANA** ▷5
É.-U. 1947. Comédie musicale d'Alfred E. GREEN avec Groucho Marx, Carmen Miranda et Steve Cochran. - Deux artistes au chômage essaient d'obtenir un engagement dans un cabaret de New York.
VO→18,95$ Général

**COPAINS D'ABORD, LES**
Voir: THE BIG CHILL

**COPAINS, COPINES**
Voir: THE BUDDY SYSTEM

**COPAINS, LES** ▷4
FR. 1964. Comédie burlesque de Yves ROBERT avec Philippe Noiret, Pierre Mondy et Claude Rich. - Sept vieux copains se retrouvent et décident de jouer quelques tours pendables.
VO→LS 13 ans +

**COPLAND** ▷4
É.-U. 1997. Drame policier de James MANGOLD avec Sylvester Stallone, Harvey Keitel et Ray Liotta. - Afin d'arrêter des policiers corrompus, un enquêteur obtient l'aide du shérif de la petite ville où ceux-ci habitent.
VO→18,95$ VF→14,95$ LBX-DVD→34,95$ 13 ans + Violence

**COPPER CANYON** ▷4
É.-U. 1950. Western de John FARROW avec Ray Milland, Hedy Lamarr et Macdonald Carey. - En Arizona, un ancien officier sudiste se met à la tête de mécontents brimés par les Nordistes.
VO→11,95$ Général

**COPS AND ROBBERSONS** ▷4
É.-U. 1994. Comédie policière de Michael RITCHIE avec Chevy Chase, Jack Palance et Dianne Wiest. - Afin d'épier un faux-monnayeur installé dans un bungalow, deux policiers font le guet à partir de la demeure voisine occupée par une famille banlieusarde.
VO→LS **Général**

**COPYCAT** ▷4
É.-U. 1995. Drame policier de Jon AMIEL avec Sigourney Weaver, Holly Hunter et Dermot Mulroney. - En voulant aider deux détectives qui recherchent un meurtrier, une psychologue devient à son tour la cible du tueur.
VF→11,95$ LBX-DVD→21,95$ **16 ans + Violence**

**COQUETTE** ▷0
É.-U. 1929, Sam TAYLOR
VO→19,95$ **Général**

**COQUIN DE PRINTEMPS**
Voir: FUN AND FANCY FREE

**COQUINE À L'EXCÈS**
Voir: EXCESS BAGGAGE

**CORBEAU, LE**
Voir: THE RAVEN

**CORBEAU, LE** ►2
FR. 1943. Drame policier de Henri-Georges CLOUZOT avec Pierre Fresnay, Pierre Larquey et Ginette Leclerc. - Une petite ville de province est troublée par un afflux de lettres anonymes. - Classique du cinéma policier français. Critique subtile des mœurs sous le régime de Vichy. Tension soutenue. Réalisation très soignée. Forte distribution.
STA→LS **13 ans +**

**CORBEAU, LE**
Voir: THE CROW

**CORBEAU: CITÉ DES ANGES, LE**
Voir: THE CROW: CITY OF ANGELS

**CORBILLARD DE JULES, LE** ▷5
FR. 1982. Comédie de Serge PENARD avec Aldo Maccione, Francis Perrin et Jean-Marc Thibault. - En 1944, trois soldats transportent le corps d'un ami pour le ramener en Normandie où il doit être inhumé.
VO→LS **Non classé**

**CORBILLARD S'EMBALLE, LE**
Voir: THE WRONG BOX

**CORDE POUR TE PENDRE, UNE**
Voir: ALONG THE GREAT DIVIDE

**CORDE RAIDE, LA**
Voir: TIGHTROPE

**CORDE, LA**
Voir: ROPE

**CORDÉLIA** ▷4
QUÉ. 1979. Drame de Jean BEAUDIN avec Louise Portal, Gaston Lepage et Raymond Cloutier. - À la fin du siècle dernier, le meurtre d'un menuisier de village est imputé à son épouse ainsi qu'à un employé du couple.
VO→19,95$ **Général**

**CORDES DE LA POTENCE, LES**
Voir: CAHILL, U.S. MARSHAL

**CORN IS GREEN, THE** ▷4
É.-U. 1978. Drame psychologique de George CUKOR avec Katharine Hepburn, Ian Saynor et Patricia Haynes. - Dans un village minier du pays de Galles, une institutrice encourage un jeune garçon à poursuivre ses études.
VO→LS **Non classé**

**CORNBREAD, EARL AND ME** ▷4
É.-U. 1975. Drame social de Joe MANDUKE avec Moses Gunn, Rosalind Cash et Bernie Casey. - Un couple de race noire cherche à prouver la responsabilité des forces policières dans l'assassinat de leur fils.
VO→14,95$ **Général**

**CORNERED** ▷5
É.-U. 1945. Drame d'espionnage d'Edward DMYTRYK avec Dick Powell, Micheline Cheirel et Walter Slezak. - Un aviateur poursuit un criminel nazi pour venger la mort de sa femme.
VO→LS **Non classé**

**CORNIAUD, LE** ▷4
FR. 1964. Comédie policière de Gérard OURY avec Bourvil, Louis de Funès et Venantino Venantini. - Un naïf déjoue innocemment un plan de contrebande.
VO→LS **Général**

**CORONER CREEK** ▷6
É.-U. 1948. Western de Ray ENRIGHT avec Randolph Scott, Marguerite Chapman et George Macready. - Un cow-boy recherche l'assassin de sa fiancée.
VO→18,95$ **Général**

**CORPS ET ÂME**
Voir: PLAY IT TO THE BONE

**CORPS SAUVAGES, LES**
Voir: LOOK BACK IN ANGER

**CORRECTION, LA**
Voir: SLEEPERS

**CORRESPONDANT 17**
Voir: FOREIGN CORRESPONDENT

**CORRIDA MEXICAINE**
Voir: MEXICAN HAYRIDE

**CORRIDOR OF MIRRORS** ▷4
ANG. 1947. Drame psychologique de Terence YOUNG avec Eric Portman, Edana Romney et Barbara Mullen. - Un peintre croit retrouver dans une femme le personnage qui hante son rêve romantique.
VO→17,95$ **Général**

**CORRIDORS OF BLOOD** ▷5
ANG. 1958. Drame d'horreur de Robert DAY avec Boris Karloff, Betta St. John et Francis Matthews. - Au XIXe siècle, un médecin poursuit des expériences scientifiques dangereuses qui l'amènent à s'associer avec des criminels.
VO→LS **Non classé**

**CORRINA, CORRINA** ▷5
É.-U. 1994. Comédie dramatique de Jessie NELSON avec Whoopi Goldberg, Ray Liotta et Tina Majorino. - Dans les années 1950, une idylle naît entre un jeune veuf et la gouvernante noire qu'il a engagée pour veiller sur sa fillette.
VF→11,95$ **Général**

**CORRUPT** ▷0
ITA. 1983, Roberto FAENZA
VO→LS **Non classé**

**CORRUPTEUR, LE**
Voir: THE CORRUPTOR

**CORRUPTOR, THE** ▷5
É.-U. 1999. Drame policier de James FOLEY avec Chow Yun-Fat, Mark Wahlberg et Ric Young. - Dans le Chinatown new-yorkais, un inspecteur de race blanche devient l'équipier d'un policier d'origine asiatique corrompu par les triades.
VO→PC VF→15,95$ **13 ans + Violence**

**COSI** ▷0
AUS. 1997, Mark JOFFE
VO→LS **Général - Déconseillé aux jeunes enfants**

**COSMOS** ▷5
QUÉ. 1996. Drame de mœurs de Jennifer ALLEYN, Manon BRIAND, Marie-Julie DALLAIRE, Arto PARAGAMIAN, André TURPIN et Denis VILLENEUVE avec David La Haye, Audrey Benoît et Marie-Hélène Montpetit. - À bord de son taxi, un chauffeur philosophe partage des parcelles d'existence avec ses clients.
STA→18,95$ VO→18,95$ Général

**COSMOS 859**
Voir: THE CRAZIES

**CÔTE D'ADAM, LA** ▷4
RUS. 1990. Comédie de mœurs de Viatcheslav KRICHTOFOVITCH avec Inna Tchourikova, Svetlana Riabova et Macha Gouloubkina. - Les petits ennuis quotidiens d'une femme qui vit dans un minuscule logement avec sa mère impotente et ses deux filles.
VF→LS Général

**CÔTÉ OBSCUR DU CŒUR, LE** ▷3
ARG. 1992. Drame poétique d'Eliseo SUBIELA avec Dario Grandinetti, Sandra Ballesteros et Nacha Guevara. - Un poète de Buenos Aires s'éprend d'une prostituée qui ne se laisse pas conquérir facilement. - Scénario mariant poésie et surréalisme. Ensemble à la fois audacieux et élégant. Technique fort bien maîtrisée. Interprétation particulièrement sentie.
VF→29,95$ 13 ans + Érotisme

**COTTON CLUB, THE** ▷3
É.-U. 1984. Drame de mœurs de Francis Ford COPPOLA avec Richard Gere, Gregory Hines et Diane Lane. - En 1928, diverses intrigues s'entrecroisent dans un cabaret populaire du quartier de Harlem à New York. - Habile mélange de comédie musicale et de film de gangsters. Mise en scène colorée et brillante.
VO→14,95$ 13 ans +

**COTTON COMES TO HARLEM** ▷4
É.-U. 1969. Comédie policière d'Ossie DAVIS avec Godfrey Cambridge, Raymond St-Jacques et Calvin Lockhart. - Deux policiers de race noire enquêtent sur le vol d'une somme importante réunie par un pasteur.
VO→11,95$ 13 ans +

**COUCH IN NEW YORK, A**
Voir: UN DIVAN À NEW YORK

**COULEUR DE GRENADE** ▷3
RUS. 1969. Drame poétique de Sergei PARADJANOV avec Sofiko Tchiaourelli, M. Alekian, V. Galestian. - Évocation symbolique de la vie d'un poète arménien du XVIIIe siècle, Aroutioun Sayadian, surnommé le roi du chant. - Suite de tableaux rappelant les icônes anciennes. Ensemble hermétique mais d'une beauté plastique exceptionnelle.
STA→41,95$ Général

**COULEUR DE L'ARGENT, LA**
Voir: THE COLOR OF MONEY

**COULEUR DE LA NUIT, LA**
Voir: COLOR OF NIGHT

**COULEUR POURPRE, LA**
Voir: THE COLOR PURPLE

**COULEURS**
Voir: COLORS

**COULEURS PRIMAIRES**
Voir: PRIMARY COLORS

**COULISSES DE BROADWAY**
Voir: TWO TICKETS TO BROADWAY

**COULISSES DE L'EXPLOIT, LES**
Voir: EIGHT MEN OUT

**COULOIR DE LA MORT, LE**
Voir: THE CHAMBER

**COUNT DRACULA**
Voir: LES NUITS DE DRACULA

**COUNT OF MONTE CRISTO, THE** ▷4
É.-U. 1976. Aventures de David GREENE avec Richard Chamberlain, Tony Curtis et Trevor Howard. - Prisonnier à la suite d'une machination, un homme s'évade et revient se venger.
VO→19,95$ Général

**COUNT OF THE OLD TOWN, THE** ▷0
SUÈ. 1935, Edvin ADOLPHSON et Sigurd WALLEN
STA→21,95$ Général

**COUNT YORGA, VAMPIRE** ▷5
É.-U. 1970. Drame d'horreur de Bob KELLJAN avec Robert Quarry, Roger Perry et Michael Macready. - À Los Angeles, une jeune femme connaît une expérience troublante à la suite d'une séance de spiritisme.
VO→11,95$ 13 ans +

**COUNTDOWN** ▷4
É.-U. 1968. Science-fiction de Robert ALTMAN avec James Caan, Robert Duvall et Joanna Moore. - Des astronautes effectuent le premier voyage sur la Lune.
VO→19,95$ Général

**COUNTERFEIT TRAITOR, THE** ▷4
É.-U. 1961. Drame d'espionnage de George SEATON avec William Holden, Lilli Palmer et Hugh Griffith. - Un industriel suédois est forcé par les alliés à faire de l'espionnage en Allemagne.
VO→24,95$ Général

**COUNTESS COSEL, THE** ▷0
POL. 1968, Jerzy ANTCZAK
STA→LS Général

**COUNTESS FROM HONG KONG, A** ▷4
É.-U. 1966. Comédie sentimentale de Charles CHAPLIN avec Sophia Loren, Marlon Brando et Tippi Hedren. - Pour échapper à sa vie de déclassée, une danseuse se cache sur un paquebot dans la cabine d'un diplomate.
VO→14,95$ Général

**COUNTESS OF MONTE CRISTO, THE** ▷0
É.-U. 1948, Frederick DE CORDOVA
VO→13,95$ Général

**COUNTRY GIRL, THE** ▷4
É.-U. 1954. Drame psychologique de George SEATON avec Grace Kelly, Bing Crosby et William Holden. - Un acteur déchu se voit offrir une chance de reprendre sa carrière.
VO→14,95$ Général

**COUNTRY LIFE** ▷4
AUS. 1994. Comédie dramatique réalisée et interprétée par Michael BLAKEMORE avec Greta Scacchi et Sam Neill. - Un campagnard rustre tombe sous le charme de la jeune et ravissante épouse de son beau-frère, de retour dans la ferme familiale après vingt ans d'absence.
VF→18,95$ VO→31,95$ Général

**COUNTRYMAN** ▷5
JAM. 1982. Aventures de Dickie JOBSON avec Countryman, Hiram Keller et Kristina St-Clair. - Un pêcheur jamaïcain vient en aide à un jeune couple dont l'avion s'est écrasé dans la forêt.
VO→LS 13 ans +

**COUP DE CHANCE** ▷4
FR. 1991. Comédie de Pierre AKNINE avec Roland Giraud, Marcel Lebœuf et Rufus. - Arrivé au paradis, un agent d'assurances mort dans une chute accidentelle peut revivre à condition de sauver du suicide l'un de ses employés.
VO→LS Général

**COUP DE FOUDRE** ▷4
FR. 1983. Drame psychologique de Diane KURYS avec Isabelle Huppert, Miou-Miou et Guy Marchand. - En 1952, deux jeunes femmes ayant lié amitié remettent en cause leurs mariages respectifs.
VO→LS Général

**COUP DE GRÂCE, LE** ▷0
ALL.-FR. 1976, Volker SCHLÖNDORFF
STA-LBX→27,95$

**COUP DE JEUNE!** ▷6
FR. 1991. Comédie fantaisiste de Xavier GÉLIN avec Martin Lamotte, Ludmila Mikael et Jean Carmet. - Après avoir absorbé une potion, un scientifique septuagénaire retrouve son corps d'enfant tout en conservant ses capacités intellectuelles.
VO→LS **Général**

**COUP DE SIROCCO, LE** ▷4
FR. 1978. Comédie dramatique d'Alexandre ARCADY avec Roger Hanin, Marthe Villalonga et Patrick Bruel. - Les problèmes affrontés par une famille transplantée d'Algérie à Paris.
VO→LS **Général**

**COUP DE TORCHON** ▷3
FR. 1981. Drame de mœurs de Bertrand TAVERNIER avec Philippe Noiret, Isabelle Huppert et Stéphane Audran. - En 1938, dans un village de l'Afrique équatoriale française, un policier d'allure bonasse se met à employer la manière forte. - Vision amère de l'aventure humaine. Mise en scène précise et vigoureuse.
STA→27,95$ **Général**

**COUP DUR**
Voir: KNOCK OFF

**COUPABLE PAR ASSOCIATION**
Voir: GUILTY BY SUSPICION

**COUPLES ET AMANTS** ▷4
FR. 1993. Drame de mœurs de John LVOFF avec Marie Bunel, Jacques Bonnaffé et Bruno Todeschini. - Une psychanalyste infidèle et son mari qui refuse de lui faire un enfant traversent une crise conjugale.
VO→18,95$ **13 ans +**

**COUPS DE FEU SUR BROADWAY**
Voir: BULLETS OVER BROADWAY

**COURAGE À L'ÉPREUVE, LE**
Voir: COURAGE UNDER FIRE

**COURAGE MOUNTAIN** ▷5
FR. 1989. Mélodrame de Christopher LEITCH avec Juliette Caton, Leslie Caron et Charlie Sheen. - Poursuivant ses études en Italie lorsque ce pays entre en guerre avec l'Autriche, une jeune montagnarde organise son évasion de l'orphelinat où elle est séquestrée.
VF→17,95$ **Général**

**COURAGE UNDER FIRE** ▷4
É.-U. 1996. Drame de guerre d'Edward ZWICK avec Denzel Washington, Meg Ryan et Lou Diamond Phillips. - Un officier doit déterminer si une pilote d'hélicoptère morte lors de la guerre du Golfe mérite de recevoir la médaille d'Honneur.
VF→15,95$ VO→16,95$ LBX→21,95$ **13 ans +**

**COURS APRÈS MOI SHERIF**
Voir: SMOKEY AND THE BANDIT

**COURS PRIVÉ** ▷5
FR. 1986. Drame de mœurs de Pierre GRANIER-DEFERRE avec Élizabeth Bourgine, Michel Aumont et Xavier Deluc. - Une jeune enseignante tente de démasquer l'auteur de lettres anonymes et de photos compromettantes la concernant.
VO→LS **13 ans +**

**COURS, LOLA, COURS** ▷3
ALL. 1998. Comédie dramatique de Tom TYKWER avec Franka Potente, Moritz Bleibtreu et Herbert Knaup. - Une jeune femme ne dispose que de vingt minutes pour trouver une importante somme d'argent afin de sauver la vie de son amant. - Trois variations inventives et fantaisistes sur le thème du destin. Rythme trépidant. Interprétation dans le ton.
STA→13,95$ VF→13,95$ **Général**

**COURSE À L'ÉCHALOTE** ▷0
FR. 1975, Claude ZIDI
VO→19,95$

**COURSE AU JOUET, LA**
Voir: JINGLE ALL THE WAY

**COURSE AU TRÉSOR, LA**
Voir: CANDLESHOE

**COURSE CONTRE LA MORT, LA**
Voir: DEATH RACE 2000

**COURSE DE L'INNOCENT, LA** ▷5
ITA. 1992. Drame policier de Carlo CARLEI avec Manuel Colao, Federico Pacifici et Sal Borgese. - Après que sa famille eut été massacrée par un clan rival, un garçonnet prend la fuite avec les tueurs à ses trousses.
STA→19,95$ VF→LS **13 ans +**

**COURT JESTER, THE** ▷4
É.-U. 1955. Comédie de Norman PANAMA et Melvin FRANK avec Danny Kaye, Glynis Johns et Basil Rathbone. - Un patriote se déguise en bouffon pour pénétrer dans le château d'un usurpateur.
VO→14,95$ **Non classé**

**COURT-MARTIAL OF BILLY MITCHELL, THE** ▷4
É.-U. 1955. Drame de Otto PREMINGER avec Gary Cooper, Charles Bickford et Ralph Bellamy. - Dans les années 1930, un général tente d'attirer l'attention des autorités sur l'importance militaire de l'aviation.
VO→LS **Général**

**COURTESANS OF BOMBAY, THE** ▷0
IND. 1985, Ismail MERCHANT
VO→LS **Général**

**COURTSHIP OF EDDIE'S FATHER, THE** ▷4
É.-U. 1962. Comédie sentimentale de Vincente MINNELLI avec Glenn Ford, Shirley Jones et Ronny Howard. - Un enfant tente de marier son père veuf à une jeune divorcée qu'il trouve sympathique.
VO→14,95$ **Non classé**

**COUSIN BETTE** ▷4
É.-U. 1998. Comédie de mœurs de Des McANUFF avec Jessica Lange, Elisabeth Shue et Aden Young. - À Paris, en 1846, la cousine d'une famille d'aristocrates élabore une vengeance contre des parents qui la traitent comme une servante.
LBX-DVD→PC LBX-DVD→PC **Général - Déconseillé aux jeunes enfants**

**COUSIN BOBBY** ▷4
É.-U. 1992. Documentaire de Jonathan DEMME. - Portrait d'un pasteur épiscopalien de Harlem qui s'implique activement dans sa communauté afin d'améliorer la qualité de vie de ses paroissiens.
VO→LS **Général**

**COUSIN, COUSINE** ▷4
FR. 1975. Comédie de mœurs de Jean-Charles TACCHELLA avec Victor Lanoux, Marie-Christine Barrault et Marie-France Pisier. - À l'occasion du remariage de sa mère, une jeune femme établit des relations de sympathie avec le neveu de son nouveau beau-père.
STA→27,95$ **Général**

**COUSIN, LE** ▷3
FR. 1997. Drame policier d'Alain CORNEAU avec Alain Chabat, Patrick Timsit et Agnès Jaoui. - Après le suicide de son coéquipier, un policier fait affaire avec le douteux indicateur de celui-ci. - Solide polar au ton réaliste. Mise en scène de métier. Interprétation de premier ordre.
VO→19,95$ **13 ans + Violence**

**COUSINS** ▷4
É.-U. 1989. Comédie de mœurs de Joel SCHUMACHER avec Ted Danson, Isabella Rossellini et William Petersen. - À l'occasion du remariage de sa mère, une femme mariée engage des liens d'affection avec un cousin par alliance.
VF→LS VO→13,95$ **Général**

**COUTEAU DANS L'EAU, LE** ▷3
POL. 1962. Drame psychologique de Roman POLANSKI avec Leon Niemczyk, Jolanta Umecka et Zygmunt Malanowicz. - Invité par un couple sur leur voilier, un étudiant trouble leur ménage. - Film très bien construit. Mise en scène dépouillée. Interprétation remarquable.
STA→LS Général

**COUVRE-LIT À L'AMÉRICAINE**
Voir: HOW TO MAKE AN AMERICAN QUILT

**COVER GIRL** ▷4
É.-U. 1944. Comédie musicale de Charles VIDOR avec Rita Hayworth, Gene Kelly et Phil Silvers. - La vie amoureuse et professionnelle d'une danseuse de music-hall.
VO→19,95$ Général

**COVERED WAGON, THE** ▷0
É.-U. 1923, James CRUZE
VO→11,95$ Général

**COWBOY DE SHANGHAI, LE**
Voir: SHANGHAI NOON

**COWBOY WAY, THE** ▷6
É.-U. 1994. Comédie policière de Gregg CHAMPION avec Woody Harrelson, Kiefer Sutherland et Dylan McDermott. - Deux cow-boys se rendent à New York pour y rechercher un ami porté disparu.
VF→LS VO→LS Général

**COWBOY, THE** ▷3
É.-U. 1958. Western de Delmer DAVES avec Jack Lemmon, Glenn Ford et Brian Donlevy. - Un homme fait le rude apprentissage du métier de cow-boy. - Étude réaliste et saisissante. Intérêt soutenu. Mise en scène aérée. Interprétation savoureuse.
VO→14,95$ Général

**COYOTE** ▷5
QUÉ. 1992. Drame sentimental de Richard CIUPKA avec Patrick Labbé, Mitsou et Thierry Magnier. - Un adolescent qui rêve de devenir cinéaste s'éprend d'une fille de son âge qui exige de lui un amour sans partage.
VO→18,95$ 13 ans +

**COYOTE UGLY** ▷6
É.-U. 2000. Comédie dramatique de David MCNALLY avec Piper Perabo, Adam Garcia et Maria Bello. - Une jeune femme qui rêve d'écrire des chansons se trouve un emploi dans un bar de New York renommé pour le style flamboyant de ses barmaids.
Général

**CRABE TAMBOUR, LE** ▷3
FR. 1977. Drame psychologique de Pierre SCHOENDOERFFER avec Jean Rochefort, Claude Rich et Jacques Perrin. - À bord d'un navire, trois hommes échangent leurs souvenirs sur un soldat à la destinée singulière. - Adaptation du roman de Schoendoerffer. Aspects documentaires valables.
STA→LS Général

**CRACK-UP** ▷5
É.-U. 1946. Drame policier de Irving REIS avec Pat O'Brien, Claire Trevor et Herbert Marshall. - Un directeur de musée est victime d'un complot de faussaires.
VO→LS Non classé

**CRACKERS** ▷5
É.-U. 1983. Comédie policière de Louis MALLE avec Donald Sutherland, Sean Penn et Jack Warden. - Un chômeur de Los Angeles recrute quelques paumés pour cambrioler le coffre d'un prêteur sur gages.
VO→LS Général

**CRACKS, LES** ▷4
FR. 1967. Comédie d'Alex JOFFÉ avec Bourvil, Robert Hirsch et Monique Tarbès. - L'inventeur d'une nouvelle bicyclette décide de s'inscrire à une course.
VO→LS Général

**CRADLE WILL ROCK** ▷3
É.-U. 1999. Drame social de Tim ROBBINS avec Emily Watson, Hank Azaria et Cherry Jones. - Les tribulations d'une troupe de théâtre dirigée par Orson Welles qui monte une comédie musicale anticapitaliste controversée en 1937 à New York. - Propos audacieux sur une période tumultueuse des États-Unis. Enjeux idéologiques bien présentés. Humour ironique. Réalisation vibrante. Distribution impeccable.
VO→16,95$ LBX-DVD→24,95$ Général

**CRAFT, THE** ▷5
É.-U. 1996. Drame fantastique d'Andrew FLEMING avec Fairuza Balk, Robin Tunney et Neve Campbell. - Grâce à leurs pouvoirs surnaturels, quatre étudiantes se vengent de leurs camarades d'école qui les ont brimées.
LBX→11,95$ VO→18,95$ 13 ans + Horreur

**CRAIG'S WIFE** ▷4
É.-U. 1936. Drame de Dorothy ARZNER avec Rosalind Russell, John Boles et Billie Burke. - Une femme attachée à son confort matériel fait le malheur de sa famille.
VO→18,95$ Général

**CRAN D'ARRÊT** ▷4
FR. 1969. Drame policier de Yves BOISSET avec Bruno Cremer, Renaud Verley et Marianne Comtell. - Un ex-médecin s'occupe d'un jeune alcoolique qui se croit responsable de la mort d'une jeune fille.
VO→LS 13 ans +

**CRANES ARE FLYING, THE**
Voir: QUAND PASSENT LES CIGOGNES

**CRASH** ▷3
CAN. 1996. Drame de mœurs de David CRONENBERG avec James Spader, Holly Hunter et Elias Koteas. - Des hommes et des femmes à la recherche d'expériences sexuelles inédites sont subjugués par les accidents d'autos et les blessures physiques. - Portrait troublant et bizarre de personnages autodestructeurs. Climat quasi onirique d'une poésie totalement inusitée. Photographie et montage d'une précision admirable. Jeu détaché des interprètes.
VF→19,95$ LBX-DVD→27,95$ 18 ans +

**CRASH DIVE** ▷5
É.-U. 1943. Drame de guerre d'Archie MAYO avec Tyrone Power, Anne Baxter et Dana Andrews. - Deux officiers d'un sous-marin aiment la même jeune fille fiancée secrètement à l'un d'eux.
VO→24,95$ Général

**CRAWLING EYE, THE** ▷5
ANG. 1958. Science-fiction de Quentin LAWRENCE avec Forrest Tucker, Janet Munro et Jennefer Jayne. - Des monstres naissent d'un nuage radioactif qui surplombe un pic voisin d'un petit village alpin.
VO→LS Général

**CRAWLING HAND, THE** ▷6
É.-U. 1963. Drame d'horreur de Herbert L. STROCK avec Rod Lauren, Peter Breck et Kent Taylor. - La main d'un astronaute accidenté est animée d'une force propre et d'instincts meurtriers.
VO→13,95$ Général - Déconseillé aux jeunes enfants

**CRAWLSPACE** ▷0
É.-U. 1986, David SCHMOELLER
VO→LS Non classé

**CRAZIES, THE** ▷6
É.-U. 1972. Drame d'horreur de George A. ROMERO avec Lane Carroll, W. G. McMillan et Richard France. - Après qu'un virus se soit répandu par accident en Pennsylvanie, la population se met à poser des gestes irraisonnés qui appellent à une intervention brutale de l'armée.
VO→LS 13 ans +

**CRAZY LOVE** ▷5
BEL. 1986. Film à sketches de Dominique DERUDDERE avec Josse

de Pauw, Geert Hunaerts et Michael Pas. - Les tribulations d'un garçon qui a recours à des moyens extrêmes pour satisfaire ses désirs amoureux.
VF→LS **18 ans +**

**CRAZY PEOPLE** ▷5
É.-U. 1990. Comédie satirique de Tony BILL avec Dudley Moore, Daryl Hannah et J.T. Walsh. - Ayant monté une campagne fondée sur la sincérité, un publicitaire se voit interner dans une maison de santé pendant que son opération remporte un grand succès.
VO→PC **Général**

**CREATION OF ADAM** ▷0
RUS. 1993, Yuri PAVLOV
STA→LS **Général**

**CREATIVE PROCESS: NORMAN McLAREN** ▷4
CAN. 1990. Documentaire de Donald McWILLIAMS. - Évocation de la carrière du cinéaste canadien Norman McLaren.
VF→LS VO→19,95$ **Général**

**CREATURE COLLECTION (COFFRET)** ▷0
Voir: CREATURE FROM THE BLACK LAGOON · CREATURE WALKS AMONG US · REVENGE OF TEH CREATURE
VO→39,95$

**CRÉATURE DES MARAIS, LA**
Voir: SWAMP THING

**CREATURE FROM THE BLACK LAGOON** ▷5
É.-U. 1954. Drame d'horreur de Jack ARNOLD avec Richard Carlson, Julie Adams et Richard Denning. - Une expédition scientifique découvre un monstre mi-homme, mi-poisson.
VO→14,95$ **Général**

**CREATURE FROM THE HAUNTED SEA** ▷7
É.-U. 1961. Drame d'horreur de Roger CORMAN avec Anthony Carbone, Betsy Jones-Moreland et Edward Wain. - Voulant s'emparer du trésor national d'une île des Caraïbes, un criminel s'arrange pour qu'un prétendu monstre marin vienne le débarrasser de ses rivaux.
VO→LS **Général**

**CREATURE WALKS AMONG US, THE** ▷6
É.-U. 1956. Drame d'horreur de John SHERWOOD avec Jeff Morrow, Rex Reason et Leigh Snowden. - Un homme-poisson est soumis à des expériences scientifiques.
VO→14,95$ **Général**

**CRÉATURES CÉLESTES**
Voir: HEAVENLY CREATURES

**CRÉATURES FÉROCES**
Voir: FIERCE CREATURES

**CREEPERS (PHENOMENA)** ▷5
ITA. 1984. Drame d'horreur de Dario ARGENTO avec Jennifer Connelly, Donald Pleasence et Daria Nicolodi. - Sachant communiquer avec les insectes, une élève d'un collège privé en vient à découvrir le repaire d'un meurtrier qui s'en prend à des adolescentes.
VO→LS **18 ans +**

**CREEPSHOW** ▷4
É. U. 1982. Film à sketches de George A. ROMERO avec E.G. Marshall, Hal Holbrook et Leslie Nielsen. - Assemblage de cinq histoires d'épouvante.
VO→14,95$ VF→14,95$ **18 ans +**

**CREEPSHOW 2** ▷5
É.-U. 1987. Film à sketches de Michael GORNICK avec George Kennedy, Paul Satterfield et Lois Chiles. - Trois sketches racontant des histoires fantastiques.
VF→LS VO→9,95$ **13 ans + Violence**

**CRÉPUSCULE DES AIGLES, LE**
Voir: FATHERLAND

**CRI, LE** ►2
ITA. 1957. Drame psychologique de Michelangelo ANTONIONI avec Steve Cochran, Alida Valli et Dorian Gray. - Après une rupture avec sa maîtresse, un homme part à l'aventure avec sa fillette. - Atmosphère de tristesse remarquablement évoquée. Rythme lent. Images volontairement grises. Interprétation sobre mais prenante.
STA→34,95$ **Général**

**CRI DANS LA NUIT, UN**
Voir: A CRY IN THE DARK

**CRI DE FEMMES**
Voir: A DREAM OF PASSION

**CRI DE LA LIBERTÉ, LE**
Voir: CRY FREEDOM

**CRI DE LA NUIT, LE** ▷5
QUÉ. 1995. Drame psychologique de Jean BEAUDRY avec Pierre Curzi, Félix-Antoine Leroux et Louise Richer. - À la suite d'une querelle avec sa compagne et la rencontre d'un étudiant aux tendances suicidaires, un gardien de nuit s'interroge sur son existence.
VO→26,95$ **13 ans +**

**CRI DE LA SOIE, LE** ▷4
FR. 1996. Drame de mœurs d'Yvon MARCIANO avec Sergio Castellitto, Marie Trintignant et Anémone. - Un psychiatre se sent attiré par une détenue qui entretient une passion charnelle pour la soie.
VO→18,95$ **13 ans +**

**CRI DE LA VICTOIRE, LE**
Voir: BATTLE CRY

**CRI DES LARMES, LE**
Voir: THE CRYING GAME

**CRIA CUERVOS** ►2
ESP. 1975. Drame psychologique de Carlos SAURA avec Ana Torrent, Geraldine Chaplin et Monica Randall. - Une fillette croit exercer un pouvoir de vie et de mort sur son entourage familial. - Jeux avec le temps et l'imagination. Narration subtile et inventive. Approche originale du monde de l'enfance. Excellente direction d'acteurs.
STA-LBX→27,95$ **Général**

**CRIA!**
Voir: CRIA CUERVOS

**CRIES AND WHISPERS**
Voir: CRIS ET CHUCHOTEMENTS

**CRIME, LA** ▷4
FR. 1983. Drame policier de Philippe LABRO avec Claude Brasseur, Gabrielle Lazure et Jean-Claude Brialy. - Un commissaire de la brigade criminelle, aidé d'une jeune journaliste, enquête sur le meurtre d'un avocat éminent.
VO→LS **Général**

**CRIME, UN** ▷5
FR. 1992. Drame psychologique de Jacques DERAY avec Alain Delon, Manuel Blanc et Sophie Broustal. - Son client lui ayant révélé être le coupable des meurtres dont il a été acquitté, un avocat lui donne rendez-vous sur les lieux du crime.
VO→LS **Général**

**CRIME AND PUNISHMENT** ▷0
É.-U. 1935, Josef VON STERNBERG
VO→19,95$ **Général**

**CRIME AND PUNISHMENT** ▷5
RUS. 1970, Lev KULIJANOV
STA→49,95$ **Général**

**CRIME D'OVIDE PLOUFFE, LE** ▷4
QUÉ. 1984. Drame de mœurs de Denys ARCAND avec Gabriel Arcand, Jean Carmet et Anne Létourneau. - En 1950, le propriétaire d'une bijouterie à Québec est accusé à tort du meurtre de sa femme.
VO→LS **13 ans +**

**CRIME DE MONSIEUR LANGE, LE** ▷3
FR. 1936. Drame de Jean RENOIR avec Jules Berry, René Lefèvre et Florelle. - Un éditeur se fait passer pour mort après une faillite frauduleuse. - Tableau de mœurs humain et pittoresque. Excellente réalisation technique. Interprétation vivante.
STA→LS **Général**

**CRIME ET CHÂTIMENT** ▷4
FR. 1956. Drame psychologique de Georges LAMPIN avec Robert Hossein, Jean Gabin et Marina Vlady. - Un étudiant pauvre commet un meurtre qui le plonge dans un profond remords.
VO→LS **Général**

**CRIME ET CHÂTIMENT**
FR. 1935, Pierre CHENAL
STA→PC **Non classé**

**CRIME OF PASSION** ▷5
É.-U. 1957. Drame de Gerd OSWALD avec Barbara Stanwyck, Sterling Hayden et Fay Wray. - La femme d'un policier emploie tous les moyens pour assurer l'avancement de son mari.
VO→18,95$ **Général**

**CRIME OF THE CENTURY** ▷4
É.-U. 1996. Drame judiciaire de Mark RYDELL avec Stephen Rea, Isabella Rossellini et J.T. Walsh. - Un immigrant allemand est injustement condamné à mort pour le kidnapping et le meurtre de l'enfant de l'aviateur Charles Lindbergh.
VF→14,95$ **Général**

**CRIME POUR UNE PASSION, UN**
Voir: DANCE WITH A STRANGER

**CRIME STORY** ▷4
É.-U. 1986. Drame policier de Abel FERRARA avec Dennis Farina, Anthony Denison et Darlanne Fluegel. - Dans les années 60, un policier de Chicago entre en lutte avec des gangsters.
VF→LS VO→LS **13 ans +**

**CRIME ZONE** ▷6
É.-U. 1988. Science-fiction de Luis LLOSA avec David Carradine, Peter Nelson et Sherilyn Fenn. - Après l'holocauste nucléaire, un couple, aidé d'un homme mystérieux, cherche à fuir la dictature qui sévit dans une zone dévastée.
VO→LS **Non classé**

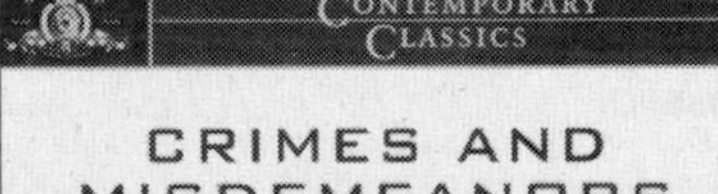

CAROLINE AARON ALAN ALDA
WOODY ALLEN CLAIRE BLOOM
MIA FARROW JOANNA GLEASON
ANJELICA HUSTON MARTIN LANDAU
JENNY NICHOLS JERRY ORBACH
SAM WATERSTON



**CRIMES AND MISDEMEANORS** ▷3
É.-U. 1989. Comédie dramatique réalisée et interprétée par Woody ALLEN avec Martin Landau et Sam Waterston. - Les problèmes existentiels d'un ophtalmologiste meurtrier et d'un documentariste désabusé. - Construction complexe. Observations ironiques. Mélange d'humour et de macabre. Réalisation maîtrisée. Bonne interprétation.
VF→LS VO→14,95$ LBX-DVD→22,95$ **13 ans +**

**CRIMES ET DÉLITS**
Voir: CRIMES AND MISDEMEANORS

**CRIMES OF PASSION** ▷5
É.-U. 1984. Drame de mœurs de Ken RUSSELL avec Kathleen Turner, Anthony Perkins et John Laughlin. - Un électronicien est amené à vivre d'étranges tribulations en enquêtant sur une styliste d'allure sévère qui se transforme le soir en prostituée.
LBX→14,95$ VO→9,95$ VF→LS **18 ans +**

**CRIMES OF STEPHEN HAWKE, THE** ▷0
ANG. 1936, George KING
VO→LS **Général**

**CRIMES OF THE HEART** ▷4
É.-U. 1986. Comédie dramatique de Bruce BERESFORD avec Sissy Spacek, Diane Keaton et Jessica Lange. - Après avoir suivi des chemins différents, trois sœurs se retrouvent en de curieuses circonstances.
VF→LS VO→LS **Général**

**CRIMES SANS REMORDS**
Voir: PARIS TROUT

**CRIMEWAVE** ▷5
É.-U. 1985. Comédie policière de Sam RAIMI avec Reed Birney, Sheree J. Wilson et Paul L. Smith. - Alors qu'il va être électrocuté pour meurtre, un gardien de sécurité raconte à ses geôliers les circonstances qui ont entraîné sa condamnation.
VF→LS VO→LS **Général**

**CRIMINAL CODE, THE** ▷0
É.-U. 1931, Howard HAWKS
VO→15,95$ VO→15,95$ **Non classé**

**CRIMINAL LAW** ▷4
ANG. 1989. Drame policier de Martin CAMPBELL avec Gary Oldman, Kevin Bacon et Tess Harper. - Un jeune avocat est amené à douter de l'innocence d'un client qu'il a fait acquitter d'un crime crapuleux.
VF→13,95$ **18 ans +**

**CRIMINAL LIFE OF ARCHIBALDO DE LA CRUZ, THE**
Voir: LA VIE CRIMINELLE D'ARCHIBALD DE LA CRUZ

**CRIMSON PIRATE, THE** ▷4
É.-U. 1952. Aventures de Robert SIODMAK avec Burt Lancaster, Nick Cravat et Eva Bartok. - Un pirate s'unit à des rebelles pour lutter contre un tyran.
VO→19,95$ **Non classé**

**CRIMSON TIDE** ▷4
É.-U. 1995. Drame de guerre de Tony SCOTT avec Denzel Washington, Gene Hackman et George Dzundza. - Le capitaine d'un sous-marin et son lieutenant s'engagent dans un duel d'autorité dont l'enjeu est le déclenchement d'un holocauste nucléaire.
VF→16,95$ VO→16,95$ LBX-DVD→26,95$ **Général**

**CRIS ET CHUCHOTEMENTS** ►1
SUÈ. 1972. Drame psychologique de Ingmar BERGMAN avec Ingrid Thulin, Liv Ullmann et Harriet Andersson. - Trois sœurs sont réunies dans la maison de leur enfance où l'une d'elles est mourante. - Portraits de femmes tracés avec nuances et pénétration psychologique. Mise en scène raffinée. Forte évocation de la souffrance. Interprétation hors pair.
STA→34,95$ **18 ans +**

**CRISE, LA** ▷4
FR. 1992. Comédie satirique de Coline SERREAU avec Vincent Lindon, Patrick Timsit et Zabou. - Viré de son boulot le jour même où sa femme le quitte, un avocat essaie en vain de se confier à des amis et à des parents.
STA→13,95$ VO→13,95$ Général

**CRISS CROSS** ▷4
É.-U. 1949. Drame policier de Robert SIODMAK avec Burt Lancaster, Yvonne de Carlo et Dan Duryea. - Pour l'amour d'une femme indigne, un jeune homme est amené à participer à un vol.
VO→11,95$ Général

**CRISTAL MAGIQUE, LE**
Voir: THE DARK CRYSTAL

**CRITICAL CARE** ▷0
É.-U. 1998, Sidney LUMET
VO→LS LBX-DVD→14,95$ Général

**CROC-BLANC**
Voir: WHITE FANG

**CROC-BLANC 2: LE MYTHE DU LOUP BLANC**
Voir: WHITE FANG 2 - THE MYTH OF THE WHITE WOLF

**CROCODILE DUNDEE** ▷4
AUS. 1986. Comédie de Peter FAIMAN avec Paul Hogan, Linda Kozlowski et Mark Blum. - Une journaliste américaine entreprend de faire un reportage sur un aventurier qui a échappé à l'attaque d'un crocodile dans la brousse australienne.
VF→11,95$ VO→11,95$

**CROCODILE DUNDEE II** ▷5
AUS. 1988. Comédie dramatique de John CORNELL avec Paul Hogan, Linda Kozlowski et John Meillon. - Un coureur de brousse australien vient en aide à une journaliste new-yorkaise qui a été kidnappée par des trafiquants de drogue.
VF→LS VO→LS Général

**CROCODILES IN AMSTERDAM** ▷0
HOL. 1990, Annette APON
STA→LS Général

**CROCS DU DIABLE, LES** ▷4
ESP. 1977. Drame de Antonio ISASI avec Jason Miller, Lea Massari et Aldo Sambrell. - Un prisonnier politique ayant réussi à s'évader se voit poursuivi par un gardien sadique et son chien.
VF→LS 13 ans +

**CROISADE DES BRAVES, LA**
Voir: THE MIGHTY

**CROIX DE FER**
Voir: CROSS OF IRON

**CROMWELL** ▷4
ANG. 1970. Drame historique de Ken HUGHES avec Richard Harris, Alec Guinness et Robert Morley. - L'ascension d'Oliver Cromwell, seigneur campagnard qui assuma le pouvoir en Angleterre au XVIIe siècle.
VF→18,95$ VO→19,95$ Général

**CRONOS** ▷4
MEX. 1992. Drame d'horreur de Guillermo DEL TORO avec Federico Luppi, Ron Perlman et Claudio Brook. - Un antiquaire devenu vampire déjoue les plans d'un industriel qui veut mettre la main sur une statuette lui permettant de devenir immortel.
VA→11,95$ 13 ans + Horreur

**CROOKLYN** ▷4
É.-U. 1994. Comédie dramatique de Spike LEE avec Alfre Woodard, Zelda Harris et Delroy Lindo. - Les hauts et les bas d'une famille afro-américaine qui vit à Brooklyn au début des années 1970.
VF→11,95$ VO→11,95$ Général

**CROQUE LA VIE** ▷4
FR. 1981. Chronique de Jean-Charles TACCHELLA avec Brigitte Fossey, Bernard Giraudeau et Carole Laure. - Les circonstances de la vie séparent un trio d'amis qui se retrouvent à l'occasion.
VO→LS Général

**CROQUEURS DE LOTUS, LES**
Voir: THE LOTUS EATERS

**CROSS** ▷5
FR. 1986. Drame policier de Philippe Setbon avec Michel Sardou, Roland Giraud et Patrick Bauchau. - Un policier s'allie à un tueur qu'il est chargé de surveiller pour lutter contre des détraqués qui ont kidnappé sa femme et sa fille.
VO→LS 13 ans +

**CROSS CREEK** ▷4
É.-U. 1983. Chronique de Martin RITT avec Mary Steenburgen, Rip Torn et Peter Coyote. - En 1928, une femme quitte son mari et s'installe dans une orangeraie de Floride pour y poursuivre une carrière d'écrivain.
VO→LS Général

**CROSS OF IRON** ▷4
ANG. 1977. Drame de guerre de Sam PECKINPAH avec James Coburn, Maximilian Schell et James Mason. - En 1943, sur le front de l'Est, les manigances d'un capitaine ambitieux pour obtenir une importante décoration militaire.
VF→LS VO→49,95$ 18 ans +

**CROSSFIRE** ▷3
É.-U. 1947. Drame policier d'Edward DMYTRYK avec Robert Young, Robert Ryan et Robert Mitchum. - Pour disculper un camarade, un sergent recherche l'assassin d'un soldat de race juive. - Intrigue policière donnant lieu à des explorations psychologiques et sociales. Mise en scène de style réaliste. Interprétation de premier ordre.
VO→19,95$ Général

**CROSSING DELANCEY** ▷4
É.-U. 1988. Comédie de mœurs de Joan Micklin SILVER avec Amy Irving, Reizl Bozyk et Peter Riegert. - La grand-mère d'une charmante célibataire de 33 ans se met en tête de lui trouver un mari.
VF→14,95$ Général

**CROSSING GUARD, THE** ▷3
É.-U. 1995. Drame psychologique de Sean PENN avec Jack Nicholson, David Morse et Anjelica Huston. - À sa sortie de prison, un automobiliste qui a accidentellement tué une fillette, six ans plus tôt, voit sa vie menacée par le père de la victime. - Sujet douloureux et profondément humain traité avec force et subtilité. Photographie précise. Musique remarquable. Comédiens de grand talent.
VF→11,95$ VO→18,95$ LBX-DVD→27,95$ 13 ans +

**CROSSING THE LINE** ▷4
É.-U. 1991. Drame social de David Leland avec Liam Neeson, Joanne Whalley-Kilmer et Ian Bannen. - Engagé dans une grève depuis plus de 10 mois, un mineur accepte de participer à un match de boxe illégal afin de subvenir aux besoins sa famille.
VO→17,95$ 16 ans + Violence

**CROSSROADS** ▷4
É.-U. 1986. Comédie dramatique de Walter HILL avec Ralph Macchio, Joe Seneca et Jami Gertz. - Un étudiant en musique accepte d'aider un vieux Noir à s'échapper de l'hôpital si celui-ci lui apprend une chanson oubliée de tous.
VO→19,95$ Général

**CROUCHING TIGER, HIDDEN DRAGON** ▷3
H. K. 2000. Aventures d'Ang LEE avec Chow-Yun Fat, Michelle Yeoh et Zhang Ziyi. - Un guerrier et sa compagne d'armes croisent le fer avec une jeune aristocrate formée aux arts martiaux par une meurtrière. - Histoire d'un romantisme échevelé. Combats acrobatiques d'une beauté et d'une élégance rares. Mise en scène parfaitement maitrisée. Interprétation sobre.
Général - Déconseillé aux jeunes enfants

**CROUPIER** ▷3
ANG. 1998. Drame de mœurs Mike Hodges avec Clive Owen, Kate Hardie et Alex Kingston. - Un aspirant écrivain accepte un emploi de croupier dans un casino de Londres. - Récit fin et relevé. Atmosphère de film noir envoûtante. Mise en scène sobre et impeccable. Interprétation de grande qualité.
VF→LS VO→LS **Général**

**CROW, THE** ▷4
É.-U. 1994. Drame fantastique d'Alex PROYAS avec Brandon Lee, Ernie Hudson et Michael Wincott. - Un jeune musicien qui a été sauvagement assassiné revient d'entre les morts pour exercer une terrible vengeance.
VO→12,95$ VF→14,95$ LBX-DVD→24,95$ **16 ans + Violence**

**CROW: CITY OF ANGELS, THE** ▷5
É.-U. 1996. Drame fantastique de Tim POPE avec Vincent Pérez, Mia Kirshner et Iggy Pop. - Tué par des malfaiteurs, un jeune homme est ramené à la vie par un mystérieux corbeau et entreprend de se venger.
VF→14,95$ VO→PC **16 ans + Violence**

**CROWD, THE** ▷4
É.-U. 1928. Drame psychologique de King VIDOR avec Eleanor Boardman, James Murray et Bert Roach. - Malgré ses ambitions, un jeune homme voit sa vie familiale s'effriter à la suite de plusieurs malheurs.
ITA→29,95$ **Général**

**CROWS AND SPARROWS** ▷0
CHI. 1949, Zheng JUNLI
STA→39,95$ **Général**

**CRUCIBLE OF HORROR** ▷4
ANG. 1969. Drame d'horreur de Viktors RITELIS avec Michael Gough, Yvonne Mitchell et Sharon Gurney. - La femme et la fille d'un courtier tyrannique décident de l'assassiner mais leur action a des suites imprévues.
VO→14,95$ **Non classé**

**CRUCIBLE, THE** ▷4
É.-U. 1996. Drame de Nicholas HYTNER avec Daniel Day-Lewis, Winona Ryder et Paul Scofield. - En 1692 dans le Massachusetts, les membres d'une petite communauté puritaine s'engagent dans une chasse aux sorcières funeste.
VF→11,95$ LBX→22,95$ **Général**

**CRUEL INTENTIONS** ▷5
É.-U. 1999. Drame de mœurs de Roger KUMBLE avec Sarah Michelle Gellar, Ryan Phillippe et Reese Witherspoon. - Un jeune libertin peu scrupuleux entreprend de séduire une adolescente exemplaire dans le seul but de relever un pari.
VF→14,95$ VO→14,95$ **13 ans +**

**CRUISING** ▷5
É.-U. 1980. Drame policier de William FRIEDKIN avec Al Pacino, Paul Sorvino et Richard Cox. - Afin de démasquer un assassin, un policier doit enquêter incognito dans le milieu homophile.
VF→LS VO→14,95$ **18 ans +**

**CRUISING BAR** ▷5
QUÉ. 1989. Comédie satirique de Robert MÉNARD avec Michel Côté, Louise Marleau et Geneviève Rioux. - Quatre hommes se préparent de façons diverses à la chasse aux conquêtes d'un soir dans les bars en fin de semaine.
VO→LS **13 ans +**

**CRUMB** ▷3
É.-U. 1994. Documentaire de Terry ZWIGOFF. - Portrait de Robert Crumb, un des chefs de file de la bande dessinée underground aux États-Unis. - Document exceptionnel tourné sur une période de dix ans. Franchise et impudeur des propos recueillis. Témoignages révélateurs. Montage dynamique.
VO→13,95$ **13 ans +**

**CRUSADES, THE** ▷5
É.-U. 1935. Drame historique de Cecil B. DeMILLE avec Henry Wilcoxon, Loretta Young et Ian Keith. - La rivalité de Richard Cœur de Lion et de Philippe-Auguste au cours de la troisième croisade.
VO→14,95$ **Général**

**CRUSH** ▷4
N.-Z. 1992. Drame psychologique d'Alison MACLEAN avec Marcia Gay Harden, Donogh Rees et Caitlin Bossley. - Négligeant une amie qu'elle a pourtant rendue paralytique, une femme va s'imposer dans la vie d'un romancier père d'une adolescente.
VO→19,95$ **13 ans +**

**CRUSOE** ▷4
ANG. 1988. Aventures de Caleb DESCHANEL avec Aidan Quinn, Adé Sapara et Hepburn Graham. - À force d'ingéniosité, un naufragé réussit à survivre dans une île déserte.
VO→LS **Général**

**CRY DANGER** ▷5
É.-U. 1950. Drame policier de Robert PARRISH avec Dick Powell, Rhonda Fleming et Richard Erdman. - Injustement condamné pour vol, un homme tente à sa sortie de prison de découvrir le vrai coupable.
VO→LS **Général**

**CRY FREEDOM** ▷3
ANG. 1987. Drame social de Richard ATTENBOROUGH avec Kevin Kline, Denzel Washington et Penelope Wilton. - Le directeur d'un quotidien libéral d'Afrique du Sud se lie d'amitié avec un leader noir, ce qui lui vaut d'être surveillé par les autorités. - Scénario inspiré de faits réels. Alternance de scènes intimistes et de mouvements de foules.
VF→11,95$ **Général**

**CRY IN THE DARK, A** ▷3
AUS. 1988. Drame social de Fred SCHEPISI avec Meryl Streep, Sam Neill et Charles Tingwell. - Une mère qui soutient que son bébé a été enlevé par un chien sauvage est accusée d'infanticide. - Intrigue inspirée d'un incident réel. Traitement critique. Observations sociologiques pertinentes. Composition remarquable de M. Streep.
VF→11,95$ LBX-DVD→22,95$ **Général**

**CRY IN THE NIGHT, A** ▷5
CAN. 1991. Drame policier de Robin SPRY avec Carol Higgins Clark, Perry King et Annie Girardot. - Une jeune mariée est témoin d'événements inquiétants après avoir emménagé dans la ferme isolée de son époux.
VO→18,95$ **Général**

**CRY OF THE BANSHEE** ▷6
ANG. 1970. Drame d'horreur de Gordon HESSLER avec Vincent Price, Essy Persson et Patrick Mower. - Au XVIIe siècle, une sorcière lance une malédiction contre la famille d'un cruel magistrat anglais.
VO→11,95$ **13 ans +**

**CRY OF THE WILD** ▷4
CAN. 1974. Documentaire de Bill MASON. - Les expériences d'un naturaliste qui étudie les mœurs des loups.
VF→LS **Général**

**CRY UNCLE!** ▷5
É.-U. 1971. Comédie policière de John G. AVILDSEN avec Allen Garfield, Madeleine Le Roux et Devin Goldenberg. - Un millionnaire soupçonné de meurtre engage un détective privé pour retracer un maître-chanteur.
VO→LS **18 ans +**

**CRY VENGEANCE** ▷5
É.-U. 1954. Drame policier réalisé et interprété par Mark STEVENS avec Martha Hyer et Joan Vohs. - À sa sortie de prison, un ancien policier condamné à tort cherche à se venger.
VO→LS **Général**

**CRY, THE BELOVED COUNTRY** ▷4
É.-U. 1995. Drame de Darrell James ROODT avec James Earl Jones, Richard Harris et Vusi Kunene. - En 1946 en Afrique du Sud, un pasteur zoulou, dont le fils a tué un Blanc, fraternise avec le père de la victime.
VF→14,95$ VO→14,95$ **Général**

**CRY-BABY** ▷5
É.-U. 1990. Comédie musicale de John WATERS avec Johnny Depp, Amy Locane et Polly Bergen. - S'étant éprise d'un voyou au cœur tendre, une adolescente de bonne famille lui vient en aide lorsqu'il est condamné à la prison.
VF→LS VO→11,95$ **13 ans +**

**CRYING GAME, THE** ▷3
ANG. 1992. Drame de mœurs de Neil JORDAN avec Stephen Rea, Jaye Davidson et Miranda Richardson. - Après avoir participé à l'enlèvement d'un soldat britannique, un membre de l'IRA se réfugie à Londres où il s'éprend de la copine de celui-ci. - Histoire à la fois émouvante et surprenante. Éléments psychologiques subtils. Mise en scène minutieuse. Interprétation excellente.
VO→12,95$ VF→14,95$ LBX-DVD→31,95$ **16 ans +**

**CUBA** ▷5
É.-U. 1979. Drame de Richard LESTER avec Sean Connery, Brooke Adams et Chris Sarandon. - En 1959, un officier anglais venu à Cuba pour servir de conseiller militaire retrouve une ancienne maîtresse.
VO→14,95$ **Général**

**CUBE** ▷4
CAN. 1997. Science-fiction de Vincenzo NATALI avec Maurice Dean Wint, Nicole deBoer et Nicky Guadagni. - Six étrangers se réveillent dans une étrange prison formée de pièces cubiques communicantes, dont certaines sont munies de pièges mortels.
VO→19,95$ VF→19,95$ LBX-DVD→27,95$ **16 ans +**

**CUIRASSÉ EN PÉRIL**
Voir: UNDER SIEGE

**CUIRASSÉ POTEMKINE, LE** ►1
RUS. 1925. Drame social de Sergei EISENSTEIN avec Aleksander Antonov, Grigori Alexandrov et Vladimir Barsky. - Une révolte éclate à bord d'un cuirassé et s'étend bientôt à la ville d'Odessa. - Film important dans l'histoire du cinéma. Lyrisme épique. Montage vigoureux et expressif. Ensemble parfaitement maîtrisé.
ITA→LS ITA-DVD→46,95$ **Général**

**CUISINE AU BEURRE, LA** ▷6
FR. 1963. Comédie de Gilles GRANGIER avec Fernandel, Bourvil et Claire Maurier. - Au retour de la guerre, un homme trouve sa femme remariée et son petit commerce transformé.
VO→LS **13 ans +**

**CUISINE ROUGE, LA** ▷5
QUÉ. 1979. Comédie dramatique de Paule BAILLARGEON et Frédérique COLLIN avec Michèle Mercure, Han Masson et Raymond Cloutier. - Après son mariage avec un jeune musicien, une danseuse revient au bar «topless» où elle travaille à la réception.
VO→26,95$ **13 ans +**

**CUISINIER, LE VOLEUR, SA FEMME ET SON AMANT, LE**
Voir: THE COOK, THE THIEF, HIS WIFE AND HER LOVER

**CUIVRES ET CHARBON**
Voir: BRASSED OFF

**CUJO** ▷4
É.-U. 1983. Drame d'horreur de Lewis TEAGUE avec Dee Wallace, Danny Pintauro et Daniel Hugh-Kelly. - Mordu par une chauve-souris, un saint-bernard est atteint de la rage et est pris d'une frénésie meurtrière.
VO→13,95$ **13 ans +**

**CUL PAR-DESSUS TÊTE**
Voir: FALLING OVER BACKWARDS

**CULT OF THE COBRA** ▷5
É.-U. 1955. Drame d'horreur de Francis D. LYON avec Faith Domergue, Richard Lang et Marshall Thompson. - Des Américains qui ont troublé le culte d'une secte hindoue meurent dans des conditions étranges.
VO→11,95$ **Général**

**CULT OF THE DEAD (SNAKE PEOPLE)** ▷7
MEX. 1968. Drame d'horreur de Juan IBANEZ avec Juliassa, Charles East et Boris Karloff. - Un policier enquête sur le cas d'une riche jeune fille qui a été kidnappée par des adorateurs du démon.
VO→LS **Général**

**CUP FINAL** ▷0
POR. 1992, Era RIKLIS
STA→LS **Général**

**CUP, THE** ▷4
BHOU.-AUS. 1999. Comédie de mœurs de Khyentse NORBU avec Jamyang Lodro, Orgyen Tobgyal et Neten Chokling. - En 1998, dans un monastère tibétain en Inde, un jeune étudiant est bien décidé à ne pas rater la télédiffusion du match final de la coupe du monde.
VF→19,95$ STA→19,95$

**CURDLED** ▷5
É.-U. 1996. Comédie policière de Reb BRADDOCK avec Angela Jones, William Baldwin et Bruce Ramsay. - Fascinée par les crimes violents, une jeune femme gagne sa vie en nettoyant des lieux où se sont déroulés des meurtres.
VO→14,95$ VF→18,95$ **13 ans + Violence**

**CURÉE, LA** ▷5
FR. 1966. Drame psychologique de Roger VADIM avec Jane Fonda, Michel Piccoli et Peter McEnery. - La jeune femme d'un industriel s'éprend de son beau-fils.
VO→LS **18 ans +**

**CURIOUS DR. HUMPP, THE** ▷0
ARG. 1967, Emilio VIEYRA
VA→LS **16 ans + Érotisme**

**CURLY SUE** ▷5
É.-U. 1991. Comédie de John HUGHES avec James Belushi, Alisan Porter et Kelly Lynch. - Un clochard et sa fillette adoptive se gagnent l'affection d'une riche avocate en séjournant chez elle à la suite d'un accident de la circulation.
VF→11,95$ **Général**

**CURLY TOP** ▷5
É.-U. 1935. Comédie musicale de Irving CUMMINGS avec Shirley Temple, Rochelle Hudson et John Boles. - Deux orphelines sont protégées par un bienfaiteur dont elles ignorent l'identité.
VO→15,95$ **Général**

**CURSE OF FRANKENSTEIN, THE** ▷4
ANG. 1957. Drame d'horreur de Terence FISHER avec Peter Cushing, Christopher Lee et Hazel Court. - Un savant crée un monstre meurtrier.
VO→14,95$ **Non classé**

**CURSE OF KING TUT'S TOMB, THE** ▷4
ANG. 1980. Aventures de Philip LEACOCK avec Eva Marie Saint, Robin Ellis et Angharad Rees. - Les circonstances entourant la découverte du tombeau d'un pharaon égyptien.
VO→14,95$ **Général**

**CURSE OF THE BLACK WIDOW, THE** ▷5
É.-U. 1977. Drame social de Dan CURTIS avec Anthony Franciosa, Donna Mills et Patty Duke Astin. - Des meurtres mystérieux sont le fait d'une femme qui se transforme en araignée géante.
VO→14,95$ **Général - Déconseillé aux jeunes enfants**

**CURSE OF THE CAT PEOPLE, THE** ▷3
É.-U. 1944. Drame psychologique de Robert WISE et Gunther VON FRISTCH avec Ann Carter, Kent Smith et Jane Randolph. - Une petite fille s'invente un monde imaginaire. - Valeur psychologique certaine. Touches de poésie fantastique. Mise en scène habile. Interprétation dans la note voulue.
VO→LS Général

**CURSE OF THE DEMON** ▷4
ANG. 1957. Drame d'horreur de Jacques TOURNEUR avec Dana Andrews, Peggy Cummins et Nial McGinnis. - Passé maître dans les sciences occultes, un mage jette un sort à un professeur qui menace de dénoncer ses activités.
VO→LS Non classé

**CURSE OF THE PINK PANTHER** ▷5
É.-U. 1983. Comédie policière de Blake EDWARDS avec Ted Wass, Herbert Lom et Robert Loggia. - Un détective candide est chargé d'enquêter sur la disparition de l'inspecteur Clouseau.
VO→LS Général

**CURSE OF THE STARVING CLASS, THE** ▷5
É.-U. 1994. Drame psychologique de Michael McCLARY avec James Woods, Kathy Bates et Henry Thomas. - Les tourments d'une famille de fermiers pauvres qui essaie tant bien que mal de survivre.
VF→18,95$ VO→PC Général - Déconseillé aux jeunes enfants

**CURSE OF THE UNDEAD** ▷6
É.-U. 1959. Drame d'horreur d'Edward DEIN avec Eric Fleming, Michael Pate et Kathleen Crowley. - Un vampire sème la terreur dans une petite ville de la frontière mexicaine.
VO→14,95$ Général

**CURSE OF THE WEREWOLF, THE** ▷5
ANG. 1961. Drame d'horreur de Terence FISHER avec Clifford Evans, Oliver Reed et Yvonne Romain. - Un jeune homme se mue en loup-garou et devient meurtrier.
VO→14,95$ 13 ans +

**CURSED** ▷7
CAN. 1990. Drame d'horreur de Mychel Arsenault avec Ron Lea, Catherine Colvey et Tom Rack. - Un chercheur en biologie tente de percer le mystère d'une étrange épidémie dont les victimes meurent liquéfiées.
VO→LS 13 ans +

**CURTIS'S CHARM** ▷4
CAN. 1995. Drame psychologique de John L'ÉCUYER avec Maurice Dean Wint, Callum Keith Rennie et Rachael Crawford. - Un ancien héroïnomane tente d'aider un compagnon qui est en proie à un délire paranoïaque.
VO→PC 13 ans + Langage vulgaire

**CUSTER OF THE WEST** ▷4
É.-U. 1967. Western de Robert SIODMAK avec Robert Shaw, Mary Ure et Jeffrey Hunter. - La carrière du général Custer et sa guerre contre les Indiens.
VO→12,95$ Général

**CUSTER, L'HOMME DE L'OUEST**
Voir: CUSTER OF THE WEST

**CUTTER'S WAY** ▷4
É.-U. 1981. Drame d'Ivan PASSER avec John Heard, Jeff Bridges et Lisa Eichhorn. - Un mutilé de guerre croit prendre une revanche sur la vie en démasquant un industriel coupable de meurtre.
VO→19,95$ 13 ans +

**CUTTHROAT ISLAND** ▷5
É.-U. 1995. Aventures de Renny HARLIN avec Geena Davis, Matthew Modine et Frank Langella. - La fille d'un pirate notoire part à la recherche du trésor de son père.
VF→14,95$ LBX-DVD→PC Général

**CYCLIST, THE** ▷0
IRA1989, Mohsen MAKHMALBAF
STA→PC Général

**CYCLO** ▷4
FR. 1995. Drame de mœurs de Tran Anh HUNG avec Le Van Loc, Tony Leung-Chiu Wai et Tran Nu Yen Khe. - Dans une grande ville du Viêt-nam, un adolescent démuni se joint à un gang de malfaiteurs.
VF→18,95$ STA→18,95$ 16 ans + Violence

**CYRANO DE BERGERAC** ▷3
É.-U. 1950. Drame de Michael GORDON avec Jose Ferrer, Mala Powers et William Prince. - Convaincu de sa laideur, un soldat poète n'ose avouer son amour à une cousine qui s'est entichée d'un de ses camarades. - Adaptation intelligente de la pièce de Rostand. Traitement soigné. Mise en scène vivante. Jeu remarquable de J. Ferrer.
VO→19,95$ Général

**CYRANO DE BERGERAC** ►2
FR. 1990. Comédie dramatique de Jean-Paul RAPPENEAU avec Gérard Depardieu, Anne Brochet et Jacques Weber. - Un soldat poète, qui est enlaidi par un nez proéminent, aide un jeune noble à conquérir le cœur de sa cousine dont il est lui-même secrètement amoureux. - Illustration somptueuse de la pièce de E. Rostand. Traitement à la fois ample, fougueux et romantique. Rythme sans faille. Interprétation forte de G. Depardieu.
STA→17,95$ VO→12,95$ DVD→36,95$ Général

**CYRANO DE BERGERAC** ▷0
FR. 1925, Augusto GENINA
ITA→41,95$

**D.A.R.Y.L.** ▷4
É.-U. 1985. Science-fiction de Simon WINCER avec Barret Oliver, Josef Sommer et Mary Beth Hurt. - Un enfant amnésique, recueilli par un jeune couple, se révèle être un androïde mis au point par le Pentagone.
VF→LS **Général**

**D-DAY THE 6th OF JUNE** ▷5
É.-U. 1956. Drame de guerre de Henry KOSTER avec Robert Taylor, Dana Wynter et Edmond O'Brien. - Alors que se prépare le débarquement en Europe, deux officiers sont épris de la même jeune fille.
VO→16,95$ **Non classé**

**D.I., THE** ▷5
É.-U. 1956. Comédie dramatique réalisée et interprétée par Jack WEBB avec Don Dubbins et Jackie Lougherty. - Un officier rude et impitoyable réussit à transformer un cadet complexé en un valeureux soldat.
VO→PC **Non classé**

**D.O.A.** ▷5
É.-U. 1988. Drame policier de Rocky MORTON et Annabel JANKEL avec Dennis Quaid, Meg Ryan et Daniel Stern. - Ayant découvert qu'à la suite d'un empoisonnement il ne lui reste plus qu'un jour à vivre, un professeur de littérature se met à la recherche de son assassin.
VF→LS VO→LS **13 ans +**

**D.O.A.** ▷5
É.-U. 1950. Drame policier de Rudolph MATÉ avec Edmond O'Brien, Pamela Britton et Luther Adler. - Un homme empoisonné emploie le temps qu'il lui reste à vivre à dépister ses assassins.
VO→29,95$ DVD→PM **Général**

**D2: THE MIGHTY DUCKS** ▷6
É.-U. 1994. Comédie de Sam WEISMAN avec Emilio Estevez, Michael Tucker et Jan Rubes. - Une équipe de jeunes hockeyeurs américains participe à un tournoi international à Los Angeles.
VF→LS VO→LS **Général**

**D3:THE MIGHTY DUCKS** ▷6
É.-U. 1996. Comédie de Robert Lieberman avec Joshua Jackson, Jeffrey Nordling et Heidi Kling. - Des joueurs de hockey sont méprisés par des élèves plus âgés qui forment l'équipe championne de leur nouvelle école.
VF→LS **Général**

**DA** ▷3
É.-U. 1988. Drame psychologique de Matt CLARK avec Barnard Hughes, Martin Sheen et Karl Hayden. - De retour en Irlande pour les funérailles de son père adoptif, un dramaturge revit en pensée diverses expériences douloureuses de ses jeunes années. - Adaptation intelligemment modifiée et aérée d'une pièce à succès. Environnement pittoresque fort approprié.
VO→LS **Général**

**DAD** ▷5
É.-U. 1989. Drame psychologique de Gary David GOLDBERG avec Jack Lemmon, Ted Danson et Olympia Dukakis. - Pendant que sa femme est à l'hôpital, un septuagénaire désemparé se fait aider par son fils qui lui redonne goût à la vie.
VF→11,95$ VO→19,95$ **Général**

**DADDY LONG LEGS** ▷4
É.-U. 1954. Comédie musicale de Jean NEGULESCO avec Fred Astaire, Leslie Caron et Terry Moore. - Un millionnaire américain s'éprend d'une jeune orpheline qu'il a fait instruire.
VO→24,95$ **Non classé**

**DADDY NOSTALGIE** ▷3
FR. 1990. Drame psychologique de Bertrand TAVERNIER avec Jane Birkin, Dirk Bogarde et Odette Laure. - Une jeune femme tente de se rapprocher de son père atteint d'une maladie mortelle. - Scénario intimiste. Suite de moments significatifs. Mise en scène attentive. Interprétation intelligente et subtile.
STF→LS STA→LS **Général**

**DADDY'S GONE A-HUNTING** ▷4
É.-U. 1969. Drame de Mark ROBSON avec Scott Hylands, Carol White et Paul Burke. - Un photographe déséquilibré poursuit de sa haine une jeune Anglaise qui, devenue enceinte à la suite de leur liaison, s'est fait avorter.
VO→LS **18 ans +**

**DADDY-O** ▷6
É.-U. 1959. Drame policier de Lou PLACE avec Dick Contino, Sandra Giles et Bruno VeSota. - Un chauffeur de camion enquête avec son amie sur la mort d'un camarade.
VO→LS **Général**

**DAENS** ▷3
BEL. 1992. Drame social de Stijn CONINX avec Jan Decleir, Gérard Desarthe et Antje De Boeck. - À la fin du XIXe siècle, un prêtre belge aux idées libérales décide de fonder un parti politique afin de lutter contre les injustices sociales. - Sujet traité avec une pointe d'ironie. Belle reconstitution historique. Souci permanent du détail. Composition remarquable de J. Decleir.
STA→19,95$ VF→19,95$ **13 ans +**

**DAHLIA BLEU, LE**
Voir: THE BLUE DAHLIA

**DAIMAJIN** ▷0
JAP. 1966, Yoshiyuki KURODA et Kimiyoshi YASUDA
STA-LBX→24,95$ **Général - Déconseillé aux jeunes enfants**

**DAISY CLOVER, LA JEUNE REBELLE**
Voir: INSIDE DAISY CLOVER

**DAISY ET MONA** ▷4
FR. 1994. Drame de mœurs de Claude D'ANNA avec Marina Golovine, Dyna Gauzy et Lilah Dadi. - À contrecœur, une jeune mère rebelle doit s'occuper de sa fillette de sept ans qu'elle a abandonnée à sa naissance.
VO→19,95$ **Général**

**DAISY MILLER** ▷4
É.-U. 1974. Comédie dramatique de Peter BOGDANOVICH avec Cybill Shepherd, Barry Brown et Cloris Leachman. - Un jeune Américain vivant en Europe s'éprend d'une compatriote en voyage touristique.
VO→13,95$ **Général**

**DAISY TOWN** ▷4
FR. 1971. Dessins animés d'Eddie LATESTE. - Un habile tireur se voit confier le poste de shérif pour défendre un village envahi par des bandits.
VO→19,95$ **Général**

**DALEKS - INVASION EARTH 2150 A.D.** ▷5
ANG. 1966. Science-fiction de Gordon FLEMYNG avec Peter Cushing, Bernard Cribbins et Roberta Tovey. - Transporté dans le futur par une machine de son invention, un savant entre en lutte avec des extraterrestres.
VO→LS Général

**DALLAS** ▷5
É.-U. 1950. Western de Stuart HEISLER avec Gary Cooper, Ruth Roman et Steve Cochran. - Un ancien officier sudiste devenu hors-la-loi recherche au Texas les assassins de ses proches.
VO→14,95$ Général

**DALLAS, VILLE-FRONTIÈRE**
Voir: DALLAS

**DALTON EN CAVALE, LES** ▷5
FR. 1983. Dessins animés de MORRIS, William HANNA et Joseph BARBERA. - Le cow-boy Lucky Luke poursuit les frères Dalton qui se sont évadés du pénitencier et tentent de trouver refuge au Canada.
VO→19,95$ Général

**DAMAGE** ▷4
ANG. 1992. Drame de mœurs de Louis MALLE avec Jeremy Irons, Juliette Binoche et Miranda Richardson. - Un politicien bien en vue et respecté s'engage dans une liaison adultère avec la fiancée de son propre fils.
VO→19,95$ VF→19,95$ LBX-DVD→27,95$ 16 ans +

**DAME AU PETIT CHIEN, LA** ▷3
RUS. 1959. Drame psychologique de Josef HEIFITZ avec Ya Savvina, Alexis Batalov et Nina Alisova. - La liaison adultère entre un homme d'affaires moscovite et une épouse solitaire. - Transposition réussie du climat sensible de la nouvelle de Tchekhov. Évocation nostalgique. Analyse psychologique délicate. Rythme lent. Pudeur de l'interprétation.
STA→LS Général

**DAME BROWN**
Voir: MRS. BROWN

**DAME DE CŒUR**
Voir: QUEEN OF HEARTS

**DAME DE SHANGHAI, LA**
Voir: THE LADY FROM SHANGHAI

**DAME DE TOUT LE MONDE, LA** ▷0
ITA. 1934, Max OPHÜLS
STA→32,95$ Général

**DAME EN COULEURS, LA** ▷4
QUÉ. 1984. Drame psychologique de Claude JUTRA avec Charlotte Laurier, Gilles Renaud et Paule Baillargeon. - Des orphelins élevés dans un hôpital psychiatrique se créent un monde à part dans les sous-sols de l'institution.
VO→LS Général

**DAMES DU BOIS DE BOULOGNE, LES** ▷3
FR. 1944. Drame psychologique de Robert BRESSON avec Maria Casarès, Elina Labourdette et Paul Bernard. - Délaissée par son amant, une jeune veuve lui présente une tierce personne pour se venger. - Adaptation moderne d'un épisode d'un roman de Diderot. Dialogues écrits par Jean Cocteau. Dépouillement et sobriété de la mise en scène. Analyse psychologique profonde.
STA→39,95$ Général

**DAMES GALANTES** ▷4
FR. 1990. Comédie de mœurs de Jean-Charles TACCHELLA avec Richard Bohringer, Isabella Rossellini et Marianne Basler. - Les tribulations d'un chevalier qui s'emploie à séduire les dames de la cour du roi Henri III.
VO→LS 13 ans +

**DAMIEN**
Voir: THE OMEN

**DAMIEN - OMEN II** ▷5
É.-U. 1978. Drame fantastique de Don TAYLOR avec William Holden, Lee Grant et Jonathan Scott-Taylor. - Un jeune garçon apprend le secret de sa naissance mystérieuse qui fait de lui le fils du démon.
VO→11,95$ 13 ans +

**DAMN THE DEFIANT!** ▷4
ANG. 1962. Drame de Lewis GILBERT avec Alec Guinness, Dirk Bogarde et Anthony Quayle. - En 1797, un marin sadique rend la vie impossible à l'équipage de son bateau.
VO→14,95$ Non classé

**DAMN YANKEES** ▷4
É.-U. 1958. Comédie musicale de Stanley DONEN et George ABBOTT avec Tab Hunter, Gwen Verdon et Ray Walston. - Un adepte du baseball vend son âme au diable pour devenir le meilleur frappeur de son club favori.
VO→LS Non classé

**DAMNED, THE**
Voir: LES DAMNÉS

**DAMNÉS, LES** ►2
ITA.-ALL. 1969. Drame social de Luchino VISCONTI avec Helmut Berger, Ingrid Thulin et Dirk Bogarde. - Le destin tragique d'une famille d'industriels allemands à l'avènement d'Hitler. - Fresque impressionnante d'une époque. Intrigue complexe. Portrait critique d'une société décadente. Interprètes remarquablement dirigés.
VA→PC 13 ans +

**DAMSEL IN DISTRESS, A** ▷4
É.-U. 1937. Comédie musicale de George STEVENS avec Fred Astaire, Joan Fontaine et Gracie Allen. - Un danseur américain de passage à Londres fait la conquête d'une riche héritière.
VO→19,95$ Général

**DANCE ME OUTSIDE** ▷4
CAN. 1994. Drame de mœurs de Bruce McDONALD avec Ryan Rajendra Black, Adam Beach et Jennifer Podemski. - De jeunes Amérindiens veulent se venger d'un Blanc qui a passé un an seulement en prison après avoir tué une jeune fille de leur tribu.
VF→LS VO→14,95$ Général

**DANCE OF DEATH (HOUSE OF EVIL)** ▷7
MEX. 1971. Drame d'horreur de Juan IBANEZ et Jack HILL avec Boris Karloff et Andres Garcia. - Au cours d'une soirée où un homme étrange a réuni sa famille, des phénomènes bizarres surviennent sans explication.
VO→LS Non classé

**DANCE WITH A STRANGER** ▷4
ANG. 1984. Drame social de Mike NEWELL avec Miranda Richardson, Rupert Everett et Ian Holm. - Une femme tue son amant à la suite de nombreuses déceptions.
VO→14,95$ 13 ans +

**DANCE WITH ME HENRY** ▷5
É.-U. 1956. Comédie de Charles BARTON avec Bud Abbott, Lou Costello et Gigi Perreau. - Le propriétaire d'un parc d'attractions est le protecteur d'un joueur invétéré qui lui cause bien des ennuis.
VO→19,95$ Général

**DANCE, FOOLS, DANCE** ▷5
É.-U. 1931. Drame policier de Harry BEAUMONT avec Joan Crawford, Lester Vail et Clark Gable. - Une journaliste démasque les activités de gangsters avec lesquels son frère s'est compromis.
VO→LS Non classé

**DANCER IN THE DARK** ►2
DAN. 2000. Drame musical de Lars VON TRIER avec Björk, Catherine Deneuve et David Morse. - Une ouvrière presque aveugle qui trime dur pour payer une opération à son fils se fait voler toutes ses économies. - Mélo aux idées dramatiques puissantes. Juxtaposition surprenante de misérabilisme et de fantaisie musicale. Réalisation expressive. Composition déchirante de Björk.
VF→LS VO→LS 13 ans +

**DANCERS** ▷4
É.-U. 1987. Drame musical de Herbert ROSS avec Mikhail Baryshnikov, Alessandra Ferri et Julie Kent. - Le danseur vedette d'un ballet filmé multiplie les aventures amoureuses et provoque par sa frivolité la fugue d'une jeune ballerine.
VF→LS Général

**DANCES WITH WOLVES** ▷3
É.-U. 1990. Western réalisé et interprété par Kevin COSTNER avec Graham Greene et Mary McDonnell. - En 1863, un soldat s'installe en solitaire dans un territoire sioux et se lie progressivement d'amitié avec les Amérindiens. - Œuvre empreinte de noblesse et d'humanisme romantique. Réalisation ample et lyrique. Très bons interprètes.
VO→14,95$ VF→14,95$ LBX-DVD→44,95$ 13 ans +

**DANCING AT LUGHNASA** ▷5
IRL.-ANG.-É.-U. 1998. Drame de mœurs de Pat O'CONNOR avec Meryl Streep, Brid Brennan et Michael Gambon. - En 1936, dans une ferme irlandaise, cinq sœurs célibataires accueillent leur frère prêtre revenu d'Afrique et le père illégitime du fils de l'une d'entre elles.
VF→LS VO→13,95$ Général

**DANCING IN THE DARK** ▷3
CAN. 1986. Drame psychologique de Leon MARR avec Martha Henry, Neil Munro et Rosemary Dunsmore. - Soignée dans un hôpital psychiatrique, une femme revoit les circonstances de sa vie conjugale. - Réalisation d'un style épuré. Rythme lent, quasi onirique.
VO→LS Général

**DANCING MACHINE** ▷5
FR. 1990. Drame policier de Gilles BÉHAT avec Alain Delon, Claude Brasseur et Patrick Dupond. - Un inspecteur enquête sur les activités d'un professeur de danse qu'il soupçonne d'être un assassin.
VO→LS 13 ans +

**DANDELIONS** ▷0
HOL. 1979. Adrian HOVEN
VA→LS 18 ans +

**DANDIN** ▷4
FR. 1987. Comédie de mœurs de Roger PLANCHON avec Claude Brasseur, Zabou et Daniel Gélin. - En voulant faire constater l'infidélité de sa jeune épouse, un paysan enrichi se met constamment dans l'embarras.
VO→19,95$ Général

**DANGER IMMÉDIAT**
Voir: CLEAR AND PRESENT DANGER

**DANGER PLEINE LUNE** ▷4
TCH. 1992. Conte de Bretislav POJAR avec Ludek Navratil, Katka Pokorna et Katerina Machackova. - Un enfant solitaire se voit offrir par son père un cocon qui se transforme en gentille petite nymphe ailée dotée de la parole.
VF→LS Général

**DANGER PUBLIC**
Voir: PURE LUCK

**DANGER, PLANÈTE INCONNUE**
Voir: JOURNEY TO THE FAR SIDE OF THE SUN

**DANGER: DIABOLIK!** ▷5
ITA. 1967. Drame policier de Mario BAVA avec John Philip Law, Marisa Mell et Michel Piccoli. - Un inspecteur et un chef de gang tentent chacun de son côté de mettre la main sur un mystérieux criminel.
VA→11,95$ Général

**DANGEREUSE DÉCOUVERTE**
Voir: FLASHPOINT

**DANGEREUSE SOUS TOUS RAPPORTS**
Voir: SOMETHING WILD

**DANGEREUSEMENT VÔTRE**
Voir: A VIEW TO A KILL

**DANGEROUS** ▷5
É.-U. 1935. Drame de Alfred E. GREEN avec Bette Davis, Franchot Tone et Margaret Lindsay. - Un architecte s'éprend d'une actrice déchue.
VO→LS Non classé

**DANGEROUS BEAUTY** ▷5
É.-U. 1997. Mélodrame de Marshall HERSKOVITZ avec Catherine McCormack, Rufus Sewell et Jacqueline Bisset. - À Venise, au XVIe siècle, un noble est épris d'une courtisane fort populaire.
VF→14,95$ 13 ans + Érotisme

**DANGEROUS GAME** ▷4
É.-U. 1993. Drame psychologique d'Abel FERRARA avec Harvey Keitel, Madonna et James Russo. - Un cinéaste aux mœurs dissolues tourne un film portant sur la désagrégation d'un couple dont le scénario miroite sa propre vie.
VF→LS VO→LS 16 ans + Langage vulgaire

**DANGEROUS LIAISONS** ►2
É.-U. 1988. Drame de mœurs de Stephen FREARS avec Glenn Close, John Malkovich et Michelle Pfeiffer. - Dans la France libertine du XVIIIe siècle, une marquise et un vicomte s'emploient à séduire des jeunes gens vertueux, ce qui entraîne des conséquences tragiques. - Exploration caustique et sensible de la passion humaine et de la politique des sexes. Scénario habilement construit. Mise en scène brillante. Interprétation magistrale.
VF→11,95$ VO→11,95$ LBX DVD→21,95$ 13 ans +

**DANGEROUS MAN: LAWRENCE AFTER ARABIA, A** ▷4
É.-U. 1992. Drame historique de Christopher MENAUL avec Ralph Fiennes, Siddig el Fadil et Denis Quilley. - En 1919, un officier britannique qui a contribué à une révolte des Arabes s'en va défendre la cause de ceux-ci lors d'une conférence de paix à Paris.
VO→PC Général

**DANGEROUS MINDS** ▷5
É.-U. 1995. Drame social de John N. SMITH avec Michelle Pfeiffer, George Dzundza et Wade Dominguez. - Une ancienne militaire enseigne l'anglais à des étudiants issus d'un milieu social défavorisé.
VF→15,95$ Général

**DANGEROUS MOONLIGHT** ▷4
ANG. 1942. Drame de guerre de Brian Desmond HURST avec Anton Wallbrook, Sally Gray et Derrick de Marney. - Un musicien polonais servant comme pilote pendant la guerre devient amnésique à la suite d'une blessure.
VO→LS Non classé

**DANGEROUS WHEN WET** ▷4
É.-U. 1952. Comédie musicale de Charles WALTERS avec Esther Williams, Fernando Lamas et Jack Carson. - Tous les membres d'une famille de fermiers s'entraînent pour participer à un concours de natation.
VO→14,95$ Général

**DANGEROUS WOMAN, A** ▷5
É.-U. 1993. Mélodrame de Stephen GYLLENHAAL avec Debra Winger, Barbara Hershey et Gabriel Byrne. - Après s'être éprise d'un vagabond qui la trompe avec sa tante, une jeune femme perturbée se venge en tuant un collègue de travail.
VF→14,95$ VO→14,95$ 13 ans +

**DANS LA PEAU DE JOHN MALKOVICH**
Voir: BEING JOHN MALKOVICH

**DANS LA POUSSIÈRE DU SOLEIL** ▷6
FR. 1971. Western de Richard BALDUCCI avec Maria Schell, Daniel Beretta et Bob Cunningham. - Convaincu que son oncle est le meurtrier de son père, un jeune homme tarde pourtant à exécuter sa vengeance.
VO→LS 13 ans +

**DANS LA SOIRÉE** ▷4
ITA. 1990. Drame psychologique de Francesca ARCHIBUGI avec Marcello Mastroianni, Sandrine Bonnaire et Lara Pranzoni. - Après la séparation de ses parents, une fillette s'en va vivre momentanément chez son grand-père, un retraité rangé.
VF→18,95$ **Général**

**DANS LA SOURICIÈRE**
Voir: THE TRAP

**DANS LE VENTRE DU DRAGON** ▷4
QUÉ. 1989. Science-fiction de Yves SIMONEAU avec Rémy Girard, David Lahaye et Marie Tifo. - Deux distributeurs de circulaires vont au secours d'un jeune collègue qui s'est soumis imprudemment à des expériences médicales.
VO→LS **Général**

**DANSE À CONTRE-JOUR**
Voir: DANCING IN THE DARK

**DANSE LASCIVE**
Voir: DIRTY DANCING

**DANSE MORTELLE**
Voir: SLAM DANCE

**DANSEURS, LES**
Voir: DANCERS

**DANTE'S INFERNO** ▷0
ANG. 1968, Ken RUSSELL
VO→LS **Général**

**DANTE'S PEAK** ▷5
É.-U. 1997. Drame de Roger DONALDSON avec Pierce Brosnan, Linda Hamilton et Jamie Renee Smith. - Un volcanologue cherche à prévenir une municipalité des dangers d'éruption du volcan qui la domine.
VF→11,95$ **13 ans +**

**DANTON** ►2
FR. 1982. Drame historique d'Andrzej WAJDA avec Gérard Depardieu, Wojciech Pszoniak et Patrice Chéreau. - La rivalité politique entre Danton et Robespierre, lors de la Révolution française. - Entraînante leçon d'histoire. Illustration rude et efficace. Suspense maintenu. Interprétation dynamique de G. Depardieu.
STA-LBX→27,95$ **Général**

**DARBY O'GILL AND THE LITTLE PEOPLE** ▷4
É.-U. 1959. Comédie fantaisiste de Robert STEVENSON avec Albert Sharpe, Janet Munro et Sean Connery. - Grâce à ses relations avec des lutins, un vieil Irlandais assure le bonheur de sa petite-fille.
VF→LS VO→LS **Général**

**DARBY'S RANGERS** ▷5
É.-U. 1957. Drame de guerre de William A. WELLMAN avec James Garner, Jack Warden et Etchika Choureau. - L'entraînement, puis les rudes combats de commandos américains.
VO→14,95$ **Général**

**DARK ANGEL**
Voir: I COME IN PEACE
VO

**DARK ANGEL, THE** ▷4
É.-U. 1935. Drame sentimental de Sidney A. FRANKLIN avec Fredric March, Merle Oberon et Herbert Marshall. - Un militaire laisse partir son ami en mission dangereuse à la suite d'une méprise sur sa conduite.
VO→14,95$ **Général**

**DARK BACKWARD, THE** ▷0
É.-U. 1991, Adam RIFKIN
VF→19,95$ VO→19,95$ **13 ans +**

**DARK CITY** ▷4
É.-U. 1997. Science-fiction d'Alex PROYAS avec Rufus Sewell, William Hurt et Jennifer Connelly. - Un homme amnésique se réveille dans une ville étrange où il est poursuivi par des individus bizarres dotés de pouvoirs paranormaux.
VO→14,95$ VF→14,95$ LBX-DVD→23,95$ **13 ans + Violence**

**DARK COMMAND** ▷4
É.-U. 1940. Western de Raoul WALSH avec John Wayne, Claire Trevor et Walter Pidgeon. - Un instituteur devient chef d'une bande de pillards à l'occasion de la guerre de Sécession.
VO→19,95$ **Général**

**DARK CORNER, THE** ▷4
É.-U. 1945. Drame policier de Henry HATHAWAY avec Lucille Ball, Mark Stevens et Clifton Webb. - Un détective privé mène une enquête dangereuse.
VO→32,95$ **Général**

**DARK CRYSTAL, THE** ▷3
ANG. 1982. Conte de Jim HENSON et Frank OZ. - Un lutin passe par divers dangers pour mener à bonne fin une mission assurant la paix entre deux groupes rivaux. - Intrigue fantastique racontée à l'aide de marionnettes. Réalisation technique fort habile. Mélange de cauchemar et de fantaisie.
VF→LS VO→14,95$ LBX-DVD→29,95$ **Général**

**DARK EYES**
Voir: LES YEUX NOIRS

**DARK HABITS** ▷5
ESP. 1983. Comédie satirique de Pedro ALMODOVAR avec Cristina S. Pascual, Marisa Paredes et Mari Carrillo. - À la suite de la mort suspecte de son compagnon, une chanteuse trouve refuge dans un couvent de religieuses excentriques.
STA→LS **13 ans +**

**DARK HALF, THE** ▷5
É.-U. 1993. Drame fantastique de George A. ROMERO avec Timothy Hutton, Michael Rooker et Julie Harris. - Lorsque des meurtres se produisent dans l'entourage d'un jeune écrivain, celui-ci se persuade qu'ils sont l'œuvre d'un double maléfique.
VF→LS VO→11,95$ **16 ans + Violence**

**DARK JOURNEY** ▷4
ANG. 1937. Drame d'espionnage de Victor SAVILLE avec Vivien Leigh, Conrad Veidt et John Gardner. - Les exploits d'une espionne française à Stockholm en 1918.
VO→18,95$ **Général**

**DARK LULLABIES** ▷0
CAN. 1985, Irene LILLENHEIM ANGELICO et Abbey NEIDIK
VO→LS **Général**

**DARK MIRROR, THE** ▷4
É.-U. 1946. Drame psychologique de Robert SIODMAK avec Olivia de Havilland, Lew Ayres et Thomas Mitchell. - Un psychiatre cherche à découvrir laquelle de deux sœurs jumelles a commis un meurtre.
VO→9,95$ **Général**

**DARK OBSESSION** ▷3
ANG. 1989. Drame psychologique de Nick BROOMFIELD avec Gabriel Byrne, Amanda Donohoe et Douglas Hodge. - Un aristocrate qui a commis un délit de fuite est soupçonné par un ami d'avoir sciemment écrasé une jeune femme qu'il aurait prise pour son épouse. - Étude assez prenante d'un cas de paranoïa. Regard critique sur les mœurs et privilèges de l'aristocratie.
VO→LS **13 ans +**

**DARK OF THE SUN** ▷4
ANG. 1967. Drame de guerre de Jack CARDIFF avec Rod Taylor, Jim Brown et Yvette Mimieux. - Au Congo, en 1960, des mercenaires sont chargés d'aller au secours d'un village menacé par les rebelles.
VO→19,95$ **13 ans +**

**DARK PASSAGE** ▷3
É.-U. 1947. Drame policier de Delmer DAVES avec Humphrey Bogart, Lauren Bacall et Agnes Moorehead. - Pour échapper à la

police, un évadé se fait refaire le visage par un chirurgien. - Construction dramatique solide. Utilisation ingénieuse de la caméra subjective. Forte interprétation.
VO→19,95$ **Général**

**DARK PAST, THE** ▷4
É.-U. 1948. Drame policier de Rudolph MATÉ avec William Holden, Nina Foch et Lee J. Cobb. - Un psychiatre vient à bout d'un criminel qui s'est réfugié chez lui.
VO→19,95$

**DARK SIDE OF LOVE, THE**
Voir: L'AMOUR EN PREMIÈRE CLASSE

**DARK STAR** ▷4
É.-U. 1974. Science-fiction de John CARPENTER avec Brian Narelle, Dan O'Bannon et Andreijah Pahic. - L'équipe d'un vaisseau interplanétaire connaît des difficultés techniques.
VO→29,95$ **Général**

**DARK VICTORY** ▷5
É.-U. 1939. Drame psychologique d'Edmund GOULDING avec Bette Davis, George Brent et Humphrey Bogart. - Une femme qui mène la grande vie découvre qu'elle souffre d'une maladie mortelle.
VO→LS DVD→21,95$ **Général**

**DARKMAN** ▷4
É.-U. 1990. Drame fantastique de Sam RAIMI avec Liam Neeson, Frances McDormand et Colin Friels. - Défiguré à la suite de la destruction de son laboratoire, un scientifique entreprend de se venger en adoptant diverses apparences.
VO→15,95$ VF→15,95$ LBX-DVD→27,95$ **13 ans +**

**DARLING** ▷3
ANG. 1965. Drame psychologique de John SCHLESINGER avec Julie Christie, Dirk Bogarde et Laurence Harvey. - Les amours tumultueuses d'un mannequin vedette. - Coup d'œil critique sur une société désaxée. Peinture fascinante et sévère. Excellente interprétation.
VF→LS VO→19,95$ **Général**

**DAS BOOT**
Voir: LE BATEAU

**DATE WITH JUDY, A** ▷5
É.-U. 1948. Comédie musicale de Richard Thorpe avec Wallace Beery, Jane Powell et Elizabeth Taylor. - Les tribulations amoureuses d'un père et de sa fille.
VO→LS **Général**

**DAUGHTER OF DARKNESS** ▷5
É.-U. 1990. Drame d'horreur de Stuart GORDON avec Mia Sara, Anthony Perkins et Jack Coleman. - Une Américaine qui voyage en Roumanie découvre qu'elle est la fille d'un vampire âgé de deux siècles.
VO→32,95$ **13 ans + Érotisme**

**DAUGHTERS OF DARKNESS** ▷4
BEL. 1971. Drame d'horreur de Harry KUMEL avec Delphine Seyrig, Danielle Ouimet et John Karlen. - Une jeune mariée en voyage de noces tombe sous la coupe d'une femme-vampire.
VA-LBX→14,95$ **18 ans +**

**DAUGHTERS OF THE DUST** ▷4
É.-U. 1991. Drame de mœurs de Julie DASH avec Cora Lee Day, Alva Rodgers, Alisa Anderson. - Vivant dans des îles au large des côtes américaines, des descendants d'esclaves hésitent à s'installer sur le continent pour y chercher du travail.
DVD→PC VO→34,95$ DVD→PC **Général**

**DAVE** ▷4
É.-U. 1993. Comédie satirique d'Ivan REITMAN avec Kevin Kline, Sigourney Weaver et Frank Langella. - Victime d'une crise cardiaque, le président des États Unis est remplacé par un sosie qui finit par se prendre au jeu.
VF→11,95$ VO→11,95$ LBX-DVD→29,95$ **Général**

**DAVID** ▷3
ALL. 1979. Drame de Peter LILIENTHAL avec Mario Fischel, Walter Taub et Eva Mattes. - Le fils d'un rabbin juif doit vivre dans la clandestinité sous le régime nazi. - Transposition d'une expérience vécue. Mosaïque impressionnante d'observations véridiques. Climat bien rendu. Bonne composition de M. Fischel.
STA→41,95$ **Général**

**DAVID AND BATHSHEBA** ▷5
É.-U. 1951. Drame biblique de Henry KING avec Gregory Peck, Susan Hayward et Kieron Moore. - Le roi David s'attire la malédiction divine par un amour adultère.
VO→24,95$ **Général**

**DAVID AND LISA** ▷3
É.-U. 1962. Drame psychologique de Frank PERRY avec Keir Dullea, Janet Margolin et Howard Da Silva. - Placé en institution, un adolescent souffrant de troubles mentaux lie amitié avec une jeune schizophrène. - Sujet traité avec tact. Mise en scène juste et sensible.
VO→LS **Non classé**

**DAVID COPPERFIELD** ▷3
É.-U. 1935. Comédie dramatique de George CUKOR avec Freddie Bartholomew, Frank Lawton et Maureen O'Sullivan. - Après la mort de sa mère, un enfant maltraité par son beau-père s'enfuit auprès d'une vieille tante. - Adaptation soignée du roman de Dickens. Style vivant et distingué. Évocation d'époque pittoresque. Excellents comédiens.
VO→19,95$ **Général**

**DAVID COPPERFIELD** ▷4
É.-U. 1993. Dessins animés de Don ARIOLI. - À Londres, un adolescent qui est obligé à travailler dans l'usine de son beau-père découvre les dures conditions de vie des ouvriers.
VO→18,95$ **Général - Enfants**

**DAVID HOLZMAN'S DIARY** ▷4
É.-U. 1967. Drame de mœurs de Jim McBRIDE avec L.M. Kit Carson, Eileen Dietz et Louise Levine. - Un jeune cinéaste new-yorkais décide de tourner au jour le jour un documentaire sur sa vie.
VO→LS **Général**

**DAVID SEARCHING** ▷0
É.-U. 1997, Leslie L. SMITH
VO→59,95$ **Général**

**DAVY CROCKETT AND THE RIVER PIRATES** ▷5
É.-U. 1956. Aventures de Norman FOSTER avec Fess Parker, Buddy Ebsen et Jeff York. - Un trappeur et son ami descendent le Mississipi et doivent affronter des pirates indésirables.
VF→LS **Général**

**DAVY CROCKETT ET LES PIRATES DE LA RIVIÈRE**
Voir: DAVY CROCKETT AND THE RIVER PIRATES

**DAVY CROCKETT, KING OF THE WILD FRONTIER** ▷5
É.-U. 1955. Aventures de Norman FOSTER avec Fess Parker, Buddy Ebsen et Basil Ruysdael. - Épris de justice et de fraternité humaine, un trappeur du Tennessee défend les droits des Indiens et devient député au Congrès.
VF→LS VO→21,95$ **Général**

**DAVY CROCKETT, LE ROI DES TRAPPEURS**
Voir: DAVY CROCKETT, KING OF THE WILD FRONTIER

**DAWN OF THE DEAD** ▷5
É.-U. 1978. Drame d'horreur de George A. ROMERO avec David Emge, Ken Foree et Scott Reiniger. - Menacées par l'attaque de morts vivants, quatre personnes trouvent refuge dans un centre commercial de banlieue.
VF→LS VO→14,95$ LS→LBX-DVD **18 ans +**

**DAWN PATROL, THE** ▷4
É.-U. 1938. Drame de guerre d'Edmund GOULDING avec Errol Flynn, David Niven et Basil Rathbone. - La vie d'une escadrille anglaise pendant la guerre 1914-1918.
VO→19,95$ **Général**

**DAY AFTER, THE** ▷4
É.-U. 1983. Drame de Nicholas MEYER avec Jason Robards, JoBeth Williams et John Cullum. - Les séquelles d'une attaque nucléaire sur une ville américaine.
VF➔LS VO➔PC 13 ans +

**DAY AT THE RACES, A** ▷4
É.-U. 1937. Comédie burlesque de Sam WOOD avec les frères Marx, Maureen O'Sullivan et Allan Jones. - Un charlatan et deux compères croient régler les problèmes financiers d'une clinique en jouant aux courses.
VO➔18,95$ Général

**DAY OF ATONEMENT**
Voir: LE GRAND PARDON 2

**DAY OF THE DEAD** ▷0
É.-U. 1985, George A. ROMERO
VO➔9,95$ LBX➔14,95$ LBX-DVD➔27,95$ 18 ans +

**DAY OF THE DOLPHIN, THE** ▷5
É.-U. 1973. Science-fiction de Mike NICHOLS avec George C. Scott, Trish Van Devere et Paul Sorvino. - Un savant réussit à établir une communication avec un dauphin né en captivité et à lui apprendre à parler.
VF➔LS VO➔LS Général

**DAY OF THE JACKAL, THE** ▷3
ANG. 1973. Drame policier de Fred ZINNEMANN avec Edward Fox, Michel Lonsdale et Delphine Seyrig. - Les services de sécurité français recherchent un tueur professionnel chargé d'assassiner le général de Gaulle. - Récit intéressant de bout en bout. Construction solide. Développements ingénieux.
VO➔14,95$ LBX-DVD➔27,95$ Général

**DAY OF THE LOCUST, THE** ▷3
É.-U. 1975. Drame de mœurs de John SCHLESINGER avec William Atherton, Karen Black et Donald Sutherland. - Un peintre venu travailler à Hollywood à l'emploi d'un grand studio s'intéresse à une jeune fille qui rêve de célébrité. - Critique ambitieuse des milieux du cinéma. Tableau impressionnant. Mouvement fluide. Interprètes de talent.
VO➔14,95$ 13 ans +

**DAY OF THE TRIFFIDS, THE** ▷5
ANG. 1963. Science-fiction de Steve SEKELY avec Howard Keel, Kieron Moore et Janette Scott. - Un homme recherche un moyen d'anéantir des êtres dangereux qui ont envahi la Terre.
VO➔17,95$ Général

**DAY THE EARTH CAUGHT FIRE, THE** ▷5
ANG. 1961. Science-fiction de Val GUEST avec Edward Judd, Janet Munro et Leo McKern. - Des phénomènes climatiques inusités inquiètent les populations du monde.
VO➔14,95$ Général

**DAY THE EARTH STOOD STILL, THE** ▷4
É.-U. 1951. Science-fiction de Robert WISE avec Michael Rennie, Patricia Neal et Hugh Marlowe. - Un Martien vient sur la Terre pour avertir les humains de mettre fin à leurs querelles.
VO➔16,95$ Général

**DAY THE WORLD ENDED, THE** ▷6
É.-U. 1955. Science-fiction de Roger CORMAN avec Richard Denning, Lori Nelson et Adele Jergens. - Les problèmes des sept survivants d'une catastrophe atomique.
VO➔LS Général

**DAYLIGHT** ▷5
É.-U. 1996. Drame de Rob COHEN avec Sylvester Stallone, Amy Brenneman et Viggo Mortensen. - L'ex-chef des services d'urgence new-yorkais tente de sauver une douzaine de rescapés d'une explosion dans un tunnel.
LBX➔18,95$ VF➔16,95$ Général

**DAYS OF GLORY** ▷5
É.-U. 1944. Drame de guerre de Jacques TOURNEUR avec Gregory Peck, Tamara Toumanova et Alan Reed. - Des guérilleros soviétiques luttent contre une invasion des nazis.
VO➔LS Non classé

**DAYS OF HEAVEN** ►1
É.-U. 1978. Drame de mœurs de Terrence MALICK avec Richard Gere, Brooke Adams et Linda Manz. - En 1916, pour fuir la justice, un jeune ouvrier s'enfuit au Texas avec sa sœur et sa maîtresse et tous trois trouvent un emploi sur une ferme. - Œuvre admirablement composée. Utilisation poétique de la voix-off. Mise en scène d'un grand lyrisme. Images inoubliables. Personnages bien campés.
LBX➔14,95$ VO➔11,95$ LBX-DVD➔32,95$ Général

**DAYS OF THUNDER** ▷5
É.-U. 1990. Drame sportif de Tony SCOTT avec Tom Cruise, Robert Duvall et Nicole Kidman. - Un jeune homme doué pour la course automobile accède aux épreuves de championnat grâce aux judicieux conseils d'un mécanicien.
VF➔LS VO➔13,95$ Général

**DAYS OF WINE AND ROSES** ▷3
É.-U. 1962. Drame psychologique de Blake EDWARDS avec Jack Lemmon, Lee Remick et Charles Bickford. - Les méfaits de l'alcoolisme chez un couple. - Traitement réaliste. Mise en scène habile et vigoureuse. Interprétation magistrale des deux vedettes.
VO➔18,95$ Général

**DAYTRIPPERS, THE** ▷4
É.-U. 1996. Comédie de mœurs de Greg MOTTOLA avec Hope Davis, Pat McNamara et Stanley Tucci. - Une famille se rend en voiture à Manhattan afin de confronter l'époux de l'aînée au sujet de ses présumées infidélités.
VF➔14,95$ VO➔PC Général

**DAZED AND CONFUSED** ▷4
É.-U. 1993. Comédie dramatique de Richard LINKLATER avec Jason London, Wiley Wiggins et Rory Cochrane. - La dernière journée de classe d'un groupe d'amis fréquentant un «high school» au Texas en 1976.
VF➔14,95$ VO➔14,95$ 13 ans + Langage vulgaire

**DE BEAUX LENDEMAINS**
Voir: THE SWEET HEREAFTER

**DE BRUIT ET DE FUREUR** ▷3
FR. 1987. Drame social de Jean-Claude BRISSEAU avec Vincent Gasperitsch, François Négret et Bruno Cremer. - Vivant dans une tour à logements multiples avec une mère qui s'occupe peu de lui, un adolescent finit par lier amitié avec un jeune délinquant. - Vision réaliste d'un milieu populaire. Mélange de rugosité et de poésie. Personnages intéressants. Interprétation acceptable.
VO➔LS 13 ans +

**DE GUERRE LASSE** ▷4
FR. 1987. Drame sentimental de Robert ENRICO avec Nathalie Baye, Christophe Malavoy et Pierre Arditi. - En 1942 en zone libre, une veuve s'éprend d'un industriel chez qui elle s'est réfugiée avec un résistant qui est amoureux d'elle.
VO➔LS Général

**DE JUNGLE EN JUNGLE**
Voir: JUNGLE 2 JUNGLE

**DE L'AMOUR ET DES RESTES HUMAINS**
Voir: LOVE AND HUMAN REMAINS

**DE L'OMBRE À LA LUMIÈRE**
Voir: THE CELLULOID CLOSET

**DE LA VIE DES MARIONNETTES** ►2
All. 1980. Drame psychologique de Ingmar BERGMAN avec Robert Atzorn, Christine Buchegger et Walter Schmidinger. - Un enquêteur tente de comprendre les mobiles qui ont amené un homme à assassiner une prostituée. - Traitement rigoureux. Construction complexe. Exploration psychologique fouillée. Interprètes bien dirigés.
STA➔27,95$ 18 ans +

**DE MAO À MOZART**
Voir: FROM MAO TO MOZART

**DE MAYERLING À SARAJEVO** ▷0
FR. 1940, Max OPHÜLS
STA→44,95$ Général

**DE QUOI J'ME MÊLE**
Voir: LOOK WHO'S TALKING

**DE SABLE ET DE SANG** ▷4
FR. 1987. Drame psychologique de Jeanne LABRUNE avec Sami Frey, Patrick Catalifo et Clémentine Célarié. - Un médecin qui a connu les horreurs de la guerre d'Espagne exerce une troublante influence sur un jeune torero.
VO→LS 13 ans +

**DE SANG FROID**
Voir: IN COLD BLOOD

**DEAD AGAIN** ▷3
É.-U. 1991. Drame fantastique réalisé et interprété par Kenneth BRANAGH avec Emma Thompson et Derek Jacobi. - Un détective enquête sur le passé mystérieux d'une jeune inconnue qui souffre d'amnésie. - Suspense habilement conçu. Utilisation admirable des flash-backs. Mise en scène de classe. Interprètes fort bien dirigés.
VF→LS VO→11,95$ 13 ans +

**DEAD CALM** ▷4
AUS. 1988. Drame d'horreur de Phillip NOYCE avec Sam Neill, Nicole Kidman et Billy Zane. - Au cours d'une croisière en yacht, un couple découvre sur un navire abandonné un jeune homme aux tendances meurtrières.
VF→14,95$ 13 ans +

**DEAD END** ▷4
É.-U. 1936. Drame social de William WYLER avec Humphrey Bogart, Joel McCrea et Sylvia Sidney. - Affrontement d'un bandit et d'un honnête homme tous deux issus du même quartier défavorisé.
VO→14,95$ Général

**DEAD FUNNY** ▷5
É.-U. 1995. Comédie dramatique de John FELDMAN avec Elizabeth Pena, Andrew McCarthy et Paige Turco. - Une jeune femme cherche à élucider le mystère entourant la découverte du cadavre de son fiancé mort poignardé.
VF→LS VO→LS 13 ans +

**DEAD HEAT ON A MERRY-GO-ROUND** ▷5
É.-U. 1966. Drame policier de Bernard GIRARD avec James Coburn, Camilla Sparv et Aldo Ray. - Un criminel organise un vol à l'aéroport de Los Angeles.
VO→19,95$

**DEAD MAN** ▷3
É.-U. 1995. Western de Jim JARMUSCH avec Johnny Depp, Gary Farmer et Lance Henriksen. - Gravement blessé, un hors-la-loi traqué reçoit l'aide d'un Amérindien érudit. - Relecture des codes du genre. Construction narrative insolite. Ton mélancolique tempéré par un humour pince-sans-rire. Superbes images en noir et blanc.
LBX→14,95$ 16 ans + Violence

**DEAD MAN WALKING** ▶2
É.-U. 1995. Drame psychologique de Tim ROBBINS avec Susan Sarandon, Sean Penn et Robert Prosky. - Une religieuse apporte réconfort à un détenu condamné à la peine capitale. - Scénario inspiré d'une histoire vraie. Sujet bouleversant abordé avec tact et sensibilité. Mise en scène entièrement au service des personnages. Jeu saisissant de S. Penn et S. Sarandon.
VO→14,95$ VF→14,95$ LBX-DVD→18,95$ 13 ans +

**DEAD MEN DON'T WEAR PLAID** ▷4
É.-U. 1982. Comédie policière réalisée et interprétée par Carl REINER avec Steve Martin et Rachel Ward. - Un détective privé est chargé d'enquêter sur la disparition du père d'une jolie jeune femme.
VO→LS LBX-DVD Général

**DEAD NEXT DOOR, THE** ▷0
É.-U. 1995, J.R. BOOKWALTER
VO→LS 16 ans + Horreur

**DEAD OF NIGHT** ▷3
ANG. 1946. Film à sketches d'Alberto CAVALCANTI, Basil DEARDEN, Robert HAMER et Charles CRICHTON avec Mervyn Johns, Michael Redgrave et Roland Culver. - Les invités d'une soirée racontent tour à tour une étrange aventure. - Classique du genre fantastique. Climat d'angoisse bien créé. Photographie et interprétation excellentes.
VO→14,95$ Général

**DEAD OF WINTER** ▷4
É.-U. 1987. Drame policier d'Arthur PENN avec Mary Steenburgen, Jan Rubes et Roddy McDowall. - Croyant être engagée pour le tournage d'un film, une actrice sans emploi sert en fait d'instrument dans un complot.
VO→11,95$ Général

**DEAD POETS SOCIETY** ▷3
É.-U. 1989. Comédie dramatique de Peter WEIR avec Robin Williams, Robert Sean Leonard et Ethan Hawke. - En 1959, dans un collège aux principes ultra-conservateurs, sept adolescents voient leur vie transformée par les enseignements de leur professeur de littérature. - Hymne à la poésie et à la créativité. Illustration soignée. Réalisation solide. Bonne prestation de R. Williams.
VO→11,95$ VF→11,95$
LBX-DVD 29,95$ Général

**DEAD POOL, THE** ▷5
É.-U. 1988. Drame policier de Buddy VAN HORN avec Clint Eastwood, Patricia Clarkson et Liam Neeson. - Un inspecteur enquête sur une série de meurtres qui décime le milieu mondain de San Francisco.
VF→12,95$ 13 ans +

**DEAD PRESIDENTS** ▷5
É.-U. 1995. Chronique de Allen et Albert HUGHES avec Larenz Tate, Keith David et Chris Tucker. - Après avoir combattu au Viêt-nam, un jeune Afro-Américain revient chez lui et se joint à des amis pour commettre un vol à main armée qui tourne mal.
VO→16,95$ VF→15,95$ 16 ans + Horreur

**DEAD RECKONING** ▷5
É.-U. 1947. Drame policier de John CROMWELL avec Humphrey Bogart, Lizabeth Scott et Morris Carnovsky. - À son retour de guerre, un officier enquête sur la disparition d'un camarade.
VO→LS Général

**DEAD RINGER** ▷5
É.-U. 1964. Drame de Paul HENREID avec Bette Davis, Karl Malden et Peter Lawford. - Une femme assassine sa sœur jumelle et emprunte son identité.
VO→14,95$ Général

**DEAD RINGERS** ▷4
CAN. 1988. Drame psychologique de David CRONENBERG avec Jeremy Irons, Geneviève Bujold et Heidi Von Palleske. - Partageant toutes leurs expériences, des jumeaux gynécologues voient leur réputation mise en péril le jour où l'un d'eux s'éprend d'une actrice.
VF→LS VO→LS VO-LBX (COLLECTOR'S EDITION)→LS 13 ans +

**DEAD ZONE, THE** ▷5
É.-U. 1983. Drame fantastique de David CRONENBERG avec Christopher Walken, Brooke Adams et Martin Sheen. - Un enseignant doté d'un don de voyance connaît diverses tribulations.
VF→LS VO→14,95$ 13 ans +

**DEAD, THE** ▷5
É.-U. 1987. Comédie dramatique de John HUSTON avec Anjelica Huston, Donal McCann et Helena Carroll. - En 1904, le jour de l'Épiphanie, de vieilles demoiselles et leur nièce reçoivent parents et amis pour un dîner traditionnel. - Adaptation d'une nouvelle de James Joyce. Portrait chaleureux aux touches mélancoliques. Couleurs artistiquement fanées. Justesse de l'interprétation.
VF→LS VO→19,95$ Général

**DEADLINE AT DAWN** ▷4
É.-U. 1946. Drame de Harold CLURMAN avec Susan Hayward, Paul Lukas et Bill Williams. - Un matelot doit prouver en six heures qu'il n'a pas tué une femme.
VO→LS Général

**DEADLY CHINA HERO** ▷0
H. K. 1997, Wong JING
STA-LBX→29,95$ Général

**DEADLY FRIEND** ▷4
É.-U. 1986. Drame fantastique de Wes CRAVEN avec Matthew Laborteaux, Kristy Swanson et Michael Sharrett. - Un adolescent précoce cherche à redonner vie à une amie en lui implantant dans le cerveau les commandes d'un robot qu'il a mis au point.
VO→14,95$ 13 ans +

**DEADLY MANTIS, THE** ▷5
É.-U. 1956. Drame d'horreur de Nathan Hertz JURAN avec Craig Stevens, William Hopper et Alix Talton. - Un animal préhistorique, libéré de sa prison de glace, répand la terreur.
VO→11,95$ Général

**DEADLY TRACKERS, THE** ▷5
É.-U. 1973. Western de Barry SHEAR avec Richard Harris, Rod Taylor et Al Lettieri. - Un shérif évite la violence dans l'accomplissement de sa tâche jusqu'au jour où des bandits tuent sa femme et son fils.
VO→14,95$

**DEADLY WEAPONS** ▷0
É.-U. 1970, Doris WISHMAN
VO→LS 18 ans +

**DEAL OF THE CENTURY** ▷5
É.-U. 1983. Comédie satirique de William FRIEDKIN avec Chevy Chase, Sigourney Weaver et Gregory Hines. - Les tribulations d'un trafiquant d'armes de petite envergure qui tente de réaliser un coup important.
VO→12,95$ Général

**DEAR AMERICA: LETTERS HOME FROM VIETNAM** ▷3
É.-U. 1987. Documentaire de Bill COUTURIÉ. - Images d'archives sur la guerre du Viêt-nam accompagnées sur la bande sonore par la lecture de lettres envoyées à leurs familles par des soldats. - Œuvre issue d'un long travail de recherche et de montage. Ensemble d'une souplesse et d'une complexité impressionnantes. Documents d'archives bien choisis et d'un réalisme souvent saisissant.
VO→14,95$ Général

**DEAR BRIGITTE** ▷5
É.-U. 1965. Comédie de Henry KOSTER avec James Stewart, Billy Mumy et Glynis Johns. - Un enfant prodige rêve de rencontrer son idole, Brigitte Bardot.
VO→PC Général

**DEAR HEART** ▷5
É.-U. 1964. Comédie de Delbert MANN avec Geraldine Page, Glenn Ford et Angela Lansbury. - Pendant un congrès, une célibataire fait la connaissance d'un voyageur de commerce et s'imagine qu'il veut l'épouser.
VO→19,95$ Général

**DEATH AND THE MAIDEN** ▷4
É.-U. 1994. Drame psychologique de Roman POLANSKI avec Sigourney Weaver, Ben Kingsley et Stuart Wilson. - Dans un pays sud-américain, une femme séquestre un homme en qui elle croit reconnaître l'un des bourreaux qui l'avaient torturée sous l'ancienne dictature.
VF→18,95$ VO→19,95$ 13 ans + Violence

**DEATH BECOMES HER** ▷4
É.-U. 1992. Comédie fantaisiste de Robert ZEMECKIS avec Meryl Streep, Bruce Willis et Goldie Hawn. - Devenues rivales en amour, deux anciennes amies s'affrontent après avoir absorbé une potion de vie éternelle.
VO→11,95$ VF→11,95$ DVD→34,95$ Général

**DEATH HUNT** ▷6
É.-U. 1981. Aventures de Peter R. HUNT avec Charles Bronson, Lee Marvin et Andrew Stevens. - Au Yukon en 1930, un trappeur accusé d'avoir volé un chien est pris en chasse par un sergent de la gendarmerie royale.
VF→LS VO→16,95$ 13 ans +

**DEATH IN BRUNSWICK** ▷0
AUS. 1991, John RUANE
VO→LS 13 ans +

**DEATH IN VENICE**
Voir: MORT À VENISE

**DEATH OF A SALESMAN** ▷3
É.-U. 1985. Drame psychologique de Volker SCHLÖNDORFF avec Dustin Hoffman, John Malkovich et Kate Reid. - Déçu par l'échec de ses ambitions professionnelles et paternelles, un commis voyageur a la tentation du suicide. - Téléfilm fort adroit adapté d'une pièce importante d'Arthur Miller. Intéressantes observations sociales et psychologiques. Mise en scène stylisée. Forte interprétation.
VO→LS Général

**DEATH ON THE NILE** ▷4
ANG. 1978. Drame policier de John GUILLERMIN avec Peter Ustinov, David Niven et Mia Farrow. - Le détective Hercule Poirot enquête sur l'assassinat d'une riche et jeune héritière au cours d'une croisière sur le Nil.
VF→LS VO→14,95$ Général

**DEATH RACE 2000** ▷5
É.-U. 1975. Science-fiction de Paul BARTEL avec David Carradine, Simone Griffeth et Sylvester Stallone. - En l'an 2000, des coureurs automobiles gagnent des points dans une course en renversant des piétons sur leur trajet.
VO→LS DVD→26,95$ 13 ans +

**DEATH WISH** ▷4
É.-U. 1974. Drame policier de Michael WINNER avec Charles Bronson, Vincent Gardenia et Hope Lange. - Après que des voyous aient provoqué la mort de sa femme et la démence de sa fille, un architecte devient son propre justicier.
VO→14,95$ 18 ans +

**DEATH WISH V: THE FACE OF DEATH** ▷6
CAN. 1993. Drame policier d'Allan A. GOLDSTEIN avec Charles Bronson, Michael Parks et Lesley-Anne Down. - Un justicier ne recule devant rien pour venger la mort de sa fiancée qui a été assassinée par son ex-mari, un gangster de Manhattan.
VO→29,95$ 16 ans + Violence

**DEATHTRAP** ▷4
É.-U. 1982. Comédie policière de Sidney LUMET avec Michael Caine, Christopher Reeve et Dyan Cannon. - À court d'inspiration, un auteur de pièces policières se dit prêt à s'approprier l'œuvre d'un débutant.
DVD→18,95$ VO→19,95$ DVD→18,95$ Général

**DÉBANDADE, LA** ▷5
FR. 1999. Comédie de mœurs réalisée et interprétée par Claude BERRI avec Fanny Ardant et Claude Brasseur. - Un commissaire-priseur sexagénaire explore divers moyens pour régler de récents problèmes d'érection.
VO→LS 13 ans +

**DÉCADE PRODIGIEUSE, LA** ▷4
FR. 1971. Drame policier de Claude CHABROL avec Orson Welles, Michel Piccoli et Anthony Perkins. - Le fils d'un riche Alsacien est soupçonné du meurtre de la jeune femme de son père.
VO→52,95$ Général

**DÉCALOGUE, LE (COFFRET 5 VOLUMES)** ▷0
POL. 1987, Krzysztof KIESLOWSKI
TU HONORERAS UN SEUL DIEU · TU NE PRONONCERAS LE NOM DE DIEU QU'AVEC RESPECT · TU SANCTIFIERAS LE JOUR DU SEIGNEUR · TU HONORERAS TON PÈRE TE TA MÈRE · TU NE TUERAS POINT · TU NE

FERAS PAS D'IMPURETÉ · TU NE VOLERAS PAS · TU NE MENTIRAS PAS · TU NE CONVOITERAS PAS LA FEMME DE TON VOISIN · TU NE CONVOITERAS PAS LE BIEN D'AUTRUI
STF→139,95$ STA→139,95$

**DÉCAMERON, LE** ▷3
ITA. 1971. Film à sketches réalisé et interprété par Pier Paolo PASOLINI avec Franco Citti et Ninetto Davoli. - Adaptation de huit contes tiré de l'œuvre de Boccace. - Style goguenard et populiste. Mélange irrévérencieux de profane et de sacré. Bonne direction d'acteurs tant professionnels qu'amateurs.
STA→LS STA-LBX-DVD→LS **18 ans +**

**DECAMERON, THE**
Voir: LE DÉCAMERON

**DECEIVED** ▷4
É.-U. 1991. Drame policier de Damian HARRIS avec Goldie Hawn, John Heard et Ashley Peldon. - Une femme va de surprise en surprise en enquêtant sur le passé de son mari qu'elle croit mort dans un accident de la route.
VF→LS VO→LS **13 ans +**

**DECEIVER** ▷4
É.-U. 1997. Drame policier de Jonas et Joshua PATE avec Tim Roth, Christopher Penn et Michael Rooker. - Un jeune homme brillant soupçonné de meurtre manipule les deux enquêteurs chargés de l'interroger.
VO→13,95$ **13 ans + Langage vulgaire**

**DECEIVERS, THE** ▷3
ANG. 1988. Aventures de Nicholas MEYER avec Pierce Brosnan, Saeed Jaffrey et Helena Michell. - En Inde, au début du XIXe siècle, un capitaine anglais se déguise en Indien pour enquêter sur un massacre commis par des membres d'une secte religieuse. - Récit basé sur des faits vécus. Évocation saisissante du choc des cultures. Mise en scène faste et évocative. Interprétation fort satisfaisante.
VO→LS **13 ans +**

**DÉCHIRURE, LA**
Voir: THE KILLING FIELDS

**DÉCISION AU SOMMET**
Voir: EXECUTIVE DECISION

**DÉCLIC, LE** ▷6
FR. 1985. Drame fantastique de Jean-Louis RICHARD avec Jean-Pierre Kalfon, Florence Guérin et Bernard Kuby. - Humilié par sa situation, un savant s'empare d'un déclancheur de pulsions érotiques à distance et s'en sert pour conquérir la femme de son patron.
VO→LS **13 ans +**

**DÉCLIN DE L'EMPIRE AMÉRICAIN, LE** ▷3
QUÉ. 1986. Comédie de mœurs de Denys ARCAND avec Dominique Michel, Pierre Curzi et Louise Portal. - S'étant retrouvés pour un repas dans une villa à la campagne, quatre couples voient leur vie sentimentale remise en question. - Vision critique d'un milieu bourgeois intellectuel. Marivaudage disert et effronté. Rythme allègre. Photographie lumineuse. Interprétation efficace.
STA→13,95$ VO→13,95$ **13 ans +**

**DECLINE OF THE WESTERN CIVILIZATION II: THE METAL YEARS, THE** ▷0
É.-U. 1988, Penelope SPHEERIS
VO→LS **13 ans +**

**DECLINE OF THE WESTERN CIVILIZATION, THE** ▷4
É.-U. 1980. Documentaire de Penelope SPHEERIS. - Reportage sur le mouvement musical punk rock, ses praticiens et ses adeptes.
VO→LS **13 ans +**

**DECONSTRUCTING HARRY** ▷3
É.-U. 1997. Comédie de mœurs réalisée et interprétée par Woody ALLEN avec Kirstie Alley et Elisabeth Shue. - Un écrivain névrosé se remet en question à la veille d'une cérémonie en son honneur. - Réflexion sur le rôle de l'artiste et son rapport au monde réel. Forme éclatée. Humour teinté d'une vulgarité inhabituelle.
VF→19,95$ LBX→19,95$ LBX-DVD→27,95$ **13 ans +**

**DÉCROCHE LES ÉTOILES**
Voir: UNHOOK THE STARS

**DEEP BLUE SEA** ▷5
É.-U. 1999. Drame d'horreur de Renny HARLIN avec Saffron Burrows, Thomas Jane et LL Cool J. - Les employés d'un laboratoire flottant en haute mer sont aux prises avec des requins monstrueux.
VF→18,95$ LBX→18,95$ LBX-DVD→26,95$ **13 ans +**

**DEEP COVER** ▷4
É.-U. 1992. Drame policier de Bill DUKE avec Larry Fishburne, Jeff Goldblum et Victoria Dillard. - Un policier devient vendeur de stupéfiants afin de mieux infiltrer l'organisation criminelle qu'il doit démanteler.
VF→11,95$ VO→11,95$ LBX-DVD→34,95$ **13 ans +**

**DEEP END OF THE OCEAN, THE** ▷5
É.-U. 1999. Drame psychologique d'Ulu GROSBARD avec Michelle Pfeiffer, Treat Williams et Ryan Merriman. - Un garçon kidnappé à l'âge de trois ans revient neuf ans plus tard dans sa famille, où il se sent comme un étranger.
VO→12,95$ VF→14,95$ **Général**

**DEEP IMPACT** ▷5
É.-U. 1998. Drame de Mimi LEDER avec Téa Leoni, Robert Duvall et Elijah Wood. - Les Américains se préparent à faire face à un terrible cataclysme suite à la découverte d'une comète géante se dirigeant vers la Terre.
LBX→14,95$ VF→14,95$ LBX-DVD→29,95$ **Général**

**DEEP RED (THE HATCHET MURDERS)** ▷0
ITA. 1975, Dario ARGENTO
LBX→14,95$ VF→18,95$ DVD→27,95$ **18 ans +**

**DEEP RISING** ▷6
É.-U. 1998. Drame d'horreur de Stephen SOMMERS avec Treat Williams, Famke Janssen et Kevin J. O'Connor. - Des mercenaires luttent contre des monstres marins à bord d'un luxueux navire de croisière.
VF→18,95$ **13 ans + Horreur**

**DEEP SIX, THE** ▷5
É.-U. 1957. Drame de guerre de Rudolph MATÉ avec Alan Ladd, Dianne Forster et William Bendix. - A cause de son éducation de Quaker, un marin ne peut se résoudre à tuer l'ennemi.
VO→19,95$ **Général**

**DEEP, THE** ▷4
É.-U. 1977. Aventures de Peter YATES avec Nick Nolte, Jacqueline Bisset et Robert Shaw. - Un couple tente de récupérer de la drogue et un trésor espagnol découverts au cours d'une exploration sous-marine.
VF→14,95$ VO→14,95$ LBX-DVD→23,95$ **Général**

**DEER HUNTER, THE** ►2
É.-U. 1978. Drame social de Michael CIMINO avec Robert De Niro, Christopher Walken et Meryl Streep. - Trois jeunes gens travaillant dans la même usine s'en vont combattre au Viêt-nam. - Vaste fresque à la mise en scène vigoureuse. Intéressantes observations de mœurs. Approches symboliques intrigantes. Interprétation convaincue.
VO-LBX→16,95$ VO→15,95$ LBX-DVD→27,95$ **18 ans +**

**DEF BY TEMPTATION** ▷5
É.-U. 1990. Drame fantastique réalisé et interprété par James BOND III avec Kadeem Hardison et Bill Nunn. - Les tourments d'un futur pasteur qui, lors d'un séjour à New York, côtoie le démon en la personne d'une serveuse.
VO→LS **16 ans + Violence**

**DEF-CON 4** ▷0
É.-U. 1984, Paul DONOVAN
VO→LS **13 ans +**

**DEFENCE OF THE REALM** ▷4
ANG. 1985. Drame social de David DRURY avec Gabriel Byrne, Greta Scacchi et Denholm Elliott. - Un journaliste de Londres fait la lumière sur un complot ourdi pour discréditer un député de l'opposition.
VO➔14,95$ Général

**DEFENDING YOUR LIFE** ▷4
É.-U. 1991. Comédie fantaisiste réalisée et interprétée par Albert BROOKS avec Meryl Streep et Rip Torn. - À la suite d'un accident, un publicitaire se retrouve dans l'au-delà où un procès doit déterminer s'il retournera sur terre ou ira au ciel.
VO➔11,95$ VF➔11,95$ Général

**DÉFENSE DE SAVOIR** ▷4
FR. 1973. Drame policier de Nadine TRINTIGNANT avec Jean-Louis Trintignant, Juliet Berto et Michel Bouquet. - Assigné à la défense d'une femme accusée d'avoir tué son amant, un avocat enquête sur les circonstances du crime.
VO➔LS Général

**DEFENSE OF THE REALM** ▷0
ANG. 1985, David DRURY
VO➔14,95$ Général

**DEFENSELESS** ▷4
É.-U. 1991. Drame policier de Martin CAMPBELL avec Barbara Hershey, Sam Shepard et Mary Beth Hurt. - Une jeune avocate soupçonnée d'avoir assassiné un de ses clients mène sa propre enquête.
VF➔LS VO➔9,95$ 13 ans +

**DÉFI, LE**
Voir: MAD MAX 2: THE ROAD WARRIOR

**DEFIANT ONES, THE** ▷3
É.-U. 1958. Drame social de Stanley E. KRAMER avec Tony Curtis, Sidney Poitier et Theodore Bikel. - Deux détenus qui se haïssent, l'un Noir, l'autre Blanc, s'évadent tout en étant rivés à la même chaîne. - Étude prenante des relations humaines. Mise en scène sobre. Photographie soignée. Interprétation vigoureuse.
VO➔14,95$ Général

**DEFILE DE LA MORT, LE**
Voir: CHINA

**DÉFILÉ, LE**
Voir: DOGFIGHT

**DÉJÀ VU** ▷4
É.-U. 1997. Drame sentimental de Henry JAGLOM avec Victoria Foyt, Stephen Dillane et Vanessa Redgrave. - Le destin favorise plusieurs rencontres fortuites entre un Anglais et une Américaine qui semblent nés pour vivre ensemble le grand amour.
VO➔19,95$ Général

**DÉJEUNER SUR L'HERBE, LE** ▷3
FR. 1959. Comédie de Jean RENOIR avec Paul Meurisse, Catherine Rouvel et Fernand Sardou. - Un biologiste, partisan de l'insémination artificielle, change ses positions lorsqu'il devient amoureux. - Sens de la nature. Très belles images. Mise en scène décontractée.
STA➔LS Général

**DÉLATEUR, LE**
Voir: BIRD ON A WIRE

**DELICATE DELIQUENT, THE** ▷5
É.-U. 1956. Comédie de Don McGUIRE avec Jerry Lewis, Darren McGavin et Martha Hyer. - Un concierge miséreux et simple d'esprit est pris à tort pour un délinquant.
VO➔PC VF➔LS Non classé

**DELICATESSEN** ▷3
FR. 1991. Comédie de Jean-Pierre JEUNET et Marc CARO avec Dominique Pinon, Jean-Claude Dreyfus et Marie-Laure Douniac. - Dans une banlieue dévastée, un jeune concierge sympathise avec la fille de l'inquiétant boucher qui est propriétaire de l'immeuble. - Univers insolite inspiré de la bande dessinée. Imagination fertile. Mise en images inventive. Humour noir grinçant. Comédiens pittoresques.
STA➔LS VO➔LS 13 ans +

**DÉLINQUANT INVOLONTAIRE, LE**
Voir: THE DELICATE DELINQUENT

**DÉLINQUANTS, LES**
Voir: BAD BOYS

**DELIVERANCE** ►2
É.-U. 1972. Aventures de John BOORMAN avec Jon Voight, Burt Reynolds, Ned Beatty et Ronny Cox. - Quatre amis citadins doivent affronter des montagnards violents lors de la descente en canot d'une rivière sauvage. - Mythe du retour à la nature confronté à de dures réalités. Récit très bien construit. Description vigoureuse. Jeu sobre de J. Voight.
VF➔14,95$ VO➔14,95$ LBX➔14,95$
LBX-DVD➔21,95$ 13 ans + Violence

**DÉLUGE, LE** ▷0
POL. 1974, Jerzy HOFFMAN
STA➔LS 13 ans +

**DEMAIN CE SERONT DES HOMMES**
Voir: THE STRANGE ONE

**DEMAIN NE MEURT JAMAIS**
Voir: TOMORROW NEVER DIES

**DÉMÉNAGEMENT, LE** ▷5
FR. 1997. Comédie de mœurs d'Olivier DURAN avec Dany Boon, Emmanuelle Devos et Sami Bouajila. - Le jour de son déménagement, un scénariste perd son emploi alors que sa femme tombe sur une lettre d'amour qui le compromet.
VO➔18,95$ Général

**DÉMENCE**
Voir : IT'S THE RAGE

**DEMENTIA 13** ▷5
É.-U. 1963. Drame d'horreur de Francis Ford COPPOLA avec William Campbell, Luana Anders et Burt Patton. - Durant un séjour en Irlande chez les parents de son mari, une femme est tuée par un inconnu.
VO➔29,95$ 13 ans + Violence

**DEMETRIUS AND THE GLADIATORS** ▷5
É.-U. 1954. Aventures de Delmer DAVES avec Victor Mature, Susan Hayward et Michael Rennie. - L'empereur Caligula cherche à s'emparer de la tunique du Christ dont l'esclave Démétrios a la garde.
VO➔11,95$ Général

**DEMI-TOUR**
Voir: U-TURN

**DEMOISELLE SAUVAGE, LA** ▷4
QUÉ. 1991. Drame psychologique de Léa POOL avec Patricia Tulasne, Matthias Habich et Lénie Scoffié. - Après une tentative de suicide ratée, une jeune femme est recueillie par un ingénieur qui vit près d'un immense barrage dans les montagnes.
VO➔24,95$ Général

**DEMOISELLES DE ROCHEFORT, LES** ▷0
FR. 1967, Jacques DEMY
STA➔LS

**DEMOISELLES DE WILKO, LES** ►2
POL. 1979. Drame psychologique d'Andrzej WAJDA avec Daniel Olbrychski, Maja Komorowska et Christine Pascal. - Un homme retrouve dans un village cinq sœurs qu'il a connues quinze ans auparavant. - Ton mélancolique. Images admirables. Personnages étudiés avec discrétion. Interprétation expressive.
STA➔LS Général

**DEMOLITION MAN** ▷5
É.-U. 1993. Science-fiction de Marco BRAMBILLA avec Sylvester Stallone, Wesley Snipes et Sandra Bullock. - En 2032, un policier et un psychopathe meurtrier s'affrontent à Los Angeles après avoir passé 36 ans dans un état d'hibernation artificielle.
VF➔11,95$ VO➔12,95$ **13 ans + Violence**

**DÉMON DANS L'ÎLE, LE** ▷5
FR. 1982. Drame d'horreur de Francis LEROI avec Anny Duperey, Jean-Claude Brialy et Pierre Santini. - Dans une île de la Manche, divers habitants sont victimes d'étranges accidents causés par des appareils ménagers.
VO➔LS **13 ans +**

**DÉMON EN LUI, LE**
Voir: THE BEAST WITHIN

**DÉMON S'ÉVEILLE LA NUIT,LE**
Voir: CLASH BY NIGHT

**DEMON SEED** ▷5
É.-U. 1977. Science-fiction de Donald CAMMELL avec Julie Christie, Fritz Weaver et Gerrit Graham. - Un super-ordinateur veut se créer une descendance en fécondant la femme de son inventeur qu'il retient prisonnière.
VO➔14,95$ **13 ans +**

**DÉMONIAQUE, LE** ▷6
FR. 1967. Drame policier de René GAINVILLE avec François Gabriel, Anne Vernon et Jess Hahn. - Pour masquer un crime, un déséquilibré se voit contraint d'en commettre d'autres.
VO➔LS **Non classé**

**DEMONS** ▷0
ITA. 1985, Lamberto BAVA
LBX➔14,95$ **18 ans +**

**DEMONS 2** ▷5
ITA. 1986. Drame d'horreur de Lamberto BAVA avec David Knight, Nancy Brilli et Bobby Rhodes. - Lors d'une réception donnée dans un immeuble à appartements, des esprits malins se répandent en sortant d'un poste de télévision.
VA-LBX➔14,95$ VF➔LS **16 ans + Horreur**

**DÉMONS DE JÉSUS, LES** ▷4
FR. 1996. Comédie dramatique de Bernie BONVOISIN avec Thierry Frémont, Nadia Farès et Fabienne Babe. - Un voyou candide s'éprend de la sœur d'un gangster rival.
VO➔LS **13 ans +**

**DEMONS IN THE GARDEN** ▷4
ESP. 1982. Comédie de mœurs de Manuel Gutierrez ARAGON avec Alvaro Sanchez-Prieto, Angela Molina et Ana Belen. - Un enfant observe le curieux monde des adultes de sa famille éclatée.
STA➔32,95$ **Général**

**DEMONS OF THE MIND** ▷6
ANG. 1971. Drame d'horreur de Peter SYKES avec Paul Jones, Gillian Hills et Robert Harely. - Persuadé que sa famille souffre d'une malédiction héréditaire, un comte tient ses enfants prisonniers dans son château.
VO➔9,95$ **13 ans + Violence**

**DENIS LA PETITE PESTE**
Voir: DENNIS THE MENACE

**DENISE CALLS UP** ▷4
É.-U. 1995. Comédie de mœurs de Hal SALWEN avec Alanna Ubach, Tim Daly et Caroleen Feeney. - Des amis discutent tous les jours au téléphone sans jamais trouver le temps de se voir.
VF➔11,95$ **Général**

**DENNIS THE MENACE** ▷4
É.-U. 1993. Comédie de Nick CASTLE avec Mason Gamble, Walter Matthau et Christopher Lloyd. - Un vieux retraité est le souffre-douleur d'un gamin du voisinage qui accumule sans le vouloir catastrophe sur catastrophe.
VF➔LS VO➔LS **Général**

**DENNIS THE MENACE** ▷5
É.-U. 1987. Comédie de Doug ROGERS avec Victor DiMattia, Patricia Estrin et Jim Jansen. - La découverte d'un étrange os par un jeune garçon perturbe la tranquillité du voisinage.
VF➔LS VO➔LS **Général**

**DENTELLIÈRE, LA** ►2
FR. 1976. Drame psychologique de Claude GORETTA avec Isabelle Huppert, Yves Beneyton et Florence Giorgetti. - Une jeune coiffeuse a une liaison avec un étudiant dont la rupture l'entraîne à la neurasthénie. - Grande délicatesse de touche. Suite de notes rapides et significatives. Interprétation toute en nuances de I. Huppert.
STA➔LS **Général**

**DENTS DE LA MER, LES**
Voir: JAWS

**DENTS DE LA MER II, LES**
Voir: JAWS 2

**DENTS DE LA MER IV, LES**
Voir: JAWS 4: THE REVENGE

**DENTS DU DIABLE, LES**
Voir: SAVAGE INNOCENTS, THE

**DEPRISA, DEPRISA**
Voir: VITE, VITE

**DEPUIS QUE LE MONDE EST MONDE** ▷0
QUÉ. 1981, Sylvie VAN BRABANT, Louise DUGAL et Serge GIGUÈRE
VO➔LS **13 ans +**

**DEREK JARMAN'S BLUE** ▷4
ANG. 1993. Film d'essai de Derek JARMAN - Le réalisateur anglais Derek Jarman parle de son vécu alors qu'il se meurt du sida.
VO➔22,95$ **Général**

**DERNIER AMANT ROMANTIQUE, LE** ▷5
FR. 1978. Comédie dramatique de Just JAECKIN avec Dayle Haddon, Gérard Tybalt et Fernando Rey. - Un dompteur de fauves participe à un concours organisé par un magazine féminin.
VO➔LS **13 ans +**

**DERNIER ANNIVERSAIRE, LE**
Voir: IT'S MY PARTY

**DERNIER CLAIRON, LE**
Voir: TAPS

**DERNIER COMBAT, LE** ▷3
FR. 1982. Science-fiction de Luc BESSON avec Pierre Jolivet, Jean Bouise et Jean Reno. - Après une guerre nucléaire, un solitaire entre en lutte avec d'autres survivants. - Variations originales sur un thème classique. Traitement éminemment visuel. Mise en scène inventive en dépit de moyens modestes.
ITA➔LS **13 ans +**

**DERNIER DES GUERRIERS, LE**
Voir: LAST OF THE DOGMEN

**DERNIER DES HÉROS, LE**
Voir: SOLDIER OF ORANGE

**DERNIER DES HÉROS, LE**
Voir: LAST ACTION HERO

**DERNIER DES HOMMES, LE** ►1
ALL. 1924. Drame psychologique de Friedrich Wilhelm MURNAU avec Emil Jannings, Maly Delschaft et Georg John. - Un vieux portier d'hôtel très fier de sa position est humilié par un changement d'emploi. - Film s'exprimant uniquement par l'image. Caméra très mobile et efficace. Œuvre marquante du cinéma muet. Jeu un peu outré de Jannings.
ITA➔34,95$ **Général**

**DERNIER DES MOHICANS, LE**
Voir: THE LAST OF THE MOHICANS

**DERNIER DOMICILE CONNU** ▷3
FR. 1970. Drame policier de José GIOVANNI avec Lino Ventura, Marlène Jobert et Michel Constantin. - Un inspecteur et son assistante recherchent un témoin nécessaire à la condamnation d'un chef de la pègre. - Sujet plausible et prenant. Notations humaines bien observées.
VO→LS 13 ans +

**DERNIER EMPEREUR, LE**
Voir: THE LAST EMPEROR

**DERNIER ÉTÉ À TANGER** ▷5
FR. 1986. Drame policier d'Alexandre ARCADY avec Valeria Golino, Thierry Lhermitte et Roger Hanin. - Ayant été témoin de l'assassinat de son père dans son enfance, une jeune femme veut le venger en faisant appel à un détective privé pour l'aider à retrouver les meurtriers.
VO→LS Général

**DERNIER GLACIER, LE** ▷4
QUÉ. 1984. Drame social de Roger FRAPPIER et Jacques LEDUC avec Robert Gravel, Louise Laprade et Michel Rivard. - Alors que la compagnie minière Iron Ore décide d'interrompre ses opérations à Schefferville, un couple s'interroge sur son avenir.
VO→LS Général

**DERNIER HAREM, LE** ▷5
ITA. 1999. Drame de mœurs de Ferzan OZPETEK avec Marie Gillain, Alex Descas et Lucia Bosè. - En 1904, une jeune Italienne vendue comme esclave se retrouve dans le harem du sultan ottoman à Istanbul.
VF→LS STA→LS Général

**DERNIER MÉTRO, LE** ▷3
FR. 1980. Comédie dramatique de François TRUFFAUT avec Catherine Deneuve, Gérard Depardieu et Heinz Bennent. - À Paris, sous l'Occupation, une comédienne continue à diriger le théâtre de son mari qui a disparu parce qu'il était juif. - Traitement léger d'un sujet grave. Bonne reconstitution d'époque. Relations intéressantes entre le théâtre et la réalité.
STA→LS STA→LS Général

**DERNIER RECOURS**
Voir: DESPERATE MEASURES

**DERNIER REPORTAGE, LE**
Voir: FINAL ASSIGNMENT

**DERNIER SAUT, LE** ▷4
FR. 1969. Drame policier d'Édouard LUNTZ avec Maurice Ronet, Michel Bouquet et Cathy Rosier. - Un vétéran d'Algérie qui a tué sa femme se lie d'amitié avec le policier qui conduit l'enquête sur ce meurtre.
VO→LS Général

**DERNIER SECRET DU POSÉIDON, LE**
Voir: BEYOND THE POSEIDON ADVENTURE

**DERNIER SOUFFLE, LE** ▷4
QUÉ. 1999. Drame policier de Richard CIUPKA avec Luc Picard, Julien Poulin et Michel Goyette. - En enquêtant sur le meurtre de son frère skinhead, un policier découvre un complot impliquant des miliciens d'extrême droite de l'Arkansas.
VO→18,95$ Général

**DERNIER SURVIVANT, LE**
Voir: THE QUIET EARTH

**DERNIER TANGO À PARIS, LE** ►2
ITA. 1972. Drame psychologique de Bernardo BERTOLUCCI avec Marlon Brando, Maria Schneider et Jean-Pierre Léaud. - Un homme d'âge mûr, sous le choc du suicide de sa femme, a une aventure avec une jeune fille rencontrée par hasard. - Exploration des relations entre la mort et l'érotisme. Mélange impressionnant de solennité et de frénésie. Forte création de M. Brando.
STA→18,95$ STA-LBX→14,95$ LBX-DVD→21,95$ 18 ans +

**DERNIER TESTAMENT, LE**
Voir: TESTAMENT

**DERNIER TOUR DE TABLE**
Voir: ROUNDERS

**DERNIÈRE CHANCE, LA**
Voir: HARD CORE LOGO

**DERNIÈRE CHANCE, LA**
Voir: HEART AND SOULS

**DERNIÈRE CHARGE, LA** ▷4
POL. 1959. Drame de guerre d'Andrzej WAJDA avec Jerzy Moes, Bozena Kurowska et Adam Pawlikowski. - Pendant l'invasion de 1939, un cheval passe d'un officier à l'autre.
STA→LS Général

**DERNIÈRE CHASSE, LA**
Voir: THE LAST HUNT

**DERNIÈRE CORVÉE, LA**
Voir: THE LAST DETAIL

**DERNIÈRE DANSE, LA**
Voir: LAST DANCE

**DERNIÈRE FOIS QUE J'AI VU PARIS, LA**
Voir: THE LAST TIME I SAW PARIS

**DERNIÈRE MARCHE, LA**
Voir: DEAD MAN WALKING

**DERNIÈRE SÉANCE, LA**
Voir: THE LAST PICTURE SHOW

**DERNIÈRE SORTIE POUR BROOKLYN**
Voir: LAST EXIT TO BROOKLYN

**DERNIÈRE TENTATION DU CHRIST, LA**
Voir: THE LAST TEMPTATION OF CHRIST

**DERNIÈRE TORPILLE, LA**
Voir: TORPEDO RUN

**DERNIÈRES FIANCAILLES, LES** ▷3
QUÉ. 1973. Drame poétique de Jean-Pierre LEFEBVRE avec J. Léo Gagnon, Marthe Nadeau et Marcel Sabourin. - Les derniers jours d'un vieux couple. - Mise en scène d'une grande sensibilité. Valeurs traditionnelles traitées avec un respect ému. Interprétation tout en finesse.
VO→21,95$ Général

**DERNIERS JOURS DE FRANKIE, LES**
Voir: THE LAST DAYS OF FRANKIE THE FLY

**DÉROBADE, LA** ▷4
FR. 1979. Drame de mœurs réalisé et interprété par Daniel DUVAL avec Miou-Miou et Maria Schneider. - Une employée de magasin entraînée à la prostitution cherche à fuir le milieu.
VO→LS 18 ans +

**DÉROUTE, LA** ▷4
QUÉ. 1998. Drame psychologique de Paul TANA avec Tony Nardi, Michèle-Barbara Pelletier et John Dunn-Hill. - Un immigré d'origine italienne se heurte au refus de sa fille de participer à l'entreprise familiale.
VO→18,95$ 13 ans +

**DERRIÈRE, LE** ▷5
FR. 1999. Comédie de mœurs réalisée et interprétée par Valérie LEMERCIER avec Claude Rich et Dieudonné. - Une jeune provinciale, venue trouver à Paris son père qui ignore son existence, se fait passer pour un garçon lorsqu'elle s'aperçoit qu'il est homosexuel.
VO→LS Général

**DERRIÈRE L'IMAGE** ▷0
QUÉ. 1978, Jacques GODBOUT
VO→19,95$

**DERRIÈRE LA PORTE** ▷5
ITA. 1982. Drame de Liliana CAVANI avec Marcello Mastroianni, Eleonora Giorgi et Tom Berenger. - Un ingénieur américain s'intéresse à une femme au passé familial trouble qu'il cherche à aider en l'emmenant avec lui à Rome.
VF→LS **18 ans +**

**DERSU UZALA**
Voir: L'AIGLE DE LA TAÏGA

**DES ENFANTS GÂTÉS** ▷4
FR. 1977. Drame social de Bertrand TAVERNIER avec Michel Piccoli, Christine Pascal et Michel Aumont. - Ayant loué un appartement dans un édifice à logements multiples, un réalisateur de films est amené à s'intéresser aux problèmes des autres locataires.
STA→56,95$ **Général**

**DES FILLES DISPARAISSENT**
Voir: LURED

**DES FILLES, ENCORE DES FILLES**
Voir: GIRLS! GIRLS! GIRLS!

**DES GARÇONS ÉPATANTS**
Voir: WONDER BOYS

**DES GENS COMME LES AUTRES**
Voir: ORDINARY PEOPLE

**DES HOMMES DE LOI**
Voir: U.S. MARSHALS

**DES JUPONS À L'HORIZON**
Voir: SKIRTS AHOY!

**DES SOURIS ET DES HOMMES**
Voir: OF MICE AND MEN

**DESCENTE À PARADISE**
Voir: TRAPPED IN PARADISE

**DESCENTE AUX ENFERS** ▷5
FR. 1986. Drame policier de Francis GIROD avec Claude Brasseur, Sophie Marceau et Betsy Blair. - Un romancier qui vit une mésentente avec sa jeune femme est impliqué dans un meurtre en Haïti.
VO→LS **Général**

**DÉSENCHANTÉE, LA** ▷4
FR. 1990. Drame psychologique de Benoît JACQUOT avec Judith Godrèche, Yvan Desny et Marcel Bozonnet. - Trois jours dans la vie d'une adolescente de dix-sept ans déçue par la vie qu'elle mène et les hommes qu'elle rencontre.
STA→39,95$ STA-LBX-DVD→41,95$ **Général**

**DESERT BLOOM** ▷4
É.-U. 1985. Drame psychologique de Eugene CORR avec Annabeth Gish, Jon Voight et JoBeth Williams. - Une adolescente de 13 ans dont la mère s'est remariée avec un garagiste de Las Vegas souffre en silence d'un manque d'affection.
VO→13,95$ **Général**

**DESERT FOX, THE** ▷4
É.-U. 1951. Drame biographique de Henry HATHAWAY avec James Mason, Jessica Tandy et Luther Adler. - La carrière du général Rommel et sa mésentente avec Hitler.
VO→24,95$ **Général**

**DESERT HEARTS** ▷4
É.-U. 1985. Drame psychologique de Donna DEITCH avec Helen Shaver, Patricia Charbonneau et Audra Lindley. - Au Nevada en 1959, une universitaire se découvre des tendances homosexuelles lorsqu'elle s'éprend d'une jeune employée d'un casino local.
VO→14,95$ **13 ans +**

**DESERT RATS, THE** ▷4
É.-U. 1953. Drame de guerre de Robert WISE avec Richard Burton, Robert Newton et James Mason. - En 1941, la défense de Tobrouk par une division australienne.
VO→24,95$ **Non classé**

**DÉSERT ROUGE, LE** ►2
ITA. 1964. Drame psychologique de Michelangelo ANTONIONI avec Monica Vitti, Richard Harris et Xenia Valderi. - Une jeune femme névrosée tente de sortir de sa solitude angoissée. - Scénario introspectif. Couleur utilisée avec un grand art. Remarquable souci formel. M. Vitti merveilleusement dirigée.
STA→LS STA-LBX-DVD→LS **Général**

**DESERT SONG, THE** ▷6
É.-U. 1953. Comédie musicale de Bruce HUMBERSTONE avec Kathryn Grayson, Gordon MacRae et Raymond Massey. - Un archéologue timide est en réalité le chef d'un groupe de rebelles arabes.
VO→19,95$ **Général**

**DESERTER** ▷0
RUS. 1933, Vsevolod POUDOVKINE
STA→41,95$ **Général**

**DÉSERTEUR DE FORT ALAMO, LE**
Voir: THE MAN FROM THE ALAMO

**DÉSESPOIR** ▷3
ALL.-FR. 1977. Drame psychologique de Rainer Werner FASSBINDER avec Dirk Bogarde, Andréa Ferréol et Volker Spengler. - Au début des années 30, le directeur d'une fabrique de chocolat songe à disparaître en changeant d'identité. - Histoire bizarre. Style recherché. Ironie constante. Interprétation intelligente de D. Bogarde.
VO→32,95$ **13 ans +**

**DESIGNING WOMAN** ▷3
É.-U. 1956. Comédie de mœurs de Vincente MINNELLI avec Gregory Peck, Lauren Bacall et Dolores Gray. - Les mésaventures conjugales d'un rédacteur sportif et d'une dessinatrice de haute couture. - Satire spirituelle et amusante. Mise en scène élégante. Interprétation en finesse.
VO→19,95$ **Non classé**

**DÉSILLUSIONS**
Voir: THE MYTH OF THE FINGERPRINTS

**DÉSIR D'AMOUR**
Voir: EASY TO LOVE

**DÉSIR SOUS LES ORMES**
Voir: DESIRE UNDER THE ELMS

**DESIRE** ▷4
É.-U. 1935. Comédie policière de Frank BORZAGE avec Marlene Dietrich, Gary Cooper et John Halliday. - Une aventurière séduit un ingénieur pour lui faire passer à la frontière le produit d'un vol.
VO→16,95$ **Général**

**DÉSIRÉ** ▷5
FR. 1937. Comédie réalisée et interprétée par Sacha GUITRY avec Pauline Carton et Jacqueline Delubac. - Les aventures amoureuses d'un valet de chambre.
VO→LS **Général**

**DESIRE UNDER THE ELMS** ▷5
É.-U. 1957. Drame psychologique de Delbert MANN avec Sophia Loren, Anthony Perkins et Burl Ives. - Un jeune homme devient l'amant de sa belle-mère.
VO→26,95$ **Général**

**DESIREE** ▷4
É.-U. 1954. Drame biographique de Henry KOSTER avec Marlon Brando, Jean Simmons et Merle Oberon. - La vie de Désirée Clary qui fut fiancée à Napoléon puis délaissée par lui.
VO→24,95$ **Général**

**DESK SET** ▷4
É.-U. 1957. Comédie de Walter LANG avec Spencer Tracy, Katharine Hepburn et Joan Blondell. - Les directeurs d'un poste de télévision décident de remplacer le personnel féminin du service des recherches par un cerveau électronique.
VO→16,95$ **Général**

**DESOLATION ANGELS** ▷0
É.-U. 1995, Tim McCANN
VO→15,95$

**DÉSORDRE** ▷3
FR. 1986. Drame de mœurs d'Olivier ASSAYAS avec Wadeck Stanczak, Ann-Gisel Glass et Lucas Belvaux. - La mésentente s'installe dans un groupe de jeunes musiciens après un cambriolage qui a entraîné la mort d'un homme. - Création d'atmosphère et description de milieu intéressantes. Évocation subtile de tourments psychologiques.
VO→LS Général

**DÉSOSSEUR, LE**
Voir: THE BONE COLLECTOR

**DESPAIR**
Voir: DÉSESPOIR

**DESPERADO** ▷5
É.-U. 1995. Drame de Robert RODRIGUEZ avec Antonio Banderas, Joaquim de Almeida et Salma Hayek. - Un jeune mariachi affronte un trafiquant de drogue qui a tué sa bien-aimée.
VF→12,95$ LBX→14,95$ LBX-DVD→PC 16 ans + Violence

**DESPERADOES, THE** ▷4
É.-U. 1942. Western de Charles VIDOR avec Randolph Scott, Glenn Ford et Claire Trevor. - Un jeune homme entreprend de délivrer un village de ses hors-la-loi.
VO→14,95$ Général

**DESPERATE** ▷4
É.-U. 1947. Drame policier d'Anthony MANN avec Steve Brodie, Audrey Long et Raymond Burr. - Un camionneur sur qui des gangsters exercent un chantage tente de leur échapper en se réfugiant dans une ferme avec sa jeune épouse.
VO→LS Non classé

**DESPERATE HOURS** ▷5
É.-U. 1990. Drame policier de Michael CIMINO avec Mickey Rourke, Anthony Hopkins et Mimi Rogers. - Trois criminels en fuite terrorisent une famille chez qui ils se sont réfugiés.
VO→11,95$ 13 ans +

**DESPERATE HOURS, THE** ▷3
É.-U. 1955. Drame de William WYLER avec Fredric March, Humphrey Bogart et Arthur Kennedy. - Trois évadés de prison se réfugient chez un banquier dont ils terrorisent la famille. - Brillant thriller. Subtile étude de milieu. Dialogue sobre. Interprétation forte.
VO→14,95$ Non classé

**DESPERATE LIVING** ▷0
É.-U. 1977, John WATERS
VO→19,95$ 18 ans +

**DESPERATE MEASURES** ▷5
É.-U. 1998. Drame policier de Barbet SCHROEDER avec Michael Keaton, Andy Garcia et Brian Cox. - Son enfant ayant besoin d'une greffe de la moelle osseuse, un policier pourchasse un détenu en fuite qui avait accepté d'être donneur.
VO→PC 13 ans + Violence

**DESPERATELY SEEKING SUSAN** ▷4
É.-U. 1985. Comédie satirique de Susan SEIDELMAN avec Rosanna Arquette, Madonna et Aidan Quinn. - Des incidents imprévus entraînent une épouse bourgeoise dans l'existence capricieuse d'une jeune bohème.
VO→14,95$ Général

**DESSOUS DE LA MILLIONNAIRE, LES**
Voir: THE MILLIONAIRESS

**DESTIN DE WILL HUNTING, LE**
Voir: GOOD WILL HUNTING

**DESTIN, LE** ▷3
ÉGY. 1997. Drame historique de Youssef CHAHINE avec Nour El Cherif, Laila Eloui et Mahmoud Hémeida. - Dans l'Andalousie du XIIe siècle, un philosophe prônant un Islam ouvert est persécuté par des intégristes. - Exercice de mémoire courageux et nécessaire. Personnages et récits dans le récit multiples. Traitement délibérément artificiel et naïf.
VF→18,95$ Général

**DESTINATION MOON** ▷4
É.-U. 1950. Science-fiction de Irving PICHEL avec John Archer, Warner Anderson et Tom Powers. - Quatre hommes effectuent le premier voyage de la Terre à la Lune à bord d'une fusée.
VO→29,95$ Général

**DESTINATION TOKYO** ▷4
É.-U. 1944. Drame de guerre de Delmer DAVES avec Cary Grant, John Garfield et Alan Hale. - Un sous-marin américain doit pénétrer dans la baie de Tokyo pour une mission de reconnaissance secrète.
VO→19,95$ Général

**DESTINATION: ZEBRA, STATION POLAIRE**
Voir: ICE STATION ZEBRA

**DESTINÉES SENTIMENTALES, LES** ▷3
FR. 2000. Chronique d'Olivier ASSAYAS avec Charles Berling, Emmanuelle Béart et Isabelle Huppert. - Au début du XXe siècle, un pasteur protestant divorcé quitte le pastorat, se remarie et prend la direction de l'entreprise familiale. - Fresque historico-sociale mêlant intrigues familiales et sentimentales. Valeur documentaire indéniable. Traitement elliptique. Mise en scène fluide. Distribution imposante.
VO→LS Général

**DESTINY TURNS ON THE RADIO** ▷5
É.-U. 1995. Comédie policière de Jack BARAN avec James Legros, Dylan McDermott et Nancy Travis. - Un voleur fraîchement évadé de prison tente de reconquérir son ancienne maîtresse et de retrouver un magot mystérieusement disparu.
VF→LS VO→LS Général

**DESTROY ALL MONSTERS!** ▷6
JAP. 1968. Science-fiction de Ishirô HONDA avec Akira Kubo, Jun Tazaki et Kyoko Ai. - En 1999, des astronautes japonais luttent contre des envahisseurs venus de la planète Killak.
VA-LBX→24,95$ Général

**DESTRUCTEUR, LE**
Voir: DEMOLITION MAN

**DESTRY RIDES AGAIN** ▷3
É.-U. 1945. Western de George MARSHALL avec Marlene Dietrich, James Stewart et Charles Winninger. - Un nouvel assistant-shérif doit affronter un tenancier de saloon malhonnête et ses complices. - Traitement vivant et humoristique. Réalisation assurée. Interprètes de valeur.
VO→14,95$ Général

**DETAILS OF A DUEL** ▷0
CUB.-COL. 1989, Sergio CABRERA
STA→LS Général

**DÉTECTIVE** ▷4
FR. 1985. Comédie dramatique de Jean-Luc GODARD avec Nathalie Baye, Claude Brasseur et Johnny Hallyday. - Dans un hôtel parisien, un détective et son neveu enquêtent sur un meurtre tandis qu'un promoteur de boxe reçoit la visite de créanciers.
STA→LS

**DETECTIVE (FATHER BROWN), THE** ▷4
ANG. 1954. Comédie policière de Robert HAMER avec Alec Guinness, Joan Greenwood et Peter Finch. - Les aventures d'un prêtre-détective qui veut sauver l'âme d'un voleur endurci.
VO→LS Général

**DÉTECTIVE PHILLIP LOVECRAFT**
Voir: CAST A DEADLY SPELL

**DÉTECTIVES**
Voir: COPLAND

**DETOUR** ▷4
É.-U. 1945. Drame policier d'Edgar G. ULMER avec Tom Neal, Ann Savage et Claudia Drake. - Parti rejoindre sa fiancée à Hollywood, un pianiste en vient à prendre l'identité d'un richard mort subitement après l'avoir pris en stop.
VO→29,95$ Général

**DÉTRAQUÉS** ▷4
ALL. 1984. Drame de Carl SCHENKEL avec G. George, R. Soutendijk et W. Kieling. - Un vendredi soir, quatre personnes se retrouvent coincées dans un ascenseur en panne d'un gratte-ciel de Hambourg.
VF→LS Général

**DETROIT 9000** ▷0
É.-U. 1973, Arthur MARKS
VO→16,95$

**DETROIT ROCK CITY** ▷6
É.-U. 1999. Comédie de Adam RIFKIN avec Edward Furlong, Sam Huntington et James De Bello. - En 1978, à Detroit, quatre amis adolescents cherchent par tous les moyens à obtenir des billets pour un concert du groupe rock Kiss.
VF→LS VO→LS LBX-DVD→PC 13 ans +

**DETROIT, VILLE DU ROCK**
Voir: DETROIT ROCK CITY

**DETTE (VERONICO CRUZ), LA** ▷3
ARG. 1988. Drame social de Miguel PEREIRA avec Juan Jose Camero, Gonzalo Morales et René Olaguivel. - Nouvellement affecté dans un village de montagne, un instituteur s'intéresse à un jeune Indien d'une dizaine d'années. - Tableau attachant de la dure existence des populations rurales en Argentine. Aspect documentaire indéniable. Illustration adéquate. Interprétation sobre et convaincante.
STA→LS VF→LS Non classé

**DEUCE BIGALOW - MALE GIGOLO** ▷6
É.-U. 1999. Comédie de Mike MITCHELL avec Rob Schneider, William Forsythe et Eddie Griffin. - Un célibataire paumé au physique très ordinaire décide de devenir gigolo.
VF→LS VO→LS

**DEUX** ▷4
FR. 1989. Comédie de mœurs de Claude ZIDI avec Gérard Depardieu, Maruschka Detmers et Michelle Goddet. - Un organisateur de concerts et la directrice d'une agence immobilière vivent une idylle qui les force à remettre leur indépendance en question.
VO→LS 13 ans +

**DEUX ANGLAISES EN DÉLIRE**
Voir: SMASHING TIME

**DEUX COW-BOYS À NEW YORK**
Voir: THE COWBOY WAY

**DEUX CRIMES (DOS CRIMENES)** ▷4
MEX. 1995. Comédie dramatique de Roberto SNEIDER avec Damian Alcazar, Jose Carlos Ruiz et Dolores Heredia. - Les neveux et nièces d'un vieillard riche et malade rivalisent entre eux pour s'assurer une part de son héritage.
VF→13,95$ STA→13,95$ 13 ans +

**DEUX CROCODILES, LES** ▷6
FR. 1987. Comédie dramatique de Joël SÉRIA avec Jean-Pierre Marielle, Jean Carmet et Julien Guiomar. - En voyage en Bretagne, un petit commerçant se lie d'amitié à un ancien truand après avoir vécu avec lui diverses aventures.
VO→LS 13 ans +

**DEUX DOLLARS SUR UN TOCARD**
Voir: LET IT RIDE

**DEUX ESCROCS EN VACANCES**
Voir: TWO IF BY SEA

**DEUX FARFELUS AU RÉGIMENT**
Voir: NO TIME FOR SERGEANTS

**DEUX FEMMES EN OR** ▷6
QUÉ. 1970. Comédie de Claude FOURNIER avec Monique Mercure, L. Turcot et Marcel Sabourin. - Deux femmes de banlieue négligées par leurs maris décident d'inviter le plus de livreurs possible chez elles.
VO→36,95$ 18 ans +

**DEUX FILLES D'AUJOURD'HUI**
Voir: CAREER GIRLS

**DEUX FILS DE...**
Voir: DIRTY ROTTEN SCOUNDRELS

**DEUX FLICS À DOWNTOWN**
Voir: DOWNTOWN

**DEUX FONT LA PAIRE, LES**
Voir: IT TAKES TWO

**DEUX FRAGONARD, LES** ▷4
FR. 1989. Drame de mœurs de Philippe LE GUAY avec Joachim de Almeida, Philippine Leroy-Beaulieu et Robin Renucci. - Au XVIIIe siècle, une belle lavandière, employée comme modèle par un peintre connu, devient du jour au lendemain une vedette du beau monde.
VO→LS 13 ans +

**DEUX GAMINS, LES** ▷6
ESP. 1960. Mélodrame de Antonio DEL AMO avec Joselito Jimenez, Pablito Alonzo et Maria Piazzai. - Des vagabonds utilisent deux enfants pour voler une villa.
VF→LS Général

**DEUX HEURES MOINS LE QUART AVANT JÉSUS-CHRIST** ▷6
FR. 1982. Comédie réalisée et interprétée par Jean YANNE avec Michel Coluche et Michel Serrault. - À l'occasion d'une visite de Jules César en Afrique du Nord, un modeste garagiste est entraîné dans un complot politique.
VO→19,95$ Général

**DEUX HOMMES DANS LA VILLE** ▷4
FR. 1973. Drame psychologique de José GIOVANNI avec Alain Delon, Jean Gabin et Michel Bouquet. - Un ancien prisonnier en voie de réhabilitation est harcelé par un policier.
VO→LS Général

**DEUX INCONNUS DANS LA VILLE** ▷5
ITA. 1985. Comédie policière d'Amanzio TODINI avec Marcello Mastroianni, Vittorio Gassman et Giorgio Gobbi. - Un ancien bagnard accepte de remplacer un vieil ami malade dans une affaire de contrebande de devises.
VF→LS Général

**DEUX MAINS DANS LA NUIT**
Voir : THE SPIRAL STAIRCASE

**DEUX MINETS POUR JULIETTE**
Voir: NOT WITH MY WIFE, YOU DON'T

**DEUX NIGAUDS CHEZ LES TUEURS**
Voir: ABBOTT AND COSTELLO MEET THE KILLER

**DEUX NIGAUDS CHEZ VÉNUS**
Voir: ABBOTT AND COSTELLO GO TO MARS

**DEUX NIGAUDS CONTRE FRANKENSTEIN**
Voir: ABBOTT AND COSTELLO MEET FRANKENSTEIN

**DEUX NIGAUDS COW-BOYS**
Voir: RIDE 'EM COWBOY

**DEUX NIGAUDS DANS LA MARINE**
Voir: IN THE NAVY

**DEUX NIGAUDS ET LA MOMIE**
Voir: ABBOTT AND COSTELLO MEET THE MUMMY

**DEUX NIGAUDS RENCONTRENT L'HOMME INVISIBLE**
Voir: ABBOTT AND COSTELLO MEET THE INVISIBLE MAN

**DEUX NIGAUDS SOLDATS**
Voir : BUCK PRIVATES

**DEUX OISEAUX RARES**
Voir: TWO OF A KIND

**DEUX TÊTES FOLLES**
Voir: PARIS WHEN IT SIZZLES

**DEUXIÈME FEMME, LA**
Voir: THE SECOND WOMAN

**DEUXIÈME SOUFFLE, LE** ▷3
FR. 1966. Drame policier de Jean-Pierre MELVILLE avec Lino Ventura, Paul Meurisse et Raymond Pellegrin. - Un évadé de prison tente de prouver qu'il n'est pas un «donneur». - Ton de tragédie. Rigueur quasi scientifique. Style dépouillé.
VO→LS **Non classé**

**DEVENIR COLETTE**
Voir: BECOMING COLETTE

**DEVIL AND DANIEL WEBSTER, THE** ▷4
É.-U. 1942. Drame fantastique de William DIETERLE avec Edward Arnold, Walter Huston et James Craig. - Un fermier vend son âme au diable puis confie sa cause à un avocat retors.
VO→22,95$ **Général**

**DEVIL AND MISS JONES, THE** ▷4
É.-U. 1941. Comédie de Sam WOOD avec Jean Arthur, Robert Cummings et Charles Coburn. - Le patron d'une chaîne de magasins new-yorkais se déguise en simple commis pour étudier les griefs de ses employés.
VO→19,95$ **Général**

**DEVIL AT 4 O'CLOCK, THE** ▷5
É.-U. 1961. Drame de Mervyn LeROY avec Spencer Tracy, Frank Sinatra et Kerwin Matthews. - Un vieux prêtre et trois bagnards sauvent un groupe d'enfants d'une éruption volcanique.
VO→12,95$ **Général**

**DEVIL BAT, THE (KILLER BATS)** ▷6
É.-U. 1940. Drame d'horreur de Jean YARBROUGH avec Bela Lugosi, Suzanne Kaaren et Dave O'Brien. - Un savant employé chez un parfumeur crée une chauve-souris monstrueuse qu'il entraîne à tuer.
VO→LS **Général**

**DEVIL DOLL, THE** ▷4
É.-U. 1937. Drame fantastique de Tod BROWNING avec Lionel Barrymore, Maureen O'Sullivan et Frank Lawton. - Un savant réduit des êtres vivants à la taille d'une poupée.
VO→19,95$ Non classé

**DEVIL IN A BLUE DRESS** ▷4
É.-U. 1995. Drame policier de Carl FRANKLIN avec Denzel Washington, Tom Sizemore et Jennifer Beals. - En 1948, un ouvrier au chômage s'attire des ennuis lorsqu'il accepte de rechercher une jeune femme disparue qui semble impliquée dans une affaire louche.
VO→13,95$ VF→13,95$ **13 ans +**

**DEVIL IN THE FLESH**
Voir: LE DIABLE AU CORPS

**DEVIL IS A WOMAN, THE** ▷3
É.-U. 1935. Drame de mœurs de Josef VON STERNBERG avec Marlene Dietrich, Lionel Atwill et Cesar Romero. - En Espagne, un officier tombe éperdument amoureux d'une femme capricieuse et ensorcelante. - Adaptation luxuriante du roman *La Femme et le pantin* de Pierre Louys. Traitement d'une savante ironie. Illustration d'un baroque fastueux.
VO→14,95$ **Général**

**DEVIL RIDES OUT, THE** ▷0
ANG. 1968, Terence FISHER
LBX→14,95$ **13 ans +**

**DEVIL'S ADVOCATE** ▷4
É.-U. 1997. Drame fantastique de Taylor HACKFORD avec Al Pacino, Keanu Reeves et C. Theron. - Un jeune avocat ambitieux découvre que son nouveau patron n'est nul autre que le diable en personne.
LBX→14,95$ VF→18,95$ VO→14,95$
LBX-DVD→26,95$ **16 ans +**

**DEVIL'S BRIGADE, THE** ▷4
É.-U. 1967. Drame de guerre de Andrew V. McLAGLEN avec William Holden, Cliff Robertson et Vince Edwards. - En 1942, les exploits d'un lieutenant-colonel et de son unité de commandos.
VO→19,95$ **Non classé**

**DEVIL'S BROTHER, THE (FRA DIAVOLO)** ▷5
É.-U. 1935. Comédie de Hal ROACH et Charles R. ROGERS avec Stan Laurel, Oliver Hardy et Dennis King. - En Italie, au XVIIIe siècle, deux braves bougres dépouillés par des voleurs s'engagent dans une bande de brigands.
VO→19,95$ **Général**

**DEVIL'S EYE, THE**
Voir: L'ŒIL DU DIABLE

**DEVIL'S HONEY** ▷6
ITA. 1986. Drame psychologique de Lucio FULCI avec Bianca Marsillach, Brett Halsey et Stefano Madia. - Après la mort subite de son ami lors d'une opération chirurgicale, une femme enlève et séquestre le médecin qu'elle juge responsable du décès.
VF→LS **18 ans +**

**DEVIL'S ISLAND** ▷0
ISL. 1996, Fridrik THÓR FRIDRIKSSON
STA→21,95$

**DEVIL'S NIGHTMARE**
Voir: LA PLUS LONGUE NUIT DU DIABLE

**DEVIL'S OWN, THE** ▷4
É.-U. 1997. Drame policier d'Alan J. PAKULA avec Brad Pitt, Harrison Ford et Margaret Colin. - Un policier new-yorkais ne soupçonne pas que le jeune Irlandais qu'il héberge supervise l'achat d'armement destiné à l'IRA.
VF→14,95$ VO→18,95$ LBX-DVD→23,95$ **13 ans + Violence**

**DEVIL'S RAIN, THE** ▷5
É.-U. 1975. Drame fantastique de Robert FUEST avec E. Borgnine, Tom Skerritt et Eddie Albert. - Un homme part à la recherche de sa mère et de son frère, victimes des dévots d'un culte satanique.
VO→24,95$ **13 ans +**

**DEVILS, THE** ▷4
ANG. 1971. Drame historique de Ken RUSSELL avec Oliver Reed, Vanessa Redgrave et Dudley Sutton. - En 1631, un curé s'oppose à un édit du Cardinal de Richelieu et est accusé par des religieuses de les avoir ensorcelées.
VF→19,95$ VO→19,95$ **18 ans +**

**DEVINE QUI VIENT DÎNER**
Voir: GUESS WHO'S COMING TO DINNER

**DIABLE À QUATRE HEURES, LE**
Voir: THE DEVIL AT FOUR O'CLOCK

**DIABLE À QUATRE, LE** ▷5
QUÉ. 1988. Comédie dramatique de Jacques W. BENOÎT avec Normand Chouinard, Sylvie Legault et Sébastien Tougas. - Un divorcé, père d'un garçon, se met en ménage avec une collègue de bureau, mère d'une fillette, ce qui occasionne quelques conflits.
VO→LS **Général**

**DIABLE AU CŒUR, LE** ▷0
FR. 1975, Bernard QUEYSANNE
VO→LS **18 ans +**

**DIABLE AU CORPS, LE** ▷5
ITA. 1986. Drame de mœurs de Marco BELLOCCHIO avec Maruschka Detmers, Federico Pitzalis et Anita Laurenzi. - Un lycéen s'engage avec la fiancée d'un terroriste repenti dans une liaison passionnée et compromettante.
STA→LS VO→LS **13 ans +**

**DIABLE D'AMÉRIQUE, LE** ▷4
QUÉ. 1990. Documentaire de Gilles CARLE. - Diverses facettes de la présence du diable dans certaines cultures nord-américaines de jadis et d'aujourd'hui.
STA→24,95$ VO→24,95$ **Général**

**DIABLE EN ROBE BLEUE, LE**
Voir: DEVIL IN A BLUE DRESS

**DIABLE EST PARMI NOUS, LE** ▷6
QUÉ. 1972. Drame policier de Jean BEAUDIN avec Daniel Pilon, L. Marleau et Danielle Ouimet. - En enquêtant sur la mort d'un ami, un journaliste croit déceler les agissements d'une secte satanique.
VO→LS **18 ans +**

**DIABLE, LA**
Voir: SHE-DEVIL

**DIABLES, LES**
Voir: THE DEVILS

**DIABOLIQUE** ▷5
É.-U. 1996. Drame policier de Jeremiah CHECHIK avec Sharon Stone, Isabelle Adjani et Chazz Palminteri. - L'épouse et la maîtresse d'un directeur d'école tyrannique s'unissent pour l'éliminer.
VO→18,95$ VF→19,95$ LBX-DVD→21,95$ **13 ans + Violence**

**DIABOLIQUEMENT VÔTRE** ▷5
FR. 1967. Drame policier de Julien DUVIVIER avec Alain Delon, Senta Berger et Sergio Fantoni. - Devenu amnésique à la suite d'un accident, un homme tente désespérément de retrouver son passé.
VO→LS **Non classé**

**DIABOLIQUES, LES** ►2
FR. 1955. Drame de Henri-Georges CLOUZOT avec Simone Signoret, Paul Meurisse et Vera Clouzot. - La femme et la maîtresse d'un homme odieux sont décidées à le supprimer. - Suspense d'une efficacité implacable. Réalisation inventive. Psychologie fouillée. Excellents interprètes.
STA→17,95$ STA-DVD→44,95$ **Général**

**DIABOLO MENTHE** ▷4
FR. 1977. Chronique de Diane KURYS avec Éléonore Klarwein, Odile Michel et Anouk Ferjac. - L'année scolaire de deux sœurs adolescentes au début des années 1960.
VO→LS **Général**

**DIAL M FOR MURDER** ▷4
É.-U. 1954. Drame policier d'Alfred HITCHCOCK avec Ray Milland, Grace Kelly et Robert Cummings. - Un mari cupide charge un criminel de supprimer sa femme.
VO→19,95$ **Général**

**DIAMANT DU NIL, LE**
Voir: THE JEWEL OF THE NILE

**DIAMANTS SONT ÉTERNELS, LES**
Voir: DIAMONDS ARE FOREVER

**DIAMOND HEAD** ▷5
É.-U. 1962. Drame de Guy GREEN avec Charlton Heston, Yvette Mimieux et George Chakiris. - Un riche propriétaire terrien d'Hawaii s'oppose au mariage de sa sœur avec un indigène.
VO→19,95$

**DIAMONDS ARE FOREVER** ▷4
ANG. 1971. Drame d'espionnage de Guy HAMILTON avec Sean Connery, Jill St. John et Charles Gray. - L'agent secret James Bond enquête sur une affaire de contrebande de diamants.
LBX→LS VO→11,95$ VF→11,95$ **Général**

**DIANE** ▷5
É.-U. 1955. Drame historique de David MILLER avec Lana Turner, Pedro Armendariz et Marisa Pavan. - La vie de Diane de Poitiers, maîtresse de Henri II, et son influence sur la politique de la France.
VO→19,95$ **Général**

**DIANE DE POITIERS**
Voir: DIANE

**DIARY OF A CHAMBERMAID** ▷4
É.-U. 1946. Drame de Jean RENOIR avec Paulette Goddard, Burgess Meredith et Hurd Hatfield. - Une jolie femme de chambre sème le trouble dans une famille bourgeoise.
VO→19,95$ **Général**

**DIARY OF A HITMAN** ▷5
É.-U. 1991. Drame policier de Roy LONDON avec Forest Whitaker, Sherilyn Fenn et Sharon Stone. - Contraint d'honorer une dernière mission, un tueur à gages tombe sous le charme de la femme et du bébé qu'il doit abattre.
VO→LS **Non classé**

**DIARY OF A LOST GIRL**
Voir: JOURNAL D'UNE FILLE PERDUE

**DIARY OF A MADMAN** ▷6
É.-U. 1963. Drame d'horreur de Reginald LeBORG avec Vincent Price, Nancy Kovack et Chris Warfield. - Un juge devient la victime d'un être maléfique invisible.
VO→14,95$ **Général**

**DIARY OF A SERIAL KILLER** ▷6
É.-U. 1997. Drame policier de Joshua WALLACE avec Gary Busey, Arnold Vosloo et Julia Campbell. - Témoin d'un meurtre commis par un tueur en série, un journaliste conclut une entente avec celui-ci afin d'obtenir l'exclusivité de son histoire.
VO→19,95$ **13 ans + Violence**

**DIARY OF ANNE FRANK, THE** ▷3
É.-U. 1959. Drame psychologique de George STEVENS avec Millie Perkins, Joseph Schildkraut et Shelley Winters. - Une petite Juive de quatorze ans vit dans un grenier avec sa famille dans l'espoir d'échapper à la Gestapo. - Récit authentique. Mise en scène soignée. Interprétation sobre et prenante.
VO→29,95$ **Général**

**DIARY OF FORBIDDEN DREAMS (WHAT ?)** ▷4
ITA. 1972. Comédie fantaisiste de Roman POLANSKI avec Sydne Rome, Marcello Mastroianni et Hugh Griffith. - Après avoir échappé à un viol, une auto-stoppeuse échoue dans une villa italienne occupée par divers obsédés sexuels.
VF→LS VO→LS **13 ans +**

**DICK** ▷5
É.-U. 1999. Comédie satirique de Andrew FLEMING avec Kirsten Dunst, Michelle Williams et Dan Hedaya. - En 1972, deux adolescentes s'immiscent dans l'entourage du président Richard Nixon et l'impliquent dans l'affaire du Watergate.
VF→LS VO→LS LBX-DVD→PC **Général**

**DICK TRACY** ▷4
É.-U. 1990. Drame policier réalisé et interprété par Warren BEATTY avec Madonna et Al Pacino. - Dans les années 1930, un détective lutte intrépidement contre la pègre qui infeste sa ville.
VO→LS VF→11,95$ LBX-DVD→29,95$ **Général**

**DICK TRACY MEETS GRUESOME** ▷6
É.-U. 1947. Drame policier de John RAWLINS avec Ralph Byrd, Boris Karloff et Anne Gwynne. - Des bandits utilisent l'invention d'un savant disparu.
VO→LS **Non classé**

**DICK TRACY, DETECTIVE** ▷6
É.-U. 1945. Drame policier de William BERKE avec Morgan Conway, Ann Jeffreys et Mike Mazurki. - Un détective recherche un meurtrier qui s'attaque aux membres du jury qui l'a fait condamner.
VO→LS **Non classé**

**DIDIER** ▷5
FR. 1997. Comédie réalisée et interprétée par Alain CHABAT avec Jean-Pierre Bacri et Isabelle Gélinas. - Un agent recruteur remplace le joueur étoile d'une équipe de soccer par un chien qui s'est transformé en homme.
VO→18,95$ **Général**

**DIE! DIE! MY DARLING!** ▷5
ANG. 1965. Drame d'horreur de Silvio NARIZZANO avec Tallulah Bankhead, Stefanie Powers et Peter Vaughan. - Une fanatique retient prisonnière la fiancée de son fils décédé.
VO→LS **13 ans +**

**DIE HARD** ▷4
É.-U. 1988. Drame policier de John McTIERNAN avec Bruce Willis, Alan Rickman et Bonnie Bedelia. - Dans un gratte-ciel de Los Angeles, un policier engage une guerre personnelle contre des terroristes qui ont pris en otage sa femme et ses collègues de bureau.
VF→16,95$ VO→15,95$ LBX→22,95$
LBX-DVD→28,95$ 13 ans +

**DIE HARD 2: DIE HARDER** ▷4
É.-U. 1990. Drame policier de Renny HARLIN avec Bruce Willis, William Sadler et Dennis Franz. - Alors qu'il attend sa femme à l'aéroport, un policier se trouve mêlé à une opération de terroristes qu'il tente de contrer.
VF→16,95$ 13 ans +

**DIE HARD TRILOGY (COFFRET)** ▷4
VF→42,95$ VO→41,95$ LBX→64,95$

**DIE HARD WITH A VENGEANCE** ▷4
É.-U. 1995. Drame policier de John McTIERNAN avec Bruce Willis, Samuel L. Jackson et Jeremy Irons. - Un policier new-yorkais s'efforce d'arrêter un terroriste qui sème la panique dans la ville avec une série d'attentats à la bombe.
VF→16,95$ LBX-DVD→27,95$ 13 ans + Violence

**DIE MONSTER, DIE!** ▷5
É.-U. 1965. Drame d'horreur de Daniel HALLER avec Nick Adams, Boris Karloff et Susan Farmer. - Un jeune homme découvre que le père de sa fiancée se livre à des expériences maléfiques.
VO→11,95$ 13 ans +

**DIE SCREAMING MARIANNE** ▷0
ANG. 1971, Pete WALKER
VO→34,95$

**DIEU MERCI C'EST VENDREDI**
Voir: THANK GOD IT'S FRIDAY

**DIEU SEUL LE SAIT**
Voir: HEAVEN KNOWS, MISTER ALLISON

**DIEU SEUL ME VOIT** ▷4
FR. 1998. Comédie sentimentale de Bruno PODALYDÈS avec Denis Podalydès, Jeanne Balibar et Isabelle Candelier. - Un grand indécis ne sait où donner de la tête entre les trois femmes qu'il fréquente.
VO→18,95$ Général - Déconseillé aux jeunes enfants

**DIEU VOMIT LES TIÈDES** ▷5
FR. 1989. Drame psychologique de Robert GUEDIGUIAN avec Ariane Ascaride, Pierre Banderet et Jean-Pierre Darroussin. - Un écrivain à succès revient dans sa ville natale de Marseille où il renoue avec trois amis d'enfance.
VO→LS Général

**DIEUX DU STADE, LES** ▷3
ALL. 1936. Documentaire de Leni RIEFENSTAHL. - Les moments les plus marquants des Jeux olympiques de 1936 à Berlin. - Document fascinant sur le plan historique en tant que manifestation de la propagande nazie. Prouesses sportives bien mises en valeur par la caméra et le montage.
VA→44,95$ Général

**DIEUX SONT TOMBÉS SUR LA TÊTE, LES**
Voir: THE GODS MUST BE CRAZY

**DIEUX SONT TOMBÉS SUR LA TÊTE... LA SUITE, LES**
Voir: THE GODS MUST BE CRAZY 2

**DIGGING TO CHINA** ▷5
É.-U. 1998. Drame psychologique de Timothy HUTTON avec Kevin Bacon, Evan Rachel Wood et Cathy Moriarty. - Dans les années 60, une fillette de dix ans assoiffée de liberté se lie d'amitié avec un simple d'esprit âgé de trente ans.
VO→14,95$ Général

**DIGGSTOWN** ▷4
É.-U. 1992. Comédie dramatique de Michael RITCHIE avec James Woods, Louis Gossett jr et Bruce Dern. - Un magouilleur convainc un boxeur vieillissant de participer à un match-marathon où il devra vaincre dix adversaires de suite.
VO→10,95$ VF→11,95$ 13 ans +

**DILEMME** ▷0
A.S. 1962, Henning CARLSEN
STA→41,95$ Général

**DILETTANTE, LA** ▷4
FR. 1999. Comédie dramatique de Pascal THOMAS avec Catherine Frot, Barbara Schulz et Sébastien Cotterot. - Fuyant sa vie monotone en Suisse, une femme mûre revient seule et sans ressources à Paris, où elle brille pourtant dans divers boulots.
VO→19,95$

**DILLINGER** ▷0
É.-U. 1945, Max NOSSECK
VO→18,95$ Non classé

**DIMANCHE À LA CAMPAGNE, UN** ►2
FR. 1984. Comédie dramatique de Bertrand TAVERNIER avec Louis Ducreux, Sabine Azéma et Michel Aumont. - Un vieux peintre veuf reçoit son fils et sa fille dans sa villa à la campagne. - Tableau de mœurs d'un charme délicieux. Notations psychologiques finement observées. Images d'une beauté sans apprêts. Interprétation d'une justesse convaincante.
STA-LBX→34,95$ STA-DVD→49,95$ Général

**DIMANCHE À NEW YORK, UN**
Voir: SUNDAY IN NEW YORK

**DIMANCHE DE FLIC, UN** ▷5
FR. 1982. Drame policier de Michel VIANEY avec Jean Rochefort, Victor Lanoux et Barbara Sukowa. - Deux commissaires de police proches de la retraite se compromettent dans une affaire de drogue et d'argent.
VO→LS Général

**DIMANCHES DE PERMISSION, LES** ▷4
ROU. 1993. Comédie de mœurs de Nae CARANFIL avec Nathalie Bonifay, Marius Stanescu et George Alexandru. - Dans une petite ville de garnison, un garçon qui effectue son service militaire est épris d'une belle lycéenne qui lui préfère un acteur volage.
STF→LS Non classé

**DIMANCHES DE VILLE-D'AVRAY, LES** ▷3
FR. 1961. Drame poétique de Serge BOURGUIGNON avec Hardy Kruger, Patricia Gozzi et Nicole Courcel. - L'amitié naissante entre un amnésique et une fillette. - Récit délicat et sensible. Très belles images. Interprétation prenante.
STA→32,95$ Général

**DIMPLES** ▷5
É.-U. 1936. Comédie dramatique de William SEITER avec Shirley Temple, Frank Morgan et Helen Westley. - Une fillette s'efforce de venir en aide à son grand-père ruiné.
VO→LS Général

**DINER** ▷3
É.-U. 1982. Étude de mœurs de Barry LEVINSON avec Steve Guttenberg, Mickey Rourke et Daniel Stern. - À la fin des années 1950, cinq copains en mal de vieillir se retrouvent dans un petit restaurant. - Peinture ironique. Traitement juste. Réalisation mi-comique, mi-nostalgique. Personnages plausibles campés solidement.
LBX-DVD→PC VF→14,95$ LBX-DVD→PC 13 ans +

**DÎNER DE CONS, LE** ▷4
FR. 1998. Comédie de mœurs de Francis VEBER avec Jacques Villeret, Thierry Lhermitte et Francis Huster. - Un participant à des dîners dont la règle est d'être accompagné d'un imbécile voit sa vie bouleversée par son dernier invité.
DVD→29,95$ VO→18,95$ DVD→29,95$ Général

**DING ET DONG: LE FILM** ▷6
QUÉ. 1990. Comédie d'Alain CHARTRAND avec Serge Thériault, Claude Meunier et Raymond Bouchard. - Deux comédiens facétieux

héritent d'une forte somme avec laquelle ils entreprennent d'ouvrir un théâtre pour y jouer un classique de Corneille.
VO→LS Général

**DINNER AT EIGHT** ▷4
É.-U. 1933. Comédie de George CUKOR avec Jean Harlow, Wallace Beery et John Barrymore. - Les problèmes des invités à une réception mondaine. - Adaptation spirituelle et brillante d'une pièce de théâtre. Mise en scène raffinée. Dialogue intelligent. Distribution de classe.
VO→18,95$ Général

**DINOSAUR** ▷4
É.-U. 2000. Film d'animation d'Eric LEIGHTON et Ralph ZONDAG. - Au crétacé, un bébé dinosaure adopté par une famille de lémuriens rejoint les siens après la chute d'un gigantesque météore.
VF→26,95$ VO→26,95$ Général

**DIPLOMANIACS** ▷0
É.-U. 1933, William SEITER
VO→LS Non classé

**DIPLOMATIC IMMUNITY** ▷4
CAN. 1991. Drame politique de Sturla GUNNARSSON avec Wendel Meldrum, Ofelia Medina et Michael Hogan. - Une diplomate envoyée au Salvador y découvre que les logements sociaux construits grâce aux fonds d'aide du Canada servent de caserne militaire.
VF→LS VO→LS 13 ans +

**DIPLÔMÉS DU DERNIER RANG, LES** ▷6
FR. 1982. Comédie de Christian GION avec Michel Galabru, Marie Laforêt et Philippe Manesse. - Les tribulations du directeur d'un institut privé aux prises avec des cancres invétérés.
VO→LS 13 ans +

**DIRTY** ▷4
CAN. 1997. Drame de mœurs de Bruce SWEENEY avec Tom Scholte, Babz Chula et Benjamin Ratner. - Dans une petite ville de banlieue, divers personnages tentent de vaincre la solitude qui les étreint.
VO→13,95$ 16 ans +

**DIRTY DANCING** ▷4
É.-U. 1987. Drame musical d'Emile ARDOLINO avec Patrick Swayze, Jennifer Grey et Jerry Orbach. - En vacances avec ses parents dans un hôtel chic, une adolescente se propose de remplacer la partenaire malade de l'instructeur de danse sociale.
VO→14,95$ VF→14,95$ Général

**DIRTY DINGUS MAGEE** ▷4
É.-U. 1970. Western de Burt KENNEDY avec Frank Sinatra, George Kennedy et Anne Jackson. - Après avoir été volé par un vieux copain, un homme devient shérif et se met lui-même à sa poursuite.
VO→PC 13 ans +

**DIRTY DOZEN, THE** ▷3
É.-U. 1967. Drame de guerre de Robert ALDRICH avec Lee Marvin, Charles Bronson et John Cassavetes. - En 1944, douze soldats condamnés pour délits graves sont recrutés pour former un commando en vue d'une mission spéciale. - Étude de caractère intéressante. Verve antimilitariste. Distribution imposante.
LBX→LS VO→14,95$ LBX-DVD→26,95$ 13 ans +

**DIRTY HARRY** ▷4
É.-U. 1971. Drame policier de Don SIEGEL avec Clint Eastwood, Andy Robinson et Reni Santoni. - Un inspecteur brutal est chargé de dépister un maniaque criminel.
LBX→19,95$ VO→18,95$ VF→18,95$
LBX-DVD→26,95$ 13 ans +

**DIRTY ROTTEN SCOUNDRELS** ▷4
É.-U. 1988. Comédie de Frank OZ avec Michael Caine, Steve Martin et Glenne Headley. - Deux escrocs exerçant leurs talents sur un même territoire font un pari afin de départager lequel des deux en restera le seul maître.
VF→LS VO→11,95$ Général

**DIS-MOI OUI** ▷5
FR. 1994. Comédie dramatique d'Alexandre ARCADY avec Jean-Hugues Anglade, Julia Maraval et Claude Rich. - Un jeune médecin volage prend sous sa protection une adolescente malade.
VO→11,95$ Général

**DIS-MOI QUE JE RÊVE** ▷3
FR. 1998. Drame psychologique de Claude MOURIÉRAS avec Muriel Mayette, Frédéric Pierrot et Vincent Dénériaz. - En Savoie, un simple d'esprit qui parle surtout à sa vache préférée donne du souci à sa famille de paysans. - Portrait savoureux d'un milieu agricole. Approche humaniste des problèmes liés aux handicaps physiques ou mentaux.
VO→LS Général

**DISAPPEARANCE OF GARCIA LORCA, THE**
Voir: LA DISPARITION DE GARCIA LORCA

**DISCLOSURE** ▷5
É.-U. 1994. Drame de mœurs de Barry LEVINSON avec Michael Douglas, Demi Moore et Donald Sutherland. - Cadre dans une firme spécialisée en réalité virtuelle, un père de famille accuse sa patronne de harcèlement sexuel.
VO→11,95$ VF→11,95$ LBX-DVD→21,95$ 13 ans + Érotisme

**DISCO GODFATHER** ▷0
É.-U. 1979, J. Robert WAGONER
VO→LS 13 ans +

**DISCRÈTE, LA** ▷3
FR. 1990. Comédie de mœurs de Christian VINCENT avec Fabrice Luchini, Judith Henry et Maurice Garrel. - Un écrivain entreprend de séduire une jeune femme avec l'intention de l'abandonner ensuite brutalement et de transcrire l'aventure dans un roman. - Approche psychologique fine. Marivaudage plein de fraîcheur. Mise en scène simple mais bien maîtrisée.
VO→LS Général

**DISHONORED** ▷3
É.-U. 1931. Drame d'espionnage de Josef VON STERNBERG avec Marlene Dietrich, Victor McLaglen et Warner Oland. - En 1915, à Vienne, une veuve d'officier, tombée dans la prostitution, est engagée par les services secrets. - Bonne évocation d'époque. Style net et sobre. M. Dietrich excellente.
VO→16,95$ Général

**DISORDERLY ORDERLY, THE** ▷4
É.-U. 1964. Comédie de Frank TASHLIN avec Jerry Lewis, Susan Oliver et Glenda Farrell. - Dans une clinique, un infirmier maladroit s'éprend d'une jeune patiente.
VF→11,95$ VO→11,95$ Général

**DISPARITION COMMANDÉE**
Voir: HIDE IN PLAIN SIGHT

**DISPARITION DE GARCIA LORCA, LA** ▷5
ESP. 1997. Drame de Marcos ZURINAGA avec Esai Morales, Andy Garcia et Edward James Olmos. - Un journaliste exilé retourne en Espagne déterminé à éclaircir les circonstances de l'assassinat d'un grand poète durant la guerre civile.
VF→14,95$ VO→14,95$ 13 ans + Violence

**DISPARUE, LA**
Voir: THE VANISHING

**DISRAELI** ▷5
É-U. 1929. Drame historique de Alfred E. GREEN avec George Arliss, Joan Bennett et Anthony Bushell. - Premier ministre d'Angleterre, Disraeli fait en sorte d'acquérir le canal de Suez pour son pays.
VO→18,95$ Général

**DISTANT DRUMS** ▷5
É.-U. 1951. Aventures de Raoul WALSH avec Gary Cooper, Mari Aldon et Richard Webb. - Une expédition militaire contre un fort tombé aux mains des Indiens en Floride.
VO→19,95$ Général

**DISTANT THUNDER** ▷4
É.-U.-CAN. 1988. Drame psychologique de Rick ROSENTHAL avec John Lithgow, Ralph Macchio et Kerrie Keane. - Un adolescent cherche à reprendre contact avec son père qui l'a abandonné à son retour du Viêt-nam.
VF→LS VO→PC Général

**DISTANT VOICES, STILL LIVES** ▷3
ANG. 1988. Étude de mœurs de Terence DAVIES avec Freda Dowie, Angela Walsh et Dean Williams. - Les petites joies et les grandes peines d'une famille irlandaise vivant dans un quartier ouvrier de Liverpool. - Peinture de mœurs à la fois simple et recherchée. Traitement fortement stylisé et évocateur. Jeu des interprètes fort bien adapté au ton de l'ensemble.
VO→LS Général

**DISTRACTIONS À DENVER QUAND SONNE LE GLAS**
Voir: THINGS TO DO IN DENVER WHEN YOU'RE DEAD

**DISTRAIT, LE** ▷4
FR. 1970. Comédie réalisée et interprétée par Pierre RICHARD avec Bernard Blier et Marie-Christine Barrault. - Un garçon distrait trouve un emploi dans une agence de publicité grâce à l'influence de sa mère sur le directeur de la firme.
VO→LS Général

**DISTURBING BEHAVIOR** ▷5
É.-U. 1998. Drame de David NUTTER avec J. Marsden, Katie Holmes et Nick Stahl. - Des adolescents se révoltent contre un psychiatre qui contrôle leurs amis grâce à une technique neuropharmacologique.
VF→14,95$ VO→PC 13 ans +

**DITES-LUI QUE JE L'AIME** ▷3
FR. 1977. Drame psychologique de Claude MILLER avec Gérard Depardieu, Miou-Miou et Dominique Laffin. - Un jeune homme est malade d'amour pour une ancienne amie qui a épousé quelqu'un d'autre. - Scénario tiré d'un roman de Patricia Highsmith. Aspects psychologiques intéressants. Mise en scène attentive aux détails significatifs. Jeu puissant de Depardieu.
STA→PC 13 ans +

**DIVA** ▷3
FR. 1980. Drame policier de Jean-Jacques BEINEIX avec Frédéric Andrei, Richard Bohringer et Jacques Fabbri. - Après avoir enregistré clandestinement la voix d'une cantatrice noire, un jeune homme connaît diverses tribulations. - Scénario compliqué. Mise en scène inventive. Brillant exercice de style. Interprétation dans la note.
STA→14,95$ VO→14,95$ STA-LBX-DVD→27,95$ 13 ans +

**DIVAN À NEW YORK, UN** ▷4
FR. 1995. Comédie sentimentale de Chantal AKERMAN avec William Hurt, Juliette Binoche et Paul Guilfoyle. - Une jeune danseuse française se met à traiter les patients du psychanalyste new-yorkais dont elle a sous-loué l'appartement.
VO→14,95$ Général

**DIVINE MADNESS** ▷4
É.-U. 1980. Spectacle musical de Michael RITCHIE. - Spectacle donné par Bette Midler au Civic Auditorium de Pasadena en Californie où elle interprète plusieurs chansons et livre des monologues comiques.
VO→LS 13 ans +

**DIVINE TRASH** ▷0
É.-U. 1998, Steve YEAGER
VO→19,95$

**DIVORCE À L'ITALIENNE** ▷3
ITA. 1961. Comédie de Pietro GERMI avec Marcello Mastroianni, Daniela Rocca et Leopoldo Trieste. - Un noble Sicilien décide de tuer sa femme afin de convoler avec une cousine. - Habile mélange de satire et d'humour noir. Mise en images fort soignée.
STA→39,95$ 13 ans +

**DIVORCE ITALIAN STYLE**
Voir: DIVORCE À L'ITALIENNE

**DIVORCE OF LADY X, THE** ▷4
ANG. 1937. Comédie de mœurs de Tim WHELAN avec Merle Oberon, Laurence Olivier et Ralph Richardson. - Un avocat se croit impliqué dans une affaire de divorce après avoir partagé sa chambre d'hôtel avec une inconnue.
VO→LS Général

**DIVORCEE, THE** ▷4
É.-U. 1930. Drame sentimental de Robert Z. LEONARD avec Norma Shearer, Chester Morris et Conrad Nagel. - Les tribulations sentimentales d'une femme qui est sur le point de se séparer de son mari.
VO→19,95$ Général

**DIX COMMANDEMENTS, LES**
Voir: THE TEN COMMANDMENTS

**DIXIÈME VICTIME, LA** ▷5
ITA. 1965. Science-fiction d'Elio PETRI avec Marcello Mastroianni, Ursula Andress et Elsa Martinelli. - Au XXIe siècle, les gouvernements ont institué un sport où des chasseurs sont autorisés à traquer des humains.
VA→LS 13 ans +

**DJANGO** ▷0
ITA.-ESP. 1966, Sergio CORBUCCI
VA-LBX→14,95$ 13 ans +

**DJANCO SHOOTS FIRST** ▷0
ITA. 1967, Alberto DE MARTINO
VA→24,95$

**DJANGO STRIKES AGAIN** ▷0
ITA. 1987, Nello ROSSATI
VA-LBX→14,95$ 13 ans + Violence

**DJEMBEFOLA** ▷0
GUI. 1991, Laurent CHEVALIER
STA→LS Général

**DO DETECTIVES THINK?** ▷0
É.-U. 1927, Fred GUIOL
ITA→15,95$

**DO THE RIGHT THING** ▷3
É.-U. 1989. Drame social réalisé et interprété par Spike LEE avec Danny Aiello et Ossie Davis. - Les exploitants italiens d'une pizzeria de Brooklyn provoquent l'agressivité des Noirs du quartier. - Évocation mordante de conflits raciaux. Réalisation énergique et fort éloquente. Interprétation vivante et savoureuse.
VF→11,95$ VO→11,95$ LBX-DVD→PM 13 ans +

**DOBERMANN** ▷4
FR. 1997. Drame policier de Jan KOUNEN avec Vincent Cassel, Tchéky Karyo et Monica Bellucci. - Des braqueurs de banque ultra-violents sont aux prises avec un inspecteur de police brutal et sadique. - Exercice de style outré mais énergique. Trame archi-connue. Esthétique de bande dessinée. Sens marqué de l'auto-dérision. Interprétation mordante.
VO→21,95$ 18 ans + Violence

**DOC** ▷4
É.-U. 1971. Western de Frank PERRY avec Stacy Keach, Faye Dunaway et Harris Yulin. - Un tueur à gages se rend en Arizona pour venir en aide à un ami aux prises avec des criminels.
VO→18,95$ 13 ans +

**DOC HOLLIDAY**
Voir: DOC

**DOC HOLLYWOOD** ▷5
É.-U. 1991. Comédie de Michael CATON-JONES avec Michael J. Fox, Julie Warner et Barnard Hughes. - En route vers Hollywood où il compte faire fortune, un jeune médecin ambitieux voit ses plans d'avenir bouleversés lorsqu'il tombe en panne dans un patelin.
VF→11,95$ Général

**DOC SAVAGE ARRIVE**
Voir: DOC SAVAGE: THE MAN OF BRONZE

**DOC SAVAGE: THE MAN OF BRONZE** ▷5
É.-U. 1975. Aventures de Michael ANDERSON avec Ron Ely, Paul Wexler et Pamela Hensley. - Un justicier enquête sur la mort mystérieuse de son père à qui une tribu indigène avait fait don d'une concession aurifère.
VO→19,95$ Général

**DOCKS OF NEW YORKS, THE** ▷0
É.-U. 1928, Josef VON STERNBERG
VO→37,95$ Général

**DOCTEUR AGAKI** ▷3
JAP. 1998. Comédie dramatique de Shohei IMAMURA avec Akira Emoto, Kumiko Aso et Jyuro Kara. - À la fin de la Seconde Guerre mondiale, un médecin japonais est obsédé par les crises de foie qui ravagent son village. - Réflexion éclairante sur certaines facettes des mœurs nipponnes. Variations de ton surprenantes.
STA→119,95$ 13 ans +

**DOCTEUR FRANÇOISE GAILLAND** ▷5
FR. 1975. Drame psychologique de Jean-Louis BERTUCCELLI avec Annie Girardot, François Périer et Jean-Pierre Cassel. - Une femme médecin apprend qu'elle est atteinte d'un cancer et menacée de mort prochaine.
VO→LS Général

**DOCTEUR JERRY ET MISTER LOVE**
Voir: THE NUTTY PROFESSOR

**DOCTEUR JIVAGO**
Voir: DOCTOR ZHIVAGO

**DOCTEUR JUSTICE** ▷5
FR. 1975. Aventures de CHRISTIAN-JAQUE avec John Philip Law, Gert Froebe et Nathalie Delon. - À la suite d'un concours de circonstances, un médecin enquête sur la disparition d'une cargaison de pétrole remplacée par de l'eau de mer.
VO→LS Général

**DOCTEUR PETIOT** ▷4
FR. 1990. Drame de Christian DE CHALLONGE avec Michel Serrault, Pierre Romans et Zbigniew Horoks. - À Paris, durant l'Occupation, un médecin attire des Juifs en leur promettant un passage en zone libre et les tue pour s'emparer de leurs biens.
VO→LS 13 ans +

**DOCTEUR RICTUS**
Voir: DR. GIGGLES

**DOCTEUR, LE**
Voir: THE DOCTOR

**DOCTOR AND THE DEVILS, THE** ▷5
É.-U. 1985. Drame de mœurs de Freddie FRANCIS avec Timothy Dalton, Jonathan Price et Twiggy. - Au milieu du XIXe siècle, un professeur d'anatomie fait appel à deux crapules afin de se procurer des cadavres pour ses leçons pratiques.
VO→29,95$ 13 ans +

**DOCTOR AT LARGE** ▷5
ANG. 1956. Comédie de Ralph THOMAS avec Dirk Bogarde, Muriel Pavlow et James Justice. - Les mésaventures d'un médecin débutant.
VO→PC Général

**DOCTOR DOLITTLE** ▷4
É.-U. 1998. Comédie fantaisiste de Betty THOMAS avec Eddie Murphy, Kristen Wilson et Oliver Platt. - L'existence d'un médecin est bouleversée lorsqu'il s'aperçoit qu'il peut parler aux animaux.
VF→15,95$ VO→19,95$ Général

**DOCTOR DOLITTLE** ▷4
É.-U. 1967. Comédie musicale de Richard FLEISCHER avec Rex Harrison, Anthony Newley et Samantha Eggar. - Un vétérinaire émérite entreprend un voyage de recherche.
VF→16,95$ VO→16,95$ Général

**DOCTOR IN THE HOUSE** ▷4
ANG. 1954. Comédie de Ralph THOMAS avec Dirk Bogarde, Muriel Pavlow et K. More. - Heurs et malheurs d'un étudiant en médecine.
VO→18,95$ VF Général

**DOCTOR IN TROUBLE** ▷6
ANG. 1970. Comédie de Ralph THOMAS avec Leslie Phillips, Angela Scoular et Robert Morley. - Un docteur qui doit se marier pour obtenir un poste avantageux aux États-Unis se met à la recherche de l'élue de son cœur.
VO→PC 13 ans +

**DOCTOR ZHIVAGO** ►2
É.-U. 1965. Drame de David LEAN avec Omar Sharif, Julie Christie et Geraldine Chaplin. - Les tribulations d'un jeune médecin dans le cadre de la révolution russe. - Adaptation soignée du roman de Boris Pasternak. Remarquable reconstitution d'époque. Photographie d'un esthétisme marqué. Excellente interprétation.
VF→LS LBX→LS LBX-DVD→26,95$ Général

**DOCTOR, THE** ▷4
É.-U. 1991. Drame psychologique de Randa HAINES avec William Hurt, Christine Lahti et Elizabeth Perkins. - Un chirurgien qui traite ses patients avec cynisme adopte une nouvelle attitude face à sa pratique lorsqu'il devient lui-même malade.
VF→LS VO→LS 13 ans +

**DODES 'KA-DEN** ►2
JAP. 1970. Drame social d'Akira KUROSAWA avec Zuchi Yoshitaka, Tomoko Yamazaki et Noboru Mitsutani. - Un bidonville japonais abrite plusieurs déshérités de la vie. - Mélange impressionnant de réalisme et de poésie. Observation attentive des mœurs. Interprétation fort appropriée.
STA→27,95$ Général

**DODGE CITY** ▷4
É.-U. 1939. Western de Michael CURTIZ avec Errol Flynn, Olivia de Havilland et Ann Sheridan. - Un aventurier rétablit l'ordre dans une ville-champignon.
VO→19,95$ Général

**DODSWORTH** ▷4
É.-U. 1936. Drame psychologique de William WYLER avec Walter Huston, Ruth Chatterton et Paul Lukas. - Un industriel américain voit son mariage mis en péril par un voyage en Europe.
VO→14,95$ DVD→26,95$ Général

**DOG DAY AFTERNOON** ►2
É.-U. 1975. Drame policier de Sidney LUMET avec Al Pacino, J. Cazale et C. Durning. - Cernés par la police dans une banque, deux voleurs d'occasion se servent des employés comme otages. - Reconstitution vivante d'un fait divers. Mise en scène ingénieuse et attentive aux détails significatifs. Interprétation juste de tous les rôles.
VO→19,95$ VF→14,95$ LBX-DVD→21,95$ 13 ans +

**DOG OF FLANDERS, A** ▷4
É.-U. 1960. Conte de James B. CLARK avec David Ladd, Donald Crisp et Theodore Bikel. - Un petit Hollandais doué pour la peinture recueille et soigne un chien cruellement battu.
VO→13,95$ **Général**

**DOG PARK** ▷5
CAN.-É.-U. 1998. Comédie sentimentale réalisée et interprétée par Bruce McCULLOCH avec Luke Wilson et Natasha Henstridge. - Les hauts et les bas sentimentaux d'un groupe de jeunes citadins.
VF→PC VO→19,95$ **Général - Déconseillé aux jeunes enfants**

**DOGFIGHT** ▷4
É.-U. 1991. Drame sentimental de Nancy SAVOCA avec River Phoenix, Lili Taylor et Richard Panebianco. - À la veille de s'embarquer pour le Viêt-nam, un fusilier marin fait la connaissance d'une jeune fille avec qui il passe la nuit.
VF→19,95$ VO→18,95$ **Général**

**DOGMA** ▷5
É.-U. 1999. Comédie fantaisiste de Kevin SMITH avec Ben Affleck, Matt Damon et Linda Fiorentino. - Deux anges condamnés à vivre éternellement sur Terre risquent de provoquer la fin du monde en essayant de retourner au ciel.
VF→18,95$ VO→14,95$ LBX-DVD→PM **13 ans + Violence**

**DOGME**
Voir: DOGMA

**DOGS IN SPACE** ▷0
AUS. 1986, Richard LOWENSTEIN
VO→LS **13 ans +**

**DOGS OF WAR, THE** ▷4
ANG. 1980. Aventures de John IRVIN avec Christopher Walken, Tom Berenger et Colin Blakely. - Les activités d'un mercenaire américain dans un pays d'Afrique.
VF→LS LBX→14,95$ **13 ans +**

**DOGTOWN** ▷0
É.-U. 1997, George HICKENLOOPER
VO→LS **13 ans +**

**DOIGTS CROISÉS, LES** ▷5
ANG. 1970. Comédie policière de Richard CLÉMENT avec Marlène Jobert, Kirk Douglas et Trevor Howard. - Un espion et sa nouvelle épouse connaissent de folles aventures.
VF→LS **Non classé**

**DOLCE VITA, LA** ►1
ITA. 1960. Étude de mœurs de Federico FELLINI avec Marcello Mastroianni, Anita Ekberg et Anouk Aimée. - Un journaliste est appelé à fréquenter les milieux les plus faisandés de Rome. - Œuvre magistrale. Vision critique implacable et lucide. Mise en scène flamboyante. Interprètes excellemment dirigés.
VF→29,95$ STA→24,95$ **Général**

**DOLL, THE** ▷0
POL. 1969, Wojciech J. HAS
STA→LS **Général**

**DOLL'S HOUSE, A** ▷4
ANG. 1973. Drame psychologique de Joseph LOSEY avec Jane Fonda, Trevor Howard et David Warner. - La femme d'un directeur de banque cache à son mari une transaction douteuse.
VO→14,95$ **Non classé**

**DOLL'S HOUSE, A** ▷4
ANG. 1973. Drame psychologique de Patrick GARLAND avec Claire Bloom, Anthony Hopkins et Ralph Richardson. - L'épouse choyée d'un directeur de banque lui cache une dette importante.
VO→14,95$ **Général**

**DOLLAR** ▷0
SUÈ. 1937, Gustaf MOLANDER
STA→21,95$ **Général**

**DOLLARS** ▷4
É.-U. 1971. Drame policier de Richard BROOKS avec Warren Beatty, Goldie Hawn et Scott Brady. - Un homme a mis au point un plan ingénieux pour s'emparer de l'argent déposé par des escrocs dans une banque de Hambourg.
VO→14,95$ **13 ans +**

**DOLLMAKER, THE** ▷3
É.-U. 1984. Drame social de Daniel PETRIE avec Jane Fonda, Levon Helm et Geraldine Page. - Au début des années 1940, une famille de pauvres campagnards du Kentucky doit émigrer à Detroit pour trouver subsistance. - Téléfilm adoptant le point de vue de la mère. Milieu social bien décrit. Incidents prenants. Réalisation attentive. Forte composition de J. Fonda.
VO→LS **Non classé**

**DOLLS** ▷4
É.-U. 1987. Drame d'horreur de Stuart GORDON avec Carrie Lorraine, Ian Patrick Williams et Carolyn Purdy-Gordon. - Réfugiés chez un fabricant de poupées durant un orage, des voyageurs découvrent que les créations de leur hôte peuvent s'animer d'un délire meurtrier.
VO→LS **Non classé**

**DOLLY SISTERS, THE** ▷5
É.-U. 1950. Comédie musicale d'Irving CUMMINGS avec Betty Grable, John Payne et June Haver. - Deux sœurs hongroises émigrent à New York et deviennent des vedettes de music-hall.
VO→23,95$ **Général**

**DOLORES CLAIBORNE** ▷4
É.-U. 1995. Drame psychologique de Taylor HACKFORD avec Kathy Bates, Jennifer Jason Leigh et Christopher Plummer. - À la suite du décès de sa patronne, une gouvernante affronte à nouveau un enquêteur qui a tenté, 20 ans plus tôt, de prouver qu'elle avait tué son mari.
VF→LS LBX→18,95$ LBX-DVD→21,95$ **16 ans +**

**DOLPHIN, THE** ▷0
BRÉ. 1987, Walter LIMA
STA→21,95$ **Général**

**DOMINICK AND EUGENE** ▷4
É.-U. 1988. Drame psychologique de Robert M. YOUNG avec Tom Hulce, Ray Liotta et Jamie Lee Curtis. - Les relations tumultueuses de frères jumeaux dont l'un, mentalement attardé, travaille comme éboueur et l'autre poursuit des études en médecine.
VF→LS VO→13,95$ **Général**

**DOMINO PRINCIPLE, THE** ▷5
É.-U. 1977. Drame policier de Stanley E. KRAMER avec Gene Hackman, Richard Widmark et Candice Bergen. - Une organisation mystérieuse fait évader un prisonnier pour s'en servir comme tueur à gages.
VO→LS **13 ans +**

**DON ANGELO EST MORT**
Voir: THE DON IS DEAD

**DON CAMILLO EN RUSSIE** ▷5
FR. 1965. Comédie de Luigi COMENCINI avec Fernandel, Gino Cervi et Leda Gloria. - Un curé force le maire communiste de son village à l'emmener en Russie avec lui.
VO→LS **Général**

**DON CAMILLO MONSEIGNEUR** ▷5
FR. 1961. Comédie de Carmine GALLONE avec Fernandel, Gino Cervi et Gina Rovere. - Le curé Don Camillo, devenu prélat, et le maire Peppone, élu sénateur, continuent de s'affronter.
VO→LS **Général**

**DON IS DEAD, THE** ▷5
É.-U. 1973. Drame policier de Richard FLEISCHER avec Anthony Quinn, Frederic Forrest et Robert Forster. - Un mafioso prend sous sa protection le fils d'un chef de la pègre récemment décédé.
VO→LS **13 ans +**

**DON JUAN** ▷5
FR.-ALL.-ESP. 1997. Drame de mœurs réalisé et interprété par Jacques WEBER avec Michel Boujenah et Emmanuelle Béart. - Après avoir séduit et abandonné une belle jeune fille, un grand séducteur poursuit sa quête de nouvelles aventures sentimentales.
VO→19,95$ Général

**DON JUAN 73** ▷5
FR. 1973. Drame de mœurs de Roger VADIM avec Brigitte Bardot, Maurice Ronet et Robert Hossein. - Une riche héritière s'amuse à dégrader les hommes qu'elle choisit comme amants.
VO→LS 13 ans +

**DON JUAN DE L'ATLANTIQUE, LE**
Voir: THE GREAT LOVER

**DON JUAN DE NEW YORK, LE**
Voir: LAST OF THE RED HOT LOVERS

**DON JUAN DeMARCO** ▷4
É.-U. 1995. Comédie sentimentale de Jeremy LEVEN avec Johnny Depp, Marlon Brando et Faye Dunaway. - Un jeune homme qui se prend pour le célèbre séducteur Don Juan raconte sa prétendue existence à un psychiatre.
VF→12,95$ VO→11,95$ LBX-DVD→PC Général

**DON Q, SON OF ZORRO** ▷0
É.-U. 1925, Donald CRISP
VO→34,95$ Général

**DON QUIXOTE** ▷0
É.-U. 2000, Peter YATES
VO→14,95$

**DON SEGUNDO SOMBRA** ▷0
ARG. 1969, Manuel ANTIN
STA→59,95$ Général

**DON'T BE A MENACE TO SOUTH CENTRAL WHILE DRINKING YOUR JUICE IN THE HOOD** ▷0
É.-U. 1996, Paris BARCLEY
VO→14,95$ 13 ans + Langage vulgaire

**DON'T BOTHER TO KNOCK** ▷4
É.-U. 1952. Drame psychologique de Roy Ward BAKER avec Richard Widmark, Marilyn Monroe et Anne Bancroft. - Une gardienne d'enfant déséquilibrée menace de tuer une fillette.
VO→16,95$ Non classé

**DON'T DRINK THE WATER** ▷4
É.-U. 1994. Comédie réalisée et interprétée par Woody ALLEN avec Michael J. Fox et Julie Kavner. - En 1961, des touristes du New Jersey qui sont pris pour des espions dans un pays communiste trouvent refuge à l'ambassade des États-Unis.
VO→LS

**DON'T LOOK BACK** ▷5
É.-U. 1996. Drame policier de Geoff MURPHY avec Eric Stoltz, John Corbett et Josh Hamilton. - Des trafiquants de drogue pourchassent un héroïnomane qui leur a dérobé une forte somme d'argent.
VO→LS 13 ans + Violence

**DON'T LOOK BACK: BOB DYLAN** ▷4
É-U. 1965. Documentaire de Don A. PENNEBAKER. - Reportage sur une tournée du chanteur Bob Dylan en Grande-Bretagne en 1965.
VO→19,95$ DVD→21,95$ 13 ans +

**DON'T LOOK IN THE BASEMENT!** ▷6
É.-U. 1973. Drame d'horreur de S. F. BROWNRIGG avec Rosie Holotik, Anne McAdams et William Bill McGhee. - Dans une clinique psychiatrique, une infirmière se rend compte que les malades ont pris la direction de l'institution.
VO→29,95$ 18 ans +

**DON'T LOOK NOW** ▷3
ANG. 1973. Drame de Nicolas ROEG avec Julie Christie, Donald Sutherland et Hilary Mason. - Un couple anglais de passage à Venise est soumis à d'étranges expériences. - Scénario mystérieux fondé sur la croyance à certains phénomènes de voyance. Suspense efficace. Climat insolite et envoûtant.
VO→LS 13 ans +

**DON'T MAKE WAVES** ▷5
É.-U. 1967. Comédie d'Alexander MACKENDRICK avec Tony Curtis, Claudia Cardinale et Robert Webber. - À la suite d'un accident de voiture, un jeune homme est entraîné dans un chassé-croisé amoureux.
VO→19,95$ Général

**DON'T PLAY US CHEAP** ▷0
É.-U. 1973, Melvin VAN PEEBLES
VO→29,95$ Général

**DON'T RAISE THE BRIDGE LOWER THE RIVER** ▷5
É.-U. 1967. Comédie de Jerry PARIS avec Jerry Lewis, Jacqueline Pearce et Terry-Thomas. - Pour éviter le divorce d'avec sa femme, un affairiste cherche à se créer une situation stable.
VF→LS VO→LS Général

**DON'T TORTURE A DUCKLING** ▷0
ITA. 1972, Lucio FULCI
VA-LBX→14,95$

**DON'T TOUCH THE WHITE WOMAN!**
Voir: TOUCHE PAS À LA FEMME BLANCHE

**DONA FLOR AND HER TWO HUSBANDS**
Voir: DONA FLOR ET SES DEUX MARIS

**DONA FLOR ET SES DEUX MARIS** ▷5
BRÉ. 1977. Comédie de Bruno BARRETO avec Sonia Braga, Jose Wilker et Mauro Mendonca. - Une veuve remariée à un pharmacien est tourmentée par le fantôme de son premier mari.
STA→21,95$ 13 ans +

**DONA HERLINDA AND HER SON** ▷4
MEX. 1985. Comédie de mœurs de Jaime Humberto HERMOSILLO avec Guadalupe del Toro, Marco Antonio Trevino et Gustavo Meza. - Bien qu'acceptant l'homosexualité de son fils, une mère s'arrange pourtant pour que celui-ci épouse une fille de bonne famille.
STA→LS 13 ans +

**DONNIE BRASCO** ▷4
É.-U. 1997. Drame policier de Mike NEWELL avec Johnny Depp, Al Pacino et Michael Madsen. - Un agent du FBI s'infiltre dans les rangs de la mafia new-yorkaise en gagnant la confiance d'un gangster expérimenté.
VO→14,95$ VF→12,95$ LBX→14,95$
LBX-DVD→34,95$ 16 ans + Violence

**DONOVAN'S BRAIN** ▷5
É.-U. 1953. Science-fiction de Felix FEIST avec Lew Ayres, Gene Evans et Nancy Davis. - Un savant qui a réussi à maintenir en vie le cerveau d'un millionnaire décédé dans un accident, tombe sous l'influence maléfique de celui-ci.
VO→14,95$ Général

**DONOVAN'S REEF** ▷4
É.-U. 1963. Comédie dramatique de John FORD avec John Wayne, Elizabeth Allen et Lee Marvin. - Dans une île du Pacifique, une jeune fille tente de prendre son père en défaut afin d'obtenir le contrôle d'une industrie familiale.
VO→14,95$ Non classé

**DOOM GENERATION, THE** ▷5
É.-U. 1995. Drame de mœurs de Gregg ARAKI avec Rose McGowan, James Duval et Jonathon Schaech. - Un jeune couple formé par un garçon candide et une fille impétueuse rencontre un jeune meurtrier qui les entraîne dans une cavale d'enfer.
VF→18,95$ VO→34,95$ DVD→26,95$ 18 ans + Violence

**DOORS, THE** ▷4
É.-U. 1991. Drame biographique d'Oliver STONE avec Val Kilmer, Meg Ryan et Kevin Dillon. - Évocation de la carrière et de la vie sentimentale du chanteur américain Jim Morrison.
VO→11,95$ VF→11,95$ LBX-DVD→27,95$ 13 ans +

**DORIAN GRAY**
Voir: LE PORTRAIT DE DORIAN GRAY

**DOSSIER 51, LE** ▷3
FR. 1978. Drame de Michel DEVILLE avec François Marthouret, Roger Planchon et Françoise Lugagne. - À son insu, un homme devient l'objet d'une surveillance par un organisme international. - Scénario complexe mais intéressant. Mise en scène originale. Traitement d'une froideur objective.
VO→LS **Non classé**

**DOSSIER ANDERSON, LE**
Voir: THE ANDERSON TAPES

**DOSSIER SECRET**
Voir: CONFIDENTIAL REPORT

**DOUBLE CONDAMNATION**
Voir: DOUBLE JEOPARDY

**DOUBLE DÉTENTE**
Voir: RED HEAT

**DOUBLE HAPPINESS** ▷4
CAN. 1994. Comédie dramatique de Mina SHUM avec Sandra Oh, Alannah Ong et Stephen Chang. - Une jeune Sino-Canadienne de Vancouver qui désire vivre à l'américaine fait face à l'opposition de son père traditionaliste.
VO→18,95$ **Général**

**DOUBLE IDENTITY** ▷4
FR. 1990. Drame policier de Yves BOISSET avec Nick Mancuso, Leah Pinsent et Patrick Bauchau. - Chargé de recouvrer les créances d'un usurier, un ancien professeur prend conscience des méthodes malhonnêtes exigées par son employeur.
VO→LS **Non classé**

**DOUBLE INDEMNITY** ▷3
É.-U. 1944. Drame policier de Billy WILDER avec Fred MacMurray, Barbara Stanwyck et Edward G. Robinson. - Un agent d'assurances assassine le mari de celle qu'il aime.- Adaptation d'un roman de James Cain. Psychologie bien étudiée. Mise en scène fort habile. Très bonne interprétation.
VO→14,95$ DVD→21,95$ **Général**

**DOUBLE JEOPARDY** ▷5
É.-U. 1999. Drame policier de Bruce BERESFORD avec Ashley Judd, Tommy Lee Jones et Bruce Greenwood. - Injustement accusée du meurtre de son mari, qui l'a piégée, une femme cherche à se venger.
VF→19,95$ VO→19,95$
LBX-DVD→PC **Général - Déconseillé aux jeunes enfants**

**DOUBLE LIFE, A** ▷3
É.-U. 1947. Drame de George CUKOR avec Ronald Colman, Signe Hasso et Shelley Winters. - Un comédien s'identifie au personnage d'Othello ce qui l'amène à commettre des actes violents. - Tension dramatique soutenue. Mise en scène de qualité. Très bons interprètes.
VO→9,95$ **Général**

**DOUBLE MÉMOIRE**
Voir: UNFORGETTABLE

**DOUBLE SUICIDE** ►2
JAP. 1969. Drame de Masahiro SHINODA avec Kichiemon Nakamura, Shima Iwashita et Hosei Komatsu. - L'amour contrarié d'un homme d'affaires pour une courtisane finit par les conduire au suicide. - Expériences formelles très originales. Approfondissement psychologique. Cadre d'époque fort bien évoqué. Excellente interprétation.
STA→27,95$ **Général**

**DOUBLE TEAM** ▷6
É.-U. 1997. Drame d'espionnage de Tsui HARK avec Jean-Claude Van Damme, Dennis Rodman et Mickey Rourke. - Un espion désavoué par ses supérieurs se lance à la poursuite d'un terroriste qui a kidnappé sa femme.
VF→9,95$ LBX-DVD→36,95$ **13 ans + Violence**

**DOUBLE VIE DE VÉRONIQUE, LA** ►2
FR. 1991. Drame psychologique de Krzysztof KIESLOWSKI avec Irène Jacob, Philippe Volter et Claude Duneton. - Une étrange ressemblance existe entre deux jeunes musiciennes, nées le même jour dans des pays différents, qui ont chacune l'intuition que l'autre existe. - Riche exploration psychologique sur le mystère du destin. Récit habilement construit. Réalisation inventive. Interprétation remarquable d'I. Jacob.
STA→19,95$ VO→12,95$ **Général**

**DOUBLE VISION** ▷5
É.-U. 1991. Drame policier de Robert KNIGHTS avec Kim Cattrall, Gale Hansen et Shane Rimmer. - Une jeune femme timide recherche le meurtrier de sa sœur jumelle qui évoluait dans un milieu louche.
VO→LS **Général**

**DOUBLE VUE**
Voir: AFRAID OF THE DARK

**DOUBLE WEDDING** ▷5
É.-U. 1937. Comédie de Richard THORPE avec William Powell, Myrna Loy et Florence Rice. - Un artiste bohème tente de faire la conquête d'une femme d'affaires en courtisant sa sœur.
VO→18,95$ **Général**

**DOUBLE/IDENTITÉ**
Voir: FACE/OFF

**DOUBLURES** ▷5
QUÉ. 1993. Comédie dramatique de Michel MURRAY avec Luc Picard, Christine Séguin et Julien Poulin. - Hésitant à prendre des décisions, un photographe constate avec stupeur que trois répliques de lui-même s'en chargent à sa place.
VO→19,95$ **Général**

**DOUCE FRANCE** ▷5
FR. 1995. Etude de mœurs de Malik CHIBANE avec Hakim Sahraoui, Frédéric Diefenthal et Fadila Belkebla. - À Paris, un Juif français et un fils d'immigrants arabes ouvrent un café et tentent de conquérir deux beurettes aux caractères très opposés.
VO→26,95$ **Général**

**DOUCE LORRAINE**
Voir: SWEET LORRAINE

**DOUCEMENT LES BASSES** ▷5
FR. 1971. Comédie de Jacques DERAY avec Alain Delon, Paul Meurisse et Nathalie Delon. - Un musicien devenu prêtre après s'être cru veuf voit reparaître sa femme qui menace de se prostituer s'il la repousse.
VO→LS **Général**

**DOUG'S 1ST MOVIE** ▷5
É.-U. 1999. Dessins animés de Maurice JOYCE. - Deux adolescents viennent en aide à un sympathique monstre marin qu'un industriel sans scrupules veut capturer.
VF→16,95$ **Général**

**DOUGHBOYS** ▷0
É.-U. 1930, Edward SEDGWICK
VO→19,95$ **Général**

**DOULOS, LE** ▷3
FR. 1962. Drame policier de Jean-Pierre MELVILLE avec Jean-Paul Belmondo, Serge Reggiani et Jean Desailly. - Un indicateur de police essaie de venir en aide à un ami impliqué dans un crime. - Construction sobre et rigoureuse. Beaucoup d'atmosphère. Interprétation de premier ordre.
STA-LBX→34,95$ **13 ans +**

**DOUX, DUR ET DINGUE**
Voir: EVERY WICH WAY BUT LOOSE

**DOUZE SALOPARDS**
Voir: THE DIRTY DOZEN

**DOUZE TRAVAUX D'ASTÉRIX, LES** ▷4
FR. 1976. Dessins animés de René GOSCINNY et Albert UDERZO. - Jules César propose aux Gaulois douze épreuves leur permettant de conserver leur indépendance.
VO→19,95$ Général

**DOWN AND OUT IN BEVERLY HILLS** ▷5
É.-U. 1986. Comédie satirique de Paul MAZURSKY avec Nick Nolte, Richard Dreyfuss et Bette Midler. - Ayant sauvé la vie d'un clochard, un nouveau riche accueille celui-ci dans sa demeure.
VO→LS 13 ans +

**DOWN ARGENTINE WAY** ▷5
É.-U. 1940. Comédie musicale d'Irving CUMMINGS avec Don Ameche, Betty Grable et Carmen Miranda. - Les amours d'une riche Américaine et d'un éleveur argentin.
VO→24,95$ Général

**DOWN BY LAW** ▷4
É.-U. 1986. Comédie de Jim JARMUSCH avec Tom Waits, J. Lurie et R. Benigni. - Enfermés dans la même cellule, trois détenus s'engagent dans une évasion improvisée à travers les marécages de la Floride.
VO→LS 13 ans +

**DOWN IN THE DELTA** ▷0
É.-U. 1998, Maya ANGELOU
VO→PC LBX-DVD→PC Général

**DOWN PERISCOPE** ▷5
É.-U. 1996. Comédie de David S. WARD avec Kelsey Grammer, Lauren Holly et Rob Schneider. - L'équipage inexpérimenté d'un vieux submersible déglingué participe à un exercice qui l'oppose à un sous-marin nucléaire dernier cri.
VO→16,95$ Général

**DOWN TO EARTH** ▷4
É.-U. 1947. Comédie musicale de Alexander HALL avec Rita Hayworth, Larry Parks et Marc Platt. - La déesse de la danse vient participer à la création d'une comédie musicale.
VO→19,95$ Général

**DOWNHILL RACER** ▷4
É.-U. 1969. Drame sportif de Michael RITCHIE avec Robert Redford, Camilla Sparv et Gene Hackman. - Un skieur d'origine modeste parvient au championnat mondial.
VO→18,95$ Général

**DOWNTOWN** ▷5
É.-U. 1989. Comédie policière de Richard BENJAMIN avec Anthony Edwards, Forest Whitaker et Penelope Ann Miller. - Après avoir donné une contravention à un criminel influent, un policier débutant est muté vers le quartier chaud du centre-ville.
VF→LS VO→LS 13 ans +

**DR. AKAGI** ▷3
JAP.-FR. 1998. Comédie dramatique de Shohei IMAMURA avec Akira Emoto, Kumiko Aso et Jyuro Kara. - À la fin de la Seconde Guerre mondiale, un médecin japonais est obsédé par les crises de foie qui ravagent son village. - Réflexion éclairante sur certaines facettes des mœurs nipponnes. Variations de ton surprenantes. Maîtrise de la mise en scène. Comédiens colorés.
STA→119,95$ 13 ans +

**DR. CYCLOPS** ▷4
É.-U. 1940. Drame fantastique d'Ernest B. SCHOEDSACK avec Albert Dekker, Janice Logan et Thomas Coley. - Un biologiste découvre le moyen de réduire les dimensions de l'être humain.
VO→16,95$ Général

**DR. FAUSTUS** ▷5
ANG. 1967. Drame de Richard BURTON et Nevill COGHIL avec R. Burton, A. Teuber et Elizabeth Taylor. - Le Docteur Faust vend son âme au démon en échange de vingt-quatre années de puissance.
VO→19,95$ Général

**DR. GIGGLES** ▷6
É. U. 1992. Drame d'horreur de Manny COTO avec Larry Drake, Holly Marie Combs et Cliff De Young. - Un déséquilibré commet plusieurs meurtres en se servant de différents instruments médicaux.
VF→LS VO→LS 18 ans + Violence

**DR. GOLDFOOT AND THE BIKINI MACHINE** ▷6
É.-U. 1965. Comédie burlesque de Norman TAUROG avec Vincent Price, Franki Avalon et Susan Hart. - Un savant malhonnête et détraqué fabrique des femmes-robots qu'il utilise pour séduire des hommes riches.
VO→LS Non classé

**DR. GOLDFOOT AND THE GIRL BOMBS** ▷6
ITA. 1966. Comédie de Mario BAVA avec Vincent Price, Franco Franchi et Ciccio Ingrassio. - Un agent secret est chargé de contrecarrer les plans d'un savant qui veut dominer le monde.
VO→LS Général

**DR. JEKYLL AND MR. HYDE** ▷3
É.-U. 1932. Drame fantastique de Rouben MAMOULIAN avec Fredric March, Miriam Hopkins et Rose Hobart. - À la suite d'expériences scientifiques, un médecin se transforme en un être pervers. - Récit inspiré du roman de R.L. Stevenson. Traitement audacieux du thème. Technique inventive pour l'époque. Fort bonne interprétation de F. March.
VO→19,95$ Général

**DR. JEKYLL AND MR. HYDE** ▷4
É.-U. 1941. Drame fantastique de Victor FLEMING avec Spencer Tracy, Ingrid Bergman et Lana Turner. - À la suite d'expériences scientifiques, un médecin se transforme en un être pervers.
VO→LS Général

**DR. JEKYLL AND MR. HYDE** ▷0
É.-U. 1920, John S. ROBERTSON
VO→34,95$ DVD→39,95$ Général

**DR. JEKYLL AND SISTER HYDE** ▷4
ANG. 1971. Drame fantastique de Roy Ward BAKER avec Ralph Bates, Martine Beswick et Gerald Sim. - Un savant expérimente sur lui-même un élixir de son invention et se voit transformé en jeune femme cruelle.
VO→LS 13 ans +

**DR. JUDYM** ▷0
POL. 1976, Wlodzimierz HAUPE
STA→LS Général

**DR. KATZ: PROFESSIONAL THERAPIST** ▷0
É.-U. 1995
VO→27,95$

**DR. NO** ▷4
ANG. 1962. Drame d'espionnage de Terence YOUNG avec Sean Connery, Ursula Andress et Joseph Wiseman. - L'agent secret James Bond lutte contre un savant qui fait exploser les fusées spatiales américaines.
VO→14,95$ LBX-DVD 13 ans +

**DR. PHIBES RISES AGAIN** ▷4
ANG. 1972. Drame d'horreur de Robert FUEST avec Vincent Price, Robert Quarry et Valli Kemp. - En lutte avec un archéologue, le Dr. Phibes recherche en Égypte, pour lui et sa femme, le secret de l'immortalité.
VO→11,95$ 13 ans +

**DR. STRANGE** ▷5
É.-U. 1978. Drame fantastique de Philip De GUERE avec Peter Hooten, Jessica Walter et John Mills. - Un psychiatre doté de pouvoirs surnaturels combat les forces du mal.
VO→18,95$ Général

**DR. STRANGELOVE** ▶2
ANG. 1963. Comédie satirique de Stanley KUBRICK avec Peter Sellers, George C. Scott et Sterling Hayden. - Un officier américain ordonne une attaque nucléaire sur la Russie. - Satire féroce traitée sur un ton d'humour noir. Mise en scène inventive et soignée. Interprétation savoureusement caricaturale.
VF→19,95$ VO→19,95$ LBX-DVD Général

**DR. T AND THE WOMEN** ▷4
É.-U. 2000. Comédie de mœurs de Robert ALTMAN avec Richard Gere, Helen Hunt, et Kate Hudson. - Les tribulations familiales et sentimentales du gynécologue préféré des femmes fortunées de Dallas.
VF→LS VO→LS Général

**DR. TERROR'S HOUSE OF HORRORS** ▷5
ANG. 1965. Drame d'horreur de Freddie FRANCIS avec Peter Cushing, Christopher Lee et Neil McCallum. - Dans un train, un mystérieux voyageur prédit l'avenir à cinq compagnons.
VO→9,95$ Général - Déconseillé aux jeunes enfants

**DR. WHO AND THE DALEKS** ▷5
ANG. 1965. Science-fiction de Gordon FLEMYNG avec Peter Cushing, Roy Castle et Jennie Linden. - Transportés par erreur sur une planète inconnue, un savant excentrique et quelques amis font face à deux peuplades rivales.
VO→8,95$ Général

**DRACO: LA LÉGENDE DU DERNIER DRAGON**
Voir: DRAGONHEART

**DRACULA** ▷4
É.-U. 1931. Drame d'horreur de Tod BROWNING avec Bela Lugosi, Helen Chandler et David Manners. - Un vampire se sert d'un homme d'affaires pour se faire transporter en Angleterre.
VO→14,95$ DVD→27,95$ Général

**DRACULA** ▷5
É.-U. 1973. Drame d'horreur de Dan CURTIS avec Jack Palance, Nigel Davenport et Simon Ward. - Au cours d'un voyage en Transylvanie, un jeune Anglais devient la victime d'un vampire.
VO→38,95$ 13 ans +

**DRACULA** ▷4
É.-U. 1931. Drame d'horreur de George MELFORD avec Carlos Villar, Lupita Tovar et Pablo Alvarez. - Un vampire se sert d'un homme d'affaires pour se faire transporter en Angleterre.
STA→16,95$ Non classé

**DRACULA** ▷4
ANG. 1979. Drame fantastique de John BADHAM avec Frank Langella, Kate Nelligan et Laurence Olivier. - Rescapé d'un naufrage, le comte Dracula tente de séduire une invitée de la famille qui le reçoit.
VF→11,95$ VO→11,95$ 13 ans +

**DRACULA A.D. 1972** ▷4
ANG. 1972. Drame d'horreur d'Alan GIBSON avec Christopher Lee, Peter Cushing et Stephanie Beacham. - Tiré de la mort, Dracula essaie de se venger sur l'arrière-petite-fille de son ennemi juré.
VO→14,95$ 13 ans +

**DRACULA HAS RISEN FROM THE GRAVE** ▷4
ANG. 1968. Drame d'horreur de Freddie FRANCIS avec Christopher Lee, Rupert Davies et Veronica Carlson. - Un prélat lutte contre les méfaits d'un vampire.
VO→14,95$ 13 ans +

**DRACULA PÈRE ET FILS** ▷4
FR. 1976. Comédie d'Édouard MOLINARO avec Christopher Lee, Bernard Menez et Marie-Hélène Breillat. - Dracula a un fils qui se montre peu attiré par la carrière de vampire.
VO→44,95$ 13 ans +

**DRACULA VIT TOUJOURS À LONDRES**
Voir: THE SATANIC RITES OF DRACULA

**DRACULA'S DAUGHTER** ▷5
É.-U. 1936. Drame d'horreur de Lambert HILLYER avec Gloria Holden, Otto Kruger et Edward Van Sloane. - La fille de Dracula veut s'assurer l'amour d'un jeune savant en menaçant sa fiancée.
VO→14,95$ Général

**DRACULA, PRINCE DES TÉNÈBRES**
Voir: DRACULA, PRINCE OF DARKNESS

**DRACULA, PRINCE OF DARKNESS** ▷4
ANG. 1965. Drame d'horreur de Terence FISHER avec Christopher Lee, Barbara Shelley et Andrew Keir. - Des touristes anglais voyageant dans les Carpathes sont aux prises avec un vampire.
LBX→14,95$ Général

**DRACULA: DEAD AND LOVING IT** ▷5
É.-U. 1995. Comédie fantaisiste réalisée et interprétée par Mel BROOKS avec Leslie Nielsen et Peter MacNicol. - Nouvellement installé à Londres, le comte Dracula fait face à un adversaire de taille.
VF→18,95$ Général

**DRACULA: MORT ET TRÈS HEUREUX**
Voir: DRACULA: DEAD AND LOVING IT

**DRAGHOULA** ▷6
QUÉ. 1994. Drame d'horreur de Bashar SHBIB avec Stephanie Seidle, Chriss Lee et Robyn Lane. - Un jeune scientifique se transforme en vampire après avoir été mordu par un rat de laboratoire.
VF→18,95$ 13 ans +

**DRAGNET** ▷4
É.-U. 1954. Drame policier réalisé et interprété par Jack WEBB avec Ben Alexander et Richard Boone. - Un inspecteur de police est chargé de mener une enquête sur l'assassinat d'un gangster.
VO→16,95$ Général

**DRAGON SEED** ▷4
É.-U. 1944. Drame de guerre de Jack CONWAY avec Katharine Hepburn, Walter Huston et Agnes Moorehead. - Les tribulations d'une famille chinoise lors de l'invasion des Japonais.
VO→18,95$ Général

**DRAGON STRIKE** ▷0
H. K. 1982, Jackie CHAN
VA→LS 13 ans + Violence

**DRAGON: THE BRUCE LEE STORY** ▷4
É.-U. 1993. Drame biographique de Rob COHEN avec Jason Scott Lee, Lauren Holly et Robert Wagner. - La vie et la carrière de l'acteur et maître en arts martiaux Bruce Lee.
VO→11,95$ VF→11,95$ 13 ans +

**DRAGONHEART** ▷4
É.-U. 1996. Drame fantastique de Rob COHEN avec Dennis Quaid, David Thewlis et Dina Meyer. - Un chevalier et un dragon font équipe pour anéantir un roi tyrannique.
LBX→19,95$ VF→16,95$ Général

**DRAGONS FOREVER** ▷0
H. K. 1988, Sammo HUNG
STA-LBX→PC 13 ans +

**DRAGONSLAYER** ▷4
ANG. 1981. Drame fantastique de Matthew ROBBINS avec Peter McNicol, Caitlin Clarke et Ralph Richardson. - À une époque reculée, un apprenti sorcier s'emploie à exterminer un dragon qui terrorise les habitants d'un royaume.
VO→14,95$ Général

**DRAGSTRIP GIRL** ▷6
É.-U. 1957. Drame d'Edward L. CAHN avec Fay Spain, Steve Terrell et John Ashley. - Un jeune amateur de courses d'auto tente de faire inculper de meurtre un rival amoureux.
VO→LS Général

**DRAGUEUR, LE**
Voir : THE PICK-UP ARTIST

**DRAUGHTSMAN'S CONTRACT, THE** ▷3
ANG. 1982. Drame de mœurs de Peter GREENAWAY avec Anthony Higgins, Janet Suzman et Anne L. Lambert. - En 1694, un dessinateur réputé accepte malgré d'étranges conditions de réaliser douze croquis du domaine d'un riche propriétaire terrien. - Récit énigmatique. Scènes d'une théâtralité brillante. Costumes excentriques.
LBX→31,95$ 13 ans +

**DREAM LOVER** ▷4
É.-U. 1985. Drame psychologique d'Alan J. PAKULA avec Kristy McNichol, Ben Masters et Paul Shenar. - Une jeune musicienne demande à un spécialiste de l'étude des rêves de l'aider à exorciser des cauchemars.
VF→LS VO→LS 13 ans +

**DREAM LOVER** ▷5
É.-U. 1994. Drame policier de Nicholas KAZAN avec James Spader, Madchen Amick et Bess Armstrong. - Un architecte va de surprise en surprise en enquêtant sur le passé mystérieux de sa jeune épouse.
VO→LS 13 ans +

**DREAM OF PASSION** ▷3
GRÈ. 1978. Drame psychologique de Jules DASSIN avec Melina Mercouri, Ellen Burstyn et Andreas Voutsinas. - Une actrice chargée de jouer le rôle de Médée rend visite en prison à une femme condamnée pour avoir tué ses enfants. - Transposition moderne d'un thème classique. Approches psychologiques intéressantes.
VO→LS Général

**DREAM TEAM, THE** ▷4
É.-U. 1989. Comédie dramatique de Howard ZIEFF avec Michael Keaton, Christopher Lloyd et Peter Boyle. - Les mésaventures d'un psychiatre du New Jersey et de quatre de ses patients en voyage à New York pour une partie de base-ball.
VF→18,95$ Général

**DREAM WITH THE FISHES** ▷4
É.-U. 1997. Drame psychologique de Finn TAYLOR avec David Arquette, Brad Hunt et Cathy Moriarty. - Un leucémique en phase terminale et un solitaire aux pulsions suicidaires se lient d'amitié au fil de nombreuses péripéties.
VO→13,95$ 16 ans +

**DREAMCHILD** ▷3
ANG. 1985. Comédie dramatique de Gavin MILLAR avec Coral Browne, Ian Holm et Nicola Cowper. - Le voyage en Amérique d'une octogénaire anglaise qui, lorsqu'elle était fillette, inspira le conte d'Alice au pays des merveilles. - Réflexions insolites sur diverses facettes de l'agir humain. Évocation d'époque nostalgique. Notations psychologiques ambiguës. Excellente interprétation.
VO→19,95$ Général

**DREAMS**
Voir: RÊVES

**DREAMS**
Voir: RÊVES DE FEMMES

**DREAMSCAPE** ▷5
É.-U. 1983. Drame fantastique de Joseph RUBEN avec Dennis Quaid, Christopher Plummer et Kate Capshaw. - Un jeune homme doué pour la télépathie arrive à pénétrer dans le subconscient d'autrui grâce aux méthodes mises au point par un onirologue.
VF→LS VO→LS 13 ans +

**DRESSED TO KILL** ▷4
É.-U. 1980. Drame policier de Brian DE PALMA avec Nancy Allen, Michael Caine et Angie Dickinson. - Une prostituée et un adolescent cherchent à identifier un maniaque meurtrier.
VF→LS VO→LS 18 ans +

**DRESSED TO KILL** ▷5
É.-U. 1946. Drame policier de Roy William NEILL avec Basil Rathbone, Nigel Bruce et Patricia Morison. - Le détective Sherlock Holmes recherche des plaques volées à la banque d'Angleterre.
VO→LS Général

**DRESSER, THE** ▷3
ANG. 1983. Comédie dramatique de Peter YATES avec Albert Finney, Tom Courtenay et Eileen Atkins. - Un vieil acteur de théâtre, à l'article de la mort, réussit à tenir jusqu'à la fin de la représentation grâce aux efforts de son habilleur. - Adaptation fort réussie d'une pièce de théâtre. Savoureux duel d'acteurs. Mise en scène adroite. Ensemble coloré.
VF→9,95$ VO→9,95$ Général

**DRIFTWOOD** ▷5
ANG. 1997. Drame psychologique de Ronan O'LEARY avec James Spader, Anne Brochet et Barry McGovern. - Une femme solitaire qui vit sur la côte recueille un naufragé amnésique à qui elle fait croire qu'ils sont seuls sur une île.
VF→LS VO→14,95$ 13 ans +

**DRIFTWOOD** ▷5
É.-U. 1948. Comédie dramatique d'Allan DWAN avec Ruth Warrick, Walter Brennan et Natalie Wood. - Une petite fille recueille un chien rescapé d'un accident d'avion.
VO→11,95$ Général

**DRILLER KILLER, THE** ▷0
É.-U. 1979, Abel FERRARA
VF→LS VO→LS 18 ans + Érotisme

**DRIVE, SHE SAID** ▷5
CAN. 1997. Comédie dramatique de Mina SHUM avec Moira Kelly, Sebastian Spence et Josh Hamilton. - Une caissière de banque est attirée par un client qui, un jour, la prend en otage après un vol.
LBX→PC Général

**DRIVER'S SEAT, THE** ▷0
ITA. 1973, Giuseppe PATRONI GRIFFI
VO→LS 13 ans +

**DRIVER, THE** ▷4
É.-U. 1978. Drame policier de Walter HILL avec Ryan O'Neal, Bruce Dern et Isabelle Adjani. - Un détective tend un piège à un aventurier qui met ses talents de chauffeur au service des criminels.
VO→32,95$ 13 ans +

**DRIVING MISS DAISY** ▷3
É.-U. 1989. Drame psychologique de Bruce BERESFORD avec Jessica Tandy, Morgan Freeman et Dan Aykroyd. - Dans un État du sud des États-Unis, une veuve septuagénaire se lie d'amitié avec son chauffeur de race noire. - Adaptation fidèle de la pièce d'Alfred Uhry. Mélange d'éléments sociaux et psychologiques. Mise en scène habile. Jeu convaincant des protagonistes.
VF→19,95$ VO→18,95$ Général

**DROIT D'AIMER, LE** ▷4
FR. 1972. Drame d'Éric LE HUNG avec Florinda Bolkan, Omar Sharif et Pierre Michaël. - Une jeune femme tente de rencontrer son mari gardé prisonnier dans une île pour ses activités politiques.
VO→LS Général

**DRÔLE À MOURIR**
Voir: DEAD FUNNY

**DRÔLE D'EMBROUILLE**
Voir: FOUL PLAY

**DRÔLE D'ENDROIT POUR UNE RENCONTRE** ▷4
FR. 1988. Drame psychologique de François DUPEYRON avec Gérard Depardieu, Catherine Deneuve et André Wilms. - Une femme abandonnée par son mari et un médecin préoccupé par sa voiture font une rencontre impromptue dans une halte routière.
VO→LS Général

**DRÔLE DE COUPLE**
Voir: THE ODD COUPLE

**DRÔLE DE COUPLE II**
Voir: THE ODD COUPLE II

**DRÔLE DE FÉLIX** ▷4
FR. 2000. Comédie dramatique d'Olivier DUCASTEL et Jacques MARTINEAU avec S. Bouajila, A. Ascaride et Patachou. - Les diverses rencontres d'un jeune beur homosexuel qui traverse la France en autostop afin de se rendre chez son père qu'il n'a jamais connu.
13 ans +

**DRÔLE DE MAISONNÉE**
Voir: HOUSE OF YES

**DRÔLE DE NUMÉRO**
Voir: MR. WRONG

**DRÔLE DE VIE**
Voir: LIFE IS SWEET

**DRÔLES D'OISEAUX** ▷5
FR. 1992. Comédie policière de Peter KASSOVITZ avec Bernard Giraudeau, Patrick Chesnais et Ticky Holgado. - Un ferrailleur qui a liquidé sa femme en faisant croire qu'elle a péri dans un incendie tente de déjouer un enquêteur soupçonneux.
VO→LS Général

**DRÔLES D'OTAGES**
Voir: THE REF

**DROP DEAD FRED** ▷5
É.-U. 1991. Comédie fantaisiste de Ate DE JONG avec Phoebe Cates, Rik Mayall et Marsha Mason. - Alors qu'elle traverse une mauvaise passe, une jeune femme est harcelée par un personnage malicieux qui est invisible à tout autre.
VF→LS VO→LS Général

**DROP DEAD GORGEOUS** ▷5
É.-U. 1999. Comédie satirique de Michael Patrick JANN avec Kirsten Dunst, Ellen Barkin et Allison Janney. - Une équipe de cinéma tourne dans une petite ville un documentaire sur les préparatifs d'un concours de beauté pour adolescentes.
VF→PC VO→PC LBX-DVD→PC Général

**DROWNING BY NUMBERS** ▷3
ANG. 1988. Comédie dramatique de Peter GREENAWAY avec Joan Plowright, Juliet Stevenson et Joely Richardson. - Pour échapper à la loi, trois Anglaises qui ont assassiné leurs conjoints demandent l'aide d'un coroner excentrique. - Œuvre froide et calculatrice mais fort intelligente. Ensemble d'une virtuosité stylistique. Surcharge ludique dans le traitement. Jeu stylisé des actrices.
VO→LS 18 ans +

**DROWNING MONA** ▷5
É.-U. 2000. Comédie satirique de Nick GOMEZ avec Danny DeVito, Bette Midler et Neve Campbell. - Le chef de police d'une petite ville de province enquête sur la mort suspecte d'une femme particulièrement détestée par son entourage.
VF→LS VO→LS

**DROWNING POOL, THE** ▷5
É.-U. 1975. Drame policier de Stuart ROSENBERG avec Paul Newman, Joanne Woodward et Tony Franciosa. - Un détective privé est appelé à la rescousse par une ancienne maîtresse victime d'un chantage.
VF→18,95$ VO→14,95$ 13 ans +

**DRUGSTORE COWBOY** ▷3
É.-U. 1989. Drame de mœurs de Gus VAN SANT avec Matt Dillon, Kelly Lynch et James Le Gros. - Transporté en ambulance, un jeune homme se remémore les vols dans les pharmacies et dans les réserves d'hôpitaux qu'il faisait avec trois amis. - Vision réaliste et insolite du milieu de la drogue. Évocations poétiques assez surprenantes. Rythme irrégulier. Interprétation appropriée.
VO→19,95$ 13 ans +

**DRUM, THE** ▷4
ANG. 1938. Aventures de Zoltan KORDA avec Sabu, Roger Livesey et Raymond Massey. - Un régiment anglais des Indes sauve un jeune prince des menées meurtrières d'un oncle ambitieux.
VO→LS Général

**DRUMS** ▷4
ANG. 1938. Aventures de Zoltan KORDA avec Sabu, Roger Livesey et Raymond Massey. - Un régiment anglais des Indes sauve un jeune prince des menées meurtrières d'un oncle ambitieux.
VO→LS Général

**DRUMS ALONG THE MOHAWK** ▷4
É.-U. 1940. Aventures de John FORD avec Henry Fonda, Claudette Colbert et Edna May Oliver. - À l'époque de la guerre de l'Indépendance, un jeune ménage est en butte aux tracasseries des Indiens excités par les Anglais.
VO→24,95$ Général

**DRUMS IN THE DEEP SOUTH** ▷5
É.-U. 1951. Drame de guerre de William Cameron MENZIES avec James Craig, Barbara Payton et Guy Madison. - Une dure rivalité oppose deux amis soldats qui se battent dans des camps opposés durant la guerre civile américaine.
EP→5,95$ Général

**DRUNKEN ANGEL** ▷0
JAP. 1948, Akira KUROSAWA
STA→17,95$

**DRUNKEN FIST BOXING** ▷0
H. K. 1976, Yuen Woo PING
VA→LS Général

**DRUNKEN MASTER** ▷0
H. K. 1979, Yuen Woo PING
STA→18,95$ Général

**DRUNKEN MASTER II** ▷0
H. K. 1994, Lau KAR LEUNG
STA→29,95$ 13 ans +

**DRUNKS** ▷5
É.-U. 1995. Drame psychologique réalisé par Peter COHN avec Richard Lewis, Faye Dunaway et Dianne Wiest. - Des gens de différents milieux partagent leurs problèmes dans le cadre d'une rencontre des Alcooliques anonymes.
LBX-DVD→29,95$ VO→LS LBX-DVD→29,95$ 13 ans +

**DRY WHITE SEASON, A** ▷4
É.-U. 1989. Drame social de Euzhan PALCY avec Donald Sutherland, Zakes Mokae et Jurgen Prochnow. - Un professeur de Johannesburg, dont le jardinier noir a été tué par la police, décide de poursuivre les coupables en justice.
VO→LS 13 ans +

**DU HAUT DE LA TERRASSE**
Voir: FROM THE TERRACE

**DU PIC AU CŒUR** ▷5
QUÉ. 2000. Comédie sentimentale de Céline BARIL avec Karine Vanasse, Tobie Pelletier et Xavier Caféïne. - Une adolescente vit avec un chanteur rock en feignant d'ignorer l'amour que lui porte un ami d'enfance.
Général

**DU SOLEIL PLEIN LES YEUX** ▷5
FR. 1970. Drame sentimental de Michel BOISROND avec Renaud Verley, Florence Lafuma et Bernard Lecoq. - Deux frères partent en vacances sur un bateau en compagnie de deux jolies filles.
VO→LS Général

**DUCHESS AND THE DIRTY FOX, THE** ▷5
É.-U. 1976. Western de Melvin FRANK avec George Segal, Goldie Hawn et Roy Jenson. - À la suite d'un vol, un joueur et une danseuse de music-hall connaissent diverses mésaventures.
VO→24,95$ Général

**DUCHESS OF IDAHO** ▷5
É.-U. 1950. Comédie musicale de Robert Z. LEONARD avec Esther Williams, Van Johnson et John Lund. - Une secrétaire est éprise de son riche patron qui ne fait pas attention à elle.
VO→LS Général

**DUCHESSE ET LE TRUAND, LA**
Voir: THE DUCHESS AND THE DIRTWATER FOX

**DUCK SOUP** ►2
É.-U. 1934. Comédie burlesque de Leo McCAREY avec les frères Marx, Margaret Dumont et Louis Calhern. - Une dame riche accepte de subventionner un petit pays si l'on nomme son ami dictateur. - Une réussite dans le genre loufoque. Comique plus verbal que visuel. Gags inventifs. Les frères Marx très en forme.
VO→14,95$ DVD→LS Général

**DUDE, WHERE'S MY CAR?** ▷6
É.-U. 2000. Comédie de Danny LEINER avec Ashton Kutcher, Seann

William Scott et Jennifer Garner. - Deux jeunes hommes fantasques et pas très dégourdis se retrouvent aux prises avec des criminels et des extraterrestres.
Général

**DUDES** ▷5
É.-U. 1987. Aventures de Penelope SPHEERIS avec Jon Cryer, Daniel Roebuck et Catherine Mary Stewart. - Devant l'inaction de la police, deux musiciens punk décident de venger eux-mêmes leur copain qui a été tué par le chef d'une bande de voyous.
VO→LS 13 ans +

**DUEL** ▷3
É.-U. 1972. Drame de Steven SPIELBERG avec Dennis Weaver, Jacqueline Scott et Eddie Firestone. - Sur les routes de la Californie, un camion-citerne poursuit une voiture conduite par un démarcheur. - Récit haletant. Cadrages audacieux. Montage éloquent. Interprétation solide.
VF→LS VO→LS Général

**DUEL AT DIABLO** ▷4
É.-U. 1965. Western de Ralph NELSON avec James Garner, Sidney Poitier et Bibi Andersson. - Un détachement de cavalerie en marche vers Fort Concho est attaqué par une troupe d'Apaches.
VO→19,95$ 13 ans +

**DUEL AT SILVER CREEK, THE** ▷5
É.-U. 1952. Western de Don SIEGEL avec Audie Murphy, Faith Domergue et Stephen McNally. - L'assistant d'un shérif sauve son chef d'un complot ourdi par une femme perfide.
VO→14,95$ Général

**DUEL AU SOLEIL**
Voir: TOMBSTONE

**DUEL DE FEMMES**
Voir: WHEN LADIES MEET

**DUEL DES GÉANTS, LE**
Voir: THE MISSOURI BREAKS

**DUEL IN THE SUN** ▷4
É.-U. 1947. Western de King VIDOR avec Jennifer Jones, Gregory Peck et Joseph Cotten. - Une jeune métisse est convoitée par les deux fils d'un riche rancher.
VO→9,95$ DVD→26,95$ Général

**DUELLISTS, THE** ▷3
ANG. 1977. Drame de Ridley SCOTT avec Keith Carradine, Harvey Keitel et Cristina Raines. - Un officier de l'armée de Napoléon s'entête au long des années à provoquer un collègue en duel. - Adaptation d'une nouvelle de Joseph Conrad. Mise en scène soignée. Intensité dramatique. Évocation minutieuse du contexte historique. Interprétation convaincante.
VO→14,95$ Général

**DUET FOR ONE** ▷4
ANG. 1986. Drame psychologique d'Andrei KONCHALOVSKY avec Julie Andrews, Alan Bates et Max Von Sydow. - Craignant la fin de sa carrière, une violoniste réputée qui est atteinte de sclérose en plaques se confie à un psychiatre.
VO→14,95$ Général

**DUKE IS TOPS, THE** ▷5
É.-U. 1938. Comédie musicale de William NOLTE avec Ralph Cooper, Lena Horne et Lawrence Criner. - Les difficultés rencontrées par une artiste de music-hall et son producteur à Broadway.
VO→LS Général

**DUMB & DUMBER** ▷6
É.-U. 1994. Comédie de Peter FARRELY avec Jim Carrey, Jeff Daniels et Lauren Holly. - Un journalier maladroit et son acolyte peu futé tentent de retrouver la propriétaire d'une mallette contenant une rançon convoitée par des brigands.
VF→13,95$ LBX-DVD→PC Général

**DUMB DIE FAST, THE SMART DIE SLOW, THE** ▷0
THA. 1991, Manop UDOMDEJ
STA→34,95$ 13 ans + Violence

**DUMBO** ▷4
É.-U. 1941. Dessins animés de Ben SHARPSTEEN. - Un éléphant né dans un cirque est affligé d'immenses oreilles qui font de lui un objet de moqueries.
VF→22,95$ VO→22,95$ Général

**DUNE** ▷3
É.-U. 1984. Science-fiction de David LYNCH avec Kyle MacLachlan, Kenneth McMillan et Francesca Annis. - En l'an 10991, deux clans se disputent l'exploitation de la planète Dune, source unique d'une épice très recherchée. - Adaptation du célèbre roman de Frank Herbert. Illustration originale. Trucages impressionnants.
VO→14,95$ LBX→14,95$ VF→16,95$
LBX-DVD→27,95$ 13 ans +

**DUNGEONS AND DRAGONS** ▷6
É.-U. 2000. Aventures de Courtney SOLOMON avec Justin Whalin, Zoe McLellan et Jeremy Irons. - Une jeune impératrice dont le trône est convoité par un sorcier obtient l'aide de deux brigands et d'une apprentie magicienne.
VF→LS VO Général - Déconseillé aux jeunes enfants

**DUNSTON CHECKS IN** ▷5
É.-U. 1995. Comédie de Ken KWAPIS avec Jason Alexander, Faye Dunaway et Eric Lloyd. - Un singe crée le désordre autour de lui dans un grand hôtel de luxe.
VO→11,95$ Général

**DURE RÉALITÉ**
Voir: SITTING IN LIMBO

**DUST DEVIL** ▷5
ANG. 1993. Drame fantastique de Richard STANLAY avec Robert Burke, Chelsea Field et Zakes Moake. - Dans le désert de Namibie, un policier tente de mettre fin aux atrocités meurtrières commises par un jeune vagabond étrange et démoniaque.
VO→31,95$ 16 ans + Horreur

**DUTCH** ▷4
É.-U. 1991. Comédie de Peter FAIMAN avec Ed O'Neill, Ethan Randall et Jobeth Williams. - Un joyeux luron profite d'un voyage parsemé d'imprévus pour se gagner l'amitié du fils de sa nouvelle amie, un enfant au caractère très difficile.
VO→LS Général

**DYBBUK, THE** ▷0
POL. 1938, Michel WASZYNSKY
STA→82,95$ Général

**DYING YOUNG** ▷4
É.-U. 1991. Drame sentimental de Joel SCHUMACHER avec Julia Roberts, Campbell Scott et Vincent d'Onofrio. - Un jeune leucémique tombe amoureux de l'infirmière qui prend soin de lui à domicile.
VO→PC VF→11,95$ Général

**DYNAMITE CHICKEN** ▷0
É.-U. 1971, Ernie PINTOFF
VO→LS Général

**E.T.** ►2
É.-U. 1982. Comédie fantaisiste de Steven SPIELBERG avec Henry Thomas, Dee Wallace et Robert Macnaughton. - Un garçonnet recueille chez lui un extraterrestre séparé des siens au cours d'un voyage d'exploration sur la Terre. - Mélange agréable d'humour et de fantaisie. Mise en scène inventive. Marionnette animée avec une ingéniosité surprenante. Interprétation spontanée des enfants.
VF→LS VO→LS LBX→LS **Général**

**EAGLE, THE** ▷4
É.-U. 1925. Mélodrame de Clarence BROWN avec Rudolph Valentino, Vilma Banky et Louise Dresser. - Un ex-lieutenant de l'armée impériale russe qui est considéré comme déserteur vole au secours de la veuve et de l'orphelin.
VO→PC **Général**

**EAGLE AND THE HAWK, THE** ▷4
É.-U. 1933. Drame de guerre de Stuart WALKER avec Fredric March, Cary Grant et Carole Lombard. - Quelques Américains combattent dans une escadrille anglaise pendant la guerre 1914-1918.
VO→14,95$ **Général**

**EAGLE HAS LANDED, THE** ▷4
É.-U. 1976. Drame de guerre de John STURGES avec Michael Caine, Donald Sutherland et Robert Duvall. - Des parachutistes allemands sont lâchés près d'un village anglais dans le but d'enlever Winston Churchill.
VO→11,95$ **Général**

**EAGLE SHADOW FIST** ▷0
H. K. 1973, Jackie CHAN
VO→17,95$ **13 ans + Violence**

**EARLY FROST, AN** ▷4
É.-U. 1985. Drame de mœurs de John ERMAN avec Gena Rowlands, Ben Gazzara et Aidan Quinn. - Les réactions d'un couple d'âge moyen dont le fils se révèle atteint du sida.
VO→29,95$ **13 ans +**

**EARLY SUMMER** ▷3
JAP. 1951. Drame de mœurs de Yasujiro OZU avec Setsuko Hara, Ichero Sugai et Chieko Higashiyama. - Description des relations entre les membres d'une famille moyenne. - Étude de mœurs attentive et discrète. Rythme lent. Excellents interprètes.
STA→27,95$ **Général**

**EARLY TO BED** ▷0
É.-U. 1928, Emmett J. FLYNN
VO→15,95$

**EARTH** ▷4
IND.-CAN. 1998. Drame de Deepa MEHTA avec Maia Sethna, Nandita Das et Aamir Khan. - En 1947, à Lahore, une fillette craint pour la vie de sa gouvernante hindoue lors des événements violents entourant la création du Pakistan.
STA→14,95$ **13 ans +**

**EARTH**
Voir: LA TERRE

**EARTH** ▷0
ESP. 1996, Julio MEDEM
STA→14,95$

**EARTH GIRLS ARE EASY** ▷5
ANG. - É.-U. 1989. Comédie fantaisiste de Julien TEMPLE avec Geena Davis, Jeff Goldblum et Charles Rocket. - Une manucure entraîne dans une virée à Los Angeles trois extraterrestres dont le vaisseau spatial s'est posé dans sa piscine.
VO→11,95$ **Général**

**EARTH vs. THE FLYING SAUCERS** ▷5
É.-U. 1955. Science-fiction de Fred S. SEARS avec Hugh Marlowe, Joan Taylor et Donald Curtis. - Les habitants d'une planète inconnue attaquent la terre.
VO→9,95$ **Général**

**EARTH vs. THE SPIDER** ▷6
É.-U. 1958. Science-fiction de Bert I. GORDON avec Ed Kemmer, June Kenny et Gene Persson. - Deux adolescents sont aux prises avec une araignée gigantesque.
VO→LS **Non classé**

**EARTHQUAKE** ▷5
É.-U. 1974. Drame de Mark ROBSON avec Charlton Heston, George Kennedy et Geneviève Bujold. - Un important séisme à Los Angeles oblige un ingénieur à choisir entre sa femme et sa maîtresse.
VO→11,95$ **13 ans +**

**EAST IS EAST** ▷4
ANG. 1999. Comédie de mœurs de Damien O'DONNELL avec Om Puri, Linda Bassett et Jordan Routledge. - En 1971, un Pakistanais installé en Angleterre arrange les mariages de ses fils qui se rebellent contre lui.
VO→19,95$

**EAST IS RED, THE** ▷0
H. K. 1993, Tsui HARK
STA→LS **Général**

**EAST OF EDEN** ►1
É.-U. 1955. Drame psychologique d'Elia KAZAN avec James Dean, Julie Harris et Raymond Massey. - Un jeune homme se sent frustré de l'affection de son père. - Scénario tiré d'un roman de John Steinbeck. Réalisation puissante et intelligente. Psychologie subtile. Jeu prenant de J. Dean.
VF→LS VO→LS **Général**

**EAST SIDE STORY** ▷0
Dana RANGA et Andrew HORN
STA→34,95$ **Général**

**EAST SIDE, WEST SIDE** ▷5
É.-U. 1949. Drame de Mervyn LeROY avec Barbara Stanwyck, James Mason et Ava Gardner. - Un homme marié est accusé du meurtre de sa maîtresse.
VO→19,95$ **Non classé**

**EASTER PARADE** ▷4
É.-U. 1948. Comédie musicale de Charles WALTERS avec Fred Astaire, Judy Garland et Peter Lawford. - Un danseur déçu d'avoir perdu sa partenaire entreprend de transformer une jeune serveuse en vedette de la danse.
VO→14,95$ **Non classé**

**EASTERN CONDORS** ▷0
H. K. 1986, Sammo HUNG
VA→29,95$ **13 ans +**

**EASY LIVING** ▷5
É.-U. 1949. Drame de Jacques TOURNEUR avec Victor Mature, Lizabeth Scott et Lucille Ball. - Un joueur de football a épousé une femme ambitieuse.
VO→14,95$ **Non classé**

**EASY LIVING** ▷4
É.-U. 1937. Comédie de Mitchell LEISEN avec Jean Arthur, Ray Milland et Edward Arnold. - Une jeune fille honnête passe à tort pour être la maîtresse d'un important banquier.
VO→14,95$ Général

**EASY RIDER** ▷3
É.-U. 1969. Drame de mœurs réalisé et interprété par Dennis HOPPER avec Peter Fonda et Jack Nicholson. - Les rencontres et expériences de deux motards partis de Californie pour se rendre à La Nouvelle-Orléans. - Traitement original dans le ton d'un poème lyrique. Film emblématique de la contre-culture des années 60. Décors naturels bien utilisés. Vigueur dramatique de certains passages. Interprétation convaincante.
VF→14,95$ VO→18,95$ LBX→14,95$
LBX-DVD→29,95$ 18 ans +

**EASY TO LOVE** ▷5
É.-U. 1954. Comédie musicale de Charles WALTERS avec Esther Williams, Van Johnson et Tony Martin. - Une vedette de spectacles aquatiques a trois soupirants.
VO→LS Général

**EASY TO WED** ▷5
É.-U. 1946. Comédie musicale de Edward BUZZELL avec Van Johnson, Esther Williams et Lucille Ball. - Un journaliste cherche à compromettre une jeune fille riche qui poursuit son journal pour libelle diffamatoire.
VO→19,95$ Général

**EASY VIRTUE** ▷0
ANG. 1927, Alfred HITCHCOCK
VO→17,95$ Général

**EAT A BOWL OF TEA** ▷4
É.-U. 1988. Comédie de mœurs de Wayne WANG avec Cora Miao, Russell Wong et Victor Wong. - Un Chinois de New York qui a ramené une épouse d'un voyage en Chine devient impuissant à l'idée d'engendrer un fils qui naîtra Américain.
VF→LS VO→LS Général

**EAT DRINK MAN WOMAN**
Voir: SALÉ SUCRÉ

**EAT THE PEACH** ▷4
IRL. 1986. Comédie dramatique de Peter ORMROD avec Stephen Brennan, Eamon Morrissey et Catherine Byrne. - Malgré le désaccord de sa femme, un campagnard construit une tour en bois où il défie la mort en roulant en moto sur le mur intérieur.
VO→LS Général

**EAT THE RICH** ▷5
ANG. 1987. Comédie satirique de Peter RICHARDSON avec Lanah Pellay, Nosher Powell et Ronlad Allen. - Ayant pris par la force la direction du restaurant d'où il avait été chassé, un serveur attire l'attention d'un agent double soviétique et du ministre de l'Intérieur.
VO→LS 13 ans +

**EATING** ▷3
É.-U. 1990. Comédie de mœurs de Henry JAGLOM avec Lisa Richards, Frances Bergen et Nelly Alard. - Réunies à l'occasion d'un anniversaire, plusieurs amies se livrent à des confidences sur leurs relations avec autrui et leurs rapports à la nourriture. - Personnages féminins très colorés. Intégration habile d'éléments pseudo-documentaires.
VO→LS Général

**EATING RAOUL** ▷4
É.-U. 1982. Comédie réalisée et interprétée par Paul BARTEL avec Mary Woronov et Robert Beltram. - Un couple qui rêve d'ouvrir un restaurant attire chez lui des désaxés sexuels qu'il dépossède après les avoir tués.
VO→23,95$ 18 ans +

**EAU CHAUDE, L'EAU FRETTE, L'** ▷3
QUÉ. 1976. Comédie de mœurs de André FORCIER avec Jean Lapointe, Jean-Pierre Bergeron et Sophie Clément. - Dans un quartier populaire, pendant qu'on organise une fête pour l'usurier du coin, des adolescents complotent un assassinat. - Comique grinçant. Mise en scène animée et nerveuse. Interprétation naturelle.
VO→21,95$ 13 ans +

**EAUX PRINTANNIÈRES, LES**
Voir: TORRENTS OF SPRING

**ÉCHEC À L'ORGANISATION**
Voir : THE OUTFIT

**ÉCHELLE DE JACOB, L'**
Voir: JACOB'S LADDER

**ECHO PARK** ▷4
AUT. 1985. Comédie dramatique de Robert DORNHELM avec Susan Dey, Thomas Hulce et Michael Bowen. - Un jeune Autrichien, installé à Los Angeles pour y poursuivre un entraînement de culturiste, vient en aide à sa voisine qui a quelques déboires dans son travail.
VO→LS 13 ans +

**ÉCLAIR AU CHOCOLAT** ▷4
QUÉ. 1978. Drame psychologique de Jean-Claude LORD avec Lise Thouin, Jean Belzil-Gascon et Colin Fox. - Un jeune garçon accepte mal l'intrusion d'un homme dans la vie de sa mère célibataire.
VO→13,95$ Général

**ÉCLAIR DE LUNE**
Voir: MOONSTRUCK

**ÉCLATEMENT**
Voir: BLOW-OUT

**ECLIPSE** ▷5
CAN. 1994. Drame de mœurs de Jeremy PODESWA avec Von Flores, John Gilbert et Pascale Montpetit. - À l'approche d'une éclipse solaire, des Torontois vivent une série de rencontres intimes spontanées.
VO→13,95$ 18 ans +

**ÉCOLE BUISSONNIÈRE, L'** ▷3
FR. 1948. Comédie de Jean-Paul LE CHANOIS avec Bernard Blier, Juliette Faber et Édouard Delmont. - Un instituteur éprouve des difficultés à faire accepter sa conception de l'enseignement. - Illustration de la valeur pédagogique des méthodes actives. Sujet bien traité. Belle photographie. Jeu excellent de B. Blier.
STA→44,95$ Général

**ÉCOLE C'EST SECONDAIRE, L'**
Voir: HIGH SCHOOL HIGH

**ÉCOLE DE L'ESPOIR, L'**
Voir: LEAN ON ME

**ÉCOLE DE LA CHAIR, L'** ▷5
FR.-LEX.-BEL. 1998. Drame psychologique de Benoît JACQUOT avec Isabelle Huppert, Vincent Martinez et Vincent Lindon. - Une femme dans la quarantaine entretient une relation orageuse avec un jeune prostitué.
STA→LS VO→LS LBX-DVD→21,95$ Général

**ÉCOLE DES COCOTTES, L'** ▷5
FR. 1958. Comédie de Jacqueline AUDRY avec Dany Robin, Fernand Gravey et Bernard Blier. - Un professeur de belles manières transforme une ouvrière en courtisane.
VO→LS Non classé

**ÉCOLE EN DÉLIRE, L'**
Voir: ROCK'N'ROLL HIGH SCHOOL

**ECSTASY**
Voir: EXTASE

**ÉCUREUIL ROUGE, L'** ▷0
ESP. 1993, Julio MEDEM
STA→52,95$ 16 ans +

**ED AND HIS DEAD MOTHER** ▷4
É.-U. 1992. Comédie fantaisiste de Jonathan Wacks avec Steve Buscemi, Ned Beatty et Miriam Margolyes. - Un commis voyageur ramène à la vie la mère d'un jeune homme morose qui ne s'est jamais remis du décès de celle-ci.
VO→13,95$ **Général**

**ED TV** ▷6
É.-U. 1999. Comédie de Ron HOWARD avec Matthew McConaughey, Jenna Elfman et Woody Harrelson. - Le commis d'un club vidéo devient la vedette d'une chaîne spécialisée qui diffuse en direct, 24 heures sur 24, sa vie quotidienne.
VF→11,95$ VO→15,95$ LBX-DVD→PC **Général**

**ED WOOD** ▷3
É.-U. 1994. Drame biographique de Tim BURTON avec Johnny Depp, Martin Landau et Sarah Jessica Parker. - La vie et la carrière de l'excentrique cinéaste Edward D. Wood Jr. qui tourna dans les années 1950 une série de films étonnamment mauvais. - Exploration fascinante et touchante d'un univers marginal. Sens de l'observation ironique. Composition inoubliable de M. Landau.
VO→LS **Général**

**EDDIE AND THE CRUISERS** ▷5
É.-U. 1983. Drame musical de Martin DAVIDSON avec Tom Berenger, Michael Paré et Ellen Barkin. - Une journaliste entreprend un reportage sur un jeune chanteur rock disparu dans un accident vingt ans auparavant.
VO→11,95$ **Général**

**EDDIE MURPHY RAW** ▷5
É.-U. 1987. Comédie de Robert TOWNSEND avec Eddie Murphy. - Présentation d'un spectacle de monologues donné par le comédien Eddie Murphy.
VO→14,95$ **13 ans +**

**EDDY DUCHIN STORY, THE** ▷4
É.-U. 1955. Drame biographique de George SIDNEY avec Tyrone Power, Kim Novak et Victoria Shaw. - La carrière et les problèmes personnels d'un pianiste de jazz des années 1930.
VO→19,95$ **Général**

**EDGE, THE** ▷4
É.-U. 1997. Aventures de Lee TAMAHORI avec Anthony Hopkins, Alec Baldwin et Elle Macpherson. - Suite à l'écrasement de leur avion, trois hommes se retrouvent perdus dans une région montagneuse où rôde un ours sanguinaire.
VF→11,95$ LBX→22,95$ LBX-DVD→28,95$ **13 ans +**

**EDISON, THE MAN** ▷4
É.-U. 1940. Drame biographique de Clarence BROWN avec Spencer Tracy, Rita Johnson et Charles Coburn. - Les tribulations du célèbre inventeur américain.
VO→19,95$ **Général**

**ÉDITH ET MARCEL** ▷4
FR. 1983. Drame sentimental de Claude LELOUCH avec Evelyne Bouix, Marcel Cerdan Jr. et Jacques Villeret. - À la fin des années 1940, l'histoire d'amour célèbre entre la chanteuse Édith Piaf et le boxeur Marcel Cerdan.
VO→LS **Général**

**EDUCATING RITA** ▷4
ANG. 1982. Comédie dramatique de Lewis GILBERT avec Michael Caine, Julie Walters et Michael Williams. - Un professeur d'université désabusé donne des leçons à une jeune coiffeuse désireuse d'accéder à la culture.
VO→9,95$ VF→9,95$ **Général**

**ÉDUCATION DE LITTLE TREE, L'**
Voir: THE EDUCATION OF LITTLE TREE

**ÉDUCATION DE LITTLE TREE, L'**
Voir: THE EDUCATION OF LITTLE TREE

**EDUCATION OF LITTLE TREE, THE** ▷4
CAN. 1997. Chronique de Richard FRIEDENBERG avec Joseph Ashton, James Cromwell et Tantoo Cardinal. - Lorsqu'il perd ses parents, un gamin de huit ans est recueilli par ses grand-parents qui mènent une vie rustique dans une cabane en forêt.
VO→13,95$ VF→11,95$ **Général**

**EDWARD SCISSORHANDS** ▷3
É.-U. 1990. Comédie fantaisiste de Tim BURTON avec Johnny Depp, Winona Ryder et Dianne Wiest. - Une démarcheuse ramène d'une visite à un sinistre château un étrange garçon qui a des ciseaux à la place des mains. - Histoire inventive mêlant poésie et insolite. Réalisation colorée et vivante. Bonne interprétation.
VF→16,95$ VO→16,95$ **13 ans +**

**EDWARD II** ▷4
ANG. 1991. Drame historique de Derek JARMAN avec Steven Waddington, Andrew Tiernan et Tilda Swinton. - Tout juste couronné, le roi d'Angleterre Edward II délaisse son épouse et ses responsabilités en appelant à ses côtés son amant de toujours.
VO→11,95$ **18 ans + Violence**

**EEGAH!** ▷0
É.-U. 1962, Nicholas MERRIWETHER
VO→LS **Général**

**EFFACEUR, L'**
Voir: ERASER

**EFFICIENCY EXPERT, THE** ▷4
AUS. 1991. Comédie de mœurs de Mark JOFFE avec Anthony Hopkins, Ben Mendelsohn et Tony Collette. - Spécialiste de la restructuration de firmes en difficultés, un conseiller se rend impopulaire auprès des employés d'une petite manufacture qu'il suggère de moderniser.
VO→LS **Général**

**EFFRACTION AVEC PRÉMÉDITATION**
Voir: CRACKERS

**EFFROYABLE CRÉATURE, L'**
Voir: THE THING

**EGG-NOG** ▷0
POL. 1989, Roman ZALUSKI
STA→LS **Général**

**ÉGO TRIP**
Voir: RIDE ME

**ÉGOUTS DU PARADIS, LES** ▷4
FR. 1979. Drame policier de José GIOVANNI avec Francis Huster, Jean-François Balmer et Jean Franval. - Des bandits cambriolent une banque de Nice en s'y introduisant par la voie des égouts.
VO→LS **Général**

**EGYPTIAN STORY, AN** ▷0
ÉGY. 1982, Youssef CHAHINE
STA→21,95$

**EGYPTIAN, THE** ▷5
É.-U. 1953. Drame de Michael CURTIZ avec Jean Simmons, Victor Mature et Edmund Purdom. - La vie d'un médecin de l'ancienne Égypte.
VO→24,95$ **Général**

**ÉGYPTIEN, L'**
Voir: THE EGYPTIAN

**EH OUI! J'AI ÉPOUSÉ UNE MEURTRIÈRE**
Voir: SO I MARRIED AN AXE MURDERER

**EIGER SANCTION, THE** ▷5
É.-U. 1975. Drame d'espionnage réalisé et interprété par Clint EASTWOOD avec George Kennedy et Vonetta McGee. - Un professeur d'art expert en alpinisme accepte de faire disparaître un agent ennemi qui doit participer à une ascension périlleuse.
VO→11,95$ LBX-DVD→33,95$ **13 ans +**

**EIGHT MEN OUT** ▷4
É.-U. 1988. Drame sportif de John SAYLES avec John Cusack, David Strathairn et John Mahoney. - Lors de la série finale de base-ball de 1919, divers joueurs insatisfaits de leur salaire acceptent d'être soudoyés par des racketters.
VO→14,95$ Général

**EIGHTY-FIRST BLOW, THE** ▷0
ISR. 1974, David BERGMAN
STA→LS Général

**EIJANAIKA** ▷0
JAP. 1981, Shohei IMAMURA
STA→34,95$ 13 ans +

**EL (THIS STRANGE PASSION)** ▷4
MEX. 1952. Drame psychologique de Luis BUÑUEL avec Arturo de Cordova, Delia Garces et Luis Beristain. - Un homme qui souffre de jalousie morbide mène la vie dure à sa nouvelle épouse.
STA→46,95$ Général

**EL CID** ▷3
É.-U. 1961. Drame épique d'Anthony MANN avec Charlton Heston, Sophia Loren et Raf Vallone. - Les aventures du chevalier Rodrigue de Bivar dans l'Espagne du XIe siècle. - Film à grand déploiement. Véritable souffle épique. Évocation intelligente du cadre historique.
VO→46,95$ Général

**EL COCHECITO**
Voir: LA PETITE VOITURE

**EL CONDOR** ▷5
É.-U. 1970. Western de John GUILLERMIN avec Jim Brown, Lee Van Cleef et Patrick O'Neal. - Un prisonnier évadé s'adjoint un aventurier pour s'emparer d'un important dépôt d'or gardé dans une forteresse mexicaine.
VO→14,95$ 18 ans +

**EL DIABLO** ▷4
É.-U. 1990. Western de Peter MARKLE avec Anthony Edwards, Louis Gossett Jr et John Glover. - Un professeur timide rencontre un aventurier qui l'aide à retrouver une de ses élèves kidnappée par de dangereux bandits.
VO→12,95$ 13 ans + Violence

**EL DORADO** ▷3
É.-U. 1967. Western de Howard HAWKS avec John Wayne, Robert Mitchum et James Caan. - Un pistolero est appelé par un rancher d'El Dorado pour combattre le shérif de l'endroit. - Film d'action bien ficelé. Rebondissements nombreux. Moments comiques de bonne venue. Climat chaleureux et décontracté. Interprétation solide.
VF→LS VO→11,95$ LBX-DVD→29,95$ Général

**EL DORADO** ▷4
ESP. 1988. Drame épique de Carlos SAURA avec Omero Antonutti, Lambert Wilson et Eusebio Poncela. - En 1560, une expédition espagnole s'aventure sur un fleuve de l'Amazonie à la recherche d'un pays mythique où l'on trouverait de l'or à profusion.
VF→LS 13 ans +

**EL MARIACHI** ▷5
É.-U. 1992. Drame de R. RODRIGUEZ avec Carlos Gallardo, Consuelo Gomez et Reinol Martinez. - Un jeune mariachi devient la cible des hommes de main d'un mafioso après avoir été confondu avec un fugitif.
VF→14,95$ STA→14,95$ 16 ans + Violence

**EL NORTE** ▷3
É.-U. 1983. Drame social de Gregory NAVA avec Zaide Silvia, David Villalpando et Lupe Ontiveros. - L'équipée périlleuse de deux jeunes gens qui quittent le Guatemala pour tenter fortune aux États-Unis. - Étude sympathique des problèmes affrontés par les immigrés illégaux. Approche réaliste. Aspects pittoresques. Interprétation nuancée.
VF→LS VO→LS Général

**ELDORADO** ▷4
QUÉ. 1995. Étude de mœurs de Charles BINAMÉ avec Pascale Bussières, Robert Brouillette et James Hyndman. - À Montréal, en plein été, les destins de divers personnages dans la vingtaine s'entrecroisent.
STA→14,95$ VO→14,95$ 13 ans +

**ELECTION** ▷3
É.-U. 1999. Comédie satirique d'Alexander PAYNE avec Matthew Broderick, Reese Witherspoon et Chris Klein. - Un professeur de high school tente d'empêcher une élève pédante d'être élue présidente de l'association étudiante. - Scénario rempli d'observations amusantes et spirituelles. Personnages habilement développés. Réalisation pleine de clins d'œil et de fantaisie. Interprètes de talent.
VF→14,95$ LBX-DVD→32,95$ VO→14,95$
LBX-DVD→32,95$ 13 ans +

**ELECTRA GLIDE IN BLUE** ▷4
É.-U. 1973. Drame policier de James William GUERCIO avec Robert Blake, Billy Green Bush et Mitchell Ryan. - En Arizona, un motard de la police rêve de devenir détective.
VO→14,95$ 13 ans +

**ELECTRIC HORSEMAN, THE** ▷4
É.-U. 1979. Comédie dramatique de Sydney POLLACK avec Robert Redford, Jane Fonda et John Saxon. - La révolte d'un ancien champion de rodéos devenu objet de publicité.
VO→11,95$ Général

**ÉLÉGANT CRIMINEL, L'**
Voir: LACENAIRE

**ÉLÉMENT DU CRIME, L'**
Voir: ELEMENT OF CRIME

**ELEMENT OF CRIME** ▷3
DAN. 1984. Drame policier de Lars VON TRIER avec Michael Elphick, Me Me Lei et Esmond Knight. - Soigné sous hypnose par un thérapeute, un enquêteur relate une sinistre affaire où un maniaque s'attaque à des vendeuses de billets de loto. - Histoire sinueuse. Images d'une étrangeté certaine. Ensemble énigmatique.
VF→LS STA-LBX→17,95$ 13 ans +

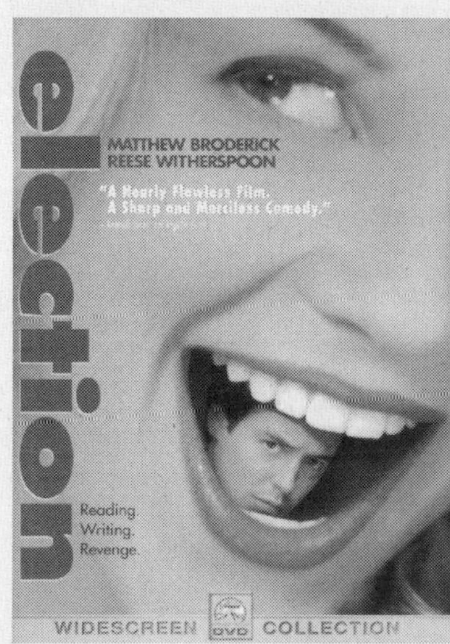

**ELEMENTARY SCHOOL, THE** ▷3
TCH. 1991. Comédie de Jan SVERAK avec Jan Triska, Zdenek Sverak et Libuse Safrankova. - Dans la banlieue praguoise, en 1945, un prétendu héros de guerre remplace l'institutrice d'un groupe de jeunes élèves rebelles. - Chronique au charme intelligent et raffiné. Détails savoureux. Contexte politique dépeint de manière vibrante. Bonne interprétation.
STA→LS **Général**

**ÉLÉNA ET LES HOMMES** ▷3
FR. 1956. Comédie satirique de Jean RENOIR avec Ingrid Bergman, Mel Ferrer et Jean Marais. - Une princesse polonaise échoue dans sa tentative de conduire un général au poste de dictateur. - Satire politique brillante et allègre. Images remarquables. Excellente interprétation.
STA→LS **Général**

**ELENI** ▷4
ANG. 1985. Drame de Peter YATES avec Kate Nelligan, John Malkovich et Oliver Cotton. - De retour en Grèce quarante ans après l'exécution de sa mère, un journaliste affronte le juge qui l'avait condamnée sans raisons valables.
VO→LS **13 ans +**

**ELEPHANT BOY** ▷3
ANG. 1937. Aventures de Robert FLAHERTY et Zoltan KORDA avec Sabu, W.E. Holloway et Walter Hudd. - En Inde, un jeune garçon désireux de devenir chasseur d'éléphants se joint à une expédition. - Très belles images. Peinture authentique de la vie dans une région de l'Inde. Valeur documentaire certaine. Interprétation juste.
VO→PC **Général**

**ELEPHANT MAN, THE** ►2
ANG. 1980. Drame biographique de David LYNCH avec Anthony Hopkins, John Hurt et Wendy Hiller. - À la fin du siècle dernier, un chirurgien s'intéresse à un homme rendu hideusement difforme par une maladie congénitale. - Intrigue fondée sur un cas authentique. Détails véridiques. Climat envoûtant. Évocation juste de l'époque. Excellente interprétation de J. Hurt.
VO→14,95$ **13 ans +**

**ELEPHANT WALK** ▷5
É.-U. 1953. Aventures de William DIETERLE avec Elizabeth Taylor, Peter Finch et Dana Andrews. - Un planteur de thé de Ceylan épouse une jeune Anglaise qui a peine à s'adapter à sa nouvelle situation.
VO→18,95$ **Non classé**

**ÉLÈVE, L'** ▷5
FR. 1996. Drame d'Olivier SCHATZKY avec Vincent Cassel, Caspar Salmon et Caroline Cellier. - Un précepteur s'aperçoit que la famille d'aristocrates ruinés qui l'a engagé compte sur lui pour se débarrasser de leur jeune fils surdoué.
VO→19,95$ **Général**

**ÉLISA** ▷5
FR. 1994. Drame psychologique de Jean BECKER avec Vanessa Paradis, Clothilde Courau et Gérard Depardieu. - Une jeune délinquante décide de quitter ses amis de la rue afin de retrouver et de tuer son père qu'elle tient pour responsable du suicide de sa mère.
VO→12,95$ **13 ans +**

**ÉLISA MON AMOUR** ▷3
ESP. 1976. Drame psychologique de Carlos SAURA avec Geraldine Chaplin, Fernando Rey et Norman Briski. - Une jeune femme en difficulté avec son mari passe quelques jours avec son père. - Mélange habile de présent et de passé, de réel et d'imaginaire. Belle photographie.
STA→59,95$ **13 ans +**

**ELISA VIDA MIA**
Voir: ÉLISA MON AMOUR

**ELIZABETH** ▷3
ANG. 1998. Drame historique de Shekhar KAPUR avec Cate Blanchett, Geoffrey Rush et Joseph Fiennes. - Au XVIe siècle, l'apprentissage du pouvoir par la reine Elizabeth, dans une Angleterre déchirée par les conflits religieux. - Faits racontés de façon souvent saisissante. Rigueur historique discutable. Réalisation fougueuse et âpre. Illustration fastueuse. Composition inoubliable de C. Blanchett.
VF→16,95$ VO→16,95$ **13 ans +**

**ELLE**
Voir: 10

**ELLE A TOUT POUR ELLE**
Voir: SHE'S ALL THAT

**ELLE CAUSE PLUS... ELLE FLINGUE!** ▷6
FR. 1972. Comédie de Michel AUDIARD avec Annie Girardot, Bernard Blier et André Pousse. - Une fausse princesse dirige les destinées des miséreux d'un quartier de la zone.
VO→LS **Général**

**ELLE ET LUI**
Voir: AN AFFAIR TO REMEMBER

**ELLE ET LUI**
Voir: HE SAID, SHE SAID

**ELLE VOIT DES NAINS PARTOUT** ▷6
FR. 1982. Comédie fantaisiste de Jean-Claude SUSSFELD avec Zabou, Martin Lamotte et Claire Magnin. - Menacée par sa belle-mère, une princesse est sauvée par le fils de la nurse qui l'a élevée.
VO→LS **Général**

**ELLES** ▷5
LUX. 1997. Comédie dramatique de Luis Galvao TELES avec Carmen Maura, Marthe Keller et Miou-Miou. - Cinq amies quadragénaires vivent diverses tribulations sentimentales.
VO→PC **Non classé**

**ELLES N'OUBLIENT JAMAIS** ▷5
FR. 1993. Drame de mœurs de Christopher FRANK avec Thierry Lhermitte, Maruschka Detmers et Nadia Farès. - Après avoir eu une aventure d'un soir avec une jeune inconnue, un père de famille voit cette dernière s'immiscer dangereusement dans sa vie.
VO→LS **Général - Déconseillé aux jeunes enfants**

**ELLES NE PENSENT QU'À ÇA** ▷6
FR. 1993. Comédie de mœurs de Charlotte DUBREUIL avec Carole Laure, Claudia Cardinale et Bernard Yerles. - Une mécanicienne provoque la perplexité et le désarroi dans son entourage lorsqu'elle tente à plus d'une reprise de se suicider.
VO→LSL **13 ans +**

**ELMER GANTRY** ▷3
É.-U. 1960. Étude de mœurs de Richard BROOKS avec Burt Lancaster, Jean Simmons et Shirley Jones. - Un jeune vendeur aux mœurs douteuses, épris d'une évangéliste, devient prêcheur populaire. - Vision critique de certaines déformations du sentiment religieux. Réalisation intelligente et vigoureuse. Détails pittoresques. B. Lancaster excellent.
VO→14,95$ **Général**

**ELUSIVE PIMPERNEL, THE** ▷5
ANG. 1949. Aventures de Michael POWELL et Emeric PRESSBURGER avec David Niven, Margaret Leighton et Cyril Cusack. - Un noble anglais s'emploie à sauver de la guillotine les victimes du régime révolutionnaire en France.
VO→34,95$ **Général**

**ELVIRA MADIGAN** ►2
SUÈ. 1966. Drame psychologique de Bo WIDERBERG avec Pia Degermark et Thommy Berggren. - Un jeune officier déserte l'armée, sa femme et ses enfants pour s'enfuir avec une artiste de cirque. - Style élégiaque d'une grande douceur. Images d'une beauté exceptionnelle. Trame musicale de choix. Interprètes bien dirigés.
STA→21,95$ STA-DVD→34,95$ **Général**

**ELVIRA, MISTRESS OF THE DARK** ▷6
É.-U. 1988. Comédie fantaisiste de James SIGNORELLI avec Cassandra Peterson, Edie McClurg et W. Morgan Sheppard. - Nouvellement installée dans la maison dont elle vient d'hériter, une présentatrice de films d'horreur à la télévision entre en conflit avec son oncle.
VO→9,95$ **Général**

**ELVIS** ▷5
É.-U. 1979. Drame biographique de John CARPENTER avec Kurt Russell, Season Hubley et Shelley Winters. - Au moment d'un retour sur scène en 1969, Elvis Presley se remémore les principales étapes de sa carrière.
VO→54,95$ **Général**

**ELVIS AND ME** ▷4
É.-U. 1988. Drame biographique de Larry PEERCE avec Dale Midkiff, Susan Walters et Billy Greenbush. - Evocation de la vie commune du chanteur Elvis Presley et de son ex-femme Priscilla.
VO→9,95$ **Général**

**ELVIS ET MOI**
Voir: ELVIS AND ME

**ELVIS GRATTON** ▷4
QUÉ. 1985. Comédie de Pierre FALARDEAU et Julien POULIN avec Julien Poulin, Denise Mercier et Reynald Fortin. - Les tribulations d'un garagiste de banlieue qui voue un véritable culte au chanteur américain Elvis Presley.
VO→LS DVD→31,95$ **Général**

**ELVIS GRATTON II: MIRACLE À MEMPHIS** ▷6
QUÉ. 1999. Comédie satirique de Pierre FALARDEAU avec Julien Poulin, Yves Trudel et Barry Blake. - Un Québécois ringard et intolérant est pris en charge par un impresario américain qui en fait une vedette internationale.
VO→LS DVD→31,95$ **Général - Déconseillé aux jeunes enfants**

**ELVIS ON TOUR** ▷4
É.-U. 1972. Documentaire de Robert ABEL et Pierre ADIDGE. - Reportage sur une tournée du chanteur Elvis Presley dans plusieurs grandes villes américaines.
VO→11,95$ **Général**

**ELVIS: THAT'S THE WAY IT IS** ▷5
É.-U. 1970. Documentaire de Denis SANDERS. - Reportage sur une représentation donnée par Elvis Presley dans un hôtel de Las Vegas en août 1970.
VO→19,95$ **Général**

**EMBRASSE-MOI GINO**
Voir: KISS ME GUIDO

**EMBRASSE-MOI IDIOT**
Voir: KISS ME STUPID

**EMERALD FOREST, THE** ▷4
ANG. 1985. Drame de mœurs de John BOORMAN avec Powers Boothe, Charley Boorman et Meg foster. - En tentant de retrouver son fils disparu dans la jungle brésilienne, un homme tombe entre les mains d'indigènes.
VF→LS VO→14,95$ **Général**

**ÉMERAUDE TRAGIQUE, L'**
Voir: GREEN FIRE

**ÉMERGENCE DES PROFONDEURS**
Voir: DEEP RISING

**EMIGRANTS, THE** ►2
SUÈ. 1972. Drame social de Jan TROELL avec Max Von Sydow, Liv Ullmann et Eddie Axberg. - Au milieu du XIXe siècle, un groupe de fermiers suédois s'embarquent pour les États-Unis d'Amérique. - Riche en détails de mœurs bien observés. Photographie remarquable. Mise en scène de premier ordre. Excellente interprétation.
VA→29,95$ **Général**

**EMILY** ▷0
É.-U. 1977, Henry HERBERT
VO→LS **Non classé**

**EMILY BRONTË'S WUTHERING HEIGHTS** ▷5
ANG. 1992. Drame sentimental de Peter KOSMINSKY avec Juliette Binoche, Ralph Fiennes et Janet McTeer. - Un jeune homme pauvre recueilli par un riche bourgeois s'éprend de la fille de son bienfaiteur.
VO→14,95$ **Général**

**EMINENT DOMAIN** ▷5
É.-U. 1990. Drame de John IRVIN avec Donald Sutherland, Anne Archer et Johdi May. - Démis de ses fonctions, un membre influent du Parti communiste polonais tente de découvrir les motifs de son renvoi.
VF→LS VO→PC **Général**

**EMMA** ▷4
ANG. 1996. Comédie sentimentale de Douglas McGRATH avec Gwyneth Paltrow, Jeremy Northam et Toni Collette. - Une jeune Anglaise célibataire prend plaisir à se mêler de la vie sentimentale de son entourage.
VF→14,95$ VO→14,95$ LBX-DVD→27,95$ **Général**

**EMMA'S SHADOW**
Voir: L'OMBRE D'EMMA

**EMMANUELLE** ▷5
FR. 1974. Drame psychologique de Just JAECKIN avec Sylvia Kristel, Daniel Barky et Alain Cuny. - À Bangkok, la jeune épouse d'un diplomate français cherche son épanouissement personnel dans l'érotisme.
VO→LS **18 ans +**

**EMMANUELLE 4** ▷6
Fr. 1984. Drame de mœurs de Francis GIACOBETTI avec Mia Nygren, Patrick Bauchau et Christian Marquand. - Pour fuir un ancien amant, une jeune femme décide de transformer son apparence avec l'aide d'un expert brésilien en chirurgie esthétique.
VO→LS **18 ans + Érotisme**

**EMMANUELLE 5** ▷6
FR. 1986. Drame de mœurs de W. BOROWCZYK avec Monique Gabrielle, Dana Burns Westberg et Yaseen Khan. - Avec l'aide d'un aventurier, une actrice tente d'échapper à un dictateur qui veut en faire la perle de son harem.
VO→LS **18 ans +**

**EMMANUELLE ON TABOO ISLAND** ▷0
VEN.-ITA. 1976, Enzio D'AMBROSIO et Humberto MORALES
VA→LS **Non classé**

**EMMERDEUR, L'** ▷4
FR. 1973. Comédie d'Édouard MOLINARO avec Lino Ventura, Jacques Brel et Caroline Cellier. - Un tueur à gages est dérangé dans ses occupations par un désespéré qui s'accroche à lui.
VO→LS **Général**

**EMMET OTTER'S JUG-BAND CHRISTMAS** ▷0
É.-U. 1977, Jim HENSON
VO→9,95$ **Général**

**EMPEREUR DU PÉROU, L'**
Voir: THE ODYSSEY OF THE PACIFIC

**EMPEREUR ET L'ASSASSIN, L'** ▷4
CHI. 1999. Drame historique de Chen KAIGE avec Li Xuejian, Gong Li et Zhang Fengyi. - Au IIIe siècle avant J.-C., le roi de Qin est obsédé par le désir d'unifier les sept royaumes de Chine malgré la résistance farouche de ceux-ci.
VF→LS STA→LS

**EMPEROR AND THE ASSASSIN**
Voir : L'EMPEREUR ET L'ASSASSIN

**EMPEROR WALTZ, THE** ▷4
É.-U. 1948. Comédie musicale de Billy WILDER avec Bing Crosby, Joan Fontaine et Roland Culver. - Un commis-voyageur américain gagne le cœur d'une aristocrate viennoise.
VO→16,95$ **Général**

**EMPEROR'S NEW GROOVE, THE** ▷4
É.-U. 2000. Dessins animés de Mark DINDAL. - Transformé par erreur en lama, un empereur arrogant obtient l'aide d'un paysan pour retrouver son apparence et remonter sur le trône.
**Général**

**EMPEROR'S NIGHTINGALE, THE** ►2
TCH. 1949. Conte de Jiri TRNKA. - Un jeune empereur que seul le chant d'un rossignol peut égayer se voit offrir un oiseau mécanique qui fait fuir le petit passereau. - Œuvre charmante tournée avec des marionnettes. Véritable tour de force technique. Partition musicale très soignée.
VA→LS **Général - Enfants**

**EMPEROR'S SHADOW** ▷0
CHI. 1996, Zhou XIAOWEN
STA→129,95$

**EMPIRE CONTRE-ATTAQUE, L'**
Voir: THE EMPIRE STRIKES BACK

**EMPIRE DE LA PASSION, L'** ▷3
JAP. 1978. Drame fantastique de Nagisa OSHIMA avec Kazuko Yoshiyuki, Tatsuya Fuji et Takahiro Tamura. - Deux amants qui ont supprimé un mari gêneur sont hantés par le fantôme de leur victime. - Thème fantastique bien traité. Mise en scène rigoureuse. Rythme plutôt lent. Nature admirablement photographiée. Interprétation convaincante.
STA→LS STA-DVD→LS **18 ans +**

**EMPIRE DES SENS, L'** ▷3
JAP. 1976. Drame de mœurs de Nagisa OSHIMA avec Eiko Matsuda, Tatsuya Fuji et Aoi Nakajima. - En 1936, une servante d'auberge devient la maîtresse du mari de sa patronne. - Traitement audacieux. Exploration cruelle de relations perverses. Mise en scène maîtrisée.
STA-DVD→LS **18 ans +**

**EMPIRE DU GREC, L'**
Voir: THE GREEK TYCOON

**EMPIRE OF THE SUN** ▷3
É.-U. 1987. Drame de guerre de Steven SPIELBERG avec Christian Bale, John Malkovich et Miranda Richardson. - Durant l'occupation de Shanghai en 1941, un jeune Anglais qui a été séparé de ses parents est capturé par les Japonais et enfermé dans un camp d'internement. - Vision d'un gamin sur la guerre. Séquences à grand déploiement impressionnantes. Réalisation fort bien contrôlée. Interprétation solide.
VO→19,95$ VF→19,95$ **Général**

**EMPIRE STRIKES BACK, THE** ▷3
É.-U. 1980. Science-fiction d'Irvin KERSHNER avec Mark Hamill, Harrison Ford et Carrie Fisher. - Des aventuriers de l'espace luttent contre l'empereur tyrannique d'une lointaine galaxie. - Suite de *Star Wars*. Aventures imaginatives. Illustration plus qu'honorable. Étonnantes réussites visuelles. Interprétation décontractée et convaincante.
VF→LS VO→LS **Général**

**EMPORTE-MOI** ▷4
QUÉ. 1998. Drame psychologique de Léa POOL avec Karine Vanasse, Miki Manojlovic et Pascale Bussières. - En 1963, dans un quartier populaire de Montréal, les difficiles expériences familiales et sentimentales d'une adolescente.
VO→LS **13 ans +**

**EMPREINTE DE FRANKENSTEIN, L'**
Voir: THE EVIL OF FRANKENSTEIN

**EMPRISE DES TÉNÈBRES, L'**
Voir: THE SERPENT AND THE RAINBOW

**EN ATTENDANT LE PARADIS...**
Voir: UNDER HEAVEN

**EN AVOIR (OU PAS)** ▷4
FR. 1995. Comédie dramatique de Lætitia MASSON avec Sandrine Kiberlain, Arnaud Giovaninetti et Roschdy Zem. - Débarquant à Lyon pour se trouver un travail, une jeune femme du Nord de la France s'éprend d'un solitaire paumé.
VO→18,95$ **Général**

**EN CAS DE GUERRE MONDIALE JE FILE À L'ÉTRANGER** ▷6
FR. 1983. Comédie de Jacques ARDOUIN avec Florence Haziot, Denise Didier et Jean-Claude Massoulier. - Les tribulations de cinq féministes qui décident d'enlever un écrivain phallocrate.
VO→LS **Non classé**

**EN CHAIR ET EN OS** ▷3
ESP. 1997. Drame de mœurs de Pedro ALMODOVAR avec Javier Bardem, Liberto Rabal et Francesca Neri. - Un ancien détenu retrouve le policier qu'il a rendu paraplégique ainsi que l'épouse de celui-ci dont il a toujours été amoureux. - Adaptation libre d'un roman de Ruth Rendell. Contenu policier délaissé au profit d'un drame passionnel rocambolesque. Imagerie colorée. Acteurs convaincants.
STA→19,95$ **13 ans + Érotisme**

**EN COMPAGNIE D'ANTONIN ARTAUD** ▷4
FR. 1993. Drame biographique de Gérard MORDILLAT avec Marc Barbé, Samy Frey et Julie Jeséquel. - À la fin des années 1940, un jeune poète impécunieux devient l'ami d'un écrivain célèbre qui sort à peine de l'asile.
STA→LS **13 ans +**

**EN DERNIER RECOURS** ▷0
QUÉ. 1987, Jacques GODBOUT
VO→19,95$ **Général**

**EN HOMMAGE AUX FEMMES DE TRENTE ANS**
Voir: IN PRAISE OF OLDER WOMEN

**EN LIBERTÉ DANS LES CHAMPS DU SEIGNEUR**
Voir: AT PLAY IN THE FIELD OF THE LORD

**EN MARGE DE L'ENQUÊTE**
Voir: DEAD RECKONING

**EN MÉMOIRE DE CAROLINE**
Voir: A CRY IN THE NIGHT

**EN OBSERVATION**
Voir: OPNAME

**EN PATROUILLE**
Voir: THE DEEP SIX

**EN PLEIN CŒUR** ▷5
FR. 1998. Drame psychologique de Pierre JOLIVET avec Gérard Lanvin, Virginie Ledoyen et Carole Bouquet. - Un avocat réputé voit son mariage et son existence sombrer lorsqu'il tombe amoureux d'une jeune cliente.
VO→LS **Général - Déconseillé aux jeunes enfants**

**EN QUÊTE D'UNE GALAXIE**
Voir: GALAXY QUEST

**EN QUÊTE DE LIBERTÉ**
Voir: LEAVING NORMAL

**EN ROUTE POUR SINGAPOUR**
Voir: ROAD TO SINGAPORE

**EN ROUTE VERS MANHATTAN**
Voir: THE DAYTRIPPERS

**EN ROUTE VERS RIO**
Voir: ROAD TO RIO

**EN TAXI AUX TOILETTES**
Voir: TAXI ZUM KLO

**EN TOUTE BONNE FOI**
Voir: LEAP OF FAITH

**EN TOUTE INNOCENCE**
Voir: THE NEON BIBLE

**EN TOUTE INNOCENCE** ▷4
FR. 1987. Drame psychologique d'Alain JESSUA avec Michel Serrault, Nathalie Baye et Suzanne Flon. - À la suite d'un grave accident de la route, un architecte feint d'être devenu muet afin de contrecarrer sa belle-fille qu'il sait infidèle.
VO→LS **Général**

**ENCHANTED APRIL** ▷4
ANG. 1992. Comédie dramatique de Mike NEWELL avec Josie Lawrence, Miranda Richardson et Joan Plowright. - Se mourant d'ennui à Londres, l'épouse d'un fonctionnaire morose loue un château en Italie pour y séjourner avec trois compagnes.
VO→12,95$ VF→12,95$ **Général**

**ENCHANTMENT** ▷4
É.-U. 1948. Drame sentimental d'Irving REIS avec David Niven, Teresa Wright et Evelyn Keyes. - Pensant que sa nièce s'apprête à épouser un aviateur, un vieux général remâche ses souvenirs.
VO→14,95$ **Général**

**ENCINO MAN** ▷6
É.-U. 1992. Comédie fantaisiste de Les MAYFIELD avec Sean Astin, Brendan Fraser et Pauly Shore. - Un adolescent utilise un homme préhistorique qu'il a déterré dans son arrière-cour afin de mousser sa popularité à l'école.
VO→LS **Général**

**ENCORE** ▷4
FR. 1996. Comédie de mœurs de Pascal BONITZER avec Jackie Berroyer, Valéria Bruni-Tedeschi et Natacha Régnier. - Un professeur de 50 ans entretient des relations sentimentales difficiles avec des étudiantes.
VO→26,95$ **Général**

**ENCORE (ONCE MORE)** ▷4
FR. 1987. Drame de mœurs de Paul VECCHIALI avec Jean-Louis Rolland, Florence Giorgetti et Pascale Rocard. - Un homme quitte sa famille et son emploi pour mener une vie bohème qui l'entraîne dans le milieu homosexuel.
VO→LS **13 ans +**

**ENCORE LES VIEUX GRINCHEUX**
Voir: GRUMPIER OLD MEN

**END OF DAYS** ▷6
É.-U. 1999. Drame fantastique de Peter HYAMS avec Arnold Schwarzenegger, Gabriel Byrne et Robin Tunney. - À trois jours de l'an 2000, un détective doit empêcher Satan d'enfanter l'Antéchrist avec une jeune New-Yorkaise.
VF→23,95$ VO→23,95$ LBX-DVD→31,95$ **16 ans + Horreur**

**END OF SAINT PETERSBURG, THE** ▷0
RUS. 1927, Vsevolod POUDOVKINE
ITA→41,95$ **Général**

**END OF THE AFFAIR** ▷3
ANG. 1954. Drame d'Edward DMYTRYK avec Deborah Kerr, Van Johnson et John Mills. - Une femme mariée éprise d'un écrivain vit un conflit intérieur à la suite d'une promesse faite à Dieu. - Œuvre de qualité basée sur un roman de Graham Greene. Grande intensité dramatique. Évocation réussie de problèmes spirituels. Excellents interprètes.
VO→14,95$ LBX-DVD→28,95$ **Général**

**END OF THE AFFAIR, THE** ▷3
ANG. 1999. Drame sentimental de Neil JORDAN avec Ralph Fiennes, Julianne Moore et Stephen Rea. - En 1946, à Londres, un écrivain cherche à connaître les raisons qui ont poussé sa maîtresse à rompre deux ans plus tôt. - Adaptation sensible et intelligente du roman de Graham Greene. Époque finement reconstituée. Réalisation maîtrisée. Interprétation vibrante.
VF→LS VO→LS LBX-DVD→32,95$ **13 ans + Érotisme**

**END OF THE ROAD** ▷0
É.-U. 1970, Aram AVAKIAN
VO→LS **18 ans +**

**END OF VIOLENCE, THE** ▷4
É.-U. 1997. Drame psychologique de Wim WENDERS avec Bill Pullman, Andie MacDowell et Gabriel Byrne. - Un producteur de cinéma se retrouve impliqué malgré lui dans un programme top secret de surveillance des villes.
VO→14,95$ VF→14,95$ LBX-DVD→26,95$ **Général**

**ENDANGERED SPECIES** ▷4
É.-U. 1982. Drame policier d'Alan RUDOLPH avec Robert Urich, JoBeth Williams et Hoyt Axton. - Un ex-policier de New York, de passage au Colorado, vient en aide à une femme-shérif afin d'élucider le mystère entourant des mutilations de bestiaux.
VF→LS VO→LS **13 ans +**

**ENDLESS LOVE** ▷4
É.-U. 1981. Drame psychologique de Franco ZEFFIRELLI avec Martin Hewitt, Brooke Shields et Shirley Knight. - L'amour interdit de deux adolescents connaît une issue tragique.
VO→LS **13 ans +**

**ENDLESS NIGHT** ▷4
ANG. 1971. Drame de Sidney GILLIAT avec Hywel Bennett, Hayley Mills et Britt Ekland. - Un jeune arriviste épouse une riche héritière qui meurt peu après dans des circonstances mystérieuses.
VO→9,95$ **13 ans +**

**ENDROIT FABULEUX, UN**
Voir: A FAR OFF PLACE

**ENEMIES, A LOVE STORY** ▷4
É.-U. 1989. Comédie dramatique de Paul MAZURSKY avec Ron Silver, Anjelica Huston et Lena Olin. - Un Juif ayant épousé une chrétienne cache à celle-ci l'existence de sa maîtresse jusqu'au jour où les deux femmes tombent enceintes.
VO→PC **13 ans +**

**ENEMY AT THE GATES** ▷4
ALL. 2000. Drame de guerre de Jean-Jacques ANNAUD avec Jude Law, Joseph Fiennes et Ed Harris. - En 1942, à Stalingrad, un tireur embusqué russe qui décime l'état-major allemand devient lui-même la cible d'un maître-tireur nazi.
**13 ans + Violence**

**ENEMY BELOW, THE** ▷4
É.-U. 1957. Drame de guerre de Dick POWELL avec Robert Mitchum, Curd Jurgens et Al Hedison. - Un destroyer américain et un sous-marin allemand tentent mutuellement de se couler.
VF→11,95$ VO→11,95$ **Général**

**ENEMY MINE** ▷4
É.-U. 1985. Science fiction de Wolfgang PETERSEN avec Dennis Quaid, Louis Gossett Jr. et Bumper Robinson. - Un extraterrestre mourant confie son enfant à un humain avec qui il a été obligé de s'allier pour survivre.
VO→11,95$ **13 ans +**

**ENEMY OF THE STATE** ▷4
É.-U. 1998. Drame d'espionnage de Tony SCOTT avec Will Smith, Gene Hackman et Jon Voight. - Un jeune avocat devient la cible de la Sécurité nationale lorsqu'il est soupçonné de posséder un vidéo incriminant un haut dirigeant de l'agence.
VO→16,95$ VF→16,95$ **Général - Déconseillé aux jeunes enfants**

**ENFANCE À NATASHQUAN, UNE** ▷4
QUÉ. 1993. Documentaire de Michel MOREAU. - Le chansonnier Gilles Vigneault nous entraîne dans l'univers de ses souvenirs de jeunesse.
VO→LS Général

**ENFANCE D'IVAN, L'** ▷3
RUS. 1961. Drame de guerre d'Andrei TARKOVSKY avec Kolya Burlaiev, Valentin Zubkov et Y. Zharikov. - Durant la Seconde Guerre mondiale, un gamin russe dont les parents ont été massacrés par les Allemands s'enrôle dans l'armée. - Réquisitoire contre la guerre au style lyrique et poétique. Traitement à la fois dur et poignant. Très belle photographie. Jeu naturel de K. Burlaiev.
STA→21,95$ Général

**ENFANCE DE L'ART, L'**
Voir: LIFE WITH MIKEY

**ENFANT À LA VOIX D'OR, L'** ▷5
ESP. 1957. Mélodrame d'Antonio DEL AMO avec Joselito Jimenez, Ivy Bless et Lola del Pino. - Doué d'une jolie voix, un garçonnet décide de gagner l'argent nécessaire à l'opération d'une fillette aveugle.
VF→LS Général

**ENFANT D'EAU, L'** ▷4
QUÉ. 1995. Drame de mœurs de Robert MÉNARD avec David La Haye, Marie-France Monette et Gilbert Sicotte. - Un lien amoureux se tisse lentement entre un garçon simple d'esprit et une fillette de douze ans qui ont échoué sur une île déserte des Caraïbes.
VO→29,95$ Général

**ENFANT DE L'HIVER, L'** ▷3
FR. 1988. Drame psychologique d'Olivier ASSAYAS avec Clotilde de Bayser, Michel Feller et Marie Matheron. - Un jeune homme quitte sa copine enceinte pour une décoratrice de théâtre. - Évocation de relations amoureuses tourmentées entre jeunes adultes. Mise en images sensible aux personnages. Réalisation privilégiant l'expression des émotions. Interprétation tout en nuances.
VO→28,95$ Général

**ENFANT LION, L'** ▷4
FR. 1993. Conte de Patrick GRANDPERRET avec Mathurin Sinze, Sophie-Véronique Toue Tagbe et Souleyman Koly. - Le jeune fils d'un chef de village africain et son amie sont capturés par des guerriers qui les vendent à un prince cruel.
VO→13,95$ Général

**ENFANT LUMIÈRE, L'**
Voir: THE SHINING

**ENFANT MIROIR, L'**
Voir: THE REFLECTING SKIN

**ENFANT NOIR, L'** ▷4
FR. 1994. Drame de mœurs de Laurent CHEVALLIER avec Baba Camara, Madou Camara et Kouda Camara. - Un jeune adolescent né dans un village au cœur de la Guinée va poursuivre ses études dans la capitale.
VO→LS Général

**ENFANT SACRÉ DU TIBET, L'**
Voir: THE GOLDEN CHILD

**ENFANT SAUVAGE, L'** ►2
FR. 1969. Drame psychologique réalisé et interprété par François TRUFFAUT avec Jean-Pierre Cargol et Françoise Seigner. - Au début du XIXe siècle, un médecin s'efforce d'éduquer un enfant d'une douzaine d'années trouvé dans les bois à l'état sauvage. - Scénario basé sur des documents d'époque. Objectivité documentaire. Mise en scène sobre et efficace. Interprétation convaincante.
STA→19,95$ Général

**ENFANT SUR LE LAC, L'** ▷5
QUÉ. 1991. Drame psychologique de Jacques LEDUC avec René Gagnon, Monique Lepage et Patricia Tulasne. - L'infidélité de son épouse oblige un homme à exorciser un traumatisme lié à un souvenir d'enfance.
VO→LS Général

**ENFANTS DE LUMIÈRE, LES** ▷4
FR. 1995. Film de montage de A. ASSEO, C. BARRATIER, O. BARROT, P. BILLARD, Alain CORNEAU, Claude MILLER, P. PHILIPPE, J.-C. ROMER et Claude SAUTET. - 100 ans de cinéma français racontés à travers quelque 300 extraits de films et de documents de tournage regroupés sous divers thèmes.
VO→12,95$ Général

**ENFANTS DE SALEM, LES**
Voir: A RETURN TO SALEM'S LOT

**ENFANTS DU CAPITAINE GRANT, LES**
Voir: IN SEARCH OF THE CASTAWAYS

**ENFANTS DU CIEL, LES**
Voir: CHILDREN OF HEAVEN

**ENFANTS DU DÉSORDRE, LES** ▷4
FR. 1988. Drame social de Yannick BELLON avec Emmanuelle Béart, Robert Hossein et Patrick Catalifo. - Une ancienne prostituée qui a connu la drogue séjourne dans un centre de réhabilitation où l'on apprend le théâtre.
VO→LS 13 ans +

**ENFANTS DU DIMANCHE, LES** ▷3
SUÈ. 1992. Drame psychologique de Daniel BERGMAN avec Thommy Berggren, Henrik Linnros et Lena Endre. - Un pasteur se rend dans une petite église de campagne avec son jeune fils qui l'admire et le craint tout à la fois. - Récit autobiographique écrit par Ingmar Bergman. Portrait sensible d'un enfant candide. Forme visuelle lumineuse et vivante. Beauté exquise des décors naturels.
VF→13,95$ Général

**ENFANTS DU MARAIS, LES** ▷4
FR. 1998. Comédie dramatique de Jean BECKER avec Jacques Villeret, Jacques Gamblin et André Dussolier.
VO→18,95$

**ENFANTS DU PARADIS, LES** ►1
FR. 1945. Mélodrame de Marcel CARNÉ avec Jean-Louis Barrault, Arletty et Pierre Brasseur. - À Paris, en 1827, un mime aime follement une jeune femme courtisée par de nombreux hommes. - Scénario complexe, d'une belle puissance dramatique. Mise en scène somptueuse. Interprétation de classe.
STA→35,95$ 13 ans +

**ENFANTS DU REFUS GLOBAL, LES** ▷4
QUÉ. 1997. Documentaire de Manon BARBEAU. - Les répercussions qu'a eu le manifeste du Refus global sur certains enfants de signataires qui ont fait passer leur rôle d'artiste avant celui de parent.
VO→19,95$ Général

**ENFANTS DU SIÈCLE, LES** ▷5
FR.1999. Drame biographique de Diane KURYS avec Juliette Binoche, Benoît Magimel et Robin Renucci. - Les amours tumultueuses de l'écrivaine George Sand avec le poète romantique Alfred de Musset.
STA→LS VO→LS

**ENFANTS DU SILENCE, LES**
Voir: CHILDREN OF A LESSER GOD

**ENFANTS NOUS REGARDENT, LES** ▷4
ITA. 1943. Drame de Vittorio DE SICA avec Isa Pola, Luciano De Ambrosis et Emilio Cigoli. - Une jeune mère perd définitivement son mari et l'affection de son fils.
STA→27,95$ Général

**ENFANTS TERRIBLES, LES** ▷4
FR. 1950. Drame psychologique de Jean-Pierre MELVILLE et Jean COCTEAU avec Nicole Stéphane, Édouard Dhermit et Renée Cosima. - Tout au long de sa vie, une fille éprouve pour son frère une passion exclusive qui la pousse à se mêler de ses affaires sentimentales.
STA→44,95$ Général

**ENFANTS, LES** ▷3
FR. 1984. Comédie satirique de Marguerite DURAS avec Axel Bougosslavski, Daniel Gélin et Tatiana Moukhine. - Un enfant de sept ans qui en paraît quarante provoque la stupéfaction dans son entourage lorsqu'il décide de quitter l'école. - Jeu de l'esprit s'apparentant au théâtre de l'absurde. Réflexions pertinentes sur le sens de la vie.
VO→LS **Général**

**ENFER APRÈS L'ENFER, L'**
Voir: DISTANT THUNDER

**ENFER DES HOMMES, L'**
Voir: TO HELL AND BACK

**ENFER, L'** ▷3
FR. 1993. Drame psychologique de Claude CHABROL avec Emmanuelle Béart, François Cluzet et Nathalie Cardone. - Doutant de la fidélité de sa femme, un hôtelier en vient à commettre des actes de plus en plus incontrôlés. - Description habile d'un cas extrême de jalousie. Récit adéquatement simple et linéaire. Réalisation intelligente. Excellents interprètes.
VO→19,95$ LBX-DVD→29,95$ **13 ans +**

**ENFORCER, THE** ▷4
É.-U. 1950. Drame policier de Bretaigne WINDUST avec Humphrey Bogart, Everett Sloane et Zero Mostel. - Un policier lutte contre des tueurs à gages.
VO→9,95$ **Non classé**

**ENFORCER, THE** ▷5
É.-U. 1976. Drame policier de James FARGO avec Clint Eastwood, Tyne Daly et Bradford Dillman. - Un policier aux méthodes brutales entre en lutte avec un groupe de terroristes.
VO→11,95$ VF→11,95$ **13 ans +**

**ENGLISH PATIENT, THE** ▷3
É.-U. 1996. Chronique d'Anthony MINGHELLA avec Ralph Fiennes, Juliette Binoche et Kristin Scott-Thomas. - En 1942, une infirmière ébranlée par les horreurs de la guerre soigne un pilote blessé qui se remémore un grand amour récent ayant connu une fin tragique.- Adaptation luxueuse du roman de Michael Ondaatje. Intrigue romantique classique aux accents parfois grandioses. Images somptueuses. Interprétation intelligente et bien sentie.
VF→14,95$ LBX→24,95$ LBX-DVD→27,95$ **Général**

**ENGLISHMAN WHO WENT UP A HILL, BUT CAME DOWN A MOUNTAIN, THE** ▷4
ANG. 1995. Comédie de Christopher MONGER avec Hugh Grant, Tara Fitzgerald et Colm Meaney. - Deux cartographes causent un émoi dans un village lorsqu'ils annoncent que la colline voisine ne figurera pas sur les cartes officielles.
VF→14,95$ VO→14,95$ LBX-DVD→27,95$ **Général**

**ENGRENAGE FATAL**
Voir: WISDOM

**ENGRENAGES**
Voir: HOUSE OF GAMES

**ÉNIGMATIQUE MONSIEUR RIPLEY, L'**
Voir: THE TALENTED MR. RIPLEY

**ÉNIGME DE KASPAR HAUSER, L'** ▷3
ALL. 1974. Drame psychologique de Werner HERZOG avec Bruno S., Walter Ladengast et Brigitte Mira. - En 1838, un professeur accueille chez lui un adolescent inadapté dont on ne connaît pas les origines. - Évocation d'un fait réel. Style rigoureux. Quelques touches d'humour. Utilisation magistrale d'un inadapté dans le rôle central.
STA LBX→14,95$ **Général**

**ENJEUX DE LA MORT, LES**
Voir: THE DEAD POOL

**ENJÔLEUSE, L'** ▷4
MEX. 1952. Drame de mœurs de Luis BUÑUEL avec Pedro Armendariz, Katy Jurado et Andres Soler. - Après avoir tué accidentellement un homme, un boucher simplet et rustaud s'éprend de la fille de la victime.
STA→39,95$ **Général**

**ENLÈVEMENT DES SABINES, L'** ▷6
ITA.-FR.-ESP. 1961. Aventures de Alberto GOUT et Richard POTTIER avec Roger Moore, Mylène Demongeot et Folco Lulli. - N'ayant pas de femmes, une bande de brigands romains s'emparent de force de jeunes filles sabines.
VO→LS **Non classé**

**ENNEMI DE L'ÉTAT**
Voir: ENEMY OF THE STATE

**ENNEMIES, UNE HISTOIRE D'AMOUR**
Voir: ENEMIES, A LOVE STORY

**ENNEMIS COMME AVANT**
Voir: THE SUNSHINE BOYS

**ENNUI, L'** ▷4
FR. 1998. Comédie dramatique de Cédric KAHN avec Charles Berling, S. Guillemin et A. Dombasle. - Un prof de philo las de sa jeune maîtresse devient obsédé par elle lorsqu'il apprend son infidélité.
VO→LS **16 ans + Érotisme**

**ENOLA GAY: THE MEN, THE MISSION, THE ATOMIC BOMB** ▷5
É.-U. 1980. Drame de guerre de David Lowell RICH avec Patrick Duffy, Kim Darby et Billy Crystal. - Le choix, l'entraînement et la mission de l'équipage du bombardier qui lança la bombe atomique sur Hiroshima.
VO→LS **Général**

**ENQUÊTES INTERNES**
Voir: INTERNAL AFFAIRS

**ENRAGÉ**
Voir: RAMPAGE

**ENRAGÉ, L'**
Voir: FALLING DOWN

**ENSAIGNANTS, LES**
Voir: THE FACULTY

**ENSIGN PULVER** ▷5
É.-U. 1964. Comédie de Joshua LOGAN avec Robert Walker, Burl Ives et Walter Matthau. - Un jeune officier de marine parvient à convaincre le capitaine d'un cargo, homme au mauvais caractère, à demander sa mutation.
VO→13,95$ **Général**

**ENTER LAUGHING** ▷4
É.-U. 1967. Comédie de Carl REINER avec Reni Santoni, Shelley Winters et Jose Ferrer. - Le fils d'un tailleur juif de New York rêve de faire du théâtre.
VO→19,95$

**ENTER THE DRAGON** ▷5
É.-U. 1973. Aventures de Robert CLOUSE avec Bruce Lee, John Saxon et Jim Kelly. - Un expert en arts martiaux en mission pour Interpol s'inscrit à un tournoi de lutte à main nue afin de s'immiscer dans une organisation criminelle.
VF→14,95$ VO→18,95$ LBX-DVD→21,95$ **13 ans +**

**ENTER THE GAME OF DEATH** ▷0
É.-U. 1978, Joseph VELASCO
VA→LS **Général**

**ENTERRÉ VIVANT**
Voir: PREMATURE BURIAL

**ENTERTAINER, THE** ▷3
ANG. 1960. Drame psychologique de Tony RICHARDSON avec Laurence Olivier, Joan Plowright et Brenda de Banzie. - Dans les années 1940, la déchéance d'un artiste de music-hall égoïste et médiocre. - Adaptation vivante d'une pièce de John Osborne. Mise en scène habile. Composition remarquable de L. Olivier.
VO→LS **Général**

**ENTITY, THE** ▷5
É.-U. 1981. Drame fantastique de Sidney J. FURIE avec Barbara Hershey, Ron Silver et David Labiosa. - Des parapsychologues s'intéressent au cas d'une jeune femme qui subit les assauts sexuels d'une créature invisible.
VO→16,95$ **13 ans +**

**ENTOURLOUPE, L'** ▷5
FR. 1979. Comédie de Gérard PIRÈS avec Jacques Dutronc, Jean-Pierre Marielle et Anne Jousset. - Deux truands sans envergure s'essaient à un travail de démarcheur dans les campagnes.
VO→LS **Général**

**ENTRAPMENT** ▷5
É.-U. 1999. Drame policier de Jon AMIEL avec Catherine Zeta-Jones, Sean Connery et Will Patton. - Une employée d'une compagnie d'assurances fait mine de piéger un cambrioleur afin de perpétrer avec lui des vols audacieux.
VO→16,95$ VF→16,95$ LBX-DVD→PC LBX-DVD→PC **Général**

**ENTRE DEUX PLAGES**
Voir: BEACHES

**ENTRE LA MER ET L'EAU DOUCE** ▷4
QUÉ. 1967. Drame sentimental de Michel BRAULT avec Claude Gauthier, Geneviève Bujold et Paul Gauthier. - Un jeune campagnard venu travailler à Montréal se découvre une vocation de chanteur.
VO→21,95$ **Général**

**ENTRE LE CIEL ET L'ENFER** ▷3
JAP. 1963. Drame policier d'Akira KUROSAWA avec Toshiro Mifune, Tatsuya Nakadai et Tsutomu Yamasaski. - Après avoir accepté de payer la rançon exigée par le ravisseur de son fils, un industriel découvre qu'en réalité c'est le fils de son chauffeur qui a été kidnappé par erreur. - Suspense allant crescendo. Mise en scène d'une sûreté constante. Forte interprétation de T. Mifune.
STA-LBX→27,95$ STA-LBX-DVD→59,95$ **Général**

**ENTRE LUNE ET TERRE**
Voir: PONTIAC MOON

**ENTRE NOUS DEUX**
Voir: ALL OF ME

**ENTRE TU ET VOUS** ▷5
QUÉ. 1969. Film d'essai de Gilles GROULX avec Pierre Harel, Paule Baillargeon et Dolorès Monfette. - Illustration allégorique de divers aspects de l'aliénation d'un jeune couple.
VO→19,95$ **Général**

**ENTRETIEN AVEC UN VAMPIRE**
Voir: INTERVIEW WITH A VAMPIRE

**ENTRONS DANS LA DANSE**
Voir: THE BARKLEYS OF BROADWAY

**ENTROPY** ▷4
É.-U. 1999. Drame sentimental de Phil JOANOU avec Stephen Dorff, Judith Godrèche et Kelly Macdonald. - Alors qu'il s'apprête à tourner son premier long métrage, un jeune cinéaste s'engage dans une liaison passionnée avec une top model.
VO→19,95$ **13 ans +**

**ENUFF IS ENUFF**
Voir: J'AI MON VOYAGE

**ENVERS DU SEXE, L'**
Voir: THE OPPOSITE OF SEX

**ENVERS ET CONTRE TOUT**
Voir: STAND AND DELIVER

**ENVOÛTÉS, LES**
Voir: THE BELIEVERS

**ENVOYEZ LES VIOLONS** ▷5
FR. 1988. Comédie sentimentale de Roger ANDRIEUX avec Richard Anconina, Anémone et Fabienne Périneau. - Obsédé par sa volonté de reconquérir l'amour de sa femme, un réalisateur de films publicitaires se tourne vers la musicothérapie et s'éprend de son professeur.
VO→LS **Général**

**ÉPÉE ENCHANTÉE, L'**
Voir: THE MAGIC SWORD

**ÉPIDÉMIE, L'**
Voir: OUTBREAK

**ÉPOQUE FORMIDABLE, UNE** ▷4
FR. 1991. Comédie de mœurs réalisée et interprétée par Gérard JUGNOT avec Richard Bohringer et Ticky Holgado. - Licencié de son poste de cadre, un père de famille quitte le domicile conjugal et se lie d'amitié avec trois clochards.
VO→LS **13 ans +**

**EPOUSE TROP PARFAITE, UNE**
Voir: DREAM LOVER

**ÉPOUSES ET CONCUBINES** ►2
CHI. 1991. Drame de mœurs de Zhang YIMOU avec Gong Li, He Caifei et Cao Cuifeng. - Dans les années 1920, en Chine du Nord, les quatre concubines d'un riche seigneur se livrent une lutte sournoise. - Tableau gris et froid d'un monde féodal. Économie des effets. Importance de la force des symboles. Décors fastueux. Jeu intériorisé des acteurs.
VF→LS STA→LS **Général**

**ÉPOUSES MODÈLES, LES**
Voir: THE STEPFORD WIVES

**ÉPOUVANTE SUR NEW YORK**
Voir: Q: THE WINGED SERPENT

**ÉPOUX ET AMANTS**
Voir: HUSBANDS AND LOVERS

**ÉPREUVE DE FORCE, L'**
Voir: THE GAUNTLET

**ÉQUATEUR** ▷6
FR. 1983. Drame de mœurs de Serge GAINSBOURG avec Francis Huster, Barbara Sukowa et Julien Guiomar. - Venu au Gabon pour y travailler, un jeune Français tombe sous la coupe d'une femme perverse.
VO→LS **18 ans +**

**EQUINOX** ▷4
É.-U. 1992. Drame de mœurs d'Alan RUDOLPH avec Matthew Modine, Lara Flynn Boyle et Tyra Ferrell. - L'existence parallèle de deux jumeaux séparés à la naissance dont l'un est devenu gangster tandis que l'autre mène une vie sans histoire.
VO→18,95$ **Général**

**ÉQUINOXE** ▷4
QUÉ. 1986. Drame d'Arthur LAMOTHE avec Jacques Godin, Ariane Frédérique et Marthe Mercure. - Après 30 ans d'absence, un homme accompagné de sa petite-fille revient sur les lieux de sa jeunesse à la recherche d'un vieil ami.
VO→LS **Général**

**ÉQUIPE DE RÊVE, L'**
Voir: THE DREAM TEAM

**ÉQUIPE SANS PAREILLE, UNE**
Voir: THE BIG GREEN

**EQUUS** ▷3
É.-U. 1977. Drame psychologique de Sidney LUMET avec Richard Burton, Peter Firth et Joan Plowright. - Un psychiatre s'occupe d'un adolescent au comportement étrange. - Adaptation de la pièce de Peter Shaffer. Exploration psychologique prenante. Mise en scène stylisée. Excellente interprétation.
VO→14,95$ **13 ans +**

**ERASER** ▷5
É.-U. 1996. Drame policier de Charles RUSSELL avec Arnold Schwarzenegger, James Caan et Vanessa Williams. - Un agent du gouvernement met tout en œuvre pour protéger la vie d'une jeune femme qui a mis à jour un trafic d'armes.
VF-LBX→11,95$ LBX-DVD→31,95$ **16 ans + Violence**

**ERASERHEAD** ►2
É.-U. 1976. Drame fantastique de David LYNCH avec John Nance, Charlotte Stewart et Jeanne Bates. - Un couple vivant dans un taudis prend soin de son bébé monstrueux à l'apparence larvaire. - Mélange fascinant d'étrange et de grotesque. Climat de cauchemar aux éléments bizarres et terrifiants. Humour noir. Bande sonore insolite. Interprétation dans le ton voulu.
VO→LS **18 ans +**

**ERENDIRA** ▷3
FR.-MEX.-ALL. 1983. Drame de mœurs de Ruy GUERRA avec Irène Papas, Claudia Ohana et Oliver Wehe. - Une adolescente est forcée par sa grand-mère à se livrer à la prostitution. - Fable baroque tirée d'une œuvre de Gabriel Garcia Màrquez. Curieux mélange de poésie fantastique et de réalisme sordide. Interprétation dominée par I. Papas.
STA→LS VF→LS **13 ans +**

**ERIK THE VIKING** ▷4
ANG. 1989. Comédie fantaisiste réalisée et interprétée par Terry JONES avec Tim Robbins et John Cleese. - Un guerrier au cœur tendre doit entreprendre une quête périlleuse pour que cesse la violence qui l'entoure.
VF→LS VO→LS **13 ans +**

**ERIN BROCKOVICH** ▷4
É.-U. 2000. Drame judiciaire de Steven SODERBERGH avec Julia Roberts, Albert Finney et Aaron Eckhart. - Assistante dans un bureau d'avocats, une jeune femme peu instruite qui élève seule ses enfants poursuit une grosse compagnie ayant contaminé l'eau potable d'une petite ville.
VF→16,95$ VO→16,95$

**ERMO** ▷3
CHI. 1994. Comédie dramatique réalisée par Xiaowen ZHOU avec Ailiya, Liu Peiqi et Ge Zhijun. - Une femme s'acharne au travail pour pouvoir acheter un plus gros téléviseur que celui de ses voisins. - Fable savoureuse sur l'américanisation de la Chine. Récit riche en observations de mœurs. Réalisation précise.
STA→29,95$ **Général**

**EROTIC GHOST STORY** ▷0
H. K. 1990, Ngai Kai LAM
VA→29,95$ **18 ans + Érotisme**

**ÉROTIQUE** ▷5
É.-U.-ALL.-H.-K. 1994. Film à sketches de Lizzie BORDEN et Clara LAW avec Kamala Lopez-Dawson, Priscilla Barnes et Tim Lounibos. - Les aventures sensuelles d'une téléphoniste de ligne érotique, d'un couple de lesbiennes et de deux amants qui renouent après une séparation.
VO→36,95$ LBX-DVD→34,95$ **18 ans + Érotisme**

**ERRAND BOY, THE** ▷4
É.-U. 1961. Comédie réalisée et interprétée par Jerry LEWIS avec Brian Donlevy et Howard McNear. - Un jeune commissionnaire multiplie les maladresses dans un studio de cinéma.
VO→14,95$ **Général**

**ERREUR SUR LA PERSONNE** ▷4
QUÉ. 1995. Drame policier de Gilles NOËL avec Michel Côté, Macha Grenon et Paul Doucet. - Un policier épie une voleuse de cartes de crédit afin de découvrir ses motifs.
VO→LS **Général**

**ESCADRILLE PANTHÈRE**
Voir: MEN OF THE FIGHTING LADY

**ESCALIER C** ▷4
FR. 1985. Comédie de mœurs de Jean-Charles TACCHELLA avec Robin Renucci, Jean-Pierre Bacri et Catherine Leprince. - Un jeune critique d'art se plaît à intervenir dans les problèmes de ses voisins ou amis.
VO→LS **13 ans +**

**ESCAPE FROM ALCATRAZ** ▷3
É.-U. 1979. Drame de Don SIEGEL avec Clint Eastwood, Patrick McGoohan et Larry Hankin. - Dans les années 1960, un prisonnier tente de s'évader d'un pénitencier situé sur une île au large de San Francisco. - Scénario inspiré d'un incident réel. Mise en scène dépouillée et solide. Climat de tension soutenu. Interprétation sobre de C. Eastwood.
VO→14,95$ LBX-DVD→29,95$ **Général**

**ESCAPE FROM FORT BRAVO** ▷4
É.-U. 1953. Western de John STURGES avec William Holden, Eleanor Parker et John Forsythe. - Pendant la guerre de Sécession, une Sudiste fait évader son fiancé d'un camp de prisonniers.
VO→19,95$ **Général**

**ESCAPE FROM L.A.** ▷6
É.-U. 1996. Science-fiction de John CARPENTER avec Kurt Russell, Stacy Keach et Steve Buscemi. - En 2013, un mercenaire doit récupérer une arme redoutable sur l'île-prison qu'est devenue Los Angeles.
VF→PC **13 ans + Érotisme**

**ESCAPE FROM NEW YORK** ▷4
É.-U. 1981. Science-fiction de John CARPENTER avec Kurt Russell, Lee Van Cleef et Donald Pleasence. - En 1997, un aventurier va à la rescousse du président des États-Unis capturé par des criminels dans l'île de Manhattan.
VO→11,95$ **13 ans +**

**ESCAPE FROM SOBIBOR** ▷4
É.-U. 1987. Drame de Jack GOLD avec Alan Arkin, Joanna Pacula et Rutger Hauer. - Durant la Seconde Guerre mondiale, un groupe de prisonniers juifs tente de s'évader d'un camp de concentration nazi.
VO→LS **[illegible] ans +**

**ESCAPE FROM THE PLANET OF THE APES** ▷4
É.-U. 1971. Science-fiction de Don TAYLOR avec Kim Hunter, Roddy McDowall et Bradford Dillman. - Trois singes savants échouent sur la Terre et prétendent venir de l'avenir.
VF→16,95$ VO→23,95$ LBX-DVD **Général**

**ESCAPE TO ATHENA** ▷5
ANG. 1979. Drame de guerre de George P. COSMATOS avec Roger Moore, Telly Savalas et David Niven. - Des prisonniers d'un camp de travail allemand installé dans une île grecque mettent au point un plan d'évasion.
VO→11,95$ **13 ans +**

**ESCAPE TO FREEDOM**
Voir: JUDGMENT IN BERLIN

**ESCAPE TO WITCH MOUNTAIN** ▷4
É.-U. 1975. Comédie fantaisiste de John HOUGH avec Kim Richards, Ike Eisenmann et Eddie Albert. - Les aventures de deux orphelins dotés de pouvoirs télépathiques surprenants.
VF→LS VO→LS **Général**

**ESCLAVE AUX MAINS D'OR, L'**
Voir: GOLDEN BOY

**ESCLAVE DE L'AMOUR, L'** ▷3
RUS. 1978. Drame de Nikita MIKHALKOV avec Elena Solovey, Rodion Nakhapetov et Alexander Kaliagin. - En Crimée, durant la Révolution de 1917, un groupe d'excentriques tente, vaille que vaille, de terminer un film. - Atmosphère d'époque bien reconstituée. Nombreuses touches d'humour.
STA→LS **Général**

**ESCLAVE LIBRE, L'**
Voir: BAND OF ANGELS

**ESCLAVES DE NEW YORK, LES**
Voir: SLAVES OF NEW YORK

**ESCORTE, L'** ▷6
QUÉ. 1996. Drame psychologique de Denis LANGLOIS avec Robin Aubert, Paul-Antoine Taillefer et Eric Cabana. - Un jeune homme s'immisce dans la vie d'un couple homosexuel en se faisant passer pour escorte.
STA→26,95$ VO→24,95$ 13 ans +

**ESCROCS, LES**
Voir: SNEAKERS

**ESMERALDA COMES BY NIGHT** ▷0
MEX. 1997, Jaime Humberto HERMOSILLO
STA→129,95$ 13 ans + Érotisme

**ESPÈCES**
Voir: SPECIES

**ESPÈCES EN VOIE DE DISPARITION**
Voir: ENDANGERED SPECIES

**ESPION AUX PATTES DE VELOURS, L'**
Voir: THAT DARN CAT

**ESPION QUI M'AIMAIT, L'**
Voir: THE SPY WHO LOVED ME

**ESPION, L'**
Voir: THE THIEF

**ESPIONS, LES** ▷3
ALL. 1928. Drame policier de Fritz LANG avec Rudolf Klein-Rogge, Gerda Maurus et Willy Fritsch. - Un agent secret entreprend de démasquer un directeur de banque qui commande une bande de criminels. - Scénario complexe. Mise en scène inventive de style expressionniste. Jeux ingénieux avec les ombres et la lumière. Interprétation stylisée. Film muet.
ITA→LS Général

**ESPOIR RETROUVÉ, L'**
Voir: HOPE FLOATS

**ESPOIR VIOLENT, L'** ▷4
QUÉ. 1988. Documentaire de Nicola ZAVAGLIA. - Entretiens avec des personnes qui ont été soignées pour maladies mentales.
VO→LS Général

**ESPRIT D'ÉQUIPE, L'**
Voir: ALL THE RIGHT MOVES

**ESPRIT DE CAÏN, L'**
Voir: RAISING CAIN

**ESPRIT DE LA MORT, L'**
Voir: THE ASPHYX

**ESPRIT DE LA RUCHE, L'** ▷3
ESP. 1973. Drame psychologique de Victor ERICE avec Ana Torrent, Isabel Telleria et Fernando Fernan Gomez. - Impressionnée par le récit de Frankenstein, une fillette aide un fugitif qui s'est réfugié dans une maison abandonnée. - Évocation du monde de l'enfance dans une vision critique du contexte politique espagnol. Images soigneusement composées. Climat quasi hypnotique. Bonne direction d'enfants.
STA→27,95$ Général

**EST-CE AINSI QUE LES HOMMES VIVENT?** ▷4
QUÉ. 1992. Documentaire de Guy SIMONEAU. - Des hommes d'âges et de milieux différents racontent leur mal de vivre et le cheminement qu'ils ont entrepris pour s'épanouir.
VO→24,95$ Général

**EST-OUEST** ▷5
FR.-RUS.-ESP.-BUL. 1999. Chronique de Régis WARGNIER avec Sandrine Bonnaire, Oleg Menchikov et Sergueï Bodrov Jr. - Retenue contre son gré en URSS à partir de 1946, l'épouse française d'un médecin russe cherche par tous les moyens à retourner dans son pays.
STA→LS VO→LS

**ESTHER AND THE KING** ▷5
ITA. 1960. Drame biblique de Raoul WALSH avec Joan Collins, Richard Egan et Daniella Rocca. - Une jeune Juive, Esther, devient l'épouse du roi des Perses, Assuérus.
VO→23,95$ Général

**ESTHER ET LE ROI**
Voir: ESTHER AND THE KING

**ET DIEU CRÉA LA FEMME** ▷5
FR. 1956. Drame de Roger VADIM avec Brigitte Bardot, Curd Jurgens et Jean-Louis Trintignant. - Une orpheline devient un objet de désir pour les hommes de son patelin.
VO→LS STA-LBX-DVD→44,95$ Général

**ET DU FILS** ▷5
QUÉ. 1971. Drame de Raymond GARCEAU avec Ovila Légaré, Réjean Lefrançois et Maruska Stankova. - Un jeune homme veut transformer le manoir de son père en hôtel pour touristes et chasseurs.
VO→LS Général

**ET LA LUMIÈRE FUT** ▷3
FR. 1989. Étude de mœurs d'Otar IOSSELIANI avec Saly Badji, Binta Cisse et Alpha Sane. - Ayant quitté son paresseux de mari et son nouvel amant, une belle Africaine part à la ville avec un citadin de passage. - Fable écologique sur la dévastation par l'homme des ressources vitales et des traditions séculaires. Traitement insolite. Interprétation d'un naturel parfait.
VO→LS Général

**ET LA TENDRESSE?... BORDEL!** ▷4
FR. 1978. Comédie satirique de Patrick SCHULMANN avec Jean-Luc Bideau, Evelyne Dress et Bernard Giraudeau. - Les mésaventures de trois couples dont les destins séparés se croisent occasionnellement.
VO→LS 18 ans +

**ET LA TENDRESSE?... BORDEL! NO.2** ▷5
FR. 1983. Comédie de Patrick SCHULMANN avec Diane Bellego, Christian François et Fabrice Luchini. - Une liaison s'engage entre un peintre daltonien et une animatrice à la radio.
VO→LS 18 ans +

**ET MOURIR DE PLAISIR** ▷4
FR. 1959. Drame d'horreur de Roger VADIM avec Annette Vadim, Elsa Martinelli et Mel Ferrer. - L'esprit d'une ancêtre qui passait pour vampire semble s'emparer d'une jeune aristocrate.
VA→LS Général

**ET TOMBENT LES FILLES**
Voir: KISS THE GIRLS

**ET TOUT LE MONDE RIAIT**
Voir: THEY ALL LAUGHED

**ET VIVE LA LIBERTÉ!** ▷6
FR. 1977. Comédie de Serge KORBER avec Les Charlots (Gérard Rinaldi, Gérard Filipelli et Jean Sarrus). - Trois anciens soldats sont appelés à contester un terrain à la Légion étrangère.
VO→LS Général

**ET VOGUE LE NAVIRE!** ►2
ITA. 1983. Comédie dramatique de Federico FELLINI avec Freddie Jones, Barbara Jefford et Fiorenzo Serra. - À la veille de la guerre de 1914-1918, un curieux voyage sur mer a lieu en hommage à une cantatrice décédée. - Tableau joliment caricaturé du monde du spectacle. Traitement visuel inventif. Mise en scène d'un baroquisme inspiré. Interprétation dans le ton voulu.
STA→27,95$ STA-LBX-DVD→44,95$ Général

**ÉTALON NOIR, L'**
Voir: THE BLACK STALLION

**ÉTAT DE GRÂCE, L'** ▷5
FR. 1986. Drame sentimental de Jacques ROUFFIO avec Nicole Garcia, Sami Frey et Pierre Arditi. - Une femme d'affaires qui affiche en politique des idées de droite poursuit une liaison passionnée avec un politicien socialiste.
VO→LS Général

**ÉTAT DES CHOSES, L'** ▷3
ALL. 1982. Comédie dramatique de Wim WENDERS avec Patrick Bauchau, Isabelle Weingarten et Allan Goorwitz. - Un metteur en scène tente de rejoindre son producteur pour obtenir les fonds nécessaires à la poursuite du tournage d'un film. - Traitement insolite. Mise en scène maîtrisée. Interprétation juste.
VO→LS Général

**ÉTAT SAUVAGE, L'** ▷5
FR. 1978. Drame social de Francis GIROD avec Jacques Dutronc, Michel Piccoli et Marie-Christine Barrault. - La liaison d'une Française avec un ministre provoque un état de crise dans un pays africain.
STA→LS 13 ans +

**ÉTATS D'ÂME** ▷4
FR. 1985. Chronique de Jacques FANSTEN avec Robin Renucci, Jean-Pierre Bacri et Sandrine Dumas. - Cinq amis animés par le même idéal politique connaissent diverses déceptions alors que leur parti est au pouvoir.
VO→LS Général

**ÉTÉ À LA GOULETTE, UN** ▷4
TUN.-FR.-BEL. 1996. Comédie dramatique de Ferid BOUGHEDIR avec Gamil Ratib, Mustapha Adouani et Guy Nataf. - Durant l'été de 1967, dans une banlieue de Tunis, trois adolescentes de religions différentes font le pari de perdre leur virginité.
VO→LS Général

**ÉTÉ APRÈS L'AUTRE, UN** ▷4
BEL. 1989. Chronique d'Anne-Marie ÉTIENNE avec Annie Cordy, Paul Crauchet et Olivia Capeta. - Les hauts et les bas d'une famille belge à travers trois générations.
VO→LS Général

**ÉTÉ DE MES ONZE ANS... LA SUITE, L'**
Voir: MY GIRL 2

**ÉTÉ DES MES 11 ANS, L'**
Voir: MY GIRL

**ÉTÉ EN ENFER, UN**
Voir: HAUNTED SUMMER

**ÉTÉ EN LOUISIANE, UN**
Voir: THE MAN IN THE MOON

**ÉTÉ EN PENTE DOUCE, L'** ▷5
FR. 1986. Drame de mœurs de Gérard KRAWCZYK avec Jean-Pierre Bacri, Jacques Villeret et Pauline Lafont. - Ayant hérité de la maison familiale où vit son frère demeuré, un homme décide de s'y installer avec sa belle compagne malgré la convoitise des voisins.
VO→LS 13 ans +

**ÉTÉ FOU FOU FOU, UN**
Voir: ONE CRAZY SUMMER

**ÉTÉ INDIEN, L'**
Voir: INDIAN SUMMER

**ÉTÉ INOUBLIABLE, UN** ▷4
ROU. 1994. Drame psychologique de Lucian PINTILIE avec Kristin Scott-Thomas, Claudiu Bleont et Marcel Iurès. - Assigné aux commandes d'un poste frontière dans une région sauvage de la Roumanie des années 1920, un militaire s'adapte avec sa famille à la dureté de l'endroit.
VO→19,95$ Général

**ÉTÉ MEURTRIER, L'** ▷4
FR. 1982. Drame psychologique de Jean BECKER avec Isabelle Adjani, Alain Souchon et Suzanne Flon. - Une jeune fille épouse un garçon sympathique et se sert de lui pour exercer une vengeance.
VO→LS 18 ans +

**ÉTÉ PROCHAIN, L'** ▷4
FR. 1984. Comédie dramatique de Nadine TRINTIGNANT avec Philippe Noiret, Claudia Cardinale et Fanny Ardant. - Les tribulations des parents et enfants d'une famille nombreuse.
VO→LS Général

**ÉTERNEL RETOUR, L'** ▷3
FR. 1943. Drame de Jean DELANNOY avec Jean Marais, Madeleine Sologne et Jean Murat. - Tout s'acharne contre un jeune couple qu'un philtre d'amour a lié à jamais. - Adaptation de la légende de Tristan et Iseult par Jean Cocteau. Mise en scène un peu froide mais d'une grande beauté formelle.
STA→44,95$ Général

**ETHAN FROME** ▷4
É.-U. 1992. Mélodrame de John MADDEN avec Liam Neeson, Patricia Arquette et Joan Allen. - Son épouse étant souffrante, un fermier fait appel aux services d'une infirmière dont il s'éprend.
VO→19,95$ Général

**ÉTINCELLE, L'** ▷5
FR. 1984. Comédie de Michel LANG avec Roger Hanin, Clio Goldsmith et Simon Ward. - Un Français d'âge mûr, qui tient restaurant à Londres, s'éprend d'une animatrice de radio mariée à un jeune savant.
VO→LS Général

**ÉTOFFE DES HÉROS, L'**
Voir: THE RIGHT STUFF

**ÉTOILE DU MAL, L'**
Voir: LIFEFORCE

**ÉTOILE DU SOIR, L'**
Voir: THE EVENING STAR

**ÉTRANGE HISTOIRE DU JUGE CORDIER, L'**
Voir: DIARY OF A MADMAN

**ÉTRANGE NOËL DE MONSIEUR JACK, L'**
Voir: THE NIGHTMARE BEFORE CHRISTMAS

**ÉTRANGE OBSESSION, L'** ▷0
JAP. 1959, Kon ICHIKAWA
STA→27,95$ Général

**ÉTRANGE SÉDUCTION**
Voir: THE COMFORT OF STRANGERS

**ÉTRANGER: LE HUITIÈME PASSAGER, L'**
Voir: ALIEN

**ÉTRANGÈRE PARMI NOUS, UNE**
Voir: A STRANGER AMONG US

**ÊTRE OU NE PAS ÊTRE**
Voir: TO BE OR NOT TO BE

**ÉTUDIANT DE PRAGUE, L'** ▷0
ALL. 1913, Paul WEGENER
ITA→LS Non classé

**ÉTUDIANTE, L'** ▷5
FR. 1988. Comédie sentimentale de Claude PINOTEAU avec Sophie Marceau, Vincent Lindon et Elisabeth Vitali. - Amoureux, un musicien et une étudiante qui préparent leurs examens d'agrégation parviennent difficilement à concilier sentiments et travail.
VO→LS Général

**EUREKA** ▷5
É.-U. 1983. Drame de mœurs de Nicolas ROEG avec Gene Hackman, Theresa Russell et Rutger Hauer. - Un richard qui possède une île dans les Caraïbes a maille à partir avec un syndicat du crime qui voudrait y installer un casino.
VO→14,95$ 18 ans +

**EUROPA** ►2
DAN. 1991. Drame de mœurs de Lars VON TRIER avec Jean-Marc Barr, Barbara Sukowa et Udo Kier. - En 1945, un jeune Américain né de parents allemands débarque en Allemagne pour y travailler comme préposé dans un train de passagers. - Scénario habilement construit. Univers insolite aux accents de cauchemar kafkaïen. Imagerie saisissante. Réalisation fort inventive. Interprétation admirable.
VF→LS 13 ans +

**EUROPA, EUROPA** ▷4
ALL. 1990. Drame de guerre d'Agnieszka HOLLAND avec Marco Hofschneider, Julie Delpy et Hanns Zichler. - Un jeune Juif allemand réfugié en Union soviétique se voit obligé de servir d'interprète pour les nazis.
VF→LS STA→LS 13 ans +

**EUROPEANS, THE** ▷3
ANG. 1979. Comédie dramatique de James IVORY avec Lee Remick, Robin Ellis et Tim Woodward. - Une baronne et son frère viennent en Amérique chez des cousins dans l'espoir de contracter des mariages avantageux. - Scénario inspiré d'un roman de Henry James. Décors bien utilisés. Étude de mœurs ironique et subtile. Interprétation juste.
VO→32,95$ Général

**EVA** ▷4
FR. 1962. Drame psychologique de Joseph LOSEY avec Jeanne Moreau, Stanley Baker et Virna Lisi. - Un écrivain s'éprend d'une femme volage qui joue au chat et à la souris avec lui.
VO→34,95$

**EVA GUERILLERA** ▷5
QUÉ. 1987. Drame social de Jacqueline LEVITIN avec Angela Roa, Carmen Ferland et Luis Lautaro Ruiz. - Une révolutionnaire salvadorienne raconte ses expériences à une journaliste montréalaise.
VO→LS Général

**EVANGELINE** ▷0
É.-U. 1929, Edwin CAREWE
ITA→54,95$

**ÉVANGILE SELON SAINT MATTHIEU, L'** ►2
ITA. 1964. Drame biblique de Pier Paolo PASOLINI avec Enrique Irazoqui, Margherita Caruso et Suzanna Pasolini. - Les principaux événements de la vie du Christ. - Mélange réussi de poésie et de réalisme. Insistance sur le message social de l'Évangile. Ensemble respectueux. Interprétation remarquable d'acteurs non professionnels.
STA→44,95$ STA-LBX-DVD→48,95$ Général

**ÉVASION DE SOBIBOR**
Voir: ESCAPE FROM SOBIBOR

**ÉVASION SUR COMMANDE**
Voir: THE SECRET WAR OF HARRY FRIGG

**EVE AND THE HANDYMAN** ▷0
É.-U. 1961, Russ MEYER
VO→69,95$ Général

**EVE'S BAYOU** ▷4
É.-U. 1997. Drame psychologique de Kasi Lemmons avec Jurnee Smollett, Samuel L. Jackson et Lynn Whitfield. - Une enfant s'ouvre au monde des adultes après avoir surpris son père en pleins ébats sexuels avec une voisine.
VO→PC 13 ans +

**ÉVEIL, L'**
Voir: AWAKENINGS

**EVELYN PRENTICE** ▷5
É.-U. 1934. Drame policier de William K. HOWARD avec William Powell, Myrna Loy et Una Merkel. - Un avocat chargé de la défense d'une femme accusée de meurtre constate avec effroi que sa femme est en fait la vraie coupable.
VO→28,95$ Général

**EVEN COWGIRLS GET THE BLUES** ▷5
É.-U. 1994. Comédie de mœurs de Gus VAN SANT avec Uma Thurman, John Hurt et Rain Phoenix. - Des cow-girls féministes fomentent une rébellion contre les dirigeants du ranch où elles travaillent.
VF→11,95$ VO→11,95$ 13 ans +

**EVEN DWARFS STARTED SMALL** ▷0
ALL. 1970, Werner HERZOG
STA→18,95$ STA-DVD→27,95$ Général

**ÉVÉNEMENT LE PLUS IMPORTANT DEPUIS QUE L'HOMME A MARCHÉ SUR LA LUNE, L'** ▷5
FR. 1973. Comédie de Jacques DEMY avec Marcello Mastroianni, Catherine Deneuve et Claude Melki. - Un moniteur d'auto-école présente les symptômes d'une grossesse.
VA→5,95$ Général

**ÉVÉNEMENTS D'OCTOBRE 1970, LES**
Voir: ACTION: THE OCTOBER CRISIS OF 1970

**EVENING STAR, THE** ▷5
É.-U. 1996. Comédie dramatique de Robert HARLING avec Shirley MacLaine, Bill Paxton et Juliette Lewis. - Ayant élevé seule les enfants de sa fille, une femme s'interroge sur son passé et sur ses responsabilités.
VF→PC Général

**EVENING WITH SHERLOCK HOLMES (COFFRET)** ▷0
Voir: TERROR BY NIGHT · SHERLOCK HOLMES AND THE SECRET WEAPON · THE WOMAN IN GREEN · DRESSED TO KILL

**EVENT HORIZON** ▷5
É.-U. 1997. Science-fiction de Paul ANDERSON avec Laurence Fishburne, Sam Neill et Kathleen Quinlan. - En 2047, l'équipage d'un vaisseau retrouve près de Neptune l'épave d'une base spatiale hantée par des pouvoirs maléfiques.
VF→13,95$ LBX-DVD→PC LBX-DVD→PC 16 ans + Horreur

**ÉVENTREUR DE NEW YORK, L'** ▷6
ITA. 1982. Drame policier de L. FULCI avec Jack Hedley, Almanta Keller et Paolo Malco. - À New York, un policier est chargé d'enquêter sur un mystérieux maniaque qui tue des jeunes femmes après les avoir mutilées.
18 ans +

**EVENTS LEADING UP TO MY DEATH, THE** ▷4
CAN. 1991. Comédie de mœurs de Bill ROBERTSON avec John Allore, Peter MacNeill et Rosemary Radcliffe. - Les hauts et les bas d'une famille banlieusarde dont les membres ont de la difficulté à communiquer entre eux.
VO→LS Général

**EVER AFTER: A CINDERELLA STORY** ▷4
É.-U. 1998. Conte d'Andy TENNANT avec Drew Barrymore, Dougray Scott et Anjelica Huston. - Une jeune noble réduite à la servitude par sa belle-mère séduit un prince en se faisant passer pour une comtesse.
VF→16,95$ VO→16,95$ Général

**EVERLASTING SECRET FAMILY, THE** ▷0
AUS. 1988, Michael THORNHILL
VO→LS 16 ans +

**EVERY DAY'S A HOLIDAY** ▷6
É.-U. 1937. Comédie musicale de A. Edward SUTHERLAND avec Mae West, Edmund Lowe et Charles Butterworth. - À New York, au tournant du siècle, une aventurière devient vedette de music-hall sous une fausse identité.
VO→14,95$ Général

**EVERY GIRL SHOULD BE MARRIED** ▷4
É.-U. 1948. Comédie de Don HARTMAN avec Cary Grant, Betsy Drake et Franchot Tone. - Une jeune fille amoureuse poursuit l'élu de son cœur, un médecin.
VO→18,95$ Général

**EVERY WHICH WAY BUT LOOSE** ▷5
É.-U. 1978. Comédie de James FARGO avec Clint Eastwood, Sondra Locke et Geoffrey Lewis. - En compagnie de deux amis et d'un singe, un camionneur part à la recherche d'une chanteuse dont il s'est épris.
VF→14,95$ 13 ans +

**EVERYBODY SING** ▷0
É.-U. 1938, Edwin L. MARIN
VO→LS Général

**EVERYBODY WINS** ▷5
É.-U. 1989. Drame policier de Karel REISZ avec Nick Nolte, Debra Winger et Will Patton. - Un détective privé enquête sur le meurtre d'un médecin à la demande d'une femme mystérieuse qui croit fermement en l'innocence du présumé coupable.
VO→PC 13 ans +

**EVERYBODY'S ALL-AMERICAN** ▷4
É.-U. 1988. Chronique de Taylor HACKFORD avec Dennis Quaid, Jessica Lange et Timothy Hutton. - L'histoire d'une reine de beauté qui s'est mariée avec un joueur de football dont la carrière finit mal.
VO→14,95$ Général

**EVERYBODY'S FINE**
Voir: ILS VONT TOUS BIEN

**EVERYONE SAYS I LOVE YOU** ▷4
É.-U. 1996. Comédie musicale réalisée et interprétée par Woody ALLEN avec Drew Barrymore et Goldie Hawn. - Les enfants d'un couple bien nanti de Manhattan connaissent divers épisodes sentimentaux.
VF→14,95$ VO→14,95$ LBX-DVD→27,95$ Général

**EVERYTHING HAPPENS AT NIGHT** ▷6
É.-U. 1939. Comédie dramatique de Irving CUMMINGS avec Sonja Henie, Ray Milland et Robert Cummings. - Deux journalistes s'intéressent à la fille d'un savant pourchassé par des espions.
VO→23,95$ Général

**EVERYTHING YOU ALWAYS WANTED TO KNOW ABOUT SEX BUT WERE AFRAID TO ASK** ▷4
É.-U. 1972. Film à sketches réalisé et interprété par Woody ALLEN avec Gene Wilder et Lou Jacobi. - Des personnes de différents milieux sont aux prises avec des problèmes d'ordre sexuel.
VO→14,95$ LBX-DVD→21,95$ 18 ans +

**ÉVIDENCES OU CONSÉQUENCES N.M.**
Voir: TRUTH OR CONSEQUENCES N.M.

**EVIL DEAD, THE** ▷6
É.-U. 1980. Drame d'horreur de Sam RAIMI avec Bruce Campbell, Ellen Sandweiss et Betsy Baker. - Après avoir découvert dans une cabane isolée des notes rédigées par un archéologue, des adolescents sont attaqués par un esprit malin.
COLL.ED→14,95$ DVD→PM 13 ans +

**EVIL DEAD II: DEAD AT DAWN** ▷5
É.-U. 1987. Drame d'horreur de Sam RAIMI avec Bruce Campbell, Sarah Berry et Dan Hicks. - Passant quelques jours dans une cabane isolée en forêt, un jeune couple est assailli par des esprits maléfiques.
LBX→14,95$ LBX-DVD→PM 13 ans +

**EVIL OF DRACULA** ▷6
JAP. 1975. Drame d'horreur de Michio YAMAMOTO avec Toshio Kurosawa, Mariko Mochizuki et Shin Kishida. - Le nouveau professeur de psychologie d'une école pour jeunes filles découvre que le directeur et sa femme sont des vampires.
VA→LS Général

**EVIL OF FRANKENSTEIN, THE** ▷5
ANG. 1964. Drame d'horreur de Freddie FRANCIS avec Peter Cushing, Peter Woodthorpe et Duncan Lamont. - Un savant tente de redonner vie à un monstre.
VO→14,95$ Non classé

**EVIL UNDER THE SUN** ▷4
ANG. 1981. Comédie policière de Guy HAMILTON avec Peter Ustinov, Maggie Smith et Jane Birkin. - En vacances dans les îles grecques, le détective Hercule Poirot est appelé à enquêter sur l'assassinat d'une actrice.
VO→9,95$ Général

**EVITA** ▷4
É.-U. 1996. Drame musical d'Alan PARKER avec Madonna, Antonio Banderas et Jonathan Pryce. - Évocation mythologique de la vie d'Evita Peron, première dame d'Argentine adulée par son peuple et morte prématurément en 1952.
LBX→22,95$ LBX-DVD→24,95$ Général

**EWOKS, THE BATTLE FOR ENDOR** ▷5
É.-U. 1985. Science-fiction de Jim et Ken WHEAT avec Aubree Miller, Wilford Brimley et Warwick Davis. - Une fillette et un Ewok doivent lutter contre des êtres reptiliens.
VO→LS Non classé

**EWOKS: LA BATAILLE D'ENDOR**
Voir: EWOKS: THE BATTLE FOR ENDOR

**EX-MRS. BRADFORD, THE** ▷4
É.-U. 1936. Comédie policière de Stephen ROBERTS avec William Powell, Jean Arthur et James Gleason. - Un couple divorcé se réconcilie à l'occasion d'une enquête sur des meurtres.
VO→LS Non classé

**EXCALIBUR** ►2
ANG. 1981. Drame fantastique de John BOORMAN avec Nicol Williamson, Nigel Terry et Helen Mirren. - Le chevalier Lancelot s'éprend de l'épouse de son suzerain le roi Arthur. - Traitement inventif de la légende des Chevaliers de la Table ronde. Mise en scène stylisée. Grande magnificence visuelle. Bonne composition de N. Williamson dans le rôle de l'enchanteur Merlin.
VF→11,95$ VO→11,95$ 13 ans +

**EXCELLENT CADAVERS** ▷0
É.-U.-ITA. 1999, Ricky TOGNAZZI
VF→14,95$ VO→14,95$

**EXCELLENTES AVENTURES DE BILL ET TED, LES**
Voir: BILL AND TED'S EXCELLENT ADVENTURE

**EXCENTRIQUE, L'**
Voir: THE NUT

**EXCESS BAGGAGE** ▷5
É.-U. 1997. Comédie de Marco BRAMBILLA avec Alicia Silverstone, B. Del Toro et C. Walken. - Après avoir simulé son propre enlèvement, la fille d'un millionnaire est impliquée dans une folle escapade avec un voleur de voitures qu'elle fait passer pour son ravisseur.
VF→PC VO→PC Général

**EXECUTIONERS, THE** ▷0
H. K. 1993, Johnny TO
STA-LBX→LS 13 ans + Violence

**EXECUTIVE ACTION** ▷5
É.-U. 1973. Drame de David MILLER avec Burt Lancaster, Robert Ryan et Will Geer. - En mars 1963, un groupe d'hommes influents complote l'assassinat du président Kennedy.
VO→14,95$ Général

**EXECUTIVE DECISION** ▷5
É.-U. 1996. Drame de Stuart BAIRD avec Kurt Russell, David Suchet et Halle Berry. - Une escouade d'élite prend d'assaut un avion en plein vol afin de contrer des terroristes qui menacent de larguer une bombe chimique sur Washington.
VF→11,95$ LBX-DVD→29,95$ 13 ans + Violence

**EXECUTIVE SUITE** ▷3
É.-U. 1954. Drame social de Robert WISE avec William Holden, Fredric March et Barbara Stanwyck. - Une lutte s'engage pour l'obtention du poste de directeur d'une entreprise. - Sujet difficile développé avec souplesse. Tableau révélateur du monde des affaires. Solide équipe d'interprétation.
VO→19,95$ Non classé

**EXÉCUTRICE, L'** ▷6
FR. 1985. Drame policier de Michael CAPUTO avec Brigitte Lahaie, Pierre Oudry et Michel Godin. - Une femme flic lutte contre une criminelle protégée par un de ses collègues.
VO→LS Non classé

**EXIL DÉCHIRANT, L'**
Voir: JOHN AND THE MISSUS

**EXILES, THE** ▷3
É.-U. 1989. Documentaire de Richard KAPLAN. - Des intellectuels et des artistes européens qui ont échappé aux persécutions nazies en se réfugiant aux États-Unis racontent leur exil. - Mélange d'interviews et de documents d'époque. Nombreux aspects intéressants. Montage efficace.
VO→LS Général

**EXISTENZ** ▷4
CAN. 1999. Science-fiction de David CRONENBERG avec Jennifer Jason Leigh, Jude Law et Don McKellar. - La conceptrice d'un jeu virtuel révolutionnaire et son garde du corps se heurtent à des extrémistes s'opposant à ce type de loisir.
LBX-DVD→27,95$ VF→14,95$
LBX-DVD→27,95$ 13 ans + Violence

**EXODUS** ▷3
É.-U. 1960. Drame épique d'Otto PREMINGER avec Paul Newman, Eva Marie Saint et Sal Mineo. - Divers épisodes reliés à la constitution de l'État d'Israël. - Personnages schématisés. Remarquables morceaux de bravoure. Mise en scène souple. Interprétation de classe.
LBX→24,95$ VO→23,95$ Général

**EXORCIST, THE** ▷3
É.-U. 1973. Drame fantastique de William FRIEDKIN avec Jason Miller, Ellen Burstyn et Max Von Sydow. - Un vieux prêtre, assisté d'un collègue psychiatre, tente d'exorciser une fillette de douze ans possédée du démon. - Réalisation saisissante. Utilisation astucieuse des trucages. Climat dramatique intense. Interprétation prenante.
VO→14,95$ LBX-DVD→26,95$ 18 ans +

**EXORCIST II: THE HERETIC** ▷6
É.-U. 1977. Drame fantastique de John BOORMAN avec Richard Burton, Linda Blair et Louise Fletcher. - Un jésuite enquête sur la mort d'un confrère décédé au cours d'un exorcisme.
VO→14,95$ VF→14,95$ 13 ans +

**EXORCIST III, THE** ▷5
É.-U. 1990. Drame fantastique de William Peter BLATTY avec George C. Scott, Brad Dourif et Nancy Fish. - Après une série de meurtres rappelant une affaire ancienne, un policier se trouve mêlé à des cas de possession.
VO→14,95$ VF→14,95$ LBX-DVD→21,95$ 13 ans +

**EXORCIST, THE: THE VERSION YOU'VE NEVER SEEN** ▷3
É.-U. 1973. Drame fantastique de William FRIEDKIN avec Jason Miller, Ellen Burstyn et Max Von Sydow. - Un vieux prêtre, assisté d'un collègue psychiatre, tente d'exorciser une fillette de douze ans possédée du démon. - Réalisation saisissante. Utilisation astucieuse des trucages. Climat dramatique intense. Interprétation prenante.
VO→LS 18 ans +

**EXOTICA** ▷4
CAN. 1994. Drame de mœurs d'Atom EGOYAN avec Bruce Greenwood, Mia Kirshner et Don McKellar. - Un étrange rapport existe entre un contrôleur des impôts et une danseuse qu'il rencontre régulièrement dans un cabaret à strip-teases.
VF→14,95$ VO→14,95$ LBX-DVD→27,95$ 13 ans + Érotisme

**EXPECTATIONS** ▷0
SUÈ. 1997, Daniel BERGMAN
STA→27,95$

**EXPERIMENT IN TERROR** ▷3
É.-U. 1962. Drame policier de Blake EDWARDS avec Glenn Ford, Lee Remick et Ross Martin. - Une jeune fille est menacée de mort par un bandit inconnu qui veut la forcer à voler une forte somme. - Suspense bien mené. Technique au point. Jeu sobre et convaincant des acteurs.
VO→14,95$ 13 ans +

**EXPERT EN SINISTRES, L'**
Voir: THE ADJUSTER

**EXPLOITS D'UN JEUNE DON JUAN, LES** ▷5
FR.-ITA. 1986. Comédie de mœurs de Gianfranco MINGOZZI avec Fabrice Josso, Claudine Auger et Serena Grandi. - Durant la Première Guerre mondiale, un adolescent séduit les femmes esseulées de la maison de campagne familiale.
VO→LS 13 ans +

**EXPLORERS** ▷4
É.-U. 1985. Comédie fantaisiste de Joe DANTE avec Ethan Hawke, River Phoenix et Jason Presson. - Trois jeunes garçons, qui ont réussi à créer par ordinateur une boule d'énergie pouvant les transporter dans l'espace, parviennent à un spationef.
VO→LS Général

**EXPRESS DE MINUIT, L'**
Voir: MIDNIGHT EXPRESS

**EXPRESSO BONGO** ▷5
ANG. 1960. Comédie satirique de Val GUEST avec Laurence Harvey, Sylvia Sims et Cliff Richard. - Un mauvais imprésario cherche un jeune talent pour se rendre célèbre.
LBX→34,95$ Général

**EXTASE** ▷4
TCH. 1933. Drame de Gustav MACHATY avec Hedy Lamarr, Aribert Mog et Leopold Kramer. - Déçue par son mari, une jeune femme s'éprend d'un ingénieur.
STA→18,95$ Général

**EXTASE**
Voir: KISSED

**EXTERMINATING ANGEL, THE**
Voir: L'ANGE EXTERMINATEUR

**EXTRAMUROS** ▷0
ESP. 1994, Miguel PICAZO
VO→29,95$ 13 ans +

**EXTRAORDINARY ADVENTURES OF MR. WEST IN THE LAND OF THE BOLCHEVIKS, THE** ▷0
RUS. 1924, Lev KULESHOV
ITA→41,95$ Général

**EXTRATERRESTRES EN BALADE, LES**
Voir: SPACED INVADERS

**EXTRAVAGANT DOCTEUR DOLITTLE, L'**
Voir: DOCTOR DOLITTLE

**EXTRÊME LIMITE**
Voir: POINT BREAK

**EXTREME MEASURES** ▷5
É.-U. 1996. Drame policier de Michael APTED avec Hugh Grant, Gene Hackman et Sarah Jessica Parker. - À New York, un docteur enquête sur un collègue réputé qui se sert de cobayes humains pour faire avancer ses recherches.
VF→14,95$ VO→18,95$ 13 ans +

**EXTREME PREJUDICE** ▷4
É.-U. 1987. Drame policier de Walter HILL avec Nick Nolte, Michael Ironside et Powers Boothe. - Six soldats d'élite arrivent incognito dans une ville texane pour mener à bien une mission ayant un rapport avec les activités d'un trafiquant de drogue.
VO→11,95$ 13 ans +

**EYE FOR AN EYE, AN** ▷5
É.-U. 1995. Drame policier de John SCHLESINGER avec Sally Field, Kiefer Sutherland et Ed Harris. - Une mère dont la fille a été assassinée décide de s'en prendre elle-même au meurtrier lorsqu'il recouvre sa liberté.
VF→PC VO→13,95$ **13 ans + Violence**

**EYE OF THE BEHOLDER** ▷5
ANG. 1999. Drame policier de Stephen ELLIOTT avec Ewan McGregor, Ashley Judd et Patrick Bergin. - Un jeune détective expert des technologies de surveillance se met à suivre et à épier une femme fatale meurtrière qui le fascine.
VF→13,95$ VO→14,95$

**EYE OF THE NEEDLE** ▷4
ANG. 1981. Drame d'espionnage de Richard MARQUAND avec Donald Sutherland, Kate Nelligan et Christopher Cazenove. - Un espion allemand froidement meurtrier a une liaison avec la femme d'un infirme sur une île isolée.
VO→PC LBX→14,95$ LBX-DVD→18,95$ **13 ans +**

**EYE OF THE STORM** ▷5
ALL. 1991. Drame policier de Yuri ZELTSER avec Craig Sheffer, Bradley Gregg et Lara Flynn Boyle. - Un couple mal assorti débarque dans un motel perdu dans le désert tenu par deux frères dont les parents ont été jadis sauvagement assassinés.
VF→LS VO→LS **Général**

**EYES IN THE NIGHT** ▷5
É.-U. 1942. Drame policier de Fred ZINNEMANN avec E. Arnold, Ann Harding et Donna Reed. - Un détective aveugle enquête sur l'assassinat d'un acteur, survenu dans la chambre de la fille d'un savant.
VO→24,95$ **Général**

**EYES OF LAURA MARS** ▷4
É.-U. 1978. Drame policier de Irvin KERSHNER avec Faye Dunaway, Tommy Lee Jones et René Auberjonois. - Un assassin mystérieux s'attaque à l'entourage d'une photographe au style outrancier.
VO→9,95$ VF→9,95$ LBX-DVD→28,95$
LBX-DVD→28,95$ **13 ans +**

**EYES OF TAMMY FAYE, THE** ▷0
É.-U.-ANG. 2000, Fenton BAILEY et Randy BARBATO
VO→LS

**EYES, THE MOUTH, THE**
Voir: LES YEUX, LA BOUCHE

**EYES WIDE SHUT** ►1
É.-U. 1999. Drame psychologique de Stanley KUBRICK avec Tom Cruise, Nicole Kidman et Sydney Pollack. - Deux époux new-yorkais fortunés vivent des aventures sexuelles, réelles ou rêvées, qui déstabilisent leur union. - Étude complexe de rapports conjugaux et de fantasmes érotiques. Récit énigmatique à l'ambiance onirique. Mise en images admirable. Jeu raffiné de N. Kidman.
VF→19,95$ VO→19,95$ LBX-DVD→26,95$ **13 ans + Érotisme**

**EYEWITNESS** ▷4
É.-U. 1981. Drame policier de Peter YATES avec William Hurt, Sigourney Weaver et Christopher Plummer. - Un concierge se compromet dans une affaire de meurtre en voulant attirer l'attention d'une journaliste de télévision.
VO→16,95$ **13 ans +**

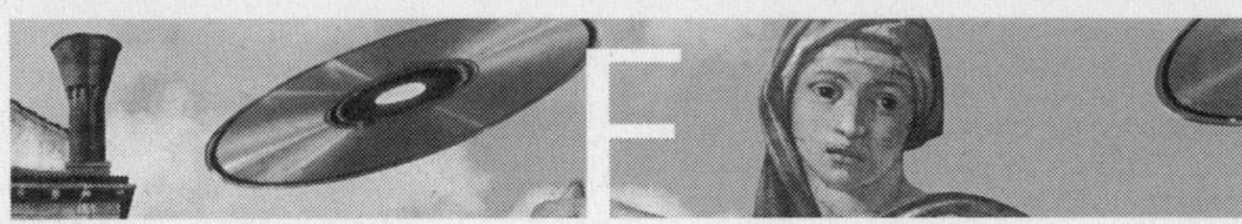

**F.B.I. STORY, THE** ▷0
É.-U. 1959, Mervyn LeROY
VO→19,95$ Général

**F FOR FAKE** ▷3
É.-U. 1973. Documentaire de Orson WELLES. - Présentation d'éléments d'information sur deux faussaires célèbres. - Éléments de réflexion sur les faux-semblants et la vérité dans la pratique de l'art. Utilisation habile des mots et des images. O. Welles très à l'aise en commentateur facétieux.
VO→35,95$ Général

**F.I.S.T.** ▷4
É.-U. 1978. Drame social de Norman JEWISON avec Sylvester Stallone, David Huffman et Rod Steiger. - Dans les années 30, un ouvrier devient président d'un syndicat en transigeant avec la pègre.
VO→11,95$ Général

**F/X** ▷4
É.-U. 1985. Drame policier de Robert MANDEL avec Bryan Brown, Brian Dennehy et Diane Venora. - Un spécialiste en trucages pour le cinéma accepte de simuler le meurtre d'un gangster appelé à témoigner contre la mafia.
VF→LS VO→LS 13 ans +

**F/X 2** ▷5
É.-U. 1991. Drame policier de Richard FRANKLIN avec Bryan Brown, Brian Dennehy et Rachel Ticotin. - Un spécialiste en effets spéciaux qui a capté le meurtre d'un policier sur ruban magnétique fait appel à un détective pour démasquer l'assassin.
VF→LS VO→LS 13 ans +

**FABLE OF THE BEAUTIFUL PIGEON FANCIER** ▷0
BRÉ.-ESP. 1988, Ruy GUERRA
STA→21,95$ Général

**FABRICATION D'UN MEURTRIER, LA** ▷6
QUÉ. 1996. Drame d'Isabelle POISSANT avec Pierre Chagnon, Chantal Monfils et Denis Bouchard. - Interrogé au sujet d'un meurtre, un psychiatre explique son emploi du temps lors d'un séjour dans la ville natale de son ex-épouse bulgare.
VO→17,95$ 13 ans +

**FABULEUX GANG DES SEPT, LE**
Voir: THE COMPANY OF STRANGERS

**FABULEUX VOYAGE DE L'ANGE, LE** ▷5
QUÉ. 1991. Comédie fantaisiste de Jean-Pierre LEFEBVRE avec Daniel Lavoie, Geneviève Grandbois et Marcel Sabourin. - Un auteur de bandes dessinées puise son inspiration dans les divers événements de sa vie.
VO→28,95$ Général

**FABULOUS BAKER BOYS, THE** ▷4
É.-U. 1989. Drame musical de Steve KLOVES avec Jeff Bridges, Michelle Pfeiffer et Beau Bridges. - Après avoir engagé une charmante chanteuse, deux frères pianistes de bar commencent à connaître le succès.
VO→11,95$ VF→11,95$ LBX→11,95$ LBX-DVD Général

**FABULOUS BARON MUNCHAUSEN, THE**
Voir: LE BARON DE CRAC

**FABULOUS DORSEYS, THE** ▷5
É.-U. 1947. Comédie musicale de Alfred E. GREEN avec Tommy Dorsey, Jimmy Dorsey et Janet Blair. - La carrière de deux frères qui devinrent directeurs d'orchestres de musique populaire.
VO→9,95$ Général

**FACE** ▷4
ANG. 1997. Drame policier de Antonia BIRD avec Robert Carlyle, Ray Winstone et Steven Waddington. - Après avoir commis un braquage qui leur a rapporté moins qu'ils l'espéraient, cinq truands découvrent qu'il y a un traître parmi eux.
VF→19,95$ VO→19,95$ 13 ans + Violence

**FACE À FACE**
Voir: KNIGHT MOVES

**FACE AT THE WINDOW, THE** ▷0
ANG. 1939, George KING
VO→34,95$ Général

**FACE IN THE CROWD, A** ▷3
É.-U. 1957. Drame de mœurs d'Elia KAZAN avec Andy Griffith, Patricia Neal et Walter Matthau. - Révoltée du comportement odieux d'un vagabond qui devint une vedette de la chanson grâce à elle, une reporter décide de briser la carrière de celui-ci. - Satire de la télévision américaine. Réalisation maîtrisée. Interprètes remarquables.
VO→LS Général

**FACE OF FU MANCHU, THE** ▷4
ANG. 1965. Aventures de Don SHARP avec Christopher Lee, Migel Green et Joachim Fuchsberger. - Dans les années 1920, un criminel chinois veut conquérir le monde grâce à une drogue meurtrière.
VO→19,95$ Général

**FACE/OFF** ▷3
É.-U. 1997. Drame policier de John WOO avec John Travolta, Nicolas Cage et Joan Allen. - Afin de trouver l'emplacement d'une bombe, un agent du FBI se transforme en sosie d'un redoutable terroriste. - Intrigue psychologique complexe mais parsemée d'invraisemblances. Virtuosité de la réalisation. Scènes d'action époustouflantes.
VF→14,95$ LBX→14,95$ LBX-DVD→32,95$ 13 ans + Violence

**FACELESS**
Voir: LES PRÉDATEURS DE LA NUIT

**FACES** ►2
É.-U. 1968. Drame psychologique de John CASSAVETES avec John Marley, Gena Rowlands et Lynn Carlin. - À la suite d'une querelle, un homme annonce à sa femme qu'il veut divorcer. - Mise en scène réaliste basée sur l'improvisation. Réactions des personnages bien étudiées par une caméra mobile. Interprétation remarquable de vérité.
DVD→31,95$ Général

**FACTEUR DE NERUDA, LE**
Voir: IL POSTINO

**FACTEUR DE SAINT-TROPEZ, LE** ▷6
FR. 1985. Comédie de Richard BALDUCCI avec Paul Preboist, Henri Genès et Marion Game. - Un facteur lutte contre le conseil municipal qui ferme les yeux devant les pollutions dont leur village est victime.
VO 13 ans +

**FACTEUR SONNE TOUJOURS DEUX FOIS, LE**
Voir: THE POSTMAN ALWAYS RINGS TWICE

**FACTEUR, LE**
Voir: THE POSTMAN

**FACTS OF LIFE, THE** ▷0
É.-U. 1960, Melvin FRANK
VO→14,95$ Général

**FACULTY, THE** ▷4
É.-U. 1998. Drame fantastique de Robert RODRIGUEZ avec Elijah Wood, Jordana Brewster et Josh Hartnett. - Six étudiants d'un high school entreprennent de combattre une insidieuse invasion de la Terre par des extraterrestres.
VO➔14,95$ VF➔14,95$ **13 ans + Horreur**

**FADE TO BLACK** ▷0
É.-U. 1980, Vernon ZIMMERMAN
LBX➔14,95$ **13 ans +**

**FAHRENHEIT 451** ▷3
ANG. 1966. Science-fiction de François TRUFFAUT avec Oskar Werner, Julie Christie et Cyril Cusack. - Dans une civilisation de l'avenir, les pompiers ont pour fonction de brûler les livres. - Sujet insolite. Traitement sensible et grave. Refus de l'effet. Interprétation retenue et expressive.
VO➔14,95$ LBX-DVD➔LS **Général**

**FAIL-SAFE** ▷4
É.-U. 1964. Drame de Sidney LUMET avec Henry Fonda, Frank Overton et Walter Matthau. - À la suite d'un dérèglement technique, une attaque atomique est déclenchée contre la Russie.
VF➔14,95$ VO➔14,95$ **Général**

**FAIM, LA** ▷0
DAN. 1966, Henning CARLSEN
STA➔41,95$ **Général**

**FAIRY TALE: A TRUE STORY** ▷4
ANG. 1997. Conte de Charles STURRIDGE avec Elizabeth Earl, Florence Hoath et Paul McGann.- En 1917, deux fillettes réussissent à photographier des fées dans un bois de la campagne anglaise.
VF➔14,95$ **Général - Enfants**

**FAIS DE L'AIR FRED**
Voir: DROP DEAD FRED

**FAIS VITE AVANT QUE MA FEMME REVIENNE** ▷4
ITA. 1975. Comédie dramatique réalisée et interprétée par Adriano CELENTANO avec Charlotte Rampling et Claudia Mori. - Vivant esseulé depuis le suicide apparent de sa femme, un ouvrier vénitien voit celle-ci revenir pour disparaître à nouveau.
VF➔LS **13 ans +**

**FAIS-MOI DANSER**
Voir: STRICTLY BALLROOM

**FAISONS UN RÊVE** ▷5
FR. 1936. Comédie réalisée et interprétée par Sacha GUITRY avec Raimu et Jacqueline Delubac. - Un avocat libertin entreprend de séduire la femme d'un industriel.
VO➔LS **Général**

**FAITES SAUTER LA BANQUE** ▷5
FR. 1964. Comédie de Jean GIRAULT avec Louis de Funès, Yvonne Clech et Michel Tureau. - Aidé de sa famille, un brave commerçant tente de dévaliser une banque.
VO➔14,95$ **Général**

**FAITHFUL** ▷5
É.-U. 1996. Comédie réalisée et interprétée par Paul MAZURSKY avec Cher et Chazz Palminteri. - Une femme délaissée est la cible d'un tueur à gages présumément embauché par son époux.
VF➔PC **13 ans + Violence**

**FALAISE DE LA MORT, LA**
Voir: CLIFFHANGER

**FALCON AND THE SNOWMAN, THE** ▷4
É.-U. 1984. Drame d'espionnage de John SCHLESINGER avec Timothy Hutton, Sean Penn et David Suchet. - Deux jeunes Californiens sont amenés par diverses circonstances à vendre des renseignements secrets aux Russes.
VO➔14,95$ VF➔14,95$ **13 ans +**

**FALL OF THE HOUSE OF USHER, THE** ▷4
É.-U. 1960. Drame d'horreur de Roger CORMAN avec Vincent Price, Mark Damon et Myrna Fahey. - Le propriétaire d'un manoir fait enterrer sa sœur qui se trouve en état de catalepsie.
VO **Général**

**FALL OF THE ROMAN EMPIRE, THE** ▷4
É.-U. 1963. Drame historique d'Anthony MANN avec Stephen Boyd, Sophia Loren et Alec Guinness. - La mort de l'empereur Marc-Aurèle entraîne des querelles de succession.
VO➔29,95$ **Général**

**FALL OF THE ROMANOV DYNASTY, THE** ▷0
RUS. 1927, Esther SHUB
ITA➔41,95$ **Général**

**FALLEN** ▷5
É.-U. 1997. Drame fantastique de Gregory HOBLIT avec Denzel Washington, John Goodman et Donald Sutherland. - Un détective lutte contre un démon qui se déplace de corps en corps.
LBX➔19,95$ VF➔18,95$ LBX-DVD➔29,95$ **13 ans + Violence**

**FALLEN ANGELS** ▷3
H.-K. 1995. Drame de Kar-Wai WONG avec Leon Lai Ming, Michele Reis et Takeshi Kaneshiro. - Un tueur à gages et un jeune homme atteint de mutisme vivent des tribulations existentielles et sentimentales parallèles. - Trame narrative éclatée. Rythme enlevé. Mise en scène alerte. Interprétation dans le ton.
STA-LBX➔34,95$ STF➔34,95$
STA-LBX-DVD➔49,95$ **13 ans + Violence**

**FALLEN ANGELS** ▷0
É.-U. 1993, Tom CRUISE, Alfonso CUARON et Jonathan KAPLAN
VO➔LS VF➔LS **Général**

**FALLEN ANGELS 2**
É.-U. 1993, Phil JOANOU, Tom HANKS et Steven SODERBERGH
VO **Général**

**FALLEN IDOL, THE** ▷3
ANG. 1948. Drame psychologique de Carol REED avec Ralph Richardson, Bobby Henrey et Michèle Morgan. - Par ses mensonges, un bambin risque de faire condamner un domestique accusé à tort de meurtre. - Adaptation d'une nouvelle de Graham Greene. Situations bien exploitées. Étude juste du caractère du bambin. Mise en scène contrôlée.
VO➔35,95$ **Général**

**FALLEN SPARROW, THE** ▷5
É.-U. 1943. Drame d'espionnage de Richard WALLACE avec John Garfield, Maureen O'Hara et Walter Slezak. - Un ancien combattant de la guerre d'Espagne démasque un groupe d'espions nazis.
VO→LS Général

**FALLING DOWN** ▷5
É.-U. 1992. Drame de mœurs de Joel SCHUMACHER avec Michael Douglas, Robert Duvall et Barbara Hershey. - Alors qu'il traverse à pied différents quartiers de Los Angeles, un homme commet des actes de plus en plus irréfléchis et violents.
VO→11,95$ VF→11,95$ LBX-DVD→18,95$ 16 ans + Violence

**FALLING FROM GRACE** ▷4
É.-U. 1992. Drame de mœurs réalisé et interprété par John MELLENCAMP avec Mariel Hemingway et Claude Akins. - De retour dans sa ville natale, une vedette de la chanson country maintenant marié renoue avec une jeune femme qu'il a aimée jadis.
VO→18,95$ Général

**FALLING IN LOVE** ▷4
É.-U. 1984. Drame sentimental de Ulu GROSBARD avec Robert De Niro, Meryl Streep et Harvey Keitel. - Deux banlieusards mariés se rencontrent par hasard et s'éprennent l'un de l'autre.
VO→14,95$ Général

**FALLING OVER BACKWARDS** ▷5
CAN. 1990. Comédie de mœurs de Mort RANSEN avec Saul Rubinek, Paul Soles et Julie St-Pierre. - Après une déception sentimentale, un célibataire décide de remettre sa vie en ordre en louant un appartement pour y habiter avec son père paraplégique.
VF→LS VO→LS Général

**FAME** ▷3
É.-U. 1980. Étude de mœurs d'Alan PARKER avec Barry Miller, Maureen Teefy et Gene A. Ray. - Des jeunes désireux de faire carrière dans le monde du spectacle s'inscrivent dans une école spécialisée de New York. - Diverses intrigues entrelacées. Tableau vivant et convaincant. Mise en scène dynamique. Personnages bien campés.
VO→14,95$ 13 ans +

**FAMILLE ADDAMS, LA**
Voir: THE ADDAMS FAMILY

**FAMILLE PEREZ, LA**
Voir: THE PEREZ FAMILY

**FAMILLE STODDARD, LA**
Voir : Adam Had Four Sons

**FAMILLE YEN, LA** ▷4
JAP. 1988. Comédie satirique de Yojiro TAKITA avec Takeshi Kaga, Kaori Momoi et Mitsumori Isaki. - Une famille japonaise vit dans le souci quotidien de petits trafics destinés à arrondir la caisse familiale.
VF→LS 13 ans +

**FAMILLE, LA** ▷3
ITA. 1987. Chronique d'Ettore SCOLA avec Vittorio Gassman, Stefania Sandrelli et Fanny Ardant. - Quatre-vingts ans d'histoire à travers le prisme d'une famille bourgeoise italienne. - Approche intelligente, critique et sympathique. Illustration souple. Évocation nuancée. Excellente interprétation.
STA→19,95$ Général

**FAMILY BUSINESS** ▷4
É.-U. 1989. Comédie policière de Sidney LUMET avec Sean Connery, Dustin Hoffman et Matthew Broderick. - Un cambrioleur expérimenté entreprend de réaliser un vol d'envergure avec l'aide de son fils et de son petit-fils.
VF→9,95$ VO→9,95$ Général

**FAMILY JEWELS, THE** ▷4
É.-U. 1965. Comédie réalisée et interprétée par Jerry LEWIS avec Donna Butterworth et Sebastian Cabot. - Après la mort de son père, une petite fille doit choisir pour tuteur un de ses oncles.
VO→11,95$ Général

**FAMILY LIFE** ►2
ANG. 1971. Drame psychologique de Ken LOACH avec Sandy Ratcliff, Grace Cave et Bill Dean. - Une jeune Londonnienne de dix-neuf ans subit un traitement psychiatrique. - Document critique de la société anglaise. Précision des détails. Grande valeur psychologique.
VO 13 ans +

**FAMILY MAN, THE** ▷4
É.-U. 2000. Comédie sentimentale de Brett RATNER avec Nicolas Cage, Téa Leoni et Don Cheadle. - Un financier célibataire est projeté par magie dans la peau du père de famille banlieusard qu'il aurait été s'il avait épousé sa petite amie de collège.
Général

**FAMILY PLOT** ▷4
É.-U. 1976. Comédie policière d'Alfred HITCHCOCK avec Barbara Harris, Bruce Dern et William Devane. - Une fausse spirite et son ami recherchent l'héritier disparu d'une vieille dame sans savoir qu'il s'agit d'un criminel.
VO→14,95$ VF→14,95$ Général

**FAMILY THING, A** ▷4
É.-U. 1996. Drame psychologique de Richard PEARCE avec Robert Duvall, James Earl Jones et Irma P. Hall. - À la mort de sa mère, un sexagénaire d'un État du Sud apprend que sa véritable mère était noire et qu'il a un frère de cette race.
VF→18,95$ VO→18,95$ LBX→14,95$ Général

**FAMILY VIEWING** ▷4
CAN. 1987. Comédie dramatique d'Atom EGOYAN avec David Hemblen, Aidan Tierney et Gabrielle Rose. - Déçu par son père qui ne songe qu'à ses vidéos, un jeune homme se raccroche à sa grand-mère qu'il fait sortir clandestinement de l'hospice où elle a été placée.
STF→LS VO→LS Général

**FAMILY, THE**
Voir: LA FAMILLE

**FAN, THE** ▷4
É.-U. 1981. Drame psychologique d'Edward BIANCHI avec Michael Biehn, Lauren Bacall et James Garner. - Admirateur passionné d'une actrice, un déséquilibré devient meurtrier lorsqu'il est éconduit.
VO→17,95$ 18 ans +

**FAN, THE** ▷5
É.-U. 1996. Drame psychologique de Tony SCOTT avec Robert DeNiro, Wesley Snipes et Ellen Barkin. - Un vendeur au tempérament instable décide d'aider son héros, un joueur de base-ball, en tuant le rival de celui-ci.
VF→PC VO→PC 13 ans +

**FANATIQUE, LE**
Voir: THE FAN

**FANCY PANTS** ▷5
É.-U. 1950. Comédie de George MARSHALL avec Bob Hope, Lucille Ball et Bruce Cabot. - Un acteur s'engage comme maître d'hôtel dans une famille de nouveaux riches.
VO→13,95$ Général

**FANDANGO** ▷5
É.-U. 1984. Comédie dramatique de Kevin REYNOLDS avec Kevin Costner, Judd Nelson et Sam Robards. - Un étudiant californien entraîne quelques amis dans une randonnée en auto vers la frontière du Mexique.
VO→11,95$ Général

**FANFAN** ▷4
FR. 1992. Comédie sentimentale d'Alexandre JARDIN avec Sophie Marceau, Vincent Perez et Martine Delterme. - Craignant l'usure du temps dans la passion amoureuse, un jeune homme refuse d'avouer ses sentiments à une fille dont il est follement épris.
VO→12,95$ Général

**FANFAN LA TULIPE** ▷3
FR. 1951. Comédie de Christian-JAQUE avec Gérard Philipe, Gina Lollobrigida et Noël Roquevert. - Les aventures rocambolesques d'un jeune soldat intrépide servant sous Louis XV. - Intrigue joyeusement fantaisiste. Mise en scène fort alerte. Excellents interprètes.
VO **Général**

**FANNY** ▷3
FR. 1932. Comédie dramatique de Marc ALLÉGRET avec Raimu, Orane Demazis et Charpin. - Une jeune femme enceinte épouse un riche marchand qui accepte d'endosser la paternité de l'enfant à naître. - Second épisode de la trilogie de Marcel Pagnol. Mise en scène asservie au dialogue. Décors réussis. Excellents interprètes.
VO→24,95$ **Général**

**FANNY** ▷4
É.-U. 1961. Comédie dramatique de Joshua LOGAN avec Leslie Caron, Maurice Chevalier et Horst Buchholz. - Un garçon attiré par la mer s'embarque pour une longue croisière en laissant son amie enceinte.
VO→14,95$ **Général**

**FANNY AND ALEXANDER**
Voir: FANNY ET ALEXANDRE

**FANNY ET ALEXANDRE** ►2
SUÉ. 1982. Drame de Ingmar BERGMAN avec Ewa Froling, Gunn Wallgren et Bertil Guve. - En 1907, une jeune actrice, veuve et mère de deux enfants, se remarie à un évêque austère et ne tarde pas à regretter sa décision. - Thématique riche et variée. Mise en scène somptueuse. Admirable direction d'acteurs.
STA→19,95$ **13 ans +**

**FANNY HILL** ▷0
É.-U. 1965, Russ MEYER
VO→PC **Non classé**

**FANTAISIES AU BOUT DU FIL**
Voir: DENISE CALLS UP

**FANTAISIES DU CŒUR, LES**
Voir: THREE OF HEARTS

**FANTASIA** ►2
É.-U. 1940. Dessins animés sous la supervision de Walt DISNEY et Ben SHARPSTEEN. - Illustrations en dessins animés de huit pièces importantes du répertoire musical classique. - Œuvre ambitieuse. Nombreuses trouvailles et innovations. Style varié. Technique remarquable. Classique important du genre.
VF→LS VO→LS **Général**

**FANTASIA 2000** ▷4
É.-U. 1999. Dessins animés de J. ALGAR, G. BRIZZI, P. BRIZZI, H. BUTOY, F. GLEBAS, E. GOLDBERG et P. HUNT. - Illustration de huit pièces du répertoire musical classique et contemporain.
VF→26,95$ VO→26,95$

**FANTASIA CHEZ LES PLOUCS** ▷0
FR. 1970, Gérard PIRÈS
VO **Non classé**

**FANTASME**
Voir: PHANTASM

**FANTASMES DE KATHY, LES**
Voir: THE FAVOR

**FANTASTIC VOYAGE / VOYAGE TO THE BOTTOM OF THE SEA** ▷0
É.-U. Richard FLEISCHER

**FANTASTIC VOYAGE, THE** ▷3
É.-U. 1966. Science-fiction de Richard FLEISCHER avec Stephen Boyd, Raquel Welch et Edmond O'Brien. - Un sous-marin miniaturisé avec un équipage de cinq personnes est injecté dans une veine d'un savant blessé. - Scénario fort ingénieux. Décors impressionnants. Interprétation dans la norme du genre.
VO→16,95$ **Général**

**FANTASTICA** ▷4
QUÉ. 1980. Comédie musicale de Gilles CARLE avec Carole Laure, Serge Reggiani et Lewis Furey. - Une chanteuse en tournée s'intéresse à un fermier qu'un industriel veut déloger.
VO→LS **Général**

**FANTOMAS** ▷4
FR. 1964. Comédie policière d'André HUNEBELLE avec Jean Marais, Louis de Funès et Mylène Demongeot. - Un bandit astucieux se paie la tête d'un policier et d'un journaliste.
VO→LS **Général**

**FANTOMAS** ▷0
FR. 1947, Jean SACHA
VO→LS **Non classé**

**FANTÔME AVEC CHAUFFEUR** ▷5
FR. 1996. Comédie fantaisiste de Gérard OURY avec Philippe Noiret, Gérard Jugnot et Jean-Luc Bideau. - Devenus fantômes après leur mort, un chef d'entreprise et son chauffeur tentent de régler leurs anciennes affaires terrestres.
VO→18,95$ **Général**

**FANTÔME D'HECTOR, LE**
Voir: FOXFIRE

**FANTÔME DE BARBE-NOIRE, LE**
Voir: BLACKBEARD'S GHOST

**FANTÔME DE CAT DANCIN, LE**
Voir: THE MAN WHO LOVED CAT DANCING

**FANTÔME DE L'OPÉRA, LE**
Voir: THE PHANTOM OF THE OPERA

**FANTÔME DE LA LIBERTÉ, LE** ▷3
FR. 1974. Comédie satirique de Luis BUÑUEL avec Jean-Claude Brialy, Michel Lonsdale et Jean Rochefort. - Enchaînement fantaisiste d'épisodes insolites s'appliquant à faire la satire de divers aspects de l'ordre établi. - Tendances surréalistes. Goût du bizarre. Grande maîtrise des effets. Interprétation de qualité.
STA→14,95$ **13 ans +**

**FANTÔME DE LA RUE MORGUE, LE**
Voir: PHANTOM OF THE RUE MORGUE

**FANTÔME DE MILBURN, LE**
Voir: GHOST STORY

**FANTÔME ET LES TÉNÈBRES, LE**
Voir: THE GHOST AND THE DARKNESS

**FANTÔME, LE**
Voir: PHANTOM, THE

**FANTÔMES DES TROIS MADELEINES, LES** ▷5
QUÉ. 2000. Drame psychologique de Guylaine DIONNE avec Sylvie Drapeau, France Arbour et Isadora Galwey. - Au cours d'un voyage en Gaspésie, une photographe, sa mère et sa fille arrivent à faire la paix avec les fantômes de leur passé.
**Général**

**FANTÔMES DU CHAPELIER, LES** ▷4
FR. 1982. Drame policier de Claude CHABROL avec Michel Serrault, Charles Aznavour et Aurore Clément. - Souffrant d'un déséquilibre psychique, un chapelier en vient à tuer sa femme et les amies de celle-ci.
VO→LS **13 ans +**

**FANTÔMES DU MISSISSIPPI**
Voir: GHOSTS OF MISSISSIPPI

**FANTÔMES EN FÊTE**
Voir: SCROOGED

**FANTÔMES SONT CINGLÉS, LES**
Voir: HIGH SPIRITS

**FAR AND AWAY** ▷4
É.-U. 1992. Aventures de Ron HOWARD avec Tom Cruise, Nicole Kidman et Thomas Gibson. - En 1892, un jeune paysan irlandais accompagne une jeune aristocrate qui veut aller s'établir dans l'Ouest américain.
VO→15,95$ VF→11,95$ LBX→18,95$ Général

**FAR AWAY, SO CLOSE**
Voir: SI LOIN, SI PROCHE

**FAR COUNTRY, THE** ▷4
É.-U. 1954. Western d'Anthony MANN avec James Stewart, Ruth Roman et Walter Brennan. - Un homme conduit un troupeau au Yukon lors de la ruée vers l'or.
VO→14,95$ Général

**FAR FROM HOME: THE ADVENTURES OF YELLOW DOG** ▷5
É.-U. 1994. Aventures de Phillip BORSOS avec Jesse Bradford, Bruce Davison et Mimi Rogers. - À la suite d'une violente tempête, un adolescent échoue sur une île déserte en compagnie de son fidèle labrador.
VF→LS VO→LS Général

**FAR FROM THE MADDING CROWD** ▷3
ANG. 1967. Drame de John SCHLESINGER avec Julie Christie, Terence Stamp et Alan Bates. - La jeune propriétaire d'un domaine rural est recherchée en mariage par trois hommes. - Adaptation du roman de Thomas Hardy. Climat romantique. Mise en scène solide. Valeur picturale.
LBX→24,95$ VO→29,95$ Général

**FAR NORTH** ▷5
É.-U. 1988. Drame psychologique de Sam SHEPARD avec Jessica Lange, Charles Durning et Tess Harper. - À la suite d'un accident, un fermier demande à sa fille, venue expressément de New York, de le venger en tuant son cheval.
VO→11,95$ Général

**FAR OFF PLACE, A** ▷5
É.-U. 1993. Aventures de Mickael SALOMON avec Reese Witherspoon, Ethan Randall et Jack Thompson. - Témoins du massacre de leurs parents par des braconniers, deux adolescents prennent la fuite dans le désert en compagnie d'un jeune indigène.
VF→11,95$ VO→10,95$ Général

**FAREWELL MY CONCUBINE**
Voir: ADIEU MA CONCUBINE

**FAREWELL TO ARMS, A** ▷4
É.-U. 1932. Drame de guerre de Frank BORZAGE avec Gary Cooper, Helen Hayes et Adolphe Menjou. - Un jeune Américain s'engage comme infirmier dans l'armée italienne au début de la guerre 1914-1918.
VO→9,95$ DVD→39,95$ Général

**FAREWELL TO ARMS, A** ▷5
É.-U. 1957. Drame de guerre de Charles VIDOR avec Rock Hudson, Jennifer Jones et Vittorio de Sica. - Engagé comme ambulancier dans l'armée italienne, un Américain s'éprend d'une infirmière.
VO→16,95$ Général

**FAREWELL TO THE KING** ▷4
É.-U. 1989. Drame de guerre de John MILIUS avec Nick Nolte, Nigel Havers et Frank McRae. - Deux officiers britanniques chargés de soulever les tribus indonésiennes contre l'envahisseur japonais doivent traiter avec un déserteur américain devenu chef de tribu.
VF→LS VO→LS Général

**FAREWELL, MY LOVELY** ▷4
É.-U. 1975. Drame policier de Dick RICHARDS avec Robert Mitchum, Charlotte Rampling et John Ireland. - Engagé pour retrouver la bien-aimée d'un ex-bagnard, un détective privé est entraîné dans des situations périlleuses.
VO→14,95$ DVD→31,95$ 13 ans +

**FARGO** ►2
É.-U. 1995. Comédie policière de Joel COEN avec William H. Macy, Frances McDormand et Steve Buscemi. - Afin d'extorquer de l'argent à son beau-père, un vendeur d'automobiles engage deux voyous pour enlever sa propre femme.- Satire mordante du Midwest américain. Mélange percutant d'humour, de violence et de compassion. Situations versant dans l'absurde. Interprétation savoureuse.
VO→14,95$ VF→14,95$ 16 ans +

**FARINELLI** ▷4
FR. 1994. Drame biographique de Gérard CORBIAU avec Stefano Dionisi, Enrico Lo Verso et Jeroen Krabbe. - Les succès et les revers d'un jeune castrat qui parcourt l'Europe en compagnie de son frère compositeur.
STA→13,95$ VO→14,95$ 13 ans +

**FARMER'S DAUGHTER, THE** ▷4
É.-U. 1947. Comédie de H.C. POTTER avec Loretta Young, Joseph Cotten et Charles Bickford. - Une jeune campagnarde se trouve par inadvertance lancée dans la politique.
VO→14,95$ Général

**FARMER'S WIFE, THE** ▷0
ANG. 1928, Alfred HITCHCOCK
ITA→17,95$ VO Général

**FAST, CHEAP & OUT OF CONTROL** ▷4
É.-U. 1997. Documentaire d'Errol MORRIS avec Dave Hoover, George Mendonça et Ray Mendez. - Quatre hommes œuvrant dans des domaines fort différents évoquent le rapport particulier qu'ils entretiennent avec le monde animal, végétal et robotique.
VO→13,95$ Général

**FAST COMPANY** ▷5
CAN. 1979. Drame sportif de David CRONENBERG avec William Smith, John Saxon et Claudia Jennings. - Un champion coureur a des difficultés avec la firme qui le commandite.
VO→LS Non classé

**FAST FOOD, FAST WOMEN** ▷4
É.-U. 2000. Comédie sentimentale d'Amos KOLLEK avec Anna Thomson, Jamie Harris et Robert Modica. - Une jeune serveuse de Manhattan et deux de ses clients sexagénaires sont à la recherche de l'âme sœur.
Général - Déconseillé aux jeunes enfants

**FAST FORWARD** ▷0
É.-U. 1985, Sidney POITIER
VF→9,95$ VO→9,95$ Général

**FAST TIMES AT RIDGEMONT HIGH** ▷5
Comédie de mœurs d'Amy HECKERLING avec Jennifer Jason-Leigh, Robert Romanus et Brian Backer. - Les expériences de divers étudiants californiens de niveau secondaire.
VO→14,95$ 18 ans +

**FAST-WALKING** ▷5
É.-U. 1982. Drame policier de James B. HARRIS avec James Woods, Tim McIntire et Kay Lenz. - Un gardien de prison accepte de collaborer à l'évasion d'un Noir menacé de meurtre par d'autres forçats.
VO→PC Non classé

**FASTER PUSSYCAT, KILL... KILL...** ▷0
É.-U. 1966, Russ MEYER
VO→69,95$ 18 ans +

**FASTEST GUITAR ALIVE, THE** ▷6
É.-U. 1967. Western de Michael MOORE avec Roy Orbison, Sammy Jackson et Joan Freeman. - Deux agents sudistes décident de voler une banque afin d'aider l'armée confédérée.
VO→LS Général

**FASTEST GUN ALIVE, THE** ▷4
É.-U. 1955. Western de Russell ROUSE avec Glenn Ford, Jeanne

Crain et Broderick Crawford. - À cause de son habileté au tir, un marchand est provoqué par un bandit qui ne souffre pas la concurrence.
VO→14,95$ **Général**

**FAT CITY** ▷3
É.-U. 1971. Drame psychologique de John HUSTON avec Stacy Keach, Jeff Bridges et Susan Tyrrell. - Un boxeur sur le retour vit une existence de vagabond dans une petite ville de Californie en nourrissant l'espoir de reprendre sa carrière. - Notations psychologiques justes. Mise en scène réaliste. Interprétation impressionnante de vérité.
VO→19,95$ **Général**

**FAT MAN AND LITTLE BOY** ▷4
É.-U. 1989. Drame historique de Roland JOFFE avec Paul Newman, Dwight Schultz et John Cusack. - En 1942, l'armée américaine confie à un **Général** la mission de superviser un projet de recherche devant mener à la fabrication d'une bombe atomique.
VO→13,95$ VF→LS **Général**

**FATAL ATTRACTION** ▷5
É.-U. 1987. Drame psychologique d'Adrian LYNE avec Michael Douglas, Glenn Close et Anne Archer. - Un avocat marié voit sa vie perturbée par la passion obsessive d'une publicitaire avec laquelle il a eu une relation qu'il croyait sans lendemain.
LBX-D.CUT→18,95$ VO→10,95$ VF→14,95$ **13 ans +**

**FATAL BEAUTY** ▷5
É.-U. 1987. Drame policier de Tom HOLLAND avec Whoopi Goldberg, Sam Elliott et Brad Dourif. - Une détective de la brigade des stupéfiants aux méthodes peu orthodoxes mais efficaces affronte de dangereux trafiquants.
VF→LS **13 ans +**

**FATAL CONFINEMENT** ▷0
É.-U. 1964, Robert GIST
VO→LS **Général**

**FATAL INSTINCT** ▷5
É.-U. 1993. Comédie satirique de Carl REINER avec Armand Assante, Sherilyn Fenn et Sean Young. - Un policier qui exerce également la profession d'avocat est l'objet de nombreux complots meurtriers.
VO→13,95$ **Général**

**FATALE**
Voir: DAMAGE

**FATHER**
Voir: PÈRE

**FATHER GOOSE** ▷4
É.-U. 1964. Comédie de Ralph NELSON avec Cary Grant, Leslie Caron et Trevor Howard. - Cantonné sur une île déserte, un observateur de l'armée voit un jour arriver un groupe d'écolières et leur institutrice.
VO→14,95$ LBX-DVD→PC **Général**

**FATHER OF THE BRIDE** ▷5
É.-U. 1991. Comédie de mœurs de Charles SHYER avec Steve Martin, Diane Keaton et Kimberly Williams. - Un couple connaît diverses mésaventures en veillant aux préparatifs du mariage de leur fille.
VF→11,95$ **Général**

**FATHER OF THE BRIDE** ▷4
É.-U. 1950. Comédie de Vincente MINNELLI avec Spencer Tracy, Elizabeth Taylor et Joan Bennett. - Le père de la mariée se remémore les petits incidents qui ont entouré le mariage de sa fille.
VO→LS **Général**

**FATHER OF THE BRIDE 2** ▷5
É.-U. 1995. Comédie de Charles SHYER avec Steve Martin, Diane Keaton et Martin Short. - Deux époux d'âge mûr dont la fille aînée est enceinte apprennent qu'ils attendent eux aussi un nouvel enfant.
VO→PC VF→16,95$ **Général**

**FATHER'S DAY** ▷5
É.-U. 1997. Comédie de Ivan REITMAN avec Robin Williams, Billy Crystal et Julia Louis-Dreyfus. - Une femme demande à deux de ses anciens amants de retrouver son fils adolescent en faisant croire à chacun qu'il en est le père.
VO→14,95$ **Général**

**FATHER'S LITTLE DIVIDEND** ▷4
É.-U. 1951. Comédie de Vincente MINNELLI avec Spencer Tracy, Elizabeth Taylor et Joan Bennett. - Un grand-père bourru se laisse bientôt vaincre par le sourire de son petit-fils.
VO→18,95$ **Non classé**

**FATHERLAND** ▷5
É.-U. 1994. Drame de Christopher MENAUL avec Rutger Hauer, Miranda Richardson et Jean Marsh. - En 1964, après la victoire des Allemands, une journaliste américaine et un détective SS enquêtent sur les meurtres de dignitaires nazis.
VF→19,95$ **Général**

**FATSO** ▷6
É.-U. 1980. Comédie réalisée et interprétée par Anne BANCROFT avec Dom De Luise et Ron Carey. - Décidé à suivre un régime alimentaire, un petit commerçant connaît de nombreuses difficultés.
VO→LS **Général**

**FAUCON, LE** ▷5
FR. 1983. Drame policier de Paul BOUJENAH avec Francis Huster, Guy Pannequin et Audrey Dana. - Un policier déprimé par la mort de sa femme sort de sa torpeur pour prendre en chasse un meurtrier.
VO→LS **Général**

**FAUCONS DE LA NUIT, LES**
Voir: NIGHTHAWKS

**FAUSSAIRES, LES** ▷5
FR. 1994. Comédie de Frédéric BLUM avec Gérard Jugnot, Jean-Marc Barr et Viktor Lazlo. - À Tahiti, un universitaire sérieux qui écrit une biographie de Gauguin devient le complice d'un farceur qui sème la pagaille dans l'île.
VO→18,95$ **Général**

**FAUST** ►2
ALL. 1926. Drame fantastique de Friedrich Wilhelm MURNAU avec Gosta Ekman, Emil Jannings et Camilla Horn. - Un vieux savant vend son âme au diable pour retrouver la jeunesse. - Œuvre marquante du cinéma muet. Imagerie superbe. Utilisation savante de la lumière. Interprétation forte.
ITA→34,95$ **Général**

**FAUST** ▷4
TCH. 1994. Drame fantastique de Jan SVANKMAJER avec Petr Cepek, Jan Kraus et Vladimir Kudla. - Dans un étrange théâtre abandonné, un homme devient le protagoniste d'une recréation insolite de la légende de Faust.
VA→34,95$ **13 ans +**

**FAUT PAS EN FAIRE UN DRAME**
Voir: UNFAITHFULLY YOURS

**FAUT S'FAIRE LA MALLE**
Voir: STIR CRAZY

**FAUTE DE PREUVES**
Voir: UNDER SUSPICION

**FAUTEUIL POUR DEUX, UN**
Voir: TRADING PLACES

**FAUVES, LES** ▷5
FR. 1983. Drame policier de Jean-Louis DANIEL avec Daniel Auteuil, Philippe Léotard et Véronique Delbourg. - Un cascadeur qui a perdu sa femme dans un numéro dangereux doit faire face au frère de celle-ci qui veut la venger.
VO→LS **13 ans +**

**FAUX CUL, LE** ▷0
FR. 1975, Roger HANIN
VO→LS Général

**FAUX ET USAGE DE FAUX** ▷5
FR. 1990. Drame de Laurent HEYNEMANN avec Philippe Noiret, Robin Renucci et Laure Killing. - Un écrivain à succès demande à son neveu de prétendre être l'auteur de son dernier ouvrage, sans se douter que l'œuvre remportera le prix Goncourt.
VO→LS Général

**FAUX FRÈRE**
Voir: TRUE COLORS

**FAUX TÉMOIN**
Voir: THE BEDROOM WINDOW

**FAVEUR, UNE MONTRE ET UN TRÈS GROS POISSON, UNE**
Voir: THE FAVOUR, THE WATCH AND THE VERY BIG FISH

**FAVOR, THE** ▷5
É.-U. 1994. Comédie de Donald PETRIE avec Harley Jane Kozak, Elizabeth McGovern et Bill Pullman. - En proie à des fantasmes au sujet d'un ancien amour de collège, une mère de famille convainc sa meilleure amie de coucher avec lui.
VF→LS VO→LS Général

**FAVOUR, THE WATCH AND THE VERY BIG FISH, THE** ▷5
ANG. 1992. Comédie de mœurs de Ben LEWIN avec Bob Hoskins, Jeff Goldblum et Natasha Richardson. - Un photographe de scènes pieuses convainc un ex-détenu excentrique qui ressemble au Christ de poser pour lui.
VO→PC VF→PC 13 ans +

**FEAR** ▷6
É.-U. 1996. Drame de James FOLEY avec Mark Wahlberg, Reese Witherspoon et William Petersen. - Un psychopathe s'en prend à la famille de sa petite amie lorsque cette dernière veut le quitter.
VF→11,95$ VO→PC 13 ans + Violence

**FEAR AND LOATHING IN LAS VEGAS** ▷5
É.-U. 1998. Comédie fantaisiste de Terry GILLIAM avec Johnny Depp, Benicio Del Toro et Craig Bierko. - Au début des années 70, un journaliste sportif et son avocat se gavent de drogues hallucinogènes durant un séjour à Las Vegas.
LBX→16,95$ VF→11,95$
LBX-DVD→27,95$ 13 ans + Langage vulgaire

**FEAR CITY** ▷5
É.-U. 1984. Drame policier d'Abel FERRARA avec Tom Berenger, Billy Dee Williams et Melanie Griffith. - Les dirigeants d'une agence de danseuses pour cabarets sont confrontés à un maniaque qui s'en prend aux strip-teaseuses.
VF→LS VO→LS Non classé

**FEAR OF A BLACK HAT** ▷5
É.-U. 1993. Comédie satirique de Rusty CUNDIEFF avec Larry B. Scott, Mark Christopher Lawrence et Rusty Cundieff. - Une jeune étudiante en sociologie entreprend de tourner un documentaire sur un groupe de musique «rap».
VO→PC 13 ans + Langage vulgaire

**FEAR STRIKES OUT** ▷3
É.-U., 1957. Drame psychologique de Robert MULLIGAN avec Anthony Perkins, Karl Malden et Norma Moore. - Un jeune homme fait pression sur son fils pour qu'il devienne un grand joueur de base-ball. - Sujet véridique. Action bien menée. Réalisation efficace. Jeu remarquable d'A. Perkins.
VO→18,95$ Général

**FEARLESS** ▷3
É.-U. 1993. Drame psychologique de Peter WEIR avec Jeff Bridges, Rosie Perez et Isabella Rossellini. - Après avoir survécu à un écrasement d'avion, un homme croit qu'il est devenu une sorte d'ange que la mort ne peut plus atteindre. - Sujet original et fascinant. Réalisation experte. Climat d'oppression habilement créé. Performance prenante de J. Bridges.
VF→11,95$ VO→11,95$ Général

**FEARLESS VAMPIRE KILLERS, THE** ▷3
ANG. 1967. Comédie réalisée et interprétée par Roman POLANSKI avec Jack MacGowran et Sharon Tate. - Un vieux savant et son assistant luttent contre des vampires. - Parodie inventive et savoureuse des histoires de vampires. Réalisation alerte. Interprétation détendue.
VO→14,95$ 13 ans +

**FEAST OF JULY** ▷4
ANG. 1995. Drame de mœurs de Christopher MENAUL avec Embeth Davidtz, Ben Chaplin et Tom Bell. - En 1883, un couple recueille une jeune femme malade et démunie dont les trois fils de la maison tombent amoureux.
VO→21,95$ Général

**FEDERAL HILL** ▷5
É.-U. 1993. Drame de mœurs de Michael CORRENTE avec Nicholas Turturro, Anthony DeSando et Michael Raynor. - Un voyou met au point une escroquerie qui lui attire des ennuis et compromet les projets d'avenir de son ami mécanicien.
VO→LS 13 ans +

**FEDORA** ▷4
ALL. 1978. Comédie dramatique de Billy WILDER avec William Holden, Marthe Keller et Jose Ferrer. - Un producteur retrouve en Grèce une ancienne vedette de l'écran qui est restée étonnamment belle.
VO→LS Général

**FEEBLES, LES**
Voir: MEET THE FEEBLES

**FEELING MINNESOTA** ▷5
É.-U. 1996. Comédie dramatique de Steven BAIGELMAN avec Keanu Reeves, Cameron Diaz et Vincent D'Onofrio. - Au Minnesota, les rivalités entre deux frères autour d'une femme qu'ils aiment.
VF→PC 13 ans + Violence

**FELICIA'S JOURNEY** ▷4
CAN.-ANG. 1999. Drame d'Atom EGOYAN avec Bob Hoskins, Elaine Cassidy et Arsinée Khanjian. - Alors qu'elle cherche à Birmingham son petit ami anglais qui l'a mise enceinte, une adolescente irlandaise obtient l'aide d'un traiteur affable qui cache un lourd secret.
VF→LS VO→LS LBX-DVD→19,95$ Général

**FÉLINE, LA**
Voir: CAT PEOPLE

**FÉLIX** ▷4
ALL. 1987. Comédie de mœurs de Margarethe VON TROTTA et Helma SANDERS-BRAHMS avec Ulrich Tukur, Eva Mattes et Annette Uhlen. - Après le départ de sa compagne, un jeune homme rencontre diverses femmes ayant également des problèmes sentimentaux.
VF→LS Général

**FELIX THE CAT: THE MOVIE** ▷6
É.-U. 1989. Dessins animés de Tibor HERNADI. - Un chat passe dans une autre dimension afin de porter secours à une princesse qui a été capturée par un oncle envieux.
VO→LS Général

**FELLINI ROMA** ▶2
ITA. 1971. Documentaire de Federico FELLINI avec Peter Gonzales, Britta Barnes et Fionna Florence. - Vision personnelle de l'auteur de la ville éternelle depuis la découverte qu'il en fit jusqu'à l'idée qu'il a de sa permanence. - Fresque variée et pittoresque. Suite de visions poétiques extravagantes et baroques. Transposition de la réalité en images colorées dans le style propre au réalisateur.
STA→19,95$ 13 ans +

**FELLINI SATYRICON** ▶2
ITA. 1968. Drame poétique de Federico FELLINI avec Martin Potter, Hiram Keller et Max Born. - Dans la Rome antique, deux jeunes gens connaissent diverses aventures. - Adaptation très personnelle d'une œuvre de Pétrone. Images fantastiques d'un baroquisme flamboyant. Construction épisodique. Interprétation soumise au style d'ensemble.
STA-LBX→19,95$ STA→18,95$ **13 ans +**

**FELLOW TRAVELLER, THE** ▷5
ANG. 1989. Drame de Philip SAVILLE avec Ron Silver, Hart Bochner et Imogen Stubbs. - À l'époque du maccartisme, un scénariste hollywoodien quitte les États-Unis pour travailler à Londres sous un nom d'emprunt.
VO→LS **13 ans +**

**FELUETTES, LES**
Voir: LILIES

**FEMALE JUNGLE** ▷0
É.-U. 1956, Bruno VE SOTA
VO→LS **Non classé**

**FEMALE PERVERSIONS** ▷5
É.-U. 1996. Drame psychologique de Susan STREITFELD avec Tilda Swinton, Amy Madigan et Karen Sillas. - Sur le point d'être nommée juge, une avocate réputée remet son existence en question.
VO→32,95$ **16 ans + Érotisme**

**FEMALE TROUBLE** ▷0
É.-U. 1973, John WATERS
VO→27,95$ **18 ans +**

**FÉMININ FÉMININ** ▷5
FR. 1971. Drame psychologique de Henri CALEF et Joao CORREA avec Marie-France Pisier, Olga Georges-Picot et Pierre Brice. - Un jeune couple voit sa vie bouleversée lorsque l'épouse se prend d'une passion incontrôlée pour une jeune affranchie.
VO→LS **13 ans +**

**FEMME À SA FENÊTRE, UNE** ▷4
FR. 1976. Drame sentimental de Pierre GRANIER-DEFERRE avec Romy Schneider, Philippe Noiret et Victor Lanoux. - À Athènes, en 1936, la femme d'un diplomate italien s'éprend d'un agitateur communiste qui a trouvé refuge chez elle.
VO→14,95$ **Général**

**FEMME ASSASSIN, LA** ▷5
ESP. 1997. Drame de Daniel CALPARSORO avec Najwa Nimri, Alfredo Villa et Ramón Barea. - Responsable de l'échec d'un attentat contre un politicien, une jeune terroriste fuit la police tout en craignant les représailles de ses camarades.
VF→14,95$ **13 ans +**

**FEMME AU GARDENIA, LA**
Voir: THE BLUE GARDENIA

**FEMME AUX BOTTES ROUGES, LA** ▷4
FR. 1974. Drame fantastique de Juan BUÑUEL avec Catherine Deneuve, Fernando Rey et Adalberto Maria Merli. - Un homme riche invite chez lui une jeune romancière apparemment dotée de pouvoirs surnaturels.
VO→LS **Général**

**FEMME D'À CÔTÉ, LA** ▶2
FR. 1981. Drame psychologique de François TRUFFAUT avec Gérard Depardieu, Fanny Ardant et Véronique Silver. - À l'insu de leurs conjoints respectifs, un homme et une femme reprennent une ancienne liaison. - Récit conduit avec rigueur. Mise en scène contrôlée. Interprètes remarquablement dirigés.
STA→LS **Général**

**FEMME D'EXTÉRIEUR, UNE** ▷5
FR. 1999. Drame psychologique de Christophe BLANC avec Agnès Jaoui, Serge Riaboukine et Emmanuel Fayat. - Après avoir mis à la porte son mari infidèle, une jeune mère de famille se met à sortir dans les bars et à collectionner les aventures d'un soir.
VO→LS **Général**

**FEMME DANGEREUSE, UNE**
Voir: A DANGEROUS WOMAN

**FEMME DE CHAMBRE DU TITANIC, LA** ▷4
FR.-ITA.-ESP. 1997. Comédie dramatique de Bigas LUNA avec Olivier Martinez, Romane Bohringer et Aitana Sanchez Gijon. - Grâce à ses talents de conteur, un jeune ouvrier fait croire à son entourage qu'il a vécu une folle nuit d'amour avec une belle inconnue.
VO→LS **Général**

**FEMME DE L'ÉPICIER, LA**
Voir: THE GROCER'S WIFE

**FEMME DE L'HÔTEL, LA** ▷4
QUÉ. 1984. Drame psychologique de Léa POOL avec Paule Baillargeon, Louise Marleau et Serge Dupire. - Dans un hôtel de Montréal, une cinéaste lie amitié avec une pensionnaire en qui elle croit reconnaître l'héroïne de son film.
VO→21,95$ **Général**

**FEMME DE LA NUIT, LA**
Voir: LADYHAWKE

**FEMME DE MA VIE, LA** ▷3
FR. 1986. Drame psychologique de Régis WARGNIER avec Christophe Malavoy, Jane Birkin et Jean-Louis Trintignant. - Un violoniste alcoolique est poussé par un ami qui a souffert du même mal à suivre une cure de désintoxication. - Sujet abordé de façon très efficace. Résultat impressionnant. Réalisation somptueuse et précise.
VO→LS **Général**

**FEMME DE MES AMOURS, LA** ▷5
ITA. 1988. Drame sentimental de Gianfranco MINGOZZI avec Philippe Noiret, Ornella Muti et Nicola Farron. - Un notable propose à la maîtresse d'un ami défunt de l'entretenir à condition qu'elle l'écoute raconter ses souvenirs sentimentaux.
VF→LS **Général**

**FEMME DE MON AMI, LA**
Voir: SLEEP WITH ME

**FEMME DE MON POTE, LA** ▷5
FR. 1983. Comédie de Bertrand BLIER avec Michel Coluche, Isabelle Huppert et Thierry Lhermitte. - L'amitié de deux hommes est mise en péril à cause d'une femme.
STA→LS VO→LS **Général**

**FEMME DE SABLE, LA** ▶2
JAP. 1964. Drame de Hiroshi TESHIGAHARA avec Eiji Okada et Kyoko Kishida. - Hébergé par une veuve qui habite au fond d'une fosse ensablée, un entomologiste s'aperçoit qu'il est pris au piège et tente vainement de s'enfuir. - Histoire bizarre adaptée d'un roman de Kobo Abe. Traitement exceptionnel. Prises de vues variées d'une beauté plastique remarquable. Montage heurté. Interprétation adéquate.
STA-LBX-DVD→49,95$ STA→169,95$
STA-LBX-DVD→49,95$ **Général**

**FEMME DÉFENDUE, LA** ▷3
FR. 1997. Drame sentimental réalisé et interprété par Philippe HAREL avec Isabelle Carré. - Malgré quelques réticences, une jeune fille de 22 ans entame une relation avec un cadre de 39 ans, marié et père d'un enfant. - Radioscopie originale d'un cas d'adultère classique. Intrigue décrite du point de vue de l'homme. Utilisation maîtrisée de la caméra subjective.
VO→19,95$ **13 ans +**

**FEMME DIABOLIQUE, LA (ONIBABA)** ▷4
JAP. 1964. Drame de Kaneto SHINDO avec Nobuko Otowa, Jitsuko Yoshimura et Kei Sato. - Deux femmes tuent et dépouillent des soldats égarés.
STA LBX 27,95$ **13 ans + Érotisme**

**FEMME DIABOLIQUE, UNE**
Voir: QUEEN BEE

**FEMME DISPARAÎT, UNE**
Voir: THE LADY VANISHES

**FEMME DU BOULANGER, LA** ▷3
FR. 1938. Comédie de mœurs de Marcel PAGNOL avec Raimu, Ginette Leclerc et Charpin. - Parce que sa femme est partie avec un berger, un boulanger refuse de pétrir le pain. - Tableaux pittoresques du pays provençal. Fines notations psychologiques. Composition savoureuse de Raimu.
VO→29,95$ Général

**FEMME DU DIMANCHE, LA** ▷4
ITA. 1975. Drame policier de Luigi COMENCINI avec Marcello Mastroianni, Jacqueline Bisset et Jean-Louis Trintignant. - Un inspecteur soupçonne des personnes de la haute bourgeoisie d'être impliquées dans l'assassinat d'un architecte.
VF→LS Général

**FEMME DU PRÉDICATEUR, LA**
Voir: THE PREACHER'S WIFE

**FEMME DU VENDREDI, LA**
Voir: HIS GIRL FRIDAY

**FEMME ÉCARLATE, LA** ▷5
FR. 1969. Comédie de Jean VALÈRE avec Monica Vitti, Maurice Ronet et Robert Hossein. - Ruinée par son amant, une jeune femme décide de le supprimer avant de se suicider.
VO→LS Non classé

**FEMME EN CIMENT, LA**
Voir: LADY IN CEMENT

**FEMME EN ENFER, UNE**
Voir: I'LL CRY TOMORROW

**FEMME ENVOUTÉE, LA**
Voir: THE RAPTURE

**FEMME EST UNE FEMME, UNE** ▷4
FR. 1960. Comédie de Jean-Luc GODARD avec Anna Karina, Jean-Claude Brialy et Jean-Paul Belmondo. - Devant le refus de son amant de lui donner un enfant, une jeune femme le menace de se trouver un ami plus compréhensif.
STA→31,95$ DVD-STA→34,95$ Général

**FEMME FARDÉE, LA** ▷6
FR. 1990. Comédie dramatique de José PINHEIRO avec Jeanne Moreau, Jacqueline Maillan et André Dussollier. - Durant une croisière musicale qui réunit divers passagers fortunés, les intrigues sentimentales vont bon train.
VO→LS Général

**FEMME FLAMBÉE, LA** ▷5
ALL. 1983. Drame social de Robert VAN ACKEREN avec Gudrun Landgrebe, Mathieu Carrière et Hanns Zischler. - Épris l'un de l'autre, un gigolo et une prostituée s'établissent ensemble dans un appartement où chacun reçoit sa pratique de son côté.
VF→LS 18 ans +

**FEMME FRANÇAISE, UNE** ▷5
FR. 1994. Mélodrame de Régis WARGNIER avec Emmanuelle Béart, Daniel Auteuil et Gabriel Barylli. - Les aventures extra-conjugales d'une femme mariée à un militaire qui s'absente à plusieurs reprises au fil des ans pour aller au combat.
VO→18,95$ Général - Déconseillé aux jeunes enfants

**FEMME INFIDÈLE, LA** ►2
FR. 1968. Drame psychologique de Claude CHABROL avec Stéphane Audran, Michel Bouquet et Maurice Ronet. - Un homme tue l'amant de sa femme. - Sujet banal renouvelé par l'intérieur. Scénario et dialogues sobres, d'une grande justesse psychologique. Suspense excellent. Mise en scène d'un style élégant et décontracté. Direction d'acteurs remarquable.
VO→LS Non classé

**FEMME INSECTE, LA** ▷0
JAP. 1963, Shohei IMAMURA
STA→LS Non classé

**FEMME LIBRE, LA**
Voir: AN UNMARRIED WOMAN

**FEMME PUBLIQUE, LA** ▷3
FR. 1984. Drame d'Andrzej ZULAWSKI avec Valérie Kaprisky, Francis Huster et Lambert Wilson. - Un metteur en scène névrosé est amoureux d'une débutante dont il veut faire une vedette, mais celle-ci lui préfère un exilé politique. - Variations sur les rapports entre le cinéma et la vie. Récit d'une complexité déroutante. Style paroxystique. Réalisation soignée. Interprétation ardente.
VO→LS 18 ans +

**FEMME QUI BOIT, LA** ▷4
QUÉ. 2000. Drame psychologique de Bernard ÉMOND avec Élise Guilbault, Luc Picard et Michel Forget. - Une mère qui a passé toute sa vie d'adulte à boire se souvient des événements qui ont nourri sa détresse et précipité son malheur.
13 ans +

**FEMME QUI S'AFFICHE, UNE**
Voir: IT SHOULD HAPPEN TO YOU

**FEMME SANS AMOUR, UNE** ▷0
MEX. 1951, Luis BUÑUEL
STA→LS Général

**FEMME SOUS INFLUENCE, UNE**
Voir: A WOMAN UNDER THE INFLUENCE

**FEMME TATOUÉE, LA** ▷3
JAP. 1982. Drame de mœurs de Yoichi TAKABAYASHI avec Masayo Utsunomiya, Tomisaburo Wakayama et Masaki Kyomoto. - Pour satisfaire aux désirs de son amant, une femme accepte de se faire tatouer le dos par un maître aux méthodes insolites. - Traitement esthétisant d'un sujet scabreux. Réflexion sur les rapports entre l'art et la vie.
VF→LS 13 ans +

**FEMME, UN JOUR, UNE** ▷0
FR. 1977, Léonard KEIGEL
VO→LS Non classé

**FEMMES** ▷5
ISR. 1996. Drame psychologique de Moshé MIZRAHI avec Michal Bat-Adam, Amos Lavi et Ilor Harpaz. - Une femme stérile éprouve de la jalousie envers la nouvelle épouse qu'elle a pourtant proposée à son mari afin de lui assurer une descendance.
STF→26,95$ Général

**FEMMES AU BORD DE LA CRISE DE NERFS** ▷4
ESP. 1988. Comédie de Pedro ALMODOVAR avec Carmen Maura, Antonio Banderas et Maria Barranco. - Une actrice de télévision cherche à rejoindre son amant qui vient de la quitter.
STA→19,95$ VF→LS Général

**FEMMES COUPABLES**
Voir: UNTIL THEY SAIL

**FEMMES DE PERSONNE** ▷4
FR. 1984. Drame psychologique de Christopher FRANK avec Marthe Keller, Caroline Cellier et Fanny Cottençon. - Les problèmes personnels de trois femmes qui travaillent dans un centre de radiologie.
VO→LS Général

**FEMMES DE RÊVE**
Voir: BEAUTIFUL GIRLS

**FEMMES, LES** ▷5
FR. 1969. Comédie de Jean AUREL avec Maurice Ronet, Brigitte Bardot et Anny Duperey. - Pour écrire un roman, un écrivain en mal d'inspiration dicte ses mémoires à une jolie secrétaire.
STA→14,95$ VO→LS STA-DVD 13 ans +

**FEMMES... ET FEMMES** ▷5
MAR. 1997. Drame de mœurs de Saâd CHRAÏBI avec Mouna Fettou, Fatema Khair et Touria Alaoui. - Au Maroc, les retrouvailles de quatre anciennes amies du lycée sont perturbées par leur relation avec les hommes.
LBX→LS STA-LBX→PC **Général**

**FENÊTRE SUR COUR**
Voir: REAR WINDOW

**FENÊTRE SUR PACIFIQUE**
Voir: PACIFIC HEIGHTS

**FERME DU MAUVAIS SORT, LA**
Voir: COLD COMFORT FARM

**FERNGULLY: LES AVENTURES DE ZAK ET CRYSTA**
Voir: FERNGULLY: THE LAST RAINFOREST

**FERNGULLY: THE LAST RAINFOREST** ▷4
AUS. 1992. Dessins animés de Bill KROYER. - De gentilles petites créatures ailées qui habitent au fond d'une forêt sont menacées par l'arrivée des bûcherons.
VF→15,95$ VO→18,95$ **Général**

**FERNGULLY II: THE MAGICAL RESCUE** ▷0
É.-U. 1997, Bill Kroyer
VF→19,95$ **Général - Enfants**

**FERRIS BUELLER'S DAY OFF** ▷4
É.-U. 1986. Comédie de John HUGHES avec Matthew Broderick, Alan Ruck et Mia Sara. - Se faisant passer pour malade, un adolescent en profite pour faire l'école buissonnière avec des amis.
VF→11,95$ VO→11,95$ LBX-DVD→32,95$ **Général**

**FERROVIPATHES**
Voir: TRAINSPOTTING

**FESTIN DE BABETTE, LE** ▷3
DAN. 1987. Comédie dramatique de Gabriel AXEL avec Stéphane Audran, Brigitte Federsiel et Bodil Kjer. - Dans un village danois, une servante française consacre l'argent qu'elle a gagné à la loterie à préparer un festin pour ses patronnes. - Transposition réussie d'une nouvelle de Karen Blixen. Ton moqueur et sympathique. Réalisation d'un pittoresque austère. Interprétation pleine d'aisance de S. Audran.
VF→LS STA→19,95$ **Général**

**FESTIN DES MORTS, LE** ▷4
QUÉ. 1965. Drame religieux de Fernand DANSEREAU avec Jean-Guy Sabourin, Alain Cuny et Jacques Godin. - Au temps de la colonie, un jeune père jésuite appelé à être martyrisé revoit ses premiers contacts avec les Indiens.
VO→LS **Général**

**FESTIN NU, LE**
Voir: NAKED LUNCH

**FÊTE DE FAMILLE** ▷3
DAN. 1998. Drame de mœurs de Thomas VINTERBERG avec Ulrich Thomsen, Henning Moritzen et Thomas Bo Larsen. - La célébration du soixantième anniversaire d'un riche patriarche est perturbée lorsqu'un de ses fils l'accuse d'inceste. - Récit troublant subordonné à une démarche originale. Humour mordant.
VF→19,95$ STA→19,95$ **13 ans +**

**FÊTE DES PÈRES, LA**
Voir: FATHER'S DAY

**FÊTE DES PÈRES, LA** ▷5
FR. 1990. Comédie de mœurs de Joy FLEURY avec Thierry Lhermitte, Alain Souchon et Gunilla Karlzen. - Après s'être fait escroquer en tentant d'adopter un bébé, deux homosexuels vivant en couple proposent à une jeune femme de devenir mère de leur enfant.
VO→21,95$ **Général**

**FÊTE DES ROIS, LA** ▷5
QUÉ. 1994. Drame de Marquise LEPAGE avec Marc-André Grondin, Monique Mercure et Marie-Elaine Berthiaume. - Un garçonnet observe les comportements des membres de sa famille réunis à l'occasion d'une fête.
VO→19,95$ **Général**

**FEU AUX POUDRES, LE** ▷5
FR.-ITA. 1957. Drame policier de Henri DECOIN avec Raymond Pellegrin, Françoise Fabian et Peter Van Eyck. - Un policier réussit à s'infiltrer dans une bande de trafiquants.
VO→LS **Non classé**

**FEU DE LA DANSE, LE**
Voir: FLASHDANCE

**FEU DE ST. ELMO, LE**
Voir: ST. ELMO'S FIRE

**FEU SACRÉ, LE**
Voir: HOLY SMOKE

**FEUILLES D'AUTOMNE**
Voir: AUTUMN LEAVES

**FEUX D'ARTIFICE** ▷3
JAP. 1997. Drame psychologique réalisé et interprété par Takeshi KITANO avec Kayoko Kishimoto et Ren Osugi. - Harcelé par des gangsters, un flic au lourd passé commet un vol pour partir en voyage avec sa femme mourante. - Contraste saisissant entre les moments de tendresse et de violence. Style contemplatif et lyrique. Travail sonore et visuel superbe.
VF→19,95$ STA-LBX→18,95$ **13 ans + Violence**

**FEUX DANS LA PLAINE, LES** ▷3
JAP. 1960. Drame de guerre de Kon ICHIKAWA avec Eiji Funakoshi, Osamu Takizawa et Michey Curtis. - À la fin de la guerre, des survivants japonais, épuisés, tentent de rejoindre leur base. - Images d'une grande beauté tragique. Film dur et douloureux. Interprétation hallucinante de vérité.
STA→27,95$ **13 ans +**

**FEUX DE L'ENFER, LES**
VOIR: HELLFIGHTERS

**FEUX DU MUSIC-HALL, LES** ▷4
ITA. 1952. Drame de mœurs de Federico FELLINI et Alberto LATTUADA avec Peppino De Filippo, Carla del Poggio et Giulietta Masina. - Une jeune provinciale entreprend de devenir vedette de music-hall.
STA→27,95$ Général

**FEVER** ▷0
POL. 1980, Agnieszka HOLLAND
STA→LS 13 ans +

**FEW GOOD MEN, A** ▷4
É.-U. 1992. Drame judiciaire de Rob REINER avec Tom Cruise, Demi Moore et Jack Nicholson. - L'avocat de deux fusiliers jugés pour meurtre tente de démontrer que les accusés obéissaient à un ordre donné par un de leurs supérieurs.
VO→12,95$ VF→12,95$ LBX→12,95$ LBX-DVD→36,95$ Général

**FFOLKES** ▷4
ANG. 1980. Aventures d'Andrew V. McLAGLEN avec Roger Moore, Anthony Perkins et James Mason. - Un aventurier affronte des criminels qui menacent de faire sauter des plates-formes de forage en mer du Nord.
VF→LS VO→LS Général

**FIANCÉE DE PAPA, LA**
Voir: THE PARENT TRAP

**FIANCÉE DU PIRATE, LA** ▷3
FR. 1969. Comédie satirique de Nelly KAPLAN avec Bernadette Lafont, Georges Géret et Julien Guiomar. - Une servante de ferme méprisée par tout un village se venge en vendant ses charmes aux notables de la place. - Récit outré d'une férocité peu commune. Technique efficace évitant les fioritures inutiles.
STA→LS 18 ans +

**FIANCÉE DU RÉANIMATEUR, LA**
Voir: H.P. LOVECRAFT'S BRIDE OF THE RE-ANIMATOR

**FIANCÉE DU VAMPIRE, LA**
Voir: HOUSE OF DARK SHADOWS

**FICTION PULPEUSE**
Voir: PULP FICTION

**FICTITIOUS MARRIAGE** ▷0
ISR. 1988, Haim BOUZAGLO
STA→LS Général

**FIDDLER ON THE ROOF** ▷3
É.-U. 1971. Comédie musicale de Norman JEWISON avec Chaim Topol, Norma Crane et Leonard Frey. - Dans un village d'Ukraine, un fermier juif, père de cinq filles, se fait du souci à cause des amours de ses trois aînées. - Vivante évocation de mœurs patriarcales. Mise en scène ample et bien rythmée. Interprétation convaincante et attachante.
VO→24,95$ LBX→24,95$ LBX-DVD→21,95$ Général

**FIDÈLE**
Voir: FAITHFUL

**FIDÈLE VAGABOND, LE**
Voir: OLD YELLER

**FIELD OF DREAMS** ▷4
É.-U. 1989. Comédie fantaisiste de Phil Alden ROBINSON avec Kevin Costner, Amy Madigan et James Earl Jones. - À la suite d'une vision, un fermier construit sur son champ un terrain de base-ball pour que reviennent y jouer d'anciens joueurs tous décédés.
LBX→14,95$ VF→11,95$ VO→18,95$ Général

**FIELD, THE** ▷3
ANG. 1990. Drame de mœurs de Jim SHERIDAN avec Richard Harris, John Hurt et Sean Bean. - Un vieux paysan irlandais rivalise avec un industriel américain pour acquérir un petit champ de culture mis à l'encan. - Variations émouvantes sur le thème de l'attachement à la terre. Contexte naturel fort bien exploité. Tension ménagée avec force. Interprétation solide.
VO→11,95$ LBX-DVD→42,95$ Général

**FIEND WITHOUT A FACE** ▷0
ANG. 1958, Arthur CRABTREE
VO→LS Non classé

**FIENDISH PLOT OF DR. FU MANCHU, THE** ▷5
ANG. 1980. Comédie de Piers HAGGARD avec Peter Sellers, Helen Mirren et David Tomlinson. - Un génie du crime, privé de son élixir de longue vie, envoie ses émissaires voler les éléments nécessaires à un nouveau mélange.
VO→14,95$ Général

**FIERCE CREATURES** ▷4
É.-U. 1996. Comédie satirique de Fred SCHEPISI et Robert M. YOUNG avec John Cleese, Jamie Lee Curtis et Kevin Kline. - Avec l'aide de leur directeur, les employés d'un zoo anglais acquis par un magnat américain luttent pour empêcher le site de devenir un parc récréatif grotesque.
VF→15,95$ LBX→19,95$ DVD→34,95$ Général

**FIERRO... L'ÉTÉ DES SECRETS** ▷3
QUÉ. 1989. Comédie dramatique d'André MELANÇON avec Juan de Benedictis, Santiago Gonzalez et Alexandra London-Thompson. - Trois enfants vont passer l'été au ranch de leur grand-père en Argentine. - Exploration intéressante des émotions des jeunes et des adultes. Interprétation pleine de fraîcheur des enfants.
VF→LS Général

**FIESTA** ▷4
FR. 1995. Drame de guerre de Pierre BOUTRON avec Grégoire Colin, Jean-Louis Trintignant et Marc Lavoine. - Un adolescent de l'aristocratie sert sous les ordres d'un colonel franquiste cynique.
VO→19,95$ 13 ans +

**FIEVEL AU FAR WEST**
Voir: AN AMERICAN TAIL: FIEVEL GOES WEST

**FIEVEL ET LE NOUVEAU MONDE**
Voir: AN AMERICAN TAIL

**FIÈVRE AU CORPS, LA**
Voir: BODY HEAT

**FIÈVRE D'AIMER, LA**
Voir: WHITE PALACE

**FIÈVRE DANS LE SANG, LA**
Voir: SPLENDOR IN THE GRASS

**FIÈVRE DE DIEU, LA**
Voir: GODSPELL

**FIÈVRE DU SAMEDI SOIR, LA**
Voir: SATURDAY NIGHT FEVER

**FIFTEEN STREETS, THE** ▷4
ANG. 1989. Drame social de David WHEATLEY avec Owen Teale, Sean Bean et Anny Tobin. - Dans l'Angleterre du début du XXe siècle, un rude débardeur s'éprend de la fille d'un riche constructeur de navire.
VO→LS Général

**FIFTH ELEMENT, THE** ▷4
FR. 1997. Science-fiction de Luc BESSON avec Bruce Willis, Gary Oldman et Milla Jovovich. - Au XXIIIe siècle, un chauffeur de taxi new-yorkais protège une jeune femme mystérieuse qui peut sauver le monde d'une destruction certaine.
LBX→14,95$ VO→14,95$ VF→14,95$
LBX-DVD→33,95$ 13 ans +

**FIFTH MUSKETEER, THE** ▷5
AUT. 1979. Aventures de Ken ANNAKIN avec Beau Bridges, Sylvia Kristel et Rex Harrison. - Élevé par les trois mousquetaires, le frère jumeau du roi Louis XIV est victime d'un complot.
VO→14,95$ Général

**FIGHT CLUB** ▷3
É.-U. 1999. Drame de David FINCHER avec Edward Norton, Brad Pitt et Helena Bonham Carter. - Un yuppie insomniaque et déboussolé fonde avec un individu énigmatique un club secret de combats à mains nues. - Charge subversive contre la société de consommation. Récit morcelé fertile en surprises. Humour dévastateur. Réalisation fort inventive. Interprètes solides.
VF→16,95$ VO→16,95$ LBX-DVD→31,95$ **18 ans + Violence**

**FIGHTING BACK** ▷6
É.-U. 1982. Drame social de Lewis TEAGUE avec Tom Skerritt, Michael Sarrazin et Patti LuPone. - Un épicier de Philadelphie forme un groupe d'intervention pour lutter contre le crime qui sévit dans son quartier.
VO→PC **18 ans +**

**FIGHTING ELEGY** ▷0
JAP. 1966, Seijun SUZUKI
STA-LBX→27,95$ **Général**

**FIGHTING KENTUCKIAN, THE** ▷5
É.-U. 1949. Aventures de George WAGGNER avec John Wayne, Vera Ralston et Oliver Hardy. - Un garçon du Kentucky défend les compatriotes de sa bien-aimée contre un individu sans scrupules.
VO→14,95$ **Général**

**FIGHTING SEABEES, THE** ▷5
É.-U. 1943. Drame de guerre d'Edward LUDWIG avec John Wayne, Susan Hayward et Dennis O'Keefe. - Les exploits d'ouvriers militaires pendant la guerre du Pacifique.
VO→14,95$ **Général**

**FIGHTING SULLIVANS, THE** ▷4
É.-U. 1945. Drame psychologique de Lloyd BACON avec Thomas Mitchell, Ann Baxter et Edouard Ryan. - Pendant la Seconde Guerre mondiale, cinq fils d'une famille d'ascendance irlandaise établie dans l'Iowa s'engagent à servir dans la marine.
VO→LS **Général**

**FIL DE L'HORIZON, LE** ▷5
POR. 1993. Drame de Fernando LOPÈS avec Claude Brasseur, Andréa Ferréol et Ana Padrao. - Une relation mystérieuse semble exister entre un jeune homme abattu par un tueur et le vieil employé de la morgue chargé d'examiner le corps.
VO→LS **Général**

**FIL DU RASOIR, LE**
Voir: THE RAZOR'S EDGE

**FILASSE** ▷3
BEL. 1979. Comédie dramatique de Robbe DE HERT avec Eric Clerckx, Willy Vandermeulen et Blanka Heirman. - Au début du siècle, l'enfance difficile du jeune fils d'un fermier des Flandres. - Intéressante évocation d'époque. Étude psychologique fort valable.
VF→LS **Non classé**

**FILATURE, LA**
Voir: STAKEOUT

**FILIÈRE FRANÇAISE, LA**
Voir: THE FRENCH CONNECTION

**FILLE, LA** ▷4
ITA. 1978. Drame psychologique d'Alberto LATTUADA avec Marcello Mastroianni, Nastassja Kinski et Monica Randall. - Au cours d'un voyage à Florence, un architecte a une aventure avec une étudiante dont il se pourrait qu'il soit le père.
VF→LS **13 ans +**

**FILLE À LA CASQUETTE, LA**
Voir: A NEW KIND OF LOVE

**FILLE DE 15 ANS, LA** ▷3
FR. 1989. Comédie dramatique réalisée et interprétée par Jacques DOILLON avec Judith Godrèche, Melvil Poupaud. - Le père d'un garçon de quatorze ans se sent attiré par la petite amie de celui-ci. - Intrigue riche en observations sur la psychologie amoureuse. Approche délicate et sensible. Interprétation talentueuse de de J. Godrèche.
VO→LS **Général**

**FILLE DE D'ARTAGNAN, LA** ▷4
FR. 1994. Aventures de Bertrand TAVERNIER avec Sophie Marceau, Philippe Noiret et Sami Frey. - Une jeune fille convainc son père mousquetaire de l'aider à retrouver les auteurs d'un massacre commis dans son couvent.
STA→19,95$ VO→13,95$ **Général**

**FILLE DE L'AIR, LA** ▷4
FR. 1992. Drame policier de Maroun BAGDADI avec Béatrice Dalle, Thierry Fortineau et Hippolyte Girardot. - Convaincue que son mari est innocent du meurtre pour lequel il a été condamné, une jeune mère est décidée à le faire évader de prison.
VO→12,95$ **13 ans +**

**FILLE DE NEPTUNE, LA**
Voir: NEPTUNE'S DAUGHTER

**FILLE DE RYAN, LA**
Voir: RYAN'S DAUGHTER

**FILLE DE TRIESTE, LA** ▷5
ITA. 1982. Drame psychologique de Pasquale FESTA-CAMPANILE avec Ben Gazzara, Ornella Muti et Mimsy Farmer. - Un artiste tombe amoureux d'une patiente d'un hôpital psychiatrique qui a été sauvée de la noyade.
VF→LS **13 ans +**

**FILLE DU GÉNÉRAL, LA**
Voir: THE GENERAL'S DAUGHTER

**FILLE DU MAQUIGNON, LA** ▷6
QUÉ. 1990. Mélodrame d'Abderrahman MAZOUZ avec Andréa Parro, Emmanuel Charest et Marcel Sabourin. - Dans un village du début du siècle, un maquignon s'oppose aux amours de sa fille avec un orphelin irlandais.
VO→LS **Général**

**FILLE DU MINEUR, LA**
Voir: COAL MINER'S DAUGHTER

**FILLE ET DES FUSILS, UNE** ▷4
FR. 1965. Comédie policière de Claude LELOUCH avec Jean-Pierre Kalfon, Janine Magnan et Pierre Barouh. - Quatre bandits improvisés décident de kidnapper une actrice.
VO→LS **13 ans +**

**FILLE LIBRE!, UNE** ▷5
Fr. 1970. Comédie dramatique de Claude PIERSON avec Christine Davray, Juliette Vilard et Roger Hanin. - Deux femmes, l'une libre et émancipée et l'autre épouse modèle, voient leur vie bouleversée lorsque la première s'attache à un ami et la seconde désire travailler hors du foyer.
VO→LS **18 ans +**

**FILLE SUR LE PONT, LA** ▷4
FR. 1998. Drame sentimental de Patrice LECONTE avec Daniel Auteuil, Vanessa Paradis et Demetre Georgalas. - Adèle est une jeune femme accablée par la malchance qui, une nuit d'hiver sur un pont enjambant la Seine, nourrit des idées de suicide. Intervient alors Gabor, lanceur de couteaux professionnel qui, persuadé qu'ils s'apporteront mutuellement la chance, la convainc de devenir son assistante.
VO→18,95$

**FILLES D'AUJOURD'HUI**
Voir: CAREER GIRLS

**FILM BEFORE FILM**
Voir: L'AVANT-CINÉ

**FILM DE TIGROU, LE**
Voir:THE TIGGER MOVIE

**FILS DE LA PANTHÈRE ROSE, LE**
Voir: SON OF THE PINK PANTHER

**FILS DES MOUSQUETAIRES, LES**
Voir: AT SWORD'S POINT

**FILS DU FRANÇAIS, LE** ▷5
FR. 1999. Aventures de Gérard LAUZIER avec David-Alexandre Parquier, Josiane Balasko et Fanny Ardant. - Désireux de revoir son père qui cherche de l'or au Brésil, un gamin parisien se rend en Amazonie accompagné de ses deux grands-mères qui se détestent.
VO→LS

**FILS DU REQUIN, LE** ▷4
FR. 1993. Drame social d'Agnès MERLET avec Ludovic Vandendaele, Erick Da Silva et Sandrine Blancke. - Laissés à eux-mêmes par leur père, deux gamins vivant dans une petite ville de Normandie se livrent à des activités de petits clochards délinquants.
VO→LS **13 ans +**

**FILS POUR L'ÉTÉ, UN**
Voir: TRIBUTE

**FILS PRÉFÉRÉ, LE** ▷4
FR. 1994. Drame de mœurs de Nicole GARCIA avec Gérard Lanvin, Bernard Giraudeau et Jean-Marc Barr. - Leur vieux père ayant fait une fugue, trois frères qui se voient rarement se retrouvent pour le rechercher.
VO→12,95$ **Général**

**FILS PRODIGUE, LE**
Voir: THE PRODIGAL

**FILTH AND THE FURY, THE** ▷4
ANG. 1999. Documentaire de Julien TEMPLE. - Portrait du groupe The Sex Pistols, figure de proue du mouvement punk anglais du milieu des années 1970. - Montage de films d'archives entrecoupés d'entrevues avec les membres du groupe.
VO→LS **13 ans + Langage vulgaire**

**FIN AOÛT, DÉBUT SEPTEMBRE** ▷5
FR. 1998. Drame psychologique d'Olivier ASSAYAS avec Mathieu Amatric, Virginie Ledoyen et François Cluzet. - Après des années de vie commune, Jenny et Gabriel ont décidé de rompre et tentent de vendre l'appartement.
VO→LS **13 ans +**

**FIN D'UNE LIAISON, LA**
Voir: THE END OF THE AFFAIR

**FIN DE LA VIOLENCE, LA**
Voir: THE END OF VIOLENCE

**FIN DES TEMPS, LA**
Voir: END OF DAYS

**FINAL ANALYSIS** ▷4
É.-U. 1992. Drame policier de Phil JOANOU avec Richard Gere, Kim Basinger et Uma Thurman. - Un psychiatre est entraîné dans une troublante affaire de meurtre impliquant une de ses patientes et la sœur de celle-ci.
VF→11,95$ VO→11,95$ **13 ans +**

**FINAL DESTINATION** ▷5
É.-U. 2000. Drame d'horreur de James WONG avec Devon Sawa, Ali Larter, Kerr Smith et Kristen Cloke. - Des accidents violents et mystérieux déciment un groupe de personnes ayant survécu miraculeusement à une tragédie aérienne.
VF→14,95$ VO→14,95$ **13 ans + Horreur**

**FINAL PROGRAM, THE** ▷5
ANG. 1973. Science-fiction de Robert FUEST avec Jon Finch, Jenny Runacre et Graham Crowden. - Après la mort de son père qui a légué des notes d'une importance fondamentale, un jeune savant doit lutter contre son frère pour récupérer un microfilm.
VF→LS **Non classé**

**FINAL TERROR** ▷0
É.-U. 1981, Andrew DAVIS
VO→LS **Non classé**

**FINDERS KEEPERS... LOVERS WEEPERS** ▷0
É.-U. 1968, Russ MEYER
VO→69,95$ **18 ans +**

**FINDING FORRESTER** ▷5
É.-U. 2000. Drame psychologique de Gus Van SANT avec Rob Brown, Sean Connery et F. Murray Abraham. - Un adolescent afro-américain doué pour l'écriture se lie d'amitié avec un célèbre écrivain reclus et misanthrope.
VF→LS VO→LS **Général**

**FINE MADNESS, A** ▷4
É.-U. 1966. Comédie de Irvin KERSHNER avec Sean Connery, Joanne Woodward et Patrick O'Neal. - Un poète méconnu qui vit d'expédients subit une opération au cerveau.
VO→14,95$ **Général**

**FINE ROMANCE, A** ▷5
ITA. 1991. Comédie sentimentale de Gene SAKS avec Marcello Mastroianni, Julie Andrews et Ian Fitzgibbon. - Un architecte et l'épouse de l'amant de sa femme unissent leurs efforts pour récupérer leurs conjoints respectifs.
BOX-BBC→PC **Général**

**FINGERS** ▷5
É.-U. 1977. Drame de mœurs de James TOBACK avec Harvey Keitel, Tisa Farrow et Michael V. Gazzo. - Un pianiste virtuose est déchiré entre ses ambitions musicales et les rackets dirigés par son père.
VO→17,95$ **18 ans +**

**FINIAN'S RAINBOW** ▷4
É.-U. 1968. Comédie musicale de Francis Ford COPPOLA avec Fred Astaire, Petula Clark et Tommy Steele. - Un vieil Irlandais et sa fille cherchent fortune aux États-Unis.
VO→19,95$ **Général**

**FINISHING TOUCH** ▷0
É.-U. 1928, Clyde BRUCKMAN et Leo MCCAREY

**FIORILE** ▷4
ITA. 1993. Chronique de Paolo et Vittorio TAVIANI avec Claudio Bigagli, Galatea Ranzi et Michel Vartan. - En se rendant en Toscane pour y visiter son père, un homme raconte à ses enfants la destinée tragique de quelques-uns de ses ancêtres.
STA→14,95$ VF→14,95$ **Général**

**FIRE** ▷4
CAN. 1996. Drame sentimental de Deepa MEHTA avec Shabana Azmi, Nandita Das et Kulbushan Kharbanda. - Déçues par leurs maris respectifs, deux belles-sœurs indiennes transforment progressivement leur amitié en sentiment amoureux.
LBX→13,95$ **13 ans +**

**FIRE IN THE SKY** ▷5
É.-U. 1993. Science-fiction de Robert LIEBERMAN avec D.B. Sweeney, Robert Patrick et Craig Sheffer. - Réapparaissant après une disparition de cinq jours, un bûcheron soutient qu'il a été kidnappé par des extraterrestres.
VF→LS VO→LS **13 ans + Horreur**

**FIRE OVER ENGLAND** ▷4
ANG. 1937. Drame historique de William K. HOWARD avec Laurence Olivier, Flora Robson et Vivien Leigh. - Au XVI^e siècle, un jeune officier de marine échappe aux Espagnols et contribue à la défaite de l'Invincible Armada.
VO→PM VO→24,95$ **Général**

**FIREBALL, THE** ▷5
É.-U. 1950. Drame de Tay GARNETT avec Mickey Rooney, Pat O'Brien et Beverly Tyler. - Un jeune champion sur patins à roulettes voit sa vie perturbée par la maladie.
VO→18,95$

**FIRECREEK** ▷4
É.-U. 1967. Western de Vincent McEVEETY avec James Stewart, Henry Fonda et Gary Lockwood. - Cinq aventuriers en fuite perturbent la tranquilité d'un village.
VO→19,95$ Général

**FIREFLY, THE** ▷5
É.-U. 1937. Comédie musicale de Robert Z. LEONARD avec Jeannette MacDonald, Alan Jones et Warren William. - Pendant les guerres napoléoniennes, une espionne espagnole devient amoureuse d'un agent français.
VO→19,95$ Général

**FIREFOX** ▷5
É.-U. 1982. Drame d'espionnage réalisé et interprété par Clint EASTWOOD avec Freddie Jones et Warren Clarke. - Un vétéran du Viêt-nam a pour mission de voler un avion ultramoderne mis au point par les Russes.
VF→11,95$ VO→11,95$ Général

**FIRELIGHT** ▷4
É.-U. 1997. Drame de mœurs de William NICHOLSON avec Sophie Marceau, Stephen Dillane et Kevin Anderson. - Sept ans après avoir servi de mère porteuse, une Suissesse retrouve sa fille en Angleterre et se fait engager comme gouvernante de l'enfant en l'absence du père.
VO→19,95$ Général

**FIRES ON THE PLAIN**
Voir: LES FEUX DANS LA PLAINE

**FIREWORKS**
Voir: FEUX D'ARTIFICE

**FIRM, THE** ▷4
É.-U. 1993. Drame policier de Sydney POLLACK avec Tom Cruise, Jeanne Tripplehorn et Gene Hackman. - Nouvellement employé dans un prestigieux bureau d'avocats, un jeune homme découvre que ses patrons font affaire avec la mafia.
VF→14,95$ VO→14,95$ Général

**FIRST BLOOD** ▷5
É.-U. 1982. Drame de Ted KOTCHEFF avec Sylvester Stallone, Brian Dennehy et Richard Crenna. - Un vétéran du Viêt-nam est traqué par la police dans une région boisée.
LBX→14,95$ VO→14,95$ LBX-DVD→22,95$ 18 ans +

**FIRST BORN** ▷4
É.-U. 1984. Drame psychologique de Michael APTED avec Christopher Collet, Teri Garr et Peter Weller. - Une femme élevant seule ses deux fils s'engage à la légère dans une liaison avec un homme qui se révèle être un trafiquant de stupéfiants.
VO→PC Général

**FIRST DEADLY SIN, THE** ▷4
É.-U. 1980. Drame policier de Brian G. HUTTON avec Frank Sinatra, Faye Dunaway et David Dukes. - Un policier à la veille de la retraite s'entête à prouver que divers meurtres non résolus sont l'œuvre d'un même homme.
VO→14,95$ 13 ans +

**FIRST KNIGHT** ▷5
É.-U. 1995. Drame de Jerry ZUCKER avec Sean Connery, Richard Gere et Julia Ormond. - Un chevalier de la Table ronde est épris de la jeune épouse du roi Arthur qui refuse néanmoins ses avances.
LBX→14,95$ VO→12,95$ VF→12,95$ Général

**FIRST LOVE** ▷0
ANG. 1970, Maximilian SCHELL
VO→19,95$ 13 ans +

**FIRST MEN IN THE MOON** ▷4
ANG. 1964. Science-fiction de Nathan Hertz JURAN avec Lionel Jeffries, Edward Judd et Martha Hyer. - Un vieillard raconte comment, en 1899, il s'est rendu sur la Lune.
VO→14,95$ Général

**FIRST MONDAY IN OCTOBER** ▷5
É.-U. 1981. Comédie dramatique de Ronald NEAME avec Walter Matthau, Jill Clayburgh et Barnard Hughes. - Un juge de la Cour suprême accepte mal la nomination d'une femme en remplacement d'un collègue décédé.
VO→PC 13 ans +

**FIRST SPACESHIP ON VENUS** ▷5
ALL. 1962. Science-fiction de Kurt MAETZIG avec Yoko Tani, Oldrich Lukes et Gunther Simon. - Une équipe internationale de savants se rend sur la planète Vénus où l'on découvre les restes d'une civilisation disparue.
VA→LS Non classé

**FIRST STRIKE** ▷0
H. K. 1996, Stanley TONG
VA→18,95$ VF→11,95$ VA-LBX→18,95$
VF-LBX→11,95$ Général

**FIRST STRIKE** ▷0
H. K. 1985, Allan KUSKOWSKI
VF→11,95$ VA→18,95$ VA-LBX→18,95$
LBX-DVD→31,95$ LBX-DVD→31,95$ Non classé

**FIRST WIVES CLUB, THE** ▷4
É.-U. 1996. Comédie de Hugh WILSON avec Goldie Hawn, Bette Midler et Diane Keaton. - Trois anciennes amies de collège qui ont été plaquées par leurs riches maris concoctent ensemble des projets de vengeance.
VF→LS VO→13,95$ Général

**FISH CALLED WANDA, A** ▷3
ANG. 1988. Comédie policière de Charles CRICHTON avec John Cleese, Jamie Lee Curtis et Kevin Kline. - Une jeune cambrioleuse séduit l'avocat d'un de ses complices qui a été arrêté après avoir caché le butin d'un vol de diamants. - Comique de situation. Personnages savoureux. Mise en scène pleine de vitalité. Très bonne interprétation.
VO→14,95$ LBX-DVD→21,95$ Général

**FISHER KING, THE** ▷3
É.-U. 1991. Comédie dramatique de Terry GILLIAM avec Jeff Bridges, Robin Williams et Amanda Plummer. - Une ancienne vedette de la radio qui a tout lâché à la suite d'une tragédie se lie d'amitié avec un clochard excentrique. - Réflexion troublante sur les paradoxes de la vie moderne. Passage habile de la comédie au drame. Mise en scène percutante. Jeu exceptionnel des deux protagonistes.
VF→14,95$ VO→14,95$ LBX-DVD→33,95$ 13 ans +

**FISHING TRIP, THE** ▷5
CAN. 1998. Drame psychologique d'Amnon BUCHBINDER avec Jhene Erwin, Melissa Hood et Anna Henry. - En compagnie de sa sœur et d'une copine, une jeune femme tente de retrouver son beau-père qui l'avait agressée sexuellement lorsqu'elle était enfant.
VO→27,95$ 13 ans +

**FISSURE, LA**
Voir: THE GATE

**FIST OF LEGENDO**
H. K. 1994, Gordon CHAN et Yuen Woo PING
STA-LBX→29,95$ VA-LBX-DVD→32,95$ 13 ans +

**FISTFUL OF DOLLARS, A** ▷4
ITA. 1966. Western de Sergio LEONE avec Clint Eastwood, Marianne Koch et Gian Maria Volontè. - Un aventurier est mêlé à la lutte de deux bandes rivales dans un village à la frontière du Mexique.
VO→14,95$ LBX-DVD→18,95$ 13 ans +

**FISTFUL OF DYNAMITE, A** ▷3
ITA. 1971. Aventures de Sergio LEONE avec Rod Steiger, James Coburn et Romolo Valli. - Au Mexique, un paysan voleur et un Irlandais dynamiteur partagent des luttes révolutionnaires. - Sujet traité avec mouvement et humour. Mise en scène inventive d'une histoire picaresque. Jeu savoureux des interprètes.
VO→14,95$ Général

**FISTS OF FURY** ▷5
H.-K. 1972. Drame policier de Wei LO avec Bruce Lee, Marie Yi et Paul Tien. - Un jeune campagnard, expert dans les arts martiaux, découvre que la fabrique où il travaille sert de couverture à un trafic de drogue.
VO→11,95$ **13 ans +**

**FITZCARRALDO** ►2
ALL. 1981. Aventures de Werner HERZOG avec Klaus Kinski, Claudia Cardinale et Jose Lewgoy. - Un aventurier irlandais entreprend de réaliser son rêve de construire un opéra dans la jungle péruvienne. - Film grandiose fertile en visions poétiques. Nombreux détails inhabituels. Présence fascinante de K. Kinski.
STA-LBX→18,95$ STA-LBX-DVD→29,95$ **Général**

**FITZWILLY** ▷4
É.-U. 1967. Comédie policière de Delbert MANN avec Dick Van Dyke, Barbara Feldon et Edith Evans. - Le majordome d'une vieille dame ruinée organise des vols pour subvenir aux besoins de la maison.
VO→19,95$ **Général**

**FIVE CAME BACK** ▷4
É.-U. 1939. Drame de John FARROW avec Chester Morris, Lucille Ball et Wendy Barrie. - Un avion qui s'est écrasé dans la jungle ne peut plus transporter que cinq passagers sur douze.
VO→LS **Général**

**FIVE DAYS, ONE SUMMER** ▷3
ANG. 1982. Drame de Fred ZINNEMANN avec Sean Connery, Betsy Brantley et Lambert Wilson. - Dans les Alpes suisses, un médecin d'âge mûr s'inquiète de l'attention que porte un jeune guide à sa nièce dont il est lui-même l'amant. - Sujet brûlant développé avec pudeur et adresse. Contexte naturel bien mis en relief. Interprétation savamment maîtrisée.
VO→14,95$ **Général**

**FIVE DEADLY VENOMS** ▷4
H. K. 1978. Aventures de Cheh CHANG avec Kuo Chui, Chang Sheng et Sun Chien. - Le disciple préféré d'un maître de kung fu est chargé de retrouver cinq anciens élèves devenus criminels.
VA→22,95$

**FIVE EASY PIECES** ▷3
É.-U. 1970. Drame psychologique de Bob RAFELSON avec Jack Nicholson, Karen Black et Susan Anspach. - Après avoir vécu comme un travailleur manuel, un musicien retourne dans sa famille pour revoir son père malade. - Portrait intéressant d'un inadapté. Évocation subtile et nuancée des problèmes. Mise en scène habile. Bonne direction d'acteurs.
VF→9,95$ VO→9,95$ LBX-DVD→29,95$ **13 ans +**

**FIVE FINGERS OF DEATH** ▷5
H.-K. 1972. Aventures de Chang Ho CHENG avec Lo Lieh, Wang Ping et Fang Mien. - Un jeune Chinois habile aux arts martiaux est confronté à de dangereux adversaires.
VA-LBX **13 ans +**

**FIVE GRAVES TO CAIRO** ▷5
É.-U. 1943. Drame de guerre de Billy WILDER avec Erich Von Stroheim, Franchot Tone et Anne Baxter. - Un Anglais découvre l'emplacement secret d'armes devant servir à ravitailler l'armée de Rommel.
VO→14,95$ **Général**

**FIVE HEARTBEATS, THE** ▷5
É.-U. 1991. Comédie musicale réalisée et interprétée par Robert TOWNSEND avec Michael Wright et Leon. - La carrière de cinq amis musiciens dont la formation remporte un joli succès à la fin des années 60 avant de rencontrer diverses difficultés.
VO→23,95$ **13 ans +**

**FIVE LAST DAYS, THE** ▷0
ALL. 1982, Percy ADLON
STA→LS **Général**

**FIVE MILES TO MIDNIGHT** ▷5
É.-U. 1962. Drame d'Anatole LITVAK avec Sophia Loren, Anthony Perkins et Gig Young. - Victime d'un accident d'avion, un homme se fait passer pour mort afin de toucher la prime d'assurances.
VO→19,95$ **Général**

**FIVE MILLION YEARS TO EARTH**
Voir: QUATERMASS AND THE PIT

**FIVE MINUTES TO LIVE** ▷0
É.-U. 1961, Bill KARN
VO→LS **Général**

**FIVE PENNIES, THE** ▷4
É.-U. 1959. Drame biographique de Melville SHAVELSON avec Danny Kaye, Barbara Bel Geddes et Louis Armstrong. - Au cours des années 1920, Red Nichols tente de diffuser sa musique de jazz.
VO→14,95$ **Non classé**

**FIVE SENSES, THE** ▷0
CAN. 1999, Jeremy PODESWA
VF→LS VO→LS

**FIVE WEEKS IN A BALLOON** ▷5
É.-U. 1962. Aventures de Irwin ALLEN avec Cedric Hardwicke, Red Buttons et Peter Lorre. - Un astronaute organise un voyage en ballon au-dessus de l'Afrique.
VO→15,95$ **Général**

**FIXER, THE** ▷3
É.-U. 1968. Drame de John FRANKENHEIMER avec Alan Bates, Dirk Bogarde et Ian Holm. - En Russie tsariste, un Juif faussement accusé de meurtre résiste aux pires tortures. - Récit adapté d'un roman inspiré d'un fait authentique. Mise en scène experte. Trame musicale prenante. A. Bates remarquable de force et de sobriété.
VF→LS VO→LS **13 ans +**

**FLAG** ▷5
FR. 1987. Drame policier de Jacques SANTI avec Richard Bohringer, Pierre Arditi et Julien Guiomar. - En essayant de surprendre des gangsters, un inspecteur de police découvre des liens étranges les liant à son supérieur.
VO→LS **Général**

**FLAGRANT DESIR** ▷5
FR. 1985. Drame policier de Claude FARALDO avec Sam Waterston, Marisa Berenson et Bernard-Pierre Donnadieu. - En stage en France, un policier américain doit enquêter sur un meurtre commis dans une famille de riches viticulteurs.
VO **13 ans +**

**FLAME AND THE ARROW, THE** ▷4
É.-U. 1950. Aventures de Jacques TOURNEUR avec Burt Lancaster, Virginia Mayo et Robert Douglas. - Un paysan lombard lutte pour délivrer son pays d'un tyran.
VO→LS **Non classé**

**FLAME OF ARABY** ▷5
É.-U. 1951. Aventures de Charles LAMONT avec Maureen O'Hara, Jeff Chandler et Maxwell Reed. - Un jeune cheik arrache une belle princesse à des corsaires.
VO→14,95$ **Général**

**FLAME OF BARBARY COAST** ▷5
É.-U. 1945. Western de Joseph KANE avec John Wayne, Ann Dvorak et Joseph Schildkraut. - Un cow-boy exploite un cabaret à San Francisco.
VO→LS **Non classé**

**FLAME OF NEW ORLEANS, THE** ▷4
É.-U. 1941. Comédie de René CLAIR avec Marlene Dietrich, Roland Young et Bruce Cabot. - Une aventurière de La Nouvelle-Orléans jette son dévolu sur un riche banquier.
VO→14,95$ **Général**

**FLAME OVER INDIA**
Voir: NORTHWEST FRONTIER

**FLAMENCO** ▷4
ESP. 1995. Spectacle musical de Carlos SAURA. - Des musiciens, des chanteurs et des danseurs de différentes générations donnent un aperçu de leur interprétation du flamenco.
STA-LBX→27,95$ Général

**FLAMES IN THE ASHES** ▷0
ISR. 1986, Haim GOURY et Jacquot EHRLICH
STA→LS Général

**FLAMING STAR** ▷4
É.-U. 1960. Western de Don SIEGEL avec Elvis Presley, Dolores Del Rio et Barbara Eden. - Les tribulations d'un métis lors d'un affrontement entre Blancs et Indiens.
VO→16,95$ Général

**FLAMME DANS MON CŒUR, UNE** ▷5
FR. 1987. Drame psychologique d'Alain TANNER avec Myriam Mézières, Benoît Régent et Aziz Kabouche. - Une comédienne s'abîme dans un état dépressif lorsque son nouvel amant part faire un reportage à l'étranger.
VO→LS 18 ans +

**FLÂNEURS, LES**
Voir: MALLRATS

**FLARE-UP** ▷0
É.-U. 1969, James NEILSON
VO→18,95$ 13 ans +

**FLASH GORDON** ▷4
É.-U. 1980. Science-fiction de Mike HODGES avec Sam J. Jones, Melody Anderson et Max Von Sydow. - Ayant détecté la source de cataclysmes terrestres, un savant, un sportif et une cover-girl s'envolent vers une planète lointaine pour remédier au problème.
VO→11,95$ VF→9,95$ LBX-DVD→21,95$ Général

**FLASH GORDON CONQUERS THE UNIVERSE** ▷0
É.-U. 1940, Ford BEEBE et Ray TAYLOR

**FLASH GORDON'S TRIP TO MARS** ▷0
É.-U. 1938, Ford BEEBE et Robert F. HILL

**FLASH GORDON: PERILS FROM THE PLANET MONGO** ▷0
É.-U. 1940, Ford BEEBE et Ray TAYLOR
VO→LS Général

**FLASH GORDON: PURPLE DEATH FROM OUTER SPACE** ▷0
É.-U. 1940, Ford BEEBE et Ray TAYLOR
VO→LS Général

**FLASH GORDON: SPACE SOLDIERS** ▷0
É.-U. 1936, Frederick STEPHANI

**FLASH GORDON: SPACESHIP TO THE UNKNOWN** ▷0
É.-U. 1936, Frederick STEPHANI
VO→LS Général

**FLASH GORDON: THE DEADLY RAY FROM MARS** ▷0
É.-U. 1938, Ford BEEBE et Robert HILL
VO→LS Général

**FLASHBACK** ▷4
É.-U. 1990. Comédie policière de Franco AMURRI avec Dennis Hopper, Kiefer Sutherland et Carol Kane. - Un policier chargé du tranfert en train d'un fuyard capturé par le FBI est mêlé à divers incidents l'obligeant à prendre la fuite avec son prisonnier.
VF→LS VO→14,95$ Général

**FLASHDANCE** ▷5
É.-U. 1983. Drame musical d'Adrian LYNE avec Jennifer Beals, Michael Nouri et Sunny Johnson. - Une jeune fille de Pittsburgh, qui exerce le métier de soudeur, rêve de devenir ballerine.
VF→14,95$ VO→14,95$ 13 ans +

**FLASHPOINT** ▷5
É.-U. 1984. Drame policier de William TANNEN avec Kris Kristofferson, Treat Williams et Kurtwood Smith. - Deux policiers sont entraînés dans des complications après avoir découvert le cadavre d'un homme dans le désert près de la frontière mexicaine.
VO→PC 13 ans +

**FLATLINERS** ▷4
É.-U. 1990. Science-fiction de Joel SCHUMACHER avec Kiefer Sutherland, Julia Roberts et Kevin Bacon. - Cinq étudiants en médecine s'adonnent à des expériences dangereuses sur la mort.
VO→12,95$ VF→12,95$ 13 ans +

**FLAWLESS** ▷5
É.-U. 1999. Drame psychologique de Joel SCHUMACHER avec Robert De Niro, Philip Seymour Hoffman et Barry Miller. - Après une crise cardiaque, un policier à la retraite reçoit d'un travesti des cours de chant en guise de thérapie.
VF→14,95$ VO→14,95$ LBX-DVD→26,95$ 13 ans + Violence

**FLÉAU DE L'IVRESSE, LE**
Voir: THE CURSE OF THE STARVING CLASS

**FLÈCHE BRISÉE, LA**
Voir: THE BROKEN ARROW

**FLÈCHE NOIRE, LA**
Voir: THE BLACK ARROW

**FLED** ▷5
É.-U. 1996. Drame policier de Kevin HOOKS avec Laurence Fishburne, Stephen Baldwin et Will Patton. - Deux détenus qui se sont évadés enchaînés l'un à l'autre sont poursuivis par la police et la mafia.
VF→LS VO→LS 13 ans + Violence

**FLESH** ▷5
É.-U. 1968. Drame de mœurs de Paul MORRISSEY avec Joe Dellasandro, Geraldine Smith et Maurice Bradell. - Vingt-quatre heures dans la vie d'un jeune homme qui se prostitue pour faire vivre sa femme et son enfant.
VO→34,95$ 18 ans +

**FLESH + BLOOD** ▷4
É.-U. 1985. Aventures de Paul VERHOEVEN avec Rutger Hauer, Jennifer Jason Leigh et Tom Burlinson. - Au Moyen Âge, la fiancée du fils d'un seigneur est enlevée par des mercenaires.
VO→LS 13 ans + Violence

**FLESH AND BONE** ▷4
É.-U. 1993. Drame policier de Steve KLOVES avec Dennis Quaid, Meg Ryan et James Caan. - Une relation sentimentale s'ébauche entre un Texan solitaire et une jeune femme délurée qui sont liés, sans le savoir, par un événement tragique de leur enfance.
VO→18,95$ 13 ans +

**FLESH AND THE DEVIL** ▷3
É.-U. 1926. Drame psychologique de Clarence BROWN avec John Gilbert, Greta Garbo et Lars Hanson. - Un jeune militaire se brouille avec un ami d'enfance à cause d'une femme mariée. - Récit fouillé. Réalisation de métier. Interprétation solide.
ITA→22,95$ Général

**FLESH FOR FRANKENSTEIN**
Voir: ANDY WARHOL'S FRANKENSTEIN

**FLESH GORDON** ▷0
É.-U. 1972, Mike LIGHT
VO→LS 18 ans +

**FLESH GORDON & THE COSMIC CHEERLEADERS** ▷7
É.-U. 1989. Comédie de Howard T. ZIEHM avec Vince Murdocco, Robyn kelly et Tony Travis. - Des majorettes interstellaires vivant sur une planète dont les mâles ont perdu leur virilité kidnappent un jeune Terrien pour pallier ce manque.
VF→LS VO→LS 18 ans +

**FLEUR DE CACTUS**
Voir: CACTUS FLOWER

**FLEUR DE MON SECRET, LA** ▷3
ESP. 1995. Comédie dramatique de Pedro ALMODOVAR avec Marisa Paredes, Juan Echanove et Imanol Arias. - Une auteure de romans à l'eau de rose traverse une crise existentielle. - Portrait sincère d'une héroïne atypique. Humour discret mais corrosif. Mise en scène colorée. Jeu intense de M. Paredes.
VF→13,95$ STA→13,95$ **Général**

**FLEUR DU MAL, LA**
Voir: WILD ORCHID

**FLEURS DU SOLEIL, LES** ▷5
ITA. 1969. Drame de Vittorio DE SICA avec Sophia Loren, Marcello Mastroianni et Ludmilla Savelyeva. - À la fin de la guerre, une Italienne part à la recherche de son mari disparu en Russie.
VF→LS **Général**

**FLIC À LA MATERNELLE, UN**
Voir: KINDERGARTEN COP

**FLIC DE L'ENFER, LE**
Voir: MANIAC COP

**FLIC DE MIAMI, LE**
Voir: MIAMI BLUES

**FLIC DE MON CŒUR, LE**
Voir: THE BIG EASY

**FLIC DU FUTUR, LE**
Voir: TRANCERS

**FLIC OU VOYOU** ▷4
FR. 1979. Comédie policière de Georges LAUTNER avec Jean-Paul Belmondo, Marie Laforêt et Michel Galabru. - À Nice, un inspecteur d'une brigade de choc vient enquêter sur la collusion entre criminels et policiers.
VO→LS **Général**

**FLIC RICANANT, LE**
Voir: THE LAUGHING POLICEMAN

**FLIC STORY** ▷3
FR. 1975. Drame policier de Jacques DERAY avec Alain Delon, Jean-Louis Trintignant et Claudine Auger. - En 1947, un inspecteur est chargé de retrouver un meurtrier qui vient de s'évader d'un asile psychiatrique. - Traitement sobre et rigoureux de faits authentiques. Climat d'époque habilement évoqué.
VO→LS **Général**

**FLIC VOIT ROUGE, UN** ▷5
ITA. 1975. Drame policier de Stelvio MASSI avec Franco Gasparri, Lee J. Cobb et Sara Sperati. - Un jeune policier aux méthodes expéditives cherche à convaincre un industriel de trafic de drogue.
VF→LS **Général**

**FLICS DE CHOC** ▷6
FR. 1983. Drame policier de Jean-Pierre DESAGNAT avec Pierre Massimi, Chantal Nobel et Marc Chapiteau. - Une escouade antigang remonte la filière d'un important réseau de prostitution.
VO **18 ans +**

**FLIGHT OF DRAGONS** ▷4
É.-U. 1985. Dessins animés de Jules BASS, Arthur RANKIN Jr., Fumihiko TAKAYAMA et Katsuhisa YAMADA. - Par le jeu de forces magiques, un jeune romancier du XXe siècle se retrouve dans le corps d'un dragon à une époque reculée.
VO→11,95$ **Général - Enfants**

**FLIGHT OF RAINBIRDS, A** ▷0
HOL. 1981, Ate DE JONG
STA→52,95$ **13 ans +**

**FLIGHT OF THE INNOCENT, THE**
Voir: LA COURSE DE L'INNOCENT

**FLIGHT OF THE PHOENIX, THE** ▷4
É.-U. 1965. Drame de Robert ALDRICH avec James Stewart, Hardy Kruger et Ernest Borgnine. - Un avion s'étant écrasé dans le désert, un ingénieur en aéronautique propose de le reconstruire avec les parties récupérables.
VO→24,95$ **Général**

**FLIGHT TO FURY** ▷0
É.-U. 1966, Monte HELLMAN

**FLIGHT TO MARS** ▷6
É.-U. 1951. Science-fiction de Leslie SELANDE avec Cameron Mitchell, Marguerite Chapman et Arthur Lanz. - Les membres d'une expédition spatiale entrent en lutte avec des Martiens.
VO→Ls **Général**

**FLIM FLAM MAN, THE** ▷4
É.-U. 1967. Comédie de Irvin KERSHNER avec George C. Scott, Michael Sarrazin et Sue Lyon. - Un jeune déserteur partage la vie aventureuse d'un vieil escroc.
VO→PC **Général**

**FLINGUEUR ET GLORY**
Voir: MAD DOG AND GLORY

**FLINTSTONES, THE** ▷5
É.-U. 1994. Comédie fantaisiste de Brian LEVANT avec John Goodman, Rosie O'Donnell et Kyle MacLachlan. - Un simple ouvrier devient vice-président d'une compagnie, ce qui risque de ruiner sa relation avec son meilleur ami.
VF→18,95$ VO→18,95$ **Général**

**FLIPPER** ▷5
É.-U. 1996. Aventures d'Alan SHAPIRO avec Elijah Wood, Paul Hogan et Chelsea Field. - Un adolescent contraint de passer l'été avec son oncle pêcheur se lie d'amitié avec un dauphin menacé par les manœuvres d'un pollueur.
VF→11,95$ VO→22,95$ **Général**

**FLIPPER CITY**
Voir: HEAVY TRAFFIC

**FLIRT** ▷5
É.-U. 1995. Film à sketches de Hal HARTLEY avec Bill Sage, Dwight Ewell et Miho Mikaidoh. - Trois versions différentes d'une même histoire portant sur le thème de l'infidélité et se déroulant à New York, Berlin et Tokyo.
VO→46,95$ **13 ans +**

**FLIRTING** ▷3
AUS. 1990. Comédie dramatique de John DUIGAN avec Noah Taylor, Thandie Newton et Nicole Kidman. - En 1965, dans un collège australien, un adolescent à l'esprit romantique et la fille d'un nationaliste africain se lient d'amitié. - Regard à la fois critique et nuancé sur les valeurs morales héritées du système britannique. Mise en scène vivante. Jeu décontracté et naturel des interprètes.
VF→11,95$ VO→11,95$ **Général**

**FLIRTING WITH DISASTER** ▷4
É.-U. 1996. Comédie de mœurs de David O. RUSSELL avec Ben Stiller, Patricia Arquette et Téa Leoni. - Accompagné d'une psychologue et de son épouse, un jeune entomologiste parcourt les États-Unis afin de retrouver ses parents biologiques.
VF→14,95$ VO→14,95$ LBX-DVD→27,95$ **13 ans +**

**FLOATING LIFE** ▷4
AUS. 1996. Drame de mœurs réalisé par Clara LAW avec Annette Shun Wah, Annie Yip et Anthony Wong. - En 1997, un vieux couple de Hong-Kong et ses deux fils adolescents rejoignent, non sans heurts, la deuxième fille de la famille installée en Australie.
STA-LBX→14,95$ **13 ans +**

**FLOATING WEEDS**
Voir: HERBES FLOTTANTES

**FLORIDA, LA** ▷6
QUÉ. 1993. Comédie de George MIHALKA avec Rémy Girard, Pauline Lapointe et Marie-Josée Croze. - Les tribulations d'une famille québécoise qui s'achète un motel en Floride.
VO→11,95$ **Général**

**FLOUNDERING** ▷4
É.-U. 1993. Comédie satirique de Peter McCARTHY avec James Le Gros, John Cusack et Ethan Hawke. - Confronté aux dures réalités de l'existence, un résident de Los Angeles sans emploi et sans le sou cherche un sens à sa vie.
VO→LS 13 ans +

**FLOWER OF MY SECRET**
Voir: LA FLEUR DE MON SECRET

**FLOWERS IN THE ATTIC** ▷5
É.-U. 1987. Mélodrame de Jeffrey BLOOM avec Kristy Swanson, Jeb Stuart Adams et Victoria Tennant. - Des enfants retenus prisonniers par leur mère dans la demeure de leur grand-père tentent de s'échapper coûte que coûte.
VO→9,95$ 13 ans +

**FLUBBER** ▷4
É.-U. 1997. Comédie fantaisiste de Les MAYFIELD avec Robin Williams, Marcia Gay Harden et Christopher McDonald. - Un savant distrait trouve par hasard une substance qui défie les lois de la gravité.
VF→24,95$ VO→24,95$ Général

**FLUKE** ▷5
É.-U. 1995. Comédie fantaisiste de Carlos CARLEI avec Nancy Travis, Max Pomeranc et Matthew Modine. - Un homme qui s'est réincarné dans le corps d'un chien part à la recherche de son ancienne famille d'humains.
VF→14,95$ VO→14,95$ Général

**FLÛTE À SIX SCHTROUMPFS, LA** ▷4
BEL. 1975. Dessins animés d'Eddie LATESTE et PEYO. - Avec l'aide de gentils lutins, un jeune chevalier combat les maléfices d'un filou.
VO→LS Général

**FLÛTE ENCHANTÉE, LA** ►2
SUÈ. 1974. Spectacle musical de Ingmar BERGMAN avec Joseph Kostlinger, Irma Urrila et Hackan Haggard. - Un prince accepte d'aller au secours de la fille de la Reine de la nuit enlevée par un mage. - Transposition cinématographique de l'opéra de Mozart. Traitement ingénieux. Trouvailles délicieuses. Ensemble plein de charme et de fraîcheur. Interprétation simple.
STA-LBX-DVD→44,95$ STA→27,95$
STA-LBX-DVD→44,95$ Général

**FLY AWAY HOME** ▷4
É.-U. 1996. Aventures de Carroll BALLARD avec Anna Paquin, Jeff Daniels et Dana Delany. - À bord de deux avions ultralégers, un père et sa fille guident des outardes orphelines dans leur voyage migratoire vers le sud.
VF→9,95$ VO→9,95$ DVD→PC Général

**FLY, THE** ▷4
É.-U. 1958. Drame d'horreur de Kurt NEUMANN avec Al Hedison, Patricia Owens et Vincent Price. - Un savant est victime d'une horrible transformation en expérimentant un appareil de son invention.
VO→11,95$ Général

**FLY, THE** ▷4
É.-U. 1986. Drame d'horreur de David CRONENBERG avec Jeff Goldblum, Geena Davis et John Getz. - À la suite d'un accident survenu au cours d'une expérience de téléportation, un savant se transforme progressivement en mouche.
VO→11,95$ VF→11,95$ 13 ans +

**FLY II, THE** ▷5
É.-U. 1989. Science-fiction de Chris WALAS avec Eric Stoltz, Daphne Zuniga et Lee Richardson. - Se transformant progressivement en mouche, le fils d'un savant victime de ses propres expériences tente d'arrêter cette métamorphose à l'aide de l'appareil de son père.
VF→22,95$ 18 ans +

**FLYING DEUCES** ▷4
É.-U. 1939. Comédie burlesque de A. Edward SUTHERLAND avec Stan Laurel, Oliver Hardy et Jean Parker. - Deux compères, dont l'un vient d'avoir une déception amoureuse, s'engagent dans la Légion étrangère.
VO→LS Général

**FLYING DOWN TO RIO** ▷4
É.-U. 1933. Comédie musicale de Thornton FREELAND avec Dolores Del Rio, Fred Astaire et Ginger Rogers. - Une jolie femme doit choisir entre deux prétendants au cours d'un voyage en Amérique du Sud.
VO→14,95$ Général

**FLYING ELEPHANTS** ▷0
É.-U. 1927, Fred J. BUTLER, Hal ROACH
ITA→15,95$

**FLYING LEATHERNECKS, THE** ▷4
É.-U. 1951. Drame de guerre de Nicholas RAY avec John Wayne, Robert Ryan et Don Taylor. - Les pilotes d'une escadrille se heurtent à la rigueur de leur nouveau chef.
VO→LS Non classé

**FLYING SAUCER, THE** ▷0
É.-U. 1950, Mikel CONRAD
VO→LS Général

**FLYING SERPENT, THE** ▷0
É.-U. 1946, Sam NEWFIELD
VO→24,95$ Général

**FLYNN** ▷0
AUS. 1996, Frank HOWSON

**FM** ▷5
É.-U. 1978. Comédie de John A. ALONZO avec Michael Brandon, Martin Mull et Cassie Yates. - Le gérant d'un poste de radio démissionne plutôt que d'accepter une campagne publicitaire qui lui déplaît.
LBX→14,95$ Général

**FOG, THE** ▷4
É.-U. 1979. Drame d'horreur de John CARPENTER avec Adrienne Barbeau, Tom Atkins et Jamie Lee Curtis. - Un village côtier qui fête son centenaire est envahi par des fantômes.
VF→LS VO→11,95$ 13 ans +

**FOIRE AUX MALHEURS, LA**
Voir: THE MONEY PIT

**FOIRE DES TÉNÈBRES, LA**
Voir: SOMETHING WICKED THIS WAY COME

**FOLIE DES GRANDEURS, LA** ▷4
FR. 1971. Comédie de Gérard OURY avec Louis de Funès, Yves Montand et Alice Sapritch. - Chassé de la cour d'Espagne, un noble décide de préparer sa vengeance en faisant passer son valet pour un neveu de retour d'Amérique.
VO→LS Général

**FOLIE DU ROI GEORGE, LA**
Voir: THE MADNESS OF KING GEORGE

**FOLIES BOURGEOISES** ▷5
FR. 1976. Comédie dramatique de Claude CHABROL avec Stéphane Audran, Bruce Dern et Jean-Pierre Cassel. - Une jeune femme délaisse son amant pour tenter de reconquérir son mari, infidèle lui aussi.
VO Non classé

**FOLIES D'AVRIL**
Voir: THE APRIL FOOLS

**FOLIES DE BERNIE, LES**
Voir: I DON'T BUY KISSES ANYMORE

**FOLIES DE GRADUATION**
Voir: AMERICAN PIE

**FOLIES DE MISS PARTY, LES**
Voir: PARTY GIRL

**FOLLE À TUER** ▷4
FR. 1975. Drame policier de Yves BOISSET avec Marlène Jobert, Tomas Milian et Michel Lonsdale. - Une femme sortie de clinique psychiatrique est accusée du kidnapping de l'enfant dont elle a la garde.
VO→LS **13 ans +**

**FOLLE D'ELLE** ▷0
FR. 1998, Jérôme CORNUAU
VO→LS

**FOLLE HISTOIRE DE L'ESPACE, LA**
Voir: SPACEBALLS

**FOLLE HISTOIRE DU MONDE I, LA**
Voir: HISTORY OF THE WORLD - PART I

**FOLLE JOURNÉE DE FERRIS BUELLER, LA**
Voir: FERRIS BUELLER'S DAY OFF

**FOLLE MISSION DU DR. SCHAEFER, LA**
Voir: THE PRESIDENT'S ANALYST

**FOLLES AVENTURES DE PICASSO, LES** ▷0
SUÈ. 1978, Tage DANIELSSON
VF→14,95$

**FOLLOW ME QUIETLY** ▷5
É.-U. 1949. Drame policier de Richard FLEISCHER avec William Lundigan, Dorothy Patrick et Jeff Corey. - La police recherche un maniaque assassin.
VO→LS **Non classé**

**FOLLOW THE BOYS** ▷5
É.-U. 1944. Comédie musicale de A. Edward SUTHERLAND avec George Raft, Vera Zorina et Charlie Grapewin. - Un couple organise des spectacles pour favoriser une campagne de souscription pour l'effort de guerre.
VO→16,95$ **Général**

**FOLLOW THE FLEET** ▷4
É.-U. 1935. Comédie musicale de Mark SANDRICH avec Fred Astaire, Ginger Rogers et Randolph Scott. - Par dépit amoureux, un danseur s'engage dans la marine.
VO→LS **Général**

**FONG SAI YUK** ▷0
H. K. 1993, Wong FEI HUNG
STA→LS STA-LBX-DVD→LS **Général**

**FONTAINE DES AMOURS, LA**
Voir: THREE COINS IN THE FOUNTAIN

**FOOL FOR LOVE** ▷4
É.-U. 1985. Drame de mœurs de Robert ALTMAN avec Sam Shepard, Kim Basinger et Harry Dean Stanton. - Un cow-boy tente de renouer des relations amoureuses avec une gérante de motel, avec laquelle il eut une liaison passionnée.
VF→LS VO→LS **13 ans +**

**FOOL KILLER, THE** ▷4
É.-U. 1965. Aventures de Servando GONZALEZ avec Edward Albert, Anthony Perkins et Henry Hull. - Les aventures d'un orphelin qui s'est enfui du foyer qui l'hébergeait.
VO→19,95$ **Non classé**

**FOOL, THE** ▷4
ANG. 1990. Drame de Christine EDZARD avec Derek Jacobi, Cyril Cusack et Ruth Mitchell. - En 1857, un commis londonien qui se fait passer pour un aristocrate multiplie les arnaques en vue de soutirer de l'argent aux riches.
VO→PC **Général**

**FOOLISH WIVES** ►2
É.-U. 1921. Drame de mœurs réalisé et interprété par Erich VON STROHEIM avec Maude George et Cesare Gravina. - Un escroc qui se fait passer pour un prince russe cherche à écouler des faux billets à Monte Carlo. - Manifestation intéressante du génie extravagant de Von Stroheim. Mise en scène somptueuse et inventive. Interprétation sardonique du comédien réalisateur.
VO→34,95$ **Général**

**FOOTLIGHT SERENADE** ▷5
É.-U. 1942. Comédie musicale de Gregory RATOFF avec Betty Grable, John Payne et Victor Mature. - Un artiste de music-hall fait des avances à une danseuse jusqu'au moment où il apprend que celle-ci vient juste de se marier.
VO→23,95$ **Non classé**

**FOOTLOOSE** ▷4
É.-U. 1984. Comédie musicale de Herbert ROSS avec Kevin Bacon, Lori Singer et John Lithgow. - Dans une petite ville du Kansas où la danse et la musique rock sont interdites, un adolescent se démène pour organiser une soirée dansante.
VF→14,95$ VO→13,95$ **Général**

**FOR A FEW DOLLARS MORE** ▷4
ITA. 1965. Western de Sergio LEONE avec Clint Eastwood, Lee Van Cleef et Gian Maria Volontè. - Deux chasseurs de primes se mettent à la recherche d'un criminel évadé de prison.
VO→14,95$ LBX→14,95$ LBX-DVD→18,95$ **13 ans +**

**FOR A LOST SOLDIER** ▷4
HOL. 1992. Drame psychologique de Roeland KERBOSCH avec Maarten Smit, Andrew Kelley et Jeroen Krabbe. - Un chorégraphe hollandais se souvient d'être tombé amoureux d'un soldat canadien à la fin de la Second Guerre mondiale.
STA→LS **16 ans +**

**FOR ALL MANKIND** ▷3
É.-U. 1989. Documentaire d'Al REINERT. - Meilleurs extraits des deux mille heures de pellicule filmées par les 24 astronautes des missions Apollo. - Puissance évocatrice des images. Précision remarquable. Musique envoûtante.
DVD→64,95$ **Général**

**FOR BETTER AND FOR WORSE** ▷5
É.-U. 1992. Drame policier de Clive DONNER avec Kate Nelligan, Geraint Wyn Davies et Jennifer Beals. - Une enseignante américaine, mariée à un ingénieur allemand, est kidnappée par un de ses anciens élèves qui veut la forcer à l'épouser.
VO→LS **Général**

**FOR BETTER FOR WORSE**
Voir: ZANDY'S BRIDE

**FOR KEEPS** ▷4
É.-U. 1987. Comédie dramatique de John G. AVILDSEN avec Molly Ringwald, Randall Batinkoff et Kenneth Mars. - Après avoir décidé de garder leur enfant, un jeune couple d'adolescents affrontent non sans difficultés leur nouveau rôle de parents.
VO→LS **Général**

**FOR LOVE OF IVY** ▷5
É.-U. 1968. Comédie de mœurs de Daniel MANN avec Sidney Poitier, Abby Lincoln et Beau Bridges. - Deux adolescents tentent de trouver un amoureux à la bonne de la maison pour l'empêcher de les quitter.
VO→LS **Général**

**FOR PETE'S SAKE** ▷5
É.-U. 1974. Comédie de Peter YATES avec Barbra Streisand, Michael Sarrazin et Estelle Parsons. - L'épouse d'un chauffeur de taxi est entraînée dans des aventures extravagantes en voulant aider son mari à poursuivre ses études.
VO→9,95$ **Général**

**FOR ROSEANNA** ▷4
É.-U. 1996. Comédie sentimentale de Paul WEILAND avec Jean Reno, Mercedes Ruehl et Polly Walker. - Son épouse étant condamnée par une maladie, un restaurateur veut s'assurer qu'elle aura sa place dans le cimetière déjà presque plein du village.
VF→14,95$ VO→14,95$ **Général**

**FOR THE BOYS** ▷5
É.-U. 1991. Comédie dramatique de Mark RYDELL avec Bette Midler, James Caan et George Segal. - Les hauts et les bas d'un duo d'artistes de variété qui divertit les soldats américains, de la Deuxième Guerre mondiale jusqu'à celle du Viêt-nam.
VF→LS VO→11,95$ **13 ans +**

**FOR THE FIRST TIME** ▷5
É.-U. 1959. Comédie musicale de Rudolph MATÉ avec Mario Lanza, Zsa Zsa Gabor et Johanna Von Koczian. - Un ténor américain fait la connaissance d'une jeune sourde à Capri.
VO→LS **Général**

**FOR THE LOVE OF MARY** ▷5
É.-U. 1948. Comédie de Frederick DE CORDOVA avec Deanna Durbin, Edmond O'Brien et Don Taylor. - Des politiciens favorisent les amours d'une téléphoniste de la Maison blanche.
VO→19,95$ **Général**

**FOR THE LOVE OF THE GAME** ▷5
É.-U. 1999. Drame sentimental de Sam RAIMI avec Kevin Costner, Kelly Preston et John C. Reilly. - Lors du dernier match de sa carrière, un lanceur vedette se remémore sa liaison parfois orageuse avec une journaliste.
VF→LS VO→LS **Général**

**FOR WHOM THE BELL TOLLS** ▷4
É.-U. 1947. Drame de guerre de Sam WOOD avec Gary Cooper, Ingrid Bergman et Katina Paxinou. - L'idylle tragique d'un volontaire américain et d'une Espagnole durant la guerre civile d'Espagne.
DVD→27,95$ VO→16,95$ DVD→27,95$ **Général**

**FOR YOUR EYES ONLY** ▷4
ANG. 1981. Drame d'espionnage de John GLEN avec Roger Moore, Carole Bouquet et Chaim Topol. - Chargé de repérer l'épave d'un navire-espion britannique, un agent secret doit aussi démasquer les assassins d'un savant.
VO→14,95$ VF→14,95$ **Général**

**FORBANS DE LA NUIT, LES**
Voir: NIGHT AND THE CITY

**FORBIDDEN CHRIST, THE** ▷3
ITA. 1950. Drame de Curzio MALAPARTE avec Raf Vallone, Elena Varzi et Alain Cuny. - Un menuisier tente de dissuader un homme de son désir de vengeance. - Œuvre puissante. Recherche esthétique. Excellents interprètes.
STA→39,95$ **Général**

**FORBIDDEN LOVE** ▷4
CAN. 1992. Documentaire d'Aerlyn WEISSMAN et Lynne FERNIE. - Des Canadiennes ayant vécu leur jeunesse dans les années 1950 racontent leurs cheminements amoureux et social en tant que lesbiennes.
VO→19,95$ **13 ans +**

**FORBIDDEN PLANET** ▷4
É.-U. 1955. Science-fiction de Fred McLEOD WILCOX avec Walter Pidgeon, Anne Francis et Leslie Nielsen. - En l'an 2200, le commandant d'un appareil interplanétaire découvre les survivants d'une expédition disparue.
LBX→14,95$ VO→13,95$ LBX-DVD→21,95$ **Général**

**FORBIDDEN ZONE** ▷0
É.-U. 1980, Richard ELFMAN
VO→27,95$ **Non classé**

**FORCE 10 FROM NAVARONE** ▷5
ANG. 1978. Drame de guerre de Guy HAMILTON avec Robert Shaw, Harrison Ford et Franco Nero. - Deux vétérans anglais sont adjoints à une équipe américaine chargée d'une opération spéciale en Yougoslavie.
LBX-DVD→18,95$ VO→13,95$ LBX-DVD→18,95$ **Général**

**FORCE MAJEURE** ▷4
FR. 1988. Drame psychologique de Pierre JOLIVET avec Patrick Bruel, François Cluzet et Kristin Scott-Thomas. - Pour sauver un ami condamné à mort pour possession de drogue en Asie, deux Français sont invités à se rendre sur place pour avouer leur complicité.
VO→LS **Général**

**FORCE OF ARMS** ▷4
É.-U. 1950. Drame de guerre de Michael CURTIZ avec William Holden, Nancy Olson et Frank Lovejoy. - Nouvellement marié, un lieutenant retourne au front et est bientôt porté disparu.
VO→18,95$ **Général**

**FORCE OF EVIL** ▷4
É.-U. 1949. Drame d'Abraham POLONSKY avec John Garfield, Thomas Gomez et Beatrice Pearson. - Un avocat, mêlé aux combines de la pègre, se ressaisit et se livre à la justice.
VO→9,95$ **Général**

**FORCES OF NATURE** ▷5
É.-U. 1999. Comédie sentimentale de Bronwen HUGHES avec Sandra Bullock, Ben Affleck et Maura Tierney. - Un jeune homme qui s'en va rejoindre sa fiancée se retrouve flanqué d'une jolie compagne de voyage au tempérament fantasque.
VF→15,95$ VO→PC **Général**

**FORCIER: «EN ATTENDANT...»** ▷5
QUÉ. 1988. Documentaire de Marc-André BERTHIAUME et Yves BÉLANGER. - Évocation de la carrière du cinéaste québécois André Forcier.
VO→LS **Général**

**FOREIGN AFFAIR, A** ▷3
É.-U. 1948. Comédie dramatique de Billy WILDER avec Marlene Dietrich, Jean Arthur et John Lund. - Un comité du gouvernement enquête sur la conduite des troupes d'occupation à Berlin. - Mélange heureux de comique et de tragique. Mise en scène vivante.
VO→14,95$ **Général**

**FOREIGN CORRESPONDENT** ▷3
É.-U. 1940. Drame d'espionnage d'Alfred HITCHCOCK avec Joel McCrea, Laraine Day et Herbert Marshall. - Un reporter américain aide à démasquer des espions nazis. - Suite d'aventures rocambolesques conduites d'une main sûre. Touches d'humour. Interprétation alerte.
VO→LS **Général**

**FOREIGN STUDENT** ▷5
É.-U. 1994. Drame sentimental d'Eva SERENY avec Marco Hofschneider, Robin Givens et Rick Johnson. - En 1955, un jeune Parisien qui étudie dans une université du s ud des États-Unis tombe amoureux d'une enseignante noire.
VF→LS **13 ans +**

**FORÊT D'ÉMERAUDE, LA**
Voir: THE EMERALD FOREST

**FORÊT DE TOUS LES DANGERS, LA**
Voir: THE BURNING SEASON

**FOREVER AMBER** ▷5
É.-U. 1947. Drame d'Otto PREMINGER avec Linda Darnell, Cornel Wilde et Richard Greene. - Les aventures galantes d'une jeune paysanne devenue la maîtresse du roi Charles II d'Angleterre.
VO→24,95$ **Général**

**FOREVER AND A DAY** ▷5
É.-U. 1943. Film à sketches de René CLAIR, Edmund GOULDING, Cedric HARDWICKE, Frank LLOYD, Victor SAVILLE, Robert STEVENSON et Herbert WILCOX. - L'histoire d'une demeure londonienne construite en 1804 et détruite durant la seconde guerre mondiale.
VO→17,95$ DVD→44,95$ Général

**FOREVER DARLING** ▷5
É.-U. 1955. Comédie d'Alexander HALL avec Lucille Ball, Desi Arnaz et James Mason. - Un chimiste qui délaisse son épouse au profit de son métier reçoit quelques avis salutaires.
VO→18,95$ Non classé

**FOREVER FEMALE** ▷4
É.-U. 1953. Comédie de Irving RAPPER avec Ginger Rogers, William Holden et Paul Douglas. - Une actrice sur le retour s'entête à jouer des rôles trop jeunes pour elle.
VO→11,95$ Général

**FOREVER FEVER**
Voir: THAT'S THE WAY I LIKE IT

**FOREVER MARY** ▷4
ITA. 1989. Drame social de Marco RISI avec Michele Placido, Claudio Amendola et Alessandro di Sanzo. - Un professeur de lettres qui travaille temporairement dans une maison de redressement pour adolescents tente d'amadouer les jeunes délinquants de sa classe.
STA→LS 13 ans +

**FOREVER YOUNG** ▷5
É.-U. 1992. Drame sentimental de Steve MINER avec Mel Gibson, Elijah Wood et Isabel Glasser. - Plongé dans un état d'hibernation artificielle depuis 1939, un pilote d'essai se réveille en 1992 et tente de retrouver celle qu'il aimait jadis.
VO→11,95$ Général

**FORGET MOZART** ▷0
ALL. 1986, Salvo LUTHER
STA 44,95$ 13 ans +

**FORGET PARIS** ▷4
É.-U. 1995. Comédie sentimentale réalisée et interprétée par Billy CRYSTAL avec Debra Winger et Joe Mantegna. - Les difficultés d'adaptation d'un couple d'Américains qui se sont connus à Paris.
VF→14,95$ VO→18,95$ Général

**FORGOTTEN TUNE FOR THE FLUTE, A** ▷3
RUS. 1987. Comédie satirique d'Eldar RYAZANOV avec Léonide Filatov, Tatiana Doguileva et Irina Kouptchenko. - Un fonctionnaire voit sa petite vie routinière bouleversée lorsqu'il s'éprend d'une jeune infirmière. - Satire bonhomme du fonctionnariat. Réflexions existentielles valables. Humour généralement subtil. Protagoniste campé avec une fine dérision.
STA→LS Général

**FORMULA, THE** ▷5
É.-U. 1980. Drame policier de John G. AVILDSEN avec George C. Scott, Marthe Keller et Marlon Brando. - Une enquête sur le meurtre d'un ancien policier révèle une conspiration pour cacher une formule secrète permettant de fabriquer du pétrole synthétique.
VF→LS VO→19,95$ Général

**FORMULE, LA**
Voir: THE FORMULA

**FORREST GUMP** ▷3
É.-U. 1994. Comédie dramatique de Robert ZEMECKIS avec Tom Hanks, Robin Wright et Gary Sinise. - La vie d'un simple d'esprit excentrique qui se laisse guider par son grand cœur et son instinct. - Vision fantaisiste des étapes marquantes de l'histoire récente des États-Unis. Cascade d'anecdotes savoureuses. Illustration fougueuse et intelligente. Performance drôle et touchante de T. Hanks.
VF→14,95$ LBX→14,95$ Général

**FORSAKING ALL OTHERS** ▷4
É.-U. 1934. Comédie sentimentale de W.S. VAN DYKE avec Clark Gable, Joan Crawford et Robert Montgomery. - Abandonnée par son fiancé le matin du mariage, une jeune femme cherche à se consoler avec un autre prétendant.
VO→19,95$ Général

**FORT ALGIERS** ▷5
É.-U. 1953. Aventures de Lesley SELANDER avec Yvonne De Carlo, Carlos Thompson et Raymond Burr. - Deux agents secrets tentent d'empêcher une révolte contre les Français que fomente un émir du désert.
VO→9,95$ Général

**FORT APACHE** ▷3
É.-U. 1947. Western de John FORD avec John Wayne, Henry Fonda et Pedro Armendariz. - Un colonel orgueilleux rend impossible l'accord entre Blancs et Indiens. - Évocation romancée de faits historiques. Réalisation ample. Psychologie fouillée. Interprétation convaincante.
VO→14,95$ Général

**FORT APACHE, THE BRONX** ▷4
É.-U. 1981. Drame policier de Daniel PETRIE avec Paul Newman, Edward Asner et Ken Wahl. - Les difficultés du travail policier dans un quartier de New York où la délinquance est difficilement contrôlable.
VO→12,95$ 18 ans +

**FORT SAGANNE** ▷4
FR. 1983. Aventures de Alain CORNEAU avec Gérard Depardieu, Philippe Noiret et Sophie Marceau. - Les aventures héroïques et sentimentales d'un lieutenant affecté au Sahara à l'entraînement d'un bataillon de spahis au début du siècle.
STA→32,95$ Général

**FORTERESSE**
Voir: FORTRESS

**FORTERESSE CACHÉE, LA** ▷4
JAP. 1958. Comédie dramatique d'Akira KUROSAWA avec Toshiro Mifune, Misa Uehara et Minoru Chiaki. - Deux paysans pillards acceptent de venir en aide à un couple de fugitifs qui transporte avec lui un précieux trésor.
STA→27,95$ Général

**FORTERESSE NOIRE, LA**
Voir: THE KEEP

**FORTRESS** ▷5
É.-U. 1992. Science-fiction de Stuart GORDON avec Christophe Lambert, Kurtwood Smith et Loryn Lockin. - Dans le futur, des détenus tentent de s'évader d'un pénitencier dont la sécurité est assurée grâce à une technologie avancée.
VF→LS 13 ans + Violence

**FORTUNA** ▷0
FR. 1960, Alex JOFFÉ
VO Non classé

**FORTUNE AND MEN'S EYES** ▷5
CAN. 1971. Drame social de Harvey HART avec Wendell Burton, Michael Greer et Zooey Hall. - En prison, un nouveau détenu affronte des compagnons brutaux pratiquant l'homosexualité.
VO→19,95$ 18 ans +

**FORTUNE COOKIE, THE** ▷3
É.-U. 1966. Comédie satirique de Billy WILDER avec Jack Lemmon, Walter Matthau et Ron Rich. - Un avocat véreux convainc son beau-frère de collaborer à une fraude. - Bon dosage de drôlerie et de satire. Mise en scène fort habile. Personnages bien campés par de savoureux comédiens.
LBX→14,95$ VO→14,95$ Général

**FORTUNE EXPRESS** ▷5
FR. 1990. Drame d'Olivier SCHATZKY avec Thierry Frémont, Cris Campion et Hervé Laudière. - Trois jeunes paraplégiques vivant dans un centre d'accueil organisent un vol de banque audacieux.
VO→LS Général

**FORTUNE, THE** ▷4
É.-U. 1974. Comédie de mœurs de Mike NICHOLS avec Jack Nicholson, Warren Beatty et Stockard Channing. - Au cours des années 20, deux hommes décident de liquider une jeune femme riche pour s'emparer de sa fortune.
VO→14,95$ Général

**FORTUNES OF WAR** ▷0
ANG. 1987, James CELLAN JONES
VO→29,95$ Général

**FOU D'ELLE**
Voir: SHE'S SO LOVELY

**FOUL PLAY** ▷4
É.-U. 1978. Comédie policière de Colin HIGGINS avec Goldie Hawn, Chevy Chase et Burgess Meredith. - Les attentats de mystérieux agresseurs contre une bibliothécaire amènent à la découverte d'un complot pour tuer le pape.
VF→LS Général

**FOUNTAINHEAD, THE** ▷4
É.-U. 1949. Drame psychologique de King VIDOR avec Gary Cooper, Patricia Neal et Raymond Massey. - Un jeune architecte lutte pour imposer ses conceptions mais rencontre une vive opposition.
VO→19,95$ Général

**FOUR DAUGHTERS** ▷4
É.-U. 1938. Drame de Michael CURTIZ avec John Garfield, Priscilla Lane et Claude Rains. - Les quatre filles d'un veuf connaissent des idylles diverses.
VO→19,95$ Général

**FOUR DAYS IN JULY** ▷0
ANG. 1984, Mike LEIGH
VO→49,95$ Général

**FOUR DAYS IN NOVEMBER** ▷4
É.-U. 1964. Film de montage de Mel STUART - Récit des événements qui ont entouré la mort du président des États-Unis J.F. Kennedy.
VO→14,95$

**FOUR DAYS IN SEPTEMBER** ▷4
BRÉ. 1997. Drame politique de Bruno BARRETO avec Alan Arkin, Pedro Cardoso et Fernanda Torres. - En septembre 1969, au Brésil, l'ambassadeur des États-Unis est kidnappé par un commando de révolutionnaires marxistes.
STA→19,95$ Général

**FOUR FACES WEST** ▷4
É.-U. 1948. Western de Alfred E. GREEN avec Joel McCrea, Frances Dee et Charles Bickford. - Un voleur en fuite vient en aide à une famille mexicaine frappée par la maladie.
VO→9,95$ Général

**FOUR FEATHERS** ▷4
ANG. 1940. Aventures de Zoltan KORDA avec John Clements, Ralph Richardson et C. Aubrey Smith. - Un officier britannique qui a fait montre de lâcheté se rachète par une série d'actions d'éclat.
VO→LS Général

**FOUR FEATHERS, THE** ▷4
É.-U. 1977. Aventures de Don SHARP avec Beau Bridges, Jane Seymour et Robert Powell. - Considéré comme lâche par ses amis après avoir démissionné de l'armée, un militaire tente de racheter son honneur.
STA→LS Général

**FOUR FRIENDS** ▷3
É.-U. 1981. Chronique d'Arthur PENN avec Craig Wasson, Jodi Thelen et Michael Huddleston. - Au long des années 1960, les expériences de vie du fils d'un immigrant yougoslave et de ses amis. - Traitement mi-nostalgique, mi-poétique. Réalisation contrôlée. Interprétation fort convaincante.
VO→14,95$ 13 ans +

**FOUR HORSEMEN OF THE APOCALYPSE, THE** ▷3
É.-U. 1961. Drame de guerre de Vincente MINNELLI avec Glenn Ford, Ingrid Thulin et Charles Boyer. - Un Argentin d'ascendance française se joint à la Résistance pendant la guerre. - Adaptation du roman de Vincente Blasco-Ibanez. Sujet intéressant. Mise en scène raffinée et élégante. Interprétation sensible.
VO→LS Général

**FOUR MUSKETEERS, THE** ▷4
É.-U. 1974. Aventures de Richard LESTER avec Michael York, Oliver Reed et Faye Dunaway. - D'Artagnan et les trois mousquetaires luttent contre une espionne au service du cardinal de Richelieu.
VF→LS 13 ans +

**FOUR ROOMS** ▷5
É.-U. 1995. Film à sketches d'Allison ANDERS, Alexander ROCKWELL, Robert RODRIGUEZ et Quentin TARANTINO avec Tim Roth, Jennifer Beals et Antonio Banderas. - Le chasseur d'un grand hôtel est appelé au service d'un groupe de sorcières, d'un mari jaloux, de deux enfants et d'un réalisateur.
VO→14,95$ VF→14,95$ LBX-DVD→27,95$ 13 ans +

**FOUR SEASONS, THE** ▷4
É.-U. 1981. Comédie de mœurs réalisée et interprétée par Alan ALDA avec Carol Burnett et Len Cariou. - Les rencontres fréquentes de trois couples amis sont perturbées par un divorce.
VO→PC Général

**FOUR WEDDINGS AND A FUNERAL** ▷4
ANG. 1993. Comédie sentimentale de Mike NEWELL avec Hugh Grant, Andie MacDowell et Kristin Scott Thomas. - Alors qu'il assiste à un mariage, un célibataire anglais a le coup de foudre pour une Américaine qu'il revoit par la suite à diverses occasions.
VF→11,95$ VO→11,95$ Général

**FOUR-SIDED TRIANGLE** ▷5
ANG. 1952. Science-fiction de Terence FISHER avec Barbara Payton, Stephen Murray et James Hayther. - Avec l'aide d'un appareil reproducteur, deux amis créent une copie parfaite de la jeune fille dont ils sont tous deux amoureux.
VO→14,95$ Général

**FOURMIZ**
Voir: ANTZ

**FOURTH PROTOCOL, THE** ▷4
ANG. 1987. Drame d'espionnage de John MACKENZIE avec Michael Caine, Pierce Brosnan et Joanna Cassidy. - Un agent des services de sécurité britanniques enquête sur un plan mis au point par un officier russe pour compromettre les ententes de l'OTAN.
VO→PC Général

**FOURTH WAR, THE** ▷4
É.-U. 1990. Aventures de John FRANKENHEIMER avec Roy Scheider, Jurgen Prochnow et Lara Harris. - Un militaire américain belliqueux, en poste en Allemagne de l'Ouest, effectue de son propre chef des incursions nocturnes de l'autre côté de la frontière.
VF→LS VO→LS 13 ans +

**FOUS DE BASSAN, LES** ▷4
QUÉ. 1986. Drame de Yves SIMONEAU avec Steve Banner, Bernard-Pierre Donnadieu et Charlotte Valandrey. - Un homme se souvient des événements tragiques qui ont marqué son retour au village natal.
VO→19,95$ Général

**FOUS DE LA PUB, LES**
Voir: CRAZY PEOPLE

**FOUS DU STADE, LES** ▷0
FR. 1972, Claude ZIDI
VO→19,95$

**FOX AND HIS FRIENDS**
Voir: FOX ET SES AMIS

**FOX AND THE HOUND, THE** ▷4
É.-U. 1981. Dessins animés de Ted BERMAN, Art STEVENS et Richard RICH - Un renardeau se lie d'amitié avec un jeune chien entraîné pour la chasse.
VF→LS VO→LS DVD→26,95$ Général

**FOX ET SES AMIS** ▷3
ALL. 1974. Drame de mœurs réalisé et interprété par Rainer Werner FASSBINDER avec Peter Chatel et Karlheinz Boehm. - Ayant gagné à la loterie, un homosexuel attire l'attention d'un jeune bourgeois. - Sorte de fable sur les relations de classes. Ironie subtile.
STA→LS 18 ans +

**FOXFIRE** ▷4
É.-U. 1987. Drame psychologique de Judson TAYLOR avec Jessica Tandy, Hume Cronyn et John Denver. - Désirant qu'elle s'installe chez lui, un chanteur country tente de convaincre sa mère de quitter la ferme où elle vit seule avec ses souvenirs.
VO→14,95$ Non classé

**FOXTRAP** ▷6
É.-U. 1985. Drame d'espionnage de Fred WILLIAMSON avec Fred Williamson, Chris Connelly et Arlene Golonka. - Un homme demande à un garde du corps de retrouver sa nièce disparue en Europe.
VO→11,95$ 13 ans +

**FOXY BROWN** ▷6
É.-U. 1974. Drame policier de Jack HILL avec Pam Grier, Antonio Fargas et Peter Brown. - Une jeune femme dur à cuire décide d'éliminer un à un les truands qui ont assassiné son amant policier.
VO→14,95$ 13 ans + Violence

**FRACTURE DU MYOCARDE, LA** ▷4
FR. 1989. Comédie dramatique de Jacques FANSTEN avec Sylvain Copans, Nicolas Parodi et Cécilia Rouaud. - Un jeune garçon requiert la complicité de ses camarades pour cacher la mort de sa mère aux autorités.
VO→14,95$ Général

**FRAISES SAUVAGES, LES** ►1
SUÈ. 1957. Drame psychologique de Ingmar BERGMAN avec Victor Sjöstrom, Ingrid Thulin et Bibi Andersson. - Hanté par la mort, un vieux médecin réfléchit sur son passé et son présent. - Mélange très habile de rêve et de réalité. Excellente progression psychologique. V. Sjöstrom bouleversant de vérité.
STA→27,95$ 13 ans +

**FRAMED** ▷0
É.-U. 1930, George ARCHAINBAUD
VO→LS Général

**FRANCES** ▷4
É.-U. 1982. Drame biographique de Graeme CLIFFORD avec Jessica Lange, Kim Stanley et Sam Shepard. - La carrière et le triste destin de l'actrice Frances Farmer.
VO→11,95$ 13 ans +

**FRANCESCO** ▷0
ITA. 1989, Liliana CAVANI
VO→LS DVD→18,95$ Général

**FRANCIS (THE TALKING MULE)** ▷4
É.-U. 1949. Comédie de Arthur LUBIN avec Donald O'Connor, Patricia Medina et Zasu Pitts. - Un soldat accomplit des exploits grâce à un mulet qui parle.
VO→LS Général

**FRANCIS COVERS THE BIG TOWN** ▷5
É.-U. 1953. Comédie d'Arthur LUBIN avec Donald O'Connor, Yvette Dugay et Gene Lockhart. - Un mulet qui parle vient en aide à un ami journaliste.
VO→LS Général

**FRANCIS GOES TO THE RACES** ▷5
É.-U. 1951. Comédie d'Arthur LUBIN avec Donald O'Connor, Piper Laurie et Cecil Kellaway. - Un mulet qui parle sauve de la faillite le propriétaire d'une écurie de courses.
VO→11,95$ Général

**FRANCIS GOES TO WEST POINT** ▷5
É.-U. 1952. Comédie d'Arthur LUBIN avec Donald O'Connor, Lori Nelson et Alice Kelley. - Un élève médiocre d'une école militaire fait des progrès grâce à l'amitié d'un mulet qui parle.
VO→11,95$ Général

**FRANCIS IN THE HAUNTED HOUSE** ▷5
É.-U. 1955. Comédie de Charles LAMONT avec Mickey Rooney, Virginia Welles et Paul Cavanaugh. - Un mulet qui parle aide son maître à démasquer des escrocs.
VO→LS Général

**FRANCIS IN THE NAVY** ▷5
É.-U. 1955. Comédie d'Arthur LUBIN avec Donald O'Connor, Martha Hyer et Richard Erdman. - Un mulet qui parle est entraîné dans une opération navale.
VO→14,95$ Général

**FRANCIS JOINS THE WACS** ▷5
É.-U. 1954. Comédie d'Arthur LUBIN avec Donald O'Connor, Julie Adams et Chill Wills. - Un mulet qui parle vient en aide à un soldat versé par erreur dans un régiment féminin.
VO→LS Général

**FRANCIS PERSUASION** ▷0
É.-U. 1995, Charles HERMAN-WURMFELD
VO→69,95$ 16 ans +

**FRANCŒUR: EXIT POUR NOMADES** ▷5
QUÉ. 1992. Documentaire de Pierre BASTIEN avec Lucien Francœur, Jerry Snell et Vic Vogel. - Portrait du poète rocker de l'avant-garde québécoise Lucien Francœur.
VO→24,95$ Général

**FRANÇOIS 1er** ▷5
FR. 1937. Comédie de CHRISTIAN-JAQUE avec Fernandel, Mona Goya et Alice Tissot. - Un acteur improvisé est transporté en rêve à l'époque de François 1er.
VO→LS Général

**FRANÇOIS ET LE CHEMIN DU SOLEIL**
Voir: BROTHER SUN, SISTER MOON

**FRANK CAPRA et JAMES STEWART (COFFRET)** ▷0
Voir: YOU CAN'T TAKE IT WITH YOU · MR. SMITH GOES TO WASHINGTON · FRANK CAPRA'S AMERICAN DREAM
VO→53,95$

**FRANK CAPRA (COFFRET)** ▷0
É.-U. Frank CAPRA
VO→29,95$

**FRANK HERBERT'S DUNE** ▷3
É.-U. 2000. Science-fiction de John HARRISON avec Alec Newman, Saskia Reeves et William Hurt. - En l'an 10991, deux clans se disputent l'exploitation de la planète Dune, source unique d'une épice très recherchée. - Adaptation satisfaisante du roman épique de Frank Herbert. Histoire complexe habilement racontée. Climat envoûtant. Eclairages, décors et costumes somptueux. Interprétation valable.
VO→LS

**FRANKENHOOKER** ▷6
É.-U. 1990. Drame d'horreur de Frank HENENLOTTER avec James Loring, Patty Mullen et Charlotte Helmkamp. - Un inventeur déséquilibré utilise divers morceaux de cadavres pour redonner vie à sa fiancée qui a été horriblement mutilée dans un accident.
VF→LS VO→LS 16 ans + Horreur

**FRANKENSTEIN** ▷3
É.-U. 1931. Drame d'horreur de James WHALE avec Boris Karloff, Colin Clive et Dwight Frye. - Un médecin fabrique un monstre en utilisant les membres de divers cadavres. - Premier long métrage adapté du roman de Mary Shelley. Effets spéciaux intéressants pour l'époque. Superbes décors d'inspiration expressionniste. Composition réussie de B. Karloff dans le rôle du monstre.
VO→14,95$ DVD→27,95$ Général

**FRANKENSTEIN**
Voir: MARY SHELLEY'S FRANKENSTEIN

**FRANKENSTEIN 1970** ▷6
É.-U. 1958. Drame d'horreur de Howard W. KOCH avec Boris Karloff, Jana Lund et Donald Barry. - Un homme fabrique un robot qui causera la perte de son créateur.
VO→14,95$ **Général - Déconseillé aux jeunes enfants**

**FRANKENSTEIN 90** ▷5
FR. 1984. Comédie d'Alain JESSUA avec Jean Rochefort, Eddy Mitchell et Fiona Gélin. - Un savant connaît divers ennuis après avoir créé un monstre qu'il a doté d'un micro-ordinateur au lieu d'un cerveau humain.
VO→LS **13 ans +**

**FRANKENSTEIN AND ME** ▷5
CAN. 1996. Comédie fantaisiste de Robert TINNELL avec Jamieson Boulanger, Ricky Mabe et Burt Reynolds. - Un garçon passionné par les films d'horreur tente de donner vie à un monstre comme son héros, le baron Frankenstein.
VF→LS **Général**

**FRANKENSTEIN AND THE MONSTER FROM HELL** ▷5
ANG. 1973. Drame d'horreur de Terence FISHER avec Peter Cushing, Shane Briant et Madeline Smith. - Deux médecins arrivent à donner vie à un monstre composite qui se montre cependant violent et incontrôlable.
VO→11,95$ **13 ans +**

**FRANKENSTEIN CRÉA LA FEMME**
Voir: FRANKENSTEIN CREATED WOMAN

**FRANKENSTEIN CREATED WOMAN** ▷4
ANG. 1967. Science-fiction de Terence FISHER avec Peter Cushing, Susan Denberg et Thorley Walters. - Le docteur Frankenstein ressuscite une jeune fille qui vengera la mort de son fiancé.
LBX→14,95$ **Général**

**FRANKENSTEIN JUNIOR**
Voir: YOUNG FRANKENSTEIN

**FRANKENSTEIN MEETS THE WOLF MAN** ▷6
É.-U. 1943. Drame d'horreur de Roy William NEILL avec Lon Chaney Jr., Bela Lugosi et Ilona Massey. - Un lycanthrope affronte le monstre de Frankenstein.
VO→14,95$ **Général**

**FRANKENSTEIN MUST BE DESTROYED!** ▷4
ANG. 1970. Drame d'horreur de Terence FISHER avec Peter Cushing, Veronica Carlson et Simon Ward. - Un chirurgien opère une greffe de cerveau qui a des conséquences tragiques.
VO→14,95$ **13 ans +**

**FRANKENSTEIN UNBOUND** ▷4
É.-U. 1990. Science-fiction de Roger CORMAN avec John Hurt, Raul Julia et Bridget Fonda. - En l'an 2031, un savant poursuit des recherches qui le projette au XIXe siècle où il rencontre un docteur qui vient de créer un monstre.
VO→LS **13 ans +**

**FRANKENSTEIN'S DAUGHTER** ▷7
É.-U. 1954. Drame d'horreur de Richard E. CUNHA avec John Ashley, Sandra Knight et Harold Lloyd Jr. - Se servant des formules de son ancêtre, un employé de laboratoire transforme une jeune fille en un être monstrueux.
VO→13,95$ **Général**

**FRANKIE**
Voir: FRANKIE STARLIGHT

**FRANKIE & JOHNNY** ▷4
É.-U. 1991. Comédie dramatique de Garry MARSHALL avec Michelle Pfeiffer, Al Pacino et Hector Elizondo. - Un ex-détenu est embauché comme cuisinier dans un restaurant populaire où il s'éprend d'une jeune serveuse solitaire et plutôt morose.
VO→14,95$ **13 ans +**

**FRANKIE STARLIGHT** ▷5
IRL. 1995. Drame psychologique de Michael LINDSAY-HOGG avec Anne Parillaud, Corban Walker et Alan Pentony. - Une jeune femme démunie qui vient de mettre au monde un nain est secourue par un officier qui s'attache à l'enfant.
VF→LS VO→LS **13 ans +**

**FRANTIC** ▷4
É.-U. 1988. Drame policier de Roman POLANSKI avec Harrison Ford, Emmanuelle Seigner et Betty Buckley. - En voyage à Paris pour un congrès médical, un médecin recherche son épouse enlevée sans mobile apparent.
STF→11,95$ VO→11,95$ **Général**

**FRANZ** ▷4
FR. 1972. Comédie dramatique réalisée et interprétée par Jacques BREL avec Barbara et Danièle Evenou. - Dans une station balnéaire de Belgique, une idylle se développe entre un homme timide et gauche et une femme d'apparence revêche.
STA→LS **Général**

**FREAKS** ▷3
É.-U. 1932. Drame d'horreur de Tod BROWNING avec Olga Baclanova, Harry Earles et Henry Victor. - Dans un cirque, une belle trapéziste accepte d'épouser un nain, dans l'espoir de s'accaparer la fortune dont ce dernier vient d'hériter. - Œuvre insolite inspirée d'un roman de Tod Robbins. Mise en scène sobre. Passages impressionnants. Interprétation réaliste.
VO→19,95$ **Général**

**FREAKY FRIDAY** ▷5
É.-U. 1976. Comédie fantaisiste de Gary NELSON avec Barbara Harris, Jodie Foster et John Astin. - À la suite d'un souhait inconsidéré, la mère d'une adolescente sportive et désordonnée se trouve transportée dans le corps de sa fille et vice versa.
VO→10,95$ **Général**

**FREDDY** ▷6
FR. 1978. Comédie policière de Robert THOMAS avec Jean Lefebvre, Pierre Doris et Sophie Daumier. - Pour faire de la publicité à son cirque en difficulté, un clown s'accuse d'un meurtre.
VO→LS **Général**

**FREDDY 5: L'HÉRITIER DU RÊVE**
Voir: NIGHTMARE ON ELM STREET 5 : THE DREAM CHILD

**FREE AND EASY** ▷0
É.-U. 1930, Edward SEDGWICK
VO→18,95$ **Général**

**FREE SOUL, A** ▷5
É.-U. 1931. Drame de Clarence BROWN avec Norma Shearer, Lionel Barrymore et Clark Gable. - Un avocat alcoolique tente de réparer ses torts lorsque sa fille est impliquée dans le meurtre d'un gangster.
VO→18,95$ **Non classé**

**FREE WILLY** ▷5
É.-U. 1993. Mélodrame de Simon WINCER avec Jason James Richter, Lori Petty et Michael Madsen. - Un orphelin de douze ans qui travaille dans un parc aquatique s'efforce de sauver un épaulard dont le propriétaire veut se débarrasser.
VF→14,95$ **Général**

**FREE WILLY 2: THE ADVENTURE HOME** ▷5
É.-U. 1995. Mélodrame de Dwight LITTLE avec Jason James Richter, Francis Capra et August Schellenberg. - Un gamin et son jeune demi-frère participent au sauvetage d'un groupe d'épaulards menacés par un déversement de pétrole.
VF→LS VO→LS **Général**

**FREE WILLY 3: THE RESCUE** ▷5
É.-U. 1997. Aventures de Sam PILLSBURY avec Jason James Richter, August Schellenberg et Annie Corley. - Un gamin découvre que son père se livre à des actes illégaux d'harponnage de baleines.
VF→18,95$ VO→19,95$ **Général**

**FREEBIE AND THE BEAN** ▷4
É.-U. 1974. Comédie policière de Richard RUSH avec James Caan, Alan Arkin et Jack Kruschen. - Deux policiers s'emploient à protéger un chef de la pègre jusqu'au moment prévu pour son arrestation.
VO→PC 13 ans +

**FREEJACK** ▷5
É.-U. 1992. Science-fiction de Geoff MURPHY avec Emilio Estevez, Mick Jagger et Rene Russo. - À la suite d'un accident, un coureur automobile est projeté en l'an 2009 et se voit alors poursuivi par un chasseur de primes.
VF→LS VO→LS 13 ans +

**FRENCH CAN-CAN** ▷3
FR. 1955. Comédie musicale de Jean RENOIR avec Jean Gabin, Françoise Arnoul et Maria Felix. - Une jeune blanchisseuse devient danseuse vedette au Moulin-Rouge. - Œuvre de qualité. Mise en scène pleine de vie. Excellente reconstitution d'époque.
STA→LS Général

**FRENCH CONNECTION, THE** ▷3
É.-U. 1971. Drame policier de William FRIEDKIN avec Gene Hackman, Roy Scheider et Fernando Rey. - Deux policiers new-yorkais dépistent une importante affaire de contrebande de drogue. - Récit inspiré de faits authentiques. Portrait réaliste du travail policier. Scènes de poursuite haletantes. Excellente composition de G. Hackman.
VF→11,95$ VO→11,95$ 13 ans +

**FRENCH CONNECTION II** ▷4
É.-U. 1975. Drame policier de John FRANKENHEIMER avec Gene Hackman, Fernando Rey et Bernard Fresson. - Un policier new-yorkais se rend à Marseille pour aider à la capture du chef d'un important trafic de stupéfiants.
VO→24,95$ 13 ans +

**FRENCH DETECTIVE, THE**
Voir: ADIEU POULET

**FRENCH KISS** ▷5
É.-U. 1995. Comédie sentimentale de Lawrence KASDAN avec Meg Ryan, Kevin Kline et Timothy Hutton. - Venue à Paris dans l'espoir de reconquérir son fiancé qui l'a quittée, une Américaine fait la rencontre d'un malfaiteur français dont elle s'éprend.
VO→15,95$ Général

**FRENCH LIEUTENANT'S WOMAN, THE** ▷3
ANG. 1981. Drame psychologique de Karel REISZ avec Meryl Streep, Jeremy Irons et Hilton McRae. - Pendant qu'on tourne un film tiré d'un roman situé à l'époque victorienne, les deux interprètes des rôles principaux vivent une liaison. - Adaptation d'un roman de John Fowles. Traitement à deux niveaux un peu déconcertant. Forme très soignée. Jeu nuancé des acteurs.
VO→11,95$ Général

**FRENCH LINE, THE** ▷6
É.-U. 1954. Comédie musicale de Lloyd BACON avec Jane Russell, Gilbert Roland et Mary McCarthy. - Une jeune milliardaire voyage incognito pour trouver l'amour véritable.
VO→LS Général

**FRENCHMAN'S CREEK** ▷5
É.-U. 1944. Aventures de Mitchell LEISEN avec Joan Fontaine, Arturo de Cordova et Cecil Kellaway. - Une femme peu heureuse en ménage s'éprend d'un corsaire.
VO→14,95$ Général

**FRÉNÉSIE**
Voir: FRENZY

**FRENZY** ▷3
ANG. 1972. Drame policier d'Alfred HITCHCOCK avec Jon Finch, Alec McCowen et Barry Foster. - La police de Londres se met à la recherche d'un meurtrier maniaque qui étrangle les femmes à l'aide d'une cravate. - Mélange expert de tension et d'humour. Mise en scène d'une grande précision. Interprètes fort bien dirigés.
VF→14,95$ VO→14,95$ 13 ans +

**FRÉQUENCE MEURTRE** ▷4
FR. 1988. Drame policier d'Élizabeth RAPPENEAU avec Catherine Deneuve, André Dussollier et Martin Lamotte. - Alors qu'elle reçoit des appels inquiétants d'un inconnu, une psychiatre apprend que l'assassin de ses parents vient d'être remis en liberté.
VO→LS Général

**FREQUENCY** ▷4
É.-U. 2000. Science-fiction de Gregory HOBLIT avec Dennis Quaid, Jim Caviezel et Elizabeth Mitchell. - Lors d'une tempête solaire, un policier dépressif parvient à communiquer par radio avec son père décédé en 1969 et découvre qu'il peut modifier le passé.
VF→16,95$ VO→16,95$

**FRÈRE ANDRÉ, LE** ▷4
QUÉ. 1987. Drame biographique de Jean-Claude LABRECQUE avec Marc Legault, Sylvie Ferlatte et André Cailloux. - Évocation des étapes marquantes de la vie du frère André qui fut réputé pour sa dévotion et ses dons de guérisseur.
VO→LS Général

**FRÈRE LE PLUS FUTÉ DE SHERLOCK HOLMES, LE**
Voir: THE ADVENTURE OF SHERLOCK HOLMES' SMARTER BROTHER

**FRERES BLUES 2000, LES**
Voir: BLUES BROTHERS 2000

**FRÈRES DE SANG**
Voir: BASKET CASE

**FRÈRES DE SANG**
Voir: PRISONERS OF THE SUN

**FRÈRES KRAYS, LES**
Voir: THE KRAYS

**FRÈRES McMULLEN, LES**
Voir: THE BROTHERS McMULLEN

**FRÈRES MOZART, LES** ▷3
SUÈ. 1986. Comédie satirique de Suzanne OSTEN avec Étienne Glaser, Philip Zanden et Henry Bronetl. - Les conceptions particulières d'un metteur en scène chargé de diriger un opéra de Mozart créent tout un brouhaha dans sa troupe. - Vision critique du milieu de l'avant-garde théâtrale. Esprit d'espièglerie. Mouvement d'ensemble impressionnant. Interprétation énergique.
STA→49,95$ Général

**FRÈRES PÉTARD, LES** ▷6
FR. 1986. Comédie de Hervé PALUD avec Gérard Lanvin, Jacques Villeret et Josiane Balasko. - Deux copains tentent d'écouler dans le monde marginal de Paris de la marijuana qu'ils ont filoutée à un trafiquant.
VO→LS Général

**FRESH** ▷4
É.-U. 1994. Drame social de Boaz YAKIN avec Sean Nelson, Giancarlo Esposito et Samuel L. Jackson. - À Brooklyn, un garçon de 12 ans qui écoule de la drogue prépare un grand coup dans le but de mettre fin à la carrière d'un caïd du quartier.
VF→11,95$ VO→11,95$ 13 ans + Violence

**FRESH HORSES** ▷5
É.-U. 1988. Drame psychologique de David ANSPAUGH avec Molly Ringwald, Andrew McCarthy et Ben Stiller. - Un jeune ingénieur fiancé à une fille du meilleur monde est fasciné par une pauvresse rencontrée par hasard.
VO→LS Général

**FRESHMAN, THE** ▷4
É.-U. 1990. Comédie d'Andrew BERGMAN avec Matthew Broderick, Marlon Brando et Penelope Ann Miller. - À New York, un provincial est entraîné dans des aventures rocambolesques par des trafiquants d'animaux en voie d'extinction.
VF→9,95$ VO→9,95$ Général

**FRIDA** ▷4
MEX. 1984. Drame biographique de Paul LEDUC avec Ofelia Medina, Juan Jose Gurrola et Salvador Sanchez. - La vie et l'œuvre de la femme peintre mexicaine Frida Kahlo.
STA→52,95$ Général

**FRIDAY** ▷6
É.-U. 1995. Comédie de mœurs de F. Gary GRAY avec Ice Cube, Chris Tucker et Nia Long. - Dans un quartier de Los Angeles, deux copains désœuvrés sont mêlés malgré eux à diverses intrigues.
VF→14,95$ LBX→14,95$

**FRIDAY FOSTER** ▷5
É.-U. 1975. Drame policier d'Arthur MARKS avec Pam Grier, Yaphet Kotto et Thalmus Rasulala. - Une jeune photographe découvre qu'une organisation secrète envisage l'assassinat de tous les leaders noirs américains.
VO→11,95$ Général

**FRIDAY THE 13TH** ▷6
É.-U. 1980. Drame d'horreur de Sean S. CUNNINGHAM avec Betsy Palmer, Adrienne King et Harry Crosby. - Un mystérieux assassin s'en prend aux moniteurs d'une colonie de vacances.
VO→11,95$ VF→11,95$ LBX-DVD→29,95$ 18 ans +

**FRIDAY THE 13TH PART II** ▷6
É.-U. 1981. Drame d'horreur de Steve MINER avec Amy Steel, John Furey et Kirsten Baker. - Un mystérieux assassin s'en prend à des moniteurs dans une colonie de vacances.
VF→11,95$ 18 ans +

**FRIDAY THE 13TH PART III** ▷6
É.-U. 1982. Drame d'horreur de Steve MINER avec Dana Kimmell, Richard Brooker et Paul Kratka. - Un maniaque assassin s'en prend à un groupe de jeunes venus passer un week-end dans un chalet près d'un lac.
VF→11,95$ 18 ans +

**FRIDAY THE 13TH PART IV: THE FINAL CHAPTER** ▷6
É.-U. 1984. Drame d'horreur de Joseph ZITO avec Kimberly Beck, Corey Feldman et Crispin Glover. - Un fou meurtrier s'attaque à des vacanciers installés près d'un lac en forêt.
VF→11,95$ 18 ans +

**FRIDAY THE 13TH PART V: A NEW BEGINNING** ▷7
É.-U. 1985. Drame d'horreur de Danny STEINMANN avec Melanie Kinnaman, Shavar Ross et John Shepherd. - Un assassin masqué massacre plusieurs personnes dans un centre de thérapie situé en pleine nature.
VF→11,95$ 18 ans +

**FRIDAY THE 13TH PART VI: JASON LIVES** ▷6
É.-U. 1986. Drame d'horreur de Tom McLOUGHLIN avec Thom Mathews, Jennifer Cooke et David Kagen. - Ressuscité par un éclair, un maniaque meurtrier se remet à tuer tous ceux qu'il rencontre.
VF→11,95$ 13 ans +

**FRIDAY THE 13TH PART VII: THE NEW BLOOD** ▷6
É.-U. 1988. Drame d'horreur de John Carl BUECHLER avec Lar Park Lincoln, Kane Hodder et Terry Kiser. - Une adolescente dotée d'un pouvoir de télékinésie affronte un monstre meurtrier.
VF→11,95$ 13 ans +

**FRIDAY THE 13TH PART VIII: JASON TAKES MANHATTAN** ▷0
É.-U. 1988, Rob HEDDEN
VF→11,95$ 18 ans +

**FRIED GREEN TOMATOES** ▷4
É.-U. 1991. Comédie dramatique de Jon AVNET avec Kathy Bates, Jessica Tandy et Mary Stuart Masterson. - Une vieille dame raconte à une jeune femme les aventures de deux amies qui tenaient un restaurant à l'époque de la Dépression.
VF→11,95$ VO→15,95$ Général

**FRIEND OF THE DECEASED, A** ▷4
UKR. 1996. Comédie dramatique de Viatcheslav KRICHTOFOVITCH avec Alexandre Lazarev, Tatiana Krivitskaïa et Evgueni Pachin. - Retrouvant goût à la vie, un paumé doit demander à un garde du corps d'éliminer le tueur à gages qu'il a engagé pour mettre fin à ses jours.
STA→13,95$ Général

**FRIENDLY PERSUASION** ▷4
É.-U. 1956. Étude de mœurs de William WYLER avec Gary Cooper, Dorothy McGuire et Anthony Perkins. - La guerre civile américaine vient surprendre une famille de paysans quakers, pacifiste par conviction religieuse.
VO→19,95$ Général

**FRIGHT NIGHT** ▷4
É.-U. 1985. Drame d'horreur de Tom HOLLAND avec Chris Sarandon, William Ragsdale et Roddy McDowall. - La vie d'un adolescent est bouleversée par l'arrivée d'un nouveau voisin qui se révèle être un vampire.
VF→9,95$ VO→9,95$ LBX-DVD→33,95$ 13 ans +

**FRIGHT NIGHT PART II** ▷5
É.-U. 1988. Drame d'horreur de Tommy Lee WALLACE avec William Ragsdale, Roddy McDowall et Traci Lin. - Une femme vampire vient venger son frère, éliminé quelques années auparavant par un jeune homme qui sort tout juste d'une clinique psychiatrique.
VF→22,95$ Non classé

**FRIGHTENED WOMAN, THE** ▷0
ITA. 1969, Piero SCHIVAZAPPA
VA→46,95$ 18 ans +

**FRIGHTENERS, THE** ▷4
É.-U. 1996. Comédie fantaisiste de Peter JACKSON avec Michael J. Fox, Trini Alvarado et Peter Dobson. - Un chasseur de fantômes doit neutraliser un esprit meurtrier.
LBX→14,95$ VF→11,95$ 13 ans +

**FRINGE DWELLERS, THE** ▷3
AUS. 1986. Drame social de Bruce BERESFORD avec Kristina Nehm, Justine Saunders et Bob Maza. - Les tribulations d'une famille d'aborigènes australiens dont une des filles rêve de se mêler à la société des Blancs. - Ensemble honnête et convaincant. Réalisation vigoureuse pleine de nuances psychologiques.
VO→LS Général

**FRISCO KID, THE** ▷4
É.-U. 1979. Western de Robert ALDRICH avec Gene Wilder, Harrison Ford et William Smith. - Les mésaventures d'un jeune rabbin parti de la Pologne pour rejoindre la communauté juive de San Francisco.
VF→13,95$ VO→13,95$ Général

**FRISSON DANS LA NUIT, UN**
Voir: PLAY MISTY FOR ME

**FRISSONS**
Voir: SCREAM

**FRISSONS**
Voir: SHIVERS (THE PARASITE MURDERS)

**FRISSONS 2**
Voir: SCREAM 2

**FRISSONS 3**
Voir : SCREAM 3

**FRITZ THE CAT** ▷4
É.-U. 1972. Dessins animés de Ralph BAKSHI. - Ayant mis le feu à son collège, un étudiant commence une vie de fugitif.
VO→LS 18 ans +

**FROGS** ▷4
É.-U. 1972. Drame d'horreur de George McCOWAN avec Ray Milland, Sam Elliott et Joan Van Ark. - Dans des marais de la Floride, des grenouilles et autres reptiles s'attaquent aux humains.
VO→11,95$ 13 ans +

**FROGS FOR SNAKES** ▷0
É.-U. 1998, Amos POE
VO→LS 16 ans + Violence

**FROM BEIJING WITH LOVE** ▷0
H. K. 1994, Stephen CHOW
STA→LS 13 ans + Violence

**FROM BEYOND** ▷5
É.-U. 1986. Drame d'horreur de Stuart GORDON avec Jeffrey Combs, Barbara Crampton et Ted Sorel. - Un savant tué dans des circonstances étranges revient de l'au-delà sous une forme monstrueuse.
VF→LS VO→LS 16 ans + Horreur

**FROM BEYOND THE GRAVE** ▷5
ANG. 1973. Drame d'horreur de Kevin CONNOR avec Peter Cushing, Margaret Leighton et Donald Pleasence. - Un mystérieux antiquaire raconte le sort horrible réservé à certains de ses clients.
VO→14,95$ 13 ans +

**FROM DUSK TILL DAWN** ▷5
É.-U. 1995. Drame d'horreur de Robert RODRIGUEZ avec George Clooney, Quentin Tarantino et Harvey Keitel. - Des voleurs de banque qui ont pris un père et ses enfants en otages se retrouvent coincés pendant une nuit dans un bar infesté de vampires.
VO→14,95$ VF→14,95$ LBX-DVD→PM 18 ans + Horreur

**FROM HERE TO ETERNITY** ►2
É.-U. 1953. Drame psychologique de Fred ZINNEMANN avec Burt Lancaster, Montgomery Clift et Frank Sinatra. - La vie de garnison de soldats américains à Hawaii à la veille de l'attaque de Pearl Harbor. - Psychologie juste. Peinture de mœurs saisissante. Réalisation magistrale. Interprétation vigoureuse.
VF→19,95$ VO→19,95$ Général

**FROM MAO TO MOZART: ISAAC STERN IN CHINA** ▷3
É.-U. 1980. Documentaire de Murray LERNER avec Isaac Stern, David Golub et Tan Shuzhen. - Le voyage en Chine du violoniste américain Isaac Stern. - Mise en valeur de la personnalité du musicien. Aspects touristiques et sociologiques intéressants. Beaux moments d'émotion.
VO→24,95$ Général

**FROM RUSSIA WITH LOVE** ▷4
ANG. 1963. Drame d'espionnage de Terence YOUNG avec Sean Connery, Daniela Bianchi et Pedro Armendariz. - L'agent secret James Bond aide une fonctionnaire russe à s'enfuir à l'Ouest avec une invention stratégique.
LBX→LS VO→11,95$ VF→11,95$ Général

**FROM THE LIFE OF THE MARIONETTES**
Voir: DE LA VIE DES MARIONNETTES

**FROM THE MANGER TO THE CROSS** ▷0
É.-U. 1912, Sidney OLCOTT
VO→41,95$ Général

**FROM THE TERRACE** ▷5
É.-U. 1960. Drame psychologique de Mark ROBSON avec Paul Newman, Joanne Woodward et Ina Balin. - Les hauts et les bas financiers et conjugaux de la carrière d'un homme d'affaires.
VO→24,95$ Général

**FRONT PAGE, THE** ▷4
É.-U. 1974. Comédie de mœurs de Billy WILDER avec Jack Lemmon, Walter Matthau et Austin Pendleton. - Un journaliste cache un condamné à mort évadé pour s'assurer l'exclusivité de ses déclarations.
VO→19,95$ DVD→21,95$ 13 ans +

**FRONT PAGE, THE** ▷4
É.-U. 1931. Comédie dramatique de Lewis MILESTONE avec Adolphe Menjou, Pat O'Brien et Mary Brian. - Un journaliste qui veut laisser le métier est entraîné dans un reportage sur l'évasion d'un condamné à mort.
VO→26,95$ Général

**FRONT, THE** ▷4
É.-U. 1976. Comédie satirique de Martin RITT avec Woody Allen, Zero Mostel et Andrea Marcovicci. - Un homme connaît des ennuis après avoir accepté de prêter son nom à un ami écrivain boycotté par la télévision.
VO→9,95$ Général

**FRUIT DÉFENDU, LE** ▷4
FR. 1952. Drame de mœurs d'Henri VERNEUIL avec Fernandel, Françoise Arnoul et Claude Nollier. - Un médecin marié succombe aux charmes d'une jolie fille rencontrée dans une gare.
VO→24,95$ Général

**FRUITS DE LA PASSION, LES** ▷5
FR. 1980. Drame de mœurs de Keiko RERAYAMA avec Klaus Kinski, Isabelle Illiers et Arielle Dombasle. - Les aventures d'une jeune Française placée par son amant dans une maison close de Hong-Kong à l'aube d'une révolution au cours des années 1920.
VO→LS 18 ans +

**FUCKING FERNAND** ▷6
FR. 1987. Comédie de Gérard MORDILLAT avec Thierry Lhermitte, Jean Yanne et Marie Laforêt. - À la suite d'un bombardement ayant détruit un institut pour aveugles et une prison, un aveugle obsédé par la chair et un criminel en cavale en viennent à faire route ensemble.
VO→LS 13 ans +

**FUGITIF, LE**
Voir: THE FUGITIVE

**FUGITIFS, LES** ▷4
FR. 1986. Comédie policière Francis VEBER avec Gérard Depardieu, Pierre Richard et Anaïs Bret. - Pris en otage par un chômeur aux abois, un voleur de banques repenti est entraîné dans une folle poursuite.
VO→LS Général

**FUGITIVE KIND, THE** ▷5
É.-U. 1960. Drame de Sidney LUMET avec Marlon Brando, Anna Magnani et Joanne Woodward. - Un musicien vagabond s'éprend de la femme d'un commerçant invalide.
VO→19,95$ Général

**FUGITIVE, THE** ▷4
É.-U. 1993. Drame policier d'Andrew DAVIS avec Harrison Ford, Tommy Lee Jones et Sela Ward. - Condamné à la peine capitale pour un meurtre dont il est innocent, un fugitif tente de retrouver le véritable coupable.
VF→14,95$ VO→14,95$ LBX→14,95$
LBX-DVD→26,95$ 13 ans +

**FUGITIVE, THE** ▷3
É.-U. 1948. Drame de John FORD avec Henry Fonda, Dolores Del Rio et Pedro Armendariz. - La police d'un gouvernement persécuteur pourchasse le dernier prêtre du pays. - Adaptation d'un roman de Graham Greene. Réalisation soignée. Belles images. Interprétation excellente.
VO→14,95$ Non classé

**FUGUE DE MAXIMILIEN GLICK, LA**
Voir: THE OUTSIDE CHANCE OF MAXIMILIAN GLICK

**FULL BLAST** ▷4
QUÉ. 1999. Drame de mœurs de Rodrigue JEAN avec David La Haye, Martin Desgagné et Louise Portal. - La dérive existentielle et affective d'une poignée d'amis vivotant dans un village côtier du Nouveau-Brunswick.
VO Non classé

**FULL CIRCLE** ▷4
ANG. 1976. Drame psychologique de Richard LONCRAINE avec Mia Farrow, Keir Dullea et Tom Conti. - Après la mort de sa fillette, une femme s'isole et devient victime de phénomènes étranges.
VF→LS 13 ans +

**FULL CIRCLE** ▷0
CAN. 1993, Donna READ
VO→LS Général

**FULL CONTACT** ▷0
H. K. 1992, Ringo LAM
STA-LBX-DVD→79,95$ 16 ans + Violence

**FULL METAL JACKET** ►2
É.-U. 1987. Drame de guerre de Stanley KUBRICK avec Matthew Modine, Adam Baldwin et Vincent D'Onofrio. - Dans un camp des Marines américains, des recrues subissent un entraînement rigoureux en vue de combattre au Viêt-nam. - Vision cynique et désabusée de la guerre et des combattants. Traitement d'une maîtrise rigoureuse. Interprétation convaincante.
VF→18,95$ VO→18,95$ DVD→26,95$ 13 ans +

**FULL MONTY, THE** ▷4
ANG. 1996. Comédie dramatique de Peter CATTANEO avec Robert Carlyle, Tom Wilkinson et Mark Addy. - Six chômeurs décident de tenter leur chance comme strip-teaseurs pour dames.
LBX→22,95$ VF→16,95$ VO→16,95$
LBX-DVD→23,95$ Général

**FULL MOON IN BLUE WATER** ▷5
É.-U. 1988. Comédie dramatique de Peter MASTERSON avec Gene Hackman, Teri Garr et Elias Koteas. - Toujours sous le choc de la mort de sa femme, le propriétaire d'un bar qui garde chez lui son beau-père invalide fait l'objet de pressions pour vendre son établissement.
VF→17,95$ Général

**FULL OF LIFE** ▷4
É.-U. 1956. Comédie de Richard QUINE avec Judy Holliday, Richard Conte et Salvatore Baccaloni. - Le comportement d'un jeune couple en attente de son premier bébé.
VO→19,95$ Général

**FULL TILT BOOGIE** ▷0
É.-U. 1997, Sarah KELLY
VO→LS

**FULLER BRUSH GIRL, THE** ▷0
É.-U. 1950, Lloyd BACON
VO→18,95$ Général

**FULLER BRUSH MAN, THE** ▷5
É.-U. 1947. Comédie fantaisiste de S. Sylvan SIMON avec Red Skelton, Janet Blair et Don McGuire. - Deux vendeurs de brosses se disputent l'amour d'une jeune fille.
VO→14,95$ Non classé

**FUN** ▷4
É.-U. 1994. Drame psychologique de Rafael ZELINSKY avec Alicia Witt, Renee Humphrey et William R. Moses. - Deux adolescentes qui ont commis un meurtre gratuit sont tour à tour interrogées par un journaliste et une travailleuse sociale.
VO→31,95$ 13 ans + Violence

**FUN DOWN THERE** ▷0
É.-U. 1988, Roger STIGLIANO
VO→LS 18 ans + Érotisme

**FUN WITH DICK AND JANE** ▷5
É.-U. 1976. Comédie de mœurs de Ted KOTCHEFF avec George Segal, Jane Fonda et Ed McMahon. - Un ingénieur sans emploi et son épouse ont recours au vol pour maintenir leur train de vie.
VF→9,95$ Général

**FUN, THE LUCK AND THE TYCOON, THE** ▷0
H. K. 1990, Johnny TO
STA→LS Général

**FUNERAL, THE** ▷4
JAP. 1984. Comédie de mœurs de Juzo ITAMI avec Tsutomu Yamazaki, Nobuko Miyamoto et Kin Sugai. - Les obsèques organisées par un couple d'acteurs à la suite de la mort d'un parent donnent lieu à divers incidents étonnants.
STA→21,95$ Général

**FUNERAL IN BERLIN** ▷3
ANG. 1966. Drame d'espionnage de Guy HAMILTON avec Michael Caine, Paul Hubschmid et Eva Renzi. - Un agent secret britannique est envoyé à Berlin pour organiser la fuite d'un colonel russe. - Scénario fertile en retournements de situations. Intérêt constant. Mise en scène soignée. Interprétation au point.
VO→LS Général

**FUNERAL, THE** ▷3
É.-U. 1996. Drame d'Abel FERRARA avec Christopher Walken, Vincent Gallo et Chris Penn. - Dans les années 1930, deux mafiosi sont bouleversés par l'assassinat de leur frère dont le corps est exposé à la maison. - Réflexions sur un univers de violence géré par les liens de parenté. Noirceur de la photographie bien adaptée au sujet.
STA→21,95$ 16 ans + Violence

**FUNNY BONES** ▷0
ANG. 1995, Peter CHELSOM
VO→LS Général - Déconseillé aux jeunes enfants

**FUNNY DIRTY LITTLE WAR** ▷0
ARG. 1983, Hector OLIVERA
STA→LS 13 ans +

**FUNNY FACE** ▷3
É.-U. 1956. Comédie musicale de Stanley DONEN avec Audrey Hepburn, Fred Astaire et Kay Thompson. - Une histoire d'amour dans le milieu des revues de mode. - Traitement pittoresque et cocasse. Ensemble bien rythmé. Numéros musicaux particulièrement réussis. Heureuse utilisation de la couleur. Interprétation aérienne.
VO→14,95$ Général

**FUNNY GIRL** ▷4
É.-U. 1968. Comédie musicale de William WYLER avec Barbra Streisand, Omar Sharif et Kay Medford. - La carrière de Fanny Brice, vedette comique de Broadway au début du siècle.
VF→19,95$ VO→19,95$ Général

**FUNNY LADY** ▷4
É.-U. 1974. Comédie musicale de Herbert ROSS avec Barbra Streisand, James Caan et Omar Sharif. - Au début des années 1930, les tribulations professionnelles et sentimentales de la comédienne Fanny Brice.
VO→14,95$ Général

**FUNNY THING HAPPENED ON THE WAY TO THE FORUM, A** ▷4
ANG. 1966. Comédie de Richard LESTER avec Zero Mostel, Phil Silvers et Jack Gilford. - Dans la Rome antique, un esclave imagine divers stratagèmes pour obtenir à son maître une jeune vierge.
LBX→14,95$ VO→18,95$ LBX-DVD→PC LBX-DVD→PC Général

**FUREUR DE VIVRE, LA**
Voir: REBEL WITHOUT A CAUSE

**FURIA À BAHIA POUR OSS 117** ▷5
FR. 1965. Drame d'espionnage d'André HUNEBELLE avec Frederick Stafford, Mylène Demongeot et Raymond Pellegrin. - Un agent secret se rend au Brésil pour enquêter sur une série d'assassinat politiques.
VO→LS Non classé

**FURIOUS, THE** ▷0
H. K. 1983, Joseph VELASCO
VA→LS 13 ans +

**FURY** ▷3
É.-U. 1936. Drame de Fritz LANG avec Spencer Tracy, Sylvia Sidney et Bruce Cabot. - Après avoir échappé de justesse à un lynchage, un homme entreprend de se venger. - Premier film américain de F. Lang. Traitement vigoureux de style réaliste. Mise en scène puissante. Jeu solide de S. Tracy.
VO→19,95$ Général

**FURY IS A WOMAN**
Voir: SIBERIAN LADY MACBETH

**FURY, THE** ▷4
É.-U. 1978. Drame fantastique de Brian DE PALMA avec Kirk Douglas, Amy Irving et John Cassavetes. - Un ancien agent secret recherche son fils enlevé par une agence de renseignements qui veut utiliser ses pouvoirs télépathiques.
VO→11,95$ **13 ans +**

**FURYO**
Voir: MERRY CHRISTMAS, MR. LAWRENCE

**FUTUR EST FEMME, LE** ▷5
ITA. 1984. Drame de Marco FERRERI avec Ornella Muti, Hanna Schygulla et Niels Arestrup. - Un couple voit sa vie bouleversée par l'arrivée d'une jeune femme enceinte.
VF→LS **Général**

**FUTUREWORLD** ▷4
É.-U. 1976. Science-fiction de Richard HEFFRON avec Peter Fonda, Blythe Danner et Arthur Hill. - Les administrateurs d'un parc d'attractions futuriste remplacent certains de leurs invités par des robots à leur image.
VO→7,95$ **Général**

**FUTZ!** ▷0
É.-U. 1969, Tom O'HORGAN
VO→49,95$ **18 ans +**

**G.I. BLUES** ▷5
É.-U. 1960. Comédie musicale de Norman TAUROG avec Elvis Presley, Juliet Prowse et Robert Ivers. - Un soldat américain cantonné en Allemagne fait le pari de passer une nuit avec une danseuse de cabaret.
VO→14,95$ **Général**

**G.I. JANE** ▷5
É.-U. 1997. Drame de guerre de Ridley SCOTT avec Demi Moore, Viggo Mortensen et Anne Bancroft. - Le dur entraînement de la première femme à être incorporée dans le corps d'élite des marines.
VF→16,95$ LDX→22,95$ LBX-DVD **13 ans + Violence**

**GABBEH** ▷4
IRAN. 1995. Drame poétique de Mohsen MAKHMALBAF avec Shaghayegh Djodat, Hossein Moharami et Roghleh Moharami. - Le voyage d'une tribu nomade du Sud-Est de l'Iran influence le destin d'une jeune tisseuse de tapis.
STF→LS **Général**

**GABRIEL OVER THE WHITE HOUSE** ▷0
É.-U. 1933, Gregory LA CAVA
VO→18,95$ **Général**

**GABRIELA** ▷5
BRÉ. 1983. Comédie de mœurs de Bruno BARRETO avec Sonia Braga, Marcello Mastroianni et Antonio Cantafora. - En 1925, un cafetier brésilien épouse une ravissante sauvageonne dont l'ardeur amoureuse ne résiste pas à l'usure.
STA→LS **13 ans +**

**GABRIELLE** ▷6
QUÉ. 1979. Drame sentimental de Laurence L. KENT avec Claire Pimparé, Vincent Van Patten et Eddie Albert. - À Montréal, en 1967, un étudiant américain a une liaison avec une Québécoise avant d'aller combattre au Viêt-nam.
VO→LS **Général**

**GABY - UNE HISTOIRE VRAIE**
Voir: GABY - A TRUE STORY

**GABY: A TRUE STORY** ▷4
É.-U. 1987. Drame biographique de Luis MANDOKI avec Rachel Levin, Norma Aleandro et Liv Ullmann. - Grâce à une servante, une enfant qui souffre de paralysie cérébrale arrive à communiquer avec son pied gauche.
VF→14,95$ VO→PC **Général - Déconseillé aux jeunes enfants**

**GADJO DILO (L'ÉTRANGER FOU)** ▷3
FR. 1997. Drame de mœurs de Tony GATLIF avec Romain Duris, Izidor Serban et Rona Hartner. - En Roumanie, un jeune Français recherche dans un village de gitans une chanteuse disparue. - Intrigue décontractée prétexte à une description des mœurs tziganes. Rythme lent adapté au contexte rural. Réalisation précise et juste.
VO→18,95$ VO→18,95$ **Général - Déconseillé aux jeunes enfants**

**GAGNANT, LE** ▷5
FR. 1979. Comédie de Christian GION avec Philippe Ruggieri, Odile Michel et Michel Galabru. - Gagnant à la loterie, un jeune plombier emploie son argent pour démasquer une machination dont il a été victime.
VO→LS **Général**

**GAGNER OU MOURIR**
Voir: BETTER OFF DEAD

**GALAXY EXPRESS** ▷4
JAP. 1979. Dessins animés de Taro RIN. - Avec l'aide d'une jolie blonde à laquelle il s'est attaché, un garçon entreprend de se venger d'un comte cruel qui a tué sa mère.
VA→LS **Général**

**GALAXY QUEST** ▷4
É.-U. 1999. Comédie fantaisiste de Dean PARISOT avec Tim Allen, Sigourney Weaver et Alan Rickman. - Les vedettes d'une série télévisée de science-fiction sont entraînées par des extraterrestres dans une aventure intersidérale.
VF→24,95$ VO→24,95$ LBX-DVD→31,95$ **Général**

**GALETTE DU ROI, LA** ▷5
FR. 1985. Comédie de Jean-Michel RIBES avec Jean Rochefort, Roger Hanin et Pauline Lafont. - Espérant se sauver de la banqueroute, un roi donne sa fille en mariage au fils d'un financier qui a fait fortune dans l'alimentation.
VO→LS **Général**

**GALETTES DE PONT-AVEN, LES** ▷5
FR. 1975. Comédie de mœurs de Joël SERIA avec Jean-Pierre Marielle, Dolores McDonough et Bernard Fresson. - Un représentant quitte sa femme pour exercer ses talents de peintre et vivre la vie de bohème.
VO→LS **18 ans +**

**GALLANT HOURS, THE** ▷4
É.-U. 1960. Drame biographique de Robert Montgomery avec James Cagney, Dennis Weaver et Les Tremayne. - La vie de l'amiral Halsey qui eut un rôle important dans la guerre du Pacifique.
VO→19,95$ **Général**

**GALLIPOLI** ▷3
AUS. 1981. Drame de guerre de Peter WEIR avec Mark Lee, Mel Gibson et Bill Hunter. - Les expériences de deux jeunes Australiens pendant la guerre 1914-1918. - Mélange habile d'intimisme et de spectaculaire. Mise en scène colorée. Reconstitution finale impressionnante. Jeu sincère de jeunes acteurs sympathiques.
LBX→14,95$ VO→13,95$ LBX-DVD→29,95$ **Général**

**GAMBIT** ▷4
ANG. 1966. Comédie policière de Ronald NEAME avec Michael Caine, Shirley MacLaine et Herbert Lom. - Avec l'aide d'une danseuse eurasienne, un aventurier veut voler une statue précieuse à un millionnaire arabe.
VO→19,95$ **Général**

**GAMBLER RETURNS: THE LUCK OF THE DRAWN** ▷5
É.-U. 1991. Western de Dick LOWRY avec Kenny Rogers, Rick Rossovich et Reba McEntire. - Un joueur professionnel se rend à San Francisco pour y participer à une importante partie de poker.
VO→LS **Général**

**GAMBLER, LA** ▷0
FR. 1981, Rachel WEINBERG
VF→LS **Général**

**GAMBLER, THE** ▷3
É.-U. 1974. Drame psychologique de Karel REISZ avec James Caan, Lauren Hutton et Paul Sorvino. - Un professeur endetté par sa passion pour le jeu est poussé par ses créanciers à des actions malhonnêtes. - Évocation juste du milieu. Mise en scène souple et précise. Interprétation convaincante de J. Caan.
VO→PC **13 ans +**

**GAME OF DEATH** ▷6
É.-U. 1978. Drame policier de Robert CLOUSE avec Bruce Lee, Dean Jagger et Colleen Camp. - Un acteur spécialiste en kung-fu est confronté à des gangsters.
VO➔11,95$ 13 ans +

**GAME OF DEATH, THE** ▷4
ANG. 2000. Drame de Rachel SAMUELS avec David Morrissey, Jonathan Pryce et Catherine Siggins. - En 1899, un homme désespéré se joint à un club secret de suicidaires qui jouent leur vie aux cartes.
VO➔LS

**GAME, THE** ▷4
É.-U. 1997. Drame de David FINCHER avec Michael Douglas, Deborah Kara Unger et Sean Penn. - Un financier devient client d'une compagnie récréative dont les jeux dangereux et bizarres bouleversent sa vie quotidienne.
VF➔16,95$ LBX➔16,95$
LBX-DVD➔27,95$ Général - Déconseillé aux jeunes enfants

**GAMMA PEOPLE, THE** ▷0
ANG. 1956, John GILLING
VO➔14,95$ Général

**GAMMICK, LA** ▷4
QUÉ. 1974. Drame policier de Jacques GODBOUT avec Marc Legault, André Guy et Pierre Gobeil. - Après avoir abattu un chef de la mafia, un criminel traqué entre en contact avec un animateur de tribune téléphonique à la radio.
VO➔19,95$ 13 ans +

**GANDHI** ►2
ANG. 1982. Drame biographique de Richard ATTENBOROUGH avec Ben Kingsley, Rohini Hattangady et Roshan Seth. - Évocation de la vie de l'apôtre hindou de la non-violence. - Heureux mélange d'intimisme et de spectaculaire. Mise en scène classique et soignée. Composition fort adroite du protagoniste.
VO➔27,95$ VF➔27,95$ Général

**GANG DES CHAUSSONS AUX POMMES, LE**
Voir: THE APPLE DUMPLING GANG

**GANG THAT COULDN'T SHOOT STRAIGHT, THE** ▷5
É.-U. 1971. Comédie policière de James GOLDSTONE avec Jerry Orbach, Leigh Taylor-Young et Jo Van Fleet. - Un petit gangster de Brooklyn veut faire concurrence au syndicat du crime en tentant d'abattre le chef de la mafia.
VO➔18,95$ Général

**GANGS, INC.** ▷0
É.-U. 191, Phil ROSSEN
VO➔5,95$ Général

**GANGSTER, THE** ▷0
É.-U. 1947, Gordon WILES
VO➔LS Non classé

**GANTELET VERT, LE**
Voir: THE GREEN GLOVE

**GAPPA** ▷6
JAP. 1967. Drame d'horreur de Haruyasu NOGUCHI avec Tamio Kawaji, Yoko Yamamoto et Yuji Okada. - Des explorateurs rapportent d'une île du Pacifique un animal préhistorique.
VA-LBX➔29,95$ Général

**GARBO TALKS** ▷5
É.-U. 1984. Comédie de Sidney LUMET avec Ron Silver, Anne Bancroft et Catherine Hicks. - Un comptable entreprend de satisfaire le vœu de sa mère qui, avant de mourir, aimerait s'entretenir avec l'actrice Greta Garbo.
VO➔19,95$ Général

**GARCE, LA** ▷5
FR. 1984. Drame de mœurs de Christine PASCAL avec Isabelle Huppert, Richard Berry et Vittorio Mezzogiorno. - Après avoir fait de la prison pour viol, un détective privé se voit confier une enquête sur une femme en laquelle il reconnaît sa victime.
VO➔LS 13 ans +

**GARCON!** ▷3
FR. 1983. Comédie dramatique de Claude SAUTET avec Yves Montand, Nicole Garcia et Jacques Villeret. - Les tribulations sentimentales d'un ancien danseur devenu serveur de restaurant. - Peinture de milieu fort alerte. Réalisation sûre. Interprétation très naturelle.
VO➔LS Général

**GARÇON BOUCHER, LE**
Voir: THE BUTCHER BOY

**GARÇON D'HONNEUR**
Voir: THE WEDDING BANQUET

**GARÇONNIÈRE POUR QUATRE**
Voir: BOYS' NIGHT OUT

**GARÇONS DE SAINT-VINCENT, LES**
Voir: THE BOYS OF ST. VINCENT

**GARDE À VUE** ▷3
FR. 1981. Drame policier de Claude MILLER avec Lino Ventura, Michel Serrault et Romy Schneider. - Un notaire soupçonné de l'assassinat de deux fillettes est interrogé par un policier. - Confrontation tendue. Dialogue sarcastique. Mise en scène habile. Passionnant duel d'acteurs.
VO➔LS 13 ans +

**GARDE DU CORPS, LE** ▷5
FR. 1984. Comédie de François LETERRIER avec Gérard Jugnot, Jane Birkin et Sami Frey. - Un employé d'agence matrimoniale s'éprend d'une journaliste qu'il veut protéger d'un meurtrier.
VO➔LS Général

**GARDE DU CORPS, LE**
Voir: THE BODYGUARD

**GARDEN OF DELIGHTS, THE**
Voir: LE JARDIN DES DÉLICES

**GARDEN OF THE FINZI CONTINI, THE**
Voir: LE JARDIN DES FINZI CONTINI

**GARDEN, THE** ▷0
ANG. 1990, Derek JARMAN
VO➔LS 13 ans +

**GARDENS OF STONE** ▷4
É.-U. 1987. Drame psychologique de Francis Ford COPPOLA avec James Caan, D.B. Sweeney et James Earl Jones. - Un sergent désabusé, qui fait partie d'une garde d'honneur chargée d'enterrer des combattants tués au Viêt-nam, s'intéresse au sort d'un jeune soldat.
VO➔PC Général

**GARDIEN, LE**
Voir: NIGHTWATCH

**GARDIENS DU SILENCE, LES**
Voir: SILENT WITNESS

**GARE CENTRALE** ▷3
BRÉ.-FR. 1998. Drame psychologique de Walter SALLES avec Fernanda Montenegro, Vinicius de Oliveira et Maria Péra. - Une écrivaine publique cynique conduit un pauvre gamin chez son père à l'autre bout du Brésil. - Road movie véhiculant de belles émotions. Réalisme social percutant. Mise en scène sobre.
VF➔13,95$ STA➔13,95$ Général

**GARGANTUA** ▷6
É.-U. 1998. Science-fiction de Bradford MAY avec Adam Baldwin, Julie Carmen et Emile Hirsch. - Un biologiste marin découvre une espèce inconnue de créatures amphibies géantes sur une île de la Polynésie.
VO➔16,95$ Général - Déconseillé aux jeunes enfants

**GARS DU CÂBLE, LE**
Voir: THE CABLE GUY

**GAS FOOD LODGING** ▷4
É.-U. 1991. Drame sentimental d'Allison ANDERS avec Brooke Adams, Ione Skye et Fairuza Balk. - Les problèmes affectifs d'une mère célibataire et de ses deux adolescentes qui vivent dans un patelin du Nouveau-Mexique.
VF→LS VO→LS **13 ans +**

**GASLIGHT** ▷3
É.-U. 1944. Drame psychologique de George CUKOR avec Charles Boyer, Ingrid Bergman et Joseph Cotten. - Un pianiste amène sa jeune femme à douter de son équilibre mental. - Atmosphère bien rendue. Effets de suspense habilement maîtrisés. Excellente interprétation.
VO→19,95$ **Général**

**GASPARD ET FILS** ▷5
QUÉ. 1988. Comédie de François LABONTÉ avec Jacques Godin, Gaston Lepage et Monique Miller. - Un libraire se joint à son père dans une recherche acharnée d'un billet de loterie gagnant, oublié dans de vieux vêtements offerts à une parente.
VO→LS **Général**

**GASPARD ET ROBINSON** ▷5
FR. 1990. Comédie dramatique de Tony GATLIF avec Gérard Darmon, Vincent Lindon et Suzanne Flon. - Deux copains sans emploi qui veulent ouvrir une buvette accueillent une vieille dame abandonnée par ses proches et une mendiante avec sa fillette.
VO→LS **Général**

**GASPARDS, LES** ▷4
FR. 1973. Comédie fantaisiste de Pierre TCHERNIA avec Michel Serrault, Philippe Noiret et Michel Galabru. - Un homme à la recherche de sa fille disparue découvre un peuple vivant dans les sous-sols de Paris.
VO→LS **Général**

**GATE OF FLESH** ▷0
JAP. 1964, Seijun SUZUKI
STA-LBX→27,95$ **16 ans +**

**GATE OF HELL**
Voir: LA PORTE DE L'ENFER

**GATES OF HEAVEN** ▷5
É.-U. 1987. Documentaire d'Errol MORRIS. - Portrait d'une certaine Amérique à travers ses cimetières d'animaux domestiques.
VO→LS **Général**

**GATHERING OF EAGLES, A** ▷5
É.-U. 1963. Drame de Delbert MANN avec Rock Hudson, Rod Taylor et Mary Peach. - Les problèmes du nouveau commandant d'une escadrille du Strategic Air Command.
VO→14,95$ **Général**

**GATTACA** ▷4
É.-U. 1997. Science-fiction d'Andrew NICCOL avec Ethan Hawke, Uma Thurman et Alan Arkin. - Dans un futur proche, un jeune subalterne défie son destin en s'appropriant l'identité génétique d'un homme considéré comme supérieur.
VO→9,95$ VF→9,95$ LBX-DVD→29,95$ **Général**

**GAUCHO, THE** ▷4
É.-U. 1928. Aventures de F. Richard JONES avec Douglas Fairbanks, Lupe Velez et Gustav von Seyffertitz. - Un gaucho et sa bande s'introduisent dans une cité miraculeuse et entreprennent de neutraliser l'armée qui y fait régner la terreur.
VO→34,95$ **Général**

**GAUNTLET, THE** ▷5
É.-U. 1977. Drame policier réalisé et interprété par Clint EASTWOOD avec Sondra Locke et William Prince. - Dépêché à Las Vegas pour en ramener une prévenue, un officier de police devient la cible de mystérieux assaillants.
VF→18,95$ VO→14,95$ LBX-DVD→22,95$ **13 ans +**

**GAWIN** ▷5
FR. 1991. Comédie dramatique de Arnaud SÉLIGNAC avec Jean-Hugues Anglade, Bruno et Wojtek Pszoniak. - Le père d'un jeune garçon atteint de leucémie se déguise en extraterrestre pour faire une surprise à son fils qui ne rêve que de l'espace.
VO→LS **Général**

**GAY DESPERADO** ▷0
É.-U. 1936, Rouben MAMOULIAN
VO→54,95$

**GAY DIVORCEE, THE** ▷4
É.-U. 1934. Comédie musicale de Mark SANDRICH avec Fred Astaire, Ginger Rogers et Edward Everett Horton. - Un danseur épris d'une jeune femme en instance de divorce est entraîné dans une suite de quiproquos.
VO→14,95$ **Général**

**GAY PURR-EE** ▷4
É.-U. 1962. Dessins animés de Abe LEVITOW. - Les mésaventures d'une jeune chatte provençale venue tenter fortune à Paris.
VO→14,95$ **Non classé**

**GAZEBO, THE** ▷5
É.-U. 1959. Comédie policière de George MARSHALL avec Glenn Ford, Debbie Reynolds et Carl Reiner. - Un homme tente de dissimuler le cadavre d'un maître-chanteur qu'il croit avoir tué.
VO→18,95$ **Général**

**GAZON MAUDIT** ▷4
FR. 1994. Comédie sentimentale réalisée et interprétée par Josiane BALASKO avec Victoria Abril et Alain Chabat. - Mécontente des nombreuses absences de son mari infidèle, une mère de famille se laisse séduire par une lesbienne qui s'installe chez elle.
STA→31,95$ VO→12,95$ **13 ans +**

**GÉANT**
Voir: GIANT

**GÉANT DE FER, LE**
Voir: THE IRON GIANT

**GÉANTS DE L'OUEST, LES**
Voir: THE UNDEFEATED

**GEISHA BOY, THE** ▷4
É.-U. 1958. Comédie de Frank TASHLIN avec Jerry Lewis, Nobu McCarthy et Sessue Hayakawa. - Un prestidigitateur maladroit fait partie d'un spectacle pour les soldats américains au Japon.
VF→11,95$ VO→11,95$ **Général**

**GEISHA, LA** ▷4
JAP. 1983. Drame de mœurs de Hideo GOSHA avec Ken Ogata, Kimiko Ikegami et Atsuko Sakano. - Les tribulations dans les années 1930 d'une geisha qui travaille dans un établissement réputé de la ville de Kochi.
STF→LS **13 ans +**

**GENDARME À NEW YORK, LE** ▷4
FR. 1965. Comédie de Jean GIRAULT avec Louis de Funès, Michel Galabru et Jean Lefebvre. - Quelques gendarmes de Saint-Tropez s'en vont représenter la police française dans un congrès international.
VO→LS **Général**

**GENDARME DE SAINT-TROPEZ, LE** ▷5
FR. 1964. Comédie de Jean GIRAULT avec Louis de Funès, Geneviève Grad et Michel Galabru. - Les aventures d'un gendarme de village muté à Saint-Tropez au milieu de la colonie des estivants.
VO→LS **Général**

**GENDARME EN BALADE, LE** ▷5
FR. 1970. Comédie de Jean GIRAULT avec Louis de Funès, Michel Galabru et Jean Lefebvre. - Des gendarmes à la retraite tentent de revivre leurs exploits passés.
VO→LS **Général**

**GENDARME ET LES EXTRA-TERRESTRES, LE** ▷5
FR. 1978. Comédie de Jean GIRAULT avec Louis de Funès, Michel Galabru et Maria Mauban. - Témoin de l'envol d'une soucoupe volante, un gendarme éprouve des difficultés avec ses supérieurs qui ne le croient pas.
VO→LS Général

**GENDARME ET LES GENDARMETTES, LE** ▷6
FR. 1982. Comédie de Jean GIRAULT et Tony ABOYANTZ avec Louis de Funès, Michel Galabru et Claude Gensac. - Un officier de gendarmerie fait face aux problèmes créés par la présence de stagiaires féminines dans sa brigade.
VO→LS Général

**GENDARME SE MARIE, LE** ▷4
FR. 1968. Comédie de Jean GIRAULT avec Louis de Funès, Claude Gensac et Michel Galabru. - Un gendarme a le coup de foudre pour la veuve d'un colonel de gendarmerie.
VO→LS Général

**GENERAL DELLA ROVERE** ►2
ITA. 1959. Drame psychologique de Roberto ROSSELLINI avec Vittorio de Sica, Hannes Messemer et Anne Vernon. - À la fin de la guerre, un imposteur qui se fait passer pour un héros de la résistance se laisse prendre à son jeu. - Personnage central excellemment dépeint. Ambiance de l'époque recréée avec réalisme. Développement dramatique captivant. V. De Sica excellent.
STA→LS Non classé

**GENERAL DIED AT DAWN, THE** ▷5
É.-U. 1936. Aventures de Lewis MILESTONE avec Gary Cooper, Madeleine Carroll et Akim Tamiroff. - En Chine, un aventurier se livre au trafic d'armes pour le compte d'une bande organisée.
VO→18,95$ Non classé

**GÉNÉRAL EST MORT À L'AUBE, LE**
Voir: THE GENERAL DIED AT DAWN

**GÉNÉRAL IDI AMIN DADA** ▷4
FR. 1974. Documentaire de Barbet SCHROEDER. - Enregistrement des déclarations du président de la république de l'Ouganda sur sa conception du gouvernement et la politique d'autres hommes d'État.
VO→27,95$ Général

**GENERAL'S DAUGHTER, THE** ▷5
É.-U. 1999. Drame policier de Simon WEST avec John Travolta, Madeleine Stowe et James Cromwell. - Deux agents de la police militaire enquêtent sur le viol et le meurtre d'une femme capitaine, fille d'un général renommé.
VF→18,95$ VO→18,95$ 16 ans +

**GENERAL, THE** ▷4
IRL. 1998. Drame biographique de John BOORMAN avec Brendan Gleeson, Adrian Dunbar et Sean McGinley. - Évocation de la vie mouvementée du célèbre gangster irlandais Martin Cahill, qui a tenu la police sur les dents durant les années 80.
VF→LS VO→13,95$ 13 ans + Violence

**GENERAL, THE** ►1
É.-U. 1926. Comédie réalisée et interprétée par Buster KEATON avec Marion Mack et Glen Cavender. - Un mécanicien de locomotive récupère son engin volé par des soldats nordistes. - Classique du cinéma comique. Mise en scène d'une grande virtuosité. Excellents effets. Jeu très personnel de la vedette.
ITA→41,95$ ITA-DVD→44,95$ Général

**GENERATION PROTEUS**
Voir: DEMON SEED

**GÉNÉRATION X-TRÊME**
Voir: AMERICAN HISTORY X

**GENEVIEVE** ▷3
ANG. 1953. Comédie de Henry CORNELIUS avec John Gregson, Dinah Sheridan et Kenneth More. - Des amateurs de vieilles autos participent à un rallye. - Humour allègre. Construction vivante. Trouvailles comiques heureuses. Interprètes enjoués.
VO→18,95$ Général

**GÉNIAL, MES PARENTS DIVORCENT!** ▷4
FR. 1991. Comédie de mœurs de Patrick BRAOUDÉ avec Adrien Dirand, Volodia Serre et Gianni Giardinelli. - Les rivalités enfantines et les amourettes d'une bande de jeunes qui fréquentent la même école.
VO→LS Général

**GÉNIE CRÉATEUR DE NORMAN McLAREN, LE**
Voir: CREATIVE PROCESS: NORMAN McLAREN

**GENOU DE CLAIRE, LE** ▷3
FR. 1970. Comédie de mœurs d'Éric ROHMER avec Jean-Claude Brialy, Aurora Cornu et Béatrice Romand. - Un diplomate séjourne quelque temps à Annecy avant son mariage. - Analyse subtile et intelligente. Dialogue abondant mais plein de finesse. Décors naturels admirablement photographiés. Interprétation d'une grande distinction.
STA→LS STA-DVD→31,95$ Général

**GENS DE DUBLIN, LES**
Voir: THE DEAD

**GENS DE LA RIZIÈRE, LES** ▷4
FR. 1994. Drame de mœurs de Rithy PANH avec Peng Phan, Mom Soth et Chhim Naline. - Après la mort accidentelle de son mari, une paysanne cambodgienne doit prendre sur elle la production du riz dont dépend la survie de sa famille.
STF→18,95$ Général

**GENS NORMAUX N'ONT RIEN D'EXCEPTIONNEL, LES** ▷4
FR. 1993. Comédie dramatique de Laurence FERREIRA BARBOSA avec Valeria Bruni-Tedeschi, Melvil Poupaud et Marc Citti. - Hospitalisée à la suite d'un accident, une jeune femme décide de se consacrer au bonheur des autres malades, même malgré eux.
VO→14,95$ Général

**GENTLE INTO THE NIGHT**
Voir: PASSAGE POUR LE PARADIS

**GENTLEMAN ET CAMBRIOLEUR**
Voir: HUDSON HAWK

**GENTLEMAN JIM** ▷4
É.-U. 1941. Drame biographique de Raoul WALSH avec Errol Flynn, Alexis Smith et Jack Carson. - Les exploits du champion boxeur Jim Corbett.
VO→19,95$ Général

**GENTLEMAN'S AGREEMENT** ▷4
É.-U. 1947. Drame psychologique d'Elia KAZAN avec Gregory Peck, Dorothy McGuire et John Garfield. - Un journaliste se fait passer pour un Juif afin d'enquêter sur l'antisémitisme.
VO→16,95$ DVD→22,95$ Général

**GENTLEMEN PREFER BLONDES** ▷4
É.-U. 1953. Comédie musicale de Howard HAWKS avec Jane Russell, Marilyn Monroe et Charles Coburn. - Les joyeuses aventures de deux danseuses au cours d'un voyage sur un transatlantique.
VF→16,95$ VO→16,95$ Général

**GEORGE OF THE JUNGLE** ▷5
É.-U. 1997. Comédie fantaisiste de Sam WEISMAN avec Brendan Fraser, Leslie Mann et Thomas Haden Church. - Un jeune homme qui a grandi dans la jungle parmi les gorilles devient l'ami d'une riche Américaine dont il a sauvé la vie.
VF→16,95$ VO→16,95$ Général

**GEORGES DE LA JUNGLE**
Voir: GEORGE OF THE JUNGLE

**GEORGIA** ▷4
AUS. 1988. Drame de Ben LEWIN avec Judy Davis, John Bach et Julia Blake. - Une agente du gouvernement qui fut adoptée en bas âge tente de faire la lumière sur les circonstances troublantes entourant la mort de sa mère biologique.
VO→18,95$ 13 ans +

**GEORGIA**
Voir: FOUR FRIENDS

**GEORGIA** ▷4
É.-U. 1995. Drame psychologique de Ulu GROSBARD avec Jennifer Jason Leigh, Mare Winningham et Ted Levine. - La difficile relation entre deux sœurs chanteuses, dont l'une connaît un grand succès et l'autre pas.
VF→14,95$ VO→18,95$ **13 ans +**

**GEORGY GIRL** ▷4
ANG. 1966. Comédie dramatique de Silvio NARIZZANO avec Lynn Redgrave, Alan Bates et James Mason. - Les tribulations d'une fille pataude qui partage un appartement avec une amie frivole.
VO→PC **Non classé**

**GERMANY YEAR ZERO**
Voir: ALLEMAGNE ANNÉE ZÉRO

**GERMINAL** ▷5
FR. 1963. Drame social de Yves ALLÉGRET avec Jean Sorel, Bernard Blier et Berthe Granval. - En 1863, un homme tente d'améliorer les conditions de travail faites aux mineurs.
VO→12,95$ **13 ans +**

**GERMINAL** ▷3
FR. 1993. Drame social de Claude BERRI avec Renaud, Gérard Depardieu et Miou-Miou. - Sous le Second Empire, un ouvrier se révolte contre l'exploitation inhumaine des mineurs et incite ses camarades à déclarer la grève. - Adaptation spectaculaire du roman d'Émile Zola. Recréation saisissante de l'atmosphère grise et lourde de l'œuvre originale. Jeu des comédiens bien adapté au ton de l'ensemble.
VO→12,95$ **13 ans +**

**GERONIMO: AN AMERICAN LEGEND** ▷4
É.-U. 1993. Western de Walter HILL avec Jason Patric, Wes Studi et Matt Damon. - Dans les années 1880, un jeune lieutenant se voit confier la mission d'arrêter l'Apache Geronimo qui s'est lancé dans une campagne meurtrière contre les Blancs.
VF→9,95$ VO→9,95$ **Général**

**GERTRUDE** ▷3
DAN. 1964. Drame psychologique de Carl Theodor DREYER avec Nina Pena Rode, Axel Gebuhr et Ebbe Rode. - Une femme cherche à satisfaire dans diverses aventures un besoin d'amour exclusif. - Ensemble rigoureux et dépouillé. Beauté plastique. Mise en scène théâtrale. Excellents interprètes.
STA→27,95$ STF→21,95$ **13 ans +**

**GET CARTER** ▷5
ANG. 1971. Drame policier de Mike HODGES avec Michael Caine, Ian Hendry et John Osborne. - Un gangster londonien retourne dans sa ville natale pour enquêter sur la mort de son frère.
VF→LS VO→19,95$ **18 ans +**

**GET CARTER** ▷5
É.-U. 2000. Drame policier de Stephen T. KAY avec Sylvester Stallone, Rachael Leigh Cook et Alan Cumming. - Après une longue absence, un tueur professionnel revient à Seattle pour enquêter sur la mort suspecte de son frère.
VF→LS VO→19,95$ **13 ans +**

**GET ON THE BUS** ▷4
É.-U. 1996. Drame social de Spike LEE avec Ossie Davis, Charles S. Dutton et Andre Braugher. - Durant leur périple de Los Angeles à Washington, où ils vont participer à un rassemblement d'Afro-Américains, des inconnus se lient d'amitié.
VO→18,95$ **Général**

**GET REAL** ▷4
ANG. 1998. Comédie dramatique de Simon SHORE avec Ben Silverstone, Brad Gorton et Charlotte Brittain. - L'idylle entre deux étudiants gais qui s'efforcent de garder secrète leur orientation sexuelle.
VO→14,95$

**GET SHORTY** ▷4
É.-U. 1995. Comédie satirique de Barry SONNENFELD avec John Travolta, Gene Hackman et Rene Russo. - Un gangster sympathise avec un producteur de films et s'implique dans le financement de sa prochaine production.
VF→14,95$ LBX→14,95$
LBX-DVD→18,95$ **13 ans + Langage vulgaire**

**GET TO KNOW YOUR RABBIT** ▷0
É.-U. 1972, Brian DE PALMA
VO→19,95$ **13 ans +**

**GETAWAY, THE** ▷4
É.-U. 1972. Drame policier de Sam PECKINPAH avec Steve McQueen, Ali MacGraw et Al Lettieri. - Pour sortir de prison, un homme accepte d'organiser un vol de banque pour le compte d'un avocat influent du Texas.
VF→14,95$ VO→14,95$ LBX-DVD→21,95$ **13 ans +**

**GETAWAY, THE** ▷5
É.-U. 1994. Drame policier de Roger DONALDSON avec Alec Baldwin, Kim Basinger et Michael Madsen. - Fuyant vers le Mexique après avoir commis un hold-up, un jeune couple est pris en chasse par la police et par d'anciens complices.
VF→14,95$ VO→14,95$ **16 ans + Violence**

**GETTING EVEN WITH DAD** ▷5
É.-U. 1994. Comédie de Howard DEUTCH avec Macaulay Culkin, Ted Danson et Glenne Headly. - Alors qu'il prépare un vol important avec deux comparses, un ex-taulard se retrouve inopinément avec la garde de son jeune fils futé.
VF→LS VO→14,95$ **Général**

**GETTING IT RIGHT** ▷5
ANG. 1989. Comédie sentimentale de Randal KLEISER avec Jesse Birdsall, Jane Horrocks et Lynn Redgrave. - Un coiffeur candide connait ses premières aventures sentimentales lorsqu'un ami l'entraîne dans la haute société londonienne.
VF→LS VO→LS **Général**

**GETTYSBURG** ▷5
É.-U. 1993. Drame historique de Ronald MAXWELL avec Martin Sheen, Tom Berenger et Jeff Daniels. - En 1863, sur le site de Gettysburg en Pennsylvanie, l'armée des États confédérés du Sud et les troupes nordistes s'affrontent dans une bataille décisive.
LBX→LS **Général**

**GHARE BAIRE**
Voir: THE HOME AND THE WORLD

**GHOST** ▷4
É.-U. 1990. Drame fantastique de Jerry ZUCKER avec Patrick Swayze, Demi Moore et Whoopi Goldberg. - Devenu un fantôme après son assassinat, un jeune cadre se sert d'un faux médium pour entrer en contact avec sa compagne qui est aux prises avec des criminels.
LBX→13,95$ VO→11,95$ VF→14,95$ **Général**

**GHOST AND MRS. MUIR, THE** ▷3
É.-U. 1947. Comédie fantaisiste de Joseph Leo MANKIEWICZ avec Rex Harrison, Gene Tierney et George Sanders. - Le fantôme d'un capitaine se mêle à la vie d'une jeune veuve qui s'est installée dans une maison au bord de la mer. - Aspects fantastiques évoqués avec finesse. Ton d'humour. Goût et mesure dans la mise en scène. Interprétation subtile.
VO→24,95$ **Général**

**GHOST AND THE DARKNESS, THE** ▷4
É.-U. 1996. Aventures de Stephen HOPKINS avec Val Kilmer, Michael Douglas et Tom Wilkinson. - En Afrique au XIXe siècle, un ingénieur anglais et un chasseur américain s'efforcent d'abattre deux lions mangeurs d'hommes.
LBX→13,95$ VO→13,95$ **13 ans +**

**GHOST BREAKERS, THE** ▷4
É.-U. 1940. Comédie policière de George MARSHALL avec Paulette Goddard, Bob Hope et Richard Carlson. - Une jeune fille veut entrer en possession de son héritage, un château supposément hanté.
VO→18,95$ **Général**

**GHOST DOG: LA VOIE DU SAMOURAÏ**
Voir: GHOST DOG : WAY OF THE SAMURAI

**GHOST DOG: THE WAY OF THE SAMURAI** ▷3
É.-U. 1999. Drame policier de Jim JARMUSCH avec Forest Whitaker, John Tormey et Cliff Gorman. - Après un contrat qui a mal tourné, un tueur à gages qui vit selon les préceptes des anciens samouraïs devient la cible d'un clan mafieux. - Relecture originale et fort réjouissante du film de gangsters. Climat envoûtant. Réalisation leste et imaginative. Jeu prenant de F. Whitaker.
VF→14,95$ VO→14,95$

**GHOST GOES WEST, THE** ▷3
ANG. 1935. Comédie fantaisiste de René CLAIR avec Robert Donat, Jean Parker et Eugene Pallette. - Une jeune fille se prend de sympathie pour le fantôme d'un château écossais qu'elle a fait reconstruire en Amérique. - Intrigue originale conduite avec esprit. Réalisation brillante. Fine interprétation.
VO→LS **Non classé**

**GHOST IN THE SHELL** ▷4
JAP. 1995. Dessins animés de Mamoru OSHII.- Dans une ville futuriste, une policière mi-humaine, mi-robot, poursuit un mystérieux individu qui se sert de l'inforoute à des fins criminelles.
LBX→29,95$ **13 ans +**

**GHOST OF FRANKENSTEIN, THE** ▷6
É.-U. 1942. Drame d'horreur de Erle C. KENTON avec Lon Chaney Jr., Cedric Hardwicke et Bela Lugosi. - Le fils de Frankenstein entre en lutte avec le monstre créé par son père.
VO→14,95$ **Général**

**GHOST STORY** ▷5
É.-U. 1981. Drame fantastique de John IRVIN avec Craig Wasson, Alice Krige et Fred Astaire. - Dans une petite ville du Vermont, quatre vieillards sont tourmentés par le fantôme d'une jeune femme dont ils avaient provoqué la mort dans leur jeunesse.
VF→LS VO→LS LBX-DVD→LS **13 ans +**

**GHOSTBUSTERS** ▷4
É.-U. 1984. Comédie fantaisiste de Ivan REITMAN avec Bill Murray, Sigourney Weaver et Dan Aykroyd. - Des experts en phénomènes paranormaux se lancent en affaires comme chasseurs de fantômes.
LBX→14,95$ VO→13,95$ **13 ans +**

**GHOSTBUSTERS 2** ▷5
É.-U. 1989. Comédie fantaisiste de Ivan REITMAN avec Bill Murray, Sigourney Weaver et Dan Aykroyd. - D'anciens chasseurs de fantômes reprennent du service pour lutter contre l'esprit d'un despote cruel du XVIe siècle.
VO→13,95$ **Général**

**GHOSTS OF MISSISSIPPI** ▷5
É.-U. 1996. Drame judiciaire de Rob REINER avec Alec Baldwin, Whoopi Goldberg et James Woods. - Un procureur remue ciel et terre pour faire inculper le responsable présumé d'un meurtre raciste commis trente ans auparavant.
VO→18,95$ VF→18,95$ **Général**

**GIA** ▷0
É.-U. 1998, Michael CRISTOPHER
VO→11,95$ **16 ans +**

**GIANT** ▷3
É.-U. 1956. Étude de mœurs de George STEVENS avec Elizabeth Taylor, Rock Hudson et James Dean. - Vingt-cinq années de la vie d'un couple sur une ferme immense au Texas. - Œuvre habile et attachante. Mise en scène d'un mouvement ample. Richesse de l'étude psychologique. Interprétation juste.
VF-LBX→19,95$ LBX→24,95$ **Général**

**GIANT BEHEMOTH, THE** ▷0
É.-U. 1958, Eugene LOURIE
VO→14,95$ **Général**

**GIANT GILA MONSTER, THE** ▷7
É.-U. 1959. Drame d'horreur de Ray KELLOGG avec Don Sullivan, Lisa Simone et Shug Fisher. - Le shérif d'une petite ville et un adolescent découvrent qu'un monstre est à l'origine d'une série de disparitions mystérieuses.
VO→14,95$ **Général**

**GIANT STEPS** ▷5
CAN. 1992. Drame musical de Richard ROSE avec Billy Dee Williams, Michael Mahonen et Robyn Stevan. - Un jeune trompettiste s'attire la sympathie d'un musicien reconnu qui devient son mentor.
VO→LS **Général**

**GIFT, THE** ▷4
É.-U. 2000. Drame fantastique de Sam RAIMI avec Cate Blanchett, Giovanni Ribisi et Keanu Reeves. - Après avoir contribué à faire condamner l'auteur présumé d'un meurtre, une voyante devient persuadée qu'il était innocent.
**13 ans +**

**GIGI** ▷3
É.-U. 1958. Comédie musicale de Vincente MINNELLI avec Leslie Caron, Maurice Chevalier et Louis Jourdan. - Élevée en vue d'une vie galante, Gigi rêve d'amour sincère et de mariage. - Adaptation d'un roman de Colette. Reconstitution somptueuse et soignée de la Belle Époque. Mise en scène brillante. Interprétation pleine d'assurance.
LBX→14,95$ LBX-DVD→21,95$ **Général**

**GILDA** ▷4
É.-U. 1947. Comédie dramatique de Charles VIDOR avec Rita Hayworth, Glenn Ford et George Macready. - Un gérant de casino épouse la femme de son patron après le suicide apparent de celui-ci.
VO→19,95$ **Général**

**GIMME SHELTER: THE ROLLING STONES** ▷5
É.-U. 1970. Documentaire de Charlotte ZWERIN, David et Albert MAYSLES - Compte rendu de concerts donnés par le groupe rock The Rolling Stones au cours d'une tournée américaine en 1970 qui connut une tournure tragique à Altamont en Californie.
VO→24,95$ **13 ans +**

**GINA** ▷4
QUÉ. 1975. Drame social de Denys ARCAND avec Céline Lomez, Claude Blanchard et Gabriel Arcand. - L'agression d'une danseuse dans un hôtel de province occasionne un règlement de comptes et cause des soucis à un groupe de cinéastes.
VO→19,95$ **13 ans +**

**GINGER ET FRED** ▷3
ITA. 1985. Comédie satirique de Federico FELLINI avec Giulietta Masina, Marcello Mastroianni et Franco Fabrizi. - Un homme et une femme qui formèrent autrefois un couple de danseurs de music-hall se retrouvent à Rome pour un spectacle de télévision. - Mélange adroit de satire grotesque et d'attendrissement mélancolique. Style baroque propre à l'auteur. Interprétation experte des protagonistes.
STA→19,95$ **Général**

**GINGERBREAD MAN, THE** ▷4
É.-U. 1997. Drame policier de Robert ALTMAN avec Kenneth Branagh, Embeth Davidtz et Robert Downey Jr. - En aidant une jeune serveuse qui se dit harcelée par son père psychotique, un avocat met en danger la sécurité de sa propre famille.
VO→18,95$ VF→15,95$
LBX-DVD→36,95$ **Général - Déconseillé aux jeunes enfants**

**GINGKO BED, THE** ▷0
COR. 1996, Je-Kyu KANG
STA→99,95$ **13 ans + Violence**

**GIRL 6** ▷5
É.-U. 1996. Comédie dramatique réalisée et interprétée par Spike LEE avec Theresa Randle et Isaiah Washington. - Au bout de son rouleau, une aspirante actrice accepte un emploi de téléphoniste dans une agence érotique.
VO→29,95$ 16 ans + Langage vulgaire

**GIRL, THE** ▷5
HON. 1968, Marta MESZAROS
STA→LS Général

**GIRL CAN'T HELP IT, THE** ▷4
É.-U. 1956. Comédie satirique de Frank TASHLIN avec Tom Ewell, Jayne Mansfield et Edmond O'Brien. - Un gangster retraité charge un impresario de lancer une chanteuse sans talent.
VO→32,95$ Général

**GIRL FROM MISSOURI, THE** ▷4
É.-U. 1934. Comédie dramatique de Jack CONWAY avec Jean Harlow, Lionel Barrymore et Franchot Tone. - Les mésaventures d'une jeune femme qui a quitté sa petite ville natale pour trouver un mari fortuné.
VO→19,95$ Général

**GIRL FROM PETROVKA, THE** ▷4
É.-U. 1974. Comédie dramatique de Robert Ellis MILLER avec Goldie Hawn, Hal Holbrook et Anthony Hopkins. - Un journaliste américain travaillant à Moscou s'éprend d'une jeune Russe aux allures bohèmes.
VO→PC Général

**GIRL-GETTERS, THE** ▷4
ANG. 1964. Drame psychologique de Michael WINNER avec Oliver Reed, Jane Merrow et Guy Doleman. - Des jeunes gens ont imaginé un système pour faire la connaissance de jolies estivantes.
VO→34,95$ Général

**GIRL IN A SWING, THE** ▷5
É.-U. 1988. Drame de mœurs de Gordon HESSLER avec Meg Tilly, Rupert Frazer et Nicholas Le Prevost. - Un antiquaire anglais épouse une jeune Allemande dont le passé renferme un terrible secret.
VO→11,95$ 13 ans + Érotisme

**GIRL IN BLACK, A** ▷3
GR. 1956. Drame de Michael CACOYANNIS avec Ellie Lambetti, Dimitru Horn et Georges Foundas. - L'amour d'un jeune Athénien pour la fille d'une veuve, mise en quarantaine pour sa conduite légère, lui attire des ennuis. - Intrigue contemporaine traitée dans le style de la tragédie antique. Photographie admirablement composée. Interprétation stylisée.
STA→21,95$

**GIRL, INTERRUPTED** ▷4
É.-U. 1999. Drame de mœurs de James MANGOLD avec Winona Ryder, Angelina Jolie et Whoopi Goldberg. – A la fin des années 60, une jeune femme ayant tenté de se suicider séjourne un an dans une institution psychiatrique.
VF→19,95$ VO→19,95$

**GIRL IS A GIRL, A** ▷0
CAN. 1999, Reginald HARKEMA

**GIRL NEXT DOOR, THE** ▷5
É.-U. 1999. Documentaire de Christine FUGATE. - La vie privée et professionnelle de Stacy Valentine, une jeune star du cinéma porno américain.
16 ans + Érotisme

**GIRL OF THE GOLDEN WEST, THE** ▷5
É.-U. 1939. Comédie musicale de Robert Z. LEONARD avec Jeanette MacDonald, Nelson Eddy et Walter Pidgeon. - La rivalité sentimentale entre un shérif et un bandit auprès d'une cabaretière.
VO→LS Général

**GIRL ON A MOTORCYCLE** ▷5
ANG. 1968. Drame psychologique de Jack CARDIFF avec Marianne Faithfull, Alain Delon et Roger Mutton. - Une jeune femme s'en va rejoindre son amant sur la motocyclette qu'il lui a offerte en cadeau de noces.
LBX→14,95$ LBX-DVD→27,95$ 18 ans +

**GIRL TALK** ▷5
É.-U. 1988. Documentaire de Kate DAVIS. - Évocation de la vie perturbée de trois adolescentes.
VO→19,95$ Général

**GIRL WHO KNEW TOO MUCH, THE** ▷0
ITA. 1963, Mario BAVA
VA-LBX→36,95$

**GIRL WITH BRAINS IN HER FEET, THE** ▷0
ANG. 1997, Robert BANGURA
VO→14,95$

**GIRL WITH THE HAT BOX, THE**
Voir: LA JEUNE FILLE AU CARTON À CHAPEAU

**GIRLFIGHT** ▷4
É.-U. 2000. Drame sportif de K. KUSAMA avec Michelle Rodriguez, Jaime Tirelli et Paul Calderon. – Une adolescente au tempérament violent canalise son agressivité dans la boxe et s'ouvre à la vie quand elle tombe amoureuse d'un rival.
VF→LS VO→LS LBX-DVD Général - Déconseillé aux jeunes enfants

**GIRLS** ▷0
CAN.-FR.-ALL. 1980, Just JAECKIN
VO→LS 18 ans +

**GIRLS DE LAS VEGAS, LES**
Voir: SHOWGIRLS

**GIRLS IN PRISON** ▷6
É.-U. 1955. Drame d'Edward L. CAHN avec Joan Taylor, Richard Denning et Adele Jergens. - Une jeune fille refuse de révéler la cachette de l'argent qu'elle a volé dans une banque.
VO→PC Général

**GIRLS IN PRISON** ▷0
É.-U. 1994, John McNAUGHTON
VO→PC 13 ans +

**GIRLS JUST WANT TO HAVE FUN** ▷5
É.-U. 1985. Comédie musicale de Alan METTER avec Sarah Jessica Parker, Lee Montgomery et Morgan Woodward. - Une adolescente doit surmonter plusieurs obstacles pour devenir danseuse dans une émission de télévision.
VO→9,95$ Général

**GIRLS TOWN** ▷6
É.-U. 1959. Mélodrame de Charles HAAS avec Mamie Van Doren, Mel Torme et Ray Anthony. - Une jeune délinquante séquestrée injustement dans une maison de rééducation cherche à délivrer sa sœur qui a été kidnappée par des voyous.
VO→13,95$ Général

**GIRLS TOWN** ▷4
É.-U. 1996. Drame de mœurs de Jim McKAY avec Lili Taylor, Anna Grace et Bruklin Harris. - Éprouvées par le suicide d'une amie, trois adolescentes rebelles et désabusées découvrent dans le journal intime de celle-ci les raisons de son geste.
VO→13,95$ 13 ans + Langage vulgaire

**GITAN, LE** ▷4
FR. 1975. Drame policier de José GIOVANNI avec Alain Delon, Paul Meurisse et Marcel Bozzuffi. - En poursuivant des exploits criminels, un gitan croise un perceur de coffres recherché pour meurtre.
VO→LS 13 ans +

**GITANE, LA** ▷5
FR. 1985. Comédie de Philippe DE BROCA avec Claude Brasseur, Valérie Kaprisky et Clémentine Célarié. - Un banquier, ayant des problèmes avec les femmes, tombe amoureux d'une gitane qui l'entraîne dans diverses aventures.
VO→LS Général

**GIVE ME A SAILOR** ▷5
É.-U. 1938. Comédie d'Elliott NUGENT avec Bob Hope, Martha Raye et Betty Grable. - Une jeune fille cherche à briser l'idylle entre sa sœur et un marin.
VO→18,95$ **Général**

**GIVE MY REGARDS TO BROAD STREET** ▷5
ANG. 1984. Comédie musicale de Peter WEBB avec Paul McCartney, Bryan Brown et Ringo Starr. - Un chanteur populaire se fait dérober les bandes types d'enregistrement de son prochain album.
VO→11,95$ **Général**

**GLADIATEURS, LES**
Voir: DEMETRIUS AND THE GLADIATORS

**GLADIATOR, THE** ▷6
É.-U. 1986. Drame policier d'Abel FERRARA avec Ken Wahl, Nancy Allen et Robert Culp. - Un homme entreprend de venger la mort de son frère tué par un chauffard.
VF→LS **Général**

**GLADIATOR, THE** ▷3
É.-U. 2000. Drame épique de Ridley SCOTT avec Russell Crowe, Joaquin Phoenix et Connie Nielsen. - Un général romain devenu gladiateur cherche à se venger de l'empereur qu'il tient responsable de son malheur. - Sujet traité avec un grand impact dramatique. Personnages bien développés. Mise en scène spectaculaire à souhait. Interprétation intense.
VF→19,95$ VO→LS **13 ans + Violence**

**GLANEURS ET LES GLANEUSES, LES** ►2
FR. 2000. Documentaire d'Agnès VARDA. - Une cinéaste tente de faire un lien entre la toile de Millet «Les Glaneuses» et des gens qui, par nécessité, par choix ou par hasard, sont aujourd'hui en contact avec les rebuts des autres. - Œuvre brillante et sensible mélangeant réflexions poétiques et étude sociale. Commentaires personnels mâtinés d'un humour savoureux. Réalisation fort souple.
**Général**

**GLASS BOTTOM BOAT, THE** ▷4
É.-U. 1966. Comédie de Frank TASHLIN avec Doris Day, Rod Taylor et Dom De Luise. - Une jeune veuve est soupçonnée à tort d'être une espionne.
VO→19,95$ **Général**

**GLASS KEY, THE** ▷5
É.-U. 1942. Drame policier de Stuart HEISLER avec Alan Ladd, Veronica Lake et Brian Donlevy. - Un agent électoral est accusé d'avoir tué le frère de celle qu'il aime.
VO→14,95$ **Général**

**GLASS MENAGERIE, THE** ▷3
É.-U. 1987. Drame psychologique de Paul NEWMAN avec Joanne Woodward, Karen Allen et John Malkovich. - À la demande de sa mère, un jeune homme cherche un prétendant pour sa sœur qui est affligée d'une infirmité à la jambe et d'une timidité maladive. - Adaptation fidèle de la pièce de Tennessee Williams. Ton intimiste profondément émouvant. Illustration soignée. Excellente interprétation.
VO→9,95$ VF→LS **Général**

**GLASS SHIELD, THE** ▷4
É.-U. 1994. Drame policier de Charles BURNETT avec Michael Boatman, Lori Petty et Ice Cube. - En proie au racisme quotidien d'un commissariat de Los Angeles, un jeune policier de race noire n'ose intervenir lorsqu'un Noir est injustement arrêté sous ses yeux.
VF→18,95$ **Général**

**GLASS SLIPPER, THE** ▷4
É.-U. 1955. Comédie musicale de Charles WALTERS avec Leslie Caron, Michael Wilding et Amanda Blake. - Une jeune fille maltraitée par sa famille réussit à se rendre au bal organisé pour fêter le retour d'un prince.
VO→19,95$ **Non classé**

**GLEN OR GLENDA?** ▷7
É.-U. 1952. Drame de Edward D. WOOD Jr. avec Bela Lugosi, Lyle Talbot et Timothy Farrell. - Deux individus veulent changer de sexe, l'un en s'habillant en femme, l'autre en subissant une opération.
VO→14,95$ VO→14,95$ DVD→37,95$ **Général**

**GLENGARRY GLEN ROSS** ▷3
É.-U. 1992. Drame de mœurs de James FOLEY avec Al Pacino, Jack Lemmon et Ed Harris. - Menacés de congédiement par leur supérieur, quatre agents immobiliers cherchent le moyen d'augmenter leurs ventes. - Adaptation d'une pièce de David Mamet. Illustration tantôt stylisée tantôt réaliste. Ensemble à la fois émouvant et caustique. Texte rendu à merveille par de prestigieux interprètes.
VO→14,95$ VF→14,95$ **13 ans + Langage vulgaire**

**GLENN MILLER STORY, THE** ▷4
É.-U. 1954. Drame biographique d'Anthony MANN avec James Stewart, June Allyson et Charles Drake. - La vie d'un musicien de jazz des années 1930.
VF→LS VO→LS **Général**

**GLISSER VERS L'ENFER**
Voir: HELL BENT

**GLOIRE DE MON PÈRE, LA** ▷3
FR. 1990. Chronique de Yves ROBERT avec Philippe Caubère, Nathalie Roussel et Julien Ciamara. - Les aventures d'un garçon de onze ans qui passe les vacances d'été avec sa famille dans une maison à la campagne. - Récit basé sur les souvenirs d'enfance de Marcel Pagnol. Film classique mais lumineux. Scènes familiales ou rurales illustrées avec une beauté simple. Interprétation fort satisfaisante.
STA→19,95$ VO→21,95$ **Général**

**GLOIRE ET ROCK AND ROLL**
Voir: TELLING LIES IN AMERICA

**GLORIA** ▷5
É.-U. 1998. Drame de Sidney LUMET avec Sharon Stone, Jean-Luke Figueroa et Jeremy Northam. - La maîtresse d'un mafioso se fait la protectrice d'un gamin dont les parents ont été assassinés par les hommes de main du gangster.
VF→12,95$ **Général - Déconseillé aux jeunes enfants**

**GLORIA** ▷4
É.-U. 1980. Drame policier de John CASSAVETES avec Gena Rowlands, John Adames et Buck Henry. - Une femme se fait la protectrice d'un enfant dont la famille a été abattue par la mafia.
VO→12,95$ VF→12,95$ **13 ans +**

**GLORY** ▷3
É.-U. 1989. Drame historique d'Edward ZWICK avec Matthew Broderick, Denzel Washington et Morgan Freeman. - Durant la guerre de Sécession aux États-Unis, un jeune officier nordiste revendique les mêmes droits pour les soldats noirs volontaires qui forment son régiment. - Récit humaniste. Mise en scène de métier. Technique maîtrisée. Bon jeu de M. Broderick et des protagonistes noirs.
VF→14,95$ LBX→14,95$ LBX-DVD→PM **13 ans +**

**GO** ▷4
É.-U. 1999. Comédie dramatique de Doug LIMAN avec Sarah Polley, Desmond Askew et Scott Wolf. - La veille de Noël, les destins de divers personnages s'entrecroisent sur fond de petites arnaques et de folles virées.
VF→12,95$ VO→12,95$→LBX-DVD→29,95$ **16 ans +**

**GO ASK ALICE** ▷4
É.-U. 1972. Drame psychologique de John KORTY avec Jamie Smith-Jackson, William Shatner et Andy Griffith. - Les tristes expériences d'une adolescente tombée sous l'emprise de la drogue.
VO→39,95$ **Général**

**GO DOWN DEATH** ▷0
É.-U. 1944, Spencer WILLIAMS
VO→LS **Général**

**GO FISH** ▷4
É.-U. 1994. Comédie de mœurs de Rose TROCHE avec Guinevere Turner, V.S. Brodie et T. Wendy McMillan. - Une jeune romancière en herbe qui recherche désespérément l'âme sœur fait la rencontre d'une timide assistante vétérinaire.
VO→13,95$ **16 ans + Érotisme**

**GO FOR BROKE!** ▷4
É.-U. 1950. Drame de guerre de Robert PIROSH avec Van Johnson, Lane Nakano et George Miki. - Les exploits d'un régiment américain composé de soldats d'origine japonaise.
VO→18,95$ **Général**

**GO FOR IT** ▷0
ITA. 1983, Enzo BARBONI
VA→19,95$

**GO JOHNNY, GO!** ▷0
É.-U. 1958, Paul LANDRES
LS **Général**

**GO NOW** ▷4
ANG. 1995. Drame psychologique de Michael WINTERBOTTOM avec Robert Carlyle, Juliet Aubrey et James Nesbitt. - À Bristol, le bonheur d'un jeune couple est mis à l'épreuve lorsque le garçon découvre qu'il souffre de sclérose en plaques.
VO→LS **13 ans +**

**GO TELL THE SPARTANS** ▷4
É.-U. 1978. Drame de guerre de Ted POST avec Burt Lancaster, Craig Wasson et Marc Singer. - En 1964, des soldats américains tentent d'occuper une ancienne base française au Viêt-nam.
VO→11,95$ **13 ans +**

**GO WEST** ▷4
É.-U. 1941. Comédie de Edward BUZZELL avec les frères Marx, John Carroll et Diana Lewis. - Trois vagabonds partent à la recherche de l'or et se retrouvent mêlés à une histoire de cession de terrain.
VO→19,95$ **Général**

**GO WEST** ▷3
É. U. 1925. Comédie réalisée et interprétée par Buster KEATON avec Howard Truesdale et Kathleen Myers. - Un maladroit engagé sur un ranch s'attache à une vache. - Scénario amusant. Succession de gags désopilants. B. Keaton en bonne forme.
ITA→41,95$ ITA-DVD→49,95$ **Général**

**GO WEST, YOUNG MAN** ▷5
É.-U. 1936. Comédie de Henry HATHAWAY avec Mae West, Warren William et Randolph Scott. - Une vedette du cinéma fait une tournée à travers le pays.
VO→14,95$ **Général**

**GOALIE'S ANXIETY AT THE PENALTY KICK, THE**
Voir: L'ANGOISSE DU GARDIEN DE BUT AU MOMENT DU PENALTY

**GOD OF GAMBLER'S RETURN** ▷0
H. K. 1991, Wong JING
STA→LS **13 ans + Violence**

**GOD OF GAMBLERS** ▷0
H. K. 1990, Wong JING
STA-DVD→59,95$ **13 ans +**

**GOD OF KILLERS** ▷0
H. K., INCONNU
STA→29,95$ **13 ans + Violence**

**GOD SAID HA!** ▷0
É.-U. 1998, Julia SWEENEY
VO→PC **Général**

**GOD'S COMEDY** ▷0
POL. 1996, João César MONTEIRO
STA→PC

**GOD'S LITTLE ACRE** ▷4
É.-U. 1958. Comédie dramatique de Anthony MANN avec Robert Ryan, Aldo Ray et Tina Louise. - Un fermier creuse sa terre dans l'espoir d'y trouver un trésor et néglige sa famille.
VO→17,95$ **Général**

**GODARD COLLECTION, THE (COFFRET)** ▷0
Voir: DÉTECTIVE · FEMME EST UNE FEMME, UNE · PASSION · PIERROT LE FOU · PRÉNOM: CARMEN-VIVRE SA VIE
VO→129,95$

**GODDESS OF 1967, THE** ▷4
AUS. 2000. Drame psychologique de Clara LAW avec Rose Byrne, Rikiya Kurokawa et Nicholas Hope. - Une jeune aveugle accompagne un Japonais qui se rend dans l'arrière-pays australien pour régler l'achat d'une voiture de collection.
**16 ans +**

**GODDESS REMEMBERED** ▷5
CAN. 1989. Documentaire de Donna READ. - Les racines de la spiritualité féminine contemporaine seraient à rechercher dans les cultes ancestraux des déesses.
VO→24,95$ **Général**

**GODFATHER TRILOGY (25TH ANNIVERSARY), THE** ►2
É.-U., Francis Ford COPPOLA
VO→56,95$ **Non classé**

**GODFATHER TRILOGY, THE** ►2
É.-U., Francis Ford COPPOLA
VF→56,95$ LBX→56,95$ **Non classé**

**GODFATHER, THE** ►1
É.-U. 1972. Drame policier de Francis Ford COPPOLA avec Marlon Brando, Al Pacino et James Caan. - Malgré sa décision de ne pas se mêler aux affaires de la famille, le fils d'un chef de la mafia américaine finit pourtant par succéder à son père. - Evocation remarquable du milieu. Mise en scène vigoureuse et inventive. Photographie soignée.Tension constante. Excellente interprétation.
VF→24,95$ LBX→24,95$ **13 ans +**

**GODFATHER, PART 2, THE** ►1
É.-U. 1974. Drame de mœurs de Francis Ford COPPOLA avec Al Pacino, Robert De Niro et Diane Keaton. - L'ascension d'un Sicilien dans le monde américain du crime et la consolidation de son empire illégal par son fils. - Complément riche et complexe du film précédent. Fresque grandiose. Cinématographie remarquable. Interprétation de première force.
VF→24,95$ LBX→24,95$ **13 ans +**

**GODFATHER, PART 3, THE** ▷3
É.-U. 1990. Drame de mœurs de Francis Ford COPPOLA avec Al Pacino, Andy Garcia et Sofia Coppola. - Après avoir fait fortune grâce au crime, le parrain de la mafia américaine cherche à œuvrer dans la légitimité tout en étant secondé par un neveu impétueux. - Portrait assez fascinant du personnage principal. Réalisation somptueuse. Séquence finale magistrale. Excellente interprétation.
LBX→24,95$ VO→23,95$ VF→24,95$ **13 ans +**

**GODS AND MONSTERS** ▷3
É.-U. 1998. Drame psychologique de Bill CONDON avec Ian McKellen, Brendan Fraser et Lynn Redgrave. - En 1957, un cinéaste homosexuel vieillissant et malade se lie d'amitié avec son jeune jardinier. - Récit inspiré de la vie du réalisateur James Whale. Approche sensible et spirituelle. Interprétation remarquable d'I. McKellen.
VF→18,95$ VO→14,95$ LBX-DVD→23,95$ **13 ans +**

**GODS MUST BE CRAZY, THE** ▷3
A.S. 1981. Comédie de Jamie UYS avec Marius Weyers, Sandra Prisloo et Xao. - Un indigène du Kalahari a pour tâche de se débarrasser d'une bouteille maléfique tombée du ciel. - Fable cocasse nourrie d'observations de mœurs. Mise en scène vivante. Interprétation d'une bonhomie parfaite.
VF→LS VO→LS **Général**

**GODS MUST BE CRAZY 2, THE** ▷4
A.S. 1988. Comédie de Jamie UYS avec N'xau, Lena Farugia et Hans Strydom. - Un Bochiman part à la recherche de ses enfants embarqués par inadvertance à l'arrière d'un camion-citerne.
VF→LS VO→LS **Général**

**GODS OF THE PLAGUE** ▷0
ALL. 1969, Rainer Werner FASSBINDER
STA→LS **13 ans +**

**GODSPELL** ▷3
É.-U. 1973. Comédie musicale de David GREENE avec Victor Garber, David Haskell et Lynne Thigpen. - Dans les rues et sur les places de New York, dix jeunes gens revivent divers épisodes de la vie du Christ. - Spectacle vivant et inventif. Sketches de style moderne où fourmillent les trouvailles.
VO→19,95$ **Général**

**GODZILLA** ▷6
É.-U. 1998. Science-fiction de Roland EMMERICH avec Matthew Broderick, Jean Reno et Maria Pitillo. - Des scientifiques et l'armée combattent un gigantesque reptile qui terrorise la ville de New York.
VF-LBX→12,95$ LBX→23,95$
LBX-DVD→34,95$ **Général - Déconseillé aux jeunes enfants**

**GODZILLA, KING OF THE MONSTERS** ▷5
JAP. 1954. Science-fiction d'Inoshiro HONDA avec Raymond Burr, Takashi Shimura et Momoko Kochi. - Réveillé par des essais nucléaires en haute mer, un monstre gigantesque se met à ravager Tokyo.
VO→16,95$ **Général**

**GODZILLA'S REVENGE** ▷5
JAP. 1969. Drame d'horreur d'Inoshiro HONDA avec Kenji Sahara, Tomoneri Yazaki et Mashiko Muka. - Un garçonnet rêve à un séjour sur une île peuplée de monstres gigantesques.
VA-LBX→15,95$
VA→15,95$ **Général - Déconseillé aux jeunes enfants**

**GODZILLA vs. DESTROYAH** ▷0
JAP. 1995, Takao OKAWARA
VA→9,95$ **13 ans + Horreur**

**GODZILLA vs. GIGAN** ▷0
JAP. 1972, Jun FUKUDA
VA→9,95$ **Général - Déconseillé aux jeunes enfants**

**GODZILLA vs. KING GHIDORA** ▷0
JAP. 1991, Kazuki OMORI
VA→9,95$ **Général**

**GODZILLA vs. MECHAGODZILLA** ▷0
JAP. 1974, Takao OKAWARA
VA→9,95$ **Général - Déconseillé aux jeunes enfants**

**GODZILLA vs. MEGALON** ▷6
JAP. 1972. Science-fiction de Jun FUKUDA avec Katsuhiko Sasaki, Hiroyuki Kawase et Robert Dunham. - Les dirigeants d'un empire souterrain dérangés par des essais nucléaires lancent des monstres à l'assaut du Japon.
VA→9,95$ **Général**

**GODZILLA vs. MONSTER ZERO** ▷5
JAP. 1966. Science-fiction d'Inoshiro HONDA avec Nick Adams, Akira Takarada et Kumi Mizumo. - Deux astronautes découvrent une nouvelle planète dont les habitants sont menacés par un monstre gigantesque.
VA-LBX VA→16,95$ **Général**

**GODZILLA vs. MOTHRA** ▷6
JAP. 1963. Science-fiction d'Inoshiro HONDA avec Akira Takarada, Yuriko Hoshi et Hiroshi Koisumi. - Deux chenilles écloses d'un œuf énorme sont employées pour anéantir un monstre.
VA-LBX→16,95$ VA→15,95$ **Général**

**GODZILLA vs. MOTHRA: THE BATTLE FOR EARTH** ▷0
JAP. 1992, Takao OKAWARA
VA→LS **Général**

**GODZILLA vs. SPACE GODZILLA** ▷0
JAP. 1994, Kensho YAMASHITA
VA→9,95$ **Général - Déconseillé aux jeunes enfants**

**GODZILLA vs. THE SEA MONSTER** ▷6
JAP. 1966. Drame fantastique de Jun FUKUDA avec Akira Takarada, Toru Watanabe et Hideo Sunazuka. - Un monstre préhistorique s'adjoint l'aide d'un ancien rival afin de lutter contre un homard géant au service d'un groupe de tyrans.
VA→9,95$ **Général**

**GODZILLA vs. THE SMOG MONSTER** ▷0
JAP. 1972, Yoshimitu BANNO
VA→LS **Général**

**GODZILLA 1985** ▷6
JAP. 1985. Drame d'horreur de Kohji HASHIMOTO et Robert J. KIZER avec Keiju Kobayashi, Ken Tanaka et Yasuko Sawaguchi. - Une explosion volcanique dans le Pacifique ranime Godzilla, un monstre gigantesque qu'on croyait englouti à jamais.
VA→LS **Général**

**GODZILLA 2000** ▷6
JAP. 1999. Science-fiction de Takao OKAWARA avec Takehiro Murata, Naomi Nishida et Mayu Suzuki. - Le monstre Godzilla entre en lutte avec une entité extraterrestre qui menace les habitants de Tokyo.
VF→LS VO→LS **Général**

**GOIN' SOUTH** ▷4
É.-U. 1978. Western réalisé et interprété par Jack NICHOLSON avec Mary Steenburgen et Christopher Lloyd. - Un hors-la-loi condamné à la pendaison obtient sa grâce en épousant une jeune femme.
VO→13,95$ **Général**

**GOIN' TO TOWN** ▷6
É.-U. 1935. Comédie de Alexander HALL avec Mae West, Paul Cavanagh et Gilbert Emery. - Une aventurière entreprend de faire la conquête d'un homme du monde.
VO→14,95$ **Général**

**GOING IN STYLE** ▷4
É.-U. 1979. Comédie dramatique de Martin BREST avec George Burns, Art Carney et Lee Strasberg. - Pour tromper leur ennui, trois vieillards décident de commettre un hold-up.
VO→14,95$ **Général**

**GOING MY WAY** ▷4
É.-U. 1944. Comédie dramatique de Leo McCAREY avec Bing Crosby,

Barry Fitzgerald et Risë Stevens. - Un jeune prêtre d'esprit moderne est nommé pour assister le vieux curé d'une grande paroisse.
VO→11,95$ **Général**

**GOLD RUSH, THE** ►1
É.-U. 1925. Comédie dramatique réalisée et interprétée par Charles CHAPLIN avec Mack Swain et Georgia Hale. - En Alaska, un vagabond part à la découverte d'un filon du précieux métal. - Mélange judicieux de pathétique et de comique. Technique simple et efficace. Jeu de mime remarquable de C. Chaplin.
ITA-DVD→44,95$ ITA→24,95$ ITA-DVD→44,95$ **Général**

**GOLDEN BALLS**
Voir: MACHO

**GOLDEN BOY** ▷4
É.-U. 1940. Drame psychologique de Rouben MAMOULIAN avec William Holden, Barbara Stanwyck et Adolphe Menjou. - Ne pouvant gagner sa vie, un violoniste opte pour la boxe.
VO→18,95$ **Général**

**GOLDEN BRAID** ▷4
AUS. 1990. Drame de Paul COX avec Chris Haywood, Gosia Dobrowolska et Paul Chubb. - Un horloger en vient à négliger sa maîtresse lorsqu'il tombe amoureux d'une tresse dorée qu'il a dénichée dans le tiroir secret d'un buffet vénitien.
VO→29,95$ **13 ans + Érotisme**

**GOLDEN CHILD, THE** ▷5
É.-U. 1986. Comédie fantaisiste de Michael Ritchie avec Eddie Murphy, Charlotte Lewis et Charles Dance. - Un travailleur social américain est chargé de veiller sur un jeune lama tibétain menacé par des forces occultes.
VF→LS VO→PC **Général**

**GOLDEN COACH, THE**
Voir: LE CAROSSE D'OR

**GOLDEN DEMON** ▷0
JAP. 1953, Koji SHIMA
STA→LS **Non classé**

**GOLDEN EARRINGS** ▷5
É.-U. 1947. Aventures de Mitchell LEISEN avec Ray Milland, Marlène Dietrich et Murvyn Vye. - Un espion américain en Allemagne est sauvé par une bohémienne qui l'aide à accomplir sa mission.
VO→18,95$ **Général**

**GOLDEN EIGHTIES** ▷3
FR. 1985. Comédie musicale de Chantal AKERMAN avec Delphine Seyrig, Fanny Cottençon et Charles Denner. - Les échanges amoureux entre les employés d'un magasin de confection et d'un salon de coiffure se faisant face dans une galerie marchande. - Divertissement coloré. Mise en scène rythmée habilement maîtrisée. Interprétation convaincante.
VO→LS **Général**

**GOLDEN EYE** ▷4
ANG. 1995. Drame d'espionnage de Martin CAMPBELL avec Pierce Brosnan, Sean Bean et Izabella Scorupco. - En Russie, l'agent secret James Bond s'efforce de contrecarrer les plans d'un terroriste qui menace de faire sauter Londres.
VF→14,95$ VO→14,95$ LBX-DVD→34,95$ **13 ans +**

**GOLDEN VOYAGE OF SINBAD, THE** ▷4
ANG. 1973. Conte de Gordon HESSLER avec John Philip Law, Caroline Munro et Tom Baker. - Sinbad et son équipage partent à la recherche d'un trésor sur une île légendaire.
VF→14,95$ VO→14,95$ **Général**

**GOLDFINGER** ▷3
ANG. 1964. Drame d'espionnage de Guy HAMILTON avec Sean Connery, Gert Fröbe et Honor Blackman. - L'agent secret James Bond doit surveiller un millionnaire soupçonné de faire la contrebande de l'or. - Invraisemblances colorées d'un ton de satire évident. Réalisation inventive et nerveuse. Interprétation dans le ton voulu.
VF→14,95$ VO→14,95$ **13 ans +**

**GOLEM, LE** ▷5
FR.-TCH. 1937. Drame fantastique de Julien DUVIVIER avec Harry Baur, Roger Karl et Ferdinand Hart. - Pour protéger la population juive de Cracovie, un rabbin anime une statue d'argile à l'aide de formules cabalistiques.
STA→LS **Général**

**GOLEM, THE** ▷3
ALL. 1920. Drame fantastique de Paul WEGENER et Carl BOESE avec Paul Wegener, Albert Steinruck et Lyda Salmonova. - Pour protéger la population juive de Cracovie, un rabbin anime une statue d'argile à l'aide de formules cabalistiques. - Classique du cinéma fantastique. Climat d'étrangeté. Trucages étonnamment réussis.
ITA→27,95$ **Général**

**GONE DU CHAÂBA, LE** ▷4
FR. 1997. Chronique de Christophe RUGGIA avec Bouzid Negnoug, Mohamed Fellag et Nabil Ghalem. - Dans les années 60, les tribulations d'un gamin algérien qui vit avec sa famille dans un bidonville de Lyon.
VO→LS **Général**

**GONE IN SIXTY SECONDS** ▷5
É.-U. 2000. Drame policier de Dominic SENA avec Nicolas Cage, Angelina Jolie et Giovanni Ribisi. - Une bande de voleurs s'efforce de subtiliser 50 automobiles en 24 heures.
VF→149,95$ VO→LS **13 ans +**

**GONE WITH THE WIND** ►2
É.-U. 1939. Drame de mœurs de Victor FLEMING avec Vivien Leigh, Clark Gable et Olivia de Havilland. - Les manœuvres d'une jeune Sudiste égoïste et ambitieuse dans le cadre de la guerre de Sécession. - Adaptation spectaculaire du roman de Margaret Mitchell. Classique du cinéma populaire. Mise en scène impressionnante. Interprétation solide.
VF→31,95$ VO→31,95$ **Général**

**GONFLÉS À BLOC**
Voir: THOSE DARING YOUNG MEN IN THEIR JAUNTY JALOPIES

**GONZA THE SPEARMAN** ▷3
JAP. 1985. Drame de mœurs de Masahiro SHINODA avec Hiromi Goh, Shima Iwashita et Sholej Hino. - Lorsque l'épouse de son seigneur lui propose sa fille en mariage, un serviteur ambitieux accepte l'offre dans l'espoir de connaître les secrets de la cérémonie du thé. Adaptation d'une pièce de théatre japonaise du XVIIIe siècle. Description intéressante des mœurs de l'époque.
STA→34,95$ **13 ans +**

**GOOD BURGER** ▷6
É.-U. 1997. Comédie de Brian ROBBINS avec Kel Mitchell, Kenan Thompson et Sinbad. - La rivalité entre les employés de deux restaurants de «fast-food» situés l'un en face de l'autre.
VO→LS **Général**

**GOOD DAY FOR A HANGING** ▷5
É.-U. 1959. Western de Nathan Hertz JURAN avec Fred MacMurray, Joan Blackman et Robert Vaughn. - Un conflit éclate entre un juge et sa fille qui est amoureuse d'un condamné à mort qu'elle croit innocent.
VO→13,95$ **Général**

**GOOD EARTH, THE** ▷3
É.-U. 1936. Étude de mœurs de Sidney FRANKLIN avec Paul Muni, Luise Rainer et Walter Connolly. - La vie d'un fermier chinois et de sa famille. - Adaptation soignée d'un roman de Pearl Buck. Tableau intéressant de la Chine traditionnelle. Construction anecdotique. Interprétation de classe.
VO→19,95$ **Général**

**GOOD EVENING, MR. WALLENBERG** ▷4
SUÈ. 1990. Drame historique de Kjell GREDE avec Stellan Skarsgard, Katharina Thalbach et Karoly Eperjes. - Les efforts accomplis par un homme d'affaires suédois pour soustraire de nombreux juifs à l'Holocauste.
STA→LS **13 ans +**

**GOOD FATHER, THE** ▷3
ANG. 1986. Drame de mœurs de Mike NEWELL avec Anthony Hopkins, Jim Broadbent et Harriet Walter. - Voulant se venger de son propre échec conjugal, un homme pousse un instituteur à entreprendre des procédures judiciaires pour recouvrer la garde de son fils. - Étude de mœurs d'une intensité particulière. Contexte bien décrit. Mise en scène précise.
VO→LS **Général**

**GOOD FIGHT, THE** ▷0
É.-U. 1984, Noel BUCKNER, Sam Sills et Mary DORE
VO→41,95$ **Général**

**GOOD MAN IN AFRICA, A** ▷5
É.-U. 1993. Comédie de mœurs de Bruce BERESFORD avec Colin Friels, Sean Connery et John Lithgow. - Pris au piège par un politicien corrompu, un diplomate britannique se doit d'accomplir une délicate mission auprès d'un médecin influent d'un pays d'Afrique.
VO→11,95$ **Général**

**GOOD MORNING** ▷0
JAP. 1959, Yasujiro OZU
STA→27,95$ **Général**

**GOOD MORNING, BABYLON** ▷3
ITA. 1987. Comédie dramatique de Paolo et Vittorio TAVIANI avec Vincent Spano, Joaquim de Almeida et Greta Scacchi. - Partis faire fortune en Amérique, deux jeunes Italiens aboutissent à Hollywood en 1915 où ils travaillent comme manœuvres. - Hommage à tous les artisans obscurs du cinéma. Évocation d'une nostalgie poétique. Interprétation sympathique.
VF→LS VO→LS **Général**

**GOOD MORNING, VIETNAM** ▷4
É.-U. 1987. Comédie dramatique de Barry LEVINSON avec Robin Williams, Forest Whitaker et Tung Thanh Tran. - Au Viêt-nam en 1965, un caporal devient le disc-jockey volubile et spirituel d'une émission de radio matinale diffusée à travers le pays par l'armée.
VO→11,95$ VF→11,95$ **Général**

**GOOD MORNING... AND GOODBYE!** ▷0
É.-U. 1967, Russ MEYER
VO→69,95$ **18 ans +**

**GOOD MOTHER, THE** ▷4
É.-U. 1988. Drame psychologique de Leonard NIMOY avec Diane Keaton, Liam Neeson et Jason Robards. - Une jeune femme indépendante est poursuivie devant les tribunaux par son ex-mari qui veut obtenir la garde de leur fille.
VF→LS VO→LS **Général**

**GOOD NEWS** ▷5
É.-U. 1947. Comédie musicale de Charles WALTERS avec June Allyson, Peter Lawford et Patricia Marshall. - Deux collégiennes se disputent l'amour d'un camarade sportif.
VO→14,95$ **Général**

**GOOD SAM** ▷5
É.-U. 1948. Comédie de Leo McCAREY avec Gary Cooper, Ann Sheridan et Ray Collins. - Un farfelu se ruine en bonnes œuvres au détriment de sa famille.
VO→LS **Non classé**

**GOOD SON, THE** ▷5
É.-U. 1993. Drame de Joseph RUBEN avec Elijah Wood, Macaulay Culkin et Wendy Crewson. - À l'occasion d'un séjour chez un oncle, un garçon découvre que son cousin est un enfant diabolique.
VF→9,95$ **13 ans +**

**GOOD WILL HUNTING** ▷4
É.-U. 1997. Drame psychologique de Gus VAN SANT avec Matt Damon, Robin Williams et Stellan Skarsgard. - Un jeune génie rebelle et issu d'un milieu défavorisé doit suivre une thérapie avec un psychologue meurtri par la vie.
VF→14,95$ VO→14,95$ LBX-DVD→27,95$ **13 ans +**

**GOOD WOMAN OF BANGKOK, THE** ▷5
AUS. 1991. Documentaire de Dennis O'ROURKE avec Yaowalak Chonchanakun. - Un cinéaste se rend à Bangkok où il fait la connaissance d'une jeune prostituée à qui il propose d'être le sujet d'un portrait filmique.
VO→33,95$ **16 ans +**

**GOOD, THE BAD AND THE UGLY, THE** ▷3
ITA. 1967. Western de Sergio LEONE avec Clint Eastwood, Eli Wallach et Lee Van Cleef. - Pendant la guerre de Sécession, trois aventuriers se disputent le secret de la cachette d'un trésor volé à l'armée confédérée. - Style syncopé. Variations gratuites mais habiles. Ton d'humour particulier. Interprétation savoureuse.
LBX→24,95$ LBX-DVD→18,95$ **13 ans +**

**GOODBYE AGAIN** ▷4
É.-U. 1961. Drame psychologique d'Anatole LITVAK avec Ingrid Bergman, Yves Montand et Anthony Perkins. - Une divorcée dans la quarantaine se console des infidélités de son amant avec un jeune Américain.
VO→19,95$ **Général**

**GOODBYE CHARLIE** ▷4
É.-U. 1964. Comédie fantaisiste de Vincente MINNELLI avec Debbie Reynolds, Tony Curtis et Pat Boone. - Un séducteur impénitent est métamorphosé en femme.
VO→16,95$ **Général**

**GOODBYE EMMANUELLE** ▷5
FR. 1977. Drame de mœurs de François LETERRIER avec Sylvia Kristel, U. Orsini et Jean-Pierre Bouvier. - La jeune femme d'un architecte installé aux îles Seychelles s'éprend d'un cinéaste de passage.
VO→LS **18 ans +**

**GOODBYE GIRL, THE** ▷4
É.-U. 1977. Comédie sentimentale de Herbert ROSS avec Richard Dreyfuss, Marsha Mason et Quinn Cummings. - Les tribulations sentimentales entre un acteur et une ancienne danseuse qui doivent partager le même appartement.
VO→14,95$ LBX-DVD→26,95$ **Général**

**GOODBYE LOVER** ▷5
É.-U. 1998. Comédie policière de Roland JOFFE avec Patricia Arquette, Dermot Mulroney et Ellen DeGeneres. - Des époux et des amants multiplient les complots meurtriers et les trahisons dans le but de s'enrichir les uns aux dépens des autres.
VF→14,95$ VO→14,95$ LBX-DVD→PC **16 ans +**

**GOODBYE, MR. CHIPS** ▷4
ANG. 1969. Comédie musicale de Herbert ROSS avec Peter O'Toole, Petula Clark et Michael Redgrave. - La carrière d'un professeur dans un collège anglais.
VO→19,95$ **Général**

**GOODBYE, MR. CHIPS** ▷3
É.-U. 1939. Comédie dramatique de Sam WOOD avec Robert Donat, Greer Garson et Paul Henreid. - La carrière d'un professeur dans un collège anglais. - Approche humaine et chaleureuse du sujet. Milieu bien observé. Mise en scène soignée. Excellente interprétation.
VO→19,95$ **Général**

**GOODBYE, MY LADY** ▷4
É.-U. 1956. Conte de William A. WELLMAN avec Walter Brennan, Brandon de Wilde et Sidney Poitier. - Un orphelin trouve un chien d'une race rare et l'adopte.
VO→13,95$ **Général**

**GOODFELLAS** ►2
É.-U. 1990. Drame de mœurs de Martin SCORSESE avec Ray Liotta, Robert De Niro et Joe Pesci. - Les succès et les revers d'un jeune mafioso de New York. - Scénario foisonnant d'anecdotes drôles, violentes, tragiques ou cyniques. Fresque hautement vibrante et colorée. Milieu de la pègre évoqué de façon à la fois vériste et pittoresque. Réalisation et interprétation très assurées.
VF→19,95$ VO→19,95$ LBX→19,95$
LBX-DVD→26,95$ **13 ans +**

**GOOFY MOVIE, A** ▷5
É.-U. 1995. Dessins animés de Kevin LIMA. - Un adolescent accompagne à contre-cœur son père à une partie de pêche.
VF→23,95$ VO→23,95$ Général

**GOONIES, THE** ▷4
É.-U. 1985. Comédie dramatique de Richard DONNER avec Sean Astin, Josh Brolin et Jeff Cohen. - Parti à la recherche d'un trésor, un groupe de jeunes gens rencontre des difficultés avec une famille de criminels.
VO→14,95$ VF→14,95$ Général

**GORGEOUS** ▷0
CHI.-H. K. 1999, Vincent KOK
VF→14,95$ VA→LS

**GORGEOUS HUSSY, THE** ▷0
É.-U. 1936, Clarence BROWN
VO→18,95$ Général

**GORGO** ▷4
ANG. 1961. Drame d'horreur de Eugene LOURIE avec Bill Travers, William Sylvester et Vincent Winter. - Un monstre préhistorique apparaît à Londres et y sème la panique.
VO→LS Général

**GORGO et VARAN THE UNBELIEVABLE (COFFRET)** ▷0
VO→29,95$

**GORGON, THE** ▷4
ANG. 1964. Drame fantastique de Terence FISHER avec Peter Cushing, Christopher Lee et Richard Pasco. - Dans un petit village d'Allemagne des meurtres sont commis par un être mystérieux qui pétrifie ses victimes.
VO→14,95$ Général

**GORILLAS IN THE MIST** ▷3
É.-U. 1988. Drame biographique de Michael APTED avec Sigourney Weaver, Bryan Brown et John Omirah Miluwi. - En voulant sauver les gorilles de montagne dont elle étudie les mœurs, une chercheuse est confrontée aux préoccupations économiques de la population africaine locale. - Sujet inspiré de la vie de Dian Fossey. Images colorées. Rythme enlevant. Technique bien maîtrisée. Interprétation impressionnante de S. Weaver.
VF→11,95$ LBX-DVD→34,95$ Général

**GORILLES DANS LA BRUME**
Voir: GORILLAS IN THE MIST

**GORILLES, LES** ▷5
FR. 1964. Comédie de Jean GIRAULT avec Darryl Cowl, Francis Blanche et Maria Pacôme. - Deux bagagistes égarent la valise d'un diamantaire et s'évertuent à la retrouver.
VO→14,95$ Général

**GORKY PARK** ▷4
É.-U. 1983. Drame policier de Michael APTED avec William Hurt, Joanna Pacula et Lee Marvin. - Un officier de police russe enquête sur la découverte de trois cadavres mutilés dans le parc Gorky, au centre de Moscou.
VF→LS VO→LS 13 ans +

**GOSPEL ACCORDING TO ST. MATTHEW, THE**
Voir: L'ÉVANGILE SELON SAINT MATTHIEU

**GOTCHA!** ▷4
É.-U. 1985. Comédie policière de Jeff KANEW avec Anthony Edwards, Linda Fiorentino et Klaus Loewitsch. - Un étudiant américain en voyage en Europe est entraîné par une jeune femme dans une affaire d'espionnage.
VF→LS 13 ans +

**GOTHIC** ▷5
ANG. 1986. Drame fantastique de Ken RUSSELL avec Gabriel Byrne, Julia Sands et Natasha Richardson. - Dans une villa du lac Léman, deux illustres poètes et leurs compagnes font un concours d'histoires macabres lors d'une nuit d'orage de 1816.
VO→19,95$ DVD→31,95$ 18 ans +

**GOÛT DE LA CERISE, LE** ▷3
IRAN. 1997. Drame psychologique d'Abbas KIAROSTAMI avec Homayon Ershadi, Abdolrahman Bagheri et Afshin Korshid Bakhtiari. - Un homme ayant décidé de mettre fin à ses jours part à la recherche de quelqu'un qui acceptera de l'ensevelir après sa mort. - Réflexion originale sur le suicide. Moments empreints d'une subtile poésie.
STF-LBX→26,95$ STA→27,95$ Général

**GOÛT DES AUTRES, LE** ▷3
FR. 2000. Comédie dramatique réalisée et interprétée par Agnès JAOUI avec Jean-Pierre Bacri et Anne Alvaro. - Un industriel peu cultivé courtise une actrice de théâtre en s'immisçant dans son cercle d'amis intellectuels. - Étude de mœurs à l'humour fin et délicat. Personnages attachants et subtilement dessinés. Dialogues spirituels. Mise en scène sûre. Jeu sensible des comédiens.
VO→LS Général

**GOUTTES D'EAU SUR PIERRES BRÛLANTES** ▷4
FR. 1999. Comédie dramatique de François OZON avec Bernard Giraudeau, Malik Zidi et Ludivine Sagnier. - Un quinquagénaire séduit un jeune homme de trente années son cadet, puis la petite amie de ce dernier.
16 ans +

**GOVERNESS, THE** ▷4
ANG. 1998. Drame psychologique de Sandra GOLDBACHER avec Minnie Driver, Tom Wilkinson et Jonathan Rhys Meyers. - En 1840, une Juive obtient un poste de gouvernante sous une fausse identité et tombe amoureuse de son patron, un passionné de photographie.
VO→13,95$ 13 ans +

**GRACE ET CHUCK**
Voir: AMAZING GRACE AND CHUCK

**GRACE KELLY STORY, THE** ▷5
É.-U. 1983. Drame biographique d'Anthony PAGE avec Cheryl Ladd, Lloyd Bridges et Ian McShane. - La vie de la vedette de cinéma qui devint l'épouse du prince de Monaco.
VO→18,95$

**GRACE OF MY HEART** ▷4
É.-U. 1996. Drame musical d'Allison ANDERS avec Illeana Douglas, Matt Dillon et Eric Stoltz. - Une jeune femme issue d'un milieu aisé s'établit à New York dans l'espoir de percer dans le monde de la chanson.
VF→15,95$ Général

**GRACE QUIGLEY** ▷5
É.-U. 1984. Comédie dramatique d'Anthony HARVEY avec Katharine Hepburn, Nick Nolte et Kit Le Fever. - Une vieille dame met sur pied une agence pour faciliter, grâce à un tueur à gages, le décès de personnes âgées et solitaires.
VO→13,95$ Général

**GRACE: LA MUSIQUE DU CŒUR**
Voir: GRACE OF MY HEART

**GRADUATE, THE** ►2
É.-U. 1967. Comédie de mœurs de Mike NICHOLS avec Dustin Hoffman, Anne Bancroft et Katharine Ross. - À sa sortie du collège, un jeune homme est séduit par la femme de l'associé de son père puis s'éprend de la fille de celle-ci.- Scénario original et rigoureux. Ton de satire humoristique. Mise en scène très soignée. Interprétation remarquable.
VF→14,95$ VO→14,95$ LBX-DVD→21,95$ Général

**GRAFFITI AMÉRICAINS**
Voir: AMERICAN GRAFFITI

**GRAFFITI PARTY**
Voir: BIG WEDNESDAY

**GRAND AMOUR DE BEETHOVEN, UN** ▷4
FR. 1936. Drame biographique d'Abel GANCE avec Harry Baur, Annie Ducaux et Jany Holt. - Évocation de la vie sentimentale tumultueuse du grand compositeur Ludwig van Beethoven.
STA→32,95$ Général

**GRAND BLEU, LE** ▷4
FR. 1988. Comédie dramatique de Luc BESSON avec Jean-Marc Barr, Jean Reno et Rosanna Arquette. - L'amitié entre deux plongeurs célèbres continuellement en compétition.
VO→14,95$ VF→19,95$ VF→14,95$ Général

**GRAND BLOND AVEC UNE CHAUSSURE NOIRE, LE** ▷3
FR. 1972. Comédie de Yves ROBERT avec Pierre Richard, Mireille Darc et Paul Le Person. - Un modeste violoniste est entraîné malgré lui dans des disputes de services secrets. - Habile mise au point des effets comiques. Plaisanteries originales et réussies. P. Richard à l'aise dans son personnage de distrait.
STA→LS Général

**GRAND CANYON** ▷4
É.-U. 1991. Drame de mœurs de Lawrence KASDAN avec Kevin Kline, Danny Glover et Mary McDonnell. - Un garagiste et un avocat, tous deux confrontés à divers problèmes, développent une grande amitié fondée sur l'entraide.
VO→9,95$ VF→11,95$ Général

**GRAND CARNAVAL, LE** ▷4
FR. 1983. Comédie dramatique d'Alexandre ARCADY avec Roger Hanin, Philippe Noiret et Fiona Gélin. - En novembre 1942, le maire d'un village algérien et son ami cafetier décident de tirer parti de l'arrivée des troupes américaines.
VO→LS Général

**GRAND CARUSO, LE**
Voir: THE GREAT CARUSO

**GRAND CHANTAGE, LE**
Voir: SWEET SMELL OF SUCCESS

**GRAND CHEF, LE** ▷5
FR. 1958. Comédie de Henri VERNEUIL avec Fernandel, Gino Cervi et le petit Papouf. - Deux braves bougres kidnappent un fils de millionnaire qui leur cause un tas d'ennuis.
VO→LS Général

**GRAND CHEMIN, LE** ▷4
FR. 1986. Comédie dramatique de Jean-Loup HUBERT avec Antoine Hubert, Anémone et Richard Bohringer. - Un enfant de la ville qui passe ses vacances dans un village découvre, grâce à une fillette, le monde des adultes.
VO→LS 13 ans +

**GRAND COUP, LE**
Voir: THE BIG HIT

**GRAND EMBOUTEILLAGE, LE** ▷3
ITA.-FR. 1979. Comédie dramatique de Luigi COMENCINI avec Alberto Sordi, Angela Molina et Harry Baer. - Les réactions diverses d'automobilistes bloqués dans un embouteillage prolongé. - Mélange habile de comédie et de satire amère. Éléments épars adroitement intégrés. Interprétation convaincante.
VF→LS 13 ans +

**GRAND ESCOGRIFFE, LE** ▷4
FR. 1977. Comédie policière de Claude PINOTEAU avec Yves Montand, Claude Brasseur et Agostina Belli. - Un chevalier d'industrie entraîne un guide touristique et une comédienne dans une affaire d'enlèvement.
VO→LS Général

**GRAND FRÈRE, LE** ▷5
FR. 1982. Drame policier de Francis GIROD avec Gérard Depardieu, Roger Planchon et Hakim Ghanem. - Un jeune Arabe cache un meurtrier chez lui afin de s'en servir pour venger la mort de son frère, tué par un policier.
VO→LS 18 ans +

**GRAND HOTEL** ▷4
É.-U. 1932. Drame d'Edmund GOULDING avec John Barrymore, Greta Garbo et Wallace Beery. - Les destins de diverses personnes s'entrecroisent dans un hôtel de Berlin.
VO→19,95$ Général

**GRAND JACK, LE** ▷0
QUÉ. 1987, Herménégilde CHIASSON
VO→19,95$ Général

**GRAND JACOB, LE**
Voir: BIG JAKE

**GRAND JEU, LE**
Voir: THE FULL MONTY

**GRAND LEBOWSKI, LE**
Voir: THE BIG LEBOWSKI

**GRAND MEAULNES, LE** ▷4
FR. 1967. Drame de Jean-Gabriel ALBICOCCO avec Jean Blaise, Brigitte Fossey et Alain Libolt. - Un jeune homme recherche une jeune fille qu'il a rencontrée dans d'étranges circonstances.
STA→LS Général

**GRAND MÉLIÈS, LE** ▷0
FR. 1952, Georges FRANJU
STA→LS Général

**GRAND PARDON, LE** ▷4
FR. 1982. Drame policier d'Alexandre ARCADY avec Roger Hanin, Bernard Giraudeau et Jean-Louis Trintignant. - Un jeune truand ambitieux cherche à nuire à un Juif qui a pris le contrôle des rackets d'un quartier de Paris.
VO→LS 13 ans +

**GRAND PARDON 2, LE** ▷5
FR. 1992. Drame de mœurs d'Alexandre ARCADY avec Roger Hanin, Richard Berry et Gérard Darmon. - Un ancien racketteur parisien parti vivre à Miami chez son fils découvre que celui-ci s'est enrichi en blanchissant l'argent de la drogue.
VO→LS 13 ans + Violence

**GRAND PRIX** ▷3
É.-U. 1966. Drame sportif de John FRANKENHEIMER avec James Garner, Yves Montand et Eva Marie Saint. - La saison des grandes courses automobiles réunit plusieurs coureurs dans une même camaraderie et une même rivalité. - Grande ingéniosité technique. Variété des prises de vue. Intrigues diverses quelque peu conventionnelles. Très bons interprètes.
VO→24,95$ LBX→24,95$ Général

**GRAND REMUE-MÉNAGE, LE** ▷5
QUÉ. 1978. Documentaire de Sylvie GROULX et Francine ALLAIRE. - Évolution des relations entre l'homme et la femme illustrée à travers diverses manifestations individuelles ou sociales.
VO→24,95$ Général

**GRAND ROCK, LE** ▷5
QUÉ. 1968. Drame de Raymond GARCEAU avec Guy Thauvette, Francine Racette et Jacques Bilodeau. - Un jeune trappeur est entraîné au crime à la suite de son mariage avec une fille cupide.
VO→LS 13 ans +

**GRAND SAUT, LE**
Voir: DREAM WITH THE FISHES

**GRAND SECRET, LE**
Voir: ABOVE AND BEYOND

**GRAND SERPENT DU MONDE, LE** ▷5
QUÉ. 1998. Drame psychologique d'Yves DION avec Murray Head, Zoé Latraverse et Louise Portal. - Un chauffeur d'autobus nostalgique des voyages rencontre une jeune fille intrigante qui lui propose de partir avec lui vers le sud.
VO→28,95$ Général

**GRAND SOMMEIL, LE**
Voir: THE BIG SLEEP

**GRAND TIMIDE, LE**
Voir: THE TALL GUY

**GRAND ZÈLE, LE** ▷5
QUÉ. 1992. Comédie satirique de Roger CANTIN avec Marc Labrèche, Raymond Cloutier et Gérard Poirier. - Promu chef de service, un employé de bureau se voit reprocher de ne pas faire des heures supplémentaires.
VO→LS **Général**

**GRANDE AVENTURE, LA**
Voir: TALL TALE

**GRANDE BAGARRE DE DON CAMILLO, LA** ▷5
FR. 1955. Comédie de Carmine GALLONE avec Fernandel, Giro Cervi et Claude Sylvain. - En période d'élection, le curé d'un village se moque du maire communiste.
VO→LS **Général**

**GRANDE BOUFFE, LA** ▷4
FR. 1973. Comédie satirique de Marco FERRERI avec Philippe Noiret, Marcello Mastroianni et Ugo Tognazzi. - En compagnie de trois prostituées et d'une institutrice, quatre amis se réunissent dans une villa pour s'y suicider par une orgie gastronomique.
STA→35,95$ STA-DVD→LS **18 ans +**

**GRANDE BOURGEOISE, LA** ▷4
ITA. 1974. Drame de mœurs de Mauro BOLOGNINI avec Catherine Deneuve, Giancarlo Giannini et Marcel Bozzuffi. - Au début du siècle, un avocat de Bologne tue son beau-frère pour libérer sa sœur d'une tutelle odieuse.
STA→LS **Général**

**GRANDE ILLUSION, LA** ►1
FR. 1937. Drame de Jean RENOIR avec Jean Gabin, Pierre Fresnay et Erich Von Stroheim. - Dans un camp allemand, des prisonniers d'origines diverses sont amenés à fraterniser. - Œuvre puissante. Mise en scène souple et vivante. Grande richesse psychologique. Excellents interprètes.
STA→27,95$ STA-DVD→59,95$ **Général**

**GRANDE LESSIVE, LA** ▷4
FR. 1968. Comédie satirique de Jean-Pierre MOCKY avec Bourvil, Jean Tissier et Francis Blanche. - Un instituteur part en guerre contre la télévision.
VO→14,95$ **Général**

**GRANDE VADROUILLE, LA** ▷3
FR. 1966. Comédie de Gérard OURY avec Louis de Funès, Bourvil et Terry-Thomas. - Un peintre en bâtiment et un chef d'orchestre aident des aviateurs anglais à échapper aux Allemands. - Style populaire de bon aloi. Mouvement d'ensemble fort bien réglé. Gags visuels très réussis.
VO→19,95$ **Général**

**GRANDE VILLE, LA**
Voir: BIG TOWN

**GRANDES ESPÉRANCES, LES**
Voir: GREAT EXPECTATIONS

**GRANDES GUEULES, LES** ▷4
Fr. 1965. Aventures de Robert ENRICO avec Bourvil, Lino Ventura et Jean-Claude Rolland. - Le propriétaire d'une exploitation forestière engage comme bûcherons des prisonniers en libération conditionnelle.
STA→LS **13 ans +**

**GRANDES MANŒUVRES, LES** ▷3
FR. 1955. Comédie dramatique de René CLAIR avec Michèle Morgan, Gérard Philipe et Jean Desailly. - Un lieutenant de dragons a parié qu'il séduirait en quinze jours la femme que le sort désignerait. - Marivaudage tendre et cruel. M. Morgan et G. Philipe excellents.
STA→44,95$ **Général**

**GRANDES VACANCES, LES** ▷5
FR. 1967. Comédie de Jean GIRAULT avec Louis de Funès, François Leccia et Ferdy Mayne. - Un directeur de collège a des ennuis avec son fils.
VO→14,95$ **Général**

**GRANDEUR ET DESCENDANCE**
Voir: SPLITTING HEIRS

**GRANDFATHER, THE** ▷0
ESP. 1998, José Luis GARCI
STA→LS

**GRANDMA'S HOUSE** ▷5
É.-U. 1988. Drame d'horreur de Peter RADER avec Eric Foster, Kim Valentine et Len Lesser. - Après la mort de leur père, deux jeunes sont obligés d'aller vivre chez leurs étranges grands-parents.
VO→LS **13 ans + Violence**

**GRANDS DUCS, LES** ▷4
Fr. 1995. Comédie satirique de Patrice LECONTE avec Jean-Pierre Marielle, Philippe Noiret et Jean Rochefort. - Trois comédiens vieillissants partent en tournée avec une troupe de théâtre ringarde.
VO→19,95$ **Général**

**GRANDS SEIGNEURS, LES** ▷0
FR.-ITA. 1962, Gilles GRANGIER
VO→LS **Non classé**

**GRANGES BRÛLÉES, LES** ▷4
FR. 1973. Drame policier de Jean CHAPOT avec Simone Signoret, Alain Delon et Bernard LeCoq. - Un juge d'instruction chargé d'enquêter sur le meurtre d'une jeune femme voit sa tâche rendue difficile par une fermière.
VO→LS **Général**

**GRAPES OF WRATH, THE** ►1
É.-U. 1940. Drame social de John FORD avec Henry Fonda, Jane Darwell et John Carradine. - Des fermiers chassés de leurs terres par un trust agricole cherchent à trouver subsistance en Californie. - Adaptation vigoureuse du roman de John Steinbeck. Œuvre empreinte d'un humanisme profond. Mise en scène et cinématographie remarquables. Excellente Interprétation.
VO→16,95$ **Général**

**GRASS** ▷0
É.-U. 1925, Ernest B. SCHOEDSACK, Merian C. COOPER et Marguerite HARRISON
VO→LS **Général**

**GRASS** ▷4
CAN. 1999. Documentaire de Ron MANN. - Bilan satirique et critique des efforts déployés par le gouvernement américain pour lutter contre la consommation de marijuana dès les années 1930.
VO→LS **Général**

**GRASS HARP, THE** ▷5
É.-U. 1996. Drame de Charles MATTHAU avec Piper Laurie, Sissy Spacek et Edward Furlong. - Confié à deux cousines de son père, un jeune orphelin sympathise davantage avec l'aînée.
VF→LS VO→19,95$ **Général**

**GRASS IS GREENER, THE** ▷4
É.-U. 1960. Comédie de mœurs de Stanley DONEN avec Cary Grant, Deborah Kerr et Robert Mitchum. - La femme d'un châtelain anglais est momentanément troublée par les avances d'un Américain.
LBX→19,95$ **Général**

**GRASSHOPPER, THE** ▷5
É.-U. 1970. Drame psychologique de Jerry PARIS avec Jacqueline Bisset, Jim Brown et Joseph Cotten. - À Las Vegas, une canadienne connaît plusieurs aventures sentimentales.
VO→23,95$ **18 ans +**

**GRAVE INDISCRETION** ▷5
ANG. 1995. Drame de John-Paul DAVIDSON avec Alan Bates, Theresa Russell et Sting. - Le futur gendre d'un paléontologue excentrique est retrouvé mort dans des conditions mystérieuses.
VO→LS **13 ans + Érotisme**

**GRAVE OF THE FIREFLIES** ▷3
JAP. 1988. Dessins animés de Isao TAKAHATA - Un garçon et sa petite sœur laissés à eux-mêmes vivent de dures épreuves durant les bombardements américains de 1945 au Japon. - Mélange réussi de réalisme et de poésie. Vision percutante des ravages de la guerre. Animation d'une grande qualité.
STA→PC **Général**

**GRAY'S ANATOMY** ▷4
É.-U. 1996. Comédie de Steven SODERBERGH avec S. Gray. - Angoissé à l'idée d'avoir à se soumettre à une opération à risque, un homme envisage des thérapies alternatives pour régler ses troubles de vision.
VO→13,95$ **Général**

**GREASE** ▷5
É.-U. 1978. Comédie musicale de Randal KLEISER avec John Travolta, Olivia Newton-John et Stockard Channing. - Les difficultés sentimentales de deux étudiants provenant de milieux différents.
LBX→14,95$ VF-LBX→14,95$ VF→14,95$ **Général**

**GREASE 2** ▷4
É.-U. 1982. Comédie musicale de Patricia BIRCH avec Maxwell Caulfield, Michelle Pfeiffer et Eve Arden. - Un jeune Anglais venu étudier aux États-Unis entreprend de conquérir une jolie blonde liée à un groupe de blousons noirs.
VO→14,95$ **Général**

**GREAT BALLOON ADVENTURE, THE**
Voir: OLLY, OLLY, OXEN FREE

**GREAT BALLS OF FIRE!** ▷4
É.-U. 1989. Drame biographique de Jim McBRIDE avec Dennis Quaid, Winona Ryder et John Doe. - Au début d'une carrière prometteuse, le chanteur Jerry Lee Lewis connaît un échec prolongé après que son mariage avec sa petite cousine eut fait scandale.
VF→LS VO→LS **Général**

**GREAT CARUSO, THE** ▷4
É.-U. 1950. Drame biographique de Richard THORPE avec Mario Lanza, Ann Blyth et Dorothy Kirsten. - La vie d'un célèbre ténor italien du début du siècle.
VO→19,95$ **Général**

**GREAT DAY IN HARLEM, A** ▷4
É.-U. 1994. Documentaire de Jean BACH. - Évocation d'une séance de photos tenue à Harlem en 1958, réunissant une grande brochette de musiciens ayant marqué le jazz durant trois décennies.
VO→LS **Général**

**GREAT DICTATOR, THE** ►1
É.-U. 1940. Comédie satirique réalisée et interprétée par Charlie CHAPLIN avec Paulette Goddard et Henry Daniell. - Dans les années 1930, un barbier juif, sosie du dictateur de la Tomagne, tente d'éviter la persécution. - Œuvre d'une invention originale. Critique acerbe de la mégalomanie nazie. Mélange d'hilarité et de mélancolie. Chaplin savoureux dans un double rôle.
DVD→44,95$ VO→24,95$ DVD→44,95$ **Général**

**GREAT ESCAPE, THE** ▷3
É.-U. 1963. Drame de guerre de John STURGES avec James Garner, Richard Attenborough et Steve McQueen. - Durant la Seconde Guerre mondiale, 76 prisonniers s'évadent d'un camp allemand. - Transposition d'un fait authentique. Mise en scène spectaculaire. Dosage réussi d'humour et de charme. Personnages bien typés.
VO→23,95$ LBX→24,95$ LBX-DVD→19,95$ **Général**

**GREAT EXPECTATIONS** ▷0
É.-U. 1934, Stuart WALKER
VO→14,95$ **Général**

**GREAT EXPECTATIONS** ►2
ANG. 1946. Comédie dramatique de David LEAN avec John Mills, Jean Simmons et Valerie Hobson. - Par reconnaissance, un bagnard évadé fait parvenir à un jeune orphelin l'argent nécessaire pour son éducation. - Excellente adaptation du roman de Dickens. Bonne création d'atmosphère. Interprétation remarquable.
VO→LS DVD→59,95$ **Général**

**GREAT EXPECTATIONS** ▷4
É.-U. 1998. Drame sentimental d'Alfonso CUARON avec Ethan Hawke, Gwyneth Paltrow et Anne Bancroft. - Un jeune peintre aidé dans sa carrière par un mystérieux bienfaiteur cherche à conquérir le cœur d'une amie d'enfance.
VF→16,95$ VO→11,95$ LBX-DVD→23,95$ **Général**

**GREAT GATSBY, THE** ▷3
É.-U. 1974. Drame sentimental de Jack CLAYTON avec Robert Redford, Mia Farrow et Bruce Dern. - Un homme qui s'est enrichi dans des affaires louches cherche à reconquérir un amour perdu. - Adaptation soignée du roman de F. Scott Fitzgerald. Rythme lent. Évocation élégiaque des années 1920. Réalisation somptueuse mais froide. Interprétation de qualité.
VO→14,95$ **Général**

**GREAT GUNS** ▷0
É.-U. 1941, Monty BANKS
VO→37,95$ **Général**

**GREAT GUNS** ▷5
É.-U. 1941. Comédie burlesque de Monty BANKS avec Stan Laurel, Oliver Hardy et Sheila Ryan. - Les domestiques d'un riche conscrit le suivent à l'armée et participent aux grandes manœuvres.
VO→37,95$ **Général**

**GREAT IMPOSTOR, THE** ▷4
É.-U. 1961. Comédie dramatique de Robert MULLIGAN avec Tony Curtis, Karl Malden et Joan Blackman. - Insatisfait de sa situation sociale, un homme emprunte diverses personnalités.
VO→18,95$ **Général**

**GREAT LAND OF SMALL, THE** ▷5
CAN. 1987. Conte de Vojta JASNY avec Karen Elkin, Michael Blouin et Michael J. Anderson. - Deux enfants aident un lutin à récupérer son sac de poudre magique qui est tombé entre les mains d'un être cupide.
VF→LS **Général**

**GREAT LIE, THE** ▷5
É.-U. 1941. Drame sentimental d'Edmund GOULDING avec Bette Davis, George Brent et Mary Astor. - L'épouse d'un aviateur disparu élève l'enfant que cet homme a eu d'une autre femme.
VO→19,95$ **Général**

**GREAT LOVER, THE** ▷5
É.-U. 1949. Comédie d'Alexander HALL avec Bob Hope, Rhonda Fleming et Roland Young. - À bord d'un paquebot, un chef scout naïf déjoue les plans d'un escroc.
VO→18,95$ **Non classé**

**GREAT MADCAP, THE** ▷0
MEX. 1948, Luis BUÑUEL
STA→44,95$ **Général**

**GREAT MAN'S LADY, THE** ▷5
É.-U. 1942. Western de William A. WELLMAN avec Barbara Stanwyck, Joel McCrea et Brian Donlevy. - Une centenaire se rappelle le soutien qu'elle a apporté à un pionnier de l'Ouest.
VO→14,95$ **Général**

**GREAT McGINTY, THE** ▷4
É.-U. 1940. Comédie satirique de Preston STURGES avec Brian Donlevy, Muriel Angelus et Akim Tamiroff. - Pour avoir voulu devenir honnête, un politicien américain est forcé de s'exiler aux Antilles.
VO→14,95$ **Général**

**GREAT MOMENT, THE** ▷4
É.-U. 1944. Drame biographique de Preston STURGES avec Joel McCrea, Betty Field et Harry Carey. - L'histoire du dentiste qui le premier utilisa l'éther comme anesthésique.
VO→14,95$ **Général**

**GREAT MOUSE DETECTIVE, THE** ▷4
É.-U. 1986. Dessins animés de Ron CLEMENTS, John MUSKER, Dave MICHENER et Burny MATTINSON - Une souris détective enquête sur la disparition d'un fabricant de jouets.
VF→LS VO→LS **Général**

**GREAT NORTHFIELD, MINNESOTA RAID, THE** ▷4
É.-U. 1972. Western de Philip KAUFMAN avec Cliff Robertson, Robert Duvall et Luke Askew. - Les circonstances entourant l'attaque d'une banque du Minnesota par la bande de Jesse James.
VO→11,95$ **13 ans +**

**GREAT RACE, THE** ▷3
É.-U. 1965. Comédie de Blake EDWARDS avec Jack Lemmon, Natalie Wood et Tony Curtis. - Les aventures abracadabrantes de deux rivaux dans une course d'automobiles au début du siècle. - Pot-pourri de gags et de séquences comiques dans le style de l'époque du cinéma muet. Bons trucages. Personnages pittoresques.
VO→18,95$ **Non classé**

**GREAT ROCK 'N ROLL SWINDLE, THE** ▷0
ANG. 1980, Julien TEMPLE
VO→LS **Général**

**GREAT RUPERT, THE** ▷0
É.-U. 1950, Irving PICHEL
VO→29,95$ **Général**

**GREAT SANTINI, THE** ▷4
É.-U. 1979. Drame psychologique de Lewis John CARLINO avec Robert Duvall, Michael O'Keefe et Blythe Danner. - Un officier exerçant son autorité paternelle de façon militaire entre en conflit avec son fils aîné.
VO→14,95$ **Général**

**GREAT TRAIN ROBBERY, THE** ▷4
ANG. 1979. Comédie policière de Michael CRICHTON avec Sean Connery, Donald Sutherland et Lesley-Anne Down. - En 1855, un aventurier entreprend de voler des chargements d'or expédiés régulièrement par chemin de fer.
LBX→14,95$ LBX-DVD→29,95$ **Général**

**GREAT WALDO PEPPER, THE** ▷4
É.-U. 1975. Comédie dramatique de George Roy HILL avec Robert Redford, Bo Svenson et Susan Sarandon. - Dans les années 1920, un aviateur étonne les foules par ses exercices de voltige.
VO→18,95$ **Général**

**GREAT WALTZ, THE** ▷4
É.-U. 1938. Comédie musicale de Julien DUVIVIER avec Fernand Gravey, Luise Rainer et Miliza Korjus. - Évocation romantique de la vie et des amours de Johann Strauss.
VO→19,95$ **Général**

**GREAT WHITE HOPE, THE** ▷4
É.-U. 1970. Drame social de Martin RITT avec James Earl Jones, Jane Alexander et Chester Morris. - Un boxeur champion de race noire s'attire des ennuis légaux à cause de sa liaison avec une jeune blanche.
VO→LS **Général**

**GREAT WHITE HYPE, THE** ▷5
É.-U. 1996. Comédie de Reginald HUDLIN avec Samuel L. Jackson, Jeff Goldblum et Peter Berg. - À Las Vegas, un promoteur de matchs de boxe rend un inconnu célèbre afin de profiter au maximum d'un combat à venir.
VO11,95$ **13 ans + Langage vulgaire**

**GREAT ZIEGFIELD, THE** ▷4
É.-U. 1936. Comédie musicale de Robert Z. LEONARD avec William Powell, Luise Rainer et Myrna Loy. - La carrière et les amours d'un célèbre producteur de Broadway.
VO→24,95$ **Général**

**GREATEST SHOW ON EARTH, THE** ▷4
É.-U. 1951. Comédie dramatique de Cecil B. DeMILLE avec Cornel Wilde, Betty Hutton et Charlton Heston. - Divers incidents se produisent pendant une tournée d'un grand cirque.
VO→24,95$ **Général**

**GREATEST STORY EVER TOLD, THE** ▷3
É.-U. 1965. Drame biblique de George STEVENS avec Max Von Sydow, Dorothy McGuire et Charlton Heston. - Évocation des grands moments de la vie du Christ. - Fresque immense traitée avec respect et sincérité. Décors à la fois simples et grandioses. Composition des images remarquable. Interprétation de qualité.
VO→23,95$ LBX→24,95$ **Général**

**GREED** ►1
É.-U. 1923. Drame psychologique d'Erich VON STROHEIM avec Zasu Pitts, Gibson Gowland et Jean Hersholt. - Un rustaud, qui a été dénoncé pour pratique illégale de la dentisterie, tue son avare de femme et s'enfuit avec son or. - Classique du cinéma muet. Grande intensité dramatique. Quelques outrances. Évolution psychologique des personnages nettement marquée. Réalisation vigoureuse et réaliste. Interprétation excellente.
ITA→29,95$ **Général**

**GREEK TYCOON, THE** ▷5
É.-U. 1978. Drame de mœurs de J. Lee THOMPSON avec Anthony Quinn, Jacqueline Bisset et Edward Albert. - La vie d'un armateur grec est perturbée à la suite de sa rencontre avec la femme d'un jeune sénateur américain.
VO→19,95$ **13 ans +**

**GREEN BERETS, THE** ▷6
É.-U. 1968. Drame de guerre de John WAYNE et Ray KELLOG avec John Wayne, David Janssen et Jim Hutton. - Un colonel commande un bataillon de soldats triés sur le volet pour aller combattre au Viêt-nam.
VO→14,95$ **13 ans +**

**GREEN CARD** ▷4
AUS. 1990. Comédie sentimentale de Peter WEIR avec Gérard Depardieu, Andie McDowell et Bebe Neuwirth. - Un Français qui veut tirer profit du mariage en blanc qu'il a contracté avec une Américaine doit cohabiter avec elle afin de tromper un enquêteur de l'immigration.
VO→11,95$ VF→11,95$ **Général**

**GREEN DOLPHIN STREET** ▷5
É. U. 1946. Aventures de Victor SAVILLE avec Lana Turner, Van Heflin et Donna Reed. - Un planteur de Nouvelle-Zélande épouse par erreur la sœur de celle qu'il aime.
VO→19,95$ **Général**

**GREEN FIELDS** ▷0
É.-U. 1937, Edgar G. ULMER et Jacob BEN-AMI
STA→LS **Général**

**GREEN FIRE** ▷5
É.-U. 1954. Aventures d'Andrew MARTON avec Stewart Granger, Grace Kelly et Paul Douglas. - Un aventurier cherche une mine d'émeraudes dans les montagnes de la Colombie.
VO→18,95$ **Général**

**GREEN GLOVE, THE** ▷5
É.-U.-FR. 1952. Aventures de Rudolph MATÉ avec Glenn Ford, Geraldine Brooks et George MacReady. - Un Américain tente de retrouver une précieuse relique volée dans une église par les nazis pendant la guerre.
VO→5,95$ **Général**

**GREEN GLOVE, THE** ▷0
É.-U. 1941, Phil ROSEN
VO→5,95$ **Non classé**

**GREEN GROW THE RUSHES** ▷5
ANG. 1951. Comédie de Derek TWIST avec Roger Livesey, Honor Blackman et Richard Burton. - Des fonctionnaires enquêtent sur un village côtier dont les habitants pratiquent la contrebande.
VO→34,95$ **Général**

**GREEN HOUSE, THE**
Voir: LE JARDIN DES PLANTES

**GREEN MAN, THE** ▷5
ANG. 1990. Drame de Elijah MOSHINSKY avec Albert Finney, Linda Marlowe et Sarah Berger. - Un aubergiste alcoolique est troublé par de terribles hallucinations qui lui révèlent le fantôme d'un prêtre mort il y a près de 300 ans.
VO→LS **13 ans +**

**GREEN MANSIONS** ▷5
É.-U. 1959. Drame sentimental de Mel FERRER avec Audrey Hepburn, Anthony Perkins et Lee J. Cobb. - Un fugitif découvre dans la jungle vénézuélienne une charmante sauvageonne.
VO➔19,95$ Général

**GREEN MILE, THE** ▷4
É.-U. 1999. Drame de Frank DARABONT avec Tom Hanks, Michael Clarke Duncan et David Morse. - En 1935, en Louisiane, un gardien de prison se lie d'amitié avec un condamné à mort doté de pouvoirs de guérison.
VF➔19,95$ LBX➔19,95$

**GREEN SLIME, THE** ▷5
JAP. 1968. Science-fiction de Kinji FUKASAKU avec Robert Horton, Luciana Paoluzzi et Richard Jaeckel. - L'équipage d'une station spatiale est aux prises avec un monstre né d'une substance mystérieuse.
VO➔19,95$ Général

**GREETINGS** ▷4
É.-U. 1968. Comédie satirique de Brian DE PALMA avec Jonathan Warden, Robert De Niro et Gerritt Graham. - Les tribulations de trois jeunes Américains qui veulent se soustraire au service militaire.
VO➔31,95$ 13 ans +

**GREGORY'S GIRL** ▷3
ÉCO. 1980. Comédie de mœurs de Bill FORSYTH avec Gordon John Sinclair, Dee Hepburn et Jake D'Arcy. - Un adolescent écossais s'entiche d'une camarade d'école, nouvellement admise dans l'équipe de soccer jusque-là réservée aux garçons. - Traitement humoristique d'un sujet connu. Suite de notations bien observées. Jeune héros fort sympathique.
VO➔LS Général

**GREMLINS** ▷4
É.-U. 1984. Conte de Joe DANTE avec Zach Galligan, Phoebe Cates et Hoyt Axton. - Un jeune homme reçoit en cadeau un curieux animal qui donne naissance à des monstres déprédateurs.
VO➔14,95$ VF➔14,95$ LBX-DVD➔21,95$ 13 ans +

**GREMLINS 2:** ▷4
É.-U. 1990. Comédie fantaisiste de Joe DANTE avec Zach Galligan, Phoebe Cates et John Glover. - Un gratte-ciel est pris d'assaut par une multitude de petits monstres malicieux.
VF➔14,95$ 13 ans +

**GRENOUILLE ET LA BALEINE, LA** ▷4
QUÉ. 1987. Comédie dramatique de Jean-Claude LORD avec Fanny Lauzier, Denis Forest et Marina Orsini. - Un jeune couple aide une fillette qui a une affinité particulière avec la vie marine à lutter contre des spéculateurs.
VO➔LS Général

**GRENOUILLES, LES**
Voir: FROGS

**GRÈVE, LA** ►2
RUS. 1924. Drame social de Sergei EISENSTEIN avec Alexandre Antonov, Mikhail Gomarov et Grigori Alexandrov. - L'histoire d'une grève dans une fonderie russe au début du siècle. - Événements simplifiés. Traitement grandiose. Recherches inventives dans le montage. Interprétation toute d'une pièce.
ITA➔34,95$ Général

**GREY FOX, THE** ▷3
CAN. 1982. Western de Phillip BORSOS avec Richard Farnsworth, Jackie Burroughs et Wayne Robson. - Sorti de prison après trente ans, un ancien voleur de diligences en vient à reprendre la voie du crime. - Intrigue intéressante. Touches originales et pittoresques. Mise en scène inventive.
VO➔LS Général

**GREY OWL** ▷5
CAN. 1999. Drame biographique de Richard ATTENBOROUGH avec Pierce Brosnan, Annie Galipeau et Vlasta Vrana. - En 1934, les tribulations amoureuses d'un Anglais qui, se faisant passer pour un Amérindien, devint un célèbre militant écologiste.
VF➔19,95$ VO➔19,95$➔ LBX-DVD➔27,95$ Général

**GREYSTOKE: THE LEGEND OF TARZAN** ▷3
ANG. 1983. Aventures de Hugh HUDSON avec Christopher Lambert, Andie MacDowell et Ian Holm. - Élevé dans la jungle par une guenon, un orphelin de famille aristocratique est ramené chez lui par un explorateur belge. - Renouvellement de l'histoire de Tarzan. Sujet intelligemment traité. Réalisation somptueuse. Jeu convaincant de C. Lambert.
VF➔LS VO➔14,95$ LBX➔19,95$ Général

**GRIDLOCK'D** ▷5
É.-U. 1996. Comédie dramatique de Vondie Curtls HALL avec Tupac Shakur, Tim Roth et Thandie Newton. - Deux musiciens tentent de s'inscrire dans une clinique de désintoxication, mais se heurtent à la lourdeur bureaucratique.
VF➔15,95$ VO➔PC LBX-DVD➔PC 13 ans + Langage vulgaire

**GRIEVOUS BODILY HARM** ▷4
AUS. 1988. Drame policier de Mark JOFFE avec Colin Friels, John Waters et Bruno Lawrence. - Un reporter sans scrupules mène une enquête semée d'embûches pour retrouver une jeune femme qui serait liée à une série de meurtres.
VO➔31,95$ 13 ans +

**GRIFFES DE LA NUIT, LES**
Voir: A NIGHTMARE ON ELM STREET

**GRIFFES DU CAUCHEMAR, LES**
Voir: A NIGHTMARE ON ELM STREET 3: DREAM WARRIORS

**GRIFTERS, THE** ▷3
É.-U. 1990. Drame de mœurs de Stephen FREARS avec Anjelica Huston, John Cusack et Annette Bening. - Un jeune arnaqueur devient l'objet d'une rivalité entre sa mère et sa petite amie qui vivent elles aussi d'activités illicites. - Adaptation d'un roman noir de Jim Thompson. Ton mordant alimenté d'effets provocants. Mise en scène habile. Interprétation nuancée et crédible.
VO➔9,95$ 13 ans +

**GRIM PRAIRIE TALES** ▷0
É.-U. 1990, Wayne COE
VO➔19,95$

**GRIM REAPER, THE** ▷3
ITA. 1962. Drame policier de Bernardo BERTOLUCCI avec Francesco Ruiu, Giancarlo de Rosa et Vincenzo Ciecora. - Le meurtre d'une prostituée entraîne une enquête dans divers quartiers de Rome. - Première œuvre de Bertolucci. Style brillant et nerveux. Montage complexe. Interprètes peu connus fort bien dirigés.
STA➔32,95$ Général

**GRINGO**
Voir: OLD GRINGO

**GRISSOM GANG, THE** ▷4
É.-U. 1971. Drame de Robert ALDRICH avec Scott Wilson, Kim Darby et Tony Musante. - La fille d'un riche industriel enlevée par des criminels s'éprend d'un de ses ravisseurs.
VO➔9,95$ 18 ans +

**GROCER'S WIFE, THE** ▷5
CAN. 1991. Drame de mœurs de John POZER avec Andrea Rankin, Simon Webb et Nicola Cavendish. - Un ouvrier timide qui vit encore chez sa mère fait la connaissance d'une danseuse de cabaret qui s'installe à demeure chez lui.
STF➔LS VO➔LS Général

**GROOVE** ▷5
É.-U. 2000. Etude de mœurs de Greg HARRISON avec Hamish Linklater, Lola Glaudini et Denny Kirkwood. - Un samedi soir à San Francisco, un aspirant écrivain renfermé participe pour la première fois à un rave.
VF➔LS VO➔LS Général

**GROS PLAN**
Voir: INSERTS

**GROSSE FATIGUE** ▷4
FR. 1994. Comédie réalisée et interprétée par Michel BLANC avec Carole Bouquet et Josianne Balasko. - Une vedette de cinéma découvre qu'il a un sosie qui exploite sa ressemblance à des fins criminelles.
VO→LS **Général**

**GROSSE PASTÈQUE, LA** ▷4
ITA. 1993. Drame social de Francesca ARCHIBUGI avec Sergio Castellitto, Alessia Fugardi et Anna Galiena. - Une adolescente qui souffre d'épilepsie parvient à s'épanouir au contact d'autres patients grâce aux soins d'un médecin attentif.
VF→13,95$ **Général**

**GROSSE POINT BLANK** ▷4
É.-U. 1997. Comédie policière de George ARMITAGE avec John Cusack, Minnie Driver et Dan Aykroyd. - Un jeune tueur à gages ayant des assassins rivaux sur les talons retourne dans sa ville natale pour assister à une réunion d'anciens de son école.
VF→15,95$ VO→22,95$ **13 ans + Violence**

**GROUNDHOG DAY** ▷4
É.-U. 1993. Comédie fantaisiste de Harold RAMIS avec Bill Murray, Andie MacDowell et Chris Elliott. - Un météorologue revit sans cesse la même journée de mille et une façons différentes.
VF→12,95$ VO→12,95$ LBX-DVD→33,95$ **Général**

**GROUNDSTAR CONSPIRACY, THE** ▷0
É.-U.-CAN. 1972, Lamont JOHNSON
LBX→14,95$

**GROUP, THE** ▷3
É.-U. 1965. Drame psychologique de Sidney LUMET avec Joanna Pettet, Shirley Knight et Jessica Walter. - Au cours des années 1930, huit amies de collège connaissent des sorts divers. - Habile reconstitution d'époque. Fines observations psychologiques. Pléiade de jeunes actrices de talent.
VO→19,95$ **Général**

**GROWN UPS** ▷0
ANG. 1980, Mike LEIGH
VO→49,95$ **Général**

**GRUESOME TWOSOME, THE** ▷0
É.-U. 1967, Herschell Gordon LEWIS

**GRUMPIER OLD MEN** ▷5
É.-U. 1995. Comédie sentimentale de Howard DEUTCH avec Walter Matthau, Jack Lemmon et Sophia Loren. - Un veuf s'éprend d'une Italienne qu'il tente d'empêcher de tranformer en restaurant une boutique d'articles de pêche.
VF→14,95$ DVD→PC **Général**

**GRUMPY OLD MEN** ▷4
É.-U. 1993. Comédie de mœurs de Donald PETRIE avec Jack Lemmon, Walter Matthau et Ann-Margret. - D'anciennes rancunes refont surface entre deux vieux voisins ronchons lorsqu'ils se mettent à courtiser la même femme.
VO→11,95$ VF→14,95$ DVD→PC DVD→PC **Général**

**GUADALCANAL DIARY** ▷4
É.-U. 1943. Drame de guerre de Lewis SEILER avec William Bendix, Richard Conte et Preston Foster. - Une compagnie de «Marines» reçoit l'ordre de reprendre aux Japonais l'île de Guadalcanal.
VO→16,95$ **Général**

**GUANTANAMERA** ▷4
CUB. -ESP. 1995. Comédie satirique de Tomas Gutierrez ALEA et Juan Carlos TABIO avec Carlos Cruz, Mirtha Ibarra et Raul Eguren. - Un fonctionnaire cubain éprouve des difficultés à transporter le corps d'une parente à l'autre bout du pays.
STA→PC **Général**

**GUARDIAN, THE** ▷4
É.-U. 1990. Drame fantastique de William FRIEDKIN avec Jenny Seagrove, Dwier Brown et Carey Lowell. - Après la naissance de leur enfant, un couple engage une gardienne à plein temps qui s'avère entretenir un culte à l'endroit d'un arbre maléfique.
VO18,95$ **13 ans +**

**GUARDING TESS** ▷5
É.-U. 1994. Comédie dramatique de Hugh WILSON avec Shirley MacLaine, Nicolas Cage et Austin Pendleton. - Un agent des services secrets est assigné au service de l'ex-première dame du pays qui rend la vie dure à tout le monde avec ses caprices.
VF→9,95$ **Général**

**GUARDSMAN, THE** ▷4
É.-U. 1931. Comédie de Sidney FRANKLIN avec Alfred Lunt, Lynn Fontane et Zasu Pitts. - Un acteur prétentieux veut mettre à l'épreuve la fidélité de sa femme.
VO→PC **Général**

**GUÉPARD, LE** ►2
ITA. 1963. Drame de Luchino VISCONTI avec Burt Lancaster, Alain Delon et Claudia Cardinale. - Les réactions d'un aristocrate sicilien devant la révolution menée par Garibaldi en 1860. - Fresque grandiose. Images composées avec soin. Rythme lent. Création magistrale de B. Lancaster.
VF→LS **Général**

**GUÊPE, LA** ▷6
QUÉ. 1986. Drame de mœurs de Gilles CARLE avec Chloé Sainte-Marie, Jim Cooke et Donald Pilon. - Une femme cherche à se venger d'un millionnaire qui a causé la mort de ses deux enfants.
VO→LS **13 ans +**

**GUERRE À SEPT ANS, LA**
Voir: HOPE AND GLORY

**GUERRE D'UN SEUL HOMME, LA** ▷4
FR. 1981. Film de montage d'Edgardo COZARINSKY. - Souvenirs d'un officier allemand en poste à Paris pendant l'Occupation, illustrés par des documents d'archives.
VO→LS **Général**

**GUERRE DES BOUTONS, LA** ▷3
FR. 1961. Comédie de mœurs de Yves ROBERT avec André Treton, Martin Lartigue et Michel Isella. - Conflits entre les gosses de deux villages voisins. - Adaptation d'un roman de Louis Pergaud. Traitement d'une tendresse amusée. Heureux mélange d'humour et de poésie. Mise en scène alerte. Interprétation spontanée.
VO→LS **Général**

**GUERRE DES BOUTONS, LA**
Voir: WAR OF THE BUTTONS

**GUERRE DES ÉTOILES, LA**
Voir: STAR WARS

**GUERRE DES NERFS, LA**
Voir: EMINENT DOMAIN

**GUERRE DES POLICES, LA** ▷4
FR. 1979. Drame policier de Robin DAVIS avec Claude Brasseur, Marlène Jobert et Claude Rich. - Deux commissaires de police se livrent une lutte sans merci pour la capture d'un criminel redoutable.
VO→LS **13 ans +**

**GUERRE DES ROSES, LA**
Voir: WAR OF THE ROSES

**GUERRE DES TUQUES, LA** ▷4
QUÉ. 1984. Comédie dramatique d'André MELANÇON avec Cédric Plourde, Julien Elie et Maripierre Arseneau-D'Amour. - Pendant les vacances d'hiver, quelques jeunes jouent à la petite guerre.
VO→LS **Général**

**GUERRE DU CHOCOLAT, LA**
Voir: THE CHOCOLATE WAR

**GUERRE DU FEU, LA** ▷3
CAN. 1981. Aventures de Jean-Jacques ANNAUD avec Everett McGill, Rae Dawn Chong et Ron Perlman. - Aux temps préhistoriques, trois hommes des cavernes affrontent divers périls afin de trouver du feu pour leur tribu. - Tableau plausible de la vie des premiers ancêtres. Illustration insolite. Mise en scène ingénieuse. Interprétation efficace.
VO➜32,95$ 13 ans +

**GUERRE EN DENTELLES**
Voir: THE HORIZONTAL LIEUTENANT

**GUERRE ET PAIX** ▶2
RUS. 1967. Drame historique réalisé et interprété par Sergei BONDARCHUK avec Viatcheslav Tikhonov et Ludmila Savelieva. - La vie de quelques personnages de la noblesse russe dans le cadre des campagnes militaires de Napoléon. - Adaptation fidèle du roman de Tolstoï. Fresque remarquable mêlant l'intimisme au spectaculaire. Excellente reconstitution d'époque. Interprétation sensible et convaincante.
VA-BOX➜114,95$ Général

**GUERRE ET PASSION**
Voir: HANOVER STREET

**GUERRE OUBLIÉE, LA** ▷4
QUÉ. 1987. Documentaire de Richard BOUTET avec Joe Bocan, Jacques Godin et Jean-Louis Paris. - Les répercussions de la guerre 1914-1918 sur les citoyens du Québec.
VO➜LS Général

**GUERRE, LA**
Voir: THE WAR

**GUERRIÈRES, LES**
Voir: BORN IN FLAMES

**GUERRIERS DE LA VERTU, LES**
Voir: WARRIORS OF VIRTUE

**GUESS WHO'S COMING TO DINNER?** ▷4
É.-U. 1967. Comédie de mœurs de Stanley E. KRAMER avec Sidney Poitier, Spencer Tracy et Katharine Hepburn. - Une jeune Blanche doit faire accepter à ses parents son mariage avec un Noir.
VF➜19,95$ VO➜19,95$ LBX-DVD➜33,95$ Général

**GUET-APENS, LE**
Voir: THE GETAWAY

**GUEULE OUVERTE, LA** ▷3
FR. 1973. Drame psychologique de Maurice PIALAT avec Philippe Léotard, Hubert Deschamps et Monique Mélinand. - Une femme atteinte du cancer et n'ayant plus que quelques mois à vivre est entourée de ses proches. - Approche sans faux-fuyants du thème de la mort. Style dépouillé et austère. Rythme lent. Climat de méditation douloureuse.
VO➜LS Général

**GUILTY AS SIN** ▷5
É.-U. 1993. Drame policier de Sidney LUMET avec Rebecca De Mornay, Don Johnson et Stephen Lang. - Forcée par la loi de défendre en cour un play-boy qu'elle sait coupable d'un meurtre, une avocate tente en secret de le démasquer.
VF➜9,95$ VO➜9,95$ 13 ans +

**GUILTY BY SUSPICION** ▷4
É.-U. 1990. Drame de Irwin WINKLER avec Robert De Niro, Annette Bening et George Wendt. - En 1949, un cinéaste refuse de collaborer avec un comité du congrès américain qui veut l'obliger à dénoncer ses amis communistes.
VF➜PC DVD➜18,95$ Général

**GUIMBA THE TYRANT**
Voir: GUIMBA, UN TYRANT UNE ÉPOQUE

**GUIMBA, UN TYRAN, UNE ÉPOQUE**
MAL.-BUR.-ALL. 1995, Cheick Oumar SISSOKO
STA-LBX➜119,95$ Général

**GUINEVERE** ▷4
É.-U. 1999. Drame psychologique d'A. WELLS avec Sarah Polley, Stephen Rea et Jean Smart. - Éprise d'un photographe d'âge mûr, une femme de vingt ans issue d'une famille aisée décide de s'installer chez lui.
VO➜19,95$ LBX-DVD➜31,95$ 13 ans +

**GULLIVER'S TRAVELS** ▷4
É.-U. 1939. Dessins animés de Dave FLEISCHER. - Les aventures de Gulliver au pays de Lilliput dont les habitants ont une taille minuscule.
VO➜15,95$ DVD➜21,95$ Général Enfants

**GULLIVER'S TRAVELS** ▷4
ANG. 1995. Aventures de Charles STURRIDGE avec Ted Danson, Mary Steenburgen et James Fox. - Durant ses voyages, en plus de visiter une île volante, un médecin rencontre des êtres minuscules, des géants et des chevaux dotés de la parole.
VO➜11,95$ VF➜11,95$ Général

**GUMMO** ▷5
É.-U. 1997. Etude de mœurs de Harmony KORINE avec Jacob Reynolds, Nick Sutton et Jacob Swell. - Divers moments dans la vue souvent misérable d'une poignée d'habitants tarés d'un bled perdu de l'Ohio.
VO➜19,95$ 16 ans +

**GUMSHOE** ▷4
ANG. 1971. Comédie policière de Stephen FREARS avec Albert Finney, Billie Whitelaw et Frank Finlay. - Un détective improvisé est embarqué dans une ténébreuse affaire de trafic d'armes.
VO➜LS Général

**GUN CRAZY** ▷4
É.-U. 1949. Drame policier de Joseph H. LEWIS avec Peggy Cummins, John Dall et Barry Kroeger. - Un jeune homme qui a la passion des armes à feu se laisse entraîner au crime par une femme.
VO➜LS Non classé

**GUN FURY** ▷5
É.-U. 1953. Western de Raoul WALSH avec Rock Hudson, Donna Reed et Phil Carey. - Un jeune homme parvient à délivrer sa fiancée capturée lors d'un vol de diligence.
VO➜14,95$ Général

**GUN GLORY** ▷4
É.-U. 1957. Western de Roy ROWLAND avec Stewart Granger, Rhonda Fleming et Chill Wills. - Après plusieurs années d'absence, un aventurier éprouvant la nostalgie d'une vie paisible retourne sur sa ferme.
VO➜19,95$ Général

**GUN SHY** ▷0
É.-U. 2000, Eric Blakeney
VO➜PC

**GUNCRAZY** ▷5
É.-U. 1992. Drame policier de Tamra DAVIS avec Drew Barrymore, James Le Gros et Michael Ironside. - Après avoir obtenu la libération d'un jeune détenu dont elle est amoureuse, une adolescente se laisse entraîner avec lui dans l'engrenage de la violence.
VF➜LS VO➜LS 13 ans + Violence

**GUNFIGHT AT THE O.K. CORRAL** ▷3
É.-U. 1957. Western de John STURGES avec Burt Lancaster, Kirk Douglas et Rhonda Fleming. - Un shérif et un aventurier s'unissent pour lutter contre une bande de tueurs. - Traitement intéressant d'un sujet classique. Bonne construction dramatique. Interprétation solide.
VO➜11,95$ Général

**GUNFIGHTER, THE** ▷3
É.-U. 1950. Western de Henry KING avec Gregory Peck, Helen Westcott et Karl Malden. - Un as du pistolet, victime de sa réputation, aspire en vain à la paix. - Scénario habilement conçu. Réalisation sobre et originale. G. Peck excellent.
VO➜16,95$ Général

**GUNG HO!** ▷5
É.-U. 1986. Comédie de mœurs de Ron HOWARD avec Michael Keaton, Gedde Watanabe et Mimi Rogers. - Leur usine ayant fermé ses portes, des travailleurs de Pennsylvanie tentent d'intéresser des industriels japonais à leur entreprise.
VO→PC VF→LS **Général**

**GUNGA DIN** ▷3
É. U. 1939. Aventures de George STEVENS avec Cary Grant, Sam Jaffe et Joan Fontaine. - Un porteur d'eau hindou se sacrifie pour empêcher les troupes anglaises de tomber dans une embuscade. - Classique du cinéma d'aventures. Mise en scène spectaculaire et habile. Fort bonne distribution.
VO→LS **Général**

**GUNHED** ▷0
JAP. 1989, Alan SMITHEE et Masato HARADA
LBX→29,95$ **Général**

**GUNMAN'S WALK** ▷4
É.-U. 1957. Western de Phil KARLSON avec Van Heflin, Tab Hunter et James Darren. - Un riche et puissant rancher éduque durement ses deux fils.
VO→14,95$ **Général**

**GUNRUNNER, THE** ▷5
CAN.-É.-U. 1984. Drame policier de Nardo Castillo avec Kevin Costner, Sara Botsford et Paul Soles. - En 1926, un Montréalais qui rentre de Chine pour acheter des armes se heurte à des gangsters.
VF→LS **Non classé**

**GUNS OF NAVARONE, THE** ▷4
ANG. 1961. Drame de guerre de J. Lee THOMPSON avec Gregory Peck, David Niven et Anthony Quinn. - Un commando britannique est chargé d'aller faire sauter deux puissants canons dans une île de la mer Égée.
LBX→19,95$ VF-LBX→19,95$ LBX-DVD→29,95$ **Général**

**GUNS OF THE MAGNIFICENT SEVEN** ▷4
É.-U. 1969. Western de Paul WENDKOS avec George Kennedy, James Whitmore et Reni Santoni. - Sept aventuriers entreprennent de libérer un chef révolutionnaire mexicain.
VO→14,95$

**GUY L'ÉCLAIR**
Voir: FLASH GORDON

**GUY NAMED JOE, A** ▷5
É.-U. 1946. Drame fantastique de Victor FLEMING avec Spencer Tracy, Irene Dunne et Van Johnson. - Un as de l'aviation tué au combat devient l'ange gardien d'un jeune pilote.
VO→18,95$ **Non classé**

**GUYANA TRAGEDY: THE STORY OF JIM JONES** ▷4
É.-U. 1980. Drame de William A. GRAHAM avec Powers Boothe, Ned Beatty et Meg Foster. - Le directeur d'une secte religieuse entraîne ses partisans dans un suicide collectif.
VO→29,95$ **Non classé**

**GUYS AND DOLLS** ▷4
É.-U. 1955. Comédie musicale de Joseph Leo MANKIEWICZ avec Marlon Brando, Frank Sinatra et Jean Simmons. - Un joueur mauvais garçon relève le défi de séduire une jolie lieutenant de l'Armée du salut.
VO→14,95$ LBX-DVD→18,95$ **Général**

**GWENDOLINE** ▷6
FR. 1983. Aventures de Just JAECKIN avec Tawny Kitaen, Brent Huff et Zabou. - Une jeune fille s'enfuit du couvent avec son amie pour aller au secours de son père, entomologiste aventureux disparu en Orient.
VO→LS **13 ans**

**GYPSY** ▷5
É.-U. 1962. Comédie musicale de Mervyn LeROY avec Natalie Wood, Rosalind Russell et Karl Malden. - Une femme pousse ses deux filles à faire carrière dans le monde du spectacle.
LBX→14,95$ VO→18,95$ **Général**

**GYPSY** ▷5
É.-U. 1993. Comédie musicale d'Emile ARDOLINO avec Bette Midler, Peter Riegert et Cynthia Gibb. - Les efforts d'une mère ambitieuse pour que ses deux filles réussissent dans le showbiz.
VO→11,95$ **Général**

**GYPSY AND THE GENTLEMAN, THE** ▷4
ANG. 1958. Aventures de Joseph LOSEY avec Melina Mercouri, Keith Michell et Patrick McGoohan. - Une gitane feint d'être amoureuse d'un gentilhomme anglais dans le but de lui soutirer de l'argent.
VO→13,95$ **Général**

**H** ▷4
CAN. 1990. Drame psychologique de Darrell WASYK avec Martin Neufeld et Pascale Montpetit. - Un jeune couple d'héroïnomanes s'isole dans un appartement pour s'imposer une douloureuse cure de désintoxication.
VF→19,95$ VO→18,95$ 18 ans +

**H.P. LOVECRAFT'S BRIDE OF RE-ANIMATOR** ▷5
É.-U. 1989. Drame d'horreur de Brian YUZNA avec Jeffrey Combs, Bruce Abbott et Claude Earl Jones. - Un savant qui a mis au point un sérum pouvant ranimer les cadavres tente une expérience horrifiante sur une patiente récemment décédée.
VO→LS 16 ans + Violence

**H.P. LOVECRAFT'S NECRONOMICON** ▷5
É.-U. 1993. Film à sketches de Brian YUZNA, C. GANS et S. KANEKO avec Jeffrey Combs, Bruce Payne et David Warner. - Trois histoires d'horreur inspirées de récits de Howard P. Lovecraft.
VF→LS VO→LS 13 ans + Violence

**HABILLEUR, L'**
Voir: THE DRESSER

**HABIT** ▷4
É.-U. 1995. Drame d'horreur réalisé et interprété par Larry FESSEDEN avec Meredith Snaider et Aaron Beall. - Un jeune homme se persuade que sa nouvelle compagne est un vampire.
LBX-DVD→26,95$ VO→15,95$
LBX-DVD→26,95$ 16 ans + Érotisme

**HABIT VERT, L'** ▷4
FR. 1937. Comédie de Roger RICHEBÉ avec Elvire Popesco, Victor Boucher et Jules Berry. - Un duc qui fait partie de l'Académie française soutient la candidature d'un nouveau membre qui se trouve être l'amant de sa femme.
VO→LS Général

**HABITANTS, LES** ▷4
HOL. 1992. Comédie de mœurs réalisée et interprétée par Alex VAN WARMERDAM avec Leonard Lucieer et Jack Wouterse. - Les tribulations des habitants d'un lotissement modèle inachevé, situé dans un trou perdu, au début des années 1960.
STF→26,95$ 13 ans +

**HACKERS** ▷5
É.-U. 1995. Drame policier de Iain SOFTLEY avec Johnny Lee Miller, Angelina Jolie et Fisher Stevens. - De jeunes pirates de l'autoroute électronique s'attirent des ennuis en mettant à jour la combine criminelle d'un génie de l'informatique.
VF→11,95$ VO→11,95$ Général

**HAIL THE CONQUERING HERO** ▷3
É.-U. 1944. Comédie de Preston STURGES avec Eddie Bracken, Ella Raines et Raymond Walburn. - Un brave type rejeté par l'armée fait croire à son entourage qu'il est un héros. - Bonnes trouvailles comiques. Mise en scène inventive. Excellente direction d'acteurs.
VO→14,95$ Général

**HAINE, LA** ▷3
FR. 1995. Drame social de Mathieu KASSOVITZ avec Vincent Cassel, Hubert Kounde et Saïd Taghmaoui. - Dans une cité de HLM en banlieue de Paris, un jeune Juif agressif et deux de ses amis promènent leur désœuvrement dans les rues, toujours prêts à l'affrontement. - Scénario construit avec rigueur et précision. Climat d'oppression et de haine bien traduit. Réalisation stylisée. Interprétation énergique de V. Cassel.
VO→18,95$ 13 ans +

**HAIR** ▷3
É.-U. 1979. Comédie musicale de Milos FORMAN avec John Savage, Treat Williams et Beverly D'Angelo. - Juste avant de partir faire son service militaire, un jeune homme lie amitié avec un groupe de hippies. - Adaptation réussie d'un spectacle des années 1960. Mélange d'ironie et de tendresse. Mise en scène inventive. Interprétation dynamique.
VO→14,95$ LBX-DVD→18,95$ Général

**HAIRSPRAY** ▷5
É.-U. 1988. Comédie musicale de John WATERS avec Ricki Lake, Leslie Ann Powers et Divine. - Désireuse de participer à une émission musicale pour jeunes, une adolescente grassouillette s'impose par son énergie et sa fougue.
VO→14,95$ Général

**HALF BAKED** ▷6
É.-U. 1997. Comédie de Tamra DAVIS avec Dave Chappelle, Guillermo Diaz et Jim Breuer. - Les mésaventures de trois copains qui se mettent à vendre de la marijuana volée afin de payer la caution d'un ami en prison.
VF→16,95$ VO→16,95$ 13 ans + Langage vulgaire

**HALF HUMAN** ▷0
JAP. 1958, Kenneth G. CRANE et Ishirô HONDA
VA→29,95$ Général

**HALF MOON STREET** ▷5
ANG. 1986. Drame de mœurs de Bob SWAIM avec Sigourney Weaver, Michael Caine et Nadim Sawalha. - Une Américaine qui augmente ses revenus en servant de compagne d'un soir à de riches esseulés sert, sans le savoir, de pion dans un sombre complot.
VF→LS 13 ans +

**HALF OF HEAVEN** ▷3
ESP. 1986. Chronique de Manuel GUTIERREZ ARAGON avec Angela Molina, Margarita Lozano et Antonio V. Valero. - Sous le regard bienveillant de sa grand-mère, une jeune paysanne espagnole gravit les échelons de la haute société. - Chronique sociale de l'Espagne des années 1950-1960. Traitement oscillant entre le réalisme et la métaphore. Un certain humour cynique.
STA→LS Non classé

**HALFAOUINE, L'ENFANT DES TERRASSES** ▷3
TUN.-FR. 1990. Comédie dramatique de Ferid BOUGHEDIR avec Selim Boughedir, Mohamed Driss et Hélène Catzaras. - Dans un quartier populaire de Tunis, un garçonnet observe avec curiosité son entourage d'adultes et vit ses premiers désirs sexuels. - Image inhabituelle des mœurs populaires musulmanes. Commentaire parfois ironique sur le clivage entre les sexes. Tableau varié et coloré. Jeu simple et convaincant.
STA→139,95$ VF→LS 13 ans +

**HALFMOON** ▷0
ALL. 1955, Freider SCHLAICH et Irene VON ALBERTI
STA→49,95$ Général

**HALLELUJAH** ►2
É.-U. 1929. Drame de mœurs de King VIDOR avec Daniel L. Haynes, Nina Mae McKinney et William E. Fountaine. - Amoureux d'une prostituée, l'aîné d'une famille de race noire se fait pasteur après avoir accidentellement tué son jeune frère. - Un des premiers chefs-d'œuvre du cinéma parlant. Intrigue prenante. Imagerie captivante et poétique. Utilisation du son remarquable. Acteurs excellents.
VO→LS Général

**HALLELUJAH TRAIL, THE** ▷4
É.-U. 1965. Western de John STURGES avec Burt Lancaster, Lee Remick et Jim Hutton. - Au Colorado, divers groupes opposés se disputent un convoi de whisky.
LBX→23,95$ VO→23,95$ **Général**

**HALLELUJAH, I'M A BUM!** ▷5
É.-U. 1933. Comédie musicale de Lewis MILESTONE avec Al Jolson, Madge Evans et Frank Morgan. - Un clochard sauve de la noyade une jeune femme qui s'avère être la maîtresse du maire de New York avec qui il entretient des rapports amicaux.
VO→18,95$ **Général**

**HALLOWEEN** ▷4
É.-U. 1978. Drame d'horreur de John CARPENTER avec Jamie Lee Curtis, Donald Pleasence et Nancy Loomis. - Des adolescents sont tués par un déséquilibré échappé d'un asile psychiatrique.
LBX→14,95$ **13 ans +**

**HALLOWEEN H20: TWENTY YEARS LATER** ▷5
É.-U. 1998. Drame d'horreur de Steve MINER avec Jamie Lee Curtis, Adam Arkin et J. Gordon-Levitt. - Vingt ans après avoir été la cible d'un tueur en série masqué, une femme revit le même cauchemar.
VF→LS VO→LS **13 ans + Horreur**

**HALLOWEEN H20: VINGT ANS PLUS TARD**
Voir: HALLOWEEN H20: TWENTY YEARS LATER

**HALLOWEEN II** ▷5
É.-U. 1981. Drame d'horreur de Rick ROSENTHAL avec Jamie Lee Curtis, Donald Pleasence et Lance Guest. - Un déséquilibré échappé d'une clinique psychiatrique pourchasse dans un hôpital une jeune fille qu'il a attaquée le soir de l'Halloween.
VO→9,95$ **18 ans +**

**HALLOWEEN III: SEASON OF THE WITCH** ▷5
É.-U. 1982. Drame d'horreur de Tommy Lee WALLACE avec Tom Atkins, Stacey Nelkin et Dan O'Herlihy. - Un médecin découvre par hasard un secret dangereux sur une fabrique de masques pour l'halloween.
VO→9,95$ **13 ans +**

**HALLOWEEN IV: THE RETURN OF MICHAEL MYERS** ▷6
É.-U. 1988. Drame d'horreur de Dwight H. LITTLE avec Ellie Cornell, Danielle Harris et D. Pleasence. - Après s'être échappé de l'ambulance qui le transportait, un psychopathe meurtrier fait des ravages.
VO→9,95$ **13 ans +**

**HALLOWEEN V: THE REVENGE OF MICHAEL MYERS** ▷5
É.-U. 1989. Drame d'horreur de Dominique OTHENIN-GIRARD avec D. Pleasence, Danielle Harris et Wendy Kaplan. - S'étant remis de ses blessures, un maniaque que l'on croyait avoir éliminé un an plus tôt recherche une nièce ayant déjà échappé à ses mains meurtrières.
VO→16,95$ **13 ans +**

**HALLS OF MONTEZUMA, THE** ▷4
É.-U. 1950. Drame de guerre de Lewis MILESTONE avec R. Widmark, R. Wagner et Jack Palance. - Des soldats américains sont chargés de capturer des Japonais dont on veut obtenir des renseignements.
VO→16,95$ **Non classé**

**HAMBURGER HILL** ▷4
É.-U. 1987. Drame de guerre de John IRVIN avec Tim Quill, Dylan McDermott et Courtney Vance. - En 1969, au Viêt-nam, une escouade américaine tente à plusieurs reprises de prendre une colline tenue par les Viêt-congs.
VF→11,95$ LBX→15,95$ **13 ans +**

**HAMLET** ►2
ANG. 1948. Drame réalisé et interprété par Laurence OLIVIER avec Jean Simmons et Basil Sydney. - Convaincu qu'il doit tuer son oncle pour venger son père, Hamlet ne se résout pas à commettre l'acte fatal. - Adaptation d'une tragédie de Shakespeare. Mise en scène soignée. Sens éveillé des ressources du cinéma. Interprétation remarquable.
VO→14,95$ **Général**

**HAMLET** ▷4
ANG. 1969. Drame de Tony RICHARDSON avec Nicol Williamson, Mariane Faithfull et Mark Dignam. - Convaincu qu'il doit tuer son oncle pour venger son père, Hamlet ne se résout pas à commettre ce crime.
VO→19,95$ **Général**

**HAMLET** ▷3
ANG. 1990. Drame de Franco ZEFFIRELLI avec Mel Gibson, Glenn Close et Alan Bates. - Après l'apparition du spectre de son père lui révélant avoir été assassiné par son oncle, un prince danois feint la folie pour mieux préparer sa vengeance. - Adaptation resserrée du texte de Shakespeare. Mise en scène à la fois rugueuse et riche. Interprétation convaincante de M. Gibson. Distribution de classe.
VO→11,95$ **Général**

**HAMLET** ▷4
É.-U. 2000. Drame de mœurs de Michael ALMEREYDA avec Ethan Hawke, Kyle MacLachlan et Julia Stiles. - À Manhattan, le fils d'un industriel découvre que son oncle a assassiné son père.
VF→24,95$ VO→PC **Général - Déconseillé aux jeunes enfants**

**HAMLET** ▷3
É.-U. 1996. Drame réalisé et interprété par Kenneth BRANAGH avec Derek Jacobi et Richard Briers. - Après l'apparition du spectre de son père lui révélant avoir été assassiné par son oncle, un prince danois feint la folie pour préparer sa vengeance. - Adaptation intégrale de la pièce de Shakespeare. Mise en scène élaborée. Décors lumineux et raffinés. Jeu survolté de K. Branagh au sein d'une excellente distribution.
VO→24,95$ VF→24,95$ LBX→24,95$ **Général**

**HAMMETT** ▷0
É.-U. 1982, Wim WENDERS
VO→LS **13 ans +**

**HAMSIN (EASTERN WIND)** ▷0
ISR. 1983, Daniel WACHSMANN
STA→LS **Général**

**HAMSUN** ▷0
SUÈ. 1996, Jan TROELL
STA→49,95$ **Général**

**HANA-BI**
Voir: FEUX D'ARTIFICE

**HAND OF DEATH, THE** ▷0
H. K. 1975, John WOO
STA→LS **13 ans + Violence**

**HAND THAT ROCKS THE CRADLE, THE** ▷5
É.-U. 1992. Drame de Curtis HANSON avec Annabella Sciorra, Rebecca De Mornay et Matt McCoy. - Après la naissance de leur second enfant, des jeunes mariés engagent une gardienne qui se révèle animée d'intentions malveillantes.
VO→9,95$ VF→9,95$ **13 ans +**

**HAND, THE** ▷4
É.-U. 1981. Drame d'horreur d'Oliver STONE avec M. Caine, Andrea Marcovicci et Mara Hobel. - Un auteur de bandes dessinées à succès est hanté par la main qu'il a perdue lors d'un accident d'auto.
VO→14,95$ **13 ans +**

**HANDFUL OF DUST, A** ▷4
ANG. 1988. Drame de mœurs de Charles STURRIDGE avec James Wilby, Kristin Scott-Thomas et Rupert Graves. - Au milieu des années 1930, un couple d'aristocrates anglais se déchire lorsque l'épouse s'entiche d'un parasite mondain.
VO→19,95$ **Général**

**HANDMAID'S TALE, THE** ▷5
É.-U. 1990. Science-fiction de Volker SCHLÖNDORFF avec Natasha Richardson, Faye Dunaway et Aidan Quinn. - Dans une société totalitaire du futur, une jeune femme est sélectionnée par les autorités pour devenir mère-porteuse.
VO→14,95$ **13 ans +**

**HANDS ACROSS THE TABLE** ▷4
É.-U. 1935. Comédie sentimentale de Mitchell LEISEN avec Carole Lombard, Fred MacMurray et Ralph Bellamy. - Deux arrivistes s'éprennent l'un de l'autre.
VO→14,95$ Général

**HANDS OF ORLAC, THE** ▷0
É.-U. 1960, Frederic GOODE
VO→14,95$ Général

**HANDS UP** ▷0
POL. 1967, Jerzy SKOLIMOWSKI
STA→LS Général

**HANG'EM HIGH** ▷4
É.-U. 1967. Western de Ted POST avec Clint Eastwood, Ed Begley et Inger Stevens. - Un ex-prisonnier, devenu adjoint du shérif, recherche l'homme qui l'a fait condamner injustement pour vol.
VO→14,95$ LBX→14,95$ LBX-DVD→29,95$ 13 ans +

**HANGIN' WITH THE HOMEBOYS** ▷5
É.-U. 1990. Comédie de mœurs de Joseph B. VASQUEZ avec Nestor Serrano, John Lequizamo et Doug E. Doug. - Un vendredi soir, deux Noirs et deux Portoricains du Bronx font une virée à Manhattan.
VF→LS VO→LS 13 ans + Langage vulgaire

**HANGING GARDEN, THE** ▷3
CAN. 1997. Drame psychologique de Thom FITZGERALD avec Chris Leavins, Kerry Fox et Seana McKenna. - Un jeune homosexuel revient dans sa famille après dix ans d'absence et constate que les blessures d'hier sont encore vives aujourd'hui. - Atmosphère proche de celle d'un conte psychanalytique. Réalisation ingénieuse.
VF→PC VO→14,95$ 13 ans + Langage vulgaire

**HANGING UP** ▷5
É.-U. 2000. Comédie dramatique réalisée et interprétée par Diane KEATON avec Meg Ryan et Lisa Kudrow. – Une mère de famille débordée par son travail demande l'aide de ses deux sœurs pour s'occuper de leur vieux père malade.
VF→14,95$ VO→14,95$

**HANGMAN'S KNOT** ▷4
É.-U. 1952. Western de Roy HUGGINS avec Randolph Scott, Donna Reed et Claude Jarman. - Des Sudistes s'emparent d'un convoi d'or qu'ils doivent défendre.
VO→14,95$ Général

**HANGMEN ALSO DIE** ▷3
É.-U. 1943. Drame réalisé par Fritz LANG avec Brian Donlevy, Walter Brennan et Gene Lockart. - À Prague, pendant l'Occupation, les forces allemandes recherchent l'assassin d'un de leurs dignitaires. - Œuvre forte écrite en collaboration avec Bertolt Brecht. Accent mis sur l'intrigue policière.
VO→34,95$ DVD→44,95$ Général

**HANKY PANKY** ▷5
É.-U. 1982. Comédie policière de Sidney POITIER avec Gene Wilder, Gilda Radner et Richard Widmark. - Se trouvant malgré lui mêlé à une affaire de meurtre, un architecte naïf réussit à échapper à la mort grâce à l'aide d'une inconnue.
VF→12,95$ VO→9,95$ Général

**HANNA'S WAR** ▷4
É.-U. 1988. Drame de guerre de Menahem GOLAN avec M. Detmers, Ellen Burstyn et A. Andrews. - À l'aube de la Seconde Guerre mondiale, une jeune femme s'engage dans les services secrets britanniques et se porte volontaire pour une mission en Europe occupée.
VF→LS VO→LS Général

**HANNAH AND HER SISTERS** ▶2
É.-U. 1986. Comédie dramatique réalisée et interprétée par Woody ALLEN avec Mia Farrow et Barbara Hershey. - Les tribulations de trois sœurs qui rencontrent divers problèmes dans leur carrière ou dans leur vie sentimentale. - Variations neuves sur des thèmes familiers. Situations finement observées. Approche teintée d'ironie. Interprétation de première force.
VF→LS VO→LS Général

**HANNAH K.** ▷4
FR. 1983. Drame social de Constantin COSTA-GAVRAS avec Jill Clayburgh, Mohamed Bakri et Jean Yanne. - Pour avoir défendu un Palestinien soupçonné de terrorisme, une avocate juive s'attire des ennuis avec un procureur israélien.
VO→LS Général

**HANNIBAL** ▷4
É.-U. 2001. Drame policier de Ridley SCOTT avec Anthony Hopkins, Julianne Moore et Giancarlo Giannini. - Recherché de toutes parts, un célèbre tueur en série cannibale qui vit incognito à Florence est forcé de sortir de sa retraite.
16 ans + Violence

**HANNIE CAULDER** ▷5
ANG. 1971. Western de Burt KENNEDY avec Raquel Welch, Robert Culp et Ernest Borgnine. - Violée par trois bandits, une jeune femme s'exerce au pistolet pour se venger de ses agresseurs.
VO→13,95$ 13 ans +

**HANOVER STREET** ▷5
ANG. 1979. Drame de guerre de Peter HYAMS avec Harrison Ford, Lesley-Anne Down et Christopher Plummer. - En 1943, un pilote américain stationné en Angleterre se voit confier une mission dangereuse en France avec le mari de sa maîtresse.
VF→14,95$ VO→13,95$ Général

**HANS CHRISTIAN ANDERSEN** ▷4
É.-U. 1952. Comédie musicale de Charles VIDOR avec Danny Kaye, Zizi Jeanmaire et Farley Granger. - Un cordonnier de village doublé d'un conteur populaire vient en aide à une ballerine qu'il croit malheureuse.
VO→14,95$ Général

**HANTISE**
Voir: THE HAUNTING

**HANUKAH CELEBRATION, A** ▷0
ISR. 1984, Danny WALIN et Peter TANKE
VA→LS Général

**HANUMAN** ▷0
FR. 1998, Fred FOUGEA
VO→LS

**HANUSSEN** ▷0
HON. 1988. Drame historique d'Istvan SZABO avec Klaus Maria Brandauer, Erland Josephson et Ildiko Bansagi. - Un ancien soldat hongrois possédant des dons de double vue suscite l'intérêt des nazis par ses prédictions.
STA→19,95$ 13 ans +

**HAPPIEST DAYS OF YOUR LIFE, THE** ▷4
ANG. 1950. Comédie de Frank LAUNDER avec Alastair Sim, Margaret Rutherford et Richard Wattis. - Un collège de filles vient occuper par erreur les locaux déjà employés par un collège de garçons.
VO→27,95$ Général

**HAPPIEST MILLIONAIRE, THE** ▷5
É.-U. 1967. Comédie musicale de Norman TOKAR avec Fred MacMurray, Tommy Steele et Lesley Ann Warren. - Après diverses aventures cocasses, la fille d'un millionnaire farfelu réussit à se faire accepter par sa future belle-mère.
LBX→14,95$ Général

**HAPPINESS** ▷3
É.-U. 1998. Drame de mœurs de Todd SOLONDZ avec Jane Adams, Dylan Baker et Philip Seymour Hoffman. - Trois sœurs et leur entourage vivent de cruelles désillusions dans leur recherche mal avisée du bonheur. - Œuvre féroce et cynique. Grande acuité d'observation de mœurs. Trait vif, acéré et sans compromis sentimentaux.
VO→13,95$ LBX-DVD→26,95$ 16 ans +

**HAPPINESS**
Voir: LE BONHEUR

**HAPPY BIRTHDAY! (TURKE)** ▷4
ALL. 1992. Drame policier de Dorris DÖRRIE avec Hansa Czypionka, Ozay et Doris Kunstmann. - À Francfort, la disparition d'un homme mène un détective d'origine turque dans les dédales d'une affaire de corruption policière.
STA→LS 13 ans +

**HAPPY ENDING, THE** ▷4
É.-U. 1969. Drame psychologique de Richard BROOKS avec Jean Simmons, John Forsyth et Shirley Jones. - Une femme mariée insatisfaite cherche confusément à tromper son ennui dans l'alcool.
VO→18,95$ 13 ans +

**HAPPY GILMORE** ▷5
É.-U. 1995. Comédie de Dennis DUGAN avec Adam Sandler, Christopher McDonald et Julie Bowen. - Un hockeyeur raté mais doué pour le golf participe à des tournois pour aider sa grand-mère à récupérer sa maison saisie par le fisc.
VO→18,95$ Général

**HAPPY TEXAS** ▷5
É.-U. 1999. Comédie policière de M. ILLSLEY avec Jeremy Northam, Steve Zahn et William H. Macy. - Deux évadés se font passer pour un couple gay chargé d'organiser un concours de beauté pour fillettes dans une ville du Texas.
VF→LS VO→PC LBX-DVD→PC Général

**HAPPY TOGETHER** ▷4
H.-K. 1997. Drame psychologique de Kar-Wai WONG avec Leslie Cheung, Tony Leung Chiu-wai et Chang Chen. - Après une douloureuse rupture, deux jeunes gays de Hong Kong immigrés à Buenos Aires reprennent la vie en commun.
STA-LBX→34,95$ STF→LS
STA-LBX-DVD→44,95$ Général - Déconseillé aux jeunes enfants

**HARCÈLEMENT**
Voir: DISCLOSURE

**HARD BOILED** ▷4
H.-K. 1992. Drame policier de John WOO avec Chow Yun-Fat, Bowie Lam et Philip Chan. - Afin de venger la mort de son partenaire, un policier collabore avec un collègue qui s'est infiltré chez des trafiquants d'armes pour abattre leur chef.
STA→LS VA→LS STA-LBX-DVD→LS 16 ans + Violence

**HARD CHOICES** ▷5
É.-U. 1984. Drame social de Rick KING avec Margaret Klenck, Gary McCleery et John Seitz. - Une assistante sociale favorise l'évasion d'un adolescent qui va être jugé comme un adulte pour un vol ayant mal tourné.
VO→LS 13 ans +

**HARD CORE LOGO** ▷4
CAN. 1996. Comédie de Bruce McDONALD avec Hugh Dillon, Callum Keith Rennie et John Pyper-Ferguson. - Séparé depuis des années, un groupe punk se réunit à l'occasion d'un concert bénéfice.
VO→14,95$ VF→14,95$ 13 ans +

**HARD COUNTRY** ▷4
É.-U. 1981. Drame de mœurs de David GREENE avec Jan-Michael Vincent, Kim Basinger et Michael Parks. - Les problèmes d'un ouvrier du Texas dont la petite amie rêve d'être hôtesse de l'air.
VO→LS 13 ans +

**HARD DAY'S NIGHT, A** ▷4
ANG. 1964. Comédie musicale de Richard LESTER avec John Lennon, Paul McCartney, George Harrison et Ringo Starr. - Le grand-père de l'un des Beatles ne cesse de leur créer des embêtements au cours d'un voyage à Londres.
VO→LS Général

**HARD EIGHT** ▷4
É.-U. 1996. Drame de mœurs de Paul Thomas ANDERSON avec Philip Baker Hall, John C. Reilly et Gwyneth Paltrow. - Un jeune homme démuni qui a perdu tout son argent au casino devient le protégé d'un joueur vétéran au passé secret.
VO→19,95$ LBX-DVD→33,95$ 13 ans +

**HARD LABOUR** ▷0
ANG. 1973, Mike LEIGH
VO→36,95$ Général

**HARD PROMISES** ▷5
É.-U. 1991. Comédie sentimentale de Martin DAVIDSON avec William L. Petersen, Sissy Spacek et Brian Kerwin. - Un homme est invité au mariage de sa propre femme qui a obtenu le divorce sans le prévenir.
VF→LS VO→LS Général

**HARD RAIN** ▷5
É.-U. 1997. Drame policier de Mikael SALOMON avec Christian Slater, Morgan Freeman et Randy Quaid. - Des bandits commettent un hold-up dans une petite ville évacuée suite à une terrible inondation.
VF→13,95$ LBX-DVD→37,95$ 13 ans + Violence

**HARD RIDE, THE** ▷4
É.-U. 1970. Drame de Burt TOPPER avec Robert Fuller, Sherry Bain et Tony Russel. - Un sergent, chargé de voir aux funérailles d'un camarade mort au combat, recherche les amis de celui-ci, membres d'un club de motards.
VO→LS 13 ans +

**HARD TARGET** ▷5
É.-U. 1993. Drame policier de John WOO avec Jean-Claude Van Damme, Lance Henriksen et Yancy Butler. - Un marin et une jeune femme sont pourchassés dans les bayous par les tueurs d'un organisateur de chasses à l'homme pour riches dépravés.
VF→11,95$ VO→11,95$ 16 ans + Violence

**HARD TIMES** ▷4
É.-U. 1975. Drame de mœurs de Walter HILL avec Charles Bronson, James Coburn et Strother Martin. - Au début des années 1930, un chômeur accepte de participer à des combats de boxe illégaux.
VO→9,95$ VF→9,95$ 13 ans +

**HARD WAY, THE** ▷4
É.-U. 1991. Comédie policière de John BADHAM avec Michael J. Fox, James Woods et Stephen Lang. - Un policier se retrouve flanqué d'un acteur d'Hollywood qui veut observer son travail pour la préparation d'un rôle.
VO→PC VF→11,95$ 13 ans +

**HARDCORE** ▷4
É.-U. 1978. Drame de mœurs de Paul SCHRADER avec George C. Scott, Season Hubley et Peter Boyle. - Un ouvrier aux convictions religieuses profondes part à la recherche de sa fille qui vit de la pornographie après avoir fait une fugue.
VO→14,95$ 18 ans +

**HARDER THEY COME, THE** ▷4
JAM. 1972. Drame de mœurs de Perry HENZELL avec Jimmy Cliff, Carl Bradshaw et Janet Bartley. - En Jamaïque, un jeune campagnard venu tenter fortune à Kingston où il rêve de devenir chanteur s'embarque dans une affaire de trafic de drogue.
VO→16,95$ 13 ans +

**HARDER THEY FALL, THE** ▷4
É.-U. 1956. Drame de mœurs de Mark ROBSON avec Humphrey Bogart, Rod Steiger et Mike Lane. - Un journaliste en chômage accepte d'organiser la publicité de combats de boxe truqués.
VO→19,95$ Général

**HARDI! PARDAILLAN** ▷4
FR.-ITA. 1964. Aventures de Bernard BORDERIE avec Gérard Barray, Valérie Lagrange et Guy Delorme. - Le chevalier de Pardaillan accomplit une mission périlleuse pour le roi Henri III.
VO→LS Non classé

**HARDWARE** ▷4
ANG. 1990. Science-fiction de Richard STANLEY avec Stacey Travis, Dylan McDermott et John Lynch. - Au XXIe siècle, une jeune sculptrice est attaquée dans son appartement par un robot programmé pour tuer.
VO→18,95$ 18 ans +

**HAREM** ▷5
É.-U. 1985. Drame de mœurs d'Arthur JOFFE avec Nastassja Kinski, Ben Kingsley et Dennis Goldson. - D'étranges liens se créent entre un émir et la New-Yorkaise qu'il a enlevée afin de la placer dans son harem.
VO→LS **Non classé**

**HARLEM NIGHTS** ▷5
É.-U. 1989. Comédie dramatique réalisée et interprétée par Eddie MURPHY avec Richard Pryor et Danny Aiello. - Les tribulations du fils adoptif du propriétaire d'un club de nuit clandestin à la fin des années 30.
VF→LS VO→PC **13 ans +**

**HARLEM RIDES THE RANGE** ▷0
É.-U. 1939, Richard C. KAHN
VO→LS **Général**

**HARMONISTES, LES** ▷4
All. 1997. Drame biographique de Joseph VILSMAIER avec Ulrich Noethen, Ben Becker et Meret Becker. - À Berlin, en 1928, un juif fonde un groupe vocal, dont le grand succès est compromis par l'arrivée au pouvoir des nazis.
STA→LS VF→LS **Général**

**HARMONISTS, THE**
Voir: LES HARMONISTES

**HAROLD AND MAUDE** ▷3
É.-U. 1971. Comédie de Hal ASHBY avec Ruth Gordon, Bud Cort et Vivien Pickles. - Un jeune homme obsédé par l'idée de la mort fait la connaissance d'une octogénaire excentrique. - Vision bizarre de la vie et des relations humaines. Humour noir. Photographie et décors soignés. Fine interprétation des protagonistes.
VF→14,95$ VO→14,95$ **Général**

**HARPER** ▷4
É.-U. 1966. Drame policier de Jack SMIGHT avec Paul Newman, Arthur Hill et Julie Harris. - Un détective privé est engagé pour retrouver un mari disparu.
VF→13,95$ VO→14,95$ **Général**

**HARRIET CRAIG** ▷5
É.-U. 1950. Drame psychologique de Vincent SHERMAN avec Joan Crawford, Wendell Corey et Lucille Watson. - Privée dans son enfance d'amour paternel, une femme manœuvre sa famille avec une autorité despotique.
VO→18,95$ **Général**

**HARRIET LA PETITE ESPIONNE**
Voir: HARRIET THE SPY

**HARRIET THE SPY** ▷4
É.-U. 1996. Comédie dramatique de Bronwen HUGHES avec Michelle Trachtenberg, Rosie O'Donnell et Vanessa Lee Chester. - Une gamine est rejetée par ses camarades de classe après que ceux-ci aient découvert les notes fantaisistes qu'elle a écrites à leur sujet.
VO→18,95$ **Général**

**HARRY AND SON** ▷5
É.-U. 1984. Comédie dramatique réalisée et interprétée par Paul NEWMAN avec Robby Benson et Ellen Barkin. - Un ouvrier de Floride et son fils qui veut devenir écrivain ont des relations tendues.
VO→LS **Général**

**HARRY AND THE HENDERSONS** ▷5
É.-U. 1987. Comédie fantaisiste de William DEAR avec John Lithgow, Melinda Dillon et Don Ameche. - Une famille sympathise avec une créature simiesque qu'elle a ramenée à la maison après l'avoir frappée avec sa voiture.
VO→PC **Général**

**HARRY AND TONTO** ▷3
É.-U. 1974. Comédie dramatique de Paul MAZURSKY avec Art Carney, Melanie Mayron et Joshua Mostel. - Un septuagénaire chassé de son appartement traverse le pays pour rendre visite à ses enfants. - Approche à la fois réaliste et enjouée. Richesse d'évocation. Personnages pittoresques. Jeu excellent de Carney.
VO→16,95$ **13 ans +**

**HARRY DANS TOUS SES ÉTATS**
Voir: DECONSTRUCTING HARRY

**HARRY ET LES HENDERSON**
Voir: HARRY AND THE HENDERSONS

**HARRY, UN AMI QUI VOUS VEUT DU BIEN** ▷3
FR. 2000. Drame psychologique de Dominik MOLL avec Laurent Lucas, Sergi Lopez et Mathilde Seigner. - Un père de famille en vacances renoue avec un ancien copain de lycée dont l'extrême bienveillance finit par devenir inquiétante. - Suspense subtilement insidieux. Ironie légère aux traits de plus en plus féroces. Personnages habilement développés. Mise en scène sobre. Interprètes fort talentueux.

**HARVEY** ▷4
É.-U. 1950. Comédie fantaisiste de Henry KOSTER avec James Stewart, Josephine Hull et Peggy Dow. - Un vieux garçon sympathique converse avec un lapin géant imaginaire.
VO→14,95$ **Général**

**HARVEY GIRLS, THE** ▷4
É.-U. 1945. Comédie musicale de George SIDNEY avec Judy Garland, John Hodiak et Ray Bolger. - Déçue par le mari qu'on lui destine, une jeune fille se joint à un groupe de serveuses itinérantes.
VO→14,95$ **Non classé**

**HASARDS OU COÏNCIDENCES** ▷5
FR. 1998. Comédie dramatique de Claude LELOUCH avec Alessandra Martines, Pierre Arditi et Marc Hollogne. - Son amant et son fils ayant péri en mer, une ancienne danseuse décide d'effectuer et de filmer le voyage qu'ils avaient prévu faire ensemble.
VO→LS **Général**

**HATARI!** ▷3
É.-U. 1962. Aventures de Howard HAWKS avec John Wayne, Elsa Martinelli et Hardy Kruger. - Des chasseurs se spécialisent dans la capture d'animaux sauvages au Tanganyika. - Scènes trépidantes. Touches d'humour. Musique intéressante. Valeur documentaire. Interprétation dégagée.
VO→24,95$ **Non classé**

**HATCHET FOR A HONEYMOON** ▷0
ITA. 1971, Mario BAVA
LBX-VA→34,95$ **13 ans +**

**HAUNTED PALACE, THE** ▷4
É.-U. 1963. Drame d'horreur de Roger CORMAN avec Vincent Price, Debra Paget et Lon Chaney Jr.. - Au XVIIIe siècle, un homme est possédé par l'âme de son ancêtre, sorcier brûlé en jurant vengeance.
VO→11,95$ **13 ans +**

**HAUNTED STRANGLER, THE** ▷0
ANG. 1958, Robert DAY
VO→15,95$ **Non classé**

**HAUNTED SUMMER** ▷4
É.-U. 1988. Drame de mœurs de Ivan PASSER avec Philip Anglim, Alice Krige et Eric Stoltz. - Au cours de l'été 1816, deux poètes anglais et leurs compagnes vivent dans une exaltation provoquée par l'opium.
VO→LS **Non classé**

**HAUNTING, THE** ►2
É.-U. 1963. Drame d'horreur de Robert WISE avec Julie Harris, Claire Bloom et Richard Jackson. - Un savant réunit deux femmes dans un manoir présumément hanté pour des expériences métapsychiques. - Effets de terreur réussis. Observations psychologiques fascinantes. Décor excellemment utilisé. Interprètes convaincus.
VO→19,95$ **Général**

**HAUNTING FEAR** ▷0
É.-U. 1991, Fred OLEN RAY
VO→LS 16 ans + Violence

**HAUNTING, THE** ▷5
É.-U. 1999. Drame fantastique de JJan DE BONT avec Lili Taylor, Liam Neeson et Catherine Zeta-Jones. - Des phénomènes surnaturels se produisent dans un vieux manoir où un docteur et trois volontaires participent à une étude sur la peur.
VF→22,95$ VO→19,95$ LBX-DVD→28,95$ 13 ans +

**HAUT LES CŒURS!** ▷3
FR. 1999. Drame psychologique de Solveig ANSPACH avec Karin Viard, Laurent Lucas et Philippe Duclos. - Une jeune musicienne enceinte de son premier bébé apprend qu'elle est atteinte d'un cancer du sein. - Récit inspiré de l'expérience vécue par la réalisatrice. Grande qualité d'écriture. Ton d'authenticité. Réalisation précise. Interprétation mémorable de K. Viard.
VO→18,95$

**HAUT LES FLINGUES**
Voir: CITY HEAT

**HAUTE FIDÉLITÉ**
Voir: HIGH FIDELITY

**HAUTS DE HURLEVENT, LES**
Voir: WUTHERING HEIGHTS

**HAVANA** ▷4
É.-U. 1990. Drame sentimental de Sydney POLLACK avec Robert Redford, Lena Olin et Alan Arkin. - À La Havane, un joueur de poker cynique et désengagé s'éprend de l'épouse d'un riche aristocrate et côtoie malgré lui les rouages de la révolution cubaine.
VF→16,95$ VO→18,95$ LBX-DVD→35,95$ Général

**HAVE ROCKET, WILL TRAVEL** ▷0
É.-U. 1959, David Lowell RICH
VO→12,95$ Général

**HAVING A WILD WEEKEND** ▷6
ANG. 1965. Comédie musicale de John BOORMAN avec Dave Clark, Barbara Ferris et Robin Bailey. - Un jeune mannequin et son partenaire font une fugue qui ennuie fort leurs patrons.
VO→14,95$ Général

**HAWAII** ▷4
É.-U. 1966. Drame social de George Roy HILL avec Max Von Sydow, Julie Andrews et Richard Harris. - Les tribulations d'un ministre calviniste et de son épouse à l'époque de la colonisation d'Hawaii.
LBX→24,95$ Non classé

**HAWK OF THE WILDERNESS** ▷0
É.-U. 1938, John ENGLISH et William WITNEY
VO→LS Général

**HAWK, THE** ▷5
ANG. 1992. Drame policier de David HAYMAN avec Helen Mirren, George Costigan et Rosemary Leach. - Une épouse dépressive soupçonne son mari d'être l'assassin qui terrorise une petite ville du Nord de l'Angleterre.
VO→31,95$ 13 ans +

**HAWKS AND THE SPARROWS, THE**
Voir: DES OISEAUX PETITS ET GRANDS

**HE GOT GAME** ▷4
É.-U. 1998. Drame psychologique de Spike LEE avec Denzel Washington, Ray Allen et Milla Jovovich. - Un prisonnier est libéré le temps de convaincre son fils basketteur d'accepter de faire partie d'une équipe appuyée par le gouverneur de l'État.
VO→16,95$ LBX-DVD→42,95$ 13 ans + Langage vulgaire

**HE KNOWS YOU'RE ALONE** ▷6
É.-U. 1980. Drame policier de Armand MASTROIANNI avec Caitlin O'Heaney, Don Scardino et Tom Rolfing. - Dans une petite ville, un maniaque meurtrier s'en prend aux jeunes filles à la veille de se marier.
VO→LS 13 ans +

**HE SAID, SHE SAID** ▷4
É.-U. 1991. Comédie sentimentale de Ken KWAPIS et Marisa SILVER avec Kevin Bacon, Elizabeth Perkins et Sharon Stone. - Après leur rupture, deux animateurs de télévision liés sentimentalement racontent à des amis une version différente de leur vie de couple.
VF→LS VO→LS Général

**HE WALKED BY NIGHT** ▷4
É.-U. 1948. Drame policier d'Alfred WERKER et Anthony MANN avec Richard Basehart, Scott Brady et Roy Roberts. - La police recherche l'assassin d'un policier.
VO→34,95$ Général

**HEAD** ▷6
É.-U. 1968. Comédie musicale de Bob RAFELSON avec Peter Tork, David Jones, Mickey Dolenz et Michael Nesmith. - Les aventures farfelues d'un groupe de jeunes chanteurs, les Monkees.
VO→18,95$ Général

**HEAD: STARRING THE MONKEES** ▷0
É.-U. 1968, Bob RAFELSON
VO→18,95$ Général

**HEADLESS GHOST, THE** ▷0
ANG. 1959, Peter GRAHAM SCOTT
VO→29,95$ Général

**HEAR MY SONG** ▷4
ANG. 1991. Comédie dramatique de Peter CHELSOM avec Adrian Dunbar, Tara Fitzgerald et Ned Beatty. - Un cabaretier crée tout un émoi en annonçant le retour d'un chanteur de charme absent de la scène depuis 30 ans.
VO→PC Général

**HEARSE, THE** ▷5
É.-U. 1980. Drame fantastique de George BOWERS avec Trish Van Devere, David Gautreaux et Joseph Cotten. - Habitant une maison réputée hantée, une jeune femme est troublée par les apparitions d'un mystérieux corbillard.
VO→LS 13 ans +

**HEART AND SOULS** ▷4
É.-U. 1993. Comédie fantaisiste de Ron UNDERWOOD avec Robert Downey Jr, Charles Grodin et Alfre Woodard. - Quatre anges gardiens chamboulent la vie d'un jeune homme dont ils utilisent le corps pour accomplir sur Terre un dernier souhait.
VF→11,95$ Général

**HEART BEAT** ▷5
É.-U. 1979. Drame de mœurs de John BYRUM avec Nick Nolte, Sissy Spacek et John Heard. - À la fin des années 50, le jeune écrivain canadien Jack Kerouac et un ami californien s'éprennent tous deux d'une étudiante en peinture.
VO→18,95$ 13 ans +

**HEART CONDITION** ▷5
É.-U. 1989. Comédie fantaisiste de James D. PARRIOTT avec Bob Hoskins, Denzel Washington et Chloe Webb. - À la suite d'une greffe du cœur, un policier rustaud se met à apercevoir le fantôme du donneur qui s'avère être un de ses ennemis.
VF→14,95$ 13 ans +

**HEART IS A LONELY HUNTER, THE** ▷4
É.-U. 1968. Drame psychologique de Robert Ellis MILLER avec Alan Arkin, Sondra Locke et Chuck McCann. - Un sourd-muet exerce une influence bénéfique sur des amis de rencontre.
VO→19,95$ Général

**HEART OF DARKNESS** ▷3
É.-U. 1993. Drame de Nicolas ROEG avec Tim Roth, John Malkovich et Isaach de Bankole. - Le périple congolais d'un jeune négociant qui remonte un fleuve en bateau afin de rencontrer un marchand d'ivoire énigmatique. - Téléfilm adapté fidèlement du roman de Joseph Conrad. Ambiance oppressante. Réalisation assurée. Acteurs de grand talent.
VF→LS VO→LS Général

**HEART OF DRAGON** ▷0
H. K. 1985, Sammo HUNG
STA-LBX→LS 13 ans +

**HEART OF GLASS**
Voir: CŒUR DE VERRE

**HEARTBEEPS** ▷5
É.-U. 1981. Comédie fantaisiste d'Allan ARKUSH avec Andy Kaufman, Bernadette Peters et Kenneth McMillan. - Un couple d'androïdes qui s'est enfui d'une usine afin de fonder un foyer tente d'échapper aux ingénieurs et à un robot policier qui les recherchent.
VO→14,95$ Général

**HEARTBREAK KID, THE** ▷5
AUS. 1993. Drame sentimental de Michael JENKINS avec Claudia Karvan, Alex Dimitriades et Steve Bastoni. - Bien que fiancée, une jeune enseignante de Melbourne cède aux avances d'un étudiant rebelle qui s'est épris d'elle.
VO→LS 13 ans +

**HEARTBREAK RIDGE** ▷5
É.-U. 1986. Comédie dramatique réalisée et interprétée par Clint EASTWOOD avec Mario Van Peebles et Marsha Mason. - Un vétéran de la guerre de Corée se voit chargé d'entraîner des jeunes recrues récalcitrantes.
VF→11,95$ VO→14,95$ Général

**HEARTBURN** ▷4
É.-U. 1986. Comédie dramatique de Mike NICHOLS avec Meryl Streep, Jack Nicholson et Stockard Channing. - Les tribulations sentimentales d'un couple de journalistes dont le mari jouit d'une certaine réputation de coureur.
VO→14,95$ Général

**HEARTS AND ARMOUR**
Voir: LE CHOIX DES SEIGNEURS

**HEARTS OF DARKNESS: A FILMMAKER'S APOCALYPSE** ▷3
É.-U. 1991. Documentaire de Fax BAHR et George HICKENLOOPER. - Les nombreuses difficultés rencontrées par le cinéaste Francis Ford Coppola lors du tournage de son film *Apocalypse Now*. - Témoignage révélateur de l'ambition artistique de Coppola. Traitement habilement descriptif. Ensemble captivant.
VO→14,95$ 13 ans +

**HEARTS OF THE WORLD** ▷0
É.-U. 1918, David W. GRIFFITH
ITA→LS Général

**HEAT** ▷0
É.-U. 1972, Paul MORRISSEY
VO→34,95$ 18 ans +

**HEAT** ▷3
É.-U. 1995. Drame policier de Michael MANN avec Al Pacino, Robert De Niro et Val Kilmer. - Un détective met en branle une opération de surveillance afin de coincer une bande de voleurs habiles. - Ensemble captivant malgré quelques longueurs. Scènes d'action et de suspense d'une forte intensité dramatique. Excellents interprètes.
LBX→19,95$ VF→14,95$ VO→14,95$
LBX-DVD→21,95$ 16 ans + Violence

**HEAT AND DUST** ▷3
ANG. 1982. Drame de mœurs de James IVORY avec Julie Christie, Greta Scacchi et Shashi Kapoor. - Une jeune Anglaise se rend en Inde pour enquêter sur l'aventure scandaleuse de sa grand-tante qui fut la maîtresse d'un rajah. - Observations de mœurs et touches psychologiques intéressantes. Interprétation intelligente et nuancée.
VO→LS 13 ans +

**HEAT'S ON, THE** ▷6
É.-U. 1943. Comédie musicale de Gregory RATOFF avec Mae West, Victor Moore et William Gaxton. - Deux producteurs se disputent l'exclusivité d'une vedette de music-hall.
VO→19,95$ Général

**HEAT + SUNLIGHT** ▷0
É.-U. 1987, Rob NILSSON
VO→34,95$ 13 ans + Érotisme

**HEATHERS** ▷4
É.-U. 1988. Comédie satirique de Michael LEHMANN avec Winona Ryder, Christian Slater et Shannen Doherty. - Un garçon inquiétant aide une camarade de classe à éliminer certains élèves particulièrement désagréables de leur école.
LBX→14,95$ 13 ans +

**HEATWAVE** ▷4
AUS. 1981. Drame social de Philip NOYCE avec Richard Moir, Judy Davis et Chris Haywood. - Divers attentats se produisent à la suite de l'annonce de la construction d'un luxueux projet domiciliaire dans un quartier populaire.
VO→LS 13 ans +

**HEAVEN** ▷0
É.-U. 1998, Scott REYNOLDS
VO→19,95$ 18 ans + Violence

**HEAVEN** ▷5
É.-U. 1986. Film d'essai de Diane KEATON. - Évocation de diverses conceptions de ce à quoi pourrait ressembler la vie après la mort, au paradis ou en enfer.
VO→19,95$ Général

**HEAVEN & EARTH** ▷5
É.-U. 1993. Chronique d'Oliver STONE avec Hiep Thi Le, Tommy Lee Jones et Joan Chen. - Les tribulations d'une Vietnamienne dont la vie est bouleversée par la guerre.
VF→18,95$ VO→19,95$ 13 ans +

**HEAVEN AND EARTH** ▷0
JAP. 1990, Hakuri KADOKAWA
STA→LS Non classé

**HEAVEN CAN WAIT** ▷4
É.-U. 1978. Comédie fantaisiste de Warren BEATTY et Buck HENRY avec W. Beatty, Julie Christie et James Mason. - Un joueur de football mort dans un accident reprend vie dans le corps d'un richard.
VO→14,95$ VF→14,95$ LBX-DVD→32,95$ Général

**HEAVEN CAN WAIT** ▷3
É.-U. 1943. Comédie d'Ernst LUBITSCH avec Gene Tierney, Don Ameche et Charles Coburn. - Un riche Américain qui vient de mourir raconte sa vie au gardien de l'enfer. - Sujet traité avec fantaisie et humour. Mise en scène adroite. Excellente direction d'acteurs.
VO→24,95$ Non classé

**HEAVEN HELP US** ▷5
É.-U. 1984. Comédie dramatique de Michael DINNER avec Andrew McCarthy, Kevin Dillon et John Heard. - En 1965, les tribulations de trois étudiants qui poursuivent leurs études dans un collège catholique aux méthodes sévères.
VO→LS 13 ans +

**HEAVEN KNOWS, MR. ALLISON** ▷4
É.-U. 1956. Drame de John HUSTON avec Deborah Kerr et Robert Mitchum. - Pendant la guerre, un soldat américain et une religieuse se trouvent isolés sur une île du Pacifique.
VO→22,95$ Général

**HEAVEN'S BURNING** ▷5
N.-Z. 1997. Drame policier réalisé par Craig LAHIFF avec Russell Crowe, Youki Kudoh et Kenji Isomura. - Après avoir simulé son enlèvement, une Japonaise fuit avec un voleur de banque australien en ayant la police, la mafia et son mari jaloux aux trousses.
VO→32,95$ 16 ans + Violence

**HEAVEN'S GATE** ▷4
É.-U. 1980. Western de Michael CIMINO avec Kris Kristofferson, Isabelle Huppert et Christopher Walken. - Un shérif du Wyoming prend parti pour des fermiers immigrants contre de riches éleveurs qui leur font la vie dure.
LBX→24,95$ LBX-DVD→18,95$ 18 ans +

**HEAVEN'S PRISONERS** ▷4
É.-U. 1995. Drame policier de Phil JOANOU avec Alec Baldwin, Teri Hatcher et Eric Roberts. - En enquêtant sur l'écrasement d'un avion transportant des immigrants clandestins, un ex-policier devient la cible de mystérieux tueurs.
VF→14,95$ 13 ans + Violence

**HEAVENLY CREATURES** ▷3
N.-Z. 1994. Drame psychologique de Peter JACKSON avec Melanie Lynskey, Kate Winslet et Sarah Peirse. - Menacées d'être séparées par leurs parents, deux amies adolescentes à l'imagination fertile envisagent un projet meurtrier. - Univers abordé sous un angle résolument original et troublant. Thème riche d'implications psychologiques. Moult détails fantaisistes. Illustration inventive et énergique. Interprétation fort prenante.
VF→11,95$ VO→11,95$ 13 ans +

**HEAVENS ABOVE** ▷5
ANG. 1963. Comédie satirique de John BOULTING avec Peter Sellers, Isabel Jeans et Eric Sykes. - Le nouveau pasteur d'une église anglicane provoque involontairement la pagaille chez ses fidèles.
VO→LS Non classé

**HEAVY** ▷4
É.-U. 1995. Drame psychologique de James MANGOLD avec Pruitt Taylor Vince, Liv Tyler et Shelley Winters. - L'existence morne et triste du cuisinier d'un bar-restaurant est bouleversée par l'arrivée d'une nouvelle serveuse.
VO→34,95$ Général

**HEAVY METAL** ▷4
CAN. 1981. Dessins animés de Gerald POTTERTON. - Suite de sept petits films d'animation ayant pour thème la science-fiction et la fantaisie.
VF→14,95$ VO→14,95$ LBX-DVD→33,95$ 13 ans +

**HEAVY METAL 2000** ▷5
CAN. 2000. Dessins animés de Michael COLDEWEY et Michel LEMIRE. - Dans une lointaine galaxie, une guerrière affronte un tyran surhumain à la recherche d'un sérum d'immortalité.
VF→PC VO→PC 13 ans + Violence

**HEAVY PETTING** ▷4
É.-U. 1989. Film de montage d'Obie BENZ et Josh WALETZKY avec David Byrne, Splading Gray et Abbie Hoffman. - Des hommes et des femmes racontent leurs premières expériences sentimentales et sexuelles dans l'Amérique des années 1950.
VO→LS 13 ans +

**HEAVY TRAFFIC** ▷4
É.-U. 1973. Dessins animés de Ralph BAKSHI. - Un jeune New-Yorkais désireux de connaître la gloire comme dessinateur connaît diverses mésaventures.
VO→14,95$ 18 ans +

**HECTOR** ▷4
BEL. 1987. Comédie de mœurs de Stijn CONINX avec Urbanus, Sylvia Millecam et Frank Aendenboom. - Un innocent de trente ans qui a toujours vécu dans un orphelinat est invité à venir demeurer chez des parents pour travailler dans leur boulangerie.
VF→LS Général

**HEDD WYN** ▷0
ANG. 1996, Paul TURNER
STA→19,95$ Général

**HEIDI** ▷4
É.-U. 1937. Comédie dramatique d'Allan DWAN avec Shirley Temple, Jean Hersholt et Mady Christians. - Une charmante orpheline apprivoise un grand-père misanthrope et contribue à la guérison d'une fillette invalide.
VO→16,95$ Général

**HEIDI - LE SENTIER DU COURAGE**
Voir: COURAGE MOUNTAIN

**HEIDI FLEISS: HOLLYWOOD MADAM** ▷5
É.-U. 1995. Documentaire de Nick BROOMFIELD. - Portrait de la responsable d'un réseau de call-girls hollywoodien dont l'arrestation a créé un scandale.
VO→LS 16 ans +

**HEIRESS, THE** ▷3
É.-U. 1949. Drame psychologique de William WYLER avec Olivia de Havilland, Montgomery Clift et Ralph Richardson. - Une jeune fille timide et peu jolie est courtisée par un coureur de dot. - Adaptation d'un roman de Henry James. Mise en scène intelligemment discrète et efficace. Étude psychologique précise. Interprétation remarquable.
VO→16,95$ Non classé

**HELEN MORGAN STORY, THE** ▷5
É.-U. 1957. Drame biographique de Michael CURTIZ avec Ann Blyth, Paul Newman et Richard Carlson. - La vie d'une chanteuse célèbre dans les clubs de nuit des années 30.
VO→19,95$ Général

**HELEN OF TROY** ▷4
É.-U. 1955. Drame épique de Robert WISE avec Rossana Podesta, Jacques Sernas et Cedric Hardwicke. - Sous prétexte de délivrer la femme d'un roi, les Grecs entrent en guerre contre Troie.
VO→19,95$ Général

**HELL BENT** ▷4
CAN. 1994. Drame social de John KOZAK avec Danial Sprintz, Kevin Doerksen et Alison Northcott. - Trois jeunes délinquants à la recherche de sensations fortes saccagent la demeure de deux vieillards avant de les tuer.
STF→LS 16 ans + Violence

**HELL IN THE PACIFIC** ▷4
É.-U. 1968. Drame de guerre de John BOORMAN avec Lee Marvin et Toshiro Mifune. - Un pilote américain et un officier japonais s'affrontent seuls sur une île du Pacifique.
LBX→14,95$ LBX-DVD→22,95$ Général

**HELL IS FOR HEROES** ▷4
É.-U. 1962. Drame de guerre de Don SIEGEL avec Steve McQueen, Fess Parker et Nick Adams. - Un groupe de soldats reçoit la mission de déloger les Allemands d'un blockhaus de la ligne Siegfried.
VO→14,95$ Non classé

**HELL NIGHT** ▷6
É.-U. 1981. Drame d'horreur de Tom DeSIMONE avec Linda Blair, Vincent Van Patten et Peter Barton. - Les mésaventures initiatiques de quatre étudiants devant passer la nuit dans un manoir abandonné qui fut jadis le décor d'un massacre familial.
LBX→14,95$ 13 ans +

**HELL ON WHEELS** ▷0
É.-U. 1967, Will ZENS

**HELL'S ANGELS** ▷0
É.-U. 1930, Howard HUGHES
VO→14,95$ Général

**HELL'S ANGELS ON WHEELS** ▷5
É.-U. 1967. Drame social de Richard RUSH avec Adam Roarke, Jack Nicholson et Sabina Scharf. - Un employé de station-service se joint à une bande de motards et connaît des expériences violentes.
VF→LS VO→9,95$ 13 ans +

**HELL'S BELLES** ▷0
É.-U. 1971, Maury DEXTER
VO→LS 13 ans +

**HELLBOUND: HELLRAISER II** ▷5
ANG. 1988. Drame d'horreur de Tony RANDEL avec Clare Higgins, Ashley Laurence et Kenneth Cranham. - Traumatisée par le massacre de ses parents perpétré par des êtres venus d'une autre dimension, une adolescente consulte un psychiatre amateur de sciences ésotériques.
VF→LS VO→LS 18 ans +

**HELLÉ** ▷5
FR. 1972. Drame psychologique de Roger VADIM avec Gwen Welles, Didier Haudepin et Maria Mauban. - Pendant ses vacances en Savoie, un étudiant est attiré par une sauvageonne sourde-muette.
VO→LS 18 ans +

**HELLER IN PINK TIGHTS** ▷3
É.-U. 1960. Western de George CUKOR avec Sophia Loren, Anthony Quinn et Steve Forrest. - Les aventures d'une troupe de théâtre en tournée dans l'Ouest. - Sujet original. Mise en scène de classe. Humour constant. Interprétation vivante.
VO→11,95$ Général

**HELLFIGHTERS** ▷5
É.-U. 1968. Drame de Andrew V. McLAGLEN avec John Wayne, Jim Hutton et Katharine Ross. - Spécialisé dans l'extinction des incendies de puits de pétrole, un homme connaît des difficultés familiales à cause des risques de son métier.
VO→11,95$ Général

**HELLHOUNDS ON MY TRAIL** ▷0
É.-U. 1999, Robert MUGGE
VO→21,95$

**HELLO, DOLLY!** ▷4
É.-U. 1969. Comédie musicale de Gene KELLY avec Barbra Streisand, Walter Matthau et Michael Crawford. - Une veuve affriolante se met en frais de conquérir un riche marchand.
VO→24,95$ Général

**HELLRAISER** ▷4
ANG. 1986. Drame d'horreur de Clive BARKER avec Andrew Robinson, Claire Higgins et Ashley Laurence. - Un amateur de sensations fortes disparaît après avoir pénétré un univers parallèle par l'entremise d'une boîte magique.
VO→9,95$ LBX-DVD→PM 13 ans +

**HELLRAISER III: HELL ON EARTH** ▷5
É.-U. 1992. Drame d'horreur de Anthony HICKOX avec Terry Farrell, Doug Bradley et Paula Marshall. - Une journaliste entre en lutte contre une entité maléfique qui puise son énergie à même les souffrances de victimes humaines.
VF→12,95$ VO→18,95$ 18 ans + Horreur

**HELMUT NEWTON: FRAMES FROM THE EDGE** ▷4
ANG. 1988. Documentaire d'Adrian MABEN. - Portrait du célèbre photographe berlinois Helmut Newton.
VO→27,95$ 13 ans + Érotisme

**HELP!** ▷3
ANG. 1965. Comédie musicale de Richard LESTER avec Ringo Starr, John Lennon, Paul McCartney et George Harrison. - Le batteur des Beatles porte une bague qui le désigne comme sacrifice humain d'une secte hindoue. - Sujet délirant. Style comique inventif. Mouvement soutenu. Interprétation loufoque.
VO→18,95$ DVD→26,95$ Général

**HELSINKI NAPOLI** ▷4
FIN. 1987. Comédie policière de Mika KAURISMÄKI avec Kari Vaananen, Roberta Manfredi et Samuel Fuller. - À Berlin, un chauffeur de taxi est engagé dans une folle aventure après s'être retrouvé avec deux cadavres de truands sur les bras.
VF→LS VO→LS Général

**HELSINKI, TOUTE LA NUIT, NAPOLI**
Voir: HELSINKI NAPOLI

**HENRY & JUNE** ▷4
É.-U. 1990. Drame biographique de Philip KAUFMAN avec Maria de Medeiros, Fred Ward et Uma Thurman. - Évocation des rapports idéologiques et charnels d'Anaïs Nin avec l'écrivain américain Henry Miller et sa femme June au début des années 1930.
VF→16,95$ VO→16,95$ LBX-DVD→31,95$ 18 ans +

**HENRY FOOL** ▷4
É.-U. 1997. Comédie satirique de Hal HARTLEY avec Thomas Jay Ryan, James Urbaniak et Parker Posey. - Un éboueur placide voit sa vie profondément bouleversée par la rencontre d'un être énigmatique qui l'incite à devenir poète.
VO→13,95$ 16 ans +

**HENRY IV** ▷0
ITA. 1984, Marco BELLOCCHIO
STA→LS Général

**HENRY V** ►2
ANG. 1945. Drame historique réalisé et interprété par Laurence OLIVIER avec Robert Newton et Leslie Banks. - Évocation de la campagne entreprise par le roi d'Angleterre Henri V pour appuyer ses prétentions à la couronne de France. - Adaptation de l'œuvre de Shakespeare. Œuvre d'inspiration théâtrale. Décors stylisés. Maquillages prononcés. Couleurs d'un merveilleux pastel. Interprétation remarquable.
VO→14,95$ DVD→59,95$ Général

**HENRY V** ►2
ANG. 1989. Drame historique réalisé et interprété par Kenneth BRANAGH avec Derek Jacobi et Paul Scofield. - Évocation de la campagne militaire entreprise par le roi d'Angleterre Henri V pour appuyer ses prétentions à la couronne de France. - Traitement plus réaliste que stylisé de la pièce de Shakespeare. Accent mis sur les aspects sombres du texte original. Rudesse de l'époque bien rendue. Interprétation solide.
VO→14,95$ LBX-DVD→21,95$ Général

**HENRY, PORTRAIT D'UN TUEUR**
Voir: HENRY, PORTRAIT OF A SERIAL KILLER

**HENRY: PORTRAIT OF A SERIAL KILLER** ▷5
É.-U. 1986. Drame de John McNAUGHTON avec Michael Rooker, Tom Towles et Tracy Arnold. - Ayant quitté son mari, une jeune femme va vivre avec son frère, dont le colocataire est un ex-détenu qui se révèle être un meurtrier psychopathe.
VO→42,95$ 16 ans + Violence

**HERBES FLOTTANTES** ▷3
JAP. 1959. Drame de mœurs de Yasujiro OZU avec Ganjiro Nakamura, Haruko Sugimura et Hiroshi Kawaguchi. - Un acteur ambulant contrarie sa maîtresse en tentant de renouer avec son fils illégitime, qui ignore sa véritable identité. - Remake d'un film de 1934 du même auteur. Étude de mœurs attentive et discrète. Excellents interprètes.
STA→27,95$ Général

**HERBIE GOES BANANAS** ▷4
É.-U. 1980. Comédie fantaisiste de Vincent J. McEVEETY avec Joaquin Garay, Stephan W. Burns et Charles Martin Smith. - Une Volkswagen dotée d'une personnalité propre vient en aide à un orphelin chapardeur poursuivi par des escrocs.
VF→LS Général

**HERBIE RIDES AGAIN** ▷4
É.-U. 1974. Comédie fantaisiste de Robert STEVENSON avec Helen Hayes, Keenan Wynn et Ken Berry. - Une automobile dotée de pouvoirs extraordinaires défend sa propriétaire contre les manœuvres d'un entrepreneur.
VF→21,95$ Général

**HERCULE À LA CONQUÊTE DE L'ATLANTIDE** ▷0
ITA. 1963, Vittorio COTTAFAVI
VO→14,95$ Non classé

**HERCULE CONTRE LES VAMPIRES** ▷0
ITA. 1961, Mario BAVA
VO→14,95$ Général

**HERCULES** ▷6
ITA. 1959. Aventures de Pietro FRANCISCI avec Steve Reeves, Sylva Koscina et Fabrizio Mioni. - Le demi-dieu Hercule, fils de Jupiter, accomplit des exploits extraordinaires.
VA→LS Général

**HERCULES** ▷4
É.-U. 1997. Dessins animés de John MUSKER et Ron CLEMENTS. - Ayant grandi sur Terre parmi les humains, le demi-dieu Hercule tente de prouver à son père Zeus qu'il est un vrai héros.
VF→LS VO→LS LBX-DVD→26,95$ Général

**HERCULES AND THE CAPTIVE WOMEN**
Voir: HERCULE À LA CONQUÊTE DE L'ATLANTIDE

**HERCULES CONTRE GOLIATH** ▷0
ITA. 1963, Giorgio MARZELLI
VF→LS Non classé

**HERCULES IN THE HAUNTED WORLD**
Voir: HERCULE CONTRE LES VAMPIRES

**HERD, THE** ▷0
CAN. 1998, Peter LYNCH
VO→LS

**HERDSMEN OF THE SUN** ▷0
ALL. 1988, Werner HERZOG
VO→34,95$ Général

**HERE COME THE GIRLS** ▷6
É.-U. 1953. Comédie de Claude BINYON avec Bob Hope, Arlene Dahl et Tony Martin. - Un figurant maladroit devient vedette pour un soir.
VO→14,95$ Général

**HERE COME THE WAVES** ▷5
É.-U. 1944. Comédie musicale de Mark SANDRICH avec Bing Crosby, Betty Hutton et Sonny Tufts. - Un chanteur engagé dans la marine a des ennuis avec des sœurs jumelles toutes deux auxiliaires féminines.
VO→16,95$ Général

**HERE COMES MR. JORDAN** ▷3
É.-U. 1941. Comédie fantaisiste d'Alexander HALL avec Robert Montgomery, Rita Johnson et Claude Rains. - Un boxeur mort prématurément dans un accident d'avion revit dans le corps d'un autre homme. - Scénario original et bien construit. Réalisation habile et pleine d'humour. Interprétation alerte.
VO→19,95$ Général

**HERE COMES THE GROOM** ▷4
É.-U. 1951. Comédie de Frank CAPRA avec Bing Crosby, Jane Wyman et Alexis Smith. - Pour adopter deux orphelins, un journaliste doit se marier dans les cinq jours.
VO→18,95$ Général

**HERE ON EARTH** ▷5
É.-U. 2000. Drame sentimental de Mark PIZNARSKI avec Chris Klein, Leelee Sobieski et Josh Hartnett. - L'idylle entre un jeune fils de famille riche et une adolescente d'origine modeste provoque du mécontentement dans leur entourage respectif.
VO→PC Général

**HÉRITAGE, L'** ▷4
ITA. 1976. Drame de mœurs de Mauro BOLOGNINI avec Dominique Sanda, Anthony Quinn et Fabio Testi. - À la fin du XIXe siècle, les astuces d'une jeune femme ambitieuse pour acquérir la fortune de son beau-père.
VA→8,95$ Général

**HERO** ▷4
É.-U. 1992. Comédie dramatique de Stephen FREARS avec Dustin Hoffman, Geena Davis et Andy Garcia. - Un vagabond se fait passer pour l'auteur d'un sauvetage héroïque qui a été accompli en réalité par un petit escroc désabusé et cynique.
VO→9,95$ VF→9,95$ LBX-DVD→36,95$ Général

**HERO'S JOURNEY, THE** ▷0
É.-U., Roy A. COX
VO→LS Général

**HEROD THE GREAT** ▷0
ITA. 1958, Viktor TOURJANSKY
VA→24,95$ Non classé

**HEROES** ▷5
É.-U. 1977. Comédie dramatique de Jeremy Paul KAGAN avec Henry Winkler, Sally Field et Harrison Ford. - Un vétéran soigné dans une clinique psychiatrique s'enfuit vers l'Ouest et fait la rencontre d'une jeune fille sympathique.
VO→16,95$ Général

**HEROES OF TELEMARK, THE** ▷4
ANG. 1965. Drame de guerre de Anthony MANN avec Kirk Douglas, Richard Harris et Ulla Jacobsson. - Des commandos norvégiens sabotent une usine travaillant pour les nazis.
VO→19,95$ Général

**HEROES SHED NO TEARS**
H. K. 1986, John WOO
VA→29,95$ 18 ans +

**HEROIC TRIO, THE** ▷0
H. K. 1992, Johnny TO
STA→LS 13 ans +

**HÉROS COMME TANT D'AUTRES, UN**
Voir: IN COUNTRY

**HÉROS DANS L'OMBRE**
Voir: O.S.S.

**HÉROS DU DIMANCHE, LES**
Voir: ANY GIVEN SUNDAY

**HÉROS TRÈS DISCRET, UN** ►2
FR. 1996. Drame de mœurs de Jacques AUDIARD avec Mathieu Kassovitz, Anouk Grinberg et Sandrine Kiberlain. - Après la guerre 1939-1945, un jeune Français s'invente un passé de résistant et réussit à devenir un officier réputé au sein de l'armée. - Récit complexe d'une grande richesse. Réalisation inventive et dépouillée. Montage elliptique raffiné. Intermèdes pseudo-documentaires amusants. Jeu nuancé et subtil de M. Kassovitz.
VO→19,95$ Général

**HÉROS, LE**
Voir: HEROES

**HESTER STREET** ▷3
É.-U. 1975. Étude de mœurs de Joan Micklin SILVER avec Steven Keats, Carol Kane et Mel Howard. - Au début du siècle, un couple d'immigrants juifs à New York éprouve des difficultés d'adaptation. - Scénario riche en notations psychologiques finement observées. Évocation captivante de milieu. Interprétation convaincante.
VO→49,95$ Général

**HEURE DES SORTILÈGES, L'** ▷4
ESP. 1985. Comédie fantaisiste de Jaime DE ARMINAN avec Francisco Rabal, Concha Velasco et Victoria Abril. - Un saltimbanque et sa compagne font la rencontre d'une jeune fille dotée d'étranges pouvoirs.
VF→LS Non classé

**HEURE DU LOUP, L'** ►2
SUÈ. 1967. Drame psychologique de Ingmar BERGMAN avec Max Von Sydow, Liv Ullmann et Erland Josephson. - Réfugié avec sa femme sur une île quasi déserte, un peintre sombre peu à peu dans la folie. - Oscillation continuelle entre le réel et l'imaginaire. Thèmes habituels à l'auteur abordés de façon magistrale. Ensemble ambigu mais fascinant. Interprétation de grande classe.
STA→LS 18 ans +

**HEURE LIMITE**
Voir: RUSH HOUR

**HEURES PRÉCIEUSES, LES** ▷3
QUÉ. 1989. Drame social de Marie LABERGE et Mireille GOULET avec Denise Gagnon, Raymond Bouchard et Martin Drainville. - Les expériences d'une bénévole dans une clinique où l'on accueille des malades en phase terminale. - Téléfilm à l'approche sensible et délicate d'un thème douloureux.
VO→LS **Général**

**HEY BABU RIBA** ▷4
YOU. 1986. Comédie dramatique de Jovan ACIN avec Gala Videnovic, Milan Strljic et Dragan Bjelogrlic. - À la mort d'une amie, quatre Yougoslaves vivant à l'étranger se réunissent et se remémorent leurs relations mi-amoureuses, mi-amicales avec celle-ci.
STA→18,95$ **Général**

**HEY GOOD LOOKIN'** ▷0
É.-U. 1982, Ralph BAKSHI
VO→LS **13 ans + Érotisme**

**HIBERNATUS** ▷4
FR. 1969. Comédie d'Édouard MOLINARO avec Louis de Funès, Claude Gensac et Bernard Alane. - Les tribulations d'un industriel obligé d'héberger un homme trouvé en état d'hibernation.
VO→LS **Général**

**HIDDEN, THE** ▷4
É.-U. 1987. Drame fantastique de Jack SHOLDER avec Michael Nouri, Kyle MacLachlan et Katherine Cannon. - Aidé par un curieux agent du FBI, un détective lutte contre une créature extraterrestre qui pousse à la violence les humains dans lesquels elle se glisse.
VO→14,95$ LBX-DVD→29,95$ **13 ans +**

**HIDDEN AGENDA** ▷4
ANG. 1990. Drame politique de Ken LOACH avec Frances McDormand, Brian Cox et Brad Dourif. - Un policer cherche à éclaircir les circonstances ayant mené à l'assassinat d'un avocat américain par des soldats en Irlande du Nord.
VF→18,95$ **Général**

**HIDDEN FORTRESS, THE**
Voir: LA FORTERESSE CACHÉE

**HIDE AND SEEK** ▷0
ISR. 1980, Dan WOLMAN
STA→LS **Général**

**HIDE AND SEEK** ▷6
É.-U. 2000. Drame de Sidney J. FURIE avec Jennifer Tilly, Darryl Hannah et Vincent Gallo. - Un couple de désaxés kidnappe une femme enceinte dans le but de lui voler son bébé.
VO→LS

**HIDE IN PLAIN SIGHT** ▷4
É.-U. 1980. Drame social réalisé et interprété par James CAAN avec Jill Eikenberry et Robert Viharo. - Un ouvrier divorcé cherche à retrouver ses enfants disparus avec leur mère.
VO→PC **Général**

**HIDEOUS KINKY** ▷4
ANG. 1998. Drame de mœurs de Gillies MacKINNON avec Kate Winslet, Saïd Taghmaoui et Bella Riza. - Au début des années 70, une jeune Anglaise s'établit à Marrakech avec ses deux filles dans l'espoir d'y trouver la paix intérieure.
VF→14,95$ VO→14,95$ LBX-DVD→36,95$ **Général**

**HIDEOUS SUN DEMON, THE** ▷6
É.-U. 1959. Drame d'horreur réalisé et interprété par Robert CLARKE avec Patricia Manning et Nan Peterson. - Victime des radiations provoquées par ses expériences, un physicien régresse lorsqu'il s'expose au soleil.
VO→PC **Général**

**HIER, AUJOURD'HUI ET DEMAIN** ▷4
ITA. 1964. Film à sketches de Vittorio DE SICA avec Sophia Loren, M. Mastroianni et Aldo Guiffre. - Une vendeuse de cigarettes, l'épouse d'un industriel et une call-girl connaissent diverses formes d'amour.
VA→35,95$ **Général**

**HIER, AUJOURD'HUI ET POUR TOUJOURS**
Voir: FOR THE BOYS

**HIGH AND LOW**
Voir: ENTRE LE CIEL ET L'ENFER

**HIGH ANXIETY** ▷4
É.-U. 1977. Comédie policière réalisée et interprétée par Mel BROOKS avec Madeline Kahn et Cloris Leachman. - Le nouveau directeur d'un institut psychiatrique est aux prises avec des collègues qui séquestrent des patients.
VO→11,95$ **Général**

**HIGH ART** ▷4
É.-U. 1998. Drame psychologique de Lisa CHOLODENKO avec Ally Sheedy, Radha Mitchell et Patricia Clarkson. - Une jeune adjointe à la rédaction d'un magazine d'art est subjuguée par une photographe lesbienne au mode de vie décadent.
VO→14,95$ VF→14,95$ **13 ans +**

**HIGH FIDELITY** ▷4
É.-U. 2000. Comédie sentimentale de Stephen FREARS avec John Cusack, Iben Hjejle et Jack Black. - Atterré par le départ de sa petite amie, un disquaire retrouve ses quatre plus grandes peines d'amour afin de savoir pourquoi ces femmes l'ont rejeté.
VF→22,95$ VO→22,95$

**HIGH HEELS**
Voir: TALONS AIGUILLES

**HIGH HOPES** ▷4
ANG. 1988. Comédie satirique de Mike LEIGH avec Philip Davis, Ruth Sheen et Edna Doré. - Un ancien contestataire, qui poursuit une existence de marginal avec sa compagne, connaît divers ennuis avec sa famille.
VO→LS **Général**

**HIGH NOON** ►1
É.-U. 1952. Western de Fred ZINNEMANN avec Gary Cooper, Grace Kelly et Thomas Mitchell. - Le shérif d'une petite ville de l'Ouest doit affronter seul un bandit qui revient se venger avec des complices. - Classique incontournable du western. Structure narrative novatrice. Réalisation d'une maîtrise absolue. Tension soutenue avec art. Interprétation solide.
VO→14,95$ DVD→27,95$ **Général**

**HIGH PLAINS DRIFTER** ▷4
É.-U. 1973. Western réalisé et interprété par Clint EASTWOOD avec Walter Barnes et Verna Bloom. - Un inconnu consent à assumer la protection d'un village mais impose aux habitants d'étranges conditions.
VF→11,95$ VO→11,95$ LBX→19,95$
LBX-DVD→27,95$ **13 ans +**

**HIGH RISK** ▷0
H. K. 1995, Wong JING
STA-LBX→29,95$ STA-LBX-DVD→69,95$ **13 ans + Violence**

**HIGH SCHOOL CONFIDENTIAL** ▷5
É.-U. 1958. Drame social de Jack ARNOLD avec Russ Tamblyn, Jan Sterling et John Barrymore. - Un jeune policier s'inscrit dans un «high school» de Californie pour déceler un trafic de drogue.
VO→LS **Général**

**HIGH SCHOOL HIGH** ▷5
É.-U. 1996. Comédie satirique de Hart BOCHNER avec Jon Lovitz, Tia Carrere et Louise Fletcher. - Habitué à l'enseignement privé, un professeur débarque dans une école publique fréquentée par toutes sortes de délinquants.
VF→LS VO→LS **13 ans +**

**HIGH SIERRA** ▷4
É.-U. 1941. Drame policier de Raoul WALSH avec Humphrey Bogart, Ida Lupino et Joan Leslie. - Un homme est sorti de prison par un ami pour diriger un vol de bijoux.
VO→19,95$ **Général**

**HIGH SOCIETY** ▷4
É.-U. 1955. Comédie musicale de Charles WALTERS avec Bing Crosby, Frank Sinatra et Grace Kelly. - Venu faire un reportage sur le second mariage d'une riche jeune femme, un journaliste est témoin de curieuses intrigues.
VO→14,95$ Général

**HIGH SPIRITS** ▷4
ANG. 1988. Comédie fantaisiste de Neil JORDAN avec Peter O'Toole, Steve Guttenberg et Daryl Hannah. - Dans l'espoir d'appâter des clients, un châtelain annonce que sa vieille résidence qu'il a transformée en hôtel est hantée.
VF→LS VO→LS 13 ans +

**HIGH TIDE** ▷0
AUS. 1987, Gillian ARMSTRONG
VO→LS Non classé

**HIGHER LEARNING** ▷5
É.-U. 1994. Drame social de John SINGLETON avec Omar Epps, Kristy Swanson et Michael Rapaport. - La vie sur un campus universitaire californien vue à travers les expériences de trois étudiants.
VF→14,95$ VO→14,95$ 13 ans +

**HIGHLANDER** ▷5
É.-U. 1986. Drame fantastique de Russell MULCAHY avec Christophe Lambert, Roxanne Hart et Clancy Brown. - À New York, une jeune inspectrice s'occupe d'une affaire dont le principal suspect serait un antiquaire qui prétend être né il y a cinq siècles.
LBX→14,95$ 13 ans + Violence

**HIGHLANDER 2: THE QUICKENING** ▷6
É.-U. 1991. Drame fantastique de Russell MULCAHY avec Christophe Lambert, Sean Connery et Virginia Madsen. - En l'an 2024, un bouclier magnétique construit pour remplacer la couche d'ozone devient l'enjeu d'un affrontement entre des guerriers immortels.
LBX→14,95$ 13 ans +

**HIGHLANDER III: THE SORCERER** ▷6
CAN. 1995. Drame fantastique d'Andrew MORAHAN avec Christopher Lambert, Mario Van Peebles et Deborah Unger. - Deux guerriers immortels s'engagent dans un combat dont l'issue scellera le destin de la planète.
VO→13,95$

**HIGHWAY 61** ▷5
CAN. 1991. Comédie dramatique de Bruce McDONALD avec Don McKellar, Valerie Buhagiar et Earl Pastko. - Un jeune barbier un peu naïf conduit à La Nouvelle-Orléans une vagabonde en fuite qui transporte de la drogue volée.
VO→14,95$ 13 ans +

**HIGHWAY PATROLMAN** ▷0
MEX. 1992, Alex COX
STA→LS 13 ans +

**HILARY AND JACKIE** ▷4
ANG. 1998. Drame biographique d'Anand TUCKER avec Emily Watson, Rachel Griffiths et David Morrissey. - Evocation de la vie de la violoncelliste Jacqueline du Pré et de ses relations tendues avec sa sœur.
VF→11,95$ VO→11,95$ LBX-DVD→27,95$ Général

**HILL 24 DOESN'T ANSWER** ▷0
ISR. 1955, Thorold DICKINSON
VA LS Général

**HILL NUMBER ONE** ▷5
É.-U. 1951, Arthur PIERSON
VO→14,95$

**HILL, THE** ▷3
ANG. 1965. Drame de Sidney LUMET avec Sean Connery, Harry Andrews et Ian Hendry. - Dans un camp disciplinaire de l'armée, un sous-officier s'acharne sur de nouveaux arrivants. - Grande tension dramatique. Mise en scène vigoureuse. Interprétation solide.
VO→19,95$ Général

**HILLBILLYS IN A HAUNTED HOUSE** ▷0
É.-U. 1967, Jean YARBROUGH
VO→LS Général

**HILLS HAVE EYES PART II, THE** ▷7
É.-U. 1985. Drame d'horreur de Wes CRAVEN avec Michael Berrymore, Kevin Blair et John Bloom. - Des adolescents amateurs de motocross s'égarent dans une région désertique où rôde un meurtrier cannibale.
VO→LS Non classé

**HILLS HAVE EYES, THE** ▷6
É.-U. 1976. Drame d'horreur de Wes CRAVEN avec Susan Lanier, Robert Houston et Martin Speer. - Une famille de dégénérés qui vit à l'état sauvage dans une région désertique s'en prend à des voyageurs égarés.
VF→LS VO→LS 13 ans +

**HIMALAYA, L'ENFANCE D'UN CHEF** ▷4
FR 1999. Aventures d'Eric VALLI avec Thilen Lhondup, Lhakpa Tsamchoe et Gurgon Kyap. - Au cœur de l'Himalaya, un ancien chef tibétain prend les commandes d'une caravane de sel à la place de son fils décédé.
Général

**HIMATSURI** ▷4
JAP. 1984. Drame social de Mitsuo YANAGIMACHI avec Kinya Kitaoji, Kiwako Taichi et Ryota Nakamoto. - Dans une région où règne une sourde hostilité entre pêcheurs et bûcherons, un quadragénaire vit en marge, portant à la montagne un amour sacré.
STA→82,95$ 13 ans +

**HINDENBURG, THE** ▷4
É.-U. 1975. Drame de Robert WISE avec George C. Scott, William Atherton et Anne Bancroft. - Les circonstances entourant l'explosion d'un dirigeable allemand à New York en 1937.
VO→19,95$ LBX-DVD→27,95$ Général

**HIROSHIMA, MON AMOUR** ►1
FR. 1958. Drame psychologique d'Alain RESNAIS avec Emmanuelle Riva et Eiji Okada. - Réunis par une liaison amoureuse, une Française et un Japonais évoquent un passé douloureux. - Esthétique exceptionnelle. Style méditatif. Images soignées. Dialogue remarquable. Interprétation de classe.
STA→27,95$ 13 ans +

**HIS GIRL FRIDAY** ►2
É.-U. 1939. Comédie de Howard HAWKS avec Cary Grant, Rosalind Russell et Ralph Bellamy. - Un directeur de journal cherche à se réconcilier avec son ex-femme qui est sa meilleure rédactrice. - Classique de l'âge d'or du cinéma américain. Situations traitées sur un ton alerte. Dialogue pétillant. Fine interprétation.
DVD→PC VO→14,95$ DVD→PC Général

**HIS MAJESTY O'KEEFE** ▷5
É.-U. 1953. Aventures de B. HASKIN avec Burt Lancaster, Joan Rice et André Morell. - Un marin désireux de s'enrichir défend des indigènes du Pacifique contre des trafiquants allemands.
VO→18,95$ Général

**HISTOIRE À MOURIR DEBOUT**
Voir: CREEPSHOW

**HISTOIRE D'ADÈLE H., L'** ►2
FR. 1975. Drame psychologique de François TRUFFAUT avec Isabelle Adjani, Bruce Robinson et Sylvia Marriott. - S'étant éprise d'un officier anglais qui la repousse, la seconde fille de Victor Hugo sombre dans le déséquilibre. - Traitement sobre d'un cas authentique. Une certaine distanciation. Aspects psychologiques intelligemment évoqués. Excellente interprétation de I. Adjani.
STA→19,95$ Général

**HISTOIRE D'AMOUR**
Voir: LOVE AFFAIR

**HISTOIRE D'AMOUR, UNE**
Voir: LOVE STORY

**HISTOIRE D'O** ▷5
FR. 1975. Drame érotique de Just JAECKIN avec Corinne Cléry, Udo Kier et Anthony Steel. - Pour plaire à son amant, une jeune photographe accepte de se soumettre à une curieuse forme d'initiation érotique dans un château.
VA→LS VO→LS **18 ans +**

**HISTOIRE D'OLIVER, L'**
Voir: OLIVER'S STORY

**HISTOIRE D'UN PÉCHÉ** ▷4
POL. 1975. Drame de mœurs de Walerian BOROWCZYK avec Grazyna Dlugolecka, Jerzy Zelnik et Olgierd Lukaszewicz. - Une Polonaise qui veut rejoindre son amant à Rome devient le jouet d'un aventurier.
STA→LS **13 ans +**

**HISTOIRE DE BUDDY HOLLY, L'**
Voir: THE BUDDY HOLLY STORY

**HISTOIRE DE FAMILLE, UNE**
Voir: A FAMILY THING

**HISTOIRE DE FEMMES, UNE** ▷4
CAN. 1980. Documentaire de Sophie BISSONNETTE, Martin DUCKWORTH et Joyce ROCK. - En 1978, à Sudbury, des femmes appuient leurs maris dans une grève pour obtenir de meilleures conditions de travail.
VO→24,95$ **Général**

**HISTOIRE DE JOHNNY, L'**
Voir: NAKED

**HISTOIRE DE JOUETS**
Voir: TOY STORY

**HISTOIRE DE NOËL, UNE**
Voir: A CHRISTMAS STORY

**HISTOIRE DE PIERRA, L'** ▷4
ITA. 1983. Drame de mœurs de Marco FERRERI avec Hanna Schygulla, Isabelle Huppert et Marcello Mastroianni. - Les curieuses relations d'une jeune femme avec son père communiste et sa mère libertaire.
VF→LS **18 ans +**

**HISTOIRE DE QIU JU, L'** ▷3
CHI. 1992. Comédie dramatique de Zhang YIMOU avec Gong Li, Lei Lao Sheng et Liu Pei Qi. - Une jeune femme enceinte multiplie les recours en justice afin d'obtenir réparation de la part du chef du village qui a blessé son mari. - Peinture ironique et subtile. Satire des travers de la bureaucratie. Ensemble teinté d'un bel humanisme. Illustration simple mais spontanée. Interprètes de talent.
VF→19,95$ STA→19,95$ **Général**

**HISTOIRE DE RUTH, L'**
Voir: THE STORY OF RUTH

**HISTOIRE DE SOLDAT, UNE**
Voir: A SOLDIER'S STORY

**HISTOIRE DE VENT, UNE** ▷4
FR. 1988. Film d'essai de Joris IVENS et Marceline LORIDAN avec Joris Ivens, Liu Guilian et Liu Zhuang. - Un vieil homme retourne en Chine afin de capter et de filmer le vent.
VO→24,95$ **Général**

**HISTOIRE DES BEATLES, L'**
Voir: THE COMPLEAT BEATLES

**HISTOIRE DU BRONX, UNE**
Voir: A BRONX TALE

**HISTOIRE DU GARÇON QUI VOULAIT QU'ON L'EMBRASSE, L'** ▷5
FR. 1993. Comédie dramatique de Philippe HAREL avec Julien Collet, Hélène Medigue et Marion Cotillard. - Un jeune homme plutôt timoré éprouve de la difficulté à aborder les filles malgré le fait qu'il rêve de se faire embrasser.
VO→18,95$ **Général**

**HISTOIRE INVENTÉE, UNE** ▷4
QUÉ. 1990. Comédie dramatique d'André FORCIER avec Jean Lapointe, Louise Marleau et Charlotte Laurier. - Une femme aux multiples amants et sa fille, déçue par un amour récent, courtisent le même homme.
VO→LS **Général**

**HISTOIRE OFFICIELLE, L'** ▷3
ARG. 1985. Drame social de Luis PUENZO avec Norma Aleandro, Hector Alterio et Chela Ruiz. - En Argentine, une femme apprend que sa fille adoptive pourrait être l'enfant d'une dissidente morte en prison. - Traitement intelligent d'un problème contemporain. Structure narrative bien ménagée. Rythme assuré. Prises de vues éloquentes. Interprétation d'une conviction émouvante.
STA→21,95$ **Général**

**HISTOIRE SANS FIN, L'**
Voir: THE NEVERENDING STORY

**HISTOIRE SIMPLE, UNE** ▷3
FR. 1978. Drame psychologique de Claude SAUTET avec Romy Schneider, Bruno Cremer et Arlette Bonnard. - Les circonstances amènent une femme séparée de son mari à reprendre contact avec lui. - Enchevêtrement de situations diverses. Mise en scène précise. Excellents interprètes.
STA→49,95$ **Général**

**HISTOIRE VRAIE, UNE**
Voir: A STRAIGHT STORY

**HISTOIRES D'HIVER** ▷5
QUÉ., 1998. Chronique de François BOUVIER avec Joël Drapeau-Dalpé, Denis Bouchard et Diane Lavallée. - La vie d'un garçon qui, en 1966, rêve de rencontrer son idole, le joueur de hockey Henri Richard.
VO→13,95$ **Général**

**HISTOIRES DE FANTÔMES CHINOIS** ▷4
CHI. 1987. Drame fantastique de Ching Siu TUNG avec Leslie Cheung, Wong Tsu Hsien et Wo Ma. - Un jeune collecteur d'impôts naïf s'éprend d'une belle fantôme qu'un monstre contraint d'attirer les hommes qui lui serviront de pâture.
STA→59,95$ VF→LS **13 ans +**

**HISTOIRES EXTRAORDINAIRES** ▷4
FR. 1968. Drame fantastique de Roger VADIM, Louis MALLE et Federico FELLINI avec Jane Fonda, Alain Delon et Terence Stamp. - Trois contes fantastiques inspirés d'œuvres d'Edgar Allan Poe.
STA→44,95$ **13 ans +**

**HISTORY OF THE WORLD, PART 1** ▷6
É.-U. 1981. Film à sketches réalisé et interprété par Mel BROOKS avec Dom De Luise et Harvey Korman. - Cinq périodes de l'histoire de l'humanité allant de l'Âge de Pierre jusqu'à la Révolution française.
VO→11,95$ LBX-DVD→28,95$ **13 ans +**

**HIT!** ▷4
É.-U. 1973. Drame policier de Sidney J. FURIE avec Billy Dee Williams, Richard Pryor et Paul Hampton. - À la suite de la mort de sa fille, victime de la drogue, un agent fédéral s'en prend directement aux chefs du trafic des stupéfiants.
VO→PC **13 ans +**

**HIT, THE** ▷3
ANG. 1984. Drame policier de Stephen FREARS avec John Hurt, Terence Stamp et Laura Del Sol. - Un mouchard réfugié en Espagne est enlevé par deux tueurs à gages chargés de le conduire à Paris pour l'exécuter. - Approche originale de thèmes rebattus. Traitement sardonique. Psychologie surprenante.
VO→14,95$ **13 ans +**

**HIT THE DECK** ▷0
É.-U. 1955, Roy ROWLAND
VO→LS **Général**

**HIT THE DUTCHMAN** ▷0
É.-U. 1992, Menahem GOLAN
VO→LS **16 ans + Violence**

**HIT THE ICE** ▷5
É.-U. 1943. Comédie de Charles LAMONT avec Bud Abbott, Lou Costello et Ginny Simms. - Les aventures de deux photographes ambulants qui ont surpris des voleurs à l'œuvre.
VO→19,95$ **Non classé**

**HITCH-HIKER, THE** ▷4
É.-U. 1953. Drame d'Ida LUPINO avec Edmond O'Brien, Frank Lovejoy et William Talman. - Deux pêcheurs font monter dans leur auto un inconnu qui se révèle être un dangereux criminel.
VO→34,95$ DVD→44,95$ **Général**

**HITCHER, THE** ▷4
É.-U. 1986. Drame policier de Robert HARMON avec C. Thomas Howell, Rutger Hauer et Jennifer Jason Leigh. - Un jeune homme est harcelé par un dangereux psychopathe qu'il a pris en stop.
LBX→11,95$ LBX-DVD→18,95$ **13 ans +**

**HITMAN** ▷0
H. K. 1998, Wei TUNG
STA→36,95$ **13 ans + Violence**

**HIVER BLEU, L'** ▷5
QUÉ. 1979. Drame de mœurs d'André BLANCHARD avec Christiane Lévesque, Nicole Scant et Michel Chénier. - Afin d'améliorer leur sort, deux jeunes filles de la campagne se joignent à une «commune» de Rouyn.
VO→26,95$ **Général**

**HIVER 54: L'ABBÉ PIERRE** ▷4
FR. 1989. Drame social de Denis AMAR avec Lambert Wilson, Claudia Cardinale et Robert Hirsch. - En 1954, par un hiver particulièrement rigoureux, l'abbé Pierre, apôtre des sans-abri, lance un appel à la population et aux pouvoirs publics.
VO→LS **Général**

**HO!** ▷4
FR. 1968. Drame policier de Robert ENRICO avec Jean-Paul Belmondo, Joanna Shimkus et Paul Crauchet. - Au service d'un groupe de gangsters, un as de la conduite automobile tombe dans le piège que lui tend la police.
VO→LS **Non classé**

**HOBSON'S CHOICE** ▷3
ANG. 1954. Comédie de David LEAN avec Charles Laughton, John Mills et Brenda De Banzie. - Un bottier de Londres, véritable tyran domestique, est déjoué par sa fille qui devient sa concurrente en affaires. - Récit alerte et riche d'humour. Beaucoup d'atmosphère. Ensemble vivant et pittoresque. Interprétation excellente.
VO→27,95$ **Général**

**HOCHELAGA** ▷4
QUÉ. 2000. Drame de Michel JETTÉ avec Dominic Darceuil, Jean-Nicolas Verreault et Ronald Houle. - Un jeune délinquant est recruté par une bande de motards criminalisés.
VO→LS **13 ans + Violence**

**HOCUS POCUS** ▷4
É.-U. 1993. Comédie fantaisiste de Kenny ORTEGA avec Bette Midler, Sarah Jessica Parker et Kathy Najimy. - Durant la nuit de l'halloween, trois sorcières pourchassent des enfants qui leur ont dérobé un grimoire.
VO→15,95$ VF→16,95$ **Général**

**HOFFA** ▷4
É.-U. 1992. Drame biographique réalisé et interprété par Danny DeVITO avec Jack Nicholson et Armand Assante. - Les principales étapes de la carrière controversée du syndicaliste américain Jimmy Hoffa.
VF→9,95$ VO→PC **13 ans +**

**HOLD ME, THRILL ME, KISS ME** ▷0
É.-U. 1992, Joel HERSHMAN
VO→LS **13 ans + Langage vulgaire**

**HOLD THAT GHOST** ▷5
É.-U. 1941. Comédie d'Arthur LUBIN avec Bud Abbott, Lou Costello et Joan Davis. - Deux garagistes héritent d'un manoir supposément hanté.
VO→18,95 **Général**

**HOLD YOUR MAN** ▷5
É.-U. 1933. Drame de Sam WOOD avec Clark Gable, Jean Harlow et Stuart Erwin. - Un escroc s'éprend d'une jeune femme qui lui est venu en aide alors qu'il fuyait la police.
VO→18,95$ **Général**

**HOLD-UP** ▷4
FR. 1985. Comédie policière d'Alexandre ARCADY avec Jean-Paul Belmondo, Guy Marchand et Kim Cattrall. - Un vol de banque ingénieux est commis à Montréal mais des obstacles rendent difficile la fuite des criminels vers l'aéroport.
VO→LS **Général**

**HOLIDAY** ▷3
É.-U. 1938. Comédie de George CUKOR avec Katharine Hepburn, Cary Grant et Lew Ayres. - Une jeune fille fantaisiste conquiert le fiancé de sa sœur. - Savoureuse étude de caractères. Mise en scène pleine de brio. Interprétation de classe.
VO→19,95$ **Général**

**HOLIDAY AFFAIR** ▷5
É.-U. 1949. Comédie de Don HARTMAN avec Robert Mitchum, Janet Leigh et Wendell Corey. - Une jeune veuve, employée dans un grand magasin, fait la conquête d'un vendeur d'une maison rivale.
VO→14,95$ **Général**

**HOLIDAY INN** ▷4
É.-U. 1942. Comédie musicale de Mark SANDRICH avec Bing Crosby, Fred Astaire et Marjorie Reynolds. - Un chanteur et un danseur rivalisent pour l'amour d'une femme.
VO→11,95$ **Général**

**HOLLOW MAN** ▷5
É.-U. 2000. Science-fiction de Paul VERHOEVEN avec Kevin Bacon, Elisabeth Shue et Josh Brolin. - Un chercheur sombre dans une folie meurtrière après avoir absorbé une substance l'ayant rendu invisible.
VF→PC VO→PC **13 ans + Violence**

**HOLLOW REED** ▷4
ANG. 1995. Drame psychologique d'Angela POPE avec Sam Bould, Martin Donovan et Ian Hart. - Un médecin homosexuel tente d'obtenir la garde de son fils qu'il croit brutalisé par le compagnon de son ex-femme.
VF→LS VO→14,95$ **13 ans +**

**HOLLYWOOD OR BUST** ▷5
É.-U. 1956. Comédie de Frank TASHLIN avec Dean Martin, Jerry Lewis et Anita Ekberg. - Deux comparses gagnent une auto à la loterie et partent pour Hollywood.
VO→14,95$ **Général**

**HOLLYWOOD PARTY** ▷6
É.-U. 1934. Comédie musicale de Richard BOLESLAWSKI, Allan DWAN et Roy ROWLAND avec Stan Laurel, Oliver Hardy et Jimmy Durante. - Un acteur spécialisé dans les films de jungle donne une réception en l'honneur d'un explorateur.
VO→19,95$ **Général**

**HOLLYWOOD SHUFFLE** ▷4
É.-U. 1987. Comédie réalisée et interprétée par Robert TOWNSEND avec Anne-Marie Johnson et Helen Martin. - Les tribulations d'un jeune acteur de race noire qui rêve de devenir une vedette.
VO→PC **Général**

**HOLLYWOOD ZAP!** ▷0
É.-U. 1995, David COHEN
VO→LS **13 ans +**

**HOLOCAUST** ▷0
É.-U. 1978, Marvin CHOMSKY
VO→LS **Général**

**HOLY MAN** ▷5
É.-U. 1998. Comédie satirique de Stephen HEREK avec Jeff Goldblum, Eddie Murphy et Kelly Preston. - À Miami, un gourou de race noire vient bouleverser la vie d'un producteur de publicités télévisées.
VF→PC Général

**HOLY SMOKE** ▷4
AUS.-É.-U. 1999. Drame psychologique de Jane CAMPION avec Kate Winslet, Harvey Keitel et Julie Hamilton. - Une jeune Australienne tombée sous le charme d'un gourou indien subit la cure de déprogrammation d'un expert américain.
VF→19,95$ VO→19,95$

**HOMAGE TO CHAGALL** ▷4
CAN. 1977. Documentaire de Harry RASKY. - Évocation de l'œuvre et de la vie du peintre Chagall.
VO→54,95$ Général

**HOMBRE** ▷3
É.-U. 1967. Western de Martin RITT avec Paul Newman, Fredric March et Richard Boone. - Un Blanc élevé chez les Apaches affronte des bandits qui ont attaqué une diligence. - Œuvre originale dans le genre. Mise en scène vigoureuse. Comédiens de talent.
VO→11,95$ Général

**HOMBRES COMPLICADOS** ▷0
BEL. 1997, Dominique DERUDDERE
STA→44,95$ 13 ans +

**HOME ALONE** ▷4
É.-U. 1990. Comédie de Chris COLUMBUS avec Macaulay Culkin, Joe Pesci et Catherine O'Hara. - Oublié par sa famille partie pour les vacances de Noël, un gamin se met en frais d'assurer la garde de la maison lorsque surviennent des cambrioleurs.
VO→PC Général

**HOME ALONE 2: LOST IN NEW YORK** ▷5
É.-U. 1992. Comédie de Chris COLUMBUS avec Macaulay Culkin, Joe Pesci et Daniel Stern. - Un gamin débrouillard qui se retrouve seul à New York s'efforce de contrer les activités malhonnêtes de deux bandits.
VF→LS VO→PC Général

**HOME ALONE 3** ▷5
É.-U. 1997. Comédie de Raja GOSNELL avec Alex D. Linz, Olek Krupa et Rya Kihlstedt. - Un gamin laissé seul à la maison se fait une joie de repousser des cambrioleurs en concoctant à leur intention une série de pièges astucieux.
VF→21,95$ Général

**HOME AND THE WORLD, THE** ▷3
IND. 1984. Drame psychologique de Satyajit RAY avec Soumitra Chatterjee, Victor Banerjee et Swatilekha Chatterjee. - La jeune femme d'un seigneur aux idées progressistes est attirée par un politicien nationaliste, ami de son mari. - Adaptation d'un roman de Tagore. Traitement subtil et délicat. Place importante donnée aux dialogues. Contexte bien évoqué.
STA→26,95$ Général

**HOME FOR THE HOLIDAYS** ▷5
É.-U. 1995. Comédie de mœurs de Jodie FOSTER avec Holly Hunter, Robert Downey Jr. et Anne Bancroft. - Les retrouvailles des membres d'une famille à l'occasion du week-end de l'Action de Grâce tournent aux règlements de compte.
VF→LS VO→11,95$ Général

**HOME FROM THE HILL** ▷4
É.-U. 1960. Drame de Vincente MINNELI avec Robert Mitchum, Eleanor Parker et George Peppard. - Le fils d'un rancher du Texas apprend qu'un employé de son père est son demi-frère.
VO→18,95$ Général

**HOME OF OUR OWN, A** ▷5
É.-U. 1993. Mélodrame de Tony BILL avec Kathy Bates, Edward Furlong et Soon-Teck Oh. - En 1962, une mère de famille peu fortunée s'installe avec ses six enfants dans une maison de campagne abandonnée qu'elle s'efforce de rendre habitable.
VF→LS VO→LS Général

**HOME OF THE BRAVE** ▷3
É.-U. 1948. Drame social de Mark ROBSON avec James Edwards, Douglas Dick et Jeff Corey. - Un psychiatre de l'armée tente de reconstituer les expériences de combat qui ont provoqué une paralysie nerveuse chez un soldat de race noire. - Scénario intéressant sur le thème du racisme. Mise en scène adroite. Interprétation convaincue.
VO→LS Général

**HOME OF THE BRAVE: LAURIE ANDERSON** ▷4
É.-U. 1986. Spectacle musical réalisé et interprété par Laurie ANDERSON avec Joy Askew et Adrian Belew. - Spectacle de la chanteuse, danseuse et comédienne Laurie Anderson où se combinent la musique et les effets visuels.
VO→LS Général

**HOME SWEET HOME** ▷0
ANG. 1982, Mike LEIGH
VO→36,95$ Général

**HOMEBODIES** ▷4
É.-U. 1973. Comédie dramatique de Larry YUST avec Paula Trueman, Ian Wolfe et Frances Fuller. - Six vieillards refusent de quitter une maison promise à la démolition.
VO→LS 13 ans +

**HOMEBOY** ▷5
É.-U. 1988. Drame sportif de Michael SERESIN avec Mickey Rourke, Christopher Walken et Debra Feuer. - Un boxeur en fin de course vient en aide à une jeune foraine.
VO→LS Non classé

**HOMECOMING** ▷4
É.-U. 1948. Drame de Mervyn LeROY avec Clark Gable, Lana Turner et Anne Baxter. - Un médecin appelé au front durant la guerre revient chez lui bouleversé par cette expérience.
VO→18,95$ Général

**HOMEGROWN** ▷5
É.-U. 1998. Drame policier de S. GYLLENHALL avec Billy Bob Thornton, Hank Azaria et Ryan Phillippe. - Après avoir assisté au meurtre de leur patron, trois gardiens d'une plantation de cannabis décident d'écouler à leur compte la récolte.
VF→14,95$ VO→18,95$ LBX-DVD→33,95$
LBX-DVD→33,95$ Général

**HOMER & EDDIE** ▷4
É.-U. 1989. Drame d'Andrei KONCHALOVSKY avec James Belushi, Whoopi Goldberg et Karen Black. - Alors qu'il se rend au chevet de son père mourant, un attardé mental se lie d'amitié à une déséquilibrée évadée d'un asile.
VO→12,95$ Général

**HOMÈRE: LA DERNIÈRE ODYSSÉE** ▷4
ITA.-FR.-SUI. 1997. Drame psychologique de Fabio CARPI avec Claude Rich, Valeria Cavalli et Grégoire Colin. - Un vieil écrivain devenu aveugle parcourt le monde avec sa compagne pour donner une dernière série de conférences.
VF→19,95$ Général

**HOMEWARD BOUND: THE INCREDIBLE JOURNEY** ▷5
É.-U. 1993. Aventures de Duwayne DUNHAM avec Robert Hays, Kim Greist et Jean Smart. - Séparés de leurs maîtres, deux chiens et un chat entreprennent un long et périlleux voyage à travers les montagnes dans l'espoir de les retrouver.
VF→14,95$ VO→16,95$ Général

**HOMEWARD BOUND II: LOST IN SAN FRANCISCO** ▷5
É.-U. 1996. Aventures de David R. ELLIS avec Robert Hays, Kim Greist et Veronica Lauren. - Deux chiens et une chatte de banlieue perdus dans une grande ville sympathisent avec des cabots sans logis.
VF→15,95$ VO→LS Général

**HOMICIDE** ▷4
É.-U. 1991. Drame policier de David MAMET avec Joe Mantegna, William H. Macy et Natalija Nogulich. - Un inspecteur de police juif chargé d'enquêter sur le meurtre d'une vieille femme découvre l'existence d'une organisation qui lutte contre un groupe néo-nazi.
VO→9,95$ VF→9,95$ **13 ans +**

**HOMICIDE VOLONTAIRE** ▷0
ITA. 1985, Pasquale SQUITIERI
VF→LS **Non classé**

**HOMME À ABATTRE, UN** ▷4
FR. 1967. Drame policier de Philippe CONDROYER avec Jean-Louis Trintignant, Valérie Lagrange et André Oumansky. - Un groupe d'hommes recherchent en Amérique du Sud un ancien nazi chef de camp de concentration.
VO→LS **Non classé**

**HOMME À LA PEAU DE SERPENT, L'**
Voir: THE FUGITIVE KIND

**HOMME À MA TAILLE, UN** ▷5
FR. 1983. Comédie sentimentale d'Annette CARDUCCI avec Liselotte Christian, Daniel Russo et Volker Brandt. - À Paris, les mésaventures sentimentales d'une jeune Allemande de haute taille et très myope.
VO→LS **13 ans +**

**HOMME À TOUT FAIRE, L'** ▷5
QUÉ. 1980. Comédie de Micheline LANCTÔT avec Jocelyn Bérubé, Andrée Pelletier et Gilles Renaud. - Les problèmes sentimentaux d'un brave bougre venu de Rimouski pour travailler à Montréal.
VO→13,95$ **Général**

**HOMME AMOUREUX, UN** ▷5
FR. 1987. Drame sentimental de Diane KURYS avec Peter Coyote, Greta Scacchi et Peter Riegert. - Un acteur américain se rend à Rome tourner un film sur un écrivain et s'éprend d'une jeune comédienne.
VO→14,95$ **13 ans +**

**HOMME AU CHAPEAU DE SOIE: MAX LINDER, L'** ▷3
FR. 1985. Documentaire de Maud LINDER. - La vie et la carrière de Max Linder, cinéaste et comédien célèbre des années 1920. - Hommage captivant à l'un des premiers grands comiques du cinéma. Utilisation intelligente de nombreux documents d'actualité et d'extraits des films de Linder. Bonne évocation du contexte de l'époque.
VA→LS **Non classé**

**HOMME AU MASQUE DE CIRE, L'**
Voir: HOUSE OF WAX

**HOMME AU MASQUE DE FER, L'**
Voir: THE MAN IN THE IRON MASK

**HOMME AU PISTOLET D'OR, L'**
Voir: THE MAN WITH THE GOLDEN GUN

**HOMME AUX DEUX CERVEAUX, L'**
Voir: THE MAN WITH TWO BRAINS

**HOMME AUX DEUX VISAGES, L' (DOUBLE TRAHISON)**
Voir: THE JIGSAW MAN

**HOMME BICENTENAIRE, L'**
Voir: BICENTENNIAL MAN

**HOMME BLESSÉ, L'** ▷4
FR. 1983. Drame psychologique de Patrice CHÉREAU avec Jean-Hughes Anglade, Vittorio Mezzogiorno et Roland Bertin. - Attiré par un inconnu, un adolescent est entraîné dans des expériences troublantes qui lui font découvrir des tendances homosexuelles.
STA→LS VO→LS **18 ans +**

**HOMME COLOSSE, L'**
Voir: THE AMAZING COLOSSAL MAN

**HOMME D'ENCINO, L'**
Voir: ENCINO MAN

**HOMME DANS LA LUNE, L'** ▷3
DAN. 1985. Drame psychologique d'Erik CLAUSEN avec Peter Thiel, Catherine Poul Jupont et Christina Bengtsson. - Libéré après seize ans de prison pour crime passionnel, un homme ne rêve que de sa fille qu'il n'a jamais revue. - Style poétique. Contraste entre le rêve et la dure réalité. Vision insolite des êtres et des choses.
VF→LS **Général**

**HOMME DE FER, L'** ►2
POL. 1981. Drame social d'Andrzej WAJDA avec Jerzy Radziwilowicz, Krystyna Janda et Marian Opania. - Un animateur de télévision entreprend de faire un reportage défavorable sur un des chefs ouvriers d'un chantier naval. - Habile mélange de fiction et de réalité. Mise en scène remarquable. Interprétation convaincante.
STA→19,95$ **Général**

**HOMME DE FER, UN**
Voir: TWELVE O'CLOCK HIGH

**HOMME DE L'OUEST, L'**
Voir: MAN OF THE WEST

**HOMME DE LA MAISON, L'**
Voir: MAN OF THE HOUSE

**HOMME DE LA RIVIÈRE D'ARGENT, L'**
Voir: THE MAN FROM SNOWY RIVER

**HOMME DE LA TOUR EIFFEL, L'**
Voir: THE MAN ON THE EIFFEL TOWER

**HOMME DE MA VIE, L'** ▷4
FR. 1992. Comédie sentimentale de Jean-Charles TACCHELLA avec Maria de Medeiros, Thierry Fortineau et Jean-Pierre Bacri. - N'arrivant pas à trouver un emploi, une jeune femme décide de se dégotter un riche mari.
VO→23,95$ **Général**

**HOMME DE MARBRE, L'** ►2
POL. 1976. Drame social d'Andrzej WAJDA avec Krystyna Janda, Jerzy Radziwilowicz et Tadeusz Lomnicki. - Une journaliste de télévision entreprend une enquête sur le sort d'un ouvrier glorifié dans les années 1950 pour son rendement au travail. - Construction complexe mêlant le passé et le présent. Mise en scène experte. Traitement vivant. Interprétation vibrante.
STA→LS **Général**

**HOMME DE RÊVE, L'** ▷4
QUÉ. 1991. Drame psychologique de Robert MÉNARD avec Rita Lafontaine, Claude Gauthier et Michel Dumont. - Une femme de ménage de 50 ans, qui mène une existence terne auprès d'un mari malade, est troublée par la rencontre d'un étranger au profil de l'homme idéal.
VO→LS **Général**

**HOMME DE RIO, L'** ▷3
FR. 1964. Comédie de Philippe DE BROCA avec Jean-Paul Belmondo, Françoise Dorléac et Jean Servais. - Un soldat en permission se rend au Brésil pour retrouver sa fiancée disparue. - Débordant de verve. Décors naturels fort bien exploités. Dialogue savoureux. Belmondo en pleine forme.
STA→19,95$ **Général**

**HOMME DES CAVERNES, L'**
Voir: CAVEMAN

**HOMME DES ÉTOILES, L'**
Voir: STARMAN

**HOMME DES HAUTES PLAINES, L'**
Voir: HIGH PLAINS DRIFTER

**HOMME DU CLAN, L'**
Voir: THE KLANSMAN

**HOMME DU KENTUCKY, L'**
Voir: THE KENTUCKIAN

**HOMME EST MORT, UN**
Voir: THE OUTSIDE MAN

**HOMME EST UNE FEMME COMME LES AUTRES, L'** ▷4
FR. 1997. Comédie de mœurs de Jean-Jacques ZILBERMANN avec Antoine de Caunes, Elsa Zylberstein et Gad Elmaleh. - Un musicien homosexuel juif accepte d'épouser une chanteuse très religieuse afin de toucher l'argent promis par son oncle.
VO→18,95$ **Général**

**HOMME ET DEUX FEMMES, UN** ▷4
FR. 1991. Drame de mœurs réalisé et interprété par Valérie STROH avec Lambert Wilson et Diane Pierens. - Une jeune femme écrit des histoires dans lesquelles elle imagine pousser son amant dans les bras de sa meilleure amie.
VO→LS **13 ans +**

**HOMME ET L'ENFANT, L'** ▷4
FR.-ITA. 1956. Comédie policière de Raoul ANDRÉ avec Eddie Constantine, sa fille Tania et Juliette Gréco. - Le directeur d'une fabrique de parfums se voit ravir sa fille adoptive et entreprend de découvrir les kidnappers.
VO→LS **Non classé**

**HOMME ET SON PÉCHÉ, UN** ▷5
QUÉ. 1948. Drame de mœurs de Paul GURY avec Hector Charland, Nicole Germain et Guy Provost. - Un usurier arrive à s'emparer de la terre d'un jeune défricheur.
VO→39,95$ **Général**

**HOMME ET UNE FEMME, UN** ▷3
FR. 1966. Drame psychologique de Claude LELOUCH avec Jean-Louis Trintignant, Anouk Aimée et Pierre Barouh. - Un veuf aime une veuve hantée par le souvenir de son mari. - Ensemble intelligent, sensible et techniquement brillant. Intrigue plutôt mince. Jeu naturel des interprètes.
VO→19,95$ **Général**

**HOMME ET UNE FEMME: VINGT ANS DÉJÀ, UN** ▷4
FR. 1986. Comédie dramatique de Claude LELOUCH avec Anouk Aimée, Jean-Louis Trintignant et Evelyne Bouix. - Après un échec professionnel, une productrice de films songe à monter une comédie musicale fondée sur une expérience sentimentale qu'elle a vécue 20 ans auparavant.
VO→14,95$ VO→14,95$ **Général**

**HOMME IDÉAL, L'**
Voir: MR. WONDERFUL

**HOMME IDÉAL, L'** ▷5
QUÉ. 1996. Comédie de Georges MIHALKA avec Marie-Lise Pilote, Macha Grenon et Patrice L'Écuyer. - Une femme célibataire de trente-cinq ans recherche l'homme idéal pour concevoir un enfant.
STA→31,95$ VO→18,95$ **Général**

**HOMME LE PLUS FORT DU MONDE, L'**
Voir: THE STRONGEST MAN IN THE WORLD

**HOMME MARIÉ, L'**
Voir: THE MARRYING MAN

**HOMME N'EST PAS UN OISEAU, L'** ▷0
YOU. 1965, Dusan MAKAVEJEV
STA→LS **Général**

**HOMME NOMMÉ CHEVAL, UN**
Voir: A MAN CALLED HORSE

**HOMME PARMI LES LOUPS, UN**
Voir: NEVER CRY WOLF

**HOMME PRESQUE PARFAIT, UN**
Voir: NOBODY'S FOOL

**HOMME PRESSÉ, L'** ▷4
FR. 1977. Drame psychologique d'Édouard MOLINARO avec Alain Delon, Mireille Darc et Michel Duchaussoy. - Les déboires d'un insatisfait assoiffé de temps et d'argent.
VO→LS **Général**

**HOMME QUI AIMAIT LES FEMMES, L'** ▷3
FR. 1977. Comédie dramatique de François TRUFFAUT avec Charles Denner, Brigitte Fossey et Nelly Borgeaud. - Un ingénieur de province entreprend d'écrire un livre sur ses conquêtes féminines. - Mélange bien dosé d'amusement, de tendresse et de gravité. Montage et découpage précis et souples. Jeu riche en nuances de C. Denner.
STA→19,95$ **Général**

**HOMME QUI BRISA SES CHAÎNES, L'**
Voir: THE MAN WHO BROKE 1000 CHAINS

**HOMME QUI GRAVIT UNE COLLINE ET REDESCENDIT UNE MONTAGNE, L'**
Voir: THE ENGLISHMAN WHO WENT UP A HILL, BUT CAME DOWN A MOUNTAIN

**HOMME QUI MURMURAIT À L'OREILLE DES CHEVAUX, L'**
Voir: THE HORSE WHISPERER

**HOMME QUI N'A JAMAIS EXISTÉ, L'**
Voir: THE MAN WHO NEVER WAS

**HOMME QUI VOULAIT SAVOIR, L'** ▷3
HOL. 1988. Drame psychologique de George SLUIZER avec Bernard-Pierre Donnadieu, Gene Bervoets et Johanna Ter Steeg. - Un homme recherche inlassablement sa femme qui a été kidnappée par un professeur obsédé par la tentation du Mal. - Suspense hichtcockien mené avec sang-froid. Intrigue fertile en rebondissements. Réalisation rigoureuse et soignée. Interprétation impressionnante de B.-P. Donnadieu.
STA→LS **Général**

**HOMME SANS VISAGE, L'**
Voir: THE MAN WITHOUT A FACE

**HOMME SAUVAGE, L'**
Voir: THE STALKING MOON

**HOMME SUR LA LUNE, L'**
Voir: MAN ON THE MOON

**HOMME SUR LES QUAIS, L'** ▷4
FR. 1993. Drame de Raoul PECK avec Jennifer Zubar, Toto Bissainthe et Patrick Rameau. - Dans un petit village d'Haïti, un «tonton macoute» persécute les membres de la famille d'un policier qui s'est opposé à lui.
VO→LS **Général**

**HOMME TATOUÉ, L'**
Voir: THE ILLUSTRATED MAN

**HOMME VOILÉ, L'** ▷5
FR. 1987. Drame de Maroun BAGDADI avec Bernard Giraudeau, Michel Piccoli et Laure Marsac. - Un tueur à gages revient en France et y retrouve sa fille qui n'a jamais cessé de l'idéaliser.
VO→LS **13 ans +**

**HOMME, DEUX FEMMES, UN** ▷0
HOL. 1979, George SLUIZER
VF→LS **Non classé**

**HOMME, UN**
Voir: ONE MAN

**HOMME-ÉLÉPHANT, L'**
Voir: THE ELEPHANT MAN

**HOMMES, LES** ▷5
FR. 1972. Drame policier de Daniel VIGNE avec Michel Constantin, Marcel Bozzuffi et Nicole Calfan. - À sa sortie de prison, un trafiquant de cigarettes américaines s'en prend à des complices qui l'ont lésé.
VO→LS **Général**

**HOMMES D'HONNEUR, DES**
Voir: A FEW GOOD MEN

**HOMMES D'INFLUENCE, DES**
Voir: WAG THE DOG

**HOMMES DU PRÉSIDENT, LES**
Voir: ALL THE PRESIDENT'S MEN

**HOMMES EN NOIR**
Voir: MEN IN BLACK

**HOMMES PRÉFÈRENT LES BLONDES, LES**
VOIR: GENTLEMEN PREFER BLONDES

**HOMMES PRÉFÈRENT LES GROSSES, LES** ▷5
FR. 1981. Comédie de Jean-Marie POIRÉ avec Josiane Balasko, Ariane Lartéguy et Luis Rego. - Les mésaventures d'une jeune fille boulotte qui, à la suite d'un malentendu, partage son appartement avec un joli mannequin.
VO→LS **Général**

**HOMMES QUI MARCHENT SUR LA QUEUE DU TIGRE, LES** ▷0
JAP. 1945, Akira KUROSAWA
STA→27,95$ **Général**

**HONDO** ▷4
É.-U. 1953. Western de John FARROW avec John Wayne, Geraldine Page et Ward Bond. - Un aventurier protège une jeune veuve et son fils contre une attaque d'Indiens.
VO→18,95$ **Général**

**HONEY POT, THE** ▷3
É.-U. 1967. Comédie de Joseph Leo MANKIEWICZ avec Rex Harrison, Cliff Robertson et Maggie Smith. - Un millionnaire fait croire à trois anciennes maîtresses qu'il est à l'article de la mort. - Adaptation moderne de *Volpone*. Dialogue intelligent et spirituel. Mise en scène élégante. Comédiens de classe.
VO→14,95$ **13 ans +**

**HONEY, I BLEW UP THE KID** ▷5
É.-U. 1992. Comédie fantaisiste de Randal KLEISER avec Rick Moranis, Marcia Strassman et Lloyd Bridges. - Accidentellement atteint par un rayon qui grossit les objets, un bébé se met à décupler à chaque fois qu'il est soumis à une concentration d'électricité.
VF→9,95$ **Général**

**HONEY, I SHRUNK THE KIDS** ▷4
É.-U. 1989. Comédie fantaisiste de Joe JOHNSTON avec Rick Moranis, Matt Frewer et Marcia Strassman. - Mise au point par un inventeur distrait, une machine à effet réducteur transforme accidentellement des enfants en êtres minuscules.
VO→PC **Général**

**HONEY, WE SHRUNK OURSELVES** ▷5
É.-U. 1997. Comédie fantaisiste de Dead CUNDEY avec Rick Moranis, Eve Gordon et Stuart Pankin. - Mise au point par un inventeur distrait, une machine à effet réducteur transforme accidentellement deux couples en êtres minuscules.
VF→21,95$ VO→21,95$ **Général**

**HONEYMOON IN VEGAS** ▷5
É.-U. 1992. Comédie sentimentale d'Andrew BERGMAN avec James Caan, Nicolas Cage et Sarah Jessica Parker. - Un détective new-yorkais se voit forcé de céder sa fiancée à un gangster pour un week-end afin de payer une dette de jeu.
VO→PC **Général**

**HONEYMOON KILLERS, THE** ▷0
É.-U. 1970, Leonard KASTLE
VO→LS **13 ans +**

**HONEYMOON MACHINE, THE** ▷5
É.-U. 1961. Comédie de Richard THORPE avec Steve McQueen, Jim Hutton et Paula Prentiss. - Un lieutenant de marine utilise l'ordinateur d'un navire pour gagner à la roulette du casino de Venise.
VO→19,95$ **Général**

**HONG-KONG FACE-OFF** ▷0
H. K. 1997, John WOO
VA→29,95$ **13 ans + Violence**

**HONKYTONK MAN** ▷4
É.-U. 1982. Comédie dramatique réalisée et interprétée par Clint EASTWOOD avec Kyle Eastwood et Alexa Kenin. - Dans les années 1930, un chanteur sans succès, atteint de tuberculose, part avec son neveu pour Nashville où il espère acquérir une certaine notoriété.
VF→14,95$ VO→11,95$ **13 ans +**

**HONNEUR DES PRIZZI, L'**
Voir: PRIZZI'S HONOR

**HONNEUR DES WINSLOW, L'**
Voir: THE WINSLOW BOY

**HONNEUR PERDU DE KATHARINA BLUM, L'** ▷0
ALL. 1975, Karl HEINZ VOSGERAU et Margarethe VON TROTTA
STA→LS **Général**

**HONNI SOIT QUI MAL Y PENSE**
Voir: THE BISHOP'S WIFE

**HONTE, LA** ▷3
SUÈ. 1968. Drame de Ingmar BERGMAN avec Liv Ullmann, Max Von Sydow et Gunnar Bjornstrand. - Un couple de musiciens vit sur une île alors que la guerre fait rage dans leur pays. - Parabole chargée d'un sens métaphysique. Image sobre, précise et signifiante.
STA→LS **13 ans +**

**HOODLUM** ▷4
É.-U. 1997. Drame policier de Bill DUKE avec Laurence Fishburne, Tim Roth et Vanessa Williams. - Dans les années 30, un gangster de race noire lutte contre un rival blanc pour le contrôle de Harlem.
VF→18,95$ LBX→18,95$ **16 ans + Violence**

**HOOK** ▷4
É.-U. 1991. Comédie fantaisiste de Steven SPIELBERG avec Robin Williams, Dustin Hoffman et Charlie Korsmo. - Devenu père de famille, Peter Pan doit délivrer ses enfants qui ont été kidnappés par le capitaine Crochet.
VO→14,95$ VF→14,95$ LBX-DVD→29,95$ **Général**

**HOOK, LINE AND SINKER** ▷5
É.-U. 1968. Comédie de G. MARSHALL avec Jerry Lewis, Peter Lawford et Anne Francis. - Se croyant atteint d'une maladie incurable, un homme se lance dans de folles dépenses.
VO→LS **Général**

**HOOP DREAMS** ▷3
É.-U. 1994. Documentaire de Steve JAMES. - Deux jeunes Afro-Américains, amateurs de basket-ball, témoignent de leurs désirs et de la dure réalité de leur existence. - Propos intelligent. Analyse pertinente du contexte socio-économique. Belle mise en images. Impact dramatique digne de certains films de fiction. Protagonistes tout à fait naturels.
VO→19,95$ **Général**

**HOOSIERS** ▷4
É.-U. 1986. Drame sportif de David ANSPAUGH avec Gene Hackman, Barbara Hershey et Dennis Hopper. - En 1951, dans l'Indiana, les efforts d'un entraîneur de basket-ball d'une modeste école secondaire conduisant son équipe au seuil du championnat.
VF→14,95$ VO→19,95$ **Général**

**HOPE AND GLORY** ▷3
ANG. 1987. Chronique de John BOORMAN avec Sebastian Rice-Edwards, Sarah Miles et Sammi Davis. - La vie d'un jeune garçon anglais durant la Seconde Guerre mondiale. - Fresque historique dominée par la vision de l'enfant. Évocations poétiques et nostalgiques. Récit anecdotique.
VO→14,95$ **Général**

**HOPE FLOATS** ▷5
É.-U. 1998. Drame psychologique de Forest WHITAKER avec Sandra Bullock, Mae Whitman et Gena Rowlands. - Une jeune femme trompée par son mari retourne avec sa petite fille dans son village natal du Texas où sa mère l'accueille.
VF→15,95$ VO→PC **Général**

**HOPPITY GOES TO TOWN** ▷4
É.-U. 1941. Dessins animés de Dave FLEISCHER. - Une sauterelle cherche à sauver de la destruction une communauté d'insectes vivant sur un terrain vague de New York.
VO→LS **Général - Enfants**

**HOPSCOTCH** ▷4
É.-U. 1980. Comédie policière de Ronald NEAME avec Walter Matthau, Glenda Jackson et Ned Beatty. - Écrivant ses mémoires, un ex-agent de la CIA se fait poursuivre par ses anciens chefs.
VO→LS **Général**

**HORDE SAUVAGE, LA**
Voir: THE MAVERICK QUEEN

**HORDE SAUVAGE, LA**
Voir: THE WILD BUNCH

**HORIZONS LOINTAINS**
Voir: FAR AND AWAY

**HORIZONTAL LIEUTENANT, THE** ▷5
É.-U. 1962. Comédie de Richard THORPE avec Jim Hutton, Paula Prentiss et Miyoshi Umeki. - Un lieutenant connaît diverses aventures cocasses lors d'une mission qui lui est assignée dans un poste éloigné des îles du Pacifique.
VO→18,95$ **Général**

**HORLOGER DE SAINT-PAUL, L'** ▷3
FR. 1973. Drame psychologique de Bertrand TAVERNIER avec Philippe Noiret, Jean Rochefort et Jacques Denis. - Apprenant que son fils est recherché pour meurtre, un homme remet en question sa responsabilité paternelle. - Adaptation d'un roman de Simenon. Portrait psychologique subtil et nuancé. Réalisation fort adroite.
STA-LBX→34,95$ **Général**

**HORREURS DE FRANKENSTEIN, LES**
Voir: HORROR OF FRANKENSTEIN

**HORRIBLE DR. ORLOFF, L'** ▷6
ESP.-FR. 1962. Drame d'horreur de Jess FRANCO avec Howard Vernon, Conrado Sanmartin et Mary Silvers. - Un médecin tente des greffes de peau humaine sur sa fille défigurée.
VA-LBX→34,95$ **Non classé**

**HORROR EXPRESS** ▷5
ESP.-ANG. 1972. Drame d'horreur d'Eugenio MARTIN avec Christopher Lee, Peter Cushing et Telly Savalas. - Au début du siècle, un fossile transporté sur un train s'anime et fait des victimes.
VO→17,95$ LBX-DVD→37,95$ **13 ans +**

**HORROR OF DEATH, THE**
Voir: THE ASPHYX

**HORROR OF DRACULA** ▷3
ANG. 1958. Drame d'horreur de Terence FISHER avec Peter Cushing, Christopher Lee et Carol Marsh. - Un savant lutte contre un vampire. - Traitement fort valable d'un thème classique. Grande beauté plastique. Climat de terreur bien créé. Composition racée de C. Lee.
VO→14,95$ **13 ans +**

**HORROR OF FRANKENSTEIN, THE** ▷5
ANG. 1970. Drame d'horreur de Jimmy SANGSTER avec Ralph Bates, Kate O'Mara et Graham James. - Un jeune savant crée un monstre à l'aide de plusieurs cadavres.
VO→9,95$ **13 ans +**

**HORS-LA-LOI** ▷4
FR. 1985. Drame de mœurs de Robin DAVIS avec Clovis Cornillac, Wadeck Stanczak et Nathalie Spilmont. - Une bande d'adolescents s'enfuit d'un centre de redressement et tente de rejoindre un village abandonné pour s'y installer.
VO→LS **Général**

**HORSE FEATHERS** ▷4
É.-U. 1932. Comédie de Norman Z. McLEOD avec les frères Marx, Thelma Todd et David Landau. - Un directeur de collège accepte comme élèves deux ignorants pour renforcer son équipe de football.
VO→14,95$ DVD→24,95$ **Général**

**HORSE IN THE GRAY FLANEL SUIT, THE** ▷5
É.-U. 1968. Comédie de Norman TOKAR avec Dean Jones, Diane Baker et Ellen Janov. - Un publicitaire utilise un cheval pour une campagne de promotion.
VF→19,95$ VO→19,95$ **Général**

**HORSE SOLDIERS, THE** ▷3
É.-U. 1959. Drame de guerre de John FORD avec John Wayne, William Holden et Constance Towers. - Un régiment de cavalerie nordiste est chargé de détruire un centre de ravitaillement des Sudistes. - Scénario bien construit. Beauté plastique des images. Interprétation vigoureuse.
VO→14,95$ **Non classé**

**HORSE THIEF, THE** ▷0
CHI. 1987, Tian ZHUANGZHUANG
STA→82,95$ **Général**

**HORSE WHISPERER, THE** ▷4
É.-U. 1998. Drame sentimental réalisé et interprété par Robert REDFORD avec Kristin Scott Thomas et Scarlett Johansson. - Alors qu'il aide une adolescente à se remettre d'un grave accident de cheval, un cow-boy s'éprend de la mère de la jeune fille.
LBX→15,95$ LBX-DVD→32,95$ **Général**

**HORSE'S MOUTH, THE** ▷4
ANG. 1958. Comédie de Ronald NEAME avec Alec Guinness, Kay Walsh et Robert Coote. - Un peintre excentrique bouleverse un riche appartement pendant l'absence de ses propriétaires.
VO→22,95$ **Général**

**HORSE, LA** ▷4
FR. 1969. Drame policier de Pierre GRANIER-DEFERRE avec Jean Gabin, André Weber et Éléonore Hirt. - Un riche fermier de Normandie découvre que son petit-fils est mêlé à un trafic de drogue et décide de faire justice lui-même.
VO→LS **13 ans +**

**HORSE, THE**
Voir: CHEVAL, MON CHEVAL

**HORSEMEN, THE** ▷4
É.-U. 1970. Étude de mœurs de John FRANKENHEIMER avec Omar Sharif, Leigh Taylor-Young et Jack Palance. - Le fils d'un chef de clan afghan, humilié par une défaite à une compétition hippique, tente de retrouver son honneur.
VF→LS **Général**

**HORSEPLAYER** ▷0
É.-U. 1991, Kurt VOSS
VO→18,95$ **Non classé**

**HORSES IN WINTER** ▷5
CAN. 1988. Comédie dramatique de Rick RAXLEN et P. VALLELY avec Rick Raxlen, Jacob Tierney et Vicki Barkoff. - Un homme se souvient avec nostalgie du dernier été qu'il a vécu avec ses parents dans le chalet familial en 1953 alors qu'il avait 8 ans.
VO→LS **Général**

**HOSPITAL, THE** ▷4
É.-U. 1971. Comédie dramatique de Arthur HILLER avec George C. Scott, Diana Rigg et Barnard Hughes. - Un médecin-chef est inquiété par une série de morts mystérieuses dans le personnel de l'hôpital.
VO→14,95$ **13 ans +**

**HOSTILE GUNS** ▷6
É.-U. 1967. Western de R.G. SPRINGSTEEN avec George Montgomery, Yvonne de Carlo et Tab Hunter. - Un shérif surveille le transfert de prisonniers d'une ville à une autre.
VO→LS **Non classé**

**HOT MILLIONS** ▷4
ANG. 1968. Comédie d'Eric TILL avec Peter Ustinov, Maggie Smith et Karl Malden. - Un escroc utilise un cerveau électronique pour effectuer des détournements de fonds.
VO→PC **Général**

**HOT SHOTS!** ▷5
É.-U. 1991. Comédie satirique de Jim ABRAHAMS avec Charlie Sheen, Cary Elwes et Valeria Golino. - Un fabricant d'armes tente de saboter la mission d'un groupe d'aviateurs de la marine américaine.
VF→10,95$ **Général**

**HOT SHOTS!** ▷5
É.-U. 1993. Comédie satirique de Jim ABRAHAMS avec Charlie Sheen, Valeria Golino et Lloyd Bridges. - Un officier d'élite est envoyé en mission spéciale en Irak pour y délivrer des otages américains.
VF→10,95$ **Général**

**HOT SPOT, THE** ▷4
É.-U. 1990. Drame policier de Dennis HOPPER avec Don Johnson, Virginia Madsen et Jennifer Connelly. - Dans une petite ville du Texas, un étranger engagé comme vendeur de voitures connaît des amours tourmentées.
VO→11,95$ LBX-DVD→18,95$ **18 ans +**

**HOT THRILLS AND WARM CHILLS** ▷0
É. U. 1967, Dale BERRY
VO **Non classé**

**HOTEL DE LOVE** ▷5
AUS. 1996. Comédie sentimentale de Craig ROSENBERG avec Simon Bossell, Saffron Burrows et Aden Young. - Divers chassés-croisés amoureux prennent place dans un hôtel spécialement aménagé pour les lunes de miel.
VO→LS **13 ans +**

**HÔTEL DU NORD** ▶2
FR. 1938. Drame de Marcel CARNÉ avec Louis Jouvet, Arletty et Jean-Pierre Aumont. - Deux amoureux ont décidé de se suicider dans le cadre d'un hôtel parisien.- Étude de mœurs à la fois cinglante et poétique. Bonne création d'atmosphère. Dialogue boulevardier. Extraordinaire reconstitution de Paris en studio. Interprétation savoureuse.
VO→LS **Non classé**

**HOTEL NEW HAMPSHIRE, THE** ▷4
É.-U. 1984. Comédie dramatique de Tony RICHARDSON avec Jodie Foster, Rob Lowe et Beau Bridges. - La vie mouvementée d'une famille farfelue installée dans une ancienne école qu'elle a transformée en hôtel.
VF→LS VO→LS **18 ans +**

**HOTEL PARADISO** ▷4
ANG. 1966. Comédie de Peter GLENVILLE avec Alec Guinness, Gina Lollobrigida et Robert Morley. - Négligée par son mari, une jolie femme accepte l'invitation d'un voisin galant.
VO→PC **13 ans +**

**HOTEL RESERVE** ▷5
É.-U. 1945. Drame d'espionnage de Lance COMFORT et Max GREENE avec James Mason, Lucie Mannheim et Raymond Lovell. - Un jeune homme, logeant dans un hôtel pour ses vacances, est soupçonné à tort d'espionnage.
VO→LS **Non classé**

**HOTEL TERMINUS: THE LIFE AND TIMES OF KLAUS BARBIE** ▷3
É.-U. 1988. Documentaire de Marcel OPHÜLS. - Évocation de la vie d'un ancien chef de la Gestapo condamné pour crimes contre l'humanité. - Document d'histoire assez exceptionnel. Mise en lumière d'aspects étonnants de l'agir humain. Souci du détail significatif. Montage précis.
STA→LS **Général**

**HOUDINI** ▷5
É.-U. 1953. Drame biographique de George MARSHALL avec Tony Curtis, Janet Leigh et Torin Thatcher. - La vie du célèbre prestidigitateur américain.
VO→18,95$ **Non classé**

**HOUND OF THE BASKERVILLES, THE** ▷4
ANG. 1959. Drame policier de Terence FISHER avec Peter Cushing, André Morell et Christopher Lee. - Le détective Sherlock Holmes tente d'éclaircir le mystère entourant la mort violente des membres d'une famille.
VO→19,95$ **Général**

**HOUND OF THE BASKERVILLES, THE** ▷4
É.-U. 1939. Drame policier de Sidney LANFIELD avec Basil Rathbone, Richard Greene et Wendy Barrie. - Sherlock Holmes enquête sur le mystère entourant une vieille famille d'Écosse.
VO→LS **Général**

**HOUR OF THE GUN** ▷4
É.-U. 1967. Western de John STURGES avec James Garner, Jason Robards et Robert Ryan. - Le shérif Wyatt Earp et ses frères sont aux prises avec un clan de hors-la-loi.
VO→14,95$ **Général**

**HOUR OF THE STAR** ▷3
BRÉ. 1985. Drame social de Suzana AMARAL avec Marcelia Cartaxo, José Dumont et Tamara Taxman. - Les tribulations d'une jeune paysanne candide qui est venue à Sao Paulo pour gagner sa vie. - Étude compatissante pour les humiliés. Observations teintées d'une ironie réaliste. Mise en images originales. Jeu simple de la protagoniste.
STA→PC **Général**

**HOUR OF THE WOLF**
Voir: L' HEURE DU LOUP

**HOURS AND TIMES, THE** ▷0
É.-U. 1991, Christopher MUNCH
VO→19,95$ **Général**

**HOUSE** ▷5
É.-U. 1985. Drame d'horreur de Steve MINER avec William Katt, George Wendt et Kay Lenz. - Vivant seul dans une maison héritée de sa tante suicidée, un romancier est témoin d'étranges phénomènes.
VO→9,95$ **13 ans +**

**HOUSE CALLS** ▷5
É.-U. 1978. Comédie de Howard ZIEFF avec Walter Matthau, Glenda Jackson et Art Carney. - Les relations difficiles entre un chirurgien veuf et une divorcée.
VO→LS **Général**

**HOUSE OF 1,000 DOLLS** ▷6
ANG. 1967. Drame policier de Jeremy SUMMERS avec Vincent Price, Martha Hyer et George Nader. - De passage à Tanger, un couple fait la connaissance d'un jeune homme à la recherche de sa fiancée enlevée par des trafiquants de blanches.
VO→LS **13 ans +**

**HOUSE OF ANGELS**
Voir: LE REFUGE DES ANGES

**HOUSE OF CARDS** ▷4
É.-U. 1993. Drame psychologique de Michael LESSAC avec Kathleen Turner, Tommy Lee Jones et Asha Menina. - La veuve d'un archéologue espère la guérison de sa fillette autistique.
VO→11,95$ **Général**

**HOUSE OF DARK SHADOWS** ▷5
É.-U. 1970. Drame d'horreur de Dan CURTIS avec Jonathan Frid, G. Hall et Kathryn L. Scott. - Une femme-médecin lutte contre un vampire qui terrorise un domaine familial de la Nouvelle-Angleterre.
VO→LS **13 ans +**

**HOUSE OF DRACULA** ▷6
É.-U. 1945. Drame d'horreur de Erle C. KENTON avec Onslow Stevens, Lon Chaney Jr. et John Carradine. - Un savant cherche à guérir de leur affliction un loup-garou et un vampire.
VO→11,95$ Général

**HOUSE OF EXORCISM** ▷0
ITA.-ALL.-ESP. 1974, Mario BAVA
LBX→35,95$

**HOUSE OF FEAR, THE** ▷4
É.-U. 1945. Drame policier de Roy William NEILL avec Basil Rathbone, Nigel Bruce et Aubrey Mather. - Le détective Sherlock Holmes enquête sur les meurtres des membres d'un club privé.
VO→LS Général

**HOUSE OF FRANKENSTEIN** ▷5
É.-U. 1944. Drame d'horreur de Erle C. KENTON avec Boris Karloff, John Carradine et Lon Chaney Jr. - Un savant détraqué fait revivre le comte Dracula, le monstre de Frankenstein et un loup-garou pour assouvir sa vengeance.
VO→11,95$ Général

**HOUSE OF GAMES** ▷4
É.-U. 1987. Drame policier de David MAMET avec Lindsay Crouse, Joe Mantegna et Mike Nussbaum. - En voulant aider un patient, une psychiatre est mêlée à une arnaque qui finit par tourner mal.
VO→19,95$ Général

**HOUSE OF HORRORS** ▷6
É.-U. 1945. Drame policier de Jean YARBROUGH avec Bill Goodwin, Robert Lowery et Virginia Grey. - Un sculpteur détraqué fait assassiner des critiques d'art qui n'apprécient pas son œuvre.
VO→11,95$ Général

**HOUSE OF MIRTH, THE** ▷3
ANG. 2000. Drame de mœurs de Terence DAVIES avec Gillian Anderson, Eric Stoltz et Laura Linney. - Une jeune femme de la haute société new-yorkaise du début du XXe siècle vit une série de revers qui entraîne sa disgrâce. - Adaptation rigoureuse et raffinée d'un roman d'Edith Wharton. Très beau portrait de femme. Mise en scène d'une beauté exquise. Jeu sensible de G. Anderson.
VO→PC

**HOUSE OF SEVEN CORPSES, THE** ▷0
É.-U. 1974, Paul Harrison
VO→23,95$

**HOUSE OF STRANGERS** ▷3
É.-U. 1949. Drame psychologique de Joseph Leo MANKIEWICZ avec Edward G. Robinson, Richard Conte et Susan Hayward. - Un banquier tyrannise sa famille et s'attire la haine de trois de ses fils. - Intrigue d'une forte puissance dramatique. Mise en scène solide. Interprétation de classe.
VO→48,95$ Général

**HOUSE OF THE LONG SHADOWS** ▷5
ANG. 1982. Drame d'horreur de Peter WALKER avec Desi Arnaz Jr., Vincent Price et Christopher Lee. - Un écrivain, qui s'est isolé dans un vieux manoir pour écrire un roman, est dérangé par divers intrus.
VF→LS VO→LS 13 ans +

**HOUSE OF THE SEVEN GABLES, THE** ▷5
É.-U. 1940. Drame de Joe MAY avec George Sanders, Margaret Lindsay et Vincent Price. - Un homme cupide fait accuser son frère d'un crime pour s'emparer de la maison familiale.
VO→14,95$ Général

**HOUSE OF THE SPIRITS, THE** ▷4
ALL. 1993. Chronique de Bille AUGUST avec Jeremy Irons, Meryl Streep et Winona Ryder. - Les tribulations d'un riche propriétaire terrien sud-américain qui se comporte de façon intransigeante envers les siens.
VF→14,95$ VO→PC LBX-DVD→33,95$ 13 ans +

**HOUSE OF WAX** ▷5
É.-U. 1953. Drame d'horreur d'André De TOTH avec Vincent Price, Frank Lovejoy et Phyllis Kirk. - Saisi de folie homicide, un sculpteur recouvre de cire ses victimes et les expose dans son atelier.
VO→14,95$ 13 ans +

**HOUSE OF YES, THE** ▷5
É.-U. 1996. Comédie dramatique réalisée par Mark WALTERS avec Parker Posey, Josh Hamilton et Tori Spelling. - Une jeune femme souffrant de troubles psychologiques accepte mal que son frère jumeau lui rende visite accompagné par sa fiancée.
VO→19,95$ VF→18,95$ LBX-DVD→29,95$ 13 ans +

**HOUSE ON 92nd ST., THE** ▷4
É.-U. 1944. Drame d'espionnage de Henry HATHAWAY avec Signe Hasso, William Eythe et Lloyd Nolan. - Aux États-Unis, des agents nazis tentent de pénétrer les secrets d'État.
VO→24,95$ Général

**HOUSE ON CARROLL STREET, THE** ▷4
É.-U. 1988. Drame policier de Peter YATES avec Kelly McGillis, Jeff Daniels et Mandy Patinkin. - En 1951, devenue lectrice chez une vieille demoiselle, une jeune journaliste sans emploi découvre dans la maison voisine une filière d'aide à d'anciens nazis.
VF→LS VO→11,95$ Général

**HOUSE ON CHELOUCHE STREET, THE** ▷0
ISR. 1973, Moshé MIZRAHI
STA→29,95$ Général

**HOUSE ON HAUNTED HILL** ▷5
É.-U. 1999. Drame d'horreur de William MALONE avec Geoffrey Rush, Famke Janssen et Taye Diggs. - Un groupe d'inconnus passe une nuit dans une maison hantée.
VF→LS VO→LS LBX-DVD→26,95$ 13 ans + Horreur

**HOUSE ON HAUNTED HILL** ▷6
É.-U. 1959. Drame d'horreur de William CASTLE avec Vincent Price, Carol Ohmart et Richard Long. - Deux époux qui se détestent organisent une soirée dans une maison hantée.
VO→14,95$ DVD→21,95$ Général

**HOUSE ON THE EDGE OF THE PARK, THE**
É.-U. 1980, Ruggero DEODATO
VF→LS 18 ans +

**HOUSE PARTY** ▷4
É.-U. 1990. Comédie musicale de Reginald HUDLIN avec Christopher Reid, Robin Harris et Christopher Martin. - Malgré l'interdiction de son père, un adolescent se rend à une fête organisée par un copain en l'absence de ses parents.
VF→18,95$ 13 ans +

**HOUSEBOAT** ▷4
É.-U. 1958. Comédie de Melville SHAVELSON avec Cary Grant, Sophia Loren et Martha Hyer. - La fille d'un musicien italien se fait engager comme bonne par un riche veuf installé sur une péniche avec ses enfants.
VO→14,95$ Non classé

**HOUSEGUEST** ▷5
É.-U. 1994. Comédie de Randall MILLER avec Sinbad, Phil Hartman et Jeffrey Jones. - Pour échapper à des gangsters, un magouilleur s'immisce dans la famille d'un parfait inconnu auprès de qui il se fait passer pour un ancien camarade de classe.
VF→LS VO→LS Général

**HOUSEHOLD SAINTS** ▷4
É.-U. 1992. Comédie de mœurs de Nancy SAVOCA avec Tracey Ullman, Vincent D'Onofrio et Lili Taylor. - À New York, un couple italo-américain s'inquiète pour sa fille unique qui souhaite devenir religieuse.
VO→18,95$ Général

**HOUSEHOLDER, THE** ▷0
IND. 1963, James IVORY
VO→LS Général

**HOUSEKEEPING** ▷3
É.-U. 1987. Comédie dramatique de Bill FORSYTH avec Christine Lahti, Sara Walker et Andrea Burchill. - Élevées par leur grand-mère après le suicide de leur mère, deux adolescentes sont prises en charge à la mort de l'aïeule par une tante attirée par l'errance. - Récit insolite. Aspects sombres et même inquiétants. Mise en scène inventive.
VF→LS VO→LS Général

**HOUSEMASTER** ▷0
POL. 1979, Wojciech MARCZEWSKI
STA→LS Général

**HOUSESITTER** ▷4
É.-U. 1992. Comédie de Frank OZ avec Steve Martin, Goldie Hawn et Dana Delany. - Une jeune serveuse emménage dans la maison de campagne d'un architecte célibataire et se fait passer pour sa femme auprès des villageois.
VF→11,95$ Général

**HOW GREEN WAS MY VALLEY** ►2
É.-U. 1940. Drame social de John FORD avec Walter Pidgeon, Maureen O'Hara et Roddy McDowall. - Un jeune Gallois se rappelle les transformations qui ont affecté les mineurs de son coin de pays. - Adaptation d'un roman à succès. Œuvre de qualité traitée en nuances et demi-teintes. Excellente interprétation.
VO→16,95$ DVD→23,95$ Général

**HOW I WON THE WAR** ▷4
ANG. 1967. Comédie satirique de Richard LESTER avec Michael Crawford, Roy Kinnear et John Lennon. - Les mésaventures d'un officier borné pendant la guerre 1939-1945.
VO→14,95$ Non classé

**HOW MANY MILES TO BABYLON?** ▷0
ANG. 1982, Moira ARMSTRONG
VO→23,95$ Général

**HOW STELLA GOT HER GROOVE BACK** ▷5
É.-U. 1998. Comédie dramatique de Kevin Rodney SULLIVAN avec Angela Bassett, Taye Diggs et Whoopi Goldberg. - Une femme d'affaires américaine de quarante ans s'éprend d'un Jamaïcain de vingt ans plus jeune qu'elle.
VF→LS VO→15,95$ Général

**HOW THE GRINCH STOLE CHRISTMAS** ▷4
É.-U. 2000. Comédie fantaisiste de Ron HOWARD avec Jim Carrey, Taylor Momsen et Jeffrey Tambor. - Dans une ville imaginaire, un être mesquin déteste tellement Noël qu'il veut en priver tous les habitants.
Général

**HOW THE WEST WAS WON** ▷4
É.-U. 1962. Western de Henry HATHAWAY, George MARSHALL et John FORD avec Debbie Reynolds, George Peppard et Carroll Baker. - Différentes étapes de la conquête de l'Ouest vues à travers l'histoire d'une famille de pionniers.
LBX→19,95$ VO→19,95$ LBX-DVD→21,95$ Général

**HOW TO GET AHEAD IN ADVERTISING** ▷4
ANG. 1989. Comédie satirique de Bruce ROBINSON avec Richard E. Grant, Rachel Ward et Richard Wilson. - Obsédé par ses préoccupations professionnelles, un publicitaire s'imagine que l'anthrax qu'il a au cou prend la forme d'une tête qui discute avec lui.
VO→16,95$ 13 ans +

**HOW TO MAKE A MONSTER** ▷6
É.-U. 1958. Drame d'horreur de Herbert L. STROCK avec Robert H. Harris, Paul Brinegar et Gary Conway. - Lorsqu'il perd son travail, un maquilleur spécialisé dans les films d'horreur entreprend de se venger.
VO→LS Non classé

**HOW TO MAKE AN AMERICAN QUILT** ▷4
É.-U. 1995. Film à sketches de Jocelyn MOORHOUSE avec Winona Ryder, Anne Bancroft et Ellen Burstyn. - Afin de guider les choix d'une jeune femme qui hésite à se marier, des dames plus âgées lui racontent des épisodes de leurs propres vies sentimentales.
VF→11,95$ VO→11,95$ LBX-DVD→34,95$ Général

**HOW TO MARRY A MILLIONAIRE** ▷5
É.-U. 1953. Comédie de Jean NEGULESCO avec Marilyn Monroe, Lauren Bacall et Betty Grable. - Trois jeunes femmes se lancent à la chasse au millionnaire.
VO→11,95$ LBX-DVD→23,95$ Général

**HOW TO MURDER YOUR WIFE** ▷4
É.-U. 1964. Comédie de mœurs de Richard QUINE avec Jack Lemmon, Virna Lisi et Terry-Thomas. - Un auteur de bandes dessinées trouve que la vie conjugale nuit à son inspiration.
VO→19,95$ Général

**HOW TO STEAL A MILLION** ▷4
É.-U. 1966. Comédie policière de William WYLER avec Audrey Hepburn, Peter O'Toole et Charles Boyer. - Un détective accepte d'aider une jeune fille à voler une statue dans un musée.
VO→16,95$ Général

**HOW TO STUFF A WILD BIKINI** ▷6
É.-U. 1965. Comédie musicale de William ASHER avec Annette Funicello, Dwayne Hickman et Mickey Rooney. - Un publicitaire recherche une jeune fille pour participer à une course en motocyclette.
VO→PC LBX-DVD→PC Général

**HOW TO SUCCEED IN BUSINESS WITHOUT REALLY TRYING** ▷4
É.-U. 1966. Comédie musicale de David SWIFT avec Robert Morse, Michele Lee et Rudy Vallee. - Un laveur de carreaux décide de faire son chemin dans le monde des affaires.
LBX→14,95$ Général

**HOWARD THE DUCK** ▷5
É.-U. 1986. Science-fiction de Willard HUYCK avec Lea Thompson, Jeffrey Jones et Tim Robbins. - Une jeune chanteuse et un professeur, qui veulent aider un canard à regagner sa planète d'origine, doivent affronter un monstre extra-terrestre.
VO→11,95$ 13 ans +

**HOWARD'S END** ▷3
ANG. 1991. Drame de mœurs de James IVORY avec Emma Thompson, Helena Bonham Carter et Anthony Hopkins. - Les tribulations de deux sœurs de la petite-bourgeoisie londonienne qui fréquentent une famille d'aristocrates. - Adaptation d'un roman de E.M. Forster. Récit naviguant habilement entre l'ironie et le tragique. Mise en images très soignée. Comédiens de grande classe.
VO→11,95$ VF→11,95$ Général

**HOWARD, UNE NOUVELLE RACE DE HÉROS**
Voir: HOWARD THE DUCK

**HOWLING, THE** ▷4
É.-U. 1980. Drame d'horreur de Joe DANTE avec Dee Wallace, Dennis Dugan et Patrick Macnee. - Soignée dans une clinique installée en pleine nature, une journaliste découvre qu'elle est entourée de loups-garous.
VF→LS VO→11,95$ 13 ans +

**HUCKSTERS, THE** ▷5
É.-U. 1947. Comédie satirique de Jack CONWAY avec Clark Gable, Deborah Kerr et Ava Gardner. - Un ancien soldat se fait une carrière dans la publicité commerciale.
VO→PC Général

**HUD** ▷3
É.-U. 1963. Western de Martin RITT avec Paul Newman, Brandon de Wilde et Patricia Neal. - Le fils d'un rancher du Texas vit égoïstement à la recherche des plaisirs faciles. - Évocation psychologique intéressante de l'Ouest contemporain. Mise en scène de style réaliste. Passages impressionnants. Interprétation de classe.
VO→18,95$ Général

**HUDSON HAWK** ▷5
É.-U. 1991. Comédie policière de Michael LEHMANN avec Bruce Willis, Andie MacDowell et Danny Aiello. - Un cambrioleur est amené par des truands à dérober une statue de Leonard de Vinci exposée au Vatican et qui recèle un secret étonnant.
VO→9,95$ VF→9,95$ **13 ans +**

**HUDSUCKER PROXY, THE** ▷3
É.-U. 1994. Comédie satirique de Joel COEN avec Tim Robbins, J. Leigh et Paul Newman. - En 1958, à New York, un coursier naïf se retrouve du jour au lendemain président d'une grande compagnie. - Délirante satire du monde des affaires. Extraordinaire virtuosité technique. Superbes décors stylisés. T. Robbins merveilleux dans son rôle.
VF→14,95$ VO→14,95$ LBX-DVD→21,95$ **Général**

**HUGO POOL** ▷0
É.-U. 1997, Robert DOWNEY SR.
VO→13,95$ **Général**

**HUILE DE LORENZO, L'**
Voir: LORENZO'S OIL

**HUIT HEURES DE SURSIS**
Voir: ODD MAN OUT

**HUITIÈME JOUR, LE** ▷4
FR. 1996. Comédie dramatique de Jaco VAN DORMAËL avec Daniel Auteuil, Pascal Duquenne et Miou-Miou. - Un banquier qui a des ennuis familiaux rencontre par hasard un jeune mongolien parti à la recherche de sa mère.
STA→18,95$ VO→19,95$ **Général**

**HULLABALOO OVER GEORGIE & BONNIE'S PICTURES** ▷0
IND. 1978, James IVORY
VO→LS **Général**

**HUMAN COMEDY, THE** ▷4
É.-U. 1943. Comédie dramatique de Clarence BROWN avec Mickey Rooney, Marsha Hunt et Van Johnson. - La vie d'une famille américaine pendant que le fils aîné est parti à la guerre.
VO→24,95$ **Général**

**HUMAN CONDITION I: NO GREATER LOVE, THE** ►2
JAP. 1959. Drame social de Masaki KOBAYASHI avec Tatsuya Nakadai, Michiyo Aratama et So Yamamura. - Pour éviter d'être mobilisé, un Japonais idéaliste accepte un poste de surintendant dans une mine de Mandchourie. - Style intense et vigoureux. Scènes admirablement composées. Forte interprétation.
STA-LBX-DVD→44,95$ **Général**

**HUMAN CONDITION II: THE ROAD TO ETERNITY, THE** ▷3
JAP. 1960. Drame social de Masaki KOBAYASHI avec Tatsuya Nakadai, Michiyo Aratama et Keiji Sada. - Un sous-officier japonais cherche à introduire dans l'armée des méthodes plus humaines. - Second épisode d'une trilogie. Mise en scène riche en détails significatifs. Interprétation excellente.
STA-LBX-DVD→44,95$ **Général**

**HUMAN CONDITION III: A SOLDIER'S PRAYER, THE** ►2
JAP. 1961. Drame social de Masaki KOBAYASHI avec Tatsuya Nakadai, Yusuke Kawazu et Kyoko Kishida. - A la fin de la guerre, un soldat japonais entreprend un long et exténuant voyage afin de rejoindre sa femme en Mandchourie du Sud. - Tableau des conséquences de la guerre présenté avec réalisme et grandeur. Plusieurs scènes d'une force dramatique rare. Interprétation remarquable de T. Nakadai.
STA-LBX-DVD→44,95$ **Général**

**HUMAN FACTOR, THE** ▷0
ANG. 1980, Otto PREMINGER
VO→19,95$ **Général**

**HUMAN TORNADO, THE** ▷0
É.-U. 1976, Cliff ROQUEMORE
VO→LS **16 ans +**

**HUMAN TRAFFIC** ▷5
ANG. 1999. Comédie dramatique de Justin Kerrigan avec John Simm, Lorraine Pilkington et Shaun Parkes. - Cinq jeunes amis exorcisent leurs frustrations quotidiennes en s'éclatant le soir venu dans des raves.
VO→LS **16 ans +**

**HUMANITÉ, L'** ▷3
FR. 1999. Drame de Bruno DUMONT avec Emmanuel Schotté, Séverine Caneele et Philippe Tullier. - Un policier de province qui enquête sur le meurtre sordide d'une fillette passe beaucoup de temps avec sa voisine et le petit ami de celle-ci. - Propos ambigu. Touches insolites et surréalistes troublantes. Style préconisant de longs plans fixes. Cadrages remarquables. Acteurs très bien dirigés.
VO **16 ans +**

**HUMORESQUE** ▷4
É.-U. 1946. Drame psychologique de Jean NEGULESCO avec Joan Crawford, John Garfield et Oscar Levant. - Une femme riche mais malheureuse en ménage protège un jeune violoniste dont elle s'éprend.
VO→LS **Général**

**HUNCHBACK, THE** ▷5
CAN. 1997. Drame de Peter MEDAK avec Mandy Patinkin, Richard Harris et Salma Hayek. - Un bossu, sonneur de cloches à la cathédrale de Paris, protège une jeune gitane contre la vindicte d'un prêtre.
VO→14,95$ **Général**

**HUNCHBACK, THE** ▷0
ANG. 1982, Michael TUCHNER
VO→14,95$ **Non classé**

**HUNCHBACK OF NOTRE-DAME, THE** ▷4
É.-U. 1996. Dessins animés de Gary TROUSDALE et Kirk WISE. - Un bossu vient en aide à une gitane condamnée à mort par un méchant juge.
VO→LS VO→LS **Général**

**HUNCHBACK OF NOTRE-DAME, THE** ▷3
É.-U. 1923. Drame de Wallace WORSLEY avec Lon Chaney, Patsy Ruth Miller et Ernest Torrence. - Un bossu, sonneur des cloches de Notre-Dame, se fait le protecteur d'une gitane. - Adaptation d'un roman de Victor Hugo. Mise en scène spectaculaire. Mise en valeur du talent de composition de L. Chaney.
VO→34,95$ DVD→38,95$ **Général**

**HUNCHBACK OF NOTRE-DAME, THE** ▷3
É.-U. 1939. Drame de William DIETERLE avec Charles Laughton, Maureen O'Hara et Thomas Mitchell. - Un bossu, sonneur des cloches de Notre-Dame, se fait le protecteur d'une jeune gitane. - Adaptation somptueuse d'un roman de Victor Hugo. Mise en scène soignée. Composition remarquable de C. Laughton.
VO→19,95$ DVD→21,95$ **Général**

**HUNGARIAN FAIRY TALE, A** ▷3
POL. 1986. Conte de Gyula GAZDAG avec Arpad Vermes, Maria Varga et Frantisek Husak. - Un orphelin va à la recherche de son père sans savoir que l'État lui en a désigné un d'office. - Satire des mœurs bureaucratiques. Mise en scène inventive. Illustration soignée.
STA→21,95$ **Général**

**HUNGARIAN RHAPSODY** ▷0
HON. 1983, Miklos JANCSO
STA→PC **Général**

**HUNGER**
Voir: LA FAIM

**HUNGER, THE** ▷4
ANG. 1983. Drame fantastique de Tony SCOTT avec Catherine Deneuve, David Bowie et Susan Sarandon. - Une vampire jette son dévolu sur une femme médecin que son compagnon a été consulter lorsqu'il s'est soudain senti vieillir.
VO→14,95$ LBX→14,95$ **16 ans + Violence**

**HUNT FOR RED OCTOBER, THE** ▷4
É.-U. 1990. Drame d'espionnage de John McTIERNAN avec Sean Connery, Alec Baldwin et Scott Glenn. - Le commandant d'un sous-marin soviétique qui met le cap vers les États-Unis pour passer à l'Ouest éveille ainsi l'inquiétude des Américains qui ne connaissent pas ses intentions.
VF→14,95$ LBX→14,95$ LBX-DVD→32,95$ **Général**

**HUNT, THE** ▷3
ESP. 1965. Drame de Carlos SAURA avec Ismael Merlo, Alfredo Mayo et Jose Maria Prada. - Trois anciens militants de la guerre civile espagnole retournent, pour une partie de chasse, sur les lieux où ils ont combattu. - Sens aigu de l'analyse psychologique. Réalisation soignée. Interprètes bien dirigés.
STA→32,95$ **13 ans +**

**HUNTER, THE** ▷0
É.-U. 1980, Buzz KULIK
VO→18,95$ **13 ans +**

**HUNTING, THE** ▷0
É.-U. 1992, Frank HOWSON
VO→17,95$ **16 ans +**

**HUNTING FLIES**
Voir: LA CHASSE AUX MOUCHES

**HURLEMENTS**
Voir: THE HOWLING

**HURLYBURLY** ▷5
É.-U. 1998. Drame de mœurs d'Anthony DRAZAN avec Sean Penn, Kevin Spacey et Chazz Palminteri. - Les tribulations d'un agent de casting hollywoodien au mode de vie excessif et de ses amis méprisants, cyniques et misogynes.
VO→19,95$ VF→19,95$
LBX-DVD→27,95$ **13 ans + Langage vulgaire**

**HURRICANE** ▷5
É.-U. 1979. Drame de Jan TROELL avec Mia Farrow, Dayton Ka'Ne et Jason Robards. - La fille du gouverneur d'une région de la Polynésie s'éprend d'un jeune chef indigène.
VO→17,95$ **Général**

**HURRICANE, THE** ▷4
É.-U. 1999. Drame biographique de Norman JEWISON avec Denzel Washington, Vicellous Reon Shannon et Deborah Kara Unger. – Les efforts d'un jeune Noir et de trois activistes pour faire libérer le boxeur Rubin Carter, injustement condamné pour meurtre.
VF→16,95$ VO→16,95$

**HURRICANE, THE** ▷4
É.-U. 1937. Drame de mœurs de John FORD avec Jon Hall, Dorothy Lamour et Mary Astor. - Emprisonné pour avoir frappé un Blanc, un indigène de Polynésie s'évade alors qu'un ouragan dévaste son île.
VO→16,95$ DVD→26,95$ **Général**

**HURT PENGUINS** ▷6
CAN. 1991. Comédie de Robert BERGMAN et Myra FRIED avec Michele Muzzi, Daniel Kash et George King. - Une jeune chanteuse décide d'épouser un célibataire fortuné après que celui-ci lui ait fait miroiter une carrière prometteuse.
VO→LS **Général**

**HURTUBISE** ▷0
QUÉ. 1992, Hugues MIGNAULT
VO→19,95$ **Général**

**HUSBANDS** ▷3
É.-U. 1970. Drame psychologique réalisé et interprété par John CASSAVETES avec Ben Gazzara et Peter Falk. - À la suite de l'enterrement d'un ami commun, trois vieux copains d'âge moyen font les quatre cents coups. - Dosage équilibré d'humanité, de pathos et d'humour. Ecriture reposant en partie sur un travail d'improvisation. Mise en scène habile. Interprétation solide.
VO→19,95$ **13 ans +**

**HUSBANDS AND LOVERS** ▷5
ITA. 1991. Drame de mœurs de Mauro BOLOGNINI avec Julian Sands, Joanna Pacula et Tchéky Karyo. - Après avoir consenti à ce que sa femme prenne un amant, un jeune scénariste en vient pourtant à être jaloux.
VF→LS VO→LS **Non classé**

**HUSBANDS AND WIVES** ▷3
É.-U. 1992. Comédie de mœurs réalisée et interprétée par Woody ALLEN avec Mia Farrow et Judy Davis. - La rupture d'un couple d'amis amène deux intellectuels à remettre en question leur propre mariage. - Scénario plein de finesses. Ton tragi-comique. Mise en scène nerveuse et spontanée. Excellents interprètes.
VF→19,95$ VO→19,95$ **Général**

**HUSH** ▷6
É.-U. 1997. Drame psychologique de Jonathan DARBY avec Jessica Lange, Gwyneth Paltrow et Johnathon Schaech. - Une jeune épouse enceinte découvre que la mère de son mari nourrit envers elle des desseins meurtriers.
VF→14,95$ **13 ans +**

**HUSH-A-BYE, BABY** ▷4
IRL. 1989. Drame social de Margo HARKIN avec Emer McCourt, Michael Liebman et Cathy Casey. - Dans un quartier catholique d'une ville d'Irlande du Nord, une élève n'ose avouer à ses parents qu'elle est enceinte d'un jeune activiste incarcéré.
STF→LS **13 ans +**

**HUSH... HUSH, SWEET CHARLOTTE** ▷5
É.-U. 1964. Drame d'horreur de Robert ALDRICH avec Bette Davis, Olivia de Havilland et Joseph Cotten. - Une femme déséquilibrée est l'objet d'un complot de la part d'une cousine qui veut toucher son héritage.
VO→24,95$ **Non classé**

**HUSSARD SUR LE TOIT, LE** ▷4
FR. 1995. Drame de Jean-Paul RAPPENEAU avec Olivier Martinez, Juliette Binoche et Jean Yanne. - En 1832, dans une Provence dévastée par le choléra, un colonel italien et une jeune aristocrate vivent ensemble diverses aventures.
STA→14,95$ VO→14,95$ **13 ans +**

**HUSSY** ▷0
É.-U. 1984, Matthew CHAPMAN
VO→LS **Non classé**

**HUSTLE** ▷4
É.-U. 1975. Drame policier de Robert ALDRICH avec Burt Reynolds, Catherine Deneuve et Paul Winfield. - Les déboires professionnels et sentimentaux d'un officier de police de Los Angeles.
VO→18,95$

**HUSTLER, THE** ▷3
É.-U. 1961. Étude de mœurs de Robert ROSSEN avec Paul Newman, P. Laurie et G. Scott. - Un as du billard connaît des échecs professionnels et sentimentaux. - Excellente étude de milieu. Habile création d'atmosphère. Personnages bien analysés et bien interprétés.
VO→16,95$ **Général**

**HYÈNES** ▷4
SÉN. 1992. Drame social de Djibril Diop MAMBÉTY avec Mansour Diouf, Ami Diakhate et Mahouredia Gueye. - Après avoir acquis une fortune colossale, une femme qui a jadis été victime d'injustice revient dans son village natal pour se venger.
STA→46,95$ **Général**

**HYPE!** ▷5
É.-U. 1996. Documentaire de Doug PRAY. - Analyse du phénomène musical grunge aux États-Unis.
VO→18,95$ **Général**

**HYPOTHÈSE DU TABLEAU VOLÉ, L'** ▷4
FR. 1978. Film d'essai de Raul RUIZ avec Jean Rougeul, Anne Debois et Chantal Palay. - Un critique d'art espère mieux comprendre l'œuvre d'un peintre du XIXe siècle en reconstituant avec des figurants les scènes représentées par ses tableaux.
STA→99,95$ **Général**

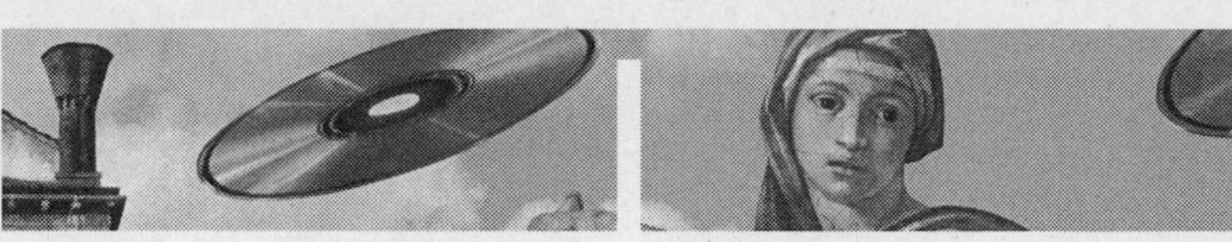

**I, A WOMAN** ▷0
SUÈ. 1965, Mac AHLBERG
VA→49,95$ 13 ans +

**I AM A CAMERA** ▷5
ANG. 1955. Drame de mœurs de Henry CORNELIUS avec Julie Harris, Laurence Harvey et Shelley Winters. - À Berlin en 1931, un romancier anglais s'éprend d'une compatriote aux allures excentriques qui chante dans une boîte de troisième ordre.
VO→32,95$

**I AM A FUGITIVE FROM A CHAIN GANG** ▷3
É.-U. 1932. Drame social de Mervyn LEROY avec Paul Muni, Glenda Farrell et Edward Ellis. - Mêlé involontairement à un vol, un homme est condamné à une vie de bagnard. - Critique sociale traitée avec vigueur. Construction dramatique solide.
VO 13 ans +

**I AM CUBA**
Voir: JE SUIS CUBA

**I AM CURIOUS (YELLOW)** ▷0
SUÈ. 1967, Vilgot SJÖMAN
STA→39,95$ 16 ans + Érotisme

**I AM MY OWN WOMAN** ▷4
ALL. 1992. Documentaire de ROSA VON PRAUNHEIM. - Hommage au célèbre travesti de Berlin-est Lothar Berfelde mieux connu sous le nom de Charlotte von Mahlsdorf.
STA→LS 16 ans +

**I BURY THE LIVING** ▷5
É.-U. 1958. Drame d'horreur de Albert BAND avec Richard Boone, Theodore Bikel et Peggy Maurer. - Un gardien de cimetière connaît, par suite d'une méprise, des aventures inquiétantes.
VO→11,95$

**I CHANGED MY SEX**
Voir: GLEN OR GLENDA

**I COME IN PEACE** ▷5
É.-U. 1989. Science-fiction de Craig R. BAXLEY avec Dolph Lundgren, Brian Benben et Betsy Brantley. - À la suite du meurtre de son partenaire, un policier fait enquête et découvre la piste de criminels venus de l'espace.
LBX→14,95$ 13 ans +

**I... COMME ICARE** ▷4
FR. 1979. Drame social d'Henri VERNEUIL avec Yves Montand, Pierre Vernier et Didier Sauvegrain. - Un procureur obtient de rouvrir l'enquête sur le meurtre d'un président.
VO→LS Général

**I CONFESS** ▷3
É.-U. 1953. Drame policier d'Alfred HITCHCOCK avec Montgomery Clift, Karl Malden et Anne Baxter. - Un prêtre accusé d'un crime dont il connaît l'auteur est lié par le secret de la confession. - Film tourné en partie à Québec. Climat dramatique habilement composé. Mise en scène experte. Interprétation solide.
VO→14,95$ Non classé

**I COULD GO ON SINGING** ▷5
É.-U. 1963. Mélodrame de Ronald NEAME avec Judy Garland, Dirk Bogarde et Gregory Phillips. - Une chanteuse tente de revoir l'enfant qu'elle a eu autrefois d'un médecin.
LBX→LS Non classé

**I COVER THE WATERFRONT** ▷5
É.-U. 1933. Drame policier de James CRUZ avec Ben Lyon, Claudette Colbert et Ernest Torrence. - Un journaliste lutte contre un marin engagé dans la contrebande d'immigrés illégaux.
VO→24,95$ EP→5,95$ Général

**I'D CLIMB THE HIGHEST MOUNTAIN** ▷4
É.-U. 1951. Comédie de Henry KING avec Susan Hayward, Rory Calhoun et William Lundigan. - Au début du siècle, un jeune pasteur protestant nommé dans une région rurale doit gagner la confiance de ses nouveaux fidèles.
VO→23,95$ Général

**I DIED A THOUSAND TIMES** ▷4
É.-U. 1955. Drame policier de Stuart HEISLER avec Jack Palance, Shelley Winters et Lauri Nelson. - À la suite d'un vol, un gangster est cerné sur une montagne par la police.
VO→19,95$ Général

**I DON'T BUY KISSES ANYMORE** ▷5
É.-U. 1991. Comédie sentimentale de Robert MARCARELLI avec Jason Alexander, Nia Peeples et Lainie Kazan. - Un Juif rondouillard devient à son insu le sujet d'une thèse universitaire qu'écrit une belle Italienne dont il s'est épris.
VF→LS VO→LS Général

**I DON'T WANT TO TALK ABOUT IT** ▷4
ARG. 1993. Comédie dramatique de Maria Luisa BEMBERG avec Marcello Mastroianni, Luisina Brando et Alejandra Podesta. - Une veuve est désespérée de voir le fortuné Italien qu'elle aime demander la main de sa fille naine.
STA→22,95$ Général

**I DOOD IT** ▷0
É.-U. 1943, Vincente MINNELLI
VO→LS Général

**I DREAMED OF AFRICA** ▷5
É.-U. 2000. Drame biographique de Hugh HUDSON avec Kim Basinger, Vincent Perez et Liam Aiken. - Une femme part vivre en Afrique avec son fils et son nouveau mari.
VF→14,95$ VO→14,95$

**I EAT YOUR SKIN** ▷7
É.-U. 1964. Drame d'horreur de Del TENNEY avec William Joyce, Heather Hewitt et Walter Coy. - Dans une île des Caraïbes, un auteur à succès découvre qu'un savant se livre à des expériences scientifiques visant à créer des robots humains.
VO→LS 13 ans +

**I HIRED A CONTRACT KILLER**
Voir: J'AI ENGAGÉ UN TUEUR

**I KNOW WHAT YOU DID LAST SUMMER** ▷5
É.-U. 1997. Drame d'horreur de Jim GILLESPIE avec Jennifer Love Hewitt, Sarah M. Gellar et Ryan Phillippe. - Quatre étudiants s'étant débarrassés du corps d'un passant qu'ils ont happé sur la route un an plus tôt sont menacés de mort par un personnage mystérieux.
VF→PC VO→LBX LBX-DVD→PC 16 ans + Horreur

**I LIKE IT LIKE THAT** ▷3
É.-U. 1994. Comédie dramatique de Darnell MARTIN avec Lauren Velez, Jon Seda et Tomas Melly. - Lorsque son cavaleur de mari se retrouve en prison, une mère de famille du Bronx parvient grâce à son obstination à se trouver un emploi. - Peinture énergique d'un milieu ethnique. Préoccupations sociales variées. Traitement d'une justesse de ton remarquable. Interprétation spontanée et sincère.
VF→LS VO→LS 13 ans +

**I LIVE IN FEAR** ▷0
JAP. 1955, Akira KUROSAWA
STA→17,95$

**I LIVE MY LIFE** ▷0
É.-U. 1935, W.S. VAN DYKE II
VO→19,95$ **Général**

**I'LL CRY TOMORROW** ▷4
É.-U. 1955. Drame biographique de Daniel MANN avec Susan Hayward, Richard Conte et E. Albert. - L'histoire de la chanteuse Lilian Roth, ses déboires sentimentaux et sa lutte contre l'alcoolisme.
VO→19,95$ **Général**

**I'LL DO ANYTHING** ▷4
É.-U. 1994. Comédie de mœurs de James L. BROOKS avec Nick Nolte, Whittni Wright et Albert Brooks. - À Hollywood, un acteur sans succès se retrouve avec la garde de sa fillette qui, contre toute attente, décroche un rôle dans une série télévisée.
VF→18,95$ **Général**

**I'LL SEE YOU IN MY DREAMS** ▷5
É.-U. 1951. Comédie musicale de Michael CURTIZ avec Doris Day, Danny Thomas et Frank Lovejoy. - Un parolier connaît le succès grâce à l'aide de son épouse.
VO→19,95$ **Général**

**I LOVE A MAN IN UNIFORM** ▷4
CAN. 1993. Drame psychologique de David WELLINGTON avec Tom McCamus, Brigitte Bako et Kevin Tighe. - Un jeune comédien en vient à se confondre dans la vie de tous les jours avec le policier fictif qu'il incarne au petit écran.
VF→14,95$ VO→14,95$ **13 ans + Violence**

**I LOVE TROUBLE** ▷5
É.-U. 1994. Comédie policière de Charles SHYER avec Julia Roberts, Nick Nolte et Saul Rubinek. - Une rivalité s'installe entre un journaliste d'expérience et une jeune reporter qui enquêtent tous deux sur un accident de train plus que suspect.
VF→11,95$→ VO→PC **Général**

**I LOVE YOU** ▷0
BRÉ. 1981, Arnaldo JABOR
STA→LS **Non classé**

**I LOVE YOU** ▷4
FR. 1986. Comédie de Marco FERRERI avec Christophe Lambert, Eddy Mitchell et Agnès Soral. - Un homme devient obsédé par un porte-clés en forme de visage de femme qui lui murmure «I love you» lorsqu'il siffle.
VO→LS **Général**

**I LOVE YOU AGAIN** ▷4
É.-U. 1940. Comédie de W.S. VAN DYKE II avec William Powell, Myrna Loy et Edmond Lowe. - À la suite d'un choc sur la tête, un bon bourgeois sérieux devient un aventurier audacieux.
VO→18,95$ **Général**

**I LOVE YOU, ALICE B. TOKLAS** ▷4
É.-U. 1968. Comédie de Hy AVERBACK avec Peter Sellers, Leigh Taylor-Young et Joyce Van Patten. - Par amour pour une jeune bohème, un avocat se convertit au mode de vie des «hippies».
VO→14,95$ **18 ans +**

**I LOVE YOU TO DEATH** ▷3
É.-U. 1990. Comédie de Lawrence KASDAN avec Kevin Kline, Tracey Ullman et Joan Plowright. - Lorsqu'elle découvre que son mari court la prétentaine, une jeune femme décide de le tuer avec l'aide de sa mère. - Scénario inspiré d'un fait divers authentique. Ton loufoque réjouissant. Rythme alerte. Interprétation vivante.
VF→9,95$ VO→9,95$ **Général**

**I'M ALL RIGHT, JACK** ▷4
ANG. 1959. Comédie satirique de John BOULTING avec Ian Carmichael, Peter Sellers et Terry-Thomas. - L'ardeur au travail d'un employé d'usine occasionne une grève.
VO→LS **Non classé**

**I'M GONNA GIT YOU SUCKA!** ▷5
É.-U. 1988. Comédie policière réalisée et interprétée par Keenan Ivory WAYANS avec Bernie Casey et Janet DuBois. - De retour de son service militaire, un jeune homme recrute des ex-flics pour venger son frère mort d'une «overdose» de chaînettes en or.
VO→LS **Général**

**I'M NO ANGEL** ▷5
É.-U. 1933. Comédie de Wesley RUGGLES avec Mae West, Cary Grant et Edward Arnold. - Une artiste de cirque profite d'une tournée pour appâter les gogos.
VO→14,95$ **Général**

**I'M NOT RAPPAPORT** ▷5
É.-U. 1996. Comédie dramatique de Herb GARDNER avec Walter Matthau, Ossie Davis et Amy Irving. - Toujours prêt à lutter contre les injustices du monde qui l'entoure, un vieillard entraîne dans ses croisades un vieux concierge au tempérament paisible.
VO→LS **Général**

**I'M THE ONE YOU'RE LOOKING FOR** ▷0
ESP. 1988, Jaime CHAVARRI
VO→LS **13 ans + Violence**

**I, MADMAN** ▷6
É.-U. 1988. Drame d'horreur de Tibor TAKÁCS avec Jenny Wright, Clayton Rohner et Randall William Cook. - Une jeune femme doit affronter un tueur fou semblable au héros d'un roman dont elle fait la lecture.
VF→LS**13 ans +**

**I MARRIED A WITCH** ▷3
É.-U. 1943. Comédie fantaisiste de René CLAIR avec Fredric March, Veronica Lake et Cecil Kellaway. - Un sorcier et sa fille revivent pour se venger sur le descendant de leur bourreau. - Fantaisie et humour savamment dosés.
VF→LS **Général**

**I MARRIED AN ANGEL** ▷4
É.-U. 1941. Comédie musicale de W.S. VAN DYKE II avec Jeannette MacDonald, Nelson Eddy et Edward E. Norton. - Une humble sténographe dispute à une ambitieuse secrétaire l'amour d'un riche banquier.
VO→LS **Général**

**I NEVER SANG FOR MY FATHER** ▷3
É.-U. 1969. Drame psychologique de Gilbert CATES avec Gene Hackman, Melvyn Douglas et Estelle Parsons. - Un professeur veuf attaché à ses vieux parents est incapable de communiquer avec son père. - Étude psychologique d'une grande densité. Rythme souple. Interprétation sensible et retenue.
VF→18,95$ VO→19,95$ **13 ans +**

**I ONLY WANT YOU TO LOVE ME** ▷0
ALL. 1976, Rainer Werner FASSBINDER
STA→69,95$ **Général**

**I OUGHT TO BE IN PICTURES** ▷4
É.-U. 1982. Comédie dramatique de Herbert ROSS avec Dinah Manoff, Walter Matthau et Ann-Margret. - Désireuse de devenir actrice de cinéma, une adolescente se rend en Californie où elle retrouve, après seize ans de séparation, son père qui est scénariste.
VF→LS VO→LS **Général**

**I.Q.** ▷4
É.-U. 1994. Comédie sentimentale de Fred SCHEPISI avec Tim Robbins, Meg Ryan et Walter Matthau. - S'étant pris de sympathie pour un jeune mécanicien, le physicien Albert Einstein décide de l'aider à conquérir le cœur de sa nièce.
VF→14,95$ VO→LS **Général**

**I REMEMBER MAMA** ▷4
É.-U. 1947. Comédie dramatique de George STEVENS avec Irene Dunne, Barbara Bel Geddes et Oscar Homolka. - L'histoire d'une famille d'immigrants norvégiens installée à San Francisco.
VO→18,95$ **Général**

**I SHOT ANDY WARHOL** ▷3
É.-U. 1995. Drame de mœurs de Mary HARRON avec Lili Taylor, Stephen Dorff et Jared Harris. - Évocation des faits et circonstances qui ont amené une jeune auteure radicale à tirer sur un célèbre artiste new-yorkais. - Portrait implacable d'une marginale. Récit aux accents féministes. Reconstitution précise du milieu. Jeu intense et plein d'humour de L. Taylor.
VO→13,95$ **16 ans + Langage vulgaire**

**I SPIT ON YOUR GRAVE** ▷6
É.-U. 1978. Drame de Meir ZARCHI avec Camille Keaton, Eron Tabor et Richard Pace. - Après avoir été sauvagement violée par quatre hommes, une jeune femme exerce sur eux une terrible vengeance.
LBX→14,95$ **16 ans + Violence**

**I, THE WORST OF ALL** ▷0
ARG. 1990, Maria Luisa BEMBERG
STA→49,95$ **Général**

**I THINK I DO** ▷5
É.-U. 1997. Comédie de mœurs de Brian SLOAN avec Alexis Arquette, Christian Maelen et Maddie Corman. - Deux amis qui s'étaient brouillés à cause de l'homosexualité de l'un se retrouvent cinq ans plus tard et se lient sentimentalement.
VO→13,95$ **Général**

**I'VE ALWAYS LOVED YOU** ▷5
É. U. 1946. Drame musical de Frank BORZAGE avec Philip Dorn, Catherine McLeod et William Carter. - Une pianiste virtuose se marie à un ami d'enfance tout en vouant un culte passioné à son professeur.
VO→LS **Général**

**I'VE HEARD THE MERMAIDS SINGING** ▷4
CAN. 1987. Comédie de Patricia ROZEMA avec Sheila McCarthy, Paule Baillargeon et Ann-Marie McDonald. - Malgré son incompétence manifeste, une jeune femme se trouve un emploi temporaire dans une galerie d'art à Toronto.
VF→LS VO→LS **Général**

**I VITELLONI**
Voir: LES INUTILES

**I WAKE UP SCREAMING** ▷5
É.-U. 1941. Drame policier de Bruce HUMBERSTONE avec Betty Grable, Victor Mature et Laird Cregar. - Un inspecteur de police recherche le meurtrier d'une chanteuse.
VO→24,95$ **Général**

**I WANNA HOLD YOUR HAND** ▷5
É.-U. 1978. Comédie de Robert ZEMECKIS avec Nancy Allen, Wendi Jo Sperber et Theresa Saldana. - En février 1964, quatre adolescentes se rendent à New York pour tenter de rencontrer les Beatles.
VO→14,95$ **Général**

**I WANT TO GO HOME!** ▷4
FR. 1989. Comédie d'Alain RESNAIS avec Adolph Green, Laura Benson et Gérard Depardieu. - Les mésaventures d'un dessinateur de bandes dessinées américain n'ayant jamais voyagé et se rendant à Paris surtout pour revoir sa fille dont il est sans nouvelles.
VF→19,95$ **Général**

**I WANT TO LIVE!** ▷4
É.-U. 1958. Drame social de Robert WISE avec Susan Hayward, Simon Oakland et Virginia Vincent. - Une prostituée au dossier chargé est condamnée pour le meurtre d'une vieille dame.
VO→14,95$ **Non classé**

**I WANT YOU** ▷0
ANG. 1998, Michael WINTERBOTTOM
VO→PC **16 ans + Érotisme**

**I WAS A MALE WAR BRIDE** ▷4
É.-U. 1949. Comédie sentimentale de Howard HAWKS avec Cary Grant, Ann Sheridan et Marion Marshall. - Les tribulations d'un officier français qui a épousé une militaire américaine.
VO→24,95$ **Général**

**I WAS A TEENAGE WEREWOLF** ▷6
É.-U. 1957. Drame d'horreur de Gene FOWLER Jr. avec Michael Landon, Yvonne Lime et Whit Bissell. - Un adolescent au tempérament bagarreur consulte un médecin qui l'utilise pour des expériences dangereuses.
VO→LS **Non classé**

**I WENT DOWN** ▷0
IRL. 1997, Paddy BREATHNACH
VO→PC **13 ans + Violence**

**ICE CASTLES** ▷4
É.-U. 1978. Drame sentimental de Donald WRYE avec Lynn-Holly Johnson, Robby Benson et Colleen Dewhurst. - Une jeune fille douée pour le patinage artistique fait preuve de courage à la suite d'un accident.
VO→14,95$ **Général**

**ICE STATION ZEBRA** ▷4
É.-U. 1968. Drame d'espionnage de John STURGES avec Rock Hudson, Patrick McGoohan et Ernest Borgnine. - Un sous-marin atomique est chargé de récupérer une capsule spatiale tombée au pôle Nord.
VO→19,95$ **Général**

**ICE STORM, THE** ▷4
É.-U. 1997. Drame de mœurs d'Ang LEE avec Kevin Kline, Joan Allen et Christina Ricci. - Au début des années 70, les parents et les enfants de deux familles bourgeoises voisines vivent entre eux des relations troubles.
VF→11,95$ VO→11,95$ **13 ans +**

**ICEMAN** ▷3
É.-U. 1984. Science-fiction de Fred SCHEPISI avec John Lone, Timothy Hutton et Lindsay Crouse. - Dans une station arctique, des savants découvrent le corps congelé d'un homme préhistorique qui, une fois dégelé, reprend vie. - Traitement inventif. Imagerie splendide. Éléments d'une poésie sauvage. Réalisation efficace. Composition attachante de J. Lone.
VO→14,95$ **Général**

**ICI ET AILLEURS** ▷0
FR. 1974, Jean-Luc GODARD et Anne-Marie MIÉVILLE
STA→LS **Général**

**ICICLE THIEF, THE**
Voir: LE VOLEUR DE SAVONNETTE

**IDAHO**
Voir: MY OWN PRIVATE IDAHO

**IDEAL HUSBAND, AN** ▷4
ALL. 1999. Comédie de mœurs d'Oliver PARKER avec Rupert Everett, Julianne Moore et Jeremy Northam. - À Londres, dans les années 1890, une intrigante exerce un chantage sur un jeune parlementaire bien en vue.
VF→19,95$ VO→19,95$ LBX-DVD→27,95$ **Général**

**IDEALISTE, L'**
Voir: THE RAINMAKER

**IDENTIFICATION D'UNE FEMME** ▷3
ITA. 1982. Drame psychologique de Michelangelo ANTONIONI avec Tomas Milian, Daniela Silverio et Christine Boisson. - Les relations passionnées et sans issue d'un cinéaste avec une jeune femme de l'aristocratie romaine. - Variations sur le thème de la notion d'identité. Film énigmatique et fascinant.
VF→LS **13 ans +**

**IDIOTS, LES** ▷3
DAN. 1998. Drame de mœurs de Lars VON TRIER avec Bodil Jorgensen, Jens Albinus et Louise Hassing. - Une femme taciturne se joint à des marginaux qui s'amusent à se faire passer pour des handicapés mentaux en public. - Étrange mélange de drame et d'humour.
VF→LS STA→LS **16 ans +**

**IDLE HANDS** ▷6
É.-U. 1999. Drame d'horreur de Rodman FLENDER avec Devon Sawa, Seth Green et Elden Henson. - La main droite d'un adolescent désœuvré s'anime d'une force maléfique et se met à tuer.
VF→14,95$ VO→PC **16 ans + Horreur**

**IDOLE D'ACAPULCO, L'**
Voir: FUN IN ACAPULCO

**IDOLMAKER, THE** ▷4
É.-U. 1980. Drame de mœurs de Taylor HACKFORD avec Ray Sharkey, Tovah Feldshuh et Peter Gallagher. - En 1959, un compositeur frustré devenu impresario crée de nouvelles vedettes de la chanson.
LBX-DVD→PC VO→13,95$ LBX-DVD→PC **Général**

**IF....** ►2
ANG. 1968. Drame de mœurs de Lindsay ANDERSON avec Malcolm MacDowell, David Wood et Richard Warwick. - Dans un collège anglais, un conflit latent finit par éclater en révolte ouverte. - Montage brillant. Mise en scène très inventive. Passage adroit du réalisme à la fantaisie. Interprétation juste.
VO→LS **18 ans +**

**IF I WERE KING** ▷5
É.-U. 1938. Drame biographique de Frank LLOYD avec Ronald Colman, Frances Dee et Basil Rathbone. - L'histoire de François Villon, d'abord miséreux, puis comblé de succès à la suite d'un heureux mariage.
VO→14,95$ **Général**

**IF IT'S TUESDAY, THIS MUST BE BELGIUM** ▷5
É.-U. 1969. Comédie de Mel STUART avec Ian McShane, Suzanne Pleshette et Norman Fell. - Divers incidents émaillent un tour d'Europe devant conduire des Américains dans neuf pays en dix-huit jours.
VO→14,95$

**IF LUCY FELL** ▷5
É.-U. 1996. Comédie sentimentale réalisée et interprétée par Eric SCHAEFFER avec Sarah Jessica Parker et Ben Stiller. - Une jeune femme et son meilleur ami ont convenu de se suicider s'ils ne rencontraient pas le grand amour dans un mois.
VF→PC VO→PC **Général**

**IF THESE WALLS COULD TALK** ▷5
É.-U. 1996. Film à sketches de CHER et Nancy SAVOCA avec Demi Moore, Sissy Spacek et Anne Hache. - Les difficultés rencontrées par trois jeunes femmes qui sont chacune confrontées à une grossesse non désirée.
VF→13,95$ VO→11,95$ **13 ans +**

**IF THESE WALLS COULD TALK II** ▷4
É.-U. 1999. Film à sketches de Jane ANDERSON et Martha COOLIDGE avec Vanessa Redgrave, Chloe Sevigny et Ellen DeGeneres. - À trois époques différentes, trois couples lesbiens sont confrontés à divers problèmes sociaux.
VF→LS VO→LS

**IGOR AND THE LUNATIC** ▷0
É.-U. 1985, Billy PAROLINI
VO→18,95$ **18 ans + Violence**

**IKIRU**
Voir: VIVRE

**IKWE** ▷0
CAN. 1987, Norma BAILEY
VO→LS **Général**

**IL BELL'ANTONIO**
Voir: LE BEL ANTONIO

**IL BIDONE** ►2
ITA. 1955. Drame psychologique de Federico FELLINI avec Broderick Crawford, Richard Basehart et Giulietta Masina. - Un escroc prend peu à peu conscience de son indignité. - Style incisif et vigoureux. Mélange d'amertume et de tendresse. Excellents interprètes.
STA→32,95$ **Général**

**IL DANSE AVEC LES LOUPS**
Voir: DANCES WITH WOLVES

**IL EST GÉNIAL PAPY!** ▷5
FR. 1987. Comédie de Michel DRACH avec Guy Bedos, Fabien Chombart et Marie Laforêt. - Un violoniste divorcé voit son existence désordonnée se compliquer davantage lorsqu'il trouve à sa porte un gamin inconnu qui dit être son petit-fils.
VO→LS **Général**

**IL ÉTAIT UNE FOIS BROADWAY**
Voir: BLOODHOUNDS OF BROADWAY

**IL ÉTAIT UNE FOIS DANS L'OUEST**
Voir: ONCE UPON A TIME IN THE WEST

**IL ÉTAIT UNE FOIS EN AMÉRIQUE**
Voir: ONCE UPON A TIME IN AMERICA

**IL ÉTAIT UNE FOIS LA FORÊT**
Voir: ONCE UPON A FOREST

**IL ÉTAIT UNE FOIS... LA PRINCESSE BOUTON D'OR**
Voir: THE PRINCESS BRIDE

**IL FAUT MARIER PAPA**
Voir: THE COURTSHIP OF EDDIE'S FATHER

**IL FAUT SAUVER LE SOLDAT RYAN**
Voir: SAVING PRIVATE RYAN

**IL FAUT TUER BIRGITT HAAS** ▷4
FR. 1980. Drame d'espionnage de Laurent HEYNEMANN avec Philippe Noiret, Jean Rochefort et Lisa Kreuzer. - Les services secrets allemands choisissent un chômeur pour tuer une terroriste notoire sous couvert d'un crime passionnel.
VO→LS **Général**

**IL GRIDO**
Voir: LE CRI

**IL MAESTRO** ▷5
BEL. 1989. Drame psychologique de Marion HANSEL avec Malcolm McDowell, Charles Aznavour et Andréa Ferréol. - Un chef d'orchestre réputé se rappelle un curieux incident qu'il a vécu pendant la guerre.
VO→LS **Général**

**IL SUFFIT D'UNE NUIT**
Voir : UP AT THE VILLA

**IL Y A DES JOURS... ET DES LUNES** ▷4
FR. 1990. Comédie dramatique de Claude LELOUCH avec Gérard Lanvin, Patrick Chesnais et Vincent Lindon. - Par une journée de pleine lune et de passage à l'heure d'été, des couples ayant filé le parfait amour finissent par se déchirer.
VO→LS Général

**IL Y A LONGTEMPS QUE JE T'AIME** ▷5
QUÉ. 1989. Film de montage d'Anne-Claire POIRIER. - L'évolution de l'image de la femme à partir du regard porté sur elle par l'Office national du film.
VO→LS Général

**IL Y A LONGTEMPS QUE JE T'AIME** ▷4
FR. 1979. Comédie dramatique de Jean-Charles TACCHELLA avec Jean Carmet, Marie Dubois et Alain Doutey. - La séparation et le rapprochement d'un couple marié depuis vingt-cinq ans.
VO→LS Général

**ILAYUM MULLUM**
Voir: LEAVES AND THORNS

**ÎLE, L'** ▷5
FR. 1987. Aventures de François LETERRIER avec Bruno Cremer, Serge Dupire et Martin Lamotte. - En 1787, l'équipage mutiné d'un voilier anglais s'installe dans une île en compagnie d'indigènes rébarbatifs.
VO→LS Général

**ÎLE AU SOLEIL, UNE**
Voir: ISLAND IN THE SUN

**ÎLE AU TRÉSOR, L'**
Voir: TREASURE ISLAND

**ÎLE AUX BALEINES, L'**
Voir: WHEN THE WHALES CAME

**ÎLE COUPE-GORGE, L'**
Voir: CUTTHROAT ISLAND

**ÎLE DE CAUCHEMAR**
Voir: ISLAND OF TERROR

**ÎLE DE MON ENFANCE, L'** ▷0
DAN.-ANG.-ALL. 1997, Soren KRAGH-JACOBSEN
STA VF→LS Général - Déconseillé aux jeunes enfants

**ÎLE DE SABLE, L'** ▷5
QUÉ. 1999. Drame psychologique de Johanne PRÉGENT avec Caroline Dhavernas, Sébastien Huberdeau et Anick Lemay. -
VO→LS

**ÎLE DU DOCTEUR MOREAU, L'**
Voir: THE ISLAND OF DR. MOREAU

**ÎLE MYSTÉRIEUSE, L'**
Voir: MYSTERIOUS ISLAND

**ÎLE SANGLANTE, L'**
Voir: THE ISLAND

**ÎLE SUR LE TOIT DU MONDE, L'**
Voir: ISLAND AT THE TOP OF THE WORLD

**ILLEGALLY YOURS** ▷6
É.-U. 1988. Comédie policière de Peter BOGDANOVICH avec Rob Lowe, Colleen Camp et Kenneth Mars. - Un étudiant tente de prouver l'innocence d'une jeune femme accusée du meurtre d'un maître-chanteur.
VO→14,95$

**ILLUMINATA** ▷4
É.-U. 1998. Comédie de mœurs réalisée et interprétée par John TURTURRO avec Katherine Borowitz et Susan Sarandon. - À New York, au début du siècle, une troupe de théâtre se démène pour faire jouer la dernière pièce d'un dramaturge.
VF→14,95$→ VO→11,95$ LBX-DVD→29,95$ 13 ans +

**ILLUSION TRAVELS BY STREETCAR**
Voir: ON A VOLÉ UN TRAIN

**ILLUSIONNISTE, L'** ▷0
HOL. 1984, Jos STELLING
STF→LS

**ILLUSTRATED MAN, THE** ▷5
É.-U. 1969. Science-fiction de Jack SMIGHT avec Rod Steiger, Claire Bloom et Robert Drivas. - Les tatouages dont un homme est recouvert entraînent un compagnon dans un monde d'anticipation.
VO→14,95$ 13 ans +

**ILS...** ▷4
FR. 1970. Drame fantastique de Jean-Daniel SIMON avec Michel Duchaussoy, Charles Vanel et Alexandra Stewart. - Un peintre est désorienté par la mort d'un confrère qu'il considérait comme son père spirituel.
VO→LS Général

**ILS AIMAIENT LA VIE** ▷0
POL. 1957, Andrzej WAJDA
STA→LS Non classé

**ILS ÉTAIENT TOUS MES FILS**
Voir: ALL MY SONS

**ILS SONT FOUS, CES SORCIERS** ▷5
FR. 1978. Comédie fantaisiste de Georges LAUTNER avec Jean Lefebvre, Henry Guybet et Renée Saint-Cyr. - Après avoir outragé une idole de l'île Maurice, deux hommes sont victimes de curieux phénomènes surnaturels.
VO→LS Général

**ILS SONT GRANDS, CES PETITS** ▷5
FR. 1979. Comédie fantaisiste de Joël SANTONI avec Catherine Deneuve, Claude Brasseur et Claude Piéplu. - La fille d'un inventeur disparu et un spécialiste en électronique unissent leurs efforts pour lutter contre un promoteur immobilier.
VO→LS Général

**ILS VONT TOUS BIEN** ▷3
ITA. 1990. Comédie dramatique de Giuseppe TORNATORE avec Marcello Mastroianni, Michèle Morgan et Valeria Cavali. - Un pensionné sicilien décide d'aller rendre visite sans s'annoncer à ses cinq enfants dispersés dans l'Italie continentale. - Fresque sociale et familiale habilement construite. Mise en scène de métier. Interprétation nuancée de M. Mastroianni.
VF→19,95$ Général

**ILSA, HAREM KEEPER OF THE OIL SHEIKS** ▷6
É.-U. 1975. Mélodrame de Don EDMONDS avec Dyanne Thorne, Michael Thayer et Sharon Kelly. - Une jeune femme cruelle régit le harem du souverain d'une principauté arabe riche en terrains pétrolifères.
VF→LS VO→LS 18 ans +

**ILSA, LA LOUVE DES S.S.**
Voir: ILSA, SHE-WOLF OF THE S.S.

**ILSA, LA TIGRESSE DE SIBÉRIE**
Voir: ILSA, TIGRESS OF SIBERIA

**ILSA, SHE-WOLF OF THE S.S.** ▷6
É.-U. 1973. Drame de Don EDMONDS avec Dyanne Thorne, Gregory Knoph et Tony Mumolo. - Une femme-médecin dirige un camp de concentration et s'adonne à des expériences criminelles sur les détenus.
VF→LS VO→LS 18 ans +

**ILSA, THE TIGRESS OF SIBERIA** ▷6
CAN. 1977. Drame de Jean LAFLEUR avec Dyanne Thorne, Michel Morin et Jean-Guy Latour. - Après avoir dirigé un camp de travail soviétique en Sibérie 24 ans plus tôt, une femme exploite un salon de massage et tente de contrôler diverses activités criminelles.
VF→LS VO→LS 18 ans +

**ILSA, THE WICKED WARDEN** ▷0
ESP. 1978, Jess FRANCO
VF➜LS VO➜LS **Non classé**

**IMAGE BEFORE MY EYES** ▷0
POL. 1980, Josh WALETSKY
VA➜LS **Général**

**IMAGE PERDUE, UNE**
Voir: THE BLACKOUT

**IMAGINARY CRIMES** ▷4
É.-U. 1994. Drame de mœurs d'Anthony DRAZEN avec Harvey Keitel, Fairuza Balk et Kelly Lynch. - Au début des années 1960, un veuf aux entreprises financières douteuses élève seul ses deux filles.
VF➜19,95$ **Général**

**IMAGINE THE SOUND** ▷4
CAN. 1981. Documentaire de Ron MANN avec Paul Bley, Bill Dixon, Archie Shepp et Cecil Taylor. - Rencontre avec quatre musiciens qui révolutionnèrent la musique de jazz dans les années 60.
VO➜22,95$

**IMAGINE: JOHN LENNON** ▷4
É.-U. 1988. Documentaire d'Andrew SOLT. - Soutenu par sa musique, le chanteur John Lennon raconte sa propre biographie à travers une myriade d'interviews.
VO➜LS **Général**

**IMITATEUR, L'**
Voir: COPYCAT

**IMITATION OF LIFE** ▷4
É.-U. 1934. Mélodrame de John M. STAHL avec Claudette Colbert, Warren William et Louise Beavers. - L'amitié fidèle d'une femme d'affaires blanche et d'une cuisinière noire à travers les années et diverses épreuves.
VO➜14,95$ **Général**

**IMITATION OF LIFE** ▷3
É.-U. 1959. Drame sentimental de Douglas SIRK avec Lana Turner, Juanita Moore et John Gavin. - Une actrice considère sa servante de race noire comme une amie et une confidente. - Classique de l'âge d'or du mélodrame hollywoodien. Réalisation de grande qualité. Interprétation juste.
VO➜16,95$ **Général**

**IMMEDIATE FAMILY** ▷5
É.-U. 1989. Drame psychologique de Jonathan KAPLAN avec Glenn Close, Mary Stuart Masterson et James Woods. - Un couple stérile héberge une adolescente enceinte dans l'intention d'adopter son enfant.
VF➜PC VO➜PC **Général**

**IMMORAL MR. TEAS, THE** ▷0
É.-U. 1959, Russ MEYER
VO➜69,95$ **13 ans + Érotisme**

**IMMORALE, L'** ▷0
FR. 1980, Claude MULOT
VA➜49,95$ **18 ans +**

**IMMORTAL BACHELOR**
Voir: HISTOIRE D'AIMER

**IMMORTAL BATTALION, THE** ▷4
ANG. 1943. Drame de guerre de Carol REED avec David Niven, Stanley Holloway et Raymond Huntley. - L'entraînement et les premières expériences de combat de soldats anglais en 1941.
VO➜LS **Général**

**IMMORTAL BELOVED** ▷4
É.-U. 1994. Drame biographique de Bernard ROSE avec Gary Oldman, Jeroen Krabbe et Isabella Rossellini. - À la mort de Beethoven, son secrétaire découvre que le compositeur a légué tous ses biens à une mystérieuse bien-aimée dont personne ne connaît l'identité.
VF➜14,95$ VO➜14,95$ LBX-DVD➜33,95$ **Général**

**IMMORTALITY** ▷5
ANG. 1998. Drame fantastique de Po-Chih LEONG avec Jude Law, Elina Lowensohn et Timothy Spall. - Un jeune vampire ténébreux qui se nourrit de la force vitale de ses amantes hésite à sacrifier sa dernière conquête.
VF➜LS VO➜LS

**IMMUNITÉ DIPLOMATIQUE**
Voir: DIPLOMATIC IMMUNITY

**IMPACT** ▷5
É.-U. 1949. Drame policier d'Arthur LUBIN avec Brian Donlevy, Ella Raines et Charles Coburn. - Victime d'une tentative d'assassinat ourdie par sa femme et l'amant de celle-ci, un industriel se cache sous un faux nom chez une garagiste dont il finit par s'éprendre.
VO➜29,95$ **Général**

**IMPACT, L'**
Voir: DEEP IMPACT

**IMPARDONNABLE**
Voir: UNFORGIVEN

**IMPASSE, L'**
Voir: NO WAY OUT

**IMPLACABLE POURSUITE, L'**
Voir: GUN FURY

**IMPORTANCE OF BEING EARNEST, THE** ▷3
ANG. 1952. Comédie de mœurs d'Anthony ASQUITH avec Michael Redgrave, Joan Greenwood et Michael Denison. - À la fin du siècle dernier, deux jeunes bourgeois oisifs cultivent les quiproquos dans leurs conquêtes amoureuses. - Adaptation élégante de la pièce d'Oscar Wilde. Dialogue spirituel et ironique.
VO➜14,95$ **Général**

**IMPORTANT C'EST D'AIMER, L'** ▷4
FR. 1974. Drame de mœurs d'Andrzej ZULAWSKI avec Romy Schneider, Fabio Testi et Jacques Dutronc. - Un photographe épris d'une actrice jadis célèbre lui obtient un rôle dans une pièce qu'il commandite par des moyens malhonnêtes.
VO➜14,95$ **18 ans +**

**IMPORTED BRIDEGROOM, THE** ▷0
POL. 1989, Pamela BERGER
STA➜LS **Général**

**IMPOSSIBLE YEARS, THE** ▷5
É.-U. 1968. Comédie de Michael GORDON avec David Niven, Lola Albright et Christina Ferrare. - Un psychiatre éprouve des difficultés avec sa fille aînée.
VO➜18,95$ **Général**

**IMPOSTEUR, L'**
Voir: DECEIVER

**IMPOSTEURS, LES**
Voir: THE OBJECT OF BEAUTY

**IMPOSTORS** ▷0
É.-U. 1980, Mark RAPPAPORT
VO➜LS **Général**

**IMPOSTORS, THE** ▷5
É.-U. 1998. Comédie burlesque réalisée et interprétée par Stanley TUCCI avec Oliver Platt et Lily Taylor. - Dans les années trente, deux comédiens au chômage qui fuient la police s'embarquent clandestinement sur un paquebot.
LBX-DVD➜23,95$ **Général - Déconseillé aux jeunes enfants**

**IMPROMPTU** ▷3
ANG. 1990. Comédie de mœurs de James LAPINE avec Judy Davis, Hugh Grant et Bernadette Peters. - Amoureuse du compositeur Frédéric Chopin, la romancière George Sand se rend au château où il séjourne pour lui déclarer son amour. - Intrigues sentimentales se mêlant adroitement à une satire de mœurs discrète mais savoureuse. Belle reconstitution d'époque.
VO➜LS **Général**

**IN A GLASS CAGE** ▷0
ESP. 1985, Augustin VILLARONGA
STA→LS 18 ans + Violence

**IN A LONELY PLACE** ▷4
É.-U. 1950. Drame policier de Nicholas RAY avec Humphrey Bogart, Gloria Grahame et Frank Lovejoy. - Un scénariste violent est accusé à tort de meurtre.
VO→19,95$ Général

**IN COLD BLOOD** ►2
É.-U. 1967. Drame policier de Richard BROOKS avec Robert Blake, Scott Wilson et John Forsythe. - Le crime et le châtiment de deux inadaptés qui ont tué une famille de fermiers du Kansas. - Reconstitution d'un fait authentique. Mise en scène remarquable par son réalisme artistique et sa tension dramatique. Acteurs fort bien dirigés.
VF→19,95$ VO→19,95$ 13 ans + Violence

**IN COUNTRY** ▷4
É.-U. 1989. Drame psychologique de Norman JEWISON avec Emily Lloyd, Bruce Willis et Joan Allen. - N'ayant jamais connu son père qui est mort au Viêt-nam, une adolescente cherche à en savoir plus sur lui.
VO→PC VF→11,95$ Général

**IN CROWD, THE** ▷6
É.-U. 2000. Drame de mœurs de Mary LAMBERT avec Susan Ward, Lori Heuring et Matthew Settle. - Sortie d'un hôpital psychiatrique, une jeune femme trouve un travail dans un club sélect où elle se lie d'amitié avec la leader du groupe, qui cache un terrible secret.
VF→LS VO→LS 13 ans +

**IN CUSTODY** ▷4
ANG. 1993. Drame d'Ismael MERCHANT avec Shashi Kapoor, Shabana Azmi et Om Puri. - En Inde, un professeur de collège éprouve des difficultés à interviewer un poète qu'il admire.
STA→LS Général

**IN DREAMS** ▷5
É.-U. 1998. Drame fantastique de Neil JORDAN avec Annette Bening, Robert Downey Jr. et Aidan Quinn. - Victime d'étranges cauchemars liés aux méfaits d'un tueur en série, une artiste décide de partir à la recherche de celui-ci.
VF→16,95$ VO→16,95$→ LBX-DVD→34,95$ 13 ans + Violence

**IN EXTREMIS** ▷5
FR. 1987. Drame policier d'Olivier LORSAC avec Sophie Duez, Julien Maurel et Philippe Caroit. - Deux jeunes criminels rivaux réalisent quelques coups en commun et s'enfuient ensuite avec la compagne de l'un d'eux.
VO→LS Général

**IN GOD WE TRU$T** ▷6
É.-U. 1980. Comédie réalisée et interprétée par Marty FELDMAN avec Louise Lasser et Peter Boyle. - Un moine, envoyé à Los Angeles pour quérir l'aide d'un prêcheur, finit par se rendre compte que ce dernier est un charlatan.
VO→14,95$ 13 ans +

**IN HARM'S WAY** ▷4
É.-U. 1965. Drame de guerre de Otto PREMINGER avec John Wayne, P. Neal et Kirk Douglas. - Les problèmes sentimentaux et les exploits guerriers d'officiers de marine pendant la guerre du Pacifique.
VO→→24,95$ Général

**IN-LAWS, THE** ▷5
É.-U. 1979. Comédie policière d'Arthur HILLER avec Peter Falk, Alan Arkin et Richard Albertini. - Un dentiste est entraîné dans de folles aventures par le père du fiancé de sa fille.
VO→PC Général

**IN LIKE FLINT** ▷4
É.-U. 1967. Comédie de Gordon DOUGLAS avec James Coburn, Andrew Duggan et Lee J. Cobb. - Un agent secret empêche un groupe de femmes de dominer le monde.
VO→24,95$ Non classé

**IN LOVE AND WAR** ▷5
É.-U. 1996. Drame biographique de Richard ATTENBOROUGH avec Sandra Bullock, Chris O'Donnell et Mackenzie Astin. - En Italie, durant la Première Guerre mondiale, un jeune Américain blessé lors d'un bombardement tombe amoureux d'une infirmière de dix ans son aînée.
LBX→18,95$ VF→12,95$ 13 ans +

**IN NAME ONLY** ▷4
É.-U. 1939. Drame sentimental de John CROMWELL avec Cary Grant, Carole Lombard et Kay Francis. - Un homme mal marié s'éprend d'une jeune veuve.
VO→LS Général

**IN OLD CHICAGO** ▷4
É.-U. 1938. Comédie dramatique de Henry KING avec Tyrone Power, Alice Faye et Don Ameche. - En 1871, le fils d'une veuve devient maire de Chicago et doit lutter contre les agissements malhonnêtes de son frère.
VO→24,95$ Général

**IN & OUT** ▷4
É.-U. 1997. Comédie de mœurs de Frank OZ avec Kevin Kline, Joan Cusack et Matt Dillon. - La vie d'un enseignant d'une petite ville est bouleversée par la déclaration publique d'un ancien étudiant qui le dit homosexuel.
VO→13,95$ VF→13,95$
LBX DVD→37,95$ Général - Déconseillé aux jeunes enfants

**IN PRAISE OF OLDER WOMEN** ▷5
CAN. 1977. Comédie dramatique de George KACZENDER avec Tom Berenger, Karen Black et Susan Strasberg. - Les amours d'un Hongrois qui, au cours des années, préfère les femmes plus âgées que lui.
VF→14,95$ 18 ans +

**IN SEARCH OF THE CASTAWAYS** ▷4
É.-U. 1962. Aventures de Robert STEVENSON avec Hayley Mills, Maurice Chevalier et Wilfrid Hyde-White. - Un vieux savant et deux enfants partent à la recherche d'un naufragé.
VF→LS VO→LS Général

**IN THE COMPANY OF MEN** ▷4
É.-U. 1997. Drame de mœurs de Neil LABUTE avec Aaron Eckhart, Stacy Edwards et Matt Malloy. - Deux hommes d'affaires désabusés des femmes décident de se faire aimer d'une secrétaire avec l'intention de la laisser tomber brutalement.
LBX→13,95$ 13 ans +

**IN THE DAYS OF THE RAJ** ▷0
IND. 1986, Pradip KRISHEN
STA→26,95$ Général

**IN THE GLOAMING** ▷4
É.-U. 1996. Drame psychologique de Christopher REEVE avec Glenn Close, Robert S. Leonard et B. Fonda. - Un jeune homosexuel dans la vingtaine atteint du sida vient terminer sa vie dans sa famille.
VO→14,95$ Général

**IN THE GOOD OLD SUMMERTIME** ▷4
É.-U. 1950. Comédie musicale de Robert Z. LEONARD avec Judy Garland, Van Johnson et S.Z. Sakall. - Un magasin de musique de Chicago sert de cadre à des complications sentimentales au tournant du siècle.
VO→19,95$ Général

**IN THE HEAT OF THE NIGHT** ▷3
É.-U. 1967. Drame policier de Norman JEWISON avec Sidney Poitier, Rod Steiger et Warren Oates. - Un détective de race noire aide un shérif du Mississippi à résoudre une affaire de meurtre. - Mélange de constat social et d'intrigue policière. Mise en scène vigoureuse. Très bons interprètes.
VO→14,95$ LBX→14,95$ Général

**IN THE JAWS OF LIFE** ▷0
YOU. 1984, Rajko GRLIC
STA→LS Général

**IN THE LAND OF THE WAR CANOES** ▷0
CAN. 1914, Edward S. CURTIS
VO→52,95$ Général

**IN THE LINE OF FIRE** ▷3
É.-U. 1993. Drame policier de Wolfgang PETERSEN avec Clint Eastwood, John Malkovich et Rene Russo. - Un agent des services secrets s'efforce de coincer un psychopathe qui menace de tuer le président des États-Unis. - Thriller solide et original. Climat de tension efficacement créé. Séquences de poursuite menées avec maestria. Interprétation irréprochable.
LBX→12,95$ VO→14,95$ VF→12,95$ LBX-DVD 13 ans +

**IN THE MOOD** ▷4
É.-U. 1987. Comédie de mœurs de Phil Alden ROBINSON avec Patrick Dempsey, Talia Balsam et Beverly D'Angelo. - Dans les années 1940, un adolescent se met à défrayer la chronique lorsque, pour son premier succès sentimental, il épouse une jeune mère de famille.
VO→LS Général

**IN THE MOOD FOR LOVE** ▶2
H. K. 2000. Drame sentimental de Wong KAR-WAI avec Maggie Cheung Man-yuk, Tony Leung Chiu-wai et Rebecca Pan. - Découvrant que leurs époux respectifs ont une liaison, un journaliste et une secrétaire se sentent attirés l'un par l'autre. - Regard pudique sur le désir. Traitement visuel d'un lyrisme magnifique. Musique envoûtante. Jeu retenu mais très senti des deux vedettes.
Général

**IN THE MOUTH OF MADNESS** ▷4
É.-U. 1994. Drame fantastique de John CARPENTER avec Sam Neill, Julie Carmen et Jurgen Prochnow. - Un enquêteur recherche un écrivain disparu dont les romans exercent un étrange pouvoir hallucinatoire sur les lecteurs.
VF→14,95$ VO→14,95$ LBX-DVD→29,95$ 13 ans +

**IN THE NAME OF THE FATHER** ▷3
IRL. 1993. Drame judiciaire de Jim SHERIDAN avec Daniel Day-Lewis, Pete Postlethwaite et Emma Thompson. - Injustement accusés d'avoir participé à un attentat terroriste, un jeune Irlandais et son père purgent une longue peine d'emprisonnement. - Histoire tirée d'une expérience vécue. Accent mis sur les aspects humains du récit. Mise en scène vigoureuse. Jeu poignant des interprètes.
VF→16,95$ VO→16,95$ LBX-DVD→34,95$ 13 ans +

**IN THE NAME OF THE POPE KING**
Voir: AU NOM DU PAPE ROI

**IN THE NAVY** ▷5
É.-U. 1941. Comédie d'Arthur LUBIN avec Bud Abbott, Lou Costello et Dick Powell. - Deux matelots aident une vedette de la radio à échapper à une journaliste.
VO→14,95$ Général

**IN THE REALM OF PASSION (EMPIRE OF PASSION)**
Voir: L'EMPIRE DE LA PASSION

**IN THE REALM OF THE SENSES**
Voir: L'EMPIRE DES SENS

**IN THE SHADOW OF THE STARS** ▷0
É.-U. 1991, Irving SARAF et Allie LIGHT
VO→31,95$ Général

**IN THE SOUP** ▷0
ANG. 1936, Henry EDWARDS
VO→18,95$ Non classé

**IN THE SPIRIT** ▷4
É.-U. 1990. Comédie de Sandra SEACAT avec Elaine May, Marlo Thomas et Jeannie Berlin. - Les mésaventures d'une décoratrice, d'une prostituée et d'une épouse dont les destins séparés se croisent occasionnellement.
VO→LS Non classé

**IN THE WINTER DARK** ▷0
AUS. 1998, James BOGLE
VO→PC 13 ans + Violence

**IN WHICH WE SERVE** ▷3
ANG. 1942. Drame de guerre de Noel COWARD et David LEAN avec Noel Coward, John Mills et Celia Johnson. - L'histoire d'un navire de guerre et des membres de son équipage. - Scénario de style documentaire, simple et discret. Mise en scène réaliste et sobre. Effets dramatiques et techniques équilibrés. Interprétation excellente.
VO→13,95$ Général

**INADAPTÉS, LES**
Voir: THE OUTSIDERS

**INCIDENT AT MAP GRID 36-80** ▷0
RUS. 1983, Mikhail TUMANISHVILI
STA→LS Général

**INCIDENT AT OGLALA** ▷0
É.-U. 1992, Michael APTED
VO→18,95$ Général

**INCIDENT, L'**
Voir: THE INCIDENT

**INCIDENT, THE** ▷4
É.-U. 1990. Drame policier de Joseph SARGENT avec Walter Matthau, Peter Firth et William Schallert. - Un avocat découvre un sombre secret en enquêtant sur son client, un prisonnier de guerre allemand accusé du meurtre d'un médecin.
VO→32,95$ Général

**INCIDENT, THE** ▷3
É.-U. 1967. Drame de Larry PEERCE avec Tony Musante, Martin Sheen et Beau Bridges. - Deux voyous terrorisent les passagers d'un wagon de métro. - Sujet inspiré d'un fait divers. Force dramatique d'une rare violence. Montage rapide et nerveux. Interprétation d'ensemble d'une belle solidité.
VO→32,95$

**INCOGNITO** ▷5
É.-U. 1997. Drame de John BADHAM avec Jason Patric, Irène Jacob et Thomas Lockyer. - Un faussaire se fait avoir par des marchands d'art qui lui demandent de peindre un Rembrandt.
VO→14,95$ VF→14,95$ 13 ans +

**INCONNU DANS LA MAISON, L'** ▷5
FR. 1992. Drame judiciaire de Georges LAUTNER avec Jean-Paul Belmondo, Cristiana Reali et Renée Faure. - Un avocat apathique et alcoolique assume la défense de l'amant de sa fille qu'il croit innocent du crime dont on l'accuse.
VO→LS Général

**INCONNU DE CASTLE ROCK, L'**
Voir: NEEDFUL THINGS

**INCONNU DE LAS VEGAS, L'**
Voir: OCEAN'S ELEVEN

**INCONNU, L'**
Voir: NEVER TALK TO STRANGERS

**INCONNUS DANS LA MAISON, LES** ▷0
FR. 1942, Henri DECOIN
VO→LS Non classé

**INCORRUPTIBLE, L'**
Voir: THE NAKED KISS

**INCORRUPTIBLES, LES**
Voir: THE UNTOUCHABLES

**INCREDIBLE HULK, THE** ▷0
É.-U. 1977, Kenneth JONHSON
VO→19,95$

**INCREDIBLE JOURNEY, THE** ▷4
É.-U. 1963. Conte de Fletcher MARKLE avec Émile Genest, John

Drainie et Tommy Tweed. - Deux chiens et un chat connaissent diverses mésaventures en voulant retourner à leur ancien foyer.
VO→21,95$ **Général**

**INCREDIBLE MELTING MAN, THE** ▷6
É.-U. 1977. Drame d'horreur de William SACHS avec Alex Rebar, Burr De Benning et Myron Healey. - Seul survivant d'une expédition spatiale, un homme est victime de radiations provoquant la fusion progressive de son corps et tue pour nourrir ses forces défaillantes.
VO→11,95$ **Non classé**

**INCREDIBLE MR. LIMPET, THE** ▷4
É.-U. 1964. Comédie d'Arthur LUBIN avec Don Knotts, Carole Cook et Andrew Duggan. - Un passionné des poissons se voit, selon son rêve le plus cher, changé en poisson, ce qui lui vaut la célébrité.
VO→LS **Général**

**INCREDIBLE SHRINKING MAN, THE** ▷4
É.-U. 1957. Science-fiction de Jack ARNOLD avec Grant Williams, Randy Stuart et Paul Langton. - Après avoir traversé un nuage radioactif, un homme se met à rétrécir.
VO→16,95$ **Non classé**

**INCREDIBLE SHRINKING WOMAN, THE** ▷4
É.-U. 1981. Comédie fantaisiste de Joel SCHUMACHER avec Lily Tomlin, Charles Grodin et Ned Beatty. - À cause de l'effet conjugué des produits chimiques qu'elle emploie dans ses tâches domestiques, une femme se met à rétrécir.
VO→18,95$ **Général**

**INCREDIBLY TRUE ADVENTURE OF TWO GIRLS IN LOVE, THE** ▷4
É.-U. 1995. Comédie sentimentale de Maria MAGGENTI avec Laurel Hollomon, Nicole Parker et Maggie Moore. - Deux adolescentes, l'une blanche et l'autre noire, vivent avec une relative sérénité une idylle amoureuse qui provoque la consternation dans leur entourage.
VO→19,95$ **13 ans +**

**INCROYABLE HOMME QUI FOND, L'**
Voir: THE INCREDIBLE MELTING MAN

**INCROYABLE RANDONNÉE, L'**
Voir: THE INCREDIBLE JOURNEY

**INCUBUS** ▷6
CAN. 1982. Drame d'horreur de John HOUGH avec John Cassavetes, Kerrie Keane et John Ireland. - Un médecin tente de découvrir l'identité d'un maniaque monstrueux qui s'attaque à des adolescents.
VF→LS **18 ans +**

**INDECENT PROPOSAL** ▷5
É.-U. 1993. Drame sentimental d'Adrian LYNE avec Demi Moore, Woody Harrelson et Robert Redford. - Un milliardaire offre un million de dollars à une jeune femme mariée en échange d'une nuit d'amour.
VF→13,95$ VO→14,95$ **13 ans + Érotisme**

**INDEPENDANCE DAY** ▷5
É.-U. 1996. Science-fiction de Roland EMMERICH avec Will Smith, Bill Pullman et Jeff Goldblum. - Après avoir détruit trois grandes villes américaines, d'immenses soucoupes volantes s'apprêtent à envahir la Terre.
VF→15,95$ VO→16,95$ LBX→15,95$ **13 ans +**

**INDÉSIRABLES, LES**
Voir: POCKET MONEY

**INDESTRUCTIBLE MAN, THE** ▷0
É.-U. 1956, Jack POLLEXFEN
VO→13,95$ **Général**

**INDIA SONG** ▷3
FR. 1975. Drame psychologique de Marguerite DURAS avec Delphine Seyrig, Michel Lonsdale et Mathieu Carrière. - À Calcutta, dans les années 30, la femme de l'ambassadeur de France aux Indes est l'objet de l'attention de plusieurs hommes. - Film étrange et déconcertant. Commentaires ou dialogues en voix off. Création d'un climat onirique.
VO→LS **Général**

**INDIAN FIGHTER, THE** ▷4
É.-U. 1955. Western d'André De TOTH avec Kirk Douglas, Elsa Martinelli et Walter Matthau. - Deux aventuriers tentent de s'approprier une mine d'or exploitée par des Indiens.
VO **Général**

**INDIAN IN THE CUPBOARD, THE** ▷4
É.-U. 1995. Conte de Frank OZ avec Hal Scardino, Litefoot et Lindsay Crouse. - Grâce à une armoire antique dotée de pouvoirs magiques, un gamin donne vie à une figurine en plastique représentant un guerrier iroquois.
VF→9,95$ VO→9,95$ **Général**

**INDIAN RUNNER, THE** ▷4
É.-U. 1990. Drame psychologique de Sean PENN avec Viggo Mortensen, David Morse et Valeria Golino. - À son retour du Viêtnam, un jeune homme instable parvient difficilement à se réintégrer dans la société malgré le soutien de son frère policier.
VF→14,95$ VO→14,95$ **13 ans + Violence**

**INDIAN SUMMER** ▷5
É.-U. 1993. Comédie dramatique de Mike BINDER avec Alan Arkin, Matt Graven et Diane Lane. - Vingt ans après un merveilleux été passé dans un camp de vacances, sept jeunes gens dans la trentaine retournent sur les lieux.
VO→LS **Général**

**INDIAN TOMB, THE (2 VOLUMES)** ▷0
ALL. 1921, Joe MAY
ITA→119,95$

**INDIANA JONES & THE LAST CRUSADE** ▷4
É.-U. 1989. Aventures de Steven SPIELBERG avec Harrison Ford, Sean Connery et Allison Doody. - En 1938, un archéologue aventurier tente de retrouver son père retenu prisonnier en Europe.
VO→13,95$ LBX→14,95$ **Général**

**INDIANA JONES & THE TEMPLE OF DOOM** ▷4
É.-U. 1984. Aventures de Steven SPIELBERG avec Harrison Ford, Kate Capshaw et Ke Huy Quan. - En 1935, un archéologue aventureux enquête sur d'étranges agissements dans le palais d'un maharadjah.
VF→13,95$ VO→13,95$ LBX→14,95$ **13 ans +**

**INDIANA JONES (COFFRET 4 VOLUMES)** ▷0
É.-U. Steven SPIELBERG
VO→39,95$ VF→39,95$ LBX→37,95$ **Général**

**INDIC, L'** ▷5
FR. 1983. Drame policier de Serge LEROY avec Daniel Auteuil, Pascale Rocard et Thierry Lhermitte. - Pour coincer un truand important, un inspecteur de police se sert de la maîtresse de l'homme de confiance du gangster.
VO→LS **Général**

**INDIEN DANS LA VILLE, UN** ▷5
FR. 1994. Comédie de Hervé PALUD avec Thierry Lhermitte, Ludwig Briand et Patrick Timsit. - Un boursier stressé doit s'occuper de son fils de dix ans, né dans la jungle amazonienne, qui débarque à Paris pour la première fois.
VO→12,95$ **Général**

**INDIEN DU PLACARD, L'**
Voir: THE INDIAN IN THE CUPBOARD

**INDISCREET** ▷4
É.-U. 1958. Comédie sentimentale de Stanley DONEN avec Ingrid Bergman, Cary Grant et Phyllis Calvert. - Une actrice découvre que le diplomate dont elle est amoureuse n'est pas marié comme il l'affirme.
VF→LS LBX→14,95$ **Général**

**INDISCRETION OF AN AMERICAN WIFE** ▷4
ITA. 1953. Drame psychologique de Vittorio DE SICA avec Jennifer Jones, Montgomery Clift et Gino Cervi. - À la gare centrale de Rome, une Américaine tente de rompre avec son amant italien.
VO→14,95$ Général

**INDISCRÉTION, L'** ▷4
FR. 1982. Drame policier de Pierre LARY avec Jean Rochefort, Dominique Sanda et Jean-Pierre Marielle. - Un homme est entraîné dans une étrange aventure alors qu'il découvre que son poste de radio capte les bruits émanant d'un logement voisin.
VO→LS Général

**INDOCHINE** ▷4
FR. 1991. Chronique de Régis WARGNIER avec Catherine Deneuve, Vincent Perez et Linh Dan Pham. - Follement éprise d'un officier de la marine française, la propriétaire d'une plantation en Indochine voit sa fille adoptive s'amouracher du même homme.
VO→12,95$ Général

**INDOMPTABLE ANGÉLIQUE** ▷5
FR.-ALL.-ITA. 1967. Mélodrame de Bernard BORDERIE avec Michèle Mercier, Robert Hossein et Roger Pigaut. - À la recherche de son mari disparu, une comtesse est enlevée par des pirates et vendue comme esclave.
VO→LS 13 ans +

**INÉVITABLE CATASTROPHE, L'.**
Voir: THE SWARM

**INFERNO** ▷4
ITA.1979. Drame d'horreur de Dario ARGENTO avec Leigh McCloskey, Irene Miracle et Sacha Pitoeff. - Une jeune femme soupçonne la présence de forces maléfiques dans le vieil immeuble qu'elle habite à New York.
LBX→14,95$

**INFINITY** ▷4
É.-U. 1996. Drame sentimental réalisé et interprété par Matthew BRODERICK avec Patricia Arquette et Peter Riegert. - Tout en contribuant à mettre au point la première bombe atomique, le physicien Richard Feynman doit prendre soin de sa jeune épouse qui se meurt de la tuberculose.
VF→26,95$ Général

**INFORMER, THE** ►2
É.-U. 1935. Drame psychologique de John FORD avec Victor McLaglen, Preston Foster et Margot Grahame. - Pour toucher une prime, un miséreux trahit un ami dont la tête est mise à prix. - Adaptation d'un roman de Liam O'Flaherty. Drame puissant. Réalisation magistrale. Forte composition de V. McLaglen.
VO→14,95$ Général

**INFRA-MAN** ▷0
H. K. 1976, Hua SHAN
VA→LS Général

**INHERIT THE WIND** ▷4
É.-U. 1960. Drame social de Stanley E. KRAMER avec Spencer Tracy, Fredric March et Gene Kelly. - En 1925, un instituteur est arrêté pour avoir enseigné en classe la théorie de Darwin.
VO→14,95$ VF→→19,95$ Général

**INHERIT THE WIND** ▷0
É.-U. 1999, Daniel PETRIE
VO→11,95$

**INHERITANCE, THE**
Voir: L'HÉRITAGE

**INHERITORS, THE** ▷0
ALL. 1984, Walter BANNERT
VA→LS 18 ans +

**INHERITORS, THE** ▷0
AUT.-ALL. 1998, Stefan RUZOWITZKY
STF→14,95$ STA→14,95$

**INITIATION, L'** ▷6
QUÉ. 1969. Drame psychologique de Denis HÉROUX avec Chantal Renaud, Jacques Riberolles et Danielle Ouimet. - Une étudiante en lettres est initiée aux plaisirs de l'amour par un écrivain.
VO→19,95$ 16 ans + Érotisme

**INITIÉ, L'**
Voir: THE INSIDER

**INKWELL, THE** ▷0
É.-U. 1994, Matty RICH
VO→LS Général

**INN OF THE SIXTH HAPPINESS, THE** ▷4
ANG. 1958. Drame de Mark ROBSON avec Ingrid Bergman, Curt Jurgens et Robert Donat. - Les expériences d'une jeune Anglaise qui s'est rendue en Chine comme missionnaire.
VO→24,95$ Général

**INNER CIRCLE**
Voir: LE CERCLE DES INTIMES

**INNER SANCTUM: CALLING DR. DEATH** ▷5
É.-U. 1943. Drame policier de Reginald LE BORG avec Lon Chaney jr, Patricia Morison et David Bruce. - La femme frivole d'un médecin est assassinée et les suspects sont nombreux.
VO→14,95$ Général - Déconseillé aux jeunes enfants

**INNER SANCTUM: DEAD MAN'S EYES** ▷6
É.-U. 1944. Drame d'horreur de Reginald LE BORG avec Lon Chaney jr, Jean Parker et Paul Kelly. - Un artiste est accusé d'avoir tué un homme de façon à employer ses yeux dans une transplantation.
VO→14,95$ Général - Déconseillé aux jeunes enfants

**INNER SANCTUM: PILLOW OF DEATH** ▷6
É.-U. 1945. Drame d'horreur de Wallace FOX avec Lon Chaney, Brenda Joyce et Rosalind Ivan. - Un meurtrier est démasqué au cours d'une séance de spiritisme.
VO→14,95$ Non classé

**INNER SANCTUM: THE FROZEN GHOST** ▷6
É.-U. 1945. Drame d'horreur de Harold YOUNG avec Lon Chaney Jr., Evelyn Ankers et Milburn Stone. - Des criminels veulent charger un hypnotiseur d'un meurtre qu'ils ont commis.
VO→14,95$ Général

**INNER SANCTUM: WEIRD WOMAN** ▷6
É.-U. 1944. Drame d'horreur de Reginald LE BORG avec Lon Chaney, Anne Gwynne et Evelyn Ankers. - Un explorateur ramène chez lui une femme élevée en pays indigène.
VO→14,95$ Général

**INNERSPACE** ▷4
É.-U. 1987. Comédie fantaisiste de Joe DANTE avec Martin Short, Dennis Quaid et Meg Ryan. - Pour échapper à des espions, un sous-marin et son pilote ont été miniaturisés et injectés dans le corps d'un passant.
VF→11,95$ VO→11,95$ Général

**INNOCENCE SANS PROTECTION, L'** ▷4
YOU. 1968. Film d'essai de Dusan MAKAVEJEV avec Dragoljub Aleksic, Ana Milosavljevic et Beba Jovanovic. - Rappel des circonstances de la réalisation du premier film parlant serbe.
STA→LS Général

**INNOCENCE UNPROTECTED**
Voir: L'INNOCENCE SANS PROTECTION

**INNOCENT BLOOD** ▷5
É.-U. 1992. Drame d'horreur de John LANDIS avec Anne Parillaud, Anthony LaPaglia et Robert Loggia. - Une femme vampire et un policier font équipe pour éliminer un mafioso qui a été transformé en mort-vivant.
VO→11,95$ 16 ans + Horreur

**INNOCENT SORCERERS**
Voir: LES INNOCENTS CHARMEURS

**INNOCENT, L'** ▷3
ITA. 1976. Drame psychologique de Luchino VISCONTI avec Giancarlo Giannini, Laura Antonelli et Jennifer O'Neil. - En 1900, un comte affichant des théories libertaires est troublé lorsqu'il apprend que sa femme attend un enfant à la suite d'une aventure passagère. - Mise en scène fort soignée d'un récit mélodramatique. Reconstitution d'époque réussie. Interprétation emphatique.
STA→32,95$ 13 ans +

**INNOCENT, THE** ▷5
É.-U. 1993. Drame d'espionnage de John SCHLESINGER avec Campbell Scott, Isabella Rossellini et Anthony Hopkins. - À Berlin en 1955, un ingénieur anglais chargé de mettre sur écoute les lignes téléphoniques soviétiques s'amourache d'une espionne allemande.
VF→11,95$ VO→11,95$ 13 ans +

**INNOCENT, THE**
Voir: L'INNOCENT

**INNOCENTS AUX MAINS SALES, LES** ▷4
FR.-ITA.-ALL. 1975. Drame policier de Claude CHABROL avec Romy Schneider, Rod Steiger et P. Giusti. - Une jeune femme complote avec son amant l'assassinat de son mari pour s'emparer de sa fortune.
VO→109,95$ 13 ans +

**INNOCENTS CHARMEURS, LES** ▷0
POL. 1960, Andrzej WAJDA
STA→LS Général

**INNOCENTS WITH DIRTY HANDS**
Voir: LES INNOCENTS AUX MAINS SALES

**INNOCENTS, THE** ►2
ANG. 1961. Drame fantastique de Jack CLAYTON avec Deborah Kerr, Martin Stephens et Pamela Franklin. - La gouvernante de deux orphelins croit discerner autour d'eux des influences maléfiques. - Adaptation magistrale d'un roman d'Henry James. Climat envoûtant créé avec beaucoup d'habileté. Photographie expressive. Interprètes admirablement dirigés.
VO→22,95$ Général

**INQUIRY, THE** ▷0
ITA. 1987, Damiano DAMIANI
VO→19,95$ Général

**INSECT WOMAN**
Voir: LA FEMME INSECTE

**INSECTES DE FEUX**
Voir: BUG

**INSEMINOID** ▷0
ANG. 1981, Norman J. WARREN
VO→9,95$ LBX-DVD→34,95$ 13 ans + Violence

**INSÉPARABLES** ▷4
FR. 1999. Comédie dramatique de Michel COUVELARD avec Jean-Pierre Darroussin, Catherine Frot et Fabienne Babe. - Traversant une crise existentielle tenace, un acteur désœuvré retourne dans sa ville natale dans l'espoir d'y trouver réconfort.
VO→LS Général

**INSERTS** ▷4
ANG. 1975. Drame de mœurs de John BYRUM avec Richard Dreyfuss, Jessica Harper et Veronica Cartwright. - Dans les années 30, un jeune réalisateur en pleine déchéance en est réduit à tourner des films pornographiques.
VO→LS 18 ans +

**INSIDE** ▷0
É.-U. 1996, Arthur PENN
VO→34,95$ 13 ans + Violence

**INSIDE DAISY CLOVER** ▷4
É.-U. 1965. Drame psychologique de Robert MULLIGAN avec Natalie Wood, Christopher Plummer et Robert Redford. - Un producteur fait d'une jeune fille pauvre une vedette de cinéma.
VO→19,95$ Général

**INSIDE MONKEY ZETTERLAND** ▷0
É.-U. 1992, Jefery LEVY
VO→LS Général

**INSIDE MOVES** ▷4
É.-U. 1980. Drame psychologique de Richard DONNER avec John Savage, David Morse et Diana Scarwid. - Devenu infirme à la suite d'un suicide raté, un jeune homme se lie d'amitié avec un barman.
VO→LS Général

**INSIDER, THE** ▷3
É.-U. 1999. Drame de Michael MANN avec Al Pacino, Russell Crowe et Christopher Plummer. - Un journaliste de la télévision se bat pour faire diffuser un reportage controversé dans lequel un scientifique s'attaque à l'industrie du tabac. - Sujet inspiré d'une histoire vraie. Intrigue racontée avec limpidité et intelligence. Traitement tendu et maîtrisé. Interprétation prenante.
LBX→22,95$ LBX→22,95$ LBX-DVD→28,95$ Général

**INSIGNIFICANCE** ▷4
ANG. 1985. Comédie de Nicolas ROEG avec Theresa Russell, Michael Emil et Tony Curtis. - Une nuit d'été favorise des rencontres entre une actrice de cinéma, un savant réputé, un champion de base-ball et un sénateur.
VO→14,95$ 13 ans +

**INSOMNIA** ▷0
NOR. 1997, Erik SKJOLDBJAERG
STA-LBX→27,95$ STA-LBX-DVD→44,95$ 13 ans +

**INSOUTENABLE LÉGÈRETÉ DE L'ÊTRE, L'**
Voir: THE UNBEARABLE LIGHTNESS OF BEING

**INSPECTEUR HARRY, L'**
Voir: DIRTY HARRY

**INSPECTEUR LA BAVURE** ▷4
FR. 1980. Comédie de Claude ZIDI avec Michel Coluche, Gérard Depardieu et Dominique Lavanant. - Les mésaventures d'un policier dont les maladresses sont exploitées par une journaliste.
VO→LS Général

**INSPECTEUR NE RENONCE JAMAIS, L'**
Voir: THE ENFORCER

**INSPECTOR CLOUSEAU** ▷5
ANG. 1968. Comédie policière de Bud YORKIN avec Alan Arkin, Frank Finlay et Delia Boccardo. - Un policier français est prêté à Scotland Yard pour résoudre l'énigme du vol du train postal.
VO→LS Général

**INSPECTOR GADGET** ▷6
É.-U. 1999. Comédie fantaisiste de David KELLOGG avec Matthew Broderick, Rupert Everett et Joely Fisher. - Un agent de sécurité transformé en cyborg truffé de gadgets affronte un savant fou.
VF→16,95$ VO→16,95$ Général

**INSPIRATION** ▷0
É.-U. 1931, Clarence BROWN
VO→19,95$ Général

**INSTINCT DE VENGEANCE**
Voir: THE QUICK AND THE DEAD

**INSTINCT FATAL**
Voir: FATAL INSTINCT

**INSTITUTE BENJAMENTA** ▷4
ANG. 1995. Drame fantastique des Brothers QUAY avec Mark Rylance, Alice Krige et Gottfried John. - Un jeune homme s'inscrit comme élève dans un institut à l'ambiance mystérieuse où un frère et une sœur dispensent une formation pour domestiques.
VO→34,95$ 13 ans +

**INSURGÉ, L'**
Voir: THE GREAT WHITE HOPE

**INTENDANT SANSHO, L'** ▶2
JAP. 1954. Drame de KENJI MIZOGUCHI avec Kinuyo Tanaka, Kyoko Kagawa et Yoshiyaki Hanayaki. - Le fils d'un gouverneur déchu retrouve son rang après avoir été traité comme un esclave. - Éléments mélodramatiques transfigurés par un style raffiné. Images remarquables. Tableau vivant et nuancé du Japon féodal. Interprétation retenue.
STA➔27,95$ **Non classé**

**INTERIORS** ▷4
É.-U. 1978. Drame psychologique de Woody ALLEN avec Marybeth Hurt, Diane Keaton et Geraldine Page. - Trois sœurs se confient leurs problèmes à l'occasion de la séparation de leurs parents.
VO➔14,95$ **Général**

**INTERMEZZO** ▷5
É.-U. 1939. Drame sentimental de Gregory RATOFF avec Leslie Howard, Ingrid Bergman et Edna Best. - Un violoniste célèbre a une liaison avec une jeune musicienne.
VO➔LS **Général**

**INTERMEZZO** ▷0
SUÈ. 1936, Gustaf MOLANDER
STA-DVD➔34,95$ STA➔31,95$ STA-DVD➔34,95$ **Général**

**INTERNAL AFFAIRS** ▷4
É.-U. 1990. Drame policier de Mike FIGGIS avec Richard Gere, Andy Garcia et Nancy Travis. - Un nouvel enquêteur de la police découvre qu'un collègue est l'auteur de crimes graves.
VO➔11,95$ LBX-DVD➔38,95$ **18 ans +**

**INTERNATIONAL HOUSE** ▷4
É.-U. 1933. Comédie de A. Edward SUTHERLAND avec W.C. Fields, George Burns et Gracie Allen. - Diverses personnes sont réunies dans un hôtel de Shanghai à l'occasion des essais d'une nouvelle invention, la télévision.
VO➔14,95$ **Non classé**

**INTERNATIONAL LADY** ▷0
É.-U. 1941, Tim WHELAN
VO➔29,95$

**INTERNES CAN'T TAKE MONEY** ▷4
É.-U. 1937. Drame d'Alfred SANTELL avec Barbara Stanwyck, Joel McCrea et Lloyd Nolan. - Un chirurgien fait une opération d'urgence qui lui vaut la gratitude d'un gang de criminels.
VO➔14,95$ **Général**

**INTERROGATION** ▷5
POL. 1982. Drame politique de Richard BUGAJSKI avec Krystyna Janda, Janusz Gajos et Adam Ferency. - À Varsovie, en 1951, une chanteuse de cabaret, arrêtée pour espionnage, subit les sévices de ses tortionnaires qui veulent l'utiliser dans un procès politique.
STA➔PC **13 ans +**

**INTERRUPTED MELODY** ▷5
É.-U. 1955. Drame biographique de Curtis BERNHARDT avec Glenn Ford, Eleanor Parker et Roger Moore. - L'histoire de la cantatrice Marjorie Lawrence qui, victime de la polio, reprend sa carrière et connaît de nouveaux triomphes.
VO➔LS **Général**

**INTERSECTION** ▷5
É.-U. 1994. Drame psychologique de Mark RYDELL avec Richard Gere, Sharon Stone et Lolita Davidovich. - Partagé entre son épouse et sa maîtresse, un architecte traverse une période de profondes incertitudes.
VO➔13,95$ **Général**

**INTERVIEW, THE** ▷0
AUS. 1998, Craig MANAHAN
VO➔PC **Général**

**INTERVIEW WITH THE VAMPIRE** ▷3
É.-U. 1994. Drame d'horreur de Neil JORDAN avec Tom Cruise, Brad Pitt et Kirsten Dunst. - Un vampire raconte à un intervieweur les événements qu'il a vécus au XIXe siècle auprès de deux autres vampires, un dandy cynique et une gamine. - Adaptation fort satisfaisante du roman d'Anne Rice. Atmosphère de mélancolie lugubre. Réalisation poétique. Composition réussie de T. Cruise.
VO➔LS VF➔18,95$ LBX-DVD➔26,95$ **16 ans + Horreur**

**INTERVISTA** ▷3
ITA. 1987. Documentaire réalisé et interprété par Federico FELLINI avec Marcello Mastroianni et Anita Ekberg. - Le réalisateur de films Federico Fellini invite une équipe de la télévision japonaise à le suivre dans ses activités. - Mélange d'informations et de réminiscences. Style fantaisiste. Passages époustouflants. Ensemble un peu dispersé. Mise en scène d'un charme efficace.
VF➔LS **Général**

**INTIMATE STORY** ▷0
ISR. 1981, Nadav LEVITAN
STA➔LS **Général**

**INTIME ET PERSONNEL**
Voir: UP CLOSE AND PERSONAL

**INTO THE NIGHT** ▷4
É.-U. 1985. Drame policier de John LANDIS avec Jeff Goldblum, Michelle Pfeiffer et Kathryn Harrold. - Un ingénieur se retrouve mêlé malgré lui dans une affaire de contrebande d'émeraudes.
VO➔PC **13 ans +**

**INTO THE WEST** ▷3
IRL. 1992. Aventures de Mike NEWELL avec Gabriel Byrne, Ciaran Fitzgerald et Ruaidhri Conroy. - Après la confiscation par la police de leur cheval, deux enfants de Dublin fuient avec la bête en s'imaginant être des héros de western. - Conte de fées moderne se présentant comme un «road movie» initiatique. Équilibre réussi entre le fantastique et le social. Beau travail de caméra. Jeu naturel des enfants.
VF➔12,95$ **Général**

**INTOLERANCE** ▶1
É.-U. 1916. Drame social de David W. GRIFFITH avec Lilian Gish, Mea Marsh et Robert Harron. - Quatre épisodes évoquant l'idée d'intolérance à travers les âges. - Œuvre marquante des débuts du cinéma. Fresque monumentale. Mise en scène des plus inventives. Direction d'acteurs éblouissante.
KINO➔41,95$ DVD➔44,95$ **Général**

**INTRA-TERRESTRE, L'**
Voir: BLAST FROM THE PAST

**INTRUDER IN THE DUST** ▷3
É.-U. 1950. Drame social de Clarence BROWN avec Juano Hernandez, Claude Jarman jr et Elizabeth Patterson. - Dans une ville du Sud, une vieille dame et un adolescent s'emploient à innocenter un Noir accusé de meurtre. - Adaptation soignée d'un roman de William Faulkner. Sujet développé avec rigueur et intelligence. Mise en scène sobre et efficace.
VO➔18,95$ **Général**

**INTRUS, L'** ▷4
FR. 1984. Drame psychologique d'Irène JOUANNET avec Marie Dubois, Richard Anconina et Christine Murillo. - Pour échapper à la police, un jeune homme se réfugie chez une femme solitaire et cherche à percer les secrets de celle-ci.
VO➔LS **Général**

**INTRUSO** ▷0
ESP. 1993, Vincente ARANDA
STA➔LS **16 ans +**

**INUTILES, LES** ▷3
ITA 1952. Étude de mœurs de Federico FELLINI avec Franco Interlenghi, Franco Fabrizi et Leonora Ruffo. - Forcé d'épouser la mère de son enfant, un jeune homme oisif supporte mal le poids de ses nouvelles responsabilités. - Thème original. Peinture des caractères diversifiée. Réalisation souple et sensible.
STA➔LS **Non classé**

**INVADERS FROM MARS** ▷5
É.-U. 1953. Science-fiction de William Cameron MENZIES avec Jimmy Hunt, Helena Carter et Arthur Franz. - Convaincu que ses proches sont sous le contrôle d'extraterrestres, un gamin entraîne l'infirmière de son école à l'endroit où il a vu se poser un engin spatial.
VO➜9,95$ Général

**INVADERS FROM MARS** ▷5
É.-U. 1986. Science-fiction de Tobe HOOPER avec Hunter Carson, Karen Black et Louise Fletcher. - Convaincu que ses proches sont sous le contrôle d'extraterrestres, un gamin entraîne l'infirmière de son école à l'endroit où il a vu se poser un engin spatial.
LBX➜14,95$ Général

**INVASION LOS ANGELES**
Voir: THEY LIVE

**INVASION OF THE BEE GIRLS** ▷0
É.-U. 1973, Denis SANDERS
VO➜11,95$ 18 ans +

**INVASION OF THE BODY SNATCHERS** ▷4
É.-U. 1978. Drame d'horreur de Philip KAUFMAN avec Donald Sutherland, Brooke Adams et Leonard Nimoy. - Un inspecteur sanitaire découvre que ses concitoyens sont transformés par des êtres d'origine mystérieuse.
LBX➜14,95$ LBX-DVD➜29,95$ 13 ans +

**INVASION OF THE BODY SNATCHERS** ▷3
É.-U. 1955. Science-fiction de Don SIEGEL avec Kevin McCarthy, Dana Wynter et Larry Gates. - Le médecin d'un village de Californie découvre que ses concitoyens sont transformés par des êtres d'origine mystérieuse. - Intrigue classique conduite avec beaucoup de savoir-faire. Climat de tension soutenu. Aspects symboliques fort intéressants. Interprétation dans le ton voulu.
VO➜11,95$ LBX-DVD➜22,95$ Général

**INVASION OF THE SAUCER MEN** ▷0
É.-U. 1957, Edward L. CAHN
VO➜LS Général

**INVENTING THE ABBOTTS** ▷4
É.-U. 1997. Drame de mœurs de Pat O'CONNOR avec Joaquin Phoenix, Billy Crudup et Liv Tyler. - Dans une petite ville de l'Illinois à la fin des années 1950, les destins des trois filles d'une famille aisée et de deux garçons d'un milieu plus modeste se croisent à plus d'une reprise.
VO➜32,95$ Général

**INVENTION DE L'AMOUR, L'** ▷5
QUÉ. 2000. Drame sentimental de Claude DEMERS avec David La Haye, Pascale Montpetit et Delphine Brodeur. - Un écrivain et une mère de famille vivent une relation passionnée dans laquelle vient s'immiscer une jeune prostituée.
VO➜LS 13 ans + Érotisme

**INVINCIBLES, THE** ▷0
ALL. 1994, Dominik GRAF
STA➜47,95$

**INVISIBLE ADVERSARIES** ▷0
AUT. 1977, Valie EXPORT
STA➜PC 13 ans +

**INVISIBLE AGENT** ▷6
É.-U. 1942. Drame d'espionnage d'Edwin L. MARIN avec Ilona Massey, Jon Hall et Peter Lorre. - Un espion américain opère en Allemagne grâce à un liquide qui le rend invisible.
VO➜14,95$ Général

**INVISIBLE DR. MABUSE, L'** ▷5
ALL. 1961. Science-fiction d'Harald REINL avec Lex Barker, Karin Dor et Siegfried Lowitz. - Le docteur Mabuse tente de s'emparer de l'invention d'un savant qui permet de se rendre invisible.
VA 13 ans +

**INVISIBLE DR. MABUSE, THE**
Voir: L'INVISIBLE DR. MABUSE

**INVISIBLE GHOST, THE** ▷6
É.-U. 1941. Drame d'horreur de Joseph H. LEWIS avec Bela Lugosi, Polly Ann Young et John McGuire. - Une femme pousse son mari à commettre des meurtres en l'hypnotisant.
VO➜LS Général

**INVISIBLE INVADERS** ▷6
É.-U. 1959. Science-fiction d'Edward L. CAHN avec John Agar, John Carradine et Jean Byron. - Le fantôme d'un savant décédé apparaît et annonce que des hommes invisibles vont envahir la Terre.
VO➜13,95$ Général

**INVISIBLE MAN RETURNS, THE** ▷4
É.-U. 1940. Drame policier de Joe MAY avec Cedric Hardwicke, Vincent Price et John Sutton. - Inventeur d'une formule pour se rendre invisible, un chimiste sauve un ami de la pendaison.
VO➜14,95$ Général

**INVISIBLE MAN'S REVENGE, THE** ▷5
É.-U. 1944. Drame fantastique de Ford BEEBE avec Jon Hall, Alan Curtis et Evelyn Ankers. - Rendu invisible par un savant, un homme devient meurtrier.
VO➜11,95$ Général

**INVISIBLE MAN, THE** ▷3
É.-U. 1933. Science-fiction de James WHALE avec Claude Rains, Gloria Stuart et William Harrigan. - Un chimiste devenu invisible grâce à un produit qu'il a découvert fait des recherches pour revenir à son état premier. - Scénario tiré d'un roman de H.G. Wells. Trucages fort habiles. Mise en scène inventive.
VO➜14,95$ Général

**INVISIBLE RAY, THE** ▷5
É.-U. 1936. Drame d'horreur de Lambert HILLYER avec Boris Karloff, Bela Lugosi et Frances Drake. - Un savant découvre une nouvelle substance radioactive.
VO➜18,95$ Général

**INVISIBLE WOMAN, THE** ▷5
É.-U. 1941. Science-fiction de A. Edward SUTHERLAND avec Virginia Bruce, John Barrymore et John Howard. - Un savant excentrique réussit à rendre une jeune femme invisible.
VO➜14,95$ Général

**INVITATION, L'** ▷3
SUI. 1972. Comédie satirique de Claude GORETTA avec Jean-Luc Bideau, Jean Champion et Michel Robin. - Un employé de bureau invite ses collègues à une fête champêtre qui dégénère en un désagréable affrontement. - Sens précis de la description. Volonté de critique sociale. Personnages bien typés.
STA➜27,95$ Général

**INVITATION AU VOYAGE** ▷4
FR. 1982. Drame psychologique de Peter DEL MONTE avec Laurent Malet, Nina Scott et Aurore Clément. - Un jeune homme enferme dans un étui à violoncelle le corps de sa sœur morte accidentellement et part à l'aventure.
STA➜LS VO➜LS 13 ans +

**INVITATION TO A GUNFIGHTER** ▷4
É.-U. 1964. Western de Richard WILSON avec Yul Brynner, George Segal et Janice Rule. - Un tueur prend le parti de l'homme qu'il doit abattre pour toucher une prime.
VO➜18,95$ Général

**INVITATIONS DANGEREUSES, LES**
Voir: THE LAST OF SHEILA

**INVITÉ D'HONNEUR, L'** ▷4
ITA. 1997. Comédie sentimentale de Pupi AVATI avec Diego Abatantuono, Inès Sastre et Dario Cantarelli. - Lors d'un mariage de raison, la future épouse s'éprend du témoin de celui qui doit devenir son mari.
STA➜LS Général

**INVITÉ, L'**
Voir: HOUSEGUEST

**IP5 - L'ÎLE AUX PACHYDERMES** ▷5
FR. 1992. Drame de Jean-Jacques BEINEIX avec Olivier Martinez, Sekkou Sall et Yves Montand. - Deux jeunes marginaux vivent diverses aventures avec un étrange vieillard qui tente de retrouver l'emplacement d'un lac où il connut jadis l'amour de sa vie.
VO→LS Général

**IPCRESS DANGER IMMÉDIAT**
Voir: THE IPCRESS FILE

**IPCRESS FILE, THE** ▷4
ANG. 1964. Drame d'espionnage de Sidney J. FURIE avec Michael Caine, Nigel Green et Sue Lloyd. - Un agent secret démasque un traître parmi ses supérieurs.
VF→LS LBX→14,95$ LBX-DVD→27,95$ 13 ans +

**IPHIGÉNIE** ▷0
GRÈ. 1978, Michael CACOYANNIS
STA→LS Général

**IRANIAN SET (COFFRET 6 VOLUMES)** ▷0
Voir: ONCE UPON A TIME · CINEMA · ZINAT-LEGEND OF A SIGHT, THE · LAST ACT, THE · TRAVELLERS · NARGES
VO

**IRLANDAIS, L'**
Voir: A PRAYER FOR THE DYING

**IRMA LA DOUCE** ▷3
É.-U. 1963. Comédie de Billy WILDER avec Shirley MacLaine, Jack Lemmon et Herschel Bernardi. - Un ancien gendarme devient le protecteur d'une prostituée. - Satire inventive. Nombreuses trouvailles comiques. Interprétation brillante.
LBX→14,95$ VO→18,95$ Général

**IRMA VEP** ▷4
FR. 1996. Drame de mœurs d'Olivier ASSAYAS avec Maggie Cheung, Jean-Pierre Léaud et Nathalie Richard. - Un cinéaste dépressif accepte de tourner un remake d'un vieux film muet, espérant ainsi redorer son blason.
STA-LBX-DVD→34,95$ Général

**IRON GIANT, THE** ▷3
É.-U. 1999. Dessins animés de Brad BIRD. - En 1957, un garçon de neuf ans se lie d'amitié avec un gigantesque robot venu de l'espace.
VF→14,95$ LBX→14,95$ LBX-DVD→26,95$ Général

**IRON MASK, THE** ▷4
É.-U. 1929. Aventures d'Allan DWAN avec Douglas Fairbanks, Marguerite de la Motte et Ulrich Haupt. - D'Artagnan et ses compagnons volent au secours du roi Louis XIV enfermé dans un château par son frère jumeau.
KINO→34,95$ Général

**IRON MONKEY** ▷0
H. K. 1993, Yuen Woo PING
STA→LS STA-LBX-DVD→54,95$ 13 ans +

**IRON & SILK** ▷0
É.-U. 1990, Shirley SUN
VO→LS Général

**IRONIE DU SORT, L'** ▷4
FR. 1973. Drame d'Édouard MOLINARO avec Pierre Clémenti, Jacques Spiesser et Marie-Hélène Breillat. - Hypothèse sur la vie d'un couple qui aurait pu être formé si le jeune homme n'était pas mort sous l'Occupation.
VO→→LS Général

**IRONWEED** ▷3
É.-U. 1987. Drame psychologique d'Hector BABENCO avec Jack Nicholson, Meryl Streep et Carroll Baker. - Un père de famille au passé malheureux partage sa vie de vagabond avec une compagne de fortune. - Mouvement lent et mesuré. Contexte social évoqué avec précision. Compositions poignantes des deux protagonistes.
VO→→LS 13 ans +

**IRRÉSISTIBLE NORTH, L'**
Voir: NORTH

**IS IT EASY TO BE YOUNG?** ▷0
RUS. 1986, Yuri PODNIEK
STA→LS Général

**IS PARIS BURNING?**
Voir: PARIS BRÛLE-T-IL?

**IS THERE SEX AFTER DEATH?** ▷0
É.-U. 1970, Alan ABEL et Jeanne ABEL
VO→49,95$ 18 ans +

**ISADORA** ▷3
ANG. 1968. Drame biographique de Karel REISZ avec Vanessa Redgrave, Jason Robards et James Fox. - La vie passionnée de la danseuse Isadora Duncan. - Intéressante évocation d'époque. Construction complexe. Mise en scène brillante. Jeu fervent de V. Redgrave.
VO→11,95$ 13 ans +

**ISHTAR** ▷5
É.-U. 1987. Comédie d'Elaine MAY avec Warren Beatty, Dustin Hoffman et Isabelle Adjani. - Lors d'une escale dans un petit émirat, deux chansonniers sont embarqués dans une dangereuse histoire d'espionnage.
VF→PC VO→PC Général

**ISLAND** ▷0
AUS. 1989, Paul COX
VO→LS Non classé

**ISLAND, THE** ▷5
É.-U. 1980. Aventures de Michael RITCHIE avec Michael Caine, David Warner et Jeffrey Frank. - Au cours d'un reportage dans les Antilles, un journaliste et son jeune fils sont capturés par des pirates.
VO→18,95$ 18 ans +

**ISLAND AT THE TOP OF THE WORLD, THE** ▷5
É.-U. 1974. Aventures de Robert STEVENSON avec David Hartman, Donald Sinden et Jacques Marin. - Une expédition à la recherche d'un jeune homme disparu dans l'Arctique découvre une île verdoyante habitée par des Vikings.
VF→LS VO LBX→14,95$ Général

**ISLAND IN THE SUN** ▷4
É.-U. 1956. Drame de Robert ROSSEN avec James Mason, Harry Belafonte et Joan Fontaine. - Les problèmes que rencontre une famille anglaise établie dans une île des Antilles.
VO→LS Général

**ISLAND OF DR. MOREAU, THE** ▷5
É.-U. 1996. Drame d'horreur de John FRANKENHEIMER avec David Thewlis, Val Kilmer et Marlon Brando. - Après un naufrage, un avocat est recueilli dans une île du Pacifique par un savant qui se livre à des expériences génétiques sur les animaux.
VF→LS VO→LS 13 ans + Horreur

**ISLAND OF DR. MOREAU, THE** ▷5
É.-U. 1977. Science-fiction de Don TAYLOR avec Burt Lancaster, Michael York et Nigel Davenport. - Un savant habitant une île isolée tente de transformer des animaux en êtres humains.
EP→7,95$ 13 ans +

**ISLAND OF FIRE** ▷0
H. K. 1990, Jackie CHAN et Yin-Ping CHU
STA→LS 13 ans + Violence

**ISLAND OF LOST SOULS** ▷4
É.-U. 1933. Drame d'horreur de Erle C. KENTON avec C. Laughton, Kathleen Burke et Bela Lugosi. - Dans une île du Pacifique, un savant fou transforme des animaux en êtres d'apparence humaine.
VO→14,95$ Général

**ISLAND OF TERROR** ▷4
ANG. 1966. Drame d'horreur de Terence FISHER avec Peter Cushing, Carole Gray et Edward Judd. - En voulant fabriquer un remède contre le cancer, des savants donnent naissance à des bêtes monstrueuses.
VF→LS VO→11,95$ **Général**

**ISLAND ON BIRD STREET, THE**
Voir: L'ÎLE DE MON ENFANCE

**ISLANDS IN THE STREAM** ▷4
É.-U. 1976. Drame de Franklin J. SCHAFFNER avec George C. Scott, David Hemmings et Claire Bloom. - Un sculpteur américain vivant en solitaire dans une île reçoit la visite de ses trois fils et de son ex-femme.
VO→13,95$ **Général**

**ISLE OF THE DEAD** ▷5
É.-U. 1945. Drame d'horreur de Mark ROBSON avec Boris Karloff, Ellen Drew et Marc Cramer. - Une épidémie de peste éveille de vieilles superstitions dans une île de la mer Adriatique.
VO→LS **Général**

**ISN'T LIFE WONDERFUL** ▷0
É.-U. 1924, David W. GRIFFITH
VO→41,95$ **Général**

**ISTANBUL** ▷5
É.-U. 1956. Aventures de Joseph PEVNEY avec Errol Flynn, Cornell Borchers et John Bentley. - Un bracelet sert de cachette à des diamants recherchés par des gangsters.
VO→14,95$ **Général**

**IT** ▷0
É.-U. 1927, Clarence G. BADGER
EP→11,95$ **Général**

**IT** ▷5
É.-U. 1990. Drame d'horreur de Tommy Lee WALLACE avec Harry Anderson, Dennis Christopher et Richard Masur. - Unis par un serment, sept amis d'enfance retournent dans leur petite ville natale pour affronter une créature maléfique.
VO→LS **13 ans +**

**IT CAME FROM BENEATH THE SEA** ▷0
É.-U. 1955, Robert GORDON
VO→9,95$ **Général**

**IT CAME FROM OUTER SPACE** ▷5
É.-U. 1953. Science-fiction de Jack ARNOLD avec Richard Carlson, Barbara Rush et Charles Drake. - D'étranges personnages, libérés d'une fusée, envahissent une région.
VO→11,95$ **Général**

**IT CONQUERED THE WORLD** ▷5
É.-U. 1956. Science-fiction de Roger CORMAN avec Peter Graves, Beverly Garland et Lee Van Cleef. - Un monstre venu d'une autre planète trouble la sécurité des Terriens.
VO→LS **Non classé**

**IT COULD HAPPEN TO YOU** ▷5
É.-U. 1994. Comédie sentimentale d'Andrew BERGMAN avec Nicolas Cage, Bridget Fonda et Rosie Perez. - Un policier partage avec une jeune serveuse, à qui il doit un pourboire, les quatre millions de dollars qu'il a remportés à la loterie.
VO→9,95$ VF→13,95$ **Général**

**IT HAPPENED HERE** ▷0
ANG. 1961, Kevin BROWNLOW et Andrew MOLLO
DVD→PC VO→54,95$ DVD→PC **Général**

**IT HAPPENED IN BROOKLYN** ▷5
É.-U. 1947. Comédie musicale de Richard WHORF avec Frank Sinatra, Kathryn Grayson et Peter Lawford. - Un jeune soldat démobilisé se fait ravir par un ami le cœur de son professeur de musique.
VO→LS **Non classé**

**IT HAPPENED ONE NIGHT** ▷3
É.-U. 1934. Comédie de Frank CAPRA avec Clark Gable, Claudette Colbert et Walter Connolly. - Un journaliste vient en aide à la fille d'un milliardaire qui a fui son foyer pour rejoindre celui qu'elle aime. - Classique de la comédie américaine. Ensemble savoureux bien que désuet. Mise en scène enjouée. Interprétation séduisante.
VO→19,95$→ DVD→29,95$ **Général**

**IT HAPPENED ONE SUMMER**
Voir: STATE FAIR

**IT HAPPENED TOMORROW** ▷4
É.-U. 1944. Comédie fantaisiste de René CLAIR avec Dick Powell, Linda Darnell et Jack Oakie. - Un journaliste reçoit d'un fantôme les nouvelles du lendemain.
VO→34,95$ **Général**

**IT HAPPENS EVERY SPRING** ▷4
É.-U. 1949. Comédie de Lloyd BACON avec Ray Milland, Jean Peters et Paul Douglas. - Un professeur de chimie découvre un moyen infaillible de gagner au base-ball.
VO→23,95$ **Général**

**IT SEEMED LIKE A GOOD IDEA AT THE TIME** ▷5
CAN. 1974. Comédie de John TRENT avec Anthony Newley, Stefanie Powers et Isaac Hayes. - Un peintre impécunieux imagine un canular pour nuire à un politicien soutenu par le nouveau mari de son ex-femme.
VO→LS **Général**

**IT SHOULD HAPPEN TO YOU** ▷4
É.-U. 1954. Comédie satirique de George CUKOR avec Judy Holliday, Jack Lemmon et Peter Lawford. - Pour se faire connaître à New York, une jeune femme loue un panneau publicitaire.
VO→LS **Général**

**IT STARTED IN NAPLES** ▷5
É.-U. 1960. Comédie de Melville SHAVELSON avec Clark Gable, Sophia Loren et Vittorio de Sica. - Un homme dispute la garde de son neveu à une parente danseuse de cabaret.
VO→18,95$ **Non classé**

**IT STARTED WITH A KISS** ▷6
É.-U. 1959. Comédie de George MARSHALL avec Glenn Ford, Debbie Reynolds et Eva Gabor. - Un couple mal assorti connaît plusieurs difficultés.
VO→19,95$ **Général**

**IT STARTED WITH EVE** ▷4
É.-U. 1941. Comédie de Henry KOSTER avec Deanna Durbin, Charles Laughton et Robert Cummings. - Un jeune homme présente à son père mourant une fausse fiancée.
VO→19,95$ **Général**

**IT TAKES TWO** ▷5
É.-U. 1995. Comédie d'Andy TENNANT avec Mary-Kate Olsen, Ashley Olsen et Kirstie Alley. - Deux fillettes au physique semblable, l'une riche et l'autre pauvre, décident d'échanger leurs rôles.
VF **Général**

**IT! THE TERROR FROM BEYOND SPACE** ▷5
É.-U. 1958. Science-fiction de Edward L. CAHN avec M. Thompson, Shawn Smith et Kim Spalding. - Une expédition est envoyée sur la planète Mars et y découvre une créature mystérieuse.
VO→11,95$ **Non classé**

**IT'S A GIFT** ▷5
É.-U. 1935. Comédie de Norman Z. McLEOD avec W.C. Fields, Jean Rouverol et Baby Leroy. - Une famille part de la Nouvelle-Angleterre pour aller s'établir en Californie.
VO→14,95$ **Général**

**IT'S A GREAT FEELING** ▷5
É.-U. 1949. Comédie musicale de David BUTLER avec Jack Carson, Dennis Morgan et Doris Day. - Un comédien décide d'assumer la réalisation de son prochain film.
VO→28,95$ **Général**

**IT'S A MAD, MAD, MAD, MAD WORLD** ▷4
É.-U. 1963. Comédie burlesque de Stanley E. KRAMER avec Spencer Tracy, Ethel Merman et Sid Caesar. - Un gangster mourant révèle à plusieurs personnes la cachette du butin d'un vol et la course au trésor commence.
LBX→24,95$ Général

**IT'S A WONDERFUL LIFE** ▶2
É.-U. 1946. Comédie fantaisiste de Frank CAPRA avec James Stewart, Donna Reed et Lionel Barrymore. - Un ange descend du ciel pour montrer à un ingénieur découragé tout le bien qu'il a réalisé dans sa vie.- Traitement original et souvent touchant. Mise en scène inventive. Œuvre empreinte d'un humanisme chaleureux. Interprétation fort sympathique de J. Stewart.
VO→14,95$ DVD Général

**IT'S ALIVE!** ▷5
É.-U. 1974. Drame d'horreur de Larry COHEN avec John Ryan, Sharon Farrell et James Dixon. - Un nouveau-né monstrueux, doué d'une force prodigieuse, s'enfuit dans la nuit en semant la mort sur son passage.
VF→14,95$ VO→13,95$ 13 ans +

**IT'S ALL TRUE** ▷3
É.-U. 1993. Documentaire de Orson WELLES, Richard WILSON, Myron MEISEL et Bill KROHN. - Reportage sur les difficultés encourues par le réalisateur Orson Welles lors du tournage au Brésil en 1942 d'un film resté inachevé. - Document fascinant et émouvant. Structure des plus efficaces.
VO→18,95$ Général

**IT'S ALWAYS FAIR WEATHER** ▷3
É.-U. 1955. Comédie musicale de Stanley DONEN et Gene KELLY avec Gene Kelly, Dan Dailey et Michael Kidd. - Trois compagnons d'armes se retrouvent après dix ans de séparation. - Adroit mélange de critique sociale et de numéros musicaux. Mise en scène souple.
VO Général

**IT'S IN THE BAG** ▷4
É.-U. 1945. Comédie de Richard WALLACE avec Fred Allen, Binnie Barnes et Robert Benchley. - Un saltimbanque recherche de l'argent caché dans le dossier d'une chaise.
VO→19,95$ Général

**IT'S MY PARTY** ▷4
É.-U. 1995. Drame de Randal KLEISER avec Eric Roberts, Gregory Harrison et Lee Grant. - Un jeune architecte atteint du sida invite ses proches parents et amis à venir passer un week-end d'adieux en sa compagnie.
VO→18,95$ VF→14,95$ 13 ans +

**IT'S PAT!: THE MOVIE** ▷0
É.-U. 1994, Adam BERNSTEIN
VO→LS Général

**IT'S THE RAGE** ▷0
É.-U. 1999, James D. STERN
VF→LS VO→LS

**ITALIAN JOB, THE** ▷4
ANG. 1969. Comédie policière de Peter COLLINSON avec Michael Caine, Noel Coward et Maggie Blye. - Un petit escroc anglais conçoit le projet d'un vol de quatre millions en lingots d'or à Turin.
EP→11,95$ Général

**ITINÉRAIRE D'UN ENFANT GÂTÉ** ▷4
FR. 1988. Comédie dramatique de Claude LELOUCH avec Jean-Paul Belmondo, Richard Anconina et Marie-Sophie L. - Un homme dans la cinquantaine abandonne famille et travail et se fait passer pour mort afin de courir l'aventure autour du monde.
VO→LS Général

**ITOKA, MERCENAIRE DES GALAXIES** ▷6
JAP. 1968. Science-fiction de Nazui NIHONMATSU avec Eiji Okada, Peggy Neal et Toshiya Wayaki. - Une cellule vivante venue de l'espace donne naissance à une bête gigantesque.
VA→LS Général

**IVAN LE TERRIBLE 1 et 2** ▶1
STA→44,95$ Général

**IVAN LE TERRIBLE, 1re PARTIE** ▶1
RUS. 1944. Drame historique de Sergei EISENSTEIN avec Nikolai Tcherkassov, Serafina Birman et Piotr Kadochnikov. - Couronné tsar de toutes les Russies, Ivan IV doit lutter contre ses ennemis. - Monument épique remarquable. Images lyriques et dramatiques. Rythme lent. N. Tcherkassov excellent.
STA→29,95$ STA-DVD→39,95$ Général

**IVAN LE TERRIBLE, 2e PARTIE** ▶1
RUS. 1945. Drame historique de Sergei EISENSTEIN avec Nikolai Tcherkassov, Serafina Birman et Andrei Abrikosov. - Parvenu au sommet de la puissance, le tsar Ivan IV doit lutter contre une révolte des nobles. - Psychologie complexe du personnage. Atmosphère de noblesse et d'horreur. Images admirablement composées. Musique puissante de Prokofiev. Interprétation stylisée.
STA→29,95$ STA-DVD→39,95$ Général

**IVANHOE** ▷4
ANG. 1982. Aventures de Douglas CAMFIELD avec Anthony Andrews, James Mason et Olivia Hussey. - Chargé de réunir une rançon pour libérer un roi, un chevalier saxon reçoit l'aide d'un marchand juif.
VO→14,95$ Général

**IVANHOE** ▷4
É.-U. 1951. Aventures de Richard THORPE avec Robert Taylor, Elizabeth Taylor et Joan Fontaine. - À la tête des Saxons, Ivanhoe parvient à réinstaller sur son trône le roi Richard Cœur de Lion.
VO→19,95$ Général

**IXE-13** ▷4
QUÉ. 1971. Comédie musicale de Jacques GODBOUT avec André Dubois, Marc Laurendeau et Louise Forestier. - L'as des espions canadiens a maille à partir avec une espionne chinoise.
VO→19,95$ Général

**IZZY ET SAM**
Voir: CROSSING DELANCEY

**J.A. MARTIN, PHOTOGRAPHE** ▷3
QUÉ. 1976. Drame psychologique de Jean BEAUDIN avec Marcel Sabourin, Monique Mercure et Jean Lapointe. - Un photographe ambulant effectuant une tournée annuelle se voit obligé d'emmener sa femme. - Étude intéressante des relations d'un couple mêlée à l'évocation des mœurs d'une époque. Mise en scène soignée. Ton intimiste. Interprétation juste.
VO→19,95$ **Général**

**J'ACCUSE** ▷3
FR. 1938. Drame social de Abel GANCE avec Victor Francen, Jean Max et Renée Devillers. - Refusant toute nouvelle guerre, un ancien combattant fait appel aux morts du dernier conflit pour obliger les hommes à oublier leurs querelles. - Réquisitoire généreux et sincère contre la guerre. Souffle lyrique impressionnant. Quelques exagérations de style. Jeu théâtral des acteurs.
STA→32,95$ **Général**

**J'AI BIEN L'HONNEUR** ▷6
FR. 1984. Drame policier de Jacques ROUFFIO avec E. Constantine, Mylène Demongeot et Paul Blain. - Végétant minablement à New York, un ex-voleur de tableaux retrouve la forme d'antan lorsqu'une amie le rappelle à Paris pour participer à un hold-up.
VO→LS **Non classé**

**J'AI CONNU ERNEST HEMINGWAY**
Voir: WRESTLING ERNEST HEMINGWAY

**J'AI ENGAGÉ UN TUEUR** ▷3
FIN. 1991. Comédie dramatique d'Aki KAURISMÄKI avec Jean-Pierre Léaud, Margi Clarke et Kenneth Colley. - Un chômeur malheureux engage un tueur à gages pour mettre fin à ses jours. - Préoccupations existentielles traitées avec un humour particulier. Absurdité des situations bien rendue par le montage et les cadrages. Très bonne composition de J.-P. Léaud.
VF→LS **Général**

**J'AI ÉPOUSÉ UNE OMBRE** ▷5
FR 1982. Mélodrame de Robin DAVIS avec Nathalie Baye, Francis Huster et Madeleine Robinson. - Une jeune femme enceinte s'introduit dans une famille en passant pour la veuve d'un fils décédé. - Nouvelle version d'un film américain des années 40.
VA→LS

**J'AI MON VOYAGE** ▷5
QUÉ. 1973. Comédie de Denis HÉROUX avec Jean Lefebvre, Dominique Michel et René Simard. - Un Français établi au Québec entraîne sa famille dans un voyage à travers le Canada après avoir accepté une situation à Vancouver.
VO→14,95$ **Général**

**J'AI RENCONTRÉ LE PÈRE NOËL** ▷6
FR. 1984. Comédie fantaisiste de Christian GION avec Karen Chéryl, Armand Meffre et Emerick Chapuis. - Au cours d'une visite à l'aéroport, deux enfants sont mis par erreur à bord d'un avion qui les transporte au domaine du Père Noël en Laponie.
VO→LS **Général**

**J'AI RÊVÉ D'UN PAYS**
Voir: MILK AND HONEY

**J'AIME, J'AIME PAS** ▷5
QUÉ. 1995. Drame de mœurs de Sylvie GROULX avec Lucie Laurier, Dominic Darceuil et Patrick Labbé. - Une jeune mère célibataire tombe amoureuse d'un étudiant qui tourne une vidéo sur ses conditions de vie.
VO→19,95$ **Général**

**J.D.'S REVENGE** ▷0
É.-U. 1976, Arthur MARKS
VO→11,95$ **13 ans + Violence**

**J'EMBRASSE PAS** ▷3
FR. 1991. Drame psychologique d'André TÉCHINÉ avec Manuel Blanc, Philippe Noiret et Emmanuelle Béart. - Un jeune campagnard venu à Paris pour suivre des cours d'art dramatique en vient à faire le trottoir pour gagner sa vie. - Étonnant mélange de pudeur visuelle, de dialogues décapants et de scènes troublantes. Traitement détaché. Goût prononcé pour la métaphore. Interprètes de talent.
VO→24,95$ **13 ans +**

**J'EN SUIS** ▷6
QUÉ. 1997. Comédie de mœurs de Claude FOURNIER avec Roy Dupuis, Patrick Huard et Albert Milaire. - Un jeune architecte se fait passer pour homosexuel auprès d'un employeur gay.
STA→13,95$ VO→13,95$ **13 ans + Érotisme**

**J'IRAI AU PARADIS CAR L'ENFER EST ICI** ▷4
FR. 1997. Drame de mœurs de Xavier DURRINGER avec Arnaud Giovaninetti, Gérald Laroche et Claire Keim. - Le fils rebelle d'un gangster influent se joint à un petit groupe de bandits bientôt plongé dans une guerre intestine sanglante.
VO→18,95$ **16 ans + Violence**

**J'IRAI COMME UN CHEVAL FOU** ▷5
FR. 1973. Drame poétique de Fernando ARRABAL avec George Shannon, Hachemi Marzouk et Emmanuèle Riva. - Soupçonné de meurtre, un homme se réfugie au désert et y rencontre un homme sans âge à qui il décide de faire connaître la civilisation.
VO→LS **18 ans +**

**J.W. COOP** ▷4
É.-U. 1971. Drame psychologique réalisé et interprété par Cliff ROBERTSON avec Christina Ferrare et Geraldine Page. - Après dix ans de prison, un champion de rodéo est décontenancé par les changements effectués dans son milieu.
VO→LS **Général**

**JABBERWOCKY** ▷4
ANG. 1977. Comédie de Terry GILLIAM avec Michael Palin, Max Wall et Deborah Fallender. - Au Moyen Âge, le fils d'un tonnelier est amené par diverses circonstances à affronter une bête monstrueuse.
VO→LS **13 ans +**

**JACK** ▷5
É.-U. 1996. Comédie dramatique de Francis Ford COPPOLA avec Robin Williams, Adam Zolotin et Jennifer Lopez. - Un enfant de dix ans, qui en paraît quarante à cause d'une maladie génétique, tente de s'intégrer à l'école.
VF→16,95$ **Général**

**JACK & SARAH** ▷4
ANG. 1995. Comédie sentimentale de Tim SULLIVAN avec Richard E. Grant, Samantha Mathis et Ian McKellen. - Devant s'occuper seul de son bébé après le décès de sa femme, un avocat engage comme gardienne une jeune serveuse sans expérience.
VF→→13,95$ **Général**

**JACK LE TUEUR DE GÉANTS**
Voir: JACK THE GIANT KILLER

**JACK LONDON** ▷0
É.-U. 1943, Alfred SANTELL
VO→LS **Général - Déconseillé aux jeunes enfants**

**JACK THE BEAR** ▷4
É.-U. 1992. Drame psychologique de Marshall HERSKOVITZ avec Danny DeVito, Robert J. Steinmiller Jr et Miko Hughes. - Les problèmes rencontrés par un veuf qui doit élever seul ses deux fils de 3 et 12 ans.
VF→10,95$ Général

**JACK THE GIANT KILLER** ▷5
É.-U. 1962. Conte de Nathan Hertz JURAN avec Kerwin Mathews, Judi Meredith et Torin Thatcher. - Un jeune paysan courageux protège une princesse contre les ruses d'un sorcier.
VO→11,95$ Non classé

**JACKAL, THE** ▷5
É.-U. 1997. Drame policier de Michael CATON-JONES avec Bruce Willis, Richard Gere et Diane Venora. - Un tueur mystérieux à la solde de la mafia russe menace d'assassiner une personnalité haut placée du gouvernement américain.
VF→18,95$ LBX→18,95$ LBX-DVD→43,95$ 13 ans +

**JACKIE BROWN** ▷3
É.-U. 1997. Drame policier de Quentin TARANTINO avec Pam Grier, Samuel L. Jackson et Robert Forster. - Une hôtesse de l'air échafaude un plan audacieux pour s'emparer d'une importante somme d'argent appartenant à un trafiquant d'armes. - Intrigue riche et complexe au niveau des motivations des personnages. Réalisation assurée. Solide interprétation.
VO→16,95$ VF→16,95$ 13 ans + Violence

**JACKIE CHAN CONTRE-ATTAQUE**
Voir: FIRST STRIKE

**JACKIE CHAN CRIME STORY** ▷0
H. K. 1993, Kirk WONG
VA→11,95$

**JACKIE CHAN'S CRIME FORCE** ▷0
H. K. 1984, Yin-Ping CHU
VA-LBX→29,95$ 13 ans + Violence

**JACKIE CHAN'S POLICE FORCE (POLICE STORY)** ▷5
H.-K. 1985. Aventures réalisées et interprétées par Jackie CHAN avec Bridget Lin et Kenneth Tong. - Une lutte à mort s'engage entre un dangereux trafiquant de drogue et un policier expert en arts martiaux.
VA→14,95$ 13 ans +

**JACKIE CHAN'S WHO AM I?** ▷5
H.-K. 1998. Drame d'espionnage de Benny CHAN et Jackie CHAN avec Jackie Chan, Michelle Ferre et Mirai Yamamoto. - Un agent de la CIA devenu amnésique est menacé par des traîtres qui se sont emparés d'une puissante source d'énergie.
VF→9,95$ Général

**JACKIE CHAN'S 2ND STRIKE** ▷0
H. K. 1992, Stephen YIP
VA→LS 13 ans + Violence

**JACKNIFE** ▷4
É.-U. 1988. Drame psychologique de David JONES avec Robert De Niro, Kathy Baker et Ed Harris. - Difficilement remis de ses expériences de guerre au Viêt-nam, un camionneur vivant seul avec sa sœur reçoit la visite impromptue d'un vieux compagnon d'armes.
VO→LS Général

**JACKPOT, THE** ▷4
É.-U. 1950. Comédie de Walter LANG avec James Stewart, Barbara Hale et James Gleason. - L'heureux gagnant d'un concours connaît de multiples complications financières et matrimoniales.
VO→22,95$ Général

**JACOB'S LADDER** ▷4
É.-U. 1990. Drame fantastique d'Adrian LYNE avec Tim Robbins, Elizabeth Pena et Danny Aiello. - Un facteur new-yorkais souffrant d'hallucinations est convaincu que ses maux proviennent d'une épreuve subie durant la guerre du Viêt-nam.
VO→11,95$ VF→11,95$ LBX-DVD→27,95$ 13 ans +

**JACQUES ET NOVEMBRE** ▷3
QUÉ. 1984. Drame psychologique de Jean BEAUDRY et François BOUVIER avec Jean Beaudry, Carole Fréchette et Marie Cantin. - Pour occuper ses derniers jours, un jeune homme atteint d'une maladie incurable réalise un journal filmé à l'aide d'une caméra vidéo. - Étude intelligente d'une attitude humaniste devant la mort. Traitement chaleureux. Touches poétiques. J. Beaudry d'une vérité bouleversante.
VO→24,95$ Général

**JACQUES MESRINE** ▷4
FR. 1983. Documentaire de Hervé PALUD. - Documents, photos et interviews décrivent la vie d'un gangster notoire.
VO→LS Général

**JACQUOT DE NANTES** ▷3
FR. 1991. Chronique d'Agnès VARDA avec Laurent Monnier, Brigitte de Villepoix et Daniel Dublet. - En 1939, le jeune fils d'un garagiste de Nantes rêve d'entreprendre une carrière de cinéaste. - Évocation de l'enfance du cinéaste Jacques Demy. Montage complexe. Hommage d'une grande tendresse. Nombreux détails drôlement observés.
STA→LS Général

**JADE** ▷5
É.-U. 1995. Drame policier de William FRIEDKIN avec David Caruso, Linda Fiorentino et Chazz Palminteri. - Enquêtant sur le meurtre d'un millionnaire, un procureur découvre des secrets troublants au sujet de son ancienne maîtresse qui fait partie des suspects.
VF→LS VO→13,95$ 16 ans + Violence

**JAGGED EDGE** ▷4
É.-U. 1985. Drame policier de Richard MARQUAND avec Glenn Close, Jeff Bridges et Peter Coyote. - Une avocate tombe amoureuse d'un de ses clients soupçonné d'avoir assassiné son épouse.
VO→9,95$ VF→9,95$ LBX-DVD→28,95$ 18 ans +

**JAGUAR, LE** ▷5
FR. 1996. Comédie de Francis VEBER avec Jean Reno, Patrick Bruel et Harrisson Lowe. - Un jeune joueur professionnel parisien a été choisi par un Indien d'Amazonie afin qu'il aille récupérer son âme dans la forêt.
VO→26,95$ 13 ans +

**JAIL BAIT** ▷7
É.-U. 1954. Drame d'Edward D. WOOD JR. avec Dolores Fuller, Lyle Talbot et Herbert Rawlinson. - Un jeune voleur exerce un dur chantage sur un chirurgien dont il a liquidé le fils après un cambriolage.
VO→14,95$ Général

**JAILBIRDS' VACATION**
Voir: LES GRANDES GUEULES

**JAILHOUSE ROCK** ▷6
É.-U. 1957. Drame musical de Richard THORPE avec Elvis Presley, Judy Tyler et Mickey Shaughnessy. - Après un séjour en prison, un jeune bagarreur devient un chanteur à succès.
VO→11,95$ LBX-DVD→26,95$ Général

**JAKOB THE LIAR** ▷5
É.-U. 1999. Drame social de Peter KASSOVITZ avec Robin Williams, Alan Arkin et Bob Balaban. - En 1944, afin de redonner espoir à ses amis du ghetto, un Juif prétend posséder une radio qui annonce la victoire des Russes.
VF→14,95$ VO→14,95$
LBX-DVD→33,95$ Général - Déconseillé aux jeunes enfants

**JALOUSIE** ▷5
FR. 1990. Comédie de mœurs de Kathleen FONMARTY avec Lio, Christian Vadim et Odette Laure. - Éprise d'un décorateur coureur de jupons, une jeune photographe est dévorée, petit à petit, par une jalousie chronique.
VO→12,95$ Général

**JAMAICA INN** ▷0
ANG. 1939. Drame d'Alfred HITCHCOCK avec Charles Laughton, Maureen O'Hara et Horace Hodges. - Au début du XIXe siècle, un policier arrive à s'introduire dans un groupe de naufrageurs.
VO→34,95$ DVD→44,95$ Général

**JAMAIS DEUX SANS TOI**
Voir: DUCHESS OF IDAHO

**JAMAIS LE DIMANCHE**
Voir: NEVER ON SUNDAY

**JAMAIS PLUS JAMAIS**
Voir: NEVER SAY NEVER AGAIN

**JAMAIS SANS MA FILLE**
Voir: NOT WITHOUT MY DAUGHTER

**JAMBON JAMBON** ▷4
ESP. 1992. Drame de mœurs de Bigas LUNA avec Penelope Cruz, Javier Bardem et Stefania Sandrelli. - Une mère dominatrice complote pour empêcher son fils d'épouser la fille d'une tenancière de bordel qu'il a rendue enceinte.
STA→17,95$ VF→12,95$ 16 ans + Érotisme

**JAMES et LA PÊCHE GÉANTE**
Voir: JAMES & THE GIANT PEACH

**JAMES & THE GIANT PEACH** ▷3
É.-U. 1996. Conte de Henry SELICK avec Paul Terry, Joanna Lumley et Miriam Margolyes. - Un gamin fait un voyage fabuleux à bord d'une pêche géante avec des insectes aussi grands que lui et doués de la parole. - Mélange d'animation avec figurines et d'action réelle avec acteurs. Fantaisie raffinée et poétique. Conception visuelle saisissante.
VF→22,95$ VO→22,95$ VF-SP.ED.→22,95$ Général

**JAMES DEAN STORY, THE** ▷5
É.-U. 1957. Documentaire de Robert ALTMAN et George W. GEORGE. - La vie d'un acteur de talent mort prématurément à l'âge de vingt-cinq ans.
VO→LS Général

**JAMES JOYCE'S WOMEN** ▷4
É.-U. 1983. Drame biographique de Michael PEARCE avec Fionnula Flanagan, Timothy E. O'Grady et Chris O'Neill. - En 1957, un journaliste a un entretien avec la veuve de l'écrivain irlandais James Joyce, qui évoque divers moments de sa vie.
VO→LS 18 ans +

**JAMES JOYCE: A PORTRAIT OF THE ARTIST AS A YOUNG MAN** ▷3
ANG. 1977. Drame psychologique de Joseph STRICK avec Bosco Hogan, T.P. McKenna et Rosaleen Linehan. - L'enfance et l'adolescence d'un jeune Irlandais qui veut devenir écrivain. - Adaptation soignée du roman de James Joyce. Photographie admirable. Dialogue important à saveur littéraire.
VO→36,95$ 13 ans +

**JAMON JAMON**
Voir: JAMBON JAMBON

**JANE B. PAR AGNÈS V.** ▷3
FR. 1987. Documentaire d'Agnès VARDA avec Jane Birkin, Philippe Léotard et Jean-Pierre Léaud. - Portrait de l'actrice Jane Birkin alternant avec des saynètes sur des thèmes variés. - Traitement original. Mise en scène vive et colorée.
VO→LS Général

**JANE EYRE** ▷0
ANG. 1987, Julian AMYES
VO→24,95$ Général

**JANE EYRE** ▷4
É.-U. 1943. Drame psychologique de Robert STEVENSON avec Orson Welles, Joan Fontaine et Margaret O'Brien. - Un amour profond naît entre une jeune gouvernante et le propriétaire d'un riche manoir.
VO→24,95$ Général

**JANE EYRE** ▷4
ANG. 1996. Drame psychologique de Franco ZEFFIRELLI avec William Hurt, Charlotte Gainsbourg et Joan Plowright. - Une jeune femme devient gouvernante dans un manoir appartenant à un homme sévère duquel elle s'éprend.
VO→14,95$ Général

**JANE EYRE** ▷4
ANG. 1997. Drame psychologique de Robert YOUNG avec Samantha Morton, Ciaran Hinds et Gemma Jones. - Une jeune femme devient gouvernante dans un manoir appartenant à un homme sévère dont elle s'éprend.
VO→PC Général

**JANUARY MAN, THE** ▷4
É.-U. 1988. Drame policier de Pat O'CONNOR avec Kevin Kline, Mary Elizabeth Mastrantonio et Rod Steiger. - Un ex-policier est rappelé en service pour traquer un mystérieux meurtrier qui commet un crime par mois depuis un an.
VF→LS VO→LS Général

**JARDIN D'ÉDEN, LE** ▷4
MEX. 1994. Drame de mœurs de Maria NOVARO avec Renée Coleman, Bruno Bichir et Gabriela Roel. - Les hauts et les bas quotidiens de divers personnages vivant dans une petite ville-frontière au nord du Mexique.
STA→LS Général

**JARDIN DEL EDEN, EL**
VOIR: LE JARDIN D'ÉDEN

**JARDIN DES DÉLICES, LE** ▶2
ESP. 1970. Comédie satirique de Carlos SAURA avec Jose Luis Lopez Vasquez, Lucky Seto et Francicso Pierra. - La famille d'un amnésique cherche à découvrir l'endroit où il a déposé sa fortune. - Mélange de réalisme et de fantaisie. Montage complexe et intelligent. Touches satiriques mordantes. Protagoniste excellent.
STA→27,95$ Général

**JARDIN DES FINZI CONTINI, LE** ▷3
ITA. 1971. Drame psychologique de Vittorio DE SICA avec Lino Capolicchio, Dominique Sanda et Helmut Berger. - Une riche famille juive italienne sort de son isolement alors que s'amorce une persécution antisémite. - Drame d'époque évoqué avec élégance et sensibilité. Psychologie juste. Mise en scène intimiste.
STA→24,95$ Général

**JARDIN DES PLANTES, LE** ▷0
FR. 1996, Philippe DE BROCA
STA→94,95$ Général

**JARDIN DES SUPPLICES, LE** ▷6
FR. 1976. Drame de mœurs de Christian GION avec Roger Van Hool, Jacqueline Kerry et Toni Taffin. - Dans les années 1920, un jeune médecin libertin s'installe à Canton où il découvre de curieuses mœurs.
VO→LS 18 ans +

**JARDIN SECRET, LE**
Voir: THE SECRET GARDEN

**JARDIN SUSPENDU, LE**
Voir: THE HANGING GARDEN

**JARDINIER D'ARGENTEUIL, LE** ▷5
FR. 1966. Comédie de Jean-Paul LE CHANOIS avec Jean Gabin, Liselotte Pulver et Pierre Vernier. - Un vieux jardinier imprime des billets de banque pour joindre les deux bouts.
VO→14,95$ Général

**JARDINS DE PIERRE**
Voir: GARDENS OF STONE

**JASON AND THE ARGONAUTS** ▷4
ANG. 1963. Drame fantastique de Don CHAFFEY avec Todd Armstrong, Nancy Kovack et Niall MacGinnis. - Aidé par les dieux de l'Olympe, le prince Jason ramène la Toison d'or dans son royaume.
VO→14,95$ VF→14,95$ LBX-DVD→29,95$ Général

**JASON'S LYRIC** ▷5
É.-U. 1994. Drame policier de Doug McHENRY avec Allen Payne, Jada Pinkett et Bokeem Woodbine. - Les destins différents de deux frères liés par le secret de la mort brutale de leur père.
VO➔LS 13 ans + Violence

**JAVA DES OMBRES, LA** ▷5
FR. 1983. Drame policier de Romain GOUPIL avec Tchéky Karyo, Franci Camus et Anne Alvaro. - Libéré de prison, un ancien militant qui a fait du trafic d'armes cherche à rejoindre des amis sans savoir qu'il a été mis sous surveillance par des services de renseignements.
VO➔LS Général

**JAWS** ►2
É.-U. 1975. Drame de Steven SPIELBERG avec Roy Scheider, Richard Dreyfuss et Robert Shaw. - Un requin fait des ravages près des plages d'une île côtière. - Scénario savamment construit. Personnages pittoresques. Réalisation impeccable. Tension soutenue. Souci du détail percutant. Interprétation savoureuse.
VF➔LS LBX➔LS VF-SP.ED➔19,95$ 13 ans +

**JAWS 2** ▷5
É.-U. 1978. Drame de Jeannot SZWARC avec Roy Scheider, Lorraine Gary et Murray Hamilton. - Un requin fait des ravages dans les eaux avoisinant une station balnéaire.
VO➔11,95$ 13 ans +

**JAWS 3** ▷6
É.-U. 1983. Drame d'horreur de Joe ALVES avec Bess Armstrong, Dennis Quaid et Louis Gossett Jr. - Un requin s'est introduit dans la lagune d'un grand parc d'attractions en Floride.
VO➔11,95$ 13 ans +

**JAWS 4: THE REVENGE** ▷5
É.-U. 1987. Drame d'horreur de Joseph SARGENT avec Lorraine Gary, Michael Caine et Lance Guest. - Une veuve dont le fils a été tué par un requin décide d'affronter seule un de ces monstres marins, convaincue que celui-ci a un compte à régler avec sa famille.
VO➔19,95$ Général

**JAZZ SINGER, THE** ▷5
É.-U. 1952. Comédie musicale de Michael CURTIZ avec Danny Thomas, Peggy Lee et Mildred Dunnock. - Le fils d'un chantre de synagogue cherche à faire carrière dans le monde du spectacle.
VO➔19,95$ Général

**JAZZ SINGER, THE** ▷4
É.-U. 1927. Comédie musicale d'Alan CROSLAND avec Al Jolson, May McAvoy et Warner Oland. - Le fils d'un chantre de synagogue fait carrière dans le monde du spectacle.
VO➔19,95$ Général

**JAZZ SINGER, THE** ▷5
É.-U. 1980. Comédie musicale de Richard FLEISCHER avec Neil Diamond, Laurence Olivier et Lucie Arnaz. - Le fils d'un chantre de synagogue cherche à faire carrière dans le monde du spectacle.
VO➔14,95$ Général

**JAZZMAN** ▷0
RUS. 1984, Karen SHAKHNAZAROV
STA➔LS Général

**JE CHANTE POUR VOUS**
Voir: JOLSON SINGS AGAIN

**JE FERAI N'IMPORTE QUOI**
Voir: I'LL DO ANYTHING

**JE ME FAIS DU CINÉMA**
Voir: I OUGHT TO BE IN PICTURES

**JE NE REGRETTE PAS MA JEUNESSE** ▷0
JAP. 1946, Akira KUROSAWA
STA➔17,95$ Général

**JE RÈGLE MON PAS SUR LE PAS DE MON PÈRE** ▷5
FR. 1998. Comédie de Rémi WATERHOUSE avec Jean Yanne, Guillaume Canet et Laurence Côte. - Sauveur est un jeune cuisinier qui, à la mort de sa mère, une femme de chambre portugaise, apprend l'identité de son père.
VO➔LS 13 ans +

**JE SAIS QUE TU SAIS** ▷5
ITA. 1982. Comédie de mœurs réalisée et interprétée par Alberto SORDI avec Monica Vitti et Isabelle de Bernardi. - Par suite d'une erreur d'un détective privé, un employé de banque apprend des choses surprenantes sur la vie de sa femme et de sa fille.
VF➔LS 13 ans +

**JE SUIS CUBA** ►2
RUS. 1964. Film à sketches de Mikhail KALATOZOV avec Luz Maria Collazo, Jean Bouise et Sergio Corrieri. - Quatre histoires se déroulant à Cuba à l'aube de la révolution de Fidel Castro. - Œuvre propagandiste rendant hommage aux Cubains et à leur pays. Traitement à la fois sensuel, poétique et onirique. Utilisation étonnante de la caméra.
STA➔54,95$ STA-LBX-DVD➔44,95$ Général

**JE SUIS LE SEIGNEUR DU CHÂTEAU** ▷3
FR. 1989. Drame psychologique de Régis WARGNIER avec Régis Arpin, David Behar et Jean Rochefort. - Le fils de douze ans d'un hobereau de province accepte mal de partager son domaine avec le garçon de la nouvelle gouvernante. - Adaptation intelligente d'un roman de Susan Hill. Intrigue finement nuancée. Illustration de qualité. Jeu d'une intensité surprenante.
VO➔19,95$ 13 ans +

**JE SUIS LOIN DE TOI MIGNONNE** ▷5
QUÉ. 1976. Comédie de mœurs de C. FOURNIER avec Dominique Michel, Denise Filiatrault et Marc Legault. - En 1940, les aventures de deux sœurs qui travaillent dans une usine de munitions en espérant un mariage prochain.
VO➔18,95$ 13 ans +

**JE SUIS TIMIDE... MAIS JE ME SOIGNE** ▷4
FR. 1978. Comédie réalisée et interprétée par Pierre RICHARD avec Aldo Maccione et Mimi Coutelier. - Un grand timide quitte son emploi pour suivre à Nice une jeune fille dont il s'est épris sans oser l'aborder.
VO➔14,95$ Général

**JE T'AIME À TE TUER**
Voir: I LOVE YOU TO DEATH

**JE, TU, IL, ELLE** ▷0
FR. 1974, Chantal AKERMAN
STA➔49,95$ 16 ans +

**JE VAIS CRAQUER** ▷5
FR. 1979. Comédie satirique de François LETERRIER avec Christian Clavier, Nathalie Baye et Maureen Kerwin. - Un jeune cadre congédié se met à fréquenter les milieux du cinéma où il espère faire carrière.
VO➔LS 18 ans +

**JE VOUS AI TOUJOURS AIMÉ**
Voir: I'VE ALWAYS LOVED YOU

**JE VOUS SALUE MARIE** ▷4
FR. 1984. Drame poétique de Jean-Luc GODARD avec Myriem Roussel, Thierry Rode et Philippe Lacoste. - Transposition dans un contexte moderne de l'histoire de Marie et Joseph.
STA➔LS 13 ans +

**JEAN CARIGNAN, VIOLONEUX** ▷0
QUÉ. 1975, Bernard GOSSELIN
VO➔19,95$ Général

**JEAN DE FLORETTE** ▷3
FR. 1986. Comédie dramatique de Claude BERRI avec Daniel Auteuil, Gérard Depardieu et Yves Montand. - En bouchant la source qui se trouve sur la terre d'un voisin décédé, deux cultivateurs

espèrent pousser son héritier à quitter le domaine. - Récit âpre et lumineux. Images soignées. Interprétation fortement contrastée.
STA→18,95$ VO→19,95$ Général

**JEANNE D'ARC**
Voir: JOAN OF ARC

**JEANNE ET LE GARÇON FORMIDABLE** ▷4
FR. 1998. Comédie musicale d'Olivier DUCASTEL avec Virginie Ledoyen, Mathieu Demy et Jacques Bonnaffé. - Une jeune standardiste ayant déjà deux amants tombe amoureuse d'un jeune séropositif.
STA→LS VO→LS 13 ans +

**JEANNE LA PUCELLE 1: LES BATAILLES** ▷3
FR. 1993. Drame historique de Jacques RIVETTE avec Sandrine Bonnaire, André Marcon et Jean-Louis Richard. - En 1428, forte de certaines révélations divines, une jeune campagnarde prend le commandement d'une armée pour aller délivrer Orléans des mains des Anglais. - Fresque minutieuse au style narratif dépouillé. Réalisation simple et austère. Excellente partition musicale. Interprétation terre-à-terre de S. Bonnaire.
VO→19,95$ Général

**JEANNE LA PUCELLE 2: LES PRISONS** ▷3
FR. 1993. Drame historique de Jacques RIVETTE avec Sandrine Bonnaire, André Marcon et Jean-Louis Richard. - Jeanne d'Arc va combattre l'ennemi anglais en Normandie où elle se fait arrêter puis emprisonner, pour être ensuite abandonnée par son roi et excommuniée par l'Église. - Fresque minutieuse au style narratif dépouillé. Réalisation simple et austère. Excellente partition musicale. Interprétation terre-à-terre de S. Bonnaire.
VO→19,95$ Général

**JEANNOT LA FRIME**
Voir: FREDDY

**JEFFERSON IN PARIS** ▷4
É.-U. 1995. Drame biographique de James IVORY avec Nick Nolte, Greta Scacchi et Thandie Newton. - À la fin du XVIIIe siècle, l'ambassadeur américain à Paris s'adonne aux plaisirs de la cour et courtise la belle épouse d'un peintre anglais.
VF→23,95$ VO→21,95$ Général

**JEFFREY** ▷4
É.-U. 1995. Comédie de mœurs de Christopher ASHLEY avec Steven Weber, Patrick Stewart et Michael T. Weiss. - Fatigué de vivre avec la peur du sida, un jeune homosexuel décide de mettre un terme à sa vie sexuelle.
VO→32,95$ 13 ans + Langage vulgaire

**JENNIFER 8** ▷4
É.-U. 1992. Drame policier de Bruce ROBINSON avec Andy Garcia, Uma Thurman et Lance Henricksen. - Un détective enquête sur une sombre affaire de meurtres en série, dont les victimes sont de jeunes femmes aveugles.
VO→13,95$ LBX-DVD→38,95$ 13 ans +

**JEREMIAH JOHNSON** ▷3
É.-U. 1971. Western de Sydney POLLACK avec Robert Redford, Delle Bolton et Will Geer. - Les expériences d'un trappeur qui s'est installé dans une région sauvage des Rocheuses pour fuir la civilisation. - Style ample fait de grandeur et de simplicité. Évocation d'époque réussie. Admirables paysages d'une sauvage splendeur. R. Redford excellent.
LBX→14,95$ VO→14,95$ LBX-DVD→21,95$ Général

**JERICHO** ▷0
ANG. 1937, Thornton FREELAND
VO→34,95$ Général

**JERK, THE** ▷6
É.-U. 1979. Comédie de Carl REINER avec Steve Martin, Bernadette Peters et Mabel King. - Un naïf fait fortune avec une invention bizarre.
VO→11,95$ 13 ans +

**JERRY CHEZ LES CINOQUES**
Voir : DISORDERLY ORDERLY, THE

**JERRY MAGUIRE** ▷4
É.-U. 1996. Comédie dramatique de Cameron CROWE avec Tom Cruise, Cuba Gooding Jr. et Renée Zellweger. - Congédié de l'agence d'athlètes professionnels qui l'employait, un agent ambitieux investit toutes ses énergies dans la carrière d'un jeune joueur de football intraitable.
VF→9,95$ VO→9,95$ LBX→18,95$
LBX-DVD→36,95$ Général

**JERUSALEM** ▷0
SUÈ. 1998, Bille AUGUST
STA→19,95$ 13 ans +

**JESSE JAMES** ▷4
É.-U. 1939. Western de Henry KING avec Tyrone Power, Henry Fonda et Nancy Kelly. - Spoliés par des profiteurs, les deux fils d'un fermier du Missouri deviennent des hors-la-loi.
VO→11,95$ Général

**JESSE JAMES MEET FRANKENSTEIN'S DAUGHTER** ▷6
É. U. 1965. Drame d'horreur de William BEAUDINE avec John Lupton, Narda Onyx et Cal Bolder. - Poursuivi par la justice, Jesse James se réfugie chez un couple apparenté au baron Frankenstein.
VO→11,95$ Général

**JESTER, THE** ▷0
POL. 1937, Joseph GREEN
STA→LS Général

**JESUIT JOE** ▷4
CAN. 1991. Western de Olivier AUSTEN avec Peter Tarter, John Walsh et Laurence Treil. - En 1911, dans le Grand Nord canadien, un métis hors-la-loi recherche sa sœur qui a été enlevée par un Indien et ses acolytes.
VF→LS VO 13 ans +

**JESUS CHRIST SUPERSTAR** ▷4
É.-U. 1973. Drame musical de Norman JEWISON avec Ted Neeley, Carl Anderson et Yvonne Elliman. - Évocation des derniers jours de la vie de Jésus sous forme de spectacle musical.
VF→19,95$ VO→19,95$ LBX→19,95$ Général

**JÉSUS DE MONTRÉAL** ▷3
QUÉ. 1989. Drame de Denys ARCAND avec Lothaire Bluteau, Catherine Wilkening et Johanne-Marie Tremblay. - Sollicité par un religieux pour rénover la présentation d'un chemin de croix dramatique, un jeune acteur met au point une version révisée de la passion du Christ. - Intrigue intelligemment construite. Vision critique riche et complexe. Ruptures de ton bien utilisées. Interprétation prenante.
VO→LS 13 ans +

**JÉSUS DE NAZARETH**
Voir: JESUS OF NAZARETH

**JESUS OF NAZARETH** ▷3
ANG. 1976. Drame biblique de Franco ZEFFIRELLI avec Robert Powell, Olivia Hussey et James Farentino. - Illustration des principales étapes de la vie du Christ. - Téléfilm à la production somptueuse. Évocation bien située dans le contexte historique. Mise en scène habile et soignée. Quelques libertés sur le plan dramatique. Interprétation de classe.
VO→36,95$ DVD→41,95$ Général

**JESUS' SON** ▷4
É.-U. 1999. Drame de mœurs d'Alison MACLEAN avec Billy Crudup, Samantha Morton et Denis Leary. - Durant les années 1970, les tribulations d'un jeune junkie de 20 ans qui ne vit que pour se défoncer.
VO→LS 13 ans +

**JET PILOT** ▷4
É.-U. 1950. Comédie dramatique de Josef VON STERNBERG avec John Wayne, Janet Leigh et Jay C. Flippen. - Les aventures d'une jeune femme pilote venue de Russie atterrir sur une base militaire américaine en Alaska.
VO→→14,95$

**JEU D'ENFANT**
Voir: CHILD'S PLAY

**JEU D'ENFANT 2**
Voir: CHILD'S PLAY II

**JEU DE LA RUE, LE**
Voir: ABOVE THE RIM

**JEU DE MASSACRE** ▷3
FR. 1966. Comédie satirique de Alain JESSUA avec Jean-Pierre Cassel, Claudine Auger et Michel Duchaussoy. - Un jeune couple, auteur de bandes dessinées, vient près d'être désuni par la rencontre d'un mythomane riche et oisif. - Œuvre assez gratuite mais brillante. Mise en images habile. Interprètes bien dirigés.
STA→32,95$ Général

**JEU DU FAUCON, LE**
Voir: THE FALCON AND THE SNOWMAN

**JEUNE EINSTEIN, LE**
Voir: YOUNG EINSTEIN

**JEUNE FEMME CHERCHE COLOCATAIRE**
Voir: SINGLE WHITE FEMALE

**JEUNE FILLE AU CARTON À CHAPEAU, LA** ▷0
RUS. 1927, Boris BARNET
ITA→41,95$ Général

**JEUNE FILLE ET LA MORT, LA**
Voir: DEATH AND THE MAIDEN

**JEUNE FILLE INTERROMPUE**
Voir: GIRL, INTERRUPTED

**JEUNE FILLE, LA** ▷3
MEX. 1960. Drame de Luis BUÑUEL avec Zachary Scott, Kay Meersman et Bernie Hamilton. - Un Noir pourchassé se réfugie dans une île où un garde-chasse vit seul avec une adolescente. - Thème intéressant. Mise en scène sobre et réaliste. Interprétation dépouillée et juste.
VO→89,95$ Général

**JEUNE MAGICIEN, LE** ▷4
CAN. 1986. Comédie fantaisiste de Wlademar DZIKI avec R. Jedwab, E. Garson et Natasza Maraszek. - Un jeune garçon découvre qu'il possède un pouvoir de télékinésie dont il contrôle mal les effets.
VF→LS Général

**JEUNE MARIÉ, LE** ▷5
FR. 1982. Drame sentimental de Bernard STORA avec Richard Berry, Brigitte Fossey et Zoé Chauveau. - Le jour de ses noces, un ouvrier de province tombe amoureux d'une jeune femme qu'il cherche à revoir.
VO→LS Général

**JEUNE WERTHER, LE** ▷3
FR. 1992. Drame de mœurs de Jacques DOILLON avec Ismaël Jolé-Ménébhi, Mirabelle Rousseau et Thomas Brémond. - Des adolescents entreprennent une enquête afin de découvrir les raisons du suicide d'un camarade. - Scénario exprimant admirablement le désarroi des jeunes face à la mort. Propos allégé par un humour salutaire. Mise en scène précise et fluide. Jeunes interprètes criants de naturel.
VO→18,95$ Général

**JEUNES FILLES EN UNIFORME** ▷0
ALL. 1931, Leontine SAGAN
STA→22,95$ Général

**JEUNES MAFIOSI**
Voir: MOBSTERS

**JEUNES SORCIÈRES**
Voir: LITTLE WITCHES

**JEUNESSE EN FOLIE**
Voir: KITCHEN PARTY

**JEUX D'ARTIFICES** ▷4
FR. 1987. Comédie dramatique de Virginie THÉVENET avec Myriam David, Gaël Séguin et Ludovic Henry. - À la mort de leur mère, un frère et une sœur sont livrés à eux-mêmes et à leurs fantasmes.
VO→LS Général

**JEUX D'ESPIONS**
Voir: HOPSCOTCH

**JEUX D'ÉTÉ** ▷3
SUÈ. 1950. Drame psychologique de Ingmar BERGMAN avec Maj-Britt Nilsson, Birger Malmsten et Alf Kjellin. - Une ballerine revit en pensée les jours heureux du passé. - Œuvre de jeunesse où l'auteur transpose une expérience personnelle. Images d'une grande beauté. Interprétation juste et nuancée.
STA→27,95$ 13 ans +

**JEUX DE CHATS** ▷0
HON. 1974, Karoly MAKK
STA→52,95$ Général

**JEUX DE GUERRE**
Voir: PATRIOT GAMES

**JEUX DE GUERRE**
Voir: WARGAMES

**JEUX DE HASARD** ▷0
FR. 1979, Louis-Georges CARRIER
VO→LS Non classé

**JEUX DE L'AMOUR ET DE LA GUERRE, LES**
Voir: THE AMERICANIZATION OF EMILY

**JEUX DE POUVOIR**
Voir: WHITE MAN'S BURDEN

**JEUX INTERDITS** ►2
FR. 1952. Drame de René CLÉMENT avec Brigitte Fossey, Georges Poujouly et Lucien Hubert. - Un garçonnet prend sous sa protection une orpheline recueillie par ses parents. - Analyse subtile et pénétrante de l'univers des enfants. Vision critique de la guerre située dans un univers poétique. Remarquable direction des jeunes interprètes.
STA→27,95$ Général

**JEUX SECRETS**
Voir: SECRET GAMES

**JEUX SONT FAITS, LES**
Voir: REINDEER GAMES

**JEW, THE** ▷0
POR.-BRÉ. 1995, Jom Tob AZULAY
STA→49,95$ 13 ans +

**JEWEL OF THE NILE, THE** ▷4
É.-U. 1985. Aventures de Lewis TEAGUE avec Kathleen Turner, Michael Douglas et Spiros Focas. - Un couple, croyant s'emparer d'un magnifique diamant, s'aperçoit que le joyau en question n'est autre qu'un vieux sage emprisonné par un potentat arabe.
VO→PC VF→11,95$ Général

**JEZEBEL** ▷3
É.-U. 1938. Drame psychologique de William WYLER avec Bette Davis, Henry Fonda et George Brent. - Après avoir éloigné son fiancé par ses caprices, une jeune femme le retrouve dans des circonstances dramatiques. - Somptueuse évocation d'époque. Climat romantique bien dosé. Réalisation soignée et précise. Très bonne interprétation.
VO→14,95$ DVD→21,95$ Général

**JFK** ▷3
É.-U. 1991. Drame judiciaire d'Oliver STONE avec Kevin Costner, Sissy Spacek et Joe Pesci. - En 1966, un procureur de La Nouvelle-Orléans ouvre une enquête sur l'assassinat du président John F. Kennedy. - Scénario touffu fondé à la fois sur des faits réels et des hypothèses. Utilisation astucieuse de documents d'archives. Suspense d'une intensité certaine. Interprètes talentueux.
LBX-D. CUT→19,95$ D.CUT→24,95$ LBX-DVD D.CUT 13 ans +

**JICOP LE PROSCRIT**
Voir: THE LONELY MAN

**JIGSAW MAN, THE** ▷5
ANG. 1984. Drame d'espionnage de Terence YOUNG avec Michael Caine, Laurence Olivier et Susan George. - Un transfuge anglais est renvoyé dans son pays par les Russes pour récupérer une liste compromettante.
VO→LS Général

**JIM THORPE - ALL AMERICAN** ▷4
É.-U. 1951. Drame biographique de Michael CURTIZ avec Burt Lancaster, Charles Bickford et Phyllis Thaxter. - Les succès et défaites d'un joueur de football amérindien.
VO→19,95$ Général

**JIMI HENDRIX** ▷4
É.-U. 1973. Documentaire de Joe BOYD, John HEAD et Gary WEIS. - Évocation de la carrière de Jimi Hendrix, guitariste et chanteur mort en 1970 à l'âge de 27 ans.
VO→14,95$ 13 ans +

**JIMMY HOLLYWOOD** ▷5
É.-U. 1994. Comédie dramatique de Barry LEVINSON avec Joe Pesci, Christian Slater et Victoria Abril. - Après s'être fait justice lui-même à la suite d'un vol, un acteur au tempérament impulsif se lance à la poursuite de tous les criminels de Hollywood.
VF Général

**JINGLE ALL THE WAY** ▷5
É.-U. 1996. Comédie fantaisiste de Brian LEVANT avec Arnold Schwarzenegger, Sinbad et Rita Wilson. - À la veille de Noël, un père de famille tente désespérément de trouver un jouet fort populaire qu'il a promis à son fils.
VF→19,95$ VO→19,95$ Général

**JIT** ▷0
ZIM. 1993, Michael RAEBURN
VO→26,95$ Général

**JOAN OF ARC** ▷4
É.-U. 1948. Drame historique de Victor FLEMING avec Ingrid Bergman, Jose Ferrer et Francis L. Sullivan. - Une simple paysanne devient chef de guerre pour répondre à une inspiration céleste.
VO→14,95$ Non classé

**JOAN OF ARC** ▷4
É.-U. 1999. Drame historique de Christian DUGUAY avec Leelee Sobieski, Chad Willett et Jacqueline Bisset. - Au XVe siècle, une simple paysanne prend la tête de l'armée française au nom de Dieu afin de combattre l'occupant anglais.
VF→14,95$ VO→14,95$ Général

**JOAN OF PARIS** ▷5
É.-U. 1942. Drame de guerre de Robert STEVENSON avec Michèle Morgan, Paul Henreid et Alan Ladd. - Une jeune fille aide des aviateurs abattus en France à échapper aux Allemands.
VO→LS Non classé

**JOAN THE WOMAN** ▷0
É.-U. 1917, Cecil B. DeMILLE
VO→41,95$ Général

**JODY ET LE FAON**
Voir: THE YEARLING

**JOE** ▷4
É.-U. 1970. Drame psychologique de John G. AVILDSEN avec Dennis Patrick, Peter Boyle et Susan Sarandon. - Un ouvrier gueulard se lie d'amitié avec un homme qui vient de tuer un «hippie» dans un moment de colère.
VO→LS 13 ans + Violence

**JOE CONTRE LE VOLCAN**
Voir: JOE VERSUS THE VOLCANO

**JOE GOULD'S SECRET** ▷4
É.-U. 2000. Drame biographique réalisé et interprété par Stanley TUCCI, avec Ian Holm et Hope Davis. - Dans les années 1940, un journaliste du *New Yorker* devient le biographe d'un excentrique sans-abri aux ambitions littéraires.
VO→LS

**JOE KIDD** ▷4
É.-U. 1972. Western de John STURGES avec Clint Eastwood, Robert Duvall et John Saxon. - Un rancher engagé dans une expédition punitive contre des Mexicains finit par s'allier à ceux-ci.
LBX-DVD→PC VO→14,95$ LBX-DVD→PC Général

**JOE'S APARTMENT** ▷5
É.-U. 1996. Comédie fantaisiste de John PAYSON avec Jerry O'Connell, Megan Ward et Robert Vaughn. - Un jeune homme emménage à New York dans un appartement où prolifèrent des milliers de joyeux cafards parlants.
VO→LS 13 ans +

**JOE'S SO MEAN TO JOSEPHINE** ▷4
CAN. 1996. Drame psychologique de Peter WELLINGTON avec Eric Thal, Sarah Polley et Don McKellar. - Une jeune étudiante en journalisme et un beau ténébreux vivent une relation sentimentale tumultueuse.
VF→14,95$ VO→14,95$ 13 ans +

**JOE THE KING** ▷0
É.-U. 1999, Frank WHALEY
LBX-DVD→PC LBX-DVD→PC Général - Déconseillé aux jeunes enfants

**JOE VERSUS THE VOLCANO** ▷4
É.-U. 1990. Comédie fantaisiste de John Patrick SHANLEY avec Tom Hanks, Meg Ryan et Lloyd Bridges. - Un homme détestant son travail et n'ayant plus que six mois à vivre reçoit la visite d'un excentrique milliardaire qui lui offre de terminer sa vie sur un coup d'éclat.
VF→11,95$ VO→11,95$ Général

**JOEY BREAKER** ▷6
É.-U. 1992. Drame de Steven STARR avec Richard Edson, Cedella Marley et Fred Fondren. - Un impresario sans scrupules apprend à regarder la vie sous un autre angle au contact d'un jeune comédien et d'une serveuse jamaïquaine.
VO→LS Général

**JOFROI** ▷4
FR. 1934. Comédie de Marcel PAGNOL avec Vincent Scotto, Henri Poupon et Annie Toinon. - Un paysan est bouleversé à la pensée qu'on doit abattre les arbres de son verger.
VO→29,95$ **Général**

**JOFROI ET REGAIN (COFFRET)** ▷0
Voir: JOFROI · REGAIN
VO **Général**

**JOHN AND JULIE** ▷4
ANG. 1954. Comédie de William FAIRCHILD avec Colin Gibson, Lesley Dudley et Constance Cummings. - Deux enfants font l'école buissonnière pour assister au couronnement de la reine.
VO→24,95$

**JOHN AND THE MISSUS** ▷4
CAN. 1986. Drame social réalisé et interprété par Gordon PINSETT avec Jackie Burroughs et Randy Follett. - Au début des années 1960, un Terre-Neuvien refuse de quitter son village lorsque la mine de cuivre où il travaillait s'apprête à fermer.
VO→LS **Général**

**JOHN CARPENTER'S VAMPIRES** ▷5
É.-U. 1997. Drame d'horreur de John CARPENTER avec James Woods, Daniel Baldwin et Sheryl Lee. - Un chasseur de vampires et son équipe affrontent un redoutable buveur de sang âgé de 600 ans.
VO→12,95$ VF→12,95$ LBX-DVD→29,95$ **16 ans + Horreur**

**JOHN HUSTON AND THE DUBLINERS** ▷4
É.-U. 1987. Documentaire de Lilyan SIEVERNICH. - Compte rendu du tournage de *The Dead*, dernier long métrage réalisé par le cinéaste John Huston.
VO→41,95$ **Général**

**JOHN PAUL JONES** ▷5
É.-U. 1959. Aventures de John FARROW avec Robert Stack, Marisa Pavan et Charles Coburn. - Un habile marin se met au service des États-Unis en rébellion contre l'Angleterre.
VO→19,95$ **Général**

**JOHNNY ANGEL** ▷5
É.-U. 1945. Drame policier d'Edwin L. MARIN avec George Raft, Claire Trevor et Marvin Miller. - Un officier de la marine marchande cherche les assassins de son père.
VO→LS **Non classé**

**JOHNNY APOLLO** ▷5
É.-U. 1948. Drame policier de Henry HATHAWAY avec Tyrone Power, Dorothy Lamour et Edward Arnold. - Un financier malhonnête condamné à la prison y est bientôt rejoint par son fils.
VO→16,95$ **Non classé**

**JOHNNY BELINDA** ▷4
É.-U. 1948. Drame de mœurs de Jean NEGULESCO avec Jane Wyman, Lew Ayres et Charles Bickford. - Un médecin s'intéresse au sort d'une jeune sourde-muette devenue mère après avoir été violée.
VO→19,95$ **Général**

**JOHNNY BELLE GUEULE**
Voir: JOHNNY HANDSOME

**JOHNNY COME LATELY** ▷5
É.-U. 1943. Comédie dramatique de William K. HOWARD avec James Cagney, Grace George et Marjorie Main. - Un journaliste devenu vagabond aide une veuve, directrice de journal, à triompher de ses ennemis.
VO→9,95$ **Non classé**

**JOHNNY CURE-DENT** ▷5
ITA. 1991. Comédie policière réalisée et interprétée par Roberto BENIGNI avec Nicoletta Braschi et Paolo Bonacelli. - Un pauvre mal-aimé est confondu avec un mafioso repenti à qui toute la Sicile veut faire la peau.
STA→11,95$ VF→11,95$ **Général**

**JOHNNY DANGEROUSLY** ▷5
É.-U. 1984. Comédie d'Amy HECKERLING avec Michael Keaton, Joe Piscopo et Marilu Henner. - Un jeune garçon débrouillard entre dans la pègre pour subvenir aux besoins de sa mère malade et pour payer les études de droit de son frère.
VF→11,95$ VO→11,95$ **Général**

**JOHNNY EAGER** ▷5
É.-U. 1941. Drame policier de Mervyn LeROY avec Robert Taylor, Lana Turner et Van Heflin. - Un homme s'éprend de la fille du juge qui l'envoya jadis en prison.
VO→18,95$ **Général**

**JOHNNY GOT HIS GUN** ▷3
É.-U. 1971. Drame social de Dalton TRUMBO avec Timothy Bottoms, Jason Robards et Diane Varsi. - Un soldat dont les bras, les jambes et le visage ont été emportés par une bombe est maintenu en vie dans un hôpital militaire. - Sujet nettement antibelliciste. Traitement poignant d'un cas pathétique. Quelques envolées imaginatives un peu hors contexte. Interprétation sobre.
VO→LS **13 ans +**

**JOHNNY GUITAR** ►2
É.-U. 1954. Western de Nicholas RAY avec Sterling Hayden, Joan Crawford et Scott Brady. - Grâce à un ancien amoureux, la propriétaire d'un saloon réussit à l'emporter sur une ennemie. - Classique du western. Approche originale du genre. Climat dramatique très réussi. Réalisation d'une grande maîtrise. Forte interprétation.
VO→LS VO→LS **Général**

**JOHNNY HANDSOME** ▷5
É.-U. 1989. Drame de Walter HILL avec Mickey Rourke, Ellen Barkin et Elizabeth McGovern. - En prison, un voleur à l'apparence hideuse se fait refaire le visage par un médecin qui croit pouvoir guérir les tendances criminelles par la chirurgie plastique.
VO→11,95$ VF→18,95$ **18 ans +**

**JOHNNY LE DANGEREUX**
Voir: JOHNNY DANGEROUSLY

**JOHNNY MNEMONIC** ▷5
CAN. 1995. Science-fiction de Robert LONGO avec Keanu Reeves, Dolph Lundgren et Takeshi. - En 2021, un jeune courrier entreprend une mission périlleuse consistant à transporter une formule secrète implantée dans son cerveau.
VF→11,95$ **13 ans + Violence**

**JOHNNY ONE-EYED** ▷0
É.-U. 1950, Robert FLOREY
VO→24,95$ **Général**

**JOHNNY S'EN VA-T-EN GUERRE**
Voir: JOHNNY GOT HIS GUN

**JOHNNY STECCHINO**
Voir: JOHNNY CURE-DENT

**JOHNNY SUEDE** ▷5
É.-U. 1991. Comédie dramatique de Tom DiCILLO avec Brad Pitt, Calvin Levels et Alison Moir. - Les tribulations sentimentales d'un jeune excentrique qui rêve de devenir vedette de rock'n roll.
VO→17,95$ **13 ans +**

**JOHNSONS, THE** ▷5
HOL. 1991. Drame d'horreur de Rudolf VAN DEN BERG avec Monique Van de Ven, Esmée de la Bretonière et Kenneth Herdigen. - Une photographe et sa fille adolescente sont tourmentées par sept frères psychopathes possédés par un esprit malin.
VO→LS **16 ans + Horreur**

**JOLI CŒUR, LE** ▷5
FR. 1983. Comédie réalisée et interprétée par Francis PERRIN avec Cyrielle Claire et Sylvain Rougerie. - Un timide demande à un copain de conquérir pour lui une jolie femme médecin dont il s'est épris.
VO→LS **Général**

**JOLIE FEMME, UNE**
Voir: PRETTY WOMAN

**JOLSON SINGS AGAIN** ▷5
É.-U. 1949. Drame biographique de Henry LEVIN avec Larry Parks, Barbara Hale et William Demarest. - La carrière et les épreuves du chanteur Al Jolson au cours des années 1940.
VO→19,95$ **Non classé**

**JOLSON STORY, THE** ▷4
É.-U. 1946. Drame biographique d'Alfred E. GREEN avec Larry Parks, Evelyn Keyes et William Demarest. - La vie du célèbre chanteur de jazz Al Jolson.
VO→19,95$ **Non classé**

**JONAH WHO LIVED IN THE WHALE** ▷0
FR.-ITA. 1993, Roberto FAENZA
VO→8,95$ **Général**

**JONAS QUI AURA 25 ANS EN L'AN 2000** ▷3
SUI. 1976. Comédie de mœurs d'Alain TANNER avec Jean-Luc Bideau, Jacques Denis et Miou-Miou. - À Genève, les circonstances mettent en contact divers jeunes gens d'esprit contestataire. - Étude primesautière de problèmes contemporains. Ton ironique. Effets de distanciation.
STA→LS **Général**

**JONATHAN LIVINGSTON SEAGULL** ▷3
É.-U. 1973. Conte de Hall BARTLETT. - Les rêves et les exploits d'un goéland désireux de se livrer à des choses plus importantes que la chasse quotidienne pour la survie. Adaptation du livre de Richard Bach. Illustration riche. Certains développements un peu lents. Amples paysages marins. Envolées lyriques.
VO→8,95$ **Général**

**JORY** ▷5
É.-U. 1972. Western de Jorge FONS avec Robby Benson, John Marley et B.J. Thomas. - Après la mort de son père, un adolescent se joint à un convoi de chevaux en route pour le Nouveau Mexique.
VO→LS **Général**

**JOSÉPHA** ▷4
FR. 1981. Comédie dramatique de Christopher FRANK avec Miou-Miou, Claude Brasseur et Bruno Cremer. - Les difficultés professionnelles et sentimentales d'un couple de comédiens.
VO→14,95$ **Général**

**JOSEPHINE BAKER STORY, THE** ▷5
É.-U. 1990. Drame biographique de Brian GIBSON avec Lynn Whitfield, Ruben Blades et David Dukes. - Les grands moments de la carrière de la danseuse-chanteuse étoile Josephine Baker.
VO→11,95$

**JOSEY WALES, HORS-LA-LOI**
Voir: THE OUTLAW JOSEY WALES

**JOSHUA THEN AND NOW** ▷4
CAN. 1985. Comédie dramatique de Ted KOTCHEFF avec James Woods, Gabrielle Lazure et Alan Arkin. - À l'occasion d'une crise familiale, un écrivain se remémore les étapes de sa carrière.
VO→LS **13 ans +**

**JOSHUA, HIER ET AUJOURD'HUI**
Voir: JOSHUA THEN AND NOW

**JOUER AVEC LA MORT**
Voir: THE GAME

**JOUER DUR**
Voir: THE HARD WAY

**JOUET, LE** ▷4
FR. 1976. Comédie satirique de Francis VEBER avec Pierre Richard, Michel Bouquet et Fabrice Gréco. - Un journaliste doit accepter de se soumettre aux caprices du jeune fils de son patron qui l'a choisi comme «jouet».
VO→LS **Général**

**JOUETS**
Voir: TOYS

**JOUEUR PARFAIT, LE**
Voir: LET IT RIDE

**JOUEUR, LE** ▷4
FR. 1958. Drame psychologique de Claude AUTANT-LARA avec Gérard Philipe, Liselotte Pulver et Françoise Rosay. - Après des déboires amoureux, un jeune homme se livre à la passion du jeu.
VO→LS **Général**

**JOUR «S...», LE** ▷4
QUÉ. 1984. Comédie dramatique de Jean-Pierre LEFEBVRE avec Pierre Curzi, Marie Tifo et Marcel Sabourin. - Au cours d'une journée s'annoncant ordinaire, un éditeur dans la quarantaine vit divers incidents lui rappellant les étapes de sa vie dans un contexte québécois en changement.
VO→LS **Général**

**JOUR DE COLÈRE** ►1
DAN. 1942. Drame de Carl Theodor DREYER avec Thorkild Roose, Lisbeth Movin et Preben Lerdorff. - Ayant provoqué la mort de son mari, une femme est accusée de sorcellerie. - Œuvre d'une valeur exceptionnelle. Beauté plastique des images. Interprétation remarquable.
STA→27,95$ STF→21,95$ **Général**

**JOUR DE FÊTE (VERSION COULEUR)** ▷3
FR. 1949. Comédie réalisée et interprétée par Jacques TATI avec Guy Decomble et Paul Frankeur. - Un facteur s'efforce tant bien que mal à donner un coup de main à des forains pour les préparatifs d'une fête de village. - Premier long métrage de J. Tati restauré avec les négatifs couleurs originaux. Gags visuels efficaces. Notations de mœurs amusantes. Personnage central cocasse.
VO→26,95$ **Général**

**JOUR DE LA MARMOTTE, LE**
Voir: GROUNDHOG DAY

**JOUR DU DAUPHIN, LE**
Voir: THE DAY OF THE DOLPHIN

**JOUR ET LA NUIT, LE** ▷6
FR. 1996. Drame de mœurs de Bernard-Henri LÉVY avec Alain Delon, Arielle Dombasle et Karl Zéro. - Un producteur de films et une actrice se rendent au fin fond du Mexique pour rencontrer un ancien écrivain à succès dont ils veulent adapter un des romans.
VO→LS

**JOUR SE LÈVE, LE** ►2
FR. 1939. Drame de Marcel CARNÉ avec Jean Gabin, Arletty et Jules Berry. - Un ouvrier est poussé au désespoir quand il apprend l'infidélité de celle qu'il aime. - Film de classe. Excellente photographie. Beaucoup de rythme. Interprétation puissante.
STA→27,95$ STA→27,95$ **Général**

**JOURNAL D'UN CURÉ DE CAMPAGNE, LE** ►1
FR. 1950. Drame religieux de Robert BRESSON avec Claude Laydu, Armand Guibert et Nicole Ladmiral. - Le ministère difficile d'un jeune curé pauvre et malade. - Adaptation fidèle du roman de Georges Bernanos. Réalisation sobre, soignée, au rythme méditatif. Jeu admirablement contrôlé des comédiens.
STA→LS **Général**

**JOURNAL D'UNE FEMME DE CHAMBRE, LE** ▷3
FR. 1964. Drame de mœurs de Luis BUÑUEL avec Jeanne Moreau, George Géret et Michel Piccoli. - Une femme s'engage comme domestique chez des gens au comportement bizarre. - Adaptation d'un roman d'Octave Mirbeau. Riche observation de mœurs. Beauté formelle. Mise en scène d'une grande précision. Ton de satire accentué. J. Moreau excellente.
STA→LS **13 ans +**

**JOURNAL D'UNE FILLE PERDUE** ▷0
ALL. 1929, Georg Wilhelm PABST
ITA→LS **Général**

**JOURNAL DE LADY M., LE** ▷5
SUI. 1993. Drame d'Alain TANNER avec Myriam Mézières, Juanjo Puligcorbé et Félicité Wouassi. - Après avoir découvert que son amant est père de famille, une chanteuse de cabaret lui suggère de venir habiter chez elle avec sa femme et ses enfants.
VO→LS 16 ans + Érotisme

**JOURNAL DU SÉDUCTEUR, LE** ▷4
FR. 1995. Comédie de mœurs réalisée et interprétée par Danièle DUBROUX avec Chiara Mastroianni et Melvil Poupaud. - Une étudiante tombe amoureuse d'un jeune homme ténébreux qui l'entraîne dans une étrange affaire d'homicide.
VO→26,95$ Général

**JOURNAL INTIME** ▷3
ITA. 1993. Film à sketches réalisé et interprété par Nanni MORETTI avec Renato Carpentieri et Antonio Neiwiller. - Trois épisodes dans la vie d'un cinéaste romain. - Tableau vivant et personnel de l'Italie contemporaine. Œuvre attachante et sereine. Traitement varié allant de la fantaisie à la satire. Musique irrésistible. N. Moretti fort à l'aise.
STA→11,95$ VF→11,95$ Général

**JOURNAL, LE**
Voir: THE PAPER

**JOURNÉE D'IVAN DENISOVICH, UNE**
Voir: ONE DAY IN THE LIFE OF IVAN DENISOVICH

**JOURNÉE EN TAXI, UNE** ▷5
QUÉ. 1981. Comédie dramatique de Robert MÉNARD avec Jean Yanne, Gilles Renaud et Michel Forget. - L'amitié progressive entre un chauffeur de taxi et un prisonnier libéré pour trente-six heures.
VO→LS Général

**JOURNÉE PARTICULIÈRE, UNE** ▷3
ITA. 1977. Comédie de mœurs d'Ettore SCOLA avec Sophia Loren, Marcello Mastroianni et Françoise Berd. - Restée seule dans son appartement pendant un défilé marquant le passage d'Hitler à Rome, une femme rencontre un autre locataire. - Observations pertinentes d'ordre politique autant que psychologique. Excellents comédiens.
VA→LS Général

**JOURNEY FOR MARGARET** ▷4
É.-U. 1942. Drame de guerre de W.S. VAN DYKE II avec Robert Young, Laraine Day et Margaret O'Brien. - Un correspondant de presse et sa femme s'attachent à deux enfants victimes des bombardements.
VO→19,95$ Général

**JOURNEY INTO FEAR** ▷4
É.-U. 1943. Drame d'espionnage de Norman FOSTER avec Joseph Cotten, Dolores Del Rio et Orson Welles. - Pendant un voyage en Turquie, un Américain est poursuivi par des agents allemands.
VO→LS Général

**JOURNEY OF HOPE**
Voir: VOYAGE VERS L'ESPOIR

**JOURNEY OF NATTY GANN, THE** ▷4
É.-U. 1985. Aventures de Jeremy KAGAN avec Meredith Salenger, Ray Wise et John Cusack. - Dans les années 1930, une fillette aux allures de garçon décide de traverser les États-Unis pour rejoindre son père.
VF→LS VO Général

**JOURNEY TO THE CENTER OF THE EARTH** ▷4
É.-U. 1959. Science-fiction de Henry LEVIN avec Pat Boone, James Mason et Arlene Dahl. - Un professeur d'université veut parvenir au centre de la Terre en passant par un volcan éteint.
VO→11,95$ Général

**JOURNEY TO THE FAR SIDE OF THE SUN (DOPPELGANGER)** ▷5
ANG. 1969. Science-fiction de Robert PARRISH avec Roy Thinnes, Patrick Wymark et Catherine Von Schell. - Un astronaute aborde une planète inconnue qui se révèle être un double de la Terre.
VO→11,95$ Général

**JOURNEY TO THE SUN** ▷0
TUR.-ALL. 1999, Yesim USTAOGLU
STA→LS

**JOURS DE CINÉ** ▷5
ISL. 1994. Drame de mœurs de Fridrik Thor FRIDRIKSSON avec Orvar Jens Arnarsson, Jon Sigurbjornsson et Rurik Haraldsson. - Au début des années 1960, un jeune garçon fasciné par les films hollywoodiens passe les vacances dans une ferme.
STF→PC Général

**JOURS DE TONNERRE**
Voir: DAYS OF THUNDER

**JOURS ET LES NUITS DE CHINA BLUE, LES**
Voir: CRIMES OF PASSION

**JOURS TRANQUILLES À CLICHY** ▷5
FR. 1989. Comédie dramatique de Claude CHABROL avec Andrew McCarthy, Nigel Havers et Stéphanie Cotta. - Un écrivain américain se remémore les aventures qu'il a vécues à Paris dans les années 1930 avec un photographe et une aguichante adolescente.
VF→LS 13 ans +

**JOY LUCK CLUB, THE** ▷3
É.-U. 1993. Chronique de Wayne WANG avec Tsai Chin, Kieu Chinh et Lisa Lu. - Les tribulations de quatre femmes chinoises qui traversent diverses épreuves dans leur pays d'origine avant d'immigrer aux États-Unis. - Scénario fluide et captivant divisé en sketches. Ensemble touchant. Mise en scène soignée mettant en valeur d'excellentes comédiennes.
VO→11,95$ VF→11,95$ Général

**JOY OF LIVING** ▷4
É.-U. 1938. Comédie sentimentale de Tay GARNETT avec Douglas Fairbanks Jr., Irene Dunne et Alice Brady. - Un joyeux luron s'éprend d'une vedette exploitée par sa famille.
VO→LS Général

**JOYEUSES PÂQUES** ▷6
FR. 1984. Comédie de Georges LAUTNER avec Jean-Paul Belmondo, Marie Laforêt et Sophie Marceau. - Les tribulations d'un coureur de jupons impénitent surpris par sa femme en charmante compagnie.
VO→LS Général

**JOYEUX CALVAIRE** ▷4
QUÉ. 1996. Drame de mœurs de Denys ARCAND avec Gaston Lepage, Benoît Brière et Chantal Baril. - Tout en déambulant dans Montréal, deux clochards se racontent des anecdotes et rencontrent plusieurs personnages excentriques.
VO→LS 13 ans +

**JOYEUX NOËL**
Voir: MIXED NUTS

**JOYLESS STREET**
Voir: RUE SANS JOIE

**JU-DOU** ▷3
CHI. 1990. Drame de mœurs de Zhang YIMOU avec Gong Li, Li Baotian et Li Wei. - Le neveu adoptif d'un vieux teinturier s'éprend de la jeune épouse maltraitée de ce dernier. - Évocation fascinante et détaillée de traditions oubliées. Drame âpre et cruel. Illustration soignée. Interprétation soutenue de G. Li.
STA→14,95$ STA-DVD→31,95$ Général

**JUBILEE** ▷0
ANG. 1977, Derek JARMAN
VO→41,95$ 16 ans + Violence

**JUDAS KISS** ▷0
É.-U. 1998, Sebastian GUTIERREZ
VF→LS VO→LS 16 ans +

**JUDE** ▷4
É.-U. 1996. Mélodrame de Michael WINTERBOTTOM avec Christopher Eccleston, Kate Winslet et Liam Cunningham. - Dans l'Angleterre de la fin du XIXe siècle, un aspirant universitaire vit un amour passionné et scandaleux avec sa cousine.
VO→LS 13 ans +

**JUDGE DREDD** ▷6
É.-U. 1995. Science-fiction de Danny CANNON avec Sylvester Stallone, Rob Schneider et Diane Lane. - Vers 2600, dans une mégapole où les policiers sont à la fois juges, jurés et bourreaux, l'un d'entre eux se voit injustement accusé de meurtre.
VF→PC VO→PC 13 ans + Violence

**JUDGMENT AT NUREMBERG** ▷3
É.-U. 1961. Drame social de Stanley E. KRAMER avec Spencer Tracy, Richard Widmark et Maximilian Schell. - Histoire romancée d'un procès intenté par les Américains aux dirigeants nazis. - Œuvre forte et honnête. Style sobre et concis. Texte d'une grande intelligence. Distribution remarquable.
VO→24,95$ Général

**JUDGMENT IN BERLIN** ▷5
É.-U. 1987. Drame social de Leo PENN avec Martin Sheen, Heinz Hönig et Sam Wanamaker. - À la fin des années 70, un juge américain doit présider à Berlin le procès d'un pirate de l'air est-allemand.
VO→LS Général

**JUDGMENT NIGHT** ▷4
É.-U. 1993. Drame policier de Stephen HOPKINS avec Emilio Estevez, Cuba Gooding Jr. et Denis Leary. - Quatre amis qui se sont égarés dans un quartier industriel sont pris en chasse par des tueurs après avoir été témoins d'un meurtre.
VF→18,95$ 13 ans + Violence

**JUDITH OF BETHULIA** ▷0
É.-U. 1913, David W. GRIFFITH
ITA→LS Général

**JUGÉ COUPABLE**
Voir: TRUE CRIME

**JUGE ET L'ASSASSIN, LE** ▷3
FR. 1976. Drame social de Bertrand TAVERNIER avec Philippe Noiret, Michel Galabru et Jean-Claude Brialy. - À la fin du XIXe siècle, un juge d'instruction circonvient un assassin pour faire progresser sa carrière. - Tableau complexe et critique de l'époque. Progression intelligente et vigoureuse. Interprétation remarquable.
STA→32,95$ 13 ans +

**JUGE FAYARD DIT «LE SHÉRIF», LE** ▷4
FR. 1977. Drame policier de Yves BOISSET avec Patrick Dewaere, Aurore Clément et Philippe Léotard. - Un juge d'instruction tente de démanteler une bande avec laquelle sont acoquinés des politiciens.
VO→LS Général

**JUGE, LE** ▷4
FR. 1984. Drame policier de Philippe LEFEBVRE avec Jacques Perrin, Richard Bohringer et Daniel Duval. - À Marseille, la lutte courageuse et ardue d'un juge d'instruction contre un magnat de la drogue.
VO→LS Non classé

**JUGGERNAUT** ▷4
ANG. 1974. Drame policier de Richard LESTER avec Richard Harris, Omar Sharif et David Hemmings. - Un inconnu place des bombes à bord d'un paquebot et réclame une rançon au directeur de la ligne transatlantique.
VO→14,95$ Général

**JUICE** ▷4
É.-U. 1992. Drame social d'Ernest R. DICKERSON avec Omar Epps, Khalil Kain et Jermaine Hopkins. - Un adolescent de Harlem participe avec des copains à un hold-up qui a des conséquences tragiques.
VO→13,95$ 13 ans +

**JUILLET EN SEPTEMBRE** ▷6
FR. 1988. Drame de mœurs de Sébastien JAPRISOT avec Laetitia Gabrielli, Anne Parillaud et Eric Damain. - Une enfant trouvée un 14 juillet devant un phare d'une petite ville de province y retourne à l'âge de vingt ans avec l'espoir de retracer ses origines.
VO→LS Général

**JULES ET JIM** ►2
FR. 1961. Drame de François TRUFFAUT avec Jeanne Moreau, Oskar Werner et Henri Serre. - Deux amis aiment la même femme qui répond à l'amour de chacun d'eux.- Curieux mélange d'amertume et de désinvolture. Montage audacieux. Mise en scène inventive. Excellente interprétation.
STA→LS Général

**JULIA** ▷3
É.-U. 1977. Drame psychologique de Fred ZINNEMANN avec Jane Fonda, Vanessa Redgrave et Jason Robards. - Une dramaturge retrouve une amie de jeunesse engagée dans la résistance antinazie. - Scénario tiré d'un livre autobiographique de Lillian Hellman. Mélange habile de réalisme et d'art. Excellente interprétation.
VO→24,95$ Général

**JULIA A DEUX AMANTS**
Voir: JULIA HAS TWO LOVERS

**JULIA AND JULIA** ▷4
ITA. 1987. Drame psychologique de Peter DEL MONTE avec Kathleen Turner, Gabriel Byrne et Sting. - La vie d'une veuve bascule brusquement dans une autre dimension où elle vit l'existence qu'elle aurait eue si son mari n'était pas mort six ans auparavant.
VO→LS 13 ans +

**JULIA HAS TWO LOVERS** ▷5
É.-U. 1990. Comédie de mœurs de Bashar SHBIB avec Daphna Kastner, David Duchoveny et David Charles. - Alors qu'elle hésite à épouser l'homme avec qui elle vit depuis deux ans, une jeune femme s'engage dans une liaison avec un inconnu.
VF→LS VO→LS 13 ans +

**JULIA MISBEHAVES** ▷5
É.-U. 1948. Comédie de Jack CONWAY avec Walter Pidgeon, Greer Garson et Elizabeth Taylor. - Une femme revient auprès de son ex-mari à l'occasion des fiançailles de leur fille.
VO→19,95$

**JULIET OF THE SPIRITS**
Voir: JULIETTE DES ESPRITS

**JULIETTE DES ESPRITS** ►2
ITA. 1965. Drame psychologique de Federico FELLINI avec Giulietta Masina, Sandra Milo et Mario Pisu. - Se sentant négligée par son mari, une femme se laisse aller à des visions fantastiques. - Style flamboyant. Opulence visuelle remarquable où abondent les images baroques. Réalisation d'une grande souplesse. Rôle plutôt effacé de la protagoniste.
STA-LBX→LS STA-LBX-DVD→39,95$ 13 ans +

**JULIUS CAESAR** ▷3
É.-U. 1953. Drame historique de Joseph Leo MANKIEWICZ avec Marlon Brando, James Mason et John Gielgud. - À Rome, en l'an 44 avant J.-C., des sénateurs, inquiets de la puissance de César, décident de l'assassiner. - Scénario fidèle au texte de Shakespeare. Réalisation habile. Admirable dialogue servi par d'excellents interprètes.
VO→19,95$ Général

**JULIUS CAESAR** ▷5
É.-U. 1970. Drame historique de Stuart BURGE avec Charlton Heston, Jason Robards et Richard Johnson. - Après avoir participé à l'assassinat de César, Brutus doit affronter Marc-Antoine et Octave.
VO→19,95$ Général

**JUMANJI** ▷4
É.-U. 1995. Drame fantastique de Joe JOHNSTON avec Robin Williams, Bonnie Hunt et Kirsten Dunst. - En jouant à un jeu de dés aux pouvoirs surnaturels, des enfants libèrent dans notre monde des créatures fantastiques.
VF→14,95$ VO→22,95$ LBX-DVD→33,95$ Général

**JUMEAU, LE** ▷5
FR. 1984. Comédie de Yves ROBERT avec Pierre Richard, Carey More et Camilla More. - Pour faire la cour à deux jumelles, un séducteur s'invente un frère jumeau.
VO→LS Général

**JUMEAUX**
Voir: TWINS

**JUMENT-VAPEUR, LA** ▷5
FR. 1978. Comédie dramatique de Joyce BUÑUEL avec Carole Laure, Pierre Santini et Liliane Roveyre. - Après sept ans de mariage, une épouse insatisfaite tente de résister aux avances d'un architecte.
STA→LS Général

**JUMPIN' JACK FLASH** ▷5
É.-U. 1986. Comédie policière de Penny MARSHALL avec Whoopi Goldberg, Stephen Collins et John Wood. - Après avoir capté sur son ordinateur un message d'un agent secret britannique, une employée de banque est traquée par des tueurs.
VF→LS Général

**JUMPIN' NIGHT IN THE GARDEN OF EDEN, A** ▷0
É.-U. 1979, Michal GOLDMAN
VO→LS Général

**JUMPING JACKS** ▷5
É.-U. 1951. Comédie de Norman TAUROG avec Jerry Lewis, Dean Martin et Mona Freeman. - Un artiste de music-hall partage la vie d'un régiment de parachutistes.
VO→13,95$ Général

**JUNE NIGHT** ▷0
SUÈ. 1940, Per LINDBERG
STA→29,95$ STA-DVD→33,95$ Général

**JUNGLE BOOK** ▷4
É.-U. 1942. Aventures d'Zoltan KORDA avec Sabu, Patricia O'Rourke et Joseph Calleia. - Trois hommes essaient de s'emparer d'un trésor qu'un enfant sauvage a découvert.
VO→14,95$ DVD→21,95$ Général

© 1991 Universal City Studios Inc. © 1998 Universal Home Video Inc.

**JUNGLE BOOK, THE** ▷4
É.-U. 1967. Dessins animés de Wolfgang REITHERMAN. - Une panthère au bon cœur découvre un bébé abandonné dans la jungle et le confie à une louve pour qu'elle l'élève.
VF→7,95$ VO→LS LBX-DVD→34,95$ Général

**JUNGLE BOOK, THE** ▷4
É.-U. 1994. Aventures de Stephen SOMMERS avec Jason Scott Lee, Cary Elwes et Lena Headey. - En voulant retrouver celle qu'il aime, un garçon qui a grandi parmi les animaux sauvages de la jungle entre en lutte avec un militaire anglais.
VO-LBX→24,95$ VF→7,95$ VO→15,95$ Général

**JUNGLE CAPTIVE** ▷0
É.-U. 1944, Harold YOUNG
VO→14,95$ Général

**JUNGLE FEVER** ▷4
É.-U. 1991. Drame de mœurs de Spike LEE avec Wesley Snipes, Annabella Sciorra et John Turturro. - L'idylle entre un architecte de race noire et sa jeune secrétaire italo-américaine a des conséquences néfastes sur la vie de l'un et de l'autre.
VO→11,95$ VF→11,95$ LBX-DVD→28,95$ 13 ans +

**JUNGLE WOMAN** ▷0
É.-U. 1944, Reginald LeBORG
VO→14,95$ Général

**JUNGLE 2 JUNGLE** ▷6
É.-U. 1997. Comédie de John PASQUIN avec Tim Allen, Sam Huntington et Martin Short. - Un boursier stressé doit s'occuper de son fils de treize ans, né dans la jungle amazonienne, qui débarque à New York pour la première fois.
VO→21,95$ Général

**JUNIOR** ▷5
É.-U. 1994. Comédie fantaisiste d'Ivan REITMAN avec Arnold Schwarzenegger, Danny DeVito et Emma Thompson. - Après avoir avalé une drogue destinée à faciliter la grossesse, un savant devient le premier homme «enceint» au monde.
VF→PC VO→PC LBX-DVD→PC Général

**JUNIOR BONNER** ▷3
É.-U. 1972. Étude de mœurs de Sam PECKINPAH avec Steve McQueen, Robert Preston et Ida Lupino. - Un champion de rodéos revient dans sa ville natale à l'occasion d'une compétition. - Regard sympathique sur l'Ouest contemporain. Observations intéressantes. Mise en scène souple. Interprétation convaincante.
VO→9,95$ Général

**JUNIPER TREE, THE** ▷4
SUÈ. 1990. Drame de Nietzchka KEENE avec Björk Gudmundsdottir, Bryndis Petra Bragadottir et Valdimar Orn Flygenring. - Au Moyen Âge, après que sa mère ait été brûlée pour sorcellerie, une Islandaise va vivre avec son nouvel époux et son beau-fils.
VO→24,95$ 13 ans +

**JUNK MAIL** ▷3
NOR. 1997. Comédie dramatique de Pal SLETAUNE avec Robert Skjaerstad, Andrine Saether et Per Egil Aske. - Un facteur minable s'immisce dans l'intimité d'une jeune femme sourde mêlée à un vol qui a mal tourné. - Univers glauque dépeint à l'aide de trouvailles drolatiques ou insolites.
STA-LBX→19,95$ 13 ans +

**JUNO AND THE PEACOCK** ▷0
É.-U. 1929, Alfred HITCHCOCK
VO→18,95$ Général

**JUPON ROUGE, LE** ▷4
FR. 1986. Drame psychologique de Geneviève LEFEBVRE avec Marie-Christine Barrault, Alida Valli et Guillemette Grobon. - Les relations sentimentales tourmentées entre trois femmes d'âge différent.
VO→LS Général

**JURASSIC PARK** ▷3
É.-U. 1993. Science-fiction de Steven SPIELBERG avec Sam Neill, Laura Dern et Richard Attenborough. - Grâce au clonage, un promoteur réussit à peupler une île déserte de dinosaures en vue d'en faire un parc d'attractions. - Adaptation nerveuse et inventive d'un roman de Michael Crichton. Touches d'humour et d'ironie. Trucages étonnants. Interprétation sensible et énergique.
LBX➔LS **Général**

**JURASSIC PARK (COFFRET)** ▷3
É.-U. 1993. Science-fiction de Steven SPIELBERG avec Sam Neill, Laura Dern et Richard Attenborough. - Grâce au clonage, un promoteur réussit à peupler une île déserte de dinosaures en vue d'en faire un parc d'attractions. - Adaptation nerveuse et inventive d'un roman de Michael Crichton. Touches d'humour et d'ironie. Trucages étonnants. Interprétation sensible et énergique.
VF➔19,95$ VO➔19,95$

**JURÉE, LA**
Voir: THE JUROR

**JUROR, THE** ▷5
É.-U. 1996. Drame judiciaire de Brian GIBSON avec Demi Moore, Alec Baldwin et Joseph Gordon-Levitt. - Un gangster tente de forcer une jurée d'user de sa position afin de faire acquitter un mafioso.
VO➔13,95$ **16 ans +**

**JURY OF ONE**
Voir: VERDICT

**JUSQU'AU BOUT DU MONDE**
Voir: UNTIL THE END OF THE WORLD

**JUSQU'AU CŒUR** ▷4
QUÉ. 1968. Comédie satirique de Jean-Pierre LEFEBVRE avec Robert Charlebois, Claudine Monfette et Pierre Dufresne. - La société entreprend de réformer un jeune bohème.
VF➔19,95$ VO➔19,95$ **Général**

**JUST AROUND THE CORNER** ▷5
É.-U. 1938. Comédie de Irving CUMMINGS avec Shirley Temple, Charles Farrell et Joan Davis. - Une fillette s'efforce de venir en aide à son père ruiné.
VO➔24,95$

**JUST CAUSE** ▷5
É.-U. 1995. Drame policier de Arne GLIMCHER avec Sean Connery, Laurence Fishburne et Kate Capshaw. - Un professeur de droit s'efforce de sauver de la chaise électrique un jeune Noir qui se prétend innocent du meurtre dont on l'accuse.
LBX-DVD➔PC VO➔PC VF➔PC **13 ans + Violence**

**JUST FOR YOU** ▷5
É.-U. 1952. Comédie musicale de Elliott NUGENT avec Bing Crosby, Jane Wyman et Ethel Barrymore. - Avec l'aide de sa fiancée, un chanteur veuf cherche à regagner la confiance de ses enfants.
VO➔14,95$ **Général**

**JUST LIKE A WOMAN** ▷4
ANG. 1992. Comédie de mœurs de Christopher MONGER avec Adrian Pasdar, Julie Walters et Paul Freeman. - Rejeté par son épouse qui le croit infidèle, un jeune financier qui s'adonne au travestisme tombe amoureux d'une divorcée délurée.
VO➔LS **Général**

**JUST YOUR LUCK** ▷0
É.-U. 1996, Gary AUERBACH
VO➔18,95$ **13 ans +**

**JUSTE POUR LE FUN**
Voir: FUN

**JUSTES, LES (TZEDEK)** ▷4
FR. 1994. Documentaire de M. HALTER. - Évocation des actes héroïques de diverses personnes qui ont sauvé des milliers de juifs durant la Seconde Guerre mondiale.
STF➔18,95$ **Général**

**JUSTICE AU CŒUR, LA**
Voir: SLING BLADE

**JUSTICE POUR TOUS**
Voir: AND JUSTICE FOR ALL

**K** ▷4
FR. 1997. Drame policier d'Alexandre ARCADY avec Patrick Bruel, Isabella Ferrari et Marthe Keller. - Un policier français enquête à Berlin sur un Allemand qu'un vieil ami juif avait abattu avant de mourir de façon suspecte.
VO→19,95$ 13 ans +

**K-9** ▷5
É.-U. 1989. Comédie policière de Rod DANIEL avec James Belushi, Mel Harris et Kevin Tighe. - Avec l'aide d'un cabot malin et capricieux, un détective cherche à prendre sur le fait un important trafiquant.
VF→LS VO Général

**K2** ▷5
É.-U. 1991. Drame sportif de Franc RODDAM avec Michael Biehn, Matt Craven et Raymond J. Barry. - Deux alpinistes aux caractères bien différents se joignent à un vétéran en vue de vaincre le K2, le deuxième sommet du monde.
VF→12,95$ VO→17,95$ Général

**KABLOONAK** ▷4
CAN. 1994. Drame biographique de Claude MASSOT avec Charles Dance, Adamie Inukpuk et Seporah Q. Ungalaq. - En 1920, un cinéaste passe plusieurs mois en compagnie d'un chasseur inuit et de sa famille.
VO→19,95$ VF→12,95$ Général

**KADOSH** ▷3
ISR. 1999. Drame de mœurs d'Amos GITAÏ avec Yaël Abecassis, Meital Barda et Yoram Hattab. - Deux sœurs vivant dans une communauté ultra-orthodoxe de Jérusalem cherchent à échapper à la sujétion que leur impose leur religion. - Critique sérieuse de l'intégrisme religieux. Rythme lent. Mise en scène sobre. Jeu très intérieur des interprètes.
STA→49,95$ Général

**KAFKA** ▷3
É.-U. 1991. Drame fantastique de Steven SODERBERGH avec Jeremy Irons, Theresa Russell et Joel Grey. - En 1919, à Prague, un employé de bureau enquête sur la disparition mystérieuse d'un collègue de travail. - Climat de cauchemar kafkaïen bien traduit. Mise en scène inventive et raffinée. Moments de terreur palpable. Interprétation remarquable de J. Irons.
VF→12,95$ VO→18,95$ 13 ans +

**KAGEMUSHA** ►2
JAP. 1980. Drame épique d'Akira KUROSAWA avec Tatsuya Nakadai, Tsutomu Yamazaki et Kenichi Hagiwara. - Au XVI^e siècle, les membres d'un clan guerrier cachent la mort de leur seigneur en utilisant un sosie. - Spectacle d'envergure riche en morceaux de bravoure impressionnants. Réalisation magistrale. Acteurs admirablement dirigés.
STA→24,95$ Général

**KALAMAZOO** ▷5
QUÉ. 1988. Comédie fantaisiste d'André FORCIER avec Rémy Girard, Marie Tifo et Tony Nardi. - Un sexagénaire n'ayant jamais connu d'aventure sentimentale tombe follement amoureux d'une femme qui semble avoir une queue de poisson à la place des jambes.
VO→13,95$ Général

**KALEIDOSCOPE** ▷4
É.-U. 1966. Comédie policière de Jack SMIGHT avec Warren Beatty, Susannah York et Clive Revill. - Un habile joueur affronte au poker un chef de la pègre.
VO→18,95$ Général

**KALIFORNIA** ▷4
É.-U. 1993. Drame de mœurs de Dominic SENA avec Brad Pitt, Juliette Lewis et David Duchovny. - Un meurtrier et sa petite amie répondent à l'annonce d'un jeune couple qui se cherche des compagnons de route pour un voyage vers la Californie.
VF→LS VO→11,95$ LBX→LS 16 ans + Violence

**KAMA SUTRA: A TALE OF LOVE** ▷4
IND. 1996. Mélodrame de Mira NAIR avec Indira Varma, Sarita Choudhury et Ramon Tikaram. - Au XVI^e siècle en Inde, une jeune reine et la fille d'un serviteur se disputent le cœur d'un roi.
VO→13,95$ VF→18,95$ 16 ans + Érotisme

**KAMERADSCHAFT**
Voir: LA TRAGÉDIE DE LA MINE

**KAMIKAZE '89** ▷5
ALL. 1982. Drame policier de Wolf GREMM avec Rainer Werner Fassbinder, Gunther Kaufmann et Franco Nero. - Un policier enquête sur l'existence d'une bombe placée dans un édifice où se trouvent les bureaux d'une entreprise dominant la vie de la population allemande.
STA→LS Général

**KAMOURASKA (VERSION LONGUE)** ▷3
QUÉ. 1973. Drame sentimental de Claude JUTRA avec Geneviève Bujold, Richard Jordan et Philippe Léotard. - Rendue malheureuse par son mari, le seigneur de Kamouraska, une jeune femme pousse un médecin américain à le tuer. - Adaptation soignée du roman d'Anne Hébert. Climat d'envoûtement poétique. Forte interprétation de G. Bujold.
VO→18,95$ 13 ans +

**KANAL**
Voir: ILS AIMAIENT LA VIE

**KANEHSATAKE: 270 ANS DE RÉSISTANCE** ▷4
QUÉ. 1993. Documentaire d'Alanis OBOMSAWIN. - Évocation des événements de l'été 1990 au cours desquels les Mohawks de Kanehsatake se révoltèrent contre un projet d'aménagement municipal.
VO→19,95$ Général

**KANGAROO** ▷4
AUS. 1986. Drame de mœurs de Tim BURSTALL avec Colin Friels, Judy Davis et John Walton. - En 1922, un écrivain anglais installé en Australie avec sa femme est mêlé à des luttes politiques.
VO→LS Général

**KANSAS** ▷5
É.-U. 1988. Drame de mœurs de David STEVENS avec Andrew McCarthy, Matt Dillon et Leslie Hope. - Forcé de voyager clandestinement sur un train de fret, un jeune homme y fait la connaissance d'un criminel recherché.
VF→17,95$ Général

**KANSAS CITY** ▷4
É.-U. 1996. Drame psychologique de Robert ALTMAN avec Jennifer Jason Leigh, Miranda Richardson et Harry Belafonte. - Une femme kidnappe l'épouse d'un gouverneur pour faire libérer son mari aux prises avec la pègre.
VO-LBX→19,95$ VF→19,95$ 13 ans +

**KAOS** ►2
ITA. 1984. Film à sketches de Paolo et Vittorio TAVIANI avec Margarita Lozano, Claudio Bigagli et Omero Antonutti. - Illustration de contes siciliens tirés de l'œuvre de Pirandello. - Évocation diversifiée de la Sicile ancienne. Problèmes humains traités avec un mélange de rudesse et de sensibilité. Mise en scène ample et aérée. Interprétation d'une force naturelle contrôlée.
STA→LS **Général**

**KARATE KID, THE** ▷4
É.-U. 1984. Comédie dramatique de John G. AVILDSEN avec Ralph Macchio, Noriyuki Morita et Elisabeth Shue. - Souffre-douleur de ses camarades d'école, un adolescent de petite taille est initié aux arts martiaux par un vieux Japonais.
VO→14,95$ VF→14,95$ **Général**

**KARATE KID, PART II, THE** ▷5
É.-U. 1986. Drame sportif de John G. AVILDSEN avec Ralph Macchio, Noriyuki Morita et Tamlyn Tomita. - Un jeune karateka américain, accompagnant son maître au Japon, s'attire l'inimitié du neveu d'un ancien ennemi de celui-ci.
VF→LS VO→14,95$ **Général**

**KARATE KID, PART III, THE** ▷5
É.-U. 1989. Drame sportif de John G. AVILDSEN avec Ralph Macchio, Noriyuki Morita et Robyn Lively. - Un spéculateur organise un combat de karaté entre un jeune gladiateur sans scrupule et un adolescent timide détenteur du titre de champion.
VO→14,95$ **Général**

**KARATE POLISH STYLE** ▷0
POL. 1982, Wojciech WOJCIK
STA→LS **13 ans +**

**KARMINA** ▷5
QUÉ. 1996. Comédie fantaisiste de Gabriel PELLETIER avec Isabelle Cyr, Robert Brouillette et Yves Pelletier. - Fuyant un mariage imposé par ses parents, une vampire trouve refuge auprès de sa tante qui l'incite à redevenir humaine.
VO→18,95$ **13 ans +**

**KARNAVAL** ▷4
FR. 1998. Drame de mœurs de Thomas VINCENT avec Sylvie Testud, Amar Ben Abdallah et Clovis Cornillac. - Lors du carnaval de Dunkerque, la jeune épouse d'un gardien de sécurité a une brève aventure avec un mécanicien beur.
VO→PC

**KASPAR HAUSER** ▷4
ALL. 1993. Chronique historique de Peter SEHR avec André Eisermann, Katharina Thalbach et Uwe Ochsenknecht. - La destinée tragique d'un jeune prince héritier du grand-duché de Bade qui, victime de machinations, grandit dans l'anonymat et la misère.
STA-LBX→14,95$ **13 ans +**

**KATIA** ▷4
FR. 1959. Drame sentimental de Robert SIODMAK avec Romy Schneider, Curd Jurgens et Pierre Blanchar. - Le tsar Alexandre II s'éprend d'une jeune fille de petite noblesse.
VF→26,95$ **Général**

**KATIA ISMAÏLOVA** ▷4
RUS. 1994. Drame psychologique de Valeri TUDOROVSKI avec Ingeborga Dapkounaite, Alice Freindlikh et Vladimir Machkov. - Une jeune femme qui séjourne avec sa belle-mère dans une datcha près de Moscou s'engage dans une relation adultère passionnée.
VF→18,95$ **13 ans +**

**KAYLA** ▷6
CAN. 1997. Aventures de Nicholas KENDALL avec Tod Fennell, Henry Czerny et Meredith Henderson. - En 1920, dans un village québécois, un jeune garçon entraîne un chien sauvage à tirer un traîneau.
VF→LS VO→LS **Général**

**KEEP'EM FLYING** ▷5
É.-U. 1941. Comédie d'Arthur LUBIN avec Bud Abbott, Lou Costello et Martha Raye. - Pour accompagner un ami, deux maladroits s'engagent dans l'aviation.
VO→18,95$ **Non classé**

**KEEP, THE** ▷5
É.-U. 1983. Drame fantastique de Michael MANN avec Scott Glenn, Alberta Watson et Jurgen Prochnow. - Un bataillon allemand, installé dans une ancienne forteresse en Roumanie, est aux prises avec une force mystérieuse.
VF→LS VO→LS **13 ans +**

**KEEPER OF THE FLAME** ▷4
É.-U. 1942. Drame de George CUKOR avec Spencer Tracy, Katharine Hepburn et Richard Whorf. - Un journaliste découvre un mystère dans la vie d'un homme public décédé.
VO→14,95$ **Général**

**KEEPER, THE** ▷4
É.-U. 1996. Drame psychologique de Joe BREWSTER avec Giancarlo Esposito, Regina Taylor et Isaach de Bankole. - Un gardien de prison oublie ses convictions idéalistes lorsque sa femme s'éprend d'un ancien détenu.
VO→34,95$ **13 ans + Langage vulgaire**

**KEEPERS OF THE FRAME** ▷0
É.-U. 1999, Mark MCLAUGHLIN
VO→21,95$

**KEEPING THE FAITH** ▷4
É.-U. 2000. Comédie sentimentale réalisée et interprétée par Edward NORTON avec Ben Stiller et Jenna Elfman. - À New York, un prêtre catholique et un rabbin tombent tous les deux amoureux d'une amie d'enfance devenue une séduisante femme d'affaires.
VF→PC VO→16,95$

**KEETJE TIPPEL** ▷0
HOL. 1976, Paul VERHOEVEN
STA→32,95$ **16 ans + Érotisme**

**KELLY'S HEROES** ▷4
É.-U. 1970. Comédie de Brian G. HUTTON avec Clint Eastwood, Telly Savalas et Donald Sutherland. - Des soldats américains traversent les lignes allemandes en francs-tireurs pour s'emparer de l'or conservé dans une banque.
VF→LS VO→14,95$ LBX-DVD→26,95$ **Général**

**KENNEDY ET MOI** ▷4
FR. 1999. Comédie dramatique de Sam KARMANN avec Jean-Pierre Bacri, Nicole Garcia et François Chattot. - Un écrivain dépressif en vient à convoiter la montre de son psychanalyste, qu'aurait portée John F. Kennedy le jour de sa mort.
VO→LS **Général**

**KENNY**
Voir: THE KID BROTHER

**KENTUCKIAN, THE** ▷5
É.-U. 1955. Western réalisé et interprété par Burt LANCASTER avec Dianne Foster et Walter Matthau. - Pour mettre fin à une vendetta, un montagnard du Kentucky décide d'aller s'établir au Texas avec son jeune fils.
VO→14,95$ **Général**

**KENTUCKY FRIED MOVIE, THE** ▷0
É.-U. 1976, John LANDIS
VO→29,95$ **18 ans +**

**KENTUCKY KERNELS** ▷0
É.-U. 1934, George STEVENS
VO→LS **Non classé**

**KERMESSE DE L'OUEST, LA**
Voir: PAINT YOUR WAGON

**KERMESSE HÉROÏQUE, LA** ►2
FR. 1935. Comédie satirique de Jacques FEYDER avec Françoise Rosay, Jean Murat et Louis Jouvet. - Les femmes d'un village des Pays-Bas se chargent d'amadouer les envahisseurs espagnols. - Excellente reconstitution de l'époque. Images remarquables inspirées des peintres flamands. Interprétation de première classe.
STA→26,95$ **Général**

**KEY LARGO** ▷3
É.-U. 1949. Drame psychologique de John HUSTON avec Humphrey Bogart, Lauren Bacall et Edward G. Robinson. - Un ancien combattant doit affronter des gangsters redoutables. - Climat de tension habilement créé. Personnages campés avec netteté. Mise en scène vigoureuse. Jeu solide des interprètes.
VF→14,95$ DVD→21,95$ **Général**

**KEY TO REBECCA, THE** ▷5
ANG. 1985. Drame d'espionnage de David HEMMINGS avec Cliff Robertson, David Soul et Season Hubley. - Au Caire en 1942, les services secrets britanniques sont à la recherche d'un dangereux espion allemand.
VO→LS **Non classé**

**KEY, THE** ▷4
ANG. 1958. Drame de guerre de Carol REED avec William Holden, Sophia Loren et Trevor Howard. - Un marin confie sa fiancée à un ami au cas où il ne reviendrait pas d'une mission périlleuse.
VO→18,95$ **Général**

**KEY, THE** ▷0
IRAN 1987, Ebrahim FOROUZESH
STA→LS **Général**

**KEYS OF THE KINGDOM, THE** ▷4
É.-U. 1946. Drame psychologique de John M. STAHL avec Gregory Peck, Thomas Mitchell et Vincent Price. - La vie d'un missionnaire catholique anglais en Chine.
VO→24,95$ **Général**

**KHARTOUM** ▷4
ANG. 1965. Drame historique de Basil DEARDEN avec Charlton Heston, Laurence Olivier et Richard Johnson. - Un agitateur musulman assiège la ville de Khartoum défendue par une garnison britannique.
VO→19,95$ **Général**

**KICKED IN THE HEAD** ▷0
É.-U. 1997, Matthew HARRISON

**KICKING AND SCREAMING** ▷5
É.-U. 1995. Comédie de Noah BAUMBACH avec Josh Hamilton, Olivia D'Abo, Chris Eigeman. - Le quotidien de quelques jeunes universitaires qui cherchent un sens à leur vie.
VO→LS **Général**

**KID BROTHER, THE** ▷4
CAN. 1987. Drame psychologique de Claude GAGNON avec Kenny Easterday, Caitlin Clarke et Liane Curtis. - Privé de la moitié de son corps, un adolescent vit sa situation d'infirme avec un courage serein et une débrouillardise étonnante.
VO→29,95$ **Général**

**KID DE CINCINNATI, LE**
Voir: THE CINCINNATI KID

**KID EN KIMONO, LE**
Voir: THE GEISHA BOY

**KID FOR TWO FARTHINGS, A** ▷4
ANG. 1955. Comédie de mœurs de Carol REED avec Jonathan Ashmore, Celia Johnson et Diana Dors. - Dans un quartier pauvre de Londres, un garçonnet croit avoir trouvé un animal magique.
VO→34,95$ **Général**

**KID FROM BROOKLYN, THE** ▷4
É.-U. 1949. Comédie de Norman Z. McLEOD avec Danny Kaye, Virginia Mayo et Vera-Ellen. - Pour avoir voulu dépanner une chanteuse, un simple livreur de lait est pris pour un champion boxeur.
VO→14,95$ **Général**

**KID GALAHAD** ▷4
É.-U. 1937. Drame de Michael CURTIZ avec Edward G. Robinson, Wayne Morris et Humphrey Bogart. - Le gérant d'un jeune boxeur se retourne contre son poulain lorsque sa sœur s'éprend de lui.
VO→19,95$ **Général**

**KID MILLIONS** ▷3
É.-U. 1934. Comédie musicale de Roy DEL RUTH avec Eddie Cantor, Ann Sothern et George Murphy. - Un pauvret de Brooklyn s'en va réclamer un héritage de plusieurs millions en Égypte. - Production fastueuse. Scènes fort réussies. Ensemble plaisant. Jeu trépidant de E. Cantor.
VO→19,95$ **Général**

**KID SENTIMENT** ▷5
QUÉ. 1968. Étude de mœurs de Jacques GODBOUT avec François Guy, Louis Parizeau et Michèle Mercure. - Deux adolescents se trouvent des partenaires féminines pour une soirée.
VO→19,95$ **13 ans +**

**KID, THE** ▷0
É.-U. 2000, Jon Turteltaub

**KID, THE** ►1
É.-U. 1921. Comédie dramatique réalisée et interprétée par Charles CHAPLIN avec Jackie Coogan et Carl Miller. - Un vagabond adopte un gamin abandonné par sa mère. - Premier long métrage de C. Chaplin. Sorte d'hymne à l'amour, à l'amitié et à la complicité entre générations. Efficacité lapidaire du récit. Gags désopilants. Interprétation sublime.
VO→24,95$ **Général**

**KID, THE / DOG'S LIFE, A** ▷0
É.-U., Charles CHAPLIN

**KIDS** ▷4
É.-U. 1995. Drame de mœurs de Larry CLARK avec Leo Fitzpatrick, Sarah Henderson et Justin Pierce. - À Manhattan, en plein été, une bande d'adolescents ratisse les rues de la ville à la recherche de sensations fortes.
VF→14,95$ VO→14,95$ LBX-DVD→LS **16 ans + Langage vulgaire**

**KIDS IN THE HALL: BRAIN CANDY** ▷5
É.-U. 1996. Comédie satirique de Kelly MAKIN avec David Foley, Bruce McCulloch et Kevin McDonald. - Un magnat de l'industrie pharmaceutique lance sur le marché un antidépresseur révolutionnaire qui fait tomber les utilisateurs dans une béatitude comateuse.
VO→13,95$ VF→LS Général

**KIDS OF THE ROUND TABLE** ▷6
CAN. 1995. Comédie fantaisiste de Robert TINNELL avec Johnny Morina, Malcolm McDowell et Michael Ironside. - Après avoir découvert une épée magique, un gamin du XXe siècle doit se montrer digne de la confiance que lui accorde Merlin l'enchanteur.
VF→LS Général

**KIDS RETURN** ▷0
JAP. 1996, Takeshi KITANO
STA→27,95$ 13 ans +

**KIKA** ▷4
ESP. 1993. Comédie de mœurs de Pedro ALMODOVAR avec Veronica Forqué, Peter Coyote et Victoria Abril. - Les tribulations d'une jeune maquilleuse à l'optimisme inébranlable qui évolue parmi des gens excentriques et souvent sans scrupule.
STA→LS 16 ans + Langage vulgaire

**KIKUJIRO** ▷4
JAP. 1999. Comédie dramatique réalisée et interprétée par Takeshi KITANO avec Yusuke Sekiguchi et Kayoko Kishimoto. - Un quinquagénaire bourru et magouilleur devient le compagnon de voyage d'un enfant à la recherche de sa mère.
STA→LS VF→LS Général

**KILL, THE** ▷0
É.-U. 1973, Rolf BAYER
VO→LS Non classé

**KILL ME AGAIN** ▷4
É.-U. 1989. Drame policier de John DAHL avec Val Kilmer, Joanne Whalley et Michael Madson. - Un détective privé s'attire des ennuis en montant une supercherie pour faire croire à la mort d'une cliente.
VO→11,95$ 13 ans + Violence

**KILLER CONDOM** ▷0
ALL.-SUI. 1996, Martin WALZ
STF→LS STA→18,95$ Non classé

**KILLER ELITE, THE** ▷4
É.-U. 1975. Drame d'espionnage de Sam PECKINPAH avec James Caan, Robert Duvall et Arthur Hill. - Un agent spécial blessé par un faux ami au cours d'une mission veut se venger.
VO→14,95$ LBX-DVD→18,95$ 13 ans +

**KILLER KLOWNS FROM OUTER SPACE** ▷6
É.-U. 1987. Drame d'horreur de Stephen CHIODO avec Grant Cramer, Suzanne Snyder et John Allen Nelson. - Des clowns meurtriers venus d'une autre planète envahissent une petite ville.
VF→LS VO→11,95$ Non classé

**KILLER'S KISS** ▷4
É.-U. 1955. Drame policier de Stanley KUBRICK avec Frank Silvera, Jamie Smith et Irene Kane. - Un boxeur s'éprend d'une danseuse et la défend contre des gangsters.
VO→LS DVD→18,95$ Non classé

**KILLER, THE** ▷4
H.-K. 1989. Drame policier de John WOO avec Chow Yun-Fat, Danny Lee et Sally Yeh. - Un policier lancé aux trousses d'un tueur professionnel se retrouve mêlé à un affrontement entre celui-ci et un gangster.
VF→12,95$ 18 ans +

**KILLER: A JOURNAL OF MURDER** ▷0
É.-U. 1996, Tim METCALFE
VO→LS 13 ans + Violence

**KILLERS FROM SPACE** ▷7
É.-U. 1953. Science-fiction de W. Lee WILDER avec Peter Graves, James Seay et Barbara Bestar. - Un spécialiste en science atomique est capturé par des extraterrestres.
VO→LS Général

**KILLERS TWO** ▷0
H. K. 1989, John WOO
STA→29,95$ 13 ans + Violence

**KILLERS, THE** ▷3
É.-U. 1946. Drame policier de Robert SIODMAK avec Burt Lancaster, Ava Gardner et Edmond O'Brien. - Deux enquêtes sont menées parallèlement au sujet d'un meurtre commis par des tueurs professionnels. - Sujet tiré d'une nouvelle d'Ernest Hemingway. Récit compliqué mais bien mené. Mise en scène habile. Interprétation solide.
VO→14,95$ Général

**KILLERS, THE** ▷4
É.-U. 1964. Drame policier de Don SIEGEL avec John Cassavetes, Lee Marvin et Angie Dickinson. - Surpris de l'attitude d'une de leurs victimes devant la mort, deux tueurs à gages entreprennent une enquête sur son passé.
VO→14,95$ Général

**KILLING FIELDS, THE** ▷3
É.-U. 1984. Drame social de Roland JOFFE avec Sam Waterston, Haing S. Ngor et John Malkovich. - Lorsqu'il est fait prisonnier par des Khmers rouges, un journaliste cambodgien est laissé à lui-même malgré les efforts d'un collègue américain pour l'aider. - Récit fondé sur une expérience vécue. Passages intenses. Illustration inspirée. Interprétation sobre et convaincante.
VF→14,95$ VO→14,95$ 13 ans +

**KILLING FLOOR, THE** ▷3
É.-U. 1984. Drame social de Bill DUKE avec Damien Leake, Clarence Felder et Moses Gunn. - Évocation dramatique de luttes raciales et syndicales dans les abattoirs de Chicago en 1919. - Scénario résultant d'une recherche historique scrupuleuse. Mise en scène forte et réaliste.
VO→LS Général

**KILLING GAME, THE**
Voir: JEU DE MASSACRE

**KILLING OF A CHINESE BOOKIE, THE** ▷3
É.-U. 1976. Drame social de John CASSAVETES avec Ben Gazzara, Timothy Carey et Seymour Cassell. - Un joueur invétéré doit éliminer un Chinois pour s'acquitter d'une dette qu'il a contractée envers des gangsters. - Curieux contraste entre le monde violent décrit et le style introspectif de la mise en scène. Improvisations contrôlées propres à l'auteur. Jeu fort convaincant de B. Gazzara.
VO→LS 13 ans +

**KILLING OF SISTER GEORGE, THE** ▷4
ANG. 1968. Drame psychologique de Robert ALDRICH avec Beryl Reid, Susannah York et Coral Browne. - Une comédienne lesbienne est aux prises avec des difficultés sentimentales et professionnelles.
VO→14,95$

**KILLING TIME** ▷0
ANG. 1997, Nalluri BHARAT
VF→LS VO→LS 16 ans + Violence

**KILLING ZOE** ▷4
É.-U. 1993. Drame policier de Roger AVARY avec Eric Stoltz, Jean-Hugues Anglade et Julie Delpy. - Un jeune perceur de coffres-forts américain vient rejoindre un ami français à Paris pour participer avec lui à un audacieux vol de banque.
VF→LS VO→11,95$ LBX-DVD→27,95$ 16 ans + Violence

**KILLING, THE** ▷4
É.-U. 1956. Drame policier de Stanley KUBRICK avec Sterling Hayden, Coleen Gray et Vince Edwards. - Un ex-bagnard organise avec des complices un vol de deux millions de dollars.
VO→LS DVD→18,95$ Général

**KIM** ▷5
É.-U. 1950. Aventures de Victor SAVILLE avec Dean Stockwell, Errol Flynn et Paul Lukas. - En Inde, un orphelin élevé par un vieux lama sert d'espion aux Anglais.
VO→18,95$ Général

**KIND HEARTS AND CORONETS** ▷3
ANG. 1949. Comédie satirique de Robert HAMER avec Alec Guinness, Dennis Price et Valerie Hobson. - Renié par les siens à cause de la mésalliance de sa mère, un descendant de famille noble décide de supprimer les héritiers légaux qui le précèdent. - Humour britannique savoureux. Mise en scène adroite. Composition pittoresque de plusieurs personnages par A. Guinness.
VO→9,95$ Non classé

**KIND OF FAMILY, A** ▷0
CAN. 1991, Andrew KOSTER
VO→LS Général

**KINDERGARTEN** ▷0
RUS. 1984, Yevgeny YEVTUSHENKO
STA→83,95$ Général

**KINDERGARTEN COP** ▷5
É.-U. 1990. Comédie policière d'Ivan REITMAN avec Arnold Schwarzenegger, Pamela Reed et Richard Tyson. - Au cours d'une enquête criminelle, un policier se voit dans l'obligation de remplacer au pied levé une collègue engagée comme monitrice d'enfants.
VF→LS VO→PC 13 ans +

**KING & COUNTRY** ▷3
ANG. 1964. Drame de guerre de Joseph LOSEY avec Dirk Bogarde, Tom Courtenay et Leo McKern. - En 1917, un jeune soldat britannique est accusé de désertion. - Style soigné et vigoureux. Contexte de guerre évoqué avec réalisme. Interprétation excellente.
VO→18,95$ Général

**KING AND FOUR QUEENS, THE** ▷5
É.-U. 1956. Western de Raoul WALSH avec Clark Gable, Eleanor Parker et Jo Van Fleet. - Un hors-la-loi se réfugie dans un ranch où quatre veuves tombent amoureuses de lui.
VO→18,95$ Non classé

**KING AND HIS MOVIES, THE** ▷0
ARG. 1985, Carlos SORIN
STA→52,95$ Général

**KING AND I, THE** ▷4
É.-U. 1955. Comédie musicale de Walter LANG avec Deborah Kerr, Yul Brynner et Rita Moreno. - En 1862, une veuve anglaise est chargée de l'éducation des enfants du roi de Siam.
VF→16,95$ VO→16,95$ LBX→23,95$
LBX-DVD→23,95$ Général

**KING CREOLE** ▷5
É.-U. 1958. Mélodrame de Michael CURTIZ avec Elvis Presley, Dolores Hart et Carolyn Jones. - Malgré l'opposition de son père, un jeune homme entreprend une carrière de chanteur dans les cafés de La Nouvelle-Orléans.
VO→14,95$ Général

**KING DAVID** ▷5
É.-U. 1985. Drame biblique de Bruce BERESFORD avec Richard Gere, Edward Woodward et Jack Klaff. - Les aventures du jeune berger David qui tua le géant Goliath et devint roi d'Israël après de nombreuses batailles.
VO→11,95$ 13 ans +

**KING IN NEW YORK, A** ▷4
ANG. 1956. Comédie satirique réalisée et interprétée par Charles CHAPLIN avec Dawn Addams et Michael Chaplin. - Un roi détrôné connaît à New York diverses mésaventures.
VO→24,95$ Général

**KING KONG** ▷4
É.-U. 1976. Drame fantastique de John GUILLERMIN avec Jeff Bridges, Jessica Lange et Charles Grodin. - Des explorateurs s'emparent d'un gorille géant et l'emmènent à New York où il cause des ravages.
LBX-DVD→32,95$ VO→14,95$ LBX-DVD→32,95$ Général

**KING KONG** ►2
É.-U. 1933. Drame fantastique d'Ernest B. SCHOEDSACK et Merian C. COOPER avec Bruce Cabot, Fay Wray et Robert Armstrong. - Des explorateurs s'emparent d'un gorille géant dans une île du Pacifique. - Œuvre capitale du cinéma fantastique. Mélange de romantisme et d'horreur. Illustration fascinante et souvent poétique. Trucages réussis. Interprétation dans le ton.
VO→19,95$ Général

**KING KONG LIVES** ▷6
É.-U. 1986. Drame fantastique de John GUILLERMIN avec Linda Hamilton, Brian Kerwin et John Ashton. - Une équipe médicale universitaire de Georgie entreprend de rendre la vie à un gorille géant en lui greffant un cœur artificiel.
VO→LS Général

**KING KONG VS GODZILLA** ▷0
JAP. 1962, Ishirô HONDA
VA→9,95$

**KING LEAR** ▷3
ANG. 1970. Drame de Peter BROOK avec Paul Scofield, Irene Worth et Ian Hogg. - Un vieux roi est dépouillé par ses filles à qui il a cédé son royaume. - Œuvre de Shakespeare traitée dans le style du théâtre de l'absurde. Ensemble doté de force et de grandeur. P. Scofield excellent dans le rôle-titre.
VO→LS Général

**KING LEAR** ▷4
É.-U. 1987. Film d'essai de Jean-Luc GODARD avec Peter Sellars, Burgess Meredith et Molly Ringwald. - Un descendant de Shakespeare cherche à produire une nouvelle version cinématographique de la pièce *Le Roi Lear*. - Film-collage fidèle à la manière de l'auteur. Traitement désinvolte, déroutant et souvent stimulant. Bande sonore recherchée. Interprétation solide.
VO→LS Général

**KING OF COMEDY, THE** ▷3
É.-U. 1982. Comédie satirique de Martin SCORSESE avec Robert De Niro, Jerry Lewis et Sandra Bernhard. - Un homme enlève l'animateur d'un «talk-show» pour obtenir de présenter un monologue comique à la télévision. - Vision critique du rêve de succès à l'américaine. Humour grinçant. Style fruste et direct. Interprètes très bien dirigés.
VO→19,95$ Général

**KING OF JAZZ** ▷4
É.-U. 1930. Spectacle musical de John Murray ANDERSON. - Spectacle de music-hall dirigé par le Paul Whiteman Orchestra.
VO→18,95$ Non classé

**KING OF KINGS** ▷4
É.-U. 1961. Drame biblique de Nicholas RAY avec Jeffrey Hunter, Siobhan McKenna et Robert Ryan. - Présentation de la vie et de la passion de Jésus.
LBX→14,95$ Général

**KING OF KINGS, THE** ▷0
É.-U. 1927, Cecil B. DeMILLE
VO→41,95$ Général

**KING OF MARVIN GARDENS, THE** ▷5
É.-U. 1972. Drame psychologique de Bob RAFELSON avec Jack Nicholson, Bruce Dern et Ellen Burstyn. - Un animateur radiophonique est entraîné par son frère mégalomane dans une aventure tragique.
VO→18,95$ 13 ans +

**KING OF MASKS, THE** ▷0
CHI. 1996, Wu TIAN-MING
STA→24,95$ STA-LBX-DVD→33,95$ Général

**KING OF NEW YORK, THE** ▷5
É.-U. 1989. Drame policier d'Abel FERRARA avec Christopher Walken, Victor Argo et Janet Julian. - À New York, un policier décide d'éliminer un gangster récemment sorti de prison qui veut prendre le contrôle du trafic des stupéfiants.
VF→LS VO→11,95$ 18 ans +

**KING OF THE GYPSIES** ▷5
É.-U. 1978. Drame de mœurs de Frank PIERSON avec Eric Roberts, Susan Sarandon et Sterling Hayden. - Parvenu à l'adolescence, le fils du roi des gitans cherche à échapper à son milieu.
VO→18,95$ 13 ans +

**KING OF THE HILL** ▷4
É.-U. 1993. Drame de mœurs de Steven SODERBERGH avec Jesse Bradford, Jeroen Krabbé et Lisa Eichhorn. - À St-Louis, dans les années 1930, un jeune garçon doit se débrouiller seul pour subvenir à ses besoins après avoir été séparé des siens.
VO→18,95$ VF→18,95$ Général

**KING RALPH** ▷5
É.-U. 1991. Comédie satirique de David S. WARD avec John Goodman, Peter O'Toole et Camille Coduri. - Un musicien de bar au tempérament débonnaire apprend qu'il est héritier de la couronne d'Angleterre.
VF→11,95$ Général

**KING RAT** ▷3
É.-U. 1965. Drame de guerre de Bryan FORBES avec George Segal, James Fox et Tom Courtenay. - Dans un camp de prisonniers, un Américain astucieux se crée une situation privilégiée. - Bonne reconstitution du contexte des camps. Mise en scène soignée. Personnages bien campés. Interprétation de classe.
VO→19,95$ Général

**KING RICHARD AND THE CRUSADERS** ▷5
É.-U. 1954. Drame historique de David BUTLER avec Rex Harrison, Virginia Mayo et Laurence Harvey. - Pendant la troisième croisade, des chevaliers complotent contre le roi Richard Cœur de Lion.
VO→19,95$

**KING SIZE** ▷0
POL. 1989, Juliusz MACHULSKI
STA→LS Général

**KING SOLOMON'S MINES** ▷4
É.-U. 1950. Aventures de Compton BENNETT et Andrew MARTON avec Deborah Kerr, Stewart Granger et Richard Carlson. - Une femme part au Congo à la recherche de son mari disparu.
VO→19,95$ Général

**KING'S THIEF, THE** ▷5
É.-U. 1955. Aventures de Robert Z. LEONARD avec Edmund Purdom, Ann Blyth et David Niven. - Un voleur de grand chemin démasque la félonie d'un ministre.
VO→19,95$ Général

**KING'S WHORE, THE**
Voir: LA PUTAIN DU ROI

**KINGDOM 1, THE** ▷3
DAN. 1994. Drame fantastique de Lars VON TRIER avec Ernst Hugo Jaregard, Kirsten Rolffes et Ghita Norby. - Diverses intrigues se déroulent parmi les employés et les patients d'un hôpital soumis à des phénomènes surnaturels. - Téléfilm à l'univers d'une étrangeté savamment créée. Nombreux détails à la fois fascinants et déconcertants. Humour sardonique. Illustration stylisée. Interprétation dans le ton voulu.
VF→LS STA→34,95$ 13 ans +

**KINGDOM 2, THE** ▷3
DAN. 1994. Drame fantastique de Lars VON TRIER avec Ernst Hugo Jaregard, Kirsten Rolffes et Ghita Norby. - Diverses intrigues se déroulent parmi les employés et les patients d'un hôpital soumis à des phénomènes surnaturels. - Téléfilm à l'univers d'une étrangeté savamment créée. Nombreux détails à la fois fascinants et déconcertants. Humour sardonique. Illustration stylisée. Interprétation dans le ton voulu.
VF→LS

**KINGDOM 1 et 2, THE (COFFRET)** ▷0
Voir: KINGDOM 1, THE · KINGDOM 2, THE
VF→99,95$

**KINGPIN** ▷5
É.-U. 1996. Comédie de Peter et Bobby FARRELLY avec Woody Harrelson, Randy Quaid et Vanessa Angel. - Un naïf très doué pour les quilles tombe sous la coupe d'un arnaqueur qui veut l'amener à participer à un tournoi lucratif.
VO→14,95$ Général

**KINGS GO FORTH** ▷5
É.-U. 1958. Drame de Delmer DAVES avec Frank Sinatra, Tony Curtis et Natalie Wood. - Deux soldats s'éprennent de la même fille qui se révèle de sang mêlé.
VO→18,95$ Non classé

**KINGS OF THE ROAD**
Voir: AU FIL DU TEMPS

**KINGS ROW** ▷5
É.-U. 1941. Drame de Sam WOOD avec Ann Sheridan, Robert Cummings et Ronald Reagan. - Les déboires amoureux et les malchances de deux jeunes gens d'une petite ville de province.
VO→18,95$ Général

**KINO-EYE / TROIS CHANTS SUR LÉNINE** ▷0
RUS., Dziga VERTOV

**KIRIKOU ET LA SORCIÈRE** ▷3
FR. 1998. Dessins animés de Michel OCELOT. - Un tout petit garçon tient tête à la méchante sorcière qui terrorise son village africain. - Fable charmante et d'un bel humanisme inspirée de contes d'Afrique occidentale. Chansons toutes simples ponctuant agréablement l'action. Graphisme savamment stylisé. Couleurs éclatantes. Animation vivante.
VA→LS VO→14,95$

**KISMET** ▷5
É.-U. 1955. Comédie musicale de Vincente MINNELLI avec Howard Keel, Ann Blyth et Dolores Gray. - À Bagdad, un poète mendiant est nommé émir par le grand vizir, à condition d'empêcher le mariage que veut contracter le calife.
VO→19,95$ Non classé

**KISMET** ▷5
É.-U. 1944. Comédie dramatique de William DIETERLE avec Ronald Colman, Marlene Dietrich et Edward Arnold. - Un mendiant de Bagdad se gagne les faveurs d'une danseuse convoitée par le grand vizir.
VO→19,95$ Général

**KISS BEFORE DYING, A** ▷5
É.-U. 1991. Drame policier de James DEARDEN avec Matt Dillon, Sean Young et Max Von Sydow. - Une jeune femme de famille riche en vient à craindre pour sa vie quand elle découvre que son mari est un arriviste aux intentions malveillantes.
VF→LS VO→PC 13 ans +

**KISS ME A KILLER** ▷6
É.-U. 1991. Drame policier de Marcus DE LEON avec Julie Carmen, Robert Beltran et Guy Boyd. - Une serveuse qui travaille dans le bar miteux de son mari alcoolique tombe amoureuse d'un musicien et le convainc d'éliminer son époux.
VF→LS VO→LS Non classé

**KISS ME DEADLY** ▷3
É.-U. 1954. Drame policier de Robert ALDRICH avec Ralph Meeker, Albert Dekker et Paul Stewart. - Un détective privé mène une enquête sur la mort d'une jeune femme. - Œuvre forte. Réalisation vigoureuse. Conclusion originale. Interprétation convaincue.
VO→LS Général

**KISS ME GUIDO** ▷4
É.-U. 1997. Comédie de mœurs de Tony VITALE avec Nick Scotti, Anthony Barrile et Anthony DeSando. - Un livreur de pizza qui rêve de devenir acteur éprouve des réticences à partager un logement avec un chorégraphe gay.
VO→14,95$ **Général - Déconseillé aux jeunes enfants**

**KISS ME KATE** ▷4
É.-U. 1953. Drame policier de George SIDNEY avec Kathryn Grayson, Howard Keel et Ann Miller. - Des époux divorcés doivent jouer ensemble à la scène une parodie de *La Mégère apprivoisée*.
VO→14,95$ **Non classé**

**KISS ME MONSTER** ▷0
ALL. 1967, Jess FRANCO
VA→LS **13 ans +**

**KISS ME, STUPID** ▷5
É.-U. 1964. Comédie de Billy WILDER avec Dean Martin, Kim Novak et Ray Walston. - Pour retenir un chanteur à qui il veut vendre ses œuvres, un homme lui présente une prostituée comme sa femme.
VO-LBX (LASER) VO→LS **Non classé**

**KISS OF DEATH** ▷5
É.-U. 1994. Drame policier de Barbet SCHROEDER avec David Caruso, Nicolas Cage et Samuel L. Jackson. - Afin d'exercer une vengeance personnelle, un ex-détenu accepte de s'infiltrer dans l'entourage d'un mafioso pour le compte d'un procureur.
VF→11,95$ VO→11,95$ **13 ans + Violence**

**KISS OF DEATH** ▷0
ANG. 1977, Mike LEIGH
VO→36,95$ **Général**

**KISS OF DEATH** ▷4
É.-U. 1946. Drame policier de Henry HATHAWAY avec Richard Widmark, Victor Mature et Brian Donlevy. - Devenu mouchard pour aider sa famille, un gangster affronte ses anciens complices.
VO→11,95$ **Général**

**KISS OF THE SPIDER WOMAN** ▷3
BRÉ. 1984. Drame d'Hector BABENCO avec William Hurt, Raul Julia et Sonia Braga. - Deux détenus qui partagent la même cellule, l'un étalagiste homosexuel, l'autre prisonnier politique, en viennent à sympathiser. - Jeu de contrastes entre la fiction filmique et la réalité. Mise en scène solide. Interprétation intelligente et nuancée.
VF→LS VO→LS **Général**

**KISS OF THE VAMPIRE** ▷4
ANG. 1963. Drame d'horreur de Don SHARP avec Noel Willman, Edward de Souza et Jennifer Daniel. - Les mésaventures d'un couple de jeunes mariés aux prises avec le grand-prêtre d'une secte de vampires.
VO→14,95$ LBX-DVD→39,95$ **Général**

**KISS OR KILL** ▷0
AUS. 1997, Bill BENNETT
VO→13,95$ **16 ans + Violence**

**KISS THE GIRLS** ▷5
É.-U. 1997. Drame policier de G. FLEDER avec Morgan Freeman, Ashley Judd et Cary Elwes. - Un flic aux trousses d'un kidnappeur de femmes obtient l'aide d'une des victimes qui a réussi à s'évader.
VO→13,95$ VF→13,95$ LBX-DVD→38,95$ **13 ans + Violence**

**KISS TOMORROW GOODBYE** ▷5
É.-U. 1950. Drame policier de Gordon DOUGLAS avec James Cagney, Luther Adler et Barbara Payton. - Un évadé de prison reprend sa vie de criminel pour finir dans un règlement de comptes.
VO→LS **Général**

**KISS, THE** ▷0
É.-U. 1929, Jacques FEYDER
VO→29,95$ **Général**

**KISSED** ▷5
CAN. 1996. Drame psychologique de Lynne STOPKEWICH avec Molly Parker, Peter Outerbridge et Jay Brazeau. - Une jeune employée de salon funéraire qui s'adonne à des actes de nécrophilie s'éprend d'un étudiant en médecine.
VO→13,95$ VF→13,95$ **18 ans +**

**KISSIN' COUSINS** ▷6
É.-U. 1964. Comédie musicale de Gene NELSON avec Elvis Presley, Glenda Farrell et Yvonne Craig. - Une délégation militaire est envoyée chez des montagnards pour négocier la construction d'une base de missiles.
VO→14,95$ **Général**

**KITCHEN PARTY** ▷4
CAN. 1997. Comédie de mœurs de Gary BURNS avec Scott Speedman, Laura Harris et Gillian Barber. - Deux soirées entre amis, l'une réunissant des adultes et l'autre, leurs enfants adolescents, tournent au vinaigre.
VF→14,95$ VO→PC **13 ans + Langage vulgaire**

**KITCHEN TOTO, THE** ▷4
ANG. 1987. Drame social de Harry HOOK avec Edwin Mahinda, Bob Peck et Phyllis Logan. - Au Kenya en 1952, un jeune Noir de treize ans, témoin du meurtre de son père par un groupe indépendantiste, est placé par sa mère comme marmiton chez le chef britannique de la police locale.
VO→18,95$ **13 ans +**

**KITTEN WITH A WHIP** ▷0
É.-U. 1964, Douglas HEYES
VO→14,95$

**KITTY FOYLE** ▷4
É.-U. 1940. Comédie de Sam WOOD avec Ginger Rogers, Dennis Morgan et James Craig. - Humiliée par la famille de son mari, une jeune femme demande le divorce.
VO→LS **Non classé**

**KLANSMAN, THE** ▷6
É.-U. 1974. Drame social de Terence YOUNG avec Lee Marvin, Richard Burton et Cameron Mitchell. - À la suite du viol d'une jeune femme blanche dans une ville du Sud, le Ku Klux Klan entre en action.
VO→LS **18 ans +**

**KLONDIKE ANNIE** ▷5
É.-U. 1935. Comédie musicale de Raoul WALSH avec Mae West, Victor McLaglen et Philip Reed. - Une meurtrière en fuite se fait passer pour une missionnaire.
VO→18,95$ **Général**

**KLUTE** ▷3
É.-U. 1971. Drame policier d'Alan J. PAKULA avec Donald Sutherland, Jane Fonda et Charles Cioffi. - Venu à New York pour enquêter sur une disparition, un policier s'éprend d'une call-girl. - Habile mélange d'étude psychologique et d'enquête policière. Traitement humain. Bonne création de climat. Excellente interprétation de J. Fonda.
VO→18,95$ VF→14,95$ LBX→19,95$ **13 ans +**

**KNACK, AND HOW TO GET IT, THE** ▷3
ANG. 1964. Comédie fantaisiste de Richard LESTER avec Rita Tushingham, Michael Crawford et Ray Brooks. - Un jeune homme envie la facilité d'un ami pour la conquête des filles. - Trouvailles originales. Rythme alerte. Réalisation inventive. Interprétation enjouée.
VO→14,95$ **Général**

**KNIFE IN THE WATER**
Voir: LE COUTEAU DANS L'EAU

**KNIGHT MOVES** ▷5
É.-U. 1992. Drame policier de Carl SCHENKEL avec Christophe Lambert, Diane Lane et Tom Skerritt. - Un psychopathe qui choisit

ses victimes comme s'il s'agissait de pions sur un échiquier met au défi un maître aux échecs de prévoir ses futurs meurtres.
VF→LS VO→LS **16 ans + Violence**

**KNIGHT WITHOUT ARMOUR** ▷3
ANG. 1937. Aventures de Jacques FEYDER avec Robert Donat, Marlene Dietrich et Irene Vanburgh. - Un Anglais aide une comtesse à s'enfuir de Russie lors de la révolution bolchevique. - Évocation somptueuse de la Russie tsariste et révolutionnaire. Mise en scène de qualité.
VO→LS **Général**

**KNIGHTRIDERS** ▷0
É.-U. 1981, George A. ROMERO
VO→15,95$ **13 ans +**

**KNIGHTS OF THE ROUND TABLE** ▷4
É.-U. 1954. Drame de Richard THORPE avec Robert Taylor, Ava Gardner et Mel Ferrer. - Le chevalier Lancelot s'éprend de la femme de son suzerain, le roi Arthur.
VO→19,95$ **Non classé**

**KNIGHTS OF THE TEUTONIC ORDER**
Voir: LES CHEVALIERS TEUTONIQUES

**KNOCK OFF** ▷6
É.-U. 1998. Drame d'espionnage de Tsui HARK avec Jean-Claude Van Damme, Rob Schneider et Lela Rochon. - À Hong-Kong, deux vendeurs de jeans affrontent des terroristes qui ont placé des bombes miniatures dans leurs pantalons.
VF→149,95$ **13 ans + Violence**

**KNOCK ON ANY DOOR** ▷4
É.-U. 1949. Drame de Nicholas RAY avec Humphrey Bogart, John Derek et George Macready. - L'enfance malheureuse d'un meurtrier dans les quartiers populaires de New York.
VO→19,95$ **Général**

**KNOCKS AT MY DOOR** ▷0
VEN.-ARG.-CUB. 1992, Alejandro SADERMAN
STA→21,95$ **Général**

**KNUTE ROCKNE, ALL AMERICAN** ▷4
É.-U. 1940. Drame biographique de Lloyd BACON avec Pat O'Brien, Ronald Reagan et Gale Page. - La vie d'un célèbre entraîneur de football de l'université Notre Dame.
VO→18,95$ **Non classé**

**KOKO FLANEL** ▷5
BEL. 1989. Comédie de Stijn CONINX avec Urbanus, Bea Van der Maat et Willeke Van Ammelrooy. - Un modeste vendeur, benêt et lourdaud, devient la vedette d'une campagne de publicité pour une ligne de vêtements.
VO→13,95$ **Non classé**

**KOKO, LE GORILLE QUI PARLE** ▷4
FR. 1978. Documentaire de Barbet SCHROEDER. - En Californie, une étudiante en psychologie apprend à un gorille une forme de langage par signes.
STA→LS **Général**

**KOLYA** ▷3
TCH. 1996. Comédie dramatique de Jan SVERAK avec Zdenek Sverak, Andrej Chalimon et Libuse Safrankova. - Un musicien tchèque dans la cinquantaine se retrouve avec la garde d'un gamin russe de cinq ans. - Histoire toute simple racontée de façon attendrissante. Sens affiné de l'observation des petits détails drôles ou touchants. Illustration très soignée. Excellente interprétation.
VF→14,95$ STA→14,95$ **Général**

**KONG-FU: THE MOVIE** ▷5
É.-U. 1986. Aventures de Richard LANG avec David Carradine, Brandon Lee et Kerri Keane. - À la fin du XIXe siècle, un Chinois expert en arts martiaux lutte contre des trafiquants d'opium en Californie.
VO→14,95$ **Général**

**KONGA** ▷7
ANG. 1961. Drame d'horreur de John LEMONT avec Michael Gough, Margo Johns et Bob Kenton. - Un savant injecte un sérum à un singe qui devient alors gigantesque et dangereux.
VO→11,95$

**KORCZAK** ▷3
POL. 1990. Drame biographique d'Andrzej WAJDA avec Wojtek Pszoniak, Eva Dalkowska et Piotr Kozlowski. - En 1939, à Varsovie, le directeur d'un orphelinat pour enfants juifs doit faire face à de nombreuses difficultés lorsque les Allemands envahissent le pays. - Évocation d'une figure héroïque polonaise. Tension dramatique appréciable. Illustration directe et précise. Jeu nuancé et convaincant de W. Pszoniak.
STA→18,95$ **Général**

**KOTCH** ▷4
É.-U. 1971. Comédie dramatique de Jack LEMMON avec Walter Matthau, Deborah Winters et Felicia Farr. - Alors que son fils et sa bru veulent le placer dans une institution, un vieillard part à l'aventure.
VO→9,95$ **13 ans +**

**KOYAANISQATSI** ▷4
É.-U. 1983. Documentaire de Godfrey REGGIO. - À travers des images éloquentes, l'instabilité d'une existence moderne trépidante est comparée à la beauté de l'ordre naturel.
VO→LS **Général**

**KRAKATOA, À L'EST DE JAVA**
Voir: KRAKATOA, EAST OF JAVA

**KRAKATOA, EAST OF JAVA** ▷6
É.-U. 1968. Drame de B.L. KOWALSKI avec Maximiliam Schell, Brian Keith et Diane Baker. - Des chercheurs de trésor sont mis en danger par l'éruption d'un volcan dans le Pacifique.
VO→13,95$ LBX→13,95$ **Général**

**KRAMER vs. KRAMER** ▷3
É.-U. 1979. Drame psychologique de Robert BENTON avec Dustin Hoffman, Meryl Streep et Justin Henry. - La vie d'un publicitaire est perturbée par le départ de sa femme qui lui laisse la garde de leur jeune fils. - Suite de scènes rapides et éloquentes. Mise en scène habile. Touches psychologiques valables. Interprétation de classe.
VO→12,95$ VF→12,95$ **Général**

**KRAPATCHOUK - LES HOMMES DE NULLE PART** ▷4
FR. 1991. Comédie dramatique d'Enrique Gabriel LIPSCHUTZ avec Guy Pion, Piotr Zaitchenko et Angela Molina. - À la suite d'un concours de circonstances, deux ouvriers d'Europe de l'Est en séjour à Paris sont pris pour des espions russes.
VO→LS **Général**

**KRAYS, THE** ▷3
ANG. 1990. Drame biographique de Peter MEDAK avec Gary Kemp, Martin Kemp et Billie Whitelaw. - Élevés dans un quartier pauvre de Londres, deux jumeaux s'imposent avec une violence sadique dans le milieu du crime organisé. - Récit inspiré d'événements réels. Sujet abordé sous l'angle psychologique. Climat oppressant habilement créé. Très bons comédiens.
VF→13,95$ VO→18,95$ **18 ans +**

**KRIEMHILDE'S REVENGE**
Voir: LES NIBELUNGEN

**KRISTIN LAVRANSDATTER** ▷0
ALL.-NOR.-SUÈ. 1995, Liv ULLMANN
STA-LBX→52,95$ **Général - Déconseillé aux jeunes enfants**

**KRONOS** ▷6
É.-U. 1956. Science-fiction de Kurt NEUMANN avec Jeff Morrow, Barbara Lawrence et John Emery. - Un robot géant venu de l'espace risque de capter l'énergie existant sur la Terre.
LBX→29,95$ **Général**

**KRULL** ▷4
É.-U. 1983. Drame fantastique de Peter YATES avec Ken Marshall, Lysette Anthony et Freddie Jones. - S'étant fait enlever sa jeune épouse par les envahisseurs de sa planète, un prince recrute des brigands pour aller la délivrer.
VO→9,95$ VF→9,95$ Général

**KUFFS** ▷5
É.-U. 1991. Drame policier de Bruce EVANS avec C. Slater, Mila Jovovitch et Tony Goldwyn. - Un jeune homme cherche à retracer le meurtrier de son frère aîné dont il vient d'hériter de l'agence de sécurité.
VF→LS VO→LS 13 ans +

**KULL LE CONQUÉRANT**
Voir: KULL THE CONQUEROR

**KULL THE CONQUEROR** ▷5
É.-U. 1997. Aventures de John NICOLELLA avec Kevin Sorbo, Tia Carrere et T. Griffith. - Un roi se lance à la recherche de l'unique arme qui lui permettra de lutter contre une sorcière qui a usurpé son trône.
VF→15,95$ 13 ans +

**KUNDUN** ▷4
É.-U. 1997. Drame biographique de Martin SCORSESE avec Tenzin T. Tsarong, G. Tethong et Tencho Gyalpo. - Evocation de la jeunesse du quatorzième dalaï-lama, chef spirituel des Tibétains exilé en Inde.
VO→22,95$ LBX-DVD→32,95$ Général

**KUNG-FU (A DRAMA)** ▷0
POL. 1979, Janusz KIJOWSKI
STA→LS Général

**KUNG FU GENIUS** ▷0
H. K. 1969, Wilson TONG
LBX→31,95$ Général

**KUNG-FU MASTER!** ▷3
FR. 1987. Comédie dramatique d'Agnès VARDA avec Jane Birkin, Mathieu Demy et Charlotte Gainsbourg. - Une Anglaise trouve le moyen de revoir un camarade de sa fille qu'elle a remarqué lors d'une réception. - Approche pleine de tact et de justesse. Interprétation d'un naturel convaincant.
VO→LS Général

**KUNI LEMEL IN TEL AVIV** ▷0
É.-U. 1977, Yoel SILBERG
STA→LS Général

**KWAIDAN** ►2
JAP. 1965. Film à sketches de Masaki KOBAYASHI avec Tatsuya Nakadai, Rentaro Mikuni et Tetsuro Tamba. - Quatre histoires fantastiques. - Thèmes insolites. Mise en scène luxueuse. Admirables compositions picturales. Interprétation contrôlée.
STA→27,95$ Général

**L.A. CONFIDENTIAL** ▷3
É.-U. 1997. Drame policier de Curtis HANSON avec Kevin Spacey, Russell Crowe et Guy Pearce. - À Los Angeles, dans les années 50, trois policiers aux méthodes bien différentes enquêtent sur une fusillade dans un snack-bar. - Film noir au scénario d'une complexité étourdissante. Reconstitution d'époque soignée. Mise en scène énergique. Excellents numéros d'acteur.
VF→14,95$ LBX→19,95$ LBX-DVD→26,95$ **16 ans +**

**L.A. STORY** ▷4
É.-U. 1991. Comédie fantaisiste de Mick JACKSON avec Steve Martin, Victoria Tennant et Sarah Jessica Parker. - Un météorologue farfelu travaillant pour un poste de télévision de Los Angeles s'éprend d'une journaliste anglaise venue faire un reportage dans la région.
VO→11,95$ VF→11,95$ **Général**

**L.627** ▷3
FR. 1992. Drame policier de Bertrand TAVERNIER avec Didier Bezace, Jean-Paul Comart et Charlotte Kady. - Les difficultés quotidiennes rencontrées par les membres d'une brigade anti-drogue installée dans des baraquements minables à Paris. - Sujet traité avec une énergie et un brio peu communs. Constat social critique. Mise en scène réaliste. Interprétation empreinte d'une force étonnante.
STA→34,95$ VO→24,95$ **13 ans +**

**LA BAMBA** ▷4
É.-U. 1987. Drame biographique de Luis VALDEZ avec Lou Diamond Phillips, Esai Morales et Rosana De Soto. - Évocation de la brève carrière d'un jeune chanteur «chicano» de la fin des années 1950.
VO→PC VF→15,95$ **Général**

**LA BAULE-LES PINS** ▷3
FR. 1989. Comédie dramatique de Diane KURYS avec Julie Bataille, Candice Lefranc et Nathalie Baye. - Leurs parents en mésentente étant restés à Lyon, deux gamines sont obligées de passer les vacances avec leur bonne. - Dernier chapitre d'une trilogie à saveur autobiographique. Ton juste et tendre. Mise en scène aérée et vivante. Interprétation naturelle.
VO→19,95$ **Général**

**LA FABULEUSE HISTOIRE DE JOSEPHINE BAKER**
Voir : THE JOSEPHINE BAKER STORY

**LABYRINTH** ▷3
ANG. 1986. Conte de Jim HENSON avec Jennifer Connelly, David Bowie et Toby Froud. - Une adolescente retrouvera son petit frère si elle parvient à traverser en temps voulu le labyrinthe qui mène au château du roi des lutins. - Scénario inspiré de diverses œuvres classiques. Ensemble imaginatif. Réalisation ingénieuse.
VO→14,95$ VF→14,95$ LBX-DVD→29,95$ **Général**

**LABYRINTH OF PASSION** ▷5
ESP. 1982. Comédie de mœurs de Pedro ALMODOVAR avec Cecilia Roth, Imanol Arias et Helga Line. - À Madrid, le hasard ménage de multiples rencontres autour d'une nymphomane avouée et d'une psychologue.
STA→LS **18 ans +**

**LAC DE LA LUNE, LE** ▷0
QUÉ. 1994, Michel JETTÉ
VO→24,95$ **Général**

**LAC MAGIQUE, LE**
Voir: MAGIC IN THE WATER

**LACENAIRE** ▷4
FR. 1990. Drame de mœurs de Francis GIROD avec Daniel Auteuil, Jean Poiret et Maiwenn Le Besco. - Les tribulations d'un criminel notoire du XIXe siècle.
STA→LS **Général**

**LADIES' MAN, THE** ▷4
É.-U. 1961. Comédie réalisée et interprétée par Jerry LEWIS avec Helen Traubel et Pat Stanley. - Un misogyne trouve un emploi dans une pension pour jeunes filles.
VO→14,95$ **Général**

**LADIES MAN, THE** ▷6
É.-U. 2000. Comédie de Reginald HUDLIN avec Tim Meadows, Karyn Parsons et Billy Dee Williams. - Les tribulations d'un animateur de radio enjôleur, vaguement hippie et fou de conquêtes féminines.
**13 ans +**

**LADIES OF THE BOIS DE BOULOGNE, THE**
Voir: LES DAMES DU BOIS DE BOULOGNE

**LADIES ROOM** ▷6
CAN. 1999. Comédie dramatique de Gabriella CRISTIANI avec Lorraine Bracco, Veronica Ferres et John Malkovich. - Les dernières heures de deux jeunes femmes qui se retrouvent au purgatoire après avoir séduit des hommes mariés.
VF→26,95$ VO→28,95$

**LADY AND THE OUTLAW, THE**
Voir: BILLY TWO HATS

**LADY AND THE TRAMP** ▷4
É.-U. 1954. Dessins animés de Hamilton LUSKE, Clyde GERONIMI et Wilfred JACKSON. - Frustrée de l'affection de ses maîtres par la naissance d'un enfant, une gentille chienne s'enfuit et gagne la protection d'un sympathique chien errant.
LBX→32,95$ LBX-DVD→34,95$ **Général**

**LADY BE GOOD** ▷5
É.-U. 1941. Comédie musicale de Norman Z. McLEOD avec Robert Young, Ann Sothern et Eleanor Powell. - Les tribulations sentimentales d'un couple de compositeurs de chansons.
VO→LS **Général**

**LADY CHATTERLEY** ▷0
ANG. 1992, Ken RUSSELL
VO→LS **13 ans + Érotisme**

**LADY DÉTECTIVE ENTRE EN SCÈNE**
Voir: MURDER MOST FOUL

**LADY EVE, THE** ▷3
É.-U. 1941. Comédie de Preston STURGES avec Barbara Stanwyck, Henry Fonda et Charles Coburn. - À bord d'un paquebot, une aventurière cherche à faire la conquête d'un riche explorateur. - Divertissement mené avec brio. Bons passages comiques. Interprétation alerte.
VO→14,95$ **Non classé**

**LADY FOR A DAY** ▷4
É.-U. 1933. Comédie de Frank CAPRA avec Warren William, May Robson et Guy Kibbee. - Un joueur professionnel transforme une vendeuse de pommes de façon à ce que la fille de celle-ci pense qu'elle est une dame du monde.
VO→14,95$ **Général**

**LADY FROM SHANGHAI, THE** ▷3
É.-U. 1947. Drame réalisé et interprété par Orson WELLES avec Rita Hayworth et Everett Sloane. - Un marin irlandais rencontre une femme qui l'entraîne dans des aventures crapuleuses. - Effets visuels et dramatiques remarquables. Interprétation de classe.
VO→LS **Général**

**LADY GODIVA** ▷5
É.-U. 1955. Drame historique de Arthur LUBIN avec Maureen O'Hara, George Nader et Victor McLaglen. - Au XIe siècle, un seigneur épouse une jeune Saxonne qui l'aide à combattre les Normands.
VO→14,95$ **Général**

**LADY IN CEMENT** ▷5
É.-U. 1968. Drame policier de Gordon DOUGLAS avec Frank Sinatra, Raquel Welch et Dan Blocker. - Un détective enquête sur le meurtre d'une jeune fille dont il a trouvé le cadavre lesté d'un bloc de ciment, au fond de l'eau.
VO→32,95$ **13 ans +**

**LADY IN QUESTION, THE** ▷4
É.-U. 1940. Comédie de Charles VIDOR avec Rita Hayworth, Brian Aherne et Glenn Ford. - Un juré se fait le protecteur d'une jeune femme qu'il a fait acquitter dans un procès pour meurtre.
VO→18,95$ **Non classé**

**LADY IN THE LAKE** ▷4
É.-U. 1947. Drame policier réalisé et interprété par Robert MONTGOMERY avec Audrey Totter et Lloyd Nolan. - Chargé par une femme d'une enquête, un détective privé court plusieurs périls.
VO→19,95$ **Non classé**

**LADY IN WHITE** ▷4
É.-U. 1988. Drame fantastique de Frank LALOGGIA avec Lukas Haas, Len Cariou et Alex Rocco. - De retour dans sa ville natale, un célèbre écrivain de romans d'épouvante se remémore les événements fantastiques qui ont marqué son enfance.
VO→LS **13 ans +**

**LADY IS WILLING, THE** ▷4
É.-U. 1941. Comédie de Mitchell LEISEN avec Marlene Dietrich, Fred MacMurray et Aline MacMahon. - Les mésaventures d'une vedette célibataire qui a recueilli un bébé abandonné.
VO→19,95$ **Général**

**LADY L** ▷4
ANG. 1965. Comédie de Peter USTINOV avec Sophia Loren, Paul Newman et David Niven. - L'épouse d'un aristocrate britannique raconte ses amours de jeunesse avec un anarchiste.
VO→19,95$ **Général**

**LADY ON A TRAIN** ▷5
É.-U. 1945. Comédie policière de Charles DAVID avec Deanna Durbin, Ralph Bellamy et Edward Everett Horton. - Une jeune fille n'arrive pas à convaincre la police qu'elle a été témoin d'un meurtre au cours d'un voyage en train.
VO→14,95$ **Général**

**LADY SINGS THE BLUES** ▷4
É.-U. 1972. Drame biographique de Sidney J. FURIE avec Diana Ross, Billy Dee Williams et Richard Pryor. - La vie dramatique de la célèbre chanteuse de race noire Billie Holiday.
VO→24,95$ **13 ans +**

**LADY TAKES A CHANCE, A** ▷5
É.-U. 1943. Comédie sentimentale de William A. SEITER avec Jean Arthur, John Wayne et Charles Winninger. - Les tribulations d'une jeune New-Yorkaise qui s'est amourachée d'un cow-boy de l'Ouest.
VO→14,95$ **Général**

**LADY VANISHES, THE** ▷4
ANG. 1979. Comédie policière d'Anthony PAGE avec Cybill Shepherd, Elliott Gould et Herbert Lom. - En 1939, une Américaine s'inquiète de la disparition mystérieuse d'une voyageuse sur un train allemand.
VF→LS VO→17,95$ **Non classé**

**LADY VANISHES, THE** ▷3
ANG. 1938. Drame d'espionnage d'Alfred HITCHCOCK avec Michael Redgrave, Margaret Lockwood et Paul Lukas. - Une jeune Anglaise s'inquiète de la disparition mystérieuse d'une voyageuse sur un train. - Intrigue ingénieuse. Mise en scène inventive. Interprétation sympathique.
VO→17,95$ DVD→56,95$ **Général**

**LADY WITH THE DOG, THE**
Voir: LA DAME AU PETIT CHIEN

**LADY'S NOT FOR BURNING, THE** ▷0
ANG. 1987, Julian AMYES
VO→LS **Général**

**LADYBIRD, LADYBIRD** ▷3
ALL. 1994. Drame social de Ken LOACH avec Crissy Rock, Vladimir Vega et Ray Winstone. - Bien que l'assistance sociale lui ait enlevé ses quatre enfants, une mère décide de fonder une nouvelle famille avec un réfugié paraguayen. - Récit tiré d'une histoire vraie. Approche épousant le point de vue de l'héroïne. Portrait de femme riche et incisif. Réalisation intransigeante. Interprétation d'un naturel désarmant.
VF→11,95$ VO→11,95$ **13 ans + Langage vulgaire**

**LADYHAWKE** ▷4
É.-U. 1985. Drame fantastique de Richard DONNER avec Matthew Broderick, Rutger Hauer et Michelle Pfeiffer. - Au Moyen Âge, un jeune tire-laine trouve le moyen de réunir des amants ensorcelés par un cruel évêque.
VO→11,95$ VF→11,95$ LBX-DVD→18,95$ **13 ans +**

**LADYKILLERS, THE** ▷3
ANG. 1955. Comédie d'Alexander MACKENDRICK avec Alec Guinness, Katie Johnson et Cecil Parker. - Des gangsters se servent de la maison d'une vieille dame pour organiser un hold-up. - Humour macabre mais fort drôle. Traitement original et spirituel. Mise en scène alerte. Excellents interprètes.
VO→LS **Général**

**LAFAYETTE ESCADRILLE** ▷6
É.-U. 1957. Drame de guerre de William A. WELLMAN avec Tab Hunter, Etchika Choureau et Dalio. - Un jeune Américain, déserteur de la Légion étrangère, se réhabilite dans l'Escadrille Lafayette.
VO→14,95$ **Général**

**LAGON BLEU, LE**
Voir: THE BLUE LAGOON

**LAIR OF THE WHITE WORM, THE** ▷4
ANG. 1988. Drame fantastique de Ken RUSSELL avec Amanda Donohue, Hugh Grant et Sammi Davis. - Un jeune archéologue entre en lutte contre une femme aux allures reptiliennes qui est en quête d'une victime pour un sacrifice humain.
VF→LS VO→11,95$ **18 ans +**

**LAKE OF DRACULA** ▷0
JAP. 1971, Michio YAMAMOTO
VA→LS **Général**

**LAKE PLACID** ▷5
É.-U. 1999. Drame d'horreur de Steve MINER avec Bridget Fonda, Oliver Platt et Bill Pullman. - Un saurien gigantesque sème la panique dans un lac du Maine, où une équipe de spécialistes tente de le maîtriser.
VF→PC VO→PC **Général - Déconseillé aux jeunes enfants**

**LAMERICA** ▷3
ITA. 1994. Drame social de Gianni AMELIO avec Enrico Lo Verso, Carmelo Di Mazzarelli et Michele Placido. - Un entrepreneur italien éprouve beaucoup de difficultés à ramener à Tirana un ex-prisonnier politique à l'esprit troublé servant de prête-nom pour l'achat d'une usine. - Scénario touffu. Fines observations politiques et sociales. Climat dur et étouffant. Style apparenté au néo-réalisme. Duo d'acteurs contrasté.
STA-LBX→28,95$ **Général**

**LANA IN LOVE** ▷5
CAN. 1991. Comédie de mœurs de Bashar SHBIB avec Daphna Kastner, Clark Gregg et Susan Eyton-Jones. - Une jeune femme reçoit la visite d'un plombier qu'elle confond avec l'homme qu'elle a contacté par la voie de petites annonces.
VF→13,95$ **Général**

**LANCE-PIERRES, LE** ▷4
SUÈ. 1993. Chronique d'Ake SANDGREN avec Jesper Salen, Stellan Skarsgard et Basia Frydman. - À Stockholm, dans les années 1920, un gamin est victime d'ostracisme à l'école parce qu'il est juif et que son père s'avoue publiquement socialiste.
STA→21,95$ VF→12,95$ **Général**

**LANCELOT, CHEVALIER DE LA REINE**
Voir: THE SWORD OF LANCELOT

**LANCER-FRAPPÉ**
Voir: SLAP SHOT

**LAND AND FREEDOM** ▷3
ANG. 1995. Drame historique de Ken LOACH avec Ian Hart, Rosana Pastor et Iciar Bollain.- Une jeune femme découvre que son défunt grand-père a combattu contre les fascistes durant la guerre civile d'Espagne. - Point de vue bien documenté. Dimension humaine omniprésente. Reconstitution d'époque réaliste.
VO→19,95$ **Général**

**LAND BEFORE TIME (COFFRET), THE** ▷0
É.-U., Don BLUTH
VF→72,95$ **Général**

**LAND BEFORE TIME 2: THE GREAT VALLEY ADVENTURE, THE** ▷4
É.-U. 1994. Dessins animés de Roy Allen SMITH. - De jeunes dinosaures vivant dans une belle vallée verdoyante s'aventurent dans un dangereux territoire inconnu.
VF→17,95$ VO→18,95$ **Général - Enfants**

**LAND BEFORE TIME 3: THE TIME OF THE GREAT GIVING, THE** ▷5
É.-U. 1995. Dessins animés de R. Allen Smith. - Une terrible sécheresse s'abat sur une vallée peuplée de dinosaures.
VF→17,95$ **Général - Enfants**

**LAND BEFORE TIME 4: JOURNEY THROUGH THE MISTS, THE** ▷5
É.-U. 1996. Dessins animés de R.A. Smith. - Un jeune dinosaure s'aventure dans une région dangereuse pour y rechercher une fleur qui pourrait guérir son grand-père malade.
VF→18,95$ VO→18,95$ **Général - Enfants**

**LAND BEFORE TIME 6: THE SECRET OF SAURUS ROCK, THE** ▷0
É.-U. 1998, Charles GROSVENOR
VF→21,95$ **Général**

**LAND BEFORE TIME, THE** ▷3
É.-U. 1988. Dessins animés de Don BLUTH. - Un groupe de jeunes dinosaures affrontent plusieurs dangers pour atteindre une vallée paradisiaque. - Sujet ne manquant ni de charme ni d'humour. Illustration très soignée. Animation de qualité.
VF→18,95$ VO→18,95$ DVD→34,95$ **Général**

**LAND OF LOOK BEHIND, THE** ▷0
É.-U. 1982, Alan GREENBERG
**Général**

**LAND OF THE PHARAOHS** ▷4
É.-U. 1955. Drame historique de Howard HAWKS avec Jack Hawkins, Joan Collins et Dewey Martin. - Le pharaon Chéops fait construire une pyramide qui doit lui servir de tombeau.
VO→19,95$ **Général**

**LAND THAT TIME FORGOT, THE** ▷5
ANG. 1974. Aventures de Kevin CONNOR avec Doug McClure, John McEnery et Susan Penhaligon. - Après avoir dérivé, un sous-marin aborde une île inconnue peuplée d'animaux et d'hommes préhistoriques.
VO→7,95$ **Général**

**LAND UNKNOWN, THE** ▷6
É.-U. 1956. Science-fiction de Virgil VOGEL avec Jack Mahoney, Shawn Smith et William Reynolds. - Des aviateurs sont forcés d'atterrir à proximité d'un étrange pays préhistorique.
VO→18,95$ **Général**

**LANDLORD, THE** ▷4
É.-U. 1970. Comédie dramatique de Hal ASHBY avec Beau Bridges, Lee Grant et Diana Sands. - Un jeune oisif de famille riche acquiert le sens des responsabilités au contact d'une population défavorisée.
VO→18,95$ **13 ans +**

**LANGOLIERS, THE** ▷5
É.-U. 1995. Drame fantastique de Tom HOLLAND avec Patricia Wettig, Dean Stockwell et David Morse. - S'étant assoupis après le décollage, dix passagers constatent à leur réveil qu'ils sont maintenant fin seuls à bord de leur avion.
VO→19,95$ **13 ans +**

**LANSKY** ▷5
É.-U. 1999. Drame biographique de John McNAUGHTON avec R. Dreyfuss, Anthony LaPaglia et Eric Roberts. - La carrière d'un immigrant juif qui grandit à New York, où il devint un gangster influent.
VF→14,95$ VO→14,95$ **13 ans + Violence**

**LAPUTA** ▷3
ALL. 1986. Drame sentimental de Helma SANDERS-BRAHMS avec Sami Frey et Krystyna Janda. - Un architecte français passe quelques heures à Berlin avec une Polonaise qui est sa maîtresse. - Intrigue amoureuse à connotations politiques. Traitement intellectuel. Excellent duel d'acteurs.
VF→LS **Général**

**LARKS ON A STRING** ▷3
TCH. 1969. Comédie dramatique de Jiri MENZEL avec Rudolf Hrusinsky, Vaclav Neckar et Jitka Zelenohorska. - Dans les années 1950, un groupe d'hommes et de femmes que le nouveau régime tient pour des bourgeois travaille sur une décharge de ferraille sous la surveillance d'un gardien débonnaire. - Critique satirique du stalinisme. Fresque intimiste et délicate. Réalisation vive. Humour très caustique. Excellente interprétation.
STA→21,95$ **Général**

**LARMES AMÈRES DE PETRA VON KANT, LES** ▷3
ALL. 1972. Drame psychologique de Rainer Werner FASSBINDER avec Margit Carstensen, Hanna Schygulla et Irm Hermann. - Une dessinatrice de mode a une liaison homosexuelle avec un mannequin. - Style flamboyant adapté au caractère de la protagoniste. Origine théâtrale évidente. Thème traité avec rigueur.
STA→LS **13 ans +**

**LARMES FATALES**
Voir: NATIONAL LAMPOON'S LOADED WEAPON 1

**LAROSE, PIERROT ET LA LUCE** ▷5
QUÉ. 1982. Comédie dramatique de Claude GAGNON avec Richard Niquette, Luc Matte et Louise Portal. - Deux anciens amis se retrouvent à l'occasion de la restauration d'une vieille demeure appartenant à l'un d'eux.
VO→LS **Général**

**LASERBLAST** ▷6
É.-U. 1978. Science-fiction de Michael RAE avec Kim Milford, Cheryl Smith et Gianni Russo. - Un adolescent trouve une arme à rayons mortels et s'en sert sur ceux qui l'ont contrarié.
VF→LS VO→9,95$ DVD→19,95$ **Général**

**LASSIE** ▷5
É.-U. 1994. Aventures de Daniel PETRIE avec Thomas Guiry, Helen Slater et Jon Tenney. - Un gamin adopte un colley qui vient en aide à sa famille aux prises avec des fermiers malveillants.
VF→13,95$ VO→LS **Général**

**LASSIE PERD ET GAGNE**
Voir: THE SUN COMES UP

**LAST ACT, THE** ▷0
IRAN 1991, Varuzh KARIM-MASIHI
STA→42,95$ Général

**LAST ACTION HERO** ▷4
É.-U. 1993. Comédie fantaisiste de John McTIERNAN avec Arnold Schwarzenegger, Austin O'Brien et Charles Dance. - Grâce à un billet magique, un garçon est projeté à l'intérieur du film d'action de son héros préféré.
LBX→12,95$ VO→11,95$ VF→11,95$
LBX-DVD→33,95$ 13 ans + Violence

**LAST ANGRY MAN, THE** ▷4
É.-U. 1959. Drame social de Daniel MANN avec Paul Muni, David Wayne et Joby Baker. - Un vieux médecin est appelé à participer à une émission de télévision.
VO→18,95$ Non classé

**LAST BOY SCOUT, THE** ▷5
É.-U. 1991. Drame policier de Tony SCOTT avec Bruce Willis, Damon Wayans et Chelsea Field. - Un détective de Los Angeles est poursuivi par les assassins d'une danseuse qu'il était chargé de protéger.
VO→PC VF→14,95$ 18 ans +

**LAST COMMAND, THE** ▷0
É.-U. 1928, Josef VON STERNBERG
VO→23,95$ Général

**LAST CONTRACT, THE** ▷0
FIN.-NOR.-SUÈ. 1998, Kjell SUNDVALL
STA→LS 13 ans + Violence

**LAST DANCE** ▷5
É.-U. 1995. Drame judiciaire de Bruce BERESFORD avec Rob Morrow, Sharon Stone et Randy Quaid. - Un jeune avocat tente désespérément d'obtenir une commutation de peine pour une meurtrière condamnée à mort.
VF→15,95$ 13 ans +

**LAST DAYS OF CHEZ NOUS, THE** ▷4
AUS. 1990. Drame psychologique de Gillian ARMSTRONG avec Lisa Harrow, Bruno Ganz et Kerry Fox. - Une romancière parvient difficilement à vaincre l'indifférence que lui manifestent de plus en plus souvent son mari et son propre père.
VO→18,95$ Général

**LAST DAYS OF DISCO, THE** ▷4
É.-U. 1998. Drame de mœurs de Whit STILLMAN avec Chloe Sevigny, Kate Beckinsale et Chris Eigeman. - Au début des années 80, des amis dans la vingtaine vivent divers chassés-croisés amoureux et professionnels.
VO→LS LBX-DVD→29,95$ Général

**LAST DAYS OF FRANKIE THE FLY, THE** ▷5
É.-U. 1997. Drame policier de Peter MARKLE avec Dennis Hopper, Kiefer Sutherland et Daryl Hannah. - Un petit malfrat qui bosse pour un mafioso imagine une combine tordue pour favoriser la carrière d'une actrice porno dont il est amoureux.
VF→LS VO→LS 13 ans + Violence

**LAST DAYS OF PATTON, THE** ▷4
É.-U. 1986. Drame historique de D. MANN avec George C. Scott, Eva Marie Saint et Murray Hamilton. - Alors qu'il a un commandement dans l'Allemagne occupée après la guerre, le Général américain George Patton est victime d'un accident.
VO→33,95$ Général

**LAST DAYS OF PLANET EARTH, THE** ▷6
JAP. 1976. Drame de Toshio MASUDA avec Kaoru Tomita, Toshio Kurosawa et Robert Rochen. - Un savant émet diverses hypothèses catastrophiques sur l'avenir de la planète en se basant sur les prédictions de Nostradamus.
VA→LS Général

**LAST DETAIL, THE** ▷3
É.-U. 1973. Comédie dramatique de Hal ASHBY avec Jack Nicholson, Otis Young et Randy Quaid. - Deux marins chargés de conduire en prison un jeune matelot se prennent de sympathie pour lui. - Scénario riche d'humanité. Mise en scène attentive aux détails significatifs. Personnages frustes interprétés de façon nuancée.
VF→9,95$ VO→9,95$ LBX-DVD→29,95$ 13 ans +

**LAST DIVA, THE** ▷0
ITA. 1982, Gianfranco MINGOZZI
STA→41,95$ Général

**LAST EMBRACE** ▷4
É.-U. 1979. Drame policier de Jonathan DEMME avec Roy Scheider, Janet Margolin et John Glover. - Un agent secret qui sort d'une grave dépression est aux prises avec un meurtrier déséquilibré.
VO→14,95$ 13 ans +

**LAST EMPEROR, THE** ►2
ITA. 1987. Drame biographique de Bernardo BERTOLUCCI avec John Lone, Joan Chen et Peter O'Toole. - L'histoire du dernier empereur à régner sur la Chine. - Vaste fresque historique instructive et fascinante. Séquences d'une munificence éblouissante. Rythme solennel. Illustration majestueuse. Bonne interprétation.
LBX-D.CUT→24,95$ LBX-DVD-D.CUT→31,95$ Général

**LAST EXIT TO BROOKLYN** ▷3
ALL. 1989. Drame social de Uli EDEL avec Stephen Lang, Jennifer Jason-Leigh et Burt Young. - En 1952, une grève interminable génère à Brooklyn des tensions sociales extrêmes. - Scénario dispersé illustrant un climat social désespérant. Traitement réaliste de situations sordides. Technique maîtrisée.
VF→19,95$ VO→19,95$ 18 ans +

**LAST HOLIDAY** ▷4
ANG. 1950. Comédie dramatique de Henry CASS avec Alec Guinness, Beatrice Campbell et Kay Walsh. - Se croyant atteint d'une maladie mortelle, un modeste employé décide de profiter de la vie.
VO→34,95$ Général

**LAST HOUSE ON THE LEFT** ▷6
É.-U. 1972. Drame policier de Wes CRAVEN avec David Hess, Lucy Grantham et Sandra Cassel. - Découvrant que les inconnus qu'ils hébergent temporairement ont sauvagement tué leur fille, des parents exercent sur eux une vengeance cruelle.
VO→LS 18 ans +

**LAST HUNT, THE** ▷3
É.-U. 1955. Western de Richard BROOKS avec Robert Taylor, Stewart Granger et Debra Paget. - Un chasseur de bisons est conduit à sa perte par sa haine pour les Indiens. - Étude d'un cas limite. Tension dramatique. Aspects documentaires valables.
VO→19,95$ Général

**LAST HURRAH, THE** ▷4
É.-U. 1958. Comédie de mœurs de John FORD avec Spencer Tracy, Jeffrey Hunter et Dianne Foster. - La dernière campagne électorale du maire irlandais d'une grande ville américaine.
VO→18,95$ LBX-DVD→33,95$ Général

**LAST LAUGH, THE**
Voir: LE DERNIER DES HOMMES

**LAST LIEUTENANT, THE** ▷0
NOR. 1993, Hans Petter MOLAND
STA→129,95$

**LAST MAN STANDING** ▷5
É.-U. 1996. Drame policier de Walter HILL avec Bruce Willis, Christopher Walken et David Patrick Kelly. - Durant la Prohibition, un tireur professionnel alimente la guerre entre deux bandes rivales de gangsters dans une petite ville du Texas.
VF→11,95$ LBX→14,95$ 13 ans + Violence

**LAST NIGHT** ▷4
CAN. 1998. Drame réalisé et interprété par Don McKELLAR avec Sandra Oh et Callum Keith Rennie. - A quelques heures de la fin du monde, des hommes et des femmes occupent de manières diverses leurs derniers moments de vie.
VF→17,95$ VO→11,95$ 13 ans +

**LAST OF ENGLAND, THE** ▷0
ANG. 1987, Derek JARMAN
VO→41,95$ 18 ans +

**LAST OF MRS. CHEYNEY, THE** ▷4
É.-U. 1937. Comédie de Richard BOLESLAWSKI avec Joan Crawford, William Powell et Robert Montgomery. - Un aristocrate anglais s'éprend d'une élégante voleuse de bijoux.
VO→18,95$ Général

**LAST OF SHEILA, THE** ▷5
É.-U. 1973. Drame policier de Herbert ROSS avec Richard Benjamin, James Mason et James Coburn. - Un producteur d'Hollywood invite des amis à jouer à un jeu au cours duquel il est assassiné.
VO→14,95$ 13 ans +

**LAST OF THE DOGMEN** ▷5
É.-U. 1995. Drame de mœurs de Tab MURPHY avec Tom Berenger, Barbara Hershey et Kurtwood Smith. - Un éclaireur et une anthropologue recherchent une tribu amérindienne qui vit à l'insu de tous dans les montagnes de l'Ouest américain.
VO→11,95$ Général

**LAST OF THE MOBILE HOT-SHOTS** ▷0
É.-U. 1970, Sidney LUMET
VO→19,95$ 13 ans +

**LAST OF THE MOHICANS, THE** ▷4
É.-U. 1992. Aventures de Michael MANN avec Daniel Day-Lewis, Madeleine Stowe et Russel Means. - En 1757, un jeune aventurier blanc, fils adoptif d'un Mohican, est mêlé à la guerre opposant Anglais et Français.
LBX→22,95$ VF→16,95$ LBX-DVD→31,95$ 13 ans + Violence

**LAST OF THE MOHICANS, THE** ▷5
É.-U. 1936. Aventures de George B. SEITZ avec Randolph Scott, Binnie Barnes et Heather Angel. - Un trappeur et un Indien mohican protègent les filles d'un Général anglais contre les Hurons.
VO→LS Général

**LAST OF THE MOHICANS, THE** ▷0
É.-U. 1920, Clarence BROWN et Maurice TOURNEUR
VO→72,95$ Général

**LAST OF THE RED HOT LOVERS** ▷4
É.-U. 1972. Comédie de Gene SAKS avec Alan Arkin, Sally Kellerman et Paula Prentiss. - Saisi par la tentation de l'infidélité, un quadragénaire marié a des rendez-vous avec trois femmes.
VO→PC Général

**LAST OF THE REDMEN** ▷5
É.-U. 1947. Aventures de George SHERMAN avec Jon Hall, Michael O'Shea et Evelyn Ankers. - Un trappeur et un Indien viennent en aide aux enfants d'un général en guerre contre les Français.
VO→19,95$ Général

**LAST PICTURE SHOW, THE** ▷3
É.-U. 1971. Drame psychologique de Peter BOGDANOVICH avec Timothy Bottoms, Jeff Bridges et Cybill Shepherd. - Les aventures amoureuses de deux adolescents vivant dans un village du Texas en 1950. - Évocation d'époque réussie. Climat pessimiste. Mise en scène adroite. Interprètes talentueux.
VO→14,95$ LBX-DVD→31,95$ 18 ans +

**LAST REMAKE OF BEAU GESTE, THE** ▷5
É.-U. 1977. Comédie réalisée et interprétée par Marty FELDMAN avec Michael York et Ann-Margret. - Les mésaventures de frères jumeaux engagés dans la Légion étrangère et poursuivis par leur belle-mère intrigante.
VO→19,95$ Général

**LAST RUN, THE** ▷5
É.-U. 1971. Drame policier de Richard FLEISCHER avec George C. Scott, Tony Musante et Trish Van Devere. - Un homme désabusé trouve une certaine raison de vivre en aidant un jeune criminel à échapper à ses poursuivants.
VF→LS Général

**LAST SAFARI, THE** ▷5
ANG. 1967. Aventures de Henry HATHAWAY avec Stewart Granger, Kaz Garas et Gabrielle Licudi. - Un guide entreprend seul un safari pour tuer l'éléphant qui a causé la mort de son ami.
VO→14,95$

**LAST SEA, THE** ▷0
ISR. 1979, Haim GURI
STA→LS Général

**LAST SEDUCTION, THE** ▷4
É.-U. 1993. Drame policier de John DAHL avec Linda Fiorentino, Peter Berg et Bill Pullman. - Une femme machiavélique séduit un jeune homme inoffensif afin de l'amener à tuer son mari à qui elle a dérobé une forte somme.
VF→LS VO→33,95$ 16 ans + Érotisme

**LAST SEPTEMBER** ▷4
IRL 1998. Drame de mœurs de Deborah WARNER avec Maggie Smith, Michael Gambon et Keeley Hawes. - En 1920, une jeune aristocrate anglo-irlandaise est courtisée par un soldat britannique mais se sent plutôt attirée par un rebelle irlandais.
VO→LS

**LAST STARFIGHTER, THE** ▷4
É.-U. 1984. Science-fiction de Nick CASTLE avec Lance Guest, Robert Preston et Catherine Mary Stewart. - Un adolescent habile aux jeux vidéo est recruté par des extraterrestres pour combattre dans une guerre interplanétaire.
VO→14,95$ Général

**LAST SUMMER IN THE HAMPTONS** ▷3
É.-U. 1995. Comédie dramatique d'Henry JAGLOM avec Victoria Foyt, Viveca Lindfors et Jon Robin Baitz. - Une actrice monte une dernière pièce de théâtre dans sa résidence de campagne. - Réflexion fascinante sur le métier d'acteur. Structure anecdotique. Réalisation simple et chaleureuse.
VO→LS 13 ans +

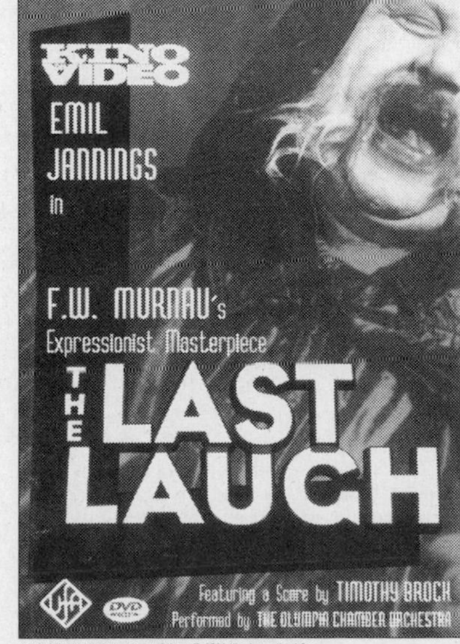

**LAST SUPPER, THE** ▷5
É.-U. 1995. Comédie de Stacy TITLE avec Cameron Diaz, Ron Eldard et Annabeth Gish. - Cinq jeunes intellectuels de gauche invitent à dîner chaque semaine un représentant de l'extrême droite afin de l'assassiner.
VF→14,95$ VO→14,95$ **13 ans + Langage vulgaire**

**LAST TANGO IN PARIS**
Voir: LE DERNIER TANGO À PARIS

**LAST TEMPTATION OF CHRIST, THE** ▷3
É.-U. 1988. Drame religieux de Martin SCORSESE avec Willem Dafoe, Harvey Keitel et Barbara Hershey. - Crucifié, Jésus est l'objet d'un délire hallucinatoire qui lui fait entrevoir une vie paisible de patriarche. - Adaptation d'un roman de Kazantsakis. Exploration insolite du thème de l'humanité du Christ. Illustration soignée. Interprétation inégale.
VO→19,95$ VF→19,95$ **18 ans +**

**LAST TIME I SAW PARIS, THE** ▷5
É.-U. 1954. Drame de Richard BROOKS avec Elizabeth Taylor, Van Johnson et Walter Pidgeon. - La vie insouciante et légère d'un couple conduit leur union à un fiasco.
VO→18,95$ **Général**

**LAST TYCOON, THE** ▷3
É.-U. 1976. Drame psychologique d'Elia KAZAN avec Robert De Niro, Ingrid Boulting et Robert Mitchum. - La vie d'un producteur de films est bouleversée par son attachement à une jeune étrangère ressemblant à sa femme décédée. - Adaptation d'un roman de F. Scott Fitzgerald. Évocation élégante du milieu cinématographique des années 1930. Excellente interprétation de R. De Niro.
VO→14,95$ **Général**

**LAST UNICORN** ▷0
É.-U.-JAP.-ANG. 1982, Jules BASS et Arthur RANKIN Jr
VO→14,95$

**LAST VOYAGE, THE** ▷4
É.-U. 1960. Drame d'Andrew L. STONE avec Robert Stack, Dorothy Malone et George Sanders. - Alors qu'un paquebot est en train de couler, un homme tente de sauver sa femme clouée par des débris au sol de sa cabine.
VO→19,95$ **Général**

**LAST WALTZ, THE** ▷4
É.-U. 1978. Documentaire de Martin SCORSESE. - Concert d'adieu donné par le groupe The Band en novembre 1976, à San Francisco.
VO→LS **Général**

**LAST WAVE, THE** ▷4
AUS. 1977. Drame fantastique de Peter WEIR avec Richard Chamberlain, Olivia Hamnett et David Gulpilil. - Un avocat de Sydney assurant la défense d'aborigènes fait de curieux rêves prémonitoires.
VO→18,95$ **Général**

**LATCHO DROM** ▷3
FR. 1993. Documentaire de Tony GATLIF. - Voyage musical à travers les variantes que les mélodies gitanes ont adoptées de l'Asie à l'Europe. - Document inclassable ne contenant aucune narration. Propos descriptif essentiellement axé sur l'émotion du jeu des musiciens. Images belles et éloquentes. Ensemble dégageant une profonde humanité.
LS **Général**

**LATE BLOOMERS** ▷4
É.-U. 1995. Comédie sentimentale de Julia DYER avec Connie Nelson, Dee Hennigan et Gary Carter. - À la surprise générale, une femme mariée et une enseignante tombent éperdument amoureuses l'une de l'autre.
VO→18,95$ **Général - Déconseillé aux jeunes enfants**

**LATE CHRYSANTHEMUMS**
Voir: LE CHRYSANTHÈME TARDIF

**LATE SHOW, THE** ▷3
É.-U. 1976. Drame policier de Robert BENTON avec Art Carney, Lily Tomlin et Bill Macy. - Un détective privé à la retraite découvre un lien entre la disparition d'un chat et le meurtre d'un ancien associé. - Intrigue sinueuse. Sens précis du détail pittoresque. Mélange insolite de drame et d'humour. Interprétation savoureuse.
VO→14,95$ **Général**

**LATE SUMMER BLUES** ▷0
ISR. 1987, Renen SCHORR
STA→LS

**LAUGHING POLICEMAN, THE** ▷5
É.-U. 1973. Drame policier de Stuart ROSENBERG avec Walter Matthau, Bruce Dern et Lou Gossett. - La police de San Francisco recherche un inconnu qui a tué tous les passagers d'un autobus.
VO→LS **13 ans +**

**LAUGHING SINNERS** ▷0
É.-U. 1931, Harry BEAUMONT
VO→18,95$ **Général**

**LAURA** ▷3
É.-U. 1944. Drame policier d'Otto PREMINGER avec Gene Tierney, Dana Andrews et Clifton Webb. - Une jeune femme qu'on croit victime d'un meurtre reparaît soudain bien vivante. - Scénario astucieusement construit. Réalisation adroite. Climat de mystère bien entretenu. Excellents interprètes.
VO→16,95$ **Général**

**LAURA CADIEUX... LA SUITE** ▷5
QUÉ. 1999. Comédie de mœurs de Denise FILIATRAULT avec Ginette Reno, Pierrette Robitaille et Sonia Vachon. - Un groupe de femmes issues d'un milieu populaire se payent du bon temps lors d'une croisière sur le Saint-Laurent.
VO→LS

**LAURA LAUR** ▷5
QUÉ. 1989. Drame psychologique de Brigitte SAURIOL avec Paula de Vasconcelos, Dominique Briand et André Lacoste. - Un homme dans la cinquantaine fait la connaissance d'une jeune femme impulsive et fuyante qui trouble son existence en devenant sa maîtresse.
VO→LS **18 ans +**

**LAURA, LES OMBRES DE L'ÉTÉ** ▷5
FR. 1979. Drame sentimental de David HAMILTON avec Dawn Dunlap, James Mitchell et Maud Adams. - Un sculpteur entreprend une statue dont le modèle est la fille adolescente d'une ancienne maîtresse.
VO→17,95$ **13 ans +**

**LAURÉAT, LE**
Voir: THE GRADUATE

**LAUREL & HARDY & FRIENDS** ▷0
ITA→34,95$

**LAUREL & HARDY'S LAUGHING 20'S** ▷3
É.-U. 1965. Film de montage de Robert YOUNGSON. - Quelques séquences des meilleurs courts métrages de Stan Laurel et Oliver Hardy. - Extraits bien choisis parmi les plus drôles. Bonne démonstration du talent comique des deux acteurs. Choix limité à l'époque du muet.
VO→LS **Non classé**

**LAUREL ET HARDY CONSCRITS**
Voir: THE FLYING DEUCES

**LAUTREC** ▷4
FR. 1998. Drame biographique de Roger PLANCHON avec Régis Royer, Elsa Zylberstein et Anémone. - La vie mouvementée du peintre Henri de Toulouse-Lautrec.
VO→18,95$ **13 ans +**

**LAUZON LAUZONE** ▷4
QUÉ. 2000. Documentaire de L. BÉLANGER et I. HÉBERT - Portrait du cinéaste québécois Jean-Claude Lauzon, décédé prématurément dans un accident d'avion en 1997.
Général

**LAVENDER HILL MOB, THE** ▷3
ANG. 1951. Comédie de Charles CRICHTON avec Alec Guinness, Stanley Holloway et Sidney James. - Un employé de la Banque d'Angleterre organise un vol après vingt ans de travail honnête. - Traitement original. Rythme vif. Humour constant. Savoureuse composition de A. Guinness.
VO→9,95$ Non classé

**LAVIGUEUR DÉMÉNAGENT, LES (FLODDER)** ▷5
HOL. 1986. Comédie de Dick MAAS avec Nelly Frijda, Huub Stapel et Appolonia von Ravenstein. - Relogée par le service social dans une maison d'un quartier huppé, une famille sème l'indignation chez ses nouveaux voisins par ses manières frustres.
VF→LS 13 ans +

**LAW AND JAKE WADE, THE** ▷4
É.-U. 1958. Western de John STURGES avec Robert Taylor, Richard Widmark et Patricia Owens. - Un ex-bandit devenu shérif doit faire face à un ancien complice.
VO→19,95$ Général

**LAW AND ORDER** ▷5
É.-U. 1953. Western de Nathan Hertz JURAN avec Ronald Reagan, Dorothy Malone et Preston Foster. - Un ancien shérif et ses deux frères s'opposent aux menées d'un chef de bande.
VO→14,95$ Général

**LAW OF DESIRE**
Voir: LA LOI DU DÉSIR

**LAWLESS BREED, THE** ▷5
É.-U. 1952. Western de Raoul WALSH avec Rock Hudson, Julia Adams et Mary Castle. - En sortant de prison, un ancien hors-la-loi confie ses mémoires à un éditeur afin qu'ils servent de leçon à la jeunesse.
VO→14,95$ Général

**LAWLESS STREET, A** ▷0
É.-U. 1955, Joseph H. LEWIS
VO→18,95$ Général

**LAWMAN** ▷4
É.-U. 1970. Western de Michael WINNER avec Burt Lancaster, Robert Ryan et Lee J. Cobb. - Un shérif part au Nouveau-Mexique à la recherche des responsables de la mort d'un homme de son village.
LBX→14,95$ 13 ans +

**LAWNMOWER MAN, THE** ▷5
É.-U. 1992. Science-fiction de Brett LEONARD avec Jeff Fahey, Pierce Brosnan et Jenny Wright. - Un simple d'esprit qui sert de cobaye à un scientifique se retrouve avec des pouvoirs paranormaux incontrôlables.
VF→LS VO→LS 13 ans +

**LAWRENCE OF ARABIA** ►1
ANG. 1962. Drame biographique de David LEAN avec Peter O'Toole, Alec Guinness et Anthony Quinn. - Pendant la guerre 1914-1918, un lieutenant britannique devient le commandant de troupes arabes au Moyen-Orient. - Film à grand spectacle doté de valeur psychologique. Remarquables images du désert. Excellente distribution.
VF-LBX→LS LBX→23,95$ Général

**LAWS OF GRAVITY** ▷4
É.-U. 1992. Étude de mœurs de Nick GOMEZ avec Peter Greene, Adam Trese et Edie Falco. - À Brooklyn, deux jeunes voyous acceptent de cacher les armes volées d'un camarade revenant de Floride.
VO→27,95$ 13 ans + Langage vulgaire

**LAYER CAKE**
Voir: MÉLI-MÉLO

**LE MANS** ▷4
É.-U. 1971. Drame sportif de Lee H. KATZIN avec Steve McQueen, Siegfried Rauch et Elga Andersen. - Un pilote de course américain participe aux 24 heures du Mans.
VO→11,95$ Général

**LE SECRET DE LA BANQUISE**
Voir : BEAR ISLAND

**LÉA** ▷3
ALL. 1996. Mélodrame d'Ilvan FILA avec Lenka Vlasakova, Christian Redl et Hanna Schygulla. - Une jeune femme traumatisée par une enfance malheureuse est forcée d'épouser un ancien légionnaire taciturne et brutal. - Récit insolite et touchant inspiré de faits réels. Poésie prenante. Climat sombre et oppressant. Réalisation assurée, aux effets parfois appuyés. Interprétation très émouvante.
Général - Déconseillé aux jeunes enfants

**LEADING MAN, THE** ▷0
ANG. 1996, John DUIGAN
VO→LS Général

**LEAGUE OF GENTLEMEN, THE** ▷3
ANG. 1960. Drame policier de Basil DEARDEN avec Jack Hawkins, Nigel Patrick et Richard Attenborough. - Un colonel limogé décide d'accomplir un audacieux vol de banque à la façon d'une opération militaire. - Sujet original. Réalisation de qualité. Montage habile. Touches d'humour appréciables. Excellents interprètes.
VO→17,95$ VO→17,95$ Général

**LEAGUE OF THEIR OWN, A** ▷5
É.-U. 1992. Comédie dramatique de Penny MARSHALL avec Geena Davis, Tom Hanks et Lori Petty. - Durant la Seconde Guerre mondiale, deux sœurs sont repêchées pour jouer dans une équipe féminine de base-ball.
VF→12,95$ LBX→12,95$ Général

**LEAN ON ME** ▷4
É.-U. 1989. Drame social de John G. AVILDSEN avec Morgan Freeman, Robert Guillaume et Beverly Todd. - Le nouveau directeur autoritaire d'une école secondaire subit la résistance de certains parents et professeurs.
VF→11,95$ 13 ans +

**LEAP OF FAITH** ▷5
É.-U. 1992. Comédie dramatique de Richard PEARCE avec Steve Martin, Debra Winger et Liam Neeson. - Le shérif d'une localité éprouvée par la pauvreté enquête sur un évangéliste qui donne des spectacles pseudo-religieux sous un grand chapiteau.
VO→PC Général

**LEARNING TREE, THE** ▷4
É.-U. 1969. Étude de mœurs de Gordon PARKS avec Kyle Johnson, Alex Clarke et Estelle Evans. - Dans les années 1920, un adolescent noir fait l'apprentissage de la vie dans un village du Kansas.
VO→LS Général

**LEATHER BOYS, THE** ▷0
ANG. 1963, Sidney J. FURIE
VO→34,95$

**LEAVE HER TO HEAVEN** ▷4
É.-U. 1946. Drame de John M. STAHL avec Gene Tierney, Cornel Wilde et Vincent Price. - Une femme jalouse ne supporte personne entre elle et son mari.
VO→24,95$ Général

**LEAVES AND THORNS** ▷4
IND. 1994. Drame de mœurs de K.P. SASI avec Pallari Joshi, Shanti Krishna et Kanya. - Après le suicide d'une amie, trois jeunes femmes se révoltent contre la manière dont elles sont traitées par les hommes.
STA→26,95$ Général

**LEAVING LAS VEGAS** ▷3
É.-U. 1995. Drame psychologique de Mike FIGGIS avec Nicolas Cage, Elisabeth Shue et Julian Sands. - À Las Vegas, une jeune prostituée s'attache à un scénariste paumé que l'alcool est en train de tuer à petit feu. - Œuvre lyrique et envoûtante. Détresse des personnages rendue de façon déchirante. Élans oniriques subtils. Jeu remarquable des deux vedettes.
LBX→14,95$ VO→14,95$ VF→14,95$
LBX-DVD→21,95$ **16 ans +**

**LEAVING NORMAL** ▷5
É.-U. 1992. Comédie dramatique d'Edward ZWICK avec Meg Tilly, Christine Lahti et Patrika Darbo. - Une barmaid au tempérament frondeur s'en va vivre en Alaska avec une amie de fortune qui fuit son mari abusif.
VF→LS VO→LS **13 ans +**

**LEÇON D'AMOUR, UNE** ▷3
SUÈ. 1954. Comédie de mœurs de Ingmar BERGMAN avec Gunnar Bjornstrand, Eva Dahlbeck et Harriet Andersson. - Un gynécologue s'efforce de reconquérir sa femme qui veut le quitter. - Agréable comédie. Ton ironique. Interprétation fine et pleine de brio.
STA→27,95$ **Non classé**

**LEÇON DE PIANO, LA**
Voir: THE PIANO

**LECTRICE, LA** ▷3
FR. 1988. Comédie de mœurs de Michel DEVILLE avec Miou-Miou, Patrick Chesnais et Maria Casarès. - Offrant ses services comme lectrice à domicile, une jeune femme rencontre des clients aux goûts divers. - Suite de saynètes décrites avec justesse et malice. Mouvement alerte. Images gracieuses. Interprétation pleine de finesse de Miou-Miou.
STA→19,95$ **13 ans +**

**LECTURES DIABOLIQUES**
Voir: I, MADMAN

**LEE KONITZ: PORTRAIT DE L'ARTISTE EN SAXOPHONISTE** ▷5
QUÉ. 1988. Documentaire de Robert DAUDELIN. - Portrait du saxophoniste de jazz Lee Konitz.
VO→LS **Général**

**LEECH WOMAN, THE** ▷6
É.-U. 1960. Drame d'horreur d'Edward DEIN avec Coleen Gray, Grant Williams et Philip Terry. - Grâce à une formule secrète, une femme conserve sa jeunesse au prix de nombreux meurtres.
VO→11,95$ **Général**

**LEFT HAND OF GOD, THE** ▷4
É.-U. 1955. Drame psychologique d'Edward DMYTRYK avec Humphrey Bogart, Gene Tierney et Lee J. Cobb. - Un aventurier, prisonnier d'un bandit chinois, s'évade en empruntant les vêtements et l'identité d'un prêtre.
VO→LS **Non classé**

**LEFT-HANDED GUN, THE** ▷3
É.-U. 1958. Western d'Arthur PENN avec Paul Newman, Lita Milan et John Dehner. - Pour venger la mort de son patron, Billy le Kid commet plusieurs meurtres. - Traitement original d'un thème classique. Psychologie et symbolisme bien dosés. Cadrages recherchés. Interprétation solide.
VO→14,95$ **Non classé**

**LEGACY OF RAGE** ▷0
H. K. 1986, Ronny YU
VA-LBX→16,95$ **13 ans +**

**LEGAL EAGLES** ▷0
VO→PC **Général**

**LEGEND** ▷4
ANG. 1985. Conte de Ridley SCOTT avec Tom Cruise, Mia Sara et Tim Curry. - Un jeune garçon et une bande de lutins volent au secours d'une princesse enlevée par le prince des Ténèbres.
VO→11,95$ **Général**

**LEGEND OF 1900, THE**
Voir: LA LÉGENDE DU PIANISTE SUR L'OCÉAN

**LEGEND OF A SIGH** ▷0
IRAN 1988, Ahmineh MILANI
STA→42,95$ **Général**

**LEGEND OF BAGGER VANCE, THE** ▷5
É.-U. 2000. Drame sportif de Robert REDFORD avec Matt Damon, Will Smith et Charlize Theron. - En 1931, un jeune golfeur traumatisé par les horreurs de la guerre retrouve un sens à sa vie grâce à l'aide d'un mystérieux caddy noir.
VF→LS VO→LS **Général**

**LEGEND OF HELL HOUSE, THE** ▷4
ANG. 1973. Drame fantastique de John HOUGH avec Clive Revill, Pamela Franklin et Roddy McDowall. - Un financier engage un physicien pour mener une enquête scientifique dans une de ses propriétés qui a la réputation d'être hantée.
VO→24,95$ **13 ans +**

**LEGEND OF SURAM FORTRESS, THE**
Voir: LA LÉGENDE DE LA CITADELLE DE SOURAM

**LEGEND OF THE 7 GOLDEN VAMPIRES** ▷0
H. K.-ANG.1973, Roy Ward BAKER
LBX→14,95$ **13 ans +**

**LEGEND OF THE LOST** ▷5
É.-U. 1957. Aventures de Henry HATHAWAY avec John Wayne, Sophia Loren et Rossano Brazzi. - Un aventurier devient méfiant et cupide après avoir trouvé un trésor dans le Sahara.
VO→19,95$ **Général**

**LEGEND OF WEREWOLF** ▷0
É.-U. 1975, Freddie FRANCIS
VO→LS **Non classé**

**LÉGENDE DE CAMELOT, LA**
Voir: QUEST FOR CAMELOT

**LÉGENDE DE LA CITADELLE DE SOURAM, LA** ►2
RUS. 1984. Chronique de Sergei PARADJANOV avec Levan Outchanetchvili, Zourab Kipchidzé et Veneriko Andjaparidzé. - Un esclave affranchi donne naissance à un fils qui est destiné à terminer la construction d'une forteresse dont l'un des murs s'écroule régulièrement. - Suite de courts tableaux vivants. Éléments historiques confondus avec la légende. Illustration colorée. Style hiératique de l'interprétation.
STA→41,95$ **Général**

**LÉGENDE DU GRAND JUDO, LA** ▷0
JAP. 1943, Akira KUROSAWA
STA→17,95$ **Général**

**LÉGENDE VIVANTE DU ROCK N' ROLL, LA**
Voir: GREAT BALLS OF FIRE!

**LÉGENDES D'AUTOMNE**
Voir: LEGENDS OF THE FALL

**LEGENDS** ▷0
É.-U. 1992, Ilana BAR-DIN
VO→LS **Général**

**LEGENDS OF RITA, THE** ▷4
ALL. 2000. Chronique de Volker SCHLÖNDORFF avec Bibiana Beglau, Martin Wuttke et Nadja Uhl. - Durant les années 1980, une jeune terroriste d'Allemagne de l'Ouest se réfugie à l'Est où les autorités lui procurent une nouvelle identité.
**13 ans +**

**LEGENDS OF THE FALL** ▷5
É.-U. 1994. Chronique d'Edward ZWICK avec Brad Pitt, Aidan Quinn et Anthony Hopkins. - Au début du siècle dans le Montana, trois frères vivent tour à tour une aventure sentimentale avec la même jeune femme.
VF→14,95$ VO→13,95$ LBX→14,95$
LBX-DVD→36,95$ **Général**

**LÉGION SAUTE SUR KOLWEZI, LA** ▷5
FR. 1980. Drame de guerre de Raoul COUTARD avec Giuliano Gemma, Pierre Vaneck et Mimsy Farmer. - En mai 1978, des légionnaires vont au secours d'Européens menacés par des rebelles au Zaïre.
VO→LS **Général**

**LEGIONNAIRE** ▷5
É.-U. 1998. Aventures de Peter MacDONALD avec Jean-Claude Van Damme, Steven Berkoff et Ana Sofrenovic. - Dans les années 20, un boxeur injustement accusé de meurtre s'engage dans la Légion étrangère afin d'échapper à la justice.
VF→139,95$ **13 ans + Violence**

**LÉGITIME VIOLENCE** ▷5
FR. 1982. Drame policier de Serge LEROY avec Claude Brasseur, Véronique Genest et Thierry Lhermitte. - Un homme entreprend de retrouver les criminels qui ont abattu sa famille au cours d'un hold-up dans une gare.
VO→LS **13 ans +**

**LEILA** ▷0
IRAN 1996, Dariush MEHRJUI
STA→129,95$

**LEMON DROP KID, THE** ▷4
É.-U. 1951. Comédie de Sidney LANFIELD avec Bob Hope, Marilyn Maxwell et Lloyd Nolan. - Un pauvre diable fait perdre une forte somme à un bandit et est sommé de le dédommager.
VO→LS **Non classé**

**LENDEMAIN DU CRIME, LE**
Voir: THE MORNING AFTER

**LENINGRAD COWBOYS GO AMERICA** ▷4
FIN. 1989. Comédie satirique d'Aki KAURISMÄKI avec Matti Pellonpaa, Kari Vaananen et Sakke Jarvenpaa. - Un groupe de musiciens folkloriques russes à l'allure punk tente sa chance aux États-Unis.
STA→LS **Général**

**LENNY** ▷3
É.-U. 1975. Drame biographique de Bob FOSSE avec Dustin Hoffman, Valerie Perrine et Jan Miner. - Durant les années 1960, un monologuiste atteint une certaine notoriété grâce à l'anticonformisme de ses numéros. - Vision plutôt réaliste d'un personnage mythifié. Montage complexe et fort habile. Emploi heureux d'une photographie en noir et blanc. Interprétation de premier ordre.
VO→14,95$ **18 ans +**

**LEO TOLSTOY** ▷0
RUS. 1984, Sergei GERASIMOV
STA→LS **Général**

**LÉOLO** ▷4
QUÉ. 1992. Chronique de Jean-Claude LAUZON avec Maxime Collin, Ginette Reno et Roland Blouin. - Un jeune garçon qui vit dans un quartier populaire de Montréal tente d'oublier sa dure réalité familiale en cultivant son goût pour le rêve.
STA→14,95$ VO→14,95$ **13 ans +**

**LÉON**
Voir: THE PROFESSIONAL

**LEON: THE PROFESSIONAL** ▷4
FR. 1994. Drame policier de Luc BESSON avec Jean Reno, Natalie Portman et Gary Oldman. - Un redoutable tueur à gages recueille une adolescente dont la famille a été décimée par un détective véreux et psychopathe.

**LÉON MORIN, PRÊTRE** ▷3
FR. 1961. Drame psychologique de Jean-Pierre MELVILLE avec Jean-Paul Belmondo, Emmanuelle Riva et Irène Tunc. - Une jeune femme incroyante s'éprend du prêtre qui la ramène lentement au christianisme. - Bonne création d'atmosphère. Excellents interprètes.
STA→LS **Général**

**LÉON MORIN, PRÊTRE** ▷0
FR. 1994, Pierre BOUTRON
VO→LS **Général**

**LEON THE PIG FARMER** ▷4
ANG. 1993. Comédie de mœurs de Vadim JEAN et G. SINYOR avec Mark Frankel, Janet Suzman et Brian Glover. - Né d'une insémination artificielle, un jeune juif découvre un jour que son père biologique est un éleveur de porcs.
VO→LS **Général**

**LEON TOLSTOY'S ANNA KARENINA** ▷4
É.-U. 1997. Drame sentimental de Bernard ROSE avec S. Marceau, Sean Bean et A. Molina. - L'histoire d'amour entre une femme mariée et un officier de l'armée russe connaît une issue dramatique.
VO→19,95$ **Général**

**LEOPARD MAN, THE** ▷6
É.-U. 1943. Drame d'horreur de Jacques TOURNEUR avec Dennis O'Keefe, Margo et Jean Brooks. - La population d'un village du Nouveau-Mexique est terrorisée par des morts mystérieuses.
VO→LS **Non classé**

**LÉOPARD, LE** ▷0
FR. 1984, Jean-Claude SUSSFIELD
VO→LS **Général**

**LEOPARD, THE**
Voir: LE GUÉPARD

**LEPKE** ▷5
É.-U. 1974. Drame biographique de Menahem GOLAN avec Tony Curtis, Anjanette Comer et Warren Berlinger. - Au cours des années 1930, un petit voyou new-yorkais arrive à se tailler une place importante dans le syndicat du crime.
VF→LS VO→LS **18 ans +**

**LES GIRLS** ▷4
É.-U. 1957. Comédie musicale de George CUKOR avec Kay Kendall, Mitzi Gaynor et Gene Kelly. - À Londres, un procès oppose deux ex-danseuses de cabaret.
VO→LS **Général**

**LES ROIS DE VEGAS**
Voir: THE RAT PACK

**LESS THAN ZERO** ▷4
É.-U. 1987. Drame psychologique de Marek KANIEVSKA avec Andrew McCarthy, Robert Downey Jr. et Jami Gertz. - Avec l'aide d'une copine mannequin, un étudiant cherche à aider un ami d'enfance devenu esclave de la drogue.
VO→11,95$ **13 ans +**

**LESSON IN LOVE, A**
Voir: UNE LEÇON D'AMOUR

**LET FREEDOM RING** ▷0
É.-U. 1939, Jack CONWAY
VO→LS **Général**

**LET HIM HAVE IT** ▷4
ANG. 1991. Comédie de mœurs de Peter MEDAK avec Chris Eccleston, Paul Reynolds et Tom Courtenay. - Un garçon de 19 ans, d'une intelligence inférieure à la moyenne, est injustement accusé de meurtre.
VF→PC VO→19,95$ **13 ans +**

**LET IT RIDE** ▷5
É.-U. 1989 Comédie de Joe PYTKA avec Richard Dreyfuss, David Johansen et Teri Garr. - Malgré la promesse faite à son épouse, un chauffeur de taxi succombe à la tentation de parier sur des courses de chevaux.
VO→17,95$ **Général**

**LET'S DANCE** ▷4
É.-U. 1950. Comédie musicale de Norman Z. McLEOD avec Fred Astaire, Betty Hutton et Roland Young. - Deux partenaires de music-hall se retrouvent après quelques années.
VO→14,95$ **Général**

**LET'S DO IT AGAIN** ▷4
É.-U. 1975. Comédie réalisée et interprétée par Sidney POITIER avec Bill Cosby et John Amos. - Deux ouvriers noirs d'Atlanta exécutent un plan extravagant pour renflouer les fonds du club social dont ils sont membres.
VO→13,95$ Général

**LET'S GET LOST: STARRING CHET BAKER** ▷4
É.-U. 1988. Documentaire de Bruce WEBER. - Évocation de la vie de Chet Baker, trompettiste de jazz ainsi que chanteur et comédien à l'occasion.
VO→LS Général

**LET'S LIVE A LITTLE** ▷5
É.-U. 1949. Comédie de Richard WALLACE avec Hedy Lamarr, Robert Cummings et Ann Sten. - Étant à la merci d'une vedette pour l'obtention d'un contrat, un agent publicitaire devient momentanément misogyne.
VO→14,95$ Général

**LET'S MAKE IT LEGAL** ▷5
É.-U. 1951. Comédie de Richard SALE avec Claudette Colbert, MacDonald Carey et Zachary Scott. - Après 20 ans de mariage, une femme demande le divorce.
VO→16,95$ Non classé

**LET'S MAKE LOVE** ▷4
É.-U. 1960. Comédie musicale de George CUKOR avec Yves Montand, Marilyn Monroe et Tony Randall. - Un milliardaire s'éprend d'une danseuse à qui il cache son identité.
VF→16,95$ VO→16,95$ Général

**LET'S SPEND THE NIGHT TOGETHER** ▷5
É.-U. 1982. Spectacle musical de Hal ASHBY avec le groupe Rolling Stones. - Compte rendu de concerts donnés par le groupe rock The Rolling Stones au cours d'une tournée américaine en 1981.
VO→LS Général

**LETHAL WEAPON** ▷4
É.-U. 1987. Drame policier de Richard DONNER avec Mel Gibson, Danny Glover et Gary Busey. - Sa fille ayant été enlevée par des trafiquants de drogues, un policier et son collègue se lancent à sa rescousse au péril de leur vie.
LBX→18,95$ VF→14,95$ LBX-DVD→26,95$ 18 ans +

**LETHAL WEAPON 2** ▷4
É.-U. 1989. Drame policier de Richard DONNER avec Mel Gibson, Danny Glover et Joe Pesci. - Deux inspecteurs disparates poursuivent des truands qui se révèlent être des agents sud-africains protégés par leur immunité diplomatique.
VF→14,95$ 13 ans +

**LETHAL WEAPON 3** ▷5
É.-U. 1992. Comédie policière de Richard DONNER avec Mel Gibson, Danny Glover et Joe Pesci. - Deux policiers casse-cou enquêtent sur les activités d'un ex-flic qui s'est converti dans le trafic d'armes.
VF→14,95$ 13 ans +

**LETHAL WEAPON 4** ▷5
É.-U. 1998. Comédie policière de Richard DONNER avec Mel Gibson, Danny Glover et Jet Li. - Deux inspecteurs de Los Angeles ont maille à partir avec des membres des triades chinoises établis dans la ville.
LBX→18,95$ VF→18,95$ 13 ans + Violence

**LETTER FROM AN UNKNOWN WOMAN** ▷3
É.-U. 1948. Drame sentimental de Max OPHÜLS avec Joan Fontaine, Louis Jourdan et Mady Christians. - Un musicien libertin reçoit une lettre d'une inconnue en qui il découvre la seule femme qu'il ait vraiment aimée. - Traitement nostalgique et poétique. Mise en scène adroite. Souci du détail. J. Fontaine excellente.
VO→9,95$ Général

**LETTER TO BREZHNEV** ▷4
ANG. 1985. Comédie sentimentale de Chris BERNARD avec Alexandra Pigg, Margi Clarke et Peter Firth. - Les tribulations sentimentales de deux Anglaises qui ont rencontré deux matelots russes dont le navire a fait escale à Liverpool.
VO→LS Général

**LETTER TO MOTHER, A** ▷0
POL. 1938, Joseph GREEN
STA→LS Général

**LETTER TO THREE WIVES, A** ▷3
É.-U. 1948. Comédie de mœurs de Joseph Leo MANKIEWICZ avec Jeanne Crain, Linda Darnell et Ann Sothern. - Craignant d'être abandonnées par leurs maris respectifs, trois jeunes femmes revivent en esprit leur vie conjugale. - Original et bien construit. Réalisation soignée. Style discret et allusif. Interprétation nuancée.
VO→22,95$ Général

**LETTER, THE** ▷4
É.-U. 1940. Drame psychologique de William WYLER avec Bette Davis, Herbert Marshall et James Stephenson. - Une femme mariée tue son amant qui l'avait délaissée.
VO→14,95$ Général

**LETTERS FROM ALOU** ▷0
ESP. 1990, Montxo ARMENDARIZ
VO→54,95$ Général

**LETTERS FROM THE PARK** ▷4
CUB. 1988. Drame poétique de Tomàs Gutiérrez ALEA avec Victor Laplace, Ivonne Lopez et Miguel Paneque. - Un écrivain public continue d'envoyer des lettres d'amour à la fiancée d'un jeune homme bien que ce dernier se soit désintéressé d'elle.
STA→LS Général

**LETTERS TO AN UNKNOWN LOVER** ▷5
ANG. 1985. Drame de Peter DUFFELL avec Cherie Lunghi, Mathilda May et Yves Beneyton. - Durant la Seconde Guerre mondiale, un prisonnier échappé d'un camp allemand se réfugie à Lyon dans l'appartement de deux sœurs.
VO→LS Général

**LETTRE ÉCARLATE, LA** ▷5
ALL. 1972. Drame de mœurs de Wim WENDERS avec Senta Berger, Lou Castel et Hans Christian Blech. - Au XVIIe siècle, un médecin revient incognito dans un village puritain de la Nouvelle-Angleterre afin de se venger d'un pasteur qui a séduit sa femme.
VO→LS Général

**LETTRES DE MON MOULIN 1, LES** ▷4
FR. 1954. Film à sketches de Marcel PAGNOL avec Rellys, Henri Vilbert et Édouard Delmont. - Deux contes d'Alphonse Daudet: «Le secret de maître Cornille» et «L'élixir du père Gaucher».
VO→29,95$ Général

**LETTRES DE MON MOULIN 2, LES** ▷4
FR. 1954. Film à sketches de Marcel PAGNOL avec Rellys, Henri Vilbert et Édouard Delmont. - Deux contes d'Alphonse Daudet: «Les trois messes basses» et «Le curé de Cucugnan».
VO→29,95$ Général

**LETTRES DE MON MOULIN, (COFFRET) LES** ▷0
FR. 1954, MARCEL PAGNOL
VO→49,95$ Général

**LÉVY ET GOLIATH** ▷4
FR. 1986. Comédie dramatique de Gérard OURY avec Richard Anconina, Michel Boujenah et Souad Amidou. - Bien qu'ayant suivi des chemins opposés, deux frères, issus d'une famille juive, décident d'affronter ensemble un redoutable caïd.
VO→21,95$ Général

**LÉZARD NOIR, LE** ▷0
JAP. 1968, Kinji FUKASAKU
STA→LS Non classé

**LI** ▷4
BEL.-FR. 1995. Drame psychologique de Marion HÄNSEL avec Stephen Rea, Ling Chu et Adrian Brine. - Sur son cargo à Hong-Kong, un marin solitaire et déprimé fait la connaissance d'une enfant qu'il a engagée comme servante.
VF→14,95$ **13 ans +**

**LIAISON FATALE**
Voir: FATAL ATTRACTION

**LIAISON PORNOGRAPHIQUE, UNE** ▷4
FR.-BEL.-SUI.-LUX. 1999. Drame de mœurs de Frédéric FONTEYNE avec Nathalie Baye, Sergi Lopez et Jacques Viala. - Un homme et une femme vivant une liaison purement sexuelle hésitent à s'engager dans une véritable relation amoureuse.
VO→PC

**LIAISONS DANGEREUSES, LES**
Voir: DANGEROUS LIAISONS

**LIAISONS DANGEREUSES, LES** ▷5
FR. 1959. Étude de mœurs de Roger VADIM avec Gérard Philippe, Jeanne Moreau et Annette Stroyberg. - Les aventures extra-conjugales de deux jeunes époux qui se racontent mutuellement leurs entreprises de séduction.
STA→LS VO→LS **Général**

**LIAISONS INTERDITES**
Voir: BOUND

**LIANNA** ▷0
É.-U. 1983, John SAYLES
VO→LS **Non classé**

**LIAR LIAR** ▷4
É.-U. 1997. Comédie de Tom SHADYAC avec Jim Carrey, Maura Tierney et Justin Cooper. - Le fils délaissé d'un avocat particulièrement menteur fait le vœu que son père ne puisse dire que la vérité durant vingt-quatre heures.
LBX→18,95$ VF→11,95$ **Général**

**LIBELED LADY** ▷4
É.-U. 1936. Comédie de Jack CONWAY avec William Powell, Myrna Loy et Spencer Tracy. - Un directeur de journal cherche à échapper à une poursuite pour libelle diffamatoire.
VO→19,95$ **Général**

**LIBERA ME** ▷3
FR. 1993. Film d'essai d'Alain CAVALIER avec Pierre Concha, Annick Concha et Thierry Labelle. - Dans un pays où règne un régime répressif, un réseau de résistants rivalise d'ingéniosité pour mettre en échec cette dictature. - Récit plutôt abstrait développé sans dialogue ou commentaire. Succession de brèves scènes filmées sans décors. Ensemble fascinant et déroutant.
VO→19,95$ **Général**

**LIBERTARIAS** ▷5
ESP. 1995. Drame historique de Vincente ARANDA avec Ana Belen, Ariadna Gil et Victoria Abril. - Durant la guerre civile espagnole, une jeune nonne se joint à un groupe de miliciennes combattant les fascistes.
STA→27,95$ **13 ans + Violence**

**LIBERTÉ EN COLÈRE, LA** ▷4
QUÉ. 1994. Documentaire de Jean-Daniel LAFOND. - Plus de vingt ans après leur rupture pour cause de désaccord idéologique, deux membres fondateurs du FLQ se retrouvent et échangent leurs points de vue.
VO→19,95$ **Général**

**LIBERTÉ, ÉGALITÉ, CHOUCROUTE** ▷6
FR. 1985. Comédie réalisée et interprétée par Jean YANNE avec Michel Serrault et Jean Poiret. - En 1789, alors que le calife de Bagdad se rend à Paris, le rédacteur d'un journal se lance dans des activités révolutionnaires.
VO→LS **Général**

**LIBERTIN, LE** ▷5
FR. 2000. Comédie de Gabriel AGHION avec Vincent Pérez, Fanny Ardant et Michel Serrault. - Alors qu'il rédige l'article de son Encyclopédie traitant de la morale, le philosophe Diderot se complaît dans une vie de libertinage et de provocations.
**13 ans + Érotisme**

**LIBERTINES, LES** ▷6
FR. 1969. Drame policier de Dave YOUNG avec Marisa Mell, Robert Hossein et Alberto Dalbes. - La directrice d'une maison de repos pour riches névrosés cache un gangster en fuite dans ses appartements.
VA→49,95$ **18 ans +**

**LIBERTY** ▷0
É.-U. 1929, Leo McCarey
ITA→15,95$ **Général**

**LIBERTY HEIGHTS** ▷3
É.-U. 1999. Chronique de Barry LEVINSON avec Ben Foster, Adrien Brody et Joe Mantegna. - Les tribulations d'une famille juive de Baltimore au milieu des années 50. - Tableau de mœurs pittoresque et nostalgique. Évocation douce-amère des préjugés de classe et de race. Climat d'époque chatoyant. Interprétation sensible et attachante.
VF→14,95$ VO→14,95$

**LIBERTY STREET BLUES** ▷4
QUÉ. 1988. Documentaire d'André GLADU avec Michael White, Sadie Colar et Chester Zardis. - Portrait musical et sociologique du jazz à La Nouvelle-Orléans.
VO→LS **Général**

**LICENCE TO KILL** ▷4
ANG. 1989. Drame policier de John GLEN avec Timothy Dalton, Carey Lowell et Robert Davi. - L'agent secret James Bond se lance aux trousses d'un trafiquant de drogue qui a cruellement attaqué un couple d'amis.
VF→14,95$ VO→14,95$ **13 ans +**

**LIE DOWN WITH DOGS** ▷0
É.-U. 1995, Wally WHITE
VO→19,95$ **13 ans + Langage vulgaire**

**LIEBELEI** ▷0
ALL. 1932, Max OPHÜLS
STA→34,95$ **Général**

**LIEBESTRAUM** ▷4
É.-U. 1991. Drame psychologique de Mike FIGGIS avec Kevin Anderson, Pamela Gildley et Bill Pullman. - En se glissant dans une bâtisse abandonnée depuis 30 ans, un architecte est étrangement assailli par des images d'un drame passionnel lointain.
VO→14,95$ **Non classé**

**LIEN INDESTRUCTIBLE, UN**
Voir: THE TIE THAT BINDS

**LIEN, LE**
Voir: FLESH AND BONE

**LIENS DE SANG, LES** ▷5
FR. 1977. Drame policier de Claude CHABROL avec Donald Sutherland, Aude Landry et Lisa Langlois. - Un inspecteur de police tente d'éclaircir un meurtre dans lequel une adolescente incrimine son frère.
VF→LS VO→LS **13 ans +**

**LIENS DU SOUVENIR, LES**
Voir: UNSTRUNG HEROES

**LIES OF THE TWINS** ▷5
É.-U. 1991. Drame psychologique de Tim HUNTER avec Aidan Quinn, Isabella Rossellini et Iman. - Une jeune mannequin entretient une double liaison avec des frères jumeaux physiquement identiques mais au tempérament opposé.
VF→LS VO→LS **Non classé**

**LIÉS PAR LE SANG**
Voir: BLOODLINE

**LIEU DU CRIME, LE** ▷4
FR. 1985. Drame de mœurs d'André TÉCHINÉ avec Catherine Deneuve, Wadeck Stanczak et Nicolas Giraudi. - La vie rangée d'une femme est bousculée lorsque son fils fait la rencontre d'un évadé de prison.
STA→LS VO→LS Général

**LIFE** ▷5
É.-U. 1999. Comédie dramatique de Ted DEMME avec Eddie Murphy, Martin Lawrence et Obba Babatunde. - Injustement accusés de meurtre, deux compagnons d'infortune de Harlem passent leur vie dans une prison du Sud.
VO→PC Général

**LIFE AND NOTHING MORE...** ▷0
IRAN 1992, Abbas KIAROSTAMI
STA→LS Général

**LIFE AND TIMES OF ALLEN GINSBERG, THE** ▷4
É.-U. 1993. Documentaire de Jerry ARONSON. - Les principaux événements qui ont marqué la vie et la carrière du poète américain Allen Ginsberg.
VO→LS Général

**LIFE AND TIMES OF JUDGE ROY BEAN, THE** ▷4
É.-U. 1972. Western de John HUSTON avec Paul Newman, Victoria Principal et Ned Beatty. - Après avoir échappé de justesse à la pendaison, un hors-la-loi s'institue lui-même défenseur de la loi sous le titre de juge.
VF→18,95$ VO→14,95$ Général

**LIFE BEGINS FOR ANDY HARDY** ▷5
É.-U. 1940. Comédie de George B. SEITZ avec Mickey Rooney, Lewis Stone et Judy Garland. - Avant son entrée au collège, un étudiant de province se paie un voyage à New York.
VO→18,95$ Général

**LIFE CLASSES** ▷4
CAN. 1987. Drame de mœurs de David McGILLIVRAY avec Jacinta Cormier, Leon Dubinsky et Evelyn Garbary. - Après diverses expériences, une jeune femme qui s'était installée à Halifax pour élever son enfant retourne dans son île natale.
VF→LS VO→LS Non classé

**LIFE IN THE THEATER, A** ▷4
É.-U. 1993. Drame de Gregory MOSHER avec Jack Lemmon et Matthew Broderick. - Deux acteurs s'observent et s'affrontent lors d'une saison de théâtre.
VO→LS Général

**LIFE IS BEAUTIFUL** ▷0
ITA. 1979, Grigorij TCHOUKRAI
VA→LS Non classé

**LIFE IS SWEET** ▷4
ANG. 1990. Comédie de mœurs de Mike LEIGH avec Alison Steadman, Jim Broadbent et Timothy Spall. - Les hauts et les bas d'un couple au tempérament jovial dont les deux filles jumelles ne partagent pas vraiment la joie de vivre.
VF→14,95$ VO→14,95$ 13 ans +

**LIFE LESS ORDINARY, A** ▷4
É.-U. 1997. Comédie fantaisiste de Danny BOYLE avec Ewan McGregor, Cameron Diaz et Holly Hunter. - Deux anges doivent favoriser une histoire amoureuse entre un concierge récemment congédié et la fille de son riche patron qu'il a kidnappée.
VF→11,95$ VO→11,95$ LBX-DVD→26,95$ 13 ans +

**LIFE OF ÉMILE ZOLA, THE** ▷4
É.-U. 1937. Drame historique de William DIETERLE avec Paul Muni, Gloria Holden et Donald Crisp. - Romancier célèbre, Émile Zola se porte à la défense du capitaine Dreyfus faussement accusé de trahison.
VO→18,95$ Général

**LIFE OF OHARU**
Voir: LA VIE D'OHARU

**LIFE OF VERDI, THE** ▷0
ITA. 1983, Renato CASTELLANI
VA→LS Général

**LIFE ON A STRING** ▷4
ALL. 1991. Drame poétique de Chen KAIGE avec Liu Zhongyuan, Huang Lei et Xu Qing. - Un vieux sage et son jeune disciple, tous deux aveugles et musiciens, parcourent la Chine en jouant des airs traditionnels pour apaiser les humains.
STA-LBX→34,95$ Général

**LIFE STINKS** ▷5
É.-U. 1991. Comédie satirique réalisée et interprétée par Mel BROOKS avec Lesley Ann Warren et Jeffrey Tambor. - À la suite d'un pari, un milliardaire doit vivre en clochard pendant un mois dans le quartier le plus défavorisé de Los Angeles.
VO→13,95$ Général

**LIFE UPSIDE DOWN**
Voir : LIFE UPSIDE DOWN

**LIFE WITH MIKEY** ▷5
É.-U. 1993. Comédie de James LAPINE avec Michael J. Fox, Christina Vidal et Nathan Lane. - Une fillette au franc-parler qui a décroché le premier rôle dans une série de publicités de biscuits décide de venir habiter chez son impresario.
VF→LS VO→LS Général

**LIFEBOAT** ▷3
É.-U. 1943. Drame de guerre d'Alfred HITCHCOCK avec Tallulah Bankhead, William Bendix et Walter Slezak. - Le drame de neuf rescapés d'un double naufrage en haute mer. - Ensemble remarquable de sobriété et de vérité. Montage habile. Très belles images. Interprétation de qualité.
VO→16,95$ Général

**LIFEFORCE** ▷5
É.-U. 1985. Science-fiction de Tobe HOOPER avec Steve Railsback, Peter Firth et Mathilda May. - Des êtres à forme humaine, ramenés par une navette spatiale, sèment la terreur en aspirant la force vitale des Terriens pour leur survie.
VO→11,95$ 13 ans +

**LIFT, THE** ▷5
HOL. 1983. Drame d'horreur de Dick MAAS avec Huub Stapel, Willeke Van Ammelrooy et Josine Van Dalsum. - Un réparateur est aux prises avec un ascenseur qui s'acharne à faire périr ses usagers.
VA→LS 13 ans +

**LIGHT AHEAD, THE** ▷0
É.-U. 1939, Edgar G. ULMER
STA→LS Général

**LIGHT AT THE EDGE OF THE WORLD, THE** ▷5
É.-U.-ESP.-SUI.-LIECH. 1971. Aventures de Kevin BILLINGTON avec Kirk Douglas, Yul Brynner et Samantha Eggar. - Un homme lutte contre des naufrageurs qui se sont emparés d'un phare.
VO→LS Non classé

**LIGHT FANTASTICK, THE** ▷3
CAN. 1974. Documentaire de Rupert GLOVER et Michel PATENAUDE. - Rétrospective du film d'animation à l'Office National du Film. - Choix intéressant de documents. Clair exposé des diverses techniques. Montage réussi.
VF→LS Général

**LIGHT IN THE FOREST, THE** ▷4
É.-U. 1958. Drame de Herschel DAUGHERTY avec Fess Parker, James MacArthur et Carol Lynley. - Au XVIIIe siècle, les problèmes de réadaptation d'un jeune Blanc qui a grandi chez les Indiens.
VO→19,95$ Général

**LIGHT OF DAY** ▷4
É.-U. 1987. Drame de mœurs de Paul SCHRADER avec Michael J. Fox, Joan Jett et Gena Rowlands. - Un jeune ouvrier de Cleveland et sa sœur font partie d'un groupe amateur de musique rock, ce qui les met en conflit avec leur mère.
VO→LS **Général**

**LIGHT SLEEPER** ▷4
É.-U. 1991. Drame de mœurs de Paul SCHRADER avec Willem Dafoe, Susan Sarandon et Dana Delany. - Un livreur de drogue se met à se questionner sur le bien-fondé de ses activités illicites et prend conscience de sa solitude.
VO→19,95$ LBX-DVD→39,95$ **13 ans + Langage vulgaire**

**LIGHT YEARS** ▷4
FR. 1987. Dessins animés de René LALOUX. - Un jeune prince livre une lutte sans merci contre des forces maléfiques qui ont envahi sa paisible planète.
VA→LS **Non classé**

**LIGHTHORSEMEN, THE** ▷0
AUS. 1987, Simon WINCER
VO→13,95$ **Général**

**LIGHTNING OVER WATER (NICK'S MOVIE)** ▷3
ALL. 1980. Film d'essai réalisé et interprété par Wim WENDERS et Nicholas RAY avec Ronee Blakley. - Avec l'aide d'un cinéaste allemand, un réalisateur américain atteint d'un cancer incurable décide de tourner un film sur ses propres expériences. - Œuvre intelligente, riche en éléments humains. Mélange de réalité et de fiction. Quelques passages pénibles.
VO→LS **Général**

**LIGHTSHIP, THE** ▷4
É.-U. 1985. Drame psychologique de Jerzy SKOLIMOWSKI avec Klaus Maria Brandauer, Robert Duvall et Michael Lyndon. - Trois bandits en fuite prennent le contrôle d'un bateau-phare et tiennent en otage le capitaine et son fils.
VF→LS VO→LS **Général**

**LIGNE VERTE, LA**
Voir: THE GREEN MILE

**LIGNES INTERDITES**
Voir: FLATLINERS

**LIGUE EN JUPON, UNE**
Voir: A LEAGUE OF THEIR OWN

**LIGUE MAJEURE**
Voir: MAJOR LEAGUE

**LIKE WATER FOR CHOCOLATE**
Voir: UNE SAVEUR DE PASSION

**LILI** ▷4
É.-U. 1952. Comédie musicale de Charles WALTERS avec Leslie Caron, Mel Ferrer et Jean-Pierre Aumont. - Une orpheline recueillie par un cirque ambulant finit par devenir amoureuse d'un montreur de marionnettes.
VO→19,95$ **Général**

**LILIAN' STORY** ▷0
AUS. 1995, Jerzy DOMARADZKI

**LILIES** ▷3
CAN. 1996. Drame psychologique de John GREYSON avec Jason Cadieux, Danny Gilmore et Brent Carver. - Un détenu demande à être entendu en confession par l'évêque responsable de sa condamnation quarante ans plus tôt. - Excellente adaptation de la pièce *Les Feluettes* de Michel Marc Bouchard. Récit complexe abordé avec finesse. Facture audacieuse axée sur l'imaginaire.
VF→14,95$ VO→14,95$ LBX-DVD→22,95$ **13 ans +**

**LILIES OF THE FIELD** ▷3
É.-U. 1963. Comédie dramatique de Ralph NELSON avec Sidney Poitier, Lilia Skala et Stanley Adams. - Un ouvrier itinérant construit une chapelle pour une communauté de religieuses. - Approche simple et humoristique. Images claires et poétiques. Jeu souple et nuancé de S. Poitier.
VO→14,95$ **Général**

**LILITH** ▷4
É.-U. 1964. Drame psychologique de Robert ROSSEN avec Jean Seberg, Warren Beatty et Peter Fonda. - Dans une clinique psychiatrique, l'amour d'un infirmier pour une patiente a des conséquences dramatiques.
VO→19,95$ **Général**

**LILY WAS HERE** ▷0
HOL. 1989, Ben VERBONG
VA→LS **Non classé**

**LIMBO** ▷4
É.-U. 1999. Drame psychologique de John SAYLES avec Mary Elizabeth Mastrantonio, David Strathairn et Vanessa Martinez. - Naufragés dans une île en Alaska, un pêcheur, sa nouvelle compagne et la fille de celle-ci apprennent à survivre et à se rapprocher.
VF→18,95$ VO→18,95$ LBX-DVD→33,95$ **Général**

**LIMELIGHT** ►2
É.-U. 1952. Comédie dramatique réalisée et interprétée par Charles CHAPLIN avec Claire Bloom et Sidney Chaplin. - Un vieux clown sauve une jeune danseuse du suicide et lui redonne le goût de vivre. - Œuvre simple, poignante et d'une grande richesse psychologique. Méditation élégiaque sur la jeunesse et la vieillesse. Fine composition de Chaplin.
VO→24,95$ DVD→44,95$ **Général**

**LIMEY, THE** ▷3
É.-U. 1999. Drame policier de Steven SODERBERGH avec Terence Stamp, Peter Fonda et Luis Guzman. - Un repris de justice anglais se rend à Los Angeles dans le but avoué de tuer les responsables de la mort de sa fille. - Brillant exercice de style. Ingénieux retours en arrière. Rythme sans faille. Réalisation assurée. Jeu intense de T. Stamp.
VF→11,95$ VO→16,95$ LBX-DVD→19,95$ **[illegible] ans + Violence**

**LIMIER, LE**
Voir: SLEUTH

**LINDBERGH KIDNAPPING CASE, THE** ▷4
É.-U. 1976. Drame de Buzz KULIK avec Cliff DeYoung, Anthony Hopkins et Joseph Cotten. - Rappel des faits entourant l'enlèvement du bébé d'un héros de l'aviation au début des années 1930.
VF→36,95$ **Général**

**LINGUINI INCIDENT, THE** ▷5
É.-U. 1991. Comédie de Richard SHEPARD avec Rosanna Arquette, David Bowie et Eszter Balint. - Un barman anglais et une serveuse excentrique s'associent pour braquer le restaurant new-yorkais où ils travaillent.
VF→LS VO→LS **Général**

**LINK** ▷4
ANG. 1985. Drame d'horreur de Richard FRANKLIN avec Elisabeth Shue, Terence Stamp et Steven Pinner. - En stage chez un professeur spécialisé dans l'étude des primates, une zoologue s'inquiète de l'attitude menaçante d'un chimpanzé dressé.
VF→LS VO→LS **Non classé**

**LION DU DÉSERT, LE**
Voir: LION OF THE DESERT

**LION EN HIVER, LE**
Voir: THE LION IN WINTER

**LION IN WINTER, THE** ▷4
ANG. 1968. Drame historique d'Anthony HARVEY avec Peter O'Toole, Katharine Hepburn et Jane Merrow. - Henri II d'Angleterre a avec sa femme et ses fils une réunion de famille acrimonieuse.
VO→14,95$ **13 ans +**

**LION IS IN THE STREETS, A** ▷4
É.-U. 1953. Drame social de Raoul WALSH avec James Cagney, Barbara Hale et Anne Francis. - Un homme généreux se lance en politique et se laisse corrompre par l'appétit du pouvoir.
VO→14,95$ Général

**LION KING, THE** ▷3
É.-U. 1994. Dessins animés de Roger ALLERS et Rob MINKOFF - Destiné à devenir le roi de la jungle, un lionceau a maille à partir avec son oncle machiavélique qui manœuvre pour usurper le trône. - Fable initiatique prenante. Personnages bien typés. Bonne dose d'humour.
VF→LS VO→LS Général

**LION KING II, THE** ▷3
VF→24,95$ Général

**LION OF THE DESERT** ▷4
ANG.-ITA.-LIB.-LIBYE 1981. Drame de guerre de Moustapha AKKAD avec Anthony Quinn, Oliver Reed et Rod Steiger. - À la fin des années 20, un vieil instituteur de village devient le chef de la résistance à l'occupation de la Lybie par l'Italie.
LBX→29,95$ LBX-DVD→33,95$ Général

**LIQUID DREAMS** ▷5
É.-U. 1992. Science-fiction de Mark MANOS avec Candice Daly, Tracey Walter et Richard Steinmetz. - Afin d'enquêter sur la mort suspecte de sa sœur, une jeune danseuse se fait engager dans un club spécialisé dans les fantaisies sexuelles bizarres.
VF→LS VO→LS Non classé

**LIQUID SKY** ▷5
É.-U. 1982. Drame fantastique de Slava TSUKERMAN avec Anna Carlisle, Paula E. Sheppard et Bob Brady. - Un jeune mannequin dont la vie est dominée par la drogue et le sexe voit ses compagnons de plaisir décimés par des extraterrestres.
VO→LS 18 ans +

**LISA AND THE DEVIL** ▷0
ITA.-ESP.-ALL. 1974, Mario BAVA
VF→LS

**LISA AND THE DEVIL/HOUSE OF EXORCISM** ▷0
ITA.-ESP.-ALL. 1974, Mario BAVA et Alfred LEONE

**LISBON STORY**
Voir: LA CHANSON DE LISBONNE

**LIST OF ADRIAN MESSENGER, THE** ▷4
É.-U. 1963. Comédie policière de John HUSTON avec Kirk Douglas, George C. Scott et Dana Wynter. - Un détective recherche un criminel maniaque et habile.
VO→18,95$ Général

**LISTE D'ATTENTE** ▷4
Cub. 2000. Conte de Juan Carlos TABÍO avec Vladimir Cruz, Tahimi Alvarino et Jorge Perugorria. - Désespérés d'attendre un autobus qui ne vient pas, des passagers d'une gare routière s'unissent pour réparer le car de la station.
Général

**LISTE DE SCHINDLER, LA**
Voir: SCHINDLER'S LIST

**LISTE NOIRE** ▷5
QUÉ. 1995. Drame judiciaire de Jean-Marc VALLÉE avec Michel Côté, Geneviève Brouillette et Sylvie Bourque. - Lors de son procès, une prostituée remet à un juge la liste de ses clients où figurent des hauts magistrats.
VO→LS 13 ans + Érotisme

**LISTEN UP: THE LIVES OF QUINCY JONES** ▷5
É.-U. 1990. Documentaire d'Ellen WEISSBROD - Portrait du musicien et producteur de disques Quincy Jones.
VO→14,95$ Général

**LISTEN, DARLING** ▷4
É.-U. 1938. Comédie sentimentale de Edwin L. MARIN avec Judy Garland, Freddie Bartholomew et Walter Pidgeon. - La fille d'une jeune veuve entreprend de lui choisir un second mari à sa convenance.
VO→LS Général

**LISZTOMANIA** ▷5
ANG. 1975. Comédie musicale de Ken RUSSELL avec Roger Daltrey, Sarah Kestelman et Paul Nicholas. - Après plusieurs démêlés sentimentaux, le compositeur Franz Liszt rentre dans les ordres et reçoit la mission de combattre l'influence de Richard Wagner.
VO→14,95$ 13 ans +

**LITTLE BIG MAN** ▷3
É.-U. 1970. Western d'Arthur PENN avec Dustin Hoffman, Dan George et Faye Dunaway. - Les mésaventures d'un jeune Blanc élevé par les Indiens puis ramené parmi les siens. - Mythes du western pris à partie en un joyeux jeu de massacre. Évocation savoureuse du contexte d'époque. Éléments caricaturaux. Excellente interprétation.
VO→LS VF→11,95$ Général

**LITTLE BUDDHA** ▷3
FR. 1993. Conte de Bernardo BERTOLUCCI avec Keanu Reeves, Alex Wiesendanger et Ying Ruocheng. - Un garçonnet de Seattle qui pourrait être la réincarnation d'un lama tibétain découvre dans un livre la légende du prince Siddhartha, le futur Bouddha. - Histoire envoûtante développée avec une belle fluidité. Aspects féeriques bien rendus par une réalisation somptueuse. Interprétation sans apprêt.
VF→12,95$ VO→12,95$ Général

**LITTLE CAESAR** ▷3
É.-U. 1931. Drame policier de Mervyn LeROY avec Edward G. Robinson, Douglas Fairbanks Jr. et Glenda Farrell. - L'ascension et la chute d'un chef de gang à l'époque de la prohibition. - Classique du genre. Approche réaliste. Mise en scène alerte. E.G. Robinson remarquable.
VO→19,95$ Général

**LITTLE COLONEL, THE** ▷4
É.-U. 1935. Comédie dramatique de David BUTLER avec Shirley Temple, Lionel Barrymore et Evelyn Venable. - Un vieux Sudiste qui n'a pas pardonné à sa fille d'avoir épousé un Nordiste est conquis par la gentillesse de sa petite-fille.
VO→15,95$ Général

**LITTLE DORRIT: LITTLE DORRIT'S STORY** ▷3
ANG. 1987. Drame social de Christine EDZARD avec Sarah Pickering, Alec Guinness et Amelda Brown. - En Angleterre au XIXe siècle, une jeune fille qui a grandi en prison devient la couturière d'une vieille femme. - Récit adapté d'un roman de Charles Dickens. Rigueur narrative. Habile reconstitution d'époque. Réalisation maîtrisée. Excellents comédiens.
VO→LS Général

**LITTLE DORRIT: NOBODY'S FAULT** ▷3
ANG. 1987. Drame social de Christine EDZARD avec Derek Jacobi, Joan Greenwood et Roshan Seth. - En Angleterre au XIXe siècle, une jeune couturière, qui vit en prison avec son père endetté, reçoit l'aide du fils de sa patronne. - Récit adapté d'un roman de Charles Dickens. Personnages pittoresques. Habile reconstitution d'époque. Réalisation maîtrisée. Interprétation colorée de grands comédiens.
VO→LS Général

**LITTLE DRUMMER GIRL, THE** ▷4
É.-U. 1984. Drame d'espionnage de George Roy HILL avec Diane Keaton, Yorgo Voyagis et Klaus Kinski. - Une actrice américaine est engagée par des agents israéliens dans le but d'éliminer un chef terroriste arabe.
VF→14,95$ VO→14,95$ 13 ans +

**LITTLE FOXES, THE** ▷3
É.-U. 1941. Drame psychologique de William WYLER avec Bette Davis, Herbert Marshall et Teresa Wright. - Une femme cupide provoque la mort de son mari pour s'approprier sa fortune. - Adaptation d'une pièce de Lillian Hellman. Excellente étude psychologique. Réalisation soignée. Interprétation remarquable.
VO→11,95$ DVD→26,95$ Général

**LITTLE FUGITIVE** ▷0
É.-U. 1953, Morris ENGEL
VO→34,95$ Général

**LITTLE GIANTS, THE** ▷5
É.-U. 1994. Comédie de Duwayne DUNHAM avec Rick Moranis, Shawna Waldron et Ed O'Neill. - Lorsque sa fille est exclue d'une équipe de football pee-wee, un père de famille forme une nouvelle équipe composée de tous les joueurs rejetés.
VF→LS Général

**LITTLE LORD FAUNTLEROY** ▷0
ANG. 1995, Andrew MORGAN
VO→PC Général

**LITTLE MAN TATE** ▷3
É.-U. 1991. Comédie dramatique réalisée et interprétée par Jodie FOSTER avec Adam Hann-Byrd et Dianne Wiest. - Une serveuse célibataire inscrit son fils prodige de sept ans dans un institut pour jeunes génies. - Sujet abordé avec sensibilité et humour. Récit plein de finesse et de vivacité. Réalisation bien maîtrisée. Performances touchantes des interprètes.
VF→LS VO→14,95$ Général

**LITTLE MERMAID, THE** ▷3
É.-U. 1989. Dessins animés de John MUSKER et Ron CLEMENTS. - Une sirène signe un pacte avec une sorcière pour retrouver un prince qu'elle a sauvé de la noyade. - Adaptation étoffée d'un conte de Hans Christian Andersen. Techniques d'animation très réussies. Numéros musicaux mémorables.
VO→LS VF→11,95$ LBX-DVD Général

**LITTLE MINISTER, THE** ▷4
É.-U. 1934. Drame sentimental de Richard WALLACE avec Katharine Hepburn, John Beal et Donald Crisp. - Une jeune aristocrate aux allures fantasques s'éprend d'un pasteur débutant.
VO→LS Général

**LITTLE MISS BROADWAY** ▷5
É.-U. 1938. Comédie musicale de Irving CUMMINGS avec Shirley Temple, George Murphy et Jimmy Durante. - Une fillette s'efforce de venir en aide à des artistes de music-hall dans la dèche.
VO→23,95$ Non classé

**LITTLE MISS MARKER** ▷5
É.-U. 1980. Comédie de Walter BERNSTEIN avec Walter Matthau, Julie Andrews et Tony Curtis. - Un bookmaker accepte qu'un parieur lui laisse sa fillette de cinq ans en gage d'une dette de jeu.
VF→LS Général

**LITTLE MOTHER** ▷0
POL. 1938, Joseph GREEN
STA→LS Général

**LITTLE NELLIE KELLY** ▷5
É.-U. 1940. Comédie musicale de Norman TAUROG avec Judy Garland, George Murphy et Charles Winninger. - Les tribulations d'une famille irlandaise qui vient de s'installer aux États-Unis.
VO→LS Non classé

**LITTLE NEMO: ADVENTURES IN SLUMBERLAND** ▷5
JAP. 1992. Dessins animés de Masami HATA et William HURTZ. - Durant un rêve, un gamin doit libérer un gentil roi et une princesse faits prisonniers par sa faute.
VO→18,95$ Général - Enfants

**LITTLE NICKY** ▷5
É.-U. 2000. Comédie fantaisiste de Steven BRILL avec Adam Sandler, Patricia Arquette et Rhys Ifans. - Le naïf fils cadet de Satan doit neutraliser ses deux frères renégats qui ont créé un véritable enfer dans la ville de New York.
13 ans + Langage vulgaire

**LITTLE NIKITA** ▷5
É.-U. 1988. Drame d'espionnage de Richard BENJAMIN avec Sidney Poitier, River Phoenix et Richard Jenkins. - Un adolescent apprend que ses parents sont des Russes nantis d'une identité fictive pour des raisons d'espionnage.
VF→PC VO→9,95$ Général

**LITTLE ODESSA** ▷3
É.-U. 1994. Drame psychologique de James GRAY avec Tim Roth, Edward Furlong et Moira Kelly. - Lorsqu'un contrat l'oblige à revenir dans le ghetto russe new-yorkais de son enfance, un tueur à gages ravive de vieilles querelles avec son père. - Accent mis sur la psychologie des personnages. Tension sourde. Réalisation d'une force dramatique étonnante.
VF→11,95$ VO→11,95$ 13 ans + Violence

**LITTLE PRINCE, THE** ▷4
ANG. 1974. Comédie musicale de Stanley DONEN avec Steven Warner, Richard Kiley et Bob Fosse. - Un aviateur en panne dans le désert fait la connaissance d'un étrange enfant qui dit venir d'un lointain astéroïde.
VO→14,95$ Général

**LITTLE PRINCESS, A** ▷3
É.-U. 1995. Conte d'Alfonso CUARON avec Liesel Matthews, Eleanor Bron et Liam Cunningham. - Une fillette dont le père serait mort ruiné est réduite à l'état de servante par l'acariâtre directrice d'une école huppée où elle avait été placée en pension. - Adaptation enchanteresse du conte de Frances Hodgson Burnett. Œuvre sensible et charmante.
VF→14,95$ VO→14,95$ Général

**LITTLE PRINCESS, THE** ▷4
É.-U. 1939. Mélodrame de Walter LANG avec Shirley Temple, Richard Greene et Anita Louise. - La fillette d'un officier est traitée en paria après la mort présumée de son père.
VO→15,95$ Général

**LITTLE RASCALS, THE** ▷5
É-U. 1994. Comédie fantaisiste de Penelope SPHEERIS avec Travis Tedford, Bug Hall et Brittany Ashton Holmes. - Un gamin tente de se racheter auprès de ses amis qui le tiennent responsable de l'incendie accidentel de leur quartier général.
VF→15,95$ Général - Enfants

**LITTLE ROMANCE, A** ▷4
É.-U. 1979. Comédie sentimentale de George Roy HILL avec Diane Lane, Thelonious Bernard et Laurence Olivier. - Un vieux pickpocket parisien favorise les amours candides d'une petite Américaine et d'un jeune Français.
VO→PC Général

**LITTLE SHOP OF HORRORS** ▷4
É.-U. 1986. Comédie musicale de Frank OZ avec Rick Moranis, Ellen Greene et Vincent Gardenia. - Un jeune fleuriste alimente une plante étrange qui se nourrit exclusivement de sang humain.
VF→11,95$ VO→11,95$ DVD→21,95$ Général

**LITTLE SHOP OF HORRORS, THE** ▷6
É.-U. 1960. Comédie fantaisiste de Roger CORMAN avec Jonathan Haze, Jackie Joseph et Mel Welles. - Un jeune fleuriste simple d'esprit alimente une plante étrange qui se nourrit exclusivement de sang humain.
VO→LS DVD→24,95$ Général

**LITTLE STIFF, A** ▷0
É.-U. 1991, Caveh ZAHEDI et Greg WATKING
VO→LS Général

**LITTLE VERA**
Voir: LA PETITE VERA

**LITTLE VOICE** ▷4
ANG. 1998. Comédie dramatique de Mark HERMAN avec Jane Horrocks, Brenda Blethyn et Michael Caine. - Un impresario ringard s'intéresse à une jeune femme renfermée, qui imite à la perfection ses chanteuses favorites.
VF→18,95$ VO→19,95$ **Général - Déconseillé aux jeunes enfants**

**LITTLE WITCHES** ▷6
É.-U. 1996. Drame d'horreur de Jane SIMPSON avec Sheeri Rappaport, Mimi Reichmeister et Jennifer Rubin. - Dans un collège catholique, des adolescentes découvrent un vieux grimoire qui leur permet d'invoquer un démon.
VO→LS **13 ans + Horreur**

**LITTLE WOMEN** ▷3
É.-U. 1994. Drame de mœurs de Gillian ARMSTRONG avec Winona Ryder, Gabriel Byrne et Trini Alvarado. - Durant la guerre de Sécession, les quatre filles d'un médecin parti au front s'épanouissent au contact de leur mère. - Adaptation captivante du roman de Louisa May Alcott. Illustration réaliste d'une grande beauté plastique. Réalisation d'une souplesse exemplaire.
VO→LS VF→LS LBX-DVD→33,95$ **Général**

**LITTLE WOMEN** ▷4
É.-U. 1949. Comédie dramatique de Mervyn LeROY avec June Allyson, Margaret O'Brien et Janet Leigh. - La vie de quatre sœurs éduquées par leur mère en l'absence de leur père pendant la guerre civile américaine.
VO→14,95$ **Général**

**LITTLE WOMEN** ▷3
É.-U. 1933. Chronique de George CUKOR avec Katharine Hepburn, Joan Bennett et Paul Lukas. - Au XIXe siècle, les problèmes sentimentaux des quatre filles d'un médecin parti à la guerre. - Adaptation d'un classique de la littérature enfantine. Traitement sincère et raffiné. Mise en scène experte. Interprétation juste.
VO→19,95$ **Général**

**LITTLEST REBEL, THE** ▷4
É.-U. 1935. Comédie dramatique de David BUTLER avec Shirley Temple, John Boles et Bill Robinson. - La fillette d'un officier sudiste obtient la libération de son père capturé par l'ennemi.
VO→15,95$ **Général**

**LIVE AND LET DIE** ▷4
ANG. 1973. Drame policier de Guy HAMILTON avec Roger Moore, Yaphet Kotto et Jane Seymour. - James Bond enquête sur la mort de trois agents britanniques assassinés le même jour en des lieux différents.
VF→14,95$ VO→14,95$ **Général**

**LIVE BAIT** ▷4
CAN. 1995. Comédie de mœurs de Bruce SWEENEY avec Tom Scholte, Micki Maunsell et Kevin McNulty. - Un jeune homme de 23 ans malchanceux en amour s'engage dans une liaison avec une sexagénaire.
VO→PC **Général**

**LIVE FLESH**
Voir: EN CHAIR ET EN OS

**LIVES OF A BENGAL LANCER, THE** ▷4
É.-U. 1935. Aventures de Henry HATHAWAY avec Gary Cooper, Franchot Tone et Richard Cromwell. - En Inde, au siècle dernier, trois soldats anglais partagent diverses aventures.
VO→16,95$ **Non classé**

**LIVING DAYLIGHTS, THE** ▷4
ANG. 1987. Drame d'espionnage de John GLEN avec Timothy Dalton, Maryam d'Abo et Jeroen Krabbé. - L'agent secret James Bond doute de la sincérité d'un général du KGB qui a fait défection.
VF→11,95$ VO→11,95$ LBX→LS **Général**

**LIVING END, THE** ▷4
É.-U. 1992. Drame de mœurs de Gregg ARAKI avec Mike Dytri, Craig Gilmore et Darcy Marta. - Un jeune écrivain séropositif vit une relation amoureuse intense avec un vagabond lui aussi atteint du sida et dont le désespoir l'entraîne dans des actions autodestructrices.
VO→14,95$ **18 ans + Violence**

**LIVING IN OBLIVION** ▷4
É.-U. 1994. Comédie de Tom DICILLO avec Steve Buscemi, Catherine Keener et Dermot Mulroney. - Un jeune réalisateur doit faire face à toutes sortes de problèmes lors du tournage de son premier film.
VF→18,95$ VO→13,95$ **Général**

**LIVING ON TOKYO TIME** ▷0
É.-U. 1987, Steven OKAZAKI
VO→LS **Non classé**

**LIVING OUT LOUD** ▷4
É.-U. 1998. Comédie dramatique de Richard LaGRAVENESE avec Holly Hunter, Danny DeVito et Queen Latifah. - Une femme qui se remet difficilement de son divorce se lie d'amitié avec l'opérateur d'ascenseur de sa luxueuse résidence.
VO→18,95$ VF→18,95$
LBX-DVD→34,95$ **Général - Déconseillé aux jeunes enfants**

**LIVING PROOF: HIV AND THE PURSUIT OF HAPPINESS** ▷0
É.-U. 1993, Kermit COLE
VO→LS **Général**

**LIVRE DE LA JUNGLE, LE**
Voir: THE JUNGLE BOOK

**LLOYD'S OF LONDON** ▷4
É.-U. 1936. Chronique de Henry KING avec Tyrone Power, Madeleine Carroll et C. Aubrey Smith. - Au XVIIIe siècle, un jeune homme fait carrière à la compagnie d'assurances Lloyds à Londres.
VO→22,95$ **Général**

**LOADED** ▷0
ANG. 1996, Anna CAMPION
VO→18,95$ **13 ans +**

**LOCAL COLOR** ▷0
É.-U. 1977, Mark RAPPAPORT
VO→LS **13 ans +**

**LOCAL HERO** ▷3
ANG. 1983. Comédie de Bill FORSYTH avec Peter Riegert, Denis Lawson et Burt Lancaster. - Le représentant d'une compagnie de pétrole du Texas négocie l'achat d'un territoire sur la côte d'Écosse. - Observation pertinente et contrastée de conceptions de vie différentes. Détails d'une fantaisie insolite. Interprétation savoureuse.
VO→14,95$ LBX-DVD→21,95$ **Général**

**LOCATAIRE, LE** ▷3
FR. 1976. Drame psychologique réalisé et interprété par Roman POLANSKI avec Isabelle Adjani et Melvyn Douglas. - Un homme emménage dans un appartement laissé libre par le suicide de sa locataire et se laisse envahir par l'angoisse. - Climat obsessionnel. Mélange bien dosé de réalisme et d'onirisme. Interprétation convaincante d'un personnage déséquilibré.
VA→LS **13 ans +**

**LOCK, STOCK & TWO SMOKING BARRELS** ▷4
ANG. 1998. Comédie policière de Guy RITCHIE avec Jason Flemyng, Dexter Fletcher et Nick Moran. - Quatre petits arnaqueurs sont mêlés à un sanglant imbroglio impliquant des gangsters rivaux.
VO→16,95$ **16 ans + Violence**

**LODGER, THE** ▷4
ANG. 1926. Drame policier d'Alfred HITCHCOCK avec Ivor Novello, Malcolm Keen et Marie Ault. - Un homme qui vient d'emménager

dans une pension de famille est accusé d'être l'auteur de nombreux meurtres.
VO→13,95$ **Général**

**LOGAN'S RUN** ▷4
É.-U. 1976. Science-fiction de Michael ANDERSON avec Michael York, Jenny Agutter et Peter Ustinov. - Dans une civilisation de l'avenir, les citoyens sont éliminés lorsqu'ils atteignent l'âge de trente ans.
VO→19,95$ LBX-DVD→26,95$ **Général**

**LOI DE LA NUIT, LA**
Voir: NIGHT AND THE CITY

**LOI DE MILIEU, LA**
Voir : GET CARTER

**LOI DU DÉSIR, LA** ▷4
ESP. 1986. Comédie dramatique de Pedro ALMODOVAR avec Eusebio Poncela, Carmen Maura et Antonio Banderas. - Un cinéaste homosexuel qui souffre d'amnésie est injustement soupçonné du meurtre d'un ancien amant.
STA→LS **18 ans +**

**LOI DU SEIGNEUR, LA**
Voir: FRIENDLY PERSUASION

**LOIN DE BERLIN** ▷0
FR. 1992, Keith MacNALLY
VF→LS **Général**

**LOIN DE LA MAISON: ANGUS ET SON LABRADOR**
Voir: FAR FROM HOME: THE ADVENTURES OF YELLOW DOG

**LOIN DE LA TERRE**
Voir: OUTLAND

**LOIN DES BARBARES** ▷4
FR. 1993. Drame psychologique de Liria BEGEJA avec Dominique Blanc, Timo Filoko et Sulejman Pitarka. - Une jeune Parisienne d'origine albanaise rencontre un réfugié albanais clandestin qui lui révèle que son père, qu'elle croyait mort, serait toujours vivant.
VO→18,95$ **Général**

**LOIN DES REGARDS**
Voir: OUT OF SIGHT

**LOIN DES YEUX, PRÈS DU CŒUR**
Voir: SAFE PASSAGE

**LOIN DU PARADIS**
Voir: RETURN TO PARADISE

**LOLA** ▷3
FR. 1960. Comédie dramatique de Jacques DEMY avec Anouk Aimée, Marc Michel et Elina Labourdette. - Une jeune femme espère toujours le retour de l'homme dont elle a eu un enfant. - Récit léger et fantaisiste. Conte de fées à la moderne. Imagerie soignée.
STA→LS **Non classé**

**LOLA** ▷5
ANG. 1969. Drame psychologique de Richard DONNER avec Charles Bronson, Susan George et Orson Bean. - Un écrivain d'âge mûr épouse une adolescente capricieuse et fantasque.
VO→29,95$ **13 ans +**

**LOLA MONTÈS** ►1
FR. 1955. Drame biographique de Max OPHÜLS avec Martine Carol, Peter Ustinov et Anton Walbrook. - Les étapes de la vie aventureuse d'une célèbre courtisane.- Film insolite au style baroque. Utilisation remarquable d'une construction en flash-back. Décors, costumes et photographie superbes. Mise en scène d'une admirable virtuosité. Distribution de classe.
STA-LBX→31,95$ LBX→19,95$ STA-LBX-DVD→34,95$ **Général**

**LOLA ZIPPER** ▷5
FR. 1990. Comédie d'Ilan DURAN-COHEN avec Judith Reval, Jean-Paul Comart et Arielle Dombasle. - Un agent artistique se lance le défi de transformer une clocharde en grande star du cinéma.
VO→LS **Général**

**LOLITA** ▷5
É.-U. 1997. Drame psychologique d'Adrian LYNE avec Jeremy Irons, Dominique Swain et Melanie Griffith. - Un professeur d'âge mûr entretient une relation trouble avec une nymphette dont il a épousé la mère.
VF→18,95$ VO→18,95$ **16 ans +**

**LOLITA** ▷3
É.-U. 1962. Drame psychologique de Stanley KUBRICK avec James Mason, Shelley Winters et Peter Sellers. - Les tribulations d'un professeur d'âge mûr qui s'éprend de la fille adolescente d'une veuve chez qui il loge. - Adaptation intelligente d'un roman audacieux de Vladimir Nabokov. Mise en scène fort maîtrisée. Interprétation remarquable.
VF→19,95$ VO→19,95$ LBX-DVD→26,95$ **Général**

**LONDON KILLS ME** ▷5
ANG. 1991. Drame social de Hanif KUREISHI avec Justin Chadwick, Steven Mackintosh et Emer McCourt. - Les affres d'un jeune délinquant déterminé à œuvrer dans le droit chemin.
VO→LS **13 ans +**

**LONDRES ÉTÉ 58**
Voir: ABSOLUTE BEGINNERS

**LONE STAR** ▷5
É.-U. 1951. Western de Vincent SHERMAN avec Clark Gable, Ava Gardner et Broderick Crawford. - En 1848, les partisans de l'indépendance du Texas s'opposent à ceux qui prennent l'annexion aux États-Unis.
VO→19,95$ **Général**

**LONE STAR** ▷3
É.-U. 1995. Drame policier de John SAYLES avec Chris Cooper, Elizabeth Pena et Joe Morton. - Dans une petite localité frontalière du Texas, un shérif enquête sur un meurtre vieux de près de 40 ans dans lequel serait impliqué son père. - Intrigue complexe et détaillée. Étude de milieu intéressante.
VO→19,95$ VF→19,95$ LBX-DVD→21,95$ **13 ans +**

**STANLEY KUBRICK COLLECTION**

**LONELINESS OF THE LONG DISTANCE RUNNER, THE** ▷3
ANG. 1962. Drame social de Tony RICHARDSON avec Tom Courtenay, Michael Redgrave et James Bolam. - Un délinquant excellent coureur doit représenter un institut de réhabilitation dans une compétition. - Traitement original. Forte peinture de caractères. Mise en scène inventive de style réaliste. Jeu intelligent des acteurs.
VO→19,95$ Non classé

**LONELY ARE THE BRAVE** ▷4
É.-U. 1962. Western de David MILLER avec Kirk Douglas, Walter Matthau et Gena Rowlands. - Un cow-boy s'échappe de prison et tient tête à la police.
VO→13,95$ Général

**LONELY GUY, THE** ▷5
É.-U. 1984. Comédie satirique d'Arthur HILLER avec Steve Martin, Charles Grodin et Judith Ivey. - Un provincial qui vit seul à New York en vient à écrire un livre qui le rend célèbre.
LBX-DVD→PC LBX-DVD→PC Général

**LONELY HEARTS** ▷3
AUS. 1982. Comédie sentimentale de Paul COX avec Norman Kaye, Wendy Hughes et Jon Finlayson. - Après la mort de sa vieille mère dont il prenait soin, un célibataire fait la rencontre d'une employée de banque qui souffre d'une timidité maladive. - Tableau à la fois ironique et sympathique de gens moyens qui découvrent l'amour. Ensemble au charme particulier. Humour insolite.
VO→LS Général

**LONELY HEARTS** ▷0
É.-U. 1991, Andrew LANE
VO→LS 13 ans +

**LONELY MAN, THE** ▷5
É.-U. 1957. Western de Henry LEVIN avec Jack Palance, Anthony Perkins et Elaine Aiken. - Après quinze ans d'absence, un hors-la-loi tente de regagner l'affection de son fils.
VO→14,95$ Général

**LONELY PASSION OF JUDITH HEARNE, THE** ▷4
ANG. 1987. Drame psychologique de Jack CLAYTON avec Maggie Smith, Bob Hoskins et Marie Kean. - Une déception amoureuse porte un dur coup à l'équilibre psychologique d'une célibataire d'âge mûr.
VO→13,95$ Général

**LONELY WOMAN, A** ▷0
POL. 1981, Agnieszka HOLLAND
STA→LS Général

**LONG DAY CLOSES, THE** ▷3
ANG. 1992. Chronique de Terence DAVIES avec Marjorie Yates, Leigh McCormack et Anthony Watson. - Dans un quartier ouvrier de Liverpool dans les années 1950, un garçonnet friand de cinéma éprouve de la difficulté à s'adapter à sa nouvelle école. - Enfilade d'instants de vie croqués au fil du temps qui passe. Climat discret de nostalgie. Illustration splendide. Interprétation dans le ton de l'ensemble.
VO→14,95$ Général

**LONG DAY'S JOURNEY INTO NIGHT** ▷4
CAN. 1996. Drame psychologique de David WELLINGTON avec William Hutt, Martha Henry et Tom McCamus. - Une famille évoque souvenirs et rancœurs au cours d'une chaude journée d'été.
VO→LS Général

**LONG DAY'S JOURNEY INTO NIGHT** ►2
É.-U. 1962. Drame psychologique de Sidney LUMET avec Katharine Hepburn, Ralph Richardson et Jason Robards Jr. - Les tribulations d'une famille dont chacun des membres, malade ou déséquilibré, est un poids pour les autres. - Adaptation remarquable d'une pièce de théâtre de Eugene O'Neill. Découpage intelligent. Bons jeux de caméra. Interprétation de classe.
VO→19,95$ Non classé

**LONG GOOD FRIDAY, THE** ▷4
ANG. 1979. Drame policier de John MACKENZIE avec Bob Hoskins, Helen Mirren et Derek Thompson. - Alors qu'il négocie une entente avec la mafia américaine, un caïd de la pègre londonienne est confronté à des attentats contre ses proches.
VO→13,95$ LBX-DVD→44,95$ 13 ans +

**LONG GOODBYE, THE** ▷4
É.-U. 1973. Drame policier de Robert ALTMAN avec Elliott Gould, Nina van Pallandt et Sterling Hayden. - Un détective privé doit démêler une affaire de meurtre et la disparition d'un homme.
VO→19,95$ 13 ans +

**LONG GRAY LINE, THE** ▷4
É.-U. 1954. Drame biographique de John FORD avec Tyrone Power, Maureen O'Hara et Robert Francis. - La carrière de Marty Maher, instructeur sportif à l'école militaire de West Point.
VO→19,95$ Non classé

**LONG HOT SUMMER, THE** ▷4
É.-U. 1958. Drame psychologique de Martin RITT avec Paul Newman, Joanne Woodward et Orson Welles. - Un jeune homme hardi s'engage chez un tyrannique planteur du sud des États-Unis.
VO→16,95$ Non classé

**LONG KISS GOODNIGHT, THE** ▷5
É.-U. 1996. Drame d'espionnage de Renny HARLIN avec Geena Davis, Samuel L. Jackson et Patrick Malahide. - Avec l'aide d'un détective privé, une institutrice amnésique découvre qu'elle était un agent secret et que son ancien chef veut l'éliminer.
VF→14,95$ LBX→→18,95$
LBX-DVD→23,95$ 13 ans + Violence

**LONG NIGHT, THE** ▷0
É.-U. 1947, Anatole LITVAK
VO→34,95$

**LONG PANTS** ▷3
É.-U. 1927. Comédie de Frank CAPRA avec Harry Langdon, Alma Bennett et Priscilla Bonner. - Les mésaventures d'un campagnard naïf qui s'est épris d'une criminelle. - Œuvre marquante du cinéma comique muet. Mise en scène inventive.
VO→34,95$ Général

**LONG RIDERS, THE** ▷4
É.-U. 1980. Western de Walter HILL avec James Keach, Stacy Keach et David Carradine. - Les exploits d'une bande de hors-la-loi unis par des liens familiaux.
LBX→14,95$ VO→14,95$ 13 ans +

**LONG SHIPS, THE** ▷0
ANG.-YOU. 1963, Jack CARDIFF
VO→18,95$ Général

**LONG VOYAGE HOME, THE** ▷3
É.-U. 1940. Drame de John FORD avec John Wayne, Thomas Mitchell et Barry Fitzgerald. - La vie des matelots d'un cargo transportant des munitions pendant la guerre. - Adaptation soignée d'une pièce de Eugene O'Neil. Attention apportée au climat plus qu'à l'intrigue.
VO→LS Non classé

**LONG WALK HOME, THE** ▷3
É.-U. 1990. Drame social de Richard PEARCE avec Sissy Spacek, Whoopi Goldberg et Dwight Schultz. - En 1955, en Alabama, une bourgeoise soutient la cause des Noirs qui protestent contre la ségrégation. - Évocation d'un moment clé de la lutte des Noirs aux États-Unis. Description convaincante du contexte. Mise en scène d'une précision éloquente. Interprétation sobre des protagonistes.
VF→LS VO→LS Général

**LONG WEEKEND, THE** ▷4
AUS. 1977. Drame fantastique de Colin EGGLESTON avec John Hargreaves, Briony Behets et Mike McEwen. - Un couple affronte divers phénomènes bizarres sur une plage isolée.
VO→LS 13 ans +

**LONG, LONG TRAILER, THE** ▷4
É.-U. 1954. Comédie de Vincente MINNELLI avec Lucille Ball, Desi Arnaz et Marjorie Main. - Un couple fait son voyage de noces dans une roulotte géante.
VO➔14,95$ Général

**LONGEST DAY, THE** ▷3
É.-U. 1962. Drame de guerre de Ken ANNAKIN, Andrew MARTON, Bernhard WICKI et Gerd OSWALD avec John Wayne, Robert Mitchum et Hans Christian Blech. - Le débarquement allié en Normandie, le 6 juin 1944. - Reconstitution historique impressionnante. Suite d'anecdotes véridiques. Distribution composée de nombreuses vedettes.
VF➔16,95$ LBX➔22,95$ VO➔16,95$
LBX-DVD➔23,95$ Général

**LONGEST YARD, THE** ▷4
É.-U. 1974. Drame social de Robert ALDRICH avec Burt Reynolds, Eddie Albert et Ed Lauter. - Un ancien joueur de football échoue en prison et accepte de former une équipe de prisonniers pour l'opposer à celle des gardiens dans un match.
VO➔14,95$ 13 ans +

**LONGTIME COMPANION** ▷4
É.-U. 1990. Drame de mœurs de Norman RENÉ avec Campbell Scott, Bruce Davison et Stephen Caffrey. - Ravagé par le virus du sida, un groupe d'homosexuels new-yorkais développe un sens aigu de solidarité.
VO➔17,95$ VF➔18,95$ Général

**LOOK BACK IN ANGER** ▷3
ANG. 1959. Étude de mœurs de Tony RICHARDSON avec Richard Burton, Mary Ure et Claire Bloom. - Un homme névrosé rend la vie impossible à sa femme. - Psychologie fouillée. Réalisation habile. Interprétation excellente.
VO➔14,95$ Non classé

**LOOK BACK IN ANGER** ▷0
ANG. 1980, Lindsay ANDERSON
VO➔14,95$ Non classé

**LOOK WHO'S TALKING** ▷4
É.-U. 1989. Comédie sentimentale d'Amy HECKERLING avec Kirstie Alley, John Travolta et George Segal. - Ayant rompu avec son amant, une jeune femme entreprend de trouver un nouveau père à son bébé avec l'aide d'un chauffeur de taxi.
VF➔11,95$ Général

**LOOKER** ▷5
É.-U. 1981. Drame policier de Michael CRICHTON avec Albert Finney, Susan Dey et James Coburn. - Un chirurgien esthétique enquête sur la mort mystérieuse de clientes employées dans un programme de recherche en télévision.
VO➔13,95$ Général

**LOOKING FOR MR. GOODBAR** ▷3
É.-U. 1977. Drame psychologique de Richard BROOKS avec Diane Keaton, Tuesday Weld et William Atherton. - Une enseignante préfère les amants d'un soir à un engagement sentimental durable. - Intrigue basée sur un fait divers transposé en roman. Critique de milieu valable. Interprétation nuancée de D. Keaton.
VO➔11,95 18 ans +

**LOOKING FOR RICHARD** ▷4
É.-U. 1996. Film d'essai réalisé et interprété par Al PACINO avec Harris Yulin et Penelope Allen. - Évocation des recherches menées par le cinéaste sur les contextes artistique et historique de la pièce *Richard III* de William Shakespeare.
VO➔32,95$ Général

**LORD JIM** ▷4
ANG. 1964. Aventures de Richard BROOKS avec Peter O'Toole, Paul Lukas et James Mason. - Un officier de marine dégradé trouve l'occasion de se réhabiliter dans un pays d'Asie.
VO➔19,95$ Général

**LORD OF ILLUSIONS** ▷4
É.-U. 1995. Drame d'horreur de Clive BARKER avec Scott Bakula, Kevin J. O'Connor et Famke Janssen. - Un détective privé est mêlé à une sombre affaire de sorcellerie alors qu'il enquête sur le meurtre d'un célèbre illusionniste.
VF➔11,95$ D.CUT➔11,95$ 16 ans + Horreur

**LORD OF THE FLIES** ▷3
ANG. 1963. Drame poétique de Peter BROOK avec James Aubrey, Tom Chapin et Hugh Edwards. - Naufragés dans une île, des enfants adoptent des coutumes bizarres. - Parabole morale et sociale très originale. Style direct et vivant. Excellente direction des enfants.
VO➔27,95$ DVD➔64,95$ Général

**LORD OF THE FLIES** ▷4
É.-U. 1990. Drame de Harry HOOK avec Balthazar Getty, Chris Furrh et Danuel Pipoly. - De jeunes naufragés sont pris en charge par un colonel et un adolescent belliqueux qui profitent de leur autorité pour faire régner un climat d'affrontement.
VO➔14,95$ 13 ans +

**LORD OF THE RINGS, THE** ▷4
É.-U. 1978. Dessins animés de Ralph BAKSHI. - Trois gnomes entreprennent un long voyage en vue de détruire la puissance d'un anneau magique, convoité par un sinistre seigneur.
VF➔LS VO➔LS Général

**LORDS OF FLATBUSH, THE** ▷4
É.-U. 1974. Étude de mœurs de Stephen F. VERONA et Martin DAVIDSON avec Perry King, Sylvester Stallone et Susan Blakely. - Les déboires sentimentaux de deux adolescents faisant partie d'un club de Brooklyn dans les années 1950.
VO➔9,95$ VF➔9,95$ LBX-DVD➔29,95$ 13 ans +

**LORENZO'S OIL** ▷3
É.-U. 1992. Drame de George MILLER avec Nick Nolte, Susan Sarandon et Peter Ustinov. - Un couple s'efforce de mettre au point un traitement qui guérirait leur fils atteint d'une dystrophie très rare et fatale. - Récit basé sur une histoire aussi étonnante que véridique. Structure dramatique puissante. Éléments médicaux présentés avec rigueur. Mise en scène sobre. Interprétation d'une intensité bien controlée.
VO➔16,95$ VF➔16,95$ 13 ans +

**LORNA** ▷0
É.-U. 1964, Russ MEYER
VO➔PC 16 ans + Érotisme

**LOS ANGELES 2013**
Voir: ESCAPE FROM L.A.

**LOS ANGELES INTERDITE**
Voir: L.A. CONFIDENTIAL

**LOS OLVIDADOS** ►2
MEX. 1950. Drame social de Luis BUÑUEL avec Estella Inda, Alfonso Mejia et Roberto Cobo. - Dans un quartier misérable, des enfants abandonnés vivent sous la conduite d'un évadé de pénitencier. - Poésie âpre et cruelle. Très belle photo. Excellente interprétation.
STA➔89,95$ 13 ans +

**LOSING ISAIAH** ▷5
É.-U. 1995. Drame social de Stephen GYLLENHAAL avec Jessica Lange, Halle Berry et David Strathairn. - Une ancienne droguée intente un procès afin de recouvrer la garde de son fils de trois ans qui a été adopté par une travailleuse sociale.
VO➔11,95$ Général

**LOSS OF SEXUAL INNOCENCE, THE** ▷4
É.-U. 1999. Drame de mœurs de Mike FIGGIS avec Julian Sands, Saffron Burrows et Stefano Dionisi. - L'aventure sexuelle d'un réalisateur et de son assistante se termine sur une note tragique lors d'un tournage en Tunisie.
VF➔➔LS VO➔LS 16 ans +

**LOST ANGELS** ▷4
É.-U. 1989. Drame social de Hugh HUDSON avec Adam Horovitz, Donald Sutherland et Amy Locane. - À la suite de délits mineurs, un adolescent vivant avec sa mère divorcée est placé dans une institution pour jeunes mésadaptés.
VF→PC Général

**LOST BOUNDARIES** ▷0
É.-U. 1949, Alfred L. WERKER
VO→18,95$ Général

**LOST BOYS, THE** ▷4
É.-U. 1987. Drame d'horreur de Joel SCHUMACHER avec Jason Patric, Corey Haim et Kiefer Sutherland. - Un adolescent se rend compte que son frère est devenu un vampire après un rite d'initiation bizarre que lui a fait subir une bande de motards.
VF→11,95$ 13 ans +

**LOST CONTINENT, THE** ▷6
ANG. 1968. Aventures de Michael CARRERAS avec Eric Porter, Hildegarde Kneff et Tony Beckley. - Un cargot dérivant dans la Mer des Sargasses est attaqué par de curieux assaillants.
LBX-DVD→PC LBX→14,95$ LBX-DVD→PC 13 ans + Horreur

**LOST HIGHWAY** ▷3
É.-U. 1996. Drame fantastique de David LYNCH avec Patricia Arquette, Balthazar Getty et Bill Pullman. - Un musicien et un jeune garagiste sont plongés dans une mystérieuse histoire de meurtres.- Lieux communs du film noir greffés sur une toile de fond onirique et bizarre. Péripéties déconcertantes. Climat de mystère habilement entretenu. Interprétation dans le ton voulu.
LBX→13,95$ VF→13,95$ VO→13,95$ 16 ans + Érotisme

**LOST HONOR OF KATHARINA BLUM, THE**
Voir: L'HONNEUR PERDU DE KATHARINA BLUM

**LOST HORIZON** ▷4
É.-U. 1936. Aventures de Frank CAPRA avec Ronald Colman, Jane Wyatt et Sam Jaffe. - Cinq Européens qui ont fui la révolution chinoise entrent dans une sorte de paradis terrestre au cœur des monts Himalaya.
VO→19,95$ DVD→33,95$ Général

**LOST IN A HAREM** ▷5
É.-U. 1944. Comédie de Charles REISNER avec Bud Abbott, Lou Costello et Marilyn Maxweil. - Deux Américains viennent au secours d'un prince arabe dépossédé par son oncle.
VO→19,95$ Général

**LOST IN AMERICA** ▷4
É.-U. 1985. Comédie réalisée et interprétée par Albert BROOKS avec Julie Hagerty et Garry Marshall. - Les aventures d'un publicitaire qui quitte son emploi et convainc sa femme de partir sur les routes à la recherche de l'Amérique et d'eux-mêmes.
VO→11,95$ Général

**LOST IN SPACE** ▷5
É.-U. 1998. Science-fiction de Stephen HOPKINS avec G. Oldman, W. Hurt et Matt LeBlanc. - Au milieu du XXIe siècle, un vaisseau spatial à la dérive échoue sur une étrange planète menacée de destruction.
VF→14,95$ VO→21,95$ LBX→14,95$
LBX-DVD→33,95$ Général - Déconseillé aux jeunes enfants

**LOST IN YONKERS** ▷4
É.-U. 1993. Comédie dramatique de Martha COOLIDGE avec Mercedes Ruehl, Brad Stoll et Mike Damus. - Au début des années 1940, une célibataire de 36 ans vit toujours chez sa mère dont elle craint l'autorité.
VO→18,95$ VF→18,95$ Général

**LOST LANGAGE OF CRANES, THE** ▷4
ANG. 1991. Drame de mœurs de Nigel FINCH avec Brian Cox, Eileen Atkins et Angus MacFadyen. - Confus quant à sa propre orientation sexuelle, un professeur est troublé par l'annonce de l'homosexualité de son fils.
VO→24,95$ 16 ans +

**LOST MAN, THE** ▷0
É.-U. 1969, Robert Alan ARTHUR
VO→12,95$

**LOST MOMENT, THE** ▷4
É.-U. 1947. Drame psychologique de Martin GABEL avec Robert Cummings, Susan Hayward et Agnes Moorehead. - À Venise, un éditeur américain cherche à obtenir d'une vieille femme les lettres d'amour que lui a écrites un poète disparu.
VO→9,95$ Général

**LOST PATROL, THE** ▷3
É.-U. 1934. Drame de John FORD avec Victor McLaglen, Boris Karloff et Wallace Ford. - Une patrouille anglaise, perdue dans le désert, est traquée par les Arabes. - Traitement sobre et dépouillé. Mise en scène solide.
VO→LS Général

**LOST SON, THE** ▷4
ANG. 1999. Drame policier de Chris MENGES avec Daniel Auteuil, Katrin Cartlidge et Nastassja Kinski. – Un détective privé tente d'identifier la tête dirigeante d'un réseau de prostitution qui exploite des enfants.
VF→LS VO→LS

**LOST SOULS** ▷6
É.-U. 2000. Drame fantastique de Janusz KAMINSKI avec Winona Ryder, Ben Chaplin et Philip Baker Hall. - Une institutrice versée en démonologie découvre que l'Antéchrist serait sur le point de s'incarner dans le corps d'un écrivain athée.
VF→LS VO→LS 13 ans +

**LOST WEEKEND, THE** ▷3
É.-U. 1945. Drame psychologique de Billy WILDER avec Ray Milland, Jane Wyman et Philip Terry. - Quelques journées critiques dans la vie d'un alcoolique. - Étude psychologique assez poussée. Style vigoureux. Composition remarquable de R. Milland.
VO→14,95$ Général

**LOST WORLD, THE** ▷4
É.-U. 1925. Drame fantastique de Harry HOYT avec Wallace Beery, Bessie Love et Lewis Stone. - Des explorateurs découvrent une région où vivent encore des animaux préhistoriques.
VO→46,95$ DVD→31,95$ Général

**LOST WORLD, THE** ▷0
É.-U. 1960, Irwin ALLEN
VO→16,95$ Général

**LOST WORLD, THE (COFFRET 2 VOLUMES)** ▷4
É.-U. 1997. Aventures de Steven SPIELBERG avec Jeff Goldblum, Julianne Moore et Pete Postlethwaite. - Deux expéditions rivales se rendent dans une île peuplée de dinosaures.
VO→19,95$ VF→91,95$ 13 ans +

**LOST WORLD: JURASSIC PARK, THE** ▷4
É.-U. 1997. Aventures de Steven SPIELBERG avec Jeff Goldblum, Julianne Moore et Pete Postlethwaite. - Deux expéditions rivales se rendent dans une île peuplée de dinosaures.
LBX→19,95$ VO→14,95$ VF→11,95$ 13 ans +

**LOTNA**
Voir: LA DERNIÈRE CHARGE

**LOTUS EATERS, THE** ▷4
CAN. 1993. Comédie dramatique de Paul SHAPIRO avec Sheila McCarthy, R.H. Thomson et Michèle-Barbara Pelletier. - Directeur dans une école primaire, un père de famille a une liaison avec une jeune institutrice.
VO→16,95$ Général

**LOUIS 19, LE ROI DES ONDES** ▷6
QUÉ. 1994. Comédie de Michel POULETTE avec Martin Drainville, Agathe de la Fontaine et Dominique Michel. - Un modeste vendeur remporte un concours dont le prix consiste à diffuser en direct, 24 heures sur 24, la vie quotidienne du gagnant.
STA→16,95$ VO→13,95$ Général

**LOUIS, ENFANT ROI** ▷5
FR. 1992. Drame historique de Roger PLANCHON avec Maxime Mansion, Carmen Maura et Paolo Graziosi. - En 1649, alors que la reine-mère assure la régence jusqu'à la majorité de Louis XIV, une révolte fomentée par des nobles éclate à Paris.
VO→LS **13 ans + Érotisme**

**LOUISIANA** ▷5
FR. 1983. Mélodrame de Philippe DE BROCA avec Margot Kidder, Ian Charleson et Victor Lanoux. - Au XIXe siècle, les tribulations d'une jeune femme volontaire qui prend le contrôle d'une plantation de coton.
VF→LS **Général**

**LOUISIANA PURCHASE** ▷5
É.-U. 1941. Comédie musicale de Irving CUMMINGS avec Bob Hope, Vera Zorina et Victor Moore. - Des politiciens véreux tendent un piège à un sénateur qui veut faire la lumière sur leurs exactions.
VO→15,95$ **Général**

**LOUISIANA STORY** ►1
É.-U. 1949. Documentaire de Robert FLAHERTY. - Dans un bayou de la Louisiane, un gamin sympathise avec des ouvriers qui travaillent sur une plate-forme de forage. - Véritable poème cinématographique. Intrigue quasi inexistante. Grande qualité de la mise en images. Acteurs occasionnels excellents.
VO→27,95$ **Général**

**LOULOU** ▷4
FR. 1979. Drame de mœurs de Maurice PIALAT avec Isabelle Huppert, Gérard Depardieu et Guy Marchand. - Une jeune femme quitte son mari pour aller vivre avec un désœuvré.
STA→LS **18 ans +**

**LOULOU** ►1
ALL. 1928. Drame de Georg Wilhelm PABST avec Louise Brooks, Fritz Kortner et Franz Lederer. - La déchéance d'une jeune femme trop belle. - Œuvre marquante de la fin du cinéma muet. Utilisation magistrale des jeux d'ombres et de lumière. Interprétation extraordinaire de L. Brooks.
STA→LS **Non classé**

**LOUP**
Voir: WOLF

**LOUP-GAROU DE LONDRES, LE**
Voir: AN AMERICAN WEREWOLF IN LONDON

**LOUP-GAROU DE PARIS, LE**
Voir: AN AMERICAN WEREWOLF IN PARIS

**LOVE**
Voir: AMOUR

**LOVE & A .45** ▷4
É.-U. 1994. Drame policier de C.M. TALKINGTON avec Gil Bellows, Renee Zellweger et Rory Cochrane. - Recherché de toutes parts, un jeune couple est obligé de fuir et de vivre en hors-la-loi.
VF→18,95$ **18 ans + Violence**

**LOVE AFFAIR** ▷5
É.-U. 1994. Drame sentimental de Glenn Gordon CARON avec Warren Beatty, Annette Bening et Katharine Hepburn. - Bien qu'ils soient déjà fiancés chacun de leur côté, un ex-joueur de football et une musicienne tombent amoureux l'un de l'autre durant une croisière.
VF→14,95$ **Général**

**LOVE AFFAIR** ▷4
É.-U. 1939. Comédie sentimentale de Leo McCAREY avec Charles Boyer, Irene Dunne et Lee Bowman. - Deux jeunes gens aux mœurs frivoles épris l'un de l'autre décident de se séparer pour éprouver leur amour.
VO→24,95$ **Général**

**LOVE AFFAIR, A**
Voir: UNE AFFAIRE DE CŒUR

**LOVE AFFAIR: OR THE CASE OF THE MISSING SWITCHBOARD OPERATOR**
Voir: UNE AFFAIRE DE CŒUR

**LOVE AMONG THE RUINS** ▷3
É.-U. 1975. Comédie de mœurs de George CUKOR avec Katharine Hepburn, Laurence Olivier et Colin Blakely. - Un éminent avocat londonien est consulté par une riche veuve qu'il aime en secret depuis cinquante ans. - Téléfilm aux nuances psychologiques subtiles. Mise en scène élégante et sûre.
VO→LS **Non classé**

**LOVE & ANARCHY** ▷3
ITA. 1973. Comédie satirique de Lina WERTMÜLLER avec Giancarlo Giannini, Mariangela Melato et Lina Polito. - Venu à Rome pour tuer Mussolini, un paysan s'installe dans une maison de passe. - Sorte de fable à saveur politique. Caricature mordante. Description baroque.
STA→29,95$ STA-LBX-DVD→31,95$ **13 ans +**

**LOVE AND DEATH** ▷3
É.-U. 1975. Comédie réalisée et interprétée par Woody ALLEN avec Diane Keaton et Harold Gould. - Les tribulations militaires et sentimentales d'un paysan russe pendant les campagnes de Napoléon. - Parodie loufoque de *Guerre et paix* de Tolstoï. Nombreux gags visuels. Réalisation technique soignée. Excellente interprétation.
VO→14,95$ **Général**

**LOVE AND DEATH ON LONG ISLAND** ▷4
ANG. 1997. Comédie dramatique de Richard KWIETNIOWSKI avec John Hurt, Jason Priestley et Fiona Loewi. - Obsédé par la beauté d'un jeune acteur américain, un vieil intellectuel anglais décide de s'introduire dans sa vie.
VF→14,95$ VO→14,95$ **Général**

**LOVE AND HUMAN REMAINS** ▷4
CAN. 1993. Drame de mœurs de Denys ARCAND avec Thomas Gibson, Ruth Marshall et Cameron Bancroft. - Les tribulations amoureuses d'un groupe de jeunes gens aux diverses orientations sexuelles.
VF→29,95$ VO→29,95$ **16 ans + Érotisme**

**LOVE AND OTHER CATASTROPHIES** ▷5
AUS. 1996. Comédie de mœurs réalisée par Emma-Kate CROGHAN avec Alice Garner, Frances O'Connor et Matthew Dyktynski. - En début de session, deux étudiantes se cherchent un colocataire tout en faisant face aux pressions de la vie scolaire.
VO→LS **13 ans + Érotisme**

**LOVE AT LARGE** ▷4
É.-U. 1990. Comédie policière d'Alan RUDOLPH avec Tom Berenger, Elizabeth Perkins et Anne Archer. - Engagé par une femme riche pour enquêter sur un amant mystérieux, un détective découvre qu'il est lui-même l'objet d'une filature.
VF→LS VO→LS **Général**

**LOVE BUG, THE** ▷4
É.-U. 1968. Comédie de Robert STEVENSON avec Dean Jones, Michele Lee et David Tomlinson. - Un amateur de courses automobiles achète une Volkswagen qui se révèle dotée de qualités extraordinaires.
VF→19,95$ **Général**

**LOVE CRAZY** ▷4
É.-U. 1941. Comédie de Jack CONWAY avec William Powell, Myrna Loy et Gail Patrick. - Injustement accusé d'infidélité, un homme se fait passer pour fou afin d'empêcher sa femme de demander le divorce.
VO→18,95$ **Général**

**LOVE FEAST, THE** ▷0
É.-U. 1969, Joseph F. ROBERTSON
VO→LS **Non classé**

**LOVE FIELD** ▷4
É.-U. 1991. Drame de Jonathan KAPLAN avec Michelle Pfeiffer, Dennis Haysbert et Stephanie McFadden. - Après avoir mis la police aux trousses d'un Noir qu'elle soupçonnait injustement d'avoir kidnappé une fillette, une femme s'efforce de lui venir en aide.
VO→13,95$ **Général**

**LOVE FINDS ANDY HARDY** ▷4
É.-U. 1938. Comédie de George B. SEITZ avec Lewis Stone, Mickey Rooney et Judy Garland. - Un juge doit sermonner son fils qui s'engage trop facilement dans des aventures sentimentales.
VO→18,95$ **Général**

**LOVE GODDESSES, THE** ▷5
É.-U. 1964. Documentaire de Saul J.TURELL et Graeme FERGUSON. - Aperçu de l'évolution de l'érotisme féminin au cinéma.
VO→LS **13 ans +**

**LOVE HAPPY** ▷4
É.-U. 1949. Comédie de David MILLER avec les frères Marx, Vera Ellen et Ilona Massey. - Divers personnages recherchent un collier de diamants volé.
VO→9,95$ **Général**

**LOVE HURTS** ▷4
É.-U. 1989. Comédie dramatique de Bud YORKIN avec Jeff Daniels, Judith Ivey et Cynthia Sikes. - Les tribulations d'un jeune père de famille infidèle qui participe aux préparatifs du mariage de sa sœur.
VO→LS **Général**

**LOVE IN GERMANY, A**
Voir: UN AMOUR EN ALLEMAGNE

**LOVE IN THE AFTERNOON** ▷4
É.-U. 1956. Comédie sentimentale de Billy WILDER avec Gary Cooper, Audrey Hepburn et Maurice Chevalier. - La fille d'un détective privé s'éprend d'un libertin que son père est chargé de surveiller.
VO→19,95$ **Général**

**LOVE IN THE CITY**
Voir: L'AMOUR À LA VILLE

**LOVE IS A MANY SPLENDORED THING** ▷4
É.-U. 1955. Drame sentimental de Henry KING avec William Holden, Jennifer Jones et Torin Thatcher. - À Hong-Kong, une Eurasienne s'éprend d'un journaliste américain en instance de divorce.
VO→16,95$ **Général**

**LOVE IS BETTER THAN EVER** ▷5
É.-U. 1952. Comédie sentimentale de Stanley DONEN avec Elizabeth Taylor, Larry Parks et Josephine Hutchinson. - Une jeune fille annonce ses fiançailles avec un célibataire endurci.
VO→18,95$ **Général**

**LOVE IS THE DEVIL** ▷0
ANG. 1999, John MAYBURY
VO→LS

**LOVE JONES** ▷4
É.-U. 1997. Comédie sentimentale réalisée par Theodore WITCHER avec Larenz Tate, Nia Long et Isaiah Washington. - Deux jeunes artistes hésitent à s'engager dans une relation stable, préoccupés qu'ils sont par leur indépendance et leur carrière.
VO→14,95$ **Général**

**LOVE LETTERS** ▷5
É.-U. 1945. Drame psychologique de William DIETERLE avec Jennifer Jones, Joseph Cotten et Ann Richards. - Une femme amnésique est partagée entre deux amours.
VO→14,95$ **Général**

**LOVE LETTERS** ▷5
É.-U. 1983. Drame sentimental d'Amy JONES avec Jamie Lee Curtis, James Keach et Amy Madigan. - Une jeune animatrice de radio s'engage dans une liaison avec un homme marié qui refuse pourtant de quitter son épouse.
VO→14,95$ **Non classé**

**LOVE LIGHT, THE** ▷0
É.-U. 1921, Frances MARION
ITA→54,95$

**LOVE ME OR LEAVE ME** ▷4
É.-U. 1955. Drame biographique de Charles VIDOR avec Doris Day, James Cagney et Cameron Mitchell. - La carrière de la chanteuse Ruth Etting dans les années 1920.
VO→18,95$ **Général**

**LOVE ME TENDER** ▷5
É.-U. 1956. Western de Robert D. WEBB avec Richard Egan, Elvis Presley et Debra Paget. - Des fils d'une famille sudiste sont mêlés au vol d'une somme d'argent appartenant à l'armée nordiste.
VO→11,95$ **Général**

**LOVE MEETINGS** ▷0
ITA. 1963, Pier Paolo PASOLINI
STA→44,95$ **Général**

**LOVE-MOI** ▷4
QUÉ. 1991. Drame social de Marcel SIMARD avec Germain Houde, Paule Baillargeon et Mario St-Armand. - Un auteur découvre la triste réalité de six jeunes délinquants en travaillant avec eux à la mise sur pied d'une pièce de théâtre.
VO→23,95$ **13 ans +**

**LOVE NEST** ▷5
É.-U. 1952. Comédie de Joseph M. NEWMAN avec June Haver, William Lundigan et Marilyn Monroe. - Un ancien combattant et sa femme gèrent une pension de famille.
VO→16,95$ **Général**

**LOVE OF JEANNE NEY, THE**
Voir: L'AMOUR DE JEANNE NEY

**LOVE ON THE RUN** ▷4
É.-U. 1936. Comédie de W.S. VAN DYKE II avec Joan Crawford, Clark Gable et Franchot Tone. - Remettant en question son futur mariage avec un espion, une riche Américaine invite deux journalistes à l'accompagner dans sa fuite à travers l'Europe.
VO→18,95$ **Général**

**LOVE SERENADE** ▷4
AUS. 1996. Comédie dramatique de Shirley BARRETT avec Miranda Otto, Rebecca Frith et George Shevtsov. - Dans une petite ville isolée, une rivalité fait surface entre deux sœurs célibataires vivant ensemble lorsqu'un disc-jockey très populaire loue la maison voisine.
VO→18,95$ VF→18,95$ **Général**

**LOVE STORY** ▷4
É.-U. 1970. Comédie dramatique d'Arthur HILLER avec Ali MacGraw, Ryan O'Neal et Ray Milland. - Un fils de bonne famille étudiant en droit s'éprend d'une camarade d'origine modeste.
VO→14,95$ **Général**

**LOVE THRILL MURDERS, THE** ▷0
É.-U. 1971, Robert L. ROBERTS
VO→LS **18 ans +**

**LOVE! VALOUR! COMPASSION!** ▷4
É.-U. 1996. Comédie dramatique de Joe MANTELLO avec Jason Alexander, Randy Becker et Stephen Bogardus. - Un groupe d'amis homosexuels se réunit dans une maison de campagne au cours de trois week-ends estivaux.
VO→19,95$ **16 ans +**

**LOVE WITH THE PROPER STRANGER** ▷3
É.-U. 1963. Comédie dramatique de Robert MULLIGAN avec Natalie Wood, Steve McQueen et Edie Adams. - Une jeune fille enceinte qui songe à se faire avorter reprend contact avec son amant d'un jour. - Histoire bien racontée. Jeu spontané et nuancé des interprètes.
VO→13,95$ **Général**

**LOVE'S LABOUR LOST** ▷4
ANG. 1999. Comédie musicale réalisée et interprétée par Kenneth BRANAGH avec Alessandro Nivola et Alicia Silverstone. - En 1939, le vœu de chasteté du roi de Navarre et de ses amis est menacé par la visite de la princesse de France et de ses suivantes.
VF➔PC VO➔LS Général

**LOVE, ETC.** ▷4
Fr. 1996. Drame sentimental de Marion VERNOUX avec Charlotte Gainsbourg, Yvan Attal et Charles Berling. - Une jeune femme entretient une liaison avec le meilleur ami de son mari.
VO➔18,95$ 13 ans +

**LOVED** ▷0
É.-U. 1996, Erin DIGNAM
VF➔PC VO➔14,95$ Général

**LOVED ONE, THE** ▷4
É.-U. 1965. Comédie satirique de Tony RICHARDSON avec Robert Morse, Anjanette Comer et Rod Steiger. - Un jeune Anglais se trouve un emploi dans un cimetière de luxe à Hollywood.
VO➔LS Non classé

**LOVELESS, THE** ▷0
É.-U. 1983, Kathryn BIGELOW et Monty MONTGOMERY
VO➔LS Non classé

**LOVELY TO LOOK AT** ▷0
É.-U. 1952, Mervyn LeROY
VO➔LS Général

**LOVER COME BACK** ▷4
É.-U. 1961. Comédie de Delbert MANN avec Doris Day, Rock Hudson et Tony Randall. - À l'emploi d'agences de publicité rivales, un homme et une femme se font la lutte pour obtenir de gros contrats.
VO➔14,95$ Général

**LOVER OF THE LAST EMPRESS** ▷0
H. K. 1995, Wai Keung LAU
STA➔LS 16 ans + Érotisme

**LOVER, THE** ▷4
FR. 1991. Drame sentimental de Jean-Jacques ANNAUD avec Jane March, Tony Leung et Frédérique Méninger. - En 1929, à Saïgon, une adolescente française devient la maîtresse d'un riche Chinois.
VF➔14,95$ VO➔LS VO➔14,95$ 16 ans + Érotisme

**LOVER, THE**
Voir: MILENA

**LOVERS** ▷3
ESP. 1991. Drame sentimental de Vincente ARANDA avec Victoria Abril, Jorge Sanz et Maribel Verdu. - Une veuve endettée pousse son amant à subtiliser les économies que la fiancée de celui-ci amasse en vue du mariage. - Intrigue fort bien nouée inspirée d'un fait divers survenu dans les années 1950. Atmosphère d'époque crédible. Caméra habile et inquisitrice. Interprétation solide.
STA➔LS 16 ans + Érotisme

**LOVERS AND LOLLIPOPS** ▷0
É.-U. 1995, Morris ENGEL et Ruth ORKIN
VO➔34,95$ Général

**LOVERS OF THE ARTIC CIRCLE**
Voir: LES AMANTS DU CERCLE POLAIRE

**LOVES AND TIMES OF SCARAMOUCHE** ▷6
ITA. 1975. Comédie de Enzo G. CASTELLARI avec Michael Sarrazin, Ursula Andress et Aldo Maccione. - Un coureur de jupons poursuivi par plusieurs maris trompés se voit forcé de s'enrôler dans l'armée de Bonaparte.
VO➔LS Général

**LOVES OF A BLONDE**
Voir: LES AMOURS D'UNE BLONDE

**LOVES OF CARMEN, THE** ▷5
É.-U. 1948. Drame sentimental de Charles VIDOR avec Rita Hayworth, Glenn Ford et Ron Randell. - Un officier est entraîné au banditisme par sa passion pour une gitane volage.
VF➔19,95$ VO➔19,95$ Général

**LOVING YOU** ▷0
H. K. 1995, Tu CHI FENG
STA➔LS 13 ans + Violence

**LOWER DEPTHS, THE**
Voir: LES BAS-FONDS

**LOYOLA, CHEVALIER DU CHRIST** ▷0
ESP. 958, José Diaz MORALES
VA➔LS Général

**LOYOLA, THE SOLDIER SAINT**
Voir: LOYOLA, CHEVALIER DU CHRIST

**LUCIE AUBRAC** ▷4
FR. 1997. Drame historique de Claude BERRI avec Carole Bouquet, Daniel Auteuil et Jean-Roger Milo. - Durant la Seconde Guerre mondiale à Lyon, l'épouse d'un résistant détenu par les nazis échafaude un audacieux plan pour le libérer.
VO➔18,95$ Général

**LUCIEN BROUILLARD** ▷4
QUÉ. 1983. Drame social de Bruno CARRIÈRE avec Pierre Curzi, Marie Tifo et Roger Blay. - Un contestataire soucieux de justice sociale est entraîné par un ami dans un complot meurtrier.
VO➔LS Général

**LUCIO FLAVIO** ▷0
BRÉ. 1978, Hector BABENCO
VF➔LS Non classé

**LUCKY LUCIANO** ▷3
ITA. 1973. Drame biographique de Francesco ROSI avec Gian Maria Volontè, Rod Steiger et Charles Siragusa. - En 1946, un policier américain tente de réunir des preuves contre l'un des chefs de la pègre américaine déporté dans son Italie natale. - Contexte politique et sociologique bien évoqué. Reconstitution rigoureuse des faits. Interprétation efficace de G.M. Volontè.
VO➔LS 13 ans +

**LUCKY LUKE** ▷5
ITA. 1990. Western réalisé et interprété par Terence HILL avec Nancy Morgan et Ron Carey. - Nommé shérif d'une ville champignon de l'Ouest, un cow-boy doit lutter contre une sinistre famille de bandits.
VF➔PC Général

**LUCKY ME** ▷5
É.-U. 1953. Comédie musicale de Jack DONOHUE avec Doris Day, Robert Cummings et Phil Silvers. - Quatre artistes sans emploi cherchent un commanditaire.
VO➔17,95$ Non classé

**LUCKY NUMBERS** ▷5
É.-U. 2000. Comédie de Nora EPHRON avec John Travolta, Tim Roth et Lisa Kudrow. - Un présentateur météo vedette en difficulté financière entreprend de trafiquer le tirage télévisé de la loterie.
VF➔LS VO➔LS Général

**LUDWIG VAN B.**
Voir: IMMORTAL BELOVED

**LUEUR DANS LA FORÊT**
Voir: LIGHT IN THE FOREST

**LUEUR DANS LA NUIT, UNE**
Voir: SHINING THROUGH

**LUEUR MAGIQUE**
Voir: FIRELIGHT

**LUI, MOI, ELLE ET L'AUTRE**
Voir: CHANCES ARE

**LUKE LA MAIN FROIDE**
Voir: COOL HAND LUKE

**LULU** ▷5
CAN. 1996. Drame de mœurs de Srinivas KRISHNA avec Kim Lieu, Clark Johnson et Michael Rhoades. - Une jeune Vietnamienne trouve difficilement le bonheur aux côtés d'un petit brigand de Toronto qui l'a choisie comme épouse dans un catalogue.
STA→14,95$ 13 ans + Érotisme

**LULU BELLE** ▷6
É.-U. 1948. Drame de Leslie FENTON avec Dorothy Lamour, George Montgomery et Otto Kruger. - Une chanteuse volage cause la ruine de quelques hommes.
VO→9,95$ Général

**LULU ON THE BRIDGE** ▷4
É.-U. 1998. Drame fantastique de Paul AUSTER avec Harvey Keitel, Mira Sorvino et Willem Dafoe. - Un saxophoniste dont la carrière a pris fin à la suite d'une grave blessure découvre une mystérieuse pierre qui l'amène à rencontrer le grand amour.
VF→PC VO→13,95$ DVD→32,95$ Général

**LUMIÈRE** ▷4
FR. 1976. Drame de mœurs réalisé et interprété par Jeanne MOREAU avec Lucia Bose et Francine Racette. - Les problèmes sentimentaux d'une comédienne et ses amitiés avec des collègues d'âges divers.
STA→LS Général

**LUMIÈRE DU LAC, LA** ▷5
FR. 1987. Drame de Francesca COMENCINI avec Nicole Garcia, Wadeck Stanczak et Francesca Romana Prandi. - Recherché par des truands, un jeune escroc se réfugie dans un village de montagne et connaît une idylle passionnée avec une romancière.
VO→LS 13 ans +

**LUMIÈRE ET COMPAGNIE** ▷4
FR. 1995. Film d'essai de Sarah MOON. - Trente-neuf cinéastes tournent chacun un film de 52 secondes avec une caméra identique à celle des frères Lumière.
STF→LS STA-DVD→31,95$ Général

**LUMIÈRES DANS LA GRANDE NOIRCEUR, DES** ▷4
QUÉ. 1991. Documentaire de Sophie BISSONNETTE. - Profil de Léa Roback, octogénaire qui a milité toute sa vie dans des mouvements syndicalistes et féministes.
VO→PC Général

**LUNATIC, THE** ▷4
É.-U. 1990. Comédie de mœurs de Lol CREME avec Paul Campbell, Julie T. Wallace et Reggie Carter. - En Jamaïque, un simple d'esprit qui discute régulièrement avec un arbre est engagé comme guide par une touriste allemande.
VO→LS Général

**LUNE DANS LE CANIVEAU, LA** ▷5
FR. 1983. Drame poétique de Jean-Jacques BEINEIX avec Gérard Depardieu, Nastassia Kinski et Victoria Abril. - Un débardeur obsédé par le souvenir de sa sœur qui s'est suicidée cherche l'oubli auprès d'une jeune femme riche.
STA→LS 13 ans +

**LUNE DE MIEL** ▷5
FR. 1985. Drame psychologique de Patrick JAMAIN avec Nathalie Baye, John Shea et Richard Berry. - Pour pouvoir rester aux États-Unis, une jeune Française contracte un mariage blanc avec un homme qui cache un déséquilibre profond.
VO→LS 13 ans +

**LUNE DE MIEL À VEGAS**
Voir: HONEYMOON IN VEGAS

**LUNE ROUGE**
Voir: CHINA MOON

**LUNES DE FIEL**
Voir: BITTER MOON

**LUNETTES D'OR, LES** ▷4
ITA. 1987. Drame de mœurs de Giuliano MONTALDO avec Philippe Noiret, Rupert Everett et Valeria Golino. - En 1938, la bonne société d'une petite ville italienne ne peut pardonner à un médecin, pourtant bien considéré, sa liaison homosexuelle avec un jeune boxeur.
VF→LS Général

**LUNULE, LA**
Voir: THE PYX

**LURED** ▷5
É.-U. 1947. Comédie policière de Douglas SIRK avec George Sanders, Lucille Ball et Boris Karloff. - Une danseuse aide la police à capturer un maniaque.
VO→28,95$ Général

**LUST FOR A VAMPIRE** ▷5
É.-U. 1971. Drame d'horreur de Jimmy SANGSTER avec Ralph Bates, Barbara Jefford et Suzanna Leigh. - Au XIXe siècle, un jeune écrivain tombe amoureux d'une jeune fille qui se révèle être un vampire.
VO→LS 13 ans +

**LUST FOR LIFE** ▷3
É.-U. 1956. Drame biographique de Vincente MINNELLI avec Kirk Douglas, Anthony Quinn et James Donald. - Les grands moments de la vie du peintre Vincent Van Gogh. - Atmosphère d'époque bien évoquée. Mise en scène soignée. Interprétation de classe.
VO→19,95$ Non classé

**LUST IN THE DUST** ▷6
É.-U. 1984. Comédie de Paul BARTEL avec Tab Hunter, Divine et Lainie Kazan. - Un cavalier solitaire recherche l'emplacement d'un trésor dont la clé se trouve dans une carte tatouée sur les postérieurs des filles d'un hors-la-loi décédé.
VO→9,95$ 13 ans +

**LUV** ▷4
É.-U. 1967. Comédie satirique de Clive DONNER avec Jack Lemmon, Peter Falk et Ellen May. - Un candidat au suicide est sauvé de la mort par un vieil ami.
VO→14,95$ Général

**LUZIA** ▷0
BRÉ. 1988, Fabio BARRETO
STA→19,95$ Général

**LYDIA** ▷4
É.-U. 1941. Drame sentimental de Julien DUVIVIER avec Merle Oberon, Joseph Cotten et Edna May Oliver. - Une vieille demoiselle se remémore les quatre idylles qui ont marqué sa vie.
VO→14,95$ Général

**LYING LIPS** ▷0
É.-U. 1939, Oscar MICHEAUX
VO→LS Général

# LES MEILLEURES NOUVEAUTÉS DE L'ANNÉE

### À LA RENCONTRE DE FORRESTER (FINDING FORRESTER)

*É.-U. 2000. 133 min. Drame psychologique réalisé par Gus VAN SANT avec Sean Connery, Rob Brown et F. Murray Abraham.*

Jamal, un adolescent afro-américain doué pour l'écriture, se lie d'amitié avec un célèbre écrivain reclus et misanthrope. Comme en témoignait déjà *Le destin de Will Hunting*, l'iconoclaste Gus Van Sant (*Prête à tout*, le remake plan par plan du *Psycho* de Hitchcock) affectionne aussi les histoires classiques et pleines de bons sentiments. Pour preuve, la relation entre le vieux mentor et son protégé qui hésite à affirmer son talent se voit traitée ici avec une indéniable sensibilité. La mise en scène s'avère en outre vivante et dans le coup. Par ailleurs, les considérations sur l'acte d'écrire et l'amour de la littérature rehaussent un scénario sans grandes surprises, qui renferme quelques ficelles un peu grosses. Sean Connery, en grande forme, partage une belle complicité avec Rob Brown, un jeune débutant au talent prometteur.

### THE ACID HOUSE

*G.-B. 1998. 112 min. Film à sketches réalisé par Paul McGUIGAN avec Stephen McCole, Kevin McKidd et Ewen Bremner.*

Ce film est l'adaptation de trois nouvelles du jeune écrivain écossais Irvine Welsh, le célèbre auteur du roman culte *Trainspotting*, que Danny Boyle a brillamment porté à l'écran. Poursuivant sa description cinglante des milieux défavorisés d'Edimbourg, Welsh raconte les mésaventures d'un paumé transformé en mouche par Dieu, les tribulations d'un travailleur bonasse qui supporte les infidélités de sa femme et enfin, comment l'esprit d'un drogué est transféré dans le corps d'un bébé. Tout un programme! Qu'elles adoptent un ton fantastique, social ou surréaliste, ces trois histoires illustrées avec force parviennent à dresser un portrait honnête de la situation peu reluisante, voire sordide, d'une génération laissée à elle-même. Les interprètes sont tous convaincants.

### AFTER LIFE

*Jap. 1998. 118 min. Drame fantastique réalisé par Hirokazu KORE-EDA avec Arata, Erika Oda et Susumu Terajima.*

Dans une sorte d'antichambre de l'au-delà, une vingtaine d'individus décédés sont accueillis par d'affables fonctionnaires. Ces derniers annoncent aux nouveaux défunts qu'ils ont une semaine pour choisir le plus beau moment de leur vie, qui sera immortalisé sur film afin qu'ils puissent l'emporter avec eux pour l'éternité. À la fois original et poétique dans son traitement, ce film se veut une réflexion sur le sens de la vie et de la mort, tout en constituant une espèce d'hommage au cinéma par le truchement d'une allégorie anecdotique. Mais plus encore, à travers ses sujets, l'auteur a l'occasion de brosser un portrait diversifié de la société nippone des cinquante dernières années. D'une belle simplicité, la mise en scène profite d'une photographie réservant de superbes clairs-obscurs. Dans leur quête de mémoire heureuse, la plupart des interprètes touchent une corde sensible.

## ALERTE NOIRE (PITCH BLACK)

*É.-U. 2000. 108 min. Film de science-fiction réalisé par David TWOHY avec Radha Mitchell, Vin Diesel et Cole Hauser.*

Un vaisseau spatial s'écrase sur une planète aride et en apparence déserte. Une dizaine de passagers et de membres d'équipage survivent à l'écrasement, dont la pilote Fry, le gardien Johns et le meurtrier Riddick. Ils réalisent que la planète, éclairée en permanence par trois soleils, est peuplée de créatures monstrueuses qui, craignant la lumière, se cachent sous la surface. Les naufragés de l'espace découvrent alors qu'une éclipse solaire va bientôt plonger la planète dans une obscurité totale, ce qui permettra aux monstres d'attaquer. Ce film, qui offre un mélange convenu mais efficace de science-fiction et d'horreur, bénéficie d'une mise en images stylisée. Ainsi, le décor spectaculaire de la planète désertique est mis en valeur par une photographie aux couleurs délavées qui crée à elle seule une ambiance apocalyptique impressionnante. Les personnages sont bien campés par des interprètes au jeu vigoureux.

## APPARENCES (WHAT LIES BENEATH)

*É.-U. 2000. 126 min. Drame fantastique réalisé par Robert ZEMECKIS avec Michelle Pfeiffer, Harrison Ford, Diana Scarwid.*

Témoin de phénomènes bizarres, une femme devient persuadée que la belle demeure ancienne qu'elle habite avec son mari est hantée. La réussite artistique et commerciale du *Sixième sens* a remis à la mode les bonnes vieilles histoires de fantômes et leurs recettes éprouvées. Ainsi, dans *Apparences*, les portes qui claquent, les chandelles qui s'éteignent mystérieusement et les apparitions fantomatiques évanescentes abondent. À défaut d'originalité, le récit s'avère bien construit, ménageant avec efficacité un suspense qui va crescendo, agrémenté à point nommé de quelques rebondissements terrifiants. De plus, Zemeckis déploie dans quelques scènes une formidable maîtrise des cadrages et du montage, allant parfois chercher son inspiration chez Hitchcock. Bref, une œuvre réussie dans laquelle Michelle Pfeiffer livre une performance pleine de conviction.

## LES AVENTURES DE ROCKY ET BULLWINKLE (THE ADVENTURES OF ROCKY AND BULLWINKLE)

*É.-U. 2000. 88 min. Comédie fantaisiste réalisée par Des McANUFF avec Robert De Niro, Rene Russo et Jason Alexander.*

Le FBI recrute deux héros de dessins animés, l'écureuil Rocky et l'orignal Bullwinkle, pour lutter contre un trio de criminels diaboliques. Cette comédie fantaisiste ressuscite des personnages d'une série de cartoons des années 1960. Les deux héros en dessins animés évoluent parmi des acteurs en chair et en os grâce à des techniques rappelant celles de *Qui veut la peau de Roger Rabbit?* de Zemeckis. Le scénario propose une intrigue d'espionnage farfelue aux ingrédients plus ou moins originaux, mais régulièrement parsemée d'éléments satiriques sur la société américaine. Malgré quelques lourdeurs, l'ensemble se déroule sur un ton constamment enjoué et les gags s'avèrent suffisamment nombreux pour compenser les creux de l'histoire. De plus, les interprètes livrent des performances délicieusement bouffonnes. Bref, petits et grands devraient s'amuser avec ce divertissement coloré.

## BAMBOOZLED

*É.-U. 2000. 135 min. Comédie satirique réalisée par Spike LEE avec Damon Wayans, Savion Glover et Jada Pinkett Smith.*

Un producteur de télévision afro-américain crée une émission de variétés provocante qui s'attaque au racisme dans la société et les médias. Tournée en bonne partie sur vidéo, afin de mieux déconstruire le récit filmique traditionnel, la nouvelle œuvre de Spike Lee est une satire grinçante et dénonciatrice. Rappelant le ton désinvolte et provocateur de Lee à ses débuts, le film et son propos changent fréquemment de style, ce qui est parfois déstabilisant. Entre humour et amertume, le spectateur est en effet apostrophé par un univers riche et percutant qui témoigne du grand talent d'auteur du cinéaste. Certes, pamphlet oblige, Lee ne fait pas toujours dans la dentelle. Sa colère se traduit donc par des situations et des sentiments exacerbés, qui poussent le réalisateur à prendre de nombreux risques, notamment avec la finale, dont la violence peut dérouter.

## BEFORE NIGHT FALLS

*É.-U. 2000. 125 min. Drame biographique réalisé par Julian SCHNABEL avec Javier Bardem, Olivier Martinez et Johnny Depp.*

Après son évocation de la fulgurante carrière du peintre Jean-Michel Basquiat, Julian Schnabel récidive avec un nouveau portrait d'artiste, celui du poète et romancier cubain Reinaldo Arenas, persécuté par le régime autoritaire de Fidel Castro en raison de son homosexualité. Œuvre dense et sincère, *Before Night Falls* comporte des passages d'un impressionnisme prenant, qui évoquent à merveille l'univers poétique de l'auteur cubain. La formation de peintre de Schnabel transpire à l'évidence dans des plans magnifiquement composés, où l'eau et le soleil jouent un rôle déterminant. Le déroulement du récit s'avère cependant plutôt anecdotique et parfois confus, surtout en ce qui a trait à l'irruption soudaine de certains personnages secondaires. Dans le rôle d'Arenas, Javier Bardem offre une performance riche et nuancée tandis que la double composition de Johnny Depp est des plus surprenantes.

## LA BELLE-FAMILLE (MEET THE PARENTS)

*É.-U. 2000. 108 min. Comédie réalisée par Jay ROACH avec Robert De Niro, Ben Stiller et Blythe Danner.*

La grande trouvaille de ce scénario réside dans son point de départ. Il est en effet facile de comprendre la panique qui s'empare d'un gendre potentiel au moment de faire sa demande officielle au paternel de sa bien-aimée. D'autant que le beau-père en question, un ancien psychologue de la CIA, semble avoir décidé d'avance qu'aucun candidat ne se montrerait jamais digne de sa fille. Il suffit ensuite d'accentuer le contraste entre les caractères des deux protagonistes, faisant du premier un dictateur implacable et du second un être timoré et mou, juif de surcroît, et le tour est joué. Le résultat s'avère des plus réussis. Gags et quiproquos s'enchaînent en grande quantité et avec beaucoup d'efficacité. Même si la vraisemblance des situations n'est pas la priorité absolue des auteurs, l'histoire maintient une cohérence psychologique du début à la fin. De plus, Robert De Niro et Ben Stiller se livrent un duel d'acteurs désopilant.

## LA BÊTE CONTRE LES MURS (ANIMAL FACTORY)

*É.-U. 2000. 94 min. Drame réalisé par Steve BUSCEMI avec Willem Dafoe, Edward Furlong et Seymour Cassel.*

Régnant comme un petit empereur parmi les autres détenus d'un pénitencier à sécurité maximum, le bagnard Earl Copen prend sous son aile un nouveau venu, le jeune Ron Decker, condamné pour possession simple de marijuana. Voilà le point de départ de ce petit drame initiatique qui bat en rappel tous les lieux communs des histoires carcérales. Heureusement, même les scènes les plus familières du genre trouvent un second souffle grâce à un traitement sobre et réaliste. De plus, le film donne l'occasion à plusieurs acteurs talentueux de livrer le meilleur d'eux-mêmes. À ce titre, Willem Dafoe trouve ici son meilleur rôle depuis des lustres, tandis que Mickey Rourke se fait remarquer dans un rôle inattendu de travesti.

## BILLY ELLIOT

*G.-B. 2000. 110 min. Comédie réalisée par Stephen DALDRY avec Jamie Bell, Julie Walters et Jamie Draven.*

Billy Elliot vit une enfance difficile dans sa morne ville anglaise, durement affectée par une interminable grève des mineurs. Pour lui changer les idées, son père, un gréviste convaincu, lui offre des cours de boxe. Or, le gamin semble bien plus intéressé par les leçons de ballet classique qui se donnent dans une salle attenante au gymnase. À l'insu de son père, Billy se lancera résolument dans la pratique de cette discipline, au point de pouvoir prétendre à une place à la prestigieuse école de ballet de Londres. Grâce à une bonne dose d'humour et à la dimension féerique du récit, le film emporte l'adhésion des spectateurs et ce, malgré un scénario prévisible. La mise en scène s'avère rythmée et le réalisateur réussit à insuffler une grande humanité à ses personnages qui deviennent vite attachants. Pour sa solide interprétation, Jamie Bell a obtenu le prix du meilleur acteur aux BAFTA, les « Oscars » britanniques.

## LE BLEU DES VILLES

*Fr. 1999. 105 min. Comédie dramatique réalisée par Stéphane BRIZÉ avec Florence Vignon, Mathilde Seigner et Antoine Chappey.*

Solange, une jeune femme mariée dans la trentaine, gagne sa vie comme agent de stationnement dans une ville de province. Un jour, elle décide de tout plaquer afin de monter à Paris pour entreprendre une carrière dans la chanson. Stéphane Brizé réussit un tour de force: captiver le spectateur avec un récit intimiste et minimaliste, qui mise sur l'introspection et la délicatesse de ton. Sa réalisation sobre et intelligente parvient à doser habilement le doux et l'amer, illustrant avec tact la froideur des sentiments dans une existence où la passion est complètement éteinte. Mais avant tout, le réalisateur démontre de fort belles qualités de directeur d'acteurs. Tous les interprètes expriment une grande justesse de ton dans des rôles tout en nuances et en non-dits. Florence Vignon est particulièrement émouvante dans son personnage oppressé qui s'épanouit progressivement.

## BOSSA NOVA

*Brés.-É.-U. 1999. 95 min. Comédie sentimentale réalisée par Bruno BARRETO avec Amy Irving, Antonio Fagundes et Alexandre Borges.*

Les comédies sentimentales brillent rarement par la profondeur de leur sujet ou la complexité de leurs personnages, et celle-ci ne fait pas exception. Toutefois, le récit de *Bossa Nova* ne manque pas de charme. Une veuve américaine expatriée à Rio de Janeiro se laisse courtiser par un riche avocat. Mais les projets d'avenir du couple sont compromis par certains jeux du destin. Les nombreux personnages qui gravitent autour du couple s'avèrent tous plus attachants les uns que les autres. L'illustration chatoyante et les rythmes sensuels de la trame sonore s'accordent avec l'utilisation souvent caressante de la caméra, qui suggère bien le parfum d'érotisme distillé par la ville de Rio. Enfin, le réalisateur Bruno Barreto dirige avec brio son épouse Amy Irving, qui n'a jamais été aussi captivante.

## LA BOUTEILLE

*Can. 2000. 110 min. Comédie dramatique réalisée par Alain DESROCHERS avec Réal Bossé, François Papineau et Jean Lapointe.*

Deux amis d'adolescence s'efforcent de retrouver une bouteille enterrée quinze ansplus tôt, dans laquelle ils avaient consigné leurs projets d'avenir. Réalisateur de nombreux vidéoclips, Alain DesRochers a cependant opté pour une mise en scène volontairement sobre, à mille lieux de ses extravagances stylistiques habituelles. En fait, la réalisation s'avère tout au service des personnages de cette histoire en partie autobiographique, qui propose une réflexion douce-amère sur la force de l'amitié, le sens de la réussite et la recherche du bonheur. Des thèmes sans doute galvaudés, mais traités par les auteurs avec une indéniable sincérité. Les situations amusantes ne manquent pas et les dialogues sont assez savoureux. François Papineau retient l'attention dans un rôle de parvenu macho et prétentieux qui se révèle néanmoins vulnérable et attendrissant.

## LA CANDIDATE (THE CONTENDER)

*É.-U. 2000. 126 min. Drame politique réalisé par Rod LURIE avec Joan Allen, Gary Oldman et Jeff Bridges.*

Une sénatrice pressentie au poste de vice-présidente des États-Unis se défend devant une commission d'enquête au sujet d'un scandale sexuel. Ancien critique de cinéma, Rod Lurie décrit avec acuité les mécanismes tordus de l'appareil politique américain actuel. Ainsi, en dépit d'un dénouement visant à flatter la fibre patriotique de nos voisins du sud, le film maintient tout du long sa dénonciation des manœuvres retorses visant à écarter un candidat du pouvoir. En même temps, on assiste au procès de tous les enjeux moraux de l'Amérique bien-pensante. À l'aide de touches d'humour et de mouvements de caméra compliqués, Lurie parvient à dynamiser son film, non sans éviter un sentiment occasionnel d'artifice. Joan Allen oppose sa dignité imperturbable à la hargne d'un Gary Oldman méconnaissable.

## CE QUE FEMME VEUT (WHAT WOMEN WANT)

*É.-U. 2000. 127 min. Comédie sentimentale réalisée par Nancy MEYERS avec Mel Gibson, Helen Hunt et Marisa Tomei.*

Mel Gibson ne tourne pas souvent des comédies sentimentales. Il est donc amusant de le voir ici se moquer de son image de séducteur. Nick Marshall, le publicitaire qu'il incarne, se découvre le don de lire dans les pensées des femmes. Il en profite aussitôt pour chiper les idées d'une rivale dont, bien sûr, il s'éprend. La cinématographie scintillante, la direction artistique chatoyante et l'irrésistible entrain de la bande sonore (où domine la voix de Frank Sinatra), se conjuguent au sein d'une réalisation alerte et élégante propre à charmer le spectateur. Le style d'humour physique de Mel Gibson manque parfois de finesse, à l'image du scénario, mais Helen Hunt arrive à insuffler grâce et vivacité aux scènes qu'ils partagent. Bref, une amusante satire du chauvinisme masculin qui fera aussi bien rire les hommes que les femmes.

## LA CELLULE (THE CELL)

*É.-U. 2000. 113 min. Film de science-fiction réalisé par Tarsem SINGH avec Jennifer Lopez, Vince Vaughn et Vincent D'Onofrio.*

Grâce à une technique révolutionnaire, une psychologue pénètre dans l'esprit d'un tueur en série comateux afin de découvrir où se trouve sa dernière victime, qui n'a plus que quelques heures à vivre. Ce film fait penser à un épisode d'*Aux frontières du réel* sur l'acide! Ou encore à un redoutable croisement entre *Le silence des agneaux* et *La matrice*. Profitant d'une direction artistique foisonnante qui étale sur l'écran une riche palette de couleurs et de formes, Tarsem Singh, transfuge de la pub et des vidéoclips, démontre un impressionnant sens de l'image et une assurance peu commune pour son premier long métrage. Ainsi, le réalisateur réussit à entraîner le spectateur dans des visions perturbantes qui étonnent tant par leur cruauté que par leur beauté. Pour couronner le tout, les interprètes offrent un jeu solide et sincère.

## LA CHAMBRE DES MAGICIENNES

*Fr. 1999. 83 min. Drame psychologique réalisé par Claude MILLER avec Anne Brochet, Mathilde Seigner et Annie Noël.*

Partageant une chambre dans une unité de neurologie avec deux autres patientes, Claire, une étudiante en anthropologie, est intriguée par le comportement bizarre de l'une d'elles. En acceptant cette commande de la chaîne de télévision franco-allemande ARTE, Claude Miller semble prendre un bain de jouvence. Délivré de la lourdeur des productions habituelles, tournant en équipe légère avec des petites caméras vidéo numériques, il s'en donne à cœur joie en agrémentant ce huis clos bizarre de mouvements d'appareil enlevés. En outre, l'utilisation simultanée de deux caméras lui permet de faire preuve d'audace dans le montage. De plus, tricotant malicieusement les mailles de son récit, il crée subtilement, au moyen d'une mise en scène précise et détaillée, un climat d'étrangeté qui tient le spectateur dans l'expectative. Des interprètes de talent appuient admirablement cette étude de personnages peu banals.

## LA CHANCE DE MA VIE (ME, MYSELF, I)

*Aust. - Fr. 1999. 104 min. Comédie fantaisiste réalisée par Pip KARMEL avec Rachel Griffiths, David Roberts et Sandy Winton.*

À l'instar du récent *Les portes du destin*, ce film s'amuse au jeu des vies parallèles dictées par des choix opposés, à travers l'histoire d'une journaliste célibataire qui se voit projetée comme par magie dans l'existence de son double, femme au foyer et mère de famille. *La chance de ma vie* offre des variations assez divertissantes sur des thèmes connus, en particulier le très populaire dispositif narratif qui consiste à placer un personnage dans les souliers d'un autre afin d'observer avec amusement comment il s'adapte à son nouvel environnement et son nouvel entourage. Réalisé avec une certaine énergie, l'ensemble se laisse voir sans ennui, bien qu'il ne réserve somme toute que bien peu de surprises. Rachel Griffiths offre une performance sentie et parfois pleine de verve comique, avec ici et là quelques contours dramatiques bien amenés.

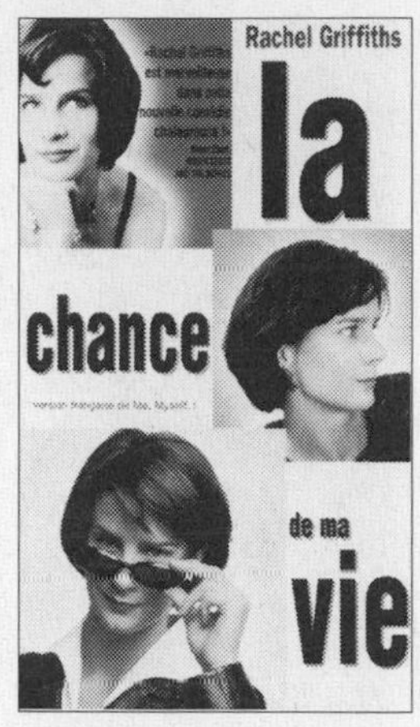

## CHARLIE ET SES DRÔLES DE DAMES (CHARLIE'S ANGELS)

*É.-U. 2000. 98 min. Comédie policière réalisée par McG avec Cameron Diaz, Drew Barrymore et Lucy Liu.*

Dès sa création à la fin des années 1970, la série télévisée *Charlie's Angels* a connu un formidable succès, grâce à des actrices au sex-appeal prononcé et à des intrigues bien ficelées. Sous la houlette du jeune McG, un autre prodige de la pub et des vidéoclips, le présent film propose une adaptation au goût du jour de cette populaire série. On a donc droit à un feu roulant de péripéties à couper le souffle, dignes des meilleurs James Bond, ainsi qu'à des combats d'arts martiaux très spectaculaires. Le tout pimenté d'un humour désarçonnant, tantôt résolument bon enfant, tantôt porté sur les blagues à double sens. Fertile en rebondissements, le récit manque toutefois de rigueur et de vraisemblance. Mais cela n'empêchera pas le spectateur de prendre beaucoup de plaisir à ce film d'action hypervitaminé qui n'a d'autre prétention que de divertir. Les craquantes interprètes offrent des performances tour à tour sexy, candides et vigoureuses.

## CHUCK & BUCK

*É.-U. 2000. 95 min. Drame psychologique réalisé par Miguel ARTETA avec Mike White, Chris Weitz et Beth Colt.*

À 27 ans, Buck se comporte encore comme un enfant. À l'occasion des funérailles de sa mère, il invite son ami d'enfance Chuck, aujourd'hui producteur de disques fiancé à la belle Carlyn. Lorsqu'ils avaient onze ans, Buck et Chuck ont expérimenté ensemble certains jeux sexuels. Désireux de poursuivre ceux-ci, Buck fait des avances directes à son ancien ami, qui le rejette sèchement. Chuck refusant désormais de le voir, Buck écrit une pièce née de ses frustrations, qu'il parvient à faire monter avec l'aide de la directrice d'un théâtre pour enfants. *Chuck & Buck* est une étude de caractère sensible et peu banale qui ne verse jamais dans le voyeurisme scabreux. La mise en scène toute simple va à l'essentiel, attentive aux détails significatifs. Le scénariste Mike White, qui apparaît pour la première fois à l'écran, compose un personnage troublant, réussissant à faire passer l'émotion là où le ridicule menaçait.

## LES CINQ SENS (THE FIVE SENSES)

*Can. 1999. 105 min. Drame psychologique réalisé par Jeremy PODESWA avec Mary-Louise Parker, Gabrielle Rose et Daniel McIvor.*

En 1996, le Montréalais Bashar Shbib a consacré un film à chacun des cinq sens. C'est aujourd'hui au tour du Torontois Jeremy Podeswa de reprendre à son compte cette démarche, mais à l'intérieur d'un seul film. Ainsi, il attribue à ses cinq personnages principaux un des sens, qu'ils utilisent chacun à divers degrés pour vaincre l'incommunicabilité des grandes villes et parvenir à établir un lien véritable avec autrui. Bien que le scénario soit complexe, les différentes intrigues sont intelligemment agencées, avec fluidité et élégance. L'ensemble laisse toutefois une impression d'artificialité, surtout lors de certaines situations insuffisamment développées. Néanmoins, la mise en scène fait preuve de doigté et de précision, tandis que les images sont composées avec soin. En outre, la solide équipe d'interprètes se montre fort convaincante.

## LE CLOU DU SPECTACLE (BEST IN SHOW)

*É.-U. 2000. 90 min. Comédie satirique réalisée par Christopher GUEST avec Catherine O'Hara, Parker Posey et Eugene Levy.*

Déjà auteur en 1996 d'un amusant pseudo-documentaire (*Waiting for Guffman*), dans lequel il évoquait les hauts et les bas d'une troupe de théâtre amateur, Christopher Guest reprend ici le même procédé. Ainsi, dans cette satire souvent hilarante de l'univers très particulier des concours de chiens, les personnages se livrent fréquemment à un interviewer anonyme. Mais cette approche de faux documentaire demeure discrète, le reste du film reposant sur des techniques narratives plus conventionnelles. Multipliant les personnages désopilants et enchevêtrant les petites intrigues autour d'un même événement (à la façon de Robert Altman), le cinéaste offre une comédie de mœurs qui cible avec un mélange bien dosé de moquerie et d'affection les amants inconditionnels du meilleur ami de l'homme. Des comédiens chevronnés livrent avec aisance des savoureux dialogues d'un naturel confondant.

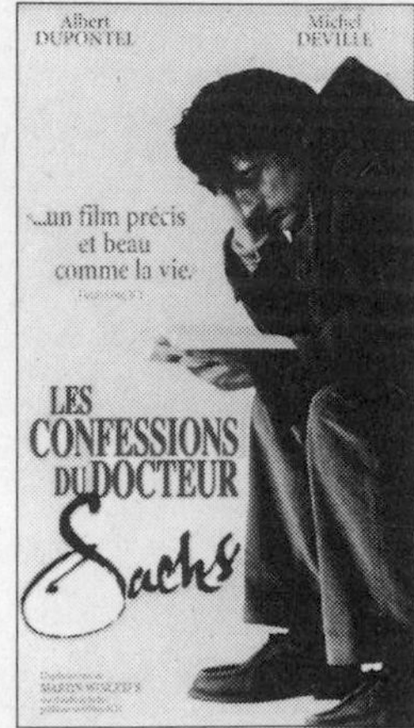


## LES CONFESSIONS DU DOCTEUR SACHS

*Fr. 1999. 107 min. Drame de mœurs réalisé par Michel DEVILLE avec Albert Dupontel, Dominique Reymond et Valérie Dréville.*

Bruno Sachs, un jeune médecin de campagne plein de compassion pour ses patients, évacue sa souffrance et ses frustrations par l'écriture. À partir du roman complexe *La Maladie de Sachs* de l'ex-médecin Martin Winckler, Michel Deville a réalisé une œuvre cinématographique admirable. Habitué des exercices de style élégants et ludiques (*Péril en la demeure*), le réalisateur a composé cette fois un portrait polyphonique d'un praticien fort attachant, car tout au long du récit, ses patients, sa dévouée secrétaire, sa mère et ses voisins commentent en voix off un aspect de son travail ou de sa personnalité. Mais plus encore, les interventions variées du protagoniste permettent aux auteurs de tracer une riche peinture sociale, parfois drôle, parfois touchante, mais toujours empreinte d'un profond humanisme. Tout cela à travers une mise en scène experte s'appuyant sur un montage d'une rare intelligence.

## CRI ULTIME (THE VIRGIN SUICIDES)

*É.-U. 1999. 97 min. Comédie dramatique réalisée par Sofia COPPOLA avec Kirsten Dunst, James Woods et Kathleen Turner.*

Dans une banlieue cossue du Michigan au cours des années 1970, les cinq sœurs Lisbon, de blondes beautés surprotégées par leurs parents, fascinent les adolescents du voisinage, qui cherchent à percer le mystère de leur féminité. Quand la cadette se suicide et que la plus dégourdie des sœurs est abandonnée par le bellâtre qui l'a séduite, les jeunes hommes tentent par tous les moyens de venir en aide à ces adolescentes qu'ils idôlatrent. Avec ce premier long métrage, la fille de Francis Ford Coppola fait preuve d'un talent indéniable pour la scénarisation et la réalisation. Avec son humour sec et son propos critique, cette fine comédie dramatique se sert d'un faux fait divers pour étudier de façon caustique le phénomène de l'éveil sexuel. Il faut souligner l'étonnante beauté de la cinématographie et la réussite de l'évocation des années 1970. Tous les interprètes jouent dans le ton voulu.

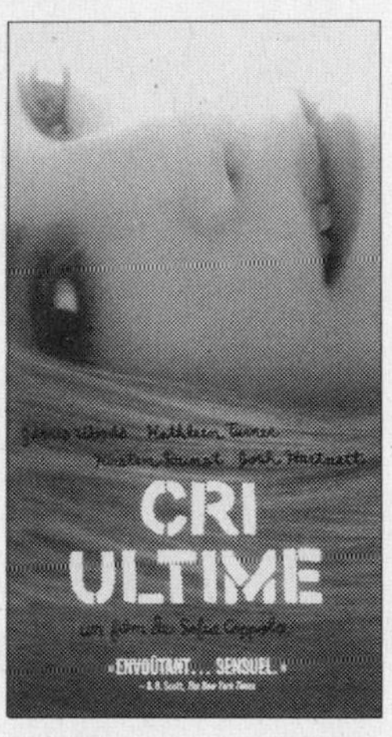


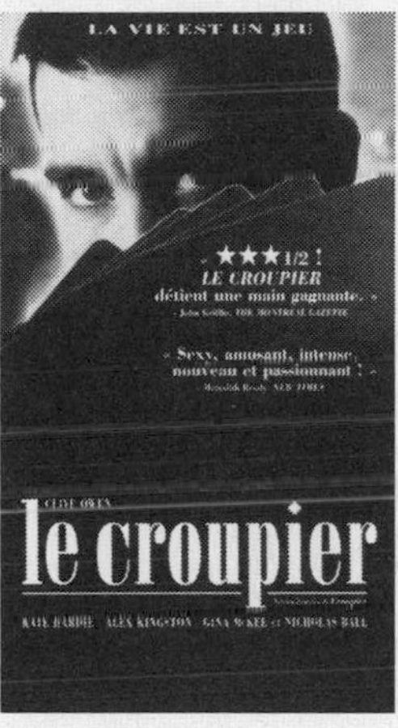


## LE CROUPIER (CROUPIER)

*G.-B. 1998. 94 min. Drame de mœurs réalisé par Mike HODGES avec Clive Owen, Kate Hardie et Alex Kingston.*

Jack, un aspirant écrivain, accepte un emploi de croupier dans un casino de Londres. Confronté à ce monde d'argent et de hasard, il puisera dans cet univers trouble l'inspiration nécessaire pour écrire son premier roman. Ce film particulièrement envoûtant réussit à transporter le spectateur dans un milieu captivant, et ce par le biais d'un traitement filmique d'une grande sobriété. Habilement soutenu par un scénario racé de Paul Mayersberg (l'auteur de *Furyo*), *Le croupier* reprend les standards narratifs et esthétiques du film noir. Autant dans ses choix de mise en scène que dans sa direction d'acteurs, Mike Hodges fait preuve d'une grande finesse, restituant parfaitement l'atmosphère ambiguë du récit. Portant le film sur ses épaules, l'excellent Clive Owen incarne avec flegme et élégance un personnage trouble qu'il réussit à rendre crédible et mémorable.

## DANSER DANS LE NOIR (DANCER IN THE DARK)

*Dan. 2000. 139 min. Drame musical réalisé par Lars VON TRIER avec Björk, Catherine Deneuve et David Morse.*

Selma, une ouvrière presque aveugle qui trime dur pour payer une opération à son fils, se fait voler toutes ses économies. D'une simplicité désarmante, le scénario n'en contient pas moins quelques idées dramatiques puissantes, dont une surprenante juxtaposition de misérabilisme et de fantaisie musicale. Sur le thème presque naïf du sacrifice d'une mère pour son enfant, Lars von Trier pousse dans ses derniers retranchements la charge émotionnelle de la tragédie, exprimant sa compassion à travers les regards et les gestes des personnages qui accompagnent l'héroïne dans ses malheurs. Les couleurs délavées et les cadrages instables créent un effet pseudo documentaire qui s'efface lors des numéros musicaux, aux images plus colorées. La maîtrise du cinéaste est totale mais cette réussite doit aussi beaucoup à Björk, qui a composé une merveilleuse musique et qui livre à l'écran une performance d'actrice déchirante.

## LES DESTINÉES SENTIMENTALES

*Fr. 2000. 180 min. Chronique de Olivier ASSAYAS avec Charles Berling, Emmanuelle Béart et Isabelle Huppert.*

Au début du xxe siècle, un pasteur protestant divorcé quitte le pastorat, se remarie et prend la direction de la manufacture de porcelaine de son oncle à Limoges. Divisant son film en trois chapitres d'environ une heure, Olivier Assayas intègre de façon fort efficace données politico-historiques, intrigues familiales et économiques, ainsi que drame sentimental. Malgré un cadre plutôt académique, il filme avec brio et élégance une société bourgeoise provinciale, y intégrant même une scène de bal rappelant celle du *Guépard* de Visconti. Outre sa valeur documentaire indéniable, la force du récit réside dans un découpage serré où les grands événements sont évoqués de façon allusive par le dialogue et la direction artistique. Au sein d'une distribution imposante, Charles Berling se distingue par son jeu austère et rigide auquel celui d'Emmanuelle Béart, plus coulant, apporte un heureux contrepoint.

## DOCTEUR T ET LES FEMMES (DR. T AND THE WOMEN)

*É.-U. 2000. 121 min. Comédie de mœurs réalisée par Robert ALTMAN avec Richard Gere, Helen Hunt et Kate Hudson.*

À travers les tribulations familiales et sentimentales d'un gynécologue, Robert Altman trace un nouveau portrait de société avec l'humour caustique qui le caractérise. Il cible cette fois les couples riches de Dallas, dont les épouses négligées compensent le vide de leur vie par des visites fréquentes chez le docteur Travis, un praticien aussi sensible que séduisant. Le contraste entre la pauvreté de la vie affective de ces femmes et leur richesse matérielle est particulièrement bien rendu. Comme c'est très souvent le cas dans les films d'Altman (*Nashville, Kansas City*), le récit comporte plusieurs intrigues habilement enchevêtrées, qui connaissent un dénouement cataclysmique pour le moins symbolique, filmé de façon saisissante. Au demeurant, le réalisateur nous offre une mise en scène finement maîtrisée et il dirige ses nombreux acteurs avec son aisance habituelle.

## UN EMPEREUR NOUVEAU GENRE (THE EMPEROR'S NEW GROOVE)

*É.-U. 2000. 79 min. Dessins animés réalisés par Mark DINDAL.*

Bien qu'adolescent, l'empereur Kuzco règne sur son domaine d'Amérique du Sud de façon arrogante et impitoyable. Sa conseillère Yzma, envieuse et encore plus cruelle que lui, tente de l'assassiner mais elle le transforme par erreur en lama. Kuzco est alors prestement expédié dans la jungle où il revoit Pacha, un paysan qu'il avait négligemment fait chasser du palais après l'avoir exproprié. Reconnaissant le souverain sous son nouvel apparat, Pacha accepte de l'aider à retrouver son corps humain et à remonter sur le trône, à la condition qu'il lui rende ses terres. Dans cette nouvelle production Disney, les gags visuels et verbaux pleuvent sans arrêt et s'inscrivent dans une verve proche de la folie des meilleurs Tex Avery, sans toutefois en atteindre la finesse. L'ensemble constitue en fait un cocktail ininterrompu d'apartés anachroniques qui passeront au-dessus de la tête des bambins, tandis que leurs parents seront surpris par le caractère bouffon des situations.

## EN SOUVENIR DES TITANS (REMEMBER THE TITANS)

*É.-U. 2000. 113 min. Drame sportif réalisé par Boaz YAKIN avec Denzel Washington, Will Patton et Donald Adeosun Faison.*

En 1971, Herman Boone, l'entraîneur noir d'une équipe de football interraciale, inculque à ses joueurs des valeurs qui font d'eux des champions respectés. Le nouveau film de Boaz Yakin jette un regard idéaliste sur une tranche de l'histoire contemporaine des États-Unis, soit le décloisonnement racial du système d'éducation au début des années 1970 et ses conséquences. Bien que la problématique ne soit plus d'actualité, le film arrive à émouvoir et à inspirer. Ainsi, l'écriture et le traitement donnent lieu à plusieurs scènes mémorables qui permettent à Denzel Washington et aux jeunes acteurs de soutien d'exprimer avec une ferveur peu commune la thèse antiraciste des auteurs. La mise en scène, tantôt fluide, tantôt percutante, communique bien le lyrisme et la passion des échanges entre les personnages. Malgré quelques débordements sentimentaux, l'ensemble demeure honnête et senti.

## ESCROCS MAIS PAS TROP (SMALL TIME CROOKS)

*É.-U. 2000. 94 min. Comédie de mœurs réalisée par Woody ALLEN avec Tracey Ullman, Woody Allen et Hugh Grant.*

Ce nouveau film du prolifique Woody Allen s'inscrit dans la veine légère du cinéaste. Il pourrait même compléter un joli programme double avec *Meurtre mystérieux à Manhattan*, dont il retrouve le ton frivole et dégagé. La première partie décrit sur un mode burlesque, avec moult détails cocasses, les efforts accomplis par une bande de voleurs à la petite semaine pour dévaliser une banque. Le reste du film évoque les tribulations d'un couple de nouveaux riches ignares et vulgaires qui évoluent parmi la haute société de Manhattan avec la finesse d'un éléphant dans une boutique de porcelaine. L'ensemble fait sourire plus volontiers qu'il ne fait rire, mais on sourit presque constamment, ce qui n'est pas rien. La mise en scène très alerte profite avec délectation des décors et des costumes ultra kitsch qu'affectionnent les deux protagonistes, incarnés de façon savoureuse par Allen et Tracey Ullman.

## THE EYES OF TAMMY FAYE

*É.-U. 1999. 79 min. Documentaire réalisée par Fenton BAILEY et Randy BARBATO.*

Surnommée aux États-Unis la «reine des cils», en raison de son penchant prononcé pour le mascara, Tammy Faye est devenue célèbre dans les années 1980 grâce à l'émission de télévangélisation de son premier mari Jim Bakker. Riche en films d'archives fort éloquents, *The Eyes of Tammy Faye* est la chronique bondissante, colorée et souvent humoristique des déboires vécus par cette «femme cartoon», qui renvoie à l'Amérique le reflet à peine déformant de ses pires excès et de son mauvais goût. Outre son aspect follement distrayant, ce documentaire a le mérite de montrer comment la société américaine, avec son obsession combinée de l'argent, du spectacle et de Dieu, a pu donner naissance à un tel personnage et même, le faire s'épanouir. De plus, les deux auteurs parviennent à ouvrir une brèche dans l'image publique fardée de Tammy Faye, pour dévoiler un peu la femme qui se cache derrière.

## FANTASIA 2000

*É.-U. 1999. 74 min. Dessins animés réalisés par James ALGAR, Gaëtan BRIZZI, Paul BRIZZI, Hendel BUTOY, Francis GLEBAS, Eric GOLDBERG, Pixote HUNT.*

Pour célébrer en grand l'an 2000, les studios Disney ont préparé une nouvelle mouture en format Imax de FANTASIA (1940), leur plus important joyau du cinéma d'animation. À l'instar de son modèle, FANTASIA 2000 comporte huit pièces musicales tirées du répertoire classique et contemporain, y compris la reprise intégrale d'un des segments du film original, celui de *L'Apprenti-sorcier* de Dukas mettant en vedette le toujours populaire Mickey Mouse. Il en résulte une œuvre spectaculaire et parfois inspirée, notamment lors de l'évocation stylisée du New York de 1930 sur le *Rhapsody in Blue* de Gershwin. En outre, de multiples techniques d'animation de pointe ont été parfaitement adaptées au format Imax. Bien entendu, ces effets seront assez peu perceptibles sur un écran de télévision.

## LA FILLE DE NEW WATERFORD (NEW WATERFORD GIRL)

*Can. 1999. 97 min. Comédie de mœurs réalisée par Allan MOYLE avec Liane Balaban, Tara Spencer Nairn et Andrew McCarthy.*

Mooney, une adolescente renfermée qui rêve de quitter son village du Cap-Breton, se lie d'amitié avec Lou, sa nouvelle voisine très dégourdie. D'entrée de jeu, le film adopte un ton d'humour fantaisiste et pittoresque en montrant une cérémonie de mariage et des funérailles se déroulant en même temps dans une église. On l'aura compris, le charme de cette sympathique histoire repose en bonne partie sur le caractère fantasque des personnages. Au-delà de la comédie, ou plutôt à travers elle, se profile un tableau de mœurs vivant et crédible qui croque avec une certaine verve les hauts et les bas de la vie d'une petite communauté rurale. Ce mélange de réalisme social et d'humour fondé sur l'originalité des personnages ne va d'ailleurs pas sans rappeler un certain courant actuel du cinéma britannique. Le film demeure toutefois inégal, car son charme pittoresque s'avère par moments un peu fabriqué.

## FISH & CHIPS (EAST IS EAST)

*G.-B. 1999. 96 min. Comédie de mœurs réalisée par Damien O'DONNELL avec Om Puri, Linda Bassett et Jordan Routledge.*

En 1971, un Pakistanais installé en Angleterre arrange les mariages de ses fils qui se rebellent contre lui. Cette chronique ne manque pas de piquant et témoigne de la vigueur de la communauté pakistano-anglaise. Dans ce genre de film, il est fréquent que la structure dramatique se relâche pour prendre des avenues parfois drôles et savoureuses, parfois tragiques et tendues. Cette comédie n'y échappe pas et les ruptures de ton sont assez abruptes, bien que le rythme n'en souffre pas trop. La gravité du propos est atténuée par des scènes franchement hilarantes, même si le dénouement laisse en suspens l'avenir de cette famille sur le point d'éclater. Si la réalisation s'avère vivante et attentive, c'est davantage l'excellente distribution, dominée par Om Puri, qui emporte l'adhésion du spectateur.

## LES FOLLES AVENTURES DE PICASSO

*Suéd. 1978. 114 min. Comédie réalisée par Tage DANIELSSON avec Gosta Ekman, Hans Alfredson et Brigitta Andersson.*

Sorti sur nos écrans il y a 20 ans, ce film ne se veut nullement une biographie sérieuse de Pablo Picasso. Bien au contraire, les repères connus de la vie du célèbre peintre espagnol (Montmartre, la bohème, les deux guerres mondiales, etc.) ne servent en effet que de points de départ à l'imagination débridée des auteurs. Ceux-ci font flèche de tout bois, brassant allègrement l'ironie, la caricature burlesque, la poésie surréaliste et les références filmiques dans un immense canular. L'humour n'est pas toujours d'une finesse ou d'une légèreté transcendantes, mais on s'amuse bien à la vision de cette mise en boîte sympathique de l'art et de la politique. Gosta Ekman promène à travers tout cela un air approprié de clown triste.

## FRANK HERBERT'S DUNE

*É.-U. 2000. 288 min. Film de science-fiction réalisé par John HARRISON avec Alec Newman, Saskia Reeves et William Hurt.*

Le roman épique de Frank Herbert figure parmi les chefs-d'œuvre de la lIttérature de science-fiction. L'adaptation de 1984, réalisée par David Lynch, était opulente mais maladroitement écrite. Cette nouvelle transposition dure cinq heures, ce qui permet à l'auteur de développer de façon plus satisfaisante l'intrigue complexe du roman. L'histoire se déroule en l'an 10091 et décrit la rivalité entre deux famIlles qui se disputent l'exploitation de la planète Dune, source unique d'une épice très recherchée dans la galaxie. Fidèle au roman, cet envoûtant téléfilm jouit d'une illustration vraiment magnifique. Les éclairages du directeur photo Vittorio Storaro (*Le dernier empereur*) sont sublimes, mettant pleinement en valeur des décors et des costumes somptueux. Malgré un rythme parfois lourd et une interprétation inégale, cette mini-série s'avère dans l'ensemble un vrai régal.

## FRÉQUENCES (FREQUENCY)

*É.-U. 2000. 118 min. Film de science-fiction réalisé par Gregory HOBLIT avec Dennis Quaid, Jim Caviezel et Elizabeth Mitchell.*

Lors d'une tempête solaire, le policier John Sullivan capte sur une radio à ondes courtes un message de son père Frank, un pompier décédé en 1969 dans l'incendie d'un entrepôt. Grâce à ce contact inespéré, John peut éviter à ce père qui lui a tant manqué de périr dans le brasier. Mais du coup, tout le passé est modifié. Ainsi, un tueur en série qui devait mourir est plutôt sauvé par l'épouse de Frank, l'infirmière Julia, qui deviendra une de ses victimes. À trente ans d'intervalle, le père et le fils s'emploient alors à neutraliser le meurtrier avant qu'il ne s'en prenne à Julia. Au centre de ce récit astucieux et bien construit, on retrouve une relation père-fils touchante, qui aurait cependant gagné à être traitée avec un peu moins de sentimentalisme. La mise en scène s'avère solide, négociant avec habileté les changements de genre inhérents à l'intrigue. Et d'un bout à l'autre du film, l'interprétation demeure sentie.

## FULL BLAST

*Can. 1999. 93 min. Drame de mœurs réalisé par Rodrigue JEAN avec David La Haye, Martin Desgagné et Louise Portal.*

Le cinéma canadien d'expression française est tellement axé sur Montréal qu'on accueille comme un vent de fraîcheur cette œuvre dont l'action se déroule dans un bled du Nouveau-Brunswick. Il ne s'agit pourtant pas d'un film au ton léger, bien au contraire. On y suit la dérive existentielle et affective d'une poignée d'amis vivotant dans un village qui baigne dans la grisaille et le désespoir silencieux. Le scénario est constitué d'une série d'anecdotes et de rencontres qui fournissent plus la matière à des créations d'ambiance qu'à une intrigue proprement dite. L'auteur évoque avec réalisme et sobriété une tranche de vie qui reflète bien la déroute sociale des jeunes vivant en régions éloignées, là où les emplois reliés aux ressources traditionnelles deviennent de plus en plus rares. Photographié avec soin, le film bénéficie surtout d'une très bonne équipe de comédiens qui livrent des performances à fleur de peau.

## GARDE BETTY (NURSE BETTY)

*É.-U. 2000. 108 min. Comédie dramatique réalisée par Neil LABUTE avec Renée Zellweger, Morgan Freeman et Chris Rock.*

Témoin du meurtre de son mari, une jeune serveuse perd contact avec la réalité et se croit l'héroïne d'un soap télévisé. Après avoir observé sous un angle provocateur et cynique les rapports amoureux entre hommes et femmes dans ses deux premiers films, Neil LaBute semble maintenant en voie de s'assagir. *Garde Betty* contient bien quelques dialogues mordants et deux ou trois scènes dont la violence sanglante et l'humour noir rappellent les frères Coen ou Tarantino, mais dans l'ensemble, le film s'avère inoffensif. En fait, LaBute nous propose un conte de fées moderne qui offre des variations souvent drôles et originales sur des thèmes familiers. Mais son coup de maître se situe dans le casting: Renée Zellweger réussit le tour de force de rendre à la fois touchant et désopilant son personnage, tandis que Morgan Freeman déploie le même talent dans le rôle du gangster au cœur tendre.

## GLADIATEUR (GLADIATOR)

*É.-U. 2000. 154 min. Drame épique réalisé par Ridley SCOTT avec Russell Crowe, Joaquin Phoenix et Connie Nielsen.*

Un général romain devenu gladiateur cherche à se venger de l'empereur qu'il tient responsable de son malheur. Ce nouveau film de Ridley Scott (*Alien, Blade Runner, Thelma et Louise*) se veut à la fois sérieux et tragique, même s'il renoue avec un genre caduc, le péplum, dont il réinvente le spectaculaire. Les auteurs développent adéquatement la psychologie des personnages, auxquels on ne peut d'ailleurs rester insensibles. D'autre part, Scott a su créer des scènes de combats mémorables. Il sacrifie parfois la cohérence spatiale à l'adrénaline, par un montage des plus rapides, mais l'impact dramatique demeure indéniable. Surtout qu'au centre de ces affrontements repose la figure profondément humaine du guerrier tourmenté que Russell Crowe incarne avec une intensité peu commune. À ses côtés, Richard Harris et Oliver Reed, dont ce fut le chant du cygne, sont mémorables.

## LE GOÛT DES AUTRES

*Fr. 2000. 112 min. Comédie dramatique réalisée par Agnès JAOUI avec Jean-Pierre Bacri, Anne Alvaro et Agnès Jaoui.*

Castella, un industriel peu cultivé, courtise une actrice de théâtre en s'immisçant maladroitement dans son cercle d'amis intellectuels. En tant que scénaristes, le couple Jaoui / Bacri a déjà signé plusieurs œuvres très réussies dont *On connaît la chanson* et *Un air de famille*. La qualité d'écriture du *Goût des autres* ne surprend donc pas. On y retrouve avec bonheur l'humour délicat, la finesse psychologique et la sensibilité qui caractérisent leur travail. Le film met en scène des personnages attachants et subtilement dessinés dont les valeurs, les goûts et les habitudes de vie respectifs s'entrechoquent au gré d'une étude de mœurs fertile en traits humoristiques savoureux. Se maintenant habilement en équilibre entre le drame et la comédie, le scénario s'appuie sur des dialogues particulièrement spirituels. Touchant de sincérité, Jean-Pierre Bacri est parfait dans le rôle de l'industriel peu cultivé.

## GRASS

*Can. 1999. 80 min. Documentaire de Ron MANN.*

Ce documentaire retrace plus de 50 ans de lutte menée par le gouvernement américain afin d'éliminer la vente et la consommation de marijuana sur son territoire et même à l'étranger. À l'aide d'une quantité impressionnante d'extraits de films d'archives, Ron Mann dresse un bilan sévère de la politique de tolérance zéro menée par les administrations américaines successives. Grâce à un montage habile et une utilisation judicieuse de la musique, il fait de *Grass* une expérience audiovisuelle fort divertissante. Malheureusement, le cinéaste finit par tomber lui-même dans le piège de cette désinformation qu'il dénonce pourtant. Ainsi, tous les adversaires de la légalisation de la marijuana sont systématiquement ridiculisés ou voient leurs propos altérés par divers procédés techniques. Ce manque flagrant d'objectivité affaiblit la dimension documentaire de son film qui, de ce fait, perd de sa crédibilité.

## HAMLET

*É.-U. 2000. 111 min. Drame de mœurs réalisé par Michael ALMEREYDA avec Ethan Hawke, Kyle MacLachlan et Julia Stiles.*

Michael Almereyda réalisateur de *Nadja* livre une nouvelle version de la célèbre pièce de Shakespeare, qui se démarque résolument des précédentes. Le réalisateur a conservé intact le texte original (hormis les coupures d'usage), mais l'a transposé dans un contexte urbain contemporain. Les gratte-ciel de New York remplacent les châteaux du Danemark et les intrigues de la cour se nouent désormais dans les coulisses de la haute direction d'une multinationale. Hamlet devient un vidéaste tourmenté de la génération X et Ophélia s'exprime par la photographie. Les caméras vidéo, les écrans d'ordinateur et les microphones sont omniprésents dans cet univers glauque et froid, qui procure au cinéaste de nombreuses opportunités pour recréer astucieusement les éléments de la pièce originale. Les interprètes se donnent corps et âme dans leurs performances.

## HISTOIRE DE JOUETS 2 (TOY STORY 2)

*É.-U. 1999. 92 min. Film d'animation réalisé par John Lasseter, Lee Unkrich, Ash Brannon.*

Le cow-boy Woody, un jouet pouvant s'animer en l'absence des humains, est volé au petit Andy par le cupide Al, qui complète ainsi une collection composée de la call-girl Jessie, du cheval Bullseye et du prospecteur Stinky Pete. Le cow-boy découvre alors avec émotion qu'il est un produit dérivé d'une émission de télévision des années 50, mettant en scène des marionnettes. Pendant ce temps, d'autres jouets d'Andy partent à la rescousse de Woody, avant qu'Al ne s'embarque pour le Japon, où il compte vendre sa collection à un musée. Quel bonheur que de retrouver cette ribambelle de personnages attachants et hauts en couleur entièrement créés par ordinateur, dans une nouvelle aventure aussi bien conçue et réalisée que celle du premier film. En effet, l'ensemble dose habilement les moments amusants, les scènes d'action endiablées et les passages émouvants. Bref, encore une belle réussite.

## HOCHELAGA

*Can. 2000. 130 min. Drame réalisé par Michel JETTÉ avec Dominic Darceuil, Jean-Nicolas Verreault et Ronald Houle.*

L'intérêt principal d'Hochelaga réside dans son contexte particulier, à la fois très typé et pleinement d'actualité: la guerre des motards. Michel Jetté ne fait pas dans les sous-entendus et tous les enjeux dramatiques sont soulignés au crayon gras. Toutefois, cette absence de subtilité dans le scénario va finalement de pair avec le milieu décrit. Au-delà des scènes attendues d'initiation et d'affrontements violents, le film se veut surtout un récit «faustien» classique, celui de la descente aux enfers d'un jeune délinquant fasciné par cet univers interlope, qui perdra au bout du compte bien plus que son innocence. Dans l'ensemble, le film parvient à maintenir un climat fort crédible et le jeune cinéaste orchestre les différents éléments de l'intrigue avec un bon sens du rythme. Les interprètes ont un jeu parfois appuyé, mais ils livrent tout de même des performances convaincantes.

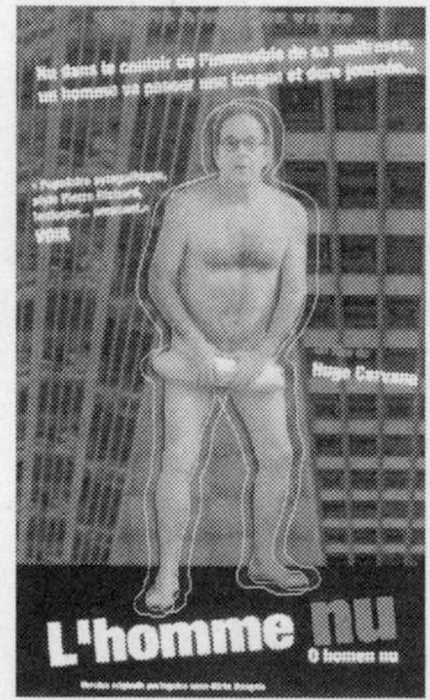


## L'HOMME NU

*Br. 1997. 78 min. Comédie de mœurs réalisée par Hugo CARVANA avec Claudio Marzo, Lucia Verisimo, et Daniel Dantas.*

Silvio Proenca, un musicologue réputé, se retrouve nu comme un ver hors de l'appartement de sa nouvelle maîtresse. Surpris par les voisins, il prend la fuite dans les rues de Rio de Janeiro. Son périple pour rentrer chez lui sera des plus mouvementés. Cette petite comédie qui a obtenu un gros succès au Brésil parvient à développer avec habileté son amusante prémisse. Les péripéties apparaissent assez variées pour soutenir l'intérêt et certains passages relèvent même d'un burlesque assez réjouissant, évoquant par moments Buster Keaton. Par ailleurs, lorsque la fuite du nudiste involontaire alerte les médias et devient une affaire quasi nationale analysée par différents spécialistes, les auteurs en profitent pour brocarder l'information spectacle, de façon convenue sans doute, mais tout de même efficace. Cependant, leur réflexion sur la pudeur en société et sur notre rapport à la nudité reste un peu mince.

## LES IDIOTS

*Dan. 1998. 117 min. Drame de mœurs réalisé par Lars VON TRIER avec Bodil Jorgensen, Jens Albinus et Louise Hassing.*

Lars von Trier, l'iconoclaste réalisateur du bouleversant et flamboyant *Danser dans le noir*, a auparavant tourné ce petit film dans lequel une femme taciturne se joint à des marginaux qui s'amusent à se faire passer pour des handicapés mentaux en public. Cette réflexion dérangeante sur le concept de normalité, tour à tour hilarante et grave, a en outre été conçue selon les règles du manifeste «Dogma 95», une autre lubie de von Trier. En 1995, celui-ci a en effet convaincu certains de ses confrères de signer un «vœu de chasteté», qui les engage à revenir à l'essence du cinéma, notamment en tournant des films à petit budget, en son direct, à la lumière du jour et en décors naturels, sans effets spéciaux. Il en résulte dans le cas des *Idiots* une œuvre provocante à la mise en scène dépouillée et fluide, dont la conclusion risque d'ébranler même les plus blasés.

## IL ÉTAIT UNE FOIS EN CHINE

*H.-K. 1991. 134 min. Film d'action réalisé Tsui HARK avec Jet Li, Yuen Biao et Rosamund Kwan.*

Premier épisode d'une trilogie, *Il était une fois en Chine* raconte les exploits de Wong Fei-Hung, médecin et champion d'arts martiaux qui, à la fin du xix^e^ siècle, a lutté contre des Occidentaux esclavagistes. Il est d'ailleurs plutôt rafraîchissant de découvrir un film où les Asiatiques sont les héros, tandis que les Américains sont les méchants. Cela dit, il ne faut pas s'attendre à une œuvre historique très rigoureuse. Au contraire, le film de Tsui Hark est passablement simpliste, parfois même caricatural. Le récit n'est qu'un prétexte pour multiplier les affrontements d'arts martiaux spectaculaires. Quelques-uns sont d'ailleurs mémorables, même si le petit écran ne leur rend pas justice. Jet Li a beaucoup de présence dans le rôle du noble héros, mais ses partenaires ont un jeu vraiment outré.

## IL SUFFIT D'UNE NUIT (UP AT THE VILLA)

*É.-U. 2000. 114 min. Drame de mœurs réalisé par Philip HAAS avec Kristin Scott Thomas, Sean Penn et Anne Bancroft.*

En 1938, à Florence, la jeune veuve anglaise Mary Panton songe à épouser Sir Edgar, un diplomate riche mais âgé. C'est alors qu'elle fait la rencontre de Rowley Flint, un Américain qui lui fait la cour, tout en l'amenant à se questionner sur ses projets. Troublée et confuse, Mary a une aventure avec un réfugié autrichien qui se suicide chez elle le lendemain. Prise de panique, la jeune femme demande à Rowley de l'aider à se débarrasser du corps. L'affaire éveille bientôt les soupçons de Leopardi, le chef du parti fasciste local, qui a un faible pour Mary, mais une dent contre l'arrogant Flint. Cette adaptation d'un roman de l'écrivain anglais W. Somerset Maugham bénéficie d'une mise en scène soignée de Philip Haas (*Des anges et des insectes*), qui a su tirer le meilleur de ses talentueux interprètes.

## INSÉPARABLES

*Fr. 1999. 90 min. Comédie dramatique réalisée par Michel COUVELARD avec Jean-Pierre Darroussin, Catherine Frot et Fabienne Babe.*

Traversant une crise existentielle tenace à la veille de ses quarante ans, Robert, un acteur parisien désœuvré et amer, décide de tout quitter pour retourner dans sa ville natale du Nord de la France dans l'espoir d'y trouver un certain réconfort. Malgré l'accueil chaleureux de sa sœur Gisèle, qui le loge chez elle, l'état de Robert ne s'améliore pas. En fait, sa présence et son pessimisme révéleront le propre désarroi de la jeune femme, qui tente vainement d'animer son quotidien en entretenant une liaison sans avenir avec un homme marié. Grâce à un scénario fin et touchant, qui suggère plus qu'il ne dicte, l'auteur réussit à créer un univers singulier qui fait le portrait intelligent, tout en nuances et en humour, d'un monde menacé d'asphyxie à force de ne plus croire en quoi que ce soit. Dans les rôles principaux, Jean-Pierre Darroussin et Catherine Frot offrent un jeu assuré.

## IVRESSE AU COMBAT

*H.-K. 1994. 102 min. Film d'aventures réalisé par Lau KAR-LEUNG avec Jackie Chan, Ti Lung et Anita Mui.*

Wong Fei-hong est un Chinois de Canton qui maîtrise l'art du kung-fu en état d'ébriété, une technique consistant à consommer de l'alcool avant de combattre, ce qui détend les muscles et diminue la douleur. Mais Wong évite de boire, car il devient ivrogne. Toutefois, lorsqu'un ambassadeur anglais utilise son immunité diplomatique pour dérober des objets d'art du patrimoine chinois, le valeureux combattant boit la tasse et affronte les hommes de main du diplomate. Suite de *Drunken Master* (1978) dont Jackie Chan était déjà la vedette, ce film de kung-fu est une des meilleures réussites du genre. Le scénario ne sert bien sûr que de prétexte à de nombreux combats d'arts martiaux d'une fulgurante agilité qui représentent près des deux tiers de la durée du film. Mais ils obéissent à des chorégraphies exaltantes qui défient les lois de la gravité et de la résistance humaine, le tout orchestré par une mise en scène énergique.

## JESUS' SON

*É.-U. 2000. 109 min. Drame de mœurs réalisé par Alison MACLEAN avec Billy Crudup, Samantha Morton et Denis Leary.*

Ce film, qui raconte les tribulations d'un jeune junkie dans les années 1970, possède une construction similaire à celle du recueil de nouvelles dont il s'inspire. Divisé en courts chapitres, il fait largement appel à la voix off du narrateur qui, d'entrée de jeu, procure au récit le recul et l'humour grinçant qui auraient pu manquer dans ces péripéties passablement sombres. Ces chapitres constituent autant de repères de la descente aux enfers du protagoniste et de sa lente remontée vers la lumière. Plein de petites trouvailles, le montage préserve le rythme et l'atmosphère onirique, voire hallucinée, de cette histoire. Les images, sombres et crues, confèrent du style à l'ensemble et rendent supportable le climat d'auto-destruction et de misère. Dans le rôle principal, Billy Crudup offre une composition mémorable.

## KARNAVAL

*Fr. 1998. 90 min. Drame de mœurs réalisé par Thomas VINCENT avec Sylvie Testud, Amar Ben Abdallah et Clovis Cornillac.*

Lors du carnaval de Dunkerque, la jeune épouse d'un gardien de sécurité a une brève aventure avec un mécanicien d'origine arabe. Tourné dans le nord de la France, *Karnaval* amalgame avec bonheur observations de mœurs et problématiques sociales. L'ennui morose et le désœuvrement des habitants de cette région trouvent ici un exutoire dans une fête collective d'une formidable ampleur, au cours de laquelle tombent toutes les inhibitions. Parvenant à mettre en confiance les fêtards de Dunkerque, Thomas Vincent a pu tourner des images du véritable carnaval, au milieu d'une foule haute en couleur qui dégage une énergie contagieuse. Ces scènes prennent place dans un récit bien construit aux dialogues souvent acérés. De plus, le réalisateur a su instaurer un climat de tension assez prenant, alimenté en grande partie par le jeu nerveux et viscéral de Clovis Cornillac.

## KENNEDY ET MOI

*Fr. 1999. 86 min. Comédie dramatique réalisée par Sam KARMANN avec Jean-Pierre Bacri, Nicole Garcia et François Chattot.*

Pour son premier long métrage, Sam Karmann adapte habilement le roman de Jean-Pierre Dubois, avec la collaboration de l'auteur. C'est l'histoire de Simon, un écrivain dépressif trompé par sa femme et déçu par ses enfants. En apprenant que la montre de son psychanalyste serait celle portée par John F. Kennedy le jour de sa mort, Simon devient obsédé par l'objet et cherche à s'en emparer par tous les moyens. Adoptant un ton davantage réaliste que fantaisiste, les auteurs ont su reproduire fidèlement le caractère mordant du livre à l'aide de répliques cinglantes, tout en éliminant le superflu et en soulignant davantage le côté anecdotique des situations. Jean-Pierre Bacri, qui s'est fait une spécialité des rôles d'ours mal léché, fait preuve cette fois d'une étonnante retenue, tandis que Nicole Garcia tire le maximum d'un rôle plus secondaire.

## LA LANGUE DES PAPILLONS (BUTTERFLY)

*Esp. 1998. 95 min. Chronique de José Luis CUERDA avec Manuel Lozano, Fernando Fernan Gomez et Alexis De Los Santos.*

Peu avant la guerre civile espagnole de 1936, les expériences vécues par un gamin qui se lie d'amitié avec son vieil instituteur républicain. Bien qu'il ne réinvente aucunement le genre bien balisé des chroniques sur l'apprentissage de la vie par un enfant, ce film possède une telle chaleur humaine qu'il est difficile de ne pas tomber sous son charme. Ainsi, l'intrigue réserve peu de surprises, faisant se succéder les différentes expériences vécues par le protagoniste, les premiers émois amoureux, la découverte de la sexualité, l'initiation aux beautés de la nature, mais également la révélation de la lâcheté et de la méchanceté des hommes. Cependant, l'ensemble prend place dans une reconstitution d'époque d'une grande finesse et d'une authenticité toute simple. Par ailleurs, la réalisation se fait discrète, bien qu'elle sache créer à point nommé des ambiances poétiques assez prenantes.

## LÉA

*All. 1996. 100 min. Mélodrame réalisée par Ivan FILA avec Lenka Vlasakova, Christian Redl et Hanna Schygulla.*

En 1977, dans un village pauvre de la Slovaquie, la petite Léa assiste au meurtre sauvage de sa mère par son père abuseur. Depuis, elle demeure muette et ne cesse d'écrire des poèmes à sa mère disparue. Quatorze ans plus tard, l'Allemand Herbert Strehlow, un ex-légionnaire veuf devenu restaurateur d'antiquités, est attiré par Léa. Il achète la jeune femme à son père adoptif puis l'emmène en Allemagne où il l'épouse contre son gré. Mais peu à peu, grâce à la poésie et à la musique qui habitent Léa, ces deux êtres meurtris par la vie en viennent à s'apprivoiser puis à s'aimer. Inspiré librement d'un fait réel, *Léa* est une insolite histoire d'amour empreinte d'une poésie enivrante, mais marquée hélas du sceau de la tragédie. La mise en scène assurée crée avec efficacité un climat sombre et oppressant, tandis que les interprètes livrent des performances nuancées et fort émouvantes.

## MA PETITE ENTREPRISE

*Fr. 1999. 96 min. Comédie réalisée par Pierre JOLIVET avec Vincent Lindon, François Berléand et Roschdy Zem.*

À l'instar de *Fred*, qui mettait également en vedette Vincent Lindon et François Berléand, *Ma petite entreprise* de Pierre Jolivet fait état de préoccupations sociales et économiques bien concrètes, mais cette fois, sur le ton de la comédie. Lindon incarne ici le propriétaire d'une menuiserie incendiée, qui organise un casse dans les bureaux de sa compagnie d'assurances pour modifier sa police invalidée par un courtier magouilleur. Son dévouement à son entreprise est si entier que ses tactiques pour la sauver ne peuvent qu'emporter l'adhésion du spectateur, bien qu'elles soient malhonnêtes et immorales. Par ailleurs, le film exalte de belle façon la solidarité qui naît de la nécessité. Le scénario bien construit réserve quelques surprises et les dialogues sont franchement désopilants. La mise en scène alerte est tout au service des interprètes qui livrent de savoureuses prestations.

## MERCI POUR LE CHOCOLAT

*Fr. 2000. 99 min. Drame psychologique réalisé par Claude CHABROL avec Isabelle Huppert, Anna Mouglalis, et Jacques Dutronc.*

À la recherche de ses origines, une jeune pianiste côtoie la famille d'une femme d'affaires de Lausanne dont l'amabilité cache une redoutable perversité. Le cinéaste vétéran Claude Chabrol propose ici un audacieux exercice de style qui risque d'en désarçonner plus d'un. Construit avec une rigueur exemplaire, le récit semble vouloir converger vers un ultime suspense. Mais curieusement, celui-ci se trouve en bout de course désamorcé, au profit de l'étude du cas pathologique d'une femme ayant bâti sa vie sur les apparences et qui a développé des aptitudes pour le mal absolu. Chabrol offre une mise en scène raffinée et subtile, sa caméra glissant avec élégance dans les intérieurs feutrés d'une grande bourgeoisie suisse policée à l'extrême et rongée par l'ennui. Complice de longue date du réalisateur (c'est leur sixième film ensemble), Isabelle Huppert livre une performance de haut vol.

## MIFUNE

*Dan. 1999. 101 min. Comédie dramatique réalisée pat Soren KRAGH-JACOBSEN avec Anders W. Berthelsen, Iben Hjejle et Jesper Asholt.*

À la mort de son père, un yuppie marié retourne seul à la ferme familiale et s'éprend de la jeune gouvernante qu'il a engagée pour s'occuper de son frère simple d'esprit. Après *Fête de famille* de Thomas Vinterberg et *Les idiots* de Lars Von Trier, voici le troisième film estampillé Dogma 95. On y trouve beaucoup de fraîcheur, ainsi qu'un optimisme absent des deux films précités. De plus, l'obligatoire caméra à l'épaule évite cette fois les effets intempestifs qui donnent le mal de mer au spectateur. Il en résulte une facture visuelle un peu moins rugueuse et plus accessible, possédant par moments un certain charme bucolique. Il faut toutefois avouer que, malgré quelques scènes fortes et dérangeantes, le récit apparaît plutôt conventionnel et prévisible. Comme toujours dans les films Dogma, les interprètes s'investissent totalement dans leurs rôles.

## MISSION: IMPOSSIBLE 2

*É.-U. 2000. 123 min. Drame d'espionnage réalisé par John WOO avec Tom Cruise, Thandie Newton et Dougray Scott.*

L'agent secret Ethan Hunt est chargé de récupérer un virus mortel conçu en laboratoire et son antidote, convoités par l'espion renégat Sean Ambrose. Ce dernier cherche à vendre l'antidote à une compagnie pharmaceutique avant de répandre le virus sur Sydney en Australie, puis dans le monde entier. Hunt recrute alors la voleuse Nyah Hall, l'ex-maitresse de Sean, afin qu'elle infiltre son organisation. Mais l'opération tourne mal lorsque Nyah, dont Hunt est tombé amoureux, se retrouve elle-même infectée par le virus. Le réputé John Woo (*Double/identité*) est aux commandes du deuxième volet de cette populaire série. Si le récit apparaît plutôt convenu, il n'est en fait qu'un prétexte à une suite de scènes d'action et de morceaux de bravoure tournés avec une dextérité rarement vue à l'écran. Tom Cruise est à la hauteur de ce rôle physiquement exigeant et Thandie Newton affiche une présence peu commune.

## MOLOCH

*All. - Russ. 1999. 102 min. Drame historique réalisé par Alexandre SOKOUROV avec Elena Rufanova, Leonid Mosgovoi et Leonid Sokol.*

Au printemps de 1942, Hitler passe une journée de repos auprès de sa maîtresse Eva Braun dans la forteresse de Berchtesgaden. Alexandre Sokourov (*Mère et fils*) poursuit ses recherches esthétiques en les appliquant cette fois à un projet audacieux, voire tabou, montrer la part d'humanité du tristement célèbre dictateur nazi. Mais en même temps, Sokourov a tenté d'inscrire cette réalité dans une ambiance fantômatique fortement stylisée, qui tente de recréer l'état d'esprit du dément mégalomane. Ainsi, les images baignent constamment dans des éclairages verdâtres et brumeux, tandis que les décors apparaissent froids et austères. De plus, le scénario dépouillé, largement inspiré de dialogues tirés d'archives historiques, adopte un rythme délibérément lent. Il en résulte une expérience sensorielle et intellectuelle peu commune, qui fascine et agace tout à la fois.

## NÉ EN ABSURDISTAN

*Autr. 1999. 117 min. Comédie de mœurs réalisée par Houchang ALLAHYARI avec Karl Markovics, Julia Stemberger et Ahmet Ugurlu.*

À partir d'une prémisse farfelue mais peu nouvelle, l'interversion dans une pouponnière d'un bébé autrichien avec celui d'une famille turque, Houchang Allahyari tisse un portrait de société mordant dans une Autriche aux prises avec la montée de l'extrême droite. Bien que les développements de l'intrigue manquent parfois de réalisme, un humour bon enfant et contagieux accompagne le film de bout en bout. Tout en mettant bien en relief les différences culturelles des protagonistes, l'auteur écorche au passage les travers de la bureaucratie, en particulier lorsque les intervenants font preuve d'une certaine forme de racisme. On pourra reprocher au réalisateur d'avoir quelque peu sacrifié ici les enjeux sociopolitiques à l'autel de la comédie, mais les thèmes abordés suscitent tout de même suffisamment la réflexion. Les interprètes campent avec talent des personnages parfois près de la caricature mais empreints d'humanisme.

## LA NOCE

*Russe. 2000. 114 min. Comédie de mœurs réalisée par Pavel LOUNGUINE avec Marat Basharov, Maria Mironova et Andrei Panine.*

Quatrième film de Pavel Lounguine (*Taxi Blues*, *Luna Park*), cette histoire d'un jeune mineur qui épouse son amie d'enfance mais se met dans le pétrin en voulant lui offrir un cadeau de noce, s'avère une bouffée d'air frais dans le paysage cinématographique sclérosé de la Russie post-communiste. Loin des sagas historiques ou des thrillers sur fond d'histoires de mafia, ce film nous présente la vie de tous les jours dans un village minier, dont le contexte de la noce fournit l'occasion de brosser un portrait de société des plus savoureux. Une mise en scène mouvementée accompagne à merveille la faune bigarrée et exubérante ici dépeinte, tandis que le scénario, plus habile qu'il n'y paraît, lance quelques traits bien sentis sur les travers de cette société. L'ensemble de la distribution livre une performance éclatante, saluée d'une mention spéciale par le jury du Festival de Cannes 2000.

## L'OMBRE DU VAMPIRE (SHADOW OF THE VAMPIRE)

*G.-B. 2000. 93 min. Drame fantastique réalisé par E. Elias MERHIGE avec John Malkovich, Willem Dafoe et Udo Kier.*

En 1921, à Berlin, le réalisateur Friedrich Wilhelm Murnau entreprend de porter à l'écran le roman *Dracula* de Bram Stoker. N'ayant pu obtenir les droits d'adaptation, il change le nom du vampire et intitule son film *Nosferatu*. L'équipe de tournage se rend en Europe de l'Est où l'attend Max Schreck, l'acteur choisi par Murnau pour incarner le personnage principal. Inquiétant et mystérieux, Schreck n'accepte de travailler que la nuit car il est un vrai vampire, recruté en secret par le cinéaste au nom du réalisme filmique. En échange de sa collaboration, Schreck pourra sucer le sang de la vedette féminine après la dernière prise. Évocation fantaisiste d'un célèbre tournage, *L'ombre du vampire* possède une bonne dose d'humour noir et d'ironie, qui se répercute sur la performance plus saugrenue que terrifiante de Dafoe dans le rôle de Schreck. Nourrie d'influences expressionnistes, la création d'atmosphère est des plus réussies.

## LE PATRIOTE (THE PATRIOT)

*É.-U. 2000. 158 min. Drame historique réalisé par Roland EMMERICH avec Mel Gibson, Heath Ledger et Jason Isaacs.*

En 1776, un fermier pacifique se résout à prendre part à l'insurrection des colons américains contre l'autorité britannique. Roland Emmerich (*La porte des étoiles, Godzilla*) ne nous a guère habitués à des films très complexes sur le plan thématique. En ce sens, *Le patriote* fait figure de premier long métrage un tant soit peu mature dans son œuvre. Après avoir offert une apologie puérile du patriotisme dans *Independence Day*, il rajuste maintenant son tir en proposant une analyse plus nuancée du phénomène. Le scénario pose ainsi la question à savoir si les idéaux défendus par le patriotisme guerrier valent vraiment les sacrifices en vies humaines qu'ils entraînent. Bien structuré, le film ne compte aucun temps mort et la réalisation possède un certain panache. À défaut d'être très subtile, l'interprétation de Mel Gibson s'avère intense.

## PETITE CHÉRIE

*Fr. 1999. 106 min. Drame de mœurs réalisé par Anne VILLACÈQUE avec Corinne Debonnière, Jonathan Zaccaï et Laurence Février.*

À trente ans, Sybille vit encore chez ses parents. Employée de banque à l'existence terne, la jeune femme dotée d'un physique ingrat rêve au prince charmant. Un jour, elle se fait conter fleurette par Victor, un jeune homme beau et bien habillé, mais en réalité désœuvré et sans domicile fixe. Convaincue d'avoir trouvé l'homme de sa vie, Sybille l'invite chez elle. Trop heureux de la voir si épanouie, ses parents accueillent à bras ouverts cet aventurier. Bien qu'il se comporte en goujat profiteur, Victor parvient à épouser Sybille, et le couple s'installe dans la maison familiale. Mais le drame couve... Cruel et pathétique, ce récit est librement inspiré d'un fait divers. Grâce à une mise en scène précise au rythme délibérément lent, la réalisatrice parvient avec subtilité à créer un constant climat de malaise chez le spectateur. Dans un rôle peu flatteur, Corinne Debonnière offre une prestation courageuse et troublante.

## LA PLUME ET LE SANG (QUILLS)

*É.-U. 2000. 123 min. Drame réalisé par Philip KAUFMAN avec Geoffrey Rush, Joaquin Phoenix et Kate Winslet.*

Interné à l'hospice de Charenton, le Marquis de Sade défie les autorités qui lui interdisent d'écrire. Le dramaturge Doug Wright s'est librement inspiré d'authentiques détails de la vie du Marquis de Sade pour écrire cette histoire fictive qui traite de façon assez caustique et originale du thème de la liberté d'expression. Le décor théâtral de l'asile où se déroule l'action prend l'allure d'un microcosme social dont l'équilibre vacille au gré des tiraillements entre l'art, la science et la religion. Le pouvoir de décider au nom des autres ce qui est bien ou mal, pur ou impur, sain ou fou, est le véritable enjeu de cette joute d'esprits. Tous ces thèmes ressortent à travers des développements dramatiques percutants et des dialogues abrasifs. La réalisation riche et vigoureuse confère à l'ensemble un climat presque baroque. Dans le rôle du divin marquis, Geoffrey Rush offre une composition endiablée.

## POULETS EN FUITE (CHICKEN RUN)

*É.-U. - G.-B. 2000. 85 min. Film d'animation réalisé par Peter LORD et Nick PARK.*

Spécialisés dans l'animation de figurines en pâtes à modeler (qui n'a pas savouré les aventures des attachants Wallace et Gromit?), Nick Park et Peter Lord abordent le long métrage en demeurant fidèles au style et au ton de leurs œuvres précédentes. On a donc droit à une comédie pleine de finesse et d'ingéniosité, dans laquelle des poules tentent de s'enfuir d'une ferme où on les destine à devenir de la chair à pâté. Les auteurs confèrent à leurs animaux des traits humains fort amusants, tout en insérant dans le récit des commentaires ironiques sur l'incongruité de cet anthropomorphisme. Le film réserve plusieurs passages très enlevés, notamment une séquence mémorable pastichant les *Indiana Jones*, ainsi que la trépidante scène d'évasion finale, qui donne la chair de poule. Enfin, sur le plan technique et visuel, *Poulets en fuite* est un pur délice, rempli de trouvailles et de virtuosité.

## PRESQUE CÉLÈBRE (ALMOST FAMOUS)

*É.-U. 2000. 122 min. Drame de mœurs réalisé par Cameron CROWE avec Patrick Fugit, Billy Crudup et Kate Hudson.*

Au début des années 1970, l'adolescent William Miller est engagé par le magazine américain *Rolling Stone* pour suivre la tournée d'un groupe rock en pleine ascension. Le nouveau film de Cameron Crowe (*Jerry Maguire*) s'inspire en grande partie de détails autobiographiques. Il s'agit d'une fresque candide et un peu sentimentale, peuplée de protagonistes chaleureux, qui possèdent presque tous un peu de l'innocence du jeune héros qui assiste, sans le savoir, à la fin d'une époque dans l'histoire de la culture américaine. Cette dernière, quoiqu'un peu idéalisée, est particulièrement bien évoquée, grâce à une direction artistique irréprochable et un choix musical fort à propos. La mise en scène, comme le montage, s'avère d'une grande fluidité et demeure, en tout temps, au service de l'émotion des personnages qui sont campés par une belle brochette d'acteurs de talent.

## LA PUGILISTE (GIRLFIGHT)

*É.-U. 2000. 110 min. Drame sportif réalisé par Karyn KUSAMA avec Michelle Rodriguez, Jaime Tirelli et Paul Calderon.*

Diana, une adolescente au tempérament violent, canalise son agressivité dans la boxe et s'ouvre à la vie quand elle tombe amoureuse d'un rival. Primé au festival de Sundance 2000, ce film au sujet original et aux allures de docudrame arrive à séduire malgré les failles de son scénario dont la propension est à dire plutôt qu'à montrer. Le style non affecté de la mise en scène, la sobriété du montage et la justesse de la direction artistique donnent à l'ensemble une souplesse et une dégaine qui laissent présager un bel avenir à la réalisatrice. Par ailleurs, la musique ne se contente pas d'enfiler les succès rap pour faire «urbain», mais les combine à des rythmes latins et des compositions d'influence classique pour cerner de façon inusitée l'émotion de chaque scène. Enfin, l'impact du film doit beaucoup à l'interprétation très intense de Michelle Rodriguez.

### QUI AIMES-TU? (FUCKING AMAL – SHOW ME LOVE)

*Suéd. 1998. 90 min. Drame de mœurs réalisé par Lukas MOODYSSON avec Alexandra Dahlström, Rebecca Liljeberg et Erica Carlson.*

Elin, jeune et jolie adolescente indisciplinée, s'ennuie à mourir dans la petite ville suédoise d'Amal. Tous les garçons de l'école, surtout Johan, voudraient sortir avec elle, mais ils ne l'intéressent pas. Un soir, elle se rend à la fête d'anniversaire d'Agnès, qui vit en ville depuis un an sans s'être fait d'amis. Selon une rumeur circulant à l'école, Agnès serait lesbienne. Par bravade, Elin lui donne un baiser sur la bouche, ce qui déclenche en elle des sentiments insoupçonnés, d'autant plus qu'Agnès est secrètement éprise d'elle. Cette évocation honnête d'un amour lesbien est ancrée dans une solide description de l'environnement social dans lequel vivotent les personnages. La réalisation se révèle sobre et respectueuse, tandis que les jeunes interprètes font preuve d'une grande conviction.

### RESSOURCES HUMAINES

*Fr. 1999. 100 min. Drame social réalisé par Laurent CANTET avec Jalil Lespert, Jean-Claude Vallod et Chantal Barré.*

Lors d'un stage dans l'usine où son père est simple ouvrier, un étudiant en gestion se retrouve au centre d'un conflit de travail. Réalisé pour la télévision, *Ressources humaines* s'inscrit dans la récente veine du cinéma social français, donnant à voir des gens incarnant des personnages qui leur ressemblent dans la vie; seul le premier rôle, celui du jeune stagiaire, est tenu par un comédien professionnel. Cette approche apparentée au documentaire permet d'obtenir un effet de véracité peu commun dans la description d'un milieu de travail ouvrier. De plus, le réalisateur s'est abstenu d'enjoliver ou de surdramatiser les situations. Les enjeux importants sont exposés sans didactisme, les confrontations entre patrons, ouvriers et syndicats ainsi que le conflit père-fils étant présentés de façon limpide. De la même façon, la réalisation discrète s'attarde surtout à circonscrire les relations entre les protagonistes.

### RETOUR À BROOKLYN (REQUIEM FOR A DREAM)

*É.-U. 2000. 102 min. Drame de mœurs réalisé par Darren ARONOFSKY avec Ellen Burstyn, Jared Leto et Jennifer Connelly.*

Participant lui-même à l'adaptation de son roman, Hubert Selby Jr. a conçu avec Darren Aronofsky (PI) une œuvre cinématographique dérangeante, qui expose avec une rigoureuse précision les effets dévastateurs de la dépendance (aux pilules amaigrissantes ou à la cocaïne) sur quatre personnes qui verront leurs rêves de fortune ou de célébrité prendre la forme d'insupportables cauchemars. Le réalisateur utilise de multiples procédés visuels assez inventifs et des effets de montage délibérément répétitifs, de façon à faire entrer le spectateur dans la tête et les tripes de ces hommes et ces femmes prisonniers d'un cycle infernal. On peut cependant trouver discutable le regard hautain et moralisateur qu'il porte sur ses protagonistes, impitoyablement mis en pièces lors d'un dénouement d'une rare intensité. L'interprétation est fort prenante, avec une mention pour la mémorable performance d'Ellen Burstyn.

## RIEN À FAIRE

*Fr. 1999. 105 min. Comédie dramatique réalisée par Marion VERNOUX avec Valeria Bruni Tedeschi, Patrick Dell'Isola et Sergi Lopez.*

Après *Personne ne m'aime* et *Love, etc.*, Marion Vernoux persévère dans l'observation à la fois sensible et amusée de personnages d'une réelle épaisseur psychologique, embarqués dans des histoires sentimentales jamais simples. Cette fois, elle fait se rencontrer deux personnes au chômage qui deviennent amis puis amants, à l'insu de leurs conjoints respectifs. Les différences de classes se retrouvent bien marquées entre l'ambitieux cadre amateur de mets raffinés et la modeste ouvrière friande de jeux radiophoniques et de magazines féminins. Du reste, il est clair que cette relation amoureuse ne pouvait naître que du désœuvrement, si bien que la conclusion du film laisse un goût plutôt amer. La mise en scène se montre attentive aux détails significatifs, captés par une caméra expressive et très mobile. Face à l'attendrissante et vulnérable Valeria Bruni Tedeschi, Patrick Dell'Isola offre un jeu solide.

## S.O.S. LA VIE (TWO THOUSAND AND NONE)

*Can. 2000. 93 min. Comédie dramatique réalisée par Arto PARAGAMIAN avec John Turturro, Katherine Borowitz et Oleg Kisseliov.*

Trop vite retiré des écrans québécois, ce deuxième long métrage d'Arto Paragamian est pourtant un film original qui mérite amplement une seconde chance. Sa sortie vidéo est donc une occasion à ne pas manquer. Atteint d'une maladie incurable au cerveau, un paléontologue montréalais vit ses derniers jours avec légèreté et humour, ce qui déconcerte ses proches. D'origine arménienne, Paragamian aborde ici le thème grave de la mort avec un détachement confinant à l'absurde, une attitude typique des habitants d'Europe de l'Est. La démarche de l'auteur s'avère rafraîchissante, surtout lorsqu'il accumule les trouvailles surréalistes, dont cette faculté du protagoniste de visionner des images de son passé sur des surfaces liquides. La réalisation est soignée et souvent imaginative, tandis que l'interprétation, dominée par l'épatant John Turturro, s'avère convaincante.

## SADE

*Fr. 2000. 100 min. Drame historique réalisé par Benoît JACQUOT avec Daniel Auteuil, Isild Le Besco et Marianne Denicourt.*

Ce nouveau film de Benoît Jacquot déjoue bien des attentes. Ainsi, plutôt que de tracer le portrait prévisible d'un débauché innommable prêt à tout pour assouvir et imposer ses désirs sexuels les plus pervers, *Sade* dépeint au contraire le divin marquis comme un philosophe avant-gardiste profondément épris de liberté, dont les frasques littéraires étaient bien peu de choses en regard des exactions sanglantes de la dictature de Robespierre. Il en ressort une image étonnamment sage de l'écrivain libertin, qui apparaît ici comme un beau parleur assez fascinant et plutôt attachant. Une interprétation qui ne fera certes pas l'unanimité, mais qui a le mérite de l'originalité. Ce parti pris de sagesse se reflète également dans une mise en scène appliquée et dans une reconstitution d'époque crédible, à défaut d'être très vibrante. Daniel Auteuil incarne Sade avec autorité et intelligence.

## SHOWER

*Chin. 1999. 95 min. Comédie dramatique réalisée par Zhang YANG avec Zhu Xu, Pu Cunxin et Jiang Wu.*

Da Ming, un homme d'affaires de Pékin, reçoit de son frère handicapé mental Er Ming un message qui lui fait croire que leur père est mourant. Un peu à contrecœur, mais ne voulant pas faillir à son devoir de fils, Da Ming retourne dans sa petite ville natale. Son père, vraisemblablement en santé, l'y accueille à bras ouverts. Le jeune homme réalise alors sa méprise mais décide néanmoins de rester quelques jours, le temps de renouer avec les siens. Apprenant que l'entreprise familiale, un bain public, est menacée de fermeture, Da Ming prolonge son séjour et se prend d'affection pour les fidèles clients de son père. Tout en se livrant à une critique acerbe de la Chine contemporaine capitaliste un peu trop pressée d'effacer son passé, Zhang Yang propose une œuvre attachante bien qu'un peu mince, qui réunit une belle brochette de personnages excentriques.

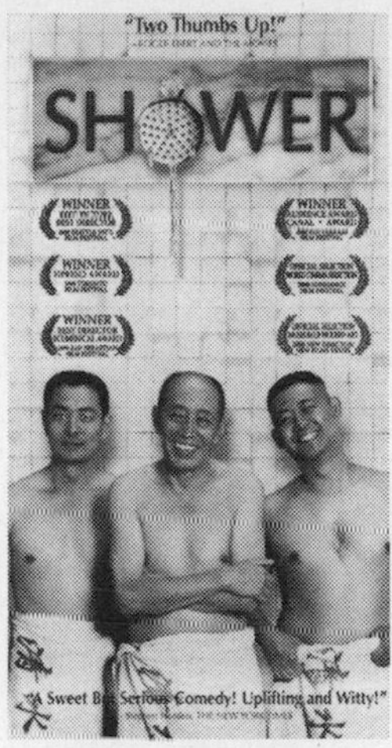

## SOLEIL DE SIAM (SIAM SUNSET)

*Aust. 1999. 92 min. Comédie dramatique réalisée par John POLSON avec Linus Roache, Danielle Cormack et Ian Bliss.*

Inconsolable depuis la mort de sa femme et convaincu d'être la cible d'une conspiration cosmique, un Anglais s'embarque pour un voyage organisé en Australie. Ce premier long métrage de John Polson comporte tous les éléments classiques du road movie: récit chronologique, quête initiatique du protagoniste, paysages écrasants de chaleur, etc. sans toutefois réinventer le genre. Cependant, c'est par son ton que le film se distingue. Il est en effet constamment émaillé de touches d'absurdité pure et de loufoquerie désarmante, qui n'effacent en rien la douleur du personnage central. Il y a du reste un décalage constant, et extrêmement réussi, entre l'insolite du récit et la dimension dramatique de son héros, convaincu d'être au centre d'une immense tragédie. L'interprétation charmante et efficace de Linus Roache et Danielle Cormack est parfaitement soutenue par l'ensemble des rôles secondaires.

## SUE PERDUE DANS MANHATTAN (SUE)

*É.-U. 1997. 91 min. Drame psychologique réalisé par Amos KOLLEK avec Anna Thomson, Matthew Powers et Tahnee Welch.*

Après avoir perdu son emploi de secrétaire, Sue, une belle femme dans la trentaine qui vit seule à New York, sombre peu à peu dans le désespoir et la déchéance. Production modeste, voire fauchée, *Sue* illustre adéquatement et sur un ton des plus réalistes une intrigue au propos courageux qui comporte cependant certaines lacunes narratives et dramatiques. Ainsi, il y a des ellipses inexplicables dans le récit et l'évolution psychologique de la protagoniste se déroule de façon abrupte et cahoteuse. Malgré tout, le réalisateur a su éviter les écueils mélodramatiques dans lesquels un tel sujet aurait pu facilement sombrer. Habitant le film tout entier, Anna Thomson offre une performance généreuse et forte d'un personnage instable et dépressif, mais en même temps tenace et digne.

## SUNSHINE

*Hong. 1999. 180 min. Chronique de István SZABÓ avec Ralph Fiennes, Rosemary Harris et Rachel Weisz.*

Depuis que le patriarche Emmanuel s'est installé à Budapest à la fin du XVIIIe siècle, la famille Sonnenschein, d'origine juive, s'est hissée au sommet de la vie sociale hongroise. Ignatz, l'aîné d'Emmanuel, est devenu un juge respecté. Puis, en 1936, Adam, le benjamin d'Ignatz, est proclamé héros national grâce à sa médaille olympique. Or, voilà que les lois raciales anti-juives sont proclamées. Adam est arrêté et exécuté sous les yeux de son fils Ivan. À la libération, celui-ci joint le parti communiste et entreprend de démasquer les assassins de son père. Film-fleuve audacieux au récit touffu, *Sunshine* bénéficie d'une mise en scène d'une grande qualité, soutenue par un rythme vif qui nous fait voguer prestement sur les différentes époques. La prestation particulièrement physique de Ralph Fiennes, dans plusieurs rôles exigeants, s'avère intense et crédible.

## THE TAO OF STEVE

*É.-U. 2000. 88 min. Comédie sentimentale réalisée par Jennipher GOODMAN avec Donal Logue, Greer Goodman et Kimo Wills.*

Dex, un séducteur bedonnant et bohème, cherche à reconquérir Syd, une jeune femme avec qui il a eu une aventure au temps du collège. Cette petite comédie sentimentale a fait un carton au festival de Sundance 2000, qui a décerné son prix d'interprétation masculine à Donal Logue. Au vu du film, on doit admettre que cet honneur est mérité, car le comédien livre une performance des plus sympathiques, d'une bonhommie et d'une joie de vivre irrésistibles. Le récit fait une large part aux originales théories de séduction développées par le personnage, ce qui nous vaut des dialogues savoureux et souvent amusants. Toutefois, pour une production indépendante, le film s'avère assez conventionnel dans sa façon d'aborder les ressorts de la comédie sentimentale, ne réservant que peu de surprises au spectateur. Néanmoins, la réalisatrice mène son récit avec assurance et dynamisme.

## TITAN: APRÈS LA TERRE (TITAN A.E.)

*É.-U. 2000. 95 min. Dessins animés réalisés par Don BLUTH et Gary GOLDMAN.*

En 3043, après que la Terre eut été détruite par des extraterrestres, des humains guidés par le jeune et impétueux Cale recherchent dans l'espace un engin capable de créer une nouvelle planète. Les auteurs de *Petit-pied, le dinosaure* et de *Brisby et le secret de Nimh* ont visiblement bénéficié de moyens considérables pour produire ce film d'animation à la fine pointe de la technologie. Le scénario reprend des thèmes classiques de la science-fiction, tandis que la quête initiatique du jeune héros est conforme aux conventions du genre. Mais le film s'adresse essentiellement à un public jeune, friand de technologie, de merveilleux, d'action, d'effets spéciaux et d'affrontements entre le Bien et le Mal. Or, on retrouve tout cela dans cette production qui repose sur une conception futuriste aux détails souvent imaginatifs. Quelques séquences, dont une se déroulant dans le décor d'un anneau planétaire de glace, s'avèrent même mémorables.

## TRAHISON (THE YARDS)

*É.-U. 2000. 115 min. Drame réalisé par James GRAY avec Mark Wahlberg, Joaquin Phoenix et Charlize Theron.*

En 1994, James Gray s'est attiré bien des éloges avec son premier film, *Little Odessa*, dans lequel il observait avec une grande acuité psychologique le retour au bercail d'un tueur à gages banni par son père et aux prises avec la mafia. Poursuivant dans la même veine, il nous offre avec *Trahison* un thriller envoûtant racontant l'histoire d'un jeune homme qui, à peine sorti de prison, se laisse compromettre dans une sale histoire de corruption et de meurtre. L'auteur travaille ici à partir de thèmes classiques du film noir comme la loyauté trahie ou le caractère sacré mais souvent profané des liens filiaux dans le milieu criminel. L'intrigue demeure constamment prenante grâce à un climat de tension psychologique soutenu. De plus, la photographie privilégie des clairs-obscurs qui rappellent *Le parrain*. La réussite du film doit aussi beaucoup à l'exceptionnelle brochette d'acteurs de différentes générations.

## U-571

*É.-U. 2000. 116 min. Drame de guerre réalisé par Jonathan MOSTOW avec Matthew McConaughey, Bill Paxton et Harvey Keitel.*

Le lieutenant Andrew Tyler accepte difficilement de ne pas avoir obtenu la promotion qui aurait fait de lui un commandant de sous-marin durant la Seconde Guerre mondiale. Le destin lui donne pourtant une nouvelle chance de faire ses preuves quand seuls son équipe et lui survivent à un combat naval, les obligeant à prendre le contrôle d'un «U-boat» allemand qu'ils avaient abordé pour y subtiliser un décodeur secret. Tyler et ses hommes apprennent alors à piloter le sous-marin ennemi puis doivent affronter un destroyer allemand, avant d'être secourus par les Alliés. Drame de guerre à l'ancienne, U-571 réserve aux spectateurs de nombreuses scènes d'action riches en tension et en suspense. L'interprétation se révèle tout aussi efficace, Matthew McConaughey et Harvey Keitel se distinguant tout particulièrement.

## URBANIA

*É.-U. 2000. 103 min. Drame de mœurs réalisé par John SHEAR avec Dan Futterman, Alan Cumming, Matt Keeslar.*

Angoissé et désabusé, Charlie, un jeune homme en deuil de son amoureux, erre dans les rues de Manhattan où il fait des rencontres insolites. Réalisé avec de modestes moyens par l'acteur John Shear, ce premier long métrage témoigne déjà d'un talent prometteur de cinéaste. Les légendes urbaines dont s'imprègne le protagoniste au fil de ses rencontres sont autant de projections de son état d'esprit, perturbé par un chagrin profond. Le montage elliptique et nerveux déstabilise parfois, mais il a le mérite d'établir des rapprochements originaux entre des situations qui, à première vue, n'auraient aucun rapport entre elles. De plus, le cinéaste oscille constamment et avec bonheur entre des scènes d'une grande tendresse (entre Charlie et son amoureux) et des moments de rage contenue et de désenchantement qui confinent au sordide. Les comédiens offrent des performances intenses et hypersensibles remarquables.

## VÉNUS BEAUTÉ (INSTITUT)

*Fr. 1998. 105 min. Comédie dramatique réalisée par Tonie MARSHALL avec Nathalie Baye, Samuel Le Bihan et Bulle Ogier.*

Une esthéticienne quadragénaire et célibataire se fait courtiser par un jeune homme qui a eu le coup de foudre pour elle. Sous sa palette rose bonbon et ses airs de joli conte romantique, ce film de Tonie Marshall (*Pas très catholique*) cache des sentiments doux-amers. En situant son récit dans le cadre d'un institut de beauté, la réalisatrice ne cherche pas à se moquer de ces femmes à la recherche d'une illusoire jeunesse retrouvée. Elle tente plutôt de comprendre cette peur de vieillir qui est naturelle à tous les humains. Il en résulte de beaux portraits de femmes, jeunes et moins jeunes, dont la recherche du bonheur va souvent de pair avec la recherche de l'âme sœur. La réalisation légère et colorée offre un mélange de réalisme et de sobre féerie qui n'est pas sans rappeler Jacques Demy, tandis que les interprètes livrent des performances attachantes et pleines de charme.

## WONDERLAND

*G.-B. 1999. 108 min. Drame de mœurs réalisé par Michael WINTERBOTTOM avec Shirley Henderson, Gina McKee et Molly Parker.*

Marchant sur les brisées de Mike Leigh et Ken Loach, Michael Winterbottom braque sa caméra à l'épaule sur les membres d'une famille ordinaire, trois sœurs et leurs parents, tous en quête d'amour et de bonheur. L'intrigue suit un parcours capricieux, passant d'un personnage à l'autre sans véritable fil conducteur, sauf peut-être vers la fin où certains drames familiaux imposent un semblant de convergence au récit. Ces anecdotes glanées à même un quotidien plutôt morose ne tombent heureusement jamais dans le misérabilisme. Au contraire, au-delà de son style naturaliste quasi documentaire, *Wonderland* en vient à imposer un climat presque lyrique qui agit comme un salutaire contrepoids à la déprime ambiante. Les images granuleuses et volontairement mal éclairées sont accompagnées d'une musique mélancolique richement orchestrée.

## X-MEN

*É.-U. 2000. 104 min. Film de science-fiction réalisé par Bryan SINGER avec Hugh Jackman, Patrick Stewart et Anna Paquin.*

Des mutants aux pouvoirs fantastiques, voués à faire le bien, entrent en lutte avec des congénères maléfiques. Adapté d'une bande dessinée qui jouit d'une très grande popularité auprès des amateurs du genre, *X-Men* a droit à un traitement hollywoodien royal. Des décors spectaculaires, une avalanche d'effets spéciaux très complexes, une brochette d'excellents acteurs et, à la barre, le talentueux réalisateur de *Suspects de convenance*. Bryan Singer et son scénariste traitent ce matériel avec un sérieux imperturbable, allant même jusqu'à introduire dans le récit un discours critique sur le thème de l'intolérance et de la conformité sociale. Par ailleurs, les personnages sont légèrement mieux développés que dans la moyenne des films du genre, et des interprètes convaincus les incarnent avec vigueur.

**M** ►1
ALL. 1931. Drame policier de Fritz LANG avec Peter Lorre, Gustav Grundgens et Otto Wernicke. - Dans une ville d'Allemagne, on recherche un maniaque qui s'attaque à des petites filles. - Œuvre importante de l'école expressionniste allemande. Premier film sonore de Lang. Réussite technique. Excellente création d'atmosphère. Composition remarquable de P. Lorre.
STA→18,95$ STA-DVD→44,95$ **Général**

**M. BUTTERFLY** ▷4
É.-U. 1993. Drame de mœurs de David CRONENBERG avec Jeremy Irons, John Lone et Ian Richardson. - À Pékin, en 1964, un comptable de l'ambassade de France a une liaison avec une chanteuse d'opéra énigmatique.
VF→14,95$ VO→14,95$ **13 ans +**

**M*A*S*H** ▷3
É.-U. 1969. Comédie de Robert ALTMAN avec Donald Sutherland, Eliott Gould et Tom Skerritt. - Pendant la guerre de Corée, trois chirurgiens militaires s'amusent à des plaisanteries baroques au détriment de leurs collègues. - Construction fragmentaire et anecdotique. Mélange de réalisme et de satire. Rythme et souplesse. Interprétation savoureuse.
VO→9,95$ **13 ans +**

**M. SAMEDI SOIR**
Voir: MR. SATURDAY NIGHT

**M.U.F.F. MATCH** ▷0
ANG. 1995, Julie JENKINS
VO→59,95$ **18 ans + Érotisme**

**MA 6-T VA CRACK-ER** ▷4
FR. 1997. Drame social de Jean-François RICHET avec Arco Descat C., Jean-Marie Robert et Malik Zeggou. - Dans une banlieue défavorisée, des affrontements entre jeunes désœuvrés suscitent une intervention policière musclée.
STA→16,95$ **16 ans + Violence**

**MA BELLE-MÈRE EST UNE EXTRA-TERRESTRE**
Voir: MY STEPMOTHER IS AN ALIEN

**MA BLONDE, MA MÈRE ET MOI**
Voir: ONLY THE LONELY

**MA FEMME EST DINGUE**
Voir: FOR PETE'S SAKE

**MA FEMME EST UN GRAND HOMME**
Voir: THE FARMER'S DAUGHTER

**MA FEMME EST UNE SORCIÈRE**
Voir: I MARRIED A WITCH

**MA FEMME ET NOUS**
Voir: LUV

**MA FEMME S'APPELLE REVIENS** ▷5
FR. 1981. Comédie de Patrice LECONTE avec Michel Blanc, Anémone et Xavier Saint-Macary. - Les tribulations sentimentales d'un médecin d'urgence-santé qui vient d'être plaqué par sa femme.
VO→LS **Général**

**MA GEISHA**
Voir: MY GEISHA

**MA NUIT CHEZ MAUD** ►2
FR. 1969. Drame psychologique d'Éric ROHMER avec Jean-Louis Trintignant, Françoise Fabian et Marie-Christine Barrault. - Un jeune ingénieur croyant résiste aux avances d'une divorcée par respect pour sa future épouse. - Excellente analyse psychologique. Dialogue intelligemment soutenu. Réalisation élégante. J.-L. Trintignant remarquable d'aisance.
STA→LS STA-DVD→34,95$ **13 ans +**

**MA PETITE ENTREPRISE** ▷4
FR. 1999. Comédie de Pierre JOLIVET avec Vincent Lindon, François Berléand et Roschdy Zem. - Le propriétaire d'une menuiserie incendiée organise un casse dans les bureaux de sa compagnie d'assurances pour modifier sa police invalidée par un courtier magouilleur.
VO→PC

**MA SAISON PRÉFÉRÉE** ▷3
FR. 1993. Drame psychologique d'André TÉCHINÉ avec Catherine Deneuve, Daniel Auteuil et Marthe Villalonga. - Après trois ans de relations rompues, diverses difficultés familiales finissent par rapprocher un frère et une sœur d'âge mûr. - Fine analyse psychologique. Va-et-vient habile entre la tragédie et la drôlerie. Traitement sobre et touchant. Comédiens de haut vol.
VO→13,95$ STA-LBX-DVD→31,95$ **Général**

**MA SŒUR EST DU TONNERRE**
Voir: MY SISTER EILEEN

**MA VIE**
Voir: MY LIFE

**MA VIE DE CHIEN** ▷3
SUÈ. 1985. Drame de Lasse HALLSTRÖM avec Anton Glanzelius, Tomas von Brömssen et Anki Liden. - Un enfant, envoyé chez son oncle à la campagne, se fait des amis qu'il aimerait décrire à sa mère souffrante. - Suite d'anecdotes tragi-comiques. Récit émouvant. Film plein de candeur réalisé avec brio.
STA→21,95$ STA-LBX-DVD→31,95$ **Général**

**MA VIE EN ROSE** ▷3
FR.-BEL. 1997. Comédie dramatique d'Alain BERLINER avec Georges Du Fresne, Michèle Laroque et Jean-Philippe Ecoffey. - Persuadé qu'il est une fille, un gamin en vient à faire le désespoir de ses parents. - Sujet audacieux habilement traité sur un ton fantaisiste. Ensemble à la fois vivant, coloré, drôle et touchant.
VO→19,95$ STA→13,95$ **13 ans +**

**MA VIE EST UN ENFER** ▷5
FR. 1991. Comédie fantaisiste réalisée et interprétée par Josiane BALASKO avec Daniel Auteuil et Michael Lonsdale. - Une célibataire grassouillette fait un pacte avec un messager du diable pour être transformée en une irrésistible séductrice.
VO→12,95$ **13 ans +**

**MABOROSI** ▷4
JAP. 1995. Drame psychologique de Hirokazu KOREEDA avec Makiko Esumi, Takashi Naito et Tadanobu Asano. - Hantée par le suicide de son mari, une jeune femme tente de refaire sa vie.
STA-LBX→27,95$ **Général**

**MAC** ▷4
É.-U. 1992. Comédie dramatique réalisée et interprétée par John TURTURRO avec Michael Badalucco et Carl Capotorto. - À New York, dans les années 1950, trois frères d'origine italienne vivent divers conflits après avoir fondé une petite compagnie de construction.
VO→18,95$ **13 ans +**

**MACADAM COW-BOY**
Voir: MIDNIGHT COWBOY

**MACAO** ▷5
É.-U. 1952. Drame policier de Josef VON STRENBERG avec Robert Mitchum, Jane Russell et William Bendix. - Un homme achève la mission d'un policier tué par le tenancier d'une maison de jeu.
VO→19,95$ **Général**

**MACARIO** ▷3
MEX. 1960. Conte de Roberto GAVALDON avec Ignacio Lopez Tarso, Pina Pellicer et Enrique Lucero. - Un bûcheron devient guérisseur après s'être assuré la complicité de la Mort. - Conte folklorique aux retournements naïfs et pourtant astucieux. Imagerie intéressante. Photographie bien conçue. Interprétation fort appropriée.
STA→LS **Général**

**MACARONI** ▷4
ITA. 1985. Comédie de mœurs d'Ettore SCOLA avec Jack Lemmon, Marcello Mastroianni et Isa Danieli. - Un industriel américain de passage à Naples retrouve un ami qu'il a connu dans cette ville quarante ans auparavant.
VF→LS VO→LS **Général**

**MacARTHUR** ▷4
É.-U. 1977. Drame biographique de Joseph SARGENT avec Gregory Peck, Ed Flanders et Dan O'Herlihy. - La carrière militaire du général MacArthur depuis l'attaque des Philippines par les Japonais en 1942 jusqu'à la guerre de Corée.
VO→14,95$ **Général**

**MACBETH** ▷3
ANG. 1971. Drame de Roman POLANSKI avec Jon Finch, Francesca Annis et Martin Shaw. - La déchéance de Macbeth qui s'empare du trône d'Écosse en assassinant le roi Duncan. - Adaptation impressionnante de la tragédie de Shakespeare. Nombreuses touches personnelles du réalisateur. Aspects oniriques ou fantastiques réussis. Insistance sur les aspects violents. Interprétation froide.
VF→19,95$ VO→19,95$ **13 ans +**

**MACBETH** ▷0
ANG. 1979, Philip CASSON
VO→19,95$ **Général**

**MACBETH** ►2
É.-U. 1948. Drame réalisé et interprété par Orson WELLES avec Jeanette Nolan et Dan O'Herlihy. - Le comte Macbeth assassine le roi d'Écosse afin de prendre sa place. - Œuvre puissante et originale. Transposition audacieuse et impressionnante de la pièce de Shakespeare. Très belle photo. Interprétation magistrale.
VO→13,95$ **Général**

**MACHINE, LA** ▷5
FR. 1994. Drame fantastique de François DUPEYRON avec Gérard Depardieu, Nathalie Baye et Didier Bourdon. - Suite à une expérience scientifique, l'esprit d'un meurtrier se retrouve dans le corps d'un psychiatre et vice-versa.
VO→26,95$ **16 ans + Violence**

**MACHINE GUN KELLY** ▷6
É.-U. 1958. Drame policier de Roger CORMAN avec Charles Bronson, Susan Cabot et Morey Amsterdam. - Après divers crimes, un bandit et sa petite amie sont trahis par un ancien complice.
VO→LS **Non classé**

**MACHINE INFERNALE, LA**
Voir: THE MANGLER

**MACHO** ▷5
ESP. 1993. Comédie de mœurs de Bigas LUNA avec Javier Bardem, Maribel Verdu et Maria de Medeiros. - Furieux de l'infidélité de sa maîtresse, un ouvrier décide de s'enrichir grâce aux femmes et de construire le plus haut gratte-ciel de la ville.
VA→LS **16 ans + Érotisme**

**MACHO CALLAHAN** ▷5
É.-U. 1970. Western de Bernard KOWALSKI avec David Janssen, Jean Seberg et Pedro Armendariz Jr. - Une femme dont le mari a été tué par un évadé de prison promet une récompense à qui abattra le meurtrier.
VO→14,95$ **13 ans + Violence**

**MACKENNA'S GOLD** ▷5
É.-U. 1968. Western de J. Lee THOMPSON avec Gregory Peck, Omar Sharif et Telly Savalas. - Plusieurs personnes se disputent un filon d'or appartenant aux Apaches.
VO→9,95$ **13 ans +**

**MACKINTOSH MAN, THE** ▷4
ANG. 1973. Drame d'espionnage de John HUSTON avec Paul Newman, Dominique Sanda et James Mason. - Un voleur placé sous les ordres d'un important chef de la pègre se révèle être un agent des services secrets.
VF→18,95$ VO→19,95$ **13 ans +**

**MACON COUNTY LINE** ▷5
É.-U. 1973. Drame de mœurs de Richard COMPTON avec Max Baer, Alan Vint et Cheryl Waters. - Deux frères de passage dans un Etat du Sud sont soupçonnés du meurtre de la femme d'un shérif.
LBX→14,95$ LBX-DVD→27,95$ LBX-DVD→27,95$ **13 ans +**

**MAD CITY** ▷4
É.-U. 1997. Drame social de Constantin COSTA-GAVRAS avec Dustin Hoffman, John Travolta et Alan Alda. - Un chômeur armé, qui a pris des otages dans un musée, est manipulé par un journaliste qui désire contrôler la couverture de l'incident.
VO→18,95$ VF→18,95$ LBX-DVD→29,95$ **Général**

**MAD DOG AND GLORY** ▷4
É.-U. 1993. Comédie policière de John McNAUGHTON avec Robert De Niro , Uma Thurman et Bill Murray. - Pour remercier un policier célibataire qui lui a sauvé la vie, un mafioso lui offre en cadeau pour 7 jours une de ses employées.
VO→11,95$ VF→11,95$ LBX-DVD→21,95$ **13 ans +**

**MAD GHOUL, THE** ▷6
É.-U. 1943. Drame d'horreur de James HOGAN avec George Zucco, David Bruce et Evelyn Ankers. - Un savant se sert d'un gaz de son invention pour soumettre des gens à sa volonté.
VO→14,95$ **Général**

**MAD LOVE** ▷5
É.-U. 1935. Drame d'horreur de Karl FREUND avec Peter Lorre, Colin Clive et Frances Drake. - Un célèbre pianiste découvre qu'un chirurgien fou lui a greffé les mains d'un tueur.
VO→19,95$ **Général**

**MAD LOVE** ▷5
É.-U. 1995. Drame sentimental d'Antonia BIRD avec Chris O'Donnell, Drew Barrymore et Joan Allen. - Une adolescente rebelle s'échappe d'un hôpital psychiatrique et fuit en voiture avec son petit ami vers le Mexique.
VF→LS VO→19,95$ **Général**

**MAD MAX** ▷5
AUS. 1979. Science-fiction de George MILLER avec Mel Gibson, Joanne Samuel et Hugh Keays-Byrme. - Un ex-policier poursuit des motards qui ont tué sa femme.
VO→7,95$ LBX-DVD→LS **18 ans +**

**MAD MAX 2: THE ROAD WARRIOR** ▷3
AUS. 1981. Science-fiction de George MILLER avec Mel Gibson, B. Spence et Vernon Wells. - Dans un monde dévasté par la guerre, un ex-policier lutte contre des pillards à la recherche de sources d'énergie. - Suite de *Mad Max*. Western futuriste et apocalyptique. Scènes d'action époustouflantes. Interprétation convenable.
VF→14,95$ VO→18,95$ VO→PM LBX-DVD→21,95$ **18 ans +**

**MAD MAX 3: BEYOND THE THUNDERDOME** ▷5
AUS. 1985. Science-fiction de George MILLER et George OGILVIE avec Mel Gibson, Tina Turner et Helen Buday. - Dans un monde dévasté par une guerre nucléaire, un aventurier est recueilli par une bande d'enfants qui le prennent pour un Messie.
VF→11,95$ VO→14,95$ LBX-DVD→29,95$ **13 ans +**

**MADADAYO** ▷0
JAP. 1993, Akira KUROSAWA
STA→LS LBX-DVD

**MADAM SATAN** ▷0
É.-U. 1930, Cecil B. DeMILLE
VO→19,95$ Général

**MADAME BOVARY** ▷5
É.-U. 1949. Drame de Vincente MINNELLI avec Jennifer Jones, James Mason et Van Heflin. - Après avoir épousé un médecin qui ne peut lui offrir la vie de luxe dont elle est avide, une provinciale multiplie les aventures extra-conjugales.
VO→19,95$ Général

**MADAME BOVARY** ▷5
FR. 1991. Drame de mœurs de Claude CHABROL avec Isabelle Huppert, Jean-François Balmer et Christophe Malavoy. - La jeune épouse d'un médecin de province tente de déjouer son ennui en s'engageant dans diverses aventures galantes et en dépensant follement.
VO→19,95$ Général

**MADAME BUTTERFLY** ▷3
FR. 1995. Drame musical de Frédéric MITTERAND avec Ying Huang, Richard Troxell et Ning Liang. - Une Japonaise de quinze ans vit un grand malheur après avoir été abandonnée par son mari, un lieutenant de la marine américaine. - Adaptation tout en retenue de l'opéra de Puccini. Respect de la délicatesse et du caractère intimiste de l'œuvre.
STA-LBX→24,95$ OPERA→44,95$ Général

**MADAME CLAUDE** ▷5
FR. 1977. Drame de Just JAECKIN avec Françoise Fabian, Murray Head et Dayle Haddon. - Un jeune photographe cause des ennuis à la directrice d'un réseau de call-girls.
VO→LS 18 ans +

**MADAME CURIE** ▷5
É.-U. 1947. Drame biographique de Mervyn LeROY avec Greer Garson, Walter Pidgeon et Albert Basserman. - La vie de Pierre et Marie Curie, découvreurs du radium.
VO→19,95$ Général

**MADAME DE...** ►1
FR. 1953. Drame de Max OPHÜLS avec Charles Boyer, Danielle Darrieux et Vittorio de Sica. - Un diplomate italien s'éprend d'une femme du monde et est provoqué en duel par le mari de celle-ci. - Atmosphère romantique parfaitement recréée. Caméra maniée avec une aisance prodigieuse. Montage harmonieux. Interprétation remarquable.
STA→STA Général

**MADAME LA BOLDUC** ▷4
QUÉ. 1992. Documentaire d'Isabelle TURCOTTE avec Jacqueline Barrette, Alain Lamontagne et Robert Lavoie. - Évocation de la vie et de la carrière de La Bolduc, chanteuse populaire au Québec durant la dépression.
VO→24,95$ Général

**MADAME ROSA**
Voir: LA VIE DEVANT SOI

**MADAME SANS-GÊNE** ▷5
FR. 1961. Comédie de CHRISTIAN-JAQUE avec Sophia Loren, Robert Hossein et Julien Bertheau. - Une lavandière épouse un sergent de l'armée de Bonaparte qui deviendra maréchal.
VA→35,95$ Général

**MADAME SIN** ▷5
É.-U. 1972. Comédie policière de David GREENE avec Bette Davis, Robert Wagner et Denholm Elliott. - Une femme qui dirige une vaste organisation criminelle ambitionne de voler à la marine un projectile atomique.
VO→LS Non classé

**MADAME SOUSATZKA** ▷3
É.-U. 1988. Comédie dramatique de John SCHLESINGER avec Shirley MacLaine, Navin Chowdhry et Shabana Azmi. - Un jeune pianiste accepte de se produire en public malgré l'opposition de son professeur qui craint qu'il ne soit pas prêt. - Ensemble très intéressant. Approche sensible des personnages. Réalisation un peu conventionnelle. Interprétation pleine de brio de S. MacLaine.
VF→11,95$ VO→11,95$ Général

**MADAME X** ▷0
É.-U. 1966, David Lowell RICH
VO→16,95$ Non classé

**MADAME X** ▷5
É.-U. 1938. Mélodrame de Sam WOOD avec Gladys George, Warren William et John Beal. - Pour ne pas nuire à la carrière de son fils, une femme coupable préfère disparaître.
VO→29,95$ Général

**MADE FOR EACH OTHER** ▷4
É.-U. 1938. Comédie dramatique de John CROMWELL avec James Stewart, Carole Lombard et Charles Coburn. - Un jeune ménage sans fortune connaît diverses difficultés.
VO→14,95$ Non classé

**MADE IN AMERICA** ▷5
É.-U. 1993. Comédie de mœurs de Richard BENJAMIN avec Whoopi Goldberg, Ted Danson et Nia Long. - Une jeune étudiante de race noire qui n'a jamais connu son père découvre avec stupeur que celui-ci est un vendeur d'automobiles de race blanche.
VF→LS VO→LS Général

**MADE IN HEAVEN** ▷5
É.-U. 1987. Comédie fantaisiste d'Alan RUDOLPH avec T. Hutton, Kelly McGillis et Debra Winger. - Se retrouvant au ciel, un jeune homme s'éprend d'une âme toute neuve qu'il cherche à retrouver sur Terre après avoir obtenu la possibilité d'une nouvelle existence.
VO→14,95$ Général

**MADELINE** ▷4
É.-U. 1998. Comédie de Daisy VON SCHERLER MAYER avec Hatty Jones, Frances McDormand et Nigel Hawthorne. - Les tribulations d'une petite orpheline pleine d'entrain et de débrouillardise qui vit dans un pensionnat pour jeunes filles.
VF→8,95$ Général

**MADEMOISELLE** ▷4
ANG. 1966. Drame psychologique de Tony RICHARDSON avec Jeanne Moreau, Ettore Manni et Keith Skinner. - Une institutrice de village allume des incendies et nourrit une passion secrète pour un bûcheron italien.
STA→19,95$ 13 ans +

**MADEMOISELLE ET SON BÉBÉ**
Voir: BACHELOR MOTHER

**MADEMOISELLE JULIE** ►2
SUÈ. 1950. Drame psychologique d'Alf SJÖBERG avec Anita Bjork, Ulf Palme et Anders Henrikson. - Une jeune châtelaine névrosée a une aventure amoureuse avec un domestique. - Adaptation inventive d'une pièce de Strindberg. Œuvre envoûtante, réalisée de main de maître. Montage souple se jouant des structures temporelles. Excellente interprétation.
STA→LS Non classé

**MADEMOISELLE PORTE-BONHEUR**
Voir: LUCKY ME

**MADHOUSE** ▷0
ANG. 1974, Jim CLARK
VO→LS 13 ans + Horreur

**MADIGAN** ▷4
É.-U. 1968. Drame policier de Don SIEGEL avec Richard Widmark, Henry Fonda et Harry Guardino. - Un policier de New York recherche un meurtrier qui lui a volé son arme.
VO→11,95$ Général

**MADIGAN'S MILLIONS** ▷6
É.-U. 1967. Comédie policière de Stanley PRAGER avec Dustin Hoffman, Elsa Martinelli et G. Rojo. - Un agent du trésor américain se rend en Italie pour récupérer l'argent d'un gangster assassiné.
VO→12,95$ **Général**

**MADNESS OF KING GEORGE, THE** ▷3
ANG. 1994. Comédie dramatique de Nicholas HYTNER avec Nigel Hawthorne, Helen Mirren et Ian Holm. - Le roi George III d'Angleterre éprouve des troubles nerveux qui provoquent chez lui des comportements grossiers et irresponsables. - Rappel historique placé sous le signe de l'humour et de l'absurde. Dialogues truculents. Production somptueuse. Acteurs admirables.
VF→13,95$ VO→13,95$ **Général**

**MADO POSTE RESTANTE** ▷4
FR. 1989. Comédie de mœurs d'Alexandre ADABACHIAN avec Marianne Groves, Oleg Yankovsky et Isabelle Gélinas. - Les tribulations d'une grosse fille sympathique qui livre le courrier en bicyclette dans son village.
VO→LS **Général**

**MADONNA: TRUTH OR DARE** ▷5
É.-U. 1991. Documentaire d'Alek KESHISHIAN. - Deux équipes techniques suivent la chanteuse Madonna, sur scène et en coulisses, lors de sa tournée internationale de 1990.
VO→11,95$ **13 ans +**

**MAEDCHEN IN UNIFORM**
Voir: JEUNES FILLES EN UNIFORME

**MAËLSTROM** ▷4
QUÉ. 2000. Drame psychologique de Denis VILLENEUVE avec Marie-Josée Croze, Jean-Nicolas Verreault et Stéphanie Morgenstern. - Après avoir tué un homme avec sa voiture sans s'arrêter, une jeune femme rongée par la culpabilité rencontre le fils de la victime.
**13 ans +**

**MAGIC** ▷5
É.-U. 1978. Drame psychologique de Richard ATTENBOROUGH avec Anthony Hopkins, Ann-Margret et Burgess Meredith. - Atteint de déséquilibre mental, un ventriloque en vient à croire que sa marionnette acquiert une vie propre.
VO→LS **13 ans +**

**MAGIC BOW** ▷0
ANG. 1947, Bernard KNOWLES
VO→13,95$ **Général**

**MAGIC CHRISTIAN, THE** ▷5
ANG. 1969. Comédie satirique de Joseph McGRATH avec Peter Sellers, Ringo Starr et Raquel Welch. - Un homme richissime s'amuse à mettre en scène des supercheries pour prouver la vénalité et le snobisme de ses contemporains.
VO→9,95$ **Général**

**MAGIC FLUTE, THE**
Voir: LA FLÛTE ENCHANTÉE

**MAGIC HUNTER** ▷0
HON. 1996, Ildiko ENYEDI
STA→49,95$ **Général**

**MAGIC IN THE WATER** ▷5
É.-U. 1995. Drame fantastique de Rick STEVENSON avec Mark Harmon, Joshua Jackson et Harley Jane Kozak. - Une créature marine perturbe l'existence d'une famille séjournant dans un chalet près d'un lac.
VF→13,95$ **Général**

**MAGIC SWORD, THE** ▷5
É.-U. 1962. Conte de Bert I. GORDON avec Basil Rathbone, Gary Lockwood et Estelle Winwood. - À l'aide d'une épée magique, un jeune homme tente de délivrer une princesse enlevée par un mage.
VO→14,95$ **Général**

**MAGIC TOWN** ▷5
É.-U. 1947. Comédie de William A. WELLMAN avec James Stewart, Jane Wyman et Wallace Ford. - Un publicitaire dérange la tranquillité d'une petite ville lorsqu'il la choisit comme modèle de la vie typique américaine.
VO→PC **Général**

**MAGICAL MYSTERY TOUR** ▷5
ANG. 1967. Comédie musicale réalisée et interprétée par Ringo STARR avec Paul McCartney, John Lennon et George Harrison. - Un jeune homme et sa tante participent à une excursion touristique en autocar dans la campagne anglaise.
VO→18,95$ **Général**

**MAGICIAN, THE**
Voir: LE VISAGE

**MAGICIEN D'OZ, LE**
Voir: THE WIZARD OF OZ

**MAGIE**
Voir: MAGIC

**MAGIE DU DESTIN, LA**
Voir: SLEEPLESS IN SEATTLE

**MAGIE NOIRE**
Voir: BLACK RAINBOW

**MAGNIFICENT AMBERSONS, THE** ►1
É.-U. 1941. Drame psychologique d'Orson WELLES avec Joseph Cotten, Tim Holt et Dolores Costello. - L'orgueilleux héritier d'une riche famille connaît des revers qui l'humaniseront. - Film d'une facture magistrale. Traitement à la fois nostalgique et moderne. Grande richesse psychologique. Interprétation excellente.
VO→19,95$ **Général**

**MAGNIFICENT DOLL** ▷4
É.-U. 1946. Drame biographique de Frank BORZAGE avec Ginger Rogers, David Niven et Burgess Meredith. - Une jeune veuve de Virginie épouse un membre du congrès appelé à devenir président des États-Unis.
VO→9,95$ **Général**

**MAGNIFICENT MATADOR, THE** ▷5
É.-U. 1956. Drame de Budd BOETTICHER avec Anthony Quinn, Maureen O'Hara et Manuel Rajas. - Un célèbre matador doit guider les premiers pas de son fils naturel dans l'arène.
VO→14,95$ **Général**

**MAGNIFICENT OBSESSION** ▷4
É.-U. 1954. Drame sentimental de Douglas SIRK avec Jane Wyman, Rock Hudson et Agnes Moorehead. - Un jeune homme tente de réparer le mal qu'il a involontairement causé à une femme.
VO→16,95$ **Non classé**

**MAGNIFICENT SEVEN, THE** ▷3
É.-U. 1960. Western de John STURGES avec Yul Brynner, Eli Wallach et Steve McQueen. - Des paysans font appel à sept habiles tireurs pour se défendre contre des pillards. - Adaptation fort habile d'un film japonais dans le cadre du western. Atmosphère mexicaine bien reconstituée. Mise en scène vigoureuse. Excellente distribution.
LBX→14,95$ VO→14,95$ **Général**

**MAGNIFICENT WARRIORS** ▷0
H. K. 1987, David CHUNG
STA→LS **13 ans +**

**MAGNIFICENT YANKEE, THE** ▷5
É.-U. 1950. Drame biographique de John STURGES avec Louis Calhern, Ann Harding et Eduard Franz. - La vie et les œuvres d'Oliver Wendell Holmes, juge de la Cour suprême des États-Unis de 1902 à 1933.
VO→18,95$ **Général**

**MAGNIFIQUE, LE** ▷4
FR. 1973. Comédie fantaisiste de Philippe DE BROCA avec Jean-Paul Belmondo, Jacqueline Bisset et Vittorio Caprioli. - L'auteur d'une série de romans populaires s'inspire de sa voisine pour composer un personnage.
VA→LS **Général**

**MAGNOLIA** ►2
É.-U. 1999. Drame de mœurs de Paul Thomas ANDERSON avec John C. Reilly, Tom Cruise et Julianne Moore. - Au cours d'une journée, diverses personnes habitant Los Angeles vivent des crises familiales ou professionnelles très marquantes. - Fresque ambitieuse et bouleversante où s'enchevêtrent brillamment des intrigues multiples. Réalisation d'une belle virtuosité. Interprétation exceptionnelle.
VF→19,95$ VO→19,95$

**MAGNUM FORCE** ▷5
É.-U. 1973. Drame policier de Ted POST avec Clint Eastwood, Hal Holbrook et Felton Perry. - Un détective à qui on confie une enquête sur une série de meurtres découvre que des policiers sont mêlés à l'affaire.
VF→11,95$ VO→14,95$ **18 ans +**

**MAHABHARATA, THE** ►2
ANG. 1989. Drame épique de Peter BROOK avec Robert Langton-Lloyd, Antonin Stahly-Vishwanadan et Bruce Myers. - Cinq frères et leurs cent cousins se font une guerre sans merci pour pouvoir régner sur le monde. - Gigantesque fresque basée sur l'un des plus anciens livres de l'humanité. Histoire riche en péripéties. Grande réussite visuelle. Réalisation impeccable. Très brillante distribution.
VO→LS **Général**

**MAHLER** ▷3
ANG. 1974. Drame biographique de Ken RUSSELL avec Robert Powell, Georgina Hale et R. Morant. - En 1911, après une tournée américaine, le compositeur Gustav Mahler, malade, évoque en pensée quelques étapes de sa vie. - Extraits musicaux judicieusement choisis. Évocation du passé mêlée à des fantasmes imaginaires.
VO→18,95$ LBX-DVD→44,95$ **Général**

**MAHOGANY** ▷5
É.-U. 1975. Drame de Berry GORDY avec Diana Ross, Billy Dee Williams et Anthony Perkins. - Une jeune Noire de Chicago ambitionne la carrière de dessinatrice de mode.
VO→18,95$ **Général**

**MAIDS OF WILKO**
Voir: LES DEMOISELLES DE WILKO

**MAIN DROITE DU DIABLE, LA**
Voir: BETRAYED

**MAIN GAUCHE DU SEIGNEUR, LA**
Voir: THE LEFT HAND OF GOD

**MAIN QUI BERCE L'ENFANT, LA**
Voir: THE HAND THAT ROCKS THE CRADLE

**MAINS DANS LES POCHES, LES**
Voir: THE LORDS OF FLATBUSH

**MAINS DE DIEU, LES**
Voir: TOUCH

**MAINS MEURTRIÈRES, LES**
Voir: IDLE HANDS

**MAIS QU'EST-CE QUE J'AI FAIT AU BON DIEU POUR AVOIR UNE FEMME QUI BOIT DANS LES CAFÉS AVEC LES HOMMES?** ▷5
FR. 1980. Comédie de Jan SAINT-HAMONT avec Robert Castel, Antoinette Moya et Michel Boujenah. - La vie de famille d'un garagiste pied-noir est perturbée par un inspecteur d'impôts.
VO→LS **Général**

**MAISON ASSASSINÉE, LA** ▷5
FR. 1987. Drame de mœurs de Georges LAUTNER avec Patrick Bruel, Anne Brochet et Roger Jendly. - Après la Grande Guerre, un homme retourne dans son village d'enfance et entreprend de percer le mystère entourant le massacre de sa famille.
VO→LS **Général**

**MAISON AU FOND DU PARC, LA**
Voir: THE HOUSE ON THE EDGE OF THE PARK

**MAISON AUX ESPRITS, LA**
Voir: THE HOUSE OF THE SPIRITS

**MAISON DE GRAND-MÈRE, LA**
Voir: GRANDMOTHER'S HOUSE

**MAISON DE JEANNE, LA** ▷4
FR. 1987. Comédie dramatique de Magali CLÉMENT avec Christine Boisson, Benoît Régent et Jean-Pierre Bisson. - Le nouveau propriétaire d'une auberge-restaurant s'éprend de la jeune femme mariée qui la dirige.
VO→LS **Général**

**MAISON DE POUPÉE**
Voir: A DOLL'S HOUSE

**MAISON DES DAMNÉS, LA**
Voir: LEGEND OF HELL HOUSE

**MAISON PRIVÉE DES SS, LA** ▷0
ITA. 1977, Jordan B. MATTHEWS
VF→LS **Non classé**

**MAISON RUSSIE, LA**
Voir: RUSSIA HOUSE

**MAISON SOUS LES ARBRES, LA** ▷4
FR. 1971. Drame policier de René CLÉMENT avec Faye Dunaway, F. Langella et Barbara Parkins. - Deux enfants, dont les parents sont aux prises avec différents problèmes, sont victimes d'un enlèvement.
VO→LS **Général**

**MAITRE D'ÉCOLE, LE** ▷5
FR. 1981. Comédie de Claude BERRI avec Michel Coluche, Josiane Balasko et Jacques Debary. - Un chômeur devient instituteur suppléant dans une école de province.
VO→LS **Général**

**MAÎTRE DE GUERRE, LE**
Voir: HEARTBREAK RIDGE

**MAÎTRE DE L'ILLUSION, LE**
Voir: LORD OF ILLUSIONS

**MAÎTRE DE LA CAMORRA, LE** ▷5
ITA. 1986. Drame policier de Giuseppe TORNATORE avec Ben Gazzara, Laura Del Sol et Leo Guillotta. - À partir de sa cellule, un criminel condamné à la prison pour meurtre réussit à s'imposer comme le chef de la mafia.
VF→LS **13 ans +**

**MAÎTRE DE MUSIQUE, LE** ▷3
BEL. 1988. Drame musical de Gérard CORBIAU avec Jose Van Dam, Anne Roussel et Philippe Volter. - Un célèbre chanteur soumet son protégé à un concours de chant classique où le vainqueur sera départagé par un duel musical. - Intrigue sans surprise mais bien soutenue par une mise en scène soignée. Trame musicale très riche. Interprétation fort satisfaisante.
VO→LS **Général**

**MAÎTRE DES ÉLÉPHANTS, LE** ▷4
FR. 1995. Drame psychologique de Patrick GRANDPERRET avec Jacques Dutronc, Erwan Baynaud et Halibou Bouba. - À la suite du décès de sa mère, un gamin est envoyé en Afrique retrouver son père qui lui est inconnu.
VO→26,95$ **Général**

**MAÎTRE DU CANTON, LE** ▷0
CAM.-BUR. 1990, Bassek BA KOBHIO
STA→119,95$ **Général**

**MAÎTRE DU CAUCHEMAR, LE**
Voir: WISHMASTER

**MAÎTRE DU LOGIS, LE** ▷4
DAN. 1925. Comédie dramatique de Carl Theodor DREYER avec Johannes Meyer, Astrid Holm et Mathilde Nielsen. - Un père de famille qui tyrannise sa femme pourtant dévouée se voit servir une bonne leçon par sa vieille nourrice venue demeurer chez lui quelque temps. - Huis clos à l'écriture épurée. Discours féministe d'une étonnante modernité. Grande maîtrise du langage filmique. Interprétation fort expressive.
ITF→21,95$ **Général**

**MAITRES DU MONDE, LES**
Voir: THE PUPPET MASTERS

**MAÎTRESSE** ▷5
FR. 1976. Drame de mœurs de Barbet SCHROEDER avec Bulle Ogier, Gérard Depardieu et Holger Lowenadler. - Un ouvrier en chômage fait la connaissance d'une jeune femme qui reçoit des hommes qui la paient pour leur faire subir des tourments raffinés.
STA→27,95$ **18 ans +**

**MAÎTRESSE DE MAISON, LA**
Voir: HOUSESITTER

**MAÎTRESSE DU LIEUTENANT FRANÇAIS, LA**
Voir: THE FRENCH LIEUTENANT'S WOMAN

**MAÎTRESSE LÉGITIME, LA** ▷5
ITA. 1977. Drame de mœurs de Marco VICARIO avec Laura Antonelli, Marcello Mastroianni et Annie Belle. - Croyant son mari mort, une femme prend en main ses affaires pendant que celui-ci l'observe de la maison d'en face.
VF→LS **18 ans +**

**MAJA NUE, LA**
Voir: THE NAKED MAJA

**MAJOR AND THE MINOR, THE** ▷4
É.-U. 1946. Comédie de Billy WILDER avec Ginger Rogers, Ray Milland et Rita Johnson. - Une jeune femme déguisée en fillette tombe sous la protection d'un officier qui enseigne dans une académie militaire.
VO→14,95$ **Général**

**MAJOR BARBARA** ▷4
ANG. 1941. Comédie de mœurs de Gabriel PASCAL avec Wendy Hiller, Rex Harrison et R. Morley. - Un riche fabricant d'armes cherche à reconquérir sa fille qui s'est engagée dans l'Armée du salut.
VO→27,95$ **Général**

**MAJOR DUNDEE** ▷4
É.-U. 1964. Western de Sam PECKINPAH avec Charlton Heston, Richard Harris et Senta Berger. - En 1864, pour venger le massacre d'une garnison, un officier américain part en guerre contre les Apaches malgré les ordres reçus.
VO→9,95$ **Général**

**MAJOR LEAGUE** ▷4
É.-U. 1989. Comédie de David S. WARD avec Tom Berenger, Charlie Sheen et Corbin Bernsen. - Désireuse de transférer sa franchise à Miami, la nouvelle propriétaire d'une équipe de base-ball de Cleveland met tout en œuvre pour que celle-ci reste au dernier rang.
VO→14,95$ **Général**

**MAJORITY OF ONE, A** ▷4
É.-U. 1961. Comédie de Mervyn LeROY avec Rosalind Russell, Alec Guinness et Ray Danton. - Une Juive de Brooklyn renonce à l'amour d'un riche Japonais sur les instances de son gendre.
VO→18,95$ **Général**

**MAKIN' UP!** ▷0
ALL. 1993, Katya VON GARNIER
STA→LS **Général**

**MAKING LOVE** ▷4
É.-U. 1982. Drame psychologique d'Arthur HILLER avec M. Ontkean, Kate Jackson et Harry Hamlin. - Un jeune médecin révèle à sa femme une aventure homosexuelle, ce qui perturbe la vie du couple.
VO→32,95$ **13 ans +**

**MAKING MR. RIGHT** ▷4
É.-U. 1987. Comédie fantaisiste de Susan SEIDELMAN avec Ann Magnuson, John Malkovich et Ben Masters. - Chargée de promouvoir la mise au point d'un androïde, une jeune femme suscite chez l'automate des réactions non prévues.
VF→LS VO→LS **Général**

**MAKING OF FANNY AND ALEXANDER, THE** ▷0
SUÈ. 1983, Ingmar BERGMAN
STA→41,95$ **Général**

**MAL D'AIMER, LE** ▷4
FR. 1986. Drame de mœurs de Giorgio TREVES avec Robin Renucci, Isabelle Pasco et Piera Degli Esposti. - Au XVIe siècle, un jeune médecin soignant des victimes de la syphillis tente d'épargner une jeune patiente qui ne présente aucun symptôme du mal.
VO→LS **13 ans +**

**MALGRÉ PICASSO**
Voir: SURVIVING PICASSO

**MALICE** ▷5
É.-U. 1993. Drame policier de Harold BECKER avec Alec Baldwin, Nicole Kidman et Bill Pullman. - Un professeur met à jour une machination diabolique impliquant son épouse et un chirurgien.
VO→11,95$ VF→18,95$ **13 ans + Langage vulgaire**

**MALICIA** ▷4
ITA. 1973. Comédie de mœurs de Salvatore SAMPERI avec Laura Antonelli, Alessandro Momo et Turi Ferro. - Une jeune paysanne, engagée comme bonne par un commerçant veuf, se rend bientôt indispensable à toute la famille.
VA→LS **18 ans +**

**MALIN, LE**
Voir: WISE BLOOD

**MALLRATS** ▷5
É.-U. 1995. Comédie de Kevin SMITH avec Jason Lee, Jeremy London et Shannen Doherty. - Quatre jeunes qui passent leur temps à hanter les allées d'un centre commercial entreprennent de saboter un jeu télévisé tourné sur place.
VF→11,95$ VO→11,95$
LBX-DVD→36,95$ **13 ans + Langage vulgaire**

**MALOTRU, LE**
Voir: BRIMSTONE et TREACLE

**MALTESE FALCON, THE** ▷3
É.-U. 1941. Drame policier de John HUSTON avec H. Bogart, Mary Astor et P. Lorre. - Un détective est chargé de retrouver une statuette de prix. - Mystérieux à souhait. Intrigue conduite avec rigueur. Touches d'humour. Premier film de J. Huston. Interprétation solide.
SP.ED→19,95$ VO→LS DVD-SP.ED→21,95$ **Général**

**MAMA TURNS 100**
Voir: MAMAN A CENT ANS

**MAMAN A CENT ANS** ▷3
ESP. 1979. Comédie dramatique de Carlos SAURA avec Geraldine Chaplin, Rafaela Aparicio et Norman Brinsky. - À l'occasion d'une fête, une jeune femme retourne dans une famille où elle a servi comme gouvernante. - Vision satirique de la vie familiale à l'espagnole. Intentions symboliques sensibles. Interprétation savoureuse.
STA→LS **Général**

**MAMAN ET LA PUTAIN, LA** ▷3
FR. 1973. Étude de mœurs de Jean EUSTACHE avec Jean-Pierre Léaud, Bernadette Lafont et Françoise Lebrun. - Un jeune homme épris de deux femmes se voit acculé à un choix. Film insolite dominé par des dialogues aussi savoureux que crus. Traitement complexe des personnages. Mise en scène minimaliste. Interprétation désinvolte.
VO→34,95$ **13 ans +**

**MAMAN ET PAPA SAUVENT LE MONDE**
Voir: MOM AND DAD SAVED THE WORLD

**MAMAN NE SE LAISSE PAS MARCHER SUR LES PIEDS**
Voir: SERIAL MOM

**MAMAN TRÈS CHÈRE**
Voir: MOMMIE DEAREST

**MAMAN, J'AI ENCORE RATÉ L'AVION...**
Voir: HOME ALONE 2 - LOST IN NEW YORK

**MAMAN, J'AI RATÉ L'AVION**
Voir: HOME ALONE

**MAMAN, JE M'OCCUPE DES MÉCHANTS**
Voir: HOME ALONE 3

**MAMBO KINGS, THE** ▷5
É.-U. 1992. Drame musical d'Arne GLIMCHER avec Armand Assante, Antonio Banderas et Maruschka Detmers. - Les tribulations de deux musiciens cubains, amateurs de mambo, qui s'efforcent de percer à New York.
VF→14,95$ VO→14,95$ **13 ans +**

**MAN CALLED HORSE, A** ▷4
É.-U. 1969. Drame de Elliot SILVERSTEIN avec Richard Harris, Jean Gascon et Corinna Tsopei. - Chassant dans les territoires indiens d'Amérique, un aristocrate anglais est capturé par des Sioux.
VO→11,95$ **13 ans +**

**MAN FACING SOUTHEAST** ▷3
ARG. 1986. Drame psychologique d'Eliseo SUBIELA avec Lorenzo Quinteros, Hugo Soto et Ines Vernengo. - Des incidents bizarres se produisent dans un hôpital psychiatrique lorsqu'arrive un patient qui se dit extraterrestre. - Scénario insolite. Climat étrange et envoûtant.
STA→LS **Général**

**MAN FOR ALL SEASONS, A** ▷5
ANG. 1988. Drame historique réalisé et interprété par Charlton HESTON avec Vanessa Redgrave et Adrienne Thomas. - L'histoire de Thomas Moore qui refusa de soutenir Henry VIII d'Angleterre lors de sa rupture avec l'Église catholique.
VO→LS **Non classé**

**MAN FOR ALL SEASONS, A** ►2
ANG. 1966. Drame historique de Fred ZINNEMANN avec Paul Scofield, Leo McKern et Wendy Hiller. - Évocation de la vie et du martyre de Thomas More, chancelier d'Angleterre sous Henri VIII. - Adaptation intelligente d'une œuvre théâtrale. Dialogue incisif. Remarquable interprétation de P. Scofield.
LBX-DVD→33,95$ VO→19,95$ LBX-DVD→33,95$ **Général**

**MAN FROM LARAMIE, THE** ▷3
É.-U. 1955. Western d'Anthony MANN avec James Stewart, Arthur Kennedy et Cathy O'Donnell. - Un homme tente de découvrir ceux qui ont armé les Indiens meurtriers de son frère. - Film vigoureux aux allures de tragédie. Utilisation habile des paysages. Jeu solide de J. Stewart.
VO→19,95$ LBX-DVD→29,95$ **Général**

**MAN FROM PLANET X, THE** ▷6
É.-U. 1951. Science-fiction d'Edgar G. ULMER avec Robert Clarke, Margaret Field et Raymond Bond. - Un extraterrestre débarque dans une petite île écossaise afin de préparer une invasion de ses congénères.
VO→11,95$

**MAN FROM SNOWY RIVER, THE** ▷4
AUS. 1982. Aventures de George MILLER avec Tom Burlinson, Kirk Douglas et Sigrid Thornton. - Un jeune montagnard employé par un éleveur de chevaux se révèle habile dresseur.
VO→11,95$ **Général**

**MAN FROM THE ALAMO** ▷4
É.-U. 1953. Western de Budd BOETTICHER avec Glenn Ford, Julie Adams et Chill Wills. - Considéré comme déserteur, un homme tente de prouver sa valeur.
VO→11,95$ **Non classé**

**MAN IN THE BOX, THE** ▷0
BRÉ. 1994, Luiz Alberto PEREIRA
STA→89,95$ **Général**

**MAN IN THE GREY FRANNEL SUIT, THE** ▷0
É.-U. 1956, Nunnally JOHNSON
VO→21,95$ **Général**

**MAN IN THE IRON MASK, THE** ▷5
É.-U. 1998. Aventures de Randall WALLACE avec Leonardo DiCaprio, Jeremy Irons et John Malkovich. - Trois anciens mousquetaires organisent l'évasion du frère jumeau du roi Louis XIV qui est retenu prisonnier à la Bastille.
VF→11,95$ VO→14,95$ **Général**

**MAN IN THE IRON MASK, THE** ▷4
É.-U. 1977. Aventures de Mike NEWELL avec Richard Chamberlain, Jenny Agutter et Patrick McGoohan. - Le frère jumeau de Louis XIV est emprisonné et affublé d'un masque de fer pour éviter des conflits politiques.
VO→18,95$ **Général**

**MAN IN THE MOON, THE** ▷4
É.-U. 1991. Drame sentimental de Robert MULLIGAN avec Reese Witherspoon, Emily Warfield et Sam Waterston. - Deux jeunes sœurs tombent amoureuses du même adolescent qui préfère l'aînée malgré son affection pour la cadette.
LBX→14,95$ VO→14,95$ VF→14,95$ **Général**

**MAN IN THE SHADOW** ▷4
É.-U. 1957. Western de Jack ARNOLD avec Jeff Chandler, Orson Welles et Coleen Miller. - Un shérif tente de débarrasser une région d'un homme qui règne en despote.
VO→14,95$ **Général**

**MAN IN THE WHITE SUIT, THE** ▷3
ANG. 1951. Comédie satirique d'Alexander MACKENDRICK avec Alec Guinness, Joan Greenwood et Cecil Parker. - Un inventeur fabrique un tissu inusable, ce qui bouleverse les magnats de l'industrie textile. - Thème original réalisé sur un ton humoristique. Mise en scène inventive. Fine interprétation.
EP→9,95$ **Non classé**

**MAN IN THE WILDERNESS** ▷3
ANG. 1971. Aventures de Richard C. SARAFIAN avec Richard Harris, John Huston et Prunella Ransome. - En 1820, un explorateur laissé pour mort par ses compagnons parvient à se remettre sur pied. - Scénario basé sur une aventure authentique. Images d'une grande beauté. Climat de l'époque bien reconstitué. Interprétation vigoureuse.
VO→14,95$ **13 ans +**

**MAN INSIDE, THE** ▷5
É.-U. 1990. Drame social de Bobby ROTH avec Jurgen Prochnow, Peter Coyote et Nathalie Baye. - Afin de révéler un scandale énorme, un journaliste allemand parvient à se faire engager sous une fausse identité dans un journal à sensations.
VO→LS **Non classé**

**MAN IS NOT A BIRD**
Voir: L'HOMME N'EST PAS UN OISEAU

**MAN LIKE EVA, A** ▷0
ALL. 1983, Radu GABREA
STA→LS **13 ans + Érotisme**

**MAN MADE MONSTER** ▷6
É.-U. 1941. Drame d'horreur de George WAGGNER avec Lon Chaney jr, Lionel Atwill et Anne Nagel. - Un jeune homme soumis à des expériences scientifiques devient capable d'absorber sans inconvénients de dangereux chocs électriques.
VO→11,95$ **Général**

**MAN OF A THOUSAND FACES** ▷4
É.-U. 1956. Drame biographique de Joseph PEVNEY avec James Cagney, Dorothy Malone et Jane Greer. - Quelques étapes de la vie de l'acteur américain Lon Chaney, vedette du cinéma dans les années 1920.
VO→16,95$ **Général**

**MAN OF ARAN** ►2
É.-U. 1934. Documentaire de Robert FLAHERTY. - Reportage sur la rude vie quotidienne des pêcheurs de l'île d'Aran. - Ensemble d'une beauté austère. Photographie remarquable. Montage habile.
VO→13,95$ **Général**

**MAN OF ASHES** ▷0
TUN. 1986, Nouri BOUZID
STA→21,95$

**MAN OF IRON**
Voir: L'HOMME DE FER

**MAN OF LA MANCHA** ▷5
É.-U. 1972. Comédie musicale d'Arthur HILLER avec Peter O'Toole, Sophia Loren et James Coco. - Enfermé dans les prisons de l'Inquisition espagnole, l'écrivain Miguel Cervantes raconte à ses compagnons l'histoire de Don Quichotte.
VO→14,95$ **Général**

**MAN OF MARBLE**
Voir: L'HOMME DE MARBRE

**MAN OF NO IMPORTANCE, A** ▷4
ANG. 1994. Drame psychologique de Suri KRISHNAMMA avec Albert Finney, Tara Fitzgerald et Brenda Fricker. - Dans les années 1960 à Dublin, un conducteur d'autobus vit des moments difficiles alors qu'il songe à monter une pièce d'Oscar Wilde avec certains de ses passagers.
VF→PC VO→34,95$ **Général**

**MAN OF THE HOUSE** ▷5
É.-U. 1994. Comédie de James ORR avec Jonathan Taylor Thomas, Chevy Chase et Farrah Fawcett. - Ayant pris en grippe le policier que sa mère divorcée fréquente, un gamin met tout en œuvre pour l'éloigner.
**Général**

**MAN OF THE WEST** ▷4
É.-U. 1958. Western d'Anthony MANN avec Gary Cooper, Julie London et Lee J. Cobb. - Un ex-bandit devenu honnête tombe entre les mains de ses anciens complices.
VO→18,95$ **Non classé**

**MAN OF THE YEAR** ▷4
É.-U. 1995. Comédie réalisée et interprétée par Dirk SHAFER avec Vivian Paxton et Mary Stein. - Un homosexuel élu «homme de l'année» par les lectrices de *Playgirl* doit cacher son orientation sexuelle s'il veut remplir son mandat.
VO→21,95$ **Général**

**MAN ON THE EIFFEL TOWER, THE** ▷4
É.-U. 1948. Drame policier réalisé et interprété par Burgess MEREDITH avec Charles Laughton et Franchot Tone. - Le commissaire Maigret enquête sur le meurtre d'une riche Américaine.
VO→LS **Non classé**

**MAN ON THE MOON** ▷4
É.-U. 1999. Drame biographique de Milos FORMAN avec Jim Carrey, Danny DeVito et Courtney Love. - La vie et la carrière du comique Andy Kaufman, vedette de *Saturday Night Live* et de *Taxi*, mort d'un cancer en 1984.
VF→16,95$ VO→16,95$

**MAN THEY COULD NOT HANG, THE** ▷0
É.-U. 1939, Nick GRINDE
VO→13,95$ **Général**

**MAN TROUBLE** ▷5
É.-U. 1992. Comédie policière de Bob RAFELSON avec Jack Nicholson, Ellen Barkin et Beverly d'Angelo. - Le propriétaire d'une agence de sécurité se voit offrir une petite fortune en échange d'un manuscrit écrit par une cliente dont il s'est épris.
VO→PC **Général**

**MAN WANTED** ▷0
H. K. 1995, Benny CHAN
STA→29,95$ **13 ans + Violence**

**MAN WHO BROKE A 1000 CHAINS, THE** ▷5
É.-U. 1987. Drame biographique de Daniel MANN avec Val Kilmer, Charles Durning et Kyra Sedgwick. - Condamné en 1921 à dix ans de bagne en Georgie pour une tentative de vol, un homme s'évade et se réfugie à Chicago.
VO→14,95$ **13 ans +**

**MAN WHO CAPTURED EICHMANN, THE** ▷4
É.-U. 1996. Drame de William A. GRAHAM avec Robert Duvall, Arliss Howard et Jeffrey Tambor. - En 1960, des agents secrets israéliens kidnappent un ancien officier nazi qui s'est réfugié à Buenos Aires.
VO→18,95$ **Général**

**MAN WHO COULD WORK MIRACLES, THE** ▷4
ANG. 1936. Comédie de Lothar MENDES avec Roland Young, Ralph Richardson et Edward Chapman. - Un homme moyen se découvre soudain le pouvoir de réaliser tous ses désirs.
VO→LS **Général**

**MAN WHO FELL TO EARTH, THE** ▷4
ANG. 1976. Science-fiction de Nicolas ROEG avec David Bowie, Rip Torn et Candy Clark. - Vivant incognito sur la Terre, un extraterrestre met sa vie en danger lorsqu'il offre à un avocat de New York des plans d'inventions révolutionnaires.
VO→14,95$ **13 ans +**

**MAN WHO HAUNTED HIMSELF, THE** ▷5
ANG. 1970. Drame psychologique de Basil DEARDEN avec R. Moore, H. Neil et Olga Georges-Picot. - À la suite d'un accident, un homme d'affaires semble souffrir d'un dédoublement de personnalité.
VO→LS **Général**

**MAN WHO KNEW TOO LITTLE, THE** ▷5
É.-U. 1997. Comédie de Jon AMIEL avec Bill Murray, Joanne Whalley et Peter Gallagher. - Croyant participer à un jeu interactif avec des acteurs, un touriste est plongé dans une véritable intrigue d'espionnage à Londres.
VF→LS VO→LS **Général**

**MAN WHO KNEW TOO MUCH, THE** ▷4
ANG. 1934. Drame policier d'Alfred HITCHCOCK avec Leslie Banks, Edna Best et Peter Lorre. - Des espions enlèvent la fillette d'un couple anglais pour empêcher la révélation d'un complot meurtrier.
VO→21,95$ **Général**

**MAN WHO KNEW TOO MUCH, THE** ▷3
É.-U. 1956. Drame policier d'Alfred HITCHCOCK avec James Stewart, Doris Day et Daniel Gélin. - Des criminels enlèvent le fils d'un médecin pour l'empêcher de révéler un complot meurtrier. -

Intrigue habilement agencée. Mélange de suspense et d'humour. Réalisation souple. Interprètes dans la note.
VF→14,95$ VO→14,95$ **Général**

**MAN WHO LOVED CAT DANCING, THE** ▷4
É.-U. 1973. Western de Richard C. SARAFIAN avec Sarah Miles, Burt Reynolds et Jack Warden. - Témoin d'un vol de train, une jeune femme est enlevée par les criminels.
VO→19,95$ **13 ans +**

**MAN WHO NEVER WAS, THE** ▷4
ANG. 1955. Drame de guerre de Ronald NEAME avec Clifton Webb, Stephen Boyd et Gloria Grahame. - Les services secrets britanniques montent une supercherie pour tromper les Allemands.
VO→24,95$ **Non classé**

**MAN WHO SAW TOMORROW, THE** ▷6
É.-U. 1981. Documentaire de Robert GUENETTE. - Réunion d'observations pseudo historiques pour démontrer l'exactitude des prophéties de Nostradamus.
VO→18,95$ **Général**

**MAN WHO SHOT LIBERTY VALANCE, THE** ▷3
É.-U. 1962. Western de John FORD avec James Stewart, John Wayne et Vera Miles. - Un jeune avocat tente de débarrasser une ville d'un bandit qui la terrorise. - Bonne construction dramatique. Rythme alerte. Réalisation sûre. Interprétation solide.
VO→11,95$ **Général**

**MAN WHO WOULD BE KING, THE** ▷3
ANG. 1975. Aventures de John HUSTON avec Sean Connery, Michael Caine et Christopher Plummer. - Deux sergents de l'armée des Indes décident d'aller tenter fortune dans une région inexplorée. - Adaptation d'une nouvelle de Kipling. Vision ironique et colorée des clichés de l'impérialisme. Contexte quasi-mythique. Réalisation sûre. Interprétation savoureuse.
LBX→14,95$ LBX-DVD→21,95$ **Général**

**MAN WITH A MAID, A** ▷0
É.-U. 1975, Robert S. KINGER
VF→LS **Non classé**

**MAN WITH BOGART'S FACE, THE** ▷5
É.-U. 1980. Comédie policière de Robert DAY avec Robert Sacchi, Michelle Phillips et Franco Nero. - Les mésaventures d'un homme qui, s'étant fait refaire le visage à l'image d'Humphrey Bogart, ouvre une agence de détective privé.
VO→11,95$

**MAN WITH NO NAME, THE (TRILOGIE)** ▷0
ITA., Sergio LEONE
VO→39,95$ VO→39,95$ **Non classé**

**MAN WITH THE GOLDEN ARM, THE** ▷4
É.-U. 1955. Drame psychologique d'Otto PREMINGER avec Frank Sinatra, Eleanor Parker et Kim Novak. - Après une cure dans un hôpital pour narcomanes, un homme a des problèmes personnels et retombe sous l'emprise de la drogue.
VO→19,95$ **13 ans +**

**MAN WITH THE GOLDEN GUN, THE** ▷5
ANG. 1974. Drame d'espionnage de Guy HAMILTON avec Roger Moore, Christopher Lee et Britt Ekland. - L'agent secret James Bond tente de démasquer un tueur à gages qui a reçu comme mission de l'abattre.
VO→14,95$ **Général**

**MAN WITH THE GUN** ▷0
É.-U. 1955, Richard WILSON
VO→14,95$ **Général**

**MAN WITH THE MOVIE CAMERA, THE** ▷0
RUS. 1929, Dziga VERTOV
ITA→41,95$ ITA-DVD→44,95$ **Général**

**MAN WITH TWO BRAINS, THE** ▷5
É.-U. 1983. Comédie de Carl REINER avec Steve Martin, Kathleen Turner et David Warner. - Un chirurgien mal marié s'éprend d'un cerveau de femme conservé par un collègue autrichien.
VO→19,95$ **13 ans +**

**MAN WITHOUT A FACE, THE** ▷5
É.-U. 1993. Mélodrame réalisé et interprété par Mel GIBSON avec Nick Stahl et Margaret Whitton. - Se sentant rejeté par les siens, un garçon se lie d'amitié avec un professeur atrocement défiguré qui vit comme un reclus.
VO→11,95$ **Général**

**MAN WITHOUT A STAR** ▷3
É.-U. 1955. Western de King VIDOR avec Kirk Douglas, Jeanne Crain et William Campbell. - Deux amis sont mêlés à une querelle entre éleveurs de bétail. - Réalisation magistrale d'un thème classique. Photographie soignée. Bonne création de K. Douglas.
VO→14,95$ **Général**

**MAN YOU LOVED TO HATE: ERICH VON STROHEIM, THE** ▷4
É.-U. 1979. Documentaire de Patrick MONTGOMERY. - Évocation de la vie et de la carrière d'Erich von Stroheim, cinéaste et comédien.
VO→41,95$ **Général**

**MAN'S FAVORITE SPORT ?** ▷3
É.-U. 1963. Comédie de Howard HAWKS avec Rock Hudson, Paula Prentiss et John McGiver. - Un vendeur d'articles de pêche passe pour une autorité en la matière et se voit forcé de participer à un tournoi. - Trouvailles heureuses. Mise en scène assurée. Interprétation enjouée.
VO→14,95$ **Non classé**

**MANBEAST** ▷6
É.-U. 1956. Drame d'horreur de Jerry WARREN avec Rock Madison, Virginia Maynor et Tom Maruzzi. - Une expédition dans les Monts Himalayas fait face à l'abominable homme des neiges.
VO→LS **Non classé**

**MANCHURIAN CANDIDATE, THE** ▷3
É.-U. 1962. Drame d'espionnage de John FRANKENHEIMER avec Frank Sinatra, L. Harvey et Janet Leigh. - Les communistes utilisent un soldat américain comme assassin grâce à l'emprise hypnotique acquise sur lui. - Science-fiction, satire politique et suspense habilement mêlés. Réalisation originale. Interprétation de qualité.
VO→14,95$ LBX-DVD→18,95$ **Général**

**MANDAT, LE**
Voir: THE ASSIGNMENT

**MANDELA** ▷5
É.-U. 1987. Drame biographique de Philip SAVILLE avec Danny Glover, Alfre Woodard et Julian Glover. - Évocation de la lutte que le meneur noir Nelson Mandela a mené contre le régime d'apartheid d'Afrique du Sud.
VO→LS **Non classé**

**MANDINGO** ▷6
É.-U. 1975. Drame de mœurs de Richard FLEISCHER avec J. Mason, P. King et Susan George. - En Louisiane, au début du XIXe siècle, un propriétaire de plantation se spécialise dans l'élevage des esclaves.
VO→14,95$ **18 ans +**

**MANGLER, THE** ▷5
É.-U. 1994. Drame d'horreur de Tobe HOOPER avec Ted Levine, Robert Englund et Daniel Matmor. - Animée d'une vie propre maléfique, une immense essoreuse à vapeur sème la terreur parmi les employés d'une blanchisserie industrielle.
VF→LS VO→11,95$ **16 ans + Horreur**

**MANHATTAN** ►1
É.-U. 1979. Comédie de mœurs réalisée et interprétée par Woody ALLEN avec Diane Keaton et Michael Murphy. - Un auteur de textes pour la télévision expérimente diverses attaches sentimentales. - Heureuse alliance de mélancolie et d'ironie. Fines notes d'observation critique. Intéressantes compositions picturales. Excellente interprétation.
LBX→14,95$ **13 ans +**

**MANHATTAN MELODRAMA** ▷4
É.-U. 1934. Drame de W.S. VAN DYKE II avec Clark Gable, William Powell et Myrna Loy. - Un procureur se voit forcé de requérir contre un ami d'enfance dans un procès pour meurtre.
VO➔18,95$ **Général**

**MANHATTAN MURDER MYSTERY** ▷4
É.-U. 1993. Comédie policière réalisée et interprétée par Woody ALLEN avec Diane Keaton et Alan Alda. - Une femme sollicite l'aide de son mari et d'un ami pour enquêter sur un voisin qu'elle soupçonne de meurtre.
VF➔19,95$ VO➔19,95$ LBX-DVD➔33,95$ **Général**

**MANHATTAN PROJECT, THE** ▷5
É.-U. 1986. Comédie dramatique de Marshall BRICKMAN avec Christopher Collet, John Lithgow et Cynthia Nixon. - De nombreuses forces sont aux trousses d'un adolescent qui a dérobé du plutonium pour dénoncer la présence d'un centre de recherches nucléaires dans sa banlieue.
VO➔14,95$ **Général**

**MANHUNTER** ▷4
É.-U. 1986. Drame policier de Michael MANN avec William L. Petersen, Tom Noonan et Kim Greist. - Un ancien agent du FBI reprend du service pour aider à la capture d'un maniaque meurtrier.
VO➔9,95$ VF➔LS **13 ans +**

**MANIAC** ▷0
É.-U. 1934, Dwain ESPER
VO➔28,95$ **Non classé**

**MANIAC** ▷7
É.-U. 1980. Drame d'horreur de William LUSTIG avec Joe Spinell, Caroline Munro et Gail Lawrence. - Un déséquilibré assassine plusieurs jeunes femmes pour ensuite les scalper.
VO➔28,95$ **18 ans +**

**MANIAC & NARCOTIC** ▷0
É.-U. 1934, Dwain ESPER et Vival SODART
DVD➔44,95$ **Général**

**MANIAC COP** ▷6
É.-U. 1988. Drame policier de William LUSTIG avec Tom Atkins, Bruce Campbell et Laurene Landon. - Vêtu d'un uniforme de policier, un maniaque meurtrier fait des ravages dans New York.
VF➔LS VO➔LS **13 ans + Violence**

**MANIÈRE NÈGRE, LA** ▷0
QUÉ. 1991, Jean-Daniel LAFOND
VO➔19,95$ **Général**

**MANIKA, UNE VIE PLUS TARD** ▷5
FR. 1988. Drame psychologique de François VILLIERS avec Julian Sands, Ayesha Dharker et Jean-Philippe Ecoffey. - Une fillette confie à son professeur, un jésuite irlandais, qu'elle croit être la réincarnation de l'épouse d'un riche Brahmane.
VO➔LS **Général**

**MANNEQUIN** ▷5
É.-U. 1938. Drame de Frank BORZAGE avec Joan Crawford, Spencer Tracy et Alan Curtis. - Après avoir divorcé d'un homme malhonnête, une jeune femme devient mannequin puis épouse un riche armateur.
VO➔19,95$ **Général**

**MANNY & LO** ▷4
É.-U. 1996. Comédie dramatique de Lisa KRUEGER avec Scarlett Johansson, Aleksa Palladino et Mary Kay Place. - Deux orphelines adolescentes en rupture avec la société kidnappent une vendeuse d'une boutique de maternité qui finira par s'occuper d'elles.
VO➔PC **13 ans +**

**MANOIR DE L'HORREUR, LE**
Voir: HOUSE OF THE LONG SHADOWS

**MANON 70** ▷6
FR. 1967. Drame de mœurs de Jean AUREL avec Catherine Deneuve, Sami Frey et Jean-Claude Brialy. - Une jeune femme passe d'un homme à un autre au gré de ses besoins financiers.
VO➔LS **Non classé**

**MANON DES SOURCES** ►2
FR. 1986. Comédie dramatique de Claude BERRI avec Emmanuelle Béart, Yves Montand et Daniel Auteuil. - Une sauvageonne se venge de deux cultivateurs qui ont causé indirectement la mort de son père. - Remake d'un film de 1952 et suite de *Jean de Florette*. Situations dures mais émouvantes. Traitement pittoresque. Réalisation habile. Interprétation appropriée.
STA➔18,95$ VO➔14,95$ **Général**

**MANON DES SOURCES** ▷3
FR. 1952. Drame de Marcel PAGNOL avec Jacqueline Pagnol, Rellys et Raymond Pellegrin. - Apprenant qu'elle a été frustrée par des concitoyens, une jeune fille détourne la source qui alimente le patelin. - Pittoresque tableau de mœurs. Dialogue riche et poétique. Mise en scène aérée. Rellys remarquable.
VO➔LS **Général**

**MANON DES SOURCES et UGOLIN (COFFRET)** ▷0
Voir: MANON DES SOURCES
VO➔49,95$ **Général**

**MANSFIELD PARK** ▷3
ANG. 1999. Drame sentimental de Patricia ROZEMA avec Frances O'Connor, Jonny Lee Miller et Embeth Davidtz. - Une jeune femme d'origine modeste tente de faire sa marque chez des parents de la haute société anglaise. - Adaptation brillante d'un roman et de
VF➔LS VO➔24,95$

**MANSFIELD PARK** ▷0
ANG. 1985, David GILES
VO➔24,95$ **Général**

**MANUEL, LE FILS EMPRUNTÉ** ▷4
QUÉ. 1990. Drame psychologique de François LABONTÉ avec Nuno da Costa, Francisco Rabal et Kim Yaroshevskaya. - Le fils d'un immigrant portugais se dirige vers la délinquance jusqu'au jour où un vieil anarchiste espagnol l'initie à la lecture.
VO➔LS **Général**

**MANUFACTURING CONSENT: NOAM CHOMSKY AND THE MEDIAS** ▷3
CAN. 1992. Documentaire de Mark ACHBAR et Peter WINTONICK. - Portrait du linguiste américain Noam Chomsky dont les théories remettent en question la pratique de la démocratie dans les sociétés occidentales. - Variété remarquable de documents d'archives et de témoignages. Vulgarisation captivante de théories complexes. Traitement ne manquant ni d'humour, ni de dynamisme. Réalisation inventive.
STF➔49,95$ VO➔LS **Général**

**MANXMAN, THE** ▷0
É.-U. 1929, Alfred HITCHCOCK
VO➔17,95$ **Général**

**MAP OF THE HUMAN HEART** ▷4
AUS. 1992. Drame de mœurs de Vincent WARD avec Jason Scott Lee, Anne Parillaud et Patrick Bergin. - Un adolescent inuit, qui s'est lié d'amitié avec une jeune métisse cri lors d'un séjour dans un sanatorium, la retrouve des années plus tard.
VO➔12,95$ VF➔11,95$ **Général**

**MAP OF THE WORLD, A** ▷4
É.-U. 1999. Drame psychologique de Scott ELLIOTT avec Sigourney Weaver, David Strathairn et Julianne Moore. - Une mère de famille qui travaille comme infirmière dans une école élémentaire est accusée à tort d'avoir molesté un garçonnet.
VF➔14,95$ VO➔14,95$

**MARAT SADE** ►2
ANG. 1966. Drame psychologique de Peter BROOK avec Patrick Magee, Ian Richardson et Glenda Jackson. - Interné à l'asile de Charenton, le marquis de Sade monte une pièce de théâtre sur l'assassinat de Jean-Paul Marat. - Adaptation originale d'une pièce de Peter Weiss. Allégorie d'un monde absurde. Rôle primordial de la couleur et de l'éclairage. Talent remarquable des comédiens.
VO➔29,95$ DVD➔39,95$ **13 ans +**

**MARATHON MAN** ▷3
É.-U. 1976. Drame d'espionnage de John SCHLESINGER avec Dustin Hoffman, Laurence Olivier et Marthe Keller. - La vie d'un étudiant américain est perturbée par la mort accidentelle d'un Allemand. - Intrigue compliquée conduite avec savoir-faire. Climat de forte tension. Interprétation convaincue.
VO→14,95$ **13 ans +**

**MARC-AURÈLE FORTIN** ▷0
QUÉ. 1983, André GLADU
VO→19,95$ **Général**

**MARCH OF THE WOODEN SOLDIERS (BABES IN TOYLAND)** ▷4
É.-U. 1939. Comédie musicale de Charles R. ROGERS et Gus MEINS avec Stan Laurel, Oliver Hardy et Felix Knight. - Au pays des jouets, deux sympathiques bouffons viennent en aide à une bergère convoitée par un vieux grigou.
VO→17,95$ DVD→26,95$ **Non classé**

**MARCHAND D'ARMES, LE**
Voir: THE GUNRUNNER

**MARCHAND DE QUATRE SAISONS, LE** ▷3
ALL. 1971. Drame psychologique de Rainer Werner FASSBINDER avec Hans Hirschmuller, Irm Hermann et Hanna Schygulla. - Un homme devenu marchand de primeurs à la criée sombre dans l'alcoolisme et mène la vie dure à sa femme. - Observations psychologiques et sociales. Mise en scène riche de détails significatifs. Interprétation remarquablement naturelle.
STA→LS **Non classé**

**MARCHAND DE RÊVES, LE**
Voir: STARMAKER, THE

**MARCHE À L'OMBRE** ▷4
FR. 1984. Comédie de mœurs réalisée et interprétée par Michel BLANC avec Gérard Lanvin et S. Duez. - Les mésaventures de deux compères marseillais qui débarquent à Paris sans un sou en poche.
VO→LS **Général**

**MARCHE AU PAS** ▷0
ITA. 1982, Pasquale FESTA-CAMPANILE
VF→LS **13 ans +**

**MARCHÉ DU COUPLE, LE** ▷0
QUÉ. 1991, Alain D'AIX, Louis FRASER et Morgane LALIBERTÉ
VO→19,95$ **Général**

**MARCHE OU CRÈVE: VENGEANCE DÉFINITIVE**
Voir: DIE HARD WITH A VENGEANCE

**MARCHE POUR LA LIBERTÉ, LA**
Voir: THE LONG WALK HOME

**MARÉE ROUGE**
Voir: CRIMSON TIDE

**MARGARET'S MUSEUM** ▷4
CAN. 1995. Drame social de Mort RANSEN avec Helena Bonham Carter, Clive Russell et Kenneth Welsh. - À la fin des années 1940 au Cap Breton, une jeune femme s'oppose à ce que son mari aille risquer sa vie dans les mines.
VO→13,95$ VF→13,95$ **13 ans +**

**MARGINAL, LE** ▷5
FR. 1983. Drame policier de Jacques DERAY avec Jean-Paul Belmondo, Henry Silva et Tchéky Karyo. - Un commissaire aux méthodes peu orthodoxes est envoyé à Marseille pour lutter contre le trafic de la drogue.
VO→LS **13 ans +**

**MARI DE LA COIFFEUSE, LE** ▷4
FR. 1990. Comédie de mœurs de Patrice LECONTE avec Jean Rochefort, Anna Galiéna et Maurice Chevit. - Fasciné par les coiffeuses depuis sa tendre enfance, un homme épouse l'une d'entre elles et passe son temps à l'observer.
STA→LS VO→LS **13 ans +**

**MARI DE MA FEMME, LE**
Voir: HARD PROMISES

**MARIA CHAPDELAINE** ▷4
QUÉ. 1983. Drame de mœurs de Gilles CARLE avec Carole Laure, Nick Mancuso et Yoland Guérard. - La fille d'un colonisateur est courtisée par trois hommes de caractères différents.
VO→LS **Général**

**MARIA'S LOVERS** ▷4
É.-U. 1984. Drame psychologique d'Andrei KONCHALOVSKY avec Nastassja Kinski, John Savage et Keith Carradine. - L'amour éthéré que porte un ancien prisonnier de guerre à son épouse lui fait perdre ses moyens dans les relations sexuelles.
VF→LS VO→LS **13 ans +**

**MARIAGE** ▷4
FR. 1974. Drame psychologique de Claude LELOUCH avec Bulle Ogier, Rufus et Marie Déa. - Les étapes de la vie d'un couple qui finit par s'installer dans une sorte de routine résignée.
VO→LS **Général**

**MARIAGE DE BETSY, LE**
Voir: BETSY'S WEDDING

**MARIAGE DE MARIA BRAUN, LE** ▷3
ALL. 1978. Drame social de Rainer Werner FASSBINDER avec Hanna Schygulla, Klaus Lowitsch et Ivan Desny. - Les tribulations d'une femme qui atteint le succès financier dans l'Allemagne d'après-guerre. - Scénario complexe et riche en valeur symbolique. Traitement d'une froide objectivité.
STA→LS VF→LS **13 ans +**

**MARIAGE DE MON MEILLEUR AMI, LE**
Voir: MY BEST FRIEND'S WEDDING

**MARIAGE DU SIÈCLE, LE** ▷5
FR. 1985. Comédie satirique de Philippe GALLAND avec Anémone, Thierry Lhermitte et Jean-Claude Brialy. - Au grand scandale de la cour, une princesse est séduite par un play-boy le jour de l'annonce de son mariage avec un cousin.
STA→27,95$ **Général**

**MARIAGE EST POUR DEMAIN, LE**
Voir: TENNESSEE'S PARTNER

**MARIAGE ROYAL**
Voir: ROYAL WEDDING

**MARIE** ▷4
É.-U. 1985. Drame social de Roger DONALDSON avec Sissy Spacek, Jeff Daniels et Fred Thompson. - Une femme, ayant accédé à une haute fonction au ministère de la Justice, découvre des cas de corruption dans son service et refuse de s'y prêter.
VF→LS **13 ans +**

**MARIE A UN JE-NE-SAIS-QUOI**
Voir: THERE'S SOMETHING ABOUT MARY

**MARIE ANTOINETTE** ▷4
É.-U. 1939. Drame historique de W.S. VAN DYKE II avec Norma Shearer, Tyrone Power et Robert Morley. - Histoire de la reine de France, depuis son mariage jusqu'à sa mort.
VO→19,95$ **Général**

**MARIE BAIE DES ANGES** ▷5
FR. 1997. Drame de mœurs de Manuel PRADAL avec Frédéric Malgras, Vahina Giocante et Amira Casar. - Dans le Sud de la France, un adolescent délinquant vit une idylle avec une jeune Lolita qui s'éveille à l'amour.
VO→13,95$ STA→13,95$ **13 ans +**

**MARIE DE NAZARETH** ▷4
FR. 1994. Drame religieux de Jean DELANNOY avec Myriam Muller, Didier Biennaïme et Francis Lalanne. - La vie du Christ vue par les yeux de sa mère Marie de Nazareth.
VO→11,95$ **Général**

**MARIÉE EST EN FUITE, LA**
Voir: RUNAWAY BRIDE

**MARIÉE EST TROP BELLE, LA** ▷5
FR. 1956. Comédie de Pierre GASPARD-HUIT avec Brigitte Bardot, Louis Jourdan et Micheline Presle. - Une jeune villageoise devient cover-girl pour un magazine féminin.
VA→24,95$ **Général**

**MARIÉE ÉTAIT EN NOIR, LA** ▷3
FR. 1967. Drame policier de François TRUFFAUT avec Jeanne Moreau, Jean-Claude Brialy et Charles Denner. - Une jeune femme entreprend de tuer un à un les responsables de la mort de son mari. - Intrigue rigoureusement conduite. Variations ingénieuses. Réalisation experte. Excellente interprétation.
STA→19,95$ **Général**

**MARIN QUI ABANDONNA LA MER, LE**
Voir: THE SAILOR WHO FELL FROM GRACE WITH THE SEA

**MARIO** ▷3
QUÉ. 1984. Drame psychologique de Jean BEAUDIN avec Xavier Norman Petermann, Francis Reddy et Nathalie Chalifour. - Un adolescent invente des jeux guerriers pour distraire son petit frère muet. - Adaptation libre d'un roman de Claude Jasmin. Belle photographie. Mise en scène sensible. Très bonne présence du jeune protagoniste.
VO→19,95$ **Général**

**MARIO, MARIA ET MARIO** ▷5
ITA. 1993. Drame de mœurs d'Ettore SCOLA avec Giulio Scarpati, Valeria Cavalli et Enrico Lo Verso. - Deux jeunes époux communistes traversent une crise conjugale qui coïncide avec l'effritement de leurs idéaux politiques.
VF→LS **Général**

**MARIS ET FEMMES**
Voir: HUSBANDS AND WIVES

**MARIS, LES FEMMES, LES AMANTS, LES** ▷4
FR. 1989. Comédie de mœurs de Pascal THOMAS avec Jean-François Stévenin, Susan Moncur et Clément Thomas. - Les tribulations d'un groupe d'amis qui passent leurs vacances à l'île de Ré avec leurs enfants, alors que leurs épouses restent à Paris.
VO→LS **Général**

**MARIUS** ▷3
FR. 1931. Comédie dramatique d'Alexander KORDA avec Pierre Fresnay, Raimu et Orane Demazis. - Un jeune homme est partagé entre son amour pour une femme et l'attirance de la mer et de l'aventure. - Présentation filmée d'une pièce de Marcel Pagnol. Atmosphère bien reconstituée. Mise en scène asservie au dialogue. Savoureuse interprétation de Raimu.
VO→26,95$ **Général**

**MARIUS ET JEANETTE** ▷3
FR. 1996. Drame sentimental de Robert GUÉDIGUIAN avec Ariane Ascaride, Gérard Meylan et Pascale Roberts. - La relation entre une mère de deux enfants et un gardien de cimenterie qui ont été tous deux blessés par la vie. - Milieu populaire pittoresque dépeint avec émotion. Souci du contexte social. Humour charmant.
VO→19,95$ **Général**

**MARJORIE MORNINGSTAR** ▷5
É.-U. 1958. Drame sentimental de Irving RAPPER avec Natalie Wood, Gene Kelly et Claire Trevor. - Une jeune fille qui rêve d'une carrière théâtrale s'éprend d'un artiste bohème.
VO→11,95$ **Non classé**

**MARK OF THE VAMPIRE** ▷5
É.-U. 1935. Drame d'horreur de Tod BROWNING avec L. Barrymore, Elizabeth Allan et Jean Hersholt. - Un riche propriétaire terrien est trouvé mort dans son château, apparemment tué par un vampire.
VO→19,95$ **Général**

**MARK OF ZORRO, THE** ▷4
É.-U. 1941. Aventures de Rouben MAMOULIAN avec Tyrone Power, Linda Darnell et Basil Rathbone. - Un jeune aristocrate se transforme en justicier masqué pour lutter contre un tyran.
VO→16,95$ **Général**

**MARK OF ZORRO, THE** ▷4
É.-U. 1920. Aventures de Fred NIBLO avec Douglas Fairbanks, Marguerite de la Motte et Noah Beery. - Un justicier masqué lutte contre la tyrannie d'un gouverneur en Californie.
KINO→34,95$ DVD→39,95$ **Général**

**MARKED WOMAN** ▷5
É.-U. 1937. Drame policier de Lloyd BACON avec Bette Davis, Humphrey Bogart et Eduardo Ciannelli. - Un procureur recherche des criminels dans un milieu de boîtes de nuit.
VO→LS **Non classé**

**MARLENE** ▷4
ALL. 1983. Documentaire de Maximilian SCHELL. - Évocation de la vie et de la carrière de l'actrice Marlene Dietrich.
STA→LS **Général**

**MARLOWE** ▷5
É.-U. 1969. Drame policier de Paul BOGART avec James Garner, Gayle Hunnicutt et Rita Moreno. - Un détective privé accepte de retracer le frère d'une jeune fille du Kansas.
VO→19,95$ **13 ans +**

**MARMOTTES, LES** ▷5
FR. 1993. Comédie de mœurs d'Élie CHOURAQUI avec Jean-Hugues Anglade, Jacqueline Bisset et Christine Boisson. - À Noël, une réunion de parents et d'amis dans une station de ski donne lieu à diverses intrigues sentimentales.
VO→19,95$ **13 ans +**

**MARNIE** ▷4
É.-U. 1964. Drame psychologique d'Alfred HITCHCOCK avec Sean Connery, Tippi Hedren et Diane Baker. - Un éditeur épouse une femme qui vole par déséquilibre psychologique et tente de la guérir.
VO→14,95$ **13 ans +**

**MAROONED** ▷4
É.-U. 1969. Science-fiction de John STURGES avec Gregory Peck, Richard Crenna et Gene Hackman. - Les manœuvres entreprises pour rescaper trois astronautes dont la capsule ne peut plus revenir sur terre.
VO→12,95$ **Général**

**MARQUÉ AU FER**
Voir: BRANDED

**MARQUIS** ▷4
FR. 1989. Comédie fantaisiste de Henri XHONNEUX. - Emprisonné à la Bastille pour blasphème, le marquis de Sade écrit des textes pornographiques satirisant les vices et les vertus de la société qui l'a condamné.
VO→LS **18 ans +**

**MARQUIS S'AMUSE, LE** ▷4
ITA. 1981. Comédie de Mario MONICELLI avec Alberto Sordi, Paolo Stoppa et Caroline Berg. - Au début du XIXe siècle, un marquis romain, camérier du pape, ne songe qu'à s'amuser aux dépens d'autrui.
VF→LS **13 ans +**

**MARQUISE** ▷4
FR. 1997. Comédie dramatique de Véra BELMONT avec Sophie Marceau, Bernard Giraudeau et Lambert Wilson. - Après être passée par la troupe de Molière, une jeune danseuse devient la maîtresse de Racine et la coqueluche de Versailles.
STA→14,95$ VO→14,95$ **Général**

**MARRAKECH EXPRESS**
Voir: HIDEOUS KINKY

**MARRIAGE OF MARIA BRAUN, THE**
Voir: LE MARIAGE DE MARIA BRAUN

**MARRIED PEOPLE, SINGLE SEX** ▷0
É.-U. 1993, Mike SEDAN
VO→26,95$ **16 ans + Érotisme**

**MARRIED TO THE MOB** ▷4
É.-U. 1988. Comédie policière de Jonathan DEMME avec Michelle Pfeiffer, Matthew Modine et Dean Stockwell. - Un agent du FBI est chargé de surveiller une jeune femme dont le mari vient d'être tué par un mafioso.
VF→LS VO→LS LBX-DVD→21,95$ **Général**

**MARRYING KIND, THE** ▷3
É.-U. 1952. Comédie de George CUKOR avec Judy Holliday, Aldo Ray et Madge Kennedy. - Un juge chargé du divorce d'un jeune couple s'emploie à les réconcilier. - Vision humoristique de la vie conjugale. Mise en scène vive et alerte.
VO→18,95$ **Général**

**MARRYING MAN, THE** ▷6
É.-U. 1991. Comédie sentimentale de Jerry REES avec Alec Baldwin, Kim Basinger et Paul Reiser. - Les tribulations d'un play-boy qui a épousé trois fois en huit ans la même chanteuse de cabaret.
VF→LS VO→LS **Général**

**MARS ATTACKS!** ▷3
É.-U. 1996. Comédie fantaisiste de Tim BURTON avec Jack Nicholson, Annette Bening et Glenn Close. - Des Martiens malicieux envahissent la Terre où ils s'amusent à décimer les humains et à détruire les villes. - Scénario d'une imagination fertile et délirante. Nombreux flashs satiriques ou surréalistes réjouissants.
VO→18,95$ VF-LBX→19,95$ VF→11,95$
LBX-DVD→21,95$ **Général**

**MARS NEEDS WOMEN** ▷7
É.-U. 1966. Science-fiction de Larry BUCHANAN avec Tommy Kirk, Yvonne Craig et Byron Lord. - Des Martiens viennent kidnapper des Terriennes afin de se reproduire.
VO→LS **Général**

**MARSEILLAISE, LA** ▷3
FR. 1938. Drame épique de Jean RENOIR avec Pierre Renoir, Andrex et Lise Delamare. - Un bataillon de Marseillais est mêlé à divers événements de la Révolution française. - Fresque qui allie l'épopée au tableau de mœurs. Mise en scène grandiose alternant avec des notes intimes ou folkloriques.
STA→LS **Général**

**MARTHE** ▷4
FR. 1997. Drame sentimental de Jean-Loup HUBERT avec Clotilde Courau, Guillaume Depardieu et Bernard Giraudeau. - Durant la Première Guerre mondiale, un soldat en convalescence se lie sentimentalement avec une institutrice.
VO→18,95$ **13 ans +**

**MARTIEN DE NOËL, LE** ▷4
QUÉ. 1971. Conte de Bernard GOSSELIN avec Marcel Sabourin, Catherine Leduc et François Gosselin. - Deux enfants d'un village du Québec se lient d'amitié avec un extraterrestre.
VO→14,95$ **Général**

**MARTIN** ▷0
É.-U. 1976, George A. ROMERO
D.CUT→9,95$ **13 ans +**

**MARTIN'S DAY** ▷5
CAN. 1984. Aventures de Alan GIBSON avec Richard Harris, Justin Henry et James Coburn. - Un jeune garçon qui a été kidnappé par un prisonnier évadé sympathise avec ce dernier.
VO→PC **Général**

**MARTINGALE, LA** ▷5
SUI. 1983. Drame d'Alain BLOCH avec Omar Sharif, Catherine Spaak et Jean-Pierre Gros. - Un joueur tricheur vient en aide à une jeune femme ennuyée par des dettes de jeu et un amant encombrant.
VO→LS **Non classé**

**MARTY** ▷3
É.-U. 1954. Drame psychologique de Delbert MANN avec Ernest Borgnine, Betsy Blair et Esther Minciotti. - Un garçon boucher timide s'éprend d'une institutrice d'allure réservée. - Étude de milieu sobre et réaliste. Analyse psychologique subtile. Interprétation sensible.
VO→14,95$ **Général**

**MARVIN'S ROOM** ▷4
É.-U. 1996. Comédie dramatique de Jerry ZAKS avec Meryl Streep, Diane Keaton et Leonardo DiCaprio. - Deux sœurs se réconcilient après des années de brouille lorsque l'une d'entre elles est atteinte de leucémie.
VF→14,95$ VO→14,95$ **Général**

**MARY MY DEAREST** ▷0
MEX. 1983, Jaime Humberto HERMOSILLO
STA→LS **Général**

**MARY OF SCOTLAND** ▷3
É.-U. 1936. Drame historique de John FORD avec Katharine Hepburn, Fredric March et Florence Eldridge. - Les amours malheureuses et la fin tragique de Marie Stuart, reine d'Écosse. - Moments de grande intensité. Mise en scène de classe. Éclairages soignés. Excellente interprétation.
VO→LS **Non classé**

**MARY POPPINS** ▷3
É.-U. 1964. Comédie musicale de Robert STEVENSON avec Julie Andrews, Dick Van Dyke et David Tomlinson. - Deux enfants découvrent un monde de joie et de fantaisie grâce à une gouvernante dotée de pouvoirs magiques. - Mélange réussi d'humour et de fantaisie. Mise en scène habile. Trucages ingénieux. Interprétation enjouée.
VO→22,95$ VF→LS LBX-DVD→31,95$ **Général**

**MARY, QUEEN OF SCOTS** ▷0
ANG. 1971, Charles JARROTT
VO→14,95$

**MARY REILLY** ▷4
É.-U. 1996. Drame fantastique de Stephen FREARS avec Julia Roberts, John Malkovich et Glenn Close. - Une jeune servante découvre qu'un terrible secret unit le docteur qui l'emploie et son assistant.
VF→12,95$ VO→12,95$ **13 ans + Horreur**

**MARY SHELLEY'S FRANKENSTEIN** ▷4
É.-U. 1994. Drame fantastique réalisé et interprété par Kenneth BRANAGH avec Robert De Niro et Helena Bonham Carter. - En 1793, un étudiant en médecine réussit à donner vie à une créature composée de morceaux humains.
VO→14,95$ VF→14,95$ LBX→12,95$ **13 ans + Horreur**

**MASADA** ▷4
É.-U. 1981. Drame historique de Boris SAGAL avec Peter O'Toole, Peter Strauss et Barbara Carrera. - En l'an 73 après J.-C., une légion romaine veut s'emparer d'une forteresse où sont retranchés des rebelles palestiniens et leurs familles.
VO→19,95$ **Non classé**

**MASCARA** ▷0
BEL. 1987, Patrick CONRAD
VO→LS **Non classé**

**MASCULIN, FÉMININ** ▷4
FR. 1961. Étude de mœurs de Jean-Luc GODARD avec Jean-Pierre Leaud, Chantal Goya et Marlène Jobert. - Un apprenti journaliste devient l'amant d'une jeune chanteuse.
STA→LS **Non classé**

**MASCULINE MYSTIQUE, THE** ▷4
CAN. 1984. Film à sketches de John N. SMITH et Giles WALKER avec Stefan Wodoslawsky, Char Davies et Sam Grana. - Les tribulations de quatre hommes qui s'interrogent sur leurs relations avec les femmes.
VO→LS **Général**

**MASINA DIRECTED BY FELLINI (COFFRET 3 VOLUMES)** ▷0
ITA., Federico FELLINI
VO→69,95$

**MASK** ▷4
É.-U. 1985. Drame psychologique de Peter BOGDANOVICH avec Eric Stoltz, Cher et Sam Elliott. - Rendu hideux par une maladie incurable, un adolescent fait face à ses problèmes avec optimisme et détermination.
VF→LS VO→PC **13 ans +**

**MASK OF DIJON, THE** ▷6
É.-U. 1946. Drame d'horreur de Lew LANDERS avec Eric Von Stroheim, Jeanne Bates et William Wright. - Un illusionniste se sert de ses pouvoirs hypnotiques pour se débarrasser de ses ennemis.
VO→24,95$ **Général**

**MASK OF FU MANCHU, THE** ▷4
É.-U. 1932. Aventures de Charles BRABIN avec Boris Karloff, Lewis Stone et Karen Morley. - Une expédition d'archéologues entre en lutte contre un génie du crime désireux d'assurer sa domination sur les populations asiatiques.
VO→19,95$ **Général**

**MASK OF ZORRO, THE** ▷4
É.-U. 1998. Aventures de Martin CAMPBELL avec Antonio Banderas, Anthony Hopkins et Catherine Zeta-Jones. - Au XIXe siècle en Californie, un justicier masqué se trouve un successeur pour combattre un cruel gouverneur espagnol.
VF-LBX→24,95$ LBX→24,95$ VF→14,95$
LBX-DVD→36,95$ **Général - Déconseillé aux jeunes enfants**

**MASK, THE** ▷4
É.-U. 1994. Comédie fantaisiste de Charles RUSSELL avec Jim Carrey, Cameron Diaz et Peter Greene. - Un masque ancien transforme un célibataire timoré en un exubérant personnage au faciès vert qui peut accomplir d'incroyables exploits.
VF→18,95$ VO→14,95$ LBX-DVD→33,95$ **Général**

**MASKS OF ETERNITY** ▷0
É.-U. 1998, Roberta WILLIAMS
VO→26,95$ **Non classé**

**MASOCH** ▷5
ITA. 1980. Drame biographique de Franco TAVIANI avec Paolo Malco, Francesca de Sapio et Fabrizio Bentivoglio. - En 1865, un chevalier écrivant des romans sadomasochistes épouse une admiratrice et l'oblige à s'adonner à des fantaisies perverses.
VF→LS **18 ans +**

**MASQUE DE ZORRO, LE**
Voir: THE MASK OF ZORRO

**MASQUE DU DÉMON, LE** ▷4
ITA. 1961. Drame d'horreur de Mario BAVA avec Barbara Steele, John Richardson et Andrea Checchi. - Suppliciée pour sorcellerie, une princesse reprend vie deux siècles après sa mort.
STA-LBX→35,95$ VA-LBX-DVD→39,95$ **13 ans +**

**MASQUE NOIR**
Voir: BLACK MASK

**MASQUE OF THE RED DEATH, THE** ▷4
ANG. 1964. Drame fantastique de Roger CROMAN avec Vincent Price, Jane Asher et Hazel Court. - Un prince croit échapper à la mort rouge qui dévaste la région en s'enfermant dans son château avec ses invités.
VO→LS **13 ans +**

**MASQUE, LE**
Voir: HALLOWEEN II

**MASQUE, LE**
Voir: THE MASK

**MASQUERADE** ▷4
É.-U. 1988. Drame de mœurs de Bob SWAIM avec Rob Lowe, Meg Tilly et Doug Savant. - Une riche orpheline s'éprend du jeune barreur d'un yacht de course sans savoir que celui-ci est mêlé à un complot criminel.
VO→PC **13 ans +**

**MASQUES** ▷4
FR. 1986. Drame policier de Claude CHABROL avec Philippe Noiret, Robin Renucci et Anne Brochet. - Sous prétexte d'écrire sa biographie, un romancier se rend chez une vedette de la télévision pour enquêter discrètement sur la disparition d'une jeune fille.
VO→LS **Général**

**MASS APPEAL** ▷4
É.-U. 1984. Drame de Glenn JORDAN avec Jack Lemmon, Zeljko Ivanek et Charles Durning. - Le curé d'une paroisse bourgeoise de Los Angeles voit son travail pastoral remis en question par l'arrivée d'un séminariste ardent et absolu.
VO→14,95$

**MASSACRE** ▷3
RUS. 1985. Drame de guerre d'Elem KLIMOV avec Alexei Kravchenko, Olga Mironova et Lubomiras Lauciavicus. - En 1943, les dures expériences de guerre d'un adolescent russe. - Scènes hallucinantes. Situations dramatiques et guerrières quelque peu simplifiées. Passages percutants. Interprétation d'une conviction conquérante.
STA→84,95$ **13 ans +**

**MASSACRE À LA TRONÇONNEUSE**
Voir: THE TEXAS CHAINSAW MASSACRE

**MASSACRE À LA TRONÇONNEUSE: LA NOUVELLE GÉNÉRATION**
Voir: TEXAS CHAINSAW MASSACRE: THE NEXT GENERATION

**MASSEY SAHIB**
Voir: IN THE DAYS OF THE RAJ

**MASTER OF BALLANTRAE, THE** ▷4
É.-U. 1953. Aventures de William KEIGHLEY avec Errol Flynn, Anthony Steel et Beatrice Campbell. - Un Écossais part à l'aventure à travers le monde alors que son frère gère le manoir familial.
VO→19,95$ **Général**

**MASTER OF THE WORLD** ▷4
É.-U. 1961. Aventures de William WITNEY avec Vincent Price, Charles Bronson et Mary Webster. - Un savant, inventeur d'un navire volant, menace le monde de destruction s'il refuse d'opter pour la paix contre la guerre.
VO→11,95$ **Non classé**

**MASTER RACE, THE** ▷6
É.-U. 1944. Drame de Herbert BIBERMAN avec George Coulouris, Lloys Bridges et Nancy Gates. - Après la guerre, un nazi suscite des conflits dans un village belge.
VO→LS **Général**

**MASTER WITH CRACKED FINGERS** ▷0
H. K. 1973, Wei HOY FUNG
VA→LS **13 ans +**

**MASTER, THE** ▷0
H. K. 1989, Hark TSUI
STA→59,95$ **Non classé**

**MATA HARI** ▷5
É.-U. 1932. Drame d'espionnage de George FITZMAURICE avec Greta Garbo, Ramon Novarro et Lionel Barrymore. - Une danseuse espionne en France pour le compte de l'Allemagne.
VO→19,95$ **Général**

**MATADOR** ▷4
ESP. 1985. Drame de mœurs de Pedro ALMODOVAR avec Assumpta Serna, Nacho Martinez et Antonio Banderas. - Une avocate perverse défend un jeune torero qui s'est accusé de crimes qu'il n'a pas commis.
STA→LS **18 ans +**

**MATCH DÉCISIF**
Voir: HOMEBOY

**MATCH FACTORY GIRL, THE** ▷3
FIN. 1989. Drame social d'Aki KAURISMÄKI avec Kati Outinen, Elina Salo et Esko Nikkari. - Une ouvrière menant une existence monotone rencontre un homme séduisant qui la met enceinte. - Variations sur le thème des exclus de notre société. Description d'un univers sombre et déprimant. Mise en scène sobre et lente. Interprétation adéquate.
STA→PC **Général**

**MATCHMAKER, THE** ▷4
É.-U. 1958. Comédie de Joseph ANTHONY avec Shirley Booth, Anthony Perkins et Shirley MacLaine. - Une pétillante veuve d'âge moyen joue à la marieuse.
VO→14,95$ **Général**

**MATERNELLE, LA** ▷0
FR. 1933, Jean BENOÎT-LÉVY et Marie EPSTEIN
STA→44,95$ **Général**

**MATEWAN** ►2
É.-U. 1987. Drame social de John SAYLES avec Chris Cooper, Will Oldham et James Earl Jones. - En 1920, un organisateur syndical se rend dans un village de Virginie pour aider des mineurs engagés dans une grève. - Rappel dramatisé d'un incident réel. Traitement solide et signifiant. Tableau d'époque des plus plausibles. Photographie soignée. Interprétation pittoresque et fort convaincante.
VO→13,95$ **13 ans +**

**MATILDA** ▷3
É.-U. 1996. Comédie fantaisiste réalisée et interprétée par Danny DE VITO avec Mara Wilson et R. Perlman. - Les tribulations d'une fillette prodige qui est envoyée par ses parents bébêtes dans une école dirigée par une tortionnaire. - Fantaisie enfantine teintée d'humour noir. Satire mordante du mode de vie matérialiste nord-américain.
VF→14,95$ VO→13,95$ **Général**

**MATIN COMME LES AUTRES, UN**
Voir: BELOVED INFIDEL

**MATINEE** ▷4
É.-U. 1993. Comédie fantaisiste de Joe DANTE avec John Goodman, Cathy Moriarty et Simon Fenton. - Durant la crise des missiles cubains en 1962, la première d'un film de science-fiction provoque tout un émoi dans une petite ville de Floride.
VF→11,95$ **Général**

**MATING HABITS OF THE EARTHBOUND HUMAN, THE** ▷0
É.-U. 1999, Jeff ABUGOV
VO→14,95$ **13 ans +**

**MATINS INFIDÈLES, LES** ▷4
QUÉ. 1988. Comédie dramatique de Jean BEAUDRY et François BOUVIER avec Denis Bouchard, Jean Beaudry et Violaine Forest. - Un photographe qui a entrepris avec un écrivain un projet d'envergure ne tarde pas à rompre ses engagements.
VO→LS **13 ans +**

**MATOU, LE** ▷4
QUÉ. 1985. Comédie dramatique de Jean BEAUDIN avec Serge Dupire, Monique Spaziani et Jean Carmet. - Le jeune propriétaire d'un restaurant est en butte aux manœuvres occultes d'un mystérieux vieillard.
VO→53,95$ **Général**

**MATRICE, LA**
Voir: THE MATRIX

**MATRICULE 373**
Voir: BADGE 373

**MATRIX, THE** ▷4
É.-U. 1999. Science-fiction d'Andy et Larry WACHOWSKI avec Keanu Reeves, Laurence Fishburne et Carrie-Anne Moss. - Un informaticien découvre que les humains vivent dans une réalité virtuelle contrôlée par des machines.
VF→19,95$ LBX-DVD→26,95$ **13 ans +**

**MATRONI ET MOI** ▷4
QUÉ. 1999. Comédie policière de Jean-Philippe DUVAL avec Alexis Martin, Pierre Lebeau et Guylaine Tremblay. - Un jeune intellectuel féru de grands principes philosophiques se retrouve mêlé à une rivalité entre gangsters.
STA→19,95$ VO→19,95$ **13 ans +**

**MATT HELM AGENT TRÈS SPÉCIAL**
Voir: THE SILENCERS

**MATT HELM TRAQUÉ**
Voir: THE AMBUSHERS

**MATTER OF DEGREES, A** ▷0
É.-U. 1991, W.T. MORGAN
VO→LS **Non classé**

**MATTER OF DIGNITY** ▷0
GRÈ. 1957, Michael CACOYANNIS
STA→21,95$

**MATTER OF HEART** ▷0
É.-U. 1985, Mark WHITNEY
VO→PC **Général**

**MATUSALEM** ▷4
QUÉ. 1993. Comédie fantaisiste de Roger CANTIN avec Marc Labrèche, Émile Proulx-Cloutier et Jod Léveillé-Bernard. - Un jeune garçon vient en aide à un fantôme qui tente de récupérer un parchemin que convoitent également des pirates.
VO→14,95$ **Général**

**MATUSALEM 2: LE DERNIER DES BEAUCHESNE** ▷5
QUÉ. 1997. Aventures de Roger CANTIN avec Marc Labrèche, Emile Proulx Cloutier et Steve Gendron. - Quatre jeunes adolescents et un professeur d'histoire sont projetés dans le passé dans une île tropicale infestée de flibustiers.
VO→14,95$ **Général**

**MAUDITE APHRODITE**
Voir: MIGHTY APHRODITE

**MAUDITE GALETTE, LA** ▷4
QUÉ. 1972. Drame policier de Denys ARCAND avec Marcel Sabourin, Luce Guilbeault et René Caron. - Un meurtre crapuleux est l'occasion d'une suite de règlements de comptes.
LBX→18,95$ **13 ans +**

**MAURICE** ▷4
ANG. 1987. Drame psychologique de James IVORY avec James Wilby, Hugh Grant et Rupert Graves. - À Cambridge au début du siècle, deux jeunes universitaires sont liés par une amitié teintée de sentiments amoureux.
VO→13,95$ **Général**

**MAUVAIS GARÇONS**
Voir: BAD BOYS

**MAUVAIS GENRE** ▷5
FR. 1997. Comédie dramatique de Laurent BÉNÉGUI avec Jacques Gamblin, Elina Löwensohn et Monica Bellucci. - À l'insu de sa copine, un romancier suffisant suit une inconnue qui a acheté son bouquin.
VO→19,95$ **Général**

**MAUVAIS ŒIL**
Voir: SNAKE EYES

**MAUVAIS SANG** ►2
FR. 1986. Drame poétique de Léos CARAX avec Denis Lavant, Juliette Binoche et Michel Piccoli. - Engagé pour cambrioler le coffre d'un laboratoire, un jeune voleur est fasciné par la maîtresse de son chef. - Intrigue policière prétexte à variations poétiques. Nombreuses références cinématographiques. Traitement original de toute beauté. Interprétation insolite.
VO→LS **Général**

**MAUVAISE CONDUITE** ▷0
FR. 1984, Nestor ALMENDROS et Arlando JIMENEZ LEAL
STA→LS **Non classé**

**MAUVAISE CONDUITE**
Voir: VERY BAD THINGS

**MAUVAISE FILLE** ▷5
FR. 1990. Drame de mœurs de Régis FRANC avec Florence Pernel, Daniel Gélin et Yvan Attal. - Se sentant coincée dans un univers d'hommes, une jeune fille cherche à quitter pour toujours sa Camargue natale.
VO→16,95$ **Général**

**MAUVAISE GRAINE (BAD SEED)** ▷0
FR. 1933, Billy WILDER et Alexander ESWAY
STA→34,95$ **Général**

**MAUVAISE GRAINE, LA**
Voir: THE BAD SEED

**MAVERICK** ▷4
É.-U. 1994. Western de Richard DONNER avec Mel Gibson, Jodie Foster et James Garner. - Les tribulations d'un jeune joueur professionnel qui s'efforce de trouver l'argent qui lui manque pour s'inscrire à un important tournoi de poker.
LBX→18,95$ VF→14,95$ VF-LBX→18,95$
LBX-DVD→29,95$ **Général**

**MAVERICK QUEEN, THE** ▷4
É.-U. 1956. Western de Joseph KANE avec Barbara Stanwick, Barry Sullivan et Scott Brady. - La propriétaire d'un hôtel du Wyoming fréquenté par des hors-la-loi s'éprend d'un jeune étranger.
VO→LS **Général**

**MAX** ▷4
CAN. 1993. Drame psychologique de Charles WILKINSON avec R.H. Thomson, Denise Crosby et Fabio Wilkinson. - Lorsqu'il apprend que son fils est atteint d'une maladie probablement causée par la pollution, un homme emmène sa famille vivre dans une ferme.
VF→LS **Général**

**MAX DUGAN RETURNS** ▷4
É.-U. 1983. Comédie de Herbert ROSS avec Marsha Mason, Jason Robards et Donald Sutherland. - Une femme qui vit avec son fils adolescent voit leur existence transformée par l'arrivée de son père, absent depuis près de trente ans.
VF→LS VO→LS **Général**

**MAX ET JÉRÉMIE** ▷4
FR. 1992. Drame policier de Claire DEVERS avec Christophe Lambert, Philippe Noiret et Jean-Pierre Marielle. - Un jeune voyou s'acoquine avec un vieux tueur à gages à la retraite qu'il a pour mission d'abattre.
VO→13,95$ **13 ans +**

**MAX ET LES FERRAILLEURS** ▷3
FR. 1970. Drame policier de Claude SAUTET avec Michel Piccoli, Romy Schneider et Bernard Fresson. - Un inspecteur de police déçu par ses échecs pousse des jeunes à commettre un vol pour mieux les prendre. - Fascinante étude psychologique. Mise en scène vigoureuse et sobre. Personnages bien campés.
VO→LS **Général**

**MAX, MON AMOUR** ▷5
FR. 1986. Drame de mœurs de Nagisa OSHIMA avec Charlotte Rampling, Anthony Higgins et Diana Quick. - Un diplomate découvre indigné que son épouse a un amant chimpanzé.
VF→14,95$ **13 ans +**

**MAXIE** ▷5
É.-U. 1985. Comédie fantaisiste de Paul AARON avec Glenn Close, Mandy Patinkin et Ruth Gordon. - Le fantôme d'une danseuse s'empare du corps d'une jeune femme afin de réussir un test qu'elle n'a pu subir de son vivant.
VO→LS **Général**

**MAXIMUM OVERDRIVE** ▷0
É.-U. 1986, Stephen KING
VO→9,95$ DVD→27,95$

**MAXIMUM RISK** ▷6
É.-U. 1996. Drame policier de Ringo LAM avec Jean-Claude Van Damme, Natasha Henstridge et Jean-Hugues Anglade. - Un jeune Français enquête sur la mort de son frère jumeau qui était acoquiné à la mafia russe de New York.
VF→PC VO→LS **13 ans + Violence**

**MAY MORNING** ▷0
ITA. 1972, Ugo LIBERATORE
LBX→38,95$ LBX-DVD→PC **13 ans +**

**MAYA LIN: A STRONG CLEAR VISION** ▷5
É.-U. 1995. Documentaire de Freida LEE MOCK. - Portrait de l'architecte Maya Lin, conceptrice du célèbre monument édifié à Washington à la mémoire des soldats morts au Viêt-nam.
VO→LS **Général**

**MAYBE... MAYBE NOT** ▷5
ALL. 1994. Comédie de mœurs de Sönke WORTMANN avec Til Schweiger, Katja Riemann et Joachim Krol. - Chassé par sa fiancée, un coureur de jupons s'installe chez un homosexuel.
VF→18,95$ **13 ans + Langage vulgaire**

**MAYERLING** ▷0
FR. 1936, Anatole LITVAK
STA→27,95$ **Non classé**

**MAYERLING** ▷5
ANG. 1968. Drame de Terence YOUNG avec Omar Sharif, James Mason et Catherine Deneuve. - En 1888, le tragique roman d'amour de l'archiduc Rodolphe d'Autriche et de Maria Vetsera.
VF→LS VO→27,95$ **Non classé**

**MAYRIG** ▷0
FR. 1991, Henri VERNEUIL
VO→LS **Non classé**

**MAYTIME** ▷5
É.-U. 1937. Drame musical de Robert Z. LEONARD avec Jeanette McDonald, Nelson Eddy et John Barrymore. - Par reconnaissance, une chanteuse épouse son professeur de chant et tombe amoureuse d'un autre homme.
VO→19,95$ **Général**

**MAYTIME IN MAYFAIR** ▷0
ANG. 1949, Herbert WILCOX
VO→24,95$ **Général**

**MAZEPPA** ▷4
FR. 1992. Drame de mœurs réalisé et interprété par BARTABAS avec Miguel Bose et Brigitte Mary. - Afin d'étudier de plus près les chevaux, le peintre romantique Géricault séjourne parmi les membres d'un cirque spécialisé dans les spectacles équestres.
VO→19,95$ **Général**

**McBAIN** ▷6
É.-U. 1991. Drame de guerre de James GLICKENHAUS avec Christopher Walken, Maria Conchita Alonso et Michael Ironside. - Un vétéran du Viêt-nam entre en lutte contre des barons colombiens de la drogue.
VO→LS **13 ans +**

**McCABE & MRS. MILLER** ▷3
É.-U. 1971. Western de Robert ALTMAN avec Warren Beatty, Julie Christie et René Auberjonois. - Une prostituée offre son aide à un joueur qui a établi un saloon sur un terrain qu'il a gagné. - Traitement original des traditions du western. Images travaillées. Ensemble intéressant. Jeu insolite des vedettes.
VO→14,95$ **18 ans +**

**McCONNELL STORY, THE** ▷5
É.-U. 1955. Drame biographique de Gordon DOUGLAS avec Alan Ladd, June Allyson et James Whitmore. - La carrière héroïque et la vie conjugale d'un pilote de l'aviation américaine.
VO→14,95$ **Général**

**McKENZIE BREAK, THE** ▷4
IRL.-ANG. 1970. Drame de guerre de Lamont JOHNSON avec Brian

Keith, Helmut Griem et Ian Hendry. - En Ecosse, un officier américain tente d'empêcher une évasion de prisonniers de guerre allemands.
VO→14,95$ LBX-DVD→29,95$ **13 ans +**

**McLINTOCK!** ▷4
É.-U. 1963. Western de Andrew V. McLAGLEN avec John Wayne, Maureen O'Hara et Stefanie Powers. - Un riche rancher cherche à reconquérir sa femme dont il est séparé.
VO→18,95$ **Général**

**MCQ** ▷5
É.-U. 1973. Drame policier de John STURGES avec John Wayne, Eddie Albert et Diana Muldaur. - Après le meurtre d'un de ses camarades, un lieutenant de police devient détective privé pour enquêter plus librement.
VO→19,95$ **Général**

**McVICAR** ▷0
ANG. 1980, Tom CLEGG
VO→LS **13 ans +**

**ME AND HIM** ▷5
ALL. 1988. Comédie de mœurs de Dorris DÖRRIE avec Griffin Dunne, Ellen Greene et Carey Lowell. - Le jour de son anniversaire, un architecte menant une existence très sage est interpellé par son membre viril qui l'engage à tenter diverses aventures.
VF→LS VO→LS **Non classé**

**ME AND THE COLONEL** ▷4
É.-U. 1958. Comédie dramatique de Peter GLENVILLE avec Danny Kaye, Curt Jurgens et Nicole Maurey. - Un colonel polonais raciste se voit obligé de voyager avec un Juif pour échapper aux Allemands.
VO→19,95$ **Général**

**ME MYSELF I** ▷4
AUS. 1999. Comédie fantaisiste de Philippa KARMEL avec Rachel Griffiths, David Roberts et Sandy Winton. - Une journaliste célibataire est projetée comme par magie dans l'existence de son double, femme au foyer et mère de famille.
VF→LS VO→LS **Général**

**ME, MYSELF & IRENE** ▷5
É.-U. 2000. Comédie policière de Bobby et Peter FARRELLY avec Jim Carrey, Renée Zellweger et Chris Cooper. - Un policier souffrant d'un dédoublement de la personnalité assure la protection d'une jeune femme pourchassée par des tueurs.
VF→LS VO→LS **13 ans + Langage vulgaire**

**MEAN SEASON, THE** ▷4
É.-U. 1985. Drame policier de Phillip BORSOS avec Kurt Russell, Mariel Hemingway et Richard Jordan. - Un maniaque avide de publicité se sert d'un journaliste comme confident téléphonique après chacun de ses crimes.
VO→LS **13 ans +**

**MEAN STREETS** **▶2**
É.-U. 1973. Drame social de Martin SCORSESE avec Harvey Keitel, Robert De Niro et Amy Robinson. - Dans le quartier italien de New York, deux jeunes hommes sont mêlés aux activités de la mafia. - Portrait à la fois dur et pittoresque du milieu. Scénario bien construit. Mise en scène inventive et efficace. Interprètes convaincants.
VO→19,95$ LBX-DVD→21,95$ **18 ans +**

**MÉCANIQUES CÉLESTES** ▷5
FR.-VEN.-BEL.-ESP. 1994. Comédie fantaisiste de Fina TORRES avec Ariadna Gil, Arielle Dombasle et Evelyne Didi. - Une soprano vénézuélienne réfugiée à Paris veut obtenir le rôle principal d'un film-opéra.
STA→13,95$ **Général**

**MÉCHANT PARTY** ▷6
QUÉ. 2000. Comédie de Mario CHABOT avec Roc Lafortune, David La Haye et Catherine Sénart. - En route pour un party d'Halloween, un homme bonasse prend en auto-stop un voyou armé qui l'entraîne dans diverses mésaventures
**Général - Déconseillé aux jeunes enfants**

**MEDEA** ▷0
É.-U. 1959, José QUINTERO
VO→LS **Général**

**MEDEA**
Voir: MÉDÉE

**MEDECINE MAN** ▷4
É.-U. 1992. Aventures de John McTIERNAN avec Sean Connery, Lorraine Bracco et Jose Wilker. - En Amazonie, un chercheur obtient l'aide d'une femme-médecin pour trouver la formule d'un sérum contre le cancer.
VF→9,95$ **Général**

**MÉDÉE** ▷3
ITA. 1969. Drame poétique de Pier Paolo PASOLINI avec Maria Callas, Giuseppe Gentile et Laurent Terzieff. - Répudiée par son époux Jason, Médée se venge cruellement sur ses enfants. - Évocation stylisée d'une tragédie grecque. Ensemble d'une grande richesse visuelle. Style insolite.
STA→LS **Général**

**MEDITERRANEO** ▷3
ITA. 1991. Comédie de mœurs de Gabriele SALVATORES avec Diego Abatantuono, Claudio Bigagli et Giuseppe Cederna. - Durant la Deuxième Guerre mondiale, huit soldats italiens sympathisent avec les habitants d'une petite île grecque qu'ils occupent pendant plusieurs années. - Histoire bucolique située dans un contexte presque intemporel. Mise en images superbe. Personnages fort bien typés. Interprétation naturelle.
STA→14,95$ VF→14,95$ **Général**

**MEDIUM COOL** ▷3
É.-U. 1969. Drame de Haskell WEXLER avec Robert Forster, Verna Bloom et Peter Bonerz. - Les problèmes professionnels et personnels d'un reporter pour la télévision. - Traitement original. Mélange de fiction et de réalité. Éléments de réflexion sur les médias. Montage adroit. Interprétation valable.
VO→13,95$ **Général**

**MEDUSA: DARE TO BE TRUTHFUL** ▷0
É.-U. 1992, Julie BROWN et John FORTENBERRY
VO→14,95$ **Général**

**MEE POK MAN** ▷0
CHI. 1995, Eric KHOO
STA→LS **13 ans +**

**MEET DANNY WILSON** ▷5
É.-U. 1951. Comédie musicale de Joseph PEVNEY avec Frank Sinatra, Shelley Winter et Alex Nicol. - Un chanteur et un pianiste sont tous deux épris d'une vedette en vogue.
VO→LS **Général**

**MEET JOE BLACK** ▷5
É.-U. 1998. Drame sentimental de Martin BREST avec Brad Pitt, Anthony Hopkins et Claire Forlani. - Empruntant le corps d'un jeune homme décédé, la Mort visite le monde des vivants et s'éprend d'une jolie mortelle.
LBX→14,95$ VF→14,95$ LBX-DVD→27,95$ **Général**

**MEET JOHN DOE** ▷3
É.-U. 1941. Comédie satirique de Frank CAPRA avec Gary Cooper, Barbara Stanwyck et Edward Arnold. - Un journal fabrique de toutes pièces un représentant de l'Américain type. - Traits satiriques ingénieux. Mise en scène soignée.
VO→18,95$ **Non classé**

**MEET ME IN ST. LOUIS** **▶2**
É.-U. 1944. Comédie musicale de Vincente MINNELLI avec Judy Garland, Margaret O'Brien et Mary Astor. - La vie paisible d'une famille de Saint Louis est bouleversée par l'annonce d'un déménagement à New York. - Charmante chronique familiale. Évocation pittoresque et colorée du tournant du siècle. Numéros musicaux délicieux. Mise en scène souple. Interprétation sympathique.
VO→14,95$ **Général**

**MEET THE APPLEGATES** ▷5
É.-U. 1989. Comédie fantaisiste de Michael LEHMANN avec Ed Begley Jr, Stockard Channing et Dabney Coleman. - Les membres d'une famille modèle d'une banlieue américaine sont en fait des insectes protéiformes chargés de saboter une usine nucléaire.
VO→PC **13 ans +**

**MEET THE FEEBLES** ▷4
N.-Z. 1989. Comédie fantaisiste de Peter JACKSON. - Divers incidents perturbent le travail d'une troupe d'artistes de variétés qui prépare fébrilement un spectacle pour la télévision.
VO→27,95$ DVD→23,95$ **18 ans +**

**MEET THE PARENTS** ▷4
É.-U. 2000. Comédie de Jay ROACH avec Robert De Niro, Ben Stiller et Blythe Danner. - Un infirmier désirant épouser sa petite amie ne répond guère aux exigences de son futur beau-père, un ancien psychologue de la CIA.
**Général**

**MEETING VENUS** ▷4
ANG. 1991. Drame de mœurs d'Istvan SZABO abec Niels Arestrup, Glenn Close et Erland Josephson. - Un chef d'orchestre qui éprouve des difficultés dans les préparatifs d'un spectacle d'opéra a une liaison avec la soprano vedette.
VO→18,95$ **Général**

**MEILLEUR DE LA VIE, LE** ▷5
FR. 1984. Drame psychologique de Renaud VICTOR avec Sandrine Bonnaire, Jacques Bonnaffé et Jean-Marc Bory. - La relation amoureuse très instable d'une étudiante et d'un postier dont les caractères diffèrent énormément.
VO→LS **Non classé**

**MEILLEUR ESPOIR FÉMININ** ▷4
FR. 2000. Comédie dramatique réalisée et interprétée par Gérard JUGNOT avec Bérénice Bejo et Antoine Duléry. - Un coiffeur de province vivant seul avec sa fille adolescente s'oppose vivement à ce que celle-ci tourne dans un film à Paris.
**Général**

**MEILLEUR, LE**
Voir: THE NATURAL

**MEILLEURES INTENTIONS, LES** ▷3
SUÈ. 1992. Drame biographique de Bille AUGUST avec Pernilla August, Samuel Fröler et Max von Sydow. - En Suède, à la fin du siècle dernier, deux jeunes époux aux tempéraments différents vivent une relation tumultueuse. - Scénario intimiste écrit par Ingmar Bergman. Traitement d'un classicisme rigoureux. Images magnifiques. Interprétation émouvante de P. August.
STA→19,95$ VF→19,95$ **Général**

**MEIN KRIEG** ▷0
ALL. 1989, Thomas KUFUS et Harriet EDER
VF→LS STA→34,95$ **Général**

**MÉLI-MÉLO** ▷0
POL. 1968, Andrzej WAJDA
STA→LS **Général**

**MÉLODIE DU BONHEUR, LA**
Voir: THE SOUND OF MUSIC

**MÉLODIE INTERROMPUE**
Voir: INTERRUPTED MELODY

**MÉLODIE MEURTRIÈRE** ▷4
ITA. 1978. Comédie policière de Sergio CORBUCCI avec Marcello Mastroianni, Ornella Muti et Michel Piccoli. - Un mandoliniste impécunieux est entraîné dans une affaire ténébreuse après avoir accepté de jouer la sérénade devant un immeuble.
VF→LS **Général**

**MELODY HAUNTS MY REVERIE, THE** ▷0
YOU. 1981, Rajko GRLIC
STA→PC **13 ans + Érotisme**

**MELVIN AND HOWARD** ▷4
É.-U. 1980. Comédie dramatique de Jonathan DEMME avec Paul Le Mat, Mary Steenburgen et Jason Robards. - Les tribulations d'un brave garçon qui croit avoir fait la rencontre d'un milliardaire excentrique.
LBX→14,95$ LBX-DVD→29,95$ **13 ans +**

**MEMBER OF THE WEDDING, THE** ▷3
É.-U. 1953. Drame psychologique de Fred ZINNEMANN avec Julie Harris, Ethel Waters et Brandon De Wilde. - Les tourments d'une adolescente fantasque se font jour à l'occasion du mariage de son frère. - Adaptation soignée d'une pièce de Carson McCullers. Thème riche en observations subtiles. Mise en scène d'une grande finesse de touche. Excellente interprétation.
VO→18,95$ **Général**

**MÊME HEURE, L'ANNÉE PROCHAINE**
Voir: SAME TIME, NEXT YEAR

**MÊME LES COW-GIRLS ONT LE VAGUE À L'ÂME**
Voir: EVEN COWGIRLS GET THE BLUES

**MEMENTO** ▷3
É.-U. 2000. Drame policier de Christopher NOLAN avec Guy Pearce, Carrie-Anne Moss et Joe Pantoliano. - Un homme qui recherche l'assassin de sa femme souffre d'une forme d'amnésie effaçant de sa mémoire les choses vécues l'instant d'avant. - Chronologie des événements défilant à rebours. Tour de force narratif insolite et fascinant. Réalisation fort habile. Jeu expressif et nuancé de G. Pearce.
**13 ans + Violence**

**MÉMOIRE BATTANTE** ▷4
CAN. 1983. Documentaire d'Arthur LAMOTHE. - Évocation des mœurs, de la culture et des croyances des Montagnais du Nord-Est du Québec et dénonciation de l'ethnocentrisme des Blancs.
VO→32,95$ **Général**

**MÉMOIRES D'UN HOMME INVISIBLE, LES**
Voir: MEMOIRS OF AN INVISIBLE MAN

**MÉMOIRES DE FEMMES**
Voir: A WOMAN'S TALE

**MEMOIRS** ▷0
CAN. 1985, Bashar SHBIB
VO→LS **Général**

**MEMOIRS OF AN INVISIBLE MAN** ▷5
É.-U. 1992. Comédie fantaisiste de John CARPENTER avec Chevy Chase, Daryl Hannah et Sam Neill. - Devenu invisible à la suite d'un accident dans un laboratoire, un financier est pourchassé par des agents de la CIA.
VO→14,95$ **Général**

**MEMORIES OF A MARRIAGE** ▷4
DAN. 1989. Comédie dramatique de Kaspar ROSTRUP avec Frits Helmuth, Ghita Norby et Mikael Helmuth. - Au cours d'une fête, un ouvrier à la retraite se remémore sa vie commune avec sa femme.
STA→18,95$ **Général**

**MEMORIES OF ME** ▷5
É.-U. 1988. Comédie dramatique de Henry WINKLER avec Billy Crystal, Alan King et JoBeth Williams. - Après avoir subi une crise cardiaque, un chirurgien décide de renouer avec l'acteur égocentrique et hâbleur qu'est son père.
VO→11,95$ **Général**

**MEMPHIS BELLE** ▷4
ANG. 1990. Drame de guerre de Michael CATON-JONES avec Matthew Modine, Eric Stoltz et Tate Donovan. - En 1943, un capitaine aux commandes d'un bombardier B-17 espère réussir une mission qui fera de ses hommes et de lui des héros.
VF→11,95$ VO→11,95$ LBX-DVD→21,95$ **Général**

**MEN**
Voir: MES DEUX HOMMES

**MEN DON'T LEAVE** ▷4
É.-U. 1989. Drame psychologique de Paul BRICKMAN avec Jessica Lange, Chris O'Donnell et Arliss Howard. - Les difficultés rencontrées par une jeune mère qui doit élever seule ses deux garçons après la mort de son mari.
VO→19,95$ **Général**

**MEN IN BLACK** ▷4
É.-U. 1997. Comédie fantaisiste de Barry SONNENFELD avec Tommy Lee Jones, Will Smith et Linda Fiorentino. - Deux agents secrets sont chargés de contrôler les activités d'extraterrestres séjournant incognito sur la Terre.
VF→17,95$ LBX→9,95$ VO→18,95$ **Général**

**MEN IN LOVE** ▷0
É.-U. 1990, Marc HUESTIS
VO→LS **18 ans +**

**MEN IN WAR** ►2
É.-U. 1956. Drame de guerre de Anthony MANN avec Robert Ryan, A. Ray et R. Keith. - Pendant la guerre de Corée, un peloton d'infanterie, cerné par l'ennemi, tente de rejoindre son bataillon. - Caractère d'authenticité. Réalisation vigoureuse. Excellents interprètes.
VO→LS

**MEN OF BOYS TOWN** ▷5
É.-U. 1941. Drame social de Norman TAUROG avec Spencer Tracy, Mickey Rooney et Larry Numm. - Un prêtre directeur d'une œuvre pour jeunes abandonnés fait face à divers problèmes.
VO→18,95$ **Général**

**MEN OF HONOR** ▷5
E.-U. 2000. Drame biographique de George TILLMAN Jr. avec Cuba Gooding Jr., Robert De Niro et Aunjanue Ellis. - L'histoire de Carl Brashear qui devint dans les années 1950 le premier Noir à être promu de l'école de plongée de la marine américaine.
VF→LS VO→LS **Général**

**MEN OF RESPECT** ▷5
É.-U. 1990. Étude de mœurs de William REILLY avec John Turturro, Katherine Borowitz et Dennis Farina. - Poussé par sa femme et soutenu par les prédictions d'une voyante, un gangster impose sa loi dans la mafia new-yorkaise.
VO→11,95$ **18 ans +**

**MEN OF THE FIGHTING LADY** ▷4
É.-U. 1954. Drame de guerre de Andrew MARTON avec Van Johnson, Walter Pidgeon et Dewey Martin. - Les exploits d'une escadrille d'avions américains durant la guerre de Corée.
VO→18,95$ **Non classé**

**MEN WHO TREAD ON THE TIGER'S TAIL, THE**
Voir: LES HOMMES QUI MARCHENT SUR LA QUEUE DU TIGRE

**MEN WITH GUNS** ▷3
É.-U. 1997. Drame social de John SAYLES avec Federico Luppi, Damian Delgado et Dan Rivera Gonzalez. - Dans un contexte de guerre civile, un vieux médecin latino-américain entreprend un voyage en vue de renouer avec ses étudiants partis pratiquer en régions rurales. - Critique politique et sociale teintée d'humanisme. Rythme lent. Climat de violence latente.
STA→13,95$ **Général**

**MEN'S CLUB, THE** ▷6
É.-U. 1986. Drame de mœurs de Peter MEDAK avec Roy Scheider, Frank Langella et Harvey Keitel. - Sept hommes échangent des confidences sur leurs expériences sentimentales puis finissent leur soirée dans une maison de passe.
VO→LS **13 ans +**

**MEN, THE** ▷3
É.-U. 1949. Drame psychologique de Fred ZINNEMANN avec Marlon Brando, Teresa Wright et Everett Sloane. - Un jeune soldat grièvement blessé retrouve son équilibre grâce au dévouement de sa fiancée. - Traitement sobre mais émouvant. Style dépouillé. Interprétation de classe. Premier film de M. Brando.
VO→9,95$ **Non classé**

**MENACE II SOCIETY** ▷4
É.-U. 1993. Drame social de Allen HUGHES et Albert HUGHES avec Tyrin Turner, Jada Pinkett et Vonte Sweet. - Un adolescent de Los Angeles qui vit du trafic de la drogue en vient à recourir à des actes de violence extrême pour régler ses différends avec autrui.
VO→14,95$ VF→14,95$ LBX-DVD→PC **16 ans + Violence**

**MENACE POUR LA SOCIÉTÉ**
Voir: MENACE II SOCIETY

**MENACE, LA** ▷4
FR. 1977. Drame policier d'Alain CORNEAU avec Yves Montand, Carole Laure et Jean-François Balmer. - Le directeur d'une entreprise de camionnage tente de disculper sa jeune maîtresse d'une accusation de meurtre.
VO→LS **Général**

**MÉNAGE À TROIS**
Voir: THREESOME

**MÉNAGERIE DE VERRE, LA**
Voir: THE GLASS MENAGERIE

**MENDEL** ▷0
NOR. 1997, Alexander ROSLER
STA→129,95$ **Général**

**MENEUR, LE**
Voir: THE PLAYER

**MENSONGE** ▷4
FR. 1992. Drame psychologique de François MARGOLIN avec Nathalie Baye, Didier Sandre et Hélène Lapiower. - Ayant découvert qu'elle est séropositive, une jeune mère de famille qui a toujours été fidèle enquête sur le passé de son mari.
VO→LS **Général**

**MENTALITÉ DANGEREUSE**
Voir: DANGEROUS MINDS

**MENTEUR MENTEUR**
Voir: LIAR LIAR

**MÉPHISTO** ▷3
HON. 1981. Drame social d'Istvan SZABO avec Klaus Maria Brandauer, Rolf Hoppe et Karin Boyd. - Un acteur ambitieux met son talent au service du régime nazi. - Évocation d'époque stylisée. Psychologie fouillée. Mise en scène ample et colorée. Interprétation nuancée.
VA→LS **Général**

**MÉPRIS, LE** ▷3
FR. 1963. Drame psychologique de Jean-Luc GODARD avec Brigitte Bardot, Michel Piccoli et Jack Palance. - Un scénariste se plie aux exigeances d'un producteur et perd l'amour de sa femme. - À la fois fascinant et irritant. Mise en scène d'un style insolite. Évolution psychologique intéressante.
STA→LS **Général**

**MERCENAIRE DE MINUIT, LE**
Voir: INVITATION TO A GUNFIGHTER

**MERCENAIRE, LE**
Voir: LAST MAN STANDING!

**MERCHANT OF FOUR SEASONS, THE**
Voir: LE MARCHAND DE QUATRE SAISONS

**MERCI D'AVOIR ÉTÉ MA FEMME**
Voir: STARTING OVER

**MERCI LA VIE** ▷3
FR. 1991. Comédie dramatique de Bertrand BLIER avec Charlotte Gainsbourg, Anouk Grinberg et Gérard Depardieu. - Une jeune étudiante est entraînée dans une folle randonnée par une fille étrange et particulièrement délurée. - Exercice de style excentrique où l'imaginaire se mêle à la réalité. Grande virtuosité narrative et technique. Jeux temporels déconcertants. Interprétation enthousiaste.
VO→12,95$ **13 ans +**

**MERCI POUR LE CHOCOLAT** ▷4
FR. 2000. Drame psychologique de Claude CHABROL avec Isabelle Huppert, Anna Mouglalis et Jacques Dutronc. - À la recherche de ses origines, une jeune pianiste côtoie la famille d'une femme d'affaires dont l'amabilité cache une redoutable perversité.
**Général**

**MERCREDI DES CENDRES, LE**
Voir: ASH WEDNESDAY

**MERCURE À LA HAUSSE**
Voir: MERCURY RISING

**MERCURY RISING** ▷5
É.-U. 1998. Drame policier de Harold BECKER avec Bruce Willis, Alec Baldwin et Miko Hugues. - Un agent du FBI protège un enfant autistique menacé de mort depuis qu'il a décodé un message secret émanant de la défense nationale.
LBX→18,95$ VF→16,95$ LBX-DVD→33,95$ **13 ans + Violence**

**MÈRE INDIGNE**
Voir: LABYBIRD, LADYBIRD

**MÈRE JEANNE DES ANGES** ▷0
POL. 1960, Jerzy KAWALEROWICZ
STA→LS

**MERLIN** ▷0
É.-U. 1993, Paul HUNT
VF→19,95$ VO→19,95$ **Général**

**MERLIN L'ENCHANTEUR**
Voir: THE SWORD IN THE STONE

**MERMAIDS** ▷4
É.-U. 1990. Comédie dramatique de Richard BENJAMIN avec Winona Ryder, Cher et Bob Hoskins. - En pleine crise d'adolescence, la fille aînée d'une femme excentrique hésite entre devenir religieuse ou céder aux avances d'un jeune homme.
VO→PC **Général**

**MERRILL'S MARAUDERS** ▷3
É.-U. 1962. Drame de guerre de Samuel FULLER avec Jeff Chandler, Ty Hardin et Andrew Duggan. - Un régiment américain affronte les Japonais dans la jungle birmane. - Approche réaliste. Mise en scène vigoureuse et soignée. Excellente interprétation d'ensemble.
VO→14,95$ **Général**

**MERRY CHRISTMAS, MR. LAWRENCE** ►2
ANG. 1982. Drame de guerre de Nagisa OSHIMA avec David Bowie, Ryuichi Sakamoto et Tom Conti. - Les difficiles relations entre des prisonniers de guerre anglais et leurs geôliers japonais. - Contexte dramatique intense et prenant. Photographie soignée. Climat d'étrangeté bien créé. Interprétation solide.
VO→14,95$ **Général**

**MERRY WAR, A** ▷0
ANG. 1997, Robert BIERMAN
VO→19,95$ **Général**

**MERRY WIDOW, THE** ▷4
É.-U. 1935. Comédie musicale de Ernst LUBITSCH avec Jeanette MacDonald, Maurice Chevalier et Edward Everett Horton. - Un aristocrate est chargé de séduire une riche veuve pour sauver les finances de son pays.
VO→19,95$ **Non classé**

**MERRY WIDOW, THE** ▷5
É.-U. 1953. Comédie musicale de Curtis BERNHARDT avec Lana Turner, Fernando Lamas et Una Merkel. - Le roi de Marsovie charge son neveu de séduire une riche veuve pour sauver les finances du pays.
VO→19,95$ **Général**

**MERTON OF THE MOVIES** ▷4
É.-U. 1947. Comédie de Robert ALTON avec Red Skelton, Virginia O'Brien et Gloria Grahame. - Au temps du cinéma muet, un maladroit rêve de devenir un grand acteur dramatique.
VO→19,95$

**MERVEILLEUSE ANGÉLIQUE** ▷5
FR. 1965. Aventures de Bernard BORDERIE avec Michèle Mercier, Claude Giraud et Jean-Louis Trintignant. - Les intrigues amoureuses d'une jeune veuve noble pour faciliter sa rentrée à la cour du roi.
VO→LS **13 ans +**

**MERVEILLEUSE VISITE, LA** ▷0
FR. 1974, Marcel CARNÉ
STA→39,95$ **Général**

**MERVEILLEUX DIMANCHE, UN** ▷0
JAP. 1947, Akira KUROSAWA
STA→17,95$ **Général**

**MES DEUX HOMMES** ▷4
ALL. 1985. Comédie de mœurs de Dorris DÖRRIE avec Heiner Lauterbach, Uwe Ochsenknecht et Ulrike Kriena. - Un publicitaire entreprend de pousser l'amant bohème de sa femme à se ranger pour mettre fin à leur liaison.
VF→LS **Général**

**MES DEUX VIES**
Voir: SWITCH

**MES MEILLEURS COPAINS** ▷5
FR. 1989. Comédie de Jean-Marie POIRÉ avec Gérard Lanvin, Christian Clavier et Jean-Pierre Bacri. - Au cours d'un week-end, cinq hommes se remémorent leur jeunesse passée aux côtés de leur copine québécoise revenue en France pour donner un concert rock.
VO→LS **13 ans +**

**MES PREMIERS PAS DANS LA MAFIA**
Voir: THE FRESHMAN

**MESDAMES ET MESSIEURS, BONSOIR** ▷0
ITA. 1976, Ettore SCOLA, Luigi COMENCINI et Mario MONICELLI
VF→LS **Général**

**MESMER** ▷4
ANG. 1994. Drame biographique de Roger SPOTTISWOODE avec Alan Rickman, Amanda Ooms et Jan Rubes. - À cause de ses théories, un médecin autrichien du XVIIIe siècle est obligé de se réfugier à Paris.
VO→14,95$ **13 ans +**

**MESMERIZED** ▷5
ANG.-AUS.-N.-Z. 1986. Drame judiciaire de Michael LAUGHLIN avec Jodie Foster, John Lithgow et Michael Murphy. - Au XIXe siècle, une jeune orpheline est jugée pour le meurtre de son mari, un homme d'âge mûr au comportement fort étrange.
VO→18,95$

**MESRINE** ▷6
FR. 1984. Drame policier d'André GÉNOVÈS avec Nicolas Silberg, Caroline Aguilar et Gérard Sergue. - La vie d'un criminel notoire au cours de ses dix-huit derniers mois.
VO→LS **13 ans +**

**MESSAGE IN A BOTTLE** ▷5
É.-U. 1999. Drame sentimental de Luis MANDOKI avec Kevin Costner, Robin Wright Penn et Paul Newman. - Une journaliste s'engage dans une relation avec un veuf qui demeure hanté par le souvenir de sa défunte épouse
VF→19,95$ LBX→19,95$ VO→18,95$ **Général**

**MESSAGE, THE (MOHAMMED, MESSENGER OF GOD)** ▷5
LIB. 1976. Drame historique de Moustapha AKKAD avec Anthony Quinn, Michael Ansara et Irène Papas. - Evocation des débuts de la religion islamique.
LBX→29,95$ LBX-DVD→33,95$ **Général**

**MESSENGER, THE** ▷6
ITA.-É.-U. 1987. Drame policier réalisé et interprété par Fred WILLIAMSON avec Sandy Cummings et Val Avery. - Aidé d'un millionnaire, un ex-détenu se lance à la recherche des assassins de son épouse.
VO→11,95$ **16 ans + Violence**

**MESSENGER, THE: THE STORY OF JOAN OF ARC** ▷4
FR. 1999. Drame historique de L. BESSON avec Milla Jovovich, John Malkovich et Faye Dunaway. - En 1429, forte de supposées révélations divines, une simple paysanne devient chef des armées du roi de France Charles VII.
VF→14,95$ VO→LS LBX-DVD→29,95$ **16 ans + Violence**

**MESSIAH, THE** ▷0
ITA. 1978, Roberto ROSSELLINI
STA→92,95$ **Général**

**MESURES EXTRÊMES**
Voir: EXTREME MEASURES

**MÉTAL HURLANT**
Voir: HEAVY METAL

**MÉTAMORPHOSE**
Voir: MIMIC

**METEOR** ▷5
É.-U. 1979. Drame de Ronald NEAME avec Sean Connery, Karl Malden et Brian Keith. - Des savants russes et américains unissent leurs forces pour détruire un météore se dirigeant vers la Terre.
EP→7,95$ **13 ans +**

**METEOR AND SHADOW** ▷0
GRÈ. 1985, Takis SPETSIOTIS
STA→59,95$

**MÉTÉORE DE LA NUIT, LE**
Voir: IT CAME FROM OUTER SPACE

**MÉTIER BOXEUR** ▷4
QUÉ. 1981. Documentaire d'André GAGNON. - La boxe professionnelle telle que pratiquée au Québec.
VO→LS **Général**

**METRO** ▷5
É.-U. 1997. Drame policier de Thomas CARTER avec Eddie Murphy, Michael Rapaport et Michael Wincott. - Un policier noir de San Francisco, spécialiste des prises d'otages, a maille à partir avec un cambrioleur coriace.
VF→21,95$ **13 ans + Langage vulgaire**

**METROLAND** ▷4
FR.-ANG. 1997. Drame de mœurs de Philip SAVILLE avec Christian Bale, Emily Watson et Lee Ross. - Un père de famille qui mène une vie confortable et rangée voit ressurgir son passé de jeune bohème contestataire lorsqu'il renoue avec un vieil ami.
VO→LS DVD→33,95$ **13 ans + Érotisme**

**METROPOLIS** ►2
ALL. 1926. Science-fiction de Fritz LANG avec Brigitte Helm, Alfred Abel et Gustav Froehlich. - Dans une cité de l'avenir, sous la conduite d'un robot d'allure féminine, les travailleurs se révoltent contre la classe dirigeante. - Décors futuristes habilement imaginés. Scènes impressionnantes.
ITA-KINO→LS ITA-D.CUT→27,95$ ITF→LS **Général**

**METROPOLITAN** ▷4
É.-U. 1989. Comédie de mœurs de Whit STILLMAN avec Edward Clements, Carolyn Farina et Christopher Eigeman. - Un étudiant sans le sou est invité à se joindre à un groupe de jeunes New-Yorkais de familles fortunées qui se réunissent par simple distraction.
VO→11,95$ **Général**

**MEURTRE À HOLLYWOOD**
Voir: SUNSET

**MEURTRE À L'AMÉRICAINE**
Voir: ALL-AMERICAN MURDER

**MEURTRE AU 1600**
Voir: MURDER AT 1600

**MEURTRE AU GALOP**
Voir: MURDER AT THE GALLOP

**MEURTRE AU SOLEIL**
Voir: EVIL UNDER THE SUN

**MEURTRE AVEC PRÉMÉDITATION**
Voir: MURDER IN THE FIRST

**MEURTRE DANS LE SANG, LE**
Voir: NATURAL BORN KILLERS

**MEURTRE DANS UN JARDIN ANGLAIS**
Voir: THE DRAUGHTSMAN'S CONTRACT

**MEURTRE EN MUSIQUE** ▷5
QUÉ. 1994. Drame policier de Gabriel PELLETIER avec Joe Bocan, Serge Dupire et Claude Léveillée. - Après avoir camouflé le meurtre accidentel de son mari, une chanteuse et son amant pianiste reçoivent des cassettes enregistrées du défunt.
VO→LS **Général**

**MEURTRE MYSTÉRIEUX À MANHATTAN**
Voir: MANHATTAN MURDER MYSTERY

**MEURTRE PAR DÉCRET**
Voir: MURDER BY DECREE

**MEURTRE PAR PROCURATION**
Voir: NIGHTMARE

**MEURTRE PARFAIT**
Voir: A PERFECT MURDER

**MEURTRE SANS FAIRE-PART**
Voir: PORTRAIT IN BLACK

**MEURTRES À BROOKLYN**
Voir: STRAPPED

**MEURTRES À DOMICILE** ▷5
FR. 1981. Drame policier de Marc LOBET avec Anny Duperey, Bernard Giraudeau et Daniel Emilfork. - Une femme policière est chargée d'enquêter sur un meurtre commis dans l'immeuble où elle vit.
VO→LS **Général**

**MEURTRES EN DIRECT**
Voir: WRONG IS RIGHT

**MEURTRES EN TROIS DIMENSIONS**
Voir: FRIDAY THE 13TH PART III

**MEURTRIER SAUVAGE**
Voir: THE GLADIATOR

**MEXICAN HAYRIDE** ▷5
É.-U. 1948. Comédie de Charles T. BARTON avec Bud Abbott, Lou Costello et Virginia Grey. - Deux escrocs obligés de fuir la police se retrouvent au Mexique où une série d'aventures les attend.
VO→18,95$ **Général**

**MEXICAN, THE** ▷4
É.-U. 2001. Comédie policière de Gore VERBINSKI avec Brad Pitt, Julia Roberts et James Gandolfini. - Alors qu'il se trouve au Mexique en mission pour la pègre, un jeune homme apprend que sa petite amie a été kidnappée.
**13 ans + Violence**

**MGM'S BIG PARADE OF COMEDY** ▷4
É.-U. 1964. Film de montage de Robert YOUNGSON. - Anthologie de scènes tirées de comédies réalisées dans les studios MGM.
VO→19,95$ **Général**

**MI-FUGUE MI-RAISIN** ▷5
ESP. 1994. Comédie de Fernando COLOMO avec Pere Ponce, Penelope Cruz et Rosa Maria Sarda. - Un jeune musicien homosexuel aux prises avec une mère possessive s'amourache d'une amie.
VF→18,95$ **Général**

**MIAMI BLUES** ▷5
É.-U. 1989. Drame policier de George ARMITAGE avec Alec Baldwin, Fred Ward et Jennifer Jason Leigh. - L'enquête qu'effectue un policier sur la mort d'un disciple de Krishna le mène à un criminel ayant commis de nouveaux méfaits à peine sorti de prison.
VO→LS **18 ans +**

**MIAMI RHAPSODY** ▷4
É.-U. 1995. Comédie de mœurs de David FRANKEL avec Sarah Jessica Parker, Antonio Banderas et Gil Bellows. - En découvrant les déboires conjugaux de quelques couples de son entourage, une jeune publiciste en vient à remettre en question son futur mariage.
VF→9,95$ VO→11,95$ **Général**

**MIAMI SUPERCOPS** ▷6
ITA. 1985. Comédie policière de Bruno CORBUCCI avec Terence Hill, Bud Spencer et Ken Ceresne. - Un agent du FBI et son ex-collègue enquêtent à Miami sur l'assassinat d'un gangster sortant de prison.
VF→LS **Général**

**MICHAEL** ▷4
É.-U. 1996. Comédie fantaisiste de Nora EPHRON avec John Travolta, William Hurt et Andie MacDowell. - Une équipe d'un journal à sensation se rend dans une petite ville de l'Iowa afin de faire un reportage sur un ange.
VF→15,95$ VO→18,95$ **Général**

**MICHAEL COLLINS** ▷4
ANG. 1996. Drame historique de Neil JORDAN avec Liam Neeson, Aidan Quinn et Julia Roberts. - Les activités terroristes et politiques d'un révolutionnaire irlandais jusqu'à son assassinat en 1922.
VF→14,95$ VO→14,95$ LBX→19,95$
LBX-DVD→21,95$ **13 ans +**

**MICKEY BELLE GUEULE**
Voir: MICKEY BLUE EYES

**MICKEY BLUE EYES** ▷4
É.-U. 1999. Comédie policière de Kelly MAKIN avec Hugh Grant, James Caan et Jeanne Tripplehorn. - En voulant épouser la fille d'un gangster, un anglais, directeur d'une salle de ventes new-yorkaise se voit malgré lui impliqué dans la mafia.
VF→PC VO→LS LBX-DVD→PC **Général**

**MICKI + MAUDE** ▷5
É.-U. 1984. Comédie de Blake EDWARDS avec Dudley Moore, Amy Irving et Ann Reinking. - Un reporter de télévision, devenu bigame, est décontenancé lorsque ses deux compagnes sont enceintes en même temps.
VO→11,95$ **Général**

**MICROCOSMOS** ▷3
FR. 1996. Documentaire de Claude NURIDSANY et Marie PERENNOU. - La vie secrète des insectes habitant un pré et un étang. - Ensemble captivant. Images saisissantes. Approche parfois candide. Construction précise. Montage intelligent. Musique parfaitement dosée.
VO→18,95$ **Général**

**MIDAQ ALLEY** ▷0
MEX. 1995, Jorge FONS
STA→19,95$ LBX-DVD→29,95$

**MIDI, GARE CENTRALE**
Voir: UNION STATION

**MIDNIGHT** ▷4
É.-U. 1939. Comédie de Mitchell LEISEN avec Claudette Colbert, John Barrymore et Don Ameche. - Les aventures d'une jeune Américaine en voyage à Paris.
VO→16,95$ **Général**

**MIDNIGHT CLEAR, A** ▷4
É.-U. 1992. Drame de guerre de Keith GORDON avec Ethan Hawke, Peter Berg et Kevin Dillon. - Au cours de la campagne des Ardennes, des soldats américains cherchent à gagner la confiance de leur ennemi démoralisé.
VO→9,95$ VF→12,95$ **Général**

**MIDNIGHT COWBOY** ►2
É.-U. 1969. Drame psychologique de John SCHLESINGER avec Jon Voight, Dustin Hoffman et Sylvia Miles. - Les déboires d'un jeune homme qui part du Texas pour se rendre à New York dans l'espoir d'y faire fortune en se prostituant. - Subtil mélange d'amertume et de drôlerie. Imagerie stupéfiante. Réalisation brillante. Excellente interprétation.
LBX→14,95$ LBX-DVD→21,95$ **18 ans +**

**MIDNIGHT DANCERS** ▷5
CHI. 1994. Drame de mœurs de Mel CHIONGLO avec Alex Del Rosario, Grandong Cervantes et Lawrence David. - Les tribulations de trois frères homosexuels qui gagnent leur vie à Manille en dansant dans un bar ou en se prostituant.
STA→49,95$ **13 ans + Érotisme**

**MIDNIGHT EXPRESS** ▷4
ANG. 1978. Drame d'Alan PARKER avec Brad Davis, John Hurt et Randy Quaid. - Un jeune Américain est enfermé dans une prison turque pour trafic de drogues.
LBX→19,95$ VO→11,95$ VF→19,95$
LBX-DVD→33,95$ **18 ans +**

**MIDNIGHT HEAT**
Voir: SUNSET HEAT

**MIDNIGHT HOUR, THE** ▷6
É.-U. 1985. Drame d'horreur de Jack BENDER avec Shari Belafonte-Harper, LeVar Burton et K. McCarthy. - En voulant faire une mauvaise farce un soir d'Halloween, des étudiants font revivre des morts.
VO→14,95$ **13 ans +**

**MIDNIGHT IN THE GARDEN OF GOOD AND EVIL** ▷4
É.-U. 1997. Drame judiciaire de Clint EASTWOOD avec Kevin Spacey, John Cusack et Jack Thompson. - Un journaliste new-yorkais suit le procès pour meurtre d'un riche antiquaire homosexuel de Georgie.
VO→18,95$ VF→14,95$ LBX→LS LBX-DVD→26,95$ **Général**

**MIDNIGHT LACE** ▷4
É.-U. 1960. Drame policier de David MILLER avec Doris Day, Rex Harrison et Myrna Loy. - L'épouse d'un financier reçoit de mystérieuses menaces de mort.
VO→14,95$ **Général**

**MIDNIGHT RUN** ▷4
É.-U. 1988. Comédie policière de Martin BREST avec Robert De Niro, Charles Grodin et Yaphet Kotto. - Un chasseur de primes doit ramener de New York à Los Angeles un comptable qui a volé des millions de dollars à son patron mafioso.
VF→11,95$ VO→18,95$ LBX-DVD→21,95$ **Général**

**MIDSUMMER NIGHT'S DREAM, A** ▷5
É.-U. 1999. Comédie fantaisiste de Michael HOFFMAN avec Kevin Kline, Calista Flockhart et Michelle Pfeiffer. - Au XIXe siècle, dans un bois enchanté de la Toscane, un lutin espiègle provoque de surprenants chassés-croisés amoureux.
VF→11,95$ VO→11,95$ LBX-DVD→31,95$ **Général**

**MIDSUMMER NIGHT'S DREAM, A** ▷3
ANG. 1968. Comédie fantaisiste de Peter HALL avec Diana Rigg, Michael Jayston et Ian Holm. - Des génies de la forêt interviennent dans les intrigues amoureuses de quelques humains. - Téléfilm au traitement réaliste de la féerie. Adaptation intelligente de la pièce de Shakespeare.
OPERA→47,95$ **Non classé**

**MIDSUMMER NIGHT'S SEX COMEDY, A** ▷3
É.-U. 1982. Comédie de mœurs réalisée et interprétée par Woody ALLEN avec Mia Farrow et Jose Ferrer. - Au début du siècle, un courtier new-yorkais excentrique invite quelques amis à sa maison de campagne. - Aimable pochade. Amusants chassés-croisés amoureux. Jolies illustrations champêtres. Touches d'ironie. Interprétation fantaisiste.
VO→LS **13 ans +**

**MIDWAY** ▷5
É.-U. 1976. Drame de guerre de Jack SMIGHT avec C. Heston, Henry Fonda et Toshiro Mifune. - Six mois après Pearl Harbor, les Américains déjouent une attaque de la flotte japonaise contre l'île Midway.
VO→11,95$ **Général**

**MIDWINTER'S TALE, A** ▷4
ANG. 1995. Comédie de Kenneth BRANAGH avec Michael Maloney, R. Briers et M. Hadfield. - Un acteur désœuvré entreprend de monter la pièce de théâtre «Hamlet» dans une vieille église de campagne.
VO→14,95$ **Général**

**MIEL DU DIABLE, LE**
Voir: DEVIL'S HONEY

**MIEUX VAUT ÊTRE RICHE ET BIEN PORTANT QUE FAUCHÉ ET MAL FOUTU** ▷0
FR.- ESP. 1980, Max PÉCAS
VO→LS **Non classé**

**MIFUNE** ▷4
DAN. 1999. Comédie dramatique de Soren KRAGH-JACOBSEN avec Anders W. Berthelsen, Iben Hjejle et Jesper Asholt - À la mort de son père, un yuppie marié retourne seul à la ferme familiale et s'éprend de la gouvernante qu'il a engagée pour s'occuper de son fils.
STA→LS VF→LS **13 ans +**

**MIGHTY APHRODITE** ▷3
É.-U. 1995. Comédie réalisée et interprétée par Woody ALLEN avec Mira Sorvino et F. Murray Abraham. - Le père adoptif d'un enfant très intelligent découvre que la mère biologique est une jolie prostituée. - Humour savamment ironique. Personnages subtilement dépeints. Réalisation légère. Interprétation savoureuse.
VF→11,95$ VO→11,95$
LBX-DVD→27,95$ **13 ans + Langage vulgaire**

**MIGHTY DUCKS, THE** ▷5
É.-U. 1992. Comédie de Stephen HEREK avec Emilio Estevez, Joss Ackland et Lane Smith. - Coupable d'avoir conduit en état d'ébriété, un jeune avocat dynamique est condamné par la Cour à diriger une équipe de jeunes hockeyeurs.
VO→9,95$ **Général**

**MIGHTY JOE YOUNG** ▷5
É.-U. 1949. Aventures d'Ernest B. SCHOEDSACK avec Terry Moore, Ben Johnson et Robert Armstrong. - Un impresario revient d'Afrique avec un immense gorille qui n'obéit qu'à sa jeune maîtresse.
VO→26,95$ **Non classé**

**MIGHTY JOE YOUNG** ▷4
É.-U. 1998. Aventures de Ron UNDERWOOD avec Charlize Theron, Bill Paxton et Rade Sherbedgia. - En Tanzanie, une jeune femme accepte que le gorille géant dont elle a la garde soit transporté dans un zoo de Los Angeles.
VF→16,95$ VO→26,95$ **Général**

**MIGHTY MORPHIN POWER RANGERS: THE MOVIE** ▷6
É.-U. 1995. Drame fantastique de Bryan SPICER avec Jason D. Frank, Amy Jo Johnson et Paul Freeman. - Six adolescents experts en arts martiaux affrontent un monstre visqueux qui veut dominer le monde.
VF→16,95$ VO→16,95$ **Général**

**MIGHTY PEKING MAN, THE** ▷0
H. K. 1977, Meng-Hwa HO
VA→22,95$

**MIGHTY, THE** ▷4
É.-U. 1998. Drame psychologique de Peter CHELSOM avec Elden Henson, Kieran Culkin et Sharon Stone. - Deux adolescents rejetés, l'un costaud mais analphabète, l'autre surdoué mais handicapé, s'allient pour affronter l'adversité.
VF→18,95$ VO→PC LBX-DVD→29,95$ **Général**

**MIKEY & NICKY** ▷5
É.-U. 1976. Drame policier d'Elaine MAY avec Peter Falk, John Cassavetes et Ned Beatty. - Deux amis d'enfance à l'emploi de la pègre se retrouvent alors que l'un d'eux se sent menacé de mort.
VO→LS **Non classé**

**MILAGRO BEANFIELD WAR, THE** ▷4
É.-U. 1988. Comédie dramatique de Robert REDFORD avec John Heard, Sonia Braga et Carlos Riquelme. - Au Nouveau-Mexique, des villageois prennent la défense d'un fermier qui a utilisé l'eau destinée à un riche promoteur pour arroser son champ.
VF→11,95$ VO→11,95$ **Général**

**MILDRED PIERCE** ▷4
É.-U. 1945. Drame de Michael CURTIZ avec Joan Crawford, Jack Carson et Zachary Scott. - Une jeune femme se tue au travail pour élever sa fille et n'en retire qu'une suite de déceptions.
VO→19,95$ **Non classé**

**MILENA** ▷4
FR. 1990. Drame biographique de Véra BELMONT avec Valérie Kaprisky, Stacy Keach et Gudrun Landgrebe. - En 1920, une jeune femme abandonne ses études de médecine et s'installe à Vienne où elle fréquente le milieu des artistes et des écrivains.
VF→13,95$ **Général**

**MILES FROM HOME** ▷4
É.-U. 1988. Drame social de Gary SINISE avec Richard Gere, Kevin Anderson et Penelope Ann Miller. - Ayant été avisés par leur banque d'une saisie prochaine, deux frères mettent le feu à leur ferme et partent à l'aventure sur les routes.
VO→PC **Général**

**MILK AND HONEY** ▷4
CAN. 1988. Drame social de Rebecca YATES et Glen SALZMAN avec Josette Simon, Lyman Ward et Richard Mills. - Les tribulations d'une Jamaïcaine ayant quitté son pays et son fils pour gagner sa vie au Canada comme aide familiale.
VF→LS **Général**

**MILKY WAY, THE** ▷0
ISR. 1997, Ali NASSER
STA→109,95$ **Général**

**MILLE BOLLE BLU** ▷4
ITA. 1992. Comédie de mœurs de Leone POMPUCCI avec Paolo Bonacelli, Clelia Rodinella et Stefania Montorsi. - Chronique de la vie des résidents d'un quartier populaire de Rome à la veille de l'éclipse solaire de 1961.
STA→28,95$ **Général**

**MILLE ET UNE NUITS, LES** ▷4
ITA. 1974. Conte de Pier Paolo PASOLINI avec Ines Pellegrini, Ninetto Davoli et Franco Citti. - Enlevée à son maître, une belle esclave passe par d'étonnantes aventures.
STA→LS LBX-DVD→LS **18 ans +**

**MILLE ET UNE RECETTES DU CUISINIER AMOUREUX, LES** ▷5
FR. 1996. Comédie dramatique de Nana DJORDJADZE avec Pierre Richard, Nino Kirtadze et Teimour Kahmhadze. - Un illustre chef cuisinier français tombe amoureux d'une princesse dans la Géorgie des années 20.
STA→89,95$ **Général**

**MILLE MILLIARDS DE DOLLARS** ▷4
FR. 1981. Drame social d'Henri VERNEUIL avec Patrick Dewaere, Caroline Cellier et Mel Ferrer. - Un journaliste enquête sur un industriel qui, à la tête d'une entreprise nationale, s'est laissé acheter par une multinationale américaine.
VO→LS **Général**

**MILLENNIUM** ▷5
É.-U. 1989. Science-fiction de Michael ANDERSON avec Kris Kristofferson, Cheryl Ladd et Daniel J. Travanti. - À l'occasion d'un accident aérien, un enquêteur du gouvernement fait la connaissance d'une étrange jeune femme qui vient de l'avenir.
VO→13,95$ **Général**

**MILLER'S CROSSING** ▷3
E.-U. 1990. Drame policier de Joel COEN avec Gabriel Byrne, Marcia Gay Harden et Albert Finney. - Après une liaison avec la maîtresse de son patron, le bras droit d'un magnat de la pègre se met au service d'un rival méfiant. - Pastiche soigné des films de gangsters des années 1930. Illustration intelligemment stylisée. Forte interprétation.
VF→16,95$ VO→16,95$ **13 ans +**

**MILLIARDAIRE MALGRÉ LUI**
Voir: IT COULD HAPPEN TO YOU

**MILLIARDAIRE, LE**
Voir: LET'S MAKE LOVE

**MILLIE**
Voir: THOROUGHLY MODERN MILLIE

**MILLION DOLLAR LEGS** ▷4
É.-U. 1932. Comédie de Edward CLINE avec W.C. Fields, Jack Oakie et Lyda Roberti. - Le président d'un petit pays veut renflouer sa caisse avec les talents athlétiques de ses compatriotes.
VO→14,95$ **Général**

**MILLION DOLLAR MERMAID** ▷5
É.-U. 1952. Drame biographique de Mervyn LeROY avec Esther Williams, Victor Mature et Walter Pidgeon. - Une jeune paraplégique, Annette Kellerman, devient, grâce à sa ténacité, une championne de natation.
VO→LS **Général**

**MILLION POUND NOTE, THE** ▷4
ANG. 1954. Comédie de Ronald NEAME avec Gregory Peck, Jane Griffiths et Ronald Squire. - Grâce à l'effet produit sur son entourage par un billet de banque d'un million de livres qu'on lui a remis, un jeune homme devient riche.
VO→13,95$ **Général**

**MILLION, CLEFS EN MAIN, UN**
Voir: MR. BLANDINGS BUILDS HIS DREAM HOUSE

**MILLION, LE** ▷3
FR. 1931. Comédie fantaisiste de René CLAIR avec René Lefèvre, Annabella et Paul Olivier. - Un homme qui a gagné un million à la loterie cherche son billet qu'il a égaré. - Fantaisie alerte. Réalisation maîtrisée.
STA→49,95$ **Général**

**MILLIONAIRE'S EXPRESS, THE** ▷0
H. K. 1986, Sammo HUNG
VA→29,95$ **13 ans +**

**MILLIONAIRESS, THE** ▷5
ANG. 1960. Comédie d'Anthony ASQUITH avec Sophia Loren, Peter Sellers et Alastair Sim. - Une riche héritière tombe amoureuse d'un médecin indien.
VO→LS **Général**

**MILOU EN MAI** ▷3
FR. 1989. Comédie de mœurs de Louis MALLE avec Michel Piccoli, Miou-Miou et Michel Duchaussoy. - À la suite du décès de leur aïeul au mois de mai 1968, les membres d'une famille se réunissent dans le domaine familial et organisent tant bien que mal la succession. - Évocation légère et ironique d'événements historiques. Rythme soutenu. Illustration plaisante. Jeu candide et nuancé de M. Piccoli.
VO→19,95$ **13 ans +**

**MIMI MÉTALLO BLESSÉ DANS SON HONNEUR** ▷4
ITA. 1972. Comédie satirique de Lina WERTMÜLLER avec Giancarlo Giannini, Mariangela Melato et Agostina Belli. - Rapatrié par la mafia, qu'il avait défiée, un Sicilien s'irrite de voir que sa femme attend un enfant d'un autre homme.
STA→31,95$ STA-DVD→34,95$ **13 ans +**

**MIMIC** ▷4
É.-U. 1997. Drame d'horreur de Guillermo DEL TORO avec Mira Sorvino, Jeremy Northam et Charles S. Dutton. - Des insectes créés par manipulation génétique pour enrayer une épidémie subissent une mutation et en viennent à menacer l'espèce humaine.
VO→18,95$ VF→18,95$ **13 ans + Horreur**

**MIN AND BILL** ▷5
É.-U. 1930. Comédie dramatique de George HILL avec Marie Dressler, Wallace Beery et Dorothy Jordan. - Une femme rude mais sentimentale cherche à assurer le bonheur de sa fille adoptive.
VO→19,95$ **Non classé**

**MINA TANNENBAUM** ▷4
FR. 1993. Comédie dramatique de Martine DUGOWSON avec Romane Bohringer, Elsa Zylberstein et Jean-Philippe Ecoffey. - Les hauts et les bas de l'amitié entre deux jeunes Parisiennes juives nées le même jour à la fin des années 1950.
VO→12,95$ **Général**

**MINBO: OR THE GENTLE ART OF JAPANESE EXTORSION** ▷0
JAP. 1992, Juzo ITAMI
STA→27,95$ **13 ans +**

**MINCE LIGNE ROUGE, LA**
Voir: THE THIN RED LINE

**MIND BENDER** ▷0
É.-U. 1995, Ken RUSSELL
VO→31,95$ **Non classé**

**MINES DU ROI SALOMON, LES**
Voir: KING SOLOMON'S MINES

**MINISTRY OF FEAR** ▷3
E.-U. 1944. Drame d'espionnage de Fritz LANG avec Ray Milland, Marjorie Reynolds et Carl Esmond. - Un ancien détenu parvient à démasquer une bande d'espions nazis. - Sujet ingénieux tiré du roman de Graham Greene.
VO→14,95$ **Général**

**MINIVER STORY, THE** ▷4
É.-U. 1950. Drame psychologique de H.C. POTTER avec Greer Garson, Walter Pidgeon et Leo Genn. - Une mère de famille atteinte d'un mal incurable consacre ses derniers mois de vie au bonheur des siens.
VO→18,95$ **Général**

**MINNESOTA BLUES**
Voir: FEELING MINNESOTA

**MINNIE AND MOSKOWITZ** ▷3
É.-U. 1971. Comédie de mœurs réalisée et interprétée par John CASSAVETES avec Gena Rowlands et Seymour Cassel. - L'idylle surprenante entre deux personnes de milieux différents. - Suite de saynètes riches en observations savoureuses. Structure dramatique plutôt lâche. Interprétation excellente.
VO→14,95$ LBX-DVD→27,95$ **Général**

**MINUIT**
Voir: LAST NIGHT

**MINUIT DANS LE JARDIN DU BIEN ET DU MAL**
Voir: MIDNIGHT IN THE GARDEN OF GOOD AND EVIL

**MINUS MAN, THE** ▷4
É.-U. 1999. Drame psychologique de Hampton FANCHER avec Owen Wilson, Brian Cox et Janeane Garofalo. - Un jeune homme réservé cachant des pulsions meurtrières vient s'installer dans une petite ville paisible.
LBX-DVD→32,95$ **13 ans +**

**MIRACLE À MILAN** ►2
ITA. 1950. Comédie fantaisiste de Vittorio DE SICA avec Emma Grammatica, Francesco Golisano et Paolo Stoppa. - Un orphelin aux pouvoirs magiques veut aider des gagne-petit à sortir de leur misère. - Œuvre originale. Mélange de réalisme et de féerie. Nombreuses trouvailles. Interprétation remarquable.
STA→35,95$ **Général**

**MIRACLE DE LA 34e RUE, LE**
Voir: MIRACLE ON 34th STREET

**MIRACLE IN MILAN**
Voir: MIRACLE À MILAN

**MIRACLE IN ROME** ▷0
COL. 1988, Lisandro Duque NARANJO
STA→LS **Général**

**MIRACLE OF MARCELINO, THE** ▷4
ESP. 1954. Conte de Ladislao VAJDA avec Pablito Calvo, Rafael Rivelles et Juan Calvo. - Un garçonnet remuant et espiègle cause bien des problèmes aux moines espagnols qui l'élèvent.
STA→56,95$

**MIRACLE OF MORGAN'S CREEK, THE** ▷4
É.-U. 1943. Comédie de Preston STURGES avec Betty Hutton, Eddie Bracken et Diana Lynn. - Un jeune naïf se met dans le pétrin en tentant de venir en aide à une amie enceinte.
VO→18,95$ **Général**

**MIRACLE OF THE BELLS, THE** ▷5
É.-U. 1948. Mélodrame de Irving PICHEL avec Frank Sinatra, Fred MacMurray et Alida Valli. - Après avoir tenu un rôle important dans un film, une jeune fille meurt avec l'espoir de son succès.
VO→13,95$ **Général**

**MIRACLE ON 34th STREET** ▷4
É.-U. 1947. Comédie de George SEATON avec Edmund Gwenn, Maureen O'Hara et Natalie Wood. - Engagé comme père Noël dans un magasin, un vieux monsieur prétend être le véritable Santa Claus.
VO→16,95$ **Général**

**MIRACLE ON 34th STREET** ▷4
É.-U. 1994. Conte de Les MAYFIELD avec Richard Attenborough, Elizabeth Perkins et Mara Wilson. - Un sympathique vieillard engagé pour personnifier le père Noël dans un grand magasin new-yorkais prétend être le seul et unique Santa Claus.
VF→15,95$ VO→14,95$ **Général - Enfants**

**MIRACLE WOMAN, THE** ▷0
É.-U. 1931, Frank CAPRA
VO→18,95$

**MIRACLE WORKER, THE** ▷3
É.-U. 1962. Drame psychologique d'Arthur PENN avec Anne Bancroft, Patty Duke et Victor Jory. - Une jeune femme entreprend l'éducation d'une petite fille sourde, muette et aveugle. - Scénario rappelant l'histoire authentique d'Helen Keller. Sujet exploité avec talent et originalité. Interprétation exceptionnelle.
VO→14,95$ **Général**

**MIRACLE, THE** ▷5
É.-U. 1959. Mélodrame d'Irving RAPPER avec Carroll Baker, Roger Moore et Walter Slezak. - Une jeune postulante quitte furtivement son couvent pour rejoindre celui qu'elle aime.
VO→18,95$ **Général**

**MIRACLE, THE** ▷4
ANG. 1990. Drame sentimental de Neil JORDAN avec Niall Byrne, Beverly D'Angelo et Donal McCann. - Un jeune saxophoniste poursuit de ses avances une vedette américaine de music-hall dont le passé semble receler un secret.
VO→14,95$ **13 ans +**

**MIRACLES** ▷0
H. K. 1989, Jackie CHAN
VF→14,95$ VA→LS

**MIRACULÉ, LE** ▷5
FR. 1986. Comédie burlesque de Jean-Pierre MOCKY avec Michel Serrault, Jean Poiret et Jeanne Moreau. - Un inspecteur d'assurances muet surveille un clochard qui a touché une forte prime à cause d'une paralysie et qui se rend à Lourdes pour obtenir sa prétendue guérison.
VO→LS **13 ans +**

**MIRAGE** ▷4
É.-U. 1965. Drame policier d'Edward DMYTRYK avec Gregory Peck, Diane Baker et Walter Matthau. - Un homme se rend compte qu'il a perdu la mémoire et se voit poursuivi par des personnages mystérieux.
VO→LS **Non classé**

**MIRCH MASALA**
Voir: SPICES

**MIRELE EFROS** ▷0
ISR. 1938, Josef BERNE
STA→LS **Général**

**MIRIANA**
Voir: HEY BABU RIBA

**MIROIR À DEUX VISAGES, LE**
Voir: THE MIRROR HAS TWO FACES

**MIROIR DU CŒUR**
Voir: THE WINTER GUEST

**MIROIR SE BRISA, LE**
Voir: THE MIRROR CRACK'D

**MIROIR, LE** ►2
RUS. 1974. Drame poétique d'Andrei TARKOVSKY avec Margarita Terekhova, Oleg Yankovsky et Ignat Daniltsev. - Alors qu'il songe à se séparer de sa femme, un homme pense à son enfance en observant son fils de douze ans. - Récit assez hermétique contenant nombre d'observations intéressantes sur les relations familiales. Images d'une beauté extraordinaire. Interprétation d'une sobriété exemplaire.
STA→41,95$ STA-DVD→41,95$ **Général**

**MIRROR CRACK'D, THE** ▷4
ANG. 1980. Drame policier de Guy HAMILTON avec Angela Lansbury, Elizabeth Taylor et Rock Hudson. - Une vieille demoiselle aide son neveu policier à résoudre une affaire de meurtre.
VO→13,95$ **Général**

**MIRROR HAS TWO FACES, THE** ▷5
É.-U. 1996. Comédie sentimentale réalisée et interprétée par Barbra STREISAND avec Jeff Bridges et Lauren Bacall. - Une enseignante assoiffée de romantisme s'engage dans une relation avec un collègue qui prône l'amour platonique.
VO→14,95$ VF→14,95$ **Général**

**MIRROR, THE**
Voir: LE MIROIR

**MISÉRABLES, LES** ▷4
É.-U. 1935. Drame de Richard BOLESLAWSKI avec Fredric March, Charles Laughton et Rochelle Hudson. - Un ancien forçat est poursuivi par la haine d'un policier.
VO→11,95$ **Général**

**MISÉRABLES, LES** ▷5
FR. 1957. Drame de Jean-Paul LE CHANOIS avec Jean Gabin, Bernard Blier et Bourvil. - Un ancien forçat recherche le bonheur en faisant le bien.
VA→LS **Général**

**MISÉRABLES, LES** ▷3
FR. 1982. Drame de Robert HOSSEIN avec Lino Ventura, Michel Bouquet et Jean Carmet. - Un ancien forçat est poursuivi par la haine implacable d'un policier. - Adaptation soignée du roman de Victor Hugo. Suite de scènes composées avec vigueur. Tableau d'époque réussi.
VO→LS **Général**

**MISÉRABLES, LES** ▷4
É.-U. 1998. Drame de Bille AUGUST avec Liam Neeson, Geoffrey Rush et Uma Thurman. - Un ex-bagnard qui a entrepris de recueillir une petite orpheline est inlassablement traqué par son ancien geôlier.
VO→14,95$ VF→14,95$ LBX-DVD→33,95$ **Général**

**MISÉRABLES DU XXe SIÈCLE, LES** ▷4
FR. 1995. Chronique de Claude LELOUCH avec Jean-Paul Belmondo, M. Boujenah et Alessandra Martines. - Les tribulations d'un déménageur qui vient en aide à une famille juive durant l'Occupation.
STA→29,95$ VO→12,95$ **Général**

**MISERY** ▷5
É.-U. 1989. Drame d'horreur de Rob REINER avec James Caan, Kathy Bates et Richard Farnsworth. - Victime d'un accident d'automobile, un romancier à succès est recueilli et soigné par une infirmière qui s'avère être une admiratrice tortionnaire.
VF→11,95$ VO→11,95$ LBX-DVD→18,95$ **13 ans +**

**MISFITS, THE** ►2
É.-U. 1961. Drame psychologique de John HUSTON avec Clark Gable, Marilyn Monroe et Montgomery Clift. - À Reno, une jeune femme qui vient de divorcer s'éprend d'un cow-boy solitaire. - Œuvre insolite et vivante. Psychologie fouillée. Excellents moments cinématographiques. Interprétation remarquable.
VO→14,95$ **Général**

**MISHIMA** ▷3
É.-U. 1985. Drame biographique de Paul SCHRADER avec Ken Ogata, Masayuki Shionoya et Naoko Otani. - Guidé par l'amour des armes et de l'art, l'écrivain Yukio Mishima proclame sa fidélité à l'empereur et couronne son existence en se faisant hara-kiri. - Récit à la forme vigoureusement construite. Formalisme du traitement illustrant bien l'œuvre de l'écrivain.
STA→LS **13 ans +**

**MISS BEATTY'S CHILDREN** ▷0
IND. 1992, Pamela ROOKS
VO→26,95$

**MISS CONGENIALITY** ▷5
É.-U. 2000. Comédie policière de Donald PETRIE avec Sandra Bullock, Benjamin Bratt et Michael Caine. - Pour les besoins d'une enquête, une policière peu portée sur la coquetterie féminine devient participante dans un concours de beauté.
**Général**

**MISS DAISY ET SON CHAUFFEUR**
Voir: DRIVING MISS DAISY

**MISS EVERS' BOYS** ▷4
É.-U. 1996. Drame de Joseph SARGENT avec Alfre Woodard, Laurence Fishburne et Craig Sheffer. - Une infirmière participe à une expérience gouvernementale secrète étudiant les effets de la syphilis sur un groupe d'Afro-Américains.
VF→14,95$ **Non classé**

**MISS FIRECRACKER** ▷5
É.-U. 1989. Comédie de mœurs de Thomas SCHLAMME avec Holly Hunter, Tim Robbins et Mary Steenburgen. - Petite et peu avenante, une jeune femme veut participer à un concours de beauté avec l'aide de sa cousine, de son frère et d'une amie.
VO→11,95$ **Général**

**MISS GRANT TAKES RICHMOND** ▷4
É.-U. 1949. Comédie de Lloyd BACON avec Lucille Ball, William Holden et Janis Certer. - Une secrétaire peu douée prend en l'absence de son patron malhonnête des initiatives que celui-ci ne peut désavouer.
VO→18,95$ **Général**

**MISS JULIE** ▷0
É.-U. 1999, Mike FIGGIS

**MISS JULIE**
Voir: MADEMOISELLE JULIE

**MISS MARY** ▷4
ARG. 1986. Drame de mœurs de Maria Luisa BEMBERG avec Julie Christie, Sofia Viruboff et Donald McIntire. - En 1938, un riche Argentin de la haute bourgeoisie engage une gouvernante anglaise pour veiller à l'éducation de ses trois enfants.
VF→LS **Général**

**MISS MONA** ▷4
FR. 1986. Drame de mœurs de Mehdi CHAREF avec Jean Carmet, Ben Smail et Albert Delpy. - À Paris, un Nord-Africain et un travesti s'unissent pour obtenir l'argent voulu pour la réalisation de leur rêve.
VO→LS **13 ans +**

**MISS MOSCOU** ▷5
QUÉ. 1991 Comédie satirique de Gilles CARLE avec Renée Faure, Chloé Sainte-Marie et Michel Côté. - Les colocataires d'un logement de Moscou accueillent un des leurs qui vit depuis quinze ans au Canada.
VO→LS **Général**

**MISS SADIE THOMPSON** ▷5
É.-U. 1953. Drame de Curtis BERNHARDT avec Rita Hayworth, Jose Ferrer et Aldo Ray. - Dans une île du Pacifique, un pasteur puritain lutte contre l'influence d'une entraîneuse.
VO→19,95$ **Non classé**

**MISSILE TO THE MOON** ▷7
É.-U. 1958. Science-fiction de Richard E. CUNHA avec Richard Travis, Cathy Downs et Tommy Cook. - Voyage aller-retour à la Lune à bord d'un appareil interplanétaire.
VO→LS **Non classé**

**MISSING** ▷3
É.-U. 1981. Drame social de Constantin COSTA-GAVRAS avec Jack Lemmon, Sissy Spacek et John Shea. - Un Américain se rend au Chili à la recherche de son fils disparu lors d'un coup d'État. - Sujet tiré d'une expérience vécue. Mise en scène adroite. Passages particulièrement percutants. Interprétation fort convaincante.
VO→14,95$ **Général**

**MISSION, THE** ▷3
ANG. 1986. Drame historique de Roland JOFFE avec Robert De Niro, Jeremy Irons et Ray McAnally. - Au cours du XVIIIe siècle en Amérique du Sud, des jésuites qui ont fondé des missions destinées à protéger les Indiens des esclavagistes reçoivent l'ordre d'abandonner leur œuvre. - Intrigue à saveur politique. Bonne mise en images. Décor naturel éblouissant. Présence indéniable des protagonistes.
VO→14,95$ VF→14,95$ **Général**

**MISSION DU COMMANDANT LEX, LA**
Voir: SPRINGFIELD RIFLE

**MISSION: IMPOSSIBLE II** ▷4
É.-U. 2000. Drame d'espionnage de John WOO avec Tom Cruise, Thandie Newton et Dougray Scott. - Un agent secret lutte contre un espion renégat qui a dérobé un virus mortel qu'il menace de répandre sur la ville de Sydney.
VF→149,95$ VO→LS **13 ans +**

**MISSION STARDUST** ▷5
ITA.-ESP. 1968. Science-fiction de Primo ZEGLIO avec Lang Jeffries, Essy Persson et Luis Davila. - Quatre astronautes ramènent sur la Terre des extra-terrestres afin de faire soigner un savant atteint de leucémie.
VO→14,95$ **Non classé**

**MISSION TO MARS** ▷5
É.-U. 2000. Science-fiction de Brian DE PALMA avec Gary Sinise, Tim Robbins et Connie Nielsen. - Deux expéditions américaines se rendent sur Mars et y découvrent le secret de la vie sur Terre.
VF→22,95$ VO→22,95$

**MISSION: IMPOSSIBLE** ▷3
É.-U. 1996. Drame d'espionnage de Brian DE PALMA avec Tom Cruise, Jon Voight et Emmanuelle Béart. - Un agent secret s'efforce de démasquer le responsable de la mort de ses coéquipiers. - Scénario complexe inspiré d'une série télévisée. Impressionnants morceaux de bravoure.
VO→11,95$ LBX→11,95$ VF→11,95$
LBX-DVD→32,95$ **Général**

**MISSIONARY, THE** ▷4
ANG. 1982. Comédie de mœurs de Richard LONCRAINE avec Michael Palin, Maggie Smith et Denholm Elliott. - Après avoir servi en Afrique, un jeune pasteur anglican se voit confier un apostolat auprès de filles de joie.
VO→LS **13 ans +**

**MISSISSIPPI BLUES** ▷4
FR. 1982. Documentaire de Bertrand TAVERNIER et Robert PARRISH. - Au Mississippi, deux cinéastes interrogent les gens sur les relations entre Noirs et Blancs et sur les origines de la musique blues.
STA→18,95$ **Général**

**MISSISSIPPI BRÛLE, LE**
Voir: MISSISSIPPI BURNING

**MISSISSIPPI BURNING** ▷4
É.-U. 1988. Drame social d'Alan PARKER avec Gene Hackman, Willem Dafoe et Frances McDormand. - Durant l'été 1964, dans une région rurale du Mississippi, deux agents du FBI sont chargés d'enquêter sur la disparition de trois activistes qui militaient en faveur des droits civiques.
VF→LS VO→LS LBX-DVD→PM **13 ans +**

**MISSISSIPPI MASALA** ▷4
É.-U. 1991. Drame de mœurs de Mira NAIR avec Sarita Choudhury, Denzel Washington et Roshan Seth. Une fille d'immigrants indiens doit faire face aux préjugés défavorables de sa famille lorsqu'elle s'éprend d'un jeune Noir.
VF→PC VO→11,95$ **Général**

**MISSOURI BREAKS, THE** ▷4
É.-U. 1976. Western d'Arthur PENN avec Marlon Brando, Jack Nicholson et Kathleen Lloyd. - Au Montana, un riche rancher engage un aventurier pour éliminer des voleurs de chevaux qui lui occasionnent des pertes.
LBX→11,95$ **Général**

**MISSOURI TRAVELER, THE** ▷0
É.-U. 1958, Jerry HOPPER
VO→18,95$ **Général**

**MISTER FROST** ▷4
ANG. 1990. Drame fantastique de Philip SETBON avec Jeff Goldblum, Kathy Baker et Alan Bates. - Une jeune psychiatre s'intéresse au cas d'un meurtrier qui lui affirme être le diable.
VF→LS VO→LS **Général**

**MISTER ROBERTS** ▷4
É.-U. 1955. Comédie dramatique de John FORD et Mervyn LeROY avec Henry Fonda, Jack Lemmon et James Cagney. - Un officier d'un petit cargo s'entend mal avec son capitaine.
VF→18,95$ VO→18,95$ LBX→19,95$
LBX-DVD→29,95$ **Général**

**MISTRESS** ▷4
É.-U. 1992. Comédie dramatique de Barry PRIMUS avec Robert Wuhl, Martin Landau et Robert De Niro. - Les financiers qui produisent le nouveau long métrage d'un jeune cinéaste veulent tous que leurs maîtresses jouent dans le film.
VF→LS VO→LS **Général**

**MISTRESS, THE**
Voir: GAN

**MITRAILLETTE KELLY**
Voir: MACHINE GUN KELLY

**MIXED BLOOD** ▷0
É.-U. 1985, Paul MORRISSEY
VO→LS **13 ans +**

**MIXED NUTS** ▷5
É.-U. 1994. Comédie de Nora EPHRON avec Steve Martin, Madeline Kahn et Rita Wilson. - La veille de Noël, tout va mal dans les bureaux d'un organisme de charité où des téléphonistes répondent aux appels de gens suicidaires.
VF→9,95$ VO→9,95$ **Général**

**MME PARKER ET LE CERCLE VICIEUX**
Voir: MRS. PARKER AND THE VICIOUS CIRCLE

**MO' BETTER BLUES** ▷4
É.-U. 1990. Drame musical réalisé et interprété par Spike LEE avec Denzel Washington et Cynda Williams. - Les tribulations sentimentales et professionnelles d'un trompettiste réputé se produisant avec un groupe de jazz.
VO→11,95$ VF→11,95$ **Général**

**MOBSTERS** ▷5
É.-U. 1991. Drame de mœurs de Michael KARBELNIKOFF avec Christian Slater, Patrick Dempsey et Anthony Quinn. - Quatre criminels ayant fait leur marque dans la pègre new-yorkaise doivent s'allier avec l'un ou l'autre des deux chefs rivaux de la mafia italienne.
VO→PC **13 ans +**

**MOBY DICK** ►2
É.-U. 1956. Drame épique de John HUSTON avec Gregory Peck, Richard Basehart et Leo Genn. - Les aventures fantastiques d'un équipage parti chasser une monstrueuse baleine blanche. - Adaptation soignée du roman de Herman Melville. Aspects symboliques et philosophiques. Ensemble spectaculaire. Interprétation de classe.
VO→14,95$ **Général**

**MOBY DICK** ▷4
É.-U. 1997. Drame épique de Franc RODDAM avec Patrick Stewart, Henry Thomas et Ted Levine. - Les aventures fantastiques d'un équipage parti chasser une monstrueuse baleine blanche.
VF→11,95$ VO→11,95$ **Général**

**MOD SQUAD, THE** ▷6
É.-U. 1999. Drame policier de Scott SILVER avec Claire Danes, Omar Epps et Giovanni Ribisi. - Afin de s'amender, trois jeunes délinquants sont chargés par un policier de surveiller une discothèque où opéreraient des trafiquants de drogue.
VF→LS VO→LS **13 ans +**

**MODERN TIMES** ►1
É.-U. 1936. Comédie satirique réalisée et interprétée par Charlie CHAPLIN avec Paulette Goddard et Henry Bergman. - Les mésaventures d'un ouvrier d'usine rendu fou par le travail à la chaîne. - Chef-d'œuvre du cinéma comique. Dernier film «muet» de Chaplin. Construction anecdotique. Charme et humour constants. Gags inventifs. Charlot à son meilleur.
VO→24,95$ DVD→44,95$ **Général**

**MODERN VAMPIRES** ▷0
É.-U. 1998, Richard ELFMAN

**MODERNES, LES**
Voir: THE MODERNS

**MODERNS, THE** ▷4
É.-U. 1988. Drame de mœurs d'Alan RUDOLPH avec Keith Carradine, Linda Fiorentino et John Lone. - Dans les années 1920 à Paris, un artiste américain tente de reconquérir son ex-épouse qui est maintenant mariée à un collectionneur au tempérament violent.
VF→LS VO→LS **Général**

**MOGAMBO** ▷4
É.-U. 1953. Aventures de John FORD avec Clark Gable, Ava Gardner et Grace Kelly. - Au cœur de l'Afrique, des aventures de chasse alternent avec des escarmouches sentimentales.
VO→19,95$ **Non classé**

**MOI VOULOIR TOI** ▷5
FR. 1985. Comédie sentimentale de Patrick DEWOLF avec Gérard Lanvin, Jennifer et Daniel Russo. - Les tribulations sentimentales d'un animateur de radio avec l'imprésario d'un groupe rock.
VO→LS **Général**

**MOI, CHRISTIANE F., 13 ANS, DROGUÉE, PROSTITUÉE** ▷4
ALL. 1981. Drame social d'Uli EDEL avec Natja Burnkhorst, Thomas Hausten et Jens Kuphal. - Une adolescente laissée le plus souvent à elle-même par sa mère divrocée tombe dans l'engrenage de la drogue et de la prostitution.
VF→LS **13 ans +**

**MOI, PAPA?**
Voir: NINE MONTHS

**MOINE ET LA SORCIÈRE, LE** ▷0
FR. 1988, Suzanne SCHIFMAN
STA→LS **Général**

**MOIS À LA CAMPAGNE, UN**
Voir: A MONTH IN THE COUNTRY

**MOITIE GAUCHE DU FRIGO, LA** ▷4
QUÉ. 2000. Comédie dramatique de Philippe FALARDEAU avec Paul Ahmarani, Stéphane Demers et Geneviève Néron. - En recherche active d'emploi, un jeune ingénieur permet à son colocataire de tourner un documentaire sur sa vie de tous les jours.
VO→LS **Général**

**MOITIÉ MOITIÉ** ▷5
FR. 1989. Comédie sentimentale de Paul BOUJENAH avec Michel Boujenah, Zabou et Jean-Pierre Bisson. - Une architecte et un couturier orphelin se disputent la demeure de leur enfance dont ils ont hérité à part égale à la mort de leur grand-mère.
VO→LS **Général**

**MOLE PEOPLE, THE** ▷4
É.-U. 1956. Science-fiction de Virgil VOGEL avec John Agar, Cynthia Patrick et Hugh Beaumont. - Des archéologues engloutis au cours d'une expédition scientifique entrent en lutte avec un peuple qui habite une cité souterraine.
VO→11,95 **Général**

**MOLIÈRE** ►2
FR. 1978. Drame biographique d'Ariane MNOUCHKINE avec Philippe Caubère, Joséphine Derenne et Brigitte Catillon. - Évocation de la vie et de l'œuvre du grand dramaturge français du XVIIe siècle. - Suite de tableaux hauts en couleur. Fresque impressionnante. Mise en scène enlevée. Interprétation vivante.
VO→LS **Général**

**MOLL FLANDERS** ▷4
É.-U. 1996. Drame de mœurs de Pen DENSHAM avec Robin Wright, Morgan Freeman et Stockard Channing. - Les tribulations d'une jeune femme démunie mais courageuse dans le Londres du XVIIe siècle.
VF→11,95$ VO→14,95$ **Général**

**MOLLY** ▷4
É.-U. 1999. Drame psychologique de John DUIGAN avec Elisabeth Shue, Aaron Eckhart et Thomas Jane. - Prise en charge par son frère, une autiste de 28 ans subit une opération au cerveau qui la sort momentanément de son isolement psychique.
VF→LS VO→LS LBX-DVD→PC **Général**

**MOLLY MAGUIRES, THE** ▷3
É.-U. 1969. Drame social de Martin RITT avec Sean Connery, Richard Harris et Samantha Eggar. - Au XIXe siècle, des mineurs de Pennsylvanie forment une société secrète pour lutter contre des conditions de vie injustes. - Tableau sombre et réaliste de la situation. Ton sobre et retenu. Intérêt soutenu. Excellents interprètes.
VO→18,95$ **13 ans +**

**MOLLYCODDLE, THE** ▷4
É.-U. 1920. Comédie de Victor FLEMING avec Douglas Fairbanks, Wallace Beery et Ruth Renick. - Un contrebandier s'en prend à un jeune Américain élevé en Angleterre qu'il croit être un agent secret.
VO→34,95$ **Général**

**MOLOCH** ▷4
ALL. 1999. Drame historique d'Aleksandr SOKUROV avec Elena Rufanova, Leonid Mosgovoi et Leonid Sokol. - Au printemps de 1942, Hitler passe une journée de repos auprès de sa maîtresse Eva Braun dans la forteresse de Berchtesgaden.
STF→LS

**MOLOKAÏ** ▷5
AUS. 1999. Drame biographique de Paul COX avec David Wenham, Kate Ceberano et Chris Haywood. – Les efforts accomplis par un missionnaire pour aider des lépreux confinés dans une île de l'archipel d'Hawaii à la fin du XIXe siècle.
VF→LS VO→LS

**MOM AND DAD SAVED THE WORLD** ▷5
É.-U. 1992. Comédie fantaisiste de Greg BEEMAN avec Teri Garr, Jeffrey Jones et Jon Lovitz. - Un couple est kidnappé par le souverain d'une lointaine planète qui veut détruire la Terre.
VF→LS VO→LS **Général**

**MÔME, LE** ▷0
FR. 1986, Alain CORNEAU
VO→LS

**MOMENT D'ÉGAREMENT, UN** ▷4
FR. 1977. Comédie dramatique de Claude BERRI avec Jean-Pierre Marielle, Victor Lanoux et Agnès Sorel. - Un divorcé d'âge mûr a une aventure sentimentale avec la fille adolescente d'un vieil ami.
VO→LS **Non classé**

**MOMENT DE VÉRITÉ, LE**
Voir: THE KARATE KID

**MOMENT OF INNOCENCE, A** ▷3
IRAN. 1996. Comédie dramatique réalisée et interprétée par Mohsen MAKHMALBAF avec Mirhadi Tayebi et Ali Bakhshi. - Un cinéaste propose à un policier de reconstituer devant la caméra l'altercation qu'il ont eue 22 ans plus tôt. - Variation subtile sur le thème du cinéma comme révélateur de vérité. Production artisanale.
STA→119,95$ **Général**

**MOMENT TO MOMENT** ▷0
É.-U. 1965, Mervyn LeROY
VO→14,95$

**MOMMIE DEAREST** ▷4
É.-U. 1981. Drame biographique de Frank PERRY avec Faye Dunaway, Diana Scarwid et Mara Hobel. - Les relations éprouvantes d'une actrice célèbre avec sa fille adoptive.
VO→14,95$ **13 ans +**

**MOMO** ▷5
ALL. 1986. Conte de Johannes SCHAAF avec Radost Bokel, John Huston et Armin Müller-Stahl. - Une petite orpheline sympathique tente de venir à bout de sinistres hommes en gris qui veulent tranformer un paisible bourg en cité industrielle.
VF→LS **Général**

**MON AMI LE TRAÎTRE** ▷4
FR. 1988. Drame de guerre de José GIOVANNI avec Thierry Frémont, André Dussollier et Valérie Kaprisky. - À la Libération, un petit voyou ayant servi dans la Gestapo durant la guerre tente de se «racheter» en collaborant avec la Sûreté française.
VO→LS **Général**

**MON AMI WILLY**
Voir: FREE WILLY

**MON AMI WILLY 2: LA GRANDE AVENTURE**
Voir: FREE WILLY 2: THE ADVENTURE HOME

**MON AMI WILLY: LE SAUVETAGE**
Voir: FREE WILLY 3: THE RESCUE

**MON AMIE MAX** ▷4
QUÉ. 1993. Drame psychologique de Michel BRAULT avec Geneviève Bujold, Marthe Keller et Johanne McKay. - Une pianiste

s'efforce de retrouver son fils qu'elle a été forcée d'abandonner à sa naissance, vingt-cinq ans plus tôt.
VO→12,95$ **Général**

**MON AMIE PIERRETTE** ▷4
QUÉ. 1968. Comédie de mœurs de Jean-Pierre LEFEBVRE avec Francine Mathieu, Yves Marchand et Raoûl Duguay. - Un étudiant va rejoindre une jeune amie au chalet d'été loué par les parents de celle-ci.
VO→LS

**MON BEAU LÉGIONNAIRE**
Voir: LAST REMAKE OF BEAU GESTE, THE

**MON BEL AMOUR, MA DÉCHIRURE** ▷5
FR. 1987. Drame psychologique de José PINHEIRO avec Catherine Wilkening, Stéphane Ferrara et Vera Gregh. - S'étant prise d'une folle passion pour un jeune voyou qui l'a violée, une comédienne voit sa carrière perturbée par l'esprit opportuniste de celui-ci.
VO→LS **18 ans +**

**MON CHER PETIT VILLAGE** ▷3
TCH. 1986. Comédie de mœurs de Jiri MENZEL avec Janos Ban, Marian Labuda et Rudolf Hrusinsky. - Un chauffeur de camion tente de contrecarrer les manœuvres de certains officiels qui guignent la maison de son assistant un peu simple d'esprit. - Observations ironiques et sympathiques de mœurs villageoises. Interprétation pittoresque.
STA→39,95$ **Général**

**MON CHER SUJET** ▷3
FR. 1988. Drame psychologique d'Anne-Marie MIÉVILLE avec Gaële Le Roi, Anny Romand et Hélène Roussel. - Les relations complexes qui réunissent une grand-mère, sa fille et sa petite-fille. - Sensibilité intéressante. Montage kaléidoscopique et impressionniste. Interprétation sobre et juste.
VO→LS **Général**

**MON COIN DE PARADIS**
Voir: MY BLUE HEAVEN

**MON COUSIN AMÉRICAIN**
Voir: MY AMERICAN COUSIN

**MON DIEU, COMMENT SUIS-JE TOMBÉE SI BAS?** ▷4
ITA. 1974. Comédie de Luigi COMENCINI avec Laura Antonelli, Alberto Lionello et Michele Placido. - Les mésaventures d'une aristocrate qui a fait un mariage malheureux.
VA→LS **13 ans +**

**MON ENNEMI INTIME** ▷4
ALL. 1999. Documentaire de Werner HERZOG - Le cinéaste Werner Herzog relate ses relations tantôt difficiles, tantôt harmonieuses avec le célèbre acteur Klaus Kinski.
VA→14,95$

**MON FANTÔME D'AMOUR**
Voir: GHOST

**MON FILS EST ASSASSIN (CHER PAPA)** ▷4
FR.-ITA.-CAN. 1978. Comédie satirique de Dino RISI avec Vittorio Gassman, Stefano Madia et Aurore Clément. - Un homme d'affaires italien découvre que son fils fait partie d'un groupe terroriste.
VF→LS **Non classé**

**MON FILS EST FANATIQUE**
Voir: MY SON THE FANATIC

**MON FRÈRE VENU D'AILLEURS**
Voir: THE BROTHER FROM ANOTHER PLANET

**MON HOMME** ▷4
FR. 1995. Comédie de mœurs de Bertrand BLIER avec Anouk Grinberg, Gérard Lanvin et Valéria Bruni Tedeschi. - Une prostituée heureuse de son métier demande à un clochard de devenir son proxénète.
VO→18,95$ **16 ans +** **Érotisme**

**MON HOMME**
Voir: FOR LOVE OF IVY

**MON NOM EST PERSONNE**
Voir: MY NAME IS NOBODY

**MON ONCLE** ►1
FR. 1957. Comédie satirique réalisée et interprétée par Jacques TATI avec Alain Bécourt et Jean-Pierre Zola. - Un sympathique hurluberlu réussit à distraire son jeune neveu qui s'ennuie dans le confort moderne où vivent ses parents. - Satire admirable d'un monde dépersonnalisé. Traitement d'une grande tendresse et d'une belle finesse. Suite ininterrompue de gags visuels. Thème musical allègre. Jeu parfait de Tati.
STA→LS **Général**

**MON ONCLE ANTOINE** ►2
QUÉ. 1971. Comédie dramatique de Claude JUTRA avec Jean Duceppe, Jacques Gagnon et Olivette Thibault. - Un jeune garçon donne un coup de main au magasin général de son oncle et l'accompagne aussi dans sa fonction de croque-mort.- Grande richesse d'observation. Climat de tranquille désespérance. Sens intelligent du populisme. Interprétation juste et pittoresque.
VO→19,95$ **Général**

**MON ONCLE D'AMÉRIQUE** ►1
FR. 1980. Drame psychologique d'Alain RESNAIS avec Gérard Depardieu, Nicole Garcia et Roger Pierre. - Les destins entrecroisés de divers personnages viennent illustrer des théories sur le comportement humain. - Présentation passionnante des théories du professeur Henri Laborit sur le comportement humain. Mise en scène intelligente. Montage souple. Excellente interprétation.
STA→LS **Général**

**MON ONCLE EST UN EXTRATERRESTRE**
Voir: MY UNCLE THE ALIEN

**MON PÈRE**
Voir: DAD

**MON PÈRE AVAIT RAISON** ▷6
FR. 1936. Comédie réalisée et interprétée par Sacha GUITRY avec Jacqueline Delubac et Paul Bernard. - Un homme transmet à son fils ses opinions sur les femmes.
VO→LS **Général**

**MON PÈRE, CE HÉROS** ▷4
FR. 1991. Comédie de mœurs de Gérard LAUZIER avec Gérard Depardieu, Marie Gillain et Patrick Mille. - Pour impresssionner un garçon qui lui plaît, une adolescente fait passer son père pour son amant.
VO→LS **Général**

**MON PÈRE, CE HÉROS**
Voir: MY FATHER THE HERO

**MON XX<sup>e</sup> SIÈCLE** ▷3
HON. 1988. Comédie fantaisiste d'Ildiko ENYEDI avec Dorotha Segda, Oleg Jankovski et Peter Andorai. - Ayant été élevées séparément, deux jumelles de Budapest mènent une existence différente à l'aube du XX<sup>e</sup> siècle. - Ensemble touffu rempli d'apartés et de références cinématographiques. Heureux mélange d'effets gratuits et d'exigences picturales. Verve visuelle certaine. Interprétation amusée.
VF→26,95$ **13 ans +**

**MONA LISA** ▷3
ANG. 1986. Comédie dramatique de Neil JORDAN avec Bob Hoskins, Cathy Tyson et Michael Caine. - Engagé comme chauffeur d'une call-girl, un truand de petite envergure fraîchement sorti de prison est entraîné dans une aventure sordide et violente. - Évocation réaliste d'un milieu interlope. Touches sensibles de stylisation romantique. Interprétation convaincante de B. Hoskins.
VO→13,95$ **13 ans +**

**MONDE À PART, UN**
Voir: A WORLD APART

**MONDE D'APU, LE** 1
IND. 1959. Drame psychologique de Satyajit RAY avec Soumitra Chatterji, Sharmila Tagore et Alok Chakravarty. - Un jeune écrivain est bouleversé par la mort de son épouse. - Œuvre d'une fine sensibilité chargée d'une émotion latente. Observation patiente et attentive de la vie quotidienne en Inde. Réalisation de qualité. Excellents interprètes.
STA→27,95$ **Général**

**MONDE DE COOL, LE**
Voir: COOL WORLD

**MONDE DE L'OUEST, LE**
Voir: WESTWORLD

**MONDE DE MARTY, LE** ▷5
FR. 1999. Comédie dramatique de Denis BARDIAU avec Michel Serrault, Jonathan Demurger et Annick Alane. - Dans un hôpital, une amitié improbable naît entre un gamin cancéreux et un vieillard paralysé et muet, atteint de la maladie d'Alzheimer.
**Général**

**MONDE DU SILENCE, LE** ►2
FR. 1955. Documentaire de Louis MALLE et Jacques-Yves COUSTEAU. - Exploration des richesses et des beautés du monde sous-marin par le commandant Cousteau et son équipe. - Œuvre d'une exceptionnelle qualité. Images très belles. Utilisation habile de la musique.
VO→LS **Non classé**

**MONDE IDÉAL, UN**
Voir: A PREFECT WORLD

**MONDE NE SUFFIT PAS, LE**
Voir: THE WORLD IS NOT ENOUGH

**MONDE PERDU: JURASSIC PARK, LE**
Voir: THE LOST WORLD: JURASSIC PARK

**MONDE PSYCHÉDÉLIQUE, UN**
Voir: PSYCH-OUT

**MONDE SANS PITIÉ, UN** ▷3
FR. 1989. Comédie de mœurs d'Éric ROCHANT avec H. Girardot, Mireille Perrier et Yvan Attal. - Grand désabusé, un jeune homme prend la vie comme elle vient jusqu'au jour où il rencontre une jeune fille sérieuse dont il tombe amoureux. - Étude de milieu teintée d'ironie. Dialogues savoureux. Personnages typés et attachants. Mise en scène sobre et efficace. Interprétation d'un naturel convaincant.
VO→LS **Non classé**

**MONDE SANS TERRE, UN**
Voir: WATERWORLD

**MONDE SELON GARP, LE**
Voir: THE WORLD ACCORDING TO GARP

**MONDE SELON WAYNE, LE**
Voir: WAYNE'S WORLD

**MONDO** ▷3
FR. 1995. Conte de Tony GATLIF avec Ovidiu Balan, Pierrette Fesch et Jerry Smith. - À Nice, un jeune orphelin vagabond découvre le monde avec émerveillement, tout en se débrouillant pour subsister. - Regard affectueux et idéaliste sur un milieu marginal. Émotion et poésie à fleur de peau. Mise en images éloquente.
VO→19,95$

**MONDO CANE** ▷6
ITA. 1961. Documentaire de Gualtiero JACOPETTI - Suite de scènes insolites tournées à travers le monde.
VO→18,95$ **13 ans +**

**MONDO NEW YORK** ▷6
É.-U. 1987. Documentaire de Harvey KEITH avec Shannah Laumeister, Karen Finley et Ann Magnuson. - Présentation de spectacles non conformistes et visite d'endroits où se tiennent des activités illégales à New York.
VO→LS **18 ans +**

**MONDO TOPLESS** ▷0
É.-U. 1966, Russ MEYER
VO→69,95$ **18 ans +**

**MONDO TRASHO** ▷0
É.-U. 1969, John WATERS
VO→17,95$ **Non classé**

**MONEY PIT, THE** ▷5
É.-U. 1986. Comédie de Richard BENJAMIN avec Tom Hanks, Shelley Long et Alexander Godunov. - Après s'être acheté à prix raisonnable une belle maison de banlieue, un jeune couple new-yorkais se voit obligé d'entreprendre une restauration en règle de l'édifice.
VF→11,95$ **Général**

**MONEY TALKS** ▷5
É.-U. 1997. Comédie policière de Brett RATNER avec Chris Tucker, Charlie Sheen et Gerald Ismael. - Soupçonné de meurtre, un petit escroc new-yorkais fait appel à un reporter de la télévision pour l'innocenter.
VF→18,95$

**MONEY TRAIN** ▷5
É.-U. 1995. Drame policier de Joseph RUBEN avec Wesley Snipes, Woody Harrelson et Jennifer Lopez. - Un policier du métro de New York décide de cambrioler le train blindé qui collecte les recettes de chaque station.
VF→9,95$ VO→9,95$ **13 ans + Violence**

**MONIKA** ▷3
SUÈ. 1953. Drame psychologique de Ingmar BERGMAN avec Harriet Andersson, Lars Ekberg et John Harryson. - Deux jeunes gens s'évadent en pleine nature mais connaissent bientôt des désillusions. - Bonne étude de caractères. Photographie admirable. Excellente interprétation de H. Andersson.
STA→27,95$ **13 ans +**

**MONKEY BUSINESS** ▷4
É.-U. 1931. Comédie burlesque de Norman Z. McLEOD avec les frères Marx, Thelma Todd et Tom Kennedy. - Quatre loustics embarquent sur un paquebot comme passagers clandestins.
VO→14,95$ DVD→36,95$ **Général**

**MONKEY BUSINESS** ▷4
É.-U. 1952. Comédie de Howard HAWKS avec Cary Grant, Ginger Rogers et Marilyn Monroe. - Un savant et sa femme ont de curieuses réactions après avoir absorbé un élixir de jeunesse.
VO→16,95$ **Général**

**MONKEY SHINES** ▷4
É.-U. 1987. Drame d'horreur de George A. ROMERO avec Jason Beghe, John Pankow et Kate McNeil. - Une guenon qui a reçu des injections de cellules de cerveau humain s'en prend aux personnes contre lesquelles son maître a des griefs.
VO→11,95$ **13 ans +**

**MONKEY TROUBLE** ▷6
É.-U. 1994. Comédie de Franco AMURRI avec Thora Birch, Mimi Rogers et Christopher McDonald. - Une fillette trouve un petit singe capucin domestiqué qui a été entraîné par son ancien maître à voler les gens.
VF→LS VO→LS **Général**

**MONNAIE COURANTE**
Voir: QUICK CHANGE

**MONOLITH** ▷6
É.-U. 1993. Science-fiction de John EYRES avec Bill Paxton, Lindsay Frost et John Hurt. - Un détective et sa partenaire découvrent l'existence d'une entité extraterrestre capable de s'incarner dans le corps de ses victimes.
VO→LS **13 ans + Violence**

**MONOLITH MONSTERS, THE** ▷5
É.-U. 1957. Science-fiction de John SHERWOOD avec Grant Williams, Lola Albright et Trevor Bardette. - Un savant découvre le

moyen de lutter contre des roches dangereuses qui proviennent de la chute d'un météore.
VO→11,95$ **Général**

**MONSIEUR** ▷3
BEL. 1990. Comédie de Jean-Pierre TOUSSAINT avec Dominic Gould, Wojtek Pszoniak et Alexandra Stewart. - Un jeune cadre au comportement amoureux plutôt étrange connaît diverses mésaventures avant de rencontrer la femme de sa vie. - Observations acides sur les comportements contemporains. Ton d'humour insolite. Superbes images en noir et blanc.
VO→LS **Général**

**MONSIEUR BEAUCAIRE** ▷5
É.-U. 1948. Comédie de George MARSHALL avec Bob Hope, Joan Caulfield et Patric Knowles. - Un barbier devient contre son gré gentilhomme à la cour.
VO→LS **Général**

**MONSIEUR HIRE** ▷3
FR. 1989. Drame policier de Patrice LECONTE avec Michel Blanc, Sandrine Bonnaire et Luc Thuillier. - Un homme réservé et peu affable, sur qui pèsent des soupçons de meurtre, observe secrètement sa voisine d'en face dont il est amoureux. - Adaptation habile d'un roman de Georges Simenon. Traitement insolite. Réalisation dépouillée. Bonne création d'atmosphère. Interprétation sobre et convaincante.
STA→18,95$ **Général**

**MONSIEUR JOE**
Voir: MIGHTY JOE YOUNG

**MONSIEUR KLEIN** ▷3
FR. 1976. Drame social de Joseph LOSEY avec Alain Delon, Michel Lonsdale et Juliet Berto. - Un homme qui profite de l'Occupation pour s'enrichir cherche à prouver qu'il n'est pas Juif. - Thème traité avec habileté. Suspense quasi abstrait. Traitement plutôt froid. A. Delon fort bien dirigé.
STA→49,95$ **Non classé**

**MONSIEUR PROPOSE, MADAME DISPOSE**
Voir: YOU GOTTA STAY HAPPY

**MONSIEUR QUIGLEY L'AUSTRALIEN**
Voir: QUINGLEY DOWN UNDER

**MONSIEUR RIPOIS** ▷4
FR. 1993. Comédie de mœurs de Luc BÉRAUD avec Laurent Malet, Bernadette Lafont et Jean-Louis Roux. - L'itinéraire d'un immigré français échoué à Montréal qui est obsédé par son besoin de séduction et de liberté.
VO→LS **Général**

**MONSIEUR VERDOUX** ▷3
É.-U. 1947. Comédie dramatique réalisée et interprétée par Charles CHAPLIN avec Martha Raye et Isobel Elsom. - Licencié après trente ans de service, un caissier de banque décide de recourir à des moyens extrêmes pour faire vivre sa famille. - Thème inspiré de l'affaire Landru. Humour noir intelligemment nuancé. Interprétation excellente.
VO→24,95$ **Général**

**MONSIEUR VINCENT** ▷3
FR. 1947. Drame biographique de Maurice CLOCHE avec Pierre Fresnay, Aimé Clariond et Yvonne Gaudeau. - Quelques épisodes de la vie de saint Vincent de Paul. - Œuvre remarquable. Mise en scène appliquée aux images soignées. Dialogue expressif écrit par Jean Anouilh. Création saisissante de P. Fresnay.
VA→26,95$ **Général**

**MONSIGNOR** ▷5
É.-U. 1982. Drame de Frank PERRY avec Christopher Reeve, Fernando Rey et Geneviève Bujold. - Les entreprises douteuses d'un prêtre américain engagé dans l'administration financière du Vatican.
VO→PC VO→PC **13 ans +**

**MONSTER AND THE GIRL, THE** ▷0
É.-U. 1941, Stuart HEISLER
VO→11,95$ **Général**

**MONSTER AND THE WOMAN, THE**
Voir: FOUR-SIDED TRIANGLE

**MONSTER COLLECTION (COFFRET)** ▷0
VO

**MONSTER FROM GREEN HELL** ▷6
É.-U. 1957. Science-fiction de Kenneth CRANE avec Jim Davis, Robert E. Griffin et Barbara Turner. - Les habitants d'une région d'Afrique sont terrorisés par des guêpes géantes.
VO→PC **Général**

**MONSTER FROM MARS**
Voir: ROBOT MONSTER

**MONSTER FROM PREHISTORIC PLANET**
Voir: GAPPA

**MONSTER IN A BOX** ▷4
É.-U. 1991. Film d'essai de Nick BROOMFIELD avec Spalding Gray. - Le comédien Spalding Gray raconte les mésaventures qu'il a vécues en essayant d'écrire son premier roman autobiographique.
VO→18,95$ **Général**

**MONSTER IN THE CLOSET** ▷0
É.-U. 1987, Bob DAHLIN
VO→12,95$ **Général**

**MONSTER OF THE PIEDRAS BLANCAS, THE** ▷6
É.-U. 1958. Drame d'horreur de Irvin BERWICK avec Les Tremayne, Forrest Lewis et John Harmon. - Un homme-crabe gigantesque terrorise un village de la côte du Pacifique.
VO→LS **Non classé**

**MONSTER ON THE CAMPUS** ▷5
É.-U. 1958. Drame d'horreur de Jack ARNOLD avec Arthur Franz, Joanna More et Judson Pratt. - En travaillant sur le cadavre d'un monstre préhistorique, un savant est transformé en une bête affreuse et redoutable.
VO→LS **Général**

**MONSTER THAT CHALLENGED THE WORLD, THE** ▷5
É.-U. 1957. Drame d'horreur d'Arnold LAVEN avec Tim Holt, Audrey Dalton et Hans Conried. - Trois hommes, s'occupant de recherches navales, sont attaqués par des mollusques géants.
VO→14,95$ **Général**

**MONSTER WALKS, THE** ▷0
É.-U. 1932, Frank STRAYER
VO→34,95$ **Général**

**MONSTRE, LE** ▷5
ITA. 1994. Comédie policière réalisée et interprétée par Roberto BENIGNI avec Nicoletta Braschi et Michel Blanc. - Confondu avec un meurtrier, un hurluberlu s'éprend de la policière qui est chargée de le piéger.
STA→24,95$ VF→18,95$ **13 ans +**

**MONSTRE DES MARAIS, LE**
Voir: THE CREATURE FROM THE BLACK LAGOON

**MONSTRE DES TEMPS PERDUS, LE**
Voir: THE BEAST FROM 20,000 FATHOMS

**MONSTRE EST VIVANT, LE**
Voir: IT'S ALIVE

**MONSTRES DE L'APOCALYPSE, LES** ▷0
JAP. 1966, Tetsuya KAMANCHI
VF→LS **Non classé**

**MONSTRES DE L'ESPACE, LES**
Voir: QUATERMASS AND THE PIT

**MONSTRESSES, LES** ▷5
ITA. 1979. Film à sketches de Luigi ZAMPA avec Ursula Andress, Laura Antonelli et Monica Vitti. - Huit histoires montrant les frasques de jeunes femmes pleines de tempérament.
VF→LS **13 ans +**

**MONTAGNE ENSORCELÉE, LA**
Voir: ESCAPE TO WITCH MOUNTAIN

**MONTANA** ▷5
É.-U. 1949. Western de Ray ENRIGHT avec Errol Flynn, Alexis Smith et Douglas Kennedy. - Un éleveur de moutons venu s'installer dans une région de l'Ouest est en butte à l'hostilité des ranchers.
VO→14,95$ **Général**

**MONTANA BELLE** ▷6
É.-U. 1952. Western d'Allan DWAN avec Jane Russell, George Brent et Scott Brady. - Une jeune femme qui dirige des bandits finit par se retourner contre ses complices.
VO→LS **Non classé**

**MONTAND: LE FILM** ▷4
FR. 1993. Documentaire de Jean LABIB. - La vie et la carrière du comédien et chanteur Yves Montand.
VO→14,95$ **Général**

**MONTE WALSH** ▷4
É.-U. 1970. Western de William A. FRAKER avec Lee Marvin, Jeanne Moreau et Jack Palance. - Un vieux cow-boy se met à la recherche de l'assassin d'un ancien compagnon de travail.
VO→PC **Général**

**MONTECARLO RALLY**
Voir: THOSE DARING YOUNG MEN IN THEIR JAUNTY JALOPIES

**MONTENEGRO** ▷5
SUÈ. 1981. Comédie satirique de Dusan MAKAVEJEV avec Susan Anspach, Erland Josephson et Bora Todorovic. - Une Américaine vivant en Suède connaît d'étranges expériences avec des immigrants yougoslaves.
VO→11,95$ LBX-DVD→27,95$ **13 ans +**

**MONTEREY POP** ▷5
É.-U. 1968. Documentaire de Don A. PENNEBAKER. - Présentation du festival pop qui eut lieu en 1967 à Monterey, en Californie.
VO→18,95$ **Général**

**MONTH BY THE LAKE, A** ▷4
ANG. 1995. Comédie sentimentale de John IRVIN avec Vanessa Redgrave, James Fox et Uma Thurman. - Lors d'un séjour en Italie, une Anglaise d'un certain âge tombe amoureuse d'un major qui se laisse cependant désirer.
VF→19,95$ VO→18,95$ **Général**

**MONTH IN THE COUNTRY, A** ▷3
ANG. 1987. Drame psychologique de Pat O'CONNOR avec Colin Firth, Kenneth Branagh et Natasha Richardson. - Durant l'été 1920, un ancien soldat traumatisé par ses expériences dans les tranchées retrouve la paix mentale en restaurant la fresque d'une église. - Récit plein de finesse et de mélancolie. Ensemble dépouillé et subtil. Belle photographie.
VF→LS VO→LS **Général**

**MONTPARNASSE 19** ▷4
FR. 1957. Drame biographique de Jacques BECKER avec Gérard Philipe, Anouk Aimée et Lino Ventura. - La destinée tragique du peintre Modigliani.
VO→LS **13 ans +**

**MONTPARNASSE-PONDICHÉRY** ▷5
FR. 1993. Comédie réalisée et interprétée par Yves ROBERT avec Miou-Miou et Jacques Perrin. - L'amitié entre une mère célibataire de quarante ans et un septuagénaire qui tentent tous les deux de passer leur bac.
VO→LS **Général**

**MONTRÉAL INTERDIT** ▷7
QUÉ. 1990. Documentaire de Vincent CIAMBRONE. - Description de diverses activités insolites se déroulant à Montréal et dans ses environs.
VO→LS **18 ans +**

**MONTRÉAL OFF** ▷0
QUÉ. 1992, Gilles CARLE
VO→19,95$ **Général**

**MONTRÉAL VU PAR...** ▷3
QUÉ. 1991. Film à sketches de Denys ARCAND, Michel BRAULT, Atom EGOYAN, Jacques LEDUC, Léa POOL et Patricia ROZEMA avec Sheila McCarthy, Hélène Loiselle et Maury Chaykin. - Six histoires se déroulant à Montréal. - Visions personnelles et plutôt intimistes de Montréal. Discours à la fois passionné et réfléchi sur la ville. Technique impeccable. Interprétation de premier ordre.
VO→LS **13 ans +**

**MONTY PYTHON AND THE HOLY GRAIL** ▷4
ANG. 1975. Comédie satirique réalisée et interprétée par Terry GILLIAM et Terry JONES avec Graham Chapman et John Cleese. - Ayant reçu du ciel la mission de rechercher le Saint Graal, le roi Arthur et ses preux se lancent dans l'aventure.
VO→LS **Général**

**MONTY PYTHON LIVE AT THE HOLLYWOOD BOWL** ▷5
ANG. 1981. Comédie de Terry HUGHES avec Graham Chapman, John Cleese et Terry Gilliam. - Enregistrement d'un spectacle comique donné par les membres du groupe Monty Python en 1980.
VO→LS **13 ans +**

**MONTY PYTHON'S LIFE OF BRIAN** ▷3
ANG. 1979. Comédie satirique réalisée et interprétée par Terry JONES avec Graham Chapman et John Cleese. - La vie d'un jeune homme né à Bethléem en même temps qu'un certain Jésus. - Parodie des récits bibliques aussi farfelue qu'irrévérencieuse. Mise en scène habile. Plaisanteries servies avec verve. Excellents interprètes.
VO→LS **18 ans +**

**MONTY PYTHON'S THE MEANING OF LIFE** ▷4
ANG. 1983. Comédie satirique réalisée et interprétée par Terry JONES avec John Cleese et Michael Palin. - Diverses étapes de la vie depuis la naissance jusqu'à la mort.
VO→11,95$ LBX-DVD→21,95$ **13 ans +**

**MONTY PYTHON: LE SENS DE LA VIE**
Voir: MONTY PYTHON'S THE MEANING OF LIFE

**MONUMENT AVE.** ▷4
É.-U. 1997. Drame de mœurs de Ted DEMME avec Denis Leary, Colm Meaney et Famke Janssen. - Témoin du meurtre d'un ami, un voleur de voitures membre d'une bande d'escrocs hésite à dénoncer le parrain local, qui en est responsable.
VO→13,95$ **13 ans + Langage vulgaire**

**MOODY BEACH** ▷4
QUÉ. 1990. Drame sentimental de Richard ROY avec Michel Côté, Claire Nebout et Andrée Lachapelle. - Un quadragénaire tourmenté abandonne son travail et part pour la Floride où il possède une maison qu'il découvre occupée par une jeune inconnue.
VO→LS **Général**

**MOOKIE** ▷5
FR. 1998. Comédie de Hervé PALUD avec Jacques Villeret, Eric Cantona et Emiliano Suarez. - Pour empêcher des scientifiques de mettre la main sur une guenon parlante, un moine français fuit avec elle à Mexico en compagnie d'un boxeur.
**Général**

**MOON 44** ▷5
ALL. 1989. Science-fiction de Roland EMMERICH avec Michael Paré, Malcolm McDowell et Dean Devlin. - En 2038, un agent se rend sur une planète lointaine à la recherche d'un saboteur qui met en péril les opérations d'extraction de minerai.
VF→LS VO→LS **13 ans +**

**MOON AND SIXPENCE, THE** ▷4
É.-U. 1942. Drame psychologique d'Albert LEWIN avec George Sanders, Herbert Marshall et Doris Dudley. - Un courtier anglais quitte sa famille pour se consacrer à la peinture dans les mers du Sud.
VO→LS **Général**

**MOON IS BLUE, THE** ▷4
É.-U. 1952. Comédie sentimentale d'Otto PREMINGER avec William Holden, David Niven et Maggie MacNamara. - Deux hommes deviennent amoureux d'une charmante jeune fille.
VO→14,95$ **Général**

**MOON OVER HARLEM** ▷0
É.-U. 1939, Edgar G. ULMER
VO→LS **Général**

**MOON OVER MIAMI** ▷5
É.-U. 1941. Comédie musicale de Walter LANG avec Betty Grable, Don Ameche et Robert Cummings. - Deux sœurs se cherchent un riche mari en Floride.
VO→PC **Général**

**MOON OVER PARADOR** ▷4
É.-U. 1988. Comédie de Paul MAZURSKY avec Richard Dreyfuss, Raul Julia et Sonia Braga. - Un acteur est appelé à remplacer le président d'un petit pays d'Amérique du Sud, mort d'une crise cardiaque.
VO→11,95$ **Général**

**MOONLIGHT AND VALENTINO** ▷4
É.-U. 1995. Comédie dramatique de David ANSPAUGH avec Elizabeth Perkins, Gwyneth Paltrow et Whoopi Goldberg. - Après la mort accidentelle de son mari, une jeune femme est consolée par sa sœur, par sa meilleure amie et par l'ex-épouse de son père.
VF→13,95$ **Général**

**MOONLIGHTING** ▷3
ANG. 1982. Comédie satirique de Jerzy SKOLIMOWSKI avec Jeremy Irons, Eugene Lipinski et Jiri Stanislav. - Les difficultés de quatre ouvriers polonais qui se rendent à Londres pour y travailler clandestinement. - Mélange adroit de tragique et de comique. Traitement humoristique. Interprétation convaincante de J. Irons.
VO→13,95$ **Général**

**MOONRAKER** ▷4
ANG. 1979. Science-fiction de Lewis GILBERT avec Roger Moore, Lois Chiles et Michel Lonsdale. - L'agent secret James Bond est chargé d'enquêter sur la disparition en plein ciel d'une navette spatiale.
VO→14,95$ LBX-DVD→34,95$ **Général**

**MOONRISE** ▷4
É.-U. 1948. Drame de Frank BORZAGE avec Dane Clark, Gail Russell et Ethel Barrymore. - Le fils d'un meurtrier en vient lui-même à tuer un camarade qui le persécute.
VO→18,95$ **Général**

**MOONSTRUCK** ▷4
É.-U. 1987. Comédie de mœurs de Norman JEWISON avec Cher, Nicolas Cage et Olympia Dukakis. - Les tribulations sentimentales d'une veuve qui se laisse prendre par la passion tumultueuse du frère de son fiancé.
VO→11,95$ VF→11,95$ **Général**

**MORA...** ▷6
FR. 1981. Drame politique de Léon DESCLOZEAUX avec Philippe Léotard, Ariel Besse et Patrick Bouchitey. - Dans un pays gouverné par un régime militaire, un photographe est entraîné dans une aventure périlleuse après avoir pris des clichés d'un assassinat politique.
VO→LS **Non classé**

**MORE** ▷4
LUX. 1969. Drame psychologique de Barbet SCHROEDER avec Klaus Grunberg, Mimsy Farmer et Heinz Engelman. - Un étudiant allemand est entraîné dans l'enfer de la drogue par une jeune Américaine.
STA-LBX→27,95$ **13 ans +**

**MORE ABOUT THE CHILDREN OF NOISY VILLAGE** ▷4
SUÈ. 1986. Drame de Lasse HALLSTRÖM avec Linda Bergström, Crispin Dickson Wendenius et Henrik Larsson. - Les aventures de six jeunes Suédois dans un petit village de province au cours des années 1920.
VA→39,95$ **Général**

**MORE THE MERRIER, THE** ▷3
É.-U. 1943. Comédie de George STEVENS avec Jean Arthur, Joel McCrea et Charles Coburn. - Pendant une crise de logement à Washington, une jeune fille partage son appartement avec un vieux monsieur et un aviateur. - Scénario fertile en situations amusantes. Mise en scène précise et efficace. Interprétation brillante.
VO→19,95$ **Non classé**

**MORFALOUS, LES** ▷6
FR. 1983. Drame de guerre d'Henri VERNEUIL avec Jean-Paul Belmondo, Marie Laforêt et Mathias Habich. - Pendant la campagne de Tunisie, des légionnaires français disputent à des Allemands un trésor en lingots d'or.
VO→LS **Général**

**MORITURI** ▷4
É.-U. 1965. Drame de guerre de Bernhard WICKI avec Marlon Brando, Yul Brynner et Janet Margolin. - Un espion américain est placé à bord d'un cargo allemand transportant du caoutchouc.
VO→24,95$ **13 ans +**

**MORNING AFTER, THE** ▷4
É.-U. 1986. Drame policier de Sidney LUMET avec Jane Fonda, Jeff Bridges et Raul Julia. - Un policier à la retraite entreprend d'innocenter une alcoolique qui s'est réveillée un matin aux côtés d'un homme mort poignardé.
VO→14,95$ **Général**

**MORNING GLORY** ▷3
É.-U. 1933. Drame psychologique de Lowell SHERMAN avec Katharine Hepburn, Douglas Fairbanks Jr. et Adolphe Menjou. - Une jeune fille se donne tout entière à sa passion pour le théâtre. - Milieu bien décrit. Mise en scène soignée. Interprétation remarquable de K. Hepburn.
VO→14,95$ **Général**

**MOROCCO** ▷3
É.-U. 1930. Drame sentimental de Josef VON STERNBERG avec Marlene Dietrich, Gary Cooper et Adolphe Menjou. - L'idylle tumultueuse d'une chanteuse de cabaret et d'un soldat de la légion étrangère.- Intrigue romanesque abordée avec un certain sens de l'ironie. Mise en scène stylisée. Photographie superbe. Interprètes de valeur.
VO→16,95$ **Général**

**MORONS FROM OUTER SPACE** ▷0
ANG. 1985, Mike HODGES
VO→LS **Général**

**MORS AUX DENTS, LE**
Voir: THE ROUNDERS

**MORT À L'ARRIVÉE**
Voir: D.O.A.

**MORT À VENISE** ►1
ITA. 1971. Drame psychologique de Luchino VISCONTI avec Dirk Bogarde, Bjorn Anderssen et Silvana Mangano. - Un compositeur faisant une cure de repos à Venise est attiré par la beauté d'un adolescent polonais. - Reconstitution d'époque finement stylisée. Rythme lent et méditatif. Images superbement composées. Jeu excellent de D. Bogarde.
VO→99,95$ **Général**

**MORT D'UN BÛCHERON, LA** ▷4
QUÉ. 1973. Comédie dramatique de Gilles CARLE avec Carole Laure, Daniel Pilon et Denise Filiatrault. - Une jeune fille venue à Montréal pour retrouver son père est exploitée par un tenancier de cabaret.
VO→13,95$ **13 ans +**

**MORT D'UN POURRI** ▷4
FR. 1977. Drame policier de Georges LAUTNER avec Alain Delon, Ornella Muti et Michel Aumont. - Un homme est entraîné dans une sombre affaire par un ami député qui meurt assassiné.
VO→LS **Général**

**MORT DE MARIO RICCI, LA** ▷3
SUI. 1983. Drame de mœurs de Claude GORETTA avec Gian Maria Volontè, Magali Noël et Heinz Bennent. - De passage dans un village suisse pour une interview, un reporter de télévision tente d'éclaircir les circonstances entourant la mort d'un ouvrier italien. - Œuvre sérieuse et mûre. Réalisation sûre. Jeu intelligent de G.M. Volontè.
VO→LS **Général**

**MORT EN DIRECT, LA** ▷3
FR. 1979. Science-fiction de Bertrand TAVERNIER avec Romy Schneider, Harvey Keitel et Harry Dean Stanton. - Une malade incurable est épiée par la télévision comme un objet de spectacle. - Évocation déroutante de la société de l'avenir. Montage précis. Interprétation touchante de R. Schneider.
VF→LS **Général**

**MORT FRAPPE TROIS FOIS, LA**
Voir: DEAD RINGER

**MORT RÉCALCITRANT, UN**
Voir: THE GAZEBO

**MORT SUR LE NIL**
Voir: DEATH ON THE NILE

**MORT UN DIMANCHE DE PLUIE** ▷5
FR. 1986. Drame policier de Joël SANTONI avec Nicole Garcia, Jean-Pierre Bacri et Jean-Pierre Bisson. - Engagé par un architecte pour entretenir sa maison, un couple cherche à se venger d'un accident dont il le croit responsable.
VO→LS **18 ans +**

**MORT VOUS VA SI BIEN, LA**
Voir: DEATH BECOMES HER

**MORTAL KOMBAT** ▷6
É.-U. 1995. Drame fantastique de Paul ANDERSON avec Christopher Lambert, Bridgette Wilson et Robin Lou. - Un sage recrute trois experts en arts martiaux pour l'aider à combattre un despote cruel dans un univers parallèle au nôtre.
VO→16,95$ **13 ans + Violence**

**MORTAL PASSIONS** ▷4
É.-U. 1989. Drame d'Andrew LANE avec Zach Galligan, Michael Bowen et Krista Errickson. - Une épouse convainc son amant d'assassiner son mari afin de toucher une importante somme d'argent.
VO→LS **Non classé**

**MORTAL STORM, THE** ▷4
É.-U. 1940. Drame psychologique de Frank BORZAGE avec James Stewart, Margaret Sullavan et Robert Young. - Les débuts de l'hitlérisme en Allemagne causent la mésentente dans une famille d'intellectuels.
VO→19,95$ **Général**

**MORTAL THOUGHTS** ▷5
É.-U. 1991. Drame policier d'Alan RUDOLPH avec Demi Moore, Glenne Headly et Bruce Willis. - Un policier tente d'éclaircir les circonstances entourant le meurtre d'un homme brutal qui a été tué par sa femme avec l'aide d'une amie.
VO→9,95$ VF→9,95$ **13 ans +**

**MORTEL DÉSIR** ▷4
QUÉ. 1993. Documentaire de Mario DUFOUR. - Évocation des multiples effets du sida dans des milieux sociaux très variés.
VO→24,95$ **Général**

**MORTELLE INFLUENCE**
Voir: BAD INFLUENCE

**MORTELLE RANDONNÉE** ▷3
FR. 1983. Drame policier de Claude MILLER avec Michel Serrault, Isabelle Adjani et Guy Marchand. - Un détective privé s'attache à une jeune criminelle et la suit de loin dans ses déplacements. - Traitement subtil. Variations ingénieuses. Bonnes compositions de M. Serrault et I. Adjani.
VO→LS **13 ans +**

**MORTS EN SURSIS**
Voir: THE WALKING DEAD

**MORTS SUSPECTES**
Voir: COMA

**MOSCOU À NEW YORK**
Voir: MOSCOW ON THE HUDSON

**MOSCOU EST INSENSIBLE AUX LARMES** ▷4
RUS. 1980. Drame sentimental de Vladimir MENSHOV avec Vera Alentova, Alexei Batalov et Raissa Riasanova. - Les problèmes sentimentaux de trois jeunes filles russes qui vivent dans un foyer pour ouvrières.
VO→LS **Général**

**MOSCOW DOES NOT BELIEVE IN TEARS**
Voir: MOSCOU EST INSENSIBLE AUX LARMES

**MOSCOW ON THE HUDSON** ▷4
É.-U. 1984. Comédie dramatique de Paul MAZURSKY avec Robin Williams, Maria Conchita Alonso et Cleavent Derricks. - À l'occasion d'un voyage en Amérique, un membre de l'orchestre d'un cirque russe fait défection.
VO→9,95$ VF→9,95$ **13 ans +**

**MOSCOW PARADE** ▷0
RUS. 1993, Ivan DIKHOVICHNY
STA→LS **Général**

**MOSQUITO COAST, THE** ▷4
É.-U. 1986. Aventures de Peter WEIR avec Harrison Ford, River Phoenix et Helen Mirren. - Un inventeur désabusé entraîne sa famille en Amérique centrale et devient le chef d'un village qu'il dote d'une glacière géante.
VF→14,95$ VO→14,95$ LBX-DVD→21,95$ **Général**

**MOST DANGEROUS GAME, THE** ▷4
É.-U. 1932. Drame d'horreur d'Ernest B. SCHOEDSACK avec Leslie Banks, Joel McCrea et Fay Wray. - Des naufragés abordent une île habitée par un mégalomane qui organise des parties de chasse à l'homme.
VO→13,95$ DVD→37,95$ **Général**

**MOST WANTED** ▷6
É.-U. 1997. Drame policier de David HOGAN avec Keenen Ivory Wayans, Jon Voight et Jill Hennessy. - Injustement accusé du meurtre de la femme du président des États-Unis, un tueur d'élite fugitif tente de démasquer les vrais coupables.
VF→15,95$ **13 ans + Violence**

**MOTEL HELL** ▷5
É.-U. 1980. Drame d'horreur de Kevin CONNOR avec Rory Calhoun, Nancy Parsons et Nina Axelord. - Les tenanciers d'un motel s'emploient à piéger des voyageurs pour les tuer et les transformer en viandes fumées.
VO→14,95$ **13 ans +**

**MOTHER** ▷4
É.-U. 1996. Comédie de mœurs réalisée et interprétée par Albert BROOKS avec Debbie Reynolds et Rob Morrow. - Un homme dans la quarantaine retourne vivre avec sa mère avec qui il a toujours entretenu une relation tendue.
VF→14,95$ **Général**

**MOTHER JOAN OF THE ANGELS**
Voir: MÈRE JEANNE DES ANGES

**MOTHER NIGHT** ▷4
É.-U. 1996. Drame d'espionnage de Keith GORDON avec Nick

Nolte, Sheryl Lee et Alan Arkin. - Dans les années 1940, un dramaturge américain vivant à Berlin se fait passer pour un sympathisant nazi afin de travailler comme espion pour les alliés.
VF→18,95$ VO→19,95$ **13 ans +**

**MOTHER WORE TIGHTS** ▷5
É. U. 1947. Comédie musicale de Walter LANG avec Betty Grable, Dan Dailey et Mona Freeman. - Un couple d'artistes de music-hall tente de donner à ses deux fillettes une bonne éducation.
VO→16,95$ **Général**

**MOTHER'S BOYS** ▷5
É.-U. 1993. Drame policier d'Yves SIMONEAU avec Jamie Lee Curtis, Peter Gallagher et Joanne Whalley-Kilmer. - Une femme malveillante implique ses fils dans un complot visant à éliminer la nouvelle compagne de son mari.
VF→12,95$ **13 ans +**

**MOTHER, JUGS & SPEED** ▷0
É.-U. 1976, Peter YATES
VO→11,95$ **13 ans +**

**MOTHRA** ▷6
JAP. 1961. Science-fiction d'Inoshiro HONDA avec Franky Sekai, Hiroshi Koizumi et Kyoko Kagawa. - Kidnappées par un savant dans une île du Pacifique, deux jeunes femmes minuscules sont secourues par un papillon géant.
VA→9,95$ **Général**

**MOTOCYCLETTE, LA**
Voir: GIRL ON A MOTORCYCLE

**MOTOR PSYCHO** ▷0
É.-U. 1966, Russ MEYER
VO→69,95$ **18 ans +**

**MOTORCYCLE GANG** ▷6
É.-U. 1957. Drame d'Edward L. CAHN avec Steve Terrell, John Ashley et Anne Neyland. - La rivalité entre deux jeunes motocyclistes dont l'un est un voyou alors que l'autre se montre respectueux des lois.
VO→LS **Général**

**MOTS POUR LE DIRE, LES** ▷4
FR. 1983. Drame psychologique de José PINHEIRO avec Nicole Garcia, Marie-Christine Barrault et Daniel Mesguich. - Une jeune mère dans la trentaine, angoissée et souffrant d'hémorragies, entreprend une thérapie avec un psychiatre.
VO→LS **13 ans +**

**MOUCHE, LA**
Voir: THE FLY

**MOUCHE 2, LA**
Voir: THE FLY 2

**MOUCHETTE** ►2
FR. 1967. Drame psychologique de Robert BRESSON abec Nadine Nortier, Jean-Claude Guilbert et Marie Cardinal. - Une adolescente taciturne et malheureuse finit par s'enlever la vie. - Adaptation fidèle au roman de Bernanos. Style épuré, d'une grand pouvoir de suggestion. Interprètes admirablement dirigés.
STA→39,95$ **Général**

**MOULIN ROUGE** ►2
ANG. 1952. Drame biographique de John HUSTON avec Jose Ferrer, Colette Marchand et Zsa Zsa Gabor. - Quelques épisodes de la vie du célèbre peintre Toulouse-Lautrec. - Excellente reconstitution d'époque. Étude psychologique intéressante. Interprétation de classe.
VO→19,95$ **Non classé**

**MOUNTAIN, THE** ▷4
É.-U. 1956. Drame psychologique d'Edward DMYTRYK avec Spencer Tracy, Robert Wagner et Claire Trevor. - Un vieux guide et son jeune frère gravissent une montagne pour retrouver les survivants d'un accident d'avion.
VO→14,95$ **Général**

**MOUNTAINS OF THE MOON** ▷3
É.-U. 1989. Drame historique de Bob RAFELSON avec Patrick Bergin, Iain Glen et Fiona Shaw. - Un géographe irlandais et un explorateur anglais se lancent à la recherche des sources du Nil au siècle dernier. - Situations dramatiques donnant lieu à d'intéressantes confrontations. Effets spéciaux admirablement exécutés. Paysages magnifiques. Reconstitution d'époque juste. Interprétation convaincante.
LBX-DVD→PC VO→18,95$ LBX-DVD→PC **13 ans +**

**MOURIR À TUE-TÊTE** ▷3
QUÉ. 1979. Drame social d'Anne-Claire POIRIER avec Julie Vincent, Germain Houde et Monique Miller. - Bouleversée par un viol, une infirmière n'arrive pas à retrouver son équilibre. - Sujet vivement et crûment engagé. Illustration stylisée. Une certaine distanciation intellectuelle. Tendances démonstratives. Interprétation juste.
VO→19,95$ **13 ans +**

**MOURIR D'AIMER** ▷0
FR.-ITA. 1970, André CAYETTE
VO→LS **13 ans +**

**MOUSE HUNT** ▷5
É.-U. 1997. Comédie fantaisiste de Gore VERBINSKI avec Nathan Lane, Lee Evans et Vicki Lewis. - Deux frères héritent d'un vieux manoir habité par une souris futée qui va s'avérer bien difficile à déloger.
VO→PC VF→16,95$ LBX-DVD→34,95$ **Général**

**MOUSE THAT ROARED, THE** ▷4
ANG. 1959. Comédie satirique de Jack ARNOLD avec Peter Sellers, Jean Seberg et David Kossoff. - Un minuscule pays déclare la guerre aux États-Unis pour régler ses problèmes financiers.
VF→19,95$ VO→19,95$ **Général**

**MOUSTACHE, CORNIPOLI ET LES AUTRES** ▷0
CAN. 1989, Jean BOURBONNAIS
VO→LS **Non classé**

**MOUSTACHU, LE** ▷4
FR. 1987. Comédie policière de Dominique CHAUSSOIS avec Jean Rochefort, Jean-Claude Brialy et Grace de Capitani. - La mission d'un agent secret français est sabotée de façon à discréditer le nouveau patron des services de sécurité.
VO→LS **Général**

**MOUTH TO MOUTH** ▷0
ESP. 1995, Manuel Gomez PEREIRA
STA→19,95$ **13 ans + Érotisme**

**MOUTON ENRAGÉ, LE** ▷4
FR. 1973. Comédie de mœurs de Michel DEVILLE avec Jean-Louis Trintignant, Jean-Pierre Cassel et Romy Schneider. - Sur les conseils d'un ami romancier, un employé de banque timide gagne la confiance d'un riche financier et fait des conquêtes féminines.
VO→LS **13 ans +**

**MOUTON NOIR, LE** ▷4
QUÉ. 1992. Documentaire de Jacques GODBOUT. - Survol des événements politiques de l'année qui a suivi l'échec de l'accord du lac Meech.
VO→LS **Général**

**MOUVEMENTS DU DÉSIR** ▷5
QUÉ. 1993. Drame sentimental de Léa POOL avec Valérie Kaprisky, Jean-François Pichette et Jolianne L'Allier-Matteau. - Deux jeunes gens vivent une aventure amoureuse dans un train à destination de Vancouver.
VO→19,95$ **13 ans +**

**MOVE OVER, DARLING** ▷5
É.-U. 1963. Comédie de Michael GORDON avec Doris Day, James Garner et Polly Bergen. - Une femme disparue dans un naufrage depuis cinq ans revient alors que son mari vient de se remarier.
VO→16,95$ **Général**

**MOVING MOUNTAINS: THE MONTREAL YIDDISH THEATRE IN RUSSIA** ▷0
CAN. 1991, Ina FICHMAN
VO→LS **Général**

**MOVING THE MOUNTAIN** ▷0
CAN.-ANG. 1994, Michael APTED
VO→LS **Général**

**MOZART BROTHERS, THE**
Voir: LES FRÈRES MOZART

**MOZART: A CHILDHOOD CHRONICLES** ▷0
ALL. 1974, Klaus KIRSCHNER
STA→LS **Général**

**MR. & MRS. BRIDGE** ▷4
É.-U. 1990. Drame psychologique de James IVORY avec Paul Newman, Joanne Woodward et Margaret Welsh. - Un avocat austère et sa femme, passive et soumise, voient leurs trois enfants quitter le foyer familial dans des circonstances parfois difficiles.
VO→9,95$ **Général**

**MR. AND MRS. SMITH** ▷4
É.-U. 1944. Comédie d'Alfred HITCHCOCK avec Robert Montgomery, Carole Lombard et Gene Raymond. - Mésententes et réconciliations d'un jeune couple.
VO→14,95$ **Général**

**MR. BLANDINGS BUILDS HIS DREAM HOUSE** ▷4
É.-U. 1948. Comédie de H.C. POTTER avec Cary Grant, Myrna Loy et Melvyn Douglas. - Un couple new-yorkais achète une vieille maison en banlieue.
VO→18,95$ **Général**

**MR. BUG GOES TO TOWN**
Voir: HOPPITY GOES TO TOWN

**MR. DEATH: THE RISE AND FALL OF FRED A. LEUCHTER JR.** ▷0
É.-U. 1999, Errol MORRIS
VO→34,95$

**MR. DEEDS GOES TO TOWN** ▷3
É.-U. 1936. Comédie de Frank CAPRA avec Gary Cooper, Jean Arthur et Douglas Dumbrille. - Héritier d'une fortune considérable, M. Deeds est traduit en justice pour sa prodigalité. - Touches d'humour et de fantaisie. Éléments de satire sociale. Mise en scène inventive. Fine interprétation.
VO→19,95$ DVD→29,95$ **Général**

**MR. HOBBS TAKES A VACATION** ▷4
É.-U. 1962. Comédie de Henry KOSTER avec James Stewart, Maureen O'Hara et Lauri Peters. - Les vacances mouvementées d'une famille dans un chalet au bord de la mer.
VO→23,95$ **Général**

**MR. HOLLAND'S OPUS** ▷4
É.-U. 1995. Comédie dramatique de Stephen HEREK avec Richard Dreyfuss, Glenne Headly et Jay Thomas. - Un compositeur se dévoue pendant trente ans à l'enseignement de la musique dans une école secondaire.
VO→16,95$ VF→16,95$ **Général**

**MR. JEALOUSY** ▷5
É.-U. 1997. Comédie sentimentale de Noah BAUMBACH avec Eric Stoltz, Annabella Sciorra et Chris Eigeman. - Maladivement jaloux, un jeune homme suit un ancien amant de sa copine afin de s'assurer que celui-ci n'éprouve plus aucun sentiment pour elle.
VO→PC **Général**

**MR. JONES** ▷4
É.-U. 1993. Comédie dramatique de Mike FIGGIS avec Richard Gere, Lena Olin et Delroy Lindo. - Une jeune psychiatre peu heureuse dans sa vie affective succombe au charme d'un maniaco-dépressif.
VO→9,95$ VF→9,95$ **13 ans +**

**MR. LOVE** ▷0
ANG. 1985, Roy BATTERSBY
VO→PC **Non classé**

**MR. MAJESTYK** ▷5
É.-U. 1974. Drame policier de Richard FLEISCHER avec Charles Bronson, Al Lettieri et Linda Cristal. - Le propriétaire d'une exploitation potagère en Californie entre en lutte avec des gangsters.
VO→11,95$ **13 ans +**

**MR. MOM** ▷5
É.-U. 1983. Comédie de Stan DRAGOTI avec Michael Keaton, Teri Garr et Martin Mull. - Les tribulations d'un jeune ingénieur sans emploi relégué aux tâches ménagères lorsque sa femme trouve du travail.
VO→PC **Général**

**MR. MUSIC** ▷0
É.-U. 1950, Richard HAYDN
VO→14,95$ **Général**

**MR. NICE GUY** ▷5
CAN. 1987. Comédie policière de Henry WOLFOND avec Mike MacDonald, Jan Smithers et Joe Silver. - Un gardien de sécurité travaillant pour le compte d'une organisation de tueur à gages s'éprend de la fille d'un parrain de la mafia.
VA→18,95$ VF→18,95$ **Général**

**MR. NORTH** ▷4
É.-U. 1988. Comédie de Danny HUSTON avec Anthony Edwards, Robert Mitchum et Lauren Bacall. - Dans les années 1920, un mystérieux jeune homme connaît divers ennuis à cause de l'étrange particularité qu'il semble avoir de soulager les migraines.
VF→LS VO→LS **Général**

**MR. PEABODY AND THE MERMAID** ▷4
É.-U. 1948. Comédie de Irving PICHEL avec William Powell, Ann Blyth et Irene Hervey. - Un pêcheur attrape une sirène et la ramène chez lui.
VO→9,95$ **Général**

**MR. SATURDAY NIGHT** ▷4
É.-U. 1992. Comédie dramatique réalisée et interprétée par Billy CRYSTAL avec David Paymer et Julie Warner. - Un comédien qui a eu son heure de gloire dans les années 1950 tente de raviver sa carrière.
VO→12,95$ **Général**

**MR. SMITH GOES TO WASHINGTON** ▷3
É.-U. 1939. Comédie satirique de Frank CAPRA avec James Stewart, Jean Arthur et Claude Rains. - Un chef scout est choisi pour remplacer un sénateur décédé. - Critique sociale présentée sur un ton spirituel et léger. Réalisation adroite. Interprétation pleine de finesse.
VO→14,95$ DVD→33,95$ **Général**

**MR. STITCH** ▷5
É.-U. 1995. Drame fantastique de Roger AVARY avec Rutger Hauer, Nia Peeples et Wil Wheaton. - Un savant fabrique à des fins militaires un homme artificiel à partir de morceaux de cadavres.
VF→LS VO→LS **13 ans + Horreur**

**MR. TOAD'S WILD RIDE** ▷0
ANG. 1996, Terry JONES
VO→21,95$ **Général**

**MR. WINKLE GOES TO WAR** ▷0
É.-U. 1944, Alfred E. GREEN
VO→18,95$ **Général**

**MR. WONDERFUL** ▷4
É.-U. 1993. Comédie sentimentale d'Anthony MINGHELLA avec Matt Dillon, Annabella Sciorra et Mary-Louise Parker. - Pour ne plus devoir verser une grosse pension alimentaire à son ex-épouse, un jeune électricien tente de lui trouver un nouveau mari.
VF→PC VO→PC **Général**

**MR. WRONG** ▷5
É.-U. 1996. Comédie de Nick CASTLE avec Ellen DeGeneres, Bill Pullman et Joan Cusack. - Une jeune célibataire croit avoir trouvé

l'homme de sa vie en la personne d'un jeune homme charmant qui lui réserve pourtant de désagréables surprises.
VO→21,95$ **Général**

**MRS. BROWN** ▷4
ANG. 1997. Drame biographique de John MADDEN avec Judi Dench, Billy Connolly et Geoffrey Palmer. - Après la mort de son époux, la reine Victoria sympathise avec un palefrenier au franc-parler, ce qui suscite de nombreuses rumeurs.
VF→19,95$ VO→19,95$ **Général**

**MRS. DALLOWAY** ▷4
ANG. 1997. Drame psychologique de Marleen GORRIS avec Vanessa Redgrave, Natasha McElhone et Rupert Graves. - Les souvenirs d'une femme d'âge mûr refont surface le jour où elle donne une réception chez elle.
VO→19,95$ VF→18,95$ **Général**

**MRS. DOUBTFIRE** ▷4
É.-U. 1993. Comédie dramatique de Chris COLUMBUS avec Robin Williams, Sally Field et Pierce Brosnan. - N'ayant pu obtenir la garde de ses enfants, un père divorcé se déguise en vieille dame anglaise et se fait engager comme bonne par son ex-femme.
VF→15,95$ VO→15,95$ **Général**

**MRS. MINIVER** ▷3
É.-U. 1943. Étude de mœurs de William WYLER avec Greer Garson, Walter Pidgeon et Teresa Wright. - La vie d'une famille anglaise durant la Seconde Guerre mondiale. - Peinture très intéressante. Réalisation soignée. Simplicité et sobriété. Interprétation juste et nuancée.
VO→19,95$ **Général**

**MRS. PARKER AND THE VICIOUS CIRCLE** ▷4
É.-U. 1994. Drame biographique d'Alan RUDOLPH avec Jennifer Jason Leigh, Matthew Broderick et Campbell Scott. - Dans les années 1920, une écrivaine new-yorkaise à l'esprit raffiné cache des amours malheureuses et un profond mal de vivre.
VF→18,95$ VO→18,95$ **Général**

**MRS. PARKINGTON** ▷5
É.-U. 1947. Comédie dramatique de Tay GARNETT avec Greer Garson, Walter Pidgeon et Edward Arnold. - Les souvenirs d'une grand-mère font connaître le passé de sa famille.
VO→19,95$ **Général**

**MRS. SOFFEL** ▷4
É.-U. 1984. Drame de Gillian ARMSTRONG avec Diane Keaton, Mel Gibson et Matthew Modine. - Subjuguée par un condamné à mort, l'épouse d'un directeur de prison accepte de collaborer à une évasion.
LBX→13,95$ VO→13,95$ **Général**

**MS. 45** ▷6
É.-U. 1980. Drame policier d'Abel FERRARA avec Zoe Tamerlis, Editta Sherman et Albert Sinkys. - Violée à deux reprises un soir à son retour du travail, une muette entreprend de se venger avec l'arme d'un de ses agresseurs.
VF→LS VO→LS **Non classé**

**MUCH ADO ABOUT NOTHING** ▷3
ANG. 1993. Comédie sentimentale réalisée et interprétée par Kenneth BRANAGH avec Emma Thompson et Denzel Washington. - De retour d'une campagne militaire, un prince et ses soldats se livrent aux jeux de l'amour avec les belles d'un village toscan. - Adaptation exubérante d'une pièce de Shakespeare. Ronde grouillante de vie et de bonne humeur. Décors naturels enchanteurs. Numéros d'acteurs formidables.
VF→14,95$ VO→14,95$ **Général**

**MUDHONEY** ▷0
É.-U. 1965, Russ MEYER
VO→69,95$ **18 ans +**

**MULAN** ▷4
É.-U. 1998. Dessins animés de Barry COOK et Tony BANCROFT. - Une jeune Chinoise impétueuse se déguise en homme pour se joindre à l'armée impériale en lutte contre des hordes barbares.
VF→LS VO→26,95$ LBX-DVD→26,95$ **Général**

**MULHOLLAND FALLS** ▷4
É.-U. 1996. Drame policier de Lee TAMAHORI avec Nick Nolte, Melanie Griffith et Chazz Palminteri. - Enquêtant sur le meurtre de son ancienne maîtresse, un policier de choc est amené à s'intéresser aux activités d'une base militaire.
VF→12,95$ VO→11,95$ **13 ans + Violence**

**MULTIPLE MANIACS** ▷0
É.-U. 1970, John WATERS
VO→9,95$ **16 ans + Langage vulgaire**

**MULTIPLICITÉ**
Voir: MULTIPLICITY

**MULTIPLICITY** ▷4
É.-U. 1996. Comédie de Harold RAMIS avec Michael Keaton, Andie MacDowell et Harris Yulin. - Un homme affairé a recours au clonage pour répondre à ses nombreuses obligations familiales et professionnelles.
VF→14,95$ VO→18,95$ LBX→PC **Général**

**MUMFORD** ▷5
É.-U. 1999. Comédie dramatique de Lawrence KASDAN avec Loren Dean, Hope Davis et Jason Lee. - Un ancien fonctionnaire qui se fait passer pour un psychologue se lie d'amitié avec ses clients.
VO→16,95$ LBX-DVD→26,95$ **13 ans +**

**MUMMY'S CURSE, THE** ▷6
É.-U. 1945. Drame d'horreur de Leslie GOODWINS avec Lon Chaney Jr., Peter Coe et Virginia Christine. - Deux momies se raniment grâce au secret que se sont transmis d'âge en âge les prêtres égyptiens.
VO→14,95$ **Général**

**MUMMY'S GHOST, THE** ▷6
É.-U. 1944. Drame d'horreur de Reginald LeBORG avec Lon Chaney Jr., John Carradine et Ramsey Ames. - Une momie égyptienne reprend vie lorsque des archéologues violent sa tombe.
VO→14,95$ **Général**

**MUMMY'S HAND, THE** ▷6
É.-U. 1940. Drame d'horreur de Christy CABANNE avec Wallace Ford, Dick Foran et Peggy Moran. - Des archéologues mettent à jour une momie égyptienne qui reprend vie.
VO→14,95$ **Général**

**MUMMY'S SHROUD, THE** ▷0
ANG. 1967, John GILLING
LBX→14,95$ **Général**

**MUMMY'S TOMB, THE** ▷6
É.-U. 1942. Drame d'horreur de Harold YOUNG avec Lon Chaney Jr., Dick Foran et Turhan Bey. - Une momie revient à la vie pour s'en prendre à des archéologues qui ont profané un tombeau égyptien.
VO→14,95$ **Général**

**MUMMY, THE** ▷4
É.-U. 1932. Drame d'horreur de Karl FREUND avec Boris Karloff, Zita Johann et David Manners. - Un prêtre de l'ancienne Égypte reprend vie au XXe siècle.
VO→14,95$ **Général**

**MUMMY, THE** ▷4
ANG. 1959. Drame d'horreur de Terence FISHER avec Peter Cushing, Christopher Lee et Yvonne Furneaux. - Un archéologue anglais faisant des fouilles en Égypte est aux prises avec une momie ressuscitée.
VO→14,95$ **Non classé**

**MUMMY, THE** ▷5
É.-U. 1999. Aventures de Stephen SOMMERS avec Brendan Fraser, Rachel Weisz et John Hannah. - Partis à la recherche d'une cité perdue en Égypte, un Américain et une Anglaise ressuscitent une momie vieille de trois mille ans.
VF→16,95$ VO→24,95$ LBX→24,95$ **13 ans +**

**MUMMY, THE (COFFRET)** ▷0
Voir: MUMMY, THE
VO→41,95$ **Général**

**MUPPET CHRISTMAS CAROL, THE** ▷4
É.-U. 1992. Conte de Brian HENSON avec Michael Caine, Steve Whitmire et Jerry Nelson. - La veille de Noël, un vieil homme riche et avare reçoit la visite de trois spectres qui lui font prendre conscience de ses fautes.
VF→16,95$ VO→16,95$ **Général**

**MUPPET MOVIE, THE** ▷4
É.-U. 1979. Comédie musicale de James FRAWLEY avec Charles Durning, Austin Pendleton et Mel Brooks. - Une grenouille quitte ses marais pour aller tenter sa chance à Hollywood.
VO→9,95$ VF→9,95$ **Général**

**MUPPET TREASURE ISLAND** ▷4
É.-U. 1995. Comédie fantaisiste de Brian HENSON avec Tim Curry, Kevin Bishop et Jennifer Saunders. - Parti à la recherche d'un trésor enfoui dans une île, l'équipage d'un navire doit faire face à des pirates.
VO→23,95$ **Général**

**MUPPETS ATTAQUENT BROADWAY, LES**
Voir: THE MUPPETS TAKE MANHATTAN

**MUPPETS FROM SPACE** ▷5
É.-U. 1999. Comédie fantaisiste de Tim HILL avec Jeffrey Tambor, David Arquette et Andie MacDowell. - Des marionnettes viennent en aide à un de leurs amis qui a été kidnappé par des agents secrets après avoir découvert qu'il était d'origine extraterrestre.
VF→14,95$ VO→14,95$

**MUPPETS TAKE MANHATTAN, THE** ▷4
É.-U. 1984. Comédie fantaisiste de Frank OZ avec Juliana Donald, Lonny Price et Louis Zorich. - Les tribulations d'une grenouille et de ses compagnons venus à New York pour monter un spectacle musical.
VF→9,95$ VO→9,95$

**MUPPETS, ÇA C'EST DU CINÉMA, LES**
Voir: THE MUPPET MOVIE

**MUR DE L'ATLANTIQUE, LE** ▷5
FR. 1970. Comédie de Marcel CAMUS avec Bourvil, Peter McEnery et Sophie Desmarets. - Un aubergiste normand est mêlé malgré lui à l'évasion d'un aviateur anglais et à un vol de documents à l'état-major allemand.
VO→LS **Général**

**MUR, LE** ▷4
FR.-TUR. 1983. Drame social de Yilmaz GÜNEY avec Tuncel Kurtiz, Ahmet Ziyrek et Nicolas Hossein. - Dans une prison turque, des jeunes détenus se rebellent pour obtenir un meilleur traitement.
STA→99,95$ **13 ans +**

**MURDER** ▷4
ANG. 1930. Drame policier d'Alfred HITCHCOCK avec Herbert Marshall, Norah Baring et Edward Chapman. - Juré dans un procès pour meurtre, un acteur s'emploie à disculper l'accusée.
VO→17,95$ **Général**

**MURDER AHOY** ▷4
ANG. 1964. Comédie policière de George POLLOCK avec Margaret Rutherford, Charles Tingwell et Lionel Jeffries. - Une vieille demoiselle enquête sur la mort d'un administrateur d'une œuvre de rééducation pour jeunes délinquants.
VO→LS **Non classé**

**MURDER AT 1600** ▷4
É.-U. 1997. Drame policier de Dwight H. LITTLE avec Wesley Snipes, Diane Lane et Alan Alda. - Un détective de la police de Washington mène une enquête sur le meurtre d'une secrétaire survenu à la Maison-blanche.
VF→18,95$ LBX-DVD→29,95$ **13 ans +**

**MURDER AT THE GALLOP** ▷4
ANG. 1963. Comédie policière de George POLLOCK avec Margaret Rutherford, Robert Morley et Flora Robson. - Une vieille demoiselle enquête sur la mort étrange d'un riche vieillard.
VO→LS **Non classé**

**MURDER BY DEATH** ▷4
É.-U. 1976. Comédie policière de Robert MOORE avec Peter Falk, David Niven et Peter Sellers. - Un millionnaire excentrique réunit dans son manoir cinq détectives célèbres avec promesse d'un meurtre mystérieux à élucider.
VO→14,95$ VF→14,95$ **Général**

**MURDER BY DECREE** ▷4
CAN. 1978. Drame policier de Bob CLARK avec Christopher Plummer, James Mason et David Hemmings. - Le détective Sherlock Holmes entreprend de résoudre l'énigme d'un meurtrier mystérieux s'attaquant aux prostituées.
VF→LS **13 ans +**

**MURDER IN THE FIRST** ▷4
É.-U. 1994. Drame judiciaire de Mark ROCCO avec Christian Slater, Kevin Bacon et Gary Oldman. - L'avocat d'un prisonnier d'Alcatraz qui est accusé du meurtre d'un co-détenu veut prouver que son client a souffert de conditions de détention inhumaines.
VF→11,95$ VO→11,95$ **13 ans + Violence**

**MURDER IN THE HEARTLAND** ▷4
É.-U. 1993. Drame judiciaire de Robert MARKOWITZ avec Tim Roth, Fairuza Balk et Kato Reid. - En 1958, durant une fugue avec sa petite amie, un jeune délinquant désaxé du Nebraska commet une série de meurtres.
VO→30,95$ **16 ans + Violence**

**MURDER IN THE RED BARN** ▷0
É.-U. 1935, Milton ROSMER
VO→LS **Non classé**

**MURDER IS ANNOUNCED, A** ▷0
ANG. 1987, Guy SLATER
VO→LS **Non classé**

**MURDER MANSION, THE** ▷0
ESP. 1970, Lara POLOP
VO→LS **13 ans +**

**MURDER MOST FOUL** ▷5
ANG. 1964. Comédie policière de George POLLOCK avec Margaret Rutherford, Ron Moody et Stringer Davis. - Une vieille demoiselle s'emploie à prouver l'innocence d'un homme condamné pour meurtre.
VO→LS **Non classé**

**MURDER ON THE ORIENT EXPRESS** ▷4
ANG. 1974. Drame policier de Sidney LUMET avec Albert Finney, Lauren Bacall et Martin Balsam. - Le détective Hercule Poirot enquête sur l'assassinat d'un industriel américain à bord d'un train de luxe.
VO→24,95$ **Général**

**MURDER ROCK** ▷0
ITA. 1984, Lucio FULCI
VF→LS **13 ans +**

**MURDER SHE SAID** ▷4
ANG. 1962. Comédie policière de George POLLOCK avec Margaret Rutherford, Arthur Kennedy et James Robertson Justice. - Une vieille demoiselle témoin d'un meurtre décide de mener sa propre enquête.
VO→LS **Non classé**

**MURDER, HE SAYS** ▷4
É.-U. 1945. Comédie de George MARSHALL avec Fred MacMurray, Helen Walker et Marjorie Main. - Un agent recenseur a des ennuis avec une famille de montagnards.
VO→14,95$ **Général**

**MURDER, MY SWEET** ▷3
É.-U. 1946. Drame policier d'Edward DMYTRYK avec Dick Powell, Claire Trevor et Lloyd Nolan. - Après avoir enquêté sur une série de meurtres, un détective est lui-même soupçonné. - Adaptation d'un roman de Raymond Chandler. Excellente analyse de caractères. Réalisation pleine de brio. Interprétation vigoureuse.
VO→19,95$ **Général**

**MURDERERS ARE AMONG US** ▷0
ALL. 1946, Wolfgang STAUDTE
VO→54,95$ **Général**

**MURDERERS' ROW** ▷5
É.-U. 1966. Comédie policière d'Henry LEVIN avec Dean Martin, Karl Malden et Ann-Margret. - Un agent secret enquête sur la disparition d'un spécialiste en électronique.
VO→14,95$ **Non classé**

**MURDERS IN THE RUE MORGUE** ▷5
É.-U. 1931. Drame d'horreur de Robert FLOREY avec Bela Lugosi, Arlene Francis et Sidney Fox. - Un charlatan fait enlever des femmes par un gorille.
VO→11,95$ VO→11,95$ **Général**

**MURDERS IN THE ZOO** ▷0
É.-U. 1933, A. Edward SUTHERLAND
VO→14,95$ **Général**

**MURIEL**
Voir: MURIEL'S WEDDING

**MURIEL OU LE TEMPS D'UN RETOUR** ►2
FR.-ITA. 1962. Drame psychologique de Alain RESNAIS avec Delphine Seyrig, Jean-Pierre Kérien et Jean-Baptiste Thierrée. - Une femme sent renaître son amour pour un ancien amant qu'elle revoit après une séparation de vingt ans. - Manifestation exemplaire du travail de l'auteur sur le thème de la mémoire. Montage fragmenté. Mise en scène d'un art consommé. Interprètes de grand talent.
STA→39,95$ **Général**

**MURIEL'S WEDDING** ▷4
AUS. 1994. Comédie dramatique de Paul J. HOGAN avec Toni Collette, Rachel Griffiths et Bill Hunter. - Peu appréciée de son entourage, une fille grassouillette qui rêve d'un mariage romantique quitte son bled natal pour aller vivre à Sydney avec une copine.
VF→11,95$ VO→11,95$ LBX-DVD→27,95$ **Général**

**MURPHY'S ROMANCE** ▷4
É.-U. 1985. Comédie dramatique de Martin RITT avec Sally Field, James Garner et Brian Kerwin. - Installée avec son jeune fils sur un petit ranch en Arizona, une divorcée se lie d'amitié avec un veuf d'âge mûr.
VO→PC **Général**

**MURPHY'S WAR** ▷4
ANG. 1970. Drame de guerre de Peter YATES avec Peter O'Toole, Philippe Noiret et Sian Phillips. - Rescapé d'un torpillage, un matelot anglais entreprend une lutte inégale contre un sous-marin allemand.
VO→14,95$ **Général**

**MUSE, THE** ▷4
É.-U. 1999. Comédie réalisée et interprétée par Albert BROOKS avec Sharon Stone et Andie MacDowell. - Un scénariste hollywoodien en manque d'inspiration obtient l'aide d'une femme mystérieuse qui prétend être une muse.
VF→LS VO→LS LBX-DVD→27,95$ **Général**

**MUSÉE DE MARGARET, LE**
Voir: MARGARET'S MUSEUM

**MUSES ORPHELINES, LES** ▷4
QUÉ. 2000. Drame psychologique de Robert FAVREAU avec Fanny Mallette, Marina Orsini et Céline Bonnier. - Une jeune femme réunit frère et sœurs dans la maison familiale pour annoncer le retour de leur mère, partie vingt ans plus tôt.
VO→LS **13 ans +**

**MUSIC BOX** ▷4
É.-U. 1989. Drame judiciaire de Constantin COSTA-GAVRAS avec Jessica Lange, Armin Mueller-Stahl et Frederic Forrest. - Une criminologue réputée décide de défendre son père accusé de crimes contre l'humanité commis à la fin de la Seconde Guerre.
VO→14,95$ **Général**

**MUSIC LOVERS, THE** ▷3
ANG. 1970. Drame biographique de Ken RUSSELL avec Richard Chamberlain, Glenda Jackson et Isabella Telezynska. - La vie du célèbre compositeur Tchaïkovski. - Style flamboyant teinté de symbolisme freudien. Images admirablement composées. Spectacle complexe. Excellents comédiens.
VO→19,95$ **18 ans +**

**MUSIC MAN, THE** ▷4
É.-U. 1962. Comédie musicale de Morton DA COSTA avec Robert Preston, Shirley Jones et Buddy Hackett. - Un escroc se présente aux habitants d'une petite ville comme un professeur de musique.
VO→19,95$ **Général**

**MUSIC OF CHANCE, THE** ▷5
É.-U. 1993. Drame de mœurs de Philip HAAS avec Mandy Patinkin, James Spader et M. Emmet Walsh. - Pour rembourser une dette de jeu, deux acolytes sont contraints de construire durant 50 jours de captivité un mur de pierre sur la propriété de leurs créanciers.
VF→17,95$ VO→18,95$ **Général**

**MUSIC OF THE HEART** ▷4
É.-U. 1999. Drame biographique de Wes CRAVEN avec Meryl Streep, Angela Bassett et Aidan Quinn. - En 1988, une mère de famille divorcée entreprend d'enseigner le violon à des écoliers d'un quartier défavorisé de New York.
VF→PC VO→PC LBX-DVD→PC **Général**

**MUSICALS, GREAT MUSICALS** ▷0
É.-U. 1996, David THOMPSON
VO→19,95$ **Général**

**MUSSOLINI AND I** ▷5
ITA. 1984. Drame historique d'Alberto NEGRIN avec Anthony Hopkins, Susan Sarandon et Bob Hoskins. - Les tribulations du comte Galeazzo Ciano, gendre du Duce.
VF→LS VO→LS **Général**

**MUSTANG** ▷5
QUÉ. 1975. Comédie dramatique de Marcel LEFEBVRE et Yves GÉLINAS avec Willie Lamothe, Luce Guibeault et Albert Millaire. - Venu donner un spectacle à un festival western, un chanteur tente d'éclaircir le mystère entourant la mort d'un vieil ami.
VO→13,95$ **Général**

**MUSTARD BATH** ▷5
CAN. 1992. Drame psychologique de Darrell WASYK avec Michael Riley, Martha Henry et Alissa Trotz. - Établi au Canada depuis son jeune âge, un Guyanais revient dans son pays natal pour tenter d'exorciser les démons de son enfance.
VO→LS **13 ans +**

**MUTE WITNESS** ▷4
É.-U. 1994. Drame policier d'Anthony WALLER avec Mary Sudina, Fay Ripley et Evan Richards. - Témoin d'un meurtre, une jeune maquilleuse muette est prise en chasse par des tueurs dans un studio de cinéma déserté.
VF→9,95$ VO→18,95$ **16 ans + Violence**

**MUTINY ON THE BOUNTY** ▷4
É.-U. 1935. Drame de Frank LLOYD avec Clark Gable, Charles Laughton et Franchot Tone. - En 1788, au cours d'un voyage, la tyrannie du capitaine du Bounty suscite la révolte de l'équipage.
VO→14,95$ **Général**

**MUTINY ON THE BOUNTY** ▷4
É.-U. 1962. Drame historique de Lewis MILESTONE avec Marlon Brando, Trevor Howard et Richard Harris. - En 1788, au cours d'un voyage dans le Pacifique, la tyrannie du capitaine du Bounty suscite la révolte de l'équipage.
VO→PC LBX→24,95$ **Général**

**MY AMERICAN COUSIN** ▷3
CAN. 1985. Comédie dramatique de Sandy WILSON avec Margret Langrick, John Wildman et Richard Donat. - Au début de l'été 1959, une adolescente trouve sa vie ennuyeuse jusqu'au jour où survient son cousin de Californie. - Heureux mélange de gentillesse, de nostalgie et de sens du pittoresque. Rythme dégagé. Touches d'un humour discret.
VO→LS **Général**

**MY BEAUTIFUL LAUNDRETTE** ▷3
ANG. 1985. Comédie de mœurs de Stephen FREARS avec Gordon Warnecke, Daniel-Day Lewis et Saeed Jaffrey. - Le fils d'un immigrant pakistanais reçoit de son oncle la gérance d'une laverie automatique en quartier populaire. - Description insolite du vécu des immigrés en Angleterre. Curieuses variations sentimentales. Mise en scène vive et colorée. Interprétation convaincante.
VF→11,95$ VO→14,95$ **13 ans +**

**MY BEST FRIEND'S WEDDING** ▷4
É.-U. 1997. Comédie sentimentale de P.J. HOGAN avec Julia Roberts, Dermot Mulroney et Cameron Diaz. - Une jeune femme tente de faire échouer le projet de mariage entre une riche héritière et un ami qu'elle aime secrètement.
VF→14,95$ VO→14,95$ **Général**

**MY BEST GIRL** ▷0
É.-U. 1927, Sam TAYLOR
ITA→56,95$ **Général**

**MY BLUE HEAVEN** ▷4
É.-U. 1990. Comédie policière de Herbert ROSS avec Steve Martin, Rick Moranis et Joan Cusack. - Placé sous la protection d'un policier, un mafioso qui doit témoigner contre un chef de la pègre s'engage en toute impunité dans divers délits.
VF→14,95$ **Général**

**MY COUSIN VINNY** ▷4
É.-U. 1992. Comédie de Jonathan LYNN avec Joe Pesci, Marisa Tomei et Ralph Macchio. - Deux jeunes collégiens accusés injustement de meurtre sont défendus par un avocat farfelu et sans expérience.
VO→PC VF→16,95$ **Général**

**MY CRAZY LIFE (MI VIDA LOCA)** ▷5
É.-U. 1993. Drame de mœurs d'Allison ANDERS avec Angel Aviles, Seidy Lopez et Marlo Marron. - Deux jeune femmes qui ont eu chacune un enfant du même homme oublient leurs rivalités et décident de s'entraider quand le père est assassiné.
VO→PC **Général**

**MY DARLING CLEMENTINE** ►2
É.-U. 1946. Western de John FORD avec Henry Fonda, Linda Darnell et Victor Mature. - Un shérif et ses frères affrontent un clan rival en Arizona. - Évocation épique d'un fait authentique. Progression dramatique basée sur l'évolution psychologique des personnages. Bonne organisation picturale. Interprétation sobre et puissante.
VO→11,95$ **Général**

**MY DINNER WITH ANDRÉ** ▷3
É.-U. 1981. Comédie de mœurs de Louis MALLE avec Wallace Shawn, Andre Gregory et Jean Leneuer. - Un dîner au restaurant est l'occasion d'un long échange entre deux amis qui se sont perdus de vue depuis quelques années. - Expérience intéressante fondée sur l'art de la conversation. Réalisation adroite. Interprétation naturelle.
VO→31,95$ LBX-DVD→31,95$ **Général**

**MY DOG SKIP** ▷4
É.-U. 2000. Chronique de Jay RUSSELL avec Frankie Muniz, Diane Lane et Kevin Bacon. - Au début des années 1940, dans un village au Mississippi, un gamin de huit ans et son chien vivent toutes sortes d'aventures.
VF→24,95$ VO→23,95$

**MY DREAM IS YOURS** ▷5
É.-U. 1949. Comédie musicale de Michael CURTIZ avec Jack Carson, Doris Day et Lee Bowman. - Les déboires d'un manager en mal de vedettes et d'une jeune chanteuse sur qui il fonde de grands espoirs.
VO→29,95$ **Général**

**MY FAIR LADY** ►2
É.-U. 1964. Comédie musicale de George CUKOR avec Audrey Hepburn, Rex Harrison et Wilfrid Hyde-White. - Un expert en phonétique fait le pari de transformer en grande dame une vendeuse de fleurs au langage populacier. - Fine psychologie. Mise en scène magistrale. Musique agréable. Interprétation remarquable.
VF→14,95$ LBX→22,95$ LBX-DVD→21,95$ **Général**

**MY FAMILY** ▷4
É.-U. 1995. Chronique de Gregory NAVA avec Jimmy Smits, Esai Morales et Eduardo Lopez Rojas. - Deux jeunes Mexicains immigrés en Californie au début des années 1920 fondent une famille qui traversera diverses épreuves au fil des ans.
VF→14,95$ **Général**

**MY FATHER IS A HERO** ▷0
H. K. 1995, Yuen KWAI
STA-LBX→29,95$ STA-LBX-DVD→79,95$ **Général**

**MY FATHER IS COMING** ▷5
É.-U. 1991. Comédie dramatique de Monika TREUT avec Alfred Edel, Shelly Kästner et Annie Sprinkle. - Une jeune Allemande qui occupe un modeste emploi de serveuse à New York prétend être mariée et prospère lorsque son père lui rend visite.
VO→49,95$ **18 ans +**

**MY FATHER THE HERO** ▷4
É.-U. 1994. Comédie de mœurs de Steve MINER avec Gérard Depardieu, Katherine Heigl et Dalton James. - Une adolescente fait passer son père pour son amant afin d'impressionner un garçon qui lui plaît.
VF→9,95$ **Général**

**MY FAVORITE BLONDE** ▷5
É.-U. 1942. Comédie de Sidney LANFIELD avec Bob Hope, Madeleine Carroll et George Zucco. - Un dresseur de pingouins est mêlé à une affaire d'espionnage.
VO→LS **Général**

**MY FAVORITE MARTIAN** ▷5
É.-U. 1999. Comédie fantaisiste de Donald PETRIE avec Jeff Daniels, Christopher Lloyd et Elizabeth Hurley. - Un Martien fantasque échoue sur la Terre où il vit diverses mésaventures.
VO→24,95$ **Général**

**MY FAVORITE YEAR** ▷4
É.-U. 1982. Comédie de Richard BENJAMIN avec Peter O'Toole, Mark Linn-Baker et Jessica Harper. - Un jeune gagman est chargé de veiller à ce qu'un acteur célèbre mais alcoolique se présente indemne à une émission de télévision.
LBX→14,95$ **Général**

**MY FOOLISH HEART** ▷4
É.-U. 1949. Drame de mœurs de Mark ROBSON avec Susan Hayward, Dana Andrews et Kent Smith. - Se découvrant enceinte, une étudiante manœuvre pour se faire épouser par le fiancé d'une amie.
VO→LS **Général**

**MY FORBIDDEN PAST** ▷0
É.-U. 1951, Robert STEVENSON
VO→LS **Non classé**

**MY FRIEND IRMA** ▷6
É.-U. 1949. Comédie de George MARSHALL avec Marie Wilson, Diana Lynn et John Lund. - Décidée à mettre de l'ordre dans sa vie

et dans sa celle d'une camarade, une jeune secrétaire ne parvient qu'à compliquer la situation.
VO→14,95$ **Général**

**MY GEISHA** ▷5
É.-U. 1961. Comédie de Jack CARDIFF avec Shirley MacLaine, Yves Montand et Edward G. Robinson. - Pour obtenir le rôle principal d'un film tourné par son mari, une jeune femme se déguise en geisha.
VO→18,95$ **Non classé**

**MY GIRL** ▷5
É.-U. 1991. Comédie dramatique d'Howard ZIEFF avec Anna Chlumsky, Dan Aykroyd et Jamie Lee Curtis. - Une fillette hypocondriaque accepte difficilement que son père embaumeur se remarie avec la maquilleuse qui travaille pour lui.
VF→14,95$ **Général**

**MY GIRL 2** ▷5
É.-U. 1994. Comédie dramatique d'Howard ZIEFF avec Anna Chlumsky, Austin O'Brien et Dan Aykroyd. - Une adolescente va passer les vacances à Los Angeles chez un oncle qui a recruté un garçon de son âge pour lui servir de guide.
VF→14,95$ **Général**

**MY LEFT FOOT** ▷3
ANG. 1989. Drame biographique de Jim SHERIDAN avec Daniel Day-Lewis, Ray McAnally et Brenda Fricker. - Évocation de la vie d'un peintre écrivain qui est victime de paralysie cérébrale et n'a de contrôle que sur son pied gauche. - Thème touchant et profondément humain habilement traité. Style rude et sans concession. Construction classique. Interprétation remarquable de D. Day-Lewis.
VO→11,95$ **Général**

**MY LIFE** ▷4
É.-U. 1993. Drame psychologique de Bruce Joel RUBIN avec Michael Keaton, Nicole Kidman et Bradley Whitford. - Atteint d'un cancer, un homme espère vivre assez longtemps pour assister à la naissance du bébé que porte sa femme.
VF→9,95$ **Général**

**MY LIFE AS A DOG**
Voir: MA VIE DE CHIEN

**MY LIFE SO FAR** ▷4
É.-U. 1999. Comédie dramatique de Hugh HUDSON avec Colin Firth, Robert Norman et Irène Jacob. - À la fin des années 20 dans un domaine écossais, un inventeur excentrique s'éprend de la fiancée de son beau-frère.
VF→PC VO→PC **Général**

**MY LITTLE CHICKADEE** ▷4
É.-U. 1940. Comédie d'Edward CLINE avec Mae West, W.C. Fields et Joseph Calleia. - Une aventurière se rend dans l'Ouest pour y tenter fortune.
VO→18,95$ **Général**

**MY MAN GODFREY** ▷3
É.-U. 1936. Comédie de Gregory LA CAVA avec William Powell, Carole Lombard et Eugene Pallette. - Les aventures d'un clochard que deux jeunes filles ont recueilli et installé chez elles comme maître d'hôtel. - Classique de la comédie d'avant-guerre. Réalisation alerte et soignée.
VO→19,95$ **Général**

**MY MAN GODFREY** ▷4
É.-U. 1957. Comédie d'Henry KOSTER avec June Allyson, David Niven et Martha Hyer. - Une famille fantaisiste recueille un pauvre hère qui devient un serviteur précieux.
VO→19,95$ **Général**

**MY MICHAEL** ▷0
ISR. 1975, Dan WOLMAN
STA→LS **13 ans +**

**MY NAME IS BILL W.** ▷4
É.-U. 1989. Drame de Daniel PETRIE avec James Woods, JoBeth Williams et James Garner. - Grâce aux encouragements de sa femme et de ses amis, un jeune courtier alcoolique entreprend de lutter contre son vice.
VO→19,95$ **Général**

**MY NAME IS IVAN**
Voir: L'ENFANCE D'IVAN

**MY NAME IS JOE** ▷0
ANG.-ALL.-FR. 1998, Ken LOACH
VF→LS VO→LS **13 ans +**

**MY NAME IS NOBODY** ▷4
ITA. 1973. Western de Tonino VALERII avec Henry Fonda, Terence Hill et Jean Martin. - Un pistolero célèbre est aux prises avec les manigances d'un admirateur.
VO→18,95$ **Général**

**MY OWN COUNTRY** ▷0
IND. 1998, Mira NAIR
STA→LS **Général**

**MY OWN PRIVATE IDAHO** ▷3
É.-U. 1991. Drame social de Gus VAN SANT avec River Phoenix, Keanu Reeves et William Richert. - Un jeune prostitué qui souffre de narcolepsie se lie d'amitié avec le fils rebelle du maire de la ville. - Exercice de style original sur le thème de la marginalité. Milieu décrit de manière à la fois réaliste et stylisée. Réalisation inventive. Interprètes bien dirigés.
VF→19,95$ VO→19,95$ **13 ans +**

**MY SISTER EILEEN** ▷4
É.-U. 1955. Comédie musicale de Richard QUINE avec Janet Leigh, Betty Garrett et Jack Lemmon. - Deux sœurs vont chercher fortune à New York.
VO→19,95$ **Général**

**MY SON THE FANATIC** ▷4
ALL. 1997. Comédie de mœurs d'Udayan PRASAD avec Om Puri, Rachel Griffiths et Stellan Skarsgard. - En Angleterre, un chauffeur de taxi pakistanais, dont le fils est devenu un intégriste religieux, se réfugie dans les bras d'une prostituée.
VF→LS VO→PC **13 ans +**

**MY STEPMOTHER IS AN ALIEN** ▷4
É.-U. 1988. Comédie fantaisiste de Richard BENJAMIN avec Kim Basinger, Dan Aykroyd et Alyson Hannigan. - Une belle extraterrestre, venue sur Terre pour sauver sa planète lointaine, épouse un savant candide.
VF→9,95$ **Général**

**MY SWEET LITTLE VILLAGE**
Voir: MON CHER PETIT VILLAGE

**MY TWENTIETH CENTURY**
Voir: MON XXe SIÈCLE

**MYRA BRECKINRIDGE** ▷6
É.-U. 1970. Comédie satirique de Michael SARNE avec Raquel Welch, John Huston et Rex Reed. - Un jeune homosexuel, qu'une opération chirurgicale a transformé en femme, se rend à Hollywood où il devient professeur dans une école d'art dramatique.
VO→LS **18 ans +**

**MYSTÈRE ALEXINA, LE** ▷4
FR. 1985. Drame psychologique de René FERET avec Philippe Vuillemin, Valérie Stroh et Véronique Silver. - Au siècle dernier, les tribulations d'un garçon qu'on a élevé comme une fille.
STA→LS **Général**

**MYSTÈRE CHEZ LES VIKINGS** ▷4
ISL. 1984. Aventures de Hrafn GUNNLAUGSSON avec Jacob Thor Einarsson, Edda Bjorgvinsdottir et Helgi Skulasson. - Un Irlandais se rend en Islande pourchasser les pillards vikings qui ont tué ses parents et enlevé sa sœur lorsqu'il était enfant.
VF→LS **Non classé**

**MYSTÈRE DES DOUZE CHAISES, LE**
Voir: THE TWELVE CHAIRS

**MYSTÈRE PICASSO, LE** ▷3
FR. 1956. Documentaire d'Henri-Georges CLOUZOT. - Le peintre Pablo Picasso improvise une œuvre nouvelle devant la caméra. - Aperçus étonnants sur le processus de création artistique. Réalisation technique attentive et précise. Ensemble d'un grand intérêt.
VO→LS **Général**

**MYSTÈRE SILKWOOD, LE**
Voir: SILKWOOD

**MYSTÈRE SUR LA FALAISE**
Voir: THE CHALK GARDEN

**MYSTÈRE VON BULOW, LE**
Voir: REVERSAL OF FORTUNE

**MYSTÈRES DE L'OUEST, LES**
Voir: WILD WILD WEST

**MYSTERIES** ▷0
É.-U. 1984, Paul De LUSSANET
VO→LS **Non classé**

**MYSTERIOUS ISLAND** ▷4
ANG. 1961. Aventures de Cy ENDFIELD avec Michael Craig, Joan Greenwood et Michael Callan. - Un personnage mystérieux vient en aide à des naufragés dans une île déserte.
VO→14,95$ VF→14,95$ **Général**

**MYSTERIOUS LADY, THE** ▷0
É.-U. 1928, Fred NIBLO
VO→29,95$ **Général**

**MYSTERY MEN** ▷5
É.-U. 1999. Comédie fantaisiste de Kinka USHER avec Ben Stiller, Janeane Garofalo et Geoffrey Rush. - Dans un monde futuriste, sept aspirants justiciers entreprennent de libérer le super-héros de leur ville détenu par un individu maléfique.
VF→16,95$ VO→16,95$ LBX-DVD→27,95$ **Général**

**MYSTERY OF EDWIN DROOD, THE** ▷4
É.-U. 1935. Drame policier de Stuart WALKER avec Claude Rains, Heather Angel et Douglass Montgomery. - Un homme apparemment respectable est l'auteur de sombres forfaits.
VO→14,95$ **Général**

**MYSTERY OF KASPAR HAUSER, THE (EVERY MAN FOR HIMSELF AND GOD AGAINST ALL)**
Voir: L'ÉNIGME DE KASPAR HAUSER

**MYSTERY OF RAMPO, THE** ▷4
JAP. 1994. Drame fantastique de Kazuyoshi OKUYAMA avec Masahiro Motoki, Naoto Takenaka et Michiko Hada. - Un écrivain est intrigué par une femme accusée d'avoir asphyxié son mari de la même manière que l'héroïne de son dernier roman.
STA→LS **13 ans +**

**MYSTERY SCIENCE THEATER 3000, THE MOVIE** ▷6
É.-U. 1995. Science-fiction réalisée et interprétée par Jim MALLON avec Michael J. Nelson et Trace Beaulieu. - Un savant fou oblige un voyageur de l'espace et ses deux robots à visionner des navets afin de les dominer.
VO→11,95$ **Général**

**MYSTERY TRAIN** ▷4
É.-U. 1989. Film à sketches de Jim JARMUSCH avec Youki Kudoh, Masatoshi Nagase et Nicoletta Braschi. - À Memphis, deux jeunes Japonais sur les traces d'Elvis Presley passent la nuit dans un hôtel miteux où séjournent une Italienne et trois loubards.
VO→14,95$ LBX-DVD→21,95$ **Général**

**MYSTERY, ALASKA** ▷5
É.-U. 1999. Drame sportif de Jay ROACH avec Russell Crowe, Mary McCormack et Burt Reynold. - L'équipe de hockey de la petite ville de Mystery en Alaska doit affronter les Rangers de New York.
VF→LS VO→PC

**MYSTIC PIZZA** ▷4
É.-U. 1988. Comédie dramatique de Donald PETRIE avec Julia Roberts, Annabeth Gish et Adam Storke. - Les tribulations sentimentales de deux sœurs au tempérament différent qui travaillent dans une pizzeria d'une petite ville.
VO→7,95$ **Général**

**MYTH OF THE FINGERPRINTS, THE** ▷4
É.-U. 1996. Drame psychologique de Bart FREUNDLICH avec Noah Wyle, Julianne Moore et Blythe Danner. - Un jeune homme retrouve sa famille après trois ans d'absence et renoue avec une ancienne flamme qui l'avait abandonné.
VF→24,95$ **Non classé**

**MYTH OF THE MALE ORGASM, THE** ▷5
CAN. 1993. Comédie de mœurs de John HAMILTON avec Bruce Dinsmore, Miranda de Pencier et Mark Camacho. - Un professeur de 30 ans participe à une étude portant sur le comportement sexuel des hommes.
VO→19,95$ **Général**

**MYTHE DE L'ORGASME MASCULIN, LE**
Voir: THE MYTH OF THE MALE ORGASM

**N'AJUSTEZ PAS VOTRE APPAREIL**
Voir: UHF

**N'IMPORTE OÙ SAUF ICI**
Voir: ANYWHERE BUT HERE

**N'OUBLIE PAS QUE TU VAS MOURIR** ▷4
FR. 1995. Drame psychologique réalisé et interprété par Xavier BEAUVOIS avec Chiara Mastroianni et Roschdy Zem. - En apprenant qu'il est séropositif, un jeune étudiant se lance dans une série d'expériences extrêmes.
VO→18,95$ **16 ans + Érotisme**

**NADA** ▷3
FR. 1974. Drame policier de Claude CHABROL avec Fabio Testi, Michel Aumont et Maurice Garrel. - Des anarchistes enlèvent l'ambassadeur américain à Paris et le séquestrent dans une ferme abandonnée. - Histoire fertile en péripéties. Action menée avec brio. Traitement ironique. Personnages campés avec précision.
STA→33,95$ **18 ans +**

**NADIA** ▷0
ISR. 1987. Amnon RUBINSTEIN
STA→LS **Général**

**NADINE** ▷4
É.-U. 1987. Comédie policière de Robert BENTON avec Kim Basinger, Jeff Bridges et Rip Torn. - En voulant récupérer des photos compromettantes, une jeune femme et son ex-mari ont maille à partir avec un homme d'affaires véreux.
VO→LS **Général**

**NADJA** ▷4
É.-U. 1994. Drame fantastique de Michael ALMEREYDA avec Suzy Amis, Galaxy Craze et Martin Donovan. - À New York, de nos jours, la fille de Dracula tente de séduire une jeune femme dont le beau-père est un chasseur de vampires.
VO→34,95$ **13 ans +**

**NAILS** ▷6
É.-U. 1992. Drame policier de John FLYNN avec Dennis Hopper, Anne Archer et Tomas Milian. - Un policier ne recule devant rien pour venger la mort d'un collègue assassiné par des trafiquants de drogue.
VF→LS VO→LS **16 ans + Violence**

**NAIN ROUGE, LE** ▷0
BEL.-FR.-ITA. 1998, Yvan LE MOINE
STA→24,95$ STA-LBX-DVD→33,95$ **Général**

**NAKED** ▷3
ANG. 1993. Drame de mœurs de Mike LEIGH avec David Thewlis, Lesley Sharp et Katrin Cartlidge. - Les tribulations d'un jeune marginal de Manchester qui s'en va retrouver son ancienne compagne à Londres. - Mélange de pathétique et de comique. Humour vif et railleur. Étude de caractères incisive. Ensemble réalisé avec énormément d'énergie brute. Interprétation remarquable.
VF→19,95$ VO→19,95$ **16 ans + Langage vulgaire**

**NAKED CITY, THE** ▷3
É.-U. 1947. Drame policier de Jules DASSIN avec Barry Fitzgerald, Howard Duff et Dorothy Hart. - Une enquête policière dans le cadre des rues de New York. - Classique du film noir américain. Mise en scène fort adroite. Personnages bien campés.
KINO→34,95$ VO→14,95$ **Général**

**NAKED CIVIL SERVANT, THE** ▷4
ANG. 1976. Drame psychologique de Jack GOLD avec John Hurt, Patricia Hodge et Colin Higgins. - Dans les années 1930, un homosexuel décide de s'afficher comme tel en dépit des attaques de la société où il vit.
VO→19,95$ **Non classé**

**NAKED GUN, THE** ▷5
É.-U. 1988. Comédie de David ZUCKER avec Leslie Nielsen, Ricardo Montalban et Priscilla Presley. - Démis de ses fonctions, un policier maladroit mais têtu lutte seul pour empêcher l'assassinat de la reine Elisabeth de passage aux États-Unis.
VF→14,95$ VO→14,95$ **Général**

**NAKED GUN 2 1/2: THE SMELL OF FEAR, THE** ▷5
É.-U. 1991. Comédie policière de David ZUCKER avec Leslie Nielsen, Priscilla Presley et George Kennedy. - Un policier gaffeur découvre qu'un célèbre savant connu pour ses positions écologiques a été remplacé par un sosie à la solde des industries polluantes.
VF→13,95$ VO→14,95$ **Général**

**NAKED GUN 33 1/3: THE FINAL INSULT, THE** ▷5
É.-U. 1994. Comédie policière de Peter SEGAL avec Leslie Nielsen, Priscilla Presley et George Kennedy. - Un inspecteur de police gaffeur tente d'empêcher un criminel de commettre un attentat durant la cérémonie des Oscars.
VF→13,95$ VO→13,95$ **Général**

**NAKED IN NEW YORK** ▷5
É.-U. 1994. Comédie dramatique de Dan ALGRANT avec Eric Stoltz, Mary Louise Parker et Ralph Macchio. - Les tribulations sentimentales et professionnelles d'un jeune dramaturge qui se rend à New York dans l'espoir d'y monter sa pièce.
VO→18,95$ **13 ans +**

**NAKED JUNGLE, THE** ▷4
É.-U. 1953. Aventures de Byron HASKIN avec Charlton Heston, Eleanor Parker et A. Sofaer. - Le propriétaire d'un riche domaine d'Amérique du Sud doit faire face à une invasion de fourmis.
VO→26,95$ **Général**

**NAKED KISS, THE** ▷5
É.-U. 1964. Drame psychologique de Samuel FULLER avec Constance Towers, Anthony Eisley et Michael Dante. - Une prostituée décide de changer de vie et s'engage dans un hôpital pour enfants.
LBX→LS VO→24,95$ LBX-DVD→44,95$ **Général**

**NAKED LUNCH** ▷4
CAN. 1991. Drame fantastique de David CRONENBERG avec Peter Weller, Judy Davis et Ian Holm. - Après avoir accidentellement tué sa femme, un exterminateur se réfugie dans un étrange pays imaginaire peuplé de créatures bizarres.
VF→14,95$ VO→14,95$ **18 ans +**

**NAKED MAJA, THE** ▷5
É.-U. 1959. Drame biographique de Henry KOSTER avec Ava Gardner, Anthony Franciosa et Gino Cervi. - Le peintre Goya s'éprend d'une duchesse dont il s'inspire pour ses œuvres.
VO→19,95$ **Général**

**NAKED SPUR, THE** ▷3
É.-U. 1952. Western d'Anthony MANN avec James Stewart, Robert Ryan et Janet Leigh. - Une forte récompense est offerte pour la capture d'un tueur réfugié dans la montagne avec une orpheline. - Récit vigoureux et attachant. Paysages admirables. Forte interprétation.
VO→19,95$ **Général**

**NAKED TANGO** ▷5
É.-U. 1990. Drame de Leonard SCHRADER avec Mathilda May, Vincent d'Onofrio et Esai Morales. - Après avoir endossé l'identité d'une femme qui s'est suicidée, une jeune Française se retrouve plongée dans un réseau de prostitution à Buenos Aires.
VF→18,95$ VO→21,95$ **18 ans +**

**NAKED YOUTH** ▷7
É.-U. 1960. Drame de John F. SCHREYER avec Robert Hutton, Steve Rowland et Carol Ohmart. - Dans le désert du Nouveau-Mexique, deux prisonniers en cavale et un meurtrier s'affrontent au sujet d'une jeune fille.
VO→LS **Non classé**

**NAME OF THE ROSE, THE** ▷3
ALL. 1986. Drame de Jean-Jacques ANNAUD avec Sean Connery, Christian Slater et F. Murray Abraham. - En 1327, lors d'une importante réunion écclésiastique dans un monastère, un moine enquête sur diverses morts étranges. - Adaptation d'un roman d'Umberto Eco. Intrigue policière dans un décor inusité.
VF→LS VO→LS **13 ans +**

**NANA** ▷6
É.-U. 1982. Drame de mœurs de Dan WOLMAN avec K. Berger, Jean-Pierre Aumont et Y. Efroni. - À Paris, au XIX^e siècle, une jeune femme, vedette de cabaret, s'amuse à aguicher plusieurs aristocrates.
VO→LS **18 ans +**

**NANAS, LES** ▷4
FR. 1984. Comédie satirique d'Annick LANOË avec Marie-France Pisier, Clémentine Célarié et Dominique Lavanant. - Plaquée par son amant, une femme cherche réconfort auprès de ses amies.
VO→LS **Général**

**NANNY, THE** ▷4
ANG. 1965. Drame de Seth HOLT avec Bette Davis, Wendy Craig et William Dix. - Un jeune garçon qui a subi un traitement psychiatrique prétend que sa gouvernante veut le tuer.
VO→22,95$ **Général**

**NANOOK OF THE NORTH** ▶1
É.-U. 1921. Documentaire de Robert FLAHERTY. - Au gré des saisons, la vie d'une famille d'Esquimaux. - Traitement sensible et poétique de la réalité. Images admirables du contexte arctique. Ton d'authenticité remarquable. Film important dans l'histoire du documentaire.
KINO→41,95$ VO→27,95$ DVD→46,95$ **Général**

**NAPOLÉON** ▶1
FR. 1927. Drame historique d'Abel GANCE avec Albert Dieudonné, Antonin Artaud et Gina Manès. - Quelques étapes de la vie de Napoléon Bonaparte. - Version restaurée par un historien anglais en 1980. Style tempétueux. Souffle épique indéniable. Montage très adroit. Interprétation stylisée.
ITA→29,95$ **Général**

**NAPOLÉON** ▷4
FR. 1954. Drame historique de Sacha GUITRY avec Daniel Gélin, Raymond Pellegrin et Michèle Morgan. - Quelques moments de la vie de Napoléon.
VO→LS **Général**

**NARAYAMA BUSHI-KO** ▷3
JAP. 1957. Drame de Keisuke KINOSHITA avec Kinuro Tanaka, Teiji Takahashi et Yuko Machizuki. - Une vieille femme se préoccupe de trouver une épouse à son fils veuf avant de mourir. - Curieux style théâtral. Rappel de vieilles coutumes japonaises.
STA→PC **Général**

**NARCOTIC** ▷0
É.-U. 1933, Dwain ESPER
VO→28,95$ **Non classé**

**NARGESS** ▷0
IRAN 1922, Rakhshan BANI-ETEMAD
STA→42,95$ **Général**

**NARROW MARGIN** ▷5
É.-U. 1990. Drame policier de Peter HYAMS avec Gene Hackman, Anne Archer et James B. Sikking. - Témoin d'un meurtre, une femme obtient l'aide d'un juriste pour échapper à des criminels qui veulent l'éliminer.
VF→11,95$ VO→11,95$ **13 ans +**

**NARROW MARGIN, THE** ▷4
É.-U. 1952. Drame policier de Richard FLEISCHER avec Charles McGraw, Marie Windsor et Jacqueline White. - Des gangsters tentent d'empêcher la veuve d'un des leurs de témoigner en justice.
VO→LS **Général**

**NASHEEM**
Voir: FEMMES

**NASHVILLE** ▶1
É.-U. 1975. Étude de mœurs de Robert ALTMAN avec Ronee Blakley, Henry Gibson et Geraldine Chaplin. - Divers incidents se produisent dans la capitale de la musique country à l'occasion de l'organisation d'une réunion politique. - Œuvre clef de l'auteur. Construction narrative riche et audacieuse. Mise en scène fort inventive. Ensemble solide et coloré. Interprétation naturelle.
VO→24,95$ **13 ans +**

**NASTY GIRL, THE** ▷3
ALL. 1989. Comédie satirique de Michael VERHOEVEN avec Lena Stolze, Robert Giggenbach et Hans-Reinhard Müller. - Une écolière qui participe à un concours de dissertation choisit d'écrire sur le comportement de ses concitoyens durant la période nazie. - Évocation ironique de l'occultation faite en Allemagne du nazisme. Effets de mise en scène insolites. Vivacité de la vedette.
STA→14,95$ **Général**

**NASTY RABBIT, THE** ▷0
É.-U. 1964, James LANDIS
VO→LS **Général**

**NATION SECRÈTE**
Voir: SECRET NATION

**NATIONAL LAMPOON'S ANIMAL HOUSE** ▷5
É.-U. 1978. Comédie satirique de John LANDIS avec John Belushi, Tim Matheson et John Vernon. - Un directeur de collège cherche un moyen pour expulser un groupe d'élèves indisciplinés et débraillés.
LBX-DVD→39,95$ LBX→16,95$ LBX-DVD→39,95$ **18 ans +**

**NATIONAL LAMPOON'S CHRISTMAS VACATION** ▷5
E.-U. 1989. Comédie de Jeremiah S. CHECHIK avec Chevy Chase, Beverly D'Angelo et Randy Quaid. - Divers incidents surviennent lorsqu'un homme décide de faire vivre à sa famille un vrai Noël à l'ancienne.
VF→14,95$ VO→14,95$ **13 ans +**

**NATIONAL LAMPOON'S LOADED WEAPON 1** ▷5
É.-U. 1993. Comédie satirique de Gene QUINTANO avec Emilio Estevez, Samuel L. Jackson et Jon Lovitz. - Deux policiers mènent une dangereuse enquête sur les activités d'un criminel qui distribue de la cocaïne en la dissimulant dans des biscuits.
VF→LS VO→LS **13 ans +**

**NATIONAL VELVET** ▷4
É.-U. 1944. Comédie dramatique de Clarence BROWN avec Elizabeth Taylor, Mickey Rooney et Donald Crisp. - Une fillette gagne un cheval dans une loterie et le mène à la victoire dans une course importante.
VO→14,95$ DVD→29,95$ **Général**

**NATIONALE 7** ▷3
FR. 2000. Comédie de mœurs de J.-P. SINAPI avec Nadia Kaci, Olivier Gourmet et Lionel Abelanski. - Un foyer pour handicapés moteur est mis sens dessus dessous lorsqu'un patient myopathe réclame le droit à l'amour physique. - Récit humaniste inspiré de faits réels. Sujet fort délicat traité avec un humour plein de doigté. Réalisation adroite et vivante. Interprétation très convaincante.
**16 ans +**

**NATIVE SON** ▷0
ARG. 1950, Pierre CHENAL
VO→LS **Général**

**NATTY GANN**
Voir: THE JOURNEY OF NATTY GANN

**NATURAL BORN KILLERS** ▷4
É.-U. 1994. Drame social d'Oliver STONE avec Woody Harrelson, Juliette Lewis et Robert Downey Jr. - Les tribulations d'un jeune couple de tueurs dont les exploits sanglants obtiennent une large couverture médiatique.
VF→19,95$ VO→19,95$ LBX→21,95$ **18 ans + Violence**

**NATURAL, THE** ▷4
É.-U. 1984. Drame sportif de Barry LEVINSON avec R. Redford, R. Duvall et Wilford Brimley. - Dévié d'une carrière prometteuse par un attentat, un joueur de base-ball revient au jeu seize ans plus tard.
VO→14,95$ VF→12,95$ **Général**

**NAUFRAGÉS DU 747, LES**
Voir: AIRPORT '77

**NAUGHTY GIRL**
Voir: CETTE SACRÉE GAMINE

**NAUGHTY MARIETTA** ▷5
É.-U. 1935. Comédie musicale de W.S. VAN DYKE II avec Jeannette MacDonald, Nelson Eddy et Frank Morgan. - Une princesse part pour La Nouvelle-Orléans sous une fausse identité, pour échapper à un mariage.
VO→19,95$ **Général**

**NAUGHTY NINETIES, THE** ▷5
É.-U. 1945. Comédie musicale de Jean YARBROUGH avec Bud Abbott, Lou Costello et Alan Curtis. - Deux compères viennent en aide à un capitaine qui risque de perdre son bateau aux mains d'un trio de filous.
VO→LS **Non classé**

**NAVAJO JOE** ▷5
ITA. 1966. Western de Sergio CORBUCCI avec Burt Reynolds, Aldo Sambrell et Nicoletta Machiavelli. - Un Indien poursuit une bande de meurtriers qui ont massacré sa tribu.
VA→LS **13 ans + Violence**

**NAVIGATOR, THE** ►1
É.-U. 1924. Comédie de Buster KEATON et Donald CRISP avec Buster Keaton, Kathryn McGuire et Frederick Vroom. - Rejeté par sa dulcinée, un jeune homme s'embarque par erreur sur un paquebot que des espions font dériver vers la haute mer. - Un des films les plus réussis de Keaton. Gags visuels propres à l'auteur. Interprétation finement bouffonne.
ITA→41,95$ ITA-DVD→44,95$ **Général**

**NAVIGATOR: A MEDIEVAL ODYSSEY, THE** ▷3
N.-Z. 1988. Drame fantastique de Vincent WARD avec Bruce Lyons, Hamish McFarlane et Chris Haywood. - En 1348, pour conjurer la peste qui menace leur village, cinq pèlerins creusent un tunnel qui les mène à leur grand étonnement dans une ville du XXe siècle. - Sujet allégorique et actuel traité de façon habile. Utilisation judicieuse des contrastes. Interprétation en harmonie avec l'ensemble.
VF→LS VO→LS

**NAVY BLUE AND GOLD** ▷5
É.-U. 1938. Comédie de Sam WOOD avec Robert Young, James Stewart et Robert Montgomery. - À l'École navale d'Annapolis, trois cadets de conditions sociales différentes se lient d'amitié.
VO→29,95$ **Général**

**NAZARIN** ►2
MEX. 1959. Drame religieux de Luis BUÑUEL avec Francisco Rabal, Marga Lopez et Rita Macedo. - Un prêtre est forcé de quitter son poste et devient pèlerin mendiant. - Œuvre ambiguë d'un style très dépouillé. Notations cruelles caractéristiques de l'auteur. F. Rabal excellent dans le rôle-titre.
STA→LS **Non classé**

**NÉ EN ABSURDISTAN** ▷4
AUT. 1999. Comédie de mœurs de Houchang ALLAHYARI avec Karl Markovics, Julia Stemberger et Ahmet Ugurlu. - Un haut fonctionnaire provoque par inadvertance la déportation d'une famille d'émigrés turcs dont le bébé a été interverti avec le sien à la pouponnière.
**Général**

**NE PAS AVALER**
Voir: NIL BY MOUTH

**NE RÉVEILLEZ PAS UNE SOURIS QUI DORT**
Voir: MOUSE HUNT

**NE TIREZ PAS SUR LE DENTISTE**
Voir: THE IN-LAWS

**NE VOUS RETOURNEZ PAS**
Voir: DON'T LOOK NOW

**NÉA** ▷5
FR. 1976. Drame psychologique de Nelly KAPLAN avec Ann Zacharias, Sami Frey et Micheline Presle. - Une fille de seize ans s'intéresse plus à la littérature érotique qu'à ses études.
VO→LS **18 ans +**

**NEAR DARK** ▷4
É.-U. 1987. Drame d'horreur de Kathryn BIGELOW avec Adrian Pasdar, Jenny Wright et Lance Henriksen. - En voulant faire la conquête d'une belle inconnue, un jeune fermier du Texas tombe aux mains d'une bande de vampires.
VF→LS VO→LS **13 ans +**

**NED KELLY** ▷4
ANG. 1970. Aventures de Tony RICHARDSON avec Mick Jagger, Diane Craig et Clarissa Kaye. - Malgré sa volonté de ne plus enfreindre la loi, un jeune Irlandais établi en Australie est obligé de commettre de graves méfaits.
VO→14,95$ **Général**

**NÉE POUR ÊTRE LIBRE**
Voir: BORN TO BE WILD

**NEED, THE** ▷0
IRAN 1991, Alireza DAVUDNEZHAD
STA→LS **Général**

**NEEDFUL THINGS** ▷5
É.-U. 1993. Drame fantastique de Fraser C. HESTON avec Max von Sydow, Ed Harris et Bonnie Bedelia. - Un étrange individu qui gère un commerce d'antiquités dans une petite ville cherche à semer la zizanie parmi la population.
VF→LS VO→LS **13 ans +**

**NEF DES FOUS, LA**
Voir: SHIP OF FOOLS

**NÉGOCIATEUR, LE**
VOIR: THE NEGOTIATOR

**NEGOTIATOR, THE** ▷4
É.-U. 1998. Drame policier de F. Gary GRAY avec Samuel L. Jackson, Kevin Spacey et David Morse. - Pour tenter de se disculper d'un meurtre qu'il n'a pas commis, un négociateur de la police de Chicago prend des collègues en otage.
LBX→19,95$ VF→18,95$
LBX-DVD→21,95$ **13 ans + Violence**

**NEIGE TOMBAIT SUR LES CÈDRES, LA**
Voir: SNOW FALLING ON CEDARS

**NEIGHBORS** ▷6
É.-U. 1981. Comédie satirique de John G. AVILDSEN avec John Belushi, Dan Aykroyd et Cathy Moriarty. - L'existence paisible d'un couple est bouleversée par l'arrivée de nouveaux voisins.
VO→9,95$ **13 ans +**

**NELL** ▷4
É.-U. 1994. Drame psychologique de Michael APTED avec Jodie Foster, Liam Neeson et Natasha Richardson. - Un médecin de campagne parvient petit à petit à communiquer avec une jeune sauvageonne qui a été découverte dans une cabane isolée en forêt.
VF➔11,95$ VO➔11,95$ **Général**

**NELLIGAN** ▷4
QUÉ. 1991. Drame biographique de Robert FAVREAU avec Marc St-Pierre, Lorraine Pintal et Gabriel Arcand. - Évocation des moments les plus déterminants de la vie du poète québécois Émile Nelligan.
VO➔24,95$ **Général**

**NELLY ET MONSIEUR ARNAUD** ▷3
FR. 1995. Drame psychologique de Claude SAUTET avec Emmanuelle Béart, Michel Serrault et Jean-Hugues Anglade. - Une relation ambiguë naît entre un juge à la retraite et la jeune secrétaire qui lui tape sa biographie. - Approche d'une grande sensibilité et d'une belle pudeur. Traitement raffiné. Justesse de ton de l'interprétation.
VO➔LS **Général**

**NEON BIBLE, THE** ▷4
ANG. 1994. Drame de mœurs de Terence DAVIES avec Gena Rowlands, Jacob Tierney et Diana Scarwid. - Dans les années 1940, un garçon grandit au sein d'une famille pauvre dans une communauté rurale et puritaine du sud des États-Unis.
VF➔14,95$ LBX➔14,95$ **Général**

**NEPTUNE'S DAUGHTER** ▷5
É.-U. 1949. Comédie musicale d'Edward BUZZELL avec Esther Williams, Red Skelton et Ricardo Montalban. - À la suite d'une méprise, une fabricante de maillots de bain s'éprend d'un joueur de polo.
VO➔LS **Non classé**

**NERFS À VIF, LES**
Voir: CAPE FEAR

**NET, THE** ▷5
É.-U. 1995. Drame d'espionnage de Irwin WINKLER avec Sandra Bullock, Jeremy Northam et Dennis Miller. - Une informaticienne qui a mis la main sur un programme d'ordinateur ultrasecret est la cible d'un espion à la solde d'un groupe terroriste.
VF➔LS VO➔PC **Général**

**NETCHAÏEV EST DE RETOUR** ▷5
FR. 1991. Drame policier de Jacques DERAY avec Yves Montand, Vincent Lindon et Miou-Miou. - Tout en tentant de découvrir qui l'a trahi naguère, un ancien terroriste négocie son amnistie en échange d'informations.
VO➔LS **Général**

**NETTOYAGE À SEC** ▷3
FR. 1997. Drame psychologique d'Anne FONTAINE avec Miou-Miou, Charles Berling et Stanislas Merhar. - Un couple de blanchisseurs se prend d'affection pour un jeune homme mystérieux qui essaie de les séduire à tour de rôle. - Variations sur le thème de l'ambiguïté de mœurs. Développements à la tension bien amenée.
STA➔LS VO➔13,95$ **13 ans +**

**NETWORK** ▷4
É.-U. 1976. Comédie satirique de Sidney LUMET avec Faye Dunaway, William Holden et Peter Finch. - Apprenant son congédiement, un animateur-vedette se met en colère sur les ondes et s'attire la sympathie du public.
VO➔LS **13 ans +**

**NEUF MOIS** ▷5
FR. 1993. Comédie de mœurs réalisée et interprétée par Patrick BRAOUDÉ avec Philippine Leroy-Beaulieu et Catherine Jacob. - Les difficultés d'un couple qui attend son premier enfant.
VO➔12,95$ **Général**

**NEUF SEMAINES ET DEMIE**
Voir: 9 1/2 WEEKS

**NEUROSIA** ▷0
É.-U. 1995, Rosa VON PRAUNHEIM
VO➔49,95$ **18 ans + - Sexualité explicite**

**NEUVIÈME PORTE, LA**
Voir: THE NINTH GATE

**NEVADA SMITH** ▷4
É.-U. 1966. Western d'Henry HATHAWAY avec Steve McQueen, Karl Malden et Brian Keith. - Un jeune métis décide de régler leur compte aux trois hommes qui ont massacré ses parents.
VO➔11,95$ **13 ans +**

**NEVER CRY WOLF** ▷3
É.-U. 1983. Aventures de Carroll BALLARD avec Charles Martin Smith, Brian Dennehy et Zachary Ittimangnaq. - Les mésaventures d'un biologiste venu étudier les mœurs des loups dans le Grand Nord. - Péripéties captivantes. Réalisation pittoresque. Passages d'une beauté poétique appréciable. Jeu sympathique du protagoniste.
VF➔15,95$ LBX-DVD➔26,95$ **Général**

**NEVER GIVE A SUCKER AN EVEN BREAK** ▷3
É.-U. 1941. Comédie burlesque d'Edward CLINE avec W.C. Fields, Gloria Jean et Franklin Pangborn. - Un personnage savoureux vient proposer un scénario farfelu à un producteur. - Remarquable exploitation du non-sens. Situations d'une drôlerie originale. W.C. Fields à son meilleur.
VO➔LS **Non classé**

**NEVER LET ME GO** ▷0
É.-U. 1953, Delmer DAVES
VO➔19,95$ **Général**

**NEVER LOVE A STRANGER** ▷5
É.-U. 1958. Drame psychologique de Robert STEVENS avec John D. Barrymore, Lita Milan et Steve McQueen. - Après des expériences douloureuses, un orphelin juif devient chef d'un syndicat du crime.
VO➔LS **Non classé**

**NEVER MET PICASSO** ▷0
É.-U. 1996, Stephen KIJAK
VO➔59,95$ **Non classé**

**NEVER ON SUNDAY** ▷3
GRÈ. 1960. Comédie satirique réalisée et interprétée par Jules DASSIN avec Melina Mercouri et Georges Foundas. - Un touriste américain tombe amoureux d'une prostituée grecque qu'il tente de réformer. - Récit enlevé. Mise en scène vivante. Musique envoûtante. M. Mercouri remarquable.
VO➔14,95$ **Général**

**NEVER SAY DIE** ▷5
É.-U. 1939. Comédie d'Elliott NUGENT avec M. Raye, Bob Hope et A. Devine. - À la suite d'une erreur, un jeune multimillionnaire hypocondriaque se voit prédire qu'il ne lui reste plus qu'un mois à vivre.
VO➔14,95$ **Général**

**NEVER SAY NEVER AGAIN** ▷4
ANG. 1983. Drame d'espionnage d'Irvin KERSHNER avec Sean Connery, Klaus Maria Brandauer et Barbara Carrera. - L'agent secret James Bond est chargé de retrouver deux engins nucléaires volés par une organisation criminelle internationale.
LBX➔LS **Général**

**NEVER SO FEW** ▷0
É.-U. 1959, John STURGES
VO➔18,95$ **Non classé**

**NEVER TALK TO STRANGERS** ▷6
É.-U. 1995. Drame policier de Peter HALL avec Rebecca De Mornay, Antonio Banderas et Dennis Miller. - Une jeune criminologiste reçoit des messages et des colis anonymes inquiétants.
VF➔LS VO➔LS **13 ans + Érotisme**

**NEVERENDING STORY, THE** ▷3
ALL. 1984. Conte de Wolfgang PETERSEN avec Noah Hathaway, Barret Oliver et Tami Stronach. - Un jeune garçon trouve un livre

merveilleux dont la lecture l'entraîne dans un monde fantaisiste. - Récit où l'imaginaire est bien exploité. Trucages appropriés à un univers fantastique. Réalisation astucieuse.
VF→14,95$ **Général**

**NEVERENDING STORY II: THE NEXT CHAPTER, THE** ▷5
É.-U. 1989. Conte de George MILLER avec Jonathan Brandis, Clarissa Burt et Kenny Morrison. - Grâce à un livre magique, un jeune garçon se retrouve dans un royaume menacé par une sorcière qui veut y créer le vide.
VF→LS VO→LS **Général**

**NEVERENDING STORY III, THE** ▷5
ALL. 1994. Drame fantastique de Peter MacDONALD avec Jason J. Richter, Melody Kay et Freddie Jones. - Un adolescent tente de récupérer un livre magique qui est tombé entre les mains de voyous.
VF→14,95$ VO→19,95$ **Général**

**NEVEU DE BEETHOVEN, LE**
Voir: BEETHOVEN'S NEPHEW

**NEW ADVENTURES OF PIPPI LONGSTOCKING, THE** ▷5
É.-U. 1988. Comédie fantaisiste de Ken ANNAKIN avec Tami Erin, David Seaman Jr. et Cory Crow. - Les aventures d'une jeune naufragée qui s'est installée dans une maison abandonnée de la côte américaine avec son singe et son cheval.
VF→9,95$ **Non classé**

**NEW AGE, THE** ▷4
É.-U. 1994. Drame de mœurs de Michael TOLKIN avec Peter Weller, Judy Davis et Patrick Bauchau. - Un couple de yuppies qui traverse une crise financière et conjugale cherche réconfort dans la philosophie du «nouvel âge».
VF→18,95$ VO→19,95$ **13 ans + Érotisme**

**NEW BLOOD** ▷0
CAN.-ANG. 1999, Michael HURST

**NEW CENTURIONS, THE** ▷4
É.-U. 1972. Drame social de Richard FLEISCHER avec Stacy Keach, George C. Scott et Scott Wilson. - Les dures expériences d'un jeune homme qui s'engage dans le corps policier de Los Angeles.
VO→9,95$ **13 ans +**

**NEW FIST OF FURY** ▷0
H. K. 1976, Wei LO
VO→13,95$ **18 ans +**

**NEW JACK CITY** ▷5
É.-U. 1991. Drame policier de Mario VAN PEEBLES avec Wesley Snipes, Ice-T et Judd Nelson. - Deux policiers peu orthodoxes sont chargés de mettre fin aux activités d'un trafiquant de drogue de Harlem.
VO→11,95$ **18 ans +**

**NEW JERSEY DRIVE** ▷4
É.-U. 1994. Drame social de Nick GOMEZ avec Sharron Corley, Gabriel Casseus et Saul Stein. - Les tribulations d'un adolescent de race noire dont les délits attirent l'attention de la police locale.
VO→18,95$ **13 ans + Langage vulgaire**

**NEW KIND OF LOVE, A** ▷5
É.-U. 1963. Comédie de Melville SHAVELSON avec Paul Newman, Joanne Woodward et Thelma Ritter. - Une dessinatrice de mode aux allures masculines fait la conquête d'un journaliste.
VO→14,95$ **Général**

**NEW LAND, THE** ►2
SUÈ. 1972. Drame social de Jan TROELL avec Max Von Sydow, Liv Ullmann et Eddie Axberg. - Les problèmes rencontrés par des immigrants suédois installés au Minnesota. - Suite de *The Emigrants*. Fresque impressionnante. Photographie de grande beauté. Attachante description de mœurs. Interprétation d'une vérité exceptionnelle.
VA→29,95$ **Général**

**NEW LEAF, A** ▷4
É.-U. 1970. Comédie de mœurs réalisée et interprétée par Elaine MAY avec Walter Matthau et George Rose. - Un héritier ruiné fait un mariage d'intérêt et songe à tuer sa nouvelle épouse.
VO→18,95$ **Général**

**NEW LEGEND OF SHAOLIN, THE** ▷0
H. K. 1994, Wong JING et Corey YUEN
VA→29,95$ **13 ans +**

**NEW LIFE, A** ▷4
É.-U. 1988. Comédie dramatique réalisée et interprétée par Alan ALDA avec Ann-Margret et Veronica Hamel. - Une belle entente s'établit entre une femme-médecin et un divorcé qui a du mal à se faire à sa vie d'homme seul.
VF→LS VO→LS **Général**

**NEW MOON** ▷5
É.-U. 1940. Comédie musicale de Robert Z. LEONARD avec Jeanette MacDonald, Nelson Eddy et Mary Boland. - À La Nouvelle-Orléans, sous Louis XVI, une noble demoiselle s'éprend d'un révolutionnaire.
VO→LS **Général**

**NEW ORLEANS** ▷5
É.-U. 1946. Comédie musicale de Arthur LUBIN avec Arturo de Cordova, Dorothy Patrick et Marjorie Lord. - En 1917, un tenancier de cabaret a des difficultés à faire accepter la musique de jazz.
VO→34,95$

**NEW ROSE HOTEL** ▷5
É.-U. 1998. Drame de mœurs de Abel FERRARA avec Christopher Walken, Asia Argento et Willem Dafoe. - Dans le futur, deux agents engagent une séductrice pour convaincre un savant d'offrir ses services à une grande corporation.
LBX-DVD→29,95$ LBX-DVD→29,95$ **13 ans + Érotisme**

**NEW WATERFORD GIRL** ▷4
CAN. 1999. Comédie de mœurs d'A. MOYLE avec Liane Balaban, Tara Spencer Nairn et Andrew McCarthy. - Une adolescente renfermée qui rêve de quitter son village du Cap-Breton se lie d'amitié avec sa nouvelle voisine très dégourdie.
VF→LS VO→LS **Général**

**NEW YEAR'S DAY** ▷4
É.-U. 1989. Comédie de mœurs réalisée et interprétée par Henry JAGLOM avec Maggie Jakobson et Gwen Welles. - À son arrivée à New York, un jeune homme découvre que le nouvel appartement qu'il a loué est encore habité par trois jeunes femmes.
VO→LS **Général**

**NEW YORK DORÉ** ▷4
QUÉ. 1990. Documentaire de Suzanne GUY. - Des Québécois installés à New York s'expriment sur divers aspects de leur vie à l'américaine.
VO→LS **Général**

**NEW YORK RIPPER, THE**
Voir: L'ÉVENTREUR DE NEW YORK

**NEW YORK STORIES** ▷4
É.-U. 1989. Film à sketches de Martin SCORSESE, Francis Ford COPPOLA et Woody ALLEN avec Nick Nolte, Heather McComb et Mia Farrow. - La ville de New York sert de cadre et de point commun à trois histoires légères.
VF→11,95$ **Général**

**NEW YORK, DEUX HEURES DU MATIN**
Voir: FEAR CITY

**NEW YORK, NEW YORK** ▷3
É.-U. 1977. Drame sentimental de Martin SCORSESE avec Liza Minnelli, Robert De Niro et Barry Primus. - Les relations tumultueuses d'un couple de musiciens dans les années d'après-guerre. - Évocation nostalgique de la vie et de la musique d'une époque. Mise en scène très adroite. Musique bien choisie. Interprétation forte.
LBX→LS **Général**

**NEWSIES** ▷4
É.-U. 1992. Comédie musicale de Kenny ORTEGA avec Christian Bale, Bill Pullman et Ann-Margret. - À New York, au XIXe siècle, un jeune camelot qui a incité ses pairs à faire la grève perd leur confiance après qu'un propriétaire de journal ait acheté sa docilité.
VO→9,95$ **Général**

**NEWTON BOYS, THE** ▷4
É.-U. 1998. Drame policier de Richard LINKLATER avec Matthew McConaughey, Skeet Ulrich et Julianna Margulies. - Dans les années 20, quatre frères texans forment une bande de redoutables voleurs de banques.
VF→15,95$ VO→15,95$
LBX-DVD→26,95$ **Général - Déconseillé aux jeunes enfants**

**NEXT BEST THING, THE** ▷5
É.-U. 2000. Comédie dramatique de John SCHLESINGER avec Rupert Everett, Madonna et Benjamin Bratt. – Une instructrice de yoga tombe enceinte de son meilleur ami, un paysagiste homosexuel qui décide d'élever l'enfant avec elle.
VF→14,95$ VO→14,95$

**NEXT OF KIN** ▷5
CAN. 1984. Comédie de mœurs d'Atom EGOYAN avec Patrick Tierney, Berge Fazlian et Arsinee Khanjian. - Malheureux chez lui, un jeune bourgeois se fait passer pour l'enfant perdu d'une famille arménienne.
VO→LS **Général**

**NEXT STOP, GREENWICH VILLAGE** ▷5
É.-U. 1976. Comédie de mœurs de Paul MAZURSKY avec Lenny Baker, Shelley Winters et Ellen Greene. - En 1953, un jeune homme désireux de devenir acteur quitte ses parents et s'installe à Greenwich Village.
VO→32,95$ **13 ans +**

**NEXT STOP, WONDERLAND** ▷4
É.-U. 1997. Comédie sentimentale de Brad ANDERSON avec Hope Davis, Alan Gelfant et Victor Argo. - Les tribulations sentimentales et professionnelles d'une infirmière et d'un plombier que le destin va rapprocher petit à petit.
VO→19,95$ VF→19,95$ LBX-DVD→27,95$ **Général**

**NEXT YEAR IN JERUSALEM** ▷0
É.-U. 1997, David NAHMOD
VO→59,95$ **13 ans +**

**NI AVEC TOI, NI SANS TOI** ▷5
FR. 1984. Drame sentimental d'Alain MALINE avec Evelyne Bouix, Philippe Léotard et Tanya Lopert. - Les problèmes auxquels doivent faire face une écrivaine et son mari alcoolique lorsqu'ils renouent après deux ans de séparation.
VO→LS **Général**

**NI VU, NI CONNU** ▷4
FR. 1958. Comédie de Yves ROBERT avec Louis de Funès, Noëlle Adam et Moustache. - Un braconnier malicieux fait le désespoir du garde-champêtre d'un petit village.
VO→LS **Général**

**NIAGARA** ▷5
É.-U. 1953. Drame d'Henry HATHAWAY avec Marilyn Monroe, Joseph Cotten et Jean Peters. - Avec l'aide de son amant, une femme tente de se débarrasser de son mari.
VO→LS **Général**

**NIAGARA, NIAGARA** ▷5
É.-U. 1997. Drame psychologique de Bob GOSSE avec Robin Tunney, Henry Thomas et Michael Parks. - Un garçon mal aimé et une jeune femme atteinte du syndrome de Tourette fuient famille et passé sur les routes du Midwest.
VO→13,95$ **13 ans + Langage vulgaire**

**NIBELUNGEN, LES** ▷0
ALL. 1924, Fritz LANG
ITA-→LS **Général**

**NICHOLAS AND ALEXANDRA** ▷3
ANG. 1971. Drame historique de Franklin J. SCHAFFNER avec Michael Jayston, Janet Suzman et Harry Andrews. - Évocation de la vie du dernier tsar de Russie. - Intérêt constant. Souci de vérité historique. Mise en images soignée. Bon usage de riches décors. Interprétation nuancée.
VO→26,95$ **Général**

**NICK OF TIME** ▷5
É.-U. 1995. Drame policier de John BADHAM avec Johnny Depp, Christopher Walken et Charles S. Dutton. - Deux criminels prennent en otage la fillette d'un comptable pour forcer ce dernier à commettre un meurtre.
VF→13,95$ VO→13,95$ LBX-DVD→33,95$ **13 ans +**

**NICO**
Voir: ABOVE THE LAW

**NICOTINE**
Voir: SMOKE

**NIGAUD DE PROFESSEUR**
Voir: THE NUTTY PROFESSOR

**NIGHT AFTER NIGHT** ▷5
É.-U. 1932. Comédie sentimentale d'Archie MAYO avec George Raft, Constance Cummings et Mae West. - Un gangster s'éprend d'une jeune fille de la haute société.
VO→14,95$ **Général**

**NIGHT AND THE CITY** ▷4
É.-U. 1992. Drame de mœurs d'Irwin WINKLER avec Robert De Niro, Jessica Lange et Cliff Gorman. - Un avocat new-yorkais sans envergure décide d'organiser un combat de boxe pour faire concurrence à un promoteur influent.
VO→11,95$ VF→24,95$ **Général**

**NIGHT AND THE CITY** ▷4
É.-U. 1950. Drame de Jules DASSIN avec Richard Widmark, Gene Tierney et Herbert Lom. - Un aventurier rêve d'organiser des combats de lutte à Londres alors qu'un autre homme en a le monopole.
VO→11,95$ **Général**

**NIGHT AND THE MOMENT, THE** ▷0
ANG.-FR.-ITA. 1994, Anna Maria TATO
VO→22,95$ **13 ans + Érotisme**

**NIGHT AT THE OPERA, A** ▷3
É.-U. 1935. Comédie de Sam WOOD avec les frères Marx, Allan Jones et Kitty Carlisle. - Trois compères ont résolu de faire entrer à l'Opéra un ténor sans engagement. - Scénario lâche prétexte à une suite de situations loufoques. Mise en scène solide. Invention comique exubérante des vedettes.
VO→18,95$ **Général**

**NIGHT AT THE ROXBURY, A** ▷6
É.-U. 1998. Comédie satirique de John FORTENBERRY avec Will Ferrell, Chris Kattan and Molly Shannon. - Deux nigauds réussissent à s'introduire parmi les amis intimes du propriétaire d'une discothèque huppée de Los Angeles.
VF→LS VO→PC **Général**

**NIGHT CALLER FROM OUTER SPACE** ▷0
ANG. 1965, John GILLING
VO→24,95$ **Général**

**NIGHT CAP** ▷0
QUÉ. 1974, André FORCIER
VO→19,95$ **Général**

**NIGHT FALLS ON MANHATTAN** ▷4
É.-U. 1996. Drame judiciaire de Sidney LUMET avec Andy Garcia, Ian Holm et Lena Olin. - Un procureur de New York s'occupe de cas de corruption impliquant des policiers de la ville, y compris peut-être son propre père.
VO→14,95$ LBX-DVD→34,95$ **13 ans +**

**NIGHT FLIGHT FROM MOSCOW**
Voir: LE SERPENT

**NIGHT FULL OF RAIN, A** ▷0
ITA. 1978, Lina WERTMULLER
VA→18,95$ **13 ans +**

**NIGHT GAMES** ▷0
É.-U.-FR. 1980, Roger VADIM
VO→22,95$

**NIGHT IN CASABLANCA, A** ▷0
É.-U. 1946, Archie MAYO
VO→14,95$ **Général**

**NIGHT MAGIC** ▷4
QUÉ. 1985. Comédie musicale de Lewis FUREY avec Nick Mancuso, Carole Laure et Jean Carmet. - En une nuit magique, trois muses viennent inspirer un chanteur réputé et l'une d'elles s'éprend de lui.
VF→LS **Général**

**NIGHT MONSTER** ▷5
É.-U. 1942. Drame d'horreur de Ford BEEBE avec Bela Lugosi, Lionel Atwill et Irene Hervey. - Un infirme commet une série de crimes nocturnes.
VO→14,95$ **Général**

**NIGHT MOVES** ▷3
É.-U. 1975. Drame policier d'Arthur PENN avec Gene Hackman, Jennifer Warren et Susan Clark. - Un détective privé découvre l'infidélité de sa femme en même temps qu'il recherche une adolescente disparue. - Climat d'inquiétude habilement évoqué. Densité dramatique. Mouvement souple. Excellente interprétation.
VF→21,95$ VO→19,95$ **18 ans +**

**NIGHT MUST FALL** ▷4
É.-U. 1937. Drame psychologique de Richard THORPE avec Robert Montgomery, Rosalind Russell et May Whitty. - Un déséquilibré gagne la confiance d'une vieille dame avant de la tuer.
VO→19,95$ **Général**

**NIGHT OF DARK SHADOWS** ▷5
É.-U. 1971. Drame fantastique de Dan CURTIS avec David Selby, Kate Jackson et Lara Parker. - Un peintre de retour au manoir familial avec sa jeune épouse est aux prises avec le fantôme d'un de ses ancêtres.
VO→14,95$ **13 ans +**

**NIGHT OF EVIL** ▷0
É.-U. 1962, Richard GALBREATH
VO→LS **Non classé**

**NIGHT OF LOVE, A** ▷0
É.-U. 1987, Dusan MAKAVEJEV
VO→21,95$ **13 ans +** **Érotisme**

**NIGHT OF THE COMET** ▷4
É.-U. 1984. Science-fiction de Thom EBERHARDT avec Catherine Mary Stewart, Kelli Maroney et Robert Beltran. - Deux sœurs qui ont échappé aux effets radioactifs d'une comète sont secourues par des savants aux intentions non désintéressées.
VO→LS **13 ans +**

**NIGHT OF THE GENERALS, THE** ▷4
ANG. 1967. Drame policier d'Anatole LITVAK avec Omar Sharif, Peter O'Toole et Tom Courtenay. - Un officier allemand soupçonne un général du meurtre d'une prostituée.
VO→19,95$ **Non classé**

**NIGHT OF THE GHOULS** ▷7
É.-U. 1959. Drame d'horreur d'Edward D. WOOD Jr. avec Criswell, Kenne Duncan et Duke Moore. - Un savant fou qui prétend ressusciter les morts est stupéfait de constater qu'il en est effectivement capable.
VO→12,95$ **Général**

**NIGHT OF THE HAUNTED, THE**
Voir: LA NUIT DES TRAQUÉES

**NIGHT OF THE HUNTED**
Voir: LA NUIT DES TRAQUÉES

**NIGHT OF THE HUNTER, THE** ►1
É.-U. 1955. Drame de Charles LAUGHTON avec Robert Mitchum, Shelley Winters et Lillian Gish. - Un prêcheur fanatique terrorise des enfants pour s'emparer de leur fortune. - Œuvre unique. Réalisation poétique teintée d'expressionnisme allemand. Mélange étonnant d'épouvante et de féerie. Interprétation saisissante de R. Mitchum.
VO→14,95$ DVD→18,95$ **Général**

**NIGHT OF THE IGUANA, THE** ▷3
É.-U. 1964. Drame psychologique de John HUSTON avec Richard Burton, Deborah Kerr et Ava Gardner. - Un pasteur ivrogne devenu guide pour touristes échoue dans un hôtel minable du Mexique. - Adaptation d'une pièce de Tennessee Williams. Rythme et images bien adaptés au caractère sombre du sujet. Jeu subtil et nuancé des interprètes.
VO→19,95$ **Non classé**

**NIGHT OF THE LIVING DEAD** ▷5
É.-U. 1968. Drame d'horreur de George A. ROMERO avec Duane Jones, Judith O'Dea et Karl Hardman. - Diverses personnes réfugiées dans une maison isolée sont assiégées par une horde de morts-vivants.
VO→14,95$ DVD→PM **18 ans +**

**NIGHT OF THE LIVING DEAD** ▷6
É.-U. 1990. Drame d'horreur de Tom SAVINI avec Patricia Tallman, Tony Wood et Tom Towles. - Diverses personnes barricadées dans une maison isolée résistent à l'assaut de dizaines de zombies.
VO→9,95$ **18 ans +**

**NIGHT OF THE RUNNING MAN** ▷5
É.-U. 1994. Drame de Mark LESTER avec Scott Glenn, Andrew McCarthy et Janet Gunn. - Une poursuite mouvementée s'engage entre un tueur à gages et un chauffeur de taxi en possession d'une forte somme d'argent.
VF→12,95$ **16 ans +** **Érotisme**

**NIGHT OF THE SHOOTING STARS, THE**
Voir: LA NUIT DE SAN LORENZO

**NIGHT ON EARTH** ▷5
É.-U. 1991. Film à sketches de Jim JARMUSCH avec Winona Ryder, Gena Rowlands et Giancarlo Esposito. - Simultanément, autour du globe, cinq chauffeurs de taxi font la connaissance de clients très particuliers.
LBX→11,95$ VO→11,95$ **13 ans +** **Langage vulgaire**

**NIGHT PORTER, THE** ►2
ITA. 1973. Drame psychologique de Liliana CAVANI avec Dirk Bogarde, Charlotte Rampling et Philippe Leroy. - Un ancien officier nazi, devenu portier de nuit, rencontre une femme qu'il a connue et torturée en camp de concentration et reprend sur elle sa domination. - Étude bouleversante de déviations de l'instinct. Traitement d'une grande rigueur. Climat de cauchemar. Interprétation d'une grande classe.
LBX→17,95$ LBX-DVD→44,95$ **18 ans +**

**NIGHT SHIFT** ▷5
É.-U. 1982. Comédie de Ron HOWARD avec Henry Winkler, Michael Keaton et Shelley Long. - Deux employés de la morgue deviennent les agents d'affaires d'un groupe de prostituées.
VO→PC **Général**

**NIGHT STALKER** ▷5
É.-U. 1971. Drame d'horreur de John Llewellyn MOXEY avec Darren McGavin, Carol Lynley et Simon Oakland. - Un reporter découvre que l'auteur de plusieurs meurtres est un vampire.
VO→LS **13 ans +**

**NIGHT THEY RAIDED MINSKY'S, THE** ▷6
É.-U. 1968. Comédie musicale de William FRIEDKIN avec Jason Robards, Britt Ekland and Norman Wisdom. - Une jeune fille gagne New York afin d'y exercer le métier de danseuse de music-hall.
VO→18,95$ **Général**

**NIGHT TIDE** ▷4
É.-U. 1961. Drame fantastique de Curtis HARRINGTON avec Linda Lawson, Dennis Hopper et Gavin Muir. - Un marin s'éprend d'une jeune fille à la conduite bizarre.
LBX-DVD→PC LBX→46,95$ LBX-DVD→PC **13 ans +**

**NIGHT TO REMEMBER, A** ▷6
É.-U. 1942. Comédie policière de Richard WALLACE avec Loretta Young, Brian Aherne et Jeff Donnell. - Un auteur de romans policiers enquête sur des meurtres dans la maison de rapport où il habite.
VO→18,95$

**NIGHT TO REMEMBER, A** ▷3
ANG. 1958. Drame de Roy Ward BAKER avec Kenneth More, Ronald Allen et Laurence Naismith. - La tragédie du Titanic qui sombra dans l'Atlantique en 1912. - Atmosphère très bien reconstituée. Réalisation technique adroite. Interprétation excellente.
VO→18,95$ **Général**

**NIGHT TRAIN TO MUNICH** ▷4
ANG. 1940. Drame d'espionnage de Carol REED avec Rex Harrison, Margaret Lockwood et Paul Henreid. - Un agent secret vient en aide à un savant et à sa fille, enlevés par des nazis.
VO→32,95$ **Général**

**NIGHT VISITOR, THE** ▷4
É.-U. 1970. Drame policier de Laslo BENEDEK avec Max Von Sydow, Trevor Howard et Liv Ullmann. - Enfermé dans un asile pour un meurtre qu'il n'a pas commis, un homme s'évade pour se venger.
VF→LS DVD→36,95$ **Général**

**NIGHT WALKER, THE** ▷4
É.-U. 1964. Drame d'horreur de William CASTLE avec Barbara Stanwyck, Robert Taylor et Lloyd Bochner. - Une femme est ébranlée par des cauchemars continuels.
VO→16,95$ **13 ans +**

**NIGHT WE NEVER MET, THE** ▷5
É.-U. 1993. Comédie de mœurs de Warren LIGHT avec Matthew Broderick, Annabella Sciorra et Kevin Anderson. - Les aventures amoureuses de trois colocataires qui habitent en alternance un appartement de Greenwich Village.
VF→LS VO→LS **13 ans +**

**NIGHTBREED** ▷5
É.-U. 1990. Drame d'horreur de Clive BARKER avec Craig Sheffer, Anne Bobby et David Cronenberg. - Sujet à des rêves étranges impliquant des êtres monstrueux, un homme est entraîné dans des aventures horrifiantes après avoir consulté un psychiatre inquiétant.
VO→LS **18 ans +**

**NIGHTFALL** ▷5
É.-U. 1988. Science-fiction de Paul MAYERSBERG avec David Birney, Sarah Douglas et Alexis Kanner. - Une planète éclairée par trois soleils où l'on ne connaît pas la nuit voit la vie de ses habitants bouleversée par un premier crépuscule.
VO→LS **Non classé**

**NIGHTHAWKS** ▷5
É.-U. 1981. Drame policier de Bruce MALMUTH avec Sylvester Stallone, Rutger Hauer et Billy Dee Williams. - Deux policiers de New York recherchent un terroriste venu d'Europe.
VO→11,95$ **13 ans +**

**NIGHTHAWKS** ▷5
ANG. 1978, Ron PECK et Paul HALLAM
VO→59,95$ **18 ans +**

**NIGHTMARE** ▷5
ANG. 1963. Drame d'horreur de Freddie FRANCIS avec Moira Redmond, Jennie Linden et David Knight. - Sous l'emprise de cauchemars, une jeune fille en vient à tuer la femme de son tuteur.
VO→14,95$ **Général**

**NIGHTMARE BEFORE CHRISTMAS, THE** ►2
É.-U. 1993. Conte de Henry SELICK. - Après avoir kidnappé Santa Claus, les monstres de l'Halloween préparent une fête de Noël aux accents lugubres. - Film d'animation utilisant de superbes petites figurines. Mélange réjouissant de fantaisie, de poésie et de macabre. Profusion de détails savoureux. Brio technique étonnant. Musique et chansons agréables.
VF→16,95$ VO→LS VF-SP.ED.→24,95$ VO-SP.ED→24,95$ LBX-DVD→26,95$ **Général**

**NIGHTMARE CASTLE** ▷0
ITA. 1966, Mario CAIANO
VO→LS **Non classé**

**NIGHTMARE ON ELM STREET, A** ▷4
É.-U. 1984. Drame d'horreur de Wes CRAVEN avec Heather Langenkamp, Ronee Blakley et John Saxon. - Une adolescente découvre que le personnage qui hante ses rêves est un meurtrier d'enfants.
LBX→11,95$ VO→11,95$ **18 ans +**

**NIGHTMARE ON ELM STREET 2: FREDDY'S REVENGE, A** ▷5
É.-U. 1985. Drame d'horreur de Jack SHOLDER avec Mark Patton, Kim Myers et Robert Englund. - L'esprit d'un assassin d'enfants tente de s'emparer du corps d'un jeune garçon pour le pousser à commettre des meurtres à sa place.
VF→LS **18 ans +**

**NIGHTMARE ON ELM STREET 3: DREAM WARRIORS, A** ▷5
É.-U. 1987. Drame fantastique de Chuck RUSSELL avec Heather Langenkamp, Craig Wasson et Robert Englund. - Un docteur s'évertue à trouver une raison aux cauchemars terrifiants qui poussent des adolescents au suicide.
VF→LS **18 ans +**

**NIGHTMARE ON ELM STREET 4: THE DREAM MASTER, A** ▷5
É.-U. 1988. Drame d'horreur de Renny HARLIN avec Robert Englund, Lisa Wilcox et Tuesday Knight. - Profitant de rêveries pour prendre vie, un fantôme meurtrier se sert d'une timide adolescente pour accomplir ses crimes.
VO→LS **18 ans +**

**NIGHTMARE ON ELM STREET 5: THE DREAM CHILD, A** ▷5
É.-U. 1989. Drame d'horreur de Stephen HOPKINS avec Robert Englund, Lisa Wilcox et Kelly Jo Minter. - Le fantôme d'un tueur d'enfants refait surface à travers l'esprit du bébé à naître d'une étudiante.
VF→LS **18 ans +**

**NIGHTS OF CABIRIA**
Voir: LES NUITS DE CABIRIA

**NIGHTSONGS** ▷3
É.-U. 1984. Drame social de Marva NABILI avec Mabel Kwong, David Lee et Victor Wong. - Les problèmes d'adaptation d'une réfugiée vietnamienne accueillie par une famille chinoise de New York. - Traitement naturel de style documentaire. Sujet riche en notations culturelles.
STA→PC **Général**

**NIGHTWATCH** ▷5
É.-U. 1997. Drame d'horreur d'Ole BORNEDAL avec Ewan McGregor, Nick Nolte et Josh Brolin. - À la suite de divers incidents bizarres, un jeune gardien de nuit dans une morgue est soupçonné d'une série de meurtres.
VO→18,95$ VF→18,95$ **16 ans +**

**NIJINSKI** ▷4
ANG. 1980. Drame biographique de Herbert ROSS avec Alan Bates, George de la Pena et Leslie Browne. - La vie du célèbre danseur-étoile et chorégraphe des Ballets russes de Monte Carlo.
VO→14,95$ VF→LS **13 ans +**

**NIKITA** ▷4
FR. 1990. Drame policier de Luc BESSON avec Anne Parillaud, Jean-Hugues Anglade et Tchéky Karyo. - Officiellement morte, une criminelle est soumise à un entraînement rigoureux en vue de devenir une tueuse à l'emploi des services secrets.
STA→19,95$ VO→13,95$ **13 ans +**

**NIL BY MOUTH** ▷3
ANG. 1997. Drame de mœurs réalisé par Gary OLDMAN avec Ray Winstone, Kathy Burke et Charlie Creed-Miles. - Une femme et sa mère tentent de maintenir l'équilibre familial malgré la misère qui règne dans leur banlieue pauvre de Londres. - Peinture de mœurs très crue. Errance émotive des personnages fort bien rendue. Réalisation nerveuse.
VF→PC VO→129,95$ **13 ans + Violence**

**NINA TAKES A LOVER** ▷5
É.-U. 1993. Comédie de mœurs d'Alan JACOBS avec Laura San Giacomo, Paul Rhys et Michael O'Keefe. - Se sentant négligée par son mari, une jeune femme s'engage dans une relation avec un photographe qu'elle a rencontré dans un parc.
VF→LS VO→LS **Général**

**NINE LIVES OF FRITZ THE CAT, THE** ▷0
É.-U. 1974, Robert TAYLOR
VO→LS **18 ans +**

**NINE MONTHS** ▷5
É.-U. 1995. Comédie de mœurs de Chris COLUMBUS avec Hugh Grant, Julianne Moore et Tom Arnold. - Un couple qui attend son premier enfant traverse une crise due au peu d'enthousiasme manifesté par le futur papa.
VF→PC VO→15,95$ **Général**

**NINOTCHKA** ▷3
É.-U. 1939. Comédie d'Ernst LUBITSCH avec Greta Garbo, Melvyn Douglas et Sig Rumann. - Venue à Paris pour rappeler à l'ordre des délégués soviétiques, une commissaire du peuple est prise au piège de l'amour. - Satire amusante. Réalisation habile. Interprétation tout en finesse.
VO→18,95$ **Général**

**NINTH CONFIGURATION, THE** ▷0
É.-U. 1980, William Peter BLATTY
D.CUT→19,95$ **18 ans +**

**NINTH GATE, THE** ▷4
FR.-ESP. 1999. Drame fantastique de Roman POLANSKI avec Johnny Depp, Emmanuelle Seigner et Frank Langella. - Un chasseur de livres anciens est chargé par un riche collectionneur de retrouver les trois copies d'un ouvrage écrit par le Diable.
VF→14,95$ VO→14,95$

**NIXON** ▷4
É.-U. 1995. Drame biographique d'Oliver STONE avec Anthony Hopkins, Joan Allen et Paul Sorvino. - La vie et la carrière politique du 37e président des États-Unis, Richard Nixon.
VF→16,95$ VO→16,95$ LBX-DVD→32,95$ **Général**

**NÔ** ▷4
QUÉ. 1998. Comédie satirique de Robert LEPAGE avec Anne-Marie Cadieux, Alexis Martin et Richard Fréchette. - En octobre 1970, une comédienne de théâtre en tournée au Japon hésite à annoncer à son ami, sympatisant du FLQ, qu'elle est enceinte.
VO→42,95$ STA→42,95$ **Général**

**NO ESCAPE** ▷5
É.-U. 1994. Science-fiction de Martin CAMPBELL avec Ray Liotta, Lance Henriksen et Stuart Wilson. - En 2022, un détenu est envoyé dans une île où les prisonniers sont livrés à la loi de la jungle.
LBX→14,95$ VF→11,95$ **13 ans + Violence**

**NO HIGHWAY IN THE SKY** ▷4
ANG. 1951. Comédie dramatique d'Henry KOSTER avec James Stewart, Marlene Dietrich et Glynis Johns. - Un savant parvient à faire accepter sa théorie sur la résistance des avions.
VO→24,95$ **Général**

**NO LOOKING BACK** ▷4
É.-U. 1998. Drame psychologique réalisé et interprété par Edward BURNS avec Lauren Holly et Jon Bon Jovi. - Après trois ans d'absence, un idéaliste tente de reconquérir une ancienne flamme désormais fiancée à son meilleur ami.
VO→18,95$ **Général**

**NO MAN OF HER OWN** ▷4
É.-U. 1932. Comédie sentimentale de Wesley RUGGLES avec Clark Gable, Carole Lombard et Grant Mitchell. - Pour gagner un pari, un joueur professionnel épouse une jeune provinciale.
VO→14,95$ **Général**

**NO MAN'S LAND** ▷5
É.-U. 1987. Drame policier de Peter WERNER avec D.B. Sweeney, Charlie Sheen et Lara Harris. - Grâce à ses talents de mécanicien, un jeune policier s'introduit dans une bande de voleurs d'autos dont le chef est soupçonné de meurtre.
VF→LS VO→14,95$ **13 ans +**

**NO MERCY** ▷4
É.-U. 1986. Drame policier de Richard PEARCE avec Richard Gere, Kim Basinger et Jeroen Krabbé. - Un policier de Chicago se rend en Louisiane pour retrouver une jeune femme susceptible de l'éclairer sur l'identité du meurtrier de son collègue.
VF→9,95$ VO→9,95$ **13 ans +**

**NO MINOR VICES** ▷5
É.-U. 1948. Comédie de Lewis MILESTONE avec Dana Andrews, Lilli Palmer et Louis Jourdan. - Un peintre s'éprend de la femme d'un médecin de ses amis.
VO→14,95$ **Général**

**NO NAME ON THE BULLET** ▷5
É.-U. 1959. Western de Jack ARNOLD avec Audie Murphy, Charles Drake et Joan Evans. - Un tueur à gages sème la panique dans une ville.
VO→14,95$ **Général**

**NO REGRETS FOR OUR YOUTH**
Voir: JE NE REGRETTE PAS MA JEUNESSE

**NO SMALL AFFAIR** ▷5
É.-U. 1984. Comédie de Jerry SCHATZBERG avec Jon Cryer, Demi Moore et Ann Wedgeworth. - Un adolescent passionné de photographie s'ingénie à venir en aide à une chanteuse.
VO→9,95$ **Général**

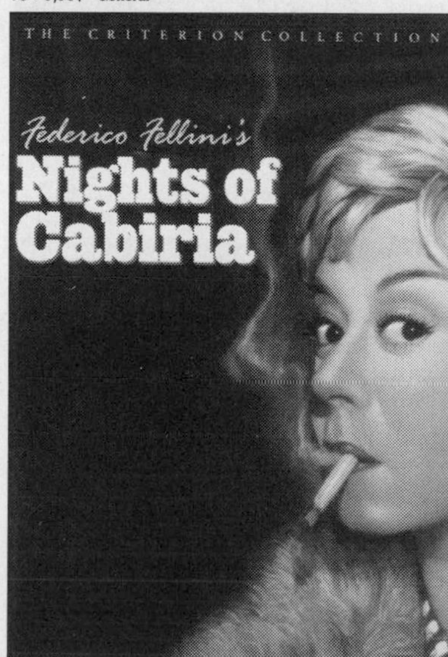

**NO SMOKING** ►2
FR. 1993. Comédie dramatique d'Alain RESNAIS avec Sabine Azéma et Pierre Arditi. - Les tribulations d'un directeur d'école alcoolique et de son épouse qui songe à le quitter. - Film jumeau de *Smoking*. Scénario ludique offrant plusieurs variations possibles à partir d'une situation donnée. Ton enjoué et théâtral. Décors naïfs. Jeu remarquable des deux uniques comédiens dans neuf rôles différents.
VO→18,95$ **Général**

**NO TIME FOR SERGEANTS** ▷5
É.-U. 1958. Comédie de Mervyn LeROY avec Andy Griffith, Nick Adams et Myron McCormick. - Un jeune fermier naïf est appelé à faire son service militaire dans l'aviation.
VO→14,95$ **Général**

**NO WAY OUT** ▷4
É.-U. 1987. Drame policier de Roger DONALDSON avec Kevin Costner, Gene Hackman et Sean Young. - Alors que les preuves sont contre lui, un officier du Pentagone cherche à démasquer l'assassin de la maîtresse de son patron.
VO→11,95$ LBX-DVD→18,95$ **Général**

**NO WAY OUT** ▷3
É.-U. 1950. Drame social de Joseph L. MANKIEWICZ avec Sidney Poitier, Richard Widmark et Linda Darnell. - Un gangster raciste tient un médecin noir responsable de la mort de son frère. - Style vigoureux. Forte tension dramatique. Interprétation solide.
VO→16,95$ **Général**

**NO WAY TO TREAT A LADY** ▷4
É.-U. 1967. Comédie policière de Jack SMIGHT avec Rod Steiger, George Segal et Lee Remick. - À New York, un maniaque meurtrier s'attaque à des femmes d'âge mûr.
VO→13,95$ **13 ans +**

**NO, NO, NANETTE**
Voir: TEA FOR TWO

**NOA AT SEVENTEEN** ▷0
ISR. 1982, Isaac Zepel YESHURUN
STA→LS **Général**

**NOBODY** ▷0
JAP. 1999, Shundo OHKAWA
STA→PC

**NOBODY LOVES ME** ▷4
ALL. 1994. Comédie de mœurs de Doris DÖRRIE avec Maria Schrader, Pierre Sanoussi-Bliss et Michael Von Au. - À l'aube de ses trente ans, une célibataire tente de séduire le gérant de son immeuble avec l'aide d'un voisin pratiquant le vaudou.
STA→34,95$ **Général**

**NOBODY'S FOOL** ▷3
É.-U. 1994. Drame psychologique de Robert BENTON avec Paul Newman, Jessica Tandy et Melanie Griffith. - Un sexagénaire insouciant reprend peu à peu conscience de ses responsabilités lorsque son fils qu'il connaît à peine revient en ville. - Observation attentive des relations aussi bien sentimentales que sociales. Psychologie raffinée des personnages.
VF→PC VO→14,95$ **Général**

**NOCE BLANCHE** ▷3
FR. 1989. Drame psychologique de Jean-Claude BRISSEAU avec Bruno Cremer, Vanessa Paradis et Ludmila Mikael. - Un professeur de lycée s'entiche d'une de ses élèves, au point de délaisser progressivement sa femme. - Sujet délicat traité avec hardiesse. Mise en scène forte et rigoureuse. Interprétation convaincante de V. Paradis.
VO→LS **13 ans +**

**NOCE EN GALILÉE** ▷3
BEL. 1987. Drame de mœurs de Michel KHLEIFI avec Ali M. El Akili, Bushra Karaman et Makram Khouri. - Un notable palestinien obtient une exemption au couvre-feu pour les noces de son fils à condition que le gouverneur militaire israélien soit invité à la fête. - Film complexe et intéressant. Traitement critique et intelligent. Belle illustration. Réalisation maîtrisée. Interprétation nuancée.
STF→26,95$ STA-KINO→34,95$ **Général**

**NOCE, LA** ▷3
RUS. 2000. Comédie de mœurs de Pavel LOUNGUINE avec Marat Basharov, Maria Mironova et Andrei Panine. - Un jeune mineur qui épouse son amie d'enfance se met dans le pétrin en voulant lui offrir un cadeau de noce. - Portrait de société savoureux. Scénario d'une éxubérance bienvenue. Réalisation mouvementée. Distribution éclatante.
**Général**

**NOCES BARBARES, LES** ▷3
BEL. 1987. Drame psychologique de Marion HANSEL avec Thierry Frémont, Marianne Basler et Yves Cotton. - Après s'être échappé d'une pension pour déficients mentaux, un jeune homme se souvient des étapes de sa vie d'enfant mal aimé. - Peinture de sentiments exacerbés. Histoire pathétique. Traitement flamboyant d'une sensibilité frémissante.
VO→LS **13 ans +**

**NOCES DE CENDRES, LES**
Voir: ASH WEDNESDAY

**NOCES DE SANG** ▷3
ESP. 1981. Spectacle musical de Carlos SAURA avec Antonio Gades, Cristina Hoyos et Juan Antonio. - Une troupe de danseurs se prépare à la répétition générale d'un ballet de style flamenco. - Formes chorégraphiques stylisées. Mise en scène dépouillée. Excellents danseurs.
STA→LS **Non classé**

**NOCES ROUGES, LES** ▷3
FR. 1973. Drame de mœurs de Claude CHABROL avec Michel Piccoli, Stéphane Audran et Claude Piéplu. - La femme d'un maire de province et son amant s'entendent pour supprimer le mari gênant. - Verve critique anti-bourgeoise inspirée par un fait divers. Style rigoureusement contrôlé.
VO→LS **13 ans +**

**NOCES SANGLANTES**
Voir: HE KNOWS YOU'RE ALONE

**NOCTURNE** ▷5
É.-U. 1946. Drame policier d'Edwin L. MARIN avec George Raft, Lynn Bari et Virginia Huston. - Un détective enquête sur la mort mystérieuse d'un célèbre pianiste.
VO→LS **Non classé**

**NOËL BLANC**
Voir: WHITE CHRISTMAS

**NOËL MAGIQUE, UN**
Voir: ONE MAGIC CHRISTMAS

**NOËL TRAGIQUE**
Voir: BLACK CHRISTMAS

**NOIR COMME LE SOUVENIR** ▷5
FR. 1995. Drame policier de Jean-Pierre MOCKY avec Jane Birkin, Benoît Régent et Sabine Azéma. - Sa fille ayant été assassinée dix-sept ans auparavant, une mère perd pied lorsque les témoins du drame sont tués successivement.
VO→14,95$ **13 ans +**

**NOIRS ET BLANCS EN COULEURS** ▷3
FR. 1976. Comédie satirique de Jean-Jacques ANNAUD avec Jean Carmet, Jacques Spiesser et Jacques Dufilho. - En 1915, les Français d'un petit poste frontière en Afrique entrent en lutte avec leurs voisins allemands. - Mise en boîte du bellicisme et du colonialisme.
STA→LS **Général**

**NOISES OFF!** ▷4
É.-U. 1992. Comédie de Peter BOGDANOVICH avec Carol Burnett, Michael Caine et Denholm Elliott. - Les nombreuses difficultés rencontrées par un metteur en scène de théâtre aux prises avec une troupe de comédiens indisciplinés.
VO→LS **Général**

**NOM DE LA ROSE, LE**
Voir: THE NAME OF THE ROSE

**NOMADS** ▷0
É.-U. 1986, John McTIERNAN
VO→LS

**NOMADS OF THE NORTH** ▷0
É.-U. 1920, David M. HARTFORD
VO→34,95$ **Général**

**NOMBRIL DU MONDE, LE** ▷5
FR. 1993. Chronique d'Ariel ZEITOUN avec Michel Boujenah, Delphine Forest et Thomas Langmann. - Les succès puis les déboires d'un Juif arriviste de Tunisie qui utilise volontiers des tactiques sournoises pour arriver à ses fins.
VO→LS **Général**

**NON COUPABLE**
Voir: A TIME TO KILL

**NONE BUT THE BRAVE** ▷4
É.-U. 1965. Drame de guerre réalisé et interprété par Frank SINATRA avec Clint Walker et Tatsuya Mihashi. - Dans une île du Pacifique, un officier américain et un officier japonais conviennent d'une trève afin de faire soigner un blessé.
VO→14,95$ **Général**

**NONE BUT THE LONELY HEART** ▷4
É.-U. 1944. Drame psychologique de Clifford ODETS avec Cary Grant, Ethel Barrymore et Barry Fitzgerald. - Un jeune homme né dans un quartier misérable sacrifie tout à son esprit d'indépendance.
VO→14,95$ **Général**

**NORD** ▷3
FR. 1991. Drame social réalisé et interprété par Xavier BEAUVOIS avec Bernard Verley et Bulle Ogier. - Le petit quotidien déprimant d'une famille dont le père pharmacien est un alcoolique. - Décomposition d'une cellule familiale dépeinte avec une acuité surprenante. Style d'une lucidité et d'une rigueur sans concession. Interprétation d'un réalisme confondant.
VO→18,95$ **13 ans +**

**NORMA RAE** ▷3
É.-U. 1979. Drame social de Martin RITT avec Sally Field, Ron Leibman et Beau Bridges. - Une ouvrière de filature offre son appui à un organisateur syndical, ce qui lui amène des ennuis. - Scénario tiré d'un fait vécu. Mise en scène contrôlée. Description réaliste du milieu. Excellente interprétation de S. Field.
VO→11,95$ **Général**

**NORMAL LIFE** ▷4
É.-U. 1995. Drame de mœurs de John McNAUGHTON avec Luke Perry, Ashley Judd et Bruce Young. - Engagé dans une relation tumultueuse avec une jeune femme rebelle, un policier n'hésite pas à recourir au crime pour la rendre heureuse.
VO→14,95$ **16 ans + Violence**

**NORMAN... IS THAT YOU?** ▷6
É.-U. 1976. Comédie de George SCHLATTER avec Redd Fox, Pearl Bailey et Dennis Dugan. - Un commerçant noir abandonné par sa femme découvre que son fils est homosexuel.
VO→14,95$ **13 ans +**

**NORTH** ▷0
É.-U. 1994, Rob REINER
VF→19,95$ **Général**

**NORTH BY NORTHWEST** ►1
É.-U. 1959. Drame d'espionnage d'Alfred HITCHCOCK avec Cary Grant, Eva Marie Saint et James Mason. - Un publicitaire pris pour un agent secret est entraîné dans une série d'aventures. - Suspense mené de façon magistrale. Tension tempérée d'humour. Suite époustouflante d'escapades périlleuses. Réalisation d'une étourdissante invention. Interprétation dégagée.
VO→18,95$ VF→14,95$ LBX→19,95$ **Général**

**NORTH DALLAS FORTY** ▷4
É.-U. 1979. Comédie dramatique de Ted KOTCHEFF avec Nick Nolte, Mac Davis et Dayle Haddon. - Un joueur professionnel de football persiste à jouer pour le club qui l'emploie même si l'on commence à négliger ses talents.
VO→14,95$ **13 ans +**

**NORTH OF PITTSBURGH** ▷4
CAN. 1992. Comédie dramatique de Richard MARTIN avec Viveca Lindfors, Jeff Schultz et Bryon Lucas. - Un jeune trafiquant ontarien de marijuana accompagne sa grand-mère jusqu'à Pittsburgh où elle s'en va toucher une compensation pour la mort de son mari.
VO→LS **Général**

**NORTH STAR** ▷6
FR.-ITA.-ANG. 1995. Aventures de Nils GAUP avec Christophe Lambert, James Caan et Catherine McCormack. - En 1899, un métis s'élève contre un homme d'affaires corrompu qui veut exploiter un gisement d'or situé sur une terre inuit sacrée en Alaska.
VO→PC **13 ans +**

**NORTH TO ALASKA** ▷4
É.-U. 1960. Comédie d'Henry HATHAWAY avec John Wayne, Stewart Granger et Capucine. - En Alaska, deux amis prospecteurs rivalisent pour l'amour d'une fille de joie.
VO→16,95$ **Général**

**NORTHERN LIGHTS** ▷0
É.-U. 1979, Rob NILSSON et John HANSON
VO→19,95$ **Non classé**

**NORTHWEST FRONTIER (FLAME OVER INDIA)** ▷4
ANG. 1960. Aventures de J. Lee THOMPSON avec Lauren Bacall, Kenneth More et Herbert Lom. - Pendant une révolution, un capitaine anglais est chargé de conduire en lieu sûr le fils d'un maharadjah.
VO→13,95$ **Général**

**NORTHWEST OUTPOST** ▷0
É.-U. 1974, Allan DWAN
VO→LS **Général**

**NORTHWEST PASSAGE** ▷3
É.-U. 1940. Aventures de King VIDOR avec Spencer Tracy, Robert Young et Walter Brennan. - En 1759, un jeune peintre se joint à un groupe de miliciens en lutte contre les Indiens. - Puissante fresque guerrière et forestière. Séquences grandioses. Moments d'émotion. Interprétation solide.
VO→19,95$ **Général**

**NOS FUNÉRAILLES**
Voir: THE FUNERAL

**NOS PLUS BELLES ANNÉES**
Voir: THE WAY WE WERE

**NOSFERATU** ►1
ALL. 1922. Drame fantastique de Friedrich Wilhelm MURNAU avec Max Schreck, Alexander Granach et Gustav von Vangengheim. - Les exploits maléfiques d'un vampire. - Première version cinématographique de la légende de Dracula. Images envoûtantes. Climat d'horreur bien créé pour l'époque. Valeur historique.
ITA-KINO→LS ITA→34,95$ ITA-DVD→44,95$ **Général**

**NOSFERATU: FANTÔME DE LA NUIT** ►2
ALL.-FR. 1978. Drame fantastique de Werner HERZOG avec Klaus Kinski, Isabelle Adjani et Bruno Ganz. - Au cours d'un voyage en Transylvanie, un jeune homme devient la victime d'un vampire. - Transposition originale de la légende de Dracula. Climat de romantisme noir. Rythme lent. Composition insolite de K. Kinski.
VA-LBX→14,95$ VA→14,95$ STA-LBX-DVD→29,95$ **Général**

**NOSTALGHIA** ▷3
RUS. 1983. Drame d'Andrei TARKOVSKY avec Oleg Yankovsky, Domiziana Giordano et Erland Josephson. - Un écrivain russe recherche en Italie les traces d'un compatriote musicien dont il veut écrire la biographie. - Scénario prétexte à une réflexion poétique sur l'exil. Récit plutôt obscur. Rythme lent.
STA→LS STA-LBX-DVD→34,95$ **Général**

**NOSTRADAMUS** ▷5
FR.-ALL.-ROU. 1994. Drame biographique de Roger CHRISTIAN avec Tchéky Karyo, F. Murray Abraham et Amanda Plummer. - Évocation de la vie de Nostradamus, célèbre astrologue et médecin du XVIe siècle.
VF→12,95$ **13 ans +**

**NOSTRADAMUS 1999**
Voir: THE MAN WHO SAW TOMORROW

**NOT A LOVE STORY - A FILM ABOUT PORNOGRAPHY** ▷0
CAN. 1981, Bonnie SHERR KLEIN
STF→LS **18 ans +**

**NOT AS A STRANGER** ▷5
É.-U. 1955. Drame de Stanley E. KRAMER avec Olivia de Havilland, Robert Mitchum et Frank Sinatra. - Un étudiant en médecine est prêt à tout pour devenir un chirurgien célèbre.
VO→14,95$ **Général**

**NOT FOR PUBLICATION** ▷0
É.-U. 1984, Paul BARTEL
VO→LS **Non classé**

**NOT ONE LESS** ▷3
CHI. 1999. Drame social de Yimou ZHANG avec Wei Minzhi, Zhang Huike et Tian Zhenda. - Une adolescente de 13 ans, désignée substitut dans une école de village, doit s'occuper d'un groupe de 28 élèves pendant un mois. - Récit sobre axé sur l'émotion. Mise en scène dépouillée et fluide. Interprétation solide d'acteurs non professionnels.
STA→LS **Général**

**NOT WANTED** ▷5
É.-U. 1949. Mélodrame d'Ida LUPINO et Elmer CLIFTON avec Sally Forrest, Keefe Brasselle et Leo Penn. - Les malheurs d'une fille-mère que l'on a convaincue d'abandonner son bébé afin que celui-ci soit élevé dans une famille aisée.
VO→34,95$ **Général**

**NOT WITH MY WIFE YOU DON'T!** ▷5
É.-U. 1966. Comédie de Norman PANAMA avec Tony Curtis, Virna Lisi et George C. Scott. - Un officier supérieur américain tente de reconquérir son ancienne amie maintenant mariée.
VO→18,95$ **Général**

**NOT WITHOUT MY DAUGHTER** ▷4
É.-U. 1990. Drame de mœurs de Brian GILBERT avec Sally Field, Alfred Molina et Sheila Rosenthal. - L'épouse et la fille d'un médecin musulman installé aux États-Unis sont retenues contre leur gré en Iran.
VO→11,95$ VF→11,95$ **Général**

**NOTEBOOK ON CITIES AND CLOTHES** ▷0
ALL. 1990, Wim WENDERS
VO→32,95$ **Général**

**NOTES DE CHEVET**
Voir: THE PILLOW BOOK

**NOTHING BUT A MAN** ▷4
É.-U. 1964. Drame social de Michael ROEMER avec Ivan Dixon, Abbey Lincoln et Julius Harris. - Les difficultés de vie d'un ouvrier noir de l'Alabama.
VO→LS **Général**

**NOTHING BUT TROUBLE** ▷5
É.-U. 1944. Comédie de Sam TAYLOR avec Stan Laurel, Oliver Hardy et Mary Boland. - Deux chômeurs trouvent un emploi au service d'un jeune roi en exil.
VO→19,95$ **Général**

**NOTHING IN COMMON** ▷4
É.-U. 1986. Comédie dramatique de Garry MARSHALL avec Tom Hanks, Jackie Gleason et Eva Marie Saint. - Perturbé par la séparation de ses parents, un jeune publicitaire reste auprès de son père malade.
VO→9,95$ **Général**

**NOTHING SACRED** ▷3
É.-U. 1937. Comédie de William A. WELLMAN avec Carole Lombard, Fredric March et Walter Connolly. - Atteinte de radiations mortelles, une jeune femme est exploitée par un journaliste de New York. - Un des grands succès de la comédie d'avant-guerre. Récit drôlement excentrique.
VO→34,95$ DVD→32,95$

**NOTHING TO LOSE** ▷5
É.-U. 1997. Comédie policière de Steve OEDEKERK avec Martin Lawrence, Tim Robbins et John C. McGinley. - Voulant se venger de son patron qui l'aurait cocufié, un publicitaire cambriole le bureau de celui-ci avec l'aide d'un petit escroc.
VO→21,95$ **13 ans +**

**NOTORIOUS** ►2
É.-U. 1946. Drame d'espionnage d'Alfred HITCHCOCK avec Ingrid Bergman, Cary Grant et Claude Rains. - Les services secrets utilisent la fille d'un espion allemand pour retrouver ses complices. - Suspense à contenu psychologique. Scénario rigoureusement construit. Réalisation inventive. Interprétation nuancée.
VO→14,95$ DVD→22,95$ **Général**

**NOTRE HISTOIRE**
Voir: THE STORY OF US

**NOTRE HISTOIRE** ▷4
FR. 1984. Comédie dramatique de Bertrand BLIER avec Alain Delon, Nathalie Baye et Michel Galabru. - Un homme connaît diverses tribulations après s'être installé chez une inconnue qu'il a rencontrée dans un train.
VO→LS **Général**

**NOTRE-DAME DE PARIS** ▷4
FR. 1956. Drame de Jean DELANNOY avec Anthony Quinn, Gina Lollobrigida et Jean Danet. - Au Moyen Âge, une jeune danseuse accusée de sorcellerie est défendue par un bossu.
VO→14,95$ **Général**

**NOTTING HILL** ▷4
ANG. 1999. Comédie sentimentale de Roger MICHELL avec Hugh Grant, Julia Roberts et Rhys Ifans. - Un libraire londonien et une star américaine de cinéma tombent amoureux après plusieurs rencontres impromptues.
VF→16,95$ VO→16,95$ LBX-DVD→27,95$ **Général**

**NOUS ÉTIONS GUERRIERS**
Voir: ONCE WERE WARRIORS

**NOUS IRONS TOUS AU PARADIS** ▷4
FR. 1977. Comédie de Yves ROBERT avec Jean Rochefort, Victor Lanoux et Danièle Delorme. - Les bonheurs et les ennuis de quatre amis dans la quarantaine.
STA→LS **Général**

**NOUS NOUS SOMMES TANT AIMÉS** ►2
ITA. 1975. Comédie dramatique d'Ettore SCOLA avec Nino Manfredi, Vittorio Gassman et Stefania Sandrelli. - Trois hommes de milieux divers qui se sont liés d'amitié dans la résistance connaissent des sorts différents. - Scénario complexe. Mouvement souple. Mise en scène fort habile. Interprétation vivante.
STA→LS **Général**

**NOUS SOMMES DE RETOUR! - UNE HISTOIRE DE DINOSAURES**
Voir: WE'RE BACK - A DINOSAUR'S STORY

**NOUVEAU MONDE, LE** ▷4
FR. 1995. Drame psychologique d'Alain CORNEAU avec Nicolas Chatel, Sarah Grappin et James Gandolfini. - À la fin des années 1950, un jeune Français se joint à un groupe de musiciens de jazz formé de soldats américains en poste près d'Orléans.
VO→12,95$ **13 ans +**

**NOUVEAU TESTAMENT, LE** ▷5
FR. 1936. Comédie réalisée et interprétée par Sacha GUITRY avec Jacqueline Delubac et Charles Deschamps. - L'ouverture préma-

turée du testament d'un médecin révèle à sa femme une vieille liaison de celui-ci.
VO→LS **Général**

**NOUVEAU VOISIN, LE**
Voir: THE WHOLE NINE YARDS

**NOUVEAUX MECS, LES**
Voir: MAYBE... MAYBE NOT

**NOUVEL AMOUR DE COCCINELLE, LE**
Voir: HERBIE RIDES AGAIN

**NOUVELLE ÉQUIPE, LA**
Voir: THE MOD SQUAD

**NOUVELLE ÈVE, LA** ▷4
FR. 1998. Comédie sentimentale de Catherine CORSINI avec Karin Viard, Pierre-Loup Rajot et Catherine Frot. - Une célibataire dans la trentaine tombe éperdument amoureuse d'un père de famille qu'elle va tout faire pour conquérir.
VO→LS

**NOUVELLE VAGUE** ▷4
FR. 1990. Film d'essai de Jean-Luc GODARD avec Alain Delon, Domiziana Giordano et Roland Amstutz. - Après la mort de son amant, un voyageur solitaire qu'elle a accueilli chez elle, une riche femme d'affaires devient la maîtresse du frère de celui-ci.
STA→LS **Général**

**NOUVELLES AVENTURES DE FIFI BRIND'ACIER, LES**
Voir: THE NEW ADVENTURES OF PIPPI LONGSTOCKING

**NOUVELLES DU BON DIEU, DES** ▷4
FR. 1995. Comédie fantaisiste de Didier LE PÊCHEUR avec Marie Trintignant, Christian Charmetant et Maria de Medeiros. - Quelques individus se mettent à la recherche de Dieu pour lui demander des comptes.
VO→19,95$ **13 ans +**

**NOVICES, LES** ▷6
FR. 1970. Comédie de Guy CASARIL avec Brigitte Bardot, Annie Girardot et Jean Carmet. - Une novice qui s'est enfuie de son couvent est recueillie par une fille de joie.
VO→LS **13 ans +**

**NOW AND FOREVER** ▷5
É.-U. 1934. Comédie d'Henry HATHAWAY avec Gary Cooper, Shirley Temple et Carole Lombard. - Un escroc se laisse attendrir par la grâce d'une fillette.
VO→14,95$ **Général**

**NOW AND THEN** ▷5
É.-U. 1995. Comédie dramatique de Lesli Linka GLATTER avec Christina Ricci, Thora Birch et Gaby Hoffman. - Les retrouvailles de quatre amies d'enfance incitent l'une d'elles à se remémorer un été qu'elle ont passé ensemble il y a 25 ans.
VF→14,95$ **Général**

**NOW YOU SEE ME, NOW YOU DON'T** ▷0
H. K. 1994, Lau KWUN WAI
STA→LS **13 ans +**

**NOW, VOYAGER** ▷3
É.-U. 1942. Drame psychologique d'Irving RAPPER avec Bette Davis, Paul Henreid et Claude Rains. - Une femme neurasthénique fait une croisière et s'éprend d'un homme marié.- Scénario complexe mais bien raconté. Tendances mélodramatiques. Mise en scène soignée. Interprétation de classe.
VO→14,95$ **Non classé**

**NOWHERE** ▷4
É.-U. 1997. Comédie de mœurs de Gregg ARAKI avec James Duval, Rachel True et Kathleen Robertson. - Lors d'une journée composée de toutes sortes d'abus de drogues et de sexe, un étudiant constate qu'un extraterrestre a kidnappé un ami.
VO→14,95$ **16 ans + Violence**

**NOYADE INTERDITE** ▷5
FR. 1987. Drame policier de Pierre GRANIER-DEFERRE avec Philippe Noiret, Guy Marchand et Elizabeth Bourgine. - Deux policiers qui se détestent doivent enquêter sur une série de morts mystérieuses survenues dans une petite station balnéaire.
VO→LS **Général**

**NU DE FEMME** ▷4
ITA. 1981. Comédie de mœurs réalisée et interprétée par Nino MANFREDI avec Eleonora Giorgi et Georges Wilson. - À Venise, un homme rencontre une femme légère ressemblant étrangement à son épouse.
VF→LS **Général**

**NUDE BOMB, THE** ▷6
É.-U. 1980. Comédie de Clive DONNER avec Don Adams, Andrea Howard et Vittorio Gassman. - Un agent secret lutte contre un mégalomane qui menace de lancer des bombes dénudant leurs victimes.
VO→19,95$ **Général**

**NUDE FOR SATAN** ▷0
ITA. 1974, Luigi BATZELLA
STA-LBX→34,95$ STA-LBX-DVD→39,95$ **Non classé**

**NUDE ON THE MOON** ▷0
É.-U. 1961, Doris WISHMAN
VO→LS **Non classé**

**NUIT AMÉRICAINE, LA** ▷3
FR. 1973. Comédie dramatique réalisée et interprétée par François TRUFFAUT avec Jean-Pierre Léaud et Jacqueline Bisset. - Des incidents inattendus posent des problèmes d'ordres divers à un réalisateur en plein tournage. - Chronique agréable révélant plusieurs trucs du métier. Mise en scène vivante et mobile.
VA→LS VO→LS **Général**

**NUIT AU ROXBURY, UNE**
Voir: A NIGHT AT THE ROXBURY

**NUIT AVEC HORTENSE, LA** ▷5
QUÉ. 1988. Drame sentimental de Jean CHABOT avec Carole Laure, Lothaire Bluteau et Paul Hébert. - Alors qu'il se disposait à s'en aller vivre ailleurs, un jeune homme en peine d'amour fait la rencontre d'une femme qui soigne aussi une blessure sentimentale.
VO→LS **13 ans +**

**NUIT AVEC TOI, UNE** ▷0
QUÉ. 1993, Claude DEMERS
VO→24,95$ **Général**

**NUIT BLANCHE**
Voir: NIGHT OF THE RUNNING MAN

**NUIT D'ÉTÉ EN VILLE** ▷4
FR. 1990. Comédie de mœurs de Michel DEVILLE avec Jean-Hugues Anglade et Marie Trintignant. - Deux jeunes gens, qui viennent de faire connaissance, font l'amour et passent une nuit blanche à bavarder.
VO→19,95$ **13 ans +**

**NUIT D'IVRESSE** ▷5
FR. 1986. Comédie de Bernard NAUER avec Josiane Balasko, Thierry Lhermitte et France Roche. - À peine sortie de prison, une jeune femme rencontre un animateur de télévision éméché qui l'entraîne dans une réception mondaine.
VO→LS **Général**

**NUIT DE LA POÉSIE, LA** ▷4
QUÉ. 1970. Documentaire de Jean-Claude LABRECQUE et Jean-Pierre MASSE. - Film tourné à l'occasion d'une manifestation regroupant plusieurs poètes québécois.
VO→19,95$ **Général**

**NUIT DE LA POÉSIE 1980, LA** ▷0
QUÉ. 1980, Jean-Claude LABRECQUE et Jean-Pierre MASSE
VO→19,95$ **Général**

**NUIT DE LA POÉSIE 1991, LA** ▷0
QUÉ. 1991, Jean-Claude LABRECQUE et Jean-Pierre MASSE
VO→LS **Non classé**

**NUIT DE LA SAINT-JEAN, LA** ▷0
SUÈ. 1935, Gustaf EDGREN
STA→21,95$ **Général**

**NUIT DE RÉFLEXION, UNE**
Voir: INSIGNIFICANCE

**NUIT DE SAINT-GERMAIN DES PRÉS, LA** ▷4
FR. 1977. Drame policier de Bob SWAIM avec Michel Galabru, Mort Shuman et Chantal Dupuy. - Recherchant des bijoux volés pour le compte d'une compagnie d'assurances, un détective est confronté à un assassinat.
VO→LS **Non classé**

**NUIT DE SAN LORENZO, LA** ▷3
ITA. 1981. Drame de guerre de Paolo et Vittorio TAVIANI avec Omero Antonutti, Margarita Lozano et Sabina Vannucchi. - Défiant l'ordre des Allemands de se regrouper dans une cathédrale, un groupe d'habitants d'une petite ville de Toscane part à la rencontre des Américains. - Récit basé sur un fait vécu. Fresque vivante et dramatique. Touches poétiques.
STA→14,95$ VF→LS **Général**

**NUIT DE TOUS LES MYSTÈRES, LA**
Voir: THE HOUSE ON HAUNTED HILL

**NUIT DE VARENNES, LA** ▷3
FR. 1982. Drame historique d'Ettore SCOLA avec Jean-Louis Barrault, Marcello Mastroianni et Hanna Schygulla. - En 1791, l'écrivain Restif de la Bretonne rencontre diverses personnalités dans une diligence qui se rend à Metz. - Fantaisie satirico-philosophique. Dialogues abondants mais plein de finesse.
STA→LS **Général**

**NUIT DES FORAINS, LA** ▷3
SUÈ. 1953. Drame psychologique d'Ingmar BERGMAN avec Ake Gronberg, Harriet Andersson et Hasse Ekman. - Un directeur de cirque ambulant tente une réconciliation avec sa femme. - Variations riches de signification psychologique. Image travaillée dans un mode expressionniste efficace. Interprétation de première force.
STA→27,95$ **Général**

**NUIT DES MORTS-VIVANTS, LA**
Voir: NIGHT OF THE LIVING DEAD

**NUIT DES ROIS, LA**
Voir: TWELFTH NIGHT: OR WHAT YOU WILL

**NUIT DES TRAQUÉES, LA** ▷0
FR. 1980, Jean ROLLIN
STA→35,95$ **Non classé**

**NUIT DU DÉLUGE, LA** ▷4
QUÉ. 1996. Drame poétique de Bernar HÉBERT avec Geneviève Rochette, Julie McClemens et Jacques Godin. - Seule survivante d'un déluge, une jeune femme met au monde un enfant avec l'aide des fantômes de ses proches.
VO→19,95$ **Général**

**NUIT DU JUGEMENT, LA**
Voir: JUDGMENT NIGHT

**NUIT DU LOUP-GAROU, LA**
Voir: CURSE OF THE WEREWOLF

**NUIT DU RISQUE, LA** ▷0
FR. 1986, Sergio GOBBI
VO→LS **Non classé**

**NUIT LA PLUS LONGUE, LA** ▷0
FR. 1964, José BÉNAZÉRAF
VA→49,95$ **18 ans + Horreur**

**NUIT NOIRE**
Voir: MOTHER NIGHT

**NUIT PORTE-JARRETELLES, LA** ▷5
FR. 1984. Comédie dramatique de Virginie THÉVENET avec Jezabel Carpi, Ariel Genet et Arielle Dombasle. - Au cours d'un souper entre amis, une fille délurée jette son dévolu sur un adolescent timide et l'entraîne dans une tournée du Paris nocturne.
VO→LS **18 ans +**

**NUIT SACRÉE, LA** ▷5
FR. 1993. Drame de Nicolas KLOTZ avec Amina, Miguel Bosé et Maité Nahyr. - Ayant déjà sept filles, un commerçant marocain décide d'élever comme un garçon la huitième qui vient de naître.
VO→LS **13 ans +**

**NUIT TOMBE SUR MANHATTAN, LA**
Voir: NIGHT FALLS ON MANHATTAN

**NUIT TRÈS MORALE, UNE** ▷4
HON. 1977. Comédie de Karoly MAKK avec Carla Romanelli, Margit Makay et Irène Psota. - À la fin du siècle, un étudiant tente de cacher à sa mère, venue le visiter, qu'il habite dans une maison close.
VF→LS **Non classé**

**NUITS AVEC MON ENNEMI, LES**
Voir: SLEEPING WITH THE ENEMY

**NUITS DE CABIRIA, LES** ►1
ITA. 1957. Drame psychologique de Federico FELLINI avec Giulietta Masina, François Périer et Amedeo Nazzari. - Une prostituée connaît une amère déception amoureuse. - Œuvre riche de sens. Images pleines de vie où alternent une poésie tendre et un humour parfois féroce. Création magistrale de G. Masina, à la fois spontanée et vulnérable.
STA-SP.ED.→27,95$ STA→LS STA-LBX-DVD→64,95$ **Non classé**

**NUITS DE CAUCHEMAR**
Voir: MOTEL HELL

**NUITS DE DRACULA, LES** ▷5
ESP. 1969. Drame d'horreur de Jess FRANCO avec Christopher Lee, Herbert Lom et Fred Williams. - Le directeur d'une clinique psychiatrique est amené à entrer en lutte avec un vampire.
VO→LS **13 ans +**

**NUITS DE HARLEM, LES**
Voir: HARLEM NIGHTS

**NUITS DE LA PLEINE LUNE, LES** ▷3
FR. 1984. Comédie de mœurs d'Éric ROHMER avec Pascale Ogier, Fabrice Luchini et Tchéky Karyo. - Vivant une union heureuse en banlieue, une jeune femme, par besoin d'indépendance, s'aménage un studio à Paris pour y séjourner à l'occasion. - Exploration subtile des mœurs sentimentales. Mise en scène précise. Interprétation piquante de P. Ogier.
STA→LS VO→LS **Général**

**NUITS ENDIABLÉES**
Voir: BOOGIE NIGHTS

**NUITS FAUVES, LES** ▷3
FR. 1992. Drame de mœurs réalisé et interprété par Cyril COLLARD avec Romane Bohringer et Carlos Lopez. - Un jeune sidéen s'engage dans une liaison avec une actrice débutante tout en poursuivant une relation avec un homosexuel. - Thème sordide traité avec vérité et lucidité. Style narratif empreint d'une émotion à fleur de peau. Mise en scène énergique. Interprétation d'un naturel confondant.
VO→19,95$ **16 ans +**

**NUITS MORTELLES**
Voir: THE TRIGGER EFFECT

**NUITS MOSCOVITES, LES** ▷4
FR. 1934. Drame sentimental d'Alexis GRANOWSKY avec Annabella, Harry Baur et Pierre-Richard Willm. - À Moscou, en 1916, une infirmière incite un marchand à venir en aide à un jeune officier compromis dans une affaire d'espionnage.
VO→LS **Non classé**

**NUMBER 17** ▷5
ANG. 1932. Comédie policière d'Alfred HITCHCOCK avec Leon M. Lion, Anne Grey et John Stuart. - Une jeune voleuse de bijoux repentie aide un détective à coincer ses anciens partenaires qui cherchent à s'emparer d'un précieux collier.
VO→18,95$ EP→9,95$ **Général**

**NUMÉRO DEUX** ▷0
FR. 1975, Jean-Luc GODARD et Anne-Marie MIÉVILLE
STA→LS **18 ans +**

**NUN AND THE BANDIT, THE** ▷4
AUS. 1992. Drame psychologique de Paul COX avec Gosia Dobrowolska, Chris Haywood et Victoria Eagger. - Afin d'obtenir une compensation financière d'un oncle magouilleur, un homme séquestre la petite fille de celui-ci avec une de ses tantes religieuse.
VO→LS **Général**

**NUN'S STORY, THE** ▷3
É.-U. 1959. Drame psychologique de Fred ZINNEMANN avec Audrey Hepburn, Peter Finch et Edith Evans. - Après diverses obédiences, une jeune religieuse quitte sa communauté. - Œuvre de grande valeur. Partie documentaire émouvante. Interprétation remarquable.
VO→19,95$ **Général**

**NURSE BETTY** ▷4
É.-U. 2000. Comédie dramatique de Neil LABUTE avec Renée Zellweger, Morgan Freeman et Chris Rock. - Témoin du meurtre de son mari, une jeune femme perd contact avec la réalité et se croit l'héroïne d'un soap télévisé.
**13 ans +**

**NURSE, LA**
Voir: THE GUARDIAN

**NUT, THE** ▷4
É.-U. 1921. Comédie de Theodore REED avec Douglas Fairbanks, Marguerite de la Motte et Barbara La Marr. - Un riche excentrique vient en aide à une amie qui s'occupe d'œuvres sociales.
VO→34,95$ **Général**

**NUTCRACKER, THE** ▷0
É.-U. 1977, Tony CHARMOLI
VO→14,95$ **Non classé**

**NUTCRACKER MOTION PICTURE, THE** ▷3
É.-U. 1986. Spectacle musical de Carroll BALLARD avec Hugh Bigney, Patricia Barker et Vanessa Sharp. - Une jeune fille rêve qu'un casse-noisette à figure humaine s'anime et se transforme en un beau chevalier servant. - Adaptation du célèbre ballet de Tchaïkovski. Spectacle d'allure onirique. Monde fantaisiste mariant la danse et les trucages.
VO→LS **Général**

**NUTCRACKER PRINCE, THE** ▷4
CAN. 1990. Dessins animés de Paul SCHIBLI. - La nuit de Noël, une fillette rêve qu'elle est transportée au royaume des jouets par un soldat de bois qui a pris forme humaine.
VO→24,95$ **Général**

**NUTS** ▷4
É.-U. 1987. Drame judiciaire de Martin RITT avec Barbra Streisand, Richard Dreyfuss et Maureen Stapleton. - Un avocat défend une call-girl accusée d'homicide involontaire dont les parents voudraient qu'elle soit soignée dans une institution psychiatrique.
VO→14,95$ VF→11,95$ **Général**

**NUTS IN MAY** ▷0
ANG. 1976, Mike LEIGH
VO→36,95$ **Général**

**NUTTY PROFESSOR, THE** ▷3
É.-U. 1963. Comédie réalisée et interprétée par Jerry LEWIS avec Stella Stevens et Del Moore. - Un professeur timide découvre un produit qui le transforme en don Juan irrésistible. - Parodie loufoque de *Dr. Jekyll et Mr. Hyde*. Ensemble très drôle où perce un accent de tendresse. J. Lewis remarquable dans un double rôle.
VF→11,95$ VO→11,95$ **Général**

**NUTTY PROFESSOR, THE** ▷4
É.-U. 1996. Comédie de Tom SHADYAC avec Eddie Murphy, Jada Pinkett et Larry Miller. - Un professeur obèse épris d'une jolie collègue devient un séducteur irrésistible après avoir absorbé une potion de son invention.
VF→14,95$ VO→16,95$ **Général**

**NUTTY PROFESSOR: THE KLUMPS** ▷6
É.-U. 2000. Comédie fantaisiste de Peter SEGAL avec Eddie Murphy, Janet Jackson et Larry Miller. - Le mariage d'un professeur obèse est compromis par les résultats désastreux de ses expériences génétiques.
VF→24,95$ VO→24,95$ **Général - Déconseillé aux jeunes enfants**

**O BROTHER, WHERE ART THOU?** ▷3
É.-U. 2000. Comédie de Joel COEN avec George Clooney, John Turturro et Tim Blake Nelson. - Dans le Sud profond, durant la Grande Dépression, trois bagnards en fuite vivent des aventures rocambolesques. - Péripéties truculentes et pleines d'imagination. Personnages d'un pittoresque irrésistible. Dialogues savoureux. Réalisation enlevante. Comédiens fort inspirés.
**Général**

**O, LUCKY MAN!** ▷3
ANG. 1973. Comédie satirique de Lindsay ANDERSON avec Malcolm McDowell, Ralph Richardson et Rachel Roberts. - Un jeune homme ayant obtenu le poste de représentant d'une compagnie de café dans un vaste territoire est pris dans toutes sortes de mésaventures. - Satire bouffonne et cruelle de la vie contemporaine. Unité de style respectée. Interprétation enthousiaste de M. McDowell.
VO→24,95$ **13 ans +**

**Ô, RÂGE ÉLECTRIQUE!** ▷5
QUÉ. 1985. Documentaire de Carl BRUBACHER. - Illustration d'un «show» de Plume Latraverse et évocation des origines du chanteur.
VO→LS **Général**

**O.C. AND STIGGS** ▷5
É.-U. 1984. Comédie de Robert ALTMAN avec Daniel H. Jenkins, Neill Barry et Paul Dooley. - Deux adolescents décident de mener la vie dure à un magnat d'assurances qui a lésé le grand-père de l'un d'eux.
VO→LS **Général**

**O.K... LALIBERTÉ** ▷4
QUÉ. 1973. Comédie dramatique de Marcel CARRIÈRE avec Jacques Godin, Luce Guilbeault et Jean Lapointe. - Ayant perdu son emploi et quitté sa femme, un homme de 40 ans doit s'adapter à un changement de vie.
VO→34,95$ **Général**

**O.S.S.** ▷5
É.-U. 1946. Drame d'espionnage d'Irving PICHEL avec Alan Ladd, Geraldine Fitzgerald et Patrick Knowles. - Le travail d'une équipe de saboteurs américains dans la France occupée.
VO→14,95$ **Général**

**O.V.N.I.: L'ULTIME RENCONTRE**
Voir: FIRE IN THE SKY

**OASIS DES TEMPÊTES, L'**
Voir: THE LAND UNKNOWN

**OASIS GLACIAL**
Voir: COLD COMFORT

**OBJECT OF BEAUTY, THE** ▷5
ANG. 1990. Comédie de mœurs de Michael LINDSAY-HOGG avec John Malkovich, Andie MacDowell et Lolita Davidovich. - Deux jeunes amants oisifs et endettés s'accusent mutuellement d'un vol commis, en fait, par une employée de l'hôtel où ils demeurent.
VO→11,95$ **Général**

**OBJECT OF MY AFFECTION, THE** ▷5
É.-U. 1998. Comédie sentimentale de Nicholas HYTNER avec Jennifer Aniston, Paul Rudd et John Pankow. - Une jeune femme enceinte demande à son meilleur ami homosexuel d'élever son futur enfant avec elle.
VF→LS VO→16,95$ **Général**

**OBJECTIVE BURMA!** ▷4
É.-U. 1944. Drame de guerre de Raoul WALSH avec Errol Flynn, William Prince et James Brown. - En Birmanie, des parachutistes en mission derrière les lignes ennemies tentent de regagner leurs troupes.
VO→19,95$

**OBJET DE MA TENDRESSE, L'**
Voir: THE OBJECT OF MY AFFECTION

**OBLOMOV** ►2
RUS. 1979. Comédie sentimentale de Nikita MIKHALKOV avec Oleg Tabakov, Youri Bogatyrev et Elena Solovei. - Sorti de sa torpeur par un ami commerçant, un propriétaire terrien entreprend une idylle avec une jeune fille rencontrée à une réunion sociale. - Film poétique célébrant l'âme russe. Réflexions pertinentes. Mise en scène ample et colorée. Interprétation savoureuse.
STA→41,95$ **Général**

**OBSÉDÉ EN PLEIN JOUR, L'** ▷0
JAP. 1966, Nagisa OSHIMA
STA→34,95$ **Non classé**

**OBSÉDÉ, L'**
Voir: THE COLLECTOR

**OBSERVATIONS UNDER THE VOLCANO** ▷0
É.-U. 1984, Christian BLACKWOOD
VO→LS **Non classé**

**OBSESSED** ▷5
CAN. 1987. Drame judiciaire de Robin SPRY avec Kerrie Keane, Saul Rubinek et Daniel Pilon. - Une Montréalaise est prête à tout pour venger son fils, tué par un chauffard américain qui a pris la fuite.
VO→LS **Général**

**OBSESSION** ▷3
É.-U. 1975. Drame policier de Brian DE PALMA avec Cliff Robertson, Geneviève Bujold et John Lithgow. - Un homme d'affaires s'éprend d'une jeune Italienne qui ressemble étrangement à sa femme morte au cours d'un enlèvement. - Suspense romantique au style fluide. Climat d'inquiétude admirablement créé. Trame musicale efficace. Interprétation prenante.
VF→9,95$ VO→9,95$ **13 ans +**

**OBSESSION - LES GARÇONS À MAMAN**
Voir: MOTHER'S BOYS

**OBSESSION À BERLIN** ▷5
ITA. 1985. Drame psychologique de Liliana CAVANI avec Gudrun Landgrebe, Kevin McNally et Mio Takaki. - En 1938, une élève de l'Institut des Beaux-Arts de Berlin entretient une liaison avec la fille de l'ambassadeur du Japon.
VF→LS VO→LS **Non classé**

**OBSESSION FATALE**
Voir: UNLAWFUL ENTRY

**OBSESSION MORTELLE**
Voir: FEAR

**OBSESSION, L'**
Voir: THE CROSSING GUARD

**OCEAN'S ELEVEN** ▷5
É.-U. 1960. Comédie dramatique de Lewis MILESTONE avec Frank Sinatra, Dean Martin et Richard Conte. - Un vétéran réunit d'anciens compagnons d'armes pour effectuer un vol à Las Vegas.
VO→14,95$ **Non classé**

**OCTOBER SKY** ▷3
É.-U. 1999. Drame biographique de Joe JOHNSTON avec Jake Gyllenhall, Chris Cooper et Laura Dern. - En 1957, le passage de Spoutnik incite un adolescent de la Virginie de l'ouest à construire des fusées, malgré la désapprobation de son père. - Récit inspiré de la vie de Homer Hickam. Contexte social bien cerné. Réalisation vivante. Excellents interprètes.
VO→PC VF→15,95$ **Général**

**OCTOBRE** ▶1
RUS. 1928. Drame épique de Sergei EISENSTEIN avec Nikandlov, Vladimir Popov et Boris Livanov. - Évocation de la révolution bolchevique d'octobre 1917 en Russie. - Œuvre marquante du cinéma russe. Traitement grandiose. Style dynamique. Art raffiné du montage. Interprétation appropriée.
ITA→29,95$ **Général**

**OCTOBRE** ▷4
QUÉ. 1994. Drame social de Pierre FALARDEAU avec Hugo Dubé, Luc Picard et Pierre Rivard. - En octobre 1970, quatre membres du Front de Libération du Québec kidnappent un ministre et le séquestrent plusieurs jours dans un bungalow.
STA→21,95$ VO→12,95$ **13 ans +**

**OCTOPUSSY** ▷4
ANG. 1983. Drame d'espionnage de John GLEN avec Roger Moore, Maud Adams et Louis Jourdan. - L'agent secret James Bond évente un complot d'un général russe pour miner le système de défense occidental.
VF→11,95$ VO→11,95$ LBX→LS **Général**

**ODD COUPLE, THE** ▷4
É.-U. 1967. Comédie de Gene SAKS avec Jack Lemmon, Walter Matthau et John Fielder. - Rejeté par sa femme, un homme se réfugie chez un ami divorcé.
VF→LS VO→14,95$ **Général**

**ODD COUPLE II, THE** ▷5
É.-U. 1998. Comédie de Howard DEUTCH avec Jack Lemmon, Walter Matthau et Christine Baranski. - Deux vieux copains qui se chamaillent constamment vivent diverses mésaventures en se rendant à un mariage.
VF→13,95$ **13 ans +**

**ODD JOB, THE** ▷0
ANG. 1978, Peter MEDAK
VO→LS **Non classé**

**ODD MAN OUT** ▷3
ANG. 1946. Drame de Carol REED avec James Mason, Kathleen Ryan et Robert Newton. - Blessé au cours d'un cambriolage, le chef d'une organisation politique erre dans les rues de Belfast. - Sujet intéressant. Forte tension dramatique.
VO→LS DVD→44,95$ **Général**

**ODD OBSESSION**
Voir: L'ÉTRANGE OBSESSION

**ODD ONE DIES, THE** ▷0
H. K. 1997, Patrick YAU
STA-LBX-DVD→59,95$ STA→79,95$ **13 ans +**

**ODDS AGAINST TOMORROW** ▷3
É.-U. 1959. Drame policier de Robert WISE avec Harry Belafonte, Robert Ryan et Ed Begley. - Un ancien policier organise un vol de banque. - Incidences raciales bien amenées. Réalisation brillante. Suspense soutenu. Montage nerveux. Très bonne interprétation.
VO→14,95$ **Général**

**ODESSA FILE, THE** ▷4
ANG. 1974. Drame policier de Ronald NEAME avec Jon Voight, Mary Tamm et Maximilian Schell. - Ayant appris l'existence d'une association secrète d'anciens S.S., un journaliste tente de démasquer des criminels de guerre.
VO→12,95$ LBX-DVD→29,95$ **Général**

**ODESSA U.S.A.**
Voir: LITTLE ODESSA

**ODEUR DE LA PAPAYE VERTE, L'** ▷3
FR. 1993. Drame de mœurs de Tran Anh HUNG avec Tran Nu Yên-Khê, Lu Man San et Truong Thi Lôc. - À Saïgon, une jeune servante à l'emploi de commerçants passe au service d'un musicien dont elle est amoureuse. - Observations minutieuses mettant en lumière la poésie cachée des gestes quotidiens. Sensualité merveilleusement suggérée par la caméra et la bande-sonore. Interprétation dans le ton voulu.
VF→13,95$ **Général**

**ODEUR DES FAUVES, L'** ▷5
FR.-ITA. 1971. Drame de Richard BALDUCCI avec Maurice Ronet, Josephine Chaplin et Vittorio De Sica. - Un journaliste déchu s'attire des ennuis en révélant la liaison de la fille d'un politicien américain avec un Noir.
VO→LS **13 ans +**

**ODILE & YVETTE AT THE EDGE OF THE WORLD** ▷0
É.-U. 1998, Andre BURKE
VO→LS **Général**

**ODYSSEY OF THE PACIFIC, THE** ▷4
CAN. 1981. Conte de Fernando ARRABAL avec Mickey Rooney, Jonathan Starr et Anick. - Un vieux cheminot et deux enfants décident d'aider un jeune réfugié cambodgien à retrouver sa mère restée au Cambodge.
VF→LS **Général**

**ODYSSEY, THE** ▷4
É.-U. 1997. Drame épique d'Andrei KONCHALOVSKY avec Armand Assante, Greta Scacchi et Geraldine Chaplin. - Le guerrier Ulysse et ses hommes doivent surmonter maintes épreuves durant leur voyage de retour après la guerre de Troie.
VF→11,95$ VO→11,95$ **Général**

**ŒDIPE ROI** ▶2
ITA. 1967. Drame de Pier Paolo PASOLINI avec Franco Citti, Silvana Mangano et Ninetto Davoli. - Un prince de Thèbes est condamné par le destin à tuer son père et à épouser sa mère. - Traitement poétique d'un vieux mythe grec. Recréation imaginative de décors à l'antique. Mise en scène riche d'idées. Interprétation stylisée.
STA→44,95$ **Général**

**OEDIPUS REX**
Voir: ŒDIPE ROI

**ŒIL AU BEUR(RE) NOIR, L'** ▷4
FR. 1987. Comédie de mœurs de Serge MEYNARD avec Pascal Légitimus, Smaïn et Julie Jézéquel. - Un peintre de race noire et son copain Arabe unissent leurs efforts pour dénicher un appartement à Paris.
VO→LS **Général**

**ŒIL DE FEU, L'**
Voir: GOLDEN EYE

**ŒIL DU DIABLE, L'** ▷3
SUÈ. 1960. Comédie d'Ingmar BERGMAN avec Jarl Kulle, Bibi Andersson et Nils Poppe. - Le diable confie à Don Juan la mission de séduire une jeune fille dont la vertu l'offense. - Plein de fantaisie et d'ironie. Mise en scène experte mêlant le raffinement au burlesque.
STA→27,95$ **13 ans +**

**ŒIL DU TÉMOIN, L'**
Voir: EYEWITNESS

**ŒIL DU TIGRE, L'**
Voir: ROCKY III

**ŒIL POUR ŒIL**
Voir: AN EYE FOR AN EYE

**ŒIL PUBLIC, L'**
Voir: THE PUBLIC EYE

**ŒUVRE DE DIEU, LA PART DU DIABLE, L'**
Voir: THE CIDER HOUSE RULES

**OF HUMAN BONDAGE** ▷5
ANG. 1964. Drame psychologique de Ken HUGHES avec Laurence Harvey, Kim Novak et Jack Hedley. - Un étudiant en médecine s'éprend d'une fille facile qu'il tente d'aider par la suite.
VO→24,95$ **Général**

**OF HUMAN BONDAGE** ▷4
É.-U. 1934. Drame psychologique de John CROMWELL avec Bette Davis, Leslie Howard et Frances Dee. - Un étudiant en médecine tombe sous l'emprise d'une femme ambitieuse et sans scrupules.
VO→24,95$ **Général**

**OF HUMAN HEARTS** ▷4
É.-U. 1938. Drame de Clarence BROWN avec James Stewart, Walter Huston et Beulah Bondi. - Au milieu du XIXe siècle, le fils d'un pasteur sévère quitte sa famille pour étudier la médecine.
VO→29,95$ **Général**

**OF LOVE & SHADOWS** ▷5
ARG.-ESP. 1994. Drame de Betty KAPLAN avec Jennifer Connelly, Antonio Banderas et Camilo Gallardo. - Au Chili, en 1978, une journaliste de mode et un photographe rebelle mènent une dangereuse enquête sur les abus de l'armée.
VO→LS **Général**

**OF MICE AND MEN** ▷4
É.-U. 1992. Drame de mœurs réalisé et interprété par Gary SINISE avec John Malkovich et Ray Walston. - En Californie, durant la Dépression, deux amis vagabonds se trouvent un emploi dans une ferme dirigée par un homme belliqueux.
VO→19,95$ VF→19,95$ **Général**

**OF MICE AND MEN** ▷4
É.-U. 1939. Drame de Lewis MILESTONE avec Burgess Meredith, Lon Chaney jr et Betty Field. - Un colosse simple d'esprit est une menace constante pour son entourage.
DVD→36,95$ **Général**

**OF UNKNOWN ORIGIN** ▷4
CAN. 1983. Drame d'horreur de George P. COSMATOS avec Peter Weller, Jennifer Dale et Shannon Tweed. - Un jeune cadre est obsédé par la présence d'un rat dans sa maison qu'il a lui-même restaurée.
VF→14,95$ VO→14,95$ **13 ans +**

**OFFENCE, THE** ▷5
ANG. 1973. Drame policier de Sidney LUMET avec Sean Connery, Trevor Howard et Vivien Merchant. - Croyant tenir le coupable de crimes crapuleux, un policier malmène si bien son suspect qu'il finit par le tuer.
VO→14,95$ **13 ans + Violence**

**OFFICE SPACE** ▷5
É.-U. 1999. Comédie satirique de Mike JUDGE avec Ron Livingston, Jennifer Aniston et Stephen Root. - Un programmeur rebelle s'associe avec des collègues afin de détourner des fonds de leur employeur.
VF→PC VO→PC **Général - Déconseillé aux jeunes enfants**

**OFFICER AND A GENTLEMAN, AN** ▷4
É.-U. 1981. Drame psychologique de Taylor HACKFORD avec Richard Gere, Debra Winger et David Keith. - Un jeune défavorisé s'inscrit à une école d'officiers-pilotes de la marine où il subit un entraînement fort exigeant.
VF→11,95$ VO→11,95$ **13 ans +**

**OFFICIAL STORY, THE**
Voir: L'HISTOIRE OFFICIELLE

**OGRE, THE** ▷4
ALL. 1996. Drame de Volker SCHLONDORFF avec John Malkovich, Armin Mueller-Stahl et Gottfried John. - Fait prisonnier en 1939, un Français simple d'esprit kidnappe des enfants pour le compte de l'armée allemande.
VF→32,95$ VO→32,95$ **13 ans +**

**OH! HEAVENLY DOG** ▷5
É.-U. 1980. Comédie fantaisiste de Joe CAMP avec Chevy Chase, Jane Seymour et Omar Sharif. - Un détective assassiné se réincarne en un chien afin d'éclaircir le meurtre d'une jeune femme dont il avait la protection.
VO→11,95$ **Général**

**OH! QUE MAMBO** ▷0
FR.-ITA. 1959, John BERRY
VF→LS **Non classé**

**OISEAU AU PLUMAGE DE CRISTAL, L'** ▷4
IT. 1970. Drame policier de Dario ARGENTO avec Tony Musante, Suzy Kendall et Enrico Maria Salerno. - À Rome, un Américain témoin d'un meurtre est poursuivi par l'assassin.
LBX→29,95$ **13 ans +**

**OISEAUX PETITS ET GRANDS, DES** ▷3
ITA. 1966. Comédie satirique de Pier Paolo PASOLINI avec Toto, Ninetto Davoli et Femi Benussi. - Un corbeau se joint à un homme et à son fils pour leur raconter l'histoire d'un disciple de saint François d'Assise qui voulu évangéliser les oiseaux. - Dissertation politique et philosophique. Style résolument insolite et drôle. Rythme sautillant. Interprétation clownesque dans le ton.
STA→44,95$ **Général**

**OKINAWA**
Voir: HALLS OF MONTEZUMA

**OKLAHOMA!** ▷4
É.-U. 1955. Comédie musicale de Fred ZINNEMANN avec Gordon MacRae, Shirley Jones et Rod Steiger. - Drame de jalousie entre les deux prétendants d'une jeune fermière.
LBX→22,95$ VO→16,95$ **Général**

**OKOGE** ▷4
JAP. 1992. Drame social de Takehiro NAKAJIMA avec Misa Shimizu, Takehiro Murata et Takao Nakahara. - Une jeune Japonaise célibataire et hétérosexuelle observe avec curiosité un couple homosexuel qu'elle a accueilli dans son appartement.
STA→LS **16 ans + Érotisme**

**OLD DARK HOUSE, THE** ▷4
É.-U. 1932. Drame d'horreur de James WHALE avec Boris Karloff, Melvyn Douglas et Charles Laughton. - Des voyageurs trouvent refuge dans une vieille demeure où résident des individus tous plus excentriques et bizarres les uns que les autres.
VO→34,95$ DVD→44,95$ **Général**

**OLD GRINGO** ▷4
É.-U. 1989. Aventures de Luis PUENZO avec Gregory Peck, Jane Fonda et Jimmy Smits. - Se rendant au Mexique en 1910, une femme se fait enlever par un chef rebelle qui veut s'emparer de l'hacienda où elle devait travailler.
VO→9,95$ VF→9,95$ **Non classé**

**OLD MAID, THE** ▷5
É.-U. 1941. Drame psychologique d'Edmund GOULDING avec Bette Davis, Miriam Hopkins et George Brent. - À l'époque de la guerre de Sécession, l'amitié de deux cousines qui ont décidé d'élever ensemble leurs enfants.
VO→LS **Non classé**

**OLD MAN AND THE SEA, THE** ▷4
É.-U. 1958. Drame de John STURGES avec Spencer Tracy, Felipe Pazos et Harry Bellaver. - Un vieux pêcheur malchanceux capture un énorme espadon.
VO→19,95$ **Général**

**OLD YELLER** ▷4
É.-U. 1957. Western de Robert STEVENSON avec Dorothy McGuire, Tommy Kirk et Fess Parker. - Au Texas, un jeune garçon se prend d'amitié pour un chien errant qui devient le protecteur de ses nouveaux maîtres.
VO→LS **Général**

**OLEANNA** ▷5
É.-U. 1994. Drame psychologique de David MAMET avec William H. Macy et Debra Eisenstadt. - Une étudiante accuse un professeur d'harcèlement sexuel.
VO→18,95$ **Général**

**OLIVER!** ►2
ANG. 1968. Comédie musicale de Carol REED avec Mark Lester, Ron Moody et Jack Wild. - En Angleterre, au XIXe siècle, un orphelin tombe aux mains de voleurs avant de rencontrer un protecteur. - Excellente transposition du roman de Dickens. Ballets d'une grande beauté. Mise en scène très soignée. Jeu pittoresque des interprètes.
VF→14,95$ VO→19,95$ LBX-DVD→33,95$ **Général**

**OLIVER & CO.** ▷4
É.-U. 1988. Dessins animés de George SCRIBNER. - Un chaton abandonné est recueilli par une bande de chiens errants, puis adopté par une riche fillette.
VF→LS VO→LS **Général**

**OLIVER TWIST** ▷0
É.-U. 1922, Frank LLOYD
VO→34,95$ **Général**

**OLIVER TWIST** ►2
ANG. 1948. Drame de David LEAN avec John Howard Davis, Robert Newton et Alec Guinness. - Un orphelin tombe entre les mains de pickpockets mais est recueilli par un vieil homme. - Adaptation d'un roman de Dickens. Excellente création d'atmosphère. Mise en scène et interprétation remarquables.
VO→14,95$ DVD→59,95$ **Général**

**OLIVER'S STORY** ▷5
É.-U. 1978. Drame psychologique de John KORTY avec Ryan O'Neal, Candice Bergen et Ray Milland. - Un jeune veuf éprouve de la difficulté à nouer un lien sentimental avec une riche héritière.
VO→13,95$ **Général**

**OLIVIER, OLIVIER** ▷4
FR. 1992. Drame d'Agnieszka HOLLAND avec Brigitte Roüan, François Cluzet et Grégoire Colin. - Six ans après la disparition inexpliquée d'un garçon de neuf ans, un policier croit le retrouver en la personne d'un adolescent prostitué.
VO→24,95$ **13 ans +**

**OLLY, OLLY, OXEN FREE** ▷4
É.-U. 1977. Comédie dramatique de Richard A. COLLA avec Katharine Hepburn, Kevin McKenzie et Dennis Dimster. - Une vieille dame excentrique aide deux garçonnets à remettre en état un ballon dirigeable.
VO→8,95$ **Général**

**OLYMPIA**
Voir: LES DIEUX DU STADE

**OMBRE D'EMMA, L'** ▷4
DAN. 1988. Comédie dramatique de Soeren KRAGH-JACOBSEN avec Line Kruse, Borje Ahlstedt et Henrik Larsen. - Se sentant négligée par ses parents fortunés, une enfant décide de faire croire à son propre kidnapping.
STA→19,95$ **Général**

**OMBRE D'UN DOUTE, L'**
Voir: BEFORE AND AFTER

**OMBRE D'UN GÉANT, L'**
Voir: CAST A GIANT SHADOW

**OMBRE DE LA TERRE, L'** ▷3
TUN. 1982. Chronique de Taib LOUHICHI avec Despina Tomazani, Abdellatif Hamrouni et Hélène Catzaras. - Les difficultés d'une famille de nomades berbères vivant au bord du désert saharien. - Intrigue révélatrice de coutumes particulières. Illustration sobre et envoûtante.
STF→LS **Général**

**OMBRE DES ANGES, L'** ▷0
ALL. 1976, Daniel SCHMID
STA→69,95$ **13 ans + Langage vulgaire**

**OMBRE DU PASSÉ, L'**
Voir: I COULD GO ON SINGING

**OMBRE ROUGE, L'** ▷4
FR. 1981. Drame d'espionnage de Jean-Louis COMOLLI avec Claude Brasseur, Jacques Dutronc et Nathalie Baye. - En 1937, un agent soviétique en France est chargé par un ami de s'occuper de trafic d'armes.
VO→LS **Général**

**OMBRE SUR LA NEIGE, L'** ▷5
HON. 1991. Drame d'Attila JANISCH avec Miroslaw Baka, Josef Kroner et Johanna Kreft-Baka. - Un homme recherché pour meurtre part en cavale à travers la campagne avec sa fillette.
STF→LS **Général**

**OMBRES ET BROUILLARD**
Voir: SHADOWS AND FOG

**OMEGA MAN, THE** ▷4
É.-U. 1971. Science-fiction de Boris SAGAL avec Charlton Heston, Anthony Zerbe et Rosalind Cash. - Un savant est le seul rescapé d'une épidémie universelle dont les victimes deviennent des monstres meurtriers.
VO→14,95$ VF→14,95$ **13 ans +**

**OMEN, THE** ▷5
É.-U. 1976. Drame fantastique de Richard DONNER avec Gregory Peck, Lee Remick et David Warner. - Des incidents troublants sont provoqués par la présence d'un enfant adopté à sa naissance par un diplomate.
VO→9,95$ **13 ans +**

**OMEN III, THE: THE FINAL CONFICT** ▷5
É.-U. 1981. Drame fantastique de Graham BAKER avec Sam Neill, Lisa Harrow et Rossano Brazzi. - Convaincus qu'un jeune ambassadeur américain est le fils de Satan, des moines s'engagent à le tuer.
VO→11,95$ **13 ans +**

**ON A CLEAR DAY YOU CAN SEE FOREVER** ▷4
É.-U. 1969. Comédie musicale de Vincente MINNELLI avec Barbra Streisand, Yves Montand et Bob Newhart. - Un professeur de psychologie entreprend une série d'expériences avec une jeune fille particulièrement vulnérable à l'hypnotisme.
VO→14,95$ **Général**

**ON A VOLÉ LA CUISSE DE JUPITER** ▷4
FR. 1979. Comédie policière de Philippe DE BROCA avec Annie Girardot, Philippe Noiret et Francis Perrin. - Un couple en voyage de noces en Grèce est mêlé aux tribulations d'un jeune archéologue.
VO→LS **Général**

**ON A VOLÉ UN TRAIN** ▷4
MEX. 1953. Comédie de Luis BUÑUEL avec Carlos Navarro, Fernando Soto et Lilia Prado. - Désolés de voir leur tramway mis au rancart, deux employés le volent durant la nuit.
STA→LS **Non classé**

**ON AN ISLAND WITH YOU** ▷5
É.-U. 1948. Comédie musicale de Richard THORPE avec Esther Williams, Peter Lawford et Ricardo Montalban. - Un officier de marine enlève une vedette qui tourne un film dans une île du Pacifique.
VO→LS **Général**

**ON APPROVAL** ▷4
ANG. 1944. Comédie réalisée et interprétée par Clive BROOK avec Beatrice Lillie, Googie Withers et Roland Culver. - Au début du siècle, une jeune veuve entreprend de passer quelque temps avec son soupirant avant d'accepter de l'épouser.
VO→34,95$ **Général**

**ON BORROWED TIME** ▷4
É.-U. 1939. Comédie fantaisiste de Harold S. BUCQUET avec Lionel Barrymore, Cedric Hardwicke et Bobs Watson. - Un vieil homme retient la mort prisonnière dans un pommier.
VO→18,95$ **Général**

**ON CONNAÎT LA CHANSON** ▷3
FR. 1997. Comédie de mœurs d'Alain RESNAIS avec Sabine Azéma, Agnès Jaoui et André Dussollier. - Deux sœurs sont au centre de divers chassés-croisés amoureux et professionnels impliquant des parents, des amis et des amants. - Dialogues émaillés d'extraits de chansons du répertoire français. Écriture pleine de fraîcheur et de finesse.
VO→19,95$ **Général**

**ON DANGEROUS GROUND** ▷4
É.-U. 1951. Drame policier de Nicholas RAY avec Ida Lupino, Robert Ryan et Ward Bond. - Un inspecteur de police brutal et tyrannique s'adoucit au contact d'une jeune aveugle dont il s'est épris.
VO→LS **Non classé**

**ON DANSE, ON ROULE**
Voir: ROLLER BOOGIE

**ON EST AU COTON** ▷3
QUÉ. 1970. Documentaire de Denys ARCAND. - Les dures conditions de travail dans l'industrie du textile. - Description réaliste et engagée. Montage intelligent. Nombreuses scènes percutantes. Interviews révélateurs.
VO→19,95$ **Général**

**ON EST LOIN DU SOLEIL** ▷3
QUÉ. 1970. Drame de Jacques LEDUC avec J. Léo Gagnon, Esther Auger et Marcel Sabourin. - La vie quotidienne et sans éclat d'une famille empreinte de l'esprit de renoncement.- Œuvre d'un grand humanisme. Structure narrative complexe. Esthétisme austère et dépouillé. Jeu fort prenant d'E. Auger.
VO→19,95$ **Général**

**ON EST VENU LÀ POUR S'ÉCLATER** ▷6
FR. 1979. Comédie de Max PECAS avec Marco Perrin, Sylvain Green et Andrea Schmidt. - Dans un club de vacances, un animateur s'emploie à gâcher le séjour de son ancien patron.
VO→LS **13 ans +**

**ON GOLDEN POND** ▷4
É.-U. 1981. Comédie dramatique de Mark RYDELL avec Henry Fonda, Katharine Hepburn et Jane Fonda. - La visite de leur fille et de son ami vient compliquer le séjour estival de vieux époux près d'un lac.
LBX→16,95$ VO→11,95$

**ON HER MAJESTY'S SECRET SERVICE** ▷4
ANG. 1969. Drame d'espionnage de Peter HUNT avec George Lazenby, Diana Rigg et Telly Savalas. - L'agent secret James Bond réussit à découvrir le repaire d'un vieil ennemi.
VF→14,95$ VO→14,95$ LBX→LS SP.ED→LS **Général**

**ON L'APPELLE CATASTROPHE** ▷0
FR. 1985, Richard BALDUCCI
VO→LS **Général**

**ON MY OWN** ▷5
ITA. 1991. Drame psychologique d'Antonio TIBALDI avec Judy Davis, Matthew Ferguson et David McIlwraith. - Une jeune mère qui souffre de schizophrénie renoue avec son fils après deux ans de séparation.
VO→LS **Général**

**ON NE MEURT QUE DEUX FOIS** ▷4
FR. 1985. Drame policier de Jacques DERAY avec Michel Serrault, Charlotte Rampling et Xavier Deluc. - Un inspecteur aux méthodes originales enquête sur le meurtre d'un pianiste réputé.
VO→LS **13 ans +**

**ON NE VIT QUE DEUX FOIS**
Voir: YOU ONLY LIVE TWICE

**ON N'EST PAS SORTI DE L'AUBERGE** ▷6
FR. 1982. Comédie de Max PECAS avec Jean Lefebvre, Bernadette Lafont et Georges Beller. - Des incidents viennent gâter les efforts entrepris par un couple pour vendre leur auberge.
VO→LS **13 ans +**

**ON N'Y JOUE QU'À DEUX**
Voir: ONLY TWO CAN PLAY

**ON PEUT TOUJOURS RÊVER** ▷4
FR. 1991. Comédie réalisée et interprétée par Pierre RICHARD avec Smaïn et Jacques Seiler. - Un riche financier désabusé qui s'adonne au vol à l'étalage par distraction se prend d'affection pour un jeune Arabe l'ayant un jour pris à partie en public.
VO→LS **Général**

**ON S'FAIT LA VALISE, DOCTEUR**
Voir: WHAT'S UP, DOC ?

**ON THE AVENUE** ▷5
É.-U. 1937. Comédie musicale de Roy DEL RUTH avec Dick Powell, Madeleine Carroll et Alice Faye. - Une riche héritière s'en prend à un auteur de revues qui s'est moqué d'elle dans un spectacle.
VO→24,95$ **Général**

**ON THE BEACH** ▷4
É.-U. 1959. Drame de Stanley E. KRAMER avec Gregory Peck, Ava Gardner et Fred Astaire. - Les derniers survivants d'une guerre atomique attendent une extermination certaine.
VO→14,95$ LBX-DVD→18,95$ **Non classé**

**ON THE LINE** ▷0
É.-U. 1983, José Luis BORAU
VO→LS **Non classé**

**ON THE NICKEL** ▷0
É.-U. 1980, Ralph WAITE
VO→LS **Non classé**

**ON THE TOWN** ►2
É.-U. 1949. Comédie musicale de Gene KELLY et Stanley DONEN avec Frank Sinatra, Betty Garrett et Gene Kelly. - Les aventures de trois marins en permission pour vingt-quatre heures à New York. - Adaptation très réussie d'un spectacle de Broadway. Ballets imaginatifs et remarquablement menés. Mise en scène entraînante. Excellents interprètes.
VO→14,95$ DVD→26,95$ **Général**

**ON THE WATERFRONT** ►1
É.-U. 1954. Drame social d'Elia KAZAN avec Marlon Brando, Eva Marie Saint et Karl Malden. - Dans le port de New York, un ancien boxeur et un prêtre s'opposent à des criminels qui exploitent les débardeurs. - Œuvre phare du cinéma américain. Discours humaniste alliant réalisme et pathos. Réalisation d'une grande richesse d'expression. Interprétation inoubliable.
VO→19,95$ **Général**

**ON TOP OF THE WHALE**
Voir: LE TOIT DE LA BALEINE

**ON VALENTINE'S DAY** ▷4
É.-U. 1986. Comédie dramatique de Ken HARRISON avec Hallie Foote, William Converse-Roberts et Steven Hill. - En 1917, divers personnages aux problèmes différents recherchent l'amitié d'un jeune couple qui vit dans une pension de famille.
VO→LS **Général**

**ON WINGS OF EAGLES** ▷5
É.-U. 1986. Drame d'Andrew V. McLAGLEN avec Burt Lancaster, Richard Crenna et Paul LeMat. - Un colonel à la retraite est envoyé en Iran pour évacuer des ressortissants américains lors de la chute du Shah.
VO→PC **Général**

**ONCE A THIEF** ▷5
É.-U. 1996. Drame policier de John WOO avec Sandrine Holt, Ivan Sergei et Nicholas Lea. - Les circonstances amènent deux jeunes

gens, adoptés par un mafioso de Hong-Kong, à affronter le fils naturel de ce dernier.
VO→LS **13 ans + Violence**

**ONCE AROUND** ▷4
É.-U. 1991. Comédie sentimentale de Lasse HALLSTRÖM avec Richard Dreyfuss, Holly Hunter et Danny Aiello. - Un homme heureux en mariage éprouve des difficultés à se faire accepter par sa belle-famille.
VF→LS VO→LS **Général**

**ONCE UPON A FOREST** ▷4
É.-U. 1992. Dessins animés de Charles GROSVENOR. - Une souris, un hérisson et une taupe recherchent une plante rare qui saura guérir un petit blaireau victime d'émanations toxiques.
VF→15,95$ VO→16,95$ **Général - Enfants**

**ONCE UPON A HONEYMOON** ▷4
É.-U. 1942. Comédie de Leo McCAREY avec Ginger Rogers, Cary Grant et Walter Slezak. - En 1939, un journaliste américain s'attache à une compatriote qui a épousé à son insu un espion nazi.
VO→18,95$ **Général**

**ONCE UPON A TIME IN AMERICA** ►2
É.U. 1984. Drame de mœurs de Sergio LEONE avec Robert De Niro, James Woods et Elizabeth McGovern. - L'ascension et la chute d'une bande de gangsters de New York. - Évocation symbolique de la dégradation du rêve américain. Montage complexe. Climat ironique. Images superbes. Interprétation fort convaincante.
VO→29,95$ **13 ans +**

**ONCE UPON A TIME IN CHINA II** ▷0
H. K. 1992, Hark TSUI
LBX-DVD→59,95$ **13 ans + Violence**

**ONCE UPON A TIME IN CHINA III** ▷0
H. K. 1993, Hark TSUI
STA→29,95$ LBX-DVD→79,95$ **Général**

**ONCE UPON A TIME IN CHINA V** ▷0
H. K. 1994, Hark TSUI
LBX-DVD→59,95$ STA→59,95$ **Général**

**ONCE UPON A TIME IN THE WEST** ►1
ITA. 1968. Western de Sergio LEONE avec Charles Bronson, Henry Fonda et Claudia Cardinale. - Un inconnu se fait le protecteur d'une femme menacée par des bandits. - Mise en scène spectaculaire et fort inventive. Traitement stylisé. Notes d'humour. Très bonne distribution.
VF→24,95$ VO→24,95$ **13 ans +**

**ONCE UPON A TIME, CINEMA** ▷0
IRAN 1992, Mohsen MAKHMALBAF
STA→42,95$ **Général**

**ONCE UPON A TIME...**
**WHEN WE WERE COLORED** ▷4
É.-U. 1995. Drame psychologique de Tim REID avec Al Freeman Jr., Phylicia Rashad et Leon. - Dans les années 1950, au Mississippi, un jeune Noir découvre la ségrégation et voit les tensions raciales s'intensifier.
VO→LS **Général**

**ONCE WERE WARRIORS** ►2
N.-Z. 1994. Drame social de Lee TAMAHORI avec Rena Owen, Temuera Morrison et Mamaengaroa Kerr-Bell. - Une mère de famille aborigène accepte de plus en plus mal le climat de violence que fait régner autour d'elle son mari macho. - Drame familial d'une justesse et d'une intelligence surprenantes. Réalisation d'une efficacité à couper le souffle. Interprétation d'un naturel confondant.
VF→13,95$ VO→13,95$ **13 ans + Violence**

**ONCE, AT A BORDER: ASPECTS OF STRAVINSKY** ▷0
ANG. 1983, Tony PALMER
VO→LS **Général**

**ONCLE BUCK, L'**
Voir: UNCLE BUCK

**ONE CRAZY SUMMER** ▷6
É.-U. 1986. Comédie de Savage Steve HOLLAND avec John Cusack, Demi Moore et Joel Murray. - Au cours des vacances scolaires, un collégien vient en aide à une adolescente poursuivie par des voyous.
VO→11,95$ VF→14,95$ **Général**

**ONE DAY IN THE LIFE OF IVAN DENISOVICH** ▷3
ANG. 1971. Drame social de Casper WREDE avec Tom Courtenay, Alfred Burke et James Maxwell. - La vie dans un camp de travail soviétique. - Adaptation fidèle du roman de Soljenitsyne. Traitement sobre et retenu.
VO→LS **Non classé**

**ONE FALSE MOVE** ▷4
É.-U. 1990. Drame policier de Carl FRANKLIN avec Bill Paxton, Cynda Williams et Billy Bob Thorton. - Deux policiers de Los Angeles et le shérif d'une petite localité tentent de capturer trois fugitifs qui ont commis un vol de cocaïne.
VO→14,95$ VF→14,95$ **16 ans + Violence**

**ONE FINE DAY** ▷4
É.-U. 1996. Comédie sentimentale de Michael HOFFMAN avec Michelle Pfeiffer, George Clooney et Mae Whitman. - Forcés de passer la journée avec leurs enfants respectifs, une architecte et un journaliste décident de s'entraider afin que chacun puisse venir à bout d'importantes obligations professionnelles.
VO→15,95$ VF→15,95$ **Général**

**ONE FLEW OVER THE CUCKOO'S NEST** ►2
É.-U. 1975. Comédie dramatique de Milos FORMAN avec Jack Nicholson, Louise Fletcher et Will Sampson. - Un délinquant admis en observation psychiatrique pousse les autres patients à contester l'autorité de l'infirmière en charge. - Traitement original. Drôlerie et pathétique bien dosés. Climat de forte tension. Interprétation de premier ordre.
VO→14,95$ VF→14,95$ LBX-DVD→21,95$ **13 ans +**

**ONE FROM THE HEART** ▷3
É.-U. 1982. Drame sentimental de Francis Ford COPPOLA avec Frederic Forrest, Teri Garr et Nastassia Kinski. - Après une dispute de couple, un mécanicien de Las Vegas a une aventure avec une artiste de cirque alors que sa femme s'éprend d'un prétendu chanteur. - Exercice de style peu ordinaire sur fond de romance douce-amère. Effets de montage réussis. Emploi sophistiqué de la couleur. Direction d'acteurs fort valable.
VO→LS **13 ans +**

**ONE GOOD COP** ▷6
É.-U. 1991. Drame policier de Heywood GOULD avec Michael Keaton, Rene Russo et Tony Plana. - Un policier qui fait face à des dépenses imprévues suite à l'adoption de trois fillettes décide de voler une forte somme à un trafiquant de drogue.
VF→LS VO→LS **13 ans +**

**ONE KILL** ▷4
É.-U. 2000. Drame judiciaire de Christopher MENAUL avec Anne Heche, Sam Shepard et Eric Stoltz. - Le procès d'une femme capitaine de la marine qui a abattu son ex-amant, un officier supérieur, dans une situation de prétendue légitime défense.
VO

**ONE MAGIC CHRISTMAS** ▷4
CAN. 1985. Conte de Phillip BORSOS avec Mary Steenburgen, Harry Dean Stanton et Elizabeth Harnois. - Chaque année, un ange a pour mission de redonner l'esprit de Noël à une personne déprimée.
LBX→14,95$ VF→13,95$ **Général**

**ONE MAN** ▷4
CAN. 1977. Drame social de Robin SPRY avec Len Cariou, Jayne Eastwood et Carol Lazare. - Un reporter de télévision met la main sur des documents compromettants au sujet d'un cas de pollution industrielle.
VF→LS VO→LS **Général**

**ONE MILLION YEARS B.C.** ▷5
ANG. 1966. Aventures de Don CHAFFEY avec Raquel Welch, John Richardson et Percy Herbert. - Les aventures d'un chef d'une tribu préhistorique et de la fille qu'il aime.
VO→11,95$ **Général**

**ONE NATION UNDER GOD** ▷4
É.-U. 1993. Documentaire de Theodore MANCIANI et F. RZEZNIK. - Les efforts déployés par divers mouvements thérapeutiques d'obédience chrétienne pour soi-disant «guérir» de l'homosexualité.
VO→PC **Général**

**ONE NIGHT IN THE TROPICS** ▷0
É.-U. 1940, A. Edward SUTHERLAND
VO→14,95$

**ONE NIGHT OF LOVE** ▷4
É.-U. 1934. Comédie musicale de Victor SCHERTZINGER avec Grace Moore, Tullio Carminati et Lyle Talbot. - Une jeune Américaine venue étudier le chant en Italie s'éprend de son professeur.
VO→19,95$ **Général**

**ONE NIGHT STAND** ▷5
É.-U. 1997. Drame sentimental de Mike FIGGIS avec Wesley Snipes, Nastassja Kinski et Robert Downey Jr. - Durant sa visite à New York à un ami mourant, un publicitaire marié rencontre une jeune femme qui va bouleverser sa vie sentimentale.
VO→19,95$ VF→19,95$ **16 ans + Érotisme**

**ONE TOUCH OF VENUS** ▷4
É.-U. 1949. Comédie musicale de William SEITER avec Ava Gardner, Robert Walker et Eve Arden. - Après avoir embrassé une statue de Vénus, un étalagiste timide et naïf voit celle-ci prendre vie pour ensuite lui compliquer l'existence.
VO→14,95$ **Général**

**ONE TRUE THING** ▷4
É.-U. 1998. Drame psychologique de Carl FRANKLIN avec Renée Zellweger, Meryl Streep et William Hurt. - À la demande de son père, une journaliste interrompt sa carrière pour s'occuper de sa mère atteinte d'un cancer incurable.
VF→11,95$ VO→15,95$ LBX-DVD→29,95$ **Général**

**ONE WONDERFUL SUNDAY**
Voir: UN MERVEILLEUX DIMANCHE

**ONE, TWO, THREE** ▷4
É.-U. 1961. Comédie satirique de Billy WILDER avec James Cagney, Horst Buchholz et Pamela Tiffin. - À Berlin, malgré la surveillance d'un employé de son père, une Américaine épouse un communiste.
VO→19,95$ **Général**

**ONE-EYED JACKS** ▷3
É.-U. 1961. Western réalisé et interprété par Marlon BRANDO avec Karl Malden et Pina Pellicer. - Après sa libération, un bandit décide de se venger d'un complice qui l'a trahi. - Traitement personnel d'un thème classique. Mise en scène concertée. Beauté formelle des images. Interprétation pittoresque.
VO→11,95$ DVD→16,95$ **13 ans +**

**ONE-TRICK PONY** ▷4
É.-U. 1980. Drame psychologique de Robert M. YOUNG avec Paul Simon, Blair Brown et Rip Torn. - Les difficultés professionnelles et conjugales d'un chanteur de rock qui fut jadis célèbre.
VO→PC **13 ans +**

**ONEGIN** ▷5
ANG. 1999. Drame sentimental de Martha FIENNES avec Ralph Fiennes, Liv Tyler, Toby Stephens. - L'histoire d'amour tragique entre un aristocrate et une campagnarde dans la Russie du XIXe siècle.
VO→LS

**ONIBABA**
Voir: LA FEMME DIABOLIQUE

**ONION FIELD, THE** ▷4
É.-U. 1979. Drame social de Harold BECKER avec James Woods, John Savage et Franklyn Seales. - Les complications judiciaires qui suivent le meurtre d'un policier par un voyou.
VO→PC **13 ans +**

**ONIONHEAD** ▷5
É.-U. 1958. Comédie de Norman TAUROG avec Andy Griffith, Felicia Farr et Walter Matthau. - Un jeune homme qui fait ses premières armes dans la marine se voit confier le poste d'aide-cuisinier.
VO→PC **13 ans +**

**ONLY ANGELS HAVE WINGS** ▷4
É.-U. 1939. Aventures d'Howard HAWKS avec Cary Grant, Jean Arthur et Rita Hayworth. - Une jeune artiste se joint à une équipe d'aviateurs qui tentent d'établir un courrier postal en Amérique du Sud.
VO→19,95$ DVD→33,95$ **Non classé**

**ONLY ONE NIGHT** ▷0
SUÈ. 1939, Gustaf MOLANDER
STA→19,95$ **Général**

**ONLY THE BRAVE** ▷0
AUS. 1994, Ana KOKKINOS
VO→34,95$

**ONLY THE LONELY** ▷4
É.-U. 1991. Comédie sentimentale de Chris COLUMBUS avec John Candy, Maureen O'Hara et Ally Sheedy. - Nouvellement fiancé, un célibataire de 38 ans a du mal à se libérer de l'emprise de sa mère, une femme possessive avec qui il demeure.
VF→LS VO→LS **Général**

**ONLY THE STRONG** ▷7
É.-U. 1993. Drame de Sheldon LETTICH avec Mark Dacascos, Stacey Travis et Geoffrey Lewis. - De retour à Miami, un ancien soldat enseigne les rudiments d'un art martial brésilien à un groupe d'étudiants délinquants.
VO→11,95$ **13 ans +**

**ONLY TWO CAN PLAY** ▷4
ANG. 1962. Comédie de Sidney GILLIAT avec Peter Sellers, Virginia Maskell et Mai Zetterling. - Un bibliothécaire marié se laisse prendre aux charmes d'une femme riche et légère.
VO→LS **Non classé**

**ONLY YOU** ▷5
É.-U. 1994. Comédie sentimentale de Norman JEWISON avec Marisa Tomei, Robert Downey Jr. et Bonnie Hunt. - Se croyant prédestinée à épouser un inconnu avec qui elle a parlé une fois au téléphone, une jeune femme s'envole pour l'Italie afin de le retrouver.
VO→9,95$ **Général**

**OPEN CITY**
Voir: ROME, VILLE OUVERTE

**OPEN DOORS** ▷3
ITA. 1990. Drame judiciaire de Gianni AMELIO avec Gian Maria Volontè, Ennio Fantastichini et Renzo Giovampietro. - En 1937, à Palerme, un juge courageux cherche des circonstances atténuantes qui pourraient éviter à un meurtrier d'être exécuté. - Adaptation libre d'un roman de L. Sciascia. Plaidoyer contre la peine de mort mené avec force et sobriété. Réalisation stylisée. Jeu intelligent de G.M. Volontè.
STA→LS **13 ans +**

**OPEN YOUR EYES**
Voir: OUVRE LES YEUX

**OPENING NIGHT** ►2
É.-U. 1977. Drame psychologique de John CASSAVETES avec Gena Rowlands, Ben Gazzara et Joan Blondell. - Bouleversée par la mort accidentelle d'une jeune admiratrice, une actrice qui accepte mal le passage du temps a de la difficulté à répéter une nouvelle pièce. - Illustration prenante du problème du vieillissement. Style d'improvisation contrôlée propre à l'auteur. Quelques explorations psychologiques surprenantes. Jeu convaincant de G. Rowlands.
VO→22,95$ DVD→33,95$ **Général**

**OPÉRA DE LA TERREUR 2, L'**
Voir: EVIL DEAD II

**OPÉRA DE QUAT'SOUS, L'** ▷3
ALL. 1931. Comédie musicale de Georg Wilhelm PABST avec Rudolph Forster, Lotte Lenya et Carola Neher. - À Londres, un roi de la pègre s'attire des ennuis en épousant la fille du roi des mendiants. - Transposition réussie d'une pièce de Kurt Weill et Bertolt Brecht. Approche novatrice pour l'époque. Réalisation de métier. Bonne interprétation.
STA→35,95$ **Général**

**OPÉRATION BEURRE DE PINOTTES**
Voir: THE PEANUT BUTTER SOLUTION

**OPÉRATION CHIMPANZÉ**
Voir: PROJECT X

**OPÉRATION CONDOR** ▷5
H.-K. 1991. Aventures réalisées et interprétées par Jackie CHAN avec Carol Cheng et Eva Cobo de Garcia. - Un aventurier part à la recherche d'une réserve d'or que les nazis auraient enfouie dans une base secrète sous les dunes du Sahara.
VF→14,95$ VA→14,95$ **Général**

**OPÉRATION CORNED BEEF** ▷5
FR. 1990. Comédie policière de Jean-Marie POIRÉ avec Christian Clavier, Jean Reno et Isabelle Renauld. - Un simple citoyen compromet involontairement la mission d'un agent secret français qui tente de démanteler un réseau de trafic d'armes.
VO→LS **Général**

**OPÉRATION CRÉPUSCULE**
Voir: THE PACKAGE

**OPERATION CROSSBOW** ▷4
ANG. 1965. Drame d'espionnage de Michael ANDERSON avec George Peppard, Tom Courtenay et Jeremy Kemp. - Des agents britanniques s'infiltrent dans un groupe de savants nazis et assurent le succès d'une mission de bombardement.
VO→19,95$ **Général**

**OPERATION DAYBREAK** ▷4
É.-U. 1975. Drame de guerre de Lewis GILBERT avec Timothy Bottoms, Martin Shaw et Anton Diffring. - En 1941, trois Tchèques sont parachutés au-dessus de leur pays natal avec mission d'assassiner le gouverneur allemand.
VO→14,95$ **Général**

**OPÉRATION DIABOLIQUE**
Voir: SECONDS

**OPÉRATION HUDSUCKER**
Voir: THE HUDSUCKER PROXY

**OPERATION PACIFIC** ▷5
É.-U. 1951. Drame de guerre de George WAGGNER avec John Wayne, Patricia Neal et Ward Bond. - Le commandant d'un sous-marin dispute son ex-femme à un lieutenant d'aviation.
VO→LS **Général**

**OPERATION PETTICOAT** ▷4
É.-U. 1959. Comédie de Blake EDWARDS avec Cary Grant, Tony Curtis et Joan O'Brien. - L'équipage d'un sous-marin connaît diverses mésaventures causées par les frasques d'un officier.
VF→LS LBX→14,95$
VO-LBX (35TH ANNIVERSARY)→14,95$ **Non classé**

**OPNAME** ▷3
HOL. 1979. Drame social de E. VAN ZUYLER et Marja KOK avec Helmert Woundenberg, Frank Groothof et Hans Man In't Velol. - Admis à l'hôpital pour des examens, un homme s'étonne de voir son séjour se prolonger. - Essai cinématographique d'un groupe expérimental de théâtre. Vision critique habilement nuancée.
STF→LS **Général**

**OPPOSITE OF SEX, THE** ▷4
É.-U. 1998. Comédie de mœurs de Don ROOS avec Christina Ricci, Martin Donovan et Lisa Kudrow. - Un professeur homosexuel voit sa vie professionnelle et sa vie amoureuse chamboulées par les frasques de sa demi-sœur impudente.
VO→14,95$ VF→14,95$ **13 ans + Langage vulgaire**

**OPUS DE M. HOLLAND, L'**
Voir: MR. HOLLAND'S OPUS

**OR D'ULEE, L'**
Voir: ULEE'S GOLD

**OR DE MACKENNA, L'**
Voir: MACKENNA'S GOLD

**OR DES HOLLANDAIS, L'**
Voir: THE BADLANDERS

**OR DES SIOUX, L'**
Voir: INDIAN FIGHTER

**ORANGE MÉCANIQUE**
Voir: A CLOCKWORK ORANGE

**ORANGES ARE NOT THE ONLY FRUIT** ▷0
ANG. 1990. Beeban KIDRON
VO→29,95$

**ORCA** ▷4
É.-U. 1977. Aventures de Michael ANDERSON avec Richard Harris, Charlotte Rampling et Bo Derek. - Un épaulard courroucé par la mort de sa femelle fait des ravages dans un petit port de Terre-Neuve.
VO→LS **13 ans +**

**ORCHESTRA WIVES** ▷5
É.-U. 1942. Comédie musicale de Archie MAYO avec George Montgomery, Ann Rutherford et Glenn Miller. - La nouvelle épouse d'un musicien d'orchestre de jazz se prend de querelle avec les compagnes d'autres instrumentistes.
VO→24,95$ **Général**

**ORDET**
Voir: LA PAROLE

**ORDINARY MAGIC** ▷4
CAN. 1993. Comédie dramatique de Giles WALKER avec Ryan Reynolds, Glenne Headly et Paul Anka. - Confié à la garde d'une tante qui habite l'Ontario, un orphelin né en Inde de parents canadiens commence une grève de la faim afin de lutter contre un promoteur sans scrupules.
VO→19.95$ **Général**

**ORDINARY PEOPLE** ▷3
É.-U. 1980. Drame psychologique de Robert REDFORD avec Donald Sutherland, Mary Tyler Moore et Timothy Hutton. - Un adolescent supporte mal la mort accidentelle de son aîné. - Sujet intéressant. Aspects sociologiques et psychologiques valables. Mise en scène sûre. Acteurs bien dirigés.
VO→14,95$ **13 ans +**

**ORDINATEUR DES POMPES FUNÈBRES, L'** ▷5
FR. 1976. Comédie policière de Gérard PIRÈS avec Jean-Louis Trintignant, Bernadette Lafont et Mireille Darc. - Un cadre d'une compagnie d'assurances découvre les possibilités d'un ordinateur pour se débarrasser de ceux qui lui nuisent.
VO→LS **Général**

**ORDINATEUR EN FOLIE, L'**
Voir: THE COMPUTER WORE TENNIS SHOES

**ORDINATEUR MEURTRIER, L'**
Voir: LOOKER

**ORDRES, LES** ►2
QUÉ. 1974. Drame social de Michel BRAULT avec Jean Lapointe, Hélène Loiselle et Guy Provost. - Évocation du sort de cinq personnes victimes de l'application des mesures de guerre en octobre 1970 au Québec. - Style réaliste d'allure documentaire. Dramatisation percutante. Mise en images sobre et juste. Interprétation prenante.
VO→22,95$ **Général**

**ORELLE D'UN SOURD, L'** ▷5
QUÉ. 1996. Comédie satirique de Mario BOLDUC avec Marcel Sabourin, Micheline Lanctôt et Paul Hébert. - Une institutrice fait appel à son amant truand afin d'assassiner son beau-père dans l'espoir de toucher un héritage prétendument substantiel.
VO→19,95$ **13 ans +**

**ORFEU NEGRO** ▷3
BRÉ.-FR.-ITA. 1959. Drame poétique de Marcel CAMUS avec Breno Mello, Marpessa Dawn et Lourdes de Oliveira. - À Rio, un jeune homme se fait le protecteur d'une adolescente qui fuit un mystérieux poursuivant. - Transposition heureuse de la légende d'Orphée. Spectacle envoûtant et coloré. Interprétation chaleureuse.
STA→27,95$ STA-DVD→44,95$ **Non classé**

**ORGANIZATION, THE** ▷4
É.-U. 1971. Drame policier de Don MEDFORD avec Sidney Poitier, Gerald S. O'Loughlin et Sheree North. - Aidé par un groupe clandestin, un officier de police enquête sur le meurtre d'un trafiquant de drogue.
VO→14,95$ **13 ans +**

**ORGANIZED CRIME & TRIAD BUREAU** ▷0
H. K. 1993, Kirk WONG
STA-LBX→29,95$ **13 ans +**

**ORGANIZER, THE**
Voir: LES CAMARADES

**ORGAZMO** ▷5
É.-U. 1998. Comédie satirique réalisée et interprétée par Trey PARKER avec Dian Bachar et Robyn Lynne. - Un jeune acteur mormon qui a besoin d'argent pour se marier accepte à contrecœur d'être la vedette d'un film porno.
VO→19,95$ **16 ans + Langage vulgaire**

**ORGUEIL ET PASSION**
Voir: THE PRIDE AND THE PASSION

**ORGUEILLEUX, LES** ▷3
FR. 1953. Drame de Yves ALLÉGRET avec Gérard Philipe, Michèle Morgan et Carlos Lopez Moctezuma. - Au Mexique, une Française s'intéresse à un médecin déchu. - Œuvre de qualité. Très bonne reconstitution d'atmosphère. Interprétation remarquable.
STA→LS **Général**

**ORGY OF THE DEAD** ▷7
É.-U. 1965. Drame fantastique de A.S. STEPHENS avec Criswell, Fawn Silver et William Bate. - Des monstres se réunissent dans un cimetière afin d'assister à des numéros de danse exotiques donnés par des jeunes femmes.
VO→14,95$ **16 ans + Érotisme**

**ORIENTAL DREAMS**
Voir: KISMET

**ORIGINAL GANGSTAS** ▷0
É.-U. 1996, Larry COHEN
VO→14,95$ **13 ans + Violence**

**ORIGINAL KINGS OF COMEDY, THE** ▷5
É.-U. 2000. Documentaire de Spike LEE. – Captation d'un spectacle d'humour donné par les comédiens afro-américains Steve Harvey, D.L. Hughley, Cedric the Entertainer et Bernie Mac.
VO→PC **13 ans + Langage vulgaire**

**ORLANDO** ▷4
ANG. 1992. Étude de mœurs de Sally POTTER avec Tilda Swinton, Billy Zane et Lothaire Bluteau. - Au fil d'un capricieux destin, un noble anglais est tour à tour poète et ambassadeur, avant de se réveiller dans le corps d'une femme.
VO→14,95$ **Général**

**ORPHANS** ▷4
É.-U. 1987. Drame psychologique d'Alan J. PAKULA avec Matthew Modine, Albert Finney et Kevin Anderson. - Un gangster en fuite exerce un irrésistible ascendant sur deux orphelins qui vivent seuls dans une maison délabrée.
VO→18,95$ **Général**

**ORPHANS OF THE STORM** ▷3
É.-U. 1921. Mélodrame de David W. GRIFFITH avec Lilian Gish, Dorothy Gish et Joseph Schildkraut. - Les tribulations de deux sœurs adoptives dans le contexte de la Révolution française. - Adaptation somptueuse d'un mélodrame classique. Échantillon intéressant du travail d'un pionnier du cinéma. Interprétation vivante.
ITA-KINO→34,95$ ITA→18,95$ ITA-DVD→46,95$ **Général**

**ORPHÉE** ►2
FR. 1949. Drame poétique de Jean COCTEAU avec Jean Marais, Maria Casarès et François Périer. - Un poète connaît une aventure étrange après avoir été entraîné dans l'au-delà par la Mort. - Méditation poétique sur l'amour et la mort. Conception étrange de l'au-delà. Mise en scène pleine de brio. Excellents interprètes
STA→27,95$ DVD→LS **Général**

**ORPHEUS DESCENDING** ▷4
É.-U. 1990. Drame psychologique de Peter HALL avec Vanessa Redgrave, Kevin Anderson et Brad Sullivan. - Une commerçante mariée à un homme malade et hargneux se laisse séduire par un vagabond qu'elle engage comme commis.
VF→LS VO→LS **Non classé**

**ORPHIC CYCLE (COFFRET)** ▷0
FR. Jean COCTEAU
STA→69,95$

**OSAKA ELEGY** ▷0
JAP. 1936, Kenji MIZOGUCHI
STA→27,95$ **Général**

**OSCAR** ▷4
É.-U. 1991. Comédie de John LANDIS avec Sylvester Stallone, Tim Curry et Vincent Spano. - Un gangster désirant œuvrer dans le droit chemin tente de démêler un quiproquo impliquant sa fille, son chauffeur, son comptable et la fiancée de ce dernier.
VO→9,95$ **Général**

**OSCAR AND LUCINDA** ▷4
AUS. 1997. Drame psychologique de Gillian ARMSTRONG avec Ralph Fiennes, Cate Blanchett et Tom Wilkinson. - Dans l'Australie du XIX^e^ siècle, un pasteur et une riche héritière donnent libre cours à leur amour né d'une passion commune pour le jeu.
VO→32,95$ **Général**

**OSCAR THIFFAULT** ▷0
QUÉ. 1987, Serge GIGUÈRE
VO→LS **Général**

**OSCAR, THE** ▷5
É.-U. 1965. Drame de Russell ROUSE avec Stephen Boyd, Elke Sommer et Tony Bennett. - Un acteur de cinéma, dont la popularité est en baisse, manœuvre pour obtenir l'Oscar de la meilleure interprétation.
VF→LS VO→LS **Général**

**OSSESSIONE**
Voir: LES AMANTS DIABOLIQUES

**OSTERMAN WEEKEND, THE** ▷5
É.-U. 1983. Drame policier de Sam PECKINPAH avec Rutger Hauer, John Hurt et Burt Lancaster. - Un animateur de télévision accepte de collaborer avec la CIA afin de démanteler un réseau d'espionnage dans lequel trois de ses amis seraient impliqués.
VF→LS VO→LS **18 ans +**

**OTALIA DE BAHIA** ▷4
FR. 1976. Comédie dramatique de Marcel CAMUS avec Mira Fonseca, Antonio Pitanga et Maria Viana. - Abandonnée après s'être refusée à celui qu'elle aime, une jeune fille se laisse mourir de langueur.
STF→LS **Général**

**OTHELLO** ▶1
ITA. 1952. Drame réalisé et interprété par Orson WELLES avec Suzanne Cloutier et Micheal MacLiammoir. - Un intrigant cherche à causer la chute d'un officier noir en le rendant jaloux, à tort, de sa femme. - Adaptation éblouissante de l'œuvre de Shakespeare. Images en noir et blanc d'une beauté exceptionnelle. Décors magnifiques. Interprétation remarquable.
VO→19,95$ **Général**

**OTHELLO** ▷0
ANG. 1965, Stuart BURGE
VO→19,95$ **Non classé**

**OTHELLO** ▷4
É.-U. 1995. Drame d'Oliver PARKER avec Laurence Fishburne, Irène Jacob et Kenneth Branagh. - Le lieutenant perfide d'un officier maure de Venise fait croire à ce dernier que son épouse lui est infidèle, ce qui attise sa jalousie meurtrière.
VF→19,95$ VO→19,95$ **13 ans +**

**OTHELLO** ▷3
ITA. 1986. Drame musical de Franco ZEFFIRELLI avec Placido Domingo, Katia Ricciarelli et Justino Diaz. - Un intrigant cherche à causer la chute d'un officier maure au service de Venise en le rendant jaloux à tort de sa femme. - Adaptation austère d'un opéra de Verdi tiré de la pièce de Shakespeare. Partie lyrique et composition des images impressionnantes.
STA **Général**

**OTHER PEOPLE'S MONEY** ▷5
E.-U. 1991. Comédie de Norman JEWISON avec Danny DeVito, Penelope Ann Miller et Gregory Peck. - Alors qu'il cherche à liquider une usine, un requin de la finance tombe amoureux de la jeune avocate engagée par ses adversaires.
VF→19,95$ **Général**

**OTHER LOVE, THE** ▷6
É.-U. 1947. Drame psychologique de André De TOTH avec Barbara Stanwyck, David Niven et Richard Conte. - Une pianiste qui souffre d'une maladie incurable décide de mener la grande vie.
VO→9,95$ **Général**

**OTHER, THE** ▷3
É.-U. 1972. Drame psychologique de Robert MULLIGAN avec Chris Udvarnoky, Martin Udvarnoky et Uta Hagen. - Sur une ferme du Connecticut, dans les années 30, un jeune garçon attribue à son frère jumeau les méfaits et les accidents qui se produisent. - Mystère habilement entretenu. Réalisation poétique
VO→32,95$ **13 ans +**

**OÙ ÊTES-VOUS DONC ?** ▷3
QUÉ. 1969. Comédie satirique de Gilles GROULX avec Georges Dor, Christian Bernard et Claudine Monfette. - Les aventures d'un jeune campagnard venu tenter sa chance à la ville. - Ensemble de facture moderne et insolite. Réflexion désinvolte sur le contexte québécois. Interprétation détendue.
VO→19,95$ **Général**

**OÙ LE SOLEIL EST FROID** ▷4
ROU. 1990. Drame sentimental de Bogdan DUMITRESCU avec Oana Pellea et Gheorghe Visu. - Au bord de la mer Noire, le gardien d'un phare héberge pendant quelques jours une jeune campeuse égarée.
STF→LS **Général**

**OÙ SONT LES HOMMES ?**
Voir: WAITING TO EXHALE

**OUBLIÉS, LES**
Voir: BLOSSOMS IN THE DUST

**OUBLIONS PARIS**
Voir: FORGET PARIS

**OUI OU NON AVANT LE MARIAGE**
Voir: UNDER THE YUM-YUM TREE

**OUR DAILY BREAD** ▷3
É.-U. 1934. Drame social de King VIDOR avec Karen Morley, Tom Keene et John Qualen. - Des chômeurs cherchent à se refaire une vie sur une ferme abandonnée. - Approche réaliste et humaine des problèmes de la dépression économique. Images poétiques. Un certain souffle épique. Interprétation un peu faible.
VO→59,95$ **Général**

**OUR DANCING DAUGHTERS** ▷0
É.-U. 1928, Harry BEAUMONT
VO→41,95$ **Général**

**OUR HOSPITALITY** ▷3
É.-U. 1923. Comédie de Buster KEATON et John BLYSTONE avec Buster Keaton, Natalie Talmadge et Joe Roberts. - Introduit au sein d'une famille ennemie, un jeune homme est sauvé de la mort par les lois de l'hospitalité. - Nombreux passages savoureux. Poursuite finale semée de gags irrésistibles. Interprétation fort alerte.
ITA→18,95$ **Général**

**OUR MAN FLINT** ▷4
É.-U. 1965. Comédie de Daniel MANN avec James Coburn, Lee J. Cobb et Gila Golan. - Un agent secret lutte contre un groupe de savants qui veut dominer le monde en contrôlant le climat.
VO→24,95$ **Général**

**OUR MODERN MAIDENS** ▷0
É.-U. 1929, Jack CONWAY
VO→19,95$ **Général**

**OUR RELATIONS** ▷4
É.-U. 1936. Comédie de Harry LACHMAN avec Stan Laurel, Oliver Hardy et James Finlayson. - La rencontre de deux couples de jumeaux séparés depuis longtemps provoque des quiproquos et des situations cocasses.
VO→LS **Général**

**OUR TOWN** ▷4
É.-U. 1945. Drame de Sam WOOD avec William Holden, Martha Scott et Frank Craven. - Les heurs et malheurs des habitants d'une petite ville américaine.
VO→28,95$ **Général**

**OUR VINES HAVE TENDER GRAPES** ▷4
É.-U. 1945. Comédie dramatique de Roy ROWLAND avec Edward G. Robinson, Margaret O'Brien et Jackie Jenkins. - La vie simple d'une famille de fermiers au Wisconsin.
VO→18,95$ **Général**

**OURAGAN, L'**
Voir: HURRICANE

**OURAGAN VIENT DE NAVARONE, L'**
Voir: FORCE 10 FROM NAVARONE

**OURS, L'**
Voir: THE BEAR

**OURS EN PELUCHE, L'** ▷6
FR. 1994. Drame psychologique de Jacques DERAY avec Alain Delon, F. Dellera et Laure Killing. - Un gynécologue de renom reçoit des menaces de mort anonymes qui semblent liées à son passé trouble.
VO→18,95$ **13 ans +**

**OUT COLD** ▷5
É.-U. 1989. Comédie policière de Malcolm MOWBRAY avec John Lithgow, Teri Garr et Randy Quaid. - Une femme tente de s'assurer la complicité d'un boucher afin de se débarrasser du cadavre de son mari qu'elle a fait mourir en le frigorifiant.
VO→LS **Non classé**

**OUT OF AFRICA** ▷3
É.-U. 1985. Drame sentimental de Sydney POLLACK avec Meryl Streep, Robert Redford et Klaus Maria Brandauer. - En 1913, en Afrique, une riche Danoise, séparée de son mari, se met à cultiver du café et à sympathiser avec un chasseur anglais dont elle tombe amoureuse. - Adaptation d'un roman d'Isak Dinesen. Réalisation de belle facture. Traitement envoûtant. Interprétation nuancée et sobre.
VF→16,95$ VO→15,95$ LBX→16,95$
LBX-DVD→27,95$ **Général**

**OUT OF SIGHT** ▷3
É.-U. 1998. Comédie policière de Steven SODERBERGH avec George Clooney, Jennifer Lopez et Ving Rhames. - Une jeune policière se lance aux trousses d'un criminel évadé de prison pour qui elle a eu le coup de foudre. - Intrigue riche en situations jouissives et en personnages savoureusement typés. Réalisation intelligente.
LBX→16,95$ VF→16,95$ LBX-DVD→39,95$ **13 ans +**

**OUT OF THE BLUE** ▷4
É.-U. 1980. Drame psychologique réalisé et interprété par Dennis HOPPER avec Linda Manz et Sharon Farrell. - Les problèmes émotifs et familiaux d'une adolescente qui, sous des allures punk, cache une sensibilité blessée.
LBX→14,95$ **18 ans +**

**OUT OF THE DARK** ▷0
H. K. 1995, Jeffrey LAU
STA→LS **Général**

**OUT OF THE PAST** ▷3
É.-U. 1947. Drame policier de Jacques TOURNEUR avec Kirk Douglas, Jane Greer et Robert Mitchum. - Un détective privé au passé chargé a maille à partir avec un gangster. - Classique du film noir américain. Excellents dialogues. Réalisation soignée. Belles images. Interprétation dans le ton voulu.
**Général**

**OUT-OF-TOWNERS, THE** ▷5
É.-U. 1999. Comédie de Sam WEISMAN avec Goldie Hawn, Steve Martin et John Cleese. - Un couple du Midwest connaît diverses mésaventures lors d'un séjour à New York.
LBX-DVD→PC VF→PC VO→PC LBX-DVD→PC **Général**

**OUT-OF-TOWNERS, THE** ▷0
É.-U. 1970, Arthur HILLER
VO→13,95$ **Général**

**OUTBREAK** ▷4
É.-U. 1995. Drame de Wolfgang PETERSEN avec Dustin Hoffman, Rene Russo et Morgan Freeman. - Un bactériologiste s'efforce de sauver les habitants d'une petite ville qui sont atteints d'un virus mortel se propageant rapidement.
VO→PC VF→PC LBX-DVD→29,95$ **Général**

**OUTFIT, THE** ▷5
É.-U. 1973. Drame policier de John FLYNN avec Robert Duvall, Karen Black et Joe Don Baker. - À sa sortie de prison un homme entreprend de venger la mort de son frère causée par le syndicat du crime.
VO→18,95$ **13 ans +**

**OUTLAND** ▷4
É.-U. 1981. Science-fiction de Peter HYAMS avec Sean Connery, Frances Sternhagen et Peter Boyd. - Sur une station spatiale, un directeur de police découvre un trafic de drogue et entre en lutte avec des tueurs.
VO→11,95$ LBX-DVD→26,95$ **13 ans +**

**OUTLAW AND HIS WIFE, THE**
Voir: LES PROSCRITS

**OUTLAW JOSEY WALES, THE** ▷4
É.-U. 1976. Western réalisé et interprété par Clint EASTWOOD avec Dan George et Sondra Locke. - Après la guerre civile, un fermier du Missouri considéré comme un hors-la-loi tente de rejoindre les territoires indiens.
VF→14,95$ VO→14,95$ LBX→14,95$
LBX-DVD→21,95$ **13 ans +**

**OUTLAW, THE** ▷4
É.-U. 1946. Western d'Howard HUGHES avec Jane Russell, Jack Buetel et Walter Huston. - Billy le Kid est aux prises avec un shérif tenace et une femme vengeresse.
VO→24,95$ DVD→21,95$ **Général**

**OUTLAWS IS COMING, THE** ▷5
É.-U. 1964. Comédie de Norman MAURER avec Larry Fine, Moe Howard et Joe de Rita. - Les représentants de la société protectrice des animaux veulent empêcher l'extermination des bisons.
VO→LS **Général**

**OUTRAGE** ▷5
ESP. 1993. Drame psychologique de Carlos SAURA avec Francesca Neri, Antonio Banderas et Walter Vidarte. - Une artiste de cirque fuit après avoir abattu les trois voyous qui l'ont violée.
VF→LS VA→LS VA-DVD→34,95$ **13 ans + Violence**

**OUTRAGE, THE** ▷4
É.-U. 1964. Drame de Martin RITT avec Paul Newman, Claire Bloom et Laurence Harvey. - Quatre personnes mêlées à un meurtre donnent des versions différentes de l'affaire.
VO→18,95$ **Général**

**OUTREMER** ▷4
FR. 1989. Drame psychologique réalisé et interprété par Brigitte ROÜAN avec Nicole Garcia et Marianne Basler. - Les destins différents de trois sœurs, filles de colons français vivant en Algérie dans les années 1940 et 1950.
STA→LS VO→LS **Général**

**OUTSIDE CHANCE OF MAXIMILIAN GLICK, THE** ▷4
CAN. 1989. Comédie dramatique d'Allan A. GOLDSTEIN avec Noam Zylberman, Saul Rubinek et Fairuza Balk. - Les mésaventures d'un jeune garçon juif qui prépare un concours de piano avec une catholique de son âge.
VF→LS **Général**

**OUTSIDE MAN, THE** ▷4
FR. 1972. Drame policier de Jacques DERAY avec Jean-Louis Trintignant, Ann-Margretet Roy Scheider. - Après avoir tué un chef de la pègre, un tueur à gages se rend compte qu'il a un collègue à ses trousses.
VO→14,95$ **Général**

**OUTSIDE PROVIDENCE** ▷0
É.-U. 1999, Michael CORRENTE
VF→14,95$ VO→14,95$

**OUTSIDE THE LAW** ▷0
É.-U. 1930, Tod BROWNING
VO→29,95$ **Général**

**OUTSIDERS, THE** ▷4
É.-U. 1983. Drame de mœurs de Francis Ford COPPOLA avec C. Thomas Howell, Ralph Macchio et Matt Dillon. - Au début des années 1960, des adolescents des quartiers pauvres de Tulsa sont en rivalité avec ceux de milieux plus favorisés.
VO→11,95$ VF→11,95$ LBX-DVD→18,95$ **Général**

**OUVRE LES YEUX** ▷4
ESP. 1997. Science-fiction d'Alejandro AMENABAR avec Eduardo Noriega, Penelope Cruz et Chete Lera. - Un jeune play-boy défiguré à la suite d'un accident est accusé d'un meurtre dont il n'a aucun souvenir.
STA→LS VF→LS **13 ans +**

**OVER THE EDGE** ▷0
É.-U. 1979, Jonathan KAPLAN
VO→18,95$ **13 ans +**

**OVER THE TOP** ▷6
É.-U. 1987. Comédie dramatique de Menahem GOLAN avec Sylvester Stallone, David Mendenhall et Susan Blakely. - Un camionneur espère gagner un concours de lutte au poignet une forte somme qui lui permettrait de reprendre son fils des mains de son beau-père.
VF→11,95$ **Général**

**OVERBOARD** ▷5
É.-U. 1987. Comédie de Garry MARSHALL avec Goldie Hawn, Kurt Russell et Edward Herrmann. - Rabroué par une millionnaire, un menuisier profite que celle-ci soit devenue amnésique pour se venger en lui faisant croire qu'elle est sa femme.
VF→LS VO→11,95$ **Général**

**OVERLAND STAGE RAIDERS** ▷0
É.-U. 1938, George SHERMAN
VO→9,95$ **Général**

**OVERTURE TO GLORY** ▷0
ISR. 1940, Max NOSSECK
STA→LS **Général**

**OWL AND THE PUSSYCAT, THE** ▷4
É.-U. 1970. Comédie d'Herbert ROSS avec Barbra Streisand, George Segal et Robert Klein. - Unc fille facile s'installe chez un romancier qui l'a fait chasser de sa pension pour conduite immorale.
VO→12,95$ **18 ans +**

**OX, THE** ▷4
SUÈ. 1991. Drame de mœurs de Sven NYKVIST avec Stellan Skarsgard, Ewa Fröling et Lennart Hjulstrom. - Au XIXe siècle, un paysan suédois est condamné à la prison à perpétuité pour avoir tué le bœuf de son maître afin de sauver sa famille de la famine.
STA→19,95$ **13 ans +**

**OX-BOW INCIDENT, THE** ▷3
É.-U. 1943. Western de William A. WELLMAN avec Henry Fonda, Dana Andrews et Anthony Quinn. - À la suite de l'assassinat d'un rancher, la population d'un village lynche trois innocents. - Traitement original. Vision critique. Mise en scène sobre et expressive. Interprétation homogène.
VO→11,95$ **Général**

**OZ, UN MONDE EXTRAORDINAIRE**
Voir: RETURN TO OZ

**OZIAS LEDUC** ▷0
QUÉ. 1996, Michel BRAULT
VO→23,95$ **Général**

**P'TIT CON** ▷4
FR. 1983. Comédie satirique de Gérard LAUZIER avec Bernard Brieux, Guy Marchand et Caroline Cellier. - Les tribulations d'un adolescent de dix-huit ans complexé et révolté contre son milieu.
STA→LS **13 ans +**

**P'TITES TÊTES, LES** ▷0
FR. 1982, Bernard MENEZ
VO→LS **Non classé**

**P.O. BOX TINTO BRASS** ▷6
ITA. 1995. Film à sketches réalisé et interprété par Tinto BRASS avec Cinzia Roccaforte et Cristina Rinaldi. - Un cinéaste reçoit diverses lettres et cassettes vidéo relatant des aventures sexuelles.
VA→129,95$ **18 ans + Sexualité explicite**

**P.R.O.F.S.** ▷5
FR. 1985. Comédie satirique de Patrick SCHULMANN avec Patrick Bruel, Fabrice Luchini et Laurent Gamelon. - Quatre jeunes professeurs d'un lycée de province font équipe pour éliminer par divers moyens des collègues qu'ils jugent indignes d'enseigner.
VO→LS **13 ans +**

**PABLO QUI COURT** ▷6
QUÉ. 1991. Drame de Bernard BERGERON avec Jean-François Pichette, Louise Laprade et Pierre Chagnon. - Un jeune délinquant vagabond devient l'amant d'une accordéoniste qui gagne sa vie en jouant dans le métro.
VO→LS **13 ans +**

**PACIFIC HEIGHTS** ▷4
É.-U. 1990. Drame psychologique de John SCHLESINGER avec Michael Keaton, Melanie Griffith et Matthew Modine. - Un jeune couple de propriétaires engage une guerre des nerfs avec un locataire aux attitudes bizarres.
VF→11,95$ VO→PC LBX-DVD→PC **13 ans +**

**PACIFICATEUR, LE**
Voir: THE PEACEMAKER

**PACK, THE** ▷4
É.-U. 1977. Drame d'horreur de Robert CLOUSE avec Joe Don Baker, Richard B. Shull et Hope Alexander-Willis. - Dans une île éloignée, des chiens abandonnés par des touristes de passage se réunissent en meute et se mettent à attaquer la population.
VO→14,95$ **13 ans +**

**PACKAGE, THE** ▷5
É.-U. 1989. Drame policier d'Andrew DAVIS avec Gene Hackman, Joanna Cassidy et Tommy Lee Jones. - En cherchant à retrouver un prisonnier qui s'est évadé et dont il avait la garde, un sergent découvre une conspiration meurtrière contre un homme politique soviétique.
VO→PC **13 ans +**

**PACTE DU SILENCE, LE**
Voir: I KNOW WHAT YOU DID LAST SUMMER

**PADRE NUESTRO** ▷4
ESP. 1985. Comédie satirique de Francisco REGUEIRO avec Fernando Rey, Francisco Rabal et Victoria Abril. - Averti de sa mort imminente, un cardinal espagnol de la curie vaticane rentre au pays pour régler des affaires de famille.
STA→LS **13 ans +**

**PADRE, PADRONE** ►2
ITA. 1977. Drame social de Paolo et Vittorio TAVIANI avec Saverio Marconi, Omero Antonutti et Marcella Michelangeli. - La vie d'un jeune Sarde arraché à l'école par son père pour garder les moutons dans la montagne. - Transposition d'une expérience vécue. Images dépouillées d'une sévère beauté. Contexte sociologique bien observé. Interprétation d'un naturel discret.
VA→LS **Général**

**PAGAILLE, LA** ▷5
FR. 1991. Comédie de mœurs de Pascal THOMAS avec Rémy Girard, Coralie Seyrig et Sabine Haudepin. - Un couple séparé depuis sept ans projette de revivre ensemble malgré l'opposition de son entourage.
VO→LS **Général**

**PAGEMASTER, THE** ▷4
É.-U. 1994. Conte de Maurice HUNT et Joe JOHNSTON avec Macaulay Culkin, Christopher Lloyd et Ed Begley Jr. - Durant un violent orage, un gamin trouve refuge dans une bibliothèque où il est projeté dans l'univers des livres d'aventures et d'horreur.
VF→16,95$ VO→16,95$ **Général - Enfants**

**PAGES ARRACHÉES DU LIVRE DE SATAN** ▷0
DAN. 1919, Carl Theodor DREYER
ITF→21,95$ **Général**

**PAIN ET CHOCOLAT** ▷3
ITA. 1973. Comédie de mœurs de Franco BRUSATI avec Nino Manfredi, Anna Karina et Johnny Dorelli. - Un Italien tente de se trouver du travail en Suisse. - Traitement aigre-doux d'un problème social. Mise en scène alerte.
STA→49,95$ **Général**

**PAINT IT BLACK** ▷0
É.-U. 1989, Tim HUNTER
VO→LS **Non classé**

**PAINT YOUR WAGON** ▷5
É.-U. 1969. Comédie musicale de Joshua LOGAN avec Lee Marvin, Clint Eastwood et Jean Seberg. - En Californie, des mineurs privés de femmes convainquent un Mormon de passage de vendre à l'encan une de ses épouses.
VO→24,95$ **Général**

**PAINTED VEIL, THE** ▷5
É.-U. 1935. Drame psychologique de Richard BOLESLAWSKI avec Greta Garbo, H. Marshall et George Brent. - Une jeune femme qui se croyait aimée par un galant homme retourne auprès de son mari.
VO→19,95$ **Général**

**PAINTERS PAINTING** ▷4
É.-U. 1972. Documentaire d'Emile DE ANTONIO. - Panorama de la peinture américaine de tendance abstraite des années 1940-1970.
VO→41,95$ **Général**

**PAISAN** ▷0
ITA. 1946, Roberto ROSSELLINI
STA→27,95$ **Général**

**PAJAMA GAME, THE** ▷4
É.-U. 1957. Comédie musicale de George ABBOTT et Stanley DONEN avec Doris Day, John Raitt et Carol Haney. - Une syndicaliste s'éprend de son patron en dépit d'un conflit au sujet d'une augmentation de salaire.
VO→19,95$ **Général**

**PAJARICO - PETIT OISEAU SOLITAIRE** ▷4
ESP. 1997. Comédie dramatique de Carlos SAURA avec Alejandro Martinez, Dafne Fernandez et Manuel Bandera. - Un petit garçon dont les parents sont en instance de divorce séjourne quelque temps chez ses oncles dans le sud de l'Espagne.
VF→LS **13 ans +**

**PAL JOEY** ▷4
É.-U. 1957. Comédie musicale de George SIDNEY avec Frank Sinatra, Rita Hayworth et Kim Novak. - Un chanteur de music-hall hésite entre deux femmes qui sollicitent son amour.
VO→19,95$ **Général**

**PALACE** ▷5
FR. 1984. Comédie dramatique d'Édouard MOLINARO avec Claude Brasseur, Daniel Auteuil et Gudrun Landgrebe. - Un prisonnier de guerre français retrouve en Allemagne son frère qui s'est créé en captivité une situation confortable.
VO→19,95$ **Général**

**PALACE** ▷4
ESP. 1995. Comédie burlesque réalisée et interprétée par TRICICLE (Carlos SANS, Juan GRACIA et Paco MIR) avec Jean Rochefort et Lydia Bosch. - Divers incidents cocasses se produisent parmi le personnel et les clients d'un grand hôtel dirigé par trois frères écervelés.
VO→19,95$ **Général**

**PALE RIDER** ▷4
É.-U. 1985. Western réalisé et interprété par Clint EASTWOOD avec Sydney Penny et Michael Moriarty. - Un cavalier mystérieux vient en aide à des prospecteurs tourmentés par les hommes de main d'un riche entrepreneur.
VF→14,95$ VO→14,95$ LBX→19,95$
LBX-DVD→26,95$ **13 ans +**

**PALEFACE, THE** ▷4
É.-U. 1948. Comédie de Norman Z. McLEOD avec Bob Hope, Jane Russell et Robert Armstrong. - Chargée de démasquer des trafiquants d'armes, une aventurière s'assure l'aide involontaire d'un dentiste ambulant.
VO→LS **Général**

**PALLBEARER, THE** ▷4
É.-U. 1996. Comédie sentimentale de Matt REEVES avec David Schwimmer, Gwyneth Paltrow et Barbara Hershey. - Un jeune homme devient l'amant d'une femme d'âge mûr au moment même où la fille qu'il aime secrètement s'intéresse enfin à lui.
VF→14,95$ **Général**

**PALM BEACH STORY, THE** ▷4
É.-U. 1941. Comédie de Preston STURGES avec Claudette Colbert, Joel McCrea et Mary Astor. - Une jeune femme croit rendre service à son mari, inventeur impécunieux, en obtenant un divorce.
VO→14,95$ **Général**

**PALMER'S BONES** ▷0
É.-U.-CAN. 1998, Mario AZZOPARDI
VF→LS VO→LS **16 ans + Horreur**

**PALMES DE M. SCHUTZ, LES** ▷3
FR. 1996. Comédie de Claude PINOTEAU avec Charles Berling, Isabelle Huppert et Philippe Noiret. - La découverte de la radioactivité et du radium par Pierre et Marie Curie provoque des étincelles dans le monde scientifique. - Évocation réussie de la rencontre de deux grands esprits. Peinture amusée et intelligente de la recherche scientifique.
VO→18,95$ **Général**

**PALMETTO** ▷5
É.-U. 1997. Drame policier de Volker SCHLÖNDORFF avec Woody Harrelson, Elisabeth Shue et Gina Gershon. - À peine sorti de prison, un journaliste se laisse entraîner par une belle inconnue dans une histoire de faux enlèvement qui tournera mal.
VO→11,95$ LBX-DVD→21,95$
**Général - Déconseillé aux jeunes enfants**

**PALOMBELLA ROSSA** ▷3
ITA. 1989. Comédie satirique réalisée et interprétée par Nanni MORETTI avec Mariella Valentini et Silvio Orlando. - Un député communiste italien qui a perdu la mémoire participe avec son équipe à un match décisif de water-polo. - Métaphore subtile sur le discours politique. Climat d'amerturme tempéré par un humour irrésistible. Mise en scène intelligente et dynamique. Interprétation savoureuse.
STA→21,95$ VF→18,95$ **Général**

**PALOOKAVILLE** ▷4
É.-U. 1995. Comédie policière d'Alan TAYLOR avec Vincent Gallo, William Forsythe et Adam Trese. - Trois amis chômeurs projettent le vol d'un camion blindé en dépit des soupçons du beau-frère policier de l'un d'entre eux.
VO→16,95$ **13 ans +**

**PANAMA DECEPTION, THE** ▷4
É.-U. 1992. Documentaire de Barbara TRENT. - Rappel historique de la présence américaine au Panama depuis 1903 jusqu'à l'invasion de 1989.
VO→18,95$ **Général**

**PANAMA HATTIE** ▷0
É.-U. 1942, Norman Z. McLEOD
VO→LS **Général**

**PANDORA AND THE FLYING DUTCHMAN** ▷4
ANG. 1951. Drame fantastique d'Albert LEWIN avec Ava Gardner, James Mason et Nigel Patrick. - Une jeune Américaine s'éprend d'un héros légendaire et consent à mourir pour lui.
DVD→44,95$ VO→28,95$ DVD→44,95$ **Général**

**PANDORA'S BOX**
Voir: LOULOU

**PANIC IN THE STREETS** ▷4
É.-U. 1950. Drame policier d'Elia KAZAN avec Richard Widmark, Paul Douglas et Barbara Bel Geddes. - Pour éviter une épidémie, on recherche l'assassin d'un homme atteint d'une maladie contagieuse.
VO→42,95$ **Général**

**PANIC IN YEAR ZERO** ▷5
É.-U. 1962. Drame réalisé et interprété par Ray MILLAND avec Jean Hagen et Frankie Avalon. - Un homme lutte pour assurer la survivance de sa famille après une explosion atomique.
VO→LS **Général**

**PANIQUE** ▷5
QUÉ. 1977. Drame social de Jean-Claude LORD avec Paule Baillargeon, Jean Coutu et Gérard Poirier. - Des produits chimiques provenant d'une usine de pâte à papier contaminent l'eau potable d'une grande ville et provoquent la maladie et la mort de plusieurs enfants.
VO→13,95$ **13 ans +**

**PANIQUE À BORD**
Voir: THE LAST VOYAGE

**PANIQUE ANNÉE ZÉRO**
Voir: PANIC IN YEAR ZERO

**PANNE FATALE**
Voir: BREAKDOWN

**PANNE, LA**
Voir: CONQUEST

**PANTHER** ▷0
É.-U. 1995, Mario VAN PEEBLES
VO→LS **13 ans + Violence**

**PANTHÈRE ROSE, LA**
Voir: THE PINK PANTHER

**PANTOUFLE DE VERRE, LA**
Voir: THE GLASS SLIPPER

**PAPA EST EN VOYAGE D'AFFAIRES** ▷3
YOU. 1985. Comédie dramatique d'Emir KUSTURICA avec Moreno de Bartoli, Miki Manojlovic et Mirjana Karanovic. - Dans les années 1950, les tribulations d'une famille yougoslave dont le père est emprisonné à tort pour déviation politique. - Mélange astucieux de candeur et de truculence. Rythme allègre. Mise en scène révélatrice et ironique. Interprètes fort bien dirigés.
STA→21,95$ **13 ans +**

**PAPA EST PARTI, MAMAN AUSSI** ▷4
FR. 1988. Comédie de mœurs de Christine LIPINSKA avec Sophie Aubry, Jérôme Kircher et Benoît Magimel. - Ses parents ayant quitté la maison après une dispute, une adolescente décide de s'occuper toute seule de ses frères et de sa sœur.
VO→LS **Général**

**PAPARAZZI** ▷4
FR. 1998. Comédie d'Alain BERBERIAN avec Patrick Timsit, Vincent Lindon et Catherine Frot. - Un concours de circonstances plonge un sympathique veilleur de nuit dans l'univers excitant et frénétique d'un paparazzi.
VO→LS **Général**

**PAPE DE GREENWICH VILLAGE, LE**
Voir: THE POPE OF GREENWICH VILLAGE

**PAPER BULLETS**
Voir: GANGS, INC.

**PAPER CHASE, THE** ▷4
É.-U. 1973. Drame de James BRIDGES avec Timothy Bottoms, Lindsay Wagner et John Houseman. - Les problèmes scolaires et sentimentaux d'un étudiant en droit à l'université Harvard.
VO→9,95$ **Général**

**PAPER MOON** ▷4
É.-U. 1973. Comédie dramatique de Peter BOGDANOVICH avec Ryan O'Neal, Tatum O'Neal et Madeline Kahn. - Une orpheline cause des soucis à un escroc chargé de la conduire chez sa tante.
LBX→18,95$ **13 ans +**

**PAPER, THE** ▷4
É.-U. 1994. Comédie dramatique de Ron HOWARD avec Michael Keaton, Robert Duvall et Glenn Close. - Une lutte de pouvoir féroce se déclare entre le rédacteur en chef d'un journal à sensations et sa supérieure immédiate.
VO→11,95$ VF→15,95$ **Général**

**PAPERHOUSE** ▷4
ANG. 1988. Drame fantastique de Bernard ROSE avec Charlotte Burke, Glenne Headly et Elliott Spears. - Lors d'expériences oniriques, une écolière croit pouvoir modifier le destin de ses compagnons.
VO→LS **Général**

**PAPILLON** ▷3
É.-U. 1973. Drame social de Franklin J. SCHAFFNER avec Steve McQueen, Dustin Hoffman et Victor Jory. - Envoyé à une colonie pénitentiaire en Guyane, un voleur tente plusieurs fois de s'évader. - Adaptation vigoureuse du livre d'Henri Charrière. Reconstitution convaincante des événements et des lieux. Interprétation de première force.
LBX→14,95$ VO→18,95$ LBX-DVD→21,95$ **13 ans +**

**PAPILLON SUR L'ÉPAULE, UN** ▷4
FR. 1978. Drame policier de Jacques DERAY avec Lino Ventura, Claudine Auger et Nicole Garcia. - Un Français de passage à Barcelone est entraîné dans une affaire mystérieuse.
VO→LS **Général**

**PAPY FAIT DE LA RÉSISTANCE** ▷4
FR. 1983. Comédie de Jean-Marie POIRÉ avec Christian Clavier, Martin Lamotte et Dominique Lavanant. - En 1943, les membres d'une famille de musiciens se retrouvent mêlés à la Résistance.
VO→LS **Général**

**PAR AMOUR POUR ELLE**
Voir: WHEN A MAN LOVES A WOMAN

**PAR AMOUR POUR MAX**
Voir: MAX

**PAR L'AMOUR POSSÉDÉ**
Voir: BY LOVE POSSESSED

**PAR LA CHAIR ET PAR L'ÉPÉE**
Voir: LADY GODIVA

**PAR LA PEAU DES DENTS**
Voir: NICK OF TIME

**PAR LE SANG DES AUTRES** ▷5
FR. 1974. Drame de Marc SIMENON avec Bernard Blier, Yves Beneyton et Mariangela Melato. - Après avoir pris en otage un père et sa jeune fille, un forcené exige des autorités qu'on lui livre la fille du maire d'un village.
VO→LS **Non classé**

**PAR OÙ T'ES RENTRÉ, ON T'A PAS VU SORTIR** ▷6
FR. 1984. Comédie réalisée et interprétée par Philippe CLAIR avec Jerry Lewis et Marthe Villalonga. - Les tribulations d'un détective privé chargé de prouver l'infidélité d'un richissime industriel.
VO→LS **Général**

**PAR-DELÀ LES NUAGES** ▷4
ITA. 1995. Film à sketches de Michelangelo ANTONIONI et Wim WENDERS avec John Malkovich, Sophie Marceau et Irène Jacob. - Un cinéaste qui voyage en Italie et en France imagine quatre histoires d'amours impossibles.
VO→19,95$ **13 ans + Érotisme**

**PARACHUTISTE MALGRÉ LUI**
Voir: JUMPING JACKS

**PARACHUTISTES ARRIVENT, LES**
Voir: THE GYPSY MOTHS

**PARADE** ▷4
FR. 1974. Spectacle musical réalisé et interprété par Jacques TATI avec Karl Kassmayer et Pia Colombo. - Sur une piste de cirque, Jacques Tati se fait le présentateur de diverses attractions et exécute quelques numéros de mime.
STA→LS **Général**

**PARADE DU PRINTEMPS**
Voir: EASTER PARADE

**PARADINE CASE, THE** ▷3
É.-U. 1947. Drame policier d'Alfred HITCHCOCK avec Gregory Peck, Alida Valli et Charles Laughton. - Un jeune et brillant avocat défend une femme accusée de meurtre. - Construction dramatique solide. Mise en scène d'une grande virtuosité. Excellente distribution.
VO→14,95$ DVD→27,95$ **Général**

**PARADIS DES MAUVAIS GARCONS, LE**
Voir: MACAO

**PARADIS HAWAIEN**
Voir: PARADISE, HAWAIIAN STYLE

**PARADIS PIÉGÉ**
Voir: HEAVEN'S PRISONERS

**PARADIS POUR TOUS** ▷4
FR. 1982. Comédie dramatique d'Alain JESSUA avec Patrick Dewaere, Fanny Cottençon et Jacques Dutronc. - Un homme vit dans un optimisme béat après avoir subi une cure spéciale.
VO→LS **13 ans +**

**PARADISE** ▷4
É.-U. 1991. Drame sentimental de Mary Agnes DONOHUE avec Melanie Griffith, Don Johnson et Elijah Wood. - Un garçonnet en vacances à la campagne se lie d'amitié avec une fillette dégourdie tout en essayant d'amadouer ses hôtes, un couple désuni.
VO→11,95$ **Général**

**PARADISE ALLEY** ▷5
É.-U. 1978. Comédie dramatique réalisée et interprétée par Sylvester STALLONE avec Armand Assante et Lee Canalito. - Trois frères tentent de sortir de la dèche en engageant le benjamin dans des combats de lutte.
VO→LS **Général**

**PARADISE NOW** ▷0
É.-U. 1970, Sheldon ROCHLIN
VO→LS **Non classé**

**PARADISE ROAD** ▷4
AUS. 1997. Drame de guerre de Bruce BERESFORD avec Glenn Close, Pauline Collins et Cate Blanchett. - Dans un camp japonais lors de la Seconde Guerre mondiale, des prisonnières de diverses nationalités montent un ensemble vocal.
VO→32,95$ **13 ans +**

**PARADISE, HAWAIIAN STYLE** ▷5
É.-U. 1966. Comédie musicale de Michael MOORE avec Elvis Presley, Suzanna Leigh et James Shigeta. - Un pilote de ligne lance avec un ami un service de transport par hélicoptère aux Iles Hawaï.
VF **Général**

**PARALLAX VIEW, THE** ▷4
É.-U. 1974. Drame policier d'Alan J. PAKULA avec Warren Beatty, Hume Cronyn et Paula Prentiss. - Un journaliste entreprend une enquête personnelle autour de l'assassinat d'un sénateur dont il a été témoin.
VO→14,95$ LBX-DVD→32,95$ **Général**

**PARANO** ▷4
FR. 1993. Film à sketches de Yann PIQUER, Alain ROBAK, Manuel FLÈCHE, Anita ASSAL et John HUDSON avec Gustave Parking, Smaïn et Patrick Bouchitey. - Une belle jeune fille raconte à un timide des anecdotes inquiétantes.
VO→26,95$ **16 ans +**

**PARANOIAC** ▷5
ANG. 1962. Drame de Freddie FRANCIS avec Janette Scott, Oliver Reed et Alexander Davion. - En se faisant passer pour le fils d'une famille riche, un homme est mêlé à une affaire ténébreuse.
VO→14,95$ **Général**

**PARANOÏAQUE**
Voir: PARANOIAC

**PARAPLUIES DE CHERBOURG, LES** ►1
FR. 1963. Comédie musicale de Jacques DEMY avec Catherine Deneuve, Nino Castelnuovo et Anne Vernon. - Une jeune fille s'éprend d'un garagiste qui doit bientôt la quitter pour l'Algérie. - Thème mélodramatique. Traitement d'une grande fraîcheur. Musique et images harmonieusement conjuguées. Dialogues entièrement chantés. Interprétation charmante.
LBX→18,95$ **Général**

**PARASITE** ▷6
É.-U. 1982. Drame d'horreur de Charles BAND avec Robert Glaudini, Demi Moore et Luca Bercovici. - En 1992, dans une société dominée par des affairistes, un savant met au point des monstres parasitaires s'attaquant aux hommes.
VO→LS DVD→21,95$ **13 ans +**

**PARC JURASSIQUE, LE**
Voir: JURASSIC PARK

**PARDNERS** ▷5
É.-U. 1955. Comédie de Norman TAUROG avec Jerry Lewis, Dean Martin et Agnes Moorehead. - Les fils de deux ranchers tués par des bandits démasquent les assassins de leurs pères.
VO→14,95$ **Général**

**PARDON CUPIDON** ▷5
BEL. 1992. Comédie dramatique de Marie MANDY avec Pietro Pizzuti, Delphine Salkin et Bernard Yerles. - Deux couples voient leurs vies sentimentales remises en question par leurs infidélités.
VO→14,95$ **Général**

**PARDON MY SARONG** ▷5
É.-U. 1942. Comédie de Erle C. KENTON avec Bud Abbott, Lou Costello et Virginia Bruce. - Sauvés d'un naufrage par des indigènes habitant une île inconnue du Pacifique, deux conducteurs d'autobus de Chicago les aident à se débarrasser de pirates.
VO→14,95$ **Général**

**PARDON US** ▷4
É.-U. 1931. Comédie de James PARROTT avec Stan Laurel, Oliver Hardy et Wilfrid Lucas. - Deux bons bougres emprisonnés pour un délit mineur font échouer une mutinerie.
VO→LS **Général**

**PARENT TRAP, THE** ▷4
É.-U. 1961. Comédie de David SWIFT avec Hayley Mills, Maureen O'Hara et Brian Keith. - Deux jumelles s'emploient à réconcilier leurs parents séparés depuis plusieurs années.
VO→18,95$ **Général**

**PARENT TRAP, THE** ▷5
É.-U. 1998. Comédie de Nancy MEYERS avec Lindsay Lohan, Dennis Quaid et Natasha Richardson. - Deux jumelles séparées à leur naissance lors du divorce de leurs parents décident de se faire passer l'une pour l'autre.
VO→18,95$ VF→16,95$ LBX-DVD→34,95$ **Général**

**PARENTHOOD** ▷4
É.-U. 1989. Comédie dramatique de Ron HOWARD avec Steve Martin, Mary Steenburgen et Dianne Wiest. - Les divers problèmes que rencontrent les membres d'une même famille à élever leurs enfants.
VF→11,95$ VO→PC LBX-DVD→PC **Général**

**PARENTS** ▷4
É.-U. 1988. Comédie dramatique de Bob BALABAN avec Bryan Madorsky, Randy Quaid et Mary Beth Hurt. - Victime de cauchemars à cause des goûts culinaires de ses parents, un jeune homme découvre que ceux-ci raffolent de la chair humaine.
VO→19,95$ **13 ans +**

**PARENTS TERRIBLES, LES** ▷3
FR. 1948. Drame de Jean COCTEAU avec Jean Marais, Yvonne de Bray et Gabrielle Dorziat. - Un jeune homme s'est épris de la maîtresse de son père et veut l'épouser. - Adaptation fidèle de la pièce de Cocteau. Atmosphère morbide suggérée par les décors et les éclairages.
STA→44,95$ **Général**

**PARFAITE FORME, LA**
Voir: PERFECT

**PARFAITE TRAHISON, LA**
Voir: FELLOW TRAVELLER

**PARFAITEMENT NORMAL**
Voir: PERFECTLY NORMAL

**PARFUM D'YVONNE, LE** ▷4
FR. 1993. Drame sentimental de Patrice LECONTE avec Jean-Pierre Marielle, Hippolyte Girardot et Sandra Majani. - À la fin des années 1950, un jeune Parisien qui séjourne en Suisse tombe amoureux d'une actrice toujours flanquée de son mentor homosexuel.
VO→12,95$ **13 ans +**

**PARFUM DE FEMME** ▷3
ITA. 1974. Comédie dramatique de Dino RISI avec Vittorio Gassman, Alessandro Momo et Agostina Belli. - Un jeune soldat accompagne un capitaine rendu aveugle par une explosion dans un voyage de Milan à Naples. - Passages équilibrés de la comédie au drame. Mise en scène vivante et assurée.
STA→LS **13 ans +**

**PARFUM DE FEMME**
Voir: SCENT OF A WOMAN

**PARFUM DE SCANDALE**
Voir: WIDOW'S PEAK

**PARI CRUEL, UN**
Voir: CRUEL INTENTIONS

**PARI, LE** ▷5
FR. 1997. Comédie réalisée et interprétée par Didier BOURDON et Bernard CAMPAN avec Isabelle Ferron. - Les tribulations de deux beaux-frères qui font le pari de cesser de fumer.
VO→18,95$ **Général**

**PARIS BLUES** ▷4
É.-U. 1961. Drame musical de Martin RITT avec Paul Newman, Sidney Poitier et Joanne Woodward. - Deux musiciens de jazz américains résidant à Paris ont chacun une idylle avec une compatriote de passage.
VO→14,95$ **Général**

**PARIS BRÛLE-T-IL ?** ▷4
FR. 1966. Drame de guerre de René CLÉMENT avec Gert Froebe, Orson Welles et Bruno Cremer. - Au début d'août 1944, le nouveau commandant de la place de Paris reçoit d'Hitler l'ordre de détruire la Ville lumière.
VO→24,95$ **Non classé**

**PARIS IS BURNING** ▷4
É.-U. 1990. Documentaire de Jennie LIVINGSTON. - Dans les quartiers noirs de New York se tiennent des bals costumés fréquentés en majorité par des homosexuels appartenant à des minorités ethniques.
VO→22,95$

**PARIS MINUIT** ▷4
FR. 1986. Drame policier réalisé et interprété par Frédéric ANDRÉI avec Isabelle Texier et Gabriel Cattand. - Après un vol de bijouterie manqué, un garçon et une fille s'enfuient chacun de son côté en communiquant par code.
VO→LS **Général**

**PARIS TROUT** ▷4
É.-U. 1991. Drame de mœurs de Stephen GYLLENHAAL avec Dennis Hopper, Barbara Hershey et Ed Harris. - Un avocat vient en aide à l'épouse d'un de ses clients, un commerçant meurtrier qui menace de s'en prendre à elle.
VO→17,95$ VF→17,95$ **18 ans +**

**PARIS WHEN IT SIZZLES** ▷4
É.-U. 1963. Comédie de Richard QUINE avec Audrey Hepburn, William Holden et Grégoire Aslan. - Un scénariste et sa secrétaire imaginent diverses variations au sujet d'un film.
VO→14,95$ **Général**

**PARIS, FRANCE** ▷4
É.-U. 1993. Drame de mœurs de Gerard CICCORITTI avec Leslie Hope, Peter Outerbridge et Victor Ertmanis. - Tentant vainement de terminer un roman érotique, une femme mariée décide de chercher l'inspiration dans sa relation tumultueuse avec un poète bisexuel.
VF→11,95$ VO→19,95$ **18 ans + Érotisme**

**PARIS, TEXAS** ▶2
ALL. 1984. Drame de Wim WENDERS avec Harry Dean Stanton, Hunter Carson et Nastassja Kinski. - Après une longue errance, un homme regagne l'affection de son jeune fils et se met à la recherche de son épouse. - Traitement insolite de thèmes psychologiques ou sociaux. Style poétique d'une grande beauté. Interprétation remarquable du protagoniste.
VO→LS **Général**

**PARISIAN LOVE** ▷0
É.-U. 1925, Louis J. GASNIER
ITA→34,95$ **Général**

**PARISIENNE, UNE** ▷4
FR. 1957. Comédie de Michel BOISROND avec Brigitte Bardot, Charles Boyer et Henri Vidal. - La jeune épouse d'un haut fonctionnaire courtise un prince en visite à Paris afin d'exciter la jalousie de son mari.
VO→LS **Général**

**PARKING** ▷4
FR. 1985. Drame fantastique de Jacques DEMY avec Francis Huster, Keiko Ito et Marie-France Pisier. - Un chanteur populaire connaît une expérience troublante après avoir été entraîné dans l'au-delà par la mort.
VO→LS **Général**

**PARLEZ-NOUS D'AMOUR** ▷5
QUÉ. 1976. Drame de mœurs de Jean-Claude LORD avec Jacques Boulanger, Monique Mercure et Claude Michaud. - Les désenchantements de l'animateur d'une émission de variétés à la télévision.
VO→13,95$ **13 ans +**

**PAROLE DE FLIC** ▷5
FR. 1985. Drame policier de José PINHEIRO avec Alain Delon, Fiona Gélin et Jacques Perrin. - Un ancien policier entreprend d'éliminer les assassins de sa fille adolescente.
VO→LS **13 ans +**

**PAROLE, LA** ▶1
DAN. 1955. Drame religieux de Carl Theodor DREYER avec Henrik Malberg, Preben Lerdorff Rye et Brigitte Federspiel. - Se prennant pour Jésus, un fils de fermier annonce la mort et la résurrection de sa belle-sœur qui souffre d'un enfantement difficile. - Sujet abordé avec un dépouillement exemplaire. Rythme hiératique. Réalisation admirable. Images particulièrement soignées. Interprétation quelque peu théâtrale.
STA→27,95$ STF→21,95$ **Général**

**PARRAIN, LE**
Voir: THE GODFATHER

**PARRAIN - 2e PARTIE, LE**
Voir: THE GODFATHER - PART II

**PARRAIN - 3e PARTIE, LE**
Voir: THE GODFATHER PART 3

**PARRAIN D'UN JOUR, LE**
Voir: THINGS CHANGE

**PART DES LIONS, LA** ▷5
FR. 1971. Drame policier de Jean LARRIAGA avec Robert Hossein, Charles Aznavour et Raymond Pellegrin. - Un écrivain retrouve un vieil ami d'enfance qui lui fournit l'occasion d'imaginer la mise au point d'un cambriolage.
VO→LS **Général**

**PART DES TÉNÈBRES, LA**
Voir: THE DARK HALF

**PARTIE D'ÉCHECS, LA** ▷5
FR. 1993. Drame de Yves HANCHAR avec Denis Lavant, Pierre Richard et Catherine Deneuve. - Au XIXe siècle, un jeune champion d'échecs participe à un tournoi organisé par une marquise qui a promis d'offrir sa fille au vainqueur.
VO→18,95$ **Général**

**PARTIE DE CAMPAGNE, UNE** ▶2
FR. 1936. Comédie sentimentale de Jean RENOIR avec Sylvia Bataille, Georges Darnoux et Gabriello. - Au cours d'une sortie à la campagne, la fille et la femme d'un brave commerçant font la rencontre de deux séducteurs. - Adaptation d'une nouvelle de Guy de Maupassant. Sujet délicat traité avec une justesse de ton remarquable. Mélange de réalisme critique et de poésie. Excellente direction d'acteurs.
STA→LS **Général**

**PARTIE DE CHASSE, LA**
Voir: THE SHOOTING PARTY

**PARTIE DE PLAISIR, UNE** ▷5
FR. 1974. Drame psychologique de Claude CHABROL avec Paul Gégauff, Danièle Gégauff et Paula Moore. - Un couple se désagrège après entente sur une mutuelle liberté sexuelle.
STA→109,95$ **13 ans +**

**PARTING GLANCES** ▷5
É.-U. 1985. Drame de mœurs de Bill SHERWOOD avec Richard Ganoung, John Bolger et Steve Buscemi. - Un homosexuel voit d'un mauvais œil le départ de son amoureux pour un long séjour en Afrique.
VO→49,95$ **13 ans +**

**PARTIR, REVENIR** ▷4
FR. 1985. Drame de Claude LELOUCH avec Evelyne Bouix, Richard Anconina et Annie Girardot. - Rescapée des camps nazis, une Juive cherche à découvrir le délateur qui a provoqué l'extermination de sa famille.
VO→LS **Général**

**PARTIS POUR LA GLOIRE** ▷4
QUÉ. 1975. Drame de mœurs de Clément PERRON avec Serge L'Italien, Rachel Cailhier et Jacques Thisdale. - En 1942, deux jeunes Beaucerons tentent d'échapper à la conscription.
VO→LS **Général**

**PARTITION INACHEVÉE POUR PIANO MÉCANIQUE** ►2
RUS. 1976. Comédie dramatique de Nikita MIKHALKOV avec Alexandre Kaliaguine, Elena Solovei et Evguénia Glouchenko. - Lors d'une réception champêtre donnée par la veuve d'un général, un instituteur marié renoue avec un amour de jeunesse. - Adaptation fort réussie de pièces de Tchékhov. Images d'une grande beauté. Mouvement souple et fluide. Interprètes talentueux.
STA→32,95$ **Général**

**PARTNER** ▷4
ITA. 1968. Drame fantastique de Bernardo BERTOLUCCI avec Pierre Clementi, Tina Aumont et Sergio Tofano. - Un jeune metteur en scène de théâtre se sent poussé par son double à des entreprises hasardeuses.
STA→LS **Général**

**PARTY GIRL** ▷4
É.-U. 1958. Drame policier de Nicholas RAY avec Robert Taylor, Cyd Charisse et Lee J. Cobb. - À Chicago, un avocat s'est mis au service d'un chef de gang.
VO→19,95$ **Non classé**

**PARTY GIRL** ▷4
É.-U. 1994. Comédie de Daisy VON SCHERLER MAYER avec Parker Posey, Omar Townsend et Sacha von Scherler. - Une jeune femme qui gravite dans les milieux branchés et ne pense qu'à s'amuser finit par changer ses habitudes après avoir obtenu un emploi de bibliothécaire.
VO→31,95$ VF→26,95$ **Général**

**PARTY, LE** ▷5
QUÉ. 1990. Drame social de Pierre FALARDEAU avec Lou Babin, Julien Poulin et Charlotte Laurier. - Dans un pénitencier, au cours d'un spectacle présenté par des artistes venus de l'extérieur, un détenu tente de s'évader et un autre de se suicider.
VO→12,95$ **18 ans +**

**PARTY, THE** ▷3
É.-U. 1967. Comédie de Blake EDWARDS avec Peter Sellers, Claudine Longet et Steve Franken. - Un producteur d'Hollywood donne une réception qui est bouleversée par un acteur maladroit. - Situation de base très simple. Nombreuses variations comiques. Accent mis sur les gags visuels. P. Sellers en pleine forme dans un rôle quasi muet.
VO→14,95$ **Général**

**PAS BESOIN DES HOMMES**
Voir: BOYS ON THE SIDE

**PAS D'AMOUR SANS AMOUR** ▷0
FR. 1993, Evelyne DRESS
VO→LS **Général**

**PAS D'ORCHIDÉES POUR MISS BLANDISH**
Voir: THE GRISSOM GANG

**PAS DE RÉPIT POUR MÉLANIE** ▷3
QUÉ. 1990. Comédie dramatique de Jean BEAUDRY avec Marie-Stéphane Gaudry, Kesnamelly Neff et Vincent Bolduc. - En lisant le livre *Le Petit Prince*, une fillette tente d'apprivoiser une vieille dame recluse dans sa maison depuis la mort de son mari. - Film de la série «Contes pour tous». Histoire habilement construite. Suspense bien maintenu.
VO→LS **Général**

**PAS DE ROSES POUR O.S.S. 117** ▷0
FR. 1967, André HUNEBELLE
VO→LS **Non classé**

**PAS DU CÔTÉ DE L'ENFER, UN**
Voir: LIES OF THE TWINS

**PAS SI FOLLE**
Voir: HOUSEKEEPING

**PAS SI MÉCHANT QUE ÇA** ▷4
FR. 1974. Comédie dramatique de Claude GORETTA avec Gérard Depardieu, Marlène Jobert et Dominique Labourier. - À la mort de son père, un jeune homme constate la mauvaise situation de l'entreprise familiale et se met à faire des hold-up.
VO→LS **Général**

**PAS SUSPENDU DE LA CIGOGNE, LE** ►2
FR. 1991. Drame de Theo ANGELOPOULOS avec Gregory Karr, Marcello Mastroianni et Jeanne Moreau. - Dans un ghetto de réfugiés en Grèce, un journaliste croit reconnaître un politicien qui a disparu voilà quelques années. - Œuvre rigoureuse et grave sur les thèmes de l'exil et de la séparation. Ensemble émouvant et fascinant. Rythme lent. Images magnifiques. Comédiens de très grande valeur.
STF→LS **Général**

**PAS TRÈS CATHOLIQUE** ▷4
FR. 1993. Comédie dramatique de Tonie MARSHALL avec Anémone, Grégoire Colin et Denis Podalydes. - Chargée de surveiller des dealers à la sortie d'un lycée, une détective quadragénaire à la vie dissolue tombe sur son fils qui ne l'a jamais connue.
VO→18,95$ **Général**

**PASCALI'S ISLAND** ▷4
ANG. 1988. Drame de James DEARDEN avec Ben Kingsley, Charles Dance et Helen Mirren. - Un informateur à la solde des Turcs voit débarquer dans la petite île de Nisi en 1908 un Anglais se disant archéologue auquel il offre ses services.
VF→19,95$ VO→19,95$ **Général**

**PASSAGE À TABAC**
Voir: MURDER AHOY

**PASSAGE DES HOMMES LIBRES, LE** ▷0
VEN. 1997, Luis Armando ROCHE
VF→18,95$

**PASSAGE POUR LE PARADIS** ▷0
ITA.-FR.-ANG. 1996, Antonio BAIOCCO
VO→13,95$ **Général**

**PASSAGE TO INDIA, A** ▷3
ANG. 1984. Drame de mœurs de David LEAN avec Judy Davis, Victor Banerjee et Peggy Ashcroft. - En Inde, dans les années 1920, une jeune Anglaise accuse de tentative de viol un médecin musulman avec qui elle avait lié amitié. - Adaptation intelligente d'un roman de E.M. Forster. Traitement subtil d'un thème connu. Illustration d'un classicisme raffiné. Interprétation de qualité.
VF→18,95$ VO→19,95$ **Général**

**PASSAGE TO MARSEILLE** ▷5
É.-U. 1944. Drame de guerre de Michael CURTIZ avec Humphrey Bogart, Michèle Morgan et Victor Francen. - Des bagnards évadés recueillis à bord d'un cargo cherchent à se joindre aux forces de la France libre.
VO→19,95$ **Général**

**PASSAGER CLANDESTIN, LE** ▷4
HOL. 1997. Drame psychologique de Ben Van LIESHOUT avec Bekzod Mukhamedkarimov, Ariane Schluter et Sjamoerat Oetemratov. - Las de la vie qu'il mène dans son petit village, un Ouzbek s'embarque clandestinement sur un navire et se retrouve à Rotterdam.
STF→26,95$ Général

**PASSANTE DU SANS-SOUCI, LA** ▷4
FR. 1981. Drame de Jacques ROUFFIO avec Romy Schneider, Michel Piccoli et Gérard Klein. - Après avoir tué l'ambassadeur du Paraguay en France, un homme se livre à la police et explique à sa femme les raisons de son geste.
VO→LS Général

**PASSE DU SIÈCLE, LA**
Voir: DEAL OF THE CENTURY

**PASSÉ REVIENT, LE**
Voir: DEAD AGAIN

**PASSE-MURAILLE, LE** ▷4
FR. 1950. Comédie fantaisiste de Jean BOYER avec Bourvil, Joan Greenwood et Marcelle Arnold. - Un fonctionnaire découvre qu'il a le don de traverser les murs.
VO→LS Général

**PASSED AWAY** ▷5
É.-U. 1992. Comédie de Charlie PETERS avec Bob Hoskins, Blair Brown et Frances McDormand. - Réunis pour assister aux funérailles de leur père, deux hommes d'âge mûr et leurs deux sœurs en profitent pour faire le point sur leur vie.
VF→LS VO→LS Général

**PASSENGER 57** ▷5
É.-U. 1992. Drame policier de Kevin HOOKS avec Wesley Snipes, Bruce Payne et Tom Sizemore. - Alors qu'il voyage comme simple passager, un spécialiste en sécurité aérienne voit son avion détourné par des pirates de l'air.
VF→12,95$ 16 ans + Violence

**PASSENGER, THE** ►2
POL. 1961. Drame de guerre d'Andrzej MUNK et Witold LESIEWICZ avec Aleksandra Slaka, Anna Ciepielewska et Marek Walczewski. - Dans un camp de concentration nazi, une gardienne tente de se soumettre une prisonnière. - Œuvre singulièrement attachante quoique inachevée. Images sobres et bouleversantes.
STA-LBX→39,95$ Général - Déconseillé aux jeunes enfants

**PASSENGER, THE**
Voir: PROFESSION: REPORTER

**PASSENGERS, THE**
Voir: LES TRAQUÉS

**PASSIFLORA** ▷0
QUÉ. 1985, Fernand BÉLANGER et Dagmar G. TEUFEL
VO→LS 13 ans +

**PASSION** ▷0
FR. 1982, Jean-Luc GODARD
STA→LS

**PASSION ANDALOUSE** ▷4
ESP. 1989. Drame musical de Vincente ESCRIVA avec Juan Paredes, Esperanza Campuzano et Cristina Hoyos. - Les amours contrariées d'un couple de gitans espagnols dont les familles poursuivent une rivalité qui dure depuis longtemps.
VF→LS Général

**PASSION BÉATRICE, LA** ▷3
FR. 1987. Drame de mœurs de Bertrand TAVERNIER avec Bernard-Pierre Donnadieu, Julie Delpy et Nils Tavernier. - Au XIVe siècle, après une longue captivité, un chevalier tourmenté et violent pille les villages d'alentour et va jusqu'à violer sa fille pour défier Dieu. - Drame pur et dépouillé inspiré de loin d'un fait divers.
VO→19,95$ STA→LS 13 ans +

**PASSION D'AMOUR** ▷3
ITA. 1980. Drame psychologique d'Ettore SCOLA avec Bernard Giraudeau, Valeria d'Obici et Jean-Louis Trintignant. - En 1862, un officier de cavalerie est poursuivi par les attentions d'une femme d'une laideur exceptionnelle. - Sujet insolite. Climat d'époque bien créé. Mise en scène rigoureuse. Interprétation convaincante.
STA→34,95$ VF→LS Général

**PASSION D'AMOUR**
Voir: PASSION FISH

**PASSION DANS LE DÉSERT**
Voir: PASSION IN THE DESERT

**PASSION DE JEANNE D'ARC, LA** ►1
FR. 1928. Drame religieux de Carl Theodor DREYER avec Renée Falconetti, Silvain et Antonin Artaud. - Le procès et la mort de Jeanne d'Arc. - Drame psychologique d'une puissance remarquable. Décors sobres et stylisés. Jeu admirable de R. Falconetti.
ITA→27,95$ ITA-DVD→64,95$ Général

**PASSION FISH** ▷4
É.-U. 1992. Comédie dramatique de John SAYLES avec Mary McDonnell, Alfre Woodard et David Strathairn. - Victime d'un accident qui l'a condamnée au fauteuil roulant, une actrice aigrie s'attache à l'infirmière qui prend soin d'elle.
VO→18,95$ VF→18,95$ LBX-DVD→29,95$ Général

**PASSION IN THE DESERT** ▷4
É.-U. 1997. Aventures de Lavinia CURRIER avec Ben Daniels, Michel Piccoli et Paul Meston. - En 1798, un officier français perdu dans le désert égyptien se lie d'amitié avec un léopard.
VO→19,95$ VF→19,95$ 13 ans +

**PASSION MEURTRIÈRE**
Voir: PRICK UP YOUR EARS

**PASSION OF ANNA, THE**
Voir: UNE PASSION

**PASSION OF DARKLY NOON, THE** ▷5
É.-U. 1995. Drame de mœurs de Philip RIDLEY avec Brendan Fraser, Ashley Judd et Vigo Mortensen. - Après la mort de ses parents, un jeune homme élevé selon les préceptes de la Bible est recueilli par un couple émancipé vivant dans la forêt.
VO→32,95$ 16 ans +

**PASSION OF MIND** ▷5
É.-U. 2000. Drame psychologique d'Alain BERLINER avec Demi Moore, S. Skarsgard et W. Fichtner. - Une jeune femme en vient à confondre sa vraie vie avec celle, très différente, qu'elle rêve la nuit.
VF→14,95$ VO→LS

**PASSION, UNE** ▷3
SUÈ. 1969. Drame psychologique d'Ingmar BERGMAN avec Max Von Sydow, Liv Ullmann et Bibi Andersson. - Deux femmes tentent de combler la solitude d'un peintre qui s'est retiré dans une île. - Exploration des thèmes chers à l'auteur. Mise en scène maîtrisée et austère. Interprétation forte.
STA→19,95$ 13 ans +

**PASSIONNÉMENT** ▷5
FR. 1999. Drame psychologique de Bruno NUYTTEN avec Gérard Lanvin, Charlotte Gainsbourg et Eric Ruff. - Une adolescente se fait raconter par un ami les circonstances de la mort de son père, victime d'un drame passionnel.
VO→LS Général

**PASSIONS D'AUTOMNE**
Voir: THE GRASS HARP

**PASSIONS TOURMENTÉES**
Voir: STEEL MAGNOLIAS

**PASSOVER FEVER** ▷5
ISR. 1995. Drame de mœurs de S. ZARHIN avec Gila Almagor, Yossef Shiloah et Miki Kam. - Les préoccupations des membres d'une famille qui se réunit à l'occasion de la Pâque.
STA→27,95$ Général

**PAT AND MIKE** ▷3
É.-U. 1952. Comédie de George CUKOR avec Katharine Hepburn, Spencer Tracy et Aldo Ray. - Un promoteur sportif pousse une monitrice de culture physique à se lancer dans les compétitions professionnelles. - Fine satire des milieux sportif et universitaire. Mise en scène souple et vivante. Excellents interprètes.
VO→14,95$ **Général**

**PAT GARRETT & BILLY THE KID** ▷4
É.-U. 1973. Western de Sam PECKINPAH avec James Coburn, Kris Kristofferson et Bob Dylan. - La fin du célèbre bandit Billy le Kid poursuivi par son ami le shérif Pat Garrett.
VO→19,95$ **13 ans +**

**PATCH ADAMS** ▷5
É.-U. 1998. Comédie dramatique de Tom SHADYAC avec Robin Williams, Daniel London et Monica Potter. - Un étudiant en médecine s'efforce de prouver que l'on peut favoriser la guérison des malades par l'humour et la compassion.
VF→14,95$ VO→14,95$ LBX-DVD→PC **Général**

**PATCH OF BLUE, A** ▷3
É.-U. 1965. Drame sentimental de Guy GREEN avec Sidney Poitier, Elizabeth Hartman et Shelley Winters. - Un Noir s'intéresse à une jeune aveugle et l'aide à sortir de son milieu sordide. - Œuvre pleine de charme et de délicatesse. Réalisation sobre et efficace. Interprètes bien dirigés.
LBX→19,95$ **Général**

**PATHER PANCHALI**
Voir: LA COMPLAINTE DU SENTIER

**PATHS OF GLORY** ▶2
É.-U. 1957. Drame de guerre de Stanley KUBRICK avec Kirk Douglas, Adolphe Menjou et Ralph Meeker. - Durant la guerre 1914-1918, trois soldats passent en cour martiale pour avoir fui devant l'ennemi. - Récit captivant et intéressant. Ensemble de qualité. Scènes de combat hallucinantes. Interprétation excellente.
VO→18,95$ DVD→18,95$ **Général**

**PATIENCE DES FEMMES FAIT LA FORCE DES HOMMES, LA** ▷4
ALL. 1980. Drame social de Cristina PERINCIOLI avec Elisabeth Walinski, Eberhard Feik et Dora Kuerten. - Les problèmes d'une femme battue désireuse de se séparer de son mari.
VF→LS **Général**

**PATIENT ANGLAIS, LE**
Voir: THE ENGLISH PATIENT

**PATIENTS DE MLLE EVERS, LES**
Voir: MISS EVERS' BOYS

**PATRICIA, UN VOYAGE POUR L'AMOUR** ▷0
FR. 1980, Hubert FRANK
VO→LS **Non classé**

**PATRICK** ▷5
AUS. 1978. Drame fantastique de Richard FRANKLIN avec Susan Penhaligon, Robert Helpmann et Rod Millinar. - Un patient dans le coma développe un sixième sens qui lui permet d'agir à distance par la pensée.
VO→LS **13 ans +**

**PATRIOT GAMES** ▷4
É.-U. 1992. Drame d'espionnage de Phillip NOYCE avec Harrison Ford, Anne Archer et Patrick Bergin. - Un ancien agent de la CIA et sa famille deviennent la cible d'un terroriste irlandais.
LBX→14,95$ VF→14,95$ **13 ans + Violence**

**PATRIOT, THE** ▷6
É.-U. 1997. Aventures de Dean SEMLER avec Steven Seagal, Gailard Sartain, Camilla Belle. - Un scientifique retiré dans un ranch part affronter des extrémistes qui menacent la population d'une ville du Montana avec un dangereux virus.
VF→149,95$ **13 ans + Violence**

**PATRIOT, THE** ▷4
É.-U. 2000. Drame historique de Roland EMMERICH avec Mel Gibson, Heath Ledger et Jason Isaacs. - En 1776, un fermier pacifique se résout à prendre part à l'insurrection des colons américains contre l'autorité britannique.
VF→149,95$ VO→LS **13 ans + Violence**

**PATRIOTES, LES** ▷4
FR. 1994. Drame d'espionnage d'Éric ROCHANT avec Yvan Attal, Yossi Banai et Sandrine Kiberlain. - Un jeune Juif d'origine française exécute des missions d'espionnage à Paris et à Washington pour le compte du Mossad, l'agence de renseignements israélienne.
VO→LS **Général**

**PATROUILLE DU COSMOS**
Voir: STAR TREK: THE MOTION PICTURE

**PATROUILLE PERDUE, LA**
Voir: THE LOST PATROL

**PATROUILLEUR 109**
Voir: PT 109

**PATROUILLEURS DE L'ESPACE, LES**
Voir: STARSHIP TROOPERS

**PATSY, THE** ▷4
É.-U. 1964. Comédie réalisée et interprétée par Jerry LEWIS avec Ina Balin et Everett Sloane. - Un jeune homme un peu benêt est choisi pour remplacer un comédien célèbre.
VO→LS **Général**

**PATTES BLANCHES** ▷0
FR. 1949, Jean GRÉMILLON
STA→LS **Général**

**PATTI ROCKS** ▷0
É.-U. 1988, David Burton MORRIS
VO→LS **18 ans +**

**PATTON** ▷3
É.-U. 1969. Drame biographique de Franklin J. SCHAFFNER avec George C. Scott, Karl Malden et Stephen Young. - Les péripéties de la carrière d'un général américain. - Portrait complexe d'une forte personnalité. Mise en scène intelligente. Interprétation nuancée et réfléchie.
VF→16,95$ VO→16,95$ LBX→22,95$
LBX-DVD→28,95$ **Général**

**PATTY HEARST** ▷5
É.-U. 1988. Drame social de Paul SCHRADER avec Natasha Richardson, William Forsythe et Frances Fisher. - Enlevée par un groupuscule terroriste, une riche héritière se joint à la lutte anticapitaliste de ses kidnappeurs.
VF→LS VO→LS **Général**

**PAULETTE** ▷0
FR. 1986, Claude CONFORTÈS
VO→LS **13 ans +**

**PAULIE** ▷4
É.-U. 1998. Comédie fantaisiste de John ROBERTS avec Tony Shalhoub, Gena Rowlands et Cheech Marin. - Un perroquet capable de converser comme un humain fait un long voyage pour retrouver sa jeune propriétaire.
VF→15,95$ VO→15,95$ **Général**

**PAULINE À LA PLAGE** ▷3
FR. 1982. Comédie de mœurs d'Éric ROHMER avec Arielle Dombasle, Amanda Langlet et Féodor Atkine. - Au cours d'un séjour sur la côte normande, une adolescente et sa cousine divorcée vivent des déceptions amoureuses. - Fines observations de mœurs sous une apparence frivole. Marivaudage intelligemment conduit. Illustration soignée. Interprétation dans le ton voulu.
STA→LS **13 ans +**

**PAVILLON DE L'OUBLI, LE**
Voir: THE SLEEP ROOM

**PAWNBROKER, THE** ▷3
É.-U. 1964. Drame psychologique de Sidney LUMET avec Rod Steiger, Jaime Sanchez et Brock Peters. - Un vieux Juif, victime des camps de concentration, exerce avec dureté son métier de prêteur sur gages. - Étude psychologique présentée avec force et réalisme. Réalisation de qualité. Solide composition de R. Steiger.
VO→14,95$ **Général**

**PAY DAY** ▷0
É.-U. 1972, Daryl DUKE
VO→14,95$ **13 ans +**

**PAY IT FORWARD** ▷5
É.-U. 2000. Drame sentimental de Mimi LEDER avec Haley Joel Osment, Kevin Spacey et Helen Hunt. - Un gamin dévoué au bonheur d'autrui tente de jeter son nouvel instituteur dans les bras de sa mère célibataire.
VF→LS VO→LS **Général**

**PAYBACK** ▷5
É.-U. 1999. Drame policier de Brian HELGELAND avec Mel Gibson, Gregg Henry et Maria Bello. - Un escroc doit affronter une meute de gangsters pour récupérer un magot qu'on lui a dérobé.
VO→14,95$ VF→14,95$ LBX-DVD→32,95$ **16 ans + Violence**

**PAYS DES SOURDS, LE** ▷4
FR. 1992. Documentaire de Nicolas PHILIBERT. - Des malentendants décrivent leurs expériences et leurs rapports avec le reste du monde.
STA→PC **Général**

**PAYS OÙ RÊVENT LES FOURMIS VERTES, LE** ▷4
AUS. 1984. Drame social de Werner HERZOG avec Bruce Spence, Wandjuk Marika et Roy Marika. - En Australie, des aborigènes s'opposent à des explorations minières dans des terres qu'ils considèrent comme sacrées.
VO→LS **Général**

**PEACE HOTEL** ▷0
H. K. 1995, Kai-Fei WAI
STA-LBX-DVD→59,95$ **13 ans + Violence**

**PEACEMAKER** ▷5
É.-U. 1990. Science-fiction de Kevin S.TENNEY avec Hilary Shepard, Lance Edwards et Robert Forster. - Un médecin est impliqué malgré lui dans le combat que se livrent deux extraterrestres rivaux échoués sur Terre.
VF→11,95$ VO→15,95$ **Non classé**

**PEACEMAKER, THE** ▷5
É.-U. 1997. Drame d'espionnage de Mimi LEDER avec George Clooney, Nicole Kidman et Alexander Baluev. - Une scientifique et un soldat américains tentent d'empêcher un Serbe de faire exploser une bombe atomique à New York.
LBX→15,95$ VF→11,95$ LBX-DVD→34,95$
VO→PC **13 ans + Violence**

**PEANUT BUTTER SOLUTION, THE** ▷4
QUÉ. 1985. Comédie fantaisiste de Michael RUBBO avec Mathew Mackay, Siluk Saysanasy et Alison Podbrey. - Après avoir subi une grande frayeur, un jeune garçon perd puis regagne ses cheveux dans des conditions fantastiques.
VF→LS **Général**

**PEARL OF DEATH, THE** ▷5
É.-U. 1944. Drame policier de Roy William NEILL avec Basil Rathbone, Nigel Bruce et Evelyn Ankers. - Le détective Sherlock Holmes tente de résoudre le mystère entourant le vol d'une perle.
VO→LS **Général**

**PEARLS OF THE CROWN, THE**
Voir: LES PERLES DE LA COURONNE

**PEASANTS IN DISTRESS** ▷0
CAMB. 1995, H.M. Norodom SIHANOUK
STA→41,95$ **Général**

**PEASANTS, THE** ▷0
POL. 1973, Jan RYBKOWSKI
STA→LS **13 ans +**

**PEAU D'ÂNE** ▷3
FR. 1970. Conte de Jacques DEMY avec Catherine Deneuve, Jean Marais et Jacques Perrin. - Pour échapper à son père qui désire l'épouser, une princesse s'enfuit du château revêtue d'une peau d'âne. - Adaptation charmante et élégante du conte de Perrault. Évocation simple et poétique du merveilleux.
VO→LS **Général**

**PEAU D'UN AUTRE, LA**
Voir: PETE KELLY'S BLUES

**PEAU DOUCE, LA** ▷3
FR. 1964. Drame psychologique de François TRUFFAUT avec Jean Desailly, Françoise Dorléac et Nelly Benedetti. - La liaison d'un homme marié avec une hôtesse de l'air a des conséquences tragiques. - Renouvellement d'un sujet conventionnel. Style sobre et classique, attentif aux détails significatifs.
STA→LS **Général**

**PEAU ET LES OS, LA** ▷4
QUÉ. 1988. Documentaire de Johanne PRÉGENT avec Hélène Bélanger, Sylvie-Catherine Beaudoin et Louise Turcot. - Exploration des motivations psychologiques qui rendent certaines adolescentes anorexiques ou boulimiques.
VO→19,95$ **Général**

**PEAUX DE VACHES** ▷4
FR. 1988. Drame de mœurs de Patricia MAZUY avec Sandrine Bonnaire, Jean-François Stévenin et Jacques Spiesser. - Le retour inopiné d'un fermier qui a été condamné pour un homicide involontaire provoque des tensions familiales que cherche à comprendre sa nouvelle belle-sœur.
VO→LS **Général**

**PEBBLE & THE PENGUIN, THE** ▷5
É.-U. 1995. Dessins animés de Don BLUTH. - Capturé par des chasseurs et emmené dans un pays lointain, un jeune pingouin doit surmonter bien des périples pour retourner chez lui.
VO→PC VF→11,95$ **Général - Enfants**

**PÊCHE AUX DÉSERTEURS, LA**
Voir: BURIED ON SUNDAY

**PECKER** ▷6
É.-U. 1998. Comédie satirique de John WATERS avec Edward Furlong, Christina Ricci et Lili Taylor. - Un jeune photographe issu d'un milieu prolétaire connaît la célébrité grâce à une exposition de ses œuvres à Manhattan.
VO→19,95$ LBX-DVD→27,95$ **13 ans +**

**PÉDALE DOUCE** ▷5
FR. 1996. Comédie de mœurs de Gabriel AGHION avec Patrick Timsit, Fanny Ardant et Richard Berry. - Une restauratrice qui a accepté de se faire passer pour l'épouse d'un homme d'affaires homosexuel s'éprend d'un client homophobe de ce dernier.
VO→13,95$ **13 ans + Langage vulgaire**

**PEDDLER, THE** ▷0
IRAN 1986, Mohsen MAKHMALBAF
STA→PC **Général**

**PEDESTRIAN, THE** ▷0
ALL. 1974, Maximilian SCHELL
VA→LS **Non classé**

**PEE WEE AU CIRQUE**
Voir: BIG TOP PEE WEE

**PEE-WEE'S BIG ADVENTURE** ▷4
É.-U. 1985. Comédie burlesque de Tim BURTON avec Paul Reubens, Elizabeth Daily et Mark Holton. - S'étant fait voler sa bicyclette, un homme-enfant la récupère après une folle poursuite qui le mène dans un studio hollywoodien.
VO→14,95$ VF→14,95$ LBX-DVD→21,95$ **Général**

**PEEPING TOM** ▷3
ANG. 1959. Drame d'horreur de Michael POWELL avec Carl Boehm, Moira Shearer et Anna Massey. - Un technicien de cinéma à l'esprit dérangé se délecte en filmant la peur qu'il provoque chez des jeunes filles qu'il tue. - Observation morbide d'un cas pathologique. Mise en scène soignée. Interprétation de qualité.
VO→17,95$ LBX-DVD→64,95$ **Général**

**PEGGY SUE GOT MARRIED** ▷4
É.-U. 1986. Comédie fantaisiste de Francis COPPOLA avec Kathleen Turner, Nicolas Cage et Barry Miller. - Au cours d'une fête, une femme de quarante-trois ans s'évanouit et se retrouve à son réveil vingt-cinq ans plus tôt alors qu'elle était adolescente.
VF→14,95$ VO→14,95$ LBX-DVD→36,95$ **Général**

**PEGGY SUE S'EST MARIÉE**
Voir: PEGGY SUE GOT MARRIED

**PELICAN BRIEF, THE** ▷4
É.-U. 1993. Drame politique d'Alan J. PAKULA avec Julia Roberts, Denzel Washington et Sam Shepard. - Une étudiante en droit devient la cible d'assassins après avoir rédigé un exposé sur le meurtre mystérieux de deux juges de la Cour suprême.
VF→11,95$ VO→11,95$ LBX-DVD→29,95$ **Général**

**PELLAN** ▷5
QUÉ. 1986. Documentaire d'André GLADU. - La vie et l'œuvre d'un célèbre peintre québécois.
VO→24,95$ **Général**

**PELLE LE CONQUÉRANT** ▶2
DAN. 1987. Drame de mœurs de Bille AUGUST avec Pelle Hvenegaard, Max Von Sydow et Bjorn Granath. - Au début du siècle, un ouvrier suédois se rend au Danemark avec son fils et trouve un emploi dans un domaine rural. - Récit basé sur le roman de Martin Andersen Nexö. Fresque impressionnante sur la vie rurale de l'époque. Intérêt constant. Mise en scène de qualité. Interprétation excellente.
VF→LS **Général**

**PENALTY, THE** ▷0
É.-U. 1920, Wallace WORSLEY
ITA-KINO→34,95$ **Général**

**PENDANT TON SOMMEIL**
Voir: WHILE YOU WERE SLEEPING

**PENNIES FROM HEAVEN** ▷3
É.-U. 1981. Comédie musicale de Herbert ROSS avec Steve Martin, Bernadette Peters et Jessica Harper. - Dans les années 1930, les problèmes financiers et sentimentaux d'un vendeur de partitions musicales. - Hommage au cinéma d'antan. Numéros musicaux bien conçus. Mise en scène stylisée. Interprétation dans la note voulue.
VO→19,95$ **13 ans +**

**PENNY PRINCESS** ▷0
ANG. 1951, Val GUEST
VO→PC **Général**

**PENNY SERENADE** ▷4
É.-U. 1941. Comédie sentimentale de George STEVENS avec Irene Dunne, Cary Grant et Edgar Buchanan. - Sur le point de quitter son mari, une jeune femme écoute un disque qui lui rappelle ses expériences conjugales.
VO→18,95$ **Général**

**PENSÉES MORTELLES**
Voir: MORTAL THOUGHTS

**PEOPLE OF THE WIND** ▷0
É.-U. 1976, Anthony HOWARTH
LBX→66,95$ **Général**

**PEOPLE THAT TIME FORGOT, THE** ▷5
ANG. 1977. Aventures de Kevin CONNOR avec Patrick Wayne, Sarah Douglas et Thorley Walters. - Un officier organise une expédition dans les régions de l'Antarctique afin d'y retrouver un vieil ami.
VO→11,95$ **Général**

**PEOPLE UNDER THE STAIRS, THE** ▷4
É.-U. 1991. Drame d'horreur de Wes CRAVEN avec Brandon Adams, Everett McGill et Wendy Robie. - Un adolescent s'introduit par effraction dans une grande demeure qui recèle des secrets horrifiants.
VF→LS VO→11,95$ **13 ans +**

**PEOPLE vs. LARRY FLYNT, THE** ▷4
É.-U. 1996. Drame biographique de Milos FORMAN avec Woody Harrelson, Courtney Love et Edward Norton. - Les démêlés avec la justice américaine de Larry Flynt, fondateur du magazine pornographique *Hustler*.
VF→14,95$ VO→14,95$ **13 ans + Érotisme**

**PEOPLE WILL TALK** ▷4
É.-U. 1951. Comédie dramatique de Joseph Leo MANKIEWICZ avec Cary Grant, Jeanne Crain et Hume Cronyn. - Un médecin qui prône des méthodes nouvelles réussit à confondre un collègue envieux.
VO→23,95$ **Général**

**PÉPÉ LE MOKO** ▷3
FR. 1937. Drame policier de Julien DUVIVIER avec Jean Gabin, Mireille Balin et Charpin. - Un criminel s'est réfugié dans le quartier de la casbah à Alger pour échapper à la police. - Intrigue habilement conduite. Excellent jeu de J. Gabin.
VO→14,95$ STA→26,95$ **Général**

**PEPI, LUCI, BOM** ▷0
ESP. 1980, Pedro ALMODOVAR
STA→LS **16 ans + Langage vulgaire**

**PEPPERMINT FRAPPÉ** ▷0
ESP. 1967, Carlos SAURA
STA-LBX→27,95$ **Général**

**PERDUS DANS L'ESPACE**
Voir: LOST IN SPACE

**PÈRE** ▷3
HON. 1966. Drame historique d'Istvan SZABO avec Miklos Gabor, Andras Balint et Dani Erdelyi. - Un jeune homme n'arrive pas à se libérer de l'image fabuleuse qu'il s'est forgée dans son enfance de son père mort à la guerre. - Histoire contemporaine de la Hongrie évoquée à travers le destin du héros. Imagination et réalité habilement entremêlés. Style lyrique. Excellente interprétation.
STA→PC **Non classé**

**PÈRE DE LA MARIÉE 2, LE**
Voir: FATHER OF THE BRIDE 2

**PÈRE MALGRÉ LUI**
Voir: TUNNEL OF LOVE

**PÈRE NOËL EST UNE ORDURE, LE** ▷4
FR. 1982. Comédie de Jean-Marie POIRÉ avec Thierry Lhermitte, Anémone et Gérard Jugnot. - La veille de Noël, divers incidents perturbent le travail des employés d'une association d'aide aux désespérés.
VO→LS **Général**

**PEREZ FAMILY, THE** ▷4
É.-U. 1995. Comédie dramatique de Mira NAIR avec Marisa Tomei, Alfred Molina et Chazz Palminteri. - À la suite d'un malentendu au bureau d'immigration, deux Cubains venant à peine de se rencontrer sont inscrits comme mari et femme dans leurs demandes de statut de réfugiés.
VF→13,95$ VO→13,95$ **Général**

**PERFECT** ▷5
É.-U. 1985. Comédie dramatique de James BRIDGES avec John Travolta, Jamie Lee Curtis et Jann Wenner. - Un journaliste entreprend d'écrire un article sur la popularité des centres de conditionnement physique.
VF→14,95$ VO→14,95$ **Général**

**PERFECT FURLOUGH, THE** ▷5
É.-U. 1958. Comédie de Blake EDWARDS avec Tony Curtis, Janet Leigh et Keenan Wynn. - Les aventures d'un soldat qui s'est mérité un congé à Paris en compagnie d'une vedette d'Hollywood.
VO→14,95$ **Général**

**PERFECT MURDER, A** ▷5
É.-U. 1998. Drame policier d'Andrew DAVIS avec Michael Douglas, Gwyneth Paltrow et Viggo Mortensen. - Un financier conclut une entente avec l'amant de sa femme pour qu'il assassine cette dernière.
LBX→19,95$ VF→19,95$ LBX-DVD→29,95$ **13 ans +**

**PERFECT SON, THE** ▷4
CAN. 2000. Drame psychologique de Leonard FARLINGER avec Colm Feore, David Cubitt et Chandra West. - Un jeune aspirant écrivain sortant d'une cure de désintoxication donne un sens à sa vie en veillant sur son frère aîné atteint du sida.
**Général**

**PERFECT SPY, A** ▷0
ANG. 1987, Peter SMITH
VO→LS **Général**

**PERFECT STORM, THE** ▷5
É.-U. 2000. Aventures de Wolfgang PETERSEN avec George Clooney, Mark Wahlberg et Diane Lane. - Des pêcheurs doivent braver une terrible tempête provoquée par la convergence de plusieurs systèmes météorologiques.
LBX→24,95$ VO→24,95$
VF→24,95$ **Général - Déconseillé aux jeunes enfants**

**PERFECT WORLD, A** ▷4
É.-U. 1993. Drame policier réalisé et interprété par Clint EASTWOOD avec Kevin Costner et T.J. Lowther. - Pourchassé par la police, un détenu évadé parvient à transformer cette cavale en un jeu pour l'enfant qu'il a pris en otage.
VF→11,95$ VO→11,95$ **13 ans +**

**PERFECTLY NORMAL** ▷4
CAN. 1990. Comédie dramatique d'Yves SIMONEAU avec Michael Riley, Robbie Coltrane et Deborah Duchene. - Un modeste chauffeur de taxi qui a hérité d'une vaste maison ramène chez lui un client rêvant de diriger un restaurant pour mélomanes.
VO→18,95$ VF→28,95$ **Général**

**PERFORMANCE** ▷6
ANG. 1968. Drame de Donald CAMMELL et Nicholas ROEG avec James Fox, Mick Jagger et Anita Pallenberg. - À la suite d'un réglement de comptes, l'homme de main d'un chef de la pègre londonienne doit fuir à la fois la police et ses collègues.
VO→19,95$ **18 ans +**

**PÉRIGORD NOIR** ▷5
FR. 1988. Comédie de mœurs de Nicolas RIBOWSKI avec Roland Giraud, Jean Carmet et Lydia Galin. - Une jeune Africaine se fait passer pour la fille illégitime d'un fermier français en vue de lui soutirer de l'argent.
VO→LS **Général**

**PÉRIL EN LA DEMEURE** ▷3
FR. 1984. Drame policier de Michel DEVILLE avec Christophe Malavoy, Nicole Garcia et Anémone. - En acceptant de donner des cours de guitare à la fille d'un couple fortuné, un musicien est entraîné dans une sombre intrigue. - Histoire troublante aux retournements déroutants. Dialogues intelligents.
VO→LS **13 ans +**

**PÉRIL JEUNE, LE** ▷3
FR. 1994. Comédie dramatique de Cédric KLAPISCH avec Romain Duris, Julien Lambroschini et Nicolas Koretzky. - Quatre copains se remémorent leur année de terminale en 1975 au cours de laquelle ils séchaient impunément les cours. - Juxtaposition habile des souvenirs de plusieurs personnages. Sens poussé de l'observation psychologique. Réalisation sensible. Jeunes interprètes de talent.
VO→12,95$ **Général**

**PERIOD OF ADJUSTMENT** ▷4
É.-U. 1962. Comédie de George Roy HILL avec Jim Hutton, Tony Franciosa et Jane Fonda. - Les problèmes d'adaptation d'un jeune couple en voyage de noces.
VO→LS **Général**

**PERLE NOIRE, LA**
Voir: ALL THE BROTHERS WERE VALIANT

**PERLE NOIRE, LA**
Voir: THE BLACK PEARL

**PERLES DE LA COURONNE, LES** ▷4
FR. 1937. Comédie réalisée et interprétée par Sacha GUITRY et CHRISTIAN-JAQUE avec Raimu et Jacqueline Delubac. - L'histoire supposée de sept perles de valeur est l'occasion d'une promenade à travers l'histoire.
STA→LS **Général**

**PERMANENT MIDNIGHT** ▷5
É.-U. 1998. Drame de mœurs de David VELOZ avec Ben Stiller, Elizabeth Hurley et Maria Bello. - À Hollywood, un scénariste désabusé met le doigt dans l'engrenage infernal de la drogue.
VO→PC VF→PC LBX-DVD→PC **16 ans +**

**PERMANENT RECORD** ▷4
É.-U. 1988. Drame psychologique de Marisa SILVER avec Keanu Reeves, Alan Boyce et Michelle Meyrink. - Un adolescent est bouleversé par le suicide de son meilleur ami qui était un élève talentueux et fort apprécié.
VF→LS VO→LS **Général**

**PERMIS DE CONDUIRE, LE** ▷0
FR. 1973, Jean GIRAULT
VO→LS **Général**

**PERMIS DE TUER**
Voir: LICENCE TO KILL

**PERMISSION, LA** ▷0
É.-U. 1967, Melvin VAN PEEBLES
VO→LS **Général**

**PERSECUTION AND ASSASSINATION OF JEAN-PAUL MARAT AS PERFORMED BY THE INMATES OF THE ASYLUM OF CHARENTON UNDER THE DIRECTION OF THE MARQUIS DE SADE, THE**
Voir: MARAT SADE

**PERSONA** ►1
SUÈ. 1966. Drame psychologique d'Ingmar BERGMAN avec Liv Ullmann, Bibi Andersson et Margaretha Krook. - D'étranges relations s'établissent entre une infirmière et une actrice devenue muette à la suite d'un choc psychique.- Récit énigmatique. Exploration de thèmes fascinants. Réalisation d'une grande richesse esthétique. Excellente interprétation.
STA→19,95$ **18 ans +**

**PERSONAL BEST** ▷4
É.-U. 1982. Drame sportif de Robert TOWNE avec Mariel Hemingway, Patrice Donnelly et Scott Glenn. - Une liaison amoureuse se développe entre deux jeunes femmes qui s'entraînent à la course en vue de participer aux Jeux olympiques de 1980.
VO→14,95$ **13 ans +**

**PERSONAL PROPERTY** ▷0
É.-U. 1937, W.S. VAN DYKE II
VO→18,95$ **Général**

**PERSONAL SERVICES** ▷4
ANG. 1986. Comédie de mœurs de Terry JONES avec Julie Walters, Alec McCowen et Danny Schiller. - Afin d'arrondir ses fins de mois, une mère célibataire en vient à ouvrir une maison de passe à l'intention d'une clientèle d'âge mûr.
VF→LS VO→LS **13 ans +**

**PERSONNE NE M'AIME** ▷4
FR. 1993. Comédie dramatique de Marion VERNOUX avec Bernadette Lafont, Bulle Ogier et Lio. - Accompagnée de sa sœur et de deux amies de fortune, une femme lunatique se rend à la mer pour aller rejoindre son mari qu'elle soupçonne d'infidélité.
VO→21,95$ **Général**

**PERSONNEL (SUBSIDIARIES)** ▷0
POL. 1975, Krzysztof KIESLOWSKI
STA→LS **Général**

**PERSUASION** ▷3
ANG. 1995. Drame de mœurs de Roger MITCHELL avec Amanda Root, Ciaran Hinds et Susan Fleetwood. - En 1814, une jeune femme n'ose pas avouer ses sentiments à un officier de la marine dont elle est secrètement amoureuse. - Adaptation délicate du dernier roman de Jane Austen. Progression lente mais néanmoins prenante. Mise en scène souple. Interprétation sensible.
VO→LS **Général**

**PESTE, LA** ▷5
FR. 1992. Drame de Luis PUENZO avec William Hurt, Sandrine Bonnaire et Jean-Marc Barr. - Dans une ville d'Amérique du Sud, un docteur s'acharne à enrayer une épidémie de peste tandis qu'une journaliste et un caméraman cherchent à quitter les lieux.
VO→LS **Général**

**PET SEMATARY** ▷5
É.-U. 1989. Drame fantastique de Mary LAMBERT avec Dale Midkiff, Fred Gwynne et Denise Crosby. - Installé aux abords d'un vieux cimetière indien, un médecin fait de macabres expériences lorsqu'il y enterre son fils mort dans un accident.
VO→11,95$ **13 ans +**

**PETE KELLY'S BLUES** ▷5
É.-U. 1954. Drame réalisé et interprété par Jack WEBB avec Janet Leigh et Edmond O'Brien. - Au temps de la prohibition, un chef d'orchestre refuse de payer tribut à un gangster.
VO→18,95$ **Général**

**PETE'S DRAGON** ▷4
É.-U. 1977. Comédie musicale de Don CHAFFEY avec Sean Marshall, Helen Reddy et Jim Dale. - Grâce à un dragon débonnaire, un jeune orphelin échappe à des tuteurs cruels et se réfugie dans un village côtier.
VF→21,95$ VO→24,95$ **Général**

**PETER ET ELLIOTT LE DRAGON**
Voir: PETE'S DRAGON

**PETER GABRIEL: SECRET WORLD LIVE** ▷0
É.-U. 1993, François GIRARD
VO→23,95$ **Général**

**PETER PAN** ▷4
É.-U. 1952. Dessins animés de Hamilton LUSKE, Clyde GERONIMI et Wilfred JACKSON. - Trois enfants sont entraînés par un petit garçon qui a refusé de grandir dans une île où ils doivent affronter des pirates qui ont enlevé une princesse indienne.
VO→LS VF→LS ITA-DVD→PC **Général**

**PETER PAN** ▷0
É.-U. 1924, Herbert BRENON
ITA→34,95$ **Général**

**PETER'S FRIENDS** ▷3
ANG. 1992. Comédie dramatique réalisée et interprétée par Kenneth BRANAGH avec Stephen Fry et Emma Thompson. - Un châtelain célibataire invite pour le nouvel an ses anciens amis d'université, dont plusieurs ne se sont pas revus depuis dix ans. - Équilibre habilement maintenu entre le drame et la comédie. Ton comique piquant souvent teinté d'ironie douce-amère.
VF→LS VO→LS **13 ans +**

**PETEY WHEATSTRAW: THE DEVIL'S SON IN LAW** ▷0
É.-U. 1979, Cliff ROQUEMORE
VO→LS **13 ans +**

**PETIT BAIGNEUR, LE** ▷4
FR. 1968. Comédie réalisée et interprétée par Robert DHÉRY avec Louis de Funès et Colette Brosset. - Un constructeur de voiliers cherche à réengager un ingénieur qu'il a congédié cavalièrement.
VO→26,95$ **Général**

**PETIT BONHOMME**
Voir: BIG

**PETIT BOUDDHA**
Voir: LITTLE BUDDHA

**PETIT CIEL, LE** ▷6
QUÉ. 1999. Comédie fantaisiste de Jean-Sébastien LORD avec Jocelyn Blanchard, Garance Clavel et François Lécuyer. - Les anges chargés du passage des vivants vers l'au-delà s'occupent du cas particulier d'un jeune tenancier de bar atteint d'un cancer.
VO→LS **Général**

**PETIT CRIMINEL, LE** ▷3
FR. 1990. Drame de mœurs de Jacques DOILLON avec Richard Anconina, Gérald Thomassin et Clotilde Courau. - Après avoir commis un hold-up, un adolescent force un policier à le conduire dans une ville voisine où il veut retrouver sa sœur. - Heureux mélange de finesse narrative et de précision technique. Traitement d'un intérêt soutenu. Jeu étonnant de justesse de G. Thomassin.
VO→16,95$ **Général**

**PETIT DIABLE, LE** ▷4
ITA. 1988. Comédie fantaisiste réalisée et interprétée par Roberto BENIGNI avec Walter Matthau et Nicoletta Braschi. - Après avoir exorcisé une femme, un prêtre est poursuivi par un jeune homme bizarre qui s'avère être un démon.
VF→LS **Général**

**PETIT HOMME, LE**
Voir: LITTLE MAN TATE

**PETIT MONDE DE CHARLOTTE, LE**
Voir: CHARLOTTE'S WEB

**PETIT MONDE DE DON CAMILLO, LE** ▷3
FR. 1952. Comédie de Julien DUVIVIER avec Fernandel, Gino Cervi et Sylvie. - Le curé d'une petite localité d'Italie a maille à partir avec le maire communiste. - Adaptation vivante des contes de Guareschi. Réalisation de qualité. Bons dialogues.
VO→LS **Général**

**PETIT MONDE DE FRASER, LE**
Voir: MY LIFE SO FAR

**PETIT MONDE DES EMPRUNTEURS, LE**
Voir: THE BORROWERS

**PETIT MONSTRE, LE**
Voir: PROBLEM CHILD

**PETIT MONSTRE 2, LE**
Voir: PROBLEM CHILD 2

**PETIT MUSÉE DE VELASQUEZ, LE** ▷0
QUÉ. 1994, Bernar HÉBERT
VO→19,95$ **Général**

**PETIT PRINCE A DIT, LE** ▷3
FR. 1992. Drame psychologique de Christine PASCAL avec Richard Berry, Marie Kleiber et Anémone. - Une fillette atteinte d'une tumeur incurable au cerveau tente de rapprocher ses parents divorcés. - Sujet délicat traité avec un doigté remarquable. Scénario épuré et sensible. Réalisation sobre. Acteurs faisant preuve d'une grande présence.
VO→18,95$ **Général**

**PETIT STUART**
Voir: STUART LITTLE

**PETIT THÉÂTRE DE JEAN RENOIR, LE** ▷4
FR. 1969. Film à sketches de Jean RENOIR avec Jeanne Moreau, Fernand Sardou et Nino Formicola. - Le dernier réveillon, La Belle Époque, La cireuse électrique et Le roi d'Yvetot.
STA→LS **Général**

**PETIT VENT DE PANIQUE, UN** ▷5
QUÉ. 1999. Comédie de mœurs de Pierre GRECO avec Marie-Joanne Boucher, Martin Laroche et Geneviève Bilodeau. - Deux sœurs et leur frère, qui cohabitent se compliquent la vie en se croyant la cible d'un tueur en série.
VO→PC

**PETIT-PIED LE DINOSAURE**
Voir: THE LAND BEFORE TIME

**PETIT-PIED LE DINOSAURE 2: L'AVENTURE DE LA GRANDE VALLÉE**
Voir: THE LAND BEFORE TIME 2: THE GREAT VALLEY ADVENTURE

**PETIT-PIED LE DINOSAURE 3: LA SOURCE MIRACULEUSE**
Voir: THE LAND BEFORE TIME 3: THE TIME OF THE GREAT GIVING

**PETIT-PIED LE DINOSAURE 4: LA PLUS GRANDE AVENTURE**
Voir: THE LAND BEFORE TIME 4: JOURNEY THROUGH THE MISTS

**PETITE APOCALYPSE, LA** ▷4
FR. 1992. Comédie satirique de Constantin COSTA-GAVRAS avec Jiri Menzel, André Dussollier et Pierre Arditi. - Un éditeur veut organiser un formidable coup médiatique pour lancer l'œuvre d'un écrivain polonais réfugié en France.
VO→18,95$ **Général**

**PETITE AURORE L'ENFANT MARTYRE, LA** ▷7
QUÉ. 1952. Mélodrame de Jean-Yves BIGRAS avec Yvonne Laflamme, Lucie Mitchell et Paul Desmarteaux. - La deuxième femme d'un fermier inflige des mauvais traitements à la fillette de celui-ci
VO→33,95$ **13 ans +**

**PETITE BANDE, LA** ▷3
FR. 1982. Conte de Michel DEVILLE avec François Marthouret, Andrew Chandler et Hélène Dassule. - Sept petits Anglais aventureux font une escapade en France où ils connaissent diverses tribulations. - Récit inspiré d'un fait divers authentique. Traitement inventif fondé sur la puissance de l'image.
ITA→LS **Général**

**PETITE BOUTIQUE DES HORREURS, LA**
Voir: LITTLE SHOP OF HORRORS

**PETITE CHÉRIE** ▷4
FR. 1999. Drame de mœurs d'Anne VILLACÈQUE avec Corinne Debonnière, Jonathan Zaccaï et Laurence Février. - Un séducteur désœuvré et manipulateur épouse une femme au physique ingrat qui vit encore chez ses parents.
VO→LS **13 ans +**

**PETITE FILLE EN VELOURS BLEU, LA** ▷4
FR. 1978. Drame de mœurs d'Alan BRIDGES avec Michel Piccoli, Claudia Cardinale et Lara Wendel. - En juin 1940, un chirurgien autrichien réfugié à Nice accueille chez lui une baronne italienne et sa fille adolescente.
VO→LS **Général**

**PETITE PRINCESSE, LA**
Voir: A LITTLE PRINCESS

**PETITE SIRÈNE, LA** ▷4
FR. 1980. Comédie dramatique de Roger ANDRIEUX avec Laura Alexis, Philippe Léotard et Evelyne Dress. - Une adolescente de quatorze ans tente de conquérir l'amour d'un mécanicien de quarante ans.
STA→PC **13 ans +**

**PETITE SIRÈNE, LA**
Voir: THE LITTLE MERMAID

**PETITE VERA, LA** ▷3
RUS. 1988. Drame social de Vasily PICHUL avec Natalia Niegoda, Andrei Sokolov et Youri Nazarov. - Après avoir obtenu de son amoureux une promesse de mariage, une adolescente reçoit l'accord de ses parents en faisant croire qu'elle est enceinte. - Vision acerbe de l'insatisfaction des jeunes. Approche réaliste et critique de la vie d'une famille d'ouvriers. Suite de scènes vives et caustiques.
STA→44,95$ **13 ans +**

**PETITE VOITURE, LA** ▷0
ESP. 1960, Marco FERRERI
STA→LS **Général**

**PETITE VOIX DU CŒUR, LA**
Voir: WHERE THE HEART IS

**PETITE VOLEUSE, LA** ▷3
FR. 1988. Drame de mœurs de Claude MILLER avec Charlotte Gainsbourg, Didier Bezace et Simon de la Brosse. - Dans les années 1950, une adolescente mal dans sa peau quitte sa famille pour mener une vie libre qui la conduit en maison de redressement. - Récit mis en valeur par de petites touches pleines de justesse et de tendresse amusée. Cadre d'époque bien reconstitué. Interprétation sensible de C. Gainsbourg.
STA→LS VO→LS **Général**

**PETITS DÉSORDRES AMOUREUX** ▷4
FR. 1997. Comédie de mœurs d'Olivier PÉRAY avec Bruno Putzulu, Smadi Wolfman et Vincent Elbaz. - Un jeune homme fait le pari de pouvoir séduire une inconnue et passer la nuit avec elle sans lui faire l'amour.
VO→LS **13 ans +**

**PETITS GARNEMENTS, LES**
Voir: THE LITTLE RASCALS

**PETITS GÉANTS, LES**
Voir: LITTLE GIANTS

**PETITS MEURTRES ENTRE AMIS**
Voir: SHALLOW GRAVE

**PETITS SOLDATS**
Voir: SMALL SOLDIERS

**PETRIFIED FOREST, THE** ▷4
É.-U. 1935. Drame psychologique d'Archie MAYO avec Leslie Howard, Bette Davis et Humphrey Bogart. - Un gangster en fuite tient sous la menace diverses personnes dans un restaurant isolé dans le désert.
VO→19,95$ **Général**

**PETULIA** ▷3
É.-U. 1968. Drame psychologique de Richard LESTER avec Julie Christie, George C. Scott et Richard Chamberlain. - Un médecin en instance de divorce s'éprend d'une jeune femme excentrique. - Procédés originaux et raffinés de mise en scène. Film conçu en forme de puzzle. Interprétation de classe.
VO→14,95$ **Non classé**

**PEU IMPORTE L'AMOUR**
Voir: WHAT'S LOVE GOT TO DO WITH IT?

**PEUPLE DES ABÎMES, LE**
Voir: THE LOST CONTINENT

**PEUPLE SINGE, LE** ▷3
FR. 1989. Documentaire de Gérard VIENNE. - Exploration des traits communs et des particularités de divers représentants de la famille des singes. - Commentaire intelligent. Étonnante moisson de belles images. Montage inventif. Bande sonore savamment composée.
VO→LS **Général**

**PEUR ET DÉGOÛT À LAS VEGAS**
Voir: FEAR AND LOATHING IN LAS VEGAS

**PEUR MORTELLE**
Voir: FEAR

**PEUT-ÊTRE** ▷5
FR. 1999. Science-fiction de Cédric KLAPISCH avec Romain Duris, Jean-Paul Belmondo et Géraldine Pailhas. - Un jeune Parisien qui hésite à devenir père se retrouve projeté dans le futur où il rencontre son fils âgé de 70 ans.
VO→LS **Général**

**PEYTON PLACE** ▷4
É.-U. 1957. Drame de Mark ROBSON avec Lana Turner, Hope Lange et Diane Varsi. - Dans une petite ville, des conflits naissent entre des jeunes et leurs parents.
VO→16,95$ **Général**

**PHANTASM** ▷4
É.-U. 1979. Drame d'horreur de Don COSCARELLI avec Michael Baldwin, Bill Thornbury et Reggie Bannister. - En explorant une grande maison au centre d'un cimetière, un jeune garçon y découvre des activités surprenantes.
VO→11,95$ **13 ans +**

**PHANTASM II** ▷0
É.-U. 1988, Don COSCARELLI
VO→11,95$ **13 ans +**

**PHANTOM, THE** ▷5
É.-U. 1996. Aventures de Simon WINCER avec Billy Zane, Kristy Swanson et Treat Williams. - Un mystérieux justicier masqué entre en lutte avec un financier mégalomane qui veut mettre la main sur des crânes aux pouvoirs magiques.
VO→13,95$ **Général**

**PHANTOM LADY** ▷4
É.-U. 1944. Drame policier de Robert SIODMAK avec Alan Curtis, Ella Raines et Franchot Tone. - Un architecte accusé du meurtre de son épouse cherche une femme mystérieuse qui pourrait le disculper.
VO→14,95$ **Général**

**PHANTOM OF THE OPERA, THE** ▷3
É.-U. 1925. Drame d'horreur de Rupert JULIAN avec Lon Chaney, Mary Philbin et Norman Kerry. - Un musicien défiguré se terre dans les sous-sols de l'Opéra de Paris. - Classique du cinéma d'horreur. Climat fort bien créé pour l'époque. Suspense habilement construit. Composition remarquable de Chaney.
ITF→LS KINO→34,95$ ITA-DVD→44,95$ **Général**

**PHANTOM OF THE OPERA** ▷4
É.-U. 1942. Drame d'horreur d'Arthur LUBIN avec Nelson Eddy, Susanna Foster et Claude Rains. - Un personnage mystérieux favorise la carrière d'une jeune chanteuse.
VO→14,95$ **Général**

**PHANTOM OF THE OPERA, THE** ▷4
ANG. 1962. Drame d'horreur de Terence FISHER avec Herbert Lom, Heather Sears et Edward de Souza. - Un personnage mystérieux favorise la carrière d'une jeune chanteuse d'opéra.
VO→14,95$ **Général**

**PHANTOM OF THE OPERA, THE** ▷5
É.-U. 1989. Drame d'horreur de Dwight H. LITTLE avec Robert Englund, Jill Schoelen et Alex Hyde-White. - Transportée dans l'Angleterre victorienne, une chanteuse d'opéra voit sa carrière facilitée par l'action d'un inconnu vivant dans le sous-sol du théâtre.
VF→LS **18 ans +**

**PHANTOM OF THE PARADISE** ▷3
É.-U. 1974. Drame musical de Brian DE PALMA avec William Finley, Paul Williams et Jessica Harper. - Le compositeur d'un opéra rock se fait voler son œuvre par un imprésario machiavélique. - Transposition inventive du *Fantôme de l'opéra*. Climat hystérique approprié. Style d'un baroque délirant. Interprétation dans la note.
VO→16,95$ **13 ans +**

**PHANTOM OF THE RUE MORGUE** ▷5
É.-U. 1954. Drame d'horreur de Roy DEL RUTH avec Karl Malden, Claude Dauphin et Patricia Medina. - Un maniaque dresse un gorille à tuer des femmes.
VO→14,95$ **Général**

**PHANTOM TOLLBOOTH, THE** ▷4
É.-U. 1969. Dessins animés de Chuck JONES et Abe LEVITOW. - Un écolier entreprend un voyage fantastique grâce à une boîte immense contenant un poste à péage magique.
VO→19,95$ **Général - Enfants**

**PHAR LAP** ▷4
AUS. 1983. Drame sportif de Simon WINCER avec Tom Burlinson, Martin Vaughan et Ron Liebman. - Dans les années 20, un entraîneur de chevaux transforme un poulain sans prestance en un champion invincible.
VO→15,95$ **Général**

**PHARAON, LE** ▷3
POL. 1965. Drame historique de Jerzy KAWALEROWICZ avec Jerzy Selnik, Barbara Bryl et Piotr Pawlowski. - Un jeune pharaon lutte contre l'influence exercée par les prêtres dans le gouvernement du pays. - Reconstitution de grande classe. Mise en scène quelque peu statique.
VF→LS **13 ans +**

**PHARE DU BOUT DU MONDE, LE**
Voir: THE LIGHT AT THE EDGE OF THE WORLD

**PHASE IV** ▷3
É.-U. 1974. Science-fiction de Saul BASS avec Nigel Davenport, Michael Murphy et Lynne Frederick. - Deux savants étudient le comportement de fourmis semblant avoir été l'objet d'une mutation qui les rend capables d'actions surprenantes. - Intrigue insolite. Mise en scène inventive. Grande réussite technique.
VF→LS VO→LS **13 ans +**

**PHÉNOMÈNES**
Voir: CREEPERS

**PHENOMENON** ▷5
É.-U. 1996. Drame fantastique de Jon TURTELTAUB avec John Travolta, Kyra Sedgwick et Forest Whitaker. - Un mécanicien se retrouve doté de facultés intellectuelles prodigieuses après avoir été frappé par une lumière mystérieuse.
VF→16,95$ VO→21,95$ **Général**

**PHILADELPHIA** ▷4
É.-U. 1993. Drame judiciaire de Jonathan DEMME avec Tom Hanks, Denzel Washington et Mary Steenburgen. - Un avocat poursuit en justice ses anciens patrons qui l'ont congédié après avoir appris qu'il était homosexuel et atteint du sida.
VF→12,95$ VO→12,95$ **Général**

**PHILADELPHIA EXPERIMENT, THE** ▷5
É.-U. 1984. Science-fiction de Stewart RAFFILL avec Michael Pare, Nancy Allen et Eric Christmas. - En 1943, deux matelots sont projetés en l'an 1984 à la suite d'une expérience scientifique.
VF→LS VO→LS **Général**

**PHILADELPHIA STORY, THE** ►2
É.-U. 1940. Comédie de mœurs de George CUKOR avec Katharine Hepburn, James Stewart et Cary Grant. - Un journaliste et sa photographe se rendent à Philadelphie pour un reportage sur le second mariage d'une fille de riche famille. - Théâtre filmé avec goût, finesse et élégance. Décors somptueux. Dialogue fort spirituel. Interprètes remarquables.
VO→14,95$ DVD→21,95$ **Général**

**PHOBIA** ▷5
CAN. 1980. Drame policier de John HUSTON avec Paul Michael Glaser, Susan Hogan et John Colicos. - Divers meurtres se produisent alors qu'un psychiatre dirige un programme expérimental de thérapie pour criminels souffrant de phobies.
VF→LS **18 ans +**

**PHŒNIX** ▷5
É.-U. 1998. Drame policier de Danny CANNON avec Ray Liotta, Daniel Baldwin et Anjelica Huston. - Pour couvrir ses dettes de jeux, un flic de l'Arizona persuade des collègues de l'aider à dévaliser un club qui appartient à un mafioso.
VO→13,95$ **16 ans + Violence**

**PHONE CALL FROM A STRANGER** ▷4
É.-U. 1952. Film à sketches de Jean NEGULESCO avec Gary Merrill, Shelley Winters et Bette Davis. - Le survivant d'un accident d'avion entre en contact avec les parents des victimes.
VO→23,95$ **Général**

**PHÖRPA**
Voir: THE CUP

**PI** ▷5
É.-U. 1997. Drame psychologique de Darren ARONOFSKY avec Sean Gullette, Mark Margolis et Ben Shenkman. - Un mathématicien schizophrène est pris en filature par des gens qui cherchent à exploiter ses découvertes sur la théorie du chaos.
LBX→11,95$ LBX-DVD→27,95$ **13 ans +**

**PIAF** ▷4
FR. 1973. Drame biographique de Guy CASARIL avec Brigitte Ariel, Pascale Christophe et Guy Tréjan. - La jeunesse et les débuts difficiles de la célèbre chanteuse Edith Piaf.
VO→LS **Général**

**PIANIST, THE** ▷5
CAN. 1992. Drame psychologique de Claude GAGNON avec Gail Travers, Macha Grenon et Eiji Okuda. - Deux sœurs adolescentes ont le béguin pour leur voisin, un pianiste japonais de renommée mondiale.
VF→LS **13 ans +**

**PIANISTE, LE**
Voir: THE PIANIST

**PIANO, THE** ►2
AUS. 1992. Drame sentimental de Jane CAMPION avec Holly Hunter, Harvey Keitel et Anna Paquin. - Vers 1850, en Nouvelle-Zélande, une jeune muette venue vivre avec un colon qu'elle a épousé par correspondance s'éprend d'un voisin. - Récit d'une belle et moderne intensité romanesque. Apprentissage de l'amour scruté avec acuité. Grande beauté formelle. Interprétation superbe.
VO→12,95$ VF→14,95$ LBX-DVD→31,95$ **13 ans +**

**PIANO LESSON, THE** ▷4
É.-U. 1995. Drame de Lloyd RICHARDS avec Charles Dutton, Alfre Woodard et Carl Gordon. - Afin de s'acheter une terre, un Noir tente de convaincre sa sœur de vendre le piano familial.
VO→12,95$ **Général**

**PICK A STAR** ▷0
É.-U. 1937, Richard SEDGWICK
VO→19,95$ **Général**

**PICK-UP ARTIST, THE** ▷5
É.-U. 1987. Comédie sentimentale de James TOBACK avec Robert Downey, Molly Ringwald et Dennis Hopper. - Épris d'une belle rousse, un incorrigible coureur de jupons tente de lui venir en aide lorsque celle-ci a des ennuis avec un gangster.
VF→11,95$ VO→11,95$

**PICKING UP THE PIECES** ▷0
É.-U. 2000, Alfonso ARAU
VF→PC VO→PC

**PICKPOCKET** ►1
FR. 1959. Drame psychologique de Robert BRESSON avec Martin Lassalle, Marika Green et Pierre Leymarie. - Arrêté par la police, un pickpocket se réhabilite grâce au souvenir de sa mère et à la sympathie d'une jeune fille. - Quête allégorique sur les profondeurs de l'âme. Traitement austère et dépouillé. Montage d'une exactitude remarquable.
STA→LS **Non classé**

**PICKUP ON SOUTH STREET** ▷4
É.-U. 1953. Drame policier de Samuel FULLER avec Richard Widmark, Jean Peters et Thelma Ritter. - En volant un portefeuille, un pickpocket est mêlé à une affaire d'espionnage.
VO→24,95$ **Non classé**

**PICNIC** ▷3
É.-U. 1955. Drame psychologique de Joshua LOGAN avec William Holden, Kim Novak et Rosalind Russell. - À l'occasion d'un pique-nique, un jeune homme s'éprend de la fiancée d'un ami. - Adaptation réussie d'une pièce de William Inge. Analyse psychologique subtile.
LBX→19,95$ LBX-DVD→28,95$ **Non classé**

**PICNIC AT HANGING ROCK** ▷3
AUS. 1975. Drame de Peter WEIR avec Rachel Roberts, Dominic Guard et Helen Morse. - Trois adolescents disparaissent mystérieusement au cours d'une excursion scolaire dans une région volcanique. - Climat d'étrangeté. Scénario inspiré d'un fait divers. Images d'une exquise beauté. Trame musicale appropriée. Bon jeu des interprètes.
LBX→17,95$ LBX-DVD→44,95$ **Général**

**PICONE** ▷4
ITA. 1983. Comédie de mœurs de Nanni LOY avec Giancarlo Giannini, Lina Sastri et Aldo Giuffré. - Un chômeur débrouillard consent à aider une jeune femme qui lui demande d'enquêter sur la mort de son mari.
STA→49,95$ **Général**

**PICTURE BRIDE, THE** ▷4
JAP. 1994. Drame social de Kayo HATTA avec Youki Kudoh, Akira Takayama et Tamlyn Tomita. - En 1918, une Japonaise mariée à un ouvrier agricole observe les dures conditions de vie dans les plantations de canne à sucre d'Hawaï.
STA→19,95$ **Général**

**PICTURE OF DORIAN GRAY, THE** ▷3
É.-U. 1945. Drame fantastique d'Albert LEWIN avec George Sanders, Hurd Hatfield et Donna Reed. - Un viveur obtient le pouvoir de rester jeune alors que son portrait porte les marques de la dégradation et du vieillissement. - Habile transposition du roman d'Oscar Wilde. Mise en scène bien adaptée. Éclairages étudiés. Interprétation rigoureuse.
VO→19,95$ **Général**

**PICTURE PERFECT** ▷5
É.-U. 1997. Comédie sentimentale de Glenn Gordon CARON avec Jennifer Aniston, Jay Mohr et Kevin Bacon. - Afin d'obtenir une promotion, une jeune publicitaire fait croire à son patron qu'elle est fiancée à un presque inconnu rencontré à un mariage
VO→17,95$ **Général**

**PICTURES FROM A REVOLUTION** ▷0
É.-U. 1991, Susan MEISELAS, Richard P. ROGERS et Alfred GUZZETTI
VO→41,95$ **Général**

**PIECE OF PLEASURE, A**
Voir: UNE PARTIE DE PLAISIR

**PIEDS FROIDS, LES**
Voir: COLD FEET

**PIÈGE DE CRISTAL**
Voir: DIE HARD

**PIÈGE DE VÉNUS, LE** ▷5
ALL. 1988. Comédie dramatique de Robert VAN ACKEREN avec Horst-Günther Marx, Myriem Roussel et Sonia Kirchberger. - Bien que vivant avec une maîtresse magnifique, un médecin rêve de la femme idéale qu'il croit reconnaître en une jeune fille croisée lors d'une promenade nocturne.
VF→LS **13 ans +**

**PIÈGE POUR UN PRÉSIDENT**
Voir: TWILIGHT'S LAST GLEAMING

**PIÈGES DE LA MER, LES** ▷4
QUÉ. 1981. Documentaire de Jacques GAGNÉ et Jacques-Yves COUSTEAU. - Sous la direction du commandant Cousteau, une équipe de plongeurs explore l'estuaire du Saint-Laurent.
VO➜LS **Général**

**PIERRAFEU, LES**
Voir: THE FLINTSTONES

**PIERRE DANS LA BOUCHE, UNE** ▷4
FR. 1983. Drame policier de Jean-Louis LECONTE avec Harvey Keitel, Michel Robin et Catherine Frot. - D'étranges rapports s'établissent entre un acteur devenu aveugle et un fugitif blessé qui s'est réfugié chez lui.
VO➜LS **Général**

**PIERROT LE FOU** ►2
FR. 1965. Comédie dramatique de Jean-Luc GODARD avec Jean-Paul Belmondo, Anna Karina et Dirk Sanders. - Un homme marié s'enfuit avec une amie qui fait partie d'un groupe terroriste. - Style brillant et insolite. Construction désinvolte. Collage de pièces disparates. J.-P. Belmondo excellent.
STA-LBX➜LS **13 ans +**

**PIGEON, LE** ▷3
ITA. 1958. Comédie de Mario MONICELLI avec Vittorio Gassman, Marcello Mastroianni et Renato Salvatori. - À Rome, de modestes escrocs décident de réaliser un grand coup. - Savoureux pastiche du film policier. Nombreux détails et situations comiques. Excellents interprètes.
STA➜27,95$ **Général**

**PIGSKIN PARADE** ▷5
É.-U. 1936. Comédie musicale de David BUTLER avec Stuart Erwin, Patsy Kelly et Jack Haley. - L'entraîneur de football d'un collège américain découvre un campagnard habile à manier le ballon.
VO➜21,95$ **Général**

**PILES NON COMPRISES**
Voir: BATTERIES NOT INCLUDED

**PILLOW BOOK, THE** ▷3
ANG. 1996. Drame psychologique de Peter GREENAWAY avec Vivian Wu, Ewan McGregor et Ken Ogata. - Une jeune femme calligraphie ses écrits sur les corps d'hommes de passage. - Discours intelligent et pertinent sur la passion de l'écriture. Réalisation somptueuse, rigoureuse et complexe. Interprètes excellents.
VO➜139,95$ STF-LBX➜18,95$ **13 ans + Érotisme**

**PILLOW TALK** ▷4
É.-U. 1959. Comédie de Michael GORDON avec Doris Day, Rock Hudson et Tony Randall. - Une idylle s'ébauche entre un chansonnier et une décoratrice qui partagent la même ligne téléphonique.
VO➜11,95$ LBX-DVD➜34,95$ **Non classé**

**PILOT, THE** ▷4
É.-U. 1979. Drame psychologique réalisé et interprété par Cliff ROBERTSON avec Diane Baker et Gordon MacRae. - Après avoir échappé de justesse à des situations critiques, un pilote de ligne alcoolique se résout à consulter un médecin.
VO➜LS **Général**

**PILOTES EN L'AIR, DES**
Voir: HOT SHOTS!

**PIN** ▷4
CAN. 1988. Drame psychologique de Sandor STERN avec David Hewlett, Cyndy Preston et John Ferguson. - Un jeune homme est convaincu que le mannequin anatomique dont se servait son père médecin est animé d'une vie propre.
VO➜9,95$ **Général**

**PIN DOWN GIRL** ▷0
É.-U. 1951, Robert C. DETRANO
VO➜26,95$ **Non classé**

**PIN UP GIRL** ▷5
É.-U. 1944. Comédie musicale de Bruce HUMBERSTONE avec Betty Grable, John Harvey et Martha Raye. - Durant une soirée organisée en son honneur, un militaire est perturbé par une jeune fille du Missouri.
VO➜24,95$ **Général**

**PINK FLAMINGOS** ▷7
É.-U. 1972. Comédie satirique de John WATERS avec Divine, David Lochary et Mary Vivian Pearce. - Un travesti meurtrier défend son titre de «personne la plus dégueulasse au monde».
VO➜19,95$ **18 ans + Violence**

**PINK FLOYD - THE WALL** ▷3
ANG. 1982. Drame musical d'Alan PARKER avec Bob Geldof, Kevin McKeon et Eleanor David. - Sous l'influence de la drogue, le mentor d'un groupe rock est victime d'hallucinations où s'entremêlent réalité et fantasmes. - Cauchemar psychédélique. Effets symboliques, tantôt percutants, tantôt agressifs. Critique mordante d'une société traumatisante. Interprétation dans la note de B. Geldof.
LBX➜13,95$ LBX-DVD➜27,95$ **13 ans +**

**PINK FLOYD LIVE AT POMPEII** ▷4
FR. 1972. Spectacle musical d'Adrian MABEN. - Concert sans public du groupe pop psychédélique Pink Floyd dans les ruines de la ville de Pompéi.
VO➜LS **Général**

**PINK JUNGLE, THE** ▷5
É.-U. 1968. Aventures de Delbert MANN avec James Garner, Eva Renzi et George Kennedy. - En Amérique du Sud, deux hommes et une femme partent à la recherche d'une mine de diamants.
VO➜14,95$ **Général**

**PINK PANTHER (COFFRET), THE** ▷0
Voir: PINK PANTHER, THE
VO➜59,95$ VF➜59,95$

**PINK PANTHER STRIKES AGAIN, THE** ▷4
ANG. 1976. Comédie policière de Blake EDWARDS avec Peter Sellers, Herbert Lom et Lesley Anne Down. - Un fou menace le monde de destruction à moins qu'on n'élimine l'inspecteur Clouseau.
VO➜14,95$ **Général**

**PINK PANTHER, THE** ▷4
ANG. 1963. Comédie policière de Blake EDWARDS avec Peter Sellers, David Niven et Capucine. - Un policier maladroit tente d'empêcher un gentleman cambrioleur de s'emparer d'un bijou de grand prix.
LBX➜14,95$ VO➜14,95$ VF➜14,95$
LBX-DVD➜18,95$ **Général**

**PINKY** ▷3
É.-U. 1949. Drame social d'Elia KAZAN avec Jeanne Crain, Ethel Barrymore et Ethel Waters. - Les problèmes d'une jeune infirmière de race noire qui passe pour une Blanche. - Thème humain traité avec adresse. Mise en scène solide. Interprétation prenante.
VO➜23,95$ **Général**

**PINOCCHIO** ▷3
É.-U. 1940. Dessins animés de Ben SHARPSTEEN et Hamilton LUSKE. - Une fée exauce le souhait d'un vieux sculpteur en donnant vie à une marionnette à l'effigie d'un petit garçon. - Histoire inspirée d'un conte de Collodi. Ensemble coloré, fantaisiste et joyeux. Minutie des détails. Complexité des mouvements.
VO➜22,95$ VF➜22,95$ DVD➜26,95$ **Général**

**PINOT, SIMPLE FLIC** ▷4
FR. 1984. Comédie policière réalisée et interprétée par Gérard JUGNOT avec Fanny Bastien et Pierre Mondy. - Un gendarme peu futé s'occasionne des problèmes en voulant réformer une jeune délinquante.
VO➜LS **13 ans +**

**PIPICACADODO** ▷4
ITA. 1979. Comédie dramatique de Marco FERRERI avec Roberto Benigni, Dominique Laffin et Chiara Moretti. - Un éducateur dans un jardin d'enfants utilise des méthodes insolites pour attirer l'attention des petits.
VF→LS **Général**

**PIQUE-NIQUE DE LULU KREUTZ, LE** ▷5
FR. 1999. Comédie dramatique de Didier MARTINY avec Philippe Noiret, Carole Bouquet et Niels Arestrup. - Lors d'un pique-nique en montagne, un célèbre musicien risque de provoquer un drame en tentant de reconquérir une collègue accompagnée de son mari.
VO→LS **Général**

**PIRANHA** ▷6
É.-U. 1978. Drame d'horreur de Joe DANTE avec Bradford Dillman, Heather Menzies et Keenan Wynn. - Déversés par erreur dans une petite rivière, des piranhas sèment la terreur.
VO→LS **13 ans +**

**PIRATE DES CARAÏBES, LE**
Voir: SWASHBUCKLER

**PIRATE MOVIE, THE** ▷6
É.-U. 1982. Comédie musicale de Ken ANNAKIN avec Kristy McNichol, Christopher Atkins et Ted Hamilton. - Pour gagner la main de la fille du gouverneur, un jeune homme élevé par des pirates cherche à s'emparer de leur trésor.
VO→31,95$ **Général**

**PIRATE NOIR, LE**
Voir: THE BLACK PIRATE

**PIRATE, LA** ▷4
FR. 1984. Drame de mœurs de Jacques DOILLON avec Jane Birkin, Maruschka Detmers et Philippe Léotard. - Une femme quitte son mari pour renouer une liaison tourmentée avec une autre femme.
VO→LS **18 ans +**

**PIRATE, THE** ▷3
É.-U. 1948. Comédie musicale de Vincente MINNELLI avec Judy Garland, Gene Kelly et Walter Slezak. - Un saltimbanque se fait passer pour un pirate afin de gagner le cœur d'une jeune fille romantique. - Spectacle plein de vie. Chansons entraînantes de Cole Porter. Mise en scène inventive et colorée. Vedettes à leur meilleur.
VO→LS **Général**

**PIRATES** ▷4
FR. 1986. Aventures de Roman POLANSKI avec Walter Matthau, Cris Campion et Charlotte Lewis. - Au XVIIe siècle, un vieux forban et son jeune disciple s'en prennent à un galion espagnol chargé d'un trésor aztèque.
VF→LS VO→LS **Général**

**PIRATES OF PENZANCE, THE** ▷5
É.-U. 1983. Comédie musicale de Wilford LEACH avec Kevin Kline, Angela Lansbury et Linda Rondstadt. - Un jeune homme élevé par des pirates décide de les quitter à sa majorité pour leur faire la lutte.
VO→18,95$ **Général**

**PISCINE, LA** ▷3
FR. 1968. Drame psychologique de Jacques DERAY avec Alain Delon, Romy Schneider et Maurice Ronet. - Un écrivain raté se prend de querelle avec un ami et le noie dans la piscine d'une villa. - Facture très soignée. Rythme lent. Psychologie bien observée. Fort bonne interprétation.
VO→LS **13 ans +**

**PISTE DE SANTA FE, LA**
Voir: SANTA FE TRAIL

**PISTE DES ÉLÉPHANTS, LA**
Voir: ELEPHANT WALK

**PIT AND THE PENDULUM, THE** ▷4
É.-U. 1961. Drame d'horreur de Roger CORMAN avec Vincent Price, John Kerr et Barbara Steele. - Un seigneur retiré dans son château est soupçonné d'avoir tué sa femme.
VO→LS **13 ans +**

**PIT AND THE PENDULUM, THE** ▷5
É.-U. 1991. Drame d'horreur de Stuart GORDON avec Lance Henriksen, Rona De Ricci et Jonathan Fuller. - Au XVe siècle, un prêtre fanatique profite de l'Inquisition pour accuser injustement de sorcellerie une jeune villageoise.
VO→LS **Non classé**

**PITCH BLACK** ▷4
É.-U. 2000. Science-fiction de David TWOHY avec Radha Mitchell, Vin Diesel et Cole Hauser. - Naufragés sur une planète désertique, une dizaine de personnes sont menacées par des monstres qui attaquent à la faveur de la nuit.
VF→149,95$ VO→LS

**PITFALL** ▷4
É.-U. 1948. Drame psychologique d'André De TOTH avec Dick Powell, Lizabeth Scott et Jane Wyatt. - Un inspecteur d'assurances est entraîné dans une aventure sanglante à cause de son engouement pour une aventurière.
VO→LS **Général**

**PITTSBURGH** ▷5
É.-U. 1942. Drame de Lewis SEILER avec Marlène Dietrich, John Wayne et Randolph Scott. - Deux mineurs deviennent des magnats de l'acier à la suite d'une escroquerie.
VO→18,95$ **Général**

**PIXOTE** ▷3
BRÉ. 1980. Drame social d'Hector BABENCO avec Fernando Ramos da Silva, Jorge Juliao et Marilia Pera. - Les tribulations d'un gamin sans foyer qui s'est évadé d'une institution pour mineurs et qui a formé une petite bande de voleurs. - Regard lucide et brutal sur la grande misère des enfants abandonnés du Brésil.
VF→LS **18 ans +**

**PIZZAIOLO ET MOZZAREL** ▷0
FR. 1985, Christian GION
VO→LS **Non classé**

**PIZZERIA EN RÉVOLTE, LA**
Voir: DO THE RIGHT THING

**PLACE CALLED CHIAPAS, A** ▷4
CAN. 1998. Documentaire de Nettie WILD. - Reportage sur une révolution paysanne, dans la région du Chiapas au Mexique, provoquée par l'entrée en vigueur du traité de libre échange nord-américain.
VO→19,95$

**PLACE FOR LOVERS, A**
Voir: LE TEMPS DES AMANTS

**PLACE IN THE SUN, A** ►2
É.-U. 1950. Drame psychologique de George STEVENS avec Montgomery Clift, Elizabeth Taylor et Shelley Winters. - Un ambitieux songe à tuer une ancienne maîtresse qui nuit à son ascension sociale. - Adaptation d'un roman de Theodore Dreiser. Grande densité dramatique. Mise en scène particulièrement soignée. Interprétation de classe.
VO→14,95$ **Général**

**PLACE IN THE WORLD, A** ▷0
ARG.-FR.-URU. 1992, Adolfo ARISTARAIN
STA→139,95$ **Général**

**PLACE VENDÔME** ▷4
FR. 1997. Drame psychologique de Nicole GARCIA avec Catherine Deneuve, Jean-Pierre Bacri et Emmanuelle Seigner. - Après le suicide d'un joaillier, son épouse alcoolique sort de sa réclusion et entreprend de vendre des pierres volées qu'il détenait.
VO→19,95$ **Général**

**PLACES IN THE HEART** ▷3
É.-U. 1984. Drame de Robert BENTON avec Sally Field, Danny Glover et John Malkovich. - Les épreuves d'une jeune veuve au

Texas dans les années 1930. - Vision convaincante de la vie rurale américaine. Traitement riche en chaleur humaine.
VF→LS VO→LS **Général**

**PLAGE, LA**
Voir: THE BEACH

**PLAGUE OF THE ZOMBIES, THE** ▷0
É.-U. 1966, John GILLING
LBX→14,95$ **Général**

**PLAGUE, THE**
Voir: LA PESTE

**PLAINSMAN, THE** ▷4
É.-U. 1936. Western de Cecil B. DeMILLE avec G. Cooper, Jean Arthur et C. Bickford. - Wild Bill Hickok et ses amis, Buffalo Bill et Calamity Jane, combattent des scélérats qui vendent des armes aux Indiens.
VO→14,95$ **Général**

**PLAISIR DE LA PEUR, LE** ▷0
ITA. 1982, Dario ARGENTO
LBX→14,95$ LBX-DVD→27,95$ **18 ans +**

**PLAISIR DES DAMES, LE**
Voir: THE STATUE

**PLAISIR, LE** ►2
FR. 1951. Film à sketches de Max OPHÜLS avec Jean Gabin, Claude Dauphin et Danielle Darrieux. - Adaptation de trois contes de Maupassant: Le Masque, Le Modèle et La Maison Tellier. - Mise en scène d'une habileté étourdissante. Rythme souple. Beaux décors. Éclatante distribution.
STA→27,95$ **Général**

**PLAN 9 FROM OUTER SPACE** ▷7
É.-U. 1958. Science-fiction d'Edward D. WOOD Jr. avec Gregory Walcott, Mona McKinnon et Dudley Mæanlove. - Des extraterrestres tentent de ressusciter les morts et d'en faire des ennemis destructeurs du genre humain.
VO→14,95$ DVD→37,95$ **Général**

**PLANES, TRAINS AND AUTOMOBILES** ▷5
É.-U. 1987. Comédie de John HUGHES avec Steve Martin, John Candy et Laila Robins. - Malgré qu'il ait hérité d'un compagnon de voyage plutôt encombrant, un cadre tente désespérément et par tous les moyens de rejoindre sa famille à Chicago.
VO→14,95$ VF→LS **Général**

**PLANET OF THE APES** ▷3
É.-U. 1967. Science-fiction de Franklin J. SCHAFFNER avec Charlton Heston, Kim Hunter et Maurice Evans. - Trois astronautes débarquent sur une planète dominée par un peuple de singes intelligents. - Allégorie prémonitoire originale. Analogies amusantes. Mise en scène ingénieuse. Masques mobiles étonnamment réussis. Interprétation savoureuse.
VF→16,95$ VO→23,95$ LBX→22,95$ LBX-DVD **Général**

**PLANET OF THE APES (COFFRET)** ▷0
Voir: PLANET OF THE APES · BENEATH THE PLANET OF THE APES · ESCAPE FROM THE PLANET OF THE APES · CONQUEST OF THE PLANET OF THE APES. BATTLE OF THE PLANET OF THE APES
LBX→62,95$

**PLANET OF THE VAMPIRES** ▷5
ITA. 1965. Science-fiction de Mario BAVA avec Barry Sullivan, Norma Bengell et Angel Aranda. - Des astronautes sont aux prises avec des êtres étrangers sur une planète inconnue.
VO→LS **Non classé**

**PLANÈTE SAUVAGE, LA** ►2
FR. 1973. Dessins animés de René LALOUX. - Sur une planète habitent des créatures intelligentes à la peau bleue qui emploient comme animaux domestiques des êtres plus petits à la forme humaine. - Intrigue de science-fiction fort originale. Méthodes d'animation inventives. Touches poétiques.
STA-LBX→14,95$ STA-LBX-DVD→27,95$ **Général**

**PLANK, THE** ▷4
ANG. 1967. Comédie burlesque réalisée et interprétée par Erik SYKES avec Tommy Cooper et Jimmy Edwards. - Les tribulations d'une planche qui cause un tas d'ennuis à ceux qui la manipulent.
VO→LS **Général**

**PLAQUES TECTONIQUES, LES**
Voir: TECTONIC PLATES

**PLASTIC AGE, THE** ▷0
É.-U. 1925, Wesley RUGGLES
ITA→36,95$ **Général**

**PLATINUM BLONDE** ▷4
É.-U. 1931. Comédie de mœurs de Frank CAPRA avec Robert Williams, Jean Harlow et Loretta Young. - Un journaliste qui a épousé une riche héritière n'arrive pas à s'adapter aux mœurs aristocratiques de sa belle-famille.
VO→19,95$ **Général**

**PLATINUM HIGH SCHOOL** ▷0
É.-U. 1960, Charles HAAS
VO→13,95$ **Général**

**PLATOON** ▷3
É.-U. 1986. Drame de guerre d'Oliver STONE avec Charlie Sheen, Tom Berenger et Willem Dafoe. - S'étant porté volontaire pour aller combattre au Viêt-nam, un jeune homme découvre la dure réalité de la guerre. - Portrait sans concession. Intrigue un peu forcée. Style réaliste d'une intensité impressionnante. Rythme soutenu. Interprétation crédible.
VF→14,95$ VO→14,95$ **13 ans +**

**PLAXMOL**
Voir: FLUBBER

**PLAY IT AGAIN, SAM** ▷4
É.-U. 1972. Comédie satirique d'Herbert ROSS avec Woody Allen, Diane Keaton et Tony Roberts. - Un critique de cinéma timide s'identifie à Humphrey Bogart pour s'encourager dans ses poursuites amoureuses.
VO→14,95$ **Général**

**PLAY IT TO THE BONE** ▷5
É.-U. 1999. Comédie de mœurs de Ron SHELTON avec Antonio Banderas, Woody Harrelson et Lolita Davidovich. - Copains depuis des années, deux boxeurs ratés se font conduire par une amie à Las Vegas où ils doivent s'affronter dans un match décisif.
VF→22,95$ VO→22,95$

**PLAY MISTY FOR ME** ▷4
É.-U. 1971. Drame policier réalisé et interprété par Clint EASTWOOD avec Jessica Walter et Donna Mills. - L'animateur d'une émission radiophonique est aux prises avec une admiratrice déséquilibrée.
VO→11,95$ **18 ans +**

**PLAY TIME** ►2
FR. 1967. Comédie satirique réalisée et interprétée par Jacques TATI avec Barbara Dennek et Bill Kearns. - Un homme s'égare dans les corridors d'un building ultra-moderne et connaît diverses mésaventures. - Œuvre ambitieuse de satire sociale. Mise au point minutieuse. Riche succession de trouvailles comiques. Divers personnages finement dessinés. Interprétation sympathique de J. Tati.
STA→LS **Général**

**PLAYBOYS, THE** ▷3
IRL. 1992. Drame sentimental de Gillies MacKINNON avec Robin Wright, Albert Finney et Aidan Quinn. - En 1957, dans un village d'Irlande du Sud, un policier alcoolique est amoureux d'une jeune mère célibataire qui lui préfère un comédien ambulant. - Sujet abordé avec justesse et sensibilité. Mise en scène délicate et nuancée. Interprétation intense de A. Finney.
VO→11,95$ VF→11,95$ **Général**

**PLAYER, THE** ▸2
É.-U. 1992. Comédie satirique de Robert ALTMAN avec Tim Robbins, Greta Scacchi et Whoopi Goldberg. - Un jeune cadre d'Hollywood vit des heures d'angoisse après avoir tué accidentellement un scénariste. - Scénario particulièrement bien construit. Critique mordante des milieux du cinéma hollywoodien. Mise en scène à la fois souple et complexe. Distribution réunissant plusieurs vedettes.
VF→11,95$ VO→PC LBX→19,95$ LBX-DVD→23,95$ **Général**

**PLAYERS CLUB, THE** ▹5
É.-U. 1998. Drame de mœurs réalisé et interprété par ICE CUBE avec Lisa Raye et Bernie Mac. - Les tribulations d'une jeune mère qui doit travailler comme strip-teaseuse afin de payer ses études à l'université.
VO→PC **16 ans + Violence**

**PLAYING BY HEART** ▹5
É.-U. 1998. Drame de mœurs de Willard CARROLL avec Angelina Jolie, Sean Connery et Gillian Anderson. - À Los Angeles, les tribulations sentimentales et affectives d'une dizaine de personnes de différentes générations.
VO→18,95$ VF→18,95$ **Général**

**PLAZA SUITE** ▹4
É.-U. 1970. Film à sketches d'Arthur HILLER avec Walter Matthau, Maureen Stapleton, Barbara Harris et Lee Grant. - Trois incidents se situant dans une même chambre d'hôtel.
VO→14,95$ **13 ans +**

**PLEASANTVILLE** ▹3
É.-U. 1998. Comédie fantaisiste de Gary ROSS avec Tobey Maguire, Reese Witherspoon et Joan Allen. - Un adolescent timoré et sa sœur plus délurée sont projetés dans l'univers d'une série télévisée des années 50. - Fable amusante et caustique sur la liberté et la tolérance. Effets visuels impressionnants. Interprétation sensible.
VF→19,95$ LBX→19,95$ LBX-DVD→27,95$ **Général**

**PLEASE DON'T EAT MY MOTHER!** ▹0
É.-U. 1972, Carl MONSON
VO→LS **18 ans + Érotisme**

**PLEASE DON'T EAT THE DAISIES** ▹4
É.-U. 1960. Comédie de Charles WALTERS avec David Niven, Doris Day et Janis Paige. - Les tribulations familiales et professionnelles d'un critique théâtral.
VO→14,95$ **Non classé**

**PLEASE NOT NOW**
Voir: LA BRIDE SUR LE COU

**PLEDGE, THE** ▹4
É.-U. 2000. Drame policier de Sean PENN avec Jack Nicholson, Robin Wright Penn et Aaron Eckhart. - Un policier à la retraite est obsédé par son désir de remplir la promesse qu'il a faite à une mère de retrouver l'assassin de sa fillette.
**13 ans +**

**PLEIN FER** ▹4
FR. 1990. Drame de mœurs de Josée DAYAN avec François Negret, Jean-Pierre Bisson et Serge Reggiani. - Une sombre affaire de meurtre semble être à l'origine d'un duel opposant deux champions de la pétanque.
VO→LS **Général**

**PLEIN SUD** ▹4
FR. 1980. Comédie dramatique de Luc BÉRAUD avec Patrick Dewaere, Clio Goldsmith et Jeanne Moreau. - Un professeur d'université vit une relation amoureuse tumultueuse avec une belle inconnue.
STA→LS **13 ans +**

**PLEINE DE VIE**
Voir: FULL OF LIFE

**PLEINE LUNE SUR BLUE WATER**
Voir: FULL MOON IN BLUE WATER

**PLEINE LUNE SUR PARADOR**
Voir: MOON OVER PARADOR

**PLENTY** ▹4
ANG. 1985. Drame psychologique de Fred SCHEPISI avec Meryl Streep, Charles Dance et Tracey Ullman. - Une Anglaise aigrie qui a tendance à idéaliser son passé dans la Résistance éprouve de la difficulté à trouver le bonheur.
VO→11,95$ LBX-DVD→34,95$ **Général**

**PLEURE PAS GERMAINE** ▹4
BEL. 2000. Comédie dramatique d'Alain de HALLEUX avec Dirk Roofthooft, Rosa Renom et Cathy Grosjean. - Un père de famille belge déménage en Espagne avec les siens, dans le but secret d'y retrouver celui qui aurait causé la mort de sa fille aînée.
VO→LS **13 ans +**

**PLEURE PAS MA BELLE**
Voir: WEEP NO MORE MY LADY

**PLOMBIER, LE**
Voir: THE PLUMBER

**PLOUFFE, LES** ▹3
QUÉ. 1981. Comédie dramatique de Gilles CARLE avec Gabriel Arcand, Émile Genest et Pierre Curzi. - À la fin des années 1930, les membres d'une famille habitant la basse-ville de Québec affrontent diverses situations. - Adaptation du roman de Roger Lemelin. Suite de scènes colorées. Évocation juste de l'époque.
VO→53,95$ **Général**

**PLUIE NOIRE**
Voir: BLACK RAIN

**PLUMBER, THE** ▹4
AUS. 1979. Comédie satirique de Peter WEIR avec Judy Morris, Robert Coleby et Ivar Kants. - Un plombier impose sa présence à un couple d'universitaires.
VF→LS VO→LS **Non classé**

**PLUNDER ROAD** ▹0
É.-U. 1957, Hubert CORNFIELD
VO→LS **Non classé**

**PLUNKETT & MACLEANE** ▹4
ANG.-TCH. 1999. Aventures de Jake SCOTT avec Jonny Lee Miller, Robert Carlyle et Liv Tyler. - En 1748, deux voleurs de grand chemin évoluent dans la haute société londonienne en se faisant passer pour un gentleman et son serviteur.
VF→LS VO→LS LBX-DVD→29,95$ **13 ans +**

**PLUS BEAU MÉTIER DU MONDE, LE** ▹4
FR. 1996. Comédie de mœurs de Gérard LAUZIER avec Gérard Depardieu, Michèle Laroque et Souad Amidou. - Un professeur d'histoire quitte la campagne pour s'installer à Paris où il hérite d'une classe formée d'élèves particulièrement difficiles.
VO→18,95$ **Général**

**PLUS BEL ÂGE, LE** ▹5
FR. 1994. Drame de mœurs de Didier HAUDEPIN avec Élodie Bouchez, Melvil Poupaud et Gaël Morel. - Une étudiante tente de découvrir les motifs du suicide d'une brillante consœur.
VO→LS **13 ans + Érotisme**

**PLUS BELLES ANNÉES DE NOTRE VIE, LES**
Voir: THE BEST YEARS OF OUR LIVES

**PLUS ÇA VA, MOINS ÇA VA** ▹4
FR. 1977. Comédie policière de Michel VIANEY avec Jean-Pierre Marielle, Jean Carmet et Louis Jourdan. - À Saint-Tropez, deux policiers enquêtent sur un meurtre dont la victime a été trouvée près d'une riche villa.
VO→LS **13 ans +**

**PLUS FOU DES DEUX, LE**
Voir: TRIAL AND ERROR

**PLUS GRAND QUE NATURE**
Voir: LARGER THAN LIFE

**PLUS HEUREUX DES MILLIONNAIRES, LE**
Voir: THE HAPPIEST MILLIONAIRE

**PLUS JEUNE QUE JAMAIS**
Voir: YOUNGER AND YOUNGER

**PLUS LONGUE NUIT DU DIABLE, LA** ▷4
BEL. 1972. Drame d'horreur de Jean BRISMÉE avec Erika Blanc, Jean Servais et Daniel Emilfork. - Un groupe de touristes est accueilli par un soir d'orage dans un château sur lequel pèse une malédiction.
VA-LBX➔34,95$ **18 ans + Horreur**

**PLUS RIEN À PERDRE**
Voir: OUT OF THE BLUE

**PLUS SECRET DES AGENTS SECRETS, LE**
Voir: THE NUDE BOMB

**PLUS VIEUX MÉTIER DU MONDE, LE** ▷5
FR. 1967. Film à sketches de Mauro BOLOGNINI, Philippe DE BROCA, Michel PFLEGHAR, Claude AUTANT-LARA et Jean-Luc GODARD avec Michèle Mercier, Elsa Martinelli et Jeanne Moreau. - Six histoires de prostituées se déroulant à différentes époques.
VA➔LS **Non classé**

**PLUSIEURS TOMBENT EN AMOUR** ▷5
QUÉ. 1980. Documentaire de Guy SIMONEAU. - Aperçus sur la pratique de la prostitution dans le centre de Montréal.
VO➔LS **18 ans +**

**POCAHONTAS** ▷4
É.-U. 1995. Dessins animés de Mike GABRIEL et Eric GOLDBERG. - Au début du XVIIe siècle, l'amour naissant entre une jeune Amérindienne et un capitaine anglais est menacé par l'antagonisme qui divise leurs peuples respectifs.
VF➔LS VO➔LS LBX-DVD➔26,95$ **Général**

**POCAHONTAS II: JOURNEY TO A NEW WORLD** ▷0
É.-U. 1998, Tom ELLERY et Bradley RAYMOND
VF➔24,95$ **Général - Enfants**

**POCKET MONEY** ▷5
É.-U. 1972. Comédie dramatique de Stuart ROSENBERG avec Paul Newman, Lee Marvin et Strother Martin. - Un éleveur de bétail en mauvaise situation financière se rend au Mexique acquérir des bêtes pour un affairiste.
VO➔13,95$ **Général**

**POCKETFUL OF MIRACLES** ▷4
É.-U. 1961. Comédie de Frank CAPRA avec Bette Davis, Glenn Ford et Hope Lange. - Un gangster transforme une pauvresse en grande dame pour qu'elle puisse marier sa fille à un noble espagnol.
VO➔14,95$ LBX➔14,95$ **Général**

**POCKETFULL OF RYE, A** ▷4
ANG. 1989. Drame policier de Guy SLATER avec Joan Hickson, Fabia Drake et Timothy West. - Une vieille dame futée enquête sur l'empoisonnement mystérieux d'un financier bougon peu apprécié par son entourage.
VO➔LS **Général**

**POÈTES MAUDITS, LES**
Voir: TOTAL ECLIPSE

**POETIC JUSTICE** ▷0
É.-U. 1993, John SINGLETON
VF➔9,95$ **13 ans + Langage vulgaire**

**POIL DE CAROTTE** ▷0
FR. 1931, Julien DUVIVIER
STA➔LS **Général**

**POINT BLANK** ▷4
É.-U. 1967. Drame policier de John BOORMAN avec Lee Marvin, Angie Dickinson et Keenan Wynn. - Laissé pour mort après sa participation à un vol, un criminel cherche à récupérer sa part du magot.
VO➔19,95$ **13 ans +**

**POINT BREAK** ▷4
É.-U. 1991. Drame policier de Kathryn BIGELOW avec Keanu Reeves, Patrick Swayze et Gary Busey. - Un agent du FBI enquête sur une série de vols de banque commis par des adeptes du surf.
VO➔11,95$ VF➔11,95$ **13 ans +**

**POINT DE CHUTE**
Voir: TERMINAL VELOCITY

**POINT DE NON-RETOUR, LE**
Voir: POINT BLANK

**POINT LIMITE ZÉRO**
Voir: VANISHING POINT

**POINT OF NO RETURN** ▷5
É.-U. 1993. Drame policier de John BADHAM avec Bridget Fonda, Gabriel Byrne et Dermot Mulroney. - Une jeune criminelle condamnée à mort accepte de devenir tueuse à l'emploi des services secrets américains.
VO➔11,95$ **13 ans + Violence**

**POINT ZABRISKIE**
Voir: ZABRISKIE POINT

**POINTSMAN, THE** ▷4
HOL. 1986. Comédie dramatique de Jos STELLING avec Jim van der Woude, Stéphanie Excoffier et John Kraaykamp. - Descendue d'un train par erreur en rase campagne, une voyageuse cherche refuge chez un aiguilleur aux comportements bizarres.
VA➔LS **13 ans +**

**POISON** ▷4
É.-U. 1990. Film à sketches de Todd HAYNES avec Edith Meeks, Larry Maxwell et Scott Renderer. - L'histoire d'un garçon qui a commis un parricide, d'un jeune savant qui se transforme en monstre libidineux et d'un bagnard qui s'éprend d'un codétenu.
VO➔21,95$ DVD➔31,95$ **18 ans +**

**POISON, LA** ▷4
FR. 1951. Comédie dramatique de Sacha GUITRY avec Michel Simon, Jean Debucourt et Pauline Carton. - Un homme trouve le moyen de se débarrasser impunément de son épouse qui veut aussi l'assassiner.
VO➔LS **Général**

**POKÉMON: THE MOVIE 2000** ▷5
JAP. 1999. Dessins animés de Kunihiko YUYAMA. - Un jeune dresseur de pokémons est le seul à pouvoir rétablir l'équilibre climatique de la Terre, rompu par les agissements d'un cupide individu.
VA➔LS VF➔LS **Général**

**POKEMON: THE FIRST MOVIE** ▷6
JAP. 1999. Dessins animés de Kunihiko YUYAMA. - Dans un monde futuriste, une créature fabriquée en laboratoire veut se servir de ses terrifiants pouvoirs pour dominer la planète.
VA➔27,95$ VF➔27,95$ **Non classé**

**POLAR** ▷4
FR. 1983. Drame policier de Jacques BRAL avec Jean-François Balmer, Sandra Montaigu et Pierre Santini. - Un détective privé plutôt paumé s'attire de nombreux ennuis lorsqu'il décide d'aider une jeune inconnue à éclaircir les circonstances entourant un meurtre.
VO➔LS **Non classé**

**POLICE** ▷3
FR. 1985. Drame policier de Maurice PIALAT avec Gérard Depardieu, Sophie Marceau et Richard Anconina. - Un commissaire s'éprend de la maîtresse d'un trafiquant de drogue qu'il vient d'arrêter. - Réalisation personnelle. Intrigue peu serrée. Traitement réaliste. Ton de mélancolie. Bonne interprétation.
STA➔LS VO➔LS **Général**

**POLICE ACADEMY** ▷6
É.-U. 1984. Comédie de Hugh WILSON avec Steve Guttenberg, Kim Cattrall et G.W. Bailey. - Les ennuis des dirigeants d'une école de police qui se retrouvent avec des hurluberlus comme élèves.
VO➔12,95$ **13 ans +**

**POLICE PYTHON 357** ▷4
FR. 1975. Drame policier d'Alain CORNEAU avec Yves Montand, Simone Signoret et François Périer. - Un policier chargé d'enquêter sur le meurtre d'une amie s'aperçoit que les indices peuvent l'incriminer.
VO→14,95$ **Général**

**POLICE STORY 2** ▷0
H. K. 1988, Jackie CHAN
VA→14,95$

**POLISH WEDDING** ▷5
É.-U. 1997. Comédie de mœurs de Theresa CONNELLY avec Lena Olin, Gabriel Byrne et Claire Danes. - Les membres d'une famille d'origine polonaise vivant dans un quartier ouvrier de Detroit affrontent divers problèmes sentimentaux.
VO→11,95$ **Général**

**POLLOCK** ▷4
É.-U. 2000. Drame biographique réalisé et interprété par Ed HARRIS avec Marcia Gay Harden et Amy Madigan. - La vie professionnelle et sentimentale du peintre abstrait new-yorkais Jackson Pollock, de 1941 jusqu'à sa mort en 1956.
**Général**

**POLLYANNA** ▷4
É.-U. 1960. Conte de David SWIFT avec Hayley Mills, Jane Wyman et Karl Malden. - Une orpheline de treize ans réussit à ramener la joie dans le cœur de plusieurs personnes aigries.
VF→LS VO→19,95$ **Général**

**POLTERGEIST** ▷3
É.-U. 1982. Drame fantastique de Tobe HOOPER avec JoBeth Williams, Craig T. Nelson et Beatrice Straight. - D'étranges phénomènes surnaturels se font sentir dans une maison de banlieue. - Histoire de fantômes au superlatif. Trucages étonnants. Habileté technique remarquable. Interprètes convaincants.
LBX→14,95$ VO→14,95$ LBX-DVD→21,95$ **13 ans +**

**POLTERGEIST II** ▷4
É.-U. 1986. Drame fantastique de Brian GIBSON avec Craig T. Nelson, JoBeth Williams et Will Sampson. - Chassée de sa maison californienne par des fantômes, une famille doit une nouvelle fois les affronter en Arizona.
VF→LS VO→11,95$ **13 ans +**

**POLTERGEIST III** ▷5
É.-U. 1988. Drame fantastique de Gary SHERMAN avec Heather O'Rourke, Tom Skerritt et Nancy Allen. - Une fillette vivant dans un gratte-ciel de Chicago chez son oncle est victime de fantômes qui l'emportent dans l'au-delà.
VO→11,95$ **13 ans +**

**POLYESTER** ▷6
É.-U. 1981. Comédie de John WATERS avec Divine, Tab Hunter et Edith Massey. - Les problèmes d'une ménagère de banlieue dont la famille s'en va à la débandade.
VO→19,95$ **18 ans +**

**POLYGRAPHE, LE** ▷4
QUÉ. 1996. Drame psychologique de Robert LEPAGE avec Patrick Goyette, Marie Brassard et Peter Stormare. - Le meurtre non résolu d'une jeune femme bouleverse l'existence de son compagnon qui n'a plus aucun souvenir de la nuit du drame.
STA→18,95$ VO→17,95$ **13 ans +**

**POMME, LA** ▷3
IR. 1998. Drame de mœurs de Samira MAKHMALBAF avec Massoumeh Naderi, Zahra Naderi et Ghorban Ali Naderi. - Une assistante sociale vient en aide à deux fillettes séquestrées pendant onze ans par leur vieux père et leur mère aveugle. - Reconstitution tragicomique d'une situation peu banale avec les protagonistes réels du drame. Critique en filigrane du patriarcat. Style apparenté au néo-réalisme. Mise en scène discrète.
STF→LS **Général**

**POMME, LA QUEUE ET LES PÉPINS, LA** ▷7
QUÉ. 1974. Comédie de mœurs de Claude FOURNIER avec Donald Lautrec, Han Masson et Janine Sutto. - Durant son voyage de noces, une homme devenu soudainement impuissant cherche à retrouver sa virilité par tous les moyens.
VO→LS **18 ans +**

**POMPATUS OF LOVE, THE** ▷5
É.-U. 1995. Comédie dramatique de Richard SCHENKMAN avec Jon Cryer, Adrian Pasdar et Tim Guinee. - Quatre New-Yorkais dans la trentaine vivent des expériences amoureuses difficiles.
VO→PC **13 ans +**

**POMPIERS EN ALERTE**
Voir: BACKDRAFT

**PONETTE** ►2
FR. 1996. Drame psychologique de Jacques DOILLON avec Victoire Thivisol, Matiaz Bureau Caton et Xavier Beauvois. - Une petite fille qui a perdu sa mère dans un accident de voiture ne peut se résoudre à ne plus jamais la revoir. - Sujet grave traité avec une grande finesse. Mise en scène d'une infinie délicatesse. Interprétation poignante de l'adorable V. Thivisol.
VO→28,95$ **Général**

**PONT DE CASSANDRA, LE**
Voir: THE CASSANDRA CROSSING

**PONT DE REMAGEN, LE**
Voir: THE BRIDGE AT REMAGEN

**PONT ENTRE DEUX RIVES, UN** ▷4
FR. 1998. Drame sentimental de Gérard DEPARDIEU et Frédéric AUBURTIN avec Carole Bouquet, Gérard Depardieu et Charles Berling. - Au début des années 60, une jeune mère au foyer s'engage dans une liaison adultère avec un ingénieur.
VO→18,95$ **Général**

**PONTIAC MOON** ▷5
É.-U. 1994. Comédie dramatique de Peter MEDAK avec Ted Danson, Mary Steenburgen et Ryan Todd. - Une mère souffrant d'agoraphobie décide quand même d'aller rejoindre son mari parti en voyage à travers les États-Unis avec leur jeune fils.
VO→LS **Général**

**PONY EXPRESS** ▷5
É.-U. 1952. Western de Jerry HOPPER avec Charlton Heston, Rhonda Fleming et Forrest Tucker. - Buffalo Bill travaille à l'établissement d'un service de courrier à cheval.
VO→11,95$ **Général**

**PONY SOLDIER** ▷5
É-U. 1952. Western de Joseph M. NEWMAN avec Tyrone Power, Cameron Mitchell et Thomas Gomez. - Un agent de la police montée canadienne est chargé d'aller rétablir l'ordre dans la tribu des Cris.
VO→11,95$ **Général**

**POOKIE**
Voir: STERILE CUCKOO

**POOL HUSTLERS, THE** ▷0
ITA. 1983, Maurizio PONZI
STA→LS **Général**

**POOR LITTLE RICH GIRL** ▷5
É.-U. 1936. Comédie musicale de Irving CUMMINGS avec Shirley Temple, Alice Faye et Jack Haley. - Une petite fille riche fait une fugue et devient la partenaire d'artistes de music-hall.
VO→24,95$

**POOR WHITE TRASH** ▷0
É.-U. 1957, Harold DANIELS
VO→LS **Non classé**

**POP AMÉRICAIN**
Voir: AMERICAN POP

**POPCORN** ▷5
É.-U. 1990. Drame d'horreur de Mark HERRIER avec Jill Schoelen, Tom Villard et Dee Wallace. - Un mystérieux meurtrier s'en prend à des jeunes réunis dans une cinéma pour assister durant une nuit à la projection de vieux films fantastiques.
VO→LS **13 ans +**

**POPE OF GREENWICH VILLAGE, THE** ▷4
É.-U. 1984. Drame de mœurs de Stuart ROSENBERG avec Mickey Rourke, Eric Roberts et Daryl Hannah. - Congédiés de leur travail, deux jeunes gens réalisent un cambriolage sans se douter que l'argent volé appartient à un caïd de la pègre.
VO→11,95$ **13 ans +**

**POPEYE** ▷4
É.-U. 1980. Comédie de Robert ALTMAN avec Robin Williams, Shelley Duvall et Paul L. Smith. - Un marin solitaire à la recherche de son vieux père arrive dans un village côtier dominé par un despote.
VO→14,95$ **Général**

**POPI** ▷4
É.-U. 1969. Comédie d'Arthur HILLER avec Alan Arkin, Rita Moreno et Miguel Alejandro. - Un veuf portoricain vivant pauvrement dans un quartier de New York cherche à assurer l'avenir de ses deux fils.
VO→14,95$

**PORCHERIE** ▷3
ITA. 1969. Drame poétique de Pier Paolo PASOLINI avec Pierre Clémenti, Jean-Pierre Léaud et Anne Wiazemsky. - L'étrange histoire d'un jeune homme attiré par les porcs s'entremêle à celle d'un vagabond coupable de cannibalisme. - Recherche poétique tourmentée. Œuvre insolite et intéressante. Contrastes bien évoqués entre les deux récits. Interprétation stylisée.
STA→44,95$ **13 ans +**

**PORCILE**
Voir: PORCHERIE

**PORK CHOP HILL** ▷3
É.-U. 1959. Drame de guerre de Lewis MILESTONE avec Gregory Peck, Harry Guardino et Rip Torn. - À la fin de la guerre de Corée, un lieutenant américain reçoit l'ordre d'attaquer une colline de valeur stratégique douteuse. - Vision critique de la guerre. Habile reconstitution. Ensemble convaincant. Jeu sincère des interprètes.
VO→14,95$ LBX-DVD→18,95$ **Général**

**PORKY'S** ▷6
CAN. 1981. Comédie de Bob CLARK avec Dan Monahan, Mark Herrier et Wyatt Knight. - À la fin des années 50, les tribulations d'un groupe d'étudiants américains préoccupés de satisfaire leur curiosité sexuelle
VO→9,95$

**PORNOGRAPHERS, THE** ▷0
JAP. 1966, Shohei IMAMURA
STA-LBX→27,95$ **Général**

**PORT DJEMA** ▷4
FR. 1996. Drame psychologique d'Eric HEUMANN avec Jean-Yves Dubois, Nathalie Boutefeu et Christophe Odent. - Afin d'élucider les circonstances de la mort d'un ami, un médecin français se rend dans une région d'Afrique de l'Est déchirée par la guerre civile.
VO→18,95$ **Général**

**PORT OF CALL**
Voir: VILLE PORTUAIRE

**PORTE DE L'ENFER, LA** ►2
JAP. 1953. Drame psychologique de Teinosuke KINUGASA avec Machiko Kyo, Kazuo Hasegawa et Isao Yamagata. - Au XIIe siècle, le samouraï Morito s'éprend de la belle Kesa qui se sacrifie pour sauver son mari. - Tragédie puissante. Technique remarquable. Excellente utilisation de la couleur. Jeu nuancé des interprètes.
STA→27,95$ **Général**

**PORTE DES ÉTOILES, LA**
Voir: STARGATE

**PORTÉ DISPARU**
Voir: MISSING

**PORTE S'OUVRE, LA**
Voir: NO WAY OUT

**PORTE-BONHEUR, LE**
Voir: TWO BITS

**PORTES DE FEU, LES** ▷5
FR. 1971. Drame de guerre de Claude BERNARD-AUBERT avec Dany Carrel, Emmanuèle Riva et Georges Aminel. - Un médecin français et quatre infirmières sont faits prisonniers par les Allemands dans le désert de Lybie.
VO→LS **Général**

**PORTES DU DESTIN, LES**
Voir: SLIDING DOORS

**PORTES TOURNANTES, LES** ▷4
QUÉ. 1988. Drame de Francis MANKIEWICZ avec Monique Spaziani, Gabriel Arcand et François Méthé. - À partir de documents adressés à son père, un jeune garçon revit l'histoire de sa grand-mère, une ancienne pianiste du cinéma muet.
VO→13,95$ **Général**

**PORTEUR DE SERVIETTE, LE** ▷4
ITA. 1991. Comédie satirique de Daniele LUCHETTI avec Silvio Orlando, Nanni Moretti et Anne Roussel. - Engagé pour écrire les discours d'un politicien populaire qu'il admire, un professeur découvre avec surprise le cynisme et l'opportunisme de cet individu.
VF→LS **Général**

**PORTEUR, LE**
Voir: THE PALLBEARER

**PORTIER DE NUIT**
Voir: THE NIGHT PORTER

**PORTION D'ÉTERNITÉ** ▷4
QUÉ. 1989. Drame social de Robert FAVREAU avec Danielle Proulx, Marc Messier et Patricia Nolin. - Une femme cadre du ministère de la Santé enquête sur les activités d'un laboratoire spécialisé en manipulations génétiques.
VO→LS **13 ans +**

**PORTNOY'S COMPLAINT** ▷6
É.-U. 1972. Drame psychologique d'Ernest LEHMAN avec Richard Benjamin, Karen Black et Lee Grant. - Un fonctionnaire issu d'une famille juive aux mœurs plutôt strictes s'éprend d'une cover-girl.
VO→14,95$

**PORTRAIT CRACHÉ D'UNE FAMILLE MODÈLE**
Voir: PARENTHOOD

**PORTRAIT D'UN STUDIO D'ANIMATION** ▷0
QUÉ. 1991, Isabelle TURCOTTE
VO→LS **Général**

**PORTRAIT DE DORIAN GRAY, LE** ▷5
ITA. 1970. Drame fantastique de Massimo DALLAMANNO avec Helmut Berger, Herbert Lom et Marie Liljedahl. - Un viveur obtient le pouvoir de conserver la jeunesse alors que son portrait porte les marques de la dégradation et du vieillissement.
VO→19,95$ **18 ans +**

**PORTRAIT DE FEMME**
Voir: THE PORTRAIT OF A LADY

**PORTRAIT IN BLACK** ▷5
É.-U. 1960. Mélodrame de Michael GORDON avec Lana Turner, Anthony Quinn et Sandra Dee. - Se voyant soupçonnés de meurtre, deux amants commettent un second crime.
VO→14,95$ **Général**

**PORTRAIT OF A LADY, THE** ▷4
É.-U. 1996. Drame psychologique de Jane CAMPION avec Nicole Kidman, John Malkovich et Barbara Hershey. - Bien qu'elle soit éprise de liberté, une jeune Américaine ayant hérité d'une fortune se précipite dans un mariage qui lui causera une amère déception.
VF→16,95$ VO→16,95$ LBX→16,95$
LBX-DVD→39,95$ **Général**

**PORTRAIT OF JENNIE** ▷4
É.-U. 1948. Drame fantastique de William DIETERLE avec Joseph Cotten, Jennifer Jones et Ethel Barrymore. - Un peintre désillusionné est réconforté par ses rencontres avec une mystérieuse jeune fille.
VO→14,95$ **Général**

**PORTRAIT-ROBOT**
Voir: EVIL HAS A FACE

**PORTRAITS CHINOIS** ▷5
FR. 1996. Comédie de mœurs de Martine DUGOWSON avec Helena Bonham Carter, Romane Bohringer et Elsa Zylberstein. - Neuf amis travaillant dans le milieu de la mode ou du cinéma vivent diverses aventures sentimentales et professionnelles.
VO→18,95$ **Général**

**POSEIDON ADVENTURE, THE** ▷5
É.-U. 1972. Drame de Ronald NEAME avec Gene Hackman, Ernest Borgnine et Shelley Winters. - Quelques survivants cherchent à s'échapper d'un paquebot renversé par une lame de fond.
LBX→22,95$ VO→9,95$ LBX-DVD→28,95$ **13 ans +**

**POSITION DE L'ESCARGOT, LA** ▷5
QUÉ. 1998. Drame psychologique de Michka SAÄL avec Mirella Tomassini, Victor Lanoux et Jude-Antoine Jarda. - À Montréal, une jeune Juive maghrébine renoue avec son père disparu depuis vingt ans et s'amourache d'un squatter jamaïcain.
VO→LS **13 ans +**

**POSSE** ▷4
É.-U. 1975. Western réalisé et interprété par Kirk DOUGLAS avec Bruce Dern et Bo Hopkins. - Un marshall désireux d'accéder au poste de sénateur compte sur la capture d'un voleur de trains pour favoriser sa campagne électorale.
VO→11,95$ **Général**

**POSSE** ▷5
É.-U. 1993. Western réalisé et interprété par Mario VAN PEEBLES avec Stephen Baldwin et Charles Lane. - Durant la guerre hispano-américaine, six fuyards se réfugient avec une cargaison d'or dans la ville natale de leur chef.
VO→13,95$ **16 ans + Violence**

**POSSÉDÉE, LA**
Voir: POSSESSED

**POSSESSED** ▷5
É.-U. 1931. Mélodrame de Clarence BROWN avec Joan Crawford, Clark Gable et Wallace Ford. - A son arrivée à New York, une jeune ouvrière tombe amoureuse d'un riche avocat qui désire devenir gouverneur.
VO→19,95$

**POSSESSED** ▷5
É.-U. 1947. Mélodrame de Curtis BERNHARDT avec Joan Crawford, Van Heflin et Raymond Massey. - Une femme traitée dans une clinique psychiatrique se remémore les circonstances qui l'ont amenée à commettre un meurtre.
VO→19,95$ **Non classé**

**POSSESSION** ▷3
FR. 1981. Drame fantastique d'Andrzej ZULAWSKI avec Isabelle Adjani, Sam Neill et Heinz Bennent. - De retour à Berlin après une longue absence, un homme découvre que sa femme se terre dans un logement minable avec un compagnon mystérieux. - Récit déroutant enrichi de touches insolites. Traitement particulier de la couleur.
VA→14,95$ **18 ans +**

**POSSIBLE WORLDS** ▷5
QUÉ. 2000. Science-fiction de R. LEPAGE avec Tom McCamus, Tilda Swinton et Sean McCann. - Un homme retrouvé mort vit simultanément plusieurs vies parallèles au cours desquelles il tombe amoureux de la même femme.
**Général**

**POST COÏTUM, ANIMAL TRISTE** ▷3
FR. 1997. Drame psychologique réalisé et interprété par Brigitte ROÜAN avec Patrick Chesnais et Boris Terral. - Une quadragénaire mariée vit le choc d'une relation passionnée avec un amant beaucoup plus jeune qu'elle. - Dissection d'une passion amoureuse et de ses séquelles. Récit bien construit. Quelques touches fantaisistes.
VO→18,95$ **13 ans +**

**POST MORTEM** ▷4
QUÉ. 1999. Drame psychologique de Louis BÉLANGER avec Sylvie Moreau, Gabriel Arcand et Hélène Loiselle. - Le destin d'une jeune mère célibataire qui vit d'expédients croise celui d'un gardien de morgue solitaire.
VO→18,95$

**POSTCARDS FROM THE EDGE** ▷4
É.-U. 1990. Comédie satirique de Mike NICHOLS avec Meryl Streep, Shirley MacLaine et Gene Hackman. - Une actrice de cinéma traverse une période difficile après être sortie d'une cure de désintoxication.
VO→9,95$ **Général**

**POSTE RESTANTE**
Voir: 84 CHARING CROSS ROAD

**POSTIÈRE, LA** ▷4
QUÉ. 1992. Comédie de mœurs de Gilles CARLE avec Chloé Sainte-Marie, Nicolas François Rives et Steve Gendron. - En 1935, dans un village québécois, un jeune garçon observe avec curiosité les petites intrigues du monde adulte.
VO→24,95$ **Général**

**POSTINO, IL** ▷3
ITA. 1994. Comédie dramatique de Michael RADFORD avec Massimo Troisi, Philippe Noiret et Maria Grazia Cucinotta. - Un célèbre poète chilien réfugié dans une île de la Méditerranée se lie d'amitié avec un modeste et timide fils de pêcheur. - Sujet abordé avec charme, simplicité et douceur. Mise en scène sobre et soignée. Connivence chaleureuse entre les deux principaux interprètes.
STA→14,95$ VF→14,95$ STA-LBX-DVD→31,95$ **Général**

**POSTMAN ALWAYS RINGS TWICE, THE** ▷4
É.-U. 1946. Drame de Tay GARNETT avec John Garfield, Lana Turner et Cecil Kellaway. - La femme et l'employé d'un garagiste deviennent amants et décident de supprimer le mari gênant.
VO→19,95$ **Général**

**POSTMAN ALWAYS RINGS TWICE, THE** ▷4
É.-U. 1981. Drame de mœurs de Bob RAFELSON avec Jack Nicholson, Jessica Lange et John Colicos. - La femme et l'employé d'un garagiste deviennent amants et décident de supprimer le mari gênant.
VO→14,95$ VF→LS DVD→22,95$ **18 ans +**

**POSTMAN, THE** ▷5
É.-U. 1997. Science-fiction réalisée et interprétée par Kevin COSTNER avec Will Patton et Larenz Tate. - En 2013, un vagabond se retrouve malgré lui à la tête d'un groupe luttant pour le rétablissement de la démocratie aux États-Unis.
VF→19,95$ LBX→18,95$ LBX-DVD→29,95$ **13 ans +**

**POT AUX ROSES, LE**
Voir: IN et OUT

**POTEMKINE**
Voir: LE CUIRASSÉ POTEMKINE

**POTINS DU SUD**
Voir: SOMETHING TO TALK ABOUT

**POTS CASSÉS, LES** ▷5
QUÉ. 1993. Comédie dramatique de François BOUVIER avec Gilbert Sicotte, Marie Tifo et Marc Messier. - Un homme d'affaires taciturne qui rêve de devenir romancier et son épouse au tempérament suicidaire traversent une crise conjugale.
VO→LS **Général**

**POUCETTE**
Voir: THUMBELINA

**POULE MOUILLÉE, LA**
Voir: THE MOLLYCODDLE

**POULET AU VINAIGRE** ▷4
FR. 1984. Drame policier de Claude CHABROL avec Jean Poiret, Michel Bouquet et Stéphane Audran. - Trois notables d'une petite ville utilisent des moyens malhonnêtes pour mener à bien leur entreprise immobilière.
VO→LS **Général**

**POUR CENT BRIQUES, T'AS PLUS RIEN** ▷4
FR. 1982. Comédie policière d'Édouard MOLINARO avec Daniel Auteuil, Gérard Jugnot et Anémone. - Deux chômeurs mettent au point un hold-up de banque avec prise d'otages.
VO→LS **Général**

**POUR EN FINIR AVEC PAPA**
Voir: GETTING EVEN WITH DAD

**POUR L'AMOUR DE NOS FILS**
Voir: SOME MOTHER'S SON

**POUR L'AMOUR DE ROSEANNA**
Voir: FOR ROSEANNA

**POUR L'EXEMPLE**
Voir: KING et COUNTRY

**POUR LA PEAU D'UN FLIC** ▷4
FR. 1981. Drame policier réalisé et interprété par Alain DELON avec Anne Parillaud et Michel Auclair. - Un détective privé rencontre plusieurs obstacles dans sa détermination à retrouver une aveugle disparue.
VO→LS **13 ans +**

**POUR LA SUITE DU MONDE** ►2
QUÉ. 1963. Étude de mœurs de Pierre PERRAULT, Michel BRAULT et Marcel CARRIÈRE. - À l'île aux Coudres, des jeunes gens cherchent à ressusciter l'ancienne coutume de la pêche aux marsouins. - Œuvre marquante du cinéma direct. Dialogues savoureux. Images poétiques.
VO→19,95$ **Général**

**POUR LE MEILLEUR ET POUR LE PIRE**
Voir: FOR BETTER AND FOR WORSE

**POUR LE PIRE ET POUR LE MEILLEUR**
Voir: AS GOOD AS IT GETS

**POUR QUE LES AUTRES VIVENT**
Voir: ABANDON SHIP

**POUR QUE VIVENT LES HOMMES**
Voir: NOT AS A STRANGER

**POUR QUELQUES DOLLARS DE PLUS**
Voir: FOR A FEW DOLLARS MORE

**POUR RIRE!** ▷5
FR. 1996. Comédie de mœurs de Lucas BELVAUX avec Jean-Pierre Léaud, Ornella Muti et Antoine Chappey. - Afin de récupérer sa femme, un cocu fait semblant de sympathiser avec son rival qui ne connaît pas sa véritable identité.
VO→16,95$ **Général**

**POUR SACHA** ▷5
FR. 1991. Drame sentimental d'Alexandre ARCADY avec Sophie Marceau, Richard Berry et Fabien Orcier. - En 1967 alors que la guerre menace d'éclater, un jeune couple qui a quitté la France pour s'installer dans un kibboutz en Israël accueille des amis parisiens.
VO→LS **Général**

**POUR TOUJOURS**
Voir: ALWAYS

**POUR UNE NUIT**
Voir: ONE NIGHT STAND

**POUR UNE POIGNÉE DE DOLLARS**
Voir: A FISTFUL OF DOLLARS

**POURQUOI MAMAN EST DANS MON LIT?** ▷5
FR. 1994. Comédie dramatique de Patrick MALAKIAN avec Marie-France Pisier, Gérard Klein et Benjamin Chevillard. - Se croyant responsable de la séparation de ses parents, un gamin met tout en œuvre pour favoriser leur réconciliation.
VO→LS **Général**

**POURQUOI PAS MOI?** ▷5
FR. 1998. Comédie de mœurs de Stéphane GIUSTI avec Amira Casar, Julie Gayet et Bruno Putzulu. - Des amis réunissent leurs parents respectifs dans une villa pour un week-end afin de leur annoncer qu'ils sont gay.
VO→LS **Général**

**POURQUOI PAS NOUS?** ▷5
FR. 1981. Comédie de Michel BERNY avec Aldo Maccione, Dominique Lavanant et Gérard Jugnot. - Une célibataire souffant de strabisme prononcé et un athlète affligé d'un système pileux surabondant s'éprennent l'un de l'autre.
VO→LS **Général**

**POURQUOI PAS?** ▷4
FR. 1977. Comédie de mœurs de Coline SERREAU avec Sami Frey, Christine Murillo et Mario Gonzales. - Une jeune femme séparée de son mari vit un curieux ménage à trois avec deux hommes.
VO→LS **18 ans +**

**POURVU QUE CE SOIT UNE FILLE** ▷4
ITA. 1985. Comédie dramatique de Mario MONICELLI avec Liv Ullmann, Philippe Noiret et Giuliana De Sio. - La mort d'un comte provoque la dispersion momentanée de sa famille, mais celle-ci se réunira bientôt sur des bases nouvelles.
VO→LS **Général**

**POUSSE MAIS POUSSE ÉGAL** ▷6
QUÉ. 1974. Comédie de Denis HÉROUX avec Gilles Latulipe, Céline Lomez et Denis Drouin. - Un père est exaspéré par l'intérêt que porte sa fille à un hurluberlu maladroit.
VO→18,95$ **Général**

**POUSSE-TOI CHÉRIE**
Voir: MOVE OVER DARLING

**POUSSIÈRE D'ANGE** ▷4
FR. 1987. Drame policier d'Édouard NIERMANS avec Bernard Giraudeau, Fanny Bastien et Michel Aumont. - Un inspecteur dépressif est amené à enquêter sur deux meurtres ayant un rapport avec une jeune fille bizarre qu'il s'efforce de protéger.
VO→LS **Général**

**POUSSIÈRES DE VIE** ▷5
FR. 1994. Drame de Rachid BOUCHAREB avec Daniel Guyant, Gilles Chitlaphone et Jéhan Pagès. - En 1975, au Viêt-nam, un jeune métis est envoyé par les communistes dans un camp de rééducation en pleine jungle.
VF→19,95$ **Général**

**POUVOIR D'EXÉCUTER**
Voir: ABSOLUTE POWER

**POUVOIR INTIME** ▷4
QUÉ. 1986. Drame policier d'Yves SIMONEAU avec Marie Tifo, Pierre Curzi et Jacques Godin. - Le hold-up d'un camion de sécurité est mis au point grâce à de nombreuses connivences, mais l'affaire tourne mal.
VO→LS **Général**

**POUVOIR OBSCUR**
Voir: CURSED

**POWAQQATSI** ▷0
É.-U. 1988, Godfrey REGGIO
MT→LS Général

**POWDER** ▷4
É.-U. 1995. Drame fantastique de Victor SALVA avec Sean Patrick Flanery, Lance Henriksen et Mary Steenburgen. - L'existence marginale d'un adolescent né sans pigmentation et sans pilosité, mais doté d'une intelligence prodigieuse et de dons surnaturels.
VF→16,95$ VO→15,95$ Général

**POWER** ▷4
É.-U. 1986. Drame social de Sidney LUMET avec Richard Gere, Julie Christie et Gene Hackman. - Un conseiller en médias, qui ne se préoccupe pas de l'idéologie de ses clients, révise ses positions lorsqu'un vieil ami sénateur abandonne son poste.
VO→PC VF→11,95$ Général

**POWER OF ONE, THE** ▷5
É.-U. 1992. Drame social de John G. AVILDSEN avec Stephen Dorff, Simon Fenton et Guy Witcher. - Les tribulations d'un jeune Sud-Africain de descendance anglaise que les circonstances amènent à servir la cause des Noirs.
VF→11,95$ VO→14,95$ 13 ans +

**POWER RANGERS: LE FILM**
Voir: MIGHTY MORPHIN POWER RANGERS: THE MOVIE

**POWWOW HIGHWAY** ▷4
É.-U. 1988. Comédie dramatique de Jonathan WACKS avec A. Martinez, Gary Farmer et Joanelle Nadine Romero. - Un Cheyenne contestataire part libérer sa sœur que des promoteurs véreux ont fait incarcérer dans l'intention de l'intimider.
VO→LS Général

**PRACTICAL MAGIC** ▷5
É.-U. 1998. Comédie fantaisiste de Griffin DUNNE avec Sandra Bullock, Nicole Kidman et Aidan Quinn. - Les amours de deux jeunes sorcières sont perturbées par la malédiction qui pèse sur leur famille.
LBX→19,95$ VF→18,95$ LBX-DVD→28,95$ Général

**PRANCER** ▷4
É.-U. 1989. Comédie fantaisiste de John HANCOCK avec Rebecca Harrell, Sam Elliott et Cloris Leachman. - À quelques jours de Noël, une fillette de neuf ans prend soin d'un renne blessé sans prévenir son père.
VO→LS Général

**PRAYER FOR THE DYING, A** ▷4
ANG. 1987. Drame policier de Mike HODGES avec Mickey Rourke, Bob Hoskins et Alan Bates. - Désireux de fuir son pays et d'abandonner ses activités, un terroriste irlandais se voit obligé de commettre un nouveau meurtre en échange d'un passeport.
VO→LS Général

**PREACHER'S WIFE, THE** ▷5
É.-U. 1996. Comédie fantaisiste de Penny MARSHALL avec Denzel Washington, Whitney Houston et Courtney B. Vance. - Un ange ayant pris forme humaine descend du ciel pour venir en aide à un pasteur qui traverse un moment difficile.
VF→LS VO→LS Général

**PREACHERMAN** ▷0
É.-U. 1979, TROMA
VO→LS Non classé

**PRÉDATEUR, LE**
Voir: PREDATOR

**PRÉDATEURS DE LA NUIT, LES** ▷6
FR. 1988. Drame d'horreur de Jesús FRANCO avec Helmut Berger, Brigitte Lahaie et Chris Mitchum. - Un docteur kidnappe des jeunes femmes dont il veut greffer la peau du visage sur celui de sa fille défigurée.
VF→LS 18 ans +

**PREDATOR** ▷5
É.-U. 1987. Science-fiction de John McTIERNAN avec Arnold Schwarzenegger, Carl Weathers et Elpidia Carrillo. - Un commando qui s'est aventuré dans la jungle dans le but de libérer un sénateur enlevé par des guérilleros doit faire face à un extraterrestre.
LBX→LS VO→16,95$ LBX-DVD→PM 13 ans +

**PREDATOR II** ▷6
É.-U. 1990. Science-fiction de Stephen HOPKINS avec Danny Glover, Maria Conchita Alonso et Gary Busey. - Un policier de Los Angeles essaie de contrer un extraterrestre meurtrier qui sévit dans la ville.
VO→9,95$ VF→11,95$ 18 ans +

**PREHISTORIC WOMEN** ▷6
ANG. 1966. Aventures de Michael CARRERAS avec Martine Beswick, Michael Latimer et Edina Ronay. - En Afrique, un chasseur se retrouve transporté dans le passé où il doit lutter avec une tribu d'Amazones régnant sur des esclaves.
LBX→14,95$ Général

**PREMATURE BURIAL** ▷5
É.-U. 1962. Drame d'horreur de Roger CORMAN avec Ray Milland, Hazel Court et Richard Ney. - Après avoir vu un individu se faire enterrer vivant, un homme se croit menacé du même sort.
VO→LS 13 ans +

**PREMIER CHEVALIER, LE**
Voir: FIRST KNIGHT

**PREMIER ENVOL, LE**
Voir: FLY AWAY HOME

**PREMIER VOYAGE** ▷4
FR. 1980. Comédie dramatique de Nadine TRINTIGNANT avec Marie Trintignant, Vincent Trintignant et Richard Berry. - À la mort de leur mère, deux enfants partent à la recherche de leur père dont ils sont sans nouvelles.
VO→LS Général

**PREMIÈRE AVENTURE DE SHERLOCK HOLMES, LA**
Voir: YOUNG SHERLOCK HOLMES

**PREMIÈRE SIRÈNE, LA**
Voir: MILLION DOLLAR MERMAID

**PREMONITION** ▷0
É.-U. 1972, Alan RUDOLPH
VO Non classé

**PRÉMONITIONS**
Voir: IN DREAMS

**PRENDS TON PASSE-MONTAGNE ON VA À LA PLAGE** ▷6
FR. 1982. Comédie d'Eddie MATALON avec Arthus de Penguern, Daniel Prévost et Florence Giorgetti. - Son ami s'étant cassé une jambe, un jeune homme accepte de le remplacer pour l'été dans un centre de thalassothérapie.
VO→LS Général

**PRÉNOM: CARMEN** ▷3
FR. 1983. Drame de mœurs réalisé et interprété par Jean-Luc GODARD avec Maruschka Detmers et Jacques Bonaffé. - Prétextant y tourner un film, une jeune femme demande à emprunter l'appartement de son oncle où elle compte se réfugier après un hold-up. - Transposition moderne d'un thème classique. Traitement désinvolte et parodique. Mise en scène inventive. Interprétation assurée.
STA→21,95$ STA-DVD→34,95$ 13 ans +

**PRÉPAREZ VOS MOUCHOIRS** ▷4
FR. 1977. Comédie de mœurs de Bertrand BLIER avec Gérard Depardieu, Patrick Dewaere et Carole Laure. - Décontenancé par la mélancolie chronique de sa femme, un homme invite un inconnu à lui venir en aide.
VO→LS 18 ans +

**PRÉSENCE DES OMBRES, LA** ▷6
QUÉ. 1995. Drame de Marc VOISARD avec Patrice L'Écuyer, Denis

Mercier et Isabelle Renauld. - Un psychologue est bouleversé par l'apparent suicide d'une jeune femme qui se dit possédée par l'âme d'une religieuse.
VO→LS **Général**

**PRÉSIDENT AMÉRICAIN, UN**
Voir: THE AMERICAN PRESIDENT

**PRÉSIDENT D'UN JOUR**
Voir: DAVE

**PRESIDENT'S ANALYST, THE** ▷5
É.-U. 1967. Comédie satirique de Theodore J. FLICKER avec James Coburn, Godfrey Cambridge et Severn Darden. - Le psychiatre du président des États-Unis devient la cible d'agents secrets étrangers.
VO→18,95$ **Général**

**PRESIDIO, THE** ▷5
É.-U. 1988. Drame policier de Peter HYAMS avec Sean Connery, Mark Harmon et Meg Ryan. - Chargé d'enquêter sur un meurtre dans une base militaire, un détective doit composer avec un officier avec lequel il a eu des mésententes.
VF→LS VO→LS **Général**

**PRESIDIO: BASE MILITAIRE SAN FRANCISCO**
Voir: THE PRESIDIO

**PRESSURE POINT** ▷4
É.-U. 1962. Drame psychologique de Hubert CORNFIELD avec Sidney Poitier, Bobby Darin et Peter Falk. - Dans une prison fédérale, un psychiatre de race noire tente de libérer de ses complexes un Blanc raciste.
VO→18,95$ **13 ans +**

**PRESUMED INNOCENT** ▷3
É.-U. 1990. Drame policier d'Alan J. PAKULA avec Harrison Ford, Greta Scacchi et Brian Dennehy. - Soupçonné d'avoir tué une collègue dont il était l'amant, un avocat marié cherche à prouver son innocence. - Histoire bien ficelée. Climat de suspicion et de suspense habilement entretenu. Mise en scène précise. Interprétation juste.
VF→11,95$ VO→11,95$ LBX-DVD→29,95$ **Général**

**PRÊT-À-PORTER** ▷4
É.-U. 1994. Comédie satirique de Robert ALTMAN avec Sophia Loren, Marcello Mastroianni et Kim Basinger. - Les plus grands couturiers internationaux se réunissent à Paris pour le lancement annuel des nouvelles lignes de prêt-à-porter.
VF→11,95$ VO→11,95$ **Général**

**PRÉTENDU VOYAGE DE BILL ET TED, LE**
Voir: BILL AND TED'S BOGUS JOURNEY

**PRÊTRE, LE**
Voir: PRIEST

**PRETTY BABY** ▷3
É.-U. 1977. Drame de mœurs de Louis MALLE avec Brooke Shields, Keith Carradine et Susan Sarandon. - Ayant grandi dans une maison close de La Nouvelle-Orléans, la fille d'une prostituée est initiée au métier à l'âge de douze ans. - Sujet fort délicat abordé avec un certain tact. Bonne évocation d'époque. Mise en images soignée. Interprètes bien dirigés.
VO→13,95$ **18 ans +**

**PRETTY IN PINK** ▷4
É.-U. 1986. Comédie dramatique de Howard DEUTCH avec Molly Ringwald, Andrew McCarthy et Jon Cryer. - Les tribulations sentimentales d'une adolescente, fille de chômeur, étudiant dans une école fréquentée par des jeunes de milieu aisé.
VO→14,95$ **Général**

**PRETTY WOMAN** ▷5
É.-U. 1990. Comédie sentimentale de Garry MARSHALL avec Julia Roberts, Richard Gere et Laura San Giacomo. - Une prostituée de Los Angeles ayant tiré d'affaire un financier new-yorkais est invitée à passer, contre rémunération, quelques jours avec lui.
VO→16,95$ VF→11,95$ **Général**

**PREUVE, LA**
Voir: PROOF

**PRICE ABOVE RUBIES, A** ▷5
É.-U. 1998. Drame de mœurs de Boaz YAKIN avec Renée Zellweger, Christopher Eccleston et Glenn Fitzgerald. - Une Juive mariée à un rigoriste voit l'occasion de s'émanciper lorsqu'elle va travailler dans la bijouterie de son beau-frère.
LBX-DVD→PC VO→18,95$ LBX-DVD→PC **Général**

**PRICE OF FREEDOM**
Voir: OPERATION DAYBREAK

**PRICK UP YOUR EARS** ▷3
ANG. 1987. Drame biographique de Stephen FREARS avec Gary Oldman, Alfred Molina et Vanessa Redgrave. - La relation tumultueuse entre le célèbre dramaturge Joe Orton et son ami homosexuel connaît un dénouement tragique. - Ton de loufoquerie sardonique. Retours en arrière brefs et percutants.
VO→14,95$ **13 ans +**

**PRIDE AND PREJUDICE** ▷0
ANG. 1985, Cyril COKE
VO→24,95$ **Non classé**

**PRIDE AND PREJUDICE** ▷3
É.-U. 1940. Comédie de mœurs de Robert Z. LEONARD avec Greer Garson, Laurence Olivier et Mary Boland. - Au XIXe siècle, cinq filles d'une famille bourgeoise anglaise déshéritée aspirent au mariage. - Transposition théâtrale du roman de Jane Austen. Tableau d'un charme désuet. Intéressantes observations de mœurs. Dialogue fin. Interprétation de qualité.
VO→14,95$ **Général**

**PRIDE AND THE PASSION,THE** ▷4
É.-U. 1957. Drame de Stanley E. KRAMER avec Cary Grant, Frank Sinatra et Sophia Loren. - Des guérilleros espagnols s'emparent d'un immense canon pour tenter d'enlever Avila aux soldats de Napoléon.
VO→LS **Général**

**PRIDE OF THE YANKEES, THE** ▷44
É.-U. 1942. Drame biographique de Sam WOOD avec Gary Cooper, Teresa Wright et Walter Brennan. - La carrière du champion de base-ball Lou Gehrig.
VO→LS **Général**

**PRIEST** ▷3
ANG. 1994. Drame de mœurs d'Antonia BIRD avec Linus Roache, Tom Wilkinson et Robert Carlyle. - Un jeune prêtre catholique se retrouve au centre d'un scandale après avoir eu une relation homosexuelle. - Propos audacieux soulevant de nombreux tabous. Sujet abordé avec sincérité et authenticité. Mise en scène sobre. Interprétation pleine de conviction.
VO→14,95$ VF→14,95$ LBX-DVD→27,95$ **13 ans +**

**PRIEZ POUR NOUS** ▷5
FR. 1994. Comédie de mœurs de Jean-Pierre VERGNE avec Delphine Rich, Samuel Labarthe et Hélène Scott. - Expulsés de leur riche appartement, un aristocrate ruiné et sa nombreuse famille doivent aller vivre dans une HLM de banlieue.
VO→14,95$ **Général**

**PRIMAL FEAR** ▷5
É.-U. 1996. Drame judiciaire de Gregory HOBLIT avec Richard Gere, Laura Linney et John Mahoney. - Un avocat renommé décide d'assurer gratuitement la défense d'un garçon introverti qui se dit innocent du meurtre dont on l'accuse.
VF→11,95$ VO→11,95$ LBX-DVD→32,95$ **16 ans + Violence**

**PRIMARY COLORS** ▷4
É.-U. 1998. Comédie dramatique de Mike NICHOLS avec Adrian Lester, John Travolta et Emma Thompson. - Les tribulations du chef de campagne d'un politicien adultère qui brigue la direction du parti démocrate.
VO→11,95$ VF→11,95$ LBX-DVD→33,95$ **Général**

**PRIME CUT** ▷4
É.-U. 1972. Drame policier de Michael RITCHIE avec Lee Marvin, Gene Hackman et Sissy Spacek. - Un racketter entre en lutte avec un envoyé du syndicat du crime.
VO→LS **13 ans +**

**PRIME MINISTER** ▷5
ANG. 1941. Drame biographique de Thorold DICKINSON avec John Gielgud, Diana Wynyard et Will Fyffe. - Les étapes de la carrière de Disraéli, premier ministre d'Angleterre sous la reine Victoria.
VO→24,95$

**PRIME OF MISS JEAN BRODIE, THE** ▷3
ANG. 1969. Drame psychologique de Ronald NEAME avec Maggie Smith, Robert Stephens et Pamela Franklin. - Dans les années 1930, une institutrice qui se veut d'avant-garde a une mauvaise influence sur ses élèves. - Scénario bien construit. Analyse psychologique heureuse. Climat d'époque habilement reconstitué. Jeu remarquable de M. Smith.
VO→22,95$ **13 ans +**

**PRIMROSE PATH, THE** ▷4
É.-U. 1940. Comédie dramatique de Gregory LA CAVA avec Ginger Rogers, Joel McCrea et Marjorie Rambeau. - Le mariage de deux jeunes gens est mis en péril quand le mari découvre les antécédents peu respectables de sa belle-famille.
VO→LS **Général**

**PRINCE À NEW YORK, UN**
Voir: COMING TO AMERICA

**PRINCE AND THE PAUPER, THE** ▷4
É.-U. 1937. Aventures de William KEIGHLEY avec Errol Flynn, Claude Rains et les jumeaux Mauch. - Un enfant des rues est pris pour le prince héritier auquel il ressemble.
VF→LS **Général**

**PRINCE AND THE SHOWGIRL, THE** ▷4
ANG. 1956. Comédie satirique réalisée et interprétée par Laurence OLIVIER avec Marilyn Monroe et Sybil Thorndike. - Un grand-duc décide de tromper son ennui avec une danseuse américaine.
VF→14,95$ VO→14,95$ **Non classé**

**PRINCE CASSE-NOISETTE, LE**
Voir: THE NUTCRACKER PRINCE

**PRINCE D'ÉGYPTE, LE**
Voir: THE PRINCE OF EGYPT

**PRINCE DE JUTLAND, LE**
Voir: ROYAL DECEIT

**PRINCE DE NEW YORK, LE**
Voir: PRINCE OF THE CITY

**PRINCE DE PENNSYLVANIE, LE**
Voir: THE PRINCE OF PENNSYLVANIA

**PRINCE DES MARÉES, LE**
Voir: PRINCE OF TIDES

**PRINCE DES TÉNÈBRES**
Voir: PRINCE OF DARKNESS

**PRINCE ET LA DANSEUSE, LE**
Voir: THE PRINCE AND THE SHOWGIRL

**PRINCE ÉTUDIANT, LE**
Voir: THE STUDENT PRINCE

**PRINCE LAZURE** ▷6
QUÉ. 1991. Comédie sentimentale de Danièle J. SUISSA avec Patrick Fierry, Mitsou et Jean-Pierre Bergeron. - Le chef d'un empire industriel s'éprend d'une jeune réceptionniste qui l'aidera à contrer les manœuvres d'un cadre ambitieux.
VA→17,95$ **Général**

**PRINCE OF DARKNESS** ▷5
É.-U. 1987. Drame fantastique de John CARPENTER avec Donald Pleasence, Victor Wong et Lisa Blount. - Un prêtre fait appel à un professeur pour lutter contre Satan qui s'avère être une entité extraterrestre détenue provisoirement en état de sommeil.
VO→11,95$ **13 ans +**

**PRINCE OF EGYPT, THE** ▷4
É.-U. 1998. Dessins animés de Brenda CHAPMAN, Steve HICKNER et Simon WELLS. - L'histoire de Moïse, qui libéra le peuple hébreux du joug des Égyptiens.
VF→24,95$ VO→24,95$ LBX-DVD→27,95$

**PRINCE OF JUTLAND, THE**
Voir: ROYAL DECEIT

**PRINCE OF PENNSYLVANIA, THE** ▷5
É.-U. 1988. Comédie dramatique de Ron NYSWANER avec Keanu Reeves, Fred Ward et Amy Madigan. - Un adolescent frustré décide d'enlever son père pour exiger une rançon à sa mère.
VF→18,95$ **Général**

**PRINCE OF THE CITY** ▷3
É.-U. 1981. Drame policier de Sidney LUMET avec Treat Williams, Jerry Orbach et Norman Parker. - Un jeune policier accepte de participer à une enquête fédérale sur la corruption policière. - Scénario particulièrement complexe. Sujet inspiré d'une expérience vécue. Approche réaliste. Mise en scène rigoureuse. Interprétation convaincante.
VF→24,95$ **13 ans +**

**PRINCE OF TIDES, THE** ▷4
É.-U. 1991. Drame psychologique réalisé et interprété par Barbra STREISAND avec Nick Nolte et Blythe Danner. - En vue d'aider la psychiatre qui soigne sa sœur, un père de famille accepte de lui décrire le milieu familial où ils ont grandi.
VO→12,95$ VF→14,95$ **13 ans +**

**PRINCE VALIANT** ▷4
É.-U. 1953. Aventures d'Henry HATHAWAY avec James Mason, Robert Wagner et Janet Leigh. - Sacré chevalier, le fils d'un roi exilé tente de démasquer un traître.
VO→15,95$ **Général**

**PRINCES DE LA GÂCHETTE, LES**
Voir: YOUNG GUNS

**PRINCES DE LA VILLE, LES**
VOIR: BLOOD IN... BLOOD OUT

**PRINCES EN EXIL**
Voir: PRINCES IN EXILE

**PRINCES IN EXILE** ▷5
CAN. 1990. Drame psychologique de Gilles WALKER avec Zachary Ansley, Stacie Mistysyn et Nicholas Shields. - Des adolescents souffrant du cancer passent ensemble leur été dans un camp de vacances.
VF→LS VO→LS **Général**

**PRINCESS BRIDE, THE** ▷4
É.-U. 1987. Comédie fantaisiste de Rob REINER avec Robin Wright, Cary Elwes et Mandy Patinkin. - Un grand-père raconte à son petit-fils malade l'histoire d'une princesse qui est délivrée des griffes d'un prince infâme par son chevalier bien-aimé.
VO→14,95$ **Général**

**PRINCESS COMES ACROSS, THE** ▷5
É.-U. 1936. Comédie de William K. HOWARD avec Carole Lombard, Fred MacMurray et Alison Skipworth. - Pour obtenir un contrat de cinéma, une jeune New-Yorkaise se fait passer pour une princesse suédoise.
VO→14,95$ **Général**

**PRINCESS MONONOKE** ▷3
JAP. 1997. Dessins animés de Hayao MIYAZAKI.
VF→19,95$ VA→19,95$

**PRINCESSE TAM-TAM** ▷5
FR. 1935. Comédie d'Edmond GRÉVILLE avec Joséphine Baker, Albert Préjean et Robert Arnoux. - Un auteur parisien ramène d'un

voyage en Afrique une jeune indigène qu'il fait passer pour une princesse.
STA→34,95$ **Général**

**PRINTEMPS DE GLACE, UN**
Voir: AN EARLY FROST

**PRINTEMPS SOUS LA NEIGE, LE**
Voir: THE BAY BOY

**PRISE DE POUVOIR PAR LOUIS XIV, LA** ▷3
FR. 1966. Drame historique de Roberto ROSSELLINI avec Jean-Marie Patte, Raymond Jourdan et Françoise Ponty. - À la mort de son ministre Mazarin, le jeune roi Louis XIV prend lui-même en mains la direction de la France. - Téléfilm au souci minutieux de reconstitution historique. Acteurs peu connus mais bien dirigés.
VO→39,95$ **Général**

**PRISON** ▷5
É.-U. 1988. Drame d'horreur de Renny HARLIN avec Lane Smith, Viggo Mortensen et Chelsea Field. - Un prisonnier mort sur la chaise électrique revient hanter la prison où il a été exécuté.
VF→LS VO→LS **13 ans +**

**PRISON ON FIRE** ▷0
H. K. 1987, Ringo LAM
STA→LS STA-LBX-DVD→74,95$ **13 ans +**

**PRISON ON FIRE II** ▷0
H. K. 1987, Ringo LAM

**PRISONER OF SECOND AVENUE, THE** ▷4
É.-U. 1975. Comédie de mœurs de Melvin FRANK avec Jack Lemmon, Anne Bancroft et Gene Saks. - Supportant mal les frustrations de la vie dans un grand ensemble urbain, un homme perd son emploi et tombe dans un état dépressif.
VO→14,95$ **Général**

**PRISONER OF ZENDA, THE** ▷4
É.-U. 1937. Aventures de John CROMWELL avec Ronald Colman, Madeleine Carroll et Douglas Fairbanks Jr. - Un Anglais prend temporairement la place d'un roi dont il est le sosie.
VO→LS **Non classé**

**PRISONER OF ZENDA, THE** ▷4
É.-U. 1952. Aventures de Richard THORPE avec Stewart Granger, Deborah Kerr et James Mason. - Un roi enlevé à la veille de son couronnement est remplacé par un sosie.
VO→19,95$ **Général**

**PRISONER OF ZENDA, THE** ▷0
ANG. 1979, Richard QUINE
VO→16,95$ **Général**

**PRISONERS OF THE SUN** ▷4
AUS. 1991. Drame judiciaire de Stephen WALLACE avec Bryan Brown, George Takei et Terry O'Quinn. - À la fin de la Seconde Guerre mondiale, des soldats japonais soupçonnés d'avoir massacré des prisonniers australiens subissent un procès.
VO→LS **Non classé**

**PRISONNIER DE ZENDA, LE**
Voir: THE PRISONER OF ZENDA

**PRISONNIER DU PASSÉ**
Voir: RANDOM HARVEST

**PRISONNIÈRE, LA**
Voir: MAN WITH A MAID, A

**PRISONNIÈRE, LA** ▷3
FR. 1968. Drame psychologique d'Henri-Georges CLOUZOT avec Laurent Terzieff, Elisabeth Wiener et Bernard Fresson. - La jeune femme d'un peintre tombe sous l'influence d'un pervers. - Traitement sérieux d'un sujet scabreux. Montage d'une grande précision.
VO→LS **Non classé**

**PRISONNIÈRE ESPAGNOLE, LA**
Voir: THE SPANISH PRISONER

**PRIVATE AFFAIRS OF BEL AMI, THE** ▷5
É.-U. 1947. Comédie dramatique d'Albert LEWIN avec George Sanders, Angela Lansbury et Ann Dvorak. - Les manigances d'un arriviste à Paris au siècle dernier.
VO→13,95$ **Général**

**PRIVATE BENJAMIN** ▷5
É.-U. 1980. Comédie de Howard ZIEFF avec Goldie Hawn, Eileen Brennan et Armand Assante. - Une jeune veuve s'engage dans l'armée et se fait remarquer au cours de grandes manœuvres.
VF→12,95$ VO→12,95$ **18 ans +**

**PRIVATE CONFESSIONS** ▷3
SUÈ. 1997. Drame psychologique de Liv ULLMANN avec Pernilla August, Max Von Sidow et Samuel Fröler.
STA→27,95$

**PRIVATE FUNCTION, A** ▷3
ANG. 1984. Comédie satirique de Malcolm MOWBRAY avec Maggie Smith, Michael Palin et Denholm Elliott. - En Angleterre, en 1947, en plein rationnement, un couple s'empare d'une truie que des notables élevaient en cachette. - Tableau satirique de la société anglaise. Traitement humoristique approprié. Personnages savoureux. Interprétation pittoresque de M. Smith.
VO→LS **Général**

**PRIVATE LIFE** ▷0
RUS. 1982, Yuli RAIZMAN
STA→LS **Général**

**PRIVATE LIFE OF DON JUAN, THE** ▷4
ANG. 1934. Comédie satirique d'Alexander KORDA avec Douglas Fairbanks, Merle Oberon et Benita Hume. - Après avoir fait croire à sa mort, Don Juan voit ses charmes tourner court.
VO→14,95$ **Général**

**PRIVATE LIFE OF HENRY VIII, THE** ▷4
ANG. 1933. Drame historique d'Alexander KORDA avec Charles Laughton, Merle Oberon et Binnie Barnes. - Les mésaventures matrimoniales du célèbre roi d'Angleterre.
VO→LS **Non classé**

**PRIVATE LIFE OF SHERLOCK HOLMES, THE** ▷4
ANG. 1970. Comédie policière de Billy WILDER avec Robert Stephens, Colin Blakely et Genevieve Page. - Le célèbre détective est mêlé à une affaire d'espionnage où il n'a pas le beau rôle.
VO→14,95$ **Général**

**PRIVATE LIVES** ▷4
É.-U. 1931. Comédie de Sidney FRANKLIN avec Norma Shearer, Robert Montgomery et Reginald Denny. - S'étant retrouvés par hasard, des époux divorcés se rendent compte qu'ils s'aiment toujours.
VO→LS **Général**

**PRIVATE LIVES OF ELIZABETH AND ESSEX, THE** ▷4
É.-U. 1939. Drame historique de Michael CURTIZ avec Bette Davis, Errol Flynn et Olivia de Havilland. - Les relations sentimentales et politiques de la reine d'Angleterre avec le comte d'Essex.
VO→19,95$ **Général**

**PRIVATE PARTS** ▷0
É.-U. 1973, Paul BARTEL
VO→13,95$ **18 ans +**

**PRIVATE PARTS** ▷4
É.-U. 1997. Comédie de Betty THOMAS avec Howard Stern, Robin Quivers et Alison Stern. - L'ascension fulgurante d'un animateur radiophonique au style provocant.
VF→LS VO→13,95$ **16 ans + Langage vulgaire**

**PRIVATE'S PROGRESS** ▷4
ANG. 1955. Comédie satirique de John BOULTING avec Richard Attenborough, Dennis Price et Ian Carmichael. - Un étudiant mobilisé par l'armée britannique est incapable de s'adapter à la vie militaire.
VO→21,95$

**PRIVATES ON PARADE** ▷4
É.-U. 1984. Comédie satirique de Michael BLAKEMORE avec John Cleese, Denis Quilley et Michael Elphick. - À Singapour, à la fin de la Seconde Guerre mondiale, un major est chargé d'organiser des spectacles pour les troupes bloquées loin de l'Angleterre.
VO→LS **13 ans + Violence**

**PRIX DE BEAUTÉ** ▷0
FR. 1930, Augusto GENINA
STA→LS **Général**

**PRIX DE L'INNOCENCE, LE**
Voir: THE INNOCENT

**PRIX DE LA SURVIE, LE** ▷0
ALL. 1979, Hans NOEVER
VF→LS **Non classé**

**PRIX DU DANGER, LE** ▷5
FR. 1982. Science-fiction d'Yves BOISSET avec Gérard Lanvin, Michel Piccoli et Marie-France Pisier. - Participant à un jeu télévisé basé sur le principe de la chasse à l'homme, un jeune chômeur découvre que la compétition est truquée.
VO→LS **13 ans +**

**PRIZE, THE** ▷4
É.-U. 1963. Drame policier de Mark ROBSON avec Paul Newman, Edward G. Robinson et Elke Sommer. - Un romancier, gagnant du prix Nobel, démasque un complot.
VO→19,95$ **Général**

**PRIZZI'S HONOR** ▷3
É.-U. 1985. Comédie policière de John HUSTON avec Jack Nicholson, Kathleen Turner et William Hickey. - Un exécuteur à l'emploi d'une famille de la pègre s'éprend d'une femme qui exerce aussi le métier de tueur à gages. - Parodie joyeusement féroce des films de gangsters. Intrigue savamment compliquée. Bonne dose d'humour noir. Réalisation fort adroite. Interprétation savoureuse.
LBX→14,95$ VF→21,95$ LBX-DVD→21,95$ **13 ans +**

**PRO, LE**
Voir: TIN CUP

**PROBLEM CHILD** ▷6
É.-U. 1990. Comédie de Dennis DUGAN avec John Ritter, Michael Oliver et Amy Yasbeck. - Réputé pour avoir fait les quatre cents coups, un garçon de sept ans qui a été abandonné après sa naissance sème la pagaille dans son nouveau foyer nourricier.
VO→PC **Général**

**PROCÈS DEVANT JURY**
Voir: TRIAL BY JURY

**PRODIGAL, THE** ▷5
É.-U. 1955. Drame biblique de Richard THORPE avec Lana Turner, Edmund Purdom et Louis Calhern. - L'israélite Micah abandonne le toit paternel et, après bien des aventures orageuses, revient auprès de son père.
VO→19,95$ **Général**

**PRODIGE, LE**
Voir: SHINE

**PRODUCERS, THE** ▷5
É.-U. 1968. Comédie de Mel BROOKS avec Zero Mostel, Gene Wilder et Dick Shawn. - Un producteur tente par des moyens malhonnêtes de faire fortune avec une pièce.
VO→14,95$ **Non classé**

**PRODUCTEURS, LES**
Voir: THE PRODUCERS

**PROFANATEURS, L'INVASION CONTINUE, LES**
Voir: BODY SNATCHERS

**PROFESSEUR, LE** ▷0
FR. 1972, Valerio ZURLINI
VO→LS **Non classé**

**PROFESSION: GÉNIE**
Voir: REAL GENIUS

**PROFESSION: PÈRE AU FOYER**
Voir: MR. MOM

**PROFESSION: REPORTER** ▷3
ITA. 1975. Drame de Michelangelo ANTONIONI avec Jack Nicholson, Maria Schneider et Jenny Runacre. - De passage en Afrique, un journaliste désabusé emprunte l'identité d'un autre voyageur qui vient de mourir. - Scénario ambigu et complexe. Traitement formel d'une fascinante beauté. Personnages énigmatiques interprétés avec talent.
VF→LS VO→LS **Général**

**PROFESSIONAL, THE** ▷4
FR. 1994. Drame policier de Luc BESSON avec Jean Reno, Natalie Portman et Gary Oldman. - Un redoutable tueur à gages recueille une adolescente dont la famille a été décimée par un détective véreux et psychopathe.
VO→14,95$ VF→14,95$ LBX→14,95$
LBX-DVD→33,95$ **16 ans + Violence**

**PROFESSIONALS, THE** ▷3
É.-U. 1966. Western de Richard BROOKS avec Burt Lancaster, Lee Marvin et Claudia Cardinale. - Quatre aventuriers se rendent au Mexique pour retrouver une femme enlevée par un hors-la-loi. - Décors grandioses d'une farouche splendeur. Mise en scène vigoureuse et spectaculaire.
VO→14,95$ LBX-DVD→33,95$ **13 ans +**

**PROFESSIONNEL, LE** ▷4
FR. 1981. Drame policier de Georges LAUTNER avec Jean-Paul Belmondo, Robert Hossein et Jean-Louis Richard. - Les services secrets français tentent de neutraliser un ancien agent qui veut tuer un homme politique africain.
VO→LS **Général**

**PROFESSIONNELS, LES**
Voir: THE PROFESSIONALS

**PROFIL BAS** ▷5
FR. 1993. Drame policier de Claude ZIDI avec Patrick Bruel, Sandra Speichert et Didier Bezace. - Pour humilier un commissaire de police qui a tenté de le faire abattre, un jeune flic organise une série de hold-up audacieux.
VO→12,95$ **13 ans +**

**PROIES, LES**
Voir: THE BEGUILED

**PROJECT A** ▷0
H. K. 1983, Jackie CHAN
STA→LS **13 ans +**

**PROJECT A II** ▷0
H. K. 1991, Jackie CHAN
STA→29,95$ **13 ans +**

**PROJECT MOONBASE** ▷6
É.-U. 1953. Science-fiction de Richard TALMADGE avec Donna Martell, Ross Ford et Hayden Rorke. - Un espion cherche à détruire une station spatiale.
VO→LS **Général**

**PROJECT S** ▷0
H. K. 1993, Tong KWAI LAI
STA→LS **13 ans +**

**PROJECT X** ▷4
É.-U. 1987. Science-fiction de Jonathan KAPLAN avec Matthew Broderick, Helen Hunt et Bill Sadler. - Un chimpanzé capable de communiquer par signes est envoyé dans un centre de recherches de l'aviation où il sert de cobaye.
VF→LS **Général**

**PROJET BLAIR, LE**
Voir: THE BLAIR WITCH PROJECT

**PROJET MANHATTAN, LE**
Voir: THE MANHATTAN PROJECT

**PROM NIGHT** ▷5
CAN. 1980. Drame d'horreur de Paul LYNCH avec Jamie Lee Curtis, Eddie Benton et Casey Stevens. - Au cours d'une fête scolaire, un agresseur masqué s'en prend violemment à divers étudiants.
LBX→14,95$ **13 ans +**

**PROMENONS-NOUS DANS LES BOIS** ▷5
FR. 1999. Drame d'horreur de Lionel DELPLANQUE avec C. Courau, Clément Sibony et Vincent Lecœur. - Un assassin portant un masque de loup s'attaque à cinq jeunes comédiens réunis dans un château.
VO→LS **13 ans + Violence**

**PROMESSE, LA** ▷3
BEL. 1996. Drame social de Jean-Pierre et Luc DARDENNE avec Jérémie Renier, Olivier Gourmet et Assita Ouedraogo. - Un adolescent s'oppose à son père après la mort accidentelle d'un des ouvriers clandestins de ce dernier. - Thème de l'immigration clandestine abordé avec franchise. Portrait d'une relation filiale d'une justesse de ton remarquable.
STA-LBX→18,95$ **13 ans +**

**PROMESSE, LA** ▷5
ALL. 1994. Drame sentimental de Margarethe VON TROTTA avec Corinna Harfouch, Meret Becker et August Zirner. - Les tribulations de deux amants qui ont été séparés après avoir tenté de traverser le Mur de Berlin.
VF→14,95$ STA→14,95$ **Général**

**PROMISED LAND** ▷5
É.-U. 1987. Drame psychologique de Michael HOFFMAN avec Jason Gedrick, Kiefer Sutherland et Meg Ryan. - De jeunes adultes ayant suivi des chemins différents depuis leur adolescence se retrouvent après plusieurs années dans leur ville natale.
VO→PC **Général**

**PROMISED LAND, THE**
Voir: LA TERRE DE LA GRANDE PROMESSE

**PROMOTION CANAPÉ** ▷5
FR. 1990. Comédie satirique de Didier KAMINKA avec Margot Abascal, Grace de Capitani et Thierry Lhermitte.- À Paris, deux employées du service des postes utilisent leurs charmes pour gravir rapidement les échelons.
VO→LS **13 ans +**

**PROOF** ▷3
AUS. 1991. Drame psychologique de Jocelyn MOORHOUSE avec Hugo Weaving, Russell Crowe et Geneviève Picot. - Un jeune aveugle qui prend des photos pour conserver une preuve du monde dans lequel il vit demande à un plongeur de restaurant de les lui décrire. - Émotions humaines peintes avec une rigueur presque cruelle. Progression narrative habile. Interprétation nuancée.
VF→13,95$ VO→18,95$ **13 ans +**

**PROOF OF LIFE** ▷4
É.-U. 2000. Drame de Taylor HACKFORD avec Meg Ryan, Russell Crowe et David Morse. - Un expert en kidnapping se prend d'affection pour l'épouse d'un ingénieur américain dont il doit négocier la libération auprès de terroristes sud-américains.
**13 ans + Violence**

**PROPAGANDA** ▷4
TUR. 1999. Comédie dramatique de Sinan CETIN avec Kemal Sunal, Metin Akpinar et Meltem Cumbul. - En 1948, dans le sud-est de la Turquie, un douanier doit ériger une frontière qui sépare son village natal en deux.
STF→LS **Général**

**PROPHECY** ▷5
É.-U. 1979. Drame d'horreur de John FRANKENHEIMER avec Robert Foxworth, Talia Shire et Armand Assante. - Un médecin enquêtant sur la pollution dans une région sauvage découvre d'étranges mutations animales.
VO→24,95$ **13 ans +**

**PROPHECY, THE** ▷4
É.-U. 1995. Drame fantastique de Gregory WIDEN avec Christopher Walken, Elias Koteas et Eric Stoltz. - Décidé à anéantir l'espèce humaine, l'archange Gabriel voit ses plans contrecarrés par un détective et une jeune enseignante.
VF→12,95$ **13 ans + Horreur**

**PROPHÉTIE, LA**
Voir: THE PROPHECY

**PROPOS ET CONFIDENCES**
Voir: WALKING AND TALKING

**PROPOSITION INDÉCENTE**
Voir: INDECENT PROPOSAL

**PROPOSITION, THE** ▷5
É.-U. 1998. Mélodrame de Lesli Linka GLATTER avec Madeleine Stowe, Kenneth Branagh et William Hurt. - Se sachant stérile, un riche avocat de Boston paye un jeune homme pour qu'il rende sa femme enceinte.
VF→18,95$ VO→18,95$ **Général**

**PROPRE-À-RIEN**
Voir: FANCY PANTS

**PROPRIÉTAIRE, LA**
Voir: THE PROPRIETOR

**PROPRIETOR, THE** ▷5
É.-U. 1996. Drame psychologique d'Ismail MERCHANT avec Jeanne Moreau, Sean Young et Sam Waterston. - Après trente ans à New York, une romancière française retourne à Paris afin d'acquérir la maison de son enfance.
VO→18,95$ **Général**

**PROSCRITS, LES** ▷0
SUÈ. 1917, Victor SJÖSTRÖM
ITA→34,95$ **Général**

**PROSPERO'S BOOKS** ▷4
ANG. 1991. Drame poétique de Peter GREENAWAY avec John Gielgud, Isabelle Pasco et Michael Clark. - Ayant été victime d'un complot, un vieux duc imagine une grande tempête faisant échouer dans son île ceux qui l'ont obligé à s'exiler.
VO→14,95$ **13 ans +**

**PROTECTEUR, LE** ▷5
ESP.-FR. 1973. Drame policier de Roger HANIN avec Georges Géret, Bruno Cremer et Roger Coggio. - Un architecte est à la recherche de sa fille enlevée par un réseau de traite des blanches.
VO→LS **13 ans +**

**PROTECTION** ▷5
CAN. 2000. Drame social de Bruce SPANGLER avec Nancy Sivak, Jillian Fargey et William MacDonald. - Une travailleuse sociale de Vancouver est ébranlée après une intervention chez une héroïnomane dont les enfants auraient été agressés par son conjoint.
**16 ans +**

**PROTECTOR, THE** ▷6
É.-U. 1985. Drame policier de James GLICKENHAUS avec Jackie Chan, Danny Aiello et Roy Chiao. - Un policier new-yorkais d'origine chinoise se rend à Hong-Kong dans l'intention de délivrer la fille d'un mafioso kidnappée par un caïd de la drogue.
VO→19,95$ **13 ans +**

**PROUD ONES, THE**
Voir: LES ORGUEILLEUX

**PROUD REBEL, THE** ▷4
É.-U. 1958. Western de Michael CURTIZ avec Alan Ladd, David Ladd et Olivia de Havilland. - Un homme tente de gagner l'argent nécessaire à l'opération de son fils muet.
VO→LS **Général**

**PROVA D'ORCHESTRA**
Voir: RÉPÉTITION D'ORCHESTRE

**PROVIDENCE** ▶2
FR. 1976. Drame psychologique d'Alain RESNAIS avec Dirk Bogarde, Ellen Burstyn et John Gielgud. - Au long d'une nuit d'insomnie, un romancier guetté par la mort imagine les développements d'une nouvelle intrigue. - Œuvre complexe et énigmatique. Mélange de réel et d'imaginaire. Mise en scène contrôlée. Montage précis. Interprètes habilement dirigés.
VO→LS **Général**

**PRUNE DES BOIS** ▷3
BEL. 1979. Comédie fantaisiste de Marc LOBET avec Christian Marin, Julie Dubart et Alexandre Chikowsky. - Quelques gamins trouvent un bébé abandonné dans un bois et décident secrètement de l'adopter. - Approche fantaisiste et poétique du comportement enfantin. Beaux décors naturels.
VO→LS **Général**

**PSY** ▷5
FR. 1980. Comédie de Philippe DE BROCA avec Patrick Dewaere, Anny Duperey et Michel Creton. - Une séance de psychothérapie de groupe est perturbée par l'arrivée d'un trio poursuivi par la police.
VO→LS **Général**

**PSYCH-OUT** ▷5
É.-U. 1967. Drame psychologique de Richard RUSH avec Susan Strasberg, Jack Nicholson et Dean Stockwell. - Une jeune sourde est entraînée dans le monde de trois musiciens hippies, à San Francisco.
VO→LS **18 ans +**

**PSYCHO** ▶1
É.-U. 1960. Drame policier d'Alfred HITCHCOCK avec Anthony Perkins, Janet Leigh et Vera Miles. - Des meurtres successifs se produisent dans un motel géré par un jeune homme étrange. - Œuvre clé dans l'histoire du cinéma de terreur. Scénario construit avec une habileté diabolique. Photographie et montage étonnement percutants. Épisodes terrifiants. Interprétation de qualité.
VF→14,95$ VO→LS LBX→14,95$ LBX-DVD→39,95$ **13 ans +**

**PSYCHO** ▷4
É.-U. 1998. Drame policier de Gus VAN SANT avec Vince Vaughn, Anne Heche et Julianne Moore. - Des meurtres successifs se produisent dans un motel géré par un jeune homme étrange.
VF→16,95$ VO→LS LBX-DVD→39,95$ **13 ans + Violence**

**PSYCHO 2** ▷4
É.-U. 1983. Drame psychologique de Richard FRANKLIN avec Anthony Perkins, Meg Tilly et Vera Miles. - De nouveaux assassinats se produisent dans un motel géré par un homme qui a été soigné pour sa folie meurtrière.
VF→LS **18 ans +**

**PSYCHO 3** ▷5
É.-U. 1986. Drame policier réalisé et interprété par Anthony PERKINS avec Diana Scarwid et Roberta Maxwell. - Après avoir été incarcéré pendant vingt ans, un homme rouvre un motel et croit reconnaître, dans sa première cliente, une de ses victimes d'autrefois.
VO→18,95$ VF→LS **18 ans +**

**PSYCHOMANIA** ▷0
ANG. 1971, Don SHARP
LBX→33,95$

**PSYCHOPATHE EN LIBERTÉ**
Voir: RELENTLESS

**PSYCHOSE**
Voir: PSYCHO

**PT 109** ▷5
É.-U. 1963. Drame de guerre de Leslie H. MARTINSON avec Cliff Robertson, Ty Hardin et James Gregory. - Les exploits accomplis pendant la guerre du Pacifique par le jeune lieutenant de marine John F. Kennedy.
VO→18,95$ **Général**

**PUBERTY BLUES** ▷4
AUS. 1981. Comédie de mœurs de Bruce BERESFORD avec Nell Schofield, Jad Capelja et Geoff Rhoe. - Les expériences de deux adolescentes admises dans un club consacré à l'admiration des garçons qui font de l'aquaplane.
VO→LS **13 ans +**

**PUBLIC ACCESS** ▷0
É.-U. 1993, Bryan SINGER
VO→PC **13 ans +**

**PUBLIC ENEMY, THE** ▷4
É.-U. 1931. Drame policier de William A. WELLMAN avec James Cagney, Jean Harlow et Eddie Woods. - La carrière d'un gangster au temps de la prohibition.
VO→14,95$ **Général**

**PUBLIC EYE, THE** ▷4
É.-U. 1992. Drame policier de Howard FRANKLIN avec Joe Pesci, Barbara Hershey et Stanley Tucci. - À New York, dans les années 1940, un photographe se laisse impliquer par une riche héritière dans une affaire opposant des gangsters.
VF→19,95$ **13 ans +**

**PUCE ET LE GRINCHEUX, LA**
Voir: LITTLE MISS MARKER

**PUCE ET LE PRIVÉ, LA** ▷5
FR. 1980. Comédie de Roger KAY avec Bruno Crémer, Catherine Alric et Charles Vanel. - Un détective privé entreprend une enquête pour disculper une mythomane accusée du meurtre d'un vieux milliardaire.
VO→LS **Général**

**PUDDING CHÔMEUR** ▷5
QUÉ. 1996. Comédie de Gilles CARLE avec Chloé Ste-Marie, Louis-Philippe Davignon-Daigneault et François Léveillée. - Une jeune idéaliste fait croire que son neveu possède des dons miraculeux.
VO→LS **13 ans + Érotisme**

**PUFNSTUF** ▷0
É.-U. 1970, Hollingsworth MORSE
VO→14,95$

**PULP FICTION** ▶2
É.-U. 1994. Drame de mœurs de Quentin TARANTINO avec John Travolta, Bruce Willis et Samuel L. Jackson. - Deux tueurs à la solde d'un caïd de la drogue sont amenés à croiser les destins de divers personnages aussi louches qu'eux. - Récits parallèles brillamment enchevêtrés. Situations souvent drôles et surprenantes. Réalisation maîtrisée. Excellents interprètes.
LBX→14,95$ VO→14,95$ VF→14,95$
LBX-DVD→27,95$ **16 ans + Violence**

**PULSIONS**
Voir: DRESSED TO KILL

**PUMP UP THE VOLUME** ▷4
É.-U. 1990. Comédie dramatique d'Allan MOYLE avec Christian Slater, Samantha Mathis et Ellen Greene. - Un étudiant timide et solitaire se défoule en animant incognito à la radio une émission pirate où il tient des propos provocateurs.
VO→11,95$ **13 ans +**

**PUMPKIN EATER, THE** ▷3
ANG. 1964. Drame psychologique de Jack CLAYTON avec Anne Bancroft, Peter Finch et James Mason. - Malgré plusieurs mariages, une femme ne réussit pas à se défaire de son insécurité émotionnelle. - Vision critique de personnages déséquilibrés. Écriture recherchée et audacieuse. Comédiens remarquables.
VO→18,95$ **Général**

**PUMPKINHEAD** ▷5
É.-U. 1988. Drame d'horreur de Stan WINSTON avec Lance Henriksen, Jeff East et Kimberly Ross. - Un épicier invoque un être démoniaque pour venger la mort de son fils qui a été tué par un motard.
VO→11,95$ **13 ans +**

**PUNCHLINE** ▷4
É.-U. 1988. Comédie dramatique de David SELTZER avec Tom Hanks, Sally Field et John Goodman. - Délaissant ses études pour présenter des monologues comiques, un étudiant aide une collègue à améliorer son numéro.
VO→9,95$ VF→9,95$ **Général**

**PUPPET MASTERS, THE** ▷5
É.-U. 1994. Science-fiction de Stuart ORME avec Donald Sutherland, Eric Thal et Julie Warner. - Des extraterrestres tentent d'envahir la Terre en s'appropriant les corps des humains afin de les manipuler à leur guise.
VF→10,95$ **13 ans + Horreur**

**PURE COUNTRY** ▷5
É.-U. 1992. Drame sentimental de Christopher CAIN avec George Strait, Lesley Ann Warren et Isabel Glasser. - En plein milieu d'une tournée, un célèbre chanteur country décide de retourner vivre incognito dans son patelin natal.
VO→14,95$ **Général**

**PURE FORMALITÉ, UNE** ▷3
ITA. 1994. Drame policier de Giuseppe TORNATORE avec Gérard Depardieu, Roman Polanski et Sergio Rubini. - Impliqué, semble-t-il, dans des événements tragiques dont il n'a plus aucun souvenir, un écrivain est interrogé toute une nuit par un commissaire énigmatique. - Huis clos aux accents kafkaïens. Climat glauque et oppressant. Mise en scène pleine d'aisance. Duel impressionnant des interprètes vedettes.
VO→12,95$ **Général**

**PURE LUCK** ▷5
É.-U. 1991. Comédie de Nadia TASS avec Martin Short, Danny Glover et Sheila Kelley. - Un détective chargé de retrouver la fille disparue d'un industriel se retrouve flanqué d'un assistant affligé d'une malchance chronique.
VO→LS **Général**

**PURITAINE, LA** ▷3
FR. 1986. Drame psychologique de Jacques DOILLON avec Michel Piccoli, Sandrine Bonnaire et Sabine Azéma. - En attendant le retour de sa fille, un metteur en scène fait jouer à ses jeunes comédiennes diverses variations sur le thème de leurs retrouvailles. - Thème de la relation père/fille joliment développé. Interprétation habile.
VO→LS **Général**

**PURPLE HEART, THE** ▷4
É.-U. 1944. Drame de guerre de Lewis MILESTONE avec Dana Andrews, Richard Conte et Farley Granger. - Huit aviateurs américains prisonniers des Japonais sont soumis à un procès public.
VO→LS **Non classé**

**PURPLE MONSTER STRIKES** ▷0
É.-U. 1945, Spencer Gordon BENNET et Fred C. BRANNON
VO→18,95$ **Général**

**PURPLE PLAIN, THE** ▷4
ANG. 1954. Drame de guerre de Robert PARRISH avec Gregory Peck, Bernard Lee et Brenda de Branzie. - En Birmanie, un pilote de guerre est démoralisé par la mort de sa femme.
VO→13,95$ **Général**

**PURPLE RAIN** ▷5
É.-U. 1984. Comédie musicale d'Albert MAGNOLI avec Prince Rogers Jackson, Apollonia Kotero et Morris Day. - Tout en cherchant à lancer sa carrière, un jeune chanteur rock s'intéresse à une jolie fille qui a les mêmes ambitions que lui.
VO→11,95$ **13 ans +**

**PURPLE ROSE OF CAIRO, THE** ▷3
É.-U. 1985. Comédie fantaisiste de Woody ALLEN avec Mia Farrow, Jeff Daniels et Danny Aiello. - Un personnage de film quitte l'écran en pleine projection pour aller conter fleurette à une spectatrice. - Fines variations sur les rapports entre le cinéma et la vie. Évocation plutôt caricaturale des années 1930. Réussites techniques. Interprétation touchante de M. Farrow.
VO→LS **Général**

**PURSUED** ▷4
É.-U. 1947. Western de Raoul WALSH avec Robert Mitchum, Teresa Wright et Judith Anderson. - Des circonstances tragiques font naître la haine entre un orphelin et sa famille adoptive.
VO→19,95$ **Général**

**PURSUIT OF HAPPINESS, THE** ▷4
É.-U. 1970. Drame psychologique de Robert MULLIGAN avec Michael Sarrazin, Barbara Hershey et Arthur Hill. - Un jeune bohème tente d'échapper aux conséquences judiciaires d'un accident.
VO→LS **13 ans +**

**PURSUIT TO ALGIERS** ▷5
É.-U. 1945. Drame policier de Roy William NEILL avec Basil Rathbone, Nigel Bruce et Marjorie Riordan. - Le détective Sherlock Holmes sert de garde du corps au jeune héritier d'un émirat arabe.
VO→LS **Général**

**PUSHING HANDS** ▷4
TAI. 1991. Comédie dramatique d'Ang LEE avec Sihung Lung, Deb Snyder et Bo Z. Wang. - Un vieux professeur de tai-chi quitte Beijing pour venir s'installer chez son fils à New York où il a du mal à s'adapter à ses nouvelles conditions de vie.
VO→34,95$ **Général**

**PUSHING TIN** ▷4
É.-U. 1999. Comédie dramatique de Mike NEWELL avec John Cusack, Billy Bob Thornton et Cate Blanchett. - À New York, la rivalité entre deux contrôleurs aériens a des répercussions sur leurs vies de couple.
VF→15,95$ VO→PC LBX-DVD→34,95$ **Général**

**PUTAIN D'HISTOIRE D'AMOUR** ▷5
FR. 1981. Drame psychologique de Gilles BÉHAT avec Richard Berry, Mirella d'Angelo et Evelyne Dress. - Les déboires d'un chauffeur de taxi passionné du jeu qui s'attache à une danseuse aussi joueuse que lui.
VO→LS **13 ans +**

**PUTAIN DU ROI, LA** ▷4
FR. 1990. Drame historique d'Alex CORTI avec Timothy Dalton, Valeria Golino et Stéphane Freiss. - Au XVIIe siècle, l'épouse d'un comte désargenté accepte à contrecœur les avances d'un monarque qu'elle s'emploie ensuite à faire souffrir.
VF→LS **13 ans +**

**PUTNEY-SWOPE** ▷5
É.-U. 1969. Comédie satirique de Robert DOWNEY avec Arnold Johnson, Stanley Gottlieb et Laura Green. - Un cadre de race noire transforme radicalement l'orientation d'une agence de publicité dont il est devenu le président.
VO→18,95$ **13 ans +**

**PYGMALION** ▷3
ANG. 1938. Comédie d'Anthony ASQUITH avec Leslie Howard, Wendy Hiller et Wilfrid Lawson. - Un expert en phonétique fait le pari de transformer en grande dame une vendeuse de fleurs au langage populacier. - Adaptation soignée de la pièce de G.B. Shaw. Dialogue abondant et brillant. Mise en scène sobre et subtile. Direction sûre d'habiles comédiens.
VO→22,95$ **Général**

**PYROMANIAC'S LOVE STORY, A** ▷0
É.-U. 1995, Joshua BRAND
VO→LS **13 ans +**

**PYX, THE** ▷4
CAN. 1973. Drame policier de Harvey HART avec Karen Black, Christopher Plummer et Yvette Brind'Amour. - Un inspecteur enquête sur la mort d'une prostituée tombée du toit d'un hôtel de passe de Montréal.
VF→LS **18 ans +**

**Q & A** ▷3
É.-U. 1990. Drame policier de Sidney LUMET avec Timothy Hutton, Nick Nolte et Amand Assante. - Chargé de faire enquête sur la mort d'un trafiquant portoricain abattu par un policier, un avocat découvre des relents de corruption et de racisme dans le corps policier. - Récit complexe mais intéressant. Illustration fort soignée. Interprétation solide.
VF→11,95$ VO→11,95$ **13 ans +**

**Q.I.**
Voir: I.Q.

**Q: THE WINGED SERPENT** ▷4
É.-U. 1982. Drame d'horreur de Larry COHEN avec Michael Moriarty, David Carradine et R. Roundtree. - En fuyant des complices, un gangster découvre le nid géant d'un monstre ailé responsable de meurtres horribles.
LBX→14,95$ VO→11,95$ **18 ans +**

**QU'EST-CE QU'ON ATTEND POUR ÊTRE HEUREUX ?** ▷4
FR. 1982. Comédie dramatique de Coline SERREAU avec H. Garcin, A. Julien et M. Souverbie. - Les comédiens réunis pour le tournage d'un film publicitaire se révoltent contre les exigences du réalisateur.
VO→LS **Général**

**QU'EST-CE QUE MAMAN COMPREND À L'AMOUR?**
Voir: THE RELUCTANT DEBUTANTE

**QUACK, THE** ▷0
POL. 1981, Jerzy HOFFMAN
STA→LS **Général**

**QUADRILLE** ▷5
FR. 1938. Comédie réalisée et interprétée par Sacha GUITRY avec Gaby Morlay et Jacqueline Delubac. - Un acteur américain brise la liaison de deux amants et chacun part avec un nouveau partenaire.
VO→LS **Général**

**QUADROPHENIA** ▷4
ANG. 1979. Drame de mœurs de Franc RODDAM avec Phil Daniels, Leslie Ash et Mark Wingett. - En 1963, un garçon de bureau participe à un affrontement violent qui oppose sa bande de «Mods» à leurs rivaux, les «Rockers».
VO→18,95$ **13 ans +**

**QUAI DES BRUMES** ►2
FR. 1938. Drame de Marcel CARNÉ avec Jean Gabin, Michèle Morgan et Michel Simon. - Un déserteur devient meurtrier par amour pour une jeune fille. - Sujet sombre. Réalisation de qualité. Progression dramatique remarquable. Jeu solide des acteurs.
VO→14,95$ **Général**

**QUALITY STREET** ▷5
É.-U. 1937. Comédie sentimentale de George STEVENS avec Katharine Hepburn, Franchot Tone et Eric Blore. - Une célibataire mène une course effrénée au mariage.
VO→LS **Non classé**

**QUAND HARRY RENCONTRE SALLY**
Voir: WHEN HARRY MET SALLY

**QUAND J'AVAIS CINQ ANS, JE M'AI TUÉ** ▷5
FR. 1994. Drame psychologique de Jean-Claude SUSSFELD avec Dimitri Rougeul, Hippolyte Girardot et Patrick Bouchitey. - Dans un institut psychiatrique pour enfants, un gamin rêveur établit une belle complicité avec un jeune stagiaire.
VO→18,95$ **Général**

**QUAND JE SERAI PARTI...VOUS VIVREZ ENCORE** ▷5
QUÉ. 1998. Drame historique de Michel BRAULT avec Francis Reddy, David Boutin et Claude Gauthier. - En 1839, un jeune Patriote est condamné à mort pour avoir pris part à la révolte contre l'autorité britannique au Bas-Canada.
VO→LS **Général**

**QUAND L'AMOUR RENAÎT**
Voir: THAT OLD FEELING

**QUAND LA MARABUNTA GRONDE**
Voir: THE NAKED JUNGLE

**QUAND LA TERRE BRÛLE**
Voir: THE MIRACLE

**QUAND LES ÉTOILES RENCONTRENT LA MER** ▷4
FR.-MAD. 1996. Conte de Raymond RAJAONARIVELO avec Jean Rabenjamina, Rondro Rasoanaivo et Aimée Razafindrafarasoa. - À Madagascar, un enfant né lors d'une éclipse se révèle doté de pouvoirs magiques
STA→119,95$ **Général**

**QUAND LES FEMMES S'EN MÊLENT**
Voir: WORKING GIRLS

**QUAND PASSENT LES CIGOGNES** ►2
RUS. 1957. Drame psychologique de Mikhail KALATOZOV avec Tatiana Samoilova, Alexis Batalov et Vassili Merkuryev. - La guerre vient détruire l'idylle de deux jeunes gens. - Histoire banale renouvelée par un traitement frais et poétique. Grande virtuosité technique. Interprétation sensible de T. Samoilova.
STA→LS **Général**

**QUAND SOUFFLE LE VENT**
Voir: WHEN THE WIND BLOWS

**QUAND TOMBE LA NUIT**
Voir: WHEN NIGHT IS FALLING

**QUAND TU SERAS DÉBLOQUÉ, FAIS-MOI SIGNE** ▷5
FR. 1981. Comédie de François LETERRIER avec Christian Clavier, Marie-Anne Chazel et Philippe Léotard. - Après s'être querellé avec sa femme, un cadre parisien décide d'aller passer ses vacances dans une communauté hippie.
VO→LS **Non classé**

**QUARANTAINE, LA** ▷5
QUÉ. 1982. Étude de mœurs d'Anne-Claire POIRIER avec Monique Mercure, Roger Blay et Jacques Godin. - La réunion d'un groupe d'amis d'enfance donne lieu à un déballage de secrets.
VO→LS **Général**

**QUARANTIÈMES RUGISSANTS, LES** ▷4
FR. 1981. Drame psychologique de Christian DE CHALLONGE avec Jacques Perrin, Julie Christie et Michel Serrault. - Un homme s'improvise navigateur pour expérimenter un radar anti-collision au cours d'une course en solitaire autour du monde.
VO→LS **Général**

**QUARRY, THE** ▷0
BEL.-FR.-ESP. 1998, Marion HANSEL
VA→129,95$

**QUART D'HEURE AMÉRICAIN, LE** ▷5
FR. 1982. Comédie de Philippe GALLAND avec Gérard Jugnot, Anémone et Jean-François Balmer. - Un maladroit qui rêve d'aventures exotiques a une liaison avec une animatrice radiophonique.
VO→LS **Général**

**QUARTET** ▷4
ANG. 1948. Film à sketches de Ken ANNAKIN, Ralph SMART, Harold FRENCH et Arthur CRABTREE avec Cecil Parker, Dirk Bogarde, George Cole et Basil Radford. - Quatre histoires humoristiques tirées de nouvelles de W. Somerset Maugham.
VO→13,95$ **Général**

**QUARTET** ▷4
ANG. 1980. Drame de mœurs de James IVORY avec Alan Bates, Isabelle Adjani et Maggie Smith. - À Paris, dans les années 1920, la jeune épouse d'un Polonais emprisonné pour trafic d'œuvres d'art a une liaison avec un riche Anglais.
VO→21,95$ **13 ans +**

**QUARTIER MOZART** ▷0
CAM. 1992, Jean-Pierre BEKOLO
STA→82,95$ **Général**

**QUASIMODO D'EL PARIS** ▷6
FR. 1998. Comédie fantaisiste réalisée et interprétée par Patrick TIMSIT avec Richard Berry et Mélanie Thierry. - Un bossu gentil et naïf qui a été adopté par un religieux machiavélique s'éprend de la fille adoptive de ses propres parents.
**13 ans +**

**QUATERMASS 2** ▷0
É.-U. 1957, Val GUEST
VO→14,95$ **Général**

**QUATERMASS AND THE PIT** ▷4
ANG. 1967. Science-fiction de Roy Ward BAKER avec Andrew Keir, James Donald et Barbara Shelley. - Un bolide étrange est découvert par des ouvriers dans le sous-sol de Londres.
LBX→14,95$ **Général**

**QUATERMASS XPERIMENT, THE** ▷4
ANG. 1955. Science-fiction de Val GUEST avec Jack Warner, Brian Donlevy et Margia Dean. - Une fusée revient sur Terre avec seulement un de ses trois passagers, lequel est l'objet d'inquiétantes transformations.
VO→14,95$ **Général**

**QUATRE AVENTURES DE REINETTE ET MIRABELLE** ▷4
FR. 1986. Comédie de mœurs d'Éric ROHMER avec Jessica Forde, Joëlle Miquel et Philippe Laudenbach. - Une jeune campagnarde intéressée par la peinture et une étudiante parisienne apprennent à se connaître à travers diverses aventures.
STA→LS **Général**

**QUATRE BASSETS POUR UN DANOIS**
Voir: THE UGLY DACHSHUND

**QUATRE DE L'INFANTERIE** ▷0
ALL. 1930, Georg Wilhelm PABST
STA→LS **Non classé**

**QUATRE FILLES DU DR MARCH, LES**
Voir: LITTLE WOMEN

**QUATRE GARÇONS PLEINS D'AVENIR** ▷0
FR. 1997, Jean-Paul LILIENFELD
VO→LS **Général**

**QUATRE JOURS EN NOVEMBRE**
Voir: FOUR DAYS IN NOVEMBER

**QUATRE MARIAGES ET UN ENTERREMENT**
Voir: FOUR WEDDINGS AND A FUNERAL

**QUATRE MOUSQUETAIRES, LES**
Voir: THE FOUR MUSKETEERS

**QUATRE SUITES**
Voir: FOUR ROOMS

**QUATRIÈME DIMENSION, LA**
Voir: TWILIGHT ZONE: THE MOVIE

**QUATRIÈME GUERRE, LA**
Voir: THE FOURTH WAR

**QUATRIÈME HOMME, LE** ▷4
HOL. 1983. Drame de Paul VERHOEVEN avec Jeroen Krabbe, Renée Soutendijk et Thom Hoffman. - Porté à fantasmer sur la mort, un écrivain bisexuel redoute d'être assassiné par la veuve chez qui il séjourne.
STA→49,95$ **18 ans +**

**QUE LA FÊTE COMMENCE!** ▷3
FR. 1974. Drame historique de Bertrand TAVERNIER avec Philippe Noiret, Jean Rochefort et Jean-Pierre Marielle. - En 1719, l'abbé Dubois, conseiller du régent Philippe d'Orléans, profite d'une insurrection pour arriver à ses fins. - Chronique historique vivante. Tableau critique d'une époque décadente.
VO→LS **13 ans +**

**QUE LE SPECTACLE COMMENCE**
Voir: ALL THAT JAZZ

**QUE VIVA MEXICO!** ▷3
RUS. 1979. Étude de mœurs de Sergei EISENSTEIN. Fresque historico-romancée sur le Mexique. - Remontage d'un film inachevé d'Eisenstein datant de 1931. Savoir-faire technique indéniable. Décors étonnants. Commentaire parfois envahissant.
STA→34,95$ **Général**

**QUÉBEC: DUPLESSIS ET APRÈS...** ▷4
QUÉ. 1972. Documentaire de Denys ARCAND. - Étude politique nourrie de documents du régime Duplessis et de scènes de la campagne électorale provinciale de 1970.
VO→LS **Général**

**QUEEN BEE** ▷5
É.-U. 1955. Drame psychologique de Ranald MacDOUGALL avec Joan Crawford, Barry Sullivan et John Ireland. - Une femme s'acharne à gâcher la vie de son entourage.
VO→19,95$ **Général**

**QUEEN CHRISTINA** ▷4
É.-U. 1933. Drame historique de Rouben MAMOULIAN avec Greta Garbo, John Gilbert et Lewis Stone. - La reine de Suède s'éprend d'un ambassadeur et abdique pour le suivre.
VO→19,95$ **Général**

**QUEEN KELLY** ▷3
É.-U. 1929. Drame d'Erich VON STROHEIM avec Gloria Swanson, Walter Byron et Seena Owen. - Une couventine est remarquée par le fiancé de la reine, ce qui l'entraîne dans de sinistres mésaventures. - Restauration d'un film inachevé. Style extravagant. Invention visuelle. Jeu maniéré de G. Swanson.
VO→34,95$ **Général**

**QUEEN OF HEARTS** ▷4
ANG. 1988. Comédie dramatique de Jon AMIEL avec Anita Zagaria, Joseph Long et Eileen Way. - Le jeune fils d'un couple italien installé à Londres compte sur une boîte magique pour régler les problèmes de sa famille.
VF→LS VO→LS **Général**

**QUEEN OF OUTER SPACE** ▷0
É.-U. 1958, Edward BERNDS
VO→14,95$ **Général**

**QUEEN'S LOGIC** ▷4
É.-U. 1990. Drame psychologique de Steve RASH avec Joe Mantegna, Linda Fiorentino et Kevin Bacon. - Les tribulations sentimentales et professionnelles d'un groupe d'amis vivant dans un quartier populaire de New York.
VO→LS **Général**

**QUELLE AFFAIRE!**
Voir: RISKY BUSINESS

**QUELLE FAMILLE!**
Voir: USED PEOPLE

**QUELLE HEURE EST-IL ?** ▷3
ITA. 1989. Comédie dramatique d'Ettore SCOLA avec Marcello Mastroianni, Massimo Troisi et Anne Parillaud. - Un riche avocat au tempérament expansif et généreux organise un avenir confortable à son fils qui préférerait pourtant une vie plus simple. - Thème du conflit des générations abordé avec intelligence et sensibilité. Réalisation attentive aux personnages. Interprétation excellente.
VF→LS **Général**

**QUELLE NUIT DE GALÈRE**
Voir: AFTER HOURS

**QUELLE VIE DE CHIEN**
Voir: THE SHAGGY DOG

**QUELQU'UN DERRIÈRE LA PORTE**
Voir: SOMEONE BEHIND THE DOOR

**QUELQUE CHOSE D'ORGANIQUE** ▷5
FR. 1998. Drame psychologique de Bertrand BONELLO avec Romane Bohringer, Laurent Lucas et Charlotte Laurier. - À Montréal, une jeune Française repliée sur elle-même s'ouvre progressivement au monde extérieur tout en s'éloignant de son mari.
VO→LS **13 ans +**

**QUELQUE PART DANS LE TEMPS**
Voir: SOMEWHERE IN TIME

**QUELQUES ARPENTS DE NEIGE** ▷5
QUÉ. 1972. Drame de Denis HÉROUX avec Daniel Pilon, Christine Olivier et Jean Duceppe. - Une histoire d'amour située dans le cadre de l'insurrection de 1837.
VO→14,95$ **Général**

**QUELQUES JOURS AVEC MOI** ▷3
FR. 1987. Comédie dramatique de Claude SAUTET avec Daniel Auteuil, Sandrine Bonnaire et Jean-Pierre Marielle. - Un jeune cadre s'éprend de la domestique du directeur d'un supermarché dont il doit vérifier les comptes. - Peinture pittoresque d'un milieu provincial. Mise en scène souple et précise.
VO→LS **Général**

**QUERELLE** ▷0
ALL. 1982, Rainer Werner FASSBINDER
VA→LS **18 ans +**

© 1982 Gaumont-Planet Film © 2001 Layout and Design Columbia TriStar Home Entertainment

**QUEST FOR CAMELOT** ▷5
É.-U. 1998. Dessins animés de Frederik DU CHAU. - Une jeune fille et un garçon aveugle luttent contre un chevalier déloyal et maléfique qui veut s'emparer d'une épée magique.
VF→14,95$ VO→23,95$ **Général - Enfants**

**QUESTION OF SILENCE, A** ▷4
HOL. 1981. Drame judiciaire de Marleen GORRIS avec Cox Habbema, Nelly Frijda et Henriette Tol. - Une psychiatre interroge trois femmes accusées de complicité de meurtre, mais qui ne se connaissaient pas avant le crime.
STA→LS **13 ans +**

**QUESTION PIÈGE**
Voir: QUIZ SHOW

**QUI ?** ▷5
FR. 1979. Drame policier de Léonard KEIGEL avec Romy Schneider, Maurice Ronet et Gabriele Tinti. - Après la mort apparente de son amant dans un accident, une femme se lie avec le frère de celui-ci.
VO→LS **Général**

**QUI A TIRÉ SUR NOS HISTOIRES D'AMOUR ?** ▷5
QUÉ. 1986. Drame de mœurs de Louise CARRÉ avec Monique Mercure, Guylaine Normandin et August Schellenberg. - Une femme indépendante accueille durant l'été sa fille qui doit partir suivre des cours en Californie.
VO→LS **Général**

**QUI A TUÉ MONA?**
Voir: DROWNING MONA

**QUI COUCHE AVEC MA FEMME ?** ▷0
ITA. 1979, Edmondo AMATI
VF→LS **Non classé**

**QUI EST GILBERT GRAPE ?**
Voir: WHAT'S EATING GILBERT GRAPE ?

**QUI SUIS-JE?**
Voir: WHO AM I?

**QUI VEUT LA PEAU DE ROGER RABBIT ?**
Voir: WHO FRAMED ROGER RABBIT ?

**QUICK AND THE DEAD, THE** ▷4
É.-U. 1995. Western de Sam RAIMI avec Sharon Stone, Gene Hackman et Russel Crowe. - Une jeune femme au passé mystérieux s'inscrit à un tournoi de duels au pistolet organisé par le maire corrompu d'une petite ville de l'Ouest.
VF→14,95$ VO→14,95$ **13 ans + Violence**

**QUICK CHANGE** ▷5
É.-U. 1990. Comédie policière de Howard FRANKLIN et Bill MURRAY avec Bill Murray, Geena Davis et Randy Quaid. - Après avoir commis un vol de banque, des criminels éprouvent maintes difficultés à se rendre à l'aéroport.
VO→PC **Général**

**QUICONQUE MEURT, MEURT À DOULEUR** ▷4
QUÉ. 1997. Drame de Robert MORIN avec Claude, Alain et Patrick. - Lors d'une descente policière dans une piquerie, deux flics et un cameraman de la télévision sont pris en otages par des junkies.
VO→LS **16 ans + Langage vulgaire**

**QUIET COOL** ▷0
É.-U. 1986, Clay BORRIS
VO→14,95$

**QUIET DAYS IN CLICHY**
Voir: JOURS TRANQUILLES À CLICHY

**QUIET EARTH, THE** ▷4
N.-Z. 1985. Science-fiction de Geoff MURPHY avec Bruno Lawrence, Alison Routledge et Peter Smith. - Se croyant seul rescapé d'une

catastrophe nucléaire, un savant découvre deux autres survivants qui l'aideront à conjurer une nouvelle calamité.
VF→LS VO→LS **Général**

**QUIET MAN, THE** ▷3
É.-U. 1952. Comédie de John FORD avec John Wayne, Maureen O'Hara et Barry Fitzgerald. - Un boxeur américain revient dans son pays natal, l'Irlande, et songe à se marier. - Peinture de mœurs pittoresque et pleine de fraîcheur. Mise en scène souple et vigoureuse. Interprétation savoureuse.
VF→LS VO→14,95$ VO (40TH ANNIV.)→14,95$
DVD→27,95$ **Général**

**QUIET ROOM, THE** ▷4
AUS. 1996. Drame psychologique de Rolf DE HEER avec Chloe Ferguson, Celine O'Leary et Paul Blackwell. - Vivant mal la discorde qui s'est installée entre ses parents, une fillette a décidé de ne plus leur parler.
VO→18,95$ **Général**

**QUIGLEY DOWN UNDER** ▷4
É.-U. 1990. Aventures de Simon WINCER avec Tom Selleck, Laura San Giacomo et Alan Rickman. - Un aventurier américain prend fait et cause en faveur d'aborigènes australiens menacés par un rancher meurtrier.
VO→14,95$ VF→14,95$ LBX→PC **13 ans +**

**QUILLER MEMORANDUM, THE** ▷4
ANG. 1966. Drame d'espionnage de Michael ANDERSON avec George Segal, Max Von Sydow et Senta Berger. - Un agent secret est chargé de démasquer un groupe de néonazis à Berlin.
VO→LS **Général**

**QUILLS** ▷3
É.-U. 2000. Drame de Philip KAUFMAN avec Geoffrey Rush, Kate Winslet et Joaquin Phoenix. - Interné à l'hospice de Charenton, le Marquis de Sade défie les autorités qui lui interdisent d'écrire. - Discours caustique sur la liberté d'expression. Développements dramatiques percutants. Dialogue tonique et abrasif. Réalisation riche et vigoureuse. Interprétation forte.
VO→LS VO→LS **16 ans +**

**QUILOMBO** ▷3
BRÉ. 1984. Drame épique de Carlos DIEGUES avec Antonio Pompeo, Zézé Motta et Toni Tornado. - Au milieu du XVIIe siècle, des esclaves en fuite forment une république autonome dans les montagnes. - Sorte d'opéra primitif. Nombreux chants et danses. Illustration de qualité. Spectacle impressionnant.
STA→LS **Général**

**QUINTET** ▷3
É.-U. 1978. Science-fiction de Robert ALTMAN avec Paul Newman, Vittorio Gassman et Bibi Andersson. - Dans un monde de l'avenir envahi par le froid, des hommes s'adonnent à un jeu étrange dont l'enjeu est la mort. - Parabole futuriste sur le thème de la survie. Tourné dans les décors de l'Expo 67 de Montréal. Réalisation fort intelligente. Interprétation solide.
VO→24,95$ **Général**

**QUIPROQUOS** ▷5
FR. 1991. Comédie de Claude VITAL avec Bernard Fresson, Claude Gensac et Laure Sabardin. - Un candidat à la mairie d'une petite ville décide de faire kidnapper la fille du maire pour inciter celui-ci à retirer sa candidature aux prochaines élections.
VO→LS **Général**

**QUIZ SHOW** ▷3
É.-U. 1994. Drame social de Robert REDFORD avec Ralph Fiennes, John Turturro et Rob Morrow. - En 1958, un avocat découvre que le producteur d'un jeu télévisé s'arrange pour faire gagner un jeune compétiteur populaire auprès du public. - Scénario basé sur une histoire vraie. Traitement rigoureux du thème de l'éthique dans le monde du spectacle. Psychologie fouillée. Illustration fort soignée. Distribution de grande classe.
VF→11,95$ VO→LS LBX-DVD→32,95$ **Général**

**QUO VADIS?** ▷5
ITA. 1985. Drame historique de Franco ROSSI avec Klaus Maria Brandauer, Frederic Forrest et Marie-Thérèse Relin. - L'empereur romain Néron persécute les chrétiens et déclenche l'incendie de Rome en 64 après J.-C.
VO→19,95$ **Non classé**

**R.P.M.** ▷5
É.-U. 1970. Drame social de Stanley E. KRAMER avec Anthony Quinn, Ann-Margret et Gary Lockwood. - Un professeur aux idées avancées est nommé à la tête d'une université pour faire échec à la contestation étudiante.
VO→10,95$ **13 ans +**

**RABID** ▷5
CAN. 1976. Drame d'horreur de David CRONENBERG avec Marilyn Chambers, Frank Moore et Joe Silver. - Un docteur expérimente sur une jeune femme de nouvelles méthodes de greffe qui ont d'étranges résultats.
VF→12,95$ VO→17,95$ **13 ans +**

**RABID et SHIVERS (COFFRET)** ▷0
CAN. David CRONENBERG
VO→29,95$ **13 ans + Horreur**

**RACCOURCI, LE**
Voir: TIME TO KILL

**RACE DES SEIGNEURS, LA** ▷5
FR. 1973. Drame psychologique de Pierre GRANIER-DEFERRE avec Alain Delon, Sydne Rome et Jeanne Moreau. - Le chef d'un parti de gauche s'efforce de servir à la fois ses ambitions politiques et son amour pour un mannequin dont il a fait sa maîtresse.
VO→LS **13 ans +**

**RACE WITH THE DEVIL** ▷5
É.-U. 1975. Aventures de Jack STARRETT avec Peter Fonda, W. Oates et L. Swit. - Des vacanciers sont poursuivis par les adeptes d'un culte satanique dont ils ont surpris par hasard les cérémonies secrètes.
VO→16,95$ **13 ans +**

**RACERS, THE** ▷5
É.-U. 1954. Drame de Henry HATHAWAY avec Kirk Douglas, Bella Darvi et Gilbert Roland. - La vie sentimentale et la vie professionnelle d'un coureur automobile dur et ambitieux.
VO→44,95$ **Général**

**RACHEL AND THE STRANGER** ▷4
É.-U. 1948. Western de Norman FOSTER avec Loretta Young, William Holden et Robert Mitchum. - Vers 1800, dans le Nord-Ouest, les aventures d'un veuf qui a acheté et épousé une jeune fille pour prendre soin de son enfant.
VO

**RACHEL, RACHEL** ▷3
É.-U. 1968. Drame psychologique de Paul NEWMAN avec Joanne Woodward, Estelle Parsons et James Olson. - Dans une petite ville de province, le drame d'une institutrice célibataire sentant venir l'âge mûr avec inquiétude. - Étude psychologique et sociale sensible et juste. Approche chaleureuse des personnages. Mise en scène de style intimiste. J. Woodward remarquable.
VO→19,95$ **13 ans +**

**RACING WITH THE MOON** ▷4
É.-U. 1984. Drame psychologique de Richard BENJAMIN avec Sean Penn, Elizabeth McGovern et Nicolas Cage. - Les tribulations amoureuses de deux adolescents californiens en 1942, à la veille de leur mobilisation pour l'armée.
VO→18,95$ **13 ans +**

**RACKET, THE** ▷4
É.-U. 1951. Drame policier de John CROMWELL avec Robert Mitchum, Robert Ryan et Lizabeth Scott. - Un policier lutte contre des criminels qui ont l'appui de politiciens malhonnêtes.
VO→LS **Non classé**

**RACOLEUSES**
Voir: WILD THINGS

**RADIO DAYS** ▷3
É.-U. 1987. Chronique de Woody ALLEN avec Seth Green, Julie Kavner et Dianne Wiest. - Un narrateur évoque l'influence des émissions radiophoniques durant son enfance dans un quartier new-yorkais au début des années 1940. - Adroit mélange de nostalgie rêveuse et d'ironie tendre. Climat d'époque habilement recréé. Récit anecdotique bien rythmé. Bonne interprétation.
VF→LS VO→LS **Général**

**RADIO FLYER** ▷4
É.-U. 1992. Comédie dramatique de Richard DONNER avec Lorraine Bracco, John Heard et Adam Baldwin. - Un garçonnet maltraité par son beau-père obtient l'aide de son frère pour construire un objet volant dans l'espoir de s'enfuir.
VO→PC VF→14,95$ **Général**

**RADIOLAND MURDERS** ▷5
É.-U. 1994. Comédie de Mel SMITH avec Mary Stuart Masterson, Brian Benben et Ned Beatty. - Dans les années 1930, des membres d'une nouvelle compagnie radiophonique trouvent la mort dans d'étranges circonstances.
VO→LS **Général**

**RAFALE BLANCHE**
Voir: WHITE SQUALL

**RAFALES** ▷4
QUÉ. 1990. Drame policier d'André MELANÇON avec Marcel Lebœuf, Denis Bouchard et Claude Blanchard. - Après un hold-up raté, un cambrioleur désemparé obtient l'aide d'un animateur de radio qui lui donne l'occasion de parler sur les ondes.
VO→LS **Général**

**RAFIOT HÉROÏQUE, LE**
Voir: THE WACKIEST SHIP IN THE ARMY

**RAGA: RAVI SHANKAR** ▷4
É.-U. 1971. Documentaire de Howard WORTH. - La vie et la carrière de Ravi Shankar, le célèbre cithariste indien.
VO→21,95$ **Général**

**RAGE** ▷5
É.-U. 1972. Drame réalisé et interprété par George C. SCOTT avec Richard Basehart et Martin Sheen. - Le fils d'un éleveur de moutons de l'Arizona est victime d'un gaz expérimental échappé d'un avion militaire par accident.
VO→14,95$ **Général**

**RAGE**
Voir: RABID

**RAGE AU CŒUR, LA**
Voir: THE DEVIL'S OWN

**RAGE IN HARLEM, A** ▷4
É.-U. 1991. Comédie policière de Bill DUKE avec F. Whitaker, Gregory Hines et Robin Givens. - Mêlée à un coup qui tourne mal, l'amie d'un chef de bande s'enfuit avec une malle pleine d'or et se réfugie chez un comptable inoffensif à qui elle simule le grand amour.
VF→14,95$ **13 ans +**

**RAGGEDY RAWNEY, THE** ▷4
ANG. 1988. Drame réalisé et interprété par Bob HOSKINS avec Dexter Fletcher et Zoe Nathenson. - Revêtu de vêtements féminins,

un jeune déserteur rejoint une troupe de gitans avec qui il connaît divers malheurs.
VO→LS **13 ans +**

**RAGING BULL** ►1
É.-U. 1980. Drame biographique de Martin SCORSESE avec Robert De Niro, Cathy Moriarty et Joe Pesci. - La carrière et les problèmes personnels du champion boxeur Jake La Motta. - Œuvre maîtresse de l'auteur. Mise en scène brillamment vigoureuse. Photographie et montage d'une force peu commune. Remarquable composition de R. De Niro.
VO→14,95$ LBX-DVD→21,95$ **13 ans +**

**RAGTIME** ▷3
É.-U. 1981. Drame de Milos FORMAN avec Howard E. Rollins, James Olson et Brad Dourif. - Une famille de la banlieue de New York est mêlée à divers événements qui font la manchette des journaux au début du siècle. - Scénario tiré du roman de E.L. Doctorow. Fresque impressionnante de la vie américaine. Forme dramatique rigoureuse tempérée d'ironie. Interprétation fort convaincante.
VO→24,95$ **Général**

**RAIDERS OF THE LOST ARK** ▷3
É.-U. 1981. Aventures de Steven SPIELBERG avec Harrison Ford, Karen Allen et Paul Freeman. - Un professeur aventureux se rend en Égypte où il doit retrouver l'Arche d'alliance avant les nazis. - Intrigue invraisemblable menée avec verve. Passages brillants. Rythme soutenu. Interprètes fort convaincants.
VF→LS VO→13,95$ LBX→14,95$ **13 ans +**

**RAILROADED** ▷0
É.-U. 1947, Anthony MANN
VO→34,95$ DVD→44,95$ **Général**

**RAIN** ▷4
É.-U. 1932. Drame de mœurs de Lewis MILESTONE avec Joan Crawford, Walter Huston et William Gargan. - Dans une île du Pacifique, une prostituée est en butte aux pressions d'un pasteur qui veut l'amener à changer de vie.
VO→17,95$ **Général**

**RAIN MAN** ▷3
É.-U. 1988. Drame psychologique de Barry LEVINSON avec Dustin Hoffman, Tom Cruise et Valeria Golino. - Son frère autiste ayant hérité de la fortune de leur père, un vendeur de voitures décide de l'enlever dans le but de faire valoir ses droits. - Scénario original. «Road movie» d'allure intimiste. Composition exceptionnelle de D. Hoffman.
VF→14,95$ LBX→14,95$ LBX-DVD→29,95$ **Général**

**RAIN PEOPLE, THE** ▷3
É.-U. 1969. Drame psychologique de Francis Ford COPPOLA avec Shirley Knight, James Caan et Robert Duvall. - Une jeune femme ayant quitté son mari part à l'aventure en automobile et accepte la présence d'un auto-stoppeur. - Étude riche en approches psychologiques et en valeurs humaines. Montage inventif. Images expressives. Interprétation convaincante.
VO→19,95$ **13 ans +**

**RAINBOW BRIDGE** ▷0
É.-U. 1971, Chuck WEIN
VO→LS **Non classé**

**RAINBOW THIEF, THE** ▷0
ANG. 1990, Alejandro JODOROWSKY
VO→19,95$ **Général**

**RAINBOW, THE** ▷4
ANG. 1988. Drame de mœurs de Ken RUSSELL avec Sammi Davis, Paul McGann et Amanda Donohoe. - Les premières expériences sentimentales et professionnelles d'une jeune fille qui a subi l'influence des idées libertines de la monitrice sportive de son école.
VO→LS **Non classé**

**RAINING STONES** ▷3
ANG. 1993. Drame social de Ken LOACH avec Bruce Jones, Julie Brown et Ricky Tomlinson. - Alors qu'il a promis d'acheter une robe à sa fille pour sa communion, un chapardeur voit ses activités illégales paralysées par le vol de sa camionnette. - Œuvre tragicomique pleine d'entrain et d'esprit. Description de milieu intelligente. Réalisation spontanée. Interprétation d'un naturel confondant.
VO→14,95$ **13 ans +**

**RAINMAKER, THE** ▷4
É.-U. 1956. Drame psychologique de Joseph ANTHONY avec Burt Lancaster, Katharine Hepburn et Wendell Corey. - Une célibataire endurcie tombe amoureuse d'un charlatan.
VO→18,95$ **Général**

**RAINMAKER,THE** ▷4
É.-U. 1997. Drame judiciaire de Francis FORD COPPOLA avec Matt Damon, Danny DeVito et Claire Danes. - Un avocat sans expérience poursuit une grande firme d'assurances qui a escroqué une femme dont le fils se meurt de leucémie.
VF→11,95$ VO→13,95$
**Général - Déconseillé aux jeunes enfants**

**RAINS CAME, THE** ▷4
É.-U. 1939. Drame de Clarence BROWN avec Myrna Loy, Tyrone Power et George Brent. - Mariée à un noble Anglais, une Américaine s'éprend d'un médecin hindou.
VO→23,95$ **Général**

**RAINTREE COUNTY** ▷5
É.-U. 1957. Drame psychologique d'Edward DMYTRYK avec Elizabeth Taylor, Montgomery Clift et Eva Marie Saint. - À l'époque de la guerre de Sécession, un jeune campagnard épouse une névrosée et connaît maintes mésaventures.
LBX→23,95$ **Général**

**RAISE THE RED LANTERN**
Voir: ÉPOUSES ET CONCUBINES

**RAISIN IN THE SUN, A** ▷4
É.-U. 1961. Drame social de Daniel PETRIE avec Sidney Poitier, Claudia McNeil et Ruby Dee. - Les tribulations d'une famille de Noirs pauvres mais courageux qui rêvent d'une meilleure condition sociale.
LBX-DVD→PC VO→9,95$ LBX-DVD→PC **Général**

**RAISING ARIZONA** ▷3
É.-U. 1987. Comédie de Joel COEN avec Nicolas Cage, Holly Hunter et Trey Wilson. - Ne pouvant pas avoir d'enfant, un jeune couple décide de voler un des nouveau-nés d'une famille de quintuplés.- Série de situations extravagantes. Plusieurs gags bien amenés. Beaucoup de rythme. Mise en scène inventive. Interprétation dynamique.
VF→15,95$ VO→15,95$ LBX-DVD→24,95$ **Général**

**RAISING CAIN** ▷4
É.-U. 1992. Drame policier de Brian DE PALMA avec John Lithgow, Lolita Davidovich et Steven Bauer. - Un psychologue kidnappe des bambins pour les livrer à son père qui poursuit des recherches mystérieuses sur l'enfance.
VF→19,95$ VO→18,95$ **16 ans +**

**RAISING HEROES** ▷0
É.-U. 1996, Douglas LANGWAY
VO→59,95$ **16 ans + Violence**

**RAISING THE MAMMOTH** ▷0
É.-U.-FR. 2000, Jean-Charles DENIAU
VO→14,95$

**RAISON D'ÉTAT, LA** ▷4
FR. 1978. Drame social d'André CAYATTE avec Monica Vitti, Jean Yanne et Michel Bouquet. - Une biologiste italienne entreprend de divulguer un dossier contre les trafics d'armes établi par un collègue assassiné.
VO→LS **Général**

**RAISON ET SENTIMENTS**
Voir: SENSE AND SENSIBILITY

**RALPH SUPERKING**
Voir: KING RALPH

**RAMBLING ROSE** ▷4
É.-U. 1991. Comédie de mœurs de Martha COOLIDGE avec Laura Dern, Lukas Haas et Robert Duvall. - Engagée comme ménagère par une famille du Sud, une jeune fille aux mœurs légères bouleverse la vie tranquille d'un village.
VF→LS VO→LS **13 ans +**

**RAMBO**
Voir: FIRST BLOOD

**RAMI & JULIET** ▷4
DAN. 1988. Drame social d'Erik CLAUSEN avec Sogie Grobel, Seleh Malek et Steen Jägensen. - Malgré les tensions raciales qui sévissent dans son pays, une jeune Danoise a une idylle avec un réfugié palestinien.
STF→LS **Général**

**RAMPAGE** ▷4
É.-U. 1987. Drame policier de William FRIEDKIN avec Michael Biehn, Alex McArthur et Nicholas Campbell. - Malgré ses convictions libérales, un procureur exige la peine capitale pour un accusé qui a commis des meurtres particulièrement sadiques.
VF→LS VO→LS **16 ans + Violence**

**RAMROD** ▷5
É.-U. 1946. Western de André De TOTH avec Veronica Lake, Joel McCrea et Donald Crisp. - Une jeune ambitieuse entre en conflit avec son père, rancher autoritaire et irascible.
VO→9,95$ **Général**

**RAN** ►2
JAP. 1985. Drame d'Akira KUROSAWA avec Tatsuya Nakadai, Mieko Harada et Akira Terao. - Dans le Japon du Moyen Âge, la décision d'un vieux chef de clan de partager son fief entre ses fils provoque des guerres intestines. - Transposition magistrale du *Roi Lear* de Shakespeare. Mise en scène énergique et superbement contrôlée. Judicieuse utilisation des couleurs.
STA→LS **Général**

**RANCHO DELUXE** ▷5
É.-U. 1975. Comédie de mœurs de Frank PERRY avec Jeff Bridges, Sam Waterston et Clifton James. - Au Montana, deux hommes vivent en désœuvrés et subviennent à leurs besoins en tuant des bêtes isolées.
VO→14,95$ **13 ans +**

**RANCHO NOTORIOUS** ▷4
É.-U. 1952. Western de Fritz LANG avec Marlene Dietrich, Mel Ferrer et Arthur Kennedy. - Pour trouver l'assassin de sa fiancée, un cowboy se mêle à une bande de hors-la-loi.
VF→LS **Non classé**

**RANÇON**
Voir: RANSOM

**RANÇON DU BONHEUR, LA**
Voir: INTERMEZZO

**RANDOM HARVEST** ▷4
É.-U. 1945. Drame sentimental de Mervyn LeROY avec Greer Garson, Ronald Colman et Susan Peters. - À la suite de la guerre 14-18, une femme cherche à regagner l'amour de son mari devenu amnésique.
VO→19,95$ **Général**

**RANDOM HEARTS** ▷5
É.-U. 1999. Drame sentimental de Sydney POLLACK avec Harrison Ford, Kristin Scott Thomas et Charles S. Dutton. - Un policier, dont l'épouse a péri dans un accident d'avion avec son amant, s'éprend de la veuve de ce dernier, une politicienne en réélection.
VF→LS VO→14,95$ LBX-DVD→29,95$ **Général**

**RANDONNÉE POUR UN TUEUR**
Voir: SHOOT TO KILL

**RANDONNEURS, LES** ▷4
FR. 1997. Comédie de mœurs réalisée et interprétée par Philippe HAREL avec Benoît Poelvoorde et Karin Viard. - Lors d'une randonnée dans les montagnes corses, la tension monte entre quatre Parisiens et leur guide.
VO→19,95$ **Général**

**RANG 5** ▷4
QUÉ. 1994. Documentaire de Richard LAVOIE. - Des familles québécoises expliquent comment elles en sont venues à choisir de vivre de la terre sur leurs fermes respectives.
VO→LS **Général**

**RANSOM** ▷4
É.-U. 1996. Drame policier de Ron HOWARD avec Mel Gibson, Rene Russo et Gary Sinise. - Lorsque son jeune fils est kidnappé, un riche financier décide d'offrir le montant de la rançon en récompense pour la capture des ravisseurs.
VF→16,95$ LBX→21,95$ LBX-DVD→36,95$ **13 ans + Violence**

**RAPA-NUI** ▷5
É.-U. 1994 Aventures de Kevin REYNOLDS avec Jason Scott Lee, Esai Morales et Sandrine Holt. - Dans l'île de Pâques, deux amis sont obligés de s'affronter dans une compétition qui déterminera le prochain seigneur des lieux.
VF→PC VO→19,95$ **Général**

**RAPACE, LE** ▷4
FR.-ITA. 1968. Aventures de José GIOVANNI avec Lino Ventura, Xavier Marc et Rosa Furman. - En 1938, des révolutionnaires mexicains engagent un homme pour tuer le président du pays.
VO→LS **Général**

**RAPED BY AN ANGEL** ▷0
H. K. 1993, Jeffrey et Ricky LAU
STA→LS **16 ans + Érotisme**

**RAPID FIRE** ▷5
É.-U. 1992. Drame policier de Dwight H. LITTLE avec Brandon Lee, Powers Boothe et Nick Mancuso. - Un jeune expert en arts martiaux prête main-forte à un policier qui lutte contre un tueur.
VF→LS VO→LS **16 ans + Violence**

**RAPTURE, THE** ▷5
É.-U. 1991. Drame religieux de Michael TOLKIN avec Mimi Rogers, Kimberly Cullum et Patrick Bauchau. - Lassée par la vie de débauche qu'elle mène, une jeune mère se laisse séduire par les doctrines d'un groupe de fondamentalistes.
VO-LBX (COLLECTOR'S EDITION)→19,95$ VO→LS **13 ans +**

**RARE BREED, THE** ▷4
É.-U. 1965. Western d'Andrew V. McLAGLEN avec James Stewart, Maureen O'Hara et Brian Keith. - Une veuve vend un taureau de race à un rancher du Texas.
VO→14,95$ **Général**

**RASHOMON** ►1
JAP. 1952. Drame psychologique d'Akira KUROSAWA avec Toshiro Mifune, Machiko Kyo et Masayuki Mori. - Quatre témoins apportent des versions différentes d'un assaut meurtrier. - Scénario d'une grande richesse psychologique. Mise en scène superbement orchestrée. Très belles images. Interprétation forte.
STA→28,95$ **Général**

**RASPOUTINE** ▷5
FR. 1954. Drame historique de Georges COMBRET avec Pierre Brasseur, Claude Laydu et Isa Miranda. - Un guérisseur devient tout-puissant à la cour du Tsar.
VO→LS **Général**

**RASPUTIN** ▷0
RUS. 1977, Elem KLIMOV
STA→89,95$ **Général**

**RASPUTIN AND THE EMPRESS** ▷4
É.-U. 1933. Drame historique de Richard BOLESLAWSKI avec John,

Ethel et Lionel Barrymore. - À la cour de Russie, en 1913, Raspoutine devient le favori de la tzarine.
VO→PC **Général**

**RASPUTIN, DARK SERVANT OF DESTINY** ▷4
É.-U. 1995. Drame biographique de Uli EDEL avec Alan Rickman, Greta Scacchi et Ian McKellen. - Un moine étrange acquiert du pouvoir à la cour impériale de Russie.
VO→18,95$ **Général**

**RAT PACK, THE** ▷5
É.-U. 1998. Drame biographique de Rob COHEN avec Ray Liotta, Joe Mantegna et Don Cheadle. - Les frasques de Frank Sinatra et de ses copains Dean Martin et Sammy Davis Jr au début des années 60.
VF→11,95$ VO→11,95$

**RATCATCHER** ▷4
ANG. 1999. Drame de mœurs de Lynne RAMSAY avec William Eadie, Tommy Flanagan et Leanne Mullen. - Au cours des années 1970 dans un quartier défavorisé de Glasgow, un gamin porteur d'un lourd secret vit diverses expériences.
**13 ans +**

**RATCHET** ▷0
É.-U. 1996, John JOHNSON
VO→LS **16 ans + Violence**

**RATOPOLIS** ▷0
QUÉ. 1973, Gilles THERRIEN
VO→LS **13 ans +**

**RAVEN** ▷0
É.-U. 1996. Drame d'espionnage de Russell SOLBERG avec Burt Reynolds, Matt Battaglia et Krista Allen. - Un mercenaire ne recule devant rien pour mettre la main sur un décodeur électronique convoité par des politiciens corrompus.
VO→LS **13 ans + Violence**

**RAVEN HAWK** ▷6
É.-U. 1995. Drame policier d'Albert PYUN avec Rachel McLish, John Enos et Ed Lauter. - Une Amérindienne injustement accusée du meurtre de ses parents s'évade de prison afin d'éliminer elle-même les vrais coupables.
VO→14,95$ **13 ans +**

**RAVEN, THE** ▷4
É.-U. 1935. Drame d'horreur de Louis FRIEDLANDER avec Boris Karloff, Bela Lugosi et Irene Ware. - Un chirurgien influencé par les œuvres d'Edgar Allan Poe exerce des tortures sur diverses personnes.
VO→14,95$ **Général**

**RAVEN, THE** ▷4
É.-U. 1963. Comédie fantaisiste de Roger CORMAN avec Vincent Price, Boris Karloff et Peter Lorre. - Un corbeau qui prend forme humaine suscite un duel entre deux sorciers.
VO→7,95$ **13 ans +**

**RAVENOUS** ▷4
É.-U. 1999. Drame d'horreur d'Antonia BIRD avec Guy Pearce, Robert Carlyle et Jeremy Davies. - En 1847, des soldats isolés dans un avant-poste militaire de la Sierra Nevada sont aux prises avec un cannibale.
VF→11,95$ LBX-DVD→31,95$ **16 ans + Horreur**

**RAW DEAL** ▷0
É.-U. 1948, Anthony MANN
VO→34,95$ **Général**

**RAW DEAL** ▷0
É.-U. 1986, John IRVIN
LBX→14,95$ **13 ans +**

**RAWHEAD REX** ▷5
ANG. 1987. Drame d'horreur de George PAVLOU avec David Dukes, Kelly Piper et Ronan Wilmot. - Un historien et sa femme combattent un monstre sanguinaire qui fait des ravages dans une contrée rurale de l'Irlande.
VO→23,95$ **13 ans + Horreur**

**RAWHIDE** ▷4
É.-U. 1951. Western de Henry HATHAWAY avec Tyrone Power, Susan Hayward et Hugh Marlowe. - Quatre bandits s'installent en maîtres dans une station-relais. - Récit bien construit. Intérêt soutenu. Interprétation valable.
VO→24,95$ **Général**

**RAYON VERT, LE** ▷3
FR. 1986. Comédie dramatique d'Éric ROHMER avec Marie Rivière, Vincent Gauthier et Carita. - Les problèmes de vacances d'une jeune fille solitaire qui cherche l'âme sœur. - Climat de détente et de liberté. Bonne part d'improvisation. Sens raffiné de l'observation des mœurs.
STA→LS VO→LS **Général**

**RAZMOKET, LES**
Voir: THE RUGRATS MOVIE

**RAZOR'S EDGE, THE** ▷4
É.-U. 1946. Drame psychologique d'Edmund GOULDING avec Tyrone Power, Gene Tierney et Clifton Webb. - Désorienté après sa démobilisation, un homme se met à voyager dans le but de découvrir le sens de la vie.
VO→24,95$ **Général**

**RAZOR'S EDGE, THE** ▷5
É.-U. 1984. Drame psychologique de John BYRUM avec Bill Murray, Theresa Russell et Catherine Hicks. - Éprouvé par la guerre, un homme abandonne sa carrière de financier et perd sa fiancée en cherchant à donner un sens à sa vie.
VO→14,95$ VF→14,95$ **Général**

**RE-ANIMATOR** ▷4
É.-U. 1985. Dame d'horreur de Stuart GORDON avec Jeffrey Combs, Bruce Abbott et Barbara Crampton. - Un étudiant en médecine met au point un sérum qui rend possible la réanimation des cadravres.
VF→LS VO→LS LBX-DVD→44,95$ **13 ans +**

**RÉACTION EN CHAÎNE**
Voir: CHAIN REACTION

**READY-TO-WEAR**
Voir: PRÊT-À-PORTER

**REAL BLONDE, THE** ▷4
É.-U. 1997. Comédie satirique de Tom DiCILLO avec Matthew Modine, Catherine Keener et Daryl Hannah. - Poussé par son amie, un aspirant acteur qui cherche vainement un rôle sérieux finit par accepter de tourner dans un vidéoclip.
VO→13,95$ VF→13,95$ LBX-DVD→37,95$ **Général**

**REAL GENIUS** ▷4
É.-U. 1985. Comédie de Martha COOLIDGE avec Val Kilmer, Gabe Jarret et William Atherton. - Deux étudiants brillants sont chargés de mettre au point un rayon laser surpuissant sans savoir qu'on veut s'en servir à des fins militaires.
VO→9,95$ **Général**

**REAL GLORY, THE** ▷4
É.-U. 1939. Aventures de Henry HATHAWAY avec Gary Cooper, David Niven et Andrea Leeds. - Des officiers américains aident des indigènes philippins à combattre des brigands.
VO→LS **Général**

**REAL LIFE** ▷5
É.-U. 1979. Comédie satirique réalisée et interprétée par Albert BROOKS avec Charles Grodin et Frances Lee McCain. - Une petite équipe de cinéastes réalise un documentaire sur la vie quotidienne d'une famille américaine.
VO→13,95$ **Général**

**RÉALITÉ MORDANTE**
Voir: REALITY BITES

**REALITY BITES** ▷5
É.-U. 1994. Comédie de mœurs réalisée et interprétée par Ben STILLER avec Winona Ryder et Ethan Hawke. - Une jeune vidéaste a le cœur tiraillé entre un musicien indolent et un yuppie qui travaille pour une station de télévision.
VO→11,95$ VF→11,95$ **Général**

**RÉANIMATEUR, LE**
Voir: RE-ANIMATOR

**REAP THE WILD WIND** ▷4
É.-U. 1942. Aventures de Cecil B. DeMILLE avec Ray Milland, Paulétte Goddard et John Wayne. - Au XIXe siècle, un capitaine de navire lutte contre des pilleurs d'épaves.
VO→16,95$ DVD→33,95$ **Général**

**REAR WINDOW** ►1
É.-U. 1954. Comédie dramatique d'Alfred HITCHCOCK avec James Stewart, Grace Kelly et Wendell Corey. - En observant ses voisins, un photographe pressent un crime et tente de confondre l'assassin. - Grande puissance dramatique. Réalisation magistrale. Ambiance sonore finement élaborée. Belle densité psychologique. Excellents interprètes.
VF→LS VO→14,95$ **Général**

**REBECCA** ▷3
É.-U. 1939. Drame psychologique d'Alfred HITCHCOCK avec Laurence Olivier, Joan Fontaine et Judith Anderson. - L'épouse d'un aristocrate anglais s'inquiète du mystère qui entoure la mort de la première femme de son mari. - Atmosphère de tension fort bien créée. Maîtrise technique. Interprètes habilement dirigés.
VO→14,95$ DVD→21,95$ **Général**

**REBEL ROUSERS** ▷7
É.-U. 1967. Drame de mœurs de Martin B. COHEN avec Cameron Mitchell, Diane Ladd et Bruce Dern. - Des motards s'en prennent à un architecte et à sa maîtresse qui obtiennent l'aide de voisins pour lutter contre eux.
VO→13,95$ **13 ans +**

**REBEL WITHOUT A CAUSE** ►2
É.-U. 1955. Drame psychologique de Nicholas RAY avec James Dean, Natalie Wood et Sal Mineo. - Le drame d'adolescents en mal d'affection aboutit à trois morts violentes. - Constat lucide du désar-roi de l'adolescence. Construction dramatique solide. Mise en scène efficace. Remarquable création de J. Dean.
VO→19,95$ VF→19,95$ LBX→19,95$
LBX-DVD→21,95$ **13 ans +**

**REBELLE DE LA PRAIRIE**
Voir: LIGHT IN THE FOREST

**REBELLE, LE**
Voir: THE FOUNTAINHEAD

**REBELS OF THE NEON GOD** ▷4
TAI. 1992. Drame psychologique de Tsai MING-LIANG avec Chao-jung Chen, Yu-wen Wang et Kang-sheng Lee. - Le quotidien de quatre jeunes sans avenir qui promènent leur solitude dans les quartiers chauds de Taipei.
STA→119,95$ **13 ans +**

**REBELS, THE** ▷5
É.-U. 1979. Drame historique de Russ MAYBERRY avec Andrew Stevens, Don Johnson et Doug McClure. - Trois jeunes gens de Virginie participent en 1775 à la guerre d'indépendance américaine.
VO→27,95$ **Général**

**REBIRTH OF MOTHRA I** ▷0
JAP. 1996, Okihiro YONEDA
VA→12,95$ **Général**

**REBIRTH OF MOTHRA II** ▷0
JAP. 1997, Okihiro YONEDA
VA→12,95$ **Général**

**RECHERCHE SUSAN, DÉSESPÉRÉMENT**
Voir: DESPERATELY SEEKING SUSAN

**RECKLESS** ▷0
É.-U. 1935, Victor FLEMING
VO→18,95$

**RECKLESS** ▷4
É.-U. 1995. Comédie fantaisiste de Norman RENÉ avec Mia Farrow, Scott Glenn et Mary-Louise Parker. - Une femme se réfugie chez des inconnus lorsque son époux lui annonce qu'il a engagé un tueur pour se débarrasser d'elle.
VO→34,95$ **Général**

**RED** ▷4
QUÉ. 1970. Drame de Gilles CARLE avec Daniel Pilon, Geneviève Deloir et Gratien Gélinas. - Un métis soupçonné de l'assassinat de sa demi-sœur s'enfuit dans la nature puis revient châtier le vrai coupable.
VO→18,95$ **13 ans +**

**RED AND THE WHITE, THE**
Voir: ROUGES ET BLANCS

**RED BADGE OF COURAGE, THE** ▷3
É.-U. 1951. Drame de guerre de John HUSTON avec Audie Murphy, Bill Mauldin et Douglas Dick. - Les premières heures au combat d'un jeune fermier durant la guerre de Sécession. - Étude psychologique intéressante. Ensemble d'une concision classique. Excellents interprètes.
VO→26,95$ **Général**

**RED BALL EXPRESS** ▷5
É.-U. 1952. Drame de guerre de Budd BOETTICHER avec Jeff Chandler, Alex Nicol et S. Poitier. - Un officier est chargé de conduire une colonne de camions de ravitaillement en France, en 1944.
VO→14,95$ **Général**

**RED BEARD**
Voir: BARBE-ROUSSE

**RED CHERRY** ▷0
CHI. 1995, Ye DAYING
STA→21,95$ STA-LBX-DVD→31,95$ **13 ans + Violence**

**RED CORNER** ▷5
É.-U. 1997. Drame judiciaire de Jon AVNET avec Richard Gere, Bai Ling et Tsai Chin. - Lors d'un voyage d'affaires en Chine, un avocat américain est accusé à tort du meurtre de la fille d'un général.
LBX→18,95$ VF→18,95$ VO→LS LBX-DVD→29,95$ **Général**

**RED DESERT, THE**
Voir: LE DÉSERT ROUGE

**RED DUST** ▷5
É.-U. 1932. Drame sentimental de Victor FLEMING avec Clark Gable, Jean Harlow et Mary Astor. - Deux femmes viennent bouleverser la vie du directeur d'une plantation en Indochine.
VO→19,95$ **Non classé**

**RED DWARF, THE**
Voir: LE NAIN ROUGE

**RED FIRECRACKER, GREEN FIRECRACKER** ▷0
CHI. 1995, He PING
STA→19,95$ **Général**

**RED GARTERS** ▷4
É.-U. 1954. Comédie musicale de George MARSHALL avec Rosemary Clooney, Jack Carson et Guy Mitchell. - Un cow-boy recherche le meurtrier de son frère.
VO→13,95$ **Général**

**RED HEAT** ▷4
É.-U. 1988. Drame policier de Walter HILL avec Arnold Schwarzenegger, James Belushi et Peter Boyle. - Un policier de Chicago fait équipe avec un collègue moscovite chargé de ramener des États-Unis un dangereux trafiquant de drogue géorgien.
LBX→16,95$ **13 ans +**

**RED HOUSE, THE** ▷4
É.-U. 1947. Drame de Delmer DAVES avec Edward G. Robinson, Lon McCallister et Allene Roberts. - Un jeune homme engagé par un fermier infirme s'intéresse au mystère qui entoure un bois voisin.
VO→18,95$ **Général**

**RED LETTERS** ▷6
É.-U. 2000. Drame policier de Bradley BATTERSBY avec Peter Coyote, Nastassja Kinski et Ernie Hudson. - Un professeur d'université se met à correspondre avec une meurtrière qui purge une peine d'emprisonnement.

**RED MENACE, THE** ▷6
É.-U. 1949. Drame social de R.G. SPRINGSTEEN avec Robert Rockwell, Barbara Fuller et Betty Lou Gerson. - Un vétéran désabusé qui s'est joint au Parti communiste est déçu par les méthodes de ses chefs.
VO→LS **Non classé**

**RED PLANET** ▷5
É.-U. 2000. Science-fiction d'Antony HOFFMAN avec Val Kilmer, Carrie-Anne Moss et Tom Sizemore. - Des astronautes se retrouvent naufragés sur Mars où les attendent bien des surprises et des dangers.
VF→LS VO→LS **Général - Déconseillé aux jeunes enfants**

**RED PLANET MARS** ▷6
É.-U. 1952. Science-fiction de Harry HORNER avec Peter Graves, Andrea King et Orley Lindgren. - Un savant capte un message apparemment envoyé par des Martiens qui proclament la suprématie de Dieu.
VO→14,95$ **Général**

**RED PONY, THE** ▷4
É.-U. 1949. Western de Lewis MILESTONE avec Robert Mitchum, Peter Miles et Myrna Loy. - Un cow-boy aide le jeune fils d'un rancher à élever un poulain que son père lui a donné.
VO→14,95$ **Général**

**RED RIVER** ▷3
É. U. 1948. Western de Howard HAWKS avec John Wayne, Montgomery Clift et Walter Brennan. - Au cours de la transhumance de leur troupeau de bestiaux, une rivalité naît entre deux hommes. - Scénario bien construit. Souffle et ampleur dans la mise en scène. Interprétation excellente.
VO→11,95$ DVD→21,95$ **Général**

**RED ROCK WEST** ▷4
É.-U. 1992. Drame policier de John DAHL avec Nicolas Cage, Dennis Hopper et Lara Flynn Boyle. - Un jeune Texan qui se retrouve sans le sou dans un bled perdu est confondu avec un tueur à gages.
VO→14,95$ LBX-DVD→33,95$ **13 ans + Violence**

**RED SHOES, THE** ▷3
ANG. 1947. Drame musical de Michael POWELL avec Moira Shearer, Anton Walbrook et Ludmilla Tcherina. - Une ballerine n'arrive pas à choisir entre l'art et l'amour. - Intrigue conventionnelle. Partie chorégraphique exceptionnellement réussie. Technique inventive. Interprétation stylisée.
VO→PC DVD→59,95$ **Général**

**RED SORGHUM** ▷3
CHI. 1987. Drame de mœurs de Zhang YIMOU avec Gong Li, Jiang Wen et Teng Rujun. - La vie d'une femme, de son arrivée à une fabrique de vin dont elle prendra la direction à son action de résistance contre l'envahisseur japonais. - Récit à saveur historique. Traitement lyrique. Décor naturel évocateur. Forte présence des protagonistes.
STA→LS **13 ans +**

**RED SQUIRREL, THE**
Voir: L'ÉCUREUIL ROUGE

**RED SUN**
Voir: SOLEIL ROUGE

**RED TENT, THE** ▷4
ITA. 1969. Drame de Mikhail KALATOZOV avec Peter Finch, Claudia Cardinale et Sean Connery. - En 1928, neuf membres d'une expédition au pôle Nord réussissent à survivre après que leur dirigeable se soit écrasé sur une banquise.
VO→26,95$ **Général**

**RED VIOLIN, THE**
Voir: LE VIOLON ROUGE

**RED-HEADED WOMAN** ▷0
É.-U. 1932, Jack CONWAY
VO→18,95$ **Général**

**REDS** ▶2
É.-U. 1981. Drame biographique réalisé et interprété par Warren BEATTY avec Diane Keaton et Jack Nicholson. - L'idylle du journaliste John Reed avec Louise Bryant et l'engagement du couple dans la révolution russe. - Récit complexe. Brillante évocation d'époque. Montage intelligent. Jeu nuancé et convaincant des comédiens.
VO→24,95$ **Général**

**REED: INSURGENT MEXICO** ▷0
MEX. 1973, Paul LEDUC
STA→LS **Général**

**REEFER MADNESS** ▷6
É.-U. 1936. Drame de Louis GASNIER avec Dorothy Short, Ken Craig et Thelma White. - Un trafiquant de marijuana cause une tragédie en initiant un jeune couple à sa marchandise.
KINO→28,95$ **Général**

**REEL DU PENDU, LE** ▷0
QUÉ. 1972, André GLADU
VO→19,95$ **Général**

**REF, THE** ▷4
É.-U. 1994. Comédie satirique de Ted DEMME avec Denis Leary, Judy Davis et Kevin Spacey. - À la veille de Noël, un cambrioleur activement recherché par la police se réfugie à la pointe du fusil chez un couple bourgeois en pleine crise conjugale.
VF→9,95$ VO→9,95$ **13 ans + Langage vulgaire**

**REFLECTING SKIN, THE** ▷3
ANG. 1990. Drame psychologique de Philip RIDLEY avec Viggo Mortensen, Lindsay Duncan et Jeremy Cooper. - Un jeune garçon s'inquiète lorsque son grand frère s'amourache de leur mystérieuse voisine qu'il croit être une vampire. - Exploration douloureuse et poétique de l'enfance. Traitement singulier et puissant. Réalisation d'une grande beauté picturale. Interprétation dans le ton.
VF→29,95$ VO→28,95$ **13 ans +**

**REFLECTIONS IN A GOLDEN EYE** ▷4
É.-U. 1967. Drame psychologique de John HUSTON avec Elizabeth Taylor, Marlon Brando et Brian Keith. - Un officier développe une passion anormale envers un soldat qui, lui, s'éprend de la femme de son supérieur.
VO→19,95$ **Général**

**REFLECTIONS OF MURDER** ▷5
É.-U. 1974. Drame policier de John BADHAM avec Sam Waterston, Joan Hackett et Tuesday Weld. - La femme et la maîtresse d'un directeur d'école s'entendent pour comploter son assassinat.
VO→LS **Non classé**

**REFUGE DES ANGES, LE** ▷4
SUÈ. 1993. Comédie dramatique de Colin NUTLEY avec Helena Bergstrom, Richard Wolff et Sven Wollter. - Venue prendre possession d'une ferme qu'elle a eue en héritage, une jeune citadine excentrique sème malgré elle la zizanie parmi les villageois.
VF→17,95$ STA→18,95$ **13 ans +**

**REFUGE, LE**
Voir: MARVIN'S ROOM

**REFUS DE TUER**
Voir: THE REPLACEMENT KILLERS

**REGAIN** ▷3
FR. 1937. Drame social de Marcel PAGNOL avec Orane Demazis, Fernandel et M. Moreno. - Un homme et une femme tentent de faire revivre un village abandonné. - Adaptation poétique d'un roman de Giono. Belles images. Dialogue riche. Excellents interprètes.
VO→29,95$ **Général**

**REGARD D'ULYSSE, LE** ►2
GRÈ. 1995. Drame de Theo ANGELOPOULOS avec Harvey Keitel, Maïa Morgenstern et Erland Josephson. - En pleine crise personnelle et professionnelle, un cinéaste américain d'origine grecque parcourt les Balkans dévastés par la guerre. - Œuvre philosophique et humaniste au rythme méditatif. Nombreuses trouvailles narratives et formelles. H. Keitel remarquable de sobriété dans le rôle principal.
STA→31,95$ STF→12,95$ STA-DVD→41,95$ **Général**

**REGARDE LES HOMMES TOMBER** ▷4
FR. 1994. Drame policier de Jacques AUDIARD avec Jean-Louis Trintignant, Jean Yanne et Mathieu Kassovitz. - Un vieux commis voyageur abandonne épouse et boulot afin de poursuivre à travers la France deux truands qui ont agressé son meilleur ami.
VO→19,95$ **13 ans +**

**REGARDING HENRY** ▷4
É.-U. 1991. Drame psychologique de Mike NICHOLS avec Harrison Ford, Annette Bening et Bill Nunn. - Après un accident qui l'a rendu amnésique, un avocat cynique reprend sa vie professionnelle et familiale avec de meilleurs sentiments.
VO→14,95$ **Général**

**REGENERATION** ▷5
ANG. 1997. Drame de guerre de Gillies MacKINNON avec Jonathan Pryce, James Wilby et Jonny Lee Miller. - Durant la Première Guerre mondiale, un médecin anglais accueille des soldats traumatisés par les combats dans les tranchées.
VO→13,95$ **13 ans +**

**REGENERATION** ▷0
É.-U. 1915, Raoul WALSH
VO→36,95$ **Général**

**RÈGLE DU JEU, LA** ►1
FR. 1939. Comédie de Jean RENOIR avec Mila Parély, Marcel Dalio et Roland Toutain. - À l'occasion d'une réception dans un château, des chassés-croisés amoureux s'engagent tant entre invités et maîtres qu'entre serviteurs. - Œuvre clé de son auteur. Habile entrecroisement d'intrigues. Sens marqué de l'observation de mœurs. Réalisation brillante. Interprétation intelligente.
STA→27,95$ **Général**

**RÈGLEMENT, LE**
Voir: PAYBACK

**RÈGLEMENTS DE COMPTE**
Voir: THE BIG HEAT

**RÈGLES D'ENGAGEMENT, LES**
Voir: RULES OF ENGAGEMENT

**RÈGNE DU JOUR, LE** ▷3
QUÉ. 1967. Documentaire de Pierre PERRAULT avec Alexis, Marie et Léopold Tremblay. - Un habitant de l'Île aux Coudres fait un voyage en France en compagnie de sa femme et de son fils. - Intéressantes observations de mœurs. Traitement sympathique. Moments poétiques. Réactions savoureuses des personnages.
VO→19,95$

**REINCARNATION OF ISABEL, THE** ▷0
ITA. 1972, Renato POLSELLI
STA→35,95$ **18 ans + Horreur**

**REINDEER GAMES** ▷5
É.-U. 2000. Drame policier de John FRANKENHEIMER avec Ben Affleck, C. Theron et Gary Sinise. - À sa sortie de prison, un voleur d'automobiles est entraîné malgré lui dans le hold-up d'un casino.
VF→16,95$ VO→16,95$

**REINE AFRICAINE, LA**
Voir: THE AFRICAN QUEEN

**REINE BLANCHE, LA** ▷5
FR. 1991. Mélodrame de Jean-Loup HUBERT avec Catherine Deneuve, Richard Bohringer et Bernard Giraudeau. - De retour dans sa ville natale après vingt ans d'absence, un père de famille retrouve son amour de jeunesse.
VO→LS **Général**

**REINE DES BANDITS, LA**
Voir: BANDIT QUEEN

**REINE DES VAMPIRES, LA**
Voir: BORDELLO OF BLOOD

**REINE MARGOT, LA** ▷4
FR. 1954. Drame historique de Jean DRÉVILLE avec Jeanne Moreau, Françoise Rosay et Armando Francioli. - Une tranche de la vie de l'intrigante et frivole Marguerite de Valois.
VO→12,95$ **Non classé**

**REINE MARGOT, LA** ▷3
FR. 1993. Drame historique de Patrice CHÉREAU avec Isabelle Adjani, Daniel Auteuil et Jean-Hugues Anglade. - En 1572, à Paris, après le mariage de la sœur du roi Charles IX, les extrémistes papistes se livrent au massacre des protestants durant la nuit de la Saint-Barthélémy. - Adaptation du roman d'Alexandre Dumas. Déploiement de cruauté et d'amour exacerbés. Ensemble réglé avec virtuosité. Acteurs de haut vol.
VO→12,95$ **13 ans + Violence**

**REIVERS, THE** ▷4
É.-U. 1969. Comédie dramatique de Mark RYDELL avec Steve McQueen, Mitch Vogel et Rupert Crosse. - En l'absence de ses parents, un jeune garçon de douze ans se laisse entraîner dans une escapade avec un employé.
VO→15,95$ **Général**

**RÉJEANNE PADOVANI** ▷3
QUÉ. 1973. Drame social de Denys ARCAND avec Jean Lajeunesse, Luce Guilbeault et Pierre Thériault. - Une réception offerte par un entrepreneur en construction est troublée par le retour de son ex-femme. - Critique sociale présentée sur un ton retenu. Mise en scène adroitement contrôlée.
VO→19,95$ **13 ans +**

**RELENTLESS** ▷5
É.-U. 1989. Drame policier de William LUSTIG avec Judd Nelson, Leo Rossi et Robert Loggia. - Deux policiers de Los Angeles tentent de mettre fin aux meurtres d'un déséquilibré.
VF→LS VO→LS **Non classé**

**RELIC, THE** ▷5
É.-U. 1996. Drame d'horreur de Peter HYAMS avec Penelope Ann Miller, Tom Sizemore et Linda Hunt. - Un policier et une biologiste tentent de traquer un monstre qui fait des ravages dans un musée d'histoire naturelle de Chicago.
VO→13,95$ VF→13,95$ **13 ans + Horreur**

**RELIGIEUSE, LA** ▷3
FR. 1966. Drame psychologique de Jacques RIVETTE avec Anna Karina, Liselotte Pulver et Francine Bergé. - L'histoire d'une vocation forcée au XVIIIe siècle. Adaptation du roman de Diderot - Style classique. Mise en images sobre.
STA-LBX→34,95$ **Non classé**

**RELIQUE, LA**
Voir: THE RELIC

**RELUCTANTE DEBUTANTE, THE** ▷3
É.-U. 1958. Comédie de mœurs de Vincente MINNELLI avec Rex Harrison, Kay Kendall et Sandra Dee. - Une jeune fille de bonne société parvient à épouser celui qu'elle aime malgré l'opposition de ses parents. - Ton satirique et humoristique. Fine observations des mœurs de la haute société.
VO→18,95$ **Général**

**REMAINS OF THE DAY, THE** ▷3
É.-U. 1993. Drame psychologique de James IVORY avec Anthony Hopkins, Emma Thompson et James Fox. - Un majordome zélé et loyal envers son maître fait passer son travail avant sa vie personnelle. - Sujet traité en demi-teinte. Mise en scène élégante et maîtrisée. Illustration recherchée. Interprétation magistrale de A. Hopkins.
VF→19,95$ VO→19,95$ **Général**

**REMBRANDT** ▷3
ANG. 1936. Drame biographique d'Alexander KORDA avec Charles Laughton, Gertrude Lawrence et Elsa Lanchester. - Les dernières années de la vie du célèbre peintre hollandais. - Intéressante évocation d'époque. Riche dialogue. Mise en scène spectaculaire et soignée. Jeu nuancé et intelligent de C. Laughton.
VO→13,95$ **Général**

**REMBRANDT - 1669** ▷0
HOL. 1977, Jos STELLING
STA→34,95$ **Général**

**REMEMBER THE NIGHT** ▷4
É.-U. 1939. Comédie de Mitchell LEISEN avec Barbara Stanwyck, Fred MacMurray et Beulah Bondi. - Un assistant-procureur accueille chez lui une voleuse de bijoux.
VO→14,95$ **Général**

**REMEMBER THE TITANS** ▷4
É.-U. 2000. Drame sportif de Boaz YAKIN avec Denzel Washington, Will Patton et Donald Adeosun Faison. – En 1971, l'entraîneur noir d'une équipe de football interraciale inculque à ses joueurs des valeurs qui font d'eux des champions respectés.
VF→24,95$ VO→24,95$ **Général**

**REMEMBERING THE COSMOS FLOWER** ▷0
JAP. 1998, Junichi SUZUKI
STA→PC

**REMONTONS LES CHAMPS-ÉLYSÉES** ▷4
FR. 1938. Comédie réalisée et interprétée par Sacha GUITRY avec Lisette Lanvin et Jean Davy. - Broderies sur la petite histoire, aux alentours des Champs-Élysées.
VO→LS **Général**

**RENAISSANCE MAN** ▷5
É.-U. 1994. Comédie dramatique de Penny MARSHALL avec Danny DeVito, Lillo Brancato Jr. et Stacey Dash. - Un publiciste au chômage accepte un emploi de professeur dans une caserne militaire.
VF→LS VO→PC **Général**

**RENARD DES OCÉANS, LE**
Voir: THE SEA CHASE

**RENARD DU DÉSERT, LE**
Voir: THE DESERT FOX

**RENARD S'ÉVADE À TROIS HEURES, LE**
Voir: AFTER THE FOX

**RENCONTRE AVEC JOE BLACK**
Voir: MEET JOE BLACK

**RENCONTRES DU TROISIÈME TYPE**
Voir: CLOSE ENCOUNTERS OF THE THIRD KIND

**RENCONTRE FATALE**
Voir: SEA OF LOVE

**RENDEZ-VOUS** ▷4
FR. 1985. Drame d'André TÉCHINÉ avec Juliette Binoche, Lambert Wilson et Wadeck Stanczak. - Une jeune actrice est aimée par deux hommes dont l'un a des tendances perverses.
STA→32,95$ **18 ans +**

**RENDEZ-VOUS À BROAD STREET**
Voir: GIVE MY REGARDS TO BROAD STREET

**RENDEZ-VOUS À LONG ISLAND**
Voir: LOVE AND DEATH ON LONG ISLAND

**RENDEZ-VOUS D'ANNA, LES** ▷3
BEL. 1978. Drame psychologique de Chantal AKERMAN avec Aurore Clément, Helmut Griem et Léa Massari. - Une jeune cinéaste célibataire qui voyage de ville en ville pour présenter son nouveau film fait diverses rencontres. - Suite de confidences filmées de façon relativement neutre. Nombreux plans-séquences fixes. Rythme lent bien contrôlé. Belle lumière naturelle. Jeu détaché de A. Clément.
STA→29,95$ **Général**

**RENDEZ-VOUS DE JUILLET** ▷3
FR. 1949. Étude de mœurs de Jacques BECKER avec Daniel Gelin, Nicole Courcel et Brigitte Auber. - Les conflits de quelques jeunes Parisiens avec leurs parents. - Sujet intéressant. Personnages bien dessinés. Réalisation habile.
STA→44,95$ **Général**

**RENDEZ-VOUS DE PARIS, LES** ▷4
FR. 1994. Film à sketches d'Éric ROHMER avec Clara Bellar, Antoine Basler et Aurore Rauscher. - Trois histoires portant sur les caprices amoureux de jeunes Parisiens.
VO→LS **Général**

**RENDEZ-VOUS DE SEPTEMBRE, LE**
Voir: COME SEPTEMBER

**RENEGADES** ▷4
É.-U. 1989. Drame policier de Jack SHOLDER avec Kiefer Sutherland, Lou Diamond Phillips et Rob Knepper. - À la suite d'un incident très éprouvant, un jeune Indien s'associe contre son gré à un policier blanc pour faire face à des criminels.
VF→18,95$ **13 ans +**

**RENÉGATS, LES**
Voir: RENEGADES

**REPENTANCE**
Voir: REPENTIR

**REPENTIR** ►2
RUS. 1984. Comédie dramatique Tenghiz ABULADZE avec Avtandil Makhradzé, Lya Ninidzé et Zejnab Botsvadzé. - Une femme subit un procès pour avoir déterré le corps d'un maire tyrannique qui avait tourmenté son père. - Parabole surréaliste sur le thème de la dictature. Farce côtoyant la tragédie avec une grande ingéniosité d'écriture. Ensemble riche en éléments de réflexion. Interprétation sûre.
STA→LS **Général**

**RÉPÉTITION D'ORCHESTRE** ▷3
ITA. 1978. Comédie satirique de Federico FELLINI avec Balduin Baas, Clara Colosimo et Elisabeth Labi. - Un chef d'orchestre voit son autorité contestée puis réaffirmée à la suite d'un événement insolite. - Réjouissante parabole politique. Détails burlesques inattendus.
VF→LS STA-LBX-DVD→34,95$ **Général**

**REPLACEMENT KILLERS, THE** ▷5
É.-U. 1997. Drame policier d'Antoine FUQUA avec Chow Yun-Fat, Mira Sorvino et Michael Rooker. - Ayant échoué une mission que lui avait confiée un mafioso, un assassin devient la cible des tueurs engagés pour le remplacer.
VF→9,95$ VO→PC LBX-DVD→17,95$ **16 ans + Violence**

**REPLACEMENTS, THE** ▷5
É.-U. 2000. Comédie de Howard DEUTCH avec Keanu Reeves, Gene Hackman et Orlando Jones. - Un entraîneur de football doit recruter à toute vitesse des joueurs pour remplacer les membres d'une équipe professionnelle en grève.
VF→LS VO→LS **Général**

**REPO MAN** ▷4
É.-U. 1984. Comédie fantaisiste d'Alex COX avec Emilio Estevez, Harry Dean Stanton et Olivia Barash. - La découverte et la prise en charge d'une voiture remplie de substances radioactives par un jeune punk entraîne celui-ci dans une série d'aventures.
LBX→14,95$ VO→11,95$ **18 ans +**

**REPORTAGE EN DIRECT**
Voir: MAD CITY

**REPOS DU GUERRIER, LE** ▷5
FR. 1962. Drame psychologique de Roger VADIM avec Brigitte Bardot, Robert Hossein et James Robertson. - Une jeune bourgeoise s'éprend d'un désœuvré qu'elle a sauvé du suicide.
STA→LS **Général**

**REPOSSESSED** ▷6
É.-U. 1989. Comédie fantaisiste de Bob LOGAN avec Linda Blair, Leslie Nielsen et Anthony Starke. - Une mère de famille qui a été soumise dans son enfance à un exorcisme se sent de nouveau envahie par le démon.
VO→LS **Général**

**RÉPRESSION** ▷4
ARG. 1986. Drame social d'Hector OLIVERA avec Alejo Carcia Pintos, Vita Escardo et Pablo Novarro. - À Buenos Aires, des étudiants qui ont pris part à un mouvement contestataire sont arrêtés et torturés par des militaires.
VF→LS **13 ans +**

**REPTILE, THE** ▷0
É.-U. 1966, John GILLING
LBX→13,95$ LBX-DVD→29,95$ **Général**

**REPTILICUS** ▷6
DAN. 1962. Science-fiction de Sidney PINK avec Carl Ottosen, Ann Smyrner et Bodil Miller. - Un monstre préhistorique reprend vie au Danemark.
VA→LS **Général**

**REPULSION** ►2
ANG. 1965. Drame psychologique de Roman POLANSKI avec Catherine Deneuve, Yvonne Furneaux et Ian Hendry. - Une jeune fille angoissée finit par sombrer dans une folie meurtrière. - Analyse clinique d'un cas pathologique. Réalisation fort adroite. Images hallucinantes. Bonne création d'atmosphère. C. Deneuve remarquable.
VO→19,95$ **Général**

**REQUIEM FOR A DREAM** ▷4
É.-U. 2000. Drame de mœurs de Darren ARONOFSKY avec Ellen Burstyn, Jared Leto et Jennifer Connelly. - La descente aux enfers de quatre personnes ayant développé une dépendance aux pilules amaigrissantes ou à la cocaïne.
VF→LS VO→LS **16 ans +**

**REQUIEM FOR A HEAVYWEIGHT** ▷4
É.-U. 1962. Drame psychologique de Ralph NELSON avec Anthony Quinn, Jackie Gleason et Julie Harris. - Un boxeur déchu est victime d'exploiteurs.
VO→18,95$ **Général**

**REQUIEM POUR UN BEAU SANS-CŒUR** ▷4
QUÉ. 1992. Drame policier de Robert MORIN avec Gildor Roy, Jean-Guy Bouchard et Brigitte Paquette. - Un dangereux criminel qui s'est évadé de prison renoue avec ses proches et se venge de ses ennemis.
VO→LS **16 ans +**

**RESCAPÉS DU FUTUR, LES**
Voir: FUTUREWORLD

**RESCUERS DOWN UNDER, THE** ▷3
É.-U. 1990. Dessins animés de Hendel BUTOY et Mike GABRIEL. - Deux souris viennent au secours d'un jeune garçon qui a été fait prisonnier par un braconnier. - Histoire parsemée d'humour et dotée d'un rythme vif. Graphisme soigné.
VF→21,95$ VO→21,95$ **Général**

**RESCUERS, THE** ▷4
É.-U. 1977. Dessins animés de Wolfgang REITHERMAN, John LOUNSBERY et Art STEVENS. - Deux souris viennent en aide à une orpheline séquestrée par une femme cupide.
VF→LS VO→LS **Général**

**RESERVOIR DOGS** ▷3
É.-U. 1991. Drame policier de Quentin TARANTINO avec Harvey Keitel, Tim Roth et Steve Buscemi. - Surpris par la police alors qu'ils cambriolent un diamantaire, cinq escrocs battent en retraite et en viennent à se soupçonner mutuellement de trahison. - Récit aux dialogues incisifs. Mise en scène dépouillée et rigoureuse. Montage dynamique. Distribution solide.
LBX→16,95$ VO→14,95$ LBX-DVD→27,95$ **18 ans + Violence**

**RESSOURCES HUMAINES** ▷4
FR. 1999. Drame social de Laurent CANTET avec Jalil Lespert, Jean-Claude Vallod et Chantal Barré. - Un étudiant en gestion qui fait un stage à l'usine où son père est ouvrier se retrouve au centre d'un conflit de travail.
VO→PC **Général**

**RESSUSCITER LES MORTS**
Voir: BRINGING OUT THE DEAD

**RESTAURATION**
Voir: RESTORATION

**RESTEZ À L'ÉCOUTE**
Voir: STAY TUNED

**RESTORATION** ▷4
É.-U. 1995. Comédie dramatique de Michael HOFFMAN avec Robert Downey Jr., Sam Neill et Meg Ryan. - Les tribulations d'un médecin anglais du XVII^e^ siècle qui, après un séjour à la cour du roi, s'en va soigner les plus démunis.
VO→14,95$ VF→14,95$ LBX-DVD→29,95$ **13 ans +**

**RETENEZ-MOI... OU JE FAIS UN MALHEUR** ▷6
FR. 1983. Comédie de Michel GÉRARD avec Jerry Lewis, Michel Blanc et Charlotte de Turckheim. - De passage en Alsace, un policier de Las Vegas est embarqué à son insu dans les manœuvres du mari de son ex-femme, également policier.
VO→LS **Général**

**RETOUR À HOWARDS END**
Voir: HOWARD'S END

**RETOUR À LA TERRE, LE** ▷0
QUÉ. 1976, Pierre PERRAULT
VO→LS **Général**

**RETOUR À LA VIE**
Voir: CLEAN AND SOBER

**RETOUR À SNOWY RIVER**
Voir: RETURN TO SNOWY RIVER

**RETOUR AU BERCAIL**
Voir: HOMEWARD BOUND - THE INCREDIBLE JOURNEY

**RETOUR AU BERCAIL - PERDUS À SAN FRANCISCO**
Voir: HOMEWARD BOUND II - LOST IN SAN FRANCISCO

**RETOUR DE BATMAN, LE**
Voir: BATMAN RETURNS

**RETOUR DE CASANOVA, LE** ▷4
FR. 1992. Comédie dramatique d'Édouard NIERMANS avec Alain Delon, Fabrice Luchini et Elsa. - Un séducteur vieillissant et ruiné s'efforce en vain de conquérir le cœur d'une belle jeune fille érudite.
VO→LS **Général**

**RETOUR DE DON CAMILLO, LE** ▷4
FR. 1952. Comédie de Julien DUVIVIER avec Fernandel, Gino Cervi et Édouard Delmont. - Le curé d'un village italien est de nouveau aux prises avec le maire communiste.
VO→LS **Général**

**RETOUR DE FLESH GORDON, LE**
Voir: FLESH GORDON MEETS THE COSMIC CHEERLEADERS

**RETOUR DE L'ÉTALON NOIR, LE**
Voir: THE BLACK STALLION RETURNS

**RETOUR DE L'INSPECTEUR HARRY, LE**
Voir: SUDDEN IMPACT

**RETOUR DE LA PANTHÈRE ROSE, LE**
Voir: THE RETURN OF THE PINK PANTHER

**RETOUR DE MARTIN GUERRE, LE** ▷3
FR. 1982. Drame de mœurs de Daniel VIGNE avec Gérard Depardieu, Nathalie Baye et Roger Planchon. - Au milieu du XVIe siècle, un tribunal du parlement de Toulouse doit se prononcer sur une accusation d'imposture contre un paysan. - Tableau de mœurs bien reconstitué. Traitement sérieux et documenté.
VO→LS STA→LS **Général**

**RETOUR DE MAX DUGAN, LE**
Voir: MAX DUGAN RETURNS

**RETOUR DES AVENTURIERS DU TIMBRE PERDU, LE**
Voir: THE RETURN OF TOMMY TRICKER

**RETOUR DES BIDASSES EN FOLIE, LE** ▷6
FR. 1983. Comédie de Michel VOCORET avec Gérard Rinaldi, Jean Sarrus et Gérard Filipelli. - Trois vieillards racontent à leurs fils leurs supposés faits d'armes pendant la guerre.
VO→LS **Général**

**RETOUR DES MORTS VIVANTS, LE**
Voir: THE RETURN OF THE LIVING DEAD

**RETOUR DU GRAND BLOND, LE** ▷4
FR. 1974. Comédie policière d'Yves ROBERT avec Pierre Richard, Mireille Darc et Jean Rochefort. - Un capitaine des services secrets s'associe à un violoniste de concert pour prouver la culpabilité meurtrière d'un de ses supérieurs.
STA→32,95$ **Général**

**RETOUR DU JEDI, LE**
Voir: RETURN OF THE JEDI

**RETOUR VERS L'ENFER**
Voir: UNCOMMON VALOR

**RETOUR VERS LE FUTUR**
Voir: BACK TO THE FUTURE

**RETURN OF A MAN CALLED HORSE, THE** ▷4
É.-U. 1976. Western de Irvin KERSHNER avec Richard Harris, Gale Sondergaard et Geoffrey Lewis. - Un gentilhomme anglais retourne en Amérique pour retrouver une tribu indienne avec laquelle il a vécu quelque temps.
VO→14,95$ **Général**

**RETURN OF BRUCE** ▷0
É.-U. 1977
VA→LS **13 ans +**

**RETURN OF COUNT YORGA, THE** ▷5
É.-U. 1971. Drame d'horreur de Bob KELLJAN avec Robert Quarry, Mariette Hartley et Roger Perry. - Un jeune homme s'efforce de libérer sa fiancée tombée au pouvoir d'un vampire.
VO→11,95$

**RETURN OF DAIMAJIN** ▷0
JAP. 1966, Kenji MISUMI
STA-LBX→24,95$ **Général - Déconseillé aux jeunes enfants**

**RETURN OF DR. MABUSE, THE**
Voir: LE RETOUR DU DR. MABUSE

**RETURN OF FIST OF FURY** ▷0
H. K. 1991, Wei LO
VA→LS **Non classé**

**RETURN OF FRANK JAMES, THE** ▷4
É.-U. 1948. Western de Fritz LANG avec Henry Fonda, Gene Tierney et John Carradine. - Un hors-la-loi réformé part à la recherche des assassins de son frère.
VO→11,95$ **Général**

**RETURN OF RED TIGER** ▷0
É.-U. 1980
VA→LS **Non classé**

**RETURN OF THE BLIND DEAD**
Voir: LA RÉVOLTE DES MORTS-VIVANTS

**RETURN OF THE DRAGON** ▷5
H.-K. 1973. Aventures réalisées et interprétées par Bruce LEE avec Nora Miao et Jon T. Benn. - Un jeune Chinois, expert en arts martiaux, se rend à Rome pour aider une compatriote aux prises avec un gangster.
VO→11,95$ **Général**

**RETURN OF THE FLY, THE** ▷6
É.-U. 1959. Science-fiction d'Edward L. BERNDS avec Vincent Price, Brett Halsey et David Frankham. - Un savant poursuit les recherches de son père et se voit transformé en monstre.
VO→11,95$ **Non classé**

**RETURN OF THE JEDI** ▷4
É.-U. 1983. Science-fiction de Richard MARQUAND avec Mark Hamill, Carrie Fisher et Harrison Ford. - Quelques rebelles luttent contre l'empereur tyrannique de la galaxie.
VF→LS VO→LS VO-SP.ED→LS VF-SP.ED→LS **Général**

**RETURN OF THE KILLER TOMATOES, THE SEQUEL** ▷5
É.-U. 1988. Comédie de John DeBELLO avec Anthony Starke, George Clooney et Karen Mistal. - Un livreur de pizza découvre que la belle de ses rêves est une tomate transformée en être humain par un savant criminel.
VO→7,95$ **Général**

**RETURN OF THE KING** ▷4
É.-U. 1980. Dessins animés de Jules Bass et Arthur Rankin Jr. - Un nain entreprend un périlleux voyage pour sauver du Mal sa région natale.
VO→LS **Général - Enfants**

**RETURN OF THE LIVING DEAD, THE** ▷4
É.-U. 1984. Drame d'horreur de Dan O'BANNON avec Clu Gulager, Don Calfa et James Karen. - Deux employés d'une firme de produits médicaux libèrent par mégarde un gaz qui s'avère susceptible de réanimer les morts.
VF→LS VO→LS **13 ans +**

**RETURN OF THE LIVING DEAD II** ▷0
É.-U. 1987, Ken WIEDERHORN
VO→LS **13 ans +**

**RETURN OF THE MAGNIFICIENT SEVEN** ▷5
ESP. 1966. Western de Burt KENNEDY avec Yul Brynner, Robert Fuller et Jordan Christopher. - Des aventuriers se portent au secours de fermiers mexicains qui ont été enlevés par des bandits.
VO→19,95$

**RETURN OF THE MUSKETEERS, THE** ▷0
ANG.-FR. 1989, Richard LESTER
VO→14,95$ **Général**

**RETURN OF THE PINK PANTHER, THE** ▷4
ANG. 1974. Comédie policière de Blake EDWARDS avec Peter Sellers, Christopher Plummer et Catherine Schell. - Un inspecteur français est appelé à enquêter sur le vol d'un énorme diamant dans un musée arabe.
VO→12,95$ **Général**

**RETURN OF THE SECAUCUS 7** ▷4
É.-U. 1979. Étude de mœurs de John SAYLES avec Adam Lefevre, Bruce MacDonald et Jean Passanante. - Des amis qui se sont connus lors de manifestations étudiantes se réunissent comme chaque année dans une maison de campagne.
VO→LS **13 ans +**

**RETURN OF THE SOLDIER, THE** ▷0
ANG. 1981, Alan BRIDGES
VO→LS **Général**

**RETURN OF THE STREET FIGHTER** ▷0
H. K. 1975, Shigehiro OZAWA
VA→LS **18 ans +**

**RETURN OF THE VAMPIRE, THE** ▷0
É.-U. 1943, Kurt NEUMANN et Lew LANDERS
VO→14,95$ **Général**

**RETURN OF TOMMY TRICKER, THE** ▷5
QUÉ. 1994. Comédie fantaisiste de Michael RUBBO avec Michael Stevens, Joshawa Mathers et Heather Goodsell. - Des amis philatélistes s'efforcent de libérer un jeune garçon retenu prisonnier dans un timbre depuis 65 ans.
VF→13,95$ VO **Général**

**RETURN TO ME** ▷4
É.-U. 2000. Comédie sentimentale de Bonnie HUNT avec David Duchovny, Minnie Driver et Carroll O'Connor. – Un architecte s'éprend d'une jeune serveuse en ignorant qu'on lui a transplanté le cœur de sa défunte épouse.
VF→14,95$ VO→14,95$ **Général**

**RETURN TO OZ** ▷4
É.-U. 1985. Conte de Walter MURCH avec Fairuza Balk, Nicol Williamson et Jean Marsh. - Au cours d'un voyage dans un pays imaginaire, une petite fille vient à bout des maléfices d'un roi malveillant et rend le trône à son héritière légitime.
LBX→14,95$ **Général**

**RETURN TO PARADISE** ▷4
É.-U. 1998. Drame judiciaire de Joseph RUBEN avec Vince Vaughn, Anne Heche et David Conrad. - Pour sauver un ami condamné à mort pour possession de drogue en Asie, deux Américains sont invités à se rendre sur place pour avouer leur complicité.
VF→PC VO→19,95$ LBX-DVD→32,95$ **13 ans +**

**RETURN TO PARADISE** ▷4
É.-U. 1953. Aventures de Mark ROBSON avec Gary Cooper, Roberta Haynes et Barry Jones. - Dans une île du Pacifique, un aventurier entre en conflit avec un pasteur fanatique.
VO→19,95$ **Général**

**RETURN TO PEYTON PLACE** ▷5
É.-U. 1961. Drame de mœurs de José FERRER avec Carol Lynley, Jeff Chandler et Mary Astor. - Une adolescente provoque un scandale en publiant un roman où elle met en scène les habitants de sa petite ville.
VO→LS **Non classé**

**RETURN TO SALEM'S LOT, A** ▷5
É.-U. 1987. Drame d'horreur de Larry COHEN avec Michael Moriarty, Samuel Fuller et Richard Addison Reed. - Un anthropologue cynique lutte contre des villageois aux comportements vampiriques pour enlever son fils à leur influence.
VO→LS **Non classé**

**RETURN TO SNOWY RIVER** ▷5
É.-U. 1988. Aventures de Geoff BURROWES avec Tom Burlinson, Sigrid Thornton et Brian Dennehy. - Un éleveur de chevaux australien souhaite épouser une jeune femme qui a été promise en mariage par son père au fils d'un banquier.
VO→11,95$ **Général**

**REUNION IN FRANCE** ▷5
É.-U. 1942. Drame de guerre de Jules DASSIN avec Joan Crawford, John Wayne et Philip Dorn. - Une jeune Française aide un pilote américain à sortir du pays à la barbe des nazis.
VO→18,95$ **Non classé**

**REVANCHE**
Voir: REVENGE

**REVANCHE D'EMMANUELLE, LA** ▷7
FR. 1993. Drame érotique de Francis LEROI avec Marcella Walerstein, Sylvia Kristel et Charlene. - Deux passagers d'un avion se racontent des anecdotes pimentées ayant un rapport avec le film qu'ils vont regarder.
VO→19,95$ **18 ans + Érotisme**

**REVANCHE, LA** ▷5
FR. 1981. Comédie policière de Pierre LARY avec Annie Girardot, Victor Lanoux et Dominique Labourier. - Une romancière mariée à un policier a l'idée d'effectuer un hold-up au bureau de poste central de Paris.
VO→LS **Général**

**REVANCHE, LA**
Voir: ROCKY II

**RÊVE AVEUGLE** ▷5
QUÉ. 1994. Drame psychologique de Diane BEAUDRY avec Linda Sorgini, A. Durand et Ai Thuy Huynh. - Les tribulations d'un couple qui a entrepris des démarches afin d'adopter une jeune Asiatique.
VO→19,95$ **Général**

**RÊVE D'ALONSO, LE** ▷4
CAN. 1999. Documentaire de Danièle LACOURSE et Yvan PATRY. - Reportage sur le sort tragique des paysans indiens pacifistes du Chiapas, victimes innocentes dans le conflit opposant zapatistes et paramilitaires.
VO→28,95$ **Général**

**RÊVE DE SINGE** ▷4
ITA. 1977. Comédie dramatique de Marco FERRERI avec Gérard Depardieu, Marcello Mastroianni et Gail Lawrence. - Un Français vivant à New York se prend d'affection pour un bébé chimpanzé qu'un ami italien lui a confié.
VO→32,95$ LBX-DVD→37,95$ **18 ans +**

**REVENGE** ▷5
É.-U. 1989. Drame de mœurs de Tony SCOTT avec Kevin Costner, Anthony Quinn et Madeleine Stowe. - Après avoir découvert que sa femme le trompe avec un jeune pilote, un riche propriétaire mexicain exerce une dure vengeance contre eux.
VF→9,95$ **18 ans +**

**REVENGE OF FRANKENSTEIN** ▷4
ANG. 1958. Drame d'horreur de Terence FISHER avec Peter Cushing, Francis Matthews et Eunice Gayson. - Un savant mutile les patients d'un hôpital afin de se servir de leurs membres pour créer un nouveau corps humain et lui donner vie.
VO→19,95$ **Général**

**REVENGE OF THE CREATURE** ▷5
É.-U. 1955. Drame d'horreur de Jack ARNOLD avec John Agar, Lori Nelson et John Bromfield. - Un monstrueux homme-poisson sème la terreur en Floride.
VO→14,95$ **Général**

**REVENGE OF THE PINK PANTHER, THE** ▷4
ANG. 1978. Comédie policière de Blake EDWARDS avec Peter Sellers, Dyan Cannon et Herbert Lom. - Le représentant français d'un syndicat du crime veut se valoriser en assassinant l'inspecteur Clouseau.
LBX→14,95$ VO→14,95$ VF→14,95$
LBX-DVD→18,95$ **Général**

**REVERSAL OF FORTUNE** ▷3
É.-U. 1990. Drame judiciaire de Barbet SCHROEDER avec Jeremy Irons, Ron Silver et Glenn Close. - Un avocat assume en appel la défense d'un richard reconnu coupable d'avoir provoqué l'état comateux de sa femme. - Reconstitution détaillée d'une affaire notoire. Réalisation intelligente et méthodique. Interprétation brillante de J. Irons et de R. Silver.
VO→14,95$ VF→14,95$ **Général**

**RÊVES** ▷3
JAP. 1990. Film à sketches d'Akira KUROSAWA avec Akira Terao, Toshihiko Nakano et Mitsunori Isaki. - Huit histoires inspirées des rêves de l'auteur. - Œuvre personnelle et poétique sur les thèmes de la vie et de la nature. Propos parfois inutilement appuyés. Mise en images de toute beauté.
STA→LS VF→LS **Général**

**RÊVES DE FAMILLE**
Voir: MY FAMILY

**RÊVES DE FEMMES** ▷3
SUÈ. 1955. Drame d'Ingmar BERGMAN avec Eva Dahlbeck, Harriet Andersson et Gunnar Bjornstrand. - Deux jeunes femmes se rendent travailler dans une ville où elles nouent diverses relations amoureuses. - Construction rigoureuse. Excellente technique. Objectivité un peu froide.
STA→27,95$ **13 ans +**

**RÊVES DE JEUNESSE**
Voir: VISION QUEST

**RÊVES EN CAGE**
Voir: TRAIN OF DREAMS

**RÊVES SANGLANTS**
Voir: THE SENDER

**RÊVEURS MAGNIFIQUES**
Voir: BEAUTIFUL DREAMERS

**REVOIR JULIE** ▷5
CAN. 1998. Comédie dramatique de Jeanne CRÉPEAU avec Dominique Leduc, Stéphanie Morgenstern et Marcel Sabourin. - Une anglophone de Montréal part à la campagne retrouver une amie francophone après quinze années sans nouvelles d'elle.
VO→LS

**RÉVOLTE DES MORTS-VIVANTS, LA** ▷6
ESP. 1972. Drame d'horreur de Amando De OSSORIO avec Lone Fleming, Cesar Brener et Joseph Thelman. - Dans une région isolée, une jeune fille s'installe dans un monastère en ruine et est attaquée par des morts-vivants.
VA-LBX→14,95$ **13 ans +**

**RÉVOLTES DE L'AN 2000, LES** ▷4
ESP. 1976. Drame d'horreur de Narciso IBANEZ Serrador avec Lewis Fiander, Prunella Ransome et Antonio Iranzo. - Un jeune couple en vacancesdans une île est aux prises avec des enfants meurtriers.
VF→LS **13 ans +**

**RÉVOLTÉS DU BOUNTY, LES**
Voir: MUTINY ON THE BOUNTY

**REVOLUTION** ▷5
É.-U. 1985. Drame historique de Hugh HUDSON avec Al Pacino, Nastassja Kinski et Donald Sutherland. - En 1776, un trappeur est enrôlé malgré lui dans la guerre menée par les patriotes américains pour obtenir leur indépendance.
VO→11,95$ VF→11,95$ **Général**

**RÉVOLUTION FRANÇAISE 1: LES ANNÉES LUMIÈRE, LA** ▷4
FR. 1989. Drame historique de Robert ENRICO avec Klaus Maria Brandauer, François Cluzet et Peter Ustinov - Évocation des faits entourant la Révolution française, de 1789 à l'été 1792.
VO→19,95$ **Général**

**RÉVOLUTION FRANÇAISE 2: LES ANNÉES TERRIBLES, LA** ▷4
FR. 1989. Drame historique de Richard HEFFRON avec Klaus Maria Brandauer, Andrzej Seweryn et François Cluzet. - Évocation des faits entourant la Révolution française, à partir de 1792 jusqu'à l'exécution de Robespierre en 1794.
VO→19,95$ **13 ans +**

**REVOLUTION: A RED COMEDY!** ▷0
É.-U. 1991, Jeff KAHN
VO→LS **13 ans +**

**REWIND** ▷0
FR.-ITA. 1998, Sergio GOBBI
VF→LS **13 ans + Violence**

**RHAPSODY** ▷5
É.-U. 1954. Drame de Charles VIDOR avec Elizabeth Taylor, Vittorio Gassman et John Ericson. - Les tribulations d'une jeune femme capricieuse aimée par deux musiciens.
VO→19,95$ **Général**

**RHAPSODY IN AUGUST** ▷3
JAP. 1991. Drame psychologique d'Akira KUROSAWA avec Sachiko Murase, Hidetaka Yoshioka et Mie Suzuki. - Une survivante du bombardement nucléaire de Nagasaki fait prendre conscience de cette tragédie à ses quatre petits-enfants. - Portrait familial intimiste et poétique. Profonde sincérité du propos. Composition picturale impressionnante. Interprétation bien dosée.
STA→19,95$ **Général**

**RHUBARB** ▷5
É.-U. 1951. Comédie d'Arthur LUBIN avec Ray Milland, Jan Sterling et Gene Lockhart. - Un millionnaire lègue tous ses biens à un chat qui devient ainsi propriétaire d'un club de baseball.
VO→18,95$ **Non classé**

**RHYTHM ON THE RANGE** ▷5
É.-U. 1936. Comédie musicale de Norman TAUROG avec Bing Crosby, Frances Farmer et Martha Raye. - Une jeune fille de New York s'enfuit vers l'Ouest avec un champion de rodéo.
VO→16,95$ **Général**

**RHYTHM ON THE RIVER** ▷5
É.-U. 1940. Comédie musicale de Victor SCHERTZINGER avec Bing Crosby, Mary Martin et Oscar Levant. - Un jeune homme et une jeune fille à l'emploi d'un compositeur de chansons décident d'unir leurs talents.
VO→15,95$ **Général**

**RHYTHM ROMANCE** ▷0
É.-U. 1939, George ARCHAINBAUD
VO→14,95$ **Général**

**RICH AND FAMOUS** ▷5
E.-U. 1981. Drame de mœurs de George CUKOR avec Jacqueline Bisset, Candice Bergen et David Selby. - L'amitié de deux romancières résiste aux années.
VF→LS **18 ans +**

**RICH AND STRANGE** ▷4
ANG. 1929. Comédie sentimentale d'Alfred HITCHCOCK avec Harry Kendall, Joan Barry et Percy Marmont. - Un jeune couple s'offre une croisière autour du monde à la suite d'un héritage.
VO→17,95$ EP→9,95$ **Général**

**RICH IN LOVE** ▷4
É.-U. 1992. Chronique de Bruce BERESFORD avec Albert Finney, Jill Clayburgh et Kathryn Erbe. - Lorsque sa mère quitte le foyer familial sans crier gare, une adolescente s'efforce tant bien que mal de prendre en charge les affaires de la maison.
VF→14,95$ **Général**

**RICH, YOUNG AND PRETTY** ▷6
É.-U. 1951. Comédie musicale de Norman TAUROG avec Jane Powell, Danielle Darrieux et Wendell Corey. - Une jeune Américaine de passage à Paris retrouve sa mère qui l'aide dans ses démarches pour épouser un jeune Français.
VO→18,95$ **Général**

**RICHARD ET LE SECRET DES LIVRES MAGIQUES**
Voir: THE PAGEMASTER

**RICHARD III** ▷3
ANG. 1955. Drame historique réalisé et interprété par Laurence OLIVIER avec Ralph Richardson et Claire Bloom. - La carrière chargée de meurtres et d'intrigues d'un roi d'Angleterre du XVe siècle. - Adaptation soignée d'une pièce de Shakespeare. Grande beauté visuelle. Réalisation souple. Interprétation hors pair.
LBX→22,95$ **Général**

**RICHARD III** ▷4
ANG. 1995. Drame de Richard LONCRAINE avec Ian McKellen, Annette Bening et Jim Broadbent. - Dans une Angleterre meurtrie par la guerre civile, un lord sanguinaire entreprend de décimer la famille royale afin d'usurper la couronne.
VO→14,95$ LBX-DVD→18,95$ **13 ans +**

**RICHE, JEUNE ET JOLIE**
Voir: RICH, YOUNG AND PRETTY

**RICHIE RICH** ▷5
É.-U. 1994. Comédie de Donald PETRIE avec Macaulay Culkin, Jonathan Hyde et John Larroquette. - Lorsque ses parents milliardaires sont portés disparus, un gamin décide de prendre en charge les affaires de la multinationale paternelle.
VF→14,95$ **Général**

**RICOCHET** ▷5
É.-U. 1991. Drame policier de Russell MULCAHY avec Denzel Washington, John Lithgow et Ice T. - Un évadé de prison conçoit un plan diabolique en vue de ruiner la vie du policier qui l'avait appréhendé.
VF→11,95$ VO→12,95$ **18 ans +**

**RIDDANCE** ▷4
HON. 1973. Drame psychologique de Marta MESZAROS avec Erzsebet Kutvolgyi, Gabor Nagy et Marianne Moor. - Une jeune ouvrière, fille de parents divorcés, est honteuse de sa condition et ment pour impressionner celui qu'elle aime.
STA→LS **13 ans +**

**RIDE 'EM COWBOY** ▷5
É.-U. 1942. Comédie d'Arthur LUBIN avec Bud Abbott, Lou Costello et Dick Foran. - Les mésaventures de deux citadins dans un ranch de l'Ouest.
VO→18,95$ **Général**

**RIDE ME** ▷5
QUÉ. 1994. Comédie policière de Bashar SHBIB avec Bianca Rossini, Frédérick Duval et Adam Coleman Howard. - Une femme charge un détective d'enquêter sur les circonstances entourant la mort de son frère et le suicide de la petite amie de celui-ci.
VF→LS VO→LS **Général**

**RIDE THE HIGH COUNTRY** ▷3
É.-U. 1962. Western de Sam PECKINPAH avec Joel McCrea, Randolph Scott et Mariette Hartley. - Un ancien shérif est engagé pour assurer le transport d'une cargaison d'or. - Traitement original et savoureux d'un thème classique. Intérêt soutenu. Paysages bien intégrés à l'action. Interprétation solide de vétérans du genre.
VO→19,95$ **Non classé**

**RIDE WITH THE DEVIL** ▷4
É.-U. 1999. Chronique d'Ang LEE avec Tobey Maguire, Skeet Ulrich et Jewel. - Durant la guerre de Sécession, des jeunes civils voués à la cause sudiste participent au conflit sans supervision militaire.
VO→16,95$

**RIDERS OF THE STORM (THE AMERICAN WAY)** ▷5
ANG. 1986. Comédie satirique de Maurice PHILLIPS avec Dennis Hopper, Michael J. Pollard et William Armstrong. - Les tribulations d'un groupe de vétérans du Viêt-nam qui survole les États-Unis à bord d'un vieil avion transformé en studios de télévision pirate.
VO→LS **Général**

**RIDICULE** ▷3
FR. 1996. Comédie dramatique de Patrice LECONTE avec Charles Berling, Jean Rochefort et Fanny Ardant. - Grâce à son bel esprit, un gentilhomme se fait connaître à Versailles où il espère obtenir une audience avec le roi afin de plaider la cause des paysans de sa région. - Dialogues de grande qualité aux nombreuses réparties savoureuses. Ton ironique et mordant.
STA→LS VO→LS **13 ans +**

**RIDING HIGH** ▷4
É.-U. 1950. Comédie de Frank CAPRA avec Bing Crosby, Coleen Gray et Charles Bickford. - Les problèmes professionnels et amoureux d'une jeune propriétaire de chevaux de course.
VO→17,95$ **Général**

**RIEL** ▷5
CAN. 1979. Drame historique de George BLOOMFIELD avec Raymond Cloutier, Christopher Plummer et Roger Blay. - Louis Riel prend la tête des métis de l'Ouest canadien pour lutter contre les empiètements des colons anglais.
VO→LS **Général**

**RIEN À FAIRE** ▷4
FR. 1999. Comédie dramatique de Marion VERNOUX avec Valeria Bruni Tedeschi, Patrick Dell'Isola et Sergi Lopez. - Une ouvrière au chômage et un cadre récemment congédié deviennent amis puis amants, en dépit de leurs conjoints respectifs
VO→LS **Général**

**RIEN À PERDRE**
Voir: NOTHING TO LOSE

**RIEN EN COMMUN**
Voir: NOTHING IN COMMON

**RIEN N'ARRÊTE LA MUSIQUE**
Voir: CAN'T STOP THE MUSIC

**RIEN N'EST TROP BEAU**
Voir: THE BEST OF EVERYTHING

**RIEN NE SERT DE COURIR**
Voir: WALK, DON'T RUN

**RIEN NE VA PLUS** ▷4
FR. 1997. Comédie policière de Claude CHABROL avec Michel Serrault, Isabelle Hupert et François Cluzet. - Un duo de malfaiteurs entreprend de dérober une importante somme d'argent à la mafia antillaise.
VO→LS **Général**

**RIEN NE VA PLUS** ▷5
FR. 1979. Film à sketches de Jean-Michel RIBES avec Jacques Villeret, Patrick Chesnais et Philippe Khorsand. - Des personnes de professions et de classes différentes connaissent diverses mésaventures.
VO→LS **Général**

**RIEN QU'UN JEU** ▷5
QUÉ. 1983. Drame de Brigitte SAURIOL avec Jennifer Grenier, Raymond Cloutier et Marie Tifo. - Une adolescente se rebelle contre son père qui l'a entraînée dans des relations incestueuses.
VO→LS **13 ans +**

**RIEN QUE POUR RIRE**
Voir: PUNCHLINE

**RIEN QUE POUR VOS YEUX**
Voir: FOR YOUR EYES ONLY

**RIEN SUR ROBERT** ▷5
FR. 1998. Comédie de mœurs de Pascal BONITZER avec Fabrice

Luchini, Sandrine Kiberlain et Valentina Cervi. - À la suite d'une bourde professionnelle, un critique voit son amie remettre en question leur relation.
VO→18,95$ **13 ans +**

**RIFF RAFF** ▷4
ANG. 1991. Drame social de Ken LOACH avec Robert Carlyle, Emer McCourt et Jimmy Coleman. - Un ouvrier de la construction s'éprend d'une jeune chanteuse jusqu'au jour où il découvre qu'elle se drogue.
VO→18,95$ **13 ans +**

**RIFF RAFF** ▷5
É.-U. 1935. Drame social de J. Walter RUBEN avec Spencer Tracy, Jean Harlow et Joseph Calleia. - Les ennuis d'un pêcheur de thon insatisfait de sa situation.
VO→19,95$ **Non classé**

**RIFF-RAFF** ▷0
É.-U. 1947, Ted TETZLAFF
VO→LS **Général**

**RIGHT HAND MAN, THE** ▷0
É.-U. 1987, Di DREW
VO→LS **Général**

**RIGHT STUFF, THE** ▷3
É.-U. 1983. Chronique de Philip KAUFMAN avec Sam Shepard, Scott Glenn et Ed Harris. - Les exploits des pilotes d'essai et des premiers astronautes américains qui ont contribué à la conquête de l'espace. - Traitement critique et humoristique. Agréable dosage de vulgarisation scientifique et de drame humain. Effets visuels réussis. Interprétation solide.
LBX→24,95$ VO→PC LBX-DVD→21,95$ **Général**

**RIKI-OH: THE STORY OF RICKY** ▷0
H. K. 1991, Ngai Kai LAM
VA→29,95$ **18 ans + Violence**

**RING OF BRIGHT WATER** ▷4
ANG. 1969. Comédie dramatique de Jack COUFFER avec Bill Travers, Virginia McKenna et Peter Jeffrey. - Un modeste employé achète une loutre et s'installe à la campagne pour mieux l'observer.
VO→LS **Général**

**RING, THE** ▷0
ANG. 1927, Alfred HITCHCOCK
VO→26,95$ **Général**

**RINGARDS, LES** ▷5
FR. 1978. Comédie policière de Robert POURET avec Mireille Darc, Aldo Maccione et Julien Guiomar. - La police surveille trois petits escrocs qu'elle prend pour des criminels experts.
VO→LS **Général**

**RIO BRAVO** ▷3
É.-U. 1959. Western de Howard HAWKS avec John Wayne, Dean Martin et Walter Brennan. - Un shérif arrête un dangereux bandit et doit affronter ceux qui le protègent. - Rythme vivant composé de tension et de détente. Mise en scène décontractée. Interprétation savoureuse de personnages bien typés.
VF→14,95$ VO→19,95$ **Non classé**

**RIO CONCHOS** ▷4
É.-U. 1964. Western de Gordon DOUGLAS avec Stuart Whitman, Richard Boone et Tony Franciosa. - Un officier de cavalerie est chargé de retrouver des criminels qui ont volé une cargaison d'armes.
VO→24,95$ **Général**

**RIO GRANDE** ▷3
É.-U. 1950. Western de John FORD avec John Wayne, Maureen O'Hara et Claude Jarman. - Un colonel en lutte contre les Indiens a sous ses ordres son fils séparé de lui depuis plusieurs années. - Intrigue habilement développée. Passages spectaculaires. Interprétation vigoureuse.
VO→9,95$ DVD→27,95$ **Général**

**RIO LOBO** ▷4
É.-U. 1970. Western de Howard HAWKS avec John Wayne, Jorge Rivero et Jennifer O'Neill. - Après la guerre civile, un colonel du Texas recherche le traître qui a causé la capture d'un train chargé d'or.
VO→11,95$ **Général**

**RIOT IN CELL BLOCK 11** ▷0
É.-U. 1954, Don SIEGEL
VO→17,95$ **Général**

**RIPOUX, LES** ▷4
FR. 1984. Comédie policière de Claude ZIDI avec Philippe Noiret, Thierry Lhermitte et Grace de Capitani. - Les combines d'un inspecteur débrouillard sont compromises par l'arrivée d'un jeune collègue intègre.
VO→LS **Général**

**RIPOUX CONTRE RIPOUX** ▷4
FR. 1990. Comédie policière de Claude ZIDI avec Philippe Noiret, Thierry Lhermitte et Guy Marchand. - Suspendus après avoir été accusés de recel, deux policiers parisiens tentent de déjouer les manœuvres malhonnêtes de leurs remplaçants.
VO→19,95$ **Général**

**RIPTIDE** ▷0
É.-U. 1934, Edmund GOULDING
VO→18,95$ **Général**

**RISE AND FALL OF LEGS DIAMOND, THE** ▷4
É.-U. 1960. Drame policier de Budd BOETTICHER avec Ray Danton, Karen Steele et Elaine Stewart. - La carrière d'un gangster des années 1920.
VO→19,95$ **Général**

**RISE OF CATHERINE THE GREAT, THE** ▷4
ANG. 1934. Drame historique de Paul CZINNER avec Elisabeth Bergner, Douglas Fairbanks jr et Flora Robson. - Évocation de la vie d'une princesse allemande qui devint impératrice de Russie.
VO→LS **Général**

**RISE OF LOUIS XIV, THE**
Voir: LA PRISE DE POUVOIR PAR LOUIS XIV

**RISING SUN** ▷4
É.-U. 1993. Drame policier de Philip KAUFMAN avec Wesley Snipes, Sean Connery et Harvey Keitel. - Deux policiers de Los Angeles enquêtent sur un meurtre commis dans les bureaux d'une grande entreprise japonaise.
VF→15,95$ VO→9,95$ **13 ans + Érotisme**

**RISKY BUSINESS** ▷5
É.-U. 1983. Comédie de mœurs de Paul BRICKMAN avec Tom Cruise, Rebecca De Mornay et Joe Pantoliano. - Pendant que ses parents sont en voyage, un étudiant de high school est entraîné par un camarade dans une aventure avec une prostituée.
VO→11,95$ VF→18,95$ **13 ans +**

**RISQUE MAXIMUM**
Voir: MAXIMUM RISK

**RITE, LE** ▷0
SUÈ. 1969, Ingmar BERGMAN
STA→34,95$ **13 ans +**

**RITE, THE**
Voir: LE RITE

**RITUELS DE L'ACCOUPLEMENT CHEZ LES HUMAINS..., LES**
Voir: THE MATING HABITS OF THE EARTHBOUND HUMAN

**RITZ, THE** ▷5
É.-U. 1976. Comédie de Richard LESTER avec Jack Weston, Rita Moreno et Jerry Stiller. - Pour échapper à son beau-frère qui menace de le tuer, un homme se réfugie dans un établissement fréquenté par des homosexuels.
VO→19,95$ **13 ans +**

**RIVE DROITE, RIVE GAUCHE** ▷5
FR. 1984. Drame de Philippe LABRO avec Gérard Depardieu, Nathalie Baye et Bernard Fresson. - Les difficultés professionnelles et sentimentales d'un avocat prospère au service d'un armateur malhonnête.
VO→LS **Général**

**RIVER OF NO RETURN** ▷4
É.-U. 1953. Western d'Otto PREMINGER avec Robert Mitchum, Marilyn Monroe et Tommy Rettig. - Pour fuir les Indiens, un veuf, son jeune fils et une chanteuse s'aventurent en radeau sur une rivière dangereuse.
VO→16,95$ **Non classé**

**RIVER RAT, THE** ▷4
É.-U. 1984. Drame psychologique de Tom RICKMAN avec Tommy Lee Jones, Martha Plimpton et Brian Dennehy. - Après avoir retrouvé sa fille à sa sortie de prison, un homme a une confrontation violente avec un fonctionnaire du pénitencier.
VO→PC **Général**

**RIVER RUNS THROUGH IT, A** ▷5
É.-U. 1992. Drame de mœurs de Robert REDFORD avec Craig Sheffer, Brad Pitt et Tom Skerritt. - Une passion commune pour la pêche à la truite sauvegarde l'amitié entre deux frères aux tempéraments fort différents.
VF→14,95$ VO→14,95$ LBX-DVD→23,95$ **Général**

**RIVER WILD, THE** ▷4
É.-U. 1994. Aventures de Curtis HANSON avec Meryl Streep, Kevin Bacon et David Strathairn. - Durant une expédition en rafting, un couple et son fils tombent sur deux fugitifs qui leur réservent un mauvais sort.
VF→PC VO→11,95$ LBX→PC **Général**

**RIVER'S EDGE** ▷4
É.-U. 1986. Drame social de Tim HUNTER avec Keanu Reeves, Crispin Glover et Ione Skye Leitch. - Des camarades d'école vivent des moments troubles après qu'un des leurs ait étranglé sa petite amie.
VO→14,95$ **13 ans +**

**RIVER, THE** ▷0
TAI. 1997, Tsai MING-LIANG
STA→119,95$ **13 ans +**

**RIVER, THE** ►2
É.-U. 1951. Drame de mœurs de Jean RENOIR avec Patricia Walters, Adrienne Corri et Arthur Shields. - Les tribulations d'une adolescente anglaise qui vit avec sa famille sur les bords du Gange en Inde. - Scénario assez mince prétexte à une description admirable de l'Inde. Approche psychologique de l'adolescence traitée avec beaucoup de tact. Mise en scène maîtrisée. Bonne interprétation.
VO→27,95$ **Non classé**

**RIVER, THE** ▷4
IND.-É.-U. 1984. Drame social de Mark RYDELL avec Mel Gibson, Sissy Spacek et Scott Glenn. - Les ennuis d'une famille de fermiers dont la terre longe une rivière qui a tendance à déborder.
VF→11,95$ VO→12,95$ **Général**

**RIVIÈRE DE NOS AMOURS, LA**
Voir: INDIAN FIGHTER

**RIVIÈRE DU SIXIÈME JOUR, LA**
Voir: A RIVER RUNS THROUGH IT

**RIVIÈRE SAUVAGE, LA**
Voir: THE RIVER WILD

**RIVIÈRE, LA**
Voir: THE RIVER

**RIVIÈRES POURPRES, LES** ▷4
FR. 2000. Drame policier de Mathieu KASSOVITZ avec Jean Reno, Vincent Cassel et Nadia Fares. - Dans une ville universitaire des Alpes, deux policiers font équipe pour élucider une série de meurtres aussi atroces que mystérieux.
**16 ans +**

**RIZ AMER** ▷3
ITA. 1949. Drame social de Giuseppe De SANTIS avec Silvana Mangano, Doris Dowling et Vittorio Gassman. - La vie pénible des femmes qui travaillent dans les rizières du nord de l'Italie. - Œuvre saisissante, de grande qualité. Valeur documentaire. S. Mangano remarquable.
STA→27,95$ **Général**

**RKO 281: BATTLE OVER CITIZEN KANE** ▷4
É.-U. 1999. Drame de Benjamin ROSS avec Liev Schreiber, James Cromwell et John Malkovich. - Les tribulations du cinéaste Orson Welles à l'époque de *Citizen Kane* et le combat du millionnaire William Randolph Hearst pour faire interdire le film.
VF→LS VO→LS LBX-DVD→18,95$ **Général**

**ROAD HOUSE** ▷5
É.-U. 1948. Drame de Jean NEGULESCO avec Ida Lupino, Cornel Wilde et Richard Widmark. - Jalousie et vengeance entre le propriétaire d'un cabaret et son gérant.
VO→24,95$ **Non classé**

**ROAD HOUSE** ▷5
É.-U. 1989. Drame policier de Rowdy HERRINGTON avec Patrick Swayze, Ben Gazzara et Kelly Lynch. - Le propriétaire d'un bar engage un jeune spécialiste du tai-chi pour remettre un peu d'ordre dans son établissement.
VF→11,95$ VO→14,95$ **18 ans +**

**ROAD RACERS** ▷0
É.-U. 1958, Arthur SWERDLOFF
VO→LS **Général**

**ROAD SCHOLAR** ▷0
É.-U. 1994, Roger WEISBERG
VO→LS **Général**

**ROAD TO EL DORADO, THE** ▷4
É.-U. 2000. Dessins animés d'Eric «Bibo» BERGERON et Don PAUL. - Au XVIe siècle, en Amérique, deux petits escrocs espagnols trouvent l'El Dorado, la légendaire cité de l'or.
VF→29,95$

**ROAD TO HONG KONG, THE** ▷5
É.-U. 1962. Comédie de Norman PANAMA avec Bing Crosby, Bob Hope et Joan Collins. - Deux amis, mêlés à une affaire d'espionnage, sont envoyés dans l'espace à bord d'un missile interplanétaire.
VO→14,95$ **Général**

**ROAD TO MOROCCO** ▷5
É.-U. 1942. Comédie de David BUTLER avec Bing Crosby, Bob Hope et Dorothy Lamour. - Deux naufragés connaissent des aventures étonnantes au Maroc.
VO→14,95$ **Général**

**ROAD TO RIO** ▷5
É.-U. 1947. Comédie de Norman Z. McLEOD avec Bing Crosby, Bob Hope et Dorothy Lamour. - Embarqués clandestinement sur un bateau, deux compères se disputent l'amour d'une fille.
VO→LS **Général**

**ROAD TO SINGAPORE** ▷5
É.-U. 1940. Comédie musicale de Victor SCHERTZINGER avec Bing Crosby, Bob Hope et Dorothy Lamour. - Deux individus, réfugiés dans une île pour éviter le mariage, tombent amoureux d'une danseuse.
VO→14,95$ **Général**

**ROAD TO UTOPIA** ▷5
É.-U. 1945. Comédie de Hal WALKER avec Bob Hope, Bing Crosby et Dorothy Lamour. - Deux gais lurons disputent à deux redoutables bandits les plans d'une mine d'or.
VO→14,95$ **Général**

**ROAD TO WELLVILLE, THE** ▷5
É.-U. 1994. Comédie de mœurs de Alan PARKER avec Anthony Hopkins, Bridget Fonda et Matthew Broderick. - En 1907, un jeune couple séjourne dans un sanatorium où il suit une cure de santé

aux méthodes farfelues. - Récit inspiré de la vie de John Harvey Kellogg. Satire facile et pesante. Mise en scène luxueuse. Talent des interprètes mal utilisé.
VF→14,95$ VO→14,95$ **13 ans +**

**ROAD TO ZANZIBAR** ▷5
É.-U. 1941. Comédie de Victor SCHERTZINGER avec Bing Crosby, Bob Hope et Dorothy Lamour. - Deux Américains arrivent à Zanzibar où ils connaissent les aventures les plus abracadabrantes.
VO→14,95$ **Général**

**ROAD TRIP** ▷5
É.-U. 2000. Comédie de Todd Phillips avec Breckin Meyer, Seann William Scott et Amy Smart. - Afin de démêler un imbroglio sentimental, un étudiant de l'État de New York prend la route avec trois confrères en direction d'Austin au Texas.
**13 ans +**

**ROADKILL** ▷5
CAN. 1989. Comédie musicale de Bruce McDONALD avec Valerie Buhagiar, Gerry Quigley et Larry Hudson. - Partie à la recherche d'un groupe rock, une jeune femme à l'emploi d'un promoteur de concerts fait diverses rencontres surprenantes.
VO→14,95$ **Général**

**ROARING TWENTIES, THE** ▷3
É.-U. 1939. Drame policier de Raoul WALSH avec James Cagney, Humphrey Bogart et Priscilla Lane. - Un chauffeur de taxi affronte un ancien ami devenu chef de gang à l'époque de la prohibition. - Tableau d'époque percutant. Mise en scène énergique. Solide distribution
VO→19,95$ **Non classé**

**ROB ROY** ▷4
É.-U. 1995. Aventures de Michael CATON-JONES avec Liam Neeson, Jessica Lange et John Hurt. - En Écosse, au début du XVIIIe siècle, le chef d'un clan de montagnards entre en lutte contre un aristocrate qui persécute les siens.
VO→11,95$ VF→14,95$ LBX-DVD→21,95$
**Général - Déconseillé aux jeunes enfants**

**ROBBERSONS ENQUÊTENT, LES**
Voir: COPS AND ROBBERSONS

**ROBBY, KALLE ET PAUL** ▷4
ALL. 1988. Comédie de mœurs réalisée et interprétée par Dani LEVY avec Frank Beilicke et Josef Hofmann. - À la suite de diverses déceptions, trois célibataires qui partagent le même appartement décident de ne plus recevoir de filles.
VF→18,95$ **Général**

**ROBE NOIRE**
Voir: BLACK ROBE

**ROBE, THE** ▷5
É.-U. 1953. Drame biblique d'Henry KOSTER avec Richard Burton, J. Simmons et Victor Mature. - Les tribulations d'un officier romain qui a gagné aux dés la tunique du Christ lors de la cru-cifixion.
LBX→22,95$ VO→11,95$ VF→11,95$ **Général**

**ROBERT ET ROBERT** ▷4
FR. 1978. Comédie de Claude LELOUCH avec Charles Denner, Jacques Villeret et Jean-Claude Brialy. - Un timide sympathise avec un chauffeur de taxi solitaire inscrit comme lui à une agence de rencontres.
VO→LS **Général**

**ROBERTA** ▷4
É.-U. 1935. Comédie musicale de William SEITER avec Irene Dunne, Fred Astaire et Ginger Rogers. - Un musicien américain hérite d'une maison de couture à Paris.
VO→19,95$ **Général**

**ROBIN & MARIAN** ▷3
ANG. 1976. Comédie dramatique de Richard LESTER avec Sean Connery, Audrey Hepburn et Robert Shaw. - De retour après vingt ans d'absence, Robin des Bois apprend que son amie Marianne est menacée d'emprisonnement par un shérif. - Mélange de romantisme et de réalisme. Mise en scène aisée et inventive. Interprétation convaincue d'acteurs de talent.
VF→14,95$ VO→14,95$ **Général**

**ROBIN AND THE SEVEN HOODS** ▷5
É.-U. 1964. Comédie musicale de Gordon DOUGLAS avec Frank Sinatra, Dean Martin et Bing Crosby. - À Chicago, dans les années 1920, un membre de la pègre se fait passer pour un nouveau Robin des Bois.
VO→14,95$ **Non classé**

**ROBIN DES BOIS**
Voir: ROBIN HOOD

**ROBIN DES BOIS ET SES JOYEUX COMPAGNONS**
Voir: THE STORY OF ROBIN HOOD

**ROBIN DES BOIS: HÉROS EN COLLANTS**
Voir: ROBIN HOOD: MEN IN TIGHTS

**ROBIN HOOD** ▷3
É.-U. 1922. Aventures d'Allan DWAN avec Douglas Fairbanks, Enid Bennett et Wallace Beery. - Un jeune seigneur se fait hors-la-loi pour lutter contre les exactions d'un tyran. - Classique du cinéma d'aventures. Illustration somptueuse d'une légende célèbre. Jeu bondissant de D. Fairbanks.
ITA→34,95$ ITA-DVD→49,95$ **Général**

**ROBIN HOOD** ▷4
É.-U. 1973. Dessins animés de Wolfgang REITHERMAN. - Sous les traits d'un renard, Robin des Bois tente de tenir tête au prince Jean qui opprime le peuple en l'absence du roi Richard.
VF→22,95$ VO→22,95$ LBX-DVD→26,95$ **Général**

**ROBIN HOOD: MEN IN TIGHTS** ▷5
É.-U. 1993. Comédie réalisée et interprétée par Mel BROOKS avec Cary Elwes, Richard Lewis et Roger Rees. - Un noble anglais entre en lutte avec un prince tyrannique et son shérif qui l'ont dépossédé de ses terres.
VF→9,95$ **Général**

**ROBIN HOOD: PRINCE OF THIEVES** ▷4
É.-U. 1991. Aventures de Kevin REYNOLDS avec Kevin Costner, Morgan Freeman et Alan Rickman. - Au XIIe siècle, un noble anglais fait équipe avec des hors-la-loi pour combattre un despote qui l'a dépossédé de ses terres.
VF→19,95$ VO→19,95$ LBX→19,95$ **13 ans +**

**ROBINSON DES MERS DU SUD, LES**
Voir: SWISS FAMILY ROBINSON

**ROBOCOP** ▷3
É.-U. 1987. Science-fiction de Paul VERHOEVEN avec Peter Weller, Nancy Allen et Ronny Cox. - À Detroit, au XXIe siècle, le corps d'un policier assassiné sert de soutien à un androïde programmé pour lutter contre les malfaiteurs. - Variations intéressantes sur des sujets d'actualité. Réalisation énergique et originale. Ensemble impressionnant. Interprétation efficace.
VO→11,95$ LBX-DVD→59,95$ **13 ans +**

**ROBOCOP 2** ▷5
É.-U. 1990. Science-fiction de Irvin KERSHNER avec Peter Weller, Tom Noonan et Belinda Bauer. - Un cyborg programmé pour combattre le crime est amené à affronter un robot semblable à lui mais animé de desseins meurtriers.
VF→11,95$ VO→11,95$ **13 ans +**

**ROBOT CARNIVAL** ▷0
JAP. 1987, Katsuhiro OTOMO
VA→LS **Général**

**ROBOT MONSTER** ▷7
É.-U. 1953. Science-fiction de Phil TUCKER avec Gregory Moffett, George Nader et Claudia Barrett. - Un enfant rêve que la Terre est dévastée par un robot venu de la planète Mars.
VO→LS **Non classé**

**ROCCO & HIS BROTHERS**
Voir: ROCCO ET SES FRÈRES

**ROCCO ET SES FRÈRES** ▷3
ITA. 1960. Drame social de Luchino VISCONTI avec Alain Delon, Renato Salvatori et Annie Girardot. - Les tribulations d'une famille calabraise venue s'installer à Milan. - Fresque mouvementée et vigoureuse de style néo-réaliste. Excellente direction d'acteurs.
STA→PC **Non classé**

**ROCHER, LE**
Voir: THE ROCK

**ROCINANTE** ▷5
ANG. 1986. Drame poétique d'Anne et Eduardo GUEDES avec John Hurt, Maureen Douglass et Ian Dury. - Un clochard qui erre dans la campagne anglaise croise le chemin d'une jeune femme énigmatique engagée dans une opération secrète.
STF→LS **Général**

**ROCK, THE** ▷4
É.-U. 1996. Drame policier de Michael BAY avec Sean Connery, Nicolas Cage et Ed Harris. - Des militaires rebelles se sont emparés de la prison d'Alcatraz d'où ils menacent de faire sauter des bombes sur San Francisco.
VF→15,95$ LBX→22,95$ VO→15,95$
LBX-DVD→PM **13 ans + Violence**

**ROCK BABY, ROCK IT** ▷0
É.-U. 1957, Murray Douglas SPORUP
VO→LS **Général**

**ROCK DU BAGNE, LE**
Voir: JAILHOUSE ROCK

**ROCK'N NONNE**
Voir: SISTER ACT

**ROCK'N NONNE 2: DE RETOUR AU COUVENT**
Voir: SISTER ACT 2: BACK IN THE HABIT

**ROCK'N'ROLL HIGH SCHOOL** ▷6
É.-U. 1979. Comédie musicale d'Allan ARKUSH avec P.J. Soles, Mary Woronov et Dey Young. - Une adolescente passionnée de musique rock entre en lutte avec la nouvelle directrice de son école.
VO→LS **13 ans +**

**ROCK-A-BYE BABY** ▷4
É.-U. 1958. Comédie de Frank TASHLIN avec Jerry Lewis, Marilyn Maxwell et Connie Stevens. - Une vedette d'Hollywood donne naissance à trois bébés qu'elle confie à un ami d'enfance.
VF→11,95$ VO→11,95$

**ROCK-A-DOODLE** ▷4
IRL. 1991. Dessins animés de Don BLUTH. - Un gamin transformé en chat tente de déjouer les plans d'un hibou sorcier qui veut faire régner une nuit d'orage éternelle sur la campagne.
VF→8,95$ VO→23,95$ **Général**

**ROCK-O-RICO**
Voir: ROCK-A-DOODLE

**ROCKETEER, THE** ▷4
É.-U. 1991. Science-fiction de Joe JOHNSTON avec Bill Campbell, Jennifer Connelly et Timothy Dalton. - Un espion nazi convoite une fusée tombée entre les mains d'un jeune pilote qui s'en sert pour voler comme un oiseau.
VO→LS VF→11,95$ LBX-DVD→33,95$ **Général**

**ROCKETSHIP X-M** ▷0
É.-U. 1950, Kurt NEUMANN
VO→LS **Général**

**ROCKING HORSE WINNER, THE** ▷4
ANG. 1949. Drame fantastique d'Anthony PELISSIER avec John Howard Davies, Valerie Hobsen et John Mills. - Un garçonnet acquiert le pouvoir de discerner les gagnants futurs de courses de chevaux.
VO→17,95$ **Général**

**ROCKING POPENGUINE** ▷0
SÉN. 1994, Moussa SENE ABSA
STA→119,95$ **Général**

**ROCKING SILVER** ▷4
DAN. 1983. Comédie dramatique réalisée et interprétée par Erik CLAUSEN avec Leif Sylvester Petersen et Eva Madsen. - Un débardeur quitte son foyer pour partir à la recherche des membres du groupe rock qu'il avait formé à l'âge de vingt ans.
VF→LS **Général**

**ROCKULA** ▷0
É.-U. 1990, Luca BERCOVICI
VO→14,95$ **Général**

**ROCKY** ▷4
É.-U. 1976. Comédie dramatique de John G. AVILDSEN avec Sylvester Stallone, Talia Shire et Burgess Meredith. - Un boxeur de troisième ordre a l'occasion d'affronter un champion.
VF→11,95$ VO→LS LBX-DVD→99,95$ **Général**

**ROCKY II** ▷5
É.-U. 1979. Comédie dramatique réalisée et interprétée par Sylvester STALLONE avec Talia Shire et Carl Weathers. - Après une gloire passagère, un boxeur retombé dans la dèche accepte un combat revanche.
VO→LS **Général**

**ROCKY III** ▷4
É.-U. 1982. Drame sportif réalisé et interprété par Sylvester STALLONE avec Talia Shire et Carl Weathers. - Après avoir défendu son titre dans des combats faciles, un champion de boxe doit affronter un adversaire dangereux.
VO→LS **Général**

**ROCKY IV** ▷5
É.-U. 1985. Drame sportif réalisé et interprété par Sylvester STALLONE avec Dolph Lundgren et Talia Shire. - Un boxeur américain décide d'affronter un colosse russe dans un match dont l'issue peut avoir des retombées politiques.
VO→LS **Général**

**ROCKY V** ▷5
É.-U. 1990. Drame sportif de John G. AVILDSEN avec Sylvester Stallone, Tommy Morrison et Talia Shire. - Un champion de boxe entraîne un jeune pugiliste qui, après quelques succès, tombe entre les mains d'un promoteur malhonnête.
VO→14,95$ **Général**

**RODAN** ▷6
JAP. 1957. Science-fiction d'Inoshiro HONDA avec Kenjii Sawara, Yumi Shirakawa et Akihiko Hirata. - Des monstres terrifiants, insectes gigantesques sèment la panique dans une région minière du Japon.
VA→LS VF→LS **Général**

**RODGERS & HAMMERSTEIN (COFFRET)**
Voir: OKLAHOMA! · STATE FAIR-CAROUSEL · KING AND I (1946) · SOUND OF MUSIC · SOUTH PACIFIC
VO→74,95$

**RODGERS & HAMMERSTEIN: THE SOUND OF MOVIES** ▷0
É.-U. 1996, Kevin BURNS
VO→18,95$

**RODRIGO D. - NO FUTURE** ▷5
COL. 1991. Drame social de Victor GAVIRIA avec Ramiro Meneses, Carlos Mario Resrepo. - Les tribulations d'un groupe de jeunes délinquants vivant dans un quartier pauvre de Medellin en Colombie.
STA→PC **13 ans +**

**ROGER & ME** ▷3
É.-U. 1989. Documentaire de Michael MOORE. - Exploration des conséquences désastreuses qu'a entraînées la fermeture d'une usine d'automobiles dans la ville de Flint au Michigan. - Critique

sociale nourrie de notations sarcastiques. Traitement d'une feinte bonhomie. Approche nettement subjective. Montage astucieux.
VO→18,95$ **Général**

**ROGOPAG** ▷0
ITA. 1962, Roberto ROSSELLINI, Jean-Luc GODARD, Pier Paolo PASOLINI et Ugo GREGORETTI
STA→34,95$ **Général**

**ROGUE MALLE** ▷4
ANG. 1976. Drame d'espionnage de Clive DONNER avec Peter O'Toole, John Standing et Alastair Sim. - Un chasseur anglais entreprend d'assassiner Adolf Hitler.
VO→LS **Général**

**ROGUE TRADER** ▷0
ANG. 1999, James DEARDEN
VO→19,95$ **Général - Déconseillé aux jeunes enfants**

**ROI DAVID, LE**
Voir: KING DAVID

**ROI DE CŒUR, LE** ▷3
FR. 1966. Comédie fantaisiste de Philippe DE BROCA avec Alan Bates, Jean-Claude Brialy et Geneviève Bujold. - Pendant la guerre 1914-1918, un soldat écossais arrive dans une petite ville de France où seuls sont demeurés les pensionnaires d'un asile d'aliénés. - Comédie douce-amère où s'entremêlent fantaisie, satire et humour. Mise en scène élégante et inventive. Interprètes bien dirigés.
STA→19,95$ **13 ans +**

**ROI DE LA QUILLE, LE**
Voir: KINGPIN

**ROI DE NEW YORK, LE**
Voir: THE KING OF NEW YORK

**ROI DES AULNES, LE**
Voir: THE OGRE

**ROI DES DISTRAITS, LE**
Voir: THE ABSENT MINDED PROFESSOR

**ROI DES GITANS, LE**
Voir: KING OF THE GYPSIES

**ROI DES ÎLES, LE**
Voir: HIS MAJESTY O'KEEFE

**ROI DU DRUM, LE** ▷0
QUÉ. 1992, Serge GIGUÈRE
VO→19,95$ **Général**

**ROI ET L'OISEAU, LE** ▷3
FR. 1979. Dessins animés de Paul GRIMAULT. - Un jeune ramoneur enlève une bergère au roi prétentieux qui veut l'épouser. - Adaptation fantaisiste par Jacques Prévert d'un conte d'Andersen. Version amplifiée du film *La Bergère et le ramoneur*. Touches d'ironie et de poésie.
VO→LS **Général**

**ROI ET QUATRE REINES, UN**
Voir: THE KING AND FOUR QUEENS

**ROI LION, LE**
Voir: THE LION KING

**ROI PÊCHEUR, LE**
Voir: THE FISHER KING

**ROIS DU GAG, LES** ▷5
FR. 1984. Comédie de Claude ZIDI avec Michel Serrault, Gérard Jugnot et Thierry Lhermitte. - Pour renouveler le contenu de son émission de télévision, un comédien vedette engage deux comiques de banlieue comme «gagmen».
VO→LS **Général**

**ROIS DU KIDNAPPING, LES**
Voir: SUICIDE KINGS

**ROIS DU MAMBO, LES**
Voir: THE MAMBO KINGS

**ROLLER BOOGIE** ▷6
É.-U. 1979. Comédie de Mark L. LESTER avec Linda Blair, Jim Bray et Beverly Garland. - La fille d'un riche avocat se joint à un groupe de jeunes qui s'élèvent contre la fermeture d'une patinoire-discothèque.
VO→LS **Général**

**ROLLERBALL** ▷4
É.-U. 1975. Science-fiction de Norman JEWISON avec James Caan, John Houseman et Maud Adams. - En 2018, dans un monde pacifié, un sport a été mis au point pour satisfaire les instincts de violence de la populace.
VO→14,95$ LBX-DVD→18,95$ **13 ans +**

**ROLLERCOASTER** ▷4
É.-U. 1977. Drame policier de James GOLDSTONE avec George Segal, Timothy Bottoms et Susan Strasberg. - Pour cesser ses attentats à la bombe contre des parcs d'attractions, un jeune homme exige une forte rançon.
VO→18,95$ LBX-DVD→33,95$ **Général**

**ROLLING THUNDER** ▷0
É.-U. 1977, John FLYNN
EP→7,95$ **13 ans +**

**ROLLS-ROYCE JAUNE, LA**
Voir: THE YELLOW ROLLS-ROYCE

**ROMAINE** ▷5
FR. 1990. Comédie de mœurs réalisée et interprétée par Agnès OBADIA avec Eva Ionesco et Martine Delumeau. - Une jeune célibataire mal dans sa peau rencontre des garçons et des filles avec qui elle se lie d'amitié avant d'être frappée d'amnésie temporaire.
VO→26,95$ **Général - Déconseillé aux jeunes enfants**

**ROCKY HORROR PICTURE SHOW, THE** ▷5
ANG. 1975. Comédie musicale de Jim SHARMAN avec Tim Curry, Susan Sarandon et Barry Boswick. - Par une nuit d'orage, deux jeunes gens trouvent refuge chez un savant créateur d'un colosse musclé.
VO→10,95$ VO LBX THX→LS **Général**

**ROMAN D'UN TRICHEUR, LE** ▷3
FR. 1936. Comédie satirique réalisée et interprétée par Sacha GUITRY avec Serge Grave et Jacqueline Delubac. - Assis à la terrasse d'un café, un homme d'un certain âge se remémore son passé de tricheur professionnel. - Ensemble spirituel et humoristique. Scénario original au style révolutionnaire pour l'époque. Mise en scène alerte. Comédiens au meilleur de leur forme.
VO→LS **Général**

**ROMAN HOLIDAY** ▷3
É.-U. 1953. Comédie sentimentale de William WYLER avec Audrey Hepburn, Gregory Peck et Eddie Albert. - Une jeune princesse en visite à Rome fait une escapade avec un journaliste. - Thème conventionnel traité de façon charmante. Réalisation souple. Décors naturels bien exploités. A. Hepburn exquise dans son premier rôle important.
VO→14,95$ **Général**

**ROMAN SCANDALS** ▷4
É.-U. 1933. Comédie musicale de Frank TUTTLE avec Eddie Cantor, Ruth Etting et Gloria Stuart. - Un jeune amateur d'Histoire rêve qu'il se trouve dans la Rome antique.
VO→LS **Général**

**ROMAN SPRING OF MRS. STONE, THE** ▷4
É.-U. 1961. Drame psychologique de Jose QUINTERO avec Vivien Leigh, Warren Beatty et Lotte Lenya. - Une veuve s'éprend d'un gigolo.
VO→13,95$ **Non classé**

**ROMANCE** ▷0
É.-U. 1930, Clarence BROWN
VO→19,95$ **Général**

**ROMANCE** ▷4
FR. 1999. Drame de mœurs de Catherine BREILLAT avec Caroline Ducey, Sagamore Stévenin et François Berléand. - Frustrée par le refus de son compagnon de lui faire l'amour, une jeune enseignante vit des expériences sexuelles avec d'autres hommes.
STA→LS VO→14,95$ **18 ans + Érotisme**

**ROMANCE DE NOËL, LA**
Voir: A CHRISTMAS ROMANCE

**ROMANCE IN MANHATTAN** ▷5
É.-U. 1934. Comédie sentimentale de Stephen ROBERTS avec Ginger Rogers, Francis Lederer et Jimmy Butler. - Un Tchèque immigré aux États-Unis surmonte avec optimisme diverses difficultés et fait la conquête d'une jolie Américaine.
VO→LS **Non classé**

**ROMANCE INACHEVÉE**
Voir: THE GLENN MILLER STORY

**ROMANCE SUR LE LAC**
Voir: A MONTH BY THE LAKE

**ROMANCING THE STONE** ▷4
É.-U. 1984. Aventures de Robert ZEMECKIS avec Kathleen Turner, Michael Douglas et Manuel Ojeda. - Une romancière se rend en Colombie pour secourir sa sœur enlevée par des bandits.
VO→11,95$ VF→11,95$ LBX-DVD→23,95$ **Général**

**ROME ADVENTURE** ▷5
É.-U. 1962. Comédie sentimentale de Delmer DAVES avec Tony Donahue, Suzanne Pleshette et Angie Dickinson. - Une jeune Américaine connaît des aventures sentimentales en Italie.
VO→14,95$ **Général**

**ROME, VILLE OUVERTE** ►1
ITA. 1946. Drame de guerre de Roberto ROSSELLINI avec Anna Magnani, Aldo Fabrizi et Marcello Pagliero. - Quelques aspects de la Résistance italienne durant la dernière guerre mondiale. - Chef-d'œuvre du néo-réalisme italien. Vigueur et authenticité. Interprétation remarquable.
STA-KINO→34,95$ STF→LS STA-DVD→44,95$ **Général**

**ROMÉO** ▷4
HOL. 1990. Drame psychologique de Rita HORST avec Monique Van de Ven, Johan Leysen et Ottolien Boeschoten. - Un couple se déchire lorsque son premier enfant meurt à la naissance.
VF→LS **Général**

**ROMEO & JULIET** ▷3
ANG. 1968. Drame de Franco ZEFFIRELLI avec Olivia Hussey, Leonard Whiting et Milo O'Shea. - Deux adolescents s'aiment d'un amour ardent en dépit de la haine qui divise leurs familles. - Rajeunissement de la pièce de Shakespeare grâce au jeu d'acteurs adolescents. Mise en scène somptueuse. Excellente direction d'acteurs.
VF→LS LBX→14,95$ LBX-DVD→32,95$ **Général**

**ROMÉO ET JULIETTE DE WILLIAM SHAKESPEARE**
Voir: WILLIAM SHAKESPEARE'S ROMEO et JULIET

**ROMEO AND JULIET** ▷4
É.-U. 1936. Drame de George CUKOR avec Leslie Howard, Norma Shearer et John Barrymore. - L'amour de deux jeunes gens est voué à la tragédie à cause de l'hostilité de leurs familles.
VO→19,95$ **Non classé**

**ROMÉO DOIT MOURIR**
Voir: ROMEO MUST DIE

**ROMEO IS BLEEDING** ▷4
É.-U. 1993. Drame policier de Peter MEDAK avec Gary Oldman, Lena Olin et Annabella Sciorra. - Un policier corrompu a maille à partir avec une tueuse à gages qu'il tente d'abattre pour le compte d'un chef de la mafia.
VF→LS VO→LS **18 ans + Violence**

**ROMEO MUST DIE** ▷5
É.-U. 2000. Drame policier d'Andrzej BARTKOWIAK avec Jet Li, Aaliyah Houghton et Isaiah Washington. - Un ex-policier de Hong-Kong qui enquête aux États-Unis sur le meurtre de son frère se retrouve mêlé à la guerre que se livrent deux clans mafieux.
VF→14,95$ VO→14,95$

**ROMÉO PRIS AU PIÈGE**
Voir: ROMEO IS BLEEDING

**ROMERO** ▷4
É.-U. 1989. Drame social de John DUIGAN avec Raul Julia, Richard Jordan et Ana Alicia. - Nommé archevêque du Salvador pour ses positions modérées, le père Romero ne peut rester indifférent face aux atrocités commises par les militaires.
VO→16,95$ **13 ans +**

**ROMPER STOMPER** ▷0
AUS. 1992, Geoffrey WRIGHT
VF→LS VO→21,95$ **18 ans + Violence**

**ROMUALD ET JULIETTE** ▷4
FR. 1989. Comédie dramatique de Coline SERREAU avec Daniel Auteuil, Firmine Richard et Pierre Vernier. - Une femme de ménage dans une compagnie laitière aide son jeune directeur, qui est victime d'un complot, à retrouver son poste.
VO→LS **Général**

**ROMY & MICHELE'S HIGH SCHOOL REUNION** ▷4
É.-U. 1996. Comédie de David MIRKIN avec Mira Sorvino, Lisa Kudrow et Janeane Garofalo. - Deux copines un peu paumées font croire qu'elles mènent la grande vie afin de bien paraître lors d'une réunion d'anciens de leur école.
VO→15,95$ **Général**

**ROMY ET MICHELE, LES REINES DE LA SOIRÉE**
Voir: ROMY et MICHELE'S HIGH SCHOOL REUNION

**RONDE, LA** ►2
FR. 1950. Film à sketches de Max OPHÜLS avec Simone Signoret, Simone Simon et Danièle Darrieux. - Un «meneur de jeu» présente une suite d'histoires de passions amoureuses dans la Vienne des années 1900. - Scénario bien construit adapté d'une pièce d'Arthur Schnitzler. Mise en scène de classe. Ton de légèreté et d'ironie. Excellente distribution.
STA→LS **Non classé**

**RONIN** ▷4
É.-U. 1998. Drame d'espionnage de John FRANKENHEIMER avec Robert De Niro, Jean Reno et Natascha McElhone. - Un groupe d'ex-agents secrets devenus mercenaires doit s'emparer d'une

mystérieuse valise convoitée par de nombreux pays.
LBX→14,95$ VF→14,95$ LBX-DVD→21,95$ **13 ans + Violence**

**ROOFTOPS** ▷4
É.-U. 1989. Drame social de Robert WISE avec Jason Gedrick, Troy Beyer et Eddie Vélez. - Une guerre de gangs éclate entre les acolytes d'un vendeur de drogue et des adolescents sans logis de Manhattan dont le passe-temps est une danse de combat.
VO→LS **13 ans +**

**ROOKIE, THE** ▷5
É.-U. 1990. Drame policier réalisé et interprété par Clint EASTWOOD avec Charlie Sheen et Raul Julia. - Un jeune détective fait équipe avec un policier expérimenté qui ne recule devant aucune irrégularité pour inculper un dangereux criminel.
VO→14,95$ VF→11,95$ **13 ans +**

**ROOM SERVICE** ▷5
É.-U. 1938. Comédie de William SEITER avec les frères Marx, Lucille Ball et Frank Alberston. - Un impresario cherche à retarder son expulsion de l'hôtel où il habite.
VO→19,95$ **Général**

**ROOM WITH A VIEW, A** ▷3
ANG. 1985. Comédie dramatique de James IVORY avec Helena B. Carter, Julian Sands et Maggie Smith. - Au début du siècle, dans une pension de Florence, une jeune Anglaise rencontre un compatriote et sa vie s'en trouve bouleversée. - Fine étude de mœurs. Romantisme d'un charme désuet. Contexte d'époque fort habilement recréé.
VF→13,95$ VO→13,95$ **Général**

**ROOMMATES** ▷5
É.-U. 1994. Comédie dramatique de Peter YATES avec Peter Falk, D.B. Sweeney et Julianne Moore. - Un jeune homme qui termine ses études de médecine est forcé d'accueillir chez lui son grand-père dont le vieux logement a été démoli.
VF→9,95$ VO→LS **Général**

**ROOSTER COGBURN** ▷4
É.-U. 1975. Western de Stuart MILLAR avec John Wayne, Katharine Hepburn et Richard Jordan. - Une institutrice d'âge mûr et un jeune Indien s'attachent aux pas d'un vieux policier et l'assistent dans sa lutte contre des criminels.
VO→14,95$ LBX-DVD→27,95$ **Général**

**ROPE** ▷3
É.-U. 1948. Drame policier d'Alfred HITCHCOCK avec James Stewart, John Dall et Farley Granger. - Après avoir commis un meurtre gratuit, deux jeunes gens offrent une réception aux parents et amis de la victime. - Adaptation souple d'une pièce de théâtre. Technique précise. Tension soutenue. Interprétation convaincante.
VO→14,95$ VF→14,95$ **Général**

**ROSAIRE ET LA PETITE NATION** ▷4
QUÉ. 1997. Documentaire de Benoit PILON. - La vie quotidienne d'un vieillard très religieux et de son entourage dans un petit village du Québec profond.
VO→19,95$ **Général**

**ROSALIE** ▷0
É.-U. 1938, W.S. VAN DYKE II
VO→LS **Général**

**ROSALIE FAIT SES COURSES** ▷4
ALL. 1988. Comédie de Percy ADLON avec M. Sagebrecht, Brad Davis et Judge Reinhold. - Mariée à un pilote qui n'arrive pas à faire vivre sa famille, une ménagère use et abuse des cartes de crédit.
VO→LS **Général**

**ROSALIE GOES SHOPPING**
Voir: ROSALIE FAIT SES COURSES

**ROSE BONBON**
Voir: PRETTY IN PINK

**ROSE DE FER, LA** ▷0
FR. 1973, Jean ROLLIN
VO→LS **13 ans +**

**ROSE ÉCORCHÉE, LA** ▷0
FR. 1969, Claude MULOT
VO→LS **18 ans +**

**ROSE ET LA FLÈCHE, LA**
Voir: ROBIN AND MARIAN

**ROSE GARDEN, THE** ▷0
É.-U. 1989, Fons RADEMAKERS
VO→LS **Non classé**

**ROSE MARIE** ▷0
É.-U. 1936, W.S. VAN DYKE II
VO→19,95$ **Non classé**

**ROSE OF WASHINGTON SQUARE, THE** ▷5
É.-U. 1939. Comédie musicale de Gregory RATOFF avec Alice Faye, Tyrone Power et Al Jolson. - L'ascension d'une chanteuse des années 20 est compromise par son mariage avec un escroc.
VO→24,95$ **Général**

**ROSE PASSION**
Voir: RAMBLING ROSE

**ROSE POURPRE DU CAIRE, LA**
Voir: THE PURPLE ROSE OF CAIRO

**ROSE TATTOO, THE** ▷4
É.-U. 1955. Comédie dramatique de Daniel MANN avec Anna Magnani, Burt Lancaster et M. Pavan. - Une émigrée italienne qui vit en Floride avec sa fille ne peut se consoler de la mort de son époux.
VO→14,95$ **Général**

**ROSE, THE** ▷4
É.-U. 1979. Drame psychologique de Mark RYDELL avec Bette Midler, Frederic Forrest et Alan Bates. - Entraînée dans des tournées épuisantes, une chanteuse populaire cherche un remède à la tension dans l'alcool et la drogue.
VO→9,95$ **18 ans +**

**ROSEAUX SAUVAGES, LES** ▷3
FR. 1994. Drame d'André TÉCHINÉ avec Élodie Bouchez, Gaël Morel et Stéphane Rideau. - En 1962, un jeune homme timide se lie d'amitié avec un pied-noir révolté, une jeune communiste et un paysan rustre qui fréquentent le même lycée. - Évocation habile de l'éveil sexuel et politique du protagoniste. Mise en scène souple et discrète. Photographie lumineuse. Excellente distribution.
VO→12,95$ STA-LBX-DVD→34,95$ **Général**

**ROSEBUD** ▷5
É.-U. 1974. Drame policier de Otto PREMINGER avec Peter O'Toole, Cliff Gorman et Claude Dauphin. - Des terroristes palestiniens enlèvent la petite-fille d'un riche financier et quatre de ses amies.
VO→18,95$ **Général**

**ROSELAND** ▷4
É.-U. 1977. Film à sketches de James IVORY avec Teresa Wright, Lou Jacobi et Geraldine Chaplin. - Une salle de danse de New York sert de cadre à trois intrigues.
VO→LS **Général**

**ROSELYNE ET LES LIONS** ▷4
FR. 1989. Comédie dramatique de Jean-Jacques BEINEIX avec Isabelle Pasco, Gérard Sandoz et P. Clévenot. - Chassés du zoo où ils ont appris le dressage de fauves, deux jeunes partent sur les routes à la recherche d'un cirque où ils pourront déployer leurs talents.
VO→19,95$ **Général**

**ROSEMARY'S BABY** ►2
É.-U. 1968. Drame fantastique de Roman POLANSKI avec Mia Farrow, John Cassavetes et Ruth Gordon. - Une jeune femme enceinte se convainc d'être en butte à des manifestations de sorcellerie. - Histoire bizarre. Fantastique rendu quasi vraisemblable. Progression savamment contrôlée. Suspense prenant. Composition sensible de M. Farrow. Adaptation d'un roman d'Ira Levin.
VO-SP.ED→14,95$ VO→LS **18 ans +**

**ROSENCRANTZ AND GUILDENSTERN ARE DEAD** ▷4
ANG. 1990. Comédie dramatique de Tom STOPPARD avec Gary Oldman, Tim Roth et Richard Dreyfuss. - Deux amis du prince Hamlet sont les témoins impuissants des épreuves que doit endurer le jeune homme à la suite de l'assassinat du roi.
VO→LS **Général**

**ROSETTA** ▷3
BEL. 1999. Drame social de Jean-Pierre DARDENNE et Luc DARDENNE avec Emilie Dequenne, Fabrizio Rongione et Anne Yernaux. - La fille adolescente d'une alcoolique irresponsable est prête à tout pour obtenir un travail et accéder à une vie normale. - Constat social implacable, comparant le marché de l'emploi à une jungle. Caméra à l'épaule traquant sans répit la protagoniste. Interprétation énergique et touchante d'E. Dequenne.
VO→14,95$

**ROSEWOOD** ▷4
É.-U. 1997. Drame social réalisé par John SINGLETON avec Ving Rhames, Jon Voight et Don Cheadle. - En 1923 en Floride, une jeune Blanche accuse injustement un Noir d'un village voisin de l'avoir violée, ce qui déclenche des représailles sanglantes.
VO→18,95$ LBX→18,95$ LBX-DVD→PC **13 ans + Violence**

**ROSSINANTE**
Voir: ROCINANTE

**ROUGE AUX LÈVRES, LE**
Voir: DAUGHTER OF DARKNESS

**ROUGE BAISER** ▷4
FR. 1985. Comédie dramatique de Véra BELMONT avec Charlotte Valandrey, Lambert Wilson et Marthe Keller. - En 1952, une adolescente qui milite au Parti communiste s'éprend d'un photographe de *Paris-Match*.
STA→LS VO→LS **Général**

**ROUGE ET LE NOIR, LE** ▷4
FR. 1954. Drame psychologique de Claude AUTANT-LARA avec Gérard Philipe, Danielle Darrieux et Antonella Lualdi. - Un jeune ambitieux choisit la carrière ecclésiastique pour réussir dans la société.
STA→LS VO→LS **Général**

**ROUGE VENISE** ▷4
ITA. 1988. Comédie policière d'Étienne PÉRIER avec Vincent Spano, Wojtek Pszoniak et Isabel Russinova. - À Venise en 1735, un jeune dramaturge injustement accusé d'avoir tué ses mécènes entreprend de dénoncer le vrai coupable au moyen d'un spectacle.
VF→LS **Général**

**ROUGES ET BLANCS** ▷3
HON. 1967. Drame de Miklos JANCSO avec Andras Kovaks, Mikhael Kozakov et Tibor Molnar. - Des volontaires hongrois sont mêlés à la guerre civile en Russie en 1918. - Récit difficile à suivre. Mise en scène de style personnel et original. Belles images. Interprétation sobre.
STA→34,95$ **Non classé**

**ROUGH NIGHT IN JERICHO** ▷4
É.-U. 1967. Western d'Arnold LAVEN avec Dean Martin, George Peppard et Jean Simmons. - Un homme règle son compte à un aventurier qui tient sous sa coupe une petite ville.
VO→14,95$ **13 ans +**

**ROULETTE CHINOISE** ▷4
ALL. 1976. Drame de Rainer Werner FASSBINDER avec Margit Carstensen, Alexander Allerson et Andrea Schober. - Une adolescente infirme rejoint ses parents qui sont avec leurs amants respectifs dans leur villa de montagne.
STA→LS **Général**

**ROULEZ JEUNESSE** ▷4
FR. 1992. Comédie dramatique de Jacques FANSTEN avec Daniel Gélin, Jean Carmet et Grégoire Colin. - Un groupe de retraités vivent une aventure avec deux jeunes délinquants qu'ils ont fait sortir de prison.
VO→LS **Général**

**ROUND MIDNIGHT** ►2
FR. 1986. Drame musical de Bertrand TAVERNIER avec Dexter Gordon, François Cluzet et Gabrielle Haker. - Un jeune Parisien, amateur de jazz, se lie d'amitié avec un vieux saxophoniste américain alcoolique et devient son gérant. - Scénario nourri par l'amour du jazz. Séquences musicales de premier ordre. Réalisation d'une authenticité sensible et d'une mélancolie nuancée. Interprétation prenante.
VO→19,95$ VF→19,95$ **Général**

**ROUNDERS** ▷5
É.-U. 1998. Drame de mœurs de John DAHL avec Matt Damon, Edward Norton et Gretchen Mol. - Un étudiant doué pour les cartes effectue une tournée des tables de poker new-yorkaises afin de rembourser la dette d'un copain.
VO→18,95$ VF→18,95$ **13 ans +**

**ROUNDERS, THE** ▷4
É.-U. 1964. Western de Burt KENNEDY avec Glenn Ford, Henry Fonda et Chill Wills. - Deux cow-boys à court d'argent tentent d'exploiter un cheval très rétif.
VO→18,95$ **13 ans +**

**ROUTE DE CORINTHE, LA** ▷4
FR. 1967. Comédie policière de Claude CHABROL avec Jean Seberg, Maurice Ronet et Michel Bouquet. - La femme d'un agent secret assassiné poursuit l'enquête de son mari.
STA→52,95$ **Général**

**ROUTE DE L'OUEST, LA**
Voir: THE WAY WEST

**ROUTE DES INDES, LA**
Voir: A PASSAGE TO INDIA

**ROUTES DU SUD, LES** ▷4
FR. 1978. Drame psychologique de Joseph LOSEY avec Yves Montand, Miou-Miou et Laurent Malet. - Un scénariste d'origine espagnole s'interroge sur sa vie après la mort de sa femme dans une mission clandestine.
STA→32,95$ **Général**

**ROUTES OF EXILES: A MAROCCAN JEWISH ODYSSEY** ▷0
ISR. 1982, Eugene ROSOW
VA→LS **Général**

**ROVER DANGERFIELD** ▷4
É.-U. 1991. Dessins animés de Jim GEORGE et Bob SEELEY. - Les mésaventures d'un chien citadin qui aboutit dans une ferme où il doit s'adapter à la vie campagnarde.
VF→LS VO→LS **Général**

**ROWING THROUGH** ▷6
CAN. 1996. Drame sportif de Masato HARADA avec Colin Ferguson, Leslie Hope et Peter Murnik. - Après avoir raté les Jeux olympiques de Moscou à cause du boycott des États-Unis, un rameur tente de se qualifier pour ceux de Los Angeles quatre ans plus tard.
VF→21,95$ **13 ans +**

**ROXANNE** ▷4
É.-U. 1987. Comédie sentimentale de Fred SCHEPISI avec Steve Martin, Daryl Hannah et Rick Rossovich. - Un pompier affligé d'un très long nez écrit pour un collègue des lettres d'amour destinées à une astronome dont il est également épris.
VF→14,95$ VO→14,95$ LBX-DVD→36,95$ **Général**

**ROXIE HART** ▷4
É.-U. 1942. Comédie satirique de William A. WELLMAN avec Ginger Rogers, Adolphe Menjou et Robert Montgomery. - Dans les années 1920, une danseuse avide de publicité s'accuse d'un meurtre qu'elle n'a pas commis.
VO→24,95$ **Général**

**ROYAL DECEIT** ▷0
DAN. 1994, Gabriel AXEL
VF→13,95$ **13 ans +**

**ROYAL WARRIORS** ▷0
H. K. 1986, David CHUNG
STA→29,95$ **13 ans +**

**ROYAL WEDDING** ▷4
É.-U. 1951. Comédie musicale de Stanley DONEN avec Fred Astaire, Jane Powell et Peter Lawford. - Deux danseurs, frère et sœur, sont engagés à Londres dans une revue musicale à l'occasion du mariage de la princesse héritière.
VO→19,95$ **Général**

**RUBY IN PARADISE** ▷5
É.-U. 1992. Drame psychologique de Victor NUNEZ avec Ashley Judd, Todd Field et Dorothy Lyman. - Afin de fuir une existence morne, une jeune fille du Tennessee se rend en Floride où elle trouve un emploi de vendeuse et tombe amoureuse d'un caissier.
VO→14,95$ **Général**

**RUDE** ▷5
CAN. 1995. Film à sketches de Clement VIRGO avec Maurice Dean Wint, Rachael Crawford et Clark Johnson. - Trois histoires se déroulant dans un quartier noir de Toronto à l'approche de Pâques.
VO→27,95$ **16 ans + Langage vulgaire**

**RUDE BOY** ▷3
ANG. 1980. Drame social de Jack HAZAN et David MINGWAY avec Ray Gange, Joe Strummer et Mike Jones. - Un paumé réussit à obtenir une place dans l'organisation technique des concerts d'un groupe punk. - Mi-constat social, mi-spectacle musical. Contexte de dégradation urbaine saisi avec dureté. Traitement d'une objectivité froide. Interprétation remarquable de R. Gange.
VO→LS **13 ans +**

**RUDE JOURNÉE POUR LA REINE** ▷4
FR. 1973. Drame psychologique de René ALLIO avec Simone Signoret, Jacques Debary et Olivier Perrier. - Une femme de ménage oublie ses problèmes quotidiens dans des rêves de grandeur.
VO→LS **Général**

**RUDOLPH THE RED-NOSED REINDEER: THE MOVIE** ▷0
É.-U. 1998, Bill KOWALCHUK
VO→23,95$ **Général - Enfants**

**RUDY** ▷5
É.-U. 1993. Drame biographique de David ANSPAUGH avec Sean Astin, Ned Beatty et Charles S. Dutton. - À force de persévérance, un jeune homme réussit à réaliser son grand rêve de faire partie d'une équipe de football collégiale.
VF→9,95$ **Général**

**RUE ARLINGTON**
Voir: ARLINGTON ROAD

**RUE BARBARE** ▷5
FR. 1983. Drame de mœurs de Gilles BÉHAT avec Bernard Giraudeau, Bernard-Pierre Donnadieu et Jean-Pierre Sentier. - Un ouvrier paisible s'attire des ennuis lorsqu'il vient en aide à une jeune femme victime de viol et d'enlèvement.
VO→LS **18 ans +**

**RUE CASES-NÈGRES** ▷3
FR. 1983. Drame social de Euzhan PALCY avec Garry Cadenat, Darling Légitimus et Joël Palcy. - Dans les années 1930, l'enfance d'un jeune Martiniquais doué pour les études. - Traitement chaleureux. Illustration soignée. Interprétation d'un grand naturel.
VO→LS **Général**

**RUE CHAUDE, LA**
Voir: WALK ON THE WILD SIDE

**RUE DE LA HONTE, LA** ▷3
JAP. 1956. Drame de mœurs de Kenji MIZOGUCHI avec Machiko Kyo, Aiko Mimasu et Ayako Wakao. - Le sort pitoyable de femmes qui se livrent à la prostitution à Tokyo. - Sujet traité avec tact et intelligence. Excellente direction d'acteurs.
STA→27,95$ **Général**

**RUE DE LA SARDINE**
Voir: CANNERY ROW

**RUE SANS JOIE, LA** ▷3
ALL. 1925. Drame social de Georg Wilhelm PABST avec Greta Garbo, Asta Nielsen et Werner Krauss. - La crise économique pousse vers la déchéance une jeune Viennoise de bonne famille. - Œuvre représentative d'un courant réaliste du cinéma muet en Allemagne. Tendances mélodramatiques. Mise en scène forte. Interprétation typée.
ITA→34,95$ **Général**

**RUES DE FEU, LES**
Voir: STREETS OF FIRE

**RUES DE MON ENFANCE, LES** ▷3
DAN. 1986. Drame social d'Astrid HENNING-JENSEN avec Sofie Gråbøl, Louise Fribo et Vigga Bro. - Dans les années 1930, une jeune fille d'un milieu ouvrier voit sa vie perturbée par son entrée dans l'adolescence. - Traitement sensible et plein de tact. Bonne reconstitution d'époque.
VF→LS **Général**

**RUFFIAN, LE** ▷4
FR. 1982. Aventures de José GIOVANNI avec Lino Ventura, Bernard Giraudeau et Claudia Cardinale. - Un Français immigré au Canada tente, avec quelques amis, de récupérer un chargement d'or perdu dans une chute d'eau du Grand Nord.
VO→LS **Général**

**RUGGLES OF RED GAP** ▷4
É.-U. 1935. Comédie de Leo McCAREY avec Charles Laughton, Zasu Pitts et Charles Ruggles. - Un valet britannique bien stylé est amené dans une bourgade de l'Ouest par ses nouveaux maîtres.
VO→16,95$ **Non classé**

**RUGRATS IN PARIS: THE MOVIE** ▷4
É.-U. 2000. Dessins animés de Stig BERGQVIST et Paul DEMEYER. - En voyage à Paris avec ses amis, un gamin tente d'empêcher son papa veuf d'épouser la méchante directrice d'un parc d'attractions.
**Général**

**RUGRATS MOVIE, THE** ▷4
É.-U. 1998. Dessins animés de Igor KOVALYOV et Norton VIRGIEN. - Quatre bambins et un nourrisson se retrouvent perdus en forêt, où ils vivent de périlleuses aventures.
VO→26,95$ VF→26,95$ LBX-DVD→32,95$ **Général - Enfants**

**RULES OF ENGAGEMENT** ▷5
É.-U. 2000. Drame judiciaire de William FRIEDKIN avec Samuel L. Jackson, Tommy Lee Jones et Guy Pearce. - Un colonel de l'armée responsable d'un massacre au Yémen demande à un vieux compagnon d'armes de le défendre en cour martiale.
VF→14,95$ VO→14,95$ **13 ans + Violence**

**RULING CLASS, THE** ▷3
ANG. 1972. Comédie satirique de Peter MEDAK avec Peter O'Toole, Carolyn Seymour et William Mervyn. - Un homme cupide tente de s'emparer de la fortune de son neveu qui est fou à lier en le mariant à sa propre maîtresse. - Satire féroce de l'aristocratie anglaise. Traitement fort inventif proche du théâtre de l'absurde.
VO→59,95$ **13 ans +**

**RUMBLE FISH** ▷3
É.-U. 1983. Drame social de Francis Ford COPPOLA avec Matt Dillon, Mickey Rourke et Diane Lane. - Un ancien chef de bande qui a renoncé à la violence s'efforce de montrer à son frère l'inutilité de ces affrontements entre clans. - Adaptation d'un roman de S.E. Hinton. Nombreux effets stylistiques. Réalisation originale. Interprétation convaincante.
VO→11,95$ VF→LS LBX-DVD→27,95$ **13 ans +**

**RUMBLE IN HONG KONG** ▷0
H. K. 1996, Hdeng TSU
VA→29,95$ **Violence**

**RUMBLE IN THE BRONX** ▷5
É.-U. 1996. Comédie policière de Stanley TONG avec Jackie Chang, Anita Mui et Françoise Yip. - De passage à New York, un champion d'arts martiaux chinois affronte de dangereux trafiquants de diamants.
VO→18,95$ VF→11,95$ LBX→18,95$
LBX-DVD→23,95$ **13 ans + Violence**

**RUMOR MILL, THE** ▷0
É.-U. 1985, Gus TRIKONIS
VO→LS **Non classé**

**RUN LOLA RUN**
Voir: COURS, LOLA, COURS

**RUN OF THE COUNTRY, THE** ▷0
ANG. 1995, Peter YATES
VO→PC **13 ans +**

**RUN SILENT, RUN DEEP** ▷4
É.-U. 1958. Drame de guerre de Robert WISE avec Clark Gable, Burt Lancaster et Jack Warden. - Un commandant engage son sous-marin dans un combat audacieux contre un convoi japonais.
VO→14,95$ LBX-DVD→18,95$ **Général**

**RUN TIGER RUN** ▷0
H. K. 1985, John WOO
STA→59,95$ **Général**

**RUNAWAY BRIDE** ▷5
É.-U. 1999. Comédie sentimentale de Garry MARSHALL avec Julia Roberts, Richard Gere et Joan Cusack. - Un journaliste s'intéresse à une jeune femme qui a pris l'habitude de fuir à chaque fois qu'elle est sur le point de se marier.
VF→19,95$ VO→LS LBX-DVD→PC **Général**

**RUNAWAY TRAIN** ▷3
É.-U. 1985. Drame d'Andrei KONCHALOVSKY avec Jon Voight, Eric Roberts et John P. Ryan. - Deux forçats s'échappent à bord d'un train dont ils s'aperçoivent trop tard qu'il est hors de contrôle. - Scénario fondé sur un incident réel. Nombreuses scènes hallucinantes. Mise en scène impressionnante. Interprétation de haut niveau.
VO→14,95$ VF→14,95$ LBX-DVD→18,95$ **13 ans +**

**RUNNING MAN, THE** ▷6
É.-U. 1987. Science-fiction de Paul Michael GLASER avec Arnold Schwarzenegger, Maria Conchita Alonso et Richard Dawson. - En 2017, pour avoir tenté de s'enfuir d'un camp de travail, trois prisonniers sont forcés de participer à un jeu télévisé qui prend la forme d'une chasse à l'homme.
LBX→16,95$ LBX-DVD→PC **13 ans +**

**RUNNING ON EMPTY** ▷4
É.-U. 1988. Drame social de Sidney LUMET avec Christine Lahti, River Phoenix et Judd Hirsch. - Recherché depuis 1971 par le FBI, un couple d'anciens activistes vit depuis lors sous différentes identités avec leurs deux enfants.
VO→14,95$ **Général**

**RUPTURE(S)** ▷5
FR. 1993. Comédie dramatique de Christine CITTI avec Michel Piccoli, Emmanuelle Béart et Nada Strancar. - Des amis éprouvent de la difficulté à se remettre du suicide d'une de leurs camarades.
VO→LS **Général**

**RUPTURE, LA** ▷3
FR. 1970. Drame psychologique de Claude CHABROL avec Stéphane Audran, Jean-Pierre Cassel et Michel Bouquet. - Un industriel cherche à compromettre sa bru qui veut obtenir le divorce d'avec son fils. - Intrigue assez compliquée teintée d'un ton d'ironie sèche. Personnages bien campés.
STA→22,95$ **18 ans +**

**RUSH** ▷4
É.-U. 1991. Drame policier de Lili Fini ZANUCK avec Jason Patric, Jennifer Jason Leigh et Sam Elliott. - Deux jeunes enquêteurs œuvrent incognito dans l'entourage d'un propriétaire de bar soupçonné de diriger un réseau de trafic de drogue.
VF→11,95$ VO→PC **13 ans +**

**RUSH HOUR** ▷4
É.-U. 1998. Comédie policière de Brett RATNER avec Jackie Chan, Chris Tucker et Elizabeth Peña. - Un policier de Hong-Kong et un détective de Los Angeles recherchent la fillette kidnappée d'un diplomate chinois en poste aux États-Unis.
VF→PC LBX-DVD→34,95$ **13 ans +**

**RUSHMORE** ▷4
É.-U. 1998. Comédie de mœurs de Wes ANDERSON avec Jason Schwartzman, Bill Murray et Olivia Williams. - Un adolescent fantasque tombe éperdument amoureux d'une jeune enseignante courtisée par un millionnaire.
VO→19,95$ LBX-DVD→PM **Général**

**RUSSIA HOUSE, THE** ▷4
É.-U. 1990. Drame d'espionnage de Fred SCHEPISI avec Sean Connery, Michelle Pfeiffer et James Fox. - Les services secrets des forces alliées somment un éditeur anglais de se rendre en Russie pour contacter l'auteur d'un manuscrit sur la Défense soviétique.
VF→11,95$ VO→11,95$ **Général**

**RUSSIANS ARE COMING! THE RUSSIANS ARE COMING!, THE** ▷4
É.-U. 1966. Comédie de Norman JEWISON avec Carl Reiner, Alan Arkin et Brian Keith. - L'échouage d'un sous-marin russe sème la panique dans une île côtière.
VO→19,95$ **Général**

**RUSTY JAMES**
Voir: RUMBLE FISH

**RUTHLESS** ▷4
É.-U. 1948. Drame psychologique d'Edgar G. ULMER avec Zachary Scott, Louis Hayward et Diana Lynn. - Bien qu'affichant des sentiments humanitaires, un magnat de l'industrie se conduit en fait comme un rapace.
VO→9,95$ **Général**

**RUTHLESS PEOPLE** ▷4
É.-U. 1986. Comédie policière de Jim ABRAHAMS, David et Jerry ZUCKER avec Danny DeVito, Bette Midler et Judge Reinhold. - Ayant déjà songé à tuer sa femme, un homme d'affaires retors se garde bien de payer la rançon le jour où celle-ci se fait kidnapper.
VF→LS **13 ans +**

**RUTLES - ALL YOU NEED IS CASH, THE** ▷4
ANG. 1978. Comédie satirique d'Eric IDLE et Gary WEIS avec Eric Idle, Neil Innes, John Halsey et Ricky Fataar. - L'histoire fictive d'un groupe populaire de musique rock, les Rutles.
VO→19,95$ **Général**

**RYAN'S DAUGHTER** ►2
ANG. 1970. Drame sentimental de David LEAN avec Sarah Miles, Robert Mitchum et Christopher Jones. - En 1916, dans un village irlandais, la jeune épouse de l'instituteur s'éprend d'un officier anglais. - Fragile histoire sentimentale située dans un cadre grandiose. Paysages et mœurs évoqués avec pittoresque. Réalisation magnifique. S. Miles admirable.
VO→24,95$ LBX→24,95$ **13 ans +**

**S'EN FOUT LA MORT** ▷3
FR. 1990. Drame de mœurs de Claire DENIS avec Isaach de Bankolé, Alex Descas et Jean-Claude Brialy. - Deux Noirs s'occupent de combats de coqs clandestins organisés par un restaurateur de la banlieue parisienne. - Description directe et abrupte d'un monde marginal. Aspects socio-psychologiques intéressants. Rugosité de la mise en scène. Interprètes bien choisis.
STA→PC **13 ans +**

**S.F.W.** ▷5
É.-U. 1994. Drame social de Jefery LEVY avec Stephen Dorff, Reese Witherspoon et Jake Busey. - Un marginal devient célèbre après avoir réussi à échapper à des terroristes qui ont pris les clients d'une épicerie en otage.
VO→LS **16 ans + Langage vulgaire**

**S.L.C. PUNK!** ▷5
É.-U. 1998. Comédie dramatique de J. MERENDINO avec Matthew Lillard, Michael A. Goorjian et Annabeth Gish. - Les tribulations de deux jeunes punks dans le contexte coercitif de Salt Lake City durant les années 80.
VO→LS **13 ans + Langage vulgaire**

**S.O.B.** ▷4
É.-U. 1981. Comédie satirique de Blake EDWARDS avec William Holden, Julie Andrews et Richard Mulligan. - Les tribulations d'un producteur dont le dernier film est un fiasco artistique et financier.
VO→14,95$ **13 ans +**

**S.O.S. FANTÔMES**
Voir: GHOSTBUSTERS

**S.O.S. TITANIC** ▷5
É.-U. 1979. Drame de William HALE avec David Janssen, Susan Saint James et David Warner. - Les circonstances entourant le naufrage du Titanic en avril 1912.
VO→14,95$ **Général**

**SA PREMIÈRE CULOTTE**
Voir: LONG PANTS

**SABLES MORTELS**
Voir: WHITE SANDS

**SABLES MOUVANTS, LES** ▷4
FR. 1995. Drame social de Paul CARPITA avec Beppé Clerici, Daniel San Pedro et Guy Belaidi. - En Camargue, un mécanicien espagnol est exploité comme d'autres clandestins par l'homme de main d'un promoteur véreux.
VO→26,95$ **Général**

**SABOTAGE** ▷3
ANG. 1936. Drame d'espionnage d'Alfred HITCHCOCK avec Sylvia Sidney, Oscar Homolka et John Loder. - Une jeune femme découvre que son mari, gérant de cinéma, est un agent à la solde de l'étranger. - Suspense construit avec savoir-faire. Mise en scène habile. Scènes prenantes. Interprétation solide.
VO→LS **Non classé**

**SABOTEUR** ▷4
É.-U. 1942. Drame d'espionnage d'Alfred HITCHCOCK avec Priscilla Lane, Robert Cummings et Otto Kruger. - Un individu accusé à tort de sabotage entreprend de découvrir les vrais coupables.
VO→14,95$ **Non classé**

**SABRINA** ▷4
É.-U. 1954. Comédie sentimentale de Billy WILDER avec Audrey Hepburn, Humphrey Bogart et William Holden. - Un homme d'affaires tente de mettre un terme à l'idylle de son frère avec la fille de leur chauffeur.
VO→14,95$ **Général**

**SABRINA** ▷4
É.-U. 1995. Comédie dramatique de Sydney POLLACK avec Harrison Ford, Julia Ormond et Greg Kinnear. - Les deux héritiers d'une famille fortunée tombent sous le charme de la fille de leur chauffeur qui rentre de Paris métamorphosée en femme du monde.
VF→14,95$ VO→14,95$ **Général**

**SACCO & VANZETTI** ▷3
ITA. 1971. Drame social de Giuliano MONTALDO avec Riccardo Cucciola, Gian-Maria Volontè et Cyril Cusack. - À Boston, en 1920, deux immigrants italiens sont accusés d'avoir participé à un hold-up. - Évocation prenante d'une affaire célèbre. Mise en scène dépouillée et réaliste.
STA-LBX-DVD→29,95$ **Général**

**SACRED PASSION** ▷0
É.-U. 1989, Emerald D.H. STARR
VO→LS **18 ans + Érotisme**

**SACREE FRIPOUILLE, UNE**
Voir: THE FLIM FLAM MAN

**SACRIFICE, LE** ►2
SUÈ. 1986. Drame poétique d'Andrei TARKOVSKY avec Erland Josephson, Allan Edwall et Susan Fleetwood. - À l'annonce d'une catastrophe nucléaire, un écrivain prie Dieu d'épargner sa famille, offrant en échange un sacrifice. - Film poétique et énigmatique à connotations mystiques. Rythme lent et envoûtant. Beauté formelle éblouissante. Interprétation grave et prenante.
STA-KINO→41,95$ STA-DVD→44,95$ **Général**

**SACRIFIÉS, LES**
Voir: THEY WERE EXPENDABLE

**SADE** ▷4
FR. 2000. Drame historique de Benoît JACQUOT avec Daniel Auteuil, Isild Le Besco et Marianne Denicourt. - Transféré en 1794 de la prison de Saint-Lazarre à la clinique de Picpus, le Marquis de Sade y fait l'éducation d'une jeune noble.
STA→LS VO→LS

**SADHANA** ▷5
QUÉ. 1987. Documentaire de Jean-Pierre PICHÉ et M. POULIN. - Un jeune Québécois se rend en Inde pour y puiser aux sources d'une sagesse millénaire.
VO→LS **Général**

**SADIE McKEE** ▷0
É.-U. 1934, Clarence BROWN
VO→18,95$ **Non classé**

**SADIE THOMPSON** ▷5
É.-U. 1928. Drame de mœurs de Raoul WALSH avec Gloria Swanson, Lionel Barrymore et Blanche Friderici. - Un administrateur sévère s'entiche d'une fille de petite vertu qu'il voulait chasser de l'île qui est sous son contrôle.
ITA→34,95$ **Général**

**SAFE** ▷3
É.-U. 1994. Drame de Todd HAYNES avec Julianne Moore, Xander Berkeley et Peter Friedman. - Une ménagère qui mène une vie monotone dans une maison cossue de banlieue se met à souffrir d'étranges malaises qui attaquent son système immunitaire. - Cas pathologique bizarre évoqué de façon clinique. Utilisation habile du son et de la lumière. Mise en scène dépouillée. Jeu très sensible de J. Moore.
VO→17,95$ Général

**SAFE PASSAGE** ▷5
É.-U. 1993. Drame de Robert Allan ACKERMAN avec Susan Sarandon, Sam Shepard et Robert Sean Leonard. - Les membres d'une famille nombreuse profitent d'un drame pour faire le point sur leurs relations.
VF→LS VO→LS Général

**SAHARA** ▷4
É.-U. 1942. Drame de guerre de Zoltan KORDA avec Humphrey Bogart, Bruce Bennett et Lloyd Bridges. - Pendant la retraite de Lybie, l'équipage d'un tank résiste aux attaques nazies.
VO→19,95$ Général

**SAHARA** ▷5
É.-U. 1983. Aventures d'Andrew V. McLAGLEN avec Brooke Shields, Lambert Wilson et Horst Buchholz. - Pour honorer la mémoire de son père, constructeur d'autos de courses, une jeune fille se lance dans une compétition automobile en plein désert.
VO→19,95$ Général

**SAILOR WHO FELL FROM GRACE WITH THE SEA, THE** ▷5
ANG. 1976. Drame psychologique de Lewis John CARLINO avec Sarah Miles, Kris Kristofferson et Jonathan Kahn. - Un adolescent idéalise un marin puis se révolte contre lui lorsqu'il veut abandonner son métier.
LBX→13,95$ 13 ans +

**SAINT CLARA** ▷5
ISR. 1995. Comédie fantaisiste d'Ari FOLMAN et Uri SIVAN avec Lucy Dubinchik, Halil Elohev et Johnny Peterson. - Une jeune clairvoyante bouleverse son école et sa ville lorsqu'elle devine les questions d'un examen de mathématiques.
STA→PC Général

**SAINT DE MANHATTAN, LE**
Voir: THE SAINT OF FORT WASHINGTON

**SAINT JACK** ▷4
É.-U. 1979. Drame réalisé et interprété par Peter BOGDANOVICH avec Ben Gazzara et Denholm Elliott. - Un Américain vivant à Singapour exerce la fonction d'entremetteur auprès de quelques prostituées locales.
VO→LS 18 ans +

**SAINT JOAN** ▷4
É.-U. 1956. Drame d'Otto PREMINGER avec Jean Seberg, Richard Widmark et Richard Todd. - La vie de Jeanne d'Arc vue par le dramaturge George Bernard Shaw.
VO→14,95$ Général

**SAINT JUDE** ▷0
CAN. 2000, John L'ÉCUYER
VO→LS

**SAINT OF FORT WASHINGTON, THE** ▷5
É.-U. 1993. Drame de Tim HUNTER avec Danny Glover, Matt Dillon et Rick Aviles. - L'amitié entre un jeune schizophrène et un vétéran du Viêt-nam, tous deux itinérants dans les rues de New York.
VO→18,95$ VF→18,95$ Général

**SAINT, LE**
Voir: THE SAINT

**SAINT, THE** ▷5
É.-U. 1997. Aventures de Phillip NOYCE avec Val Kilmer, Elisabeth Shue et Rade Serbedzija. - Un aventurier charme une jeune physicienne afin de lui soutirer une formule secrète pour le compte d'un gangster russe.
VF→14,95$ LBX→14,95$ Général

**SAISON BLANCHE ET SÈCHE, UNE**
Voir: A DRY WHITE SEASON

**SAISON DANS LA VIE D'EMMANUEL, UNE** ▷0
QUÉ. 1999, Paul WEISZ
VO→LS

**SAISONS DU CŒUR, LES**
Voir: PLACES IN THE HEART

**SAISONS DU PLAISIR, LES** ▷6
FR. 1988. Comédie de Jean-Pierre MOCKY avec Jean Poiret, Jean-Luc Bideau et Charles Vanel. - Lors d'un congrès, des rivalités se font jour parmi les aspirants à la succession du directeur centenaire d'une parfumerie.
VO→LS 13 ans +

**SAKHAROV** ▷4
ANG. 1984. Drame biographique de Jack GOLD avec Jason Robards, Glenda Jackson et Paul Freeman. - La vie du célèbre dissident soviétique Andrei Sakharov.
VO→LS Non classé

**SALAAM BOMBAY!** ▷3
IND. 1988. Drame social de Mira NAIR avec Shafik Syed, Sarfuddin Qurassi et Raju Barnard. - Chassé de sa famille, un jeune garçon se débrouille pour survivre dans le quartier des prostituées de Bombay. - Histoire poignante. Traitement convaincant. Rythme soutenu. Interprétation naturelle.
STA→LS VF→19,95$ Général

**SALAAM CINEMA** ▷3
IRAN. 1995. Documentaire réalisé par Mohsen MAKHMALBAF. - Un réalisateur qui prépare un film pour le centenaire du cinéma fait passer une audition à de nombreux candidats. - Hommage intelligent et passionné au septième art. Aspects révélateurs de la société iranienne.
STA→LS Général

**SALAIRE DE LA PEUR, LE** ►2
FR. 1952. Drame psychologique d'Henri-Georges CLOUZOT avec Yves Montand, Charles Vanel et Peter Van Eyck. - Quatre hommes déchus acceptent de convoyer deux camions de nitroglycérine. - Forte intensité dramatique. Virtuosité technique. Excellents interprètes.
STA→27,95$ STA-DVD→44,95$ Général

**SALAIRE DU DIABLE, LE**
Voir: MAN IN THE SHADOW

**SALAUDS DORMENT EN PAIX, LES** ▷0
JAP. 1960, Akira KUROSAWA
STA→27,95$ Général

**SALE AFFAIRE, UNE** ▷5
FR. 1980. Drame policier d'Alain BONNOT avec Marlène Jobert, Victor Lanoux et Agnès Château. - Une secrétaire de mairie collabore avec la police afin de confondre un maire mêlé au trafic des stupéfiants.
VO→LS 13 ans +

**SALE COMME UN ANGE** ▷5
FR. 1990. Drame psychologique de Catherine BREILLAT avec Claude Brasseur, Lio, Nils Tavernier. - Un inspecteur de police solitaire et misogyne profite de l'absence forcée de son adjoint pour séduire sa belle épouse.
VO→LS 13 ans +

**SALE DESTIN!** ▷5
FR. 1986. Drame de mœurs de Sylvain MADIGAN avec Victor Lanoux, Pauline Lafont et Michel Aumont. - Un boucher ayant une liaison avec une prostituée engage un tueur pour se débarrasser d'un maître-chanteur qui le harcèle.
VO→LS 13 ans +

**SALÉ SUCRÉ** ▷4
TAI. 1994. Comédie dramatique d'Ang LEE avec Sihung Lung, Kuei-Mei Yang et Chien-Lien Wu. - Les tribulations sentimentales et professionnelles d'un vieux chef cuisinier et de ses trois filles adultes qui demeurent encore avec lui.
VF➔18,95$ STA➔13,95$ **Général**

**SALEM'S LOT** ▷4
É.-U. 1979. Drame d'horreur de Tobe HOOPER avec James Mason, David Soul et Bonnie Bedelia. - Un romancier enquêtant sur une maison hantée la trouve occupée par des vampires.
VO➔11,95$ LBX-DVD➔21,95$ **13 ans + Horreur**

**SALLAH** ▷4
ISR. 1964. Comédie d'Ephraim KISHON avec Haym Topol, Shraga Friedman et Geula Noni. - Les difficultés d'un Juif venu s'installer en Israël avec sa famille.
STA➔LS **Général**

**SALLE DE BAIN, LA** ▷3
FR. 1988. Comédie de mœurs de John LVOFF avec Tom Novembre, Gunilla Karlzen et Jiri Stanislav. - Un individu étrange qui vit dans sa salle de bain voit son intimité troublée par les travaux de rénovation que fait effectuer sa compagne. - Adaptation réussie d'un livre de Jean-Philippe Toussaint. Traitement à la fois sobre et stylisé.
VO➔LS **Général**

**SALLY OF THE SAWDUST** ▷4
É.-U. 1925. Comédie de David Wark GRIFFITH avec Carol Dempster, W. C. Fields et Alfred Lunt. - Un forain veille de son mieux au bonheur de l'orpheline dont il a la garde.
VO➔41,95$ DVD➔38,95$ **Général**

**SALMONBERRIES** ▷4
ALL. 1991. Drame psychologique de Percy ADLON avec K.D. Lang, Rosel Zech et Chuck Connors. - En Alaska, une jeune métisse aux allures d'androgyne se lie d'amitié avec une bibliothécaire d'origine est-allemande qui vit dans l'ombre d'un passé tragique.
VF➔LS VO➔LS **13 ans +**

**SALO OR THE 120 DAYS OF SODOM**
Voir: SALO OU LES CENT VINGT JOURNÉES DE SODOME

**SALO OU LES CENT VINGT JOURNÉES DE SODOME** ▷4
ITA. 1975. Drame de Pier Paolo PASOLINI avec Paolo Bonacelli, Giorgio Cataldi et Uberto P. Quintavalle. - À la fin de la Seconde Guerre mondiale, quatre notables fascistes assouvissent leurs plaisirs particuliers en soumettant des jeunes gens à des jeux pervers.
STA➔LS **18 ans +**

**SALOME** ▷5
É.-U. 1953. Drame biblique de William DIETERLE avec Rita Hayworth, Stewart Granger et Charles Laughton. - Salomé sert d'instrument à sa mère pour obtenir d'Hérode la mort du Précurseur.
OPERA➔39,95$ VO➔19,95$ **Général**

**SALOME'S LAST DANCE** ▷4
ANG. 1988. Comédie dramatique de Ken RUSSELL avec Imogen Millais-Scott, Glenda Jackson et Stratford Johns. - En 1892, le dramaturge anglais Oscar Wilde assiste à la représentation de sa nouvelle pièce *Salomé*, mise à l'index par le gouvernement.
VO➔LS **13 ans +**

**SALT ON OUR SKIN** ▷5
ALL. 1992. Mélodrame d'Andrew BIRKIN avec Greta Scacchi, Vincent d'Onofrio et Anaïs Jeanneret. - La longue liaison amoureuse d'une intellectuelle française et d'un marin écossais.
VO➔17,95$ VF➔18,95$ **Général**

**SALUT COUSIN!** ▷3
FR.-ALG.-BEL.-LUX. 1996. Comédie de mœurs de Merzak ALLOUACHE avec Gad Elmaleh, Mess Hattou et Magaly Berdy. - Débarquant à Paris chez son cousin, un jeune Algérien naïf, venu accomplir une transaction douteuse, vit certaines désillusions. - Intéressante comparaison de cultures. Réalisation sensible aux affects des personnages.
VO➔LS **Général**

**SALUT L'ARTISTE!** ▷4
FR. 1973. Comédie de mœurs de Yves ROBERT avec Marcello Mastroianni, Françoise Fabian et Jean Rochefort. - Les ennuis professionnels et sentimentaux d'un acteur de second plan.
STA➔32,95$ **Général**

**SALUT LA PUCE** ▷5
FR. 1982. Comédie de Richard BALDUCCI avec Jean Lefebvre, Georges Géret et Pierre Tornade. - Un joyeux drille qui vit sur une péniche avec sa famille est mêlé à une affaire de meurtre.
VO➔LS **Non classé**

**SALUT VICTOR!** ▷3
QUÉ. 1988. Drame psychologique d'Anne-Claire POIRIER avec Jean-Louis Roux, Jacques Godin et Julie Vincent. - Une chaude amitié se développe entre deux vieillards qui résident dans une maison de retraite huppée. - Téléfilm au ton intimiste fort bien soutenu. Bonne étude de caractères. Mise en scène nuancée. Excellente interprétation.
VO➔LS **Général**

**SALUT, LES COUSINS**
Voir: KISSIN' COUSINS

**SALVADOR** ▷4
É.-U. 1985. Drame social d'Oliver STONE avec James Woods, Elpedia Carrillo et John Savage. - Lors d'un reportage sur la crise politique du Salvador, un journaliste est témoin des exactions des troupes pro-gouvernementales.
VO➔14,95$ **13 ans +**

**SAM & ME** ▷4
CAN. 1991. Comédie de mœurs de Deepa MEHTA avec Ranjit Chowdhry, Peter Boretski et Om Puri. - Fraîchement débarqué à Toronto, un jeune Indien se lie d'amitié avec un vieux Juif excentrique qu'il est chargé de surveiller.
VF➔LS VO➔LS **Général**

**SAM ET MOI**
Voir: SAM & ME

**SAME TIME, NEXT YEAR** ▷5
É.-U. 1978. Comédie de Robert MULLIGAN avec Ellen Burstyn, Alan Alda et Ivan Bonar. - Au début des années 1950, après une aventure d'une nuit, un homme et une femme décident de se rencontrer annuellement.
VO➔11,95$ **13 ans +**

**SAMMY & ROSIE GET LAID** ▷3
ANG. 1987. Drame de mœurs de Stephen FREARS avec Shashi Kapoor, Frances Barber et Ayub Khan Din. - À Londres, un jeune couple qui vit avec une grande liberté de mœurs accueille le père du mari, un politicien pakistanais. - Exploration des problèmes de l'Angleterre thatchérienne. Approche explosive et virulente. Traitement vif et précis. Interprétation étonnante.
VO➔13,95$ **13 ans +**

**SAMOURAI, LE** ▷3
FR. 1967. Drame policier de Jean-Pierre MELVILLE avec Alain Delon, François Périer et Nathalie Delon. - Un tueur à gages qui agit en solitaire est recherché à la fois par la police et par des criminels. - Drame policier se haussant jusqu'à la tragédie. Mise en scène fignolée.
STA➔LS **13 ans +**

**SAMSON** ▷0
POL. 1961, Andrzej WAJDA
STA➔LS **Général**

**SAMSON AND DELILAH** ▷5
É.-U. 1950. Drame biblique de Cecil B. DeMILLE avec Victor Mature, Hedy Lamarr et George Sanders. - Samson, champion des Israélites, est déjoué par les ruses de Dalilah.
VO➔24,95$ **Non classé**

**SAMSON ET DALIDA**
Voir: SAMSON AND DELILAH

**SAMURAI 1, 2 et 3 (COFFRET)** ▷3
Voir: · SAMURAI 1: MUSASHI MIYAMOTO · SAMURAI 2: DUEL AT ICHIJOJI · SAMURAI 3: DUEL AT GANRYU
STA→72,95$

**SAMURAI 1: MUSASHI MYAMOTO** ▷3
JAP. 1954. Aventures de Hiroshi INAGAKI avec Toshiro Mifune, Kaoru Yachigusa et Mariko Okada. - Les exploits d'un noble et courageux samouraï dans le Japon du XVIIe siècle. - Premier épisode d'une trilogie. Chronique au récit feuilletonesque. Traitement à la fois épique et pittoresque.
STA→27,95$ LBX-DVD→44,95$ **Général**

**SAMURAI 2: DUEL AT ICHIJOJI** ▷3
JAP. 1954. Aventures de Hiroshi INAGAKI avec Toshiro Mifune, Kaoru Yachigusa et Mariko Okada. - Les exploits d'un noble et courageux samouraï dans le Japon du XVIIe siècle. - Deuxième épisode d'une trilogie. Chronique au récit feuilletonesque. Traitement à la fois épique et pittoresque.
STA→27,95$ **Général**

**SAMURAI 3: DUEL AT GANRYU** ▷3
JAP. 1954. Aventures de Hiroshi INAGAKI avec Toshiro Mifune, Kaoru Yachigusa et Mariko Okada. - Les exploits d'un noble et courageux samouraï dans le Japon du XVIIe siècle. - Troisième épisode d'une trilogie. Chronique au récit feuilletonesque. Traitement à la fois épique et pittoresque.
STA→27,95$ LBX-DVD→44,95$ **Général**

**SAMURAI REBELLION** ►2
JAP. 1967. Drame de Masaki KOBAYASHI avec Toshiro Mifune, Takeshi Kato et Tatsuya Nakadai. - Un samouraï et son fils résistent à une réclamation injuste de leur seigneur. - Progression lente entrecoupée de duels savamment réglés. Composition hiératique des images. Dignité d'inspiration confinant à la tragédie. Interprétation forte.
STA→27,95$ **Général**

**SAN FRANCISCO** ▷4
É.-U. 1936. Drame de W.S. VAN DYKE II avec Clark Gable, Spencer Tracy et Jeanette MacDonald. - Un libertin s'amende sous l'influence d'une jeune fille honnête.
VO→19,95$ **Général**

**SANCTION, LA**
Voir: THE EIGER SANCTION

**SAND PEBBLES, THE** ▷3
É.-U. 1966. Drame social de Robert WISE avec Steve McQueen, Richard Attenborough et Richard Crenna. - En Chine, en 1926, une canonnière reçoit mission de veiller à la sécurité des ressortissants américains. - Fresque impressionnante. Mise en scène soignée. Intérêt constant. Interprétation juste.
VO→16,95$ **Général - Déconseillé aux jeunes enfants**

**SANDERS OF THE RIVER** ▷5
ANG. 1935. Aventures de Zoltan KORDA avec Paul Robeson, Mae McKinney et Leslie Banks. - Un administrateur colonial vient à bout d'une révolte grâce à l'aide d'un chef indigène.
VO→PC **Général**

**SANDLOT, THE** ▷4
É.-U. 1993. Comédie fantaisiste de David Mickey EVANS avec Tom Guiry, Mike Vitar et Patrick Renna. - Des gamins tentent par divers stratagèmes de récupérer une balle autographiée par Babe Ruth que l'un d'eux a frappée jusque dans la cour d'un voisin inquiétant.
VF→16,95$ **Général - Enfants**

**SANDPIPER, THE** ▷5
É.-U. 1965. Drame psychologique de Vincente MINNELLI avec Richard Burton, Elizabeth Taylor et Eva Marie Saint. - Un ministre protestant marié se laisse entraîner par la passion qu'il éprouve pour une artiste bohême.
VO→19,95$ **Général**

**SANDS OF IWO JIMA** ▷4
É.-U. 1949. Drame de guerre d'Allan DWAN avec John Wayne, John Agar et Forrest Tucker. - L'entraînement puis l'entrée en action d'une escouade de fusiliers marins durant la dernière guerre.
VO→14,95$ DVD→27,95$ **Général**

**SANG D'UN POÈTE, LE** ▷3
FR. 1930. Film d'essai de Jean COCTEAU avec Enrique Rivero, Lee Miller et Pauline Carton. - Suite de tableaux cherchant à exprimer les rêves d'un poète. - Ensemble original et poétique. Œuvre s'inscrivant dans le mouvement surréaliste français.
STA→27,95$ DVD **Général**

**SANG DES AUTRES, LE** ▷5
FR.-CAN. 1983. Drame de Claude CHABROL avec Jodie Foster, Michael Ontkean et Sam Neill. - Par amour pour un militant communiste, une jeune styliste s'engage dans la Résistance.
VF→LS **Non classé**

**SANG DES INNOCENTS, LES**
Voir: INNOCENT BLOOD

**SANG DU SORCIER, LE**
Voir: HALLOWEEN III: SEASON OF THE WITCH

**SANG FROID**
Voir: CURDLED

**SANGLANTES CONFESSIONS**
Voir: TRUE CONFESSIONS

**SANGO MALO**
Voir: LE MAÎTRE DU CANTON

**SANJURO** ▷3
JAP. 1962. Aventures d'Akira KUROSAWA avec Toshiro Mifune, Tatsuya Nakadai et Reiko Dan. - Un samouraï errant vient en aide à neuf jeunes gens en révolte contre la corruption qui s'est installée dans leur clan. - Film d'action mené avec brio. Touches d'humour rude. Mise en scène pleine d'aisance. Interprétation truculente de Mifune.
STA-LBX→27,95$ STA-LBX-DVD→44,95$ **13 ans +**

**SANS AMOUR**
Voir: WITHOUT LOVE

**SANS LAISSER DE TRACES** ▷5
HON. 1982. Drame policier de Peter FABRY avec Tamas Cseh, Miklos B. Szekely et Karoly Dunai. - Un décorateur d'étalage imagine un ingénieux stratagème pour commettre des vols audacieux.
VF→LS **Non classé**

**SANS LIMITES**
Voir: WITHOUT LIMITS

**SANS PAROLE**
Voir: SPEECHLESS

**SANS PEUR**
Voir: FEARLESS

**SANS PITIÉ**
Voir: NO MERCY

**SANS RAISON APPARENTE** ▷0
QUÉ. 1996, Jean CHABOT
VO→19,95$ **Général**

**SANS RÉMISSION**
Voir: AMERICAN ME

**SANS RETOUR**
Voir: POINT OF NO RETURN

**SANS TOIT NI LOI** ►2
FR. 1985. Drame de mœurs d'Agnès VARDA avec Sandrine Bonnaire, Macha Méril et Yolande Moreau. - Diverses personnes évoquent leurs contacts avec une jeune vagabonde trouvée morte dans un champ. - Réflexions pertinentes sur les rapports de la société avec les marginaux. Traitement réaliste et prenant. Mise en scène dépouillée. S. Bonnaire remarquable dans un rôle exigeant.
STA-KINO→34,95$ **Général**

**SANS UN CRI** ▷4
FR. 1991. Drame psychologique de Jeanne LABRUNE avec Rémi Martin, Nicolas Prive et Lio. - Un camionneur souvent absent reproche à son enfant d'accaparer toute l'attention de sa mère.
VO→18,95$ **13 ans +**

**SANSHIRO SUGATA**
Voir: LA LÉGENDE DU GRAND JUDO

**SANSHO THE BAILIFF**
VOIR: L'INTENDANT SANSHO

**SANTA CLAUS CONQUERS THE MARTIANS** ▷6
É.-U. 1964. Conte de Nicholas WEBSTER avec John Call, Leonard Hicks et Vincent Beck. - Des Martiens viennent sur la Terre enlever le père Noël pour remédier à la mélancolie de leurs enfants.
VO→18,95$ **Général**

**SANTA CLAUS: THE MOVIE** ▷5
ANG. 1985. Conte de Jeannot SZWARC avec David Huddleston, Dudley Moore et John Lithgow. - Un vieux forestier qui, depuis des siècles, distribue des jouets la nuit de Noël doit contrer les manigances d'un financier mégalomane.
VO→9,95$ **Général**

**SANTA CLAUSE, THE** ▷5
É.-U. 1994. Comédie fantaisiste de John PASQUIN avec Tim Allen, Eric Lloyd et Wendy Crewson. - Témoin de la mort accidentelle du père Noël, un père de famille divorcé découvre que la tâche lui revient désormais de remplacer celui-ci.
VF→16,95$ VO→16,95$ **Général • Enfants**

**SANTA FE TRAIL** ▷4
É.-U. 1940. Drame historique de Michael CURTIZ avec Errol Flynn, Olivia de Havilland et Raymond Massey. - En 1850, l'abolitionniste John Brown tente d'imposer ses idées par la force.
VO→24,95$ **Général**

**SANTA SANGRE** ▷0
ITA. 1989, Alejandro JODOROWSKY
VO→LS **18 ans +**

**SANTO IN THE WAX MUSEUM** ▷5
MEX. 1963. Drame d'horreur d'Alfonso Corona BLAKE avec Santo, Claudio Brook et Rueben Rojo. - Un lutteur masqué s'oppose aux expériences d'un scientifique qui transforme des statues de cire en créatures monstrueuses.
VA→LS **Non classé**

**SANTO vs. THE VAMPIRE WOMEN** ▷7
MEX. 1962. Drame d'horreur d'Alfonso Corona BLAKE avec Lorena Velasquez, Jaime Fernandez et Maria Duval. - Un lutteur d'une force exceptionnelle affronte des femmes vampires.
VA→LS **Non classé**

**SANTO vs. THE ZOMBIES** ▷7
MEX. 1962. Science-fiction de Benito ALZRAKI avec Armando Silvestre, Jaime Fernandez et Lorena Velasquez. - Un catcheur entre en lutte contre les créatures d'un savant fou.
VA→LS **Non classé**

**SAPHEAD, THE** ▷3
É.-U. 1921. Comédie d'Herbert BLACHE avec Buster Keaton, Beula Booker et Irving Cummings. - Pour se valoriser auprès de celle qu'il aime, un riche innocent devient courtier à la bourse. - Premier long métrage de Keaton. Touches satiriques amusantes. Habile mélange de sentiments et d'humour. Jeu contrôlé du comédien.
ITA→29,95$ ITA-DVD→44,95$ **Général**

**SARAFINA!** ▷5
A.S. 1992. Drame musical de Darrell James ROODT avec Leleti Khumalo, Whoopi Goldberg et Miriam Makeba. - Une jeune Noire sud-africaine qui rêve de devenir une star participe à une rébellion d'étudiants qui protestent contre l'apartheid.
VF→12,95$ **13 ans + Violence**

**SARAH** ▷4
FR. 1983. Drame poétique de Maurice DUGOWSON avec Jacques Dutronc, Gabrielle Lazure et Heinz Bennent. - Un expert en assurances est intrigué par la disparition de l'interprète du rôle-titre d'un film.
VO→LS **Général**

**SARAH, PLAIN AND TALL** ▷4
É.-U. 1991. Drame de mœurs de Glenn JORDAN avec Glenn Close, Christopher Walken et Lexi Randall. - Une célibataire va vivre pendant un mois chez un fermier veuf, père de deux enfants, qui cherche à se remarier.
VO→PC **Non classé**

**SARATOGA** ▷5
É.-U. 1937. Comédie dramatique de Jack CONWAY avec Clark Gable, Jean Harlow et Frank Morgan. - La fille d'un éleveur de chevaux de course, fiancée à un courtier, s'éprend d'un preneur aux livres.
VO→19,95$ **Général**

**SARRASINE, LA** ▷4
QUÉ. 1992. Drame social de Paul TANA avec Enrica Maria Modugno, Tony Nardi et Jean Lapointe. - À Montréal, en 1904, un tailleur d'origine sicilienne est condamné à mort pour avoir tué accidentellement un Canadien français.
VO→24,95$ **Général**

**SARTRE PAR LUI-MÊME, PARTIE 1** ▷0
FR. 1976, Alexandre ASTRUC et Michel CONTAT
STA→LS **Général**

**SARTRE PAR LUI-MÊME, PARTIE 2** ▷0
FR. 1976, Alexandre ASTRUC et Michel CONTAT
STA→LS **Général**

**SATAN BUG, THE** ▷4
É.-U. 1964. Science-fiction de John STURGES avec George Maharis, Anne Francis et Richard Basehart. - Un paranoïaque menace d'utiliser des liquides mortels pour établir la paix dans le monde.
VO→19,95$ **Général**

**SATAN MET A LADY** ▷0
É.-U. 1936, William DIETERLE
VO→LS **Non classé**

**SATAN'S BED** ▷0
É.-U. 1965, Marshall SMITH
VO→LS **16 ans +**

**SATAN'S SADIST** ▷0
É.-U. 1970, Al ADAMSON
VO→19,95$ **Non classé**

**SATAN'S SATELLITES** ▷6
É.-U. 1957. Science-fiction de Fred C. BRANNON avec Judd Holdren, Aline Towne et Wilson Wood. - Un savant fou veut aider les Martiens à détruire la Terre.
VO→LS **Non classé**

**SATANIC RITES OF DRACULA, THE** ▷5
ANG. 1973. Drame d'horreur de Alan GIBSON avec Christopher Lee, Peter Cushing et Michael Cole. - Les services secrets britanniques font appel à un spécialiste en sciences occultes pour contrecarrer les projets du comte Dracula.
LBX→14,95$ VO **13 ans +**

**SATCHMO: LOUIS ARMSTRONG** ▷4
É.-U. 1989. Documentaire de Gary GIDDINS et K. SIMMONS. - La vie et la carrière du célèbre musicien de jazz Louis Armstrong.
VO→27,95$ **Général**

**SATI**
Voir: WIDOW IMMOLATION

**SATIN STEEL** ▷0
H. K. 1994, Alex Leung SIU-HUNG
STA→LS **16 ans + Violence**

**SATURDAY NIGHT AND SUNDAY MORNING** ▷3
ANG. 1961. Drame psychologique de Karel REISZ avec Albert Finney, Shirley Ann Field et Rachel Roberts. - Les liaisons amoureuses d'un jeune ouvrier anglais. - Bonnes observations de comportement. Interprétation sobre et juste.
VO→LS Général

**SATURDAY NIGHT FEVER** ▷5
É.-U. 1977. Étude de mœurs de John BADHAM avec John Travolta, Karen Lynn Gorney et Donna Pescow. - Les ambitions d'un adolescent de Brooklyn qui fréquente les discothèques pour oublier un quotidien banal.
VF→14,95$ VO→14,95$ 13 ans +

**SATURN 3** ▷5
ANG. 1980. Science-fiction de Stanley DONEN avec Kirk Douglas, Farah Fawcett et Harvey Keitel. - Sur la troisième lune de Saturne, l'arrivée d'un officier chargé de fabriquer un robot perturbe la vie d'un couple déjà installé.
VO→LS 13 ans +

**SAUF-CONDUITS, LES** ▷4
QUÉ. 1991. Drame psychologique de Manon BRIAND avec Patrick Goyette, Julie Lavergne et Luc Picard. - Des complications surgissent lorsque l'amitié qui unit une femme et deux hommes se transforme peu à peu en sentiment amoureux.
STA→19,95$ Général

**SAUT DE L'ANGE, LE** ▷4
FR. 1971. Drame policier d'Yves BOISSET avec Jean Yanne, Senta Berger et Sterling Hayden. - Ayant échappé à un attentat organisé par un politicien véreux, un jeune homme cherche vengeance.
VO→LS 13 ans +

**SAUVAGE, LE** ▷4
FR. 1975. Comédie sentimentale de Jean-Paul RAPPENEAU avec Yves Montand, Catherine Deneuve et Tony Roberts. - Une jeune femme s'impose à un homme qui s'est retiré dans une île isolée.
VO→LS Général

**SAUVE-TOI LOLA** ▷5
FR. 1986. Comédie dramatique de Michel DRACH avec Carole Laure, Jeanne Moreau et Dominique Labourier. - Se découvrant atteinte du cancer, une jeune avocate décide, avec d'autres femmes dans le même cas, de faire face à la maladie.
VO→LS Général

**SAVAGE INNOCENTS, THE** ▷4
ITA.-FR.-ANG. 1959. Drame de mœurs de Nicholas RAY avec Anthony Quinn, Yoko Tani et Peter O'Toole. - Un Esquimau est recherché par la police après avoir tué accidentellement un missionnaire.
VF→LS Non classé

**SAVAGE MESSIAH** ▷4
ANG. 1972. Drame biographique de Ken RUSSELL avec Scott Anthony, Dorothy Tutin et Helen Mirren. - Un jeune sculpteur français et une Polonaise de vingt ans son aînée vivent une étrange relation platonique.
VF→LS VO→LS 13 ans +

**SAVAGE WILDERNESS** ▷0
É.-U. 1956, Anthony MANN
VO→14,95$ Général

**SAVAGES** ▷3
É.-U. 1972. Drame de James IVORY avec Louis J. Stadlen, Anne Francine et Kathleen Widdoes. - Une tribu primitive investit un manoir abandonné et y élabore un simulacre de civilisation. - Récit résolument insolite aux allures de parabole. Traits caricaturaux. Réalisation précise. Interprétation stylisée.
VO→32,95$ 13 ans +

**SAVANNAH, LA BALLADE** ▷5
FR. 1988. Comédie policière de Marco PICO avec Jacques Higelin, Daniel Martin et Élodie Gaultier. - Croyant à un enlèvement, la police traque la voiture de deux truands où s'est cachée la fillette en fugue d'un politicien.
VO→LS Général

**SAVE THE TIGER** ▷4
É.-U. 1972. Drame psychologique de John G. AVILDSEN avec Jack Lemmon, Jack Gilford et Laurie Heineman. - Le directeur d'une maison de couture tente de se tirer d'une mauvaise posture financière.
VO→13,95$ 13 ans +

**SAVEUR DE PASSION, UNE** ▷4
MEX. 1992. Comédie dramatique d'Alfonso ARAU avec Lumi Cavazos, Marco Leonardi et Regina Torné John. - Une mère tyrannique vivant dans un ranch oblige sa plus jeune fille à lui servir de bonne et de cuisinière.
STA→18,95$ VF→12,95$ STA-DVD→36,95$ Général

**SAVING GRACE** ▷5
ANG. 1999. Comédie de Nigel COLE avec Brenda Blethyn, Craig Ferguson et Martin Clunes. - Pour sauver son manoir convoité par des créanciers, une veuve se lance avec son jardinier dans la culture de la marijuana.
VF→LS VO→LS 13 ans +

**SAVING PRIVATE RYAN** ►2
É.-U. 1998. Drame de guerre de Steven SPIELBERG avec Tom Hanks, Edward Burns et Tom Sizemore. - En juin 1944, un commando américain recherche en France un parachutiste dont les trois frères ont été tués au combat. - Œuvre magistrale d'une virtuosité époustouflante. Réflexion probante sur les enjeux de la guerre. Reconstitution minutieuse. Jeu bouleversant de T. Hanks.
VF-SP.ED→23,95$ VO-LBX-SP.ED→28,95$
VO-SP.ED→27,95$ 13 ans + Violence

**SAWDUST AND TINSEL**
Voir: LA NUIT DES FORAINS

**SAY ANYTHING...** ▷4
É.-U. 1989. Comédie dramatique de Cameron CROWE avec John Cusack, Ione Skye et John Mahoney. - Une jeune étudiante studieuse qui vit seule avec son père se fait courtiser par un garçon timide mais original.
VO→11,95$ Général

**SAYONARA** ▷4
É.-U. 1957. Drame social de Joshua LOGAN avec Marlon Brando, Miko Taka et Red Buttons. - Pendant la guerre de Corée, un aviateur américain s'éprend d'une Japonaise.
VO→LS Non classé

**SCALPHUNTERS, THE** ▷4
É.-U. 1968. Western de Sydney POLLACK avec Burt Lancaster, Ossie Davis et Shelley Winters. - En compagnie d'un esclave noir, un trappeur pourchasse des Indiens qui se sont approprié ses fourrures.
VO→19,95$ Non classé

**SCANDAL** ▷4
ANG. 1988. Drame de mœurs de Michael CATON-JONES avec John Hurt, Joanne Whalley-Kilmer et Ian McKellen. - À Londres, au début des années 1960, une danseuse devient la maîtresse du ministre de la Guerre tout en poursuivant une liaison avec un attaché militaire russe.
VF→LS VO→LS 13 ans +

**SCANDALE** ▷7
CAN. 1982. Comédie de George MIHALKA avec Gilbert Contois, Sophie Lorain et François Trottier. - Des employés du ministère des Affaires culturelles tournent un film porno avec un équipement vidéo appartenant au gouvernement.
VO→LS 18 ans +

**SCANDALE À LA COUR**
Voir: A BREATH OF SCANDAL

**SCANDALE D'ESTHER COSTELLO, LE**
Voir: THE STORY OF ESTHER COSTELLO

**SCANDALEUSE DE BERLIN, LA**
Voir: A FOREIGN AFFAIR

**SCANNERS** ▷5
CAN. 1980. Science-fiction de David CRONENBERG avec Stephen Lack, Michael Ironside et Patrick McGoohan. - Un vagabond doté de pouvoirs télépathiques particuliers est appelé à lutter contre un mégalomane semblablement privilégié.
VF→LS VO→LS 13 ans +

**SCAR OF SHAME** ▷0
É.-U. 1927, Frank PEREGINI
ITA→LS Général

**SCARAMOUCHE** ▷4
É.-U. 1952. Aventures de George SIDNEY avec Stewart Granger, Eleanor Parker et Mel Ferrer. - Sous le règne de Louis XVI, un jeune homme entreprend de venger un ami tué en duel par un aristocrate.
VO→19,95$ Général

**SCARECROW** ▷0
RUS. 1985, Rolan BYKOV
STA→LS Général

**SCARECROW** ▷3
É.-U. 1973. Drame psychologique de Jerry SCHATZBERG avec Gene Hackman, Al Pacino et Penny Allen. - Deux marginaux se rencontrent par hasard le long d'une route et deviennent des amis inséparables. - Mélange de comique et de tragique. Mise en scène intelligente. Jeu exceptionnel des deux principaux interprètes
VO→14,95$ 13 ans +

**SCARED STIFF** ▷5
É.-U. 1952. Comédie burlesque de George MARSHALL avec Dean Martin, Jerry Lewis et Lizabeth Scott. - Deux compères qui fuient des gangsters se retrouvent dans un château hanté.
VO→14,95$ Général

**SCARFACE** ►2
É.-U. 1932. Drame policier de Howard HAWKS avec Paul Muni, Ann Dvorak et George Raft. - La vie et la mort d'un gangster américain à l'époque de la prohibition. - Un classique du genre. Construction remarquable. Rythme croissant avec l'action. Mise en scène très soignée. Musique de bonne venue. Interprétation vigoureuse.
VO→19,95$ Général

**SCARFACE** ▷4
É.-U. 1983. Drame policier de Brian DE PALMA avec Al Pacino, Steven Bauer et Michelle Pfeiffer. - L'ascension fulgurante d'un expatrié cubain dans le milieu de la pègre de Miami.
VF→16,95$ VO→16,95$ LBX→16,95$
LBX-DVD→39,95$ 18 ans +

**SCARLET AND THE BLACK, THE** ▷4
É.-U. 1983. Drame de guerre de Jerry LONDON avec Gregory Peck, Christopher Plummer et Olga Karlatos. - Un prélat irlandais du Vatican aide des soldats alliés à échapper aux Allemands.
VO→12,95$ Général

**SCARLET CLAW, THE** ▷5
É.-U. 1944. Drame policier de Roy William NEILL avec Basil Rathbone, Nigel Bruce et Paul Cavanaugh. - Le détective Sherlock Holmes poursuit un meurtrier dans la campagne canadienne.
VO→LS Général

**SCARLET EMPRESS, THE** ►1
É.-U. 1934. Drame de Josef VON STERNBERG avec Marlene Dietrich, John Lodge et Sam Jaffe. - En 1744, pour donner un héritier à son neveu, Élisabeth de Russie fait venir de Prusse une jeune princesse qui deviendra la grande Catherine. - Interprétation stylisée des faits historiques. Nombreuses touches d'humour noir. Décors d'un baroque extravagant. Beauté plastique exceptionnelle. M. Dietrich remarquable.
VO→16,95$ Général

**SCARLET LETTER, THE** ▷5
É.-U. 1995. Drame de Roland JOFFE avec Demi Moore, Gary Oldman et Robert Duvall. - Dans la Nouvelle-Angleterre puritaine du XVIIe siècle, une jeune femme qui a commis l'adultère est emprisonnée puis accusée de sorcellerie.
VO→9,95$ VF→11,95$ 13 ans +

**SCARLET LETTER, THE**
Voir: LA LETTRE ÉCARLATE

**SCARLET PIMPERNEL, THE** ▷4
ANG. 1934. Aventures de Harold YOUNG avec Leslie Howard, Merle Oberon et Raymond Massey. - Pendant la Révolution française, un aristocrate anglais arrive à soustraire des condamnés à la guillotine.
VO→LS Général

**SCARLET PIMPERNEL, THE** ▷4
ANG. 1982. Aventures de Clive DONNER avec Anthony Andrews, Jane Seymour et Ian McKellen. - Pendant la Révolution française, un noble anglais enlève des condamnés à la guillotine.
VO→LS Général

**SCARLET STREET** ▷4
É.-U. 1946. Drame de mœurs de Fritz LANG avec Edward G. Robinson, Joan Bennett et Dan Duryea. - Un comptable d'âge mûr s'amourache d'une fille perverse qui se joue de lui.
VO→17,95$ Général

**SCARS OF DRACULA, THE** ▷5
ANG. 1970. Drame fantastique de Roy Ward BAKER avec Christopher Lee, Dennis Waterman et Jenny Hanley. - Un couple à la recherche d'un jeune libertin est aux prises avec le comte Dracula.
VO→9,95$ 13 ans + Violence

**SCARY MOVIE** ▷6
É.-U. 2000. Comédie satirique de Keenen Ivory WAYANS avec Anna Faris, Jon Abrahams et Shannon Elizabeth. - Un groupe d'adolescents devient la cible d'un tueur masqué.
VF→19,95$ VO→19,95$ 13 ans + Langage vulgaire

**SCÉNARIO EN OR, UN**
Voir: THE BIG PICTURE

**SCÈNES DE LA VIE CONJUGALE** ►2
SUÈ. 1973. Drame psychologique d'Ingmar BERGMAN avec Liv Ullmann, Erland Josephson et Bibi Andersson. - Les tiraillements dans la vie conjugale d'un couple marié depuis dix ans, dont l'union est citée en exemple. - Suite de conversations filmées. Acuité des observations. Mise en scène intelligente. Extraordinaire qualité d'interprétation.
STA→27,95$ 13 ans +

**SCENES FROM A MALL** ▷4
É.-U. 1991. Comédie de mœurs de Paul MAZURSKY avec Woody Allen, Bette Midler et Bill Irwin. - Un avocat et une psychologue mariés depuis 16 ans se disputent lors d'une journée de magasinage dans un centre commercial.
VF→11,95$ VO→10,95$ Général

**SCENES FROM A MARRIAGE**
Voir: SCÈNES DE LA VIE CONJUGALE

**SCENES FROM THE CLASS STRUGGLE IN BEVERLY HILLS** ▷5
É.-U. 1989. Comédie satirique de Paul BARTEL avec Jacqueline Bisset, Ray Sharkey et Robert Beltran. - Les chassés-croisés sentimentaux entre les hôtes d'une vaste demeure appartenant à une veuve de Beverly Hills.
VO→LS 18 ans +

**SCENIC ROUTE, THE** ▷0
É.-U. 1978, Mark RAPPAPORT
VO→LS 13 ans +

**SCENT OF A WOMAN**
Voir: PARFUM DE FEMME

**SCENT OF A WOMAN** ▷4
É.-U. 1992. Comédie dramatique de Martin BREST avec Al Pacino, Chris O'Donnell et James Rebhorn. - Un ancien militaire aveugle au tempérament difficile entreprend un périple à New York en compagnie d'un collégien qui a été engagé pour veiller sur lui.
VF→11,95$ VO→11,95$ LBX→16,95$
LBX-DVD→27,95$ 13 ans + Langage vulgaire

**SCENT OF GREEN PAPAYA, THE**
Voir: L'ODEUR DE LA PAPAYE VERTE

**SCHINDLER'S LIST** ▶2
É.-U. 1993. Drame de guerre de Steven SPIELBERG avec Liam Neeson, Ben Kingsley et Ralph Fiennes. - Un industriel allemand s'arrange pour sauver de l'Holocauste les employés juifs qui travaillent dans son usine de Cracovie. - Histoire authentique. Approche dure et lucide du sujet. Sentiment d'urgence bien rendu par une mise en scène nerveuse. Ensemble d'une beauté austère. Interprétation pleine de retenue.
LBX→19,95$ VO→19,95$ VF→19,95$
STF→19,95$ 13 ans + Violence

**SCHIZOPOLIS** ▷0
É.-U. 1997, Steven SODERBERGH
LBX→18,95$ Général

**SCHOOL DAZE** ▷5
É.-U. 1988. Comédie satirique réalisée et interprétée par Spike LEE avec Larry Fishburne, Giancarlo Esposito et Tisha Campbell. - Dans un collège fréquenté uniquement par des Noirs, deux groupes rivaux s'affrontent.
VF→14,95$ VO→14,95$ Général

**SCHOOL ON FIRE** ▷0
H. K. 1988, Ringo LAM
STA→LS 18 ans +

**SCHOOL TIES** ▷4
É.-U. 1992. Drame social de Robert MANDEL avec Brendan Fraser, Chris O'Donnell et Andrew Lowery. - Un jeune Juif d'origine modeste qui a été admis dans un collège huppé est l'objet de préjugés de classe et de religion.
VF→13,95$ Général

**SCHPOUNTZ, LE** ▷4
FR. 1938. Comédie de Marcel PAGNOL avec Fernandel, Orane Demazis et Charpin. - Un garçon naïf est persuadé qu'il possède des dons d'acteur.
VO→29,95$ Général

**SCI-FI FILES, THE** ▷0
É.-U. 1997, Chris LETHBRIDGE

**SCORCHERS** ▷4
É.-U. 1991. Comédie de mœurs de David BEAIRD avec Leland Crooke, Emily Lloyd et Faye Dunaway. - Deux histoires racontées parallèlement, l'une impliquant un couple de jeunes mariés et l'autre une prostituée confrontée à l'épouse d'un de ses clients.
VO→LS Général

**SCORE** ▷5
É.-U. 1976. Comédie érotique de Radley METZGER avec Claire Wilbur, Calvin Culver et Lynn Lowry. - Un homme et sa compagne, tous deux bisexuels, se mettent en frais de séduire un couple de jeunes mariés.
VO→46,95$

**SCORPIO** ▷4
É.-U. 1972. Drame d'espionnage de Michael WINNER avec Burt Lancaster, Alain Delon et Paul Scofield. - Un Français au service de la CIA reçoit l'ordre de tuer son supérieur soupçonné d'être un agent double.
VO→14,95$ Général

**SCORPION NOIR**
Voir: JUST CAUSE

**SCOTT OF THE ANTARTIC** ▷4
ANG. 1948. Drame biographique de Charles FREND avec John Mills, Harold Warrender et Derek Bond. - L'histoire de l'expédition tragique du capitaine Scott au pôle Sud.
VO→LS Général

**SCOUMOUNE, LA** ▷4
FR. 1972. Drame policier de José GIOVANNI avec Jean-Paul Belmondo, Claudia Cardinale et Michel Constantin. - Les tribulations d'un truand marseillais dans les années 1930 et 1940.
VO→LS 13 ans +

**SCOUNDREL, THE** ▷0
POL. 1991, Tomasz WISZNIEWSKI
STA→LS Général

**SCOUT TOUJOURS...** ▷5
FR. 1985. Comédie réalisée et interprétée par Gérard JUGNOT avec Jean-Claude Leguay et Agnès Blanchot. - Appelé à la dernière minute pour être chef d'une patrouille de scouts, le fils d'un célèbre commissaire devient le souffre-douleur de ses garçons.
VO→LS Général

**SCREAM** ▷5
É.-U. 1996. Drame d'horreur de Wes CRAVEN avec David Arquette, Neve Campbell et Courteney Cox. - Une adolescente devient la cible d'un mystérieux meurtrier masqué.
VF→14,95$ VO→18,95$ LBX→19,95$
LBX-DVD→27,95$ 16 ans + Violence

**SCREAM 2** ▷4
É.-U. 1997. Drame d'horreur de Wes CRAVEN avec Neve Campbell, Courteney Cox et David Arquette. - Des meurtres mystérieux se produisent dans l'entourage d'une jeune fille qui se remet à peine d'une semblable série noire.
VO→14,95$ VF→14,95$ LBX-DVD→27,95$ 16 ans + Violence

**SCREAM 3** ▷4
É.-U. 2000. Drame d'horreur de Wes CRAVEN avec Neve Campbell, Courteney Cox Arquette et David Arquette. - Le tournage d'un film d'horreur est perturbé par une série de meurtres commis par un tueur masqué.
VF→22,95$ VO→22,95$

**SCREAM AND SCREAM AGAIN** ▷4
ANG. 1969. Science-fiction de Gordon HESSLER avec Vincent Price, Christopher Matthews et Marshall Jones. - Après l'échec de la police, un jeune médecin légiste décide de poursuivre l'enquête sur deux meurtres mystérieux.
VO→11,95$ 13 ans +

**SCREAM OF STONE** ▷5
ALL. 1991. Drame sportif de Werner HERZOG avec Vittorio Mezzogiorno, Stefan Glowacz et Donald Sutherland. - Deux alpinistes rivaux qui escaladent un sommet périlleux sous les yeux de la télévision se livrent à un duel irraisonnable.
VO→LS Général

**SCREAM, BLACULA, SCREAM!** ▷5
É.-U. 1973. Drame d'horreur de Bob KELLJAN avec William Marshall, Pam Grier et Don Mitchell. - Un jeune homme fait appel à un vampire pour obtenir la direction d'un culte vaudou.
VO→14,95$ 13 ans +

**SCREAMERS** ▷5
QUÉ. 1995. Science-fiction de Christian DUGUAY avec Peter Weller, Jennifer Rubin et Roy Dupuis. - En 2078, sur une planète minière, des soldats affrontent des robots programmés pour s'attaquer aux humains.
VF→LS VO→18,95$ 13 ans + Violence

**SCREAMERS: L'ARMÉE SOUTERRAINE**
Voir: SCREAMERS

**SCREWED** ▷6
É.-U. 2000. Comédie de mœurs de Scott ALEXANDER et Larry KARASZEWSKI avec Norm Macdonald, David Chappelle et Elaine

Stritch. - Un domestique paumé s'attire bien des ennuis en essayant de kidnapper le chien de son acariâtre maîtresse.
VO→PC **Général**

**SCROOGE** ▷3
ANG. 1970. Comédie musicale de Ronald NEAME avec Albert Finney, Alec Guinness et Edith Evans. - La nuit de Noël, un vieil avare fait un rêve qui l'amène à changer d'attitude. - Illustration somptueuse d'un conte de Dickens. Riche évocation des traditions de Noël à l'anglaise.
VO→16,95$ **Général**

**SCROOGED** ▷4
É.-U. 1988. Comédie fantaisiste de Richard DONNER avec Bill Murray, Karen Allen et Bobcat Goldthwait. - Le président arriviste et hargneux d'un réseau de télévision reçoit la visite de fantômes qui l'incitent à reconsidérer sa vie.
VO→14,95$ LBX-DVD→29,95$ **Général**

**SCRUBBERS** ▷4
ANG. 1982. Drame social de Mai ZETTERLING avec Chrissie Cotterill, Amanda York et Elizabeth Edmonds. - Les tribulations d'un groupe de jeunes délinquantes qui séjournent dans une maison de redressement.
VO→LS **13 ans +**

**SEA CHASE, THE** ▷4
É.-U. 1955. Aventures de John FARROW avec John Wayne, Lana Turner et David Farrar. - Un navire allemand, poursuivi par les Anglais, tente de joindre un port neutre.
VO→14,95$

**SEA HAWK, THE** ▷4
É.-U. 1940. Aventures de Michael CURTIZ avec Errol Flynn, Brenda Marshall et Flora Robson. - Le capitaine d'un vaisseau corsaire britannique apporte son aide à la reine Elizabeth menacée par l'Armada espagnole.
VO→19,95$ **Non classé**

**SEA OF GRASS, THE** ▷4
É. U. 1947. Western d'Elia KAZAN avec Katharine Hepburn, Spencer Tracy et Robert Walker. - La vie conjugale difficile d'un important rancher de l'Ouest.
VO→18,95$ **Général**

**SEA OF LOVE** ▷4
É.-U. 1989. Drame policier d'Harold BECKER avec Al Pacino, Ellen Barkin et John Goodman. - Enquêtant sur un meurtre, un détective de la police de New York s'éprend d'une femme qui pourrait bien être le coupable qu'il recherche.
VO→14,95$ VF→14,95$ **13 ans +**

**SEA WOLVES, THE** ▷4
É.-U. 1980. Drame de guerre d'Andrew V. McLAGLEN avec Gregory Peck, Roger Moore et David Niven. - En 1943, un commando d'anciens militaires entreprend de neutraliser un poste d'espionnage allemand dans l'océan Indien.
VO→14,95$ **Général**

**SEALED SOIL, THE** ▷0
IRAN 1977, Marva NABILI
STA→PC **Général**

**SEANCE ON A WET AFTERNOON** ▷3
ANG. 1964. Drame psychologique de Bryan FORBES avec Kim Stanley, Richard Attenborough et Nanette Newman. - Une femme qui s'adonne au spiritisme fait enlever une fillette. - Bon film de suspense. Réalisation sobre et efficace. Excellents interprètes.
VO→13,95$ VO→13,95$ **Général**

**SEARCH AND DESTROY** ▷5
É.-U. 1995. Comédie de mœurs de David SALLE avec Griffin Dunne, Illeana Douglas et Christopher Walken. - Un homme d'affaires endetté croit qu'il pourra transformer sa vie s'il réussit à porter au grand écran le roman d'un célèbre gourou.
VO→LS **13 ans +**

**SEARCH FOR BRIDEY MURPHY, THE** ▷0
É.-U. 1956, Noel LANGLEY
VO→17,95$ **Non classé**

**SEARCH, THE** ▷3
É.-U. 1947. Drame social de Fred ZINNEMANN avec Montgomery Clift, Ivan Jandl et Aline MacMahon. - Un orphelin de guerre devient le protégé d'un soldat américain. - Valeur documentaire incontestable. Traitement sobre. Interprétation remarquable.
VO→LS **Général**

**SEARCHERS, THE** ►1
É.-U. 1955. Western de John FORD avec John Wayne, Jeffrey Hunter et Vera Miles. - Un aventurier se met à la poursuite des Comanches qui ont enlevé ses deux nièces.- Une des œuvres maîtresses de l'auteur. Style épique. Réalisation grandiose au rythme lent. Traitement rude et humoristique. Interprétation intense.
LBX→19,95$ VO→18,95$ LBX-DVD→21,95$ **Général**

**SEARCHING FOR BOBBY FISCHER** ▷4
É.-U. 1993. Drame de Steven ZAILLIAN avec Joe Mantegna, Max Pomeranc et Joan Allen. - Obnubilés par le succès de leur gamin joueur d'échecs, un couple pousse ce dernier à s'améliorer sans cesse.
VF→LS VO→13,95$ **Général**

**SEASON OF THE WITCH** ▷0
É.-U. 1972, George A. ROMERO
VO→LS **13 ans +**

**SEBASTIANE** ▷0
ANG. 1976, Derek JARMAN
STA→LS **18 ans +**

**SECOND AWAKENING OF CHRISTA KLAGES, THE** ▷4
ALL. 1978. Drame psychologique de Margarethe VON TROTTA avec Tina Engel, Silvia Reize et Marius Muller-Westernhagen. - Pour sauver de la faillite la garderie où elle travaille, une femme entreprend un hold-up de banque avec deux amis.
STA→59,95$ **Général**

**SECOND BEST** ▷4
ANG. 1994. Drame psychologique de Chris MENGES avec William Hurt, Chris Clearly Miles et Keith Allen. - Postier dans un petit village anglais, un célibataire morose décide d'adopter un garçon de dix ans qui se montre d'un abord difficile.
VF→18,95$ VO→18,95$ **Général**

**SECOND BEST SECRET AGENT IN THE WHOLE WIDE WORLD** ▷6
ANG. 1965. Drame d'espionnage de Lindsay SHONTEFF avec Tom Adams, Karel Stepanek et Veronica Hurst. - Un agent secret est chargé de veiller à la sécurité d'un savant.
VO→LS **13 ans +**

**SECOND FIDDLE** ▷5
É.-U. 1939. Comédie sentimentale de Sidney LANDFIELD avec Sonja Henie, Tyrone Power et Rudy Vallee. - Une jeune institutrice norvégienne est engagée pour tourner un film à Hollywood.
VO→24,95$ **Général**

**SECOND JUNGLE BOOK, MOWGLI AND BALOO, THE** ▷6
É.-U. 1997. Comédie dramatique de Duncan McLACHLAN avec Jamie Williams, Bill Campbell et Gulshan Grover. - Un enfant sauvage est poursuivi par un aventurier qui veut en faire une attraction de cirque et par son oncle qui veut se débarrasser de lui.
VF→19,95$ VO→19,95$ **Général**

**SECOND WOMAN, THE** ▷5
É.-U. 1950. Drame policier de James V. KERN avec Robert Young, Betsy Drake et Henry O'Neil. - Depuis la mort accidentelle de sa fiancée, un jeune homme est accablé de malheurs.
VO→24,95$ **Général**

**SECONDA VOLTA, LA** ▷4
ITA. 1995. Drame psychologique de Mimmo CALOPRESTI avec Nanni Moretti, Valeria Bruni-Tedeschi et Valeria Milillo. - Un professeur turinois reconnaît dans une employée de bureau une terroriste qui, douze ans plus tôt, avait tenté de l'abattre d'une balle dans la tête lors d'un attentat.
STA→11,95$ **Général**

**SECONDS** ▷3
É.-U. 1966. Drame psychologique de John FRANKENHEIMER avec Rock Hudson, John Randolph et Salome Jens. - Un homme d'âge mûr change de physique et retrouve la jeunesse grâce à une intervention chirurgicale. - Sujet original. Atmosphère de cauchemar fort bien évoquée. Réalisation inventive. Interprétation intelligente.
VF→LS VO→PC

**SECRET AGENT** ▷4
ANG. 1936. Drame d'espionnage d'Alfred HITCHCOCK avec John Gielgud, Robert Young et Madeleine Carroll. - Un écrivain est envoyé en Suisse sous un faux nom pour éliminer un espion allemand.
VO→17,95$ **Général**

**SECRET AGENT, THE** ▷5
É.-U. 1995. Drame d'espionnage de Christopher HAMPTON avec Bob Hoskins, Patricia Arquette et Gérard Depardieu. - À Londres, en 1907, un agent provocateur utilise le frère handicapé de sa femme pour commettre un acte de terrorisme.
VO→32,95$ **13 ans +**

**SECRET BEYOND THE DOOR** ▷4
É.-U. 1947. Drame psychologique de Fritz LANG avec Joan Bennett, Michael Redgrave et Anne Revere. - Une femme se rend compte que son mari est un dangereux maniaque.
VO→LS **Général**

**SECRET CEREMONY** ▷3
ANG. 1968. Drame psychologique de Joseph LOSEY avec Mia Farrow, Elizabeth Taylor et Robert Mitchum. - Une jeune fille, troublée par la mort de sa mère, installe chez elle une femme qui ressemble à celle-ci. - Situations peu vraisemblables. Bonne création d'atmosphère.
VO→14,95$ **Non classé**

**SECRET DE GRACE QUIGLEY, LE**
Voir: GRACE QUIGLEY

**SECRET DE JÉRÔME, LE** ▷5
CAN. 1994. Drame de mœurs de Phil COMEAU avec Myriam Cyr, Germain Houde et Rémy Girard. - En 1863, dans un petit village de la Nouvelle-Écosse, un couple sans enfant recueille un inconnu amputé des deux jambes et apparemment muet.
VO→23,95$ **Général**

**SECRET DE LA BANQUISE, LE**
Voir: BEAR ISLAND

**SECRET DE LA CHAMBRE CLAIRE, LE**
Voir: WHITE ROOM

**SECRET DE LA PLANÈTE DES SINGES, LE**
Voir: BENEATH THE PLANET OF THE APES

**SECRET DE MON SUCCÈS, LE**
Voir: THE SECRET OF MY SUCCESS

**SECRET DE TARA, LE**
Voir: THE PLAYBOYS

**SECRET DÉFENSE** ▷5
FR. 1997. Drame psychologique de Jacques RIVETTE avec Sandrine Bonnaire, Jerzy Radziwilowicz et Laure Marsac. - Une scientifique décide de régler son compte à un ancien associé de son père, qu'elle croit responsable de la mort de ce dernier.
VO→LS

**SECRET DES SÉLÉNITES, LE** ▷5
FR. 1982. Dessins animés de Jean IMAGE. - Au XVIII<sup>e</sup> siècle, le baron de Munchausen réussit à se rendre sur la Lune avec quelques compagnons.
VO→LS **Général**

**SECRET DIARY OF SIGMUND FREUD, THE** ▷5
É.-U. 1984. Comédie de Danford B. GREENE avec Bud Cort, Carol Kane et Klaus Kinski. - Amoureux d'une infirmière qui zézaie, le jeune Sigmund Freud élabore ses premières théories sur la psychanalyse.
VO→LS **Général**

**SECRET EST DANS LA SAUCE, LE**
Voir: FRIED GREEN TOMATOES

**SECRET GAMES** ▷6
É.-U. 1991. Drame de mœurs d'Alexander Gregory HYPPOLITE avec Michele Brin, Billy Drago et Martin Ewitt. - Une épouse malheureuse fréquente une villa où des rencontres clandestines sont organisées avec des hommes riches à la recherche de nouveauté.
VF→LS VO→PC **Non classé**

**SECRET GARDEN, THE** ▷4
É.-U. 1993. Conte d'Agnieszka HOLLAND avec Kate Maberly, Heydon Prowse et Andrew Knott. - Après la mort de ses parents, une fillette vient habiter le château d'un oncle anglais où elle découvre un jardin secret auquel elle redonne vie.
VF→14,95$ VO→19,95$ LBX-DVD→18,95$ **Général**

**SECRET GARDEN, THE** ▷5
É.-U. 1949. Comédie de Fred McLEOD WILCOX avec Margaret O'Brien, Dean Stockwell et Brian Roper. - Une jeune orpheline autoritaire et dure amenée des Indes chez un riche parent se transforme peu à peu au contact d'un petit paysan.
VO→19,95$ **Non classé**

**SECRET HONOR** ▷0
É.-U. 1984, Robert ALTMAN
VO→LS **Général**

**SECRET IN BUBBIE'S ATTIC, THE** ▷0
ISR. 1991, Eva GRAYZEL et Suri LEVOW-KRIEGER
VA→LS **Général**

**SECRET LIFE OF AN AMERICAN WIFE, THE** ▷6
É.-U. 1968. Comédie de George AXELROD avec Anne Jackson, Walter Matthau et Patrick O'Neal. - Pour se prouver à elle-même sa féminité, la femme d'un publicitaire se présente à un comédien comme une call-girl.
VO→31,95$

**SECRET LIFE OF WALTER MITTY, THE** ▷5
É.-U. 1947. Comédie de Norman Z. MCLEOD avec Danny Kaye, Virginia Mayo et Boris Karloff. - Un timide rêve à des exploits imaginaires.
VO→14,95$ **Général**

**SECRET NATION** ▷5
CAN. 1992. Drame politique de Michael JONES avec Cathy Jones, Mary Walsh et Michael Wade. - Quarante ans après que Terre-Neuve se soit joint au Canada, une étudiante en histoire est intriguée par les controverses entourant cet événement.
VO→24,95$ **Général**

**SECRET OF MY SUCCESS, THE** ▷4
É.-U. 1987. Comédie de Herbert ROSS avec Michael J. Fox, Helen Slater et Richard Jordan. - Voulant faire carrière dans le monde des affaires, un livreur de courrier réussit à s'immiscer parmi les cadres supérieurs de son entreprise.
VF→LS **Général**

**SECRET OF NIMH, THE** ▷3
É.-U. 1982. Dessins animés de Don BLUTH. - Une souris des champs se voit obligée de demander de l'aide à une colonie de rats pour déménager son logis. - Intrigue à la fois naïve et complexe. Graphisme d'une grande précision. Personnages bien typés et pittoresques.
VF→14,95$ VO→14,95$ DVD→29,95$ **Général**

**SECRET OF ROAN INISH, THE** ▷3
É.-U. 1994. Conte de John SAYLES avec Jeni Courtney, Mick Lally et Eileen Colgan. - Dans un village côtier irlandais, une fillette se persuade que son petit frère, prétendument mort noyé, aurait en réalité été élevé par des phoques dans une île voisine. - Atmosphère envoûtante gavée de vieux mythes gaéliques. Récit attaché aux détails du quotidien. Très beau travail d'illustration. Interprétation dans le ton voulu.
VO→9,95$ Général

**SECRET OF SANTA VITTORIA, THE** ▷4
É.-U. 1969. Comédie de Stanley E. KRAMER avec Anthony Quinn, Anna Magnani et Hardy Kruger. - Les habitants d'un village italien font en sorte de cacher aux Allemands la provision de vin qui constitue leur seule richesse.
VO→18,95$ Général

**SECRET POLICEMAN'S OTHER BALL, THE** ▷0
ANG. 1982, Julian TEMPLE et Roger GRAEF
VO→18,95$ 13 ans +

**SECRET SPACE, A** ▷0
É.-U. 1977, Roberta O. HODES
VO→LS Général

**SECRET WAR OF HARRY FRIGG, THE** ▷5
É.-U. 1967. Comédie de Jack SMIGHT avec Paul Newman, Sylva Koscina et Andrew Duggan. - Un simple soldat reçoit mission d'organiser l'évasion de cinq officiers supérieurs d'une forteresse nazie.
VO→11,95$ Général

**SECRET-DÉFENSE**
Voir: HIDDEN AGENDA

**SECRETS & LIES** ►2
ANG. 1996. Drame psychologique de Mike LEIGH avec Brenda Blethyn, Timothy Spall et Marianne Jean-Baptiste. - Une ouvrière de race blanche voit réapparaître dans sa vie sa fille de race noire qu'elle a été forcée d'abandonner à sa naissance 27 ans auparavant. - Portrait de famille évoluant entre la tragédie et la comédie. Approche pleine d'authenticité et de compassion. Mise en scène intelligente. Interprétation remarquable.
VO→14,95$ VF→14,95$ Général

**SECRETS DE LA PRINCESSE DE CARDIGNAN, LES** ▷4
FR. 1982. Drame psychologique de Jacques DERAY avec Claudine Auger, Marina Vlady et François Marthouret. - Une princesse ruinée se joue des sentiments d'un écrivain naïf.
VO→LS Non classé

**SECRETS DU PARDON, LES**
Voir: LOVED

**SECRETS ET MENSONGES**
Voir: SECRETS et LIES

**SECRETS OF WOMEN**
Voir: L'ATTENTE DES FEMMES

**SECRETS PROFESSIONNELS DU DR. APFELGLÜCK, LES** ▷6
FR. 1991. Film à sketches d'Hervé PALUD, Alessandro CAPONE, Mathias LEDOUX, Stéphane CLAVIER et Thierry LHERMITTE avec Thierry Lhermitte, Josiane Balasko et Jacques Villeret. - Un psychiatre raconte les mésaventures de quelques-uns de ses clients.
VO→LS Général

**SECTE DE MARRAKECH, LA** ▷0
FR. 1979, Eddy MATALON
VO 18 ans +

**SECTION, LA**
Voir: THE STICK

**SEDUCED AND ABANDONED**
Voir: SÉDUITE ET ABANDONNÉE

**SEDUCING MAARYA** ▷5
QUÉ. 1999. Drame de mœurs de Hunt HOE avec Nandana Sen, Cas Anvar et Vijay Mehta. - Un veuf d'origine indienne tombe amoureux de la femme qu'il a choisie comme épouse pour son fils.
STF→LS

**SÉDUCTEURS, LES**
Voir: BEDTIME STORY

**SEDUCTION OF JOE TYNAN, THE** ▷4
É.-U. 1979. Drame social de Jerry SCHATZBERG avec Alan Alda, Meryl Streep et Barbara Harris. - Les problèmes professionnels et sentimentaux d'un sénateur aux idées libérales.
VO→14,95$

**SEDUCTION OF MIMI, THE**
Voir: MIMI MÉTALLO BLESSÉ DANS SON HONNEUR

**SEDUCTION: THE CRUEL WOMAN** ▷6
ALL. 1985. Drame de mœurs de M. TREUT et Elfi MIKESCH avec M. Grossmann, Udo Kier et S. McLaughlin. - Une femme d'affaires entretient d'étranges relations sadomasochistes avec son entourage.
STA→49,95$ 18 ans +

**SÉDUITE ET ABANDONNÉE** ▷0
ITA. 1964, Pietro GERMI
STA-LBX→39,95$ 13 ans +

**SEE NO EVIL** ▷4
É.-U. 1971. Drame de Richard FLEISCHER avec Mia Farrow, Norman Eshley et Robin Bailey. - Une jeune aveugle dont les parents ont été tués pendant son absence fuit avec une preuve contre l'assassin.
VO→14,95$ VF→17,95$ 13 ans +

**SEE YOU IN THE MORNING** ▷4
É.-U. 1989. Drame psychologique d'Alan J. PAKULA avec Jeff Bridges, Alice Krige et Farrah Fawcett. - Les difficultés psychologiques et sentimentales d'un psychiatre qui s'est remarié avec une veuve après s'être séparé d'un mannequin.
VO→14,95$ Général

**SEEKING ASYLUM** ▷0
ITA. 1979, Marco FERRERI
STA→35,95$ Général

**SEIGNEUR D'HAWAII, LE**
Voir: DIAMOND HEAD

**SEIGNEUR DES ANNEAUX, LE**
Voir: THE LORD OF THE RINGS

**SEINS DE GLACE, LES** ▷4
FR. 1974. Drame policier de Georges LAUTNER avec Alain Delon, Mireille Darc et Claude Brasseur. - Un scénariste de télévision s'éprend d'une jeune femme mystérieuse.
VO→LS Non classé

**SEIZURE** ▷6
CAN. 1973. Drame d'horreur d'Oliver STONE avec Jonathan Frid, Martine Beswick et Christina Pickles. - Trois étranges personnages font irruption dans une maison de campagne dont ils forcent les occupants à se livrer à des jeux cruels.
VF→LS 13 ans +

**SEL DE LA TERRE, LE**
Voir: SALT OF THE EARTH

**SELENA** ▷5
É.-U. 1996. Drame biographique de Gregory NAVA avec Jennifer Lopez, Edward James Olmos et Jon Seda. - La carrière fulgurante de la jeune chanteuse hispano-américaine Selena qui a été assassinée en pleine gloire.
VF→14,95$ Général

**SENATOR WAS INDISCREET, THE** ▷5
É.-U. 1947. Comédie de George S. KAUFMAN avec William Powell, Ella Raines et Peter Lind Hayes. - Une journaliste s'efforce d'empêcher un sénateur incompétent de briguer la présidence des États-Unis.
VO→9,95$ Général

**SEND ME NO FLOWERS** ▷4
É.-U. 1964. Comédie de Norman JEWISON avec Rock Hudson, Doris Day et Tony Randall. - Se croyant à tort condamné à mourir sous peu, un homme cherche un nouveau mari pour sa femme.
VO→11,95$ Général

**SENDER, THE** ▷4
ANG. 1982. Drame fantastique de Roger CHRISTIAN avec Kathryn Harrold, Zeljko Ivanek et Shirley Knight. - Une psychiatre vit de curieuses expériences en s'occupant d'un jeune amnésique doté d'extraordinaires pouvoirs télépathiques.
VO→24,95$ 13 ans +

**SENS, LES: LA FESSÉE**
Voir: THE SENSES: STRICTLY SPANKING

**SENS, LES: LE PARFUMEUR**
Voir: THE SENSES: THE PERFUMER

**SENS, LES: PANIQUE**
Voir: THE SENSES: PANIC

**SENS, LES: SAUCE PIQUANTE**
Voir: THE SENSES: HOT SAUCE

**SENS, LES: TAXI POUR LOS ANGELES**
Voir: THE SENSES: TAXI FOR L.A.

**SENSE AND SENSIBILITY** ▷3
É.-U. 1995. Comédie dramatique d'Ang LEE avec Emma Thompson, Kate Winslet et Émilie François. - Les tribulations sentimentales de deux sœurs dans l'Angleterre du XVIIIe siècle. - Adaptation alerte et spirituelle d'un roman de Jane Austen. Personnages habilement cernés. Réalisation lumineuse et aérée. Interprétation pleine de fraîcheur et d'intelligence.
VF→14,95$ VO→14,95$ LBX→14,95$
LBX-DVD→33,95$ Général

**SENSE AND SENSIBILITY** ▷0
ANG. 1985, Rodney BENNETT
VO→LS Général

**SENSELESS** ▷6
É.-U. 1998. Comédie fantaisiste de Penelope SPHEERIS avec Marlon Wayans, David Spade et Matthew Lillard. - À titre de cobaye, un étudiant démuni fait l'essai d'une drogue qui décuple les sens, espèrant ainsi pouvoir décrocher un emploi rémunérateur.
VO→LS VF→14,95$ 13 ans + Langage vulgaire

**SENSES, THE: HOT SAUCE** ▷6
CAN. 1996. Comédie dramatique réalisée et interprétée par Bashar SHBIB avec Susan Eyton-Jones et Maïa Nadon-Chbib. - Un réalisateur de films amnésique recouvre partiellement la mémoire en dégustant des mets épicés.
VF→LS VO→LS Général

**SENSES, THE: PANIC** ▷6
CAN. 1996. Drame de Bashar SHBIB avec Alexandra Woodward, Robin Andrew Wilcock et Diane Carlson. - Un travesti auteur de dramatiques pour la radio récite devant son assistant homophobe sa dernière création.
VF→LS VO→LS 13 ans +

**SENSES, THE: STRICTLY SPANKING** ▷5
CAN. 1996. Drame de mœurs de Bashar SHBIB avec Iona Brindle, Patrick Garrow et Alastair Hesketh-Jones. - Une jeune femme raconte à son amant ses relations sadomasochistes passées.
VF→LS VO→LS 16 ans + Érotisme

**SENSES, THE: TAXI FOR L. A.** ▷5
CAN. 1996. Comédie sentimentale de Bashar SHBIB avec Alexandra Woodward, Mark Houghton et Jay Ferguson. - Une snob sympathise progressivement avec le chauffeur de taxi cynique qui la conduit de Montréal à Los Angeles.
VF→LS VO→LS 13 ans +

**SENSES, THE: THE PERFUMER** ▷7
CAN. 1996. Comédie de Bashar SHBIB avec Jimeoin, Diane Carlson et Iona Brindle. - Un timide propriétaire de parfumerie concocte une senteur qui se révèle un puissant aphrodisiaque.
VF→LS VO→LS Général

**SENSO** ▷3
ITA. 1954. Drame sentimental de Luchino VISCONTI avec Alida Valli, Farley Granger et Massimo Girotti. - Une comtesse vénitienne s'éprend d'un aventurier qui lui soutire de l'argent. - Thème mélodramatique. Photographie admirable.
STA→31,95$ STA-DVD→PC Général

**SENSO** ▷0
FR. 1992, Gérard VERGEZ
VO→LS Général

**SENTINEL, THE** ▷6
É.-U. 1976. Drame fantastique de Michael WINNER avec Cristina Raines, Chris Sarandon et Arthur Kennedy. - Une jeune fille connaît des expériences bizarres dans une vieille maison où elle vient de louer un appartement.
VO→LS 13 ans +

**SENTINELLE DES MAUDITS, LA**
Voir: THE SENTINEL

**SENTINELLE, LA** ▷4
FR. 1991. Drame d'Arnaud DESPLECHIN avec Emmanuel Salinger, Thibault de Montalembert et Jean-Louis Richard. - Un étudiant en médecine est propulsé dans une affaire d'espionnage après avoir trouvé une tête momifiée dans ses bagages.
VO→LS 13 ans +

**SENZA PELLE (SANS LA PEAU)** ▷3
ITA. 1994. Comédie dramatique d'Alessandro D'ALATRI avec Anna Galiena, Massimo Ghini et Kim Rossi Stuart. - Un jeune couple vient en aide à un garçon qui souffre d'une curieuse maladie mentale se traduisant par une incapacité à contrôler ses émotions les plus intimes. - Mélange à la fois prenant et savoureux de comédie de situations et de compassion. Récit fluide. Réalisation bien maîtrisée. Interprétation remarquable.
STF→26,95$ Général - Déconseillé aux jeunes enfants

**SEPARATE BUT EQUAL** ▷4
É.-U. 1991. Drame historique de George STEVENS Jr. avec Sidney Poitier, Burt Lancaster et Richard Kiley. - Un avocat de New York se bat en Cour suprême pour l'abolition de la ségrégation raciale dans les écoles.
VO→LS Non classé

**SEPARATE TABLES** ▷4
É.-U. 1958. Drame psychologique de Delbert MANN avec Deborah Kerr, David Niven et Burt Lancaster. - De petits drames se jouent dans un hôtel où viennent se réfugier des personnes solitaires.
VO→14,95$ Général

**SÉPARATION, LA** ▷3
FR. 1994. Drame psychologique de Christian VINCENT avec Daniel Auteuil, Isabelle Huppert et Jérôme Deschamps. - Les rapports entre deux époux s'enveniment de jour en jour après que le mari a découvert que sa femme aime un autre homme. - Crise conjugale analysée avec acuité. Observations psychologiques subtiles. Mise en scène d'une pudeur touchante. Comédiens de grand talent.
VO→LS Général

**SÉPARÉS MAIS ÉGAUX**
Voir: SEPARATE BUT EQUAL

**SEPT**
Voir: SEVEN

**SEPT ANS AU TIBET**
Voir: SEVEN YEARS IN TIBET

**SEPT ANS DE RÉFLEXION**
Voir: THE SEVEN YEAR ITCH

**SEPT COLLINES DE ROME, LES**
Voir: THE SEVEN HILLS OF ROME

**SEPT HOMMES À L'AUBE**
Voir: OPERATION DAYBREAK

**SEPT JOURS, SEPT NUITS**
Voir: SIX DAYS, SEVEN NIGHTS

**SEPT MERCENAIRES, LES**
Voir: THE MAGNIFICENT SEVEN

**SEPT PÉCHÉS CAPITAUX, LES** ▷5
FR. 1961. Film à sketches de Philippe DE BROCA, Claude CHABROL, Jacques DEMY, Sylvain DHOMME, Jean-Luc GODARD, Édouard MOLINARO et Roger VADIM. - Sept sketches illustrant les sept péchés capitaux.
STA→21,95$ **Général**

**SEPT PÉCHÉS CAPITAUX, LES** ▷5
FR. 1952. Film à sketches d'Eduardo DE FILIPPO, Jean DRÉVILLE, Yves ALLÉGRET, Roberto ROSSELLINI, Carlo RIM et Claude AUTANT-LARA avec Maurice Ronet, Gérard Philipe et Viviane Romance. - Sept sketches illustrant les sept péchés capitaux.
STA→39,95$ **Général**

**SEPT SAMOURAÏS, LES** ►1
JAP. 1954. Aventures d'Akira KUROSAWA avec Takasi Shimura, Toshiro Mifune et Yoshio Inaba. - Sept samouraïs viennent en aide aux habitants d'un village menacé par des bandits. - Peinture remarquable, tragique et poétique à la fois. Mise en scène d'un dynamisme extraordinaire. Interprétation de grande classe.
STA→29,95$ STA-DVD→59,95$ **Général**

**SEPT SECONDES EN ENFER**
Voir: HOUR OF THE GUN

**SEPT VOLEURS DE CHICAGO, LES**
Voir: ROBIN AND THE SEVEN HOODS

**SEPT VOLEURS, LES**
Voir: SEVEN THIEVES

**SEPTEMBER** ▷4
É.-U. 1987. Drame psychologique de Woody ALLEN avec Mia Farrow, Dianne Wiest et Sam Waterston. - Installée dans une maison de campagne, une jeune femme dépressive reçoit divers invités de passage.
VO→14,95$ **Général**

**SEPTEMBER AFFAIR** ▷5
É.-U. 1950. Drame sentimental de William DIETERLE avec Joan Fontaine, Joseph Cotten et Françoise Rosay. - Malheureux en ménage, un homme profite du fait qu'on le croit mort pour refaire sa vie.
VO→14,95$ **Général**

**SEPTIÈME CIEL, LE** ▷5
FR. 1997. Drame psychologique de Benoît JACQUOT avec Sandrine Kiberlain, Vincent Lindon et François Berléand. - Une femme déprimée se métamorphose grâce à un hypnotiseur, ce qui finit par inquiéter son mari.
VO→18,95$ **Général**

**SEPTIÈME PROPHÉTIE, LA**
Voir: THE SEVENTH SIGN

**SEPTIÈME SCEAU, LE** ►1
SUÈ. 1957. Drame d'Ingmar BERGMAN avec Gunnar Bjornstrand, Bibi Andersson et Max Von Sydow. - Un chevalier revenu des Croisades alors que son pays est en proie à la peste obtient un sursis de la Mort. - Légende symbolique aux images merveilleuses. Œuvre d'une grande richesse. Jeu remarquable des interprètes.
STA→27,95$ STA-DVD→59,95$ **13 ans +**

**SEPTIÈME VOYAGE DE SINBAD, LE**
Voir: THE 7th VOYAGE OF SINBAD

**SÉRAPHIN** ▷5
QUÉ. 1949. Comédie dramatique de Paul GURY Le Gouriadec avec Hector Charland, Guy Provost et Suzanne Avon. - Un avare qui pressure les colonisateurs des Laurentides connaît une suite de déboires.
VO→36,95$ **Général**

**SERGEANT RUTLEDGE** ▷3
É.-U. 1960. Western de John FORD avec Jeffrey Hunter, Woody Strode et Constance Towers. - Un sergent de race noire est accusé injustement de meurtre et de viol. - Sujet original. Souffle épique. Photographie soignée. Interprétation solide de W. Strode.
VO→14,95$ **Général**

**SERGEANT YORK** ▷3
É.-U. 1941. Drame biographique de Howard HAWKS avec Gary Cooper, Joan Leslie et Walter Brennan. - Un fermier du Tennessee devient un des plus grands héros de la guerre 1914-1918. - Évocation pittoresque. Touches humoristiques. Mise en scène souple. Composition savoureuse de Cooper.
VO→19,95$ **Général**

**SERIAL LOVER** ▷5
FR. 1998. Comédie policière de James HUTH avec Michèle Laroque, Albert Dupontel et Elise Tielrooy. - Le souper d'anniversaire d'une romancière tourne au vinaigre quand elle tue accidentellement chacun de ses quatre prétendants.
VO→LS **13 ans + Violence**

**SERIAL MOM** ▷4
É.-U. 1994. Comédie satirique de John WATERS avec Kathleen Turner, Sam Waterston et Ricki Lake. - Une mère de famille modèle se laisse aller à des pulsions meurtrières chaque fois que quelqu'un menace le bonheur des siens.
VF→11,95$ VO→11,95$ **13 ans + Langage vulgaire**

**SÉRIEUX COMME LE PLAISIR** ▷5
FR. 1974. Comédie de Robert BENAYOUN avec Jane Birkin, Richard Leduc et Georges Mansart. - Un joyeux trio sème la perturbation dans les hôtels où il passe.
VO→LS **Général**

**SERPENT AND THE RAINBOW, THE** ▷4
É.-U. 1987. Drame d'horreur de Wes CRAVEN avec Bill Pullman, Cathy Tyson et Zakes Mokae. - Un anthropologue se rend en Haïti dans le but de découvrir les éléments d'une potion qui plonge son consommateur dans le coma.
VF→11,95$ **18 ans +**

**SERPENT'S EGG, THE** ▷3
ALL. 1977. Drame social d'Ingmar BERGMAN avec David Carradine, Liv Ullmann et Heinz Bennent. - Un trio de trapézistes se retrouve aux prises avec un inquiétant médecin qui pratique de mystérieuses expériences sur le corps humain. - Illustration proche de l'expressionnisme des années 1920. Traitement percutant.
VO→LS 13 ans +

**SERPENT'S KISS** ▷0
É.-U. 1997, Philippe ROUSSELOT
VO→LS

**SERPENT, LE (NIGHT FLIGHT FROM MOSCOW)** ▷4
FR. 1972. Drame d'espionnage d'Henri VERNEUIL avec Yul Brynner, Henry Fonda et Dirk Bogarde. - La CIA vérifie les dires d'un colonel russe qui demande asile aux États-Unis.
VF→LS Général

**SERPICO** ▷3
É.-U. 1973. Drame policier de Sidney LUMET avec Al Pacino, John Randolph et Tony Roberts. - Un jeune policier intègre lutte contre la corruption chez ses collègues. - Récit vigoureux et percutant tiré de faits authentiques. Suite de scènes colorées et vivantes. Excellente interprétation de A. Pacino.
VO→14,95$ 13 ans +

**SERVING IN SILENCE: THE MARGARETHE CAMMERMEYER STORY** ▷4
É.-U. 1994. Drame social de Jeff BLECKNER avec Glenn Close, Judy Davis et Lorena Gale. - Une femme officier de l'armée américaine est licenciée à cause de son orientation sexuelle.
VF→LS Général

**SET-UP, THE** ▷3
É.-U. 1949. Drame de Robert WISE avec Robert Ryan, Audrey Totter et George Tobias. - Un boxeur est victime des combinards qui avaient arrangé un combat. - Remarquable document sur les milieux de la boxe. Très bonne mise en scène. Jeu expressif des interprètes.
VO→LS Général

**SEUL DANS SON ROYAUME**
Voir: KING OF THE HILL

**SEUL TÉMOIN, LE**
Voir: NARROW MARGIN

**SEULEMENT TOI**
Voir: ONLY YOU

**SEVEN** ▷3
É.-U. 1995. Drame policier de David FINCHER avec Morgan Freeman, Brad Pitt et Gwyneth Paltrow. - Deux détectives enquêtent sur les crimes d'un tueur qui s'inspire des sept péchés capitaux pour choisir ses victimes et leur châtiment. - Suspense aux idées dramatiques puissantes. Ambiance glauque et angoissante à souhait. Réalisation brillante. Interprétation pleine de conviction.
LBX→18,95$ VF→14,95$ LBX-DVD→27,95$ 16 ans + Horreur

**SEVEN BEAUTIES (PASQUALINO)** ►2
ITA. 1975. Comédie satirique de Lina WERTMULLER avec Giancarlo Giannini, Shirley Stoler et Fernando Rey. - Un truand napolitain se plie à diverses exigences pour assurer sa survie surtout lorsqu'il se retrouve en camp de concentration. - Situations paradoxales brassées avec vigueur. Vision grotesque de l'univers concentrationnaire. Éléments de réflexion. Excellente composition de G. Giannini.
STA→31,95$ VA→29,95$ 13 ans +

**SEVEN BRIDES FOR SEVEN BROTHERS** ▷3
É.-U. 1954. Comédie musicale de Stanley DONEN avec Jane Powell, Howard Keel et Jeff Richards. - Sept frères montagnards enlèvent des jeunes filles au village voisin. - Mélange d'humour et de fantaisie. Danses bien exécutées. Musique entraînante. Interprétation alerte.
VO→14,95$ Général

**SEVEN CHANCES** ▷3
É.-U. 1925. Comédie réalisée et interprétée par Buster KEATON avec T. Roy Barnes et Ruth Dwyer. - Un jeune homme qui doit hériter d'une fortune s'il se marie fait face à un afflux de fiancées. - Scénario prétexte à une inénarrable poursuite. Invention comique constante. B. Keaton à son meilleur.
ITA→41,95$ ITA-DVD→44,95$ Général

**SEVEN CITIES OF GOLD** ▷4
É.-U. 1955. Aventures de Robert D. WEBB avec Michael Rennie, Richard Egan et Anthony Quinn. - Un missionnaire participe à une expédition espagnole pour coloniser la Californie au XVIIIe siècle.
VO→24,95$ Général

**SEVEN DAYS IN MAY** ▷4
É.-U. 1963. Drame social de John FRANKENHEIMER avec Burt Lancaster, Kirk Douglas et Fredric March. - Le chef du Pentagone prend la tête d'un complot pour déposer le président des États-Unis.
LBX-DVD→21,95$ VO→19,95$ Général

**SEVEN HILLS OF ROME** ▷5
É.-U. 1957. Comédie musicale de Roy ROWLAND avec Mario Lanza, Renato Rascel et Marisa Allasio. - Un chanteur poursuit jusqu'à Rome sa fiancée qui l'a laissé et s'éprend d'une jeune Italienne.
VO→LS Général

**SEVEN PERCENT SOLUTION, THE** ▷3
É.-U. 1976. Comédie policière de Herbert ROSS avec Nicol Williamson, Alan Arkin et Robert Duvall. - Le docteur Sigmund Freud et le détective Sherlock Holmes unissent leurs forces pour résoudre une affaire d'enlèvement. - Point de départ ingénieux. Développements imaginatifs. Mise en scène soignée. Interprètes de talent.
VO→14,95$ 13 ans +

**SEVEN SAMURAI, THE**
Voir: LES SEPT SAMOURAÏS

**SEVEN SINNERS** ▷5
É.-U. 1940. Drame de Tay GARNETT avec Marlene Dietrich, John Wayne et Broderick Crawford. - Un officier de marine s'éprend d'une chanteuse de cabaret au passé trouble.
VO→18,95$ Général

**SEVEN THIEVES** ▷4
É.-U. 1960. Drame policier d'Henry HATHAWAY avec Edward G. Robinson, Rod Steiger et Joan Collins. - Un professeur américain organise un hold-up audacieux au casino de Monte-Carlo.
VO→43,95$ Non classé

**SEVEN YEAR ITCH, THE** ▷3
É.-U. 1954. Comédie satirique de Billy WILDER avec Tom Ewell, Marilyn Monroe et E. Keyes. - Pendant une absence de sa femme, un homme flirte avec une jolie voisine. - Scénario fertile en situations drôles. Mise en scène fort habile. Interprétation très au point.
VF→16,95$ VO→16,95$ Général

**SEVEN YEARS IN TIBET** ▷4
É.-U. 1997. Drame biographique de Jean-Jacques ANNAUD avec Brad Pitt, David Thewlis et B.D. Wong. - Pendant la Seconde Guerre mondiale, un alpiniste autrichien parti à la conquête de l'Himalaya rencontre le dalaï-lama.
VF→12,95$ LBX→12,95$ LBX-DVD→36,95$ Général

**SEVENTH CROSS, THE** ▷3
É.-U. 1944. Drame de Fred ZINNEMANN avec Spencer Tracy, Signe Hasso et Hume Cronyn. - Sept hommes s'échappent d'un camp de concentration allemand en 1936 et sont pourchassés impitoyablement. - Traitement réaliste et sombre. Mise en scène prenante. Jeu excellent de S. Tracy.
VO→19,95$ Général

**SEVENTH SEAL, THE**
Voir: LE SEPTIÈME SCEAU

**SEVENTH SIGN, THE** ▷5
É.-U. 1988. Drame fantastique de Carl SCHULTZ avec Demi Moore, Jurgen Prochnow et Michael Biehn. - Une jeune femme enceinte croit que son nouveau locataire est impliqué dans des phénomènes cataclysmiques.
VF→9,95$ 13 ans +

**SEVENTH VEIL, THE** ▷4
ANG. 1945. Drame psychologique de Compton BENNETT avec James Mason, Ann Todd et Herbert Lom. - Un psychiatre tente de découvrir les causes du déséquilibre d'un pianiste. - Atmosphère bien créée. Technique classique. Situations dramatiques judicieusement exploitées. Bons interprètes.
VO→14,95$ Général

**SEVENTH VICTIM, THE** ▷0
É.-U. 1943, Mark ROBSON
VO→LS Général

**SÉVILLANE, LA** ▷0
FR. 1992, Jean-Philippe TOUSSAINT
VO→LS Général

**SEX AND THE SINGLE GIRL** ▷5
É.-U. 1964. Comédie de Richard QUINE avec Natalie Wood, Tony Curtis et Henry Fonda. - Un rédacteur de revue cherche à obtenir un entretien avec une jeune psychologue auteur d'un livre à succès.
VO→19,95$ Général

**SEX, DRUGS, ROCK & ROLL** ▷4
É.-U. 1991. Drame social de John McNAUGHTON avec Eric Bogosian. - Spectacle filmé mettant en valeur le monologuiste Eric Bogosian.
VO→LS 13 ans +

**SEX, LIES, AND VIDEOTAPE** ▷4
É.-U. 1989. Comédie de mœurs de Steven SODERBERGH avec Andie MacDowell, James Spader et Laura San Giacomo. - Une épouse trompée se confie à un jeune homme qui passe son temps à enregistrer les confidences intimes des femmes qu'il rencontre.
VF→14,95$ VO→14,95$ LBX-DVD→33,95$ 13 ans +

**SEXE DES ÉTOILES, LE** ▷4
QUÉ. 1993. Drame psychologique de Paule BAILLARGEON avec Marianne-Coquelicot Mercier, Denis Mercier et Sylvie Drapeau. - Vivant seule avec sa mère, une fillette de 12 ans renoue avec son père qui a changé de sexe depuis qu'il les a quittées.
STA→21,95$ VO→12,95$ 13 ans +

**SEXE, MENSONGES ET VIDÉOS**
Voir: SEX, LIES, AND VIDEOTAPE

**SEXTETTE** ▷7
É.-U. 1979. Comédie musicale de Ken HUGHES avec Mae West, Timothy Dalton et Dom De Luise. - Une vedette de cinéma vieillissante qui vient d'épouser son sixième mari voit sa nuit de noces gâchée par divers incidents.
VO→18,95$ Non classé

**SEXUS**
Voir: LA NUIT LA PLUS LONGUE

**SGT. BILKO** ▷5
É.-U. 1996. Comédie de Jonathan LYNN avec Steve Martin, Dan Aykroyd et Phil Hartman. - Un sergent joueur invétéré voit ses trafics compromis par l'arrivée d'un rival dans sa base militaire.
VF→PC Général

**SGT. KABUKIMAN N.Y.P.D.** ▷0
É.-U. 1996, Michael HERZ et Lloyd KAUFMAN
VO→18,95$ 13 ans +

**SGT. PEPPER'S LONELY HEART CLUB BAND** ▷0
É.-U. 1978, Michael A. SCHULTZ
VO→11,95$ Général

**SHABBAT SHALOM!** ▷4
QUÉ. 1992. Drame psychologique de Michel BRAULT avec Gilbert Sicotte, Robert Brouillette et Popeck. - Le fils d'un maire s'indigne devant l'opposition de son père au projet de construction d'une nouvelle synagogue.
VO→LS Général

**SHACK OUT ON 101** ▷0
É.-U. 1955, Edward DEIN
VO→LS Général

**SHADES OF BLACK** ▷0
É.-U. 1933, Mary HAVERSTICK
VO→59,95$ 13 ans +

**SHADOW OF ANGELS**
Voir: L'OMBRE DES ANGES

**SHADOW OF A DOUBT** ►2
É.-U. 1942. Drame policier d'Alfred HITCHCOCK avec Teresa Wright, Joseph Cotten et Patricia Collinge. - Se voyant soupçonné d'un crime par sa nièce, un homme tente de l'éliminer. - Suspense psychologique intelligemment développé. Contexte social et familial fort habilement décrit. Réalisation parfaitement maîtrisée. Interprétation impeccable.
VO→14,95$ Général

**SHADOW OF CHINATOWN, THE** ▷0
É.-U. 1936, Bob HILL
VO→LS Général

**SHADOW OF THE THIN MAN** ▷5
É.-U. 1941. Comédie policière de W.S. VAN DYKE II avec William Powell, Myrna Loy et Dickie Hall. - Un détective privé mène une enquête sur une série d'assassinats ayant eu lieu dans le milieu des turfistes.
VO→18,95$ Général

**SHADOW OF THE VAMPIRE** ▷4
ANG. 2000. Drame fantastique d'E. Elias MERHIGE avec John Malkovich, Willem Dafoe et Udo Kier. - En 1921, un cinéaste recrute un vrai vampire pour jouer dans une adaptation de Dracula.
VF→LS VO→LS Général - Déconseillé aux jeunes enfants

**SHADOW YOU SOON WILL BE, A** ▷0
ARG. 1994, Hector OLIVERA
STA→LS Général

**SHADOW, THE** ▷4
É.-U. 1994. Drame fantastique de Russell MULCAHY avec Alec Baldwin, John Lone et Penelope Ann Miller. - Un justicier capable de se rendre invisible affronte un guerrier asiatique qui veut faire exploser une bombe atomique sur New York.
VO→18,95$ VF→14,95$ Général

**SHADOWLANDS** ▷4
ANG. 1993. Drame sentimental de Richard ATTENBOROUGH avec Anthony Hopkins, Debra Winger et Edward Hardwicke. - Un écrivain réputé qui enseigne à Oxford se lie d'une amitié polie mais un peu froide avec une admiratrice new-yorkaise qu'il finit pourtant par épouser.
VO→11,95$ VF→11,95$ LBX-DVD→18,95$ Général

**SHADOWS** ▷3
É.-U. 1960. Etude de mœurs de John CASSAVETES avec Lelia Goldoni, Ben Carruthers et Hugh Hurd. - Une jeune New-Yorkaise de race noire à la peau blanche s'éprend d'un Blanc qui hésite à l'épouser lorsqu'il fait la connaissance de ses frères noirs. - Première œuvre du réalisateur. Dramatisation en grande partie improvisée. Ensemble vrai et attachant. Cadrages très expressifs. Interprétation naturelle.
Général

**SHADOWS** ▷0
É.-U. 1922, Tom FORMAN
ITA→29,95$ Général

**SHADOWS AND FOG** ▷3
É.-U. 1991. Comédie réalisée et interprétée par Woody ALLEN avec Mia Farrow et John Malkovich. - Dans une ville d'Europe centrale, un modeste employé est enrôlé à son corps défendant par des citoyens à la recherche d'un étrangleur. - Amusant pastiche des films expressionnistes allemands. Décors et photographie superbes.
VO→14,95$ Général

**SHADOWS OF OUR FORGOTTEN ANCESTORS**
Voir: LES CHEVAUX DE FEU

**SHADOWS ON THE STAIRS** ▷0
É.-U. 1941, D. Ross LEDERMAN
VO→24,95$ Général

**SHAFT** ▷4
É.-U. 1971. Drame policier de Gordon PARKS avec Richard Roundtree, Moses Gunn et Christopher St.John. - Un détective privé est engagé par le chef de la pègre du quartier noir de Harlem pour retrouver sa fille enlevée par la Mafia.
LBX-DVD→18,95$ LBX-DVD→PM 13 ans +

**SHAFT (2000)** ▷5
É.-U. 2000. Drame policier de John SINGLETON avec Samuel L. Jackson, Christian Bale et Geoffrey Wright. - Devant l'inefficacité de la justice, un policier donne sa démission pour prendre sur lui de neutraliser un jeune et riche meurtrier raciste.
VF→LS VO→LS 13 ans +

**SHAFT IN AFRICA** ▷5
É.-U. 1973. Drame policier de John GUILLERMIN avec Richard Roundtree, Frank Finlay et Vonetta McGee. - Un détective de race noire entreprend de démanteler un trafic de travailleurs émigrés.
VO→11,95$ LBX-DVD→18,95$ LBX-DVD→18,95$ 18 ans +

**SHAFT'S BIG SCORE!** ▷4
É.-U. 1972. Drame policier de Gordon PARKS avec Richard Roundtree, Joseph Mascolo et Wally Taylor. - Un détective privé de race noire enquête sur l'assassinat du frère de sa maîtresse, entrepreneur en assurances et en pompes funèbres.
VO→11,95$ 13 ans +

**SHAGGY DOG, THE** ▷4
É.-U. 1959. Comédie fantaisiste de Charles BARTON avec Tommy Kirk, Fred MacMurray et Kevin Corcoran. - Un adolescent trouve une bague magique du Moyen Âge qui le transforme en chien.
VO→19,95$ Général

**SHAKE HANDS WITH THE DEVIL** ▷4
É.-U. 1959. Drame historique de Michael ANDERSON avec James Cagney, Don Murray et Dana Wynter. - Un jeune homme est amené à participer à la lutte pour l'indépendance de l'Irlande.
VO→19,95$ Général

**SHAKES THE CLOWN** ▷4
É.-U. 1991. Comédie dramatique réalisée et interprétée par Bobcat GOLDTHWAIT avec Julie Brown et Tom Kenny. - Un clown essaie de se disculper du meurtre de son impresario dont il est accusé.
VO→LS 13 ans + Langage vulgaire

**SHAKESPEARE ET JULIETTE**
Voir: SHAKESPEARE IN LOVE

**SHAKESPEARE IN LOVE** ▷3
É.-U. 1998. Comédie sentimentale de John MADDEN avec Joseph Fiennes, Gwyneth Paltrow et Colin Firth. - À Londres, en 1593, un dramaturge trouve l'inspiration en tombant amoureux d'une jeune noble promise à un lord. - Fantaisie charmante autant que bouffonne pastichant l'œuvre de Shakespeare. Interprétation de première classe.
VO→14,95$ VF→14,95$ LBX-DVD→PM Général

**SHAKESPEARE WALLAH** ▷4
ANG. 1965. Étude de mœurs de James IVORY avec Geoffrey Kendal, Felicity Kendal et Shashi Kapoor. - Une troupe d'acteurs anglais tente sans succès de jouer le répertoire de Shakespeare en Inde.
VO→LS Non classé

**SHALAKO** ▷5
ANG. 1968. Western d'Edward DMYTRYK avec Sean Connery, Brigitte Bardot et Peter Van Eyck. - Un éclaireur de l'armée vient en aide à des aristocrates qui se sont aventurés en territoire indien au cours d'une expédition de chasse.
VO→9,95$ 13 ans +

**SHALL WE DANCE?** ▷4
É.-U. 1937. Comédie musicale de Mark SANDRICH avec Fred Astaire, Ginger Rogers et Edward Everett Horton. - Un danseur classique s'éprend d'une danseuse à claquettes.
VO→14,95$ Général

**SHALL WE DANCE?** ▷4
JAP. 1996. Comédie de mœurs de Masayuki SUO avec Koji Yakusyo, Tamiyo Kusakari et Naoto Takenaka. - Un homme d'affaires décide de prendre des cours de danse sociale à l'insu de sa femme et de sa fille.
STA→14,95$ Général

**SHALLOW GRAVE** ▷3
ANG. 1994. Drame policier de Danny BOYLE avec Kerry Fox, Christopher Eccleston et Ewan McGregor. - Trois amis habitant un grand appartement découvrent leur nouveau colocataire sans vie dans son lit avec une valise pleine d'argent. - Astucieux cocktail d'humour noir et de suspense macabre. Dénouement surprenant. Réalisation percutante. Interprétation fort convaincante.
VF→11,95$ VO→11,95$ 16 ans + Violence

**SHAME** ▷0
AUS. 1988, Steve JODRELL
VO→LS 13 ans +

**SHAME, THE**
Voir: LA HONTE

**SHAMPOO** ▷5
É.-U. 1974. Comédie de mœurs de Hal ASHBY avec Warren Beatty, Julie Christie et Goldie Hawn. - Les aventures sentimentales d'un coiffeur pour dames à Los Angeles.
VF→9,95$ VO→9,95$ 13 ans +

**SHAMPOOING**
Voir: SHAMPOO

**SHAMUS** ▷5
É.-U. 1972. Drame policier de Buzz KULIK avec Burt Reynolds, Dyan Cannon et Ron Weyland. - Les difficultés que rencontre un détective privé à mener une enquête pour retrouver des bijoux volés.
VO→13,95$ 13 ans +

**SHANDURAÏ**
Voir: BESIEGED

**SHANE** ▷3
É.-U. 1953. Western de George STEVENS avec Alan Ladd, Brandon de Wilde et Jean Arthur. - Un aventurier s'unit à des fermiers qu'on veut chasser d'une région de l'Ouest. - Western en forme de chanson de geste. Présentation originale des personnages et de l'époque. Style sobre et vigoureux. Interprétation juste.
VO→11,95$ Général

**SHANGHAI EXPRESS** ▷3
É.-U. 1932. Aventures de Josef VON STERNBERG avec Marlene Dietrich, Clive Brook et Warner Oland. - Dans un train de voyageurs retenu par des rebelles chinois, une prostituée est prête à se sacrifier pour un amour ancien. - Climat exotique recréé avec faste. Mise en scène raffinée. Bonne utilisation des interprètes.
VO→16,95$ Général

**SHANGHAI GESTURE, THE** ▷0
É.-U. 1941, Josef VON STERNBERG
VO→24,95$ DVD→39,95$ Général

**SHANGHAI KILLER** ▷0
H. K.
STA→29,95$ Non classé

**SHANGHAI NOON** ▷4
É.-U. 2000. Comédie de Tom DEY avec Jackie Chan, Owen Wilson et Lucy Liu. - En 1887, un garde impérial de Chine se rend dans l'Ouest américain pour sauver une princesse kidnappée par des malfaiteurs.
VF→149,95$ VO→PC Général

**SHANGHAI TRIAD**
Voir: LA TRIADE DE SHANGHAI

**SHAO LIN TEMPLE, THE** ▷0
H. K. 1976, Cheh CHANG
VA→LS 13 ans +

**SHATTER** ▷0
É.-U. 1974, Michael CARRERAS
LBX→14,95$ 13 ans +

**SHATTERED** ▷5
ANG. 1971. Drame psychologique de Alastair REID avec Peter Finch, Linda Hayden et Shelley Winters. - Un fonctionnaire a des ennuis après avoir recueilli chez lui une jeune auto-stoppeuse enceinte.
VO→8,95$ 13 ans +

**SHATTERED** ▷3
É.-U. 1991. Drame policier de Wolfgang PETERSEN avec Tom Berenger, Greta Scacchi et Bob Hoskins. - Devenu amnésique à la suite d'un accident de voiture, un homme demande à un détective d'enquêter sur son passé. - Déferlement de rebondissements surprenants. Bonne création d'ambiance. Suspense mené avec beaucoup d'assurance. Interprétation solide.
VF→11,95$ 13 ans +

**SHATTERED IMAGE** ▷5
ANG. 1998. Drame fantastique de Raul RUIZ avec Anne Parillaud, William Baldwin et Lisanne Falk. - Une jeune mariée, hantée par des rêves où elle se voit dans la peau d'une tueuse à gages, découvre que son mari veut l'assassiner.
VF→18,95$ 13 ans + Violence

**SHAWSHANK REDEMPTION, THE** ▶1
É.-U. 1994. Drame de Frank DARABONT avec Tim Robbins, Morgan Freeman et Bob Gunton. - Injustement condamné pour meurtre, un jeune banquier passe vingt ans en prison avant d'apprendre par un autre détenu l'identité du véritable assassin.
LBX→19,95$ VF→14,95$ VO→14,95$
LBX-DVD→21,95$ 13 ans + Langage vulgaire

**SHE** ▷4
É.-U. 1935. Aventures de Irving PICHEL et Lansing C. HOLDEN avec Helen Gahagan, Randolph Scott et Helen Mack. - Des explorateurs découvrent en Sibérie une oasis tropicale souterraine où règne une femme possédant le secret de la vie éternelle.
VO→34,95$ DVD→48,95$ Général

**SHE DEMONS** ▷0
É.-U. 1958, Richard E. CUNHA
VO→LS Général

**SHE DONE HIM WRONG** ▷4
É.-U. 1933. Comédie de Lowell SHERMAN avec Mae West, Cary Grant et Owen Moore. - Les amours tumultueuses d'une aventurière.
VO→14,95$ Général

**SHE MUST BE SEEING THINGS** ▷0
É.-U. 1990, Sheila McLAUGHLIN
VO→LS 13 ans +

**SHE WORE A YELLOW RIBBON** ▷3
É.-U. 1949. Western de John FORD avec John Wayne, Joanne Dru et Victor McLaglen. - La dernière mission militaire d'un vétéran de l'armée américaine. - Œuvre de qualité. Très bons moments épiques. Solide interprétation.
VO→14,95$ Général

**SHE'S ALL THAT** ▷5
É.-U. 1999. Comédie sentimentale de Robert ISCOVE avec Freddy Prinze Jr, Rachael Leigh Cook et Jodi Lyn O'Keefe. - Largué par sa copine, un étudiant populaire fait le pari de transformer une consœur peu sociable en reine de bal.
VO→18,95$ VF→14,95$ Général

**SHE'S GOTTA HAVE IT** ▷4
É.-U. 1986. Comédie de mœurs réalisée et interprétée par Spike LEE avec Tracy Camilla Johns et Tommy Redmond Hicks. - Une jeune Noire de New York tente en vain de créer une entente entre ses trois amoureux.
VO→LS 13 ans +

**SHE'S HAVING A BABY** ▷4
É.-U. 1987. Comédie dramatique de John HUGHES avec Kevin Bacon, Elizabeth McGovern et Alec Baldwin. - Alors que sa femme accouche, un jeune publicitaire se rappelle les principaux événements de sa vie avec elle.
VO→14,95$ Général

**SHE'S SO LOVELY** ▷4
É.-U. 1997. Comédie dramatique de Nick CASSAVETES avec Sean Penn, Robin Wright Penn et John Travolta. - L'amour fou d'un couple de paumés est mis à rude épreuve lorsque le mari est condamné à dix ans de prison.
VF→14,95$ VO→14,95$ 13 ans +

**SHE'S THE ONE** ▷4
É.-U. 1996. Comédie de mœurs réalisée et interprétée par Edward BURNS avec Mike McGlone et John Mahoney. - Deux frères, l'un chauffeur de taxi, l'autre courtier à Wall Street, éprouvent chacun des difficultés à vivre une relation amoureuse stable.
VO→LS VF→15,95$ Général

**SHE-DEVIL** ▷4
É.-U. 1989. Comédie de Susan SEIDELMAN avec R. Barr, Meryl Streep et Ed Begley Jr. - Découvrant que son mari la trompe avec une riche romancière, une femme obèse jure de détruire la vie de celui-ci.
VO→PC 13 ans +

**SHE-DEVILS ON WHEELS** ▷0
É.-U. 1968, Herschell Gordon LEWIS
VO→LS 18 ans +

**SHE-MONSTER** ▷0
É.-U. 1958, Ronnie ASHCROFT
VO→29,95$ Général

**SHE-WOLF OF LONDON** ▷0
É.-U. 1946, Jean YARBROUGH
VO→14,95$ Général

**SHEBA BABY** ▷0
É.-U. 1975, William GIRDLER
VO→11,95$ Général

**SHEENA** ▷5
É.-U. 1984. Aventures de John GUILLERMIN avec Tanya Roberts, Ted Wass et Trevor Thomas. - Une petite Américaine perdue dans la jungle africaine devient à l'âge adulte la protectrice de la tribu qui l'a élevée.
VO→9,95$ Général

**SHEER MADNESS**
Voir: L'AMIE

**SHEIK, THE** ▷0
É.-U. 1921, George MELFORD
VO→18,95$ Général

**SHELTER OF THE WINGS** ▷0
IND. 1993, Buddhadev DASGUPTA
STA→26,95$ Général

**SHELTERING SKY, THE** ▷3
ANG. 1990. Drame psychologique de Bernardo BERTOLUCCI avec Debra Winger, John Malkovich et Campbell Scott. - Lors d'un voyage en Afrique du Nord, un couple de New-Yorkais traverse une grave crise conjugale. - Œuvre fascinante et déconcertante. Description percutante du choc des cultures. Nombreuses ellipses. Excellent travail d'illustration. Interprètes de talent.
VO→19,95$ VF→19,95$ 13 ans +

**SHENANDOAH** ▷4
É.-U. 1965. Drame d'Andrew V. McLAGLEN avec James Stewart, Glenn Corbett et Rosemary Forsyth. - Une famille de fermiers de Virginie subit les contrecoups de la guerre de Sécession.
VO→14,95$ Non classé

**SHEPHERD OF THE HILLS, THE** ▷4
É.-U. 1940. Drame de Henry HATHAWAY avec John Wayne, Betty Field et Harry Carey. - Un étranger s'impose à un clan de rudes montagnards.
VO→15,95$ Général

**SHÉRIF EST EN PRISON, LE**
Voir: BLAZING SADDLES

**SHERIF NE PARDONNE PAS, LE**
Voir: THE DEADLY TRACKERS

**SHERLOCK HOLMES AND THE SECRET WEAPON** ▷5
É.-U. 1942. Drame policier de Roy William NEILL avec Basil Rathbone, Lionel Atwill et Nigel Bruce. - Le détective Sherlock Holmes assure la protection de l'inventeur d'une nouvelle arme de guerre.
VO→LS Général

**SHERLOCK HOLMES AND THE SPIDER WOMAN** ▷5
É.-U. 1944. Drame policier de Roy William NEILL avec Basil Rathbone, Nigel Bruce et Gale Sondergaard. - Un célèbre détective recherche une criminelle qui utilise des araignées pour tuer ses victimes.
VO→19,95$ Général

**SHERLOCK HOLMES AND THE VOICE OF TERROR** ▷5
É.-U. 1942. Drame policier de John RAWLINS avec Basil Rathbone, Nigel Bruce et Evelyn Ankers. - Le détective Sherlock Holmes déjoue des saboteurs qui utilisent la radio pour accomplir leurs méfaits.
VO→LS Général

**SHERLOCK HOLMES IN WASHINGTON** ▷5
É.-U. 1943. Drame policier de Roy William NEILL avec Basil Rathbone, Nigel Bruce et Henry Daniell. - Le détective Sherlock Holmes recherche un document secret inscrit sur un microfilm.
VO→LS Général

**SHERLOCK Jr.** ►1
É.-U. 1924. Comédie réalisée et interprétée par Buster KEATON avec Kathryn McGuire et Ward Crane. - Un jeune projectionniste qui rêve de devenir détective pénètre en pensée dans le film policier qu'il projette sur l'écran. - Œuvre marquante du cinéaste. Scénario d'une invention comique constante. Notes poétiques savoureuses. Interprétation finement bouffonne.
ITA→41,95$ ITA-DVD→49,95$ Général

**SHERLOCK, UNDERCOVER DOG** ▷6
É.-U. 1994. Comédie policière de Richard HARDING GARDNER avec Benjamin Eroen, Brynne Cameron et Anthony Simmons. - Deux enfants et un chien doté de la parole tentent de mettre fin aux agissements de contrebandiers maladroits qui ont kidnappé un policier.
VF→LS Général

**SHERMAN'S MARCH** ▷4
É.-U. 1986. Documentaire réalisé et interprété par Ross McELWEE. - En retraçant l'avance de l'armée du général Sherman dans les états du Sud pendant la guerre civile, un jeune cinéaste fait diverses rencontres sentimentales.
VO→LS Général

**SHINE** ▷3
AUS. 1996. Drame psychologique de Scott HICKS avec Armin Mueller-Stahl, Noah Taylor et Geoffrey Rush. - Un pianiste prodige sombre dans la dépression après avoir brisé les liens avec son père tyrannique. - Récit inspiré de la vie du virtuose David Helfgott. Regard précis et sensible. Mise en scène ample et gracieuse. N. Taylor et G. Rush prodigieux.
VF→19,95$ VO→18,95$ LBX→19,95$
LBX-DVD→27,95$ Général

**SHINING HOUR** ▷0
É.-U. 1938, Frank BORZAGE
VO→19,95$ Général

**SHINING THROUGH** ▷4
É.-U. 1992. Drame d'espionnage de David SELTZER avec Melanie Griffith, Michael Douglas et Liam Neeson. - Une jeune employée des services secrets américains est envoyée en mission à Berlin pour espionner un dirigeant nazi.
VO→11,95$ VF→11,95$ 13 ans +

**SHINING, THE** ►2
É.-U. 1980. Drame d'horreur de Stanley KUBRICK avec Jack Nicholson, Shelley Duvall et Scatman Crothers. - Engagé comme gardien d'un hôtel en montagne pendant l'hiver, un homme subit une étrange transformation mentale. - Fantastique mâtiné de psychologique. Séquences impressionnantes. Mise en scène brillante. Interprétation excellente.
VO→19,95$ DVD→26,95$ 18 ans +

**SHIP OF FOOLS** ▷3
É.-U. 1965. Drame social de Stanley E. KRAMER avec Oskar Werner, Simone Signoret et Vivien Leigh. - Diverses intrigues se font jour entre les passagers d'un navire voguant vers l'Allemagne en 1933. - Prétentions symboliques. Intrigues multiples habilement construites. Réalisation recherchée. Equipe prestigieuse d'interprètes.
VO→19,95$ 13 ans +

**SHIPWRECKED** ▷4
NOR. 1990. Aventures de Nils GAUP avec Stian Smedstad, Gabriel Byrne et Louisa Haigh. - Naufragés dans une île déserte, un jeune mousse et ses compagnons entrent en lutte contre un flibustier.
VO→LS Général

**SHIRLEY TEMPLE (COFFRET)** ▷0
Voir: BABY TAKES BOW · CURLY TOP-HEIDI
VO→42,95$

**SHIRLEY VALENTINE** ▷4
ANG. 1989. Comédie sentimentale de Lewis GILBERT avec Pauline Collins, Tom Conti et Bernard Hill. - Une ménagère dans la quarantaine remet en question sa façon de vivre et profite d'un voyage en Grèce pour connaître quelques moments de folie.
VO→14,95$ Général

**SHIVERS (THE PARASITE MURDERS)** ▷6
CAN. 1974. Drame d'horreur de David CRONENBERG avec Paul Hampton, Lynn Lowry et Alan Migicovsky. - Une maison de rapport est envahie par des parasites maléfiques créés par un savant qui s'est suicidé.
VF→12,95$ VO→17,95$ DVD→37,95$ 13 ans +

**SHOAH** ►2
FR. 1985. Documentaire de Claude LANZMANN. - Évocation de l'extermination des Juifs par les nazis au cours de la guerre 1939-1945. - Leçon d'histoire exceptionnelle. Montage complexe. Traitement méticuleux et exhaustif. Expérience unique et bouleversante.
STA→LS Général

**SHOCK CORRIDOR** ▷5
É.-U. 1963. Drame psychologique de Samuel FULLER avec Peter Breck, Constance Towers et Gene Evans. - Un journaliste se fait admettre dans un hôpital pour malades mentaux afin d'y enquêter sur une affaire de meurtre.
LBX→LS LBX-DVD→44,95$ Général

**SHOCK TO THE SYSTEM, A** ▷4
É.-U. 1990. Comédie satirique de Jan EGLESON avec Michael Caine, Elizabeth McGovern et Peter Riegert. - Frustré d'une promotion sur laquelle il comptait, un publicitaire décide de régler ses problèmes en provoquant autour de lui quelques morts «accidentelles».
VO→LS Général

**SHOCK WAVES** ▷5
É.-U. 1975. Drame d'horreur de Ken WIEDERHORN avec Brooke Adams, Peter Cushing et John Carradine. - Des naufragés sont pourchassés dans une île par des soldats nazis que des expériences scientifiques ont transformés en êtres monstrueux.
VF→PC Non classé

**SHOCK, THE** ▷0
É.-U. 1923, Lambert HILLYER
VO→29,95$ Général

**SHOCKED**
Voir: MESMERIZED

**SHOCKER** ▷5
É.-U. 1989. Drame fantastique de Wes CRAVEN avec Peter Berg, Mitch Pileggi et Michael Murphy. - À la suite d'un rêve étrange, un étudiant est en mesure de mettre la police sur la piste d'un dangereux assassin.
VF→11,95$ VO→PC 18 ans +

**SHOES OF THE FISHERMAN, THE** ▷4
É.-U. 1968. Drame de Michael ANDERSON avec Anthony Quinn, Oskar Werner et Leo McKern. - Un évêque russe libéré d'un camp de travail se rend à Rome et est élu pape.
VF→LS LBX→19,95$ Général

**SHOOT THE MOON** ▷3
É.-U. 1981. Drame psychologique d'Alan PARKER avec Albert Finney, Diane Keaton et Dana Hill. - Un écrivain quitte sa famille pour aller vivre avec une jeune maîtresse. - Détails révélateurs de tensions. Notations justes. Mise en scène nerveuse. Interprétation fort satisfaisante.
VO→18,95$ Général

**SHOOT TO KILL** ▷0
É.-U. 1988, Roger SPOTTISWOODE
VF→LS VO→LS 13 ans +

**SHOOTING ELIZABETH** ▷6
É.-U. 1991. Comédie de Baz TAYLOR avec Jeff Goldblum, Mimi Rogers et Burt Kwowk. - Résolu à se débarrasser de sa mégère d'épouse, un mari organise un prétendu séjour en amoureux afin de passer aux actes.
VF→LS VO→LS Général

**SHOOTING FISH** ▷5
ANG. 1997. Comédie de Stefan SCHWARTZ avec Dan Futterman, Stuart Townsend et Kate Beckinsale. - Deux orphelins se vengent du destin en escroquant les riches et les grandes entreprises.
VO→LS LBX-DVD→30,95$ Général

**SHOOTING PARTY, THE** ▷3
ANG. 1984. Drame de mœurs de Alan BRIDGES avec James Mason, Judi Bowker et Rupert Frazer. - En 1913, au cours d'une partie de chasse, une rivalité sportive se dessine entre un avocat bien nanti et un aristocrate mal marié. - Étude de milieu intéressante. Mélange d'élégance et de mélancolie.
VO→17,95$ Général

**SHOOTING PARTY, THE** ▷0
RUS. 1977, Emil LOTEANU
STA→PC Général

**SHOOTING, THE** ▷3
É.-U. 1966. Western de Monte HELLMAN avec Warren Oates, Millie Perkins et Will Hutchins. - Un prospecteur qui a accepté de conduire une inconnue à travers le désert découvre que celle-ci est à la poursuite de quelqu'un qu'elle veut tuer. - Approche fort originale de certains éléments habituels au genre. Sorte de parabole existentialiste au climat particulier.
VO→17,95$ Général

**SHOOTIST, THE** ▷4
É.-U. 1976. Western de Don SIEGEL avec John Wayne, Lauren Bacall et Ron Howard. - Les derniers jours d'un tireur célèbre qui se sait atteint de cancer.
LBX→13,95$ VO→11,95$ Général

**SHOP AROUND THE CORNER, THE** ▷3
É.-U. 1945. Comédie d'Ernst LUBITSCH avec Margaret Sullavan, James Stewart et William Tracy. - Un employé de magasin a une correspondance sentimentale avec une jeune fille qui se trouve être à son insu une compagne de travail. - Fine adaptation d'une pièce hongroise. Mise en scène alerte. Jeu approprié des vedettes.
VO→19,95$ Général

**SHOP ON MAIN STREET, THE** ▷3
TCH. 1964. Drame de guerre de Ján KADÁR et Elmar Klos avec Ida Kaminska, Josef Kroner et Hana Slivkova. - Pendant la guerre, un homme se prend d'affection pour une vieille dame juive et tente de lui éviter la déportation. - Evocation lyrique d'une période cruelle. Détails bien observés.
STA→LS Général

**SHOPPING FOR FANGS** ▷0
É.-U.-CAN. **1997**, Quentin LEE et Justin LIN
LBX→129,95$ 13 ans +

**SHOPWORN ANGEL, THE** ▷5
É.-U. 1939. Comédie dramatique de H.C. POTTER avec Margaret Sullavan, James Stewart et Walter Pidgeon. - Une actrice déjà fiancée s'éprend d'un soldat et l'épouse.
VO→28,95$ Général

**SHORT CIRCUIT** ▷4
É.-U. 1986. Comédie fantaisiste de John BADHAM avec Ally Sheedy, Steve Guttenberg et Austin Pendleton. - Un jeune savant a mis au point un robot perfectionné auquel s'intéressent les autorités militaires.
VO→11,95$ VF→11,95$ Général

**SHORT CIRCUIT 2** ▷5
É.-U. 1988. Science-fiction de Kenneth JOHNSON avec Fisher Stevens, Michael McKean et Jack Weston. - Grâce à un robot de son invention, un fabricant de jouets va donner du fil à retordre à des cambrioleurs de banques.
VF→LS Général

**SHORT CUTS** ▷3
É.-U. 1993. Étude de mœurs de Robert ALTMAN avec Andie MacDowell, Bruce Davison et Chris Penn. - Quelques jours dans la vie de diverses personnes vivant dans la région de Los Angeles. - Fresque vivante et variée. Regard satirique sur les mœurs de notre époque. Ensemble monté avec brio. Extraordinaire équipe d'interprètes.
VF→19,95$ VO→19,95$ LBX→19,95$ 13 ans + Langage vulgaire

**SHOT IN THE DARK, A** ▷4
ANG. 1964. Comédie de Blake EDWARDS avec Peter Sellers, Elke Sommer et Herbert Lom. - Un inspecteur maladroit enquête sur le meurtre du chauffeur d'un industriel français.
VF→14,95$ LBX→14,95$ LBX-DVD→18,95$ 13 ans +

**SHOUT, THE** ▷3
ANG. 1978. Drame psychologique de Jerzy SKOLIMOWSKI avec Alan Bates, Susannah York et John Hurt. - Un jeune écrivain fait la connaissance d'un homme qui se prétend doté de dons surnaturels. - Récit capricieux. Nombreux détails insolites. Fascinant exercice de style.
VO→LS 13 ans +

**SHOW BOAT** ▷4
É.-U. 1951. Comédie musicale de George SIDNEY avec Ava Gardner, Kathryn Grayson et Howard Keel. - Intrigues sentimentales sur un bateau-théâtre le long du Mississippi.
VO→14,95$ DVD→29,95$ Général

**SHOW BOAT** ▷3
É.-U. 1936. Comédie musicale de James WHALE avec Irene Dunne, Allan Jones et Helen Morgan. - Abandonnée par son mari, une chanteuse fait de leur fille la vedette d'un spectacle flottant. - Adaptation réussie d'une œuvre théâtrale. Réalisation souple et vivante. Jolies mélodies de Jerome Kern. Distribution de classe.
VO→19,95$ Général

**SHOW ME LOVE** ▷0
SUÈ. 1998, Lukas MOODYSSON
STA→LS VF→LS

**SHOW PEOPLE** ▷0
É.-U. 1928, King VIDOR
VO→29,95$ Général

**SHOW THEM NO MERCY** ▷0
É.-U. 1935, George MARSHALL
VO→24,95$ Général

**SHOW TRUMAN, LE**
Voir: THE TRUMAN SHOW

**SHOW-OFF, THE** ▷0
É.-U. 1946, Harry BEAUMONT
VO→19,95$

**SHOW-OFF, THE** ▷0
É.-U. 1926, Malcolm ST.CLAIR
VO→34,95$ Général

**SHOWER** ▷4
CHI. 1999. Comédie dramatique de Yang ZHANG avec Zhu Xu, Pu Cunxin et Jiang Wu. - De retour dans sa petite ville natale, un homme d'affaires de Pékin se prend d'affection pour les clients qui fréquentent le bain public de son vieux père.
STA→LS Général

**SHOWGIRLS** ▷6
É.-U. 1995. Drame de mœurs de Paul VERHOEVEN avec Elizabeth Berkley, Kyle MacLachlan et Gina Gershon. - Une jeune danseuse au passé trouble va tenter sa chance à Las Vegas où elle devient la rivale d'une vedette de cabaret.
VO→11,95$ LBX-DVD→18,95$ 16 ans + Érotisme

**SHY PEOPLE** ▷5
É.-U. 1987. Drame de mœurs d'Andrei KONCHALOVSKY avec Jill Clayburgh, Barbara Hershey et Martha Plimpton. - Apprenant que sa fille se drogue, une journaliste l'entraîne avec elle chez de la parenté qui vit dans une maison éloignée dans les marécages de la Louisiane.
VO→PC Non classé

**SI ELLE DIT OUI... JE NE DIS PAS NON!** ▷5
FR. 1982. Comédie sentimentale de Claude VITAL avec Mireille Darc, Pierre Mondy et Paul Freeman. - Une journaliste délurée s'attache à un quinquagénaire déprimé qui se prétend directeur d'entreprise.
VO→LS Général

**SI JE T'AIME... PRENDS GARDE À TOI** ▷5
FR. 1998. Drame psychologique de Jeanne LABRUNE avec Nathalie Baye, Daniel Duval et Jean-Pierre Darroussin. - Une romancière entame une relation destructrice avec un hystérique jaloux et violent.
VO→LS 16 ans +

**SI LA VIE VOUS INTÉRESSE**
Voir: RENAISSANCE MAN

**SI LES MURS RACONTAIENT**
Voir: IF THESE WALLS COULD TALK

**SI LES PORCS AVAIENT DES AILES** ▷6
ITA. 1977. Drame de mœurs de Paolo PIETRANGELI avec Franco Bianchi, Christina Mancinelli et Lou Castel. - Deux étudiants militants tombent amoureux l'un de l'autre après s'être rencontrés au cours d'une manifestation politique.
VF→LS 18 ans +

**SI LOIN, SI PROCHE** ▷4
ALL. 1992. Conte de Wim WENDERS avec Otto Sander, Horst Buchholz et Willem Dafoe. - Un ange qui s'est vu accorder une courte période de vie humaine sur la terre doit réapprendre à vivre comme un mortel.
STA→17,95$ VF→12,95$ Général

**SI MA GUEULE VOUS PLAÎT** ▷6
FR. 1981. Comédie de Michel CAPUTO avec Valérie Mairesse, David Pontremoli et Bernadette Lafont. - Une jeune coiffeuse tente de résoudre ses problèmes sexuels par diverses expériences.
VO→LS 13 ans +

**SIAM SUNSET** ▷4
AUS. 1999. Comédie dramatique de J. POLSON avec Linus Roache, Danielle Cormack et Ian Bliss. - Inconsolable depuis la mort de sa femme et convaincu d'être la cible d'une conspiration cosmique, un Anglais s'embarque pour un voyage organisé en Australie.
13 ans +

**SIBERIADE** ▷4
RUS. 1979. Drame épique d'Andrei KONCHALOVSKY avec Vitale Solomina, Nikita Mikhalkov et Ludmila Gourtchenko. - La vie des gens d'un village de Sibérie au début du siècle.
STA→41,95$ Général

**SIBERIAN LADY MACBETH** ▷0
POL. 1961, Andrzej WAJDA
STA-LBX→34,95$ Général

**SIBLING RIVALRY** ▷6
É.-U. 1990. Comédie de Carl REINER avec Kristie Alley, Bill Pullman et Jami Gertz. - Déçue par sa vie familiale et encouragée par sa sœur délurée, une femme a une aventure avec un inconnu dont la mort subite entraîne certaines complications.
VF→LS VO→LS Général

**SICILIAN, THE** ▷4
É.-U. 1987. Drame social de Michael CIMINO avec Christophe Lambert, Joss Ackland et Giulia Baschi. - En Sicile, dans les années 1940, un hors-la-loi marginal qui refuse de s'allier avec la mafia s'attire l'admiration du peuple qu'il défend contre les oppresseurs.
VO→19,95$ Général

**SID AND NANCY** ▷5
ANG. 1986. Drame de mœurs d'Alex COX avec Gary Oldman, Chloe Webb et David Hayman. - La relation perturbée unissant un bassiste punk à une jeune Américaine adepte des drogues dures connaît une longue déchéance.
VO→14,95$ LBX-DVD→59,95$ 13 ans +

**SIDEWALKS OF NEW YORK** ▷5
É.-U. 1931. Comédie de Jules WHITE avec Buster Keaton, Anita Page et Cliff Edwards. - Un millionnaire candide entreprend de réformer une bande de jeunes voyous.
VO→19,95$ Général

**SIEGE** ▷0
ISR. 1970, Gilberto TOFANO
STA→LS Général

**SIÈGE DE L'ÂME, LE** ▷4
QUÉ. 1997. Conte d'Olivier ASSELIN avec Emmanuel Bilodeau, Lucille Fluet et Rémy Girard. - À la fin du XIXe siècle, un jeune scientifique un peu rêveur cherche à retracer l'existence de l'âme dans le corps d'une momie dont le cœur bat encore.
VO→13,95$ Général

**SIÈGE, LE**
Voir: THE SIEGE

**SIEGE, THE** ▷4
É.-U. 1998. Drame politique d'Edward ZWICK avec Denzel Washington, Annette Bening et Bruce Willis. - À New York, un agent du FBI lutte contre des terroristes arabes alors que l'armée occupe le district de Brooklyn.
VF→16,95$ VO→16,95$ LBX-DVD→28,95$ 13 ans + Violence

**SIEGFRIED** ▷0
ALL. 1924, Fritz LANG
ITA→LS Non classé

**SIESTA** ▷0
É.-U. 1987, Mary LAMBERT
VO→14,95$ 13 ans +

**SIGN O'THE TIME** ▷5
É.-U. 1987. Spectacle musical réalisé et interprété par PRINCE avec Cat Glover et Sheila E.. - Spectacle d'une tournée du chanteur-compositeur Prince, enregistré en Hollande.
VO→LS Général

**SIGN OF THE CROSS, THE** ▷5
É.-U. 1933. Drame historique de Cecil B. DeMILLE avec Frederic March, Claudette Colbert et Charles Laughton. - Quelques phases de l'histoire romaine, au temps de Néron et de la persécution des chrétiens.
VO→16,95$ Général

**SIGNAL 7** ▷0
É.-U. 1983, Rob NELSSON
VO→LS Général

**SIGNALS THROUGH THE FLAMES** ▷4
É.-U. 1984. Documentaire de Sheldon ROCHLIN et Maxine HARRIS. L'histoire de la troupe d'avant-garde «The Living Theater» créée en 1947 à New York.
VO→41,95$ Général

**SIGNÉ CHARLOTTE** ▷5
FR. 1984. Drame de Caroline HUPPERT avec Isabelle Huppert, Niels Arestrup et Christine Pascal. - Un violoniste vient en aide à une de ses anciennes maîtresses qui vient de tuer son amant.
STA→LS Général

**SIGNORA DI TUTTI, LA**
Voir: LA DAME DE TOUT LE MONDE

**SILENCE = DEATH** ▷0
É.-U. 1990, Rosa VON PRAUNHEIM
VO→PC 16 ans +

**SILENCE DE LA MER, LE** ▷3
FR. 1948. Drame psychologique de Jean-Pierre MELVILLE avec Howard Vernon, Nicole Stéphane et Jean-Marie Robain. - Logeant chez des Français pendant la guerre, un officier allemand est en butte au silence de ses hôtes. - Atmosphère extraordinairement prenante. Excellente interprétation.
STA→44,95$ Général

**SILENCE DES PALAIS, LE** ▷3
TUN.-FR. 1994. Drame de Moufida TLATLI avec Hend Sabri, Amel Hedhili et Najia Ouerghi. - Une chanteuse se souvient de son enfance passée comme fille de servante dans le palais d'un prince de Tunis. - Conditions d'existence des femmes dépeintes avec beaucoup de sensibilité. Luminosité de la photographie.
STA→LS Général

**SILENCE OF THE LAMBS, THE** ▷3
É.-U. 1991. Drame policier de Jonathan DEMME avec Jodie Foster, Anthony Hopkins et Scott Glenn. - Une jeune stagiaire du FBI est chargée d'interroger un dangereux meurtrier afin d'obtenir de lui des informations sur un autre tueur recherché par la police. - Suspense d'une efficacité peu commune. Réalisation précise et habile. Interprétation de première force.
VO→11,95$ VF→11,95$ LBX-DVD→LS 18 ans +

**SILENCE, LE** ►2
SUÈ. 1963. Drame d'Ingmar BERGMAN avec Ingrid Thulin, Gunnel Lindblom et Jorgen Lindstrom. - À l'occasion d'un voyage, deux femmes et une enfant descendent dans un hôtel d'une ville inconnue. - Images d'une grande beauté. Climat de lourdeur et d'amertume. Mise en scène parfaitement maîtrisée. Interprétation remarquable.
STA→LS 13 ans +

**SILENCE, LE** ▷5
IRAN. 1998. Conte de Mohsen MAKHMALBAF avec Tahmineh Normatova, Nadereh Abdelahyeva et Golbibi Ziadolahyeva. - Au Tadjikistan, un gamin aveugle a des ennuis pour avoir suivi un musicien au lieu d'aller travailler chez un luthier.
STF→LS Général

**SILENCE, ON TOURNE** ▷6
FR. 1976. Comédie satirique réalisée et interprétée par Roger COGGIO avec Elisabeth Huppert et Françoise Thuriès. - Un cinéaste fait face à plusieurs difficultés durant le tournage d'un film pornographique dans son propre appartement.
VO→LS 18 ans +

**SILENCE, THE**
Voir: LE SILENCE

**SILENCER, THE** ▷0
É.-U. 1992, Amy GOLDSTEIN
VO→LS 16 ans + Violence

**SILENCERS, THE** ▷5
É.-U. 1965. Comédie policière de Phil KARLSON avec Dean Martin, Stella Stevens et Victor Buono. - Un agent secret doit découvrir la source d'une entreprise de sabotage des missiles américains.
VO→14,95$ Général

**SILENCIEUX AU BOUT DU CANON, UN**
Voir: MCQ

**SILENT ENEMY, THE** ▷0
É.-U. 1930, H.P. CARVER
VO→52,95$ Général

**SILENT FALL** ▷5
É.-U. 1994. Drame psychologique de Bruce BERESFORD avec Richard Dreyfuss, Ben Faulkner et Linda Hamilton. - Témoin du meurtre de ses parents, un enfant autistique est confié aux soins d'un psychologue qui tente de découvrir l'identité du meurtrier.
VO→14,95$ VF→14,95$ Général

**SILENT MOVIE** ▷3
É.-U. 1976. Comédie réalisée et interprétée par Mel BROOKS avec Marty Feldman et Dom DeLuise. - Un réalisateur fait la chasse aux vedettes pour le tournage d'un film muet. - Pastiche inventif d'un style de cinéma révolu. Cascade de gags désopilants. Collaboration amusée de vedettes connues.
VO→11,95$ Général

**SILENT PARTNER, THE** ▷4
CAN. 1978. Drame policier de Daryl DUKE avec Elliott Gould, Christopher Plummer et Céline Lomez. - Un caissier d'une banque de Toronto profite d'un hold-up pour détourner à son profit une somme importante.
VF→LS 13 ans +

**SILENT RUNNING** ▷4
É.-U. 1972. Science-fiction de Douglas TRUMBULL avec Bruce Dern, Cliff Potts et Ron Rifkin. - Un astronaute refuse d'obéir à l'ordre de détruire d'immenses serres convoyées dans l'espace.
VO→16,95$ LBX-DVD→41,95$ Général

**SILENT TOUCH, THE** ▷4
DAN. 1992. Drame psychologique de Krzysztof ZANUSSI avec Max Von Sydow, Lothaire Bluteau et Sarah Miles. - Un vieux musicien reclus voit sa vie bouleversée à la suite de sa rencontre avec un jeune musicologue qui l'incite à se remettre au piano.
VA→LS Général

**SILENT WITNESS** ▷3
CAN. 1994. Documentaire de Harriet WICHIN. - Témoignages de personnes consacrant leur existence à faire survivre la mémoire des camps de concentrations nazis. - Traitement sobre et fort respectueux. Montage varié.
VF→24,95$ Général

**SILK ROAD, THE** ▷0
JAP. 1992, Junya SATO
STA→LS Non classé

**SILK STOCKINGS** ▷4
É.-U. 1957. Comédie musicale de Rouben MAMOULIAN avec Fred Astaire, Cyd Charisse et J. Paige. - Une représentante du Parti arrive à Paris pour forcer trois délégués russes à rentrer dans leur pays.
VO→19,95$ Général

**SILKWOOD** ▷3
É.-U. 1983. Drame social de Mike NICHOLS avec Meryl Streep, Kurt Russell et Cher. - Une ouvrière dans une fabrique d'éléments radioactifs milite pour la sécurité au travail. - Évocation engagée de faits vécus. Traitement réaliste. Réalisation sobre et vivante. Interprétation étonnamment colorée de M. Streep.
VO→9,95$ Général

**SILVER CHALICE, THE** ▷6
É.-U. 1954. Aventures de Victor SAVILLE avec Paul Newman, Pier Angeli et Virginia Mayo. - L'évangéliste Luc confie à un sculpteur la coupe qui a servi à la Cène.
VO→19,95$ Non classé

**SILVER LODE** ▷4
É.-U. 1954. Western d'Allan DWAN avec John Payne, Lizabeth Scott et Dan Duryea. - Dans une bourgade de l'Ouest, quatre cavaliers viennent arrêter pour meurtre un homme qui va se marier.
VF→LS Non classé

**SILVER STREAK** ▷4
É.-U. 1976. Comédie policière d'Arthur HILLER avec Gene Wilder, Jill Clayburgh et Patrick McGoohan. - Au cours d'un voyage en train, un éditeur est mêlé à une affaire de meurtre.
VO→11,95$ Général

**SILVERADO** ▷4
É.-U. 1985. Western de Lawrence KASDAN avec Scott Glenn, Kevin Kline et Brian Dennehy. - Quatre aventuriers s'unissent pour éliminer un puissant rancher qui domine la ville de Silverado.
LBX→LS LBX-DVD→37,95$ Général

**SILVERLAKE LIFE: THE VIEW FROM HERE** ▷3
É.-U. 1992. Documentaire de Tom JOSLIN et Peter FRIEDMAN. - Sur le mode d'un journal intime, un couple d'homosexuels parlent de leurs vécus, alors que l'un d'eux se meurt du sida. - Portrait vif et authentique. Traitement souvent émouvant d'un thème fort grave.
VO→59,95$ 13 ans +

**SIMBA** ▷4
ANG. 1955. Aventures de Brian Desmond HURST avec Dirk Bogarde, Donald Sinden et Virginia McKenna. - Au Kenya, un jeune homme tente de démasquer le chef des Mau-Mau qui ont tué son frère.
VO→18,95$ Général

**SIMBA, THE KING OF THE BEASTS** ▷0
É.-U. 1928Martin et Osa JOHNSON
VO→52,95$ Général

**SIMON BIRCH** ▷5
É.-U. 1998. Comédie dramatique de Mark Steven JOHNSON avec Ian Michael Smith, Joseph Mazzello et Oliver Platt. - L'amitié entre un jeune garçon qui cherche à connaître l'identité de son père et un gamin qui souffre d'un syndrome retardant sa croissance.
VF→19,95$ Général

**SIMON LES NUAGES** ▷4
QUÉ. 1990. Conte de Roger CANTIN avec Hugolin Chevrette-Landesque, Patrick St-Pierre et Jessica Barker. - Un été, à la campagne, des enfants partent à la recherche d'un monde fantastique où vivent des animaux disparus du reste du monde.
VO→LS Général

**SIMON OF THE DESERT** ▷0
MEX. 1965, Luis BUÑUEL
STA→46,95$ 13 ans +

**SIMPATICO** ▷5
É.-U. 1999. Drame de mœurs de Matthew WARCHUS avec Nick Nolte, Jeff Bridges et Albert Finney. - Des années après avoir exercé un odieux chantage sur un individu, trois arnaqueurs se retrouvent dans des circonstances dramatiques.
VO→LS

**SIMPLE DÉTOUR DU DESTIN, UN**
Voir: A SIMPLE TWIST OF FATE

**SIMPLE MEN** ▷4
É.-U. 1991. Comédie policière de Hal HARTLEY avec Robert Burke, William Sage et Karen Sillas. - Deux frères s'emploient à retrouver leur père anarchiste qui s'est échappé de prison.
VO→19,95$ Général

**SIMPLE PLAN, A** ▷4
É.-U. 1998. Drame policier de Sam RAIMI avec Bill Paxton, Billy Bob Thornton et Bridget Fonda. - La découverte d'un gros magot plonge trois hommes dans un engrenage fatal nourri de paranoïa et de trahison.
VO→14,95$ VF→14,95$ LBX-DVD→32,95$ 13 ans + Violence

**SIMPLE SOUHAIT, UN**
Voir: A SIMPLE WISH

**SIMPLE TWIST OF FATE, A** ▷5
É.-U. 1994. Comédie dramatique de Gillies MacKINNON avec Steve Martin, Alana Austin et Gabriel Byrne. - Dix ans après avoir adopté un bébé abandonné, un menuisier apprend que le père naturel, un riche politicien, en exige maintenant la garde.
VF→LS VO→LS Général

**SIMPLE WISH, A** ▷4
É.-U. 1997. Comédie fantaisiste de Michael RITCHIE avec Martin Short, Mara Wilson et Kathleen Turner. - Un magicien novice plonge une fillette dans une suite de mésaventures en voulant exaucer son souhait le plus cher.
VF→14,95$ Général

**SIN OF HAROLD DIDDLEBOCK, THE** ▷4
É.-U. 1950. Comédie de Preston STURGES avec Harold Lloyd, Frances Ramsden et Jimmy Colin. - À la suite de son congédiement, après 22 ans de service, un homme rangé s'enivre et gagne une fortune aux courses.
VO→LS Général

**SIN OF MADELON CLAUDET, THE** ▷0
É.-U. 1931, Edgar SELWYN
VO→18,95$ Général

**SINATRA** ▷5
É.-U. 1992. Drame biographique de James Steven SADWITH avec Philip Casnoff, Olympia Dukakis et Joe Santos. - Évocation de la vie mouvementée du chanteur Frank Sinatra.
VO→LS Général

**SINBAD** ▷3
HON. 1972. Drame poétique de Zoltan HUSZARIIK avec Zoltan Latinovits, Margit Dayka et Eva Ruttkay. - Alors qu'il va mourir, un séducteur voit défiler dans son esprit les souvenirs de ses diverses conquêtes amoureuses. - Charmes de l'existence visuelle peu commune. Photographie nuancée et de toute beauté constituant une expérience visuelle peu commune. Interprétation dans la note.
STA→98,95$ Général

**SINBAD AND THE EYE OF THE TIGER** ▷5
É.-U. 1977. Drame fantastique de Sam WANAMAKER avec Patrick Wayne, Patrick Troughton et Jane Seymour. - Sinbad entreprend un voyage pour trouver une solution au problème d'un prince transformé en babouin.
VF→14,95$ VO→14,95$ Général

**SINBAD COLLECTION (COFFRET)** ▷0
VF→VO

**SINBAD ET L'ŒIL DU TIGRE**
Voir: SINBAD AND THE EYE OF THE TIGER

**SINBAD THE SAILOR** ▷4
É.-U. 1949. Aventures de Richard WALLACE avec Maureen O'Hara, Douglas Fairbanks et Walter Slezak. - Les tribulations d'un marin à la recherche d'une île mystérieuse contenant un fabuleux trésor.
VO→LS Général

**SINFUL NUNS OF ST-VALENTINE** ▷0
ITA. 1973, Sergio GRIECO
STA-LBX→34,95$ 16 ans + Érotisme

**SINGAPORE** ▷5
É.-U. 1947. Aventures de John BRAHM avec Fred MacMurray, Ava Gardner et Roland Culver. - De retour à Singapour après cinq ans, un trafiquant retrouve amnésique sa fiancée qu'il croyait morte.
VO→14,95$ **Général**

**SINGE EN HIVER, UN** ▷4
FR. 1962. Comédie de mœurs d'Henri VERNEUIL avec Jean Gabin, Jean-Paul Belmondo et Suzanne Flon. - Influencé par un jeune client, un aubergiste alcoolique manque momentanément à sa promesse de ne plus boire.
STA→LS **Non classé**

**SINGIN' IN THE RAIN** ▶1
É.-U. 1952. Comédie musicale de Gene KELLY et Stanley DONEN avec Gene Kelly, Debbie Reynolds et Donald O'Connor. - À la naissance du cinéma parlant, une jeune inconnue détrône une vedette. - Numéros musicaux parfaitement réussis. Utilisation ingénieuse des effets sonores. Bonne humeur constante. Interprétation enjouée.
VO→14,95$ DVD→21,95$ **Général**

**SINGING BLACKSMITH, THE** ▷0
ISR. 1937, Edgar G. ULMER
STA→LS **Général**

**SINGLE STANDARD, THE** ▷0
É.-U. 1929, John S. ROBERTSON
ITA→29,95$ **Non classé**

**SINGLE WHITE FEMALE** ▷4
É.-U. 1992. Drame psychologique de Barbet SCHROEDER avec Jennifer Jason Leigh, Bridget Fonda et Steven Weber. - Une jeune libraire introvertie adopte une attitude dangereusement possessive à l'égard de sa nouvelle colocataire.
VO→9,95$ VF→9,95$ LBX-DVD→36,95$
LBX-DVD→36,95$ **16 ans +**

**SINGLES** ▷4
É.-U. 1992. Comédie sentimentale de Cameron CROWE avec Bridget Fonda, Campbell Scott et Kyra Sedwick. - Les hauts et les bas sentimentaux d'un groupe de jeunes célibataires vivant à Seattle.
VF→LS VO→PC LBX-DVD→24,95$ **Général**

**SINGULIER DIRECTEUR, UN**
Voir: THE BAREFOOT EXECUTIVE

**SINISTER URGE, THE** ▷0
É.-U. 1961, Edward D. WOOD Jr.
VO→LS **Général**

**SINK THE BISMARCK!** ▷4
ANG. 1960. Drame de guerre de Lewis GILBERT avec Kenneth More, Dana Wynter et Carl Mohner. - La marine anglaise parvient à couler le plus gros des cuirassés allemands.
VO→24,95$ **Non classé**

**SIRÈNE DU MISSISSIPPI, LA** ▷4
FR. 1969. Drame policier de François TRUFFAUT avec Jean-Paul Belmondo, Catherine Deneuve et Michel Bouquet. - Un jeune et riche planteur épouse une aventurière qui s'enfuit bientôt avec sa fortune.
STA→19,95$ **13 ans +**

**SIRÈNES, LES**
Voir: MERMAIDS

**SIRENS** ▷4
AUS. 1994. Comédie de mœurs de John DUIGAN avec Tara Fitzgerald, Hugh Grant et Sam Neill. - Dans les années 1930 en Australie, la femme d'un pasteur protestant sent s'éveiller en elle une sensualité insoupçonnée au contact de l'univers d'un peintre.
VO→12,95$ VF→12,95$ **16 ans + Érotisme**

**SIROCCO** ▷5
É.-U. 1951. Aventures de Curtis BERNHARDT avec Humphrey Bogart, Marta Toren et Lee J. Cobb. - En 1925, à Damas, un trafiquant d'armes est mêlé à des conflits entre Français et Syriens.
VO→19,95$ **Général**

**SISSI** ▷4
AUT. 1955. Comédie sentimentale d'Ernst MARISCHKA avec Romy Schneider, Karlheinz Boehm et Magda Schneider. - Le jeune empereur d'Autriche venu en Bavière pour rencontrer la princesse qu'on lui destine lui préfère sa sœur.
VF→LS **Général**

**SISSI (COFFRET)** ▷0
Voir: SISSI · SISSI ET SON DESTIN · SISSI IMPÉRATRICE
VO→53,95$

**SISSI - LA VALSE DES CŒURS** ▷6
FR. 1992. Drame de mœurs de Christoph BÖLL avec Vanessa Wagner, Nils Tavernier et Sonja Kirchberger. - L'empereur d'Autriche décide de prendre pour épouse une jeune princesse de Bavière dont la sœur aînée lui avait déjà été promise.
VO→LS **Général**

**SISSI ET SON DESTIN** ▷5
AUT. 1957. Drame historique d'Ernst MARISCHKA avec Romy Schneider, Karlheinz Boehm et Magda Schneider. - La jeune impératrice Sissi rentre à Vienne auprès de son mari après un séjour en Hongrie où elle a contracté une maladie de poitrine.
VF→LS **Général**

**SISSI IMPÉRATRICE** ▷4
AUT. 1956. Drame historique d'Ernst MARISCHKA avec Romy Schneider, Karlheinz Boehm et Vilma Degischer. - La jeune femme de l'empereur François-Joseph d'Autriche se heurte à l'hostilité de sa belle-mère.
VF→LS **Général**

**SISTER ACT** ▷5
É.-U. 1992. Comédie d'Emile ARDOLINO avec Whoopi Goldberg, Maggie Smith et Kathy Najimy. - Afin de protéger une chanteuse de variétés, témoin d'un meurtre, un policier la cache dans un couvent où elle doit se déguiser en nonne.
VF→11,95$ VO→10,95$ **Général**

**SISTER ACT 2: BACK IN THE HABIT** ▷6
É.-U. 1993. Comédie de Bill DUKE avec Whoopi Goldberg, Kathy Najimy et Mary Wickes. - Des religieuses enseignantes font appel à une chanteuse délurée qu'elles déguisent en nonne afin de mater des élèves indisciplinés.
VF→11,95$ VO→LS **Général**

**SISTER KENNY** ▷4
É.-U. 1946. Drame biographique de Dudley NICHOLS avec Rosalind Russell, Alexander Knox et Dean Jagger. - Une infirmière lutte pour faire admettre une nouvelle méthode de traitement de la poliomyélite.
VO→LS Non classé

**SISTER STREET FIGHTER** ▷0
H. K. 1975, Kazuhiko YAMAGUCHI
VA→LS 13 ans + Violence

**SISTER, MY SISTER** ▷4
ANG. 1994. Drame de mœurs de Nancy MECKLER avec Joely Richardson, Jodhi May et Julie Walters. - En 1932, la relation passionnée entre deux sœurs travaillant comme domestiques chez une bourgeoise acariâtre connaît une fin tragique.
VO→11,95$ 16 ans +

**SISTERS** ▷4
É.-U. 1972. Drame policier de Brian DE PALMA avec Margot Kidder, Jennifer Salt et Bill Finley. - Une journaliste ayant été témoin d'un meurtre essaie de prouver la véracité de ses dires.
VO→LS 18 ans +

**SISTERS OF GION** ▷0
JAP. 1936, Kenji MIZOGUCHI
STA→27,95$ Général

**SISTERS, OR THE BALANCE OF HAPPINESS** ▷3
ALL. 1979. Drame psychologique de Margarethe VON TROTTA avec Jutta Lampe, Gudrun Gabriel et Jessica Früh. - Après avoir poussé sa sœur au suicide par ses exigences, une femme entreprend la formation d'une compagne de travail. - Intrigue menée avec assurance. Mise en scène bien contrôlée.
STA→59,95$ Général

**SITCOM** ▷5
FR. 1998. Comédie satirique de François OZON avec Evelyne Dandry, François Marthouret et Marina De Van. - Une famille bourgeoise se transforme radicalement après que le père eut ramené à la maison un petit rat de laboratoire.
VO→13,95$ 16 ans +

**SITTING DUCKS** ▷4
É.-U. 1978. Comédie de Henry JAGLOM avec Michael Emil, Zack Norman et Patrice Townsend. - Partis à l'aventure à bord d'une limousine, deux quinquagénaires font la rencontre d'un duo de jeunes femmes qui s'avèrent être de dangereuses tueuses à gages.
VO→LS Non classé

**SITTING IN LIMBO** ▷3
QUÉ. 1986. Drame social de John N. SMITH avec Pat Dillon, Fabian Gibbs et Sylvie Clarke. - Une jeune Noire se révèle enceinte par suite de relations amoureuses avec un camarade d'école charmant mais irresponsable. - Sujet abordé avec un grand souci d'authenticité. Comédiens non professionnels jouant avec une spontanéité convaincante.
VO→LS Général

**SITTING PRETTY** ▷4
É.-U. 1948. Comédie de Walter LANG avec Clifton Webb, Maureen O'Hara et Robert Young. - Un original s'engage comme bonne d'enfants pour avoir le loisir d'écrire un roman.
VO→16,95$ Général

**SITUATIONS COMPROMETTANTES**
Voir: COMPROMISING POSITIONS

**SIX DAYS, SEVEN NIGHTS** ▷5
É.-U. 1998. Comédie sentimentale d'Ivan REITMAN avec Harrison Ford, Anne Heche et David Schwimmer. - Après s'être écrasé dans une île du Pacifique, un pilote d'avion au tempérament indépendant doit endurer le caractère explosif de sa passagère.
VO→16,95$ VF→15,95$ Général

**SIX DEGREES OF SEPARATION** ▷4
É.-U. 1993. Comédie dramatique de Fred SCHEPISI avec Stockard Channing, Donald Sutherland et Will Smith. - Un jeune inconnu qui se fait passer pour le fils de Sidney Poitier s'immisce dans la vie d'un couple de riches New-Yorkais.
LBX→14,95$ VO→14,95$ Général

**SIX OF A KIND** ▷4
É.-U. 1933. Comédie de Leo McCAREY avec Mary Boland, Charlie Ruggles, George Burns et Gracie Allen. - Deux couples entreprennent un voyage en automobile à travers les États-Unis.
VO→14,95$ Général

**SIX WAYS TO SUNDAY** ▷0
É.-U. 1997, Adam BERNSTEIN
VO→19,95$ 16 ans + Violence

**SIXIEME CONTINENT, LE**
Voir: THE LAND THAT TIME FORGOT

**SIXIÈME SENS, LE**
Voir: THE SIXTH SENSE

**SIXTH SENSE, THE** ▷3
É.-U. 1999. Drame fantastique de M. Night SHYAMALAN avec Bruce Willis, Haley Joel Osment et Toni Collette. - Un psychologue s'occupe d'un jeune garçon fréquemment visité par des esprits qui le chargent de messages particuliers. - Intrigue fort habilement construite. Écriture rigoureuse et subtile. Mise en scène raffinée. Interprétation souvent bouleversante.
VF→22,95$ VO→LS SP.ED.→22,95$ 13 ans +

**SIZE OF WATERMELONS, THE** ▷5
É.-U. 1996. Comédie de mœurs de Kari SKOGLAND avec Paul Rudd, Donal Logue et Ione Skye. - Les tribulations d'un étudiant en arts californien qui décide de tourner un documentaire sur un copain activiste.
VO→13,95$ Général

**SKIN DEEP** ▷5
É.-U. 1989. Comédie de mœurs de Blake EDWARDS avec John Ritter, Alyson Reed et Vincent Gardenia. - Un romancier à succès cherche à reconquérir le cœur de son ex-épouse bien qu'il se sente irrésistiblement attiré par toutes les jolies femmes.
VF→LS VO→PC 13 ans +

**SKIN DEEP** ▷6
CAN. 1995. Drame de mœurs de Midi ONODERA avec Natsuko Ohama, Keram Malicki-Sanchez et Dana Brooks. - Lors de la préparation d'un film sur le tatouage, une cinéaste lesbienne rencontre une androgyne qui s'éprend maladivement d'elle.
VO→59,95$ 13 ans +

**SKIN GAME** ▷4
É.-U. 1971. Comédie de Paul BOGART avec James Garner, Lou Gossett et Susan Clark. - En 1857, deux compères mettent au point un stratagème pour se faire de l'argent au profit des naïfs.
VO→LS Général

**SKIN GAME, THE** ▷4
ANG. 1931. Drame de mœurs d'Alfred HITCHCOCK avec Edmund Gwenn, C.V. France et Jill Esmond. - Des propriétaires terriens entrent en lutte avec des voisins qu'ils considèrent comme des parvenus.
VO→9,95$ Général

**SKIRTS AHOY!** ▷5
É.-U. 1953. Comédie musicale de Sidney LANFIELD avec Esther Williams, Barry Sullivan et Vivian Blaine. - À la suite de déboires sentimentaux, trois jeunes filles s'engagent dans la marine.
VO→LS Général

**SKOKIE** ▷4
É.-U. 1981. Drame social de Herbert WISE avec Danny Kaye, John Rubinstein et Kim Hunter. - Les habitants juifs d'une petite ville américaine cherchent à empêcher une manifestation organisée par un parti nazi.
VO→LS Non classé

**SKOKIE, LE VILLAGE DE LA COLÈRE**
Voir: SKOKIE

**SKULL, THE** ▷4
ANG. 1965. Drame d'horreur de Freddie FRANCIS avec Peter Cushing, Christopher Lee et Patrick Wymark. - Un savant achète le crâne du marquis de Sade qui exerce sur lui une influence maléfique.
VO→11,95$ **Général**

**SKY ABOVE, THE MUD BELOW, THE**
Voir: LE CIEL ET LA BOUE

**SKY'S THE LIMIT, THE** ▷5
É.-U. 1945. Comédie musicale d'Edward H. GRIFFITH avec Fred Astaire, Joan Leslie et Robert Benchley. - Un aviateur en permission s'éprend d'une danseuse.
VO→14,95$ **Non classé**

**SKYLINE** ▷0
ESP. 1983, Fernando COLOMO
STA→41,95$ **Général**

**SKYSCRAPER SOULS** ▷0
É.-U. 1932, Edgar SELWYN
VO→18,95$ **Général**

**SLACKER** ▷5
É.-U. 1991. Film à sketches réalisé et interprété par Richard LINKLATER avec Rudy Basquez et Jean Caffeine. - Un bref moment dans la vie d'une centaine de Texans qui, en solo ou en petits groupes, vaquent à leurs occupations.
VO→14,95$ **Général**

**SLAMDANCE** ▷4
É.-U. 1987. Drame policier de Wayne WANG avec Tom Hulce, Mary Elizabeth Mastrantonio et Virginia Madsen. - Alors qu'il cherche à se réconcilier avec sa femme, un caricaturiste se trouve mêlé à une affaire de meurtre et entreprend de mener sa propre enquête.
VF→LS VO→LS **13 ans +**

**SLAP SHOT** ▷4
É.-U. 1976. Comédie de George Roy HILL avec Paul Newman, Michael Ontkean et Lindsay Crouse. - Les tentatives du gérant d'une équipe de hockey pour sauver l'avenir de son club.
VF→11,95$ VO→11,95$ LBX-DVD→27,95$ **13 ans +**

**SLAPPY AND THE STINKERS** ▷0
É.-U. 1998, Barnet KELLMAN
VF→19,95$ **Général - Enfants**

**SLAUGHTER'S BIG RIPOFF** ▷0
É.-U. 1973, Gordon DOUGLAS
VO→LS **18 ans +**

**SLAUGHTERHOUSE-FIVE** ▷3
É.-U. 1971. Drame fantastique de George Roy HILL avec Michael Sacks, Valerie Perrine et Eugene Roche. - Un optométriste qui voyage dans le temps est placé sous observation par des extraterrestres. - Adaptation soignée du roman de Kurt Vonnegut. Jeux avec le temps et l'espace. Transitions d'une rare souplesse. Interprétation sensible de M. Sacks.
VO→11,95$ LBX-DVD→41,95$ **Général**

**SLAVE OF LOVE, A**
Voir: L'ESCLAVE DE L'AMOUR

**SLAVES OF NEW YORK** ▷5
É.-U. 1989. Drame de mœurs de James IVORY avec Bernadette Peters, Adam Coleman Howard et Nick Corri. - Désabusée du jeune peintre qui partage sa vie, une conceptrice de chapeaux excentriques le quitte pour un motard.
VF→LS VO→LS **Général**

**SLEAZY UNCLE, THE** ▷4
ITA. 1989. Comédie de mœurs de Franco BRUSATI avec Vittorio Gassman, Giancarlo Giannini et Stefania Sandrelli. - Appelé à payer les frais d'hôpital de son oncle, un père de famille morose cherche à découvrir qui est ce parent excentrique.
STA→LS **Non classé**

**SLEEP ROOM, THE** ▷4
CAN. 1997. Drame social d'Anne WHEELER avec Leon Pownall, Macha Grenon et Nicola Cavendish. - Vers la fin des années 50, les patients d'un institut psychiatrique de Montréal sont utilisés comme cobayes pour des recherches sur le lavage de cerveau subventionnées par la CIA.
VF→22,95$ **13 ans +**

**SLEEP WITH ME** ▷5
É.-U. 1994. Comédie de Rory KELLY avec Eric Stoltz, Meg Tilly et Craig Sheffer. - Une rivalté se dessine entre deux amis de longue date lorsque l'un d'eux avoue être amoureux de l'épouse de l'autre.
VF→12,95$ VO→11,95$ **13 ans +**

**SLEEPER** ▷4
É.-U. 1973. Science-fiction réalisée et interprétée par Woody ALLEN avec Diane Keaton et John Beck. - Un homme du XX^e siècle se réveille après avoir été conservé en hibernation pendant 200 ans.
VO→14,95$ **13 ans +**

**SLEEPERS** ▷5
É.-U. 1995. Drame de Barry LEVINSON avec Jason Patric, Robert De Niro et Kevin Bacon. - En maison de correction, quatre jeunes subissent les sévices d'un garde sadique dont ils se vengeront des années plus tard.
VF→11,95$ LBX→18,95$ LBX-DVD→21,95$ **16 ans +**

**SLEEPING BEAUTY** ▷0
É.-U. 1959, Clyde GERONIMI
VF→LS VO→PC **Général**

**SLEEPING WITH STRANGERS** ▷5
CAN. 1992. Comédie sentimentale de William T. BOLSON avec Adrienne Shelly, Kymberley Huffman et Neil Duncan. - La vie d'un couple gérant un hôtel dans une petite ville côtière est perturbée par l'arrivée d'une star du cinéma et d'un musicien ivrogne.
VO→LS **13 ans +**

**SLEEPING WITH THE ENEMY** ▷5
É.-U. 1991. Drame psychologique de Joseph RUBEN avec Julia Roberts, Patrick Bergin et Elizabeth Lawrence. - L' épouse d'un homme froid et brutal se fait passer pour morte et s'établit dans une petite ville sous un nom d'emprunt.
VF→15,95$ VO→9,95$ **13 ans +**

**SLEEPLESS IN SEATTLE** ▷4
É.-U. 1993. Comédie sentimentale de Nora EPHRON avec Tom Hanks, Meg Ryan et Bill Pullman. - Convaincue qu'il est l'homme de sa vie, une journaliste de Baltimore cherche à rencontrer un veuf de Seattle qu'elle a entendu sur une tribune téléphonique.
LBX→14,95$ VO→12,95$ VF→14,95$ LBX-DVD→PC **Général**

**SLEEPWALK** ▷0
É.-U. 1987, Sara DRIVER
VO→LS **Non classé**

**SLEEPY HOLLOW** ▷3
É.-U. 1999. Drame fantastique de Tim BURTON avec Johnny Depp, Christina Ricci et Miranda Richardson. - En 1799, un policier enquête sur des meurtres bizarres que des villageois attribuent à un cavalier fantôme. - Scénario ingénieux. Touches d'ironie dans les dialogues. Climat envoûtant de conte de fées lugubre. Illustration magnifique. Jeu excentrique de J. Depp.
VF→14,95$ VO→14,95$ LBX-DVD→33,95$ **13 ans + Horreur**

**SLENDER THREAD, THE** ▷4
É.-U. 1965. Drame psychologique de Sydney POLLACK avec Sidney Poitier, Anne Bancroft et Telly Savalas. - Par téléphone, un étudiant tente de sauver une femme qui a avalé une forte dose de somnifères.
VO→18,95$ **Général**

**SLEUTH** ▷3
É.-U. 1972. Comédie policière de Joseph Leo MANKIEWICZ avec Laurence Olivier et Michael Caine. - Un auteur de romans policiers invite à son manoir l'amant de sa femme pour discuter à l'amiable de la situation. - Transposition inventive d'une pièce de théâtre. Intrigue riche en retournements de situations. Étonnant duel d'acteurs.
VF→LS LBX→14,95$ LBX-DVD→29,95$ **Général**

**SLIDING DOORS** ▷4
ANG. 1997. Comédie sentimentale de Peter HOWITT avec Gwyneth Paltrow, John Hannah et John Lynch. - Une jeune Londonienne connaît deux destins différents, l'un heureux et l'autre malheureux, selon qu'elle rate ou non un métro.
VF→16,95$ VO→16,95$ **Général**

**SLIGHTLY HONORABLE** ▷5
É.-U. 1940. Comédie policière de Tay GARNETT avec Broderick Crawford, Ruth Terry et Pat O'Brien. - Un avocat entreprend de démasquer l'assassin d'une amie et découvre une affaire de corruption politique.
VO→18,95$ **Général**

**SLIME PEOPLE, THE** ▷7
É.-U. 1963. Drame d'horreur réalisé et interprété par Robert HUTTON avec Les Tremayne et Robert Burton. - Des monstres visqueux venus de régions souterraines envahissent la ville de Los Angeles.
VO→14,95$ **Général**

**SLING BLADE** ▷3
É.-U. 1995. Drame psychologique réalisé et interprété par Billy Bob THORNTON avec Dwight Yoakam et J.T. Walsh. - Un simple d'esprit qui a passé les 30 dernières années de sa vie dans un asile retourne vivre dans sa petite ville natale du Sud. - Scénario sensible et intelligent. Étude de milieu nuancée. Dialogues évocateurs. Réalisation d'une rigueur exemplaire. Jeu inoubliable du protagoniste.
VO→14,95$ VF→14,95$ LBX-DVD→27,95$ **13 ans +**

**SLINGSHOT, THE**
Voir: LE LANCE-PIERRES

**SLIVER** ▷5
É.-U. 1993. Drame policier de Phillip NOYCE avec Sharon Stone, William Baldwin et Tom Berenger. - Une jeune éditrice qui demeure depuis peu dans un gratte-ciel de Manhattan soupçonne tour à tour deux de ses voisins d'être des meurtriers.
VF→LS VO-D.CUT→13,95$ **16 ans + Érotisme**

**SLUMBER PARTY MASSACRE** ▷0
É.-U. 1982, Amy JONES
VO→LS **18 ans +**

**SLUMBER PARTY MASSACRE II** ▷0
É.-U. 1987, Deborah BROCK
VO→LS **13 ans + Horreur**

**SMALA, LA** ▷6
FR. 1984. Comédie de Jean-Loup HUBERT avec Victor Lanoux, Josiane Balasko et Dominique Lavanant. - Un chômeur s'en va chercher sa femme infidèle à Paris, entraînant avec lui ses cinq enfants et une aide-ménagère enamourée.
VO→LS **Général**

**SMALL FACES** ▷4
ANG. 1995. Drame de Gillies et Billy MacKINNON avec Iain Robertson, Joseph MacFadden et J.S. Duffy. - À Glasgow en 1968, un jeune garçon hésite entre l'influence de ses deux frères, l'un membre d'un gang et l'autre artiste.
VO→16,95$ **13 ans +**

**SMALL ONE, THE** ▷0
É.-U. 1978, Don BLUTH
VF→14,95$ VO→LS **Général**

**SMALL SOLDIERS** ▷5
É.-U. 1998. Comédie fantaisiste de Joe DANTE avec Gregory Smith, Kirsten Dunst et Jay Mohr. - À cause d'un vice de fabrication, des figurines militaires s'animent et sèment le désordre dans une petite communauté.
VF→15,95$ VO→15,95$
LBX-DVD→43,95$ **Général - Déconseillé aux jeunes enfants**

**SMALL TIME** ▷0
ANG. 1996, Shane MEADOWS
VO→27,95$ **Non classé**

**SMALL TIME CROOKS** ▷4
É.-U. 2000. Comédie de mœurs réalisée et interprétée par Woody ALLEN avec Tracey Ullman et Hugh Grant. - Devenu riche du jour au lendemain, un couple ignare et vulgaire tente d'évoluer parmi la haute société de Manhattan.
VF→PC VO→PC **Général**

**SMALL TOWN GIRL** ▷0
É.-U. 1953, Leslie KARDOS
VO→LS **18 ans +**

**SMASH UP, THE STORY OF A WOMAN** ▷0
É.-U. 1947, Stuart HEISLER
VO→29,95$ **Général**

**SMASHING TIME** ▷4
ANG. 1967. Comédie de Desmond DAVIS avec Lynn Redgrave, Rita Tushingham et Michael York. - Les diverses mésaventures de deux Juives provinciales venues à Londres pour acquérir la gloire.
LBX→13,95$ **Général**

**SMIC, SMAC, SMOC** ▷4
FR. 1971. Comédie de Claude LELOUCH avec Charles Gérard, Amidou et Jean Collomb. - Deux ouvriers d'un chantier naval organisent une fête pour un ami qui se marie.
VO→LS **Général**

**SMILE** ▷4
É.-U. 1974. Étude de mœurs de Michael RITCHIE avec Bruce Dern, Barbara Feldon et Michael Kidd. - Les organisateurs et les candidates d'un concours de beauté vivent diverses mésaventures.
VO→14,95$ **13 ans +**

**SMILES OF A SUMMER NIGHT**
Voir: SOURIRES D'UNE NUIT D'ÉTÉ

**SMILIN' THROUGH** ▷0
É.-U. 1941, Frank BORZAGE
VO→19,95$ **Général**

**SMILIN' THROUGH** ▷0
É.-U. 1932, Sidney FRANKLIN
VO→18,95$ **Général**

**SMILLA'S SENSE OF SNOW** ▷5
ALL. 1996. Drame policier de Bille AUGUST avec Julia Ormond, Gabriel Byrne et Richard Harris. - Une jeune mathématicienne entreprend sa propre enquête sur la mort mystérieuse d'un voisin de six ans avec qui elle avait lié amitié.
VO→11,95$ **13 ans +**

**SMOKE** ▷4
É.-U. 1995. Drame de mœurs de Wayne WANG avec William Hurt, Harvey Keitel et Harold Perrineau Jr. - Entrecroisement de diverses intrigues ayant pour héros le proriétaire d'une tabagie, son ancienne maîtresse, un romancier et un adolescent bohème.
VO→11,95$ VF→11,95$ **Général**

**SMOKEY AND THE BANDIT** ▷5
É.-U. 1977. Comédie de Hal NEEDHAM avec Burt Reynolds, Sally Field et J. Gleason. - Un chauffeur de camion est chargé de rapporter du Texas en Géorgie un chargement de bière de contrebande.
VO→11,95$ **Général**

**SMOKEY AND THE BANDIT 2** ▷5
É.-U. 1980. Comédie de Hal NEEDHAM avec Burt Reynolds, Jackie Gleason et Sally Field. - Un chauffeur de camion transporte un éléphant de Miami à Dallas pour un congrès républicain.
VO→14,95$ **Général**

**SMOKING** ▷3
FR. 1993. Comédie dramatique d'Alain RESNAIS avec Sabine Azéma et Pierre Arditi. - Les tribulations d'un directeur d'école alcoolique et de son épouse qui aimerait changer sa vie. - Film jumeau de *No Smoking*. Scénario ludique offrant six variations possibles à partir d'une situation donnée. Ton enjoué et théâtral. Décors naïfs. Jeu remarquable des deux uniques comédiens dans neuf rôles différents.
VO→18,95$ **Général**

**SNAKE AND CRANE ARTS OF SHAOLIN** ▷0
H. K. 1980, Jackie CHAN
VO→LS **Non classé**

**SNAKE EYES** ▷4
É.-U. 1998. Drame policier de Brian DE PALMA avec Nicolas Cage, Gary Sinise et Carla Gugino. - Un policier s'efforce de reconstituer le fil des événements entourant un assassinat qui a été commis durant un match de boxe.
LBX→14,95$ VF→14,95$
LBX-DVD→29,95$ **Général - Déconseillé aux jeunes enfants**

**SNAKE FIST FIGHTER** ▷0
H. K. 1971, Hsin CHIN
VO→17,95$ **13 ans +**

**SNAKE IN THE EAGLE'S SHADOW** ▷0
H. K. 1978, Yuen Woo PING
VA→LS **Général**

**SNAKE PIT, THE** ▷3
É.-U. 1948. Drame psychologique d'Anatole LITVAK avec Olivia de Havilland, Leo Genn et Mark Stevens. - Une femme souffrant de déséquilibre mental fait un séjour pénible dans un asile d'aliénés. - Scénario tiré d'une expérience vécue. Réalisation habile d'un dur réalisme. Interprétation prenante.
VO→24,95$ **Général**

**SNAPPER, THE** ▷3
ANG. 1993. Comédie de mœurs de Stephen FREARS avec Colm Meaney, Tina Kellegher et Ruth McCabe. - L'aînée d'une famille de cinq enfants vivant dans un quartier ouvrier de Dublin provoque tout un émoi lorsqu'elle tombe enceinte. - Téléfilm au récit savoureux. Alliage de tendresse et d'humour. Personnages pleins de verve. Style naturaliste tout simple. Interprétation volubile.
VO→12,95$ VF→12,95$ **Général**

**SNATCH** ▷4
ANG. 2000. Comédie policière de G. RITCHIE avec Jason Statham, Dennis Farina et Brad Pitt. - Le vol d'un diamant et la tenue d'un combat de boxe clandestin donnent lieu à divers affrontements et règlements de comptes entre gangsters.
**16 ans + Violence**

**SNEAKERS** ▷4
É.-U. 1992. Comédie policière de Phil Alden ROBINSON avec Robert Redford, Dan Aykroyd et Mary McDonnell. - Des voleurs professionnels férus d'électronique sont engagés pour dérober une mystérieuse boîte noire.
LBX-DVD→27,95$ VF→11,95$ LBX-DVD→27,95$ **Général**

**SNOW FALLING ON CEDARS** ▷4
É.-U. 1999. Drame de mœurs de Scott HICKS avec Ethan Hawke, Youki Kudoh et Max von Sydow. - En 1950, lors d'un procès pour meurtre, un journaliste hésite à divulguer de l'information qui innocenterait le mari d'une Japonaise dont il est amoureux.
VF→16,95$ VO→16,95$
LBX-DVD→27,95$ **Général - Déconseillé aux jeunes enfants**

**SNOW WHITE: A TALE OF TERROR** ▷5
É.-U. 1997. Drame fantastique de Michael COHN avec Monica Keena, Sigourney Weaver et Sam Neill. - Une princesse découvre que sa belle-mère la reine est en réalité une sorcière qui veut sa perte.
VF→LS VO→14,95$

**SNOW WHITE AND THE SEVEN DWARFS** ▷3
É.-U. 1936. Dessins animés de David HAND. - Une princesse poursuivie par la haine de sa belle mère la reine trouve refuge chez les nains dans la forêt. - Premier long métrage en dessins animés produit par Walt Disney. Mélange d'humour grotesque et de poésie. Invention technique. Trame musicale pleine d'entrain.
VF→LS VO→LS **Non classé**

**SNOWS OF KILIMANJARO, THE** ▷4
É.-U. 1952. Drame psychologique d'Henry KING avec Gregory Peck, Susan Hayward et Ava Gardner. - Perdu dans la brousse africaine, un écrivain-explorateur qui se meurt évoque son passé.
VO→29,95$ DVD→17,95$ **Non classé**

**SO DEAR TO MY HEART** ▷4
É.-U. 1948. Conte d'Harold SCHUSTER et Hamilton LUSKE avec B. Driscoll, Luana Patten et Beulah Bondi. - Un orphelin s'attache à un agneau noir et décide de l'inscrire à un concours agricole.
VO→26,95$ **Général**

**SO ENDS OUR NIGHT** ▷4
É.-U. 1941. Drame de John CROMWELL avec Fredric March, Glenn Ford et Margaret Sullavan. - Avant la guerre, des Allemands antinazis ou juifs essaient de fuir leur pays.
VO→LS **Général**

**SO I MARRIED AN AXE MURDERER** ▷5
É.-U. 1993. Comédie policière de Thomas SCHLAMME avec Mike Myers, Nancy Travis et Anthony LaPlaglia. - Un jeune homme en vient à soupçonner sa fiancée d'être une tueuse à la hache activement recherchée par la police.
VF→LS VO→PC **Général**

**SO PROUDLY WE HAIL** ▷5
É.-U. 1944. Drame de guerre de Mark SANDRICH avec Claudette Colbert, Paulette Goddard et Walter Abel. - La vie des infirmières de l'armée américaine durant la guerre du Pacifique.
VO→14,95$ **Général**

**SO THIS IS NEW YORK** ▷4
É.-U. 1948. Comédie de mœurs de Richard FLEISCHER avec Henry Morgan, Rudy Vallee et Virginia Grey. - Un commerçant naïf débarque à New York avec sa femme et sa sœur pour trouver un mari à cette dernière.
VO→14,95$ **Général**

**SOAP AND WATER (ACQUA E SAPONE)** ▷0
ITA. 1983, Carlo VERDONE
STA→LS **Général**

**SOAPDISH** ▷4
É.-U. 1991. Comédie satirique de Michael HOFFMAN avec Sally Field, Kevin Kline et Cathy Moriarty. - Les tribulations d'une vedette de téléromans qui doit faire face à une rivale intrigante tout en s'occupant de sa jeune nièce qui veut devenir actrice.
VF→LS VO→LS **Général**

**SOCIÉTÉ DES POÈTES DISPARUS, LA**
Voir: DEAD POETS SOCIETY

**SOCIETY** ▷0
É.-U. 1992, Brian YUZNA
VO→LS **Non classé**

**SODOM AND GOMORRAH** ▷5
ITA. 1962. Drame de Robert ALDRICH avec Stewart Granger, Pier Angeli et Anouk Aimée. - Les événements conduisant à la destruction de Sodome et Gomorrhe.
VO→24,95$ **Non classé**

**SŒURS CASSE-COU, LES**
Voir: COME TO THE STABLE

**SŒURS HAMLET, LES** ▷5
FR. 1996. Drame d'Abdelkrim BAHLOUL avec Émilie Altmayer, Berenice Bejo et Mouloud Tadjer. - Un Maghrébin vient en aide à deux sœurs banlieusardes bloquées en pleine nuit à Paris.
VO→26,95$ **Général**

**SOFIE** ▷4
DAN. 1992. Drame de mœurs de Liv ULLMANN avec Karen-Lise Mynster, Erland Josephson et Ghita Norby. - Une jeune Juive se soumet à la volonté de ses parents qui veulent la voir épouser un fils de bonne famille qu'elle n'aime pas.
STA→29,95$ VF→19,95$ Général

**SOFT FRUIT** ▷0
AUS. 1999, Christina ANDREEF
VO→LS

**SOIF, LA** ▷3
SUÈ. 1949. Drame psychologique d'Ingmar BERGMAN avec Eva Henning, Birger Malmsten et Birgit Tengroth. - Les relations douloureuses d'une femme et de son mari. - Construction dramatique complexe. Excellents interprètes.
STA→LS Non classé

**SOIR APRÈS LA GUERRE, UN** ▷4
FR. 1998. Drame social de Rithy PANH avec Chea Lyda Chan, Narith Roeun et Ratha Keo. - Au Cambodge, un militaire démobilisé survit péniblement avec une prostituée qu'il tente d'arracher à l'emprise d'un proxénète.
VO→LS 13 ans +

**SOIS BELLE ET TAIS-TOI** ▷5
FR. 1958. Comédie policière de Marc ALLÉGRET et Henri VERNEUIL avec Henri Vidal, Mylène Demongeot et Darry Cowl. - Évadée d'une maison de rééducation, une jeune fille épouse un policier.
VO→LS Général

**SOLARIS** ►2
RUS. 1972. Science-fiction d'Andrei TARKOVSKY avec Donatas Banjonis, Natalya Bondartchouk et Youri Jarvet. - Un psychologue appelé à faire enquête sur une station orbitale est victime d'expériences bizarres. - Exploration complexe des thèmes de science-fiction. Images fascinantes. Mise en scène imposante. Interprétation solide.
STA-LBX→21,95$ Général

**SOLDAT RÉCALCITRANT, UN**
Voir: AT WAR WITH THE ARMY

**SOLDAT, LE**
Voir: SOLDIER

**SOLDIER** ▷5
É.-U. 1998. Science-fiction de Paul ANDERSON avec Kurt Russell, Connie Nielsen et Jason Scott Lee. - En 2036, un soldat laissé pour mort sur une planète-dépotoir est recueilli par des naufragés de l'espace.
LBX→18,95$ VF→18,95$ 13 ans + Violence

**SOLDIER BLUE** ▷5
É.-U. 1970. Western de Ralph NELSON avec Candice Bergen, Peter Strauss et John Anderson. - Seuls survivants d'une attaque de Cheyennes, un jeune soldat et une femme blanche tentent de rejoindre l'armée.
VF→LS 13 ans + Violence

**SOLDIER OF ORANGE** ▷4
HOL. 1978. Drame de guerre de Paul VERHOEVEN avec Rutger Hauer, Peter Faber et Jeroen Krabbe. - Les tribulations d'un étudiant hollandais devenu pilote et agent secret durant la Seconde Guerre mondiale.
STA→LS VF→LS Non classé

**SOLDIER'S DAUGHTER NEVER CRIES, A** ▷4
É.-U. 1998. Chronique de James IVORY avec Leelee Sobieski, Kris Kristofferson et Barbara Hershey. - Les tribulations de la famille d'un écrivain américain installée à Paris dans les années 60 et 70.
VO→18,95$ Général

**SOLDIER'S STORY, A** ▷4
É.-U. 1984. Drame social de Norman JEWISON avec Howard E. Rollins Jr., Adolph Caesar et Art Evans. - En 1944, un officier de couleur est envoyé en Floride pour enquêter sur le meurtre d'un sergent-instructeur de race noire.
VF→9,95$ VO→9,95$ LBX-DVD→32,95$ Général

**SOLDIER'S TALE, A** ▷0
É.-U. 1988, Larry PARR
VO→LS 13 ans +

**SOLEIL** ▷4
FR. 1997. Chronique réalisée et interprétée par Roger HANIN avec Sophia Loren et Nicolas Olczyk. - Pendant la Seconde Guerre mondiale, un garçon juif accepte mal les sacrifices que doit faire sa mère pour élever seule sa famille en Algérie.
VO→LS Général

**SOLEIL A PAS D'CHANCE, LE** ▷4
QUÉ. 1975. Documentaire de Robert FAVREAU. - Les épreuves et les déboires des jeunes filles qui aspirent à devenir duchesses du Carnaval de Québec.
VO→LS Général

**SOLEIL DE NUIT**
Voir: WHITE NIGHTS

**SOLEIL LEVANT**
Voir: RISING SUN

**SOLEIL MÊME LA NUIT, LE** ▷3
ITA. 1989. Drame psychologique de Paolo et Vittorio TAVIANI avec Julian Sands, Nastassja Kinski et Charlotte Gainsbourg. - Lorsqu'il apprend, à la veille de ses noces, que sa future épouse a été la maîtresse du roi, un jeune baron décide de devenir moine et de mener une vie d'ermite. - Adaptation fidèle d'un roman de Tolstoï. Illustration soignée. Traitement fort intéressant. Interprétation assez sensible de J. Sands.
VF→19,95$ Général

**SOLEIL NOIR, LE**
Voir: THREADS

**SOLEIL ROUGE** ▷4
FR. 1971. Western de Terence YOUNG avec Charles Bronson, Toshiro Mifune et Alain Delon. - En compagnie d'un samouraï, un aventurier recherche un sabre précieux volé à l'ambassadeur du Japon.
VF→LS STA-DVDL→S Général

**SOLEIL SE LÈVE EN RETARD, LE** ▷4
QUÉ. 1976. Comédie sentimentale d'André BRASSARD avec Rita Lafontaine, Yvon Deschamps et Denise Filiatrault. - Ayant fait appel à une agence de rencontres, une jeune femme fait la connaissance d'un célibataire timide.
VO→13,95$ Général

**SOLEIL TROMPEUR** ▷3
RUS. 1994. Drame psychologique réalisé et interprété par Nikita MIKHALKOV avec Oleg Menchikov et Ingeborga Dapkounaite. - En 1936, alors qu'il passe un dimanche en famille, un colonel soviétique voit débarquer l'ancien amant de sa femme qu'il avait jadis contraint à l'exil. - Charge anti-stalinienne savamment construite. Habile peinture de mœurs au ton nostalgique et tragique. Interprétation de qualité.
STA→13,95$ VF→18,95$ Général

**SOLEIL VERT**
Voir: SOYLENT GREEN

**SOLID GOLD CADILLAC, THE** ▷4
É.-U. 1955. Comédie satirique de Richard QUINE avec Judy Holliday, Paul Douglas et Fred Clark. - Une petite actionnaire d'une compagnie inquiète les administrateurs par ses interventions.
VO→19,95$ Général

**SOLITAIRE, LE** ▷5
FR. 1987. Drame policier de Jacques DERAY avec Jean-Paul Belmondo, Jean-Pierre Malo et Franck Ayas. - Un policier entreprend de venger la mort d'un collègue abattu par un dangereux gangster.
VO→LS 13 ans +

**SOLO** ▷5
QUÉ. 1991. Drame psychologique de Paule BAILLARGEON avec Julie Vincent, Marc Messier et Johanne Fontaine. - À la recherche de la compagne idéale, un homme aigri par un amour déçu fait la connaissance d'une jeune femme rangée et solitaire.
VO→LS Général

**SOLOMON AND SHEBA** ▷5
É.-U. 1959. Drame de King VIDOR avec Yul Brynner, Gina Lollobrigida et George Sanders. - Le roi Salomon lutte contre la reine de Saba qui veut s'emparer d'Israël.
LBX→19,95$ Général

**SOLUTION ULTIME, LA**
Voir: SHOOTING ELIZABETH

**SOME CAME RUNNING** ▷3
É.-U. 1959. Drame psychologique de Vincente MINNELLI avec Frank Sinatra, Shirley MacLaine et Dean Martin. - Un romancier désabusé revient dans sa petite ville natale. - Bonne étude de milieu. Réalisation soignée. Interprétation saisissante de S. MacLaine.
VO→19,95$ Général

**SOME GIRLS** ▷4
É.-U. 1988. Comédie dramatique de Michael HOFFMAN avec Patrick Dempsey, Jennifer Connelly et Lila Kedrova. - Ayant accepté de passer Noël à Québec dans la famille d'une amie, un jeune Américain est confronté à l'excentricité de ses riches hôtes.
VO→14,95$ Général

**SOME KIND OF WONDERFUL** ▷4
É.-U. 1987. Comédie sentimentale de Howard DEUTCH avec Eric Stoltz, Mary Stuart Masterson et Lea Thompson. - Amoureux d'une camarade de classe, un étudiant d'un «high school» s'engage dans des frais exceptionnels pour sortir avec elle.
VO→14,95$ Général

**SOME LIKE IT HOT** ►2
É.-U. 1959. Comédie de Billy WILDER avec Marilyn Monroe, Tony Curtis et Jack Lemmon. - Pour fuir la pègre, deux témoins d'un meurtre se travestissent et se joignent à un orchestre féminin. - Scénario fertile en situations drôles. Rythme rapide. Bon accompagnement musical. Mise en scène fort alerte. Interprétation dégagée.
VO→14,95$ Général

**SOME MOTHER'S SON** ▷3
IRL. 1996. Drame réalisé par Terry GEORGE avec Helen Mirren, Fionnula Flanagan et Aidan Gillen. - En 1981, en Irlande du Nord, deux femmes ont à décider si elles doivent accepter que les autorités interrompent de force la grève de la faim de leurs fils respectifs. - Drame puissant inspiré de faits vécus. Scénario captivant et implacable.
VF→PC VO→18,95$ Général

**SOMEBODY TO LOVE** ▷0
É.-U. 1994, Alexandre ROCKWELL
VO→LS 13 ans + Langage vulgaire

**SOMEBODY UP THERE LIKES ME** ▷3
É.-U. 1955. Drame psychologique de Robert WISE avec Paul Newman, Pier Angeli et Everett Sloane. - Un jeune homme révolté se réhabilite en devenant boxeur. - Film inspiré de la vie de l'ancien champion Rocky Graziano. Peinture réussie des milieux de la boxe. Mise en scène brillante, teintée d'expressionnisme. Jeu vigoureux de P. Newman.
VO→19,95$ Général

**SOMEONE BEHIND THE DOOR** ▷5
FR. 1971. Drame psychologique de Nicolas GESSNER avec Anthony Perkins, Charles Bronson et Jill Ireland. - Un médecin tente de se servir d'un schizophrène pour éliminer l'amant de sa femme.
VF→LS 13 ans +

**SOMEONE ELSE'S AMERICA**
Voir: L'AMÉRIQUE DES AUTRES

**SOMEONE TO LOVE** ▷4
É.-U. 1987. Comédie de mœurs réalisée et interprétée par Henry JAGLOM avec Orson Welles et Andrea Marcovicci. - Souffrant lui-même de problèmes sentimentaux , un réalisateur réunit diverses personnes en mal d'amour pour discuter de relations humaines devant une équipe de tournage.
VO→PC Général

**SOMEONE TO WATCH OVER ME** ▷5
É.-U. 1987. Drame policier de Ridley SCOTT avec Tom Berenger, Mimi Rogers et Lorraine Bracco. - Un policier de New York a une liaison avec une riche héritière dont il est chargé d'assurer la sécurité.
VF→9,95$ VO→9,95$ LBX-DVD→33,95$ Général

**SOMETHING IN THE WIND** ▷5
É.-U. 1947. Comédie musicale de Irving PICHEL avec Deanna Durbin, John Dall et Donald O'Connor. - Des difficultés naissent entre un jeune homme et une jeune fille à cause d'une question d'héritage.
VO→19,95$ Général

**SOMETHING OF VALUE** ▷4
É.-U. 1956. Drame social de Richard BROOKS avec Rock Hudson, Sidney Poitier et Dana Wynter. - L'amitié tourmentée entre un Blanc et un Noir dans le cadre de la révolte des Mau-Mau.
VO→LS Non classé

**SOMETHING TO TALK ABOUT** ▷5
É.-U. 1995. Comédie dramatique de Lasse HALLSTRÖM avec Julia Roberts, Robert Duvall et Gena Rowlands. - Ayant surpris son époux dans les bras d'une autre femme, une jeune mère de famille quitte la maison avec sa fillette et retourne chez ses parents.
VO→PC Général

**SOMETHING WICKED THIS WAY COMES** ▷4
É.-U. 1983. Drame fantastique de Jack CLAYTON avec Jason Robards, Vidal Peterson et Shawn Carson. - Deux jeunes garçons aventureux enquêtent sur la vraie nature des attractions offertes par d'étranges forains aux allures sinistres.
VO→14,95$ Général

**SOMETHING WILD** ▷4
É.-U. 1986. Comédie dramatique de Jonathan DEMME avec Jeff Daniels, Melanie Griffith et Ray Liotta. - Un cadre new-yorkais est entraîné dans une randonnée impromptue par une jeune femme fantasque.
EP→7,95$ 13 ans +

**SOMETIMES A GREAT NOTION** ▷3
É.-U. 1971. Drame social réalisé et interprété par Paul NEWMAN avec Henry Fonda et Michael Sarrazin. - Les tribulations d'une famille dirigeant une exploitation forestière indépendante. - Valeur dramatique indéniable. Approche documentaire et humaine. Photographie admirable. Excellente composition de H. Fonda.
VO→14,95$ Général

**SOMEWHERE IN THE CITY** ▷5
É.-U. 1997. Comédie de mœurs de Ramin NIAMI avec Sandra Bernhard, Ornella Muti et Robert John Burke. - Six New-Yorkais vivant dans le même immeuble connaissent des revers dans leur recherche du bonheur.
VO→PC

**SOMEWHERE IN TIME** ▷4
É.-U. 1980. Drame fantastique de Jeannot SZWARC avec Christopher Reeve, Jane Seymour et Christopher Plummer. - Un jeune dramaturge traverse la barrière du temps afin de rencontrer une actrice du début du siècle.
VO→14,95$ VF→14,95$ LBX-DVD→27,95$ Général

**SOMMERSBY** ▷4
É.-U. 1993. Drame sentimental de Jon AMIEL avec Richard Gere, Jodie Foster et Bill Pullman. - Après la fin de la guerre de Sécession, un soldat revient complètement transformé dans son village où il retrouve sa femme qui le croyait mort.
VO→10,95$ VF→11,95$ Général

**SOMMET DE DANTE, LE**
Voir: DANTE'S PEAK

**SON ANGE GARDIEN**
Voir: FOREVER DARLING

**SON OF DRACULA** ▷4
É.-U. 1943. Drame d'horreur de Robert SIODMAK avec Lon Chaney Jr., Louise Albritton et Robert Paige. - Un comte mystérieux épouse une jolie fille et la transforme en vampire.
VO→14,95$ **Général - Déconseillé aux jeunes enfants**

**SON OF FLUBBER** ▷5
É.-U. 1962. Comédie de Robert STEVENSON avec Fred MacMurray, Nancy Olson et Keenan Wynn. - Un inventeur s'attire des ennuis par ses découvertes.
VF→19,95$ VO→19,95$ **Général**

**SON OF FRANKENSTEIN** ▷4
É.-U. 1938. Drame d'horreur de Rowland V. LEE avec Boris Karloff, Basil Rathbone et Bela Lugosi. - Le fils du baron Frankenstein poursuit l'œuvre de son père en ranimant le monstre que ce dernier avait créé.
VO→14,95$ **Général**

**SON OF FURY** ▷4
É.-U. 1942. Aventures de John CROMWELL avec Tyrone Power, Gene Tierney et George Sanders. - Un Anglais, dépossédé de ses biens, fait fortune dans les mers du Sud.
VO→24,95$ **Général**

**SON OF KONG** ▷5
É.-U. 1933. Aventures d'Ernest B. SCHOEDSACK avec Robert Armstrong, Helen Mack et Frank Reicher. - Les membres d'une expédition sont aidés par le fils de King Kong à qui ils ont sauvé la vie.
VO→LS **Général**

**SON OF PALEFACE** ▷4
É.-U. 1952. Comédie de Frank TASHLIN avec Bob Hope, Jane Russell et Roy Rogers. - Le fils d'un tueur d'Indiens recherche un trésor caché par son père.
VO→LS **Non classé**

**SON OF THE PINK PANTHER** ▷5
É.-U. 1993. Comédie policière de Blake EDWARDS avec Roberto Benigni, Herbert Lom et Claudia Cardinale. - Un commissaire de police chargé de retrouver une princesse kidnappée par des terroristes doit faire appel aux services d'un gendarme gaffeur.
VF→LS VO→LS **Général**

**SON OF THE SHEIK** ▷4
É.-U. 1926. Mélodrame de George FITZMAURICE avec Rudolph Valentino, Vilma Banky et Montagne Love. - Le fils d'un sheik s'éprend d'une belle danseuse qui sert d'appât à des voleurs.
ITA-KINO 34,95$ ITA-DVD-KINO **Non classé**

**SONATE D'AUTOMNE** ▶2
SUÈ. 1978. Drame psychologique d'Ingmar BERGMAN avec Ingrid Bergman, Liv Ullmann et Halvar Bjork. - La visite d'une pianiste célèbre chez sa fille est l'occasion d'une confrontation douloureuse. - Drame intimiste prenant. Rythme lent et progressif. Mise en scène sûre. Excellents interprètes.
STA-LBX-DVD→64,95$ STA→27,95$ **Général**

**SONATINE** ▷4
QUÉ. 1983. Drame psychologique de Micheline LANCTÔT avec Pascale Bussières, Marcia Pilote et Pierre Fauteux. - Les problèmes de deux adolescentes qui souffrent de l'indifférence du monde qui les entoure.
VO→13,95$ **13 ans +**

**SONATINE** ▷4
JAP. 1993. Drame policier réalisé et interprété par Takeshi KITANO avec Aya Kokumai et Tetsu Watanabe - Le chef d'un groupe de yakuzas attend avec ses hommes au bord de la mer la reprise éventuelle d'une sanglante guerre de gangs.
STA→19,95$ VF→19,95$ **13 ans + Violence**

**SONG IS BORN, A** ▷4
É.-U. 1948. Comédie musicale de Howard HAWKS avec Danny Kaye, Virginia Mayo et Benny Goodman. - Un jeune musicologue découvre le jazz et l'amour à travers de curieuses mésaventures.
VO→LS **Général**

**SONG OF BERNADETTE, THE** ▷4
É.-U. 1944. Drame biographique de Henry KING avec Jennifer Jones, Charles Bickford et Anne Revere. - L'histoire des apparitions de la Vierge à la petite Bernadette Soubirous.
VO→16,95$ **Général**

**SONG OF FREEDOM** ▷5
ANG. 1936. Drame musical de J. Elder WILLS avec Paul Robeson, Elizabeth Welch et George Mozart. - Les tribulations d'un débardeur anglais d'origine africaine sur les traces de ses ancêtres.
VO→34,95$ **Général**

**SONG OF LOVE** ▷4
É.-U. 1947. Drame biographique de Clarence BROWN avec Katharine Hepburn, Paul Henried et R. Walker. - Les joies et les épreuves de la pianiste Clara Wieck, épouse du compositeur Robert Schumann.
VO→19,95$ **Général**

**SONG OF SONGS, THE** ▷4
É.-U. 1933. Drame de Rouben MAMOULIAN avec Marlene Dietrich, Brian Aherne et Lionel Atwill. - Une jeune paysanne connaît une vie orageuse après avoir servi de modèle à un sculpteur.
VO→14,95$ **Général**

**SONG OF THE EXILE** ▷4
H.-K. 1990. Drame psychologique d'Ann HUI avec Shwu-Fen Chang, Maggie Cheung et Chi-Hung Lee. - Une jeune Chinoise qui part à la découverte de ses racines se heurte à sa mère d'origine japonaise.
STA→LS **Général**

**SONG OF THE ISLANDS** ▷6
É.-U. 1941. Comédie musicale de Walter LANG avec Betty Grable, Victor Mature et Jack Oakie. - Dans une île du Pacifique, un homme d'affaires américain entre en conflit avec son voisin, un Irlandais qui refuse de lui vendre sa propriété.
VO→24,95$ **Général**

**SONG OF THE THIN MAN** ▷4
É.-U. 1947. Comédie policière d'Edward BUZZELL avec William Powell, Myrna Loy et Keenan Wynn. - Un détective à la retraite résoud le mystère entourant un meurtre commis à bord d'un navire de plaisance.
VO→18,95$ **Général**

**SONG REMAINS THE SAME: LED ZEPPELIN, THE** ▷5
É.-U. 1976. Spectacle musical de Peter CLIFTON et Joe MASSOT. - Évocation du concert donné par le groupe de musique rock Led Zeppelin à New York en 1973.
VO→14,95$ LBX-DVD→22,95$ **Général**

**SONG TO REMEMBER, A** ▷5
É.-U. 1945. Drame biographique de Charles VIDOR avec Paul Muni, Cornel Wilde et Merle Oberon. - Évocation des amours de Chopin et de George Sand.
VO→19,95$ **Non classé**

**SONG WITHOUT END** ▷4
É.-U. 1960. Drame musical de Charles VIDOR et George CUKOR avec Dirk Bogarde, Capucine et Geneviève Page. - Les amours contrariées du compositeur Franz Liszt avec une princesse autrichienne.
VO→19,95$ **Général**

**SONGE D'UNE NUIT D'ÉTÉ, LE**
Voir: A MIDSUMMER NIGHT'S DREAM

**SONGWRITER** ▷4
É.-U. 1984. Comédie musicale d'Alan RUDOLPH avec Willie Nelson, Lesley Ann Warren et Kris Kristofferson. - Les difficultés professionnelles d'un chanteur-compositeur de musique country lié par contrat à un promoteur malhonnête.
VO→PC **Général**

**SONIA** ▷0
QUÉ. 1986, Paule BAILLARGEON
VO→19,95$ Général

**SONS OF KATIE ELDER, THE** ▷4
É.-U. 1965. Western d'Henry HATHAWAY avec John Wayne, Dean Martin et James Gregory. - Quatre frères se retrouvent pour venger la mort de leur mère.
VO→11,95$ Général

**SONS OF THE DESERT** ▷3
É.-U. 1934. Comédie de William SEITER avec Stan Laurel, Oliver Hardy et Mae Busch. - Deux compères tentent d'assister à un congrès malgré le refus de leurs épouses. - Gags réjouissants. Subtilité dans les relations entre les personnages. Un des meilleurs films de Laurel et Hardy.
VO→LS Général

**SOPHIE'S CHOICE** ▷3
É.-U. 1982. Drame psychologique d'Alan J. PAKULA avec Meryl Streep, Kevin Kline et Peter MacNicol. - Un jeune écrivain découvre progressivement le passé douloureux d'une Polonaise rescapée des camps nazis. - Adaptation prenante du roman de William Styron. Mise en images soignée. Intérêt soutenu. Interprétation remarquable de M. Streep.
VO→11,95$ LBX-DVD→31,95$ 13 ans +

**SORCELLERIE À TRAVERS LES ÂGES, LA** ►2
SUÈ. 1921. Documentaire de Benjamin CHRISTENSEN avec Tora Teje, Alice Frederiksen et Oscar Tribolt. - Les différentes manifestations de la sorcellerie vers la fin du Moyen Âge. - Chef-d'œuvre du muet. Mélange de genres fort réussi. Très belle photographie. Style expressionniste. Ensemble parfois décousu mais teinté d'un bon humour noir.
ITA→LS Général

**SORCERER** ▷4
É.-U. 1977. Aventures de William FRIEDKIN avec Roy Scheider, Bruno Cremer et Francisco Rabal. - Sur des routes difficiles en pleine jungle, quatre hommes transportent en camion des explosifs particulièrement dangereux.
VO→19,95$ DVD→34,95$ 13 ans +

**SORCERESS**
Voir: LE MOINE ET LA SORCIÈRE

**SORCIÈRES D'EASTWICK, LES**
Voir: THE WITCHES OF EASTWICK

**SORCIÈRES DE SALEM, LES** ▷4
ALL.-FR. 1956. Drame social de Raymond ROULEAU avec Yves Montand, Simone Signoret et Mylène Demongeot. - Dans une ville où règne le puritanisme, un incident déclenche une chasse aux sorcières. D'après l'œuvre d'Arthur Miller.
STA→59,95$ Général

**SORCIÈRES, LES**
Voir: THE WITCHES

**SORRY, WRONG NUMBER** ▷3
É.-U. 1948. Drame policier d'Anatole LITVAK avec Barbara Stanwyck, Burt Lancaster et Wendell Corey. - Une infirme apprend au téléphone qu'on veut la tuer. - Tension soutenue avec habileté et efficacité. Excellente interprétation.
VO→14,95$ Général

**SORT DE L'AMÉRIQUE, LE** ▷4
QUÉ. 1996. Film d'essai de Jacques GODBOUT avec René-Daniel Dubois et Philippe Falardeau. - Un cinéaste qui prépare un documentaire sur la bataille des Plaines d'Abraham rencontre un ami dramaturge en train d'écrire un scénario hollywoodien sur ce sujet.
VO→19,95$ Général

**SORTIS DE ROUTE** ▷6
FR. 1988. Comédie dramatique de Gilbert ROUSSEL avec Willy Roussel, Marie Cabanis et Amine Alami. - En vacances au Maroc, une famille française est victime d'un accident de la route qui oblige l'aîné, âgé de 12 ans, à prendre soin de sa petite sœur de 5 ans.
VO→LS Non classé

**SOTTO, SOTTO** ▷0
ITA. 1984, Lina WERTMULLER
STA→19,95$ Général

**SOUCOUPES VOLANTES ATTAQUENT, LES**
Voir: EARTH vs. THE FLYING SAUCERS

**SOUFFLE AU CŒUR, LE** ▷3
FR. 1971. Drame psychologique de Louis MALLE avec Benoît Ferreux, Lea Massari et Daniel Gélin. - Un adolescent atteint d'un souffle au cœur doit faire un séjour dans une ville d'eau avec sa mère. - Tableau satirique d'une société bourgeoise. Construction anecdotique. Traitement léger d'éléments troubles. Interprétation vivante et naturelle.
STA→LS 18 ans +

**SOUFFLE DE LA HAINE, LE**
Voir: INHERIT THE WIND

**SOUFFLE DE LA TEMPÊTE, LE**
Voir: COMES A HORSEMAN

**SOUFFLE DE LA VIOLENCE, LE**
Voir: THE VIOLENT MEN

**SOUFFLE SAUVAGE**
Voir: BLOWING WILD

**SOUL FOOD** ▷5
É.-U. 1997. Comédie dramatique de George TILLMAN Jr. avec Vanessa L. Williams, Vivica A. Fox et Nia Long. - Des conflits éclatent entre trois sœurs mariées lorsque leur vieille mère tombe malade.
VO→21,95$ Général - Déconseillé aux jeunes enfants

**SOULS AT SEA** ▷4
É.-U. 1937. Drame d'Henry HATHAWAY avec Gary Cooper, George Raft et Frances Dee. - Un négrier passe en jugement pour avoir abandonné dix-neuf personnes sur un navire en perdition.
VO→14,95$ Général

**SOULTAKER** ▷0
É.-U. 1990, Michael RISSI
VO→LS Non classé

**SOUND OF MUSIC, THE** ▷3
É.-U. 1965. Comédie musicale de Robert WISE avec Julie Andrews, Christopher Plummer et Eleanor Parker. - Devenue gouvernante des enfants d'un noble autrichien, une novice entraîne toute la famille au chant choral. - Agréable transposition de l'histoire de la famille Trapp. Photographie grandiose. Musique plaisante. Mise en scène fort adroite. Interprétation des plus sympathiques.
VF→16,95$ VO→16,95$ LBX→LS Général

**SOUNDER** ▷3
É.-U. 1972. Drame de Martin RITT avec Kevin Hooks, Paul Winfield et Cicely Tyson. - Au début des années 1930, les difficultés d'une famille de race noire en Louisiane. - Intrigue simple mais riche en aspects humains. Évocation intéressante de l'époque. Interprétation sobre et prenante.
VO→13,95$ Général

**SOUPE AUX CHOUX, LA** ▷4
FR. 1981. Comédie fantaisiste de Jean GIRAULT avec Louis de Funès, Jean Carmet et Jacques Villeret. - Deux vieux paysans reçoivent la visite d'un extraterrestre.
VO→26,95$ Général

**SOUPER, LE** ▷4
FR. 1992. Drame historique d'Édouard MOLINARO avec Claude Brasseur, Claude Rich et Ticky Holdago. - À la suite de la défaite de Napoléon, le politicien Talleyrand et le chef de la police Fouché se réunissent autour d'un souper pour discuter de l'avenir de la France.
VO→LS Général

**SOURCE, LA** ►1
SUÈ. 1959. Drame poétique d'Ingmar BERGMAN avec Max Von Sydow, Brigitta Petersson et Gunnel Lindblom. - Des bergers violent et tuent une jeune fille puis demandent asile à ses parents. - Sujet d'une profondeur spirituelle incontestable. Contexte médiéval poétiquement évoqué. Traitement remarquable de dépouillement et de beauté formelle. Excellente interprétation.
STA→27,95$ **13 ans +**

**SOURCE, THE** ▷4
É.-U. 1998. Documentaire de Chuck WORKMAN. - Analyse de l'influence du mouvement beatnik sur l'ensemble de la culture américaine.
VO→LS

**SOURIRE, LE** ▷4
FR. 1993. Comédie dramatique de Claude MILLER avec Jean-Pierre Marielle, Emmanuelle Seigner et Richard Bohringer. - Un sexagénaire qui n'en a plus pour longtemps à vivre fait la connaissance d'une ravissante jeune femme à qui il propose une aventure galante.
VO→12,95$ **13 ans + Érotisme**

**SOURIRES D'UNE NUIT D'ÉTÉ** ►2
SUÈ. 1955. Comédie d'Ingmar BERGMAN avec Eva Dalhbeck, Gunnar Bjornstrand et Ulla Jacobsson. - Suite de chassés-croisés amoureux dans un milieu bourgeois suédois. - Comédie à la fois enjouée et amère. Sens du dialogue. Acuité psychologique. Œuvre empreinte d'une ironie désabusée. Interprétation de qualité.
STA→27,95$ **13 ans +**

**SOURIS QUI RUGISSAIT, LA**
Voir: THE MOUSE THAT ROARED

**SOUS LE CIEL DU NEVADA**
Voir: BLUE SKY

**SOUS LE SIGNE DE MONTE-CRISTO** ▷4
FR. 1968. Aventures d'André HUNEBELLE avec Paul Barge, Paul Le Person et Anny Duperey. - Injustement condamné, un prisonnier s'évade et revient se venger une fois devenu riche.
VO→LS **Non classé**

**SOUS LE SIGNE DU POISSON** ▷7
FR. 1991. Comédie fantaisiste de Serge PÉNARD avec Jean Lefebvre, Daniela Akerblom et Michel Cremades. - Une sirène qui tente d'échapper aux deux propriétaires d'un cirque reçoit l'aide d'un naïf capitaine de traversier.
VO→LS **Général**

**SOUS LE SOLEIL DE SATAN** ▷3
FR. 1987. Drame religieux réalisé et interprété par Maurice PIALAT avec Gérard Depardieu et Sandrine Bonnaire. - Un curé de campagne tente en vain de ramener un jeune prêtre robuste mais tourmenté à un certain équilibre. - Adaptation d'un roman de Bernanos. Traitement austère et sombre. Ellipses surprenantes. Mise en scène très dépouillée. Interprétation d'une densité appréciable.
STA→32,95$ **Général**

**SOUS LES DRAPS, LES ÉTOILES** ▷5
QUÉ. 1989. Drame sentimental de Jean-Pierre GARIÉPY avec Guy Thauvette, Marie-Josée Gauthier et Marcel Sabourin. - Un astronome qui revient d'un long voyage s'éprend d'une femme obsédée par le désir de s'enfuir à l'étranger.
VO→LS **13 ans +**

**SOUS LES TOITS DE PARIS** ▷4
FR. 1930. Comédie de René CLAIR avec Albert Préjean, Pola Illery et Gaston Modot. - Une jeune fille fait la coquette avec un chanteur de rues.
STA→27,95$ **Général**

**SOUS-DOUÉS EN VACANCES, LES** ▷5
FR. 1981. Comédie de Claude ZIDI avec Daniel Auteuil, Guy Marchand et Grace de Capitani. - Un naïf tente de retrouver une belle avec qui il s'est trouvé des affinités sentimentales grâce à un ordinateur.
VO→LS **Général**

**SOUS-DOUÉS, LES** ▷5
FR. 1980. Comédie de Claude ZIDI avec Maria Pacôme, Daniel Auteuil et Michel Galabru. - La directrice d'un collège privé a des problèmes divers avec des cancres qu'elle doit préparer à l'épreuve du baccalauréat.
VO→LS **Général**

**SOUS-SOL** ▷5
QUÉ. 1996. Drame psychologique de Pierre GANG avec Richard Moffatt, Louise Portal et Isabelle Pasco. - Depuis que son père est mort après une nuit d'ébats amoureux, un adolescent refuse de grandir, prisonnier de sa peur du sexe.
VO→29,95$ **16 ans +**

**SOUS-SOL DE LA PEUR, LE**
Voir: THE PEOPLE UNDER THE STAIRS

**SOUTH CENTRAL** ▷4
É.-U. 1992. Drame social de Steve ANDERSON avec Glenn Plummer, Byron Keith Minns et Lexie D. Bigham. - À sa sortie d'un long séjour en prison, un criminel de Los Angeles entreprend d'éloigner son fils d'un puissant gang.
VO→LS **13 ans +**

**SOUTH PACIFIC** ▷4
É.-U. 1958. Comédie musicale de Joshua LOGAN avec Mitzi Gaynor, Rossano Brazzi et John Kerr. - Les aventures sentimentales d'une infirmière et d'un aviateur dans une île du Pacifique pendant la guerre.
LBX→22,95$ VO→23,95$ **Général**

**SOUTH PARK: BIGGER, LONGER & UNCUT** ▷4
É.-U. 1999. Dessins animés de Trey PARKER. - Dans une petite ville du Colorado, des parents sont outrés par le langage ordurier que leurs enfants ont appris au cinéma.
VF→14,95$ VO→14,95$
LBX-DVD→32,95$ **13 ans + Langage vulgaire**

**SOUTH PARK: PLUS GRAND, PLUS LONG ET SANS COUPURE**
Voir: SOUTH PARK: BIGGER, LONGER et UNCUT

**SOUTH RIDING** ▷4
ANG. 1938. Drame de Victor SAVILLE avec Edna Best, Ralph Richardson et Edmund Gwenn. - Un aristocrate anglais voit sa fortune se réduire de plus en plus.
VO→32,95$ **Général**

**SOUTHERN COMFORT** ▷4
É.-U. 1981. Drame de Walter HILL avec Keith Carradine, Powers Boothe et Fred Ward. - L'attitude irréfléchie de certains réservistes de la milice d'État de Louisiane suscite la colère des trappeurs d'une région marécageuse.
VO→11,95$ **18 ans +**

**SOUTHERNER, THE** ▷3
É.-U. 1945. Drame social de Jean RENOIR avec Zachary Scott, Betty Field et Beulah Bondi. - Les difficultés d'une famille installée sur une terre en friche. - Thème humain traité avec un souci de vérité. Jeu solide de Z. Scott.
VO→18,95$ **Général**

**SOUVENIRS D'AFRIQUE**
Voir: OUT OF AFRICA

**SOUVENIRS D'ANTAN**
Voir: MEMORIES OF ME

**SOUVENIRS D'ÉTÉ**
Voir: NOW AND THEN

**SOUVENIRS INTIMES** ▷5
QUÉ. 1999. Drame psychologique de Jean BEAUDIN avec James Hyndman, Pascale Bussières et Pierre-Luc Brillant. - Un peintre paraplégique reçoit des appels nocturnes d'une ancienne amie qui partage avec lui un lourd secret.
VO→18,95$ DVD→31,95$ **13 ans +**

**SOUVIENS-TOI, CHARLIE**
Voir: THE LONG KISS GOODNIGHT

**SOYLENT GREEN** ▷4
É.-U. 1973. Science-fiction de Richard FLEISCHER avec Charlton Heston, Edward G. Robinson et Leigh Taylor-Young. - En l'an 2022, à New York, un policier enquête sur l'assassinat d'un directeur d'une usine de nourriture synthétique.
VO→14,95$ 13 ans +

**SPACE CAMP** ▷4
É.-U. 1986. Science-fiction de Harry WINER avec Kate Capshaw, Lea Thompson et Tate Donovan. - Alors qu'ils visitent une navette spatiale de la NASA, des adolescents se trouvent propulsés dans l'espace par erreur.
VF→LS Général

**SPACE IS THE PLACE: SUN RA** ▷6
É.-U. 1974. Comédie musiciale de John CONEY avec Joshua Smith et le Sun Ra Arkhestra. - Un musicien venu de l'espace débarque à San Francisco où il veut convaincre des Noirs de repartir avec lui afin d'échapper aux injustices humaines.
VO→LS Général

**SPACE JAM** ▷5
É.-U. 1996. Comédie fantaisiste de Joe PYTKA avec Michael Jordan, Wayne Knight et Bill Murray. - Le lapin Bugs Bunny recrute un champion de basket-ball afin de battre des extraterrestres dans un match qui décidera du sort des héros de dessins animés.
VO→18,95$ VF→18,95$ Général

**SPACEBALLS** ▷5
É.-U. 1987. Science-fiction de Mel BROOKS avec Bill Pullman, Daphne Zuniga et Mel Brooks. - Convoitant l'atmosphère d'une planète, un cruel mercenaire lutte contre un aventurier qui tente de l'empêcher d'enlever la fille du roi régnant sur cet astre.
LBX→14,95$ Général

**SPACED INVADERS** ▷5
É.-U. 1989. Science-fiction de Patrick Read JOHNSON avec Douglas Barr, Royal Dano et Ariana Richards. - Croyant être interpellés par un message radio, des Martiens débarquent dans un village un soir d'Halloween.
VF→LS VO→LS Général

**SPANISH PRISONER, THE** ▷3
É.-U. 1997. Drame policier de David MAMET avec Campbell Scott, Rebecca Pidgeon et Steve Martin. - En voulant protéger sa dernière découverte, un jeune inventeur met le doigt dans l'engrenage d'un complot diabolique. - Brillant échafaudage de faux-semblants et de rebondissements. Dialogues fort réussis.
VO→13,95$ VF→13,95$ Général

**SPANKING THE MONKEY** ▷4
É.-U. 1994. Comédie dramatique de David O. RUSSELL avec Jeremy Davies, Alberta Watson et Carla Gallo. - Un rapport troublant se développe entre une mère convalescente et son fils adolescent.
VO→19,95$ 13 ans +

**SPARKLE** ▷5
É.-U. 1976. Drame musical de Sam O'STEEN avec Philip M. Thomas, Irene Cara et Lonette McKee. - Trois sœurs issues d'un ghetto noir de New York aspirent à devenir chanteuses.
VO→14,95$

**SPARROWS** ▷0
É.-U. 1926, William BEAUDINE
VO→29,95$ Général

**SPARTACUS** ▷3
É.-U. 1960. Drame historique de Stanley KUBRICK avec Kirk Douglas, Laurence Olivier et Jean Simmons. - En 73 avant J.-C., le gladiateur Spartacus se fait le chef d'une révolte contre les Romains. - Données historiques assez bien respectées. Mise en scène intelligemment spectaculaire. Ensemble impressionnant. Bonne interprétation.
VO→16,95$ LBX→16,95$ VF→16,95$ LBX-DVD→PM Général

**SPASME DE VIVRE, LE** ▷5
QUÉ. 1991. Documentaire de Richard BOUTET. - La triste réalité du suicide chez les jeunes entre 15 et 25 ans au Québec.
VO→24,95$ Général

**SPAWN** ▷5
É.-U. 1997. Drame fantastique de Mark A.Z. DIPPÉ avec Michael Jai White, John Leguizamo et Martin Sheen. - Un assassin professionnel tué par un collègue corrompu réapparaît sous la forme d'un justicier mort-vivant aux pouvoirs terrifiants.
VF→15,95$ LBX→18,95$
LBX-DVD→21,95$ 13 ans + Violence

**SPAWN OF THE NORTH** ▷4
É.-U. 1938. Aventures de Henry HATHAWAY avec George Raft, Henry Fonda et Dorothy Lamour. - Devenus adultes, deux amis d'enfance se retrouvent dans des situations qui les opposent.
VO→14,95$ Général

**SPEAK EASILY** ▷0
É.-U. 1932, Edward SEDGWICK
VO→19,95$ Général

**SPEAKING PARTS** ▷4
CAN. 1989. Comédie dramatique d'Atom EGOYAN avec Michael McManus, Arsinée Khanjian et Gabrielle Rose. - Un garçon d'étage dans un hôtel profite du séjour d'une scénariste pour faire progresser sa carrière d'acteur.
VO→LS 13 ans +

**SPECIAL DAY, A**
Voir: UNE JOURNÉE PARTICULIÈRE

**SPECIALIST, THE** ▷6
É.-U. 1994. Drame policier de Luis LLOSA avec Sylvester Stallone, Sharon Stone et James Woods. - Une jeune femme engage un tueur à gages, expert en explosifs, pour éliminer des mafiosi qui ont massacré ses parents lorsqu'elle était enfant.
VF→PC VO→PC 13 ans + Violence

**SPÉCIALISTES, LES** ▷4
FR. 1985. Drame policier de Patrice LECONTE avec Bernard Giraudeau, Gérard Lanvin et Christiane Jean. - Deux évadés s'associent pour réaliser un cambriolage audacieux dans un casino appartenant à la pègre.
VO→LS Général

**SPECIES** ▷5
É.-U. 1995. Science-fiction avec Roger DONALDSON avec Natasha Henstridge, Ben Kingsley et Michael Madsen. - Créée à partir d'un code génétique extraterrestre, une dangereuse créature ayant l'apparence d'une femme s'enfuit d'un laboratoire.
VF→11,95$ LBX→13,95$ LBX-DVD→PC 13 ans + Horreur

**SPECTER OF THE ROSE** ▷5
É.-U. 1946. Drame psychologique de Ben HECHT avec Judith Anderson, Ivan Kirov et Viola Essen. - Une jeune ballerine épouse un danseur déséquilibré qui menace de la tuer.
VO→LS Non classé

**SPEECHLESS** ▷4
É.-U. 1994. Comédie sentimentale de Ron UNDERWOOD avec Michael Keaton, Geena Davis et Christopher Reeve. - Un rédacteur qui écrit les discours d'un politicien tombe amoureux d'une jeune femme qui exerce le même métier pour le compte d'un candidat rival.
VF→11,95$ Général

**SPEED** ▷4
É.-U. 1994. Drame policier de Jan DE BONT avec Keanu Reeves, Sandra Bullock et Dennis Hopper. - Un jeune policier s'efforce de secourir les passagers d'un autobus piégé qui ne peut rouler à moins de 80 km/h.
VF→11,95$ VO→21,95$ LBX→21,95$
LBX-DVD→27,95$ Général

**SPEED 2: CRUISE CONTROL** ▷5
É.-U. 1997. Drame policier réalisé par Jan DE BONT avec Sandra Bullock, Jason Patric et Willem Dafoe. - Un jeune couple en croisière tente de stopper un terroriste qui a pris le contrôle du paquebot sur lequel ils se trouvent.
LBX→21,95$ Général

**SPELLBOUND** ▷3
É.-U. 1945. Drame policier d'Alfred HITCHCOCK avec Ingrid Bergman, Gregory Peck et Leo G. Carroll. - Le nouveau directeur d'une clinique psychiatrique se révèle être un imposteur soupçonné de meurtre. - Excellent policier mâtiné de psychologie. Trouvailles de style originales. Interprétation de qualité.
VO→14,95$ DVD→21,95$ Général

**SPETTERS** ▷4
HOL. 1980. Drame social de Paul VERHOEVEN avec Hans van Tongeren, Renee Soutendijk et Toon Agterberg. - Les désillusions de trois jeunes Hollandais passionnés de moto qui côtoient une jeune fille délurée et opportuniste.
STA→LS 18 ans +

**SPHERE** ▷5
É.-U. 1998. Science-fiction de Barry LEVINSON avec Dustin Hoffman, Sharon Stone et Samuel L. Jackson. - En explorant un vaisseau spatial gisant au fond de la mer, des scientifiques affrontent une sphère mystérieuse.
LBX→18,95$ VF→18,95$
LBX-DVD→29,95$ Général - Déconseillé aux jeunes enfants

**SPHINX** ▷5
É.-U. 1980. Aventures de Franklin J. SCHAFFNER avec Lesley-Anne Down, Frank Langella et Maurice Ronet. - Une jeune égyptologue met à jour un trafic clandestin de trésors archéologiques.
VO→PC Général

**SPHINX, LE** ▷5
QUÉ. 1995. Comédie dramatique de Louis SAÏA avec Marc Messier, Céline Bonnier et Serge Thériault. - Un homme marié quitte sa famille pour aller vivre avec une chanteuse de boîte de nuit érotique dont il est tombé amoureux.
VO→LS 13 ans +

**SPICE WORLD** ▷6
ANG. 1997. Comédie musicale de Bob SPIERS avec Melanie Brown, Emma Bunton et Melanie Chisholm. - Alors qu'elles se préparent à donner un important concert, cinq musiciennes connaissent des problèmes divers.
VF→LS VO→14,95$ LBX-DVD→36,95$ Général

**SPICES** ▷0
IND. 1986, Ketan MEHTA
STA→LS Général

**SPIDER BABY** ▷0
É.-U. 1964, Jack HILL
LBX→14,95$ Général

**SPIDER'S STRATAGEM, THE**
Voir: LA STRATÉGIE DE L'ARAIGNÉE

**SPIDERS**
Voir: LES ARAIGNÉES

**SPIES**
Voir: LES ESPIONS

**SPIES LIKE US** ▷4
É.-U. 1985. Comédie de John LANDIS avec Chevy Chase, Dan Aykroyd et Donna Dixon. - Pour faire diversion face aux Russes, les services secrets américains envoient au Pakistan deux employés incompétents.
VO→14,95$ Général

**SPIKE OF BENSONHURST** ▷4
É.-U. 1988. Comédie de mœurs de Paul MORRISSEY avec Sasha Mitchell, Ernest Borgnine et Anne De Salvo. - À Brooklyn, un jeune boxeur cherche à attirer l'attention d'un caïd local tout en faisant la cour à sa fille.
VO→LS Général

**SPIRAL STAIRCASE, THE** ▷5
ANG. 1975. Drame policier de Peter COLLINSON avec Jacqueline Bisset, Christopher Plummer et John Philip Law. - Une jeune muette se sent menacée par un tueur mystérieux qui s'attaque à des infirmes.
VO→14,95$ Général

**SPIRAL STAIRCASE, THE** ▷3
É.-U. 1945. Drame policier de Robert SIODMAK avec Dorothy McGuire, George Brent et Ethel Barrymore. - Une jeune muette est menacée par un meurtrier dont elle a surpris le crime. - Construction ingénieuse. Tension habilement soutenue. Jeu intelligent et sensible de D. McGuire.

**SPIRIT OF ST. LOUIS, THE** ▷3
É.-U. 1957. Drame biographique de Billy WILDER avec James Stewart, Murray Hamilton et Patricia Smith. - En 1927, la traversée aérienne de l'Atlantique par Charles Lindbergh. - Reconstitution réussie d'un exploit important. Réalisation ingénieuse faisant un usage habile du retour en arrière. Interprétation naturelle.
LBX→19,95$ VO→18,95$ Général

**SPIRIT OF THE BEEHIVE, THE**
Voir: L'ESPRIT DE LA RUCHE

**SPITE MARRIAGE** ▷0
É.-U. 1929, Buster KEATON
VO→29,95$ Général

**SPITFIRE** ▷4
É.-U. 1943. Drame biographique réalisé et interprété par Leslie HOWARD avec David Niven et Rosamund John. - Récit de la carrière de Reginald Mitchell, inventeur d'un avion de combat.
VO→17,95$ Général

**SPITFIRE GRILL, THE** ▷5
É.-U. 1995. Drame social de Lee David ZLOTOFF avec Alison Elliott, Ellen Burstyn et Marcia Gay Harden. - Dans un village, un notable voit d'un mauvais œil qu'une ancienne détenue devienne serveuse dans un restaurant local.
VF→LS VO→PC Général

**SPLASH** ▷4
É.-U. 1984. Comédie fantaisiste de Ron HOWARD avec Daryl Hannah, Tom Hanks et John Candy. - Un jeune commerçant célibataire se désole de n'avoir jamais connu l'amour véritable, jusqu'au jour où une sirène le sauve de la noyade.
VF→11,95$ Général

**SPLENDOR** ▷0
ANG.-É-U. 1999, Gregg ARAKI
VO→14,95$ 13 ans +

**SPLENDOR IN THE GRASS** ▷3
É.-U. 1961. Drame psychologique d'Elia KAZAN avec Natalie Wood, Warren Beatty et Pat Hingle. - Dans les années 1920, l'amour de deux jeunes gens aux prises avec l'incompréhension de leurs parents. - Traitement intelligent. Mise en scène brillante. Habile reconstitution d'époque. Bonne direction d'acteurs.
VF→19,95$ VO→19,95$ LBX-DVD→21,95$ Non classé

**SPLIT IMAGE** ▷4
É.-U. 1982. Drame psychologique de Ted KOTCHEFF avec Michael O'Keefe, Brian Dennehy et James Woods. - Un adolescent sportif est entraîné par une jeune femme dans une organisation qui se révèle être une secte.
VO→LS Non classé

**SPLIT SECOND** ▷4
É.-U. 1953. Drame de Dick POWELL avec Stephen McNally, Alexis Smith et Jan Sterling. - Des bandits se cachent avec des otages dans une mine choisie pour l'explosion d'une bombe atomique.
VO→12,95$ Général

**SPLITTING HEIRS** ▷4
ANG. 1993. Comédie satirique de Robert M. YOUNG avec Eric Idle, Rick Moranis et Barbara Hershey. - Un modeste employé de banque découvre que son riche patron et lui ont été interchangés lorsqu'il étaient bébés.
VF→11,95$ **Général**

**SPOILERS, THE** ▷4
É.-U. 1942. Aventures de Ray ENRIGHT avec John Wayne, Marlene Dietrich et Randolph Scott. - En Alaska, au début du siècle, deux hommes et une femme se disputent la propriété d'une mine d'or.
VO→14,95$ **Non classé**

**SPONTANEOUS COMBUSTION** ▷0
É.-U. 1990, Tobe HOOPER
VO→LS **Non classé**

**SPRINGFIELD RIFLE** ▷5
É.-U. 1952. Western de André DeTOTH avec Gary Cooper, David Brian et Phyllis Thaxter. - On feint d'expulser un major de l'armée afin qu'il découvre des espions.
VO→18,95$ **Général**

**SPRINGTIME IN THE ROCKIES** ▷5
É.-U. 1942. Comédie musicale d'Irving CUMMINGS avec Betty Grable, John Payne et Carmen Miranda. - Un danseur cherche à reconquérir son ancienne partenaire en tournée au Canada.
VO→24,95$ **Général**

**SPY HARD** ▷5
É.-U. 1996. Comédie satirique de Rick FRIEDBERG avec Leslie Nielsen, Nicollette Sheridan et Charles Durning. - Un agent secret fantasque vole au secours d'une jeune femme qui a été kidnappée par un général mégalomane.
VO→PC **Général**

**SPY IN BLACK, THE** ▷5
ANG. 1939. Drame d'espionnage de Michael POWELL avec Conrad Veidt, Valerie Hobson et Marius Goring. - Le capitaine d'un sous-marin allemand débarque dans une île écossaise pour prendre contact avec un espion.
VO→24,95$ **Général**

**SPY KIDS** ▷4
É.-U. 2001. Comédie fantaisiste de Robert RODRIGUEZ avec Alexa Vega, Daryl Sabara et Antonio Banderas. - Deux enfants entreprennent de sauver leurs parents agents secrets qui ont été faits prisonniers par un mégalomane voulant dominer le monde.
**Général**

**SPY WHO CAME IN FROM THE COLD, THE** ▷3
ANG. 1965. Drame d'espionnage de Martin RITT avec Richard Burton, Claire Bloom et Oskar Werner. - Pour remplir une mission, un espion britannique feint d'être prêt à livrer ses secrets aux communistes. - Adaptation d'un roman de John Le Carré. Intrigue complexe. Réalisation sobre et efficace. Interprètes remarquables.
VO→26,95$ **Non classé**

**SPY WHO LOVED ME, THE** ▷4
ANG. 1977. Drame d'espionnage de Lewis GILBERT avec Roger Moore, Barbara Bach et Curt Jurgens. - L'agent secret James Bond et une collègue soviétique enquêtent sur la disparition de deux sous-marins atomiques.
VO→14,95$ LBX-DVD **Général**

**SQUANTO: A WARRIOR'S TALE** ▷5
É.-U. 1994. Aventures de Xavier KÖLLER avec Adam Beach, Mandy Patinkin et Michael Gambon. - Au début du XVIIe siècle, un Amérindien fait prisonnier par des marins anglais parvient à s'enfuir et trouve refuge chez des moines qui l'hébergent secrètement.
VO→11,95$ **Général**

**SQUEEZE** ▷0
É.-U. 1996, Robert PATTON-SPRUILL
VO→LS **13 ans + Violence**

**SQUIRM** ▷6
É.-U. 1976. Drame d'horreur de Jeff LIEBERMAN avec Don Scardino, Patricia Pearcy et R.A. Dow. - À la suite d'un orage, des vers de terre se transforment en monstres carnivores et font des ravages dans un village de Géorgie.
VO→11,95$ **13 ans +**

**SSNAKE**
Voir: SSSSS

**SSSSSSS** ▷5
É.-U. 1973. Drame d'horreur de Bernard KOWALSKI avec Strother Martin, Dirk Benedict et Heather Menzies. - Un savant passionné par l'étude des serpents expérimente un traitement sur un étudiant.
VO→16,95$ **13 ans +**

**ST. ELMO'S FIRE** ▷4
É.-U. 1985. Comédie dramatique de Joel SCHUMACHER avec Rob Lowe, Mare Winningham et Emilio Estevez. - Les ambitions et les affections d'un groupe de jeunes gens qui se retrouvent régulièrement dans un café-restaurant de Washington.
VF→9,95$ VO→9,95$ **13 ans +**

**ST. MARTIN'S LANE** ▷0
ANG. 1938, Tim WHELAN
VO→34,95$ **Général**

**ST. VALENTINE'S DAY MASSACRE, THE** ▷4
É.-U. 1967. Drame de Roger CORMAN avec Jason Robards, George Segal et Ralph Meeker. - À Chicago, la rivalité entre deux bandes criminelles provoque des tueries.
VO→LS **13 ans +**

**STAGE DOOR** ▷3
É.-U. 1937. Drame psychologique de Gregory LA CAVA avec Katharine Hepburn, Adolphe Menjou et Ginger Rogers. - Les tribulations d'une jeune débutante dans le monde du spectacle. - Adaptation fort réussie d'une pièce de théâtre. Réalisation de qualité. K. Hepburn excellente.
VO→LS **Non classé**

**STAGE FRIGHT** ▷3
É.-U. 1950. Drame policier d'Alfred HITCHCOCK avec Jane Wyman, Richard Todd et Marlene Dietrich. - Une jeune femme s'efforce d'aider un ami accusé de meurtre. - Ensemble d'une grande virtuosité narrative. Très bonne réalisation. Suspense soutenu. Interprètes bien dirigés.
VO→14,95$ VO→14,95$ **Non classé**

**STAGE FRIGHT** ▷5
ITA. 1986. Drame d'horreur de Michele SOAVI avec Barbara Cupisti, David Brandon et Jo Ann Smith. - Un maniaque meurtrier s'attaque à des acteurs isolés dans un théâtre où ils répètent un spectacle musical.
VO→14,95$ **13 ans +**

**STAGECOACH** ►2
É.-U. 1939. Western de John FORD avec John Wayne, Thomas Mitchell et Claire Trevor. - Le périlleux voyage en diligence de neuf personnages. - Classique du western. Caractères bien typés. Ton épique nuancé de touches psychologiques. Interprétation juste.
VO→LS **Non classé**

**STAGGERED** ▷4
ANG. 1994. Comédie réalisée et interprétée par Martin CLUNES avec Michael Praed et Anna Chancellor. - Un jeune Londonien est abandonné dans une île déserte d'Écosse par un rival, trois jours avant son mariage.
VO→LS **13 ans +**

**STAIRWAY TO HEAVEN** ▷3
ANG. 1946. Drame fantastique de Michael POWELL et Emeric PRESSBURGER avec David Niven, Roger Livesey et Kim Hunter. - Alors qu'il est entre la vie et la mort, un aviateur blessé subit un procès dans l'au-delà. - Thème original. Fantaisie et humour. Réalisation soignée.
VO→LS **Général**

**STAKEOUT** ▷4
É.-U. 1987. Drame policier de John BADHAM avec Richard Dreyfuss, Madeline Stowe et Emilio Estevez. - Deux policiers sont chargés de surveiller la maison de l'ancienne maîtresse d'un criminel dangereux qui vient de s'évader.
VF→11,95$ VO→11,95$ 13 ans +

**STALAG 17** ▷3
É.-U. 1952. Drame de guerre de Billy WILDER avec William Holden, Don Taylor et Otto Preminger. - Dans un camp de concentration, un prisonnier débrouillard est soupçonné de traîtrise par ses compagnons. - Adaptation réussie d'une pièce à succès. Touches d'un humour sardonique. Mise en scène soignée. Création vigoureuse de W. Holden.
VO→14,95$ DVD→32,95$ Général

**STALIN** ▷5
ANG. 1992. Drame biographique d'Ivan PASSER avec Robert Duvall, Julia Ormond et Jeroen Krabbe. - La vie du dictateur Joseph Staline qui régna sur l'Union soviétique durant près de 30 ans.
VO→19,95$ Général

**STALINGRAD** ▷4
ALL. 1992. Drame historique de Joseph VILSMAIER avec Dominique Horwitz, Thomas Kretschmann et Jochen Nickel. - En 1942, commence la bataille la plus sanglante de la Seconde Guerre mondiale lorsque l'armée allemande se retrouve encerclée dans Stalingrad.
VA→LS VF→LS 13 ans +

**STALKER** ▶2
RUS. 1979. Drame fantastique d'Andrei TARKOVSKY avec Alexandre Kaidanovski, Anatoli Solonitsine et Nikolaï Grinko. - Un guide amène un écrivain et un savant dans une région dont l'accès est interdit. - Fascinante allégorie sur la quête des connaissances. Récit sombre mais significatif. Ensemble assez exigeant. Forme très soignée. Interprétation appropriée.
STA→21,95$ Général

**STALKING MOON, THE** ▷4
É.-U. 1968. Western de Robert MULLIGAN avec Gregory Peck, Eva Marie Saint et Robert Forster. - Un homme aide une jeune femme et son enfant à fuir les Apaches qui la gardent captive depuis dix ans.
VO→14,95$ Général

**STAN THE FLASHER** ▷6
FR. 1989. Drame psychologique de Serge GAINSBOURGg avec Claude Berri, Aurore Clément et Élodie. - Méprisé et trompé par sa femme, un enseignant qui affiche une attitude provocante cherche des consolations auprès de ses étudiantes.
VO→LS 13 ans +

**STAND AND DELIVER** ▷4
É.-U. 1988. Drame social de Ramon MENENDEZ avec Edward James Olmos, Lou Diamond Phillips et Rosana De Soto. - Un immigrant enseigne avec succès les mathématiques à de jeunes délinquants dans un «high school» de Los Angeles.
VF→14,95$ Général

**STAND BY ME** ▷3
É.-U. 1986. Comédie dramatique de Rob REINER avec Wil Wheaton, River Phoenix et Corey Feldman. - En apprenant la mort de son ami d'enfance, un romancier se remémore une aventure qu'ils ont vécue à l'âge de douze ans. - Adaptation d'une nouvelle autobiographique de Stephen King. Traitement chaleureux et sensible. Contexte campagnard pittoresque. Jeunes interprètes fort bien dirigés.
VO→12,95$ VF→14,95$ LBX-DVD→33,95$ Général

**STAND, THE** ▷5
É.-U. 1994. Drame fantastique de Mick GARRIS avec Gary Sinise, Molly Ringwald et Laura San Giacomo. - Après qu'un virus a décimé la population des États-Unis, une vieille femme guide un groupe de survivants dans leur combat à finir avec l'antéchrist.
VO→39,95$ 13 ans + Violence

**STANLEY & IRIS** ▷4
É.-U. 1989. Drame psychologique de Martin RITT avec Robert De Niro, Jane Fonda et Martha Plimpton. - Une ouvrière, veuve de fraîche date, sympathise avec un cuisinier analphabète auquel elle apprend à lire et à écrire.
VO→11,95$ Général

**STANLEY AND LIVINGSTONE** ▷3
É.-U. 1939. Drame historique de Henry KING avec Spencer Tracy, Nancy Kelly et Richard Greene. - Un reporter est envoyé en Afrique afin de retrouver la trace du docteur Livingstone. - Film bien monté, d'une valeur historique certaine. Interprétation intelligente et forte de S. Tracy.
VO→44,95$ Général

**STANLEY KUBRICK COLLECTION (COFFRET 7 VOLUMES)** ▷0
Voir: 2001: A SPACE ODYSSEY · BARRY LYNDON · CLOCKWORK ORANGE, A · DR. STRANGELOVE · FULL METAL JACKET · LOLITA · SHINING, THE
VF→119,95$ VO→119,95$

**STAR!** ▷3
É.-U. 1968. Comédie musicale de Robert WISE avec Julie Andrews, Daniel Massey et Richard Crenna. - Une artiste anglaise de music-hall, Gertrude Lawrence, devient l'idole du public américain. - Remarquable reconstitution de l'atmosphère d'époque. Réalisation originale. Montage réussi. Distribution solide.
VO→32,95$ Général

**STAR 80** ▷3
É.-U. 1983. Drame de mœurs de Bob FOSSE avec Mariel Hemingway, Eric Roberts et Cliff Robertson. - Le destin tragique d'une jeune «playmate» canadienne, assassinée par son mari à l'aube d'une carrière au cinéma. - Scénario tiré d'un fait réel. Traitement vigoureux. Aperçus incisifs sur certaines mœurs contemporaines. Composition fort convaincante de E. Roberts.
VO→18,95$ 18 ans +

**STAR CHAMBER, THE** ▷4
É.-U. 1983. Drame policier de Peter HYAMS avec Michael Douglas, Hal Holbrook et Yaphet Kotto. - Un juge se joint à une association clandestine de magistrats qui se donne pour mission de faire exécuter les criminels impunis.
VF→11,95$ VO→9,95$ Général

**STAR IS BORN, A** ▷3
É.-U. 1954. Comédie musicale de George CUKOR avec Judy Garland, James Mason et Jack Carson. - Un comédien sombre dans l'alcoolisme alors que sa jeune épouse connaît la gloire. - Habile mélange d'éléments dramatiques et de numéros musicaux. Mise en scène souple et inventive. Excellents interprètes.
LBX→19,95$ VO→19,95$ Non classé

**STAR IS BORN, A** ▷3
É.-U. 1937. Drame psychologique de William A. WELLMAN avec Janet Gaynor, Fredric March et Adolphe Menjou. - Un comédien de renom voit son étoile pâlir alors que sa jeune femme connaît la gloire. - Première version d'un sujet souvent repris. Bonne peinture du milieu du cinéma.
KINO→34,95$ VO→18,95$ DVD→41,95$ Général

**STAR IS BORN, A** ▷5
É.-U. 1976. Drame musical de Frank PIERSON avec Barbra Streisand, Kris Kristofferson et Gary Busey. - Un chanteur populaire sombre dans l'alcoolisme alors que son épouse connaît la gloire.
VF→LS VO→19,95$ Général

**STAR MAPS** ▷5
É.-U. 1996. Drame de mœurs de Miguel ARTETA avec Douglas Spain, Efrain Figueroa et Kandeyce Jensen. - Un jeune hispanophone qui rêve de devenir acteur est forcé par son père à se prostituer.
VO→LS 16 ans +

**STAR SPANGLED RHYTHM** ▷5
É.-U. 1942. Comédie musicale de George MARSHALL avec Eddie Bracken, Betty Hutton et Victor Moore. - Trois marins en permission font une excursion à un studio d'Hollywood où le père de l'un d'eux est concierge.
VO→16,95$ Général

**STAR TREK (COFFRET 7 VOLUMES)** ▷0
LBX→89,95$ VO→94,95$ VF→76,95$

**STAR TREK: THE MOTION PICTURE** ▷4
É.-U. 1979. Science-fiction de Robert WISE avec William Shatner, Leonard Nimoy et Persis Khambatta. - Au XXIVe siècle, un amiral reprend la direction d'un vaisseau spatial pour affronter une force mystérieuse et destructrice.
VF→LS Général

**STAR TREK II: THE WRATH OF KHAN** ▷4
É.-U. 1982. Science-fiction de Nicholas MEYER avec William Shatner, Leonard Nimoy et Ricardo Montalban. - Le commandant d'un vaisseau spatial entre en lutte avec un vieil ennemi.
VF→LS VO→LS Général

**STAR TREK III: THE SEARCH FOR SPOCK** ▷4
É.-U. 1984. Science-fiction de Leonard NIMOY avec William Shatner, Christopher Lloyd et Robin Curtis. - Le commandant d'un vaisseau spatial s'en va récupérer le cadavre de son second sur une planète fertilisée artificiellement.
LBX→13,95$ VF→LS LBX-DVD→32,95$ Général

**STAR TREK IV: THE VOYAGE HOME** ▷4
É.-U. 1986. Science-fiction réalisée et interprétée par Leonard NIMOY avec William Shatner et Catherine Hicks. - Pour sauver la Terre d'un grave péril, l'équipage d'un vaisseau spatial du futur est obligé de revenir au XXe siècle.
VF→LS VO→LS Général

**STAR TREK V: THE FINAL FRONTIER** ▷5
É.-U. 1989. Science-fiction réalisée et interprétée par William SHATNER avec Leonard Nimoy et Laurence Luckinbill. - Au XXIVe siècle, un vaisseau spatial est dépêché sur une planète lointaine pour y régler une prise d'otages qui menace la paix interplanétaire.
VF→LS VO→LS Général

**STAR TREK VI: THE UNDISCOVERED COUNTRY** ▷4
É.-U. 1991. Science-fiction de Nicholas MEYER avec William Shatner, Leonard Nimoy et DeForest Kelley. - Tenus responsables de la mort d'un chancelier, le capitaine et le docteur d'un vaisseau spatial sont condamnés à l'exil sur une planète de glace.
VF→LS VO→LS LBX-DVD→32,95$ Général

**STAR TREK IX: INSURRECTION** ▷5
É.-U. 1998. Science-fiction de Jonathan FRAKES avec Patrick Stewart, Brent Spiner et Donna Murphy. - Le capitaine d'un vaisseau spatial vient en aide à une civilisation dont la planète agit comme une fontaine de Jouvence.
VF→13,95$ VO→LS LBX-DVD→32,95$ Général

**STAR TREK: FIRST CONTACT** ▷4
É.-U. 1996. Science-fiction de Jonathan FRAKES avec Patrick Stewart, Brent Spiner et Alfre Woodard. - Le capitaine d'un vaisseau spatial du XXIVe siècle revient sur la Terre en 2063 afin d'empêcher la destruction de l'humanité.
VO→14,95$ LBX→13,95$ VF→14,95$
LBX-DVD→32,95$ Général

**STAR TREK: GENERATIONS** ▷5
É.-U. 1994. Science-fiction de David CARSON avec Patrick Stewart, William Shatner et Jonathan Frakes. - Au XXIVe siècle, deux capitaines de vaisseau spatial affrontent un docteur fou dont les expériences risquent de détruire tout un système solaire.
VO→LS VF→14,95$ LBX-DVD→32,95$ Général

**STAR WARS** ▷3
É.-U. 1977. Science-fiction de George LUCAS avec Mark Hamill, Carrie Fisher et Alec Guinness. - Ayant appris d'un robot qu'une princesse est gardée prisonnière par un tyran, le fils d'un chevalier de l'espace part à son secours. - Scénario inventif. Habile création d'un monde fantastique. Excellente réalisation technique. Interprétation convaincue.
VF→LS VO→LS VO-LBX-SP.ED→LS Général

**STAR WARS: ÉPISODE 1 - LA MENACE FANTÔME**
Voir: STAR WARS: EPISODE 1 - THE PHANTOM MENACE

**STAR WARS: EPISODE 1 - THE PHANTOM MENACE** ▷4
É.-U. 1999. Science-fiction de George LUCAS avec Liam Neeson, Ewan McGregor et Natalie Portman. - Recueilli par deux chevaliers de l'espace, un garçon vient en aide à une jeune reine dont la planète est en guerre.
VF→16,95$ VO→16,95$ LBX→44,95$ Général

**STAR, THE** ▷4
É.-U. 1952. Drame psychologique de Stuart HEISLER avec Bette Davis, Sterling Hayden et Natalie Wood. - Une vedette de cinéma vieillissante accepte mal le déclin de sa carrière.
VO→19,95$ Non classé

**STARCRASH** ▷5
ITA. 1979. Science-fiction de Lewis COATES avec Caroline Munro, Marjoe Gortner et Christopher Plummer. - Une contrebandière de l'espace reçoit mission d'éclaircir la disparition d'un vaisseau spatial.
VF Général

**STARDOM** ▷5
QUÉ. 2000. Comédie satirique de Denys ARCAND avec Jessica Paré, Dan Aykroyd et Thomas Gibson. - Une hockeyeuse adolescente d'une grande beauté connaît une ascension fulgurante dans le monde de la mode et du jet-set international.
VF→LS VO→LS Général

**STARDUST MEMORIES** ▷3
É.-U. 1980. Comédie satirique réalisée et interprétée par Woody ALLEN avec Charlotte Rampling et Jessica Harper. - Les ennuis d'un auteur de films à l'occasion d'un stage de discussion sur son œuvre. - Variations sur les relations entre le cinéma et la vie. Utilisation subtile du noir et blanc. Envolées loufoques. Interprétation comiquement morose.
VO→14,95$ Général

**STARGATE** ▷5
É.-U. 1994. Science-fiction de Roland EMMERICH avec Kurt Russel, James Spader et Jaye Davidson. - Grâce à un gigantesque anneau d'origine inconnue, des savants et des militaires sont transportés sur une planète de sable où vit un peuple issu de l'Égypte antique.
VF→11,95$ VO→18,95$ LBX-DVD→31,95$ Général

**STARLIGHT HOTEL** ▷4
N.-Z. 1987. Drame social de Sam PILLSBURY avec Greer Robson, Peter Phelps et Marshall Napier. - En tentant de rejoindre son père, une enfant fait la rencontre d'un vagabond avec lequel elle connaît diverses mésaventures.
VO→LS Général

**STARMAKER, THE** ▷4
ITA. 1995. Drame de mœurs de Giuseppe TORNATORE avec Sergio Castellitto, Tiziana Lodato et Franco Scaldati. - En 1953, un escroc parcourt les villages de Sicile en se faisant passer pour un recruteur de talents envoyé par un studio de cinéma.
VF→14,95$ STA→14,95$ 13 ans +

**STARMAN** ▷4
É.-U. 1984. Science-fiction de John CARPENTER avec Jeff Bridges, Karen Allen et Charles Martin Smith. - Naufragé sur Terre, un extraterrestre prend les traits d'un homme et tente de rejoindre les siens avec l'aide d'une jeune femme.
VF→9,95$ VO→9,95$ LBX-DVD→35,95$ Général

**STARS FELL ON HENRIETTA, THE** ▷4
É.-U. 1995. Comédie dramatique de James KEACH avec Robert Duvall, Aidan Quinn et Frances Fisher. - En 1935, un couple de paysans texans démunis accueille un vieux bourlingueur excentrique qui prétend pouvoir repérer les gisements de pétrole.
VO→14,95$ VF→14,95$ **Général**

**STARS IN MY CROWN** ▷5
É.-U. 1950. Western de Jacques TOURNEUR avec Joel McCrea, Ellen Drew et Dean Stockwell. - Un jeune pasteur gagne la sympathie d'un village par sa bonté.
VO→18,95$ **Général**

**STARSHIP INVASIONS** ▷5
CAN. 1977. Science-fiction d'Ed HUNT avec Robert Vaughn, Christopher Lee et Daniel Pilon. - Des extraterrestres veulent conquérir la Terre pour y transporter la population de leur planète menacée de disparition.
VO→13,95$ **Général**

**STARSHIP TROOPERS** ▷5
E.-U. 1997. Science-fiction de Paul VERHOEVEN avec Casper Van Dien, Dina Meyer et Denise Richards. - Dans le futur, l'espèce humaine déclare la guerre à des extraterrestres belliqueux ayant la forme d'insectes géants.
VF→14,95$ LBX→14,95$ LBX-DVD→24,95$ **13 ans + Violence**

**START THE REVOLUTION WITHOUT ME** ▷5
É.-U. 1969. Comédie de Bud YORKIN avec Gene Wilder, Donald Sutherland et Hugh Griffith. - Deux couples de jumeaux intervertis à leur naissance sont mêlés à divers quiproquos à la veille de la Révolution française.
VO→13,95$ **Non classé**

**STARTING OVER** ▷4
É.-U. 1979. Comédie sentimentale de Alan J. PAKULA avec Burt Reynolds, Jill Clayburgh et Candice Bergen. - Un écrivain dans la trentaine tente de refaire sa vie après s'être séparé de sa femme sur l'initiative de celle-ci.
VO→PC **13 ans +**

**STATE AND MAIN** ▷3
É.-U. 2000. Comédie de mœurs de David MAMET avec Philip Seymour Hoffman, William H. Macy et Rebecca Pidgeon. - L'arrivée impromptue d'une équipe de tournage hollywoodienne met en émoi la communauté d'une petite ville. - Fable morale très ludique. Récit intelligent aux dialogues truculents. Mise en scène d'un art consommé. Excellent jeu d'ensemble des interprètes.
**Général**

**STATE FAIR** ▷4
É.-U. 1945. Comédie musicale de Walter LANG avec Jeanne Crain, Dana Andrews et Dick Haymes. - Les aventures et mésaventures d'une famille de fermiers à une foire locale.
VO→LS **Général**

**STATE OF GRACE** ▷4
É.-U. 1990. Drame policier de Phil JOANOU avec Sean Penn, Gary Oldman et Robin Wright. - Un jeune policier s'infiltre dans une bande de mafiosi irlandais de New York dont fait partie un de ses amis d'enfance.
VF→PC **18 ans +**

**STATE OF THE UNION** ▷4
É.-U. 1948. Comédie dramatique de Frank CAPRA avec Spencer Tracy, Katharine Hepburn et Angela Lansbury. - Un directeur de journal devient candidat à la présidence des États-Unis.
VO→19,95$ **Général**

**STATE OF THINGS, THE**
Voir: L'ÉTAT DES CHOSES

**STATE'S ATTORNEY** ▷4
É.-U. 1932. Drame judiciaire de George ARCHAINBAUD avec John Barrymore, Helen Twelvetrees et William Boyd. - Un jeune avocat attaché au bureau du procureur s'efforce d'inculper un influent mafioso.
VO→LS **Non classé**

**STATION 3: ULTRA-SECRET**
Voir: THE SATAN BUG

**STATION WEST** ▷5
É.-U. 1948. Western de Sidney LANFIELD avec Dick Powell, Jane Greer et Agnes Moorehead. - Un jeune sous-lieutenant faisant enquête sur des vols est amené à lutter contre d'audacieux bandits.
VO→LS **Général**

**STATION, THE** ▷5
ITA. 1990. Comédie dramatique réalisée et interprétée par Sergio RUBINI avec Margherita Buy et Ennio Fantastichini. - Le travail routinier d'un chef de gare est perturbé par l'arrivée d'une belle blonde qui fuit son fiancé.
STA→30,95$ **Général**

**STATUE EN OR MASSIF, LA**
Voir: THE OSCAR

**STATUE, LA**
Voir: THE STATUE

**STATUE, THE** ▷6
ANG. 1970. Comédie de Rodney AMATEAU avec David Niven, Virna Lisi et Robert Vaughn. - Un professeur honoré du prix Nobel pour l'invention d'une langue internationale est de plus le sujet d'une statue géante sculptée par sa femme.
VF→LS **13 ans +**

**STAVISKY** ▷3
FR.-ITA. 1974. Drame social d'Alain RESNAIS avec Jean-Paul Belmondo, Charles Boyer et Claude Rich. - Évocation d'un escroc célèbre des années 30. - Style souple et élégant. Structure complexe. Conception raffinée de la mise en scène.
STA→34,95$ **Général**

**STAY HUNGRY** ▷5
É.-U. 1976. Comédie de mœurs de Bob RAFELSON avec Jeff Bridges, Sally Field et Arnold Schwarzenegger. - Un agent immobilier qui négocie l'achat d'un club sportif s'intéresse à ceux qui le fréquentent.
VO→11,95$ **13 ans +**

**STAY TUNED** ▷5
É.-U. 1992. Comédie fantaisiste de Peter HYAMS avec John Ritter, Pam Dawber et Jeffrey Jones. - Aspiré par une antenne parabolique, un couple traverse d'étranges émissions télévisées où leur sont tendus différents pièges mortels.
LBX-DVD→PC VO→PC LBX-DVD→PC **Général**

**STEAK, LE** ▷4
QUÉ. 1992. Documentaire de Pierre FALARDEAU et Manon LERICHE. - Le boxeur québécois Gaëtan Hart commente sa carrière et se laisse aller à certaines considérations sur sa vie en général.
VO→12,95$ **Général**

**STEALING BEAUTY** ▷4
ITA. 1996. Drame psychologique de Bernardo BERTOLUCCI avec Liv Tyler, Jeremy Irons et Sinead Cusack. - Une jeune Américaine passe ses vacances en Toscane chez des amis de sa mère récemment décédée.
VO→16,95$ **13 ans + Érotisme**

**STEALING HEAVEN** ▷5
ANG. 1986. Drame historique de Clive DONNER avec Derek de Lint, Kim Thompson et D. Elliott. - Au XIIe siècle, à Paris, une couventine s'engage dans une liaison avec un clerc, de vingt ans son aîné.
VO→LS **Non classé**

**STEAMBOAT BILL Jr.** ►1
É.-U. 1928. Comédie de Charles REISNER avec Buster Keaton, Ernest Torrence et Tom McGuire. - Un jeune homme maladroit s'éprend de la fille du concurrent de son père qui est capitaine de bateau à vapeur. - Excellente comédie de l'époque du muet. Charme nostalgique. Remarquable mise au point des gags. B. Keaton attendrissant et drôle.
ITA→41,95$ ITA-DVD **Général**

**STEAMING** ▷0
ANG. 1984, Joseph LOSEY
VO→LS Général

**STEEL** ▷6
É.-U. 1997. Science-fiction de Kenneth JOHNSON avec Shaquille O'Neal, Annabeth Gish et Judd Nelson. - Un justicier doté d'une armure d'acier entre en lutte avec un criminel qui a mis au point une arme redoutable.
VF→LS VO→LS 13 ans + Violence

**STEEL & LACE** ▷5
É.-U. 1990. Drame d'horreur d'Ernest FAFRINO avec Clare Wren, Bruce Davison et Stacy Haiduk. - Après s'être suicidée à la suite d'un viol, une jeune femme est ranimée par un savant et exerce alors une terrible vengeance sur ses ennemis.
VO→LS Non classé

**STEEL MAGNOLIAS** ▷4
É.-U. 1989. Comédie dramatique d'Herbert ROSS avec Sally Field, Dolly Parton et Shirley MacLaine. - Dans une petite ville, un groupe d'amies se retrouve régulièrement au salon de coiffure de l'une d'elles pour y échanger propos et confidences.
VF→LS Général

**STEFANO QUANTESTORIE** ▷4
ITA. 1993. Comédie fantaisiste réalisée et interprétée par Maurizio NICHETTI avec Elena Sofia Ricci et Amanda Sandrelli. - Un Romain qui mène une vie sans surprises rêve à ce qu'aurait été son existence s'il n'était pas devenu un gendarme.
STA→LS Général

**STELLA** ▷4
GRÈ. 1955. Drame psychologique de Michael CACOYANNIS avec Melina Mercouri, Georges Foundas et Sophia Vembo. - La vedette d'un cabaret va d'amour en amour mais refuse toujours le mariage.
STA→21,95$ Général

**STELLA** ▷5
FR. 1983. Drame de guerre de Laurent HEYNEMANN avec Nicole Garcia, Thierry Lhermitte et Jean-Claude Brialy. - À l'été 1944, un jeune Parisien qui travaille pour la Gestapo afin d'obtenir la libération de sa maîtresse juive doit fuir avec celle-ci à l'approche des forces alliées.
VO→LS Général

**STELLA** ▷5
É.-U. 1990. Mélodrame de John ERMAN avec Bette Midler, Trini Alvarado et Stephen Collins. - N'étant plus en mesure d'assurer l'avenir de sa fille, une serveuse de bar fait en sorte que son père légitime l'accueille chez lui et veille à ses études.
VF→LS VO→LS Général

**STELLA DALLAS** ▷4
É.-U. 1937. Mélodrame de King VIDOR avec Barbara Stanwyck, John Boles et Anne Shirley. - Devant le manque d'éducation de sa fille, une mère s'efface et accepte que celle-ci aille vivre avec son père qui s'est remarié.
VO→14,95$ Général

**STELLA DOES TRICKS** ▷4
ANG. 1996. Comédie de mœurs de Coky GIEDROYC avec Kelly MacDonald, James Bolam et Hans Mathieson. - Une jeune prostituée qui a connu une enfance malheureuse s'efforce d'améliorer son sort et de régler des comptes avec son passé.
VO→27,95$ Non classé

**STELLA MARIS** ▷0
É.-U. 1918, Marshall NEILAN
ITA→56,95$ Général

**STENDHAL SYNDROME, THE** ▷5
ITA. 1996. Drame d'horreur de Dario ARGENTO avec Asia Argento, Thomas Kretschmann et Marco Leonardi. - Une jeune policière hantée par d'étranges visions se lance aux trousses d'un tueur en série.
VA→18,95$

**STEP LIVELY** ▷5
É.-U. 1944. Comédie musicale de Tim WHELAN avec Frank Sinatra, George Murphy et Adolphe Menjou. - Un imprésario éprouve de la difficulté à monter un spectacle.
VO→LS Général

**STEPFATHER, THE** ▷4
É.-U. 1986. Drame policier de Joseph RUBEN avec Terry O'Quinn, Jill Schoelen et Shelley Hack. - Nanti d'une nouvelle identité, un psychopathe qui a massacré sa femme et ses enfants se bâtit une nouvelle existence avec une veuve et sa fille.
VO→LS 13 ans +

**STEPFORD WIVES, THE** ▷4
É.-U. 1975. Drame psychologique de Bryan FORBES avec Katharine Ross, Paula Prentiss et Patrick O'Neal. - Une jeune femme constate que la majorité des épouses d'une localité de banlieue ont subi des transformations de personnalité.
LBX→14,95$ LBX-DVD→29,95$ Général

**STEPMOM** ▷5
É.-U. 1998. Mélodrame de Chris COLUMBUS avec Julia Roberts, Susan Sarandon et Ed Harris. - Une jeune photographe de mode a de la difficulté à se faire accepter par les enfants de son nouveau compagnon de vie.
VF→14,95$ Général

**STEPPENWOLF** ▷4
ALL. 1974. Drame psychologique de Fred HAINES avec Max Von Sydow, Dominique Sanda et Pierre Clémenti. - La vie d'un écrivain misanthrope est bouleversée par sa rencontre avec une entraîneuse.
VO→LS 13 ans +

**STEPPING OUT** ▷4
É.-U. 1991. Comédie dramatique de Lewis GILBERT avec Liza Minnelli, Sheila McCarthy et Shelley Winters. - Une danseuse professionnelle entreprend de monter un numéro avec des amateurs pour un spectacle de charité.
VF→LS VO→LS Général

**STEPPING RAZOR - RED X** ▷4
CAN. 1993. Documentaire de Nicholas CAMPBELL avec Lloyd «Rocky» Allen, Edward «Bigs» Allen et Andrea Davis. - Évocation de la vie de Peter Tosh, star du reggae et activiste politique jamaïquain.
VO→13,95$ Général

**STERILE CUCKOO, THE** ▷4
É.-U. 1969. Drame psychologique de Alan J. PAKULA avec Liza Minnelli, Wendell Burton et Tim McIntire. - Une adolescente traumatisée par une enfance frustrée recherche l'amour et la sécurité auprès d'un étudiant.
VO→LS VF→LS 13 ans +

**STICK, THE** ▷4
A.S. 1988. Drame de guerre de Darrell James ROODT avec Sean Taylor, Greg Latter et Frantz Dobrowsky. - Quelque part en Afrique, sept soldats blancs qui doivent capturer un sorcier influent sont assaillis par un ennemi invisible.
VF→LS 13 ans +

**STIGMATA** ▷6
É.-U. 1999. Drame fantastique de Rupert WAINWRIGHT avec Patricia Arquette, Gabriel Byrne et Jonathan Pryce. - Un prêtre enquête sur une jeune coiffeuse athée dont les mains et les pieds portent de mystérieux stigmates.
VF→14,95$ VO→14,95$ LBX-DVD→21,95$ 13 ans + Violence

**STILL CRAZY** ▷5
ANG. 1998. Comédie de Brian GIBSON avec Stephen Rea, Billy Connolly et Jimmy Nail. - Les membres d'un groupe rock à succès des années 70 décident de reprendre la carrière musicale et les tournées.
VF→LS VO→23,95$ Général

**STILL OF THE NIGHT** ▷4
É.-U. 1982. Drame policier de Robert BENTON avec Roy Scheider, Meryl Streep et Sara Botsford. - Un psychiatre soupçonne une jeune femme mystérieuse du meurtre d'un de ses patients.
VO→11,95$ Général

**STILL SMOKIN'** ▷7
É.-U. 1983. Comédie réalisée et interprétée par Thomas CHONG avec Cheech Marin et Hans Van In't Veld. - Deux hurluberlus américains sont appelés à participer à un festival du film à Amsterdam, où ils ne tardent pas à semer le désordre.
VO→14,95$ 13 ans +

**STILTS (LOS ZANCOS), THE** ▷0
ESP. 1984, Carlos SAURA
STA→LS Général

**STING, THE** ▷3
É.-U. 1973. Comédie policière de George Roy HILL avec Paul Newman, Robert Redford et Robert Shaw. - Deux escrocs montent une habile supercherie pour se venger d'un chef de la pègre. - Évocation réussie du climat et du style des films de gangsters des années 1930. Retournements de l'intrigue fort bien agencés. Interprétation pleine d'aisance.
VO→18,95$ Général

**STING: BRING ON THE NIGHT** ▷4
É.-U. 1985. Documentaire de Michael APTED. - En 1985, le chanteur Sting du groupe The Police réunit six nouveaux collaborateurs pour enregistrer un nouvel album.
VO→LS Général

**STIR CRAZY** ▷5
É.-U. 1980. Comédie de Sydney POITIER avec Gene Wilder, Richard Pryor et Georg Stanford Brown. - Accusés à tort d'un vol de banque, un dramaturge et un acteur font l'expérience de la vie en prison.
VF→9,95$ VO→18,95$ 13 ans +

**STIR OF ECHOES** ▷4
É.-U. 1999. Drame fantastique de David KOEPP avec Kevin Bacon, Kathryn Erbe et Kevin Dunn. - Un père de famille de Chicago est en proie à des visions fantômatiques après avoir été hypnotisé.
VF→16,95$ VO→16,95$ LBX-DVD→27,95$ 13 ans + Violence

**STONEWALL** ▷5
É.-U. 1995. Drame social de Nigel FINCH avec Guillermo Diaz, Frederick Weller et Brendan Corbalis. - Un travesti raconte les tribulations amoureuses qu'il a vécues en 1969, peu avant l'émeute historique du Stonewall, un bar gay de New York.
VO→LS 13 ans + Langage vulgaire

**STOOGE, THE** ▷6
É.-U. 1953. Comédie de Norman TAUROG avec Jerry Lewis, Dean Martin et Eddie Naychoft. - Un artiste de music-hall se brouille avec son partenaire.
VO→13,95$ Général

**STOP! LOOK! AND LAUGH!** ▷6
É.-U. 1960. Film de montage de Jules WHITE avec Larry Fine, Moe Howard et Shemp Howard. - Divers extraits de films mettant en vedette les trois Stooges.
VO→14,95$ Général

**STOP MAKING SENSE** ▷0
É.-U. 1984, Jonathan DEMME
VO→LS Général

**STOP THE WORLD: I WANT TO GET OFF** ▷0
ANG. 1966, Philip SAVILLE
VO→19,95$ Général

**STORM IN A TEACUP** ▷4
ANG. 1937. Comédie de Victor SAVILLE avec Rex Harrison, Vivien Leigh et Cecil Parker. - Un politicien est pris à partie par un journaliste pour un incident banal
VO→17,95$ Général

**STORM OVER ASIA** ▷0
RUS. 1928, Vsevolod PUDOVKIN
ITA→41,95$ ITA-DVD→39,95$ Général

**STORMY MONDAY** ▷4
ANG. 1988. Drame de mœurs de Mike FIGGIS avec Melanie Griffith, Sean Bean et Sting. - Une serveuse et un apprenti écrivain sont mêlés à une lutte entre un gérant de club et un homme d'affaires véreux.
VF→LS VO→LS Général

**STORMY WEATHER** ▷4
É.-U. 1943. Comédie musicale d'Andrew L. STONE avec Lena Horne, Bill Robinson et Fats Waller. - Un vétéran de la Grande Guerre traverse des difficultés diverses avant de devenir une vedette de music-hall.
VO→16,95$ Général

**STORY OF A 3-DAY PASS**
Voir: LA PERMISSION

**STORY OF A PROSTITUTE** ▷0
JAP. 1965, Seijun SUZUKI
STA-LBX→27,95$ 13 ans +

**STORY OF ALEXANDER GRAHAM BELL, THE** ▷4
É.-U. 1939. Drame biographique d'Irving CUMMINGS avec Don Ameche, Henry Fonda et Loretta Young. - Les tribulations de l'inventeur du téléphone.
VO→LS Général

**STORY OF DR. WASSELL, THE** ▷4
É.-U. 1944. Drame de guerre de Cecil B. DeMILLE avec Gary Cooper, Laraine Day et Signe Hasso. - Un médecin américain, surpris en Chine par la guerre, accomplit plusieurs exploits.
VO→14,95$ Général

**STORY OF ESTHER COSTELLO** ▷4
ANG. 1957. Drame psychologique de David MILLER avec Joan Crawford, Rossano Brazzi et Heather Sears. - Une jeune femme recueille une enfant sourde-muette-aveugle et entreprend sa rééducation.
VO→19,95$ Général

**STORY OF FAUSTA, THE** ▷4
BRÉ. 1988. Drame social de Bruno BARRETO avec Betty Faria, Daniel Filho et Brandao Filho. - Une femme de ménage brésilienne se révolte contre ses dures conditions de vie.
STA→21,95$ Général

**STORY OF G.I. JOE, THE** ▷4
É.-U. 1945. Drame de guerre de William A. WELLMAN avec Burgess Meredith, Robert Mitchum et Freddy Steele. - La vie d'une compagnie d'infanterie pendant la campagne d'Afrique du Nord et d'Italie.
VO→34,95$

**STORY OF LOUIS PASTEUR, THE** ▷3
É.-U. 1936. Drame biographique de William DIETERLE avec Paul Muni, Henry O'Neill et Josephine Hutchinson. - Évocation de la carrière d'un grand savant français. - Scénario intéressant. Mise en scène imposante.
VO→18,95$ Général

**STORY OF QIU JU, THE**
Voir: L'HISTOIRE DE QIU JU

**STORY OF ROBIN HOOD, THE** ▷4
ANG. 1951. Aventures de Ken ANNAKIN avec Richard Todd, Joan Rice et James Hayter. - Robin des Bois tente de tenir tête au prince Jean qui opprime le peuple en l'absence du roi Richard.
VF→LS VO→LS Général

**STORY OF RUTH, THE** ▷5
É.-U. 1960. Drame biblique de Henry KOSTER avec Elana Eden, Stuart Whitman et Tom Tryon. - Une jeune Moabite, veuve d'un Israëlite, suit sa belle-mère à Bethléem.
VO→23,95$ Général

**STORY OF SIN, THE**
Voir: HISTOIRE D'UN PÉCHÉ

**STORY OF THE LAST CHRYSANTHEMUM, THE** ▷0
JAP. 1939, Kenji MIZOGUCHI
STA→27,95$ Général

**STORY OF US, THE** ▷5
É.-U. 1999. Comédie sentimentale de Rob REINER avec Bruce Willis, Michelle Pfeiffer et Tim Matheson. - Au moment où il envisage la séparation après quinze ans de mariage, un couple fait le point sur les moments marquants de sa vie conjugale.
VF→16,95$ VO→16,95$ LBX-DVD→34,95$ Général

**STORY OF VERNON & IRENE CASTLE, THE** ▷4
É.-U. 1939. Comédie musicale de H.C. POTTER avec Fred Astaire, Ginger Rogers et Walter Brennan. - Vie romancée de deux danseurs célèbres.
VO→14,95$ Général

**STORY OF XINGHUA, THE** ▷0
CHI. 1996, Yin LI
STA→29,95$ Général

**STORYVILLE** ▷5
É.-U. 1991. Drame policier de Mark FROST avec James Spader, Joanne Whalley-Kilmer et Jason Robards. - Héritier d'une puissante famille, un jeune avocat ambitieux se porte à la défense d'une Vietnamienne accusée du meurtre de son père.
VF→18,95$ 13 ans +

**STOWAWAY IN THE SKY**
Voir: LE VOYAGE EN BALLON

**STRADA BLUES** ▷4
ITA. 1990. Comédie de mœurs de Gabriele SALVATORES avec Diego Abatantuono, Fabrizio Bentivoglio et Laura Morante. - Deux vieux copains quadragénaires partagent une passion identique du théâtre et aiment la même femme.
VF→18,95$ Général

**STRADA, LA** ▶1
ITA. 1954. Drame poétique de Federico FELLINI avec Giulietta Masina, Anthony Quinn et Richard Basehart. - La vie de nomades d'un couple mal assorti composé d'un saltimbanque brutal et d'une adolescente un peu simple d'esprit. - Histoire simple et tragique admirablement racontée. Climat poétique soutenu. Interprétation remarquable.
STA→27,95$ Général

**STRAIGHT FOR THE HEART**
Voir: À CORPS PERDU

**STRAIGHT STORY, THE** ▶2
É.-U. 1999. Drame de David LYNCH avec Richard Farnsworth, Sissy Spacek et Wiley Harker. - Un homme de 73 ans entreprend un long voyage au volant d'une tondeuse à gazon pour se réconcilier avec son frère malade. - Récit humaniste inspiré d'un fait vécu. Traitement privilégiant la simplicité. Réalisation fluide et maîtrisée. Performance prenante de R. Farnsworth.
VF→LS VO→LS Général

**STRAIGHT TIME** ▷5
É.-U. 1977. Drame policier d'Ulu GROSBARD avec Dustin Hoffman, Theresa Russell et Harry Stanton. - Un repris de justice qui tente de refaire sa vie honnêtement est entraîné de nouveau dans le crime.
VF→LS VO→LS 13 ans +

**STRAIGHT TO HELL** ▷5
É.-U. 1987. Comédie satirique d'Alex COX avec Sy Richardson, Joe Strummer et Dick Rude. - Après un audacieux vol de banque, quatre gangsters entrent en conflit avec des hors-la-loi qui veulent s'emparer de leur butin.
VO→LS Non classé

**STRAIT-JACKET** ▷5
É.-U. 1964. Drame d'horreur de William CASTLE avec Joan Crawford, Diane Baker et Leif Erickson. - Une meurtrière revient chez sa fille après avoir passé vingt ans dans un asile d'aliénés.
VO→19,95$ 13 ans +

**STRAND: UNDER THE DARK CLOTH** ▷0
CAN. 1990, John WALKER
VO→41,95$ Général

**STRANGE AFFAIR OF UNCLE HARRY, THE** ▷4
É.-U. 1945. Drame policier de Robert SIODMAK avec George Sanders, Geraldine Fitzgerald et Ella Raines. - Un célibataire dominé par ses deux sœurs a recours au meurtre pour échapper à leur influence.
VO→19,95 Général

**STRANGE BEDFELLOWS** ▷4
É.-U. 1964. Comédie de Melvin FRANK avec Rock Hudson, Gina Lollobrigida et Edward Judd. - Au cours d'un voyage d'affaires, un homme renoue avec sa femme dont il s'était séparé.
VO→14,95$ Général

**STRANGE BEHAVIOR** ▷0
É.-U. 1981, Michael LAUGHLIN
VO→LS 13 ans + Horreur

**STRANGE BREW** ▷6
É. U. 1983. Comédie de Dave THOMAS et Rick MORANIS avec Dave Thomas, Rick Moranis et Max Von Sydow. - Deux grands buveurs de bière viennent en aide à la fille du défunt propriétaire d'une brasserie qui a des problèmes de succession.
VO→11,95$ Général

**STRANGE CARGO** ▷4
É.-U. 1940. Drame de Frank BORZAGE avec Clark Gable, Ian Hunter et Joan Crawford. - Dans un bagne de Guyane, des prisonniers tentent une évasion à travers la jungle.
VO→19,95$ Non classé

**STRANGE CASE OF THE END OF CIVILISATION AS WE KNOW IT, THE** ▷0
ANG. 1977, Joseph McGRATH
VO→LS Général

**STRANGE DAYS** ▷4
É.-U. 1995. Science-fiction de Kathryn BIGELOW avec Ralph Fiennes, Angela Bassett et Juliette Lewis. - En 1999, un trafiquant d'enregistrements virtuels illégaux est mêlé à une affaire de meurtre qui risque d'entraîner une escalade de violence raciale sans précédent.
VF→11,95$ LBX→22,95$ LBX-DVD→28,95$ 16 ans + Violence

**STRANGE DOOR, THE** ▷5
É.-U. 1951. Drame d'horreur de Joseph PEVNEY avec Charles Laughton, Boris Karloff et Sally Forrest. - Un seigneur corrompu veut forcer sa nièce à épouser un débauché.
VO→14,95$ Général

**STRANGE FITS PASSION** ▷0
AUS. 1999, Elise MCCREDIE

**STRANGE IMPERSONATION** ▷0
É.-U. 1946, Anthony MANN
VO→34,95$

**STRANGE INTERLUDE** ▷5
É.-U. 1932. Mélodrame de Robert Z. LEONARD avec Norma Sheaver, Clark Gable et A. Kirkland. - Une femme fait preuve d'une possessivité excessive envers son fils qui est né d'une relation adultère.
VO→18,95$ Général

**STRANGE INVADERS** ▷4
É.-U. 1983. Science-fiction de Michael LAUGHLIN avec Paul LeMat, Nancy Allen et Michael Lerner. - S'inquiétant de l'absence prolongée de son ex-femme, un professeur découvre que le village de celle-ci est occupé par des extra-terrestres.
VO→11,95$

**STRANGE LOVE OF MARTHA IVERS** ▷5
É.-U. 1946. Drame psychologique de Lewis MILESTONE avec Barbara Stanwyck, Van Heflin et Lisabeth Scott. - La vie d'une femme est empoisonnée par le souvenir d'un meurtre qu'elle a commis dans son adolescence.
VO→34,95$ DVD→21,95$ Général

**STRANGE ONE, THE** ▷4
É.-U. 1956. Drame de Jack GARFEIN avec Ben Gazzara, George Peppard et Pat Hingle. - Dans une école militaire, un cadet sadique terrorise ses camarades.
VO→18,95$ **Général**

**STRANGER AMONG US, A** ▷5
É.-U. 1992. Drame policier de Sidney LUMET avec Melanie Griffith, Eric Thal et Tracey Pollan. - Afin d'enquêter sur le meurtre d'un bijoutier juif, une policière demande à un rabbi de la faire passer pour une membre de sa communauté.
VO→LS **Général**

**STRANGER FROM VENUS** ▷0
É.-U. 1954, Burt BALABAN
VO→LS **Général**

**STRANGER IN THE HOUSE**
Voir: BLACK CHRISTMAS

**STRANGER IS WATCHING, A** ▷5
É.-U. 1981. Drame policier de Sean S. CUNNINGHAM avec Rip Torn, Kate Mulgrew et Shawn Von Schreiber. - Une fillette et une amie de son père sont kidnappées par un meurtrier.
VO→18,95$ **13 ans +**

**STRANGER ON MY LAND** ▷4
É.-U. 1987. Drame social de Larry ELIKANN avec Tommy Lee Jones, Dee Wallace Stone et Terry O'Quinn. - Un fermier lutte contre l'établissement d'une base aérienne sur ses terres.
VO→17,95$ **Général**

**STRANGER ON THE THIRD FLOOR** ▷6
É.-U. 1940. Drame policier de Boris INGSTER avec Peter Lorre, Margaret Tallichet et John McGuire. - Un journaliste rêve qu'il est victime d'une erreur judiciaire.
VO→LS **Non classé**

**STRANGER THAN PARADISE** ▷3
É.-U. 1984. Comédie de mœurs de Jim JARMUSCH avec John Lurie, Esther Balint et Richard Edson. - Accompagné d'un copain, un émigré hongrois invite sa cousine à se joindre à eux pour un périple en Floride. - Approche rappelant l'école tchèque des années 1960. Dialogue éloquent dans sa banalité. Mise en scène minimale mais expressive.
VO→14,95$ **Général**

**STRANGER WORE A GUN, THE** ▷5
É.-U. 1952. Western d'André De TOTH avec Randolph Scott, Claire Trevor et Joan Weldon. - Un homme dresse deux bandes de pillards l'une contre l'autre. - Intrigue conventionnelle. Poursuites spectaculaires. Interprétation dans la note.
VO→19,95$ **Général**

**STRANGER, THE** ▷3
É.-U. 1945. Drame d'espionnage réalisé et interprété par Orson WELLES avec Loretta Young et Edward G. Robinson. - Un policier trouve un criminel de guerre nazi qui se cache sous une fausse identité dans une petite ville américaine. - Intrigue conventionnelle renouvelée par une mise en scène brillante.
VO→27,95$ DVD→21,95$ **Général**

**STRANGER, THE** ▷0
IND. 1991, Satyajit RAY
STA→49,95$ **Général**

**STRANGERS ON A TRAIN** ►2
É.-U. 1951. Drame policier d'Alfred HITCHCOCK avec Farley Granger, Robert Walker et Ruth Roman. - Un dément tue la femme encombrante d'un joueur de tennis et en retour exige de lui un meurtre. - Adaptation d'un roman de Patricia Highsmith. Grande qualité technique. Forte tension. Passages d'un rare brio. Interprètes convaincants.
VO→19,95$ DVD→21,95$ **Général**

**STRANGERS WHEN WE MEET** ▷5
É.-U. 1960. Comédie de mœurs de Richard QUINE avec Kirk Douglas, Kim Novak et Barbara Rush. - Un architecte vivant en banlieue avec sa famille a une aventure amoureuse avec une voisine négligée par son mari.
VF→LS VO→LS **Non classé**

**STRANGLER, THE** ▷5
É.-U. 1964. Drame policier de Burt TOPPER avec Victor Buono, David McLean et Davey Davison. - Un meurtrier déséquilibré se venge sur les autres femmes de la tyrannie d'une mère possessive.
VO→LS **Non classé**

**STRAPLESS** ▷4
ANG. 1989. Drame psychologique de David HARE avec Blair Brown, Bruno Ganz et Bridget Fonda. - Une femme médecin constate que l'homme qu'elle a épousé n'est pas celui qu'elle croyait connaître.
VO→LS **Général**

**STRAPPED** ▷4
É.-U. 1993. Drame social de Forest WHITAKER avec Bokeem Woodbine, Kia Joy Goodwin et Fredro. - Un ex-vendeur de drogue est obligé de devenir indicateur pour la police s'il veut que sa fiancée sorte de prison.
VO→18,95$ **13 ans + Langage vulgaire**

**STRASS CAFÉ** ▷4
QUÉ. 1980. Drame poétique de Léa POOL et L. CARON. - Évocation de l'aventure amoureuse d'une chanteuse employée dans un café près du port.
VO→LS **Général**

**STRATEGIC AIR COMMAND** ▷4
É.-U. 1955. Comédie dramatique d'Anthony MANN avec James Stewart, June Allyson et Frank Lovejoy. - Les problèmes conjugaux et professionnels d'un pilote de bombardier dans l'aviation américaine.
VO→14,95$ **Non classé**

**STRATÉGIE DE L'ARAIGNÉE, LA**
Voir: UNDER INVESTIGATION

**STRATÉGIE DE L'ARAIGNÉE, LA** ▷3
ITA. 1970. Drame psychologique de Bernardo BERTOLUCCI avec Giulio Brogi, Alida Valli et Tino Scotti. - Un jeune homme tente d'éclaircir les circonstances entourant la mort de son père, considéré comme un héros de la Résistance. - Montage très élaboré. Riche invention visuelle. Interprétation excellente.
STA→LS **Général**

**STRATTON STORY, THE** ▷4
É.-U. 1948. Drame sportif de Sam WOOD avec James Stewart, June Allyson et Frank Morgan. - Un joueur de base-ball voit sa carrière brisée par un accident de chasse.
VO→19,95$ **Général**

**STRAW DOGS** ▷3
ANG. 1971. Drame de Sam PECKINPAH avec Dustin Hoffman, Susan George et Peter Vaughan. - Un universitaire pacifique est poussé à la violence pour défendre sa femme et ses biens. - Tension maintenue avec habileté. Mise en scène d'une grande rigueur. Scène finale très réussie. Interprétation convaincante de D. Hoffman.
LBX→14,95$ LBX-DVD→27,95$ **18 ans +**

**STRAWBERRY AND CHOCOLATE** ▷3
CUB. 1993. Drame de mœurs de Tomas Gutierrez ALEA et Juan Carlos TABIO avec Vladimir Cruz, Jorge Perugorria et Mirta Ibarra. - Un jeune étudiant cubain fidèle à la ligne révolutionnaire devient l'ami d'un artiste homosexuel. - Intéressante confrontation entre deux aspects de la société cubaine. Sens marqué de l'observation. Mise en scène intelligente. Jeu touchant de J. Perugorria.
STA→14,95$ **13 ans +**

**STRAY DOG**
Voir: UN CHIEN ENRAGÉ

**STREAMERS** ▷0
É.-U. 1983, Robert ALTMAN
EP→PC **13 ans +**

**STREET FIGHT (COONSKIN)** ▷0
É.-U. 1975, Ralph BAKSHI
VO→29,95$ 13 ans +

**STREET FIGHTER'S LAST REVENGE, THE** ▷0
H. K. 1975, Shigehiro OZAWA
VA→LS 13 ans + Violence

**STREET FIGHTER, THE** ▷5
JAP. 1974. Drame policier de S. OZAWA avec Sonny Chiba, Gerald Yamada et Doris Nakajima. - Un expert en karaté vole au secours de la fille d'un roi du pétrole qui a été kidnappée par des criminels.
VA→36,95$ 18 ans +

**STREET FIGHTER, THE (COFFRET)** ▷0
Voir: STREETFIGHTER · RETURN OF THE STREETFIGHTER · STREETFIGHTER'S REVENGE, THE · SISTER STREETFIGHTER
VA-BOX→36,95$

**STREET OF SHAME**
Voir: LA RUE DE LA HONTE

**STREET SMART** ▷4
É.-U. 1986. Drame policier de Jerry SCHATZBERG avec Christopher Reeve, Morgan Freeman et Kathy Baker. - Après avoir inventé de toutes pièces un reportage sur la vie d'un souteneur, un journaliste a des ennuis avec un dangereux proxénète poursuivi pour meurtre.
VO→LS 13 ans +

**STREET TRASH** ▷6
É.-U. 1986. Drame d'horreur de Jim MURO avec Mike Lackey, Vic Noto et Bill Chepil. - Un marchand de spiritueux fait la découverte de bouteilles mystérieuses qu'il décide de vendre à bas prix à sa clientèle de clochards.
VF→LS 18 ans +

**STREET WITH NO NAME, THE** ▷5
É.-U. 1948. Drame policier de William KEIGHLEY avec Mark Stevens, Richard Widmark et Barbara Lawrence. - Afin de déjouer une bande de gangsters, un policier s'introduit dans le groupe.
VO→24,95$ Non classé

**STREETCAR NAMED DESIRE, A** ▷3
É.-U. 1951. Drame psychologique d'Elia KAZAN avec Vivien Leigh, Marlon Brando et Kim Hunter. - Le séjour d'une femme déchue chez sa sœur mariée à un ouvrier brutal tourne à la tragédie. - Habile reconstitution du climat propre aux pièces de Tennessee Williams. Mélange de réalisme sordide et de poésie. Interprétation de première force.
VF→19,95$ D.CUT→19,95$ DVD-D.CUT→21,95$ 13 ans +

**STREETCAR NAMED DESIRE, A** ▷4
É.-U. 1995. Drame psychologique de Glenn JORDAN avec Jessica Lange, Alec Baldwin et Diane Lane. - Une femme déchue séjourne chez sa sœur, mariée à un ouvrier brutal.
VO→31,95$ 13 ans +

**STREETS OF FIRE** ▷5
É.-U. 1984. Drame musical de Walter HILL avec Michael Pare, Amy Madigan et Diane Lane. - Un ancien soldat d'élite se lance à la poursuite d'une bande de motards qui ont enlevé une chanteuse de rock.
VO→16,95$ 13 ans +

**STREETWISE** ▷4
É.-U. 1984. Documentaire de Martin BELL. - Les problèmes d'adolescents sans foyer dans la ville de Seattle.
VO→LS Général

**STRESS** ▷5
FR. 1984. Drame psychologique de Jean-Louis BERTUCCELLI avec Carole Laure, Guy Marchand et André Dussollier. - Une mère célibataire devient la proie d'un maniaque qui ne cesse de la persécuter.
VO→LS Général

**STRICTLY BALLROOM** ▷4
AUS. 1992. Comédie dramatique de Baz LUHRMANN avec Paul Mercurio, Tara Morice et Bill Hunter. - Un jeune couple de danseurs refuse de se plier aux codes de chorégraphie dictés par les organisateurs d'une épreuve nationale.
VF→12,95$ VO→17,95$ Général

**STRICTLY BUSINESS** ▷5
É.-U. 1991. Comédie de Kevin HOOKS avec Tommy Davidson, Joseph C. Phillips et Anne Marie Johnson. - Pour retrouver une belle inconnue, un cadre d'une grande compagnie obtient l'aide d'un jeune coursier qui veut obtenir une promotion.
VO→18,95$ Général

**STRIKE**
Voir: LA GRÈVE

**STRIKE OF DEATH** ▷0
H. K. 1996, John WOO
VA→LS 13 ans + Violence

**STRIKE UP THE BAND** ▷4
É.-U. 1940. Comédie musicale de Busby BERKELEY avec Mickey Rooney, Judy Garland et Paul Whiteman. - Les difficultés d'un étudiant désireux de former un orchestre.
VO→LS Général

**STRIKING DISTANCE** ▷5
É.-U. 1993. Drame policier de Rowdy HERRINGTON avec Bruce Willis, Sarah Jessica Parker et Dennis Farina. - Un patrouilleur de la police fluviale de Pittsburgh tente de mettre la main sur un maniaque meurtrier.
VF→18,95$ VO→14,95$ 16 ans + Langage vulgaire

**STRIPES** ▷5
É.-U. 1981. Comédie de Ivan REITMAN avec Bill Murray, Harold Ramis et Warren Oates. - Les mésaventures de deux amis qui s'engagent dans l'armée et se retrouvent dans un bataillon d'inadaptés.
VO→9,95$ 13 ans +

**STRIPTEASE** ▷5
É.-U. 1996. Comédie policière d'Andrew BERGMAN avec Demi Moore, Ving Rhames et Burt Reynolds. - Une jeune strip-teaseuse est mêlée malgré elle à une affaire de meurtre impliquant un politicien.
LBX→18,95$ 13 ans + Érotisme

**STROKER ACE** ▷6
É.-U. 1983. Comédie de Hal NEEDHAM avec Burt Reynolds, Ned Beatty et Loni Anderson. - Les tribulations d'un fougueux pilote de stock-cars aux prises avec un contrat publicitaire fort exigeant.
VO→14,95$ Général

**STROMBOLI** ▷3
ITA. 1949. Drame psychologique de Roberto ROSSELLINI avec Ingrid Bergman, Mario Vitale et Renzo Cezana. - Une réfugiée lithuanienne souffre de la vie misérable qu'elle mène auprès de son mari italien dans une île de la Méditerranée. - Tableau émouvant de la souffrance humaine. Style néo-réaliste épuré et volontairement austère. Mise en scène des plus rigoureuses. Interprétation sincère de I. Bergman.
STA→54,95$ Général

**STRONG MAN, THE** ►2
É.-U. 1926. Comédie de Frank CAPRA avec Harry Langdon, Priscilla Bonner et Arthur Thalasso. - Un Belge candide, devenu l'associé d'un Hercule de foire, recherche aux États-Unis sa marraine de guerre. - Classique du cinéma muet. Grande invention comique. Mise en scène précise. Jeu à la fois touchant et drôle de H. Langdon.
KINO→34,95$ Général

**STRONGEST MAN IN THE WORLD, THE** ▷5
É.-U. 1974. Comédie de Vincent McEVEETY avec Kurt Russell, Joe Flynn et Eve Arden. - Des élèves d'un cours de science mettent au point un produit pouvant donner une force extraordinaire à celui qui l'absorbe.
VO→19,95$ Général

**STROSZEK**
Voir: LA BALLADE DE BRUNO

**STRUGGLE, THE** ▷0
É.-U. 1931, David W. GRIFFITH
VO→41,95$ Général

**STUART LITTLE** ▷4
É.-U. 1999. Comédie fantaisiste de Rob MINKOFF avec Geena Davis, Hugh Laurie et Jonathan Lipnicki. - Une famille new-yorkaise adopte une souris dotée de la parole, au grand dam du chat de la maison.
VO→21,95$ VF→21,95$ LBX-DVD→33,95$ Général

**STUART SAUVE SA FAMILLE**
Voir: STUART SAVES HIS FAMILY

**STUART SAVES HIS FAMILY** ▷5
É.-U. 1995. Comédie de Harold RAMIS avec Al Franken, Laura San Giacomo et Vincent D'Onofrio. - De retour auprès des siens, un animateur de télévision constate que ceux-ci souffrent tous de divers problèmes de comportement.
VO→PC Général

**STUCK ON YOU!** ▷0
É.-U. 1984, Michael HERZ et Lloyd KAUFMAN
VO→18,95$ 18 ans +

**STUD, THE** ▷5
ANG. 1978. Drame de mœurs de Quentin MASTERS avec Joan Collins, Oliver Tobias et Emma Jacobs. - Les tribulations sentimentales d'un jeune homme qui dirige une boîte de nuit, grâce à l'argent de son insatiable maîtresse.
VO→13,95$ 18 ans +

**STUDENT OF PRAGUE, THE**
Voir: L'ÉTUDIANT DE PRAGUE

**STUDENT PRINCE IN OLD HEIDELBERG, THE** ▷0
É.-U. 1927, Ernst LUBITSCH
ITA→29,95$ Non classé

**STUDENT PRINCE, THE** ▷5
É.-U. 1954. Comédie musicale de Richard THORPE avec Ann Blyth, Edmund Purdom et John Ericson. - Un prince venu étudier à l'université d'Heidelberg s'éprend d'une servante d'auberge.
VO→19,95$ Général

**STUDY IN TERROR, A** ▷4
ANG. 1965. Drame policier de James HILL avec John Neville, Donald Houston et Anthony Quayle. - À la fin du XIXe siècle, Sherlock Holmes enquête sur le meurtre de trois femmes de mœurs légères.
VO→19,95$ 13 ans +

**STUNT MAN, THE** ▷3
É.-U. 1979. Comédie dramatique de Richard RUSH avec Peter O'Toole, Steve Railsback et Barbara Hershey. - Un jeune homme qui fuit la police est engagé comme cascadeur par un réalisateur fantasque. - Jeu constant entre l'illusion et la réalité. Habile utilisation de trucages. Mise en scène souple. Bonne composition de P. O'Toole.
VO→24,95$ 13 ans +

**SUBSTITUTE, THE** ▷6
É.-U. 1995. Drame de mœurs de Robert MANDEL avec Tom Berenger, Ernie Hudson et Diane Venora. - Un mercenaire se fait passer pour un enseignant afin d'éliminer des trafiquants de drogue dans une école secondaire.
VF→11,95$ VO→LS 16 ans + Violence

**SUBURBAN ROULETTE** ▷0
É.-U. 1967, Herschell Gordon LEWIS
VO→LS Non classé

**SUBURBIA** ▷4
É.-U. 1996. Drame social de Richard LINKLATER avec Jayce Bartok, Amie Carey et Nicky Katt. - Un groupe de jeunes paumés se réunissent un soir pour attendre le retour d'un ancien camarade de classe qui est devenu chanteur vedette.
VO→14,95$ 13 ans + Langage vulgaire

**SUBURBIA (THE WILD SIDE)** ▷5
É.-U. 1984. Drame social de Penelope SPHEERIS avec Chris Pederson, Bill Coyne et Jennifer Clay. - Des adolescents qui se sont rebellés contre leurs parents s'installent à demeure dans une maison de banlieue abandonnée.
VO→14,95$ Non classé

**SUBWAY** ▷4
FR. 1985. Drame policier de Luc BESSON avec Christophe Lambert, Isabelle Adjani et Michel Galabru. - Poursuivi par les hommes de main d'un affairiste malhonnête, un jeune homme se réfugie dans les couloirs interdits du métro.
VO→LS Général

**SUBWAY STORIES** ▷5
É.-U. 1997. Film à sketches de Bob BALABAN, Patricia BENOIT, Julie DASH, Jonathan DEMME, Ted DEMME, Abel FERRARA, Alison MACLEAN, Craig McKAY, Lucas PLATT et Seth ROSENFELD - Dix histoires se déroulant dans le métro de New York.
VF→LS VO→LS Général

**SUBWAY TO THE STARS** ▷0
BRÉ. 1987, Carlos DIEGUES
STA→LS Non classé

**SUCCESS IS THE BEST REVENGE** ▷3
ANG. 1984. Drame psychologique de Jerzy SKOLIMOWSKI avec Michael York, Michael Lyndon et Anouk Aimée. - Les problèmes professionnels et familiaux d'un metteur en scène polonais exilé à Londres avec sa femme et ses deux fils. - Constat douloureux et amer. Mise en images inventive et vigoureuse.
VO→LS Général

**SUCCUBUS** ▷0
ALL. 1968, Jess FRANCO
DVD→29,95$ 18 ans +

**SUCH A LONG JOURNEY** ▷5
CAN. 1998. Drame de mœurs de Sturla GUNNARSSON avec Roshan Seth, Soni Razdan et Om Puri. - En Inde, un père de famille sans histoire se laisse entraîner par un ami d'enfance dans une sale affaire de blanchiment d'argent.
VF→LS VO→LS 13 ans +

**SUD**
Voir: STRADA BLUES

**SUDDEN FEAR** ▷4
É.-U. 1952. Drame psychologique de David MILLER avec Joan Crawford, Jack Palance et Gloria Grahame. - Une riche femme de lettres apprend que son mari veut l'assassiner.
VO→28,95$ DVD→44,95$ Général

**SUDDEN IMPACT** ▷5
É.-U. 1983. Drame policier réalisé et interprété par Clint EASTWOOD avec Sondra Locke et Pat Hingle. - Un inspecteur de police aux méthodes brutales est chargé d'enquêter sur une affaire de meurtre.
VO→12,95$ VF→11,95$ 18 ans +

**SUDDEN TERROR** ▷5
ANG. 1970. Drame policier de John HOUGH avec Mark Lester, Lionel Jeffries et Susan George. - Un enfant témoin d'un meurtre est pourchassé par un criminel sadique.
VO→LS Général

**SUDDENLY** ▷4
É.-U. 1953. Drame policier de Lewis ALLEN avec Frank Sinatra, Sterling Hayden et Nancy Gates. - Chargés d'assassiner le président des États-Unis, un tueur à gages et ses complices s'installent de force dans une maison privée.
VO→LS DVD→21,95$ Général

**SUDDENLY, LAST SUMMER** ▷3
É.-U. 1959. Drame de Joseph Leo MANKIEWICZ avec Elizabeth Taylor, Montgomery Clift et Katharine Hepburn. - Un médecin soigne une jeune fille traumatisée par la mort horrible de son cousin. - Adaptation intelligente d'une pièce de Tennessee Williams. Mise en scène soignée. Interprétation remarquable.
VO→19,95$ 13 ans +

**SUE PERDUE DANS MANHATTAN** ▷4
É.-U. 1997. Drame psychologique d'Amos KOLLEK avec Anna Thomson, Matthew Powers et Tahnee Welch. - Après avoir perdu son emploi de secrétaire, une New-Yorkaise sombre dans le désespoir et la déchéance.
13 ans +

**SUEURS FROIDES**
Voir: COLD SWEAT

**SUEURS FROIDES**
Voir: VERTIGO

**SUGAR DADDIES** ▷0
É.-U. 1927, Fred GUIOL
VO→15,95$ Général

**SUGARBABY** ▷4
ALL. 1985. Comédie satirique de Percy ADLON avec Marianne Sägebrecht, Eisi Gulp et Manuela Denz. - Une femme peu attirante tombe amoureuse d'un conducteur de métro marié.
STA→59,95$ 13 ans +

**SUGARLAND EXPRESS, THE** ▷4
É.-U. 1974. Comédie dramatique de Steven SPIELBERG avec Goldie Hawn, Michael Sacks et William Atherton. - Un couple de délinquants s'empare de la voiture d'un policier pour aller reprendre leur enfant confié en adoption.
VO→19,95$ 13 ans +

**SUICIDE À WETHERBY**
Voir: WETHERBY

**SUICIDE KINGS** ▷5
É.-U. 1997. Drame policier de Peter O'FALLON avec Christopher Walken, Sean Patrick Flanery et Jay Mohr. - Quatre fils de familles aisées enlèvent un ex-mafioso pour le contraindre à retrouver les ravisseurs de la sœur de l'un d'eux.
VF→11,95$ VO→11,95$ 13 ans + Violence

**SUITE 16** ▷0
É.-U. 1995, Dominique DERUDDERE
VO→PC 16 ans + Érotisme

**SUITORS, THE** ▷0
É.-U. 1990, Ghasem EBRAHIMIAN
STA→LS Général - Déconseillé aux jeunes enfants

**SUIVEZ CET AVION** ▷5
FR. 1989. Comédie policière de Patrice AMBARD avec Lambert Wilson, Isabelle Gélinas et Claude Piéplu. - Voulant fuir sa mère trop dominatrice, un employé modèle s'installe chez une vieille demoiselle qui a pour manie de commettre des vols.
VO→LS Général

**SUJET CAPITAL, UN**
Voir: CITIZEN RUTH

**SULLIVAN'S TRAVELS** ▶2
É.-U. 1941. Comédie de Preston STURGES avec Joel McCrea, Veronica Lake et Robert Warwick. - Pour étudier la misère de plus près, un cinéaste se déguise en clochard. - Œuvre maîtresse d'un excellent auteur comique. Mise en scène vivante. Interprétation de qualité.
VO→14,95$ Non classé

**SUM OF US, THE** ▷4
AUS. 1994. Comédie dramatique de Kevin DOWLING et Geoff BURTON avec Jack Thompson, Russell Crowe et John Polson. - Un veuf d'âge mûr manifeste une grande ouverture d'esprit face à l'orientation homosexuelle de son fils qui vit avec lui.
VO→13,95$ VF→18,95$ 13 ans +

**SUMMER AND SMOKE** ▷4
É.-U. 1962. Drame psychologique de Peter GLENVILLE avec Laurence Harvey, Geraldine Page et John McIntire. - Un jeune médecin viveur connaît une rude épreuve qui l'amène à changer de vie.
VO→13,95$ Général

**SUMMER HOUSE, THE** ▷4
ANG. 1992. Comédie de mœurs de Waris HUSSEIN avec Jeanne Moreau, Lena Headey et Julie Walters. - Une vieille dame délurée trouve un subterfuge pour faire avorter le mariage d'une jeune fille qui souhaite en fait devenir religieuse.
VF→12,95$ VO→12,95$ Général

**SUMMER INTERLUDE**
Voir: JEUX D'ÉTÉ

**SUMMER NIGHT WITH A GREEK PROFILE, ALMOND EYES AND A SCENT OF BASIL** ▷0
ITA. 1987, Lina WERTMULLER
STA→LS 13 ans +

**SUMMER OF '42** ▷4
É.-U. 1971. Drame psychologique de Robert MULLIGAN avec Gary Grimes, Jennifer O'Neil et Jerry Houser. - Un adolescent en vacances se prend d'affection pour la jeune femme d'un aviateur parti à la guerre.
VO→14,95$ 13 ans +

**SUMMER OF AVIYA, THE** ▷0
ISR. 1996, Eli COHEN
STA→27,95$ Général

**SUMMER OF INNOCENCE**
Voir: BIG WEDNESDAY

**SUMMER OF MISS FORBES, THE** ▷0
CUB.-MEX.-ESP. 1998, Jaime Humberto HERMOSILLO
STA→LS 13 ans +

**SUMMER OF SAM** ▷4
É.-U. 1999. Drame social de Spike LEE avec John Leguizamo, Adrien Brody et Mira Sorvino. - Au cours de l'été 1977, les crimes d'un tueur en série créent des tensions sociales dans un quartier populaire de New York.
VO→15,95$ LBX-DVD→32,95$ 16 ans +

**SUMMER PLACE, A** ▷5
É.-U. 1959. Drame de Delmer DAVES avec Richard Egan, Dorothy McGuire et Sandra Dee. - Un adolescent s'éprend de la fille d'un homme qui a jadis été amoureux de sa mère.
VO→14,95$ Non classé

**SUMMER STOCK** ▷5
É.-U. 1950. Comédie musicale de Charles WALTERS avec Gene Kelly, Judy Garland et Eddie Bracken. - La vie d'une fermière est bouleversée par l'arrivée de sa sœur, qui est accompagnée d'une troupe musicale.
VO→19,95$ Général

**SUMMER WISHES, WINTER DREAMS** ▷3
É.-U. 1973. Drame psychologique de Gilbert CATES avec Joanne Woodward, Martin Balsam et Sylvia Sidney. - Avec l'aide de son mari, une femme d'âge mûr arrive à affronter franchement ses angoisses. - Ton sobre et convaincant. Mise en scène discrète. Interprétation prenante.
VO→LS Général

**SUMMERTIME** ▷3
ANG. 1955. Comédie dramatique de David LEAN avec Katharine Hepburn, Rossano Brazzi et Darren McGavin. - Une célibataire américaine en voyage à Venise a une aventure sentimentale avec un antiquaire. - Nuances psychologiques bien rendues. Excellente utilisation du décor. Humour fin. Jeu remarquable de la vedette.
VO→22,95$ DVD→44,95$ Général

**SUN COMES UP, THE** ▷5
É.-U. 1948. Comédie dramatique de Richard THORPE avec Jeanette MacDonald, L. Nolan et C. Jarman jr. - Un petit montagnard orphelin rend le goût de vivre à une chanteuse aigrie par la mort des siens.
VO➜14,95$ Général

**SUN SHINES BRIGHT, THE** ▷3
É.-U. 1953. Comédie de mœurs de John FORD avec Charles Winninger, Arleen Whelan et John Russell. - Dans une petite ville du Sud, un juge généreux n'hésite pas à poser des actes populaires. - Thème original. Mise en scène experte. Interprétation savoureuse.
VO➜LS Non classé

**SUN VALLEY SERENADE** ▷4
É.-U. 1944. Comédie musicale de Bruce HUMBERSTONE avec Sonja Henie, John Payne et Lynn Bari. - Une jeune Norvégienne adoptée par un pianiste de jazz s'éprend de son protecteur.
VO➜23,95$ Non classé

**SUN, THE MOON AND THE STARS, THE** ▷0
AUS. 1995, Geraldine CREED
VO➜LS Général

**SUNCHASER** ▷5
E.-U. 1996. Drame de Michael CIMINO avec Woody Harrelson, Jon Seda et Anne Bancroft. - Un jeune métis atteint d'un cancer kidnappe un médecin pour l'obliger à le conduire auprès d'un sorcier navajo en Arizona.
VF➜LS VO➜LS 13 ans +

**SUNDAY** ▷3
É.-U. 1997. Drame psychologique réalisé par Jonathan NOSSITER avec David Suchet, Lisa Harrow et Jared Harris. - Un dimanche, à New York, une étrange relation s'amorce entre un clochard et une actrice qui croit reconnaître en lui un célèbre cinéaste. - Observations psychologiques complexes et riches. Mise en scène très assurée. Interprétation hors-pair d'acteurs peu connus.
VO➜19,95$ 13 ans + Langage vulgaire

**SUNDAY IN NEW YORK** ▷5
É.-U. 1963. Comédie de Peter TEWKSBURY avec Jane Fonda, Rod Taylor et Cliff Robertson. - Surprise par son fiancé avec un autre homme, une jeune fille lui fait croire qu'il s'agit de son frère.
VO➜18,95$ Général

**SUNDAY'S CHILDREN**
Voir: LES ENFANTS DU DIMANCHE

**SUNDAY, BLOODY SUNDAY** ►2
ANG. 1971. Drame psychologique de John SCHLESINGER avec Peter Finch, Glenda Jackson et Murray Head. - Un jeune sculpteur, une divorcée et un médecin homosexuel semblent s'accommoder du genre de relations existant entre eux. - Exploration critique du monde contemporain. Mise en scène précise et raffinée. Interprétation remarquable.
VO➜19,95$ 18 ans +

**SUNDOWNERS, THE** ▷3
É.-U. 1960. Étude de mœurs de Fred ZINNEMANN avec Deborah Kerr, Robert Mitchum et Peter Ustinov. - Un berger australien impose à sa famille une vie de nomades. - Scénario intelligent. Superbe photo d'extérieurs. Interprétation de qualité.
VO➜19,95$ Général

**SUNFLOWER**
Voir: LES FLEURS DU SOLEIL

**SUNSET** ▷5
É.-U. 1988. Drame policier de Blake EDWARDS avec Bruce Willis, James Garner et Malcom McDowell. - En 1929, un ancien marshall de l'Ouest tente d'innocenter le fils d'un producteur hollywoodien soupçonné de meurtre.
VO➜9,95$ VF➜9,95$ Général

**SUNSET AT CHAOPRAYA** ▷0
THA. 1996, Euthana MUKDASANIT
STA➜46,95$ 13 ans +

**SUNSET BOULEVARD** ►1
É.-U. 1950. Drame psychologique de Billy WILDER avec William Holden, Gloria Swanson et Erich Von Stroheim. - Un scénariste criblé de dettes vit aux dépens d'une ancienne vedette qui espère revenir à l'écran. - Univers bizarre traité sur le mode expressionniste. Photographie remarquable. Ensemble à la fois puissant et fascinant. Interprétation hallucinante de G. Swanson.
VO➜14,95$ Général

**SUNSET HEAT** ▷6
É.-U. 1992. Drame policier de John NICOLELLA avec Dennis Hopper, Michael Pare et Daphnée Ashbrook. - Un ancien trafiquant de drogue devenu journaliste est harcelé par un gangster à qui il aurait jadis dérobé une somme d'argent.
VO➜LS 13 ans +

**SUNSET STRIP** ▷5
É.-U. 2000. Drame de mœurs d'Adam COLLIS avec Simon Baker, Anna Friel et Nick Stahl. - À Los Angeles, en 1972, un groupe de jeunes tente de se faire une place au soleil dans l'industrie de la musique rock.
VO➜LS

**SUNSHINE** ▷0
AUT. 1999, István SZABO
VO➜PC VF➜PC LBX-DVD➜PC

**SUNSHINE BOYS, THE** ▷4
É.-U. 1975. Comédie de Herbert ROSS avec Walter Matthau, George Burns et Richard Benjamin. - Après huit ans de séparation, deux artistes de music-hall sont invités à refaire équipe.
LBX➜14,95$ Général

**SUPER FUZZ** ▷4
É.-U.- ITA. 1980. Comédie de Sergio CORBUCCI avec Terence Hill, Ernest Borgnine et Joanne Dru. - Un policier doté de pouvoirs extraordinaires entre en lutte avec l'organisateur d'un trafic de fausse monnaie.
VO➜18,95$ Général

**SUPER MARIO BROS.** ▷5
É.-U. 1993. Comédie fantaisiste de Rocky MORTON et Annabel JANKEL avec Bob Hoskin, John Leguizamo et Dennis Hopper. - Deux plombiers volent au secours d'une amie qui a été emmenée par deux ravisseurs dans un univers parallèle peuplé d'étranges créatures.
VF➜LS VO➜LS Général

**SUPER VIXENS** ▷6
É.-U. 1975. Comédie satirique de Russ MEYER avec Shari Eubank, Charlies Napier et Uschi Digard. - Après que sa femme ait été tuée par un policier sadique, un pompiste prend la fuite de peur d'être accusé du crime.
VO➜69,95$ 18 ans +

**SUPERCOP** ▷0
H. K. 1992, Stanley TONG
VO➜16,95$ 13 ans + Violence

**SUPERCOP 2** ▷5
H.-K. 1994. Drame policier de Stanley TONG avec Michelle Yeoh, Yu Rong Guang et Emil Chau. - Une policière au tempérament impétueux se lance aux trousses d'une bande de voleurs de banques.
VA➜16,95$ 13 ans +

**SUPERFLY** ▷0
É.-U. 1972, Gordon PARKS
VO➜LS 18 ans +

**SUPERFLY T.N.T.** ▷0
É.-U. 1973, Ron O'NEAL
VO➜14,95$ 13 ans +

**SUPERMAN AND THE MOLE MEN** ▷0
É.-U. 1951, Lee SHOLEM
VO➜14,95$ Général

**SUPERMAN: THE MOVIE** ▷4
É.-U. 1978. Science-fiction de Richard DONNER avec C. Reeve, Gene Hackman et Margot Kidder. - Un enfant venu d'une autre planète et doté de pouvoirs extraordinaires se transforme en justicier.
VF→19,95$ VO→19,95$ **Général**

**SUPERMAN II** ▷4
ANG. 1980. Science-fiction de Richard LESTER avec Christopher Reeve, Margot Kidder et Terence Stamp. - Un extra terrestre vivant sur la Terre entre en lutte avec trois criminels issus de la même planète que lui.
VO→11,95$ VF→11,95$ **Général**

**SUPERMAN III** ▷4
ANG. 1983. Science-fiction de Richard LESTER avec Christopher Reeve, Richard Pryor et Robert Vaughn. - Les plans criminels d'un financier qui utilise les talents d'un spécialiste en ordinateurs sont contrecarrés par un surhomme.
VO→11,95$ VF→11,95$ **Général**

**SUPERMAN IV: THE QUEST FOR PEACE** ▷6
ANG. 1987. Science-fiction de Sidney J. FURIE avec Christopher Reeve, Gene Hackman et Margot Kidder. - Alors qu'il entreprend de débarrasser la Terre de ses armes nucléaires, Superman doit affronter un génie criminel.
VF→19,95$ **Général**

**SUPERNATURAL** ▷0
É.-U. 1933, Victor HALPERIN
VO→14,95$ **Général**

**SUPERNOVA** ▷5
É.-U. 1999. Science-fiction de Walter HILL avec James Spader, Angela Bassett et Peter Facinelli. - Au XXIIe siècle, un vaisseau de sauvetage recueille dans l'espace un jeune homme qui semble sous l'influence d'une force extraterrestre mystérieuse.
VF→11,95$ VO→11,95$

**SUPERSTAR: THE LIFE AND TIMES OF ANDY WARHOL** ▷0
É.-U. 1991, Chuck WORKMAN
VO→LS **Général**

**SUPPLÉANT, LE**
Voir: THE SUBSTITUTE

**SUPPOSÉS HÉROS, LES**
Voir: MYSTERY MEN

**SUR LA LIGNE DE FEU**
Voir: IN THE LINE OF FIRE

**SUR LA ROUTE DE MADISON**
Voir: THE BRIDGES OF MADISON COUNTY

**SUR LA TERRE COMME AU CIEL** ▷4
BEL. 1991. Drame de Marion HANSEL avec Carmen Maura, Didier Bezace et Samuel Mussen. - Dans la semaine où elle doit accoucher, une journaliste entend son futur bébé lui faire part de son refus de venir au monde.
VO→LS **Général**

**SUR LE TERRITOIRE DES COMANCHES**
Voir: COMANCHE TERRITORY

**SUR LES AILES DES AIGLES**
Voir: ON WINGS OF EAGLES

**SUR LES TRACES DE L'ENNEMI**
Voir: STRIKING DISTANCE

**SUR LES TRACES DU PÈRE NOËL**
Voir: THE SANTA CLAUSE

**SUR MESURE**
Voir: BY DESIGN

**SUR UN ARBRE PERCHÉ** ▷4
FR. 1971. Comédie de Serge KORBER avec Louis de Funès, Geraldine Chaplin et Olivier de Funès. - Un automobiliste et ses passagers quittent la route accidentellement pour aller se percher sur un arbre au flanc d'une falaise.
VO→26,95$ **Général**

**SURDOUÉ**
Voir: SENSELESS

**SURE FIRE** ▷0
É.-U. 1993, Jon JOST
VO→29,95$ **Général**

**SURE THING, THE** ▷4
É.-U. 1985. Comédie sentimentale de Rob REINER avec John Cusack, Daphne Zuniga et Nicolette Sheridan. - Un universitaire qui poursuit de ses avances une camarade de classe plutôt distante la retrouve par hasard lors d'un voyage vers la Californie.
VF→LS VO→14,95$ **Général**

**SURFACING** ▷5
CAN. 1981. Drame psychologique de Claude JUTRA avec Kathleen Beller, Joseph Bottoms et R.H. Thomson. - Une jeune femme entraîne quelques amis dans la forêt du Grand Nord à la recherche de son père disparu.
VF→LS **13 ans +**

**SUROH: ALIEN HITCHHIKER** ▷0
É.-U. 1996, Patrick McGUINN
VO→59,95$ **16 ans +**

**SURPRISE PARTY** ▷5
FR. 1982. Comédie dramatique de Roger VADIM avec Philippine Leroy-Beaulieu, Christian Vadim et Caroline Cellier. - Les aventures amoureuses de quelques adolescents d'Amboise au début des années 50.
VO→LS **13 ans +**

**SURVEILLANCE**
Voir: BLINDSIDE

**SURVIVANT, LE**
Voir: THE OMEGA MAN

**SURVIVANTS, LES**
Voir: ALIVE

**SURVIVING DESIRE** ▷0
É.-U. 1991, Hal HARTLEY
VO→21,95$ **Général**

**SURVIVING PICASSO** ▷4
É.-U. 1996. Drame biographique de James IVORY avec Anthony Hopkins, Natascha McElhone et Julianne Moore. - Dix ans dans la vie tumultueuse et parfois scandaleuse du peintre espagnol Pablo Picasso.
VF→19,95$ VO→19,95$ **Général**

**SURVIVING THE GAME** ▷5
É.-U. 1994. Aventures d'Ernest DICKERSON avec Ice-T, Rutger Hauer et Charles S. Dutton. - Cinq chasseurs se servent d'un sans-abri comme gibier humain lors d'une chasse à l'homme en pleine nature sauvage.
LBX-DVD→PC VO→PC LBX-DVD→PC **13 ans + Violence**

**SURVIVORS, THE** ▷4
É.-U. 1983. Comédie satirique de Michael RITCHIE avec Robin Williams, Walter Matthau et Jerry Reed. - Après avoir réussi à désarmer un bandit dans un hold-up, un chômeur s'inscrit dans une société d'auto-défense.
VF→9,95$ **Général**

**SUSAN AND GOD** ▷4
É.-U. 1940. Drame psychologique de George CUKOR avec Joan Crawford, Fredric March et Ruth Hussey. - Prise par son intérêt pour une secte religieuse, une femme risque de briser son foyer.
VO→19,95$ **Général**

**SUSAN LENOX: HER FALL AND RISE** ▷0
É.-U. 1931, Robert Z. LEONARD
VO→19,95$ **Général**

**SUSANA** ▷0
MEX. 1950, Luis BUÑUEL
STA→LS Général

**SUSIE ET LES BAKER BOYS**
Voir: THE FABULOUS BAKER BOYS

**SUSPECT** ▷4
É.-U. 1987. Drame judiciaire de Peter YATES avec Cher, Dennis Quaid et Liam Neeson. - Chargée de défendre un vagabond accusé de meurtre, une avocate est aidée par un membre du jury dans son enquête.
VO→19,95$ 13 ans +

**SUSPECTS DE CONVENANCE**
Voir: THE USUAL SUSPECTS

**SUSPICION** ▷3
É.-U. 1941. Drame d'Alfred HITCHCOCK avec Joan Fontaine, Cary Grant et Cedric Hardwicke. - Une femme soupçonne son mari de vouloir la tuer. - Sujet prenant. Rythme soutenu. Photographie soignée. Excellents interprètes.
VO→14,95$ Général

**SUSPIRIA** ▷4
ITA. 1977. Drame fantastique de Dario ARGENTO avec Jessica Harper, Stefania Casini et Joan Bennett. - Une jeune Américaine s'inscrit à une académie de danse à Munich qui s'avère être le gîte d'un groupe de sorcières.
VF→LS VO→LS 18 ans +

**SUTURE** ▷3
É.-U. 1993. Drame policier de Scott McGEHEE et David SIEGEL avec D. Haysbert, Mel Harris et Sab Shimono. - Un Noir amnésique que son frère blanc a tenté de tuer est curieusement pris pour ce dernier par son entourage. - Brillante réflexion sur les thèmes de l'identité et le regard porté par les autres sur soi. Recherche formelle abstraite et intellectualisée. Images insolites. Interprétation appropriée.
VO→18,95$ 13 ans +

**SUZANNE** ▷5
QUÉ. 1980. Drame sentimental de Robin SPRY avec Jennifer Dale, Winston Rekert et Gabriel Arcand. - Les difficultés sentimentales d'une adolescente, fille d'une mère francophone et d'un père écossais.
VO→LS 18 ans +

**SUZY** ▷5
É.-U. 1936. Drame sentimental de George FITZMAURICE avec Jean Harlow, Franchot Tone et Cary Grant. - Croyant son mari mort, une artiste de music-hall épouse un as de l'aviation française.
VO→18,95$ Général

**SUZY FRISETTES**
Voir: CURLY SUE

**SWAMP THING** ▷5
É.-U. 1981. Drame fantastique de Wes CRAVEN avec Adrienne Barbeau, Louis Jourdan et Dick Durock. - Un jeune savant entre en contact avec un liquide de son invention et se transforme en un mutant végétal.
VO→11,95$ 13 ans +

**SWAN, THE** ▷4
É.-U. 1955. Comédie dramatique de Charles VIDOR avec Grace Kelly, Alec Guinness et Louis Jourdan. - Une jeune aristocrate destinée à un prince est amoureuse d'un simple précepteur.
VO→19,95$ Non classé

**SWANN** ▷4
CAN.-ANG. 1995. Drame psychologique de Anna BENSON avec Miranda Richardson, Brenda Fricker et Michael Ontkean. - Une romancière choisit comme sujet la vie d'une poétesse morte tragiquement.
VO→13,95$ 13 ans +

**SWANN IN LOVE**
Voir: UN AMOUR DE SWANN

**SWARM, THE** ▷5
É.-U. 1978. Drame de Irwin ALLEN avec Michael Caine, Richard Widmark et Henry Fonda. - Des manœuvres de défense sont organisées contre l'invasion d'un essaim d'abeilles meurtrières d'origine africaine.
VO→14,95$ Général

**SWASHBUCKLER** ▷5
É.-U. 1976. Aventures de James GOLDSTONE avec Robert Shaw, Geneviève Bujold et Peter Boyle. - En Jamaïque, la fille d'un magistrat emprisonné fait appel à un pirate pour délivrer son père.
VO→18,95$ Général

**SWEDENHIELM, LES** ▷0
SUÈ. 1935, Gustaf MOLANDER
STA→LS Non classé

**SWEENEY TODD, THE DEMON BARBER OF FLEET STREET** ▷0
ANG. 1936, George KING
VO→LS Général

**SWEET AND LOWDOWN** ▷4
É.-U. 1999. Comédie dramatique de Woody ALLEN avec Sean Penn, Samantha Morton et Uma Thurman. - Évocation de la vie sentimentale et professionnelle d'un jazzman américain des années 1930.
VF→LS VO→LS

**SWEET BIRD OF YOUTH** ▷4
É.-U. 1962. Drame psychologique de Richard BROOKS avec Paul Newman, Geraldine Page et Ed Begley. - Un jeune homme revient dans sa ville natale en compagnie d'une ancienne actrice d'Hollywood.
VO→19,95$ 13 ans +

**SWEET CHARITY** ▷3
É.-U. 1968. Comédie musicale de Bob FOSSE avec Shirley MacLaine, John McMartin et Chita Rivera. - Une danseuse employée dans une boîte minable rêve de mariage en dépit d'expériences décevantes avec les hommes. - Adaptation à l'américaine des *Nuits de Cabiria* de Fellini. Trouvailles ingénieuses. Ensemble attachant et savoureux. Brio de S. MacLaine.
VO→11,95$ Général

**SWEET COUNTRY** ▷0
É.-U. 1988, Michael CACOYANNIS
VO→LS 13 ans +

**SWEET DREAMS** ▷4
É.-U. 1985. Drame biographique de Karel REISZ avec Jessica Lange, Ed Harris et Ann Wedgeworth. - Évocation de la vie sentimentale tumultueuse de la vedette de musique country Patsy Cline qui a disparu dans un accident d'avion en 1963.
VO→11,95$ Général

**SWEET EMMA, DEAR BÖBE** ▷3
HON. 1991. Drame d'Istvan SZABO avec Johanna Ter Steege, Eniko Börcsök et Peter Andorai. - À Budapest, après la chute du communisme, deux institutrices qui enseignent maintenant l'anglais luttent contre la dureté de la vie quotidienne. - Constat politique plutôt sombre. Regard attentif et lyrique par moments. Réalisation épurée. Solide composition des interprètes.
STA→19,95$ Général

**SWEET HEARTS DANCE** ▷4
É.-U. 1988. Comédie dramatique de Robert GREENWALD avec Don Johnson, Jeff Daniels et Susan Sarandon. - Les tribulations sentimentales de deux amis d'enfance, dont l'un est célibataire et l'autre marié.
VO→LS Général

**SWEET HEREAFTER, THE** ▷3
CAN. 1997. Drame psychologique d'Atom EGOYAN avec Ian Holm, Sarah Polley et Bruce Greenwood. - Un avocat tente de convaincre les parents des victimes d'une tragédie routière de participer à un

recours collectif. - Approche très sensible d'un drame aux résonances universelles. Construction à la fois complexe et fluide.
LBX→19,95$ VF→14,95$ LBX-DVD→27,95$ Général

**SWEET LIBERTY** ▷4
É.-U. 1986. Comédie réalisée et interprétée par Alan ALDA avec Lise Hilboldt et Michael Caine. - Un écrivain tente de remédier au fait qu'un réalisateur de films a l'intention de tourner une comédie burlesque en se servant du scénario d'un de ses romans.
VO→PC Général

**SWEET LORRAINE** ▷4
É.-U. 1986. Comédie dramatique de Steve GOMER avec Maureen Stapleton, Trini Alvarado et Lee Richardson. - Alors que ses parents s'apprêtent à divorcer, une jeune fille s'en va passer l'été dans le vieil hôtel que possède sa grand-mère.
VF→LS Général

**SWEET MOVIE** ▷0
FR. 1974, Dusan MAKAVEJEV
VO→LS 18 ans +

**SWEET NOTHING** ▷4
É.-U. 1995. Drame de mœurs de Gary WINICK avec Michael Imperioli, Mira Sorvino et Paul Calderon. - Devenu trafiquant de drogue, un modeste employé de Wall Street sombre vite dans l'enfer du crack.
VO→18,95$ 13 ans + Langage vulgaire

**SWEET SMELL OF SUCCESS** ▶2
É.-U. 1956. Drame d'Alexander MACKENDRICK avec Burt Lancaster, Tony Curtis et Susan Harrison. - Un journaliste se plaît à salir la réputation des gens. - Critique acerbe du milieu. Forte consistance dramatique. Photographie remarquable. Interprétation impeccable.
VO→14,95$ Général

**SWEET SWEETBACK'S BAADASSSSS SONG** ▷0
É.-U. 1971, Melvin VAN PEEBLES
VO→29,95$ 18 ans +

**SWEETHEART! (CANADA'S SWEETHEART)** ▷0
CAN. 1985, Donald BRITTAIN
VO→LS Général

**SWEETHEARTS** ▷5
É.-U. 1937. Comédie musicale de W.S. VAN DYKE II avec Jeanette MacDonald, Nelson Eddy et Frank Morgan. - Le producteur d'une opérette cherche à empêcher ses vedettes de partir pour Hollywood.
VO→19,95$ Général

**SWEETIE** ▷5
AUS. 1989. Drame psychologique de Jane CAMPION avec Genevieve Lemon, Karen Colston et Tom Lycos. - Déjà préoccupée par sa vie sentimentale, une ouvrière supporte mal la présence chez elle de sa sœur obèse et vulgaire.
VO→11,95$ 13 ans +

**SWEPT AWAY**
Voir: VERS UN DESTIN INSOLITE SUR LES FLOTS BLEUS DE L'ÉTÉ

**SWIMMER, THE** ▷5
É.-U. 1967. Drame psychologique de Frank PERRY avec Burt Lancaster, Janice Rule et Janet Landgard. - Un homme décide de rentrer chez lui en traversant à la nage les piscines du voisinage.
VO→14,95$ Général

**SWIMMING TO CAMBODIA** ▷4
É.-U. 1987. Film d'essai de Jonathan DEMME avec Spalding Gray. - Un homme explique l'expérience qu'il a vécue lorsqu'il a été appelé à tenir un rôle secondaire dans le film *The Killing Fields*.
VO→13,95$ Général

**SWIMMING WITH SHARKS** ▷5
É.-U. 1995. Drame de George HUANG avec Kevin Spacey, Frank Whaley et Michelle Forbes. - L'assistant d'un producteur de films tyrannique se révolte après avoir été longtemps son souffre-douleur.
VO→13,95$ DVD→33,95$ 13 ans +

**SWINDLE, THE**
Voir: IL BIDONE

**SWING KIDS** ▷4
É.-U. 1993. Drame de Thomas CARTER avec Robert Sean Leonard, Christian Bale et Frank Whaley. - En 1939, de jeunes rebelles allemands s'adonnent aux joies d'une danse américaine malgré la désapprobation des autorités nazies.
VF→11,95$ VO→LS 13 ans +

**SWING SHIFT** ▷4
É.-U. 1984. Comédie dramatique de Jonathan DEMME avec Goldie Hawn, Kurt Russell et Christine Lahti. - En 1941, une jeune femme dont le mari s'est engagé dans la marine s'en va travailler dans une usine.
VF→14,95$ VO→14,95$ Général

**SWING TIME** ▷3
É.-U. 1936. Comédie musicale de George STEVENS avec Fred Astaire, Ginger Rogers et Victor Moore. - Après avoir promis le mariage à une jeune fille de bonne famille, un danseur tombe amoureux de sa partenaire. - Scénario prétexte à d'excellents numéros de danse. Intermèdes comiques bien amenés. Interprétation dégagée.
VO→14,95$ Général

**SWINGERS** ▷4
É.-U. 1996. Comédie de mœurs de Doug LIMAN avec Jon Favreau, Vince Vaughn et Ron Livingston. - À Hollywood, un comédien au chômage qui espère renouer avec son ex-copine fait la tournée des bars branchés de la ville avec ses copains.
VF→14,95$ VO→14,95$ 13 ans + Langage vulgaire

**SWISS CONSPIRACY, THE** ▷5
É.-U. 1975. Drame policier de Jack ARNOLD avec David Janssen, Senta Berger et John Ireland. - Un maître-chanteur menace cinq clients d'une banque suisse de mettre à jour leurs opérations clandestines.
VO→5,95$ 13 ans +

**SWISS FAMILY ROBINSON** ▷4
É.-U. 1960. Aventures de Ken ANNAKIN avec John Mills, Dorothy McGuire et James MacArthur. - Une famille suisse échouée dans une île du Pacifique est aux prises avec des pirates qui détiennent une jeune fille.
VO→18,95$ VF→19,95$ Général

**SWITCH** ▷5
É.-U. 1991. Comédie fantaisiste de Blake EDWARDS avec Ellen Barkin, Jimmy Smits et Jobeth Williams. - Tué par trois de ses anciennes maîtresses, un publicitaire qui a fait souffrir bien des femmes revient sur Terre réincarné dans un corps féminin.
VF→11,95$ 13 ans +

**SWITCHBACK** ▷5
É.-U. 1997. Drame policier de Jeb STUART avec Dennis Quaid, Danny Glover et Jared Leto. - Son jeune garçon ayant été kidnappé par un tueur en série, un agent du FBI met tout en œuvre pour le retrouver, malgré le désaveu de ses supérieurs.
VO→13,95$ VF→13,95$ 13 ans + Violence

**SWITCHBLADE SISTERS** ▷0
É.-U. 1975, Jack HILL
VO→14,95$ 18 ans +

**SWITCHING CHANNELS** ▷4
É.-U. 1987. Comédie de Ted KOTCHEFF avec Kathleen Turner, Burt Reynolds et Christopher Reeve. - Une brillante journaliste accepte de faire un dernier reportage sur un condamné à mort avant de quitter la station de télévision dirigée par son ex-mari.
VO→PC Général

**SWOON** ▷0
É.-U. 1991, Tom KALIN
VO→11,95$ 16 ans + Érotisme

**SWORD AND THE SORCERER, THE** ▷6
É.-U. 1982. Drame fantastique d'Albert PYUN avec Lee Horsley, Richard Lynch et Kathleen Beller. - Un aventurier vient au secours d'une jeune princesse retenue captive par un chevalier félon.
VO➔9,95$ **13 ans +**

**SWORD IN THE STONE, THE** ▷4
É.-U. 1963. Dessins animés de Wolfgang REITHERMAN. - L'enchanteur Merlin entreprend l'éducation d'un jeune orphelin en qui il voit le futur roi d'Angleterre.
VF➔22,95$ VO➔22,95$ **Général**

**SWORD OF DOOM** ▷0
JAP. 1967, Kihachi OKAMOTO
STA➔27,95$ **16 ans +**

**SWORD OF GIDEON** ▷3
É.-U. 1986. Drame d'espionnage de Michael ANDERSON avec Steven Bauer, Michael York et Rod Steiger. - Un commando est créé pour venger les onze athlètes israéliens tués dans un attentat lors des Jeux olympiques de Munich. - Téléfilm au scénario prenant. Mise en scène soignée.
VO➔LS **Général**

**SWORD OF LANCELOT, THE** ▷5
ANG. 1963. Aventures réalisées et interprétées par Cornel WILDE avec Jean Wallace et Brian Aherne. - Un chevalier s'éprend d'une jeune femme promise à son roi.
VO➔16,95$ **Général**

**SWORDSMAN II** ▷0
H. K. 1991, Ching Siu TUNG et Stanley TONG
STA➔PC **13 ans + Violence**

**SYBIL** ▷4
É.-U. 1976. Drame psychologique de Daniel PETRIE avec Joanne Woodward, Sally Field et Brad Davis. - Une femme psychiatre s'emploie à guérir une jeune fille souffrant d'une forme de schizophrénie l'amenant à emprunter diverses personnalités.
VO➔LS **Non classé**

**SYLVIA SCARLETT** ▷4
É.-U. 1936. Comédie de George CUKOR avec Katharine Hepburn, Cary Grant et Brian Aherne. - Déguisée en garçon, la fille d'un escroc connaît diverses aventures.
VO➔LS **Non classé**

**SYLVIE ET LE FANTÔME** ▷3
FR. 1945. Comédie fantaisiste de Claude AUTANT-LARA avec Odette Joyeux, François Périer et Pierre Larquey. - Les mésaventures d'une adolescente qui s'est éprise du fantôme qui hante le château qu'elle habite. - Joli conte. Réalisation légère et soignée.
STA➔LS **Non classé**

**SYMPATHY FOR THE DEVIL (ONE PLUS ONE)** ▷0
FR. 1970, Jean-Luc GODARD
VO➔31,95$ **13 ans +**

**SYMPHONIE PASTORALE, LA** ▷3
FR. 1946. Drame psychologique de Jean DELANNOY avec Michèle Morgan, Pierre Blanchar et Line Noro. - Un pasteur protestant convoite une jeune aveugle qu'il a élevée. - Adaptation libre d'un roman d'André Gide. Grande valeur dramatique. Interprétation touchante de M. Morgan.
STA➔27,95$ **Général**

**SYNDROME CHINOIS, LE**
Voir: THE CHINA SYNDROME

**T'EMPÊCHES TOUT LE MONDE DE DORMIR!** ▷5
FR. 1982. Comédie de Gérard LAUZIER avec Daniel Auteuil, Catherine Alric et Anne Jousset. - Un joyeux bohème impose sa présence à deux jeunes femmes chez qui il s'est introduit.
VO→LS **13 ans +**

**T'ES BELLE JEANNE** ▷4
QUÉ. 1988. Drame social de Robert MÉNARD avec Marie Tifo, Michel Côté et Pierre Curzi. - À la suite d'un accident, une enseignante se retrouve paralysée et se voit confrontée à une dure réalité.
VO→LS **Général**

**T-MEN** ▷0
É.-U. 1948, Anthony MANN
VO→34,95$ **Général**

**T.A.M.I.-T.N.T. SHOW, THE** ▷0
É.-U. 1964, Steve BINDER
VO→LS **Non classé**

**TABAGIE EN FOLIE, LA**
Voir: BLUE IN THE FACE

**TABARNAC!** ▷5
QUÉ. 1974. Documentaire de Claude FARALDO. - Évocation d'une tournée en France du groupe rock québécois Offenbach.
VO→LS **Général**

**TABLE FOR FIVE** ▷5
É.-U. 1983. Drame sentimental de Robert LIEBERMAN avec Jon Voight, Marie-Christine Barrault et Richard Crenna. - Pour renouer avec ses trois enfants, un divorcé les emmène en croisière en Europe.
VO→LS **Général**

**TABLEAU NOIR, LE** ▷0
QUÉ. 1989, Jacques GIRALDEAU
VO→19,95$ **Général**

**TABOU** ▷3
JAP. 1999. Drame de mœurs de Nagisa OSHIMA avec Beat Takeshi, Ryuhei Matsuda et Shinji Takeda. - La beauté délicate d'un guerrier appartenant à la milice d'un shogun déclenche dissensions et jalousie parmi cette troupe d'élite. - Analogies fascinantes entre le désir sexuel et les rituels guerriers. Traitement stylisé et un peu froid. Réalisation d'une grande rigueur. Interprètes intenses.
**13 ans +**

**TABU** ►2
É.-U. 1931. Documentaire de Friedrich Wilhelm MURNAU et Robert FLAHERTY. - Un jeune polynésien est séparé de celle qu'il aime par des coutumes tribales. - Images admirables. Traitement d'un grand lyrisme. Jeu sincère des indigènes.
VO→72,95$ **Général**

**TAFFIN** ▷5
ANG. 1987. Drame social de Francis MEGAHY avec Pierce Brosnan, Alison Doody et Ray McAnally. - Dans un village côtier irlandais, un collecteur de dettes tente d'interrompre des projets de développement qui soulèvent le mécontentement des citoyens.
VO→11,95$ **13 ans +**

**TAI CHI II** ▷0
H. K. 1996, Yuen Woo PING
STA-LBX-DVD→PC **Général**

**TAI CHI MASTER, THE** ▷4
H. K. 1994. Drame de Yuen Woo PING avec Jet Li, Michelle Yeoh et Chin Siu-hou. - Un moine bouddhiste devient général d'un empereur tyrannique, tandis que son ancien confrère joint les rangs de la résistance.
STA→LS **13 ans +**

**TAI-PAN** ▷5
É.-U. 1986. Aventures de Daryl DUKE avec Bryan Brown, Joan Chen et John Stanton. - Au milieu du XIXe siècle, un marchand influent manœuvre pour que la Grande-Bretagne s'empare de l'île de Hong-Kong où il entreprend alors de bâtir un empire financier.
VF→LS **Général**

**TAIL LIGHTS FADE** ▷6
CAN. 1999. Drame de mœurs de Malcolm INGRAM avec Denise Richards, Breckin Meyer et Jake Busey. - Flanquée de trois amis, une jeune femme fait le voyage de Toronto à Vancouver afin d'aider son frère arrêté pour possession de marijuana.
VO→LS LBX-DVD→PC **13 ans + Langage vulgaire**

**TAILOR OF PANAMA, THE** ▷4
É.-U. 2001. Drame d'espionnage de John BOORMAN avec Pierce Brosnan, Geoffrey Rush et Jamie Lee Curtis. - Un tailleur anglais installé à Panama est entraîné dans une affaire d'espionnage par un agent secret roublard.
**13 ans +**

**TAIS-TOI QUAND TU PARLES** ▷6
FR. 1981. Comédie réalisée et interprétée par Philippe CLAIR avec Aldo Maccione et Edwige Fenech. - Un fanatique de James Bond, pris pour un espion industriel dont il est le sosie, se voit expédié en Tunisie pour une mission.
VO→LS **Général**

**TAK TAK (OUI OUI)** ▷5
POL. 1992. Comédie de mœurs de Jacek GASIOROWSKI avec Z. Zamachowski, Maria Gladkowska et Monika Bolly. - En 1970 à Paris, les aventures sentimentales d'un jeune étudiant polonais.
VF→26,95$ **Général - Déconseillé aux jeunes enfants**

**TAKE ME OUT TO THE BALL GAME** ▷4
É.-U. 1949. Comédie musicale de Busby BERKELEY avec Frank Sinatra, Esther Williams et Gene Kelly. - Deux membres d'une équipe championne de base-ball se disputent le cœur de la jolie propriétaire du club.
VO→14,95$ **Général**

**TAKE THE MONEY AND RUN** ▷4
É.-U. 1969. Comédie réalisée et interprétée par Woody ALLEN avec Janet Margolin et Marcel Hillaire. - Un adolescent maladroit décide de faire carrière dans le vol.
VO→LS LBX-DVD→27,95$ **Général**

**TAKIN'IT ALL OFF** ▷0
É.-U. 1987, Ed HANSEN
VO→LS **16 ans + Érotisme**

**TAKIN'IT OFF** ▷0
É.-U. 1984, Ed HANSEN
VO→LS **Non classé**

**TAKING OF PELHAM ONE TWO THREE, THE** ▷4
É.-U. 1974. Drame policier de Joseph SARGENT avec Walter Matthau, Robert Shaw et Martin Balsam. - Quatre hommes s'emparent d'un train du métro de New York et tiennent les passagers en otage.
VO→14,95$ **13 ans +**

**TALE OF TWO CITIES, A** ▷5
ANG. 1958. Drame de Ralph THOMAS avec Dirk Bogarde, Dorothy Tutin et Cecil Parker. - Un avocat anglais sauve de la guillotine un aristocrate français.
VO→13,95$ Général

**TALE OF TWO CITIES, A** ▷3
É.-U. 1935. Drame de Jack CONWAY avec Ronald Colman, Elizabeth Allen et Edna May Oliver. - Un avocat anglais déchu tait son amour pour la fiancée d'un aristocrate français dont il a sauvé la vie.- Illustration soignée d'un roman de Dickens. Scènes de foule impressionnantes. Humour pittoresque. Interprétation de qualité.
VO→19,95$ Général

**TALENTED MR. RIPLEY, THE** ▷3
É.-U. 1999. Drame policier d'Anthony MINGHELLA avec Matt Damon, Gwyneth Paltrow et Jude Law. - Un jeune homme de condition modeste qui éprouve du désir et de l'envie pour un ami fortuné en vient à le tuer, puis emprunte son identité. - Adaptation fignolée d'un roman de Patricia Highsmith. Personnages approfondis. Réalisation et interprétation de grande classe.
VF→LS VO→LS

**TALES FROM THE CRYPT** ▷4
É.-U. 1972. Film à sketches de Freddie FRANCIS avec Ralph Richardson, Joan Collins et Ian Hendry. - Cinq personnes égarées dans une crypte font la rencontre d'un moine étrange qui leur révèle la conséquence possible de leurs passions.
VF→LS VO→11,95$ 13 ans +

**TALES FROM THE CRYPT - BORDELLO OF BLOOD** ▷5
É.-U. 1996. Comédie fantaisiste de Gilbert ADLER avec Dennis Miller, Angie Everhart et Erika Eleniak. - Un détective privé enquête sur la disparition d'un adolescent qui s'était rendu à un bordel tenu par une vampire.
VF→LS VO→LS 16 ans + Horreur

**TALES FROM THE CRYPT PRESENTS: DEMON KNIGHT** ▷5
É.-U. 1994. Drame d'horreur de Ernest DICKERSON avec Billy Zane, William Sadler et Jada Pinkett. - Pour empêcher que des démons envahissent la Terre, le gardien d'une fiole magique doit combattre un esprit malin qui transforme ses victimes en zombies.
VF→15,95$ VO→15,95$ 13 ans + Horreur

**TALES FROM THE DARKSIDE: THE MOVIE** ▷4
É.-U. 1990. Film à sketches de John HARRISON avec Deborah Harry, Christian Slater et Steve Buscemi. - Un jeune garçon raconte trois histoires d'horreur à une femme cannibale dans l'espoir que celle-ci ne le dévore pas.
VO→11,95$ 13 ans +

**TALES FROM THE GIMLI HOSPITAL** ▷4
CAN. 1988. Comédie fantaisiste de Guy MADDIN avec Kyle McCulloch, Michael Gottli et Angela Heck. - Au début du XXe siècle, dans un hôpital de fortune, une âpre rivalité naît entre deux hommes liés par un terrible secret.
VO→41,95$ Général

**TALES FROM THE HOOD** ▷5
É.-U. 1995. Film à sketches de Rusty CUNDIEFF avec Clarence Willams III, Joe Torry et Wings Hauser. - Le propriétaire d'un salon funéraire raconte à trois voyous dans quelles circonstances terrifiantes certains de ses clients ont connu la mort.
VO→11,95$ 13 ans + Violence

**TALES OF BEATRIX POTTER** ▷3
ANG. 1971. Spectacle musical de Reginald MILLS avec les danseurs du Royal Ballet. - Une fillette vivant à la campagne imagine diverses aventures survenant aux animaux qui lui sont familiers. - Musique agréable. Masques ingénieusement conçus. Danseurs agiles et sympathiques.
VO→LS Général

**TALES OF EROTICA II** ▷0
É.-U. 1996, Nicolas ROEG, Jos STELLING et Ken RUSSELL
VO→PC 16 ans + Érotisme

**TALES OF HOFFMANN** ▷3
ANG. 1950. Spectacle musical de Michael POWELL et Emeric PRESSBURGER avec Moira Shearer, Ludmilla Tcherina et Robert Helpmann. - Dans une taverne allemande, Hoffman évoque le souvenir des femmes qu'il a aimées. - Adaptation soignée de l'opéra d'Offenbach. Images somptueuses. Œuvre charmante pleine de symbolisme. Interprètes de valeur.
VO→35,95$ DVD Général

**TALES OF MANHATTAN** ▷4
É.-U. 1942. Film à sketches de Julien DUVIVIER avec Charles Boyer, Edward G. Robinson et Rita Hayworth. - Un habit de soirée porte malheur à ses propriétaires successifs.
VO→22,95$ Général

**TALES OF ORDINARY MADNESS**
Voir: CONTE DE LA FOLIE ORDINAIRE

**TALES OF TERROR** ▷5
É.-U. 1962. Drame d'horreur de Roger CORMAN avec Vincent Price, Peter Lorre et Debra Paget. - Trois contes horrifiques tirés de l'œuvre d'Edgar Allan Poe.
VO→11,95$ Général

**TALES THAT WITNESS MADNESS** ▷0
ANG. 1973, Freddie FRANCIS
VO→11,95$ 13 ans +

**TALK OF ANGELS** ▷0
É.-U. 1998, Nick HAMM
VF→18,95$ VO→18,95$ Général

**TALK OF THE TOWN, THE** ▷3
É.-U. 1942. Comédie dramatique de George STEVENS avec Ronald Colman, Cary Grant et Jean Arthur. - Un juriste protège un ouvrier faussement accusé d'avoir mis le feu à un atelier. Intrigue originale. Mise en scène nerveuse et dynamique. Interprétation sympathique.
VO→19,95$ Général

**TALK RADIO** ▷4
É.-U. 1988. Drame social d'Oliver STONE avec Eric Bogosian, Ellen Greene et Leslie Hope. - Un animateur de radio, aux méthodes abruptes et cyniques, reçoit des menaces de mort durant son émission nocturne de ligne ouverte.
VO→7,95$ VF→19,95$ 13 ans +

**TALL GUY, THE** ▷5
ANG. 1989. Comédie satirique de Mel SMITH avec Jeff Goldblum, Emma Thompson et Rowan Atkinson. - À la suite de son renvoi d'un théâtre, un acteur de second ordre voit sa carrière prendre un nouvel envol et ses amours s'embrouiller.
VO→11,95$ 13 ans +

**TALL IN THE SADDLE** ▷5
É.-U. 1944. Western d'Edwin L. MARIN avec John Wayne, Ella Raines et Ward Bond. - Un contremaître de ranch et sa fiancée sont mêlés à l'assassinat d'un fermier.
VO→14,95$ Général

**TALL TALE** ▷4
É.-U. 1995. Aventures de Jeremiah CHECHIK avec Nick Stahl, Patrick Swayze et Oliver Platt. - Pour contrecarrer les manœuvres d'un entrepreneur véreux qui veut s'emparer de la ferme familiale, un gamin obtient l'aide de trois héros de l'Ouest.
VF→LS VO→LS Général

**TALONS AIGUILLES** ▷3
ESP. 1991. Comédie dramatique de Pedro ALMODOVAR avec Victoria Abril, Marisa Paredes et Miguel Bose. - Les retrouvailles tendues entre une ancienne vedette de la chanson et sa fille qui s'est mariée avec un vieil amant de celle-ci.- Goût insolite pour les effets kitsch. Personnages décrits avec un humour ironique. Mise en scène colorée. Interprétation dans le ton voulu.
VF→12,95$ STA→17,95$ Général

**TAMBOUR, LE** ▷3
ALL. 1979. Drame de Volker SCHLÖNDORFF avec David Bennent, Angela Winkler et Mario Adorf. - Un enfant traverse sans grandir la période du nazisme en Allemagne. - Adaptation réussie du roman de Günter Grass. Vision satirique mordante.
VF→14,95$ STA-LBX→54,95$ STA→14,95$
STA-LBX-DVD→44,95$ **13 ans +**

**TAMING OF THE SHREW, THE** ▷3
ANG. 1966. Comédie de Franco ZEFFIRELLI avec Richard Burton, Elizabeth Taylor et Michael York. - Un gentilhomme ruiné accepte d'épouser une jeune fille au caractère difficile qu'il se charge d'amadouer. - Écrit de Shakespeare transposé avec verve. Mise en scène somptueuse et vivante. Interprétation de premier ordre.
VF→19,95$ VO→19,95$ LBX-DVD→33,95$ **Non classé**

**TAMPOPO** ▷3
JAP. 1986. Comédie satirique de Juzo ITAMI avec Tsutomu Yamazaki, Nobuko Miyamoto et Koji Yakusho. - Après avoir défendu une restauratrice contre des gangsters, un camionneur entreprend de faire d'elle la meilleure cuisinière de nouilles. - Histoire curieusement conçue. Série d'anecdotes comiques sur le thème de la bouffe. Traitement soigné. Interprétation dans le ton voulu.
STA→LS VF→LS **Général**

**TANG LE ONZIÈME** ▷4
FR. 1998. Conte de Dai SIJIE avec Akihiro Nishida, Tapa Sudana et Nguyen Minh Chau. - Un Vietnamien, père de neuf enfants, et sa femme enceinte sont attirés dans un village de montagne afin que le nouveau né réalise une vieille prophétie.
STF→LS **Général**

**TANGO** ▷4
FR. 1992. Comédie satirique de Patrice LECONTE avec Thierry Lhermitte, Richard Bohringer et Philippe Noiret. - Six ans après qu'un juge l'a acquitté du meurtre de son épouse, un pilote d'avion se voit obligé par celui-ci d'aller tuer une autre femme.
VO→29,95$ **13 ans +**

**TANGO** ▷4
ESP.-ARG. 1998. Drame musical de Carlos SAURA avec Miguel Angel Sola, Mia Maestro et Cecilia Narova. - Un metteur en scène préparant un spectacle de tango est séduit par une de ses danseuses, maîtresse d'un producteur mafieux.
VF→13,95$ STA→13,95$ **Général**

**TANGO LESSON, THE** ▷4
ANG. 1997. Drame psychologique réalisé et interprété par Sally POTTER avec Pablo Veron et Gustavo Naveira. - Une cinéaste anglaise demande à un danseur argentin renommé de lui donner des cours de tango.
VO→13,95$ **Général**

**TANGO MACABRE**
Voir: SEIZURE

**TANGOS: L'EXIL DE GARDEL** ▷3
FR. 1985. Drame musical de Fernando SOLANAS avec Marie Laforêt, Miguel Angel Sola et Philippe Léotard. - À Paris, un groupe d'Argentins en exil cherche à monter un spectacle musical placé sous le patronage d'un chanteur de tango mort en 1935. - Sorte de collage politique, poétique et musical sur les thèmes de l'absence et de la nostalgie. Mise en scène adroite.
VO→LS **Général**

**TANIÈRE, LA**
Voir: ROGUE MALE

**TANK GIRL** ▷5
É.-U. 1995. Science-fiction de Rachel TALALAY avec Lori Petty, Ice-T et Naomi Watts. - En 2003, une jeune guerrière s'oppose à un tyran qui contrôle toutes les réserves d'eau potable.
VF→11,95$ VO→11,95$ **13 ans +**

**TANKS ARE COMING, THE** ▷5
É.-U. 1951. Drame de guerre de Lewis SEILER avec Steve Cochran, Phil Carey et Mary Alden. - Un commandant mène ses hommes durement, mais tous reconnaissent bientôt sa valeur.
VO→14,95$ **Général**

**TANT QU'IL Y AURA DES FEMMES** ▷5
FR. 1987. Comédie de mœurs de Didier KAMINKA avec Roland Giraud, Fanny Cottençon et Marianne Basler. - Ne sachant pas comment rompre, un scénariste est partagé entre son ex-épouse, une concubine et une ravissante femme médecin dont il s'est épris.
VO→LS **Général**

**TANT QU'IL Y AURA DES HOMMES**
Voir: FROM HERE TO ETERNITY

**TANTE JULIA ET LE SCRIBOUILLARD**
Voir: TUNE IN TOMORROW...

**TAO OF STEVE** ▷4
É.-U. 2000. Comédie sentimentale de Jenniphr GOODMAN avec Donal Logue, Greer Goodman et Kimo Wills. - Un séducteur bedonnant et bohème cherche à reconquérir une femme avec qui il a eu une aventure au temps du collège.
VO→LS **Général**

**TAPEHEADS** ▷6
É.-U. 1987. Comédie satirique de Bill FISHMAN avec John Cusack, Tim Robbins et Mary Crosby. - Deux concepteurs de vidéo-clips s'attirent des ennuis après être entrés en possession d'une cassette compromettante pour un candidat à la présidence des États-Unis.
VO→9,95$ **Général**

**TAPS** ▷4
É.-U. 1981. Drame social d'Harold BECKER avec George C. Scott, Timothy Hutton et Sean Penn. - Des élèves d'une école militaire occupent l'institution pour en empêcher la fermeture.
VO→11,95$ **13 ans +**

**TARAM ET LE CHAUDRON MAGIQUE**
Voir: THE BLACK CAULDRON

**TARANTULA** ▷6
É.-U. 1955. Drame d'horreur de Jack ARNOLD avec John Agar, Mara Corday et Leo G. Carroll. - Une araignée géante résulte d'expériences scientifiques hasardeuses.
VO→11,95$ **Général**

**TARAS BULBA** ▷5
É.-U. 1962. Aventures de J. Lee THOMPSON avec Yul Brynner, Tony Curtis et Christine Kaufman. - Vers la fin du XVe siècle, un chef cosaque considère comme traître son fils qui s'est épris d'une Polonaise.
LBX→19,95$ **Non classé**

**TARGET** ▷4
É.-U. 1985. Drame d'espionnage d'Arthur PENN avec Gene Hackman, Matt Dillon et Joseph Sommer. - Révélant sa vie antérieure à son fils, un ancien agent secret doit se rendre à Paris où sa femme a été enlevée par un espion communiste.
VF→LS VO→LS **Général**

**TARGETS** ▷4
É.-U. 1968. Drame policier de Peter BOGDANOVICH avec Boris Karloff, Tom O'Kelly et Nancy Hsuch. - Un déséquilibré commet quelques assassinats pour ensuite se réfugier derrière l'écran d'un ciné-parc où est présenté le dernier film d'un acteur à la retraite.
VO→13,95$ **Général**

**TARKA LA LOUTRE**
Voir: TARKA THE OTTER

**TARNISHED ANGELS, THE** ▷5
É.-U. 1957. Drame de Douglas SIRK avec Rock Hudson, Dorothy Malone et Robert Stack. - Un journaliste découvre la vie pénible d'un ménage d'acrobates volants.
VO→14,95$ **Général**

**TARPAN**
Voir: THE ABSOLUTION

**TARTUFFE, LE** ▷4
FR. 1984. Drame réalisé et interprété par Gérard DEPARDIEU avec François Périer et Élisabeth Depardieu. - Un bourgeois s'entiche d'un faux dévot qu'il favorise au détriment de sa famille.
STA→119,95$ Général

**TARZAN** ▷4
É.-U. 1999. Dessins animés de Kevin LIMA et Chris BUCK. - Au XIXe siècle dans la jungle africaine, un homme-singe est séduit par une jeune exploratrice escortée par un chasseur menaçant.
VF→26,95$ VO→26,95$ LBX-DVD→36,95$ Général

**TARZAN AND HIS MATE** ▷5
É.-U. 1934. Aventures de Cedric GIBBONS avec Johnny Weissmuller, Maureen O'Sullivan et Neil Hamilton. - Deux chasseurs tentent de convaincre Tarzan de les conduire au cimetière des éléphants.
VO→19,95$ Non classé

**TARZAN AND THE LOST CITY** ▷6
É.-U. 1998. Aventures de Carl SCHENKEL avec Casper Van Dien, Jane March et Steven Waddington. - Tarzan lutte contre des mercenaires qui cherchent à violer le secret d'une civilisation perdue en Afrique.
VF→14,95$ Général

**TARZAN ESCAPES** ▷6
É.-U. 1937. Aventures de Richard THORPE avec Johnny Weismuller, Maureen O'Sullivan et Benita Hume. - Tarzan échappe à des hommes cupides qui veulent s'emparer de lui et le montrer en spectacle.
VO→19,95$ Général

**TARZAN ET LA CITÉ PERDUE**
Voir: TARZAN AND THE LOST CITY

**TARZAN FINDS A SON!** ▷5
É.-U. 1939. Aventures de Richard THORPE avec Johnny Weissmuller, Maureen O'Sullivan et Johnny Sheffield. - Seul survivant d'un accident d'avion, un enfant est adopté par Tarzan et connaît diverses aventures.
VO→19,95$ Général

**TARZAN'S NEW YORK ADVENTURE** ▷5
É.-U. 1942. Aventures de Richard THORPE avec Johnny Weissmuller, Maureen O'Sullivan et Charles Bickford. - Le seigneur de la jungle se rend en Amérique pour retrouver son fils adoptif qu'on lui a enlevé.
VO→19,95$ Général

**TARZAN'S SECRET TREASURE** ▷5
É.-U. 1941. Aventures de Richard THORPE avec Johnny Weissmuller, Maureen O'Sullivan et Johnny Sheffield. - Tarzan, sa femme et son fils sont momentanément victimes d'aventuriers en quête d'une mine d'or.
VO→19,95$ Général

**TARZAN, L'HOMME-SINGE**
Voir: TARZAN, THE APE MAN

**TARZAN, THE APE MAN** ▷6
É.-U. 1981. Aventures de John DEREK avec Bo Derek, Richard Harris et Miles O'Keeffe. - Au cours d'une expédition dans une région inexplorée d'Afrique, une jeune femme aventureuse rencontre un homme-singe.
VO→19,95$ 13 ans +

**TARZAN, THE APE MAN** ▷4
É.-U. 1932. Aventures de W.S. VAN DYKE II avec Johnny Weissmuller, Maureen O'Sullivan et C. Aubrey Smith. - La fille d'un explorateur, à la recherche de son père dans la jungle, est enlevée par un curieux homme-singe.
VO→19,95$ Général

**TARZOON! LA HONTE DE LA JUNGLE** ▷4
BEL. 1975. Dessins animés de Jean-Paul PICHA et Boris SZULZINGER. - Tarzoon l'homme-singe part à la rescousse de sa compagne enlevée par les soldats d'une méchante reine.
VA→LS VO→LS 13 ans +

**TASTE OF BLOOD, A** ▷0
É.-U. 1967, Herschell Gordon LEWIS
VO→LS Non classé

**TASTE THE BLOOD OF DRACULA** ▷4
ANG. 1969. Drame d'horreur de Peter SASDY avec Christopher Lee, Geoffrey Keen et Linda Hayden. - Trois bourgeois anglais à la recherche de sensations nouvelles se trouvent aux prises avec un aristocrate en qui s'est réincarné Dracula.
VO→14,95$ 13 ans +

**TATIE DANIELLE** ▷4
FR. 1990. Comédie satirique d'Étienne CHATILIEZ avec Tsilla Chelton, Catherine Jacob et Isabelle Nanty. - Une petite vieille acariâtre se retrouve aux soins d'une gardienne qui ne s'en laisse pas imposer.
STA→18,95$ VO→LS Général

**TATOUÉ, LE** ▷6
FR. 1968. Comédie de Denys DE LA PATELLIÈRE avec Louis de Funès, Jean Gabin et Dominique Davray. - Un marchand de tableaux achète un «Modigliani» tatoué sur le dos d'un ancien légionnaire
VO→14,95$ Général

**TATTOO** ▷4
É.-U. 1981. Drame psychologique de Bob BROOKS avec Bruce Dern, Maud Adams et Leonard Frey. - Un tatoueur déséquilibré retient prisonnière une jeune femme dont il est épris.
VO→23,95$ 18 ans +

**TAUREAU** ▷5
QUÉ. 1972. Drame de mœurs de Clément PERRON avec André Melançon, Monique Lepage et Michèle Magny. - Dans un village de la Beauce, un simple d'esprit est en butte à l'hostilité des habitants.
VO→LS 13 ans +

**TAVERNE DE L'ENFER, LA**
Voir: PARADISE ALLEY

**TAVERNE DE LA JAMAÏQUE, LA**
Voir: JAMAICA INN

**TAXI** ▷5
FR. 1997. Comédie policière de Gérard PIRÈS avec Samy Nacéri, Frédéric Diefenthal et Marion Cotillard. - Un chauffeur de taxi fou du volant doit collaborer avec un policier maladroit pour coincer un gang de braqueurs de banques.
VO→19,95$ DVD→29,95$ Général

**TAXI 2** ▷5
FR. 2000. Comédie policière de Gérard KRAWCZYK avec Samy Naceri, Frédéric Diefenthal et Emma Sjöberg. - Un chauffeur de taxi marseillais porté sur la vitesse et son copain policier se lancent aux trousses de yazukas qui ont kidnappé un ministre japonais.
Général

**TAXI BLUES** ▷3
RUS. 1990. Drame de mœurs de Pavel LOUNGUINE avec Piotr Mamonov, Piotr Zaitchenko et Vladimir Kachpur. - À Moscou, un saxophoniste excentrique vit une amitié ambiguë avec un chauffeur de taxi entêté à qui il doit de l'argent. - Récit grouillant de vie. Approche teintée d'ironie corrosive. Réalisation un peu rugueuse mais efficace. Interprétation réussie.
STA→LS VF→LS 13 ans +

**TAXI BOY** ▷5
FR. 1986. Drame de mœurs d'Alain PAGE avec Richard Berry, Claude Brasseur et Charlotte Valandrey. - Pourchassé pour dettes de jeu, un inconnu qui est à la recherche de sa fille est accueilli par un chauffeur de taxi.
VO→LS Général

**TAXI DE NUIT** ▷0
FR. 1993, Serge LEROY
VO→PC Général

**TAXI DRIVER** ▶1
É.-U. 1976. Drame psychologique de Martin SCORSESE avec Robert De Niro, Cybill Shepherd et Jodie Foster. - Un jeune homme devient chauffeur de taxi et supporte mal le monde sordide qu'il doit côtoyer. - Vision hallucinante de la corruption dans les grandes villes. Style insolite d'une vigueur peu commune. Excellente interprétation de R. De Niro.
VF→16,95$ LBX→LS LBX-DVD→24,95$ 13 ans +

**TAXI MAUVE, UN** ▷3
FR. 1977. Drame psychologique d'Yves BOISSET avec Philippe Noiret, Peter Ustinov et Charlotte Rampling. - Un Français qui s'est installé en Irlande est mêlé au destin de curieux personnages. - Transcription fidèle d'un roman de Michel Déon. Mise en scène élégante et souple.
VO→LS Général

**TAXI POUR TOBROUK, UN** ▷5
FR. 1960. Drame de guerre de Denys DE LA PATELLIÈRE avec Lino Ventura, Charles Aznavour et Hardy Kruger. - Quatre soldats français regagnent leurs lignes avec un prisonnier allemand.
VO→LS Général

**TAXI ZUM KLO** ▷5
ALL. 1980. Étude de mœurs réalisée et interprétée par Frank RIPPLOH avec Bernd Broaderup et Gitte Lederer. - Un instituteur homosexuel court l'aventure la nuit dans les boîtes spécialisées de la ville.
STA→LS VF→LS 18 ans +

**TAXING WOMAN RETURN, A** ▷5
JAP. 1988. Comédie satirique de Juzo ITAMI avec Nobuko Miyamoto, Rentaro Mikuni et Toru Masuoka. - Une inspectrice des impôts s'attaque à un doyen d'un faux culte religieux en rupture avec la loi.
STA→LS Général

**TAXING WOMAN, A** ▷5
JAP. 1987. Comédie satirique de Juzo ITAMI avec Nobuko Miyamoto, Tsutomu Yamazaki et Masahiko Tsugawa. - Une inspectrice des impôts s'attaque à un homme d'affaires retors qui a des intérêts dans une chaîne d'hôtels.
STA→LS STA-LBX-DVD→31,95$ Général

**TCHAIKOVSKI** ▷5
RUS. 1970. Drame biographique d'Igor TALANKIN avec Innokenti Smoktounovski, Antonia Chouranova et Evgueni Leonov. - La vie du compositeur Piotr Illitch Tchaïkovski.
STA→82,95$ Général

**TCHAO PANTIN** ▷5
FR. 1983. Drame policier de Claude BERRI avec Michel Coluche, Richard Anconina et Agnès Soral. - Avec l'aide d'une fille délurée, un pompiste de nuit entreprend de venger la mort d'un jeune ami abattu par des truands.
VO→LS 13 ans +

**TCHIN-TCHIN**
Voir: A FINE ROMANCE

**TE CASSE PAS LA TÊTE, JERRY**
Voir: DON'T RAISE THE BRIDGE LOWER THE RIVER

**TE MARRE PAS, C'EST POUR RIRE** ▷0
FR. 1982, Jacques BESNARD
VO→LS Général

**TEA AND SYMPATHY** ▷5
É.-U. 1955. Drame psychologique de Vincente MINNELLI avec Deborah Kerr, John Kerr et Leif Erickson. - La femme d'un professeur d'université s'intéresse à un élève méprisé de ses camarades.
VO→19,95$ Général

**TEA FOR TWO** ▷5
É.-U. 1950. Comédie musicale de David BUTLER avec Doris Day, Gordon MacRae et Gene Nelson. - Après s'être engagée à financer une revue, une jeune femme apprend qu'elle est ruinée.
VO→19,95$ Non classé

**TEA WITH MUSSOLINI** ▷5
ITA 1999. Chronique de Franco ZEFFIRELLI avec Cher, Judi Dench et Joan Plowright. - Éevé par la secrétaire anglaise de son père, un jeune garçon grandit dans l'Italie de l'ère fasciste.
VF→14,95$ VO→14,95$ Général

**TEACHER'S PET** ▷4
É.-U. 1957. Comédie de George SEATON avec Doris Day, Clark Gable et Gig Young. - Un reporter aguerri participe incognito à des cours de journalisme et s'éprend de son professeur.
VO→17,95$ Non classé

**TEACHERS** ▷4
É.-U. 1984. Comédie satirique d'Arthur HILLER avec Nick Nolte, JoBeth Williams et Ralph Macchio. - Un professeur de sciences sociales est amené à lutter contre le climat de pagaille et d'incurie qui règne dans son école.
VO→LS 13 ans +

**TEACHING MRS. TINGLE** ▷5
É.-U. 1999. Comédie de Kevin WILLIAMSON avec Katie Holmes, Helen Mirren et Marisa Coughlan. - Pour avoir refusé à une étudiante la note qui lui permettrait d'obtenir une bourse, une enseignante est séquestrée par l'adolescente et deux de ses amis.
VF→LS VO→PC Général - Déconseillé aux jeunes enfants

**TEAHOUSE OF THE AUGUST MOON, THE** ▷4
É.-U. 1956. Comédie satirique de Daniel MANN avec Marlon Brando, Glenn Ford et Eddie Albert. - Un officier américain de l'armée d'occupation est chargé de démocratiser les habitants d'une île japonaise.
VO→19,95$ Général

**TECTONIC PLATES** ▷4
QUE. 1991. Film d'essai de Peter METTLER avec Michael Benson, Normand Bissonnette et Céline Bonnier. - Un homme part pour New York retrouver un ancien amant après avoir discuté avec une enseignante qui l'a également aimé.
STF→24,95$ Général

**TEENAGE CATGIRLS IN HEAT** ▷0
É.-U. 1997, Scott PERRY
VO→18,95$ 13 ans + Érotisme

**TEENAGE CAVEMAN** ▷0
É.-U. 1958, Roger CORMAN
VO→LS Général

**TEENAGE CRIME WAVE** ▷0
É.-U. 1955, Fred F. SEARS
VO→LS Général

**TEENAGE FRANKENSTEIN** ▷6
É.-U. 1957. Drame d'horreur d'Herbert L. STROCK avec Whit Bissell, Phyllis Coates et Robert Burton. - Un savant présomptueux entreprend de fabriquer un homme à partir de débris humains prélevés sur différents corps.
VO→LS Non classé

**TEENAGE MUTANT NINJA TURTLES** ▷5
É.-U. 1990. Comédie fantaisiste de Steve BARRON avec Judith Hoag, Elias Koteas et M. Turney. - Avec l'aide de quatre tortues initiées aux arts martiaux, une journaliste débusque une bande de voleurs.
VF→LS VO→LS Général

**TEENAGE MUTANT NINJA TURTLES II: THE SECRET OF THE OOZE** ▷5
É.-U. 1991. Comédie fantaisiste de Michael PRESSMAN avec Paige Turco, David Warner et Ernie Reyes Jr. - Quatre tortues géantes douées pour les arts martiaux affrontent un criminel qui se sert d'un liquide radioactif pour créer des monstres.
VO→LS Général

**TEENAGE MUTANT NINJA TURTLES III** ▷5
É.-U. 1993. Comédie fantaisiste de Stuart GILLARD avec Elias Koteas, Paige Turco et Stuart Wilson. - Quatre tortues géantes spécialistes des arts martiaux aident leur amie qui a été projetée dans le Japon du XVIIe siècle.
VF→LS VO→LS **Général**

**TEENAGERS FROM OUTER SPACE** ▷7
É.-U. 1959. Science-fiction de Tom GREAF avec David Love, Dawn Anderson et Bryan Grant. - L'invasion avortée d'un groupe de jeunes extra-terrestres qui terrorisent les Terriens au moyen d'une arme meurtrière et d'une bête monstrueuse.
VO→13,95$ **Général**

**TEHERAN 43** ▷5
RUS./FR. 1981. Drame d'espionnage de Alexander ALOV et Vladimir NAUMOV avec Natacha Belokhvostikova, Igor Kostolevsky et Alain Delon. - La vente à Paris de documents sur un attentat à Téhéran pendant la guerre ravive la lutte entre agents secrets et terroristes jadis mêlés à l'affaire.
VO→LS **Non classé**

**TELEFON** ▷4
É.-U. 1977. Drame d'espionnage de Don SIEGEL avec Charles Bronson, Lee Remick et Donald Pleasence. - Un fonctionnaire russe tente d'appliquer aux États-Unis une opération de sabotage mise au point sous le régime stalinien.
VO→19,95$ **Général**

**TÉLÉPHONE ROUGE, LE**
Voir: A GATHERING OF EAGLES

**TÉLÉPHONE SONNE TOUJOURS DEUX FOIS, LE** ▷5
FR. 1985. Comédie policière de Jean-Pierre VERGNE avec Didier Bourdon, Seymour Brussel et Bernard Campan. - Un jeune détective privé entreprend de démasquer un sadique qui tue des vieilles dames après leur avoir téléphoné.
VO→LS **Général**

**TELL ME A RIDDLE** ▷0
É.-U. 1980, Lee GRANT
VF→PC VO→14,95$ **Général**

**TELL THEM WILLIE BOY IS HERE** ▷3
É.-U. 1969. Western d'Abraham POLONSKY avec Robert Redford, Robert Blake et Katharine Ross. - Au début du siècle, un Indien est l'objet d'une poursuite après avoir tué le père de celle qu'il aime. - Récit intelligemment mené. Intentions symboliques. Mise en scène vigoureuse. Interprétation sobre.
VO→14,95$ **Général**

**TELLING LIES IN AMERICA** ▷0
É.-U. 1997, Guy FERLAND
VF→PC VO→PC **Général - Déconseillé aux jeunes enfants**

**TÉMOIN MUET**
Voir: MUTE WITNESS

**TÉMOIN SILENCIEUX**
Voir: SILENT FALL

**TÉMOIN SOUS SURVEILLANCE**
Voir: WITNESS

**TEMP, THE** ▷5
É.-U. 1993. Drame psychologique de Tom HOLLAND avec Timothy Hutton, Lara Flynn Boyle et Dwight Schultz. - Un cadre dans une compagnie de biscuits soupçonne de meurtre une employée arriviste.
VO→18,95$ **13 ans +**

**TEMPEST** ▷4
É.-U. 1982. Comédie satirique de Paul MAZURSKY avec John Cassavetes, Susan Sarandon et Raul Julia. - Installé dans une île grecque, un architecte new-yorkais réserve à son ex-femme une curieuse réception.
VF→9,95$ VO→9,95$ **Général**

**TEMPEST, THE** ▷6
ANG. 1979. Drame poétique de Derek JARMAN avec Heathcote Williams, Karl Johnson et Toyah Willcox. - Vivant dans une île avec sa fille et un serviteur, un ancien duc use de sorcellerie afin de se venger de son frère et ennemi, le roi de Naples.
VO→34,95$ LBX-DVD→44,95$ **13 ans +**

**TEMPS D'UNE CHASSE, LE** ▷4
QUÉ. 1972. Étude de mœurs de Francis MANKIEWICZ avec Guy L'Écuyer, Pierre Dufresne et Marcel Sabourin. - Trois amis consacrent une fin de semaine d'automne à une partie de chasse.
VO→19,95$ **Général**

**TEMPS DE L'INNOCENCE, LE**
Voir: THE AGE OF INNOCENCE

**TEMPS DES AMANTS, LE** ▷5
ITA. 1969. Drame sentimental de Vittorio DE SICA avec Marcello Mastroianni, Faye Dunaway et Caroline Mortimer. - Une riche Américaine, atteinte d'une maladie incurable, a une liaison avec un ingénieur italien.
VF→LS **13 ans +**

**TEMPS DES BARBARES, LE** ▷0
QUÉ. 1999, Jean-Daniel LAFOND
VO→28,95$

**TEMPS DES BÛCHERS, LE**
Voir: THE BURNING TIMES

**TEMPS DES GITANS, LE** ►2
YOU. 1988. Drame de mœurs d'Emir KUSTURICA avec Davor Dujmovic, Bora Todorovic et Ljubica Adzovic. - Deux jeunes gitans sont confiés à un affairiste qui dirige un réseau d'enfants entraînés à voler et à se prostituer. - Réalisme sombre allégé par des touches de fantastique. Critique sociale pertinente agrémentée de détails pittoresques. Mise en scène foisonnante. Interprétation savoureuse.
VF→19,95$ STA→19,95$ **13 ans +**

**TEMPS DES LOUPS, LE** ▷4
FR. 1969. Drame policier de Sergio GOBBI avec Robert Hossein, Charles Aznavour et Virna Lisi. - Un commissaire de police cherche à arrêter les exploits d'un gangster qui se trouve être un camarade d'enfance.
VO→LS **13 ans +**

**TEMPS DU ROCK'N'ROLL, LE**
Voir: THE IDOLMAKER

**TEMPS DU SILENCE, LE** ▷4
ESP. 1986. Drame de mœurs de Vincente ARANDA avec Imanol Arias, Victoria Abril et Francisco Rabal. - À la fin des années 1940, un jeune médecin qui fait des recherches sur le cancer se fait prendre dans une histoire d'avortement.
VF→LS **13 ans +**

**TEMPS FOU, LE**
Voir: BOX OF MOONLIGHT

**TEMPS POUR L'AMOUR, UN**
Voir: IN LOVE AND WAR

**TEMPS POUR L'IVRESSE DES CHEVAUX, UN** ▷3
IRAN. 2000. Drame de mœurs de Bahman GHOBADI avec Ayoub Ahmadi, Madi Ekhtiar-Dini et Nezhad Ekhtiar-Dini. - Dans le Kurdistan iranien, quatre orphelins se débattent pour financer l'opération de leur frère atteint d'une forme grave de nanisme. - Récit profondément humaniste inspiré de faits réels. Réalisation simple et directe proche du documentaire. Jeu sincère de non-professionnels.
STF→PC **Général**

**TEMPS RETROUVÉ, LE** ▷6
CAN. 1991. Comédie de mœurs de Paul ALMOND avec Matthew Almond, James Keach et Cary Lawrence. - Venu de Los Angeles pour toucher un héritage, un jeune homme se rend à Gaspé avec son père qu'il n'a pas vu depuis des années.
VO→18,95$ **Général**

**TEMPS RETROUVÉ, LE** ▷3
FR. 1999. Comédie dramatique de Raul RUIZ avec Marcello Mazzarella, Emmanuelle Béart et Pascal Greggory. - En 1922, un romancier à l'article de la mort revit en esprit l'univers de ses récits. - Adaptation audacieuse et intelligente de l'œuvre de Marcel Proust. Mise en scène imaginative. Illustration luxueuse. Interprétation de haut calibre.
VO→LS **Général**

**TEMPTATION OF A MONK** ▷4
H.-K. 1993. Drame de Clara LAW avec Wu Hsin-Kuo, Joan Cheng et Zhang Fengyi. - Après avoir été entraîné dans un complot, un général chinois se réfugie dans un monastère, où il se fait passer pour un moine afin d'échapper à ses ennemis.
VF STA-LBX-DVD→LS **13 ans + Violence**

**TEMPTRESS MOON** ▷4
H.-K. 1996. Drame de mœurs de Kaige CHEUNG avec Leslie Cheung, Gong Li et Kevin Lin. - Un gigolo a pour mission de séduire la riche héritière de la demeure où il a vécu étant enfant.
STA→19,95$ **Général**

**TEN COMMANDMENTS, THE** ▷3
É.-U. 1956. Drame biblique de Cecil B. DeMILLE avec Charlton Heston, Anne Baxter et Yvonne De Carlo. - Moïse, révolté par la condition servile de ses frères israélites, entreprend de les faire sortir d'Égypte. - Œuvre spectaculaire. Reconstitution historique minutieuse. Très bonne interprétation.
VO→18,95$ **Général**

**TEN COMMANDMENTS, THE** ▷0
É.-U. 1923, Cecil B. DeMILLE
VO→23,95$ LBX→38,95$ VF→24,95$ **Général**

**TEN DAYS WONDER**
Voir: LA DÉCADE PRODIGIEUSE

**TEN LITTLE INDIANS** ▷4
É.-U. 1965. Drame policier de George POLLOCK avec Hugh O'Brian, Shirley Eaton et Wilfrid Hyde-White. - Dix personnes réunies dans un lieu inaccessible sont tuées l'une après l'autre par un mystérieux assassin.
VO→14,95$ **Général**

**TEN LITTLE INDIANS** ▷5
ANG. 1975. Drame policier de Peter COLLINSON avec Oliver Reed, Elke Sommer et Richard Attenborough. - Dix personnes réunies dans un lieu inaccessible sont tuées l'une après l'autre par un mystérieux assassin.
VF→LS **Général**

**TEN WANTED MEN** ▷0
É.-U. 1954, Bruce HUMBERSTONE
VO→13,95$ **Général**

**TENANT OF WILDFELL HALL, THE** ▷3
ANG. 1996. Drame de mœurs de Mike BARKER avec Tara Fitzgerald, Rupert Graves et Toby Stephens. - Contrairement aux règles de la société victorienne, une aristocrate fuit son mari alcoolique et s'installe dans un coin reculé avec son fils. - Téléfilm adapté consciencieusement du roman d'Anne Brontë. Modernité du contenu psychologique. Mise en scène soignée. Fort bonne interprétation.
VO→29,95$ **Général - Déconseillé aux jeunes enfants**

**TENANT, THE**
Voir: LE LOCATAIRE

**TENDER COMRADE** ▷5
É.-U. 1944. Drame sentimental d'Edward DMYTRYK avec Ginger Rogers, Robert Ryan et Ruth Hussey. - Cinq jeunes femmes dont les maris sont à la guerre partagent le même logement.
VO→LS **Non classé**

**TENDER MERCIES** ▷3
É.-U. 1982. Drame de mœurs de Bruce BERESFORD avec Robert Duvall, Tess Harper et Betty Buckley. - Un ancien chanteur de musique country s'attache à une veuve et à son jeune garçon. - Étude réaliste de gens simples. Climat mélancolique. Belles images. Interprétation juste.
VF→LS VO→14,95$ LBX-DVD→14,95$ **Général**

**TENDER TRAP, THE** ▷5
É.-U. 1955. Comédie de Charles WALTERS avec Frank Sinatra, Debbie Reynolds et David Wayne. - Une ingénue maligne entreprend la conquête d'un célibataire endurci.
VO→19,95$ **Général**

**TENDRE CLARA**
Voir: CLARA'S HEART

**TENDRE GUERRE** ▷6
QUÉ. 1993. Drame psychologique de Daniel MORIN avec Gérald Thomassin, Marcel Lebœuf et Francis Patenaude. - Après la mort de sa mère, un adolescent va vivre avec son père, un vétéran canadien de la guerre du Viêt-nam qui se terre dans un village depuis dix ans.
VO→LS **Général**

**TENDRES COUSINES** ▷6
FR. 1980. Comédie dramatique de David HAMILTON avec Thierry Tevini, Anja Shute et Macha Méril. - À l'été 1939, les expériences amoureuses d'un adolescent de quatorze ans en vacances à la ferme familiale.
VO→LS STA→27,95$ **18 ans +**

**TENDRES PASSIONS**
Voir: TERMS OF ENDEARMENT

**TENDRESSE**
Voir: I REMEMBER MAMA

**TENEBRAE**
Voir: LE PLAISIR DE LA PEUR

**TENNESSEE'S PARTNER** ▷0
É.-U. 1955, Allan DWAN
VF→LS **Non classé**

**TENSION**
Voir: HEAT

**TENSION, LA**
Voir: TRIBUTE

**TENTATION DE VÉNUS, LA**
Voir: MEETING VENUS

**TENTATIONS À L'ITALIENNE** ▷0
ITA. 1976, Luigi MAGNI, Luigi COMENCINI et Nanni LOY
VF→LS **Non classé**

**TENUE CORRECTE EXIGÉE** ▷4
FR. 1997. Comédie de Philippe LIORET avec Jacques Gamblin, Elsa Zylberstein et Zabou. - Un sans-abri tente de rejoindre sa riche épouse dans un hôtel chic pour qu'elle signe les papiers de leur divorce.
VO→19,95$ **Général**

**TENUE DE SOIRÉE** ▷4
FR. 1986. Comédie de Bertrand BLIER avec Gérard Depardieu, Michel Blanc et Miou-Miou. - Un couple de paumés tombe sous l'emprise d'un personnage douteux qui vit de cambriolages.
VO→LS **13 ans +**

**TEOREMA** ▶1
ITA. 1968. Drame poétique de Pier Paolo PASOLINI avec Terence Stamp, Silvana Mangano et Massimo Girotti. - De passage dans une famille bourgeoise de Milan, un jeune étranger en séduit chaque membre. - Allégorie mystérieuse aux scènes elliptiques. Mise en scène d'un art rigoureusement contrôlé. Interprétation stylisée.
STA→32,95$ **18 ans +**

**TEQUILA SUNRISE** ▷3
É.-U. 1988. Drame policier de Robert TOWNE avec Mel Gibson, Michelle Pfeiffer et Kurt Russell. - Un détective de la brigade des narcotiques surveille un vieil ami qui serait lié à un mystérieux criminel mexicain. - Scénario nourri de complexités et d'ambiguïtés intrigantes. Climat romantique dans la tradition du film noir. Illustration contrastée. Interprétation attrayante.
VO→11,95$ VF→11,95$ LBX-DVD→21,95$ **Général**

**TERESA'S TATTOO** ▷6
É.-U. 1994. Comédie policière de Julie CYPHER avec Adrienne Shelly, C. Thomas Howell et Nancy McKeon. - La femme qu'ils ont kidnappée étant décédée, des bandits maladroits s'arrangent pour lui trouver un sosie.
VO→19,95$ **Général**

**TERMINAL MAN, THE** ▷5
É.-U. 1974. Science-fiction de Mike HODGES avec George Segal, Joan Hackett et Richard A. Dysart. - Un homme subit une opération chirurgicale devant l'aider à maîtriser des crises de violence incontrôlables.
VO→LS **13 ans +**

**TERMINAL VELOCITY** ▷5
É.-U. 1994. Drame d'espionnage de Deran SERAFIAN avec Charlie Sheen, Nastassja Kinski et James Gandolfini. - Un instructeur de parachutisme se voit impliqué dans la mission d'une ancienne espionne du KGB qui tente de déjouer les plans de gangsters russes.
VF→LS VO→LS **13 ans +**

**TERMINATOR, THE** ▷4
É.-U. 1984. Science-fiction de James CAMERON avec Arnold Schwarzenegger, Linda Hamilton et Michael Biehn. - Un androïde cherche à tuer une jeune femme qui a pour protecteur un homme venu de l'avenir.
LBX→16,95$ VO→11,95$ LBX-DVD→LS **18 ans +**

**TERMINATOR 2: JUDGMENT DAY** ▷5
É.-U. 1991. Science-fiction de James CAMERON avec Arnold Schwarzenegger, Linda Hamilton et Robert Patrick. - Menacés par un robot meurtrier venu du futur, une mère et son garçon sont secourus par un cyborg d'apparence humaine.
VF→11,95$ VO→14,95$ LBX→16,95$ **13 ans +**

**TERMINATOR 2: JUDGMENT DAY (COFFRET)** ▷0
Voir: TERMINATOR 2: JUDGMENT
VF→11,95$ VO→14,95$ VO→14,95$ LBX→16,95$ **13 ans +**

**TERMINATOR 2: THE ULTIMATE DVD EDITION** ▷0
É.-U. James CAMERON

**TERMINATOR COLLECTION, THE** ▷4
LBX→28,95$ **Non classé**

**TERMINI STATION** ▷4
CAN. 1989. Drame psychologique d'Allan KING avec Megan Follows, Colleen Dewhurst et Gordon Clapp. - Une jeune prostituée essaie de convaincre sa mère alcoolique de la suivre à Montréal pour y refaire leur vie.
VO→PC **Général**

**TERMS OF ENDEARMENT** ▷4
É.-U. 1983. Drame psychologique de James L. BROOKS avec Debra Winger, Shirley MacLaine et Jack Nicholson. - Les relations d'une veuve avec sa fille au long d'une trentaine d'années.
VF→11,95$ VO→11,95$ **13 ans +**

**TERRE DAMNÉE**
Voir: COPPER CANYON

**TERRE DE LA GRANDE PROMESSE, LA** ►2
POL. 1975. Drame social d'Andrzej WAJDA avec Daniel Olbrychski, Wojciech Pszoniak et Andrzej Seweryn. - En Pologne vers la fin du XIXe siècle, trois amis s'associent pour exploiter une filature. - Fresque impressionnante. Rythme nerveux. Mise en scène précise. Interprétation animée.
STA→LS **Général**

**TERRE DES PHARAONS, LA**
Voir: LAND OF THE PHARAOHS

**TERRE ET LIBERTÉ**
Voir: LAND AND FREEDOM

**TERRE INTERDITE**
Voir: GROUND ZERO

**TERRE, LA** ►1
RUS. 1930. Drame social d'Alexander DOVZHENKO avec Semyon Svashenko, Stepan Shkurat et Mikola Nademsky. - Au début du régime soviétique, des paysans ukrainiens recoivent leur premier tracteur et sont confrontés à un riche propriétaire qui refuse de partager sa terre. - Classique du cinéma soviétique. Œuvre d'une grande ferveur. Réalisation empreinte de lyrisme et de poésie.
ITA→41,95$ **Général**

**TERREUR À DOMICILE**
Voir: OF UNKNOWN ORIGIN

**TERREUR AVEUGLE**
Voir: SEE NO EVIL

**TERREUR DANS LA VALLÉE**
Voir: GUN GLORY

**TERREUR DES BANSHEE**
Voir: CRY OF THE BANSHEE

**TERREUR EXTRÊME**
Voir: PRIMAL FEAR

**TERREUR SOUS LA MER**
Voir: DEEP BLUE SEA

**TERREUR SUBITE**
Voir: SUDDEN TERROR

**TERREUR SUR LA LIGNE**
Voir: WHEN A STRANGER CALLS

**TERREUR SUR LA LIGNE 2**
Voir: WHEN A STRANGER CALLS BACK

**TERROR 2000 - GERMANY OUT OF CONTROL** ▷0
ALL. 1992, Christoph SCHLINGENSIEF
STA→44,95$ **18 ans + Violence**

**TERROR BY NIGHT** ▷5
É.-U. 1946. Drame policier de Roy William NEILL avec Basil Rathbone, Nigel Bruce et Alan Mowbray. - Le détective Sherlock Holmes tente de déjouer un voleur de bijoux.
VO→LS **Général**

**TERROR IN TEXAS A TOWN** ▷5
É.-U. 1958. Western de Joseph H. LEWIS avec Sterling Hayden, Carol Kelly et Sebastian Cabot. - Un jeune homme ramène l'ordre dans une région terrorisée par un aventurier sans conscience.
VO→14,95$

**TERROR OF MECHAGODZILLA** ▷5
JAP. 1975. Science-fiction d'Inoshiro HONDA avec Katsuhiko Sasaki, Tomoko Ai et Akihika Hirata. - Godzilla protège le Japon contre l'attaque de monstres gigantesques.
VA→16,95$ **Général**

**TERROR OF TINY TOWN, THE** ▷6
É.-U. 1938. Western de Sam NEWFIELD avec Billy Curtis, Yvonne Moray et Charles Becker. - Par intérêt, un criminel entretient une rivalité entre deux familles de pionniers.
VO→LS **Général**

**TERROR, THE** ▷5
É.-U. 1963. Drame d'horreur de Roger CORMAN avec Boris Karloff, Jack Nicholson et Sandra Knight. - Un homme part à la recherche d'une mystérieuse jeune fille.
VO→LS DVD→21,95$ **Général**

**TERRORIST, THE** ▷0
IND.-AUS.-SUÈ. 1998, Santosh SIVAN
STA→LS

**TESS** ▷3
ANG. 1979. Drame de Roman POLANSKI avec Nastassia Kinski, Peter Firth et Leigh Lawson. - La fille d'un ivrogne descendant d'une noble famille connaît diverses mésaventures sentimentales. - Illustration somptueuse d'un roman anglais du XIXe siècle de Thomas Hardy. Mise en scène d'un ton retenu. Images d'une beauté constante. Interprètes dirigés de façon stylisée.
VF→LS VO→LS **Général**

**TESS OF THE STORM COUNTRY** ▷0
É.-U. 1992, John S. ROBERTSON
ITA→56,95$ **Général**

**TEST PILOT** ▷4
É.-U. 1938. Drame sentimental de Victor FLEMING avec Clark Gable, Myrna Loy et Spencer Tracy. - Les épreuves sentimentales et professionnelles d'un pilote d'essai.
VO→19,95$ **Non classé**

**TESTAMENT** ▷4
É.-U. 1983. Drame social de Lynne LITTMAN avec Jane Alexander, William Devane et Ross Harris. - Les effets d'une guerre atomique sur une famille d'une petite ville de Californie.
VO→17,95$ **Général**

**TESTAMENT D'ORPHÉE** ▷3
FR. 1959. Drame poétique réalisé et interprété par Jean COCTEAU avec Édouard Dermit et Maria Casarès. - Un poète évoque les mythes à travers lesquels il s'est dépeint.
STA→27,95$

**TESTAMENT D'UN POÈTE JUIF ASSASSINÉ, LE** ▷4
FR. 1987. Drame social de Frank CASSENTI avec Michel Jonasz, Erland Josephson et Wojtech Pszoniak. - Un jeune garçon apprend l'histoire de son père, un Juif communiste qui avait été accusé injustement de trahison par la police de Staline.
VO→LS **Général**

**TESTAMENT DU DR. MABUSE, LE** ▷3
ALL. 1932. Drame policier de Fritz LANG avec Otto Ernicke, Oskar Beregi et Gustav Diessl. - Un commissaire enquête sur un docteur enfermé dans une clinique psychiatrique qui serait à l'origine d'une vague de crimes. - Éléments politiques prémonitoires. Atmosphère inquiétante. Intrigue un peu chargée. Savoir-faire technique. Interprétation convaincue.
STA→22,95$ LBX-DVD **Général**

**TESTAMENT OF DR. MABUSE, THE**
Voir: LE TESTAMENT DU DR. MABUSE

**TÊTE À CLAQUES**
Voir: BRAIN DONORS

**TÊTE DANS LES NUAGES, LA**
Voir: DAZED AND CONFUSED

**TETES VIDES CHERCHENT COFFRE PLEIN**
Voir: THE BRINK'S JOB

**TETSUO II: THE BODY HAMMER** ▷0
JAP. 1992, Shinya TSUKAMOTO
STA→39,95$ **16 ans + Horreur**

**TEVYE THE DAIRYMAN** ▷0
É.-U. 1919, Maurice SCHWARTZ
ITA→103,95$ **Général**

**TEX** ▷4
É.-U. 1982. Drame psychologique de Tim HUNTER avec Matt Dillon, Jim Metzler et Emilio Estevez. - Les tribulations d'un adolescent qui vit sur une ferme de l'Oklahoma avec son frère pendant que leur père court les rodéos.
LBX→14,95$ LBX-DVD→27,95$ **Général**

**TEXANS, THE** ▷5
É.-U. 1938. Western de James HOGAN avec Joan Bennett, Randolph Scott et May Robson. - Un groupe de Sudistes émigrent avec leurs troupeaux vers le Mexique à la fin de la guerre de Sécession.
VO→14,95$ **Général**

**TEXAS** ▷4
É.-U. 1941. Western de George MARSHALL avec Glenn Ford, William Holden et Claire Trevor. - Deux amis d'enfance se retrouvent au Texas dans des camps opposés.
VO→9,95$ **Général**

**TEXAS ACROSS THE RIVER** ▷4
É.-U. 1966. Western de Michael GORDON avec Dean Martin, Alain Delon et Rosemary Forsyth. - Un aristocrate espagnol et un aventurier texan connaissent ensemble diverses aventures.
VO→14,95$ **Général**

**TEXAS CHAINSAW MASSACRE, THE** ▷4
É.-U. 1974. Drame d'horreur de Tobe HOOPER avec Marilyn Burns, Allen Danziger et Paul A. Partain. - Passant la nuit dans une maison abandonnée, cinq jeunes gens deviennent les victimes d'une famille de maniaques meurtriers.
VO→18,95$ **18 ans +**

**TEXAS CHAINSAW MASSACRE 2, THE** ▷5
É.-U. 1986. Drame d'horreur de Tobe HOOPER avec Caroline Williams, Dennis Hopper et Bill Moseley. - Une animatrice de tribune téléphonique est enlevée par deux maniaques se livrant à d'étranges pratiques.
VO→11,95$ LBX→LS **18 ans +**

**TEXAS CHAINSAW MASSACRE: THE NEXT GENERATION** ▷5
É.-U. 1995. Drame d'horreur de Kim HENKEL avec Renée Zellweger, Matthew McConaughey et Robert Jacks. - À la suite d'une panne de voiture, une étudiante tombe sur une famille de dégénérés qui prennent plaisir à la terroriser.
VF→LS VO→LS **16 ans + Horreur**

**TEXAS OU LA VIE, LE**
Voir: HARD COUNTRY

**TEXAS RANGERS RIDES AGAIN** ▷0
É.-U. 1940, James HOGAN
VO→14,95$ **Général**

**TEXAS RANGERS, THE** ▷0
É.-U. 1951, Phil KARLSON
VO→11,95$ **Non classé**

**TEXASVILLE** ▷5
É.-U. 1990. Étude de mœurs de Peter BOGDANOVICH avec Jeff Bridges, Cybill Sheperd et Annie Potts. - Un père de famille retrouve une ancienne camarade de classe qu'il a aimée.
VO→PC **Général**

**THANK GOD IT'S FRIDAY** ▷5
É.-U. 1978. Comédie de Robert KLANE avec Ray Vitte, Jeff Goldblum et Donna Summer. - Les mésaventures de divers clients d'une discothèque où se tient un concours de danse.
VO→19,95$ VF→19,95$ **Général**

**THANK YOU SATAN** ▷6
FR. 1988. Comédie fantaisiste de André FARWAGI avec Carole Laure, Patrick Chesnais et Marie Fugain. - Apprenant que son père a une jeune maîtresse, une adolescente va jusqu'à signer un pacte avec le diable afin d'éviter le divorce de ses parents.
VO→LS **Général**

**THANKS FOR THE MEMORY** ▷0
É.-U. 1938, George ARCHAINBAUD
VO→14,95$ **Général**

**THAT COLD DAY IN THE PARK** ▷4
CAN. 1969. Drame psychologique de Robert ALTMAN avec Sandy Dennis, Michael Burns et Luana Anders. - Une célibataire frustrée donne refuge à un jeune inconnu qui garde avec elle un mutisme complet.
VO→LS **Non classé**

**THAT DARN CAT!** ▷4
É.-U. 1965. Comédie policière de Robert STEVENSON avec Hayley Mills, Dean Jones et Dorothy Provine. - Deux gangsters ayant dévalisé une banque et kidnappé la caissière sont découverts grâce à un chat siamois.
VF→19,95$ VO→LS Général

**THAT DARN CAT!** ▷5
É.-U. 1996. Comédie fantaisiste de Bob SPRIERS avec Christina Ricci, Doug E. Doug et Dean Jones. - Grâce au chat d'une adolescente, des enquêteurs parviennent à découvrir l'emplacement du repaire de deux kidnappeurs.
VF→16,95$ VO→21,95$ Général

**THAT EYE, THE SKY** ▷0
AUS. 1994, John RUANE
VO→LS Général

**THAT FORSYTE WOMAN** ▷4
É.-U. 1949. Drame de Compton BENNETT avec Errol Flynn, Greer Garson et Walter Pidgeon. - Une jeune femme mal mariée s'éprend du mari de sa cousine.
VO→18,95$ Général

**THAT HAMILTON WOMAN** ▷4
É.-U. 1941. Drame historique d'Alexander KORDA avec Vivien Leigh, Laurence Olivier et Alan Mowbray. - La vie scandaleuse d'une pauvresse devenue la femme d'un lord et la maîtresse de l'amiral Nelson.
VO→LS Non classé

**THAT MAN BOLT** ▷0
É.-U. 1973, Henry LEVIN et David Lowell RICH
VO→12,95$

**THAT MIDNIGHT KISS** ▷5
É.-U. 1949. Comédie de Norman TAUROG avec Mario Lanza, Kathryn Grayson et Ethel Barrymore. - Une vieille dame riche favorise la carrière de chanteuse de sa petite-fille.
VO→19,95$ Général

**THAT NIGHT** ▷5
É.-U. 1992. Comédie dramatique de Craig BOLOTIN avec Eliza Dushku, Juliette Lewis et C. Thomas Howell. - Durant l'été 1961, une gamine timide vénère une adolescente délurée amoureuse d'un jeune loubard.
VO→LS Général

**THAT OLD FEELING** ▷5
É.-U. 1997. Comédie sentimentale de Carl REINER avec Paula Marshall, Bette Midler et Dennis Farina. - Invités à la noce de leur fille, deux ex-époux belliqueux retombent follement amoureux et décident de prendre la fuite.
VF→PC VO→15,95$ Général

**THAT SINKING FEELING** ▷0
ANG. 1979, Bill FORSYTH
VO→LS Général

**THAT THING YOU DO!** ▷4
É.-U. 1996. Comédie dramatique réalisée et interprétée par Tom HANKS avec Tom Everett Scott et Liv Tyler. - En 1964, l'ascension fulgurante mais courte d'un groupe de rock'n'roll.
VO→PC VF→11,95$ Général

**THAT TOUCH OF MINK** ▷5
É.-U. 1962. Comédie sentimentale de Delbert MANN avec Doris Day, Cary Grant et Gig Young. - Les aventures sentimentales d'un homme d'affaires avec une jeune fille naïve et réservée.
LBX→14,95$ Général

**THAT UNCERTAIN FEELING** ▷4
É.-U. 1941. Comédie d'Ernst LUBITSCH avec Merle Oberon, Melvyn Douglas et Burgess Meredith. - Un pianiste excentrique vient déranger les habitudes d'un ménage bourgeois de New York.
STF→LS Général

**THAT WAS THEN, THIS IS NOW** ▷5
É.-U. 1985. Drame psychologique de Christopher CAIN avec Craig Sheffer, Emilio Estevez et Kim Delaney. - La solide amitié de deux adolescents qui ont été élevés ensemble s'effrite lorsque l'un d'eux s'éprend d'une camarade d'école.
VO→11,95$ Général

**THAT'LL BE THE DAY** ▷4
ANG. 1973. Drame psychologique de Claude WHATHAM avec David Essex, Ringo Starr et R. Leach. - Les tribulations d'un adolescent qui abandonne ses études et finit par se joindre à un groupe musical.
VO→14,95$ Général

**THAT'S BLACK ENTERTAINMENT!** ▷0
É.-U. 1989, William GREAVES
VO→LS Non classé

**THAT'S DANCING!** ▷4
É.-U. 1985. Film de montage de Jack HALEY Jr. - Sélection de numéros de danse présentés dans divers films depuis les débuts du cinéma sonore.
VO→LS Général

**THAT'S ENTERTAINMENT!** ▷3
É.-U. 1974. Film de montage de Jack HALEY Jr. avec Fred Astaire, Gene Kelly et Judy Garland. - Anthologie d'extraits de comédies musicales tournées dans les studios de la MGM. - Spectacle impressionnant. Montage intelligemment fait. Évocation nostalgique réussie. Passages particulièrement brillants.
VO→14,95$ Général

**THAT'S ENTERTAINMENT! PART 2** ▷4
É.-U. 1976. Film de montage de Gene KELLY. - Extraits de films musicaux ou comiques produits par la MGM.
VO→14,95$ Général

**THAT'S ENTERTAINMENT! PART 3** ▷3
É.-U. 1994. Film de montage de Bud FRIEDGEN et Michael J. SHERIDAN. - Anthologie d'extraits de comédies musicales tournées dans les studios de la MGM. - Troisième volet d'un panorama nostalgique des réalisations du passé. Sélection remarquablement cohérente et homogène. Plusieurs documents inédits. Trucages numériques et restauration impressionnants.
VO→14,95$ Général

**THAT'S LIFE!** ▷4
É.-U. 1986. Comédie dramatique de Blake EDWARDS avec Jack Lemmon, Julie Andrews et Robert Loggia. - Les tribulations d'une famille qui s'apprête à fêter les 60 ans du père.
VF→LS VO→LS Général

**THAT'S MY WIFE** ▷0
É.-U. 1929, Lloyd FRENCH
VO→15,95$

**THAT'S THE WAY I LIKE IT** ▷0
CHI. 1998, Glen GOEI
VO→LS LBX-DVD→29,95$ Général

**THÉ AU HAREM D'ARCHIMÈDE, LE** ▷3
FR. 1985. Étude de mœurs de Mehdi CHAREF avec Kader Boukhanef, Rémi Martin et Laure Duthilleul. - L'amitié de deux adolescents, dont l'un est d'origine nord-africaine, dans un quartier pauvre de Paris. - Situations critiques décrites avec un réalisme teinté de compassion. Interprétation d'une spontanéité appréciable.
VO→LS 13 ans +

**THÉ AU SAHARA, UN**
Voir: THE SHELTERING SKY

**THEATRE DE SANG**
Voir: THEATRE OF BLOOD

**THEATRE OF BLOOD** ▷4
ANG. 1973. Drame d'horreur de Douglas HICKOX avec Vincent Price, Diana Rigg et Ian Hendry. - Après un suicide apparent, un acteur entreprend de tuer les critiques qui lui ont été défavorables.
VO→14,95$ 18 ans +

**THEATRE OF DEATH** ▷5
ANG. 1966. Drame d'horreur de Samuel GALLU avec Christopher Lee, Lelia Goldoni et Julian Glover. - Des meurtres se produisent dans un théâtre parisien spécialisé dans les pièces macabres.
VO→LS Général

**THELMA & LOUISE** ▷3
É.-U. 1991. Drame policier de Ridley SCOTT avec Susan Sarandon, Geena Davis et Harvey Keitel. - Après avoir abattu un violeur dans un stationnement, une serveuse et une femme au foyer deviennent des fugitives qui s'enfoncent de plus en plus dans le crime. - «Road Movie» à saveur féminine ponctué de scènes d'action palpitantes. Sens de l'image étonnant. Interprétation à la fois humaine et pittoresque.
VO→14,95$ VF→14,95$ LBX-DVD→18,95$ 18 ans +

**THELONIOUS MONK: STRAIGHT NO CHASER** ▷3
É.-U. 1988. Documentaire de Charlotte ZWERIN avec Charlie Rouse, Harry Colomby et Thelonious Monk Jr. - Évocation de la carrière de l'excentrique pianiste de jazz Thelonious Monk entrecoupée de documents filmés et d'interviews. - Film tiré en partie d'un documentaire tourné à la fin des années 1960. Montage adroit. Propos pertinents. Passages musicaux de qualité.
VO→LS Non classé

**THEM!** ▷4
É.-U. 1954. Science-fiction de Gordon DOUGLAS avec Edmund Gwenn, James Whitmore et Joan Weldon. - Des radiations provoquées par une explosion atomique ont transformé des fourmis en bêtes monstrueuses.
VO→14,95$ Général

**THÈME, LE** ▷3
RUS. 1979. Drame psychologique de Gleb PANFILOV avec Mikhail Oulianov, Inna Tchourikova et Evgueni Vesnik. - Un dramaturge reconnu s'intéresse à une jeune femme qui lui fait connaître un poète oublié. - Sujet peu banal. Thèmes développés avec nuances dans un climat feutré. Touches d'humour critique. Belles images. Interprétation à la hauteur.
STA→PC Général

**THEODORA GOES WILD** ▷4
É.-U. 1936. Comédie de Richard BOLESLAWSKI avec Irene Dunne, Melvyn Douglas et Thomas Mitchell. - Sous un pseudonyme, une jeune fille écrit un roman qui révolutionne sa ville.
VO→19,95$ Général

**THÉORIE DES DOMINOS, LA**
Voir: THE DOMINO PRINCIPLE

**THEORY OF FLIGHT, THE** ▷5
ANG. 1998. Comédie dramatique de Paul GREENGRASS avec Kenneth Branagh, Helena Bonham Carter et Gemma Jones. - Un excentrique passionné de machines volantes aide une handicapée dans son projet de ne pas mourir vierge.
VF→19,95$ VO→19,95$ 13 ans +

**THÉRAPIE DE DÉTRAQUÉS**
Voir: BEYOND THERAPY

**THERE WAS A CROOKED MAN** ▷3
É.-U. 1970. Western de Joseph Leo MANKIEWICZ avec Kirk Douglas, Henry Fonda et Hume Cronyn. - Un prisonnier profite de la libéralité d'un nouveau directeur du bagne pour s'établir un plan d'évasion. - Action menée avec maîtrise et entrain. Conflits exposés de façon originale et vivante. Personnages tracés avec un humour vigoureux. Interprétation solide.
VO→19,95$ 13 ans +

**THERE'S A GIRL IN MY SOUP** ▷5
ANG. 1970. Comédie de Roy BOULTING avec Peter Sellers, Goldie Hawn et Tony Britton. - Un gastronome don Juan se laisse prendre au charme d'une jeune hippie.
VO→12,95$ 13 ans +

**THERE'S NO BUSINESS LIKE SHOW BUSINESS** ▷5
É.-U. 1954. Comédie musicale de Walter LANG avec Ethel Merman, Donald O'Connor et Marilyn Monroe. - Deux époux, vedettes de music-hall, élèvent trois enfants dont certains suivent leurs traces.
VO→11,95$ Général

**THERE'S SOMETHING ABOUT MARY** ▷4
É.-U. 1998. Comédie sentimentale de Peter et Bobby FARRELLY avec Ben Stiller, Cameron Diaz et Matt Dillon. - Chargé de retrouver l'amour de jeunesse d'un client, un privé minable en tombe amoureux et entreprend de la séduire.
VO→LS VF→16,95$ 13 ans +

**THEREMIN: AN ELECTRONIC ODYSSEY** ▷4
É.-U. 1993. Documentaire de Steven M. MARTIN. - La vie et la carrière de l'inventeur russe Leon Theremin qui a mis au point dans les années 1920 le premier instrument de musique électronique.
VO→LS Général

**THÉRÈSE** ▶2
FR. 1986. Drame biographique d'Alain CAVALIER avec Catherine Mouchet, Aurore Prieto et Hélène Alexandridis. - La vie au Carmel de Lisieux de la jeune Thérèse Martin en route vers la sainteté. - Évocation admirable. Traitement d'un dépouillement exemplaire. Mise en scène remarquable. Jeu conquérant de C. Mouchet.
VO→LS Général

**THERESE AND ISABELLE** ▷0
ALL. 1968, Radley METZGER
LBX→49,95$ 13 ans +

**THESE THREE** ▷3
É.-U. 1935. Drame psychologique de William WYLER avec Merle Oberon, Miriam Hopkins et Joel McCrea. - Une adolescente calomnie les directrices de son école. - Adaptation d'une pièce de Lillian Hellman. Drame rigoureusement construit. Mise en scène intelligente. Excellente interprétation.
VO→LS Général

**THESIS** ▷0
ESP. 1996, Alejandro AMENABAR
STA→43,95$

**THEY ALL KISSED THE BRIDE** ▷0
É.-U. 1942, Alexander HALL
VO→18,95$ Général

**THEY ALL LAUGHED** ▷4
É.-U. 1981. Comédie de mœurs de Peter BOGDANOVICH avec Ben Gazzara, Audrey Hepburn et John Ritter. - Les chassés-croisés amoureux de deux détectives new-yorkais qui s'éprennent des femmes qu'ils sont censés surveiller.
VO→12,95$ Général

**THEY CALL ME MISTER TIBBS!** ▷5
É.-U. 1970. Drame policier de Gordon DOUGLAS avec Sidney Poitier, Martin Landau et Barbara McNair. - Un détective enquête sur l'assassinat d'une call-girl.
VO→14,95$ Général

**THEY CAME TO CORDURA** ▷3
É.-U. 1959. Drame de Robert ROSSEN avec Gary Cooper, Rita Hayworth et Van Heflin. - Une expédition permet à un officier qui se croit lâche de se conduire en héros. - Étude psychologique intéressante. Mise en scène vigoureuse. G. Cooper convaincant.
VO→14,95$ VF→14,95$ Général

**THEY DIED WITH THEIR BOOTS ON** ▷4
É.-U. 1942. Western de Raoul WALSH avec Errol Flynn, Olivia de Havilland et Arthur Kennedy. - La carrière du général Custer, vaincu par les Sioux à la bataille de Little Big Horn.
VO→19,95$ Général

**THEY DRIVE BY NIGHT** ▷5
É.-U. 1940. Drame de Raoul WALSH avec George Raft, Humphrey Bogart et Ann Sheridan. - Les difficultés professionnelles et sentimentales de deux frères qui ont monté une petite compagnie de transport.
VO→19,95$ Général

**THEY GO BOOM** ▷0
É.-U. 1929, James PARROTT
ITA→LS Non classé

**THEY GOT ME COVERED** ▷5
É.-U. 1943. Comédie de David BUTLER avec Bob Hope, Dorothy Lamour et Otto Preminger. - Un journaliste et sa secrétaire déjouent des espions à Washington.
VO→11,95$ Général

**THEY LIVE** ▷5
É.-U. 1988. Drame fantastique de John CARPENTER avec Roddy Piper, Keith David et Meg Foster. - Un travailleur itinérant découvre que des extraterrestres se sont emparés de postes de commande et soumettent l'humanité à leur vouloir.
VO→19,95$ 13 ans +

**THEY MADE ME A CRIMINAL** ▷4
É.-U. 1939. Drame policier de Busby BERKELEY avec John Garfield, Ann Sheridan et Claude Rains. - Un boxeur est injustement soupçonné de meurtre.
VO→LS Général

**THEY MADE ME A FUGITIVE** ▷0
ANG. 1947, Alberto CAVALCANTI
VO→34,95$ Général

**THEY MET IN BOMBAY** ▷4
É.-U. 1941. Comédie de Clarence BROWN avec Clark Gable, Rosalind Russell et Peter Lorre. - Venu à Bombay pour dérober un pendentif de diamants, un voleur affronte une jolie aventurière.
VO→18,95$ Général

**THEY SHALL HAVE MUSIC** ▷4
É.-U. 1939. Comédie musicale d'Archie MAYO avec Jascha Heifetz, Andrea Leeds et Joel McCrea. - Une école de musique pour orphelins est sauvée de la ruine par un violoniste célèbre.
VO→14,95$ Général

**THEY SHOOT HORSES, DON'T THEY?** ►2
É.-U. 1969. Drame social de Sydney POLLACK avec Jane Fonda, Michael Sarrazin et Gig Young. - Dans les années 1930, une jeune femme déçue par la vie participe à un marathon de danse. - Parabole amère sur la vie en société. Tableau d'époque impressionnant. Vigueur et efficacité de la description. Interprétation de premier ordre.
LBX→14,95$ LBX-DVD→21,95$ 13 ans +

**THEY WERE EXPANDABLE** ▷3
É.-U. 1945. Drame de guerre de John FORD avec Robert Montgomery, John Wayne et Donna Reed. - En 1941, dans le Pacifique, des vedettes lance-torpilles combattent la flotte japonaise. - Œuvre d'une vérité saisissante et d'une grande beauté. Passages impressionnants. Personnages conventionnels mais bien campés.
VO→18,95$ DVD→21,95$ Général

**THEY WON'T BELIEVE ME** ▷4
É.-U. 1947. Drame d'Irving PICHEL avec Robert Young, Susan Hayward et Jane Greer. - Un homme est accusé du meurtre de sa femme qui s'est pourtant suicidée.
VO→LS Non classé

**THIEF** ▷4
É.-U. 1981. Drame policier de Michael MANN avec James Caan, Tuesday Weld et Robert Prosky. - Un cambrioleur expert de caractère indépendant accepte de travailler pour un receleur notoire.
LBX→14,95$ LBX-DVD→18,95$ 13 ans +

**THIEF AND THE COBBLER, THE** ▷4
É.-U. 1993. Dessins animés de Richard WILLIAMS. - Une princesse et un cordonnier sauvent le royaume enchanté de Bagdad menacé par un barbare qui possède une gigantesque machine de guerre.
VF→11,95$ VO→7,95$ Non classé

**THIEF OF BAGDAD, THE** ▷3
É.-U. 1924. Aventures de Raoul WALSH avec Douglas Fairbanks, Julanne Johnston et Snitz Edwards. - Un habile voleur à la tire s'éprend de la fille du calife de Bagdad. - Féerie pseudo-orientale aux effets spectaculaires. Trucages réussis. Rythme allègre et soutenu. Jeu bondissant de la vedette. Un classique du cinéma muet.
KINO→34,95$ ITA-DVD→44,95$ Général

**THIEF OF BAGDAD, THE** ▷4
ANG. 1940. Drame fantastique de Ludwig BERGER, Michael POWELL et Tim WHELAN avec Conrad Veidt, Sabu et June Duprez. - Un voleur débrouillard aide un jeune calife à reprendre son trône.
VO→14,95$ Général

**THIEF OF HEARTS** ▷5
É.-U. 1984. Drame sentimental de Douglas D. STEWART avec Steven Bauer, Barbara Williams et John Getz. - Ayant fait main basse sur le journal intime d'une jeune femme, un cambrioleur entreprend de la séduire en s'inspirant des écrits que ce document recèle.
VO→14,95$ 13 ans +

**THIEF WHO CAME TO DINNER, THE** ▷5
É.-U. 1973. Comédie policière de Bud YORKIN avec Ryan O'Neal, Jacqueline Bisset et Warren Oates. - Un inspecteur d'assurances cherche à démasquer un habile voleur de bijoux.
VO→14,95$ Général

**THIEF, THE** ▷4
É.-U. 1952. Drame d'espionnage de Russell ROUSE avec Ray Milland, Rita Gam et Martin Gabel. - Un savant qui a livré des secrets à des agents étrangers est traqué par les services du contre-espionnage.
VO→29,95$ Général

**THIEF, THE**
Voir: LE VOLEUR ET L'ENFANT

**THIEVES AFTER DARK**
Voir: LES VOLEURS DE LA NUIT

**THIEVES LIKE US** ▷3
É.-U. 1974. Drame policier de Robert ALTMAN avec Keith Carradine, Shelley Duvall et John Schuck. - En 1937, trois voleurs de banque sont séparés à la suite d'un hold-up et traqués par la police. - Climat d'époque bien évoqué. Réalisation sobre et réaliste. Interprétation juste.
VO→14,95$ 13 ans +

**THIN BLUE LINE, THE** ▷3
É.-U. 1988. Documentaire d'Errol MORRIS. - Le présumé coupable d'un meurtre commis en 1976 contre un policier texan ne serait pas celui que la justice a négligemment condamné. - Sorte de contre-enquête sur un fait divers qui a permis la réouverture de la cause.
VO→LS Général

**THIN LINE BETWEEN LOVE AND HATE, A** ▷6
E.-U. 1996. Comédie réalisée et interprétée par Martin LAWRENCE avec Lynn Whitfield et Regina King. - Un jeune séducteur a maille à partir avec une femme qu'il a laissé tomber après lui avoir fait croire qu'il l'aimait.
VO→LS 13 ans + Langage vulgaire

**THIN MAN GOES HOME, THE** ▷4
É.-U. 1944. Comédie policière de Richard THORPE avec William Powell, Myrna Loy et Lucile Watson. - Un détective, en visite dans son village natal, doit enquêter sur l'assassinat mystérieux d'un jeune peintre.
VO→18,95$ Général

**THIN MAN, THE** ▷3
É.-U. 1934. Comédie policière de W.S. VAN DYKE II avec William Powell, Myrna Loy et Maureen O'Sullivan. - Un détective amateur et son épouse mènent une enquête privée sur une étrange affaire de meurtre. - Heureux mélange de comédie et de suspense. Mise en scène alerte. Gags inventifs. Interprétation agréablement dégagée des deux vedettes.
VO→18,95$ Général

**THIN RED LINE, THE** ►2
É.-U. 1998. Drame de guerre de Terrence MALICK avec Sean Penn, Jim Caviezel et Ben Chaplin. - En 1942, une troupe de soldats américains affronte des Japonais dans l'île de Guadalcanal. - Œuvre intense adaptée du roman de James Jones. Mosaïque impressionniste riche en observations contemplatives sur le comportement humain. Distribution remarquable.
LBX→22,95$ VF→16,95$ LBX-DVD→31,95$ **13 ans + Violence**

**THIN RED LINE, THE** ▷4
É.-U. 1964. Drame de guerre d'Andrew MARTON avec Keir Dullea, Jack Warden et Ray Daley. - Dans l'île de Guadalcanal, des soldats américains parviennent à déloger des mitrailleurs japonais.
VO→13,95$ DVD→18,95$ **Général**

**THING (FROM ANOTHER WORLD), THE** ▷4
É.-U. 1951. Drame fantastique de Christian NYBY avec Margaret Sheridan, Kenneth Tobey et James Arness. - Des savants tentent de détruire un monstre venant d'une autre planète.
VO→LS **Général**

**THING, THE** ▷4
É.-U. 1982. Science-fiction de John CARPENTER avec Kurt Russell, Wilford Brimley et Richard Dysart. - La vie d'une station de recherche en Antarctique est perturbée par l'intrusion d'un extraterrestre polymorphe.
VF→11,95$ VO→14,95$ LBX→11,95$ LBX-DVD **13 ans +**

**THING CALLED LOVE, THE** ▷5
É.-U. 1993. Drame sentimental de Peter BOGDANOVICH avec Samantha Mathis, River Phoenix et Dermot Mulroney. - À Nashville, une serveuse qui aspire à devenir chanteuse de musique country a le cœur tiraillé entre deux jeunes musiciens.
VO→17,95$ **Général**

**THINGS ARE TOUGH ALL OVER** ▷6
É.-U. 1982. Comédie de Thomas K. AVILDSEN avec Cheech Marin, Tommy Chong et Rikki Marin. - Les mésaventures de deux paumés qui doivent livrer à Las Vegas une automobile dont les sièges cachent une fortune.
VF→9,95$ **13 ans +**

**THINGS CHANGE** ▷4
É.-U. 1988. Comédie de David MAMET avec Don Ameche, Joe Mantegna et Robert Prosky. - Un mafioso prend en pitié un vieux cireur de chaussures qui a accepté, contre une forte somme d'argent, d'aller en prison à la place d'un meurtrier auquel il ressemble.
VF→9,95$ VO→14,95$ LBX-DVD→32,95$ **Général**

**THINGS TO COME** ▷4
ANG. 1936. Science-fiction de William Cameron MENZIES avec Raymond Massey, Ralph Richardson et Margaretta Scott. - Après une guerre mondiale, une société de savants prend la direction des destinées de la Terre.
VO→22,95$ **Général**

**THINGS TO DO IN DENVER WHEN YOU'RE DEAD** ▷4
É.-U. 1995. Drame policier de Gary FLEDER avec Andy Garcia, Gabrielle Anwar et Christopher Walken. - Après avoir salopé une mission que leur avait confiée un puissant mafioso, des criminels deviennent la cible d'un redoutable tueur à gages.
VO→14,95$ VF→11,95$ **16 ans + Violence**

**THIRD MAN, THE** ►2
ANG. 1949. Drame policier de Carol REED avec Joseph Cotten, Alida Valli et Orson Welles. - À Vienne, juste après la guerre, un journaliste défend la mémoire d'un ami accusé de marché noir. - Scénario bien construit. Réalisation brillante, d'une grande beauté plastique. Interprétation de classe.
VO-D.CUT→27,95$ VO→LS DVD→59,95$ **Général**

**THIRD MIRACLE, THE** ▷4
É.-U. 1999. Drame religieux d'Agnieszka HOLLAND avec Ed Harris, Anne Heche et Armin Mueller-Stahl. – Un prêtre à la foi chancelante enquête sur des soi-disant miracles attribués à une immigrante autrichienne morte à Chicago.
VF→LS VO→LS

**THIRST** ▷4
AUS. 1979. Drame d'horreur de Ron HARDY avec Chantal Contouri, David Hemmings et Henry Silva. - Une secte qui se nourrit de sang humain séquestre une jeune femme qu'elle estime être la lointaine descendante de leur fondatrice.
VO→LS **13 ans +**

**THIRTEEN AT DINNER** ▷5
É.-U. 1985. Drame policier de Lou ANTONIO avec Peter Ustinov, Faye Dunaway et David Suchet. - Le détective Hercule Poirot enquête sur le meurtre d'un noble Anglais marié à une actrice américaine.
VO→14,95$ **Général**

**THIRTEENTH FLOOR, THE** ▷5
É.-U. 1999. Science-fiction de Josef RUSNAK avec Craig Bierko, Gretchen Mol et Vincent D'Onofrio. - Un informaticien se projette dans un Los Angeles virtuel afin de trouver le meurtrier de l'inventeur de cet univers artificiel.
VF→PC VO→PC **13 ans + Violence**

**THIRTY SECONDS OVER TOKYO** ▷4
É.-U. 1944. Drame de guerre de Mervyn LeROY avec Spencer Tracy, Van Johnson et Phyllis Thaxter. - Un jeune pilote participe à une mission de bombardement sur Tokyo.
VO→18,95$ **Général**

**THIS BOY'S LIFE** ▷4
É.-U. 1993. Drame psychologique de Michael CATON-JONES avec Robert De Niro, Ellen Barkin et Leonardo DiCaprio. - Croyant trouver en lui le modèle idéal pour son jeune fils, une divorcée se remarie avec un homme qui se révèle tyrannique et très violent.
VF→LS VO→11,95$ **13 ans + Langage vulgaire**

**THIS COULD BE THE NIGHT** ▷5
É.-U. 1956. Comédie dramatique de Robert WISE avec Jean Simmons, Paul Douglas et Anthony Franciosa. - Une institutrice travaillant comme secrétaire dans une boîte de nuit tombe amoureuse d'un de ses patrons.
VO→19,95$ **Général**

**THIS DREAM PEOPLE CALL HUMAN LIFE**
Voir: INSTITUTE BENJAMENTA

**THIS GUN FOR HIRE** ▷4
É.-U. 1942. Drame policier de Frank TUTTLE avec Veronica Lake, Alan Ladd et Robert Preston. - Un tueur à gages, payé avec de la fausse monnaie, tente de démasquer celui qui l'a employé.
VO→14,95$ **Général**

**THIS IS SPINAL TAP** ▷4
É.-U. 1983. Comédie satirique réalisée et interprétée par Rob REINER avec Michael McKean et Christopher Guest. - Un cinéaste américain accompagne des musiciens rock anglais en tournée aux États-Unis.
VO→14,95$ **Général**

**THIS ISLAND EARTH** ▷4
É.-U. 1955. Science-fiction de Joseph M. NEWMAN avec Jeff Morrow, Faith Domergue et Rex Reason. - Des habitants de l'espace kidnappent deux savants de la Terre.
VO→11,95$ DVD→48,95$ **Général**

**THIS LAND IS MINE** ▷4
É.-U. 1943. Drame de guerre de Jean RENOIR avec Charles Laughton, Maureen O'Hara et George Sanders. - Un maître d'école est mêlé à une affaire de sabotage.
VO→LS **Général**

**THIS PROPERTY IS CONDEMNED** ▷4
É.-U. 1966. Drame psychologique de Sydney POLLACK avec Natalie Wood, Robert Redford et Kate Reid. - Les tristes expériences sentimentales d'une jeune femme dont la mère tient une pension fréquentée par des cheminots.
VO→27,95$ **Non classé**

**THIS SPORTING LIFE** ▷3
ANG. 1963. Drame psychologique de Lindsay ANDERSON avec Richard Harris, Rachel Roberts et Alan Badel. - Un mineur devenu célèbre au rugby cherche à conquérir le cœur d'une jeune veuve chez qui il a pris pension. - Exploration psychologique intéressante. Utilisation habile du procédé du retour en arrière.
VO→LS LBX-DVD→44,95$ Général

**THIS TIME FOREVER (YESTERDAY)**
Voir: GABRIELLE

**THOMAS CROWN AFFAIR, THE** ▷4
É.-U. 1999. Drame policier de JJohn McTIERNAN avec Pierce Brosnan, Rene Russo et Denis Leary. - Une investigatrice d'une compagnie d'assurances cherche à piéger un millionnaire qui a volé une toile de maître juste pour le plaisir de la chose.
VF→LS VO→LS LBX-DVD→26,95$ Général

**THOMAS CROWN AFFAIR, THE** ▷4
É.-U. 1968. Drame policier de Norman JEWISON avec Steve McQueen, Faye Dunaway et Paul Burke. - Un financier de Boston organise des vols de banque pour le plaisir.
VO→14,95$ LBX-DVD→18,95$ 13 ans +

**THOROUGHLY MODERN MILLIE** ▷4
É.-U. 1967. Comédie musicale de George Roy HILL avec Julie Andrews, James Fox et Mary Tyler Moore. - Dans les années 20, une jeune provinciale arrive à New York à la recherche du prince charmant.
VO→14,95$ Général

**THOSE DARING YOUNG MEN IN THEIR JAUNTY JALOPIES** ▷4
ANG.-FR.-ITA. 1969. Comédie de Ken ANNAKIN avec Terry-Thomas, Tony Curtis et Susan Hampshire. - Des coureurs de divers pays participent en 1927 au rallye automobile de Monte-Carlo.
VO→LS Général

**THOSE MAGNIFICENT MEN IN THEIR FLYING MACHINES** ▷3
ANG. 1965. Comédie de Ken ANNAKIN avec Stuart Whitman, Sarah Miles et James Fox. - La traversée Londres-Paris en avion au début du siècle. - Évocation d'époque pittoresque. Trucages au point. Humour et satire. Distribution de classe.
VO→16,95$ Général

**THOUSAND ACRES, A** ▷5
É.-U. 1997. Mélodrame de Jocelyn MOORHOUSE avec Jessica Lange, Michelle Pfeiffer et Jason Robards. - Une querelle entre un fermier à la retraite et ses trois filles réveille de vieux démons.
VO→21,95$ Général

**THOUSAND AND ONE NIGHTS, A** ▷6
É.-U. 1945. Comédie fantaisiste d'Alfred E. GREEN avec Cornel Wilde, Evelyn Keyes et Phil Silvers. - Un baladin reçoit une lampe douée de pouvoirs magiques.
VO→19,95$ Général

**THOUSAND CLOWNS, A** ▷4
É.-U. 1965. Comédie de Fred COE avec Jason Robards, Barbara Harris et Barry Gordon. - Une assistante sociale s'éprend d'un charmant bohème.
VO→18,95$ Général

**THOUSANDS CHEER** ▷4
É.-U. 1943. Comédie musicale de George SIDNEY avec Kathryn Grayson, Gene Kelly et John Boles. - Une jeune chanteuse, fille d'un colonel, organise un spectacle pour les soldats de son père.
VO→LS Général

**THREADS** ▷3
ANG. 1984. Science-fiction de Mick JACKSON avec Karen Meagher, Rita May et David Brierly. - Les conséquences d'une attaque nucléaire sur une ville industrielle anglaise. - Téléfilm aux détails percutants. Interprétation prenante.
VF→LS VO→LS Non classé

**THREE AGES, THE** ▷4
É.-U. 1923. Comédie de Buster KEATON et Edward CLINE avec Buster Keaton, Wallace Beery et Margaret Leahy. - Rivalités amoureuses entre un timide et un fanfaron aux temps préhistoriques, sous l'empire romain et à l'époque contemporaine.
ITA→29,95$ ITA-DVD→44,95$ Général

**THREE AMIGOS!** ▷4
É.-U. 1986. Comédie de John LANDIS avec Steve Martin, Chevy Chase et Martin Short. - Pour se défendre contre des bandits, les habitants d'un village mexicain font appel à trois acteurs qui s'imaginent qu'on leur demande de donner un spectacle.
VO→11,95$ Général

**THREE BROTHERS**
Voir: TROIS FRÈRES

**THREE CABALLEROS, THE** ▷4
É.-U. 1945. Dessins animés de Norman FERGUSON. - Les aventures d'un canard qui célèbre son anniversaire en compagnie d'un perroquet brésilien et d'un coq mexicain.
VF→21,95$ VO→24,95$ DVD→24,95$ Général

**THREE CASES OF MURDER** ▷4
ANG. 1954. Film à sketches de David EADY, Wendy TOYE et George More O'FERRALL avec Orson Welles, Allan Badel et John Gregson. - Trois contes abordant de façon mystérieuse le thème de la mort.
VO→34,95$ Général

**THREE COINS IN THE FOUNTAIN** ▷4
É.-U. 1954. Comédie dramatique de Jean NEGULESCO avec Dorothy McGuire, Jean Peters et Clifton Webb. - Trois jeunes Américaines, en séjour à Rome, sont à la recherche du bonheur.
VO→22,95$ Général

**THREE COMRADES** ▷4
É.-U. 1938. Drame de Frank BORZAGE avec Franchot Tone, Robert Young et Margaret Sullivan. - Dans l'Allemagne des années 1920, la vie de trois amis est bouleversée par la rencontre d'une jeune femme.
VO→18,95$ Général

**THREE DARING DAUGHTERS** ▷0
É.-U. 1948, Fred McLEOD WILCOX
VO→LS Général

**THREE FACES OF EVE, THE** ▷4
É.-U. 1957. Drame psychologique de Nunnaly JOHNSON avec Joanne Woodward, Lee J. Cobb et David Wayne. - Une jeune femme souffre de dédoublement de personnalité.
VO→23,95$ Général

**THREE FOR THE SHOW** ▷6
É.-U. 1955. Comédie musicale de H.C. POTTER avec Betty Grable, Jack Lemmon et Gower Champion. - Remariée, une actrice voit reparaître son premier époux qu'elle croyait mort.
VO→18,95$ Général

**THREE FUGITIVES** ▷4
É.-U. 1989. Comédie de Francis VEBER avec Nick Nolte, Martin Short et James Earl Jones. - Pris en otage par un apprenti voleur de banques, un ex-détenu vient en aide à son ravisseur bien malgré lui.
VF→LS VO→LS Général

**THREE KINGS** ▷4
É.-U. 1999. Drame de guerre de David O. RUSSELL avec George Clooney, Mark Wahlberg et Ice Cube. - A la fin de la guerre du Golfe, quatre soldats américains partent à la recherche d'or koweitien stocké dans des bunkers irakiens.
VF→19,95$ LBX→19,95$ LBX-DVD→26,95$ 13 ans + Violence

**THREE LIVES OF THOMASINA, THE** ▷5
É.-U. 1963. Conte de Don CHAFFEY avec Patrick McGoohan, Susan Hampshire et Karen Dotrice. - Dans un petit village d'Écosse, une jeune fille qu'on croit sorcière sauve de la mort le chat d'une fillette.
VO→22,95$ Général

**THREE MUSKETEERS, THE** ▷0
É.-U. 1921, Fred NIBLO
ITA→34,95$ Général

**THREE MUSKETEERS, THE** ▷0
É.-U. 1939, Allan DWAN
VO→24,95$ Général

**THREE MUSKETEERS, THE** ▷4
É.-U. 1948. Aventures de George SIDNEY avec Gene Kelly, Lana Turner et Van Heflin. - Quatre camarades sauvent la reine de France d'un complot politique.
VO→19,95$ Général

**THREE MUSKETEERS, THE** ▷4
ANG. 1974. Aventures de Richard LESTER avec Michael York, Charlton Heston et Oliver Reed. - D'Artagnan obtient l'aide de trois mousquetaires pour remplir une mission reçue de la reine.
VF→LS VO→LS Général

**THREE MUSKETEERS, THE** ▷5
É.-U. 1993. Aventures de Stephen HEREK avec Chris O'Donnell, Kiefer Sutherland et Tim Curry. - Un jeune aventurier fougueux se joint à trois mousquetaires afin de déjouer un complot visant à faire assassiner le roi.
VF→16,95$ Général

**THREE O'CLOCK HIGH** ▷5
É.-U. 1987. Comédie dramatique de Phil JOANOU avec Casey Siemaszko, Anne Ryan et Richard Tyson. - Un adolescent cherche par tous les moyens à se défiler lorsqu'un dur à cuire de son école lui donne rendez-vous pour un combat singulier.
VO→LS Général

**THREE OF HEARTS** ▷5
É.-U. 1993. Comédie de mœurs de Yurek BOGAYEVICZ avec William Baldwin, Kelly Lynch et Sherilyn Fenn. - Un prostitué veut remercier une lesbienne pour l'avoir hébergé en l'aidant à reconquérir le cœur de son amie qui l'a abandonnée.
VF→LS VO→LS 13 ans + Langage vulgaire

**THREE PENNY OPERA, THE**
Voir: OPERA DE QUAT'SOUS, L'

**THREE SEASONS** ▷4
É.-U.-VIET.1999. Drame de mœurs de T. BUI avec Don Duong, Nguyen Ngoc Hiep et Nguyen Huu Duoc. - À Ho Chi Minh-Ville, les tribulations de divers habitants et d'un ex-soldat américain.
VF→LS STA→13,95$ Général

**THREE SMART GIRLS** ▷4
É.-U. 1937. Comédie d'Henry KOSTER avec Deanna Durbin, Binnie Barnes et Charles Winninger. - Trois adolescentes dont les parents vivent séparés décident de les réunir.
VO→19,95$ Général

**THREE SMART GIRLS GROW UP** ▷4
É.-U. 1939. Comédie d'Henry KOSTER avec Deanna Durbin, Charles Winninger et Nan Grey. - Une adolescente s'efforce maladroitement de favoriser les idylles de ses deux sœurs aînées.
VO→19,95$ Général

**THREE SONGS OF LENIN**
Voir: TROIS CHANTS SUR LÉNINE

**THREE STOOGES GO AROUND THE WORLD IN A DAZE, THE** ▷0
É.-U. 1963, Norman MAURER
VO→12,95$ Général

**THREE STOOGES IN ORBIT, THE** ▷6
É.-U. 1962. Comédie d'Edward BERNDS avec Moe Howard, Larry Fine et Joe de Rita. - Trois compères s'offrent à conduire un appareil nouvellement inventé qui les emporte malgré eux sur la planète Mars.
VO→12,95$ Général

**THREE STOOGES MEET HERCULES, THE** ▷7
É.-U. 1961. Comédie d'Edward BERNDS avec Moe Howard, Larry Fine et Joe de Rita. - Embarqués par mégarde sur un appareil pour voyager dans le temps, trois nigauds se retrouvent en Grèce ancienne.
VO→11,95$ Non classé

**THREE STRANGE LOVES**
Voir: LA SOIF

**THREE VIOLENT PEOPLE** ▷5
É.-U. 1957. Western de Rudolph MATÉ avec Charlton Heston, Anne Baxter et Tom Tryon. - Un rancher est en butte à la jalousie de son frère.
VO→14,95$ Général

**THREESOME** ▷5
É.-U. 1994. Comédie de mœurs d'Andrew FLEMING avec Lara Flynn Boyle, Stephen Baldwin et Josh Charles. - Victime d'une erreur administrative, une collégienne doit partager une résidence étudiante avec deux garçons.
VO→14,95$ VF→14,95$ 13 ans + Langage vulgaire

**THRILL OF IT ALL, THE** ▷4
É.-U. 1963. Comédie de Norman JEWISON avec Doris Day, James Garner et Edward Andrews. - Une épouse modèle est engagée pour faire des messages publicitaires à la télévision.
VO→14,95$ Général

**THRONE OF BLOOD**
Voir: LE CHÂTEAU DE L'ARAIGNÉE

**THROUGH A GLASS DARKLY**
Voir: COMME DANS UN MIROIR

**THROW MOMMA FROM THE TRAIN** ▷4
É.-U. 1987. Comédie policière réalisée et interprétée par Danny DeVITO avec Billy Crystal et Anne Ramsey. - Un romancier spolié par sa femme et un apprenti écrivain étouffé par une mère infernale ont envie de voir disparaître la cause de leurs tourments.
VF→12,95$ Général

**THUMBELINA** ▷5
É.-U. 1994. Dessins animés de Don BLUTH. - Une jeune fille minuscule qui rêve à l'amour idéal avec un prince de sa taille est kidnappée par une grenouille qui veut en faire sa bru.
VF→18,95$ Général - Enfants

**THUNDER BAY** ▷4
É.-U. 1953. Aventures d'Anthony MANN avec James Stewart, Joanne Dru et Dan Duryea. - Deux hommes qui ont découvert du pétrole doivent lutter contre les pêcheurs de l'endroit.
VO→18,95$ Général

**THUNDER OF DRUMS, A** ▷4
É.-U. 1961. Western de Joseph M. NEWMAN avec Richard Boone, George Hamilton et Luana Patten. - Un lieutenant entre en conflit avec son commandant.
VF→LS Non classé

**THUNDER ROAD** ▷5
É.-U. 1958. Drame policier d'Arthur RIPLEY avec Robert Mitchum, Gene Barry et Keely Smith. - Des contrebandiers de whisky ont maille à partir avec des fiers à bras.
VO→14,95$ DVD→26,95$ Général

**THUNDERBALL** ▷4
ANG. 1965. Drame d'espionnage de Terence YOUNG avec Sean Connery, Claudine Auger et Adolfo Celi. - L'agent secret James Bond est aux prises avec une organisation criminelle qui exige une rançon sous peine d'anéantir une ville importante.
VF→14,95$ VO→14,95$ Non classé

**THUNDERBIRDS ARE GO** ▷0
ANG. 1966, David LANE
VO→14,95$ Général - Enfants

**THUNDERBIRDS 6** ▷0
ANG. 1968, David LANE
VO→14,95$ **Général - Enfants**

**THUNDERHEART** ▷4
É.-U. 1992. Drame policier de Michael APTED avec Val Kilmer, Sam Shepard et Graham Greene. - Un jeune agent du FBI est envoyé dans une réserve amérindienne du Dakota pour y élucider un meurtre.
VF→9,95$ VO→9,95$ **13 ans +**

**THURSDAY** ▷0
É.-U. 1998, Skip WOODS
VO-D.CUT→LS **18 ans + Violence**

**THX-1138** ▷3
É.-U. 1970. Science-fiction de George LUCAS avec Robert Duvall, Donald Pleasence et Maggie McOmie. - Dans une société de l'avenir, un technicien tente de s'évader d'une clinique où on le tient prisonnier. - Style épuré quasi abstrait. Propos ambitieux. Ensemble assez fascinant. Interprétation froide.
VO→14,95$ **Général**

**TI-CUL TOUGAS** ▷4
QUÉ. 1975. Comédie de mœurs de Jean-Guy NOËL avec Micheline Lanctôt, Claude Maher et Suzanne Garceau. - Réfugiés aux îles de la Madeleine avec de l'argent volé, un musicien et son amie préparent leur fuite en Californie.
LBX→21,95$ **13 ans +**

**TI-MINE, BERNIE PIS LA GANG** ▷4
QUÉ. 1976. Comédie de mœurs de Marcel CARRIÈRE avec Marcel Sabourin, Jean Lapointe et Rita Lafontaine. - Un homme ayant accueilli son frère à sa sortie de communauté décide de réaliser avec lui le vieux rêve de la famille d'aller vivre en Floride.
VO→19,95$ **Général**

**TIE ME UP, TIE ME DOWN!**
Voir: ATTACHE-MOI!

**TIE THAT BINDS, THE** ▷5
É.-U. 1995. Drame policier de Wesley STRICK avec Daryl Hannah, Keith Carradine et Moira Kelly. - Jadis abandonnée par les siens, une fillette doit choisir entre des parents naturels désaxés et un couple de banlieusards prêts à tout pour la sauver.
VF→PC VO→PC **13 ans + Violence**

**TIERRA**
Voir:EARTH

**TIETA OF AGRESTE** ▷4
BRÉ. 1996. Comédie de mœurs de Carlos DIEGUES avec Sonia Braga, Marilia Pera et Chico Anysio. - Vingt-six ans après avoir été chassée de son village natal, une femme y revient pour étaler sa nouvelle richesse.
STA→129,95$ STA-DVD→34,95$ **13 ans +**

**TIGER AND THE PUSSYCAT, THE** ▷4
ITA. 1967. Comédie satirique de Dino RISI avec Vittorio Gassman, Ann-Margret et Eleanor Parker. - Un industriel marié se laisse prendre aux avances d'une jeune capricieuse.
VO→17,95$ **13 ans +**

**TIGER BAY** ▷3
ANG. 1959. Drame policier de J. Lee THOMPSON avec Hayley Mills, Horst Buchholz et John Mills. - Une fillette gagne la sympathie d'un meurtrier. - Bon suspense. Interprètes très bien dirigés.
VO→LS **Non classé**

**TIGGER MOVIE, THE** ▷5
É.-U. 2000. Dessins animés de Jun FALKENSTEIN. - Dans une forêt habitée par divers animaux, un tigre exubérant et sympathique se lance à la recherche de ses semblables.
VF→24,95$ VO→LS

**TIGHT SPOT** ▷4
É.-U. 1955. Drame policier de Phil KARLSON avec Edward G. Robinson, Ginger Rogers et Brian Keith. - Une prisonnière est libérée pour aider la police à mettre la main sur un dangereux chef de gang.
VO→19,95$ **Général**

**TIGHTROPE** ▷4
É.-U. 1984. Drame policier de Richard TUGGLE avec Clint Eastwood, Geneviève Bujold et Alison Eastwood. - Un détective qui enquête sur une série de meurtres dont les victimes sont des femmes se découvre des affinités perverses avec l'assassin.
VF→11,95$ VO→18,95$ **18 ans +**

**TIGRE DU CIEL, LE**
Voir: THE McCONNELL STORY

**TIGRE SE PARFUME À LA DYNAMITE, LE** ▷5
FR. 1965. Comédie policière de Claude CHABROL avec Roger Hanin, Margaret Lee et Michel Bouquet. - Un agent secret est chargé de protéger un trésor.
VO→LS **Non classé**

**TILAÏ** ▷3
BUR.-FR.-SUI. 1990. Drame de mœurs d'Idrissa OUEDRAOGO avec Rasmane Ouedraogo, Ina Cissé et Roukietou Barry. - Un jeune Africain a une liaison amoureuse avec la deuxième épouse de son père. - Traditions et coutumes ancestrales abordées sous un angle critique. Tragédie exposée dans un style dépouillé. Œuvre à la fois simple et forte. Interprétation sans artifices.
STA→34,95$ **Général**

**TILL MARRIAGE DO US PART**
Voir: MON DIEU, COMMENT SUIS-JE TOMBÉE SI BAS?

**TILL THE CLOUDS ROLL BY** ▷5
É.-U. 1947. Drame biographique de Richard WHORF avec Robert Walker, June Allyson et Van Heflin. - La carrière du populaire compositeur américain Jerome Kern.
DVD→21,95$ **Général**

**TILLIE'S PUNCTURED ROMANCE** ▷3
É.-U. 1914. Comédie burlesque de Mack SENNETT avec Charlie Chaplin, Marie Dressler et Mabel Normand. - Les aventures rocambolesques d'un escroc mondain en quête d'une bonne fortune. - Ensemble d'une fantaisie loufoque éblouissante. C. Chaplin savoureux.
VO→28,95$ **Général**

**TIM** ▷5
AUS. 1979. Drame psychologique de Michael PATE avec Piper Laurie, Mel Gibson et Alwyn Kurts. - Une Américaine quadragénaire résidant en Australie s'intéresse à un jeune homme au développement mental retardé.
VF→LS Général

**TIME AFTER TIME** ▷4
É.-U. 1979. Science-fiction de Nicholas MEYER avec Malcolm McDowell, David Warner et Mary Steenburgen. - L'écrivain H.G. Wells poursuit dans l'avenir Jack l'Éventreur qui lui a emprunté sa machine à voyager dans le temps.
VF→14,95$ VO→14,95$ 13 ans +

**TIME BANDITS** ▷4
ANG. 1981. Comédie fantaisiste de Terry GILLIAM avec Craig Warnock, David Rappaport et David Warner. - Un jeune garçon connaît diverses aventures lorsqu'il est entraîné par six nains dans un voyage dans le temps.
VO→LS LBX-DVD→59,95$ Général

**TIME CODE** ▷4
É.-U. 2000. Drame de mœurs de M. FIGGIS avec Jeanne Tripplehorn, Salma Hayek et Stellan Skarsgard. - Diverses intrigues se déroulent au cours d'un après-midi dans les bureaux d'une compagnie de production de films.
Général

**TIME FOR REVENGE** ▷4
ARG. 1981. Drame d'Adolfo ARISTARAIN avec Federico Luppi, Haydee Padilla et Julio de Grazia. - Un homme simule un accident pour escroquer la compagnie minière qui l'emploie.
STA→LS Général

**TIME INDEFINITE** ▷5
É.-U. 1993. Documentaire réalisé et interprété par Ross McELWEE. - Le bonheur d'un cinéaste récemment marié est vite obscurci par la mort de son père et de sa grand-mère.
VO→PC Général

**TIME MACHINE, THE** ▷4
É.-U. 1960. Science-fiction de George PAL avec Rod Taylor, Yvette Mimieux et Alan Young. - Un savant anglais est transporté dans l'avenir par un appareil de son invention.
VO→14,95$ Général

**TIME OF DESTINY, A** ▷5
É.-U. 1988. Mélodrame de Gregory NAVA avec William Hurt, Timothy Hutton et Melissa Leo. - Dans les années 1940, un sous-officier américain cherche à se venger d'un de ses soldats qu'il tient responsable de la mort de son père. - d'après le roman de H.G. Wells.
VF→LS VO→LS Général

**TIME OF THE GYPSIES**
Voir: LE TEMPS DES GITANS

**TIME OF THEIR LIVES, THE** ▷0
É.-U. 1946, Charles BARTON
VO→14,95$

**TIME OF YOUR LIFE, THE** ▷5
É.-U. 1948. Drame de H.C. POTTER avec James Cagney, William Bendix et Broderick Crawford. - Les problèmes des habitués d'un bar situé près du port de San Francisco.
VO→17,95$ Général

**TIME TO KILL** ▷4
ITA. 1989. Drame psychologique de Giuliano MONTALDO avec Nicolas Cage, Ricky Tognazzi et Giancarlo Giannini. - En Éthiopie, à la fin des années 1930, un lieutenant de l'armée italienne vit des moments difficiles après avoir violé et tué une jeune indigène.
VO→29,95$ 13 ans +

**TIME TO KILL, A** ▷5
É.-U. 1996. Drame judiciaire de Joel SCHUMACHER avec Matthew McConaughey, Samuel L. Jackson et Sandra Bullock. - Une ville du sud des États-Unis est secouée par des tensions raciales durant le procès d'un Noir qui a abattu deux jeunes violeurs blancs.
VF→14,95$ LBX→19,95$ VO→14,95$
LBX-DVD→29,95$ 13 ans +

**TIME WITHOUT PITY** ▷4
ANG. 1956. Drame policier de Joseph LOSEY avec Michael Redgrave, Ann Todd et Peter Cushing. - Un écrivain alcoolique tente d'innocenter son fils d'une accusation de meurtre.
VO→35,95$ Général

**TIMELESS** ▷0
É.-U. 1996, Chris HART
VO→47,95$ 13 ans + Violence

**TIMES TO COME** ▷5
ARG. 1988. Drame politique de Gustavo MOSQUERA avec Hugo Soto, Juan Leyrado et Charly Garcia. - Dans un État totalitaire de l'Amérique du Sud, un jeune homme est blessé lors d'une manifestation par un policier sadique qui tente d'étouffer l'affaire.
STA→LS 13 ans +

**TIMESCAPE** ▷4
É.-U. 1991. Science-fiction de David N. TWOHY avec Jeff Daniels, Ariana Richards et Emilia Crow. - Un aubergiste découvre que l'étrange groupe de touristes qu'il héberge vient du futur pour assister aux plus importants désastres du passé.
VO→LS Général

**TIN CUP** ▷4
É.-U. 1996. Comédie sentimentale de Ron SHELTON avec Kevin Costner, Rene Russo et Don Johnson. - Un ex-champion golfeur reprend goût à la compétition au contact d'une séduisante psychologue.
VF→14,95$ Général

**TIN DRUM, THE**
Voir: LE TAMBOUR

**TIN MEN** ▷4
É.-U. 1987. Comédie de Barry LEVINSON avec Richard Dreyfuss, Danny DeVito et Barbara Hershey. - Se rejetant mutuellement la responsabilité d'un accident de voiture, deux vendeurs d'aluminium se lancent dans une escalade de mesquineries.
VO→PC Général

**TIN PAN ALLEY** ▷5
É.-U. 1940. Comédie musicale de Walter LANG avec Alice Faye, Betty Grable et John Payne. - L'histoire d'amour d'un compositeur et d'une chanteuse à la veille de la grande guerre.
VO→LS Général

**TIN STAR, THE** ▷3
É.-U. 1957. Western d'Anthony MANN avec Henry Fonda, Anthony Perkins et Betsy Palmer. - Un ancien shérif désabusé est amené à faire l'éducation d'un jeune confrère. - Traitement original d'un thème classique. Mise en scène contrôlée. Personnages bien dessinés. Interprétation solide.
VO→11,95$ Général

**TINAMER** ▷4
QUÉ. 1987. Drame poétique de Jean-Guy NOËL avec Sarah Jeanne Salvy, Gilles Vigneault et Louise Portal. - Un médecin qui choie particulièrement sa fille s'oppose à ce qu'elle aille à l'école avant d'avoir cueilli une branche d'un arbre mythique.
VO→LS Général

**TINGLER, THE** ▷0
É.-U. 1959, William CASTLE
VO→14,95$ Général

**TINTIN ET LE MYSTÈRE DE LA TOISON D'OR** ▷4
FR. 1961. Aventures de Jean-Jacques VIERNE avec Jean-Pierre Talbot, Georges Wilson et Georges Loriot. - Tintin aide le capitaine Haddock à se débarrasser de bandits qui veulent s'emparer d'un bateau dont il a hérité.
VO→LS Général

**TINTIN ET LES ORANGES BLEUES** ▷5
FR. 1964. Aventures de Philippe CONDROYER avec Jean-Pierre Talbot, Jean Bouise et Alvarez. - Le reporter Tintin et ses amis vont en Espagne à la recherche d'une mystérieuse orange bleue.
VO→LS **Général**

**TIP OFF, THE** ▷0
É.-U. 1931, Albert S. ROGELL
VO→LS **Non classé**

**TIR À VUE** ▷5
FR. 1984. Drame policier de Marc ANGELO avec Laurent Malet, Sandrine Bonnaire et Jean Carmet. - Les tribulations d'un jeune homme révolté et d'une adolescente délurée qui défient la police en commettant des crimes selon leurs caprices du moment.
VO→LS **13 ans +**

**TIR GROUPÉ** ▷4
FR. 1982. Drame policier de Jean-Claude MISSIAEN avec Gérard Lanvin, Véronique Jannot et Michel Constantin. - Insatisfait du travail des policiers, un homme s'efforce de traquer les assassins de sa fiancée.
VO→LS **13 ans +**

**TIRELIRE, COMBINES et CIE** ▷4
QUÉ. 1992. Comédie de Jean BEAUDRY avec Vincent Bolduc, Pierre-Luc Brillant et Delphine Piperni. - Croyant son père en difficulté financière, un garçonnet décide de se lancer en affaires avec un ami.
VO→14,95$ **Général**

**TIREZ SUR LE PIANISTE** ▷3
FR. 1960. Drame de François TRUFFAUT avec Charles Aznavour, Marie Dubois et Nicole Berger. - Les tribulations d'un pianiste déchu qui fait danser les habitués d'un bistro minable. - Traitement à la fois grave et désinvolte. C. Aznavour remarquable.
STA→LS **Général**

**TISSERANDS DU POUVOIR, LES** ▷5
QUÉ. 1988. Chronique de Claude FOURNIER avec Aurélien Recoing, Gabrielle Lazure et Pierre Chagnon. - Un vieil homme d'origine québécoise raconte à un reporter la vie qu'il a menée aux États-Unis à l'ombre d'une usine de textile appartenant à une famille française.
VO→13,95$ **Général**

**TISSERANDS DU POUVOIR 2: LA RÉVOLTE, LES** ▷5
QUÉ. 1988. Chronique de Claude FOURNIER avec Aurélien Recoing, Michel Forget et Charlotte Laurier. - Un vieil homme d'origine québécoise raconte à un reporter la vie qu'il a menée aux États-Unis à l'ombre d'une usine de textile appartenant à une famille française.
VO→13,95$ **Général**

**TITAN A.E.** ▷4
É.-U. 2000. Dessins animés de Don BLUTH et Gary GOLDMAN. - En l'an 3043, après que la Terre eut été détruite par des extraterrestres, des humains recherchent dans l'espace un engin capable de créer une nouvelle planète.
VF→21,95$ VO→21,95$ **Général - Déconseillé aux jeunes enfants**

**TITANIC** ▷4
É.-U. 1952. Drame de Jean NEGULESCO avec Clifton Webb, Barbara Stanwyck et Richard Basehart. - Récit de la catastrophe maritime du Titanic.
VF→16,95$ VO→16,95$ **Général**

**TITANIC** ▷3
É.-U. 1997. Drame sentimental de James CAMERON avec Leonardo DiCaprio, Kate Winslet et Billy Zane. - Une dame de 101 ans raconte l'aventure amoureuse qu'elle a vécue à bord du Titanic en 1912. - Œuvre personnelle à la fois intimiste et spectaculaire. Portrait attachant d'une jeune femme moderne. Reconstitution impressionnante. Effets spéciaux étonnants.
VF-LBX→34,95$ LBX→34,95$ VO→34,95$
VF→34,95$ **Général - Déconseillé aux jeunes enfants**

**TITUS** ▷4
É.-U. 1999. Drame de Julie TAYMOR avec Anthony Hopkins, Jessica Lange et Alan Cumming. - Un général romain s'attire la haine éternelle de la reine des Goths en sacrifiant l'un de ses fils après une conquête.
VO→11,95$

**TO BE OR NOT TO BE** ▷3
É.-U. 1941. Comédie satirique d'Ernst LUBITSCH avec Jack Benny, Carole Lombard et Robert Stack. - Pendant la guerre, une troupe d'acteurs polonais réussit à mystifier les Allemands. - Récit peu vraisemblable mais bien mené. Mise en scène habile.
VO→11,95$ **Non classé**

**TO BE OR NOT TO BE** ▷5
É.-U. 1983. Comédie d'Alan JOHNSON avec Mel Brooks, Anne Bancroft et Tim Matheson. - Pendant la guerre, une troupe d'acteurs polonais réussit à mystifier les Allemands.
VO→11,95$ **Général**

**TO CATCH A THIEF** ▷3
É.-U. 1955. Comédie policière d'Alfred HITCHCOCK avec Cary Grant, Grace Kelly et Charles Vanel. - Un ex-voleur tente de prouver son innocence à la suite d'une série de vols sensationnels. - Ton badin. Rythme trépidant. Caméra habile. Beaux paysages. Interprétation dégagée.
VO→14,95$ **Général**

**TO DIE FOR** ▷4
É.-U. 1995. Comédie satirique de Gus VAN SANT avec Nicole Kidman, Joaquin Phoenix et Matt Dillon. - Obsédée par l'idée de devenir une personnalité de la télévision, une femme fait assassiner son mari pour l'empêcher de freiner son plan de carrière.
VF→9,95$ VO→9,95$ LBX-DVD→33,95$ **13 ans +**

**TO EACH HIS OWN** ▷5
É.-U. 1947. Comédie dramatique de Mitchell LEISEN avec Olivia de Havilland, John Lund et Mary Anderson. - Une fille-mère confie son enfant en adoption à une amie.
VO→14,95$ **Général**

**TO GILLIAN ON HER 37TH BIRTHDAY** ▷5
É.-U. 1996. Drame psychologique de Michael PRESSMAN avec Peter Gallagher, Claire Danes et Kathy Baker. - Un homme obsédé par le souvenir de sa défunte femme entre en conflit avec sa belle-sœur au sujet de la garde de sa fille adolescente.
VF→PC VO→PC **Général**

**TO HAVE AND HAVE NOT** ▷4
É.-U. 1944. Aventures de Howard HAWKS avec Humphrey Bogart, Lauren Bacall et Walter Brennan. - Le propriétaire d'un bateau de pêche aide un agent de la France libre à échapper à la police de Vichy.
VO→19,95$ **Général**

**TO HELL AND BACK** ▷5
É.-U. 1954. Drame de guerre de Jesse HIBBS avec Audie Murphy, Marshall Thompson et Charles Drake. - Un jeune campagnard s'engage dans l'infanterie et devient un héros.
VO→14,95$ **Général**

**TO JOY**
Voir: VERS LA JOIE

**TO KILL A CLOWN** ▷5
É.-U. 1971. Drame de George BLOOMFIELD avec Alan Alda, Blythe Danner et Heath Lamberts. - Un officier à la retraite terrorise un couple venu passer quelque temps dans l'île où il s'est installé.
VO→LS **13 ans +**

**TO KILL A MOCKINGBIRD** ▷3
É.-U. 1962. Drame social de Robert MULLIGAN avec Gregory Peck, Mary Badham et Philip Alford. - En 1932, dans un village de l'Alabama, un avocat humaniste défend un Noir injustement accusé du viol d'une Blanche. - Récit sensible empruntant le point de vue

des enfants du protagoniste. Réalisation maîtrisée. Création remarquable de G. Peck. Enfants très bien dirigés.
LBX→16,95$ LBX-DVD→39,95$ **Général**

**TO KILL A PRIEST** ▷3
É.-U. 1988. Drame social d'Agnieszka HOLLAND avec Christophe Lambert, Ed Harris et Joanne Whalley. - Dans la Pologne de 1981, un milicien s'en prend à un prêtre dont les sermons restent vigoureux malgré la proclamation de l'État de guerre. - Intrigue inspirée de faits réels. Interprétation impressionnante.
VF→LS VO→LS **13 ans +**

**TO LIVE**
Voir: VIVRE

**TO LIVE AND DIE IN L.A.** ▷4
É.-U. 1985. Drame policier de William FRIEDKIN avec William L. Petersen, Willem Dafoe et John Pankow. - Un agent du gouvernement tente par tous les moyens de coincer un habile faux-monnayeur.
VF→LS VO→LS **18 ans +**

**TO PARIS WITH LOVE** ▷5
ANG. 1954. Comédie de Robert HAMER avec Alec Guinness, Odile Versois et Vernon Gray. - Un lord écossais amène son fils de 20 ans à Paris.
VO→13,95$ **Général**

**TO PLAY OR TO DIE** ▷0
HOL. 1990, Frank KROM
STA-DVD→PC STA→44,95$ **13 ans +**

**TO PLEASE A LADY** ▷5
É.-U. 1950. Drame de Clarence BROWN avec Clark Gable, Barbara Stanwyck et Adolphe Menjou. - Une journaliste entreprend une campagne de presse contre un pilote de courses automobiles qui a causé la mort d'un rival.
VO→18,95$ **Général**

**TO SEE PARIS AND DIE** ▷0
RUS. 1993, Alexander PROSHKIN
STA→LS **13 ans +**

**TO SEE SUCH FUN** ▷0
ANG. 1981, Jon SCOFFIELD
VO→LS **Non classé**

**TO SIR, WITH LOVE** ▷4
ANG. 1967. Drame social de James CLAVELL avec Sidney Poitier, Judy Geeson et Christian Roberts. - Un instituteur improvisé parvient à apprivoiser une classe d'élèves à problèmes.
VF→14,95$ VO→14,95$ **Général**

**TO SLEEP WITH ANGER** ▷4
É.-U. 1989. Comédie dramatique de Charles BURNETT avec Danny Glover, Paul Butler et Mary Alice. - Les tensions entre deux frères différents augmentent encore lorsqu'un ami de leur père vient s'installer dans la maison.
VO→LS **Général**

**TO THE DEVIL... A DAUGHTER** ▷5
ANG. 1976. Drame fantastique de Peter SYKES avec Richard Widmark, Christopher Lee et Nastassja Kinski. - Spécialiste en sciences occultes, un romancier est appelé au secours d'une adolescente sous l'emprise d'un prêtre excommunié démoniaque.
VF→LS VO→LS **18 ans +**

**TO THE SHORES OF TRIPOLI** ▷0
É.-U. 1942, Bruce HUMBERSTONE
VO→16,95$ **Général**

**TO WALK WITH LIONS** ▷5
CAN. 1999. Drame d'aventures de Carl SCHULTZ avec Richard Harris, John Michie et Kerry Fox. - Au Kenya, un jeune Anglais devient l'assistant d'un écologiste qui a mis sur pied une réserve destinée à retourner dans la brousse des lions domestiqués.
VF→PC VO→LS

**TO WONG FOO, THANKS FOR EVERYTHING, JULIE NEWMAR** ▷4
É.-U. 1995. Comédie de mœurs de Beeban KIDRON avec Wesley Snipes, Patrick Swayze et John Leguizamo. - Trois travestis tombent en panne d'automobile dans un bled perdu du Nebraska où ils demeurent coincés pendant 48 heures.
VF→11,95$ VO→11,95$ **Général**

**TOAST OF NEW ORLEANS, THE** ▷5
É.-U. 1950. Comédie musicale de Norman TAUROG avec Kathryn Grayson, Mario Lanza et David Niven. - Un pêcheur qui est devenu chanteur d'opéra tombe amoureux de la soprano de la troupe.
VO→19,95$ **Général**

**TOAST OF NEW YORK, THE** ▷5
É.-U. 1937. Drame biographique de Rowland V. LEE avec Edward Arnold, Cary Grant et Frances Farmer. - L'histoire de Jim Fisk, un colporteur de la Nouvelle-Angleterre devenu une célébrité de Wall Street.
VO→LS **Général**

**TOBBY, LE JOUEUR ÉTOILE**
Voir: AIR BUD

**TOBBY 2 - RECEVEUR ETOILE**
Voir: AIR BUD: GOLDEN RECEIVER

**TOBOR THE GREAT** ▷6
É.-U. 1954. Science-fiction de Lee SHOLEM avec Charles Drake, Taylor Holmes et Karin Booth. - Enlevé par des espions, un savant est délivré par un robot qu'il a construit.
VO→19,95$ **Général**

**TOBRUK** ▷5
É.-U. 1966. Drame de guerre d'Arthur HILLER avec Rock Hudson, G. Peppard et Nigel Green. - Des commandos britanniques traversent le désert pour aller faire sauter un dépôt d'essence à Tobrouk.
VO→19,95$ **Non classé**

**TODAY WE LIVE** ▷0
É.-U. 1933, Howard HAWKS
VO→18,95$ **Général**

**TOI ET MOI AUSSI** ▷4
ALL. 1986. Comédie dramatique d'Helmut BERGER avec Anja Franke, Dani Levy et Jens Naumann. - À Berlin, un couple qui est en train de vivre une mauvaise passe sentimentale se trouve embarqué dans une étrange aventure policière.
VF→LS **Général**

**TOILE BLANCHE, LA** ▷0
QUÉ. 1989, Jacques GIRALDEAU
VO→LS **Général**

**TOILE D'ARAIGNÉE, LA**
Voir: THE DROWNING POOL

**TOILE D'ARAIGNÉE, LA** ▷0
QUÉ. 1979, Jacques GIRALDEAU
VO→19,95$ **Général**

**TOIT DE LA BALEINE, LE** ▷0
FR. 1981, Raul RUIZ
STA→82,95$ **Non classé**

**TOKYO COWBOY** ▷4
CAN. 1994. Comédie de mœurs de Kathy GARNEAU avec Hiromoto Ida, Christianne Hirt et Janne Mortil. - Les tribulations d'un jeune Japonais en visite chez une artiste canadienne avec laquelle il entretient une correspondance de longue date.
VO→59,95$ **Général**

**TOKYO DECADENCE** ▷5
JAP. 1992. Drame de mœurs de Kyu MUKARAMI avec Miho Nikaido, Sayoko Amano et Tenmei Kano. - Une prostituée, spécialisée dans les pratiques sadomasochistes, recherche un ancien client dont elle est amoureuse.
VA→49,95$ **18 ans +** **Érotisme**

**TOKYO DRIFTER** ▷0
JAP. 1966, Seijun SUZUKI
STA-LBX→27,95$ STA-LBX-DVD→44,95$ 13 ans +

**TOKYO JOE** ▷5
É.-U. 1949. Drame d'espionnage de Stuart HEISLER avec Humphrey Bogart, Alexander Knox et Florence Marly. - Un Japonais fait chanter un homme dont la femme a trahi la cause américaine.
VO→19,95$

**TOKYO OLYMPIAD** ▷4
JAP. 1965. Documentaire de Kon ICHIKAWA. - Évocation des événements qui ont marqué les Jeux olympiques de Tokyo en 1964.
STA→44,95$ Général

**TOKYO RAIDERS** ▷0
H.K. 2000, Jingle MA
VF→LS VA→LS

**TOKYO-GA** ▷3
ALL. 1985. Documentaire de Wim WENDERS. - Le réalisateur allemand Wim Wenders confronte ses impressions de la ville de Tokyo et les souvenirs qu'il garde de l'œuvre du cinéaste nippon Yasujiro Ozu. - Hommage sous forme de patchwork. Réflexion sur les rapports entre la réalité et le cinéma.
STA→LS Général

**TOL'ABLE DAVID** ▷0
É.-U. 1921, Henry KING
VO→36,95$ Général

**TOLÉRANCE** ▷5
FR. 1989. Comédie satirique de Pierre-Henry SALFATI avec Ugo Tognazzi, Rupert Everett et Anne Brochet. - La vie d'un petit noble italien est perturbée le jour où sa femme hérite d'un ermite dont la présence sème la zizanie.
VO→LS 13 ans +

**TOLL GATE, THE** ▷0
É.-U. 1920, Lambert HILLYER
VO→36,95$ Général

**TOM & JERRY: THE MOVIE** ▷4
É.-U. 1992. Dessins animés de Phil ROMAN. - Un chat et une souris viennent en aide à une fillette qui a maille à partir avec sa méchante tutrice.
VO→13,95$ Général - Enfants

**TOM & VIV** ▷4
ANG. 1994. Drame biographique de Brian GILBERT avec Miranda Richardson, Willem Dafoe et Rosemary Harris. - Un jeune poète épouse une fille de bonne famille sans savoir qu'elle souffre d'un déséquilibre mental.
VF→13,95$ Général

**TOM AND HUCK** ▷5
É.-U. 1995. Comédie dramatique de Peter HEWITT avec Jonathan Taylor Thomas, Brad Renfro et Eric Schweig. - Dans un village au XIXe siècle, un gamin espiègle est témoin d'un meurtre lors d'une escapade nocturne avec un copain.
VF→16,95$ Général

**TOM EST TOUT SEUL** ▷5
FR. 1994. Comédie dramatique de Fabien OTENIENTE avec Florent Pagny, Jean Rochefort et Martin Lamotte. - Après le départ de sa fiancée, un pianiste se met à fréquenter une laverie automatique où il rencontre un vieux dandy expert en thérapie du cœur.
VO→PC Général

**TOM ET LOLA** ▷5
FR. 1989. Drame fantastique de Bertrand ARTHUYS avec Neil Stubbs, Mélodie Collin et Cécile Magnet. - Deux enfants sans défenses immunitaires s'échappent des bulles stérilisées où ils ont toujours vécu et projettent de fuir vers les montagnes.
VO→LS Général

**TOM HORN** ▷4
É.-U. 1980. Western de William WIARD avec Steve McQueen, Richard Farnsworth et Linda Evans. - En 1901, un ancien héros des guerres indiennes est engagé par une association d'éleveurs pour faire la lutte aux voleurs de bétail.
VF→14,95$ 13 ans +

**TOM JONES** ▷3
ANG. 1963. Comédie de Tony RICHARDSON avec Albert Finney, Susannah York et Hugh Griffith. - Les aventures d'un séduisant gaillard d'origine illégitime dans l'Angleterre du XVIIIe siècle. - Adaptation vivante d'un roman d'Henry Fielding. Chronique truculente menée bon train. Mise en scène alerte. Bons interprètes.
VF→14,95$ VO→14,95$ Général

**TOM JONES** ▷5
ANG. 1997. Comédie de mœurs de Metin HÜSEYIN avec Max Beesley, S. Morton et Brian Blessed. - Les aventures d'un séduisant gaillard d'origine illégitime dans l'Angleterre du XVIIIe siècle.
DVD→LS VO→14,95$ VF→14,95$ DVD→LS Général

**TOM SAWYER** ▷5
É.-U. 1972. Comédie musicale de Don TAYLOR avec Johnny Whitaker, Jeff East et Celeste Holm. - Au cours d'une escapade nocturne, un garçonnet devient témoin d'un meurtre.
VO→LS Général

**TOM THUMB** ▷3
É.-U. 1958. Conte de George PAL avec Russ Tamblyn, Alan Young et Terry-Thomas. - Pour les récompenser d'une bonne action, une fée donne à un bûcheron et à sa femme un enfant minuscule. - Heureux agencement de marionnettes, de dessins animés et d'acteurs vivants. Climat de bonne humeur. Interprétation délicieuse de R. Tamblyn.
VO→LS Général

**TOM WAITS: BIG TIME** ▷0
É.-U. 1988, Chris BLUM
VO→LS Général

**TOMAHAWK** ▷5
É.-U. 1951. Western de George SHERMAN avec Van Heflin, Yvonne de Carlo et Preston Foster. - Un trappeur sert de médiateur entre Blancs et Indiens pour tenter d'éviter un conflit.
VO→14,95$ Général

**TOMB OF LIGEIA** ▷4
ANG. 1965. Drame d'horreur de Roger CORMAN avec Vincent Price, Elizabeth Shepherd et John Westbrook. - Une jeune fille épouse un veuf hanté par le fantôme de sa première femme.
VO→LS 13 ans +

**TOMBEAU DES LUCIOLES, LE**
Voir: GRAVE OF THE FIREFLIES

**TOMBÉS DU CIEL** ▷3
PÉR.-ESP. 1990. Drame de mœurs de Francisco J. LOMBARDI avec Gustavo Bueno, Diana Quijano et Leontina Antonina. - Un animateur de radio, un vieux couple de bourgeois ainsi qu'une pauvre servante et ses deux petits-fils essuient plusieurs revers dans leur recherche du bonheur. - Entremêlement habile de trois récits. Ensemble dominé par l'obsession de la mort et des inégalités sociales.
STF→LS 13 ans +

**TOMBS OF THE BLIND DEAD**
Voir: LA RÉVOLTE DES MORTS-VIVANTS

**TOMBS OF THE BLIND DEAD & RETURN OF THE BLIND DEAD** ▷0
ESP. Amando De OSSORIO
DVD→34,95$ 13 ans + Horreur

**TOMBSTONE** ▷4
É.-U. 1993. Western de George P. COSMATOS avec Kurt Russell, Val Kilmer et Michael Biehn. - Un shérif à la retraite qui désire mener une existence tranquille décide pourtant de reprendre les armes afin de mater une bande de hors-la-loi.
VF→16,95$ VO→16,95$ 13 ans + Violence

**TOMCAT ANGELS** ▷0
É.-U. 1991, Don EDMONDS
VO→18,95$ 18 ans + Sexualité explicite

**TOMMY** ▷3
ANG. 1975. Drame musical de Ken RUSSELL avec Ann-Margret, Oliver Reed et Roger Daltrey. - Les tribulations peu ordinaires d'un orphelin de guerre qu'une expérience traumatisante a rendu sourd, muet et aveugle. - Adaptation cinématographique d'un opéra rock. Outrance et démesure propres au réalisateur. Grande invention visuelle. Interprétation caricaturale.
VO→14,95$ LBX-DVD→29,95$ Général

**TOMMY TRICKER AND THE STAMP TRAVELLER** ▷4
CAN. 1988. Comédie fantaisiste de Michael RUBBO avec Lucas Evans, Anthony Rogers et Jill Stanley. - Miniaturisés grâce à une formule magique, deux enfants se rendent en Australie à bord d'un timbre, afin de retrouver une collection philatélique exceptionnelle.
VF→13,95$ Général

**TOMORROW IS FOREVER** ▷5
É.-U. 1949. Mélodrame d'Irving PICHEL avec Claudette Colbert, Orson Welles et George Brent. - Un homme qu'on croyait mort réapparaît après vingt ans pour retrouver sa femme remariée et son fils.
VO→19,95$ Général

**TOMORROW NEVER DIES** ▷4
ANG. 1997. Drame d'espionnage de Roger SPOTTISWOODE avec Pierce Brosnan, Jonathan Pryce et Michelle Yeoh. - Un agent secret affronte un magnat des médias qui veut faire éclater une guerre mondiale afin de faire mousser ses cotes d'écoute.
VO→14,95$ VF→14,95$ 13 ans + Violence

**TON HEURE A SONNÉ**
Voir: CORONER CREEK

**TONIGHT AND EVERY NIGHT** ▷5
É.-U. 1947. Comédie musicale de Victor SAVILLE avec Rita Hayworth, Lee Bowman et Janet Blair. - À Londres, pendant la guerre, les amours d'un officier et d'une chanteuse.
VF→19,95$ VO→18,95$ Non classé

**TONIGHT OR NEVER** ▷0
É.-U. 1931, Mervyn LEROY
VO→54,95$

**TONNERRE APACHE**
Voir: A THUNDER OF DRUMS

**TONTONS FARCEURS, LES**
Voir: THE FAMILY JEWELS

**TOO HOT TO HANDLE** ▷5
É.-U. 1938. Aventures de Jack CONWAY avec Clark Gable, Myrna Loy et Walter Pidgeon. - Rivalité de deux firmes d'actualités cinématographiques entraînées dans des reportages coloniaux.
VO→18,95$ Général

**TOO LATE THE HERO** ▷4
É.-U. 1969. Drame de guerre de Robert ALDRICH avec Cliff Robertson, Michael Caine et Ian Bannen. - Un officier américain reçoit l'ordre de se joindre à une patrouille britannique en mission spéciale dans une île des Nouvelles-Hébrides.
VO→LS Général

**TOO MANY GIRLS** ▷5
É.-U. 1940. Comédie musicale de George ABBOTT avec Lucille Ball, Richard Carlson et Ann Miller. - Quatre footballeurs sont chargés de surveiller la conduite d'une belle héritière qui étudie dans un collège du Nouveau-Mexique.
VO→LS Général

**TOO MUCH SUN** ▷0
É.-U. 1990, Robert DOWNEY
VO→LS Non classé

**TOOTSIE** ▷3
É.-U. 1982. Comédie de mœurs de Sydney POLLACK avec Dustin Hoffman, Jessica Lange et Teri Garr. - Un acteur au chômage décide de se déguiser en femme pour solliciter un rôle dans un feuilleton télévisé. - Développements comiques enrichis d'observations sociales. Ton juste. Ensemble d'un équilibre surprenant. Tour de force d'interprétation de D. Hoffman.
VF→14,95$ VO→14,95$ 13 ans +

**TOP GUN** ▷5
É.-U. 1986. Drame de Tony SCOTT avec Tom Cruise, Kelly McGillis et Anthony Edwards. - Ayant fait montre de courage, un jeune pilote est envoyé dans une école où l'on forme l'élite de l'aviation navale américaine.
VF→14,95$ LBX→13,95$ Général

**TOP HAT** ▷3
É.-U. 1935. Comédie musicale de Mark SANDRICH avec Fred Astaire, Ginger Rogers et Edward Everett Horton. - À la suite d'un malentendu, une jeune femme croit qu'un danseur qui lui fait la cour est le mari d'une amie. - Intrigue mince prétexte à d'excellents numéros de danse. Ton de légèreté et de fantaisie. Interprétation dans la note.
VO→LS Général

**TOP OF THE FOOD CHAIN, THE** ▷6
CAN. 1999. Comédie fantaisiste de John PAIZS avec Campbell Scott, Fiona Loewi et Tom Everett Scott. - La découverte de cadavres en bouillie dans une petite ville amène un savant à soupçonner la présence d'extraterrestres anthropophages.
VF→LS VO→LS

**TOP SECRET** ▷5
É.-U. 1978. Drame d'espionnage de Paul LEAF avec Bill Cosby, Tracy Reed et Sheldon Leonard. - Un super agent américain se rend en Italie pour recouvrer du plutonium volé par des terroristes.
VO→LS Général

**TOP SECRET!** ▷5
É.-U. 1984. Comédie de Jim ABRAHAMS, David et Jerry ZUCKER avec Val Kilmer, Lucy Gutteridge et Jeremy Kemp. - Un chanteur américain de rock'n'roll est entraîné dans une aventure d'espionnage abracadabrante en Allemagne de l'Est.
VO→14,95$ VF→LS 13 ans +

**TOPAZ** ▷4
É.-U. 1969. Drame d'espionnage d'Alfred HITCHCOCK avec Frederick Stafford, John Forsythe et John Vernon. - Un agent français obtient des renseignements à Cuba pour le compte des Américains.
VF→14,95$ VO→14,95$ Général

**TOPAZE** ▷4
FR. 1950. Comédie satirique de Marcel PAGNOL avec Fernandel, Pierre Larquey et Hélène Perdrière. - Renvoyé de son école à cause de sa probité professionnelle, un professeur devient l'homme de paille d'un politicien véreux.
STA→LS Non classé

**TOPKAPI** ▷3
É.-U. 1964. Comédie policière de Jules DASSIN avec Melina Mercouri, Maximilian Schell et Peter Ustinov. - Une femme organise le vol d'un objet précieux dans un musée d'Istanbul. - Suspense adroitement maîtrisé. Touches d'humour. Séquence de vol particulièrement réussie. Comédiens de classe.
VO→14,95$ Général

**TOPLESS WOMEN TALK ABOUT THEIR LIVES** ▷0
N.-Z. 1996, Harry SINCLAIR
VO→PC 16 ans +

**TOPPER RETURNS** ▷4
É.-U. 1941. Comédie fantaisiste de Roy DEL RUTH avec Roland Young, Joan Blondell et Carole Landis. - Un brave homme visité par des fantômes est mêlé à une affaire de meurtre.
VO→15,95$

**TOPSY-TURVY** ▷3
ANG. 1999. Comédie de mœurs de Mike LEIGH avec Jim Broadbent, Allan Corduner et Timothy Spall. - En 1885, à Londres, les tribulations entourant la création d'un opéra comique du célèbre duo Gilbert et Sullivan. - Coulisses du théâtre explorées avec finesse et humanité. Personnages savoureusement typés. Dialogue d'un grand brio. Réalisation mettant parfaitement en valeur le jeu d'excellents comédiens.
VO→14,95$

**TOQUÉE**
Voir: NUTS

**TORA! TORA! TORA!** ▷3
É.-U. 1970. Drame historique de Richard FLEISCHER, Toshio MASUDA et Kinji FUKASUKU avec George Macready, So Yamamura et Martin Balsam. - En 1941, les Japonais attaquent la base américaine de Pearl Harbor. - Reconstitution impressionnante et convaincante. Interprétation fort satisfaisante.
LBX→21,95$ VO→16,95$ VF→16,95$
LBX-DVD→28,95$ **Général**

**TORCH SONG TRILOGY** ▷5
É.-U. 1988. Comédie dramatique de Paul BOGART avec Harvey Fierstein, Anne Bancroft et Matthew Broderick. - Les tribulations amoureuses tumultueuses d'un homosexuel new-yorkais qui recherche le grand amour.
VO→19,95$ **13 ans +**

**TORMENT**
Voir: TOURMANTS

**TORN CURTAIN** ▷3
É.-U. 1966. Drame d'espionnage d'Alfred HITCHCOCK avec Paul Newman, Julie Andrews et Hansjörg Felmy. - Un savant américain se rend en Allemagne de l'Est où il joue la comédie de la défection pour obtenir des secrets importants.
VO→14,95$ **Non classé**

**TORNADE**
Voir: TWISTER

**TORPEDO RUN** ▷5
É.-U. 1958. Drame de guerre de Joseph PEVNEY avec Glenn Ford, Ernest Borgnine et Diane Brewster. - Un sous-marin américain poursuit une flotille japonaise dans le Pacifique.
VO→19,95$ **Général**

**TORRENTS D'AMOUR**
Voir: LOVE STREAMS

**TORRENTS OF SPRING** ▷0
ITA. 1990, Jerzy SKOLIMOWSKI
VO→PC **Non classé**

**TORTILLA FLAT** ▷3
É.-U. 1942. Drame de mœurs de Victor FLEMING avec Spencer Tracy, Hedy Lamarr et John Garfield. - Des oisifs d'un village de Californie tentent d'empêcher l'un des leurs de se marier.
VO→19,95$ **Général**

**TORTUES NINJA, LES**
Voir: TEENAGE MUTANT NINJA TURTLES

**TORTURE CHAMBER OF BARON BLOOD, THE** ▷5
ITA. 1971. Drame d'horreur de Mario BAVA avec Joseph Cotten, Elke Sommer et Massimo Girotti. - Un jeune aristocrate autrichien fait revivre un ancêtre sanguinaire par des incantations magiques.
VO→LS **13 ans +**

**TORTURE ZONE (THE FEAR CHAMBER)** ▷7
MEX. 1968. Drame d'horreur de Juan IBANEZ et Jack HILL avec Juissa, Carlos East et Boris Karloff. - Un savant fou nourrit des humains avec une substance sécrétée par des femmes qui sont effrayées.
VO→LS **13 ans +**

**TOTAL ECLIPSE** ▷5
FR. 1995. Drame biographique d'Agnieszka HOLLAND avec Leonardo DiCaprio, David Thewlis et Romane Bohringer. - Au début des années 1870, le jeune poète Arthur Rimbaud s'engage dans une liaison orageuse avec l'écrivain Paul Verlaine.
VF→19,95$ VO→19,95$ LBX-DVD→27,95$ **13 ans +**

**TOTAL RECALL** ▷4
É.-U. 1990. Science-fiction de Paul VERHOEVEN avec Arnold Schwarzenegger, Rachel Ticotin et Michael Ironside. - En l'an 2084, un ouvrier est pourchassé jusque sur la planète Mars par des agresseurs mystérieux.
VO→13,95$ VF→11,95$ LBX→16,95$
LBX-DVD→22,95$ **18 ans +**

**TOTALE, LA** ▷4
FR. 1991. Comédie de Claude ZIDI avec Thierry Lhermitte, Miou-Miou et Eddy Mitchell. - Un agent secret qui a toujours laissé croire aux siens qu'il n'était qu'un modeste fonctionnaire décide de monter une mascarade pour épater son épouse infidèle.
VO→LS **Général**

**TOTALLY F***ED UP** ▷0
É.-U. 1996, Gregg ARAKI
VO→LS **13 ans + Langage vulgaire**

**TOTO LE HÉROS** ▷3
BEL. 1990. Comédie dramatique de Jaco VAN DORMAEL avec Michel Bouquet, Jo De Backer et Thomas Godet. - Un vieil homme qui a mené une existence morose veut tuer un ancien voisin d'enfance qu'il considère responsable de ses malheurs. - Scénario complexe mais limpide. Climat de nostalgie quasi onirique. Ensemble tantôt drôle tantôt poignant. Grande maîtrise technique. Interprétation superbe de vérité.
STA→LS VO→LS **Général**

**TOUBIB, LE** ▷5
FR. 1979. Drame de guerre de Pierre GRANIER-DEFERRE avec Alain Delon, Véronique Jannot et Bernard Giraudeau. - Un médecin militaire, qui s'est vu forcé de partir pour le front, s'éprend d'une infirmière souffrant d'une grave maladie.
VO→LS **Non classé**

**TOUCH** ▷4
É.-U. 1996. Comédie satirique de Paul SCHRADER avec Bridget Fonda, Christopher Walken et Skeet Ulrich. - Voulant exploiter les dons d'un jeune guérisseur charismatique, un escroc convainc sa partenaire de gagner sa confiance.
VF→11,95$ VO→11,95$ **Général**

**TOUCH OF CLASS, A** ▷4
ANG. 1973. Comédie sentimentale de Melvin FRANK avec George Segal, Glenda Jackson et Paul Sorvino. - Un Américain travaillant à Londres a une liaison avec une divorcée.
VO→LS **13 ans +**

**TOUCH OF EVIL** ▶1
É.-U. 1958. Drame policier réalisé et interprété par Orson WELLES avec Charlton Heston et Janet Leigh. - Un policier mexicain démasque les méthodes peu orthodoxes d'un collègue américain. - Traitement fort original d'un sujet classique. Style éblouissant. Excellents interprètes.
VO-SP.ED→16,95$ VO→LS **13 ans +**

**TOUCHÉ!**
Voir: GOTCHA!

**TOUCHE PAS À LA FEMME BLANCHE** ▷5
FR. 1973. Comédie satirique de Marco FERRERI avec Marcello Mastroianni, Catherine Deneuve et Michel Piccoli. - Le général Custer lance une expédition contre les Sioux et se fait massacrer avec ses hommes.
STA→LS **Général**

**TOUCHE PAS À MON GAZON**
Voir: FUN WITH DICK AND JANE

**TOUCHE PAS À MON PÉRISCOPE**
Voir: DOWN PERISCOPE

**TOUGH ENOUGH** ▷0
É.-U. 1983, Richard FLEISCHER
VO→31,95$

**TOUGH GUYS DON'T DANCE** ▷5
É.-U. 1987. Drame policier de Norman MAILER avec Ryan O'Neal, Isabella Rossellini et Wings Hauser. - Émergeant difficilement d'une cuite monumentale, un écrivain tente de faire le point sur les tragiques événements qui ont précédé le départ de sa femme.
VO→LS **Non classé**

**TOUKI BOUKI** ▷4
SÉN. 1972. Comédie policière de Djibril Diop MAMBETY avec Magaye Niang, Mareme Niang et Moustapha Touré. - Un jeune Sénégalais essaie par divers moyens malhonnêtes de se procurer l'argent voulu pour aller à Paris avec sa petite amie.
STA→44,95$ **Général**

**TOURMENTS** ▷3
SUÈ. 1944. Drame psychologique d'Alf SJÖBERG avec Stig Jarrel, Alf Kjellin et Mai Zetterling. - Un étudiant s'éprend d'une fille déchue qui se dit terrorisée par un sadique. - Scénario d'Ingmar Bergman. Réalisation teintée d'expressionnisme.
STA→27,95$ **13 ans +**

**TOUS LES AUTRES S'APPELLENT ALI** ▷3
ALL. 1973. Drame psychologique de Rainer Werner FASSBINDER avec Brigitte Mira, El Hedi Ben Salem et Barbara Valentin. - Une femme de ménage dans la soixantaine songe à épouser un Marocain, ce qui lui occassionne des ennuis. - Présentation intéressante de diverses formes de préjugés. Personnages plutôt schématiques.
STA→LS **Général**

**TOUS LES CHIENS VONT AU PARADIS**
Voir: ALL DOGS GO TO HEAVEN

**TOUS LES MATINS DU MONDE** ▷3
FR. 1991. Drame d'Alain CORNEAU avec Jean-Pierre Marielle, Anne Brochet et Gérard Depardieu. - Un virtuose de la viole vivant en reclus avec ses deux filles accepte difficilement la présence d'un jeune élève. - Récit raconté avec une grande sobriété de ton. Évocation fastueuse et précise. Images composées comme des tableaux d'époque. Musique admirable. Jeu tout en retenue des interprètes.
VO→14,95$ **Général**

**TOUT ÇA... POUR ÇA!** ▷4
FR. 1992. Comédie de mœurs de Claude LELOUCH avec Marie-Sophie L., Fabrice Lucchini et Francis Huster. - Les mésaventures de cinq couples éprouvant diverses difficultés conjugales.
VO→LS **Général**

**TOUT CE QUE LE CIEL PERMET**
Voir: ALL THAT HEAVEN ALLOWS

**TOUT CE QUE VOUS AVEZ TOUJOURS VOULU SAVOIR SUR LE SEXE SANS JAMAIS OSER LE DEMANDER**
Voir: EVERYTHING YOU ALWAYS WANTED TO KNOW ABOUT SEX BUT WERE AFRAID TO ASK

**TOUT DOIT DISPARAÎTRE** ▷6
FR. 1996. Comédie de Philippe MUYL avec Didier Bourdon, Elie Semoun et Yolande Moreau. - Pour supprimer son épouse acariâtre, un industriel infidèle commande à un auteur de romans policiers le crime parfait.
VO→LS **Général**

**TOUT FEU, TOUT FLAMME** ▷4
FR. 1981. Comédie de Jean-Paul RAPPENEAU avec Yves Montand, Isabelle Adjani et Jean-Luc Bideau. - Un père prodigue entraîne sa fille dans ses manœuvres financières.
VO→LS **Général**

**TOUT LE MONDE DIT: I LOVE YOU**
Voir: EVERYONE SAYS I LOVE YOU

**TOUT LE MONDE N'A PAS EU LA CHANCE D'AVOIR DES PARENTS COMMUNISTES** ▷4
FR. 1993. Comédie dramatique de Jean-Jacques ZILBERMANN avec Josiane Balasko, Maurice Benichou et Catherine Hiégel. - En 1958, une mère de famille se voue à la cause du Parti communiste malgré les objections de son mari.
VO→26,95$ **Général**

**TOUT LE MONDE PEUT SE TROMPER** ▷5
FR. 1982. Comédie policière de Jean COUTURIER avec Fanny Cottençon, Bernard Le Coq et Francis Perrin. - À la suite d'un hold-up, une employée de bijouterie s'empare d'une partie du butin, ce qui l'entraîne dans une série de mésaventures.
VO→LS **Général**

**TOUT LE PLAISIR EST POUR MOI**
Voir: THREE FOR THE SHOW

**TOUT SUR MA MÈRE** ▷3
ESP.-FR. 1999. Drame de mœurs de Pedro ALMODOVAR avec Cecilia Roth, Marisa Paredes et Penélope Cruz. - La mère d'un adolescent tué dans un accident tente de retrouver le père de ce dernier qu'elle avait quitté dix-huit ans plus tôt. - Vibrant hommage aux femmes. Accents mélodramatiques. Mise en scène très relevée. Jeu sensible de C. Roth.
STA→LS VF→LS

**TOUTE LA VILLE ACCUSE** ▷4
FR. 1956. Comédie de Claude BOISSOL avec Jean Marais, Etchika Choureau et Noël Roquevert. - Tous les matins, un jeune romancier peu fortuné découvre à sa porte un sac d'argent.
VO→LS **Général**

**TOUTE UNE NUIT** ▷4
BEL. 1982. Film d'essai de Chantal AKERMAN avec Aurore Clément, Pierre Forget et Véronique Silver. - Par une chaude nuit d'été à Bruxelles, des couples se forment ou se brisent dans diverses parties de la ville.
STA→79,95$ **Général**

**TOUTE UNE VIE** ▷5
FR. 1975. Chronique de Claude LELOUCH avec Marthe Keller, André Dussollier et Charles Denner. - Divers incidents menant à la rencontre de l'héritière d'un riche industriel avec un jeune voleur devenu réalisateur de films.
VO→LS **Général**

**TOUTES PEINES CONFONDUES** ▷3
FR. 1992. Drame policier de Michel DEVILLE avec Patrick Bruel, Jacques Dutronc et Mathilda May. - Un inspecteur de police voit son intégrité mise au défi lorsqu'il est appelé à enquêter dans l'entourage d'un trafiquant de drogue. - Thriller déroutant fondé sur le jeu subtil des relations entre les personnages. Mise en scène d'une élégance glaciale. Climat quasi surréaliste. Bons interprètes.
VO→19,95$ **Général**

**TOWER OF LONDON** ▷5
É.-U. 1939. Drame de Rowland V. LEE avec Boris Karloff, Basil Rathbone et Nan Grey. - Les cruautés du roi Richard III d'Angleterre.
VO→11,95$ **Général**

**TOWER OF LONDON** ▷6
É.-U. 1962. Drame historique de Roger CORMAN avec Vincent Price, Michael Pate et Joan Freeman. - La carrière sanglante de Richard III, roi d'Angleterre.
VO→11,95$ **Général**

**TOWERING INFERNO, THE** ▷4
É.-U. 1974. Drame de John GUILLERMIN et Irwin ALLEN avec Paul Newman, Steve McQueen et William Holden. - Un incendie se déclare au 81e étage d'un gratte-ciel de San Francisco alors qu'une réception est en cours au 135e.
LBX→22,95$ VO→22,95$ LBX-DVD→28,95$ **13 ans +**

**TOWN THAT DREADED SUNDOWN, THE** ▷0
É.-U. 1977, Charles B. PIERCE
VO→LS 13 ans +

**TOWN WITHOUT PITY** ▷5
É.-U. 1961. Drame de Gottfried REINHARDT avec Kirk Douglas, E.G. Marshall et Robert Blake. - Quatre soldats américains cantonnés en Allemagne sont traduits en cour martiale pour viol.
VO→19,95$ 13 ans +

**TOXIC AFFAIR** ▷5
FR. 1993. Comédie dramatique de Philomène ESPOSITO avec Isabelle Adjani, Clémentine Célarié et Sergio Castellitto. - Complètement esseulée depuis que son amant l'a quittée, une jeune femme s'efforce difficilement de reprendre sa vie en main.
VO→12,95$ Général

**TOXIC AVENGER, THE** ▷7
É.-U. 1984. Drame d'horreur de Michael HERZ et Samuel WEIL avec Mark Torgl, Mitchell Cohen et Andree Maranda. - Tombé dans un baril de déchets toxiques, un garçon malingre se transforme en un colosse monstrueux qui s'attaque aux truands de la ville.
D.CUT→18,95$ DVD→32,95$ 18 ans +

**TOXIC AVENGER, PART 2, THE** ▷7
É.-U. 1989. Drame d'horreur de Michael HERZ et Lloyd KAUFMAN avec Ron Fazio, John Altamura et Phoebe Legere. - Un colosse monstrueux décide de s'attaquer à des trafiquants de drogue qu'il poursuit jusqu'au Japon.
VO→LS 16 ans + Horreur

**TOXIC LE RAVAGEUR**
Voir: THE TOXIC AVENGER

**TOY STORY** ▷3
É.-U. 1995. Dessins animés de John LASSETER. - Animés d'une vie propre, les jouets d'un petit garçon vivent des aventures périlleuses lorsqu'ils tombent entre les mains d'un jeune voisin malicieux. - Premier long métrage entièrement animé par ordinateur. Récit imaginatif et plein d'humour. Aspects techniques remarquables. Héros attachants.
VO→22,95$ VF→22,95$ Général - Enfants

**TOY STORY 2** ▷3
É.-U. 1999. Dessins animés de John LASSETER, Lee UNKRICH et Ash BRANNON. - Des jouets animés d'une vie propre partent à la rescousse d'un des leurs enlevé par un collectionneur cupide. - Récit très bien construit. Mélange habile d'humour et d'action.
VF→26,95$ VO→26,95$

**TOY STORY (COFFRET- 3 DVD)** ▷0
Voir: TOY STORY I · TOY STORY II

**TOYS** ▷5
É.-U. 1992. Comédie dramatique de Barry LEVINSON avec Robin Williams, Michael Gambon et Joan Cusack. - Un homme tente de déjouer les plans machiavéliques de son oncle militaire qui fabrique des armes dans une usine de jouets.
VF→11,95$ VO→11,95$ Général

**TOYS IN THE ATTIC** ▷5
É.-U. 1963. Drame de George Roy HILL avec Geraldine Page, Dean Martin et Yvette Mimieux. - Une femme cherche à briser le ménage de son frère qu'elle aime d'un amour possessif.
VO→18,95$ Général

**TRACES DU RÊVE, LES** ▷4
QUÉ. 1985. Documentaire de Jean-Daniel LAFOND. - Portrait du cinéaste québécois Pierre Perrault à travers ses activités professionnelles et des extraits de son œuvre.
VO→LS Général

**TRACK 29** ▷0
ANG. 1988, Nicolas ROEG
VO→LS 13 ans +

**TRACK OF THE CAT** ▷4
É.-U. 1954. Western de William A. WELLMAN avec Robert Mitchum, Teresa Wright et Diana Lynn. - Les membres d'une famille pourchassent un félin prédateur.
VO→14,95$ Général

**TRACKS** ▷0
É.-U. 196, Henry JAGLOM
VO→LS Non classé

**TRADER HORN** ▷4
É.-U. 1931. Aventures de W.S. VAN DYKE II avec Harry Carey, Edwina Booth et Duncan Renaldo. - Dans la jungle africaine, des explorateurs délivrent une jeune Blanche captive d'une tribu indigène.
VO→19,95$ Général

**TRADING PLACES** ▷4
É.-U. 1983. Comédie de John LANDIS avec Dan Aykroyd, Eddie Murphy et Jamie Lee Curtis. - Pour les besoins d'un pari, deux hommes d'affaires remplacent leur directeur par un Noir sans formation financière.
VO→14,95$ 13 ans +

**TRAFFIC** ▷3
É.-U. 2000. Drame de Steven SODERBERGH avec Michael Douglas, Benicio Del Toro et Catherine Zeta-Jones. - Trois histoires entremêlées racontant les efforts de politiciens et de policiers engagés dans la lutte contre le trafic des stupéfiants. - Fresque ample et fort bien construite. Grande maîtrise esthétique et technique. Distribution de haut vol.
13 ans +

**TRAFFIC IN SOULS** ▷0
É.-U. 1913, George Loane TUCKER
VO→36,95$ Général

**TRAFFIC JAM (JUTAI)** ▷0
JAP. 1991, Mitsuo KUROTSUCHI
VO→LS Général

**TRAFIC** ▷3
FR. 1971. Comédie réalisée et interprétée par Jacques TATI avec Maria Kimberly et Marcel Fraval. - Un dessinateur industriel se rend en Hollande pour la présentation d'une camionnette à une exposition. - Satire du monde de l'automobile. Gags nombreux et réussis. Observation précise. Climat euphorique. Présence amusante de Tati dans le rôle de M. Hulot.
VO→27,95$ Général

**TRAGÉDIE D'UN HOMME RIDICULE, LA** ▷0
ITA. 1981, Bernardo BERTOLUCCI
STA→LS Général

**TRAGÉDIE DE LA MINE, LA** ▷3
ALL. 1931. Drame de Georg Wilhelm PABST avec Alexandre Granach, Fritz Kampers et Georges Chalia. - Des mineurs allemands secourent des mineurs français bloqués dans une galerie. - Intérêt documentaire. Excellente construction dramatique. Mise en scène vigoureuse et réaliste.
STA→LS Non classé

**TRAGEDY OF A RIDICULOUS MAN**
Voir: LA TRAGÉDIE D'UN HOMME RIDICULE

**TRAHISON**
Voir: JUDAS KISS

**TRAIL OF THE LONESOME PINE, THE** ▷4
É.-U. 1936. Drame de Henry HATHAWAY avec Fred MacMurray, Henry Fonda et Sylvia Sidney. - Deux familles vivent isolées dans les montagnes du Cumberland, en inimitié l'une envers l'autre.
VO→14,95$ Général

**TRAIL OF THE PINK PANTHER** ▷5
É.-U. 1982. Comédie policière de Blake EDWARDS avec Peter Sellers, Joanna Lumley et Richard Mulligan. - Une journaliste de la télévision entreprend une enquête sur la disparition d'un policier célèbre dans un accident d'avion.
LBX→14,95$ VO→14,95$ VF→14,95$ Général

**TRAIN, LE** ▷4
FR. 1973. Drame sentimental de Pierre GRANIER-DEFERRE avec Jean-Louis Trintignant, Romy Schneider et Maurice Biraud. - Alors que les Allemands entrent en France, un homme séparé de sa femme est attiré par une inconnue sur un train bondé.
VO→LS Général

**TRAIN, THE** ▷4
FR. 1964. Drame de guerre de John FRANKENHEIMER avec Burt Lancaster, Jeanne Moreau et Paul Scofield. - Des cheminots français cherchent à empêcher le transport d'œuvres d'art en Allemagne, à la fin de la guerre.
VO→14,95$ LBX-DVD→18,95$ Général

**TRAIN D'ENFER**
Voir: MONEY TRAIN

**TRAIN DE 16h50, LE**
Voir: MURDER SHE SAID

**TRAIN DE VIE** ▷4
FR. 1998. Comédie dramatique de Radu MIHAILEANU avec Lionel Abelanski, Rufus et Clément Harari. - Avant l'arrivée des nazis, les habitants d'un village juif d'Europe de l'Est décident de fuir en organisant un faux train de déportés.
STA→LS VO→LS

**TRAIN DES ÉPOUVANTES, LE**
Voir: DR. TERROR'S HOUSE OF HORRORS

**TRAIN OF DREAMS** ▷4
CAN. 1987. Drame social de John N. SMITH avec Jason St. Amour, Marcella Santa Maria et Fred Ward. - Purgeant une sentence dans un centre de redressement, un adolescent rebelle est amené par un éducateur à réfléchir sur sa situation.
VF→19,95$ Général

**TRAIN RIDE TO HOLLYWOOD** ▷0
É.-U. 1978, Charles R. RONDEAU
LBX→14,95$ Général

**TRAIN SPÉCIAL POUR HITLER** ▷0
FR.-ESP. 1977, Alain PAYET
VF→LS

**TRAINS ÉTROITEMENT SURVEILLÉS** ▷3
TCH. 1966. Comédie dramatique de Jiri MENZEL avec Vaclav Neckar, Jitka Bendova et Joseph Somr. - Après une expérience amoureuse manquée, un jeune homme tente de se suicider. - Ensemble sympathique. Réalisation adroite. Interprétation très naturelle.
STA→LS Général

**TRAINSPOTTING** ▷3
ANG. 1995. Comédie de mœurs de Danny BOYLE avec Ewan McGregor, Robert Carlyle et Kelly Macdonald. - La vie quotidienne d'un petit groupe de toxicomanes de la banlieue d'Édimbourg à la fin des années 1980. - Approche à la fois provocatrice et énergisante. Fantaisie flirtant avec le surréalisme.
VO→18,95$ VF→14,95$ LBX→19,95$
LBX-DVD→27,95$ 16 ans + Langage vulgaire

**TRAITEMENT DE CHOC** ▷4
FR. 1972. Drame d'Alain JESSUA avec Annie Girardot, Alain Delon et Robert Hirsch. - La directrice d'une boutique de vêtements de Paris se rend en Bretagne pour suivre en clinique une cure de rajeunissement.
VO→LS 18 ans +

**TRAÎTRE OU PATRIOTE** ▷4
CAN. 2000. Documentaire de Jacques GODBOUT. - Portrait du politicien Adélard Godbout, qui a été premier ministre du Québec de 1939 à 1944. - Leçon d'histoire présentée sur un ton personnel et original.
VO→19,95$

**TRAMP, TRAMP, TRAMP** ▷0
É.-U. 1926, Harry EDWARDS
VO→34,95$ Général

**TRAMWAY NOMMÉ DÉSIR, UN**
Voir: A STREETCAR NAMED DESIRE

**TRANCERS** ▷4
É.-U. 1984. Science-fiction de Charles BAND avec Tim Thomerson, Helen Hunt et Michael Stefani. - En l'an 2247, un policier en chasse d'un criminel notoire que l'on croit mort retourne dans le passé et emprunte l'identité d'un aïeul pour poursuivre ses recherches.
VF→LS 13 ans +

**TRANCHES DE VIE** ▷5
FR. 1985. Film à sketches de François LETERRIER avec Michel Boujenah, Martin Lamotte et Gérard Jugnot. - Illustration de divers travers de l'homme contemporain.
VO→LS 13 ans +

**TRANSYLVANIA TWIST** ▷0
É.-U. 1990, Jim WYNORSKI
VF→LS Non classé

**TRAP, THE** ▷5
É.-U. 1959. Drame policier de Norman PANAMA avec Richard Widmark, Lee J. Cobb et Tina Louise. - Un chef de gang tente de fuir au Mexique.
VO→18,95$ Non classé

**TRAP, THE** ▷5
ANG. 1966. Aventures de Sidney HAYERS avec Oliver Reed, Rita Tushingham et Rex Sevenoaks. - Un trappeur brutal et primitif s'achète une femme en la personne d'une jeune muette sans défense.
VO→18,95$ Général

**TRAPEZE** ▷3
É.-U. 1955. Drame de Carol REED avec Burt Lancaster, Gina Lollobrigida et Tony Curtis. - Une brune capiteuse sème la discorde dans un cirque. - Triangle classique. Extraordinaire numéro de trapèze. Aspects techniques remarquables. Interprètes à la hauteur.
VO→19,95$ Général

**TRAPPE, LA** ▷4
SUÈ. 1987. Comédie policière de Jonas FRICK avec Bjorn Skifs, Gunnel Fred et Gino Samil. - Emprisonné à tort, un professeur de chimie découvre une vaste conspiration criminelle.
VF→LS Général

**TRAPPED IN PARADISE** ▷5
É.-U. 1994. Comédie policière de George GALLO avec Nicolas Cage, Jon Lovitz et Dana Carvey. - Un 24 décembre, divers concours de circonstances empêchent trois criminels de quitter la petite ville où ils viennent de braquer une banque.
VF→11,95$ VO→PC Général

**TRAQUENARD**
Voir: ENTRAPMENT

**TRAQUÉS, LES** ▷4
FR. 1976. Drame policier de Serge LEROY avec Jean-Louis Trintignant, Bernard Fresson et Mireille Darc. - Un homme et son jeune beau-fils sont pris en chasse par un inconnu sur la route entre Rome et Paris.
VO→LS Non classé

**TRASH** ▷5
É.-U. 1970. Drame de mœurs de Paul MORRISSEY avec Joe Dallesandro, Holly Woodlawn et Jane Forth. - Les tribulations d'un jeune héroïnomane et de son ami travesti qui vivent de divers expédients.
VO→34,95$ 18 ans +

**TRAUMA** ▷6
É.-U. 1993. Drame d'horreur de Dario ARGENTO avec Christopher Rydell, Asia Argento et Piper Laurie. - Une jeune anorexique et son copain tentent de percer le mystère entourant une série de meurtres dont les victimes ont été décapitées.
VF→LS 16 ans + Horreur

**TRAVELLERS** ▷0
IRAN 1992, Bahram BEYZAI
STA→42,95$ Général

**TRAVELLING AVANT** ▷4
FR. 1987. Drame de Jean-Charles TACCHELLA avec Thierry Frémont, Ann-Gisel Glass et Simon de la Brosse. - Les aventures sentimentales de trois amis, passionnés de cinéma, les empêchent de fonder ensemble un ciné-club.
VO→LS Général

**TRAVELLING EXECUTIONER, THE** ▷5
É.-U. 1970. Comédie dramatique de Jack SMIGHT avec Stacy Keach, Mariana Hill et Bud Cort. - Appelé à exécuter une prisonnière, un bourreau s'éprend d'elle et accepte d'organiser son évasion.
VF→LS 18 ans +

**TRAVELS WITH MY AUNT** ▷4
ANG. 1972. Comédie policière de George CUKOR avec Maggie Smith, Alec McCowen et Lou Gossett. - Un austère comptable londonien est entraîné dans une folle aventure par une tante excentrique.
LBX→19,95$ Général

**TRAVERSÉE DE PARIS, LA** ▷3
FR. 1956. Drame de Claude AUTANT-LARA avec Jean Gabin, Bourvil et Louis de Funès. - En 1942, les tribulations de deux hommes mêlés à des opérations de marché noir. - Ton d'humour noir. Interprétation remarquable. - Adaptation d'une nouvelle de Marcel Aymé.
VO→26,95$ Général

**TRAVERSÉES** ▷4
TUN. 1982. Drame social de Mahmoud Ben MAHMOUD avec Fadhel Jaziri, Julian Negulesco et Eva Darlan. - Deux réfugiés sont retenus sur un traversier après avoir été rejetés de chaque côté de la Manche par les douanes anglaise et belge.
STF→LS Général

**TRAVIATA, LA** ►2
ITA. 1982. Spectacle musical de Franco ZEFFIRELLI avec Teresa Stratas, Placido Domingo et Cornell McNeil. - Un jeune homme s'éprend d'une courtisane qui le quitte pour sauvegarder son avenir et son honneur. - Adaptation somptueuse de l'opéra de Verdi. Images imprégnées de lyrisme. Décors luxueux. Interprétation admirable de T. Stratas.
STA→19,95$ LBX-DVD→27,95$ Général

**TREASURE HUNT** ▷0
H. K. 1994, Lau CHUN WAI
STA→LS Général

**TREASURE ISLAND** ▷4
É.-U. 1934. Aventures de Victor FLEMING avec Wallace Beery, Jackie Cooper et Lionel Barrymore. - Un jeune garçon fait partie d'une expédition organisée pour trouver le trésor d'un pirate.
VO→18,95$ Général

**TREASURE ISLAND** ▷4
É.-U. 1950. Aventures de Byron HASKIN avec Robert Newton, Bobby Driscoll et Basil Sidney. - Un jeune garçon et un chef de pirates font partie d'une expédition à la recherche d'un trésor.
VF→19,95$ Général

**TREASURE ISLAND** ▷4
É.-U. 1990. Aventures de Fraser C. HESTON avec Charlton Heston, Christian Bale et Richard Johnson. - Après avoir reçu d'un marin mourant la carte d'une île où se trouve un trésor caché par des pirates, le fils d'un aubergiste part à sa recherche en compagnie de notables.
VF→19,95$ VO→PM Non classé

**TREASURE, THE** ▷5
É.-U. 1990. Aventures de Robert CORDING avec John Weisbarth, Freddy Rible et Frank Jimison. - Trois jeunes gens découvrent que la disparition d'un gardien de phare, il y a 30 ans, est liée à l'existence d'un fabuleux trésor.
VF→LS Non classé

**TREASURE OF THE SIERRA MADRE, THE** ►1
É.-U. 1948. Drame de John HUSTON avec Humphrey Bogart, Walter Huston et Tim Holt. - Trois aventuriers cherchent un gisement d'or au Mexique. - Adaptation d'un roman de B. Traven. Œuvre humaine et très dramatique. Mise en scène soignée. Interprétation remarquable.
VF→14,95$ VO→19,95$ Général

**TREE GROWS IN BROOKLYN, A** ▷4
É.-U. 1948. Comédie dramatique d'Elia KAZAN avec Joan Blondell, Peggy Ann Garner et Dorothy McGuire. - Les problèmes familiaux d'une adolescente au début du siècle.
VO→16,95$ Général

**TREE OF THE WOODEN CLOGS, THE**
Voir: L'ARBRE AUX SABOTS

**TREES LOUNGE** ▷4
É.-U. 1996. Drame de mœurs réalisé et interprété par Steve BUSCEMI avec Mark Boone Junior et Chloe Sevigny. - Les tribulations d'un célibataire paumé et sans emploi qui passe son temps à pinter dans un bar minable.
VO→11,95$ LBX-DVD→42,95$ 13 ans +

**TREIZE À LA DOUZAINE**
Voir: CHEAPER BY THE DOZEN

**TREIZE MARCHES DE L'ANGOISSE, LES**
Voir: THE ATTIC

**TREIZIÈME ÉTAGE, LE**
Voir: THE THIRTEENTH FLOOR

**TREMORS** ▷5
É.-U. 1989. Drame d'horreur de Ron UNDERWOOD avec Kevin Bacon, Fred Ward et Finn Carter. - Dans une petite ville du Nevada, deux travailleurs itinérants et une jeune sismologue doivent contrer les assauts d'étranges créatures.
VF→11,95$ VO→11,95$ 13 ans +

**TRENTE-DEUX FILMS BREFS SUR GLENN GOULD**
Voir: THIRTY-TWO SHORT FILMS ABOUT GLENN GOULD

**TRENTE-SIX HEURES AVANT LE DÉBARQUEMENT**
Voir: 36 HOURS

**TRÈS BRÈVE HISTOIRE DE MEURTRE, DE SENTIMENT ET D'UN AUTRE COMMANDEMENT** ▷5
POL. 1991. Comédie dramatique de Rafal WIECZYNSKI avec Katarzyna Weglicka, Mariusz Czajka et Tomasz Sapryk. - Un voyou et un facteur rivalisent pour l'amour d'une coiffeuse qui hésite entre les deux.
STF→LS Général

**TRÉSOR DE CANTENAC, LE** ▷4
FR. 1950. Conte réalisé et interprété par Sacha GUITRY avec Lana Marconi et Pauline Carton. - Après avoir découvert un trésor caché dans son château par un de ses ancêtres, un comte emploie sa fortune à faire le bonheur des villageois.
VO→LS Général

**TRESPASS** ▷5
É.-U. 1992. Drame policier de Walter HILL avec Bill Paxton, Ice T et William Sadler. - Alors qu'ils recherchent un trésor caché dans une usine désaffectée, deux pompiers entrent en lutte avec des loubards du coin.
VF→PC VO→PC 18 ans + Violence

**TRÈVE POUR L'AMOUR, UNE**
Voir: DYING YOUNG

**TRÈVE, LA** ▷4
ITA. 1996. Drame biographique de Francesco ROSI avec John Turturro, Massimo Ghini et Rade Serbedzija. - Libéré du camp d'Auschwitz en 1945, un juif italien entreprend un voyage parsemé d'embûches pour rentrer dans son pays.
VF→19,95$ VO→19,95$ Général

**TRIADE DE SHANGHAI, LA** ▷4
CHI. 1995. Drame de Zhang YIMOU avec Gong Li, Li Baotian et Wang Xiaoxiao. - En 1930, un jeune garçon découvre le monde de la pègre chinoise en étant au service de la maîtresse d'un mafioso.
STA→24,95$ VF→LS Général

**TRIAL, THE** ▶2
FR. 1962. Drame réalisé et interprété par Orson WELLES avec Anthony Perkins et Romy Schneider. - Un homme en état d'arrestation n'arrive pas à savoir de quel crime on l'accuse. - Œuvre insolite et hardie. Récit fidèle à l'esprit du roman de Kafka. Décors hallucinants. A. Perkins excellent.
VO→24,95$ LBX-DVD→46,95$ 13 ans +

**TRIAL, THE** ▷5
ANG. 1993. Drame de David JONES avec Kyle MacLachlan, Jason Robards et Juliet Stevenson. - Un homme en état d'arrestation n'arrive pas à savoir de quel crime on l'accuse.
VO→11,95$ DVD→49,95$ Général

**TRIAL AND ERROR** ▷5
É.-U. 1997. Comédie de Jonathan LYNN avec Michael Richards, Jeff Daniels et Charlize Theron. - Afin d'aider son ami avocat qui se remet mal d'une cuite, un acteur excentrique se fait passer pour lui durant le procès d'un criminel.
VO→14,95$ Général

**TRIAL BY JURY** ▷5
É.-U. 1994. Drame judiciaire de Heywood GOULD avec Joanne Whalley-Kilmer, Armand Assante et Gabriel Byrne. - Membre d'un jury devant juger un mafioso, une mère divorcée est victime de manœuvres d'intimidation de la part de l'accusé.
VO→PC VF→13,95$ 13 ans + Violence

**TRIBUTE** ▷4
CAN. 1980. Drame psychologique de Bob CLARK avec Jack Lemmon, Robby Benson et Lee Remick. - Apprenant qu'il ne lui reste que quelques mois à vivre, un écrivain raté tente de renouer avec son fils.
VF→LS VO→LS Général

**TRIBUTE TO A BAD MAN** ▷4
É.-U. 1955. Western de Robert WISE avec James Cagney, Irene Papas et Don Dubbins. - Un éleveur dur et impitoyable finit par reconnaître l'odieux de sa conduite.
VO→18,95$ Général

**TRICHE, LA** ▷4
FR. 1984. Drame de mœurs de Yannick BELLON avec Victor Lanoux, Xavier Deluc et Anny Duperey. - Un commissaire de police marié et père de famille s'engage dans une liaison avec un jeune musicien qu'il a rencontré en enquêtant sur un meurtre.
VO→LS 13 ans +

**TRICHEURS** ▷5
FR. 1983. Drame de mœurs de Barbet SCHROEDER avec Jacques Dutronc, Bulle Ogier et Kurt Raab. - Un joueur invétéré devient le complice d'un tricheur professionnel qui a mis au point une méthode infaillible pour tromper les croupiers.
STA→LS Non classé

**TRICK** ▷4
É.-U. 1999. Comédie de mœurs de Jim FALL avec Christian Campbell, John Paul Pitoc et Tori Spelling. - À New York, deux jeunes homosexuels qui viennent de faire connaissance passent la nuit à chercher un endroit pour faire l'amour.
LBX-DVD→PC 13 ans +

**TRIGGER EFFECT, THE** ▷5
É.-U. 1996. Drame social de David KOEPP avec Kyle MacLachlan, Elisabeth Shue et Dermot Mulroney. - Un jeune couple et un copain vivent des moments angoissants alors qu'une partie du pays est paralysée par une panne d'électricité et de téléphone.
VF→15,95$ VO→15,95$ 13 ans +

**TRILOGY OF TERROR** ▷4
É.-U. 1975. Film à sketches de Dan CURTIS avec Karen Black, Robert Burton et John Karlin. - Trois récits étranges basés sur des nouvelles du romancier Richard Matheson.
VO→14,95$ 13 ans + Horreur

**TRIO INFERNAL, LE** ▷4
FR. 1974. Drame policier de Francis GIROD avec Michel Piccoli, Romy Schneider et Mascha Gomska. - Au cours des années 1920, un avocat s'engage dans une série de crimes crapuleux avec la complicité de deux sœurs allemandes.
STA→32,95$ 18 ans +

**TRIOMPHE DE BUFFALO BILL, LE**
Voir: PONY EXPRESS

**TRIOMPHE DE LA VOLONTÉ, LE** ▷0
ALL. 1935, Leni RIEFENSTAHL
STA→52,95$ Général

**TRIP TO BOUNTIFUL, THE** ▷3
É.-U. 1985. Drame psychologique de Peter MASTERSON avec Geraldine Page, John Heard et Carlin Glynn. - Voulant échapper à une existence familiale médiocre, une vieille dame tente de retourner sur les lieux de son enfance. - Film modeste et nostalgique. Mise en scène retenue. Observations psychologiques intéressantes. Ton de vraisemblance. Composition touchante de G. Page.
VF→LS VO→LS Général

**TRIP, THE** ▷4
É.-U. 1967. Drame psychologique de Roger CORMAN avec Peter Fonda, Bruce Dern et Dennis Hopper. - Initié par son ami au LSD, un jeune homme vit diverses aventures durant ses hallucinations.
VO→LS Non classé

**TRISTANA** ▶2
ESP. 1970. Drame psychologique de Luis BUÑUEL avec Catherine Deneuve, Fernando Rey et Franco Nero. - Une orpheline tombe amoureuse d'un jeune peintre et s'enfuit avec lui pour échapper à son tuteur qui a fait d'elle sa maîtresse. - Style d'une rigueur exceptionnelle. Mise en scène dépouillée. Interprètes dirigés avec sûreté.
STA→27,95$ 13 ans +

**TRISTESSE ET BEAUTÉ** ▷5
FR. 1985. Drame psychologique de Joy FLEURY avec Myriem Roussel, Charlotte Rampling et Andrzej Zulawski. - Pour venger une amie, une jeune peintre espère détruire le bonheur familial de l'ancien amant de celle-ci.
VO→14,95$ 13 ans +

**TRIUMPH OF THE SPIRIT** ▷4
É.-U. 1989. Drame biographique de Robert M. YOUNG avec Willem Dafoe, Edward James Olmos et Wendy Gazelle. - Emprisonné dans le camp de concentration d'Auschwitz, un Grec juif survit en participant à des matches de boxe pour le plaisir de ses gardiens.
VO→LS 13 ans +

**TRIUMPH OF THE WILL**
Voir: LE TRIOMPHE DE LA VOLONTÉ

**TRIUMPHS OF A MAN CALLED HORSE** ▷5
É.-U. 1983. Western de John HOUGH avec Michael Beck, Ana de Sade et Richard Harris. - Le fils d'un Anglais devenu chef des Sioux doit lutter contre les incursions des Blancs sur le territoire de sa tribu.
VO→LS Non classé

**TRIXIE** ▷5
É.-U. 2000. Comédie policière d'Alan RUDOLPH avec Emily Watson, Dermot Mulroney et Nick Nolte. - Victime de sa candeur, une gardienne de sécurité se compromet dans une sombre histoire de meurtre et de chantage.
VF→LS VO→LS

**TROG** ▷0
É.-U. 1970, Freddie FRANCIS
VO→14,95$ 13 ans +

**TROIS BÉBÉS SUR LES BRAS**
Voir: ROCK-A-BYE BABY

**TROIS CABALLEROS, LES**
Voir: THE THREE CABALLEROS

**TROIS CHANTS SUR LÉNINE** ▷0
RUS. 1934, Dziga VERTOV
ITA→41,95$ Général

**TROIS COULEURS - BLEU** ▶2
FR. 1993. Drame psychologique de Krzysztof KIESLOWSKI avec Juliette Binoche, Benoît Régent et Florence Pernel. - Après avoir perdu son mari et sa fillette dans un accident, une jeune femme tente d'effacer toute trace de son passé. - Récit bouleversant raconté par petites touches allusives. Ton de mystère envoûtant. Grande profondeur psychologique. Composition visuelle admirable. Jeu sobre et sensible de J. Binoche.
STA→14,95$ VO→14,95$ Général

**TROIS COULEURS - BLANC** ▷3
FR. 1993. Comédie dramatique de Krzysztof KIESLOWSKI avec Zbigniew Zamachowski, Julie Delpy et Janusz Gajos. - Toujours amoureux de son ex-épouse qui vit à Paris, un nouveau riche polonais se fait passer pour mort afin d'appâter celle-ci avec son héritage. - Histoire d'amour singulière évoquant de manière métaphorique les liens entre l'Est et l'Ouest. Ironie douce-amère. Interprètes magnifiquement dirigés.
STA→14,95$ VO→14,95$ Général

**TROIS COULEURS – ROUGE** ▶2
FR. 1994. Drame psychologique de Krzysztof KIESLOWSKI avec Irène Jacob, Jean-Louis Trintignant et Jean-Pierre Lorit. - Une complicité inattendue se développe entre un vieux juge cynique et une jeune femme sensible. - Œuvre subtilement émouvante et intelligente. Jeux du destin évoqués avec une grande aisance d'écriture. Psychologie pénétrante. Images recherchées. Performance radieuse de I. Jacob.
STA→14,95$ VO→14,95$ Général

**TROIS COULEURS - BLEU, BLANC, ROUGE (COFFRET)** ▷3
Voir: TROIS COULEURS - BLUE · TROIS COULEURS - BLANC ·TROIS COULEURS - ROUGE
STA→36,95$ VO→38,95$ Général

**TROIS FRÈRES** ▶2
ITA. 1981. Drame social de Francesco ROSI avec Philippe Noiret, Michele Placido et Vittorio Mezzogiorno. - Les trois fils d'un fermier sont réunis dans la maison familiale à l'occasion de la mort de leur mère. - Scénario inspiré d'une nouvelle russe. Film intelligemment réflexif. Mise en images admirable. Interprétation solide.
STA→LS VF→LS Général

**TROIS FRÈRES, LES** ▷5
FR. 1995. Comédie de mœurs réalisée et interprétée par Didier BOURDON et Bernard CAMPAN avec Pascal Légitimus. - Trois frères qui ne se sont connus qu'à la mort de leur mère sont obligés de cohabiter après avoir perdu leur héritage.
VO→18,95$ Général

**TROIS FUGITIFS**
Voir: THREE FUGITIVES

**TROIS HEURES, L'HEURE DU CRIME**
Voir: THREE O'CLOCK HIGH

**TROIS HOMMES ET UN COUFFIN** ▷4
FR. 1985. Comédie de mœurs de Coline SERREAU avec Roland Giraud, Michel Boujenah et André Dussollier. - Trois célibataires endurcis partageant un grand appartement vont devoir se transformer en pères adoptifs d'un bébé déposé devant leur porte.
STA→18,95$ VO→LS Général

**TROIS JOURS À VIVRE** ▷5
FR. 1957. Drame policier de Gilles GRANGIER avec Daniel Gélin, Jeanne Moreau et Lino Ventura. - Un acteur témoin d'un meurtre est poursuivi par celui qu'il a fait condamner injustement.
VO→LS Non classé

**TROIS MONTRÉAL DE MICHEL TREMBLAY, LES** ▷0
QUÉ. 1989, Michel MOREAU
VO→LS Général

**TROIS MOUSQUETAIRES, LES**
Voir: THE THREE MUSKETEERS

**TROIS PLACES POUR LE 26** ▷5
FR. 1988. Comédie musicale de Jacques DEMY avec Yves Montand, Mathilda May et Françoise Fabian. - Arrivé à Marseille pour y monter une comédie musicale qui retrace les plus importantes étapes de sa carrière, Yves Montand tombe amoureux d'une jeune danseuse.
VO→19,95$ Général

**TROIS POMMES À CÔTÉ DU SOMMEIL** ▷4
QUÉ. 1988. Drame psychologique de Jacques LEDUC avec Normand Chouinard, Paule Baillargeon et Josée Chaboillez. - Le jour de ses quarante ans, un journaliste se souvient de certaines étapes de sa vie.
VO→LS Général

**TROIS ROIS**
Voir: THREE KINGS

**TROIS SŒURS** ▷3
ITA. 1988. Comédie dramatique de Margarethe VON TROTTA avec Fanny Ardant, Greta Scacchi et Valeria Golino. - Les élans sentimentaux et les déceptions amoureuses de trois sœurs vivant en Italie du Nord. - Récit rappelant l'œuvre de Tchekhov. Réflexions amères et ironiques sur la vie et l'amour. Ensemble complexe mais fort bien orchestré. Jeu brillant des protagonistes.
VF→LS Général

**TROIS STOOGES CONTRE LES HORS-LA-LOI, LES**
Voir: THE OUTLAWS IS COMING

**TROIS VIES ET UNE SEULE MORT** ▷4
FR. 1995. Comédie dramatique de Raul RUIZ avec Marcello Mastroianni, Anna Galiena et Marisa Paredes. - Quatre histoires vécues par un homme atteint du syndrome de la «personnalité multiple».
VO→LS 13 ans +

**TROIS VISAGES DE LA PEUR, LES** ▷3
ITA. 1963. Drame d'horreur de Mario BAVA avec Jacqueline Pierreux, Michèle Mercier et Boris Karloff. - Trois histoires de fantômes. - Climat de terreur habilement créé. Nombreuses touches originales. Sens marqué de l'image. Bons interprètes.
DVD→34,95

**TROISIÈME MIRACLE, LE**
Voir: THE THIRD MIRACLE

**TROJAN WOMEN, THE** ▷3
ANG.-É.-U. 1971. Drame de Michael CACOYANNIS avec Katharine Hepburn, Geneviève Bujold et Vanessa Redgrave. - Après la chute de Troie, les femmes des vaincus attendent qu'on statue sur leur sort. - Adaptation prenante de la tragédie classique d'Euripide. Aspect intemporel de l'œuvre accentué.
VO→LS Général

**TROLL À CENTRAL PARK, UN**
Voir: A TROLL IN CENTRAL PARK

**TROLL IN CENTRAL PARK, A** ▷5
É.-U. 1994. Dessins animés de Don BLUTH et Gary GOLDMAN. - Dans un parc de New York, deux enfants découvrent l'existence d'un gentil lutin aux pouvoirs magiques qui a maille à partir avec une horrible sorcière.
VF→17,95$ Général - Enfants

**TROMA'S WAR** ▷0
É.-U. 1988, Michael HERZ et Samuel WEIL
VO→12,95$ 16 ans + Violence

**TROMEO & JULIET** ▷0
É.-U. 1996, Lloyd KAUFMAN
VO→94,95$ LBX-DVD→29,95$ 18 ans + Érotisme

**TROMPÉE**
Voir: DECEIVED

**TROMPETTE, LE** ▷0
HON. 1980, Istvan KARDOS
VF→LS Non classé

**TRON** ▷3
É.-U. 1982. Science-fiction de Steven LISBERGER avec Jeff Bridges, David Warner et Bruce Boxleitner. - Un ingénieur en électronique se retrouve à l'intérieur d'un ordinateur sophistiqué où il découvre un mini-monde surprenant. - Vision imaginative d'un monde fantastique. Traitement fascinant. Réalisation fort originale. Interprétation dans le ton voulu.
VO→11,95$ VF→11,95$ LBX-DVD→24,95$ Général

**TROP BELLE POUR TOI!** ▷3
FR. 1989. Comédie sentimentale de Bertrand BLIER avec Gérard Depardieu, Josiane Balasko et Carole Bouquet. - L'époux d'une femme superbe se prend d'une folle passion pour une secrétaire sans charme apparent. - Variations originales sur le thème du triangle sentimental. Développements ingénieux. Trame musicale habilement utilisée. Réalisation brillante. Interprétation pleine d'aisance.
STA→LS VO→LS 13 ans +

**TROP TARD** ▷4
ROU. 1996. Drame policier de Lucian PINTILIE avec Razvan Vasilescu, Cecilia Barbora et Ion Fiscuteanu. - Malgré l'hostilité ambiante, un procureur enquête sur des meurtres mystérieux commis dans une mine.
VF→LS 13 ans +

**TROPIC OF CANCER** ▷4
É.-U. 1969. Drame psychologique de Joseph STRICK avec Rip Torn, James Callahan et David Bauer. - Les problèmes d'un écrivain américain installé à Paris.
VO→LS 13 ans + Langage vulgaire

**TROU, LE** ►2
FR.-ITA. 1959. Drame de Jacques BECKER avec Philippe Leroy, Jean Kéraudy et Marc Michel. - La tentative d'évasion de quatre détenus est mise en péril par l'arrivée d'un nouveau compagnon de cellule. - Traitement sobre. Mise en scène précise et efficace. Ton d'authenticité. Acteurs fort bien dirigés.
STA→27,95$ Général

**TROU DU DIABLE, LE** ▷5
QUÉ. 1989. Documentaire de Richard LAVOIE avec Yves Bélanger, Danielle Martel et Claude Larue. - Un groupe de spéléologues découvre une caverne longue de huit cent mètres sous le village de Boischâtel.
VO→LS Général

**TROU NOIR, LE**
Voir: THE BLACK HOLE

**TROUBLE ALONG THE WAY** ▷5
É.-U. 1953. Comédie de Michael CURTIZ avec Charles Coburn, Donna Reed et John Wayne. - Le recteur d'un collège catholique engage un entraîneur déchu pour diriger une équipe de football.
VO→18,95$ Général

**TROUBLE EN DOUBLE**
Voir: BIG BUSINESS

**TROUBLE IN MIND** ▷0
É.-U. 1985, Alan RUDOLPH
VO→LS 13 ans +

**TROUBLE WITH ANGELS, THE** ▷4
É.-U. 1965. Comédie d'Ida LUPINO avec Rosalind Russell, Hayley Mills et June Harding. - Les frasques d'une adolescente espiègle dans un pensionnat dirigé par des religieuses.
VO→14,95$ Général

**TROUBLE WITH HARRY, THE** ▷3
É.-U. 1955. Comédie d'Alfred HITCHCOCK avec Shirley MacLaine, John Forsythe et Edmund Gwenn. - La découverte d'un cadavre dans les bois complique la vie de diverses personnes. - Exercice d'humour noir. Mise en scène efficace. Décors naturels bien utilisés. Interprétation piquante de S. MacLaine.
VF→14,95$ VO→14,95$ Général

**TROUBLES**
Voir: SHATTERED

**TROUBLESOME CREEK: A MIDWESTERN** ▷4
É.-U. 1995. Documentaire de Jeannie JORDAN et Steven ASCHER. - Une équipe de cinéma capte divers moments dans la vie d'un couple de fermiers forcés de liquider leurs avoirs.
VO→LS Général

**TROYENNES, LES**
Voir: THE TROJAN WOMEN

**TRUAND**
Voir: HOODLUM

**TRUAND, UN**
Voir: DEAD HEAT ON A MERRY-GO-ROUND

**TRUCE, THE**
Voir: LA TRÊVE

**TRUE BELIEVER** ▷4
É.-U. 1988. Drame judiciaire de Joseph RUBEN avec James Woods, Robert Downey Jr. et Margaret Colin. - Un avocat contestataire qui a accepté de défendre un Coréen accusé à tort de meurtre découvre d'étranges failles dans l'enquête policière.
VF→9,95$ VO→14,95$ 13 ans +

**TRUE COLORS** ▷5
É.-U. 1991. Drame de mœurs de Herbert ROSS avec John Cusack, James Spader et Imogen Stubbs. - L'amitié de deux étudiants en droit qui partagent la même chambre sur le campus universitaire.
VO→PC Général

**TRUE CONFESSIONS** ▷3
É.-U. 1981. Drame policier d'Ulu GROSBARD avec Robert Duvall, Robert De Niro et Charles Durning. - À la fin des années 1940, deux frères, l'un policier et l'autre prêtre, voient leurs vies bouleversées par une affaire de meurtre. - Film complexe mais fort intéressant. Bonne évocation d'époque. Climat d'opacité et de mystère. Interprétation de première force.
LBX→14,95$ 13 ans +

**TRUE CRIME** ▷4
É.-U. 1999. Drame judiciaire réalisé et interprété par Clint EASTWOOD avec Isaiah Washington et James Woods. - Un reporter croit pouvoir prouver en quelques heures l'innocence d'un condamné à mort.
LBX→18,95$ VF→14,95$ LBX-DVD→26,95$ 13 ans +

**TRUE GRIT** ▷4
É.-U. 1969. Western de Henry HATHAWAY avec John Wayne, Kim Darby et Glen Campbell. - Une adolescente et deux hommes se mettent à la recherche d'un meurtrier enfui en territoire indien.
VF→LS VO→11,95$ LBX-DVD→32,95$ Général

**TRUE LIES** ▷4
É.-U. 1994. Comédie de James CAMERON avec Arnold Schwarzenegger, Jamie Lee Curtis et Tom Arnold. - Sur les traces d'un dangereux terroriste, un agent secret néglige sa mission afin d'espionner sa femme infidèle.
LBX→22,95$ VF→16,95$ LBX-DVD→28,95$ 13 ans + Violence

**TRUE LOVE** ▷4
É.-U. 1989. Comédie de mœurs de Nancy SAVOCA avec Annabella Sciorra, Ron Eldard et Star Jasper. - À quelques jours de son mariage, une jeune femme s'interroge sur l'attitude de son fiancé qui semble avoir du mal à renoncer à sa vie de célibataire.
VO→LS Général

**TRUE ROMANCE** ▷5
É.-U. 1993. Drame policier de Tony SCOTT avec Christian Slater, Patricia Arquette et Dennis Hopper. - La pègre et la police à ses trousses, un jeune couple de Detroit se rend à Hollywood dans l'espoir d'y vendre une cargaison de cocaïne volée.
VF→14,95$ VO→14,95$ LBX-DVD→21,95$ 16 ans + Violence

**TRUE STORIES** ▷4
É.-U. 1986. Comédie satirique réalisée et interprétée par David BYRNE avec John Goodman et Swoosie Kurtz. - Un guide invite le spectateur à explorer une petite ville du Texas.
VO→14,95$ DVD→17,95$ Général

**TRUITE, LA** ▷4
FR. 1982. Drame de mœurs de Joseph LOSEY avec Isabelle Huppert, Jean-Pierre Cassel et Jeanne Moreau. - Les tribulations d'une jeune arriviste qui a pour politique de tout obtenir des hommes qui la désirent, sans rien leur donner en échange.
STA→LS 13 ans +

**TRULY, MADLY, DEEPLY** ▷4
ANG. 1991. Drame fantastique d'Anthony MINGHELLA avec Juliet Stevenson, Alan Rickman et Bill Paterson. - Une jeune traductrice a la surprise de voir réapparaître en chair et en os son défunt mari revenu d'outre-tombe.
VF→9,95$ VO→9,95$ Général

**TRUMAN SHOW, THE** ▷4
É.-U. 1998. Comédie dramatique de Peter WEIR avec Jim Carrey, Laura Linney et Noah Emmerich. - Un banlieusard découvre que depuis sa naissance des caméras le surveillent et diffusent à travers le monde sa vie quotidienne.
VF→14,95$ LBX→14,95$ LBX-DVD→32,95$ Général

**TRUST** ▷4
É.-U. 1990. Comédie de mœurs de Hal HARTLEY avec Adrienne Shelly, Martin Donovan et Merritt Nelson. - Un adolescent au tempérament rebelle qui s'est lié avec une fille à problèmes s'en va vivre avec elle chez sa mère.
VO→21,95$ 13 ans +

**TRUSTING BEATRICE** ▷0
É.-U. 1991, Cindy Lou JOHNSON
VO→PC Général

**TRUTH ABOUT CATS AND DOGS, THE** ▷4
É.-U. 1996. Comédie sentimentale de Michael LEHMANN avec Janeane Garofalo, Uma Thurman et Ben Chaplin. - Une animatrice de radio demande à sa jolie voisine de se faire passer pour elle auprès d'un jeune homme qui lui plaît.
VF→LS VO→LS Général

**TRUTH OR CONSEQUENCES N.M.** ▷0
É.-U. 1997, Kiefer SUTHERLAND
VO→PC VF→18,95$ 16 ans + Violence

**TU AS CRIÉ LET ME GO** ▷4
QUÉ. 1996. Documentaire d'Anne-Claire POIRIER. - Portrait de la fille de la réalisatrice qui est morte après avoir sombré dans la drogue et la prostitution.
VO→19,95$ Général

**TU ES À MOI**
Voir: BECAUSE YOU'RE MINE

**TU FAIS PAS LE POIDS, SHERIF**
Voir: SMOKEY AND THE BANDIT 2

**TU SERAS UN HOMME...**
Voir: THIS BOY'S LIFE

**TU TREMBLES, CARCASSE**
Voir: SCARED STIFF

**TUCKER: THE MAN AND HIS DREAM** ▷3
É.-U. 1988. Drame social de Francis Ford COPPOLA avec Jeff Bridges, Joan Allen et Martin Landau. - Dans les années 1940, un entrepreneur indépendant qui a conçu une nouvelle automobile a des ennuis avec les grosses sociétés concurrentes. - Scénario inspiré de faits authentiques. Récit habilement évocateur de l'époque illustrée. Mise en scène énergique. Détails précis. Interprétation sûre.
VO→18,95$ VF→LS Général

**TUER N'EST PAS JOUER**
Voir: THE LIVING DAYLIGHTS

**TUEUR, LE** ▷5
FR. 1972. Drame policier de Denys de La PATELLIÈRE avec Jean Gabin, Fabio Testi et Uschi Glas. - Un commissaire chargé de retracer un assassin est contré dans ses recherches par un supérieur partisan des méthodes scientifiques.
VO→LS Général

**TUEUR DE GROSSE POINTE, LE**
Voir: GROSSE POINT BLANK

**TUEURS À GAGES, LES** ▷0
FR. 1978, Pasquale SQUITIERI
VO→LS Non classé

**TUEURS DE FLICS**
Voir: THE ONION FIELD

**TUEZ CHARLEY VARRICK**
Voir: CHARLEY VARRICK

**TULIPE NOIRE, LA** ▷4
FR. 1964. Aventures de CHRISTIAN-JAQUE avec Alain Delon, Virna Lisi et Adolfo Marsillach. - Pour ne pas être démasqué, un justicier se fait remplacer par son frère jumeau.
VO→LS Non classé

**TUMBLEWEEDS** ▷0
É.-U. 1925, King BAGGOT
ITA→LS Général

**TUMBLEWEEDS** ▷4
É.-U. 1998. Drame réalisé et interprété par Gavin O'CONNOR avec Janet McTeer et Kimberly J. Brown. - Les tribulations d'une mère immature et bohème et de sa fille adolescente qui rêve d'une vie plus stable.
VF→19,95$ VO→19,95$ LBX-DVD→29,95$ Général

**TUMULTES** ▷4
BEL. 1990. Drame psychologique de Bertrand VAN EFFENTERRE avec Bruno Crémer, Nelly Borgeaud et Julie Jézéquel. - La brusque disparition d'un des leurs bouleverse profondément les membres d'une famille.
VO→LS Général

**TUNE IN TOMORROW...** ▷4
É.-U. 1990. Comédie dramatique de Jon AMIEL avec Keanu Reeves, B. Hershey et Peter Falk. - L'élan amoureux d'un jeune journaliste pour sa tante inspire un auteur de feuilleton radiophonique qui s'arrange même pour que le couple vive les situations qu'il imagine.
VO→PC Général

**TUNE, THE** ▷4
É.-U. 1991. Dessins animés de Bill PLYMTON. - S'étant perdu en se rendant à un rendez-vous avec un producteur, un auteur en profite pour composer de nouvelles chansons.
VO→LS Général

**TUNES OF GLORY** ▷4
ANG. 1960. Comédie dramatique de Ronald NEAME avec Alec Guinness, John Mills et Susannah York. - Les conflits entre l'ancien et le nouveau commandant d'un régiment écossais.
VO→27,95$ Général

**TUNIQUE, LA**
Voir: THE ROBE

**TUNNEL** ▷0
ITA. 1983, Massimo PIRRI
VF→LS Non classé

**TUNNEL DE L'ENFER, LE**
Voir: DAYLIGHT

**TUNNEL OF LOVE** ▷5
É.-U. 1958. Comédie de Gene KELLY avec Doris Day, Richard Widmark et Gia Scala. - Un homme croit être le père d'un enfant que sa femme veut adopter.
VO→19,95$ Général

**TURBULENCE** ▷6
É.-U. 1996. Drame policier de Robert BUTLER avec Ray Liotta, Lauren Holly et Brenda Gleeson. - Demeurée seule aux commandes d'un 747 à bord duquel se déroule une prise d'otages, une hôtesse tente de poser l'appareil à Los Angeles.
LBX-DVD→29,95$ 16 ans + Violence

**TURKISH DELIGHT** ▷4
HOL. 1973. Drame de mœurs de Paul VERHOEVEN avec Rutger Hauer, Monique Van de Ven et Tonny Huudeman. - Un jeune sculpteur farouchement non-conformiste tombe passionnément amoureux de la fille d'un commerçant.
VA→27,95$ 18 ans + Érotisme

**TURN OF THE SCREW, THE** ▷0
ANG. 1990, Graeme CLIFFORD
VO→38,95$

**TURNER & HOOCH** ▷5
É.-U. 1989. Comédie policière de Roger SPOTTISWOODE avec Tom Hanks, Mare Winningham et Craig T. Nelson. - Après l'assassinat d'un vieil ami, un enquêteur de police adopte son chien, lequel s'avère être le seul témoin du meurtre.
VF→11,95$ Général

**TURNING POINT, THE** ▷4
É.-U. 1977. Comédie dramatique d'Herbert ROSS avec Shirley MacLaine, Anne Bancroft et Leslie Browne. - Une ancienne ballerine qui a renoncé à une carrière prometteuse retrouve une camarade devenue une étoile du ballet.
VO→LS Général

**TURNING, THE** ▷5
É.-U. 1992. Drame de mœurs de L.A. PUOPOLO avec Karen Allen, Raymond J. Barry et M. Dolan. - De retour dans sa ville natale, un jeune néonazi se met à terroriser la nouvelle compagne de son père.
VO→LS 13 ans +

**TURTLE DIARY** ▷4
ANG. 1985. Comédie dramatique de John IRVIN avec Glenda Jackson, Ben Kingsley et Michael Gambon. - Deux solitaires songent à rendre les tortues du zoo de Londres à leur habitat naturel.
VO→13,95$ Général

**TUTTLES OF TAHITI, THE** ▷4
É.-U. 1942. Comédie de Charles VIDOR avec Charles Laughton, Jon Hall et Peggy Drake. - Un jeune sang-mêlé sauve sa famille de difficultés financières.
VO→LS Non classé

**TWELFTH NIGHT** ▷4
ANG. 1996. Comédie dramatique de Trevor NUNN avec Imogen Stubbs, Helena Bonham Carter et Toby Stephens. - Une jeune femme se déguise en homme afin d'entrer au service d'un duc dont elle s'éprend secrètement, tandis que lui aime une comtesse qui s'entiche de la «travestie».
VF→19,95$ VO→19,95$ Général

**TWELVE CHAIRS, THE** ▷4
É.-U. 1970. Comédie de Mel BROOKS avec Ron Moody, Frank Langella et Dom De Luise. - Diverses personnes sont à la recherche d'une fortune cachée dans le siège d'une chaise de style.
VO→11,95$ Général

**TWELVE O'CLOCK HIGH** ▷4
É.-U. 1950. Drame de guerre d'Henry KING avec Gregory Peck, Hugh Marlowe et Dean Jagger. - Le commandant de bombardiers américains est chargé d'organiser des raids de jour sur l'Allemagne.
VF→16,95$ VO→16,95$ Général

**TWENTIETH CENTURY** ▷4
É.-U. 1934. Comédie d'Howard HAWKS avec John Barrymore, Carole Lombard et Walter Connolly. - Abandonné par sa vedette qui est en même temps sa femme, un directeur de théâtre est acculé à la ruine.
VO→19,95$ Général

**TWENTY BUCKS** ▷4
É.-U. 1994. Comédie dramatique de Keva ROSENFELD avec Linda Hunt, Brendan Fraser et Elizabeth Shue. - La trajectoire d'un billet de vingt dollars passant de main en main après qu'une jeune femme l'ait laissé tomber.
VO→22,95$ 13 ans +

**TWENTY-FOUR HOURS IN A WOMAN'S LIFE** ▷0
É.-U. 1961, Silvio NARIZZANO
VO→14,95$

**TWENTY-ONE** ▷0
É.-U. 1991, Don BOYD
VF→LS VO→LS Non classé

**TWENTYFOURSEVEN** ▷4
ANG. 1997. Drame social de Shane MEADOWS avec Bob Hoskins, Danny Nussbaum et James Hooton. - Un homme entreprend d'arracher un groupe de jeunes à leur monde de violence en les convainquant de s'adonner à la boxe.
VO→14,95$ 13 ans +

**TWICE A WOMAN**
Voir: UN HOMME, DEUX FEMMES

**TWICE-TOLD TALES** ▷5
É.-U. 1963. Drame d'horreur de Sidney SALKOW avec Vincent Price, Sebastian Cabot et Brett Halsey. - Trois histoires fantastiques tirées de l'œuvre de l'écrivain américain Nathaniel Hawthorne.
VO→14,95$ Général

**TWILIGHT** ▷4
É.-U. 1997. Drame policier de Robert BENTON avec Paul Newman, Susan Sarandon et Gene Hackman. - Un détective privé vieillissant enquête sur une affaire de chantage dont est victime un couple d'anciennes stars de cinéma.
VO→14,95$ VF→13,95$ LBX-DVD→37,95$ 13 ans +

**TWILIGHT ZONE: THE MOVIE** ▷4
É.-U. 1983. Film à sketches de Joe DANTE, John LANDIS, George MILLER et Steven SPIELBERG avec Vic Morrow, Scatman Crothers, Kathleen Quinlan et John Lithgow. - Quatre histoires extraordinaires inspirées d'une série de télévision à succès des années 1960.
VF→14,95$ VO→14,95$ 13 ans +

**TWILIGHT'S LAST GLEAMING** ▷4
É.-U.-ALL. 1977. Drame de Robert ALDRICH avec Burt Lancaster, Charles Durning et Richard Widmark. - Un ancien général s'empare d'une base de lancement de missiles nucléaires et exerce un chantage sur le gouvernement américain.
VO→LS VF→LS Général

**TWIN DRAGONS** ▷0
H. K. 1992, Tsui HARK
VF→19,95$ VA→18,95$ Général

**TWIN FALLS IDAHO** ▷4
É.-U. 1998. Drame psychologique réalisé et interprété par Michael POLISH avec Mark Polish et Michele Hicks. - Une prostituée rencontre deux frères siamois rattachés au niveau du torse et tombe amoureuse de l'un d'eux.
VF→LS VO→LS LBX-DVD→33,95$ Général

**TWIN PEAKS: FIRE WALK WITH ME** ▷4
É.-U. 1992. Drame fantastique de David LYNCH avec Sheryl Lee, Moira Kelly et Ray Wise. - Une lycéenne qui mène une vie secrète marquée par la drogue et la prostitution est tourmentée par des visions étranges.
VF→14,95$ VO→14,95$ 16 ans +

**TWIN TOWN** ▷4
ANG. 1997. Comédie dramatique de Kevin ALLEN avec Llyr Evans, Rhys Ifans et Dorien Thomas. - à la suite de l'accident de travail dont est victime leur père, deux frères délinquants affrontent l'employeur afin d'obtenir compensation.
VO→19,95$ 16 ans +

**TWIN WARRIORS** ▷4
H. K. 1994. Drame de Woo-ping YUEN avec Jet Li, Michelle Yeoh et Chin Siu-hou. - Un moine bouddhiste devient général d'un empereur tyrannique, tandis que son ancien confrère joint les rangs de la résistance.
VA→16,95$

**TWINS** ▷5
É.-U. 1988. Comédie d'Ivan REITMAN avec Arnold Schwarzenegger, Danny DeVito et Kelly Preston. - Un colosse part à la recherche de sa mère, entraînant avec lui son frère jumeau, un petit escroc qui ne lui ressemble pas du tout.
VO→PC VF→11,95$ Général

**TWIST** ▷4
CAN. 1993. Documentaire de Ron MANN. - Évocation des origines du «twist», danse qui fit fureur auprès des Américains dans les années 1960.
VO→LS Général

**TWIST AGAIN À MOSCOU** ▷4
FR. 1986. Comédie satirique de Jean-Marie POIRÉ avec Philippe Noiret, Christian Clavier et Agnès Soral. - Le directeur d'un grand hôtel de Moscou aide son beau-frère et sa famille à fuir à l'étranger.
VO→LS Général

**TWIST AND SHOUT** ▷0
DAN. 1984, Bille AUGUST
VA→LS 13 ans +

**TWISTED** ▷0
É.-U. 1996, Seth Michael DONSKY
VO→59,95$ 18 ans +

**TWISTED OBSESSION** ▷4
ESP. 1988. Drame psychologique de Fernando TRUEBA avec Jeff Goldblum, Miranda Richardson et Liza Walker. - Un scénariste voit sa vie bouleversée après avoir accepté d'adapter un roman qu'il a jadis écrit sous un nom d'emprunt.
VO→LS Non classé

**TWISTER** ▷4
É.-U. 1996. Drame de Jan DE BONT avec Helen Hunt, Bill Paxton et Jami Gertz. - Des scientifiques tentent de percer le mystère des tornades en les étudiant de près, souvent au risque de leur vie.
LBX→18,95$ VF→23,95$ VF-LBX→18,95$
LBX-DVD→26,95$ Général

**TWO BITS** ▷4
E.-U. 1995. Comédie dramatique de James FOLEY avec Jerry Barone, Al Pacino et Mary Elizabeth Mastrantonio. - À Philadelphie en 1933, le petit-fils d'un vieil Italien mourant tente de réunir les 25 cents nécessaires pour pouvoir se payer un billet de cinéma.
VF→14,95$ VO→18,95$ Général

**TWO DAUGHTERS** ▷3
IND. 1961. Conte de Satyajit RAY avec Anil Chatterji, Chandana Banerji et Soumitra Chatterji. - Deux histoires d'amour mettant en scène un maître de poste et un diplômé en droit. - Œuvre chaleureuse et émouvante. Interprétation naturelle.
STA→LS Non classé

**TWO DEATHS** ▷4
ANG. 1995. Drame psychologique de Nicolas ROEG avec Michael Gambon, Sonia Braga et Patrick Malahide. - Un docteur fait des révélations troublantes à des amis, lors d'un souper se déroulant pendant le coup d'État de 1989 en Roumanie.
VO→13,95$ 13 ans + Violence

**TWO EVIL EYES** ▷5
ITA. 1990. Drame d'horreur de George A. ROMERO et Dario ARGENTO avec Bingo O'Malley, Adrienne Barbeau et Harvey Keitel. - Adaptation de deux contes d'Edgar Allan Poe, *L'étrange cas de M. Valdemar* et *Le chat noir*.
VF→18,95$ Non classé

**TWO FACES OF DR. JEKYLL, THE** ▷4
ANG. 1961. Drame d'horreur de Terence FISHER avec Paul Massie, Dawn Adams et Christopher Lee. - Le docteur Jekyll assume une seconde personnalité à l'aide d'une drogue de son invention.
VO→19,95$ Général

**TWO FOR THE ROAD** ▷3
ANG. 1967. Comédie de Stanley DONEN avec Audrey Hepburn, Albert Finney et Claude Dauphin. - La vie d'un couple vue à travers le prisme de voyages en France. - Analyse pleine de finesse des aléas de la vie conjugale. Mise en scène alerte. Interprétation nuancée.
VO→16,95$ Non classé

**TWO FOR THE SEESAW** ▷4
É.-U. 1962. Drame psychologique de Robert WISE avec Robert Mitchum, Shirley MacLaine et Edmon Ryan. - En instance de divorce, un homme s'éprend d'une femme bohème.
VO→19,95$ Général

**TWO GIRLS AND A GUY** ▷5
É.-U. 1997. Comédie dramatique de James TOBACK avec Heather Graham, Natasha Gregson Wagner et Robert Downey Jr. - Découvrant qu'elles partagent le même amant depuis dix mois, deux femmes décident de confronter ce dernier.
VO→PC 13 ans + Langage vulgaire

**TWO GIRLS AND A SAILOR** ▷5
É.-U. 1944. Comédie musicale de Richard THORPE avec Van Johnson, June Allyson et Gloria de Haven. - Un marin issu d'une

famille riche réalise par personnes interposées tous les vœux de deux charmantes sœurs réputées pour leur talent de danseuses.
VO→LS **Non classé**

**TWO HANDS** ▷0
AUS. 1999, Gregor JORDAN
VO→LS

**TWO IF BY SEA** ▷5
É.-U. 1995. Comédie policière de Bill BENNETT avec Sandra Bullock, Denis Leary et Stephen Dillane. - Forcé de séjourner dans une île huppée, un couple d'escrocs s'installe dans une villa dont les propriétaires sont absents.
VF→14,95$ **Général**

**TWO JAKES, THE** ▷3
É.-U. 1990. Drame policier réalisé et interprété par Jack NICHOLSON avec Harvey Keitel et Meg Tilly. - Un détective privé cherche à démêler une sombre affaire de meurtre dans laquelle est impliqué un de ses clients. - Suite du film *Chinatown*. Œuvre fort complexe. Intérêt soutenu. Mise en scène précise et intelligente. Climat envoûtant. Excellents interprètes.
VF→LS VO→18,95$ LBX-DVD→29,95$ **Général**

**TWO LANE BLACKTOP** ▷0
É.-U. 1971, Monte HELLMAN
LBX→14,95$

**TWO LOST WORLDS** ▷0
É.-U. 1950, Norman DAWN
VO→LS **Général**

**TWO MULES FOR SISTER SARA** ▷4
É.-U. 1969. Western de Don SIEGEL avec Shirley MacLaine, Clint Eastwood et John Kelly. - Au Mexique, un aventurier se fait le protecteur d'une fausse religieuse pourchassée par des soldats français.
VF→11,95$ VO→11,95$ **Général**

**TWO OF A KIND** ▷6
É.-U. 1983. Comédie fantaisiste de John HERZFELD avec John Travolta, Olivia Newton-John et Oliver Reed. - Un inventeur impécunieux et une aspirante comédienne sont engagés dans une aventure sentimentale dont dépend le sort de l'humanité.
VO→14,95$ **Général**

**TWO SISTERS FROM BOSTON** ▷5
É.-U. 1946. Comédie musicale de Henry KOSTER avec Kathryn Grayson, June Allyson et Lauritz Melchior. - Pour persuader sa famille qu'elle chante bien à l'opéra, une jeune fille monte un stratagème qui lui permet de se glisser parmi les chœurs.
VO→19,95$ **Général**

**TWO SMALL BODIES** ▷0
ALL. 1993, Beth B.
VO→LS **13 ans + Langage vulgaire**

**TWO TARS** ▷0
É.-U. 1928, James PARROTT
ITA→15,95$ **Général**

**TWO THOUSAND AND NONE** ▷4
CAN. 2000. Comédie dramatique d'Arto PARAGAMIAN avec John Turturro, Katherine Borowitz et Oleg Kisseliov. - Atteint d'une maladie incurable au cerveau, un paléontologue vit ses derniers jours avec légèreté, ce qui déconcerte ses proches.
VF→LS VO→LS **Général**

**TWO TICKETS TO BROADWAY** ▷5
É.-U. 1951. Comédie musicale de James V. KERN avec Tony Martin, Janet Leigh et Eddie Bracken. - Diverses personnes ambitionnent d'être embauchées dans un studio de télévision.
VO→LS **Général**

**TWO WEEKS WITH LOVE** ▷5
É.-U. 1950. Comédie musicale de Roy ROWLAND avec Jane Powell, Ricardo Montalban et Louis Calhern. - Les vacances d'une famille américaine au début du siècle.
VO→18,95$ **Général**

**TWO WOMEN**
Voir: LA CIOCIARA

**TWO YEARS BEFORE THE MAST** ▷4
É.-U. 1945. Aventures de John FARROW avec Alan Ladd, Brian Donlevy et William Bendix. - La dure existence des matelots à bord d'un navire marchand au XIXe siècle.
VO→14,95$ **Général**

**TWO-FACED WOMAN** ▷4
É.-U. 1941. Comédie de George CUKOR avec Greta Garbo, Melvyn Douglas et Roland Young. - Afin d'éprouver son mari, une jeune femme se fait passer pour sa sœur jumelle.
VO→19,95$ **Général**

**TWO-WAY STRETCH** ▷5
ANG. 1961. Comédie policière de Robert DAY avec Peter Sellers, Wilfrid White et Lionel Jeffries. - Trois prisonniers s'évadent pour réaliser un vol puis rentrent en prison pour s'assurer un alibi.
VO→LS **Non classé**

**TY-PEUPE** ▷4
QUÉ. 1971. Comédie fantaisiste de Fernand BÉLANGER avec Yves Angrignon, Élizabeth Bart et Gilbert Roudier. - Deux jeunes gens fantasques cherchent du travail sans vraiment vouloir en trouver.
VO→LS **Général**

**TYCOON** ▷5
É.-U. 1948. Drame sentimental de Richard WALLACE avec John Wayne, Laraine Day et Cedric Hardwicke. - Un ingénieur éprouve des difficultés lorsqu'il s'éprend de la fille de son patron.
VO→LS **Général**

**TYKHO MOON** ▷4
FR. 1996. Science-fiction d'Enki BILAL avec Julie Delpy, Johan Leysen et Michel Piccoli. - Sur la Lune, un dictateur mourant recherche un homme amnésique dont les cellules pourraient lui sauver la vie.
VO→LS **Général - Déconseillé aux jeunes enfants**

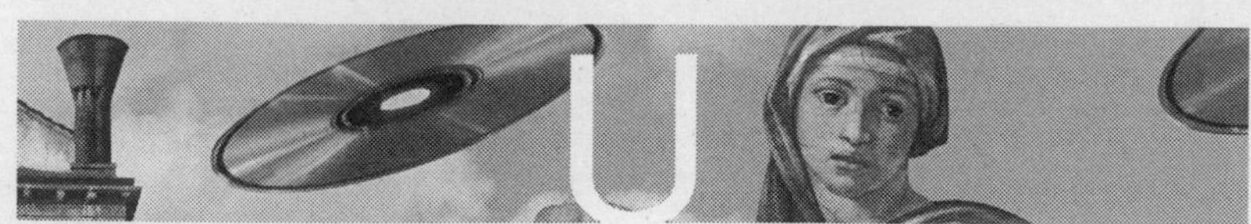

**U-571** ▷4
É.-U. 2000. Drame de guerre de Jonathan MOSTOW avec Matthew McConaughey, Bill Paxton et Harvey Keitel - Durant la Seconde Guerre mondiale, des marins américains détournent un sous-marin allemand pour y subtiliser un décodeur secret.
VF→LS VO→22,95$

**U-TURN** ▷5
É.-U. 1997. Drame de mœurs d'Oliver STONE avec Sean Penn, Jennifer Lopez et Nick Nolte. - Un jeune homme tombe en panne de voiture dans un bled miteux où il est entraîné dans une sombre histoire de meurtre.
VF→19,95$ VO→19,95$ LBX-DVD→33,95$ **16 ans + Violence**

**U.S. MARSHALS** ▷5
É.-U. 1998. Drame policier de Stuart BAIRD avec Tommy Lee Jones, Wesley Snipes et Robert Downey Jr. - Un policier tenace pourchasse un évadé accusé du meurtre de deux agents des services secrets.
LBX→18,95$ VF→19,95$ LBX-DVD→29,95$ **13 ans +**

**U2: RATTLE AND HUM** ▷4
É.-U. 1988. Documentaire de Phil JOANOU. - Compte rendu d'une tournée effectuée aux États-Unis en 1987 par le groupe rock irlandais U2.
VO→14,95$ **Général**

**UGETSU MONOGATARI**
Voir: LES CONTES DE LA LUNE VAGUE APRÈS LA PLUIE

**UGLY AMERICAN, THE** ▷5
É.-U. 1963. Drame social de George ENGLUND avec Marlon Brando, Eiji Okada et Pat Hingle. - Un ambassadeur américain commet des maladresses qui compromettent sa mission en Asie.
VO→18,95$ **Non classé**

**UGLY DACHSHUND, THE** ▷5
É.-U. 1965. Comédie de Norman TOKAR avec Suzanne Pleshette, Dean Jones et Charles Ruggles. - Un chiot danois rejeté par sa mère est élevé avec des bassets.
VO→LS **Général**

**UGLY, THE** ▷5
N.-Z. 1996. Drame d'horreur de Scott REYNOLDS avec Paolo Rotondo, Rebecca Hobbs et Jennifer Ward-Lealand. - Une psychiatre interroge un tueur en série interné dans une clinique afin de découvrir les véritables motifs derrière ses nombreux crimes.
VF→79,95$ VO→13,95$ LBX-DVD→26,95$ **16 ans + Horreur**

**UGOLIN** ▷3
FR. 1952. Drame de Marcel PAGNOL avec Jacqueline Pagnol, Rellys et Raymond Pellegrin. - Les habitants d'un village provençal tentent de se faire pardonner le mal qu'ils ont pu occasionner à une jeune sauvageonne. - Deuxième partie du film *Manon des Sources*. Pittoresque tableau de mœurs. Dialogue riche et poétique. Rellys remarquable.
VO→LS **Général**

**UHF** ▷6
É.-U. I989. Comédie satirique de Jay LEVEY avec Al Yancovic, Kevin McCarthy et Michael Richards. - Un rêveur enclin à la bizarrerie devient directeur de la programmation d'un studio de télévision.
VF→LS VO→LS **Général**

**ULEE'S GOLD** ▷4
É.-U. 1996. Drame psychologique de Victor NUNEZ avec Peter Fonda, Patricia Richardson et Jessica Biel. - Un apiculteur au tempérament passif et réservé doit agir lorsque des criminels menacent la sécurité des siens.
VO→14,95$ VF→14,95$ LBX-DVD→29,95$ **Général**

**ULTIMATE CHASE, THE**
Voir: THE ULTIMATE THRILL

**ULTIMATE THRILL, THE** ▷5
É.-U. 1974. Drame psychologique de Robert BUTLER avec Eric Braeden, Barry Brown et Britt Ekland. - Un homme d'affaires impitoyable s'amuse à prendre en chasse, dans la montagne, les amants supposés de sa femme.
VO→17,95$ **13 ans +**

**ULTIMATE WARRIOR, THE** ▷5
É.-U. 1975. Science-fiction de Robert CLOUSE avec Yul Brynner, Max Von Sydow et Joanna Miles. - En l'an 2012, après des épidémies consécutives à une crise d'énergie, quelques survivants se disputent les ressources matérielles dans les rues de New York.
VO→14,95$ **13 ans +**

**ULTIME ATTAQUE, L'**
Voir: ZULU DAWN

**ULTIME PASSION**
Voir: YOUR TICKET IS NO LONGER VALID

**ULTRAMAN** ▷0
N.-Z. 1990, Andrew PROWSE
VO→LS **Non classé**

**ULYSSES** ▷4
ANG. 1966. Drame psychologique de Joseph STRICK avec Milo O'Shea, Barbara Jefford et Maurice Roëves. - Une journée dans la vie de trois personnages vivant à Dublin.
VO→34,95$ **13 ans +**

**ULZANA'S RAID** ▷4
É.-U. 1972. Western de Robert ALDRICH avec Burt Lancaster, Bruce Davison et Jorge Luke. - Un jeune officier prend la tête d'un détachement lancé à la poursuite d'un chef apache.
VO→13,95$ DVD→29,95$ **13 ans +**

**UMBERTO D.** ►1
ITA. 1951. Drame social de Vittorio DE SICA avec Carlo Battisti, Maria Pia Casilio et Lina Gennari. - Un vieux retraité est aux prises avec les difficultés de la vie. - Chef-d'œuvre poignant de sincérité et de sobriété. Un sommet du néoréalisme. Photo remarquable. Excellente direction d'acteurs.
STA→LS **Général**

**UMBRELLA FOR THREE** ▷0
ESP. 1992, Felipe VEGA
STA→LS **Général**

**UN FLIC ET DEMI**
Voir: COP AND A HALF

**UN MILLION D'ANNÉES AVANT JÉSUS-CHRIST**
Voir: ONE MILLION YEARS B.C.

**UN PÈRE ET PASSE** ▷5
FR. 1989. Comédie dramatique de Sébastien GRALL avec Pénélope Schellenberg, Véronique Genest et Eddy Mitchell. - À la recherche

d'un père, une fillette entraîne dans diverses mésaventures trois anciens amants de sa mère.
VO→LS **Général**

**UN PEU DE NOUS DEUX**
Voir: THE SUM OF US

**UN SI JOLI VILLAGE** ▷4
FR. 1978. Drame policier d'Étienne PÉRIER avec Victor Lanoux, Jean Carmet et Valérie Mairesse. - Un juge d'instruction enquête sur la disparition mystérieuse de la femme du propriétaire d'une tannerie.
STA→LS **Général**

**UN WEEK-END SUR DEUX** ▷4
FR. 1989. Drame psychologique de Nicole GARCIA avec Nathalie Baye, Joachim Serreau et Félicie Pasotti. - Une actrice séparée de son mari qui ne voit ses deux enfants qu'à l'occasion entraîne ces derniers dans une errance de quelques jours sur la route.
VO→LS **Général**

**UN, DEUX, TROIS, SOLEIL** ▷4
FR. 1993. Comédie dramatique de Bertrand BLIER avec Anouk Grinberg, Marcello Mastroianni et Myriam Boyer. - Élevée dans une cité-dortoir par une mère infantile et un père alcoolique, une jeune fille essuie bien des revers dans sa recherche du bonheur.
VO→12,95$ **13 ans +**

**UNACCUSTOMED AS WE ARE** ▷0
É.-U. 1929, Lewis R. FOSTER et Hal ROACH
ITA→24,95$ **Non classé**

**UNAPPROACHABLE, THE** ▷0
ALL. 1982, Krzysztof ZANUSSI
VO→LS **Non classé**

**UNBEARABLE LIGHTNESS OF BEING, THE** ▷3
É.-U. 1988. Comédie dramatique de Philip KAUFMAN avec Daniel Day-Lewis, Juliette Binoche et Lena Olin. - Les tribulations d'un chirurgien volage et d'une provinciale qui ont quitté la Tchécoslovaquie en 1968 pour s'installer en Suisse. - Adaptation valable du roman de Kundera. Évocation habile du contexte social et politique. Mélange d'émotion et d'ironie. Interprétation nuancée et attachante.
VF→LS VO→14,95$ **13 ans +**

**UN BEAU JOUR**
Voir: ONE FINE DAY

**UN BEAU SALAUD**
Voir: DIRTY DINGUS MAGEE

**UNBELIEVABLE TRUTH, THE** ▷4
É.-U. 1989. Comédie de mœurs de Hal HARTLEY avec Adrienne Shelly, Robert Burke et Christopher Cooke. - Malgré le désaccord de son père, une jeune fille de 18 ans s'intéresse à un ex-détenu de retour dans sa ville natale.
VO→29,95$ **Général**

**UNBREAKABLE** ▷5
É.-U. 2000. Drame fantastique de M.N. SHYAMALAN avec Bruce Willis, Samuel L. Jackson et Robin Wright Penn. - Sorti indemne d'un terrible accident de train, un garde de sécurité apprend d'un homme mystérieux qu'il serait doté de pouvoirs surnaturels.
**Général - Déconseillé aux jeunes enfants**

**UNCLE BUCK** ▷5
É.-U. 1989. Comédie de John HUGHES avec John Candy, Jean Louisa Kelly et Amy Madigan. - Un individu jovial mais plutôt fruste accepte de prendre en charge la maison et les enfants de son frère lorsque sa belle-sœur doit aller au chevet de son père malade.
VO→PC VF→11,95$ LBX-DVD→PC LBX-DVD→PC **Général**

**UNCLE TOM'S CABIN** ▷0
É.-U. 1927, Harry POLLARD
ITA-DVD→PC ITA→34,95$ **Général**

**UNCOMMON VALOR** ▷5
É.-U. 1983. Aventures de Ted KOTCHEFF avec Gene Hackman, Fred Ward et Reb Brown. - Persuadé que son fils est détenu dans un camp de travail au Laos, un colonel réunit des mercenaires pour le libérer.
VO→13,95$ **Général**

**UNCONQUERED** ▷4
É.-U. 1947. Aventures de Cecil B. DeMILLE avec Gary Cooper, Paulette Goddard et Howard Da Silva. - Un milicien déjoue les projets d'un commerçant qui veut provoquer une guerre avec les Indiens.
VO→16,95$ **Général**

**UNCUT** ▷5
CAN. 1997. Film d'essai de John GREYSON avec Matthew Ferguson, Michael Achtman et Damon D'Oliveira.
VO→LS

**UNDEFEATED, THE** ▷4
É.-U. 1969. Western d'Andrew V. McLAGLEN avec John Wayne, Rock Hudson et Roman Gabriel. - Après la guerre civile, des Nordistes sont amené à secourir des Sudistes au Mexique.
VO→15,95$ **Général**

**UNDER CAPRICORN** ▷3
É.-U. 1949. Drame psychologique d'Alfred HITCHCOCK avec Ingrid Bergman, Joseph Cotten et Michaël Wilding. - Un aristocrate irlandais retrouve en Australie sa cousine mariée à un ex-bagnard enrichi. - Atmosphère lourde. Interprétation dans la note voulue.
VO→LS **Non classé**

**UNDER COVER** ▷6
É.-U. 1987. Drame policier de John STOCKWELL avec David Neidorf, Jennifer Jason Leigh et Barry Corbin. - Un jeune policier et sa partenaire enquêtent incognito dans une école secondaire afin d'y démanteler un réseau de vendeurs de drogue.
VF→LS **Non classé**

**UNDER FIRE** ▷3
É. U. 1983. Drame social de Roger SPOTTISWOODE avec Nick Nolte, Joanna Cassidy et Gene Hackman. - Les aventures de trois journalistes américains qui se retrouvent au Nicaragua en 1979 pendant la guerre civile. - Incidents réels transposés dans une fiction dramatique. Mise en scène sûre. Interprétation solide.
VF→LS VO→LS **Général**

**UNDER HEAVEN** ▷0
É.-U. 1998, Meg RICHMAN
VF→LS VO→LS **Général**

**UNDER INVESTIGATION** ▷6
É.-U. 1993. Drame policier de Kevin MEYER avec Harry Hamlin, Joanna Pacula et Ed Lauter. - Un inspecteur soupçonne une belle jeune femme d'avoir assassiné son mari peintre et la maîtresse de celui-ci.
VO→14,95$ **16 ans +**

**UNDER SIEGE** ▷5
É.-U. 1992. Drame de guerre d'Andrew DAVIS avec Steven Seagal, Tommy Lee Jones et Gary Busey. - Un officier de la Marine américaine entreprend d'éliminer un à un des terroristes qui se sont emparés d'un cuirassé.
VO→PC VF→14,95$ **16 ans + Violence**

**UNDER SIEGE 2: DARK TERRITORY** ▷6
É.-U. 1995. Drame de Geoff MURPHY avec Steven Seagal, Eric Bogosian et Katherine Heigl. - Dans un train, un soldat d'élite s'oppose à des terroristes qui ont pris le contrôle d'un satellite ultra-secret capable de provoquer des secousses sismiques.
VO→14,95$ **13 ans + Violence**

**UNDER SUSPICION** ▷4
É.-U. 1999. Drame policier de Stephen HOPKINS avec Gene Hackman, Morgan Freeman et Monica Bellucci. - À Porto Rico, un détective tente de faire avouer à un riche avocat qu'il a tué deux fillettes.
VF→14,95$ VO→14,95$ **13 ans +**

**UNDER SUSPICION** ▷4
ANG. 1991. Drame policier de Simon MOORE avec Liam Neeson, Laura San Giacomo et Kenneth Cranham. - Soupçonné du meurtre de sa femme et d'un de ses clients, un détective privé tente de prouver qu'il est innocent.
VF→19,95$ 13 ans +

**UNDER THE CHERRY MOON** ▷6
É.-U. 1986. Comédie dramatique réalisée et interprétée par PRINCE avec Kristin Scott-Thomas et Jerome Benton. - Un gigolo qui est tombé amoureux de la fille d'un financier véreux exerce un chantage sur ce dernier.
VO→14,95$ Général

**UNDER THE DOMIM TREE** ▷4
ISR. 1994. Drame d'Eli COHEN avec Kaipo Cohen, Riki Blich et Orli Perl. - Dans un kibboutz d'Israël, des orphelins rescapés des camps nazis cherchent à panser les cicatrices du passé.
STA→27,95$ Général

**UNDER THE EARTH** ▷0
ARG. 1986, Beda Docampo FEIJOO
STA→LS Non classé

**UNDER THE ROOFS OF PARIS**
Voir: SOUS LES TOITS DE PARIS

**UNDER THE SKIN** ▷5
ANG. 1997. Drame psychologique de Carine ADLER avec Samantha Morton, Claire Rushbrook et Rita Tushingham. - À la mort de sa mère, une jeune femme traverse une période de crise qu'elle tente d'apaiser par un comportement sexuel débridé.
VO→27,95$ 16 ans + Érotisme

**UNDER THE VOLCANO** ▷3
É.-U. 1984. Drame psychologique de John HUSTON avec Albert Finney, Jacqueline Bisset et Anthony Andrews. - Au Mexique, en 1938, la lente dérive d'un ex-consul britannique qui sombre dans l'alcool pour oublier la réalité. - Scénario tiré du roman de Malcolm Lowry. Notations allégoriques.
VO→LS 13 ans +

**UNDER THE YUM-YUM TREE** ▷5
É.-U. 1963. Comédie de David SWIFT avec Jack Lemmon, Carol Lynley et Dean Jones. - Deux jeunes gens tentent une expérience platonique de vie commune avant leur mariage.
VO→18,95$ Général

**UNDERCURRENT** ▷5
É.-U. 1947. Drame de Vincente MINNELLI avec Katharine Hepburn, Robert Taylor et Robert Mitchum. - Une jeune femme soupçonne son mari d'avoir tué son frère qui a disparu.
VO→18,95$ Général

**UNDERGROUND** ▷0
ARG. 1976, Emile DE ANTONIO
VO→LS Général

**UNDERGROUND** ►2
FR. 1995. Comédie dramatique d'Emir KUSTURICA avec Miki Manojlovic, Lazar Ristovski et Mirjana Jokovic. - Des Yougoslaves sont cachés dans une cave pendant 20 ans par un profiteur qui leur fait croire que la guerre 1939-1945 n'est pas terminée. - Fresque surréaliste d'une folle démesure sur l'histoire de la Yougoslavie communiste. Métaphores puissantes. Mise en scène d'une énergie peu commune. Interprétation talentueuse.
STA-LBX→14,95$ VF→14,95$ 13 ans +

**UNDERNEATH, THE** ▷4
É.-U. 1994. Drame policier de Steven SODERBERGH avec Peter Gallagher, Alison Elliott et William Fichtner. - Surpris avec la fiancée d'un truand, un jeune homme fait diversion en proposant à ce dernier de voler un fourgon blindé.
VO→19,95$ LBX-DVD→34,95$ Général

**UNDERWATER!** ▷5
É.-U. 1955. Aventures de John STURGES avec Jane Russell, Gilbert Roland et Richard Egan. - Des hommes tentent de retrouver un trésor englouti au fond de la mer.
VO→LS Non classé

**UNDERWORLD STORY, THE** ▷0
É.-U. 1950, Cy ENDFIELD
VO→LS Non classé

**UNDERWORLD U.S.A.** ▷3
É.-U. 1959. Drame policier de Samuel FULLER avec Cliff Robertson, Dolores Dorn et Beatrice Kay. - Un jeune voyou, témoin du meurtre de son père, retrouve, vingt ans plus tard, les quatre meurtriers. - Ensemble aussi violent que nerveux. Réalisation efficace. Interprètes convaincants.
VO→19,95$ Général

**UNE CHANTE, L'AUTRE PAS, L'** ▷4
FR. 1976. Étude de mœurs d'Agnès VARDA avec Valérie Mairesse, Thérèse Liotard et Ali Raffi. - En 1962 à Paris, deux jeunes femmes se lient d'amitié et connaissent diverses aventures.
STA→LS Général

**UNE FEMME OU DEUX** ▷5
FR. 1985. Comédie de Daniel VIGNE avec Gérard Depardieu, Sigourney Weaver et Michel Aumont. - Un paléontologue confond une jolie publicitaire avec une riche Américaine qui doit financer ses travaux.
VO→LS Général

**UNE PAUSE... QUATRE SOUPIRS**
Voir: BODIES, REST et MOTION

**UNE POUR TOUTES** ▷5
FR. 1999. Comédie de Claude LELOUCH avec Anne Parillaud, Jean-Pierre Marielle et Marianne Denicourt. - Trois actrices dans la dèche séduisent de riches passagers du Concorde Paris-New York afin de leur soutirer de l'argent.
VO→LS

**UNEARTHLY, THE** ▷0
É.-U. 1957, Brooke L. PETERS
VO→LS Général

**UNFAITHFULLY YOURS** ▷4
É.-U. 1984. Comédie d'Howard ZIEFF avec Dudley Moore, Nastassja Kinski et Armand Assante. - Parce qu'il soupçonne son épouse de l'avoir trompé avec un violoniste, un chef d'orchestre imagine un plan machiavélique pour se débarrasser d'eux.
VF→LS Général

**UNFAITHFULLY YOURS** ▷3
É.-U. 1948. Comédie de Preston STURGES avec Rex Harrison, Linda Darnell et Barbara Lawrence. - Durant un concert, un chef d'orchestre évoque différents moyens de tuer son épouse infidèle. - Scénario amusant. Mise en scène brillante. Interprétation excellente.
VO→32,95$ Général

**UNFINISHED PIECE FOR MECHANICAL PIANO, AN**
Voir: PARTITION INACHEVÉE POUR PIANO MÉCANIQUE

**UNFORGETTABLE** ▷5
É.-U. 1996. Drame fantastique de John DAHL avec Ray Liotta, Linda Fiorentino et Peter Coyote. - Afin d'élucider le meurtre de sa femme, un médecin utilise une nouvelle formule qui permet de s'injecter la mémoire d'une autre personne.
VO→12,95$ VF→11,95$ 13 ans + Violence

**UNFORGIVEN** ►2
É.-U. 1992. Western réalisé et interprété par Clint EASTWOOD avec Gene Hackman et Morgan Freeman. - Un vieux hors-la-loi repenti et son ancien compagnon décident de reprendre les armes afin de retrouver deux voyous dont les têtes ont été mises à prix. - Critique assez virulente de l'héroïsme viril. Ensemble contemplatif, intelligent et sensible. Mise en scène sobre et précise. Interprétation impeccable.
VO→14,95$ VF→19,95$ LBX→14,95$
LBX-DVD→26,95$ 13 ans +

**UNFORGIVEN, THE** ▷3
É.-U. 1960. Western de John HUSTON avec Audrey Hepburn, Burt Lancaster et Lillian Gish. - Un cavalier excentrique révèle que la benjamine d'une famille de colons est une Indienne. - Belle création d'atmosphère. Photographie soignée. Mise en scène ample et vigoureuse. Interprètes bien dirigés.
VO→14,95$ Général

**UNHOOK THE STARS** ▷4
É.-U. 1997. Drame psychologique de Nick CASSAVETES avec Gena Rowlands, Marisa Tomei et Gérard Depardieu. - Veuve et esseulée, une sexagénaire s'occupe du petit garçon d'une jeune voisine en difficulté.
VF→14,95$ VO→14,95$ Général

**UNIFORMES ET JUPONS COURTS**
Voir: THE MAJOR AND THE MINOR

**UNINVITED, THE** ▷5
É.-U. 1946. Drame de Lewis ALLEN avec Ray Milland, Gail Russell et Donald Crisp. - Croyant leur maison hantée, deux jeunes gens tentent d'éclaircir le problème.
VO→16,95$ Général

**UNION PACIFIC** ▷3
É.-U. 1940. Western de Cecil B. DeMILLE avec Barbara Stanwyck, Joel McCrea et Robert Preston. - Les constructeurs du premier chemin de fer dans l'Ouest font face à diverses difficultés. - Un classique du genre. Mise en scène somptueuse. Beaucoup d'action. Interprètes de valeur.
VO→18,95$ Général

**UNION STATION** ▷5
É.-U. 1950. Drame policier de Rudolph MATÉ avec William Holden, Nancy Olson et Barry Fitzgerald. - Deux gangsters ont kidnappé la fille aveugle d'un milliardaire.
VO→LS Non classé

**UNITÉ SPÉCIALE**
Voir: UNIVERSAL SOLDIER

**UNIVERS DES OMBRES, L'**
Voir: SHADOWLANDS

**UNIVERSAL SOLDIER** ▷6
É.-U. 1992. Science-fiction de Roland EMMERICH avec Jean-Claude Van Damme, Dolph Lundgren et Ally Walker. - Une journaliste découvre que des militaires ont transformé des soldats morts au Viêtnam en robots de combat.
LBX→PC VF→11,95$ 18 ans + Violence

**UNIVERSAL SOLDIER: THE RETURN** ▷6
É.-U. 1999. Science-fiction de Mic RODGERS avec Jean-Claude Van Damme, Michael Jai White et Heidi Schanz. - Un supersoldat affronte un ordinateur qui s'est réincarné dans le corps d'un autre militaire.
VF→149,95$ 13 ans + Violence

**UNLAWFUL ENTRY** ▷5
É.-U. 1992. Drame policier de Jonathan KAPLAN avec Kurt Russell, Ray Liotta et Madeleine Stowe. - Un jeune couple se lie d'amitié avec un policier en apparence très sympathique mais qui se révèle être un psychopathe dangereux.
VF→11,95$ 13 ans +

**UNMARRIED WOMAN, AN** ▷3
É.-U. 1977. Drame psychologique de Paul MAZURSKY avec Jill Clayburgh, Alan Bates et Michael Murphy. - Bouleversée par le départ de son mari, une femme tente de reconquérir son indépendance. - Touches d'humour. Personnages plausibles.
VF→LS VO→LS 13 ans +

**UNS ET LES AUTRES, LES** ▷4
FR. 1980. Chronique de Claude LELOUCH avec Robert Hossein, Nicole Garcia et Daniel Olbrychski. - Cinquante ans d'histoire contemporaine vus à travers le destin de divers personnages de quatre pays différents.
VO→LS Général

**UNSINKABLE MOLLY BROWN, THE** ▷4
É.-U. 1964. Comédie musicale de Charles WALTERS avec Debbie Reynolds, Harve Presnell et Ed Begley. - Les aventures d'une jeune fermière qui, après avoir épousé un bûcheron, devient millionnaire.
VO→14,95$ Général

**UNSTRUNG HEROES** ▷4
É.-U. 1995. Comédie dramatique de Diane KEATON avec Nathan Watt, Andie MacDowell et John Turturro. - Sa mère souffrant d'une grave maladie, un jeune garçon va vivre chez ses deux oncles excentriques qui auront une influence positive sur lui.
VF→LS VO→PC Général

**UNTAMED HEART** ▷4
É.-U. 1993. Drame sentimental de Tony BILL avec Marisa Tomei, Christian Slater et Rosie Perez. - La relation amoureuse entre une serveuse et un jeune plongeur de restaurant au tempérament fragile et taciturne.
VO→PC Général

**UNTIL SEPTEMBER** ▷5
É.-U. 1984. Drame sentimental de Richard MARQUAND avec Karen Allen, Thierry Lhermitte et Christopher Cazenove. - Une Américaine de passage à Paris entame une liaison avec un banquier dont l'épouse s'est absentée pour quelques jours.
VF→LS 13 ans +

**UNTIL THE END OF THE WORLD** ▷4
ALL. 1991. Science-fiction de Wim WENDERS avec Solveig Dommartin, William Hurt et Sam Neill. - Parcourant le monde pour remplir une mission secrète, le fils d'un inventeur est pourchassé par divers individus, dont une jeune femme qui s'est éprise de lui.
VF→19,95$ VO→19,95$ Général

**UNTIL THEY SAIL** ▷5
É.-U. 1957. Drame de Robert WISE avec Joan Fontaine, Paul Newman et Jean Simmons. - Les aventures de quatre femmes dont la vie a été bouleversée par la guerre.
VO→19,95$ Général

**UNTOUCHABLES, THE** ▷3
É.-U. 1987. Drame policier de Brian DE PALMA avec Kevin Costner, Sean Connery et Robert De Niro. - À Chicago en 1930, l'agent fédéral Eliot Ness est chargé de mettre fin aux activités du mafioso Al Capone qui dirige un vaste réseau de contrebande. - Récit solidement structuré. Réalisation inventive. Interprétation d'une assurance peu commune.
VO→13,95$ VF→14,95$ LBX→14,95$ 13 ans +

**UNZIPPED** ▷0
É.-U. 1995, Douglas KEEVE
VO→18,95$ Général

**UP!** ▷0
É.-U. 1976, Russ MEYER
VO→69,95$ 18 ans +

**UP AT THE VILLA** ▷4
É.-U. 2000. Drame de mœurs de Philip HAAS avec Kristin Scott Thomas, Sean Penn et Anne Bancroft. - En 1938, à Florence, une jeune veuve anglaise courtisée par plusieurs hommes se retrouve compromise dans un sombre drame passionnel.
VF→14,95$ VO→14,95$ Général

**UP CLOSE AND PERSONAL** ▷5
É.-U. 1996. Comédie sentimentale de Jon AVNET avec Robert Redford, Michelle Pfeiffer et Stockard Channing. - Un reporter réputé s'éprend d'une jeune femme à qui il enseigne le journalisme télévisé.
VF→15,95$ Général

**UP IN ARMS** ▷4
É.-U. 1944. Comédie musicale de Elliott NUGENT avec Danny Kaye, Dinah Shore et Dana Andrews. - Les mésaventures d'un malade imaginaire appelé à servir dans l'armée.
VO→LS Général

**UP IN CENTRAL PARK** ▷5
É.-U. 1947. Comédie musicale de William A. SEITER avec Deanna Durbin, Dick Haymes et Vincent Price. - Un immigrant irlandais et sa fille sont entraînés innocemment dans les manœuvres d'un politicien véreux.
VO→19,95$ Général

**UP IN SMOKE** ▷6
É.-U. 1978. Comédie de Lou ADLER avec Cheech Marin, Tommy Chong et Stacy Keach. - Les aventures de deux hippies en quête de marijuana.
VO→14,95$ 18 ans +

**UP PERISCOPE** ▷5
É.-U. 1959. Drame de guerre de Gordon DOUGLAS avec James Garner, Edmond O'Brien et Andrea Martin. - Un sous-marin conduit vers une île du Japon un officier chargé d'une mission périlleuse.
VO→14,95$ Général

**UP THE DOWN STAIRCASE** ▷3
É.-U. 1967. Drame psychologique de Robert MULLIGAN avec Sandy Dennis, Patrick Bedford et Eileen Heckart. - Les débuts difficiles d'une jeune institutrice dans un quartier populaire de New York. - Ton d'authenticité exceptionnel. Intérêt social évident. Réalisation de qualité. Interprétation juste.
VO→19,95$ 13 ans +

**UP THE SANDBOX** ▷5
É.-U. 1972. Comédie satirique de Irvin KERSHNER avec Barbra Streisand, David Selby et Jane Hoffman. - La femme d'un professeur, mère de deux enfants, laisse aller son imagination à diverses fantaisies.
VO→19,95$

**UPTOWN SATURDAY NIGHT** ▷4
É-U. 1974. Comédie réalisée et interprétée par Sidney POITIER avec Bill Cosby et Harry Belafonte. - Apprenant qu'il a gagné le gros lot, un ouvrier tente de trouver les voleurs qui lui ont pris son portefeuille.
VO→19,95$ Général

**URANUS** ▷4
FR. 1990. Drame de mœurs de Claude BERRI avec Philippe Noiret, Gérard Depardieu et Michel Blanc. - Dans une petite ville de France peu après la guerre, un cabaretier est injustement accusé d'avoir caché un collaborateur. - Adaptation d'un roman de Marcel Aymé.
STA→LS VO→19,95$ Général

**URBAN COWBOY** ▷4
É.-U. 1980. Drame de mœurs de James BRIDGES avec John Travolta, Debra Winger et Scott Glenn. - Les problèmes sentimentaux d'un jeune Texan qui fréquente une salle de danse populaire.
VO→13,95$ Général

**URBANIA** ▷0
É.-U. 2000, Jon SHEAR
VO→LS

**URGA (CLOSE TO EDEN)** ►2
RUS. 1991. Drame de mœurs de Nikita MIKHALKOV avec Bayaertu, Badema et Vladimir Gostukhrin. - Après avoir sympathisé avec un routier russe dont le camion est tombé en panne, un éleveur mongol l'accompagne en ville pour y faire des courses. - Fable simple mais fort émouvante sur la perte d'identité culturelle. Souffle lyrique teinté d'une douce mélancolie et d'une fine ironie. Mise en scène d'une sobriété éloquente. Interprétation magnifique.
STA→LS VF→LS Général

**URGH! A MUSIC WAR!** ▷0
É.-U. 1981, Derek BURBIDGE
VO→LS Général

**URINAL** ▷0
CAN. 1988, John GREYSON
VO→LS 16 ans +

**URSULE ET GRELU** ▷6
FR. 1973. Comédie de Serge KORBER avec Annie Girardot, Bernard Fresson et Roland Dubillard. - Un matelot accordéoniste et une salutiste se rencontrent à l'occasion d'un naufrage et connaissent diverses mésaventures.
VO→LS Général

**USED CARS** ▷6
É.-U. 1980. Comédie de Robert ZEMECKIS avec Kurt Russell, Jack Warden et Gerrit Graham. - Le propriétaire d'un commerce d'autos usagées entreprend d'éliminer son concurrent d'en face qui se trouve être son frère.
VO→9,95$ 13 ans +

**USED PEOPLE** ▷4
É.-U. 1992. Comédie dramatique de Beeban KIDRON avec Shirley MacLaine, Marcello Mastroianni et Kathy Bates. - Veuve depuis peu, une femme d'âge mûr crée des remous dans sa famille immédiate lorsqu'elle se met à fréquenter un vieux prétendant.
VF→24,95$ 13 ans +

**USUAL SUSPECTS, THE** ▷3
É.-U. 1995. Drame policier de Bryan SINGER avec Gabriel Byrne, Chazz Palminteri et Kevin Spacey. - Interrogé par un enquêteur à la suite de l'explosion d'un cargo, un criminel lui raconte les événements qui sont à l'origine de cette affaire énigmatique. - Intrigue habilement tricotée. Réalisation très léchée sans être maniérée. Excellente partition musicale. Belles performances des acteurs.
VF→14,95$ VO→14,95$
LBX-DVD→21,95$ 13 ans + Langage vulgaire

**UTOPIA** ▷0
FR.-ITA. 1950, John BERRY et Léo JOANNON
VO→LS Non classé

**UTU** ▷0
N.-Z. 1988, Geoff MURPHY
LBX→LS VO→LS 13 ans +

**UTZ** ▷4
ANG. 1992. Drame de George SLUIZER avec Armin Mueller-Stahl, Brenda Fricker et Peter Riegert. - À la mort d'un important collectionneur tchèque, le propriétaire d'une galerie d'art new-yorkaise cherche à récupérer de précieuses figurines de porcelaine.
VO→17,95$ Général

**V.I. WARSHAWSKI** ▷5
É.-U. 1991. Drame policier de Jeff KANEW avec Kathleen Turner, Jay O. Sanders et Angela Goethals. - Une fillette persuade une détective privée de Chicago d'enquêter sur la mort suspecte de son père et se propose même de la seconder.
VO→LS VF→10,95$ **13 ans +**

**V.I. WARSHAWSKI, UN PRIVÉ EN ESCARPINS**
Voir: V.I. WARSHAWSKI

**V.I.P.'S, THE** ▷5
ANG. 1963. Drame d'Anthony ASQUITH avec Elizabeth Taylor, Richard Burton et Louis Jourdan. - Quelques personnes sont amenées à résoudre leurs problèmes à cause du départ retardé de leur avion.
VO→19,95$ **Général**

**VA VOIR MAMAN... PAPA TRAVAILLE** ▷4
FR. 1977. Drame sentimental de François LETERRIER avec Marlène Jobert, Philippe Léotard et Vladimir Andrès. - La jeune épouse d'un imprésario, mère d'un gamin de cinq ans, s'éprend d'un divorcé, lui-même père d'une fillette.
VO→LS **Général**

**VACANCES DE MONSIEUR HULOT, LES** ►1
FR. 1953. Comédie satirique réalisée et interprétée par Jacques TATI avec Louis Perrault et André Dubois. - Un vacancier un peu lunatique multiplie les incidents cocasses dans une station balnéaire. - Suite de situations finement observées. Abondance de gags ingénieux. Étude de milieu fort subtile. Personnage original créé par J. Tati.
STA→LS VO→LS **Général**

**VACHE ET LE PRISONNIER, LA** ▷4
FR. 1959. Comédie d'Henri VERNEUIL avec Fernandel, René Havard et Inge Schoener. - Un prisonnier de guerre conçoit un moyen ingénieux de s'évader.
VO→LS **Général**

**VAGUE DE CHALEUR**
Voir: HEATWAVE

**VAISSEAU SPATIAL SUR VÉNUS**
Voir: FIRST SPACESHIP ON VENUS

**VAISSEAUX DU CŒUR, LES**
Voir: SALT ON OUR SKIN

**VAL ABRAHAM, LE** ►2
POR. 1993. Drame de mœurs de Manoel DE OLIVEIRA avec Leonor Silveira, Luis Miguel Cintra et Rui de Carvalho. - La jeune épouse d'un médecin de campagne trompe son ennui auprès de divers amants. - Scénario proposant une lecture personnelle et contemporaine du *Madame Bovary* de Flaubert. Mise en scène majestueuse d'une lenteur contemplative. Jeu sobre de L. Silveira.
VF→18,95$ **Général**

**VALDEZ IS COMING** ▷5
É.-U. 1971. Western d'Edwin SHERIN avec Burt Lancaster, Susan Clark et Jon Cypher. - Un policier d'origine mexicaine affronte des matamores responsables d'un lynchage.
VO→14,95$ **Général**

**VALENTINO** ▷5
ANG. 1977. Drame biographique de Ken RUSSELL avec Rudolf Noureev, Leslie Caron et Michelle Phillips. - Évocation de la carrière et des amours de Rudolf Valentino, vedette du cinéma muet.
VO→19,95$ **13 ans +**

**VALÉRIE** ▷6
QUÉ. 1969. Mélodrame de Denis HÉROUX avec Danielle Ouimet, Guy Godin et Kim Wilcox. - Alors qu'un peintre veuf s'éprend d'elle, une jeune femme entreprend de vendre ses charmes en tant que call-girl.
VO→19,95$ **13 ans + Érotisme**

**VALÉRIE ET L'INITIATION** ▷0
QUÉ. Denis HÉROUX
DVD→49,95$ **Non classé**

**VALEURS DE LA FAMILLE ADDAMS, LES**
Voir: THE ADDAMS FAMILY VALUES

**VALLÉE, LA** ▷5
FR. 1972. Drame de Barbet SCHROEDER avec Bulle Ogier, Michael Gothard et Jean-Pierre Kalfon. - En Nouvelle-Guinée, la femme d'un diplomate français se joint à un groupe de jeunes hippies qui recherche une vallée mystérieuse.
STA→LS **13 ans +**

**VALLÉE DE L'OR NOIR, LA**
Voir: CAMPBELL'S KINGDOM

**VALLÉE DE LA VENGEANCE, LA**
Voir: VENGEANCE VALLEY

**VALLÉE DES GÉANTS, LA**
Voir: THE BIG TREES

**VALLÉE DES NUAGES, LA**
Voir: A WALK IN THE CLOUDS

**VALLEY GIRL** ▷4
É.-U. 1983. Comédie de mœurs de Martha COOLIDGE avec Deborah Foreman, Nicolas Cage et Elizabeth Daily. - Une adolescente d'un quartier bourgeois de Los Angeles s'éprend d'un garçon de milieu populaire.
VO→LS **18 ans +**

**VALLEY OF DECISION, THE** ▷4
É.-U. 1945. Drame sentimental de Tay GARNETT avec Greer Garson, Gregory Peck et Donald Crisp. - Le fils aîné d'un maître de forges s'éprend de la femme de chambre de sa mère.
VO→19,95$ **Général**

**VALLEY OF GWANGI, THE** ▷5
É.-U. 1968. Drame fantastique de Jim O'CONNOLLY avec James Franciscus, Gila Golan et Gustavo Rojo. - La directrice d'un cirque exploite des animaux étranges trouvés dans une vallée difficile d'accès.
VO→14,95$ **Général**

**VALLEY OF THE DOLLS** ▷5
É.-U. 1967. Drame psychologique de Mark ROBSON avec Barbara Parkins, Patty Duke et Sharon Tate. - Une secrétaire dans un bureau d'avocats est témoin des malheurs de quelques actrices.
VO→16,95$ **18 ans +**

**VALLEY OF THE KINGS** ▷5
É.-U. 1954. Aventures de Robert PIROSH avec Robert Taylor, Eleanor Parker et Carlos Thompson. - Les tribulations de la fille d'un égyptologue en voyage en Égypte avec son mari.
VO→19,95$ **Général**

**VALMONT** ▷3
ANG. 1989. Comédie de mœurs de Milos FORMAN avec Colin Firth, Annette Bening et Meg Tilly. - Une marquise fait appel à un vieux complice de plaisir pour se venger de son amant qui vient de l'abandonner pour épouser une fille de quinze ans. - Adaptation libre du roman *Les Liaisons dangereuses* de Choderlos de Laclos. Illustration somptueuse, élégante et rythmée. Interprétation vive et nuancée.
VF→LS VO→14,95$ **13 ans +**

**VALSE DES TRUANDS, LA**
Voir: MARLOWE

**VALSEUSES, LES** ▷4
FR. 1973. Drame de mœurs de Bertrand BLIER avec Gérard Depardieu, Patrick Dewaere et Miou-Miou. - Deux voyous partent à l'aventure en entraînant une jeune coiffeuse avec eux.
VO→LS **18 ans +**

**VAMP** ▷5
É.-U. 1986. Drame d'horreur de Richard WENK avec Chris Makepeace, Dedee Pfeiffer et Grace Jones. - Deux amis étudiants tombent sous l'emprise de vampires qui tiennent une boîte de nuit.
VO→LS **13 ans +**

**VAMPIRE AU PARADIS, UN** ▷4
FR. 1991. Comédie fantaisiste d'Abdelkrim BAHLOUL avec Bruno Cremer, Farid Chopel et Laure Marsac. - Un Arabe qui se prend pour un vampire vient en aide à un couple de Français bourgeois dont la fille semble victime d'un mystérieux envoûtement.
VO→18,95$ **Général**

**VAMPIRE LOVERS, THE** ▷4
ANG. 1970. Drame fantastique de Roy Ward BAKER avec Ingrid Pitt, Madeleine Smith et Peter Cushing. - Deux jeunes filles de notables meurent étrangement après le passage d'une étrangère qui se révèle être une vampire.
VO→11,95$ **13 ans +**

**VAMPIRE'S KISS** ▷5
É.-U. 1988. Drame psychologique de Robert BIERMAN avec Nicolas Cage, Maria Conchita Alonso et Jennifer Beals. - Croyant être en train de devenir vampire, un jeune homme se met à avoir des comportements bizarres.
VF→LS VO→LS **13 ans +**

**VAMPIRE, VOUS AVEZ DIT VAMPIRE?**
Voir: FRIGHT NIGHT

**VAMPIRE, VOUS AVEZ DIT VAMPIRE? II**
Voir: FRIGHT NIGHT PART II

**VAMPYR** ►2
FR. 1932. Drame fantastique de Carl Theodor DREYER avec Julian West, Maurice Schutz et Sybille Schmitz. - Un jeune homme arrive dans un village où il est témoin de phénomènes étranges. - Classique du cinéma fantastique. Œuvre insolite et onirique au rythme lent. Récit mystérieux. Climat de cauchemar envoûtant. Photographie remarquable. Interprétation bien accordée au ton particulier de l'ensemble.
ITA→34,95$ ITA-DVD→39,95$ **Général**

**VAMPYR, THE** ▷0
ANG. 1993, Nigel FINCH
VO→LS **13 ans + Érotisme**

**VAMPYROS LESBOS** ▷0
ALL.-ESP. 1970, Jess FRANCO
STA-LBX-DVD→44,95$ **16 ans + Érotisme**

**VAN GOGH** ▷3
FR. 1991. Drame biographique de Maurice PIALAT avec Jacques Dutronc, Alexandra London et Gérard Sety. - Évocation du séjour au printemps 1890 du peintre Van Gogh chez un docteur amateur d'art.- Derniers moments de la vie du peintre évoqués avec certaines libertés historiques. Suite de tableaux pittoresques aux tonalités propres à l'artiste. J. Dutronc crédible.
VO→LS **Général**

**VAN, THE** ▷4
ANG. 1996. Comédie dramatique de Stephen FREARS avec Colm Meaney, Donal O'Kelly et Ger Ryan. - À Dublin, un chômeur s'achète une vieille camionnette délabrée pour la transformer, avec l'aide d'un copain, en snack-bar ambulant.
VO→LS **Général**

**VANILLE FRAISE** ▷5
FR. 1989. Comédie de Gérard OURY avec Pierre Arditi, Sabine Azéma et Isaach de Bankolé. - Mariée à un chirurgien jaloux qui ignore son passé d'espionne, une femme accepte d'accomplir une nouvelle mission à l'insu de son époux.
VO→LS **Général**

**VANISHING, THE** ▷5
É.-U. 1993. Drame psychologique de George SLUIZER avec Jeff Bridges, Kiefer Sutherland et Nancy Travis. - Un jeune homme recherche inlassablement son amie qui a été kidnappée par un professeur en apparence inoffensif.
VF→LS VO→PC **Général**

**VANISHING AMERICAN, THE** ▷0
É.-U. 1925, George B. SEITZ
ITA→36,95$ **Général**

**VANISHING POINT** ▷5
É.-U. 1971. Drame de Richard C. SARAFIAN avec Barry Newman, C. Little et Dean Jagger. - Chargé de conduire une auto de Denver à Los Angeles, un chauffeur part à une vitesse folle sur la route.
VO→11,95$ **13 ans +**

**VANYA ON 42nd STREET** ▷3
É.-U. 1994. Drame de Louis MALLE avec Wallace Shawn, Julianne Moore et B. Smith. - Réunie dans un théâtre abandonné de New York, une troupe d'acteurs répète la pièce *Oncle Vania* de Tchekhov. - Chassé-croisé de désillusions politiques, d'amours secrets et de trahisons. Traitement privilégiant le verbe à l'état brut. Montage dynamique. Mise en images dépouillée. Distribution excellente.
VF→13,95$ VO→18,95$ **Général**

**VARIETY GIRL** ▷5
É.-U. 1947. Comédie musicale de George MARSHALL avec Mary Hatcher, Olga San Juan et De Forest Kelley. - Deux adolescentes débrouillardes parviennent à pénétrer dans un studio d'Hollywood.
VO→14,95$ **Général**

**VARIETY LIGHTS**
Voir: LES FEUX DU MUSIC-HALL

**VATEL** ▷4
FR. 2000. Drame historique de Roland JOFFÉ avec Gérard Depardieu, Uma Thurman et Tim Roth. - En 1671, au château de Chantilly, l'intendant du prince de Condé organise trois jours de fêtes et de banquets en l'honneur du roi Louis XIV et de sa cour.
Général

**VAUDOU, LE** ▷0
QUÉ. 1991, Isaac ISITAN
VO→19,95$ Général

**VAUDOU AUX CARAÏBES** ▷0
FR. 1980, Philippe MONNIER
VO→LS Non classé

**VEGAS VACATION** ▷5
É.-U. 1997. Comédie de S. KESSLER avec Chevy Chase, Beverly d'Angelo et Randy Quaid. - Les tribulations d'une famille qui passe ses vacances à Las Vegas, capitale du jeu et du vice.
VO→18,95$ Général

**VEILLÉE DES VEILLÉES, LA** ▷0
QUÉ. 1976, Bernard GOSSELIN
VO→LS Général

**VELOCITY OF GARY, THE** ▷0
É.-U. 1998, Dan IRELAND
VF→14,95$ VO→14,95$ 13 ans +

**VELVET GOLDMINE** ▷4
ANG.-É.-U. 1998. Drame musical de Todd HAYNES avec Jonathan Rhys Meyers, Christian Bale et Ewan McGregor. - En 1984, un journaliste doit retrouver un célèbre chanteur de «Glam Rock» qui était son idole de jeunesse.
VO→14,95$ LBX-DVD→27,95$ 13 ans + Érotisme

**VELVET HUSTLER** ▷0
JAP. 1967, Toshio MASUDA
STA-LBX→27,95$ Général

**VELVET TOUCH, THE** ▷5
É.-U. 1948. Drame policier de John GAGE avec Rosalind Russell, Leo Genn et Claire Trevor. - Une actrice tue son amant et laisse tomber les soupçons sur une jeune fille qui a toujours été amoureuse de celui-ci.
VO→LS Général

**VENDETTA, LA** ▷0
FR. 1961, Jean CHÉRASSE
VO→LS Non classé

**VENDREDI 13**
Voir: FRIDAY THE 13TH

**VENDREDI DINGUE, DINGUE, DINGUE, UN**
Voir: FREAKY FRIDAY

**VENGEANCE AVEUGLE**
Voir: BLIND FURY

**VENGEANCE D'UNE BLONDE, LA** ▷5
FR. 1993. Comédie de mœurs de Jeannot SZWARC avec Christian Clavier, M.-A. Chazel et Clémentine Célarié. - Un présentateur de journal télévisé s'engage dans une course au succès qui menace de briser son mariage et de ruiner sa réputation.
VO→19,95$ Général

**VENGEANCE D'UNE FEMME, LA** ▷3
FR. 1989. Drame psychologique de Jacques DOILLON avec Isabelle Huppert, Béatrice Dalle et Jean-Louis Murat. - Croyant que son mari s'est suicidé après avoir été abandonné par sa maîtresse, une femme pousse une amie à lui avouer qu'elle est celle-ci. - Long tête-à-tête habilement tendu. Jeu nuancé et solide des protagonistes.
STA→LS VO→LS Général

**VENGEANCE DE FREDDY, LA**
Voir: A NIGHTMARE ON ELM STREET 2 - FREDDY'S REVENGE

**VENGEANCE DE LA FEMME EN NOIR, LA** ▷5
QUÉ. 1997. Comédie fantaisiste de Roger CANTIN avec Germain Houde, Marc Labrèche et Raymond Bouchard. - Un comédien est persécuté par un inspecteur de police qui le croit impliqué dans une affaire d'enlèvement.
VO→19,95$ Général

**VENGEANCE DE SCARFACE, LA**
Voir: CRY VENGEANCE

**VENGEANCE DES FANTÔMES, LA**
Voir: POLTERGEIST

**VENGEANCE DU SERPENT À PLUMES, LA** ▷5
FR. 1984. Comédie de Gérard OURY avec Coluche, Maruschka Detmers et Luis Rego. - Un homme hérite d'un appartement qui est le repaire d'un groupe de terroristes, ce qui l'entraîne dans une folle aventure au Mexique.
VO→LS Général

**VENGEANCE IS MINE**
Voir: LA VENGEANCE QUI EST MIENNE

**VENGEANCE OF FU MANCHU, THE** ▷6
ANG. 1967. Aventures de Jeremy SUMMERS avec Christopher Lee, Douglas Wilmer et Horst Frank. - Un maître criminel compromet un inspecteur de police dans une affaire de meurtre.
VO→19,95$ Général

**VENGEANCE OF SHE, THE** ▷6
ANG. 1967. Aventures de Cliff OWEN avec John Richardson, Olinka Berova et Edward Judd. - Un psychiatre aide une jeune femme subissant l'influence d'un prêtre d'une civilisation perdue africaine qui prétend qu'elle est la réincarnation de leur reine.
LBX→14,95$ LBX-DVD→29,95$ Général

**VENGEANCE QUI EST MIENNE, LA** ▷0
JAP. 1979, Shohei IMAMURA
STA→35,95$ 16 ans + Violence

**VENGEANCE VALLEY** ▷4
É.-U. 1950. Western de Richard THORPE avec Burt Lancaster, Robert Walker et Joanne Dru. - Un cow-boy adopté par un rancher s'efforce de réparer les fredaines du fils de son bienfaiteur.
VO→19,95$ Général

**VÉNITIENNE, LA** ▷5
ITA. 1986. Comédie de mœurs de Mauro BOLOGNINI avec Laura Antonelli, Monica Guerritore et Jason Connery. - Au XVIe siècle, deux Vénitiennes se partagent le cœur d'un bel étranger.
VF→LS Non classé

**VENT DE GALERNE** ▷5
FR. 1988. Drame historique de Bernard FAVRE avec Jean-François Casabonne, Charlotte Laurier et Roger Jendly. - En 1793, un mouvement de révolte se répand en Vendée contre l'armée républicaine.
VO→LS Général

**VENT DU WYOMING, LE** ▷5
QUÉ. 1994. Comédie dramatique d'André FORCIER avec Sarah-Jeanne Salvy, François Cluzet et Marc Messier. - Une jeune fille qui s'est fait voler son amoureux par sa mère décide de séduire un écrivain français que sa sœur convoite.
STA→16,95$ VO→18,95$ 13 ans + Érotisme

**VENT NOUS EMPORTERA, LE** ▷3
FR. 1999. Chronique d'Abbas KIAROSTAMI avec Behzad Dourani. - Trois hommes de Téhéran s'installent dans un village reculé du Kurdistan pour mener une mission aux objectifs obscurs. - Écriture sobre, voire minimaliste. Récit envoûtant à portée métaphysique. Réalisation d'une grande minutie. Interprétation à la hauteur.
STF→PC Général

**VÉNUS AU VISON**
Voir: BUTTERFIELD 8

**VÉNUS BEAUTÉ (INSTITUT)** ▷4
FR. 1998. Comédie dramatique de Tonie MARSHALL avec Nathalie Baye, Bulle Ogier et Samuel Le Bihan. - Une esthéticienne quadragénaire et célibataire se fait courtiser par un jeune homme qui a eu le coup de foudre pour elle.
VO→LS

**VÉNUS EN FOURRURE, LA** ▷0
ITA. 1968, Massimo DALLAMANO
VA→LS **18 ans +**

**VENUS IN FURS**
Voir: LA VÉNUS EN FOURRURE

**VERA CRUZ** ▷3
É.-U. 1953. Western de Robert ALDRICH avec Gary Cooper, Burt Lancaster et Denise Darcel. - Des aventuriers tentent de s'emparer d'un convoi d'or devant servir à la révolution mexicaine. - Habile reconstitution du contexte d'époque. Rythme rapide. Beaux paysages. Excellent duel d'acteurs.
LBX→14,95$ VO→14,95$ **Général**

**VERDICT** ▷4
FR. 1974. Drame judiciaire de André CAYATTE avec Jean Gabin, Sophia Loren et Michel Albertini. - La mère d'un jeune homme accusé de meurtre fait enlever la femme du juge pour obtenir par la force un acquittement.
VA→35,95$

**VERDICT, THE** ▷4
É.-U. 1982. Drame judiciaire de Sidney LUMET avec Paul Newman, Charlotte Rampling et James Mason. - Un avocat déchu se voit confier une cause importante qui lui permettra de reprendre en main sa carrière.
VF→16,95$ VO→16,95$ **Général**

**VÉRITÉ NUE, LA**
Voir: NO MINOR VICES

**VÉRITÉ SI JE MENS, LA** ▷4
FR. 1996. Comédie de Thomas GILOU avec Richard Anconina, Elie Kakou et José Garcia. - Un jeune chômeur se fait passer pour un Juif afin de gagner la confiance d'un commerçant de tissus.
VO→18,95$ **Général - Déconseillé aux jeunes enfants**

**VÉRITÉ SUR LES CHATS ET LES CHIENS, LA**
Voir: THE TRUTH ABOUT CATS AND DOGS

**VÉRITÉ TROMPEUSE**
Voir: WHERE TRUTH LIES

**VERONICO CRUZ**
Voir: LA DETTE (LA DEUDA INTERNA)

**VERONIKA VOSS** ►2
ALL. 1982. Drame de Rainer Werner FASSBINDER avec Rosel Zech, Hilmar Thate et Annemarie Dueringer. - En 1955, un journaliste sportif s'intéresse au sort d'une ancienne star de cinéma victime des manigances de sa psychanalyste. - Scénario complexe et profond. Traitement raffiné du noir et blanc. Compositions picturales rappelant le cinéma d'antan. Interprétation admirable.
STA→LS **Général**

**VERS LA JOIE** ▷3
SUÈ. 1954. Drame d'Ingmar BERGMAN avec Maj Britt Nilsson, Stig Olin et Victor Sjostrom. - Les déboires d'un couple de musiciens. - Étude psychologique intéressante. Très bonne interprétation.
VA→LS **Non classé**

**VERS UN DESTIN INSOLITE SUR LES FLOTS BLEUS DE L'ÉTÉ** ▷4
ITA. 1974. Comédie satirique de Lina WERTMULLER avec Giancarlo Giannini et Mariangela Melato. - Naufragés dans une île, la femme d'un industriel et un matelot communiste ont de curieux rapports.
VF→LS STA→LS **18 ans +**

**VERSAILLES RIVE GAUCHE** ▷4
FR. 1991. Comédie de mœurs de Bruno PODALYDÈS avec Denis Podalydès, Isabelle Candelier et Philippe Uchan. - Ayant invité une jeune fille à un tête-à-tête galant dans son minuscule appartement, un garçon un peu gêné s'emmêle dans une série de mensonges.
VO→LS **Général**

**VERTES DEMEURES**
Voir: GREEN MANSIONS

**VERTICAL LIMIT** ▷4
É.-U. 2000. Aventures de Martin CAMPBELL avec Chris O'Donnell, Robin Tunney et Bill Paxton. - Six alpinistes risquent leur vie pour secourir trois des leurs qui ont été victimes d'une avalanche.
VF→LS VO→LS **Général - Déconseillé aux jeunes enfants**

**VERTIGO** ►1
É.-U. 1958. Drame d'Alfred HITCHCOCK avec James Stewart, Kim Novak et Barbara Bel Geddes. - Un détective à la retraite est bouleversé par l'apparent suicide d'une femme qu'on l'avait chargé de surveiller. - Œuvre clé de l'auteur. Scénario ingénieux. Suspense habilement conduit. Réalisation de grande qualité. Illustration somptueuse. Jeu excellent de J. Stewart.
LBX→14,95$ VF→14,95$ LBX-DVD→34,95$ **Général**

**VERY BAD THINGS** ▷5
É.-U. 1998. Comédie satirique de Peter BERG avec Jon Favreau, Cameron Diaz et Christian Slater. - Un enterrement de vie de garçon tourne au cauchemar lorsqu'une prostituée meurt accidentellement.
VF→15,95$ VO→15,95$ **16 ans + Violence**

**VERY NATURAL THING, A** ▷0
É.-U. 1973, Christopher LARKIN
VO→LS DVD→PC **18 ans +**

**VERY OLD MAN WITH ENORMOUS WINGS, THE** ▷0
ESP.-ITA.-CUB. 1988, Fernando BIRRI
STA→LS **13 ans +**

**VERY PRIVATE AFFAIR, A**
Voir: VIE PRIVÉE

**VESTIGES DU JOUR, LES**
Voir: THE REMAINS OF THE DAY

**VEUVE COUDERC, LA** ▷3
FR. 1971. Drame de mœurs de Pierre GRANIER-DEFERRE avec Simone Signoret, Alain Delon et Jean Tissier. - Une veuve embauche un inconnu qui se révèle être un prisonnier en fuite. - Adaptation réussie du roman de Georges Simenon. Interprétation sobre et réfléchie.
VO→LS **Général**

**VEUVE DE SAINT-PIERRE, LA** ▷4
FR. 1999. Drame de Patrice LECONTE avec Juliette Binoche, Daniel Auteuil et Emir Kusturica. - En 1850, à Saint-Pierre-et-Miquelon, un condamné à mort devient le protégé de l'épouse du capitaine qui en a la garde.
**Général**

**VEUVE JOYEUSE, LA**
Voir: THE MERRY WIDOW

**VEUVE MAIS PAS TROP**
Voir: MARRIED TO THE MOB

**VEUVE NOIRE, LA**
Voir: BLACK WIDOW

**VICE VERSA** ▷4
É.-U. 1988. Comédie fantaisiste de Brian GILBERT avec Judge Reinhold, Fred Savage et Corinne Bohrer. - Par l'action d'un crâne doté de pouvoirs mystérieux, la personnalité d'un garçon de 11 ans se retrouve dans le corps de son père et vice versa.
VO→PC **Général**

**VICES DE L'ARÈNE, LES**
Voir: THE GREAT WHITE HYPE

**VICES PRIVÉS ET VERTUS PUBLIQUES** ▷4
HON. 1976. Drame de mœurs de Miklos JANCSO avec Lajos Balazsovits, Teresa Ann Savoy et Franco Branciaroli. - Le prince

héritier d'un empire européen qui conspire contre son père organise une orgie impliquant plusieurs nobles pour provoquer un scandale.
VF→LS **18 ans +**

**VICTIM** ▷3
ANG. 1961. Drame social de Basil DEARDEN avec Dirk Bogarde, Sylvia Sims et Dennis Price. - La police est sur la piste d'un maître-chanteur qui s'en prend aux homosexuels. - Œuvre sobre, prenante et bien écrite. Problème délicat traité avec tact.
VO→27,95$ **13 ans +**

**VICTIME, LA** ▷0
HON. 1979, Gyorgy DOBRAY
VF→LS **Non classé**

**VICTIMES DU VIÊT-NAM**
Voir: CASUALTIES OF WAR

**VICTOIRE SUR LA NUIT**
Voir: DARK VICTORY

**VICTOR SJÖSTRÖM** ▷0
SUÈ. 1981, Gosta WERNER
STA→41,95$ **Général**

**VICTOR/VICTORIA** ▷4
ANG. 1982. Comédie de Blake EDWARDS avec Julie Andrews, James Garner et Robert Preston. - Dans le Paris des années 1930, une chanteuse sans emploi se fait passer pour un travesti.
VO→14,95$ VF→14,95$ **13 ans +**

**VICTORY** ▷4
É.-U. 1981. Drame de guerre de John HUSTON avec Sylvester Stallone, Michael Caine et Max Von Sydow. - Des prisonniers de guerre ont l'occasion de former une équipe de soccer et d'affronter des sportifs allemands pour un match.
VO→14,95$ **Général**

**VICTORY AT ENTEBBE** ▷5
É.-U. 1976. Drame de Marvin J. CHOMSKY avec Burt Lancaster, Helen Hayes et Helmut Berger. - Un commando israélien se rend en Ouganda rescaper les passagers d'un avion détourné par des terroristes palestiniens.
VO→14,95$ **Général**

**VIDEODROME** ▷5
CAN. 1982. Drame fantastique de David CRONENBERG avec James Woods, Deborah Harry et Sonja Smits. - En enquêtant sur une chaîne de télévision clandestine, le directeur d'une station indépendante est entraîné dans un monde hallucinatoire.
VO→11,95$ LBX-DVD→27,95$ **18 ans +**

**VIE, LA**
Voir: LIFE

**VIE À BELLES DENTS, LA**
Voir: BUT NOT FOR ME

**VIE À DEUX, LA** ▷5
FR. 1958. Film à sketches de Clément DUHOUR avec Pierre Brasseur, Lilli Palmer et Fernandel. - Un écrivain décide de léguer sa fortune à un couple demeuré heureux.
VO→LS **Général**

**VIE À L'ENVERS, LA** ▷3
FR. 1963. Drame d'Alain JESSUA avec Charles Denner, Anna Gaylor et Nane Germon. - Un homme trouve un charme étrange à s'enfermer de plus en plus dans la solitude. - Style très personnel. Insolite. Excellente réalisation. Interprètes bien dirigés.
STA→32,95$

**VIE APRÈS L'AMOUR, LA** ▷5
CAN. 2000. Comédie sentimentale de Gabriel PELLETIER avec Michel Côté, Sylvie Léonard et Patrick Huard. - Quand son épouse le quitte après 20 ans de mariage, un homme tente par tous les moyens de redonner un sens à sa vie.
STA→LS VO→LS **Général**

**VIE CRIMINELLE D'ARCHIBALD DE LA CRUZ, LA** ▷3
MEX. 1955. Drame psychologique de Luis BUÑUEL avec Ernesto Alonso, Miroslava Stern et Ariadna Welter. - Un homme retrouve une boîte à musique qu'il avait reçue en cadeau étant enfant et à qui il attribuait le pouvoir de réaliser ses désirs homicides. - Scénario insolite aux accents surréalistes. Touches d'humour noir.
STA→44,95$ **Général**

**VIE D'ANGE** ▷0
QUÉ. 1979, Pierre HAREL
VO→21,95$ **18 ans +**

**VIE D'OHARU, LA** ▷0
JAP. 1952, Kenji MIZOGUCHI
STA→27,95$ **Général**

**VIE D'UN HÉROS, LA** ▷4
QUÉ. 1994. Étude de mœurs de Micheline LANCTÔT avec Véronique Le Flaguais, Gilbert Sicotte et Marie Cantin. - Dans les années 1940, une famille de riches cultivateurs des Cantons de l'Est recueille un prisonnier allemand détenu dans une base militaire voisine.
VO→18,95$ **Général**

**VIE DE BESTIOLE, UNE**
Voir: A BUG'S LIFE

**VIE DE FAMILLE À YONKERS**
Voir: LOST IN YONKERS

**VIE DE JÉSUS, LA** ▷3
FR. 1997. Drame social de Bruno DUMONT avec David Douche, Marjorie Cottreel et Kader Chaatouf. - Dans une petite ville du Nord de la France, un jeune homme désœuvré s'en prend, avec l'aide de ses copains, à un jeune Maghrébin qui tourne autour de sa petite amie. - Description implacable d'une problématique sociale propre à un milieu défavorisé. Traitement hyperréaliste.
VO→LS **16 ans +**

**VIE DEVANT SOI, LA** ▷3
FR. 1977. Drame de mœurs de Moshe MIZHARI avec Simone Signoret, Samy Ben Youb et Claude Dauphin. - Une ancienne prostituée gagne sa vie en prenant en pension les enfants des filles de joie. - Adaptation chaleureuse du roman d'Émile Ajar. Excellente composition de S. Signoret.
STA→39,95$ **Général**

**VIE EN ROSE, LA**
Voir: JUST AROUND THE CORNER

**VIE EST BELLE, LA** ▷3
ITA. 1997. Comédie dramatique réalisée et interprétée par Roberto BENIGNI avec Nicoletta Braschi et Giorgio Cantarini. - Déporté dans un camp de concentration avec son jeune fils, un libraire juif tente de lui faire croire qu'il ne s'agit que d'un jeu. - Œuvre farcie de trouvailles comiques tout en atteignant une grande humanité. Touches poétiques attendrissantes. Construction solide.
STA→22,95$ STF→22,95$ VF→22,95$
STA-LBX-DVD→41,95$ **Général**

**VIE EST BELLE, LA** ▷4
BEL.-FR.-ZAÏ. 1987. Comédie musicale de Benoît LAMY et M. NGANGURA avec Papa Wemba, Krubwa Bibi et Kanku Kasongo. - Les tribulations d'un campagnard pauvre du Zaïre qui se rend à la capitale dans l'espoir de devenir chanteur.
STA→82,95$ **Général**

**VIE EST UN LONG FLEUVE TRANQUILLE, LA** ▷4
FR. 1987. Comédie d'Étienne CHATILIEZ avec Hélène Vincent, André Wilms et Benoît Magimel. - Intervertis à leur naissance par une infirmière, deux enfants ont été élevés dans des milieux diamétralement opposés à celui de leurs parents naturels.
VO→LS **Général**

**VIE EST UN TÉLÉROMAN, LA**
Voir: SOAPDISH

**VIE ET RIEN D'AUTRE, LA** ►2
FR. 1989. Drame social de Bertrand TAVERNIER avec Philippe Noiret, Sabine Azéma et Pascale Vignal. - En 1920, un commandant de l'armée française qui est chargé d'identifier les disparus de la Grande Guerre s'éprend d'une femme à la recherche de son mari. - Tableau saisissant et plein d'ironie. Climat quasi surréaliste. Mise en scène rigoureuse et minutieuse. Jeu intense et nuancé de P. Noiret.
STA→LS VO→LS Général

**VIE FANTÔME, LA** ▷4
QUÉ. 1992. Drame de mœurs de Jacques LEDUC avec Ron Lea, Pascale Bussières et Johanne-Marie Tremblay. - Un homme marié entretient une relation extra-conjugale avec une jeune libraire.
VO→29,95$ 16 ans +

**VIE HEUREUSE DE LÉOPOLD Z., LA** ▷4
QUÉ. 1965. Comédie de Gilles CARLE avec Guy L'Écuyer, Paul Hébert et Suzanne Valéry. - La veille de Noël, un déneigeur s'efforce de compléter ses achats de cadeaux en pleine tempête de neige.
VO→19,95$ Général

**VIE PRIVÉE** ▷3
FR. 1962. Drame psychologique de Louis MALLE avec Brigitte Bardot, Marcello Mastroianni et Ursula Kubler. - Une cover-girl connaît un succès rapide au cinéma. - Transposition habile du «mythe» Bardot. Grande qualité picturale. Ensemble un peu froid. Montage soigné. Interprètes bien dirigés.
VA→19,95$ Général

**VIE RÊVÉE DES ANGES, LA** ▷3
FR. 1998. Drame de mœurs d'Erick ZONCA avec Elodie Bouchez, Natacha Régnier et Grégoire Colin. - Une jeune routarde fraîchement débarquée à Lille se lie d'amitié avec une jeune ouvrière qui vit diverses déceptions amoureuses. - Portrait juste et âpre d'une certaine jeunesse. Mise en scène très fluide. Interprétation contrastée des deux comédiennes.
STA→13,95$ VO→18,95$ 13 ans +

**VIE SECRÈTE DE WALTER MITTY, LA**
Voir: THE SECRET LIFE OF WALTER MITTY

**VIE SEXUELLE DES BELGES - 1950-1978, LA** ▷5
BEL. 1993. Chronique de Jan BUCQUOY avec Jean-Henri Compère, Noé Franck et Isabelle Legros. - Un père de famille divorcé décide de donner libre cours à son amour des femmes qui s'exprime par une libido fort active.
VO→14,95$ 13 ans + Langage vulgaire

**VIEILLE FILLE, LA** ▷3
FR. 1971. Comédie satirique de Jean-Pierre BLANC avec Annie Girardot, Philippe Noiret et Marthe Keller. - Au cours de vacances, un homme d'âge mûr réussit à forcer l'intimité d'une demoiselle solitaire. - Chronique humoristique de la vie des vacanciers. Touches caricaturales.
VO→LS Général

**VIEILLE QUI MARCHAIT DANS LA MER, LA** ▷4
FR. 1991. Comédie dramatique de Laurent HEYNEMANN avec Jeanne Moreau, Michel Serrault et Luc Thuillier. - Une vieille arnaqueuse s'acoquine avec un jeune play-boy au grand dam de son associé.
VO→LS 13 ans +

**VIENS CHEZ MOI, J'HABITE CHEZ UNE COPINE** ▷4
FR. 1981. Comédie de Patrice LECONTE avec Michel Blanc, Bernard Giraudeau et Thérèse Liotard. - Réfugié chez un couple ami, un chômeur sème la pagaille en prenant de plus en plus ses aises.
VO→19,95$ Général

**VIENS DANSER... SUR LA LUNE!** ▷5
QUÉ. 1997. Comédie dramatique de Kit HOOD avec Nathalie Vansier, Michael Yarmush et Dorothée Berryman. - Durant un été, une fillette vit diverses expériences qui l'amènent à quitter le monde de l'enfance.
VF→19,95$ Général

**VIERGE SUR CANAPÉ, UNE**
Voir: SEX AND THE SINGLE GIRL

**VIES DE LOULOU, LES** ▷0
ESP. 1990, Bigas LUNA
VF→LS 18 ans + Érotisme

**VIEUX FUSIL, LE** ▷3
FR. 1975. Drame de guerre de Robert ENRICO avec Philippe Noiret, Romy Schneider et J. Hansen. - Un chirurgien exerce une vengeance meurtrière sur les soldats allemands qui ont massacré sa femme et sa fille. - Construction solide. Interprétation convaincue de P. Noiret.
VO→LS 13 ans +

**VIEUX GARÇONS, LES**
Voir: GRUMPY OLD MEN

**VIEW TO A KILL, A** ▷5
ANG. 1985. Drame d'espionnage de John GLEN avec Roger Moore, Christopher Walken et Grace Jones. - L'agent secret James Bond est chargé de surveiller un industriel richissime qui veut prendre le contrôle mondial de l'informatique.
VF→11,95$ VO→11,95$ LBX→LS Général

**VIKING QUEEN, THE** ▷6
ANG. 1966. Aventures de Don CHAFFEY avec Don Murray, Donald Houston et Carita. - La reine d'une tribu barbare soumise à Rome est poussée à la rebellion.
LBX→14,95$ Général

**VIKINGS, THE** ▷3
É.-U. 1958. Aventures de Richard FLEISCHER avec Kirk Douglas, Tony Curtis et Janet Leigh. - Un chef viking a, sans le savoir, son demi-frère comme principal adversaire. - Film à grand spectacle. Reconstitution historique réussie. Interprétation excellente.
VO→LS Général

**VILAIN AMÉRICAIN, LE**
Voir: THE UGLY AMERICAN

**VILLAGE DES DAMNÉS, LE**
Voir: THE VILLAGE OF THE DAMNED

**VILLAGE OF DREAMS** ▷0
JAP. 1995, Yoichi HIGASHI
STA→54,95$

**VILLAGE OF THE DAMNED** ▷4
ANG. 1960. Science-fiction de Wolf RILLA avec George Sanders, Barbara Shelley et Martin Stephens. - À la suite d'un phénomène inexplicable, les femmes d'un village donnent naissance à des enfants dotés de pouvoirs étranges.
VO→14,95$ Général

**VILLAGE OF THE DAMNED** ▷5
É.-U. 1995. Science-fiction de John CARPENTER avec Christopher Reeve, Kirstie Alley et Linda Kozlowski. - À la suite d'un phénomène mystérieux, les jeunes femmes d'un village donnent naissance à d'étranges enfants doués de pouvoirs télépathiques.
VF→LS VO→14,95$ 13 ans +

**VILLAGE OF THE GIANTS** ▷6
É.-U. 1965. Science-fiction de Bert I. GORDON avec Tommy Kirk, Johnny Crawford et Beau Bridges. - Des jeunes voyous terrorisent un village après avoir avalé un produit qui fait d'eux des géants.
VO→11,95$ Général

**VILLAIN, THE** ▷6
É.-U. 1979. Western de Hal NEEDHAM avec Kirk Douglas, Ann-Margret et Arnold Schwarzenegger. - Un cow-boy candide protège une jeune fille contre les menées d'un hors-la-loi.
VO→14,95$ Général

**VILLE ET LES CHIENS, LA** ▷4
PÉR. 1984. Drame de mœurs de Francisco J. LOMBARDI avec Pablo Serra, Gustavo Bueno et Juan M. Ochoa. - Un nouvel élève d'une académie militaire prend en charge les trafics illicites qui ont cours dans l'école.
VF→LS 13 ans +

**VILLE PORTUAIRE** ▷4
SUÈ. 1948. Drame psychologique d'Ingmar BERGMAN avec Nine-Christine Jonsson, Bengt Eklund et Berta Hall. - Un marin s'engage comme débardeur et fait la connaissance d'une jeune fille en proie à diverses difficultés.
VA→LS Non classé

**VILLE SANS PITIÉ**
Voir: TOWN WITHOUT PITY

**VINCENT & THEO** ▷0
ANG. 1990, Robert ALTMAN
VO→LS Général

**VINCENT AND ME** ▷4
CAN. 1990. Comédie dramatique de Michael RUBBO avec Nina Petronzio, Christopher Forrest et Paul Klerk. - Une jeune artiste de 13 ans se rend à Amsterdam pour démasquer les faussaires qui ont vendu un de ses dessins comme une œuvre de Vincent Van Gogh.
VF→LS Général

**VINCENT ET MOI**
Voir: VINCENT AND ME

**VINCENT, FRANÇOIS, PAUL ET LES AUTRES** ▷3
FR. 1974. Chronique de Claude SAUTET avec Yves Montand, Michel Piccoli et Stéphane Audran. - La vie et les problèmes d'un petit groupe de bons amis qui se retrouvent souvent en famille. - Tableau sympathique et humoristique. Rythme fluide créé par une mise en scène précise et souple. Jeu juste et naturel des interprètes.
STA→21,95$ STA→21,95$ Général

**VINGT MILLE LIEUES SOUS LES MERS**
Voir: 20,000 LEAGUES UNDER THE SEA

**VIOL D'UNE JEUNE FILLE DOUCE, LE** ▷4
QUÉ. 1968. Comédie satirique de Gilles CARLE avec Julie Lachapelle, Daniel Pilon et Katherine Mousseau. - Une jeune fille attend un enfant sans savoir qui en est le père.
VO→18,95$ 13 ans +

**VIOLENCE À JÉRICHO**
Voir: ROUGH NIGHT IN JERICHO

**VIOLENCE AT NOON**
Voir: L'OBSÉDÉ EN PLEIN JOUR

**VIOLENT COP** ▷0
JAP. 1989, Takeshi KITANO
STA-LBX-DVD→34,95$ STA-LBX-DVD→34,95$ 18 ans + Violence

**VIOLENT MEN, THE** ▷4
É.-U. 1954. Western de Rudolph MATÉ avec Barbara Stanwyck, Glenn Ford et Edward G. Robinson. - Un jeune rancher décide de tenir tête à un éleveur de troupeaux ambitieux.
VO→19,95$ Général

**VIOLENT YEARS, THE** ▷7
É.-U. 1956. Drame de William M. MORGAN (Franz EICHORN) avec Jean Moorehead, Barbara Weeks et Glen Corbett. - À la tête d'une bande d'adolescentes, la fille d'un éminent éditeur prend plaisir à des actes de vandalisme et de violence.
VO→LS Général

**VIOLENT, LE**
Voir: IN A LONELY PLACE

**VIOLET'S VISIT** ▷0
CAN. 1998, Richard TURNER
VO→99,95$ Général

**VIOLON ROUGE, LE** ▷4
QUÉ.-ANG.-ITA. 1998. Chronique de François GIRARD avec Samuel L. Jackson, Jean-Luc Bideau et Sylvia Chang. - Après avoir traversé les époques et les continents, un superbe violon italien du XVII^e^ siècle est mis aux enchères à Montréal.
STA→19,95$ STF-LBX→18,95$ STF-LBX-DVD→24,95$ Général

**VIOLONS DU BAL, LES** ▷4
FR. 1973. Chronique de Michel DRACH avec Marie-José Nat, David Drach et Jean-Louis Trintignant. - Un cinéaste veut filmer ses souvenirs d'enfant juif sous l'Occupation.
STA→32,95$ Général

**VIOLONS DU CŒUR, LES**
Voir: MUSIC OF THE HEART

**VIP, MON FRÈRE LE SURHOMME** ▷4
ITA. 1968. Dessins animés de Bruno BOZZETTO. - Le frère rachitique d'un surhomme connaît des aventures surprenantes dans une île supposément déserte.
VF→LS Général

**VIRÉE À MANHATTAN**
Voir: HANGIN' WITH THE HOMEBOYS

**VIRGIN ISLAND** ▷5
ANG. 1958. Comédie de Pat JACKSON avec John Cassavetes, Virginia Maskell et Sidney Poitier. - Un jeune couple s'installe dans une île inhabitée des Antilles.
VO→13,95$ Général

**VIRGIN MACHINE** ▷0
É.-U. 1988, Monika TREUT
VO→49,95$ 16 ans + Érotisme

**VIRGIN QUEEN, THE** ▷5
É.-U. 1954. Drame historique d'Henry KOSTER avec Bette Davis, Richard Todd et Joan Collins. - Sous le règne d'Elizabeth, Walter Raleigh envisage la possibilité de conquérir le Nouveau-Monde.
VO→24,95$ Général

**VIRGIN SPRING, THE**
Voir: LA SOURCE

**VIRGIN SUICIDES, THE** ▷3
É.-U. 1999. Comédie dramatique de Sofia COPPOLA avec Kirsten Dunst, James Woods et Kathleen Turner. - Dans une banlieue cossue, des adolescents sont fascinés par leurs voisines, des beautés blondes surprotégées par leurs parents. - Étude à la fois lyrique et caustique de l'éveil sexuel. Personnages féminins énigmatiques. Photographie magnifique. Interprètes de talent.
VF→14,95$ VO→14,95$ Général

**VIRGINIAN, THE** ▷5
É.-U. 1946. Western de Stuart GILMORE avec Joel McCrea, Brian Donlevy et Sonny Tufts. - Un shérif est forcé de poursuivre un ami devenu voleur.
VO→14,95$ Général

**VIRGINIAN, THE** ▷4
É.-U. 1929. Western de Victor FLEMING avec Gary Cooper, Walter Huston et Richard Arlen. - Le contremaître d'un ranch se voit forcé de pendre un ami, devenu voleur de bétail.
VO→14,95$ Non classé

**VIRIDIANA** ►2
ESP.-MEX. 1961. Drame de Luis BUÑUEL avec Silvia Pinal, Francisco Rabal et Fernando Rey. - Une jeune fille transforme le domaine de son oncle décédé en asile pour mendiants. - Ensemble violemment satirique réalisé avec un talent remarquable. Images d'une grande valeur poétique. Excellents interprètes.
STA→39,95$ 13 ans +

**VIRTUOSITY** ▷5
É.-U. 1995. Science-fiction de Brett LEONARD avec Denzel Washington, Kelly Lynch et Russell Crowe. - Un policier se lance aux trousses d'un tueur humanoïde dont la mémoire artificielle combine plusieurs meurtriers notoires.
VO→13,95$ 13 ans + Violence

**VISAGE, LE** ►2
SUÈ. 1959. Drame psychologique d'Ingmar BERGMAN avec Max Von Sydow, Ingrid Thulin et Gunnar Bjornstrand. - Un illusionniste ambulant fait croire à sa propre mort. - Film déroutant. Variations originales sur le thème de l'illusion. Atmosphère envoûtante. Interprétation de classe.
STA→LS Général

**VISAGE DE FEMME, UN** ▷0
SUÈ. 1938, Gustaf MOLANDER
STA→21,95$ Non classé

**VISAGE DE LA PEUR, LE**
Voir: THE HILLS HAVE EYES

**VISAGE PÂLE** ▷4
QUÉ. 1984. Drame de mœurs de Claude GAGNON avec Luc Matte, Allison Odjig et Guy Thauvette. - Un instructeur sportif, en vacances dans une région du nord du Québec, est en butte à l'hostilité d'un trio de désœuvrés.
VO→LS 13 ans +

**VISAS THAT SAVED LIVES, THE** ▷0
JAP. 1992, Katsumi OHYAMA
STA→LS Général

**VISIBLEMENT JE VOUS AIME** ▷5
FR. 1995. Drame de mœurs de Jean-Michel CARRÉ avec Denis Lavant, Dominique Froh et Vanessa Guedj. - Forcé à séjourner dans un centre de rééducation pour autistes, un jeune délinquant s'acclimate difficilement à son groupe.
VO→18,95$ 13 ans +

**VISION QUEST** ▷5
É.-U. 1985. Comédie dramatique de Harold BECKER avec Matthew Modine, Linda Fiorentino et Michael Schoeffling. - Un étudiant qui pratique la lutte comme sport académique se soumet à un régime rigoureux en vue d'affronter un lutteur prestigieux.
VO→11,95$ VF→11,95$ 13 ans +

**VISIONS OF LIGHT: THE ART OF CINEMATOGRAPHY** ▷4
É.-U. 1992. Documentaire d'Arnold GLASSMAN, Tod McCARTHY et Stuart SAMUELS. - Divers directeurs de la photographie s'expriment sur leur profession.
DVD→39,95$ VO→32,95$ Général

**VISITEURS DU SOIR, LES** ►2
FR. 1942. Drame fantastique de Marcel CARNÉ avec Arletty, Alain Cuny et Jules Berry. - Un ménestrel, serviteur du diable, s'éprend de la fille d'un baron. - Histoire poétique conçue par Jacques Prévert. Rythme lent et envoûtant. Beauté plastique des images. Interprétation stylisée.
STA→27,95$ Général

**VISITEURS, LES** ▷4
FR. 1993. Comédie de Jean-Marie POIRÉ avec Christian Clavier, Jean Reno et Valérie Lemercier. - Un chevalier du XIIe siècle et son valet sont projetés en l'an 1993 par un magicien.
VO→12,95$ Général

**VISITEURS II, LES COULOIRS DU TEMPS, LES** ▷6
FR. 1998. Comédie fantaisiste de Jean-Marie POIRÉ avec Christian Clavier, Jean Reno et Muriel Robin. - Un chevalier du XIIe siècle retourne dans le futur pour ramener à son époque un valet qui a dérobé des bijoux.
VO→18,95$ Général

**VISITING HOURS** ▷5
QUÉ. 1981. Drame de Jean-Claude LORD avec Michael Ironside, Lee Grant et Linda Purl. - Un déséquilibré pourchasse dans un hôpital une animatrice de télévision qui a dénoncé la violence faite aux femmes.
VO→LS 18 ans +

**VISITORS, THE** ▷3
É.-U. 1971. Drame psychologique d'Elia KAZAN avec Patrick McVey, Patricia Joyce et James Woods. - Deux vétérans du Viêt-nam veulent se venger d'un camarade qui les avait dénoncés pour le viol et le meurtre d'une jeune Vietnamienne. - Parabole dénonçant la guerre et ses répercussions psychologiques. Réalisation de qualité. Interprétation excellente.
VO→18,95$ 13 ans +

**VITE, VITE** ▷0
ESP.-FR. 1981, Carlos SAURA
STA-LBX→27,95$ 13 ans + Violence

**VIVA LA VIE** ▷4
FR. 1983. Drame de Claude LELOUCH avec Michel Piccoli, Evelyne Bouix et Charlotte Rampling. - Un industriel et une actrice disparus semblent avoir été enlevés par des extraterrestres.
VO→LS Général

**VIVA MARIA** ▷4
FR. 1965. Comédie de Louis MALLE avec Brigitte Bardot, Jeanne Moreau et Claudio Brook. - Les aventures de deux chanteuses mêlées à la révolution mexicaine.
STA→19,95$ Général

**VIVA VILLA!** ▷3
É.-U. 1934. Aventures de Jack CONWAY avec Wallace Beery, Fay Wray et Leo Carillo. - Un chef de bande s'unit à un riche propriétaire pour faire une révolution au Mexique. - Évocation fictive de faits réels. Mise en scène puissante et efficace. Photographie admirable. Création magistrale de W. Beery.
VO→18,95$ Général

**VIVA ZAPATA!** ►2
É.-U. 1952. Drame historique d'Elia KAZAN avec Marlon Brando, Jean Peters et Anthony Quinn. - Au Mexique, en 1911, un paysan entreprend la lutte contre la dictature aristocratique. - Remarquable étude de caractères. Climat d'épopée bien rendu. Mise en scène vigoureuse et précise. Excellente interprétation.
VO→LS Général

**VIVE L'AMOUR** ▷0
CHI. 1994, Tsai MING-LIANG
STA→119,95$ STA-LBX-DVD→34,95$ 13 ans +

**VIVE LA RÉPUBLIQUE!** ▷4
FR. 1997. Comédie de mœurs d'Éric ROCHANT avec Hippolyte Girardot, Antoine Chappey et Gad Elmaleh. - Trois chômeurs décident de fonder leur propre parti politique.
VO→18,95$ Général

**VIVE LES FEMMES** ▷6
FR. 1984. Comédie de Claude CONFORTÈS avec Maurice Risch, Roland Giraud et Catherine Leprince. - Un dragueur impénitent et son voisin, un solitaire débraillé, rencontrent sur une plage une institutrice en vacances avec son amie.
VO→LS 18 ans +

**VIVEMENT DIMANCHE!** ▷3
FR. 1983. Comédie policière de François TRUFFAUT avec Fanny Ardant, Jean-Louis Trintignant et Philippe Laudenbach. - Une secrétaire délurée se lance dans une enquête afin de sauver son patron accusé d'un double meurtre. - Transposition habile d'un roman américain. Retournements surprenants. Jeu plein de brio de F. Ardant.
STA→LS Général

**VIVRE** ▷3
CHI. 1994. Chronique de Zhang YIMOU avec Ge You, Gong Li et Niu Ben. - Un couple de prolétaires subit les contrecoups des divers bouleversements politiques qui secouent la Chine à partir des années 1940. - Survol de l'histoire contemporaine chinoise. Esthétisme classique et sophistiqué. Éléments mélodramatiques. Étincelles d'humour noir. Imagerie colorée. Interprètes d'une crédibilité admirable.
STA→14,95$ VF→19,95$ Général

**VIVRE** ►2
JAP. 1952. Drame psychologique d'Akira KUROSAWA avec Takashi Shimura, Miki Odagiri et Nobuo Kaneko. - Un fonctionnaire atteint de cancer cherche à donner un sens à sa vie. - Ensemble mélangeant l'étude psychologique et le drame social. Récit très bien mené. Interprétation sincère et convaincante.
STA→36,95$ Général

**VIVRE 120 ANS** ▷4
QUÉ. 1993. Documentaire de Carlos FERRAND. - Aperçus de diverses recherches scientifiques et philosophiques visant à permettre aux humains de rester jeunes, en forme et en santé au-delà de l'âge mûr.
VO→19,95$ Général

**VIVRE ET LAISSER MOURIR**
Voir: LIVE AND LET DIE

**VIVRE LIBRE**
Voir: BORN FREE

**VIVRE SA VIE** ▷3
FR. 1962. Drame psychologique de Jean-Luc GODARD avec Anna Karina, Saddy Rebot et André-S. Labarthe. - Une prostituée a maille à partir avec son souteneur lorsqu'elle décide de tout quitter pour un homme qui l'aime. - Chronique traitée en profondeur. Désinvolture tempérée par une certaine stylisation. Facture originale. Tentative valable de cinéma intimiste. A. Karina émouvante.
VO→19,95$ Général

**VIXEN** ▷5
É.-U. 1968. Mélodrame de Russ MEYER avec Erica Gavin, Harrison Page et Garth Pillsbury. - Les aventures extra-conjugales de la femme d'un pilote de brousse du Nord-Ouest canadien.
VO→69,95$ 18 ans +

**VOCE DELLA LUNA, LA** ▷4
ITA. 1990. Comédie fantaisiste de Federico FELLINI avec Roberto Benigni, P. Villaggio et N. Ottaviani. - Se sentant appelé par la voix de la lune venue du fond d'un puits, un villageois candide se voit entraîné dans une curieuse aventure où il fait d'étranges rencontres.
VF→PC Général

**VOIE LACTÉE, LA** ▷3
FR. 1968. Comédie satirique de Luis BUÑUEL avec Laurent Terzieff, Paul Frankeur et Delphine Seyrig. - Évocation de problèmes d'ordre religieux rencontrés par deux hommes qui se rendent à Saint-Jacques de Compostelle. - Survol caustique des recherches théologiques. Épisodes humoristiques. Style sec et précis teinté de surréalisme. Interprétation détachée.
STA→14,95$ Général

**VOITURES D'EAU, LES** ▷3
QUÉ. 1968. Documentaire de Pierre PERRAULT. - Peinture de la vie et des coutumes des habitants de l'île-aux-Coudres. - Traitement intelligent et savoureux. Photographie soignée. Montage habile. Touches poétiques.
VO→19,95$ Général

**VOIX HUMAINE ET LE MIRACLE, LA** ▷0
ITA. 1948, Roberto ROSSELLINI
STA→21,95$ Général

**VOIX LOINTAINES, VIES IMMOBILES**
Voir: DISTANT VOICES, STILL LIVES

**VOL AU-DESSUS D'UN NID DE COUCOU**
Voir: ONE FLEW OVER THE CUCKOO'S NEST

**VOL DES DRAGONS, LE**
Voir: FLIGHT OF DRAGONS

**VOLCAN**
Voir: VOLCANO

**VOLCANO** ▷5
É.-U. 1997. Drame de Mick JACKSON avec Tommy Lee Jones, Anne Heche et Gaby Hoffmann. - Une éruption volcanique déverse des tonnes de lave destructrice en plein centre de Los Angeles.
VF→15,95$ LBX→21,95$ 13 ans +

**VOLERE, VOLARE**
Voir: L'AMOUR AVEC DES GANTS

**VOLEUR D'ENFANTS, LE** ▷3
ITA. 1992. Drame psychologique de Gianni AMELIO avec Enrico Lo Verso, Valentina Scalici et Giuseppe Ieracitano. - Un carabinier s'attache à deux enfants qu'il doit escorter jusque dans un foyer d'accueil. - «Road Movie» de style néoréaliste. Émotions exprimées avec pudeur et délicatesse. Mise en scène sensible et feutrée. Interprétation sobre.
VF→LS Général

**VOLEUR DE BICYCLETTE, LE** ▶1
ITA. 1948. Drame social de Vittorio DE SICA avec Lamberto Maggiorani, Lianella Carrel et Enzo Staiola. - Un père de famille se fait voler la bicyclette dont il a besoin pour son travail. - Œuvre maîtresse du néoréalisme. Technique simple mais précise. Remarquable direction d'acteurs non-professionnels.
STA→LS DVD→39,95$ Général

**VOLEUR DE CAMÉRA, LE** ▷5
QUÉ. 1992. Film d'essai réalisé et interprété par Claude FORTIN avec Madeleine Bélair et Jacinthe Marceau. - Un jeune homme utilise une caméra volée pour tourner un document soi-disant révolutionnaire sur les jeunes et la télévision.
STA→24,95$ VO→24,95$ Général

**VOLEUR DE CRIMES, LE** ▷4
FR. 1969. Drame psychologique de Nadine TRINTIGNANT avec Jean-Louis Trintignant, Robert Hossein et Florinda Bolkan. - Un déséquilibré s'accuse du meurtre d'une jeune fille qui s'est suicidée.
VO→LS Non classé

**VOLEUR DE DÉSIRS, LE**
Voir: THIEF OF HEARTS

**VOLEUR DE SAVONNETTE, LE** ▷4
ITA. 1989. Comédie fantaisiste réalisée et interprétée par Maurizio NICHETTI avec Caterina Sylos Labini et Federico Rizzo. - Lors de sa diffusion au petit écran, un film en noir et blanc est transformé par l'irruption de personnages issus de messages publicitaires.
STA→19,95$ VF→LS Général

**VOLEUR DE VIE** ▷5
FR. 1998. Drame psychologique d'Yves ANGELO avec E. Béart, S.Bonnaire et A. Dussollier. - La relation entre une jeune enseignante aux mœurs légères et sa sœur, qui mène une existence austère.
VO→18,95$ 13 ans +

**VOLEUR DU ROI, LE**
Voir: THE KING'S THIEF

**VOLEUR ET L'ENFANT, LE** ▷4
RUS. 1997. Drame de mœurs de Pavel TCHOUKHRAÏ avec Vladimir Machkov, Ekatarina Rednikova et Micha Philiptchouk. - Dans l'URSS des années 50, un cambrioleur qui se fait passer pour un militaire prend sous son aile une veuve et son petit garçon.
STF→18,95$ Général - Déconseillé aux jeunes enfants

**VOLEUR ET LE CORDONNIER, LE**
Voir: THE THIEF AND THE COBBER

**VOLEURS, LES** ▷3
FR. 1996. Drame psychologique d'André TÉCHINÉ avec Daniel Auteuil, Catherine Deneuve et Laurence Côte. - À Lyon, un policier solitaire et taciturne tente de se lier à une professeur de philosophie qui entretient, comme lui, une liaison amoureuse avec une jeune voleuse exaltée. - Scénario touffu. Construction morcelée intégrant plusieurs procédés narratifs. Interactions complexes entre les personnages. Distribution de grande classe.
VO→18,95$ 13 ans +

**VOLGA BOATMAN, THE** ▷0
É.-U. 1926, Cecil B. DeMILLE
VO→41,95$ Général

**VOLUPTÉ**
Voir: BLISS

**VON RICHTHOFEN AND BROWN** ▷4
E.-U. 1971. Drame de guerre de Roger CORMAN avec John Phillip Law, Don Stroud et Barry Primus. - Un jeune fermier canadien affronte victorieusement dans un combat aérien l'as de l'aviation allemande de la guerre 14-18.
VO→19,95$ Général

**VON RYAN'S EXPRESS** ▷4
É.-U. 1965. Drame de guerre de Mark ROBSON avec Frank Sinatra, Trevor Howard et Edward Mulhare. - Un colonel organise l'évasion d'un groupe de prisonniers de guerre.
VO→24,95$ Général

**VOTEZ McKAY**
Voir: THE CANDIDATE

**VOULEZ-VOUS DANSER AVEC MOI ?** ▷5
FR. 1959. Comédie policière de Michel BOISROND avec Henri Vidal, Brigitte Bardot et Noël Roquevert. - Une jeune femme mène sa propre enquête sur le meurtre dont son mari est accusé.
STA→14,95$ VO→LS DVD Général

**VOUS AVEZ UN MESSAGE**
Voir: YOU'VE GOT MAIL

**VOUS HABITEZ CHEZ VOS PARENTS ?** ▷6
FR. 1983. Comédie de Michel FERMAUD avec Michel Galabru, Claire Maurier et Madeleine Barbulée. - Diverses aventures au sein d'une famille de farfelus.
VO→LS Général

**VOW, THE** ▷0
POL. 1937, Henryk SZARO
STA→LS Général

**VOYAGE À BIARRITZ, LE** ▷5
FR. 1962. Comédie de Gilles GRANGIER avec Fernandel, Arletty et Jacques Chabassol. - Un modeste chef de gare caresse le rêve de faire un voyage à Biarritz.
VO→LS Général

**VOYAGE À ROME** ▷5
FR. 1992. Comédie de mœurs de Michel LENGLINEY avec Gérard Jugnot, Suzanne Flon et François Périer. - Apprenant que sa mère veut quitter son père, un quadragénaire au bord du divorce emmène celle-ci à Rome afin de lui faire changer d'avis.
VO→LS Général

**VOYAGE AU CENTRE DE LA MÉMOIRE**
Voir: TOTAL RECALL

**VOYAGE DE FELICIA, LE**
Voir: FELICIA'S JOURNEY

**VOYAGE DU CAPITAINE FRACASSE, LE** ▷4
FR. 1991. Comédie dramatique d'Ettore SCOLA avec Vincent Perez, Emmanuelle Béart et Ornella Muti. - Au XVIIe siècle, un jeune baron désargenté se joint à une troupe de saltimbanques.
VO→LS Général

**VOYAGE EN BALLON, LE** ▷0
FR. 1962, Albert LAMORISSE
VA→17,95$ Général

**VOYAGE EN ITALIE, LE**
Voir: VOYAGE IN ITALY (STRANGERS)

**VOYAGE FANTASTIQUE DE SINBAD, LE**
Voir: THE GOLDEN VOYAGE OF SINBAD

**VOYAGE IN ITALY (STRANGERS)** ▷3
ITA. 1953. Drame psychologique de Roberto ROSSELLINI avec Ingrid Bergman, George Sanders et Anna Proclemer. - Des malentendus éclatent dans un ménage mal assorti, à l'occasion d'un séjour en Italie. - Partie documentaire intéressante. Mise en scène dépouillée. Ensemble froid. I. Bergman émouvante.
VO→52,95$ Général

**VOYAGE OF THE DAMNED** ▷4
ANG. 1976. Drame social de Stuart ROSENBERG avec Max Von Sydow, Faye Dunaway et Oskar Werner. - Le capitaine d'un navire ayant à son bord des Juifs libérés par les Allemands se voit refuser l'entrée du pays de sa destination.
VO→LS LBX-DVD→31,95$ Général

**VOYAGE TO THE BOTTOM OF THE SEA** ▷5
É.-U. 1961. Science-fiction d'Irwin ALLEN avec Walter Pidgeon, Joan Fontaine et Robert Sterling. - L'inventeur d'un super sous-marin atomique sauve la Terre d'une catastrophe.
VO→15,95$ Général

**VOYAGE TOUS RISQUES**
Voir: PLANES, TRAINS AND AUTOMOBILES

**VOYAGE VERS L'ESPOIR** ▷3
SUI. 1990. Drame social de Xavier KOLLER avec Necmettin Cobanoglu, Nur Sürer et Emin Sivas. - Accompagnés d'un de leurs fils, des paysans turcs quittent leur pays pour un voyage à l'issue duquel ils espèrent s'installer en Suisse. - Équipée tragique abordée avec un grand souci d'authenticité. Mise en images classique et efficace. Interprétation d'une simplicité émouvante.
STA→18,95$ Général

**VOYAGE, LE** ▷0
FR. 1984, Michel ANDRIEU
VO→LS Non classé

**VOYAGE, LE** ▷3
ARG.-FR.-ESP. 1992. Drame poétique de Fernando SOLANAS avec Walter Quiroz, Soledad Alfaro et Ricardo Bartis. - Un adolescent argentin traverse l'Amérique latine du sud au nord afin d'aller rejoindre son père qui est parti en Amazonie. - «Road Movie» insolite. Réflexions sociales servies dans un écrin surréaliste. Moments de tendresse et d'humour. Illustration magnifique. Interprètes excellents.
VF→LS Général

**VOYAGER** ▷4
ALL. 1991. Mélodrame de Volker SCHLÖNDORFF avec Sam Shepard, Julie Delpy et Barbara Sukowa. - Lors d'un séjour en Europe, un ingénieur américain s'éprend d'une jeune femme dont il apprend qu'elle est la fille d'une amie d'études.
VO→11,95$ Général

**VOYAGES DE GULLIVER, LES**
Voir: 3 WORLDS OF GULLIVER

**VOYAGEUR MALGRÉ LUI**
Voir: THE ACCIDENTAL TOURIST

**VOYAGEUR SANS BILLET, LE**
Voir: JOHN AND JULIE

**VOYEUR**
Voir: EYE OF THE BEHOLDER

**VRAI CINGLÉ DU CINÉMA, UN**
Voir: HOLLYWOOD OR BUST

**VRAI CRIME D'AMOUR, UN** ▷3
ITA. 1973. Drame sentimental de Luigi COMENCINI avec Stefania Sandrelli, Giuliano Gemma et Brizio Montinaro. - Une Sicilienne venue travailler à Milan et un jeune ouvrier d'usine tombent amoureux l'un de l'autre malgré leurs différences d'origine et de tempérament. - Sorte de mélodrame néoréaliste comportant des notations sociales fort valables. Réalisation discrète.
VO→LS Non classé

**VRAI MENSONGE**
Voir: TRUE LIES

**VRAI SCHNOCK, UN**
Voir: THE JERK

**VRAIE NATURE DE BERNADETTE, LA** ▷3
QUÉ. 1972. Drame psychologique de Gilles CARLE avec Micheline Lanctôt, Donald Pilon et Reynald Bouchard. - Une femme imbue de théories naturistes et libertaires quitte son foyer pour s'en aller vivre à la campagne avec son jeune fils. - Photographie belle et significative. Quelques éléments de charge caricaturale.
VO→18,95$ Général

**VUKOVAR** ▷0
YOU. 1995, Boro DRASKOVIC
STA→LS 13 ans + Violence

**WACKIEST SHIP IN THE ARMY, THE** ▷4
É.-U. 1960. Comédie de Richard MURPHY avec Jack Lemmon, Ricky Nelson et Chips Rafferty. - Un officier d'infanterie reçoit mission de commander un vieux voilier pendant la guerre du Pacifique.
VO→13,95$ Non classé

**WAG THE DOG** ▷4
É.-U. 1997. Comédie satirique de Barry LEVINSON avec Dustin Hoffman, Robert de Niro et Anne Heche. - Afin de minimiser dans les médias les effets d'un scandale, la Maison-Blanche invente une guerre entre les États-Unis et l'Albanie.
LBX→19,95$ VF→19,95$ LBX-DVD→22,95$ Général

**WAGNER** ▷4
ANG. 1983. Drame biographique de Tony PALMER avec Richard Burton, Vanessa Redgrave et Gemma Craven. - La vie, les œuvres et les amours du célèbre compositeur allemand.
VO→LS Général

**WAGON MASTER** ▷4
É.-U. 1950. Western de John FORD avec Ward Bond, Ben Johnson et Harry Carey Jr. - Des bandits sèment la terreur dans une caravane de Mormons.
VO→LS Non classé

**WAGONS ROLL AT NIGHT, THE** ▷5
É.-U. 1941. Drame de Ray ENRIGHT avec Humphrey Bogart, Sylvia Sidney et Eddie Albert. - Le directeur d'un cirque ambulant s'oppose à l'amour qu'éprouve sa sœur pour le dompteur de lions.
VO→18,95$ Général

**WAIKIKI WEDDING** ▷4
É.-U. 1937. Comédie musicale de Frank TUTTLE avec Bing Crosby, Bob Burns et Martha Raye. - Les mésaventures d'un publicitaire chargé d'accompagner à Hawaii la gagnante d'un concours de beauté.
VO→18,95$ Général

**WAIT UNTIL DARK** ▷4
É.-U. 1967. Drame policier de Terence YOUNG avec Audrey Hepburn, Richard Crenna et Alan Arkin. - Une aveugle est traquée par des criminels qui recherchent de la drogue.
VO→19,95$ Non classé

**WAIT UNTIL SPRING, BANDINI** ▷0
É.-U. 1989, Dominique DERUDDERE
VO→PC Général

**WAITING** ▷4
AUS. 1990. Comédie de mœurs de Jackie McKIMMIE avec Noni Hazlehurst, Deborra-Lee Furness et Frank Whitten. - Enceinte d'un enfant qu'elle a conçu à la demande d'une amie stérile, une femme réunit chez elle son entourage afin qu'il assiste à l'accouchement.
VO→LS 13 ans + Langage vulgaire

**WAITING FOR GUFFMAN** ▷4
É.-U. 1996. Comédie satirique réalisée et interprétée par Christopher GUEST avec Eugene Levy et Fred Willard. - Une troupe d'artistes amateurs monte un spectacle pour fêter l'anniversaire de fondation d'un patelin du Midwest.
VO→14,95$ Général

**WAITING FOR THE MOON** ▷0
É.-U. 1987, Jill GODMILOW
VO Général

**WAITING TO EXHALE** ▷5
É.-U. 1995. Comédie dramatique de Forest WHITAKER avec Angela Bassett, Whitney Houston et Lela Rochon. - Quatre amies inséparables résidant à Phoenix vivent des relations amoureuses décevantes.
VF→15,95$ 13 ans +

**WAITRESS!** ▷0
É.-U. 1981, Lloyd KAUFMAN
VO→LS Non classé

**WAKE ISLAND** ▷4
É.-U. 1942. Drame de guerre de John FARROW avec Brian Donlevy, Robert Preston et Macdonald Carey. - La garnison militaire d'une île du Pacifique subit l'assaut des forces japonaises.
VO→18,95$ Général

**WAKE OF THE RED WITCH** ▷5
É.-U. 1948. Aventures d'Edward LUDWIG avec John Wayne, Gail Russell et Luther Adler. - Deux chasseurs de perles et de lingots d'or entrent en conflit à cause d'une femme.
VO→14,95$ Général

**WAKING NED DEVINE** ▷4
ANG. 1998. Comédie de mœurs de Kirk JONES avec Ian Bannen, David Kelly et Fionnula Flanagan. - Deux septuagénaires montent une combine pour tirer profit d'un billet gagnant de loterie appartenant à un ami qui vient de mourir.
VO→11,95$ LBX-DVD→23,95$ Général

**WAKING THE DEAD** ▷5
É.-U. 1999. Drame de Keith GORDON avec Billy Crudup, Jennifer Connelly et Molly Parker. - Dix ans après avoir perdu sa bien-aimée dans une explosion de voiture, un politicien est hanté par des visions de la jeune femme.
VO→LS 13 ans + Érotisme

**WALK IN THE CLOUDS, A** ▷4
É.-U. 1995. Drame sentimental d'Alfonso ARAU avec Keanu Reeves, Aitana Sanchez-Gijon et Giancarlo Giannini. - En 1945, une jeune fille enceinte qui craint la colère de son père demande à un soldat de jouer le rôle de son mari pour sauver les apparences.
VF→15,95$ VO→15,95$ Général

**WALK IN THE SPRING RAIN** ▷5
É.-U. 1969. Drame sentimental de Guy GREEN avec Anthony Quinn, Ingrid Bergman et Fritz Weaver. - La femme d'un professeur d'université installé à la campagne se sent attirée par un homme fruste.
VO→10,95$ Général

**WALK IN THE SUN, A** ▷3
É.-U. 1946. Drame de guerre de Lewis MILESTONE avec Dana Andrews, Richard Conte et Sterling Holloway. - Compte rendu, heure par heure, de la mission d'un commando américain en Italie. - Dialogue discret. Psychologie juste.
VO→LS DVD→PC Général

**WALK ON THE MOON, A** ▷4
É.-U. 1998. Drame psychologique de Tony GOLDWYN avec Diane Lane, Liev Schreiber et Viggo Mortensen. - Durant l'été 1969, une jeune mère délaissée par son mari a une liaison avec un vendeur ambulant au mode de vie hippie.
VF→LS VO→LS LBX-DVD→27,95$ Général

**WALK ON THE WILD SIDE** ▷4
É.-U. 1962. Drame social d'Edward DMYTRYK avec Laurence Harvey, Barbara Stanwyck et Jane Fonda. - Un jeune homme libère sa fiancée d'une maison close.
VO→18,95$ Général

**WALK SOFTLY, STRANGER** ▷5
É.-U. 1951. Drame policier de Robert STEVENSON avec Joseph Cotten, Alida Valli et Paul Stewart. - Les aventures de deux gangsters qui exécutent ce qu'ils veulent être leur dernier hold-up.
VO→LS Non classé

**WALK, DON'T RUN** ▷4
É.-U. 1966. Comédie de Charles WALTERS avec Cary Grant, S. Eggar et Jim Hutton. - Pendant les Jeux olympiques à Tokyo, un industriel et un étudiant partagent l'appartement d'une jeune fille.
VO→19,95$ Général

**WALKABOUT** ▷4
AUS. 1970. Aventures de Nicolas ROEG avec Jenny Agutter, David Gumpilil et Lucien John. - Un indigène débrouillard vient en aide à deux enfants égarés dans une région désertique.
LBX→27,95$ LBX-DVD→44,95$ 13 ans +

**WALKER** ▷0
É.-U. 1988, Alex COX
VO→LS Général

**WALKING AND TALKING** ▷4
É.-U. 1995. Comédie sentimentale de Nicole HOLOFCENER avec Catherine Keener, Anne Heche et Liev Schreiber. - L'amitié entre deux inséparables copines d'enfance connaît des moments difficiles quand l'une d'elles décide de se marier.
VF→18,95$ VO→14,95$ Général

**WALKING DEAD, THE** ▷5
É.-U. 1995. Drame de guerre de Preston A. WHITMORE II avec Allen Payne, Eddie Griffin et Joe Morton. - Des marines envoyés au cœur du Viêt-nam pour délivrer des officiers américains finissent par comprendre que leur mission ne sert que de diversion.
VO→LS 13 ans + Violence

**WALKING TALL** ▷5
É.-U. 1973. Drame policier de Phil KARLSON avec Joe Don Baker, Elizabeth Hartman et Noah Beery. - Un ancien lutteur devenu shérif mène une dure lutte aux criminels de sa région.
VO→LS 18 ans +

**WALL STREET** ▷3
É.-U. 1987. Drame de mœurs d'Oliver STONE avec Charlie Sheen, Michael Douglas et Daryl Hannah. - Un important spéculateur s'intéresse à un courtier ambitieux qu'il mêle à quelques-unes de ses affaires aventureuses. - Vision privilégiée du milieu des affaires. Récit nerveux et complexe. Réalisation contrôlée et souvent inventive. Interprétation solide de M. Douglas.
VF→11,95$ VO→11,95$ Général

**WALL, THE**
Voir: PINK FLOYD - THE WALL

**WALL, THE**
Voir: LE MUR

**WALPURGIS NIGHT**
Voir: LA NUIT DE LA SAINT-JEAN

**WALTZ OF THE TOREADORS** ▷4
ANG. 1962. Comédie dramatique de John GUILLERMIN avec Peter Sellers, Dany Robin et Margaret Leighton. - Un général à la retraite se laisse aller à des amours faciles.
VO→LS LBX-DVD→39,95$ Général

**WANDERERS, THE** ▷4
É.-U. 1979. Drame de mœurs de Philip KAUFMAN avec Ken Wahl, John Friedrich et Karen Allen. - Au début des années 1960, alors qu'ils terminent leurs études, les membres d'un gang non-violent du Bronx sentent que leur vie est en train de changer.
VO→18,95$ 18 ans +

**WANNSEE CONFERENCE, THE** ▷3
ALL. 1984. Drame historique de Heinz SCHIRK avec Dietrich Mattausch, Gerd Böckmann et Harald Dietl. - Reconstitution de la réunion du 20 janvier 1942 à Berlin durant laquelle de hauts dignitaires nazis discutèrent de l'extermination totale des Juifs. - Évocation détaillée d'un fait authentique. Interprétation fort convaincante.
STA→17,95$ Général

**WANTON COUNTESS, THE**
Voir: SENSO

**WAR AND PEACE** ►2
ITA. 1955. Drame historique de King VIDOR avec Audrey Hepburn, Henry Fonda et Mel Ferrer. - Intrigues amoureuses dans la noblesse russe à l'époque des guerres napoléoniennes. - Adaptation fastueuse du roman de Tolstoï. Réalisation intelligente et soignée. Distribution brillante.
VO→24,95$ Non classé

**WAR AND PEACE**
Voir: GUERRE ET PAIX

**WAR ARROW** ▷6
É.-U. 1953. Western de George SHERMAN avec Jeff Chandler, Maureen O'Hara et John McIntire. - Au fort Clark, un officier est chargé de repousser les attaques indiennes.
VO→14,95$ Général

**WAR BETWEEN MEN AND WOMEN, THE** ▷4
É.-U. 1972. Comédie sentimentale de Melville SHAVELSON avec Jack Lemmon, Barbara Harris et Jason Robards. - Un humoriste faisant profession de misogynie s'éprend pourtant d'une charmante divorcée.
VO→9,95$ Général

**WAR GAME, THE** ▷0
ANG. 1965, Peter WATKINS
VO→46,95$ 13 ans +

**WAR LORD, THE** ▷4
É.-U. 1965. Drame de Franklin J. SCHAFFNER avec Charlton Heston, Rose-Mary Forsyth et Richard Boone. - Un seigneur du Moyen Âge s'éprend de la fiancée d'un paysan.
VO→19,95$ Général

**WAR LOVER, THE** ▷4
É.-U. 1962. Drame psychologique de Philip LEACOCK avec Steve McQueen, Robert Wagner et Shirley Ann Field. - Durant la Seconde Guerre mondiale, les mésaventures d'un pilote d'avion téméraire et indiscipliné.
VO→14,95$ Général

**WAR OF THE BUTTONS** ▷4
ANG. 1994. Comédie de John ROBERTS avec Gregg Fitzgerald, John Coffey et Eveanna Ryan. - Les conflits entre les enfants de deux petits villages voisins de l'Irlande profonde.
VF→19,95$ Général

**WAR OF THE COLOSSAL BEAST** ▷0
É.-U. 1958, Bert I. GORDON
VO→LS Général

**WAR OF THE GARGANTUAS, THE** ▷6
JAP. 1967. Drame d'horreur d'Inoshiro HONDA avec Russ Tamblyn, Kumi Mizuno et Kenji Sahara. - Deux monstres géants d'origine inconnue sèment la panique au Japon.
VA→LS Général

**WAR OF THE ROSES, THE** ▷4
É.-U. 1989. Comédie de mœurs réalisée et interprétée par Danny DeVITO avec Michael Douglas et Kathleen Turner. - Espérant conserver la maison familiale après son divorce, une épouse avide d'indépendance se bute au refus de son mari de quitter les lieux.
VF→15,95$ VO→18,95$ 13 ans +

**WAR OF THE WORLDS** ▷4
É.-U. 1952. Science-fiction de Byron HASKIN avec Gene Barry, Ann

Robinson et Les Tremayne. - Des Martiens envahissent la Terre et y sèment la terreur.
VO→14,95$ DVD→29,95$ Général

**WAR REQUIEM** ▷0
ANG. 1988, Derek JARMAN
VO→41,95$ 13 ans +

**WAR ROOM, THE** ▷0
É.-U. 1993, Chris HEGEDUS et Don A. PENNEBAKER
VO→14,95$ Général

**WAR WAGON, THE** ▷4
É.-U. 1967. Western de Burt KENNEDY avec John Wayne, Kirk Douglas et Robert Walker. - Un ancien rancher organise l'attaque d'un wagon blindé chargé d'or.
VO→14,95$ Général

**WAR ZONE, THE** ▷3
ANG. 1998. Drame de mœurs de Tim ROTH avec Ray Winstone, Lara Belmont et Freddie Cunliffe. - Un garçon de quinze ans vivant dans un coin retiré de la campagne anglaise soupçonne son père d'abuser sexuellement de sa sœur aînée. - Approche dure et hyperréaliste du thème de l'inceste. Atmosphère sombre et étouffante. Réalisation sans apprêt. Interprétation sobre.
VF→LS VO→LS

**WAR, THE** ▷5
É.-U. 1994. Drame de mœurs de Jon AVNET avec Elijah Wood, Kevin Costner et Mare Winningham. - Bien que leur père, vétéran du Viêtnam, les incite à rejeter la violence, des enfants ne cessent de se battre avec des voyous du voisinage.
VF→18,95$ Général

**WARGAMES** ▷4
É.-U. 1983. Comédie dramatique de John BADHAM avec Matthew Broderick, Ally Sheedy et Dabney Coleman. - Un passionné d'informatique provoque un état d'alerte en entrant en contact, par inadvertance, avec l'ordinateur qui contrôle le programme de défense américain.
VO→11,95$ Général

**WARLOCK** ▷5
É.-U. 1988. Drame fantastique de Steve MINER avec Julian Sands, Lori Singer et Richard E. Grant. - Victime d'un sort qui la fait vieillir prématurément, une femme se joint à un inconnu pour tenter d'anéantir un sorcier nanti de pouvoirs étonnants.
VO→PC VF→13,95$ 13 ans +

**WARLOCK** ▷4
É.-U. 1959. Western d'Edward DMYTRYK avec Henry Fonda, Richard Widmark et Anthony Quinn. - Un habile tireur impose sa loi à une ville de l'Ouest.
VO→24,95$ Général

**WARLOCK LE SORCIER**
Voir: WARLOCK

**WARM DECEMBER, A** ▷5
É.-U. 1973. Drame sentimental réalisé et interprété par Sidney POITIER avec Esther Anderson et Yvette Curtis. - Une idylle se développe entre un veuf américain de passage en Angleterre et une jeune Africaine souffrant d'une maladie incurable.
VO→18,95$ Général

**WARRIORS OF VIRTUE** ▷5
É.-U. 1997. Conte de Ronny YU avec Augus Macfadyen, Mario Yedidia et Marley Shelton. - Un adolescent est projeté dans un royaume fantastique où de valeureux guerriers kangourous luttent contre un sorcier.
VF→LS VO→LS Général

**WARRIORS, THE** ▷4
É.-U. 1979. Drame social de Walter HILL avec Michael Beck, Deborah Van Valkenburgh et James Remar. - Tenus responsables du meurtre d'un chef de bande, des adolescents ont à faire un trajet éprouvant pour rentrer dans leur quartier.
VO→14,95$ 18 ans +

**WARSZAWA, ANNÉE 5703** ▷5
FR. 1992. Drame psychologique de Janusz KIJOWSKI avec Lambert Wilson, Hannah Schygulla et Julie Delpy. - Un couple ayant fui le ghetto juif de Varsovie trouve refuge chez la voisine d'un ami en se faisant passer pour frère et sœur.
STA→11,95$ VO→LS 13 ans +

**WASH, THE** ▷4
É.-U. 1988. Drame psychologique de Michael TOSHIYUKI UNO avec Mako, Nobu McCarthy et Patti Yasutake. - Bien qu'elle ait quitté son époux après quarante ans de mariage, une Japonaise installée en Californie continue de faire sa lessive.
VO→20,95$ Général

**WASHINGTON SQUARE** ▷4
É.-U. 1997. Mélodrame d'Agneszka HOLLAND avec Jennifer Jason Leigh, Albert Finney et Ben Chaplin. - Une jeune fille riche et peu jolie tombe amoureuse d'un coureur de dot, défiant ainsi les volontés de son père.
VO→LS Général

**WASP WOMAN, THE** ▷0
É.-U. 1959, Roger CORMAN
VO→14,95$ Général - Déconseillé aux jeunes enfants

**WATCH ON THE RHINE** ▷4
É.-U. 1943. Drame de Herman SHUMLIN avec Bette Davis, Paul Lukas et Geraldine Fitzgerald. - Une jeune Américaine se réfugie chez ses parents avec son mari, un Allemand poursuivi par des agents nazis.
VO→19,95$ Général

**WATCH THE BIRDIE** ▷4
É.-U. 1951. Comédie de Jack DONOHUE avec Red Skelton, Arlene Dahl et Ann Miller. - Un photographe au bord de la faillite s'éprend d'une riche femme d'affaires.
VO→18,95$ Général

**WATCHER IN THE WOODS, THE** ▷4
ANG. 1981. Drame fantastique de John HOUGH avec Lynn-Holly Johnson, Kyle Richards et Bette Davis. - Après l'installation de sa famille dans une vieille maison, une adolescente ne tarde pas à être le centre de curieux phénomènes.

**WATCHER, THE** ▷5
É.-U. 2000. Drame policier de Joe CHARBANIC et Jeff JENSEN avec James Spader, Keanu Reeves et Marisa Tomei. - À Chicago, un ex-agent du FBI surmené reprend du service pour coincer un tueur en série qui joue au chat et à la souris avec lui.
VF→LS VO→LS 13 ans + Violence

**WATER ENGINE, THE** ▷4
É.-U. 1992. Drame de Steven SCHACHTER avec Charles Durning, Patti LuPone et William H. Macy. - A Chicago, dans les années 30, un jeune inventeur a maille à partir avec un financier véreux.
VO→11,95$ Général

**WATERDANCE, THE** ▷4
É.-U. 1992. Drame psychologique de Neal JIMENEZ et Michael STEINBERG avec Eric Stoltz, Wesley Snipes et William Forsythe. - Un jeune écrivain hospitalisé à la suite d'un accident trouve réconfort auprès de deux compagons de convalescence.
VO→LS Général

**WATERHOLE #3** ▷5
É.-U. 1967. Western de William A. GRAHAM avec James Coburn, Carroll O'Connor et Margaret Blye. - Les aventures d'un bandit à la recherche d'un chargement d'or dérobé à l'armée.
VO→18,95$ Général

**WATERLAND** ▷4
ANG. 1992. Drame de mœurs de Stephen GYLLENHAAL avec Jeremy Irons, Ethan Hawke et Sinead Cusack. - Un enseignant britannique tente de sensibiliser ses élèves américains à l'histoire en leur racontant sa vie durant la Seconde Guerre mondiale.
VO→18,95$ 13 ans + Érotisme

**WATERLOO** ▷3
ITA. 1971. Drame historique de Sergei BONDARCHUK avec Rod Steiger, Christopher Plummer et Dan O'Herlihy. - Reconstitution de la dernière bataille de l'empereur Napoléon contre l'alliance des nations européennes en 1815. - Moyens somptueux intelligemment utilisés. Évocation d'époque réussie. Éléments stratégiques et atouts spectaculaires bien mis en valeur. Excellents interprètes.
VO→LS Général

**WATERLOO BRIDGE** ▷4
É.-U. 1940. Drame psychologique de Mervyn LeROY avec Robert Taylor, Vivien Leigh et Lucile Watson. - Croyant son fiancé mort à la guerre, une jeune fille tombe de déchéance en déchéance.
VO→19,95$ Général

**WATERMELON MAN** ▷5
É.-U. 1970. Comédie de Melvin VAN PEEBLES avec Godfrey Cambridge, Estelle Parsons et Howard Caine. - Un Blanc se réveille un matin pour s'apercevoir qu'il s'est transformé en Noir.
VO→10,95$ 13 ans +

**WATERSHIP DOWN** ▷3
ANG. 1978. Dessins animés de Martin ROSEN. - Leur terrier étant menacé de destruction, des lapins sauvages se cherchent un nouveau foyer. - Scénario tiré d'un livre de Richard Adams. Campagne anglaise évoquée avec finesse. Réalisation technique souple. Ensemble fort intéressant.
VO→14,95$ Général

**WATERWORLD** ▷4
É.-U. 1995. Science-fiction de Kevin REYNOLDS avec Kevin Costner, Dennis Hopper et Jeanne Tripplehorn. - Dans le futur, après que la fonte des glaces a submergé les continents, un marin solitaire protège une femme et une fillette contre des pirates.
VF→11,95$ VO→11,95$ LBX→14,95$
LBX-DVD→34,95$ 13 ans +

**WAX, OR THE DISCOVERY OF TELEVISION AMONG THE BEES** ▷0
É.-U. 1992, David BLAIR
VO→LS Général

**WAXWORK** ▷5
É.-U. 1988. Drame d'horreur d'Anthony HICKOX avec Zach Galligan, Deborah Foreman et Michelle Johnson. - Invité par un étrange individu à visiter un nouveau musée de cire, un groupe d'adolescents lutte contre des mannequins meurtriers.
VO→19,95$ 13 ans + Horreur

**WAXWORK II: LOST IN TIME** ▷6
É.-U. 1992. Drame d'horreur d'Anthony HICKOX avec Zach Galligan, Sophie Ward et Alexander Godunov. - Un adolescent et sa compagne voyagent dans un espace-temps parallèle où ils se retrouvent dans des univers de films d'horreurs célèbres.
VO→18,95$ Non classé

**WAY AHEAD, THE**
Voir: THE IMMORTAL BATTALION

**WAY DOWN EAST** ►2
É.-U. 1920. Mélodrame de David W. GRIFFITH avec Lilian Gish, Richard Barthelmess et Lowell Sherman. - Une orpheline trompée par un séducteur est chassée par les fermiers chez qui elle s'est engagée comme servante. - Classique du cinéma muet. Transposition inventive d'une pièce à succès. Affabulation naïve. Séquence finale particulièrement réussie.
VO→34,95$ DVD→44,95$ Général

**WAY OF THE GUN, THE** ▷5
É.-U. 2000. Drame policier de Christopher MCQUARRIE avec Ryan Phillippe, Benicio Del Toro et Juliette Lewis. - Deux criminels kidnappent une jeune mère porteuse afin de réclamer une rançon aux riches parents du bébé à naître.
VF→LS VO→LS 16 ans + Violence

**WAY OUT WEST** ▷4
É.-U. 1937. Comédie de James W. HORNE avec Stan Laurel, Oliver Hardy et James Finlayson. - Deux bons bougres sont chargés de remettre des titres de propriété à une serveuse de cabaret.
VO→LS Non classé

**WAY WE WERE, THE** ▷4
É.-U. 1973. Drame sentimental de Sydney POLLACK avec Barbra Streisand, Robert Redford et Bradford Dillman. - L'idylle difficultueuse d'une jeune femme aux idées radicales et d'un romancier désengagé.
VO→14,95$ VF→14,95$ LBX-DVD→29,95$ Général

**WAY WEST, THE** ▷5
É.-U. 1967. Western de Andrew V. McLAGLEN avec Kirk Douglas, Robert Mitchum et Richard Widmark. - En 1843, un groupe de pionniers du Missouri émigre vers les plaines fertiles de l'Oregon.
VO→14,95$ Général

**WAYNE'S WORLD** ▷6
É.-U. 1992. Comédie de Penelope SPHEERIS avec Mike Myers, Dana Carvey et Rob Lowe. - Deux adolescents qui animent un talk-show pseudo-culturel signent un contrat avec une importante chaîne de télévision.
VF→11,95$ Général

**WAYNE'S WORLD 2** ▷5
É.-U. 1993. Comédie de Stephen SURJIK avec Mike Myers, Dana Carvey et Christopher Walken. - Les deux animateurs farfelus d'un talk-show diffusé sur une chaîne communautaire tentent d'organiser un gigantesque festival rock.
VF→11,95$ Général

**WE ALL LOVED EACH OTHER SO MUCH**
Voir: NOUS NOUS SOMMES TANT AIMÉS

**WE DIVE AT DAWN** ▷4
ANG. 1943. Drame de guerre d'Anthony ASQUITH avec John Mills, Eric Portman et Leslie Weston. - L'histoire d'un sous-marin de guerre et des membres de son équipage.
VO→LS Général

**WE FAW DOWN** ▷0
É.-U. 1928, Leo McCAREY
ITA→15,95$ Non classé

**WE THINK THE WORLD OF YOU** ▷5
ANG. 1988. Comédie de mœurs de Colin GREGG avec Alan Bates, Gary Oldman et Liz Smith. - Un bureaucrate homosexuel se prend d'affection pour la chienne d'un ancien amant maintenant en prison pour cambriolage.
VO→LS Général

**WE WERE SO BELOVED** ▷0
É.-U. 1985, Manfred KIRCHHEIMER
VO→LS Général

**WE'RE BACK! - A DINOSAUR'S STORY** ▷4
É.-U. 1993. Dessins animés de Phil NIBBELINK, Simon WELLS et Dick et Ralph ZONDAG. - À bord de son vaisseau spatio-temporel, un capitaine se rend à l'époque préhistorique afin d'en ramener quatre dinosaures.
VF→14,95$ VO→13,95$ Général - Enfants

**WE'RE NO ANGELS** ▷4
É.-U. 1955. Comédie de Michael CURTIZ avec Humphrey Bogart, Peter Ustinov et Aldo Ray. - Trois bagnards évadés viennent en aide à une famille de commerçants.
VO→14,95$ Général

**WE'RE NO ANGELS** ▷5
É.-U. 1989. Comédie de Neil JORDAN avec Robert De Niro, Sean Penn et Demi Moore. - Entraînés malgré eux dans l'évasion d'un condamné à mort, deux prisonniers se font passer pour des prêtres dans le but de franchir la frontière canadienne toute proche.
VO→13,95$ VF→LS 13 ans +

**WE'RE NOT DRESSING** ▷4
É.-U. 1934. Comédie musicale de Norman TAUROG avec Bing Crosby, Carole Lombard et George Burns. - Après le naufrage d'un yacht privé, un jeune marin prend la direction d'un groupe de richards.
VO→14,95$ **Général**

**WE'RE NOT MARRIED** ▷5
É.-U. 1952. Film à sketches d'Edmund GOULDING avec Ginger Rogers, Fred Allen et Marilyn Monroe. - Deux ans après leur mariage, cinq couples apprennent que leur union n'était pas légale.
VO→16,95$ **Non classé**

**WEAPONS OF MASS DISTRACTION** ▷5
É.-U. 1997. Comédie dramatique de S. SURJIK avec Gabriel Byrne, Ben Kingsley et Mimi Rogers. - Les dirigeants de deux empires médiatiques rivaux se livrent une guerre sans merci pour l'acquisition d'une équipe de football.
VO→14,95$ **13 ans +**

**WEDDING BANQUET, THE** ▷4
TAI. 1993. Comédie de mœurs d'Ang LEE avec Winston Chao, May Chin et Mitchell Lichtenstein. - Pour faire plaisir à ses parents qui ignorent son homosexualité, un Taiwanais habitant New York décide d'épouser une compatriote.
VF→11,95$ VO→11,95$ **Général**

**WEDDING GIFT, THE** ▷5
ANG. 1994. Mélodrame de Richard LONCRAINE avec Julie Walters, Jim Broadbent et Thora Hird. - Se sachant atteinte d'une maladie incurable, une femme entreprend de trouver une nouvelle compagne pour son mari.
VO→LS **Général**

**WEDDING IN GALILEE**
Voir: NOCE EN GALILÉE

**WEDDING MARCH, THE** ▷3
É.-U. 1928. Drame de mœurs réalisé et interprété par Erich VON STROHEIM avec Fay Wray et ZaSu Pitts. - Le fils d'une famille aristocratique désargentée est forcé d'abandonner celle qu'il aime afin de se plier à un mariage de convenance. - Portrait féroce d'un monde de privilégiés. Réalisation inventive. Interprétation solide d'E. von Stoheim.
ITA→18,95$ **13 ans +**

**WEDDING NIGHT, THE** ▷4
É.-U. 1935. Drame de King VIDOR avec Gary Cooper, Anna Sten et Ralph Bellamy. - Un romancier s'éprend d'une jeune paysanne d'origine polonaise promise au fils d'un fermier voisin.
VO→LS **Général**

**WEDDING PARTY, THE** ▷0
É.-U. 1969, Brian DE PALMA, Cynthia MUNROE et Wilford LEACH
VO→18,95$ **13 ans +**

**WEDDING SINGER, THE** ▷5
É.-U. 1998. Comédie sentimentale de Frank CORACI avec Adam Sandler, Drew Barrymore et Christine Taylor. - Laissé pour compte le jour de son mariage, un chanteur de noces tombe amoureux d'une jeune serveuse promise à un autre.
VF→14,95$ **Général**

**WEDDING, A** ▷4
É.-U. 1978. Comédie de mœurs de Robert ALTMAN avec Carol Burnett, Vittorio Gassman et Geraldine Chaplin. - Diverses intrigues s'entrecroisent au cours d'une réception somptueuse donnée à l'occasion d'un mariage.
VO→LS **13 ans +**

**WEDDINGS AND BABIES** ▷0
É.-U. 1958, Morris ENGEL
VO→34,95$ **Général**

**WEDNESDAY'S CHILD**
Voir: FAMILY LIFE

**WEE WILLIE WINKIE** ▷5
É.-U. 1937. Aventures de John FORD avec Victor McLaglen, Shirley Temple et June Lang. - Une fillette réussit à amadouer un chef hindou rebelle pour en faire un allié des Anglais.
VO→23,95$ **Non classé**

**WEEDS** ▷4
É.-U. 1987. Drame social de John HANCOCK avec Nick Nolte, Rita Taggart et Lane Smith. - Un prisonnier retrouve le courage de vivre en montant une troupe de théâtre dans son pénitencier.
VO→LS **13 ans +**

**WEEK-END** ▷3
FR. 1967. Comédie satirique de Jean-Luc GODARD avec Mireille Darc, Jean Yanne et Jean-Pierre Léaud. - Les mésaventures d'un couple qui passe une fin de semaine à la campagne dans l'espoir de toucher un héritage. - Poème surréaliste sur l'état de la civilisation moderne. Images d'un style pop-art prononcé.
STA→LS **Non classé**

**WEEK-END À LA CAMPAGNE, UN**
Voir: A WEEKEND IN THE COUNTRY

**WEEK-END EN FAMILLE, UN**
Voir: HOME FOR THE HOLIDAYS

**WEEK-END IN HAVANA** ▷5
É.-U. 1941. Comédie musicale de Walter LANG avec Alice Faye, John Payne et Carmen Miranda. - À la suite d'un accident, un employé d'une compagnie de navigation doit s'occuper de distraire une jeune vendeuse en vacances.
VO→24,95$ **Général**

**WEEK-END OSTERMAN, LE**
Voir: THE OSTERMAN WEEKEND

**WEEKEND AT BERNIE'S** ▷4
É.-U. 1989. Comédie de Ted KOTCHEFF avec Andrew McCarthy, Jonathan Silverman et Mary Stewart. - Craignant d'être accusés de meurtre, deux employés dissimulent la mort de leur patron en laissant son corps à la vue de tous.
VF→11,95$ **Général**

**WEEKEND AT BERNIE'S II** ▷5
É.-U. 1992. Comédie fantaisiste de R. KLANE avec Andrew McCarthy, Jonathan Silverman et Terry Kiser. - Deux jeunes hommes subtilisent le cadavre de leur patron afin de s'en servir pour duper les employés de la banque où se trouve la fortune du défunt.
VF→LS VO→LS **Général**

**WEEKEND AT THE WALDORF** ▷4
É.-U. 1945. Comédie de Robert Z. LEONARD avec Ginger Rogers, Walter Pidgeon et Van Johnson. - Diverses intrigues s'entremêlent dans le cadre d'un hôtel de New York.
VO→18,95$ **Général**

**WEEP NO MORE MY LADY** ▷5
FR. 1991. Drame policier de Michel ANDRIEU avec Daniel J. Travanti, Kristin Scott-Thomas et Robin Renucci. - Un meurtre est commis durant une fête donnée pour le quarantième anniversaire d'une actrice de renom. - Adaptation d'un roman de Mary Higgins Clark.
VO→17,95$ **Général**

**WELCOME HOME, ROXY CARMICHAEL** ▷5
É.-U. 1990. Comédie dramatique de Jim ABRAHAMS avec Winona Ryder, Jeff Daniels et Laila Robins. - La fille adoptive d'un couple conventionnel habitant une petite ville de l'Ohio s'imagine être l'enfant d'une ancienne rebelle locale qui a connu la célébrité.
VF→LS VO→LS **Général**

**WELCOME TO L.A.** ▷4
É.-U. 1976. Drame de mœurs d'Alan RUDOLPH avec Keith Carradine, Geraldine Chaplin et Harvey Keitel. - Après une absence de trois ans, un jeune écrivain revient à Los Angeles et y fait de curieuses rencontres.
VO→LS **13 ans +**

**WELCOME TO SARAJEVO** ▷4
ANG. 1997. Drame de guerre de Michael WINTERBOTTOM avec Stephen Dillane, Woody Harrelson et Emira Nusevic. - Durant le siège de Sarajevo, un journaliste britannique s'efforce de sauver les enfants d'un orphelinat fréquemment bombardé.
VF→19,95$ VO→19,95$ **13 ans + Violence**

**WELCOME TO THE DOLLHOUSE** ▷4
É.-U. 1995. Comédie dramatique de Todd SOLONDZ avec Heather Matanazzo, Daria Kalinina et Matthew Faber. - Les frustrations d'une jeune fille de 11 ans qui est le souffre-douleur de son entourage alors qu'elle vit un éveil sexuel douloureux.
VF→13,95$ VO→13,95$ **13 ans + Langage vulgaire**

**WELL, THE** ▷0
É.-U. 1951, Leo C. POPKIN et Russell ROUSE
VO→29,95$ **Général**

**WEND KUUNI** ▷0
BUR. 1982, Gaston KABORE
STA→82,95$ **Général**

**WEREWOLF OF LONDON** ▷4
É.-U. 1935. Drame d'horreur de Stuart WALKER avec Henry Hull, Valerie Hobson et Warner Oland. - Un botaniste devient victime d'une malédiction orientale et se transforme en loup-garou.
VO→11,95$ **Général**

**WES CRAVEN'S NEW NIGHTMARE** ▷5
É.-U. 1994. Drame d'horreur de Wes CRAVEN avec Heather Langenkamp, Robert Englund et Miko Hughes. - Une vedette de films d'horreur est tourmentée par des visions montrant le spectre meurtrier qu'elle affrontait au cinéma.
VF→LS VO→11,95$ **16 ans + Horreur**

**WEST AND SODA** ▷4
ITA. 1965. Dessins animés de Bruno BOZZETTO. - Un cow-boy réfractaire à la violence doit se résoudre à lutter contre des «méchants» pour sauver une jeune fermière.
VF→LS **Général**

**WEST BEYROUTH** ▷4
FR.-LIB. 1998. Chronique de Ziad DOUEIRI avec Rami Doueiri, Mohammad Chamas et Rola Al Amin. - Durant la guerre civile au Liban, un adolescent facétieux prend peu à peu conscience de la gravité de la situation.
VF→16,95$ STA→16,95$ **Général**

**WEST POINT STORY, THE** ▷5
É.-U. 1950. Comédie musicale de Roy DEL RUTH avec Doris Day, James Cagney et Virginia Mayo. - Pour monter une revue, des cadets demandent l'aide d'un producteur de Broadway.
VO→18,95$ **Général**

**WEST SIDE STORY** ►2
É.-U. 1961. Comédie musicale de Robert WISE et Jerome ROBBINS avec Natalie Wood, Richard Beymer et George Chakiris. - La sœur du chef d'une bande d'adolescents s'éprend d'un membre d'une bande rivale. - Sorte de *Roméo et Juliette* à New York. Danses et chants parfaitement intégrés à l'action. Rythme enlevant. Mise en scène brillante. Interprétation dans la note.
VO→14,95$ LBX→LS LBX-DVD→18,95$ **Général**

**WESTERN** ▷4
FR. 1997. Comédie dramatique de Manuel POIRIER avec Sergi Lopez, Sacha Bourdo et Elisabeth Vitali. - Deux copains partent ensemble sur les routes de Bretagne à la recherche de l'amour en connaissant des fortunes diverses.
VO→13,95$ **Général**

**WESTERN UNION** ▷4
É.-U. 1940. Western de Fritz LANG avec Randolph Scott, Robert Young et Dean Jagger. - Illustration romantique de l'établissement de la première ligne télégraphique reliant l'est et l'ouest des États-Unis.
VO→49,95$ **Général**

**WESTERNER, THE** ▷3
É.-U. 1940. Western de William WYLER avec Gary Cooper, Walter Brennan et Doris Davenport. - Faussement accusé de vol de chevaux, un cow-boy errant est aux prises avec un propriétaire de saloon qui s'est institué juge. - Approche psychologique valable. Humour constant. Belle photographie. Interprétation savoureuse.
VO→14,95$ DVD→22,95$ **Général**

**WESTFRONT 1918**
Voir: QUATRE DE L'INFANTERIE

**WESTWARD THE WOMEN** ▷4
É.-U. 1952. Western de William A. WELLMAN avec Robert Taylor, Denise Darcel et Julie Bishop. - Un convoi transporte dans l'Ouest des femmes destinées en mariage à des colons.
VO→19,95$ **Général**

**WESTWORLD** ▷4
É.-U. 1973. Science-fiction de Michael CRICHTON avec Richard Benjamin, Yul Brynner et James Brolin. - Un parc d'attractions offre à ses visiteurs l'illusion de vivre à trois époques différentes grâce à des robots programmés à forme humaine.
VF→14,95$ VO→14,95$ LBX→14,95$
LBX-DVD→29,95$ **13 ans +**

**WETHERBY** ▷3
ANG. 1985. Drame psychologique de David HARE avec Vanessa Redgrave, Tim McInnerny et Stuart Wilson. - Un policier s'interroge sur les motifs qui ont poussé un jeune homme à se suicider alors qu'il rendait visite à une institutrice. - Analyse subtile de rapports humains douloureux. Interprétation d'une fine intelligence.
VF→LS **13 ans +**

**WHALE MUSIC** ▷5
CAN. 1994. Comédie dramatique de Richard J. LEWIS avec Maury Chaykin, Cyndy Preston et Jennifer Dale. - Une jeune criminelle en fuite s'installe dans un manoir décrépit où vit en solitaire un musicien perturbé par la mort de son frère.
VF→14,95$ VO→14,95$ **Général**

**WHALES OF AUGUST, THE** ▷3
É.-U. 1987. Drame psychologique de Lindsay ANDERSON avec Lillian Gish, Bette Davis et Vincent Price. - Passant l'été dans une île côtière comme elles le font depuis plusieurs années, deux sœurs âgées reçoivent la visite d'une vieille amie et d'un voisin. - Étude de personnages fort intéressante. Mise en scène classique et maîtrisée.
VO→LS **Général**

**WHAT! NO BEER?** ▷0
É.-U. 1933, Edward SEDGWICK
VO→18,95$ **Général**

**WHAT A WOMAN!**
Voir: LA CHANCE D'ÊTRE FEMME

**WHAT ABOUT BOB?** ▷4
É.-U. 1991. Comédie de Frank OZ avec Bill Murray, Richard Dreyfuss et Julie Hagerty. - En vacances à la campagne avec sa famille, un psychiatre réputé reçoit la visite inopinée d'un patient trop dépendant qui souffre de paranoïa.
VF→11,95$ VO→11,95$ **Général**

**WHAT DID YOU DO IN THE WAR, DADDY?** ▷5
É.-U. 1966. Comédie de Blake EDWARDS avec James Coburn, Dick Shawn et Sergio Fantoni. - Les folles aventures d'une compagnie américaine pendant la campagne d'Italie.
VO→14,95$ **Général**

**WHAT DREAMS MAY COME** ▷4
É.-U. 1998. Drame fantastique de Vincent WARD avec Robin Williams, Annabella Sciorra et Cuba Gooding Jr. - Un pédiatre mort dans un accident part rechercher en enfer son épouse qui vient de se suicider.
VO→16,95$ VF→16,95$ LBX-DVD→32,95$ **Général**

**WHAT EVER HAPPENED TO BABY JANE?** ▷3
É.-U. 1962. Drame de Robert ALDRICH avec Bette Davis, Joan Crawford et Victor Buono. - Une ancienne vedette de cinéma devenue infirme est tourmentée par sa sœur. - Traitement insolite doté de touches d'horreur. Mise en scène contrôlée. Jeu remarquable des vedettes.
VO→19,95$ **Général**

**WHAT HAPPENED WAS...** ▷4
É.-U. 1993. Drame psychologique réalisé et interprété par Tom NOONAN avec Karen Sillas. - Un dîner en tête-à-tête entre deux employés d'une firme d'avocats tourne au vinaigre lorsque les banalités qu'ils échangent révèlent progressivement leur insécurité et leur solitude.
VO→18,95$ **Général**

**WHAT HAVE I DONE TO DESERVE THIS?** ▷0
ESP. 1984, Pedro ALMODOVAR
STA→LS **13 ans +**

**WHAT LIES BENEATH** ▷4
É.-U. 2000. Drame fantastique de Robert ZEMECKIS avec Michelle Pfeiffer, Harrison Ford et Diana Scarwid. - Témoin de phénomènes bizarres, une femme devient persuadée que la maison qu'elle habite avec son mari est hantée.
VF→PC VO→PC **13 ans +**

**WHAT PLANET ARE YOU FROM?** ▷5
É.-U. 2000. Comédie fantaisiste de Mike NICHOLS avec Garry Shandling, Annette Bening et Greg Kinnear. - Un extraterrestre est dépêché sur Terre avec pour mission d'avoir un enfant d'une humaine.
VO→LS

**WHAT PRICE GLORY?** ▷4
É.-U. 1952. Comédie dramatique de John FORD avec James Cagney, Dan Dailey et Corinne Calvet. - La rivalité de deux militaires américains dans le contexte de la guerre 1914-1918.
VO→24,95$ **Non classé**

**WHAT PRICE HOLLYWOOD?** ▷4
É.-U. 1932. Comédie dramatique de George CUKOR avec Constance Bennett, Lowell Sherman et Neil Hamilton. - Une actrice de cinéma doit faire face à un scandale lorsqu'un réalisateur alcoolique se suicide chez elle.
VO→LS **Non classé**

**WHAT WOMEN WANT** ▷4
É.-U. 2000. Comédie sentimentale de Nancy MEYERS avec Mel Gibson, Helen Hunt et Marisa Tomei. - Un publicitaire qui a le don de lire dans les pensées des femmes chipe les idées d'une rivale dont il s'éprend.
VF→LS VO→LS **Général**

**WHAT'S EATING GILBERT GRAPE?** ▷4
É.-U. 1993. Drame de mœurs de Lasse HALLSTRÖM avec Johnny Depp, Leonardo DiCaprio et Juliette Lewis. - Un livreur d'épicerie qui veille sur sa mère obèse et son frère simple d'esprit vit une amourette avec une jeune fille de passage dans la région.
VF→LS VO→14,95$ **Général**

**WHAT'S LOVE GOT TO DO WITH IT ?** ▷4
É.-U. 1993. Drame biographique de Brian GIBSON avec Angela Bassett, Laurence Fishburne et Vanessa Bell Calloway. - Évocation de la vie privée et de la carrière de la chanteuse Tina Turner.
VO→11,95$ VF→11,95$ **13 ans +**

**WHAT'S NEW, PUSSYCAT ?** ▷5
É.-U. 1965. Comédie de Clive DONNER avec Peter Sellers, Peter O'Toole et Romy Schneider. - Un psychiatre a pour client un homme qui se désole de l'attrait qu'il éprouve pour les femmes.
VO→19,95$ **18 ans +**

**WHAT'S THE MATTER WITH HELEN?** ▷4
É.-U. 1971. Drame policier de Curtis HARRINGTON avec Shelley Winters, Debbie Reynolds et Dennis Weaver. - Des violences criminelles se produisent dans une école de danse d'Hollywood dirigée par deux vieilles amies.
VO→14,95$ **13 ans +**

**WHAT'S UP, DOC ?** ▷4
É.-U. 1972. Comédie de Peter BOGDANOVICH avec Barbra Streisand, Ryan O'Neal et Madeline Kahn. - Un musicologue est importuné par une jeune fille excentrique.
VO→14,95$ **Général**

**WHAT'S UP, TIGER LILY ?** ▷6
JAP.-É.-U. 1966. Drame d'espionnage de Senkichi TANIGUCHI et Woody ALLEN avec Tatsuya Mihashi, Mie Hama et Tadao Nakamaru. - Le potentat d'un petit État d'Asie charge un agent secret de récupérer une recette de salade aux œufs qu'on lui a volée.
VO→14,95$ **Général**

**WHATEVER** ▷5
É.-U. 1997. Drame de mœurs de Susan SKOOG avec Liza Weil, Chad Morgan et Kathryn Rossetter. - Une adolescente qui rêve de poursuivre des études artistiques subit la mauvaise influence d'une camarade aux mœurs dissolues.
VO→PC **13 ans +**

**WHEELER DEALERS, THE** ▷5
É.-U. 1963. Comédie d'Arthur HILLER avec James Garner, Lee Remick et Jim Backus. - Les amours turbulentes d'un richard du Texas et d'une employée d'un bureau de courtage de New York.
VO→18,95$ **Général**

**WHEELS ON MEALS** ▷0
H. K. 1984, Sammo HUNG
STA-LBX-DVD→PC **13 ans +**

**WHEN A MAN LOVES A WOMAN** ▷5
É.-U. 1994. Drame psychologique de Luis MANDOKI avec A. Garcia, Meg Ryan et Lauren Tom. - Après avoir suivi avec succès une cure de désintoxication, une mère de famille pose un regard neuf sur sa vie.
VF→11,95$ VO→11,95$ **Général**

**WHEN A STRANGER CALLS** ▷5
É.-U. 1979. Drame policier de Fred WALTON avec Charles Durning, Tony Beckley et Carol Kane. - Un inconnu terrorise au téléphone une gardienne d'enfants.
VF→14,95$ **13 ans +**

**WHEN A STRANGER CALLS BACK** ▷5
É.-U. 1993. Drame policier de Fred WALTON avec Jill Schoelen, Carol Kane et Charles Durning. - Cinq ans après avoir survécu à l'agression de deux meurtriers, une collégienne est de nouveau terrorisée par l'un d'entre eux.
VF→LS VO→LS **13 ans +**

**WHEN A WOMAN ASCENDS THE STAIRS**
Voir: UNE FEMME MONTE L'ESCALIER

**WHEN DINOSAURS RULED THE EARTH** ▷5
ANG. 1970. Aventures de Val GUEST avec Victoria Vetri, Robin Hawdon et Patrick Allen. - À une époque préhistorique, une jeune fille destinée à être sacrifiée par les siens obtient la protection d'un chasseur d'une autre tribu.
VO→14,95$ Général

**WHEN FATHER WAS AWAY ON BUSINESS**
Voir: PAPA EST EN VOYAGE D'AFFAIRES

**WHEN HARRY MET SALLY** ▷4
É.-U. 1989. Comédie sentimentale de Rob REINER avec Billy Crystal, Meg Ryan et Carrie Fisher. - Une amitié de longue date entre un homme et une femme est remise en question quand ils vivent ensemble une aventure amoureuse d'un soir.
VO→11,95$ Général

**WHEN LADIES MEET** ▷5
É.-U. 1941. Comédie de Robert Z. LEONARD avec Robert Taylor, Joan Crawford et Greer Garson. - Chassé-croisé amoureux entre deux hommes et deux femmes.
VO→18,95$ Général

**WHEN NIGHT IS FALLING** ▷4
CAN. 1995. Drame psychologique de Patricia ROZEMA avec Pascale Bussières, Rachael Crawford et Henry Czerny. - Une enseignante qui doit bientôt se marier est troublée par sa rencontre avec une flamboyante artiste de cirque qui la désire.
VF→14,95$ VO→14,95$ 13 ans + Érotisme

**WHEN THE CAT'S AWAY**
Voir: CHACUN CHERCHE SON CHAT

**WHEN THE PARTY'S OVER** ▷4
É.-U. 1991. Comédie de mœurs de Matthew IRMAS avec Elizabeth Berridge, Rae Dawn Chong et Sandra Bullock. - Les tribulations sentimentales et professionnelles de trois jeunes New-Yorkaises.
VO→11,95$ Général

**WHEN THE STARS MEET THE SEA**
Voir: QUAND LES ÉTOILES RENCONTRENT LA MER

**WHEN THE WHALES CAME** ▷4
ANG. 1983. Drame de mœurs de Clive REES avec Max Rennie, Helen Pearce et Paul Scofield. - En 1914, dans une petite île au large de l'Angleterre, deux enfants lient amitié avec un vieil homme solitaire et sourd.
VO→LS Général

**WHEN THE WIND BLOWS** ▷4
ANG. 1986. Dessins animés de Jimmy MURAKAMI. - Sous le regard étonné de sa femme, un vieil homme se prépare au conflit nucléaire qui risque de dévaster leur région.
VF→LS VO→LS Général

**WHEN TIME RAN OUT...** ▷5
É.-U. 1980. Drame de James GOLDSTONE avec Paul Newman, Jacqueline Bisset et James Franciscus. - Un volcan en éruption fait des ravages dans une île de l'archipel d'Hawaii.
VO→PC 13 ans +

**WHEN WE WERE KINGS** ▷4
É.-U. 1996. Documentaire de Leon GAST. - Évocation du célèbre combat de boxe entre Muhammad Ali et George Foreman à Kinshasa, en octobre 1974.
VO→19,95$ Général

**WHEN WORLDS COLLIDE** ▷5
É.-U. 1951. Science-fiction de Rudolph MATÉ avec Richard Derr, Barbara Rush et John Hoyt. - Grâce à une fusée construite par un millionnaire, quarante personnes échappent à la destruction de la Terre.
VO→14,95$ Général

**WHERE ANGELS FEAR TO TREAD** ▷3
ANG. 1991. Comédie dramatique de Charles STURRIDGE avec Helen Mirren, Rupert Graves et Helena Bonham Carter. - Lorsque sa femme meurt en accouchant, un jeune Italien entre en conflit avec sa belle-famille anglaise au sujet de la garde de l'enfant. - Adaptation délicate et sensible d'un roman de E.M. Forster. Différences culturelles habilement illustrées. Interprétation nuancée.
VO→14,95$ Général

**WHERE ANGELS GO... TROUBLE FOLLOWS** ▷5
É.-U. 1967. Comédie de James NEILSON avec Rosalind Russell, Stella Stevens et Susan Saint James. - Sous la conduite de religieuses, les élèves d'un couvent de la Nouvelle-Angleterre se rendent à un rallye d'étudiants en Californie.
VO→13,95$ Général

**WHERE EAGLES DARE** ▷4
ANG. 1968. Drame d'espionnage de Brian G. HUTTON avec Richard Burton, Clint Eastwood et Mary Ure. - Les services secrets envoient un commando délivrer un général prisonnier dans une forteresse nazie.
VO→14,95$ 13 ans +

**WHERE IS THE FRIEND'S HOME ?** ▷4
IRAN. 1987. Drame d'Abbas KIAROSTAMI avec Babak Ahmadpoor, Ahmad Ahmadpoor et Khodabakhsh Defai. - Un écolier tente de trouver la maison d'un camarade de classe dans le village voisin pour lui rendre un cahier qu'il lui a pris par mégarde.
STA→LS Général

**WHERE LOVE HAS GONE** ▷5
É.-U. 1964. Mélodrame d'Edward DMYTRYK avec Susan Hayward, Michael Connors et Bette Davis. - Une adolescente est arrêtée pour avoir tué l'amant de sa mère.
VO→14,95$ 13 ans +

**WHERE SLEEPING DOGS LIE** ▷0
É.-U. 1992, Charles FINCH
VO→LS Général

**WHERE THE BUFFALO ROAM** ▷0
É.-U. 1980, Art LINSON
LBX→14,95$ VO→PC 13 ans +

**WHERE THE GREEN ANTS DREAM**
Voir: LE PAYS OÙ RÊVENT LES FOURMIS VERTES

**WHERE THE HEART IS** ▷5
É.-U. 1990. Comédie de mœurs de John BOORMAN avec Dabney Coleman, Uma Thurman et Suzy Amis. - Mis à la porte par leur père et relogés dans un édifice désaffecté, trois jeunes gens tirent habilement parti de la situation.
VF→9,95$ Général

**WHERE THE HEART IS** ▷5
É.-U. 2000. Chronique de Matt WILLIAMS avec Natalie Portman, James Frain et Ashley Judd. - Les tribulations d'une adolescente monoparentale et démunie qui parvient à s'en sortir grâce à la générosité des gens qu'elle rencontre.
VF→9,95$ VO→LS Général

**WHERE THE LILIES BLOOM** ▷4
É.-U. 1974. Comédie dramatique de William A. GRAHAM avec Julie Gholson, Jan Smithers et Matthew Burrill. - À la mort de leur père, un fermier pauvre, trois enfants s'entendent pour cacher ce décès afin d'éviter d'être placés dans des institutions.
VO→13,95$ Général

**WHERE THE MONEY IS?** ▷5
É-U. 1999. Comédie policière de Marek KANIEVSKA avec Paul Newman, Linda Fiorentino et Dermot Mulroney. – Une jeune infirmière et un braqueur de banques vieillissant échafaudent un plan qui leur permettra de dérober une importante somme d'argent.
VF→LS VO→LS Général

**WHERE THE RIVERS FLOW NORTH** ▷4
É.-U. 1993. Drame de Jay CRAVEN avec Rip Torn, Tantoo Cardinal et Bill Raymond. - Dans les années 1920, au Vermont, un vieux rustre et sa compagne résistent aux manœuvres d'hommes d'affaires qui veulent acquérir leur propriété.
VO→LS Général

**WHERE THERE'S LIFE** ▷5
É.-U. 1947. Comédie de Sidney LANFIELD avec Bob Hope, Signe Hasso et William Bendix. - Un animateur d'émissions radiophoniques apprend qu'il est l'héritier d'un trône.
VO→18,95$ Général

**WHERE WERE YOU WHEN THE LIGHTS WENT OUT ?** ▷5
É.-U. 1968. Comédie de Hy AVERBACK avec Doris Day, Robert Morse et Patrick O'Neal. - Une panne d'électricité à New York provoque des quiproquos dans un ménage.
VO→18,95$ Général

**WHERE'S PICONE ?**
Voir: PICONE

**WHERE'S POPPA ?** ▷4
É.-U. 1970. Comédie de Carl REINER avec George Segal, Ruth Gordon et Trish Van Devere. - Un avocat de New York s'éprend de l'infirmière qu'il a engagée pour prendre soin de sa vieille mère.
VO→18,95$ 13 ans +

**WHILE YOU WERE SLEEPING** ▷5
É.-U. 1995. Comédie sentimentale de Jon TURTELTAUD avec Sandra Bullock, Bill Pullman et Peter Gallagher. - Une jeune femme se fait passer pour la fiancée d'un homme qui, après un accident, s'est retrouvé plongé dans un profond coma.
VF→16,95$ Général

**WHISPERING CHORUS, THE** ▷0
É.-U. 1918, Cecil B. DeMILLE
VO→41,95$ Général

**WHISPERS** ▷0
CAN. 1989, Douglas JACKSON
VF→12,95$

**WHISTLE BLOWER, THE** ▷4
ANG. 1986. Drame d'espionnage de Simon LANGTON avec Michael Caine, Nigel Havers et Felicity Dean. - Son fils ayant trouvé la mort dans des circonstances mystérieuses, un vétéran de la guerre de Corée entreprend ses propres recherches pour éclaircir l'affaire.
VF→LS VO→LS Général

**WHISTLING IN BROOKLYN** ▷0
É.-U. 1943, S. Sylvan SIMON
VO→18,95$ Général

**WHISTLING IN DIXIE** ▷0
É.-U. 1942, S. Sylvan SIMON
VO→18,95$ Général

**WHISTLING IN THE DARK** ▷4
É.-U. 1940. Comédie policière de S. Sylvan SIMON avec Red Skelton, Conrad Veidt et Ann Rutherford. - Un animateur radiophonique spécialisé en récits policiers est mêlé à un complot meurtrier par un charlatan.
VO→LS Général

**WHITE BUFFALO, THE** ▷4
É.-U. 1977. Western de J. Lee THOMPSON avec Charles Bronson, Will Sampson et Jack Warden. - Un aventurier et un Indien unissent leurs forces pour abattre un bison blanc qui fait des ravages au Dakota.
VO→14,95$ 13 ans +

**WHITE CARGO** ▷6
É.-U. 1942. Drame de Richard THORPE avec Hedy Lamarr, Walter Pidgeon et Frank Morgan. - Au début du siècle, en Afrique, les difficultés d'un colon épris d'une indigène.
VO→19,95$ Général

**WHITE CHRISTMAS** ▷4
É.-U. 1954. Comédie musicale de Michael CURTIZ avec Danny Kaye, Bing Crosby et Rosemary Clooney. - Deux ex-soldats devenus vedettes de music-hall décident d'égayer le Noël de leur ancien général.
VF→14,95$ VO→11,95$ Général

**WHITE CLIFFS OF DOVER, THE** ▷4
É.-U. 1943. Drame sentimental de Clarence BROWN avec Irene Dunne, Alan Marshall et Van Johnson. - Une Américaine mariée à un Anglais perd son mari à la guerre et élève seule leur fils.
VO→19,95$ Général

**WHITE FANG** ▷4
É.-U. 1991. Aventures de Randal KLEISER avec Ethan Hawke, Klaus Maria Brandauer et James Remar. - Venu au Yukon réclamer le terrain censément aurifère exploité par son père décédé, un adolescent se lie à un chien-loup qui lui a sauvé la vie.
VF→11,95$ Général

**WHITE HEAT** ▷3
É.-U. 1949. Drame policier de Raoul WALSH avec James Cagney, Virginia Mayo et Edmond O'Brien. - Un policier arrive à s'introduire dans l'entourage d'un bandit redoutable. - Clichés du genre traités de façon vigoureuse et parfois neuve. Mise en scène experte. Jeu solide des interprètes.
VO→19,95$ Général

**WHITE HUNTER, BLACK HEART** ▷4
É.-U. 1990. Drame psychologique réalisé et interprété par Clint EASTWOOD avec Jeff Fahey et George Dzundza. - Un scénariste découvre que le réalisateur d'un film tourné en Afrique voue un intérêt démesuré à la chasse à l'éléphant.
VF→14,95$ VO→13,95$ Général

**WHITE LIES** ▷4
CAN. 1997. Drame social de Kari SKOGLAND avec Sarah Polley, Tanya Allen et Jonathan Scarfe. - Une étudiante qui a rejoint un groupe raciste via Internet finit par se questionner sur son engagement.
VO→LS 16 ans + Violence

**WHITE LINE FEVER** ▷5
É.-U. 1975. Drame social de Jonathan KAPLAN avec Jan-Michael Vincent, Kay Lenz et L.Q. Jones. - Un jeune camionneur refuse de se mêler à des trafics illégaux et en subit de durs contrecoups.
VF→LS VO→LS 13 ans +

**WHITE MAN'S BURDEN** ▷5
É.-U. 1995. Drame social de Desmond NAKANO avec John Travolta, Harry Belafonte et Kelly Lynch. - Dans une Amérique imaginaire où les Noirs sont plus favorisés que les Blancs, un homme de race blanche récemment congédié kidnappe son ancien employeur noir.
VF→LS VO→LS Général

**WHITE MEN CAN'T JUMP** ▷5
É.-U. 1992. Comédie de Ron SHELTON avec Wesley Snipes, Woody Harrelson et Rosie Perez. - Un Noir et un Blanc, particulièrement doués pour le basket-ball et pour l'escroquerie, s'associent afin de participer à un tournoi très lucratif.
VF→16,95$ VO→16,95$ 13 ans +

**WHITE MISCHIEF** ▷4
ANG. 1987. Drame de mœurs de Michael RADFORD avec Greta Scacchi, Charles Dance et Joss Ackland. - En 1940, au Kenya, un Anglais de petite noblesse voit sa jeune épouse tomber amoureuse d'un aristocrate élégant et débauché.
VF→LS VO→LS Général

**WHITE NIGHTS** ▷4
É.-U. 1985. Drame musical de Taylor HACKFORD avec Mikhail Baryshnikov, Gregory Hines et Jerzy Skolimowski. - Après l'atterrissage forcé de son avion en URSS, un danseur russe, passé à l'Ouest, se voit obligé de donner un spectacle à Leningrad.
VF→14,95$ VO→14,95$ Général

**WHITE PALACE** ▷5
É.-U. 1990. Drame sentimental de Luis MANDOKI avec Susan Sarandon, James Spader et Jason Alexander. - Un jeune cadre entretient une liaison avec une serveuse, malgré leurs différences d'âge et de milieu.
VO→11,95$ 13 ans +

**WHITE ROOM** ▷4
CAN. 1990. Drame psychologique de Patricia ROZEMA avec Kate Nelligan, Maurice Godin et Sheila McCarthy. - Dans l'espoir de percer le secret d'une femme solitaire et mystérieuse, un jeune homme se fait engager par elle comme jardinier.
VO→14,95$ 13 ans +

**WHITE SANDS** ▷5
É.-U. 1992. Drame policier de Roger DONALDSON avec Willem Dafoe, Mary Elizabeth Mastrantonio et Mickey Rourke. - Afin d'élucider le mystère entourant la mort d'un escroc, un policier décide de prendre l'identité de celui-ci.
VF→12,95$ VO→11,95$ LBX-DVD→29,95$ 13 ans +

**WHITE SHEIK, THE**
Voir: LE COURRIER DU CŒUR

**WHITE SQUALL** ▷5
É.-U. 1995. Aventures de Ridley SCOTT avec Jeff Bridges, John Savage et Scott Wolf. - Un périple en mer tourne à la tragédie lorsque des vagues de fond provoquent le naufrage d'un voilier.
VO→16,95$ VF→16,95$ LBX-DVD→29,95$ Général

**WHITE TOWER, THE** ▷5
É.-U. 1950. Aventures de Ted TETZLAFF avec Glenn Ford, Alida Valli et Claude Rains. - Diverses personnes tentent d'atteindre la cime d'une montagne réputée inaccessible.
VO→LS Non classé

**WHITE ZOMBIE** ▷4
É.-U. 1932. Drame fantastique de Victor HALPERIN avec Bela Lugosi, Madge Bellamy et John Harrow. - Au cours d'un voyage à Haïti, une jeune femme est victime d'un sorcier.
VO→29,95$ Général

**WHO FRAMED ROGER RABBIT?** ▷3
É.-U. 1988. Comédie de Robert ZEMECKIS avec Bob Hoskins, Christopher Lloyd et Joanna Cassidy. - En 1947, dans un Hollywood imaginaire, un détective tente d'innocenter un personnage de dessins animés accusé à tort de meurtre. - Intrigue d'une fantaisie réjouissante. Prouesses techniques peu communes. Réalisation ingénieuse. Bonne composition d'acteurs.
VF→11,95$ VO→11,95$ LBX-DVD→32,95$ Général

**WHO IS HARRY KELLERMAN AND WHY IS HE TELLING THOSE TERRIBLE THINGS ABOUT ME?** ▷5
É.-U. 1971. Comédie dramatique de Ulu GROSBARD avec Dustin Hoffman, Jack Warden et Barbara Harris. - Un chanteur populaire parvenu au faîte de la gloire songe pourtant au suicide.
VO→11,95$ Général

**WHO IS KILLING THE GREAT CHEFS OF EUROPE ?** ▷4
É.-U. 1978. Comédie policière de Ted KOTCHEFF avec George Segal, Jacqueline Bisset et Robert Morley. - Un assassin mystérieux s'en prend à divers cuisiniers réputés.
VO→LS Général

**WHO SHALL LIVE AND WHO SHALL DIE ?** ▷0
É.-U. 1982, Laurence JARVIK
VO→41,95$ Général

**WHO SHOT PAT ?** ▷0
É.-U. 1992, Robert BROOKS
VO→18,95$ Général

**WHO SLEW AUNTIE ROO ?** ▷4
ANG. 1971. Drame de Curtis HARRINGTON avec Shelley Winters, Mark Lester et Chloe Franks. - Une riche veuve invite pour Noël des enfants d'un orphelinat et s'attache à une fillette.
VO→LS 13 ans +

**WHO THE HELL IS JULIETTE ?** ▷0
MEX. 1997, Carlos MARCOVICH
STA→34,95$ Général

**WHO'LL STOP THE RAIN** ▷4
É.-U. 1978. Drame policier de Karel REISZ avec Nick Nolte, Michael Moriarty et Tuesday Weld. - Troublé par ses expériences au Viêt-nam, un journaliste entreprend de faire passer aux États-Unis deux kilos d'héroïne brute.
VO→14,95$ 13 ans +

**WHO'S AFRAID OF VIRGINIA WOOLF ?** ▷3
É.-U. 1966. Drame psychologique de Mike NICHOLS avec Richard Burton, Elizabeth Taylor, George Segal et Sandy Dennis. - Un professeur et sa femme se querellent devant des invités. - Œuvre vigoureuse fidèle à la pièce originale d'Edward Albee. Grande valeur psychologique. Interprétation d'une rare qualité.
VO→19,95$ LBX-DVD→21,95$ Général

**WHO'S MINDING THE MINT ?** ▷4
É.-U. 1967. Comédie de Howard MORRIS avec Jim Hutton, Milton Berle et Walter Brennan. - Un employé du trésor américain cherche à remplacer de l'argent qu'il a détruit par inadvertance.
VO→LS Général

**WHO'S MINDING THE STORE?** ▷4
É.-U. 1963. Comédie burlesque de Frank TASHLIN avec Jerry Lewis, Jill St. John et Agnes Moorehead. - Une femme riche veut détacher sa fille d'un prétendant en confiant à ce dernier les tâches les plus ingrates dans un magasin.
VF→11,95$ VO→11,95$

**WHO'S THAT GIRL ?** ▷4
É.-U. 1987. Comédie de James FOLEY avec Madonna, Griffin Dunne et Haviland Morris. - La veille de son mariage, un avocat est entraîné dans une folle aventure par une jeune femme libérée sur parole.
VF→14,95$ VO→PC Général

**WHO'S THAT KNOCKING AT MY DOOR ?** ▷0
É.-U. 1968, Martin SCORSESE
VO→19,95$ Non classé

**WHO'S WHO** ▷0
ANG. 1978, Mike LEIGH
VO→49,95$ Général

**WHOLE NINE YARDS, THE** ▷5
É.-U. 2000. Comédie policière de J. LYNN avec Matthew Perry, Bruce Willis et Natasha Henstridge. - Un jeune dentiste mal marié voit sa vie complètement bouleversée le jour où un tueur à gages devient son voisin.
VF→PC VO→LS

**WHOLE TOWN'S TALKING, THE** ▷3
E.-U. 1935. Comédie policière de John FORD avec Edward G. Robinson, Jean Arthur et Wallace Ford. - Un timide employé de banque est le sosie d'un criminel notoire. - Développements alertes sur un thème classique. Réalisation vivante et drôle.
VO→18,95$ Général

**WHOLE WIDE WORLD, THE** ▷4
É.-U. 1996. Drame sentimental de Dan IRELAND avec Vincent d'Onofrio, Renée Zellweger et Ann Wedgeworth. - Au Texas, dans les années 1930, une jeune institutrice et un écrivain misanthrope vivent une relation d'amour difficile.
VO→14,95$ Général

**WHOLLY MOSES!** ▷6
É.-U. 1980. Comédie de G. WEIS avec Dudley Moore, Laraine Newman et James Coco. - Les mésaventures du beau-frère de Moïse qui tente, lui aussi, de libérer le peuple d'Israel du joug égyptien.
VF→LS Général

**WHOM THE GODS LOVE** ▷6
ANG. 1940. Drame biographique de Basil DEAN avec Stephen Haggard, Victoria Hopper et John Loder. - La vie tumultueuse du célèbre compositeur Wolfgang Amadeus Mozart.
VO→14,95$ Général

**WHORE** ▷5
É.-U. 1991. Drame de mœurs de Ken RUSSELL avec Theresa Russell, Benjamin Mouton et Antonio Fargas. - Une prostituée de Los Angeles se remémore les événements malheureux qui l'ont conduite à faire le trottoir.
VF→LS VO→LS 18 ans +

**WHOSE LIFE IS IT ANYWAY ?** ▷3
É.-U. 1981. Drame psychologique de John BADHAM avec Richard Dreyfuss, John Cassavetes et Christine Lahti. - Paralysé à la suite d'un accident, un sculpteur exige qu'on le laisse mourir. - Scénario tiré d'une pièce à succès. Réalisation fort efficace.
VF→LS VO→LS Général

**WHY DO FOOLS FALL IN LOVE** ▷5
É.-U. 1998. Drame biographique de Gregory NAVA avec Vivica A. Fox, Halle Berry et Larenz Tate. - En 1986, un tribunal doit déterminer parmi trois femmes laquelle est la veuve légitime du chanteur de rock-and-roll Frankie Lymon.
VF→LS VO→LS Général

**WHY ROCK THE BOAT ?** ▷4
QUÉ. 1974. Comédie de mœurs de John HOWE avec Stuart Gillard, Tiiu Leek et Ken James. - À Montréal dans les années 1940, les premières expériences professionnelles et amoureuses d'un jeune journaliste.
VO→LS Général

**WICKED CITY** ▷0
H. K. 1992, Peter MAK
STA→21,95$ VA→21,95$ 13 ans +

**WICKED LADY, THE** ▷5
ANG. 1982. Mélodrame de Michael WINNER avec Faye Dunaway, Alan Bates et Denholm Elliott. - Au XVIIe siècle, une jeune femme mariée à un gentilhomme campagnard devient la maîtresse d'un bandit notoire.
VO→14,95$

**WICKER MAN, THE** ▷4
ANG. 1974. Drame d'horreur de Robin HARDY avec Christopher Lee, Edward Woodward et Britt Ekland. - En enquêtant sur une disparition d'enfant dans une île au large de l'Écosse, un policier découvre que les habitants s'adonnent à des rites païens.
EP→LS Général

**WIDE SARGASSO SEA** ▷4
AUS. 1992. Mélodrame de John DUIGAN avec Karina Lombard, Nathaniel Parker et Claudia Robinson. - En Jamaïque au XIXe siècle, l'épouse d'un Anglais fait appel aux pouvoirs vaudous de sa nourrice lorsqu'elle sent celui-ci lui échapper.
VO→19,95$ 16 ans + Érotisme

**WIDOW IMMOLATION** ▷0
IND. 1989, Aparna SEN
STA→26,95$ Général

**WIDOW'S PEAK** ▷5
ANG. 1994. Comédie dramatique de John IRVIN avec Mia Farrow, Joan Plowright et Natasha Richardson. - Au milieu des années 1920, dans un village irlandais, un profond antagonisme entre deux voisines donne lieu à un affrontement nourri de scandales.
VO→11,95$ Général

**WIFEMISTRESS** ▷5
ITA. 1977. Drame de mœurs de Marco VICARIO avec Laura Antonelli, Marcello Mastroianni et Annie Belle. - Croyant son mari mort, une femme prend en mains ses affaires pendant que celui-ci l'observe de la maison d'en face.
VA→LS 18 ans +

**WIGSTOCK: THE MOVIE** ▷4
É.-U. 1994. Documentaire de Barry SHILS. - Une sélection des meilleurs moments d'un festival new-yorkais consacré aux performances de travestis.
VO→LS 13 ans +

**WILBY CONSPIRACY, THE** ▷5
É.-U. 1975. Drame social de Ralph NELSON avec Michael Caine, Sidney Poitier et Nicol Williamson. - Un ingénieur anglais de passage en Afrique du Sud se voit forcé de partager la fuite d'un activiste noir.
VO→14,95$ 13 ans +

**WILD AMERICA** ▷5
É.-U. 1997. Aventures de William DEAR avec Jonathan Taylor Thomas, Devon Sawa et Scott Bairstow. - Trois frères adolescents partent à l'aventure à travers les États-Unis afin de tourner un documentaire sur les animaux.
VF→14,95$ Général

**WILD ANGELS, THE** ▷5
É.-U. 1966. Drame social de Roger CORMAN avec Peter Fonda, Nancy Sinatra et Bruce Dern. - Une bande de motocyclistes parcourt les routes de Californie en quête de sensations vives.
VO→11,95$ 18 ans +

**WILD AT HEART** ▷4
É.-U. 1990. Drame de mœurs de David LYNCH avec Nicolas Cage, Laura Dern et Diane Ladd. - Un voyou et sa maîtresse tentent d'échapper à des tueurs lancés à leurs trousses par la mère de la jeune femme.
VO→7,95$ 18 ans +

**WILD BILL** ▷4
É.-U. 1995. Western de Walter HILL avec Jeff Bridges, Ellen Barkin et John Hurt. - Évocation de la vie tumultueuse du légendaire tireur Wild Bill Hickok et de sa rencontre avec Calamity Jane.
VF→14,95$ LBX→14,95$ 13 ans +

**WILD BUNCH, THE** ▶2
É.-U. 1969. Western de Sam PECKINPAH avec William Holden, Ernest Borgnine et Robert Ryan. - En 1913, des hors-la-loi américains s'entendent avec un général mexicain pour lui vendre des armes volées. - Classique du genre. Tableau sauvage et réaliste de l'époque. Réalisation vigoureuse et inventive. Interprétation robuste.
VF→19,95$ LBX-D.CUT→18,95$
LBX-DVD-D.CUT→24,95$ 13 ans + Violence

**WILD DUCK, THE** ▷0
AUS. 1983, Henri SAFRAN
VO→LS Général

**WILD GALS OF THE NAKED WEST** ▷0
É.-U. 1962, Russ MEYER
VO→69,95$ 13 ans + Érotisme

**WILD GUITAR** ▷5
É.-U. 1962. Comédie musicale de Ray Dennis STECKLER avec Arch Hall Jr., Nancy Czar et William Watters. - Exploité honteusement par le gérant d'une compagnie de disques, un guitariste tente avec l'aide d'une jeune danseuse d'obtenir un meilleur contrat.
VO→LS Général

**WILD HEARTS CAN'T BE BROKEN** ▷4
É.-U. 1991. Comédie dramatique de Steve MINER avec Gabrielle Anwar, Michael Schoeffling et Cliff Robertson. - Au début des années 1930, une orpheline engagée par un forain comme palefrenier s'entraîne en cachette pour devenir plongeuse à cheval.
VF→9,95$ Général

**WILD MAN BLUES** ▷4
É.-U. 1997. Documentaire de Barbara KOPPLE. - Une équipe de tournage accompagne Woody Allen et son orchestre de jazz dans une tournée de plusieurs villes européennes.
VO→19,95$ Général

**WILD ONE, THE** ▷3
É.-U. 1953. Drame psychologique de Laslo BENEDEK avec Marlon Brando, Mary Murphy et Robert Keith. - Deux bandes rivales de motocyclistes sèment la terreur dans une petite ville. - Étude psychologique d'un vif intérêt. Forte interprétation de M. Brando.
VO→19,95$ DVD→33,95$ **13 ans +**

**WILD ORCHID** ▷6
É.-U. 1989. Drame de mœurs de Zalman KING avec Carré Otis, Mickey Rourke et Jacqueline Bisset. - Au cours d'un voyage d'affaires à Rio, une jeune avocate fait la connaissance d'un homme qui l'initie à des mœurs perverses.
VF→LS VO→LS **13 ans +**

**WILD ORCHIDS** ▷0
É.-U. 1929, Sidney FRANKLIN
VO→29,95$ **Général**

**WILD PARTY, THE** ▷4
É.-U. 1975. Drame de mœurs de James IVORY avec James Coco, Raquel Welch et Perry King. - Un acteur comique du cinéma muet organise une réception à l'occasion de la sortie de son film.
VO→LS **18 ans +**

**WILD ROVERS** ▷4
É.-U. 1971. Western de Blake EDWARDS avec William Holden, Ryan O'Neal et Karl Malden. - Après un vol de banque, deux cow-boys partent pour le Mexique et sont poursuivis par les fils de leur ancien employeur.
VO→18,95$ **13 ans +**

**WILD STRAWBERRIES**
Voir: LES FRAISES SAUVAGES

**WILD THINGS** ▷5
É.-U. 1998. Drame policier de John MCNAUGHTON avec Matt Dillon, Denise Richards et Neve Campbell. - Après avoir été lavé d'une accusation de viol, un conseiller d'orientation obtient une compensation financière qui soulève les soupçons d'un détective.
LBX→14,95$ VF→12,95$ LBX-DVD→23,95$ **13 ans + Érotisme**

**WILD WEST** ▷4
É.-U. 1992. Comédie de mœurs de David ATTWOOD avec Naveen Andrews, Sarita Choudhury et Ronny Jhutti. - Les tribulations d'un groupe de musiciens country de Londres composé d'Anglo-Pakistanais.
VO→LS **13 ans +**

**WILD WILD WEST** ▷5
É.-U. 1999. Comédie fantaisiste de Barry SONNENFELD avec Will Smith, Kevin Kline et Kenneth Branagh. - En 1869, deux agents fédéraux affrontent un mégalomane sudiste qui veut anéantir les États-Unis.
VF→19,95$ LBX→24,95$
LBX-DVD→29,95$ **Général - Déconseillé aux jeunes enfants**

**WILD WORLD OF BATWOMAN, THE** ▷0
É.-U. 1996, Jerry WARREN
VO→LS **Général**

**WILDE** ▷5
ANG. 1997. Drame biographique de Brian GILBERT avec Stephen Fry, Jude Law et Jennifer Ehle. - Les principaux événements ayant marqué la vie amoureuse et publique de l'écrivain homosexuel Oscar Wilde.
VO→13,95$ VF→13,95$ **13 ans +**

**WILDFIRE** ▷0
É.-U. 1992, Zalman KING
VO→LS **Général**

**WILL PENNY** ▷4
É.-U. 1967. Western de Tom GRIES avec Charlton Heston, Joan Hackett et Donald Pleasence. - Un cow-boy d'âge mûr est aux prises avec une famille de rôdeurs.
VO→18,95$ **Non classé**

**WILL PENNY, LE SOLITAIRE**
Voir: WILL PENNY

**WILL SUCCESS SPOIL ROCK HUNTER ?** ▷4
É.-U. 1956. Comédie de Frank TASHLIN avec Jayne Mansfield, Tony Randall et Betsy Drake. - Un agent de publicité a recours à une vedette pour lancer un nouveau rouge à lèvres.
VO→22,95$ **Général**

**WILLARD** ▷5
É.-U. 1970. Drame d'horreur de Daniel MANN avec Bruce Davison, Ernest Borgnine et Sondra Locke. - Un jeune homme qui élève des rats dans ses temps libres lance un jour ses rongeurs à l'assaut de son patron qui lui mène la vie dure.
VO→34,95$ **13 ans +**

**WILLIAM SHAKESPEARE'S ROMEO & JULIET** ▷4
É.-U. 1996. Drame de Baz LUHRMANN avec Leonardo DiCaprio, Claire Danes et John Leguizamo. - Dans une grande ville industrielle, deux jeunes issus de familles riches et rivales s'éprennent l'un de l'autre.
VF→16,95$ VO→16,95$ LBX→22,95$
LBX-DVD→28,95$ **13 ans +**

**WILLIE AND PHIL** ▷4
É.-U. 1980. Comédie de mœurs de Paul MAZURSKY avec Michael Ontkean, Ray Sharkey et Margot Kidder. - Deux amis aiment la même femme qui répond à l'amour de chacun d'eux.
VO→PC **13 ans +**

**WILLOW** ▷4
É.-U. 1988. Conte de Ron HOWARD avec Warwick Davis, Val Kilmer et Jean Marsh. - Un nain est chargé de conduire dans un château lointain un bébé qui est menacé par une cruelle reine.
VF→LS VO→LS **Général**

**WILLY WONKA AND THE CHOCOLATE FACTORY** ▷4
É.-U. 1971. Conte de Mel STUART avec Gene Wilder, Peter Ostrum et Jack Albertson. - Un confiseur cache dans les enveloppes de ses produits cinq billets donnant droit à une visite de sa merveilleuse fabrique de sucreries.
VO→LS VF→19,95$ LBX-DVD→29,95$ **Général**

**WILLY WONKA AU PAYS ENCHANTÉ**
Voir: WILLY WONKA AND THE CHOCOLATE FACTORY

**WILSON** ▷3
É.-U. 1944. Drame biographique d'Henry KING avec Alexander Knox, Geraldine Fitzgerald et Charles Coburn. - Woodrow Wilson, professeur d'université, devient président des États-Unis en 1912. - Fresque impressionnante dont l'élément humain n'est pas exclu. Mise en scène très soignée. Excellente interprétation.
VO→24,95$ **Général**

**WINCHESTER '73** ▷4
É.-U. 1950. Western d'Anthony MANN avec James Stewart, Shelley Winters et Dan Duryea. - Une rivalité éclate entre deux frères au sujet d'une carabine d'un nouveau modèle.
VO→14,95$ **Général**

**WIND** ▷5
E.-U. 1992. Drame sportif de Carroll BALLARD avec Matthew Modine, Jennifer Grey et Stellan Skarsgard. - Aidé de son ancienne petite amie et d'un ingénieur en aéronautique, un jeune homme construit un voilier en vue de participer à la plus prestigieuse épreuve nautique.
VF→14,95$ VO→14,95$ **Général**

**WIND AND THE LION, THE** ▷4
É.-U. 1975. Aventures de John MILIUS avec Sean Connery, Candice Bergen et Brian Keith. - En 1904, au Maroc, un chef berbère provoque un incident international en enlevant une Américaine et ses deux enfants.
VO→19,95$ **Général**

**WIND, THE** ►1
É.-U. 1928. Western de Victor SJÖSTRÖM avec Lillian Gish, Lars Hanson et Montagu Love. - Pour échapper à la méchanceté de la femme de son cousin chez qui elle séjourne, une jeune naïve se marie avec le premier venu. - Classique du cinéma muet. Adaptation dépouillée d'une œuvre de Dorothy Scarborough. Intrigue mélodramatique aux accents tragiques. Réalisation technique fort soignée. Interprétation éthérée et touchante de L. Gish.
ITA→29,95$ Général

**WINDIGO** ▷4
QUÉ. 1994. Drame de mœurs de Robert MORIN avec Guy Nadon, Donald Morin et Richard Kistabish. - Un journaliste de télévision se rend dans le nord du Québec pour rencontrer un leader amérindien qui a déclaré l'indépendance de son peuple.
VO→24,95$ Général

**WINDOW TO PARIS** ▷5
RUS. 1993. Comédie fantaisiste de Yuri MAMIN avec Agnès Soral, Sergei Dontsov et Viktor Mikhailov. - Un professeur de musique découvre dans son logement de Saint-Pétersbourg une fenêtre magique qui débouche sur Paris.
STA→18,95$ Général

**WINDOW, THE** ▷4
É.-U. 1949. Drame policier de Ted TETZLAFF avec Bobby Driscoll, Arthur Kennedy et Barbara Hale. - Un garçonnet est témoin d'un meurtre mais personne ne veut le croire.
VO→LS Non classé

**WING AND A PRAYER, A** ▷0
É.-U. 1998, Paul WENDKOS
VO→16,95$ Non classé

**WING CHUN** ▷0
H. K. 1994, Yuen Woo PING
VA→29,95$ Général

**WINGS** ▷0
É.-U. 1929, William A. WELLMAN
VO→14,95$ Général

**WINGS OF COURAGE** ▷0
É.-U.-FR. 1995, Jean-Jacques ANNAUD
VO→19,95$ VF→19,95$ Général

**WINGS OF DESIRE**
Voir: LES AILES DU DÉSIR

**WINGS OF EAGLES, THE** ▷5
É.-U. 1956. Drame biographique de John FORD avec John Wayne, Maureen O'Hara et Dan Dailey. - Les problèmes professionnels et matrimoniaux d'un pilote de guerre devenu scénariste à Hollywood.
VO→19,95$ Général

**WINGS OF THE DOVE, THE** ▷4
ANG. 1997. Drame de mœurs de Iain SOFTLEY avec Helena Bonham Carter, Linus Roache et Alison Elliott. - En 1910, une aristocrate pousse son amant démuni dans les bras d'une riche amie gravement malade dans l'espoir qu'il hérite de sa fortune.
VO→19,95$ VF→19,95$ 13 ans +

**WINGS OF THE MORNING** ▷4
ANG. 1937. Comédie dramatique d'Harold D. SCHUSTER avec Annabella, Henry Fonda et Stewart Rome. - Une jeune gitane se déguise en garçon pour s'occuper d'un cheval de course auquel elle s'est attachée.
VO→32,95$ Général

**WINNERS & SINNERS** ▷5
H.-K. 1983. Aventures réalisées et interprétées par Sammo HUNG avec Richard Ng et Jackie Chan. - Pour s'amender, d'anciens voleurs s'unissent en vue de lutter contre des faux-monnayeurs.
STA-LBX→64,95$ 13 ans +

**WINNING** ▷4
É.-U. 1969. Drame de James GOLDSTONE avec Paul Newman, Joanne Woodward et Robert Wagner. - Le mariage d'un pilote d'autos de course est mis en péril à cause de sa passion pour son métier.
VO→11,95$ Général

**WINSLOW BOY, THE** ▷4
É.-U. 1998. Drame de mœurs de David MAMET avec Nigel Hawthorne, Jeremy Northam et Rebecca Pidgeon. - En Angleterre, en 1912, le père d'un élève de l'école navale accusé de vol intente un retentissant procès pour rétablir l'honneur de la famille.
VF→LS VO→LS LBX-DVD→33,95$ Général

**WINSTANLEY** ▷0
ANG. 1975, Kevin BROWNLOW
DVD→PC VO→54,95$ DVD→PC Général

**WINTER GUEST, THE** ▷4
ANG. 1997. Drame psychologique d'Alan RICKMAN avec Phyllida Law, Emma Thompson et Gary Hollywood. - Une jeune femme et sa vieille mère se disent leurs quatre vérités à la faveur d'une promenade au bord de la mer en hiver.
VF→18,95$ VO→19,95$ Général

**WINTER LIGHT**
Voir: LES COMMUNIANTS

**WINTER PEOPLE** ▷5
É.-U. 1989. Mélodrame de Ted KOTCHEFF avec Kelly McGillis, Kurt Russell et Lloyd Bridges. - Après avoir été accueilli avec sa fillette dans la maison isolée d'une mère célibataire, un veuf connait divers ennuis avec une famille de montagnards.
VO→14,95$ LBX-DVD Général

**WINTER SLEEPERS** ▷4
ALL. 1997. Drame de Tom TYKWER avec Ulrich Matthes, Marie-Lou Sellem et Floriane Daniel. - Un grave accident de voitures près d'une station de ski affecte de diverses façons le destin de cinq personnes.
STA→LS 13 ans +

**WINTER TAN, A** ▷5
CAN. 1987. Drame psychologique de Jackie BURROUGHS, L. CLARK, J. FRIZZELL, J. WALKER et A. WEISSMAN avec Jackie Burroughs, Erando Gonzalez et Diane D'Aquila. - Une auteure féministe écrit une série de lettres à une amie de New York alors qu'elle se livre à diverses aventures sexuelles au Mexique.
VO→LS 13 ans +

**WINTERTIME** ▷0
É.-U. 1943, John BRAHM
VO→23,95$ Général

**WIRED** ▷0
É.-U. 1989, Larry PEERCE
VO→LS 13 ans +

**WISDOM** ▷6
É.-U. 1987. Drame de mœurs réalisé et interprété par Emilio ESTEVEZ avec Demi Moore et William Allen. - Poursuivi par la police pour vols de banques, un jeune criminel entraîne son amie dans une fuite à travers le pays.
VO→14,95$ 13 ans +

**WISE BLOOD** ▷3
É.-U. 1979. Drame psychologique de John HUSTON avec Brad Dourif, Amy Wright et Daniel Shor. - À son retour de guerre, le petit-fils d'un prédicant se met à prêcher une religion sans Christ. - Récit anecdotique riche en surprises. Interprètes adroitement dirigés.
VF→LS VO→LS Général

**WISE GUYS** ▷4
É.-U. 1986. Comédie de Brian DE PALMA avec Danny DeVito, Joe Piscopo et Harvey Keitel. - Deux petits malfrats doivent trouver un moyen de rembourser l'argent qu'ils ont fait perdre à leur chef.
VO→19,95$ Général

**WISH YOU WERE HERE** ▷4
ANG. 1987. Drame psychologique de David LELAND avec Emily Lloyd, Geoffrey Hutchings et Tom Bell. - Se sentant étouffée par la mesquinerie de sa petite ville, une adolescente rebelle des années 1950 se défend par une effronterie manifeste.
VF→LS VO→LS Général

**WISHMASTER** ▷6
É.-U. 1997. Drame d'horreur de Robert KURTZMAN avec Tammy Lauren, Andrew Divoff et Tony Todd. - Après s'être échappé d'une opale, un mauvais génie cherche à extorquer un souhait à une joaillière afin de libérer les forces du Mal.
VF→14,95$ 16 ans + Horreur

**WITCH FROM NEPAL** ▷0
CHI. 1985, Ching Siu TUNG
STA→LS 13 ans +

**WITCH HUNT** ▷4
É.-U. 1994. Drame fantastique de Paul SCHRADER avec Dennis Hopper, Penelope Ann Miller et Eric Bogosian. - Sur les traces d'un riche et infidèle producteur de films, un détective se retrouve au centre d'une sombre affaire de magie noire.
VF→14,95$ VO→PC Général

**WITCHCRAFT THROUGH THE AGES (HÄXAN)**
Voir: LA SORCELLERIE À TRAVERS LES ÂGES

**WITCHES, THE** ▷0
É.-U. 1966, Cyril FRANKEL
LBX→14,95$ Général - Déconseillé aux jeunes enfants

**WITCHES, THE** ▷4
ANG. 1989. Comédie fantaisiste de Nicolas ROEG avec Jasen Fisher, A. Huston et Mai Zetterling. - Transformé en souris par des sorcières réunies en congrès dans un hôtel, un gamin doit compter sur l'aide de sa grand-mère pour lutter contre ces méchantes femmes.
VF→14,95$ VO→14,95$ Général

**WITCHES OF EASTWICK, THE** ▷4
É.-U. 1987. Comédie fantaisiste de George MILLER avec Jack Nicholson, Cher et Susan Sarandon. - Dans un village de Nouvelle-Angleterre, trois jeunes femmes esseulées sont séduites par un étranger qui semble être le diable en personne.
VO→11,95$ VF→12,95$ LBX-DVD→29,95$ Général

**WITH BYRD AT THE SOUTH POLE** ▷0
É.-U. 1930, Lawrence GOULD et Paul SIPLE
VO→52,95$ Général

**WITH HONORS** ▷4
É.-U. 1994. Comédie dramatique d'Alek KESHISHIAN avec Joe Pesci, Brendan Fraser et Moira Kelly. - Lorsqu'il met la main sur l'unique copie d'une thèse écrite par un finissant de Harvard, un sans-abri excentrique s'en sert pour obtenir des faveurs de celui-ci.
VF→11,95$ Général

**WITHNAIL AND I** ▷4
ANG. 1986. Comédie de mœurs de Bruce ROBINSON avec Paul McGann, Richard E. Grant et Richard Griffiths. - Fatigué de leur existence étriquée, deux acteurs sans emploi décident d'aller vivre quelque temps à la campagne.
VO→13,95$ Général

**WITHOUT A CLUE** ▷4
ANG. 1988. Comédie policière de Thom EBERHARDT avec Michael Caine, Ben Kingsley et Lysette Anthony. - Attribuant ses exploits à un personnage fictif, un médecin mêlé à des enquêtes policières pousse la supercherie jusqu'à engager un comédien pour tenir ce rôle.
VF→LS VO→LS Général

**WITHOUT LIMITS** ▷4
É.-U. 1998. Drame biographique de Robert TOWNE avec Billy Crudup, Donald Sutherland et Monica Potter. - La carrière du coureur de longue distance américain Steve Prefontaine qui a fait sa marque au début des années 70.
VF→LS VO→PC Général

**WITHOUT LOVE** ▷4
É.-U. 1945. Comédie de Harold S. BUCQUET avec Katharine Hepburn, Spencer Tracy et Lucille Ball. - Un inventeur contracte un mariage blanc avec une jeune veuve.
VO→14,95$ Général

**WITHOUT YOU I'M NOTHING: SANDRA BERNHARD** ▷4
É.-U. 1990. Spectacle musical de John BOSKOVICH avec Sandra Bernhard. - Enregistrement d'un spectacle de monologues et de chansons donné par Sandra Bernhard.
VO→LS 13 ans +

**WITNESS** ▷4
É.-U. 1985. Drame policier de Peter WEIR avec Harrison Ford, Kelly McGillis et Josef Sommer. - Un policier doit protéger un jeune garçon, membre d'une secte rigoriste, qui a été le témoin d'un meurtre.
LBX→14,95$ VO→11,95$ VF→14,95$
LBX-DVD→39,95$ 13 ans +

**WITNESS FOR THE PROSECUTION** ▷3
É.-U. 1957. Drame judiciaire de Billy WILDER avec Charles Laughton, Tyrone Power et Marlene Dietrich. - Un vieil avocat accepte de plaider une cause perdue, persuadé de l'innocence de son client. - Adaptation d'une pièce d'Agatha Christie. Réalisation brillante. Touches d'humour. C. Laughton excellent.
VO→14,95$ Général

**WITNESS TO THE MOB** ▷5
É.-U. 1998. Drame policier de Thaddeus O'SULLIVAN avec Nicholas Turturro, Tom Sizemore et Debi Mazar. - La carrière d'un tueur de la mafia qui après trente ans de vie criminelle accepte de collaborer avec le FBI.
VO→LS 13 ans + Violence

**WITTGENSTEIN** ▷0
ANG. 1993, Derek JARMAN
VO→34,95$ Général

**WIZ, THE** ▷4
É.-U. 1978. Comédie musicale de Sidney LUMET avec Diana Ross, Michael Jackson et Nipsey Russell. - Une jeune institutrice de race noire est emportée avec son chien par une bourrasque de neige dans le merveilleux pays d'Oz.
VO→11,95$ Général

**WIZARD OF OZ, THE** ▶2
É.-U. 1939. Comédie musicale de Victor FLEMING avec Judy Garland, Bert Lahr et Ray Bolger. - Une petite fille du Kansas est emportée par un cyclone dans un pays féerique. - Trucages ingénieux. Décors et maquillages habiles. Mise en scène imaginative et fantaisiste. Mise en valeur du talent de J. Garland.
VF→26,95$ VO→26,95$ DVD→26,95$ **Général**

**WIZARD OF OZ, THE** ▷0
É.-U. 1925, Larry SEMON
VO→17,95$ **Général**

**WIZARD OF SPEED AND TIME, THE** ▷5
É.-U. 1988. Comédie réalisée et interprétée par Mike JITTLOV avec Richard Kaye et Paige Moore. - Les efforts déployés par un créateur d'effets spéciaux en vue de la réalisation d'un court métrage destiné à la télévision.
VO→LS **Non classé**

**WIZARDS** ▷4
É.-U. 1976. Dessins animés de Ralph BAKSHI. - Dans un monde de l'avenir, deux jumeaux s'affrontent, l'un luttant pour les forces du bien et l'autre pour l'emprise du mal.
VO→24,95$ **Général**

**WOLF** ▷4
É.-U. 1994. Drame fantastique de Mike NICHOLS avec Jack Nicholson, Michelle Pfeiffer et James Spader. - Après avoir été mordu par un loup, un éditeur apathique constate d'étranges transformations dans son physique et sa personnalité.
LBX→18,95$ VO→14,95$ VF→12,95$ **13 ans + Violence**

**WOLF AT THE DOOR, THE** ▷5
DAN. 1987. Drame biographique d'Henning CARLSEN avec Donald Sutherland, Sofie Grabol et Valerie Glandut. - Évocation de la vie tourmentée du peintre français Paul Gauguin.
VO→LS **Non classé**

**WOLF MAN, THE** ▷4
É.-U. 1941. Drame d'horreur de George WAGGNER avec Claude Rains, Lon Chaney Jr. et Ralph Bellamy. - Après avoir été mordu par un loup, un homme se transforme en loup-garou.
VO→14,95$ DVD→27,95$ **Général**

**WOLFEN** ▷4
É.-U. 1981. Drame fantastique de Michael WADLEIGH avec Albert Finney, Diane Venora et Gregory Hines. - En enquêtant sur des morts brutales, un détective découvre la présence dans sa ville de loups dotés de facultés extraordinaires.
VO→11,95$ VF→11,95$ **13 ans +**

**WOLVES, THE** ▷0
JAP. 1982, Hideo GOSHA
STA **Non classé**

**WOMAN AND A WOMAN, A** ▷0
POL. 1980, Ryszard BUGAJSKI et Janusz DYMEK
STA→LS **Général**

**WOMAN CALLED GOLDA, A** ▷4
É.-U. 1982. Drame biographique d'Alan GIBSON avec Ingrid Bergman, Judy Davis et Jack Thompson. - La vie de Golda Meir qui dirigea l'État d'Israël au cours des années 70.
VO→LS **Non classé**

**WOMAN IN GREEN, THE** ▷5
É.-U. 1945. Drame policier de Roy William NEILL avec Basil Rathbone, Nigel Bruce et Hillary Brooke. - Le détective Sherlock Holmes est appelé à démasquer une meurtrière.
VO→LS **Général**

**WOMAN IN QUESTION, THE** ▷3
É.-U. 1950. Drame policier d'Anthony ASQUITH avec Jean Kent, Dirk Bogarde et Susan Shaw. - Un inspecteur interroge successivement diverses personnes qui ont cotoyé une cartomancienne retrouvée morte assassinée et que chacun dépeint sous un jour différent. - Thème intelligent habilement développé. Mise en scène soignée.
VO→27,95$ **Général**

**WOMAN IN THE DUNES**
Voir: LA FEMME DE SABLE

**WOMAN IN THE WINDOW, THE** ▷3
É.-U. 1944. Drame policier de Fritz LANG avec Joan Bennett, Edward G. Robinson et Raymond Massey. - Un respectable professeur commet un crime pour les beaux yeux d'une jeune femme inconnue. - Atmosphère lourde et angoissante. Remarquable utilisation des effets sonores. Décors fantastiques. Excellente interprétation.
VO→14,95$ **Général**

**WOMAN OF AFFAIRS, A** ▷0
É.-U. 1928, Clarence BROWN
ITA→29,95$ **Non classé**

**WOMAN OF PARIS, A** ▷3
É.-U. 1923. Drame de Charles CHAPLIN avec Edna Purviance, Carl Miller et Adolphe Menjou. - Une provinciale devenue la maîtresse d'un riche Parisien retrouve un amour de jeunesse. - Intrigue naïve traitée avec finesse. Touches ironiques bien amenées. Réalisation souple. Interprétation un peu guindée.
VO→24,95$ **Non classé**

**WOMAN OF THE YEAR** ▷4
É.-U. 1942. Comédie de George STEVENS avec Spencer Tracy, Katharine Hepburn et Fay Bainter. - Chassés-croisés sentimentaux entre une journaliste et un reporter sportif.
VO→18,95$ DVD→29,95$ **Général**

**WOMAN ON TOP** ▷5
É.-U. 2000. Comédie sentimentale de Fina TORRES avec Penelope Cruz, Murilo Benicio et Mark Feuerstein. - Une cuisinière brésilienne trompée par son mari devient l'animatrice d'une émission culinaire sexy.
**Général**

**WOMAN TIMES SEVEN** ▷5
É.-U. 1967. Film à sketches de Vittorio DE SICA avec Shirley MacLaine, Peter Sellers et Alan Arkin. - Aventures montrant plusieurs types de femmes et leurs problèmes.
VO→LS **13 ans +**

**WOMAN UNDER THE INFLUENCE, A** ▶2
É.-U. 1974. Drame psychologique de John CASSAVETES avec Gene Rowlands, Peter Falk et Katherine Cassavetes. - La femme d'un ouvrier souffre d'un déséquilibre mental. - Traitement riche en observations vivantes. Mise en scène tablant sur l'improvisation. Interprétation prenante.
VF→LS VO→LS **13 ans +**

**WOMAN WITHOUT LOVE, A**
Voir: UNE FEMME SANS AMOUR

**WOMAN'S FACE, A**
Voir: UN VISAGE DE FEMME

**WOMAN'S FACES, A** ▷5
É.-U. 1941. Drame de George CUKOR avec Joan Crawford, Melvyn Douglas et Conrad Veidt. - Une intervention chirurgicale apporte la beauté à une jeune femme défigurée depuis son enfance.
VO→19,95$ **Non classé**

**WOMAN'S SECRET, A** ▷5
É.-U. 1949. Drame policier de Nicholas RAY avec Maureen O'Hara, Gloria Grahame et Melvyn Douglas. - Une femme s'accuse d'avoir tiré sur une chanteuse dont elle supervisait la carrière.
VO→LS **Non classé**

**WOMAN'S TALE, A** ▷3
AUS. 1990. Drame psychologique de Paul COX avec Sheila Florance, Gosia Dobrowolska et Norman Kaye. - Une vieille dame atteinte d'un cancer tient mordicus à finir ses jours dans sa demeure. - Sujet empreint de gravité et de mélancolie. Traitement chaleureux et positif. Réalisation sobre. Composition magnifique de S. Florance.
VF→13,95$ **Général**

**WOMAN'S WORLD** ▷4
É.-U. 1954. Comédie dramatique de Jean NEGULESCO avec Clifton Webb, Cornel Wilde et June Allyson. - Des intrigues se nouent autour d'un poste à obtenir dans une grande compagnie.
VO→24,95$ **Général**

**WOMAN, HER MEN & HER FUTON, A** ▷5
É.-U. 1992. Comédie dramatique de Mussef SIBAY avec Jennifer Rubin, Lance Edwards et Grant Show. - Une jeune auteure récemment divorcée s'inspire de sa relation avec un cinéaste pour écrire un scénario.
VO→LS **13 ans +**

**WOMEN IN LOVE** ▷4
ANG. 1969. Drame psychologique de Ken RUSSELL avec Glenda Jackson, Alan Bates et Oliver Reed. - Deux sœurs élevées dans un village minier ont une vie sentimentale compliquée. - Adaptation du roman de D. H. Lawrence.
VO→14,95$ **18 ans +**

**WOMEN ON THE ROOF, THE** ▷5
SUÈ. 1989. Drame de Carl-Gustav NYKVIST avec Amanda Ooms, Helena Bergström et Stellan Skarsgard. - Durant l'été de 1914, une jeune fille réservée voit sa vie bouleversée par une excentrique voisine photographe.
STA→79,95$ **16 ans +**

**WOMEN ON THE VERGE OF A NERVOUS BREAKDOWN**
Voir: FEMMES AU BORD DE LA CRISE DE NERFS

**WOMEN, THE** ▷3
É.-U. 1939. Comédie satirique de George CUKOR avec Norma Shearer, Joan Crawford et Rosalind Russell. - Après avoir divorcé de son mari qui l'a trompée, une femme décide de le reprendre à sa rivale. - Théâtre filmé. Dialogue mordant. Mise en scène variée. Portrait critique d'une certaine société. Brillante distribution exclusivement féminine.
VO→19,95$ **Général**

**WONDER BOYS** ▷4
É.-U. 2000. Comédie dramatique de Curtis HANSON avec Michael Douglas, Tobey Maguire et Frances McDormand. - Un écrivain qui éprouve de la difficulté à terminer son nouveau roman a des ennuis avec son éditeur, sa maîtresse et un étudiant dépressif.
VF→LS VO→LS

**WONDER MAN** ▷4
É.-U. 1945. Comédie de Bruce HUMBERSTONE avec Danny Kaye, Virginia Mayo et Vera-Ellen. - Poussé par l'esprit de son jumeau assassiné, un homme se sent obligé de le venger.
VO→LS **Général**

**WONDER SEVEN** ▷0
H. K. 1994, Ching Siu TUNG
STA→LS **Général**

**WONDERFUL WORLD OF THE BROTHERS GRIMM, THE** ▷4
É.-U. 1962. Drame biographique d'Henry LEVIN et George PAL avec Laurence Harvey, Karl Boehm et Claire Bloom. - Les tribulations de deux frères écrivains, auteurs de contes de fées.
VO→19,95$ **Général**

**WONDERFUL, HORRIBLE LIFE OF LENI RIEFENSTAHL, THE** ▷3
ALL. 1993. Documentaire de Ray MÜLLER. - La vie et la carrière de l'actrice et cinéaste allemande Leni Riefenstahl qui s'attira l'admiration d'Hitler. - Portrait de femme captivant et instructif. Péripéties rivalisant avec n'importe quel scénario de fiction. Ensemble richement documenté.
STA→54,95$ DVD→78,95$ **Général**

**WONDERLAND** ▷4
ANG. 1999. Drame de mœurs de Michael WINTERBOTTOM avec Shirley Henderson, Gina McKee et Molly Parker. - À Londres, un week-end dans la vie un peu morose des membres d'une famille ordinaire en quête d'amour et de bonheur.
**Général - Déconseillé aux jeunes enfants**

**WONDERS OF ALADDIN, THE** ▷0
ITA. 1961, Mario BAVA et Henry LEVIN
VO→LS **Général**

**WONDERS, LES**
Voir: THAT THING YOU DO!

**WONDERWALL** ▷0
ANG. 1967, Joe MASSOT
VO→17,95$ **13 ans +**

**WOO** ▷6
É.-U. 1998. Comédie de mœurs de Daisy VON SCHERLER MAYER avec Jada Pinkett Smith, Tommy Davidson et Duane Martin. - Un étudiant passe une soirée mouvementée en compagnie d'une jeune femme au tempérament explosif et imprévisible.
VO→LS **13 ans +**

**WOODEN GUN, THE** ▷0
ISR. 1979, Ilan MOSHENSON
STA→LS **Général**

**WOODSTOCK** ▷3
É.-U. 1970. Documentaire de Michael WADLEIGH. - Présentation du festival de musique populaire qui se tint près de Bethel dans l'État de New York au mois d'août 1969. - Montage très inventif. Points de vue variés. Musique entraînante.
VO→LS LBX-DVD-D.CUT→21,95$ **13 ans +**

**WOODSTOCK 94** ▷0
É.-U. 1994, Bruce GOWERS
VO→LS **Général**

**WOODSTOCK 99** ▷0
É.-U. 1999, DIVERS
VO→17,95$ **Général**

**WORKING GIRL** ▷4
É.-U. 1988. Comédie dramatique de Mike NICHOLS avec Melanie Griffith, Harrison Ford et Sigourney Weaver. - Après avoir découvert que sa patronne a utilisé à son profit une de ses idées, une secrétaire profite de son absence pour prendre sa place.
VO→11,95$ VF→11,95$ **13 ans +**

**WORKING GIRLS** ▷0
É.-U. 1986, Lizzie BORDEN
VO→LS **18 ans +**

**WORLD ACCORDING TO GARP, THE** ▷3
É.-U. 1982. Comédie dramatique de George Roy HILL avec Robin Williams, Mary Beth Hurt et Glenn Close. - Les problèmes familiaux d'un jeune écrivain. - Adaptation intéressante du roman de John Irving. Vision excentrique de la vie. Traitement primesautier. Style vif et percutant. Interprétation dans le ton voulu.
VF→11,95$ VO→11,95$ **13 ans +**

**WORLD APART, A** ▷3
ANG. 1988. Drame social de Chris MENGES avec Barbara Hershey, Jodhi May et Linda Mvusi. - Une adolescente de 13 ans est troublée par les activités de ses parents engagés dans une lutte contre l'apartheid en Afrique du Sud. - Intrigue tirée de faits vécus. Approche intimiste convaincante. Réalisation et interprétation sobres.
VF→LS VO→LS **Général**

**WORLD IN HIS ARMS, THE** ▷5
É.-U. 1952. Aventures de Raoul WALSH avec Gregory Peck, Ann Blyth et Anthony Quinn. - Un corsaire, chasseur de phoques, tombe amoureux d'une comtesse russe.
VO→14,95$ **Général**

**WORLD IS NOT ENOUGH, THE** ▷5
É.-U. 1999. Drame d'espionnage de Michael APTED avec Pierce Brosnan, Sophie Marceau et Robert Carlyle. - Au Moyen-Orient,

l'agent secret James Bond doit protéger une riche héritière contre un dangereux terroriste.
VO→23,95$ VF→23,95$ LBX-DVD→34,95$ **13 ans +**

**WORLD OF APU, THE**
Voir: LE MONDE D'APU

**WORLD OF HENRY ORIENT, THE** ▷4
É.-U. 1964. Comédie de George Roy HILL avec Peter Sellers, Tippy Walker et Merrie Spaeth. - Deux adolescentes entreprennent d'étudier les habitudes de vie d'un musicien qui est leur idole.
VO→14,95$ **Général**

**WORLD OF STRANGERS, A**
Voir: DILEMME

**WORLD OF SUZIE WONG, THE** ▷5
É.-U. 1960. Drame psychologique de Richard QUINE avec William Holden, Nancy Kwan et Michael Wilding. - Un peintre américain travaillant à Hong-Kong s'éprend d'une jeune prostituée chinoise qui lui sert de modèle.
VO→26,95$ **Non classé**

**WORLD WITHOUT END** ▷5
É.-U. 1955. Science-fiction de Edward BERNDS avec Hugh Marlowe, Nancy Gates et Nelson Leigh. - Quatre astronautes sont projetés en l'an 2508 où ils découvrent notre planète peuplée de cyclopes.
VO→14,95$ **Général**

**WOW** ▷4
QUÉ. 1969. Documentaire de Claude JUTRA. - Des adolescents échangent des idées sur divers sujets: la drogue, la jeunesse, l'amour, les parents, l'avenir, la politique, l'amitié.
VO→19,95$ **Général**

**WOYZECK** ▷0
HON. 1994, Janos SZASZ
STA→44,95$ **13 ans +**

**WOYZECK** ▷0
ALL. 1979, Werner HERZOG
STA-LBX→14,95$ **Non classé**

**WR: MYSTERIES OF THE ORGANISM** ▷3
YOU. 1971. Film d'essai de Dusan MAKAVEJEV avec Milens Dravic, Tuli Kupferberg et Ivida Vidovic. - Présentation alternée de la vie et de l'œuvre de Wilhem Reich et des efforts d'une militante communiste pour convertir son entourage à la libération sexuelle. - Œuvre à la fois irritante et brillante. Montage particulièrement astucieux.
STA→LS **18 ans +**

**WRATH OF DAIMAJIN** ▷0
JAP. 1968, Issei MORI
STA-LBX→24,95$ **Général - Déconseillé aux jeunes enfants**

**WRECK OF THE MARY DEARE, THE** ▷4
É.-U. 1959. Drame policier de Michael ANDERSON avec Gary Cooper, Charlton Heston et Michael Redgrave. - Le capitaine d'un remorqueur aide un collègue à se justifier d'une accusation de sabordage.
VO→19,95$ **Général**

**WRECKING CREW, THE** ▷5
É.-U. 1968. Comédie policière de Phil KARLSON avec Dean Martin, Nigel Green et Elke Sommer. - L'agent secret Matt Helm est chargé de récupérer un trésor volé par les hommes de main d'un escroc international.
VO→14,95$ **13 ans +**

**WRESTLING ERNEST HEMINGWAY** ▷5
É.-U. 1993. Drame psychologique de Randa HAINES avec Richard Harris, Robert Duvall et Shirley MacLaine. - Malgré leur différence de tempérament, un ancien marin irlandais et un barbier cubain à la retraite se lient d'une profonde amitié.
VO→12,95$ VF→12,95$ **Général**

**WRITTEN ON THE WIND** ▷3
É.-U. 1956. Drame de Douglas SIRK avec Rock Hudson, Lauren Bacall et Robert Stack. - Les déboires sentimentaux des enfants d'un magnat du pétrole. - Thème surchargé mais fort intéressant. Réalisation et décors soignés. Jeu stylisé des interprètes.
VO→16,95$ **Non classé**

**WRONG AGAIN** ▷0
É.-U. 1929, Leo McCAREY
ITA→15,95$ **Non classé**

**WRONG BOX, THE** ▷3
ANG. 1966. Comédie de Bryan FORBES avec John Mills, Michael Caine et Ralph Richardson. - Intrigues et imbroglios pour obtenir un héritage. - Comédie noire d'un style à l'emporte-pièce. Époque victorienne évoquée avec beaucoup de saveur.
VO→19,95$ VF→19,95$ **Général**

**WRONG IS RIGHT** ▷4
É.-U. 1982. Comédie satirique de Richard BROOKS avec Sean Connery, George Grizzard et Henri Silva. - Dans un pays arabe, un journaliste est témoin d'événements durant lesquels des fanatiques tentent de s'approprier des bombes atomiques.
VF→LS VO→LS **Général**

**WRONG MAN, THE** ▷3
É.-U. 1956. Drame policier d'Alfred HITCHCOCK avec Henry Fonda, Vera Miles et Anthony Quayle. - Un musicien est emprisonné à cause de sa ressemblance avec un voleur. - Reconstitution d'un fait réel. Mise en scène étonnamment sobre de la part d'Hitchcock. Jeu retenu et convaincant de H. Fonda.
VO→14,95$ **Général**

**WRONG MAN, THE** ▷5
É.-U. 1993. Drame policier de Jim McBRIDE avec Rosanna Arquette, Kevin Anderson et John Lightgow. - Sous le soleil brûlant du Mexique, un couple de vacanciers fait la rencontre d'un commerçant accusé de meurtre.
VO→PC VF→12,95$ **13 ans + Érotisme**

**WRONG MOVE**
Voir: FAUX MOUVEMENT

**WUTHERING HEIGHTS** ▷4
ANG. 1970. Drame sentimental de Robert FUEST avec Timothy Dalton, Anna Calder-Marshall et Ian Ogilvie. - Un enfant trouvé qui a été élevé dans une famille riche devient amoureux de la fille de son bienfaiteur.
VO→14,95$ **Général**

**WUTHERING HEIGHTS** ▷3
É.-U. 1938. Drame sentimental de William WYLER avec Laurence Olivier, Merle Oberon et David Niven. - L'amour passionné entre la fille d'un bourgeois anglais et un garçon que celui-ci a recueilli. - Adaptation soignée du roman d'Emily Brontë. Nuances psychologiques bien rendues. Interprétation adaptée au romantisme de l'œuvre.
VF→14,95$ VO→14,95$ DVD→26,95$ **Général**

**WUTHERING HEIGHTS** ▷4
MEX. 1953. Drame de Luis BUÑUEL avec Jorge Mistral, Irasema Dilian et Lilia Padro. - L'amour passionné entre la fille de riches propriétaires terriens et un garçon que ceux-ci ont adopté.
STA→LS **Général**

**WYATT EARP** ▷4
É.-U. 1994. Western de Lawrence KASDAN avec Kevin Costner, Dennis Quaid et Gene Hackman. - Les tribulations d'un héros de l'Ouest qui s'impose comme shérif malgré des méthodes peu orthodoxes.
VF→19,95$ LBX-D.CUT→19,95$
VF-LBX→19,95$ **13 ans + Violence**

**X** ▷0
JAP. 1996, Tarô RIN
STA→24,95$

**X (ERRANCE)** ▷5
NOR. 1986. Drame de mœurs d'Oddvar EINARSON avec Jorn Christensen, B. Banoun et Atle Mostad. - Un jeune photographe s'éprend d'une adolescente volage qu'il héberge dans son appartement.
STF→LS **13 ans +**

**X FROM OUTER SPACE, THE**
Voir: ITOKA, MERCENAIRE DES GALAXIES

**X THE UNKNOWN** ▷0
ANG. 1956, Leslie NORMAN
VO→14,95$ **Général**

**X, Y AND ZEE** ▷4
ANG. 1971. Drame de Brian G. HUTTON avec Elizabeth Taylor, Michael Caine et Susannah York. - Une femme jalouse met tout en œuvre pour briser la liaison de son mari avec une jeune veuve.
VF→19,95$ VO→18,95$

**X-FILES, THE MOVIE, THE** ▷4
É.-U. 1998. Science-fiction de Rob BOWMAN avec David Duchovny, Gillian Anderson et Martin Landau. - Deux agents du FBI enquêtent sur un groupe paragouvernemental qui cherche à cacher la présence d'extraterrestres sur la Terre.
VF→16,95$ LBX→26,95$ LBX-DVD→31,95$ **13 ans +**

**X-MEN** ▷4
É.-U. 2000. Science-fiction de Bryan SINGER avec Hugh Jackman, Patrick Stewart et Anna Paquin. - Des mutants aux pouvoirs fantastiques, voués à faire le bien, entrent en lutte avec des congénères maléfiques.
**13 ans +**

**X: THE MAN WITH THE X-RAY EYES** ▷5
É.-U. 1963. Science-fiction de Roger CORMAN avec Ray Milland, Diana Van Der Vlis et Harold J. Stone. - Un savant expéri-mente un sérum qui permet de voir à travers les matières solides.
VO→LS **Général**

**XANADU** ▷5
É.-U. 1980. Comédie musicale de Robert GREENWALD avec Olivia Newton-John, Michael Beck et Gene Kelly. - La vie d'un artiste-peintre est bouleversée par la rencontre d'une mystérieuse jeune femme et d'un musicien à la retraite.
VO→11,95$ **Général**

**XIU-XIU, THE SENT DOWN GIRL** ▷4
É.-U. 1998. Drame de Joan CHEN avec Lu Lu, Lopsang et Gao Jie.
STA→LS

**XXL** ▷5
FR. 1997. Comédie de mœurs d'Ariel ZEITOUN avec Michel Boujenah, Gérard Depardieu et Elsa Zylberstein. - Un commerçant juif parisien entre en rivalité avec un restaurateur qui a séduit sa fiancée en plus de convoiter le même local que lui.
VO→18,95$ **Général**

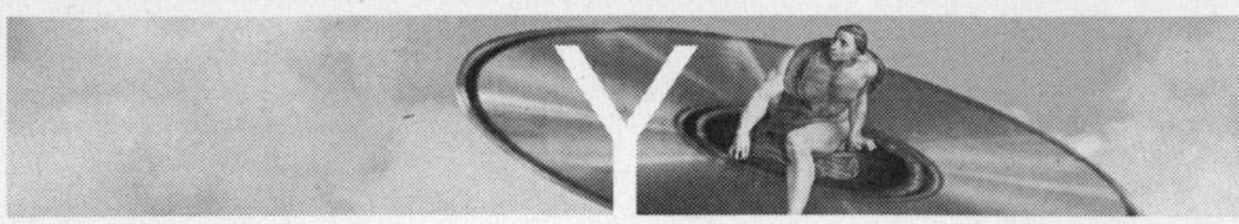

**Y A-T-IL ENFIN UN PILOTE DANS L'AVION?**
Voir: AIRPLANE II: THE SEQUEL

**Y A-T-IL QUELQU'UN POUR TUER MA FEMME?**
Voir: RUTHLESS PEOPLE

**Y A-T-IL UN FRANÇAIS DANS LA SALLE?** ▷5
FR. 1982. Comédie satirique de Jean-Pierre MOCKY avec Victor Lanoux, Marion Peterson et Jacques Dutronc. - Un homme politique voit sa carrière mise en péril par le suicide d'un vieil oncle qui l'a élevé.
VO→LS **18 ans +**

**Y A-T-IL UN PILOTE DANS L'AVION?**
Voir: AIRPLANE

**Y AURA-T-IL DE LA NEIGE À NOËL?** ▷3
FR. 1996. Drame social de Sandrine VEYSSET avec Dominique Reymond, Daniel Duval et Jessica Martinez. - Une cultivatrice tente de protéger ses sept enfants de leur père dont le foyer légitime est ailleurs. - Grande justesse de ton dans ce portrait d'une situation familiale douloureuse. Accent mis sur les gestes quotidiens. Style visuel brut. Jeu fort naturel des enfants.
VO→18,95$ **Général**

**Y'A PAS D'MAL À SE FAIRE DU BIEN** ▷6
FR. 1974. Comédie de mœurs de Claude MULOT avec Jean Lefebvre, Françoise Lemieux et Darry Cowl. - À Montréal, un publicitaire français et sa femme se mettent au diapason de la révolution sexuelle par de multiples expériences.
VO→14,95$ **18 ans +**

**YAKUZA, THE** ▷4
É.-U. 1974. Drame policier de Sydney POLLACK avec Robert Mitchum, Ken Takakura et Keiko Kishi. - Un ex-policier américain se rend au Japon pour retrouver la fille d'un ami enlevée par un clan criminel.
VO→19,95$ **13 ans +**

**YANA'S FRIENDS** ▷4
ISR. 1999. Comédie dramatique d'Arik KAPLUN avec Evlyn Kaplun, Nir Levi et Dalia Friedland. - En 1991 dans un immeuble de Tel-Aviv, les tribulations d'une jeune émigrée russe et de ses voisins.
**Général**

**YANK IN THE R.A.F., A** ▷5
É.-U. 1941. Drame de guerre de Henry KING avec Tyrone Power, Betty Grable et John Sutton. - Un jeune Américain se joint à l'aviation anglaise avant l'entrée en guerre des États-Unis.
VO→24,95$ **Général**

**YANKEE DOODLE DANDY** ▷3
É.-U. 1942. Drame biographique de Michael CURTIZ avec James Cagney, Walter Huston et Joan Leslie. - La vie de George M. Cohan, vedette du music-hall au début du siècle. - Scénario anecdotique. Traitement chaleureux. Excellents numéros musicaux. Mise en scène inventive. Jeu énergique de J. Cagney.
VO→18,95$ **Non classé**

**YANKS** ▷3
ANG. 1979. Drame de guerre de John SCHLESINGER avec Richard Gere, Lisa Eichhorn et Vanessa Redgrave. - Les relations établies entre les habitants d'une petite ville anglaise et les soldats américains cantonnés près de là. - Traitement nostalgique. Interprétation sobre.
VO→LS **13 ans +**

**YARDS, THE** ▷3
É.-U. 2000. Drame de James GRAY avec Mark Wahlberg, Joaquin Phoenix et Charlize Theron. - À peine sorti de prison, un jeune homme issu d'un milieu ouvrier se laisse compromettre dans une sale histoire de corruption et de meurtre. - Thriller axé sur l'analyse des relations entre les personnages. Climat de film noir à la fois tendu et envoûtant. Réalisation maîtrisée. Excellente distribution.
VF→LS VO→LS **Général - Déconseillé aux jeunes enfants**

**YEAR MY VOICE BROKE, THE** ▷4
AUS. 1987. Comédie dramatique de John DUIGAN avec Noah Taylor, Loene Carmen et Ben Mendelsohn. - Les tribulations sentimentales d'un jeune provincial amoureux d'une amie d'enfance qui a une liaison avec un délinquant.
LBX-DVD→PC **Général**

**YEAR OF LIVING DANGEROUSLY, THE** ▷3
AUS. 1982. Drame de Peter WEIR avec Mel Gibson, Sigourney Weaver et L. Hunt. - En 1965, les expériences d'un jeune journaliste australien en Indonésie. - Tableau social vigoureusement brossé. Réalisation sûre. Personnages intéressants interprétés avec conviction.
VF→14,95$ VO→14,95$ **Général**

**YEAR OF THE DRAGON** ▷5
É.-U. 1985. Drame policier de Michael CIMINO avec Mickey Rourke, John Lone et Ariane Koizumi. - Nouvellement assigné dans le quartier chinois de New York, un policier s'engage dans une lutte contre les racketters locaux.
VO→14,95$ **13 ans +**

**YEAR OF THE GUN** ▷5
É.-U. 1991. Drame social de John FRANKENHEIMER avec Andrew McCarthy, Valeria Golino et Sharon Stone. - En 1978, à Rome, un journaliste américain qui rédige un roman inspiré par les activités des Brigades rouges doit faire face à des terroristes qui le soupçonnent d'être un informateur.
VF→LS **13 ans +**

**YEAR OF THE HORSE** ▷4
É.-U. 1997. Documentaire de Jim JARMUSH. - Survol de la carrière du groupe de musique rock Neil Young et Crazy Horse.
STF→21,95$ VO→21,95$ **Général**

**YEAR OF THE QUIET SUN, A**
Voir: L'ANNÉE DU SOLEIL TRANQUILLE

**YEARLING, THE** ▷4
É.-U. 1946. Drame de Clarence BROWN avec Claude Jarman jr, Gregory Peck et Jane Wyman. - L'attachement d'un enfant pour un faon qu'il a élevé est mis à rude épreuve lorsque l'animal devient nuisible.
VO→14,95$ **Non classé**

**YELLOW** ▷0
É.-U. 1998, Chris Chan LEE
VO→LS **Général**

**YELLOW CAB MAN, THE** ▷5
É.-U. 1950. Comédie de Jack DONOHUE avec Red Skelton, Gloria De Haven et Walter Slezak. - Un inventeur malchanceux devient chauffeur de taxi.
VO→PC **Général**

**YELLOW EARTH** ▷0
CHI. 1984, Chen KAIGE
STA→LS **Général**

**YELLOW ROLLS-ROYCE, THE** ▷5
ANG. 1965. Film à sketches d'Anthony ASQUITH avec Jeanne Moreau, Shirley MacLaine et Ingrid Bergman. - Une voiture de luxe est le point de rencontre de diverses aventures galantes.
VF→LS Non classé

**YELLOW SUBMARINE** ▷3
ANG. 1968. Dessins animés de George DUNNING. - À l'aide de chansons, les Beatles chassent de Pepperland les «Blues Meanies» réfractaires au bonheur et à la musique. - Film d'animation au style moderne et fantaisiste. Feu d'artifice vibrant de couleurs.
VO→21,95$ LBX-DVD→21,95$ Non classé

**YELLOWBEARD** ▷5
É.-U. 1983. Comédie de Mel DAMSKI avec Graham Chapman, Peter Boyle et Martin Hewitt. - Un pirate s'évade de prison et part à la recherche du trésor qu'il a caché dans une île des Caraïbes.
VF→LS VO→LS Général

**YENTL** ▷3
É.-U. 1983. Comédie musicale réalisée et interprétée par Barbra STREISAND avec Mandy Patinkin et Amy Irving. - Au début du siècle, une jeune Juive se déguise en garçon pour poursuivre des études. - Climat de conte folklorique. Traitement à la fois intimiste et spectaculaire. Mise en scène adroite. Interprétation savoureuse.
VO→19,95$ Général

**YES SIR! MADAME...** ▷4
QUÉ. 1994. Film d'essai réalisé et interprété par Robert MORIN. - À l'aide d'une caméra, un homme scrute le récit chronologique des événements qui ont marqué sa vie.
VO→14,95$ Général

**YESTERDAY, TODAY AND TOMORROW**
Voir: HIER, AUJOURD'HUI ET DEMAIN

**YEUX BANDÉS, LES** ▷3
ESP. 1978. Drame psychologique de Carlos SAURA avec Geraldine Chaplin, Jose Luis Gomez et Xavier Elorriaga. - Bouleversé par le témoignage d'une femme qui a été torturée, un metteur en scène décide de monter une pièce sur ce thème. - Enchevêtrement ardu de rêve et de réalité, de sentiment et de politique.
VF→LS Général

**YEUX DE BRAISE, LES**
Voir: BLINK

**YEUX DE LA FORÊT, LES**
Voir: THE WATCHER IN THE WOODS

**YEUX DE LAURA MARS, LES**
Voir: THE EYES OF LAURA MARS

**YEUX GRANDS FERMÉS, LES**
Voir: EYES WIDE SHUT

**YEUX NOIRS, LES** ►2
ITA. 1987. Comédie sentimentale de Nikita MIKHALKOV avec Marcello Mastroianni, Elena Sofonova et Silvana Mangano. - Sur un bateau de croisière, un Italien raconte à un Russe les tribulations sentimentales qu'il a vécues lors de ses séjours en Russie. - Film complexe et charmeur inspiré de Tchekhov. Mélange d'exubérance et de mélancolie. Mise en scène souple et colorée. Interprétation pleine de finesse.
STA→LS Général

**YEUX ROUGES, LES** ▷4
QUÉ. 1982. Drame policier d'Yves SIMONEAU avec Marie Tifo, Jean-Marie Lemieux et Pierre Curzi. - À Québec, la police recherche un assassin qui s'en prend aux jeunes femmes.
VO→LS Général

**YEUX SANS VISAGE, LES** ▷4
FR. 1959. Drame d'horreur de Georges FRANJU avec Pierre Brasseur, Edith Scob et Alida Valli. - Un médecin tente de donner un nouveau visage à sa fille défigurée.
STA→34,95$ Non classé

**YEUX, LA BOUCHE, LES** ▷4
ITA. 1982. Drame de Marco BELLOCCHIO avec Lou Castel, Angela Molina et Emmanuelle Riva. - Un comédien revient à la maison familiale à l'occasion de la mort de son frère jumeau qui s'est suicidé.
STA→18,95$ Général

**YIDDISH CONNECTION** ▷5
FR. 1986. Comédie policière de Paul BOUJENAH avec Charles Aznavour, Ugo Tognazzi et André Dussollier. - Ayant un pressant besoin d'argent, quatre Juifs parisiens décident de cambrioler un malfrat avec l'aide d'un voleur professionnel.
VO→LS Général

**YIDL WITH A FIDDLE** ▷0
POL. 1936, Joseph GREEN
STA→LS Général

**YOJIMBO** ▷3
JAP. 1961. Aventures d'Akira KUROSAWA avec Toshiro Mifune, Tatsuya Nakadai et Eijiro Tono. - Un samouraï errant arrive dans un village divisé en deux factions rivales. - Film nippon aux allures de western. Style d'une grande habileté. Détails d'une ironie savoureuse. Composition originale et vigoureuse de T. Mifune.
STA-LBX→27,95$ STA-LBX-DVD→44,95$ Général

**YOL** ►2
TUR. 1982. Étude de mœurs de Yilmaz GÜNEY et Serif GOREN avec Tarik Akan, Serif Sezer et Halil Ergün. - Durant une permission de sortie, cinq détenus vivent des expériences différentes. - Intéressante évocation d'un pays aux traditions oppressives. Tableau de mœurs passionnant. Images à la fois réalistes et poétiques. Interprétation simple et efficace.
STA→LS Général

**YOLANDA AND THE THIEF** ▷4
É.-U. 1945. Comédie musicale de Vincente MINNELLI avec Fred Astaire, Lucille Bremer et Frank Morgan. - Un escroc se présente comme l'ange gardien de la jeune héritière d'une immense fortune.
VO→LS Général

**YOU AND ME** ▷0
É.-U. 1938, Fritz LANG
VO→14,95$ Général

**YOU ARE NOT I** ▷0
É.-U. 1981, Sara DRIVER
VO→LS Général

**YOU CAN COUNT ON ME** ▷3
É.-U. 2000. Drame psychologique de Kenneth LONERGAN avec Laura Linney, Mark Ruffalo et Rory Culkin. - Devenus orphelins en bas âge, une mère célibataire à l'existence rangée et son frère paumé vivent des retrouvailles houleuses. - Grande finesse d'écriture. Psychologie d'une rare justesse. Dénouement authentiquement émouvant. Réalisation discrète. Interprétation nuancée et prenante.
Général

**YOU CAN'T CHEAT AN HONEST MAN** ▷5
É.-U. 1939. Comédie de George MARSHALL avec Edgar Bergen, W.C. Fields et Constance Moore. - La fille d'un forain veut sauver son père de la ruine en faisant un riche mariage.
VO→14,95$ Général

**YOU CAN'T TAKE IT WITH YOU** ▷3
É.-U. 1938. Comédie de Frank CAPRA avec James Stewart, Jean Arthur et Lionel Barrymore. - Le fils d'un banquier entre en contact avec une famille d'excentriques. - Adaptation d'une pièce de théâtre à succès. Rythme alerte. Touches de critique sociale. Interprétation spirituelle.
VO→19,95$ Général

**YOU GOTTA STAY HAPPY** ▷5
É.-U. 1948. Comédie de H.C. POTTER avec James Stewart, Joan Fontaine et Eddie Albert. - Une jeune femme s'enfuit le soir de ses noces et s'attache au pilote d'un avion commercial.
VO→14,95$ Général

**YOU ONLY LIVE TWICE** ▷4
ANG. 1967. Drame d'espionnage de Lewis GILBERT avec Sean Connery, Tetsuro Tamba et Donald Pleasence. - L'agent secret James Bond recherche au Japon le repaire d'un syndicat international du crime.
VF→11,95$ VO→11,95$ LBX→LS **Non classé**

**YOU WERE NEVER LOVELIER** ▷5
É.-U. 1942. Comédie musicale de William SEITER avec Fred Astaire, Rita Hayworth et Adolphe Menjou. - Une jeune fille riche devient amoureuse d'un artiste de music-hall.
VO→19,95$ **Non classé**

**YOU WON'T NEED RUNNING SHOES, DARLING** ▷0
CAN. 1996, Dorothy TODD HENAULT
VO→19,95$

**YOU'RE A BIG BOY NOW** ▷4
É.-U. 1967. Comédie de Francis Ford COPPOLA avec Peter Kastner, Elizabeth Hartman et Geraldine Page. - Un jeune homme qui cherche à manifester son indépendance s'éprend d'une actrice.
VO→14,95$ **Général**

**YOU'RE DARN TOOTIN'** ▷0
É.-U. 1928, E.L. KENNEDY
ITA→15,95$ **Non classé**

**YOU'RE TELLING ME!** ▷4
É.-U. 1934. Comédie de Erle C. KENTON avec W.C. Fields, Joan Marsh et Buster Crabbe. - Les tribulations d'un inventeur malchanceux.
VO→14,95$ **Général**

**YOU'VE GOT MAIL** ▷5
É.-U. 1998. Comédie de Nora EPHRON avec Tom Hanks, Meg Ryan et Parker Posey. - Une jeune libraire part en guerre contre un riche concurrent sans se rendre compte qu'il s'agit de son bien aimé correspondant anonyme sur l'Internet.
VF→14,95$ VO→14,95$ **Général**

**YOUCEF: LA LÉGENGE DU 7ᵉ DORMANT** ▷4
ALG. 1993. Conte de Mohamed CHOUIKH avec Mohamed Ali Allalou, Selma Shiraz et Youcef Benadouda. - Un ancien combattant du FLN algérien qui souffre d'amnésie depuis trente ans s'enfuit d'une clinique en croyant son pays toujours sous occupation.
STF→LS **Général**

**YOUNG AMERICANS** ▷4
É.-U. 1993. Drame policier de Danny CANNON avec Harvey Keitel, Iain Glen et John Wood. - Un policier américain se rend à Londres afin d'assister la police locale dans sa guerre contre des caïds de la drogue.
VO→19,95$ **13 ans +**

**YOUNG AND INNOCENT** ▷4
ANG. 1937. Drame policier d'Alfred HITCHCOCK avec Nova Pilbeam, Derrick de Marney et Percy Marmont. - La fille d'un commissaire de police vient en aide à un jeune homme soupçonné du meurtre d'une actrice.
VO→17,95$ **Général**

**YOUNG APHRODITES** ▷3
GRÈ. 1962. Drame poétique de Nikos KOUNDOUROS avec Iakis Emmanouel, Vangelis Joannides et Kleopatra Rota. - Les amours contrariées d'un jeune berger et d'une adolescente. - Scénario dépouillé servant de support à un poème en images.
VA→LS **Non classé**

**YOUNG AT HEART** ▷5
É.-U. 1954. Comédie dramatique de Gordon DOUGLAS avec Frank Sinatra, Doris Day et Ethel Barrymore. - Deux musiciens se disputent l'amour d'une jeune provinciale.
VO→14,95$ **Général**

**YOUNG BESS** ▷4
É.-U. 1953. Drame historique de George SIDNEY avec Jean Simmons, Charles Laughton et Stewart Granger. - La jeunesse d'Elizabeth d'Angleterre.
VO→19,95$ **Général**

**YOUNG EINSTEIN** ▷4
AUS. 1988. Comédie réalisée et interprétée par Yahoo SERIOUS avec Odile Le Clezio et John Howard. - En 1905, un jeune Australien, qui a découvert le moyen de mettre des bulles dans la bière, connaît diverses aventures.
VF→18,95$ **Général**

**YOUNG FRANKENSTEIN** ▷3
É.-U. 1974. Comédie de Mel BROOKS avec Gene Wilder, Peter Boyle et Marty Feldman. - Ayant hérité du domaine familial, un descendant du baron Frankenstein reprend les expériences de son ancêtre - Rappel satirique des films d'horreur des années 1930. Scènes réussies de parodie loufoque. Interprétation habilement caricaturale.
VF→16,95$ VO→16,95$ LBX-DVD→28,95$ **13 ans +**

**YOUNG GUNS** ▷4
É.-U. 1988. Western de Christopher CAIN avec Emilio Estevez, Kiefer Sutherland et Lou Diamond Phillips. - Après s'être fait justice en exécutant les meurtriers de leur bienfaiteur, de jeunes cow-boys sont poursuivis par les hommes de main d'un entrepreneur véreux.
VO→11,95$ VF→11,95$ **Général**

**YOUNG GUNS 2** ▷4
É.-U. 1990. Western de Geoff MURPHY avec Emilio Estevez, William L. Petersen et Christian Slater. - Un hors-la-loi notoire et sa bande sont pourchassés par un ancien complice devenu shérif.
VF→11,95$ **13 ans +**

**YOUNG LIONS, THE** ▷3
É.-U. 1958. Drame de guerre d'Edward DMYTRYK avec Marlon Brando, Montgomery Clift et Dean Martin. - La Seconde Guerre mondiale telle que vécue par un officier allemand et deux soldats américains. - Thème anti-belliciste intelligemment développé. Mise en scène vigoureuse. Montage parallèle habilement utilisé. Mélange de puissance et de sensibilité dans l'interprétation.
VO→24,95$ **Général**

**YOUNG MAGICIAN, THE**
Voir: LE JEUNE MAGICIEN

**YOUNG MAN WITH A HORN** ▷4
É.-U. 1950. Drame psychologique de Michael CURTIZ avec Kirk Douglas, Lauren Bacall et Hoagy Carmichael. - Après avoir connu la célébrité, un trompettiste déchoit mais retrouve finalement son équilibre.
VO→19,95$ Non classé

**YOUNG MASTER** ▷0
H. K. 1980, Jackie CHAN
STA-LBX→LS 13 ans +

**YOUNG MR. LINCOLN** ►2
É.-U. 1939. Drame biographique de John FORD avec Henry Fonda, Alice Brady et Marjorie Weaver. - L'apprentissage rural d'un jeune avocat destiné à devenir président des États-Unis. - Excellente évocation d'époque. Réalisation souple et colorée, d'une grande maîtrise. H. Fonda parfaitement à l'aise dans le rôle-titre.
VO→24,95$ Général

**YOUNG ONE, THE**
Voir: LA JEUNE FILLE

**YOUNG PHILADELPHIANS, THE** ▷5
É.-U. 1959. Drame psychologique de Vincent SHERMAN avec Paul Newman, Barbara Rush et Alexis Smith. - Un jeune ambitieux tente de devenir un brillant avocat.
VO→18,95$ Non classé

**YOUNG POISONER'S HANDBOOK, THE** ▷4
ANG. 1995. Comédie dramatique de Benjamin ROSS avec Hugh O'Conor, Antony Sher et Ruth Sheen. - Un adolescent fasciné par les poisons se met à intoxiquer tous ceux et celles qui lui rendent la vie difficile.
VO→34,95$ 13 ans +

**YOUNG SHERLOCK HOLMES** ▷3
É.-U. 1986. Comédie policière de Barry LEVINSON avec Nicholas Rowe, Alan Cox et Sophie Ward. - À la suite de la mort mystérieuse de leur professeur, deux adolescents enquêtent sur une série de décès semblables survenus à Londres. - Variation inédite sur un thème connu. Ton humoristique. Illustration efficace. Réalisation fort adroite. Interprétation convaincante.
VO→13,95$ 13 ans +

**YOUNG TOM EDISON** ▷4
É.-U. 1944. Drame biographique de Norman TAUROG avec Mickey Rooney, George Bancroft et Fay Bainter. - Les mésaventures d'un jeune bricoleur aux idées inventives.
VO→18,95$ Général

**YOUNG VISITORS, THE** ▷0
ANG. 1988, James HILL
VO→LS Non classé

**YOUNGER AND YOUNGER** ▷4
ALL. 1993. Comédie dramatique de Percy ADLON avec Donald Sutherland, Lolita Davidovich et Brendan Fraser. - Un veuf rêveur et idéaliste, propriétaire d'un entrepôt, croit apercevoir en chair et en os sa défunte épouse.
VO→32,95$ VF→LS Général

**YOUR FRIENDS & NEIGHBORS** ▷5
É.-U. 1998. Drame de mœurs de Neil LaBUTE avec Ben Stiller, Aaron Eckhart et Jason Patric. - Divers chassés-croisés amoureux et des aventures adultères viennent chambouler la vie d'un groupe d'amis dans la trentaine.
VO→LS 16 ans +

**YOUR TICKET IS NO LONGER VALID** ▷6
CAN. 1981. Drame psychologique de George KACZENDER avec Richard Harris, Jennifer Dale et Jeanne Moreau. - Un financier libertin guetté par l'impuissance cherche à revigorer ses ardeurs.
VO→LS Non classé

**YOURS, MINE AND OURS** ▷4
É.-U. 1968. Comédie de Melville SHAVELSON avec Lucille Ball, Henry Fonda et Van Johnson. - Un veuf père de dix enfants épouse une veuve elle-même mère de huit enfants.
VO→14,95$ Général

**YOUTH OF THE BEAST** ▷0
JAP. 1963, Seijun SUZUKI
STA-LBX→27,95$ 13 ans +

**YUL 871** ▷0
QUÉ. 1966, Jacques GODBOUT
VO→19,95$

**Z** ►2
FR. 1969. Drame politique de Constantin COSTA-GAVRAS avec Yves Montand, Jean-Louis Trintignant et Jacques Perrin. - Un juge d'instruction intègre enquête sur un assassinat politique. - Scénario très bien construit. Mise en scène sobre et dense. Style nerveux. Rythme rapide. Personnages campés avec beaucoup de justesse.
STA-LBX→31,95$ Général

**ZABRISKIE POINT** ▷3
É.-U. 1970. Drame de Michelangelo ANTONIONI avec Mark Frechette, Daria Halprin et Rod Taylor. - Après une manifestation contestataire, un étudiant s'enfuit au désert et y passe quelque temps avec une amie de rencontre. - Vision insolite du contexte américain. Suite d'images poétiques. Bonne utilisation du décor naturel. Interprétation correcte.
VO→19,95$ 18 ans +

**ZACHARIAH** ▷4
É.-U. 1970. Western de George ENGLUND avec John Rubinstein, Don Johnson et William Challee. - Après s'être joints à des hors-la-loi, deux amis habiles au pistolet viennent près de s'affronter.
LBX→13,95$ Général

**ZANDALEE** ▷5
É.-U. 1990. Drame de mœurs de Sam PILLSBURY avec Erika Anderson, Nicolas Cage et Judge Reinhold. - Une femme devient la maîtresse d'un peintre qui a été engagé pour exécuter le portrait de son mari.
VO→LS 16 ans + Érotisme

**ZANDY'S BRIDE** ▷4
É.-U. 1974. Western de Jan TROELL avec Gene Hackman, Liv Ullmann et Eileen Heckart. - Un rancher installé dans une région sauvage épouse une jeune femme connue par correspondance.
VO→PC 13 ans +

**ZANZIBAR** ▷5
FR. 1989. Drame de mœurs de Christine PASCAL avec Fabienne Babe, André Marcon et Francis Girod. - Un producteur s'efforce de mettre en chantier un film dont la vedette, qui a un problème de drogue, s'entend mal avec le réalisateur, un homme odieux et pervers.
VO→26,95$ Général

**ZARDOZ** ▷4
ANG. 1973. Science-fiction de John BOORMAN avec Sean Connery, Charlotte Rampling et Sara Kestelman. - En 2293, un guerrier arrive à pénétrer dans un domaine clos où vit une caste de privilégiés.
VO→24,95$ 13 ans +

**ZAZIE DANS LE MÉTRO** ►2
FR. 1960. Comédie de Louis MALLE avec Catherine Demongeot, Philippe Noiret et Vittorio Caprioli. - Une fillette qui rêve d'aller en métro s'échappe de chez son oncle afin d'errer à sa guise. - Adaptation désinvolte du roman de Raymond Queneau. Traitement brillant, original et d'une rare virtuosité. Scénario savoureux. Interprétation pittoresque.
STA→LS 13 ans +

**ZEBRAHEAD** ▷4
É.-U. 1991. Drame social d'Anthony DRAZAN avec Michael Rapaport, N'Bushe Wright et Paul Butler. - Un jeune Noir est jaloux de l'idylle entre un Blanc et une camarade de classe de race noire.
VF→9,95$ VO→14,95$ 13 ans + Langage vulgaire

**ZÈBRE, LE** ▷4
FR. 1992. Comédie dramatique de Jean POIRET avec Thierry Lhermitte, Caroline Cellier et Christian Pereira. - De peur que son mariage ne sombre dans la monotonie, un notaire invente diverses excentricités pour raviver la passion amoureuse de sa femme.
VO→12,95$ Général

**ZELIG** ►2
É.-U. 1983. Comédie réalisée et interprétée par Woody ALLEN avec Mia Farrow et Ellen Garrison. - À la fin des années 1920, un homme attire l'attention de la presse par ses facultés de transformation. - Fiction présentée comme un documentaire. Trucages habiles donnant une impression de vraisemblance à de pseudo-documents d'époque. Ton d'humour permanent. Fine interprétation.
VF→LS VO→LS Général

**ZELLY AND ME** ▷0
É.-U. 1988, Tina RATHBORNE
VF→LS Non classé

**ZEPPELIN** ▷5
ANG. 1971. Drame d'espionnage d'Étienne PÉRIER avec Michael York, Elke Sommer et Marius Goring. - Au cours de la guerre 1914-1918, des Allemands veulent utiliser un ballon dirigeable pour s'emparer de documents historiques en Écosse.
VO→13,95$ Général

**ZÉRO DE CONDUITE** ►2
FR. 1933. Comédie satirique de Jean VIGO avec Jean Dasté, Robert Le Flon et Du Veron. - Les élèves d'un collège se révoltent contre la discipline imposée. - Tableau poétique de l'enfance. Observations sarcastiques. Mise en scène inventive. Personnages caricaturés.
STA→LS Général

**ZERO EFFECT** ▷5
É.-U. 1997. Drame policier de Jake KASDAN avec Bill Pullman, Ben Stiller et Ryan O'Neal. - Chargé de retrouver une clé de coffre fort, un détective privé asocial découvre que son riche client est victime de chantage.
VF→14,95$ VO→14,95$ LBX-DVD→29,95$ Général

**ZERO KELVIN** ▷0
NOR. 1995, Hans Petter MOLAND
STA→34,95$ 13 ans + Langage vulgaire

**ZERO PATIENCE** ▷5
É.-U. 1993. Comédie musicale de John GREYSON avec John Robinson, Normand Fauteux et Dianne Heatherington. - Le fantôme d'un homme mort du sida vient hanter un explorateur qui graduellement révise ses préjugés sur cette maladie.
VO→14,95$ 13 ans + Érotisme

**ZIEGFELD FOLLIES** ▷4
É.-U. 1946. Comédie musicale de Vincente MINNELLI avec Fred Astaire, William Powell et Gene Kelly. - Au ciel, un grand producteur de music-hall rêve à un spectacle.
VO→19,95$ Général

**ZIEGFELD GIRL** ▷4
É.-U. 1941. Comédie musicale de Robert Z. LEONARD avec Lana Turner, Judy Garland et James Stewart. - Les expériences de trois jeunes femmes engagées dans un fastueux spectacle de music-hall.
VO→LS Général

**ZIGGY STARDUST AND THE SPIDERS FROM MARS** ▷0
ANG. 1983, D.A. PENNEBAKER
VO→18,95$ DVD→39,95$ Général

**ZIGRAIL** ▷3
QUÉ. 1995. Drame psychologique d'André TURPIN avec André Charlebois, Dorothée Berryman et Ariane Cordeau. - Un jeune Montréalais s'en va rejoindre sa copine enceinte qui séjourne à Istanbul où elle songe à se faire avorter. - «Road-Movie» initiatique. Structure narrative libre. Traitement expérimental aux effets recherchés. Œuvre insolite et envoûtante. Interprétation naturelle.
VO→19,95$ Général

**ZINAT** ▷0
IRAN 1994, Ebrahim MOKHTARI
STA→42,95$ Général

**ZIZANIE, LA** ▷5
FR. 1978. Comédie de Claude ZIDI avec Louis de Funès, Annie Girardot et Julien Guiomar. - Un industriel, maire de son village, contrarie sa femme qui le quitte et devient son adversaire aux élections.
VO→LS Général

**ZOLTAN: HOUND OF DRACULA** ▷5
É.-U. 1977. Drame d'horreur de Albert BAND avec Michael Pataki, Jose Ferrer et Reggie Nalder. - En Roumanie, des militaires mettent à jour la crypte de Dracula d'où s'échappent un ancien serviteur du comte et son chien vampire.
VF→LS VO→LS 13 ans +

**ZOMBIE**
Voir: DAWN OF THE DEAD

**ZOMBIE** ▷6
ITA. 1979. Drame d'horreur de Lucio FULCI avec Richard Johnson, Tisa Farrow et Ian McCulloch. - Après avoir été attaqué par une créature étrange, un policier aide une jeune fille à retrouver son père disparu dans une île des Caraïbes.
LBX→14,95$ LBX-DVD→31,95$ 18 ans +

**ZOMBIE AND THE GHOST TRAIN** ▷0
FIN. 1993, Mika KAURISMÄKI
STA→LS Général

**ZOMBIES OF THE STRATOSPERE** ▷0
É.-U. 1952, Fred BRANNON
VO→9,95$ Général

**ZONE DE L'ENFER**
Voir: CRIME ZONE

**ZONE NEUTRE, LA**
Voir: THE DEAD ZONE

**ZONZON** ▷4
FR. 1998. Drame social de Laurent BOUHNIK avec Pascal Greggory, Gaël Morel et Jamel Debbouze. - Trois détenus issus de milieux différents en viennent à cohabiter dans une même cellule de prison.
VO→LS

**ZOO - A ZED AND TWO NOUGHTS** ►2
ANG. 1985. Comédie dramatique de Peter GREENAWAY avec Brian Deacon, Eric Deacon et Andréa Ferréol. - Après la mort accidentelle de leurs épouses, deux frères jumeaux deviennent obsédés par la décomposition chez les animaux et les plantes. - Scénario déconcertant. Personnages insolites. Images savamment composées. Jeu énergique d'A. Ferréol.
LBX→31,95$ LBX-DVD→34,95$ Général

**ZOO LA NUIT, UN** ▷4
QUÉ. 1987. Drame de mœurs de Jean-Claude LAUZON avec Gilles Maheu, Roger Le Bel et Germain Houde. - Harcelé par un policier véreux, un ex-détenu reprend contact avec son père dont il tente de rendre ses dernières heures plus agréables.
VO→29,95$ 13 ans +

**ZORBA LE GREC**
Voir: ZORBA THE GREEK

**ZORBA THE GREEK** ▷3
GRÈ. 1964. Étude de mœurs de Michael CACOYANNIS avec Anthony Quinn, Alan Bates et Irene Papas. - Un jeune écrivain anglais se lie d'amitié avec un Grec exubérant et original. - Adaptation d'un roman de Kazantzakis. Traitement exubérant. Mélange habile de comique et de dramatique. A. Quinn remarquable.
VO→24,95$ 13 ans +

**ZORRO AND THE THREE MUSKETEERS**
Voir: ZORRO ET LES TROIS MOUSQUETAIRES

**ZORRO ET LES TROIS MOUSQUETAIRES** ▷0
ITA. 1963. Luigi CAPUANO
VO→LS Non classé

**ZORRO'S FIGHTING LEGION** ▷0
É.-U. 1939, John ENGLISH et William WITNEY
VO→13,95$ Général

**ZOU-ZOU** ▷4
FR. 1934. Comédie dramatique de Marc ALLÉGRET avec Joséphine Baker, Jean Gabin et Pola Illery. - Une jeune blanchisseuse mulâtre devient danseuse vedette aux Folies Bergère.
STA→34,95$ Général

**ZU. WARRIORS FROM THE MAGIC MOUNTAIN** ▷0
H. K. 1983, Tsui HARK
STA→29,95 Général

**ZULU** ▷4
ANG. 1963. Drame historique de Cy ENDFIELD avec Stanley Baker, Michael Caine et Ulla Jacobsson. - Les soldats d'une garnison britannique soutiennent l'assaut d'une troupe de Zoulous.
VO→24,95$ Général

**ZULU DAWN** ▷4
ANG. 1979. Drame de guerre de Douglas HICKOX avec Peter O'Toole, Burt Lancaster et Simon Ward. - En 1878, au Natal, le commandant de l'armée britannique envisage une guerre préventive contre les Zoulous.
VO→7,95$ Général

**1 CHANCE SUR 2** ▷5
FR. 1997. Comédie policière de Patrice LECONTE avec Jean-Paul Belmondo, Alain Delon et Vanessa Paradis. - Poursuivie par la mafia russe, une jeune voleuse de voitures est aidée par deux anciens amants de sa mère, dont l'un serait son père.
VO→14,95$ 13 ans +

**1-900 (SEX WITHOUT HANGUPS)** ▷4
HOL. 1994. Drame de mœurs de Theo VAN GOGH avec Ariane Schluter et Ad Van Kempen. - Chaque semaine, deux solitaires se téléphonent pour partager leurs fantasmes tout en étant d'accord pour ne jamais se rencontrer.
STA→19,95$ 18 ans + Érotisme

**10** ▷4
É.-U. 1979. Comédie de mœurs de Blake EDWARDS avec Dudley Moore, Julie Andrews et Bo Derek. - Un compositeur de chansons à succès dans la quarantaine est ébloui par la beauté d'une jeune femme qu'il cherche à revoir.
VO→PC VF→PC LBX-DVD→29,95$ 13 ans +

**10 RILLINGTON PLACE** ▷3
ANG. 1971. Drame policier de Richard FLEISCHER avec Richard Attenborough, John Hurt et Pat Heywood. - Un déséquilibré tue une femme dont le mari est condamné à sa place. - Histoire basée sur une cause célèbre des archives judiciaires anglaises. Traitement réaliste et sobre. Contexte social bien exposé. Interprétation remarquable.
VF→LS VO→19,95$ 13 ans +

**10th VICTIM, THE**
Voir: LA DIXIÈME VICTIME

**12 ANGRY MEN** ►2
É.-U. 1957. Drame psychologique de Sidney LUMET avec Henry Fonda, Lee J. Cobb et Martin Balsam. - La délibération d'un jury dans une affaire de meurtre. - Tour de force de mise en scène dans un espace restreint. Discussions intelligemment et vivement menées. Solide équipe d'interprètes.
VO→14,95$ Général

**12 ANGRY MEN** ▷0
É.-U. 1997, William FRIEDKIN
VO→11,95$ Général

**12 MONKEYS** ▷3
É.-U. 1995. Science-fiction de Terry GILLIAM avec Bruce Willis, Madeleine Stowe et Brad Pitt. - Un homme du futur recherche en 1996 l'origine d'un virus mystérieux qui a décimé 99% de l'humanité. - Œuvre complexe inspirée de *La jetée* de Chris Marker. Vision pessimiste du proche avenir. Réalisation baroque et onirique. Rebondissement parfois déroutants. Interprètes convaincus.
VF→16,95$ LBX→19,95$ VO→15,95$
LBX-DVD→39,95$ 13 ans + Violence

**13 GHOSTS** ▷6
É.-U. 1960. Drame d'horreur de William CASTLE avec Charles Herbert, Jo Morrow et Rosemary De Camp. - Une famille est aux prises avec des fantômes dans une maison dont elle vient d'hériter.
VO→9,95$ Général

**13 RUE MADELEINE** ▷4
É.-U. 1946. Drame de guerre de Henry HATHAWAY avec James Cagney, Annabella et Richard Conte. - Des agents secrets américains parachutés en France sont mis en péril par la présence d'un espion allemand dans leur groupe.
VO→24,95$ Général

**13e GUERRIER, LE**
Voir: THE 13TH WARRIOR

**13TH WARRIOR, THE** ▷5
É.-U. 1999. Aventures de John McTIERNAN avec Antonio Banderas, Vladimir Kulich et Diane Venora. - Un jeune Arabe érudit prête main-forte à des guerriers vikings aux prises avec un clan de barbares cannibales.
VF→LS VO→16,95$ LBX-DVD→PC 13 ans + Violence

**15 FÉVRIER 1839** ▷4
QUÉ. 2000. Drame historique de Pierre FALARDEAU avec Luc Picard, Frédéric Gilles et Sylvie Drapeau. - En 1839, les dernières vingt-quatre heures en prison de deux Patriotes condamnés à mort par les Anglais.
Général

**100 MEN AND A GIRL** ▷4
É.-U. 1937. Comédie musicale de Henry KOSTER avec Deanna Durbin, Adolphe Menjou et Mischa Auer. - Forts de l'encouragement d'une fillette débrouillarde, des musiciens sans emploi forment un nouvel orchestre.
VO→19,95$ Général

**100 PROOF** ▷0
É.-U. 1996, Jeremy HORTON
VO→44,95$ 16 ans + Violence

**100$ POUR LE SHÉRIFF**
Voir: TRUE GRIT

**100% AMÉRICAIN**
Voir: MADE IN AMERICA

**101 DALMATIANS** ▷3
É.-U. 1961. Dessins animés de Wolfgang REITHERMAN, Hamilton LUSKE et Clyde GERONIMI - Deux dalmatiens dont les chiots ont été kidnappés par une femme cruelle se lancent à leur recherche avec l'aide de plusieurs autres chiens. - Humour délicieux et plein de finesse. Dessin stylisé et poétique.
VF→LS VO→16,95$ LBX-DVD→34,95$ Général

**101 DALMATIANS** ▷5
É.-U. 1996. Comédie fantaisiste de Stephen HEREK avec Glenn Close, Jeff Daniels et Joely Richardson. - Une femme cruelle charge deux brigands maladroits de voler les chiots dalmatiens d'un jeune couple.
VF→LS VO→16,95$ LBX-DVD→PC Général

**101 DALMATIENS, LES**
Voir: 101 DALMATIANS

**102 DALMATIANS** ▷5
É.-U. 2000. Comédie fantaisiste de K. LIMA avec Glenn Close, Gérard Depardieu et Ioan Gruffudd. - Une fanatique de la fourrure et un couturier crapuleux rêvent de confectionner un manteau en peau de dalmatiens.
VF→LS VO Général

**187** ▷6
É.-U. 1997. Drame social de Kevin REYNOLDS avec Samuel L. Jackson, Kelly Rowan et John Heard. - Des étudiants délinquants qui mènent la vie dure à un professeur sont victimes d'un mystérieux agresseur.
VO→18,95$ VF→14,95$ 13 ans + Violence

**1000 EYES OF DR. MABUSE, THE**
Voir: LE DIABOLIQUE DR. MABUSE

**1000 MERVEILLES DE L'UNIVERS, LES** ▷6
QUÉ. 1996. Science-fiction de Jean-Michel ROUX avec T. Karyo, Julie Delpy et Chick Ortega. - Un spécialiste en UFO a vingt-quatre heures pour résoudre le mystère de la disparition des habitants d'une île.
VO→13,95$ 16 ans +

**1492: CHRISTOPHE COLOMB**
Voir: 1492: CONQUEST OF PARADISE

**1492: CONQUEST OF PARADISE** ▷5
ANG. 1992. Drame historique de Ridley SCOTT avec Gérard Depardieu, Armand Assante et Sigourney Weaver. - Les principales étapes de la découverte du Nouveau Monde par le navigateur génois Christophe Colomb.
LBX→24,95$ VO→28,95$ VF→LS 13 ans + Violence

**1776** ▷4
É.-U. 1972. Comédie musicale de Peter H. HUNT avec William Daniels, Howard Da Silva et Ken Howard. - Les représentants des colonies américaines réunis à Philadelphie s'entendent pour signer une déclaration d'indépendance.
VO→18,95$ Général

**1860** ▷4
ITA. 1933. Drame historique d'Alessandro BLASETTI avec Antonio Gulino, Aita Bella et Toto Maiorana. - Un jeune montagnard sicilien s'engage dans les troupes de Garibaldi lors de la guerre d'indépendance de l'Italie.
STA→44,95$ Général

**1900** ▷3
ITA. 1976. Drame social de Bernardo BERTOLUCCI avec Burt Lancaster, Robert De Niro et Gérard Depardieu. - Au long d'un demi-siècle, l'amitié entre un propriétaire terrien et un ouvrier agricole passe par de rudes épreuves. - Vision lyrique, riche en notations sociales et folkloriques. Mise en scène habile d'un projet ambitieux. Didactisme transparent vers la fin. Bons interprètes.
VA→24,95$ 13 ans +

**1918** ▷3
É.-U. 1984. Drame psychologique de Ken HARRISON avec William Converse-Roberts, Hallie Foote et Matthew Broderick. - En 1918 dans un village du Texas, un père de famille contribuant à l'effort de guerre est atteint de la grippe espagnole. - Adaptation d'une pièce de Horton Foote inspirée de ses antécédents familiaux. Délicatesse dans l'approche. Climat de rêverie poétique. Interprétation mariant avec bonheur réserve et sensibilité.
VO→LS Général

**1941** ▷4
É.-U. 1979. Comédie de Steven SPIELBERG avec John Belushi, Toshiro Mifune et Bobby DiCicco. - En décembre 1941, un sous-marin japonais sème la panique sur la côte Ouest des États-Unis.
LBX→14,95$ VO→11,95$ LBX-DVD→39,95$ Général

**1984** ►2
ANG. 1984. Science-fiction de Michael RADFORD avec John Hurt, Richard Burton et Suzanna Hamilton. - Malgré les interdictions d'un régime totalitaire, un homme entretient une liaison clandestine avec une collègue. - Adaptation habile du roman de George Orwell. Traitement fidèle à la vision futuriste des années 1940. Illustration impressionnante. Interprétation juste.
VF→LS 13 ans +

**2 ANGLAISES ET LE CONTINENT, LES** ▷3
FR. 1971. Drame sentimental de François TRUFFAUT avec Jean-Pierre Léaud, Kika Markham et Stacey Tendeter. - Au tournant du siècle, un jeune Français s'éprend successivement des deux filles d'une amie anglaise de sa mère. - Style sobre et intimiste. Ensemble mené avec une rare maîtrise. Jeu retenu et touchant des deux jeunes actrices anglaises.
STA→LS Général

**2 DAYS IN THE VALLEY** ▷4
É.-U. 1996. Drame policier de John HERZFELD avec Danny Aiello, James Spader et Eric Stoltz. - Trahi par son complice après avoir commis un meurtre, un tueur à gages vieillissant se cache dans une riche demeure où il séquestre les occupants.
VF→18,95$ LBX→14,95$ 13 ans + Violence

**2 HOMMES, 2 FEMMES, 4 PROBLÈMES** ▷4
ALL. 1997. Comédie sentimentale de Vivian NAEFE avec Heino Ferch, Aglaia Szyszkowitz et Gedeon Burkhard. - Apprenant que son époux est à Venise avec sa maîtresse, une serveuse allemande part à sa recherche, flanquée de ses enfants et du mari de sa rivale.
STF→LS Général

**2 JOURS DANS LA VALLÉE**
Voir: 2 DAYS IN THE VALLEY

**2 SECONDES** ▷5
QUÉ. 1998. Comédie de mœurs de Manon BRIAND avec Charlotte Laurier, Dino Tavarone et Yves Pelletier. - Devenue courrier à bicyclette à Montréal, une ex-championne de vélo de montagne sympathise avec un ancien coureur cycliste italien.
VO→PC Général

**20 MILLION MILES TO EARTH** ▷5
É.-U. 1956. Science-fiction de Nathan Hertz JURAN avec William Hopper, Joan Taylor et Frank Puglia. - Le capitaine d'une fusée interplanétaire rapporte sur la Terre une minuscule créature provenant de la planète Vénus.
VO→14,95$ Général

**24 HEURES OU PLUS** ▷3
QUÉ. 1976. Documentaire de Gilles GROULX. - Regard critique sur le système social qui régit le Québec. - Film censuré en son temps. Pamphlet politique contre le capitalisme. Mélange particulier d'interviews et d'archives. Traitement d'une subjectivité qui interpelle le spectateur.
VO→19,95$ Général

**25 FIREMAN'S STREET**
Voir: 25 RUE DES SAPEURS

**25 RUE DES SAPEURS** ▷4
HON. 1973. Drame d'Istvan SZABO avec Rita Bekes, Lucyna Winnicka et Peter Muller. - Durant une chaude nuit d'été, les rêves entremêlés des résidents d'un immeuble de Budapest qui sera bientôt démoli.
STA→97,95$ Général

**28 DAYS** ▷5
É.-U. 2000. Comédie dramatique de Betty THOMAS avec Sandra Bullock, Viggo Mortensen et Dominic West. - Une rédactrice est amenée à réévaluer sa vie après que la cour l'eut condamnée à 28 jours de réhabilitation pour ivresse au volant.
VF→PC VO→LS

**29TH STREET** ▷4
É.-U. 1991. Comédie dramatique de George GALLO avec Danny Aiello, Anthony LaPaglia et Lainie Kazan. - Les tribulations d'une famille italo-américaine dont l'un des fils est un incroyable veinard.
VO→23,95$ Général

**200 CIGARETTES** ▷5
É.-U. 1999. Comédie de mœurs de Risa Bramon GARCIA avec Paul Rudd, Courtney Love et Christina Ricci. - En 1981, plusieurs jeunes gens vivent diverses péripéties en se rendant à une fête du Nouvel an.
VF→14,95$ VO→14,95$ LBX-DVD→PC Général

**200 MOTELS** ▷5
É.-U. 1971. Spectacle musical de Frank ZAPPA et Tony PALMER. - Dans un motel d'une petite ville américaine, Frank Zappa et son groupe musical répètent et échangent des propos divers.
VO→LS 13 ans +

**260 CHRONO**
Voir: NO MAN'S LAND

**2000 MANIACS** ▷7
É.-U. 1964. Drame d'horreur de Herschell Gordon LEWIS avec Connie Mason, Thomas Wood et Jeffrey Allen. - Des jeunes touristes

égarés aboutissent dans une petite ville du Sud entièrement peuplée de maniaques meurtriers.
VO→13,95$ DVD→39,95$ **16 ans + Horreur**

**2001: A SPACE ODYSSEY** ▶1
ANG. 1968. Science-fiction de Stanley KUBRICK avec Keir Dullea, Gary Lockwood et William Sylvester. - Une expédition se dirige vers Jupiter après la découverte d'une mystérieuse stèle sur la Lune. - Anticipation intelligente aux aspects fascinants. Mouvement ample et envoûtant. Composition visuelle magistrale. Interprètes bien dirigés.
VO→19,95$ LBX→19,95$ VF→19,95$
LBX-DVD→26,95$ **Général**

**2010: THE YEAR WE MAKE CONTACT** ▷4
É.-U. 1984. Science-fiction de Peter HYAMS avec Roy Scheider, Helen Mirren et John Lithgow. - Une expédition spatiale est à la recherche d'un astronef américain disparu près de Jupiter en l'an 2001.
VF→LS VO→19,95$ **Général**

**20,000 LEAGUES UNDER THE SEA** ▷0
É.-U. 1916, Stuart PATON
VO→41,95$ **Général**

**20,000 LEAGUES UNDER THE SEA** ▷3
É.-U. 1954. Science-fiction de Richard FLEISCHER avec Kirk Douglas, James Mason et Peter Lorre. - Au milieu du XIXe siècle, un savant et deux compagnons sont recueillis à bord d'un submersible mystérieux. - Adaptation habile d'un roman de Jules Verne. Décors fantastiques. Trucages réussis. Excellente interprétation.
VO→19,95$ VF→19,95$ **Général**

**20,000 LEAGUES UNDER THE SEA** ▷5
É.-U. 1997. Aventures de Michael ANDERSON avec Richard Crenna, Ben Cross et Julie Cox. - Au XIXe siècle, des naufragés sont recueillis à bord du mystérieux sous-marin d'un savant génial et misanthrope.
VO→11,95$ VF→11,95$ **Général**

**3 DAYS OF THE CONDOR** ▷3
É.-U. 1975. Drame d'espionnage de Sydney POLLACK avec Robert Redford, Faye Dunaway et Cliff Robertson. - Un employé d'un bureau de décodage de la CIA devient fugitif à la suite du massacre de ses collègues. - Scénario rocambolesque mis en scène avec savoir-faire et efficacité. Tension soutenue. Bonne utilisation de décors réels. Interprétation convaincante.
VO→14,95$ LBX-DVD→33,95$ **13 ans +**

**3 GODFATHERS** ▷4
É.-U. 1949. Western de John FORD avec John Wayne, Pedro Armendariz et Harry Carey Jr. - Trois hors-la-loi en fuite dans le désert prennent en charge un nouveau-né.
VO→19,95$ **Général**

**3 HOMMES À ABATTRE** ▷4
FR. 1980. Drame policier de Jacques DERAY avec Alain Delon, Dalila di Lazzaro et Michel Auclair. - En portant secours à un automobiliste blessé, un homme se trouve entraîné dans une sombre affaire.
VO→LS **18 ans +**

**3 MEN AND A BABY** ▷4
É.-U. 1987. Comédie de Leonard NIMOY avec Tom Selleck, Steve Guttenberg et Ted Danson. - Un acteur et deux amis qui partagent le même appartement vont devoir se transformer en pères adoptifs d'un bébé déposé devant leur porte.
VO→9,95$ VF→10,95$ **Général**

**3 MOUSQUETAIRES, LES** ▷0
FR. 1953, André HUNEBELLE
VO→LS **Non classé**

**3 WORLDS OF GULLIVER, THE** ▷4
ANG. 1960. Conte de Jack SHER avec Kerwin Mathews, June Thorburn et Jo Morrow. - Un jeune homme échoue dans une île peuplée de nains, puis dans une autre où vivent des géants.
VF→14,95$ VO→14,95$ **Général**

**3:10 TO YUMA** ▷3
É.-U. 1956. Western de Delmer DAVES avec Glenn Ford, Van Heflin et Felicia Farr. - Un fermier accepte de surveiller un hors-la-loi jusqu'à l'arrivée du train qui l'emmènera en prison. - Climat de suspense bien créé. Belle photographie. Interprètes solides.
VO→14,95$ **Général**

**30 FOOT BRIDE OF CANDY ROCK, THE** ▷6
É.-U. 1959. Comédie de Sidney MILLER avec Lou Costello, Dorothy Provine et Gale Gordon. - Les mésaventures d'un éboueur qui a inventé une machine à faire grandir les humains.
VO→PC **Général**

**30-sept-55** ▷4
É.-U. 1977. Comédie dramatique de James BRIDGES avec Richard Thomas, Deborah Benson et Lisa Blount. - Bouleversé par la mort du jeune acteur James Dean, un collégien cherche à évoquer l'esprit du défunt dans de naïves expériences de spiritisme.
VO **Général**

**32 AOÛT SUR TERRE, UN** ▷4
QUÉ. 1998. Comédie dramatique de Denis VILLENEUVE avec Pascale Bussières, Alexis Martin et Richard S. Hamilton. - Une jeune femme ayant survécu à un accident de voiture convainc son meilleur ami de lui faire un enfant dans le désert de sel près de Salt Lake City.
VO→PC **Général**

**32 FILMS BREFS SUR GLENN GOULD**
Voir: 32 SHORT FILMS ABOUT GLENN GOULD

**32 SHORT FILMS ABOUT GLENN GOULD** ▷3
QUÉ. 1993. Film d'essai de François GIRARD avec Colm Feore, Gale Garnett et David Hughes. - Trente-deux tableaux évoquant diverses étapes de la vie et de la carrière du pianiste canadien Glenn Gould. - Mosaïque impressionnante réalisée avec maestria. Ensemble riche et varié. Composition intense de C. Feore.
VF→LS VO→26,95$ **Général**

**35 UP** ▷4
ANG. 1991. Documentaire de Michael APTED. - Depuis 1964, une équipe de télévision revoit tous les sept ans un groupe de personnes afin de suivre leur évolution physique, sociale et intellectuelle.
VO→PC **Général**

**36 CRAZY FISTS** ▷0
H.-K.1996, Jackie CHAN
VA→LS **Général**

**36 FILLETTE** ▷4
FR. 1987. Drame psychologique de Catherine BREILLAT avec Delphine Zentout, Étienne Chicot et Olivier Parnière. - Une adolescente de 14 ans en vacances avec ses parents à Biarritz aguiche un quadragénaire.
STA→LS **18 ans +**

**36 HOURS** ▷4
É.-U. 1964. Drame d'espionnage de George SEATON avec James Garner, Eva Marie Saint et Rod Taylor. - Un officier américain enlevé par les Allemands réussit à échapper au piège tendu pour le faire parler.
VO→19,95$ **Général**

**36-15 CODE PÈRE NOËL** ▷0
FR. 1989, René MANZOR
VO→LS **13 ans +**

**37°2 LE MATIN** ▷3
FR. 1986. Drame psychologique de Jean-Jacques BEINEIX avec Jean-Hughes Anglade, Béatrice Dalle et Gérard Darmon. - Une jeune femme impulsive tente vainement de trouver un éditeur pour le manuscrit de son ami avec qui elle vit une relation amoureuse passionnée. - Adaptation d'un roman de Philippe Djian. Naturalisme teinté de poésie. Interprétation intense et spontanée.
STA→LS **13 ans +**

**38: VIENNA BEFORE THE FALL** ▷0
ALL. 1989, Wolfgang GLÜCK
STA→LS **Non classé**

**39 STEPS, THE** ▷3
ANG. 1935. Drame policier de Alfred HITCHCOCK avec Robert Donat, Madeleine Carroll et Godfrey Tearle. - Un jeune Canadien est mêlé malgré lui à une dramatique affaire d'espionnage. - Scénario fort bien mené. Intérêt dramatique soutenu. Touches humoristiques. Milieu bien caractérisé. Bonne interprétation.
VO→14,95$ DVD→64,95$ Général

**317e SECTION, LA** ▷3
FR. 1965. Drame de guerre de Pierre SCHOENDOERFFER avec Bruno Cremer, Jacques Perrin et Pierre Fabre. - En Indochine, une section française tente de rejoindre une colonne de renfort. - Souci d'authenticité. Photographie bien adaptée au sujet.
STA→LS Général

**4 FACES OF EVE** ▷0
H. K. 1996, Kwok-Leung GAN et Eric KOT
STA-LBX→119,95$ 13 ans +

**4 FOR TEXAS** ▷5
É.-U. 1963. Western de Robert ALDRICH avec Frank Sinatra, Dean Martin et Ursula Andress. - Un shérif malhonnête et un aventurier se disputent la possession d'un magot.
VO→14,95$ Non classé

**4 LITTLE GIRLS** ▷4
É.-U. 1997. Documentaire de Spike LEE. - Enquête sur la mort de quatre fillettes de race noire tuées en 1963 dans l'explosion d'une église en Alabama.
VO→18,95$ Général

**4e POUVOIR, LE** ▷4
FR. 1985. Drame social de Serge LEROY avec Philippe Noiret, Nicole Garcia et Roland Blanche. - Un journaliste et une présentatrice de télévision détiennent des preuves de l'implication du gouvernement français dans un assassinat politique.
VO→LS Général

**4TH FLOOR, THE** ▷0
É.-U. 1999, Josh KLAUSNER

**4TH MAN, THE**
Voir: LE QUATRIÈME HOMMME

**42 UP** ▷3
ALL. 1998. Documentaire de Michel APTED. - Depuis 1964, une équipe de télévision revoit tous les sept ans un groupe de citoyens britanniques afin de suivre leur évolution physique, sociale et intellectuelle. - Projet ambitieux qui s'ennoblit avec les années. Témoignages probants et touchants. Montage révélateur des changements d'époque.
VO→129,95$ Général

**42nd STREET** ▷3
É.-U. 1933. Comédie musicale de Lloyd BACON avec Ruby Keeler, Dick Powell et Warner Baxter. - Un producteur de Broadway lutte contre la maladie pour monter un spectacle qui le sauvera de la faillite. - Classique du genre. Intrigue prétexte à des numéros musicaux remarquables de Busby Berkeley. Interprétation dans la note.
VO→14,95$ Général

**47 RONIN, PART 1** ►2
JAP. 1942. Drame de Kenji MIZOGUCHI avec Arashi Yashisaburo, Mimôsu Mampo et Nakamura Ganemon. - Un seigneur qu'on a forcé à se suicider est vengé par ses guerriers. - Illustration ample et solennelle d'un incident historique. Cadrages d'une élégante rigueur. Interprétation contrôlée.
STA→27,95$ Général

**47 RONIN, PART 1 et 2** ▷0
JAP. 1942, Kenji MIZOGUCHI
STA→44,95$ Général

**47 RONIN, PART 2** ▷0
JAP. 1942, Kenji MIZOGUCHI
STA→27,95$

**48 HEURES DE PLUS**
Voir: ANOTHER 48 HOURS

**48 HOURS** ▷4
É.-U. 1982. Drame policier de Walter HILL avec Nick Nolte, Eddie Murphy et James Remar. - Pour retrouver un criminel qui vient de s'évader, un policier fait sortir de prison pour quarante-huit heures un ancien complice du fugitif.
VF→11,95$ VO→14,95$ 18 ans +

**49TH PARALLEL, THE** ▷4
ANG. 1940. Drame de guerre de Michael POWELL avec Laurence Olivier, Eric Portman et Leslie Howard. - L'équipage d'un sous-marin allemand coulé sur les côtes du Canada tente de rejoindre les États-Unis, alors pays neutre.
VO→14,95$ Général

**400 COUPS, LES** ►1
FR. 1958. Drame psychologique de François TRUFFAUT avec Jean-Pierre Léaud, Albert Rémy et Claire Maurier. - Le drame d'un adolescent mal compris par ses parents et ses maîtres. - Premier film marquant de la Nouvelle Vague. Plaidoyer bouleversant sur l'enfance mal aimée. Mélange innovateur de poésie et de réalisme. Interprétation naturelle et désarmante de J.-P. Léaud.
STA→LS Général

**5 CARD STUD** ▷4
É.-U. 1968. Western de Henry HATHAWAY avec Dean Martin, Robert Mitchum et Roddy McDowall. - Un mystérieux assassin se met à tuer ceux qui ont lynché un tricheur.
VO→11,95$ Général

**5 CORNERS** ▷4
ANG. 1987. Drame psychologique de Tony BILL avec Jodie Foster, John Turturro et Tim Robbins. - Après avoir fait de la prison pour tentative de viol, un déséquilibré revient dans son quartier de New York pour revoir sa victime.
VO→PC 13 ans +

**5 FINGERS** ▷3
É.-U. 1952. Drame d'espionnage de Joseph Leo MANKIEWICZ avec James Mason, Danielle Darrieux et Michael Rennie. - Les exploits véridiques de l'espion Ulysse Diello, alias Cicéron, durant la dernière guerre mondiale. - Suspense bien construit. Mise en scène très habile. Interprétation brillante.
VO→24,95$ Général

**5% DE RISQUE** ▷4
FR. 1979. Drame de Jean POURTALÉ avec Bruno Ganz, Jean-Pierre Cassel et Aurore Clément. - Un physicien accepte de venir en aide à un ami politicien désireux de se débarrasser d'un maître-chanteur.
VO→LS Général

**52 PICK-UP** ▷4
É.-U. 1986. Drame policier de John FRANKENHEIMER avec Roy Scheider, Ann-Margret et John Glover. - Les maîtres-chanteurs d'un industriel qui refuse de payer tuent sa maîtresse et font en sorte qu'il puisse être accusé de ce meurtre.
VF→LS VO→7,95$ 13 ans +

**54** ▷5
É.-U. 1998. Drame de mœurs de Mark CHRISTOPHER avec Ryan Phillippe, Mike Myers et Neve Campbell. - Les tribulations d'un jeune barman d'origine modeste qui travaille dans une discothèque fréquentée par des célébrités.
VF→14,95$ VO→14,95$ 13 ans +

**55 DAYS AT PEKING** ▷4
É.-U. 1963. Drame de Nicholas RAY avec Charlton Heston, Ava Gardner et David Niven. - En 1900, l'attaque du quartier international de Pékin par les Boxers.
VO→29,95$ Général

**588 RUE PARADIS** ▷0
FR. 1992, Henri VERNEUIL
VO→LS Non classé

**5000 FINGERS OF DR. T, THE** ▷5
É.-U. 1953. Comédie musicale de Roy ROWLAND avec Tommy Rettig, Hans Conried et Peter Lind Hayes. - Un jeune garçon rêve qu'il est retenu prisonnier avec d'autres enfants par un professeur fou qui les oblige à apprendre à jouer du piano.
VO➔14,95$ Non classé

**6TH DAY, THE** ▷5
É.-U. 2000. Science-fiction de Roger SPOTTISWOODE avec Arnold Schwarzenegger, Tony Goldwyn et Michael Rapaport. - Dans le futur, un pilote d'hélicoptère découvre qu'il a été remplacé auprès des siens par un clone.
VF➔LS VO➔LS 13 ans + Violence

**7 FACES OF DR. LAO** ▷4
É.-U. 1964. Conte de George PAL avec Tony Randall, Arthur O'Connell et Barbara Eden. - Un mystérieux Chinois présente un curieux spectacle dans un village de l'Ouest.
VO➔19,95$ Général

**7 FOIS... (PAR JOUR)** ▷6
QUÉ. 1971. Comédie de Denis HÉROUX avec Jean Coutu, Rosanna Schiaffino et Dalia Friedland. - Un architecte canadien installé en Israël souffre d'une propension au donjuanisme.
VO➔18,95$ 18 ans +

**7 MORTS SUR ORDONNANCE** ▷3
FR. 1975. Drame psychologique de Jacques ROUFFIO avec Michel Piccoli, Charles Vanel et Gérard Depardieu. - À dix ans d'intervalle, des querelles entre médecins ont des conséquences tragiques dans une ville de province. - Récit complexe. Réalisation adroite et précise. Forte tension dramatique. Peinture de mœurs corrosive. Interprétation exceptionnelle.
VO➔LS 18 ans +

**7^e^ CIBLE, LA** ▷4
FR. 1984. Drame policier de Claude PINOTEAU avec Lino Ventura, Jean Poiret et Élisabeth Bourgine. - Un ex-journaliste se voit contraint de verser une forte somme à un maître chanteur, s'il ne veut pas être victime d'un attentat.
VO➔LS Général

**7TH DAWN, THE** ▷5
É.-U. 1964. Drame de Lewis GILBERT avec William Holden, Capucine et Susannah York. - En Malaisie, trois anciens compagnons d'armes doivent sacrifier leur amitié à leur loyauté envers la cause qu'ils défendent.
VO➔19,95$ Général

**7TH VOYAGE OF SINBAD, THE** ▷4
É.-U. 1958. Conte de Nathan Hertz JURAN avec Kerwin Mathews, Kathryn Grant et Torin Thatcher. - Un hardi marin entreprend un périlleux voyage pour sauver sa fiancée des maléfices d'un magicien.
VF➔14,95$ VO➔14,95$ LBX-DVD➔29,95$ Général

**8 1/2** ►1
ITA. 1963. Drame psychologique de Federico FELLINI avec Marcello Mastroianni, Anouk Aimée et Sandra Milo. - En cure de repos, un réalisateur prépare de peine et de misère son prochain film. - Scénario fait d'allusions à l'œuvre et à la vie de l'auteur. Ensemble insolite et poétique. Mise en scène magistrale. Jeu souple de M. Mastroianni.
STA➔19,95$ Général

**8 1/2 WOMEN** ▷5
ANG. 1999. Comédie dramatique de Peter GREENAWAY avec John Standing, Matthew Delamere et Polly Walker. - À la mort de son épouse, un riche homme d'affaires et son fils réunissent dans leur manoir diverses femmes qui doivent satisfaire leurs désirs sexuels particuliers.
VF➔LS VO➔LS

**8-A (OCHOA)** ▷0
ESP. 1992, Orlando JIMENEZ-LEAL
STA➔LS Non classé

**8 MILLION WAYS TO DIE** ▷4
É.-U. 1986. Drame policier de Hal ASHBY avec Jeff Bridges, Rosanna Arquette et Andy Garcia. - Un policier déchu et alcoolique enquête sur le meurtre d'une call-girl qui lui avait demandé son aide pour échapper à son souteneur.
VO➔PC 13 ans +

**8 MM** ▷5
É.-U. 1999. Drame policier de Joel SCHUMACHER avec Nicolas Cage, Joaquin Phoenix et James Gandolfini. - En enquêtant sur le meurtre présumé d'une adolescente, un détective se retrouve plongé dans le monde de la pornographie clandestine.
VF➔12,95$ VO➔12,95$ LBX-DVD➔PC 18 ans +

**8 SECONDES**
Voir: 8 SECONDS

**8 SECONDS** ▷5
É.-U. 1994. Drame biographique de John G. AVILDSEN avec Luke Perry, Stephen Baldwin et Cynthia Geary. - Les tribulations d'un jeune champion de rodéo qui cherche à gagner l'admiration de son père.
VO➔14,95$ VF➔14,95$ Général

**80 BLOCKS FROM TIFFANY'S** ▷0
É.-U. 1979, Gary WEIS
VO➔LS Non classé

**84 CHARING CROSS ROAD** ▷3
ANG. 1986. Chronique de David JONES avec Anne Bancroft, Anthony Hopkins et Judi Dench. - Un libraire londonien et une écrivaine américaine développent une amitié en entretenant une correspondance durant plus de vingt ans. - Récit riche en observations de mœurs et en touches psychologiques. Traitement subtil et délicat. Interprétation remarquable.
VF➔19,95$ VO➔18,95$ Général

**84 CHARLIE MOPIC** ▷4
É.-U. 1988. Drame de guerre de Patrick DUNCAN avec Jonathan Emerson, Richard Brooks et Jason Tomlins. - En 1969, un caméraman militaire accompagne un peloton de soldats en mission de reconnaissance dans la brousse au Viêt-nam.
VO➔LS 13 ans +

**88 VISAGES**
Voir: MR. STITCH

**9 1/2 WEEKS** ▷5
É.-U. 1985. Drame psychologique de Adrian LYNE avec Kim Basinger, Mickey Rourke et Margaret Whitton. - Une divorcée fait la rencontre d'un homme d'allure mystérieuse qui l'entraîne progressivement dans ses fantasmes sexuels.
VF➔14,95$ VO➔14,95$ LBX-DVD➔22,95$ 18 ans +

**9 TO 5** ▷4
É.-U. 1980. Comédie de Colin HIGGINS avec Lily Tomlin, Jane Fonda et Dolly Parton. - Ayant des raisons différentes d'en vouloir à leur patron, trois secrétaires trouvent l'occasion de se venger.
VF➔11,95$ Général

**90 DAYS** ▷4
CAN. 1985. Comédie de Gilles WALKER avec Stefan Wodoslawsky, Christine Pak et Sam Grana. - Un solitaire accueille chez lui une jeune Coréenne qu'il compte épouser à la fin de son permis de séjour.
VF➔LS VO Général

**90 JOURS POUR TOMBER EN AMOUR**
Voir: 90 DAYS

**90° SOUTH: WITH SCOTT TO THE ANTARCTIC** ▷0
ANG. 1933, Herbert G. PONTING
VO➔52,95$ Général

**99 AND 44/100% DEAD** ▷5
É.-U. 1974. Comédie policière de John FRANKENHEIMER avec Richard Harris, E. O'Brien et Ann Turkel. - Un tueur à gages des plus habiles est engagé par un chef de bande en lutte contre un rival.
VO➔LS 13 ans +

# SÉLECTIONS

LES GRANDS GENRES
## LE CINÉMA NOIR AMÉRICAIN

Across 110th Street
Amos & Andrew
Assault on Precinct 13
The Associate
Basquiat
Bird
Black Like Me
Blood of Jesus
Boyz'n the Hood
Brother From Another Planet
Cabin in the Sky
Clockers
Color Purple
Conrack
Cornbread, Earl and Me
Cotton Come to Harlem
Crooklyn
Devil in a Blue Dress
Do the Right Thing
Driving Miss Daisy
A Family Thing
Fear for a Black Hat
Foreign Student
Fresh
Friday
Get on the Bus
Girl 6
The Glass Shield
Glory
Go Down Death
The Great White Hope
Guess Who's Coming to Dinner?
Hallelujah!
Hangin's With the Homeboys
He Got Game
Higher Learning
Hollywood Shuffle
Holy Man
Home of the Brave
Hoodlum
Hoop Dreams
House Party
I'm Gotta Get You Sucka!
Imitation of LifeIn the Heat of the Night
The Inkwell
Jason's Lyrics
Juice
Jungle Fever
Killing Floor
Lady Sings the Blues
The Learning Tree
Lone Star
Loosing Isaiah
Lost Boundaries
Lying Lips
Malcolm X
Mandela
Menace II Society
Mo' Better Blues
Moon Over Harlem
New Jack City
New Jewsey Drive
Nothing But a Man
Once Upon a Time When We Were Colored
One False Move
Original Gangstas
Panther
Paris Is Burning
The Piano Lesson
Piece of the Action
Poetic Justice
Posse
Putney Swope
Rage in Harlem
A Raising Sun
Roots (série)
Sarafina!
Scar of Shame
School Daze
Secrets & Lies
Sergeant Ruthledge
Shadows
She's Gotta Have It
A Soldier's Story
Sounder
South Central
Straight Out of Brooklyn
Strapped
Sugar Hill (1974)
Sweet Sweetback's Baadassss Song
Truck Turner
Walking Dead
Wen Kuuni
World of Strangers
Zebrahead
4 Little Girls

**«BLAXPLOITATION»:**

Black Belt Jones
Black Ceasar
Black Mama, White Mama
Blacula
Cleopatra Jones
Cleopatra Jones and the Casino of Gold
Coffy
Dead Presidents
Disco Godfather
Dolemite
Foxy Brown
Friday Foster
Hell up in Harlem
Honey Baby
The Kentucky Fried Movie (1977)
Legend of Dolemite
Rude
Scream Blacula, Scream
Shaft
Shaft in Africa
Shaft's Big Score
Sheba, Baby
Slaughter
Slaughter's Big Rip Off
Superfly
Superfly T.N.T.

LES GRANDS GENRES
## LA COMÉDIE MUSICALE

**LES VEDETTES DU GENRE:**

**Abbott & Costello**
In the Navy
The Naughty Nineties

**Julie Andrews**
Mary Poppins
Sound of Music, The
Star!
Throughly Modern Millie
Victor/Victoria

**Fred Astaire**
The Band Wagon
The Belle of New York
Blue Skies
Broadway Melody of 1940
Daddy Long Legs
Damsel in Distress
Easter Parade
Eddie and the Cruisers
Finian's Rainbow
Funny Face
Holiday Inn
Let's Dance
Royal Wedding
Silk Stockings
The Sky's the Limit
That's Entertainment
Yolanda and the Thief
You Were Never Lovelier
Ziegfeld Follies

**Fred Astaire/Ginger Rogers**
The Barkleys of Broadway
Carefree
Flying Down to Rio
Follow the Fleet
Gay Divorcee, The
Shall We Dance
The Story of Vernon & Irene Castle
Swing Time
Top Hat
Roberta

**Frankie Avalon**
Beach Blanket Bingo
Beach Party
Bikini Beach
Grease
How to Stuff a Wild Bikini
Muscle Beach Party

**Josephine Baker**
Princess Tam Tam
Zou Zou

**The Beatles**
Give my Regards to Broad Street
A Hard Day's Night
Help!
Magical Mystery Tour
Yellow Submarine

**Eddie Cantor**
Kid Millions
Roman Scandals

**Leslie Caron**
An American in Paris
Daddy Long Legs
Fanny
Gigi
The Glass Slipper
Lili

**Bing Crosby**
Birth of the Blues
Blue Skies
A Connecticut Yankee in King's Arthur's Court
The Emperor Waltz
Going My Way
Here Come the Waves
High Society
Holiday Inn
Just For You
King of Jazz
Let's Make Love
Mr. Music
Road to Hong Kong
Road to Morocco
Road to Rio
Road to Singapore
Road to Utopia
Road to Zanzibar
Robin and the Seven

Rythm on the River
Rythm on the Range
Star Spangled Rhythm
That's Entertainment
Waikiki Wedding
We're Not Dressing
White Christmas

**Doris Day**
April in Paris
By the Light of the Silvery Moon
Calamity Jane
I'll See You in my Dreams
It's a Great Feeling
Love Me or Leave Me
Lucky Me
Pajama Game

**Catherine Deneuve**
Dancer in the Dark
Les parapluies de Cherbourg

**Marlene Dietrich**
Blonde Venus
Big Broadcast of 1938
Follow the Boys

**Deanna Durbin**
100 Men and a Girl
It Started with Eve
Mad About Music
Something in the Wind
Three Smart Girls
Three Smart Girls Grow Up
Up in Central Park

**Nelson Eddy**
Balalaika
Bitter Sweet
The Chocolate Soldier
The Girl of the Golden West
I Married an Angel
Maytime
Naughty Marietta
New Moon
Rosalie
Rose Marie
Sweethearts

**Ava Gardner**
The Band Wagon
One Touch of Venus
Show Boat (51)
Judy Garland
Babes in Arms
Babes on Broadway
Broadway Melody of 1938
Easter Parade
The Harvey Girls
I Could Go on Singing
In the Good Old Summertime
Listen, Darling
Little Nellie Kelly
Meet me in St. Louis
Pigskin Parade
Pirate, The
A Star is Born (1954)
Strike Up the Band
Summer Stock
Thousands Cheers
The Wizard of Oz
Ziegfeld Follies

**Betty Grable**
The Dolly Sisters
Down Argentine Way
Follow the Fleet
Footlight Serenade
Gay Divorcee, The
How to Marry a Millionaire
Moon Over Miami
Mother Wore Tights
Pigskin Parade
Pin Up Girl
Song of the Islands
Springtime in the Rockies
Three For the Show
Tin Pan Alley
A Yank in the R.A.F.

**Rita Hayworth**
An Affair in Trinidad
Cover Girl
Down to Earth
Loves of Carmen
Miss Sadie Thompson
Pal Joey
Tonight and Every Night
You Were Never Lovelier

**Audrey Hepburn**
Funny Face
My Fair Lady
Bob Hope
Big Broadcast of 1938
Louisiana Purchase
Danny Kaye
The Court Jester
The Five Pennies
A Song Is Born
Up in Arms
Wonder Man

**Gene Kelly**
An American in Paris
Anchors Aweigh
Brigadoon
Cover Girl
Les demoiselles de Rochefort
It's Always Fair Weather
Les Girls
Let's Make Love
Marjorie Morningstar
On the Town
Pirate, The
Singin' in the Rain
Summer Stock
Take Me Out to the Ball Game
That's Dancing
That's Entertainment
That's Entertainment Part 2
Thousands Cheer
Xanadu
Ziegfeld Follies

**Mario Lanza**
Because You're Mine
For the Love of Mary
Seven Hills of Rome
The Toast of New Orleans

**Carole Laure**
Fantastica
Night Magic

**Laurel & Hardy**
Hollywood Party
March of the Wooden Soldiers
(Babes in Toyland)

**Janet Leigh**
My Sister Eileen
Two Tickets to Broadway
Gordon MacRae
Carousel
The Desert Song
Oklahoma!
Tea for Tw
The West Point Story

**Madona**
Evita
Girls Just Want To Have Fun

**Dean Martin**
Bells are Ringing
Robin and the Seven Hoods
That's Dancing

**Adolphe Menjou**
100 Men and a Girl
My Dream is Yours
Star is Born (1937)
Step Lively
You Were Never Lovelier

**Liza Minnelli**
Cabaret
In the Good Old Summertime
New York, New York
That's Dancing!

**Carmen Miranda**
Copacabana
A Date With Judy
Down Argentine Way
Springtime in the Rockies
Week-end in Havana

**Marilyn Monroe**
Bus Stop
Business
Gentlemen Prefer Blondes
How to Marry a Millionaire
Ladies of the Chorus
Let's Make Love
Some Like it Hot
There's No Business Like Show

**Kim Novak**
Boy's Night Out
The Eddy Duchin Story
The French Line
Pal Joey
Pink Floyd
Pink Floyd - The Wall
Pink Floyd Live at Pompeii
Dick Powell
In the Navy
On the Avenue
Eleanor Powell
Born to Dance
Broadway Melody of 1936
Broadway Melody of 1938
Broadway Melody of 1940
I Dood it
Lady Be Good
Thousands Cheer

**Jane Powell**
Rich, Young and Pretty
Seven Brides for Seven Brothers
Two Weeks with Love

**Tyrone Power**
Alexander's Ragtime Band
The Eddy Duchin Story
The Rose of Washington Square
Second Fiddle

**Elvis Presley**
Blue Hawaii
Fun in Acapulco
G.I. Blues
Girl! Girl! Girl!
Jailhouse Rock
King Creole
Kissin' Cousin
Love Me Tender

Paradise, Hawaiian Style
Prince
Purple Rain
Sing O'the Time
Ginger Rogers
42th Street
Rolling Stone
Gimme Schelter
Let's Spend the Night Together
Sympathy for the Devil

**Frank Sinatra**
Anchors Aweigh
Can-Can
Come Blow Your Hor
Guys and Dolls
High Society
It Happened in Brooklyn
Meet Danny Wilson
On the Town
Pal Joey
Road to Hong
Robin and the Seven Hoods
Step Lively
Take Me Out to the Ball Game
That's Entertainment
That's Entertainment part two
Young at Heart

**Barbra Streisand**
Funny Girl
Funny Lady
Hello, Dolly!
On a Clear Day You Can See Forever
A Star is Born (1976)
Yentl
Shirley Temple
The Blue Bird
Curly Top
Dimples
Heidi
The Little Colonel
The Little Miss Broadway
The Little Princess
The Littlest Rebel
Poor Little Rich Girl

**Dick Van Dyke**
Bye, Bye, Birdie
Chitty Chitty Bang Bang
Mary Poppins

**Ethel Waters**
Cabin in the Sky
Cairo

**Mae West**
Belle of the Nineties
Every Day's A Holliday
The Heat's On
Klondike Annie
Sextette
She Done Him Wrong

**Esther Williams**
Bathing Beauty
Dangerous When Wet
Duchess of Idaho
Easy to Love
Easy to Wed
Million Dollar Mermaid
Neptune's Daughter
On An Island With You
Skirts Ahoy!
Take Me Out to the Ball Game
That's Entertainment
Ziegfield Follies

**Natalie Wood**
Gypsy (62)
Just for You
Danse
Chorus Line
Dance, Girl, Dance
Dancers
The Night They Raided Minsky's
Two Girls and a Sailor

**Disco:**
Can't Stop the Music
Car Wash
Mahogany
Roller Boogie
Thank God it's Friday

**Enfant:**
Animal Crackers
Annie
Bugsy Malone
Carmen Jones
Doctor Dolittle
The Fiddler on the Roof
Hans Christian Andersen
The Little Prince
Little Shop of Horrors
The Muppet Movie
Oliver!
Pete's Dragon
Pirate Movie, The
The Pirates of Penzance
Popeye

**Music-hall:**
Scrooge
Spice World
Tom Sawyer
The Wiz
The 5000 Fingers of Dr. T.

**Jazz/ Blues:**
All That Jazz
The Jazz Singer (27,53,80)
The Jolson Story
Mo 'Better Blues
Orchestra Wives
Paris Blues
Round Midnight
A Song Is Born
Sun Valley Serenade
Musique country
The Best Little Whorehouse in Texas
Songwriter

**Musique du monde:**
Bye Bye Brazil
Flamenco
The Mambo Kings
Sarafina!
Song of Freedom
Tango (Saura)
Tangos: L'exil de Gardel
La vie est belle (87)

**Musique rock:**
Absolute Beginners
Blues Brothers
Blues Brothers 2000
Cannibal! The Musical
Dirty Dancing
Flashdance
Footloose
Godspell
Hair
Head
Home For the Brave: Laurie Anderson
Jesus Christ Superstar
Kid sentiment
Phantom of the Paradise
Roadkill
Rocky Horror Picture Show
Song Remains the Same: Led Zeppelin
Streets of Fire
True Stories
Velvet Goldmine
200 Motels

**Opéra/Classique:**
Aria
Le Bal
Black Tights
Carmen (Saura et Rosi)
Diva
Fantasia
La Flûte enchantée
The Great Caruso
The Great Waltz
Lisztomania
La Traviata
Madame Butterfly
Le Maître de musique
Noces de sang
Nutcracker: The Motion Picture
Othello
The Red Shoes
Song Without End
Tales of Beatrix Potter
Tales of Hoffman
Two Sisters from Boston
White Nights

**Les autres:**
À nous la liberté
Les amants de Truel
Amour sorcier
Les Années 80
Annie Get Your Gun
The Boy Friend
Broadway Melody
Camelot
Carnival Rock
College Swing
Damn Yankees!
Les demoiselles de Rochefort
Diplomaniacs
Divine Madness
Duke is Top
Everybody Sing
Everyone Says I Love You
The Fabulous Baker Boys
The Farmer Takes A Wifw (53)
The Fastest Guitar Alive
The Firefly
The Five Heartbeats
For the First Time
Forbidden Zone
Four Daughters
French Can-Can
The Gay Desperado
Giant Steps
Girl Crazy (43)
Golden Eighties
Good News
Goodbye, Mr. Chips
Grace of My Heart
The Great Ziegfeld
Gypsy (93)
Half Six Pence
Hallelujah, I'm a Bum!
The Happiest Millionaire

Having a Wild Weekend
Hit the Deck
House Party
How to Succeed in Business Without Really Trying
The Inspector General
I've Always Loved You
Imagine the Sound
IXE-13
Jeanne et le garçon formidable
Jericho
Jolson Sings Again
Joy of Living
The King and I
Kismet
Kiss Me Kate
L'opéra de quat'sous (31 ,62)
Love's Labour Lost
Lovely to Look at
Madam Satan
Man of La Mancha
The Merry Widow (1935 et 1952)
Million, Le
Murder at the Vanities
The Music Man
New Orleans
On connaît la chanson
On Our Merry Way
One Night of Love
Paint Your Wagon
Parade
Passion Andalouse
Pennies from Heaven
The Pick-up Artist
Red Garters
Rhythm Romance
Rooftops
San Francisco
Show Boat (36)
The Singing Nun
They Shall Have Music
Three Daring Daughters
Three Little Words
Till the Clouds Roll By
Too Many Girls
Train Ride to Hollywood
Trois places pour le 26
The Show-Off (46)
Sous les toits de Paris
South Pacific
Sparkle
State Fair
Stop the World, I Want to Get Off
Stormy Weather
The Student Prince
The Unsinkable Molly Brown
The Vampyr
Variety Girl
Wild Guitar
Will Success Spoil Rock Hunter?
Without You I'm Nothing: Sandra Bernhard
Yankee Doodle Dandy
Zero Patience
Une femme est une femme
1776

## LES GRANDS GENRES
## L'EXPRESSIONNISME

**LA QUINTESSENCE DU GENRE:**
1000 Eyes of Dr. Mabuse
The Blue Angel (1930)
Le cabinet du Dr. Caligari
Faust
Frankenstein (1931)
Fury
The Golem
Jour de colère
Kriemhilde's revenge
Last Laugh (Le dernier des hommes)
M le maudit
Metropolis
Nosferatu
Les Pages arrachées du livre de Satan
Pandora's Box
Siegfried
Sleepy Hollow
Spies
The Student of Prague
Le testament du Dr. Mabuse
Vampyr
Witchcraft Through the Ages

**LES FILMS D'INSPIRATION:**
Batman
Batman Returns
The Crow
Dark City
Edward Scissorhands
Eraserhead
Europa
Freaks
Hour of the Wolf (1968)
Institute Benjamenta
Kafka
Mad Love (1935)
The Nightmare Before Christmas
The Night of the Hunter
The Old Dark House
Shadows and Fog
Tales From the Gimli Hospital
The Trial (1963)

## LES GRANDS GENRES
## LE FILM CULTE

**LES ANTHROPOPHAGES ET LE CANNIBALISME:**
American Psycho
Antropophagus
Bad Taste
Blood Feast
The Brain Eaters
C.H.U.D.
Caligula réincarné en Hitler
Cannibal Ferox
Cannibal Girls
Cannibal Holocaust
Cannibal: the Musical
Conan the Barbarian
Dawn of the Dead
The Dead Next Door
Deep Throat
Demon Barber of Fleeter Street
Eating Raoul
Emmanuelle, prisonnière des cannibales
The Evil Dead
From Dusk Till Dawn
The Hills Have Eyes
I Eat Your Skin
Igor and the Lunatics
Maniac (1934) (AKA Sex Maniac)
Le manoir de la terreur
Microwave Massacre
Motel Hell
Night of the Living Dead
Parents
Phantasm
Planet of the Vampires
Porcile
Ravenous
Soylent Green
The Spider Baby (AKA: The Liver Eaters!)
Texas Chainsaw Massacre 2
Titus
Tolérance
Virus cannibale

**L'AUTOMOBILE:**
Akira
American Graffiti
Back to the Future
The Betsy
Black Rain (Ridley Scott)
Une blonde, une brune et une moto
The Blues Brothers
Bobby Deerfield
Bullitt
Cadillac Man
Cannonball Run
Car Wash
Caro Diario
The Cars That Ate Paris
Chitty Chitty Bang Bang
Chopper Chicks in Zombietown
Christine
Convoy
Coupe de ville
Crash
Days of Thunder
Death Race 2000
The Driver
Driving Miss Daisy
Duel
Dumb and Dumber
Easy Rider
Electra Glide in Blue
Fast Company
Faster Pussycat Kill! Kill!
Fear and Loathing in Las Vegas
Ferris Bueller's Day Off
The French Connection
Girl on a Motorcycle
Grand Prix
The Great Escape
The Great Race
Guantanamera
Gung Ho!
Hell's Angels on Wheels
Herbie Goes Bananas
Herbie Goes to Monte Carlo
Herbie Rides Again
Kalifornia
Knightriders
Le Mans
Leningrad Cowboys Go America
Lost in America
The Love Bug
The Loveless
Mad Max (I, II et III)
Mortelle randonnée
Motor Psycho
National Lampoons Vacation
Niagara, Niagara
Night on Earth
No Man's Land
The Racers
Raising Arizona
Rebel Rousers
Repo Man
Roger & Me
Ronin
Le salaire de la peur

Satan's Sadists
Smash Palace
Sorcerer
Spetters
Streets of Fire
The Sugarland Express
Sur un arbre perché
Taxi Blues
Taxi Driver
Thelma & Louise
Those Daring Young Men in Their Jaunty Jalopies
Thunder Road
To Live and Die in L.A.
To Please a Lady
Traffic
Tucker: A Man and His Dream
Used Cars
Vanishing Point
The Wild One

**La génétique et le viral:**
The Abominable Snowman
The Amazing Colossal Man
Attack from Mars
Attack of the 50 Foot Woman
Basket Case
The Beast Within
Breeders
The Brood
Castle Freak
Le continent des hommes poissons
The Crawling Hand
La créature de Kolos
Curse of the Werewolf
The Dark Backward
Daughters of Darkness
Eraserhead
The Fly (1958 et 1986)
Freaks
Frostbiter
Gargoyles
Godzilla's Revenge
Half Human
Hellraiser
How to Get Ahead in Advertising
The Incredible Melting Man
Infra-Man
Invasion of the Bee Girls
It's Alive!
Le jeune bionique
Laserblast
The Leech Woman
Lobster Man From Mars
Man Beast
Martin
The Mole People
The Monster of the Piedras Blancas
The Monster Walks
Nightbreed
The Quartermass Experiment
Rabid
The Reptile
Riki-Ho (the story of Ricky)
Sgt. Kabukiman N.Y.P.D.
Shivers
The Slime People
Street Trash
Tetsuo II
The Texas Chainsaw Massacre
The Thing
Toxic Avenger
The Unnamable
Videodrome
Village of the Damned
Village of the Giants
The Wasp Woman
Wolf
The Wolf Man
X-Men

Le meurtre en série:
100% Proof
Amsterdamned
Baise-moi
Black Christmas
Blade of the Ripper
Blood and Black Lace
Blood Bride
Bone Collector
Le boucher
The Brute Man
C'est arrivé près de chez vous
Candyman
Cat O'Nine Tails
The Cell
Chopping Mall
Clay Pigeons
Curdled
Deep Red (Profundo Rosso)
Don't Torture a Duckling
Dressed to Kill
Driller Killer
Evil Dead 2: Dead By Dawn
Felicia's Journey
Final Terror
Frequency
Friday the 13th
The Gruesome Twosome
Halloween
Hannibal
He Knows You're Alone
Henry, Portrait of a Serial Killer
The Hitcher
The Honeymoon Killers
The House on the Edge of the Park
I Know What You Did Last Summer
In Dreams
Jack's Back
The Last House on the Left
The Lodger
M le maudit
Manhunter
Maniac
Maniac Cop
Minus Man
Ms. 45
New York Ripper
Nightmare on Elm Street
Night of the Hunter
Popcorn
Prom Night
Scream
Seven
Shock! Shock! Shock!
Shocker
Sleepaway Camp
Slumber Party Massacre
Stage Fright
The Stendhal Syndrome
Strait-Jacket
Stuff Stephanie in the Incinerator
Texas Chainsaw Massacre: The Next Generation
Thesis
Torture Chamber of Baron Blood
Visiting Hours
The Zodiac Killer

**Les morts vivants:**
Brain Dead (Dead Alive)
Bride of Re-Animator
Burial Ground
Castle of the Walking Dead
Cthulhu Mansion
Ed and His Dead Mother
Eegah!
Frankenhooker
Gates of Hell
H.P. Lovecraft's Necronomicon, Book of the Dead
Hell of The Living Dead
Karmina
Let Sleeping Corpses Lie
The Man they Could not Hang
La morte vivante
Night of the Zombies
Oasis of the Zombies
Psychomania
Rabid Grannies
Revenge of the Blind Dead
The Serpent and the Rainbow
Shockwaves
Society
Sugar Hill
La vampire nue
La vengeance du Zombie
Visitor from the Grave
Zombie
Zombie Lake

**Le paranormal:**
Alice, Sweet Alice
L'antéchrist
Bad Dreams
Black Sunday
The Blair Witch Project
Bless the Child
Blood on Satan's Claw
The Bloody Exorcist of Coffin Joe
Brotherhood of Satan
Carrie
Child's Play
Cult of the Dead (Snake People)
Daughters of Darkness
Deadly Blessing
Demons
The Devil in Miss Jones
Devil's Rain
Dust Devil
Dybuk
Evil Dead II
The Exorcist
Eyes of Fire
Fallen
The Frighteners
The Haunting
The Headless Ghost
The Hidden
In the Mouth of Madness
Incubus
Inferno
The Innocents
Jacob's Ladder
The Johnsons
Lord of Illusions
Manhattan Baby
Mister Frost
Needful Things
Nightbreed
Nightmare
The Omen
Poltergeist
Possession
Prophecy
Reincarnation of Isabel

Resurrected
Rosemary's Baby
Scanners
The Sixth Sense
Stigmata
Stir of Echoes
Succubus
Summer of fear
Suspiria
The Tenant
Thirst
To the Devil, a Daughter
The Ugly
The Wickerman
Wishmaster
The Witches
The 7th Sign

**Le règne animal et végétal:**
20 Million Miles to Earth
The 7th Voyage of Sinbad
Alien
Alligator
Anaconda
Arachnaphobia
Attack of the Giant Leeches
Attack of the Killer Tomatoes
Bats
Baxter
The Beast From 20,000 Fathoms
Beast That Killed Women
Ben
The Black Cat
The Blob
The Boneyard
Bride of the Monster
Bug
Creature From the Black Lagoon
The Creature Walks Among Us
Creepers
Creepshow
Day of the Triffids
Deadly Spawn
Deadly Spawn
Deep Blue Sea
Earth vs. the Spider
Food of the Gods
Forbidden Planet
Frankenstein
Frogs
Gamera
Ghidrah, the Three-Headed Monster
The Giant Behemoth
The Giant Gila Monster
Godzilla vs. Gigan
Godzilla vs. King Ghidorah
Godzilla vs. Mechagodzilla
Godzilla vs. Megalon
Godzilla vs. Monster Zero
Godzilla vs. Mothra
Godzilla vs. the Sea Monster
Godzilla vs. the Smog Monster
Godzilla, King of the Monsters
Godzilla's Revenge
Gorgo
Grizzly
The Howling
Invasion of the Body Snatchers (1956 et 1978)
Jaws
King Kong
The Land that Time Forgot
Land Unknown
Link
The Little Shop of Horrors
Lobster Man From Mars
Meet the Feebles
The Monster from Green Hell
Monster in the Closet
The Monster That Challenged the World
Les monstres de l'apocalypse
Mothra
Multiple Maniacs
Nasty Rabbit
Night Caller From Outer Space
Of Unknown Origin
The Pack
Pet Sematary
Phase IV
Piranha
Please Don't Eat My Mother
Prophecy
Q: The Winged Serpent
Rawhead Rex
Rebirth of Mothra (I et II)
Reptilicus
Rodan
Skeeter
Slugs
Squirm
Sssssss
The Swarm
Teenage Mutant Ninja Turtles
Tentacles
The Terror in the Swamp (AKA: Chinchilla Man)
Them!
Tremors
Two Evil Eyes
Two Lost Worlds
The Valley of Gwangi
The War of the Gargantuas
Wax
Willard
Wolfen
The X from Outer Space
Zoltan: Hound of Dracula

**Les savants fous:**
The Adventures of Buckaroo Bonzai Across the 8th Dimension
Anatomy
Andy Warhol's Frankenstein
The Asphyx
Atom Age Vampire
Attack of the Puppet People
Black Friday
Body Bags
The Brain that wouldn't Die
Bride of the Monster
Cabinet du Dr. Caligari
Captive Wild Women
Circus of Horrors
La cité des enfants perdus
The Climax
The Crazy Ray (court métrage)
Cult of the Dead
Curious Dr. Humpp
Darkman
Day of the Dead
Dead Ringers
Deadly Friend
Demon Seed
The Devil Doll
Die, Monster, Die!
Donovan's Brain
Dr. Black Mr. Hyde
Dr. Cyclops
Dr. Giggles
Dr. Goldfoot & the Bikini Machine
Dr. Jekyll and Sister Hyde
Faceless
Fiend Without a Face
The Fly
The Flying SerpentFrankenstein (1931)
Frankenstein Created Woman
From Beyond
The Hands of Orlak
Hideous Sun Demon
Hollow Man
L'homme à deux têtes
Horror Hospital
The Indestructible Man
The Invisible Man
The Island of Dr. Moreau (1977 et 1996)
Kiss Me Monster
Mr. Stitch
Night of the Ghouls
Night of the Zombies
Out of Mind
Parasite
Les prédateurs de la nuit
Re-Animator
The Rocky Horror Picture Show
Scream and Scream Again
The Shadow of Chinatown
She Demons
Strange Behavior
Trauma
The Unearthly
White Zombie
Les yeux sans visage
A Zed and Two Naughts

LES GRANDS GENRES
## LE FILM NOIR

**La quintessence du genre:**
À bout de souffle
The Asphalt Jungle
The Big Combo
The Big Heat
The Big Sleep (1946 et 1978)
Black Angel
Blood Simple
The Blue Gardenia
Body Heat
Chinatown
Coup de torchon
Criss Cross
Dark Passage
Detour
Le Deuxième souffle
Les diaboliques
Double Indemnity
Le doulos
Farewell my Lovely
Force of Evil
Gilda
The Grifters
Hangmen Also Die
He Walked By Night
The Hot Spot
The Killers
The Killing
Kiss Me Deadly
Kiss of Death (1946, 1977 et 1994)
The Last Seduction
The Maltese Falcon
Ministry of Fear
Murder, My Sweet
Night and the City (1950-1992)
Out of the Past
Payback

Phantom Lady
Pick Up on South Street
Point Blank
The Postman Always Rings Twice
Raw Deal
Red Rock West
Romeo Is Bleeding
The Set-Up
Shallow Grave
Sweet Smell of Success
The Third Man
U-Turn

**LES FILMS D'INSPIRATION:**
After Dark, My Sweet
Albino Alligator
Behind Locked Doors
Beware, my Lovely
The Big Easy
Black Widow
Blood and Wine
The Blue Dahlia
Bob le flambeur
Born to Kill
Bound
Branded to Kill
Le cercle rouge
City of Industry
Clash by Night
Cross Fire
The Dark Corner
Dead Reckoning
Devil in a Blue Dress
Deceiver
D. O. A.
The Element of Crime
Fallen Angels (Vol. 1 et II)
Get Carter (1971 et 2000)
The Getaway
Goodbye Lover
Gun Crazy
Hammett
Harper
Heat
High and Low
The Hit
House of Games
Internal Affairs
Johnny Handsome
The Killer's Kiss
Killing Zoe
Kill Me Again
Knock on Any Door
L.A. Confidential
The Lady From Shanghai
Lady in the Lake
The Limey
Live Flesh
Lock, Stock and Two Smoking Barrels
The Long Night
Masquerade
Mauvais sang
Mildred Pierce
Mona Lisa
Mulholland Falls
The Naked City
The Narrow Margin (1952-1990)
Night Moves
No Way Out
Odds Against Tomorrow
On Dangerous Ground
One False Move
Out of Sight
Palmetto
Paris Trout
A Perfect Murder
Poussière d'ange
Quicksand
Railroaded
Regarde les hommes tomber
Reservoir Dogs
Ronin
Scarlet Street
Shadow of a Doubt
Shattered
A Simple Plan
Snake Eyes
Sonatine
Sorry, Wrong Number
The Spanish Prisoner
Stormy Monday
Tchao pantin
They Made Me a Criminal
Things to Do in Denver When You're Dead
This Gun's for Hire
Tokyo Drifter
Twilight
The Underneath
Underworld U.S.A.
Union Station
The Usual Suspects
U-Turn
Vivement dimanche!
White Heat
White Sands
Wild Things
You and Me
52 Pick Up

**LE GENRE MÉTISSÉ:**
Amateur
Angel Heart
The Big Lebowski
Blade Runner
Blue Velvet
Body Double
Bring Me the Head of Alfredo Garcia
Buffet froid
The Crying Game
Dead Again
Dead Men Don't Wear Plaid
A Fish Called Wanda
Frantic
Gumshoe
Hard Eight
Light Sleeper
Little Odessa
Miller's Crossing
The Night of the Hunter
Pulp Fiction
Serial Lover
Something Wild

## LES GRANDS GENRES
## LE FILM DE GUERRE

**PREMIÈRE GUERRE MONDIALE:**
The African Queen
All Quiet on the Western Front (1930 et 1979)
The Big Parade
The Blue Max
Capitaine Conan
Colonel Redl
The Dawn Patrol
Doughboys
The Eagle and the Hawk
A Farewell to Arms (1932 et 1957)
Fort Saganne
Gallipoli
La grande illusion
Hearts of the World
Hedd Wyn
How Many Miles to Babylon?
In Love and War
J'accuse
Johnny Got His Gun
Lafayette Escadrille
Lawrence of Arabia
The Life and Death of Colonel Blimp
The Lighthorsemen
The Lost Patrol
Marthe
Paths of Glory
Regeneration
Le roi de cœur
Sergeant York
The Spy in Black (1939)
Suzy
Today We Live
La vie et rien d'autre
Von Richtofen and Brown
Waterloo Bridge
Westfront 1918
What Price for Glory
The White Cliffs of Dover
Wings
The Wings of Eagles
Zeppelin

**SECONDE GUERRE MONDIALE:**
Action in Arabia
Action in the North Atlantic
Arch of Triumph
Ashes and Diamond
The Assault
Attack
Au revoir les enfants
Aventure Malgache/Bon voyage
Away All Boats
Back to Bataan
Battle Circus
Battle Cry
Battle of Britain
Battle of the Bulge
Battleground
Berlin Express
The Best Years of our Lives
The Big Red One
Blood on the Sun
Bombers B-52
Breakthrough
The Bridge at Nemagen
The Bridge on the River Kwai
A Bridge too Far
The Bunker
Bye, Bye Blues
The Caine Mutiny
Captain Newman M.D.
Casablanca
Catch-22
Chain Lightning
Closely Watched Trains
Code Name Emerald
Come and See
Command Decision
Commandos Strike at Dawn
The Counterfeit Traitor
The Cranes are Flying
Cross of Iron
The Cruel Sea
Darby's Rangers
Das Boot
Days of Glory

The Deep Six
Le dernier métro
The Desert Fox
The Desert Rats
Destination Tokyo
The Devil's Brigade
The Diary of Anne Frank
The Dirty Dozen
The Eagle Has Landed
Empire of the Sun
The Enemy Below
The English Patient
Ensign Pulver
Escape From Sobibor
Europa, Europa
Eye of the Needle
Farewell to the King
Fat Man and Little Boy
The Fighting 69th
The Fighting Sea Bees
Fires on the Plain
Five Graves to Cairo
The Flying Leathernecks
For a Lost Soldier
Force 10 From Navarone
The Four Horsemen of the Apocalypse
The Gallant Hours
A Generation
Go For Broke!
Good Evening Mr. Wallenberg
The Great Escape
Gung Ho (1943)
The Guns of Navarone
A Guy Named Joe
Hail the Conquering Hero
The Halls of Montezuma
Hanover Street
Hanussen
Hell in the Pacific
Hell is for Heroes
The Heroes of Telemark
Hilter, the Last Ten Days
Holocaust
Hope and Glory
The Immortal Battalion
In Arm's Way
In Wich we Serve
I Was a Male War Bride
Joan of Paris
Jonah Who Lived in the Whale
Journey for Margaret
Judgment at Nuremberg
Kanal
Kelly's Heroes
King Rat
Kings Go Fourth
Korczak
La légion saute sur Kolwezi
Léon Morin, prêtre
The Life and Death of Colonel Blimp
Life Boat
The Longest Day
A Love in Germany
MacArthur
Major Hubal
Malaya
The Man Who Never Was
Maria's Lovers
Massacre in Rome
Mediterraneo
Memphis Belle
The Men
Mephisto
Merrill's Marauders
Merry Christmas Mr. Lawrence
A Midnight Clear
Midway
The Mirror
Mister Roberts
Morituri
The Mortal Storm
Mr. Klein
Mr. Winkle Goes to War
Mrs. Miniver
Murphy's War
Music Box
Mussolini and I
My Name is Ivan
Never so Few
The Night of the Generals
Night Train to Munich
None but the Brave
La nuit de San Lorenzo
The Nun's Story
Operation Crossbow
Paisan
Passage to Marseille
Patton
Pork Chop Hill
PT 109
Racing With the Moon
Redball Express
Reunion in France
Rome, ville ouverte
Run Silent, Run Deep
Saboteur
Sahara
Salo, ou les 120 jours de Sodom
Sands of Iwo Jima
Le sang des autres
Saving Private Ryan
The Scarlet and the Black
Schindler's List
The Sea Chase
The Search
The Secret War of Harry Frigg
The Seventh Cross
Shining Through
The Silent Enemy
Sink the Bismarck
Soldier of Orange
So Proudly We Hail
Stalag 17
Stalingrad
Stella
The Story of Dr. Wassell
The Story of G.I. Joe
The Tanks Are Coming
They Were Expendable
The Thin Red Line (1964 et 1998)
Thirty Seconds Over Tokyo
A Time of Destiny
The Tin Drum
Tobruk
Too Late the Hero
Tora!Tora! Tora!
Torpedo Run
Le train
The Train
Triple Cross
Triumph of the Spirit
Triumph of the Will
Tunes of Glory
Twelve O'Clock High
U-571
Until They Sail
Up Periscope
Uranus
Le vieux fusil
Von Ryan's Express
A Walk in the Sun
The Wannsee Conference
The War Lover
We Dive at Dawn
Where Eagles Dare
Yanks
The Young Lions
13 rue Madeleine
36 Hours
49 Parallel
The 7th Dawn
1941

**RÉVOLUTION AMÉRICAINE:**
The Howards of Virginia
John Paul Jones
The Patriot
Revolution
1776

**RÉVOLUTION FRANÇAISE:**
Cheech & Chong, the Corsican Brothers
Danton
Liberté, égalité, choucroute
La Marseillaise
Les misérables (1935, 1957, 1982 et 1998)
La Révolution française 1 et 2
Le souper
Start the Revolution Without Me
A Tale of Two Cities (1935 et 1958)

**GUERRE DE SÉCESSION:**
Alvarez Kelly
Bad Company (1972)
Band of Angels
The Beguiled
The Birth of a Nation
Copper Canyon
Dark Command
Escape From Fort Bravo
Friendly Persuasion
The General
Gettysburg
Glory
The Hallelujah Trail
Major Dundee
Raintree County
Red Badge of Courage
Ride with the Devil
The Son of the Morningstar
The Southern Yankee
They Died with their Boots On

**RÉVOLUTION RUSSE:**
Le cuirassé Potemkine
Doctor Zhivago
The End of t-Petersburg
Nicholas and Alexandra
Octobre (1928)
Reds

**GUERRE D'ESPAGNE:**
Ay, Carmela!
Fiesta
For Whom the Bell Tolls
Land and Freedom

**GUERRE DE CORÉE:**
Battle Circus
Battle Hymn
The Bridges at Toko-Ri
M*A*S*H*
McArthur
Men in War
Men of the Fighting Lady

Objective, Burma!
One Minute to Zero
Pork Chop Hill
Sayonara

**Guerre du Vietnam:**
Air America
Apocalypse Now
Bat 21
Birdy
Born on the Fourth of July
Bullet in the Head
Casualties of War
China Gate
Coming Home
The Deer Hunter
Eastern Condors
Forrest Gump
Four Friends
Full Metal Jacket
Gardens of Stone
Go Tell the SpartansGood Morning Vietnam
The Green Berets
Hamburger Hill
Heaven and Earth
Jacob's Ladder
The Killing Fields
Platoon
Rambo: First Blood Part II
Streamers
Tigerland
The Walking Dead
La 317ème section

**Guerre du Golfe:**
Courage Under Fire
Three Kings

**Prisonniers de guerre:**
Au revoir les enfants
Bridge on the River Kwai
Le caporal épinglé
Come See the Paradise
Empire of the Sun
Escape From Sobibor
La grande illusion
The Great Escape
Hanoi Hilton
King Rat
The McKenzie Break
Merry Christmas Mr. Lawrence
Paradise Road
The Seventh Cross
Stalag 17
Three came Home
Victory
Von Ryan's Express

## LES GRANDS GENRES LE NÉORÉALISME

Accatone!
Allemagne, année zéro
The Bicycle Thief
The Children are Watching Us
I Vitelloni
Mama Roma
The Nights of Cabiria
Ossessione
Paisan
Rome, ville ouverte
La Strada
Stromboli
Umberto D.

## LES GRANDS GENRES LA NOUVELLE VAGUE

**Les précurseurs:**
Ascenseur pour l'échafaud
Le beau Serge
La boulangère de Monceau
Cléo de 5 à 7
Et Dieu créa la femme
Hiroshima, mon amour
Les mistons (cm)
Tous les garçons s'appellent Patrick (cm)

**La quintessence du genre:**
À bout de souffle
Alphaville
L'amour à 20 ans (cm)
L'année dernière à Marienbad
À tout prendre
Bande à part
Bob le flambeur
Le chat dans le sac
Détective
Le doulos
Une femme est une femme
La femme infidèle
Une fille et des fusils
Jules et Jim
Jusqu'au cœur
Léo Morin, prêtre
Lola
Ma nuit chez Maud
Masculin, féminin
Le mépris
Mon amie Pierrette
Passion
La peau douce
Pierrot le fou
Un singe en hiver
La sirène du Mississippi
Tirez sur le pianiste
Vivre sa vie
Weekend
Les yeux sans visage
Les 400 coups
Zazie dans le métro

## LES GRANDS GENRES LE REMAKE

À bout de souffle > Breathless
The Absent Minded Professor (1961 et 1997)
Les ailes du désir > City of Angels
All Quiet on the Western Front (1930 et 1979)
Angels in the Outfield (1951 et 1994)
Anna and the King of Siam > The King and I > Anna and the King
Attack of the 50 Foot Woman (1959 et 1993)
Les aventures fantastiques du Baron de Munchausen > The Adventures of Baron Munchausen
Ben-Hur (1923 et 1953)
The Bicycle Thief > Pee-Wee's Big Adventure
The Big Sleep (1946 et 1978)
The Bishop's Wife > The Preacher's Wife
The Blob (1958 et 1988)
The Bride of Frankenstein > The Bride
The Browning Version (1951 et 1994)
Buddy Buddy > L'emmerdeur
La cage aux folles > The Birdcage
Cape Fear (1962 et 1991)
The Cat and the Canary (1939 et 1979)
Cat People (1943 et 1982)
The Champ (1931 et 1978)
La chèvre > Pure Luck
Les choses de la vie > Intersection
Cinderella > Ever After: A Cinderella Story
City on Fire > Reservoir Dogs
Cleopatra (1934 et 1963)
Les compères > Father's Day
Cousin, cousine > Cousins
Criss Cross > The Underneath
Cyrano de Bergerac (1950) > Cyrano de Bergerac (1990) > Roxanne > The Thruth About Cats and Dogs
Day of the Jackal > The Jackal
The Desperate Hours (1955 et 1990)
Les diaboliques > Diabolique
Dial M for Murder >The Perfect Murder
Doctor Dolittle (1963 et 1998)
The End of the Affair (1955 et 1999)
Father of the Bride (1950 et 1991)
The Fly (1958 et 1986)
Force majeure > Return to Paradise
The Four Feathers (1939) > The Four Feathers (1978)
Freaky Friday > Vice/Versa
The Front Page (1931 et 1974) > His Gril Friday > Switching Channels
Le fugitif > Three Fugitives
The Getaway (1972 et 1993)
Gloria (1980 et 1998)
Godzilla (1954 et 1997)
Le grand blond avec une chaussure noire > The Man With the Red Shoe
Great Expectations (1934 et1944 et 1998)
Gun Crazy (1949 et 1993)
A Guy Named Joe, A > Always
Hands of Orlac > Mad Love
The Haunting (1964 et 1999)
Here Comes Mr. Jordan > Heaven Can Wait
High Noon > Outland
L'homme qui voulait savoir > The Vanishing
House on the Haunted Hill (1958 et 1999)
Un indien dans la ville > Jungle to Jungle
Invaders From Mars (1953 et 1986)
Invasion of the Body Snatchers (1956 et 1978) > Body Snatchers
Island of the Lost Souls > Island of Dr. Moreau (1977 et 1996)
Ivanhoe (1952 et 1982)
Jacob the Liar (1974 et 1999)
La jetée (cm) > 12 Monkeys
Le jouet > The Toy
Julius Caesar (1953 et 1970)
Jungle Book (1942 et 1994)
King Kong (1933 et 1976)
Kismet (1944 et 1955)
The Lady Vanishing (1938 et 1979)
The Last of the Mohicans (1920 , 1936 et1992) > Last of the Redmen
Les liaisons dangereuses > Dangerous Liaisons > Valmont
Little Shop of Horror (1960 et 1986)
Little Women (1933, 1949 et 1993)
Louis 19 > ED TV
The Man Who Know Too Much (1935 et 1956)
The Masque of the Red Death (1964 et 1989)

Mighty Joe Young (1949 et 1998)
Les misérables (1935, 1957, 1982) > Les misérables du xx^e siècle
Moby Dick (1956 et 1997)
Mon père, ce héros > My Father the Hero
The Most Dangerous Game > Hard Target. Surviving the Game
The Mummy (1932, 1959 et 1999)
Murder, My Sweet > Farewell, My Lovely
Narrow Margin (1952 et 1990)
Neuf mois > Nine Months
Night in the City (1950 et 1992)
Night of the Living Death (1964 et 1990)
Nikita > Point of No Return
Ninotchka > Silk Stockings
Nosferatu > Nosferatu the Vampyre
The Nutty Professor (1963 et 1996)
Of Human Bondage (1934 et 1964)
Of Mice and Men (1939 et 1992)
The Out-of-Towners (1970 et 1999)
The Parent Trap (1961 et 1998)
Parfum de femme > Scent of a Woman
Le Père Noël est une ordure > Mixed Nuts
The Phantom of the Opera (1925, 1943, 1962 et 1989)
The Philadelphia Story > High Society
Point Blank > Payback
The Postman Always Rings Twice (1946 et 1981)
The Prisoner of Zenda (1937, 1952 et1979)
Psycho (1960 et 1998)
Rio Bravo > Assault on Precinct 13
Sabrina (1954 et 1995)
Le salaire de la peur > Sorcerer
Le samouraï > The Killer
Scarface (1932 et 1983)
Seven Chances > The Bachelor
Seven Samourai > The Magnificent Seven
Shaft (1971 et 2000)
The Shop Around the Corner > You've Got Mail
Showboat (1936 et 1951)
Son of Flubber > Flubber
A Star Is Born (1937, 1954 et 1976)
The Ten Commandments (1923 et 1956)
The Thing (1951 et 1982)
The Thomas Crown Affair (1968 et 1999)
La totale > True Lies
Trois hommes et un couffin > Three Men and a Baby
Village of the Damned (1960 et 1995)
Yojimbo > A Fistful of Dollars > Last Man Standing
101 Dalmatians (1960 et1996)
12 Angry Men (1957 et 1997)
20,000 Leagues Under the Sea (1916 et 1954)

## LES GRANDS GENRES
## LE «ROAD MOVIE»

**LA QUINTESSENCE DU GENRE:**
The African Queen
Bottle Rocket
Bound for Glory
Boys on the Side
Butch Cassidy and the Sundance Kid
Butterfly Kiss
Daddy -0
Dead Man
Drive, She Said
Dutch
The Easy Life
Easy Living
Fandago
Feeling Minnesota
The Fugitive Kind
Grapes of Wrath
The Great Race
Gun Crazy
Harry and Tonto
Hideous Kinki
Hot Rod Girl
It Happened One Night
Jérôme
Leaving Normal
Lost in America
The Love Field
The Music of Chance
My Own Private Idaho
Niagara, Niagara
Odd Man Out
Of Mice and Men
A Perfect World
Powwow Highway
Rain Man
The Rain People
Reckless (1935)
The Reivers
The Road to Hong Kong
The Road to Morocco
The Road to Rio
The Road to Singapore
The Road to Utopia
The Road to Zanzibar
Scarecrow
The Searchers
Slither
Starlight Hotel
Straight Story
Stranger than Paradise
Sullivan's Travel
Thelma & Louise
Trouble Bound
Two for the Road
White Line Fever

**LE GENRE MÉTISSÉ - LA COMÉDIE:**
The Adventures of Priscilla, Queen of the Desert
Brewster McCloud
Cecil B. Demented
Crazy Mama
Dumd and Dumber
Fear and Loathing in Las vegas
Flirting with Disaster
Kiss or Kill
The Living End
Mad Love (1995)
Midnight Run
Mystery Train
Night on Earth
Siam Sunset
Something Wild
Spies Like Us
To Wong Foo, Thanks for Everything, Julie Newmar
2 hommes, 2 femmes, 4 problèmes

**LE GENRE MÉTISSÉ - LE SUSPENSE:**
Another Day in Paradise
Apocalyspe Now
Badlands
Bonnie & Clyde
Breakdown
Buffalo 66
Death Race 2000
The Doom Generation
Dream with Fishes
Duel
Dust Devil
Easy Rider
Felicia's Journey
Freeway
From Dust Till Dawn
Heaven's Burning
The Hitcher
Kalifornia
Natural Born Killers
Le Salaire de la peur
Sorcerer
Sugarland Express
Tail Lights Fade
Three Kings
The Trigger Effect
True Romance
Truth or Consequences N.M.U-Turn
Vanishing Point
Wild at Heart

**LE GENRE MÉTISSÉ - LE CINÉMA POUR TOUS:**
Around the World in 80 Days
Forrest Gump
Homebound: The Incredible Journey
I Dreamed of Africa
The Incredible Journey
Into the West
Pee Wee's Big Adventure
Planes, Trains an dAutomobiles
Those Magnificent Men in Their Flying Machines
The Wizard of Oz

**CUVÉE INTERNATIONALE:**

**Allemagne:**
Alice in the Cities
Au revoir Amerika
Bandits
Fitzcarraldo
Kings of the Road
Lisbon Story
Paris Texas
Until the End of the World
Wrong Move

**Amérique latine:**
El Norte
Le voyage

**Chine:**
Life on a String

**France:**
À bout de souffle
À vendre
Alberto Express
L'arrière-pays
Aux yeux du monde
Chamane
Cocktail Molotov
Gadjo Dilo
Invitation au voyage
IP5
Des nouvelles du Bon Dieu
Pierrot le fou
Les rendez-vous d'Anna
Sans toit ni loi
La vie rêvée des anges
Western

**Grèce:**
Le regard d'Ulysse

**Italie:**
Aprile
Une blonde, une brune et une moto
Lamerica
The Passenger
Sheltering Sky
La Strada
Zabriski Point

**Pays de l'Est:**
Stalker

**Québec, Canada:**
Un 32 août sur terre
Aujourd'hui et jamais
Because Why
Clandestins
Fishing Trip
Highway 61
L'île de sable
Moody Beach
Mouvements du désir
My American Cousin
Roadkill
Tail Light Fade
Zigrail

**Scandinavie:**
Ariel
Leningrad Cowboys Go America
Sawdust & Tinsel

**Suisse:**
Journey of Hope

LES GRANDS GENRES
## LA SCIENCE-FICTION

**LES CIVILISATIONS DE L'AVENIR:**
Alphaville
Barb Wire
Bunker Palace Hotel
Clockwork Orange
Dark City
Delicatessen
Escape From New York
Fahrenheit 451
The Fifth Element
Fortress
Future World
Gattaca
The Handmaid's Tale
Logan's Run
Metropolis
The Postman
Sleeper
Soylent Green
Tank Girl
THX-1138
Tykho Moon
Zardoz
1984

**LES ÉPOPÉES INTERGALACTIQUES:**
Aelita: Queen of Mars
Alien I, II, III et IV
Androide
Barbarella
Battelfield Earth
Battle Beyond the Stars
The Black Hole
Capricorn one
Dark Star
Dr.Who and the Daleks
Dune
Empire Strikes Back
Event Horizon
Flash Gordon
Forbidden Planet
Frank Herbert's Dune
Galaxie Quest
Journey to the Far Side of the Sun
Mission to Mars
Moonraker
The mouse on the moon
Nightfall
Outland
Planet of the Apes I, II, III, IV et V
Red planet
Return of the Jedi
Solaris
Soldier
Spaceballs
Space cowboys
Star Crash
Star Trek I, II, II, IV, V, VI, VII , VIII et IX
Star Wars
Star Wars Episode 1: the Phantom Menace
Stargate
Starship Troopers
The Last Starfighter
Total Recall
2001: A Space Odyssey
2010: The Year We Make Contact

**LA FIN DU MONDE ET LES SOCIÉTÉS POST-NUCLÉAIRES:**
Akira
Apocalypse 2024 (A Boy and His Dog)
Blade Runner
The Blood of Heroes
Bunker Palace Hotel
Café Flesh
Circuitry Man
Crime Zone
Dark City
The Day After
The Day the Earth Caught Fire
The Day the World Ended
Def-Con 4
Delicatessen
Le dernier combat
End of days
Eraserhead
Escape From L.A.
Gunhead
Hardware
La jetée (cm)
Last Night
Lost in Space
Marooned
Mad Max
Mad Max 2: Road Warrior
Mad Max Beyond Thunderdome
Mad Max I, II et III
The Matrix
New Rose Hotel
Night of the Comet
Omega Man
Panic in Year Zero
The Planet of the Apes
Postman
The Quiet Earth
Quintet
She
Stalker
The Stand (tv)
Star Trek: First Contact
Supernova
Tank Girl
Them!
Things to Come
Threads
Waterworld
Zardoz
12 Monkeys

**L'INVASION DES EXTRATERRESTRES:**
Alien nation
Close Encounters of the Third Kind
Cocoon I et II
Communion
Contact
The Brother From Another Planet
The Day the Earth Stood Still
Day of the Triffids
Destroy All Monsters
E.T. the Extra-Terrestrial
Enemy Mine
Galaxy Quest
Howard the Duck
I Come in Peace
Independance Day
Invaders From Mars
Invasion of the Bodysnatchers
It Came from Outer Space
The Last Starfighter
Lifeforce
Predator I et II
La soupe aux choux
Spaced Invaders
Starman
Starship Invasions
Supergirl
Superman I, II, III et IV
The Thing
The War of the Worlds
X-Files: The Movie

**LES LOISIRS FUTURISTES:**
Blood of Heroes
Cube
Death Race 2000
La dixième victime
Existenz
Futureworld
Jurassic park
The lost world
La mort en direct
The Matrix
Le prix du danger
Quintet
Rollerball
The Running Man
Strange Days
The Thirteenth Floor
The Truman Show
Westworld
What Planet Are You From?
1000 merveilles de l'univers

**LES ROBOTS ET LES ANDROÏDES:**
Android
Bicentennial Man
Blade Runner
The Black Hole
Cherry 2000
Colossus: The Forbin Project
D.A.R.Y.L.
Demon Seed
Hardware
The Man Facing Southeast
The Man Who Fell to Earth
Mars Attacks!

Men in Black
Monolith
The Peacemaker
Plan 9 From Outer Space
Puppet Masters
Robocop I et II
Robot Monster
Screamers
Short Circuit I et II
Starship Troopers
Terminator I et II
Tobor the Great
Universal Soldier
The 6th day

**La science et la technologie:**
The Andromeda Strain
Black Friday
Brainstorm
Charly
La cité des enfants perdus
Dans le ventre du dragon
Dreamscape
The Fantastic Voyage
The Final Program
Flatliners
The Fly I et II
The Invisible Man
Inner Space
The Island of Dr. Moreau
Johnny Mnemonic
The Lawnmower Man
Pi
The Sender
Tron
Virtuosity
X: The Man with the X-Ray Eyes

**Les voyages dans le temps:**
Back to the Future I,II et III
Buck Rogers in the 25th century
Daleks-Invasion Earth 2150 A.D.
Dead Again
Freejack
Frequency
Highlander I et II
Iceman
Land That Time Forgot
Millenium
The Navigator: A Medieval Odyssey
Peut-être
The Philadelphia Experiment
Slaughterhouse Five
Somewhere in Time
Time After Time
Time Bandits
The Time Machine
Timescape
Trancers
Les visiteurs I et II
Waxwork I et II
12 Monkeys

LES GRANDS GENRES
## LE WESTERN

**Les classiques (avant 1960):**
Across the Missouri
The Alamo
Along Came Jones
Along the Great Divide
Angel and the Badman
Annie Oakley
Apache
Arrowhead
The Badlanders
Bend of the River
The Big Country
The Big Sky
The Big Trail
The Big Trees
Billy the Kid
Blood on the Moon
Blowing Wild
Broken Arrow
Broken Lance
Buffalo Bill (1944)
Canyon Passage
Cimmaron (1931)
Copper Canyon
Coroner Creek
The Covered Wagon
Cowboy
Dallas
Dakota Lil
The Desperadoes
Destry Rides Again
Distant Drums
Dodge City
Drums Along the Mohawk
Duel in the Sun
Escape From Fort Bravo
The Far Country
The Fastest Gun Alive
The Fighting Kentuckian
Flame of Barbary Coast
Fort Apache
Four Faces West
Girl Rush
Good Day for a Hanging
The Great Mans Lady
Gun Glory
Gunfight at the O.K. Corral
The Gunfighter
Gunman's Walk
Harlem Rides the Range
Heller in Pink Tights
High Noon
Hondo
Honky Tonk
The Horse Soldiers
The Indian Fighter
Jesse James
Johnny Guitar
The King and Four Queens
Last of the Redmen
The Law and Jake Wade
Law and Order (1953)
A Lawless Street
The Left-Handed Gun
The Lonely Man
The Magnificent Seven
The Man From Laramie
The Man From the Alamo
Man in the Shadow
Man of the West
Man With the Gun
Man Without a Star
Montana
Montana Belle
My Darling Clementine
The Naked Spur
No Name on the Bullet
The Night of the Grizzly
The Outlaw
The Painted Desert
The Plainsman
Pony Express
Pursued
Rachel and the Stranger
Rancho Notorious
Red River
The Return of Frank James
The Ride Back
Rio Bravo
Rio Grande
Rio Lobo
Santa Fe Trail
The Searchers
Shalako
Shane
Shepherd of the Hill (1941)
She Wore a Yellow Ribbon
Sitting Bull
The Snows of Kilimajaro
South of St-Louis
Springfield Rifle
Stagecoach
Station West
Tall in the Saddle
Texas
Texas Ranger Rides Again
They Came to CorduraThey Died With Their Boots On
Terror in a Texas Town
The Tin Star
Tomahawk
Tribute to a Bad Man
Tumbleweeds
Unconquered
The Unforgiven
Vengeance Valley
Vera Cruz
The Violent Men
The Virginian (1929 et 46)
Viva Villa!
Wagon Master
Warlock
The Westerner
Western Union
Westward the Women
Winchester '73
3 Godfathers
3:10 to Yuma

**Les contemporains (après 1960):**
The Appaloosa
Bad Girls
The Ballad of Cable Hogue
The Ballad of Gregorio Cortez
Barbarosa
Belle Star
Big Jake
Billy Two Hats
Bite the Bullet
The Bravados
Buck and the Preacher
A Bullet for the General
Butch Cassidy and the Sundance Kid
Catlow
Charro!
Cheyenne Autumn
Chisum
Chuka
Cimarron (1960)
The Comancheros
Comes a Horseman
Commanche Station
Conagher
Custer of the West
Dances With Wolves
Dead Man
The Deadly Companions
Dirty Dingus Magee

Doc
Duel at Diablo
El Chuncho (Bullet for the General)
El Condor
El Diablo
El Dorado
Flaming Star
Gambler Returns: The Luck of the Draw
Geronimo: an American Legend
Goin' South
The Good Guys, and the Bad Guys
Go West, Young Man
The Great Northfield, Minnesota Raid
The Great Train Robbery
The Grey Fox
Guns of the Magnificent Seven
The Hallelujah Trail
Hang'Em High
Hannie Caulder
Heaven's Gate
High Plain Drifters
Hombre
Hostile Guns
Hour of the Gun
How the West Was Won
Invitation to a Gunfighter
J.W. Coop
Jeremiah Johnson
Joe Kidd
Jory
Lawman
The Life and Times of Judge Roy Bean
Little Big Man
Lonely Are the Brave
The Long Riders
Mackenna's Gold
Macho Callahan
Madron
A Man Called Horse
The Man Who Shot Liberty Valance
Maverick
McCabe & Mrs. Miller
McLintock
The Missoury Breaks
Monte Walsh
Nevada Smith
North to Alaska
One-Eyed Jacks
The Outlaw Josey Wales
The Outrage
Pale Rider
Patt Garrett & Billy the Kid
Pocket Money
Posse
The Quick and the Dead
The Rare Breed
The Real Glory
The Return of a Man Called Horse
Return of the Magnificent Seven
Ride the High Country
Ride with the Devil
Rought Night in Jericho
The Rounders
The Scalphunters
Shenandoah
Shenandoah
The Shooting
The Shootist
Soleil rouge
Silverado
Sitting in Limbo
The Sons of Katie Elder
The Stalking Moon
The Sun Shines Bright
Tell Them Willie Boy is Here
Texas Across the River
There Was a Crooked Man
They Came to Cordura
Tombstone
Tom Horn
The Train Robbers
Triumph of a Man Called Horse
True Grit
Two Mules for Sister Sara
Two Rode Together
Ulzana's Raid
The Undefeated
Unforgiven
Valdez Is Coming
Wanda Nevada
The War Wagon
Waterhole #3
The Way West
Wild Bill
The Wild Bunch
Wild Rovers
Will Penny
Wyatt Earp
Young Guns (I et II)
Zachariah

**Les parodies:**
Billy the Kid Vs. Dracula
Blazing Saddles
Buffalo Bill and the Indians
Fanny Hill
Jesse James Meets Frankenstein's Daughter
Lust in the Dust
Pardners
Terror in Tiny Town
Three Amigos!
Tokyo Cowboy
Viva Maria!
West Side Soda

**Les western « spaghetti»:**
Death Rides a Horse
Django
Django Shoots First
Django Strikes Again
A Fistful of Dollars
A Fistful of Dynamite (Duck You Sucker)
For a Few Dollars More
The Good, The Bad and the Ugly
My Name Is Nobody
Once Upon a Time in the West
The Stranger & the Gunfighter
They Call Me Trinity
Trinity is Still my Name

## Les grands genres
## Le cinéma de Hong Kong

**Bloodshed**
A Better Tomorrow
City on Fire
Full Contact
God of Gamblers
Hard Boiled
The Killer
Legacy of Rage
Organised Crime & Triad Bureau

**Flying Kong-Fu**
Burning Paradise
Crouching Tiger, Hidden Dragon
Iron Monkey
Once Upon a Time in ChinaTai chi II
Tai Chi Master
Wing Chun

**Ghosts & Legends**
Bride with White Hair
Chinese Ghost Story
Dreadful Melody
Green Snake
Heroic Trio
Rouge
Wicked City
ZU: Warrior of the Magic Mountain

**Chop Socky**
Drunken Master II
Eastern Condors
Five Deadly Venoms
Prodigal Son
Twinkle, Twinkle Lucky Star
Wheels on Meals
Winners & Sinners

## L'histoire
## Préhistoire-XIX^e siècle

**Préhistoire:**
La guerre du feu
The Three Ages (époque parodiée)

**Antiquité:**
Message, The (Mohammed, Messenger of God)
L'empereur et l'assassin

**Égypte ancienne:**
Astérix et Cléopatre (animation)
The Egyptian
Exodus
Land of the Pharaohs
Moses
Le Pharaon
The Prince of Egypt (animation)
Wholly Moses!

**Grèce antique:**
Alexander The Great
Antigone
Atlantis, The Lost Continent (époque parodiée)
Cabiria
Clash of the Titans (époque parodiée)
Le colosse de Rhodes
Helen of Troy
Hercules (animation)
I Claudius (télévision)
Iphigenia
Jason and the Argonauts (époque parodiée)
Médée
Odyssey, The (film et téléVision)
Œdipus Rex
The Three Stooges Meet Hercules (époque parodiée)
The Trojan Women

**Rome antique:**
Astérix et la surprise de César (époque parodiée)
Barabbas
Ben-Hur (1926 et 56)
Bible, The
Caligula
Cleopatra (1934 et 63)
Conan the Barbarian (époque parodiée)
Deux heures moins le quart avant Jésus-Christ (époque parodiée)

Les douze travaux d'Astérix (époque parodiée)
L'enlevement ses Sabines
Fall of the Roman Empire
Fellini Satyricon
A Funny thing Happened on the Way to the Forum (époque parodiée)
The Gladiator
The Greatest Story Ever Told
Jesus of Nazareth
Julius Caesar (1953 et 70)
King of Kings
The Last Temptation of Christ
Marie de Nazareth
Masada
Monty Python's Life of Brian (époque parodiée)
Quo Vadis? (1951 et 85)
The Robe
Roman Scandals
Samson and Dalilah
The Sign of the Cross
Spartacus
The Ten Commandments
Three Ages, the (époque parodiée)
Titus
The Viking Queen

**MOYEN-ÂGE (IXe AU XIVe SIÈCLES):**
Adventures of Marco Polo, The
Adventures of Robin Hood, The
Alexander Nevsky
Alexander The Great
Anchoress
Army of Darkness: Evil Dead 3 (époque parodiée)
Le bâtard de Dieu
Becket
Being Human
Black Arrow
Braveheart
Brother Sun, Sister Moon
Camelot
Canterbury Tales
La chanson de Roland
Les chevaliers teutoniques
The Company of Wolves
Count of Monte Cristo
The Crucible
The Cruisades
The Crusades
The Decameron
Le destin
Dragonheart (époque parodiée)
Dragonslayer (époque parodiée)
Edward Ii
El Cid
Erik The Viking (époque parodiée)
Excalibur
First Knight
The Flame & The Arrow
Flesh + Blood
Four Musketeers
Hearts and Armours
Highlander (époque parodiée)
Hunchback of Notre-Dame
Ivan the Terrible
Ivanhoe (1952 et 1982)
Jabberwocky (époque parodiée)
Jack Tthe Giant Killer (époque parodiée)
Jeanne La Pucelle
Joan of Arc
Juniper Tree, The
King Lear
King Richard and the Crusaders
Knights of the Round Table
Lady Godiva
Ladyhawke (époque parodiée)
The Lady's Not For Burning,
Legend (époque parodiée)
Lion in Winter, The
Lionheart
Lord of The Rings (époque parodiée)
Macbeth
Magic Hunter
Magic Sword, The (époque parodiée)
The Messenger: The Story of Joan Of Arc
Le moine et la Sorcière
Monty Python and the Holy Grail (époque parodiée)
The Name of The Rose
Navigator: A Medieval Odyssey
Notre-Dame de Paris
Onibaba
La passion Béatrice
The Passion of Joan of Arc
Prince Valliant
Princess Bride, The (époque parodiée)
Quest for Camelot
Le retour de Martin Guerre
Richard III
Robin et Marian
Robin Hood (1922,1973 Et 1991)
Robin Hood: Men in Tights (époque parodiée)
Robin Hood: Prince of Thieves
Les rois maudits (télévision)
Royal Deceit
Le septième sceau
La source
Stealing Heaven
The Story of Robin Hood
The Sword and the Sorcerer (époque parodiée)
The Sword in the Stone (époque parodiée)
Sword of Lancelot
Sword of the Valiant
Three Musketeers, The (1939, 1974 et 1993)
Time Bandits (époque parodiée)
Tower of London
The Vikings
Les visiteurs du soir
Les visiteurs II: Les Couloirs du temps (époque parodiée)
Les visiteurs (époque parodiée)
La voie lactée
13th Warrior

**RENAISSANCE:**
Agony and the Ecstasy, The
Aguirre: La Colère de Dieu
Andrei Rublev
Anne of the Thousand Days
Cabeza De Vaca
Captain from Castile
Christopher Columbus: The Discovery
Les dames galantes
Dangerous Beauty
Le décameron
Diane
El Dorado
Elizabeth
Fire Over England
Golem, The
Hamlet
Hardi! Pardaillan
Henry V(1945)
Henry V(1989)
Kagemusha
Kama Sutra: A Tale of Love
Le mal d'aimer
A Man For All Seasons
The Man Who Saw Tomorrow
Mary of Scotland
Nicholas and Alexandra
Nostradamus
Othello
The Private Life of Henry VIII
The Private Lives of Elizabeth And Essex
Reine Margot, La (1954 et 93)
Richard III (1955)
Romeo & Juliet
Shakespeare in Love
Taras Bulba
La Vénitienne
1492: Conquest of Paradise

**BAROQUE:**
L'amour conjugal
Artemisia
Black Robe
Captain Blood
Caravaggio
Cartouche
Cromwell
Crucible, The
Cry of The Banshee
Devils, The
Don Juan
The Draughtsman's Contract
The Fifth Musketeers
Forever Amber
The Iron Mask
La lettre écarlate
Louis, Enfant Roi
The Man in the Iron Mask
Molière
Moll Flanders
Pirates
Pocahontas
La prise de pouvoir par Louis XIV
La putain du roi
Queen Christina
Quilombo
Restoration
Samurai I, II et III
The Scarlett Letter
Squanto: A Warrior's Tale
Tous les matins du monde
Vatel
Le voyage du capitaine Fracasse

**ROMANTISME:**
Adieu Bonaparte
Amadeus
Barry Lyndon
Beaumarchais l'insolent
Bounty, The
Captain Horatio Hornblower
Le carosse d'or
Chouans!
Conquest
Couleur de Grenade
Dangerous Liaisons
Danton
Les deux Fragonard
Devil's Brother (Fra Diavolo) (époque parodiée)
The Duellists
Fanfan la Tulipe
Germinal

Gonza The Spearman
Guerre et paix
Jefferson In Paris
The Last of the Mohicans
The Light in the Forest
Lloyd's of London
The Madness of King George
Marie Antoinette
Mary Shelley's Frankenstein
Mesmer
Mission, The
Mutiny on the Bounty
Napoléon (1927 et 54)
New Moon
Northwest Passage
La nuit de Varennes
The Patriot
Que la fête commence!
The Rebels
La religieuse
Revolution
La Révolution française
1: Les années Lumière
La Révolution française
2: Les années Lumière
The Rise of Catherine The Great
Rob Roy
Rouge Venise
Sade
Scaramouche
The Scarlet Empress
The Scarlet Pimpernel
Le secret des Sélénites
Sense and Sensibility
Seven Cities of Gold
Le souper
Tom Jones
Vent de Galerne
War and Peace

**MODERNITÉ (XIXe SIÈCLE):**
The Abominable Dr. Phibes
The Alamo
America, America
Amistad
Andy Warhol's Dracula
L'arbre aux sabots
Au nom du pape Roi
August
The Ballad of Little Jo
Beautiful Dreamers
Becoming Colette
Beethoven's Nephew
Belle of the Nineties
Beloved
The Birth af s Nation
The Bostonians
The Buccaneer
Burke & Willis
Les camarades
Camila
Champ d'honneur
Colonel Chabert
Come and Get It
Daens
Dances with Wolves
Dead Man
Elvira Madigan
The Emigrants
Emma
L'enfant sauvage
Les enfants du paradis
Far and Away
Le festin de Babette
Germinal
Geronimo: An American Legend
Gettysburg
Glory
The Great Train Robbery
Greystoke: The Legend of Tarzan,
The Lord of The Apes
Haunted Summer
Henry V
Le hussard sur le toit
L'hypothèse du tableau volé
The Life of Emile Zola
Little Dorrit: Little Dorrit's Story
Louisiana
Madame Bovary
Madame de...
Man in the Wilderness
Mandingo
Les meilleures intentions
Nana
Newsies
Oliver!
The Ox
The Piano
Pride and Prejudice (1940 et 1985)
Quand je serai parti... Vous vivrez encore
Quelques arpents de neige
Rachel and the stranger
Raspoutine
Rasputin and the Empress
Riel
Salome's Last Dance
Santa Fe Trail
Sissi impératrice
Tai-Pan
Total Eclipse
Two Years Before the Mast
Van Gogh
Waterloo
The Way West
Zulu
Zulu Dawn
1860
2 Anglaises et le continent
20,000 Leagues Under The Sea

## L'HISTOIRE LES ANNÉES 1910

**Les authentiques:**
La grève
Octobre

**Les évocations:**
Anarchiste ou la bande à Bonnot
Dark Journey
Dishonored
L'esclave de l'amour
Gabriela
Good Morning, Babylon
Jesuit Joe
Lawrence of Arabia
Mahler
Michael Collins
A Night to Remember
Noirs et blancs en couleurs
Les nuits moscovites
Old Gringo
Out of Africa
The Picture Bride
Le roi de cœur,
Ryan's Daughter
Shooting Party, The
Titanic
Viva Zapata!
When The Whales Came
The Wild Bunch
Wilson
The Wings of the Dove
The Winslow Boy
the Women on the Roof
1918

## L'HISTOIRE LES ANNÉES 1920

**LES AUTHENTIQUES:**
Arsenal
The Gold Rush
Hallelujah
La rue sans Joie
Sally of the Sawdust
Way Down East

**Les éVocations:**
L'affaire Matteotti
Bullets Over Broadway
Caractère
The Children of Noisy Village
Commissar
The Cotton Club
Le coup de grâce
A Dangerous Man: Lawrence After Arabia
Eight Men Out
Épouses et concubines
The Fortune
The Great Gatsby
The Great Waldo Pepper
Les harmonistes
Inherit the Wind
Kabloonak
Kangaroo
The Killing Floor
Le lance-pierres
Last September
The Learning Tree
Legionnaire
Matewan
Milena
Les mille et une recettes du cuisinier
amoureux
Moderns, The
A Month in the Country
More About the Children of Noisy Village
Mr. North
Mrs. Parker and the Vicious Circle
My Family
My Life So Far
The Newton Boys
A Passage to India
Quartet
Red Tent, The
The Rise and Fall of Legs Diamond
The Rose of Washington Squaree
Rosewood
Sacco & Vanzetti
Sand Pebbles, The
Shake Hands with the Devil
Sirocco
The Spirit of St. Louis
Splendor in the Grass
Sunset
Le temps retrouvé
Thoroughly Modern Millie
Those Daring Young Men in Their Jaunty
Jalopies
Three Comrades
Le trio infernal
La vie et rien d'autre

Where The Rivers Flow North
Widow's Peak

L'HISTOIRE
## LES ANNÉES 1930-1940

**LES AUTHENTIQUES:**
Abilene Town
Above Suspicion
Adam Had Four Sons
The Adventures Of Huckleberry Finn
Alice Adams
All The King's Men
Allemagne année zéro
American Madness
Andy Hardy Meets Debutante
Angèle
Arch of Triumph
Black Legion
Black Narcissus
Bombshell
Clouds over Europe
Les dames du bois de Boulogne
The Divorcee
Dragon Seed
L'école buissonnière
La femme du boulanger
The Girl From Missouri
La grande illusion
The Grapes of Wrath
Imitation of Life
International House
It's a Gift
Journey for Margaret
The Keys of The Kingdom
Little Caesar
Magic Town
Meet John Doe
Merton of The Movies
Mildred Pierce
Night Train to Munich
None but the Lonely Heart
Our Daily Bread
Pittsburgh
Princesse Tam-Tam
Prix de Beauté
The Public Enemy
Reefer Madness
The Roaring Twenties
Scarface
Theodora Goes Wild
These Three
La tragédie de la mine
The Virginian
Le voleur de bicyclette
The Wedding March

**LES ÉVOCATIONS:**
Agaguk - Shadow of the Wolf
Alan & Naomi
Almonds and Raisins
Amarcord
Amelia Earhart, The Final Flight
Un amour en Allemagne
L'année du soleil tranquille
Another Time, Another Place
The Assassination of Trotsky
La banquière
Le bateau de mariage
The Bay Boy
Belle époque
The Big Brawl
Billy Bathgate
Bonheur d'occasion
Borsalino
Bound for Glory
Boxcar Bertha
Brasier, Le
Brighton Beach Memoirs
The Bunker
Cabaret
Cast a Giant Shadow
Cendres et diamant
Come See the Paradise
Coup de Torchon
Cradle Will Rock
The Dollmaker
Earth
Édith et Marcel
The Elementary School
En compagnie d'Antonin Artaud
The English Patient
Europa
F.I.S.T.
Fat Man and Little Boy
Une emme à sa fenêtre
Flic Story
The Funeral
Grey Owl
The Group
A Handful of Dust
Harlem Nights
The Hindenburg
Hoodlum
Jacquot de Nantes
Jakob the Liar
Je suis loin de toi mignonne
Joe Gould's Secret
King of the Hill
Korczak
Lepke
The Lover
Lucky Luciano
Les lunettes d'or
Margaret's Museum
Miss Mary
Moloch
the Naked Civil Servant
The Neon Bible
Obsession à Berlin
Open Doors
Other, The
Outremer
Partis pour la gloire
Places in the Heart
Les Plouffe
The Prime of Miss Jean Brodie
A Private Function
Propaganda
Racing with the Moon
Radio Days
Rue cases-nègres
Les rues de mon enfance
The Sicilian
Sister, My Sister
Sounder
Stavisky
Sting, The
Sweet and Lowdown
Swing Shift
They Shoot Horses, Don't They?
To Kill a Mockingbird
La traversée de Paris
The Untouchables
Vivre
Wait Until Spring, Bandini
White Mischief
1941

L'HISTOIRE
## LES ANNÉES 1950

**LES AUTHENTIQUES:**
An American in Paris
Artists and Models
Ask Any Girl
Blackboard Jungle
Bob le flambeur
Carnival Rock
La complainte du sentier,
The Crawling Eye
The Dolly Sisters,
The Eddy Duchin Story
East of Eden
Et Dieu créa la femme
Father of the Bride (1950)
Forbidden Planet
Gentlemen Prefer Blondes
Girl Town (1959)
High School Confidential
Hiroshima, mon amour
How to Marry a Millionaire
A King in New York
Mon oncle
Monika
Motorcycle Gang
Une Parisienne
Pillow Talk
A Raisin in the Sun
Rebel Without a Cause
Rock it Baby, Rock it
the Seven Year Itch
A Streetcar Named Desire
To Catch a Thief
War of the Worlds
West Side Story
The Wild one
Les 400 coups

**LES ÉVOCATIONS:**
Absolute Beginners
American Graffiti
The Atomic Cafe
La Bamba
Bastard out of Carolina
Blaze
The Buddy Holly Story
Chocolat
Crazy Mama
Cry-Baby
Dead Men Don't Wear Plaid
Dead Poets Society
Diner
Ed Wood
Great Balls of Fire!
Guilty by Suspicion
Housekeeping
The Hudsucker Proxy
Insignificance
Last Exit to Brooklyn
Last Picture Show
Loneless
Long Day Closes
The Long Walk Home
Lord of the Flatbush
Mac
Matinee
Men of Honor
Moscow Does Not Believe in Tears
Mulholland Falls
My American Cousin
My Favorite Year
October Sky

Outremer
the Pajama Game
Papa est en voyage d'affaires
Parents
Peggy Sue Got Married
La petite voleuse
The Playboy
Pleasantville
Quiz Show
Rage in Harlem
Reflecting Skin
Rouge baiser
'Round Midnight
School Ties
Stand By Me
The Starmaker
That'll Be the Day
This Boy's Life
Tout le monde n'a pas eu la chance d'avoir des parents communistes
The Way We Were
The West Side Story
Wooden Gun

## L'HISTOIRE LES ANNÉES 1960

**LES AUTHENTIQUES:**
A bout de souffle
A tout prendre
Allegro Non Troppo
Apartment, the
The Avengers (télévision)
Baisers volés
Barbarella
Batman: The Movie
Beyond the Valley of the Dolls
Blow Up
Le bonheur
Berkley in the Sixties (documentaire)
Breakfast at Tiffany's
Bye Bye Birdie
Cactus Flower
Casino Royal
Cleopatra Jones and The Casino of Gold
Clockwork Orange
Danger: Diabolik!
Dr. No
Easy Rider
The Fantastic Voyage
Foxy Brown
Fritz the Cat
The Graduate
Hair
In Like Flint
IXE-13
Les oraliens (télévision)
Magical Mystery Tour (musique)
More
The Owl & The Pussycat
Party, the
Pierrot le fou
Play Time
The Prisoner (télévision)
Shaft
Shaft's Big Score
Trip, the
Twist (musique)
VH-1 Psychedelic High (musique)
La vie heureuse de Léopold Z.
Woodstock (musique)
Wow (documentaire)
Yellow Submarine (musique)
Zabriskie Point
Zazie dans le métro
Les 100 tours de Centour (télévision)
2001: A Space Odyssey

**LES ÉVOCATIONS:**
Les années de rêves
Apollo13
Austin Power
Baby It's You
Brothers in Trouble
Butcher Boy, the
Certaines nouvelles
Diabolo menthe
Doors, the
Drugstore Cowboye
Goodfellas
Four Friends
Good Morning, Vietnam
Histoires d'hiver
I Wanna Hold Your Hand
Mars Attacks!
Matinee
Mille Bolle Blu
Mississippi Burning
Once Upon a Time in America
The Outsiders
Stonewall
Telling Lies in America
Un été à la Goulette

## L'HISTOIRE LES ANNÉES 1970

Action: The October Crisis of 1970
Black Belt Jones
Black Caesar
Black Mama, With Mama
Blacula
Car Wash
Coffy
Disco Godfather
Dolemite
Foxy Brown
Friday Foster
Hell Up in Harlem
Legend of Dolemite
The Rocky Horror Picture Show
Roller Boogie
Rude
Saturday Night Fever
Scream, Blacula, Scream
Serpico
Shaft
Shaft in Africa
Shaft's Big Score
Sheba, Baby
Slaughter
Slaughter Big Rip Off
Superfly
Superfly T.N.T.
Thank God It's Friday
The Wiz

**LES ÉVOCATIONS:**
Boogie Nights
Carlito's Way
Casino
Dead Presidents
Jackie Brown
The Last Days of Disco
Velvet Goldmine
54

## L'HISTOIRE LES ANNÉES 1980

**LES AUTHENTIQUES:**
Adieu, je t'aime
After Hours
Alien
The Big Chill
Blade Runner
Blood Simple
Blow Out
Blue Velvet
Body Double
Body Heat
Breakfast Club
Cocktail
Cruising
Le diable au corps
Dressed to Kill
L'été meurtrier
Fatal Attraction
Flamingo Kid
Flashdance
Foxes
Hangin' with the Homeboys
The Hunger
The King of Comedy
Less Than Zero
La loi du désir
La lune dans le caniveau
Making Love
Matador
Maurice
Mon bel amour, ma déchirure
Mona Lisa
Ordinary People
The Outsiders
Paradis pour tous
Péril en la demeure
Possession
Prénom: Carmen
Le rayon vert
Risky Business
River's Edge
Rumble Fish
Secret of my Sucess
St.Elmo's Fire
Taxi Zum Klo
Tex
The Unbearable Lightness of Being
Wall Street
Un Zoo la nuit
$9^1/2$ Weeks
37°2 le matin

**LES CULTES:**
Back to the Future
Cruising Bar
Demons 2
Dune
Evil Dead
Footloose
Fright Night
The Goonies
House Party
Labyrinth
The Lift
Mad Max III: Beyond Thunderdome
Mommie Dearest
Murder Rock
Perfect
Rollerboogie
Strange Invaders
Subway

Supergirl
Superman II
Suspiria
Vamp
Xanadu

L'HISTOIRE
## LES ANNÉES 1990

**LES AUTHENTIQUES:**
Les ailes du désir
Les amants du Pont-Neuf
American Beauty
Basic Instinct
Brothers McMullen
Celebration (Festen)
La Cérémonie
Chacun cherche son chat
Chameleon Street
Chungking Express
Crash
La crise
The Crying Game
Dead Man Walking
La double vie de Véronique
Edward Scissorhands
Eyes Wide Shut
Fargo
Fight Club
Gummo
La haine
Happiness
Henry: Portrait of a Serial Killer
Husbands and Wives
Ice Storm
Jeffrey
Jésus de Montréal
Joy Luck Club
Kids
Kids Return
Leaving Las Vegas
Léolo
Love & Human Remains
Le Mari de la coiffeuse
Monsieur Hire
My Left Foot Naked Lunch
Natural Born Killers
Nikita
Les Nnuits fauves
Philadelphia
The Player
Poison
Une pure formalité
Requiem pour un beau sans-cœur
Romeo is Bleeding
Short Cuts
Silence of the Lambs
Six Degrees of Separation
Slam
Smoke
Swimming with Sharks
Tie Me Up, Tie Me Down
Trois couleurs: bleu
Trop belle pour toi
Le vent du Wyoming
What's Eating Gilbert Grape?
Wild at Heart
32 août sur Terre

LA SOCIÉTÉ
## LA BOUFFE

Au Petit Marguery
Une affaire de goût
L'aile ou la cuisse
Un air de famille
Big Night
La buche
A Chef in Love
Chocolat (2000)
The Cook, The Thief, his Wife
and her Lover
Cookie's Fortune
La crise
La cuisine au beurre
Delicatessen
Diner
Eating
Le festin de Babette
Fraises et chocolat
Fried Green Tomatoes
La grande bouffe
Last Supper
Le matou
Mystic Pizza
L'odeur de la papaye verte
Salé Sucré
Une saveur de passion
Small Time Crooks
Le soupe aux choux
Le souper
Soylent Green
Tampopo
Vatel
Willy Wonka and the Chocolate Factory

LA SOCIÉTÉ
## LES DROGUES ET LA TOXICOMANIE

Above the Law
Acid House
All That Jazz
Altered States
Amongst Friends
And Then You Die
Another Day in Paradise
L'arbalète
Bad Boys
Bad Lieutenant
Barfly
The Basquetball Diaries
La bête lumineuse
Big Lebowski
Billy's Hollywood Screen Kiss
Bird
The Blackout
Blood and Concrete: A Love Story
Blood In, Blood Out
Blue Velvet
Boogie Nights
The Boost
Borderline
Brain Damage
Bright Lights, Big City
Bulworth
Camorra
Carlito's Way
Casino
Cheech and Chong: The Movie
Chungking Express
Citizen Ruth
Clear and Present Danger
Clear and Sober
Cleopatra Jones
Clockers
Coffy
Colors
The Connection
Countryman
Le cousin
Dazed and Confused
Days of Wine and Roses
Dead Ringers
Deep Cover
The Deep
Desperado
Un dimanche de flic
Dogs in Space
Don't Look Back
Doom Generation
The Doors
Dream With the Fishes
Drugstore Cowboy
Drunks
Dune
Easy Rider
Ed Wood
Les enfants du désordre
Extreme Prejudice
The Face of Fu Manchu
Fear and Loathing in Las Vegas
Fight Club
Fists of Fury
Un flic voit rouge
Force majeure
Four Friends
The French Connection
Fresh
Go Ask Alice
Goodfellas
Gridlock'd
H
Half Baked
Hard Core Logo
The Harder They Come
High School Confidential
Highway 61
Hit!
La horse
Human Traffic
Hurlyburly
I Shot Andy Warhol
Jackie Chan's Police Force (Police Story)
Jacob's Ladder
Joe
Le juge
Kids
Killing Zoe
L. 627
Lady Sings the Blues
Last Exit to Brooklyn
Lenny
Less Than Zero
License to Kill
Light Sleeper
Liquid Sky
Lock, Stock and Two Smoking Barrels
Lost Week-end
Love Is the Devil
The Man With the Golden Arm
Le marginal
Mc Bain
Meet the Feebles
Menace II Society
Midnight Cowboy
Midnight Express
Mixed Blood
The Mod Squad
Moi, Christiane F., 13 ans droguée,
prostituée
More
My Name is Bill W.
Naked Lunch

New Jack City
Nico Icon
N'oublie pas que tu vas mourir
Nowhere
Les nuits fauves
One Good Cop
The Organization
Outland
Outside Providence
People vs Larry Flint
Pepi, Luci, Bom
Permanent Midnight
Peut-Être
Pink Floyd The Wall
Place Vendôme
Police
Polyester
Postcards from the Edge
The Protector
Pulp Fiction
Quiconque meurt, meurt à douleur
Reefer Madness
Requiem for a Dream
Return to Paradise
Reversal of Fortune
Riff Raff
Rooftops
The Rose
La rupture
Rush
S.L.C. Punk!
Scarface
Senseless
Shy People
Sid and Nancy
Slums of Beverly Hills
Stealing Beauty
Still Smokin'
The Substitute
The Sweet Hereafter
Sweet Nothing
Synthetic Pleasures
Tchao Pantin
Tough Guys Don't Dance
Toutes peines confondues
Traffic (2000)
Trainspotting
Trash
Trees Lounge
The Trip
Tu as crié Let Me Go
Twin Peaks: Fire Walk With Me
Twin Town
Under Cover
La vallée
Valley of the Dolls
Weird World of LSD
What Have I Done to Deserve This
Who'll Stop the Rain
Withnail and I
Woodstock
The Wonder Boys
Young Americans
Zanzibar
28 Days
54

LA SOCIÉTÉ
## L'HOMOSEXUALITÉ

**LES HOMMES:**
Adieu, je t'aime
The Adventures of Priscilla, Queen of the Desert
Alive & Kicking
Amazing Grace
Andy Warhol's Dracula
Andy Warhol's Frankenstein
Angel
Angelic Conversation
L'arrière-pays
Batman Forever
Beau travail
Beautiful Thing
A Bigger Splash
Black Sheep Boy
The Blue Hour
Body Without Soul
La cage aux folles (1, 2 et 3)
Can't Stop the Music
Caravaggio
Caresses
Ceux qui m'aiment prendront le train
Le ciel de Paris
Common Ground
The Company of Strangers
The Creation of Adam
Cruising
David Searching
Death in Venice
Derek Jarman's Blue
Le derrière
Desperate Living
Dona Herlinda and Her Son
The Doom Generation
Edward II
L'escorte
The Everlasting Secret Family
Farewell My Concubine
Female Trouble
Flawless
Flesh
Flirting With Disaster
Folle d'elle
For a Lost Soldier
Fortune and Men's Eyes
Fox and His Friends
Fraises & chocolat
Fun Down There
The Garden
Glen or Glenda
Gods and Monsters
Happy Texas
Heat (1972)
L'homme blessé
L'homme est une femme comme les autres
I Think I Do
I'll Always Be Anthony
In a Glass Cage
In and Out
Interview With a Vampire
It's My Party
Jeffrey
Jubilee
Kiss Me Guido
The Krays
The Labyrinth of Passion
Last of England
Lie Down With Dogs
Lilies
The Living End
La loi du désir
The Long Day Close
Longtime Companion
The Lost Language of Cranes
Love Is the Devil
Les lunettes d'or
Ma vie en rose
Making Love
Man of the Year
Mascara
Maurice
Maybe, Maybe Not
Midnight Dancers
Midnight in the Garden of Good and Evil
Mondo Trasho
Multiple Maniacs
The Music Lovers
My Beautiful Laundrette
My Own Private Idaho
The Naked Civil Servant
The Naked Lunch
Nettoyage à sec
Neurosia
Never Met Picasso
Nighthawks
Nobody Loves Me
Norman, Is That You?
Les nuits fauves
The Object of My Affection
Okoge
Once More (Encore)
Parting Glances
Pédale douce
Pepi, Luci, Bom
Philadelphia
Poison
Polyester
Pourquoi pas?
Prick Up Your Ears
Querelle
Raising Heroes
Reflections in a Golden Eye
Regarde les hommes tomber
Les roseaux sauvages
Sebastiane
Second Coming
Seducing Maarya
Shades of Black
Six Degrees of Separation
Sixth Happiness
Splendor
Stonewall
Suddenly, Last Summer
The Sum of Us
Sunday Bloody Sunday
Swoon
The Talented Mr. Ripley
Taxi Zum Klo
Tenue de soirée
Timepiece
To Play or to Die
To Wong Foo, Thanks for Everything, Julie Newmar
The Torch Song Trilogy
Total Eclipse
Trash
Trevor
La triche
Trick
The Two of Us
Urbania
Urinal
A Very Natural Thing
Victim (1961)
Victor Victoria
Les vies de Loulou
Violet's Visit
The Wedding Banquet
What Have I Done to Deserve This?
Wilde
Wittgenstein
Zero Patience

**Les femmes:**
Alley Cats
Anita: Dances of Vice
Anne Trister
Being John Malkovich
Better Than Chocolate
Les biches
Born in Flames
Bound
Boys Don't Cry
Butch Camp
Butterfly Kiss
By Design
Caresses
Carmen Baby
Chasing Amy
The Children's Hour
Claire of the Moon
Claude et Greta
Les collégiennes
The Comfort of Strangers
Committed
Cynara, Poetry in Motion
Daniella By Night
Desert Hearts
Desperate Living
The Dirty Girls
Dos Fallopia
Dyke Drama
Election
Emporte-moi
Ernestine: Peak Experiences
Et l'amour
Even Cowgirls get the Blues
Extramuros
Female Misbehavior
La femme de l'hôtel
Flaming Ears
Franci's Persuasion
Gazon maudit
Georgia Rogsdale
Guinevere
Heavenly Creatures
High Art
Honey, Pass That Around
The Hunger
I, the Worst of All
If these Walls Could Talk 2
In the Life: the Funny Tape
The Incredibly True Adventure of Two Girls in Love
I've Heard the Mermaids Singing
Je, tu, il, elle
Le jupon rouge
Leda and the Swan Nailed
Maedchen in Uniform
A Man Like Eva
Montréal vu par...
My Father is Coming
Nobody Loves Me
Pandora's Box
Pepi, Luci, Bom
Pourquoi pas moi
Pretty Girls Not to Bright
The Prince and the Call Girls
Score
Seduction: The Cruel Woman
Sex, Dykes and Rock'N'Roll
Sexus
Shades of Black
She Must Be Seing Things
Show Me Love
Showgirls
Significant Others
Silkwood
Sluts & Godesses Video Workshop
Strass Café
Suzanne Westenhoefer: HBO Comedy Special
Teasers
The Berlin Affair
Therese and Isabelle
Three of Hearts
Timecode
Tout sur ma mère
The Virgin Machine
Watermelon Woman
When Night Is Falling
The Women on the Roof
Working Girls (1986)
2 secondes

**Les documentaires et l'avant-garde:**
After Stonewall
Allen Ginsberg
American Fabulous
The Art of Cruising Men
Beefcake
Before Stonewall
Black Sheep Boy
Butterflies on the Scaffold
Celluloid Closet
Dangerous When Wet
Desire
Drawing the Line: A Portrait of Keith Haring
Family of Women
Female Misbehavior
Fiction and Other Truths: Films about Jane Rules
Forbidden Love
Framing Lesbian Fashion
Gay Erotica From the Past
Gay Game IV
Gay Youth
Helmut Newton: Frames from the Edges
Honey, Pass that Around
I Am My Own Woman
Kenneth Anger Fireworks
Kenneth Anger Inauguration of the Pleasure Dome
Kenneth Anger Lucifer Rising
Kenneth Anger Scorpio Rising
Kizuna vol.1 (animation)
Kizuna vol.2 (animation)
Lavender Limelight: Lesbians in Film
Legends
Let it Come Down: the Life of Paul Bowies
Let Me Die a Woman
Life and Death on the A-list
Lily Tomlin in Appearing Nitely
Lily Sold Out
Lip Gloss
A List
Living Proof
Looking for Langston
The Making of Bar Girls
Man of the Year
Men in Shorts 2
Moments...The Making of Claire of the Moon
Mortel désir
Nitrate Kisses
Not Angels but Angels
One Nation Under God
Out for Laughs
Out in Suburbia
Paris Is Burning
Pierre et Gilles: Love Stories
Quand l'amour est gai
The Queen
Red Ribbons
Rock Hudson's Home Movies
Sex Is Sex
Sex Is...
Sida et itinérance
Silence = Death
Silent Pioneers
Silver Screen
Silverlake Life
Sluts & Goddesses Video Workshop
Split: Portrait of a Drag Queen
Stonewall 25
Suzanne Westenhoefer
Timepiece
Totally Fucked Up!
Towers Open Fire
Two in Twenty
The Unveilling
Unzipped
Wigstock
Without You I'm Nothing: Sandra Bernhard

**Homosexualité adulte:**
Beautiful Mystery
Black Glove
Bloodsisters
Box of Laughter (Dueling Pages)
Box of Laughter (converted to ticking)
Doctor's Orders
Femmes
The Fourth Sex
I Like You, I Like You Very Much
Man for a Man (1-2-3-4)
Men in Love
Mistress Tara's Finishing School of the Sassy Schoolgirl
M.U.F.F. Match
Scared Passion
Siren
Weekend Adventure

LA SOCIÉTÉ
## LES MÉDIAS

**Les médias écrits:**
Absence of malice
Almost famous
All about Eve
All the President's Men
Brazil
Citizen Kane
L'effet critique (documentaire)
Foreign Correspondant
The Front page (1931)
The Front page (1974)
His Girl Friday
Hudsucker proxy
I love trouble
In cold blood
Joe Gould secret
L.A. Confidential
The Killing fields
The Mangler
Michael
Midnight in the Garden of Good and Evil
The Odessa File
Paparazzi
The Paper
The Parallax View
The Passenger
The Pelican Brief
The Philadelphia Story
Prêt-à-porter

Profession: Reporter
Reds
Rien sur Robert
RKO 281
Salvador
Scoop (télévision)
Street Smart
Sweet Smell of Success
True Crime
Velvet Goldmine
The Year of Living Dangerously

**MÉDIAS RADIOPHONIQUES:**
Airheads
The Apostle
Choose Me
The Fisher King
Good Morning Vietnam
Grosse Point Blank
The Jackpot
Love Serenade
Mother Night
Play Misty for Me
Private Parts
Pump Up the Volume
Radio Days
Radioland Murders
Rafales
Sleepless in Seattle
Talk Radio
Telling Lies in America
Tune in Tomorrow...
32 short films about Glenn Gould

**MÉDIAS TÉLÉVISUELS:**
L'affaire Bronswik
Amazon Women on the Moon
Bamboozled
Broadcast News
The China Syndrome
Ed TV
Eyewitness
Galaxy Quest
Ginger et Fred
Groundhog Day
Hero
He Said, She Said
L'homme de fer
L'homme de marbre
The Image
The Insider
Intervista
Kentucky fried movie
Louis 19
Magnolia
The Manufacturing consent (documentaire)
Man on the Moon
Mars Attacks!
Masques
Médium Cool
La mort en direct
My Favorite Year
Natural Born Killers
Newsroom (télévision)
Network
Parlez-nous d'amour
Pleasantville
Roger and Me (documentaire)
Quiz Show
Raiders of the Storm
Requiem for a Dream
Robocop
Les rois du gag
S.F.W.
Scream
Scrooged
Stardom
Stay Tuned
Sunshine Boys
Switching Channels
Tootsie
Truman Show
UHF
Up Close & Personal
La vengeance d'une blonde
Videodrome
Le voleur de savonnette
Wag the Dog
Wayne's World
Welcome to Sarajevo
Wild Palms (télévision)
1984
Le 4e pouvoir

LA SOCIÉTÉ
## LA POLITIQUE

Action: the October Crisis (documentaire)
L'affaire Aldo Moro
All the president's men
American president
L'arbre, le maire et la médiathèque
The Assassination of Trotsky
Battle of Algier
Blue Kite
Bob Roberts
Bullworth
The Candidate
Chartrand et Simone (télévision)
Citizen Cohn
City Hall
The Comedians
Le complot
Le confort et l'indifférence (documentaire)
Le conformiste
The Contender
Dave
The Day of the Jackal
Defense of the realm
Diplomatic immunity
Duplessis (télévision)
État de siège
Évita
The Face in the crowd
Gabriel over the white house
Gandhi
Général Adi Amin Dada (documentaire)
Gorky park
The Great dictator
Guilty by suspicion
Hidden agenda
L'histoire officielle
L'homme sur les quais
I... comme Icare
In the line of fire
In the name of the father
The Inner circle
J.F.K.
Je suis Cuba
Kansas City
The Last Hurrah
The Last contract
The Manchurian candidate
Médium Cool
Missing
Mr. Smith goes to Washington
Murder at 1600
Nixon
No way out
Ochoa
Octobre
Les ordres
The Parallax view
Power
The President's analyst
Primary color
Propaganda
Romero
Scandal
Secret Honor
Le temps des bouffons (documentaire)
Viva Zapata!
Wag the dog
The War room (documentaire)
Z
15 février 1839

LA SOCIÉTÉ
## LE RACISME

Alamo Bay
Ali: Fear Eats the Soul
American History X
Amistad
Bamboozled
Betrayed
Beyond the Walls
Birth of a Nation
Blood in the Face (télévision)
Bopha!
Boyz N the Hood
A Bronx Tale
Les caprices d'un fleuve
Cheb
China Girl
Clearcut
The Color Purple
Comment faire l'amour avec un nègre sans se fatiguer
La crise
Crossfire
Cry Freedom
Cry, the Beloved Country
Death of a Prophet
The Defiant Ones
Die Hard 3
Do the Right Thing
Double Happiness
Driving Miss Daisy
A Dry White Season
Foxy Brown
The Fringe Dwellers
Ghosts of Mississippi
Glory
Guess Who's Coming to Dinner
La haine
Harlow
Higher Learning
Home of the Brave
Hope and Glory
In Country
The Inner Circle
In the Heat of the Night
Jungle Fever
Kidnapped
The Killing Fields
The Kitchen Toto
Land and Freedom
Leopard Man
The Long Walk Home
Losing Isaiah
Love Field

Malcom X
Mandela
Mandela and Deklerk (télévision)
Mississippi Burning
Mississippi Masala
Noirs et blancs en couleurs
Panther
Paris Trout
A Patch of Blue
The Power of One
A Raisin in the Sun
The Real Malcom X (documentaire)
Riel
Romper StomperRoots (télévision)
Rosewood
Sarafina!
La Sarrasine
Shabbat Shalom!
Skin Game
S.O.B.
A Soldier's Story
Star 80
The Stick
Thug Immortal: Tupac Shakur (documentaire)
Traversées
Un vampire au paradis
The Voyage of La Amistad (documentaire)
When we were Kings (documentaire)
The Wilby Conspiracy
Windigo
A World Apart
World of Strangers

LA SOCIÉTÉ
## LA SPIRITUALITÉ

**LE SENS DE LA VIE:**
Les ailes du désir
Alberto Express
Alice in the Cities
American Beauty
Another Woman
Antonia's Line
Art Meet Science (série documentaire)
L'autre
Badlands
La ballade de Narayama
Baraka
Being John Malkowich
La belle histoire
Blade Runner
Blind Chance
Bringing Out the Dead
Brother Sun, Sister Moon
Caro Diaro
Céline
Ceux qui m'aiment prendront le train
Ceux qui ont le pas léger meurent sans laisser de traces
Les choses de la vie
The Color Purple
Contact
Crash
Crimes and Misdemeanors
Daddy Nostalgie
Deadman Walking
Death Poets Society
Le décalogue
Des nouvelles du Bon Dieu
La Dolce Vita
La double vie de Véronique
Dream With the Fishes
Dreams
End of the affair
Les enfants
Essential: Allan Watts (documentaire)
eXistenZ
La famille
Faust
The Fisher King
The Four Noble Truths (série documentaire)
Gandhi
Gattaca
Greek Fire (série) (documentaire)
Hamlet
Hanna and Her Sisters
Happiness
Hasard ou coïncidences
Hiroshima, mon amour
House of the Spirits
Le huitième jour
Interiors
IP5 - l'île aux pachydermes
It's a Wonderful Life
Jacques et Novembre
Jésus de Montréal
Jesus of Nazareth
The Joy Luck Club
The Last Temptation of the Christ
Leaving Las Vegas
Little Buddha
Le livre des morts tibétains (documentaire, 2 volumes)
Loss of sexual innovcence
Lovers of the Artic circle
Lulu on the Bridge
Man Facing Southeast
Marie de Nazareth
The Meaning of Life
La mort en direct
Nosferatu: Fantôme de la nuit
La nuit du déluge
Les nuits fauves
Open Your Eyes
Opening Night
Ponette
Possession
The Power of Myth (série documentaire)
Priest
Une pure formalité
Razor's Edge
Regarding Henry
Le sacrifice
Sixth Sense
Sliding Doors
Sophie's Choice
Tantra, Indian Rites of Ecstasy (documentaire)
Le temps retrouvé
Teorema
Terms of Endearment
The Thin Red Line (1998)
Toto le héros
Trois couleurs - Blanc
Trois couleurs - Bleu
Trois couleurs - Rouge
Trois vies et une seule mort
Tu as crié Let Me Go (documentaire)
Un 32 août sur terre
Un été inoubliable
The Unbearable Lightness of Being
Les uns et les autres
La vie est belle
Vivre sa vie
Voices Vision (série documentaire)
What Dreams May Come
Who's Life Is It Anymay?
Woman in the Dunes
A Woman's Tale
The World According to Garp
Un zoo la nuit
35 up
(Voir aussi la filmographie de Ingmar Bergman)

**LES VOYAGES INITIATIQUES:**
Aguirre, la colère de Dieu
Alice (1988)
Alice in Wonderland
Altered States
Apocalypse Now
Beyond Rangoon
Central Station
Christian
City of Joy
Dark Crystal
Dead Man
Easy Rider
Europa
Fitzcarraldo
Gadjo Dilo
La guerre du feu
Heart of Darkness
Hideous Kinky
Killing Field
The Last Detail
Lawrence of Arabia
Lost Horizon
Mahabharata
The Mission
My Own Private Idaho
The Navigator: A Medieval Odyssey
N'oublie pas que tu vas mourir
Odd Man Out
Orphée
Paris Texas
The Passenger
The Razor's Edge (1946)
Red Desert
Le regard d'Ulysse
Seven Years in Tibet
Sheltering Sky
Stalker
Stealing Beauty
Until The End of the World
La voie lactée
Le voyage
Walkabout
Zabriskie Point
2001: A Space Odyssey

LA SOCIÉTÉ
## VOYAGES AUTOUR DU MONDE

Villages d'**Afrique Noire**
- Bal poussière
- L'enfant noir
- Les dieux sont tombés sur la tête

Sur le flanc des **Alpes**
- Les rivières pourpres
- Tout ça... pour ça!
- Dis-moi que je rêve
- Les bronzés font du ski

Soleil des **Antilles**
- Under Suspicion (2000)
- Club Paradise
- Countryman
- How Stella Got Her Groove Back

Perdu en **Arizona**
- U-turn
- Bagdad Café

The Sunchaser
Paysages d'**Australie**
Jusqu'au bout du monde
Shame (1988)
Siam Sunset
Coca-cola Kid
Musique et romance en **Autriche**
Amadeus
Sissi (Trilogie)
Sound of music
Randonnées en **Bretagne**
Conte d'été
Élisa
Les vacances de M. Hulot
Western
Aventures en **Brousse**
Out of Africa
Cannibal Holocaust
Gorillas in the Mist
Coup de tourchon
Vacances sur la **Côte d'Azur**
Voyage à Biarritz
Le gendarme de Saint-Tropez
Les sous-doués en vacances
Et dieu créa la Femme
Traversées du **Désert**
The Message
Un thé au Sahara
Lawrence of Arabia
Lion in the Desert
Mission en **Exopotomie**
Naked Lunch
Vue sur le **fleuve Saint-Laurent**
Cap tourmente
Mario
L'île de sable
Plages de la **Floride**
The Birdcage
La Florida
Stranger than Paradise
Wild Things
Le **Grand Nord** à perte de vue
Kabloonak
Chamane
Agaguk, shadow of the wolf
Rêves et cauchemar d'**île déserte**
Blue Lagoon
Cast away
The Bounty
The Beach
Nuages sur l'**Irlande**
The Butcher Boy
In the name of the father
My left foot
Some Mother's Son
Vers un destin insolite sur les flots bleu de l'été
Des bayous de la **Louisiane**
Eve's bayou
The Apostle
Southern Comfort
A Streetcar named Desire
Uncle Tom's Cabin
**Londres** d'aujourd'hui
Lock, stock and two smoking barrels
Naked
Nil by mouth
My son the fanatic
Cartes postales de **Londres**
Hard Days Night
Octopussy
Four weddings and a funeral
American werewolf in London
Petits villages des **Maritimes**
Margaret Museum
Full Blast
New Waterford Girl
Vents de la **Méditerranée**
L'Avventura
Mediterranéo
Le Regard d'Ulysse
Tourisme au **Mexique**
La vengeance du serpent à plumes
La chèvre
El Norte
8 Heads in a Duffel Bag
**Montréal**, une île une ville
Les matins infidèles
Jésus de Montréal
Hasards ou coincidences
La face cachée de **Montréal**
Being at Home With Claude
Cosmos
Eldorado
Maëlstrom
**Moscou** la nuit
Taxi Blues
Little Vera
Je voudrais voir **New York**
Wall Street
Manhattan
The Fisher king
Ghostbuster
Cotton Club
Cachez ce **New York...**
Clockers
Kids
New York Ripper
Mean Streets
Urbania
**Paris** lumière
Les amants du Pont-Neuf
La belle histoire
Trois couleurs: Bleu
Zazie dans le métro
**Paris** urbain
Buffet froid
La gaine
Un monde sans pitié
Subway
**Soleil de** Provence
Manon des Sources
Jean de Florette
Marius, Fanny, César
Year in Provence
Les remparts de **Québec**
Bach et bottine
Le confessional
I Confess
Les Plouffe
Couleurs de **Rio de Janeiro**
Central Station
Orfeu Negro
Wild Orchid
**Rome** la magnifique
La Dolce Vita
Ils vont tous bien
Rome ville ouverte
Monsignor
Aux confins de la **Russie**
Sibériade
Urga
Le voleur et l'enfant
La noce
Suspense à **San Francisco**
Vertigo
Pacific Heights
The Conversation
The Game
Complots en **Sicile**
Excellent Cadavres
Johnny Stecchino
Bonano, a Godfather story
Montagnes du **Tibet**
Golden child
Seven days in tibet
La Coupe
Kundun
Tours du monde
Baraka
Koyaanisqatsi
À l'ombre et au soleil en **Turquie**
Yol
Le bandit
Midnight Express
Topkapi
Passions à **Venise**
Nu de femme
Wings of the dove
Othello
Mort à Venise
Le **Viet Nam** qui n'est pas en guerre
Cyclo
L'odeur de la papaye verte
Tang le onzième
Indochine
**Tours du monde**
Baraka
Koyaanisqatsi
Night on Earth (Los Angeles, New York, Paris, Rome, Helsinki)
The Red Violin (Italie, Québec, Chine, Autriche, Angleterre)
Flirt (New York, Berlin, Tokyo)
Everyone says I Love you (Paris, Venise, New York)

## LES BIOGRAPHIES

### GUERRE, POLITIQUE ET HISTOIRE

**Napoléon Bonaparte:** Conquest; Desirée; Loves and Times of Scaramouche; Napoleon; Waterloo
**François-Xavier Bouchard:** Quand je serai parti...Vous vivrez encore
**George Bryan Brummell:** Beau Brummell
**Julius Caesar:** Cleopatra (1934); Cleopatra (1953); Hail Caesar 01: Julius; Julius Caesar (1953); Julius Caesar (1970)
**Michel Chartrand:** Chartrand et Simonne; Une homme de parole (documentaire)
**Désirée Clary:** Désirée
**Bill Clinton:** Primary Color
**Roy Cohn:** Citizen Cohn
**Christophe Colomb:** 1942: Conquest of Paradise; Christopher Columbus
**Oliver Cromwell:** Cromwell
**Georges Danton:** Danton
**François-Marie-Thomas De Lorimier:** 15 février 1839
**Capitaine Dreyfus:** Prisoner of Honor
**Wyatt Earp:** Wyatt Earp
**Elizabeth I**[re]**:** Elizabeth; Elizabeth R., télévision: Mary of Scotland; Mary, Queen of Scots; The Private Lives of Elizabeth and Essex; Shakespeare in Love; The Virgin Queen
**Anne Frank:** Anne Frank: The Missing Chapter (documentaire); Anne Frank Remember (documentaire); The Diary of Anne Frank

**Mohandas Karamchand Gandhi:** Gandhi
**Geronimo:** Geronimo
**Adélard Godbout:** Traitre ou patriote (documentaire)
**Martin Gray:** Au nom de tous les miens
**Amiral Halsey:** Gallant Hours
**Le Ly Hayslip:** Heaven and Hearth
**Adolph Hitler:** The Black Fox; The Bunker; The Desert Fox; Hitler: The Last Ten Days (documentaire); Moloch; The Nazis (documentaire)
**Jimmy Hoffa:** Hoffa
**Tsar Ivan IV:** Ivan the Terrible
**Thomas Jefferson:** 1776; Jefferson in Paris
**John Fitzgerald Kennedy:** Four Days in November; JFK; PT 109
**Janusz Korczak:** Korczak
**Ron Kovic:** Born on the Fourth of July
**John Lafitte:** The Buccaneer
**Laurence d'Arable:** Lawrence of Arabia
**Alexandre Le Grand:** Alexander the Great
**Casimir Le Grand:** Casimir the Great
**Anna Leonowens:** Anna & the King; Anna & the King of Siam; The King & I
**Abraham Lincoln:** Abe Lincoln in Illinois; Abraham Lincoln; Young Mr. Lincoln
**Louis XIV:** Louis, enfant roi
**Général Douglas MacArthur:** Mac Arthur
**Baron Grégoire Ponceludon de Malavoy:** Ridicule
**Malcolm Little dit Malcom X:** Death of a prophet; Malcolm X; The Real Malcolm X (documentaire)
**Nelson Mandela:** Mandela; Mandela & Deklerk
**Mickey Marcus:** Cast a Giant Shadow
**Marie-Antoinette:** Marie Antoinette
**Marie Stuart:** Mary, Queen of Scots; Mary of Scotland
**Golda Meir:** A Woman Called Golda
**Chico Mendes:** The Burning Season
**Yukio Mishima:** Mishima
**Général Billy Mitchell:** Court-martial of Billy Mitchell
**Simonne Monet-Chartrand:** Chartrand et Simonne; Une vie comme une rivière (documentaire)
**Lola Montès:** Lola Montès
**Mussolini:** Lion in the Desert; Mussolini (documentaire); Mussolini & I
**Richard Nixon:** Nixon; The Real Richard Nixon (documentaire)
**Marquise du Parc:** Marquise
**Général George Patton:** The Last Days of Patton; Patton
**Solomon Perel:** Europa, Europa
**Eva Peròn:** Evita
**Grigori Iefimovitch Rasputin:** Rasputin; Rasputin, Dark Servant of Destiny
**Maximillian Robespierre:** Danton
**John Reed:** Reds
**Louis Riel:** Riel
**Oscar Romero:** Romero
**Général Erwin Rommel:** The Desert Fox
**Dr. Ed Rosenbaum:** The Doctor
**Andrei Sakharov:** Sakharov
**Oskar Schindler:** Schindler (documentaire); Schindler's List
**Sissi (Élizabeth de Bavière):** Sissi
**Joseph Staline:** Stalin
**Colonel Paul Tibbetts:** Above and Beyond
**Victoria 1re:** Mrs. Brown
**François Villon:** If I Were King
**Frank «Spig» Wead:** Wings of Eagles
**Harold Wilson:** Wilson
**Arthur & Ronnie Winslow:** The Winslow Boy
**Gerard Winstanley:** Winstanley
**Bob Woodward:** All the President's Men
**Chuchu & Luo Xiaoman:** Red Cherry
**Pu Yi:** The Last Emperor
**Sergent York:** Sergeant York

### MÉDECINE ET RECHERCHES SCIENTIFIQUES:

**Dr. Hunter Patch Adams:** Patch Adams
**Alexander Graham Bell:** The Story of Alexander Graham Bell
**Dr. Norman Bethune:** Bethune; Bethune: The Making of a Hero
**Marie Curie:** Madame Curie; Les palmes de M. Schutz
**Thomas Edison:** Edison, the Man; Young Tom Edison
**Dian Fossey:** Gorillas in the Mist
**Sigmund Freud:** Secret Diary of Sigmund Freud
**Mary Kenny:** Sister Kenny
**Franz Anton Mesmer:** Mesmer
**Dr. William Morton:** The Great Moment
**Michel de Nostradamus:** Nostradamus
**Louis Pasteur:** The Story of Louis Pasteur
**Dr. Wassell:** The Story of Dr. Wassell
**Dr. Jeffrey Wigand:** The Insider

### PERSONNAGES RELIGIEUX:

**Frère André:** Le frère André
**Jeanne d'Arc:** Jeanne la Pucelle: Les batailles; Jeanne la Pucelle: Les prisons; Joan of Arc (1948); Joan of Arc (TV- 1999); The Messenger: The Story of Joan of Arc (1999); The Passion of Joan of Arc (1928)
**François d'Assise:** Brother Sun, Sister Moon; Francesco
**Bouddha:** Little Buddha
**14e Dalaï-Lama:** Kundun; Seven Years in Tibet
**Esther:** Esther and the King
**Jésus:** Ben-Hur; Jesus Christ Superstar; Jesus of Nazareth; The King of Kings; Marie de Nazareth; The Messiah
**Étienne de Loyola:** Loyola, the Soldier Saint
**Thérèse Martin:** Thérèse
**Mohammed:** The Message
**Moïse:** The Bible; The Ten Commandments
**Ruth:** Story of Ruth
**Saint Vincent de Paul:** Monsieur Vincent
**Bernadette Soubirous:** The Song of Bernadette

### CRIMINELS, GANGSTERS, HORS-LA-LOI ET MAFIA:

**Carl Bernstein:** All the President's Men
**Billy the Kid:** Billy the Kid (documentaire); The Left-Handed Gun; The Outlaw
**Joseph Bonanno:** Bonanno: a Godfather's Story
**Al Capone:** Al Capone
**Ferdinand Demara:** The Great Imposter
**Phoolan Devi:** Bandit Queen
**Dillinger:** Dillinger
**Gaston Dominici:** L'affaire Dominici
**Ruth Ellis:** Dance with a Stranger
**Bill Hickok:** Wild Bill
**Jim Jones:** The Guyana Tragedy: The Jim Jones Story
**Henry Hill:** Goodfellas
**Ned Kelly:** Ned Kelly
**Ronnie et Reggie Kray:** The Krays
**Meyer Lansky:** Lansky
**Lucky Luciano:** Lucky Luciano
**John Mc Vicar:** Mc Vicar
**Jacques Mesrine:** Mesrine, le film
**Bonnie Parker et Clyne Barrow:** Bonnie & Clyde
**Sam «Ace» Rothstein:** Casino
**Benjamin «Bugsy» Siegel:** Bugsy
**Valerie Solanas:** I Shot Andy Warhol
**«Son of Sam»:** Summer of Sam; Summer of Terror: The Real Son of Sam (documentaire)
**Cordélia Viau:** Cordelia

### SPORTS:

**Arthur Agee & William Gates:** Hoop Dreams (documentaire)
**Mohammed Ali:** When We Were Kings (documentaire)
**Rubin Hurricane Carter:** Hurricane
**Ty Cobb:** Cobb
**Jim Corbett:** Gentleman Jim
**Lou Gehrig:** The Pride of the Yankees
**Annette Kellerman:** Million Dollar Mermaid
**Jake La Motta:** Raging Bull
**Eric Liddell & Harold Abrahams:** Chariots of Fire
**Marty Maher:** The Long Gray Line
**Steve Prefontaine:** Without Limits
**Knute Rockne:** Knute Rockne, All American
**Rudy:** Rudy
**Babe Ruth:** The Babe
**Arnold Schwarzenegger:** Pumping Iron (documentaire)
**Jim Thorpe:** Jim Thorpe - All American

### DANSE:

**Isadora Duncan:** Isadora
**Vaslav Nijinsky:** Nijinsky

### MUSIQUE CLASSIQUE ET OPÉRA:

**Ludwig Von Beethoven:** Beethoven; Beethoven's Nephew; Un grand amour de Beethoven; Immortal Beloved
**Enrico Caruso:** The Great Caruso
**Frédéric Chopin:** Impromptu; Lisztomania; A Song to Remember
**Jacqueline DuPré:** Hilary and Jackie
**Carlo Broschi dit Farinelli:** Farinelli
**Glenn Gould:** 32 Short Films About Glenn Gould
**David Helfgott:** Shine
**Marjorie Lawrence:** Interrupted Melody
**Franz Liszt:** Lisztomania; Song without End
**Gustav Mahler:** Mahler
**Wolfgang Amadeus Mozart:** Amadeus; Mozart: A Childhood Chronicle; Whom the Gods Love
**Johann Strauss:** The Great Waltz
**Piotr Ilitch Tchaikovski:** The Music Lover; Tchaikovski
**Giuseppe Verdi:** Life of Verdi
**Wagner:** Lisztomania; Wagner: The Movie

### Jazz, Blues et musique contemporaine:

**Chet Baker:** Let's Get Lost
**The Beatles:** Backbeat; The Beatles Anthology (documentaire); The Complete Beatles (documentaire)
**David Bowie:** Velvet Goldmine
**Fanny Brice:** Funny Girl; Funny Lady
**Patsy Cline:** Sweet Dreams
**Sœurs Dolly:** The Dolly Sisters
**Eddy Duchin:** The Eddy Duchin Story
**Ruth Etting:** Love Me or Leave Me
**Bleek Gilliam:** Mo'Better Blues
**Benny Goodman:** The Benny Goodman Story
**Roberta Guaspari:** Music of the Heart
**Woody Guthrie:** Bound for Glory
**Billie Holiday:** Lady Sings the Blues
**Buddy Holly:** The Buddy Holly Story
**Al Jolson:** Jolson Sings Again; The Jolson Story
**Gus Kahn:** I'll See You in My Dreams
**Jerry Lee Lewis:** Great Balls of Fire
**John Lennon:** The Beatles Anthology (documentaire); The Complete Beatles (documentaire); The Hours and Times
**Frankie Lymon:** Why Do Fools Fall in Love
**Loretta Lynn:** Coal Miner's Daughter
**Mama Rose:** Gypsy
**Glenn Miller:** The Glenn Miller Story
**Helen Morgan:** The Helen Morgan Story
**Jim Morrison:** The Doors
**Red Nichols:** The Five Pennies
**Charlie Parker:** Bird
**Edith Piaf:** Edith & Marcel; Piaf
**Elvis Presley:** Elvis and Me; Elvis: The Movie
**Lilian Roth:** I'll Cry Tomorrow
**Selena:** Selena
**Tupac Shakur:** Thug Immortal (documentaire)
**Frank Sinatra:** Sinatra; The Rat Pack
**Leon Theremin:** Theremin: An Electronic Odyssey
**Tina Turner:** What's Love Got to Do With It ?
**Ritchie Valens:** La Bamba
**Sid Vicious:** The Filth and the Fury (documentaire); Sid & Nancy
**Hank Williams Jr.:** Living Proof: The Hank Williams Jr. Story (documentaire)

### Peinture et sculpture:

**Artemisia:** Artemisia
**Francis Bacon:** Love is the Devil
**Jean-Michel Basquiat:** Basquiat
**Brueghel:** Vision on Art: Pieter Brueghel the Elder (documentaire)
**Dora Carrington:** Carrington
**Camille Claudel:** Camille Claudel
**Robert Crumb:** Crumb
**Van Eyck:** Vision on Art: Jan Van Eyck (documentaire)
**Paul Gauguin:** The Wolf at the Door
**Théodore Géricault:** Mazeppa
**Francisco de Goya Y Lucientes:** The Naked Maja
**Frida Kahlo:** Frida
**Alfred Laliberté:** Alfred Laliberté: sculpteur
**Ozias Leduc:** Ozias Leduc
**Michelangelo Merisi:** The Agony and the Ecstasy; Caravaggio
**Amedeo Modigliani:** Montparnasse 19
**Alfred Pellan:** Pellan
**Pablo Picasso:** Les folles aventures de Picasso; Surviving Picasso
**Jackson Pollock:** Jackson Pollock: Love & death... (documentaire); Pollock
**Rembrandt:** Rembrandt; Rembrandt-1669
**Auguste Rodin:** Camille Claudel
**Petrus Paulus Rubens:** Vision on Art: Pieter Paul Rubens (documentaire)
**Andrei Rublev:** Andrei Rublev
**Henri de Toulouse-Lautrec:** Lautrec; Moulin Rouge
**Vincent Van Gogh:** Lust for Life; Savage Messiah; Van Gogh; Vincent & Me; Vincent & Theo
**Andy Warhol:** I Shot Andy Warhol; Superstar: Life & Times of Andy Warhol (documentaire)

### Cinéma:

**Josephine Baker:** The Josephine Baker Story
**John Belushi:** Wired
**Famille d'Ingmar Bergman:** Fanny & Alexander
**Francesca Bertini:** The Last Diva (documentaire)
**Christy Brown:** My Left Foot
**John Cassavetes:** I'm Almost Not Crazy: John Cassavetes (documentaire)
**Lon Chaney:** The Man of a Thousand Faces
**Charlie Chaplin:** Chaplin; The Eternal Tramp (documentaire); The Unknown Chaplin: The Great Director (documentaire)
**Joan Crawford:** Mommie Dearest
**Cameron Crowe:** Almost Famous
**James Dean:** Forever James Dean (documentaire); James Dean Story
**Divine:** Divine Trash (documentaire)
**Clint Eastwood:** Directors: Clint Eastwood (documentaire); The Man from Malpaso (documentaire)
**Frances Farmer:** Frances
**Rainer Werner Fassbinder:** A Man Like Eva
**Federico Fellini:** Amarcord
**Robert Flaherty:** Kabloonak
**Heidi Fleiss:** Hollywood Madam (documentaire)
**Bob Fosse:** All That Jazz
**Samuel Fuller:** The Big Red One
**Mama Harlow:** Harlow: The Blonde Bombshell (documentaire)
**Audrey Hepburn:** The Audrey Hepburn Story; Audrey Hepburn: Remembered (documentaire)
**Werner Herzog:** My Best Fiend; documentaire
**Alfred Hitchcock:** Alfred Hitchcock: Master of...(documentaire)
**Rock Hudson:** Rock Hudson's Home Movies
**Howard Hughes:** The Amazing Howard Hughes
**John Huston:** White Hunter, Balck Heart
**Buster Keaton:** Buster Keaton Rides Again/The Railrodder (documentaire)
**Klaus Kinski:** My Best Fiend (documentaire)
**Gertrude Lawrence:** Star!
**Bruce Lee:** Bruce Lee: The Legend (documentaire); Dragon: The Bruce Lee Story
**Max Linder:** The Man with the Silk Hat
**Louis Malle:** Au revoir les enfants
**Marilyn Monroe:** Hollywood Collection: Marilyn Monroe (documentaire); Marilyn: The Last Word (documentaire); Marilyn Monroe: Portrait of a Legend (documentaire); Marilyn Monroe: The Final Days (documentaire)
**Nanni Moretti:** Aprile; Caro Diario
**Friedrich Wilhem Murnau:** Shadow of the Vampire
**Marcel Pagnol:** Le château de ma mère; La gloire de mon père
**Gordon Parks:** The Learning Tree
**Pier Paolo Pasolini:** Whoever Says the Truth Shall Die (documentaire)
**Otto Preminger:** Anatomy of a Filmmaker: Otto Preminger (documentaire)
**Leni Riefenstahl:** Wonderful Horrible Life of Leni Riefenstahl
**Frank Ripploh:** Taxi Zum Klo
**Martin Scorsese:** Directors: Martin Scorsese (documentaire); Who's That Knocking at My Door
**Carlos Sorin:** A King and His Movie
**Erich Von Stoheim:** Man You Loved to Hate (documentaire)
**Rudolph Valentino:** Valentino
**Veronika Voss:** Veronika Voss
**Orson Welles:** Cradle Will Rock; RKO 281: Battle over Citizen Kane
**Edward D. Wood Jr.:** Ed Wood; Ed Wood: Look Back in Angora (documentaire); The Ed Wood Story: The Plan 9 From Outer Space (documentaire)
**Franco Zeffirelli:** Tea with Mussolini

### Médias et spectacles:

**Barnum & Bailey:** The Greatest Show on Earth
**Lenny Bruce:** Lenny
**Larry Flint:** People vs. Larry Flint
**William Hearst:** Citizen Kane
**Houdini:** Houdini
**F. Ross Johnson:** Barbarians at the Gate
**Andy Kaufman:** Man on the Moon; My Breakfast with Blassie (documentaire)
**Rodgers & Hammerstein:** Topsy Turvy
**Charles Van Doren:** Quiz Show
**Florenz Ziegfeld:** The Great Ziegfeld
Personnages célèbres:
**Lucie Aubrac:** Lucie Aubrac
**Teena Brandon:** Boys Don't Cry
**Coco Chanel:** Chanel Solitaire
**Désirée Clary:** Désirée
**George M. Cohan:** Yankee Doodle Dandy
**Quentin Crisp:** Naked Civil Servant
**John & Nora Davis:** Journey for Margaret
**Amelia Earhart:** Amelia Earhart, the Final Flight
**Jim Fisk:** The Toast of New York
**Frank Harris:** Cowboy
**Oliver Wendell Holmes:** The Magnificent Yankee
**Pascal Ichac:** A Chef in Love
**Helen Keller:** The Miracle Worker
**Charles Lindberg:** The Spirit of St. Louis
**Capitaine Joseph McConnell Jr.:** The McConnell Story
**John Merrick:** The Elephant Man
**Reginald Mitchell:** Spitfire
**Helmut Newton:** Helmut Newton: Frames from the Edge (documentaire)

**Annie Oakley:** Annie Oakley
**Aristotte Onassis:** The Greek Tycoon
**Cythia Payne:** Personal Services
**Capitaine Robert Falcon Scott:** Scott of the Antartic
**Blaze Starr:** Blaz
**Sonora Webster:** Wild Hearts Can't Be Broken
**William Wilson:** My Name is Bill W.

**LITTÉRATURE, THÉÂTRE ET POÉSIE:**

**Antonin Artaud:** En compagnie d'Antonin Artaud
**Pierre-Augustin Caron de Beaumarchais:** Beaumarchais l'insolent
**Charles Bukowski:** Barfly
**William S. Burroughs:** Burroughs: Commissioner of Sewers (documentaire); The Source (documentaire)
**Carolyn Cassady:** Heart Beat
**Agatha Christie:** Agatha
**Rick Cluchey:** Weeds
**Sidonie Gabrielle Colette:** Becoming Colette
**Soeur Juana Ines del la Cruz:** I, the Worst of All
**Alfred De Musset:** Impromptu; Les enfants du siècle
**Marguerite Duras:** The Lover
**Ian Fleming:** Spymaker
**Janet Frame:** An Angel at My Table
**Gaby:** Gaby- A True Story
**Allen Ginsberg:** Life and Times of Allen Ginsberg (documentaire)
**Jacob & Wilhelm Grimm:** The Wonderful Life of the Brothers Grimm
**Dashiell Hammett:** Hammett
**Ernest Hemingway & Agnes von Kurowsky:** In Love & War
**Adèle Hugo:** L'histoire d'Adèle H.
**James Joyce:** James Joyce: A Portrait of the Artist as a Young Man; James Joyce's Women
**Franz Kafka:** Kafka
**Jack Kerouac:** Heart Beat; Kerouac (documentaire); The Source (documentaire)
**Gavino Ledda:** Padre Padrone
**C. S. Lewis:** Shadowlands
**Alice Liddell:** Dreamchild
**Henry Miller:** Henry & Jude
**Molière:** Molière
**Chevalier Leopold von Sacher-Masoch:** Masoch
**Émile Nelligan:** Nelligan
**Anaïs Nin:** Anaïs Observed (documentaire); Henry & Jude
**Joe Orton:** Prick Up Your Ears
**Dorothy Parker:** Mrs. Parker and the Vicious Circle
**Harold Pinter:** Betrayal
**Marcel Proust:** Celeste; Le temps retrouvé
**Maiprie Kinnan Rawlings:** Cross Creek
**Samuel Richardson:** Tom & Viv
**Arthur Rimbaud:** Total Eclipse
**Dante Gabriel Rossetti:** Dante's Inferno: Life of Dante Gabriel Rossetti
**Gabrielle Roy:** Gabrielle Roy
**Marquis de Sade:** Marquis; Quills; Sade
**George Sand:** Les enfants du siècle; Impromptu
**William Shakespeare:** Shakespeare in Love
**Mary Shelley:** Gothic; Haunted Summer
**Paul Verlaine:** Total Eclipse
**Oscar Wilde:** Wilde
**Ludwig Wittgenstein:** Wittgenstein
**Tobias Wolff:** This Boy's Life
**Hedd Wyn:** Hedd Wyn

## LA LITTÉRATURE

**LES FILMS INSPIRÉS D'ŒUVRES LITTÉRAIRES ET LES AUTEURS SCÉNARISTES**

**Kôbô Abe:** La femme de sable
**Marcel Achard:** A Shoot in the Dark (L'idiot), *Comme scénariste:* Lady in Question; Madame de...
**Edward Albee:** Ballad of Sad Cafe; Who's Afraid of Virginia Wolfe
**Woody Allen:** Play it Again Sam; Shadows and Fog (Death)
**Eric Ambler:** Hotel Reserve (Epitaph For a Spy); Journey into Fear; Topkapi (The Light of Day)
**Hans Christian Anderson:** The Red Shoes; Thumbelina; Little Match Girl; Little Mermaid; Fantasia
**Jean Anouilh:** Becket, *Comme scénariste:;* Pattes blanches
**Paul Anthelme:** I Confess
**Fernando Arrabal:** *Comme scénariste:* J'irai comme un cheval fou; Odyssee of the Pacific
**Issac Asimov:** Bicentennial Man (The Positronic Man); Nightfall
**Margaret Atwood:** The Handmaid's Tale; Surfacing
**Dominique Aury:** Histoire d'O
**Jane Austen:** Clueless (Emma); Emma (1996); Mansfield Park (1985, 1999); Persuasion; Pride & Prejudice (1940, 1985 & 1996); Sense & Sensibility (1981 & 1995)
**Paul Auster:** The Music of Chance, *Comme scénariste:* Blue in the Face; Lulu on the Bridge; Smoke (1995)
**Marcel Aymé:** The Favour, the Watch and the Very Big Fish (Rue Saint-Sulpice); Le passe-muraille; La traversée de Paris; Uranus
**Jean-Pierre Bacri et Agnès Jaoui:** Un air de famille, *Comme scénaristes:* Le goût des autres; On connaît la chanson; No Smoking; Smoking
**Honoré de Balzac:** La belle noiseuse; Le colonel Chabert; Cousin Bette
**Clive Barker:** Candyman (The Forbidden); Hellbound: Hellraiser II (The Hellbound Heart); Hellraiser (I & III) (The Hellbound Heart); Lord of Illusions (The Last Illusion); Nightbreed (Cabal), *Comme scénariste:* Rawhead Rex
**J.M. Barrie:** Hook (Peter Pan); Peter Pan
**Peter Benchley:** The Deep; The Island; Jaws; Jaws 3D (Jaws)
**Nina Berberova:** L'accompagnatrice
**Georges Bernanos:** Journal d'un curé de campagne; Mouchette (Nouvelle histoire de Mouchette); Sous le soleil de Satan
**William Peter Blatty:** The Exorcist; The Exorcist III (Légion); The Ninth Configuration (Twinkle Twinkle Killer Kane)
**Robert Bloch:** Psycho; Skull (The Skull of the Marquis de Sade)
**Eric Bogosian:** Sex Drug and Rock 'N Roll; Suburbia; Talk Radio
**Boileau & Narcejac:** Body Parts; Diabolique (1996) (Celle qui n'était plus); Les diaboliques (1955) (Celle qui n'était plus); Meurtre en musique (A cœur perdu); La présence des ombres (D'entre les morts); Vertigo (D'entre les morts); Les yeux sans visages
**Michel-Marc Bouchard:** Lilies (Les feluettes); Les muses orphelines
**Pierre Boulle:** Bridge on the River Kwai (Le pont de la rivière Kwaï); The Planet of the Apes
**Ray Bradbury:** Beast From 20, 000 Fanthoms (The Foghorn); Farenheit 451; Illustrated Man; It Came from Outer Space; Martian Chronicles (I, II & III); Something Wicked This Way Comes; The Wonderful Ice Cream Suit, *Comme scénariste:* Moby Dick (1956)
**Bertold Brecht:** Threepenny Opera (Opéra de quat'sous), *Comme scénariste:* Hangman Also Die
**Charles Bukowski:** Contes de la folie ordinaire; Crazy Love, *Comme scénariste:* Barfly
**Edgar Rice Burroughs:** Greystoke: The Legend of Tarzan (Tarzan of the Apes); Tarzan, the Ape Man
**William S. Burroughs:** Naked Lunch; The Apes (La Planète des Singes)
**Abe Burrows & I.A.L. Diamond:** Cactus Flower; Can-Can; Guys and Dolls; How to Succeed in Business without Really Trying
**Georg Büchner:** Woyzeck
**James M. Cain:** Mildred Pierce; The Postman Always Rings Twice
**Italo Calvino:** Palookaville, *Comme scénariste:* Boccacio '70
**Albert Camus:** La peste
**Truman Capote:** Breakfast at Tiffany's; Grass Harp; In Cold Blood, *Comme scénariste:* Beat the Devil; Indiscretion of an American Wife; The Innocents
**Lewis Carroll:** Alice (1988) (Alice in Wonderland); Alice in Wonderland; Alice (Disney) (Alice in Wonderland); Neo-Tokyo (Through the Looking Glass) (1 des 3 courts métrages); Jabberwocky
**Raymond Carver:** Short Cuts
**Miguel de Cervantes:** Man of La Mancha (Don Quichotte); Don Quixote
**Dominic Champagne & autres:** Cabaret Neiges Noires
**Raymond Chandler:** The Big Sleep; Farewell My Love (Farewell, My Lovely); Lady in the Lake; The Long Goodbye; Marlowe (The Little Sister); Murder, My Sweet (Farewell, My Lovely), *Comme scénariste:* The Blue Dahlia; Double Indemnity; Strangers on a Train
**Paddy Chayefsky:** Altered States; As Young As You Feel; Bachelor Party; Catered Affair; Marty (1953 & 1955), *Comme scénariste:* The Hospital; Network
**Agatha Christie:** The Alphabet Murder (The A.B.C. Murders); Appointment With Death; The Body in the Library; Death on the Nile; Evil Under the Sun; The Mirror Crack'd; Murder Ahoy; Murder at

the Gallop (After the Funeral); Murder Most Foul (Mrs. McGinty's Dead); Murder on the Orient Express; Murder She Said (4.50 from Paddington); A Pocketful of Rye; Poirot; Ten Little Indians; Witness for the Prosecution

**Tom Clancy:** Clear and Present Danger; The Hunt for Red October; Patriot Games

**Mary Higgins Clark:** A Cry in the Night; Double Vision

**Arthur C. Clarke:** 2001: A Space Odyssey (The Sentinel); 2010: The Year We Made Contact

**James Clavell:** King Rat; Shogun; Tai-Pan, *Comme scénariste:* To Sir, with Love

**Jean Cocteau:** L'aigle à deux têtes; Les enfants terribles; Les parents terribles

**Joseph Conrad:** Apocalypse Now (Hearts of Darkness); The Duellists (The Duel); Hearts of Darkness; Lord Jim; Sabotage (The Secret Agent); The Secret Agent

**Robin Cook:** Coma; Sphinx

**Noel Coward:** Bitter Sweet; Blithe Spirit; Brief Encounter (1945); Cavalcade; Easy Virtue; In Wich We Serve; Private Lives; This Happy Breed

**Michael Crichton:** 13th Warrior; The Andromeda Strain; Congo; Disclosure; The Great Train Robbery (1979); Jurassic Park; The Lost World (1997); The Terminal Man; Sphere; Rising Sun, *Comme scénariste:* Looker; Rising Sun; Westworld

**Roald Dahl:** Big Friendly Giant; James & the Giant Peach; Matilda; The Witches; Willy Wonka and the Chocolate Factory (Charlie and the Chocolate Factory)

**Alphonse Daudet:** Les lettres de mon moulin (I et II)

**Daniel Defoe:** Crusoe (Robinson Crusoe); Moll Flanders; Robinson Crusoe

**Phillip K. Dick:** Blade Runner (Do Androids Dream of Electric Sheep?); Confessions d'un barjo (Confessions of a Crap Artist); Screamers (Second Variety); Total Recall (We Can Remember It for You Wholesale)

**Charles Dickens:** A Christmas Carol (1938 et 1984); David Copperfield (1935 et animation); Great Expectations; Little Dorrit (I et II); The Muppet Christmas Carol (A Christmas Carol); Nicholas Nickelby (9 volumes); Oliver! (Oliver Twist); Oliver Twist (1922 et 1948); Scrooge (1970) (A Christmas Carol); Scrooged (A Christmas Carol); A Tale of Two Cities (1935 et 1958)

**Philippe Djian:** 37°2 le matin; Bleu comme l'enfer

**Fédor Dostoïevski:** The Brothers Karamazov (Les frères Karamazov); Crime & Punishment (1935 & 1970) (Crime et châtiment); Le joueur; Partner (Le double); La vengeance d'une femme (L'éternel mari)

**Sir Arthur Conan Doyle:** The Adventures of Sherlock Holmes; Dressed to Kill (1946); The Hound of the Baskervilles (1939 et 1959); House of Fear (The Adventure of the Five Orange Pips); The Lost World (1925); Sherlock Holmes and the Secret Weapon (The Adventure of the Dancing Men); Tales From the Darkside: The Movie (Lot 249); The Woman in Green (The Adventure of the Empty House)

**Roddy Doyle:** The Commitments; The Snapper; The Van

**Réjean Ducharme:** *Comme scénariste:* Les beaux souvenirs; Les bons débarras

**Marcel Dubé:** Les beaux dimanches

**René-Daniel Dubois:** Being at Home with Claude

**Alexandre Dumas père:** At Sword's Point (20 ans après); Le comte de Monte-Cristo; The Count of Monte Cristo (Le comte de Monte-Cristo); The Four Musketeers (Les trois mousquetaires); The Iron Mask (L'homme au masque de fer); The Man in the Iron Mask (Vingt ans après et Le vicomte de Bragelone); La reine Margot; The Three Musketeers (1939, 1974 & 1993) (Les trois mousquetaires); La tulipe noire

**Alexandre Dumas fils:** Camille (La dame aux camélias); La Traviata (La dame aux camélias)

**Marguerite Duras:** The Lover (L'amant), *Comme scénariste:* Les enfants Hiroshima mon amour

**Benoît Dutrizac:** La conciergerie

**Bret Easton Ellis:** American Psycho; Less Than Zero

**Euripide:** Bacchantes; Medea (1959 & 1970); Iphigenia

**William Faulkner:** Intruder in the Dust; The Long, Hot Summer (The Hamlet); The Reivers; The Tarnished Angels (Pylon); Today We Live (Turn About). *Comme scénariste:* The Big Sleep (1946); The Southerner; To Have and Have Not

**Gustave Flaubert:** Madame Bovary (1952 et 1991)

**Edna Ferber:** Cimmaron (1931 et 1960); Dinner at Eight; Giant Show Boat (1936 et 1951)

**F. Scott Fitzgerald:** The Great Gatsby; The Last Time I Saw Paris; The Last Tycoon; Three Comrades, *Comme scénariste:* Marie Antoinette; Three Comrades

**Ian Fleming:** Casino Royale; Chitty Chitty Bang Bang; Dr. No; For Your Eyes Only (For Your Eyes Only et Risico); From Russia with Love; Goldfinger; License to Kill (Live and let die et The Hildebrand rarity); Live and Let Die; The Living Daylights; The Man with the Golden Gun; Mooraker; Never Say Never Again; Octopussy (Octopussy et The Property of a lady); On Her Majesty's Secret Service; The Spy Who Loved Me; Thunderball; A View to a Kill; You Only Live Twice

**Ken Follett:** Eye of the Needle; The Key to Rebecca

**Frederich Forsyth:** The Day of the Jackal; The Dogs of War; The Fourth Protocol; The Jackal; The Odessa File

**E. M. Forster:** Howard's End; Maurice; A Passage to India; A Room With a View; Where Angels Fear to Thread

**Brad Fraser:** Love and Humain Remains (Unidentified Human Remains and the True Nature of Love)

**Romain Gary:** Les faussaires (La tête coupable); Your Ticket is No Longer Valid (Au-delà de cette limite, votre ticket n'est plus valable); La vie devant soi

**Jean Genet:** The Balcony (Le balcon); Mademoiselle; Querelle

**William Gibson:** Johnny Mnemonic

**Barry Gifford:** Wild at Heart, *Comme scénariste:* Hotel Room; Lost Highway

**Jean Giono:** Angèle (Un de Baumugnes); La femme du boulanger (Jean le Bleu); Le hussard sur le toit; L'homme qui plantait des arbres; Jofroi Regain

**Goethe:** Faust (1926 & animation); La beauté du diable

**Nicolaï Gogol:** Taras Bulba

**William Goldman:** Heat (1972 & 1995); Magic; Marathon Man; No Way to Treat a Lady; The Princess Bride, *Comme scénariste:* Butch Cassidy and the Sundance Kid; General's Daughter; The Ghost and the Darkness

**David Goodis:** Descente aux Enfers; La lune dans le caniveau; Rue Barbare (Épave); Tirez sur le pianiste (Down There)

**Günter Grass:** Le tambour

**Graham Greene:** Beyond the Limit (The Honorary Consul); The Comedians; End of the Affair (1955 et 1999); The Fallen Idol; The Fugitive (1947 et 1995); This Gun for Hire (A Gun for Sale); Human Factor; The Third Man; Travels with My Aunt

**John Grisham:** The Chamber; The Client; The Firm; The Gingerbread Man; The Pelican Brief; The Rainmaker (1997); Time to Kill

**John Guare:** Six Degrees of Separation

**Sacha Guitry:** Beaumarchais l'insolent; Désirée (1937); Les perles de la couronne; Roman d'un tricheur, *Comme scénariste:* Adhemar; Faisons un rêve; Napoléon; Le nouveau testament; Remontons les Champs-Elysees; Quadrille; La vie à deux

**Patrick Hamilton:** Gaslight

**Dashiell Hammett:** After the Thin Man; Another Thin Man; The Glass Key; Last Man Standing (Red Harvest); The Maltese Falcon; Satan Met a Lady (The Maltese Falcon), *Comme scénariste:* Watch on the Rhine

**Peter Handke:** *Comme scénariste:* Les ailes du désir; City of Angels (Les ailes du désir); Goalie's Anxiety at the Penalty Kick; Wrong Move

**Thomas Hardy:** Far From the Madding Crowd; Jude (Jude the Obscure); Tess (Tess of the D'Urbervilles)

**Jim Harrison:** Carried Away (Farmer); Legends of the Fall; Revenge

**Nathaniel Hawthorne:** Scarecrow (1973) (Feathertop); The Scarlett Letter; Twice-Told Tales (House of Seven Gables, Heidegger's Experiment & Rappacini's Daughter)

**Anne Hébert:** Les fous de Bassan; Kamouraska

**Ernest Hemingway:** A Farewell to the Arms; For Whom the Bell Tolls; In Love and War; Island in the Stream; The Killers; The Old Man and the Sea; To Have and Have Not; Women and Men: Stories of Seduction (Hills Like White Elephants)

**Patricia Highsmith:** L'ami américain (Ripley's Game); Strangers on a Train; Talented Mr. Ripley

**S. E. Hinton:** The Outsiders; Rumble Fish; Tex; That Was Then, This Is Now
**Frances Hodgson Burnett:** Little Lord Fauntleroy; A Little Princess; The Secret Garden
**Homère:** Helen of Troy (l'Iliade); O Brother Where Art Thou? (l'Odyssée); The Odyssey (l'Odyssée)
**Victor Hugo:** The Hunchback (Notre-Dame de Paris); The Hunchback of Notre-Dame (1923, 1939 et Disney) (Notre-Dame de Paris); Les misérables; Les misérables du xxe siècle (Les misérables); Notre-Dame de Paris
**Fannie Hurst:** Four Daughters (Sister Act); Humoresque; Imitation of Life; Young at Heart
**Aldous Huxley:** The Devils
**Enrik Ibsen:** Doll's House (1973 et 1973)
**John Irving:** Cider House Rules; The Hotel New Hampshire; The World According to Garp
**Washington Irving:** Fairy Tale Theater: Rip Van Winkle; Sleepy Hollow (Legend of Sleepy Hollow); Legend of Sleepy Hollow; Adventures of Ichabod & Mr. Toad (Legend of Sleepy Hollow)
**Henry James:** The Bostonians; La chambre verte (The Altar of the Dead); Daisy Miller; L'élève; The Europeans; The Heiress (Washington Square); The Innocents (The Turn of the Screw); The Lost Moment (The Aspern Papers); The Portrait of a Lady; Turn of the Screw; Washington Square; Wings of the Dove
**Sébastien Japrisot:** L'été meurtrier, *Comme scénariste:* Juillet en septembre; Les enfants du marais
**Alexandre Jardin:** Bille en tête; Fanfan; Le zèbre
**James Jones:** From Here to Eternity; The Longest Day; Some Came Running; The Thin Red Line (1964 et 1998)
**James Joyce:** The Dead; James Joyce' Ulysses; James Joyce: A Portrait of the Artist As a Young Man
**Franz Kafka:** Le château; The Trial (Le procès)
**Joseph Kesserling:** Arsenic and Old Lace
**Stephen King:** Apt Pupil; Carrie (1976); Cat's Eye; Christine; Creepshow (I & II); Cujo; The Dead Zone; Dolores Claiborne; It (tv); The Landmower Man; The Langoliers (tv); The Mangler (tv); Misery; Needful Things; Pet Semetary; Return to Salem's Lot (Salem's Lot); The Running Man; Salem's Lot; The Shawshank Redemption (Rita Hayworth and the Shawshank Redemption); The Shining; Stand by Me (The Body); The Stand; Tales From the Dark Side: The Movie (Cat From Hell)
**Rudyard Kipling:** Captain Courageous; Gunga Din; The Jungle Book (1995 & Disney); Kim; Man Who Would Be King; Wee Willie Winkie
**Frederick Knott:** Dial M For Murder; The Honey Pot; A Perfect Murder; Wait Until Dark; The Honey Pot (Mr. Fox in Venice); A Perfect Murder (Dial M. For Murder)
**Milan Kundera:** The Unbearable Lightness of Being
**Gérard Lauzier:** À gauche en sortant de l'ascenseur; Je vais craquer! (La course du rat); Psy; P'tit con (Souvenirs d'un jeune homme), *Comme scénariste:* Mon père ce héros; My Father the Hero (Mon père ce héros); Le fils du Français; Le plus beau métier du monde; Tranches de vie
**D. H. Lawrence:** Kangaroo; Lady Chatterley (Lady Chatterly's Lover); Lady Chatterly's Lover; The Rainbow; The Rocking Horse Winner, Women in Love
**Alistair MacLean:** Bear Island; Force 10 From Navarone; The Guns of Navarone; Ice Station Zebra; The Satan Bug; Where Eagles Dare
**Choderlos de Laclos:** Cruel intentions (Les liaisons dangereuses); Les liaisons dangereuses (1959 & 1988); Valmont (Les liaisons dangereuses)
**John Le Carré:** The Little Drummer Girl; A Perfect Spy; The Russia House; The Spy Who Came In From the Cold
**Roger Lemelin:** Le crime d'Ovide Plouffe; Les Plouffe, *Comme scénariste:* Odyssee of the pacific
**Elmore Leonard:** 3.10 to Yuma; 52 Pick-Up; Cat Chaser; Get Shorty; Hombre; Jackie Brown (Rum Punch); Out of Sight; Stick; Touch; Valdez Is Coming, *Comme scénariste:* Joe Kidd
**Robert Lepage:** Nô (Les sept branches de la rivière Ota); Le polygraphe; Tectonic Plates (Les plaques tectoniques), *Comme scénariste:* Le confessionnal
**Jack London:** The Assassination Bureau; The Sea Wolf; White Fang
**Federico Garcia Lorca:** Noce de sang
**Pierre Louys:** Aphrodite; Bilitis; Cet obscur objet du désir (La femme et le pantin); The Devil Is a Woman (La femme et le pantin)
**H. P. Lovecraft:** Bride of the Re-Animator; Cthulhu Mansion; The Dunwich Horror; From Beyond; The Haunted Palace; Out of Mind; Re-Animator; The Resurected; The Unnamable; H.P. Lovecraft's Necronomicon
**Maurice Maetelinck:** The Blue Bird (L'oiseau bleu)
**David Mamet:** American Buffalo; Glengarry Glen Ross; House of Games; A Life in the Theatre; Oleanna; The Water Engine, *Comme scénariste:* The Edge; Hoffa; Homicide; Lansky; Spanish Prisonner; Things Changes; Wag the Dog; Winslow Boy
**Jean-Patrick Manchette:** Folle à tuer; Nada; Trois hommes à abattre, *Comme scénariste:* La crime
**Gabriel Garcia Marquez:** Erendira; Letters From the Park; Maria de mi Corazon; Summer of Miss Forbes; A Very Old Man with Enormous Wings
**Alexis Martin:** Matroni et Moi
**Richard Matheson:** Duel; The Incredible Shrinking Man; The Incredible Shrinkling Woman; It's Alive (Being); Legend of Hell House (Hell House); Omega Man; Seins de Glace (Someone is Bleeding); Somewhere in Time (Bid Time Return); Stir of Echoes
**Guy de Maupassant:** Diary of a Madman (L'étrange histoire du Juge Cordier); Le plaisir; The Private Affairs of Bel Ami (Bel ami)
**Daphné du Maurier:** The Birds; Don't Look Now; Jamaica Inn; Rebecca
**Herman Melville:** Bartelby; Moby Dick
**Claude Meunier et Louis Saia:** Appelez-moi Stéphane
**Patrick Meyers:** K2
**Arthur Miller:** The Crucible; Death of a Salesman, *Comme scénariste:* Everybody Wins; The Misfits
**Henry Miller:** Quiet Days in Clichy; Tropic of Cancer
**Margaret Mitchell:** Gone With the Wind
**Yukio Mishima:** L'école de la chair*Comme scénariste:* Black Lizard
**Molière:** L'avare; Le bourgeois gentillhommee; Dandin (Georges Dandin); Le tartuffe
**Alberto Moravia:** La Ciociara; Le conformiste; L'ennui; Husbands and Lovers (L'amour conjugal); Me and Him (Moi et lui); Le mépris
**Vladimir Nabokov:** Lolita (1962 et 1997); Despair
**Eugene O'Neill:** Ah Wilderness; Anna Christie; Desire Under the Elms; Long Day's Journey Into Night (1962 et 1996)
**George Orwell:** 1984; Animal Farm
**Marcel Pagnol:** César; Le château de ma mère; Fanny; La gloire de mon père; Jean de Florette; Manon des sources; Marius; Topaze, *(M. Pagnol) Comme scénariste:* Angèle; Femme du Boulanger; Regain; Le Schpountz
**John Pielmeier:** Agnes of God
**Nicholas Pileggi:** Casino; Goodfellas (Wiseguy), *Comme scénariste:* City Hall
**Harold Pinter:** Homecoming, *Comme scénariste:* Collection
**Edgar Allan Poe:** The Black Cat (1934); The Fall of the House Usher (1960); The Gold Bug; The Haunted Palace; Histoires extraordinaires; Masque of the Red Death (1964); Murder In the Rue Morgue (1932); The Pit and the Pendulum (1961 et 1990); Premature Burial; The Raven (1935 et 1963); Tales of Terror; Tomb of Legeia; Two Evil Eyes
**Jean Poiret:** The Birdcage (La cage aux folles); La cage aux folles I, II et III; Joyeuses Pâques
**Jacques Prévert:** *Comme scénariste:* Le crime de monsieur Lange; Les enfants du paradis; Le jour se lève; Notre-Dame de Paris; Le quai des brumes; Le roi et l'oiseau; Les visiteurs du soir
**Richard Price:** Bloodbrothers; Clockers; Wanderers, *Comme scénariste:* The Color of Money; Kiss of Death (1995); Mad Dog and Glory; New York Stories (sketch de Scorsese); Night and the City (1992); Ransom; Sea of Love
**Marcel Proust:** Un amour de Swann; Le temps retrouvé
**Mario Puzo:** The Godfather (I, II et III); The Sicilian, *Comme scénariste:* Christopher Columbus: The Discovery; The Cotton Club; Earthquake
**Raymond Queneau:** Zazie dans le Métro
**David Rabe:** Hurlyburly; Streamers
**Ayn Rand:** The Fountainhead
**Marc Robitaille:** Histoires d'Hiver
**Edmond Rostand:** Cyrano de Bergerac (1925, 1950 et 1990); Roxanne (Cyrano de Bergerac)

**Philip Roth:** Goodbye Colombus; Portnoy's Complaint
**Gabrielle Roy:** Bonheur d'occasion; Le vieillard et l'enfant
**Marquis de Sade:** Justine du Marquis de Sade; Marquis (écrits divers); Salo ou les 120 journées de Sodome
**Françoise Sagan:** Bonjour tristesse; La femme fardée; Goodbye Again (Aimez-vous Brahms?)
**San Antonio (Frédéric Dard):** La vieille qui marchait dans la mer; Y a-t'il un Français dans la salle ?
**Jorge Semprun:** *Comme scénariste:* La guerre est finie; K; Les routes du sud; Stavinsky; Z
**Peter Shaffer:** Amadeus; Equus; Follow Me
**William Shakespeare:** 10 things I Hate About You (Taming Of The Shrew); Forbidden Planet (The Tempest); Hamlet (1948, 1969, 1990, 1996, 2000); Henry V (1945 et 1989); Julius Ceasar; King Lear (1971 et 1987); Kiss Me Kate (Taming Of The Shrew); Looking for Richard; Macbeth (1948 et 1971); A Midsummer Night's Dream; A Midwinter's Tale; Much Ado About Nothing; My Own Private Idaho (Henry IV Part II); Othello (1952, 1965 et 1995); Prospero's Books (The Tempest); Ran (King Lear); Richard III; Romeo et Juliet (1936 & 1968); Rosencrantz and Guildenstern Are Dead (Hamlet); Silent Shakespeare (King Jonh, The Tempest, Midsummer's Night Dream, King Lear, Twelfth night, The Merchant of Venice, Richard III); The Taming of the Shrew; Tempest; Throne of Blood (Macbeth); Titus (Titus Andronicus); Tromeo & Juliet (Romeo & Juliet et Merchant of Venice); Twelfth Night; William Shakespeare's Romeo & Juliet
**Georges Bernard Shaw:** Les maris, les femmes, les amants; The Millionairess; My Fair Lady (Pygmallion); Pygmalion
**Mary Shelley:** Abbott and Costello Meet Frankenstein (Frankenstein); Andy Warhol's Frankenstein (Frankenstein); The Bride of Frankenstein (Frankenstein); Frankenstein Unbound (Frankenstein); Frankenstein; Mary Shelley's Frankenstein
**Sam Shepard:** Curse of the Starving Class; Fool for Love, *Comme scénariste:* Paris Texas; Far North
**George Simenon:** Betty; Le chat; En Plein Cœur; Equateur (Coup de lune); Les fantômes du chapelier; Le fruit défendu; L'horloger de Saint-Paul (L'horloger d'Everton); L'inconnu dans la maison; Monsieur Hire (Les fiançailles de Monsieur Hire); L'ours en Peluche; Le train; La veuve Couderc
**Neil Simon:** Barefoot in the Park; Biloxi Blues; Brighton Beach Memoirs; California Suite; I Ought to Be in Pictures; Lost in Yonkers; The Odd Couple I et II; Plaza Suite; Sunshine Boys; Sweet Charity, *Comme scénariste:* Cheap Detective; Murder by Death; The Out-of-Towners (1970 et 1999)
**Sophocle:** Oedipus Rex; Antigone
**Aaron Sorkin:** A Few Good Man, *Comme scénariste:* American President; Malice
**L'équipe du Splendid:** Le Père Noël est une ordure; Les bronzés; Les bronzés font du ski
**Joseph Stein:** Fiddler on the Roof
**John Steinbeck:** East of Eden; The Grapes of Wrath; Lifeboat; Of Mice and Men; The Red Pony; Tortilla Flat, *Comme scénariste:* Viva Zapata!
**Stendhal:** Le rouge et le noir
**Robert L. Stevenson:** Dr. Jeckyll & Mr. Hyde (1920, 1921 et 1941); Invasion of the Body Snatchers (1956 et 1978); Treasure Island (1934, 1950, 1972 et 1990) (The Treasure Island)
**Bram Stoker:** Bram Stoker's Dracula; Count Dracula (Dracula); Dracula (1931 et 1979); Dracula (Version espagnole); Dracula A. D. 1972 (Dracula); Dracula: Dead and Loving It (Dracula); The Horror of Dracula (Dracula); The Lair of the White Worm; Nosferatu; Nosferatu, fantôme de la nuit (Nosferatu)
**August Strindberg:** Miss Julie (1950 et 1999)
**Anton Tchekhov:** August; Country Life; The Lady with the Dog; Partition inachevée pour piano mécanique; The Shooting Party; Vanya on 42nd Street
**Théatre du Campignol:** Le bal
**Jim Thompson:** After Dark, My Sweet; Coup de torchon (Pop. 1280); The Getaway; The Grifters
**J. R. R. Tolkien:** The Hobbit; Lord of the Rings; Return of the King
**Leo Tolstoï:** Anna Karenina (1935 et 1997) (Anna Karénine); War & Peace (1956 et 1968) (Guerre et paix)
**Michel Tremblay:** Françoise Durocher, waitress; Les trois Montréal de Michel Tremblay, *Comme scénariste:* Parlez-Nous d'Amour; Le soleil se lêve en retard
**Mark Twain:** The Adventures of Huck Finn (The Adventures of Huckleberry Finn); The Adventures of Huckleberry Finn; A Connecticut Yankee in King's Arthur Court; The Prince & the Pauper; Tom & Huck (The Adventures of Tom Sawyer); Tom Sawyer (The Adventures of Tom Sawyer)
**Leon Uris:** Battle Cry; Exodus; QB VII; Topaz, *Comme scénariste:* Gunfight at the O.K. Corral (1957)
**Francis Veber:** Buddy Buddy (L'emmerdeur); Le dîner de cons; L'emmerdeur; Le jouet; Toy (Le jouet), *Comme scénariste:* La chèvre; Les compères; Fantôme avec Chauffeur; Father's Day (les compères); Les fugitifs; Le grand blond à la chaussure noire; Le jaguar; Man with One Red Shoe (Le grand blond à la chaussure noire); Le retour du grand blond à la chaussure noire; Three Fugitives (Les fugitifs)
**Jules Verne:** 20,000 Leagues Under the Sea (Vingt mille lieues sous les mers); Around the World in 80 Days (Le tour du monde en quatre-vingts jours); Five Weeks in a Balloon (Cinq semaines en ballon); In Search of the Castaways (Les enfants du capitaine Grant); Journey to the Center of the Earth (Voyage au centre de la terre); Masters of the World (Maître du monde); Mysterious Island (L'île mystérieuse)
**Peter Weiss:** Marat Sade
**H. G. Wells:** Abbott and Costello Meet the Invisible Man (The Invisible Man); First Men in the Moon; The Invisible Man's Revenge (The Invisible Man); The Invisible Man; The Island of Dr. Moreau (1977 et 1996); The Island of the Lost Souls (The Island of Dr. Moreau); The Man Who Could Work Miracles; Memoirs of an Invisible Man (The Invisible Man); Things to Come (The Shape of the Things to Come); The Time Machine; Village of the Giants (The Foods of the Gods); The War of the Worlds
**Oscar Wilde:** The Canterville Ghost; Dorian Gray (The Picture of Dorian Gray); Ideal Husband; The Importance of Being Earnest; The Picture of Dorian Gray; Salome
**Thornton Wilder:** Hello, Dolly (The Matchmaker); The Matchmaker; Mr North (Theophilus North); Our Town, *Comme scénariste:* Shadow of a Doubt (1943)
**Charles Williams:** Vivement dimanche! (The Long Saturday Night)
**Tennessee Williams:** Baby Doll; Cat on a Hot Tin Roof (1958 et 1984); The Fugitive Kind; The Glass Menagerie; The Night of the Iguana; Orpheus Descending; The Roman Spring of Mrs. Stone; The Rose Tattoo; A Streetcar Named Desire; Suddently, Last Summer; Summer and Smoke; Sweet Bird of Youth; This Property is Condemned
**Cornell Woolrich (parfois alias William Irish):** The Leopard Man (Black Alibi); La mariée était en noir; Mrs. Winterbourne (I Married a Dead Man); Phantom City; Rear Window; La sirène du Mississippi (Waltz Into Darkness); Union City; The Window
**Émile Zola:** La bête humaine; La curée; Germinal (1963 et 1993)

### LES FILMS INSPIRÉS DE BANDES DESSINÉES

Annie
Asterix et Obélix contre César
Barb Wire
Barbarella
Batman (1966 et 1989)
Batman and Robin (Serial et 1997)
Batman Forever
Batman Returns
Les bidochons
Black Mask
Blade
Brenda Starr
Buck Rogers in the 25th Century
Captain America
Capitain America 2
Casper
Conan the Barbarian
Conan the Destroyer
Creepshow
Creepshow 2
The Crow
The Crow: City of Angels
Dennis the Menace
Dick Tracy

Dick Tracy Detective
Dick Tracy Meets Gruesome
Doberman
Flash Gordon (1980 & Serial)
Heavy Metal
Ghost in the Shell
Judge Dredd
Killer Condom
Madeleine
Mars Attack
The Mask
Men in Black
Mystery Men
Phantom
Popeye
Ritchie Rich
The Shadow
The Shadow (Serial)
Spawn
Steel
Superman (Serial)
Superman II
Superman: the Movie
The Swamp Thing
Tales From the Crypt: Bordello of Blood
Tales From the Crypt: Demon Knight
Tales From the Darkside
Tank Girl
Tintin et le mystère de la toison d'or
Tintin et les oranges bleues

**Théâtre filmé (Captations partielles ou complètes de pièces)**

**Peter Brook:** Mahabharata
**Dominic Champagne et autres:** Cabaret neiges noires
**David Fennario:** Balconville
**Pierre Légaré:** Waiter!
**Robert Lepage et autres:** Tectonic Plates
**The Living Theatre:** The Brig; Paradise Now
**Claude Meunier et Louis Saïa:** Appelez-moi Stéphane
**Bernard Pomerance:** Elephant Man (1982)
**William Shakespeare:** As You Like It; King Lear (1984 & 1988); Merchant of Venice (1973); The Taming of the Shrew (1986)
**Sophocle:** Antigone
**Peter Weiss:** Marat Sade

## LES FILMS DU MONDE

**Afrique du Sud**
Dilemme (anglais)
The Gods Must Be Crazy (anglais)
The Gods Must Be Crazy 2 (anglais)
Sarafina! (anglais)
The Stick (afrikaans)

**Algérie**
L'arche du désert (arabe)
Cheb (français)
La citadelle (arabe)
Youcef: la légende du 7e dormant (arabe)

**Argentine**
Camila (espagnol)
Le côté obscur du cœur (espagnol)
The Curious Dr. Humpp (espagnol)
La dette (Veronico Cruz) (espagnol)
Don Segundo Sombra (espagnol)
Fierro... l'été des secrets (français)
Funny Dirty Little War (espagnol)
L'histoire officielle (espagnol)
I Don't Want to Talk About It (espagnol)
I, the Worst of All (espagnol)
Killing Grandpa (espagnol)
The King and His Movies (espagnol)
Knocks at My Door (espagnol)
Man Facing Southeast (espagnol)
Miss Mary (espagnol)
Native Son (espagnol)
Of Love & Shadows (anglais)
A Place in the World (espagnol)
Répression (espagnol)
A Shadow You Soon Will Be (espagnol)
Tango (espagnol)
Time for Revenge (espagnol)
Times to Come (espagnol)
Under the Earth (espagnol)
Le voyage (espagnol)

**Australie**
The Adventures of Priscilla, Queen of the Desert (anglais)
Angel Baby (anglais)
Attack Force Z (anglais)
Babe, Pig in the City (anglais)
Barry McKenzie Holds His Own... (anglais)
Bliss (anglais)
Breaker Morant (anglais)
Burke & Wills (anglais)
The Cars That Ate Paris (anglais)
Casanova and Company (anglais)
The Castle (anglais)
Children of the Revolution (anglais)
The Clinic (anglais)
The Coca-Cola Kid (anglais)
Cosi (anglais)
Country Life (anglais)
Crocodile Dundee (anglais)
Crocodile Dundee II (anglais)
A Cry in the Dark (anglais)
Dead Calm (anglais)
Death in Brunswick (anglais)
Dogs in Space (anglais)
The Effiency Expert (anglais)
The Everlasting Secret Family (anglais)
Ferngully: Les aventures de Zak et Crystal (anglais)
Flirting (anglais)
Floating Life (anglais)
The Fringe Dwellers (anglais)
Gallipoli (anglais)
Georgia (1988) (anglais)
Golden Braid (anglais)
The Good Women of Bangkok (anglais)
Green Card (anglais)
Grievous Bodily Harm (anglais)
Ground Zero (anglais)
The Heartbreak Kid (anglais)
Heatwave (anglais)
High Tide (anglais)
Hotel de Love (anglais)
The Interview (anglais)
In the Winter Dark (anglais)
Island (anglais)
Kangaroo (anglais)
Kiss or Kill (anglais)
The Last Days of Chez Nous (anglais)
The Last Wave (anglais)
The Lighthorsemen (anglais)
Lonely Hearths (anglais)
The Long Weekend (anglais)
Love and Other Catastrophies (anglais)
Love Serenade (anglais)
Mad Max (anglais)
Mad Max 2: The Road Warrior (anglais)
Mad Max 3: Beyond the Thunderdome (anglais)
The Man From Snowy River (anglais)
Map of the Human Heart (anglais)
Mesmerized (anglais)
Muriel's Wedding (anglais)
The Nun and the Bandit (anglais)
Oscar and Lucinda (anglais)
Paradise Road (anglais)
Patrick (anglais)
Le pays où rêvent les fourmis vertes (anglais)
Phar Lap (anglais)
The Piano (anglais)
Picnic at Hanging Rock (anglais)
The Plumber (anglais)
Prisoners of the Sun (anglais)
Proof (anglais)
Puberty Blues (anglais)
The Quiet Room (anglais)
Quigley Down Under (anglais)
Return to Snowy River (anglais)
Romper Stomper (anglais)
Shame (anglais)
Shine (anglais)
Sirens (anglais)
Strictly Ballroom (anglais)
The Sum of Us (anglais)
The Sun, the Moon and the Stars (anglais)
Sweetie (anglais)
That Eye, the Sky (anglais)
Thirst (anglais)
Tim (anglais)
Waiting (anglais)
Walkabout (anglais)
Wide Sargasso Sea (anglais)
The Wild Ducks (anglais)
A Woman's Tale (anglais)
The Year My Voice Broke (anglais)
The Year of Living Dangerously (anglais)
Young Einstein (anglais)

**Autriche**
38: Vienna Before the Fall (allemand)
Echo Park (anglais)
The Fifth Musketeer (anglais)
The Harmonists (allemand)
The Inheritors (allemand)
Invisible Adversaries (anglais)
Né en Absurdistan (allemand)
Sissi (allemand)
Sissi et son destin (allemand)
Sissi impératrice (allemand)
Sunshine (anglais)
The Wannsee Conférence (allemand)

**Belgique**
Abracadabra (français)
Anchoress (anglais)
L'année de l'éveil (français)
Australia (français)
Benvenuta (français)
Bird Now (anglais)
Brussels Transit (yiddish)
C'est arrivé près de chez vous (français)
Clandestins (français)
The Commissioner (anglais)
Les convoyeurs attendent (français)
Crazy Love (flamand)
Daens (flamand et français)
Daisy Town (français)
Daughter of Darkness (allemand)

L'école de la chair (français)
Filasse (flamand)
Le fils du requin (français)
Hector (flamand)
Hombres Complicados (allemand)
Il Maestro (français)
Koko Flanel (flamand)
Li (flamand)
Le maître de musique (français)
Mascara (flamand)
Ma vie en rose (français)
Mécaniques célèstes (anglais, français et espagnol)
Molokaï (anglais)
Monsieur (français)
Le nain rouge (français & italien)
Noce en Galilée (français, arabe et hébreux)
Les noces barbares (français)
Pardon Cupidon (français)
La partie d'échecs (français)
Pleure pas Germaine (français)
La plus longue nuit du diable (français)
La promesse (français)
Prune des bois (français)
The Quarry (anglais)
Les rendez-vous d'Anna (français)
Rosetta (français)
Sur la terre comme au ciel (français)
Toto le héros (français)
Toute une nuit (français)
Tumultes (français)
La vie est belle (1988) (français)
La vie sexuelle des Belges - 1950-1978 (français)

**Bosnie-Herzégovine**
Le cercle parfait (français et serbo-croate)

**Brésil**
Amor Bandito (portugais)
At Midnight I'll Take Your Soul (portugais)
The Bloody Exorcism of Coffin Joe (portugais)
Bossa Nova (anglais, portugais et français)
Bye Bye Brézil (portugais)
The Dolphin (portugais)
Dona Flor et ses deux maris (portugais)
The End of Man (portugais)
Fable of the Beautiful Pigeon Fancier (portugais)
Four Days in September (portugais)
Gabriela (portugais)
Gare centrale (portugais)
Hallucinations of a Deranged Mind (portugais)
Hour of the Star (portugais)
I Love You (portugais)
Kiss of the Spider Woman (anglais)
Lucio Flavio (portugais)
Luzia (portugais)
The Man in the Box (portugais)
Orfeu Negro (portugais)
Perversion (portugais)
Pixote (portugais)
Quilombo (portugais)
The Story of Fausta (portugais)
Subway to the Stars (portugais)
This Night I'll Possess Your Corpse (portugais)
Tieta of Agreste (portugais)

**Bulgarie**
Le bandit (turc)

**Burkina**
Guimba, un tyrant une époque (bambara et français)
Tilaï (more)
Wend Kuuni (more)

**Cambodge**
An Ambition Reduced to Ashes (cambodgien)
Peasants in Distress (cambodgien)

**Cameroun**
Quartier Mozart (français)
Le maître du canton (français)

**Chine**
Adieu ma concubine (mandarin)
Blush (mandarin)
Le cerf-volant bleu (mandarin)
Chine, ma douleur (mandarin)
Crouching Tiger, Hidden Dragon (mandarin)
Crows and Sparrows (mandarin)
Emperor's Shadow (mandarin)
Ermo (mandarin)
Histoires de fantômes chinois (cantonais)
The Horse Thief (mandarin)
The King of Masks (mandarin)
Life on a String (mandarin)
Mee Pok Man (anglais et cantonais)
Midnight Dancers (mandarin)
Red Cherry (russe, allemand et mandarin)
Red Firecracker, Green Firecracker (mandarin)
Shower (mandarin)
The Story of Xinghua (mandarin)
That's the Way I Like It (anglais et cantonais)
Yellow Earth (mandarin)
Vive l'amour (mandarin)
Witch From Nepal (cantonais)
(Consultez aussi les filmographies de John WOO et Zhang YIMOU)

**Colombie**
Miracle in Rome (espagnol)
Rodrigo D. - No Future (espagnol)

**Corée**
The Gingko Bed (coréen)

**Côte-d'Ivoire**
Bal poussière (français)

**Cuba**
Butterflies on the Scaffold (anglais)
Details of a Duel (espagnol)
Guantanamera (espagnol)
Knocks at My Door (espagnol)
Letters from the Park (espagnol)
Liste d'attente (espagnol)
Strawberry and Chocolate (espagnol)
The Summer of Miss Forbes (espagnol)

**Danemark**
L'amour est un pouvoir sacré (anglais)
Bastien le magicien (danois)
Christian (danois)
Element of Crime (anglais)
Europa (danois)
La faim (suédois et norvégien)
Le festin de Babette (danois et français)
Fête de famille (danois)
L'homme dans la lune (danois)
Les idiots (danois)
L'île de mon enfance (anglais)
The Kingdom I et II (danois)
Memories of a Marriage (danois)
Mifune (danois)
L'ombre d'Emma (danois)
Pelle le conquérant (danois)
Rami & Juliet (danois)
Reptilicus (danois)
Rocking Silver (danois)
Royal Deceit (danois & anglais)
Les rues de mon enfance (danois)
The Silent Touch (danois)
Sofie (suédois)
La sorcellerie à travers les âges (muet)
Twist and Shout (danois)
The Wolf at the Door (français)
(Consultez aussi la filmographie de Carl Theodor DREYER)

**Écosse**
Gregory's Girl (anglais)

**Égypte**
Adieu Bonaparte (arabe)
Le destin (arabe)

**Espagne**
8-A (Ochoa) (espagnol)
Actrices (espagnol)
À coups de crosse (français)
Against the Wind (espagnol)
Les amants du cercle polaire (espagnol et anglais
Baraka sur X 13 (français)
Bâton rouge (espagnol)
Belle époque (espagnol)
Berlin Blues (espagnol)
Boom Boom (espagnol)
Butterfly (espagnol & latin)
Caresses (catalan)
Carla's Song (anglais & espagnol)
Casablanca, nid d'espions (français)
Chanson de l'orphelin (espagnol)
Un chien andalou (muet)
Le comment et le pourquoi (espagnol)
Confidential Report (Mr. Arkadin) (anglais)
Corrida pour un espion (français)
Les crocs du diable (espagnol)
Demons in the Garden (espagnol)
Les deux gamins (espagnol)
La disparition de Garcia Lorca (français)
Don Juan (français)
Earth (espagnol)
L'écureuil rouge (espagnol)
L'enfant à la voix d'or (espagnol)
L'enlèvement des sabines (français)
L'esprit de la ruche (espagnol)
Extramuros (espagnol)
Fable of the Beautiful Pigeon Fancier (portugais)
La femme assassin (espagnol)
La femme de chambre du Titanic (français)
Golden Balls (espagnol)
The Grandfather (espagnol)
Half of Heaven (espagnol)
L'heure des sortilèges (espagnol)
L'horrible Dr. Orloff (espagnol)
Horror Express (anglais)
Ilsa, the Wicked Warden (anglais)
I'm the One You're Looking For (espagnol)
In a Glass Cage (espagnol)
Intruso (espagnol)
Jambon jambon (espagnol)
Land Without Bread (Las Hurdes) (muet)
Letters from Alou (espagnol)
Letters from the Park (espagnol)

Libertarias (espagnol)
Lovers (espagnol)
Loyola, chevalier du Christ (espagnol)
Macho (espagnol)
A Man of Passion (espagnol)
Mécaniques célestes (anglais, français et espagnol)
Mi-fugue, mi-raisin (espagnol)
Mieux vaut être riche et bien portant que fauché et mal foutu (français)
The Miracle of Marcelino (espagnol)
Mission Stardust (anglais)
Mouth to Mouth (espagnol)
The Murder Mansion (anglais)
Les nuits de Dracula (espagnol)
Of Love & Shadows (anglais)
Open your Eyes (espagnol)
Padre Nuestro (espagnol)
Palace (muet)
Passion andalouse (espagnol)
La petite voiture (espagnol)
Le protecteur (français)
La révolte des morts-vivants (espagnol)
Les révoltés de l'an 2000 (espagnol)
Skyline (espagnol)
The Son of Captain Blood (espagnol)
The Summer of Miss Forbes (espagnol)
Le temps du silence (espagnol)
Thesis (espagnol)
Tombs of the Blind Dead (espagnol)
Tristana (espagnol)
Twisted Obsession (anglais)
Umbrella for Three (espagnol)
The Very Old Man with Enormous Wings (espagnol)
Les vies de Loulou (espagnol)
Viridiana (espagnol)
(Consultez aussi les filmographies de Pedro ALMODOVAR et Carlos SAURA)

**FINLANDE**

Amazon (anglais)
Ariel (finlandais)
Helsinki Napoli (allemand)
J'ai engagé un tueur (finlandais et anglais)
The Last Contract (anglais et suédois)
Leningrad Cowboys Go America (finlandais)
The Match Factory (finlandais)
Zombie and the Ghost Train (finlandais)

**GRÈCE**

L'Amérique des autres (serbe)
Angel (grec)
Antigone (grec)
Attila '74 (italien)
A Girl in Black (grec)
Iphigénie (grec)
Jamais le dimanche (grec)
Matter of Dignity (grec)
Meteor and Shadow (grec)
Never on Sunday (anglais et grec)
Le pas suspendu de la cigogne (grec)
Le regard d'Ulysse (grec et anglais)
Stella (grec)
Young Aphrodites (grec)
Zorba le Grec (grec)

**GUINÉE**

Djembefola (français, anglais et dialecte africain)

**HOLLANDE**

1-900 (Sex Without Hangups) (néerlandais)
Amsterdamned (néerlandais)
Antonia's Line (néerlandais)
L'attentat (néerlandais)
Caractère (néerlandais)
Carmen, Baby (anglais)
Crocodiles in Amsterdam (néerlandais)
Dandelions (néerlandais)
A Flight of Rainbirds (néerlandais)
For a Lost Soldier (néerlandais)
Les habitants (néerlandais)
Un homme, deux femmes (néerlandais)
L'homme qui voulait savoir (français et néerlandais)
The Johnsons (hollandais)
Les lavigueur déménagent (Flodder) (néerlandais et anglais)
The Lift (néerlandais)
Lily Was Here (néerlandais)
Opname (néerlandais)
Le passager clandestin (néerlandais et ouzbek)
The Pointsman (néerlandais)
A Question of Silence (néerlandais)
Rembrandt - 1669 (néerlandais)
Romeo (néerlandais)
To Play or to Die (néerlandais)
Le toit de la baleine (néerlandais)
Whoever Says the Truth Shall Die: Pier Paolo Pasolini (néerlandais)
(Consultez aussi la filmographie de Paul VERHOEVEN)

**HONG-KONG**

4 Faces of Eve (cantonais)
The Amsterdam Kill (cantonais et anglais)
An Automn's (cantonais)
A Better Tomorrow III (cantonais et mandarin)
Black Cat (cantonais)
Black Mask (cantonais)
Bloody Mary Killer (cantonais et mandarin)
Blush (mandarin)
The Bodyguard from Beijing (cantonais, mandarin & anglais)
Born to Defence (cantonais)
The Bride With the White Hair (cantonais)
The Bride With the White Hair 2 (cantonais)
Bruce Is Loose (cantonais)
Butterfly & Sword (cantonais)
The Chinese Connection (cantonais etmandarin)
A Chinese Ghost Story (cantonais)
A Chinese Ghost Story II (cantonais)
The Chinese Mack (cantonais)
A Chinese Odyssey I (cantonais et mandarin)
A Chinese Odyssey II (cantonais et mandarin)
City War (cantonais)
Deadly China Hero (cantonais)
Dragons Forever (cantonais)
Dragon Strike (cantonais)
Drunken Fist Boxing (cantonais)
Drunken Master (cantonais)
Drunken Master II (cantonais)
The East is Red (cantonais)
Eastern Condors (cantonais)
Erotic Ghost Story (cantonais)
Erotique (allemand)
The Executioners (cantonais)
First Strike (1985) (cantonais)
First Strike (1996) (cantonais et anglais)
Fists of Fury (mandarin)
Fist of Legend (cantonais)
Five Fingers of Death (cantonais)
Fong Sai Yuk (cantonais)
From Beijing With Love (cantonais et mandarin)
The Fun, the Luck and the Tycoon (cantonais)
The Furious (cantonais)
God of Killer (cantonais et mandarin)
Heart of Dragon (cantonais)
The Heroic Trio (cantonais)
Hitman (cantonais)
Infra-Man (cantonais)
Iron Monkey (cantonais)
Jackie Chan's 2nd Strike (cantonais)
Jackie Chan's Crime Force (cantonais)
Kung Fu Genius (cantonais)
Legacy of Rage (cantonais)
Legend of the 7 Golden Vampires (cantonais)
Lover of the Last Empress (cantonais)
Loving You (cantonais et mandarin)
Magnificent Warriors (cantonais)
Man Wanted (cantonais et anglais)
Master With the Cracked Fingers (cantonais)
The Millionaire's Express (cantonais)
My Father Is a Hero (cantonais)
New Fist of Fury (cantonais)
Now You See Me, Now You Don't (cantonais)
The Odd One Dies (cantonais)
Organized Crime & Triad Bureau (cantonais)
Out of the Dark (cantonais et mandarin)
Peace Hotel (cantonais et mandarin)
Project S (cantonais et mandarin)
Raped by an Angel (cantonais)
Return of Fist of Fury (cantonais)
Return of the Dragon (cantonais)
Return of the Street Fighter (anglais)
Riki-Oh: The Story of Ricki (cantonais)
Royal Warriors (cantonais)
Satin Steel (cantonais et mandarin)
Shanghai Killer (cantonais et mandarin)
The Shao Lin Temple (cantonais)
Sister Street Fighter (cantonais)
Snake Fist Fighter (cantonais)
Snake in the Eagle's Shadow (cantonais)
Song of the Exile (cantonais)
The Street Fighter (cantonais)
The Street Fighter's Last Revenge (japonais)
Supercop (cantonais)
Supercop II (cantonais)
Swordsman II (cantonais)
Tai Chi II (cantonais)
Temptation of a Monk (cantonais et mandarin)
Temptress Moon (cantonais)
Tokyo Raiders (cantonais)
Treasure Hunt (cantonais)
Wheels on Meals (cantonais)
Wicked City (cantonais)
Wing Chun (cantonais)
Winners & Sinners (cantonais)
Wonder Seven (cantonais)
(Consultez aussi les filmographies de Jackie CHAN, Tsui HARK, Wong JING, Ringo LAM, Wong KAR-WAI, John WOO et Woo Ping YUEN)

**HONGRIE**

Amour (hongrois)
Another Way (hongrois)

A Hungarian Fairy Tale (hongrois)
Hungarian Rhapsody (hongrois)
Jeux de chats (hongrois)
Magic Hunter (hongrois)
Mon xxe siècle (hongrois)
Une nuit très morale (hongrois)
L'ombre sur la neige (hongrois)
Rouges et blancs (hongrois)
Sans laisser de traces (hongrois)
Sinbad (hongrois)
Le trompette (hongrois)
Vices privés et vertus publiques (hongrois)
La victime (hongrois)
Woyzeck (hongrois)
(Consultez aussi les filmographies de Marta MESZAROS et Istvan SZABO)

**INDE**
The Absolution (hindi)
Aparajito (bengali)
Bandit Queen (hindi)
Bombay Talkie (anglais)
La complainte du sentier (bengali)
The Courtesans of Bombay (anglais)
Earth (hindi et anglais)
The Home and the World (bengali)
The Householder (anglais)
Hullabaloo over Georgie & Bonnie's Pictures (anglais)
In the Days of the Raj (hindi)
Kama Sutra: A Tale of Love (anglais)
Leaves and Thorns (hindi)
Miss Beatty's Children (anglais)
Le monde d'Apu (bengali)
My Own Country (anglais)
Salaam Bombay! (anglais et hindi)
Shakespeare Wallah (anglais)
Shelter of the Wings (bengali)
Spices (hindi)
The Stranger (bengali)
The Terrorist (hindi)
Two Daughters (bengali)
Widow Immolation (hindi)

**IRAN**
And Life Goes On... (perse)
Children of Heaven (perse)
Close-Up (perse)
The Cyclist (perse)
Gabbeh (perse)
Le goût de la cerise (arabe et perse)
The Key (perse)
The Last Act (perse)
Legend of a Sigh (perse)
Life and Nothing More... (perse)
A Moment of Innocence (perse)
Nargess (perse)
The Need (perse)
Once Upon a Time, Cinema (perse)
The Peddler (perse)
La pomme (français)
Salaam Cinema (perse)
The Sealed Soil (perse)
Le silence (russe)
Travellers (perse)
Where Is the Friend's Home? (perse)
Zinat (perse)

**IRLANDE**
All Dogs Go to Heaven (anglais)
The Boxer (anglais)
Broken Harvest (anglais)
The Butcher Boy (anglais)
Cal (anglais)
Circle of Friends (anglais)
Dancing at Lughnasa (anglais)
Driftwood (anglais)
Eat the Peach (anglais)
Frankie Starlight (anglais)
The General (anglais)
Human Traffic (anglais)
Hush-A-Bye, Baby (anglais)
I Went Down (anglais)
In the Name of the Father (anglais)
Into the West (anglais)
The McKenzie Break (anglais)
The Playboys (anglais)
Rock-A-Doodle (anglais)
Some Mother's Son (anglais)

**ISLANDE**
Children of Nature (islandais)
Jours de ciné (islandais)
Mystère chez les vikings (islandais)

**ISRAËL**
Amazing Grace (hébreux)
Atalia (War Window) (hébreux)
Beyond the Walls (hébreux)
But Where Is Daniel Wax? (hébreux)
Chronicle of a Disappearance (hébreux et arabe)
The Eighty-First Blow (hébreux)
Femmes (français)
Fictitious Marriage (hébreux)
Flames In the Ashes (hébreux)
Hamsin (Eastern Wind) (hébreux)
A Hanukah Celebration (hébreux)
Hide and Seek (hébreux)
Hill 24 Doesn't Answer (hébreux)
The House on Chelouche Street (hébreux)
Intimate Story (hébreux)
Kadosh (hébreux)
The Last Sea (hébreux)
The Milky Way (hébreux)
Mirele Efros (hébreux)
My Michael (hébreux)
Nadia (hébreux)
Noa at Seventeen (hébreux)
Noce en Galilée (français, arabe et hébreux)
Overture to Glory (hébreux)
Passover Fever (hébreux)
Routes of Exiles: A Maroccan Jewish Odyssey (hébreux)
Saint Clara (hébreux)
Sallah (hébreux)
The Secret in Bubbie's Attic (hébreux)
Siege (hébreux)
The Singing Blacksmith (hébreux)
The Summer of Aviya (hébreux)
Under the Domim Tree (hébreux)
The Wooden Gun (hébreux)
Yana's Friends (hébreux, russe, anglais et français)

**JAMAÏQUE**
Countryman (anglais)
The Harder They Come (anglais)
Reggae Sunsplash (anglais)

**JAPON**
47 Ronin, Part 1 & 2 (japonais)
The Adventures of Milo and Otis (japonais)
Akira (japonais)
L'anguille (japonais)
Antartica (japonais)
Autumn Moon (japonais)
La ballade de Narayama (japonais)
Being Two Isn't Easy (japonais)
Black Rain (japonais)
Branded to Kill (japonais)
The Bushido Blade (anglais)
Chinese Box (anglais et cantonais)
Le chrysanthème tardif (japonais)
La clé (japonais)
Les contes de la lune vague après la pluie (japonais)
Daimajin (japonais)
Destroy All Monsters! (japonais)
Docteur Akagi (japonais et allemand)
Double Suicide (japonais)
Early Summer (japonais)
Eijanaika (japonais)
L'empire de la passion (japonais)
L'empire des sens (japonais)
L'étrange obsession (japonais)
Evil of Dracula (japonais)
La famille Yen (japonais)
La femme de sable (japonais)
La femme diabolique (japonais)
La femme insecte (japonais)
La femme tatouée (japonais)
Feux d'artifice
Les feux dans la plaine (japonais)
Floating Weeds (japonais)
The Funeral (japonais)
Galaxy Express (japonais)
Gamera the Guardian of the Universe (japonais)
Gon (japonais)
Gappa (japonais)
La geisha (japonais)
Ghidrah, the Three-Headed Monster (japonais)
Ghost in the Shell (japonais)
Godzilla 1985 (japonais)
Godzilla 2000 (japonais)
Godzilla, King of the Monsters (japonais)
Godzilla vs. Destroyah (japonais)
Godzilla vs. Gigan (japonais)
Godzilla vs. King Ghidora (japonais)
Godzilla vs. Mechagodzilla (japonais)
Godzilla vs. Megalon (japonais)
Godzilla vs. Monster Zero (japonais)
Godzilla vs. Mothra (japonais)
Godzilla vs. Mothra: The Battle For Earth (japonais)
Godzilla vs. Space Godzilla (japonais)
Godzilla vs. The Sea Monster (japonais)
Godzilla vs. The Smog Monster (japonais)
Godzilla's Revenge (japonais)
Golden Demon (japonais)
Gonza the Spearman (japonais)
Good Morning (japonais)
Grave of the Fireflies (japonais)
The Green Slime (japonais)
Gunhed (japonais)
Half Human (japonais et anglais)
Heaven and Earth (japonais)
Himatsuri (japonais)
L'intendant Sansho (japonais)
Itoka, mercenaire des galaxies (japonais)
Kids Return (japonais)
Kikujiro (japonais)
Kwaidan (japonais)
Lake of Dracula (japonais)
The Last Days of Planet Earth (japonais)
Le lézard noir (japonais)
Little Nemo: Adventures in Slumberland (anglais)
Maborosi (japonais)
Minbo: Or the Gentle Art of Japanese Extorsion (japonais)

Les monstres de l'apocalypse (japonais)
Mothra (japonais)
The Mystery of Rampo (japonais)
Narayama Bushi-Ko (japonais)
Nobody (japonais)
L'obsédé en plein jour (japonais)
Okoge (japonais)
Osaka Elegy (japonais)
The Picture Bride (japonais)
Pokemon (anglais)
The Pornographers (japonais)
La porte de l'enfer (japonais)
Princess Mononoke (japonais)
Rebirth of Mothra I & II (japonais)
Remembering the Cosmos Flowers (japonais)
Return of Daimajin (japonais)
Robot Carnival (japonais)
Rodan (japonais)
La rue de la honte (japonais)
Samurai 1: Musashi Myamoto (japonais)
Samurai 2: Duel at Ichijoji (japonais)
Samurai 3: Duel at Ganryu (japonais)
Samurai Rebellion (japonais)
Shall we Dance? (japonais)
The Silk Road (mandarin)
Sisters of Gion (japonais)
Sonatine (japonais)
The Story of the Last Chrysanthemum (japonais)
Sword of Doom (japonais)
Tabou (japonais)
Tampopo (japonais)
A Taxing Woman (japonais)
A Taxing Woman Return (japonais)
Terror of Mechagodzilla (japonais)
Tokyo Decadence (japonais)
Tokyo Drifter (japonais)
Tokyo-Ga (japonais)
Tokyo Olympiad (japonais)
Traffic Jam (Jutai) (japonais)
La vengeance qui est mienne (japonais)
La vie d'Oharu (japonais)
The Visas That Saved Lives (japonais)
The War of the Gargantuas (japonais)
What's Up, Tiger Lily? (anglais)
When a Woman Ascends the Stairs (japonais)
The Wolves (japonais)
Wrath of Daimajin (japonais)
(Consultez aussi la filmographie de Akira KUROSAWA)

**LIBAN**
The Message (Mohammed, Messenger of God) (anglais)

**LIBYE**
Lion of the Desert (anglais)

**LIECHTENSTEIN**
The Light at the End of the World (anglais)

**LUXEMBOURG**
More (anglais)

**MACÉDOINE**
Before the Rain (macédonien, anglais et albanais)

**MADAGASCAR**
Quand les étoiles rencontrent la mer (français et malgache)

**MALI**
Guimba, un tyrant une époque (bambara et français)

**MAROC**
Badis (arabe)
Les Casabanclais (français)
Femmes... et femmes (français)

**MEXIQUE**
Alien Terror (Sinister Invasion)(espagnol)
Amours chiennes (espagnol)
L'ange exterminateur (espagnol)
Cabeza de Vaca (espagnol)
Cronos (espagnol)
Cult of the Dead (Snake People)(espagnol)
Dance of Death (House of Evil) (espagnol)
Déux crimes (Dos Crimines) (espagnol)
Dona Herlinda and Her Son (espagnol)
El (This Strange Passion) (espagnol)
L'enjôleuse (espagnol)
Esmeralda Comes by Night (espagnol)
Une femme sans amour (espagnol)
Frida (espagnol)
The Great Madcap(espagnol)
Highway Patrolman (espagnol)
La jeune fille (anglais)
Los Olvidados (espagnol)
Macario (espagnol)
Mary My Dearest (espagnol)
Midaq Alley (espagnol)
Nazarin (espagnol)
On a volé un train (espagnol)
Les orgueilleux (français)
Reed: Insurgent Mexico (espagnol)
Santa Sangre (espagnol)
Santo in the Wax Museum (espagnol)
Santo vs. the Vampire Women (espagnol)
Santo vs. the Zombies (espagnol)
Une saveur de passion (espagnol)
Simon of the Desert (espagnol)
The Summer of Miss Forbes (espagnol)
Susana (espagnol)
Torture Zone (The Fear Chamber) (espagnol)
La vie criminelle d'Archibald de la Cruz (espagnol)
Who the Hell Is Juliette? (espagnol)
Wuthering Heights (espagnol)

**NORVÈGE**
Insomnia (norvégien)
Junk Mail (norvégien)
The Last Contract (anglais et suédois)
Shipwrecked (anglais)
X (Errance) (norvégien)
Zero Kelvin (norvégien)

**NOUVELLE-ZÉLANDE**
An Angel at My Table (anglais)
Babe (anglais)
Bad Taste (anglais)
Brain Dead (Dead Alive) (anglais)
Broken English (anglais)
Crush (anglais)
Georgia (anglais)
Heaven's Burning (anglais)
Heavenly Creatures (anglais)
Meet the Feebles (anglais)
Mesmerized (anglais)
The Navigator: A Medieval Odyssey (anglais)
Once Were Warriors (anglais)
Starlight Hotel (anglais)
Topless Women Talk About Their Lives (anglais)
The Ugly (anglais)
Ultraman (anglais)
Utu (anglais)

**PALESTINE**
Chronicle of a Disappearance (hébreux et arabe)

**PÉROU**
La Boca Del Lobo (espagnol)
Tombés du ciel (espagnol)
La ville et les chiens (espagnol)

**POLOGNE**
L'année du soleil tranquille (polonais)
Austeria (polonais)
Beautiful Stranger (polonais)
Blind Chance (polonais)
Casimir the Great (polonais)
Les chevaliers teutoniques (polonais)
Colonel Wolodyjowski (polonais)
The Countess Cosel (polonais)
Le couteau dans l'eau (polonais)
Le décalogue (polonais)
Le déluge (polonais)
The Doll (polonais)
Dr. Judym (polonais)
The Dybbuk (yiddish)
Egg-Nog (polonais)
Hands Up (polonais)
Histoire d'un péché (polonais)
Housmaster (polonais)
Image Before My Eyes (polonais)
The Imported Bridegroom (polonais)
Interrogation (polonais)
Janosik (polonais)
The Jester (yiddish)
Karate Polish Style (polonais)
King Size (polonais)
Kung-Fu (A Drama) (polonais)
A Letter to Mother (yiddish)
Little Mother (yiddish)
Mère Jeanne des anges (polonais)
The Passenger (polonais)
The Peasants (polonais)
Personnnel (Subsidiaries) (polonais)
Le pharaon (polonais)
The Quack (polonais)
The Scoundrel (polonais)
Tak Tak (Oui oui) (polonais)
Très brève histoire de meurtre, de sentiment et d'un autre commandement (polonais)
The Vow (yiddish)
A Woman and a Woman (polonais)
Yidl With a Fiddle (yiddish)
(Consultez aussi les filmographies de Agnieszka HOLLAND et Andrzej WAJDA)

**PORTUGAL**
The Awakening of the Beast (portugais)
Bearskin (anglais)
Cup Final (portugais)
La chanson de Lisbonne (portugais)
Le fil de l'horizon (portugais)
God's Comedy (portugais)
Le Val Abraham (portugais)

**ROUMANIE**
Le chêne (suédois)
Les dimanches de permission (roumain)
Un été inoubliable (suédois et roumain)
Nostradamus (anglais)
Où le soleil est froid (roumain)
Trop tard (suédois)

**SÉNÉGAL**
Hyenas (wolof)
Rocking Popenguine (français)
Touki Bouki (wolof)

**SUÈDE**
Aimez-moi! (suédois)
All Things Fair (suédois)
The Children of Noisy Village (suédois)
The Count of the Old Town (suédois)
Dollar (suédois)
Elvira Madigan (suédois)
The Emigrants (suédois)
Les enfants du dimanche (suédois)
Expectations (suédois)
Les frères Mozart (suédois)
Good Evening, Mr. Wallenberg (suédois)
Hamsun (danois, allemand, norvégien et suédois)
I Am Curious (Yellow) (suédois)
Intermezzo (suédois)
Jerusalem (suédois, anglais et russe)
June Night (suédois)
The Juniper Tree (suédois)
Le lance-pierres (suédois)
The Last Contract (anglais et suédois)
Ma vie de chien (suédois)
Mademoiselle Julie (suédois)
Les meilleures intentions (suédois)
Montenegro (suédois)
The New Land (suédois)
La nuit de la Saint-Jean (suédois)
Only One Night (suédois)
The Ox (suédois)
Private Confessions (suédois)
Les proscrits (suédois)
Le refuge des anges (suédois)
Le sacrifice (suédois)
Les Swedenhielm (suédois)
Tourmants (suédois)
La trappe (suédois)
Victor Sjöström (suédois)
Un visage de femme (suédois)
The Women on the Roof (suédois)
(Consultez aussi la filmographie de Ingmar BERGMAN)

**SUISSE**
Les années-lumière (français)
The Boat Is Full (allemand)
Le chagrin et la pitié (français)
Clandestins (français)
La diagonale du fou (français)
Hecante, maîtresse de la nuit (français)
Homère: La dernière odyssée (français et italien)
L'invitation (français)
Jonas qui aura 25 ans en l'an 2000 (français)
Le journal de Lady M. (français)
Killer Condom (allemand)
La martingale (français)
La mort de Mario Ricci (français)
Voyage vers l'espoir (allemand)

**TAIWAN**
Pushing Hands (anglais et mandarin)
Rebels of the Neon God (mandarin)
The River (mandarin)
Salé sucré (mandarin)
The Wedding Banquet (mandarin et anglais)

**TCHÉCOSLOVAQUIE (EX)**
Alice (tchèque)
Les amours d'une blonde (tchèque)
Le baron de Crac (tchèque)
The Boxer and Death (allemand)
Danger pleine lune (tchèque)
The Elementary School (tchèque)
The Emperor's Nightingale (tchèque)
Extase (tchèque)
Faust (tchèque)
Le golem (français)
Kolya (tchèque, russe et allemand)
Larks on a String (tchèque)
Mon cher petit village (tchèque)
Plunkett & MacLeane (anglais)
The Shop on Main Street (tchèque et slovaque)
Trains étroitement surveillés (tchèque)

**THAÏLANDE**
The Dumb Die Fast, the Smart Die Slow (thaï)
Sunset at Chaopraya (thaï)

**TUNISIE**
Champagne amer (arabe)
Un été à la Goulette (français)
Halfaouine, l'enfant des terrasses (arabe)
L'ombre de la terre (arabe)
Le silence des palais (arabe)
Traversées (français, anglais, arabe et néerlandais)

**TURQUIE**
Le bandit (turc)
Cheval, mon cheval (turc)
Le dernier harem (français, italien et turc)
Journey to the Sun (turc)
Le mur (turc)
Propaganda (turc)
Yol (turc)

**UKRAINE**
A Friend of the Deceased (ukrainien)

**URSS (EX)**
Aelita: Queen of Mars (muet)
L'aigle de la Taïga (russe)
Andreï Tarkovsky: The Genius, the Man, the Legend (russe)
Arsenal (muet)
Ashik Kerib (russe)
Autumn Marathon (russe)
La ballade du soldat (russe)
Le bonheur (russe)
Brother (russe)
The Burglar (russe)
Les chevaux de feu (ukrainien)
The Cigarette Girl of Mosselprom (muet)
Commissar (russe)
La côte d'Adam (russe)
Couleur de grenade (arménien)
Creation of Adam (russe)
Crime and Punishment (russe)
La dame au petit chien (russe)
Deserter (russe)
The End of Saint Petersburg (muet)
The Extraordinary Adventures of Mr. West in the Land of the Bolcheviks (muet)
The Fall of the Romanov Dynasty (muet)
A Forgotten Tune For a Flute (russe)
The Girl With the Hat Box (muet)
Guerre et paix (russe)
Incident at Map Grid 36-80 (russe)
Is It Easy to Be Young ? (russe)
Jazzman (russe)
Je suis Cuba (russe et espagnol)
Katia Ismaïlova (russe)
Kindergarten (russe)
La légende de la citadelle de Souram (géorgien)
Leo Tolstoy (russe)
The Man With the Movie Camera (muet)
Massacre (russe)
Moscou est insensible aux larmes (russe)
Moscow Parade (russe)
La petite Vera (russe)
Private Life (russe)
Quand passent les cigognes (russe)
Rasputin (russe)
Repentir (russe)
Scarecrow (russe)
The Shooting Party (russe)
Siberiade (russe)
Storm over Asia (muet)
Taxi Blues (russe)
Tchaikovsky (russe)
Teheran 43 (français)
La terre (muet)
Thème (russe)
To See Paris and Die (russe)
Trois chants sur Lénine (muet)
Le voleur et l'enfant (russe)
Window to Paris (russe)
(Consultez aussi les filmographies de Sergei EISENSTEIN, Nikita MIKHALKOV et Andrei TARKOVSKY)

**URUGUAY**
A Place in the World (espagnol)

**VÉNÉZUELA**
Emmannuelle On Taboo Island (italien)
Knocks at My Door (espagnol)
Mécaniques célestes (français, anglais et espagnol)

**YOUGOSLAVIE (EX)**
Une affaire de cœur (serbe)
La beauté du péché (serbo-croate)
Charuga (serbo-croate)
Hey Babu Riba (serbo-croate)
L'homme n'est pas un oiseau (serbe)
In the Jaws of Life (serbo-croate)
L'innocence sans protection (serbe)
The Long Ships (anglais)
The Melody Haunts My Reverie (serbo-croate)
Papa est en voyage d'affaires (serbo-croate)
Le temps des gitans (roumain)
Vukovar (serbe)
Wr: Mysteries of the Organism (serbe)

**ZAÏRE**
La vie est belle (français)

**ZIMBABWE**
Jit (anglais)

## LES LAURÉATS

**LES CÉSARS DU MEILLEUR FILM**
2001: Le goût des autres
2000: Vénus beauté
1999: La vie rêvée des anges
1998: On connaît la chanson
1997: Ridicule
1996: La haine
1995: Les roseaux sauvages
1994: Smoking/No Smoking
1993: Les nuits fauves
1992: Tous les matins du monde
1991: Cyrano de Bergerac
1990: Trop belle pour toi
1989: Camille Claudel
1988: Au revoir les enfants
1987: Thérèse

1986: Trois hommes et un couffin
1984: Le bal
1983: La balance
1981: Le dernier métro
1980: Tess
1978: Providence
1977: Monsieur Klein
1976: Le vieux fusil

**Les Césars du meilleur acteur**

2001: Sergi Lopez, Harry, un ami qui vous veut du bien
2000: Daniel Auteuil, La fille sur le pont
1999: Jacques Villeret, Le dîner de cons
1998: André Dussolier, On connaît la chanson
1997: Philippe Torreton, Capitaine Conan
1996: Michel Serrault, Nelly et Monsieur Arnaud
1995: Gérard Lanvin, Le fils préféré
1994: Pierre Arditi, Smoking/No Smoking
1992: Jacques Dutronc, Van Gogh
1991: Gérard Depardieu, Cyrano de Bergerac
1990: Philippe Noiret, La vie et rien d'autre
1988: Richard Bohringer, Le grand chemin
1987: Daniel Auteuil, Jean de Florette
1986: Christophe Lambert, Subway
1984: Coluche, Tchao Pantin
1983: Philippe Léotard, La balance
1981: Gérard Depardieu, Le dernier métro
1979: Michel Serrault, La cage aux folles
1978: Jean Rochefort, Le crabe tambour
1977: Michel Galabru, Le juge et l'assassin
1976: Philippe Noiret, Le vieux fusil

**Les Césars de la meilleure actrice**

2001: Dominique Blanc, Stand-By*
2000: Karin Viard, Haut les cœurs!
1999: Élodie Bouchez, La vie rêvée des anges
1998: Ariane Ascaride, Marius et Jeannette
1997: Fanny Ardant, Pédale Douce
1996: Isabelle Huppert, La cérémonie
1995: Isabelle Adjani, La reine Margot
1994: Juliette Binoche, Trois couleurs- Bleu
1993: Catherine Deneuve, Indochine
1991: Anne Parillaud, Nikita
1990: Carole Bouquet, Trop belle pour toi
1989: Isabelle Adjani, Camille Claudel
1988: Anémone, Le grand chemin
1986: Sandrine Bonnaire, Sans toit ni loi
1985: Sabine Azéma, Un dimanche à la campagne
1984: Isabelle Adjani, L'été meurtrier
1983: Nathalie Baye, La balance
1982: Isabelle Adjani, Possession
1981: Catherine Deneuve, Le dernier métro
1979: Romy Schneider, Une histoire simple
1978: Simone Signoret, Madame Rosa
1977: Annie Girardot, Docteur Françoise Gallant
1976: Romy Schneider, L'important c'est d'aimer
* Pas disponible en vidéocassette

**Les Grands prix du jury**

(Festival de Sundance)
2001: The Believer*
2000: Girlfight & You Can Count on Me*
1999: Three Seasons
1998: Slam
1997: Sunday
1996: Welcome to the Dollhouse
1995: The Brothers McMullen
1994: What Happened Was...
1993: Public Acces & Ruby in Paradise
1992: In the Soup
1991: Poison
1990: Chameleon Street
1989: True Love
1988: Heat + Sunlight
1987: The Trouble with Dick* & Waiting for the Moon
1986: Smooth Talk*
1985: Blood Simple
* Pas disponible en vidéocassette

**Les Lions d'or**

(Festival de Venise)
2000: The Circle*
1999: Not One Less*
1998: The Way We Laughed*
1997: Feux d'artifice
1996: Michael Collins
1995: Cyclo
1994: Vive l'amour et Before the Rain
1993: Short Cuts et Trois couleurs: Bleu
1992: L'histoire de Qiu Ju
1991: Urga
1990: Rosencrantz and Guildenstern Are Dead
1989: City of Sadness*
1988: The Legend of the Holy Drinker*
1987: Au revoir les enfants
1986: Le rayon vert
1985: Sans toit ni loi
1984: L'année du soleil tranquille
1983: Prénom: Carmen
1982: L'état des choses
1981: Marianne and Julianne*
1968: The Artist in the Circus Dome: Clueless*
1967: Belle de jour
1966: La bataille d'Alger
1965: Of a Thousand Delights*
1964: Le désert rouge
1963: Main basse sur la ville*
1962: L'enfance d'Ivan
1961: L'année dernière à Marienbad
1960: Le passage du Rhin*
1959: General Della Rovere
1958: The Life of Matsu the Untamed*
1957: Aparajito
1956: Inconnu
1955: La parole
1954: Romeo and Juliette (1954)*
1953: Inconnu
1952: Jeux interdits
1951: Rashomon
1950: Justice est faite*
1949: Manon*
1948: Hamlet
1947: Siréna*
1946: Inconnu
1942: Bengasi* et Der Grobe König*
1941: The Iron Clown* et Ohm Krüger*
1940: L'Assedio dell'Acazar* et Der Postmeister*
1939: Abuna Messias*
1938: Luciano Serra, pilota*
1937: Scipio the African* (Meilleur film italien)
1936: White Squadron* (Meilleur film italien)
1935: The Divine Spark* (Meilleur film italien)
1934: Loyalty of Love* (Meilleur film italien)
* Pas disponible en vidéocassette

**Les Oscars du meilleur film**

2000: Gladiator
1999: American Beauty
1998: Shakespeare in Love
1997 Titanic
1996: The English Patient
1995: Braveheart
1994: Forrest Gump
1993: Schindler's List
1992: Unforgiven
1991: Silence of the Lambs
1990: Dances with Wolves
1989: Driving Miss Daisy
1988: Rain Man
1987: The Last Emperor
1986: Platoon
1985: Out of Africa
1984: Amadeus
1983: Terms of the Endearment
1982: Gandhi
1981: Chariots of Fire
1980: Ordinary People
1979: Kramer vs. Kramer
1978: The Deer Hunter
1977: Annie Hall
1976: Rocky
1975: One Flew over the Cuckoo's Nest
1974: The Godfather Part II
1973: The Sting
1972: The Godfather
1971: The French Connection
1970: Patton
1969: Midnight Cowboy
1968: Oliver!
1967: In the Heat of the Night
1966: A Man for All Seasons
1965: The Sound of Music
1964: My Fair Lady
1963: Tom Jones
1962: Lawrence of Arabia
1961: West Side Story
1960: The Apartment
1959: Ben-Hur
1958: Gigi
1957: The Bridge on the River Kwai
1956: Around the World in 80 Days
1955: Marty
1954: On the Waterfront
1953: From Here to Eternity
1952: The Greatest Show on Earth
1951: An American in Paris
1950: All About Eve
1949: All the King's Men
1948: Hamlet
1947: Gentlemen's Agreement
1946: The Best Years of Our Lives
1945: The Lost Weekend
1944: Going My Way
1943: Casablanca
1942: Mrs. Miniver
1941: How Green Was My Valley
1940: Rebecca
1939: Gone With the Wind
1938: You Can't Take it With You
1937: The Life of Emile Zola
1936: The Great Ziegfield
1935: Mutiny on the Bounty
1934: It Happened One Night
1933: Cavalcade

1932: Grand Hotel
1931: Cimarron
1930: All Quiet On the Western Front
1929: The Broadway Melody
1928: Wings

**Les Oscars du meilleur acteur**
2000: Russell Crowe, Gladiator
1999: Kevin Spacey, American Beauty
1998: Roberto Benigni, La vie est belle
1997: Jack Nicholson, As Good As It Gets
1996: Geoffrey Rush, Shine
1995:Nicolas Cage, Leaving Las Vegas
1994:Tom Hanks, Forrest Gump
1993: Tom Hanks, Philadelphia
1992: Al Pacino, Scent of a Woman
1991: Anthony Hopkins, The Silence of the Lambs
1990: Jeremy Irons, Reversal of Fortune
1989: Daniel Day-Lewis, My Left Foot
1988: Dustin Hoffman, Rain Man
1987: Michael Douglas, Wall Street
1986: Paul Newman, The Color of Money
1985: William Hurt, Kiss of the Spider Woman
1984: F. Murray Abraham, Amadeus
1983: Robert Duvall, Tender Mercies
1982: Ben Kingsley, Gandhi
1981: Henry Fonda, On Golden Pond
1980: Robert De Niro, Raging Bull
1979: Dustin Hoffman, Kramer vs. Kramer
1978: Jon Voight, Coming Home
1977: Richard Dreyfuss, The Goodbye Girl
1976: Peter Finch, Network
1975: Jack Nicholson, One Flew over the Cuckoo's Nest
1974: Art Carney, Harry and Tonto
1973: Jack Lemmon, Save the Tiger
1972: Marlon Brando, The Godfather
1971: Gene Hackman, The French Connection
1970: George C. Scott, Patton
1969: John Wayne, True Grit
1968: Cliff Robertson, Charly
1967: Rod Steiger, In the Heat of the Night
1966: Paul Scofield, A Man for All Seasons
1965: Lee Marvin, Cat Ballou
1964: Rex Harrison, My Fair Lady
1963: Sidney Poitier, Lilies of the Field
1962: Gregory Peck, To Kill a Mockingbird
1961: Maximilian Schell, Judgment at Nuremberg
1960: Burt Lancaster, Elmer Gantry
1959: Charlton Heston, Ben-Hur
1958: David Niven, Separate Tables
1957: Alec Guinness, The Bridge on the River Kwai
1956: Yul Brynner, The King and I
1955: Ernest Borgnine, Marty
1954: Marlon Brando, On the Waterfront
1953: William Holden, Stalag 17
1952: Gary Cooper, High Noon
1951: Humphrey Bogart, The African Queen
1950: José Ferrer, Cyrano de Bergerac
1949: Broderick Crawford, All the King's Men
1948: Laurence Olivier, Hamlet
1947: Ronald Colman, A Double Life
1946: Fredric March, The Best Years of Our Lives
1945: Ray Milland, The Lost Weekend
1944: Bing Crosby, Going My Way
1943: Paul Lukas, Watch on the Rhine
1942: James Cagney, Yankee Doodle Dandy
1941: Gary Cooper, Sergeant York
1940: James Stewart, The Philadelphia Story
1939: Robert Donat, Goodbye, Mr.Chips
1938: Spencer Tracy, Boys Town
1937: Spencer Tracy, Captains Courageous
1936: Paul Muni, The Story of Louis Pasteur
1935: Victor McLaglen, The Informer
1934: Clark Gable, It Happened One Night
1933: Charles Laughton, The Private Life of Henry VIII
1932: Wallace Beery, The Champ et Fredric March, Dr. Jekyll and Mr.Hyde
1931: Lionel Barrymore, A Free Soul
1930: George Arliss, Disraeli
1929: Warner Baxter, In Old Arizona*
1928: Emil Jannings, The Last Command and The Way of all Flesh

**Les Oscars de la meilleure actrice**
2000: Julia Roberts, Erin Brockovich
1999: Hilary Swank, Boys Don't Cry
1998: Gwyneth Paltrow, Shakespeare in Love
1997: Helen Hunt, As Good As It gets
1996: Frances McDormand, Fargo
1995: Susan Sarandon, Dead Man Walking
1994: Jessica Lange, Blue Sky
1993: Holly Hunter, The Piano
1992: Emma Thompson, Howards End
1991: Jodie Foster, The Silence of the Lambs
1990: Kathy Bates, Misery
1989: Jessica Tandy, Driving Miss Daisy
1988: Jodie Foster, The Accused
1987: Cher, Moonstruck
1986: Marlee Matlin, Children of a Lesser God
1985: Geraldine Page, The Trip to Bountiful
1984: Sally Field, Places in the Heart
1983: Shirley MacLaine, Terms of Endearment
1982: Meryl Streep, Sophie's Choice
1981: Katharine Hepburn, On Golden Pond
1980: Sissy Spacek, Coal Miner's Daughter
1979: Sally Field, Norma Rae
1978: Jane Fonda, Coming Home
1977: Diane Keaton, Annie Hall
1976: Faye Dunaway, Network
1975: Louise Fletcher, One Flew over the Cuckoo's Nest
1974: Ellen Burstyn, Alice Doesn't Live Here Anymore
1973: Glenda Jackson, A Touch of Class
1972: Liza Minnelli, Cabaret
1971: Jane Fonda, Klute
1970: Glenda Jackson, Women in Love
1969: Maggie Smith, The Prime of Miss Jean Brodie
1968: Barbra Streisand, Funny Girl et Katharine Hepburn, The Lion in Winter
1967: Katharine Hepburn, Guess Who's Coming to Dinner?
1966: Elizabeth Taylor, Who's Afraid of Virginia Woolf?
1965: Julie Christie, Darling
1964: Julie Andrews, Mary Poppins
1963: Patricia Neal, Hud
1962: Anne Bancroft, The Miracle Worker
1961: Sophia Loren, La Ciociara
1960: Elizabeth Taylor, Butterfield 8
1959: Simone Signoret, Room at the Top*
1958: Susan Hayward, I Want to Live!
1957: Joanne Woodward, The Three Faces of Eve
1956: Ingrid Bergman, Anastasia
1955: Anna Magnani, The Rose Tattoo
1954: Grace Kelly, The Country Girl
1953: Audrey Hepburn, Roman Holiday
1952: Shirley Booth, Come Back, Little Sheba
1951: Vivien Leigh, A Streetcar Named Desire
1950: Judy Holliday, Born Yesterday
1949: Olivia De Havilland, The Heiress
1948: Jane Wyman, Johnny Belinda
1946: Olivia De Havilland, To Each His Own
1945: Joan Crawford, Mildred Pierce
1944: Ingrid Bergman, Gaslight
1943: Jennifer Jones, The Song of Bernadette
1942: Greer Garson, Mrs. Miniver
1941: Joan Fontaine, Suspicion
1940: Ginger Rogers, Kitty Foyle
1939: Vivien Leigh, Gone with the Wind
1938: Bette Davis, Jezebel
1937: Luise Rainer, The Good Earth
1936: Luise Rainer, The Great Ziegfeld
1935: Bette Davis, Dangerous
1934: Claudette Colbert, It Happened One Night
1933: Katharine Hepburn, Morning Glory
1932: Helen Hayes, The Sin of Madelon Claudet
1931: Marie Dressler, Min and Bill
1930: Norma Shearer, The Divorcee
1929: Mary Pickford, Coquette
1928: Janet Gaynor, Seventh Heaven*
* Pas disponible en vidéocassette

**Les Palmes d'or**
(Festival de Cannes)
2001: La chambre du fils*
2000: Dancer in the Dark
1999: Rosetta
1998: L'éternité et un jour*
1997: L'anguille et Le goût de la cerise
1996: Secrets et Lies
1995: Underground
1994: Pulp Fiction
1993: The Piano et Adieu ma concubine
1992: The New Gun* et Les meilleures intentions
1991: Barton Fink
1990: Wild at Heart
1989: Sex, Lies, and Videotapes
1988: Pelle le conquérant
1987: Sous le soleil de Satan
1986: The Mission
1985: Dance With a Stranger
1984: Paris, Texas
1983: La ballade de Narayama
1982: Missing et Yol
1981: L'homme de fer
1980: All That Jazz et Kagemusha
1979: Apocalypse Now et Le tambour
1978: L'arbre aux sabots

1977: Padre, Padrone
1976: Taxi Driver
1975: Chronique des années de braise*
1974: The Conversation
1973: The Hireling* et Scarecrow
1972: The Mattei Affair* et La classe ouvrière va au paradis*
1971: The Go-Between*
1970: M*A*S*H
1969: If...
1968: Inconnu
1967: Blow-Up
1966: Un homme et une femme
1965: The Knack and How to Get It
1964: Les parapluies de Cherbourg
1963: Le guépard
1962: Keeper of Promises*
1961: Une aussi longue absence* et Viridiana
1960: La Dolce Vita
1959: Orfeu Negro
1958: Quand passent les cigognes
1957: Friendly Persuasion
1956: Le monde du silence
1955: Marty
1954: La porte de l'enfer
1953: Le salaire de la peur
1952: Two Cents Worth of Hope* et Othello
1951: Mademoiselle Julie et Miracle à Milan
1950: Inconnu
1949: The Third Man
1948: Inconnu
1947: Inconnu
1946: Brief Encounter et Tourmants, The Last Chance*,The Lost Weekend, Portrait of Maria*, Lowly City*, Rome, ville ouverte et La symphonie pastorale
* Pas disponible en vidéocassette

**Festival des Films du Monde**
(Grand Prix des Amériques)
2001: Baran* et Torzok* ex æquo
2000: Le goût des autres et Innocence *
1999: La couleur du paradis
1998: The Quarry et Vollmond *
1997: Les enfants du ciel
1996: Different For Girls *
1995: Georgia
1994: Once were Warriors
1993: Trahir *
1992: Le côté obscur du coeur
1991: Salmonberries
1990: Tombés du ciel
1989: La Liberté c'est le paradis *
1988: La lectrice
1987: The Kid Brother
1986: 37.2 Le matin
1985: Padre Nuestro
1984: El Norte
1983: The Go Masters *
1982: Brimstone and Treacle et Tiempo de Revancha
1981: The Chosen
1980: The Stunt Man et Fontamara *
1979: 1 + 1 = 3 *
1978: Ligabue *
* Pas disponible en vidéocassette

## LES 100 FILMS À VOIR EN FAMILLE

**Pour les 3 à 5 ans:**
Alice in Wonderland
Babar, the movie
Hansel & Gretel
The Jungle Book
Lady and the Tramp
The Land before Time
Little Mermaid, The Mary Poppins
Pingu
Pollux et le chat bleu
Les schtroumpfs
Snow White and the Seven Dwarfs
Wallace and Gromit
Winnie, the Pooh

**Pour les 6 à 8 ans:**
The Addams Family I & II
The Adventures of Pinnochio
Le ballon rouge
Batman, the movie
The Beauty and the Beast
Big
Le château de ma mère
Chicken Run
Edward Scissorhands
Excalibur
La gloire de mon père
Le grand chemin
La guerre des tuques
Help!
The Incredible Shrinking Man
Un indien dans la ville
Iron Giant
Kirikou et la sorcière
The Labyrinth
The Lion King
A Little Princess
Ma vie de chien
Madeline
Mr. Bean
Mulan
Nightmare Before Christmas
Parenthood
Parent Trap
Paulie
Planet of the Apes
The Princess Bride
The Secret Garden
La soupe aux choux
Tom Sawyer
La vache et le prisonnier
Willy Wonka & the Chocolate Factory

**Pour les 9 ans et plus:**
Amadeus
Les aventures de Rabbi Jacob
Batman Returns
Beaumarchais l'insolent
Bettlejuice
La belle verte
The Birds
Birdy
Blade Runner
Bless the Child
Les bons débarras
Brazil
The Breakfast Club
A Bronx Tale
Carrie
Dancer in the Dark
Le dîner de cons
Diva
Existenz
Forrest Gump
Garde à vue
The Green Mile
Le huitième jour
Jean de Florette
The Legend of Bagger Vance
Liste Noire
Manon des sources
Le matou
The Matrix
Mimic
Monsieur Hire
Naked Gun
The Name of the Rose
One Flew over the Cuckoo's Nest
Prince of Egypt
Princess Mononoke
Psycho
Une pure formalité
Rear Window
Les ripoux
Sleepy Hollow
The Shining
The Sixth Sense
Stand by Me
Star Trek: First Contact
Tatie Danielle
Tintin: l'étoile mystérieuse
Tintin: lelotus bleu
Tintin: le temple du soleil
Tintin: le sceptre d'Ottokar
Tintin: les bijoux de la Castafiore
The Time Machine
Titan A.E.
La traversée de Paris
Vertigo
La vie est belle
La vie est un long fleuve tranquille
Le violon rouge
The Witches

## LE CINÉMA AU CINÉMA

A Man Like Eva
A Star is Born (1937 et 1954)
Les acteurs
American Beauty
Angelo, Frédo et Roméo
L'animal
The Bad and the Beautiful
Barton Fink
The Big Picture
Blair Witch Project
Blair Witch 2: Book of Shadow
Body Double
Boogie Nights
Bowfinger
Bugsy
Burn Hollywood Burn
C'est arrivé près de chez vous
Cannibal Holocaust
Cecil B. Demented
Chaplin
Cinema Paradiso
La comtesse de Baton Rouge
Dancer in the Dark
The Day of the Locust
Dragon: Bruce Lee Story
Ed Wood
The End of Violence
Fedora
Forgotten Silver
Frances
The Front
Get Shorty
Gods and Monsters
Grand Canyon

Grosse fatigue
Guilty By Suspicion
Henry: Portrait of a Serial Killer
Hurlyburly
The Hustle
I am curious (Yellow)
The Icicle Thief (voleur de savonnette)
L'important c'est d'aimer
In the Mouth of Madness
In the Soup
Inserts
Intervista
Irma Vep
James Dean Story
Je vais craquer
Last Action Hero
The Last Tycoon
Libson Story
Living in Obliveon
Lobster from Mars
Matinee
Le mépris
La moitié gauche du frigo
Mommie Dearest
Mourir à tue-tête
The Muse
Mute Witness
My Geisha
Notting Hill
La nuit américaine
Orgazmo
The Party
Passion (1982)
Perfect Blue
The Pickle
The Player
Postcards from the Edge
The Purple Rose of Cairo
Quiconque meurt meurt à douleur
R.K.O. 281
Le regard d'Ulysse
Requiem pour un beau sans-cœur
S.
S.O.B.
Sabotage (1936)
Salaam Cinema
Le schpountz
Scream 3
Sex, Lies and Videotape
Shadow of a Vampire
Silent Movie
Singing in the Rain
Starmaker
State & Main
The Stunt Man
Sullivan's Travels
Sunset Boulevard
Sweet Liberty
Swimming with Sharks
Tango (C.Saura)
Thesis
Sherlock Jr.
Until the End of the World
Valentino
Videodrome
Volere, Volare
Le voleur de caméra
Le voleur vit en enfer
Wag the Dog
West Beyrouth
White Hunter, Black Heart
Who Framed Roger Rabbit?
The Wizard of Speed and Time
Yes sir! Madame
8 1/2
8 mm

# DVD

| TITRE | PRIX | VERSIONS | SOUS-TITRES | CADRAGE | BANDES PROMO | BANDES COMMENTÉES | ARCHIVES | DOCUMENTAIRE/ESSAI | SCÈNES COUPÉES | COTE |
|---|---|---|---|---|---|---|---|---|---|---|
| ABBOTT & COSTELLO MEET FRANKENSTEIN | 27,95$ | Ang | Fran | P&S | ● | ● | ● | ● | | 3 |
| ABOMINABLE SNOWMAN, THE | 26,95$ | Ang | | W | ● | ● | ● | | | 3 |
| ABSENCE OF MALICE | 36,95$ | Ang-Fran-Esp | Ang-Fran-Esp | W | ● | | | | | 3 |
| ABSOLUTE POWER | 29,95$ | Ang | Ang-Fran-Esp | W | | | ● | | | 3 |
| ABYSS, THE | 31,95$ | Ang | Ang-Esp | W | | ● | | ● | ● | 1 |
| ADAM'S RIB | 21,95$ | Ang-Fran | Ang-Fran-Esp | P&S | ● | | | | | |
| ADDAMS FAMILY, THE | 32,95$ | Ang | Ang | W | ● | | | | | 3 |
| ADDAMS FAMILY VALUES, THE | 32,95$ | Ang | Ang | W | ● | | | | | 3 |
| ADJUSTER, THE | 28,95$ | Ang-Fran | Ang | W | ● | ● | ● | ● | | 3 |
| ADVENTURES OF BARON MUNCHAUSEN, THE | 33,95$ | Ang-Esp-Port | Ang-Esp-Port-Chi | W | ● | | | | | 3 |
| ADVENTURES OF ICHABOD AND MR. TOAD, THE | 26,95$ | Ang | | P&S | | | ● | | | 3 |
| ADVENTURES OF MILO & OTIS, THE | 29,95$ | Ang-Esp | Ang-Fran-Esp | P&S/W | ● | | ● | ● | | 3 |
| ADVENTURES OF PRISCILLA..., THE | 21,95$ | Ang-Fran | Ang-Fran-Esp | W | ● | | ● | | | 3 |
| AFFAIR TO REMEMBER, AN | 22,95$ | Ang-Fran | Ang-Esp | W | ● | | | | | 3 |
| AFFLICTION | 33,95$ | Ang | | W | ● | | ● | | | 3 |
| AFTER LIFE | 34,95$ | Jap | Ang | W | ● | | ● | | | 3 |
| AGAINST ALL ODDS | 32,95$ | Ang | Ang-Esp-Port-Chi | W | ● | ● | ● | | ● | 2 |
| AGNÈS BROWNE | 28,95$ | Ang | Fran-Esp | P&S/W | ● | | ● | | | 3 |
| AIR FORCE ONE | 36,95$ | Ang-Fran-Esp | Ang-Fran-Esp | P&S/W | ● | ● | | | | 3 |
| AIRPLANE ! | 32,95$ | Ang-Fran | Ang | W | ● | ● | | | | 3 |
| ALBINO ALLIGATOR | 27,95$ | Ang | | W | | ● | | ● | | 3 |
| ALEXANDER NEVSKY | 49,95$ | Rus | Ang | P&S | | | | | | 3 |
| ALEXANDRIA AGAIN AND FOREVER | 29,95$ | Ara | Ang | | | | ● | | | 3 |
| ALEXANDRIA TRILOGY (COFFRET) | 89,95$ | Ara | Ang | | | | ● | | | 3 |
| ALEXANDRIA WHY? | 29,95$ | Ara | Ang | | | | ● | | | 3 |
| ALFRED HITCHCOCK (COFFRET 3 VOLUMES) | 94,95$ | Ang | Fran-Esp | P&S/W | ● | ● | ● | ● | ● | 2 |
| ALICE | 54,95$ | Esp | Ang | P&S | | | | ● | | 3 |
| ALICE IN WONDERLAND | 26,95$ | Ang-Esp | | P&S | ● | | | ● | | 3 |
| ALIEN | 28,95$ | Ang-Fran | Ang-Esp | W | ● | ● | ● | | ● | 1 |
| ALIEN 20TH ANNIVERSARY COLLECTION | 129,95$ | Ang | Ang-Esp | W | ● | ● | ● | ● | ● | 2 |
| ALIEN 3 | 23,95$ | Ang-Fran | Ang-Esp | W | ● | | | | | 3 |
| ALIEN RESURRECTION | 28,95$ | Ang-Fran | Ang-Esp | W | ● | | | ● | | 3 |
| ALIENS | 28,95$ | Ang | Fran-Esp | W | ● | | | ● | | 2 |
| ALL ABOUT EVE | 23,95$ | Ang-Fran | Ang-Esp | P&S | ● | | | | | 3 |
| ALL QUIET ON THE WESTERN FRONT | 27,95$ | Ang | Fran-Esp | P&S | | | ● | | | 3 |
| ALL THE LITTLE ANIMALS | 28,95$ | Ang | | P&S | ● | | ● | | | 3 |
| ALL THE PRESIDENT'S MEN | 21,95$ | Ang | Ang-Fran-Esp | W | | | ● | | | 3 |
| ALMOST FAMOUS | 27,95$ | Ang | Ang-Esp | W | ● | | ● | ● | | 2 |
| ALPHAVILLE | 59,95$ | Fran | Ang | P&S | | | | | | 2 |
| ALTERED STATES | 18,95$ | Ang-Fran | Ang-Fran | P&S/W | ● | | | | | 3 |
| ALVAREZ KELLY | 29,95$ | Ang-Esp | Ang-Esp-Chi-Coré | P&S/W | ● | | ● | | | 3 |
| ALWAYS | 27,95$ | Ang-Fran | Ang | W | ● | | ● | | | 3 |
| AMADEUS | 21,95$ | Ang-Fran | Ang-Fran | W | ● | | ● | | | 3 |
| AMARCORD | 56,95$ | Ita | Ang | W | ● | | | | | 2 |
| AMARILLY OF CLOTHESLINE ALLEY | LS | Ang | | P&S | | | ● | | | 3 |
| AMERICA | 47,95$ | Dolby Digital | Ang | P&S | | | | | | 3 |
| AMERICAN BEAUTY | 27,95$ | Ang | Ang | W | ● | ● | ● | ● | | |
| AMERICAN GRAFFITI | 39,95$ | Ang-Fran | Esp | W | ● | | ● | ● | | 2 |
| AMERICAN HISTORY X | 27,95$ | Ang | Ang | W | ● | | ● | | ● | 3 |
| AMERICAN IN PARIS, AN | 21,95$ | Ang-Fran | Ang-Fran | P&S | ● | | | | | 3 |
| AMERICAN MOVIE | 32,95$ | Ang | Ang-Esp | P&S | ● | ● | ● | ● | ● | |
| AMERICAN PIE | 43,95$ | Ang-Fran | Esp | W | ● | ● | | ● | | 3 |
| AMERICAN PIMP | ND | Ang-Esp | Fran-Esp | W | | | | | | 3 |
| AMERICAN POP | 36,95$ | Ang-Esp | Ang-Fran-Esp | W | ● | | | | | 3 |
| AMERICAN PSYCHO | 33,95$ | Ang | | W | ● | | ● | ● | | 3 |
| AMERICAN WEREWOLF IN LONDON, AN | 33,95$ | Ang | Ang | W | | | | | | 3 |
| AMISTAD | 27,95$ | Ang | | W | ● | | ● | ● | | 3 |
| AMITYVILLE HORROR, THE | 21,95$ | Ang-Esp | Fran-Esp | W | ● | | | | | |
| AMOUR EST UN POUVOIR SACRÉ, L' | 29,95$ | Ang | | W | ● | | ● | | | 3 |
| AMOUR L'APRÈS-MIDI, L' | 34,95$ | Fran | Ang | P&S | | | ● | | | 3 |
| ANACONDA | 36,95$ | Ang-Fran-Esp | Ang-Fran-Esp | W | | | | | | 3 |

| TITRE | PRIX | VERSIONS | SOUS-TITRES | CADRAGE | BANDES PROMO | BANDES COMMENTÉES | ARCHIVES | DOCUMENTAIRE/ESSAI | SCÈNES COUPÉES | COTE |
|---|---|---|---|---|---|---|---|---|---|---|
| ANALYZE THIS | 21,95$ | Ang | | P&S/W | ● | ● | ● | | | 2 |
| ANASTASIA | 23,95$ | Ang-Fran-Esp | Ang | P&S/W | ● | | ● | ● | | 3 |
| ANATOMY OF A MURDER | 28,95$ | Fran-Esp | Ang-Esp-Chi-Port | P&S | ● | | ● | | | 3 |
| ANCHORS AWEIGH | 26,95$ | Ang-Fran | Ang-Fran | P&S | ● | | ● | ● | | 2 |
| AND NOW FOR SOMETHING COMPLETELY ... | 29,95$ | Ang | Ang-Fran-Esp | P&S/W | | | ● | | | 3 |
| AND THEN THERE WERE NONE | 29,95$ | Ang | | P&S | | | ● | | | 3 |
| ANDREI RUBLEV | 69,95$ | Rus | Ang | W | | | ● | | | 1 |
| ANDROMEDA STRAIN, THE | LS | Ang | | W | | | | | | 3 |
| ANDY WARHOL'S FRANKENSTEIN | 64,95$ | Ang | | W | | ● | ● | | | 1 |
| ANGEL HEART | 29,95$ | Ang | Esp | W | ● | | ● | | | 3 |
| ANGELA'S ASHES | 33,95$ | Ang-Fran | Ang | P&S/W | ● | ● | ● | | | 3 |
| ANIMAL CRACKERS | LS | Ang | | P&S | | | | | | 3 |
| ANIMAL FACTORY | 33,95$ | Ang | Ang-Esp | W | | | | | | 3 |
| ANIMAL FARM | 22,95$ | Ang | | | ● | | ● | ● | | 3 |
| ANNA AND THE KING | 28,95$ | Ang-Fran | Ang-Esp | W | ● | ● | | ● | ● | 3 |
| ANNÉE DERNIÈRE À MARIENBAD, L' | 34,95$ | Fran-Ita | Ang | W | | | ● | | | 3 |
| ANNIE | 29,95$ | Ang-Fran | Ang-Fran | P&S/W | ● | | ● | | | 3 |
| ANNIE HALL | 21,95$ | Ang-Fran | Ang-Fran-Esp | P&S | | | | | | 3 |
| ANOTHER MAN'S POISON | 39,95$ | Ang | | P&S | | | | | | 3 |
| ANTITRUST | 27,95$ | Ang-Fran-Esp | Fran-Esp | W | | ● | | ● | ● | 3 |
| ANTONIA'S LINE | 22,95$ | Ang | Ang | P&S | ● | | ● | | | 3 |
| ANTZ | 27,95$ | Ang | | W | ● | ● | | ● | | 3 |
| ANY GIVEN SUNDAY | 26,95$ | Ang | Ang-Fran | W | ● | | ● | ● | ● | 2 |
| ANYWHERE BUT HERE | 29,95$ | Ang-Fran | Ang-Esp | W | ● | | | | | |
| APOCALYPSE 2024 (A BOY AND HIS DOG) | PC | Ang | | W | ● | ● | ● | | | 3 |
| APOCALYPSE NOW | 32,95$ | Ang-Fran | Ang | W | ● | ● | | | | 3 |
| APOLLO 13 | 39,95$ | Ang-Fran-Esp | Esp | W | ● | ● | ● | ● | | 2 |
| APOSTLE, THE | 41,95$ | Ang | Fran-Esp | W | ● | ● | ● | | | 2 |
| APT PUPIL | 29,95$ | Ang-Alle | Ang-Alle-Dan-Polo | P&S/W | ● | | ● | ● | | 3 |
| ARAIGNÉES, LES | 48,95$ | Ang | | P&S | | | | | | 3 |
| ARIA | 34,95$ | Ang | | W | | | | | | 3 |
| ARISTOCATS, THE | 26,95$ | Ang-Fran-Esp | | P&S | ● | | ● | | | |
| ARLINGTON ROAD | 27,95$ | Ang | Ang | W | ● | ● | ● | ● | | 2 |
| ARMAGEDDON | 35,95$ | Ang-Fran | | W | ● | | | | | 3 |
| ARMY OF DARKNESS: EVIL DEAD 3 | 27,95$ | Ang-Fran-Esp | | W | ● | | ● | | | 3 |
| ARRIVAL, THE | PC | Ang-Fran | Ang-Fran-Esp | W | ● | | ● | | | 3 |
| ARSENIC AND OLD LACE | 21,95$ | Ang | Ang-Fran | P&S | | | ● | | | 3 |
| ART OF WAR | 28,95$ | Ang | Ang | W | | | | | | 3 |
| ARTHUR | 18,95$ | Ang-Fran | Ang-Fran-Esp | P&S | ● | | ● | | | 3 |
| AS GOOD AS IT GETS | 24,95$ | Ang-Fran | Ang-Fran-Esp | P&S/W | | ● | | | | 3 |
| ASSAULT ON PRECINCT 13 | 44,95$ | Ang | | W | ● | ● | | | | 2 |
| ASSIGNMENT, THE | 33,95$ | Ang-Fran | Ang-Fran-Esp | W | ● | | | | | 3 |
| ASTÉRIX ET OBÉLIX CONTRE CÉSAR | 26,95$ | Fran | | | ● | | ● | | | 4 |
| ASTRONAUT'S WIFE, THE | 29,95$ | Ang | Ang | W | ● | | ● | | | 3 |
| ATTILA 74 : THE RAPE OF CYPRUS | PC | Ang | | P&S | | | | | | 3 |
| AUSTIN POWERS | 27,95$ | Ang-Fran | Ang-Fran-Esp | P&S/W | ● | ● | ● | | | 2 |
| AUSTIN POWERS: THE SPY WHO SHAGGED ME | 27,95$ | Ang | Ang | W | ● | ● | | ● | ● | 2 |
| AUTUMN IN NEW YORK | 27,95$ | Ang-Fran-Esp | Fran-Esp | W | | | | | | 3 |
| AVALON | 29,95$ | Ang-Fran-Esp | Ang-Fran-Esp-Chi | W | ● | | ● | | | 3 |
| AVENGERS, THE | 23,95$ | Ang-Fran | Ang-Fran | P&S/W | ● | | ● | | | 3 |
| AWAKENINGS | 36,95$ | Ang-Fran-Esp | Esp | W | | | | | | 3 |
| B. MONKEY | 27,95$ | Ang | Ang | W | ● | | | | | |
| BABE | 27,95$ | Ang-Fran-Esp | Esp | P&S | | | | | | 3 |
| BABE: PIG IN THE CITY | 27,95$ | Ang-Fran | | P&S/W | ● | | ● | | | 3 |
| BACKDRAFT | 27,95$ | Ang-Fran | Esp | W | | | ● | | | 3 |
| BAD BOYS | 14,95$ | Ang | | W | | | | | | 4 |
| BAD LIEUTENANT | 22,95$ | Ang | Esp | W | ● | | ● | | | 3 |
| BAD TASTE | 29,95$ | Ang | | W | | | | | | 4 |
| BADLANDS | 21,95$ | Ang-Fran | Ang-Fran | P&S | | | | | | 3 |
| BALL OF FIRE | 26,95$ | Ang-Fran-Esp | | P&S | | | ● | | | 3 |
| BAMBOOZLED | 28,95$ | Ang | | W | ● | ● | ● | ● | ● | 2 |

| TITRE | PRIX | VERSIONS | SOUS-TITRES | CADRAGE | BANDES PROMO | BANDES COMMENTÉES | ARCHIVES | DOCUMENTAIRE/ESSAI | SCÈNES COUPÉES | COTE |
|---|---|---|---|---|---|---|---|---|---|---|
| BANANAS | 21,95$ | Ang-Esp | Fran-Esp | W | ● | | | | | 3 |
| BANK DICK, THE | 44,95$ | Ang | Ang | P&S | | | | | | 2 |
| BARAKA: WORLD BEYOND WORDS | 29,95$ | Ang | | P&S/W | | | | ● | | 4 |
| BARBARELLA | 32,95$ | Ang | | W | ● | | | | | 3 |
| BAREFOOT IN THE PARK | 32,95$ | Ang-Fran | | W | ● | | | | | 3 |
| BARRY LYNDON | 26,95$ | Ang-Fran | Ang-Fran | W | ● | | ● | | | 3 |
| BASIC INSTINCT | 33,95$ | Ang-Esp | Ang-Fran-Esp | W | ● | | ● | | | 3 |
| BAT WHISPERS, THE | 49,95$ | Ang | | P&S/W | | | | | | |
| BATEAU, LE | 37,95$ | Ang-Alle-Esp | Ang-Fran-Esp | W | | ● | | ● | | 2 |
| BATMAN | 29,95$ | Ang-Fran | Ang-Fran-Esp | W | | | ● | | | 3 |
| BATMAN FOREVER | 29,95$ | Ang-Fran | Ang-Fran-Esp | W | | | ● | | | 3 |
| BATMAN RETURNS | 27,95$ | Ang-Fran | Ang-Fran-Esp | W | | | ● | | | 3 |
| BATMAN & ROBIN | 30,95$ | Ang-Fran | Ang-Fran-Esp | P&S/W | | | ● | | | 3 |
| BATS | 29,95$ | Ang | Ang | W | ● | ● | ● | ● | | |
| BATTLE FOR THE PLANET OF THE APES | 31,95$ | Ang-Fran | Ang-Esp | W | ● | | | | | 2 |
| BATTLEFIELD EARTH | 21,95$ | Ang-Fran | Ang-Fran | W | ● | ● | ● | ● | | 2 |
| BATTLING BUTLER | 44,95$ | Dolby Digital | Ang | P&S | | | | | | 3 |
| BEAN: THE ULTIMATE DISASTER MOVIE | 38,95$ | Ang-Fran | Esp | W | ● | | ● | | | 3 |
| BEAR, THE | 29,95$ | Ang-Fran-Esp | Ang-Fran-Esp | P&S/W | ● | | ● | ● | | 2 |
| BEAT THE DEVIL | 17,95$ | Ang-Esp-Chi | Esp-Chi | P&S | ● | | | | | |
| BEAU-PÈRE | 31,95$ | Ang | Fran | W | | | ● | | | 3 |
| BEAUTIFUL | 28,95$ | Ang | Ang-Esp | P&S/W | ● | | | | | 3 |
| BEAUTIFUL GIRLS | 27,95$ | Ang | | W | | | | | | 3 |
| BEDAZZLED | 31,95$ | Ang-Fran | Ang-Esp | W | | ● | ● | ● | | 2 |
| BEDKNOBS AND BROOMSTICKS | 27,95$ | Ang | | W | ● | | ● | ● | ● | 3 |
| BEETLEJUICE | 21,95$ | Ang-Fran-Esp | Ang-Fran-Esp | W | ● | | ● | | | 3 |
| BEFORE NIGHT FALLS | 27,95$ | Ang | Ang-Fran-Esp | W | | | | ● | | 2 |
| BEGUILED, THE | 34,95$ | Ang-Fran | Esp | W | ● | | ● | | | 3 |
| BEHIND THE PLANET OF THE APES | LS | Ang | Ang-Esp | P&S | ● | | | | | |
| BEING JOHN MALKOVICH | 19,95$ | Ang | Fran-Esp | W | ● | | ● | | | |
| BELLE ET LA BÊTE, LA | 59,95$ | Ang | Ang | P&S/W | ● | | ● | | | 3 |
| BELLS OF ST.MARY'S, THE | 34,95$ | Ang | | P&S | ● | | | | | 3 |
| BELLS, THE | 34,95$ | Dolby Digital | Ang | P&S | | | | ● | | |
| BELOVED | 24,95$ | Ang-Fran | | W | ● | | | | | 3 |
| BEN-HUR | 26,95$ | Ang | Ang-Fran-Esp | W | | ● | ● | ● | | |
| BENEATH THE PLANET OF THE APES | 31,95$ | Ang-Fran | Ang-Fran | W | ● | | | | | 2 |
| BERLIN, SYMPHONIE D'UNE GRANDE VILLE | 39,95$ | Dolby Digital | Ang | P&S | | | | | | 3 |
| BESIEGED | 28,95$ | Ang | Ang | P&S/W | ● | | ● | | | 3 |
| BEST IN SHOW | 26,95$ | Ang | Ang-Fran | W | | ● | ● | ● | ● | 2 |
| BEST MAN, THE | PC | Ang | | W | ● | | ● | | | 3 |
| BEST YEARS OF OUR LIVES, THE | 18,95$ | Ang-Fran-Esp | | P&S | ● | | ● | | | 3 |
| BETRAYED | 18,95$ | Ang-Fran-Esp | Fran-Esp | P&S/W | ● | | ● | | | |
| BETTER THAN CHOCOLATE | 29,95$ | Ang | Ang-Fran-Esp | W | ● | ● | | | | 3 |
| BETTER TOMORROW 2, A | 27,95$ | Can-Man | Ang-Jap-Coré-Chi | W | | | ● | | ● | |
| BETTER TOMORROW, A | 27,95$ | Can-Man | Ang-Jap-Coré-Chi | W | ● | | | | | |
| BICENTENNIAL MAN | 28,95$ | Ang-Fran | Ang | P&S/W | ● | | | ● | | |
| BIG CHILL, THE | 37,95$ | Ang | Ang-Fran-Esp | W | ● | | | ● | ● | 2 |
| BIG COMBO, THE | 39,95$ | Ang | | P&S | | | | | | 3 |
| BIG COUNTRY, THE | 21,95$ | Ang-Fran-Esp | Fran-Esp | W | ● | | | | | 3 |
| BIG EASY, THE | 33,95$ | Ang | Ang-Fran-Esp | W | ● | | ● | | | 3 |
| BIG KAHUNA | 33,95$ | Ang | | W | ● | | ● | | | 3 |
| BIG LEBOWSKI, THE | 19,95$ | Ang | Fran-Esp | P&S/W | ● | | ● | ● | | 3 |
| BIG MOMMA'S HOUSE | 29,95$ | Ang | | P&S | | | | | | 3 |
| BIG NIGHT | LS | Ang | Ang-Esp | W | ● | | | | | 3 |
| BIG RED ONE, THE | 18,95$ | Ang | Ang-Fran | P&S/W | | | | | | 3 |
| BIG SLEEP, THE | 22,95$ | Ang | Ang-Fran | P&S | ● | | | ● | ● | 3 |
| BILLY ELLIOTT | 28,95$ | Ang | | W | ● | | ● | ● | | 3 |
| BIRDCAGE, THE | 29,95$ | Ang-Esp | Ang-Fran-Esp | W | ● | | | | | 3 |
| BIRDY | 29,95$ | Ang-Port | Ang-Esp-Port-Chi | P&S/W | ● | | ● | | | 3 |
| BIRTH OF A NATION, THE | 44,95$ | Dolby Digital | Ang | P&S | | | ● | ● | | 3 |
| BISHOP'S WIFE, THE | 29,95$ | Ang-Fran-Esp | Ang | P&S | ● | | ● | | | 3 |

| TITRE | PRIX | VERSIONS | SOUS-TITRES | CADRAGE | BANDES PROMO | BANDES COMMENTÉES | ARCHIVES | DOCUMENTAIRE/ESSAI | SCÈNES COUPÉES | COTE |
|---|---|---|---|---|---|---|---|---|---|---|
| BLACK AND WHITE | 29,95$ | Ang | Ang | W | ● | ● | ● | | ● | 3 |
| BLACK CAT | PC | Can-Man | Ang-Esp-Chi-Jap | W | | | ● | | | |
| BLACK HOLE, THE | 27,95$ | Ang | | P&S/W | ● | | | | | 3 |
| BLACK MASK | 27,95$ | Ang | | W | ● | | | | | 4 |
| BLACK MOON RISING | 27,95$ | Ang | | W | ● | | | | | |
| BLACK PIRATE, THE | 64,95$ | Dolby Digital | Ang | P&S | | ● | | | ● | 3 |
| BLACK RAIN | 39,95$ | Ang-Fran | | W | ● | | | | | 3 |
| BLACK ROBE | 27,95$ | Ang | Fran-Esp | P&S/W | ● | | ● | | | 4 |
| BLACK STALLION, THE | 18,95$ | Ang-Fran-Esp | Ang-Fran-Esp | P&S/W | ● | | | | | 3 |
| BLACK SUNDAY | 39,95$ | Ang | | W | ● | ● | ● | | | 3 |
| BLACK TIGHTS | 41,95$ | Ang-Fran | | W | ● | | | | | 3 |
| BLADE | 27,95$ | Ang | Ang | W | ● | ● | ● | | | 2 |
| BLADE RUNNER | 26,95$ | Ang | Ang-Fran-Esp | P&S/W | | | ● | | | 3 |
| BLAIR WITCH PROJECT, THE | 27,95$ | Ang | Ang | P&S | ● | ● | ● | | | 1 |
| BLAZING SADDLES | 21,95$ | Ang | Ang-Fran-Esp | W | ● | | ● | | | 3 |
| BLESS THE CHILD | 33,95$ | Ang-Fran | Ang | W | ● | ● | ● | | | 2 |
| BLITHE SPIRIT | 44,95$ | Ang | | P&S | | | | | | 3 |
| BLOOD FEAST | 39,95$ | Ang | | P&S | ● | ● | | | ● | |
| BLOOD ON THE SUN | 21,95$ | Ang | | P&S | | | | | | |
| BLOOD ORANGES, THE | 38,95$ | Ang | Ang | W | ● | | | | | 3 |
| BLOWN AWAY | 29,95$ | Ang-Fran-Esp | Ang-Fran-Esp | P&S/W | ● | | | | | 3 |
| BLUE COLLAR | 27,95$ | Ang | | W | ● | ● | ● | | | |
| BLUE VELVET | 21,95$ | Ang-Fran | Fran-Esp | W | ● | | ● | | | 3 |
| BLUES BROTHERS, THE | 39,95$ | Ang-Fran | Esp | W | ● | | ● | ● | ● | 2 |
| BODY DOUBLE | 17,95$ | Ang-Fran | Ang-Fran | P&S | | ● | | | | 3 |
| BODY HEAT | 18,95$ | Ang-Fran | Ang-Fran-Esp | W | ● | | ● | | | 3 |
| BOILER ROOM, THE | ND | Ang | | W | ● | ● | | | ● | 3 |
| BOILING POINT | 34,95$ | Jap | Ang | W | ● | | ● | | | 3 |
| BOND COLLECTION (COFFRET 5 VOLUMES) | 149,95$ | Ang | Ang-Fran-Esp | W | ● | ● | | ● | | |
| BOND COLLECTION (COFFRET 6 VOLUMES) | 159,95$ | Ang | Fran-Esp | W | ● | ● | | ● | | 1 |
| BOND COLLECTION (COFFRET 7 VOLUMES) | 229,95$ | Ang-Fran | Ang-Fran-Esp | W | ● | ● | ● | ● | | 1 |
| BONE COLLECTOR, THE | 27,95$ | Ang-Fran | | W | ● | ● | ● | | | 2 |
| BONNES FEMMES, LES | 41,95$ | Fran | Ang | W | | | | | | 3 |
| BONNIE AND CLYDE | 21,95$ | Ang | | P&S/W | ● | | ● | | | 3 |
| BOOGIE NIGHTS | 34,95$ | Ang-Fran | Ang-Fran-Esp | W | | ● | ● | | ● | 2 |
| BORN ON THE FOURTH OF JULY | 27,95$ | Ang-Fran | Ang-Esp | W | ● | | ● | | | 3 |
| BORROWERS, THE | 34,95$ | Ang-Fran-Esp | | P&S/W | ● | | ● | ● | | 3 |
| BOSSA NOVA | 34,95$ | Ang-Port | Ang-Esp-Port | W | ● | ● | ● | ● | ● | 3 |
| BOUNCE | 27,95$ | Ang-Fran | Esp | W | | ● | ● | ● | ● | 1 |
| BOUND | 36,95$ | Ang-Esp | Ang-Esp | W | ● | ● | | | | 3 |
| BOUND FOR GLORY | 21,95$ | Ang-Fran | Fran-Esp | W | ● | | ● | | | 3 |
| BOUTEILLE, LA | 29,95$ | Fran | Ang | W | | | | ● | ● | 3 |
| BOWFINGER | 34,95$ | Ang-Esp | | W | ● | ● | ● | | ● | 2 |
| BOXER, THE | 39,95$ | Ang-Fran | Ang-Esp | W | ● | ● | ● | ● | | 2 |
| BOYS DON'T CRY | 31,95$ | Ang | Ang | W | ● | ● | | | | 3 |
| BOYS FROM BRAZIL, THE | 27,95$ | Ang | Ang | W | ● | | ● | | | 3 |
| BOYS, LES | 31,95$ | Ang-Fran | Ang | P&S | ● | | ● | | | 3 |
| BOYS II, LES | 31,95$ | Ang-Fran | Ang | P&S | ● | | ● | ● | | 3 |
| BOYS I &II, LES (COFFRET) | 32,95$ | Ang-Fran | Ang | P&S | ● | | ● | | | 3 |
| BRAIN DEAD (DEAD ALIVE) | 26,95$ | Ang | Fran-Esp | W | ● | | | | | 3 |
| BRAINSTORM | 21,95$ | Ang-Fran | Ang-Fran-Esp | W | ● | | ● | ● | | 3 |
| BRAM STOKER'S DRACULA | 24,95$ | Ang-Fran-Esp | Ang-Esp-Coré | W | | | | | | 3 |
| BRANDED TO KILL | 44,95$ | Jap | Ang | W | | | ● | | | 3 |
| BRAVEHEART | 32,95$ | Ang-Fran | Ang | W | ● | ● | | ● | | |
| BRAZIL | 27,95$ | Ang | Fran-Esp | W | ● | ● | ● | ● | | 1 |
| BREAKDOWN | 38,95$ | Ang-Fran | Esp | W | ● | | | | | 3 |
| BREAKFAST CLUB, THE | 27,95$ | Ang-Fran-Esp | Esp | W | | | ● | | | 3 |
| BREATHLESS | 26,95$ | Ang-Fran-Esp | Ang-Fran-Esp | P&S | ● | | ● | | | |
| BRIDE OF FRANKENSTEIN, THE | 27,95$ | Ang | Ang-Fran | P&S | ● | ● | ● | ● | | 3 |
| BRIDE OF THE MONSTER | 37,95$ | Ang | | P&S | | | | | | |
| BRIDE SUR LE COU, LA | 27,95$ | Fran | Ang | W | ● | | ● | | | 3 |

| TITRE | PRIX | VERSIONS | SOUS-TITRES | CADRAGE | BANDES PROMO | BANDES COMMENTÉES | ARCHIVES | DOCUMENTAIRE/ESSAI | SCÈNES COUPÉES | COTE |
|---|---|---|---|---|---|---|---|---|---|---|
| BRIDGE OF SAN LUIS REY, THE | 38,95$ | Ang | | P&S | | | | | | 3 |
| BRIDGE TOO FAR, A | 18,95$ | Ang-Fran | Ang-Fran | W | ● | | ● | ● | | 3 |
| BRIEF ENCOUNTER | 64,95$ | Ang-Ita | Ang | P&S | ● | | | | | |
| BRIGADOON | 26,95$ | Ang | Ang-Fran-Esp | W | | | | | | 3 |
| BRINGING OUT THE DEAD | 34,95$ | Ang | Ang | W | ● | | | ● | | |
| BROADCAST NEWS | 28,95$ | Ang-Fran | Ang-Esp | W | ● | | | | | |
| BROKEDOWN PALACE | 34,95$ | Ang | Ang-Esp | W | ● | | ● | | | 3 |
| BROKEN BLOSSOMS | 39,95$ | Dolby Digital | Ang | P&S | | | | | | 3 |
| BRONCO BILLY | 26,95$ | Ang | Ang-Fran | P&S/W | ● | | | | | 3 |
| BRONX TALE, A | 29,95$ | Ang-Fran-Esp | | W | ● | | ● | | | 3 |
| BROTHERS McMULLEN, THE | 28,95$ | Ang-Fran | Ang-Esp | P&S/W | ● | ● | | | | 3 |
| BRUCE LEE COLLECTION (5 VOLUMES) | 114,95$ | Ang | | P&S/W | ● | | ● | | | 2 |
| BUCKET OF BLOOD, A | 18,95$ | Ang | Ang-Fran | W | ● | | | | | 3 |
| BUENA VISTA SOCIAL CLUB | 19,95$ | Ang | Ang | P&S | ● | ● | ● | | | 2 |
| BUFFALO 66 | 33,95$ | Ang | | W | ● | | ● | | | 3 |
| BUG'S LIFE, A | 26,95$ | Ang | Ang | P&S/W/16X9 | | | ● | | | 1 |
| BUGSY | 36,95$ | Ang | Ang-Dan-Polo-Ilin | W | ● | | ● | | | 3 |
| BULL DURHAM | 44,95$ | Ang | | W | | ● | | | | 3 |
| BULLET IN THE HEAD | 79,95$ | Can-Man | Ang-Esp-Chi-Jap | P&S | | | | | | 4 |
| BULLETS OVER BROADWAY | 27,95$ | Ang | | W | | | | | | 3 |
| BULLITT | 21,95$ | Ang-Fran-Esp | Ang-Fran-Esp | W | ● | | ● | | | 3 |
| BULWORTH | 32,95$ | Ang | Ang-Esp | W | ● | | | | | |
| BUT I'M A CHEERLEADER | 29,95$ | Ang | | W | | | | | | 3 |
| BUTCH CASSIDY & THE SUNDANCE KID | 28,95$ | Ang-Fran | Ang-Esp | W | ● | ● | ● | ● | | |
| BUTTERFIELD 8 | 21,95$ | Ang-Fran | Ang-Fran | W | ● | | ● | | | 3 |
| CABARET | 21,95$ | Ang | Ang-Fran-Esp | W | | | ● | ● | | 2 |
| CABINET DU DR. CALIGARI, LE | 49,95$ | Dolby Digital | Ang | P&S | | | | ● | | 3 |
| CABLE GUY, THE | 23,95$ | Ang-Fran | Esp-Coré | P&S/W | | | | | | |
| CAINE MUTINY, THE | 36,95$ | Ang-Fran-Esp | Ang-Fran-Esp | W | ● | | | | | 3 |
| CALENDAR | 28,95$ | Ang | Ang-Fran | P&S | | ● | ● | ● | | 3 |
| CALIGULA | 44,95$ | Ang | | W | | | ● | ● | | 2 |
| CAMELOT | 21,95$ | Ang | Ang-Fran-Esp | W | ● | | ● | ● | | 3 |
| CAN'T YOU HEAR THE WIND HOWL? | 27,95$ | Ang | | P&S | | | ● | | | 3 |
| CANDYMAN | 23,95$ | Ang-Fran | Ang-Fran | W | ● | | | | | 3 |
| CANNIBAL FEROX | 49,95$ | Ang-Ita | | W | | ● | ● | | | |
| CAR, THE | 27,95$ | Ang | | P&S/W | ● | | ● | | | 3 |
| CARLITO'S WAY | 34,95$ | Ang-Fran | Ang-Esp | W | ● | | ● | | | 3 |
| CARMEN | 33,95$ | Fran | Ang Fran Esp | W | ● | | ● | | | 3 |
| CARNAL KNOWLEDGE | 18,95$ | Ang | Ang-Fran | P&S/W | | | | | | 3 |
| CARNIVAL OF SOULS | 64,95$ | Ang | Ang | P&S | ● | ● | | | ● | |
| CARRIE | 18,95$ | Ang-Fran | Ang-Fran | W | ● | | | | | 3 |
| CASABLANCA | 21,95$ | Ang-Fran | Ang-Fran | P&S | ● | | | ● | ● | 3 |
| CASINO | 27,95$ | Ang-Fran | Esp | W | ● | | ● | | | 3 |
| CASSANDRA CROSSING, THE | 34,95$ | Ang | Ang | W | | | | | | 3 |
| CAST AWAY | 29,95$ | Ang-Fran | Ang-Esp | W | ● | ● | ● | ● | | 2 |
| CASTLE, THE | 34,95$ | Ang | | W | ● | | | | | 3 |
| CAT AND THE CANARY, THE | 39,95$ | Dolby Digital | Ang | P&S | | | | ● | | 3 |
| CAT AND THE CANARY, THE | 24,95$ | Dolby Digital | Ang | P&S | | | | ● | | |
| CAT BALLOU | 33,95$ | Ang | Ang-Esp-Chi-Port | P&S/W | ● | ● | | ● | | 3 |
| CAT ON A HOT TIN ROOF | 26,95$ | Ang-Fran | Ang-Fran-Esp | W | ● | | | | | 3 |
| CAT ON A HOT TIN ROOF | 26,95$ | Ang | | P&S | | | | | | 3 |
| CAT PEOPLE | 23,95$ | Ang | | W | | | | | | 3 |
| CECIL B. DEMENTED | 27,95$ | Ang | | W | ● | ● | ● | ● | | 2 |
| CELEBRITY | 27,95$ | Ang | | W | | | | | | 3 |
| CELL, THE | 28,95$ | Ang | Ang | W | ● | | | ● | ● | 2 |
| CENTER STAGE | 29,95$ | Ang-Fran | Ang-Fran | W | ● | ● | ● | ● | ● | 3 |
| CETTE SACRÉE GAMINE | 27,95$ | Fran | Ang | W/16X9 | ● | | ● | | | 3 |
| CHANGELING, THE | 26,95$ | Ang | Ang-Fran-Esp | W | | | | | | 3 |
| CHAPLIN | 19,95$ | Ang | Esp | W | ● | | ● | ● | | 3 |
| CHARADE | 64,95$ | Ang | Ang-Fran | W | ● | ● | ● | | | 2 |
| CHARLIE'S ANGELS | 31,95$ | Ang-Fran | Ang-Fran | W | ● | ● | ● | ● | ● | 2 |

| TITRE | PRIX | VERSIONS | SOUS-TITRES | CADRAGE | BANDES PROMO | BANDES COMMENTÉES | ARCHIVES | DOCUMENTAIRE/ESSAI | SCÈNES COUPÉES | COTE |
|---|---|---|---|---|---|---|---|---|---|---|
| CHILD'S PLAY | 29,95$ | Ang-Fran | Ang-Fran | P&S | ● | | ● | | | 4 |
| CHINA SYNDROME, THE | 29,95$ | Ang-Esp | Ang-Esp-Chi-Port | P&S/W | ● | | ● | | | 3 |
| CHINATOWN | 29,95$ | Ang-Fran | Ang | W | | | ● | | | 2 |
| CHINESE BOX | 38,95$ | Ang | Fran-Esp | P&S | ● | | ● | | | |
| CHINESE CONNECTION, THE | 23,95$ | Ang | | W | | | | | | 3 |
| CHINESE GHOST STORY, A | 49,95$ | Can-Man | Ang-Jap-Coré-Chi | W | | | | | | |
| CHINESE GHOST STORY II, A | 79,95$ | Can-Man | Ang-Jap-Coré-Chi | W | ● | | | ● | ● | |
| CHINESE GHOST STORY III, A | 79,95$ | Can-Man | Ang-Jap-Coré-Thaï | W | ● | | | ● | | 3 |
| CHITTY CHITTY BANG BANG | 18,95$ | Ang-Fran | Ang-Fran | P&S | ● | | ● | | | 3 |
| CHRISTMAS STORY, A | 21,95$ | Ang-Fran-Esp | Ang-Fran-Esp | P&S | ● | | | | | 3 |
| CHUCK AND BUCK | 27,95$ | Ang | | W | | ● | ● | ● | ● | 3 |
| CIDER HOUSE RULES, THE | 31,95$ | Ang-Fran | | P&S/W | | ● | | ● | ● | 2 |
| CIRCUS, THE | 44,95$ | Ang | | P&S | | ● | ● | ● | | 2 |
| CITIZEN X | 21,95$ | Ang-Esp | Ang-Fran-Esp | P&S | | | ● | | | 3 |
| CITY LIGHTS | 44,95$ | Dolby Digital | Ang | P&S | | | ● | | | 2 |
| CITY OF ANGELS | 21,95$ | Ang-Fran | Ang-Fran | W | ● | ● | | ● | ● | 3 |
| CITY OF THE LIVING DEAD, THE | 26,95$ | Ang | | P&S/W | ● | | | | | 2 |
| CLASSIC MONSTER MIX (COFFRET 8 VOLUMES) | 229,95$ | Ang | | P&S | | | | | | 2 |
| CLEAR AND PRESENT DANGER | 32,95$ | Ang-Fran | Esp | W | ● | | | | | 3 |
| CLÉO DE 5 À 7 | 49,95$ | Fran | Ang | W | | | | | | |
| CLERKS | 31,95$ | Ang | | W | ● | ● | | | ● | 1 |
| CLOCKERS | 27,95$ | Ang-Fran | Esp | W | | | ● | | | 3 |
| CLOCKWORK ORANGE, A | 26,95$ | Ang-Fran | Ang-Fran | W | ● | | ● | | | 3 |
| CLUE | 29,95$ | Ang-Fran | Ang | W | | | | | | 3 |
| COCOANUTS, THE | 36,95$ | Ang | | P&S | | | | | | 3 |
| COLLEGE | 44,95$ | Dolby Digital | Ang | P&S | | | | | | 3 |
| COLOR ME BLOOD RED | 39,95$ | Ang | | P&S | ● | ● | ● | | ● | 2 |
| COLOR OF MONEY, THE | 29,95$ | Ang-Fran | | W | | | | | | 3 |
| COLOR OF PARADISE, THE | 34,95$ | Farsi | Ang-Fran-Esp | W | ● | | | | | 3 |
| COLOR PURPLE, THE | 26,95$ | Ang | Ang-Ara | P&S | ● | | ● | | | 3 |
| COME AND GET IT | 29,95$ | Ang-Alle-Ita | Ang-Fran-Esp | P&S | ● | | ● | | | 3 |
| COMING APART | 41,95$ | Ang | | W | | | ● | ● | | 3 |
| COMMITMENTS, THE | 27,95$ | Ang | Ang-Esp | P&S | ● | | ● | | | 3 |
| COMMUNION | 41,95$ | Ang | | W | ● | ● | | | ● | |
| CON AIR | PC | Ang-Fran-Ita | Ang-Fran-Néer | W | | | | | | 3 |
| CONAN THE BARBARIAN | 43,95$ | Ang | Fran-Esp | W | ● | | ● | | | 3 |
| CONQUEST OF THE PLANET OF THE APES | 31,95$ | Ang-Fran | Ang-Esp | W | ● | | | | | 2 |
| CONSPIRACY THEORY | 29,95$ | Ang-Fran | Ang-Fran-Esp | P&S/W | ● | | ● | | | 3 |
| CONTACT | 26,95$ | Ang-Fran | Ang-Fran-Esp | W | ● | ● | | | | 3 |
| CONTE DE LA FOLIE ORDINAIRE | 39,95$ | Ang | | W | | | | | | 3 |
| CONTENDER, THE | 28,95$ | Ang | | W | ● | ● | ● | ● | ● | 2 |
| CONTES DE CANTERBURY, LES | 38,95$ | Ang | | W | | | | | | 3 |
| COOKIE'S FORTUNE | 28,95$ | Ang | Fran-Esp | P&S/W | ● | ● | ● | | | 3 |
| COOL HAND LUKE | 21,95$ | Ang-Fran-Esp | Ang-Fran-Esp | P&S/W | ● | | ● | | | 3 |
| COPLAND | 34,95$ | Ang-Fran | | W | ● | | | | | 3 |
| COPYCAT | 21,95$ | Ang-Fran-Ita | Ang-Fran-Esp-Ita | W | | ● | ● | | | 3 |
| COURS, LOLA, COURS | 26,95$ | Ang-Alle | Fran | P&S/W | ● | ● | ● | | | 2 |
| CRADLE WILL ROCK | 24,95$ | Ang | Ang | W | ● | | | ● | | |
| CRASH | 27,95$ | Ang-Fran | Ang-Fran-Esp | W | ● | | ● | | | 3 |
| CREATURE FROM THE BLACK LAGOON | 27,95$ | Ang-Fran | | P&S | ● | ● | ● | ● | | 2 |
| CRI, LE | 44,95$ | Ita | Ang | P&S | | | | | | 3 |
| CRIMES AND MISDEMEANORS | 44,95$ | Ang | | W | | | | | | 3 |
| CRIMSON TIDE | 26,95$ | Ang-Fran-Ita | Ang-Fran-Port-Néer | W | | | | | | 3 |
| CRITICAL CARE | 14,95$ | Ang | | W | ● | | ● | | | 3 |
| CROSSING GUARD, THE | 27,95$ | Ang | | W | | ● | | | | 3 |
| CROUPIER | 28,95$ | Ang-Fran | Ang-Fran | P&S | | | | | | 3 |
| CROW, THE | 24,95$ | Ang | | W | ● | | | | | 3 |
| CRY IN THE DARK, A | 22,95$ | Ang-Fran | Ang-Fran | W | ● | | | | | 3 |
| CRYING GAME, THE | 31,95$ | Ang | | W | ● | | | | | 3 |
| CUBE | 27,95$ | Ang | Fran-Esp | W | ● | ● | ● | | ● | 2 |
| CUIRASSÉ POTEMKINE, LE | 48,95$ | Dolby Digital | Ang-Rus | P&S | | | | | | 3 |

| TITRE | PRIX | VERSIONS | SOUS-TITRES | CADRAGE | BANDES PROMO | BANDES COMMENTÉES | ARCHIVES | DOCUMENTAIRE/ESSAI | SCÈNES COUPÉES | COTE |
|---|---|---|---|---|---|---|---|---|---|---|
| CUJO | 22,95$ | Ang | | P&S | | | | | | 3 |
| CUTTHROAT ISLAND | PC | Ang-Fran | Ang-Fran-Esp | P&S | ● | | ● | | | 3 |
| CYRANO DE BERGERAC | 36,95$ | Fran | Ang-Esp | P&S | ● | | ● | | | 4 |
| CYRANO DE BERGERAC | 39,95$ | Ang | | P&S | | | | | | 3 |
| D.O.A. | 29,95$ | Ang | | P&S | | | | | | |
| DAMAGE | 27,95$ | Ang | Ang-Fran-Esp | W | ● | | ● | ● | | 3 |
| DAMIEN - OMEN II | 28,95$ | Ang-Fran | Ang-Esp | W | ● | ● | | | | 3 |
| DAMN THE DEFIANT! | 29,95$ | Ang | Fran-Esp-Chi-Port | W | | | | | | 3 |
| DANCER IN THE DARK | 26,95$ | Ang | | W | | ● | | ● | | 1 |
| DANCES WITH WOLVES | 44,95$ | Ang | | W | | ● | | | | 3 |
| DANGEROUS LIAISONS | 18,95$ | Ang | Ang-Fran-Esp | W | | | | | | 3 |
| DARK CITY | 23,95$ | Ang-Fran | Ang-Fran-Esp | P&S/W | ● | ● | ● | ● | | 2 |
| DARK CRYSTAL, THE | 29,95$ | Ang-Esp | Ang-Esp | W | ● | | ● | ● | ● | 1 |
| DARK HALF, THE | 18,95$ | Ang | Ang-Fran | P&S | ● | | ● | | | 4 |
| DARK VICTORY | 21,95$ | Ang | Ang-Fran-Esp | P&S | ● | | | | | 3 |
| DARKMAN | 27,95$ | Ang-Fran | Esp | W | ● | | ● | | | 3 |
| DAVE | 29,95$ | Ang-Fran-Ita | Ang-Fran-Ita-Port | P&S/W | | | ● | | | 3 |
| DAWN OF THE DEAD | 27,95$ | Ang | | W | ● | ● | ● | | | 3 |
| DAY OF THE DEAD | 27,95$ | Ang | | W | ● | | | ● | | 3 |
| DAY OF THE JACKAL, THE | 27,95$ | Ang | Fran-Esp | W | ● | | ● | | | 3 |
| DAYS OF HEAVEN | 32,95$ | Ang-Fran | | W | ● | | | | | 3 |
| DEAD AGAIN | 32,95$ | Ang-Fran | Ang | W | ● | ● | | | | |
| DEAD MAN WALKING | 18,95$ | Ang-Fran | Ang-Fran-Esp | P&S/W | | | ● | | | 3 |
| DEAD POETS SOCIETY | 29,95$ | Ang-Fran | | W | | | | | | 3 |
| DEAD RINGERS | L3 | Ang | | W | ● | ● | | | | 2 |
| DEAD ZONE, THE | 32,95$ | Ang-Fran | Ang | P&S/W | ● | | | | | 3 |
| DEATH BECOMES HER | 34,95$ | Ang-Fran-Esp | Ang-Fran-Alle-Dan | W | ● | | ● | | ● | 3 |
| DEATH ON THE NILE | 27,95$ | Ang | | W | ● | | ● | ● | | 3 |
| DEATH RACE 2000 | 26,95$ | Ang | | P&S | ● | | | | | 4 |
| DÉCALOGUE 1 : TU HONORERAS... | PC | Polo | Ang | P&S | | | | | | |
| DÉCALOGUE 2 : TU NE PRONONCERAS... | PC | Polo | Ang | P&S | | | | | | |
| DÉCALOGUE, LE (COFFRET 5 VOLUMES) | 69,95$ | Polo | Ang | P&S | | | | | | |
| DÉCAMERON, LE | LS | Ita | Ang | W | | | | | | 3 |
| DECONSTRUCTING HARRY | 27,95$ | Ang-Fran | Ang-Fran | P&S/W | | | ● | | | 3 |
| DEEP BLUE SEA | 26,95$ | Ang | Ang | W | ● | ● | ● | ● | ● | 3 |
| DEEP COVER | 34,95$ | Ang | Ang | P&S/W | ● | | ● | | | 3 |
| DEEP IMPACT | 29,95$ | Ang-Fran | | W | ● | | | | | 3 |
| DEEP RED (THE HATCHET MURDERS) | 27,95$ | Ang | | W | | ● | | | | |
| DEEP, THE | 23,95$ | Ang | Ang-Fran-Esp | W | | | | | | 3 |
| DEER HUNTER, THE | 27,95$ | Ang | Fran-Esp | W | | | ● | | | 3 |
| DELIVERANCE | 21,95$ | Ang-Fran | Ang-Fran | P&S/W | ● | | ● | | | 3 |
| DERNIER HAREM, LE | 29,95$ | Fran | Ang | P&S | ● | | | | | |
| DERNIER TANGO À PARIS, LE | 21,95$ | Ang | Ang-Fran | W | ● | | ● | ● | | 3 |
| DÉSENCHANTÉE, LA | 41,95$ | Fran | Ang | P&S | | | | | | 3 |
| DÉSERT ROUGE, LE | 39,95$ | Ita | Ang | W | | | | | | 3 |
| DESOLATION ANGELS | 34,95$ | Ang | | P&S | ● | | ● | | ● | |
| DESPERADO | PC | Ang-Alle | Ang-All-Dan-Esp | W | ● | ● | | | | 3 |
| DESTROY ALL MONSTERS ! | 21,95$ | Ang | | P&S | | | | | | 3 |
| DETROIT 9000 | 26,95$ | Ang | | W/16X9 | | | | | | 3 |
| DETROIT ROCK CITY | PC | Ang | Ang | W | ● | ● | ● | | ● | |
| DEUCE BIGALOW - MALE GIGOLO | 32,95$ | Ang | | P&S/W | ● | | ● | ● | | |
| DEVIL RIDES OUT, THE | 27,95$ | Ang-Fran | | P&S/W | ● | ● | ● | | | 3 |
| DEVIL'S ADVOCATE | 26,95$ | Ang-Fran | Ang-Fran-Esp | W | ● | ● | ● | | ● | 3 |
| DEVIL'S OWN, THE | 23,95$ | Ang-Fran-Esp | Ang-Fran-Esp | W | ● | | | | | 3 |
| DIABOLIQUE DR. MABUSE, LE | 44,95$ | Ang-Alle | Ang | W/16X9 | ● | ● | ● | ● | | 3 |
| DIABOLIQUES, LES | 49,95$ | Ang | Ang | P&S | | | | | | 2 |
| DIAMONDS ARE FOREVER | 27,95$ | Ang | Fran-Esp | W | ● | ● | ● | ● | ● | 2 |
| DICK | PC | Ang | Ang | P&S/W | ● | ● | ● | | ● | 3 |
| DIE HARD | 28,95$ | Ang-Fran | | W | ● | | | | | 3 |
| DIE HARD 2: DIE HARDER | ND | Ang-Fran | | W | ● | | | | | 3 |
| DIE HARD WITH A VENGEANCE | PC | Ang-Fran | Ang-Esp | W | ● | | | | | 3 |

DVD

| TITRE | PRIX | VERSIONS | SOUS-TITRES | CADRAGE | BANDES PROMO | BANDES COMMENTÉES | ARCHIVES | DOCUMENTAIRE/ESSAI | SCÈNES COUPÉES | COTE |
|---|---|---|---|---|---|---|---|---|---|---|
| DIMANCHE À LA CAMPAGNE, UN | 49,95$ | Fran | Ang | W | | ● | | | | |
| DÎNER DE CONS, LE | 29,95$ | Fran | | W/16X9 | ● | | | | | 4 |
| DINOSAUR | 31,95$ | Ang-Fran | | P&S/W/16X9 | ● | | | ● | | 1 |
| DIRTY DOZEN, THE | 26,95$ | Ang-Fran | Ang-Fran-Esp | W | ● | | ● | ● | | 3 |
| DIRTY HARRY | 26,95$ | Ang-Fran-Esp | Ang-Fran-Esp | W | ● | | ● | | | 3 |
| DISCLOSURE | 21,95$ | Ang | Ang-Ara-Polo-Cro | W | | | ● | | | 3 |
| DIVA | 27,95$ | Ang | Ang | W | | | ● | | | 4 |
| DIVINE TRASH | 29,95$ | Ang | | P&S | ● | | ● | | | 3 |
| DO THE RIGHT THING | 27,95$ | Ang-Fran | Esp | W | ● | | ● | | | 3 |
| DOCTOR DOLITTLE | 28,95$ | Ang-Fran | Ang-Esp | W | ● | | | | | 3 |
| DODSWORTH | 26,95$ | Ang-Fran-Esp | | P&S | | | ● | | | 3 |
| DOG DAY AFTERNOON | 21,95$ | Ang-Fran | Ang-Fran-Esp | W | | | ● | | | 3 |
| DOGMA | 29,95$ | Ang-Fran | Ang-Fran-Esp | P&S/W | ● | | ● | | | |
| DOLORES CLAIBORNE | 21,95$ | Ang-Fran | Ang-Fran | W | | | ● | | | 3 |
| DON JUAN DeMARCO | PC | Ang-Fran | Ang-Fran-Esp | P&S/W | ● | | ● | | | 3 |
| DON'T LOOK BACK: BOB DYLAN | 23,95$ | Ang | | P&S | ● | ● | ● | | ● | 1 |
| DON'T TORTURE A DUCKLING | 27,95$ | Ang | | W/16X9 | | | ● | | | |
| DONNIE BRASCO | 34,95$ | Ang-Fran | Ang-Fran-Esp | W | | | ● | | | 3 |
| DOOM GENERATION, THE | 26,95$ | Ang | Fran-Esp | P&S | ● | | ● | | | 3 |
| DOORS, THE | 27,95$ | Ang | Ang-Fran-Esp | W | ● | | ● | | | 3 |
| DOUBLE INDEMNITY | LS | Ang | Ang | P&S | | | | | | 3 |
| DOUBLE JEOPARDY | PC | Ang-Fran | Ang | W | ● | | | ● | | 3 |
| DOUBLE TEAM | 36,95$ | Ang-Fran-Esp | Ang-Fran-Esp | W | ● | | | | | 3 |
| DR. JEKYLL AND MR. HYDE | 39,95$ | Dolby Digital | Ang | P&S | | | | | ● | 3 |
| DR. NO | 34,95$ | Ang | | P&S | ● | ● | ● | ● | | 2 |
| DR. STRANGELOVE | 33,95$ | Ang-Fran-Esp | Esp | W | | | | | | 3 |
| DR. T AND THE WOMEN | 28,95$ | Ang-Fran | Esp | W | ● | ● | ● | ● | | 2 |
| DRACULA | 27,95$ | Ang-Esp | Ang-Fran | P&S | ● | ● | ● | ● | | 2 |
| DRACULA, PRINCE OF DARKNESS | 33,95$ | Ang-Fran | | W | ● | ● | | ● | | 3 |
| DREAMSCAPE | 34,95$ | Ang | | W/P&S | | ● | ● | | | |
| DRESSED TO KILL | LS | Ang | | P&S | | | | ● | | |
| DROP DEAD GORGEOUS | PC | Ang | Ang | P&S/W | ● | | ● | | | 3 |
| DROWNING MONA | 27,95$ | Ang-Fran | Ang-Fran-Esp | W | ● | ● | | | ● | 3 |
| DRUNKEN MASTER II | 28,95$ | Ang-Fran | | W/16X9 | | | | ● | | 3 |
| DUCK SOUP | 21,95$ | Ang | Ang | P&S | | | | | | 3 |
| DUEL IN THE SUN | 26,95$ | Ang | | P&S | | | | | | 3 |
| DUMB & DUMBER | PC | Ang-Alle | Ang-Alle | W | ● | | ● | | | 3 |
| DUNE | 27,95$ | Ang-Fran | Esp | W | ● | | ● | | | 3 |
| DUNGEONS AND DRAGONS | 28,95$ | Ang | | W | ● | ● | ● | ● | ● | 2 |
| EAST IS EAST | 27,95$ | Ang | | W | ● | | | | | 3 |
| EASY RIDER | 29,95$ | Ang | Ang-Esp-Chi-Port | W | | ● | ● | ● | | 1 |
| ÉCOLE DE LA CHAIR, L' | 21,95$ | Ang | Ang-Fran-Esp | W | ● | | | | | 3 |
| EDGE, THE | 28,95$ | Ang-Fran | Ang-Esp | W | ● | | | | | 3 |
| EDWARD SCISSORHANDS | 28,95$ | Ang-Fran | | W | ● | ● | | ● | | 2 |
| EGYPTIAN STORY, AN | 29,95$ | Ara | Ang | | | | ● | | | 3 |
| EIGER SANCTION, THE | 33,95$ | Ang | Fran-Esp | W | ● | | ● | | | 3 |
| ELECTION | 32,95$ | Ang | Ang | W | | ● | | | | 3 |
| ELEMENT OF CRIME | 59,95$ | Dan | Ang | W | ● | | | ● | | 1 |
| ELIZABETH | 19,95$ | Ang | Fran-Esp | W | ● | ● | ● | ● | | 2 |
| ELVIRA MADIGAN | 34,95$ | Sué | Ang | P&S | | | ● | | | 3 |
| ELVIS GRATTON | 31,95$ | Fran | Ang | P&S | | | ● | ● | | 3 |
| ELVIS GRATTON II: MIRACLE À MEMPHIS | 31,95$ | Fran | Ang | P&S | ● | | ● | | | 4 |
| EMMA | 27,95$ | Ang | | W | ● | | | | | 3 |
| EMPEREUR ET L'ASSASSIN, L' | 32,95$ | Man-Esp | Ang-Fran-Esp | W | ● | ● | ● | | | |
| EMPEROR'S NEW GROOVE, THE | 29,95$ | Ang-Fran | | W | ● | ● | ● | ● | | |
| EMPEROR'S SHADOW | 34,95$ | Man | Ang | W | | | ● | | | 3 |
| EMPIRE DES SENS, L' | PC | Jap | Ang | P&S | | | ● | | | |
| END OF DAYS | 31,95$ | Ang-Fran | Ang | W | ● | ● | ● | | ● | 2 |
| END OF THE AFFAIR | 28,95$ | Ang | Ang-Esp-Chi-Port | P&S/W | ● | | ● | ● | | |
| END OF THE AFFAIR, THE | 32,95$ | Ang | Ang | P&S/W | ● | ● | ● | ● | | |
| END OF VIOLENCE, THE | 26,95$ | Ang-Fran | Fran-Esp | P&S/W | ● | | ● | | | 3 |

| TITRE | PRIX | VERSIONS | SOUS-TITRES | CADRAGE | BANDES PROMO | BANDES COMMENTÉES | ARCHIVES | DOCUMENTAIRE/ESSAI | SCÈNES COUPÉES | COTE |
|---|---|---|---|---|---|---|---|---|---|---|
| ENDLESS NIGHT | 27,95$ | Ang | | W | ● | | | | | |
| ENFANTS DU MARAIS, LES | 29,95$ | Fran | | P&S | ● | | ● | | | 4 |
| ENFER, L' | 29,95$ | Fran | Ang | P&S | ● | | ● | | | 3 |
| ENGLISH PATIENT, THE | 27,95$ | Ang | Esp | W | | | | | | 3 |
| ENGLISHMAN WHO WENT UP A HILL..., THE | 27,95$ | Ang | | W | ● | | | | | 3 |
| ENTER THE DRAGON | 21,95$ | Ang-Fran-Esp | Ang-Fran-Esp | W | ● | ● | ● | ● | | 2 |
| ENTRAPMENT | 31,95$ | Ang | Ang-Esp | W | ● | | | | | 3 |
| ENTRE LE CIEL ET L'ENFER | 59,95$ | Jap | Ang | W | | | | | | 3 |
| ERASER | 31,95$ | Ang | Ang-Ara | W | | | ● | | | 3 |
| ERIN BROCKOVICH | 27,95$ | Ang-Fran | Ang | W | ● | | ● | ● | ● | 2 |
| EROTIQUE | 34,95$ | Ang | | P&S | ● | | ● | | | 3 |
| ESCAPE FROM ALCATRAZ | 29,95$ | Ang-Fran | | W | | | | | | 3 |
| ESCAPE FROM THE PLANET OF THE APES | 31,95$ | Ang-Fran | Ang-Esp | W | ● | | | | | 2 |
| ET DIEU CRÉA LA FEMME | 44,95$ | Fran | Ang | W/16X9 | ● | | | | | |
| ET VOGUE LE NAVIRE! | 44,95$ | Ita | Ang | W | | | | | | 3 |
| EVA | 41,95$ | Ang | | W | | | | | | 3 |
| ÉVANGILE SELON SAINT MATTHIEU, L' | 48,95$ | Ang | | W | | | | | | 3 |
| EVEN DWARFS STARTED SMALL | 29,95$ | Alle | Ang | P&S | | ● | | | | 2 |
| EVENING WITH SHERLOCK HOLMES (4 DVD) | 116,95$ | Ang | | P&S | ● | | ● | ● | | |
| ÉVENTREUR DE NEW YORK, L' | 30,95$ | Ang | | W | ● | | ● | | | |
| EVERYONE SAYS I LOVE YOU | 27,95$ | Ang | | W | | | | | | 3 |
| EVERYTHING YOU ALWAYS WANTED TO... | 21,95$ | Ang-Esp | Fran-Esp | W | ● | | | | | |
| EVIL DEAD II: DEAD AT DAWN | 27,95$ | Ang | | W | ● | | | | | 3 |
| EVIL DEAD, THE | 29,95$ | Ang | | P&S | ● | | | | | 3/4 |
| EVIL UNDER THE SUN | 29,95$ | Ang | | W | ● | | | ● | | 3 |
| EVITA | 24,95$ | Ang | | W | | | | | | 3 |
| EXCALIBUR | 18,95$ | Ang-Fran | Ang-Fran | W | ● | ● | ● | | | |
| EXECUTIVE DECISION | 29,95$ | Ang | Ang-Ara | W | | | | | | 3 |
| EXISTENZ | 27,95$ | Ang | Ang | W | ● | | | | | 2 |
| EXORCIST, THE | 26,95$ | Ang-Fran | Ang-Fran | W | ● | ● | ● | ● | ● | 2 |
| EXORCIST III, THE | 21,95$ | Ang-Fran | Ang | W | ● | | | | | 3 |
| EXORCIST, THE : THE VERSION YOU'VE... | 27,95$ | Ang | Ang-Fran-Port | W | | ● | ● | | | 2 |
| EXOTICA | 27,95$ | Ang | | W | | | | | | 3 |
| EXTREME PREJUDICE | 28,95$ | Ang | | P&S | | | ● | | | |
| EYE OF THE NEEDLE | 18,95$ | Ang-Fran | Ang-Fran | W | ● | | ● | | | 3 |
| EYES OF TAMMY FAYE, THE | 29,95$ | Ang | | P&S | ● | | | | | 3 |
| EYES WIDE SHUT | 26,95$ | Ang | Ang-Fran | P&S | ● | | ● | | | 3 |
| FABULOUS BAKER BOYS, THE | 34,95$ | Ang | Ang-Esp | P&S/W/16X9 | ● | ● | ● | | | |
| FACE/OFF | 32,95$ | Ang-Fran | Esp | W | ● | | | | | 3 |
| FACES | 31,95$ | Ang | | P&S | | | | | | 3 |
| FAHRENHEIT 451 | LS | Ang | | W | | | | | | 3 |
| FAIL-SAFE | 29,95$ | Ang-Fran-Esp | Ang-Fran-Esp-Port | W | ● | ● | ● | ● | | 2 |
| FALCON AND THE SNOWMAN, THE | 22,95$ | Ang | Ang-Fran | W | | | ● | | | 3 |
| FALLEN | 29,95$ | Ang | Ang-Ara | W | ● | ● | | | | 3 |
| FALLEN ANGELS | 49,95$ | Chi | Ang | P&S | | | | | | 3 |
| FALLING DOWN | 18,95$ | Ang-Fran | Ang-Fran | P&S/W | ● | | | | | 3 |
| FANTASIA 2000 | 29,95$ | Ang | | W | ● | ● | ● | ● | | 2 |
| FANTASTIC VOYAGE / VOYAGE TO THE... | 23,95$ | Ang-Fran | Ang-Esp | W | ● | | | | | 2 |
| FAREWELL, MY LOVELY | 31,95$ | Ang | | P&S | | | | | | 3 |
| FAREWELL TO ARMS, A | 39,95$ | Ang | | P&S | | | | | | |
| FARGO | 21,95$ | Ang | Ang-Fran-Esp | P&S/W | | | ● | | | 3 |
| FATHER GOOSE | PC | Ang | | W | | | | | | 3 |
| FAUST | 49,95$ | Ang | Ang | P&S | | | | | | 3 |
| FEAR AND LOATHING IN LAS VEGAS | 27,95$ | Ang | Fran-Esp | W | ● | | ● | | ● | 3 |
| FEMME EST UNE FEMME, UNE | 34,95$ | Fran | Ang | P&S | ● | | | | | 3 |
| FEMMES, LES | 27,95$ | Fran | Ang | P&S | | | ● | | | |
| FERRIS BUELLER'S DAY OFF | 32,95$ | Ang-Fran | Ang | W | | ● | | | | 3 |
| FEUX DU MUSIC-HALL, LES | 44,95$ | Ita | Ang | P&S | | | | | | 3 |
| FEW GOOD MEN, A | 36,95$ | Ang | Ang-Ita-Polo-Can | W | | | | | | 3 |
| FIDDLER ON THE ROOF | 21,95$ | Ang | Ang-Fran-Esp | W | ● | ● | ● | ● | | 3 |
| FIELD, THE | 42,95$ | Ang | | P&S | | | | | | 3 |

| TITRE | PRIX | VERSIONS | SOUS-TITRES | CADRAGE | BANDES PROMO | BANDES COMMENTÉES | ARCHIVES | DOCUMENTAIRE/ESSAI | SCÈNES COUPÉES | COTE |
|---|---|---|---|---|---|---|---|---|---|---|
| FIERCE CREATURES | 34,95$ | Ang-Fran-Esp | Esp | P&S | | | | | | 3 |
| FIFTH ELEMENT, THE | 33,95$ | Ang-Esp | Ang-Esp | P&S/W | | | | | | 3 |
| FIGHT CLUB | 31,95$ | Ang-Fran | Ang-Esp | W | ● | ● | ● | ● | ● | 1 |
| FILTH AND THE FURY, THE | 27,95$ | Ang | | W | | ● | | | | 2 |
| FINAL DESTINATION | 26,95$ | Ang | | P&S | ● | ● | | ● | | 2 |
| FINDING FORRESTER | 28,95$ | Ang-Fran | Ang-Fran | W | ● | | ● | ● | ● | |
| FIRST BLOOD | 22,95$ | Ang | Esp | W | ● | ● | ● | ● | | 3 |
| FISH CALLED WANDA, A | 19,95$ | Ang-Fran | Ang-Fran | P&S/W | ● | | ● | | | 3 |
| FISHER KING, THE | 33,95$ | Ang | Ang | W | ● | | | | | 3 |
| FIST OF LEGEND | 32,95$ | Ang | | W | | | | | | 4 |
| FISTFUL OF DOLLARS, A | 18,95$ | Ang | Ang | W | ● | | | | | 3 |
| FISTS OF FURY | 23,95$ | Ang | | P&S | | | ● | | | 3 |
| FITZCARRALDO | 29,95$ | Ang-Alle | Ang | W | ● | ● | ● | | | 1 |
| FIVE EASY PIECES | 29,95$ | Ang | Ang-Esp-Chi-Port | P&S/W | ● | | ● | | | 3 |
| FIVE SENSES, THE | 27,95$ | Ang | | P&S/W | | | | | | 3 |
| FLASH GORDON | 21,95$ | Ang | | W | | | | | | 3 |
| FLASH GORDON CONQUERS THE UNIVERSE | ND | Ang | | P&S | | | ● | | ● | |
| FLASH GORDON: SPACE SOLDIERS | ND | Ang | | P&S | | | ● | | | |
| FLASH GORDON'S TRIP TO MARS | ND | Ang | | P&S | | | ● | | | |
| FLATLINERS | LS | Ang-Fran-Esp | Esp-Coré | W | | | | | | 3 |
| FLAWLESS | 26,95$ | Ang-Esp | Fran-Esp | W | ● | | | | | 3 |
| FLIRTING WITH DISASTER | 27,95$ | Ang | | W | | | | | | 3 |
| FLY AWAY HOME | PC | Ang | Ang-Ita-Polo-Can | W | | | | | | 3 |
| FLYNN | 36,95$ | Ang | | P&S | | | | | | |
| FONG SAI YUK | PC | Can-Man | Ang-Chi | W | | | | | | |
| FOOLISH WIVES | 44,95$ | Dolby Digital | Ang | P&S | | | | | | |
| FOR A FEW DOLLARS MORE | 18,95$ | Ang-Fran | Ang-Fran-Esp | W | ● | | ● | ● | | 3 |
| FOR ALL MANKIND | 64,95$ | Ang | Ang | P&S | | ● | ● | | | |
| FOR YOUR EYES ONLY | 34,95$ | Ang-Fran | Ang-Fran | W | ● | ● | | ● | | 2 |
| FORBIDDEN PLANET | 21,95$ | Ang-Esp | Ang-Fran-Esp | P&S/W | ● | | | | | 3 |
| FOREVER AND A DAY | 44,95$ | Ang | | P&S | | | | | | 3 |
| FOUR ROOMS | 27,95$ | Ang | | W | | | | | | 3 |
| FOUR WEDDINGS AND A FUNERAL | 18,95$ | Ang-Fran-Esp | Ang-Fran-Esp-Alle | W | | | ● | | | 3 |
| FOUR-SIDED TRIANGLE | 26,95$ | Ang | | P&S | | | ● | | | |
| FOX AND THE HOUND, THE | 26,95$ | Ang-Fran-Esp | | P&S | ● | | ● | | | |
| FRANCESCO | 18,95$ | Ang | | P&S | | | ● | | | 4 |
| FRANK HERBERT'S DUNE | 28,95$ | Ang | | W | | | ● | ● | | 2 |
| FRANKENSTEIN | 27,95$ | Ang | | P&S | ● | ● | ● | ● | | 2 |
| FREQUENCY | 26,95$ | Ang | Ang | W | ● | ● | ● | | | 2 |
| FRESHMAN, THE | 23,95$ | Ang-Fran-Esp | Ang-Fran-Esp | P&S/W | ● | | | | | |
| FRIDAY | LS | Ang | Ang-Fran-Esp | W | ● | | ● | | ● | |
| FRIDAY THE 13TH | 29,95$ | Ang-Fran | Ang | W | ● | | | | | 3 |
| FRIGHT NIGHT | 33,95$ | Ang-Fran-Port | Ang-Fran-Esp-Chi | P&S/W | ● | | | | | 3 |
| FROM DUSK TILL DAWN | 27,95$ | Ang | Ang-Esp | W | ● | | | | | 2 |
| FROM RUSSIA WITH LOVE | 27,95$ | Ang-Fran-Esp | Ang-Fran-Esp | P&S/W | ● | | ● | | | 2 |
| FRONT PAGE, THE | 21,95$ | Ang | Fran-Esp | P&S | | | ● | | | 3 |
| FUGITIVE, THE | 26,95$ | Ang-Fran | Ang-Fran-Esp | W | ● | | | | | 3 |
| FULL CONTACT | 79,95$ | Can-Man | Jap-Thaï | W | ● | | ● | | | 3 |
| FULL METAL JACKET | 26,95$ | Ang-Fran | Ang-Fran | P&S | ● | | | | | 3 |
| FULL MONTY, THE | 23,95$ | Ang-Fran | Ang-Esp | W | ● | | | | | 3 |
| GALAXY QUEST | 31,95$ | Ang | | W | ● | | ● | ● | ● | |
| GALLIPOLI | 29,95$ | Ang-Fran | | W | ● | | | | | 3 |
| GAME OF DEATH | 23,95$ | Can-Man | Ang-Chi-Jap-Coré | W | | | | | | 3 |
| GAME OF DEATH, THE | 29,95$ | Ang | | P&S | ● | ● | | ● | | |
| GAME, THE | 19,95$ | Ang-Fran | Esp | P&S/W | | | ● | | | 3 |
| GATTACA | 24,95$ | Ang-Fran-Esp | Ang-Fran-Esp | P&S/W | | | | | | 3 |
| GAUNTLET, THE | 22,95$ | Ang-Fran-Ita | Ang-Fran-Alle-Esp | W | | | | | | 3 |
| GENERAL, THE | 41,95$ | Dolby Digital | Ang | P&S | | | | | | 2 |
| GENOU DE CLAIRE, LE | 31,95$ | Fran | Ang | P&S | | | ● | | | 3 |
| GENTLEMAN'S AGREEMENT | 22,95$ | Ang-Fran | Ang-Esp | P&S | ● | | | | | 3 |
| GET CARTER | 26,95$ | Ang-Fran | Ang-Fran | W | ● | | ● | ● | ● | 3 |

| TITRE | PRIX | VERSIONS | SOUS-TITRES | CADRAGE | BANDES PROMO | BANDES COMMENTÉES | ARCHIVES | DOCUMENTAIRE/ESSAI | SCÈNES COUPÉES | COTE |
|---|---|---|---|---|---|---|---|---|---|---|
| GET REAL | 34,95$ | Ang | Ang | W | ● | | | | | 3 |
| GET SHORTY | 18,95$ | Ang-Fran-Alle | Ang-Fran-Ita-Esp | W | ● | | | | | 3 |
| GETAWAY, THE | 21,95$ | Ang | Ang-Fran-Esp | W | ● | | ● | | | 3 |
| GHOST AND THE DARKNESS, THE | 38,95$ | Ang-Fran | Esp | W | ● | | | | | 3 |
| GHOST DOG: THE WAY OF THE SAMURAI | 27,95$ | Ang | | W | | | | ● | ● | 2 |
| GHOST STORY | LS | Ang | | W | | | | | | 3 |
| GIGI | 21,95$ | Ang-Fran | Ang-Fran | P&S/W | ● | | | | | 3 |
| GINGERBREAD MAN, THE | 36,95$ | Ang-Fran | Ang-Fran-Alle | W | | | ● | | | 3 |
| GIRL IN BLACK, A | 34,95$ | Grec | Ang | P&S | | | | | | 3 |
| GIRL, INTERRUPTED | 28,95$ | Ang | Ang | W | ● | ● | ● | ● | ● | |
| GIRL ON A MOTORCYCLE | 27,95$ | Ang | | W | ● | ● | ● | | | 3 |
| GIRL WHO KNEW TOO MUCH, THE | 36,95$ | Ita | Ang | W/16X9 | ● | | ● | | | 3 |
| GIRLFIGHT | 29,95$ | Ang-Fran | Ang-Fran-Esp | W | ● | ● | | ● | | 2 |
| GLADIATOR, THE | 33,95$ | Ang | | W | | ● | ● | ● | ● | 1 |
| GLEN OR GLENDA? | 37,95$ | Ang | | P&S | | | | | | |
| GLORY | 33,95$ | Ang-Fran-Esp | Ang-Fran-Esp | W | | | | | | 3 |
| GO | 29,95$ | Ang-Alle | Ang-Alle-Dan-Polo | W | | ● | | | ● | 3 |
| GO WEST | 49,95$ | Ang | | P&S | | | | | | 3 |
| GO WEST | 44,95$ | Dolby Digital | Ang | P&S | | | | | | 3 |
| GOD OF GAMBLERS | 59,95$ | Can-Man | Ang-Chi | P&S | | | | | | |
| GODS AND MONSTERS | 23,95$ | Ang | | W | ● | ● | ● | | | 3 |
| GODZILLA | 34,95$ | Ang | Ang | W | ● | ● | ● | | | 3 |
| GODZILLA 2000 | 29,95$ | Ang-Fran-Jap | Ang-Fran | | | | | ● | | 3 |
| GOLDEN EYE | 34,95$ | Ang | Ang | W | ● | ● | | | | 2 |
| GOLDEN VOYAGE OF SINBAD, THE | 32,95$ | Ang-Port | Ang-Esp-Chi-Port | P&S | ● | | | ● | | |
| GOLDFINGER | 34,95$ | Ang-Fran | Ang-Fran | W | ● | ● | ● | ● | | 2 |
| GONE IN SIXTY SECONDS | 31,95$ | Ang | | W | ● | | ● | ● | | 3 |
| GONE WITH THE WIND | 26,95$ | Ang | Ang-Fran | P&S | ● | | ● | ● | | 3 |
| GOOD MORNING | 44,95$ | Jap | Ang | P&S | | | | | | 2 |
| GOOD NEWS | 26,95$ | Ang | Ang-Fran | P&S | | | ● | | | 3 |
| GOOD, THE BAD AND THE UGLY, THE | 18,95$ | Ang-Fran-Esp | Ang-Fran-Esp | W | ● | | | | ● | 3 |
| GOOD WILL HUNTING | 27,95$ | Ang | | W | ● | | | | | 2 |
| GOODBYE GIRL, THE | 26,95$ | Ang-Fran | Ang-Fran | P&S/W | | | | | | |
| GOODBYE LOVER | PC | Ang-Fran | Ang-Fran | P&S/W | ● | | ● | | | 3 |
| GOODFELLAS | 26,95$ | Ang-Esp | Ang-Fran-Esp | W | ● | | ● | | | 3 |
| GORGEOUS | 28,95$ | Ang-Can | Ang | P&S/W | | ● | | | | 3 |
| GORILLAS IN THE MIST | 34,95$ | Ang-Fran | | W | ● | | ● | | | 3 |
| GOTHIC | 31,95$ | Ang | | P&S | | | | | | 3 |
| GRADUATE, THE | 21,95$ | Ang | Fran-Esp | W | ● | | ● | ● | | 2 |
| GRAND BLEU, LE | 33,95$ | Ang-Fran | Ang-Fran-Esp | W | ● | | ● | | ● | 3 |
| GRANDE ILLUSION, LA | 59,95$ | Fran | Ang | P&S | ● | ● | ● | | | 1 |
| GRANDFATHER, THE | 27,95$ | Esp | Ang | W/16X9 | ● | | | | | 3 |
| GRASS | 29,95$ | Ang | | W | | | ● | | | 3 |
| GRAVE OF THE FIREFLIES | 38,95$ | Ang-Jap | Ang-Jap | P&S | | | ● | | | 3 |
| GREAT ESCAPE, THE | 19,95$ | Ang-Fran | Ang-Fran-Esp | W | ● | | ● | ● | | 3 |
| GREAT EXPECTATIONS | 59,95$ | Ang | | P&S | ● | | | | | 3 |
| GREAT EXPECTATIONS | 23,95$ | Ang-Fran | Ang-Esp | W | ● | | | | | 3 |
| GREAT TRAIN ROBBERY, THE | 29,95$ | Ang-Fran | Ang-Fran-Esp | W | ● | ● | | ● | | 3 |
| GREEN MILE, THE | 26,95$ | Ang | | W | ● | | | ● | | |
| GREMLINS | 21,95$ | Ang-Fran-Esp | Ang-Fran-Esp | P&S | ● | | ● | | | 3 |
| GRÈVE, LA | 39,95$ | Dolby Digital | Rus-Ang | P&S | | | | ● | | 3 |
| GREY OWL | 27,95$ | Ang-Fran | Ang-Fran-Esp | W | ● | ● | ● | ● | | 2 |
| GRIDLOCK'D | PC | Ang-Fran | Esp | P&S/W | | | ● | | | 3 |
| GROOVE | 29,95$ | Ang-Fran | Ang-Fran-Esp | P&S/W | | ● | ● | ● | ● | 2 |
| GROSSE POINT BLANK | 36,95$ | Ang-Fran | Esp | W | ● | | | | | 3 |
| GROUNDHOG DAY | 33,95$ | Ang-Fran-Esp | Ang-Fran-Esp | W | | | | | | 3 |
| GROUNDSTAR CONSPIRACY, THE | 27,95$ | Ang | | P&S/W | ● | | | | | 3 |
| GRUESOME TWOSOME, THE | 38,95$ | Ang | | P&S | ● | ● | ● | | | 2 |
| GUESS WHO'S COMING TO DINNER? | 33,95$ | Ang | Ang-Fran | P&S/W | ● | | | | | 3 |
| GUILTY BY SUSPICION | 18,95$ | Ang | | P&S | | | | | | 3 |
| GUINEVERE | 31,95$ | Ang | | W | | | | | | 3 |

DVD

| TITRE | PRIX | VERSIONS | SOUS-TITRES | CADRAGE | BANDES PROMO | BANDES COMMENTÉES | ARCHIVES | DOCUMENTAIRE/ESSAI | SCÈNES COUPÉES | COTE |
|---|---|---|---|---|---|---|---|---|---|---|
| GULLIVER'S TRAVELS | 15,95$ | Ang | | P&S | | | ● | | | |
| GUN SHY | ND | Ang | | | ● | | | | | 3 |
| GUNS OF NAVARONE, THE | 29,95$ | Ang-Fran-Esp | Ang-Esp-Chi-Port | W | ● | ● | ● | ● | | |
| GUYS AND DOLLS | 18,95$ | Ang-Fran-Esp | Fran-Esp | W | ● | | ● | | | |
| HAIR | 18,95$ | Ang-Fran | Ang-Fran | P&S/W | ● | | | | | 3 |
| HALLELUJAH TRAIL, THE | 21,95$ | Ang-Fran | Fran-Esp | W | ● | | | | | 3 |
| HALLOWEEN | LS | Ang | | P&S/W | ● | | ● | ● | ● | 4 |
| HAMLET | LS | Ang | Ang | | | | | | | 3 |
| HAMLET | 27,95$ | Ang | | W/16X9 | | | | | | 3 |
| HANG'EM HIGH | 29,95$ | Ang-Fran | Ang-Fran-Esp | P&S/W | ● | | | | | 3 |
| HANGMEN ALSO DIE | 44,95$ | Ang | | P&S | | | | | | 3 |
| HANNIBAL | PC | Ang-Fran-Esp | Ang-Fran-Esp | W | ● | ● | ● | ● | ● | |
| HAPPINESS | 26,95$ | Ang | Ang-Fran-Esp | W | | | ● | | | 3 |
| HAPPY TEXAS | PC | Ang-Fran | Ang-Esp | W | ● | ● | ● | ● | ● | 3 |
| HAPPY TOGETHER | 44,95$ | Chi | Ang | W | | | | | | 3 |
| HARD BOILED | LS | Can-Chi | Ang | W | ● | ● | ● | | | 1 |
| HARD DAY'S NIGHT, A | LS | Ang-Fran-Esp | Ang-Fran-Esp | P&S | | | ● | | | 3 |
| HARD EIGHT | 33,95$ | Ang | Ang-Esp | P&S/W | | ● | | | ● | 2 |
| HARD RAIN | 37,95$ | Ang-Fran | Esp | W | ● | | | | | 3 |
| HAROLD AND MAUDE | 32,95$ | Ang-Fran | Ang | W | ● | | | | | |
| HARVEY | 34,95$ | Ang-Esp | Fran | P&S | | | ● | | | 3 |
| HATCHET FOR A HONEYMOON | 38,95$ | Ang | | W | | | ● | | | 3 |
| HAUNTING, THE | 28,95$ | Ang | | W | ● | | ● | | | 3 |
| HAVANA | 35,95$ | Ang-Fran-Esp | Esp | W | ● | | ● | | | 3 |
| HE GOT GAME | 42,95$ | Ang | | W | ● | | | | | 3 |
| HEAT | 21,95$ | Ang-Fran | Ang-Fran | W | ● | | | | | 3 |
| HEAVEN | 34,95$ | Ang | | W | | | | | | 3 |
| HEAVEN CAN WAIT | LS | Ang-Fran | Ang | W | ● | | | | | 3 |
| HEAVEN CAN WAIT | 32,95$ | Ang-Fran | Ang | W | ● | | | | | 3 |
| HEAVEN'S GATE | 18,95$ | Ang | Fran-Esp | W | ● | | ● | | | 3 |
| HEAVENLY CREATURES | 16,95$ | Ang-Fran | | P&S | | | | | | 4 |
| HEAVY METAL | 33,95$ | Ang | Ang-Esp-Port | W | | | ● | ● | ● | 1 |
| HEAVY METAL 2000 | 29,95$ | Ang | Ang-Esp-Port | W | | | ● | ● | | 3 |
| HEAVY TRAFFIC | 18,95$ | Ang | Fran-Esp | P&S/W | ● | | | | | 3 |
| HELL IN THE PACIFIC | 22,95$ | Ang | | P&S/W | | | | | ● | 3 |
| HELL ON WHEELS | 14,95$ | Ang | | P&S | | | | | | |
| HELLRAISER | 27,95$ | Ang | | W | | | | | | 3 |
| HELP ! | 26,95$ | Ang-Fran-Esp | Ang-Fran-Esp | P&S | | | ● | | | 3 |
| HENRY & JUNE | 31,95$ | Ang-Fran | Esp | W | ● | | ● | | | 3 |
| HENRY: PORTRAIT OF A SERIAL KILLER | 32,95$ | Ang | Ang-Esp | P&S | ● | | ● | ● | | 2 |
| HENRY V | 59,95$ | Ang | Ang | P&S | ● | ● | | | | 2 |
| HENRY V | 21,95$ | Ang | Fran-Esp | W | ● | | | | | |
| HERCULES | 26,95$ | Ang-Esp | | P&S | | | | ● | | 3 |
| HERO | 36,95$ | Ang-Esp-Port | Ang-Esp-Chi-Port | P&S/W | ● | | ● | | | 3 |
| HIDDEN, THE | 29,95$ | Ang | Ang | P&S/W | ● | ● | ● | | | |
| HIDEOUS KINKY | 36,95$ | Ang | Ang-Fran-Esp | W | ● | | ● | | | 3 |
| HIGH FIDELITY | 29,95$ | Ang | Esp | P&S/W | ● | | ● | | ● | 3 |
| HIGH NOON | 27,95$ | Ang | | P&S | ● | | ● | ● | | 3 |
| HIGH PLAINS DRIFTER | 27,95$ | Ang-Fran | Esp | W | ● | | ● | | | 3 |
| HIGH RISK | 69,95$ | Can-Man | Ang-Chi | P&S | | | | | | 3 |
| HIGHLANDER | LS | Ang | Esp | W | ● | ● | | | ● | 3 |
| HILARY AND JACKIE | 27,95$ | Ang | Fran | P&S/W | ● | | ● | | | 3 |
| HINDENBURG, THE | 29,95$ | Ang | Fran-Esp | W | | | | | | 3 |
| HISTOIRE OFFICIELLE, L' | 31,95$ | Esp | Ang | P&S | | | | | | 3 |
| HISTOIRES EXTRAORDINAIRES | 37,95$ | Fran | Ang | W | | | | | | 3 |
| HISTORY OF THE WORLD, PART 1 | 28,95$ | Ang-Fran | Ang-Esp | W | ● | | | | | 3 |
| HITCH-HIKER, THE | 44,95$ | Ang | | P&S | | | ● | | | 3 |
| HITCHER, THE | 18,95$ | Ang | Ang-Fran-Esp | W | | | ● | | | 3 |
| HOCHELAGA | 26,95$ | Fran | Ang | W | ● | | ● | | ● | 3 |
| HOLLOW MAN | 28,95$ | Ang-Fran | Ang-Fran | W | | ● | ● | ● | ● | 2 |
| HOLY SMOKE | 27,95$ | Ang-Fran | | W | | | | | | 3 |

| TITRE | PRIX | VERSIONS | SOUS-TITRES | CADRAGE | BANDES PROMO | BANDES COMMENTÉES | ARCHIVES | DOCUMENTAIRE/ESSAI | SCÈNES COUPÉES | COTE |
|---|---|---|---|---|---|---|---|---|---|---|
| HOOK | 29,95$ | Ang | Ang | W | ● | | | | | 3 |
| HORRIBLE DR. ORLOFF, L' | 39,95$ | Ang | | W | | | | | | 3 |
| HORROR EXPRESS | 37,95$ | Ang-Esp | | W | | | ● | | | |
| HORSE FEATHERS | LS | Ang | | P&S | | | | | | 3 |
| HORSE WHISPERER, THE | 32,95$ | Ang | | W | ● | | | | | 3 |
| HOT SPOT, THE | 18,95$ | Ang-Esp | Fran-Esp | W | ● | | | | | 3 |
| HOUSE OF EXORCISM | 39,95$ | Ang | | W | ● | | | | | 3 |
| HOUSE OF SEVEN CORPSES, THE | 38,95$ | Ang-Esp | | W | | | | | | 3 |
| HOUSE OF YES, THE | 29,95$ | Ang | | W | ● | | | | | 3 |
| HOUSE ON HAUNTED HILL | 21,95$ | Ang | Ang-Fran | P&S/W | ● | | | | | 3 |
| HOUSE ON HAUNTED HILL | 26,95$ | Ang | Ang-Fran | W | ● | ● | ● | ● | ● | |
| HOW GREEN WAS MY VALLEY | 23,95$ | Ang-Fran | Ang-Esp | P&S | ● | | | | | 3 |
| HOW THE WEST WAS WON | PC | Ang-Fran | Ang-Fran-Esp | W | ● | | ● | ● | | 3 |
| HOW TO MAKE AN AMERICAN QUILT | 34,95$ | Ang-Fran-Esp | Esp | W | | | ● | | | 3 |
| HUDSUCKER PROXY, THE | 21,95$ | Ang-Fran | Ang-Fran | P&S/W | | | | | | 3 |
| HUMAN CONDITION I: NO GREATER..., THE | 49,95$ | Jap | Ang | W | | | | | | 2 |
| HUMAN CONDITION II: THE ROAD TO..., THE | 43,95$ | Jap | Ang | W | | | | | | 2 |
| HUMAN CONDITION III: A SOLDIER'S..., THE | 44,95$ | Jap | Ang | W | | | | | | 2 |
| HUMAN TRAFFIC | 27,95$ | Ang | | W | ● | | | | | 3 |
| HUNCHBACK OF NOTRE-DAME, THE | 21,95$ | Ang-Esp | Ang-Fran-Esp | P&S | ● | | ● | ● | | 3 |
| HUNCHBACK OF NOTRE-DAME, THE | 38,95$ | Dolby Digital | Ang | P&S | | | ● | | | 3 |
| HUNT FOR RED OCTOBER, THE | 32,95$ | Ang-Fran | Ang | W | ● | | | | | 3 |
| HURLYBURLY | 27,95$ | Ang | | P&S/W | ● | ● | ● | | | 3 |
| HURRICANE, THE | 26,95$ | Ang-Esp | Ang-Esp | P&S | ● | | ● | | | 3 |
| I DREAMED OF AFRICA | 33,95$ | Ang | Ang | P&S/W | ● | | ● | ● | | 3 |
| I KNOW WHAT YOU DID LAST SUMMER | PC | Ang | Ang | W | | | | | | 3 |
| I LOVE TROUBLE | ND | Ang-Fran | Ang | W | ● | | | | | 3 |
| I SHOT ANDY WARHOL | 26,95$ | Ang-Esp | Fran-Esp | W | | | | | | 4 |
| ICE STORM, THE | 23,95$ | Ang-Fran | Ang-Esp | W | ● | | ● | | | 3 |
| IDEAL HUSBAND, AN | 27,95$ | Ang | | W | | | | | | 3 |
| ILLUMINATA | 29,95$ | Ang | | W | ● | ● | ● | | ● | 3 |
| IMMORTAL BELOVED | 33,95$ | Ang-Esp | Ang-Esp | W | ● | ● | ● | ● | | 3 |
| IMMORTALITY | 28,95$ | Ang-Fran | | W/16X9 | ● | | ● | | | 3 |
| IN DREAMS | 34,95$ | Ang | | W | ● | | ● | | | 2 |
| IN & OUT | 37,95$ | Ang-Fran | Esp | W | ● | | | | | 3 |
| IN THE LINE OF FIRE | 29,95$ | Ang | Ang-Ita-Polo-Can | W | | | | | | 3 |
| IN THE MOUTH OF MADNESS | 23,95$ | Ang | | P&S/W | ● | ● | ● | | | 3 |
| IN THE NAME OF THE FATHER | 34,95$ | Ang-Fran | Esp | W | | | ● | | | 3 |
| INDEPENDANCE DAY | 29,95$ | Ang-Fran | Ang-Esp | W | ● | ● | ● | | | |
| INFERNO | 27,95$ | Ang | | W | | | ● | | | |
| INHERITORS, THE | 33,95$ | Alle | Ang-Fran-Esp | W | ● | | | | | 3 |
| INHERITORS, THE | 33,95$ | Alle | Ang-Fran-Esp | W | ● | | | | | |
| INSEMINOID | 34,95$ | Ang | | W | ● | | | | | 3 |
| INSIDER, THE | 28,95$ | Ang | Ang | W | ● | ● | ● | | | 2 |
| INSOMNIA | 44,95$ | Nor-Sué | Ang | W | ● | | | | | 3 |
| INTERIORS | 21,95$ | Ang-Esp | Fran-Esp | W | ● | | | | | 3 |
| INTERNAL AFFAIRS | 38,95$ | Ang-Fran | | W | | | | | | 3 |
| INTERVIEW WITH THE VAMPIRE | 26,95$ | Ang-Fran | Ang-Fran-Esp | W | ● | | ● | ● | | 3 |
| INTOLERANCE | 44,95$ | Dolby Digital | Ang | P&S | | | ● | | ● | 2 |
| INVASION OF THE BODY SNATCHERS | 23,95$ | Ita-Esp | | W | ● | | ● | | | 3 |
| INVASION OF THE BODY SNATCHERS | 29,95$ | Ang-Fran | Ang-Fran-Esp | P&S/W | ● | ● | ● | | | 3 |
| INVISIBLE MAN, THE | 27,95$ | Ang | | P&S | | | | | | 2 |
| IPCRESS FILE, THE | 27,95$ | Ang | | P&S | | | | | | 3 |
| IRMA VEP | 34,95$ | Fran | Ang | W | ● | | ● | | | 3 |
| IRON GIANT, THE | 22,95$ | Ang | Ang | P&S | ● | | ● | ● | | 3 |
| IRON MONKEY | 54,95$ | Can-Man-Ang | Ang-Esp-Chi-Jap | W | | | | | | |
| IT HAPPENED ONE NIGHT | 29,95$ | Ang-Esp | Ang-Esp-Port-Chi | P&S | ● | ● | | | | 3 |
| IT'S A WONDERFUL LIFE | 27,95$ | Ang-Fran-Esp | Ang-Fran-Esp | P&S | | | | ● | | 3 |
| IT'S THE RAGE | 29,95$ | Ang-Esp | Ang-Esp | W/16X9 | ● | ● | ● | ● | | 3 |
| IVAN LE TERRIBLE, 1ère PARTIE | 39,95$ | Rus | Ang | P&S | | | | | | 2 |
| IVAN LE TERRIBLE, 2ème PARTIE | 39,95$ | Rus | Ang | P&S | | | | | | 2 |

| TITRE | PRIX | VERSIONS | SOUS-TITRES | CADRAGE | BANDES PROMO | BANDES COMMENTÉES | ARCHIVES | DOCUMENTAIRE/ESSAI | SCÈNES COUPÉES | COTE |
|---|---|---|---|---|---|---|---|---|---|---|
| JACKAL, THE | 43,95$ | Ang-Fran | Ang-Fran-Esp | P&S/W | ● | ● | ● | ● | ● | 2 |
| JACOB'S LADDER | 27,95$ | Ang | Esp | W | | ● | ● | | | 2 |
| JAGGED EDGE | 28,95$ | Ang | Ang-Esp-Port-Chi | P&S/W | ● | | ● | | | |
| JAILHOUSE ROCK | 26,95$ | Ang-Fran-Esp | Ang-Fran-Esp | P&S/W | ● | | | | | 3 |
| JAKOB THE LIAR | 33,95$ | Ang | | P&S/W | | ● | ● | ● | | 3 |
| JAMAICA INN | 44,95$ | Ang | | P&S | | | | | | 3 |
| JAMES & THE GIANT PEACH | 26,95$ | Ang | | W | ● | | ● | | | 2 |
| JASON AND THE ARGONAUTS | 29,95$ | Ang-Fran-Alle | Ang-Fran-Alle-Esp | W | ● | | | | | 3 |
| JE SUIS CUBA | 48,95$ | Rus-Esp | Ang | P&S | ● | | | | | 3 |
| JENNIFER 8 | 38,95$ | Ang-Fran | Ang | W | ● | | | | | 3 |
| JEREMIAH JOHNSON | 21,95$ | Ang-Fran | Ang-Fran-Esp | W | | | ● | | | 3 |
| JERRY MAGUIRE | 36,95$ | Ang-Fran-Esp | Esp | W | | | | | | 3 |
| JESUS OF NAZARETH | 46,95$ | Ang | | W | ● | | ● | | | 3 |
| JESUS' SON | ND | Ang | | W | ● | | | | | 3 |
| JET PILOT | 22,95$ | Ang | | P&S | | | | | | |
| JEZEBEL | 21,95$ | Ang-Esp | | P&S | ● | | | | | 3 |
| JFK | 26,95$ | Ang | Ang-Fran-Esp | W | | | ● | | ● | 3 |
| JOE GOULD'S SECRET | 27,95$ | Ang | | W/16X9 | ● | | ● | ● | | 3 |
| JOHN CARPENTER'S VAMPIRES | 29,95$ | Ang-Fran | Ang-Fran | P&S/W | ● | ● | | | | 3 |
| JU-DOU | 31,95$ | Chi | Ang | P&S | | | | | | |
| JULIETTE DES ESPRITS | 39,95$ | Ang | Ang | W | | | | | | 3 |
| JUMANJI | 33,95$ | Ang-Fran-Esp | Esp-Coré | W | ● | ● | | | | 3 |
| JUNE NIGHT | 33,95$ | Sué | Ang | P&S | | | ● | | | 3 |
| JUNGLE BOOK | 21,95$ | Ang | | P&S | ● | | | | | 3 |
| JUNGLE BOOK, THE | 34,95$ | Ang-Fran-Esp | | P&S | | | | | | 3 |
| JUNGLE FEVER | 28,95$ | Ang-Fran-Esp | Fran-Esp | W | ● | | ● | | | 3 |
| JURASSIC PARK/LOST WORLD, THE (COFFRET) | 56,95$ | Ang-Fran | Esp | W | | | ● | ● | ● | 2 |
| KADOSH | 41,95$ | | Heb-Ang | | ● | | | ● | | 3 |
| KALIFORNIA | 18,95$ | Ang-Fran | Esp | P&S/W | | | ● | ● | ● | |
| KAMA SUTRA: A TALE OF LOVE | 26,95$ | Ang | | P&S | ● | ● | ● | | | |
| KEEPING THE FAITH | 27,95$ | Ang | | W | | ● | ● | | ● | 3 |
| KELLY'S HEROES | 26,95$ | Ang | Ang-Fran | W | | | | | | |
| KEY LARGO | 21,95$ | Ang-Fran | Ang-Fran | P&S | ● | | ● | | | 3 |
| KID, THE | 29,95$ | Ang-Fran-Esp | Esp | W | ● | ● | ● | ● | | 2 |
| KID, THE / DOG'S LIFE, A | 49,95$ | Dolby Digital | Ang | P&S | | | ● | ● | | |
| KIDS | LS | Ang | Ang | P&S/W | | | | | | 3 |
| KIKUJIRO | 34,95$ | Jap | Ang-Fran-Esp | W | ● | | ● | | | 3 |
| KILLER CONDOM | 27,95$ | Alle | Ang | P&S | ● | ● | ● | ● | | 3 |
| KILLER ELITE, THE | 18,95$ | Ang | Ang-Fran | W | ● | | ● | | | 3 |
| KILLER, THE | LS | Can | Ang | W | | ● | | | ● | 1 |
| KILLER'S KISS | 18,95$ | Ang | Ang-Fran | P&S | ● | | ● | | | 3 |
| KILLING FIELDS, THE | 21,95$ | Ang-Fran | Ang-Fran | W | ● | ● | | | | 2 |
| KILLING OF A CHINESE BOOKIE, THE | 31,95$ | Ang | | P&S | | ● | | | | 3 |
| KILLING OF SISTER GEORGE, THE | 27,95$ | Ang | | W | | | | | | 3 |
| KILLING, THE | 18,95$ | Ang | Ang-Fran | P&S | ● | | ● | ● | | 3 |
| KING AND I, THE | 23,95$ | Ang-Fran | Ang-Esp | W | ● | | | | | 3 |
| KING KONG VS GODZILLA | 21,95$ | Ang | Ang-Fran-Esp | P&S | | | | | | 3 |
| KING OF MARVIN GARDENS, THE | 28,95$ | Ang-Esp | Ang-Esp-Coré-Chi | P&S/W | ● | | ● | | | 3 |
| KING OF MASKS, THE | 33,95$ | Man | Ang-Fran | P&S | ● | | ● | | | 3 |
| KINO-EYE / TROIS CHANTS DE LENINE | 39,95$ | Rus | Ang | P&S | | | | | | 3 |
| KIRIKOU ET LA SORCIÈRE | 22,95$ | Ang-Fran | | W | | | | | | 3 |
| KISS OF THE VAMPIRE | 39,95$ | Ang | | W | | | | | | 3 |
| KISS THE GIRLS | 38,95$ | Ang-Fran | Esp | W | ● | | | | | 3 |
| KNIGHTRIDERS | 26,95$ | Ang | | W | | | | | | 2 |
| KUNDUN | 32,95$ | Ang | | W | ● | | | | | 3 |
| KWAIDAN | 44,95$ | Ang-Jap | Ang | W | ● | | | | | 2 |
| L.A. CONFIDENTIAL | 26,95$ | Ang-Fran | Ang-Fran-Esp | W | ● | | ● | ● | | 2 |
| LABYRINTH | 29,95$ | Ang | Ang-Esp | W | ● | | ● | ● | | 2 |
| LADIES MAN, THE | 34,95$ | Ang-Fran | | W | ● | | ● | | | 3 |
| LADY AND THE TRAMP | 34,95$ | Ang-Fran-Esp | | W | | | ● | | | 3 |
| LADY FROM SHANGHAI, THE | 29,95$ | Ang-Fran-Esp | Ang-Fran-Esp-Chi | P&S | ● | ● | ● | | | |

| TITRE | PRIX | VERSIONS | SOUS-TITRES | CADRAGE | BANDES PROMO | BANDES COMMENTÉES | ARCHIVES | DOCUMENTAIRE/ESSAI | SCÈNES COUPÉES | COTE |
|---|---|---|---|---|---|---|---|---|---|---|
| LADY VANISHES, THE | 56,95$ | Ang | | P&S | | ● | | | | 3 |
| LADYHAWKE | 18,95$ | Ang-Fran-Esp | Ang-Fran-Esp | W | ● | | ● | | | 3 |
| LAND BEFORE TIME, THE | 34,95$ | Ang-Fran-Esp | | P&S | | | | | | 3 |
| LASERBLAST | 19,95$ | Ang | | P&S | ● | | ● | | | 4 |
| LAST ACTION HERO | 33,95$ | Ang-Fran-Esp | Ang-Fran-Esp-Alle | W | ● | | | | | 3 |
| LAST DAYS OF DISCO, THE | 29,95$ | Ang | Fran | P&S/W | ● | | ● | | | 3 |
| LAST DETAIL, THE | 29,95$ | Ang | Ang-Esp-Chi-Port | P&S/W | ● | | ● | | | 3 |
| LAST EMPEROR, THE | 31,95$ | Ang | | W | ● | | ● | | | 3 |
| LAST HURRAH, THE | 33,95$ | Ang | Ang-Esp-Chi-Port | P&S/W | ● | | ● | | | 3 |
| LAST OF THE MOHICANS, THE | 28,95$ | Ang-Fran | Ang-Esp | W | | | | | | 3 |
| LAST PICTURE SHOW, THE | 31,95$ | Ang | Ang-Esp-Chi-Port | W | ● | | ● | ● | | 2 |
| LAST TEMPTATION OF CHRIST, THE | 59,95$ | Ang | Ang | W | | ● | ● | | | 2 |
| LAUREL & HARDY & FRIENDS | 48,95$ | Ang | | P&S | | | | | | 3 |
| LEAVING LAS VEGAS | 21,95$ | Ang | Ang-Fran-Esp | P&S/W | ● | | ● | | ● | 3 |
| LEGEND OF BAGGER VANCE, THE | 27,95$ | Ang | | W | ● | | | ● | | 3 |
| LEGENDS OF THE FALL | 36,95$ | Ang-Fran-Esp | Esp-Coré | W | | | | | | 3 |
| LEON : THE PROFESSIONAL | 33,95$ | Ang | Ang-Fran-Esp | W | | | ● | | ● | |
| LETHAL WEAPON | 26,95$ | Ang-Fran | Ang-Fran-Esp | W | ● | | ● | | | 3 |
| LIBERTY HEIGHTS | 21,95$ | Ang | | W | ● | | ● | | ● | 3 |
| LICENCE TO KILL | 34,95$ | Ang-Fran | Ang-Fran | W | ● | ● | | ● | | 2 |
| LIFE LESS ORDINARY, A | 26,95$ | Ang-Alle | Ang-Alle | W | | | ● | | ● | 3 |
| LIGHT SLEEPER | 39,95$ | Ang | | P&S | | | | | | 3 |
| LILIAN' STORY | 32,95$ | Ang | | P&S | | | | | | 3 |
| LILIES | 22,95$ | Ang | | P&S | | | | | | 3 |
| LIMBO | 33,95$ | Ang | Ang | W | ● | ● | | | | 3 |
| LIMELIGHT | 44,95$ | Ang | | P&S | | | ● | | ● | |
| LIMEY, THE | 19,95$ | Ang | | W | ● | ● | ● | ● | | 2 |
| LION OF THE DESERT | 33,95$ | Ang | | W | | | | ● | | 3 |
| LISA AND THE DEVIL/HOUSE OF EXORCISM | 64,95$ | Ang | | W | ● | ● | ● | | ● | 2 |
| LITTLE FOXES, THE | 26,95$ | Ang-Fran | Esp | P&S | ● | | ● | | | 3 |
| LITTLE MERMAID, THE | 34,95$ | Ang-Fran-Esp | | W | | | ● | | | 3 |
| LITTLE NICKY | ND | Ang | Ang | W | | ● | | ● | ● | |
| LITTLE ODESSA | LS | Ang | Ang | W | | | | | | 3 |
| LITTLE SHOP OF HORRORS | 21,95$ | Ang-Fran | Ang-Fran | W | | | | ● | ● | 1 |
| LIVE AND LET DIE | 34,95$ | Ang-Fran | Ang-Fran | W | ● | ● | | ● | | 2 |
| LIVING DAYLIGHTS, THE | 27,95$ | Ang-Esp | Fran-Esp | | ● | ● | | | ● | 2 |
| LIVING OUT LOUD | 34,95$ | Ang | Ang | W | ● | | | | ● | 3 |
| LOCAL HERO | 21,95$ | Ang | Ang-Fran | P&S/W | ● | | | | | 3 |
| LOCK, STOCK & TWO SMOKING BARRELS | 19,95$ | Ang | Ang | P&S/W | ● | | ● | ● | | 3 |
| LOGAN'S RUN | 26,95$ | Ang-Fran | Ang-Fran | W | ● | | ● | ● | | 3 |
| LOLA MONTÈS | 34,95$ | Fran | Ang | W | | | ● | | | 3 |
| LOLITA | 26,95$ | Ang-Fran | Ang-Fran | W | ● | | ● | | | 3 |
| LOLITA | 31,95$ | Ang | Ang-Fran-Esp | W | ● | ● | ● | | ● | |
| LONE STAR | 21,95$ | Ang-Fran | Ang-Fran | W | ● | | | | | 3 |
| LONG GOOD FRIDAY, THE | 44,95$ | Ang | | W | ● | | | | | 3 |
| LONG KISS GOODNIGHT, THE | 23,95$ | Ang | Ang | W | ● | | | ● | | 3 |
| LONG NIGHT, THE | 44,95$ | Ang | | P&S | | | ● | ● | | 3 |
| LONG RIDERS, THE | 21,95$ | Ang-Fran-Esp | Fran-Esp | W | ● | | | | | 3 |
| LORD OF THE FLIES | 63,95$ | Ang | Ang | P&S | ● | ● | ● | ● | ● | |
| LORDS OF FLATBUSH, THE | 29,95$ | Ang | Ang-Esp-Chi-Port | P&S/W | ● | | | | | 3 |
| LOSS OF SEXUAL INNOCENCE, THE | 33,95$ | Ang-Esp | Ang-Fran-Esp | W | | ● | | | | 3 |
| LOST HIGHWAY | 26,95$ | Ang-Fran | | P&S | ● | | | | | 4 |
| LOST HORIZON | 33,95$ | Ang | Ang-Esp-Chi-Port | P&S | ● | ● | | | ● | 3 |
| LOST IN SPACE | 33,95$ | Ang | Ang | W | ● | ● | ● | | ● | 3 |
| LOST SOULS | 28,95$ | Ang | | W | ● | ● | ● | | | 3 |
| LOST WEEKEND, THE | 34,95$ | Ang | Fran-Esp | P&S | ● | ● | ● | | | 3 |
| LOST WORLD: JURASSIC PARK, THE | 27,95$ | Ang | Esp | W | | | ● | | | 3 |
| LOST WORLD, THE | 31,95$ | Dolby Digital | Ang | P&S | ● | | ● | | | 3 |
| LOVE & ANARCHY | 31,95$ | Ita | Ang | P&S | | | ● | | | 3 |
| LOVE AND DEATH | 21,95$ | Ang-Esp | Fran-Esp | P&S/W | ● | | | | | 3 |
| LOVE IS A MANY SPLENDORED THING | 23,95$ | Ang-Fran | Ang-Esp | W | ● | | ● | | | 3 |

| TITRE | PRIX | VERSIONS | SOUS-TITRES | CADRAGE | BANDES PROMO | BANDES COMMENTÉES | ARCHIVES | DOCUMENTAIRE/ESSAI | SCÈNES COUPÉES | COTE |
|---|---|---|---|---|---|---|---|---|---|---|
| LOVE'S LABOUR LOST | 27,95$ | Ang | | W | | | ● | ● | ● | 3 |
| LUCKY NUMBERS | 34,95$ | Ang-Fran | Ang | W | ● | ● | ● | | | 3 |
| LULU ON THE BRIDGE | 32,95$ | Ang | Ang-Fran-Esp | P&S | ● | ● | | | ● | 3 |
| LUMIÈRE ET COMPAGNIE | 31,95$ | Ang-Fran | Ang | P&S | ● | | ● | | | 3 |
| LURED | 44,95$ | Ang | | P&S | | | | | | 3 |
| LUST IN THE DUST | 27,95$ | Ang | | W | ● | | ● | ● | | |
| M | 44,95$ | Alle | Ang | P&S | | | | | | 3 |
| MA NUIT CHEZ MAUD | 34,95$ | Fran | Ang | P&S | | | ● | | | 3 |
| MA SAISON PRÉFÉRÉE | 31,95$ | Fran | Ang | P&S | ● | | ● | | | 3 |
| MA VIE DE CHIEN | 34,95$ | Ang-Sué | Ang | P&S | | | ● | | | 3 |
| MACKENNA'S GOLD | 28,95$ | Ang | Ang-Esp-Coré-Chi | W | | | ● | | | 3 |
| MAD CITY | 29,95$ | Ang-Fran | Ang-Fran-Esp | W | ● | | | | | 3 |
| MAD DOG AND GLORY | 21,95$ | Ang | | W | | | | | | 3 |
| MAD MAX | LS | Ang | | W | | | | | | 3 |
| MAD MAX 2: THE ROAD WARRIOR | 21,95$ | Ang-Fran | Ang-Fran-Esp | W | ● | | ● | | | 3 |
| MAD MAX 3: BEYOND THE THUNDERDOME | 29,95$ | Ang-Fran | Ang-Fran-Esp | W | ● | | ● | | | 3 |
| MADADAYO | 29,95$ | Jap | Ang | W | ● | | ● | | | 3 |
| MADELINE | 36,95$ | Ang-Alle | Ang-Alle-Polo-Dan | W | ● | | ● | | | 3 |
| MADNESS OF KING GEORGE, THE | 26,95$ | Ang | Fran-Esp | W | ● | | | | | 4 |
| MAGNOLIA | 34,95$ | Ang | Ang | W | ● | | | ● | ● | 1 |
| MAHLER | 44,95$ | Ang | | W | | | | | | 3 |
| MALTESE FALCON, THE | 21,95$ | Ang-Fran | Ang-Fran | P&S | | | | ● | | 3 |
| MAN FROM LARAMIE, THE | 29,95$ | Ang-Esp | Ang-Fran-Esp-Chi | P&S/W | ● | | ● | | | 3 |
| MAN IN THE IRON MASK, THE | 29,95$ | Ang-Fran | Ang-Fran-Esp | P&S/W | ● | ● | ● | ● | | 3 |
| MAN OF ASHES | 26,95$ | | Ara-Ang | P&S | | | | | | 3 |
| MAN WHO FELL TO EARTH, THE | 34,95$ | Ang | | W | | | ● | | | 3 |
| MAN WHO WOULD BE KING, THE | 21,95$ | Ang | Ang-Fran-Esp | W | ● | | ● | ● | | 3 |
| MAN WITH NO NAME, THE (TRILOGIE) | 54,95$ | Ang-Fran-Esp | Ang-Fran-Esp | P&S/W | ● | | ● | | ● | 2 |
| MAN WITH THE GOLDEN GUN, THE | 34,95$ | Ang | Ang-Fran-Esp | W | ● | ● | ● | ● | | |
| MAN WITH THE MOVIE CAMERA, THE | 44,95$ | Dolby Digital | Ang | P&S | | | | | | 3 |
| MANCHURIAN CANDIDATE, THE | 18,95$ | Ang-Fran-Esp | Ang-Fran-Esp | P&S/W | | ● | | | | 3 |
| MANHATTAN | 21,95$ | Ang-Esp | Fran-Esp | W | ● | | | | | 3 |
| MANHATTAN MURDER MYSTERY | 33,95$ | Ang-Fran | Ang-Fran | P&S/W | ● | | | | | 3 |
| MANIAC & NARCOTIC | 41,95$ | Ang | | P&S | | | | | | 3 |
| MANSFIELD PARK | 27,95$ | | | | | | | | | 3 |
| MAP OF THE WORLD, A | 27,95$ | Ang | | W | ● | | | ● | | 3 |
| MARAT SADE | 39,95$ | Ang | | P&S | | | | | | 3 |
| MARCH OF THE WOODEN SOLDIERS | 26,95$ | Ang | | P&S | | | ● | | | 2 |
| MARK OF ZORRO, THE | 39,95$ | Dolby Digital | Ang | P&S | | | | | | 3 |
| MARRIED TO THE MOB | 21,95$ | Ang | Fran-Esp | W | ● | | | | | |
| MARS ATTACKS! | 21,95$ | Ang-Fran-Esp | Ang-Fran-Esp | W | ● | | ● | | | 3 |
| MARTIN | 26,95$ | Ang | | P&S | ● | ● | | | | 2 |
| MARY POPPINS | 31,95$ | Ang | Ang-Alle | W | | | | | | 3 |
| MARY REILLY | 29,95$ | Ang-Fran | Ang-Fran-Esp-Port | W | ● | | ● | ● | | 3 |
| MARY SHELLEY'S FRANKENSTEIN | 38,95$ | Ang | Ang-Polo-Heb-Hin | W | ● | | | | | 3 |
| MASK OF ZORRO, THE | 36,95$ | Ang | Ang | W | ● | | | ● | | 3 |
| MASK, THE | 33,95$ | Ang-Fran | Ang-Fran-Esp | P&S/W | ● | ● | | | ● | 3 |
| MASQUE DU DÉMON, LE | 38,95$ | Ang | | W | ● | ● | ● | | | |
| MATRIX, THE | 26,95$ | Ang | Ang | W | ● | ● | | ● | | 2 |
| MATTER OF DIGNITY | 31,95$ | Grec | Ang | W | | | | | | 3 |
| MAVERICK | 29,95$ | Ang | Ang-Polo-Cro-Ara | W | | | ● | | | 3 |
| MAY MORNING | PC | Ang | | W | ● | | ● | | | 3 |
| McKENZIE BREAK, THE | 29,95$ | Ang-Fran | Ang-Fran | W | ● | | ● | | | 3 |
| ME MYSELF I | 33,95$ | Ang-Fran | Ang-Fran | W | ● | ● | | | | 3 |
| ME, MYSELF & IRENE | 29,95$ | Ang-Fran | Ang-Esp | W | ● | ● | ● | ● | ● | 2 |
| MEAN STREETS | 21,95$ | Ang | Ang-Fran | W | ● | | ● | | | 3 |
| MEET JOE BLACK | 27,95$ | Ang-Fran | | W | ● | | ● | | | 3 |
| MEET THE FEEBLES | 26,95$ | Ang | | P&S | | | | | | 4 |
| MELVIN AND HOWARD | 29,95$ | Ang | | W | ● | ● | ● | | | 3 |
| MEMPHIS BELLE | 21,95$ | Ang-Fran-Esp | Ang-Fran-Esp | W | ● | | ● | | | 3 |
| MEN IN BLACK | 23,95$ | Ang | | P&S/W | | ● | ● | ● | | 3 |

| TITRE | PRIX | VERSIONS | SOUS-TITRES | CADRAGE | BANDES PROMO | BANDES COMMENTÉES | ARCHIVES | DOCUMENTAIRE/ESSAI | SCÈNES COUPÉES | COTE |
|---|---|---|---|---|---|---|---|---|---|---|
| MEN IN WAR | 21,95$ | Ang | | P&S | | | | | | |
| MEN OF HONOR | 31,95$ | Ang-Fran | Ang-Esp | W | ● | ● | ● | ● | ● | 3 |
| MENACE II SOCIETY | PC | Ang | | W | ● | ● | ● | | | 3 |
| MERCURY RISING | 33,95$ | Ang-Fran-Esp | Esp | W | ● | | ● | | | 3 |
| MESSAGE, THE | 33,95$ | Ang | | W | ● | | | ● | | 3 |
| MESSENGER, THE: THE STORY OF JOAN... | 29,95$ | Ang | Ang | W | ● | | ● | ● | | 3 |
| METROLAND | 33,95$ | Ang | | P&S | ● | | | | | 3 |
| MICHAEL COLLINS | 21,95$ | Ang-Fran | Ang-Fran-Esp | W | ● | | | ● | | 3 |
| MICKEY BLUE EYES | PC | Ang | Ang | P&S/W | ● | ● | ● | | | |
| MIDNIGHT | 39,95$ | Ang | | P&S | | | | | | |
| MIDNIGHT COWBOY | 21,95$ | Ang-Fran | | P&S/W | ● | | | | | 3 |
| MIDNIGHT EXPRESS | 19,95$ | Ang-Fran | Ang-Fran | P&S/W | ● | | | | | 3 |
| MIDNIGHT IN THE GARDEN OF GOOD... | 26,95$ | Ang-Fran | Ang-Fran-Esp | W | ● | | ● | | | 3 |
| MIDNIGHT RUN | LS | Ang | | W | | | | | | 3 |
| MIDSUMMER NIGHT'S DREAM, A | 23,95$ | Ang | Ang-Esp | W | ● | | | | | |
| MIGHTY APHRODITE | 27,95$ | Ang | | W | | | | | | 3 |
| MIGHTY PEKING MAN, THE | 26,95$ | Ang | | W | | | | | | 3 |
| MILLE ET UNE NUITS, LES | 38,95$ | Ita | Ang | W | | | | | | 3 |
| MIMI MÉTALLO BLESSÉ DANS SON HONNEUR | 35,95$ | Ita | Ang | P&S | | | ● | | | 3 |
| MINNIE AND MOSKOWITZ | 27,95$ | Ang | | W | ● | ● | ● | | | 2 |
| MIRACLES | 29,95$ | Can-Man | Ang-Fran-Esp | W | ● | | | | | 3 |
| MIROIR, LE | 40,95$ | Rus | Ang | P&S | | | | | | 3 |
| MIRROR CRACK'D, THE | 27,95$ | Ang | | W | ● | | | | | 3 |
| MISÉRABLES, LES | 33,95$ | Ang-Fran | Ang-Fran | W | ● | | | | | 3 |
| MISERY | 18,95$ | Ang-Fran-Esp | Ang-Fran-Esp | P&S/W | ● | | | | | 3 |
| MISS CONGENIALITY | 27,95$ | Ang-Fran | Ang-Fran | W | ● | ● | | ● | | |
| MISS JULIE | 21,95$ | Ang-Esp | Fran-Esp | W | ● | | | | | 3 |
| MISSION: IMPOSSIBLE | 32,95$ | Ang-Fran | Esp | P&S/W | ● | | | | | 3 |
| MISSION : IMPOSSIBLE II | 33,95$ | Ang-Fran | Ang | W | | ● | ● | ● | | 3 |
| MISSION TO MARS | 26,95$ | Ang | Esp | W | ● | ● | ● | ● | | 3 |
| MISSISSIPPI BURNING | 44,95$ | Ang | | P&S | ● | ● | | | | 3 |
| MISTER ROBERTS | 29,95$ | Ang-Fran | Ang-Fran | W | ● | ● | ● | ● | | 3 |
| MODERN TIMES | 44,95$ | Ang | | P&S | | | ● | | | 3 |
| MODERN VAMPIRES | 29,95$ | Ang | Esp | P&S | ● | ● | ● | ● | | 3 |
| MOLLY | PC | Ang | Ang | P&S | ● | | | | | 3 |
| MON ENNEMI INTIME | 27,95$ | Ang-Alle | Ang | W | ● | | | | | 3 |
| MONEY TALKS | 34,95$ | Ang-Fran | Ang-Fran-Esp | W | ● | | ● | | | 3 |
| MONKEY BUSINESS | 36,95$ | Ang | | P&S | | | | | | 3 |
| MONKEY SHINES | 21,95$ | Ang-Fran | Ang-Fran | P&S/W | ● | | | | | 3 |
| MONSIEUR VERDOUX | 44,95$ | Ang | | P&S | ● | | ● | | | 2 |
| MONTENEGRO | 27,95$ | Ang | | W | ● | | ● | | | 3 |
| MONTY PYTHON'S LIFE OF BRIAN | 72,95$ | Ang | Ang | W | ● | ● | ● | ● | ● | |
| MONTY PYTHON'S THE MEANING OF LIFE | 29,95$ | Ang | | W | | | | | | 3 |
| MOONRAKER | 34,95$ | Ang | | P&S | ● | ● | ● | ● | | 2 |
| MORTAL KOMBAT | 34,95$ | Ang-Fran | Ang-Fran-Esp | W | ● | | ● | | | 3 |
| MOSQUITO COAST, THE | 21,95$ | Ang-Fran | Ang-Fran | P&S/W | ● | | | | | 3 |
| MOST DANGEROUS GAME, THE | 37,95$ | Ang | Ang | P&S | | ● | ● | | | 3 |
| MOTHER NIGHT | 27,95$ | Ang | Ang | P&S/W | ● | | ● | | | 2 |
| MOUSE HUNT | 34,95$ | Ang-Fran-Esp | Esp | P&S/W | ● | | ● | | | 3 |
| MR. DEATH : THE RISE AND FALL OF FRED... | 28,95$ | Ang | Ang | W | ● | | | | | |
| MR. DEEDS GOES TO TOWN | 29,95$ | Ang-Esp | Ang-Esp-Chi-Port | P&S | ● | ● | ● | | | 3 |
| MR. SMITH GOES TO WASHINGTON | 33,95$ | Ang-Esp-Port | Ang-Esp-Port-Chi | P&S | ● | ● | ● | | | 3 |
| MRS. DOUBTFIRE | 28,95$ | Ang-Fran | Ang-Esp | W | ● | ● | ● | ● | ● | 3 |
| MUCH ADO ABOUT NOTHING | 33,95$ | Ang-Fran-Esp | Ang-Fran-Esp | W | ● | | | | | 3 |
| MULAN | 26,95$ | Ang-Fran-Esp | | P&S/W | ● | | | | | 3 |
| MULTIPLICITY | ND | Ang-Fran-Esp | Ang-Fran-Esp | W | | | | | | 3 |
| MUMFORD | 26,95$ | Ang | Ang | W | ● | | ● | | | 3 |
| MUPPETS FROM SPACE | ND | Ang | Ang | P&S/W | ● | ● | ● | | ● | 3 |
| MURDER AT 1600 | 29,95$ | Ang-Fran | Ang-Fran-Esp | W | ● | | ● | | | 3 |
| MURIEL'S WEDDING | 27,95$ | Ang | Ang-Dan-Fin-Nor | P&S | | | | | | 3 |
| MUSE, THE | 27,95$ | Ang | Fran-Esp | P&S/W | ● | | ● | ● | | 3 |

| TITRE | PRIX | VERSIONS | SOUS-TITRES | CADRAGE | BANDES PROMO | BANDES COMMENTÉES | ARCHIVES | DOCUMENTAIRE/ESSAI | SCÈNES COUPÉES | COTE |
|---|---|---|---|---|---|---|---|---|---|---|
| MUSIC OF THE HEART | PC | Ang-Fran | Ang | W | ● | ● | ● | ● | ● | 3 |
| MY BEST FRIEND'S WEDDING | 33,95$ | Ang-Fran-Esp | Ang-Esp | W | | | | | | 3 |
| MY DINNER WITH ANDRÉ | 31,95$ | Ang | | P&S | | | ● | | | 3 |
| MY DOG SKIP | 26,95$ | Ang | | P&S | ● | ● | | | | 2 |
| MY FAIR LADY | 21,95$ | Ang-Fran | Ang-Fran | W | ● | ● | ● | ● | | 3 |
| MY FATHER IS A HERO | 79,95$ | Can-Man | Ang-Chi | P&S | | | | | | 3 |
| MYSTERY MEN | 27,95$ | Ang-Fran | | W | ● | ● | ● | | ● | |
| MYSTERY TRAIN | 21,95$ | Ang | Fran-Esp | W | | | ● | | | 3 |
| NAIN ROUGE, LE | 33,95$ | Fran | Ang | W | ● | | | | | 3 |
| NAKED GUN, THE | 29,95$ | Ang-Fran | Ang | W | ● | ● | | | | 3.53 |
| NAKED KISS, THE | 44,95$ | Ang | | W | ● | | | | | 3 |
| NANOOK OF THE NORTH | 46,95$ | Dolby Digital | Ang | P&S | | | ● | ● | | 3 |
| NASHVILLE | 32,95$ | Ang | Ang | P&S/W | ● | ● | ● | | | 2 |
| NATIONAL VELVET | 29,95$ | Ang-Fran | | P&S | | | | | | 3 |
| NATURAL BORN KILLERS | 29,95$ | Ang | Ang-Fran-Esp | W | ● | ● | ● | ● | ● | 4.52 |
| NAVIGATOR, THE | 49,95$ | Dolby Digital | Ang | P&S | | | | | | 3 |
| NEGOTIATOR, THE | 21,95$ | Ang-Fran | Ang-Fran | W | ● | ● | | ● | | 3 |
| NETWORK | 21,95$ | Ang-Fran-Esp | Ang-Fran-Esp | P&S/W | ● | | ● | ● | ● | 3 |
| NEVER CRY WOLF | 26,95$ | Ang | | P&S/W | | | | | | 3 |
| NEW ADVENTURES OF PIPPI..., THE | 18,95$ | Ang-Esp | Ang-Fran-Esp | P&S | ● | | ● | | | |
| NEW BLOOD | 29,95$ | Ang | Ang-Esp | W | ● | ● | | ● | | 3 |
| NEW ORLEANS | PC | Ang | | P&S | | | | | | |
| NEW ROSE HOTEL | 29,95$ | Ang | Esp | W | ● | ● | ● | | | 3 |
| NEW WATERFORD GIRL | 28,95$ | Ang-Fran | Ang-Fran | P&S | | | | | | 3 |
| NEWTON BOYS, THE | 26,95$ | Ang-Fran | Ang-Esp | W | ● | | | | | 3 |
| NEXT BEST THING, THE | 33,95$ | Ang-Fran | | P&S/W | ● | | ● | | | 3 |
| NIGHT FALLS ON MANHATTAN | 34,95$ | Ang | Esp | W | ● | ● | | | | 3 |
| NIGHT OF THE HUNTER, THE | 18,95$ | Ang-Fran | | P&S | ● | | ● | | | 3 |
| NIGHT OF THE LIVING DEAD | 32,95$ | Ang | | P&S | ● | ● | | ● | | 3 |
| NIGHT OF THE LIVING DEAD | 44,95$ | Ang-Port | Ang-Esp-Chi-Port | P&S/W | ● | ● | ● | ● | | 2 |
| NIGHT PORTER, THE | 44,95$ | Ang-Alle | Ang | W | | | | | | 3 |
| NIGHT TO REMEMBER, A | 64,95$ | Ang | | W | | ● | | ● | | 3 |
| NIGHT VISITOR, THE | 36,95$ | Ang | | P&S | | | ● | | | |
| NIGHTMARE BEFORE CHRISTMAS, THE | 26,95$ | Ang-Fran | Esp | W | ● | | | | | 3 |
| NIGHTMARE ON ELM STREET, A | 31,95$ | Ang | Ang | P&S/W | ● | ● | | | | 2 |
| NINTH GATE, THE | 27,95$ | Ang | | W | | ● | ● | ● | | 2 |
| NIXON | 32,95$ | Ang | | W | | | | | | 3 |
| NO WAY OUT | 18,95$ | Ang-Fran-Esp | Fran-Esp | P&S/W | ● | | ● | | | 3 |
| NORMA RAE | 23,95$ | Ang-Fran | Ang-Esp | W | | | | | | |
| NORTH BY NORTHWEST | 22,95$ | Ang | Ang-Fran | W | ● | ● | ● | ● | | 2 |
| NOSFERATU | 36,95$ | Dolby Digital | Ang | P&S | | | ● | ● | | 3 |
| NOSFERATU: FANTÔME DE LA NUIT | 29,95$ | Ang-Alle | Ang | W | ● | ● | | | | 2 |
| NOSTALGHIA | 34,95$ | Ita | Ang | W | ● | | ● | | | 3 |
| NOT ONE LESS | 34,95$ | Man | Ang-Chi | W | | | | | | 3 |
| NOTHING SACRED | 32,95$ | Ang | | P&S | | | | | | 3 |
| NOTORIOUS | 22,95$ | Ang | | P&S | | | | | | 3 |
| NOTTING HILL | 27,95$ | Ang-Fran | | W | ● | ● | ● | | ● | 2 |
| NUITS DE CABIRIA, LES | 64,95$ | Ang-Ita | Ang | P&S | ● | | ● | | ● | 1 |
| NUTTY PROFESSOR, THE | 32,95$ | Ang-Fran | Ang | P&S/W | | | | ● | | 3 |
| NUTTY PROFESSOR : THE KLUMPS | 29,95$ | Ang | | W | | ● | ● | ● | ● | 3 |
| O BROTHER, WHERE ART THOU? | 29,95$ | Ang | | W | | | | ● | | |
| OCTOPUSSY | 27,95$ | Ang-Esp | Fran-Esp | | ● | ● | ● | ● | | 2 |
| ODD COUPLE, THE | 32,95$ | Ang-Fran | Ang | W | ● | | | | | |
| ODD MAN OUT | 44,95$ | Ang | | P&S | | | | | | |
| ODESSA FILE, THE | 29,95$ | Ang | Ang-Esp | P&S/W | ● | | ● | | | 3 |
| OF MICE AND MEN | 36,95$ | Ang | | P&S | | | ● | | | |
| OISEAU AU PLUMAGE DE CRISTAL, L' | 26,95$ | Ang | | W | ● | | | | | |
| OLD DARK HOUSE, THE | 44,95$ | Ang | | P&S | | ● | ● | | | 3 |
| OLD MAN AND THE SEA, THE | 21,95$ | Ang-Fran | | | | | | ● | | 3 |
| OLIVER ! | 33,95$ | Ang-Fran | Ang-Fran | W | | | ● | | | 3 |
| OLIVER TWIST | 59,95$ | Ang | | P&S | ● | | | | | 3 |

| TITRE | PRIX | VERSIONS | SOUS-TITRES | CADRAGE | BANDES PROMO | BANDES COMMENTÉES | ARCHIVES | DOCUMENTAIRE/ESSAI | SCÈNES COUPÉES | COTE |
|---|---|---|---|---|---|---|---|---|---|---|
| OMEN III, THE: THE FINAL CONFICT | 28,95$ | Ang-Fran | Ang-Esp | W | ● | ● | | | | 3 |
| OMEN, THE | 28,95$ | Ang | | W | | | | | | 2 |
| ON HER MAJESTY'S SECRET SERVICE | 34,95$ | Ang | Ang-Fran-Esp | W | ● | ● | ● | ● | | |
| ON THE BEACH | 18,95$ | Ang-Fran | Fran-Esp | W | | | ● | | | 3 |
| ON THE TOWN | 26,95$ | Ang-Fran | Ang-Fran | P&S | ● | | | | | |
| ONCE UPON A TIME IN CHINA II | 59,95$ | Man-Can | Ang-Esp-Jap-Chi | W | ● | | | | | 3 |
| ONCE UPON A TIME IN CHINA III | 79,95$ | Can-Man | Ang-Esp-Jap-Chi | W | ● | | | | | |
| ONE FALSE MOVE | 38,95$ | Ang-Fran-Esp | Ang-Fran-Esp | P&S/W | ● | ● | | | | 3 |
| ONE FLEW OVER THE CUCKOO'S NEST | 21,95$ | Ang-Fran | Ang-Fran-Esp | P&S/W | | | ● | | | 3 |
| ONE NIGHT STAND | PC | Ang-Fran | Ang-Fran-Esp | P&S/W | | ● | ● | | | 3 |
| ONE-EYED JACKS | 16,95$ | Ang | | P&S | | | ● | | | 3 |
| ONEGIN | 32,95$ | Ang | | W | | ● | ● | ● | | 2 |
| ONLY ANGELS HAVE WINGS | 33,95$ | Ang | Ang-Esp-Chi-Port | P&S | ● | | ● | | | 3 |
| OPENING NIGHT | 33,95$ | Ang | | P&S | | | | | | 3 |
| ORFEU NEGRO | 44,95$ | Ang-Port | Ang | P&S | ● | | | | ● | 3 |
| ORIGINAL GANGSTAS | 18,95$ | Ang | Ang-Fran | P&S/W | ● | | | | | 3 |
| ORIGINAL KINGS OF COMEDY, THE | 34,95$ | Ang | Ang | W | | | | ● | | 3 |
| ORPHANS OF THE STORM | 46,95$ | Dolby Digital | Ang | P&S | | | | | | 3 |
| ORPHÉE | LS | Fran | Ang | P&S | | | | ● | | |
| ORPHIC CYCLE (COFFRET) | 129,95$ | Fran | Ang | P&S | | | ● | ● | | |
| OTHELLO | 21,95$ | Ang-Fran | Ang-Fran | P&S/W | ● | | | | | 3 |
| OTHELLO | 39,95$ | Ang | | P&S | | | ● | | | |
| OUT OF AFRICA | 27,95$ | Ang-Fran | | W | ● | ● | ● | ● | | 2 |
| OUT OF SIGHT | 39,95$ | Ang-Fran-Esp | Esp | W | ● | ● | | ● | ● | 2 |
| OUTBREAK | 29,95$ | Ang | Ang-Ara-Polo-Cro | W | | | ● | | | 3 |
| OUTLAND | 26,95$ | Ang-Esp | Ang-Fran-Esp | W | ● | | ● | | | 3 |
| OUTLAW JOSEY WALES, THE | 21,95$ | Ang-Fran | Ang-Fran | P&S/W | ● | | ● | | | 3 |
| OUTLAW, THE | 21,95$ | Ang | | P&S | | | | | | 3 |
| OUTRAGE | 34,95$ | Ang | | W | | | ● | | | 3 |
| OUTSIDERS, THE | 18,95$ | Ang | Ang-Fran | P&S/W | ● | | | | | 3 |
| PALE RIDER | 26,95$ | Ang-Fran-Esp | Ang-Fran-Esp | W | ● | | ● | | | 3 |
| PALMETTO | 21,95$ | Ang | Ang-Fran | W | ● | | ● | | | 3 |
| PAPILLON | 21,95$ | Ang | Ang-Fran | W | ● | | ● | ● | | 2 |
| PARADINE CASE, THE | 27,95$ | Ang | | P&S | | | | | | 3 |
| PARADISE ROAD | 23,95$ | Ang-Fran | Ang-Esp | W | ● | | | | | 3 |
| PARALLAX VIEW, THE | 32,95$ | Ang-Fran | | W | ● | | | | | 3 |
| PARAPLUIES DE CHERBOURG, LES | 34,95$ | Fran | Ang | W | ● | | ● | | | 3 |
| PARASITE | 21,95$ | Ang | | P&S | ● | | ● | | | |
| PARENT TRAP, THE | 34,95$ | Ang | | W | ● | | | | | 3 |
| PARENTHOOD | PC | Ang-Fran-Esp | Ang-Fran-Ara-Alle | P&S | | | | | | 3 |
| PASSION DE JEANNE D'ARC, LA | 64,95$ | Dolby Digital | Ang-Fran | P&S | | ● | | | | 1 |
| PASSION FISH | 29,95$ | Ang-Fran-Esp | Ang | P&S/W | | | | | | 3 |
| PASSION OF MIND | 33,95$ | Ang | Ang | P&S/W | ● | | | | | 3 |
| PAT AND MIKE | 26,95$ | Ang | Ang-Fran | P&S | ● | | ● | | | 3 |
| PATCH ADAMS | PC | Ang-Alle | Ang-Alle-Dan-Polo | W | ● | ● | ● | ● | | 3 |
| PATHS OF GLORY | 18,95$ | Ang-Fran | Ang-Fran | P&S | ● | | ● | ● | | 3 |
| PATRIOT GAMES | 32,95$ | Ang-Fran | Esp | W | ● | | | | | 53 |
| PATRIOT, THE | 32,95$ | Ang | Ang | W | ● | ● | ● | ● | | 2 |
| PATTON | 28,95$ | Ang-Fran | Ang-Esp | W | | ● | | ● | | 3 |
| PAY IT FORWARD | 26,95$ | Ang | | W | | ● | ● | ● | | 3 |
| PAYBACK | 29,95$ | Ang-Fran | Ang-Esp | W | ● | | | | | 3 |
| PEBBLE & THE PENGUIN, THE | 26,95$ | Ang-Fran | Fran-Esp | P&S/W | ● | | | | | 3 |
| PECKER | 27,95$ | Ang | Ang | W | ● | ● | ● | | | 3 |
| PEE-WEE'S BIG ADVENTURE | 21,95$ | Ang-Fran | Ang-Fran | W | ● | ● | ● | | | |
| PEEPING TOM | 64,95$ | Ang | Ang | W | ● | | | ● | | 1 |
| PEGGY SUE GOT MARRIED | 36,95$ | Ang-Fran-Esp | Ang-Fran-Esp | W | ● | | | | | 3 |
| PELICAN BRIEF, THE | 29,95$ | Ang-Fran-Esp | Ang-Fran-Esp | W | | | ● | | | 3 |
| PEOPLE vs. LARRY FLYNT, THE | 33,95$ | Ang-Fran-Esp | Ang-Esp | W | | | | | | 3 |
| PERFECT MURDER, A | 29,95$ | Ang-Fran | Ang-Fran | P&S/W | | ● | ● | | | 3 |
| PERFECT STORM, THE | 27,95$ | Ang-Fran | Fran | W | | ● | ● | ● | | 3 |
| PET SEMATARY | 32,95$ | Ang-Fran | Ang | P&S/W | | | | | | 3.53 |

DVD

| TITRE | PRIX | VERSIONS | SOUS-TITRES | CADRAGE | BANDES PROMO | BANDES COMMENTÉES | ARCHIVES | DOCUMENTAIRE/ESSAI | SCÈNES COUPÉES | COTE |
|---|---|---|---|---|---|---|---|---|---|---|
| PETER PAN | 34,95$ | Ang | | P&S | | | ● | | | 3 |
| PETER PAN | PC | Dolby Digital | Ang | P&S | | | ● | ● | | 3 |
| PHANTASM | 18,95$ | Ang | Ang-Fran | W | ● | ● | ● | | ● | 1 |
| PHANTOM OF THE OPERA, THE | 49,95$ | Dolby Digital | Ang | P&S | | | | ● | | 3 |
| PHILADELPHIA STORY, THE | 21,95$ | Ang | Ang-Fran-Esp | P&S | ● | | | | | 3 |
| PI | 27,95$ | Ang | | W | ● | ● | ● | ● | | 2 |
| PIANO, THE | 31,95$ | Ang | | W | ● | | ● | | | 3 |
| PICKING UP THE PIECES | 27,95$ | Ang-Esp | Ang | W | | | ● | ● | ● | 3 |
| PICNIC | 28,95$ | Ang-Esp-Port | Ang-Esp-Chi-Thaï | P&S/W | ● | | ● | | | 3 |
| PICNIC AT HANGING ROCK | 49,95$ | Ang | | W | ● | | ● | | | 3 |
| PILLOW TALK | 34,95$ | Ang | Fran | W | ● | | ● | | | 3 |
| PINK FLOYD - THE WALL | 27,95$ | Ang | Ang | W | ● | ● | | ● | ● | 2 |
| PINK PANTHER STRIKES AGAIN, THE | 18,95$ | Ang-Fran | Ang-Fran | P&S/W | ● | | ● | | | 3 |
| PINK PANTHER, THE | 18,95$ | Ang | Ang-Fran | P&S/W | ● | | ● | | | 3 |
| PINOCCHIO | 26,95$ | Ang-Fran | Ang | P&S | ● | | ● | | | 3 |
| PITCH BLACK | 26,95$ | Ang | Ang-Fran | | | | | ● | | 3 |
| PLAISIR DE LA PEUR, LE | 27,95$ | Ang-Ita | | W | ● | ● | ● | | | |
| PLAN 9 FROM OUTER SPACE | 37,95$ | Ang | | P&S | | | ● | ● | | 3 |
| PLANET OF THE APES | 28,95$ | Ang-Fran | Ang-Esp | W | ● | | ● | | | 2 |
| PLANET OF THE APES (COFFRET) | 118,95$ | Ang-Fran | Ang-Esp | W | | | ● | ● | | 1 |
| PLANÈTE SAUVAGE, LA | 29,95$ | Ang-Fran | Ang | W | ● | | ● | | | 2 |
| PLATOON | 18,95$ | Ang | Ang | W | | | | ● | | 2 |
| PLAYER, THE | 23,95$ | Ang-Fran | Ang-Fran-Esp | W | ● | ● | | | ● | 2 |
| PLEASANTVILLE | 27,95$ | Ang | Ang | W | ● | ● | | | | 2 |
| PLENTY | 34,95$ | Ang | | W | | | | | | 3 |
| PLUNKETT & MACLEANE | 19,95$ | Ang | Ang-Esp | P&S/W | ● | | ● | | | 3 |
| POCAHONTAS | 26,95$ | Ang-Fran-Esp | Ang | W | ● | | | | | |
| POISON | 31,95$ | Ang | | P&S | ● | ● | ● | | | 3 |
| POKÉMON : THE MOVIE 2000 | LS | Ang-Fran | Ang-Fran | P&S | | | ● | | ● | 3 |
| POLTERGEIST | 21,95$ | Ang-Fran-Esp | Ang-Fran-Esp | W | ● | | | | | 3 |
| PORK CHOP HILL | 18,95$ | Ang-Fran | Ang-Fran | P&S/W | ● | | ● | | | 3 |
| PORTRAIT OF A LADY, THE | 39,95$ | Ang-Fran | Esp | P&S/W | | | ● | | | 3 |
| POSEIDON ADVENTURE, THE | 28,95$ | Ang-Fran | Ang-Esp | W | ● | | | | | 3 |
| POST MORTEM | 31,95$ | Fran | Ang | P&S | | | ● | ● | | 3 |
| POSTCARDS FROM THE EDGE | 29,95$ | Ang-Fran-Esp | Ang-Fran-Esp | P&S/W | ● | ● | ● | | | |
| POSTMAN, THE | 29,95$ | Ang-Fran | Ang-Fran-Esp | W | ● | ● | ● | ● | | 3 |
| POSTMAN ALWAYS RINGS TWICE, THE | 22,95$ | Ang | Ang-Fran-Esp | P&S | ● | | ● | | | 3 |
| POWER OF ONE, THE | 18,95$ | Ang-Fran | | W | | | | | | 3 |
| PRACTICAL MAGIC | 28,95$ | Ang-Fran | Ang-Fran | W | ● | ● | | | | 3 |
| PREDATOR | 28,95$ | Ang-Fran | Ang-Esp | W | ● | | | | | 3 |
| PRÉNOM: CARMEN | 34,95$ | Ang | Ang | W | | | ● | | | 3 |
| PRESUMED INNOCENT | 29,95$ | Ang-Fran-Esp | Ang-Fran-Esp | W | ● | | ● | | | 3 |
| PRÊT-À-PORTER | 28,95$ | Ang | | W | ● | | | | | 3 |
| PRIMAL FEAR | 32,95$ | Ang-Fran | Ang | W | ● | | | | | 3 |
| PRIMARY COLORS | 33,95$ | Ang-Fran | Esp | W | ● | | ● | | | 3 |
| PRINCE OF DARKNESS | LS | Ang | | W | | | | | | 3 |
| PRINCE OF EGYPT, THE | 27,95$ | Ang | | W | ● | ● | ● | ● | | 3 |
| PRINCESS MONONOKE | 27,95$ | Jap-Ang-Fran | Ang | W | ● | | | ● | | 3 |
| PRISON ON FIRE | 74,95$ | Man-Can | Ang-Jap-Thaï | W | | | | | | 3 |
| PRIZZI'S HONOR | 21,95$ | Ang | | P&S/W | | | | | | 3 |
| PROFESSIONAL, THE | 33,95$ | Ang-Fran-Esp | Ang-Fran-Esp | W | ● | | | | | 3 |
| PROFESSIONALS, THE | 33,95$ | Ang | Ang-Esp-Chi-Port | P&S/W | ● | | ● | | | 3 |
| PSYCHO | 39,95$ | Ang-Fran | Esp | W | ● | | ● | | ● | 2 |
| PSYCHO | 39,95$ | Ang-Fran | | W | ● | ● | ● | ● | | 3 |
| PULP FICTION | 27,95$ | Ang-Esp | | W | | | | | | 2 |
| PUMPKINHEAD | 21,95$ | Ang | Fran-Esp | P&S | | | | | | 3 |
| PUSHING TIN | 34,95$ | Ang | Ang-Esp | W | ● | | | | | 3 |
| PYGMALION | 44,95$ | Ang | Ang | P&S | | | | | | 2 |
| QUARRY, THE | 49,95$ | Ang | Afr | | | | | | ● | |
| QUEST FOR CAMELOT | 29,95$ | Ang-Fran | Ang-Fran | W | ● | | ● | ● | | 3 |
| QUIET MAN, THE | 27,95$ | Ang | | P&S | ● | | | ● | | 3 |

| TITRE | PRIX | VERSIONS | SOUS-TITRES | CADRAGE | BANDES PROMO | BANDES COMMENTÉES | ARCHIVES | DOCUMENTAIRE/ESSAI | SCÈNES COUPÉES | COTE |
|---|---|---|---|---|---|---|---|---|---|---|
| QUILLS | 36,95$ | Ang-Fran | Ang-Esp | W | ● | ● | | ● | | 2 |
| QUIZ SHOW | 32,95$ | Ang-Fran | Ang | W | ● | | | | | 3 |
| RAGING BULL | 21,95$ | Ang-Fran-Esp | Ang-Fran-Esp | P&S/W | ● | | | | | 3 |
| RAILROADED | 44,95$ | Ang | | P&S | | | | | | 3 |
| RAIN | 31,95$ | Ang | | P&S | | | | | | |
| RAIN MAN | 29,95$ | Ang-Fran-Esp | Ang-Fran-Esp | P&S/W | ● | | | | | 3 |
| RAISING ARIZONA | 24,95$ | Ang-Fran | Ang-Esp | W | ● | | | | | 3 |
| RANDOM HEARTS | 29,95$ | Ang | Ang | W | ● | ● | ● | | ● | 3 |
| RANSOM | 36,95$ | Ang-Fran | Ang-Esp | W | ● | | | | | 3 |
| RAVEN | 44,95$ | Ang | | P&S | | | | | | 3 |
| RAVENOUS | 31,95$ | Ang-Fran | Ang-Esp | W | ● | ● | | | ● | 3 |
| RE-ANIMATOR | 44,95$ | Ang | | W | ● | ● | | | ● | |
| REAL BLONDE, THE | 32,95$ | Ang | Ang | W | ● | | | | | 3 |
| REAP THE WILD WIND | 33,95$ | Ang-Esp | Fran-Esp | P&S | ● | | ● | | | 3 |
| REBECCA | 21,95$ | Ang | | P&S | | | | | | 3 |
| REBEL WITHOUT A CAUSE | 21,95$ | Ang-Fran | Ang-Fran | W | | ● | ● | ● | | 3 |
| RED CHERRY | 31,95$ | Man | Ang | P&S | | | ● | | | 3 |
| RED CORNER | 29,95$ | Ang-Fran | Ang-Fran-Esp | W | ● | ● | ● | | | 3 |
| RED PLANET | 22,95$ | Ang-Fran | Fran | W | | | ● | | ● | 2 |
| RED RIVER | 19,95$ | Ang | Ang-Fran-Esp | P&S | | | | | | 3 |
| RED ROCK WEST | 33,95$ | Ang-Esp | Ang-Fran-Esp | P&S/W | | ● | | | | 3 |
| RED SHOES, THE | 59,95$ | Ang | Ang | P&S | ● | ● | ● | ● | | 1 |
| REGARD D'ULYSSE, LE | 41,95$ | Ang | | P&S | | | ● | | | 3 |
| REINDEER GAMES | 26,95$ | Ang-Fran | | P&S/W | | ● | | | ● | 3 |
| RELIC, THE | 29,95$ | Ang-Fran | | W | ● | | | | | |
| REMEMBER THE TITANS | 29,95$ | Ang-Fran | | W | ● | ● | ● | ● | ● | 2 |
| REMEMBERING THE COSMOS FLOWER | 32,95$ | Jap | Ang | W | | | | | | 3 |
| RÉPÉTITION D'ORCHESTRE | 34,95$ | Ita | Ang | P&S | ● | ● | ● | | | 3 |
| REPLACEMENT KILLERS, THE | 17,95$ | Ang-Fran-Esp | Ang-Fran-Esp | P&S/W | | | | ● | | 3 |
| REPLACEMENTS, THE | 26,95$ | Ang-Fran | Ang-Fran | W | | ● | | ● | | 3 |
| REPO MAN | 27,95$ | Ang | | W/16X9 | ● | ● | ● | | | 2 |
| REPTILE, THE | 29,95$ | Ang | | W | ● | | ● | ● | | 3 |
| REQUIEM FOR A DREAM | 27,95$ | Ang | | W | ● | ● | ● | ● | ● | 2 |
| RESCUERS DOWN UNDER, THE | 26,95$ | Ang | | W | | | | | | 3.5 |
| RESERVOIR DOGS | 27,95$ | Ang | Ang-Fran-Esp | W | ● | | ● | | | 3 |
| RESTORATION | 29,95$ | Ang | | W | ● | | ● | | | 3 |
| RETOUR DE MARTIN GUERRE, LE | 34,95$ | Fran | Ang | W | ● | | ● | | ● | 3 |
| RETURN OF THE PINK PANTHER, THE | 19,95$ | Ang | | W | ● | | | | | |
| RETURN TO ME | 28,95$ | Ang-Esp | Fran-Esp | W | | ● | | | ● | 3 |
| RETURN TO PARADISE | 32,95$ | Ang-Fran | Ang-Esp | P&S/W | ● | | ● | | | 3 |
| RÊVE DE SINGE | 38,95$ | Ang | | W | | | | | | 3 |
| REVENGE OF THE PINK PANTHER, THE | 18,95$ | Ang-Esp | Ang-Fran | P&S/W | ● | | ● | ● | | 3 |
| REVERSAL OF FORTUNE | 21,95$ | Ang-Fran | Ang-Fran | W | ● | ● | | | | 3 |
| RICHARD III | 18,95$ | Ang | Ang-Fran | P&S/W | ● | | | | | |
| RIGHT STUFF, THE | 21,95$ | Ang-Fran | Ang-Fran-Esp | W | ● | | ● | | | 3 |
| RIO GRANDE | 23,95$ | Ang-Fran-Esp | Fran-Esp | P&S | ● | | | ● | | 3 |
| RIVER RUNS THROUGH IT, A | 23,95$ | Ang-Fran-Esp | Ang-Fran-Esp-Port | P&S/W | ● | | ● | | | 3 |
| RKO 281: BATTLE OVER CITIZEN KANE | 18,95$ | Ang-Esp | Ang-Fran-Esp | P&S | | | | | | 3 |
| ROAD TRIP | 29,95$ | Ang | | W | ● | | | ● | ● | 3 |
| ROB ROY | 21,95$ | Ang | Ang-Fran-Esp | W | ● | | | | | 3 |
| ROBIN HOOD | 26,95$ | Ang-Fran-Esp | | P&S | | | ● | | | 3 |
| ROBIN HOOD | 49,95$ | Dolby Digital | Ang | P&S | | | | | | 3 |
| ROBOCOP | 59,95$ | Ang | | W | ● | ● | ● | | | 2 |
| ROCK, THE | 64,95$ | Ang-Fran | Ang-Esp | W | ● | | | | | 3 |
| ROCKETEER, THE | 33,95$ | Ang-Fran | Ang-Fran | W | ● | | | | | 3 |
| ROCKY | 22,95$ | Ang-Fran-Esp | Ang-Fran-Esp | P&S/W | ● | | | | | 3 |
| ROCKY HORROR PICTURE SHOW, THE | 28,95$ | Ang | Ang-Esp | W | ● | ● | | ● | ● | |
| ROLLERBALL | 18,95$ | Ang-Fran | Ang-Fran-Esp | P&S/W | | ● | ● | | | 3 |
| ROLLERCOASTER | 33,95$ | Ang-Fran | Ang-Esp | W | ● | | ● | | | 3 |
| ROMANCE | 28,95$ | Ang-Fran | Ang-Esp | W | | | | | | 4 |
| ROMANCING THE STONE | 23,95$ | Ang-Fran | Ang-Esp | W | ● | | | | | 3 |

| TITRE | PRIX | VERSIONS | SOUS-TITRES | CADRAGE | BANDES PROMO | BANDES COMMENTÉES | ARCHIVES | DOCUMENTAIRE/ESSAI | SCÈNES COUPÉES | COTE |
|---|---|---|---|---|---|---|---|---|---|---|
| ROME, VILLE OUVERTE | 44,95$ | Ita | Ang | P&S | | | | | | 3 |
| ROMEO & JULIET | 32,95$ | Ang | Ang | W | ● | | | | | |
| ROMEO MUST DIE | 26,95$ | Ang | Ang-Fran | W | ● | | ● | ● | | 3 |
| ROMPER STOMPER | 23,95$ | Ang | Ang | W | | ● | ● | ● | | 3.54 |
| RONIN | 21,95$ | Ang-Fran | Ang-Fran | P&S/W | | ● | | | ● | 3 |
| ROOSTER COGBURN | 27,95$ | Ang-Fran-Esp | Esp | W | ● | | ● | | | 3 |
| ROSEAUX SAUVAGES, LES | 34,95$ | Fran | Ang | W | ● | | ● | | | 3 |
| ROSEMARY'S BABY | 32,95$ | Ang-Fran | Ang | W/16X9 | | | ● | ● | | 2 |
| ROSEWOOD | PC | Ang-Esp | Ang-Fran-Esp | W | ● | ● | ● | | | 3 |
| ROXANNE | 36,95$ | Ang-Fran | Ang-Fran | P&S/W | ● | | | | | 3 |
| RUGRATS MOVIE, THE | 32,95$ | Ang-Fran | Ang | P&S/W | ● | | | ● | | 3 |
| RULES OF ENGAGEMENT | 33,95$ | Ang-Fran | Ang | W | | ● | ● | ● | | 3 |
| RUMBLE FISH | 27,95$ | Ang | Fran-Esp | W | ● | | ● | | | 3 |
| RUMBLE IN THE BRONX | 23,95$ | Ang-Fran | | P&S/W | ● | | ● | | | 3 |
| RUN SILENT, RUN DEEP | 18,95$ | Ang | Ang-Fran | P&S/W | | | | | | 3 |
| RUNAWAY BRIDE | PC | Ang-Fran | Ang | W | ● | ● | | | | 3 |
| RUNAWAY TRAIN | 18,95$ | Ang-Esp | Ang-Fran-Esp | P&S/W | ● | | ● | | | 3 |
| RUNNING MAN, THE | PC | Ang | Ang | P&S | ● | | | | | |
| RUSH HOUR | 34,95$ | Ang | | W | ● | ● | ● | ● | ● | 3 |
| RUSHMORE | 36,95$ | Ang | Ang | W | ● | | ● | ● | | 3 |
| SACCO & VANZETTI | 29,95$ | Ang | | W/16X9 | ● | | ● | | | |
| SACRIFICE, LE | 49,95$ | Rus-Sué | Ang | P&S | | | | | | 2 |
| SALAIRE DE LA PEUR, LE | 44,95$ | Fran-Esp-Ita | Ang | P&S | | | | | ● | 3 |
| SALEM'S LOT | 21,95$ | Ang | Ang-Fran | P&S | ● | | | | | 3 |
| SALLY OF THE SAWDUST | 38,95$ | Dolby Digital | Ang | P&S | | | | | | 3 |
| SAMURAI 1: MUSASHI MYAMOTO | 44,95$ | Jap | Ang | P&S | ● | | | | | 3 |
| SAMURAI 2: DUEL AT ICHIJOJI | 44,95$ | Jap | Ang | P&S | ● | | | | | 3 |
| SAMURAI 3: DUEL AT GANRYU | 44,95$ | Jap | Ang | P&S | ● | | | | | 3 |
| SANDS OF IWO JIMA | 27,95$ | Ang | Ang-Fran-Esp | P&S | ● | | | ● | | 3 |
| SANG D'UN POÈTE, LE | LS | Fran | Ang | P&S | | | ● | ● | | |
| SANJURO | 49,95$ | Jap | Ang | W | ● | | | ● | | 2 |
| SANS TOIT NI LOI | 44,95$ | Fran | Ang | P&S | | | | | | |
| SAPHEAD, THE | 44,95$ | Dolby Digital | Ang | P&S | | | | | | 3 |
| SATANIC RITES OF DRACULA, THE | 29,95$ | Ang | | W | ● | | | ● | | 3 |
| SAVING GRACE | 27,95$ | Ang | | P&S/W | ● | ● | | | | 3 |
| SAVING PRIVATE RYAN | 27,95$ | Ang | | W | ● | | ● | | | 2 |
| SCARFACE | 39,95$ | Ang | Fran-Esp | W | ● | | ● | ● | | 2 |
| SCARY MOVIE | 26,95$ | Ang-Fran-Esp | | W | | | ● | ● | ● | 3 |
| SCENT OF A WOMAN | 27,95$ | Ang-Fran | Ang-Esp | W | | | ● | | | 3 |
| SCHOOL DAZE | 29,95$ | Ang-Fran-Esp | Ang-Fran-Esp | P&S/W | ● | ● | ● | | | 3 |
| SCI-FI FILES, THE | 43,95$ | Ang | | P&S | | | ● | ● | | 3 |
| SCREAM | 27,95$ | Ang | Ang | W | ● | ● | | | | 3 |
| SCREAM 2 | 27,95$ | Ang | | W | ● | | | | | 3 |
| SCREAM 3 | 26,95$ | Ang | Ang | W | ● | ● | ● | | ● | 2 |
| SCREAMERS | 23,95$ | Ang-Fran | Ang-Fran-Esp | P&S/W | ● | | | | | 53 |
| SCREWED | 23,95$ | Ang | Fran | W | ● | | ● | | | 3 |
| SCROOGED | 29,95$ | Ang-Fran | Ang | W | ● | | | | | |
| SEARCHERS, THE | 21,95$ | Ang-Fran-Esp | Ang-Fran-Esp | W | ● | | ● | ● | | 3 |
| SEARCHING FOR BOBBY FISCHER | 31,95$ | Ang-Fran | Ang | W | | | | | | 3 |
| SECRET GARDEN, THE | 18,95$ | Ang-Fran-Esp | Ang-Fran-Esp | W | ● | | ● | | | 3 |
| SECRET LIFE OF WALTER MITTY, THE | 26,95$ | Ang-Fran-Ita | Ang-Fran-Ita | P&S | ● | | ● | | | |
| SECRET OF NIMH, THE | 29,95$ | Ang | Ang-Fran | P&S | ● | | ● | | | 3 |
| SECRET OF ROAN INISH, THE | 28,95$ | Ang | Ang-Esp | P&S/W | | | | | | 3.53 |
| SENSE AND SENSIBILITY | 33,95$ | Ang-Esp-Port | Ang-Esp-Chi-Thaï | W | ● | ● | ● | | ● | 2 |
| SENSO | LS | Ita | Ang | P&S | | | | | | |
| SEPT SAMOURAÏS, LES | 59,95$ | Jap | Ang-Jap | P&S | ● | ● | | | | 2 |
| SEPTIÈME SCEAU, LE | 59,95$ | Ang-Sué | Ang | P&S | ● | ● | ● | | | 3 |
| SERPENT'S KISS | 29,95$ | Ang | Ang-Fran-Esp | | ● | | | | | |
| SEVEN | 27,95$ | Ang-Fran | Ang-Fran-Esp | W | | | ● | | | 3 |
| SEVEN BEAUTIES (PASQUALINO) | 34,95$ | Ang-Ita | Ang | W | | | ● | | | 3 |
| SEVEN BRIDES FOR SEVEN BROTHERS | 21,95$ | Ang-Fran | Ang-Fran | W | ● | | | ● | | 3 |

| TITRE | PRIX | VERSIONS | SOUS-TITRES | CADRAGE | BANDES PROMO | BANDES COMMENTÉES | ARCHIVES | DOCUMENTAIRE/ESSAI | SCÈNES COUPÉES | COTE |
|---|---|---|---|---|---|---|---|---|---|---|
| SEVEN CHANCES | 44,95$ | Dolby Digital | Ang | P&S | | | | | | 3 |
| SEVEN YEARS IN TIBET | 36,95$ | Ang-Fran | Ang-Fran-Esp | P&S/W | | | | | | 3 |
| SEX, LIES, AND VIDEOTAPE | 33,95$ | Ang-Fran-Esp | Ang-Fran-Esp | W | ● | ● | | | | 23 |
| SHADOW OF THE VAMPIRE | 31,95$ | Ang-Fran | | W | ● | ● | ● | ● | | 2 |
| SHADOWLANDS | 18,95$ | Ang-Fran-Esp | Ang-Fran-Esp | W | | | ● | | | 3 |
| SHADOWS | 37,95$ | Ang | | P&S | | | | | | 3 |
| SHAFT (2000) | 33,95$ | Ang-Fran | Ang | W | ● | | | ● | | 3 |
| SHAFT'S BIG SCORE ! | 18,95$ | Ang-Fran | Ang-Fran | P&S/W | ● | | | | | |
| SHAKESPEARE IN LOVE | 33,95$ | Ang-Fran | | W | ● | ● | ● | | ● | 2 |
| SHANGHAI GESTURE, THE | 39,95$ | Ang | | P&S | | | | | | 3 |
| SHANGHAI NOON | 26,95$ | Ang | | P&S/W | | ● | ● | ● | ● | 3 |
| SHAWSHANK REDEMPTION, THE | 21,95$ | Ang-Fran | Ang-Fran | W | ● | | | | | 3 |
| SHE | 48,95$ | Ang Mono | | P&S | | | | | | 3 |
| SHE'S THE ONE | 24,95$ | Ang-Fran | Ang-Esp | P&S/W | | ● | ● | ● | | 3 |
| SHERLOCK HOLMES AND THE SECRET WEAPON | LS | Ang | | P&S | | | ● | | | |
| SHERLOCK Jr. | 49,95$ | Dolby Digital | Ang | P&S | | | | | | 3 |
| SHINE | 27,95$ | Ang-Fran | Ang-Fran-Esp | W | | | ● | | | 3 |
| SHINING, THE | 26,95$ | Ang | Ang-Fran | P&S | ● | | | ● | | 2 |
| SHIVERS (THE PARASITE MURDERS) | 37,95$ | Ang | | P&S | ● | | ● | | | 3 |
| SHOCK CORRIDOR | 49,95$ | Ang | | W | ● | | | | | 3 |
| SHOOTING FISH | 30,95$ | Ang | Ang-Esp | W | ● | | | | | 3 |
| SHOT IN THE DARK, A | 18,95$ | Ang-Fran | Ang-Fran | P&S/W | ● | | ● | | | 3 |
| SHOW BOAT | 29,95$ | Ang | Ang-Fran-Esp | P&S | ● | | | | | 3 |
| SHOWER | 34,95$ | Man | Ang-Fran-Esp | W | ● | | | | | 3 |
| SHOWGIRLS | 18,95$ | Ang-Fran-Esp | Fran-Esp | W | | | | | | 3 |
| SID AND NANCY | 59,95$ | Ang | | W | | ● | ● | ● | | 2 |
| SIEGE, THE | 28,95$ | Ang-Fran | Ang-Esp | W | ● | | | | | 3 |
| SILENCE OF THE LAMBS, THE | LS | Ang | | W | ● | ● | | | ● | 3 |
| SILENT RUNNING | 41,95$ | Ang | | W | | | | | | 3 |
| SILVERADO | 37,95$ | Ang-Esp | Ang-Esp-Port-Chi | W | ● | | ● | ● | | 3 |
| SIMPATICO | 29,95$ | Ang | | W | | | | | | 3 |
| SIMPLE PLAN, A | 32,95$ | Ang | Ang | W | ● | | | | | 3 |
| SINBAD AND THE EYE OF THE TIGER | 32,95$ | Ang | Ang-Esp-Chi Port | W | | | ● | ● | | 3 |
| SINGIN' IN THE RAIN | 21,95$ | Ang-Fran-Esp | Ang-Fran-Esp | P&S | ● | | | | | 3 |
| SINGLES | 24,95$ | Ang-Fran | Ang-Fran | P&S/W | ● | | ● | | ● | 3 |
| SISTERS | 49,95$ | Ang | Ang | W | | | ● | ● | | |
| SIX DEGREES OF SEPARATION | 18,95$ | Ang-Esp | Fran-Esp | P&S/W | ● | | | | | 3 |
| SIXTH SENSE, THE | 26,95$ | Ang-Fran | | W | | | ● | | ● | 2 |
| SLAP SHOT | 27,95$ | Ang-Fran-Esp | Esp | W | ● | | ● | | | 3 |
| SLAUGHTERHOUSE-FIVE | 41,95$ | Ang | | W | | | | | | 3 |
| SLEEPER | 21,95$ | Fran-Esp | | P&S/W | ● | | | | | 3 |
| SLEEPERS | 21,95$ | Ang-Fran | Ang-Fran-Esp | W | ● | ● | ● | | | 3 |
| SLEEPLESS IN SEATTLE | PC | Ang-Fran-Esp | Esp-Coré | W | | | | | | 3 |
| SLEEPY HOLLOW | 33,95$ | Ang-Fran | Ang | W | ● | ● | ● | | | |
| SLEUTH | 29,95$ | Ang | | W | | | | | | 3 |
| SLING BLADE | 27,95$ | Ang-Fran | Esp | W | | | | | | 3 |
| SMALL SOLDIERS | 43,95$ | Ang-Fran-Esp | Ang-Fran-Esp | W | ● | | ● | | | 2 |
| SMALL TIME CROOKS | 29,95$ | Ang | | W | ● | | | | | 3 |
| SMILLA'S SENSE OF SNOW | 23,95$ | Ang-Fran | Ang-Esp | W | ● | | | ● | | 3 |
| SNAKE EYES | 29,95$ | Ang-Fran | Ang | W | ● | | | | | 3 |
| SNOW FALLING ON CEDARS | 27,95$ | Ang | | P&S/W | | ● | ● | | ● | |
| SNOWS OF KILIMANJARO, THE | 17,95$ | Ang | | P&S | | | ● | | | |
| SOLDIER'S STORY, A | 32,95$ | Ang-Esp | Ang-Esp-Chi-Port | P&S/W | ● | ● | ● | ● | | 3 |
| SOLEIL ROUGE | LS | Ang | | P&S | | | | | | |
| SOMEONE TO WATCH OVER ME | 33,95$ | Ang-Esp | Ang-Esp-Port-Chi | P&S/W | ● | | ● | | | 3 |
| SOMEWHERE IN TIME | 27,95$ | Ang-Fran-Esp | Esp | W | ● | | ● | | | 3 |
| SON OF THE SHEIK | 44,95$ | Dolby Digital | Ang | P&S | | | | | | 3 |
| SONG REMAINS THE SAME: LED ZEPPELIN, THE | 22,95$ | Ang | Ang-Fran | W | ● | | | | | 3 |
| SOPHIE'S CHOICE | 31,95$ | Ang | Esp | P&S | ● | ● | ● | ● | | 3 |
| SORCERER | 29,95$ | Ang | Fran-Esp | P&S | ● | | ● | | | 4 |
| SOUND OF MUSIC, THE | 28,95$ | Ang-Fran | Ang-Esp | W | ● | ● | ● | ● | | 1 |

| TITRE | PRIX | VERSIONS | SOUS-TITRES | CADRAGE | BANDES PROMO | BANDES COMMENTÉES | ARCHIVES | DOCUMENTAIRE/ESSAI | SCÈNES COUPÉES | COTE |
|---|---|---|---|---|---|---|---|---|---|---|
| SOUTH PARK: BIGGER, LONGER & UNCUT | 32,95$ | Ang-Fran | Ang | W | ● | | | | | 3 |
| SOUVENIRS INTIMES | 31,95$ | Fran | Ang | | ● | | ● | | | 3 |
| SPARTACUS | 27,95$ | Ang-Fran | Esp | W | ● | | ● | | | 3 |
| SPAWN | 21,95$ | Ang-Fran | Ang-Fran-Esp | W | ● | ● | ● | ● | | 3 |
| SPECIES | PC | Ang-Fran-Esp | Ang-Fran-Esp | P&S/W | ● | | | | | 3 |
| SPEED | 27,95$ | Ang-Fran-Esp | Ang | W | ● | | | | | 3 |
| SPEED 2: CRUISE CONTROL | PC | Ang-Fran | Ang-Esp | W | ● | | | | | 3 |
| SPELLBOUND | 21,95$ | Ang | | P&S | | | | | | 3 |
| SPHERE | 29,95$ | Ang-Fran | Ang-Fran-Esp | W | ● | ● | ● | ● | | 3 |
| SPICE WORLD | 36,95$ | Ang-Fran-Esp | Ang-Fran-Esp | W | | | | | | 3 |
| SPIRAL STAIRCASE, THE | 31,95$ | Ang | | P&S | ● | | | | | 3 |
| SPLENDOR IN THE GRASS | 21,95$ | Ang-Fran | Ang-Fran | P&S/W | ● | | | | | 3 |
| SPY WHO LOVED ME, THE | 34,95$ | Ang | | P&S | ● | ● | ● | ● | | 2 |
| STALAG 17 | 32,95$ | Ang | Ang | P&S | | | | | | 3 |
| STAND BY ME | 33,95$ | Ang-Fran-Esp | Esp-Coré | W | | | | | | 3 |
| STANLEY KUBRICK COLLECTION | 179,95$ | Ang-Fran | Ang-Fran | P&S/W | ● | | ● | | | 2 |
| STAR IS BORN, A | 41,95$ | Ang | | P&S | | | | | | 3 |
| STAR TREK: FIRST CONTACT | 37,95$ | Ang-Fran | Ang-Esp | W | ● | | | | | 3 |
| STAR TREK: GENERATIONS | 37,95$ | Ang-Fran | Ang-Esp | W | | | | | | 3 |
| STAR TREK II: THE WRATH OF KHAN | 32,95$ | Ang-Fran | Ang | W | ● | | | | | 3 |
| STAR TREK III: THE SEARCH FOR SPOCK | 32,95$ | Ang-Fran | Ang | W | ● | | | | | 3 |
| STAR TREK IX: INSURRECTION | 32,95$ | Ang-Fran | | W | ● | | | ● | | 3 |
| STAR TREK VI: THE UNDISCOVERED COUNTRY | 32,95$ | Ang-Fran | | W | ● | | | | | 3 |
| STARGATE | 27,95$ | Ang-Fran | Ang-Fran-Esp | W | ● | | ● | | | 3 |
| STARMAN | 35,95$ | Ang-Fran-Esp | Ang-Fran-Esp | P&S/W | ● | | | | | 3 |
| STARSHIP TROOPERS | 24,95$ | Ang-Fran | Ang-Fran-Esp | W | ● | ● | | ● | ● | 2 |
| STATE AND MAIN | 28,95$ | Ang | Ang | P&S/W | | ● | ● | | | 3 |
| STEAMBOAT BILL Jr. | 44,95$ | Dolby Digital | Ang | P&S | | | | | | 3 |
| STENDHAL SYNDROME, THE | 26,95$ | Ang-Ita | | W | ● | ● | ● | | | 4 |
| STEPFORD WIVES, THE | 29,95$ | Ang | | W | | | | | | 3 |
| STIGMATA | 21,95$ | Ang-Fran | Fran-Esp | W | ● | ● | | | ● | 2 |
| STING, THE | ND | Ang-Fran-Esp | Esp | P&S | | | ● | | | 3 |
| STIR OF ECHOES | 27,95$ | Ang | | P&S | ● | ● | ● | ● | | 3 |
| STORM OVER ASIA | 39,95$ | Dolby Digital | Ang | P&S | | | | | | 3 |
| STORY OF G.I. JOE, THE | 39,95$ | Ang | | P&S | | | ● | | | 3 |
| STORY OF US, THE | 34,95$ | Ang-Fran | | W | ● | ● | ● | | | 2 |
| STRANGE DAYS | 28,95$ | Ang-Fran | Ang-Esp | W | ● | | | | | 3 |
| STRANGE IMPERSONATION | 44,95$ | Ang | | P&S | | | | | | |
| STRANGE LOVE OF MARTHA IVERS | 21,95$ | Ang | | P&S | | | | | | |
| STRANGER, THE | 22,95$ | Ang | | P&S | | | | | | 3 |
| STRANGERS ON A TRAIN | 21,95$ | Ang-Fran | Ang-Fran-Esp | P&S | ● | | ● | | ● | 3 |
| STRAW DOGS | 27,95$ | Ang | | W | | | | | | 2 |
| STREETCAR NAMED DESIRE, A | 21,95$ | Ang | Ang-Fran-Esp | P&S | | | ● | | | 3 |
| STUART LITTLE | 33,95$ | Ang | Ang | W | ● | ● | ● | ● | ● | 2 |
| SUCCUBUS | 29,95$ | Ang | | P&S | ● | | | | | 3 |
| SUDDEN FEAR | 44,95$ | Ang | | P&S | | | | | | 3 |
| SUDDENLY | 21,95$ | Ang | | P&S | | | ● | | | |
| SUDDENLY, LAST SUMMER | 29,95$ | Ang | Ang-Esp-Chi-Port | P&S/W | ● | | ● | | | 3 |
| SUMMER OF SAM | 32,95$ | Ang | | W | ● | | | | | 3 |
| SUMMERTIME | 44,95$ | Ang | | P&S | ● | | | | | 3 |
| SUNSHINE | PC | Ang | Ang | W | | | | | | |
| SUPERMAN (COFFRET 4 DVD) | 89,95$ | Ang-Fran | Ang-Fran-Esp-Port | W | ● | ● | ● | ● | ● | |
| SUPERMAN II | 22,95$ | Ang-Fran | Ang-Fran-Esp-Port | W | ● | | | | | |
| SUPERMAN III | 22,95$ | Ang-Fran | Ang-Fran-Esp-Port | W | ● | | | | | |
| SUPERMAN IV: THE QUEST FOR PEACE | 22,95$ | Ang-Fran | Ang-Fran-Esp-Port | W | ● | | | | | |
| SUPERMAN: THE MOVIE | 27,95$ | Ang | Ang-Fran-Esp-Port | W | ● | ● | ● | ● | ● | |
| SWAMP THING | 21,95$ | Ang-Esp | Fran-Esp | P&S/W | ● | | | | | 3 |
| SWEET AND LOWDOWN | 32,95$ | Ang-Fran | Ang-Fran-Esp | P&S/W | ● | | | | | 3 |
| SWEET HEREAFTER, THE | 27,95$ | Ang-Fran | Ang-Fran-Esp | W | ● | ● | ● | | | 3 |
| SWIMMING WITH SHARKS | 38,95$ | Ang | Ang-Esp | P&S/W | ● | | ● | | | |
| SWORD IN THE STONE, THE | 27,95$ | Ang-Fran-Esp | | P&S | | | ● | | ● | 3 |

| TITRE | PRIX | VERSIONS | SOUS-TITRES | CADRAGE | BANDES PROMO | BANDES COMMENTÉES | ARCHIVES | DOCUMENTAIRE/ESSAI | SCÈNES COUPÉES | COTE |
|---|---|---|---|---|---|---|---|---|---|---|
| TAIL LIGHTS FADE | PC | Ang | Ang-Fran-Esp | W | ● | | | | | |
| TAKE ME OUT TO THE BALL GAME | 21,95$ | Ang | Ang-Fran | P&S | | | ● | | ● | 3 |
| TAKE THE MONEY AND RUN | 21,95$ | Ang | | W | | | | | | 3 |
| TALENTED MR. RIPLEY, THE | 33,95$ | Ang-Fran | Ang | W | ● | ● | ● | ● | | |
| TALES OF TERROR | 21,95$ | Ang | Fran-Esp | P&S/W | ● | | | | | 3 |
| TAMBOUR, LE | 44,95$ | Alle | Ang | P&S | | ● | ● | | | 1 |
| TAMING OF THE SHREW, THE | 33,95$ | Ang-Esp-Port | Ang-Esp-Port-Chi | W | ● | | | | | 3 |
| TAO OF STEVE | 29,95$ | Ang | Ang-Fran-Esp | W | ● | | ● | | | 2 |
| TARZAN | 36,95$ | Ang-Fran-Esp | Esp | W | ● | | ● | | | 1 |
| TAXI | 29,95$ | Fran | Ang | W | ● | | ● | | | 4 |
| TAXI DRIVER | 24,95$ | Ang-Fran | Ang-Esp | W | | | ● | ● | | 3 |
| TAXING WOMAN, A | 34,95$ | Jap | Ang | P&S | ● | | ● | | | 3 |
| TELLING LIES IN AMERICA | PC | Ang | | P&S | | | | | | |
| TEMPEST, THE | 41,95$ | Ang | | P&S | | | ● | ● | | 2 |
| TEMPTATION OF A MONK | 34,95$ | Man | Ang | P&S | ● | | | | | 3 |
| TEN COMMANDMENTS, THE | 39,95$ | Ang-Fran | Ang | W | ● | | | | | 3 |
| TENDER MERCIES | 14,95$ | Ang | | W | | | | | | 3 |
| TEQUILA SUNRISE | 21,95$ | Ang-Fran-Esp | Ang-Fran-Esp | W | ● | ● | ● | | | 3 |
| TERMINATOR, THE | LS | Ang | | W | ● | | | | | 3 |
| TERMINATOR 2: JUDGMENT DAY | 27,95$ | Ang-Fran-Esp | Ang-Fran-Esp | W | ● | | ● | | | 3 |
| TERMINATOR 2: THE ULTIMATE DVD EDITION | 39,95$ | Ang | Ang | W | ● | ● | ● | ● | ● | 1 |
| TERROR BY NIGHT | LS | Ang | | P&S | | | ● | | | |
| TERROR, THE | 21,95$ | Ang | | P&S | ● | | | | | |
| TERRORIST, THE | 26,95$ | | Ang-tam | W | | | ● | | | |
| TESTAMENT D'ORPHÉE | LS | Fran | Ang | P&S | | | ● | | | |
| TESTAMENT DU DR. MABUSE, LE | 44,95$ | Ang-Alle | Ang | W/16X9 | ● | ● | ● | ● | | 3 |
| TEX | 27,95$ | Ang | | P&S/W | | | | | | 3 |
| TEXAS CHAINSAW MASSACRE, THE | 46,95$ | Ang | | W | ● | ● | | | ● | 1 |
| THAT TOUCH OF MINK | PC | Ang | | W | | | | | | 3 |
| THAT'S THE WAY I LIKE IT | 29,95$ | Ang | | W | ● | | | | | 3 |
| THELMA & LOUISE | 18,95$ | Ang-Fran-Esp | Ang-Fran-Esp | P&S/W | ● | ● | | | | 3 |
| THERE'S SOMETHING ABOUT MARY | 23,95$ | Ang-Fran | Esp | W | ● | ● | | | | 3 |
| THESIS | 29,95$ | Ang | Ang | P&S | | | | | | |
| THEY SHOOT HORSES, DON'T THEY? | 21,95$ | Ang | | P&S/W | ● | | | ● | | 3 |
| THEY WERE EXPANDABLE | 29,95$ | Ang | | P&S | ● | | ● | | | 3 |
| THIEF | 18,95$ | Ang | Ang-Fran-Esp | W | ● | ● | ● | | ● | 3 |
| THIEF OF BAGDAD, THE | 44,95$ | Dolby Digital | Ang | P&S | | | | | | 3 |
| THIN RED LINE, THE | 18,95$ | Ang | | P&S | | | ● | | | 3 |
| THIN RED LINE, THE | 28,95$ | Ang | Ang-Esp | W | | | ● | | | 3 |
| THING, THE | 39,95$ | Ang-Fran | Esp | W | ● | ● | ● | ● | ● | 2 |
| THINGS CHANGE | 32,95$ | Ang-Esp | Ang-Esp | P&S/W | ● | | ● | | | |
| THIRD MAN, THE | 59,95$ | Ang | Ang | P&S | ● | | ● | | | |
| THIRD MIRACLE, THE | 32,95$ | Ang | Ang-Fran-Esp | P&S/W | ● | ● | | | | 3 |
| THIS IS SPINAL TAP | 26,95$ | Ang | | W | ● | ● | | | | 1 |
| THIS ISLAND EARTH | 48,95$ | Ang | | P&S | | | | | | 3 |
| THIS SPORTING LIFE | 44,95$ | Ang | | W | | | | | | 3 |
| THOMAS CROWN AFFAIR, THE | 18,95$ | Ang | Ang-Fran | P&S/W | ● | ● | ● | | | 3 |
| THOMAS CROWN AFFAIR, THE | 26,95$ | Ang-Fran | Ang-Fran | P&S/W | ● | ● | ● | | | 3 |
| THREE AGES, THE | 44,95$ | Dolby Digital | Ang | P&S | | | | ● | | 3 |
| THREE KINGS | 26,95$ | Ang | Ang-Fran | W | ● | ● | ● | ● | | 1 |
| THREE MUSKETEERS, THE | 49,95$ | Dolby Digital | Ang | P&S | | | | | | 3 |
| THUNDER ROAD | 26,95$ | Ang | Fran-Esp | P&S | ● | | ● | | | 3 |
| THUNDERBALL | 34,95$ | Ang-Fran | Ang-Fran | W | ● | ● | | ● | | 2 |
| TIETA OF AGRESTE | 34,95$ | Ang | Ang | P&S | | | ● | | | 3 |
| TILL THE CLOUDS ROLL BY | 21,95$ | Ang | | P&S | | | | | | 3 |
| TILLIE'S PUNCTURED ROMANCE | 37,95$ | Dolby Digital | Ang | P&S | | | | | | 3 |
| TIME BANDITS | 59,95$ | Ang | | W | ● | ● | ● | | | 1 |
| TIME CODE | ND | Ang | | W | ● | ● | | | ● | 2 |
| TIME MACHINE, THE | 21,95$ | Ang-Fran | Ang-Fran | W | | | | ● | | 32 |
| TIME TO KILL, A | 29,95$ | Ang-Fran | Ang-Fran-Esp | W | ● | | ● | | | 3 |
| TINGLER, THE | 26,95$ | Ang-Esp | Ang-Esp-Chi-Port | W | ● | | ● | ● | | 3 |

DVD

| TITRE | PRIX | VERSIONS | SOUS-TITRES | CADRAGE | BANDES PROMO | BANDES COMMENTÉES | ARCHIVES | DOCUMENTAIRE/ESSAI | SCÈNES COUPÉES | COTE |
|---|---|---|---|---|---|---|---|---|---|---|
| TITAN A.E. | 28,95$ | Ang-Fran | Ang-Esp | W | ● | ● | ● | ● | ● | 3 |
| TITANIC | 32,95$ | Ang-Fran | Ang-Esp | W | ● | | | | | 3 |
| TITUS | 23,95$ | Ang | Ang-Esp | W | ● | ● | ● | | | 1 |
| TO DIE FOR | 33,95$ | Ang-Fran | | P&S/W | ● | | | | | 3 |
| TO KILL A MOCKINGBIRD | 39,95$ | Ang-Fran | Esp | W | ● | ● | | ● | | 2 |
| TOKYO DRIFTER | 44,95$ | Jap | Ang | W | | | ● | | | 3 |
| TOKYO RAIDERS | 29,95$ | Ang-Can | Ang-Fran-Esp | P&S/W | | | | ● | | 3 |
| TOM JONES | 22,95$ | Ang-Esp | | P&S | ● | | ● | | | 3 |
| TOMBS OF THE BLIND DEAD & RETURN... | 34,95$ | Esp | Ang | W | | | | | | 3 |
| TOMMY | 29,95$ | Ang | Ang-Fran-Esp | P&S/W | | | ● | | | 3 |
| TOMORROW NEVER DIES | 34,95$ | Ang-Fran | Ang-Fran-Esp | P&S/W | ● | | ● | ● | | 2 |
| TOPSY-TURVY | 27,95$ | Ang | Fran-Esp | P&S/W | ● | | ● | ● | | |
| TORA! TORA! TORA! | 28,95$ | Ang-Fran | Ang-Esp | W | ● | | | | | 3 |
| TOTAL ECLIPSE | 27,95$ | Ang | Ang | P&S/W | ● | | ● | | | 3 |
| TOTAL RECALL | 22,95$ | Ang-Fran | Ang-Fran-Esp | P&S/W | ● | | ● | | | 3 |
| TOUCH OF EVIL | 27,95$ | Ang | | W | | | ● | | | 2 |
| TOUT SUR MA MÈRE | 32,95$ | Ang-Esp | Ang-Fran-Esp | P&S/W | ● | | ● | ● | | 2 |
| TOWERING INFERNO, THE | 28,95$ | Ang-Fran | Ang-Esp | W | ● | | | | | 3 |
| TOXIC AVENGER, THE | 32,95$ | Ang | | P&S | ● | ● | | | ● | 2 |
| TOY STORY | 36,95$ | Ang-Fran-Esp | | W | | | | ● | | 3 |
| TOY STORY 2 | 27,95$ | Ang | | P&S/W | | | ● | | ● | 3 |
| TOY STORY (COFFRET- 3 DVD) | 71,95$ | | | W/16X9 | | ● | ● | ● | ● | 1 |
| TRAFFIC | 29,95$ | Ang | Fran-Esp | W | ● | | ● | ● | | 3 |
| TRAIN, THE | 18,95$ | Ang | Ang-Fran | W | ● | ● | | | | 3 |
| TRAINSPOTTING | 27,95$ | Ang | | W | | | | | | 2 |
| TRAVIATA, LA | 27,95$ | Ang-Ita | Fran | W | ● | | ● | | | 3 |
| TREES LOUNGE | 42,95$ | Ang | | W | ● | ● | | | | 3 |
| TRIAL, THE | 49,95$ | Ang | | P&S | | | | | | 3 |
| TRIAL, THE | 46,95$ | Ang | | W | ● | | | | | 3 |
| TRIXIE | 33,95$ | Ang | Ang-Fran-Esp | W | | ● | | | | 3 |
| TROIS VISAGES DE LA PEUR, LES | 34,95$ | Ita | Ang | | ● | | ● | ● | | |
| TRON | 24,95$ | Ang-Fran-Esp | | W | ● | | | | | 3 |
| TRUE CRIME | 26,95$ | Ang | Ang | W | ● | | ● | | | 3 |
| TRUE GRIT | 32,95$ | Ang-Fran | Ang | W | ● | | | | | 3 |
| TRUE LIES | 28,95$ | Ang-Fran | Ang-Esp | W | ● | | | | | 3 |
| TRUE ROMANCE | 21,95$ | Ang | Ang-Fran-Esp | W | ● | | ● | | | 3 |
| TRUE STORIES | 17,95$ | Ang | Ang | P&S | | | | | | 3 |
| TRUMAN SHOW, THE | 32,95$ | Ang-Fran | | W | ● | | | | | 3 |
| TRUTH OR CONSEQUENCES N.M. | 18,95$ | Ang-Esp | Ang-Fran-Esp | P&S/W | ● | | | | | |
| TUMBLEWEEDS | 34,95$ | Ang | Ang | P&S/W | ● | ● | ● | | | 3 |
| TWILIGHT | 37,95$ | Ang-Fran | Ang-Esp | W | ● | | | | | 3 |
| TWIN FALLS IDAHO | 33,95$ | Ang | Ang-Fran-Esp | W | ● | ● | | | | 3 |
| TWIN WARRIORS | 26,95$ | Ang | Ang | P&S/W | | | | | | |
| TWISTER | 26,95$ | Ang-Fran | Ang-Fran-Esp | P&S/W | ● | | ● | | | 3 |
| TWO JAKES, THE | 29,95$ | Ang-Fran | Ang | W | ● | | | | | 3 |
| TWO LANE BLACKTOP | 27,95$ | Ang | | W/16X9 | ● | ● | ● | ● | | 2 |
| U.S. MARSHALS | 29,95$ | Ang-Fran | Ang-Fran-Esp | P&S/W | ● | ● | | ● | | 3 |
| U-571 | 28,95$ | Ang-Fran | | W | | ● | ● | ● | | 2 |
| U-TURN | 33,95$ | Ang-Fran-Esp | Ang-Fran-Esp | W | ● | | | | | 3 |
| UGLY, THE | 26,95$ | Ang | Fran-Esp | W | ● | | | | | 3 |
| ULEE'S GOLD | 29,95$ | Ang-Fran | | P&S/W | ● | | | ● | | 3 |
| ULZANA'S RAID | 29,95$ | Ang | Fran-Esp | P&S | | | | | | 3 |
| UNBEARABLE LIGHTNESS OF BEING, THE | 64,95$ | Ang | Ang | W | | ● | | | | 3 |
| UNBREAKABLE | 29,95$ | Ang | | W | | ● | ● | ● | ● | 3 |
| UNCLE TOM'S CABIN | PC | Dolby Digital | Ang | P&S | | | ● | | ● | 3 |
| UNDER SUSPICION | ND | Ang-Fran-Esp | Ang-Fran-Esp-Chi | P&S/W | | | | | | 2 |
| UNDERNEATH, THE | 34,95$ | Ang | Ang-Fran-Esp | W | ● | | ● | | | 3 |
| UNFORGIVEN | 26,95$ | Ang-Fran | Ang-Fran-Esp | W | | | ● | | | 3 |
| UNSINKABLE MOLLY BROWN, THE | 21,95$ | Ang | Ang-Fran | W | ● | | ● | ● | | 2 |
| UP AT THE VILLA | 27,95$ | Ang | Fran-Esp | W/16X9 | ● | | ● | | | 3 |
| USUAL SUSPECTS, THE | 21,95$ | Ang-Fran | Esp | P&S/W | ● | ● | | | | 3 |

| TITRE | PRIX | VERSIONS | SOUS-TITRES | CADRAGE | BANDES PROMO | BANDES COMMENTÉES | ARCHIVES | DOCUMENTAIRE/ESSAI | SCÈNES COUPÉES | COTE |
|---|---|---|---|---|---|---|---|---|---|---|
| VALÉRIE ET L'INITIATION | 49,95$ | Ang-Fran | | P&S | ● | | | ● | | 3 |
| VAMPYR | 39,95$ | Dolby Digital | Ang | P&S | | | | | | 3 |
| VAMPYROS LESBOS | 44,95$ | Alle | Ang | W | ● | | ● | | | 2 |
| VELVET GOLDMINE | 27,95$ | Ang | | W | ● | | | | | 3 |
| VENGEANCE OF SHE, THE | 29,95$ | Ang | | W | ● | | | | | 3 |
| VERA CRUZ | 21,95$ | Ang-Fran-Esp | Fran-Esp | W | ● | | | | | 3 |
| VERTICAL LIMIT | 31,95$ | Ang-Fran | Ang-Fran | W | ● | ● | ● | ● | | 2 |
| VERTIGO | 34,95$ | Ang | Fran-Esp | W | ● | ● | ● | ● | | 2 |
| VERY NATURAL THING, A | PC | Ang | | P&S | | | | | | |
| VIDEODROME | 27,95$ | Ang-Fran | Esp | W | ● | | ● | | | 3 |
| VIE EST BELLE, LA | 41,95$ | Ang-Ita | Ang | W | ● | | | ● | | 3 |
| VIEW TO A KILL, A | 27,95$ | Ang-Esp | Fran-Esp | W | ● | ● | | ● | ● | 2 |
| VIOLENT COP | 34,95$ | Jap | Ang | W | ● | | ● | | | 3 |
| VIOLON ROUGE, LE | 27,95$ | Ang | | W | ● | | ● | | | 3 |
| VIRGIN SUICIDES, THE | 33,95$ | Ang-Fran | Ang | W | ● | | | ● | | 2 |
| VIVE L'AMOUR | 34,95$ | Man | Ang | P&S | | | ● | | | 3 |
| VOLCANO | PC | Ang-Fran | Ang-Esp | W | ● | | | | | 3 |
| VOLEUR DE BICYCLETTE, LE | 39,95$ | Ang-Ita | Ang | P&S | ● | | | | | 3 |
| VOULEZ-VOUS DANSER AVEC MOI? | 27,95$ | Fran | Ang | W/16X9 | | | ● | | | |
| VOYAGE OF THE DAMNED | 31,95$ | Ang | | P&S | | | | | | |
| WAG THE DOG | 22,95$ | Ang-Fran | Ang-Fran | P&S/W | ● | ● | ● | ● | | 2 |
| WAKING NED DEVINE | 23,95$ | Ang | Ang-Esp | W | ● | | | | | 3 |
| WAKING THE DEAD | 19,95$ | Ang | | P&S | | ● | | | ● | 2 |
| WALK IN THE SUN, A | PC | Ang | | P&S | | | ● | | | |
| WALK ON THE MOON, A | 27,95$ | Ang | | W | | | | | | |
| WALKABOUT | 44,95$ | Ang | | W | ● | ● | | | ● | 3 |
| WALTZ OF THE TOREADORS | 39,95$ | Ang | | W | | | | | | 3 |
| WAR OF THE WORLDS | 29,95$ | Ang-Fran | | P&S | ● | | | | | 3 |
| WATCHER, THE | 28,95$ | Ang-Fran | | W | | | ● | | | 2 |
| WATERWORLD | 34,95$ | Ang-Fran-Esp | Esp | W | ● | | ● | | | 3 |
| WAY DOWN EAST | 44,95$ | Dolby Digital | Ang | P&S | | | | | | 3 |
| WAY OF THE GUN, THE | 27,95$ | Ang | | W | ● | ● | ● | ● | ● | 3 |
| WAY WE WERE, THE | 29,95$ | Ang | Ang-Esp-Port-Chi | W | ● | ● | | ● | | 3 |
| WEST SIDE STORY | 18,95$ | Ang | Ang-Fran | W | ● | | ● | ● | | 3 |
| WESTERNER, THE | 22,95$ | Ang-Fran-Esp | | P&S | | | ● | | | 3 |
| WESTWORLD | 29,95$ | Ang-Fran | Ang-Fran-Esp | W | ● | | ● | | | 3 |
| WHAT DREAMS MAY COME | 32,95$ | Ang | Fran-Esp | W | ● | ● | ● | ● | | 2 |
| WHAT EVER HAPPENED TO BABY JANE? | 21,95$ | Ang-Fran | Ang-Fran-Esp | W | | | ● | | | 3 |
| WHAT LIES BENEATH | 29,95$ | Ang | | W | ● | ● | ● | ● | | 3 |
| WHAT PLANET ARE YOU FROM? | 28,95$ | Ang | Ang | P&S/W | | | ● | ● | | 3 |
| WHAT WOMEN WANT | 34,95$ | Ang-Fran | Ang | W | ● | ● | ● | ● | | 3 |
| WHAT'S LOVE GOT TO DO WITH IT? | 24,95$ | Ang-Fran | Ang | W | ● | | | | | |
| WHERE THE HEART IS | ND | Ang-Fran | Ang | W | ● | | ● | | | 3 |
| WHERE THE MONEY IS? | 27,95$ | Ang-Fran | Fran-Esp | W | ● | | | | | 3 |
| WHITE SANDS | 29,95$ | Ang-Fran | Ang-Fran | W | ● | | | | | |
| WHITE SQUALL | 29,95$ | Ang | | W | ● | | | | | 3 |
| WHO FRAMED ROGER RABBIT? | 32,95$ | Ang-Fran | Ang | W | ● | | | | | 3 |
| WHO'S AFRAID OF VIRGINIA WOOLF? | 21,95$ | Ang | Ang-Fran-Esp | W | | ● | ● | | | 3 |
| WHOLE NINE YARDS, THE | 26,95$ | Ang | | P&S/W | | ● | ● | | | 3 |
| WILD BILL | 21,95$ | Ang-Fran-Esp | Fran-Esp | W | ● | | | | | 3 |
| WILD BUNCH, THE | 21,95$ | Ang | Ang-Fran-Esp | W | ● | | ● | ● | | 3 |
| WILD ONE, THE | 33,95$ | Ang | | W | ● | | | | | 3 |
| WILD THINGS | 23,95$ | Ang-Fran | Ang-Fran | P&S/W | ● | ● | | | ● | 2 |
| WILD WILD WEST | 29,95$ | Ang | Ang | W | ● | ● | | ● | | 2 |
| WILLIAM SHAKESPEARE'S ROMEO & JULIET | 28,95$ | Ang-Fran | Ang-Esp | W | ● | | | | | 3 |
| WILLY WONKA AND THE CHOCOLATE FACTORY | 29,95$ | Ang-Fran-Esp | Ang-Fran-Esp | W | ● | | ● | | | 3 |
| WINGS OF THE DOVE, THE | 34,95$ | Ang | | W | ● | | | | | 3 |
| WINSLOW BOY, THE | 33,95$ | Ang | Ang | W | ● | ● | | ● | | 3 |
| WINTER SLEEPERS | 34,95$ | Alle | Ang | P&S | ● | | | | | 3 |
| WITCHES OF EASTWICK, THE | 29,95$ | Ang-Fran | Ang-Fran-Esp | W | ● | | ● | | | 3 |
| WITCHES, THE | 27,95$ | Ang | | W | ● | | ● | | | |

DVD

| TITRE | PRIX | VERSIONS | SOUS-TITRES | CADRAGE | BANDES PROMO | BANDES COMMENTÉES | ARCHIVES | DOCUMENTAIRE/ESSAI | SCÈNES COUPÉES | COTE |
|---|---|---|---|---|---|---|---|---|---|---|
| WITCHES, THE | 27,95$ | Ang | | W | ● | | ● | | | |
| WITNESS | 39,95$ | Ang-Fran | | W | ● | | ● | | | 3 |
| WIZARD OF OZ, THE | 26,95$ | Ang-Fran-Esp | Ang-Fran-Esp | P&S | ● | | | ● | | 1 |
| WOLF | LS | Ang-Fran-Esp | Ang-Esp-Coré | W | | | | | | 3 |
| WOLF MAN, THE | 27,95$ | Ang | Fran | P&S | ● | ● | ● | ● | | 2 |
| WOMAN IN GREEN, THE | 17,95$ | Ang | | P&S | | | ● | | | |
| WOMAN OF THE YEAR | 29,95$ | Ang-Fran-Esp | Ang-Fran-Esp | P&S | | | | | | 3 |
| WOMAN UNDER THE INFLUENCE, A | 33,95$ | Ang | | P&S | | | | | | 3 |
| WONDER BOYS | 33,95$ | Ang-Fran | Ang | W | ● | | ● | | | 2 |
| WONDERFUL, HORRIBLE LIFE OF LENI..., THE | 78,95$ | Ang-Alle | Ang | P&S | | | | | | 3 |
| WOODSTOCK | 21,95$ | Ang | Ang-Fran-Esp | W | | | ● | | | 3 |
| WORKING GIRL | 23,95$ | Ang-Fran | Ang-Esp | W | ● | | | | | |
| WORLD IS NOT ENOUGH, THE | 34,95$ | Ang | Ang-Fran-Esp | W | ● | ● | ● | ● | | |
| WOYZECK | 27,95$ | Alle | Ang | W | | | | | | 2 |
| WUTHERING HEIGHTS | 26,95$ | Ang | | P&S | ● | | ● | | | 3 |
| X THE UNKNOWN | 27,95$ | Ang | | P&S | ● | | ● | | | 3 |
| X-FILES, THE MOVIE, THE | 31,95$ | Ang-Fran | Ang-Esp | W | ● | ● | ● | ● | ● | 2 |
| X-MEN | 24,95$ | Ang-Fran | Ang-Esp | W | ● | | ● | ● | ● | 2 |
| YARDS, THE | 28,95$ | Ang | Esp | W | ● | ● | ● | ● | | 3 |
| YEAR OF LIVING DANGEROUSLY, THE | 21,95$ | Ang-Fran-Esp | Ang-Fran-Esp | W | ● | | | | | 3 |
| YELLOW SUBMARINE | 21,95$ | Ang | Ang-Fran | W | ● | ● | | ● | | 1 |
| YOJIMBO | 49,95$ | Jap | Ang | W | ● | | | | | 2 |
| YOU ONLY LIVE TWICE | 27,95$ | Ang-Esp | Fran-Esp | W | ● | ● | ● | ● | | 2 |
| YOUNG FRANKENSTEIN | 28,95$ | Ang-Fran-Esp | Ang | W | ● | ● | ● | | | 2 |
| ZERO EFFECT | 29,95$ | Ang | Ang-Fran | W | ● | ● | | | | 3 |
| ZIGGY STARDUST AND THE SPIDERS FROM MARS | 39,95$ | Ang | | P&S | | | | | | 3 |
| ZOMBIE | 31,95$ | Ang | | W | ● | ● | | | | 2 |
| ZOO - A ZED AND TWO NOUGHTS | 34,95$ | Ang | | W | | | ● | | | 3 |
| 10 | 29,95$ | Ang-Fran | Ang-Fran-Esp | W | ● | | ● | | | 3 |
| 101 DALMATIANS | 34,95$ | Ang-Fran-Esp | | P&S | ● | | ● | | | 3 |
| 102 DALMATIANS | 29,95$ | Ang-Fran-Esp | Esp | W | | ● | ● | ● | ● | 3 |
| 12 MONKEYS | 39,95$ | Ang-Fran | Ang-Fran-Esp | W | ● | ● | ● | ● | | 2 |
| 13$^{TH}$ WARRIOR, THE | PC | Ang-Fran | Ang | W | ● | | | | | 3 |
| 1941 | 39,95$ | Ang | Ang-Esp | W | ● | | ● | ● | ● | 2 |
| 200 CIGARETTES | PC | Ang | Ang | W | | | | | | 3 |
| 2000 MANIACS | 39,95$ | Ang-Fran | | P&S | ● | ● | | | | |
| 2001: A SPACE ODYSSEY | 26,95$ | Ang-Fran | Ang-Fran-Esp | W | ● | | | | | 2 |
| 2010: THE YEAR WE MAKE CONTACT | 26,95$ | Ang-Fran | Ang-Fran-Esp | W | | | | ● | | 3 |
| 28 DAYS | LS | Ang | Ang | W | | ● | ● | ● | | 3 |
| 3 DAYS OF THE CONDOR | 33,95$ | Ang | Ang | W | ● | | | | | 3 |
| 39 STEPS, THE | 64,95$ | Ang | Ang | P&S | | | | ● | | 1 |
| 42$^{nd}$ STREET | 26,95$ | Ang | Ang-Fran | P&S | ● | | ● | | | 3 |
| 47 RONIN, PART 1 & 2 | 56,95$ | Jap | Ang | P&S | | | | | | 3 |
| 4$^{TH}$ FLOOR, THE | 28,95$ | Ang | Esp | P&S/W | ● | ● | | | ● | 3 |
| 6$^{th}$ Day, The | 28,95$ | Ang-Fran | | W | ● | ● | ● | ● | | 3 |
| 7 FACES OF DR. LAO | 21,95$ | Ang | Ang-Fran | P&S/W | ● | | | ● | | 2 |
| 7$^{th}$ VOYAGE OF SINBAD, THE | 29,95$ | Ang-Port-Esp | Ang-Esp-Port-Chi | W | ● | | ● | | | 3 |
| 9 1/2 WEEKS | 22,95$ | Ang-Fran | Ang-Fran-Esp | W | ● | | ● | | ● | 3 |

# LES FILMOGRAPHIES DES ACTEURS

**ABBOTT, Bud**
*acteur américain (1895-1974)*
HOLD THAT GHOST (1940)
ONE NIGHT IN THE TROPICS (1940)
BUCK PRIVATES (1941)
IN THE NAVY (1941)
KEEP'EM FLYING (1941)
PARDON MY SARONG (1942)
RIDE 'EM COWBOY (1942)
HIT THE ICE (1943)
LOST IN A HAREM (1944)
ABBOTT & COSTELLO IN HOLLYWOOD (1945)
NAUGHTY NINETIES, THE (1945)
TIME OF THEIR LIVES, THE (1946)
ABBOTT & COSTELLO MEET FRANKENSTEIN (1948)
MEXICAN HAYRIDE (1948)
ABBOTT & COSTELLO MEET THE KILLER BORIS KARLOFF (1949)
ABBOTT AND COSTELLO IN THE FOREIGN LEGION (1950)
ABBOTT & COSTELLO MEET THE INVISIBLE MAN (1951)
ABBOTT & COSTELLO GO TO MARS (1953)
ABBOTT & COSTELLO MEET DR. JEKYLL AND MR. HYDE (1953)
ABBOTT & COSTELLO MEET THE KEYSTONE KOPS (1955)
ABBOTT & COSTELLO MEET THE MUMMY (1955)
DANCE WITH ME HENRY (1956)

**ABRAHAM, F. Murray**
*acteur américain (1940-)*
SERPICO (1973)
ALL THE PRESIDENT'S MEN (1976)
RITZ, THE (1976)
SCARFACE (1983)
AMADEUS (1984)
FINDING FORRESTER (2000)
NAME OF THE ROSE, THE (1986)
BONFIRE OF THE VANITIES, THE (1990)
MOBSTERS (1991)
LAST ACTION HERO (1993)
NATIONAL LAMPOON'S LOADED WEAPON 1 (1993)
NOSTRADAMUS (1994)
SURVIVING THE GAME (1994)
MIGHTY APHRODITE (1995)
CHILDREN OF THE REVOLUTION (1996)
MIMIC (1997)
STAR TREK IX: INSURRECTION (1998)
EXCELLENT CADAVERS (1999)
MUPPETS FROM SPACE (1999)

**ABRIL, Victoria**
*actrice espagnole (1959-)*
MIEUX VAUT ÊTRE RICHE ET BIEN PORTANT QUE FAUCHÉ ET MAL FOUTU (1980)
COMIN' AT YA! (1981)
J'AI ÉPOUSÉ UNE OMBRE (1982)
BATARD, LE (1983)
LUNE DANS LE CANIVEAU, LA (1983)
ON THE LINE (1983)
ADDITION, L' (1984)
PADRE NUESTRO (1985)
HEURE DES SORTILÈGES, L' (1986)
MAX, MON AMOUR (1986)
TEMPS DU SILENCE, LE (1986)
BATON ROUGE (1988)
ATTACHE-MOI! (1990)
ÉPOQUE FORMIDABLE, UNE (1991)
LOVERS (1992)
TALONS AIGUILLES (1992)
INTRUSO (1993)
KIKA (1993)
GAZON MAUDIT (1994)
LIBERTARIAS (1995)

**ADAMS, Maud**
*actrice suédoise (1945-)*
ROLLERBALL (1974)
LAURA, LES OMBRES DE L'ÉTÉ (1979)
TATTOO (1981)
OCTOPUSSY (1983)
MAN OF PASSION, A (1988)

**ADDAMS, Dawn**
*actrice anglaise (1927-1985)*
MOON IS BLUE, THE (1953)
ROBE, THE (1953)
KING IN NEW YORK, A (1957)
DIABOLIQUE DR. MABUSE, LE (1960)

**ADJANI, Isabelle**
*actrice française (1955-)*
HISTOIRE D'ADÈLE H., L' (1975)
BAROCCO (1976)
LOCATAIRE, LE (1976)
DRIVER, THE (1978)
NOSFERATU: FANTÔME DE LA NUIT (1978)
POSSESSION (1981)
QUARTET (1981)
TOUT FEU, TOUT FLAMME (1982)
MORTELLE RANDONNÉE (1983)
ÉTÉ MEURTRIER, L' (1983)
SUBWAY (1985)
ISHTAR (1987)
CAMILLE CLAUDEL (1988)
REINE MARGOT, LA (1993)
TOXIC AFFAIR (1993)
DIABOLIQUE (1996)

**ADLER, Luther**
*acteur américain (1903-1984)*
HOUSE OF STRANGERS (1949)
D.O.A. (1950)
KISS TOMORROW GOODBYE (1950)
DESERT FOX, THE (1951)
LAST ANGRY MAN, THE (1959)
ABSENCE OF MALICE (1982)

**AGAR, John**
*acteur américain (1921-)*
FORT APACHE (1948)
SANDS OF IWO JIMA (1949)
SHE WORE A YELLOW RIBBON (1949)
ALONG THE GREAT DIVIDE (1951)
REVENGE OF THE CREATURE (1955)
TARANTULA (1955)
MOLE PEOPLE, THE (1956)
ATTACK OF THE PUPPET PEOPLE (1958)
BRAIN FROM PLANET AROUS, THE (1958)
INVISIBLE INVADERS (1959)
ST. VALENTINE'S DAY MASSACRE, THE (1967)
KING KONG (1976)
NIGHTBREED (1990)

**AGUTTER, Jenny**
*actrice anglaise (1952-)*
EAGLE HAS LANDED, THE (1976)
LOGAN'S RUN (1976)
MAN IN THE IRON MASK, THE (1977)
AMERICAN WEREWOLF IN LONDON, AN (1981)
CHILD'S PLAY 2 (1990)

**AIELLO, Danny**
*acteur américain (1933-)*
GODFATHER, PART 2, THE (1974)
FRONT, THE (1976)
FINGERS (1978)
FORT APACHE, THE BRONX (1980)
AMITYVILLE II: THE POSSESSION (1982)
ONCE UPON A TIME IN AMERICA (1984)
PROTECTOR, THE (1985)
PURPLE ROSE OF CAIRO, THE (1985)
MOONSTRUCK (1987)
PICK-UP ARTIST, THE (1987)
RADIO DAYS (1987)
DO THE RIGHT THING (1989)
HARLEM NIGHTS (1989)
JANUARY MAN, THE (1989)
JACOB'S LADDER (1990)
ONCE AROUND (1990)
29TH STREET (1991)
HUDSON HAWK (1991)
MISTRESS (1992)
LEON: THE PROFESSIONAL (1994)
PROFESSIONAL, THE (1994)
2 DAYS IN THE VALLEY (1996)
CITY HALL (1996)

**AIMÉE, Anouk**
*actrice française (1932-)*
MONTPARNASSE 19 (1957)
DOLCE VITA, LA (1960)
LOLA (1961)
SODOM AND GOMORRAH (1962)
8 1/2 (1963)
HOMME ET UNE FEMME, UN (1966)
TRAGÉDIE D'UN HOMME RIDICULE, LA (1981)
SUCCESS IS THE BEST REVENGE (1984)
HOMME ET UNE FEMME: VINGT ANS DÉJÀ, UN (1986)
BETHUNE: THE MAKING OF A HERO (1990)
IL Y A DES JOURS... ET DES LUNES (1990)
MARMOTTES, LES (1993)
RUPTURE(S) (1993)
CENT ET UNE NUITS, LES (1994)
PRÊT-À-PORTER (1994)

**AKINS, Claude**
*acteur américain (1918-1994)*
CAINE MUTINY, THE (1953)
FROM HERE TO ETERNITY (1953)
SEA CHASE, THE (1955)
LONELY MAN, THE (1957)
DEFIANT ONES, THE (1958)
ONIONHEAD (1958)
RIO BRAVO (1959)
COMANCHE STATION (1960)
INHERIT THE WIND (1960)
MERRILL'S MARAUDERS (1962)
KILLERS, THE (1964)
RETURN OF THE MAGNIFICIENT SEVEN (1966)
NIGHT STALKER (1971)
BATTLE FOR THE PLANET OF THE APES (1973)
MONSTER IN THE CLOSET (1987)
GAMBLER RETURNS: THE LUCK OF THE DRAWN (1991)
FALLING FROM GRACE (1992)

**ALDA, Alan**
*acteur américain (1936-)*
TO KILL A CLOWN (1972)
CALIFORNIA SUITE (1978)
SAME TIME, NEXT YEAR (1978)
SEDUCTION OF JOE TYNAN, THE (1979)
FOUR SEASONS, THE (1981)
SWEET LIBERTY (1986)
NEW LIFE, A (1988)
CRIMES AND MISDEMEANORS (1989)
BETSY'S WEDDING (1990)
MANHATTAN MURDER MYSTERY (1993)
AND THE BAND PLAYED ON (1994)
CANADIAN BACON (1995)
EVERYONE SAYS I LOVE YOU (1996)
MAD CITY (1997)

MURDER AT 1600 (1997)
KEEPERS OF THE FRAME (1999)

**ALEXANDER, Jane**
*actrice américaine (1939-)*
GREAT WHITE HOPE, THE (1970)
NEW CENTURIONS, THE (1972)
ALL THE PRESIDENT'S MEN (1976)
BETSY, THE (1978)
KRAMER vs. KRAMER (1979)
BRUBAKER (1980)
TESTAMENT (1983)
CITY HEAT (1984)
RUMOR MILL, THE (1985)
SWEET COUNTRY (1988)
GLORY (1989)

**ALLEN, Joan**
*actrice américaine (1956-)*
COMPROMISING POSITIONS (1985)
MANHUNTER (1986)
IN COUNTRY (1989)
ETHAN FROME (1992)
SEARCHING FOR BOBBY FISCHER (1993)
MAD LOVE (1995)
NIXON (1995)
FACE/OFF (1997)
ICE STORM, THE (1997)
PLEASANTVILLE (1998)
IT'S THE RAGE (1999)
CONTENDER, THE (2000)

**ALLEN, Nancy**
*actrice américaine (1950-)*
CARRIE (1976)
I WANNA HOLD YOUR HAND (1978)
BLOW-OUT (1981)
DRESSED TO KILL (1981)
STRANGE INVADERS (1982)
BUDDY SYSTEM, THE (1983)
PHILADELPHIA EXPERIMENT, THE (1984)
GLADIATOR, THE (1986)
ROBOCOP (1987)
POLTERGEIST III (1988)

**ALLEN, Woody**
*acteur américain (1935-)*
CASINO ROYALE (1967)
TAKE THE MONEY AND RUN (1969)
BANANAS (1971)
EVERYTHING YOU ALWAYS WANTED TO KNOW ABOUT SEX BUT WERE AFRAID TO ASK (1972)
PLAY IT AGAIN, SAM (1972)
SLEEPER (1973)
LOVE AND DEATH (1975)
FRONT, THE (1976)
ANNIE HALL (1977)
MANHATTAN (1979)
STARDUST MEMORIES (1980)
MIDSUMMER NIGHT'S SEX COMEDY, A (1982)
BROADWAY DANNY ROSE (1984)
PURPLE ROSE OF CAIRO, THE (1985)
HANNAH AND HER SISTERS (1986)
KING LEAR (1987)
RADIO DAYS (1987)
CRIMES AND MISDEMEANORS (1989)
NEW YORK STORIES (1989)
SCENES FROM A MALL (1991)
HUSBANDS AND WIVES (1992)
SHADOWS AND FOG (1992)
MANHATTAN MURDER MYSTERY (1993)
DON'T DRINK THE WATER (1994)
MIGHTY APHRODITE (1995)
EVERYONE SAYS I LOVE YOU (1996)
DECONSTRUCTING HARRY (1997)

PICKING UP THE PIECES (2000)
SMALL TIME CROOKS (2000)

**ALLYSON, June**
*actrice américaine (1917-)*
GOOD NEWS (1947)
TILL THE CLOUDS ROLL BY (1947)
THREE MUSKETEERS, THE (1948)
STRATTON STORY, THE (1949)
BATTLE CIRCUS (1953)
GLENN MILLER STORY, THE (1954)
McCONNELL STORY, THE (1955)
STRATEGIC AIR COMMAND (1955)
MY MAN GODFREY (1957)
CURSE OF THE BLACK WIDOW, THE (1977)

**ALONSO, Maria Conchita**
*actrice cubaine (1957-)*
MOSCOW ON THE HUDSON (1984)
RUNNING MAN, THE (1987)
COLORS (1988)
PREDATOR II (1990)
McBAIN (1991)
HOUSE OF THE SPIRITS, THE (1993)
CAUGHT (1996)

**ALVARADO, Trini**
*acteur américain (1967-)*
MRS. SOFFEL (1984)
SWEET LORRAINE (1987)
STELLA (1990)
BABE, THE (1992)
LITTLE WOMEN (1994)
PEREZ FAMILY, THE (1995)
FRIGHTENERS, THE (1996)

**AMECHE, Don**
*acteur américain (1908-1993)*
ALEXANDER'S RAGTIME BAND (1938)
IN OLD CHICAGO (1938)
MIDNIGHT (1939)
STORY OF ALEXANDER GRAHAM BELL, THE (1939)
THREE MUSKETEERS, THE (1939)
DOWN ARGENTINE WAY (1940)
MOON OVER MIAMI (1941)
HEAVEN CAN WAIT (1943)
IT'S IN THE BAG (1945)
COCOON (1985)
HARRY AND THE HENDERSONS (1987)
COCOON: THE RETURN (1988)
THINGS CHANGE (1988)
OSCAR (1991)
CORRINA, CORRINA (1994)

**ANCONINA, Richard**
*acteur français (1953-)*
CHOIX DES ARMES, LE (1981)
INSPECTEUR LA BAVURE (1981)
BATTANT, LE (1982)
JEUNE MARIÉ, LE (1982)
CAP CANAILLE (1983)
TCHAO PANTIN (1983)
INTRUS, L' (1984)
PIERRE DANS LA BOUCHE, UNE (1984)
POLICE (1984)
PARTIR, REVENIR (1985)
LÉVY ET GOLIATH (1986)
MÔME, LE (1986)
ENVOYEZ LES VIOLONS (1989)
ITINÉRAIRE D'UN ENFANT GÂTÉ (1989)
PETIT CRIMINEL, LE (1990)

**ANDERSSON, Bibi**
*actrice suédoise (1935-)*
SOURIRES D'UNE NUIT D'ÉTÉ (1955)

SEPTIÈME SCEAU, LE (1956)
FRAISES SAUVAGES, LES (1957)
ŒIL DU DIABLE, L' (1960)
DUEL AT DIABLO (1966)
PERSONA (1966)
PASSION, UNE (1969)
SCÈNES DE LA VIE CONJUGALE (1973)
QUINTET (1978)
AIRPORT '79: THE CONCORDE (1979)
HOMME, DEUX FEMMES, UN (1979)
FESTIN DE BABETTE, LE (1987)

**ANDERSSON, Harriet**
*actrice suédoise (1932-)*
MONIKA (1952)
NUIT DES FORAINS, LA (1953)
LEÇON D'AMOUR, UNE (1954)
RÊVES DE FEMMES (1955)
SOURIRES D'UNE NUIT D'ÉTÉ (1955)
COMME DANS UN MIROIR (1961)
CRIS ET CHUCHOTEMENTS (1972)
FANNY ET ALEXANDRE (1983)

**ANDRESS, Ursula**
*actrice suisse (1936-)*
DR. NO (1962)
4 FOR TEXAS (1963)
FUN IN ACAPULCO (1963)
DIXIÈME VICTIME, LA (1965)
BLUE MAX, THE (1966)
CASINO ROYALE (1967)
SOLEIL ROUGE (1971)
LOVES AND TIMES OF SCARAMOUCHE (1975)
MONSTRESSES, LES (1978)
FIFTH MUSKETEER, THE (1979)
CLASH OF THE TITANS (1981)
LIBERTÉ, ÉGALITÉ, CHOUCROUTE (1985)

**ANDREWS, Julie**
*actrice anglaise (1935-)*
AMERICANIZATION OF EMILY, THE (1964)
MARY POPPINS (1964)
SOUND OF MUSIC, THE (1964)
HAWAII (1966)
TORN CURTAIN (1966)
THOROUGHLY MODERN MILLIE (1967)
STAR! (1968)
10 (1979)
LITTLE MISS MARKER (1980)
S.O.B. (1981)
DUET FOR ONE (1986)
THAT'S LIFE! (1986)
FINE ROMANCE, A (1992)

**ANDREWS, Naveen**
*acteur anglais (1971-)*
ENGLISH PATIENT, THE (1996)
KAMA SUTRA: A TALE OF LOVE (1996)
MIGHTY JOE YOUNG (1998)
MY OWN COUNTRY (1998)

**ANÉMONE**
*actrice française (1950-)*
ATTENTION LES YEUX (1975)
JE VAIS CRAQUER (1980)
MA FEMME S'APPELLE REVIENS (1981)
QUAND TU SERAS DÉBLOQUÉ, FAIS-MOI SIGNE (1981)
POUR CENT BRIQUES, T'AS PLUS RIEN (1982)
PÈRE NOËL EST UNE ORDURE, LE (1982)
QUART D'HEURE AMÉRICAIN, LE (1982)
HOMME À MA TAILLE, UN (1983)
NANAS, LES (1984)
MARIAGE DU SIÈCLE, LE (1985)
PÉRIL EN LA DEMEURE (1985)
GRAND CHEMIN, LE (1986)

I LOVE YOU (1986)
ENVOYEZ LES VIOLONS (1989)
COUP DE JEUNE! (1992)
PETIT PRINCE A DIT, LE (1992)
AUX PETITS BONHEURS (1993)
PAS TRÈS CATHOLIQUE (1993)
BIDOCHON, LES (1996)
CRI DE LA SOIE, LE (1996)
MARQUISE (1997)
LAUTREC (1998)

**ANGLADE, Jean-Hugues**
*acteur français (1955-)*
INDISCRÉTION, L' (1982)
HOMME BLESSÉ, L' (1983)
DIAGONALE DU FOU, LA (1984)
SUBWAY (1985)
37°2 LE MATIN (1986)
NIKITA (1990)
NUIT D'ÉTÉ EN VILLE (1990)
GAWIN (1991)
JONAH WHO LIVED IN THE WHALE (1993)
MARMOTTES, LES (1993)
REINE MARGOT, LA (1993)
DIS-MOI OUI (1994)
KILLING ZOE (1994)
NELLY ET MONSIEUR ARNAUD (1995)
MAXIMUM RISK (1996)

**ANISTON, Jennifer**
*actrice américaine (1969-)*
SHE'S THE ONE (1996)
PICTURE PERFECT (1997)
OBJECT OF MY AFFECTION, THE (1998)
OFFICE SPACE (1999)

**ANKRUM, Morris**
*acteur américain (1896-1964)*
BORDERLINE (1950)
CHAIN LIGHTNING (1950)
IN A LONELY PLACE (1950)
ALONG THE GREAT DIVIDE (1951)
RED PLANET MARS (1952)
APACHE (1954)
KRONOS (1956)
KRONOS RAVAGER OF PLANET (1957)
HALF HUMAN (1958)

**ANN-MARGRET**
*actrice suédoise (1941-)*
POCKETFUL OF MIRACLES (1961)
BYE BYE BIRDIE (1963)
KITTEN WITH A WHIP (1964)
CINCINNATI KID, THE (1965)
MURDERERS' ROW (1966)
TIGER AND THE PUSSYCAT, THE (1967)
R.P.M. (1970)
CARNAL KNOWLEDGE (1971)
OUTSIDE MAN, THE (1973)
FOLIES BOURGEOISES (1975)
TOMMY (1975)
LAST REMAKE OF BEAU GESTE, THE (1977)
CHEAP DETECTIVE, THE (1978)
MAGIC (1978)
RETURN OF THE SOLDIER, THE (1981)
I OUGHT TO BE IN PICTURES (1982)
52 PICK-UP (1986)
NEW LIFE, A (1988)
NEWSIES (1992)
GRUMPY OLD MEN (1993)
GRUMPIER OLD MEN (1995)

**ANTONELLI, Laura**
*actrice italienne (1941-)*
DR. GOLDFOOT AND THE GIRL BOMBS (1966)
MALICIA (1973)
MON DIEU, COMMENT SUIS-JE TOMBÉE SI BAS (1974)
INNOCENT, L' (1976)
CHASTE ET PURE (1977)
MAÎTRESSE LÉGITIME, LA (1977)
MONSTRESSES, LES (1978)
PASSION D'AMOUR (1981)

**ARCAND, Denys**
*acteur québécois (1941-)*
LÉOLO (1992)

**ARCAND, Gabriel**
*acteur québécois (1949-)*
MAUDITE GALETTE, LA (1971)
GINA (1973)
RÉJEANNE PADOVANI (1973)
PARLEZ-NOUS D'AMOUR (1976)
PANIQUE (1977)
AU REVOIR... À LUNDI (1979)
AFFAIRE COFFIN, L' (1980)
SUZANNE (1980)
PLOUFFE, LES (1981)
MÉMOIRE BATTANTE (1983)
CRIME D'OVIDE PLOUFFE, LE (1984)
AGNES OF GOD (1985)
DÉCLIN DE L'EMPIRE AMÉRICAIN, LE (1986)
PORTES TOURNANTES, LES (1988)
NELLIGAN (1991)
FABRICATION D'UN MEURTRIER, LA (1996)
POST MORTEM (1999)

**ARCHER, Anne**
*actrice américaine (1947-)*
PARADISE ALLEY (1978)
FATAL ATTRACTION (1988)
EMINENT DOMAIN (1990)
LOVE AT LARGE (1990)
NAILS (1992)
ART OF WAR (2000)
RULES OF ENGAGEMENT (2000)

**ARDANT, Fanny**
*actrice française (1949-)*
CHIENS, LES (1979)
FEMME D'À CÔTÉ, LA (1981)
AMOUR DE SWANN, UN (1983)
BENVENUTA (1983)
ÉTÉ PROCHAIN, L' (1985)
CONSEIL DE FAMILLE (1986)
FAMILLE, LA (1987)
AUSTRALIA (1989)
AFRAID OF THE DARK (1992)
AMOK, IVRE D'AMOUR (1993)
CENT ET UNE NUITS, LES (1994)
COLONEL CHABERT, LE (1994)
PAR-DELÀ LES NUAGES (1995)
SABRINA (1995)
PÉDALE DOUCE (1996)
RIDICULE (1996)
DÉBANDADE, LA (1999)
FILS DU FRANÇAIS, LE (1999)
LIBERTIN, LE (2000)

**ARDEN, Eve**
*actrice américaine (1909-1990)*
AT THE CIRCUS (1938)
COMRADE X (1940)
SLIGHTLY HONORABLE (1940)
ONE TOUCH OF VENUS (1948)
MY DREAM IS YOURS (1949)
ANATOMY OF A MURDER (1959)
STRONGEST MAN IN THE WORLD, THE (1974)

**ARDITI, Pierre**
*acteur français (1944-)*
AMOUR VIOLÉ, L' (1977)
MON ONCLE D'AMÉRIQUE (1980)
MARGINAL, LE (1983)
ENFANTS, LES (1984)
FEMMES DE PERSONNE (1984)
AGENT TROUBLE (1987)
ÉTAT DE GRÂCE, L' (1987)
DE GUERRE LASSE (1988)
FLAG (1988)
BONJOUR L'ANGOISSE (1989)
CLÉS DU PARADIS, LES (1992)
PETITE APOCALYPSE, LA (1992)
NO SMOKING (1993)
SMOKING (1993)
HUSSARD SUR LE TOIT, LE (1995)
HASARDS OU COÏNCIDENCES (1998)
ON CONNAIT LA CHANSON (1998)

**ARGENTO, Asia**
*actrice italienne (1975-)*
DEMONS 2 (1986)
AMIES DE COEURS, LES (1992)
STENDHAL SYNDROME, THE (1996)
NEW ROSE HOTEL (1998)
B. MONKEY (1999)

**ARKIN, Alan**
*acteur américain (1937-)*
RUSSIANS ARE COMING! THE RUSSIANS ARE COMING!, THE (1966)
INSPECTOR CLOUSEAU (1968)
POPI (1969)
CATCH 22 (1970)
LAST OF THE RED HOT LOVERS (1972)
FREEBIE AND THE BEAN (1974)
SEVEN PERCENT SOLUTION, THE (1976)
IN-LAWS, THE (1979)
BIG TROUBLE (1985)
JOSHUA THEN AND NOW (1985)
ESCAPE FROM SOBIBOR (1991)
INDIAN SUMMER (1993)
MOTHER NIGHT (1996)
FOUR DAYS IN SEPTEMBER (1997)
GROSSE POINT BLANK (1997)
JAKOB THE LIAR (1999)

**ARLETTY**
*actrice française (1898-1992)*
FAISONS UN RÊVE (1936)
DÉSIRÉ (1937)
PERLES DE LA COURONNE, LES (1937)
HÔTEL DU NORD (1938)
CIRCONSTANCES ATTÉNUANTES (1939)
JOUR SE LÈVE, LE (1939)
VISITEURS DU SOIR, LES (1942)
ENFANTS DU PARADIS, LES (1945)
LONGEST DAY, THE (1962)

**ARQUETTE, Patricia**
*actrice américaine (1968-)*
NIGHTMARE ON ELM STREET 3: DREAM WARRIORS, A (1987)
INDIAN RUNNER, THE (1991)
ETHAN FROME (1992)
INSIDE MONKEY ZETTERLAND (1992)
ED WOOD (1994)
BEYOND RANGOON (1995)
FLIRTING WITH DISASTER (1996)
INFINITY (1996)
LOST HIGHWAY (1996)
SECRET AGENT, THE (1996)
NIGHTWATCH (1997)
GOODBYE LOVER (1998)
BRINGING OUT THE DEAD (1999)

STIGMATA (1999)
LITTLE NICKY (2000)

**ARQUETTE, Rosanna**
*actrice américaine (1959-)*
S.O.B. (1981)
BABY, IT'S YOU (1983)
AFTER HOURS (1985)
AVIATOR, THE (1985)
DESPERATELY SEEKING SUSAN (1985)
SILVERADO (1985)
8 MILLION WAYS TO DIE (1986)
AMAZON WOMEN ON THE MOON (1987)
GRAND BLEU, LE (1988)
BLACK RAINBOW (1989)
NEW YORK STORIES (1989)
LINGUINI INCIDENT, THE (1991)
PULP FICTION (1994)
SEARCH AND DESTROY (1995)
CRASH (1996)
DECEIVER (1997)
BUFFALO 66 (1998)

**ARTHUR, Jean**
*actrice américaine (1908-1991)*
SEVEN CHANCES (1925)
EX-MRS. BRADFORD, THE (1936)
MR. DEEDS GOES TO TOWN (1936)
PLAINSMAN, THE (1936)
EASY LIVING (1937)
MR. SMITH GOES TO WASHINGTON (1939)
ONLY ANGELS HAVE WINGS (1939)
DEVIL AND MISS JONES, THE (1941)
TALK OF THE TOWN, THE (1942)
LADY TAKES A CHANCE, A (1943)
MORE THE MERRIER, THE (1943)
FOREIGN AFFAIR, A (1948)
SHANE (1953)

**ASSANTE, Armand**
*acteur américain (1949-)*
LORDS OF FLATBUSH, THE (1974)
PARADISE ALLEY (1978)
PROPHECY (1979)
PRIVATE BENJAMIN (1980)
Q & A (1990)
MARRYING MAN, THE (1991)
1492: CONQUEST OF PARADISE (1992)
HOFFA (1992)
MAMBO KINGS, THE (1992)
FATAL INSTINCT (1993)
JUDGE DREDD (1995)
STRIPTEASE (1996)
ODYSSEY, THE (1997)

**ASTAIRE, Fred**
*acteur américain (1899-1987)*
FLYING DOWN TO RIO (1933)
GAY DIVORCEE, THE (1934)
ROBERTA (1935)
TOP HAT (1935)
FOLLOW THE FLEET (1936)
SWING TIME (1936)
DAMSEL IN DISTRESS, A (1937)
SHALL WE DANCE? (1937)
CAREFREE (1938)
STORY OF VERNON & IRENE CASTLE, THE (1939)
BROADWAY MELODY OF 1940 (1940)
HOLIDAY INN (1942)
SKY'S THE LIMIT, THE (1943)
BLUE SKIES (1946)
EASTER PARADE (1948)
BARKLEYS OF BROADWAY, THE (1949)
LET'S DANCE (1950)
ROYAL WEDDING (1951)
BELLE OF NEW YORK (1952)
BAND WAGON, THE (1953)
DADDY LONG LEGS (1955)
FUNNY FACE (1957)
SILK STOCKINGS (1957)
ON THE BEACH (1959)
PARIS WHEN IT SIZZLES (1964)
FINIAN'S RAINBOW (1968)
THAT'S ENTERTAINMENT (1974)
TOWERING INFERNO, THE (1974)
TAXI MAUVE, UN (1976)
THAT'S ENTERTAINMENT! PART 2 (1976)
GHOST STORY (1981)

**ASTOR, Mary**
*actrice américaine (1906-1987)*
DON Q, SON OF ZORRO (1925)
RED DUST (1932)
LISTEN, DARLING (1938)
GREAT LIE, THE (1941)
MALTESE FALCON, THE (1941)
ACROSS THE PACIFIC (1942)
PALM BEACH STORY, THE (1942)
MEET ME IN ST. LOUIS (1944)
CASS TIMBERLANE (1947)
ANY NUMBER CAN PLAY (1949)
RETURN TO PEYTON PLACE (1961)

**ATKINSON, Rowan**
*acteur anglais (1955-)*
TALL GUY, THE (1990)
FOUR WEDDINGS AND A FUNERAL (1993)
HOT SHOTS! PART DEUX (1993)
BEAN: THE ULTIMATE DISASTER MOVIE (1997)

**ATTENBOROUGH, Richard**
*acteur anglais (1923-)*
IN WHICH WE SERVE (1942)
I'M ALL RIGHT, JACK (1959)
LEAGUE OF GENTLEMEN, THE (1960)
ONLY TWO CAN PLAY (1962)
GREAT ESCAPE, THE (1963)
SEANCE ON A WET AFTERNOON (1964)
FLIGHT OF THE PHOENIX, THE (1965)
SAND PEBBLES, THE (1966)
DOCTOR DOLITTLE (1967)
BLISS OF MRS. BLOSSOM, THE (1968)
MAGIC CHRISTIAN, THE (1969)
10 RILLINGTON PLACE (1971)
ROSEBUD (1975)
TEN LITTLE INDIANS (1975)
HUMAN FACTOR, THE (1980)
JURASSIC PARK (COFFRET) (1993)
JURASSIC PARK (1993)
MIRACLE ON 34th STREET (1994)
ELIZABETH (1998)

**ATWILL, Lionel**
*acteur anglais (1885-1946)*
SONG OF SONGS, THE (1932)
MURDERS IN THE ZOO (1933)
DEVIL IS A WOMAN, THE (1935)
BALALAIKA (1939)
THREE MUSKETEERS, THE (1939)
MAN MADE MONSTER (1941)
CAIRO (1942)
NIGHT MONSTER (1942)
SHERLOCK HOLMES AND THE SECRET WEAPON (1942)
BOOM TOWN (1946)

**AUDRAN, Stéphane**
*actrice française (1939-)*
BONNES FEMMES, LES (1960)
BICHES, LES (1968)
FEMME INFIDÈLE, LA (1968)
BOUCHER, LE (1970)
RUPTURE, LA (1970)
NOCES ROUGES, LES (1973)
CHARME DISCRET DE LA BOURGEOISIE, LE (1974)
FOLIES BOURGEOISES (1975)
TEN LITTLE INDIANS (1975)
LIENS DE SANG, LES (1977)
MORT D'UN POURRI (1977)
GAGNANT, LE (1979)
BIG RED ONE, THE (1980)
COUP DE TORCHON (1981)
BOULEVARD DES ASSASSINS (1982)
CHOC, LE (1982)
PARADIS POUR TOUS (1982)
MORTELLE RANDONNÉE (1983)
SANG DES AUTRES, LE (1983)
CAGE AUX FOLLES 3, LA (1985)
GITANE, LA (1985)
POULET AU VINAIGRE (1985)
FESTIN DE BABETTE, LE (1987)
NIGHT MAGIC (1988)
PRÉDATEURS DE LA NUIT, LES (1988)
SAISONS DU PLAISIR, LES (1988)
JOURS TRANQUILLES À CLICHY (1989)
BETTY (1991)
AU PETIT MARGUERY (1995)
PIQUE-NIQUE DE LULU KREUTZ, LE (1999)

**AUGER, Claudine**
*actrice française (1942-)*
THUNDERBALL (1965)
JEU DE MASSACRE (1966)
FLIC STORY (1975)
PAPILLON SUR L'ÉPAULE, UN (1978)
ASSOCIÉ, L' (1979)
SECRETS DE LA PRINCESSE DE CARDIGNAN, LES (1982)
EXPLOITS D'UN JEUNE DON JUAN, LES (1987)

**AUGUST, Pernilla**
*actrice suédoise (1958-)*
MEILLEURES INTENTIONS, LES (1992)
PRIVATE CONFESSIONS (1997)
JERUSALEM (1998)
LAST CONTRACT, THE (1998)
STAR WARS: EPISODE 1 - THE PHANTOM MENACE (1999)

**AUMONT, Jean-Pierre**
*acteur français (1909-)*
HÔTEL DU NORD (1938)
LILI (1953)
DEVIL AT 4 O'CLOCK, THE (1961)
SEPT PÉCHÉS CAPITAUX, LES (1962)
CAULDRON OF BLOOD (1967)
CASTLE KEEP (1969)
NUIT AMÉRICAINE, LA (1973)
CHAT ET LA SOURIS, LE (1975)
MAHOGANY (1975)
NANA (1982)
JAVA DES OMBRES, LA (1983)
BECOMING COLETTE (1992)
JEFFERSON IN PARIS (1995)

**AUTEUIL, Daniel**
*acteur français (1950-)*
ATTENTION LES YEUX (1975)
AMOUR VIOLÉ, L' (1977)
NUIT DE SAINT-GERMAIN DES PRÉS, LA (1977)
BANQUIÈRE, LA (1980)
SOUS-DOUÉS, LES (1980)
HOMMES PRÉFÈRENT LES GROSSES, LES (1981)
T'EMPÊCHES TOUT LE MONDE DE DORMIR! (1981)

POUR CENT BRIQUES, T'AS PLUS RIEN (1982)
SOUS-DOUÉS EN VACANCES, LES (1982)
FAUVES, LES (1983)
INDIC, L' (1983)
P'TIT CON (1983)
ARBALÈTE, L' (1984)
PALACE (1984)
JEAN DE FLORETTE (1986)
MANON DES SOURCES (1986)
QUELQUES JOURS AVEC MOI (1989)
ROMUALD ET JULIETTE (1989)
LACENAIRE (1990)
CŒUR EN HIVER, UN (1992)
MA VIE EST UN ENFER (1992)
MA SAISON PRÉFÉRÉE (1993)
REINE MARGOT, LA (1993)
FEMME FRANÇAISE, UNE (1994)
SÉPARATION, LA (1994)
HUITIÈME JOUR, LE (1996)
BOSSU, LE (1997)
LUCIE AUBRAC (1997)
FILLE SUR LE PONT, LA (1998)
LOST SON, THE (1999)
PLACARD, LE (2000)
SADE (2000)

**AVERY, Val**
*acteur américain (1924-)*
ASSAULT ON A QUEEN (1966)
FACES (1968)
PINK JUNGLE, THE (1968)
MINNIE AND MOSKOWITZ (1971)
ANDERSON TAPES, THE (1972)
BLACK CAESAR (1973)
HEROES (1977)
AMITYVILLE HORROR, THE (1979)
CONTINENTAL DIVIDE (1981)
MESSENGER, THE (1987)

**AYKROYD, Dan**
*acteur canadien (1952-)*
RUTLES - ALL YOU NEED IS CASH, THE (1978)
1941 (1979)
BLUES BROTHERS, THE (1980)
NEIGHBORS (1981)
TRADING PLACES (1983)
GHOSTBUSTERS (1984)
INDIANA JONES & THE TEMPLE OF DOOM (1984)
INTO THE NIGHT (1985)
SPIES LIKE US (1985)
MY STEPMOTHER IS AN ALIEN (1988)
DRIVING MISS DAISY (1989)
GHOSTBUSTERS 2 (1989)
MY GIRL (1991)
CHAPLIN (1992)
SNEAKERS (1992)
CONEHEADS, THE (1993)
MY GIRL 2 (1994)
NORTH (1994)
CASPER (1995)
SGT. BILKO (1996)
GROSSE POINT BLANK (1997)
BLUES BROTHERS 2000 (1998)
HOUSE OF MIRTH, THE (2000)
STARDOM (2000)

**AYRES, Lew**
*acteur américain (1908-)*
ALL QUIET ON THE WESTERN FRONT (1930)
HOLIDAY (1938)
DARK MIRROR, THE (1946)
JOHNNY BELINDA (1948)
ADVISE AND CONSENT (1962)

**AZARIA, Hank**
*acteur américain (1964-)*
BIRDCAGE, THE (1996)
CELEBRITY (1998)
GODZILLA (1998)
GREAT EXPECTATIONS (1998)
HOMEGROWN (1998)
CRADLE WILL ROCK (1999)
MYSTERY MEN (1999)
MYSTERY, ALASKA (1999)

**AZÉMA, Sabine**
*actrice française (1952-)*
DENTELLIÈRE, LA (1977)
DIMANCHE À LA CAMPAGNE, UN (1984)
PURITAINE, LA (1986)
CINQ JOURS EN JUIN (1989)
VIE ET ET RIEN D'AUTRE, LA (1989)
NO SMOKING (1993)
SMOKING (1993)
CENT ET UNE NUITS, LES (1994)
BONHEUR EST DANS LE PRÉ, LE (1995)
NOIR COMME LE SOUVENIR (1997)
ON CONNAIT LA CHANSON (1998)
BÛCHE, LA (1999)

**AZNAVOUR, Charles**
*acteur français (1924-)*
TAXI POUR TOBROUK, UN (1960)
TIREZ SUR LE PIANISTE (1960)
CAROLINE CHÉRIE (1967)
CANDY (1968)
TEMPS DES LOUPS, LE (1969)
PART DES LIONS, LA (1971)
TEN LITTLE INDIANS (1975)
TAMBOUR, LE (1979)
FANTÔMES DU CHAPELIER, LES (1982)
IL MAESTRO (1989)

**BACALL, Lauren**
*actrice américaine (1924-)*
TO HAVE AND HAVE NOT (1944)
BIG SLEEP, THE (1946)
DARK PASSAGE (1947)
KEY LARGO (1948)
HOW TO MARRY A MILLIONAIRE (1953)
BLOOD ALLEY (1955)
DESIGNING WOMAN (1957)
NORTHWEST FRONTIER (FLAME OVER INDIA) (1959)
SEX AND THE SINGLE GIRL (1964)
HARPER (1966)
MURDER ON THE ORIENT EXPRESS (1974)
SHOOTIST, THE (1976)
FAN, THE (1981)
APPOINTMENT WITH DEATH (1988)
MR. NORTH (1988)
MISERY (1990)
PRÊT-À-PORTER (1994)
MIRROR HAS TWO FACES, THE (1996)
JOUR ET LA NUIT, LE (1997)

**BACON, Kevin**
*acteur américain (1958-)*
NATIONAL LAMPOON'S ANIMAL HOUSE (1978)
DINER (1982)
FOOTLOOSE (1984)
PLANES, TRAINS AND AUTOMOBILES (1987)
SHE'S HAVING A BABY (1988)
BIG PICTURE, THE (1989)
CRIMINAL LAW (1989)
FLATLINERS (1990)
HE SAID, SHE SAID (1991)
JFK (1991)
QUEEN'S LOGIC (1991)
FEW GOOD MEN, A (1992)
MURDER IN THE FIRST (1994)
RIVER WILD, THE (1994)
APOLLO 13 (1995)
SLEEPERS (1996)
PICTURE PERFECT (1997)
TELLING LIES IN AMERICA (1997)
DIGGING TO CHINA (1998)
STIR OF ECHOES (1999)
HOLLOW MAN (2000)
MY DOG SKIP (2000)

**BACRI, Jean-Pierre**
*acteur français (1951-)*
GRAND PARDON, LE (1981)
COUP DE FOUDRE (1983)
GRAND CARNAVAL, LE (1983)
ÉDITH ET MARCEL (1983)
7e CIBLE, LA (1984)
ESCALIER C (1985)
GALETTE DU ROI, LA (1985)
ON NE MEURT QUE DEUX FOIS (1985)
SUBWAY (1985)
MORT UN DIMANCHE DE PLUIE (1986)
ÉTATS D'ÂME (1986)
HOMME AMOUREUX, UN (1987)
ÉTÉ EN PENTE DOUCE, L' (1987)
SAISONS DU PLAISIR, LES (1988)
BONJOUR L'ANGOISSE (1989)
LA BAULE-LES PINS (1989)
MES MEILLEURS COPAINS (1989)
BAL DES CASSE-PIEDS, LE (1991)
HOMME DE MA VIE, L' (1992)
AIR DE FAMILLE, UN (1996)
DIDIER (1997)
PLACE VENDÔME (1997)
ON CONNAIT LA CHANSON (1998)
KENNEDY ET MOI (1999)
GOÛT DES AUTRES, LE (2000)

**BAILLARGEON, Paule**
*actrice québécoise (1945-)*
ENTRE TU ET VOUS (1969)
ET DU FILS (1971)
GINA (1973)
PANIQUE (1977)
CUISINE ROUGE, LA (1979)
FEMME DE L'HÔTEL, LA (1984)
DAME EN COULEURS, LA (1985)
SONIA (1986)
I'VE HEARD THE MERMAIDS SINGING (1987)
HEURES PRÉCIEUSES, LES (1989)
JÉSUS DE MONTRÉAL (1989)
ASSASSIN JOUAIT DU TROMBONE, L' (1991)
LOVE-MOI (1991)
MONTRÉAL VU PAR... (1991)
32 AOÛT SUR TERRE, UN (1998)

**BAKER, Carroll**
*actrice américaine (1931-)*
EASY TO LOVE (1953)
BABY DOLL (1956)
GIANT (1956)
BIG COUNTRY, THE (1958)
BUT NOT FOR ME (1959)
MIRACLE, THE (1959)
HOW THE WEST WAS WON (1962)
CARPETBAGGERS, THE (1964)
CHEYENNE AUTUMN (1964)
ANDY WARHOL'S BAD (1976)
STAR 80 (1983)
SECRET DIARY OF SIGMUND FREUD, THE (1984)
IRONWEED (1987)
KINDERGARTEN COP (1990)
GAME, THE (1997)

**BALABAN, Bob**
*acteur américain (1945-)*
ALTERED STATES (1980)
ABSENCE OF MALICE (1982)
2010: THE YEAR WE MAKE CONTACT (1984)
AMOS & ANDREW (1993)
JAKOB THE LIAR (1999)
MEXICAN, THE (2001)

**BALASKO, Josiane**
*actrice française (1950-)*
LOCATAIRE, LE (1976)
DITES-LUI QUE JE L'AIME (1977)
NOUS IRONS TOUS AU PARADIS (1977)
BRONZÉS, LES (1978)
BRONZÉS FONT DU SKI, LES (1979)
HOMMES PRÉFÈRENT LES GROSSES, LES (1981)
MAÎTRE D'ÉCOLE, LE (1981)
PÈRE NOËL EST UNE ORDURE, LE (1982)
P'TIT CON (1983)
PAPY FAIT DE LA RÉSISTANCE (1983)
SMALA, LA (1984)
FRÈRES PÉTARD, LES (1986)
NUIT D'IVRESSE (1988)
SECRETS PROFESSIONNELS DU DR. APFELGLÜCK, LES (1991)
MA VIE EST UN ENFER (1992)
TOUT LE MONDE N'A PAS EU LA CHANCE D'AVOIR DES PARENTS COMMUNISTES (1993)
GAZON MAUDIT (1994)
GROSSE FATIGUE (1994)
ARLETTE (1997)
FILS DU FRANÇAIS, LE (1999)
LIBERTIN, LE (2000)

**BALDWIN, Alec**
*acteur américain (1958-)*
BEETLEJUICE (1988)
MARRIED TO THE MOB (1988)
SHE'S HAVING A BABY (1988)
TALK RADIO (1988)
GREAT BALLS OF FIRE! (1989)
HUNT FOR RED OCTOBER, THE (1990)
MIAMI BLUES (1990)
ALICE (1991)
MARRYING MAN, THE (1991)
GLENGARRY GLEN ROSS (1992)
MALICE (1993)
GETAWAY, THE (1994)
SHADOW, THE (1994)
STREETCAR NAMED DESIRE, A (1995)
GHOSTS OF MISSISSIPPI (1996)
HEAVEN'S PRISONERS (1996)
JUROR, THE (1996)
LOOKING FOR RICHARD (1996)
EDGE, THE (1997)
MERCURY RISING (1998)
OUTSIDE PROVIDENCE (1999)
STATE AND MAIN (2000)

**BALDWIN, Daniel**
*acteur américain (1960-)*
ATTACK OF THE 50 FOOT WOMAN (1993)
JOHN CARPENTER'S VAMPIRES (1998)
PHOENIX (1998)

**BALDWIN, William**
*acteur américain (1963-)*
BORN ON THE FOURTH OF JULY (1989)
FLATLINERS (1990)
INTERNAL AFFAIRS (1990)
BACKDRAFT (1991)
SLIVER (1993)
THREE OF HEARTS (1993)
PYROMANIAC'S LOVE STORY, A (1995)
CURDLED (1996)
SHATTERED IMAGE (1998)

**BALL, Lucille**
*actrice américaine (1911-1989)*
FOLLOW THE FLEET (1936)
JOY OF LIVING (1938)
ROOM SERVICE (1938)
FIVE CAME BACK (1939)
TOO MANY GIRLS (1940)
BIG STREET (1942)
THOUSANDS CHEER (1943)
ABBOTT & COSTELLO IN HOLLYWOOD (1945)
DARK CORNER, THE (1945)
EASY TO WED (1946)
EASY LIVING (1949)
MISS GRANT TAKES RICHMOND (1949)
FANCY PANTS (1950)
FULLER BRUSH GIRL, THE (1950)
LONG, LONG TRAILER, THE (1954)
FOREVER DARLING (1956)
FACTS OF LIFE, THE (1960)

**BALSAM, Martin**
*acteur américain (1919-1996)*
ON THE WATERFRONT (1954)
12 ANGRY MEN (1957)
MARJORIE MORNINGSTAR (1958)
AL CAPONE (1959)
PSYCHO (1960)
BREAKFAST AT TIFFANY'S (1961)
CAPE FEAR (1962)
CARPETBAGGERS, THE (1964)
SEVEN DAYS IN MAY (1964)
BEDFORD INCIDENT, THE (1965)
THOUSAND CLOWNS, A (1965)
AFTER THE FOX (1966)
HOMBRE (1967)
CATCH 22 (1970)
LITTLE BIG MAN (1970)
TORA! TORA! TORA! (1970)
ANDERSON TAPES, THE (1972)
SUMMER WISHES, WINTER DREAMS (1973)
MURDER ON THE ORIENT EXPRESS (1974)
TAKING OF PELHAM ONE TWO THREE, THE (1974)
ALL THE PRESIDENT'S MEN (1976)
LINDBERGH KIDNAPPING CASE, THE (1976)
SENTINEL, THE (1976)
CUBA (1979)
ST. ELMO'S FIRE (1985)
CAPE FEAR (1991)

**BANCROFT, Anne**
*actrice américaine (1931-)*
DON'T BOTHER TO KNOCK (1952)
DEMETRIUS AND THE GLADIATORS (1954)
SAVAGE WILDERNESS (1956)
MIRACLE WORKER, THE (1962)
PUMPKIN EATER, THE (1964)
SLENDER THREAD, THE (1965)
GRADUATE, THE (1967)
HINDENBURG, THE (1975)
PRISONER OF SECOND AVENUE, THE (1975)
JESUS OF NAZARETH (1976)
SILENT MOVIE (1976)
ELEPHANT MAN, THE (1980)
FATSO (1980)
TO BE OR NOT TO BE (1983)
GARBO TALKS (1984)
AGNES OF GOD (1985)
84 CHARING CROSS ROAD (1986)
TORCH SONG TRILOGY (1988)
HONEYMOON IN VEGAS (1992)
MR. JONES (1993)
POINT OF NO RETURN (1993)
DRACULA: DEAD AND LOVING IT (1995)
HOME FOR THE HOLIDAYS (1995)
HOW TO MAKE AN AMERICAN QUILT (1995)
SUNCHASER (1996)
G.I. JANE (1997)
CRITICAL CARE (1998)
GREAT EXPECTATIONS (1998)
KEEPING THE FAITH (2000)

**BANDERAS, Antonio**
*acteur espagnol (1960-)*
LABYRINTH OF PASSION (1982)
STILTS (LOS ZANCOS), THE (1984)
MATADOR (1986)
LOI DU DÉSIR, LA (1987)
BATON ROUGE (1988)
FEMMES AU BORD DE LA CRISE DE NERFS (1988)
AGAINST THE WIND (1990)
ATTACHE-MOI! (1990)
MAMBO KINGS, THE (1992)
OUTRAGE (1992)
HOUSE OF THE SPIRITS, THE (1993)
PHILADELPHIA (1993)
INTERVIEW WITH THE VAMPIRE (1994)
MIAMI RHAPSODY (1994)
ASSASSINS (1995)
DESPERADO (1995)
FOUR ROOMS (1995)
NEVER TALK TO STRANGERS (1995)
EVITA (1996)
OF LOVE & SHADOWS (1996)
MASK OF ZORRO, THE (1998)
13TH WARRIOR, THE (1999)
PLAY IT TO THE BONE (1999)
SPY KIDS (2001)

**BANKS, Leslie**
*acteur anglais (1890-1952)*
MOST DANGEROUS GAME, THE (1932)
MAN WHO KNEW TOO MUCH, THE (1934)
SANDERS OF THE RIVER (1935)
JAMAICA INN (1939)
HENRY V (1945)

**BARANSKI, Christine**
*actrice américaine (1952-)*
9 1/2 WEEKS (1985)
ADDAMS FAMILY VALUES, THE (1993)
BIRDCAGE, THE (1996)
ODD COUPLE II, THE (1998)
BOWFINGER (1999)
CRUEL INTENTIONS (1999)
HOW THE GRINCH STOLE CHRISTMAS (2000)

**BARBIER, George**
*acteur américain (1864-1945)*
MILLION DOLLAR LEGS (1932)
ADVENTURES OF MARCO POLO, THE (1938)
LITTLE MISS BROADWAY (1938)
SWEETHEARTS (1938)
SONG OF THE ISLANDS (1942)

**BARDOT, Brigitte**
*actrice française (1934-)*
CETTE SACRÉE GAMINE (1956)
ET DIEU CRÉA LA FEMME (1956)
MARIÉE EST TROP BELLE, LA (1956)
BIJOUTIERS DU CLAIR DE LUNE, LES (1957)
PARISIENNE, UNE (1957)
BRIDE SUR LE COU, LA (1961)
VIE PRIVÉE (192)

REPOS DU GUERRIER, LE (1962)
MÉPRIS, LE (1963)
DEAR BRIGITTE (1965)
MASCULIN, FÉMININ (1966)
À COEUR JOIE (1966)
HISTOIRES EXTRAORDINAIRES (1968)
SHALAKO (1968)
FEMMES, LES (1969)
NOVICES, LES (1970)
BOULEVARD DU RHUM (1971)
DON JUAN 73 (1973)

**BARKIN, Ellen**
*actrice américaine (1954-)*
DINER (1982)
EDDIE AND THE CRUISERS (1983)
TENDER MERCIES (1983)
ADVENTURES OF BUCKAROO BANZAI ACROSS THE 8th DIMENSION, THE (1984)
HARRY AND SON (1984)
DESERT BLOOM (1986)
DOWN BY LAW (1986)
BIG EASY, THE (1987)
MADE IN HEAVEN (1987)
SIESTA (1987)
JOHNNY HANDSOME (1989)
SEA OF LOVE (1989)
SWITCH (1991)
INTO THE WEST (1992)
MAC (1992)
MAN TROUBLE (1992)
THIS BOY'S LIFE (1992)
FAN, THE (1996)
FEAR AND LOATHING IN LAS VEGAS (1998)
DROP DEAD GORGEOUS (1999)

**BARR, Jean-Marc**
*acteur français (1960-)*
KING DAVID (1985)
HOPE AND GLORY (1987)
GRAND BLEU, LE (1988)
BRASIER, LE (1991)
EUROPA (1992)
PESTE, LA (1992)
FAUSSAIRES, LES (1994)
FILS PRÉFÉRÉ, LE (1994)
AMOUR EST UN POUVOIR SACRÉ, L' (1996)
FOLLE D'ELLE (1997)
DANCER IN THE DARK (2000)

**BARRAULT, Jean-Louis**
*acteur français (1910-1994)*
GRAND AMOUR DE BEETHOVEN, UN (1936)
PERLES DE LA COURONNE, LES (1937)
ENFANTS DU PARADIS, LES (1945)
RONDE, LA (1950)
LONGEST DAY, THE (1962)
NUIT DE VARENNES, LA (1982)
LUMIÈRE DU LAC, LA (1987)

**BARRAULT, Marie-Christine**
*actrice française (1944-)*
MA NUIT CHEZ MAUD (1969)
DISTRAIT, LE (1970)
AMOUR L'APRÈS-MIDI, L' (1972)
COUSIN, COUSINE (1974)
ÉTAT SAUVAGE, L' (1978)
STARDUST MEMORIES (1980)
AMOUR DE SWANN, UN (1983)
AMOUR EN ALLEMAGNE, UN (1983)
MOTS POUR LE DIRE, LES (1983)
TABLE FOR FIVE (1983)
ADIEU, JE T'AIME (1987)
JUPON ROUGE, LE (1987)
JÉSUS DE MONTRÉAL (1989)
DAMES GALANTES (1990)

**BARRYMORE, Drew**
*actrice américaine (1975-)*
ALTERED STATES (1980)
E.T. THE EXTRA-TERRESTRIAL (1982)
CAT'S EYE (1985)
SEE YOU IN THE MORNING (1989)
GUNCRAZY (1992)
BAD GIRLS (1994)
BOYS ON THE SIDE (1994)
BATMAN FOREVER (1995)
MAD LOVE (1995)
EVERYONE SAYS I LOVE YOU (1996)
SCREAM (1996)
EVER AFTER: A CINDERELLA STORY (1998)
CHARLIE'S ANGELS (2000)
TITAN A.E. (2000)

**BARRYMORE, Ethel**
*actrice américaine (1879-1959)*
RASPUTIN AND THE EMPRESS (1932)
NONE BUT THE LONELY HEART (1944)
SPIRAL STAIRCASE, THE (1946)
FARMER'S DAUGHTER, THE (1947)
MOONRISE (1948)
PORTRAIT OF JENNIE (1948)
PINKY (1949)
THAT MIDNIGHT KISS (1949)
JUST FOR YOU (1952)

**BARRYMORE, John**
*acteur américain (1882-1942)*
DR. JEKYLL AND MR. HYDE (1920)
GRAND HOTEL (1932)
RASPUTIN AND THE EMPRESS (1932)
STATE'S ATTORNEY (1932)
DINNER AT EIGHT (1933)
ROMEO AND JULIET (1936)
MAYTIME (1937)
MARIE ANTOINETTE (1938)
SPAWN OF THE NORTH (1938)
MIDNIGHT (1939)
INVISIBLE WOMAN, THE (1941)
HIGH SCHOOL CONFIDENTIAL (1958)
ROMEO & JULIET (1968)

**BARRYMORE, Lionel**
*acteur américain (1878-1954)*
AMERICA (1924)
BELLS, THE (1926)
SADIE THOMPSON (1928)
FREE AND EASY (1930)
FREE SOUL, A (1931)
GRAND HOTEL (1932)
MATA HARI (1932)
RASPUTIN AND THE EMPRESS (1932)
DINNER AT EIGHT (1933)
GIRL FROM MISSOURI, THE (1934)
AH, WILDERNESS (1935)
DAVID COPPERFIELD (1935)
LITTLE COLONEL, THE (1935)
MARK OF THE VAMPIRE (1935)
DEVIL DOLL, THE (1936)
GORGEOUS HUSSY, THE (1936)
CAMILLE (1937)
CAPTAINS COURAGEOUS (1937)
NAVY BLUE AND GOLD (1937)
SARATOGA (1937)
TEST PILOT (1938)
LET FREEDOM RING (1939)
ON BORROWED TIME (1939)
LADY BE GOOD (1941)
GUY NAMED JOE, A (1944)
DUEL IN THE SUN (1946)
IT'S A WONDERFUL LIFE (1947)
KEY LARGO (1948)
LONE STAR (1951)

**BARTEL, Paul**
*acteur américain (1938-)*
ROCK'N'ROLL HIGH SCHOOL (1979)
EATING RAOUL (1984)
NOT FOR PUBLICATION (1984)
INTO THE NIGHT (1985)
CHOPPING MALL (1986)
AMAZON WOMEN ON THE MOON (1987)
SCENES FROM THE CLASS STRUGGLE IN BEVERLY HILLS (1989)
GREMLINS 2: THE NEW BATCH (1990)
LIQUID DREAMS (1991)
LIVING END, THE (1992)
POSSE (1993)
HAMLET (2000)

**BARYSHNIKOV, Mikhail**
*acteur russe (1948-)*
NUTCRACKER, THE (1977)
DANCERS (1987)
COMPANY BUSINESS (1991)

**BASEHART, Richard**
*acteur américain (1914-1984)*
HE WALKED BY NIGHT (1949)
TITANIC (1953)
STRADA, LA (1954)
IL BIDONE (1955)
MOBY DICK (1956)
BROTHERS KARAMAZOV, THE (1958)
PORTRAIT IN BLACK (1960)
SATAN BUG, THE (1964)
RAGE (1972)
ISLAND OF DR. MOREAU, THE (1977)
BEING THERE (1979)

**BASINGER, Kim**
*actrice américaine (1953-)*
HARD COUNTRY (1981)
NEVER SAY NEVER AGAIN (1983)
NATURAL, THE (1984)
9 1/2 WEEKS (1985)
FOOL FOR LOVE (1986)
NO MERCY (1986)
BLIND DATE (1987)
NADINE (1987)
MY STEPMOTHER IS AN ALIEN (1988)
BATMAN (1989)
FINAL ANALYSIS (1991)
MARRYING MAN, THE (1991)
COOL WORLD (1992)
GETAWAY, THE (1994)
PRÊT-À-PORTER (1994)
L.A. CONFIDENTIAL (1997)
BLESS THE CHILD (2000)
DREAMED OF AFRICA (2000)

**BASSETT, Angela**
*actrice américaine (1958-)*
F/X (1986)
KINDERGARTEN COP (1990)
BOYZ'N THE HOOD (1991)
CITY OF HOPE (1991)
INNOCENT BLOOD (1992)
MALCOLM X (1992)
PASSION FISH (1992)
STRANGE DAYS (1995)
CONTACT (1997)
HOW STELLA GOT HER GROOVE BACK (1998)
MUSIC OF THE HEART (1999)
SUPERNOVA (1999)

**BATES, Alan**
*acteur anglais (1934-)*
ENTERTAINER, THE (1960)
GEORGY GIRL (1966)

ROI DE CŒUR, LE (1966)
FAR FROM THE MADDING CROWD (1967)
HANDS UP (1967)
FIXER, THE (1968)
WOMEN IN LOVE (1969)
COLLECTION, THE (1976)
SHOUT, THE (1978)
ROSE, THE (1979)
NIJINSKI (1980)
QUARTET (1981)
RETURN OF THE SOLDIER, THE (1981)
BRITANNIA HOSPITAL (1982)
DUET FOR ONE (1986)
PRAYER FOR THE DYING, A (1987)
FORCE MAJEURE (1989)
CLUB EXTINCTION (DOCTEUR M.) (1990)
HAMLET (1990)
MISTER FROST (1990)
GRAVE INDISCRETION (1995)

**BATES, Jeanne**
*actrice américaine (1918-)*
RETURN OF THE VAMPIRE, THE (1943)
MASK OF DIIJON, THE (1946)
STRANGLER, THE (1964)
ERASERHEAD (1976)

**BATES, Kathy**
*actrice américaine (1948-)*
STRAIGHT TIME (1978)
COME BACK TO THE FIVE AND DIME,
JIMMY DEAN, JIMMY DEAN (1982)
MORNING AFTER, THE (1986)
ARTHUR 2: ON THE ROCKS (1988)
DICK TRACY (1990)
MEN DON'T LEAVE (1990)
MISERY (1990)
AT PLAY IN THE FIELDS OF THE LORD (1991)
FRIED GREEN TOMATOES (1991)
SHADOWS AND FOG (1992)
HOME OF OUR OWN, A (1993)
CURSE OF THE STARVING CLASS, THE (1994)
ANGUS (1995)
DOLORES CLAIBORNE (1995)
DIABOLIQUE (1996)
TITANIC (1997)
PRIMARY COLORS (1998)

**BAUCHAU, Patrick**
*acteur belge (1938-)*
ÉTAT DES CHOSES, L' (1982)
EMMANUELLE 4 (1983)
CROSS (1987)
AUSTRALIA (1989)
DOUBLE IDENTITY (1989)
RAPTURE, THE (1991)
NEW AGE, THE (1994)
CELL, THE (2000)

**BAUMER, Jacques**
*acteur français (1885-1951)*
JOUR SE LÈVE, LE (1939)
INCONNUS DANS LA MAISON, LES (1942)
COLONEL CHABERT, LE (1943)
ÉTERNEL RETOUR, L' (1943)

**BAXTER, Anne**
*actrice américaine (1923-1985)*
MAGNIFICENT AMBERSONS, THE (1942)
SPOILERS, THE (1942)
CRASH DIVE (1943)
FIVE GRAVES TO CAIRO (1943)
FIGHTING SULLIVANS, THE (1945)
RAZOR'S EDGE, THE (1946)
HOMECOMING (1948)
ALL ABOUT EVE (1950)
BLUE GARDENIA, THE (1953)
I CONFESS (1953)
TEN COMMANDMENTS, THE (1956)
THREE VIOLENT PEOPLE (1956)
CIMARRON (1960)
FAMILY JEWELS, THE (1965)

**BAYE, Nathalie**
*actrice française (1948-)*
GUEULE OUVERTE, LA (1973)
NUIT AMÉRICAINE, LA (1973)
HOMME QUI AIMAIT LES FEMMES, L' (1977)
CHAMBRE VERTE, LA (1978)
JE VAIS CRAQUER (1980)
BEAU-PÈRE (1981)
OMBRE ROUGE, L' (1981)
BALANCE, LA (1982)
J'AI ÉPOUSÉ UNE OMBRE (1982)
RETOUR DE MARTIN GUERRE, LE (1982)
NOTRE HISTOIRE (1984)
RIVE DROITE, RIVE GAUCHE (1984)
BEETHOVEN'S NEPHEW (1985)
DÉTECTIVE (1985)
EN TOUTE INNOCENCE (1987)
DE GUERRE LASSE (1988)
LA BAULE-LES PINS (1989)
MAN INSIDE, THE (1990)
MENSONGE (1992)
MACHINE, LA (1996)
PAPARAZZI (1998)
SI JE T'AIME... PRENDS GARDE À TOI (1998)
LIAISON PORNOGRAPHIQUE, UNE (1999)

**BEALS, Jennifer**
*actrice américaine (1963-)*
FLASHDANCE (1983)
BRIDE, THE (1985)
CLUB EXTINCTION (DOCTEUR M.) (1990)
FOR BETTER AND FOR WORSE (1992)
JOURNAL INTIME (1993)
DEVIL IN A BLUE DRESS (1995)
FOUR ROOMS (1995)

**BÉART, Emmanuelle**
*actrice française (1965-)*
AMOUR INTERDIT, UN (1984)
MANON DES SOURCES (1986)
À GAUCHE EN SORTANT DE L'ASCENSEUR (1988)
ENFANTS DU DÉSORDRE, LES (1989)
BELLE NOISEUSE, LA (1991)
J'EMBRASSE PAS (1991)
CŒUR EN HIVER, UN (1992)
ENFER, L' (1993)
RUPTURE(S) (1993)
FEMME FRANÇAISE, UNE (1994)
NELLY ET MONSIEUR ARNAUD (1995)
MISSION: IMPOSSIBLE (1996)
DON JUAN (1997)
BÛCHE, LA (1999)
TEMPS RETROUVÉ, LE (1999)
DESTINÉES SENTIMENTALES, LES (2000)

**BEATTY, Ned**
*acteur américain (1937-)*
LIFE AND TIMES OF JUDGE ROY BEAN, THE (1972)
DELIVERANCE (1973)
THIEF WHO CAME TO DINNER, THE (1973)
ALL THE PRESIDENT'S MEN (1976)
MIKEY & NICKY (1976)
NETWORK (1976)
SILVER STREAK (1976)
EXORCIST II: THE HERETIC (1977)
GUYANA TRAGEDY: THE STORY OF JIM JONES (1980)
HOPSCOTCH (1980)
SUPERMAN II (1980)
INCREDIBLE SHRINKING WOMAN, THE (1981)
BALLAD OF GREGORIO CORTEZ, THE (1982)
STROKER ACE (1983)
BIG EASY, THE (1987)
FOURTH PROTOCOL, THE (1987)
SWITCHING CHANNELS (1988)
CAPTAIN AMERICA (1989)
CHATTAHOOCHEE (1990)
REPOSSESSED (1990)
ANGEL SQUARE (1991)
HEAR MY SONG (1991)
ED AND HIS DEAD MOTHER (1993)
RUDY (1993)
RADIOLAND MURDERS (1994)
GULLIVER'S TRAVELS (1995)
JUST CAUSE (1995)
COOKIE'S FORTUNE (1999)
LIFE (1999)

**BEATTY, Warren**
*acteur américain (1937-)*
ROMAN SPRING OF MRS. STONE, THE (1961)
SPLENDOR IN THE GRASS (1961)
ALL FALL DOWN (1962)
LILITH (1964)
KALEIDOSCOPE (1966)
BONNIE AND CLYDE (1967)
McCABE & MRS. MILLER (1971)
DOLLARS (1972)
PARALLAX VIEW, THE (1974)
FORTUNE, THE (1975)
SHAMPOO (1975)
HEAVEN CAN WAIT (1978)
REDS (1981)
ISHTAR (1987)
DICK TRACY (1990)
BUGSY (1991)
MADONNA: TRUTH OR DARE (1991)
LOVE AFFAIR (1994)
BULWORTH (1998)

**BEAUVOIS, Xavier**
*acteur français (1967-)*
CIEL DE PARIS, LE (1991)
NORD (1991)
AUX PETITS BONHEURS (1993)
N'OUBLIE PAS QUE TU VAS MOURIR (1995)
PONETTE (1996)
JOUR ET LA NUIT, LE (1997)

**BEAVERS, Louise**
*actrice américaine (1902-1962)*
IMITATION OF LIFE (1934)
MADE FOR EACH OTHER (1938)
MR. BLANDINGS BUILDS HIS DREAM HOUSE (1948)
GOODBYE, MY LADY (1956)

**BECKINSALE, Kate**
*actrice anglaise (1974-)*
MUCH ADO ABOUT NOTHING (1993)
ROYAL DECEIT (1994)
COLD COMFORT FARM (1996)
SHOOTING FISH (1997)
LAST DAYS OF DISCO, THE (1998)
BROKEDOWN PALACE (1999)

**BEERY, Wallace**
*acteur américain (1885-1949)*
MOLLYCODDLE, THE (1920)
ROBIN HOOD (1922)
THREE AGES, THE (1923)
LOST WORLD, THE (1925)
BIG HOUSE, THE (1930)

MIN AND BILL (1930)
GRAND HOTEL (1932)
AH, WILDERNESS (1935)
DATE WITH JUDY, A (1948)

**BEGLEY, Ed**
*acteur américain (1901-1970)*
SITTING PRETTY (1948)
LONE STAR (1951)
12 ANGRY MEN (1957)
ODDS AGAINST TOMORROW (1959)
FIRECREEK (1967)
AMAZON WOMEN ON THE MOON (1987)
ACCIDENTAL TOURIST, THE (1988)
MEET THE APPLEGATES (1989)

**BELAFONTE, Harry**
*acteur américain (1927-)*
CARMEN JONES (1954)
ISLAND IN THE SUN (1957)
ODDS AGAINST TOMORROW (1959)
BUCK AND THE PREACHER (1971)
KANSAS CITY (1996)

**BELLAMY, Ralph**
*acteur américain (1904-1991)*
HANDS ACROSS THE TABLE (1935)
AWFUL TRUTH, THE (1937)
CAREFREE (1938)
HIS GIRL FRIDAY (1939)
LADY ON A TRAIN (1945)
COURT-MARTIAL OF BILLY MITCHELL, THE (1955)
PROFESSIONALS, THE (1966)
AMAZON WOMEN ON THE MOON (1987)

**BELMONDO, Jean-Paul**
*acteur français (1933-)*
SOIS BELLE ET TAIS-TOI (1958)
À BOUT DE SOUFFLE (1959)
CIOCIARA, LA (1961)
FEMME EST UNE FEMME, UNE (1961)
LÉON MORIN, PRÊTRE (1961)
CARTOUCHE (1962)
DOULOS, LE (1962)
SINGE EN HIVER, UN (1963)
HOMME DE RIO, L' (1964)
PIERROT LE FOU (1965)
PARIS BRÛLE-T-IL? (1966)
CASINO ROYALE (1967)
HO! (1968)
CERVEAU, LE (1969)
SIRÈNE DU MISSISSIPPI, LA (1969)
BORSALINO (1970)
SCOUMOUNE, LA (1972)
MAGNIFIQUE, LE (1973)
STAVISKY (1974)
ALPAGUEUR, L' (1976)
ANIMAL, L' (1977)
FLIC OU VOYOU (1979)
PROFESSIONNEL, LE (1981)
AS DES AS, L' (1983)
MARGINAL, LE (1983)
MORFALOUS, LES (1983)
JOYEUSES PÂQUES (1984)
HOLD-UP (1985)
SOLITAIRE, LE (1987)
ITINÉRAIRE D'UN ENFANT GÂTÉ (1989)
INCONNU DANS LA MAISON, L' (1992)
CENT ET UNE NUITS, LES (1994)
MISÉRABLES DU XXe SIÈCLE, LES (1995)
1 CHANCE SUR 2 (1997)
PEUT-ÊTRE (1999)

**BELUSHI, James (Jim)**
*acteur américain (1954-)*
THIEF (1981)
SALVADOR (1985)
ABOUT LAST NIGHT... (1986)
JUMPIN' JACK FLASH (1986)
LITTLE SHOP OF HORRORS (1986)
RED HEAT (1988)
K-9 (1989)
CURLY SUE (1991)
DIARY OF A HITMAN (1991)
ONLY THE LONELY (1991)
DESTINY TURNS ON THE RADIO (1995)

**BELUSHI, John**
*acteur américain (1949-1982)*
GOIN' SOUTH (1978)
NATIONAL LAMPOON'S ANIMAL HOUSE (1978)
RUTLES - ALL YOU NEED IS CASH, THE (1978)
1941 (1979)
BLUES BROTHERS, THE (1980)
CONTINENTAL DIVIDE (1981)
NEIGHBORS (1981)

**BENIGNI, Roberto**
*acteur italien (1952-)*
MONSTRESSES, LES (1978)
PIPICACADODO (1979)
SEEKING ASYLUM (1979)
DOWN BY LAW (1986)
PETIT DIABLE, LE (1989)
NIGHT ON EARTH (1991)
JOHNNY CURE-DENT (1992)
SON OF THE PINK PANTHER (1993)
LA VIE EST BELLE (1997)
ASTÉRIX ET OBÉLIX CONTRE CÉSAR (1998)

**BENING, Annette**
*actrice américaine (1958-)*
GRIFTERS, THE (1990)
GUILTY BY SUSPICION (1990)
POSTCARDS FROM THE EDGE (1990)
BUGSY (1991)
REGARDING HENRY (1991)
LOVE AFFAIR (1994)
AMERICAN PRESIDENT, THE (1995)
RICHARD III (1995)
MARS ATTACKS! (1996)
IN DREAMS (1998)
SIEGE, THE (1998)
AMERICAN BEAUTY (1999)

**BENJAMIIN, Richard**
*acteur américain (1938-)*
CATCH 22 (1970)
LAST OF SHEILA, THE (1973)
HOUSE CALLS (1978)

**BENNETT, Bruce**
*acteur américain (1909-)*
HAWK OF THE WILDERNESS (1938)
BEFORE I HANG (1940)
SAHARA (1942)
DARK PASSAGE (1947)
ANGELS IN THE OUTFIELD (1951)
THREE VIOLENT PEOPLE (1956)
ALLIGATOR PEOPLE, THE (1959)

**BENNETT, Joan**
*actrice américaine (1910-1990)*
BULLDOG DRUMMOND (1929)
DISRAELI (1929)
LITTLE WOMEN (1933)
TEXANS, THE (1938)
SCARLET STREET (1945)
HOLLOW TRIUMPH (THE SCAR) (1948)
SECRET BEYOND THE DOOR (1948)
FATHER OF THE BRIDE (1950)
FATHER'S LITTLE DIVIDEND (1951)
HOUSE OF DARK SHADOWS (1970)
SUSPIRIA (1977)

**BENSON, Robby**
*acteur américain (1956-)*
JORY (1972)
ICE CASTLES (1979)
CHOSEN, THE (1981)

**BERENGER, Tom**
*acteur américain (1950-)*
LOOKING FOR MR. GOODBAR (1977)
IN PRAISE OF OLDER WOMEN (1978)
DOGS OF WAR, THE (1980)
DERRIÈRE LA PORTE (1982)
BIG CHILL, THE (1983)
EDDIE AND THE CRUISERS (1983)
FEAR CITY (1984)
PLATOON (1986)
SOMEONE TO WATCH OVER ME (1987)
BETRAYED (1988)
SHOOT TO KILL (1988)
BORN ON THE FOURTH OF JULY (1989)
MAJOR LEAGUE (1989)
FIELD, THE (1990)
LOVE AT LARGE (1990)
AT PLAY IN THE FIELDS OF THE LORD (1991)
SHATTERED (1991)
GETTYSBURG (1993)
SLIVER (1993)
LAST OF THE DOGMEN (1995)
SUBSTITUTE, THE (1995)
GINGERBREAD MAN, THE (1997)

**BERENSON, Marisa**
*actrice américaine (1946-)*
BARRY LYNDON (1975)
CASANOVA AND COMPANY (1976)
ARBALÈTE, L' (1984)
FLAGRANT DÉSIR (1985)
ELLES (1997)

**BERGEN, Candice**
*actrice américaine (1946-)*
GROUP, THE (1966)
SAND PEBBLES, THE (1966)
SOLDIER BLUE (1970)
CARNAL KNOWLEDGE (1971)
BITE THE BULLET (1975)
DOMINO PRINCIPLE, THE (1977)
NIGHT FULL OF RAIN, A (1978)
OLIVER'S STORY (1978)
STARTING OVER (1979)
RICH AND FAMOUS (1981)
GANDHI (1982)
MISS CONGENIALITY (2000)

**BERGER, Helmut**
*acteur autrichien (1944-)*
DAMNÉS, LES (1969)
JARDIN DES FINZI CONTINI, LE (1970)
PORTRAIT DE DORIAN GRAY, LE (1970)
ASH WEDNESDAY (1973)
ROMANTIC ENGLISHWOMAN, THE (1975)
PRÉDATEURS DE LA NUIT, LES (1988)
GODFATHER, PART 3, THE (1991)

**BERGMAN, Ingrid**
*actrice suédoise (1915-1982)*
COUNT OF THE OLD TOWN, THE (1935)
NUIT DE LA SAINT-JEAN, LA (1935)
SWEDENHIELM, LES (1935)
INTERMEZZO (1936)
DOLLAR (1937)
INTERMEZZO (1939)

ONLY ONE NIGHT (1939)
JUNE NIGHT (1940)
ADAM HAD FOUR SONS (1941)
DR. JEKYLL AND MR. HYDE (1941)
CASABLANCA (SPECIAL EDITION) (1943)
CASABLANCA (1943)
FOR WHOM THE BELL TOLLS (1943)
GASLIGHT (1944)
BELLS OF ST.MARY'S, THE (1945)
SPELLBOUND (1945)
NOTORIOUS (1946)
ARCH OF TRIUMPH (1948)
JOAN OF ARC (1948)
STROMBOLI (1950)
ANASTASIA (1956)
ÉLÉNA ET LES HOMMES (1956)
INDISCREET (1958)
INN OF THE SIXTH HAPPINESS, THE (1958)
GOODBYE AGAIN (1961)
CACTUS FLOWER (1969)
MURDER ON THE ORIENT EXPRESS (1974)
SONATE D'AUTOMNE (1978)

**BERKOFF, Steven**
*acteur anglais (1937-)*
PREHISTORIC WOMEN (1966)
McVICAR (1980)
BEVERLY HILLS COP (1984)
ABSOLUTE BEGINNERS (1986)
FLYNN (1996)
LEGIONNAIRE (1998)

**BERNHARD, Sandra**
*actrice américaine (1955-)*
KING OF COMEDY, THE (1982)
HEAVY PETTING (1988)
TRACK 29 (1988)
HUDSON HAWK (1991)
INSIDE MONKEY ZETTERLAND (1992)
BURN HOLLYWOOD BURN (1997)
SOMEWHERE IN THE CITY (1998)

**BERRY, Halle**
*acteur américain (1968-)*
LAST BOY SCOUT, THE (1991)
STRICTLY BUSINESS (1991)
BOOMERANG (1992)
LOSING ISAIAH (1995)
EXECUTIVE DECISION (1996)
B.A.P. S. (BLACK AMERICAN PRINCESSES) (1997)
BULWORTH (1998)

**BERRY, Richard**
*acteur français (1950-)*
ASSASSIN QUI PASSE, UN (1980)
PREMIER VOYAGE (1980)
GRAND PARDON, LE (1981)
PUTAIN D'HISTOIRE D'AMOUR (1981)
BALANCE, LA (1982)
JEUNE MARIÉ, LE (1982)
GRAND CARNAVAL, LE (1983)
ADDITION, L' (1984)
GARCE, LA (1984)
LUNE DE MIEL (1985)
HOMME ET UNE FEMME: VINGT ANS DÉJÀ, UN (1986)
TAXI BOY (1986)
LA BAULE-LES PINS (1989)
POUR SACHA (1991)
588 RUE PARADIS (1992)
GRAND PARDON 2, LE (1992)
MA VIE EST UN ENFER (1992)
PETIT PRINCE A DIT, LE (1992)
ADULTÈRE (MODE D'EMPLOI) (1995)
APPÂT, L' (1995)
PÉDALE DOUCE (1996)
QUASIMODO D'EL PARIS (1998)

**BETTI, Laura**
*actrice italienne (1934-)*
HATCHET FOR A HONEYMOON (1971)
CONTES DE CANTERBURY, LES (1972)
ALLONSANFAN (1974)
GRANDE BOURGEOISE, LA (1974)
PAPILLON SUR L'ÉPAULE, UN (1978)
MARIO, MARIA ET MARIO (1994)

**BICKFORD, Charles**
*acteur américain (1891-1967)*
ANNA CHRISTIE (1930)
PLAINSMAN, THE (1936)
OF MICE AND MEN (1939)
TARZAN'S NEW YORK ADVENTURE (1942)
BRUTE FORCE (1947)
FARMER'S DAUGHTER, THE (1947)
FOUR FACES WEST (1948)
JOHNNY BELINDA (1948)
BRANDED (1950)
RIDING HIGH (1950)
JIM THORPE - ALL AMERICAN (1951)
COURT-MARTIAL OF BILLY MITCHELL, THE (1955)
DAYS OF WINE AND ROSES (1962)

**BINOCHE, Juliette**
*actrice française (1964-)*
NANAS, LES (1984)
JE VOUS SALUE MARIE (1985)
RENDEZ-VOUS (1985)
MAUVAIS SANG (1986)
AMANTS DU PONT-NEUF, LES (1991)
DAMAGE (1992)
EMILY BRONTË'S WUTHERING HEIGHTS (1992)
HUSSARD SUR LE TOIT, LE (1995)
DIVAN À NEW YORK, UN (1996)
ENGLISH PATIENT, THE (1996)
ALICE ET MARTIN (1998)
ENFANTS DU SIÈCLE, LES (1999)
CHOCOLAT (2000)

**BIRKIN, Jane**
*actrice anglaise (1946-)*
KNACK, AND HOW TO GET IT, THE (1965)
KALEIDOSCOPE (1966)
BLOW-UP (1967)
PISCINE, LA (1968)
MAY MORNING (1972)
DON JUAN 73 (1973)
MOUTON ENRAGÉ, LE (1973)
COURSE À L'ÉCHALOTE (1975)
DIABLE AU CŒUR, LE (1975)
SÉRIEUX COMME LE PLAISIR (1975)
7 MORTS SUR ORDONNANCE (1976)
ANIMAL, L' (1977)
AU BOUT DU BOUT DU BANC (1978)
DEATH ON THE NILE (1978)
EVIL UNDER THE SUN (1982)
AMI DE VINCENT, L' (1983)
CIRCULEZ, Y'A RIEN À VOIR (1983)
PIRATE, LA (1983)
GARDE DU CORPS, LE (1984)
BEETHOVEN'S NEPHEW (1985)
FEMME DE MA VIE, LA (1986)
COMÉDIE! (1988)
JANE B. PAR AGNÈS V. (1988)
KUNG-FU MASTER! (1988)
DADDY NOSTALGIE (1990)
BELLE NOISEUSE, LA (1991)
CENT ET UNE NUITS, LES (1994)
NOIR COMME LE SOUVENIR (1997)
LAST SEPTEMBER (1998)
ON CONNAIT LA CHANSON (1998)
SOLDIER'S DAUGHTER NEVER CRIES, A (1998)

**BISSET, Jacqueline**
*actrice anglaise (1944-)*
KNACK, AND HOW TO GET IT, THE (1965)
CASINO ROYALE (1967)
BULLITT (1968)
AIRPORT (1970)
GRASSHOPPER, THE (1970)
LIFE AND TIMES OF JUDGE ROY BEAN, THE (1972)
MAGNIFIQUE, LE (1973)
NUIT AMÉRICAINE, LA (1973)
THIEF WHO CAME TO DINNER, THE (1973)
MURDER ON THE ORIENT EXPRESS (1974)
FEMME DU DIMANCHE, LA (1975)
SPIRAL STAIRCASE, THE (1975)
DEEP, THE (1977)
GREEK TYCOON, THE (1978)
RICH AND FAMOUS (1981)
CLASS (1983)
OBSERVATIONS UNDER THE VOLCANO (1984)
SCENES FROM THE CLASS STRUGGLE IN BEVERLY HILLS (1989)
MARMOTTES, LES (1993)
CÉRÉMONIE, LA (1995)
DANGEROUS BEAUTY (1997)
JOAN OF ARC (1999)

**BJÖRNSTRAND, Gunnar**
*acteur suédois (1909-1986)*
TOURMENTS (1944)
ATTENTE DES FEMMES, L' (1952)
NUIT DES FORAINS, LA (1953)
LEÇON D'AMOUR, UNE (1954)
RÊVES DE FEMMES (1955)
SOURIRES D'UNE NUIT D'ÉTÉ (1955)
SEPTIÈME SCEAU, LE (1956)
FRAISES SAUVAGES, LES (1957)
ŒIL DU DIABLE, L' (1960)
COMME DANS UN MIROIR (1961)
COMMUNIANTS, LES (1963)
PERSONA (1966)
HONTE, LA (1968)
RITE, LE (1969)
SONATE D'AUTOMNE (1978)
FANNY ET ALEXANDRE (1983)
RÊVES (1990)

**BLACK, Karen**
*actrice américaine (1942-)*
EASY RIDER (1969)
FIVE EASY PIECES (1970)
PORTNOY'S COMPLAINT (1972)
PYX, THE (1973)
DAY OF THE LOCUST, THE (1974)
GREAT GATSBY, THE (1974)
OUTFIT, THE (1974)
FAMILY PLOT (1975)
NASHVILLE (1975)
BURNT OFFERINGS (1976)
CAPRICORN ONE (1978)
IN PRAISE OF OLDER WOMEN (1978)
CHANEL SOLITAIRE (1981)
COME BACK TO THE FIVE AND DIME, JIMMY DEAN, JIMMY DEAN (1982)
CAN SHE BAKE A CHERRY PIE? (1983)
MARTIN'S DAY (1984)
INVADERS FROM MARS (1986)
HAUNTING FEAR (1991)
PLAYER, THE (1992)
DOGTOWN (1997)

**BLAIR, Betsy**
*actrice américaine (1923-)*
MARTY (1955)
DESCENTE AUX ENFERS (1986)

**BLAIR, Linda**
*actrice américaine (1959-)*
EXORCIST, THE (1973)
EXORCIST II: THE HERETIC (1977)
ROLLER BOOGIE (1979)
HELL NIGHT (1981)
REPOSSESSED (1990)
EXORCIST, THE: THE VERSION YOU'VE NEVER SEEN (2000)

**BLAKE, Robert**
*acteur américain (1933-)*
I LOVE YOU AGAIN (1940)
ANDY HARDY'S DOUBLE LIFE (1942)
BIG NOISE, THE (1944)
HUMORESQUE (1946)
PORK CHOP HILL (1959)
TOWN WITHOUT PITY (1961)
PT 109 (1963)
GREATEST STORY EVER TOLD, THE (1965)
THIS PROPERTY IS CONDEMNED (1966)
IN COLD BLOOD (1967)
TELL THEM WILLIE BOY IS HERE (1969)
ELECTRA GLIDE IN BLUE (1973)
MONEY TRAIN (1995)
LOST HIGHWAY (1996)

**BLAKELY, Colin**
*acteur anglais (1930-1987)*
LONG SHIPS, THE (1963)
PRIVATE LIFE OF SHERLOCK HOLMES, THE (1970)
SHATTERED (1972)
LOVE AMONG THE RUINS (1975)
DOGS OF WAR, THE (1980)

**BLANC, Dominique**
*actrice française (1962-)*
FEMME DE MA VIE, LA (1986)
AFFAIRE DE FEMMES, UNE (1988)
JE SUIS LE SEIGNEUR DU CHÂTEAU (1989)
QUELQUES JOURS AVEC MOI (1989)
SAVANNAH, LA BALLADE (1989)
MILOU EN MAI (1990)
INDOCHINE (1991)
LOIN DES BARBARES (1993)
REINE MARGOT, LA (1993)
TOTAL ECLIPSE (1995)
SOLDIER'S DAUGHTER NEVER CRIES, A (1998)

**BLANC, Michel**
*acteur français (1953-)*
ATTENTION LES YEUX (1975)
LOCATAIRE, LE (1976)
BRONZÉS, LES (1978)
BRONZÉS FONT DU SKI, LES (1979)
CAUSE TOUJOURS, TU M'INTÉRESSES (1979)
CHEVAL D'ORGUEIL, LE (1979)
RIEN NE VA PLUS (1979)
MA FEMME S'APPELLE REVIENS (1981)
CIRCULEZ, Y'A RIEN À VOIR (1983)
MARCHE À L'OMBRE (1984)
RETENEZ-MOI... OU JE FAIS UN MALHEUR (1985)
TENUE DE SOIRÉE (1986)
FUGITIFS, LES (1987)
CHAMBRE À PART (1989)
MONSIEUR HIRE (1989)
MERCI LA VIE (1991)
PROSPERO'S BOOKS (1991)
FAVOUR, THE WATCH AND THE VERY BIG FISH, THE (1992)
TOXIC AFFAIR (1993)
GROSSE FATIGUE (1994)
MONSTRE, LE (1994)
PRÊT-À-PORTER (1994)

**BLANCHE, Roland**
*acteur français (1943-)*
JUGE FAYARD DIT «LE SHÉRIF», LE (1976)
DERNIER AMANT ROMANTIQUE, LE (1978)
ILS SONT GRANDS, CES PETITS (1978)
I... COMME ICARE (1979)
RIEN NE VA PLUS (1979)
CHOIX DES ARMES, LE (1981)
IL FAUT TUER BIRGITT HAAS (1981)
DANTON (1982)
TIR GROUPÉ (1982)
COMPÈRES, LES (1983)
ÉQUATEUR (1983)
4^e^ POUVOIR, LE (1985)
GALETTE DU ROI, LA (1985)
SIGNÉ CHARLOTTE (1985)
ÇA N'ARRIVE QU'À MOI (1985)
MIRACULÉ, LE (1986)
COMÉDIE DU TRAVAIL, LA (1987)
FUGITIFS, LES (1987)
SAISONS DU PLAISIR, LES (1988)
NIKITA (1990)
ÉPOQUE FORMIDABLE, UNE (1991)
BÂTARD DE DIEU, LE (1993)
ELLES NE PENSENT QU'À ÇA (1993)
CAPRICES D'UN FLEUVE, LES (1995)
BEAUMARCHAIS L'INSOLENT (1996)
BERNIE (1996)

**BLANCHETT, Cate**
*actrice australienne (1969-)*
OSCAR AND LUCINDA (1997)
PARADISE ROAD (1997)
ELIZABETH (1998)
IDEAL HUSBAND, AN (1999)
PUSHING TIN (1999)
TALENTED MR. RIPLEY, THE (1999)
GIFT, THE (2000)

**BLAVETTE, Charles**
*acteur français (1906-1967)*
ANGÈLE (1934)
JOFROI (1934)
REGAIN (1937)
FEMME DU BOULANGER, LA (1938)
SCHPOUNTZ, LE (1938)
MANON DES SOURCES (1952)
DÉJEUNER SUR L'HERBE, LE (1959)
JARDINIER D'ARGENTEUIL, LE (1966)

**BLIER Bernard**
*acteur français (1916-1989)*
HABIT VERT, L' (1937)
HÔTEL DU NORD (1938)
JOUR SE LÈVE, LE (1939)
ÉCOLE BUISSONNIÈRE, L' (1948)
CRIME ET CHÂTIMENT (1956)
MISÉRABLES, LES (1957)
JOUEUR, LE (1958)
ÉCOLE DES COCOTTES, L' (1958)
CAMARADES, LES (1963)
GERMINAL (1963)
CAROLINE CHÉRIE (1967)
DISTRAIT, LE (1970)
DOIGTS CROISÉS, LES (1971)
ELLE CAUSE PLUS... ELLE FLINGUE! (1972)
GRAND BLOND AVEC UNE CHAUSSURE NOIRE, LE (1972)
C'EST DUR POUR TOUT LE MONDE (1974)
C'EST PAS PARCE QU'ON A RIEN À DIRE QU'IL FAUT FERMER SA GUEULE (1974)
PAR LE SANG DES AUTRES (1974)
FAUX CUL, LE (1975)
BUFFET FROID (1979)
PASSION D'AMOUR (1981)
POURVU QUE CE SOIT UNE FILLE (1986)

**BLOOM, Claire**
*actrice anglaise (1931-)*
LIMELIGHT (1952)
RICHARD III (1955)
ALEXANDER THE GREAT (1956)
BROTHERS KARAMAZOV, THE (1958)
BUCCANEER, THE (1958)
LOOK BACK IN ANGER (1959)
HAUNTING, THE (1963)
OUTRAGE, THE (1964)
SPY WHO CAME IN FROM THE COLD, THE (1965)
CHARLY (1968)
ILLUSTRATED MAN, THE (1969)
DOLL'S HOUSE, A (1973)
ISLANDS IN THE STREAM (1977)
CLASH OF THE TITANS (1981)
SAMMY & ROSIE GET LAID (1987)
CRIMES AND MISDEMEANORS (1989)
MIGHTY APHRODITE (1995)

**BLOOM, Verna**
*actrice américaine (1939-)*
MEDIUM COOL (1969)
BADGE 373 (1973)
HIGH PLAINS DRIFTER (1973)
AFTER HOURS (1985)

**BLUTEAU, Lothaire**
*acteur québécois*
ANNÉES DE RÊVES, LES (1984)
FOUS DE BASSAN, LES (1987)
NUIT AVEC HORTENSE, LA (1988)
JÉSUS DE MONTRÉAL (1989)
BLACK ROBE (1991)
ORLANDO (1992)
SILENT TOUCH, THE (1992)
CONFESSIONNAL, LE (1995)
I SHOT ANDY WARHOL (1996)
CONQUEST (1998)

**BLYTH, Ann**
*actrice américaine (1928-)*
BRUTE FORCE (1947)
MR. PEABODY AND THE MERMAID (1948)
GREAT CARUSO, THE (1951)
ALL THE BROTHERS WERE VALIANT (1953)
STUDENT PRINCE, THE (1954)
KING'S THIEF, THE (1955)
KISMET (1955)
HELEN MORGAN STORY, THE (1957)

**BOGARDE, Dirk**
*acteur anglais (1921-)*
QUARTET (1949)
PENNY PRINCESS (1951)
SIMBA (1955)
CAMPBELL'S KINGDOM (1957)
DOCTOR AT LARGE (1957)
TALE OF TWO CITIES, A (1958)
SONG WITHOUT END (1960)
DAMN THE DEFIANT! (1962)
I COULD GO ON SINGING (1963)
SERVANT, THE (1963)
KING & COUNTRY (1964)
DARLING (1965)
ACCIDENT (1967)
FIXER, THE (1968)
DAMNÉS, LES (1969)
MORT À VENISE (1971)

NIGHT PORTER, THE (1973)
SERPENT, LE (NIGHT FLIGHT FROM MOSCOW) (1973)
BRIDGE TOO FAR, A (1977)
DÉSESPOIR (1977)
PROVIDENCE (1977)
DADDY NOSTALGIE (1990)

**BOGART, Humphrey**
*acteur américain (1899-1957)*
MIDNIGHT (1934)
BULLETS OR BALLOTS (1936)
PETRIFIED FOREST, THE (1936)
BLACK LEGION (1937)
DEAD END (1937)
KID GALAHAD (1937)
AMAZING DR. CLITTERHOUSE, THE (1938)
ANGELS WITH DIRTY FACES (1938)
DARK VICTORY (1939)
MARKED WOMAN (1939)
ROARING TWENTIES, THE (1939)
THEY DRIVE BY NIGHT (1940)
ALL THROUGH THE NIGHT (1941)
HIGH SIERRA (1941)
MALTESE FALCON, THE (1941)
ACROSS THE PACIFIC (1942)
SAHARA (1942)
ACTION IN THE NORTH ATLANTIC (1943)
CASABLANCA (SPECIAL EDITION) (1943)
CASABLANCA (1943)
PASSAGE TO MARSEILLES (1944)
TO HAVE AND HAVE NOT (1944)
BIG SLEEP, THE (1946)
DARK PASSAGE (1947)
DEAD RECKONING (1947)
KEY LARGO (1948)
KNOCK ON ANY DOOR (1949)
TOKYO JOE (1949)
CHAIN LIGHTNING (1950)
IN A LONELY PLACE (1950)
AFRICAN QUEEN, THE (1951)
ENFORCER, THE (1951)
SIROCCO (1951)
BATTLE CIRCUS (1953)
CAINE MUTINY, THE (1953)
BAREFOOT CONTESSA, THE (1954)
BEAT THE DEVIL (1954)
SABRINA (1954)
DESPERATE HOURS, THE (1955)
LEFT HAND OF GOD, THE (1955)
HARDER THEY FALL, THE (1956)

**BOGOSIAN, Eric**
*acteur américain (1953-)*
TALK RADIO (1988)
SEX, DRUGS, ROCK & ROLL (1991)

**BOHRINGER, Richard**
*acteur français (1941-)*
DERNIER MÉTRO, LE (1980)
DIVA (1980)
GRAND PARDON, LE (1981)
INSPECTEUR LA BAVURE (1981)
J'AI ÉPOUSÉ UNE OMBRE (1982)
CAP CANAILLE (1983)
ADDITION, L' (1984)
JUGE, LE (1984)
PÉRIL EN LA DEMEURE (1985)
SUBWAY (1985)
GRAND CHEMIN, LE (1986)
AGENT TROUBLE (1987)
FLAG (1988)
SAISONS DU PLAISIR, LES (1988)
À GAUCHE EN SORTANT DE L'ASCENSEUR (1988)
APRÈS LA GUERRE (1989)
COOK, THE THIEF, HIS WIFE & HER LOVER, THE (1989)
DAMES GALANTES (1990)
STAN THE FLASHER (1990)
CONFESSIONS D'UN BARJO (1991)
ÉPOQUE FORMIDABLE, UNE (1991)
ACCOMPAGNATRICE, L' (1992)
REINE BLANCHE, LA (1992)
TANGO (1992)
PARFUM D'YVONNE, LE (1993)
SOURIRE, LE (1994)
CAPRICES D'UN FLEUVE, LES (1995)

**BOHRINGER, Romane**
*actrice française (1973-)*
ACCOMPAGNATRICE, L' (1992)
NUITS FAUVES, LES (1992)
MINA TANNENBAUM (1993)
À CAUSE D'ELLE (1993)
CENT ET UNE NUITS, LES (1994)
COLONEL CHABERT, LE (1994)
TOTAL ECLIPSE (1995)
PORTRAITS CHINOIS (1996)
APPARTEMENT, L' (1997)
FEMME DE CHAMBRE DU TITANIC, LA (1997)
QUELQUE CHOSE D'ORGANIQUE (1998)

**BOISSON, Christine**
*actrice française (1957-)*
EMMANUELLE (1974)
FLIC STORY (1975)
IDENTIFICATION D'UNE FEMME (1982)
RUE BARBARE (1983)
MOINE ET LA SORCIÈRE, LE (1986)
MAISON DE JEANNE, LA (1988)
IL Y A DES JOURS... ET DES LUNES (1990)
BORN FOR HELL (1991)
AMIES DE MA FEMME, LES (1992)
MARMOTTES, LES (1993)
PAS TRÈS CATHOLIQUE (1993)

**BOND, Ward**
*acteur américain (1905-1960)*
BIG TRAIL, THE (1930)
IT HAPPENED ONE NIGHT (1934)
KID MILLIONS (1934)
INFORMER, THE (1935)
FURY (1936)
DEAD END (1937)
AMAZING DR. CLITTERHOUSE, THE (1938)
BRINGING UP BABY (1938)
DODGE CITY (1938)
MADE FOR EACH OTHER (1938)
DRUMS ALONG THE MOHAWK (1939)
GONE WITH THE WIND (1939)
THEY MADE ME A CRIMINAL (1939)
GRAPES OF WRATH, THE (1940)
LONG VOYAGE HOME, THE (1940)
MORTAL STORM, THE (1940)
SANTA FE TRAIL (1940)
MALTESE FALCON, THE (1941)
SHEPHERD OF THE HILLS, THE (1941)
GENTLEMAN JIM (1942)
GUY NAMED JOE, A (1944)
TALL IN THE SADDLE (1944)
FIGHTING SULLIVANS, THE (1945)
THEY WERE EXPANDABLE (1945)
CANYON PASSAGE (1946)
MY DARLING CLEMENTINE (1946)
FUGITIVE, THE (1947)
IT'S A WONDERFUL LIFE (1947)
3 GODFATHERS (1948)
FORT APACHE (1948)
JOAN OF ARC (1948)
TIME OF YOUR LIFE, THE (1948)
KISS TOMORROW GOODBYE (1950)
RIDING HIGH (1950)
ON DANGEROUS GROUND (1951)
OPERATION PACIFIC (1951)
QUIET MAN, THE (1952)
HONDO (1953)
BLOWING WILD (1954)
JOHNNY GUITAR (1954)
LONG GRAY LINE, THE (1955)
MISTER ROBERTS (1955)
SEARCHERS, THE (1956)
RIO BRAVO (1959)

**BONDI, Beulah**
*actrice américaine (1888-1981)*
TRAIL OF THE LONESOME PINE, THE (1936)
OF HUMAN HEARTS (1938)
OUR TOWN (1940)
REMEMBER THE NIGHT (1940)
SHEPHERD OF THE HILLS, THE (1941)
BACK TO BATAAN (1945)
SOUTHERNER, THE (1945)
SO DEAR TO MY HEART (1948)
LONE STAR (1951)
TRACK OF THE CAT (1954)

**BONHAM CARTER, Helena**
*actrice anglaise (1966-)*
ROOM WITH A VIEW, A (1986)
MAURICE (1987)
FRANCESCO (1989)
GETTING IT RIGHT (1989)
HAMLET (1990)
HOWARD'S END (1991)
MARY SHELLEY'S FRANKENSTEIN (1994)
MIGHTY APHRODITE (1995)
MARGARET'S MUSEUM (1996)
PORTRAITS CHINOIS (1996)
MERRY WAR, A (1997)
THEORY OF FLIGHT, THE (1998)
FIGHT CLUB (1999)

**BONNAIRE, Sandrine**
*actrice française (1967-)*
À NOS AMOURS (1983)
MEILLEUR DE LA VIE, LE (1984)
POLICE (1984)
BLANCHE ET MARIE (1985)
SANS TOIT NI LOI (1985)
TIR À VUE (1985)
PURITAINE, LA (1986)
SOUS LE SOLEIL DE SATAN (1987)
PEAUX DE VACHES (1988)
MONSIEUR HIRE (1989)
QUELQUES JOURS AVEC MOI (1989)
CIEL DE PARIS, LE (1991)
DANS LA SOIRÉE (1991)
PESTE, LA (1992)
JEANNE LA PUCELLE 1: LES BATAILLES (1993)
JEANNE LA PUCELLE 2: LES PRISONS (1993)
CENT ET UNE NUITS, LES (1994)
CÉRÉMONIE, LA (1995)
AU CŒUR DU MENSONGE (1998)
SECRET DÉFENSE (1998)
EST-OUEST (1999)

**BONNER, Priscilla**
*actrice américaine (1899-1996)*
STRONG MAN, THE (1926)
IT (1927)
LONG PANTS (1927)

**BOONE, Richard**
*acteur américain (1917-1981)*
DESERT FOX, THE (1951)
DRAGNET (1954)
TEN WANTED MEN (1954)

AWAY ALL BOATS (1956)
I BURY THE LIVING (1958)
THUNDER OF DRUMS, A (1961)
RIO CONCHOS (1964)
ARRANGEMENT, THE (1969)
BIG JAKE (1971)
BIG SLEEP, THE (1978)
BUSHIDO BLADE, THE (1979)

**BORGNINE, Ernest**
*acteur américain (1917-)*
FROM HERE TO ETERNITY (1953)
STRANGER WORE A GUN, THE (1953)
BAD DAY AT BLACK ROCK (1954)
DEMETRIUS AND THE GLADIATORS (1954)
JOHNNY GUITAR (1954)
MARTY (1955)
BADLANDERS, THE (1956)
CATERED AFFAIR, THE (1956)
TORPEDO RUN (1958)
BARABBAS (1961)
FLIGHT OF THE PHOENIX, THE (1965)
OSCAR, THE (1966)
DIRTY DOZEN, THE (1967)
ICE STATION ZEBRA (1969)
HANNIE CAULDER (1972)
POSEIDON ADVENTURE, THE (1972)
DEVIL'S RAIN, THE (1975)
HUSTLE (1975)
ALLO... MADAME (1976)
JESUS OF NAZARETH (1976)
ALL QUIET ON THE WESTERN FRONT (1979)
BLACK HOLE, THE (1979)
ESCAPE FROM NEW YORK (1980)
SUPER FUZZ (1981)
SPIKE OF BENSONHURST (1988)
MISTRESS (1992)
BASEKETBALL (1998)

**BOUCHARD, Denis**
*acteur québécois (1953-)*
TISSERANDS DU POUVOIR, LES (1988)
TISSERANDS DU POUVOIR 2: LA RÉVOLTE, LES (1988)
MATINS INFIDÈLES, LES (1989)
AUTRE HOMME, UN (1990)
DING ET DONG: LE FILM (1990)
RAFALES (1990)
LOVE-MOI (1991)
MARCHÉ DU COUPLE, LE (1991)
FÊTE DES ROIS, LA (1994)
FABRICATION D'UN MEURTRIER, LA (1996)
HOMME IDÉAL, L' (1996)
HISTOIRES D'HIVER (1998)

**BOUCHARD, Raymond**
*acteur québécois (1945-)*
SMOKEY AND THE BANDIT (1977)
CORDÉLIA (1983)
HEURES PRÉCIEUSES, LES (1989)
DING ET DONG: LE FILM (1990)
ASSASSIN JOUAIT DU TROMBONE, L' (1991)
AUTOMNE SAUVAGE, L' (1992)
FLORIDA, LA (1993)
PETIT VENT DE PANIQUE, UN (2000)

**BOUISE, Jean**
*acteur français (1929-1989)*
JE SUIS CUBA (1964)
TINTIN ET LES ORANGES BLEUES (1964)
CHOSES DE LA VIE, LES (1969)
GRANGES BRÛLÉES, LES (1972)
CAÏDS, LES (1973)
RETOUR DU GRAND BLOND, LE (1974)
LE VIEUX FUSIL (1975)
JUGE FAYARD DIT «LE SHÉRIF», LE (1976)

MONSIEUR KLEIN (1976)
MORT D'UN POURRI (1977)
PAPILLON SUR L'ÉPAULE, UN (1978)
DERNIER COMBAT, LE (1982)
AU NOM DE TOUS LES MIENS (1983)
ÉDITH ET MARCEL (1983)
ÉQUATEUR (1983)
PARTIR, REVENIR (1985)
SUBWAY (1985)
DERNIER ÉTÉ À TANGER (1987)
ÉTÉ EN PENTE DOUCE, L' (1987)
DE GUERRE LASSE (1988)
GRAND BLEU, LE (1988)
NIKITA (1990)

**BOUIX, Evelyne**
*actrice française*
RIEN NE VA PLUS (1979)
MISÉRABLES, LES (1982)
ÉDITH ET MARCEL (1983)
NI AVEC TOI, NI SANS TOI (1985)
PARTIR, REVENIR (1985)
HOMME ET UNE FEMME: VINGT ANS DÉJÀ, UN (1986)
CIEL DE PARIS, LE (1991)
TOUT ÇA... POUR ÇA! (1992)
BEAUMARCHAIS L'INSOLENT (1996)

**BOUJENAH, Michel**
*acteur français (1952-)*
MAIS QU'EST-CE QUE J'AI FAIT AU BON DIEU POUR AVOIR UNE FEMME QUI BOIT DANS LES CAFÉS AVEC LES HOMMES? (1980)
LÉVY ET GOLIATH (1986)
MOITIÉ MOITIÉ (1989)
TOTALE, LA (1991)
NOMBRIL DU MONDE, LE (1993)
MISÉRABLES DU XXe SIÈCLE, LES (1995)
DON JUAN (1997)

**BOUQUET, Carole**
*actrice française (1957-)*
CET OBSCUR OBJET DU DÉSIR (1977)
BUFFET FROID (1979)
FOR YOUR EYES ONLY (1981)
RIVE DROITE, RIVE GAUCHE (1984)
MAL D'AIMER, LE (1986)
BUNKER PALACE HOTEL (1989)
NEW YORK STORIES (1989)
TANGO (1992)
GROSSE FATIGUE (1994)
LUCIE AUBRAC (1997)
EN PLEIN CŒUR (1998)
PONT ENTRE DEUX RIVES, UN (1998)
PIQUE-NIQUE DE LULU KREUTZ, LE (1999)

**BOUQUET, Michel**
*acteur français (1925-)*
MONSIEUR VINCENT (1947)
PATTES BLANCHES (1949)
TIGRE SE PARFUME À LA DYNAMITE, LE (1965)
ROUTE DE CORINTHE, LA (1967)
FEMME INFIDÈLE, LA (1968)
MARIÉE ÉTAIT EN NOIR, LA (1967)
DERNIER SAUT, LE (1969)
SIRÈNE DU MISSISSIPPI, LA (1969)
BORSALINO (1970)
RUPTURE, LA (1970)
ANGES, LES (1972)
ATTENTAT, L' (1972)
COMPLOT, LE (1973)
DÉFENSE DE SAVOIR (1973)
SERPENT, LE (NIGHT FLIGHT FROM MOSCOW) (1973)
JOUET, LE (1976)
RAISON D'ÉTAT, LA (1977)

MISÉRABLES, LES (1982)
POULET AU VINAIGRE (1985)
TOTO LE HÉROS (1991)
TOUS LES MATINS DU MONDE (1991)
ÉLISA (1994)

**BOURVIL**
*acteur français (1919-1970)*
PASSE-MURAILLE, LE (1950)
3 MOUSQUETAIRES, LES (1953)
MISÉRABLES, LES (1957)
CHEMIN DES ÉCOLIERS, LE (1959)
FORTUNA (1960)
LONGEST DAY, THE (1962)
CUISINE AU BEURRE, LA (1963)
CORNIAUD, LE (1964)
GRANDES GUEULES, LES (1965)
GRANDE VADROUILLE, LA (1966)
CRACKS, LES (1968)
GRANDE LESSIVE, LA (1968)
ARBRE DE NOËL, L' (1969)
CERVEAU, LE (1969)
THOSE DARING YOUNG MEN IN THEIR JAUNTY JALOPIES (1969)
CERCLE ROUGE, LE (1970)
MUR DE L'ATLANTIQUE, LE (1970)

**BOW, Clara**
*actrice américaine (1905-1965)*
PARISIAN LOVE (1925)
PLASTIC AGE, THE (1925)
IT (1927)

**BOWIE, David**
*acteur anglais (1947-)*
MAN WHO FELL TO EARTH, THE (1976)
MOI, CHRISTIANE F., 13 ANS, DROGUÉE, PROSTITUÉE (1981)
HUNGER, THE (1983)
MERRY CHRISTMAS, MR. LAWRENCE (1983)
INTO THE NIGHT (1985)
ABSOLUTE BEGINNERS (1986)
LABYRINTH (1986)
LAST TEMPTATION OF CHRIST, THE (1988)
LINGUINI INCIDENT, THE (1991)
BASQUIAT (1996)

**BOYER, Charles**
*acteur français (1899-1978)*
RED-HEADED WOMAN (1932)
BREAK OF HEARTS (1935)
MAYERLING (1936)
CONQUEST (1938)
LOVE AFFAIR (1939)
TALES OF MANHATTAN (1942)
GASLIGHT (1944)
ARCH OF TRIUMPH (1948)
MADAME DE... (1953)
AROUND THE WORLD IN 80 DAYS (1956)
CHANCE D'ÊTRE FEMME, LA (1957)
PARISIENNE, UNE (1957)
BUCCANEER, THE (1958)
FANNY (1961)
FOUR HORSEMEN OF THE APOCALYPSE, THE (1961)
HOW TO STEAL A MILLION (1966)
PARIS BRÛLE-T-IL? (1966)
BAREFOOT IN THE PARK (1967)
CASINO ROYALE (1967)
APRIL FOOLS, THE (1969)
STAVISKY (1974)

**BOYLE, Lara Flynn**
*actrice américaine (1970-)*
POLTERGEIST III (1988)
ROOKIE, THE (1990)

DARK BACKWARD, THE (1991)
EYE OF THE STORM (1991)
MOBSTERS (1991)
RED ROCK WEST (1992)
EQUINOX (1993)
TEMP, THE (1993)
BABY'S DAY OUT (1994)
ROAD TO WELLVILLE, THE (1994)
THREESOME (1994)
AFTERGLOW (1997)
HAPPINESS (1998)

**BOYLE, Peter**
*acteur américain (1933-)*
MEDIUM COOL (1969)
JOE (1970)
CANDIDATE, THE (1972)
SWASHBUCKLER (1976)
TAXI DRIVER (1976)
BRINK'S JOB, THE (1978)
F.I.S.T. (1978)
BEYOND THE POSEIDON ADVENTURE (1979)
HARDCORE (1979)
IN GOD WE TRU$T (1980)
HAMMETT (1981)
OUTLAND (1981)
JOHNNY DANGEROUSLY (1984)
MORONS FROM OUTER SPACE (1985)
RED HEAT (1988)
DREAM TEAM, THE (1989)
MEN OF RESPECT (1991)
HONEYMOON IN VEGAS (1992)
MALCOLM X (1992)
SANTA CLAUSE, THE (1994)
SHADOW, THE (1994)
BORN TO BE WILD (1995)
THAT DARN CAT! (1996)

**BRACCO, Lorraine**
*actrice américaine (1955-)*
MAIS QU'EST-CE QUE J'AI FAIT AU BON DIEU POUR AVOIR UNE FEMME QUI BOIT DANS LES CAFÉS AVEC LES HOMMES? (1980)
PICK-UP ARTIST, THE (1987)
SOMEONE TO WATCH OVER ME (1987)
DREAM TEAM, THE (1989)
GOODFELLAS (1990)
SWITCH (1991)
MEDECINE MAN (1992)
RADIO FLYER (1992)
BEING HUMAN (1994)
EVEN COWGIRLS GET THE BLUES (1994)
BASKETBALL DIARIES, THE (1995)
HACKERS (1995)
LADIES ROOM (1999)

**BRADY, Alice**
*actrice américaine (1892-1939)*
100 MEN AND A GIRL (1937)
JOY OF LIVING (1938)

**BRADY, Scott**
*acteur américain (1924-1985)*
HE WALKED BY NIGHT (1949)
MONTANA BELLE (1952)
JOHNNY GUITAR (1954)
MAVERICK QUEEN, THE (1955)
CASTLE OF EVIL (1966)
DOLLARS (1972)

**BRAGA, Sonia**
*actrice brésilienne (1951-)*
DONA FLOR ET SES DEUX MARIS (1976)
I LOVE YOU (1981)
GABRIELA (1983)
KISS OF THE SPIDER WOMAN (1985)
MAN WHO BROKE A 1000 CHAINS, THE (1987)
MILAGRO BEANFIELD WAR, THE (1987)
ROOKIE, THE (1990)
BURNING SEASON, THE (1994)
TIETA OF AGRESTE (1996)

**BRANAGH, Kenneth**
*acteur anglais (1960-)*
FORTUNES OF WAR (1987)
LADY'S NOT FOR BURNING, THE (1987)
MONTH IN THE COUNTRY, A (1987)
HENRY V (1989)
DEAD AGAIN (1991)
PETER'S FRIENDS (1992)
SWING KIDS (1992)
MUCH ADO ABOUT NOTHING (1993)
MARY SHELLEY'S FRANKENSTEIN (1994)
OTHELLO (1995)
HAMLET (1996)
MIDWINTER'S TALE, A (1996)
GINGERBREAD MAN, THE (1997)
PROPOSITION, THE (1997)
CELEBRITY (1998)
LOVE'S LABOUR LOST (1999)

**BRANDAUER, Klaus Maria**
*acteur autrichien (1944-)*
MÉPHISTO (1981)
NEVER SAY NEVER AGAIN (1983)
COLONEL REDL (1985)
LIGHTSHIP, THE (1985)
QUO VADIS? (1985)
OUT OF AFRICA (1986)
BURNING SECRET (1988)
HANUSSEN (1988)
RÉVOLUTION FRANÇAISE 1: LES ANNÉES LUMIÈRE, LA (1989)
RÉVOLUTION FRANÇAISE 2: LES ANNÉES TERRIBLES, LA (1989)
RUSSIA HOUSE, THE (1990)
BECOMING COLETTE (1992)

**BRANDO, Marlon**
*acteur américain (1924-)*
MEN, THE (1950)
STREETCAR NAMED DESIRE, A (1951)
JULIUS CAESAR (1953)
DESIREE (1954)
ON THE WATERFRONT (1954)
GUYS AND DOLLS (1955)
TEAHOUSE OF THE AUGUST MOON, THE (1956)
SAYONARA (1957)
FUGITIVE KIND, THE (1959)
ONE-EYED JACKS (1961)
MUTINY ON THE BOUNTY (1962)
BEDTIME STORY (1964)
MORITURI (1965)
APPALOOSA, THE (1966)
CHASE, THE (1966)
COUNTESS FROM HONG KONG, A (1967)
REFLECTIONS IN A GOLDEN EYE (1967)
CANDY (1968)
BURN! (1969)
DERNIER TANGO À PARIS, LE (1972)
GODFATHER, THE (1972)
MISSOURI BREAKS, THE (1976)
SUPERMAN: THE MOVIE (1978)
APOCALYPSE NOW (1979)
FORMULA, THE (1980)
DRY WHITE SEASON, A (1989)
FRESHMAN, THE (1990)
CHRISTOPHER COLUMBUS: THE DISCOVERY (1992)
DON JUAN DeMARCO (1995)
ISLAND OF DR. MOREAU, THE (1996)

**BRASSEUR, Claude**
*acteur français (1936-)*
BRIDE SUR LE COU, LA (1961)
CAPORAL ÉPINGLÉ, LE (1961)
SEPT PÉCHÉS CAPITAUX, LES (1962)
GERMINAL (1963)
BANDE À PART (1964)
ATTENTION LES YEUX (1975)
SEINS DE GLACE, LES (1975)
GRAND ESCOGRIFFE, LE (1977)
NOUS IRONS TOUS AU PARADIS (1977)
ARGENT DES AUTRES, L' (1978)
HISTOIRE SIMPLE, UNE (1978)
ILS SONT GRANDS, CES PETITS (1978)
ÉTAT SAUVAGE, L' (1978)
AU REVOIR... À LUNDI (1979)
GUERRE DES POLICES, LA (1979)
AFFAIRE D'HOMMES, UNE (1980)
BANQUIÈRE, LA (1980)
JOSÉPHA (1981)
OMBRE ROUGE, L' (1981)
LÉGITIME VIOLENCE (1982)
CRIME, LA (1983)
LÉOPARD, LE (1984)
PALACE (1984)
DÉTECTIVE (1985)
GITANE, LA (1985)
DESCENTE AUX ENFERS (1986)
TAXI BOY (1986)
DANDIN (1989)
SALE COMME UN ANGE (1990)
DANCING MACHINE (1991)
SOUPER, LE (1992)
FIL DE L'HORIZON, LE (1993)
DÉBANDADE, LA (1999)

**BRASSEUR, Pierre**
*acteur français (1903-1972)*
QUAI DES BRUMES (1938)
ENFANTS DU PARADIS, LES (1945)
NAPOLÉON (1954)
RASPOUTINE (1954)
YEUX SANS VISAGE, LES (1959)
BEL ANTONIO, LE (1960)
ROI DE CŒUR, LE (1966)
SOUS LE SIGNE DE MONTE-CRISTO (1968)
BAROCCO (1976)

**BREL, Jacques**
*acteur belge (1929-1979)*
ANARCHISTE OU LA BANDE À BONNOT (1969)
ASSASSINS DE L'ORDRE, LES (1970)
FRANZ (1971)
AVENTURE C'EST L'AVENTURE, L' (1972)
EMMERDEUR, L' (1973)

**BRENNAN, Walter**
*acteur américain (1894-1974)*
COME AND GET IT (1936)
STANLEY AND LIVINGSTONE (1939)
STORY OF VERNON & IRENE CASTLE, THE (1939)
THEY SHALL HAVE MUSIC (1939)
NORTHWEST PASSAGE (1940)
SERGEANT YORK (1941)
PRIDE OF THE YANKEES, THE (1942)
HANGMEN ALSO DIE (1943)
DRIFTWOOD (1948)
ALONG THE GREAT DIVIDE (1951)
BAD DAY AT BLACK ROCK (1954)
FAR COUNTRY, THE (1955)
GOODBYE, MY LADY (1956)

**BRIALY, Jean-Claude**
*acteur français (1933-)*
ASCENSEUR POUR L'ÉCHAFAUD (1957)

BEAU SERGE, LE (1958)
CHRISTINE (1958)
400 COUPS, LES (1959)
CHEMIN DES ÉCOLIERS, LE (1959)
CLÉO DE 5 À 7 (1961)
FEMME EST UNE FEMME, UNE (1961)
SEPT PÉCHÉS CAPITAUX, LES (1962)
CHASSE À L'HOMME, LA (1964)
ROI DE CŒUR, LE (1966)
CAROLINE CHÉRIE (1967)
MANON 70 (1967)
MARIÉE ÉTAIT EN NOIR, LA (1968)
GENOU DE CLAIRE, LE (1970)
FANTÔME DE LA LIBERTÉ, LE (1974)
ANNÉE SAINTE, L' (1976)
BAROCCO (1976)
JUGE ET L'ASSASSIN, LE (1976)
CHANSON DE ROLAND, LA (1978)
ROBERT ET ROBERT (1978)
BANQUIÈRE, LA (1980)
DÉMON DANS L'ÎLE, LE (1982)
FILLE DE TRIESTE, LA (1982)
NUIT DE VARENNES, LA (1982)
CAP CANAILLE (1983)
CRIME, LA (1983)
MORTELLE RANDONNÉE (1983)
PAPY FAIT DE LA RÉSISTANCE (1983)
SARAH (1983)
STELLA (1983)
ÉDITH ET MARCEL (1983)
PINOT, SIMPLE FLIC (1984)
4e POUVOIR, LE (1985)
MARIAGE DU SIÈCLE, LE (1985)
TÉLÉPHONE SONNE TOUJOURS DEUX FOIS, LE (1985)
LÉVY ET GOLIATH (1986)
MOUSTACHU, LE (1987)
FAUX ET USAGE DE FAUX (1990)
RIPOUX CONTRE RIPOUX (1990)
S'EN FOUT LA MORT (1990)
REINE MARGOT, LA (1993)
FEMME FRANÇAISE, UNE (1994)
PORTRAITS CHINOIS (1996)
KENNEDY ET MOI (1999)

**BRIDGES, Beau**
*acteur américain (1941-)*
FORCE OF EVIL (1949)
RED PONY, THE (1949)
INCIDENT, THE (1967)
FOR LOVE OF IVY (1968)
LANDLORD, THE (1970)
HAMMERSMITH IS OUT (1972)
FOUR FEATHERS, THE (1977)
FIFTH MUSKETEER, THE (1979)
NORMA RAE (1979)
HOTEL NEW HAMPSHIRE, THE (1984)
FABULOUS BAKER BOYS, THE (1989)
INHERIT THE WIND (1999)
COMMON GROUND (2000)

**BRIDGES, Jeff**
*acteur américain (1949-)*
LAST PICTURE SHOW, THE (1971)
BAD COMPANY (1972)
FAT CITY (1972)
THUNDERBOLT AND LIGHTFOOT (1974)
RANCHO DELUXE (1975)
KING KONG (1976)
STAY HUNGRY (1976)
CUTTER'S WAY (1981)
HEAVEN'S GATE (1981)
AGAINST ALL ODDS (1984)
STARMAN (1984)
JAGGED EDGE (1985)
8 MILLION WAYS TO DIE (1986)
MORNING AFTER, THE (1986)
NADINE (1987)
COLD FEET (1989)
FABULOUS BAKER BOYS, THE (1989)
SEE YOU IN THE MORNING (1989)
TEXASVILLE (1990)
FISHER KING, THE (1991)
AMERICAN HEART (1992)
FEARLESS (1993)
BLOWN AWAY (1994)
MIRROR HAS TWO FACES, THE (1996)
BIG LEBOWSKI, THE (1998)
ARLINGTON ROAD (1999)
MUSE, THE (1999)
SIMPATICO (1999)
CONTENDER, THE (2000)

**BRIDGES, Lloyd**
*acteur américain (1913-)*
SAHARA (1942)
TALK OF THE TOWN, THE (1942)
HEAT'S ON, THE (1943)
MASTER RACE, THE (1944)
ABILENE TOWN (1946)
CANYON PASSAGE (1946)
RAMROD (1946)
MOONRISE (1948)
HOME OF THE BRAVE (1949)
ROCKETSHIP X-M (1950)
HIGH NOON (1952)
RAINMAKER, THE (1956)
HAPPY ENDING, THE (1969)
FIFTH MUSKETEER, THE (1979)
AIRPLANE! (1980)
BEAR ISLAND (1980)
AIRPLANE II: THE SEQUEL (1982)
GRACE KELLY STORY, THE (1983)
COUSINS (1989)
JOE VERSUS THE VOLCANO (1990)
HOT SHOTS! (1991)
HONEY, I BLEW UP THE KID (1992)
HOT SHOTS! PART DEUX (1993)
BLOWN AWAY (1994)

**BROCHET, Anne**
*actrice française (1966-)*
MASQUES (1987)
MAISON ASSASSINÉE, LA (1989)
TOLÉRANCE (1989)
CYRANO DE BERGERAC (1990)
CONFESSIONS D'UN BARJO (1991)
TOUS LES MATINS DU MONDE (1991)
DRIFTWOOD (1997)
CHAMBRE DES MAGICIENNES, LA (1999)

**BRODERICK, Matthew**
*acteur américain (1962-)*
MAX DUGAN RETURNS (1983)
1918 (1984)
LADYHAWKE (1984)
FERRIS BUELLER'S DAY OFF (1986)
ON VALENTINE'S DAY (1986)
PROJECT X (1987)
BILOXI BLUES (1988)
TORCH SONG TRILOGY (1988)
FAMILY BUSINESS (1989)
GLORY (1989)
FRESHMAN, THE (1990)
LIFE IN THE THÉATER, A (1993)
NIGHT WE NEVER MET, THE (1993)
MRS. PARKER AND THE VICIOUS CIRCLE (1994)
ROAD TO WELLVILLE, THE (1994)
CABLE GUY, THE (1996)
INFINITY (1996)
ADDICTED TO LOVE (1997)
GODZILLA (1998)
ELECTION (1999)
INSPECTOR GADGET (1999)

**BROLIN, Josh**
*acteur américain (1968-)*
GOONIES, THE (1985)
BED OF ROSES (1996)
MIMIC (1997)
NIGHTWATCH (1997)
IT'S THE RAGE (1999)
MOD SQUAD, THE (1999)
HOLLOW MAN (2000)

**BRONSON, Charles**
*acteur américain (1921-)*
PAT AND MIKE (1952)
HOUSE OF WAX (1953)
MISS SADIE THOMPSON (1953)
APACHE (1954)
MACHINE GUN KELLY (1958)
NEVER SO FEW (1959)
MAGNIFICENT SEVEN, THE (1960)
MASTER OF THE WORLD (1961)
THUNDER OF DRUMS, A (1961)
4 FOR TEXAS (1963)
GREAT ESCAPE, THE (1963)
BATTLE OF THE BULGE (1965)
SANDPIPER, THE (1965)
THIS PROPERTY IS CONDEMNED (1966)
DIRTY DOZEN, THE (1967)
BATAILLE DE SAN SEBASTIAN, LA (1968)
ONCE UPON A TIME IN THE WEST (1968)
LOLA (1969)
DE LA PART DES COPAINS (1970)
CHATO'S LAND (1971)
SOLEIL ROUGE (1971)
SOMEONE BEHIND THE DOOR (1971)
DEATH WISH (1974)
MR. MAJESTYK (1974)
HARD TIMES (1975)
TELEFON (1977)
DEATH HUNT (1981)
INDIAN RUNNER, THE (1991)
DEATH WISH V: THE FACE OF DEATH (1994)

**BROOK, Claudio**
*acteur mexicain (1929-1995)*
JEUNE FILLE, LA (1960)
ANGE EXTERMINATEUR, L' (1962)
SANTO IN THE WAX MUSEUM (1963)
SIMON OF THE DESERT (1965)
GRANDE VADROUILLE, LA (1966)
ASSASSINATION OF TROTSKY, THE (1972)
JORY (1972)
DEVIL'S RAIN, THE (1975)
CRONOS (1992)

**BROOKS, Albert**
*acteur américain (1947-)*
TAXI DRIVER (1976)
REAL LIFE (1979)
LOST IN AMERICA (1985)
BROADCAST NEWS (1987)
DEFENDING YOUR LIFE (1991)
I'LL DO ANYTHING (1994)
MOTHER (1997)
CRITICAL CARE (1998)
OUT OF SIGHT (1998)
MUSE, THE (1999)

**BROOKS, Louise**
*actrice américaine (1906-1985)*
COBRA (1920)
SHOW-OFF, THE (1926)
LOULOU (1928)
JOURNAL D'UNE FILLE PERDUE (1929)

PRIX DE BEAUTÉ (1930)
OVERLAND STAGE RAIDERS (1938)

**BROOKS, Mel**
*acteur américain (1926-)*
PRODUCERS, THE (1969)
BLAZING SADDLES (1974)
SILENT MOVIE (1976)
HIGH ANXIETY (1977)
HISTORY OF THE WORLD, PART 1 (1981)
TO BE OR NOT TO BE (1983)
SPACEBALLS (1987)
LIFE STINKS (1991)
ROBIN HOOD: MEN IN TIGHTS (1993)
DRACULA: DEAD AND LOVING IT (1995)

**BROSNAN, Pierce**
*acteur irlandais (1952-)*
LONG GOOD FRIDAY, THE (1980)
NOMADS (1986)
FOURTH PROTOCOL, THE (1987)
TAFFIN (1987)
DECEIVERS, THE (1988)
LAWNMOWER MAN, THE (1992)
MRS. DOUBTFIRE (1993)
LOVE AFFAIR (1994)
GOLDEN EYE (1995)
MARS ATTACKS! (1996)
MIRROR HAS TWO FACES, THE (1996)
DANTE'S PEAK (1997)
TOMORROW NEVER DIES (1997)
GREY OWL (1999)
THOMAS CROWN AFFAIR, THE (1999)
THE TAILOR OF PANAMA (2001)

**BROUILLETTE, Robert**
*acteur québécois (1965-)*
SHABBAT SHALOM! (1992)
ELDORADO (1994)
ANGÉLO, FRÉDO ET ROMÉO (1996)
KARMINA (1996)

**BRUCE, Nigel**
*acteur mexicain (1895-1953)*
SHE (1935)
CHARGE OF THE LIGHT BRIGADE, THE (1936)
TRAIL OF THE LONESOME PINE, THE (1936)
ADVENTURES OF SHERLOCK HOLMES, THE (1939)
SUSAN AND GOD (1940)
CHOCOLATE SOLDIER, THE (1941)
JOURNEY FOR MARGARET (1942)
SHERLOCK HOLMES AND THE SECRET WEAPON (1942)
SHERLOCK HOLMES AND THE VOICE OF TERROR (1942)
SHERLOCK HOLMES IN WASHINGTON (1943)
FRENCHMAN'S CREEK (1944)
PEARL OF DEATH, THE (1944)
SCARLET CLAW, THE (1944)
SHERLOCK HOLMES AND THE SPIDER WOMAN (1944)
HOUSE OF FEAR, THE (1945)
PURSUIT TO ALGIERS (1945)
DRESSED TO KILL (1946)
TERROR BY NIGHT (1946)
JULIA MISBEHAVES (1948)

**BRUEL, Patrick**
*acteur français (1959-)*
COUP DE SIROCCO, LE (1978)
MA FEMME S'APPELLE REVIENS (1981)
DIPLÔMÉS DU DERNIER RANG, LES (1982)
BATARD, LE (1983)
GRAND CARNAVAL, LE (1983)
MARCHE À L'OMBRE (1984)
P.R.O.F.S. (1985)
CHAMPAGNE AMER (1986)
ATTENTION BANDITS (1987)
FORCE MAJEURE (1989)
MAISON ASSASSINÉE, LA (1989)
IL Y A DES JOURS... ET DES LUNES (1990)
TOUTES PEINES CONFONDUES (1992)
PROFIL BAS (1993)
CENT ET UNE NUITS, LES (1994)
SABRINA (1995)
JAGUAR, LE (1996)
K (1997)

**BRYNNER, Yul**
*acteur russe (1915-1985)*
ANASTASIA (1956)
KING AND I, THE (1956)
TEN COMMANDMENTS, THE (1956)
BROTHERS KARAMAZOV, THE (1958)
BUCCANEER, THE (1958)
SOLOMON AND SHEBA (1959)
MAGNIFICENT SEVEN, THE (1960)
TARAS BULBA (1962)
INVITATION TO A GUNFIGHTER (1964)
MORITURI (1965)
CAST A GIANT SHADOW (1966)
PARIS BRÛLE-T-IL? (1966)
RETURN OF THE MAGNIFICIENT SEVEN (1966)
MAGIC CHRISTIAN, THE (1969)
CATLOW (1971)
LIGHT AT THE EDGE OF THE WORLD, THE (1971)
SERPENT, LE (NIGHT FLIGHT FROM MOSCOW) (1973)
FUTUREWORLD (1976)

**BUCHANAN, Edgar**
*acteur américain (1903-1979)*
PENNY SERENADE (1941)
ABILENE TOWN (1946)
CORONER CREEK (1948)
ANY NUMBER CAN PLAY (1949)
CHEAPER BY THE DOZEN (1950)
RAWHIDE (1951)
BIG TREES, THE (1952)
IT STARTED WITH A KISS (1959)

**BUJOLD, Geneviève**
*actrice québécoise (1942-)*
ROI DE CŒUR, LE (1966)
ENTRE LA MER ET L'EAU DOUCE (1967)
ANNE OF THE THOUSAND DAYS (1969)
KAMOURASKA (VERSION LONGUE) (1973)
EARTHQUAKE (1974)
OBSESSION (1976)
SWASHBUCKLER (1976)
COMA (1978)
MURDER BY DECREE (1979)
FINAL ASSIGNMENT (1980)
MONSIGNOR (1982)
CHOOSE ME (1984)
TIGHTROPE (1984)
DEAD RINGERS (1988)
MODERNS, THE (1988)
TEMPS RETROUVÉ, LE (1991)
MON AMIE MAX (1993)
ADVENTURES OF PINOCCHIO, THE (1996)
EYE OF THE BEHOLDER (1999)

**BULLOCK, Sandra**
*actrice américaine (1967-)*
DEMOLITION MAN (1993)
THING CALLED LOVE, THE (1993)
SPEED (1994)
NET, THE (1995)
IN LOVE AND WAR (1996)
TIME TO KILL, A (1996)
SPEED 2: CRUISE CONTROL (1997)
HOPE FLOATS (1998)
PRACTICAL MAGIC (1998)
FORCES OF NATURE (1999)
28 DAYS (2000)
GUN SHY (2000)
MISS CONGENIALITY (2000)

**BUÑUEL, Luis**
*acteur espagnol (1900-1983)*
CHARGE DES REBELLES, LA (1963)

**BURKE, James**
*acteur américain (1886-1968)*
SIX OF A KIND (1934)
RHYTHM ON THE RANGE (1936)
AT THE CIRCUS (1938)
LITTLE NELLIE KELLY (1940)
CASANOVA BROWN (1944)
LONE STAR (1951)

**BURSTYN, Ellen**
*actrice américaine (1932-)*
ALEX IN WONDERLAND (1970)
LAST PICTURE SHOW, THE (1971)
KING OF MARVIN GARDENS, THE (1972)
EXORCIST, THE (1973)
HARRY AND TONTO (1974)
ALICE DOESN'T LIVE HERE ANYMORE (1975)
PROVIDENCE (1977)
DREAM OF PASSION (1978)
SAME TIME, NEXT YEAR (1978)
HANNA'S WAR (1988)
DYING YOUNG (1991)
ROOMMATES (1994)
BABYSITTERS CLUB, THE (1995)
HOW TO MAKE AN AMERICAN QUILT (1995)
SPITFIRE GRILL, THE (1996)
DECEIVER (1997)
PLAYING BY HEART (1998)
EXORCIST, THE: THE VERSION YOU'VE NEVER SEEN (2000)
REQUIEM FOR A DREAM (2000)

**BURTON, Richard**
*acteur anglais (1925-1984)*
GREEN GROW THE RUSHES (1951)
DESERT RATS, THE (1953)
ROBE, THE (1953)
DEMETRIUS AND THE GLADIATORS (1954)
ALEXANDER THE GREAT (1956)
LOOK BACK IN ANGER (1959)
BRAMBLE BUSH, THE (1960)
LONGEST DAY, THE (1962)
CLEOPATRA (1963)
NIGHT OF THE IGUANA, THE (1964)
SANDPIPER, THE (1965)
SPY WHO CAME IN FROM THE COLD, THE (1965)
COMEDIANS, THE (1967)
TAMING OF THE SHREW, THE (1967)
BOOM! (1968)
CANDY (1968)
DR. FAUSTUS (1968)
ANNE OF THE THOUSAND DAYS (1969)
ASSASSINATION OF TROTSKY, THE (1972)
HAMMERSMITH IS OUT (1972)
BLUEBEARD (1973)
DIVORCE HIS, DIVORCE HER (1973)
BECKET (1974)
BRIEF ENCOUNTER (1974)
KLANSMAN, THE (1974)
EQUUS (1977)
EXORCIST II: THE HERETIC (1977)

BREAKTHROUGH (1978)
1984 (1984)

**BUSCEMI, Steve**
*acteur américain (1958-)*
PARTING GLANCES (1986)
SLEEPWALK (1987)
CALL ME (1988)
BLOODHOUNDS OF BROADWAY (1989)
NEW YORK STORIES (1989)
SLAVES OF NEW YORK (1989)
KING OF NEW YORK, THE (1990)
MILLER'S CROSSING (1990)
MYSTERY TRAIN (1990)
TALES FROM THE DARKSIDE: THE MOVIE (1990)
BARTON FINK (1991)
BILLY BATHGATE (1991)
RESERVOIR DOGS (1991)
ED AND HIS DEAD MOTHER (1993)
FLOUNDERING (1993)
RISING SUN (1993)
EVEN COWGIRLS GET THE BLUES (1994)
HUDSUCKER PROXY, THE (1994)
LIVING IN OBLIVION (1994)
PULP FICTION (1994)
SOMEBODY TO LOVE (1994)
CON AIR (1995)
DESPERADO (1995)
THINGS TO DO IN DENVER WHEN YOU'RE DEAD (1995)
ESCAPE FROM L.A. (1996)
FARGO (1996)
ARMAGEDDON (1998)
BIG LEBOWSKI, THE (1998)
BIG DADDY (1999)
28 DAYS (2000)
ANIMAL FACTORY (2000)

**BUSEY, Gary**
*acteur américain (1944-)*
BIG WEDNESDAY (1978)
BUDDY HOLLY STORY, THE (1978)
CARNY (1980)
BARBAROSA (1982)
LETHAL WEAPON (1987)
PREDATOR II (1990)
FALLEN ANGELS (1993)
FIRM, THE (1993)
CARRIED AWAY (1996)
DIARY OF A SERIAL KILLER (1997)
FEAR AND LOATHING IN LAS VEGAS (1998)
SOLDIER (1998)

**BUSSIÈRES, Pascale**
*actrice québécoise (1966-)*
SONATINE (1983)
CHEMIN DE DAMAS, LE (1988)
ELDORADO (1994)
1000 MERVEILLES DE L'UNIVERS, LES (1996)
32 AOÛT SUR TERRE, UN (1998)

EMPORTE-MOI (1998)
BEAUTÉ DE PANDORE, LA (1999)
FIVE SENSES, THE (1999)
SOUVENIRS INTIMES (1999)
BOUTEILLE, LA (2000)

**BUTTONS, Red**
*acteur américain (1919-)*
SAYONARA (1957)
ONE, TWO, THREE (1961)
FIVE WEEKS IN A BALLOON (1962)
HATARI! (1962)
POSEIDON ADVENTURE, THE (1972)
PETE'S DRAGON (1977)
IT COULD HAPPEN TO YOU (1994)

**BYRNE, Gabriel**
*acteur irlandais (1950-)*
EXCALIBUR (1981)
HANNAH K. (1983)
KEEP, THE (1983)
DEFENCE OF THE REALM (1985)
GOTHIC (1986)
JULIA AND JULIA (1987)
SIESTA (1987)
SOLDIER'S TALE, A (1988)
DARK OBSESSION (1989)
MILLER'S CROSSING (1990)
SHIPWRECKED (1990)
COOL WORLD (1992)
INTO THE WEST (1992)
DANGEROUS WOMAN, A (1993)
POINT OF NO RETURN (1993)
LITTLE WOMEN (1994)
SIMPLE TWIST OF FATE, A (1994)
ROYAL DECEIT (1994)
DEAD MAN (1995)
FRANKIE STARLIGHT (1995)
SMILLA'S SENSE OF SNOW (1996)
END OF VIOLENCE, THE (1997)
POLISH WEDDING (1997)
MAN IN THE IRON MASK, THE (1998)
END OF DAYS (1999)
STIGMATA (1999)

**CAAN, James**
*acteur américain (1939-)*
IRMA LA DOUCE (1963)
EL DORADO (1967)
COUNTDOWN (1968)
RAIN PEOPLE, THE (1969)
BRIAN'S SONG (1971)
GODFATHER, THE (1972)
FREEBIE AND THE BEAN (1974)
GAMBLER, THE (1974)
GODFATHER, PART 2, THE (1974)
ROLLERBALL (1974)
FUNNY LADY (1975)
KILLER ELITE, THE (1975)
SILENT MOVIE (1976)
BRIDGE TOO FAR, A (1977)
COMES A HORSEMAN (1978)
HIDE IN PLAIN SIGHT (1980)
THIEF (1981)
GARDENS OF STONE (1987)
ALIEN NATION (1988)
DICK TRACY (1990)
MISERY (1990)
DARK BACKWARD, THE (1991)
FOR THE BOYS (1991)
HONEYMOON IN VEGAS (1992)
FLESH AND BONE (1993)
NORTH STAR (1995)
BULLETPROOF (1996)
ERASER (1996)
MICKEY BLUE EYES (1999)

**CABOT, Bruce**
*acteur américain (1904-1972)*
KING KONG (1933)
SHOW THEM NO MERCY (1935)
FURY (1936)
SUSAN AND GOD (1940)
FLAME OF NEW ORLEANS, THE (1941)
FANCY PANTS (1950)
HELLFIGHTERS (1968)

**CAGE, Nicolas**
*acteur américain (1964-)*
RUMBLE FISH (1983)
BIRDY (1984)
COTTON CLUB, THE (1984)
RACING WITH THE MOON (1984)
PEGGY SUE GOT MARRIED (1986)
MOONSTRUCK (1987)
RAISING ARIZONA (1987)
TIME TO KILL (1989)
HONEYMOON IN VEGAS (1992)
RED ROCK WEST (1992)
AMOS & ANDREW (1993)
GUARDING TESS (1994)
IT COULD HAPPEN TO YOU (1994)
KISS OF DEATH (1994)
CON AIR (1995)
LEAVING LAS VEGAS (1995)
ROCK, THE (1996)
FACE/OFF (1997)
CITY OF ANGELS (1998)
SNAKE EYES (1998)
8 MM (1999)
BRINGING OUT THE DEAD (1999)
FAMILY MAN, THE (2000)
GONE IN SIXTY SECONDS (2000)

**CAGNEY, James**
*acteur américain (1899-1986)*
PUBLIC ENEMY, THE (1931)
ANGELS WITH DIRTY FACES (1938)
ROARING TWENTIES, THE (1939)
JOHNNY COME LATELY (1943)
BLOOD ON THE SUN (1945)
13 RUE MADELEINE (1947)
TIME OF YOUR LIFE, THE (1948)
KISS TOMORROW GOODBYE (1950)
LION IS IN THE STREETS, A (1953)
MISTER ROBERTS (1955)
LOVE ME OR LEAVE ME (1956)
MAN OF A THOUSAND FACES (1957)
SHAKE HANDS WITH THE DEVIL (1959)
GALLANT HOURS, THE (1960)
ONE, TWO, THREE (1961)
RAGTIME (1981)

**CAINE, Michael**
*acteur anglais (1933-)*
DAY THE EARTH CAUGHT FIRE, THE (1962)
IPCRESS FILE, THE (1965)
ALFIE (1966)
FUNERAL IN BERLIN (1966)
GAMBIT (1966)
BATTLE OF BRITAIN (1969)
ITALIAN JOB, THE (1969)
TOO LATE THE HERO (1970)
GET CARTER (1971)
SLEUTH (1972)
MAN WHO WOULD BE KING, THE (1975)
ROMANTIC ENGLISHWOMAN, THE (1975)
EAGLE HAS LANDED, THE (1976)
BRIDGE TOO FAR, A (1977)
CALIFORNIA SUITE (1978)
SWARM, THE (1978)
BEYOND THE POSEIDON ADVENTURE (1979)
ISLAND, THE (1980)
DRESSED TO KILL (1981)
HAND, THE (1981)
DEATHTRAP (1982)
BLAME IT ON RIO (1983)
EDUCATING RITA (1983)
JIGSAW MAN, THE (1984)
HALF MOON STREET (1986)
HANNAH AND HER SISTERS (1986)
MONA LISA (1986)
SWEET LIBERTY (1986)
FOURTH PROTOCOL, THE (1987)
JAWS 4: THE REVENGE (1987)
DIRTY ROTTEN SCOUNDRELS (1988)
SHOCK TO THE SYSTEM, A (1990)
DEATH BECOMES HER (1992)

MUPPET CHRISTMAS CAROL, THE (1992)
NOISES OFF! (1992)
BULLET TO BEIJING (1995)
BLOOD AND WINE (1996)
LITTLE VOICE (1998)
CIDER HOUSE RULES, THE (1999)
GET CARTER (2000)
MISS CONGENIALITY (2000)
QUILLS (2000)

**CALHERN, Louis**
*acteur américain (1895-1956)*
NIGHT AFTER NIGHT (1932)
DIPLOMANIACS (1933)
DUCK SOUP (1933)
GORGEOUS HUSSY, THE (1936)
LIFE OF EMILE ZOLA, THE (1937)
ROAD TO SINGAPORE (1940)
HEAVEN CAN WAIT (1943)
BRIDGE OF SAN LUIS REY, THE (1944)
NOTORIOUS (1946)
ARCH OF TRIUMPH (1948)
RED PONY, THE (1949)
ASPHALT JUNGLE, THE (1950)
MAGNIFICENT YANKEE, THE (1950)
PRISONER OF ZENDA, THE (1952)
JULIUS CAESAR (1953)
EXECUTIVE SUITE (1954)
MEN OF THE FIGHTING LADY (1954)
RHAPSODY (1954)
STUDENT PRINCE, THE (1954)
BLACKBOARD JUNGLE (1955)
PRODIGAL, THE (1955)
FOREVER DARLING (1956)
HIGH SOCIETY (1956)

**CANDY, John**
*acteur canadien (1950-1994)*
SILENT PARTNER, THE (1978)
1941 (1979)
BLUES BROTHERS, THE (1980)
STRIPES (1981)
SPLASH (1984)
LITTLE SHOP OF HORRORS (1986)
PLANES, TRAINS AND AUTOMOBILES (1987)
SPACEBALLS (1987)
HOME ALONE (1990)
CAREER OPPORTUNITIES (1991)
JFK (1991)
ONLY THE LONELY (1991)
COOL RUNNINGS (1993)
CANADIAN BACON (1995)

**CAPUCINE**
*actrice française (1935-1990)*
NORTH TO ALASKA (1960)
SONG WITHOUT END (1960)
DON JUANS DE LA CÔTE, LES (1962)
7TH DAWN, THE (1964)
PINK PANTHER, THE (1964)
HONEY POT, THE (1967)
FELLINI SATYRICON (1969)
SOLEIL ROUGE (1971)
APHRODITE (1982)
TRAIL OF THE PINK PANTHER (1982)
CURSE OF THE PINK PANTHER (1983)

**CARDINALE, Claudia**
*actrice italienne (1939-)*
PIGEON, LE (1958)
BEL ANTONIO, LE (1960)
ROCCO ET SES FRÈRES (1960)
CARTOUCHE (1962)
GUÉPARD, LE (1962)
8 1/2 (1963)
CIRCUS WORLD (1964)
PINK PANTHER, THE (1964)
PROFESSIONALS, THE (1966)
DON'T MAKE WAVES (1967)
ONCE UPON A TIME IN THE WEST (1968)
RED TENT, THE (1971)
SCOUMOUNE, LA (1972)
BLONDE, UNE BRUNE ET UNE MOTO, UNE (1975)
JESUS OF NAZARETH (1976)
PETITE FILLE EN VELOURS BLEU, LA (1978)
ESCAPE TO ATHENA (1979)
HISTOIRE D'AIMER (1980)
CADEAU, LE (1982)
FITZCARRALDO (1982)
RUFFIAN, LE (1982)
HENRY IV (1984)
HOMICIDE VOLONTAIRE (1985)
ÉTÉ PROCHAIN, L' (1985)
HOMME AMOUREUX, UN (1987)
HIVER 54: L'ABBÉ PIERRE (1989)
RÉVOLUTION FRANÇAISE 1: LES ANNÉES LUMIÈRE, LA (1989)
RÉVOLUTION FRANÇAISE 2: LES ANNÉES TERRIBLES, LA (1989)
MAYRIG (1991)
588 RUE PARADIS (1992)
ELLES NE PENSENT QU'À ÇA (1993)
SON OF THE PINK PANTHER (1993)

**CARLSON, Richard**
*acteur américain (1912-1977)*
TOO MANY GIRLS (1940)
BEHIND LOCKED DOORS (1948)
KING SOLOMON'S MINES (1950)
ALL I DESIRE (1953)
IT CAME FROM OUTER SPACE (1953)
CREATURE FROM THE BLACK LAGOON (1954)
HELEN MORGAN STORY, THE (1957)

**CARLYLE, Robert**
*acteur anglais (1961-)*
RIFF RAFF (1991)
PRIEST (1994)
GO NOW (1995)
CARLA'S SONG (1996)
FACE (1997)
FULL MONTY, THE (1997)
ANGELA'S ASHES (1999)
PLUNKETT & MACLEANE (1999)
RAVENOUS (1999)
BEACH, THE (2000)

**CARMET, Jean**
*acteur français (1921-1994)*
ENFANTS DU PARADIS, LES (1945)
MONSIEUR VINCENT (1947)
OH! QUE MAMBO (1959)
CAPORAL ÉPINGLÉ, LE (1961)
ALEXANDRE LE BIENHEUREUX (1968)
PETIT THÉÂTRE DE JEAN RENOIR, LE (1969)
NOVICES, LES (1970)
RUPTURE, LA (1970)
ELLE CAUSE PLUS... ELLE FLINGUE! (1972)
GRAND BLOND AVEC UNE CHAUSSURE NOIRE, LE (1972)
CONCIERGE, LE (1973)
RETOUR DU GRAND BLOND, LE (1974)
NOIRS ET BLANCS EN COULEURS (1976)
PLUS ÇA VA, MOINS ÇA VA (1977)
BUFFET FROID (1979)
IL Y A LONGTEMPS QUE JE T'AIME (1979)
AFFAIRE D'HOMMES, UNE (1980)
BANQUIÈRE, LA (1980)
SOUPE AUX CHOUX, LA (1981)
MISÉRABLES, LES (1982)
PAPY FAIT DE LA RÉSISTANCE (1983)
CRIME D'OVIDE PLOUFFE, LE (1984)
MATOU, LE (1985)
TIR À VUE (1985)
CHAMPAGNE AMER (1986)
MISS MONA (1986)
MOINE ET LA SORCIÈRE, LE (1986)
BRUTE, LA (1987)
DEUX CROCODILES, LES (1987)
FUGITIFS, LES (1987)
NIGHT MAGIC (1988)
PÉRIGORD NOIR (1989)
BAL DES CASSE-PIEDS, LE (1991)
MERCI LA VIE (1991)
COUP DE JEUNE! (1992)
REINE BLANCHE, LA (1992)
ROULEZ JEUNESSE (1992)
GERMINAL (1993)

**CARON, Leslie**
*actrice française (1931-)*
AMERICAN IN PARIS, AN (1951)
LILI (1953)
DADDY LONG LEGS (1955)
GLASS SLIPPER, THE (1955)
GIGI (1958)
FANNY (1961)
FATHER GOOSE (1964)
HOMME QUI AIMAIT LES FEMMES, L' (1977)
DIAGONALE DU FOU, LA (1984)
COURAGE MOUNTAIN (1989)
DAMAGE (1992)
FUNNY BONES (1995)
CHOCOLAT (2000)

**CARRADINE, David**
*acteur américain (1936-)*
MACHO CALLAHAN (1970)
BOXCAR BERTHA (1972)
LONG GOODBYE, THE (1973)
MEAN STREETS (1973)
DEATH RACE 2000 (1975)
BOUND FOR GLORY (1976)
SERPENT'S EGG, THE (1977)
LONG RIDERS, THE (1980)
AMERICANA (1981)
Q: THE WINGED SERPENT (1982)
ON THE LINE (1983)
KONG-FU: THE MOVIE (1986)
CRIME ZONE (1988)
BIRD ON A WIRE (1990)
GAMBLER RETURNS: THE LUCK OF THE DRAWN (1991)

**CARRADINE, John**
*acteur américain (1906-1988)*
INVISIBLE MAN, THE (1933)
BLACK CAT, THE (1934)
BRIDE OF FRANKENSTEIN, THE (1935)
MISÉRABLES, LES (1935)
MARY OF SCOTLAND (1936)
CAPTAINS COURAGEOUS (1937)
HURRICANE, THE (1937)
ALEXANDER'S RAGTIME BAND (1938)
OF HUMAN HEARTS (1938)
DRUMS ALONG THE MOHAWK (1939)
FIVE CAME BACK (1939)
HOUND OF THE BASKERVILLES, THE (1939)
JESSE JAMES (1939)
STAGECOACH (1939)
THREE MUSKETEERS, THE (1939)
GRAPES OF WRATH, THE (1940)
RETURN OF FRANK JAMES, THE (1940)
BLOOD AND SAND (1941)
REUNION IN FRANCE (1942)
CAPTIVE WILD WOMAN (1943)
BLUEBEARD (1944)

HOUSE OF FRANKENSTEIN (1944)
INVISIBLE MAN'S REVENGE, THE (1944)
MUMMY'S GHOST, THE (1944)
HOUSE OF DRACULA (1945)
IT'S IN THE BAG (1945)
CASANOVA'S BIG NIGHT (1954)
JOHNNY GUITAR (1954)
COURT JESTER, THE (1956)
FEMALE JUNGLE (1956)
TEN COMMANDMENTS, THE (1956)
HALF HUMAN (1958)
LAST HURRAH, THE (1958)
PROUD REBEL, THE (1958)
INVISIBLE INVADERS (1959)
ADVENTURES OF HUCKLEBERRY FINN, THE (1960)
MAN WHO SHOT LIBERTY VALANCE, THE (1962)
CHEYENNE AUTUMN (1964)
PATSY, THE (1964)
BILLY THE KID vs. DRACULA (1966)
ASTRO ZOMBIES (1967)
HILLBILLYS IN A HAUNTED HOUSE (1967)
BOXCAR BERTHA (1972)
EVERYTHING YOU ALWAYS WANTED TO KNOW ABOUT SEX BUT WERE AFRAID TO ASK (1972)
HOUSE OF SEVEN CORPSES, THE (1974)
SHOCK WAVES (1975)
LAST TYCOON, THE (1976)
SENTINEL, THE (1976)
SHOOTIST, THE (1976)
HOWLING, THE (1980)
PEGGY SUE GOT MARRIED (1986)
MONSTER IN THE CLOSET (1987)

**CARRADINE, Keith**
*acteur américain (1949-)*
McCABE & MRS. MILLER (1971)
ANTOINE ET SÉBASTIEN (1973)
THIEVES LIKE US (1974)
LUMIÈRE (1975)
NASHVILLE (1975)
DUELLISTS, THE (1977)
PRETTY BABY (1978)
LONG RIDERS, THE (1980)
SOUTHERN COMFORT (1981)
CHOOSE ME (1984)
MARIA'S LOVERS (1984)
INQUIRY, THE (1987)
MODERNS, THE (1988)
COLD FEET (1989)
ANDRE (1994)
MRS. PARKER AND THE VICIOUS CIRCLE (1994)
TIE THAT BINDS, THE (1995)
THOUSAND ACRES, A (1997)

**CARRERE, Tia**
*actrice américaine (1967-)*
HIGH SCHOOL HIGH (1996)
NATURAL ENEMY, THE (1996)
KULL THE CONQUEROR (1997)

**CARREY, Jim**
*acteur canadien (1962-)*
PEGGY SUE GOT MARRIED (1986)
DEAD POOL, THE (1988)
EARTH GIRLS ARE EASY (1989)
ACE VENTURA: PET DETECTIVE (1993)
DUMB & DUMBER (1994)
MASK, THE (1994)
ACE VENTURA: WHEN NATURE CALLS (1995)
BATMAN FOREVER (1995)
CABLE GUY, THE (1996)
LIAR LIAR (1997)
MAN ON THE MOON (1999)
HOW THE GRINCH STOLE CHRISTMAS (2000)
ME, MYSELF & IRENE (2000)

**CARRIÈRE, Mathieu**
*acteur allemand (1950-)*
BLUEBEARD (1973)
DON JUAN 73 (1973)
INDIA SONG (1975)
POLICE PYTHON 357 (1975)
COUP DE GRÂCE, LE (1976)
BILITIS (1977)
ASSOCIÉ, L' (1979)
PASSANTE DU SANS-SOUCI, LA (1982)
BENVENUTA (1983)
FEMME FLAMBÉE, LA (1983)
BEETHOVEN'S NEPHEW (1985)
BRAS DE FER (1985)
CHRISTOPHER COLUMBUS: THE DISCOVERY (1992)
SHINING THROUGH (1992)
AMOUR CONJUGAL, L' (1995)

**CASSAVETES, John**
*acteur américain (1929-1989)*
KILLERS, THE (1964)
DIRTY DOZEN, THE (1967)
ROSEMARY'S BABY (1968)
HUSBANDS (1970)
MIKEY & NICKY (1976)
OPENING NIGHT (1977)
FURY, THE (1978)
TEMPEST (1982)
LOVE STREAMS (1984)

**CASSAVETES, Nick**
*acteur américain (1959-)*
QUIET COOL (1986)
ASTRONAUT'S WIFE, THE (1999)

**CASSEL, Jean-Pierre**
*acteur français (1932-)*
CAPORAL ÉPINGLÉ, LE (1961)
SEPT PÉCHÉS CAPITAUX, LES (1962)
THOSE MAGNIFICENT MEN IN THEIR FLYING MACHINES (1965)
JEU DE MASSACRE (1966)
RUPTURE, LA (1970)
MOUTON ENRAGÉ, LE (1973)
CHARME DISCRET DE LA BOURGEOISIE, LE (1974)
MURDER ON THE ORIENT EXPRESS (1974)
THREE MUSKETEERS, THE (1974)
DOCTEUR FRANÇOISE GAILLAND (1975)
FOLIES BOURGEOISES (1975)
FOUR MUSKETEERS, THE (1975)
RENDEZ-VOUS D'ANNA, LES (1978)
5% DE RISQUE (1982)
CHOUANS! (1988)
MISTER FROST (1990)
SUR LA TERRE COMME AU CIEL (1991)
FAVOUR, THE WATCH AND THE VERY BIG FISH, THE (1992)
ENFER, L' (1993)
PRÊT-À-PORTER (1994)
CÉRÉMONIE, LA (1995)
BIDOCHON, LES (1996)
RIVIÈRES POURPRES, LES (2000)
SADE (2000)

**CASSEL, Seymour**
*acteur américain (1935-)*
FACES (1968)
MINNIE AND MOSKOWITZ (1971)
KILLING OF A CHINESE BOOKIE, THE (1976)
RUSHMORE (1998)
ANIMAL FACTORY (2000)

**CASSEL, Vincent**
*acteur français (1967-)*
ADULTÈRE (MODE D'EMPLOI) (1995)
HAINE, LA (1995)
ÉLÈVE, L' (1996)
APPARTEMENT, L' (1997)
DOBERMANN (1997)
ELIZABETH (1998)
MESSENGER, THE: THE STORY OF JOAN OF ARC (1999)
RIVIÈRES POURPRES, LES (2000)

**CASSIDY, Joanna**
*actrice américaine (1944-)*
NIGHT GAMES (1979)
FOURTH PROTOCOL, THE (1987)
PACKAGE, THE (1989)
LONELY HEARTS (1991)
ALL-AMERICAN MURDER (1992)
LOVED (1996)

**CASTEL, France**
*actrice québécoise*
À CORPS PERDU (1988)
HISTOIRE INVENTÉE, UNE (1990)
ASSASSIN JOUAIT DU TROMBONE, L' (1991)
COYOTE (1992)
COSMOS (1996)
KARMINA (1996)
AFTERGLOW (1997)
COMTESSE DE BATON ROUGE, LA (1997)
J'EN SUIS (1997)
SLEEP ROOM, THE (1997)
ÂGE DE BRAISE, L' (1998)

**CASTELLITTO, Sergio**
*acteur italien (1953-)*
ALBERTO EXPRESS (1990)
GROSSE PASTÈQUE, LA (1993)
TOXIC AFFAIR (1993)
CRI DE LA SOIE, LE (1996)
PORTRAITS CHINOIS (1996)
STARMAKER, THE (1996)
À VENDRE (1998)

**CASTELNUOVO, Nino**
*acteur italien (1936-)*
PARAPLUIES DE CHERBOURG, LES (1964)
AMOUR DE PLUIE, UN (1978)
ENGLISH PATIENT, THE (1996)

**CELLIER, Caroline**
*actrice française (1946-)*
AVEUX LES PLUS DOUX, LES (1970)
EMMERDEUR, L' (1973)
MARIAGE (1974)
FEMME, UN JOUR, UNE (1977)
CERTAINES NOUVELLES (1980)
MILLE MILLIARDS DE DOLLARS (1982)
P'TIT CON (1983)
SURPRISE PARTY (1983)
ANNÉE DES MÉDUSES, L' (1984)
FEMMES DE PERSONNE (1984)
POULET AU VINAIGRE (1985)
FARINELLI (1994)
ÉLÈVE, L' (1996)
DIDIER (1997)

**CERVI, Gino**
*acteur italien (1901-1974)*
FORBIDDEN CHRIST, THE (1950)
PETIT MONDE DE DON CAMILLO, LE (1952)
3 MOUSQUETAIRES, LES (1953)
RETOUR DE DON CAMILLO, LE (1953)
INDISCRETION OF AN AMERICAN WIFE (1954)

GRANDE BAGARRE DE DON CAMILLO, LA (1955)
NAKED MAJA, THE (1958)
GRAND CHEF, LE (1959)
DON CAMILLO MONSEIGNEUR (1961)
DON CAMILLO EN RUSSIE (1965)

**CHABAT, Alain**
*acteur algérien (1958-)*
GAZON MAUDIT (1994)
À LA FOLIE (1994)
COUSIN, LE (1997)
DIDIER (1997)
DÉBANDADE, LA (1999)
GOÛT DES AUTRES, LE (2000)

**CHABROL, Claude**
*acteur français (1930-)*
SEPT PÉCHÉS CAPITAUX, LES (1952)
TIGRE SE PARFUME À LA DYNAMITE, LE (1965)
ROUTE DE CORINTHE, LA (1967)
BICHES, LES (1968)
ANIMAL, L' (1977)
POLAR (1984)
SALE DESTIN! (1986)
ÉTÉ EN PENTE DOUCE, L' (1987)

**CHAMBERLAIN, Richard**
*acteur américain (1935-)*
THUNDER OF DRUMS, A (1961)
PETULIA (1968)
JULIUS CAESAR (1970)
MUSIC LOVERS, THE (1970)
THREE MUSKETEERS, THE (1974)
LAST WAVE, THE (1977)
MAN IN THE IRON MASK, THE (1977)
BOURNE IDENTITY, THE (1988)
RETURN OF THE MUSKETEERS, THE (1989)

**CHAN, Jackie**
*acteur chinois (1954-)*
JACKIE CHAN'S 2ND STRIKE (1992)
FIRST STRIKE (1996)
BURN HOLLYWOOD BURN (1997)
36 CRAZY FISTS (1996)
PROJECT A II (1991)
DRAGONS FOREVER (1988)
JACKIE CHAN CRIME STORY (1993)
STRIKE OF DEATH (1996)
DRUNKEN MASTER II (1994)
MIRACLES (1989)
OPÉRATION CONDOR (1991)
PROJECT A (1987)
PROTECTOR, THE (1985)
JACKIE CHAN'S POLICE FORCE (POLICE STORY) (1985)
ISLAND OF FIRE (1990)
ARMOUR OF GOD (1986)
SUPERCOP (1992)
SUPERCOP 2 (1993)
CITY HUNTER (1992)
MASTER WITH CRACKED FINGERS (1973)
EAGLE SHADOW FIST (1973)
NEW FIST OF FURY (1976)
BIG BRAWL, THE (1980)
POLICE STORY 2 (1988)
SNAKE FIST FIGHTER (1971)
DRAGON STRIKE (1982)
DRUNKEN MASTER (1979)
HAND OF DEATH, THE (1975)
SNAKE IN THE EAGLE'S SHADOW (1978)
HEART OF DRAGON (1985)
DRUNKEN FIST BOXING (1976)
SNAKE AND CRANE ARTS OF SHAOLIN (1980)
RUMBLE IN HONG KONG (1996)
RUMBLE IN THE BRONX (1996)
JACKIE CHAN'S WHO AM I? (1998)
RUSH HOUR (1998)
GORGEOUS (1999)
SHANGHAI NOON (2000)

**CHANEY, Lon**
*acteur américain (1883-1930)*
PENALTY, THE (1920)
OLIVER TWIST (1922)
SHADOWS (1922)
HUNCHBACK OF NOTRE-DAME, THE (1923)
SHOCK, THE (1923)
PHANTOM OF THE OPERA, THE (1925)
OUTSIDE THE LAW (1930)

**CHANEY, Lon Jr.**
*acteur américain (1906-1973)*
NOMADS OF THE NORTH (1920)
ALEXANDER'S RAGTIME BAND (1938)
JESSE JAMES (1939)
OF MICE AND MEN (1939)
MAN MADE MONSTER (1941)
BILLY THE KID (1941)
FRANKENSTEIN MEETS THE WOLF MAN (1942)
GHOST OF FRANKENSTEIN, THE (1942)
MUMMY'S TOMB, THE (1942)
SON OF DRACULA (1943)
CALLING DR. DEATH (1943)
INNER SANCTUM: CALLING DR. DEATH (1943)
HOUSE OF FRANKENSTEIN (1944)
MUMMY'S CURSE, THE (1944)
MUMMY'S GHOST, THE (1944)
INNER SANCTUM: DEAD MAN'S EYES (1944)
INNER SANCTUM: PILLOW OF DEATH (1944)
INNER SANCTUM: THE FROZEN GHOST (1944)
INNER SANCTUM: WEIRD WOMAN (1944)
DEAD MAN'S EYE (1944)
FROZEN GHOST, THE (1944)
HOUSE OF DRACULA (1945)
ABBOTT & COSTELLO MEET FRANKENSTEIN (1948)
FLAME OF ARABY (1951)
BLACK CASTLE, THE (1952)
HIGH NOON (1952)
I DIED A THOUSAND TIMES (1955)
CASANOVA'S BIG NIGHT (1954)
NOT AS A STRANGER (1955)
INDIAN FIGHTER, THE (1955)
PARDNERS (1956)
INDESTRUCTIBLE MAN, THE (1956)
DEFIANT ONES, THE (1958)
ALLIGATOR PEOPLE, THE (1959)
HAUNTED PALACE, THE (1963)
SPIDER BABY (1964)

**CHANNING, Stockard**
*actrice américaine (1944-)*
HOSPITAL, THE (1971)
FORTUNE, THE (1975)
CHEAP DETECTIVE, THE (1978)
GREASE (1978)
HEARTBURN (1986)
MEN'S CLUB, THE (1986)
MEET THE APPLEGATES (1989)
BITTER MOON (1992)
SIX DEGREES OF SEPARATION (1993)
SMOKE (1995)
TO WONG FOO, THANKS FOR EVERYTHING, JULIE NEWMAR (1995)
MOLL FLANDERS (1996)
PRACTICAL MAGIC (1998)

**CHAPLIN, Charles**
*acteur américain (1889-1977)*
TILLIE'S PUNCTURED ROMANCE (1914)
BURLESQUE ON CARMEN, A (1915)
KID, THE (1921)
GOLD RUSH, THE (1925)
CIRCUS, THE (1928)
CITY LIGHTS (1931)
MODERN TIMES (1936)
GREAT DICTATOR, THE (1940)
MONSIEUR VERDOUX (1947)
LIMELIGHT (1952)
KING IN NEW YORK, A (1957)

**CHAPLIN, Geraldine**
*actrice américaine (1944-)*
LIMELIGHT (1952)
DOCTOR ZHIVAGO (1965)
COUNTESS FROM HONG KONG, A (1967)
PEPPERMINT FRAPPÉ (1967)
SUR UN ARBRE PERCHÉ (1970)
THREE MUSKETEERS, THE (1974)
FOUR MUSKETEERS, THE (1975)
NASHVILLE (1975)
BUFFALO BILL AND THE INDIANS (1976)
CRIA CUERVOS (1976)
ROSELAND (1977)
ÉLISA MON AMOUR (1977)
MAMAN A CENT ANS (1979)
MIRROR CRACK'D, THE (1980)
MODERNS, THE (1988)
I WANT TO GO HOME! (1989)
RETURN OF THE MUSKETEERS, THE (1989)
BUSTER'S BEDROOM (1992)
CHAPLIN (1992)
AGE OF INNOCENCE, THE (1993)
GULLIVER'S TRAVELS (1995)
HOME FOR THE HOLIDAYS (1995)
ODYSSEY, THE (1997)
COUSIN BETTE (1998)
TO WALK WITH LIONS (1999)

**CHAPMAN, Graham**
*acteur anglais (1941-1989)*
AND NOW FOR SOMETHING COMPLETELY DIFFERENT (1972)
MONTY PYTHON AND THE HOLY GRAIL (1974)
ODD JOB, THE (1978)

**CHARISSE, Cyd**
*actrice américaine (1921-)*
TILL THE CLOUDS ROLL BY (1947)
ON AN ISLAND WITH YOU (1948)
EAST SIDE, WEST SIDE (1949)
SINGIN' IN THE RAIN (1952)
BAND WAGON, THE (1953)
BRIGADOON (1954)
IT'S ALWAYS FAIR WEATHER (1955)
SILK STOCKINGS (1957)
PARTY GIRL (1958)
BLACK TIGHTS (1960)
SILENCERS, THE (1966)
THAT'S ENTERTAINMENT! PART 3 (1994)

**CHARLES, Ray**
*acteur américain (1930-)*
RIDING HIGH (1950)
END OF THE AFFAIR (1954)
BLUES BROTHERS, THE (1980)
OCTOPUSSY (1983)
LISTEN UP: THE LIVES OF QUINCY JONES (1990)
LOVE AFFAIR (1994)
SPY HARD (1996)

**CHARPIN, Fernand**
*acteur français (1887-1944)*
CHAPEAU DE PAILLE D'ITALIE, UN (1928)

MARIUS (1931)
FANNY (1932)
CÉSAR (1936)
PÉPÉ LE MOKO (1937)
FEMME DU BOULANGER, LA (1938)
SCHPOUNTZ, LE (1938)

**CHASE, Chevy**
*acteur américain (1944-)*
FOUL PLAY (1978)
CADDYSHACK (1980)
OH! HEAVENLY DOG (1980)
DEAL OF THE CENTURY (1983)
SPIES LIKE US (1985)
THREE AMIGOS! (1986)
NATIONAL LAMPOON'S CHRISTMAS VACATION (1989)
MEMOIRS OF AN INVISIBLE MAN (1992)
MAN OF THE HOUSE (1995)

**CHAYKIN, Maury**
*acteur canadien (1949-)*
DEF-CON 4 (1984)
SWEETHEART! (CANADA'S SWEETHEART) (1985)
COLD COMFORT (1989)
ADJUSTER, THE (1991)
MONTRÉAL VU PAR... (1991)
BURIED ON SUNDAY (1993)
LOVE AND DEATH ON LONG ISLAND (1997)
MOUSE HUNT (1997)
ENTRAPMENT (1999)
JOAN OF ARC (1999)
ART OF WAR (2000)

**CHER**
*actrice américaine (1946-)*
SILKWOOD (1983)
MASK (1985)
THE WITCHES OF EASTWICK (1987)
MOONSTRUCK (1987)
SUSPECT (1987)
MERMAIDS (1990)
FAITHFUL (1996)
IF THESE WALLS COULD TALK (1996)
TEA WITH MUSSOLINI (1999)

**CHESNAIS, Patrick**
*acteur français (1947-)*
AU BOUT DU BOUT DU BANC (1978)
DOSSIER 51, LE (1978)
COCKTAIL MOLOTOV (1979)
RIEN NE VA PLUS (1979)
PREMIER VOYAGE (1980)
CAP CANAILLE (1983)
FEMMES DE PERSONNE (1984)
BLANCHE ET MARIE (1985)
LECTRICE, LA (1988)
THANK YOU SATAN (1988)
CIGOGNES N'EN FONT QU'À LEUR TÊTE, LES (1989)
IL Y A DES JOURS... ET DES LUNES (1990)
PROMOTION CANAPÉ (1990)
BELLE HISTOIRE, LA (1991)
NETCHAÏEV EST DE RETOUR (1991)
PAGAILLE, LA (1991)
COUP DE JEUNE! (1992)
DRÔLES D'OISEAUX (1992)
AUX PETITS BONHEURS (1993)
PAS D'AMOUR SANS AMOUR (1993)
POST COÏTUM, ANIMAL TRISTE (1997)
KENNEDY ET MOI (1999)

**CHEVALIER, Maurice**
*acteur français (1888-1972)*
MERRY WIDOW, THE (1934)
LOVE IN THE AFTERNOON (1956)
GIGI (1958)
BLACK TIGHTS (1960)
BREATH OF SCANDAL, A (1960)
CAN-CAN (1960)
FANNY (1961)
IN SEARCH OF THE CASTAWAYS (1962)
NEW KIND OF LOVE, A (1963)

**CHOUDHURY, Sarita**
*actrice anglaise (1966-)*
MISSISSIPPI MASALA (1992)
HOUSE OF THE SPIRITS, THE (1993)
KAMA SUTRA: A TALE OF LOVE (1996)
SUBWAY STORIES (1997)
PERFECT MURDER, A (1998)

**CHRISTIE, Julie**
*actrice anglaise (1941-)*
BILLY LIAR (1963)
DARLING (1965)
DOCTOR ZHIVAGO (1965)
FAHRENHEIT 451 (1966)
FAR FROM THE MADDING CROWD (1967)
PETULIA (1968)
McCABE & MRS. MILLER (1971)
DON'T LOOK NOW (1973)
NASHVILLE (1975)
SHAMPOO (1975)
DEMON SEED (1977)
HEAVEN CAN WAIT (1978)
RETURN OF THE SOLDIER, THE (1981)
QUARANTIÈMES RUGISSANTS, LES (1982)
HEAT AND DUST (1983)
POWER (1985)
CHAMPAGNE AMER (1986)
MISS MARY (1986)
AFTERGLOW (1997)

**CLARK, Candy**
*actrice américaine (1947-)*
FAT CITY (1972)
AMERICAN GRAFFITI (1973)
MAN WHO FELL TO EARTH, THE (1976)
BIG SLEEP, THE (1978)
Q: THE WINGED SERPENT (1982)
CAT'S EYE (1985)
BLOB, THE (1988)
BUFFY THE VAMPIRE SLAYER (1992)
RADIOLAND MURDERS (1994)

**CLAVIER, Christian**
*acteur français (1951-)*
QUE LA FÊTE COMMENCE! (1975)
AMOUR EN HERBE, L' (1976)
DITES-LUI QUE JE L'AIME (1977)
BRONZÉS, LES (1978)
BRONZÉS FONT DU SKI, LES (1979)
JE VAIS CRAQUER (1980)
ELLE VOIT DES NAINS PARTOUT (1981)
QUAND TU SERAS DÉBLOQUÉ, FAIS-MOI SIGNE (1981)
PÈRE NOËL EST UNE ORDURE, LE (1982)
PAPY FAIT DE LA RÉSISTANCE (1983)
CIGOGNES N'EN FONT QU'À LEUR TÊTE, LES (1989)
MES MEILLEURS COPAINS (1989)
SECRETS PROFESSIONNELS DU DR. APFELGLÜCK, LES (1991)
OPÉRATION CORNED BEEF (1992)
LES VISITEURS (1993)
ANGES GARDIENS, LES (1994)
GROSSE FATIGUE (1994)
LES VISITEURS II (1998)
ASTÉRIX ET OBÉLIX CONTRE CÉSAR (1998)

**CLEESE, John**
*acteur anglais (1939-)*
BLISS OF MRS. BLOSSOM, THE (1968)
MAGIC CHRISTIAN, THE (1969)
AND NOW FOR SOMETHING COMPLETELY DIFFERENT (1972)
MONTY PYTHON AND THE HOLY GRAIL (1974)
STRANGE CASE OF THE END OF CIVILISATION AS WE KNOW IT, THE (1977)
MONTY PYTHON'S LIFE OF BRIAN (1979)
MONTY PYTHON LIVE AT THE HOLLYWOOD BOWL (1982)
PRIVATES ON PARADE (1982)
SECRET POLICEMAN'S OTHER BALL, THE (1982)
TIME BANDITS (1982)
MONTY PYTHON'S THE MEANING OF LIFE (1983)
SILVERADO (1985)
CLOCKWISE (1986)
FISH CALLED WANDA, A (1988)
BIG PICTURE, THE (1989)
ERIK THE VIKING (1989)
SPLITTING HEIRS (1993)
JUNGLE BOOK, THE (1994)
MARY SHELLEY'S FRANKENSTEIN (1994)
FIERCE CREATURES (1996)
MR. TOAD'S WILD RIDE (1996)
OUT-OF-TOWNERS, THE (1999)

**CLÉMENT, Aurore**
*actrice française (1966-)*
JUGE FAYARD DIT «LE SHÉRIF», LE (1976)
CRABE TAMBOUR, LE (1977)
MON FILS EST ASSASSIN (CHER PAPA) (1978)
RENDEZ-VOUS D'ANNA, LES (1978)
5% DE RISQUE (1982)
FANTÔMES DU CHAPELIER, LES (1982)
INVITATION AU VOYAGE (1982)
TOUTE UNE NUIT (1982)
ANNÉES 80, LES (1983)
PARIS, TEXAS (1984)
JE VOUS SALUE MARIE (1985)
COMÉDIE D'AMOUR (1989)
STAN THE FLASHER (1990)
PAS D'AMOUR SANS AMOUR (1993)
À VENDRE (1998)

**CLIFT, Montgomery**
*acteur américain (1920-1966)*
RED RIVER (1948)
SEARCH, THE (1948)
HEIRESS, THE (1949)
PLACE IN THE SUN, A (1951)
FROM HERE TO ETERNITY (1953)
I CONFESS (1953)
INDISCRETION OF AN AMERICAN WIFE (1954)
RAINTREE COUNTY (1957)
SUDDENLY, LAST SUMMER (1959)
JUDGMENT AT NUREMBERG (1961)
MISFITS, THE (1961)

**CLOONEY, George**
*acteur américain (1961-)*
RETURN OF THE KILLER TOMATOES, THE SEQUEL (1988)
FROM DUSK TILL DAWN (1995)
ONE FINE DAY (1996)
BATMAN & ROBIN (1997)
PEACEMAKER, THE (1997)
OUT OF SIGHT (1998)
THIN RED LINE, THE (1998)
THREE KINGS (1999)
O BROTHER, WHERE ART THOU? (2000)
PERFECT STORM, THE (2000)
SPY KIDS (2001)

**CLOSE, Glenn**
*actrice américaine (1947-)*
BIG CHILL, THE (1983)
NATURAL, THE (1984)
JAGGED EDGE (1985)
MAXIE (1985)
DANGEROUS LIAISONS (1988)
FATAL ATTRACTION (1988)
IMMEDIATE FAMILY (1989)
HAMLET (1990)
REVERSAL OF FORTUNE (1990)
HOOK (1991)
MEETING VENUS (1991)
SARAH, PLAIN AND TALL (1991)
HOUSE OF THE SPIRITS, THE (1993)
PAPER, THE (1994)
SERVING IN SILENCE: THE MARGARETHE CAMMERMEYER STORY (1995)
101 DALMATIANS (1996)
MARS ATTACKS! (1996)
MARY REILLY (1996)
AIR FORCE ONE (1997)
IN THE GLOAMING (1997)
PARADISE ROAD (1997)
COOKIE'S FORTUNE (1999)
102 DALMATIANS (2000)

**CLOUTIER, Raymond**
*acteur québécois (1944-)*
AU REVOIR... À LUNDI (1979)
CUISINE ROUGE, LA (1979)
RIEL (1979)
AFFAIRE COFFIN, L' (1980)
RIEN QU'UN JEU (1983)
FEMME DE L'HÔTEL, LA (1984)
GRAND ZÈLE, LE (1992)
CONCIERGERIE, LA (1997)
SAINT JUDE (2000)

**CLUZET, François**
*acteur français (1955-)*
CHEVAL D'ORGUEIL, LE (1979)
COCKTAIL MOLOTOV (1979)
FANTÔMES DU CHAPELIER, LES (1982)
COUP DE FOUDRE (1983)
ÉTÉ MEURTRIER, L' (1983)
ROUND MIDNIGHT (1986)
ÉTATS D'ÂME (1986)
ASSOCIATION DE MALFAITEURS (1987)
AFFAIRE DE FEMMES, UNE (1988)
CHOCOLAT (1988)
DEUX (1989)
FORCE MAJEURE (1989)
RÉVOLUTION FRANÇAISE 1: LES ANNÉES LUMIÈRE, LA (1989)
RÉVOLUTION FRANÇAISE 2: LES ANNÉES TERRIBLES, LA (1989)
OLIVIER, OLIVIER (1992)
À DEMAIN (1992)
ENFER, L' (1993)
PRÊT-À-PORTER (1994)
APPRENTIS, LES (1995)
FRENCH KISS (1995)
HUSSARD SUR LE TOIT, LE (1995)
RIEN NE VA PLUS (1997)
FIN AOÛT, DÉBUT SEPTEMBRE (1998)

**COBB, Lee J.**
*acteur américain (1911-1976)*
GOLDEN BOY (1939)
SONG OF BERNADETTE, THE (1943)
ANNA AND THE KING OF SIAM (1946)
CAPTAIN FROM CASTILE (1947)
CALL NORTHSIDE 777 (1948)
DARK PAST, THE (1948)
MIRACLE OF THE BELLS, THE (1948)
SIROCCO (1951)
ON THE WATERFRONT (1954)
RACERS, THE (1954)
LEFT HAND OF GOD, THE (1955)
MAN IN THE GREY FRANNEL SUIT, THE (1956)
12 ANGRY MEN (1957)
THREE FACES OF EVE, THE (1957)
BROTHERS KARAMAZOV, THE (1958)
PARTY GIRL (1958)
BUT NOT FOR ME (1959)
GREEN MANSIONS (1959)
EXODUS (1960)
FOUR HORSEMEN OF THE APOCALYPSE, THE (1961)
HOW THE WEST WAS WON (1962)
COME BLOW YOUR HORN (1963)
OUR MAN FLINT (1965)
IN LIKE FLINT (1967)
COOGAN'S BLUFF (1968)
MACKENNA'S GOLD (1969)
MACHO CALLAHAN (1970)
LAWMAN (1971)
EXORCIST, THE (1973)
MAN WHO LOVED CAT DANCING, THE (1973)
FLIC VOIT ROUGE, UN (1975)
EXORCIST, THE: THE VERSION YOU'VE NEVER SEEN (2000)

**COBURN, Charles**
*acteur américain (1877-1961)*
MADE FOR EACH OTHER (1938)
OF HUMAN HEARTS (1938)
BACHELOR MOTHER (1939)
STANLEY AND LIVINGSTONE (1939)
STORY OF ALEXANDER GRAHAM BELL, THE (1939)
EDISON, THE MAN (1940)
DEVIL AND MISS JONES, THE (1941)
LADY EVE, THE (1941)
HEAVEN CAN WAIT (1943)
MORE THE MERRIER, THE (1943)
LURED (1947)
IMPACT (1949)
MR. MUSIC (1950)
MONKEY BUSINESS (1952)
JOHN PAUL JONES (1959)

**COBURN, James**
*acteur américain (1928-)*
MAGNIFICENT SEVEN, THE (1960)
HELL IS FOR HEROES (1962)
CHARADE (1963)
GREAT ESCAPE, THE (1963)
AMERICANIZATION OF EMILY, THE (1964)
LOVED ONE, THE (1965)
MAJOR DUNDEE (1965)
OUR MAN FLINT (1965)
DEAD HEAT ON A MERRY-GO-ROUND (1966)
IN LIKE FLINT (1967)
PRESIDENT'S ANALYST, THE (1967)
CANDY (1968)
LAST OF THE MOBILE HOT-SHOTS (1970)
FISTFUL OF DYNAMITE, A (1971)
LAST OF SHEILA, THE (1973)
PAT GARRETT & BILLY THE KID (1973)
BITE THE BULLET (1975)
HARD TIMES (1975)
MIDWAY (1976)
CROSS OF IRON (1977)
LOOKER (1981)
MARTIN'S DAY (1984)
HUDSON HAWK (1991)
PLAYER, THE (1992)
SISTER ACT 2: BACK IN THE HABIT (1993)
MAVERICK (1994)
ERASER (1996)
NUTTY PROFESSOR, THE (1996)
AFFLICTION (1997)

**COCHRAN, Steve**
*acteur américain (1917-1965)*
COPACABANA (1947)
DALLAS (1950)
TANKS ARE COMING, THE (1951)
DESERT SONG, THE (1952)
CRI, LE (1957)

**COLBERT, Claudette**
*actrice française (1905-1996)*
SIGN OF THE CROSS, THE (1932)
I COVER THE WATERFRONT (1933)
CLEOPATRA (1934)
IMITATION OF LIFE (1934)
IT HAPPENED ONE NIGHT (1934)
BLUEBEARD'S EIGHTH WIFE (1938)
DRUMS ALONG THE MOHAWK (1939)
MIDNIGHT (1939)
PALM BEACH STORY, THE (1942)
SO PROUDLY WE HAIL (1943)
BOOM TOWN (1946)
TOMORROW IS FOREVER (1946)
LET'S MAKE IT LEGAL (1951)

**COLIN, Grégoire**
*acteur français (1975-)*
ANNÉE DE L'ÉVEIL, L' (1991)
BEAU FIXE (1992)
OLIVIER, OLIVIER (1992)
ROULEZ JEUNESSE (1992)
PAS TRÈS CATHOLIQUE (1993)
REINE MARGOT, LA (1993)
BEFORE THE RAIN (1994)
FIESTA (1996)
HOMÈRE: LA DERNIÈRE ODYSSÉE (1997)
BEAU TRAVAIL (1998)
SECRET DÉFENSE (1998)
SADE (2000)

**COLLETTE, Toni**
*actrice australienne (1972-)*
MURIEL'S WEDDING (1994)
COSI (1995)
LILIAN' STORY (1995)
EMMA (1996)
BOYS, THE (1997)
CLOCKWATCHERS (1997)
8 1/2 WOMEN (1999)
SIXTH SENSE, THE (1999)
SHAFT (2000) (2000)

**COLLIN, Frédérique**
*actrice québécoise (1944-)*
TEMPS D'UNE CHASSE, LE (1972)
GINA (1973)
RÉJEANNE PADOVANI (1973)
CUISINE ROUGE, LA (1979)
LUCIEN BROUILLARD (1983)
CELUI QUI VOIT LES HEURES (1985)

**COLLINS, Ray**
*acteur américain (1889-1965)*
HUMAN COMEDY, THE (1943)
BACHELOR AND THE BOBBY-SOXER, THE (1947)
FOR THE LOVE OF MARY (1948)
GOOD SAM (1948)
HOMECOMING (1948)
FOUNTAINHEAD, THE (1949)
SUMMER STOCK (1950)

**COLMAN, Ronald**
*acteur anglais (1891-1958)*
BULLDOG DRUMMOND (1929)

TALE OF TWO CITIES, A (1935)
LOST HORIZON (1937)
PRISONER OF ZENDA, THE (1937)
IF I WERE KING (1938)
RANDOM HARVEST (1942)
TALK OF THE TOWN, THE (1942)
KISMET (1944)
DOUBLE LIFE, A (1947)
CHAMPAGNE FOR CAESAR (1950)

**COLTRANE, Robbie**
*acteur anglais (1950-)*
DEFENSE OF THE REALM (1985)
PERFECTLY NORMAL (1990)
BUDDY (1997)
FROGS FOR SNAKES (1998)
MESSAGE IN A BOTTLE (1999)

**COLUCHE**
*acteur français (1944-1986)*
AILE OU LA CUISSE, L' (1976)
COMMENT GAGNER UN MILLIARD SANS SE FATIGUER (DRÔLES DE ZÈBRES) (1977)
ELLE VOIT DES NAINS PARTOUT (1981)
INSPECTEUR LA BAVURE (1981)
MAÎTRE D'ÉCOLE, LE (1981)
DEUX HEURES MOINS LE QUART AVANT JÉSUS-CHRIST (1982)
BANZAÏ (1983)
FEMME DE MON POTE, LA (1983)
TCHAO PANTIN (1983)
ROIS DU GAG, LES (1985)

**COMBS, Jeffrey**
*acteur américain (1954-)*
RE-ANIMATOR (1985)
FROM BEYOND (1986)
H.P. LOVECRAFT'S NECRONOMICON (1993)
CASTLE FREAK (1995)
FRIGHTENERS, THE (1996)
HOUSE ON HAUNTED HILL (1999)

**CONNELLY, Jennifer**
*actrice américaine (1970-)*
CREEPERS (PHENOMENA) (1984)
ONCE UPON A TIME IN AMERICA (1984)
LABYRINTH (1986)
SOME GIRLS (1989)
HOT SPOT, THE (1990)
CAREER OPPORTUNITIES (1991)
ROCKETEER, THE (1991)
HIGHER LEARNING (1994)
MULHOLLAND FALLS (1996)
DARK CITY (1997)
INVENTING THE ABBOTTS (1997)
POLLOCK (2000)
REQUIEM FOR A DREAM (2000)

**CONNERY, Sean**
*acteur écossais (1930-)*
DARBY O'GILL AND THE LITTLE PEOPLE (1959)
DR. NO (1962)
LONGEST DAY, THE (1962)
FROM RUSSIA WITH LOVE (1963)
GOLDFINGER (1964)
MARNIE (1964)
THUNDERBALL (1965)
HILL, THE (1965)
FINE MADNESS, A (1966)
SHALAKO (1968)
MOLLY MAGUIRES, THE (1970)
DIAMONDS ARE FOREVER (1971)
RED TENT, THE (1971)
ANDERSON TAPES, THE (1972)
OFFENCE, THE (1973)
MURDER ON THE ORIENT EXPRESS (1974)
MAN WHO WOULD BE KING, THE (1975)
ROBIN & MARIAN (1976)
BRIDGE TOO FAR, A (1977)
METEOR (1979)
GREAT TRAIN ROBBERY, THE (1979)
CUBA (1979)
OUTLAND (1981)
FIVE DAYS, ONE SUMMER (1982)
TIME BANDITS (1982)
SWORD OF THE VALIANT (1982)
NEVER SAY NEVER AGAIN (1983)
NAME OF THE ROSE, THE (1986)
HIGHLANDER (1986)
PRESIDIO, THE (1988)
INDIANA JONES & THE LAST CRUSADE (1989)
FAMILY BUSINESS (1989)
HUNT FOR RED OCTOBER, THE (1990)
RUSSIA HOUSE, THE (1990)
HIGHLANDER 2: THE QUICKENING (1991)
ROBIN HOOD: PRINCE OF THIEVES (1991)
MEDECINE MAN (1992)
GOOD MAN IN AFRICA, A (1993)
RISING SUN (1993)
FIRST KNIGHT (1995)
JUST CAUSE (1995)
DRAGONHEART (1996)
ROCK, THE (1996)
AVENGERS, THE (1998)
PLAYING BY HEART (1998)
ENTRAPMENT (1999)
FINDING FORRESTER (2000)

**CONRIED, Hans**
*acteur américain (1917-1982)*
LADY TAKES A CHANCE, A (1943)
SUMMER STOCK (1950)
5000 FINGERS OF DR. T, THE (1953)
JET PILOT (1957)
MONSTER THAT CHALLENGED THE WORLD, THE (1957)
ROCK-A-BYE BABY (1958)

**CONSTANTINE, Eddie**
*acteur américain (1917-1993)*
HOMME ET L'ENFANT, L' (1956)
CLÉO DE 5 À 7 (1961)
SEPT PÉCHÉS CAPITAUX, LES (1962)
ALPHAVILLE (1965)
LONG GOOD FRIDAY, THE (1980)
J'AI BIEN L'HONNEUR (1984)
HELSINKI NAPOLI (1987)
ALLEMAGNE ANNÉE 90, NEUF ZÉRO (1990)
EUROPA (1992)

**COOPER, Gary**
*acteur américain (1901-1961)*
MOROCCO (1930)
FAREWELL TO ARMS, A (1932)
TODAY WE LIVE (1933)
NOW AND FOREVER (1934)
LIVES OF A BENGAL LANCER, THE (1935)
DESIRE (1936)
GENERAL DIED AT DAWN, THE (1936)
MR. DEEDS GOES TO TOWN (1936)
PLAINSMAN, THE (1936)
SOULS AT SEA (1937)
ADVENTURES OF MARCO POLO, THE (1938)
BLUEBEARD'S EIGHTH WIFE (1938)
REAL GLORY, THE (1939)
BALL OF FIRE (1941)
MEET JOHN DOE (1941)
SERGEANT YORK (1941)
PRIDE OF THE YANKEES, THE (1942)
FOR WHOM THE BELL TOLLS (1943)
STORY OF DR. WASSELL, THE (1944)
ALONG CAME JONES (1945)
CLOAK AND DAGGER (1946)
GOOD SAM (1948)
FOUNTAINHEAD, THE (1949)
DALLAS (1950)
DISTANT DRUMS (1951)
HIGH NOON (1952)
SPRINGFIELD RIFLE (1952)
RETURN TO PARADISE (1953)
BLOWING WILD (1954)
COURT-MARTIAL OF BILLY MITCHELL, THE (1955)
FRIENDLY PERSUASION (1956)
LOVE IN THE AFTERNOON (1956)
MAN OF THE WEST (1958)
THEY CAME TO CORDURA (1959)

**CORBIN, Barry**
*acteur américain (1940-)*
BEST LITTLE WHOREHOUSE IN TEXAS, THE (1982)
STRANGER ON MY LAND (1988)
CONAGHER (1991)

**CORRI, Adrienne**
*actrice anglaise (1933-)*
RIVER, THE (1951)
SWORD OF LANCELOT, THE (1963)
STUDY IN TERROR, A (1965)
MADHOUSE (1974)
ROSEBUD (1975)

**COSTELLO, Lou**
*acteur américain (1906-1959)*
HOLD THAT GHOST (1940)
ONE NIGHT IN THE TROPICS (1940)
BUCK PRIVATES (1941)
IN THE NAVY (1941)
KEEP'EM FLYING (1941)
PARDON MY SARONG (1942)
RIDE 'EM COWBOY (1942)
HIT THE ICE (1943)
LOST IN A HAREM (1944)
ABBOTT & COSTELLO IN HOLLYWOOD (1945)
NAUGHTY NINETIES, THE (1945)
TIME OF THEIR LIVES, THE (1946)
ABBOTT & COSTELLO MEET FRANKENSTEIN (1948)
MEXICAN HAYRIDE (1948)
ABBOTT & COSTELLO MEET THE KILLER BORIS KARLOFF (1949)
ABBOTT AND COSTELLO IN THE FOREIGN LEGION (1950)
ABBOTT & COSTELLO MEET THE INVISIBLE MAN (1951)
ABBOTT & COSTELLO GO TO MARS (1953)
ABBOTT & COSTELLO MEET DR. JEKYLL AND MR. HYDE (1953)
ABBOTT & COSTELLO MEET THE KEYSTONE KOPS (1955)
ABBOTT & COSTELLO MEET THE MUMMY (1955)
DANCE WITH ME HENRY (1956)
30 FOOT BRIDE OF CANDY ROCK, THE (1959)

**COSTNER, Kevin**
*acteur américain (1955-)*
FRANCES (1982)
NIGHT SHIFT (1982)
TESTAMENT (1983)
GUNRUNNER, THE (1984)
AMERICAN FLYERS (1985)
FANDANGO (1985)
SILVERADO (1985)
NO WAY OUT (1987)
BULL DURHAM (1988)
FIELD OF DREAMS (1989)
REVENGE (1990)
DANCES WITH WOLVES (1991)

JFK (1991)
MADONNA: TRUTH OR DARE (1991)
ROBIN HOOD: PRINCE OF THIEVES (1991)
BODYGUARD, THE (1992)
PERFECT WORLD, A (1993)
TIN CUP (1996)
POSTMAN, THE (1997)
FOR LOVE OF THE GAME (1999)
MESSAGE IN A BOTTLE (1999)

**CÔTÉ, Michel**
*acteur québécois (1950-)*
AU CLAIR DE LA LUNE (1982)
T'ES BELLE JEANNE (1988)
CRUISING BAR (1989)
DANS LE VENTRE DU DRAGON (1989)
FILLE DU MAQUIGNON, LA (1990)
MOODY BEACH (1990)
MISS MOSCOU (1991)
ERREUR SUR LA PERSONNE (1995)
LISTE NOIRE (1995)

**COTTEN, Joseph**
*acteur américain (1905-1994)*
CITIZEN KANE (1941)
LYDIA (1941)
JOURNEY INTO FEAR (1942)
MAGNIFICENT AMBERSONS, THE (1942)
SHADOW OF A DOUBT (1943)
GASLIGHT (1944)
LOVE LETTERS (1945)
DUEL IN THE SUN (1946)
FARMER'S DAUGHTER, THE (1947)
PORTRAIT OF JENNIE (1948)
THIRD MAN, THE (1949)
SEPTEMBER AFFAIR (1950)
OTHELLO (1952)
NIAGARA (1953)
TOUCH OF EVIL (1958)
HUSH... HUSH, SWEET CHARLOTTE (1965)
OSCAR, THE (1966)
PETULIA (1968)
GRASSHOPPER, THE (1970)
TORA! TORA! TORA! (1970)
ABOMINABLE DR. PHIBES, THE (1971)
TORTURE CHAMBER OF BARON BLOOD, THE (1972)
SOYLENT GREEN (1973)
LINDBERGH KIDNAPPING CASE, THE (1976)
AIRPORT '77 (1977)
HEARSE, THE (1980)
HEAVEN'S GATE (1981)

**COWARD, Noel**
*acteur anglais (1899-1973)*
IN WHICH WE SERVE (1942)
AROUND THE WORLD IN 80 DAYS (1956)
PARIS WHEN IT SIZZLES (1964)
BOOM! (1968)

**COX, Brian**
*acteur américain (1946-)*
NICHOLAS AND ALEXANDRA (1971)
MANHUNTER (1986)
HIDDEN AGENDA (1990)
LOST LANGUAGE OF CRANES, THE (1992)
BRAVEHEART (1995)
ROB ROY (1995)
CHAIN REACTION (1996)
LONG KISS GOODNIGHT, THE (1996)
BOXER, THE (1997)
KISS THE GIRLS (1997)
DESPERATE MEASURES (1998)
RUSHMORE (1998)
CORRUPTOR, THE (1999)
ROYAL DECEIT (1994)
FOR LOVE OF THE GAME (1999)
MINUS MAN, THE (1999)

**COYOTE, Peter**
*acteur américain (1942-)*
TELL ME A RIDDLE (1980)
SOUTHERN COMFORT (1981)
E.T. THE EXTRA-TERRESTRIAL (1982)
ENDANGERED SPECIES (1982)
CROSS CREEK (1983)
JAGGED EDGE (1985)
HOMME AMOUREUX, UN (1987)
MAN INSIDE, THE (1990)
BITTER MOON (1992)
KIKA (1993)
THAT EYE, THE SKY (1994)
PATCH ADAMS (1998)
SPHERE (1998)
RANDOM HEARTS (1999)
ERIN BROCKOVICH (2000)
RED LETTERS (2000)

**CRAMPTON, Barbara**
*actrice américaine (1962-)*
RE-ANIMATOR (1985)
FROM BEYOND (1986)
CASTLE FREAK (1995)

**CRANHAM, Kenneth**
*acteur anglais (1944-)*
HELLBOUND: HELLRAISER II (1988)
BED OF ROSES (1996)
TENANT OF WILDFELL HALL, THE (1996)
BOXER, THE (1997)

**CRAWFORD, Broderick**
*acteur américain (1911-1986)*
REAL GLORY, THE (1939)
SEVEN SINNERS (1940)
SLIGHTLY HONORABLE (1940)
BLACK CAT, THE (1941)
BLACK ANGEL (1946)
ALL THE KING'S MEN (1949)
BORN YESTERDAY (1950)
LONE STAR (1951)
IL BIDONE (1955)
NOT AS A STRANGER (1955)
FASTEST GUN ALIVE, THE (1956)
OSCAR, THE (1966)
LITTLE ROMANCE, A (1979)

**CRAWFORD, Joan**
*actrice américaine (1904-1977)*
OUR DANCING DAUGHTERS (1928)
OUR MODERN MAIDENS (1929)
DANCE, FOOLS, DANCE (1931)
LAUGHING SINNERS (1931)
POSSESSED (1931)
GRAND HOTEL (1932)
RAIN (1932)
TODAY WE LIVE (1933)
CHAINED (1934)
FORSAKING ALL OTHERS (1934)
SADIE McKEE (1934)
I LIVE MY LIFE (1935)
GORGEOUS HUSSY, THE (1936)
LOVE ON THE RUN (1936)
BRIDE WORE RED, THE (1937)
LAST OF MRS. CHEYNEY, THE (1937)
MANNEQUIN (1938)
SHINING HOUR (1938)
STRANGE CARGO (1940)
SUSAN AND GOD (1940)
REUNION IN FRANCE (1942)
THEY ALL KISSED THE BRIDE (1942)
ABOVE SUSPICION (1943)
MILDRED PIERCE (1945)
HUMORESQUE (1946)
POSSESSED (1947)
HARRIET CRAIG (1950)
SUDDEN FEAR (1952)
JOHNNY GUITAR (1954)
QUEEN BEE (1955)
AUTUMN LEAVES (1956)
STORY OF ESTHER COSTELLO (1957)
BEST OF EVERYTHING, THE (1959)
CARETAKERS, THE (1963)
FATAL CONFINEMENT (1964)
STRAIT-JACKET (1964)
BERSERK! (1967)

**CREMER, Bruno**
*acteur français (1929-)*
317e SECTION, LA (1965)
PARIS BRÛLE-T-IL? (1966)
ANARCHISTE OU LA BANDE À BONNOT (1969)
CRAN D'ARRÊT (1970)
PROTECTEUR, LE (1974)
BON ET LES MÉCHANTS, LE (1975)
ALPAGUEUR, L' (1976)
SORCERER (1977)
HISTOIRE SIMPLE, UNE (1978)
LÉGION SAUTE SUR KOLWEZI, LA (1979)
PUCE ET LE PRIVÉ, LA (1980)
JOSÉPHA (1981)
PRIX DU DANGER, LE (1983)
DE BRUIT ET DE FUREUR (1986)
TENUE DE SOIRÉE (1986)
À COUPS DE CROSSE (1986)
ADIEU, JE T'AIME (1987)
ÎLE, L' (1987)
NOCE BLANCHE (1989)
TAXI DE NUIT (1993)

**CRENNA, Richard**
*acteur américain (1927-)*
STAR! (1968)
MAROONED (1969)
CATLOW (1971)
FIRST BLOOD (1982)
TABLE FOR FIVE (1983)
ON WINGS OF EAGLES (1987)
20,000 LEAGUES UNDER THE SEA (1997)

**CRISP, Donald**
*acteur américain (1880-1974)*
BIRTH OF A NATION, THE (1915)
INTOLERANCE (1916)
JOAN THE WOMAN (1917)
BROKEN BLOSSOMS (1919)
DON Q, SON OF ZORRO (1925)
BLACK PIRATE, THE (1926)
LITTLE MINISTER, THE (1934)
MUTINY ON THE BOUNTY (1935)
CHARGE OF THE LIGHT BRIGADE, THE (1936)
MARY OF SCOTLAND (1936)
LIFE OF EMILE ZOLA, THE (1937)
AMAZING DR. CLITTERHOUSE, THE (1938)
DAWN PATROL, THE (1938)
JEZEBEL (1938)
OLD MAID, THE (1939)
PRIVATE LIVES OF ELIZABETH AND ESSEX, THE (1939)
KNUTE ROCKNE, ALL AMERICAN (1940)
SEA HAWK, THE (1940)
DR. JEKYLL AND MR. HYDE (1941)
HOW GREEN WAS MY VALLEY (1941)
FOREVER AND A DAY (1943)
NATIONAL VELVET (1944)
RAMROD (1946)
PRINCE VALIANT (1954)
LONG GRAY LINE, THE (1955)

MAN FROM LARAMIE, THE (1955)
LAST HURRAH, THE (1958)
DOG OF FLANDERS, A (1959)
POLLYANNA (1960)

**CRONYN, Hume**
*acteur américain (1911-)*
PHANTOM OF THE OPERA (1943)
SHADOW OF A DOUBT (1943)
LIFEBOAT (1944)
SEVENTH CROSS, THE (1944)
POSTMAN ALWAYS RINGS TWICE, THE (1946)
BRUTE FORCE (1947)
PEOPLE WILL TALK (1951)
CLEOPATRA (1963)
ARRANGEMENT, THE (1969)
THERE WAS A CROOKED MAN (1970)
CONRACK (1974)
PARALLAX VIEW, THE (1974)
COCOON (1985)
BATTERIES NOT INCLUDED (1987)
FOXFIRE (1987)
COCOON: THE RETURN (1988)
PELICAN BRIEF, THE (1993)
CAMILLA (1994)
12 ANGRY MEN (1997)

**CROSBY, Bing**
*acteur américain (1904-1977)*
KING OF JAZZ (1930)
RHYTHM ON THE RANGE (1936)
RHYTHM ON THE RIVER (1940)
ROAD TO SINGAPORE (1940)
BIRTH OF THE BLUES (1941)
ROAD TO ZANZIBAR (1941)
HOLIDAY INN (1942)
MY FAVORITE BLONDE (1942)
ROAD TO MOROCCO (1942)
STAR SPANGLED RHYTHM (1942)
GOING MY WAY (1944)
HERE COME THE WAVES (1944)
BELLS OF ST.MARY'S, THE (1945)
ROAD TO UTOPIA (1945)
BLUE SKIES (1946)
MONSIEUR BEAUCAIRE (1946)
ROAD TO RIO (1947)
EMPEROR WALTZ, THE (1948)
CONNECTICUT YANKEE IN KING ARTHUR'S COURT, A (1949)
MR. MUSIC (1950)
RIDING HIGH (1950)
HERE COMES THE GROOM (1951)
JUST FOR YOU (1952)
SON OF PALEFACE (1952)
COUNTRY GIRL, THE (1954)
HIGH SOCIETY (1956)
LET'S MAKE LOVE (1960)
ROAD TO HONG KONG, THE (1962)
ROBIN AND THE SEVEN HOODS (1964)
THAT'S ENTERTAINMENT (1974)

**CROWE, Russell**
*acteur néo-zélandais (1964-)*
PROOF (1991)
ROMPER STOMPER (1992)
SUM OF US, THE (1994)
HEAVEN'S BURNING (1997)
L.A. CONFIDENTIAL (1997)
INSIDER, THE (1999)
MYSTERY, ALASKA (1999)
GLADIATOR, THE (2000)
PROOF OF LIFE (2000)

**CRUISE, Tom**
*acteur américain (1962-)*
ENDLESS LOVE (1981)
TAPS (1981)
ALL THE RIGHT MOVES (1983)
OUTSIDERS, THE (1983)
RISKY BUSINESS (1983)
LEGEND (1985)
COLOR OF MONEY, THE (1986)
TOP GUN (1986)
BORN ON THE FOURTH OF JULY (1989)
RAIN MAN (1989)
DAYS OF THUNDER (1990)
FAR AND AWAY (1992)
FEW GOOD MEN, A (1992)
FIRM, THE (1993)
INTERVIEW WITH THE VAMPIRE (1994)
JERRY MAGUIRE (1996)
MISSION: IMPOSSIBLE (1996)
EYES WIDE SHUT (1999)
MAGNOLIA (1999)
MISSION: IMPOSSIBLE II (2000)

**CRYSTAL, Billy**
*acteur américain (1947-)*
ENOLA GAY: THE MEN, THE MISSION, THE ATOMIC BOMB (1980)
THIS IS SPINAL TAP (1984)
PRINCESS BRIDE, THE (1987)
THROW MOMMA FROM THE TRAIN (1987)
MEMORIES OF ME (1988)
CITY SLICKERS (1991)
MR. SATURDAY NIGHT (1992)
CITY SLICKERS II: THE LEGEND OF CURLY'S GOLD (1994)
FORGET PARIS (1995)
FATHER'S DAY (1997)
ANALYZE THIS (1999)

**CULKIN, Macaulay**
*acteur américain (1980-)*
SEE YOU IN THE MORNING (1989)
HOME ALONE (1990)
JACOB'S LADDER (1990)
MY GIRL (1991)
ONLY THE LONELY (1991)
HOME ALONE 2: LOST IN NEW YORK (1992)
GOOD SON, THE (1993)
GETTING EVEN WITH DAD (1994)
PAGEMASTER, THE (1994)
RICHIE RICH (1994)

**CUNY, Alain**
*acteur français (1908-1994)*
VISITEURS DU SOIR (1942)
FORBIDDEN CHRIST, THE (1950)
NOTRE-DAME DE PARIS (1957)
DOLCE VITA, LA (1960)
FELLINI SATYRICON (1969)
EMMANUELLE (1974)
TOUCHE PAS À LA FEMME BLANCHE (1974)
CHANSON DE ROLAND, LA (1978)
CHRIST S'EST ARRÊTÉ À EBOLI, LE (1979)
DÉTECTIVE (1985)
CAMILLE CLAUDEL (1988)
ANNONCE FAITE À MARIE, L' (1991)
RETOUR DE CASANOVA, LE (1992)

**CURRIE, Finlay**
*acteur écossais (1878-1968)*
49th PARALLEL, THE (1941)
GREAT EXPECTATIONS (1946)
PEOPLE WILL TALK (1951)
QUO VADIS? (1951)
IVANHOE (1952)
BEAU BRUMMELL (1954)
ABANDON SHIP! (1956)
AROUND THE WORLD IN 80 DAYS (1956)
CAMPBELL'S KINGDOM (1957)
SAINT JOAN (1957)
BEN-HUR (1959)
SOLOMON AND SHEBA (1959)
ADVENTURES OF HUCKLEBERRY FINN, THE (1960)
BILLY LIAR (1963)
MURDER AT THE GALLOP (1963)
FALL OF THE ROMAN EMPIRE, THE (1964)
THREE LIVES OF THOMASINA, THE (1964)

**CURRY, Tim**
*acteur anglais (1946-)*
ROCKY HORROR PICTURE SHOW, THE (1975)
SHOUT, THE (1978)
ANNIE (1982)
CLUE (1985)
LEGEND (1985)
HUNT FOR RED OCTOBER, THE (1990)
OSCAR (1991)
HOME ALONE 2: LOST IN NEW YORK (1992)
PASSED AWAY (1992)
NATIONAL LAMPOON'S LOADED WEAPON 1 (1993)
THREE MUSKETEERS, THE (1993)
SHADOW, THE (1994)
CONGO (1995)
MUPPET TREASURE ISLAND (1996)
CHARLIE'S ANGELS (2000)

**CURTIS, Jamie Lee**
*actrice américaine (1958-)*
HALLOWEEN (1978)
FOG, THE (1980)
PROM NIGHT (1980)
HALLOWEEN II (1981)
LOVE LETTERS (1983)
TRADING PLACES (1983)
ADVENTURES OF BUCKAROO BANZAI ACROSS THE 8th DIMENSION, THE (1984)
PERFECT (1985)
AMAZING GRACE AND CHUCK (1987)
HOMME AMOUREUX, UN (1987)
DOMINICK AND EUGENE (1988)
FISH CALLED WANDA, A (1988)
BLUE STEEL (1990)
MY GIRL (1991)
QUEEN'S LOGIC (1991)
FOREVER YOUNG (1992)
MOTHER'S BOYS (1993)
MY GIRL 2 (1994)
FIERCE CREATURES (1996)
HALLOWEEN H20: TWENTY YEARS LATER (1998)
DROWNING MONA (2000)
THE TAILOR OF PANAMA (2001)

**CURTIS, Tony**
*acteur américain (1925-)*
FRANCIS (THE TALKING MULE) (1949)
MEET DANNY WILSON (1952)
HOUDINI (1953)
BLACK SHIELD OF FALWORTH, THE (1954)
SWEET SMELL OF SUCCESS (1957)
DEFIANT ONES, THE (1958)
KINGS GO FORTH (1958)
PERFECT FURLOUGH, THE (1958)
OPERATION PETTICOAT (1959)
SOME LIKE IT HOT (1959)
GREAT IMPOSTOR, THE (1960)
SPARTACUS (1960)
TARAS BULBA (1962)
CAPTAIN NEWMAN, M.D. (1963)
LIST OF ADRIAN MESSENGER, THE (1963)
GOODBYE CHARLIE (1964)
PARIS WHEN IT SIZZLES (1964)
SEX AND THE SINGLE GIRL (1964)

BOEING BOEING (1965)
GREAT RACE, THE (1965)
NOT WITH MY WIFE YOU DON'T! (1966)
DON'T MAKE WAVES (1967)
BOSTON STRANGLER, THE (1968)
THOSE DARING YOUNG MEN IN THEIR JAUNTY JALOPIES (1969)
COUNT OF MONTE CRISTO, THE (1975)
LEPKE (1975)
CASANOVA AND COMPANY (1976)
LAST TYCOON, THE (1976)
SEXTETTE (1977)
LITTLE MISS MARKER (1980)
MIRROR CRACK'D, THE (1980)
INSIGNIFICANCE (1985)
CENTER OF THE WEB (1992)
NAKED IN NEW YORK (1994)

**CURZI, Pierre**
*acteur québécois (1946-)*
ON EST LOIN DU SOLEIL (1970)
CUISINE ROUGE, LA (1979)
FANTASTICA (1980)
PLOUFFE, LES (1981)
JOUR «S...», LE (1983)
LUCIEN BROUILLARD (1983)
CRIME D'OVIDE PLOUFFE, LE (1984)
MARIA CHAPDELAINE (1984)
DÉCLIN DE L'EMPIRE AMÉRICAIN, LE (1986)
POUVOIR INTIME (1986)
T'ES BELLE JEANNE (1988)
DANS LE VENTRE DU DRAGON (1989)
C'ÉTAIT LE 12 DU 12 ET CHILI AVAIT LES BLUES (1993)
CRI DE LA NUIT, LE (1995)
MATRONI ET MOI (1999)

**CUSACK, Cyril**
*acteur anglais (1910-1993)*
ODD MAN OUT (1947)
ELUSIVE PIMPERNEL, THE (1950)
SHAKE HANDS WITH THE DEVIL (1959)
SPY WHO CAME IN FROM THE COLD, THE (1965)
FAHRENHEIT 451 (1966)
TAMING OF THE SHREW, THE (1967)
KING LEAR (1970)
HAROLD AND MAUDE (1971)
SACCO & VANZETTI (1971)
DAY OF THE JACKAL, THE (1973)
1984 (1984)
LITTLE DORRIT: LITTLE DORRIT'S STORY (1988)
LITTLE DORRIT: NOBODY'S FAULT (1988)
MY LEFT FOOT (1989)
FOOL, THE (1990)
FAR AND AWAY (1992)

**CUSACK, Joan**
*actrice américaine (1962-)*
CLASS (1983)
BROADCAST NEWS (1987)
MARRIED TO THE MOB (1988)
SAY ANYTHING... (1989)
MEN DON'T LEAVE (1990)
MY BLUE HEAVEN (1990)
HERO (1992)
TOYS (1992)
CORRINA, CORRINA (1994)
NINE MONTHS (1995)
MR. WRONG (1996)
GROSSE POINT BLANK (1997)
IN & OUT (1997)
ARLINGTON ROAD (1999)
CRADLE WILL ROCK (1999)
RUNAWAY BRIDE (1999)
HIGH FIDELITY (2000)

**CUSACK, John**
*acteur américain (1966-)*
CLASS (1983)
BETTER OFF DEAD (1985)
JOURNEY OF NATTY GANN, THE (1985)
SURE THING, THE (1985)
ONE CRAZY SUMMER (1986)
STAND BY ME (1986)
BROADCAST NEWS (1987)
EIGHT MEN OUT (1988)
TAPEHEADS (1988)
FAT MAN AND LITTLE BOY (1989)
SAY ANYTHING... (1989)
GRIFTERS, THE (1990)
BOB ROBERTS (1992)
MAP OF THE HUMAN HEART (1992)
PLAYER, THE (1992)
SHADOWS AND FOG (1992)
FLOUNDERING (1993)
BULLETS OVER BROADWAY (1994)
ROAD TO WELLVILLE, THE (1994)
CON AIR (1995)
CITY HALL (1996)
GROSSE POINT BLANK (1997)
MIDNIGHT IN THE GARDEN OF GOOD AND EVIL (1997)
THIN RED LINE, THE (1998)
BEING JOHN MALKOVICH (1999)
CRADLE WILL ROCK (1999)
PUSHING TIN (1999)
HIGH FIDELITY (2000)

**CUSHING, Peter**
*acteur anglais (1913-1994)*
HAMLET (1948)
MOULIN ROUGE (1952)
END OF THE AFFAIR (1954)
ALEXANDER THE GREAT (1956)
TIME WITHOUT PITY (1956)
ABOMINABLE SNOWMAN, THE (1957)
CURSE OF FRANKENSTEIN, THE (1957)
HORROR OF DRACULA (1958)
REVENGE OF FRANKENSTEIN (1958)
HOUND OF THE BASKERVILLES, THE (1959)
MUMMY, THE (1959)
BRIDES OF DRACULA, THE (1960)
EVIL OF FRANKENSTEIN, THE (1963)
GORGON, THE (1964)
DR. TERROR'S HOUSE OF HORRORS (1965)
DR. WHO AND THE DALEKS (1965)
SKULL, THE (1965)
DALEKS - INVASION EARTH 2150 A.D. (1966)
ISLAND OF TERROR (1966)
FRANKENSTEIN CREATED WOMAN (1967)
FRANKENSTEIN MUST BE DESTROYED! (1970)
SCREAM AND SCREAM AGAIN (1970)
ASYLUM (1972)
DR. PHIBES RISES AGAIN (1972)
DRACULA A.D. 1972 (1972)
HORROR EXPRESS (1972)
TALES FROM THE CRYPT (1972)
FROM BEYOND THE GRAVE (1973)
LEGEND OF THE 7 GOLDEN VAMPIRES (1973)
SATANIC RITES OF DRACULA, THE (1973)
FRANKENSTEIN AND THE MONSTER FROM HELL (1974)
MADHOUSE (1974)
SHATTER (1974)
LEGEND OF WEREWOLF (1975)
SHOCK WAVES (1975)
AT THE EARTH'S CORE (1976)
STAR WARS (1977)
HOUSE OF THE LONG SHADOWS (1982)
TOP SECRET! (1984)

**D'ANGELO, Beverly**
*actrice américaine (1951-)*
HAIR (1979)
COAL MINER'S DAUGHTER (1980)
BIG TROUBLE (1985)
IN THE MOOD (1987)
NATIONAL LAMPOON'S CHRISTMAS VACATION (1989)
MIRACLE, THE (1990)
LONELY HEARTS (1991)
MAN TROUBLE (1992)
EYE FOR AN EYE, AN (1995)
AMERICAN HISTORY X (1998)
ILLUMINATA (1998)
LANSKY (1999)

**D'ONOFRIO, Vincent**
*acteur américain (1960-)*
FULL METAL JACKET (1987)
DYING YOUNG (1991)
NAKED TANGO (1991)
SALT ON OUR SKIN (1992)
HOUSEHOLD SAINTS (1993)
MR. WONDERFUL (1993)
BEING HUMAN (1994)
STUART SAVES HIS FAMILY (1995)
FEELING MINNESOTA (1996)
TALES OF EROTICA II (1996)
MEN IN BLACK (1997)
NEWTON BOYS, THE (1998)
THIRTEENTH FLOOR, THE (1999)
CELL, THE (2000)

**DAFOE, Willem**
*acteur américain (1955-)*
LOVELESS, THE (1983)
STREETS OF FIRE (1984)
TO LIVE AND DIE IN L.A. (1985)
PLATOON (1986)
LAST TEMPTATION OF CHRIST, THE (1988)
MISSISSIPPI BURNING (1988)
BORN ON THE FOURTH OF JULY (1989)
CRY-BABY (1990)
LIGHT SLEEPER (1991)
BODY OF EVIDENCE (1992)
SI LOIN, SI PROCHE (1992)
CLEAR AND PRESENT DANGER (1994)
NIGHT AND THE MOMENT, THE (1994)
TOM & VIV (1994)
ENGLISH PATIENT, THE (1996)
AFFLICTION (1997)
SPEED 2: CRUISE CONTROL (1997)
LULU ON THE BRIDGE (1998)
NEW ROSE HOTEL (1998)
EXISTENZ (1999)
AMERICAN PSYCHO (2000)
ANIMAL FACTORY (2000)
SHADOW OF THE VAMPIRE (2000)

**DAHLBECK, Eva**
*actrice suédoise (1920-)*
LEÇON D'AMOUR, UNE (1954)
RÊVES DE FEMMES (1955)
COUNTERFEIT TRAITOR, THE (1962)

**DALIO, Marcel**
*acteur français (1900-1983)*
GRAND AMOUR DE BEETHOVEN, UN (1936)
GRANDE ILLUSION, LA (1937)
PERLES DE LA COURONNE, LES (1937)
RÈGLE DU JEU, LA (1939)
SHANGHAI GESTURE, THE (1941)
JOAN OF PARIS (1942)
CASABLANCA (SPECIAL EDITION) (1943)
CASABLANCA (1943)
SONG OF BERNADETTE, THE (1943)

ACTION IN ARABIA (1944)
TO HAVE AND HAVE NOT (1944)
SNOWS OF KILIMANJARO, THE (1952)
GENTLEMEN PREFER BLONDES (1953)
SABRINA (1954)
LAFAYETTE ESCADRILLE (1958)
PERFECT FURLOUGH, THE (1958)
PILLOW TALK (1959)
CAN-CAN (1960)
CARTOUCHE (1962)
DONOVAN'S REEF (1963)
LIST OF ADRIAN MESSENGER, THE (1963)
LADY L (1965)
HOW TO STEAL A MILLION (1966)
CATCH 22 (1970)
AVENTURES DE RABBI JACOB, LES (1973)
AILE OU LA CUISSE, L' (1976)

**DALLE, Béatrice**
*actrice française (1964-)*
37°2 LE MATIN (1986)
BOIS NOIRS, LES (1989)
BELLE HISTOIRE, LA (1991)
NIGHT ON EARTH (1991)
FILLE DE L'AIR, LA (1992)
À LA FOLIE (1994)
BLACKOUT, THE (1997)

**DALLESANDRO, Joe**
*acteur américain (1949-)*
FLESH (1969)
HEAT (1972)
ANDY WARHOL'S FRANKENSTEIN (1973)
ANDY WARHOL'S DRACULA (1974)
COTTON CLUB, THE (1984)
SUNSET (1988)
CRY-BABY (1990)

**DALTON, Timothy**
*acteur anglais (1946-)*
LION IN WINTER, THE (1968)
CROMWELL (1970)
MARY, QUEEN OF SCOTS (1971)
AGATHA (1977)
SEXTETTE (1977)
CHANEL SOLITAIRE (1981)
DOCTOR AND THE DEVILS, THE (1985)
BRENDA STARR (1987)
JANE EYRE (1987)
LIVING DAYLIGHTS, THE (1987)
LICENCE TO KILL (1989)
PUTAIN DU ROI, LA (1990)
ROCKETEER, THE (1991)
NAKED IN NEW YORK (1994)

**DANIELS, Jeff**
*acteur américain (1955-)*
RAGTIME (1981)
TERMS OF ENDEARMENT (1983)
MARIE (1985)
PURPLE ROSE OF CAIRO, THE (1985)
HEARTBURN (1986)
SOMETHING WILD (1986)
RADIO DAYS (1987)
HOUSE ON CARROLL STREET, THE (1988)
SWEET HEARTS DANCE (1988)
ARACHNOPHOBIA (1990)
BUTCHER'S WIFE, THE (1991)
LOVE HURTS (1991)
TIMESCAPE (1991)
RAIN WITHOUT THUNDER (1992)
GETTYSBURG (1993)
DUMB & DUMBER (1994)
SPEED (1994)
101 DALMATIANS (1996)
2 DAYS IN THE VALLEY (1996)
FLY AWAY HOME (1996)
PLEASANTVILLE (1998)
IT'S THE RAGE (1999)
MY FAVORITE MARTIAN (1999)

**DANSON, Ted**
*acteur américain (1947-)*
ONION FIELD, THE (1979)
BODY HEAT (1982)
CREEPSHOW (1983)
3 MEN AND A BABY (1987)
COUSINS (1989)
DAD (1989)
MADE IN AMERICA (1993)
GETTING EVEN WITH DAD (1994)
PONTIAC MOON (1994)
GULLIVER'S TRAVELS (1995)

**DARC, Mireille**
*actrice française (1938-)*
BRIDE SUR LE COU, LA (1961)
CHASSE À L'HOMME, LA (1964)
À BELLES DENTS (1966)
THOSE DARING YOUNG MEN IN THEIR JAUNTY JALOPIES (1969)
BORSALINO (1970)
FANTASIA CHEZ LES PLOUCS (1970)
GRAND BLOND AVEC UNE CHAUSSURE NOIRE, LE (1972)
BORSALINO AND Co. (1974)
RETOUR DU GRAND BLOND, LE (1974)
SEINS DE GLACE, LES (1975)
ORDINATEUR DES POMPES FUNÈBRES, L' (1976)
HOMME PRESSÉ, L' (1977)
MORT D'UN POURRI (1977)
RINGARDS, LES (1978)
POUR LA PEAU D'UN FLIC (1981)
SI ELLE DIT OUI... JE NE DIS PAS NON! (1983)

**DARNELL, Linda**
*actrice américaine (1921-1965)*
MARK OF ZORRO, THE (1940)
BLOOD AND SAND (1941)
IT HAPPENED TOMORROW (1944)
ANNA AND THE KING OF SIAM (1946)
FOREVER AMBER (1947)
LETTER TO THREE WIVES, A (1949)
NO WAY OUT (1950)

**DARRIEUX, Danielle**
*actrice française (1917-)*
MAUVAISE GRAINE (BAD SEED) (1933)
MAYERLING (1936)
RONDE, LA (1950)
RICH, YOUNG AND PRETTY (1951)
5 FINGERS (1952)
PLAISIR, LE (1952)
MADAME DE... (1953)
ROUGE ET LE NOIR, LE (1954)
AMANT DE LADY CHATTERLY, L' (1955)
ALEXANDER THE GREAT (1956)
DEMOISELLES DE ROCHEFORT, LES (1967)
ANNÉE SAINTE, L' (1976)
CAVALEUR, LE (1978)
LIEU DU CRIME, LE (1986)
BILLE EN TÊTE (1989)
QUELQUES JOURS AVEC MOI (1989)
MILLE ET UNE RECETTES DU CUISINIER AMOUREUX, LES (1998)

**DARROUSSIN, Jean-Pierre**
*acteur français*
DIEU VOMIT LES TIÈDES (1989)
ARGENT FAIT LE BONHEUR, L' (1992)
AIR DE FAMILLE, UN (1996)
À LA VIE, À LA MORT (1996)
MARIUS ET JEANETTE (1998)
ON CONNAIT LA CHANSON (1998)
SI JE T'AIME... PRENDS GARDE À TOI (1998)
À LA PLACE DU CŒUR (1998)
BÛCHE, LA (1999)
INSÉPARABLES (1999)

**DARWELL, Jane**
*actrice américaine (1879-1967)*
MURDERS IN THE ZOO (1933)
BRIGHT EYES (1934)
ONE NIGHT OF LOVE (1934)
POOR LITTLE RICH GIRL (1936)
LITTLE MISS BROADWAY (1938)
GRAPES OF WRATH, THE (1940)
ALL THROUGH THE NIGHT (1941)
3 GODFATHERS (1948)
BIGAMIST, THE (1953)

**DASTÉ, Jean**
*acteur français (1904-1994)*
BOUDU SAUVÉ DES EAUX (1932)
ATALANTE, L' (1934)
CRIME DE MONSIEUR LANGE, LE (1935)
GRANDE ILLUSION, LA (1937)
MURIEL OU LE TEMPS D'UN RETOUR (1965)
ENFANT SAUVAGE, L' (1970)
HOMME QUI AIMAIT LES FEMMES, L' (1977)
CHAMBRE VERTE, LA (1978)
MOLIÈRE (1978)
MOINE ET LA SORCIÈRE, LE (1986)
NOCE BLANCHE (1989)

**DAVENPORT, Nigel**
*acteur anglais (1928-)*
MAN FOR ALL SEASONS, A (1966)
MARY, QUEEN OF SCOTS (1971)
DRACULA (1973)
PHASE IV (1974)
ISLAND OF DR. MOREAU, THE (1977)

**DAVIDOVICH, Lolita**
*actrice canadienne (1961-)*
CLASS (1983)
BIG TOWN, THE (1987)
BLAZE (1989)
CERCLE DES INTIMES, LE (1991)
OBJECT OF BEAUTY, THE (1991)
LEAP OF FAITH (1992)
RAISING CAIN (1992)
COBB (1994)
INTERSECTION (1994)
NOW AND THEN (1995)
JUNGLE 2 JUNGLE (1997)
GODS AND MONSTERS (1998)
MYSTERY, ALASKA (1999)
PLAY IT TO THE BONE (1999)

**DAVIS, Bette**
*actrice américaine (1908-1989)*
OF HUMAN BONDAGE (1934)
DANGEROUS (1935)
PETRIFIED FOREST, THE (1936)
SATAN MET A LADY (1936)
KID GALAHAD (1937)
JEZEBEL (1938)
DARK VICTORY (1939)
MARKED WOMAN (1939)
OLD MAID, THE (1939)
PRIVATE LIVES OF ELIZABETH AND ESSEX, THE (1939)
LETTER, THE (1940)
GREAT LIE, THE (1941)
LITTLE FOXES, THE (1941)
NOW, VOYAGER (1942)

ALL ABOUT EVE (1950)
ANOTHER MAN'S POISON (1951)
PHONE CALL FROM A STRANGER (1952)
STAR, THE (1952)
CATERED AFFAIR, THE (1956)
JOHN PAUL JONES (1959)
POCKETFUL OF MIRACLES (1961)
DEAD RINGER (1964)
HUSH... HUSH, SWEET CHARLOTTE (1965)
NANNY, THE (1965)
ANNIVERSARY, THE (1968)
MADAME SIN (1971)
BURNT OFFERINGS (1976)
DEATH ON THE NILE (1978)
WHALES OF AUGUST, THE (1987)

**DAVIS, Brad**
*acteur américain (1949-1991)*
SYBIL (1976)
MIDNIGHT EXPRESS (1978)
CHARIOTS OF FIRE (1981)
QUERELLE (1982)
ROSALIE FAIT SES COURSES (1989)

**DAVIS, Geena**
*actrice américaine (1957-)*
TOOTSIE (1984)
FLY, THE (1986)
ACCIDENTAL TOURIST, THE (1988)
BEETLEJUICE (1988)
EARTH GIRLS ARE EASY (1989)
QUICK CHANGE (1990)
THELMA & LOUISE (1991)
HERO (1992)
LEAGUE OF THEIR OWN, A (1992)
ANGIE (1994)
SPEECHLESS (1994)
CUTTHROAT ISLAND (1995)
LONG KISS GOODNIGHT, THE (1996)
STUART LITTLE (1999)

**DAVIS, Judy**
*actrice australienne (1955-)*
HEATWAVE (1983)
PASSAGE TO INDIA, A (1985)
KANGAROO (1986)
HIGH TIDE (1987)
GEORGIA (1988)
IMPROMPTU (1990)
ALICE (1991)
BARTON FINK (1991)
NAKED LUNCH (1991)
HUSBANDS AND WIVES (1992)
ON MY OWN (1992)
NEW AGE, THE (1994)
REF, THE (1994)
SERVING IN SILENCE: THE MARGARETHE CAMMERMEYER STORY (1995)
ABSOLUTE POWER (1996)
BLOOD AND WINE (1996)
CHILDREN OF THE REVOLUTION (1996)
CELEBRITY (1998)

**DAVIS, Ossie**
*acteur américain (1917-)*
NO WAY OUT (1950)
CARDINAL, THE (1963)
HILL, THE (1965)
SCALPHUNTERS, THE (1968)
LET'S DO IT AGAIN (1975)
HARRY AND SON (1984)
SCHOOL DAZE (1988)
DO THE RIGHT THING (1989)
JOE VERSUS THE VOLCANO (1990)
JUNGLE FEVER (1991)
MALCOLM X (1992)
GRUMPY OLD MEN (1993)
STAND, THE (1993)
CLIENT, THE (1994)
GET ON THE BUS (1996)
I'M NOT RAPPAPORT (1996)
MISS EVERS' BOYS (1996)
12 ANGRY MEN (1997)
DOCTOR DOLITTLE (1998)
DINOSAUR (2000)

**DAVIS, Sammi**
*actrice anglaise (1964-)*
HOPE AND GLORY (1987)
LAIR OF THE WHITE WORM, THE (1988)
RAINBOW, THE (1989)
HORSEPLAYER (1991)

**DAVISON, Bruce**
*acteur américain (1946-)*
MOTHER, JUGS & SPEED (1976)
LONGTIME COMPANION (1990)
STEEL & LACE (1990)
SHORT CUTS (1993)
FAR FROM HOME: THE ADVENTURES OF YELLOW DOG (1994)
APT PUPIL (1998)
AT FIRST SIGHT (1998)
PAULIE (1998)

**DAY, Doris**
*actrice américaine (1924-)*
IT'S A GREAT FEELING (1949)
MY DREAM IS YOURS (1949)
TEA FOR TWO (1950)
I'LL SEE YOU IN MY DREAMS (1951)
APRIL IN PARIS (1952)
BY THE LIGHT OF THE SILVERY MOON (1952)
CALAMITY JANE (1953)
LUCKY ME (1954)
LOVE ME OR LEAVE ME (1956)
MAN WHO KNEW TOO MUCH, THE (1956)
PAJAMA GAME, THE (1957)
TEACHER'S PET (1957)
PILLOW TALK (1959)
MIDNIGHT LACE (1960)
PLEASE DON'T EAT THE DAISIES (1960)
LOVER COME BACK (1961)
THAT TOUCH OF MINK (1962)
MOVE OVER, DARLING (1963)
THRILL OF IT ALL, THE (1963)
SEND ME NO FLOWERS (1964)
GLASS BOTTOM BOAT, THE (1966)

**DAY-LEWIS, Daniel**
*acteur anglais (1958-)*
GANDHI (1982)
HOW MANY MILES TO BABYLON? (1982)
BOUNTY, THE (1983)
MY BEAUTIFUL LAUNDRETTE (1985)
ROOM WITH A VIEW, A (1986)
MY LEFT FOOT (1989)
LAST OF THE MOHICANS, THE (1992)
AGE OF INNOCENCE, THE (1993)
IN THE NAME OF THE FATHER (1993)
CRUCIBLE, THE (1996)
BOXER, THE (1997)

**De ALMEIDA, Joaquim**
*acteur portugais (1957-)*
GOOD MORNING, BABYLON (1987)
DESPERADO (1995)
ELLES (1997)

**DE FUNÈS, Louis**
*acteur français (1914-1983)*
POISON, LA (1951)
SEPT PÉCHÉS CAPITAUX, LES (1952)
REINE MARGOT, LA (1954)
BANDE À PAPA, LA (1955)
COMME UN CHEVEU SUR LA SOUPE (1955)
NI VU, NI CONNU (1958)
FAITES SAUTER LA BANQUE (1963)
CORNIAUD, LE (1964)
FANTOMAS (1964)
GENDARME DE SAINT-TROPEZ, LE (1964)
GENDARME À NEW YORK, LE (1965)
GRANDE VADROUILLE, LA (1966)
GRANDES VACANCES, LES (1967)
PETIT BAIGNEUR, LE (1967)
GENDARME SE MARIE, LE (1968)
TATOUÉ, LE (1968)
HIBERNATUS (1969)
GENDARME EN BALADE, LE (1970)
SUR UN ARBRE PERCHÉ (1970)
FOLIE DES GRANDEURS, LA (1971)
AVENTURES DE RABBI JACOB, LES (1973)
AILE OU LA CUISSE, L' (1976)
GENDARME ET LES EXTRA-TERRESTRES, LE (1978)
AVARE, L' (1979)
SOUPE AUX CHOUX, LA (1981)
GENDARME ET LES GENDARMETTES, LE (1982)

**DE HAVILLAND, Olivia**
*actrice américaine (1916-)*
CAPTAIN BLOOD (1935)
ANTHONY ADVERSE (1936)
CHARGE OF THE LIGHT BRIGADE, THE (1936)
ADVENTURES OF ROBIN HOOD, THE (1938)
DODGE CITY (1938)
GONE WITH THE WIND (1939)
PRIVATE LIVES OF ELIZABETH AND ESSEX, THE (1939)
SANTA FE TRAIL (1940)
THEY DIED WITH THEIR BOOTS ON (1942)
DARK MIRROR, THE (1946)
TO EACH HIS OWN (1946)
SNAKE PIT, THE (1948)
HEIRESS, THE (1949)
NOT AS A STRANGER (1955)
PROUD REBEL, THE (1958)
HUSH... HUSH, SWEET CHARLOTTE (1965)
AIRPORT '77 (1977)
FIFTH MUSKETEER, THE (1979)

**DE MEDEIROS, Maria**
*actrice portuguaise (1965-)*
MOINE ET LA SORCIÈRE, LE (1986)
LECTRICE, LA (1988)
HENRY & JUNE (1990)
HOMME DE MA VIE, L' (1992)
MACHO (1993)
PULP FICTION (1994)
NOUVELLES DU BON DIEU, DES (1995)
1000 MERVEILLES DE L'UNIVERS, LES (1996)
POLYGRAPHE, LE (1996)
BABEL (1998)

**DE MORNAY, Rebecca**
*actrice américaine (1961-)*
ONE FROM THE HEART (1982)
RISKY BUSINESS (1983)
RUNAWAY TRAIN (1985)
AND GOD CREATED WOMAN (1987)
BY DAWN'S EARLY LIGHT (1990)
BACKDRAFT (1991)
HAND THAT ROCKS THE CRADLE, THE (1992)
GUILTY AS SIN (1993)
THREE MUSKETEERS, THE (1993)
NEVER TALK TO STRANGERS (1995)

**DE NIRO, Robert**
*acteur américain (1943-)*
GREETINGS (1968)
BLOODY MAMA (1970)
GANG THAT COULDN'T SHOOT STRAIGHT, THE (1971)
BANG THE DRUM SLOWLY (1973)
MEAN STREETS (1973)
GODFATHER, PART 2, THE (1974)
1900 (1976)
LAST TYCOON, THE (1976)
TAXI DRIVER (1976)
NEW YORK, NEW YORK (1977)
DEER HUNTER, THE (1978)
RAGING BULL (1979)
KING OF COMEDY, THE (1982)
ONCE UPON A TIME IN AMERICA (1984)
BRAZIL (1985)
FALLING IN LOVE (1985)
ANGEL HEART (1986)
MISSION, THE (1986)
MIDNIGHT RUN (1988)
JACKNIFE (1989)
AWAKENINGS (1990)
GOODFELLAS (1990)
GUILTY BY SUSPICION (1990)
STANLEY & IRIS (1990)
BACKDRAFT (1991)
CAPE FEAR (1991)
MAD DOG AND GLORY (1992)
MISTRESS (1992)
NIGHT AND THE CITY (1992)
THIS BOY'S LIFE (1992)
BRONX TALE, A (1993)
CENT ET UNE NUITS, LES (1994)
MARY SHELLEY'S FRANKENSTEIN (1994)
CASINO (1995)
HEAT (1995)
FAN, THE (1996)
MARVIN'S ROOM (1996)
SLEEPERS (1996)
COPLAND (1997)
JACKIE BROWN (1997)
GREAT EXPECTATIONS (1998)
RONIN (1998)
ANALYZE THIS (1999)
FLAWLESS (1999)
ADVENTURES OF ROCKY AND BULLWINKLE, THE (2000)
MEET THE PARENTS (2000)
MEN OF HONOR (2000)

**DE PALMA, Rossy**
*actrice espagnole*
LOI DU DÉSIR, LA (1987)
FEMMES AU BORD DE LA CRISE DE NERFS (1988)
ATTACHE-MOI! (1990)
KIKA (1993)
COMMENT ET LE POURQUOI, LE (1994)
PRÊT-À-PORTER (1994)
FLEUR DE MON SECRET, LA (1995)

**DE SICA, Vittorio**
*acteur italien (1902-1974)*
MADAME DE... (1953)
FAREWELL TO ARMS, A (1957)
GENERAL DELLA ROVERE (1960)
MILLIONAIRESS, THE (1960)
AFTER THE FOX (1966)
CAROLINE CHÉRIE (1967)
SHOES OF THE FISHERMAN, THE (1968)
ODEUR DES FAUVES, L' (1971)
AFFAIRE MATTEOTTI, L' (1973)
ANDY WARHOL'S DRACULA (1974)
NOUS NOUS SOMMES TANT AIMÉS (1974)

**DEAN, James**
*acteur américain (1931-1955)*
EAST OF EDEN (1955)
REBEL WITHOUT A CAUSE (1955)
GIANT (1956)

**DECOMBLE, Guy**
*acteur français (1910-)*
JOUR DE FÊTE (VERSION COULEUR) (1949)
400 COUPS, LES (1959)

**DEE, Ruby**
*actrice américaine (1924-)*
NO WAY OUT (1950)
RAISIN IN THE SUN, A (1961)
BALCONY, THE (1963)
INCIDENT, THE (1967)
BUCK AND THE PREACHER (1971)
CAT PEOPLE (1982)
DO THE RIGHT THING (1989)
LOVE AT LARGE (1990)
JUNGLE FEVER (1991)
STAND, THE (1993)
JUST CAUSE (1995)
SIMPLE WISH, A (1997)

**DEE, Sandra**
*actrice américaine (1942-)*
RELUCTANTE DEBUTANTE, THE (1958)
SUMMER PLACE, A (1959)
PORTRAIT IN BLACK (1960)
COME SEPTEMBER (1961)

**DELMONT, Edouard**
*acteur français (1893-1955)*
CHAPEAU DE PAILLE D'ITALIE, UN (1928)
MARIUS (1931)
FANNY (1932)
ANGELE (1934)
CÉSAR (1936)
MARSEILLAISE, LA (1937)
REGAIN (1937)
FEMME DU BOULANGER, LA (1938)
QUAI DES BRUMES (1938)
ÉCOLE BUISSONNIÈRE, L' (1948)
MANON DES SOURCES (1952)
RETOUR DE DON CAMILLO, LE (1953)
ALI BABA ET LES QUARANTE VOLEURS (1954)
LETTRES DE MON MOULIN I, LES (1954)
LETTRES DE MON MOULIN II, LES (1954)

**DELON, Alain**
*acteur français (1935-)*
CHRISTINE (1958)
SOIS BELLE ET TAIS-TOI (1958)
CHEMIN DES ÉCOLIERS, LE (1959)
ROCCO ET SES FRÈRES (1960)
GUÉPARD, LE (1962)
AVENTURIERS, LES (1966)
TEXAS ACROSS THE RIVER (1966)
DIABOLIQUEMENT VÔTRE (1967)
SAMOURAI, LE (1967)
GIRL ON A MOTORCYCLE (1968)
HISTOIRES EXTRAORDINAIRES (1968)
PISCINE, LA (1968)
CLAN DES SICILIENS, LE (1969)
BORSALINO (1970)
CERCLE ROUGE, LE (1970)
DOUCEMENT LES BASSES (1971)
SOLEIL ROUGE (1971)
ASSASSINATION OF TROTSKY, THE (1972)
GRANGES BRÛLÉES, LES (1972)
PROFESSEUR, LE (1972)
DEUX HOMMES DANS LA VILLE (1973)
SCORPIO (1973)
BORSALINO AND Co. (1974)
RACE DES SEIGNEURS, LA (1974)
FLIC STORY (1975)
GITAN, LE (1975)
SEINS DE GLACE, LES (1975)
COMME UN BOOMERANG (1976)
MONSIEUR KLEIN (1976)
HOMME PRESSÉ, L' (1977)
MORT D'UN POURRI (1977)
AIRPORT '79: THE CONCORDE (1979)
TOUBIB, LE (1979)
3 HOMMES À ABATTRE (1980)
TEHERAN 43 (1980)
POUR LA PEAU D'UN FLIC (1981)
BATTANT, LE (1982)
CHOC, LE (1982)
AMOUR DE SWANN, UN (1983)
NOTRE HISTOIRE (1984)
PAROLE DE FLIC (1985)
NOUVELLE VAGUE (1990)
DANCING MACHINE (1991)
RETOUR DE CASANOVA, LE (1992)
CRIME, UN (1993)
CENT ET UNE NUITS, LES (1994)
OURS EN PELUCHE, L' (1994)
1 CHANCE SUR 2 (1997)
JOUR ET LA NUIT, LE (1997)

**DELPY, Julie**
*actrice française (1969-)*
DÉTECTIVE (1985)
MAUVAIS SANG (1986)
KING LEAR (1987)
PASSION BÉATRICE, LA (1987)
EUROPA, EUROPA (1990)
TROIS COULEURS: BLANC (1993)
THREE MUSKETEERS, THE (1993)
KILLING ZOE (1994)
BEFORE SUNRISE (1995)
1000 MERVEILLES DE L'UNIVERS, LES (1996)
AMERICAN WEREWOLF IN PARIS, AN (1997)

**DEMONGEOT, Mylène**
*actrice française (1936-)*
SORCIÈRES DE SALEM, LES (1957)
BONJOUR TRISTESSE (1958)
SOIS BELLE ET TAIS-TOI (1958)
ENLEVEMENT DES SABINES, L' (1961)
DON JUANS DE LA CÔTÉ, LES (1962)
FANTOMAS (1964)
FURIA A BAHIA POUR OSS 117 (1965)
QUELQUES ARPENTS DE NEIGE (1972)
J'AI MON VOYAGE (1973)
PAR LE SANG DES AUTRES (1974)
BATARD, LE (1983)
FLICS DE CHOC (1983)
SURPRISE PARTY (1983)
J'AI BIEN L'HONNEUR (1984)
RETENEZ-MOI... OU JE FAIS UN MALHEUR (1985)
PAULETTE (1986)
TENUE DE SOIRÉE (1986)

**DEMPSEY, Patrick**
*acteur américain (1966-)*
HEAVEN HELP US (1985)
IN THE MOOD (1987)
SOME GIRLS (1989)
MOBSTERS (1991)
FOR BETTER AND FOR WORSE (1992)
OUTBREAK (1995)
HUGO POOL (1997)
SCREAM 3 (2000)

**DENCH, Judi**
*actrice anglaise (1934-)*
MIDSUMMER NIGHT'S DREAM, A (1968)

WETHERBY (1985)
ROOM WITH A VIEW, A (1985)
84 CHARING CROSS ROAD (1986)
HANDFUL OF DUST, A (1988)
HENRY V (1989)
JACK AND SARAH (1995)
GOLDEN EYE (1995)
MRS. BROWN (1997)
TOMORROW NEVER DIES (1997)
SHAKESPEARE IN LOVE (1998)
TEA WITH MUSSOLINI (1999)
WORLD IS NOT ENOUGH, THE (1999)

**DENEUVE, Catherine**
*actrice française (1943-)*
CHASSE À L'HOMME, LA (1964)
PARAPLUIES DE CHERBOURG, LES (1964)
RÉPULSION (1965)
BELLE DE JOUR (1967)
DEMOISELLES DE ROCHEFORT, LES (1967)
MANON 70 (1967)
MAYERLING (1968)
APRIL FOOLS, THE (1969)
SIRÈNE DU MISSISSIPPI, LA (1969)
PEAU D'ÂNE (1971)
ÇA N'ARRIVE QU'AUX AUTRES (1971)
ÉVÉNEMENT LE PLUS IMPORTANT DEPUIS QUE L'HOMME A MARCHÉ SUR LA LUNE, L' (1973)
FEMME AUX BOTTES ROUGES, LA (1974)
GRANDE BOURGEOISE, LA (1974)
TOUCHE PAS À LA FEMME BLANCHE (1974)
HUSTLE (1975)
SAUVAGE, LE (1975)
ARGENT DES AUTRES, L' (1978)
ILS SONT GRANDS, CES PETITS (1978)
DERNIER MÉTRO, LE (1980)
CHOIX DES ARMES, LE (1981)
AFRICAIN, L' (1982)
CHOC, LE (1982)
BON PLAISIR, LE (1983)
HUNGER, THE (1983)
FORT SAGANNE (1984)
LIEU DU CRIME, LE (1986)
POURVU QUE CE SOIT UNE FILLE (1986)
AGENT TROUBLE (1987)
DRÔLE D'ENDROIT POUR UNE RENCONTRE (1988)
FRÉQUENCE MEURTRE (1988)
INDOCHINE (1991)
REINE BLANCHE, LA (1992)
MA SAISON PRÉFÉRÉE (1993)
PARTIE D'ÉCHECS, LA (1993)
CENT ET UNE NUITS, LES (1994)
PLACE VENDÔME (1997)
EST-OUEST (1999)
TEMPS RETROUVÉ, LE (1999)
DANCER IN THE DARK (2000)

**DENNEHY, Brian**
*acteur américain (1939-)*
LOOKING FOR MR. GOODBAR (1977)
10 (1979)
LITTLE MISS MARKER (1980)
SKOKIE (1981)
FIRST BLOOD (1982)
SPLIT IMAGE (1982)
GORKY PARK (1983)
NEVER CRY WOLF (1983)
RIVER RAT, THE (1984)
COCOON (1985)
SILVERADO (1985)
F/X (1986)
LEGAL EAGLES (1986)
BELLY OF AN ARCHITECT, THE (1987)
BEST SELLER (1987)
COCOON: THE RETURN (1988)
MILES FROM HOME (1988)
RETURN TO SNOWY RIVER (1988)
PRESUMED INNOCENT (1990)
F/X 2 (1991)
MURDER IN THE HEARTLAND (1993)
STARS FELL ON HENRIETTA, THE (1995)

**DENNEHY, Brian**
*acteur américain (1939-)*
LOOKING FOR MR. GOODBAR (1977)
10 (1979)
LITTLE MISS MARKER (1980)
SKOKIE (1981)
FIRST BLOOD (1982)
SPLIT IMAGE (1982)
GORKY PARK (1983)
NEVER CRY WOLF (1983)
RIVER RAT, THE (1984)
COCOON (1985)
SILVERADO (1985)
F/X (1986)
LEGAL EAGLES (1986)
BELLY OF AN ARCHITECT, THE (1987)
BEST SELLER (1987)
COCOON: THE RETURN (1988)
MILES FROM HOME (1988)
RETURN TO SNOWY RIVER (1988)
PRESUMED INNOCENT (1990)
F/X 2 (1991)
MURDER IN THE HEARTLAND (1993)
STARS FELL ON HENRIETTA, THE (1995)

**DENNER, Charles**
*acteur français (1926-1995)*
ASCENSEUR POUR L'ÉCHAFAUD (1957)
MARIÉE ÉTAIT EN NOIR, LA (1968)
ASSASSINS DE L'ORDRE, LES (1970)
AVENTURE C'EST L'AVENTURE, L' (1972)
DÉFENSE DE SAVOIR (1973)
GASPARDS, LES (1973)
TOUTE UNE VIE (1974)
HOMME QUI AIMAIT LES FEMMES, L' (1977)
ROBERT ET ROBERT (1978)
MILLE MILLIARDS DE DOLLARS (1982)
ANNÉES 80, LES (1983)
STELLA (1983)
GOLDEN EIGHTIES (1985)

**DENNIS, Sandy**
*actrice américaine (1937-1992)*
SPLENDOR IN THE GRASS (1961)
OUT-OF-TOWNERS, THE (1969)
THAT COLD DAY IN THE PARK (1969)
FOUR SEASONS, THE (1981)
COME BACK TO THE FIVE AND DIME, JIMMY DEAN, JIMMY DEAN (1982)
ANOTHER WOMAN (1988)
PARENTS (1989)
INDIAN RUNNER, THE (1991)

**DEPARDIEU, Gérard**
*acteur français (1948-)*
AFFAIRE DOMINICI, L' (1972)
SCOUMOUNE, LA (1972)
DEUX HOMMES DANS LA VILLE (1973)
GASPARDS, LES (1973)
RUDE JOURNÉE POUR LA REINE (1973)
PAS SI MÉCHANT QUE ÇA (1974)
MAÎTRESSE (1975)
1900 (1976)
7 MORTS SUR ORDONNANCE (1976)
BAROCCO (1976)
PRÉPAREZ VOS MOUCHOIRS (1976)
DITES-LUI QUE JE L'AIME (1977)
RÊVE DE SINGE (1977)
BUFFET FROID (1979)
CHIENS, LES (1979)
GRAND EMBOUTEILLAGE, LE (1979)
DERNIER MÉTRO, LE (1980)
LOULOU (1980)
MON ONCLE D'AMÉRIQUE (1980)
CHOIX DES ARMES, LE (1981)
CHÈVRE, LA (1981)
FEMME D'À CÔTÉ, LA (1981)
INSPECTEUR LA BAVURE (1981)
DANTON (1982)
GRAND FRÈRE, LE (1982)
RETOUR DE MARTIN GUERRE, LE (1982)
COMPÈRES, LES (1983)
LUNE DANS LE CANIVEAU, LA (1983)
FORT SAGANNE (1984)
POLICE (1984)
RIVE DROITE, RIVE GAUCHE (1984)
TARTUFFE, LE (1984)
JEAN DE FLORETTE (1986)
TENUE DE SOIRÉE (1986)
FUGITIFS, LES (1987)
SOUS LE SOLEIL DE SATAN (1987)
CAMILLE CLAUDEL (1988)
DRÔLE D'ENDROIT POUR UNE RENCONTRE (1988)
DEUX (1989)
I WANT TO GO HOME! (1989)
CYRANO DE BERGERAC (1990)
GREEN CARD (1990)
MERCI LA VIE (1991)
MON PÈRE, CE HÉROS (1991)
TOUS LES MATINS DU MONDE (1991)
1492: CONQUEST OF PARADISE (1992)
GERMINAL (1993)
ANGES GARDIENS, LES (1994)
CENT ET UNE NUITS, LES (1994)
COLONEL CHABERT, LE (1994)
MY FATHER THE HERO (1994)
PURE FORMALITÉ, UNE (1994)
ÉLISA (1994)
BOGUS (1996)
MACHINE, LA (1996)
PLUS BEAU MÉTIER DU MONDE, LE (1996)
SECRET AGENT, THE (1996)
ASTÉRIX ET OBÉLIX CONTRE CÉSAR (1998)
MAN IN THE IRON MASK, THE (1998)
PONT ENTRE DEUX RIVES, UN (1998)
102 DALMATIANS (2000)
PLACARD, LE (2000)

**DEPARDIEU, Guillaume**
*acteur français (1971-)*
TOUS LES MATINS DU MONDE (1991)
CIBLE ÉMOUVANTE (1993)
HISTOIRE DU GARÇON QUI VOULAIT QU'ON L'EMBRASSE, L' (1993)
APPRENTIS, LES (1995)
MARTHE (1997)
... COMME ELLE RESPIRE (1998)

**DEPP, Johnny**
*acteur américain (1963-)*
NIGHTMARE ON ELM STREET, A (1984)
PLATOON (1986)
CRY-BABY (1990)
EDWARD SCISSORHANDS (1990)
ARIZONA DREAM (1992)
BENNY & JOON (1993)
ED WOOD (1994)
DEAD MAN (1995)
DON JUAN DeMARCO (1995)
NICK OF TIME (1995)
DONNIE BRASCO (1997)
ASTRONAUT'S WIFE, THE (1999)
NINTH GATE, THE (1999)
SLEEPY HOLLOW (1999)

SOURCE, THE (1999)
BEFORE NIGHT FALLS (2000)
CHOCOLAT (2000)
BLOW (2001)

**DEREK, Bo**
*actrice américaine (1955-)*
ORCA (1977)
10 (1979)
TARZAN, THE APE MAN (1981)

**DERN, Bruce**
*acteur américain (1936-)*
MARNIE (1964)
HUSH... HUSH, SWEET CHARLOTTE (1965)
HANG'EM HIGH (1967)
REBEL ROUSERS (1967)
ST. VALENTINE'S DAY MASSACRE, THE (1967)
PSYCH-OUT (1968)
THEY SHOOT HORSES, DON'T THEY? (1969)
BLOODY MAMA (1970)
COWBOYS (1971)
SILENT RUNNING (1971)
KING OF MARVIN GARDENS, THE (1972)
GREAT GATSBY, THE (1974)
LAUGHING POLICEMAN, THE (1974)
FAMILY PLOT (1975)
FOLIES BOURGEOISES (1975)
POSSE (1975)
SMILE (1975)
BLACK SUNDAY (1976)
COMING HOME (1978)
DRIVER, THE (1978)
TATTOO (1981)
BIG TOWN, THE (1987)
BURBS, THE (1989)
AFTER DARK MY SWEET (1992)
DIGGSTOWN (1992)
AMELIA EARHART, THE FINAL FLIGHT (1994)
DOWN PERISCOPE (1996)
LAST MAN STANDING (1996)
MULHOLLAND FALLS (1996)
HAUNTING, THE (1999)
ALL THE PRETTY HORSES (2000)

**DERN, Laura**
*actrice américaine (1966-)*
ALICE DOESN'T LIVE HERE ANYMORE (1975)
TEACHERS (1984)
MASK (1985)
BLUE VELVET (1986)
HAUNTED SUMMER (1988)
FAT MAN AND LITTLE BOY (1989)
RAMBLING ROSE (1991)
FALLEN ANGELS (1993)
JURASSIC PARK (COFFRET) (1993)
JURASSIC PARK (1993)
PERFECT WORLD, A (1993)
CITIZEN RUTH (1996)
OCTOBER SKY (1999)
DR. T AND THE WOMEN (2000)

**DESNY, Ivan**
*acteur chinois (1922-)*
LOLA MONTÈS (1955)
ANASTASIA (1956)
BATAILLE DE SAN SEBASTIAN, LA (1968)
MAYERLING (1968)
MARIAGE DE MARIA BRAUN, LE (1978)
BERLIN ALEXANDERPLATZ (1980)
DÉSENCHANTÉE, LA (1990)
GOOD EVENING, MR. WALLENBERG (1990)
J'EMBRASSE PAS (1991)

**DETMERS, Marushka**
*actrice néerlandaise (1961-)*
FAUCON, LE (1983)
PIRATE, LA (1983)
PRÉNOM: CARMEN (1983)
DIABLE AU CORPS, LE (1986)
HANNA'S WAR (1988)
DEUX (1989)
BRASIER, LE (1991)
MAMBO KINGS, THE (1992)
ELLES N'OUBLIENT JAMAIS (1993)

**DeVITO, Danny**
*acteur américain (1944-)*
ONE FLEW OVER THE CUCKOO'S NEST (1975)
GOIN' SOUTH (1978)
TERMS OF ENDEARMENT (1983)
JOHNNY DANGEROUSLY (1984)
ROMANCING THE STONE (1984)
JEWEL OF THE NILE, THE (1985)
RUTHLESS PEOPLE (1986)
THROW MOMMA FROM THE TRAIN (1987)
TIN MEN (1987)
OTHER PEOPLE'S MONEY (1991)
BATMAN RETURNS (1992)
HOFFA (1992)
JACK THE BEAR (1992)
JUNIOR (1994)
RENAISSANCE MAN (1994)
GET SHORTY (1995)
MARS ATTACKS! (1996)
MATILDA (1996)
L.A. CONFIDENTIAL (1997)
RAINMAKER,THE (1997)
LIVING OUT LOUD (1998)
BIG KAHUNA (1999)
MAN ON THE MOON (1999)
DROWNING MONA (2000)
SCREWED (2000)

**DEWAERE, Patrick**
*acteur français (1947-1982)*
ADIEU POULET (1975)
JUGE FAYARD DIT «LE SHÉRIF», LE (1976)
PRÉPAREZ VOS MOUCHOIRS (1976)
GRAND EMBOUTEILLAGE, LE (1979)
PSY (1980)
BEAU-PÈRE (1981)
PLEIN SUD (1981)
MILLE MILLIARDS DE DOLLARS (1982)
PARADIS POUR TOUS (1982)

**DIAZ, Cameron**
*actrice américaine (1972-)*
MASK, THE (1994)
FEELING MINNESOTA (1996)
LAST SUPPER, THE (1996)
SHE'S THE ONE (1996)
LIFE LESS ORDINARY, A (1997)
MY BEST FRIEND'S WEDDING (1997)
FEAR AND LOATHING IN LAS VEGAS (1998)
THERE'S SOMETHING ABOUT MARY (1998)
ANY GIVEN SUNDAY (1999)
BEING JOHN MALKOVICH (1999)
CHARLIE'S ANGELS (2000)

**DiCAPRIO, Leonardo**
*acteur américain (1974-)*
THIS BOY'S LIFE (1992)
QUICK AND THE DEAD, THE (1994)
BASKETBALL DIARIES, THE (1995)
TOTAL ECLIPSE (1995)
MARVIN'S ROOM (1996)
TITANIC (1997)
CELEBRITY (1998)
MAN IN THE IRON MASK, THE (1998)
BEACH, THE (2000)

**DICKINSON, Angie**
*actrice américaine (1931-)*
CHINA GATE (1957)
RIO BRAVO (1959)
BRAMBLE BUSH, THE (1960)
OCEAN'S ELEVEN (1960)
ROME ADVENTURE (1961)
CAPTAIN NEWMAN, M.D. (1963)
KILLERS, THE (1964)
CHASE, THE (1966)
POINT BLANK (1967)
OUTSIDE MAN, THE (1973)
CHARLIE CHAN AND THE CURSE OF THE DRAGON QUEEN (1981)
DEATH HUNT (1981)
DRESSED TO KILL (1981)
EVEN COWGIRLS GET THE BLUES (1994)
SABRINA (1995)
PAY IT FORWARD (2000)

**DIETRICH, Marlene**
*actrice allemande (1901-1992)*
RUE SANS JOIE, LA (1925)
ANGE BLEU, L' (1930)
MOROCCO (1930)
DISHONORED (1931)
BLONDE VENUS (1932)
SHANGHAI EXPRESS (1932)
SONG OF SONGS, THE (1932)
SCARLET EMPRESS, THE (1934)
DEVIL IS A WOMAN, THE (1935)
DESIRE (1936)
ANGEL (1937)
KNIGHT WITHOUT ARMOUR (1937)
DESTRY RIDES AGAIN (1939)
SEVEN SINNERS (1940)
FLAME OF NEW ORLEANS, THE (1941)
LADY IS WILLING, THE (1942)
PITTSBURGH (1942)
SPOILERS, THE (1942)
FOLLOW THE BOYS (1944)
KISMET (1944)
GOLDEN EARRINGS (1947)
FOREIGN AFFAIR, A (1948)
STAGE FRIGHT (1950)
NO HIGHWAY IN THE SKY (1951)
RANCHO NOTORIOUS (1952)
TOUCH OF EVIL (1958)
JUDGMENT AT NUREMBERG (1961)
PARIS WHEN IT SIZZLES (1964)
MARLENE (1983)

**DILLON, Matt**
*acteur américain (1964-)*
OVER THE EDGE (1979)
TEX (1982)
OUTSIDERS, THE (1983)
RUMBLE FISH (1983)
TARGET (1985)
BIG TOWN, THE (1987)
KANSAS (1988)
BLOODHOUNDS OF BROADWAY (1989)
DRUGSTORE COWBOY (1989)
KISS BEFORE DYING, A (1991)
SINGLES (1992)
MR. WONDERFUL (1993)
SAINT OF FORT WASHINGTON, THE (1993)
FRANKIE STARLIGHT (1995)
TO DIE FOR (1995)
ALBINO ALLIGATOR (1996)
BEAUTIFUL GIRLS (1996)
GRACE OF MY HEART (1996)
IN & OUT (1997)
THERE'S SOMETHING ABOUT MARY (1998)

**DILLON, Melinda**
*actrice américaine (1939-)*
BOUND FOR GLORY (1976)
F.I.S.T. (1978)
ABSENCE OF MALICE (1982)
CHRISTMAS STORY, A (1984)
HARRY AND THE HENDERSONS (1987)

**DIVINE**
*acteur américain (1947-1989)*
MONDO TRASHO (1969)
MULTIPLE MANIACS (1970)
PINK FLAMINGOS (1972)
FEMALE TROUBLE (1973)
POLYESTER (1981)
LUST IN THE DUST (1985)
HAIRSPRAY (1988)
SABLES MOUVANTS, LES (1995)
GOUTTES D'EAU SUR PIERRES BRÛLANTES (1999)

**DOE, John**
*acteur américain*
SALVADOR (1985)
SLAMDANCE (1987)
GREAT BALLS OF FIRE! (1989)
ROAD HOUSE (1989)
LIQUID DREAMS (1991)
MATTER OF DEGREES, A (1991)
PURE COUNTRY (1992)
GEORGIA (1995)
TOUCH (1996)
FORCES OF NATURE (1999)

**DOMBASLE, Arielle**
*actrice française (1955-)*
TESS (1979)
FRUITS DE LA PASSION, LES (1980)
BEAU MARIAGE, LE (1982)
BELLE CAPTIVE, LA (1983)
PAULINE À LA PLAGE (1983)
NUIT PORTE-JARRETELLES, LA (1985)
JEUX D'ARTIFICES (1987)
LOLA ZIPPER (1991)
ARBRE, LE MAIRE ET LA MÉDIATHÈQUE, L' (1992)
CENT ET UNE NUITS, LES (1994)
INDIEN DANS LA VILLE, UN (1994)
MÉCANIQUES CÉLESTES (1994)
JOUR ET LA NUIT, LE (1997)
ENNUI, L' (1998)
TEMPS RETROUVÉ, LE (1999)
LIBERTIN, LE (2000)

**DONLEVY, Brian**
*acteur américain (1899-1972)*
BARBARY COAST (1935)
IN OLD CHICAGO (1938)
ALLEGHENY UPRISING (1939)
DESTRY RIDES AGAIN (1939)
JESSE JAMES (1939)
GREAT McGINTY, THE (1940)
BILLY THE KID (1941)
BIRTH OF THE BLUES (1941)
GLASS KEY, THE (1942)
GREAT MAN'S LADY, THE (1942)
HANGMEN ALSO DIE (1943)
CANYON PASSAGE (1946)
KISS OF DEATH (1947)
COMMAND DECISION (1948)
IMPACT (1949)
BIG COMBO, THE (1954)
QUATERMASS XPERIMENT, THE (1956)
QUATERMASS 2 (1957)
COWBOY, THE (1958)
NEVER SO FEW (1959)
ERRAND BOY, THE (1961)
HOSTILE GUNS (1967)

**DONNADIEU, Bernard-Pierre**
*acteur français (1949-)*
PROFESSIONNEL, LE (1981)
RETOUR DE MARTIN GUERRE, LE (1982)
INDIC, L' (1983)
MORT DE MARIO RICCI, LA (1983)
RUE BARBARE (1983)
FLAGRANT DÉSIR (1985)
FOUS DE BASSAN, LES (1987)
PASSION BÉATRICE, LA (1987)
HOMME QUI VOULAIT SAVOIR, L' (1988)
AGAGUK - SHADOW OF THE WOLF (1992)
BÂTARD DE DIEU, LE (1993)
CABOOSE (1996)

**DORAN, Ann**
*actrice américaine (1911-)*
STRANGE LOVE OF MARTHA IVERS (1946)
NO MINOR VICES (1948)
LOVE IS BETTER THAN EVER (1952)
IT! THE TERROR FROM BEYOND SPACE (1958)
BRASS BOTTLE, THE (1964)
KITTEN WITH A WHIP (1964)

**DOUGLAS, Illeana**
*actrice américaine (1965-)*
ALIVE (1992)
GRACE OF MY HEART (1996)
PICTURE PERFECT (1997)
HAPPY TEXAS (1999)
LANSKY (1999)
MESSAGE IN A BOTTLE (1999)
STIR OF ECHOES (1999)
NEXT BEST THING, THE (2000)

**DOUGLAS, Kirk**
*acteur américain (1916-)*
STRANGE LOVE OF MARTHA IVERS (1946)
OUT OF THE PAST (1947)
CHAMPION (1949)
LETTER TO THREE WIVES, A (1949)
ALONG THE GREAT DIVIDE (1951)
BAD AND THE BEAUTIFUL, THE (1952)
BIG SKY, THE (1952)
BIG TREES, THE (1952)
20,000 LEAGUES UNDER THE SEA (1954)
RACERS, THE (1954)
INDIAN FIGHTER, THE (1955)
MAN WITHOUT A STAR (1955)
LUST FOR LIFE (1956)
GUNFIGHT AT THE O.K. CORRAL (1957)
PATHS OF GLORY (1957)
SPARTACUS (1960)
STRANGERS WHEN WE MEET (1960)
TOWN WITHOUT PITY (1961)
LONELY ARE THE BRAVE (1962)
LIST OF ADRIAN MESSENGER, THE (1963)
SEVEN DAYS IN MAY (1964)
HEROES OF TELEMARK, THE (1965)
IN HARM'S WAY (1965)
CAST A GIANT SHADOW (1966)
BROTHERHOOD, THE (1968)
ARRANGEMENT, THE (1969)
THERE WAS A CROOKED MAN (1970)
DOIGTS CROISÉS, LES (1971)
LIGHT AT THE EDGE OF THE WORLD, THE (1971)
POSSE (1975)
FURY, THE (1978)
SATURN 3 (1980)
MAN FROM SNOWY RIVER, THE (1982)
OSCAR (1991)

**DOUGLAS, Michael**
*acteur américain (1944-)*
CHINA SYNDROME, THE (1978)
COMA (1978)
STAR CHAMBER, THE (1983)
ROMANCING THE STONE (1984)
JEWEL OF THE NILE, THE (1985)
CHORUS LINE, A (1986)
FATAL ATTRACTION (1988)
BLACK RAIN (1989)
BASIC INSTINCT (1992)
FALLING DOWN (1992)
SHINING THROUGH (1992)
DISCLOSURE (1994)
AMERICAN PRESIDENT, THE (1995)
GHOST AND THE DARKNESS, THE (1996)
GAME, THE (1997)
PERFECT MURDER, A (1998)
TRAFFIC (2000)

**DOURIF, Brad**
*acteur américain (1950-)*
ONE FLEW OVER THE CUCKOO'S NEST (1975)
EYES OF LAURA MARS (1978)
GUYANA TRAGEDY: THE STORY OF JIM JONES (1980)
HEAVEN'S GATE (1981)
RAGTIME (1981)
DUNE (1984)
BLUE VELVET (1986)
FATAL BEAUTY (1987)
CHILD'S PLAY (1988)
MISSISSIPPI BURNING (1988)
CHILD'S PLAY 2 (1990)
EXORCIST III, THE (1990)
GRIM PRAIRIE TALES (1990)
HIDDEN AGENDA (1990)
SPONTANEOUS COMBUSTION (1990)
HORSEPLAYER (1991)
JUNGLE FEVER (1991)
SCREAM OF STONE (1991)
LONDON KILLS ME (1992)
AMOS & ANDREW (1993)
COLOR OF NIGHT (1994)
MURDER IN THE FIRST (1994)
ALIEN RESURRECTION (1997)
SENSELESS (1998)

**DOWNEY, Robert Jr.**
*acteur américain (1965-)*
BABY, IT'S YOU (1983)
FIRST BORN (1984)
LESS THAN ZERO (1984
CHANCES ARE (1989)
TRUE BELIEVER ( 1989)
SOAPDISH (1991)
CHAPLIN (1992)
SHORT CUTS (1993)
HEART AND SOULS (1993)
NATURAL BORN KILLER 91994)
ONLY YOU (1994)
RICHARD III (1995)
HOME FOR HE HOLIDAYS (1995)
RESTORATION (1995)
TWO GIRLS AND A GUY (1997)
HUGO POOL (199)
GINGERBREAD MAN, THE (1997)
U.S. MARCHALS 91998)
IN DREAMS (1998)
BOWFINGER (1999)

**DREYFUSS, Richard**
*acteur américain (1947-)*
GRADUATE, THE (1967)
AMERICAN GRAFFITI (1973)

APPRENTICESHIP OF DUDDY KRAVITZ, THE (1974)
JAWS (1975)
INSERTS (1976)
CLOSE ENCOUNTERS OF THE THIRD KIND (1977)
GOODBYE GIRL, THE (1977)
COMPETITION, THE (1980)
BUDDY SYSTEM, THE (1983)
DOWN AND OUT IN BEVERLY HILLS (1986)
STAND BY ME (1986)
NUTS (1987)
STAKEOUT (1987)
TIN MEN (1987)
MOON OVER PARADOR (1988)
ALWAYS (1989)
LET IT RIDE (1989)
ONCE AROUND (1990)
POSTCARDS FROM THE EDGE (1990)
ROSENCRANTZ AND GUILDENSTERN ARE DEAD (1990)
ANOTHER STAKEOUT (1993)
LOST IN YONKERS (1993)
SILENT FALL (1994)
AMERICAN PRESIDENT, THE (1995)
MR. HOLLAND'S OPUS (1995)
NIGHT FALLS ON MANHATTAN (1996)
LANSKY (1999)
NOTTING HILL (1999)

**DRIVER, Minnie**
*actrice américaine (1970-)*
CIRCLE OF FRIENDS (1995)
BIG NIGHT (1996)
GOOD WILL HUNTING (1997)
GROSSE POINT BLANK (1997)
GOVERNESS, THE (1998)
HARD RAIN (1998)
IDEAL HUSBAND, AN (1999)
BEAUTIFUL (2000)
RETURN TO ME (2000)

**DROUIN, Denis**
*acteur québécois (1916-1978)*
O.K... LALIBERTÉ (1973)
TAUREAU (1973)
GAMMICK, LA (1974)
POUSSE MAIS POUSSE ÉGAL (1974)
JE SUIS LOIN DE TOI MIGNONNE (1976)
PARLEZ-NOUS D'AMOUR (1976)
J.A. MARTIN, PHOTOGRAPHE (1977)

**DUBOIS, Marie**
*actrice française (1937-)*
TIREZ SUR LE PIANISTE (1960)
FEMME EST UNE FEMME, UNE (1961)
JULES ET JIM (1961)
CHASSE À L'HOMME, LA (1964)
GRANDES GUEULES, LES (1965)
GRANDE VADROUILLE, LA (1966)
THOSE DARING YOUNG MEN IN THEIR JAUNTY JALOPIES (1969)
ANATOMIE D'UN LIVREUR (1971)
ANTOINE ET SÉBASTIEN (1973)
SERPENT, LE (NIGHT FLIGHT FROM MOSCOW) (1973)
INNOCENT, L' (1976)
MENACE, LA (1977)
IL Y A LONGTEMPS QUE JE T'AIME (1979)
MON ONCLE D'AMÉRIQUE (1980)
PETITE SIRÈNE, LA (1980)
AMI DE VINCENT, L' (1983)
GARCON! (1983)
INTRUS, L' (1984)
DESCENTE AUX ENFERS (1986)
CAPRICES D'UN FLEUVE, LES (1995)

**DUCEPPE, Jean**
*acteur québécois (1923-1991)*
MON ONCLE ANTOINE (1971)
COLOMBES, LES (1972)
QUELQUES ARPENTS DE NEIGE (1972)
BINGO (1973)
BEAUX DIMANCHES, LES (1974)
CORDÉLIA (1983)
LUCIEN BROUILLARD (1983)

**DUCHAUSSOY, Michel**
*acteur français (1938-)*
JEU DE MASSACRE (1966)
FEMME INFIDÈLE, LA (1968)
ILS... (1970)
RUPTURE, LA (1970)
COMPLOT, LE (1973)
NADA (1973)
RETOUR DU GRAND BLOND, LE (1974)
HOMME PRESSÉ, L' (1977)
BEAU MARIAGE, LE (1982)
SURPRISE PARTY (1983)
FORT SAGANNE (1984)
MÔME, LE (1986)
MOUSTACHHU, LE (1987)
DIABLE À QUATRE, LE (1988)
BOIS NOIRS, LES (1989)
RÉVOLUTION FRANÇAISE 1: LES ANNÉES LUMIÈRE, LA (1989)
RÉVOLUTION FRANÇAISE 2: LES ANNÉES TERRIBLES, LA (1989)
MILOU EN MAI (1990)
PAS D'AMOUR SANS AMOUR (1993)

**DUCHOVNY, David**
*acteur américain (1960-)*
KALIFORNIA (1993)
RETURN TO ME (2000)

**DUKAKIS, Olympia**
*actrice américaine (1930-)*
MOONSTRUCK (1987)
LOOK WHO'S TALKING (1989)
SINATRA (1992)
MIGHTY APHRODITE (1995)
MR. HOLLAND'S OPUS (1995)
PICTURE PERFECT (1997)
JERUSALEM (1998)
JOAN OF ARC (1999)

**DUKE, Bill**
*acteur américain (1943-)*
CAR WASH (1976)
AMERICAN GIGOLO (1980)
PREDATOR (1985)
NO MAN'S LAND (1987)
BIRD ON A WIRE (1990)
MENACE II SOCIETY (1993)
SISTER ACT 2: BACK IN THE HABIT (1993)

**DUMONT, Margaret**
*actrice américaine (1889-1965)*
COCOANUTS, THE (1929)
ANIMAL CRACKERS (1930)
DUCK SOUP (1933)
KENTUCKY KERNELS (1934)
NIGHT AT THE OPERA, A (1935)
DAY AT THE RACES, A (1937)
AT THE CIRCUS (1938)
BIG STORE, THE (1941)
NEVER GIVE A SUCKER AN EVEN BREAK (1941)
BATHING BEAUTY (1944)

**DUNAWAY, Faye**
*actrice américaine (1941-)*
BONNIE AND CLYDE (1967)
THOMAS CROWN AFFAIR, THE (1968)
ARRANGEMENT, THE (1969)
TEMPS DES AMANTS, LE (1969)
LITTLE BIG MAN (1970)
DOC (1971)
MAISON SOUS LES ARBRES, LA (1971)
CHINATOWN (1974)
THREE MUSKETEERS, THE (1974)
TOWERING INFERNO, THE (1974)
3 DAYS OF THE CONDOR (1975)
FOUR MUSKETEERS, THE (1975)
NETWORK (1976)
EYES OF LAURA MARS (1978)
CHAMP, THE (1979)
FIRST DEADLY SIN, THE (1980)
MOMMIE DEAREST (1981)
THIRTEEN AT DINNER (1985)
BARFLY (1987)
BURNING SECRET (1988)
COLD SASSY TREE (1989)
HANDMAID'S TALE, THE (1990)
SCORCHERS (1991)
ARIZONA DREAM (1992)
TEMP, THE (1993)
EVEN COWGIRLS GET THE BLUES (1994)
DON JUAN DeMARCO (1995)
DRUNKS (1995)
ALBINO ALLIGATOR (1996)
CHAMBER, THE (1996)
DUNSTON CHECKS IN (1996)
GIA (1998)
MESSENGER, THE: THE STORY OF JOAN OF ARC (1999)
THOMAS CROWN AFFAIR, THE (1999)

**DUNN, Kevin**
*acteur américain (1956-)*
1492: CONQUEST OF PARADISE (1992)
PICTURE PERFECT (1997)
GODZILLA (1998)
SMALL SOLDIERS (1998)
SNAKE EYES (1998)
STIR OF ECHOES (1999)

**DUNNE, Griffin**
*acteur américain (1955-)*
AMERICAN WEREWOLF IN LONDON, AN (1981)
FAN, THE (1981)
BABY, IT'S YOU (1983)
COLD FEET (1984)
JOHNNY DANGEROUSLY (1984)
AFTER HOURS (1985)
AMAZON WOMEN ON THE MOON (1987)
GRAND BLEU, LE (1988)
ME AND HIM (1989)
ONCE AROUND (1990)
MY GIRL (1991)
I LIKE IT LIKE THAT (1994)
QUIZ SHOW (1994)
SEARCH AND DESTROY (1995)

**DUNNE, Irene**
*actrice américaine (1901-1990)*
CIMARRON (1931)
ROBERTA (1935)
SHOW BOAT (1936)
THEODORA GOES WILD (1936)
AWFUL TRUTH, THE (1937)
JOY OF LIVING (1938)
LOVE AFFAIR (1939)
PENNY SERENADE (1941)
GUY NAMED JOE, A (1944)
ANNA AND THE KING OF SIAM (1946)
I REMEMBER MAMA (1948)

**DUPEREY, Anny**
*actrice française (1947-)*
HISTOIRES EXTRAORDINAIRES (1968)
SOUS LE SIGNE DE MONTE-CRISTO (1968)
FEMMES, LES (1969)
ROSE ÉCORCHÉE, LA (1969)
STAVISKY (1974)
BOBBY DEERFIELD (1977)
PSY (1980)
GRAND PARDON, LE (1981)
DÉMON DANS L'ÎLE, LE (1982)
MILLE MILLIARDS DE DOLLARS (1982)
COMPÈRES, LES (1983)
MEURTRES À DOMICILE (1983)
GERMINAL (1993)

**DUPIRE, Serge**
*acteur québécois (1957-)*
ÉCLAIR AU CHOCOLAT (1978)
PLOUFFE, LES (1981)
CRIME D'OVIDE PLOUFFE, LE (1984)
FEMME DE L'HÔTEL, LA (1984)
MATOU, LE (1985)
ÎLE, L' (1987)
AUTOMNE SAUVAGE, L' (1992)
MEURTRE EN MUSIQUE (1994)
CONCIERGERIE, LA (1997)

**DUPUIS, Roy**
*acteur québécois (1963-)*
BEING AT HOME WITH CLAUDE (1991)
C'ÉTAIT LE 12 DU 12 ET CHILI AVAIT
LES BLUES (1993)
CAP TOURMENTE (1993)
SCREAMERS (1995)
HOMME IDÉAL, L' (1996)
PASSAGE DES HOMMES LIBRES, LE (1996)
J'EN SUIS (1997)

**DURANTE, Jimmy**
*acteur américain (1893-1980)*
SPEAK EASILY (1932)
HOLLYWOOD PARTY (1934)
LITTLE MISS BROADWAY (1938)
IT HAPPENED IN BROOKLYN (1947)
ON AN ISLAND WITH YOU (1948)
GREAT RUPERT, THE (1950)
IT'S A MAD, MAD, MAD, MAD WORLD (1963)

**DURBIN, Deanna**
*actrice américaine (1921-)*
THREE SMART GIRLS (1936)
100 MEN AND A GIRL (1937)
THREE SMART GIRLS GROW UP (1939)
IT STARTED WITH EVE (1941)
LADY ON A TRAIN (1945)
SOMETHING IN THE WIND (1947)
FOR THE LOVE OF MARY (1948)

**DURNING, Charles**
*acteur américain (1923-)*
PURSUIT OF HAPPINESS, THE (1971)
SISTERS (1973)
STING, THE (1973)
FRONT PAGE, THE (1974)
DOG DAY AFTERNOON (1975)
HINDENBURG, THE (1975)
FURY, THE (1978)
GREEK TYCOON, THE (1978)
MUPPET MOVIE, THE (1979)
NORTH DALLAS FORTY (1979)
BEST LITTLE WHOREHOUSE IN TEXAS, THE (1982)
TO BE OR NOT TO BE (1983)
MASS APPEAL (1984)
TOOTSIE (1984)
BIG TROUBLE (1985)
BRENDA STARR (1987)
MAN WHO BROKE A 1000 CHAINS, THE (1987)
CAT CHASER (1988)
FAR NORTH (1988)
DICK TRACY (1990)
MUSIC OF CHANCE, THE (1993)
HUDSUCKER PROXY, THE (1994)
I.Q. (1994)
HOME FOR THE HOLIDAYS (1995)
SPY HARD (1996)
O BROTHER, WHERE ART THOU? (2000)
STATE AND MAIN (2000)

**DUSSOLLIER, André**
*acteur français (1946-)*
TOUTE UNE VIE (1974)
BEAU MARIAGE, LE (1982)
ENFANTS, LES (1984)
STRESS (1984)
DE SABLE ET DE SANG (1988)
FRÉQUENCE MEURTRE (1988)
MON AMI LE TRAÎTRE (1989)
FEMME FARDÉE, LA (1990)
CŒUR EN HIVER, UN (1992)
PETITE APOCALYPSE, LA (1992)
AUX PETITS BONHEURS (1993)
MARMOTTES, LES (1993)
MONTPARNASSE-PONDICHÉRY (1993)
COLONEL CHABERT, LE (1994)
ON CONNAIT LA CHANSON (1998)
AÏE (2000)

**DUTRONC, Jacques**
*acteur français (1943-)*
ANTOINE ET SÉBASTIEN (1973)
IMPORTANT C'EST D'AIMER, L' (1974)
ÉTAT SAUVAGE, L' (1978)
ENTOURLOUPE, L' (1979)
OMBRE ROUGE, L' (1981)
SARAH (1983)
VAN GOGH (1991)
TOUTES PEINES CONFONDUES (1992)
MAÎTRE DES ÉLÉPHANTS, LE (1996)
PLACE VENDÔME (1997)
MERCI POUR LE CHOCOLAT (2000)

**DUTTON, Charles**
*acteur américain (1951-)*
ALIEN 3 (1992)
SURVIVING THE GAME (1994)
CRY, THE BELOVED COUNTRY (1995)
NICK OF TIME (1995)
PIANO LESSON, THE (1995)
GET ON THE BUS (1996)
MIMIC (1997)
COOKIE'S FORTUNE (1999)
RANDOM HEARTS (1999)

**DUVAL, Daniel**
*acteur français (1944-)*
QUE LA FÊTE COMMENCE! (1975)
DÉROBADE, LA (1979)
BAR DU TÉLÉPHONE, LE (1980)
JUGE, LE (1984)
STAN THE FLASHER (1990)
SI JE T'AIME... PRENDS GARDE À TOI (1998)

**DUVALL, Robert**
*acteur américain (1931-)*
TO KILL A MOCKINGBIRD (1962)
CHASE, THE (1966)
BULLITT (1968)
COUNTDOWN (1968)
RAIN PEOPLE, THE (1969)
LAWMAN (1971)
THX-1138 (1971)
GODFATHER, THE (1972)
GREAT NORTHFIELD, MINNESOTA RAID, THE (1972)
JOE KIDD (1972)
BADGE 373 (1973)
CONVERSATION, THE (1974)
GODFATHER, PART 2, THE (1974)
OUTFIT, THE (1974)
KILLER ELITE, THE (1975)
EAGLE HAS LANDED, THE (1976)
NETWORK (1976)
SEVEN PERCENT SOLUTION, THE (1976)
BETSY, THE (1978)
INVASION OF THE BODY SNATCHERS (1978)
APOCALYPSE NOW (1979)
GREAT SANTINI, THE (1979)
TENDER MERCIES (1983)
NATURAL, THE (1984)
LIGHTSHIP, THE (1985)
COLORS (1988)
DAYS OF THUNDER (1990)
HANDMAID'S TALE, THE (1990)
RAMBLING ROSE (1991)
FALLING DOWN (1992)
NEWSIES (1992)
PESTE, LA (1992)
STALIN (1992)
PAPER, THE (1994)
SCARLET LETTER, THE (1995)
SOMETHING TO TALK ABOUT (1995)
STARS FELL ON HENRIETTA, THE (1995)
FAMILY THING, A (1996)
MAN WHO CAPTURED EICHMANN, THE (1996)
PHENOMENON (1996)
APOSTLE, THE (1997)
GINGERBREAD MAN, THE (1997)
CIVIL ACTION, A (1998)
DEEP IMPACT (1998)
6TH DAY, THE (2000)

**DUVALL, Shelley**
*actrice américaine (1950-)*
BREWSTER McCLOUD (1970)
McCABE & MRS. MILLER (1971)
THIEVES LIKE US (1974)
NASHVILLE (1975)
ANNIE HALL (1977)
SHINING, THE (1979)
POPEYE (1980)
TIME BANDITS (1982)
ROXANNE (1987)
PORTRAIT OF A LADY, THE (1996)
4TH FLOOR, THE (1999)

**DYLAN, Bob**
*acteur américain (1941-)*
PAT GARRETT & BILLY THE KID (1973)
BACKTRACK (1988)

**EASTWOOD, Clint**
*acteur américain (1930-)*
FRANCIS IN THE NAVY (1955)
REVENGE OF THE CREATURE (1955)
TARANTULA (1955)
LAFAYETTE ESCADRILLE (1958)
FISTFUL OF DOLLARS, A (1964)
FOR A FEW DOLLARS MORE (1965)
GOOD, THE BAD AND THE UGLY, THE (1966)
HANG'EM HIGH (1967)
COOGAN'S BLUFF (1968)
PAINT YOUR WAGON (1969)
KELLY'S HEROES (1970)
BEGUILED, THE (1971)
DIRTY HARRY (1971)
PLAY MISTY FOR ME (1971)

JOE KIDD (1972)
HIGH PLAINS DRIFTER (1973)
MAGNUM FORCE (1973)
THUNDERBOLT AND LIGHTFOOT (1974)
EIGER SANCTION, THE (1975)
ENFORCER, THE (1976)
OUTLAW JOSEY WALES, THE (1976)
GAUNTLET, THE (1977)
EVERY WHICH WAY BUT LOOSE (1978)
ESCAPE FROM ALCATRAZ (1979)
BRONCO BILLY (1980)
FIREFOX (1982)
HONKYTONK MAN (1983)
SUDDEN IMPACT (1983)
CITY HEAT (1984)
TIGHTROPE (1984)
PALE RIDER (1985)
HEARTBREAK RIDGE (1986)
BIRD (1988)
DEAD POOL, THE (1988)
IN THE LINE OF FIRE (1993)
PERFECT WORLD, A (1993)
BRIDGES OF MADISON COUNTY, THE (1995)
ABSOLUTE POWER (1996)

**EDDY, Nelson**
*acteur américain (1901-1967)*
NAUGHTY MARIETTA (1935)
ROSE MARIE (1935)
MAYTIME (1937)
GIRL OF THE GOLDEN WEST, THE (1938)
ROSALIE (1938)
SWEETHEARTS (1938)
BALALAIKA (1939)
LET FREEDOM RING (1939)
BITTER SWEET (1940)
NEW MOON (1940)
CHOCOLATE SOLDIER, THE (1941)
I MARRIED AN ANGEL (1942)
PHANTOM OF THE OPERA (1943)

**EICHHORN, Lisa**
*actrice américaine (1952-)*
EUROPEANS, THE (1979)
CUTTER'S WAY (1981)
MOON 44 (1989)
GRIM PRAIRIE TALES (1990)
KING OF THE HILL (1993)
JUDAS KISS (1998)

**EKBERG, Anita**
*actrice suédoise (1931-)*
ABBOTT & COSTELLO GO TO MARS (1953)
ARTISTS AND MODELS (1955)
BLOOD ALLEY (1955)
HOLLYWOOD OR BUST (1956)
DOLCE VITA, LA (1960)
BOCCACCIO 70 (1962)
4 FOR TEXAS (1963)
CALL ME BWANA (1963)
ALPHABET MURDERS, THE (1966)
CLOWNS, LES (1970)
INTERVISTA (1987)
NAIN ROUGE, LE (1998)

**ELIZONDO, Hector**
*acteur américain (1936-)*
LANDLORD, THE (1970)
POCKET MONEY (1972)
TAKING OF PELHAM ONE TWO THREE, THE (1974)
CUBA (1979)
AMERICAN GIGOLO (1980)
FAN, THE (1981)
NOTHING IN COMMON (1986)
OVERBOARD (1987)
PRETTY WOMAN (1990)
FRANKIE & JOHNNY (1991)
BEING HUMAN (1994)
GETTING EVEN WITH DAD (1994)
DEAR GOD (1996)
ENTROPY (1999)
RUNAWAY BRIDE (1999)

**ELLIOTT, Denholm**
*acteur anglais (1922-1992)*
KING RAT (1965)
ALFIE (1966)
NIGHT THEY RAIDED MINSKY'S, THE (1968)
TOO LATE THE HERO (1970)
MADAME SIN (1971)
DOLL'S HOUSE, A (1973)
APPRENTICESHIP OF DUDDY KRAVITZ, THE (1974)
ROBIN & MARIAN (1976)
TO THE DEVIL... A DAUGHTER (1976)
BRIDGE TOO FAR, A (1977)
BOYS FROM BRAZIL, THE (1978)
CUBA (1979)
SAINT JACK (1979)
RAIDERS OF THE LOST ARK (1981)
BRIMSTONE & TREACLE (1982)
MISSIONARY, THE (1982)
TRADING PLACES (1983)
RAZOR'S EDGE, THE (1984)
DEFENCE OF THE REALM (1985)
DEFENSE OF THE REALM (1985)
PRIVATE FUNCTION, A (1985)
ROOM WITH A VIEW, A (1986)
MAURICE (1987)
SEPTEMBER (1987)
BOURNE IDENTITY, THE (1988)
STEALING HEAVEN (1988)
INDIANA JONES & THE LAST CRUSADE (1989)
SCORCHERS (1991)
NOISES OFF! (1992)

**ELLIOTT, Sam**
*acteur américain (1944-)*
BUTCH CASSIDY & THE SUNDANCE KID (1969)
FROGS (1972)

MASK (1985)
FATAL BEAUTY (1987)
ROAD HOUSE (1989)
CONAGHER (1991)
PRANCER (1991)
RUSH (1991)
GETTYSBURG (1993)
TOMBSTONE (1993)
BIG LEBOWSKI, THE (1998)
CONTENDER, THE (2000)

**EMERY, John**
*acteur américain (1905-1964)*
EYES IN THE NIGHT (1942)
LAWLESS STREET, A (1955)
FOREVER DARLING (1956)
KRONOS (1956)
KRONOS RAVAGER OF PLANET (1957)

**ESPOSITO, Giancarlo**
*acteur danois (1960-)*
SCHOOL DAZE (1988)
BOB ROBERTS (1992)
AMOS & ANDREW (1993)
FRESH (1994)
BLUE IN THE FACE (1995)
KEEPER, THE (1995)
RECKLESS (1995)
NOTHING TO LOSE (1997)

**ESTEVEZ, Emilio**
*acteur américain (1962-)*
TEX (1982)
OUTSIDERS, THE (1983)
BREAKFAST CLUB, THE (1985)
REPO MAN (1985)
ST. ELMO'S FIRE (1985)
THAT WAS THEN, THIS IS NOW (1985)
MAXIMUM OVERDRIVE (1986)
STAKEOUT (1987)
FREEJACK (1992)
MIGHTY DUCKS, THE (1992)
ANOTHER STAKEOUT (1993)
JUDGMENT NIGHT (1993)
NATIONAL LAMPOON'S LOADED WEAPON 1 (1993)
D3:THE MIGHTY DUCKS (1996)
MISSION: IMPOSSIBLE (1996)

**EVANS, Gene**
*acteur américain (1922-1998)*
FORCE OF ARMS (1950)
STEEL HELMET, THE (1951)
DONOVAN'S BRAIN (1953)
HELEN MORGAN STORY, THE (1957)
GIANT BEHEMOTH, THE (1958)
SHOCK CORRIDOR (1963)

**EVERETT, Rupert**
*acteur anglais (1959-)*
ANOTHER COUNTRY (1984)
DANCE WITH A STRANGER (1985)
DUET FOR ONE (1986)
LUNETTES D'OR, LES (1987)
RIGHT HAND MAN, THE (1987)
TOLÉRANCE (1989)
COMFORT OF STRANGERS, THE (1990)
INSIDE MONKEY ZETTERLAND (1992)
MADNESS OF KING GEORGE, THE (1994)
PRÊT-À-PORTER (1994)
DUNSTON CHECKS IN (1996)
MY BEST FRIEND'S WEDDING (1997)
B. MONKEY (1999)
IDEAL HUSBAND, AN (1999)
INSPECTOR GADGET (1999)
MIDSUMMER NIGHT'S DREAM, A (1999)
NEXT BEST THING, THE (2000)

**FABIAN, Françoise**
*actrice française (1932-)*
CETTE SACRÉE GAMINE (1956)
FEU AUX POUDRES, LE (1957)
BELLE DE JOUR (1967)
MA NUIT CHEZ MAUD (1969)
AMOUR L'APRÈS-MIDI, L' (1972)
BONNE ANNÉE, LA (1973)
SALUT L'ARTISTE! (1974)
ALLO... MADAME (1976)
MADAME CLAUDE (1976)
DEUX HEURES MOINS LE QUART AVANT JÉSUS-CHRIST (1982)
AMI DE VINCENT, L' (1983)
BENVENUTA (1983)
PARTIR, REVENIR (1985)
SECRET DÉFENSE (1998)
BÛCHE, LA (1999)

**FABRIZI, Franco**
*acteur italien (1925-)*
INUTILES, LES (1953)
COSTA AZZURRA (1959)
CASABLANCA, NID D'ESPIONS (1963)
TOUCHE PAS À LA FEMME BLANCHE (1974)
GINGER ET FRED (1985)

**FAIRBANKS, Douglas**
*acteur américain (1883-1939)*
INTOLERANCE (1916)
MARK OF ZORRO, THE (1920)
MOLLYCODDLE, THE (1920)
NUT, THE (1921)
THREE MUSKETEERS, THE (1921)
ROBIN HOOD (1922)
THIEF OF BAGDAD, THE (1924)
DON Q, SON OF ZORRO (1925)
BLACK PIRATE, THE (1926)
GAUCHO, THE (1928)
SHOW PEOPLE (1928)
IRON MASK, THE (1929)
CATHERINE THE GREAT (1934)
PRIVATE LIFE OF DON JUAN, THE (1934)

**FAIRBANKS, Douglas Jr.**
*acteur américain (1909-)*
OUR MODERN MAIDENS (1929)
LITTLE CAESAR (1930)
MORNING GLORY (1933)
RISE OF CATHERINE THE GREAT, THE (1934)
PRISONER OF ZENDA, THE (1937)
JOY OF LIVING (1938)
GUNGA DIN (1939)
ANGELS OVER BROADWAY (1940)
SINBAD THE SAILOR (1947)
GHOST STORY (1981)

**FALK, Peter**
*acteur américain (1927-)*
POCKETFUL OF MIRACLES (1961)
PRESSURE POINT (1962)
BALCONY, THE (1963)
IT'S A MAD, MAD, MAD, MAD WORLD (1963)
ROBIN AND THE SEVEN HOODS (1964)
GREAT RACE, THE (1965)
LUV (1967)
ANZIO (1968)
CASTLE KEEP (1969)
HUSBANDS (1970)
COLUMBO: MURDER BY THE BOOK (1971)
MIKEY & NICKY (1976)
MURDER BY DEATH (1976)
OPENING NIGHT (1977)
BRINK'S JOB, THE (1978)
CHEAP DETECTIVE, THE (1978)
IN-LAWS, THE (1979)
BIG TROUBLE (1985)
AILES DU DÉSIR, LES (1987)
PRINCESS BRIDE, THE (1987)
COOKIE (1989)
IN THE SPIRIT (1990)
SI LOIN, SI PROCHE (1992)
ROOMMATES (1994)

**FARMER, Frances**
*actrice américaine (1913-1970)*
COME AND GET IT (1936)
RHYTHM ON THE RANGE (1936)
TOAST OF NEW YORK, THE (1937)

**FARROW, Mia**
*actrice américaine (1945-)*
ROSEMARY'S BABY (1968)
SECRET CEREMONY (1968)
SEE NO EVIL (1971)
GREAT GATSBY, THE (1974)
FULL CIRCLE (1977)
AVALANCHE (1978)
DEATH ON THE NILE (1978)
HURRICANE (1979)
MIDSUMMER NIGHT'S SEX COMEDY, A (1982)
BROADWAY DANNY ROSE (1984)
PURPLE ROSE OF CAIRO, THE (1985)
HANNAH AND HER SISTERS (1986)
RADIO DAYS (1987)
SEPTEMBER (1987)
ANOTHER WOMAN (1988)
CRIMES AND MISDEMEANORS (1989)
NEW YORK STORIES (1989)
ALICE (1991)
HUSBANDS AND WIVES (1992)
SHADOWS AND FOG (1992)
MIAMI RHAPSODY (1994)
RECKLESS (1995)

**FAWCETT, Farrah**
*actrice américaine (1946-)*
MYRA BRECKINRIDGE (1970)
CANNONBALL RUN, THE (1981)
BURNING BED, THE (1984)
MAN OF THE HOUSE (1995)
APOSTLE, THE (1997)
DR. T AND THE WOMEN (2000)

**FERNANDEL**
*acteur français (1903-1971)*
ANGÈLE (1934)
FRANÇOIS 1er (1937)
REGAIN (1937)
SCHPOUNTZ, LE (1938)
TOPAZE (1950)
ADHÉMAR (OU LE JOUET DE LA FATALITÉ) (1951)
FRUIT DÉFENDU, LE (1952)
PETIT MONDE DE DON CAMILLO, LE (1952)
RETOUR DE DON CAMILLO, LE (1953)
ALI BABA ET LES QUARANTE VOLEURS (1954)
GRANDE BAGARRE DE DON CAMILLO, LA (1955)
GRAND CHEF, LE (1959)
DON CAMILLO MONSEIGNEUR (1961)
CUISINE AU BEURRE, LA (1963)
DON CAMILLO EN RUSSIE (1965)

**FERRÉOL, Andréa**
*actrice française (1947-)*
SCOUMOUNE, LA (1972)
DAY OF THE JACKAL, THE (1973)
GRANDE BOUFFE, LA (1973)
GALETTES DE PONT-AVEN, LES (1975)
SÉRIEUX COMME LE PLAISIR (1975)
CASANOVA AND COMPANY (1976)
AMANT DE POCHE, L' (1977)
DÉSESPOIR (1977)
TAMBOUR, LE (1979)
DERNIER MÉTRO, LE (1980)
OMBRE ROUGE, L' (1981)
BATTANT, LE (1982)
FILLE DE TRIESTE, LA (1982)
NUIT DE VARENNES, LA (1982)
PRIX DU DANGER, LE (1983)
ALDO ET JUNIOR (1984)
JUGE, LE (1984)
JUMEAU, LE (1984)
CONTROL (1987)
LETTERS TO AN UNKNOWN LOVER (1987)
NOYADE INTERDITE (1987)
ROUGE VENISE (1988)
FRANCESCO (1989)
IL MAESTRO (1989)
FIL DE L'HORIZON, LE (1993)
CENT ET UNE NUITS, LES (1994)

**FERRER, José**
*acteur américain (1912-1992)*
JOAN OF ARC (1948)
CYRANO DE BERGERAC (1950)
MOULIN ROUGE (1952)
CAINE MUTINY, THE (1953)
MISS SADIE THOMPSON (1953)
LAWRENCE OF ARABIA (1962)
GREATEST STORY EVER TOLD, THE (1965)
SHIP OF FOOLS (1965)
ENTER LAUGHING (1967)
FEDORA (1978)
FIFTH MUSKETEER, THE (1979)
BIG BRAWL, THE (1980)
MIDSUMMER NIGHT'S SEX COMEDY, A (1982)
TO BE OR NOT TO BE (1983)
DUNE (1984)

**FERRER, Mel**
*acteur américain (1917-)*
LOST BOUNDARIES (1949)
BORN TO BE BAD (1950)
RANCHO NOTORIOUS (1952)
SCARAMOUCHE (1952)
KNIGHTS OF THE ROUND TABLE (1953)
LILI (1953)
ET MOURIR DE PLAISIR (1960)
HANDS OF ORLAC, THE (1960)
LONGEST DAY, THE (1962)
FALL OF THE ROMAN EMPIRE, THE (1964)
SEX AND THE SINGLE GIRL (1964)

**FERRERI, Marco**
*acteur italien (1928 -1996)*
TOUCHE PAS À LA FEMME BLANCHE (1974)

**FIELD, Sally**
*actrice américaine (1946-)*
STAY HUNGRY (1976)
SYBIL (1976)
HEROES (1977)
SMOKEY AND THE BANDIT (1977)
BEYOND THE POSEIDON ADVENTURE (1979)
NORMA RAE (1979)
SMOKEY AND THE BANDIT 2 (1980)
ABSENCE OF MALICE (1982)
PLACES IN THE HEART (1984)
MURPHY'S ROMANCE (1985)
PUNCHLINE (1988)
STEEL MAGNOLIAS (1989)
NOT WITHOUT MY DAUGHTER (1990)
SOAPDISH (1991)
MRS. DOUBTFIRE (1993)
FORREST GUMP (1994)
EYE FOR AN EYE, AN (1995)

**FIELDS, William C.**
*acteur américain (1879-1946)*
SALLY OF THE SAWDUST (1925)
MILLION DOLLAR LEGS (1932)
INTERNATIONAL HOUSE (1933)
SIX OF A KIND (1934)
DAVID COPPERFIELD (1935)
IT'S A GIFT (1935)
BIG BROADCAST OF 1938, THE (1938)
BANK DICK, THE (1940)
MY LITTLE CHICKADEE (1940)
NEVER GIVE A SUCKER AN EVEN BREAK (1941)
FOLLOW THE BOYS (1944)

**FIENNES, Ralph**
*acteur anglais (1962-)*
DANGEROUS MAN: LAWRENCE AFTER ARABIA, A (1990)
EMILY BRONTË'S WUTHERING HEIGHTS (1992)
SCHINDLER'S LIST (1993)
QUIZ SHOW (1994)
STRANGE DAYS (1995)
ENGLISH PATIENT, THE (1996)
SMILLA'S SENSE OF SNOW (1996)
OSCAR AND LUCINDA (1997)
AVENGERS, THE (1998)

END OF THE AFFAIR, THE (1999)
ONEGIN (1999)
SUNSHINE (1999)

**FILIATRAULT, Denise**
*actrice québécoise (1931-)*
MORT D'UN BÛCHERON, LA (1973)
BEAUX DIMANCHES, LES (1974)
PAR LE SANG DES AUTRES (1974)
JE SUIS LOIN DE TOI MIGNONNE (1976)
SOLEIL SE LÈVE EN RETARD, LE (1976)
AU REVOIR... À LUNDI (1979)
FANTASTICA (1980)
PLOUFFE, LES (1981)
CRIME D'OVIDE PLOUFFE, LE (1984)
TISSERANDS DU POUVOIR, LES (1988)
FILLE DU MAQUIGNON, LA (1990)
ALISÉE (1991)

**FINCH, Peter**
*acteur anglais (1916-1977)*
MINIVER STORY, THE (1950)
STORY OF ROBIN HOOD, THE (1952)
DETECTIVE (FATHER BROWN), THE (1954)
ELEPHANT WALK (1954)
NUN'S STORY, THE (1959)
FIRST MEN IN THE MOON (1964)
PUMPKIN EATER, THE (1964)
FLIGHT OF THE PHOENIX, THE (1965)
FAR FROM THE MADDING CROWD (1967)
RED TENT, THE (1971)
SUNDAY, BLOODY SUNDAY (1971)
SHATTERED (1972)
NETWORK (1976)

**FINNEY, Albert**
*acteur anglais (1936-)*
ENTERTAINER, THE (1960)
SATURDAY NIGHT AND SUNDAY MORNING (1960)
TOM JONES (1963)
SCROOGE (1970)
MURDER ON THE ORIENT EXPRESS (1974)
DUELLISTS, THE (1977)
LOOKER (1981)
ANNIE (1982)
SHOOT THE MOON (1982)
DRESSER, THE (1984)
ORPHANS (1987)
GREEN MAN, THE (1990)
MILLER'S CROSSING (1990)
PLAYBOYS, THE (1992)
RICH IN LOVE (1992)
BROWNING VERSION, THE (1994)
MAN OF NO IMPORTANCE, A (1994)
RUN OF THE COUNTRY, THE (1995)
BREAKFAST OF THE CHAMPIONS (1999)
SIMPATICO (1999)
ERIN BROCKOVICH (2000)

**FIORENTINO, Linda**
*actrice américaine (1960-)*
AFTER HOURS (1985)
GOTCHA! (1985)
MODERNS, THE (1988)
QUEEN'S LOGIC (1991)
LAST SEDUCTION, THE (1994)
JADE (1995)
LARGER THAN LIFE (1996)
KICKED IN THE HEAD (1997)
MEN IN BLACK (1997)
DOGMA (1999)

**FIRTH, Colin**
*acteur anglais (1961-)*
ANOTHER COUNTRY (1984)
MONTH IN THE COUNTRY, A (1987)
APARTMENT ZERO (1988)
ADVOCATE, THE (1994)
CIRCLE OF FRIENDS (1995)
ENGLISH PATIENT, THE (1996)
THOUSAND ACRES, A (1997)
SHAKESPEARE IN LOVE (1998)
MY LIFE SO FAR (1999)

**FIRTH, Peter**
*acteur anglais (1953-)*
EQUUS (1977)
TESS (1979)
LETTER TO BREZHNEV (1985)
LIFEFORCE (1985)
INCIDENT, THE (1990)
AWFULLY BIG ADVENTURE, AN (1995)
MIGHTY JOE YOUNG (1998)

**FISHBURNE, Laurence**
*acteur américain (1961-)*
CORNBREAD, EARL AND ME (1974)
APOCALYPSE NOW (1979)
RUMBLE FISH (1983)
COTTON CLUB, THE (1984)
COLOR PURPLE, THE (1985)
GARDENS OF STONE (1987)
NIGHTMARE ON ELM STREET 3: DREAM WARRIORS, A (1987)
RED HEAT (1988)
SCHOOL DAZE (1988)
KING OF NEW YORK, THE (1990)
BOYZ'N THE HOOD (1991)
CLASS ACTION (1991)
DEEP COVER (1992)
SEARCHING FOR BOBBY FISCHER (1993)
HIGHER LEARNING (1994)
JUST CAUSE (1995)
OTHELLO (1995)
FLED (1996)
MISS EVERS' BOYS (1996)
EVENT HORIZON (1997)
HOODLUM (1997)
MATRIX, THE (1999)

**FISHER, Carrie**
*actrice américaine (1956-)*
STAR WARS (1977)
EMPIRE STRIKES BACK, THE (1980)
RETURN OF THE JEDI (1983)
AMAZON WOMEN ON THE MOON (1987)
APPOINTMENT WITH DEATH (1988)
BURBS, THE (1989)

**FITZGERALD, Tara**
*actrice anglaise (1968-)*
HEAR MY SONG (1991)
MAN OF NO IMPORTANCE, A (1994)
SIRENS (1994)
ENGLISHMAN WHO WENT UP A HILL, BUT CAME DOWN A MOUNTAIN, THE (1995)
BRASSED OFF (1996)
TENANT OF WILDFELL HALL, THE (1996)
CONQUEST (1998)

**FLETCHER, Louise**
*actrice américaine (1934-)*
ONE FLEW OVER THE CUCKOO'S NEST (1975)
EXORCIST II: THE HERETIC (1977)
STRANGE BEHAVIOR (1981)
STRANGE INVADERS (1982)
BRAINSTORM (1983)
INVADERS FROM MARS (1986)
FRANKENSTEIN AND ME (1996)
HIGH SCHOOL HIGH (1996)
BREAST MEN (1997)

**FLYNN, Errol**
*acteur américain (1909-1959)*
CAPTAIN BLOOD (1935)
CHARGE OF THE LIGHT BRIGADE, THE (1936)
PRINCE AND THE PAUPER, THE (1937)
ADVENTURES OF ROBIN HOOD, THE (1938)
DAWN PATROL, THE (1938)
DODGE CITY (1938)
PRIVATE LIVES OF ELIZABETH AND ESSEX, THE (1939)
SANTA FE TRAIL (1940)
SEA HAWK, THE (1940)
GENTLEMAN JIM (1942)
OBJECTIVE BURMA! (1945)
ADVENTURES OF DON JUAN, THE (1948)
IT'S A GREAT FEELING (1949)
THAT FORSYTE WOMAN (1949)
KIM (1950)
MONTANA (1950)
MASTER OF BALLANTRAE, THE (1952)
ISTANBUL (1957)

**FONDA, Bridget**
*actrice américaine (1964-)*
ARIA (1988)
SCANDAL (1989)
STRAPLESS (1989)
FRANKENSTEIN UNBOUND (1990)
DOC HOLLYWOOD (1991)
GODFATHER, PART 3, THE (1991)
ARMY OF DARKNESS: EVIL DEAD 3 (1992)
SINGLE WHITE FEMALE (1992)
SINGLES (1992)
BODIES, REST AND MOTION (1993)
POINT OF NO RETURN (1993)
CAMILLA (1994)
IT COULD HAPPEN TO YOU (1994)
LITTLE BUDDHA (1994)
ROAD TO WELLVILLE, THE (1994)
CITY HALL (1996)
TOUCH (1996)
IN THE GLOAMING (1997)
JACKIE BROWN (1997)
SIMPLE PLAN, A (1998)
LAKE PLACID (1999)

**FONDA, Henry**
*acteur américain (1905-1982)*
TRAIL OF THE LONESOME PINE, THE (1936)
JEZEBEL (1938)
SPAWN OF THE NORTH (1938)
DRUMS ALONG THE MOHAWK (1939)
JESSE JAMES (1939)
STORY OF ALEXANDER GRAHAM BELL, THE (1939)
GRAPES OF WRATH, THE (1940)
RETURN OF FRANK JAMES, THE (1940)
LADY EVE, THE (1941)
BIG STREET (1942)
TALES OF MANHATTAN (1942)
OX-BOW INCIDENT, THE (1943)
MY DARLING CLEMENTINE (1946)
FUGITIVE, THE (1947)
LONG NIGHT, THE (1947)
FORT APACHE (1948)
MISTER ROBERTS (1955)
12 ANGRY MEN (1957)
TIN STAR, THE (1957)
ADVISE AND CONSENT (1962)
HOW THE WEST WAS WON (1962)
LONGEST DAY, THE (1962)
BEST MAN, THE (1964)
FAIL-SAFE (1964)
ROUNDERS, THE (1964)
SEX AND THE SINGLE GIRL (1964)
BATTLE OF THE BULGE (1965)

IN HARM'S WAY (1965)
FIRECREEK (1967)
BOSTON STRANGLER, THE (1968)
MADIGAN (1968)
ONCE UPON A TIME IN THE WEST (1968)
CHEYENNE SOCIAL CLUB, THE (1970)
THERE WAS A CROOKED MAN (1970)
TOO LATE THE HERO (1970)
SOMETIMES A GREAT NOTION (1971)
ASH WEDNESDAY (1973)
SERPENT, LE (NIGHT FLIGHT FROM MOSCOW) (1973)
MY NAME IS NOBODY (1974)
MIDWAY (1976)
ROLLERCOASTER (1977)
FEDORA (1978)
SWARM, THE (1978)
METEOR (1979)
ON GOLDEN POND (1981)

**FONDA, Jane**
*actrice américaine (1937-)*
PERIOD OF ADJUSTMENT (1962)
SUNDAY IN NEW YORK (1963)
CAT BALLOU (1965)
ANY WEDNESDAY (1966)
CHASE, THE (1966)
CURÉE, LA (1966)
BAREFOOT IN THE PARK (1967)
BARBARELLA (1968)
HISTOIRES EXTRAORDINAIRES (1968)
THEY SHOOT HORSES, DON'T THEY? (1969)
KLUTE (1971)
DOLL'S HOUSE, A (1973)
FUN WITH DICK AND JANE (1977)
JULIA (1977)
CALIFORNIA SUITE (1978)
CHINA SYNDROME, THE (1978)
COMES A HORSEMAN (1978)
COMING HOME (1978)
ELECTRIC HORSEMAN, THE (1979)
9 TO 5 (1980)
ON GOLDEN POND (1981)
DOLLMAKER, THE (1984)
AGNES OF GOD (1985)
MORNING AFTER, THE (1986)
OLD GRINGO (1989)
STANLEY & IRIS (1990)

**FONDA, Peter**
*acteur américain (1939-)*
LILITH (1964)
HISTOIRES EXTRAORDINAIRES (1968)
EASY RIDER (1969)
RACE WITH THE DEVIL (1975)
FUTUREWORLD (1976)
SPLIT IMAGE (1982)
ROSE GARDEN, THE (1989)
BODIES, REST AND MOTION (1993)
LOVE & A .45 (1994)
NADJA (1995)
LIMEY, THE (1999)

**FONTAINE, Joan**
*actrice américaine (1917-)*
DAMSEL IN DISTRESS, A (1937)
QUALITY STREET (1937)
GUNGA DIN (1939)
REBECCA (1940)
SUSPICION (1941)
FRENCHMAN'S CREEK (1944)
JANE EYRE (1944)
EMPEROR WALTZ, THE (1948)
LETTER FROM AN UNKNOWN WOMAN (1948)
BORN TO BE BAD (1950)
SEPTEMBER AFFAIR (1950)
IVANHOE (1952)
OTHELLO (1952)
BIGAMIST, THE (1953)
CASANOVA'S BIG NIGHT (1954)
ISLAND IN THE SUN (1957)

**FORD, Glenn**
*acteur américain (1916-)*
LADY IN QUESTION, THE (1940)
SO ENDS OUR NIGHT (1941)
TEXAS (1941)
DESPERADOES, THE (1943)
GILDA (1946)
LOVES OF CARMEN, THE (1948)
AFFAIR IN TRINIDAD (1952)
GREEN GLOVE, THE (1952)
BIG HEAT, THE (1953)
MAN FROM THE ALAMO (1953)
BLACKBOARD JUNGLE (1955)
INTERRUPTED MELODY (1955)
FASTEST GUN ALIVE, THE (1956)
TEAHOUSE OF THE AUGUST MOON, THE (1956)
3:10 TO YUMA (1957)
COWBOY, THE (1958)
TORPEDO RUN (1958)
GAZEBO, THE (1959)
IT STARTED WITH A KISS (1959)
CIMARRON (1960)
FOUR HORSEMEN OF THE APOCALYPSE, THE (1961)
POCKETFUL OF MIRACLES (1961)
EXPERIMENT IN TERROR (1962)
COURTSHIP OF EDDIE'S FATHER, THE (1963)
DEAR HEART (1964)
ROUNDERS, THE (1964)
MIDWAY (1976)

**FORD, Harrison**
*acteur américain (1942-)*
AMERICAN GRAFFITI (1973)
CONVERSATION, THE (1974)
HEROES (1977)
STAR WARS (1977)
FORCE 10 FROM NAVARONE (1978)
APOCALYPSE NOW (1979)
FRISCO KID, THE (1979)
EMPIRE STRIKES BACK, THE (1980)
RAIDERS OF THE LOST ARK (1981)
BLADE RUNNER (1982)
RETURN OF THE JEDI (1983)
INDIANA JONES & THE TEMPLE OF DOOM (1984)
MOSQUITO COAST, THE (1986)
FRANTIC (1988)
INDIANA JONES & THE LAST CRUSADE (1989)
PRESUMED INNOCENT (1990)
REGARDING HENRY (1991)
PATRIOT GAMES (1992)
FUGITIVE, THE (1993)
CLEAR AND PRESENT DANGER (1994)
SABRINA (1995)
AIR FORCE ONE (1997)
DEVIL'S OWN, THE (1997)
SIX DAYS, SEVEN NIGHTS (1998)
RANDOM HEARTS (1999)

**FORD, Wallace**
*acteur anglais (1898-1966)*
POSSESSED (1931)
LOST PATROL, THE (1934)
INFORMER, THE (1935)
JERICHO (1937)
ALL THROUGH THE NIGHT (1941)
BLOOD ON THE SUN (1945)
SPELLBOUND (1945)
BLACK ANGEL (1946)
CRACK-UP (1946)
DEAD RECKONING (1947)
MAGIC TOWN (1947)
CORONER CREEK (1948)
T-MEN (1948)
MAN FROM LARAMIE, THE (1955)
MAVERICK QUEEN, THE (1955)
RAINMAKER, THE (1956)

**FORSYTHE, John**
*acteur américain (1918-)*
DESTINATION TOKYO (1943)
ESCAPE FROM FORT BRAVO (1953)
KITTEN WITH A WHIP (1964)
MADAME X (1966)
IN COLD BLOOD (1967)
HAPPY ENDING, THE (1969)
TOPAZ (1969)
AND JUSTICE FOR ALL (1979)
SCROOGED (1988)
HOTEL DE LOVE (1996)
CHARLIE'S ANGELS (2000)

**FORSYTHE, William**
*acteur américain (1955-)*
ONCE UPON A TIME IN AMERICA (1984)
LIGHTSHIP, THE (1985)
EXTREME PREJUDICE (1987)
RAISING ARIZONA (1987)
PATTY HEARST (1988)
TORRENTS OF SPRING (1989)
DICK TRACY (1990)
CAREER OPPORTUNITIES (1991)
AMERICAN ME (1992)
SUBSTITUTE, THE (1995)
THINGS TO DO IN DENVER WHEN YOU'RE DEAD (1995)
PALOOKAVILLE (1996)
ROCK, THE (1996)
DEUCE BIGALOW - MALE GIGOLO (1999)

**FOSSEY, Brigitte**
*actrice française (1945-)*
JEUX INTERDITS (1951)
GRAND MEAULNES, LE (1967)
IRONIE DU SORT, L' (1973)
BON ET LES MÉCHANTS, LE (1975)
HOMME QUI AIMAIT LES FEMMES, L' (1977)
QUINTET (1978)
CHANEL SOLITAIRE (1981)
CROQUE LA VIE (1981)
JEUNE MARIÉ, LE (1982)
AU NOM DE TOUS LES MIENS (1983)
BATARD, LE (1983)
AMOUR INTERDIT, UN (1984)
CINÉMA PARADISO (1988)
36-15 CODE PÈRE NOËL (1989)

**FOSTER, Jodie**
*actrice américaine (1962-)*
TOM SAWYER (1973)
ALICE DOESN'T LIVE HERE ANYMORE (1975)
BUGSY MALONE (1976)
TAXI DRIVER (1976)
CABINE DES AMOUREUX, LA (1977)
CANDLESHOE (1977)
FREAKY FRIDAY (1977)
CARNY (1980)
SANG DES AUTRES, LE (1983)
HOTEL NEW HAMPSHIRE, THE (1984)
MESMERIZED (1986)
SIESTA (1987)
5 CORNERS (1988)
ACCUSED, THE (1988)
BACKTRACK (1988)
LITTLE MAN TATE (1991)

SILENCE OF THE LAMBS, THE (1991)
SHADOWS AND FOG (1992)
SOMMERSBY (1992)
MAVERICK (1994)
NELL (1994)
CONTACT (1997)
ANNA AND THE KING (1999)

**FOSTER, Preston**
*acteur américain (1902-1970)*
I AM A FUGITIVE FROM A CHAIN GANG (1932)
ANNIE OAKLEY (1935)
INFORMER, THE (1935)
GUADALCANAL DIARY (1943)
HARVEY GIRLS, THE (1946)
RAMROD (1946)
TOMAHAWK (1951)
LAW AND ORDER (1953)

**FOX, Edward**
*acteur anglais (1937-)*
MORGAN: A SUITABLE CASE FOR TREATMENT (1966)
BATTLE OF BRITAIN (1969)
DAY OF THE JACKAL, THE (1973)
DOLL'S HOUSE, A (1973)
BRIDGE TOO FAR, A (1977)
CAT AND THE CANARY, THE (1977)
DUELLISTS, THE (1977)
BIG SLEEP, THE (1978)
FORCE 10 FROM NAVARONE (1978)
SOLDIER OF ORANGE (1978)
MIRROR CRACK'D, THE (1980)
GANDHI (1982)
BOUNTY, THE (1983)
NEVER SAY NEVER AGAIN (1983)
DRESSER, THE (1984)
SHOOTING PARTY, THE (1984)
HEART OF DARKNESS (1993)
LOST IN SPACE (1998)

**FOX, James**
*acteur anglais (1939-)*
SERVANT, THE (1963)
KING RAT (1965)
THOROUGHLY MODERN MILLIE (1967)
ISADORA (1968)
PERFORMANCE (1968)
ABSOLUTE BEGINNERS (1986)
RUSSIA HOUSE, THE (1990)
AFRAID OF THE DARK (1992)
GULLIVER'S TRAVELS (1995)
MICKEY BLUE EYES (1999)

**FOX, Michael J.**
*acteur canadien (1961-)*
BACK TO THE FUTURE (1985)
LIGHT OF DAY (1987)
SECRET OF MY SUCCESS, THE (1987)
BACK TO THE FUTURE 2 (1989)
CASUALTIES OF WAR (1989)
BACK TO THE FUTURE 3 (1990)
DOC HOLLYWOOD (1991)
HARD WAY, THE (1991)
LIFE WITH MIKEY (1993)
DON'T DRINK THE WATER (1994)
AMERICAN PRESIDENT, THE (1995)
BLUE IN THE FACE (1995)
FRIGHTENERS, THE (1996)
MARS ATTACKS! (1996)

**FRANCIOSA, Anthony**
*acteur américain (1928-)*
THIS COULD BE THE NIGHT (1957)
NAKED MAJA, THE (1958)
RIO CONCHOS (1964)
ASSAULT ON A QUEEN (1966)
ACROSS 110th STREET (1972)
CURSE OF THE BLACK WIDOW, THE (1977)
PLAISIR DE LA PEUR, LE (1982)

**FRANÇOIS, Jacques**
*acteur français (1920-)*
BARKLEYS OF BROADWAY, THE (1949)
3 MOUSQUETAIRES, LES (1953)
GRANDES MANŒUVRES, LES (1955)
TO PARIS WITH LOVE (1955)
ATTENTAT, L' (1972)
AVENTURES DE RABBI JACOB, LES (1973)
DAY OF THE JACKAL, THE (1973)
CHAT ET LA SOURIS, LE (1975)
JOUET, LE (1976)
GENDARME ET LES EXTRA-TERRESTRES, LE (1978)
JE SUIS TIMIDE... MAIS JE ME SOIGNE (1978)
CAUSE TOUJOURS, TU M'INTÉRESSES (1979)
RIEN NE VA PLUS (1979)
TAIS-TOI QUAND TU PARLES (1981)
AFRICAIN, L' (1982)
GENDARME ET LES GENDARMETTES, LE (1982)
MILLE MILLIARDS DE DOLLARS (1982)
PÈRE NOËL EST UNE ORDURE, LE (1982)
PAPY FAIT DE LA RÉSISTANCE (1983)
SANG DES AUTRES, LE (1983)
LIBERTÉ, ÉGALITÉ, CHOUCROUTE (1985)
SAUVE-TOI LOLA (1986)
MES MEILLEURS COPAINS (1989)
DANSEURS DU MOZAMBIQUE, LES (1991)
OPÉRATION CORNED BEEF (1992)
MON HOMME (1996)

**FRANZ, Arthur**
*acteur américain (1920-)*
ABBOTT & COSTELLO MEET THE INVISIBLE MAN (1951)
FLIGHT TO MARS (1951)
MEMBER OF THE WEDDING, THE (1952)
INVADERS FROM MARS (1953)
MONSTER ON THE CAMPUS (1958)
ALVAREZ KELLY (1966)
AMAZING HOWARD HUGHES, THE (1977)

**FREEMAN, Morgan**
*acteur américain (1937-)*
BRUBAKER (1980)
HARRY AND SON (1984)
TEACHERS (1984)
MARIE (1985)
STREET SMART (1987)
CLEAN AND SOBER (1988)
DRIVING MISS DAISY (1989)
GLORY (1989)
JOHNNY HANDSOME (1989)
LEAN ON ME (1989)
BONFIRE OF THE VANITIES, THE (1990)
ROBIN HOOD: PRINCE OF THIEVES (1991)
POWER OF ONE, THE (1992)
SHAWSHANK REDEMPTION, THE (1994)
OUTBREAK (1995)
SEVEN (1995)
CHAIN REACTION (1996)
MOLL FLANDERS (1996)
AMISTAD (1997)
KISS THE GIRLS (1997)
DEEP IMPACT (1998)
HARD RAIN (1998)
NURSE BETTY (2000)

**FRÉMONT, Thierry**
*acteur français (1962-)*
NOCES BARBARES, LES (1987)
MON AMI LE TRAÎTRE (1989)
FORTUNE EXPRESS (1991)
MERCI LA VIE (1991)
ABRACADABRA (1992)
CAPRICES D'UN FLEUVE, LES (1995)
DÉMONS DE JÉSUS, LES (1996)
FILS DU FRANÇAIS, LE (1999)

**FRESNAY, Pierre**
*acteur français (1897-1975)*
MARIUS (1931)
FANNY (1932)
MAN WHO KNEW TOO MUCH, THE (1934)
CÉSAR (1936)
GRANDE ILLUSION, LA (1937)
ASSASSIN HABITE AU 21, L' (1942)
INCONNUS DANS LA MAISON, LES (1942)
CORBEAU, LE (1943)
MONSIEUR VINCENT (1947)

**FREY, Sami**
*acteur français (1937-)*
CLÉO DE 5 À 7 (1961)
SEPT PÉCHÉS CAPITAUX, LES (1962)
BANDE À PART (1964)
ANGÉLIQUE ET LE ROY (1966)
MANON 70 (1967)
CÉSAR ET ROSALIE (1972)
SWEET MOVIE (1974)
NÉA (1976)
POURQUOI PAS? (1977)
MORTELLE RANDONNÉE (1983)
GARDE DU CORPS, LE (1984)
LITTLE DRUMMER GIRL, THE (1984)
LAPUTA (1986)
SAUVE-TOI LOLA (1986)
BLACK WIDOW (1987)
ÉTAT DE GRÂCE, L' (1987)
DE SABLE ET DE SANG (1988)
EN COMPAGNIE D'ANTONIN ARTAUD (1993)
FILLE DE D'ARTAGNAN, LA (1994)
AMOUR CONJUGAL, L' (1995)
DEUX FRAGONARD, LES (1997)

**FRICKER, Brenda**
*actrice irlandaise (1945-)*
MY LEFT FOOT (1989)
MAN OF NO IMPORTANCE, A (1994)
SWANN (1995)

**FRIELS, Colin**
*acteur écossais (1955-)*
KANGAROO (1986)
GROUND ZERO (1987)
GRIEVOUS BODILY HARM (1989)
DARKMAN (1990)
CLASS ACTION (1991)
ANGEL BABY (1995)
DARK CITY (1997)

**FROBE, Gert**
*acteur allemand (1912-)*
DIABOLIQUE DR. MABUSE, LE (1960)
OPÉRA DE QUAT'SOUS, L' (1962)
TERROR OF DR. MABUSE, THE (1962)
GOLDFINGER (1964)
CHITTY CHITTY BANG BANG (1968)
THOSE DARING YOUNG MEN IN THEIR JAUNTY JALOPIES (1969)
TEN LITTLE INDIANS (1975)

**FROT, Catherine**
*actrice française (1957-)*
PIERRE DANS LA BOUCHE, UNE (1984)
AIR DE FAMILLE, UN (1996)
DÎNER DE CONS, LE (1998)
NOUVELLE ÈVE, LA (1998)

PAPARAZZI (1998)
DILETTANTE, LA (1999)
INSÉPARABLES (1999)

**FULLER, Samuel**
*acteur américain (1911-1997)*
PIERROT LE FOU (1965)
AMI AMÉRICAIN, L' (1977)
1941 (1979)
ÉTAT DES CHOSES, L' (1982)
HELSINKI NAPOLI (1987)
RETURN TO SALEM'S LOT, A (1987)

**FUNICELLO, Annette**
*actrice américaine (1942-)*
BEACH PARTY (1963)
BIKINI BEACH (1964)
HOW TO STUFF A WILD BIKINI (1965)
HEAD: STARRING THE MONKEES (1968)

**FURLONG, Edward**
*acteur américain (1977-)*
TERMINATOR 2: JUDGMENT DAY (1991)
AMERICAN HEART (1992)
HOME OF OUR OWN, A (1993)
BRAINSCAN (1994)
LITTLE ODESSA (1994)
BEFORE AND AFTER (1995)
GRASS HARP, THE (1996)
AMERICAN HISTORY X (1998)
PECKER (1998)
DETROIT ROCK CITY (1999)
ANIMAL FACTORY (2000)

**GABIN, Jean**
*acteur français (1904-1976)*
GRANDE ILLUSION, LA (1937)
PÉPÉ LE MOKO (1937)
BÊTE HUMAINE, LA (1938)
QUAI DES BRUMES (1938)
JOUR SE LÈVE, LE (1939)
PLAISIR, LE (1952)
NAPOLÉON (1954)
FRENCH CAN-CAN (1955)
CRIME ET CHÂTIMENT (1956)
MISÉRABLES, LES (1957)
GRANDS SEIGNEURS, LES (1962)
SINGE EN HIVER, UN (1963)
JARDINIER D'ARGENTEUIL, LE (1966)
TATOUÉ, LE (1968)
CLAN DES SICILIENS, LE (1969)
HORSE, LA (1969)
CHAT, LE (1971)
AFFAIRE DOMINICI, L' (1972)
DEUX HOMMES DANS LA VILLE (1973)
ANNÉE SAINTE, L' (1976)

**GABLE, Clark**
*acteur américain (1901-1960)*
PLASTIC AGE, THE (1925)
DANCE, FOOLS, DANCE (1931)
FREE SOUL, A (1931)
LAUGHING SINNERS (1931)
POSSESSED (1931)
SUSAN LENOX: HER FALL AND RISE (1931)
NO MAN OF HER OWN (1932)
RED DUST (1932)
STRANGE INTERLUDE (1932)
HOLD YOUR MAN (1933)
CHAINED (1934)
FORSAKING ALL OTHERS (1934)
IT HAPPENED ONE NIGHT (1934)
MANHATTAN MELODRAMA (1934)
CHINA SEAS (1935)
MUTINY ON THE BOUNTY (1935)
LOVE ON THE RUN (1936)
SAN FRANCISCO (1936)
SARATOGA (1937)
TEST PILOT (1938)
TOO HOT TO HANDLE (1938)
GONE WITH THE WIND (1939)
COMRADE X (1940)
STRANGE CARGO (1940)
THEY MET IN BOMBAY (1941)
ADVENTURE (1946)
BOOM TOWN (1946)
HUCKSTERS, THE (1947)
COMMAND DECISION (1948)
HOMECOMING (1948)
ANY NUMBER CAN PLAY (1949)
TO PLEASE A LADY (1950)
ACROSS THE WIDE MISSOURI (1951)
LONE STAR (1951)
MOGAMBO (1953)
NEVER LET ME GO (1953)
KING AND FOUR QUEENS, THE (1956)
BAND OF ANGELS (1957)
TEACHER'S PET (1957)
RUN SILENT, RUN DEEP (1958)
BUT NOT FOR ME (1959)
IT STARTED IN NAPLES (1960)
MISFITS, THE (1961)

**GABOR, Eva**
*actrice hongroise (1921-)*
STAR SPANGLED RHYTHM (1942)
LAST TIME I SAW PARIS, THE (1954)
ARTISTS AND MODELS (1955)
MY MAN GODFREY (1957)
GIGI (1958)
IT STARTED WITH A KISS (1959)
NEW KIND OF LOVE, A (1963)
ARISTOCATS, THE (1970)

**GABOR, Zsa Zsa**
*actrice hongroise (1917-)*
MOULIN ROUGE (1952)
LILI (1953)
QUEEN OF OUTER SPACE (1958)
TOUCH OF EVIL (1958)
FOR THE FIRST TIME (1959)
BOY'S NIGHT OUT (1962)
NAKED GUN 2 1/2: THE SMELL OF FEAR, THE (1991)

**GAINSBOURG, Charlotte**
*actrice française (1972-)*
CHARLOTTE FOR EVER (1986)
JANE B. PAR AGNÈS V. (1988)
KUNG-FU MASTER! (1988)
PETITE VOLEUSE, LA (1989)
SOLEIL MÊME LA NUIT, LE (1990)
AMOUREUSE (1991)
AUX YEUX DU MONDE (1991)
MERCI LA VIE (1991)
CEMENT GARDEN, THE (1992)
GROSSE FATIGUE (1994)
JANE EYRE (1996)
LOVE, ETC. (1996)
BÛCHE, LA (1999)
PASSIONNÉMENT (1999)

**GAINSBOURG, Serge**
*acteur français (1928-1991)*
JARDINIER D'ARGENTEUIL, LE (1966)
SÉRIEUX COMME LE PLAISIR (1975)
CHARLOTTE FOR EVER (1986)

**GALABRU, Michel**
*acteur français (1924-)*
LETTRES DE MON MOULIN 1, LES (1954)
GUERRE DES BOUTONS, LA (1961)
CUISINE AU BEURRE, LA (1963)
GENDARME DE SAINT-TROPEZ, LE (1964)
GENDARME À NEW YORK, LE (1965)
PETIT BAIGNEUR, LE (1967)
GENDARME SE MARIE, LE (1968)
GORILLES, LES (1968)
GENDARME EN BALADE, LE (1970)
CONCIERGE, LE (1973)
GASPARDS, LES (1973)
JUGE ET L'ASSASSIN, LE (1976)
NUIT DE SAINT-GERMAIN DES PRÉS, LA (1977)
CAGE AUX FOLLES, LA (1978)
GENDARME ET LES EXTRA-TERRESTRES, LE (1978)
AVARE, L' (1979)
FLIC OU VOYOU (1979)
GAGNANT, LE (1979)
CAGE AUX FOLLES 2, LA (1980)
SOUS-DOUÉS, LES (1980)
BAHUT VA CRAQUER!, LE (1981)
CHOIX DES ARMES, LE (1981)
SI MA GUEULE VOUS PLAÎT (1981)
TE MARRE PAS, C'EST POUR RIRE (1981)
BOURGEOIS GENTILHOMME, LE (1982)
BRACONNIER DE DIEU, LE (1982)
DIPLÔMÉS DU DERNIER RANG, LES (1982)
GENDARME ET LES GENDARMETTES, LE (1982)
PAPY FAIT DE LA RÉSISTANCE (1983)
ÉTÉ MEURTRIER, L' (1983)
NOTRE HISTOIRE (1984)
CAGE AUX FOLLES 3, LA (1985)
FACTEUR DE SAINT-TROPEZ, LE (1985)
ON L'APPELLE CATASTROPHE (1985)
SUBWAY (1985)
FRÈRES PÉTARD, LES (1986)
ENVOYEZ LES VIOLONS (1989)
RÉVOLUTION FRANÇAISE 1: LES ANNÉES LUMIÈRE, LA (1989)
RÉVOLUTION FRANÇAISE 2: LES ANNÉES TERRIBLES, LA (1989)
ASTÉRIX ET OBÉLIX CONTRE CÉSAR (1998)

**GALIENA, Anna**
*actrice italienne (1954-)*
JOURS TRANQUILLES À CLICHY (1989)
MARI DE LA COIFFEUSE, LE (1990)
JAMBON JAMBON (1992)
GROSSE PASTÈQUE, LA (1993)
BEING HUMAN (1994)
SENZA PELLE (SANS LA PEAU) (1994)
CAPRICES D'UN FLEUVE, LES (1995)
LEADING MAN, THE (1996)
EXCELLENT CADAVERS (1999)

**GALLAGHER, Peter**
*acteur américain (1955-)*
IDOLMAKER, THE (1980)
DREAMCHILD (1985)
HIGH SPIRITS (1988)
SEX, LIES, AND VIDEOTAPE (1989)
MILENA (1990)
BOB ROBERTS (1992)
PLAYER, THE (1992)
FALLEN ANGELS (1993)
MOTHER'S BOYS (1993)
SHORT CUTS (1993)
HUDSUCKER PROXY, THE (1994)
MRS. PARKER AND THE VICIOUS CIRCLE (1994)
TO GILLIAN ON HER 37TH BIRTHDAY (1996)
MAN WHO KNEW TOO LITTLE, THE (1997)
AMERICAN BEAUTY (1999)
HOUSE ON HAUNTED HILL (1999)
CENTER STAGE (2000)

**GANDOLFINI, James**
*acteur américain (1962-)*
ANGIE (1994)
TERMINAL VELOCITY (1994)
NOUVEAU MONDE, LE (1995)
JUROR, THE (1996)
NIGHT FALLS ON MANHATTAN (1996)
12 ANGRY MEN (1997)
FALLEN (1997)
SHE'S SO LOVELY (1997)
CIVIL ACTION, A (1998)
MIGHTY, THE (1998)
8 MM (1999)
MEXICAN, THE (2001)

**GANZ, Bruno**
*acteur suisse (1941-)*
HANDS UP (1967)
LUMIÈRE (1975)
AMI AMÉRICAIN, L' (1977)
BOYS FROM BRAZIL, THE (1978)
NOSFERATU: FANTÔME DE LA NUIT (1978)
5% DE RISQUE (1982)
AILES DU DÉSIR, LES (1987)
STRAPLESS (1989)
CHILDREN OF NATURE (1991)
SI LOIN, SI PROCHE (1992)
LAST DAYS OF CHEZ NOUS, THE (1993)
LUMIÈRE ET COMPAGNIE (1995)

**GARBO, Greta**
*actrice suédoise (1905-1990)*
RUE SANS JOIE, LA (1925)
FLESH AND THE DEVIL (1926)
MYSTERIOUS LADY, THE (1928)
KISS, THE (1929)
SINGLE STANDARD, THE (1929)
ANNA CHRISTIE (1930)
ROMANCE (1930)
INSPIRATION (1931)
SUSAN LENOX: HER FALL AND RISE (1931)
AS YOU DESIRE ME (1932)
GRAND HOTEL (1932)
MATA HARI (1932)
QUEEN CHRISTINA (1933)
PAINTED VEIL, THE (1934)
ANNA KARENINA (1935)
CAMILLE (1937)
CONQUEST (1938)
NINOTCHKA (1939)

**GARCIA, Andy**
*acteur américain (1956-)*
MEAN SEASON, THE (1985)
8 MILLION WAYS TO DIE (1986)
STAND AND DELIVER (1987)
BLACK RAIN (1989)
INTERNAL AFFAIRS (1990)
DEAD AGAIN (1991)
GODFATHER, PART 3, THE (1991)
HERO (1992)
JENNIFER 8 (1992)
THINGS TO DO IN DENVER WHEN YOU'RE DEAD (1995)
NIGHT FALLS ON MANHATTAN (1996)
DISPARITION DE GARCIA LORCA, LA (1997)
HOODLUM (1997)
DESPERATE MEASURES (1998)

**GARCIA, Nicole**
*actrice française (1948-)*
QUE LA FÊTE COMMENCE! (1975)
CAVALEUR, LE (1978)
PAPILLON SUR L'ÉPAULE, UN (1978)
MON ONCLE D'AMÉRIQUE (1980)
BEAU-PÈRE (1981)
GARCON! (1983)
MOTS POUR LE DIRE, LES (1983)
STELLA (1983)
4e POUVOIR, LE (1985)
PÉRIL EN LA DEMEURE (1985)
HOMME ET UNE FEMME: VINGT ANS DÉJÀ, UN (1986)
MORT UN DIMANCHE DE PLUIE (1986)
LUMIÈRE DU LAC, LA (1987)
ÉTAT DE GRÂCE, L' (1987)
OUTREMER (1989)
AUX PETITS BONHEURS (1993)
KENNEDY ET MOI (1999)

**GARDNER, Ava**
*actrice américaine (1922-1990)*
HUCKSTERS, THE (1947)
SINGAPORE (1947)
ONE TOUCH OF VENUS (1948)
EAST SIDE, WEST SIDE (1949)
LONE STAR (1951)
MY FORBIDDEN PAST (1951)
PANDORA AND THE FLYING DUTCHMAN (1951)
SHOW BOAT (1951)
SNOWS OF KILIMANJARO, THE (1952)
BAND WAGON, THE (1953)
KNIGHTS OF THE ROUND TABLE (1953)
MOGAMBO (1953)
BAREFOOT CONTESSA, THE (1954)
BHOWANI JUNCTION (1955)
NAKED MAJA, THE (1958)
ON THE BEACH (1959)
55 DAYS AT PEKING (1963)
NIGHT OF THE IGUANA, THE (1964)
SEVEN DAYS IN MAY (1964)
BIBLE, THE (1966)
MAYERLING (1968)
LIFE AND TIMES OF JUDGE ROY BEAN, THE (1972)
EARTHQUAKE (1974)
CASSANDRA CROSSING, THE (1977)

**GARFIELD, Allen**
*acteur américain (1939-)*
GREETINGS (1968)
OWL AND THE PUSSYCAT, THE (1970)
BANANAS (1971)
CRY UNCLE! (1971)
ORGANIZATION, THE (1971)
CANDIDATE, THE (1972)
GET TO KNOW YOUR RABBIT (1972)
CONVERSATION, THE (1974)
FRONT PAGE, THE (1974)
MOTHER, JUGS & SPEED (1976)
BRINK'S JOB, THE (1978)
STUNT MAN, THE (1980)
CONTINENTAL DIVIDE (1981)
ONE FROM THE HEART (1982)
ÉTAT DES CHOSES, L' (1982)
BLACK STALLION RETURNS, THE (1983)
COTTON CLUB, THE (1984)
TEACHERS (1984)
DESERT BLOOM (1986)
LET IT RIDE (1989)
DICK TRACY (1990)
PATRIOTES, LES (1994)
DESTINY TURNS ON THE RADIO (1995)
DIABOLIQUE (1996)

**GARFIELD, John**
*acteur américain (1913-1952)*
FOUR DAUGHTERS (1938)
THEY MADE ME A CRIMINAL (1939)
TORTILLA FLAT (1942)
DESTINATION TOKYO (1943)
FALLEN SPARROW, THE (1943)
HUMORESQUE (1946)
POSTMAN ALWAYS RINGS TWICE, THE (1946)
BODY AND SOUL (1947)
GENTLEMAN'S AGREEMENT (1947)
FORCE OF EVIL (1949)

**GARLAND, Judy**
*actrice américaine (1922-1969)*
PIGSKIN PARADE (1936)
BROADWAY MELODY OF 1938 (1937)
EVERYBODY SING (1938)
LISTEN, DARLING (1938)
LOVE FINDS ANDY HARDY (1938)
BABES IN ARMS (1939)
LITTLE NELLIE KELLY (1940)
STRIKE UP THE BAND (1940)
BABES ON BROADWAY (1941)
LIFE BEGINS FOR ANDY HARDY (1941)
THOUSANDS CHEER (1943)
MEET ME IN ST. LOUIS (1944)
ANDY HARDY MEETS DEBUTANTE (1945)
CLOCK, THE (1945)
HARVEY GIRLS, THE (1946)
TILL THE CLOUDS ROLL BY (1947)
EASTER PARADE (1948)
PIRATE, THE (1948)
IN THE GOOD OLD SUMMERTIME (1949)
SUMMER STOCK (1950)
STAR IS BORN, A (1954)
JUDGMENT AT NUREMBERG (1961)
CHILD IS WAITING, A (1963)
I COULD GO ON SINGING (1963)

**GARNER, James**
*acteur américain (1928-)*
SAYONARA (1957)
DARBY'S RANGERS (1958)
CASH McCALL (1960)
CHILDREN'S HOUR, THE (1961)
BOY'S NIGHT OUT (1962)
GREAT ESCAPE, THE (1963)
MOVE OVER, DARLING (1963)
THRILL OF IT ALL, THE (1963)
36 HOURS (1964)
AMERICANIZATION OF EMILY, THE (1964)
DUEL AT DIABLO (1966)
GRAND PRIX (1966)
HOUR OF THE GUN (1967)
PINK JUNGLE, THE (1968)
MARLOWE (1969)
SKIN GAME (1971)
FAN, THE (1981)
MURPHY'S ROMANCE (1985)
GATE, THE (1987)
SUNSET (1988)
MY NAME IS BILL W. (1989)
FIRE IN THE SKY (1993)
MAVERICK (1994)

**GAROFALO, Janeane**
*actrice américaine (1964-)*
ROMY & MICHELE'S HIGH SCHOOL REUNION (1995)
COPLAND (1997)
CLAY PIGDEONS (1998)
DOG PARK (1998)
DOGMA (1999)
MINUS MAN, THE (1999)
MYSTERY MEN (1999)
ADVENTURES OF ROCKY AND BULLWINKLE, THE (2000)
TITAN A.E. (2000)

**GARR, Teri**
*actrice américaine (1949-)*
HEAD (1968)

CONVERSATION, THE (1974)
CLOSE ENCOUNTERS OF THE THIRD KIND (1977)
BLACK STALLION, THE (1979)
ONE FROM THE HEART (1982)
BLACK STALLION RETURNS, THE (1983)
MR. MOM (1983)
FIRST BORN (1984)
TOOTSIE (1984)
AFTER HOURS (1985)
FULL MOON IN BLUE WATER (1988)
LET IT RIDE (1989)
OUT COLD (1989)
MOM AND DAD SAVED THE WORLD (1992)
PLAYER, THE (1992)
DUMB & DUMBER (1994)
PRÊT-À-PORTER (1994)

**GARSON, Greer**
*acteur irlandais (1908-1996)*
GOODBYE, MR. CHIPS (1939)
PRIDE AND PREJUDICE (1940)
BLOSSOMS IN THE DUST (1941)
MRS. MINIVER (1942)
RANDOM HARVEST (1942)
MADAME CURIE (1943)
MRS. PARKINGTON (1944)
ADVENTURE (1946)
JULIA MISBEHAVES (1948)
THAT FORSYTE WOMAN (1949)
MINIVER STORY, THE (1950)
JULIUS CAESAR (1953)
HAPPIEST MILLIONAIRE, THE (1967)
GOODBYE, MR. CHIPS (1969)

**GASSMAN, Vittorio**
*acteur italien (1922-2000)*
RIZ AMER (1949)
RHAPSODY (1954)
PIGEON, LE (1958)
MIRACLE, THE (1959)
BARABBAS (1961)
TIGER AND THE PUSSYCAT, THE (1967)
NOUS NOUS SOMMES TANT AIMÉS (1974)
PARFUM DE FEMME (1974)
MESDAMES ET MESSIEURS, BONSOIR (1976)
MON FILS EST ASSASSIN (CHER PAPA) (1978)
QUINTET (1978)
HISTOIRE D'AIMER (1980)
NUDE BOMB, THE (1980)
TEMPEST (1982)
BENVENUTA (1983)
DEUX INCONNUS DANS LA VILLE (1985)
FAMILLE, LA (1987)
SLEAZY UNCLE, THE (1989)

**GATES, Nancy**
*actrice américaine (1926-)*
MASTER RACE, THE (1944)
AT SWORD'S POINT (1952)
MEMBER OF THE WEDDING, THE (1952)
SUDDENLY (1954)
SEARCH FOR BRIDEY MURPHY, THE (1956)
COMANCHE STATION (1960)

**GAZZARA, Ben**
*acteur américain (1930-)*
STRANGE ONE, THE (1957)
ANATOMY OF A MURDER (1959)
BRIDGE AT REMAGEN, THE (1969)
HUSBANDS (1970)
KILLING OF A CHINESE BOOKIE, THE (1976)
OPENING NIGHT (1977)
BLOODLINE (1979)
SAINT JACK (1979)
THEY ALL LAUGHED (1981)
CONTE DE LA FOLIE ORDINAIRE (1982)
FILLE DE TRIESTE, LA (1982)
CHAMPAGNE AMER (1986)
EARLY FROST, AN (1986)
MAÎTRE DE LA CAMORRA, LE (1986)
CONTROL (1987)
ROAD HOUSE (1989)
BIG LEBOWSKI, THE (1998)
BUFFALO 66 (1998)
HAPPINESS (1998)
ILLUMINATA (1998)
SPANISH PRISONER, THE (1998)
SUMMER OF SAM (1999)
THOMAS CROWN AFFAIR, THE (1999)

**GEER, Will**
*acteur américain (1902-1978)*
COMANCHE TERRITORY (1950)
TO PLEASE A LADY (1950)
SALT OF THE EARTH (1953)
SECONDS (1966)
BROTHER JOHN (1970)
JEREMIAH JOHNSON (1972)

**GEESON, Judy**
*actrice anglaise (1948-)*
TO SIR, WITH LOVE (1967)
10 RILLINGTON PLACE (1971)
INSEMINOID (1981)

**GÉLIN, Daniel**
*acteur français (1921-)*
RENDEZ-VOUS DE JUILLET (1949)
RONDE, LA (1950)
NAPOLÉON (1954)
MAN WHO KNEW TOO MUCH, THE (1956)
DUEL À LA VODKA (1966)
À BELLES DENTS (1966)
SOUFFLE AU CŒUR, LE (1971)
NOUS IRONS TOUS AU PARADIS (1977)
NUIT DE VARENNES, LA (1982)
ENFANTS, LES (1984)
DANDIN (1989)
ITINÉRAIRE D'UN ENFANT GÂTÉ (1989)
MISTER FROST (1990)
SECRETS PROFESSIONNELS DU DR. APFELGLÜCK, LES (1991)
COUP DE JEUNE! (1992)
ROULEZ JEUNESSE (1992)
MARMOTTES, LES (1993)
BIDOCHON, LES (1996)
MAUVAISE FILLE (1997)

**GÉLINAS, Gratien**
*acteur québécois (1909-1999)*
RED (1969)
CORDÉLIA (1983)
AGNES OF GOD (1985)
TISSERANDS DU POUVOIR, LES (1988)
TISSERANDS DU POUVOIR 2: LA RÉVOLTE, LES (1988)

**GENSAC, Claude**
*actrice française (1927-)*
GRANDES VACANCES, LES (1967)
GENDARME SE MARIE, LE (1968)
HIBERNATUS (1969)
GENDARME EN BALADE, LE (1970)
AILE OU LA CUISSE, L' (1976)
AVARE, L' (1979)
SOUPE AUX CHOUX, LA (1981)
GENDARME ET LES GENDARMETTES, LE (1982)
QUIPROQUOS (1990)

**GÉRARD, Charles**
*acteur français (1926-)*
SMIC, SMAC, SMOC (1971)
AVENTURE C'EST L'AVENTURE, L' (1972)
BONNE ANNÉE, LA (1973)
MARIAGE (1974)
TOUTE UNE VIE (1974)
JOUET, LE (1976)
ANIMAL, L' (1977)
RINGARDS, LES (1978)
CHARLOTS EN DÉLIRE, LES (1979)
FLIC OU VOYOU (1979)
DIPLÔMÉS DU DERNIER RANG, LES (1982)
ÉDITH ET MARCEL (1983)
NI AVEC TOI, NI SANS TOI (1985)
PARTIR, REVENIR (1985)
HOMME ET UNE FEMME: VINGT ANS DÉJÀ, UN (1986)
ATTENTION BANDITS (1987)
CLUB DE RENCONTRES (1987)
IL Y A DES JOURS... ET DES LUNES (1990)
BELLE HISTOIRE, LA (1991)
TOUT ÇA... POUR ÇA! (1992)

**GERE, Richard**
*acteur américain (1949-)*
LOOKING FOR MR. GOODBAR (1977)
DAYS OF HEAVEN (1978)
AMERICAN GIGOLO (1980)
OFFICER AND A GENTLEMAN, AN (1982)
BREATHLESS (1983)
COTTON CLUB, THE (1984)
KING DAVID (1985)
POWER (1985)
NO MERCY (1986)
MILES FROM HOME (1988)
INTERNAL AFFAIRS (1990)
PRETTY WOMAN (1990)
FINAL ANALYSIS (1991)
SOMMERSBY (1992)
MR. JONES (1993)
AND THE BAND PLAYED ON (1994)
INTERSECTION (1994)
FIRST KNIGHT (1995)
PRIMAL FEAR (1996)
JACKAL, THE (1997)
RED CORNER (1997)
RUNAWAY BRIDE (1999)
AUTUMN IN NEW YORK (2000)
DR. T AND THE WOMEN (2000)

**GÉRET, Georges**
*acteur français (1924-)*
LE JOURNAL D'UN FEMME DE CHAMBRE (1964)
FIANCÉE DU PIRATE, LA (1969)
PROTECTEUR, LE (1974)
TEHERAN 43 (1980)
SALUT LA PUCE (1982)

**GETTY, Balthazar**
*acteur américain (1975-)*
LORD OF THE FLIES (1990)
JUDGE DREDD (1995)
LOST HIGHWAY (1996)

**GIANNINI, Giancarlo**
*acteur italien (1942-)*
ANZIO (1968)
SECRET OF SANTA VITTORIA, THE (1969)
MIMI MÉTALLO BLESSÉ DANS SON HONNEUR (1972)
ALL SCREWED UP (1973)
LOVE & ANARCHY (1973)
GRANDE BOURGEOISE, LA (1974)
VERS UN DESTIN INSOLITE SUR LES FLOTS

BLEUS DE L'ÉTÉ (1974)
INNOCENT, L' (1976)
SEVEN BEAUTIES (PASQUALINO) (1976)
NIGHT FULL OF RAIN, A (1978)
AVEUX SPONTANÉS (1979)
BUONE NOTIZIE, LE (1979)
HISTOIRE D'AIMER (1980)
PICONE (1984)
NEW YORK STORIES (1989)
SLEAZY UNCLE, THE (1989)
TIME TO KILL (1989)
MIMIC (1997)
HANNIBAL (2001)

**GIBSON, Mel**
*acteur australien (1956-)*
MAD MAX (1979)
ATTACK FORCE Z (1980)
GALLIPOLI (1981)
MAD MAX 2: THE ROAD WARRIOR (1981)
BOUNTY, THE (1983)
MRS. SOFFEL (1984)
RIVER, THE (1984)
MAD MAX 3: BEYOND THE THUNDERDOME (1985)
LETHAL WEAPON (1987)
TEQUILA SUNRISE (1988)
LETHAL WEAPON 2 (1989)
BIRD ON A WIRE (1990)
HAMLET (1990)
FOREVER YOUNG (1992)
LETHAL WEAPON 3 (1992)
MAN WITHOUT A FACE, THE (1993)
MAVERICK (1994)
BRAVEHEART (1995)
RANSOM (1996)
CONSPIRACY THEORY (1997)
LETHAL WEAPON 4 (1998)
PAYBACK (1999)
PATRIOT, THE (2000)

**GIELGUD, John**
*acteur anglais (1904-)*
SECRET AGENT (1936)
PRIME MINISTER (1941)
JULIUS CAESAR (1953)
RICHARD III (1955)
AROUND THE WORLD IN 80 DAYS (1956)
SAINT JOAN (1957)
LOVED ONE, THE (1965)
CHARGE OF THE LIGHT BRIGADE, THE (1968)
SHOES OF THE FISHERMAN, THE (1968)
JULIUS CAESAR (1970)
BECKET (1974)
MURDER ON THE ORIENT EXPRESS (1974)
PROVIDENCE (1977)
CALIGULA (1979)
JAMES JOYCE: A PORTRAIT OF THE ARTIST AS A YOUNG MAN (1979)
MURDER BY DECREE (1979)
ELEPHANT MAN, THE (1980)
FORMULA, THE (1980)
HUMAN FACTOR, THE (1980)
ARTHUR (1981)
CHARIOTS OF FIRE (1981)
LION OF THE DESERT (1981)
SPHINX (1981)
GANDHI (1982)
HUNCHBACK, THE (1982)
SCARLET AND THE BLACK, THE (1983)
SHOOTING PARTY, THE (1984)
APPOINTMENT WITH DEATH (1988)
ARTHUR 2: ON THE ROCKS (1988)
MAN FOR ALL SEASONS, A (1988)
GETTING IT RIGHT (1989)
PROSPERO'S BOOKS (1991)
POWER OF ONE, THE (1992)
SHINING THROUGH (1992)
FIRST KNIGHT (1995)
GULLIVER'S TRAVELS (1995)
PORTRAIT OF A LADY, THE (1996)
SHINE (1996)

**GIL, Ariadna**
*actrice espagnole (1969-)*
MÉCANIQUES CÉLESTES (1994)
LIBERTARIAS (1995)
DON JUAN (1997)
TALK OF ANGELS (1998)

**GILFORD, Jack**
*acteur américain (1907-1990)*
FUNNY THING HAPPENED ON THE WAY TO THE FORUM, A (1966)
ENTER LAUGHING (1967)
INCIDENT, THE (1967)
FIXER, THE (1968)
CATCH 22 (1970)
SAVE THE TIGER (1973)
CAVEMAN (1981)
COCOON (1985)
ARTHUR 2: ON THE ROCKS (1988)
COCOON: THE RETURN (1988)

**GILLIAM, Terry**
*acteur américain (1940-)*
AND NOW FOR SOMETHING COMPLETELY DIFFERENT (1972)
MONTY PYTHON AND THE HOLY GRAIL (1974)
JABBERWOCKY (1977)
MONTY PYTHON'S LIFE OF BRIAN (1979)
MONTY PYTHON LIVE AT THE HOLLYWOOD BOWL (1982)
MONTY PYTHON'S THE MEANING OF LIFE (1983)
SPIES LIKE US (1985)

**GIRARD, Rémy**
*acteur québécois (1950-)*
BEAUX SOUVENIRS, LES (1981)
CRIME D'OVIDE PLOUFFE, LE (1984)
DÉCLIN DE L'EMPIRE AMÉRICAIN, LE (1986)
CHEMIN DE DAMAS, LE (1988)
KALAMAZOO (1988)
PORTES TOURNANTES, LES (1988)
TISSERANDS DU POUVOIR, LES (1988)
DANS LE VENTRE DU DRAGON (1989)
JÉSUS DE MONTRÉAL (1989)
RAFALES (1990)
AMOUREUX FOU (1991)
MONTRÉAL VU PAR... (1991)
PAGAILLE, LA (1991)
FLORIDA, LA (1993)
SECRET DE JÉRÔME, LE (1994)
BOYS, LES (1997)
SIÈGE DE L'ÂME, LE (1997)
BOYS II, LES (1998)

**GIRARDOT, Annie**
*actrice française (1931-)*
ROCCO ET SES FRÈRES (1960)
ANARCHISTE OU LA BANDE À BONNOT (1969)
MOURIR D'AIMER (1970)
NOVICES, LES (1970)
ELLE CAUSE PLUS... ELLE FLINGUE! (1972)
DOCTEUR FRANÇOISE GAILLAND (1975)
GITAN, LE (1975)
À CHACUN SON ENFER (1977)
CAVALEUR, LE (1978)
CAUSE TOUJOURS, TU M'INTÉRESSES (1979)
GRAND EMBOUTEILLAGE, LE (1979)
ON A VOLÉ LA CUISSE DE JUPITER (1979)
PARTIR, REVENIR (1985)
CINQ JOURS EN JUIN (1989)
COMÉDIE D'AMOUR (1989)
IL Y A DES JOURS... ET DES LUNES (1990)
MERCI LA VIE (1991)
CRY IN THE NIGHT, A (1992)
MISÉRABLES DU XXe SIÈCLE, LES (1995)
BIDOCHON, LES (1996)
ÂGE DE BRAISE, L' (1998)

**GIRARDOT, Hippolyte**
*acteur français*
BON PLAISIR, LE (1983)
PRÉNOM: CARMEN (1983)
FORT SAGANNE (1984)
AMANT MAGNIFIQUE, L' (1986)
DESCENTE AUX ENFERS (1986)
MONDE SANS PITIÉ, UN (1989)
MAN INSIDE, THE (1990)
APRÈS L'AMOUR (1991)
CONFESSIONS D'UN BARJO (1991)
FILLE DE L'AIR, LA (1992)
PARFUM D'YVONNE, LE (1993)
QUAND J'AVAIS CINQ ANS, JE M'AI TUÉ (1993)
TOXIC AFFAIR (1993)
PATRIOTES, LES (1994)

**GIRAUDEAU, Bernard**
*acteur français (1947-)*
GITAN, LE (1975)
JUGE FAYARD DIT «LE SHÉRIF», LE (1976)
BILITIS (1977)
TOUBIB, LE (1979)
CROQUE LA VIE (1981)
GRAND PARDON, LE (1981)
PASSION D'AMOUR (1981)
RUFFIAN, LE (1982)
ET LA TENDRESSE?... BORDEL! (1983)
MEURTRES À DOMICILE (1983)
PAPY FAIT DE LA RÉSISTANCE (1983)
RUE BARBARE (1983)
ANNÉE DES MÉDUSES, L' (1984)
BRAS DE FER (1985)
SPÉCIALISTES, LES (1985)
HOMME VOILÉ, L' (1987)
POUSSIÈRE D'ANGE (1987)
APRÈS L'AMOUR (1991)
DRÔLES D'OISEAUX (1992)
REINE BLANCHE, LA (1992)
ELLES NE PENSENT QU'À ÇA (1993)
FILS PRÉFÉRÉ, LE (1994)
CAPRICES D'UN FLEUVE, LES (1995)
MARQUISE (1997)
MARTHE (1997)
AFFAIRE DE GOÛT, UNE (1999)
GOUTTES D'EAU SUR PIERRES BRÛLANTES (1999)

**GIROTTI, Massimo**
*acteur italien (1918-)*
AMANTS DIABOLIQUES, LES (1942)
SENSO (1954)
HEROD THE GREAT (1958)
TEOREMA (1968)
TORTURE CHAMBER OF BARON BLOOD, THE (1972)

**GISH, Lillian**
*actrice américaine (1896-1993)*
JUDITH OF BETHULIA (1913)
BIRTH OF A NATION, THE (1915)
INTOLERANCE (1916)
HEARTS OF THE WORLD (1918)
BROKEN BLOSSOMS (1919)

ORPHANS OF THE STORM (1922)
COMMANDOS STRIKE AT DAWN (1943)
DUEL IN THE SUN (1946)
PORTRAIT OF JENNIE (1948)
NIGHT OF THE HUNTER, THE (1955)
COMEDIANS, THE (1967)
SWEET LIBERTY (1986)
WHALES OF AUGUST, THE (1987)

**GLEASON, James**
*acteur américain (1886-1959)*
FREE SOUL, A (1931)
EX-MRS. BRADFORD, THE (1936)
ARSENIC AND OLD LACE (1944)
CLOCK, THE (1945)
DOWN TO EARTH (1947)
JACKPOT, THE (1950)
MAN IN THE SHADOW (1957)
ROCK-A-BYE BABY (1958)

**GLENN, Scott**
*acteur américain (1941-)*
NASHVILLE (1975)
APOCALYPSE NOW (1979)
PERSONAL BEST (1982)
KEEP, THE (1983)
RIGHT STUFF, THE (1983)
RIVER, THE (1984)
SILVERADO (1985)
HUNT FOR RED OCTOBER, THE (1990)
BACKDRAFT (1991)
SILENCE OF THE LAMBS, THE (1991)
PLAYER, THE (1992)
NIGHT OF THE RUNNING MAN (1994)
RECKLESS (1995)
TALL TALE (1995)
ABSOLUTE POWER (1996)
CARLA'S SONG (1996)
COURAGE UNDER FIRE (1996)

**GLOVER, Crispin**
*acteur américain (1964-)*
FRIDAY THE 13TH PART IV: THE FINAL CHAPTER (1984)
RACING WITH THE MOON (1984)
TEACHERS (1984)
BACK TO THE FUTURE (1985)
RIVER'S EDGE (1986)
DOORS, THE (1991)
EVEN COWGIRLS GET THE BLUES (1994)
DEAD MAN (1995)
CHARLIE'S ANGELS (2000)
NURSE BETTY (2000)

**GLOVER, Danny**
*acteur américain (1947-)*
ESCAPE FROM ALCATRAZ (1979)
PLACES IN THE HEART (1984)
COLOR PURPLE, THE (1985)
SILVERADO (1985)
LETHAL WEAPON (1987)
MANDELA (1987)
BAT 21 (1988)
LETHAL WEAPON 2 (1989)
PREDATOR II (1990)
TO SLEEP WITH ANGER (1990)
GRAND CANYON (1991)
PURE LUCK (1991)
RAGE IN HARLEM, A (1991)
LETHAL WEAPON 3 (1992)
BOPHA! (1993)
SAINT OF FORT WASHINGTON, THE (1993)
SWITCHBACK (1997)
BELOVED (1998)
LETHAL WEAPON 4 (1998)

**GLOVER, John**
*acteur américain (1944-)*
52 PICK-UP (1986)
EARLY FROST, AN (1986)
CHOCOLATE WAR, THE (1988)
SCROOGED (1988)
EL DIABLO (1990)
GREMLINS 2: THE NEW BATCH (1990)
LOVE! VALOUR! COMPASSION! (1996)

**GODDARD, Paulette**
*actrice américaine (1911-1990)*
ROMAN SCANDALS (1933)
KID MILLIONS (1934)
MODERN TIMES (1936)
GHOST BREAKERS, THE (1940)
GREAT DICTATOR, THE (1940)
REAP THE WILD WIND (1942)
STAR SPANGLED RHYTHM (1942)
SO PROUDLY WE HAIL (1943)
DIARY OF A CHAMBERMAID (1946)

**GODIN, Jacques**
*acteur québécois (1930-)*
FESTIN DES MORTS, LE (1964)
ET DU FILS (1971)
O.K... LALIBERTÉ (1973)
PAR LE SANG DES AUTRES (1974)
ONE MAN (1977)
QUARANTAINE, LA (1982)
MARIO (1984)
POUVOIR INTIME (1986)
ÉQUINOXE (1986)
GUERRE OUBLIÉE, LA (1987)
GASPARD ET FILS (1988)
SALUT VICTOR! (1988)
DOUBLE IDENTITY (1989)
ALISÉE (1991)
BEING AT HOME WITH CLAUDE (1991)
NUIT DU DÉLUGE, LA (1996)

**GOLDBERG, Whoopi**
*actrice américaine (1949-)*
COLOR PURPLE, THE (1985)
JUMPIN' JACK FLASH (1986)
FATAL BEAUTY (1987)
CLARA'S HEART (1988)
HOMER & EDDIE (1989)
GHOST (1990)
LONG WALK HOME, THE (1990)
SOAPDISH (1991)
PLAYER, THE (1992)
SARAFINA! (1992)
SISTER ACT (1992)
MADE IN AMERICA (1993)
SISTER ACT 2: BACK IN THE HABIT (1993)
BOYS ON THE SIDE (1994)
CORRINA, CORRINA (1994)
LITTLE RASCALS, THE (1994)
MOONLIGHT AND VALENTINO (1995)
ASSOCIATE, THE (1996)
BOGUS (1996)
EDDIE (1996)
GHOSTS OF MISSISSIPPI (1996)
BURN HOLLYWOOD BURN (1997)
IN THE GLOAMING (1997)
HOW STELLA GOT HER GROOVE BACK (1998)
DEEP END OF THE OCEAN, THE (1999)
GIRL, INTERRUPTED (1999)
ADVENTURES OF ROCKY AND BULLWINKLE, THE (2000)

**GOLDBLUM, Jeff**
*acteur américain (1952-)*
DEATH WISH (1974)
NASHVILLE (1975)
NEXT STOP, GREENWICH VILLAGE (1976)
ANNIE HALL (1977)
INVASION OF THE BODY SNATCHERS (1978)
THANK GOD IT'S FRIDAY (1978)
BIG CHILL, THE (1983)
RIGHT STUFF, THE (1983)
ADVENTURES OF BUCKAROO BANZAI ACROSS
THE 8th DIMENSION, THE (1984)
INTO THE NIGHT (1985)
SILVERADO (1985)
FLY, THE (1986)
BEYOND THERAPY (1987)
EARTH GIRLS ARE EASY (1989)
MISTER FROST (1990)
TALL GUY, THE (1990)
DEEP COVER (1992)
FAVOUR, THE WATCH AND THE VERY BIG FISH, THE (1992)
PLAYER, THE (1992)
SHOOTING ELIZABETH (1992)
JURASSIC PARK (1993)
JURASSIC PARK (COFFRET) (1993)
NINE MONTHS (1995)
POWDER (1995)
GREAT WHITE HYPE, THE (1996)
INDEPENDANCE DAY (1996)
LOST WORLD: JURASSIC PARK, THE (1997)
HOLY MAN (1998)

**GOLINO, Valeria**
*actrice italienne (1966-)*
LUNETTES D'OR, LES (1987)
BIG TOP PEE WEE (1988)
RAIN MAN (1989)
TORRENTS OF SPRING (1989)
IL Y A DES JOURS... ET DES LUNES (1990)
PUTAIN DU ROI, LA (1990)
HOT SHOTS! (1991)
INDIAN RUNNER, THE (1991)
HOT SHOTS! PART DEUX (1993)
IMMORTAL BELOVED (1994)
FOUR ROOMS (1995)
LEAVING LAS VEGAS (1995)
DERNIER HAREM, LE (1999)
DERNIER HAREM, LE (1999)

**GOMEZ, Thomas**
*acteur américain (1905-1971)*
DEAD MAN'S EYE (1944)
PHANTOM LADY (1944)
COME TO THE STABLE (1949)
THAT MIDNIGHT KISS (1949)
KIM (1950)
MACAO (1952)
PONY SOLDIER (1952)
CONQUEROR, THE (1956)
BUT NOT FOR ME (1959)

**GOMOROV, Mikhail**
*acteur russe*
GRÈVE, LA (1924)
CUIRASSÉ POTEMKINE, LE (1925)

**GOODING, Cuba Jr.**
*acteur américain (1968-)*
BOYZ N THE HOOD (1991)
FEW GOOD MEN, A (1992)
JUDGMENT NIGHT (1993)
OUTBREAK (1995)
LOSING ISAIAH (1995)
JERRY MAGUIRE (1996)
AS GOOD AS IT GETS (1997)
WHAT DREAMS MAY COME (1998)

**GOODMAN, John**
*acteur américain (1952-)*
SURVIVORS, THE (1983)
MARIA'S LOVERS (1984)
SWEET DREAMS (1985)
BIG EASY, THE (1987)
RAISING ARIZONA (1987)
EVERYBODY'S ALL-AMERICAN (1988)
PUNCHLINE (1988)
ALWAYS (1989)
SEA OF LOVE (1989)
ARACHNOPHOBIA (1990)
STELLA (1990)
BARTON FINK (1991)
KING RALPH (1991)
BABE, THE (1992)
MATINEE (1993)
FLINTSTONES, THE (1994)
STREETCAR NAMED DESIRE, A (1995)
BORROWERS, THE (1997)
FALLEN (1997)
BIG LEBOWSKI, THE (1998)
BLUES BROTHERS 2000 (1998)
BRINGING OUT THE DEAD (1999)
ADVENTURES OF ROCKY AND BULLWINKLE, THE (2000)
COYOTE UGLY (2000)
O BROTHER, WHERE ART THOU? (2000)

**GOODWIN, Harold**
*acteur américain (1902-1987)*
COLLEGE (1927)
CAMERAMAN, THE (1928)
TOKYO JOE (1949)
GREAT RUPERT, THE (1950)
ABBOTT & COSTELLO GO TO MARS (1953)
ABBOTT & COSTELLO MEET THE KEYSTONE KOPS (1955)
DIE MONSTER, DIE! (1965)

**GOSSETT, Louis Jr.**
*acteur américain (1936-)*
RAISIN IN THE SUN, A (1961)
LANDLORD, THE (1970)
SKIN GAME (1971)
TRAVELS WITH MY AUNT (1972)
LAUGHING POLICEMAN, THE (1973)
DEEP, THE (1977)
OFFICER AND A GENTLEMAN, AN (1982)
JAWS 3 (1983)
ENEMY MINE (1985)
DIGGSTOWN (1992)
BLUE CHIPS (1994)
GOOD MAN IN AFRICA, A (1994)

**GOUGH, Michael**
*acteur anglais (1917-)*
MAN IN THE WHITE SUIT, THE (1951)
RICHARD III (1955)
HORROR OF DRACULA (1958)
HORSE'S MOUTH, THE (1958)
KONGA (1961)
PHANTOM OF THE OPERA, THE (1962)
DR. TERROR'S HOUSE OF HORRORS (1965)
SKULL, THE (1965)
BERSERK! (1967)
JULIUS CAESAR (1970)
CRUCIBLE OF HORROR (1971)
SAVAGE MESSIAH (1972)
BOYS FROM BRAZIL, THE (1978)
DRESSER, THE (1984)
TOP SECRET! (1984)
CARAVAGGIO (1986)
OUT OF AFRICA (1986)
FOURTH PROTOCOL, THE (1987)
SERPENT AND THE RAINBOW, THE (1988)
BATMAN (1989)
STRAPLESS (1989)
GARDEN, THE (1990)
LET HIM HAVE IT (1991)
BATMAN RETURNS (1992)
AGE OF INNOCENCE, THE (1993)
ADVOCATE, THE (1994)
BATMAN FOREVER (1995)

**GOULD, Elliot**
*acteur américain (1938-)*
NIGHT THEY RAIDED MINSKY'S, THE (1968)
BOB & CAROL & TED & ALICE (1969)
M*A*S*H (1970)
NASHVILLE (1975)
BRIDGE TOO FAR, A (1977)
CAPRICORN ONE (1978)
SILENT PARTNER, THE (1978)
LADY VANISHES, THE (1979)
BUGSY (1991)
PLAYER, THE (1992)
GLASS SHIELD, THE (1995)
KICKING AND SCREAMING (1995)

**GOYETTE, Patrick**
*acteur québécois*
SAUF-CONDUITS, LES (1983)
DANS LE VENTRE DU DRAGON (1989)
NELLIGAN (1991)
COYOTE (1992)
CONFESSIONNAL, LE (1995)
POLYGRAPHE, LE (1996)
FANTÔMES DES TROIS MADELEINE, LES (2000)

**GRABLE, Betty**
*actrice américaine (1916-1973)*
CAVALCADE (1933)
GAY DIVORCEE, THE (1934)
FOLLOW THE FLEET (1936)
GIVE ME A SAILOR (1938)
DOWN ARGENTINE WAY (1940)
TIN PAN ALLEY (1940)
I WAKE UP SCREAMING (1941)
MOON OVER MIAMI (1941)
FOOTLIGHT SERENADE (1942)
SONG OF THE ISLANDS (1942)
SPRINGTIME IN THE ROCKIES (1942)
PIN UP GIRL (1944)
DOLLY SISTERS, THE (1945)
MOTHER WORE TIGHTS (1947)
BEAUTIFUL BLONDE FROM BASHFUL BEND, THE (1949)
HOW TO MARRY A MILLIONAIRE (1953)
THREE FOR THE SHOW (1955)

**GRAHAM, Heather**
*actrice américaine (1970-)*
BOOGIE NIGHTS (1997)
LOST IN SPACE (1998)
AUSTIN POWERS: THE SPY WHO SHAGGED ME (1999)
BOWFINGER (1999)

**GRANT, Cary**
*acteur américain (1904-1986)*
BLONDE VENUS (1932)
EAGLE AND THE HAWK, THE (1933)
I'M NO ANGEL (1933)
SHE DONE HIM WRONG (1933)
SYLVIA SCARLETT (1935)
SUZY (1936)
AWFUL TRUTH, THE (1937)
TOAST OF NEW YORK, THE (1937)
BRINGING UP BABY (1938)
HOLIDAY (1938)
GUNGA DIN (1939)
HIS GIRL FRIDAY (1939)
IN NAME ONLY (1939)
ONLY ANGELS HAVE WINGS (1939)
PHILADELPHIA STORY, THE (1940)
PENNY SERENADE (1941)
SUSPICION (1941)
ONCE UPON A HONEYMOON (1942)
TALK OF THE TOWN, THE (1942)
DESTINATION TOKYO (1943)
ARSENIC AND OLD LACE (1944)
NONE BUT THE LONELY HEART (1944)
NOTORIOUS (1946)
BACHELOR AND THE BOBBY-SOXER, THE (1947)
BISHOP'S WIFE, THE (1948)
EVERY GIRL SHOULD BE MARRIED (1948)
MR. BLANDINGS BUILDS HIS DREAM HOUSE (1948)
I WAS A MALE WAR BRIDE (1949)
PEOPLE WILL TALK (1951)
MONKEY BUSINESS (1952)
TO CATCH A THIEF (1955)
AFFAIR TO REMEMBER, AN (1957)
PRIDE AND THE PASSION,THE (1957)
HOUSEBOAT (1958)
INDISCREET (1958)
NORTH BY NORTHWEST (1959)
OPERATION PETTICOAT (1959)
GRASS IS GREENER, THE (1960)
THAT TOUCH OF MINK (1962)
CHARADE (1963)
FATHER GOOSE (1964)

**GRANT, Hugh**
*acteur anglais (1960-)*
MAURICE (1987)
LAIR OF THE WHITE WORM, THE (1988)
IMPROMPTU (1990)
BITTER MOON (1992)
FOUR WEDDINGS AND A FUNERAL (1993)
REMAINS OF THE DAY, THE (1993)
SIRENS (1994)
AWFULLY BIG ADVENTURE, AN (1995)
ENGLISHMAN WHO WENT UP A HILL, BUT CAME DOWN A MOUNTAIN, THE (1995)
NINE MONTHS (1995)
RESTORATION (1995)
SENSE AND SENSIBILITY (1995)
EXTREME MEASURES (1996)
MICKEY BLUE EYES (1999)
NOTTING HILL (1999)
SMALL TIME CROOKS (2000)

**GRANT, Lee**
*acteur américain (1927-)*
BALCONY, THE (1963)
IN THE HEAT OF THE NIGHT (1967)
BUONA SERA, MRS. CAMPBELL (1968)
MAROONED (1969)
LANDLORD, THE (1970)
THERE WAS A CROOKED MAN (1970)
PLAZA SUITE (1971)
PORTNOY'S COMPLAINT (1972)
SHAMPOO (1975)
AIRPORT '77 (1977)
DAMIEN - OMEN II (1978)
SWARM, THE (1978)
LITTLE MISS MARKER (1980)
CHARLIE CHAN AND THE CURSE OF THE DRAGON QUEEN (1981)
TEACHERS (1984)
BIG TOWN, THE (1987)
DEFENDING YOUR LIFE (1991)
IT'S MY PARTY (1996)
DR. T AND THE WOMEN (2000)

**GRANT, Richard E.**
*acteur anglais (1957-)*
HOW TO GET AHEAD IN ADVERTISING (1989)
HENRY & JUNE (1990)
MOUNTAINS OF THE MOON (1990)
HUDSON HAWK (1991)
L.A. STORY (1991)
BRAM STOKER'S DRACULA (1992)
PLAYER, THE (1992)
AGE OF INNOCENCE, THE (1993)
PRÊT-À-PORTER (1994)
JACK & SARAH (1995)
PORTRAIT OF A LADY, THE (1996)
MERRY WAR, A (1997)
SERPENT'S KISS (1997)
SPICE WORLD (1997)

**GRAVEL, Robert**
*acteur québécois (1944-1996)*
AU CLAIR DE LA LUNE (1982)
DERNIER GLACIER, LE (1984)
POUVOIR INTIME (1986)
DANS LE VENTRE DU DRAGON (1989)
ERREUR SUR LA PERSONNE (1995)
LISTE NOIRE (1995)
PUDDING CHÔMEUR (1996)

**GRAVES, Peter**
*acteur américain (1925-1994)*
MAYTIME IN MAYFAIR (1949)
RED PLANET MARS (1952)
STALAG 17 (1953)
KILLERS FROM SPACE (1954)
COURT-MARTIAL OF BILLY MITCHELL, THE (1955)
NIGHT OF THE HUNTER, THE (1955)
IT CONQUERED THE WORLD (1956)
POOR WHITE TRASH (1957)
TEXAS ACROSS THE RIVER (1966)
HOW I WON THE WAR (1967)
MAGIC CHRISTIAN, THE (1969)
AIRPLANE! (1980)
AIRPLANE II: THE SEQUEL (1982)
I'M GONNA GIT YOU SUCKA! (1988)
ADDAMS FAMILY VALUES, THE (1993)

**GRAVES, Rupert**
*acteur anglais (1963-)*
ROOM WITH A VIEW, A (1986)
MAURICE (1987)
HANDFUL OF DUST, A (1988)
DAMAGE (1992)
MADNESS OF KING GEORGE, THE (1994)
TENANT OF WILDFELL HALL, THE (1996)
MRS. DALLOWAY (1997)

**GRAY, Spalding**
*acteur américain (1941-)*
ILSA, HAREM KEEPER OF THE OIL SHEIKS (1975)
KILLING FIELDS, THE (1984)
HARD CHOICES (1986)
SWIMMING TO CAMBODIA (1987)
BEACHES (1988)
CLARA'S HEART (1988)
MONSTER IN A BOX (1992)
KING OF THE HILL (1993)
PAPER, THE (1994)
BEYOND RANGOON (1995)
DRUNKS (1995)
DIABOLIQUE (1996)
BLISS (1997)
GRAY'S ANATOMY (1997)

**GRÉCO, Juliette**
*actrice française (1927-)*
ORPHÉE (1949)
GREEN GLOVE, THE (1952)
HOMME ET L'ENFANT, L' (1956)
ÉLÉNA ET LES HOMMES (1956)
BONJOUR TRISTESSE (1958)
NIGHT OF THE GENERALS, THE (1967)

**GREENE, Graham**
*acteur canadien (1952-)*
REVOLUTION (1986)
POWWOW HIGHWAY (1989)
CLEAR CUT (1991)
DANCES WITH WOLVES (1991)
RAIN WITHOUT THUNDER (1992)
THUNDERHEART (1992)
CAMILLA (1994)
MAVERICK (1994)
DIE HARD WITH A VENGEANCE (1995)
EDUCATION OF LITTLE TREE, THE (1997)
HERD, THE (1998)
SHATTERED IMAGE (1998)

**GREGORY, James**
*acteur américain (1911-)*
NAKED CITY, THE (1948)
GUN GLORY (1957)
AL CAPONE (1959)
MANCHURIAN CANDIDATE, THE (1962)
CAPTAIN NEWMAN, M.D. (1963)
PT 109 (1963)
SONS OF KATIE ELDER, THE (1965)
MURDERERS' ROW (1966)
AMBUSHERS, THE (1968)
SECRET WAR OF HARRY FRIGG, THE (1968)
BENEATH THE PLANET OF THE APES (1970)
STRONGEST MAN IN THE WORLD, THE (1974)
FLIGHT OF DRAGONS (1982)

**GRENON, Macha**
*actrice québécoise (1968-)*
PIANIST, THE (1992)
MYTH OF THE MALE ORGASM, THE (1993)
LOUIS 19, LE ROI DES ONDES (1994)
ERREUR SUR LA PERSONNE (1995)
HOMME IDÉAL, L' (1996)
CONCIERGERIE, LA (1997)
SLEEP ROOM, THE (1997)

**GREY, Virginia**
*actrice américaine (1917-)*
ANOTHER THIN MAN (1939)
HOUSE OF HORRORS (1946)
MEXICAN HAYRIDE (1948)
SO THIS IS NEW YORK (1948)
ALL THAT HEAVEN ALLOWS (1955)
MADAME X (1966)

**GRIER, Pam**
*actrice américaine (1949-)*
BLACK MAMA, WHITE MAMA (1973)
COFFY (1973)
SCREAM, BLACULA, SCREAM! (1973)
FOXY BROWN (1974)
BUCKTOWN (1975)
FRIDAY FOSTER (1975)
SHEBA BABY (1975)
TOUGH ENOUGH (1983)
ABOVE THE LAW (1988)
ORIGINAL GANGSTAS (1996)
JACKIE BROWN (1997)
HOLY SMOKE (1999)

**GRIFFITH, Hugh**
*acteur anglais (1912-1980)*
BEN-HUR (1959)
EXODUS (1960)
COUNTERFEIT TRAITOR, THE (1962)
MUTINY ON THE BOUNTY (1962)
TOM JONES (1963)
HOW TO STEAL A MILLION (1966)
FIXER, THE (1968)
OLIVER! (1968)
START THE REVOLUTION WITHOUT ME (1970)
CONTES DE CANTERBURY, LES (1972)
DR. PHIBES RISES AGAIN (1972)
DIARY OF FORBIDDEN DREAMS (WHAT?) (1973)
FINAL PROGRAM, THE (1973)
LEGEND OF WEREWOLF (1975)
LAST REMAKE OF BEAU GESTE, THE (1977)

**GRIFFITH, Melanie**
*actrice américaine (1957-)*
NIGHT MOVES (1975)
SMILE (1975)
DROWNING POOL, THE (1976)
BODY DOUBLE (1984)
FEAR CITY (1984)
SOMETHING WILD (1986)
MILAGRO BEANFIELD WAR, THE (1987)
CHERRY 2000 (1988)
STORMY MONDAY (1988)
BONFIRE OF THE VANITIES, THE (1990)
IN THE SPIRIT (1990)
PACIFIC HEIGHTS (1990)
PARADISE (1991)
SHINING THROUGH (1992)
STRANGER AMONG US, A (1992)
NOBODY'S FOOL (1994)
NOW AND THEN (1995)
MULHOLLAND FALLS (1996)
LOLITA (1997)
ANOTHER DAY IN PARADISE (1998)
CELEBRITY (1998)
RKO 281: BATTLE OVER CITIZEN KANE (1999)
CECIL B. DEMENTED (2000)

**GRIFFITHS, Rachel**
*actrice australienne (1968-)*
MURIEL'S WEDDING (1994)
COSI (1995)
CHILDREN OF THE REVOLUTION (1996)
MY SON THE FANATIC (1997)
AMONG GIANTS (1998)
HILARY AND JACKIE (1998)
ME MYSELF I (1999)
BLOW (2001)

**GRINBERG, Anouk**
*actrice française (1963-)*
ENFANT DE L'HIVER, L' (1988)
MERCI LA VIE (1991)
HÉROS TRÈS DISCRET, UN (1996)
MON HOMME (1996)

**GRODIN, Charles**
*acteur américain (1935-)*
ROSEMARY'S BABY (1968)
CATCH 22 (1970)
KING KONG (1976)
HEAVEN CAN WAIT (1978)
REAL LIFE (1979)
INCREDIBLE SHRINKING WOMAN, THE (1981)
LONELY GUY, THE (1984)
ISHTAR (1987)
MIDNIGHT RUN (1988)
BEETHOVEN (1991)
BEETHOVEN'S 2nd (1993)
DAVE (1993)
HEART AND SOULS (1993)
SO I MARRIED AN AXE MURDERER (1993)

**GUILBAULT, Élise**
*actrice québécoise*
C'ÉTAIT LE 12 DU 12 ET CHILI AVAIT LES BLUES (1993)
CAP TOURMENTE (1993)
MOUVEMENTS DU DÉSIR (1993)
COSMOS (1996)
FEMME QUI BOIT, LA (2001)

**GUILBEAULT, Luce**
*actrice québécoise (1935-1991)*
IXE-13 (1971)
MAUDITE GALETTE, LA (1971)
TEMPS D'UNE CHASSE, LE (1972)
O.K... LALIBERTÉ (1973)
BEAUX DIMANCHES, LES (1974)
J.A. MARTIN, PHOTOGRAPHE (1977)
QUARANTAINE, LA (1982)
MOURIR À TUE-TÊTE (1983)
QUI A TIRÉ SUR NOS HISTOIRES D'AMOUR? (1986)

**GUINNESS, Alec**
*acteur anglais (1914-)*
GREAT EXPECTATIONS (1946)
OLIVER TWIST (1948)
KIND HEARTS AND CORONETS (1949)
LAST HOLIDAY (1950)
LAVENDER HILL MOB, THE (1951)
MAN IN THE WHITE SUIT, THE (1951)
CARD, THE (1952)
CAPTAIN'S PARADISE, THE (1954)
DETECTIVE (FATHER BROWN), THE (1954)
LADYKILLERS, THE (1955)
TO PARIS WITH LOVE (1955)
MAJORITY OF ONE, A (1956)
SWAN, THE (1956)
BRIDGE ON THE RIVER KWAI, THE (1957)
HORSE'S MOUTH, THE (1958)
DAMN THE DEFIANT! (1962)
LAWRENCE OF ARABIA (1962)
FALL OF THE ROMAN EMPIRE, THE (1964)
DOCTOR ZHIVAGO (1965)
HOTEL PARADISO (1966)
QUILLER MEMORANDUM, THE (1966)
COMEDIANS, THE (1967)
CROMWELL (1970)
SCROOGE (1970)
BROTHER SUN, SISTER MOON (1972)
MURDER BY DEATH (1976)
STAR WARS (1977)
EMPIRE STRIKES BACK, THE (1980)
RETURN OF THE JEDI (1983)
PASSAGE TO INDIA, A (1985)
HANDFUL OF DUST, A (1988)
LITTLE DORRIT: LITTLE DORRIT'S STORY (1988)
LITTLE DORRIT: NOBODY'S FAULT (1988)
KAFKA (1991)

**GUITRY, Sacha**
*acteur français (1885-1957)*
FAISONS UN RÊVE (1936)
MON PÈRE AVAIT RAISON (1936)
NOUVEAU TESTAMENT, LE (1936)
ROMAN D'UN TRICHEUR, LE (1936)
DÉSIRÉ (1937)
PERLES DE LA COURONNE, LES (1937)
QUADRILLE (1937)
REMONTONS LES CHAMPS-ÉLYSÉES (1938)
NAPOLÉON (1954)

**HACKMAN, Gene**
*acteur américain (1930-)*
LILITH (1964)
HAWAII (1966)
BONNIE AND CLYDE (1967)
DOWNHILL RACER (1969)
GYPSY MOTHS, THE (1969)
MAROONED (1969)
I NEVER SANG FOR MY FATHER (1970)
FRENCH CONNECTION, THE (1971)
POSEIDON ADVENTURE, THE (1972)
PRIME CUT (1972)
SCARECROW (1973)
CONVERSATION, THE (1974)
BITE THE BULLET (1975)
FRENCH CONNECTION II (1975)
NIGHT MOVES (1975)
BRIDGE TOO FAR, A (1977)
DOMINO PRINCIPLE, THE (1977)
SUPERMAN: THE MOVIE (1978)
SUPERMAN II (1980)
EUREKA (1981)
REDS (1981)
POWER (1985)
TARGET (1985)
HOOSIERS (1986)
NO WAY OUT (1987)
SUPERMAN IV: THE QUEST FOR PEACE (1987)
ANOTHER WOMAN (1988)
BAT 21 (1988)
FULL MOON IN BLUE WATER (1988)
MISSISSIPPI BURNING (1988)
PACKAGE, THE (1989)
NARROW MARGIN (1990)
POSTCARDS FROM THE EDGE (1990)
CLASS ACTION (1991)
COMPANY BUSINESS (1991)
FIRM, THE (1993)
GERONIMO: AN AMERICAN LEGEND (1993)
QUICK AND THE DEAD, THE (1994)
CRIMSON TIDE (1995)
GET SHORTY (1995)
ABSOLUTE POWER (1996)
BIRDCAGE, THE (1996)
CHAMBER, THE (1996)
EXTREME MEASURES (1996)
ENEMY OF THE STATE (1998)
REPLACEMENTS, THE (2000)

**HADEN, Sara**
*actrice américaine (1899-1981)*
ANNE OF GREEN GABLES (1934)
POOR LITTLE RICH GIRL (1936)
ANDY HARDY GETS SPRING FEVER (1939)
ANDY HARDY'S PRIVATE SECRETARY (1941)
ANDY HARDY'S DOUBLE LIFE (1942)
ABOVE SUSPICION (1943)
ANDY HARDY MEETS DEBUTANTE (1945)
SHE-WOLF OF LONDON (1946)
GREAT RUPERT, THE (1950)

**HAMILTON, Josh**
*acteur américain (1969-)*
ALIVE (1992)
KICKING AND SCREAMING (1995)
DON'T LOOK BACK (1996)
HOUSE OF YES, THE (1996)
DRIVE, SHE SAID (1997)

**HAMILTON, Linda**
*actrice américaine (1956-)*
CHILDREN OF THE CORN (1984)
TERMINATOR, THE (1985)
BLACK MOON RISING (1986)
KING KONG LIVES (1986)
TERMINATOR 2: JUDGMENT DAY (1991)
SILENT FALL (1994)
DANTE'S PEAK (1997)

**HANIN, Roger**
*acteur français (1925-)*
À BOUT DE SOUFFLE (1959)
ROCCO ET SES FRÈRES (1960)
CORRIDA POUR UN ESPION (1965)
TIGRE SE PARFUME À LA DYNAMITE, LE (1965)
BRIDES OF FU MANCHU, THE (1966)
FILLE LIBRE!, UNE (1969)
AVEUX LES PLUS DOUX, LES (1970)
PROTECTEUR, LE (1974)
FAUX CUL, LE (1975)
COUP DE SIROCCO, LE (1978)
CERTAINES NOUVELLES (1980)
GRAND PARDON, LE (1981)
BARAKA, LA (1982)
ATTENTION! UNE FEMME PEUT EN CACHER UNE AUTRE (1983)
GRAND CARNAVAL, LE (1983)
ÉTINCELLE, L' (1983)
GALETTE DU ROI, LA (1985)
DERNIER ÉTÉ À TANGER (1987)
GRAND PARDON 2, LE (1992)
NOMBRIL DU MONDE, LE (1993)
SOLEIL (1997)

**HANKS, Tom**
*acteur américain (1956-)*
SPLASH (1984)
MONEY PIT, THE (1986)
NOTHING IN COMMON (1986)
BIG (1988)
PUNCHLINE (1988)
BURBS, THE (1989)
BONFIRE OF THE VANITIES, THE (1990)
JOE VERSUS THE VOLCANO (1990)
LEAGUE OF THEIR OWN, A (1992)
PHILADELPHIA (1993)
SLEEPLESS IN SEATTLE (1993)
FORREST GUMP (1994)
APOLLO 13 (1995)
THAT THING YOU DO! (1996)
SAVING PRIVATE RYAN (1998)
GREEN MILE, THE (1999)
CAST AWAY (2000)

**HANNAH, Daryl**
*actrice américaine (1960-)*
FURY, THE (1978)
FINAL TERROR (1981)
HARD COUNTRY (1981)
BLADE RUNNER (1982)
POPE OF GREENWICH VILLAGE, THE (1984)
SPLASH (1984)
CLAN OF THE CAVE BEAR, THE (1986)
LEGAL EAGLES (1986)
ROXANNE (1987)
HIGH SPIRITS (1988)
CRIMES AND MISDEMEANORS (1989)
STEEL MAGNOLIAS (1989)
CRAZY PEOPLE (1990)
AT PLAY IN THE FIELDS OF THE LORD (1991)
MEMOIRS OF AN INVISIBLE MAN (1992)
ATTACK OF THE 50 FOOT WOMAN (1993)
GRUMPY OLD MEN (1993)
LITTLE RASCALS, THE (1994)
GRUMPIER OLD MEN (1995)
TIE THAT BINDS, THE (1995)
GINGERBREAD MAN, THE (1997)
LAST DAYS OF FRANKIE THE FLY, THE (1997)
REAL BLONDE, THE (1997)
MY FAVORITE MARTIAN (1999)
HIDE AND SEEK (2000)

**HARDWICKE, Cedric**
*acteur anglais (1883-1964)*
MISÉRABLES, LES (1935)

THINGS TO COME (1936)
HUNCHBACK OF NOTRE-DAME, THE (1939)
ON BORROWED TIME (1939)
STANLEY AND LIVINGSTONE (1939)
INVISIBLE MAN RETURNS, THE (1940)
SUSPICION (1941)
GHOST OF FRANKENSTEIN, THE (1942)
INVISIBLE AGENT (1942)
COMMANDOS STRIKE AT DAWN (1943)
KEYS OF THE KINGDOM, THE (1944)
LURED (1947)
ROPE (1948)
CONNECTICUT YANKEE IN KING ARTHUR'S COURT, A (1949)
DESERT FOX, THE (1951)
GREEN GLOVE, THE (1952)
DIANE (1955)
RICHARD III (1955)
HELEN OF TROY (1956)
TEN COMMANDMENTS, THE (1956)
FIVE WEEKS IN A BALLOON (1962)
PUMPKIN EATER, THE (1964)

**HARDY, Oliver**
*acteur américain (1892-1957)*
BATTLE OF THE CENTURY, THE (1927)
DO DETECTIVES THINK? (1927)
FLYING ELEPHANTS (1927)
SUGAR DADDIES (1927)
EARLY TO BED (1928)
FINISHING TOUCH (1928)
ANGORA LOVE (1929)
LIBERTY (1929)
THAT'S MY WIFE (1929)
THEY GO BOOM (1929)
PARDON US (1931)
DEVIL'S BROTHER, THE (FRA DIAVOLO) (1933)
HOLLYWOOD PARTY (1934)
MARCH OF THE WOODEN SOLDIERS (BABES IN TOYLAND) (1934)
SONS OF THE DESERT (1934)
BONNIE SCOTLAND (1935)
OUR RELATIONS (1936)
PICK A STAR (1937)
FLYING DEUCES (1939)
GREAT GUNS (1941)
GREAT GUNS (1941)
BIG NOISE, THE (1944)
NOTHING BUT TROUBLE (1944)
BULLFIGHTERS, THE (1945)
FIGHTING KENTUCKIAN, THE (1949)
RIDING HIGH (1950)
LAUREL & HARDY'S LAUGHING 20'S (1965)

**HAREL, Philippe**
*acteur français (1956-)*
FEMME DÉFENDUE, LA (1997)
RANDONNEURS, LES (1997)

**HARLOW, Jean**
*actrice américaine (1911-1937)*
LIBERTY (1929)
HELL'S ANGELS (1930)
CITY LIGHTS (1931)
PLATINUM BLONDE (1931)
PUBLIC ENEMY, THE (1931)
BOMBSHELL (1932)
RED DUST (1932)
RED-HEADED WOMAN (1932)
DINNER AT EIGHT (1933)
HOLD YOUR MAN (1933)
GIRL FROM MISSOURI, THE (1934)
CHINA SEAS (1935)
RECKLESS (1935)
RIFF RAFF (1935)
LIBELED LADY (1936)
SUZY (1936)
PERSONAL PROPERTY (1937)
SARATOGA (1937)

**HARMON, Mark**
*acteur américain (1951-)*
COMES A HORSEMAN (1978)
BEYOND THE POSEIDON ADVENTURE (1979)
PRESIDIO, THE (1988)
COLD HEAVEN (1992)
MAGIC IN THE WATER (1995)
LAST SUPPER, THE (1996)
FEAR AND LOATHING IN LAS VEGAS (1998)

**HARPER, Jessica**
*actrice américaine (1949-)*
PHANTOM OF THE PARADISE (1974)
INSERTS (1976)
SUSPIRIA (1977)
STARDUST MEMORIES (1980)
MY FAVORITE YEAR (1982)
MR. WONDERFUL (1993)
SAFE (1994)

**HARRELSON, Woody**
*acteur américain (1961-)*
DOC HOLLYWOOD (1991)
INDECENT PROPOSAL (1993)
COWBOY WAY, THE (1994)
I'LL DO ANYTHING (1994)
NATURAL BORN KILLERS (1994)
MONEY TRAIN (1995)
KINGPIN (1996)
PEOPLE vs. LARRY FLYNT, THE (1996)
SUNCHASER (1996)
PALMETTO (1998)
THIN RED LINE, THE (1998)
ED TV (1999)
PLAY IT TO THE BONE (1999)

**HARRIS, Barbara**
*actrice américaine (1935-)*
THOUSAND CLOWNS, A (1965)
PLAZA SUITE (1971)
FAMILY PLOT (1975)
NASHVILLE (1975)
FREAKY FRIDAY (1977)
SEDUCTION OF JOE TYNAN, THE (1979)
PEGGY SUE GOT MARRIED (1986)
NIGHT MAGIC (1988)
GROSSE POINT BLANK (1997)

**HARRIS, Ed**
*acteur américain (1950-)*
LOVE LETTERS (1945)
AMAZING HOWARD HUGHES, THE (1977)
COMA (1978)
KNIGHTRIDERS (1981)
CREEPSHOW (1983)
RIGHT STUFF, THE (1983)
PLACES IN THE HEART (1984)
SWING SHIFT (1984)
ALAMO BAY (1985)
SWEET DREAMS (1985)
TO KILL A PRIEST (1988)
ABYSS, THE (1989)
JACKNIFE (1989)
STATE OF GRACE (1990)
PARIS TROUT (1991)
GLENGARRY GLEN ROSS (1992)
FIRM, THE (1993)
NEEDFUL THINGS (1993)
CHINA MOON (1994)
APOLLO 13 (1995)
EYE FOR AN EYE, AN (1995)
JUST CAUSE (1995)
NADJA (1995)
NIXON (1995)
ABSOLUTE POWER (1996)
I SHOT ANDY WARHOL (1996)
ROCK, THE (1996)
CHINESE BOX (1997)
SUNDAY (1997)
LOST IN SPACE (1998)
STEPMOM (1998)
B. MONKEY (1999)
THIRD MIRACLE, THE (1999)
ENEMY AT THE GATES (2000)
POLLOCK (2000)

**HARRIS, Julie**
*actrice américaine (1925-)*
MEMBER OF THE WEDDING, THE (1952)
EAST OF EDEN (1955)
I AM A CAMERA (1955)
REQUIEM FOR A HEAVYWEIGHT (1962)
HAUNTING, THE (1963)
HARPER (1966)
REFLECTIONS IN A GOLDEN EYE (1967)
GORILLAS IN THE MIST (1988)
HOUSESITTER (1992)
DARK HALF, THE (1993)
CARRIED AWAY (1996)
PASSAGE POUR LE PARADIS (1996)

**HARRIS, Richard**
*acteur irlandais (1930-)*
SHAKE HANDS WITH THE DEVIL (1959)
GUNS OF NAVARONE, THE (1961)
MUTINY ON THE BOUNTY (1962)
THIS SPORTING LIFE (1963)
DÉSERT ROUGE, LE (1964)
HEROES OF TELEMARK, THE (1965)
MAJOR DUNDEE (1965)
BIBLE, THE (1966)
HAWAII (1966)
CAMELOT (1967)
CROMWELL (1970)
MAN CALLED HORSE, A (1970)
MOLLY MAGUIRES, THE (1970)
MAN IN THE WILDERNESS (1971)
DEADLY TRACKERS, THE (1973)
99 AND 44/100% DEAD (1974)
JUGGERNAUT (1974)
RETURN OF A MAN CALLED HORSE, THE (1976)
ROBIN & MARIAN (1976)
CASSANDRA CROSSING, THE (1977)
ORCA (1977)
TARZAN, THE APE MAN (1981)
MARTIN'S DAY (1984)
FIELD, THE (1990)
PATRIOT GAMES (1992)
CRY, THE BELOVED COUNTRY (1995)
SMILLA'S SENSE OF SNOW (1996)
HUNCHBACK, THE (1997)
TO WALK WITH LIONS (1999)
GLADIATOR, THE (2000)

**HARRISON, Rex**
*acteur anglais (1908-1990)*
STORM IN A TEACUP (1937)
CITADEL, THE (1938)
NIGHT TRAIN TO MUNICH (1940)
MAJOR BARBARA (1941)
ANNA AND THE KING OF SIAM (1946)
BLITHE SPIRIT (1946)
GHOST AND MRS. MUIR, THE (1947)
KING RICHARD AND THE CRUSADERS (1954)
RELUCTANTE DEBUTANTE, THE (1958)

MIDNIGHT LACE (1960)
CLEOPATRA (1963)
MY FAIR LADY (1964)
AGONY AND THE ECSTASY, THE (1965)
DOCTOR DOLITTLE (1967)
HONEY POT, THE (1967)
FIFTH MUSKETEER, THE (1979)

**HAUER, Rutger**
*acteur hollandais (1944-)*
KEETJE TIPPEL (1976)
SOLDIER OF ORANGE (1978)
DANDELIONS (1979)
SPETTERS (1980)
CHANEL SOLITAIRE (1981)
EUREKA (1981)
NIGHTHAWKS (1981)
BLADE RUNNER (1982)
LADYHAWKE (1984)
MYSTERIES (1984)
OSTERMAN WEEKEND, THE (1984)
FLESH + BLOOD (1985)
HITCHER, THE (1986)
BLOOD OF HEROES, THE (1989)
BLOODHOUNDS OF BROADWAY (1989)
BLIND FURY (1990)
ESCAPE FROM SOBIBOR (1991)
BUFFY THE VAMPIRE SLAYER (1992)
AMELIA EARHART, THE FINAL FLIGHT (1994)
NOSTRADAMUS (1994)
SURVIVING THE GAME (1994)
FATHERLAND (1995)
MR. STITCH (1995)

**HAVERS, Nigel**
*acteur anglais (1949-)*
BURKE & WILLS (1985)
FAREWELL TO THE KING (1989)
JOURS TRANQUILLES À CLICHY (1989)

**HAWKE, Ethan**
*acteur américain (1970-)*
EXPLORERS (1985)
DAD (1989)
DEAD POETS SOCIETY (1989)
ALIVE (1992)
MIDNIGHT CLEAR, A (1992)
RICH IN LOVE (1992)
FLOUNDERING (1993)
REALITY BITES (1994)
BEFORE SUNRISE (1995)
SEARCH AND DESTROY (1995)
GATTACA (1997)
GREAT EXPECTATIONS (1998)
NEWTON BOYS, THE (1998)
JOE THE KING (1999)
SNOW FALLING ON CEDARS (1999)
HAMLET (2000)

**HAWKINS, Jack**
*acteur anglais (1910-1973)*
FALLEN IDOL, THE (1948)
LAND OF THE PHARAOHS (1955)
BRIDGE ON THE RIVER KWAI, THE (1957)
BEN-HUR (1959)
LEAGUE OF GENTLEMEN, THE (1960)
LAWRENCE OF ARABIA (1962)
LORD JIM (1965)
SHALAKO (1968)
LOLA (1969)
THOSE DARING YOUNG MEN IN THEIR JAUNTY JALOPIES (1969)
NICHOLAS AND ALEXANDRA (1971)
TALES THAT WITNESS MADNESS (1973)
THEATRE OF BLOOD (1973)

**HAWN, Goldie**
*actrice américaine (1945-)*
CACTUS FLOWER (1969)
THERE'S A GIRL IN MY SOUP (1970)
BUTTERFLIES ARE FREE (1972)
DOLLARS (1972)
GIRL FROM PETROVKA, THE (1974)
SUGARLAND EXPRESS, THE (1974)
SHAMPOO (1975)
DUCHESS AND THE DIRTY FOX, THE (1976)
FOUL PLAY (1978)
PRIVATE BENJAMIN (1980)
SWING SHIFT (1984)
OVERBOARD (1987)
BIRD ON A WIRE (1990)
DECEIVED (1991)
DEATH BECOMES HER (1992)
HOUSESITTER (1992)
EVERYONE SAYS I LOVE YOU (1996)
FIRST WIVES CLUB, THE (1996)
OUT-OF-TOWNERS, THE (1999)

**HAYDEN, Sterling**
*acteur américain (1916-1986)*
ASPHALT JUNGLE, THE (1950)
STAR, THE (1952)
JOHNNY GUITAR (1954)
PRINCE VALIANT (1954)
SUDDENLY (1954)
KILLING, THE (1956)
CRIME OF PASSION (1957)
TERROR IN TEXAS A TOWN (1958)
DR. STRANGELOVE (1964)
SAUT DE L'ANGE, LE (1971)
GODFATHER, THE (1972)
FINAL PROGRAM, THE (1973)
LONG GOODBYE, THE (1973)
1900 (1976)
TIM (1979)
9 TO 5 (1980)
POSSESSION (1981)

**HAYWARD, Susan**
*actrice américaine (1918-1975)*
ADAM HAD FOUR SONS (1941)
REAP THE WILD WIND (1942)
STAR SPANGLED RHYTHM (1942)
JACK LONDON (1943)
FIGHTING SEABEES, THE (1944)
CANYON PASSAGE (1946)
DEADLINE AT DAWN (1946)
LOST MOMENT, THE (1947)
SMASH UP, THE STORY OF A WOMAN (1947)
THEY WON'T BELIEVE ME (1947)
HOUSE OF STRANGERS (1949)
MY FOOLISH HEART (1949)
DAVID AND BATHSHEBA (1951)
I'D CLIMB THE HIGHEST MOUNTAIN (1951)
RAWHIDE (1951)
SNOWS OF KILIMANJARO, THE (1952)
DEMETRIUS AND THE GLADIATORS (1954)
I'LL CRY TOMORROW (1955)
CONQUEROR, THE (1956)
I WANT TO LIVE! (1958)
HONEY POT, THE (1967)

**HAYWORTH, Rita**
*actrice américaine (1918-1987)*
ONLY ANGELS HAVE WINGS (1939)
ANGELS OVER BROADWAY (1940)
LADY IN QUESTION, THE (1940)
SUSAN AND GOD (1940)
BLOOD AND SAND (1941)
TALES OF MANHATTAN (1942)
COVER GIRL (1944)
TONIGHT AND EVERY NIGHT (1945)
GILDA (1946)
DOWN TO EARTH (1947)
LADY FROM SHANGHAI, THE (1948)
LOVES OF CARMEN, THE (1948)
AFFAIR IN TRINIDAD (1952)
CHAMPAGNE SAFARI (1952)
MISS SADIE THOMPSON (1953)
SALOME (1953)
PAL JOEY (1957)
SEPARATE TABLES (1958)
THEY CAME TO CORDURA (1959)
CIRCUS WORLD (1964)

**HEARD, John**
*acteur américain (1947-)*
HEART BEAT (1979)
CUTTER'S WAY (1981)
CAT PEOPLE (1982)
AFTER HOURS (1985)
HEAVEN HELP US (1985)
MILAGRO BEANFIELD WAR, THE (1987)
BEACHES (1988)
BETRAYED (1988)
BIG (1988)
SEVENTH SIGN, THE (1988)
PACKAGE, THE (1989)
AWAKENINGS (1990)
HOME ALONE (1990)
DECEIVED (1991)
RAMBLING ROSE (1991)
HOME ALONE 2: LOST IN NEW YORK (1992)
RADIO FLYER (1992)
IN THE LINE OF FIRE (1993)
PELICAN BRIEF, THE (1993)
BEFORE AND AFTER (1995)
187 (1997)
SNAKE EYES (1998)
ANIMAL FACTORY (2000)
POLLOCK (2000)

**HÉBERT, Paul**
*acteur québécois (1924-)*
C'EST PAS LA FAUTE À JACQUES CARTIER (1967)
MOUCHETTE (1967)
MARTIEN DE NOËL, LE (1970)
BEAUX SOUVENIRS, LES (1981)
ALFRED LALIBERTÉ: SCULPTEUR (1986)
FOUS DE BASSAN, LES (1987)
NUIT AVEC HORTENSE, LA (1988)
TISSERANDS DU POUVOIR, LES (1988)
TISSERANDS DU POUVOIR 2: LA RÉVOLTE, LES (1988)
OREILLE D'UN SOURD, L' (1996)

**HEDREN, Tippi**
*actrice américaine (1928-)*
BIRDS, THE (1963)
MARNIE (1964)
PACIFIC HEIGHTS (1990)
TERESA'S TATTOO (1994)
CITIZEN RUTH (1996)

**HEFLIN, Van**
*acteur américain (1910-1971)*
SANTA FE TRAIL (1940)
JOHNNY EAGER (1941)
STRANGE LOVE OF MARTHA IVERS (1946)
GREEN DOLPHIN STREET (1947)
POSSESSED (1947)
TILL THE CLOUDS ROLL BY (1947)
THREE MUSKETEERS, THE (1948)
EAST SIDE, WEST SIDE (1949)
MADAME BOVARY (1949)
TOMAHAWK (1951)
SHANE (1953)
BATTLE CRY (1955)

3:10 TO YUMA (1957)
GUNMAN'S WALK (1958)
THEY CAME TO CORDURA (1959)
GREATEST STORY EVER TOLD, THE (1965)
AIRPORT (1970)

**HEMINGWAY, Mariel**
*actrice américaine (1961-)*
MANHATTAN (1979)
PERSONAL BEST (1982)
STAR 80 (1983)
MEAN SEASON, THE (1985)
SUPERMAN IV: THE QUEST FOR PEACE (1987)
SUNSET (1988)
FALLING FROM GRACE (1992)

**HEMMINGS, David**
*acteur anglais (1941-)*
BLOW-UP (1967)
CHARGE OF THE LIGHT BRIGADE, THE (1968)
DEEP RED (THE HATCHET MURDERS) (1976)
ISLANDS IN THE STREAM (1977)
THIRST (1979)
GLADIATOR, THE (2000)

**HENRIKSEN, Lance**
*acteur américain (1940-)*
DOG DAY AFTERNOON (1975)
CLOSE ENCOUNTERS OF THE THIRD KIND (1977)
DAMIEN - OMEN II (1978)
PRINCE OF THE CITY (1981)
RIGHT STUFF, THE (1983)
JAGGED EDGE (1985)
TERMINATOR, THE (1985)
ALIENS (1986)
NEAR DARK (1987)
PUMPKINHEAD (1988)
JOHNNY HANDSOME (1989)
PIT AND THE PENDULUM, THE (1991)
ALIEN 3 (1992)
HARD TARGET (1993)
SUPER MARIO BROS. (1993)
COLOR OF NIGHT (1994)
NO ESCAPE (1994)
QUICK AND THE DEAD, THE (1994)
DEAD MAN (1995)
POWDER (1995)
SCREAM 3 (2000)

**HEPBURN, Audrey**
*actrice anglaise (1929-1993)*
LAVENDER HILL MOB, THE (1951)
ROMAN HOLIDAY (1953)
SABRINA (1954)
LOVE IN THE AFTERNOON (1956)
FUNNY FACE (1957)
GREEN MANSIONS (1959)
NUN'S STORY, THE (1959)
BREAKFAST AT TIFFANY'S (1961)
CHILDREN'S HOUR, THE (1961)
CHARADE (1963)
MY FAIR LADY (1964)
PARIS WHEN IT SIZZLES (1964)
HOW TO STEAL A MILLION (1966)
ROBIN & MARIAN (1976)
BLOODLINE (1979)
THEY ALL LAUGHED (1981)
ALWAYS (1989)

**HEPBURN, Katharine**
*actrice américaine (1907-)*
LITTLE WOMEN (1933)
MORNING GLORY (1933)
LITTLE MINISTER, THE (1934)
ALICE ADAMS (1935)
BREAK OF HEARTS (1935)
SYLVIA SCARLETT (1935)
MARY OF SCOTLAND (1936)
QUALITY STREET (1937)
STAGE DOOR (1937)
BRINGING UP BABY (1938)
HOLIDAY (1938)
PHILADELPHIA STORY, THE (1940)
KEEPER OF THE FLAME (1942)
DRAGON SEED (1944)
SEA OF GRASS, THE (1946)
SONG OF LOVE (1947)
STATE OF THE UNION (1948)
ADAM'S RIB (1949)
AFRICAN QUEEN, THE (1951)
PAT AND MIKE (1952)
SUMMERTIME (1955)
RAINMAKER, THE (1956)
DESK SET (1957)
SUDDENLY, LAST SUMMER (1959)
LONG DAY'S JOURNEY INTO NIGHT (1962)
GUESS WHO'S COMING TO DINNER? (1967)
LION IN WINTER, THE (1968)
LOVE AMONG THE RUINS (1975)
ROOSTER COGBURN (1975)
OLLY, OLLY, OXEN FREE (1978)
CORN IS GREEN, THE (1979)
ON GOLDEN POND (1981)
GRACE QUIGLEY (1984)
LOVE AFFAIR (1994)

**HERSHEY, Barbara**
*actrice américaine (1948-)*
PURSUIT OF HAPPINESS, THE (1971)
BOXCAR BERTHA (1972)
STUNT MAN, THE (1980)
AMERICANA (1981)
ENTITY, THE (1981)
RIGHT STUFF, THE (1983)
NATURAL, THE (1984)
HANNAH AND HER SISTERS (1986)
HOOSIERS (1986)
TIN MEN (1987)
BEACHES (1988)
LAST TEMPTATION OF CHRIST, THE (1988)
SHY PEOPLE (1988)
DEFENSELESS (1991)
PARIS TROUT (1991)
FALLING DOWN (1992)
PUBLIC EYE, THE (1992)
SWING KIDS (1992)
DANGEROUS WOMAN, A (1993)
SPLITTING HEIRS (1993)
PALLBEARER, THE (1996)
PORTRAIT OF A LADY, THE (1996)
FROGS FOR SNAKES (1998)
SOLDIER'S DAUGHTER NEVER CRIES, A (1998)
BREAKFAST OF THE CHAMPIONS (1999)

**HERSHOLT, Jean**
*acteur danois (1886-1956)*
GREED (1923)
BATTLE OF THE SEXES (1928)
SUSAN LENOX: HER FALL AND RISE (1931)
MARK OF THE VAMPIRE (1935)
HEIDI (1937)
ALEXANDER'S RAGTIME BAND (1938)

**HESTON, Charlton**
*acteur américain (1924-)*
GREATEST SHOW ON EARTH, THE (1951)
ARROWHEAD (1953)
PONY EXPRESS (1953)
NAKED JUNGLE, THE (1954)
TEN COMMANDMENTS, THE (1956)
THREE VIOLENT PEOPLE (1956)
BIG COUNTRY, THE (1958)
BUCCANEER, THE (1958)
TOUCH OF EVIL (1958)
BEN-HUR (1959)
EL CID (1961)
DIAMOND HEAD (1962)
55 DAYS AT PEKING (1963)
AGONY AND THE ECSTASY, THE (1965)
GREATEST STORY EVER TOLD, THE (1965)
MAJOR DUNDEE (1965)
KHARTOUM (1966)
PLANET OF THE APES (1968)
BENEATH THE PLANET OF THE APES (1970)
JULIUS CAESAR (1970)
OMEGA MAN, THE (1971)
SOYLENT GREEN (1973)
EARTHQUAKE (1974)
THREE MUSKETEERS, THE (1974)
FOUR MUSKETEERS, THE (1975)
MIDWAY (1976)
MAN FOR ALL SEASONS, A (1988)
TOMBSTONE (1993)
IN THE MOUTH OF MADNESS (1994)
ALASKA (1996)
HAMLET (1996)

**HICKMAN, Darryl**
*acteur américain (1931-)*
STRANGE LOVE OF MARTHA IVERS (1946)
TINGLER, THE (1959)
LOOKER (1981)

**HICKS, Catherine**
*actrice américaine (1951-)*
GARBO TALKS (1984)
RAZOR'S EDGE, THE (1984)
CHILD'S PLAY (1988)

**HIGGINS, Colin**
*acteur américain (1941-1988)*
NAKED CIVIL SERVANT, THE (1975)

**HILLERMAN, John**
*acteur américain (1932-)*
LAST PICTURE SHOW, THE (1971)
LAWMAN (1971)
HIGH PLAINS DRIFTER (1973)
PAPER MOON (1973)
THIEF WHO CAME TO DINNER, THE (1973)
BLAZING SADDLES (1974)
CHINATOWN (1974)
DAY OF THE LOCUST, THE (1974)
AUDREY ROSE (1977)

**HINES, Gregory**
*acteur américain (1946-)*
HISTORY OF THE WORLD, PART 1 (1981)
DEAL OF THE CENTURY (1983)
COTTON CLUB, THE (1984)
MUPPETS TAKE MANHATTAN, THE (1984)
RAGE IN HARLEM, A (1991)
RENAISSANCE MAN (1994)
PREACHER'S WIFE, THE (1996)
SUBWAY STORIES (1997)

**HOBSON, Valerie**
*actrice anglaise (1917-1998)*
GREAT EXPECTATIONS (1934)
DRUM, THE (1938)
DRUMS (1938)
CLOUDS OVER EUROPE (1939)
SPY IN BLACK, THE (1939)
CONTRABAND (1940)
GREAT EXPECTATIONS (1946)
KIND HEARTS AND CORONETS (1949)

**HOFFMAN, Dustin**
*acteur américain (1937-)*
GRADUATE, THE (1967)
MADIGAN'S MILLIONS (1968)
MIDNIGHT COWBOY (1968)
LITTLE BIG MAN (1970)
STRAW DOGS (1971)
PAPILLON (1973)
LENNY (1975)
ALL THE PRESIDENT'S MEN (1976)
MARATHON MAN (1976)
AGATHA (1977)
STRAIGHT TIME (1978)
KRAMER vs. KRAMER (1979)
TOOTSIE (1984)
DEATH OF A SALESMAN (1985)
ISHTAR (1987)
FAMILY BUSINESS (1989)
RAIN MAN (1989)
DICK TRACY (1990)
BILLY BATHGATE (1991)
HOOK (1991)
HERO (1992)
OUTBREAK (1995)
AMERICAN BUFFALO (1996)
SLEEPERS (1996)
MAD CITY (1997)
SPHERE (1998)
MESSENGER, THE: THE STORY OF JOAN OF ARC (1999)

**HOGAN, Paul**
*acteur australien (1942-)*
CROCODILE DUNDEE II (1988)
FLIPPER (1996)

**HOLBROOK, Hal**
*acteur américain (1925-)*
GREAT WHITE HOPE, THE (1970)
MAGNUM FORCE (1973)
GIRL FROM PETROVKA, THE (1974)
ALL THE PRESIDENT'S MEN (1976)
MIDWAY (1976)
CAPRICORN ONE (1978)
STAR CHAMBER, THE (1983)
FIRM, THE (1993)
HUSH (1998)
JUDAS KISS (1998)
MY OWN COUNTRY (1998)
MEN OF HONOR (2000)

**HOLDEN, William**
*acteur américain (1918-1981)*
FRAMED (1930)
GOLDEN BOY (1939)
OUR TOWN (1940)
TEXAS (1941)
DARK PAST, THE (1948)
RACHEL AND THE STRANGER (1948)
MISS GRANT TAKES RICHMOND (1949)
BORN YESTERDAY (1950)
FORCE OF ARMS (1950)
SUNSET BOULEVARD (1950)
ESCAPE FROM FORT BRAVO (1953)
FOREVER FEMALE (1953)
MOON IS BLUE, THE (1953)
STALAG 17 (1953)
BRIDGES AT TOKO-RI, THE (1954)
COUNTRY GIRL, THE (1954)
EXECUTIVE SUITE (1954)
SABRINA (1954)
LOVE IS A MANY SPLENDORED THING (1955)
PICNIC (1956)
BRIDGE ON THE RIVER KWAI, THE (1957)
KEY, THE (1958)
HORSE SOLDIERS, THE (1959)
COUNTERFEIT TRAITOR, THE (1962)
7TH DAWN, THE (1964)
PARIS WHEN IT SIZZLES (1964)
ALVAREZ KELLY (1966)
CASINO ROYALE (1967)
DEVIL'S BRIGADE, THE (1967)
ARBRE DE NOËL, L' (1969)
TOWERING INFERNO, THE (1974)
NETWORK (1976)
DAMIEN - OMEN II (1978)
FEDORA (1978)
S.O.B. (1981)

**HOLGADO, Ticky**
*acteur français (1944-)*
COMMENT DRAGUER TOUTES LES FILLES (1981)
MESRINE (1983)
JUGE, LE (1984)
ROIS DU GAG, LES (1985)
LÉVY ET GOLIATH (1986)
MANON DES SOURCES (1986)
SALE DESTIN! (1986)
NUIT D'IVRESSE (1988)
CHÂTEAU DE MA MÈRE, LE (1990)
MARI DE LA COIFFEUSE, LE (1990)
TOMBÉS DU CIEL (1990)
DELICATESSEN (1991)
MAYRIG (1991)
SECRETS PROFESSIONNELS DU DR. APFELGLÜCK, LES (1991)
ÉPOQUE FORMIDABLE, UNE (1991)
588 RUE PARADIS (1992)
DRÔLES D'OISEAUX (1992)
MA VIE EST UN ENFER (1992)
TANGO (1992)
BÂTARD DE DIEU, LE (1993)
GAZON MAUDIT (1994)
CITÉ DES ENFANTS PERDUS, LA (1995)
FUNNY BONES (1995)
MISÉRABLES DU XXe SIÈCLE, LES (1995)
PLUS BEAU MÉTIER DU MONDE, LE (1996)
AMOUR ET CONFUSIONS (1997)

**HOLLY, Lauren**
*actrice américaine (1965-)*
DRAGON: THE BRUCE LEE STORY (1993)
DUMB & DUMBER (1994)
BEAUTIFUL GIRLS (1996)
DOWN PERISCOPE (1996)
NO LOOKING BACK (1998)
ENTROPY (1999)

**HOLM, Ian**
*acteur anglais (1931-)*
MIDSUMMER NIGHT'S DREAM, A (1968)
MARY, QUEEN OF SCOTS (1971)
ALIEN (1979)
ALL QUIET ON THE WESTERN FRONT (1979)
CHARIOTS OF FIRE (1981)
TIME BANDITS (1982)
BRAZIL (1985)
ANOTHER WOMAN (1988)
HENRY V (1989)
KAFKA (1991)
NAKED LUNCH (1991)
ADVOCATE, THE (1994)
MADNESS OF KING GEORGE, THE (1994)
MARY SHELLEY'S FRANKENSTEIN (1994)
BIG NIGHT (1996)
NIGHT FALLS ON MANHATTAN (1996)
FIFTH ELEMENT, THE (1997)
LIFE LESS ORDINARY, A (1997)
SWEET HEREAFTER, THE (1997)
ANIMAL FARM (1999)
EXISTENZ (1999)
BLESS THE CHILD (2000)
JOE GOULD'S SECRET (2000)

**HOLT, Tim**
*acteur américain (1918-1973)*
MONSTER THAT CHALLENGED THE WORLD, THE (1957)

**HOPE, Bob**
*acteur américain (1903-)*
BIG BROADCAST OF 1938, THE (1938)
GIVE ME A SAILOR (1938)
THANKS FOR THE MEMORY (1938)
NEVER SAY DIE (1939)
RHYTHM ROMANCE (1939)
GHOST BREAKERS, THE (1940)
ROAD TO SINGAPORE (1940)
CAUGHT IN THE DRAFT (1941)
LOUISIANA PURCHASE (1941)
ROAD TO ZANZIBAR (1941)
MY FAVORITE BLONDE (1942)
ROAD TO MOROCCO (1942)
STAR SPANGLED RHYTHM (1942)
THEY GOT ME COVERED (1943)
ROAD TO UTOPIA (1945)
MONSIEUR BEAUCAIRE (1946)
ROAD TO RIO (1947)
PALEFACE, THE (1948)
GREAT LOVER, THE (1949)
FANCY PANTS (1950)
GREATEST SHOW ON EARTH, THE (1951)
LEMON DROP KID, THE (1951)
SON OF PALEFACE (1952)
HERE COME THE GIRLS (1953)
SCARED STIFF (1953)
CASANOVA'S BIG NIGHT (1954)
ALIAS JESSE JAMES (1959)
FACTS OF LIFE, THE (1960)
ROAD TO HONG KONG, THE (1962)
CALL ME BWANA (1963)
OSCAR, THE (1966)
SPIES LIKE US (1985)

**HOPE, Leslie**
*actrice canadienne*
LOVE STREAMS (1984)
KANSAS (1988)
TALK RADIO (1988)
TEMPS RETROUVE, LE (1991)
PARIS, FRANCE (1993)
CLERKS (1994)
FUN (1994)
ROWING THROUGH (1996)
SHADOW BUILDER (1997)

**HOPKINS, Anthony**
*acteur anglais (1937-)*
LION IN WINTER, THE (1968)
HAMLET (1969)
DOLL'S HOUSE, A (1973)
ALL CREATURES GREAT AND SMALL (1974)
GIRL FROM PETROVKA, THE (1974)
JUGGERNAUT (1974)
LINDBERGH KIDNAPPING CASE, THE (1976)
AUDREY ROSE (1977)
BRIDGE TOO FAR, A (1977)
MAGIC (1978)
ELEPHANT MAN, THE (1980)
BUNKER, THE (1981)
HUNCHBACK, THE (1982)
BOUNTY, THE (1983)
MUSSOLINI AND I (1985)
84 CHARING CROSS ROAD (1986)
GOOD FATHER, THE (1987)
CHORUS OF DISAPPROVAL, A (1988)
DESPERATE HOURS (1990)

SILENCE OF THE LAMBS, THE (1991)
BRAM STOKER'S DRACULA (1992)
CHAPLIN (1992)
EFFICIENCY EXPERT, THE (1992)
FREEJACK (1992)
REMAINS OF THE DAY, THE (1993)
SHADOWLANDS (1993)
LEGENDS OF THE FALL (1994)
ROAD TO WELLVILLE, THE (1994)
AUGUST (1995)
INNOCENT, THE (1995)
NIXON (1995)
SURVIVING PICASSO (1996)
AMISTAD (1997)
EDGE, THE (1997)
MASK OF ZORRO, THE (1998)
MEET JOE BLACK (1998)
TITUS (1999)
HOW THE GRINCH STOLE CHRISTMAS (2000)
HANNIBAL (2001)

**HOPPER, Dennis**
*acteur américain (1936-)*
I DIED A THOUSAND TIMES (1955)
REBEL WITHOUT A CAUSE (1955)
GIANT (1956)
GUNFIGHT AT THE O.K. CORRAL (1957)
NIGHT TIDE (1963)
SONS OF KATIE ELDER, THE (1965)
COOL HAND LUKE (1967)
HANG'EM HIGH (1967)
HEAD (1968)
EASY RIDER (1969)
TRACKS (1976)
AMI AMÉRICAIN, L' (1977)
APOCALYPSE NOW (1979)
OUT OF THE BLUE (1981)
RUMBLE FISH (1983)
OSTERMAN WEEKEND, THE (1984)
BLUE VELVET (1986)
HOOSIERS (1986)
RIDERS OF THE STORM (THE AMERICAN WAY) (1986)
RIVER'S EDGE (1986)
TEXAS CHAINSAW MASSACRE 2, THE (1986)
BLACK WIDOW (1987)
O.C. AND STIGGS (1987)
PICK-UP ARTIST, THE (1987)
STRAIGHT TO HELL (1987)
BACKTRACK (1988)
FLASHBACK (1989)
CHATTAHOOCHEE (1990)
SUPERSTAR: THE LIFE AND TIMES OF ANDY WARHOL (1990)
EYE OF THE STORM (1991)
INDIAN RUNNER, THE (1991)
PARIS TROUT (1991)
NAILS (1992)
RED ROCK WEST (1992)
SUNSET HEAT (1992)
SUPER MARIO BROS. (1993)
SPEED (1994)
SEARCH AND DESTROY (1995)
BASQUIAT (1996)
CARRIED AWAY (1996)
BLACKOUT, THE (1997)
LAST DAYS OF FRANKIE THE FLY, THE (1997)
ED TV (1999)
JESUS' SON (1999)
SOURCE, THE (1999)

**HORTON, Edward Everett**
*acteur américain (1886-1970)*
FRONT PAGE, THE (1931)
MERRY WIDOW, THE (1934)
DEVIL IS A WOMAN, THE (1935)
ANGEL (1937)
SHALL WE DANCE? (1937)
LADY ON A TRAIN (1945)
DOWN TO EARTH (1947)

**HOSKINS, Bob**
*acteur anglais (1942-)*
INSERTS (1976)
LONG GOOD FRIDAY, THE (1980)
PINK FLOYD - THE WALL (1982)
COTTON CLUB, THE (1984)
BRAZIL (1985)
MUSSOLINI AND I (1985)
MONA LISA (1986)
SWEET LIBERTY (1986)
LONELY PASSION OF JUDITH HEARNE, THE (1987)
PRAYER FOR THE DYING, A (1987)
HEART CONDITION (1990)
MERMAIDS (1990)
RAGGEDY RAWNEY, THE (1990)
CERCLE DES INTIMES, LE (1991)
HOOK (1991)
SHATTERED (1991)
FAVOUR, THE WATCH AND THE VERY BIG FISH, THE (1992)
PASSED AWAY (1992)
SUPER MARIO BROS. (1993)
NIXON (1995)
SECRET AGENT, THE (1996)
FELICIA'S JOURNEY (1999)
DON QUIXOTE (2000)
ENEMY AT THE GATES (2000)

**HOSSEIN, Robert**
*acteur français (1927-)*
CRIME ET CHÂTIMENT (1956)
MADAME SANS-GÊNE (1961)
REPOS DU GUERRIER, LE (1962)
ANGÉLIQUE, MARQUISE DES ANGES (1964)
ANGÉLIQUE ET LE ROY (1966)
ANGÉLIQUE ET LE SULTAN (1967)
INDOMPTABLE ANGÉLIQUE (1967)
FEMME ÉCARLATE, LA (1968)
LIBERTINES, LES (1969)
TEMPS DES LOUPS, LE (1969)
PART DES LIONS, LA (1971)
HELLÉ (1972)
DON JUAN 73 (1973)
PROTECTEUR, LE (1974)
FAUX CUL, LE (1975)
GRAND PARDON, LE (1981)
PROFESSIONNEL, LE (1981)
SURPRISE PARTY (1983)
HOMME ET UNE FEMME: VINGT ANS DÉJÀ, UN (1986)
LÉVY ET GOLIATH (1986)
ENFANTS DU DÉSORDRE, LES (1989)
MISÉRABLES DU XXe SIÈCLE, LES (1995)

**HOUDE, Germain**
*acteur québécois (1952-)*
BONS DÉBARRAS, LES (1981)
LUCIEN BROUILLARD (1983)
MOURIR À TUE-TÊTE (1983)
NUIT AVEC HORTENSE, LA (1988)
ASSASSIN JOUAIT DU TROMBONE, L' (1991)
LOVE-MOI (1991)
LÉOLO (1992)
SECRET DE JÉRÔME, LE (1994)

**HOWARD, Leslie**
*acteur anglais (1893-1943)*
FREE SOUL, A (1931)
SMILIN' THROUGH (1932)
OF HUMAN BONDAGE (1934)
SCARLET PIMPERNEL, THE (1934)
ROMEO AND JULIET (1936)
PYGMALION (1938)
GONE WITH THE WIND (1939)
INTERMEZZO (1939)
49th PARALLEL, THE (1941)
SPITFIRE (1942)

**HOWARD, Ron**
*acteur américain (1954-)*
FIVE MINUTES TO LIVE (1961)
COURTSHIP OF EDDIE'S FATHER, THE (1963)
AMERICAN GRAFFITI (1973)

**HOWARD, Trevor**
*acteur anglais (1913-1988)*
BRIEF ENCOUNTER (1945)
THEY MADE ME A FUGITIVE (1947)
CLOUDED YELLOW, THE (1950)
AROUND THE WORLD IN 80 DAYS (1956)
KEY, THE (1958)
MUTINY ON THE BOUNTY (1962)
FATHER GOOSE (1964)
CHARGE OF THE LIGHT BRIGADE, THE (1968)
NIGHT VISITOR, THE (1970)
MARY, QUEEN OF SCOTS (1971)
DOLL'S HOUSE, A (1973)
OFFENCE, THE (1973)
ANNÉES-LUMIÈRE, LES (1981)
SWORD OF THE VALIANT (1982)

**HUDSON, Rock**
*acteur américain (1925-1985)*
TOMAHAWK (1951)
GUN FURY (1953)
LAWLESS BREED, THE (1953)
MAGNIFICENT OBSESSION (1954)
ALL THAT HEAVEN ALLOWS (1955)
GIANT (1956)
BATTLE HYMN (1957)
FAREWELL TO ARMS, A (1957)
SOMETHING OF VALUE (1957)
TARNISHED ANGELS, THE (1958)
PILLOW TALK (1959)
COME SEPTEMBER (1961)
LOVER COME BACK (1961)
GATHERING OF EAGLES, A (1963)
MAN'S FAVORITE SPORT? (1964)
SEND ME NO FLOWERS (1964)
STRANGE BEDFELLOWS (1964)
SECONDS (1966)
TOBRUK (1967)
ICE STATION ZEBRA (1969)
AVALANCHE (1978)
MIRROR CRACK'D, THE (1980)

**HUGHES, Barnard**
*acteur américain (1915-)*
DA (1988)

**HULCE, Tom**
*acteur américain (1953-)*
NATIONAL LAMPOON'S ANIMAL HOUSE (1978)
SEPTEMBER 30, 1955 (1978)
AMADEUS (1984)
ECHO PARK (1986)
SLAMDANCE (1987)
DOMINICK AND EUGENE (1988)
BLACK RAINBOW (1989)
PARENTHOOD (1990)
CERCLE DES INTIMES, LE (1991)
FEARLESS (1993)
MARY SHELLEY'S FRANKENSTEIN (1994)

**HULL, Henry**
*acteur américain (1890-1977)*
GREAT EXPECTATIONS (1934)
MIDNIGHT (1934)
BOYS TOWN (1938)
BABES IN ARMS (1939)
STANLEY AND LIVINGSTONE (1939)
OBJECTIVE BURMA! (1945)
PORTRAIT OF JENNIE (1948)
FOUNTAINHEAD, THE (1949)
MAN WITH THE GUN (1955)
FOOL KILLER, THE (1965)

**HUNG, Sammo**
*acteur chinois (1952-)*
HAND OF DEATH, THE (1975)
HEART OF DRAGON (1985)
EASTERN CONDORS (1986)
PROJECT A (1987)
DRAGONS FOREVER (1988)
ISLAND OF FIRE (1990)

**HUNT, Helen**
*actrice américaine (1963-)*
GIRLS JUST WANT TO HAVE FUN (1985)
PROJECT X (1987)
AS GOOD AS IT GETS (1997)
CAST AWAY (2000)
DR. T AND THE WOMEN (2000)
PAY IT FORWARD (2000)

**HUNT, Linda**
*actrice américaine (1945-)*
POPEYE (1980)
BOSTONIANS, THE (1984)
DUNE (1984)
ELENI (1985)
SILVERADO (1985)
KINDERGARTEN COP (1990)
SHE-DEVIL (1990)
RAIN WITHOUT THUNDER (1992)
PRÊT-À-PORTER (1994)
RELIC, THE (1997)

**HUNTER, Bill**
*acteur australien (1940-)*
GALLIPOLI (1981)
HEATWAVE (1983)
HIT, THE (1984)
STRICTLY BALLROOM (1992)
LAST DAYS OF CHEZ NOUS, THE (1993)
MURIEL'S WEDDING (1994)

**HUNTER, Holly**
*actrice américaine (1958-)*
SWING SHIFT (1984)
BROADCAST NEWS (1987)
RAISING ARIZONA (1987)
ALWAYS (1989)
MISS FIRECRACKER (1989)
ONCE AROUND (1990)
PIANO, THE (1992)
FIRM, THE (1993)
COPYCAT (1995)
HOME FOR THE HOLIDAYS (1995)
NEVER TALK TO STRANGERS (1995)
CRASH (1996)
LIFE LESS ORDINARY, A (1997)
LIVING OUT LOUD (1998)
JESUS' SON (1999)
O BROTHER, WHERE ART THOU? (2000)
TIME CODE (2000)

**HUNTER, Jeffrey**
*acteur américain (1925-1969)*
SEARCHERS, THE (1956)
SERGEANT RUTLEDGE (1960)
KING OF KINGS (1961)
CUSTER OF THE WEST (1967)

**HUNTER, Kim**
*actrice américaine (1922-)*
SEVENTH VICTIM, THE (1943)
TENDER COMRADE (1943)
STAIRWAY TO HEAVEN (1946)
STREETCAR NAMED DESIRE, A (1951)
PLANET OF THE APES (1968)
ESCAPE FROM THE PLANET OF THE APES (1971)
SKOKIE (1981)
PRICE ABOVE RUBIES, A (1998)

**HUNTER, Tab**
*acteur américain (1931-)*
TRACK OF THE CAT (1954)
BATTLE CRY (1955)
SEA CHASE, THE (1955)
DAMN YANKEES (1958)
GUNMAN'S WALK (1958)
LAFAYETTE ESCADRILLE (1958)
THEY CAME TO CORDURA (1959)
LOVED ONE, THE (1965)
HOSTILE GUNS (1967)
AROUSERS, THE (1970)
LIFE AND TIMES OF JUDGE ROY BEAN, THE (1972)
POLYESTER (1981)
LUST IN THE DUST (1985)

**HUPPERT, Isabelle**
*actrice française (1955-)*
CÉSAR ET ROSALIE (1972)
DOCTEUR FRANÇOISE GAILLAND (1975)
ROSEBUD (1975)
SÉRIEUX COMME LE PLAISIR (1975)
JUGE ET L'ASSASSIN, LE (1976)
DENTELLIÈRE, LA (1977)
LOULOU (1980)
COUP DE TORCHON (1981)
HEAVEN'S GATE (1981)
PASSION (1982)
COUP DE FOUDRE (1983)
FEMME DE MON POTE, LA (1983)
HISTOIRE DE PIERRA, L' (1983)
GARCE, LA (1984)
SIGNÉ CHARLOTTE (1985)
BEDROOM WINDOW, THE (1987)
AFFAIRE DE FEMMES, UNE (1988)
APRÈS L'AMOUR (1991)
MADAME BOVARY (1991)
AMATEUR (1994)
SÉPARATION, LA (1994)
CÉRÉMONIE, LA (1995)
LUMIÈRE ET COMPAGNIE (1995)
PALMES DE M. SCHUTZ, LES (1996)
RIEN NE VA PLUS (1997)
ÉCOLE DE LA CHAIR, L' (1998)
DESTINÉES SENTIMENTALES, LES (2000)
MERCI POUR LE CHOCOLAT (2000)

**HURT, John**
*acteur anglais (1940-)*
MAN FOR ALL SEASONS, A (1966)
10 RILLINGTON PLACE (1971)
NAKED CIVIL SERVANT, THE (1975)
MIDNIGHT EXPRESS (1978)
SHOUT, THE (1978)
ALIEN (1979)
ELEPHANT MAN, THE (1980)
HEAVEN'S GATE (1981)
HISTORY OF THE WORLD, PART 1 (1981)
1984 (1984)
HIT, THE (1984)
OSTERMAN WEEKEND, THE (1984)
SUCCESS IS THE BEST REVENGE (1984)
ROCINANTE (1986)
SPACEBALLS (1987)
ARIA (1988)
MY LEFT FOOT (1989)
SCANDAL (1989)
FIELD, THE (1990)
FRANKENSTEIN UNBOUND (1990)
KING RALPH (1991)
MONOLITH (1993)
EVEN COWGIRLS GET THE BLUES (1994)
SECOND BEST (1994)
ROB ROY (1995)
COMMISSIONER, THE (1997)
CONTACT (1997)
LOVE AND DEATH ON LONG ISLAND (1997)
ALL THE LITTLE ANIMALS (1999)
NEW BLOOD (1999)
LOST SOULS (2000)

**HURT, Mary Beth**
*actrice américaine (1948-)*
COMPROMISING POSITIONS (1985)
D.A.R.Y.L. (1985)
PARENTS (1989)
AFFLICTION (1997)
BRINGING OUT THE DEAD (1999)
AUTUMN IN NEW YORK (2000)
FAMILY MAN, THE (2000)

**HURT, William**
*acteur américain (1950-)*
ALTERED STATES (1980)
EYEWITNESS (1981)
BODY HEAT (1982)
BIG CHILL, THE (1983)
GORKY PARK (1983)
KISS OF THE SPIDER WOMAN (1985)
CHILDREN OF A LESSER GOD (1986)
BROADCAST NEWS (1987)
ACCIDENTAL TOURIST, THE (1988)
TIME OF DESTINY, A (1988)
I LOVE YOU TO DEATH (1990)
ALICE (1991)
DOCTOR, THE (1991)
PESTE, LA (1992)
MR. WONDERFUL (1993)
SECOND BEST (1994)
SMOKE (1995)
DIVAN À NEW YORK, UN (1996)
JANE EYRE (1996)
LOVED (1996)
MICHAEL (1996)
DARK CITY (1997)
PROPOSITION, THE (1997)
LOST IN SPACE (1998)
ONE TRUE THING (1998)
4TH FLOOR, THE (1999)
BIG BRASS RING, THE (1999)
SUNSHINE (1999)
FRANK HERBERT'S DUNE (2000)

**HUSSEY, Ruth**
*actrice américaine (1914-)*
ANOTHER THIN MAN (1939)
SUSAN AND GOD (1940)
TENDER COMRADE (1943)
MR. MUSIC (1950)
FACTS OF LIFE, THE (1960)

**HUSTER, Francis**
*acteur français (1947-)*
LUMIÈRE (1975)
ÉGOUTS DU PARADIS, LES (1978)

J'AI ÉPOUSÉ UNE OMBRE (1982)
FAUCON, LE (1983)
ÉDITH ET MARCEL (1983)
ÉQUATEUR (1983)
FEMME PUBLIQUE, LA (1984)
AMOUR BRAQUE, L' (1985)
PARKING (1985)
IL Y A DES JOURS... ET DES LUNES (1990)
TOUT ÇA... POUR ÇA! (1992)
DÎNER DE CONS, LE (1998)

**HUSTON, Anjelica**
*actrice américaine (1951-)*
HAMLET (1969)
LAST TYCOON, THE (1976)
POSTMAN ALWAYS RINGS TWICE, THE (1981)
FRANCES (1982)
THIS IS SPINAL TAP (1984)
PRIZZI'S HONOR (1985)
DEAD, THE (1987)
GARDENS OF STONE (1987)
JOHN HUSTON AND THE DUBLINERS (1987)
HANDFUL OF DUST, A (1988)
MR. NORTH (1988)
CRIMES AND MISDEMEANORS (1989)
ENEMIES, A LOVE STORY (1989)
GRIFTERS, THE (1990)
ADDAMS FAMILY, THE (1991)
PLAYER, THE (1992)
ADDAMS FAMILY VALUES, THE (1993)
MANHATTAN MURDER MYSTERY (1993)
AND THE BAND PLAYED ON (1994)
CROSSING GUARD, THE (1995)
PEREZ FAMILY, THE (1995)
BUFFALO 66 (1998)
EVER AFTER: A CINDERELLA STORY (1998)
PHOENIX (1998)
AGNÈS BROWNE (1999)

**HUSTON, John**
*acteur américain (1906-1987)*
CARDINAL, THE (1963)
LIST OF ADRIAN MESSENGER, THE (1963)
BIBLE, THE (1966)
CASINO ROYALE (1967)
CANDY (1968)
MYRA BRECKINRIDGE (1970)
MAN IN THE WILDERNESS (1971)
LIFE AND TIMES OF JUDGE ROY BEAN, THE (1972)
BATTLE FOR THE PLANET OF THE APES (1973)
CHINATOWN (1974)
RETURN OF THE KING (1980)
MOMO (1986)

**HUTCHINSON, Josephine**
*actrice américaine (1903-1998)*
STORY OF LOUIS PASTEUR, THE (1936)
LOVE IS BETTER THAN EVER (1952)
ADVENTURES OF HUCKLEBERRY FINN, THE (1960)
BABY, THE RAIN MUST FALL (1965)

**HUTTON, Betty**
*actrice américaine (1921-)*
MIRACLE OF MORGAN'S CREEK, THE (1943)
HERE COME THE WAVES (1944)
LET'S DANCE (1950)

**HUTTON, Timothy**
*acteur américain (1960-)*
TAPS (1981)
ICEMAN (1983)
FALCON AND THE SNOWMAN, THE (1984)
MADE IN HEAVEN (1987)
EVERYBODY'S ALL-AMERICAN (1988)
TIME OF DESTINY, A (1988)
TORRENTS OF SPRING (1989)
Q & A (1990)
DARK HALF, THE (1993)
TEMP, THE (1993)
BEAUTIFUL GIRLS (1996)
CITY OF INDUSTRY (1996)
DETERRENCE (1999)
GENERAL'S DAUGHTER, THE (1999)

**HYDE-WHITE, Wilfrid**
*acteur anglais (1903-1991)*
CONSPIRATOR (1949)
JOHN AND JULIE (1954)
IN SEARCH OF THE CASTAWAYS (1962)
MY FAIR LADY (1964)
TEN LITTLE INDIANS (1965)
CAT AND THE CANARY, THE (1977)
IN GOD WE TRU$T (1980)

**HYNDMAN, James**
*acteur canadien*
ELDORADO (1994)
1000 MERVEILLES DE L'UNIVERS, LES (1996)
CABOOSE (1996)
POLYGRAPHE, LE (1996)
ROWING THROUGH (1996)
SOUVENIRS INTIMES (1999)

**ICE-T**
*acteur américaine (1958-)*
LISTEN UP: THE LIVES OF QUINCY JONES (1990)
NEW JACK CITY (1991)
RICOCHET (1991)
TRESPASS (1992)
SURVIVING THE GAME (1994)
JOHNNY MNEMONIC (1995)
TANK GIRL (1995)

**IDLE, Eric**
*acteur anglais (1943-)*
AND NOW FOR SOMETHING COMPLETELY DIFFERENT (1972)
MONTY PYTHON AND THE HOLY GRAIL (1974)
RUTLES - ALL YOU NEED IS CASH, THE (1978)
MONTY PYTHON'S LIFE OF BRIAN (1979)
MONTY PYTHON LIVE AT THE HOLLYWOOD BOWL (1982)
MONTY PYTHON'S THE MEANING OF LIFE (1983)
ADVENTURES OF BARON MUNCHAUSEN, THE (1989)
TOO MUCH SUN (1990)
MOM AND DAD SAVED THE WORLD (1992)
SPLITTING HEIRS (1993)
CASPER (1995)
MR. TOAD'S WILD RIDE (1996)
BURN HOLLYWOOD BURN (1997)
102 DALMATIANS (2000)

**IRELAND, John**
*acteur américain (1914-1992)*
MY DARLING CLEMENTINE (1946)
GANGSTER, THE (1947)
RAILROADED (1947)
JOAN OF ARC (1948)
RED RIVER (1948)
ALL THE KING'S MEN (1949)
QUEEN BEE (1955)
GUNFIGHT AT THE O.K. CORRAL (1957)
PARTY GIRL (1958)
SPARTACUS (1960)
55 DAYS AT PEKING (1963)
FALL OF THE ROMAN EMPIRE, THE (1964)
HOUSE OF SEVEN CORPSES, THE (1974)
FAREWELL, MY LOVELY (1975)
SWISS CONSPIRACY, THE (1975)
INCUBUS (1982)

**IRONS, Jeremy**
*acteur anglais (1948-)*
FRENCH LIEUTENANT'S WOMAN, THE (1981)
MOONLIGHTING (1982)
AMOUR DE SWANN, UN (1983)
MISSION, THE (1986)
CHORUS OF DISAPPROVAL, A (1988)
DEAD RINGERS (1988)
AUSTRALIA (1989)
REVERSAL OF FORTUNE (1990)
KAFKA (1991)
DAMAGE (1992)
HOUSE OF THE SPIRITS, THE (1993)
M BUTTERFLY (1993)
DIE HARD WITH A VENGEANCE (1995)
STEALING BEAUTY (1996)
CHINESE BOX (1997)
LOLITA (1997)
MAN IN THE IRON MASK, THE (1998)
DUNGEONS AND DRAGONS (2000)

**IRONSIDE, Michael**
*acteur canadien (1950-)*
SCANNERS (1980)
SUZANNE (1980)
FALCON AND THE SNOWMAN, THE (1984)
SURFACING (1986)
TOP GUN (1986)
EXTREME PREJUDICE (1987)
TOTAL RECALL (1990)
HIGHLANDER 2: THE QUICKENING (1991)
McBAIN (1991)
GUNCRAZY (1992)
FREE WILLY (1993)
GLASS SHIELD, THE (1995)
KIDS OF THE ROUND TABLE (1996)
CAUSE OF DEATH (2000)
PERFECT STORM, THE (2000)

**IRVING, Amy**
*actrice américaine (1953-)*
CROSSING DELANCEY (1947)
COMPETITION, THE (1980)
MICKI + MAUDE (1984)
CARRIED AWAY (1996)
I'M NOT RAPPAPORT (1996)
BOSSA NOVA (1999)

**JACKSON, Glenda**
*actrice anglaise (1936-)*
THIS SPORTING LIFE (1963)
MARAT SADE (1966)
MUSIC LOVERS, THE (1970)
BOY FRIEND, THE (1971)
MARY, QUEEN OF SCOTS (1971)
SUNDAY, BLOODY SUNDAY (1971)
TOUCH OF CLASS, A (1973)
ROMANTIC ENGLISHWOMAN, THE (1975)
HOUSE CALLS (1978)
HOPSCOTCH (1980)
RETURN OF THE SOLDIER, THE (1981)
SAKHAROV (1984)
BEYOND THERAPY (1987)
BUSINESS AS USUAL (1987)
SALOME'S LAST DANCE (1988)
RAINBOW, THE (1989)

**JACKSON, Samuel L.**
*acteur américain (1948-)*
SCHOOL DAZE (1988)
DO THE RIGHT THING (1989)
SEA OF LOVE (1989)

BETSY'S WEDDING (1990)
DEF BY TEMPTATION (1990)
EXORCIST III, THE (1990)
GOODFELLAS (1990)
MO' BETTER BLUES (1990)
SHOCK TO THE SYSTEM, A (1990)
JOHNNY SUEDE (1991)
JUICE (1991)
JUNGLE FEVER (1991)
STRICTLY BUSINESS (1991)
PATRIOT GAMES (1992)
AGAINST THE WALL (1993)
AMOS & ANDREW (1993)
JURASSIC PARK (COFFRET) (1993)
JURASSIC PARK (1993)
MENACE II SOCIETY (1993)
NATIONAL LAMPOON'S LOADED WEAPON 1 (1993)
FRESH (1994)
KISS OF DEATH (1994)
PULP FICTION (1994)
DIE HARD WITH A VENGEANCE (1995)
LOSING ISAIAH (1995)
GREAT WHITE HYPE, THE (1996)
HARD EIGHT (1996)
LONG KISS GOODNIGHT, THE (1996)
TIME TO KILL, A (1996)
187 (1997)
EVE'S BAYOU (1997)
JACKIE BROWN (1997)
NEGOTIATOR, THE (1998)
SPHERE (1998)
DEEP BLUE SEA (1999)
RULES OF ENGAGEMENT (2000)
SHAFT (2000) (2000)

**JACOB, Catherine**
*actrice française (1956-)*
MARIS, LES FEMMES, LES AMANTS, LES (1989)
TATIE DANIELLE (1990)
MERCI LA VIE (1991)
MON PÈRE, CE HÉROS (1991)
FILLE DE L'AIR, LA (1992)
NEUF MOIS (1993)
BONHEUR EST DANS LE PRÉ, LE (1995)
GRANDS DUCS, LES (1995)

**JACOB, Irène**
*actrice française (1966-)*
AU REVOIR LES ENFANTS (1988)
BANDE DES QUATRE, LA (1988)
DOUBLE VIE DE VÉRONIQUE, LA (1991)
OTHELLO (1995)
PAR DELÀ LES NUAGES (1995)
INCOGNITO (1997)
BIG BRASS RING, THE (1999)
MY LIFE SO FAR (1999)

**JACOBI, Derek**
*acteur anglais (1938-)*
OTHELLO (1965)
HUMAN FACTOR, THE (1980)
HUNCHBACK, THE (1982)
HENRY V (1989)
FOOL, THE (1990)
DEAD AGAIN (1991)
HAMLET (1996)
LOVE IS THE DEVIL (1997)
MOLOKAÏ (1999)
GLADIATOR, THE (2000)

**JACQUES, Yves**
*acteur québécois (1956-)*
CRIME D'OVIDE PLOUFFE, LE (1984)
HOLD-UP (1985)
DÉCLIN DE L'EMPIRE AMÉRICAIN, LE (1986)
JÉSUS DE MONTRÉAL (1989)
DING ET DONG: LE FILM (1990)
MILENA (1990)
MONTRÉAL VU PAR... (1991)
LOUIS 19, LE ROI DES ONDES (1994)
CLASSE DE NEIGE, LA (1998)
CHAMBRE DES MAGICIENNES, LA (1999)
SOUVENIRS INTIMES (1999)

**JADE, Claude**
*actrice française (1948-)*
BAISERS VOLÉS (1968)
SOUS LE SIGNE DE MONTE-CRISTO (1968)
TOPAZ (1969)
DOMICILE CONJUGAL (1970)
AMOUR EN FUITE, L' (1978)
TEHERAN 43 (1980)
BAHUT VA CRAQUER!, LE (1981)

**JAFFE, Sam**
*acteur américain (1891-1984)*
SCARLET EMPRESS, THE (1934)
LOST HORIZON (1937)
GUNGA DIN (1939)
13 RUE MADELEINE (1947)
ASPHALT JUNGLE, THE (1950)
BARBARIAN AND THE GEISHA, THE (1958)
BATAILLE DE SAN SEBASTIAN, LA (1968)

**JAGGER, Dean**
*acteur américain (1903-1991)*
SISTER KENNY (1946)
DRIFTWOOD (1940)
RAWHIDE (1951)
ROBE, THE (1953)
BAD DAY AT BLACK ROCK (1954)
BOMBERS B-52 (1957)
CASH McCALL (1960)
HONEYMOON MACHINE, THE (1961)
FIRECREEK (1967)
GAME OF DEATH (1978)

**JAGGER, Mick**
*acteur anglais (1943-)*
PERFORMANCE (1968)
NED KELLY (1970)
SYMPATHY FOR THE DEVIL (ONE PLUS ONE) (1970)
FREEJACK (1992)

**JAMES, Brion**
*acteur américain (1945-)*
POSTMAN ALWAYS RINGS TWICE, THE (1981)
SOUTHERN COMFORT (1981)
48 HOURS (1982)
BALLAD OF GREGORIO CORTEZ, THE (1982)
BLADE RUNNER (1982)
CRIMEWAVE (1985)
FLESH + BLOOD (1985)
ENEMY MINE (1986)
CHERRY 2000 (1988)
D.O.A. (1988)
RED HEAT (1988)
ANOTHER 48 HOURS (1990)
PLAYER, THE (1992)
STRIKING DISTANCE (1993)
RADIOLAND MURDERS (1994)
DEAD MAN WALKING (1995)
FIFTH ELEMENT, THE (1997)

**JANNINGS, Emil**
*acteur allemand (1884-1950)*
DERNIER DES HOMMES, LE (1924)
FAUST (1926)
LAST COMMAND, THE (1928)
ANGE BLEU, L' (1930)

**JANSSEN, Famke**
*acteur néerlandais (1964-)*
CITY OF INDUSTRY (1996)
GINGERBREAD MAN, THE (1997)
MONUMENT AVE. (1997)
CELEBRITY (1998)
DEEP RISING (1998)
ROUNDERS (1998)
HOUSE ON HAUNTED HILL (1999)

**JAOUI, Agnès**
*actrice française (1964-)*
AIR DE FAMILLE, UN (1996)
COUSIN, LE (1997)
DÉMÉNAGEMENT, LE (1998)
ON CONNAIT LA CHANSON (1998)
FEMME D'EXTÉRIEUR, UNE (1999)
GOÛT DES AUTRES, LE (2000)

**JARMUSCH, Jim**
*acteur américain (1953-)*
HELSINKI NAPOLI (1987)
STRAIGHT TO HELL (1987)
LENINGRAD COWBOYS GO AMERICA (1989)
BLUE IN THE FACE (1995)
SLING BLADE (1995)

**JETER, Michael**
*acteur américain (1929-)*
GYPSY (1993)
AIR BUD (1997)
MOUSE HUNT (1997)
PATCH ADAMS (1998)
THURSDAY (1998)
GREEN MILE, THE (1999)
JAKOB THE LIAR (1999)
GIFT, THE (2000)

**JOBERT, Marlène**
*actrice française (1943-)*
MASCULIN, FÉMININ (1966)
ALEXANDRE LE BIENHEUREUX (1968)
DERNIER DOMICILE CONNU (1969)
DOIGTS CROISÉS, LES (1971)
DÉCADE PRODIGIEUSE, LA (1972)
PAS SI MÉCHANT QUE ÇA (1974)
BON ET LES MÉCHANTS, LE (1975)
FOLLE À TUER (1975)
GUERRE DES POLICES, LA (1979)
SALE AFFAIRE, UNE (1980)
AMOUR NU, L' (1981)
CIGOGNES N'EN FONT QU'À LEUR TÊTE, LES (1989)

**JOHNSON, Ben**
*acteur américain (1918-1996)*
3 GODFATHERS (1948)
MIGHTY JOE YOUNG (1949)
SHE WORE A YELLOW RIBBON (1949)
RIO GRANDE (1950)
SHANE (1953)
SIMBA (1955)
ONE-EYED JACKS (1961)
CHEYENNE AUTUMN (1964)
MAJOR DUNDEE (1965)
RARE BREED, THE (1966)
HANG'EM HIGH (1967)
CHISUM (1970)
LAST PICTURE SHOW, THE (1971)
GETAWAY, THE (1972)
JUNIOR BONNER (1972)
SUGARLAND EXPRESS, THE (1974)
HUSTLE (1975)
TOWN THAT DREADED SUNDOWN, THE (1977)
HUNTER, THE (1980)
TEX (1982)

CHERRY 2000 (1988)
RADIO FLYER (1992)

**JOHNSON, Van**
*acteur américain (1916-)*
HUMAN COMEDY, THE (1943)
THIRTY SECONDS OVER TOKYO (1945)
EASY TO WED (1946)
TILL THE CLOUDS ROLL BY (1947)
BATTLEGROUND (1949)
IN THE GOOD OLD SUMMERTIME (1949)
BIG HANGOVER, THE (1950)
DUCHESS OF IDAHO (1950)
GO FOR BROKE! (1951)
EASY TO LOVE (1953)
BRIGADOON (1954)
END OF THE AFFAIR (1954)
MEN OF THE FIGHTING LADY (1954)

**JOLIE, Angelina**
*actrice américaine (1975-)*
HACKERS (1995)
GIA (1998)
PLAYING BY HEART (1998)
BONE COLLECTOR, THE (1999)
GIRL, INTERRUPTED (1999)
PUSHING TIN (1999)
GONE IN SIXTY SECONDS (2000)

**JONES, Allan**
*acteur américain (1908-1992)*
NIGHT AT THE OPERA, A (1935)
SHOW BOAT (1936)
FIREFLY, THE (1937)
EVERYBODY SING (1938)
ONE NIGHT IN THE TROPICS (1940)

**JONES, Dean**
*acteur américain (1930-)*
TORPEDO RUN (1958)
NEVER SO FEW (1959)
THAT DARN CAT! (1965)
ANY WEDNESDAY (1966)
BLACKBEARD'S GHOST (1968)
HORSE IN THE GRAY FLANEL SUIT, THE (1969)
LOVE BUG, THE (1969)
BEETHOVEN (1991)
THAT DARN CAT! (1996)

**JONES, Grace**
*actrice américaine (1952-)*
CONAN THE DESTROYER (1984)

**JONES, James Earl**
*acteur américain (1931-)*
DR. STRANGELOVE (1964)
COMEDIANS, THE (1967)
END OF THE ROAD (1970)
GREAT WHITE HOPE, THE (1970)
SWASHBUCKLER (1976)
EXORCIST II: THE HERETIC (1977)
LAST REMAKE OF BEAU GESTE, THE (1977)
BUSHIDO BLADE, THE (1979)
CONAN THE BARBARIAN (1982)
FLIGHT OF DRAGONS (1982)
GARDENS OF STONE (1987)
MATEWAN (1987)
FIELD OF DREAMS (1989)
THREE FUGITIVES (1989)
BY DAWN'S EARLY LIGHT (1990)
GRIM PRAIRIE TALES (1990)
HUNT FOR RED OCTOBER, THE (1990)
SCORCHERS (1991)
PATRIOT GAMES (1992)
SNEAKERS (1992)
SOMMERSBY (1992)
SANDLOT, THE (1993)
CLEAR AND PRESENT DANGER (1994)
CRY, THE BELOVED COUNTRY (1995)
JEFFERSON IN PARIS (1995)
FAMILY THING, A (1996)

**JONES, Jeffrey**
*acteur américain (1947-)*
AMADEUS (1984)
FERRIS BUELLER'S DAY OFF (1986)
HOWARD THE DUCK (1986)
BEETLEJUICE (1988)
HUNT FOR RED OCTOBER, THE (1990)
ANGEL SQUARE (1991)
MOM AND DAD SAVED THE WORLD (1992)
STAY TUNED (1992)
ED WOOD (1994)
HOUSEGUEST (1994)
DEVIL'S ADVOCATE (1997)
RAVENOUS (1999)
SLEEPY HOLLOW (1999)
STUART LITTLE (1999)

**JONES, Jennifer**
*actrice américaine (1919-)*
SONG OF BERNADETTE, THE (1943)
LOVE LETTERS (1945)
DUEL IN THE SUN (1946)
PORTRAIT OF JENNIE (1948)
MADAME BOVARY (1949)
CARRIE (1952)
BEAT THE DEVIL (1954)
INDISCRETION OF AN AMERICAN WIFE (1954)
LOVE IS A MANY SPLENDORED THING (1955)
MAN IN THE GREY FRANNEL SUIT, THE (1956)
FAREWELL TO ARMS, A (1957)
TOWERING INFERNO, THE (1974)
PATRICIA, UN VOYAGE POUR L'AMOUR (1980)

**JONES, L.Q.**
*acteur américain (1927-)*
MEN IN WAR (1957)
HELL IS FOR HEROES (1962)
BROTHERHOOD OF SATAN (1971)
MOTHER, JUGS & SPEED (1976)
EDGE, THE (1997)
PATRIOT, THE (1998)

**JONES, Shirley**
*actrice américaine (1934-)*
OKLAHOMA! (1955)
CAROUSEL (1956)
ELMER GANTRY (1960)
MUSIC MAN, THE (1962)
COURTSHIP OF EDDIE'S FATHER, THE (1963)
BEDTIME STORY (1964)
HAPPY ENDING, THE (1969)
CHEYENNE SOCIAL CLUB, THE (1970)
BEYOND THE POSEIDON ADVENTURE (1979)

**JONES, Terry**
*acteur anglais (1942-)*
AND NOW FOR SOMETHING COMPLETELY DIFFERENT (1972)
JABBERWOCKY (1977)
MONTY PYTHON'S LIFE OF BRIAN (1979)
MONTY PYTHON LIVE AT THE HOLLYWOOD BOWL (1982)
MONTY PYTHON'S THE MEANING OF LIFE (1983)
ERIK THE VIKING (1989)
MR. TOAD'S WILD RIDE (1996)

**JONES, Tommy Lee**
*acteur américain (1946-)*
LOVE STORY (1970)
AMAZING HOWARD HUGHES, THE (1977)
ROLLING THUNDER (1977)
BETSY, THE (1978)
EYES OF LAURA MARS (1978)
COAL MINER'S DAUGHTER (1980)
CAT ON A HOT TIN ROOF (1984)
RIVER RAT, THE (1984)
BLACK MOON RISING (1986)
BIG TOWN, THE (1987)
STORMY MONDAY (1988)
PACKAGE, THE (1989)
BLUE SKY (1991)
JFK (1991)
FUGITIVE, THE (1993)
HEAVEN & EARTH (1993)
HOUSE OF CARDS (1993)
BLOWN AWAY (1994)
CLIENT, THE (1994)
COBB (1994)
NATURAL BORN KILLERS (1994)
BATMAN FOREVER (1995)
MEN IN BLACK (1997)
DOUBLE JEOPARDY (1999)
RULES OF ENGAGEMENT (2000)

**JORDAN, Richard**
*acteur américain (1938-1993)*
CHATO'S LAND (1971)
KAMOURASKA (VERSION LONGUE) (1973)
ROOSTER COGBURN (1975)
SOLARBABIES (1986)
ROMERO (1989)

**JOSEPHSON, Erland**
*acteur suédois (1923-)*
HEURE DU LOUP, L' (1967)
SCÈNES DE LA VIE CONJUGALE (1973)
SONATE D'AUTOMNE (1978)
MELODY HAUNTS MY REVERIE, THE (1981)
MONTENEGRO (1982)
FANNY ET ALEXANDRE (1983)
NOSTALGHIA (1983)
APRÈS LA RÉPÉTITION (1984)
SACRIFICE, LE (1986)
TESTAMENT D'UN POÈTE JUIF ASSASSINÉ, LE (1986)
CONTROL (1987)
HANUSSEN (1988)
MEETING VENUS (1991)
SOFIE (1992)
KRISTIN LAVRANSDATTER (1995)
REGARD D'ULYSSE, LE (1995)

**JOURDAN, Louis**
*acteur français (1919-)*
LETTER FROM AN UNKNOWN WOMAN (1948)
NO MINOR VICES (1948)
PARADINE CASE, THE (1948)
MADAME BOVARY (1949)
THREE COINS IN THE FOUNTAIN (1954)
MARIÉE EST TROP BELLE, LA (1956)
SWAN, THE (1956)
GIGI (1958)
BEST OF EVERYTHING, THE (1959)
CAN-CAN (1960)
COUNT OF MONTE CRISTO, THE (1975)
MAN IN THE IRON MASK, THE (1977)
PLUS ÇA VA, MOINS ÇA VA (1977)
SWAMP THING (1981)
OCTOPUSSY (1983)

**JOUVET, Louis**
*acteur français (1887-1951)*
MARSEILLAISE, LA (1937)
HÔTEL DU NORD (1938)

**JUDD, ASHLEY**
*actrice américaine (1968-)*
RUBY IN PARADISE (1993)
HEAT (1995)
NORMAL LIFE (1995)
PASSION OF DARKLY NOON, THE (1995)
KISS THE GIRLS (1997)
SIMON BIRCH (1998)
DOUBLE JEOPARDY (1999)
EYE OF THE BEHOLDER (1999)

**JUGNOT, Gérard**
*acteur français (1951-)*
SALUT L'ARTISTE! (1974)
JOUET, LE (1976)
JUGE ET L'ASSASSIN, LE (1976)
LOCATAIRE, LE (1976)
MONSIEUR KLEIN (1976)
BRONZÉS, LES (1978)
BRONZÉS FONT DU SKI, LES (1979)
CHARLOTS CONTRE DRACULA, LES (1980)
POURQUOI PAS NOUS? (1981)
POUR CENT BRIQUES, T'AS PLUS RIEN (1982)
PÈRE NOËL EST UNE ORDURE, LE (1982)
QUART D'HEURE AMÉRICAIN, LE (1982)
PAPY FAIT DE LA RÉSISTANCE (1983)
GARDE DU CORPS, LE (1984)
PINOT, SIMPLE FLIC (1984)
ROIS DU GAG, LES (1985)
SCOUT TOUJOURS... (1985)
NUIT D'IVRESSE (1988)
CIGOGNES N'EN FONT QU'À LEUR TÊTE, LES (1989)
ÉPOQUE FORMIDABLE, UNE (1991)
CLÉS DU PARADIS, LES (1992)
FAUSSAIRES, LES (1994)
FANTÔME AVEC CHAUFFEUR (1996)
MARTHE (1997)
MEILLEUR ESPOIR FÉMININ (2000)

**JULIA, Raul**
*acteur portoricain (1940-1994)*
EYES OF LAURA MARS (1978)
ONE FROM THE HEART (1982)
TEMPEST (1982)
COMPROMISING POSITIONS (1985)
KISS OF THE SPIDER WOMAN (1985)
MORNING AFTER, THE (1986)
MOON OVER PARADOR (1988)
TEQUILA SUNRISE (1988)
ROMERO (1989)
FRANKENSTEIN UNBOUND (1990)
HAVANA (1990)
PRESUMED INNOCENT (1990)
ROOKIE, THE (1990)
ADDAMS FAMILY, THE (1991)
PESTE, LA (1992)
ADDAMS FAMILY VALUES, THE (1993)
BURNING SEASON, THE (1994)

**JÜRGENS, Curd**
*acteur allemand (1912-1982)*
ET DIEU CRÉA LA FEMME (1956)
ENEMY BELOW, THE (1957)
INN OF THE SIXTH HAPPINESS, THE (1958)
ME AND THE COLONEL (1958)
KATIA (1959)
DON JUANS DE LA CÔTE, LES (1962)
LONGEST DAY, THE (1962)
OPÉRA DE QUAT'SOUS, L' (1962)
LORD JIM (1965)
DUEL À LA VODKA (1966)
JARDINIER D'ARGENTEUIL, LE (1966)
PAS DE ROSES POUR O.S.S. 117 (1967)
ASSASSINATION BUREAU, THE (1968)
BATTLE OF BRITAIN (1969)
NICHOLAS AND ALEXANDRA (1971)
FOLIES BOURGEOISES (1975)
SPY WHO LOVED ME, THE (1977)
TEHERAN 43 (1980)

**JUTRA, Claude**
*acteur québécois (1930-1986)*
À TOUT PRENDRE (1963)
MON ONCLE ANTOINE (1971)
RIEL (1979)
BONHEUR D'OCCASION (1983)

**KA FAI, Tony Leung**
*acteur chinois (1958-)*
ISLAND OF FIRE (1990)
ASHES OF TIME (1994)
LOVER OF THE LAST EMPRESS (1995)

**KANE, Carol**
*actrice américaine (1952-)*
CARNAL KNOWLEDGE (1971)
LAST DETAIL, THE (1973)
DOG DAY AFTERNOON (1975)
HESTER STREET (1975)
ANNIE HALL (1977)
MUPPET MOVIE, THE (1979)
SECRET DIARY OF SIGMUND FREUD, THE (1984)
ISHTAR (1987)
SCROOGED (1988)
FLASHBACK (1989)
ADDAMS FAMILY VALUES, THE (1993)

**KANESHIRO, Takeshi**
*acteur taïwainais (1973-)*
CHUNGKING EXPRESS (1994)
FALLEN ANGELS (1995)
ODD ONE DIES, THE (1997)

**KAPOOR, Shashi**
*acteur indien (1938-)*
HOUSEHOLDER, THE (1963)
SHAKESPEARE WALLAH (1965)
BOMBAY TALKIE (1970)
HEAT AND DUST (1983)
SAMMY & ROSIE GET LAID (1987)
IN CUSTODY (1993)

**KAPRISKY, Valérie**
*actrice française (1963-)*
HOMMES PRÉFÈRENT LES GROSSES, LES (1981)
APHRODITE (1982)
LÉGITIME VIOLENCE (1982)
BREATHLESS (1983)
ANNÉE DES MÉDUSES, L' (1984)
FEMME PUBLIQUE, LA (1984)
GITANE, LA (1985)
MON AMI LE TRAÎTRE (1989)
MILENA (1990)
MOUVEMENTS DU DÉSIR (1993)
DIS-MOI OUI (1994)

**KARINA, Anna**
*actrice danoise (1940-)*
CLÉO DE 5 À 7 (1961)
FEMME EST UNE FEMME, UNE (1961)
BANDE À PART (1964)
ALPHAVILLE (1965)
PIERROT LE FOU (1965)
RELIGIEUSE, LA (1966)
PLUS VIEUX MÉTIER DU MONDE, LE (1967)
PAIN ET CHOCOLAT (1973)
AMI DE VINCENT, L' (1983)
DERNIER ÉTÉ À TANGER (1987)

**KARLOFF, Boris**
*acteur anglais (1887-1969)*
LAST OF THE MOHICANS, THE (1920)
BELLS, THE (1926)
CRIMINAL CODE, THE (1931)
FRANKENSTEIN (1931)
TONIGHT OR NEVER (1931)
MASK OF FU MANCHU, THE (1932)
MUMMY, THE (1932)
OLD DARK HOUSE, THE (1932)
BLACK CAT, THE (1934)
LOST PATROL, THE (1934)
BLACK ROOM, THE (1935)
BRIDE OF FRANKENSTEIN, THE (1935)
RAVEN, THE (1935)
INVISIBLE RAY, THE (1936)
MAN THEY COULD NOT HANG, THE (1939)
SON OF FRANKENSTEIN (1939)
TOWER OF LONDON (1939)
BEFORE I HANG (1940)
BLACK FRIDAY (1940)
CLIMAX, THE (1944)
HOUSE OF FRANKENSTEIN (1944)
BODY SNATCHER, THE (1945)
ISLE OF THE DEAD (1945)
DICK TRACY MEETS GRUESOME (1947)
LURED (1947)
SECRET LIFE OF WALTER MITTY, THE (1947)
ABBOTT & COSTELLO MEET THE KILLER BORIS KARLOFF (1949)
STRANGE DOOR, THE (1951)
BLACK CASTLE, THE (1952)
ABBOTT & COSTELLO MEET DR. JEKYLL AND MR. HYDE (1953)
CORRIDORS OF BLOOD (1958)
FRANKENSTEIN 1970 (1958)
HAUNTED STRANGLER, THE (1958)
TERROR, THE (1962)
RAVEN, THE (1963)
BIKINI BEACH (1964)
COMEDY OF TERRORS, THE (1964)
DIE MONSTER, DIE! (1965)
CAULDRON OF BLOOD (1967)
ALIEN TERROR (SINISTER INVASION) (1968)
TARGETS (1968)
CULT OF THE DEAD (SNAKE PEOPLE) (1970)
DANCE OF DEATH (HOUSE OF EVIL) (1971)
TORTURE ZONE (THE FEAR CHAMBER) (1971)

**KARYO, Tcheky**
*acteur français (1953-)*
BALANCE, LA (1982)
RETOUR DE MARTIN GUERRE, LE (1982)
TOUTE UNE NUIT (1982)
BAD BOYS (1983)
JAVA DES OMBRES, LA (1983)
MARGINAL, LE (1983)
NUITS DE LA PLEINE LUNE, LES (1984)
AMOUR BRAQUE, L' (1985)
BLEU COMME L'ENFER (1986)
MOINE ET LA SORCIÈRE, LE (1986)
ÉTATS D'ÂME (1986)
AUSTRALIA (1989)
BEAR, THE (1989)
NIKITA (1990)
HUSBANDS AND LOVERS (1991)
1492: CONQUEST OF PARADISE (1992)
AND THE BAND PLAYED ON (1994)
ANGE NOIR, L' (1994)
NOSTRADAMUS (1994)
BAD BOYS (1995)
GOLDEN EYE (1995)
1000 MERVEILLES DE L'UNIVERS, LES (1996)
PASSAGE POUR LE PARADIS (1996)
ADDICTED TO LOVE (1997)
DOBERMANN (1997)

BABEL (1998)
MESSENGER, THE: THE STORY OF
JOAN OF ARC (1999)
MY LIFE SO FAR (1999)
SAVING GRACE (1999)
PATRIOT, THE (2000)

**KASSOVITZ, Mathieu**
*acteur français (1968-)*
REGARDE LES HOMMES TOMBER (1994)
HAINE, LA (1995)
HÉROS TRÈS DISCRET, UN (1996)
MON HOMME (1996)
ASSASSIN(S) (1997)
FIFTH ELEMENT, THE (1997)

**KAYE, Danny**
*acteur américain (1913-1987)*
KID FROM BROOKLYN, THE (1946)
SECRET LIFE OF WALTER MITTY, THE
(1947)
SONG IS BORN, A (1948)
HANS CHRISTIAN ANDERSEN (1952)
COURT JESTER, THE (1956)
ME AND THE COLONEL (1958)
FIVE PENNIES, THE (1959)
SKOKIE (1981)

**KEACH, Stacy**
*acteur américain (1941-)*
END OF THE ROAD (1970)
DOC (1971)
FAT CITY (1972)
LIFE AND TIMES OF JUDGE ROY BEAN, THE
(1972)
NEW CENTURIONS, THE (1972)
JESUS OF NAZARETH (1976)
LONG RIDERS, THE (1980)
NINTH CONFIGURATION, THE (1980)
MILENA (1990)
BODY BAGS (1993)
ESCAPE FROM L.A. (1996)
AMERICAN HISTORY X (1998)

**KEATON, Buster**
*acteur américain (1895-1966)*
SAPHEAD, THE (1920)
OUR HOSPITALITY (1923)
THREE AGES, THE (1923)
NAVIGATOR, THE (1924)
SHERLOCK Jr. (1924)
GO WEST (1925)
SEVEN CHANCES (1925)
BATTLING BUTLER (1926)
GENERAL, THE (1926)
COLLEGE (1927)
CAMERAMAN, THE (1928)
STEAMBOAT BILL Jr. (1928)
SPITE MARRIAGE (1929)
DOUGHBOYS (1930)
FREE AND EASY (1930)
SIDEWALKS OF NEW YORK (1931)
SPEAK EASILY (1932)
PALEFACE, THE (1948)
IN THE GOOD OLD SUMMERTIME (1949)
SUNSET BOULEVARD (1950)
LIMELIGHT (1952)
ADVENTURES OF HUCKLEBERRY FINN, THE
(1960)
IT'S A MAD, MAD, MAD, MAD WORLD
(1963)
BUSTER KEATON RIDES AGAIN (1965)
HOW TO STUFF A WILD BIKINI (1965)
FUNNY THING HAPPENED ON THE WAY TO THE
FORUM, A (1966)
NEIGHBORS (1981)

**KEATON, Diane**
*actrice américaine (1946-)*
GODFATHER, THE (1972)
PLAY IT AGAIN, SAM (1972)
SLEEPER (1973)
GODFATHER, PART 2, THE (1974)
LOVE AND DEATH (1975)
ANNIE HALL (1977)
LOOKING FOR MR. GOODBAR (1977)
INTERIORS (1978)
MANHATTAN (1979)
REDS (1981)
SHOOT THE MOON (1982)
LITTLE DRUMMER GIRL, THE (1984)
MRS. SOFFEL (1984)
CRIMES OF THE HEART (1986)
BABY BOOM (1987)
RADIO DAYS (1987)
GOOD MOTHER, THE (1988)
FATHER OF THE BRIDE (1991)
GODFATHER, PART 3, THE (1991)
MANHATTAN MURDER MYSTERY (1993)
AMELIA EARHART, THE FINAL FLIGHT (1994)
FATHER OF THE BRIDE 2 (1995)
FIRST WIVES CLUB, THE (1996)
MARVIN'S ROOM (1996)
HANGING UP (2000)

**KEATON, Michael**
*acteur américain (1951-)*
NIGHT SHIFT (1982)
MR. MOM (1983)
JOHNNY DANGEROUSLY (1984)
GUNG HO! (1986)
BEETLEJUICE (1988)
CLEAN AND SOBER (1988)
BATMAN (1989)
DREAM TEAM, THE (1989)
PACIFIC HEIGHTS (1990)
ONE GOOD COP (1991)
BATMAN RETURNS (1992)
MUCH ADO ABOUT NOTHING (1993)
MY LIFE (1993)
PAPER, THE (1994)
SPEECHLESS (1994)
MULTIPLICITY (1996)
JACKIE BROWN (1997)
DESPERATE MEASURES (1998)

**KEEL, Howard**
*acteur américain (1917-)*
SHOW BOAT (1951)
LOVELY TO LOOK AT (1952)
CALAMITY JANE (1953)
KISS ME KATE (1953)
SEVEN BRIDES FOR SEVEN BROTHERS (1954)
KISMET (1955)
DAY OF THE TRIFFIDS, THE (1963)

**KEIR, Andrew**
*acteur anglais (1926-1997)*
DRACULA, PRINCE OF DARKNESS (1965)
QUATERMASS AND THE PIT (1967)
MARY, QUEEN OF SCOTS (1971)

**KEITEL, Harvey**
*acteur américain (1941-)*
MEAN STREETS (1973)
ALICE DOESN'T LIVE HERE ANYMORE (1975)
MOTHER, JUGS & SPEED (1976)
TAXI DRIVER (1976)
DUELLISTS, THE (1977)
BLUE COLLAR (1978)
FINGERS (1978)
MORT EN DIRECT, LA (1980)
SATURN 3 (1980)
BORDER, THE (1982)
NUIT DE VARENNES, LA (1982)
CORRUPT (1983)
PIERRE DANS LA BOUCHE, UNE (1984)
CAMORRA (1985)
FALLING IN LOVE (1985)
MEN'S CLUB, THE (1986)
BLINDSIDE (1987)
PICK-UP ARTIST, THE (1987)
LAST TEMPTATION OF CHRIST, THE (1988)
JANUARY MAN, THE (1989)
BUGSY (1991)
MORTAL THOUGHTS (1991)
RESERVOIR DOGS (1991)
THELMA & LOUISE (1991)
BAD LIEUTENANT (1992)
PIANO, THE (1992)
SISTER ACT (1992)
DANGEROUS GAME (1993)
POINT OF NO RETURN (1993)
RISING SUN (1993)
IMAGINARY CRIMES (1994)
MONKEY TROUBLE (1994)
PULP FICTION (1994)
SOMEBODY TO LOVE (1994)
BLUE IN THE FACE (1995)
CLOCKERS (1995)
FROM DUSK TILL DAWN (1995)
GET SHORTY (1995)
REGARD D'ULYSSE, LE (1995)
SMOKE (1995)
CITY OF INDUSTRY (1996)
COPLAND (1997)
FAIRY TALE: A TRUE STORY (1997)
LULU ON THE BRIDGE (1998)
HOLY SMOKE (1999)
THREE SEASONS (1999)
LITTLE NICKY (2000)

**KEITH, Brian**
*acteur américain (1921-1997)*
ARROWHEAD (1953)
TIGHT SPOT (1955)
PARENT TRAP, THE (1961)
HALLELUJAH TRAIL, THE (1965)
NEVADA SMITH (1966)
RUSSIANS ARE COMING! THE RUSSIANS
ARE COMING!, THE (1966)
REFLECTIONS IN A GOLDEN EYE (1967)
KRAKATOA, EAST OF JAVA (1969)
McKENZIE BREAK, THE (1970)
METEOR (1979)
MOONRAKER (1979)
CHARLIE CHAN AND THE CURSE OF THE
DRAGON QUEEN (1981)
HAMMETT (1981)

**KELLAWAY, Cecil**
*acteur sud-africain (1890-1973)*
HOUSE OF THE SEVEN GABLES, THE (1940)
I MARRIED A WITCH (1943)
FRENCHMAN'S CREEK (1944)
LOVE LETTERS (1945)
EASY TO WED (1946)
PORTRAIT OF JENNIE (1948)
FRANCIS GOES TO THE RACES (1951)
FITZWILLY (1967)

**KELLER, Marthe**
*actrice suisse (1945-)*
TOUTE UNE VIE (1974)
BLACK SUNDAY (1976)
BOBBY DEERFIELD (1977)
FEMMES DE PERSONNE (1984)
ROUGE BAISER (1985)
MON AMIE MAX (1993)

ELLES (1997)
K (1997)
ÉCOLE DE LA CHAIR, L' (1998)
DERRIÈRE, LE (1999)

**KELLY, Gene**
*acteur américain (1912-1996)*
THOUSANDS CHEER (1943)
COVER GIRL (1944)
ANCHORS AWEIGH (1945)
PIRATE, THE (1948)
THREE MUSKETEERS, THE (1948)
ON THE TOWN (1949)
TAKE ME OUT TO THE BALL GAME (1949)
SUMMER STOCK (1950)
AMERICAN IN PARIS, AN (1951)
LOVE IS BETTER THAN EVER (1952)
SINGIN' IN THE RAIN (1952)
BRIGADOON (1954)
IT'S ALWAYS FAIR WEATHER (1955)
LES GIRLS (1957)
MARJORIE MORNINGSTAR (1958)
INHERIT THE WIND (1960)
LET'S MAKE LOVE (1960)
DEMOISELLES DE ROCHEFORT, LES (1967)
THAT'S ENTERTAINMENT (1974)
THAT'S ENTERTAINMENT! PART 2 (1976)
THAT'S DANCING! (1985)
THAT'S ENTERTAINMENT! PART 3 (1994)

**KELLY, Grace**
*actrice américaine (1928-1982)*
HIGH NOON (1952)
MOGAMBO (1953)
BRIDGES AT TOKO-RI, THE (1954)
COUNTRY GIRL, THE (1954)
DIAL M FOR MURDER (1954)
GREEN FIRE (1954)
REAR WINDOW (1954)
TO CATCH A THIEF (1955)
HIGH SOCIETY (1956)
SWAN, THE (1956)

**KELLY, Moira**
*actrice américaine (1968-)*
CHAPLIN (1992)
LITTLE ODESSA (1994)
TIE THAT BINDS, THE (1995)
DANGEROUS BEAUTY (1997)
DRIVE, SHE SAID (1997)

**KENNEDY, Arthur**
*acteur américain (1914-1990)*
THEY DIED WITH THEIR BOOTS ON (1942)
CHAMPION (1949)
BEND OF THE RIVER (1952)
RANCHO NOTORIOUS (1952)
DESPERATE HOURS, THE (1955)
MAN FROM LARAMIE, THE (1955)
MURDER SHE SAID (1962)
ANZIO (1968)
EMMANUELLE ON TABOO ISLAND (1976)

**KENNEDY, George**
*acteur américain (1925-)*
LONELY ARE THE BRAVE (1962)
CHARADE (1963)
STRAIT-JACKET (1964)
FLIGHT OF THE PHOENIX, THE (1965)
HUSH... HUSH, SWEET CHARLOTTE (1965)
IN HARM'S WAY (1965)
MIRAGE (1965)
SHENANDOAH (1965)
SONS OF KATIE ELDER, THE (1965)
COOL HAND LUKE (1967)
DIRTY DOZEN, THE (1967)
BANDOLERO! (1968)
BOSTON STRANGLER, THE (1968)
PINK JUNGLE, THE (1968)
GUNS OF THE MAGNIFICENT SEVEN (1969)
AIRPORT (1970)
DIRTY DINGUS MAGEE (1970)
CAHILL: UNITED STATES MARSHAL (1973)
EARTHQUAKE (1974)
THUNDERBOLT AND LIGHTFOOT (1974)
EIGER SANCTION, THE (1975)
AIRPORT '77 (1977)
DEATH ON THE NILE (1978)
AIRPORT '79: THE CONCORDE (1979)
CREEPSHOW 2 (1987)
NAKED GUN, THE (1988)
NAKED GUN 2 1/2: THE SMELL OF FEAR, THE (1991)
NAKED GUN 33 1/3: THE FINAL INSULT, THE (1994)

**KENSIT, Patsy**
*actrice anglaise (1968-)*
GREAT GATSBY, THE (1974)
ABSOLUTE BEGINNERS (1986)
CHORUS OF DISAPPROVAL, A (1988)
LETHAL WEAPON 2 (1989)
BLAME IT ON THE BELLBOY (1991)
BITTER HARVEST (1993)
ANGELS & INSECTS (1995)

**KERR, Deborah**
*actrice anglaise (1921-)*
MAJOR BARBARA (1941)
BLACK NARCISSUS (1946)
HUCKSTERS, THE (1947)
KING SOLOMON'S MINES (1950)
QUO VADIS? (1951)
PRISONER OF ZENDA, THE (1952)
FROM HERE TO ETERNITY (1953)
JULIUS CAESAR (1953)
END OF THE AFFAIR (1954)
KING AND I, THE (1956)
TEA AND SYMPATHY (1956)
AFFAIR TO REMEMBER, AN (1957)
HEAVEN KNOWS, MR. ALLISON (1957)
BONJOUR TRISTESSE (1958)
SEPARATE TABLES (1958)
BELOVED INFIDEL (1959)
GRASS IS GREENER, THE (1960)
SUNDOWNERS, THE (1960)
INNOCENTS, THE (1961)
CHALK GARDEN, THE (1964)
NIGHT OF THE IGUANA, THE (1964)
CASINO ROYALE (1967)
ARRANGEMENT, THE (1969)
GYPSY MOTHS, THE (1969)

**KERR, John**
*acteur américain (1931-)*
TEA AND SYMPATHY (1956)
SOUTH PACIFIC (1958)
PIT AND THE PENDULUM, THE (1961)

**KEYES, Evelyn**
*actrice américaine (1919-)*
BEFORE I HANG (1940)
LADY IN QUESTION, THE (1940)
DESPERADOES, THE (1943)
THOUSAND AND ONE NIGHTS, A (1945)
JOLSON STORY, THE (1946)
ENCHANTMENT (1948)
SEVEN YEAR ITCH, THE (1955)
AROUND THE WORLD IN 80 DAYS (1956)
ACROSS 110th STREET (1972)

**KIDDER, Margot**
*actrice canadienne (1948-)*
SISTERS (1973)
BLACK CHRISTMAS (1974)
SUPERMAN: THE MOVIE (1978)
AMITYVILLE HORROR, THE (1979)
SUPERMAN II (1980)
SUPERMAN III (1983)
LOUISIANA (1984)
SUPERMAN IV: THE QUEST FOR PEACE (1987)
NEVER MET PICASSO (1996)
COMMON GROUND (2000)

**KIDMAN, Nicole**
*actrice américaine (1967-)*
DEAD CALM (1989)
DAYS OF THUNDER (1990)
FLIRTING (1990)
BILLY BATHGATE (1991)
FAR AND AWAY (1992)
MALICE (1993)
MY LIFE (1993)
BATMAN FOREVER (1995)
TO DIE FOR (1995)
PORTRAIT OF A LADY, THE (1996)
PEACEMAKER, THE (1997)
PRACTICAL MAGIC (1998)
EYES WIDE SHUT (1999)

**KIER, Udo**
*acteur allemand (1944-)*
ANDY WARHOL'S FRANKENSTEIN (1973)
ANDY WARHOL'S DRACULA (1974)
HISTOIRE D'O (1975)
SUSPIRIA (1977)
BERLIN ALEXANDERPLATZ (1980)
HUNGARIAN RHAPSODY (1983)
SEDUCTION: THE CRUEL WOMAN (1985)
MY OWN PRIVATE IDAHO (1991)
EUROPA (1992)
TERROR 2000 - GERMANY OUT OF CONTROL (1992)
ACE VENTURA: PET DETECTIVE (1993)
EVEN COWGIRLS GET THE BLUES (1994)
KINGDOM 1, THE (1994)
BARB WIRE (1995)
JOHNNY MNEMONIC (1995)
ADVENTURES OF PINOCCHIO, THE (1996)
AMOUR EST UN POUVOIR SACRÉ, L' (1996)
END OF VIOLENCE, THE (1997)
BLADE (1998)
MODERN VAMPIRES (1998)
DANCER IN THE DARK (2000)
SHADOW OF THE VAMPIRE (2000)

**KILMER, Val**
*acteur américain (1959-)*
TOP SECRET! (1984)
REAL GENIUS (1985)
TOP GUN (1986)
MAN WHO BROKE A 1000 CHAINS, THE (1987)
KILL ME AGAIN (1989)
DOORS, THE (1991)
THUNDERHEART (1992)
TOMBSTONE (1993)
BATMAN FOREVER (1995)
HEAT (1995)
GHOST AND THE DARKNESS, THE (1996)
ISLAND OF DR. MOREAU, THE (1996)
SAINT, THE (1997)
AT FIRST SIGHT (1998)
JOE THE KING (1999)
POLLOCK (2000)
RED PLANET (2000)

**KING, Alan**
*acteur américain (1927-)*
HELEN MORGAN STORY, THE (1957)
ANDERSON TAPES, THE (1972)
AUTHOR! AUTHOR! (1982)
MEMORIES OF ME (1988)

**KINGSLEY, Ben**
*acteur anglais (1943-)*
GANDHI (1982)
HAREM (1985)
MAURICE (1987)
PASCALI'S ISLAND (1988)
BUGSY (1991)
SNEAKERS (1992)
DAVE (1993)
SCHINDLER'S LIST (1993)
SEARCHING FOR BOBBY FISCHER (1993)
DEATH AND THE MAIDEN (1994)
SPECIES (1995)
ASSIGNMENT, THE (1997)
RULES OF ENGAGEMENT (2000)

**KINSKI, Klaus**
*acteur allemand (1926-1991)*
DOCTOR ZHIVAGO (1965)
FOR A FEW DOLLARS MORE (1965)
NUITS DE DRACULA, LES (1970)
AGUIRRE, LA COLÈRE DE DIEU (1972)
IMPORTANT C'EST D'AIMER, L' (1974)
MADAME CLAUDE (1976)
MORT D'UN POURRI (1977)
BUDDY HOLLY STORY, THE (1978)
CHANSON DE ROLAND, LA (1978)
NOSFERATU: FANTÔME DE LA NUIT (1978)
FRUITS DE LA PASSION, LES (1980)
BUDDY BUDDY (1981)
ANDROID (1982)
FITZCARRALDO (1982)
LITTLE DRUMMER GIRL, THE (1984)
SECRET DIARY OF SIGMUND FREUD, THE (1984)
CRAWLSPACE (1986)

**KINSKI, Nastassja**
*actrice allemande (1960-)*
FAUX MOUVEMENT (1974)
TO THE DEVIL... A DAUGHTER (1976)
FILLE, LA (1978)
TESS (1979)
CAT PEOPLE (1982)
ONE FROM THE HEART (1982)
LUNE DANS LE CANIVEAU, LA (1983)
HOTEL NEW HAMPSHIRE, THE (1984)
MARIA'S LOVERS (1984)
PARIS, TEXAS (1984)
HAREM (1985)
REVOLUTION (1986)
TORRENTS OF SPRING (1989)
SOLEIL MÊME LA NUIT, LE (1990)
SI LOIN, SI PROCHE (1992)
TERMINAL VELOCITY (1994)
FATHER'S DAY (1997)
ONE NIGHT STAND (1997)
LOST SON, THE (1999)
RED LETTERS (2000)

**KIRKLAND, Sally**
*actrice américaine (1944-)*
COMING APART (1969)
FUTZ! (1969)
STING, THE (1973)
STAR IS BORN, A (1976)
INCREDIBLE SHRINKING WOMAN, THE (1981)
LOVE LETTERS (1983)
ANNA (1987)
COLD FEET (1989)
PAINT IT BLACK (1989)
SUPERSTAR: THE LIFE AND TIMES OF ANDY WARHOL (1990)
IN THE HEAT OF PASSION (1991)
JFK (1991)
HIT THE DUTCHMAN (1992)
PLAYER, THE (1992)
ED TV (1999)

**KIRSHNER, Mia**
*actrice américaine (1976-)*
EXOTICA (1994)
CROW: CITY OF ANGELS, THE (1996)
LEON TOLSTOY'S ANNA KARENINA (1997)
MAD CITY (1997)

**KLINE, Kevin**
*acteur américain (1947-)*
SOPHIE'S CHOICE (1982)
BIG CHILL, THE (1983)
PIRATES OF PENZANCE, THE (1983)
SILVERADO (1985)
CRY FREEDOM (1987)
FISH CALLED WANDA, A (1988)
JANUARY MAN, THE (1989)
I LOVE YOU TO DEATH (1990)
GRAND CANYON (1991)
SOAPDISH (1991)
CHAPLIN (1992)
CONSENTING ADULTS (1992)
DAVE (1993)
FRENCH KISS (1995)
FIERCE CREATURES (1996)
ICE STORM, THE (1997)
IN & OUT (1997)
MIDSUMMER NIGHT'S DREAM, A (1999)

**KOTEAS, Elias**
*acteur canadien (1961-)*
ONE MAGIC CHRISTMAS (1985)
GARDENS OF STONE (1987)
SOME KIND OF WONDERFUL (1987)
FULL MOON IN BLUE WATER (1988)
MALAREK (1988)
TEENAGE MUTANT NINJA TURTLES (1990)
ADJUSTER, THE (1991)
TEENAGE MUTANT NINJA TURTLES III (1992)
CAMILLA (1994)
EXOTICA (1994)
PROPHECY, THE (1995)
CRASH (1996)
FALLEN (1997)
GATTACA (1997)
APT PUPIL (1998)
LIVING OUT LOUD (1998)
THIN RED LINE, THE (1998)
LOST SOULS (2000)

**KOTTO, Yaphet**
*acteur américain (1937-)*
NOTHING BUT A MAN (1964)
5 CARD STUD (1968)
THOMAS CROWN AFFAIR, THE (1968)
ACROSS 110th STREET (1972)
LIVE AND LET DIE (1973)
FRIDAY FOSTER (1975)
BLUE COLLAR (1978)
ALIEN (1979)
BRUBAKER (1980)
FIGHTING BACK (1982)
STAR CHAMBER, THE (1983)
RUNNING MAN, THE (1987)
MIDNIGHT RUN (1988)
PUPPET MASTERS, THE (1994)

**KOZAK, Harley Jane**
*actrice américaine (1957-)*
ARACHNOPHOBIA (1990)
PARENTHOOD (1990)
MAGIC IN THE WATER (1995)

**KRABBÉ, Jeroen**
*acteur néerlandais (1944-)*
SOLDIER OF ORANGE (1977)
SPETTERS (1980)
FLIGHT OF RAINBIRDS, A (1981)
QUATRIÈME HOMME, LE (1983)
TURTLE DIARY (1985)
JUMPIN' JACK FLASH (1986)
NO MERCY (1986)
LIVING DAYLIGHTS, THE (1987)
WORLD APART, A (1988)
CROSSING DELANCEY (1988)
SCANDAL (1989)
KAFKA (1991)
PRINCE OF TIDES, THE (1991)
FOR A LOST SOLDIER (1992)
STALIN (1992)
FUGITIVE, THE (1993)
KING OF THE HILL (1993)
FARINELLI (1994)
IMMORTAL BELOVED (1994)
DISPARITION DE GARCIA LORCA, LA (1997)
EVER AFTER - A CINDERELLA STORY (1998)
IDEAL HUSBAND, AN (1999)

**KRIGE, Alice**
*actrice sud-africaine (1954-)*
GHOST STORY (1981)
HAUNTED SUMMER (1988)
SEE YOU IN THE MORNING (1989)
INSTITUTE BENJAMENTA (1995)
COMMISSIONER, THE (1997)
MOLOKAÏ (1999)

**KRISTOFFERSON, Kris**
*acteur américain (1936-)*
BLUME IN LOVE (1972)
PAT GARRETT & BILLY THE KID (1973)
BRING ME THE HEAD OF ALFREDO GARCIA (1974)
ALICE DOESN'T LIVE HERE ANYMORE (1975)
SAILOR WHO FELL FROM GRACE WITH THE SEA, THE (1976)
STAR IS BORN, A (1976)
CONVOY (1978)
HEAVEN'S GATE (1981)
FLASHPOINT (1984)
SONGWRITER (1984)
BIG TOP PEE WEE (1988)
MILLENNIUM (1989)
LONE STAR (1995)
BLADE (1998)
SOLDIER'S DAUGHTER NEVER CRIES, A (1998)
LIMBO (1999)
LIMBO (1999)
MOLOKAÏ (1999)
PAYBACK (1999)

**KRUGER, Hardy**
*acteur allemand (1928-)*
TAXI POUR TOBROUK, UN (1960)
DIMANCHES DE VILLE-D'AVRAY, LES (1962)
HATARI! (1962)
SECRET OF SANTA VITTORIA, THE (1969)
À CHACUN SON ENFER (1977)

**KYO, Machiko**
*actrice japonaise (1924-)*
RASHOMON (1950)

CONTES DE LA LUNE VAGUE APRÈS LA PLUIE, LES (1953)
PORTE DE L'ENFER, LA (1954)
TEAHOUSE OF THE AUGUST MOON, THE (1956)
RUE DE LA HONTE, LA (1957)
HERBES FLOTTANTES (1959)
ÉTRANGE OBSESSION, L' (1959)

**L'ÉCUYER, Guy**
*acteur québécois (1931-1985)*
MARTIEN DE NOËL, LE (1970)
MÂLES, LES (1970)
TEMPS D'UNE CHASSE, LE (1972)
BAR SALON (1973)
NIGHT CAP (1974)
TI-CUL TOUGAS (1975)
PARLEZ-NOUS D'AMOUR (1976)
TI-MINE, BERNIE PIS LA GANG (1976)
J.A. MARTIN, PHOTOGRAPHE (1977)
AU CLAIR DE LA LUNE (1982)
MARIA CHAPDELAINE (1984)

**LA HAYE, David**
*acteur québécois*
DANS LE VENTRE DU DRAGON (1989)
NELLIGAN (1991)
BÊTE DE FOIRE, LA (1993)
ENFANT D'EAU, L' (1995)
COSMOS (1996)
CONCIERGERIE, LA (1997)
FULL BLAST (1999)
INVENTION DE L'AMOUR, L' (2000)
MÉCHANT PARTY (2000)

**LABRÈCHE, Marc**
*acteur québécois (1960-)*
QUI A TIRÉ SUR NOS HISTOIRES D'AMOUR? (1986)
DANS LE VENTRE DU DRAGON (1989)
DING ET DONG: LE FILM (1990)
ASSASSIN JOUAIT DU TROMBONE, L' (1991)
GRAND ZÈLE, LE (1992)
MATUSALEM (1993)
MATUSALEM 2: LE DERNIER DES BEAUCHESNE (1997)

**LACHAPELLE, Andrée**
*actrice québécoise (1931-)*
BEAUX DIMANCHES, LES (1974)
MON FILS EST ASSASSIN (CHER PAPA) (1978)
À CORPS PERDU (1988)
DANS LE VENTRE DU DRAGON (1989)
JÉSUS DE MONTRÉAL (1989)
MOODY BEACH (1990)
NELLIGAN (1991)
LÉOLO (1992)
CAP TOURMENTE (1993)
DU PIC AU CŒUR (2000)

**LADD, Alan**
*acteur américain (1913-1964)*
BLACK CAT, THE (1941)
CITIZEN KANE (1941)
GREAT GUNS (1941)
GREAT GUNS (1941)
GLASS KEY, THE (1942)
JOAN OF PARIS (1942)
STAR SPANGLED RHYTHM (1942)
THIS GUN FOR HIRE (1942)
CHINA (1943)
BLUE DAHLIA, THE (1946)
O.S.S. (1946)
BRANDED (1950)
SHANE (1953)
McCONNELL STORY, THE (1955)
BADLANDERS, THE (1956)
DEEP SIX, THE (1957)
PROUD REBEL, THE (1958)
CARPETBAGGERS, THE (1964)

**LADD, Diane**
*actrice américaine (1932-)*
REBEL ROUSERS (1967)
REIVERS, THE (1969)
MACHO CALLAHAN (1970)
CHINATOWN (1974)
ALICE DOESN'T LIVE HERE ANYMORE (1975)
GUYANA TRAGEDY: THE STORY OF JIM JONES (1980)
GRACE KELLY STORY, THE (1983)
SOMETHING WICKED THIS WAY COMES (1984)
BLACK WIDOW (1987)
KISS BEFORE DYING, A (1991)
RAMBLING ROSE (1991)
CARNOSAUR (1993)
PRIMARY COLORS (1998)
28 DAYS (2000)

**LAFONT, Bernadette**
*actrice française (1938-)*
BEAU SERGE, LE (1958)
BONNES FEMMES, LES (1960)
CHASSE À L'HOMME, LA (1964)
FIANCÉE DU PIRATE, LA (1969)
DOIGTS CROISÉS, LES (1971)
DÉFENSE DE SAVOIR (1973)
MAMAN ET LA PUTAIN, LA (1973)
ORDINATEUR DES POMPES FUNÈBRES, L' (1976)
CERTAINES NOUVELLES (1980)
SI MA GUEULE VOUS PLAÎT (1981)
BON PETIT DIABLE, UN (1983)
CAP CANAILLE (1983)
GWENDOLINE (1984)
ON N'EST PAS SORTI DE L'AUBERGE (1982)
MASQUES (1987)
SAISONS DU PLAISIR, LES (1988)
BOOM BOOM (1990)
MONSIEUR RIPOIS (1994)
PERSONNE NE M'AIME (1994)

**LAFONT, Pauline**
*actrice française (1963-1988)*
PAPY FAIT DE LA RÉSISTANCE (1983)
GALETTE DU ROI, LA (1985)
POULET AU VINAIGRE (1985)
SALE DESTIN! (1986)
ÉTÉ EN PENTE DOUCE, L' (1987)

**LAFONTAINE, Rita**
*actrice québécoise (1939-)*
GAMMICK, LA (1974)
PARLEZ-NOUS D'AMOUR (1976)
SOLEIL SE LÈVE EN RETARD, LE (1976)
DAME EN COULEURS, LA (1985)
MATOU, LE (1985)
PORTES TOURNANTES, LES (1988)
HOMME DE RÊVE, L' (1991)
MON AMIE MAX (1993)
CŒUR AU POING, LE (1998)

**LAHTI, Christine**
*actrice américaine (1950-)*
AND JUSTICE FOR ALL (1979)
HOUSEKEEPING (1987)
RUNNING ON EMPTY (1988)
DOCTOR, THE (1991)
LEAVING NORMAL (1992)
SUBWAY STORIES (1997)

**LAKE, Veronica**
*actrice américaine (1919-1973)*
SULLIVAN'S TRAVELS (1941)
GLASS KEY, THE (1942)
STAR SPANGLED RHYTHM (1942)
THIS GUN FOR HIRE (1942)
I MARRIED A WITCH (1943)
SO PROUDLY WE HAIL (1943)
BLUE DAHLIA, THE (1946)
RAMROD (1946)

**LAMARR, Hedy**
*actrice américaine (1913-2000)*
EXTASE (1933)
COMRADE X (1940)
TORTILLA FLAT (1942)
BOOM TOWN (1946)
LET'S LIVE A LITTLE (1948)
COPPER CANYON (1949)
SAMSON AND DELILAH (1949)

**LAMBERT, Christophe**
*acteur français (1957-)*
BAR DU TÉLÉPHONE, LE (1980)
LÉGITIME VIOLENCE (1982)
GREYSTOKE: THE LEGEND OF TARZAN (1984)
SUBWAY (1985)
HIGHLANDER (1986)
I LOVE YOU (1986)
SICILIAN, THE (1987)
TO KILL A PRIEST (1988)
HIGHLANDER 2: THE QUICKENING (1991)
KNIGHT MOVES (1992)
MAX ET JÉRÉMIE (1992)
FORTRESS (1993)
MORTAL KOMBAT (1995)
NORTH STAR (1995)
ARLETTE (1997)

**LAMOTHE, Willie**
*acteur québécois (1920-1978)*
ON EST LOIN DU SOLEIL (1970)
COLOMBES, LES (1972)
BINGO (1973)
MORT D'UN BÛCHERON, LA (1973)
MUSTANG (1975)

**LAMOUR, Dorothy**
*actrice américaine (1914-1996)*
HURRICANE, THE (1937)
BIG BROADCAST OF 1938, THE (1938)
SPAWN OF THE NORTH (1938)
JOHNNY APOLLO (1940)
ROAD TO SINGAPORE (1940)
CAUGHT IN THE DRAFT (1941)
ROAD TO ZANZIBAR (1941)
ROAD TO MOROCCO (1942)
STAR SPANGLED RHYTHM (1942)
THEY GOT ME COVERED (1943)
ROAD TO UTOPIA (1945)
ROAD TO RIO (1947)
GREATEST SHOW ON EARTH, THE (1951)
ROAD TO HONG KONG, THE (1962)
DONOVAN'S REEF (1963)
CREEPSHOW 2 (1987)

**LANCASTER, Burt**
*acteur américain (1913-1994)*
KILLERS, THE (1946)
BRUTE FORCE (1947)
ALL MY SONS (1948)
SORRY, WRONG NUMBER (1948)
CRISS CROSS (1949)
FLAME AND THE ARROW, THE (1950)
JIM THORPE - ALL AMERICAN (1951)
COME BACK, LITTLE SHEBA (1952)

CRIMSON PIRATE, THE (1952)
FROM HERE TO ETERNITY (1953)
HIS MAJESTY O'KEEFE (1953)
APACHE (1954)
KENTUCKIAN, THE (1955)
ROSÉ TATTOO, THE (1955)
RAINMAKER, THE (1956)
GUNFIGHT AT THE O.K. CORRAL (1957)
SWEET SMELL OF SUCCESS (1957)
RUN SILENT, RUN DEEP (1958)
SEPARATE TABLES (1958)
ELMER GANTRY (1960)
JUDGMENT AT NUREMBERG (1961)
BIRDMAN OF ALCATRAZ (1962)
GUÉPARD, LE (1962)
CHILD IS WAITING, A (1963)
LIST OF ADRIAN MESSENGER, THE (1963)
SEVEN DAYS IN MAY (1964)
HALLELUJAH TRAIL, THE (1965)
PROFESSIONALS, THE (1966)
SCALPHUNTERS, THE (1968)
SWIMMER, THE (1968)
CASTLE KEEP (1969)
GYPSY MOTHS, THE (1969)
AIRPORT (1970)
LAWMAN (1971)
SCORPIO (1973)
1900 (1976)
BUFFALO BILL AND THE INDIANS (1976)
ISLAND OF DR. MOREAU, THE (1977)
GO TELL THE SPARTANS (1978)
ATLANTIC CITY (1980)
LOCAL HERO (1983)
OSTERMAN WEEKEND, THE (1984)
CONTROL (1987)
ON WINGS OF EAGLES (1987)
FIELD OF DREAMS (1989)

**LANCTÔT, Micheline**
*actrice québécoise (1947-)*
LA VRAIE NATURE DE BERNADETTE,LA (1972)
APPRENTICESHIP OF DUDDY KRAVITZ, THE (1974)
TI-CUL TOUGAS (1975)
LIENS DE SANG, LES (1977)
AFFAIRE COFFIN, L' (1980)
MOURIR À TUE-TÊTE (1983)
CHEMIN DE DAMAS, LE (1988)
OREILLE D'UN SOURD, L' (1996)
AUJOURD'HUI OU JAMAIS (1998)
QUAND JE SERAI PARTI...VOUS VIVREZ ENCORE (1998)

**LANDAU, Martin**
*acteur américain (1933-)*
GAZEBO, THE (1959)
NORTH BY NORTHWEST (1959)
CLEOPATRA (1963)
GREATEST STORY EVER TOLD, THE (1965)
HALLELUJAH TRAIL, THE (1965)
NEVADA SMITH (1966)
THEY CALL ME MISTER TIBBS! (1970)
METEOR (1979)
KONG-FU: THE MOVIE (1986)
CRIMES AND MISDEMEANORS (1989)
PAINT IT BLACK (1989)
BY DAWN'S EARLY LIGHT (1990)
MISTRESS (1992)
SLIVER (1993)
ED WOOD (1994)
INTERSECTION (1994)
ADVENTURES OF PINOCCHIO, THE (1996)
CITY HALL (1996)
B.A.P. S. (BLACK AMERICAN PRINCESSES) (1997)
ROUNDERS (1998)
BONANNO: A GODFATHER'S STORY (1999)
ED TV (1999)

**LANE, Diane**
*actrice américaine (1965-)*
LITTLE ROMANCE, A (1979)
OUTSIDERS, THE (1983)
RUMBLE FISH (1983)
COTTON CLUB, THE (1984)
STREETS OF FIRE (1984)
BIG TOWN, THE (1987)
CHAPLIN (1992)
KNIGHT MOVES (1992)
FALLEN ANGELS (1993)
INDIAN SUMMER (1993)
JUDGE DREDD (1995)
STREETCAR NAMED DESIRE, A (1995)
JACK (1996)
MURDER AT 1600 (1997)
MY DOG SKIP (2000)
PERFECT STORM, THE (2000)

**LANE, Priscilla**
*actrice américaine (1917-1995)*
FOUR DAUGHTERS (1938)
ROARING TWENTIES, THE (1939)
SABOTEUR (1942)
ARSENIC AND OLD LACE (1944)

**LANGE, Hope**
*actrice américaine (1931-)*
PEYTON PLACE (1957)
BEST OF EVERYTHING, THE (1959)
DEATH WISH (1974)

**LANGE, Jessica**
*actrice américaine (1949-)*
KING KONG (1976)
ALL THAT JAZZ (1979)
POSTMAN ALWAYS RINGS TWICE, THE (1981)
FRANCES (1982)
CAT ON A HOT TIN ROOF (1984)
TOOTSIE (1984)
SWEET DREAMS (1985)
CRIMES OF THE HEART (1986)
EVERYBODY'S ALL-AMERICAN (1988)
FAR NORTH (1988)
MEN DON'T LEAVE (1990)
MUSIC BOX (1990)
BLUE SKY (1991)
CAPE FEAR (1991)
NIGHT AND THE CITY (1992)
LOSING ISAIAH (1995)
ROB ROY (1995)
STREETCAR NAMED DESIRE, A (1995)
THOUSAND ACRES, A (1997)
COUSIN BETTE (1998)
HUSH (1998)
TITUS (1999)

**LANGELLA, Frank**
*acteur américain (1940-)*
MAISON SOUS LES ARBRES, LA (1971)
DRACULA (1979)
SPHINX (1981)
AND GOD CREATED WOMAN (1987)
1492: CONQUEST OF PARADISE (1992)
BRAINSCAN (1994)
CUTTHROAT ISLAND (1995)
EDDIE (1996)
LOLITA (1997)
NINTH GATE, THE (1999)
STARDOM (2000)

**LANOUX, Victor**
*acteur français (1936-)*
AFFAIRE DOMINICI, L' (1972)
COUSIN, COUSINE (1974)
ADIEU POULET (1975)
FOLLE À TUER (1975)
FEMME À SA FENÊTRE, UNE (1977)
MOMENT D'ÉGAREMENT, UN (1977)
NOUS IRONS TOUS AU PARADIS (1977)
AU BOUT DU BOUT DU BANC (1978)
CHIENS, LES (1979)
SALE AFFAIRE, UNE (1980)
REVANCHE, LA (1981)
BOULEVARD DES ASSASSINS (1982)
DIMANCHE DE FLIC, UN (1982)
LOUISIANA (1984)
SMALA, LA (1984)
LIEU DU CRIME, LE (1986)
SALE DESTIN! (1986)
ROUGE VENISE (1988)
BAL DES CASSE-PIEDS, LE (1991)
DÉMONS DE JÉSUS, LES (1996)
POSITION DE L'ESCARGOT, LA (1998)

**LANSBURY, Angela**
*actrice anglaise (1925-)*
GASLIGHT (1944)
NATIONAL VELVET (1944)
PICTURE OF DORIAN GRAY, THE (1945)
HARVEY GIRLS, THE (1946)
PRIVATE AFFAIRS OF BEL AMI, THE (1947)
STATE OF THE UNION (1948)
THREE MUSKETEERS, THE (1948)
SAMSON AND DELILAH (1949)
COURT JESTER, THE (1956)
LONG HOT SUMMER, THE (1958)
RELUCTANTE DEBUTANTE, THE (1958)
BREATH OF SCANDAL, A (1960)
ALL FALL DOWN (1962)
MANCHURIAN CANDIDATE, THE (1962)
DEAR HEART (1964)
GREATEST STORY EVER TOLD, THE (1965)
BEDKNOBS AND BROOMSTICKS (1971)
DEATH ON THE NILE (1978)
LADY VANISHES, THE (1979)
MIRROR CRACK'D, THE (1980)
COMPANY OF WOLVES, THE (1984)

**LANVIN, Gérard**
*acteur français (1950-)*
CHOIX DES ARMES, LE (1981)
TIR GROUPÉ (1982)
PRIX DU DANGER, LE (1983)
MARCHE À L'OMBRE (1984)
MOI VOULOIR TOI (1985)
SPÉCIALISTES, LES (1985)
FRÈRES PÉTARD, LES (1986)
MES MEILLEURS COPAINS (1989)
IL Y A DES JOURS... ET DES LUNES (1990)
BELLE HISTOIRE, LA (1991)
MARMOTTES, LES (1993)
FILS PRÉFÉRÉ, LE (1994)
MON HOMME (1996)
EN PLEIN CŒUR (1998)
PASSIONNÉMENT (1999)
GOÛT DES AUTRES, LE (2000)

**LaPAGLIA, Anthony**
*acteur australien (1959-)*
29TH STREET (1991)
INNOCENT BLOOD (1992)
CLIENT, THE (1994)
MIXED NUTS (1994)
PHOENIX (1998)
LANSKY (1999)
SUMMER OF SAM (1999)

SWEET AND LOWDOWN (1999)
AUTUMN IN NEW YORK (2000)
HOUSE OF MIRTH, THE (2000)

**LAPOINTE, Jean**
*acteur québécois (1935-)*
DEUX FEMMES EN OR (1970)
CHATS BOTTÉS, LES (1971)
O.K... LALIBERTÉ (1973)
ORDRES, LES (1974)
POMME, LA QUEUE ET LES PÉPINS, LA (1974)
EAU CHAUDE, L'EAU FRETTE, L' (1976)
TI-MINE, BERNIE PIS LA GANG (1976)
J.A. MARTIN, PHOTOGRAPHE (1977)
ONE MAN (1977)
CHIENS-CHAUDS, LES (1980)
DING ET DONG: LE FILM (1990)
HISTOIRE INVENTÉE, UNE (1990)
SARRASINE, LA (1992)
BOUTEILLE, LA (2000)

**LAROQUE, Michèle**
*actrice française (1960-)*
AUX PETITS BONHEURS (1993)
PERSONNE NE M'AIME (1994)
PLUS BEAU MÉTIER DU MONDE, LE (1996)
MA VIE EN ROSE (1997)
SERIAL LOVER (1998)
PLACARD, LE (2000)

**LAUGHTON, Charles**
*acteur anglais (1899-1962)*
OLD DARK HOUSE, THE (1932)
SIGN OF THE CROSS, THE (1932)
ISLAND OF LOST SOULS (1933)
PRIVATE LIFE OF HENRY VIII, THE (1933)
MISÉRABLES, LES (1935)
MUTINY ON THE BOUNTY (1935)
RUGGLES OF RED GAP (1935)
REMBRANDT (1936)
ST. MARTIN'S LANE (1938)
HUNCHBACK OF NOTRE-DAME, THE (1939)
JAMAICA INN (1939)
IT STARTED WITH EVE (1941)
TALES OF MANHATTAN (1942)
THIS LAND IS MINE (1943)
CANTERVILLE GHOST, THE (1944)
ARCH OF TRIUMPH (1948)
BIG CLOCK, THE (1948)
PARADINE CASE, THE (1948)
MAN ON THE EIFFEL TOWER, THE (1949)
STRANGE DOOR, THE (1951)
SALOME (1953)
HOBSON'S CHOICE (1954)
SPARTACUS (1960)
ADVISE AND CONSENT (1962)

**LAURE, Carole**
*actrice québécoise (1948-)*
IXE-13 (1971)
MORT D'UN BÛCHERON, LA (1973)
SWEET MOVIE (1974)
PRÉPAREZ VOS MOUCHOIRS (1976)
ANGE ET LA FEMME, L' (1977)
MENACE, LA (1977)
JUMENT-VAPEUR, LA (1978)
AU REVOIR... À LUNDI (1979)
ASSASSIN QUI PASSE, UN (1980)
FANTASTICA (1980)
CROQUE LA VIE (1981)
MARIA CHAPDELAINE (1984)
STRESS (1984)
À MORT L'ARBITRE (1984)
SAUVE-TOI LOLA (1986)
NIGHT MAGIC (1988)
NUIT AVEC HORTENSE, LA (1988)
SWEET COUNTRY (1988)
THANK YOU SATAN (1988)
BORN FOR HELL (1991)
ELLES NE PENSENT QU'À ÇA (1993)

**LAURE, Odette**
*actrice française*
NANAS, LES (1984)
PÉRIGORD NOIR (1989)
DADDY NOSTALGIE (1990)
JALOUSIE (1990)
BAL DES CASSE-PIEDS, LE (1991)
INCONNU DANS LA MAISON, L' (1992)
DILETTANTE, LA (1999)

**LAUREL, Stan**
*acteur anglais (1890-1965)*
BATTLE OF THE CENTURY, THE (1927)
DO DETECTIVES THINK? (1927)
FLYING ELEPHANTS (1927)
SUGAR DADDIES (1927)
EARLY TO BED (1928)
FINISHING TOUCH (1928)
ANGORA LOVE (1929)
LIBERTY (1929)
THAT'S MY WIFE (1929)
THEY GO BOOM (1929)
PARDON US (1931)
DEVIL'S BROTHER, THE (FRA DIAVOLO) (1933)
HOLLYWOOD PARTY (1934)
MARCH OF THE WOODEN SOLDIERS (BABES IN TOYLAND) (1934)
SONS OF THE DESERT (1934)
BONNIE SCOTLAND (1935)
OUR RELATIONS (1936)
PICK A STAR (1937)
FLYING DEUCES (1939)
GREAT GUNS (1941)
GREAT GUNS (1941)
BIG NOISE, THE (1944)
NOTHING BUT TROUBLE (1944)
BULLFIGHTERS, THE (1945)
LAUREL & HARDY'S LAUGHING 20'S (1965)

**LAURIE, Piper**
*actrice américaine (1932-)*
FRANCIS GOES TO THE RACES (1951)
HUSTLER, THE (1961)
CARRIE (1976)
BUNKER, THE (1981)
RETURN TO OZ (1985)
CHILDREN OF A LESSER GOD (1986)
APPOINTMENT WITH DEATH (1988)
OTHER PEOPLE'S MONEY (1991)
RICH IN LOVE (1992)
STORYVILLE (1992)
CROSSING GUARD, THE (1995)
GRASS HARP, THE (1996)
INHERIT THE WIND (1999)

**LAURIER, Charlotte**
*actrice québécoise (1966-)*
BONS DÉBARRAS, LES (1981)
BONHEUR D'OCCASION (1983)
DAME EN COULEURS, LA (1985)
PORTES TOURNANTES, LES (1988)
TISSERANDS DU POUVOIR, LES (1988)
PARTY, LE (1989)
HISTOIRE INVENTÉE, UNE (1990)
MONTRÉAL VU PAR... (1991)
J'EN SUIS (1997)
2 SECONDES (1998)
QUELQUE CHOSE D'ORGANIQUE (1998)

**LAURIER, Lucie**
*actrice québécoise (1975-)*
ANNE TRISTER (1986)
DIABLE À QUATRE, LE (1988)
LOVE-MOI (1991)
C'ÉTAIT LE 12 DU 12 ET CHILI AVAIT LES BLUES (1993)
J'AIME, J'AIME PAS (1995)
LISTE NOIRE (1995)
ASSIGNMENT, THE (1997)

**LAUTER, Ed**
*acteur américain (1940-)*
LONGEST YARD, THE (1974)
GIRLS JUST WANT TO HAVE FUN (1985)
REAL GENIUS (1985)
RAW DEAL (1986)
RAVEN HAWK (1996)

**LAUZIER, Fanny**
*actrice québécoise (1974-)*
GRENOUILLE ET LA BALEINE, LA (1987)
BYE BYE LITTLE RED RIDING HOOD (1989)
C'ÉTAIT LE 12 DU 12 ET CHILI AVAIT LES BLUES (1993)

**LAVANANT, Dominique**
*actrice française (1944-)*
PARADE (1974)
SILENCE, ON TOURNE (1976)
DIABOLO MENTHE (1977)
BRONZÉS, LES (1978)
BRONZÉS FONT DU SKI, LES (1979)
CAUSE TOUJOURS, TU M'INTÉRESSES (1979)
CHEVAL D'ORGUEIL, LE (1979)
LITTLE ROMANCE, A (1979)
HOMMES PRÉFÈRENT LES GROSSES, LES (1981)
INSPECTEUR LA BAVURE (1981)
POURQUOI PAS NOUS? (1981)
ATTENTION! UNE FEMME PEUT EN CACHER UNE AUTRE (1983)
COUP DE FOUDRE (1983)
PAPY FAIT DE LA RÉSISTANCE (1983)
LÉOPARD, LE (1984)
NANAS, LES (1984)
SMALA, LA (1984)
MARIAGE DU SIÈCLE, LE (1985)
RENDEZ-VOUS (1985)
FRÈRES PÉTARD, LES (1986)
MORT UN DIMANCHE DE PLUIE (1986)
AGENT TROUBLE (1987)
ŒIL AU BEUR(RE) NOIR, L' (1987)
QUELQUES JOURS AVEC MOI (1989)
FRACTURE DU MYOCARDE, LA (1990)
AMIES DE MA FEMME, LES (1992)

**LAVANT, Denis**
*acteur français (1961-)*
MISÉRABLES, LES (1982)
BOY MEETS GIRL (1983)
COUP DE FOUDRE (1983)
PARTIR, REVENIR (1985)
MAUVAIS SANG (1986)
AMANTS DU PONT-NEUF, LES (1991)
PARTIE D'ÉCHECS, LA (1993)
DON JUAN (1997)
BEAU TRAVAIL (1998)
PROMENONS-NOUS DANS LES BOIS (1999)

**LAWRENCE, Barbara**
*actrice américaine (1928-)*
STREET WITH NO NAME, THE (1948)
MAN WITH THE GUN (1955)
KRONOS (1956)

KRONOS RAVAGER OF PLANET (1957)
MAN IN THE SHADOW (1957)

**LE BEL, Roger**
*acteur québécois (1923-)*
BINGO (1973)
AFFAIRE COFFIN, L' (1980)
BONS DÉBARRAS, LES (1981)
ANNÉES DE RÊVES, LES (1984)
CRIME D'OVIDE PLOUFFE, LE (1984)

**LE FLAGUAIS, Véronique**
*actrice québécoise (1947-)*
CRUISING BAR (1989)
JÉSUS DE MONTRÉAL (1989)
FILLE DU MAQUIGNON, LA (1990)
MON AMIE MAX (1993)

**LE GROS, James**
*acteur américain*
BATTERIES NOT INCLUDED (1987)
FATAL BEAUTY (1987)
NEAR DARK (1987)
BORN ON THE FOURTH OF JULY (1989)
DRUGSTORE COWBOY (1989)
BLOOD AND CONCRETE (1991)
POINT BREAK (1991)
RAPTURE, THE (1991)
GUNCRAZY (1992)
SINGLES (1992)
FLOUNDERING (1993)
BAD GIRLS (1994)
LIVING IN OBLIVION (1994)
MRS. PARKER AND THE VICIOUS CIRCLE (1994)
SAFE (1994)
DESTINY TURNS ON THE RADIO (1995)
PANTHÉR (1995)

**LEARY, Denis**
*acteur américain (1957-)*
DEMOLITION MAN (1993)
JUDGMENT NIGHT (1993)
NEON BIBLE, THE (1994)
REF, THE (1994)
MONUMENT AVE. (1997)
REAL BLONDE, THE (1997)
SUBWAY STORIES (1997)
SUICIDE KINGS (1997)
SMALL SOLDIERS (1998)
JESUS' SON (1999)
THOMAS CROWN AFFAIR, THE (1999)

**LÉAUD, Jean-Pierre**
*acteur français (1944-)*
400 COUPS, LES (1959)
ALPHAVILLE (1965)
PIERROT LE FOU (1965)
MASCULIN, FÉMININ (1966)
PLUS VIEUX MÉTIER DU MONDE, LE (1967)
BAISERS VOLÉS (1968)
PORCHERIE (1969)
DOMICILE CONJUGAL (1970)
2 ANGLAISES ET LE CONTINENT, LES (1971)
DERNIER TANGO À PARIS, LE (1972)
MAMAN ET LA PUTAIN, LA (1973)
NUIT AMÉRICAINE, LA (1973)
AMOUR EN FUITE, L' (1978)
CASSURE, LA (1982)
DÉTECTIVE (1985)
36 FILLETTE (1988)
JANE B. PAR AGNÈS V. (1988)
BUNKER PALACE HOTEL (1989)
J'AI ENGAGÉ UN TUEUR (1991)
CENT ET UNE NUITS, LES (1994)
PERSONNE NE M'AIME (1994)
IRMA VEP (1996)
POUR RIRE! (1997)
AFFAIRE DE GOÛT, UNE (1999)

**LEBŒUF, Marcel**
*acteur québécois*
BACH ET BOTTINE (1986)
RAFALES (1990)
ASSASSIN JOUAIT DU TROMBONE, L' (1991)
COUP DE CHANCE (1991)
TENDRE GUERRE (1993)
LOUIS 19, LE ROI DES ONDES (1994)
ANGÉLO, FRÉDO ET ROMÉO (1996)

**LEDOYEN, Virginie**
*actrice française (1976-)*
EXPLOITS D'UN JEUNE DON JUAN, LES (1987)
MARMOTTES, LES (1993)
CÉRÉMONIE, LA (1995)
MA 6-T VA CRACK-ER (1997)
EN PLEIN CŒUR (1998)
FIN AOÛT, DÉBUT SEPTEMBRE (1998)
JEANNE ET LE GARÇON FORMIDABLE (1998)
SOLDIER'S DAUGHTER NEVER CRIES, A (1998)
BEACH, THE (2000)

**LEE, Bruce**
*acteur américain (1941-1973)*
MARLOWE (1969)
CHINESE CONNECTION, THE (1972)
FISTS OF FURY (1972)
ENTER THE DRAGON (1973)
RETURN OF THE DRAGON (1973)
GAME OF DEATH (1978)

**LEE, Christopher**
*acteur anglais (1922-)*
HAMLET (1948)
CAPTAIN HORATIO HORNBLOWER (1951)
CRIMSON PIRATE, THE (1952)
MOULIN ROUGE (1952)
BLOOD OF DRACULA (1957)
CURSE OF FRANKENSTEIN, THE (1957)
CORRIDORS OF BLOOD (1958)
HORROR OF DRACULA (1958)
TALE OF TWO CITIES, A (1958)
HOUND OF THE BASKERVILLES, THE (1959)
MUMMY, THE (1959)
HANDS OF ORLAC, THE (1960)
HERCULE CONTRE LES VAMPIRES (1961)
GORGON, THE (1964)
DR. TERROR'S HOUSE OF HORRORS (1965)
FACE OF FU MANCHU, THE (1965)
SKULL, THE (1965)
BRIDES OF FU MANCHU, THE (1966)
CASTLE OF THE WALKING DEAD (1967)
THEATRE OF DEATH (1967)
DEVIL RIDES OUT, THE (1968)
DRACULA HAS RISEN FROM THE GRAVE (1968)
MAGIC CHRISTIAN, THE (1969)
JULIUS CAESAR (1970)
NUITS DE DRACULA, LES (1970)
PRIVATE LIFE OF SHERLOCK HOLMES, THE (1970)
SCARS OF DRACULA, THE (1970)
SCREAM AND SCREAM AGAIN (1970)
SYMPATHY FOR THE DEVIL (ONE PLUS ONE) (1970)
TASTE THE BLOOD OF DRACULA (1970)
DRACULA A.D. 1972 (1972)
HANNIE CAULDER (1972)
HORROR EXPRESS (1972)
SATANIC RITES OF DRACULA, THE (1973)
MAN WITH THE GOLDEN GUN, THE (1974)
THREE MUSKETEERS, THE (1974)
FOUR MUSKETEERS, THE (1975)
DRACULA PÈRE ET FILS (1976)
TO THE DEVIL... A DAUGHTER (1976)
AIRPORT '77 (1977)
STARSHIP INVASIONS (1977)
1941 (1979)
BEAR ISLAND (1980)
CAPTAIN AMERICA II (1980)
HOUSE OF THE LONG SHADOWS (1982)
RETURN OF THE MUSKETEERS, THE (1989)
RÉVOLUTION FRANÇAISE 1: LES ANNÉES LUMIÈRE, LA (1989)
RÉVOLUTION FRANÇAISE 2: LES ANNÉES TERRIBLES, LA (1989)
GREMLINS 2: THE NEW BATCH (1990)

**LEE, Danny**
*acteur chinois*
INFRA-MAN (1976)
MIGHTY PEKING MAN, THE (1977)
CITY ON FIRE (1987)
CITY WAR (1988)
KILLER, THE (1989)
KILLERS TWO (1989)
ORGANIZED CRIME & TRIAD BUREAU (1993)

**LEE, Spike**
*acteur américain (1956-)*
SHE'S GOTTA HAVE IT (1986)
SCHOOL DAZE (1988)
DO THE RIGHT THING (1989)
MO' BETTER BLUES (1990)
JUNGLE FEVER (1991)
MALCOLM X (1992)
CROOKLYN (1994)
CLOCKERS (1995)
LUMIÈRE ET COMPAGNIE (1995)
GIRL 6 (1996)

**LEGAULT, Marc**
*acteur québécois (1937-)*
GAMMICK, LA (1974)
JE SUIS LOIN DE TOI MIGNONNE (1976)
ONE MAN (1977)
CORDÉLIA (1983)
MATOU, LE (1985)
FRÈRE ANDRÉ, LE (1987)

**LEGUIZAMO, John**
*acteur colombien (1964-)*
CARLITO'S WAY (1993)
PYROMANIAC'S LOVE STORY, A (1995)
EXECUTIVE DECISION (1996)
BROTHER'S KISS, A (1997)
SPAWN (1997)
FROGS FOR SNAKES (1998)
JOE THE KING (1999)
SUMMER OF SAM (1999)
TITAN A.E. (2000)

**LEIGH, Janet**
*actrice américaine (1927-)*
HOLIDAY AFFAIR (1949)
LITTLE WOMEN (1949)
THAT FORSYTE WOMAN (1949)
ANGELS IN THE OUTFIELD (1951)
SCARAMOUCHE (1952)
HOUDINI (1953)
NAKED SPUR, THE (1953)
BLACK SHIELD OF FALWORTH, THE (1954)
PETE KELLY'S BLUES (1954)
PRINCE VALIANT (1954)
MY SISTER EILEEN (1955)
JET PILOT (1957)
PERFECT FURLOUGH, THE (1958)
TOUCH OF EVIL (1958)
PSYCHO (1960)

MANCHURIAN CANDIDATE, THE (1962)
BYE BYE BIRDIE (1963)
HARPER (1966)
FOG, THE (1980)
HALLOWEEN H20: TWENTY YEARS LATER (1998)

**LEIGH, Jennifer Jason**
*actrice américaine (1958-)*
FAST TIMES AT RIDGEMONT HIGH (1982)
FLESH + BLOOD (1985)
HITCHER, THE (1986)
MEN'S CLUB, THE (1986)
BIG PICTURE, THE (1989)
LAST EXIT TO BROOKLYN (1989)
BURIED ALIVE (1990)
MIAMI BLUES (1990)
BACKDRAFT (1991)
RUSH (1991)
SINGLE WHITE FEMALE (1992)
SHORT CUTS (1993)
HUDSUCKER PROXY, THE (1994)
MRS. PARKER AND THE VICIOUS CIRCLE (1994)
DOLORES CLAIBORNE (1995)
GEORGIA (1995)
BASTARD OUT OF CAROLINA (1996)
KANSAS CITY (1996)
THOUSAND ACRES, A (1997)
EXISTENZ (1999)

**LEIGH, Vivien**
*actrice anglaise (1913-1967)*
DARK JOURNEY (1937)
FIRE OVER ENGLAND (1937)
STORM IN A TEACUP (1937)
ST. MARTIN'S LANE (1938)
GONE WITH THE WIND (1939)
THAT HAMILTON WOMAN (1941)
STREETCAR NAMED DESIRE, A (1951)
ROMAN SPRING OF MRS. STONE, THE (1961)
SHIP OF FOOLS (1965)

**LEMAIRE, Philippe**
*acteur français (1927-)*
CARTOUCHE (1962)
ROSE ÉCORCHÉE, LA (1969)
ANNÉE DES MÉDUSES, L' (1984)

**LEMERCIER, Valérie**
*actrice française (1964-)*
MILOU EN MAI (1990)
BAL DES CASSE-PIEDS, LE (1991)
OPÉRATION CORNED BEEF (1992)
LES VISITEURS (1994)
SABRINA (1995)
DERRIÈRE, LE (1999)

**LEMMON, Jack**
*acteur américain (1925-2001)*
IT SHOULD HAPPEN TO YOU (1954)
MISTER ROBERTS (1955)
MY SISTER EILEEN (1955)
THREE FOR THE SHOW (1955)
BELL, BOOK AND CANDLE (1958)
COWBOY, THE (1958)
SOME LIKE IT HOT (1959)
APARTMENT, THE (1960)
DAYS OF WINE AND ROSES (1962)
IRMA LA DOUCE (1963)
GREAT RACE, THE (1965)
HOW TO MURDER YOUR WIFE (1965)
FORTUNE COOKIE, THE (1966)
LUV (1967)
ODD COUPLE, THE (1968)
APRIL FOOLS, THE (1969)
OUT-OF-TOWNERS, THE (1969)
AVANTI! (1972)
SAVE THE TIGER (1973)
FRONT PAGE, THE (1974)
PRISONER OF SECOND AVENUE, THE (1975)
AIRPORT '77 (1977)
CHINA SYNDROME, THE (1978)
BUDDY BUDDY (1981)
MISSING (1982)
MASS APPEAL (1984)
MACARONI (1985)
THAT'S LIFE! (1986)
DAD (1989)
JFK (1991)
GLENGARRY GLEN ROSS (1992)
PLAYER, THE (1992)
GRUMPY OLD MEN (1993)
LIFE IN THE THEATER, A (1993)
SHORT CUTS (1993)
GRUMPIER OLD MEN (1995)
GRASS HARP, THE (1996)
12 ANGRY MEN (1997)
ODD COUPLE II, THE (1998)
INHERIT THE WIND (1999)

**LENYA, Lotte**
*actrice autrichienne (1900-1981)*
OPÉRA DE QUAT'SOUS, L' (1931)
ROMAN SPRING OF MRS. STONE, THE (1961)

**LÉOTARD, Philippe**
*acteur français (1940-)*
MAX ET LES FERRAILLEURS (1970)
2 ANGLAISES ET LE CONTINENT, LES (1971)
GUEULE OUVERTE, LA (1973)
KAMOURASKA (VERSION LONGUE) (1973)
PAS SI MÉCHANT QUE ÇA (1974)
CHAT ET LA SOURIS, LE (1975)
FRENCH CONNECTION II (1975)
JUGE FAYARD DIT «LE SHÉRIF», LE (1976)
PETITE SIRÈNE, LA (1980)
QUAND TU SERAS DÉBLOQUÉ, FAIS-MOI SIGNE (1981)
BALANCE, LA (1982)
CHOC, LE (1982)
MORA... (1982)
PARADIS POUR TOUS (1982)
FAUVES, LES (1983)
PIRATE, LA (1983)
TCHAO PANTIN (1983)
FEMMES DE PERSONNE (1984)
NI AVEC TOI, NI SANS TOI (1985)
TANGOS: L'EXIL DE GARDEL (1985)
TESTAMENT D'UN POÈTE JUIF ASSASSINÉ, LE (1986)
ÉTAT DE GRÂCE, L' (1987)
JANE B. PAR AGNÈS V. (1988)
IL Y A DES JOURS... ET DES LUNES (1990)
ÉLISA (1994)
MISÉRABLES DU XX<sup>e</sup> SIÈCLE, LES (1995)

**LEPAGE, Gaston**
*acteur québécois (1949-)*
AFFAIRE COFFIN, L' (1980)
AU CLAIR DE LA LUNE (1982)
CORDÉLIA (1983)
MATOU, LE (1985)
GASPARD ET FILS (1988)
KALAMAZOO (1988)
BEING AT HOME WITH CLAUDE (1991)
JOYEUX CALVAIRE (1996)
COMTESSE DE BATON ROUGE, LA (1997)

**LEPAGE, Robert**
*acteur québécois*
JÉSUS DE MONTRÉAL (1989)
DING ET DONG: LE FILM (1990)
MONTRÉAL VU PAR... (1991)
STARDOM (2000)

**LESLIE, Joan**
*actrice américaine (1925-)*
CAMILLE (1937)
LOVE AFFAIR (1939)
FOREIGN CORRESPONDENT (1940)
HIGH SIERRA (1941)
SERGEANT YORK (1941)
SKY'S THE LIMIT, THE (1943)
BORN TO BE BAD (1950)

**LESLIE, Joan**
*actrice américaine (1925-)*
CAMILLE (1937)
LOVE AFFAIR (1939)
FOREIGN CORRESPONDENT (1940)
HIGH SIERRA (1941)
SERGEANT YORK (1941)
SKY'S THE LIMIT, THE (1943)
BORN TO BE BAD (1950)

**LÉTOURNEAU, Anne**
*actrice québécoise (1957-)*
TAUREAU (1973)
PARLEZ-NOUS D'AMOUR (1976)
PLOUFFE, LES (1981)
CRIME D'OVIDE PLOUFFE, LE (1984)
FLAG (1988)
TISSERANDS DU POUVOIR, LES (1988)
TISSERANDS DU POUVOIR 2: LA RÉVOLTE, LES (1988)
DAMES GALANTES (1990)
DANSEURS DU MOZAMBIQUE, LES (1991)
AUTOMNE SAUVAGE, L' (1992)
HOMME DE MA VIE, L' (1992)

**LEVANT, Oscar**
*acteur américain (1906-1972)*
RHYTHM ON THE RIVER (1940)
HUMORESQUE (1946)
BARKLEYS OF BROADWAY, THE (1949)
AMERICAN IN PARIS, AN (1951)

**LEWIS, Jerry**
*acteur américain (1926-)*
HOOK, LINE AND SINKER (1930)
MY FRIEND IRMA (1949)
AT WAR WITH THE ARMY (1950)
JUMPING JACKS (1952)
CADDY, THE (1953)
SCARED STIFF (1953)
STOOGE, THE (1953)
ARTISTS AND MODELS (1955)
HOLLYWOOD OR BUST (1956)
PARDNERS (1956)
DELICATE DELIQUENT, THE (1957)
GEISHA BOY, THE (1958)
BELLBOY, THE (1960)
CINDERFELLA (1960)
ERRAND BOY, THE (1961)
LADIES' MAN, THE (1961)
IT'S A MAD, MAD, MAD, MAD WORLD (1963)
NUTTY PROFESSOR, THE (1963)
PATSY, THE (1964)
BOEING BOEING (1965)
FAMILY JEWELS, THE (1965)
BIG MOUTH, THE (1967)
DON'T RAISE THE BRIDGE LOWER THE RIVER (1967)
KING OF COMEDY, THE (1982)
PAR OÙ T'ES RENTRÉ, ON T'A PAS VU SORTIR (1984)
RETENEZ-MOI... OU JE FAIS UN MALHEUR (1985)

COOKIE (1989)
ARIZONA DREAM (1992)
MR. SATURDAY NIGHT (1992)
FUNNY BONES (1995)

**LEWIS, Juliette**
*actrice américaine (1973-)*
CAPE FEAR (1991)
HUSBANDS AND WIVES (1992)
THAT NIGHT (1992)
KALIFORNIA (1993)
ROMEO IS BLEEDING (1993)
MIXED NUTS (1994)
NATURAL BORN KILLERS (1994)
BASKETBALL DIARIES, THE (1995)
FROM DUSK TILL DAWN (1995)
STRANGE DAYS (1995)
EVENING STAR, THE (1996)
4TH FLOOR, THE (1999)

**LHERMITTE, Thierry**
*acteur français (1952-)*
BRONZÉS, LES (1978)
BRONZÉS FONT DU SKI, LES (1979)
ELLE VOIT DES NAINS PARTOUT (1981)
LÉGITIME VIOLENCE (1982)
PÈRE NOËL EST UNE ORDURE, LE (1982)
FEMME DE MON POTE, LA (1983)
HOMME À MA TAILLE, UN (1983)
INDIC, L' (1983)
STELLA (1983)
RIPOUX, LES (1984)
SMALA, LA (1984)
MARIAGE DU SIÈCLE, LE (1985)
ROIS DU GAG, LES (1985)
DERNIER ÉTÉ À TANGER (1987)
FUCKING FERNAND (1987)
NUIT D'IVRESSE (1988)
FÊTE DES PÈRES, LA (1989)
PROMOTION CANAPÉ (1990)
RIPOUX CONTRE RIPOUX (1990)
DANSEURS DU MOZAMBIQUE, LES (1991)
SECRETS PROFESSIONNELS DU DR.
APFELGLÜCK, LES (1991)
TOTALE, LA (1991)
FANFAN (1992)
TANGO (1992)
ELLES N'OUBLIENT JAMAIS (1993)
GROSSE FATIGUE (1994)
INDIEN DANS LA VILLE, UN (1994)
AUGUSTIN (1995)
AMERICAN WEREWOLF IN PARIS, AN
(1997)
COMME DES ROIS (1997)
MARQUISE (1997)
QUATRE GARÇONS PLEINS D'AVENIR
(1997)
DÎNER DE CONS, LE (1998)
PLACARD, LE (2000)

**LI, Gong**
*actrice chinoise (1966-)*
RED SORGHUM (1987)
JU-DOU (1991)
ÉPOUSES ET CONCUBINES (1991)
HISTOIRE DE QIU JU, L' (1992)
ADIEU MA CONCUBINE (1993)
TEMPTRESS MOON (1996)

**LI, Jet**
*acteur chinois (1963-)*
BORN TO DEFENCE (1986)
MASTER, THE (1989)
SWORDSMAN II (1991)
ONCE UPON A TIME IN CHINA II (1992)
EAST IS RED, THE (1993)
FONG SAI YUK (1993)
ONCE UPON A TIME IN CHINA III (1993)
TAI CHI MASTER, THE (1993)
BODYGUARD FROM BEIJING, THE (1994)
FIST OF LEGEND (1994)
NEW LEGEND OF SHAOLIN, THE (1994)
ADVENTURER, THE (1995)
HIGH RISK (1995)
MY FATHER IS A HERO (1995)
BLACK MASK (1996)
DEADLY CHINA HERO (1997)
HITMAN (1998)
LETHAL WEAPON 4 (1998)
ROMEO MUST DIE (2000)

**LINDON, Vincent**
*acteur français (1959-)*
FAUCON, LE (1983)
ADDITION, L' (1984)
PAROLE DE FLIC (1985)
37°2 LE MATIN (1986)
DERNIER ÉTÉ À TANGER (1987)
HOMME AMOUREUX, UN (1987)
LA BAULE-LES PINS (1989)
QUELQUES JOURS AVEC MOI (1989)
ÉTUDIANTE, L' (1989)
GASPARD ET ROBINSON (1990)
BELLE HISTOIRE, LA (1991)
NETCHAÏEV EST DE RETOUR (1991)
CRISE, LA (1992)
TOUT ÇA... POUR ÇA! (1992)
HAINE, LA (1995)
BELLE VERTE, LA (1996)
SEPTIÈME CIEL, LE (1997)
PAPARAZZI (1998)
ÉCOLE DE LA CHAIR, L' (1998)
MA PETITE ENTREPRISE (1999)

**LIO**
*actrice belgo-portugaise (1963-)*
ANNÉES 80, LES (1983)
GOLDEN EIGHTIES (1985)
JALOUSIE (1990)
SALE COMME UN ANGE (1990)
SANS UN CRI (1991)
APRÈS L'AMOUR (1991)
PERSONNE NE M'AIME (1994)

**LIOTTA, Ray**
*acteur américain (1955-)*
SOMETHING WILD (1986)
DOMINICK AND EUGENE (1988)
FIELD OF DREAMS (1989)
GOODFELLAS (1990)
CORRINA, CORRINA (1994)
NO ESCAPE (1994)
COPLAND (1997)
PHOENIX (1998)
RAT PACK, THE (1998)
MUPPETS FROM SPACE (1999)
BLOW (2001)
HANNIBAL (2001)

**LISI, Virna**
*actrice italienne (1937-)*
EVA (1963)
HOW TO MURDER YOUR WIFE (1965)
ASSAULT ON A QUEEN (1966)
NOT WITH MY WIFE YOU DON'T! (1966)
ARBRE DE NOËL, L' (1969)
SECRET OF SANTA VITTORIA, THE (1969)
TEMPS DES LOUPS, LE (1969)
BLUEBEARD (1973)
SERPENT, LE (NIGHT FLIGHT FROM MOSCOW)
(1973)
REINE MARGOT, LA (1993)

**LITHGOW, John**
*acteur américain (1945-)*
OBSESSION (1976)
ALL THAT JAZZ (1979)
BLOW-OUT (1981)
THE WORLD ACCORDING TO GARP (1982)
TERMS OF ENDEARMENT (1983)
2010: THE YEAR WE MAKE CONTACT (1984)
ADVENTURES OF BUCKAROO BANZAI ACROSS
THE 8th DIMENSION, THE (1984)
DAY AFTER, THE (1984)
FOOTLOOSE (1984)
SANTA CLAUS: THE MOVIE (1985)
MANHATTAN PROJECT, THE (1986)
MESMERIZED (1986)
HARRY AND THE HENDERSONS (1987)
DISTANT THUNDER (1988)
OUT COLD (1989)
MEMPHIS BELLE (1990)
AT PLAY IN THE FIELDS OF THE LORD (1991)
RICOCHET (1991)
RAISING CAIN (1992)
CLIFFHANGER (1993)
GOOD MAN IN AFRICA, A (1993)
PELICAN BRIEF, THE (1993)
SILENT FALL (1994)
CIVIL ACTION, A (1998)
HOMEGROWN (1998)
DON QUIXOTE (2000)

**LLOYD, Christopher**
*acteur américain (1938-)*
ONE FLEW OVER THE CUCKOO'S NEST (1975)
GOIN' SOUTH (1978)
ONION FIELD, THE (1979)
BLACK MARBLE, THE (1980)
POSTMAN ALWAYS RINGS TWICE, THE (1981)
MR. MOM (1983)
TO BE OR NOT TO BE (1983)
ADVENTURES OF BUCKAROO BANZAI ACROSS
THE 8th DIMENSION, THE (1984)
STAR TREK III: THE SEARCH FOR SPOCK (1984)
BACK TO THE FUTURE (1985)
CLUE (1985)
EIGHT MEN OUT (1988)
TRACK 29 (1988)
BACK TO THE FUTURE 2 (1989)
DREAM TEAM, THE (1989)
BACK TO THE FUTURE 3 (1990)
ADDAMS FAMILY, THE (1991)
ADDAMS FAMILY VALUES, THE (1993)
DENNIS THE MENACE (1993)
PAGEMASTER, THE (1994)
RADIOLAND MURDERS (1994)
THINGS TO DO IN DENVER WHEN YOU'RE
DEAD (1995)
REAL BLONDE, THE (1997)
MY FAVORITE MARTIAN (1999)

**LOCKE, Sondra**
*actrice américaine (1947-)*
OUTLAW JOSEY WALES, THE (1976)
GAUNTLET, THE (1977)
BRONCO BILLY (1980)
SUDDEN IMPACT (1983)

**LOGGIA, Robert**
*acteur américain (1930-)*
SOMEBODY UP THERE LIKES ME (1956)
GREATEST STORY EVER TOLD, THE (1965)
REVENGE OF THE PINK PANTHER, THE (1978)
NINTH CONFIGURATION, THE (1980)
S.O.B. (1981)
OFFICER AND A GENTLEMAN, AN (1982)
TRAIL OF THE PINK PANTHER (1982)
CURSE OF THE PINK PANTHER (1983)

PSYCHO 2 (1983)
SCARFACE (1983)
JAGGED EDGE (1985)
PRIZZI'S HONOR (1985)
THAT'S LIFE! (1986)
BELIEVERS, THE (1987)
GABY: A TRUE STORY (1987)
BIG (1988)
RELENTLESS (1989)
MARRYING MAN, THE (1991)
INNOCENT BLOOD (1992)
BAD GIRLS (1994)
I LOVE TROUBLE (1994)
HOLY MAN (1998)
JOAN OF ARC (1999)
RETURN TO ME (2000)

**LOLLOBRIGIDA, Gina**
*actrice italienne (1927-)*
FANFAN LA TULIPE (1951)
BELLES DE NUIT, LES (1952)
BEAT THE DEVIL (1954)
NOTRE-DAME DE PARIS (1957)
NEVER SO FEW (1959)
SOLOMON AND SHEBA (1959)
COME SEPTEMBER (1961)
STRANGE BEDFELLOWS (1964)
HOTEL PARADISO (1966)
BUONA SERA, MRS. CAMPBELL (1968)

**LOM, Herbert**
*acteur tchèque (1917-)*
HOTEL RESERVE (1944)
SEVENTH VEIL, THE (1945)
NIGHT AND THE CITY (1950)
LADYKILLERS, THE (1955)
NORTHWEST FRONTIER (FLAME OVER INDIA) (1959)
SPARTACUS (1960)
EL CID (1961)
MYSTERIOUS ISLAND (1961)
PHANTOM OF THE OPERA, THE (1962)
SHOT IN THE DARK, A (1964)
GAMBIT (1966)
JOURNEY TO THE FAR SIDE OF THE SUN (DOPPELGANGER) (1969)
NUITS DE DRACULA, LES (1970)
PORTRAIT DE DORIAN GRAY, LE (1970)
ASYLUM (1972)
TOUTE UNE VIE (1974)
RETURN OF THE PINK PANTHER, THE (1975)
TEN LITTLE INDIANS (1975)
PINK PANTHER STRIKES AGAIN, THE (1976)
REVENGE OF THE PINK PANTHER, THE (1978)
LADY VANISHES, THE (1979)
HOPSCOTCH (1980)
MAN WITH BOGART'S FACE, THE (1980)
TRAIL OF THE PINK PANTHER (1982)
CURSE OF THE PINK PANTHER (1983)
DEAD ZONE, THE (1983)
SON OF THE PINK PANTHER (1993)

**LOMBARD, Carole**
*actrice américaine (1908-1942)*
RUN, GIRL RUN (1928)
NO MAN OF HER OWN (1932)
EAGLE AND THE HAWK, THE (1933)
SUPERNATURAL (1933)
NOW AND FOREVER (1934)
HANDS ACROSS THE TABLE (1935)
MY MAN GODFREY (1936)
PRINCESS COMES ACROSS, THE (1936)
NOTHING SACRED (1937)
MADE FOR EACH OTHER (1938)
IN NAME ONLY (1939)
MR. AND MRS. SMITH (1941)
TO BE OR NOT TO BE (1942)

**LONSDALE, Michel**
*acteur français (1931-)*
BEHOLD A PALE HORSE (1964)
COPAINS, LES (1964)
BAISERS VOLÉS (1968)
MARIÉE ÉTAIT EN NOIR, LA (1968)
HIBERNATUS (1969)
ASSASSINS DE L'ORDRE, LES (1970)
SOUFFLE AU CŒUR, LE (1971)
DAY OF THE JACKAL, THE (1973)
FANTÔME DE LA LIBERTÉ, LE (1974)
STAVISKY (1974)
FOLLE À TUER (1975)
INDIA SONG (1975)
ROMANTIC ENGLISHWOMAN, THE (1975)
SÉRIEUX COMME LE PLAISIR (1975)
MONSIEUR KLEIN (1976)
MOONRAKER (1979)
BUNKER, THE (1981)
CHARIOTS OF FIRE (1981)
ERENDIRA (1983)
NAME OF THE ROSE, THE (1986)
REMAINS OF THE DAY, THE (1993)
JEFFERSON IN PARIS (1995)
NELLY ET MONSIEUR ARNAUD (1995)

**LOPEZ, Jennifer**
*actrice américaine (1970-)*
MONEY TRAIN (1995)
BLOOD AND WINE (1996)
JACK (1996)
SELENA (1996)
ANACONDA (1997)
OUT OF SIGHT (1998)
CELL, THE (2000)

**LOREN, Sophia**
*actrice italienne (1934-)*
CHANCE D'ÊTRE FEMME, LA (1957)
LEGEND OF THE LOST (1957)
PRIDE AND THE PASSION,THE (1957)
BLACK ORCHID, THE (1958)
DESIRE UNDER THE ELMS (1958)
HOUSEBOAT (1958)
KEY, THE (1958)
HELLER IN PINK TIGHTS (1959)
BREATH OF SCANDAL, A (1960)
IT STARTED IN NAPLES (1960)
MILLIONAIRESS, THE (1960)
CIOCIARA, LA (1961)
EL CID (1961)
MADAME SANS-GÊNE (1961)
BOCCACCIO 70 (1962)
FIVE MILES TO MIDNIGHT (1962)
HIER, AUJOURD'HUI ET DEMAIN (1963)
FALL OF THE ROMAN EMPIRE, THE (1964)
LADY L (1965)
OPERATION CROSSBOW (1965)
ARABESQUE (1966)
COUNTESS FROM HONG KONG, A (1967)
FLEURS DU SOLEIL, LES (1969)
MAN OF LA MANCHA (1972)
BRIEF ENCOUNTER (1974)
CASSANDRA CROSSING, THE (1977)
JOURNÉE PARTICULIÈRE, UNE (1977)
PRÊT-À-PORTER (1994)
GRUMPIER OLD MEN (1995)
SOLEIL (1997)

**LORRE, Peter**
*acteur hongrois (1904-1964)*
M (1931)
MAN WHO KNEW TOO MUCH, THE (1934)
CRIME AND PUNISHMENT (1935)
MAD LOVE (1935)
SECRET AGENT (1936)
STRANGE CARGO (1940)
STRANGER ON THE THIRD FLOOR (1940)
ALL THROUGH THE NIGHT (1941)
MALTESE FALCON, THE (1941)
THEY MET IN BOMBAY (1941)
INVISIBLE AGENT (1942)
CASABLANCA (SPECIAL EDITION) (1943)
CASABLANCA (1943)
ARSENIC AND OLD LACE (1944)
PASSAGE TO MARSEILLES (1944)
BLACK ANGEL (1946)
CASBAH (1948)
20,000 LEAGUES UNDER THE SEA (1954)
BEAT THE DEVIL (1954)
SILK STOCKINGS (1957)
FIVE WEEKS IN A BALLOON (1962)
TALES OF TERROR (1962)
RAVEN, THE (1963)
COMEDY OF TERRORS, THE (1964)
PATSY, THE (1964)

**LOVE, COURTNEY**
*actrice américaine (1965-)*
PEOPLE vs. LARRY FLYNT, THE (1996)
200 CIGARETTES (1999)
MAN ON THE MOON (1999)

**LOVEJOY, Frank**
*acteur américain (1914-1962)*
FORCE OF ARMS (1950)
IN A LONELY PLACE (1950)
I'LL SEE YOU IN MY DREAMS (1951)
HITCH-HIKER, THE (1953)
HOUSE OF WAX (1953)
MEN OF THE FIGHTING LADY (1954)
SHACK OUT ON 101 (1955)
STRATEGIC AIR COMMAND (1955)

**LOWE, Rob**
*acteur américain (1964-)*
CLASS (1983)
OUTSIDERS, THE (1983)
HOTEL NEW HAMPSHIRE, THE (1984)
ST. ELMO'S FIRE (1985)
ABOUT LAST NIGHT... (1986)
ILLEGALLY YOURS (1988)
MASQUERADE (1988)
BAD INFLUENCE (1990)
DARK BACKWARD, THE (1991)
STAND, THE (1993)
CONTACT (1997)
AUSTIN POWERS: THE SPY WHO SHAGGED ME (1999)

**LOY, Myrna**
*actrice américaine (1905-1993)*
BEN-HUR (1926)
JAZZ SINGER, THE (1927)
CONNECTICUT YANKEE, A (1931)
MASK OF FU MANCHU, THE (1932)
BROADWAY BILL (1934)
EVELYN PRENTICE (1934)
MANHATTAN MELODRAMA (1934)
THIN MAN, THE (1934)
AFTER THE THIN MAN (1936)
GREAT ZIEGFIELD, THE (1936)
LIBELED LADY (1936)
DOUBLE WEDDING (1937)
TEST PILOT (1938)
TOO HOT TO HANDLE (1938)
ANOTHER THIN MAN (1939)
RAINS CAME, THE (1939)
I LOVE YOU AGAIN (1940)

LOVE CRAZY (1941)
SHADOW OF THE THIN MAN (1941)
THIN MAN GOES HOME, THE (1944)
BEST YEARS OF OUR LIVES, THE (1946)
BACHELOR AND THE BOBBY-SOXER, THE (1947)
SENATOR WAS INDISCREET, THE (1947)
SONG OF THE THIN MAN (1947)
MR. BLANDINGS BUILDS HIS DREAM HOUSE (1948)
RED PONY, THE (1949)
CHEAPER BY THE DOZEN (1950)
FROM THE TERRACE (1960)
MIDNIGHT LACE (1960)
APRIL FOOLS, THE (1969)

**LUCHINI, Fabrice**
*acteur français (1951-)*
GENOU DE CLAIRE, LE (1970)
ET LA TENDRESSE?... BORDEL! (1983)
ET LA TENDRESSE?... BORDEL! NO.2 (1983)
NUITS DE LA PLEINE LUNE, LES (1984)
P.R.O.F.S. (1985)
CONSEIL DE FAMILLE (1986)
QUATRE AVENTURES DE REINETTE ET MIRABELLE (1987)
DISCRÈTE, LA (1990)
ARBRE, LE MAIRE ET LA MÉDIATHÈQUE, L' (1992)
RETOUR DE CASANOVA, LE (1992)
TOUT ÇA... POUR ÇA! (1992)
TOXIC AFFAIR (1993)
ANNÉE JULIETTE, L' (1994)
COLONEL CHABERT, LE (1994)
BEAUMARCHAIS L'INSOLENT (1996)
BOSSU, LE (1997)
RIEN SUR ROBERT (1998)

**LUGOSI, Bela**
*acteur hongrois (1882-1956)*
DRACULA (1931)
MURDERS IN THE RUE MORGUE (1932)
INTERNATIONAL HOUSE (1933)
ISLAND OF LOST SOULS (1933)
BLACK CAT, THE (1934)
MARK OF THE VAMPIRE (1935)
RAVEN, THE (1935)
INVISIBLE RAY, THE (1936)
SHADOW OF CHINATOWN, THE (1936)
NINOTCHKA (1939)
SON OF FRANKENSTEIN (1939)
BLACK FRIDAY (1940)
DEVIL BAT, THE (KILLER BATS) (1940)
BLACK CAT, THE (1941)
INVISIBLE GHOST, THE (1941)
FRANKENSTEIN MEETS THE WOLF MAN (1942)
GHOST OF FRANKENSTEIN, THE (1942)
NIGHT MONSTER (1942)
RETURN OF THE VAMPIRE, THE (1943)
BODY SNATCHER, THE (1945)
ABBOTT & COSTELLO MEET FRANKENSTEIN (1948)
BELA LUGOSI MEETS A BROOKLYN GORILLA (1952)
GLEN OR GLENDA? (1953)
BRIDE OF THE MONSTER (1955)
PLAN 9 FROM OUTER SPACE (1959)

**LUNG, Ti**
*acteur chinois (1946-)*
SHAO LIN TEMPLE, THE (1976)
BETTER TOMORROW, A (1986)
BETTER TOMORROW 2, A (1987)
CITY WAR (1988)
DRUNKEN MASTER II (1994)

**LUPINO, Ida**
*actrice anglaise (1918-1995)*
GAY DESPERADO (1936)
ADVENTURES OF SHERLOCK HOLMES, THE (1939)
THEY DRIVE BY NIGHT (1940)
HIGH SIERRA (1941)
ROAD HOUSE (1948)
ON DANGEROUS GROUND (1951)
BEWARE, MY LOVELY (1952)
BIGAMIST, THE (1953)
JUNIOR BONNER (1972)
DEVIL'S RAIN, THE (1975)

**LYNCH, Kelly**
*actrice américaine (1959-)*
DRUGSTORE COWBOY (1989)
ROAD HOUSE (1989)
DESPERATE HOURS (1990)
CURLY SUE (1991)
IMAGINARY CRIMES (1994)
HEAVEN'S PRISONERS (1996)
HOMEGROWN (1998)
CHARLIE'S ANGELS (2000)

**LYNN, Diana**
*actrice américaine (1926-1971)*
MAJOR AND THE MINOR, THE (1942)
MIRACLE OF MORGAN'S CREEK, THE (1943)
RUTHLESS (1948)
MY FRIEND IRMA (1949)
BEDTIME FOR BONZO (1951)
TRACK OF THE CAT (1954)
KENTUCKIAN, THE (1955)

**MACCIONE, Aldo**
*acteur italien (1937-)*
AVENTURE C'EST L'AVENTURE, L' (1972)
LOVES AND TIMES OF SCARAMOUCHE (1975)
ANIMAL, L' (1977)
JE SUIS TIMIDE... MAIS JE ME SOIGNE (1978)
RINGARDS, LES (1978)
C'EST PAS MOI, C'EST LUI (1980)
CORBILLARD DE JULES, LE (1981)
POURQUOI PAS NOUS? (1981)
TAIS-TOI QUAND TU PARLES (1981)
TE MARRE PAS, C'EST POUR RIRE (1981)
MARCHE AU PAS (1982)
ALDO ET JUNIOR (1984)
PIZZAIOLO ET MOZZAREL (1985)
FEMME DE CHAMBRE DU TITANIC, LA (1997)

**MacDONALD, Jeanette**
*actrice américaine (1901-1965)*
MERRY WIDOW, THE (1934)
NAUGHTY MARIETTA (1935)
ROSE MARIE (1935)
SAN FRANCISCO (1936)
FIREFLY, THE (1937)
MAYTIME (1937)
GIRL OF THE GOLDEN WEST, THE (1938)
SWEETHEARTS (1938)
BITTER SWEET (1940)
NEW MOON (1940)
CAIRO (1942)
I MARRIED AN ANGEL (1942)
FOLLOW THE BOYS (1944)
SUN COMES UP, THE (1948)
THREE DARING DAUGHTERS (1948)

**MacDONALD, Kelly**
*actrice anglaise (1979-)*
STELLA DOES TRICKS (1996)
COUSIN BETTE (1998)
ENTROPY (1999)
LOSS OF SEXUAL INNOCENCE, THE (1999)
MY LIFE SO FAR (1999)
SPLENDOR (1999)

**MacDOWELL, Andie**
*actrice américaine (1958-)*
GREYSTOKE: THE LEGEND OF TARZAN (1984)
ST. ELMO'S FIRE (1985)
SEX, LIES, AND VIDEOTAPE (1989)
GREEN CARD (1990)
HUDSON HAWK (1991)
OBJECT OF BEAUTY, THE (1991)
GROUNDHOG DAY (1992)
PLAYER, THE (1992)
FOUR WEDDINGS AND A FUNERAL (1993)
SHORT CUTS (1993)
BAD GIRLS (1994)
MICHAEL (1996)
MULTIPLICITY (1996)
END OF VIOLENCE, THE (1997)
MUPPETS FROM SPACE (1999)
MUSE, THE (1999)

**MacGINNIS, Niall**
*acteur irlandais (1913-1978)*
49th PARALLEL, THE (1941)
ALEXANDER THE GREAT (1956)
HELEN OF TROY (1956)
JASON AND THE ARGONAUTS (1963)

**MacLACHLAN, Kyle**
*acteur américain (1960-)*
DUNE (1984)
BLUE VELVET (1986)
HIDDEN, THE (1987)
DOORS, THE (1991)
RICH IN LOVE (1992)
AGAINST THE WALL (1993)
FLINTSTONES, THE (1994)
SHOWGIRLS (1995)
ONE NIGHT STAND (1997)
HAMLET (2000)
TIME CODE (2000)

**MacLAINE, Shirley**
*actrice américaine (1934-)*
ARTISTS AND MODELS (1955)
AROUND THE WORLD IN 80 DAYS (1956)
MATCHMAKER, THE (1958)
SOME CAME RUNNING (1958)
ASK ANY GIRL (1959)
APARTMENT, THE (1960)
CAN-CAN (1960)
OCEAN'S ELEVEN (1960)
CHILDREN'S HOUR, THE (1961)
MY GEISHA (1961)
IRMA LA DOUCE (1963)
GAMBIT (1966)
BLISS OF MRS. BLOSSOM, THE (1968)
SWEET CHARITY (1969)
BEING THERE (1979)
TERMS OF ENDEARMENT (1983)
MADAME SOUSATZKA (1988)
STEEL MAGNOLIAS (1989)
POSTCARDS FROM THE EDGE (1990)
DEFENDING YOUR LIFE (1991)
GUARDING TESS (1994)
EVENING STAR, THE (1996)
JOAN OF ARC (1999)

**MacLANE, Barton**
*acteur américain (1902-1969)*
PRINCE AND THE PAUPER, THE (1937)
ALL THROUGH THE NIGHT (1941)
DRUMS IN THE DEEP SOUTH (1951)
BUGLES IN THE AFTERNOON (1952)
THREE VIOLENT PEOPLE (1956)

**MacMURRAY, Fred**
*acteur américain (1908-1991)*
ALICE ADAMS (1935)
HANDS ACROSS THE TABLE (1935)
PRINCESS COMES ACROSS, THE (1936)
TRAIL OF THE LONESOME PINE, THE (1936)
REMEMBER THE NIGHT (1940)
LADY IS WILLING, THE (1942)
STAR SPANGLED RHYTHM (1942)
ABOVE SUSPICION (1943)
DOUBLE INDEMNITY (1944)
MURDER, HE SAYS (1945)
SINGAPORE (1947)
MIRACLE OF THE BELLS, THE (1948)
BORDERLINE (1950)
CAINE MUTINY, THE (1953)
GOOD DAY FOR A HANGING (1958)
SHAGGY DOG, THE (1959)
APARTMENT, THE (1960)
ABSENT-MINDED PROFESSOR, THE (1961)
HAPPIEST MILLIONAIRE, THE (1967)

**MACREADY, George**
*acteur américain (1909-1973)*
SEVENTH CROSS, THE (1944)
STORY OF DR. WASSELL, THE (1944)
SONG TO REMEMBER, A (1945)
GILDA (1946)
DOWN TO EARTH (1947)
BIG CLOCK, THE (1948)
BLACK ARROW, THE (1948)
CORONER CREEK (1948)
KNOCK ON ANY DOOR (1949)
DESERT FOX, THE (1951)
GREEN GLOVE, THE (1952)
JULIUS CAESAR (1953)
STRANGER WORE A GUN, THE (1953)
PATHS OF GLORY (1957)
ALLIGATOR PEOPLE, THE (1959)
TARAS BULBA (1962)
DEAD RINGER (1964)
SEVEN DAYS IN MAY (1964)
GREAT RACE, THE (1965)
COUNT YORGA, VAMPIRE (1970)
TORA! TORA! TORA! (1970)
RETURN OF COUNT YORGA, THE (1971)

**MACY, William H.**
*acteur américain (1950-)*
THINGS CHANGE (1988)
HOMICIDE (1991)
CLIENT, THE (1994)
OLEANNA (1994)
DOWN PERISCOPE (1996)
FARGO (1996)
AIR FORCE ONE (1997)
BOOGIE NIGHTS (1997)
CIVIL ACTION, A (1998)
PSYCHO (1998)
HAPPY TEXAS (1999)
MAGNOLIA (1999)
MYSTERY MEN (1999)
STATE AND MAIN (2000)

**MADIGAN, Amy**
*actrice américaine (1957-)*
LOVE LETTERS (1983)
ALAMO BAY (1985)
PRINCE OF PENNSYLVANIA, THE (1988)
FIELD OF DREAMS (1989)
DARK HALF, THE (1993)
FEMALE PERVERSIONS (1996)
LOVED (1996)
POLLOCK (2000)

**MADONNA**
*actrice américaine (1958-)*
DESPERATELY SEEKING SUSAN (1985)
BLOODHOUNDS OF BROADWAY (1989)
DICK TRACY (1990)
MADONNA: TRUTH OR DARE (1991)
BODY OF EVIDENCE (1992)
LEAGUE OF THEIR OWN, A (1992)
SHADOWS AND FOG (1992)
DANGEROUS GAME (1993)
BLUE IN THE FACE (1995)
FOUR ROOMS (1995)
EVITA (1996)
GIRL 6 (1996)
BEST MAN, THE (1999)
NEXT BEST THING, THE (2000)

**MADSEN, Michael**
*acteur américain (1959-)*
RESERVOIR DOGS (1991)
THELMA & LOUISE (1991)
FREE WILLY (1993)
GETAWAY, THE (1994)
SPECIES (1995)
MULHOLLAND FALLS (1996)
DIARY OF A SERIAL KILLER (1997)
DONNIE BRASCO (1997)
LAST DAYS OF FRANKIE THE FLY, THE (1997)

**MADSEN, Virginia**
*actrice américaine (1963-)*
SLAMDANCE (1987)
HOT SPOT, THE (1990)
CANDYMAN (1992)
JUST YOUR LUCK (1996)
RAINMAKER,THE (1997)

**MAGNANI, Anna**
*actrice italienne (1908-1973)*
ROME, VILLE OUVERTE (1945)
CAROSSE D'OR, LE (1952)
ROSE TATTOO, THE (1955)
FUGITIVE KIND, THE (1959)
SECRET OF SANTA VITTORIA, THE (1969)
FELLINI ROMA (1971)

**MAGUIRE, Tobey**
*acteur américain (1975-)*
ICE STORM, THE (1997)
PLEASANTVILLE (1998)
CIDER HOUSE RULES, THE (1999)
RIDE WITH THE DEVIL (1999)

**MAHONEY, John**
*acteur anglais (1940-)*
MAN OF A THOUSAND FACES (1957)
QUATERMASS AND THE PIT (1967)
MANHATTAN PROJECT, THE (1986)
MOONSTRUCK (1987)
SUSPECT (1987)
TIN MEN (1987)
BETRAYED (1988)
EIGHT MEN OUT (1988)
FRANTIC (1988)
SAY ANYTHING... (1989)
RUSSIA HOUSE, THE (1990)
BARTON FINK (1991)
LOVE HURTS (1991)
IN THE LINE OF FIRE (1993)
STRIKING DISTANCE (1993)
HUDSUCKER PROXY, THE (1994)
REALITY BITES (1994)
AMERICAN PRESIDENT, THE (1995)
PRIMAL FEAR (1996)
SHE'S THE ONE (1996)

**MALAVOY, Christophe**
*acteur français (1952-)*
DOSSIER 51, LE (1978)
BALANCE, LA (1982)
BRAS DE FER (1985)
PÉRIL EN LA DEMEURE (1985)
FEMME DE MA VIE, LA (1986)
ASSOCIATION DE MALFAITEURS (1987)
DE GUERRE LASSE (1988)
MADAME BOVARY (1991)

**MALDEN, Karl**
*acteur américain (1914-)*
13 RUE MADELEINE (1947)
KISS OF DEATH (1947)
GUNFIGHTER, THE (1950)
STREETCAR NAMED DESIRE, A (1951)
I CONFESS (1953)
ON THE WATERFRONT (1954)
PHANTOM OF THE RUE MORGUE (1954)
BABY DOLL (1956)
BOMBERS B-52 (1957)
FEAR STRIKES OUT (1957)
GREAT IMPOSTOR, THE (1960)
POLLYANNA (1960)
ONE-EYED JACKS (1961)
ALL FALL DOWN (1962)
BIRDMAN OF ALCATRAZ (1962)
GYPSY (1962)
HOW THE WEST WAS WON (1962)
CHEYENNE AUTUMN (1964)
DEAD RINGER (1964)
CINCINNATI KID, THE (1965)
MURDERERS' ROW (1966)
NEVADA SMITH (1966)
HOT MILLIONS (1968)
PATTON (1970)
CAT O'NINE TAILS, THE (1971)
BEYOND THE POSEIDON ADVENTURE (1979)
METEOR (1979)
NUTS (1987)

**MALET, Laurent**
*acteur français (1955-)*
COMME UN BOOMERANG (1976)
LIENS DE SANG, LES (1977)
ROUTES DU SUD, LES (1978)
LÉGION SAUTE SUR KOLWEZI, LA (1979)
INVITATION AU VOYAGE (1982)
QUERELLE (1982)
À MORT L'ARBITRE (1984)
PARKING (1985)
TIR À VUE (1985)
PURITAINE, LA (1986)
MONSIEUR RIPOIS (1994)

**MALKOVICH, John**
*acteur américain (1953-)*
KILLING FIELDS, THE (1984)
PLACES IN THE HEART (1984)
DEATH OF A SALESMAN (1985)
ELENI (1985)
EMPIRE OF THE SUN (1987)
GLASS MENAGERIE, THE (1987)
MAKING MR. RIGHT (1987)
DANGEROUS LIAISONS (1988)
MILES FROM HOME (1988)
SHELTERING SKY, THE (1990)
OBJECT OF BEAUTY, THE (1991)
QUEEN'S LOGIC (1991)
ALIVE (1992)
JENNIFER 8 (1992)
OF MICE AND MEN (1992)
SHADOWS AND FOG (1992)
HEART OF DARKNESS (1993)
IN THE LINE OF FIRE (1993)

CON AIR (1995)
PAR-DELÀ LES NUAGES (1995)
MARY REILLY (1996)
MULHOLLAND FALLS (1996)
OGRE, THE (1996)
MAN IN THE IRON MASK, THE (1998)
ROUNDERS (1998)
BEING JOHN MALKOVICH (1999)
LADIES ROOM (1999)
MESSENGER, THE: THE STORY OF
JOAN OF ARC (1999)
RKO 281: BATTLE OVER CITIZEN KANE (1999)
TEMPS RETROUVÉ, LE (1999)
SHADOW OF THE VAMPIRE (2000)

**MALONE, Dorothy**
*actrice américaine (1925-)*
STEP LIVELY (1944)
BIG SLEEP, THE (1946)
LAW AND ORDER (1953)
SCARED STIFF (1953)
ARTISTS AND MODELS (1955)
BATTLE CRY (1955)
MAN OF A THOUSAND FACES (1957)
TARNISHED ANGELS, THE (1958)
LAST VOYAGE, THE (1960)
BEACH PARTY (1963)
BASIC INSTINCT (1992)

**MANFREDI, Nino**
*acteur italien (1921-)*
PAIN ET CHOCOLAT (1973)
NOUS NOUS SOMMES TANT AIMÉS (1974)
AFFREUX, SALES ET MÉCHANTS (1975)
MESDAMES ET MESSIEURS, BONSOIR (1976)
AU NOM DU PAPE ROI (1977)
CAFÉ EXPRESS (1979)
HELSINKI NAPOLI (1987)
NU DE FEMME (1987)
ALBERTO EXPRESS (1990)

**MANGANO, Silvana**
*actrice italienne (1930-1989)*
RIZ AMER (1949)
BARABBAS (1961)
ŒDIPE ROI (1967)
TEOREMA (1968)
DÉCAMERON, LE (1971)
MORT À VENISE (1971)
DUNE (1984)

**MANOJLOVIC, Miki**
*acteur yougoslave (1950-)*
PAPA EST EN VOYAGE D'AFFAIRES (1985)
AMÉRIQUE DES AUTRES, L' (1995)
PORTRAITS CHINOIS (1996)
ARTEMISIA (1997)
CABARET BALKAN (1998)
CHAT NOIR, CHAT BLANC (1998)
EMPORTE-MOI (1998)

**MANSFIELD, Jayne**
*actrice américaine (1932-1967)*
FEMALE JUNGLE (1956)
GIRL CAN'T HELP IT, THE (1956)

**MANTEGNA, Joe**
*acteur américain (1947-)*
ELVIS (1979)
COMPROMISING POSITIONS (1985)
THREE AMIGOS! (1986)
HOUSE OF GAMES (1987)
SUSPECT (1987)
THINGS CHANGE (1988)
ALICE (1991)
BUGSY (1991)
GODFATHER, PART 3, THE (1991)
HOMICIDE (1991)
QUEEN'S LOGIC (1991)
BODY OF EVIDENCE (1992)
FALLEN ANGELS 2 (1993)
SEARCHING FOR BOBBY FISCHER (1993)
BABY'S DAY OUT (1994)
EYE FOR AN EYE, AN (1995)
FORGET PARIS (1995)
ALBINO ALLIGATOR (1996)
CELEBRITY (1998)
RAT PACK, THE (1998)
LIBERTY HEIGHTS (1999)

**MARAIS, Jean**
*acteur français (1913-1998)*
ÉTERNEL RETOUR, L' (1943)
BELLE ET LA BÊTE, LA (1946)
AIGLE À DEUX TÊTES, L' (1948)
PARENTS TERRIBLES, LES (1948)
ORPHÉE (1949)
TOUTE LA VILLE ACCUSE (1955)
ÉLÉNA ET LES HOMMES (1956)
TESTAMENT D'ORPHÉE (1960)
ENLEVEMENT DES SABINES, L' (1961)
FANTOMAS (1964)
PEAU D'ÂNE (1971)
PARKING (1985)
MISÉRABLES DU XXe SIÈCLE, LES (1995)
STEALING BEAUTY (1996)

**MARCEAU, Marcel**
*acteur français (1923-)*
BARBARELLA (1968)
SILENT MOVIE (1976)

**MARCEAU, Sophie**
*actrice française (1966-)*
FORT SAGANNE (1984)
JOYEUSES PÂQUES (1984)
POLICE (1984)
AMOUR BRAQUE, L' (1985)
DESCENTE AUX ENFERS (1986)
CHOUANS! (1988)
ÉTUDIANTE, L' (1989)
POUR SACHA (1991)
FANFAN (1992)
FILLE DE D'ARTAGNAN, LA (1994)
BRAVEHEART (1995)
PAR-DELÀ LES NUAGES (1995)
FIRELIGHT (1997)
LEON TOLSTOY'S ANNA KARENINA (1997)
MARQUISE (1997)

**MARCH, Fredric**
*acteur américain (1897-1975)*
DR. JEKYLL AND MR. HYDE (1932)
SIGN OF THE CROSS, THE (1932)
SMILIN' THROUGH (1932)
EAGLE AND THE HAWK, THE (1933)
ANNA KARENINA (1935)
DARK ANGEL, THE (1935)
MISÉRABLES, LES (1935)
ANTHONY ADVERSE (1936)
MARY OF SCOTLAND (1936)
NOTHING SACRED (1937)
STAR IS BORN, A (1937)
SUSAN AND GOD (1940)
SO ENDS OUR NIGHT (1941)
I MARRIED A WITCH (1943)
BEST YEARS OF OUR LIVES, THE (1946)
BRIDGES AT TOKO-RI, THE (1954)
EXECUTIVE SUITE (1954)
DESPERATE HOURS, THE (1955)
ALEXANDER THE GREAT (1956)
MAN IN THE GREY FRANNEL SUIT, THE (1956)
INHERIT THE WIND (1960)
SEVEN DAYS IN MAY (1964)
HOMBRE (1967)

**MARCHAND, Guy**
*acteur français (1939-)*
COUSIN, COUSINE (1974)
ACROBATE, L' (1975)
ATTENTION LES YEUX (1975)
LOULOU (1980)
GARDE À VUE (1981)
PLEIN SUD (1981)
SOUS-DOUÉS EN VACANCES, LES (1982)
COUP DE FOUDRE (1983)
MORTELLE RANDONNÉE (1983)
P'TIT CON (1983)
STRESS (1984)
HOLD-UP (1985)
CONSEIL DE FAMILLE (1986)
NOYADE INTERDITE (1987)
ÉTÉ EN PENTE DOUCE, L' (1987)
BONJOUR L'ANGOISSE (1989)
MARIS, LES FEMMES, LES AMANTS, LES (1989)
RIPOUX CONTRE RIPOUX (1990)
NOUVEAU MONDE, LE (1995)
PLUS BEAU MÉTIER DU MONDE, LE (1996)

**MARIELLE, Jean-Pierre**
*acteur français (1932-)*
FAITES SAUTER LA BANQUE (1963)
FEMMES, LES (1969)
GALETTES DE PONT-AVEN, LES (1975)
QUE LA FÊTE COMMENCE! (1975)
MOMENT D'ÉGAREMENT, UN (1977)
PLUS ÇA VA, MOINS ÇA VA (1977)
CAUSE TOUJOURS, TU M'INTÉRESSES (1979)
ENTOURLOUPE, L' (1979)
COUP DE TORCHON (1981)
INDISCRÉTION, L' (1982)
HOLD-UP (1985)
TENUE DE SOIRÉE (1986)
DEUX CROCODILES, LES (1987)
QUELQUES JOURS AVEC MOI (1989)
TOUS LES MATINS DU MONDE (1991)
MAX ET JÉRÉMIE (1992)
PARFUM D'YVONNE, LE (1993)
SOURIRE, LE (1994)
GRANDS DUCS, LES (1995)
ÉLÈVE, L' (1996)

**MARIN, Cheech**
*acteur américain (1946-)*
CHEECH & CHONG'S NEXT MOVIE (1980)
THINGS ARE TOUGH ALL OVER (1982)
STILL SMOKIN' (1983)
AFTER HOURS (1985)
ECHO PARK (1986)
FATAL BEAUTY (1987)
GHOSTBUSTERS 2 (1989)
DESPERADO (1995)
FROM DUSK TILL DAWN (1995)
GREAT WHITE HYPE, THE (1996)
TIN CUP (1996)
PAULIE (1998)
PICKING UP THE PIECES (2000)
SPY KIDS (2001)

**MARLEAU, Louise**
*actrice québécoise (1945-)*
DIABLE EST PARMI NOUS, LE (1972)
BONS DÉBARRAS, LES (1981)
FEMME DE L'HÔTEL, LA (1984)
ANNE TRISTER (1986)
À CORPS PERDU (1988)
CRUISING BAR (1989)
HISTOIRE INVENTÉE, UNE (1990)

TEMPS RETROUVÉ, LE (1991)
COMTESSE DE BATON ROUGE, LA (1997)

**MARLOWE, Hugh**
*acteur américain (1911-1982)*
COME TO THE STABLE (1949)
ALL ABOUT EVE (1950)
DAY THE EARTH STOOD STILL, THE (1951)
RAWHIDE (1951)
BUGLES IN THE AFTERNOON (1952)
CASANOVA'S BIG NIGHT (1954)
EARTH vs. THE FLYING SAUCERS (1956)

**MARSHALL, E.G.**
*acteur américain (1910-)*
HOUSE ON 92nd ST., THE (1945)
CALL NORTHSIDE 777 (1948)
CAINE MUTINY, THE (1953)
BROKEN LANCE (1954)
SILVER CHALICE, THE (1954)
LEFT HAND OF GOD, THE (1955)
12 ANGRY MEN (1957)
BUCCANEER, THE (1958)
COMPULSION (1959)
CASH McCALL (1960)
TOWN WITHOUT PITY (1961)
CHASE, THE (1966)
BRIDGE AT REMAGEN, THE (1969)
TORA! TORA! TORA! (1970)
PURSUIT OF HAPPINESS, THE (1971)
INTERIORS (1978)
SUPERMAN II (1980)
CREEPSHOW (1983)
POWER (1985)
NATIONAL LAMPOON'S CHRISTMAS VACATION (1989)
CONSENTING ADULTS (1992)
NIXON (1995)
ABSOLUTE POWER (1996)
MISS EVERS' BOYS (1996)

**MARSHALL, Herbert**
*acteur anglais (1890-1966)*
MURDER (1930)
BLONDE VENUS (1932)
PAINTED VEIL, THE (1934)
DARK ANGEL, THE (1935)
ANGEL (1937)
FOREIGN CORRESPONDENT (1940)
LETTER, THE (1940)
LITTLE FOXES, THE (1941)
CRACK-UP (1946)
BLACK SHIELD OF FALWORTH, THE (1954)

**MARTIN, Andrea**
*actrice américaine (1947-)*
TOO MUCH SUN (1990)
GYPSY (1993)

**MARTIN, Dean**
*acteur américain (1917-1995)*
MY FRIEND IRMA (1949)
AT WAR WITH THE ARMY (1950)
JUMPING JACKS (1952)
CADDY, THE (1953)
SCARED STIFF (1953)
STOOGE, THE (1953)
ARTISTS AND MODELS (1955)
HOLLYWOOD OR BUST (1956)
PARDNERS (1956)
SOME CAME RUNNING (1958)
RIO BRAVO (1959)
BELLS ARE RINGING, THE (1960)
OCEAN'S ELEVEN (1960)
4 FOR TEXAS (1963)
COME BLOW YOUR HORN (1963)
TOYS IN THE ATTIC (1963)
KISS ME, STUPID (1964)
ROBIN AND THE SEVEN HOODS (1964)
SONS OF KATIE ELDER, THE (1965)
MURDERERS' ROW (1966)
SILENCERS, THE (1966)
TEXAS ACROSS THE RIVER (1966)
ROUGH NIGHT IN JERICHO (1967)
5 CARD STUD (1968)
AMBUSHERS, THE (1968)
BANDOLERO! (1968)
AIRPORT (1970)

**MARTIN, Steve**
*acteur américain (1945-)*
SGT. PEPPER'S LONELY HEART CLUB BAND (1978)
JERK, THE (1979)
PENNIES FROM HEAVEN (1981)
DEAD MEN DON'T WEAR PLAID (1982)
MAN WITH TWO BRAINS, THE (1983)
ALL OF ME (1984)
LONELY GUY, THE (1984)
LITTLE SHOP OF HORRORS (1986)
THREE AMIGOS! (1986)
PLANES, TRAINS AND AUTOMOBILES (1987)
ROXANNE (1987)
DIRTY ROTTEN SCOUNDRELS (1988)
MY BLUE HEAVEN (1990)
PARENTHOOD (1990)
FATHER OF THE BRIDE (1991)
GRAND CANYON (1991)
L.A. STORY (1991)
HOUSESITTER (1992)
LEAP OF FAITH (1992)
AND THE BAND PLAYED ON (1994)
MIXED NUTS (1994)
SIMPLE TWIST OF FATE, A (1994)
FATHER OF THE BRIDE 2 (1995)
SGT. BILKO (1996)
SPANISH PRISONER, THE (1998)
BOWFINGER (1999)
OUT-OF-TOWNERS, THE (1999)

**MARTINELLI, Elsa**
*actrice italienne (1932-)*
INDIAN FIGHTER, THE (1955)
COSTA AZZURRA (1959)
ET MOURIR DE PLAISIR (1960)
HATARI! (1962)
DIXIÈME VICTIME, LA (1965)
PLUS VIEUX MÉTIER DU MONDE, LE (1967)
MADIGAN'S MILLIONS (1968)
MALDONNE (1968)
PART DES LIONS, LA (1971)

**MARTINEZ, Olivier**
*acteur français (1964-)*
PLEIN FER (1990)
IP5 - L'ÎLE AUX PACHYDERMES (1992)
HUSSARD SUR LE TOIT, LE (1995)
MON HOMME (1996)
FEMME DE CHAMBRE DU TITANIC, LA (1997)
BEFORE NIGHT FALLS (2000)

**MARVIN, Lee**
*acteur américain (1924-1987)*
DUEL AT SILVER CREEK, THE (1952)
HANGMAN'S KNOT (1952)
BIG HEAT, THE (1953)
CAINE MUTINY, THE (1953)
GUN FURY (1953)
STRANGER WORE A GUN, THE (1953)
BAD DAY AT BLACK ROCK (1954)
PETE KELLY'S BLUES (1954)
I DIED A THOUSAND TIMES (1955)
NOT AS A STRANGER (1955)
SHACK OUT ON 101 (1955)
ATTACK (1956)
RAINTREE COUNTY (1957)
MISSOURI TRAVELER, THE (1958)
COMANCHEROS, THE (1961)
MAN WHO SHOT LIBERTY VALANCE, THE (1962)
DONOVAN'S REEF (1963)
KILLERS, THE (1964)
CAT BALLOU (1965)
SHIP OF FOOLS (1965)
PROFESSIONALS, THE (1966)
DIRTY DOZEN, THE (1967)
POINT BLANK (1967)
HELL IN THE PACIFIC (1968)
PAINT YOUR WAGON (1969)
MONTE WALSH (1970)
POCKET MONEY (1972)
PRIME CUT (1972)
KLANSMAN, THE (1974)
BIG RED ONE, THE (1980)
DEATH HUNT (1981)
GORKY PARK (1983)

**MARX, Chico**
*acteur américain (1887-1961)*
COCOANUTS, THE (1929)
ANIMAL CRACKERS (1930)
MONKEY BUSINESS (1931)
HORSE FEATHERS (1932)
DUCK SOUP (1933)
NIGHT AT THE OPERA, A (1935)
DAY AT THE RACES, A (1937)
AT THE CIRCUS (1938)
ROOM SERVICE (1938)
BIG STORE, THE (1941)
GO WEST (1941)
NIGHT IN CASABLANCA, A (1946)
LOVE HAPPY (1949)

**MARX, Groucho**
*acteur américain (1890-1977)*
COCOANUTS, THE (1929)
ANIMAL CRACKERS (1930)
MONKEY BUSINESS (1931)
HORSE FEATHERS (1932)
DUCK SOUP (1933)
NIGHT AT THE OPERA, A (1935)
DAY AT THE RACES, A (1937)
AT THE CIRCUS (1938)
ROOM SERVICE (1938)
BIG STORE, THE (1941)
GO WEST (1941)
NIGHT IN CASABLANCA, A (1946)
COPACABANA (1947)
LOVE HAPPY (1949)
MR. MUSIC (1950)

**MARX, Harpo**
*acteur américain (1888-1964)*
COCOANUTS, THE (1929)
ANIMAL CRACKERS (1930)
MONKEY BUSINESS (1931)
HORSE FEATHERS (1932)
DUCK SOUP (1933)
NIGHT AT THE OPERA, A (1935)
DAY AT THE RACES, A (1937)
AT THE CIRCUS (1938)
ROOM SERVICE (1938)
BIG STORE, THE (1941)
GO WEST (1941)
NIGHT IN CASABLANCA, A (1946)
LOVE HAPPY (1949)

**MARX, Zeppo**
*acteur américain (1901-1979)*
COCOANUTS, THE (1929)
ANIMAL CRACKERS (1930)
MONKEY BUSINESS (1931)
HORSE FEATHERS (1932)
DUCK SOUP (1933)

**MASINA, Giulietta**
*actrice italienne (1921-1994)*
FEUX DU MUSIC-HALL, LES (1951)
COURRIER DU CŒUR, LE (1952)
STRADA, LA (1954)
IL BIDONE (1955)
NUITS DE CABIRIA, LES (1957)
JULIETTE DES ESPRITS (1965)
GINGER ET FRED (1985)
AUJOURD'HUI PEUT-ÊTRE (1991)

**MASON, James**
*acteur anglais (1909-1984)*
HOTEL RESERVE (1944)
SEVENTH VEIL, THE (1945)
ODD MAN OUT (1947)
CAUGHT (1949)
EAST SIDE, WEST SIDE (1949)
MADAME BOVARY (1949)
DESERT FOX, THE (1951)
PANDORA AND THE FLYING DUTCHMAN (1951)
5 FINGERS (1952)
PRISONER OF ZENDA, THE (1952)
DESERT RATS, THE (1953)
JULIUS CAESAR (1953)
20,000 LEAGUES UNDER THE SEA (1954)
PRINCE VALIANT (1954)
STAR IS BORN, A (1954)
FOREVER DARLING (1956)
ISLAND IN THE SUN (1957)
JOURNEY TO THE CENTER OF THE EARTH (1959)
NORTH BY NORTHWEST (1959)
LOLITA (1962)
FALL OF THE ROMAN EMPIRE, THE (1964)
PUMPKIN EATER, THE (1964)
LORD JIM (1965)
BLUE MAX, THE (1966)
GEORGY GIRL (1966)
MAYERLING (1968)
DE LA PART DES COPAINS (1970)
LAST OF SHEILA, THE (1973)
MACKINTOSH MAN, THE (1973)
AUTOBIOGRAPHY OF A PRINCESS (1975)
MANDINGO (1975)
JESUS OF NAZARETH (1976)
CROSS OF IRON (1977)
BOYS FROM BRAZIL, THE (1978)
HEAVEN CAN WAIT (1978)
BLOODLINE (1979)
MURDER BY DECREE (1979)
SALEM'S LOT (1979)
FFOLKES (1980)
EVIL UNDER THE SUN (1982)
IVANHOE (1982)
SHOOTING PARTY, THE (1984)

**MASSARI, Léa**
*actrice italienne (1934-)*
AVVENTURA, L' (1960)
COLOSSE DE RHODES, LE (1960)
CHARGE DES REBELLES, LA (1963)
CHOSES DE LA VIE, LES (1969)
SOUFFLE AU CŒUR, LE (1971)
PROFESSEUR, LE (1972)
ALLONSANFAN (1974)
ORDINATEUR DES POMPES FUNÈBRES, L' (1976)
CROCS DU DIABLE, LES (1977)
CHRIST S'EST ARRÊTÉ À EBOLI, LE (1979)
GAMBLER, LA (1980)
CÉLESTE (1981)
SARAH (1983)
7e CIBLE, LA (1984)

**MASSEY, Raymond**
*acteur canadien (1896-1983)*
OLD DARK HOUSE, THE (1932)
SCARLET PIMPERNEL, THE (1934)
THINGS TO COME (1936)
HURRICANE, THE (1937)
DRUM, THE (1938)
DRUMS (1938)
ABE LINCOLN IN ILLINOIS (1940)
SANTA FE TRAIL (1940)
49th PARALLEL, THE (1941)
REAP THE WILD WIND (1942)
ACTION IN THE NORTH ATLANTIC (1943)
ARSENIC AND OLD LACE (1944)
STAIRWAY TO HEAVEN (1946)
POSSESSED (1947)
FOUNTAINHEAD, THE (1949)
CHAIN LIGHTNING (1950)
DALLAS (1950)
DAVID AND BATHSHEBA (1951)
DESERT SONG, THE (1952)
BATTLE CRY (1955)
EAST OF EDEN (1955)
GREAT IMPOSTOR, THE (1960)
HOW THE WEST WAS WON (1962)

**MASTERSON, Mary Stuart**
*actrice américaine (1967-)*
AT CLOSE RANGE (1985)
HEAVEN HELP US (1985)
GARDENS OF STONE (1987)
SOME KIND OF WONDERFUL (1987)
MR. NORTH (1988)
CHANCES ARE (1989)
IMMEDIATE FAMILY (1989)
FRIED GREEN TOMATOES (1991)
BENNY & JOON (1993)
BAD GIRLS (1994)
RADIOLAND MURDERS (1994)
BED OF ROSES (1996)
HEAVEN'S PRISONERS (1996)
DOGTOWN (1997)
DIGGING TO CHINA (1998)

**MASTRANTONIO, Mary Elizabeth**
*actrice américaine (1958-)*
SLAMDANCE (1987)
ABYSS, THE (1989)
CLASS ACTION (1991)
CONSENTING ADULTS (1992)
LIMBO (1999)
LIMBO (1999)
MY LIFE SO FAR (1999)
PERFECT STORM, THE (2000)

**MASTROIANNI, Chiara**
*actrice italo-française (1972-)*
MA SAISON PRÉFÉRÉE (1993)
À LA BELLE ÉTOILE (1993)
PRÊT-À-PORTER (1994)
N'OUBLIE PAS QUE TU VAS MOURIR (1995)
COMMENT JE ME SUIS DISPUTÉ...
(MA VIE SEXUELLE) (1996)
JOURNAL DU SÉDUCTEUR, LE (1996)
NOWHERE (1997)
À VENDRE (1998)
TEMPS RETROUVÉ, LE (1999)

**MASTROIANNI, Marcello**
*acteur italien (1923-1996)*
CHANCE D'ÊTRE FEMME, LA (1957)
PIGEON, LE (1958)
BEL ANTONIO, LE (1960)
DOLCE VITA, LA (1960)
DIVORCE À L'ITALIENNE (1962)
8 1/2 (1963)
CAMARADES, LES (1963)
HIER, AUJOURD'HUI ET DEMAIN (1963)
DIXIÈME VICTIME, LA (1965)
FLEURS DU SOLEIL, LES (1969)
TEMPS DES AMANTS, LE (1969)
ÇA N'ARRIVE QU'AUX AUTRES (1971)
DIARY OF FORBIDDEN DREAMS (WHAT?) (1973)
GRANDE BOUFFE, LA (1973)
ÉVÉNEMENT LE PLUS IMPORTANT DEPUIS QUE L'HOMME A MARCHÉ SUR LA LUNE, L' (1973)
ALLONSANFAN (1974)
SALUT L'ARTISTE! (1974)
TOUCHE PAS À LA FEMME BLANCHE (1974)
FEMME DU DIMANCHE, LA (1975)
MESDAMES ET MESSIEURS, BONSOIR (1976)
JOURNÉE PARTICULIÈRE, UNE (1977)
MAÎTRESSE LÉGITIME, LA (1977)
RÊVE DE SINGE (1977)
FILLE, LA (1978)
MÉLODIE MEURTRIÈRE (1978)
GRAND EMBOUTEILLAGE, LE (1979)
CITÉ DES FEMMES, LA (1980)
DERRIÈRE LA PORTE (1982)
NUIT DE VARENNES, LA (1982)
GABRIELA (1983)
HISTOIRE DE PIERRA, L' (1983)
HENRY IV (1984)
DEUX INCONNUS DANS LA VILLE (1985)
GINGER ET FRED (1985)
MACARONI (1985)
INTERVISTA (1987)
QUELLE HEURE EST-IL? (1989)
ILS VONT TOUS BIEN (1990)
DANS LA SOIRÉE (1991)
PAS SUSPENDU DE LA CIGOGNE, LE (1991)
I DON'T WANT TO TALK ABOUT IT (1993)
CENT ET UNE NUITS, LES (1994)
PRÊT-À-PORTER (1994)
PAR-DELÀ LES NUAGES (1995)

**MATTHAU, Walter**
*acteur américain (1920-)*
INDIAN FIGHTER, THE (1955)
KENTUCKIAN, THE (1955)
FACE IN THE CROWD, A (1957)
KING CREOLE (1958)
ONIONHEAD (1958)
STRANGERS WHEN WE MEET (1960)
LONELY ARE THE BRAVE (1962)
CHARADE (1963)
ENSIGN PULVER (1964)
FAIL-SAFE (1964)
GOODBYE CHARLIE (1964)
MIRAGE (1965)
FORTUNE COOKIE, THE (1966)
CANDY (1968)
ODD COUPLE, THE (1968)
SECRET LIFE OF AN AMERICAN WIFE, THE (1968)
CACTUS FLOWER (1969)
HELLO, DOLLY! (1969)
KOTCH (1971)
NEW LEAF, A (1971)
PLAZA SUITE (1971)
CHARLEY VARRICK (1973)
EARTHQUAKE (1974)
FRONT PAGE, THE (1974)

LAUGHING POLICEMAN, THE (1974)
TAKING OF PELHAM ONE TWO THREE, THE (1974)
SUNSHINE BOYS, THE (1975)
CALIFORNIA SUITE (1978)
HOUSE CALLS (1978)
HOPSCOTCH (1980)
LITTLE MISS MARKER (1980)
BUDDY BUDDY (1981)
FIRST MONDAY IN OCTOBER (1981)
I OUGHT TO BE IN PICTURES (1982)
SURVIVORS, THE (1983)
PIRATES (1986)
PETIT DIABLE, LE (1989)
INCIDENT, THE (1990)
JFK (1991)
DENNIS THE MENACE (1993)
GRUMPY OLD MEN (1993)
I.Q. (1994)
GRUMPIER OLD MEN (1995)
GRASS HARP, THE (1996)
I'M NOT RAPPAPORT (1996)
ODD COUPLE II, THE (1998)
HANGING UP (2000)

**MATURE, Victor**
*acteur américain (1915-1999)*
I WAKE UP SCREAMING (1941)
SHANGHAI GESTURE, THE (1941)
FOOTLIGHT SERENADE (1942)
SONG OF THE ISLANDS (1942)
MY DARLING CLEMENTINE (1946)
KISS OF DEATH (1947)
EASY LIVING (1949)
SAMSON AND DELILAH (1949)
ANDROCLES AND THE LION (1952)
MILLION DOLLAR MERMAID (1952)
ROBE, THE (1953)
DEMETRIUS AND THE GLADIATORS (1954)
EGYPTIAN, THE (1954)
SAVAGE WILDERNESS (1956)
AFTER THE FOX (1966)
HEAD (1968)

**MAURA, Carmen**
*actrice espagnole (1946-)*
PEPI, LUCI, BOM (1980)
DARK HABITS (1984)
MATADOR (1986)
LOI DU DÉSIR, LA (1987)
BATON ROUGE (1988)
FEMMES AU BORD DE LA CRISE DE NERFS (1988)
AY, CARMELA! (1990)
SUR LA TERRE COMME AU CIEL (1991)
LOUIS, ENFANT ROI (1992)
EXTRAMUROS (1994)
BONHEUR EST DANS LE PRÉ, LE (1995)
ELLES (1997)
ALICE ET MARTIN (1998)

**MAURIER, Claire**
*actrice française*
PARISIENNE, UNE (1957)
400 COUPS, LES (1959)
CUISINE AU BEURRE, LA (1963)
MERVEILLEUSE ANGÉLIQUE (1964)
FIANCÉE DU PIRATE, LA (1969)
CAGE AUX FOLLES, LA (1978)
AIR DE FAMILLE, UN (1996)

**MAXWELL, Lois**
*actrice canadienne (1927-)*
STAIRWAY TO HEAVEN (1946)
CORRIDOR OF MIRRORS (1948)
DARK PAST, THE (1948)
TIME WITHOUT PITY (1956)
DR. NO (1962)
LOLITA (1962)
FROM RUSSIA WITH LOVE (1963)
HAUNTING, THE (1963)
GOLDFINGER (1964)
THUNDERBALL (1965)
ON HER MAJESTY'S SECRET SERVICE (1969)
DIAMONDS ARE FOREVER (1971)
ENDLESS NIGHT (1971)
LIVE AND LET DIE (1973)
MAN WITH THE GOLDEN GUN, THE (1974)
SPY WHO LOVED ME, THE (1977)
MOONRAKER (1979)
FOR YOUR EYES ONLY (1981)
OCTOPUSSY (1983)

**MAY, Mathilda**
*actrice française (1965-)*
LIFEFORCE (1985)
ROIS DU GAG, LES (1985)
DIABLE AU CORPS, LE (1986)
LETTERS TO AN UNKNOWN LOVER (1987)
NAKED TANGO (1991)
SCREAM OF STONE (1991)
BECOMING COLETTE (1992)
TOUTES PEINES CONFONDUES (1992)
GROSSE FATIGUE (1994)

**MAYO, Virgina**
*actrice américaine (1920-)*
BEST YEARS OF OUR LIVES, THE (1946)
KID FROM BROOKLYN, THE (1946)
SECRET LIFE OF WALTER MITTY, THE (1947)
FLAME AND THE ARROW, THE (1950)
CAPTAIN HORATIO HORNBLOWER (1951)
CASTLE OF EVIL (1966)

**MAZAR, Debi**
*actrice américaine (1964-)*
GIRL 6 (1996)
NOWHERE (1997)
FROGS FOR SNAKES (1998)
HUSH (1998)

**MAZURSKY, Paul**
*acteur américain (1930-)*
BLACKBOARD JUNGLE (1955)
I LOVE YOU, ALICE B. TOKLAS (1968)
BOB & CAROL & TED & ALICE (1969)
ALEX IN WONDERLAND (1970)
BLUME IN LOVE (1972)
HARRY AND TONTO (1974)
STAR IS BORN, A (1976)
HISTORY OF THE WORLD, PART 1 (1981)
TEMPEST (1982)
MOSCOW ON THE HUDSON (1984)
INTO THE NIGHT (1985)
DOWN AND OUT IN BEVERLY HILLS (1986)
MOON OVER PARADOR (1988)
PUNCHLINE (1988)
ENEMIES, A LOVE STORY (1989)
SCENES FROM THE CLASS STRUGGLE IN BEVERLY HILLS (1989)
SCENES FROM A MALL (1991)
MAN TROUBLE (1992)
LOVE AFFAIR (1994)
MIAMI RHAPSODY (1994)
2 DAYS IN THE VALLEY (1996)
FAITHFUL (1996)

**McCARTHY, Andrew**
*acteur américain (1962-)*
CLASS (1983)
HEAVEN HELP US (1985)
ST. ELMO'S FIRE (1985)
PRETTY IN PINK (1986)
LESS THAN ZERO (1987)
FRESH HORSES (1988)
KANSAS (1988)
JOURS TRANQUILLES À CLICHY (1989)
CLUB EXTINCTION (DOCTEUR M.) (1990)
JOY LUCK CLUB, THE (1993)
MRS. PARKER AND THE VICIOUS CIRCLE (1994)
NIGHT OF THE RUNNING MAN (1994)
DEAD FUNNY (1995)
MULHOLLAND FALLS (1996)
NEW WATERFORD GIRL (1999)

**McCARTHY, Kevin**
*acteur américain (1914-)*
INVASION OF THE BODY SNATCHERS (1956)
MISFITS, THE (1961)
GATHERING OF EAGLES, A (1963)
PRIZE, THE (1963)
BEST MAN, THE (1964)
MIRAGE (1965)
ACE HIGH (1969)
PIRANHA (1978)
HOWLING, THE (1980)
MIDNIGHT HOUR, THE (1985)
INNERSPACE (1987)
JUST CAUSE (1995)

**McCARTNEY, Paul**
*acteur anglais (1942-)*
HARD DAY'S NIGHT, A (1964)
HELP! (1965)
MAGICAL MYSTERY TOUR (1967)
GIVE MY REGARDS TO BROAD STREET (1984)

**McCREA, Joel**
*acteur américain (1905-1990)*
MOST DANGEROUS GAME, THE (1932)
BARBARY COAST (1935)
COME AND GET IT (1936)
THESE THREE (1936)
DEAD END (1937)
INTERNES CAN'T TAKE MONEY (1937)
THEY SHALL HAVE MUSIC (1939)
FOREIGN CORRESPONDENT (1940)
PRIMROSE PATH, THE (1940)
SULLIVAN'S TRAVELS (1941)
GREAT MAN'S LADY, THE (1942)
PALM BEACH STORY, THE (1942)
MORE THE MERRIER, THE (1943)
GREAT MOMENT, THE (1944)
RAMROD (1946)
FOUR FACES WEST (1948)
STARS IN MY CROWN (1950)
RIDE THE HIGH COUNTRY (1962)

**McDORMAND, Frances**
*actrice américaine (1957-)*
BLOOD SIMPLE (1984)
DARKMAN (1990)
HIDDEN AGENDA (1990)
BEYOND RANGOON (1995)
LONE STAR (1995)
FARGO (1996)
PRIMAL FEAR (1996)
PARADISE ROAD (1997)
MADELINE (1998)
TALK OF ANGELS (1998)
ALMOST FAMOUS (2000)

**McDOWALL, Roddy**
*acteur anglais (1928-1998)*
HOW GREEN WAS MY VALLEY (1941)
SON OF FURY (1942)
KEYS OF THE KINGDOM, THE (1944)
MIDNIGHT LACE (1960)

LONGEST DAY, THE (1962)
CLEOPATRA (1963)
GREATEST STORY EVER TOLD, THE (1965)
INSIDE DAISY CLOVER (1965)
LOVED ONE, THE (1965)
THAT DARN CAT! (1965)
5 CARD STUD (1968)
PLANET OF THE APES (1968)
BEDKNOBS AND BROOMSTICKS (1971)
ESCAPE FROM THE PLANET OF THE APES (1971)
MACBETH (1971)
CONQUEST OF THE PLANET OF THE APES (1972)
LIFE AND TIMES OF JUDGE ROY BEAN, THE (1972)
POSEIDON ADVENTURE, THE (1972)
BATTLE FOR THE PLANET OF THE APES (1973)
LEGEND OF HELL HOUSE, THE (1973)
FUNNY LADY (1975)
LASERBLAST (1978)
RETURN OF THE KING (1980)
CHARLIE CHAN AND THE CURSE OF THE DRAGON QUEEN (1981)
EVIL UNDER THE SUN (1982)
DEAD OF WINTER (1985)
FRIGHT NIGHT (1985)
FRIGHT NIGHT PART II (1988)
BIG PICTURE, THE (1989)
CARMILLA (1990)
IT'S MY PARTY (1996)
KEEPERS OF THE FRAME (1999)

**McDOWELL, Malcolm**
*acteur anglais (1943-)*
IF.... (1968)
CLOCKWORK ORANGE, A (1971)
O, LUCKY MAN! (1973)
CALIGULA (1979)
TIME AFTER TIME (1979)
LOOK BACK IN ANGER (1980)
BRITANNIA HOSPITAL (1982)
CAT PEOPLE (1982)
BLUE THUNDER (1983)
CROSS CREEK (1983)
SUNSET (1988)
IL MAESTRO (1989)
MOON 44 (1989)
PLAYER, THE (1992)
BOPHA! (1993)
STAR TREK: GENERATIONS (1994)
TANK GIRL (1995)
KIDS OF THE ROUND TABLE (1996)
HUGO POOL (1997)
MY LIFE SO FAR (1999)

**McGILLIS, Kelly**
*actrice américaine (1957-)*
TOP GUN (1986)
MADE IN HEAVEN (1987)
ACCUSED, THE (1988)
CAT CHASER (1988)
HOUSE ON CARROLL STREET, THE (1988)
BABE, THE (1992)
NORTH (1994)
AT FIRST SIGHT (1998)

**McGOVERN, Elizabeth**
*actrice américaine (1961-)*
ORDINARY PEOPLE (1980)
RAGTIME (1981)
ONCE UPON A TIME IN AMERICA (1984)
RACING WITH THE MOON (1984)
BEDROOM WINDOW, THE (1987)
SHE'S HAVING A BABY (1988)
JOHNNY HANDSOME (1989)
HANDMAID'S TALE, THE (1990)
SHOCK TO THE SYSTEM, A (1990)
KING OF THE HILL (1993)
FAVOR, THE (1994)
HOUSE OF MIRTH, THE (2000)

**MCGREGOR, Ewan**
*acteur anglais (1971-)*
SHALLOW GRAVE (1994)
BRASSED OFF (1996)
EMMA (1996)
PILLOW BOOK, THE (1996)
LIFE LESS ORDINARY, A (1997)
NIGHTWATCH (1997)
SERPENT'S KISS (1997)
LITTLE VOICE (1998)
EYE OF THE BEHOLDER (1999)
ROGUE TRADER (1999)
STAR WARS: EPISODE 1 - THE PHANTOM MENACE (1999)

**McKEAN, Michael**
*acteur américain (1947-)*
1941 (1979)
THIS IS SPINAL TAP (1984)
CLUE (1985)
D.A.R.Y.L. (1985)
JUMPIN' JACK FLASH (1986)
LIGHT OF DAY (1987)
PLANES, TRAINS AND AUTOMOBILES (1987)
SHORT CIRCUIT 2 (1988)
BIG PICTURE, THE (1989)
EARTH GIRLS ARE EASY (1989)
MAN TROUBLE (1992)
MEMOIRS OF AN INVISIBLE MAN (1992)
CONEHEADS, THE (1993)
RADIOLAND MURDERS (1994)
JACK (1996)
POMPATUS OF LOVE, THE (1996)
THAT DARN CAT! (1996)
NOTHING TO LOSE (1997)
BEAUTIFUL (2000)
BEST IN SHOW (2000)

**McQUEEN, Steve**
*acteur américain (1930 -1980)*
SOMEBODY UP THERE LIKES ME (1956)
BLOB, THE (1958)
NEVER LOVE A STRANGER (1958)
NEVER SO FEW (1959)
MAGNIFICENT SEVEN, THE (1960)
HONEYMOON MACHINE, THE (1961)
HELL IS FOR HEROES (1962)
GREAT ESCAPE, THE (1963)
LOVE WITH THE PROPER STRANGER (1963)
BABY, THE RAIN MUST FALL (1965)
CINCINNATI KID, THE (1965)
NEVADA SMITH (1966)
SAND PEBBLES, THE (1966)
BULLITT (1968)
THOMAS CROWN AFFAIR, THE (1968)
REIVERS, THE (1969)
LE MANS (1971)
GETAWAY, THE (1972)
JUNIOR BONNER (1972)
PAPILLON (1973)
TOWERING INFERNO, THE (1974)
HUNTER, THE (1980)
TOM HORN (1980)

**MEANEY, Colm**
*acteur irlandais (1953-)*
DEAD, THE (1987)
COME SEE THE PARADISE (1990)
DICK TRACY (1990)
COMMITMENTS, THE (1991)
FAR AND AWAY (1992)
INTO THE WEST (1992)
LAST OF THE MOHICANS, THE (1992)
SNAPPER, THE (1993)
ROAD TO WELLVILLE, THE (1994)
CON AIR (1995)
ENGLISHMAN WHO WENT UP A HILL, BUT CAME DOWN A MOUNTAIN, THE (1995)
MONUMENT AVE. (1997)
MYSTERY, ALASKA (1999)

**MELANÇON, André**
*acteur québécois (1942-)*
TAUREAU (1973)
PARTIS POUR LA GLOIRE (1975)
ODYSSEY OF THE PACIFIC, THE (1982)
GREAT LAND OF SMALL, THE (1986)
POUVOIR INTIME (1986)
ÉQUINOXE (1986)
TISSERANDS DU POUVOIR, LES (1988)
MATINS INFIDÈLES, LES (1989)
CÔTÉ OBSCUR DU CŒUR, LE (1992)
JOYEUX CALVAIRE (1996)

**MENJOU, Adolphe**
*acteur américain (1890-1963)*
SHEIK, THE (1921)
THREE MUSKETEERS, THE (1921)
MOROCCO (1930)
FRONT PAGE, THE (1931)
FAREWELL TO ARMS, A (1932)
MORNING GLORY (1933)
100 MEN AND A GIRL (1937)
STAR IS BORN, A (1937)
GOLDEN BOY (1939)
ROXIE HART (1942)
STEP LIVELY (1944)
HUCKSTERS, THE (1947)
STATE OF THE UNION (1948)
MY DREAM IS YOURS (1949)
TO PLEASE A LADY (1950)
ACROSS THE WIDE MISSOURI (1951)
BUNDLE OF JOY (1956)
PATHS OF GLORY (1957)
POLLYANNA (1960)
TIM (1979)

**MERCIER, Michèle**
*actrice française (1939-)*
TIREZ SUR LE PIANISTE (1960)
ANGÉLIQUE, MARQUISE DES ANGES (1964)
MERVEILLEUSE ANGÉLIQUE (1964)
ANGÉLIQUE ET LE ROY (1966)
ANGÉLIQUE ET LE SULTAN (1967)
INDOMPTABLE ANGÉLIQUE (1967)
PLUS VIEUX MÉTIER DU MONDE, LE (1967)

**MERCOURI, Melina**
*actrice grecque (1923-1994)*
STELLA (1955)
GYPSY AND THE GENTLEMAN, THE (1958)
NEVER ON SUNDAY (1960)
TOPKAPI (1964)
DREAM OF PASSION (1978)

**MERCURE, Monique**
*actrice québécoise (1930-)*
À TOUT PRENDRE (1963)
FESTIN DES MORTS, LE (1964)
DEUX FEMMES EN OR (1970)
MON ONCLE ANTOINE (1971)
TEMPS D'UNE CHASSE, LE (1972)
PARLEZ-NOUS D'AMOUR (1976)
J.A. MARTIN, PHOTOGRAPHE (1977)
CHANSON DE ROLAND, LA (1978)
QUINTET (1978)
CUISINE ROUGE, LA (1979)
ODYSSEY OF THE PACIFIC, THE (1982)

QUARANTAINE, LA (1982)
ANNÉES DE RÊVES, LES (1984)
JOURNÉE EN TAXI, UNE (1984)
DAME EN COULEURS, LA (1985)
QUI A TIRÉ SUR NOS HISTOIRES D'AMOUR? (1986)
DANS LE VENTRE DU DRAGON (1989)
MONTRÉAL VU PAR... (1991)
NAKED LUNCH (1991)
FÊTE DES ROIS, LA (1994)
CONQUEST (1998)

**MEREDITH, Burgess**
*acteur américain (1908-1997)*
OF MICE AND MEN (1939)
THAT UNCERTAIN FEELING (1941)
STORY OF G.I. JOE, THE (1945)
DIARY OF A CHAMBERMAID (1946)
MAN ON THE EIFFEL TOWER, THE (1949)
ADVISE AND CONSENT (1962)
CARDINAL, THE (1963)
IN HARM'S WAY (1965)
BATMAN (1966)
MADAME X (1966)
THERE WAS A CROOKED MAN (1970)
DAY OF THE LOCUST, THE (1974)
HINDENBURG, THE (1975)
BURNT OFFERINGS (1976)
ROCKY (1976)
FOUL PLAY (1978)
MAGIC (1978)
FINAL ASSIGNMENT (1980)
CLASH OF THE TITANS (1981)
SANTA CLAUS: THE MOVIE (1985)
KING LEAR (1987)
FULL MOON IN BLUE WATER (1988)
STATE OF GRACE (1990)
GRUMPY OLD MEN (1993)
GRUMPIER OLD MEN (1995)

**MÉRIL, Macha**
*actrice française (1940-)*
REPOS DU GUERRIER, LE (1962)
BELLE DE JOUR (1967)
DEEP RED (THE HATCHET MURDERS) (1976)
ROBERT ET ROBERT (1978)
TENDRES COUSINES (1980)
AU NOM DE TOUS LES MIENS (1983)
GRAND CARNAVAL, LE (1983)
MORTELLE RANDONNÉE (1983)
NANAS, LES (1984)
ROIS DU GAG, LES (1985)
SANS TOIT NI LOI (1985)
DUET FOR ONE (1986)
MEETING VENUS (1991)
DOUBLE VISION (1992)
SOLDIER'S DAUGHTER NEVER CRIES, A (1998)

**MERKEL, Una**
*actrice américaine (1903-1986)*
ABRAHAM LINCOLN (1930)
BAT WHISPERS, THE (1930)
42nd STREET (1933)
BORN TO DANCE (1936)
SARATOGA (1937)
RHYTHM ROMANCE (1939)
BANK DICK, THE (1940)
MERRY WIDOW, THE (1952)
BUNDLE OF JOY (1956)

**MESSIER, Marc**
*acteur québécois (1947-)*
SONIA (1986)
JÉSUS DE MONTRÉAL (1989)
PORTION D'ÉTERNITÉ (1989)
HISTOIRE INVENTÉE, UNE (1990)
SOLO (1991)
POTS CASSÉS, LES (1993)
FÊTE DES ROIS, LA (1994)
SPHINX, LE (1995)
BOYS, LES (1997)
BOYS II, LES (1998)

**MEURISSE, Paul**
*acteur français (1912-1979)*
DIABOLIQUES, LES (1954)
DÉJEUNER SUR L'HERBE, LE (1959)
DEUXIÈME SOUFFLE, LE (1966)
DOUCEMENT LES BASSES (1971)
GITAN, LE (1975)

**MICHAUD, Claude**
*acteur québécois (1938-)*
RED (1969)
BINGO (1973)
PARLEZ-NOUS D'AMOUR (1976)
PANIQUE (1977)

**MICHEL, Dominique**
*actrice québécoise (1932-)*
J'AI MON VOYAGE (1973)
AVENTURES D'UNE JEUNE VEUVE, LES (1974)
JE SUIS LOIN DE TOI MIGNONNE (1976)
CRIME D'OVIDE PLOUFFE, LE (1984)
DÉCLIN DE L'EMPIRE AMÉRICAIN, LE (1986)
TISSERANDS DU POUVOIR, LES (1988)
LOUIS 19, LE ROI DES ONDES (1994)

**MIDLER, Bette**
*actrice américaine (1945-)*
HAWAII (1966)
ROSE, THE (1979)
DIVINE MADNESS (1980)
DOWN AND OUT IN BEVERLY HILLS (1986)
RUTHLESS PEOPLE (1986)
BEACHES (1988)
BIG BUSINESS (1988)
STELLA (1990)
FOR THE BOYS (1991)
SCENES FROM A MALL (1991)
GYPSY (1993)
HOCUS POCUS (1993)
GET SHORTY (1995)
FIRST WIVES CLUB, THE (1996)
THAT OLD FEELING (1997)
DROWNING MONA (2000)

**MIFUNE, Toshiro**
*acteur japonais (1920-1998)*
LÉGENDE DU GRAND JUDO, LA (1943)
DRUNKEN ANGEL (1948)
CHIEN ENRAGÉ, UN (1949)
RASHOMON (1950)
SAMURAI 1: MUSASHI MYAMOTO (1954)
SEPT SAMOURAÏS, LES (1954)
I LIVE IN FEAR (1955)
SAMURAI 2: DUEL AT ICHIJOJI (1955)
SAMURAI 3: DUEL AT GANRYU (1956)
BAS-FONDS, LES (1957)
CHÂTEAU DE L'ARAIGNÉE, LE (1957)
FORTERESSE CACHÉE, LA (1958)
SALAUDS DORMENT EN PAIX, LES (1960)
CHUSHINGURA (1962)
SANJURO (1962)
ENTRE LE CIEL ET L'ENFER (1963)
BARBE-ROUSSE (1965)
GRAND PRIX (1966)
SAMURAI REBELLION (1967)
SWORD OF DOOM (1967)
HELL IN THE PACIFIC (1968)
SOLEIL ROUGE (1971)
MIDWAY (1976)
1941 (1979)
BUSHIDO BLADE, THE (1979)
AGAGUK - SHADOW OF THE WOLF (1992)
PICTURE BRIDE, THE (1994)

**MIGENES-JOHNSON, Julia**
*actrice américaine (1948-)*
CARMEN (1984)
BERLIN BLUES (1988)
KRAYS, THE (1990)

**MILES, Sarah**
*actrice anglaise (1941-)*
GREAT EXPECTATIONS (1946)
SERVANT, THE (1963)
THOSE MAGNIFICENT MEN IN THEIR FLYING MACHINES (1965)
BLOW-UP (1967)
RYAN'S DAUGHTER (1970)
MAN WHO LOVED CAT DANCING, THE (1973)
SAILOR WHO FELL FROM GRACE WITH THE SEA, THE (1976)
BIG SLEEP, THE (1978)
STEAMING (1984)
HOPE AND GLORY (1987)
SILENT TOUCH, THE (1992)

**MILES, Vera**
*actrice américaine (1929-)*
AUTUMN LEAVES (1956)
SEARCHERS, THE (1956)
F.B.I. STORY, THE (1959)
PSYCHO (1960)
MAN WHO SHOT LIBERTY VALANCE, THE (1962)
HELLFIGHTERS (1968)
PSYCHO 2 (1983)
INTO THE NIGHT (1985)

**MILLAND, Ray**
*acteur gallois (1905-1986)*
THREE SMART GIRLS (1936)
EASY LIVING (1937)
EVERYTHING HAPPENS AT NIGHT (1939)
MAJOR AND THE MINOR, THE (1942)
REAP THE WILD WIND (1942)
STAR SPANGLED RHYTHM (1942)
MINISTRY OF FEAR (1944)
LOST WEEKEND, THE (1945)
GOLDEN EARRINGS (1947)
BIG CLOCK, THE (1948)
COPPER CANYON (1949)
IT HAPPENS EVERY SPRING (1949)
RHUBARB (1951)
BUGLES IN THE AFTERNOON (1952)
THIEF, THE (1952)
DIAL M FOR MURDER (1954)
PANIC IN YEAR ZERO (1962)
PREMATURE BURIAL (1962)
LOVE STORY (1970)
FROGS (1972)
ESCAPE TO WITCH MOUNTAIN (1975)
SWISS CONSPIRACY, THE (1975)
LAST TYCOON, THE (1976)
OLIVER'S STORY (1978)
ATTIC, THE (1979)

**MILLER, Penelope Ann**
*actrice américaine (1964-)*
AWAKENINGS (1990)
DOWNTOWN (1990)
OTHER PEOPLE'S MONEY (1991)
CARLITO'S WAY (1993)
RELIC, THE (1997)

**MILLETTE, Jean-Louis**
*acteur québécois (1937-1999)*
FESTIN DES MORTS, LE (1964)
PELLAN (1986)
POUVOIR INTIME (1986)
FOUS DE BASSAN, LES (1987)
DANS LE VENTRE DU DRAGON (1989)
JÉSUS DE MONTRÉAL (1989)
SOME GIRLS (1989)
AMOUREUX FOU (1991)
MONTRÉAL VU PAR... (1991)
NELLIGAN (1991)
PABLO QUI COURT (1991)
CONFESSIONNAL, LE (1995)

**MILLS, John**
*acteur anglais (1908-)*
IN WHICH WE SERVE (1942)
GREAT EXPECTATIONS (1946)
SCOTT OF THE ANTARTIC (1948)
ROCKING HORSE WINNER, THE (1950)
COLDITZ STORY, THE (1954)
END OF THE AFFAIR (1954)
HOBSON'S CHOICE (1954)
TIGER BAY (1959)
SWISS FAMILY ROBINSON (1960)
CHALK GARDEN, THE (1964)
KING RAT (1965)
OPERATION CROSSBOW (1965)
GOODBYE, MR. CHIPS (1969)
RYAN'S DAUGHTER (1970)
BIG SLEEP, THE (1978)
GANDHI (1982)
SAHARA (1983)
BACK TO THE FUTURE 3 (1990)
MAVERICK (1994)
BEAN: THE ULTIMATE DISASTER MOVIE (1997)

**MINNELLI, Liza**
*actrice américaine (1946-)*
IN THE GOOD OLD SUMMERTIME (1949)
CABARET (1972)
THAT'S ENTERTAINMENT (1974)
SILENT MOVIE (1976)
NEW YORK, NEW YORK (1977)
ARTHUR (1981)
THAT'S DANCING! (1985)
ARTHUR 2: ON THE ROCKS (1988)
STEPPING OUT (1991)

**MIOU-MIOU**
*actrice française (1950-)*
GRANGES BRÛLÉES, LES (1972)
JONAS QUI AURA 25 ANS EN L'AN 2000 (1976)
DITES-LUI QUE JE L'AIME (1977)
ROUTES DU SUD, LES (1978)
AU REVOIR... À LUNDI (1979)
DÉROBADE, LA (1979)
GRAND EMBOUTEILLAGE, LE (1979)
JOSÉPHA (1981)
ATTENTION! UNE FEMME PEUT EN CACHER UNE AUTRE (1983)
COUP DE FOUDRE (1983)
BLANCHE ET MARIE (1985)
TENUE DE SOIRÉE (1986)
LECTRICE, LA (1988)
PORTES TOURNANTES, LES (1988)
MILOU EN MAI (1990)
BAL DES CASSE-PIEDS, LE (1991)
NETCHAÏEV EST DE RETOUR (1991)
TOTALE, LA (1991)
TANGO (1992)
GERMINAL (1993)
MONTPARNASSE-PONDICHÉRY (1993)
INDIEN DANS LA VILLE, UN (1994)
HUITIÈME JOUR, LE (1996)
ELLES (1997)
NETTOYAGE À SEC (1997)

**MIRANDA, Carmen**
*actrice portuguaise (1909-1955)*
DOWN ARGENTINE WAY (1940)
SPRINGTIME IN THE ROCKIES (1942)
COPACABANA (1947)
SCARED STIFF (1953)

**MIRANDA, Isa**
*actrice italienne (1905-1982)*
DAME DE TOUT LE MONDE, LA (1934)
RASPOUTINE (1954)

**MIRREN, Helen**
*actrice anglaise (1946-)*
MIDSUMMER NIGHT'S DREAM, A (1968)
SAVAGE MESSIAH (1972)
O, LUCKY MAN! (1973)
COLLECTION, THE (1976)
CALIGULA (1979)
FIENDISH PLOT OF DR. FU MANCHU, THE (1979)
HUSSY (1980)
LONG GOOD FRIDAY, THE (1980)
EXCALIBUR (1981)
2010: THE YEAR WE MAKE CONTACT (1984)
CAL (1984)
MOSQUITO COAST, THE (1986)
PASCALI'S ISLAND (1988)
COOK, THE THIEF, HIS WIFE & HER LOVER, THE (1989)
BETHUNE: THE MAKING OF A HERO (1990)
COMFORT OF STRANGERS, THE (1990)
HAWK, THE (1993)
MADNESS OF KING GEORGE, THE (1994)
ROYAL DECEIT (1994)
SOME MOTHER'S SON (1996)
CRITICAL CARE (1998)
TEACHING MRS. TINGLE (1999)
PLEDGE, THE (2001)

**MITCHELL, Cameron**
*acteur américain (1918-1994)*
HOMECOMING (1948)
FLIGHT TO MARS (1951)
PONY SOLDIER (1952)
CAROUSEL (1956)
LOVE ME OR LEAVE ME (1956)
BLOOD AND BLACK LACE (1965)
REBEL ROUSERS (1967)
BUCK AND THE PREACHER (1971)
KLANSMAN, THE (1974)
MESSENGER, THE (1987)

**MITCHELL, Eddy**
*acteur français (1942-)*
JE VAIS CRAQUER (1980)
ATTENTION! UNE FEMME PEUT EN CACHER UNE AUTRE (1983)
FRANKENSTEIN 90 (1984)
À MORT L'ARBITRE (1984)
GALETTE DU ROI, LA (1985)
PROMOTION CANAPÉ (1990)
TOTALE, LA (1991)
BONHEUR EST DANS LE PRÉ, LE (1995)

**MITCHELL, Thomas**
*acteur américain (1892-1962)*
HUNCHBACK OF NOTRE-DAME, THE (1939)
ONLY ANGELS HAVE WINGS (1939)
STAGECOACH (1939)
ANGELS OVER BROADWAY (1940)
LONG VOYAGE HOME, THE (1940)
OUR TOWN (1940)
SONG OF THE ISLANDS (1942)
FIGHTING SULLIVANS, THE (1945)
DARK MIRROR, THE (1946)

**MITCHUM, Robert**
*acteur américain (1917-1997)*
STORY OF G.I. JOE, THE (1945)
THIRTY SECONDS OVER TOKYO (1945)
TILL THE END OF TIME (1946)
CROSSFIRE (1947)
OUT OF THE PAST (1947)
PURSUED (1947)
BLOOD ON THE MOON (1948)
RACHEL AND THE STRANGER (1948)
BIG STEAL, THE (1949)
HOLIDAY AFFAIR (1949)
RED PONY, THE (1949)
MY FORBIDDEN PAST (1951)
RACKET, THE (1951)
MACAO (1952)
RIVER OF NO RETURN (1954)
TRACK OF THE CAT (1954)
MAN WITH THE GUN (1955)
NIGHT OF THE HUNTER, THE (1955)
NOT AS A STRANGER (1955)
ENEMY BELOW, THE (1957)
HEAVEN KNOWS, MR. ALLISON (1957)
THUNDER ROAD (1958)
GRASS IS GREENER, THE (1960)
HOME FROM THE HILL (1960)
SUNDOWNERS, THE (1960)
CAPE FEAR (1962)
LONGEST DAY, THE (1962)
LIST OF ADRIAN MESSENGER, THE (1963)
EL DORADO (1967)
5 CARD STUD (1968)
ANZIO (1968)
SECRET CEREMONY (1968)
RYAN'S DAUGHTER (1970)
FAREWELL, MY LOVELY (1975)
LAST TYCOON, THE (1976)
MIDWAY (1976)
AMSTERDAM KILL, THE (1977)
BIG SLEEP, THE (1978)
MARIA'S LOVERS (1984)
MR. NORTH (1988)
SCROOGED (1988)
CAPE FEAR (1991)
DEAD MAN (1995)

**MIYAMOTO, Nobuko**
*actrice japonaise (1945-)*
FUNERAL, THE (1984)
TAMPOPO (1986)
TAXING WOMAN RETURN, A (1988)
TAXING WOMAN, A (1988)
MINBO: OR THE GENTLE ART OF JAPANESE EXTORSION (1992)

**MOCKY, Jean-Pierre**
*acteur français (1929-)*
ORPHÉE (1949)
PRÉNOM: CARMEN (1983)
À MORT L'ARBITRE (1984)
AGENT TROUBLE (1987)

**MODINE, Matthew**
*acteur américain (1959-)*
BABY, IT'S YOU (1983)
STREAMERS (1983)
BIRDY (1984)
HOTEL NEW HAMPSHIRE, THE (1984)
MRS. SOFFEL (1984)
FULL METAL JACKET (1987)
ORPHANS (1987)
MARRIED TO THE MOB (1988)

MEMPHIS BELLE (1990)
PACIFIC HEIGHTS (1990)
EQUINOX (1993)
LAST ACTION HERO (1993)
SHORT CUTS (1993)
AND THE BAND PLAYED ON (1994)
BROWNING VERSION, THE (1994)
CUTTHROAT ISLAND (1995)
FLUKE (1995)
BLACKOUT, THE (1997)
REAL BLONDE, THE (1997)
ANY GIVEN SUNDAY (1999)

**MOHR, Jay**
*acteur américain (1971-)*
PICTURE PERFECT (1997)
SUICIDE KINGS (1997)
PAULIE (1998)
PLAYING BY HEART (1998)
SMALL SOLDIERS (1998)
GO (1999)
PAY IT FORWARD (2000)

**MOLINA, Alfred**
*acteur anglais (1953-)*
NIGHT OF LOVE, A (1987)
PRICK UP YOUR EARS (1987)
NOT WITHOUT MY DAUGHTER (1990)
MAVERICK (1994)
BEFORE AND AFTER (1995)
PEREZ FAMILY, THE (1995)
BOOGIE NIGHTS (1997)
LEON TOLSTOY'S ANNA KARENINA (1997)
MAN WHO KNEW TOO LITTLE, THE (1997)
IMPOSTORS, THE (1998)
MAGNOLIA (1999)
CHOCOLAT (2000)

**MOLINA, Angela**
*actrice espagnole (1955-)*
CET OBSCUR OBJET DU DÉSIR (1977)
BUONE NOTIZIE, LE (1979)
DEMONS IN THE GARDEN (1982)
BRAS DE FER (1985)
CAMORRA (1985)
HALF OF HEAVEN (1986)
KRAPATCHOUK - LES HOMMES DE NULLE PART (1991)
1492: CONQUEST OF PARADISE (1992)
EN CHAIR ET EN OS (1997)

**MONDY, Pierre**
*acteur français (1925-)*
NI VU, NI CONNU (1958)
CHEMIN DES ÉCOLIERS, LE (1959)
COPAINS, LES (1964)
NIGHT OF THE GENERALS, THE (1967)
BATTANT, LE (1982)
BRACONNIER DE DIEU, LE (1982)
CADEAU, LE (1982)
SI ELLE DIT OUI... JE NE DIS PAS NON! (1983)
PINOT, SIMPLE FLIC (1984)

**MONROE, Marilyn**
*actrice américaine (1926-1962)*
LOVE HAPPY (1949)
ALL ABOUT EVE (1950)
ASPHALT JUNGLE, THE (1950)
FIREBALL, THE (1950)
AS YOUNG AS YOU FEEL (1951)
LET'S MAKE IT LEGAL (1951)
LOVE NEST (1951)
CLASH BY NIGHT (1952)
DON'T BOTHER TO KNOCK (1952)
MONKEY BUSINESS (1952)
GENTLEMEN PREFER BLONDES (1953)
HOW TO MARRY A MILLIONAIRE (1953)
NIAGARA (1953)
RIVER OF NO RETURN (1954)
THERE'S NO BUSINESS LIKE SHOW BUSINESS (1954)
SEVEN YEAR ITCH, THE (1955)
BUS STOP (1956)
PRINCE AND THE SHOWGIRL, THE (1957)
SOME LIKE IT HOT (1959)
LET'S MAKE LOVE (1960)
MISFITS, THE (1961)

**MONTAND, Yves**
*acteur français (1921-1991)*
SALAIRE DE LA PEUR, LE (1952)
NAPOLÉON (1954)
SORCIÈRES DE SALEM, LES (1957)
LET'S MAKE LOVE (1960)
GOODBYE AGAIN (1961)
MY GEISHA (1961)
GRAND PRIX (1966)
PARIS BRÛLE-T-IL? (1966)
CERCLE ROUGE, LE (1970)
ON A CLEAR DAY YOU CAN SEE FOREVER (1970)
FOLIE DES GRANDEURS, LA (1971)
CÉSAR ET ROSALIE (1972)
POLICE PYTHON 357 (1975)
SAUVAGE, LE (1975)
GRAND ESCOGRIFFE, LE (1977)
MENACE, LA (1977)
ROUTES DU SUD, LES (1978)
I... COMME ICARE (1979)
CHOIX DES ARMES, LE (1981)
TOUT FEU, TOUT FLAMME (1982)
GARCON! (1983)
JEAN DE FLORETTE (1986)
MANON DES SOURCES (1986)
NETCHAÏEV EST DE RETOUR (1991)
IP5 - L'ÎLE AUX PACHYDERMES (1992)

**MONTGOMERY, Robert**
*acteur américain (1904-1981)*
BIG HOUSE, THE (1930)
DIVORCEE, THE (1930)
FREE AND EASY (1930)
INSPIRATION (1931)
PRIVATE LIVES (1931)
FORSAKING ALL OTHERS (1934)
RIPTIDE (1934)
LAST OF MRS. CHEYNEY, THE (1937)
NIGHT MUST FALL (1937)
HERE COMES MR. JORDAN (1941)
MR. AND MRS. SMITH (1941)
ROXIE HART (1942)
THEY WERE EXPANDABLE (1945)
LADY IN THE LAKE (1946)

**MONTMORENCY, André**
*acteur québécois (1939-)*
PARLEZ-NOUS D'AMOUR (1976)
DING ET DONG: LE FILM (1990)
ALISÉE (1991)
OREILLE D'UN SOURD, L' (1996)
PETIT CIEL, LE (1999)

**MONTPETIT, Pascale**
*actrice québécoise*
H (1990)
C'ÉTAIT LE 12 DU 12 ET CHILI AVAIT LES BLUES (1993)
ECLIPSE (1994)
ELDORADO (1994)
CŒUR AU POING, LE (1998)
POSITION DE L'ESCARGOT, LA (1998)
BEAUTÉ DE PANDORE, LA (1999)
INVENTION DE L'AMOUR, L' (2000)

**MOORE, Demi**
*actrice américaine (1962-)*
PARASITE (1981)
BLAME IT ON RIO (1983)
NO SMALL AFFAIR (1984)
ST. ELMO'S FIRE (1985)
ABOUT LAST NIGHT... (1986)
ONE CRAZY SUMMER (1986)
SEVENTH SIGN, THE (1988)
GHOST (1990)
BUTCHER'S WIFE, THE (1991)
MORTAL THOUGHTS (1991)
FEW GOOD MEN, A (1992)
INDECENT PROPOSAL (1993)
DISCLOSURE (1994)
NOW AND THEN (1995)
SCARLET LETTER, THE (1995)
IF THESE WALLS COULD TALK (1996)
JUROR, THE (1996)
STRIPTEASE (1996)
G.I. JANE (1997)
PASSION OF MIND (2000)

**MOORE, Dudley**
*acteur américain (1935-)*
FOUL PLAY (1978)
10 (1979)
ARTHUR (1981)
MICKI + MAUDE (1984)
SANTA CLAUS: THE MOVIE (1985)
CRAZY PEOPLE (1990)
BLAME IT ON THE BELLBOY (1991)

**MOORE, Julianne**
*actrice américaine (1961-)*
CAST A DEADLY SPELL (1991)
ROOMMATES (1994)
SAFE (1994)
ASSASSINS (1995)
SURVIVING PICASSO (1996)
LOST WORLD, THE (1997)
LOST WORLD: JURASSIC PARK, THE (1997)
MYTH OF THE FINGERPRINTS, THE (1997)
BIG LEBOWSKI, THE (1998)
PSYCHO (1998)
COOKIE'S FORTUNE (1999)
END OF THE AFFAIR, THE (1999)
IDEAL HUSBAND, AN (1999)
MAGNOLIA (1999)
MAP OF THE WORLD, A (1999)
HANNIBAL (2001)

**MOORE, Roger**
*acteur anglais (1927-)*
LAST TIME I SAW PARIS, THE (1954)
DIANE (1955)
INTERRUPTED MELODY (1955)
KING'S THIEF, THE (1955)
MIRACLE, THE (1959)
ENLÈVEMENT DES SABINES, L' (1961)
MAN WHO HAUNTED HIMSELF, THE (1970)
LIVE AND LET DIE (1973)
MAN WITH THE GOLDEN GUN, THE (1974)
SPY WHO LOVED ME, THE (1977)
ESCAPE TO ATHENA (1979)
MOONRAKER (1979)
FFOLKES (1980)
SEA WOLVES, THE (1980)
CANNONBALL RUN, THE (1981)
FOR YOUR EYES ONLY (1981)
CURSE OF THE PINK PANTHER (1983)
OCTOPUSSY (1983)

**MOOREHEAD, Agnes**
*actrice américaine (1906-1974)*
CITIZEN KANE (1941)
BIG STREET (1942)
JOURNEY INTO FEAR (1942)
MAGNIFICENT AMBERSONS, THE (1942)
DRAGON SEED (1944)
JANE EYRE (1944)
SEVENTH CROSS, THE (1944)
OUR VINES HAVE TENDER GRAPES (1945)
DARK PASSAGE (1947)
LOST MOMENT, THE (1947)
JOHNNY BELINDA (1948)
STATION WEST (1948)
STRATTON STORY, THE (1949)
SHOW BOAT (1951)
MAGNIFICENT OBSESSION (1954)
ALL THAT HEAVEN ALLOWS (1955)
LEFT HAND OF GOD, THE (1955)
CONQUEROR, THE (1956)
PARDNERS (1956)
SWAN, THE (1956)
RAINTREE COUNTY (1957)
POLLYANNA (1960)
HOW THE WEST WAS WON (1962)
HUSH... HUSH, SWEET CHARLOTTE (1965)

**MORANIS, Rick**
*acteur canadien (1954-)*
STRANGE BREW (1983)
GHOSTBUSTERS (1984)
STREETS OF FIRE (1984)
LITTLE SHOP OF HORRORS (1986)
SPACEBALLS (1987)
GHOSTBUSTERS 2 (1989)
HONEY, I SHRUNK THE KIDS (1989)
MY BLUE HEAVEN (1990)
PARENTHOOD (1990)
L.A. STORY (1991)
HONEY, I BLEW UP THE KID (1992)
SPLITTING HEIRS (1993)
FLINTSTONES, THE (1994)
LITTLE GIANTS, THE (1994)
HONEY, WE SHRUNK OURSELVES (1996)

**MOREAU, Jeanne**
*actrice française (1928-)*
REINE MARGOT, LA (1954)
ASCENSEUR POUR L'ÉCHAFAUD (1957)
LIAISONS DANGEREUSES, LES (1959)
JULES ET JIM (1961)
EVA (1963)
JOURNAL D'UNE FEMME DE CHAMBRE, LE (1963)
MADEMOISELLE (1966)
PLUS VIEUX MÉTIER DU MONDE, LE (1967)
MARIÉE ÉTAIT EN NOIR, LA (1968)
PETIT THÉÂTRE DE JEAN RENOIR, LE (1969)
ALEX IN WONDERLAND (1970)
MONTE WALSH (1970)
RACE DES SEIGNEURS, LA (1974)
LUMIÈRE (1975)
LAST TYCOON, THE (1976)
MONSIEUR KLEIN (1976)
PLEIN SUD (1981)
MILLE MILLIARDS DE DOLLARS (1982)
QUERELLE (1982)
MIRACULÉ, LE (1986)
SAUVE-TOI LOLA (1986)
ALBERTO EXPRESS (1990)
FEMME FARDÉE, LA (1990)
NIKITA (1990)
PAS SUSPENDU DE LA CIGOGNE, LE (1991)
MAP OF THE HUMAN HEART (1992)
SUMMER HOUSE, THE (1992)
À DEMAIN (1992)
PAR-DELÀ LES NUAGES (1995)
PROPRIETOR, THE (1996)
AMOUR ET CONFUSIONS (1997)
AMOUR DE SORCIÈRE, UN (1997)

**MORELL, André**
*acteur anglais (1909-1978)*
HIS MAJESTY O'KEEFE (1953)
GIANT BEHEMOTH, THE (1958)
HOUND OF THE BASKERVILLES, THE (1959)
PLAGUE OF THE ZOMBIES, THE (1965)
MUMMY'S SHROUD, THE (1967)
10 RILLINGTON PLACE (1971)
MESSAGE, THE (MOHAMMED, MESSENGER OF GOD) (1976)

**MORETTI, Nanni**
*actrice italienne (1953-)*
PADRE, PADRONE (1977)
PALOMBELLA ROSSA (1989)
PORTEUR DE SERVIETTE, LE (1991)
JOURNAL INTIME (1993)
SECONDA VOLTA, LA (1995)
APRILE (1998)

**MORGAN, Frank**
*acteur américain (1890-1949)*
BOMBSHELL (1932)
HALLELUJAH, I'M A BUM! (1933)
I LIVE MY LIFE (1935)
NAUGHTY MARIETTA (1935)
DIMPLES (1936)
SARATOGA (1937)
ROSALIE (1938)
SWEETHEARTS (1938)
TORTILLA FLAT (1942)
HUMAN COMEDY, THE (1943)
BOOM TOWN (1946)
THREE MUSKETEERS, THE (1948)
ANY NUMBER CAN PLAY (1949)
STRATTON STORY, THE (1949)

**MORGAN, Michèle**
*actrice française (1920-)*
MAYERLING (1936)
QUAI DES BRUMES (1938)
JOAN OF PARIS (1942)
PASSAGE TO MARSEILLES (1944)
SYMPHONIE PASTORALE, LA (1946)
FALLEN IDOL, THE (1948)
SEPT PÉCHÉS CAPITAUX, LES (1952)
ORGUEILLEUX, LES (1953)
NAPOLÉON (1954)
GRANDES MANŒUVRES, LES (1955)
FORTUNA (1960)
CHAT ET LA SOURIS, LE (1975)
ILS VONT TOUS BIEN (1990)

**MORIARTY, Michael**
*acteur américain (1941-)*
BANG THE DRUM SLOWLY (1973)
LAST DETAIL, THE (1973)
HOLOCAUST (1978)
Q: THE WINGED SERPENT (1982)
PALE RIDER (1985)
HANOI HILTON (1987)
RETURN TO SALEM'S LOT, A (1987)
COURAGE UNDER FIRE (1996)

**MORLEY, Robert**
*acteur anglais (1908-1992)*
MARIE ANTOINETTE (1938)
MAJOR BARBARA (1941)
AFRICAN QUEEN, THE (1951)
BEAT THE DEVIL (1954)
BEAU BRUMMELL (1954)
AROUND THE WORLD IN 80 DAYS (1956)
ROAD TO HONG KONG, THE (1962)
MURDER AT THE GALLOP (1963)
OF HUMAN BONDAGE (1964)
TOPKAPI (1964)
LOVED ONE, THE (1965)
STUDY IN TERROR, A (1965)
THOSE MAGNIFICENT MEN IN THEIR FLYING MACHINES (1965)
ALPHABET MURDERS, THE (1966)
HOTEL PARADISO (1966)
HOT MILLIONS (1968)
CROMWELL (1970)
DOCTOR IN TROUBLE (1970)
THEATRE OF BLOOD (1973)
HUMAN FACTOR, THE (1980)
LITTLE DORRIT: NOBODY'S FAULT (1988)

**MORROW, Jeff**
*acteur américain (1907-1993)*
THIS ISLAND EARTH (1955)
CREATURE WALKS AMONG US, THE (1956)
KRONOS (1956)
KRONOS RAVAGER OF PLANET (1957)
STORY OF RUTH, THE (1960)

**MORTENSEN, Viggo**
*acteur américain (1958-)*
PRISON (1987)
REFLECTING SKIN, THE (1990)
CARLITO'S WAY (1993)
CRIMSON TIDE (1995)
PASSION OF DARKLY NOON, THE (1995)
ALBINO ALLIGATOR (1996)
DAYLIGHT (1996)
PORTRAIT OF A LADY, THE (1996)
G.I. JANE (1997)
PERFECT MURDER, A (1998)
PSYCHO (1998)
28 DAYS (2000)

**MORTON, Joe**
*acteur américain (1948-)*
BROTHER FROM ANOTHER PLANET, THE (1984)
CROSSROADS (1986)
CITY OF HOPE (1991)
FOREVER YOUNG (1992)
OF MICE AND MEN (1992)
INKWELL, THE (1994)
LONE STAR (1995)
EXECUTIVE DECISION (1996)
MISS EVERS' BOYS (1996)
APT PUPIL (1998)
BLUES BROTHERS 2000 (1998)
ASTRONAUT'S WIFE, THE (1999)
BOUNCE (2000)

**MOUSTACHE**
*acteur français (19??-1987)*
LOVE IN THE AFTERNOON (1956)
NI VU, NI CONNU (1958)
PARIS BLUES (1961)
CIRCUS WORLD (1964)
HARDI! PARDAILLAN (1964)
HOW TO STEAL A MILLION (1966)
MAYERLING (1968)

**MUELLER-STAHL, Armin**
*acteur allemand (1920-)*
DIMANCHE DE FLIC, UN (1982)
AMOUR EN ALLEMAGNE, UN (1983)
COLONEL REDL (1985)
ANGRY HARVEST (1986)
FORGET MOZART (1986)
MOMO (1986)
AVALON (1990)

MUSIC BOX (1990)
KAFKA (1991)
NIGHT ON EARTH (1991)
LOIN DE BERLIN (1992)
POWER OF ONE, THE (1992)
HOUSE OF THE SPIRITS, THE (1993)
PYROMANIAC'S LOVE STORY, A (1995)
OGRE, THE (1996)
SHINE (1996)
12 ANGRY MEN (1997)
COMMISSIONER, THE (1997)
JAKOB THE LIAR (1999)
THIRD MIRACLE, THE (1999)
THIRTEENTH FLOOR, THE (1999)
MISSION TO MARS (2000)

**MULLIGAN, Richard**
*acteur américain (1932-)*
GROUP, THE (1966)
LITTLE BIG MAN (1970)
S.O.B. (1981)
TRAIL OF THE PINK PANTHER (1982)
MICKI + MAUDE (1984)
TEACHERS (1984)

**MULRONEY, Dermot**
*acteur américain (1963-)*
ORDINARY PEOPLE (1980)
LONGTIME COMPANION (1990)
BRIGHT ANGEL (1991)
CAREER OPPORTUNITIES (1991)
POINT OF NO RETURN (1993)
THING CALLED LOVE, THE (1993)
BAD GIRLS (1994)
LIVING IN OBLIVION (1994)
COPYCAT (1995)
MY BEST FRIEND'S WEDDING (1997)
GOODBYE LOVER (1998)

**MUNI, Paul**
*acteur américain (1895-1967)*
I AM A FUGITIVE FROM A CHAIN GANG (1932)
SCARFACE (1932)
STORY OF LOUIS PASTEUR, THE (1936)
GOOD EARTH, THE (1937)
LIFE OF EMILE ZOLA, THE (1937)
COMMANDOS STRIKE AT DAWN (1943)
SONG TO REMEMBER, A (1945)
LAST ANGRY MAN, THE (1959)

**MURPHY, Eddie**
*acteur américain (1961-)*
48 HOURS (1982)
BEVERLY HILLS COP (1984)
GOLDEN CHILD, THE (1986)
EDDIE MURPHY RAW (1987)
COMING TO AMERICA (1988)
HARLEM NIGHTS (1989)
ANOTHER 48 HOURS (1990)
BOOMERANG (1992)
NUTTY PROFESSOR, THE (1996)
METRO (1997)
HOLY MAN (1998)
BOWFINGER (1999)
LIFE (1999)
NUTTY PROFESSOR: THE KLUMPS (2000)

**MURPHY, Michael**
*acteur américain (1938-)*
COUNTDOWN (1968)
ARRANGEMENT, THE (1969)
THAT COLD DAY IN THE PARK (1969)
BREWSTER McCLOUD (1970)
COUNT YORGA, VAMPIRE (1970)
M*A*S*H (1970)
McCABE & MRS. MILLER (1971)
THIEF WHO CAME TO DINNER, THE (1973)
PHASE IV (1974)
NASHVILLE (1975)
FRONT, THE (1976)
MANHATTAN (1979)
STRANGE BEHAVIOR (1981)
SALVADOR (1985)
MESMERIZED (1986)
SHOCKER (1990)
BATMAN RETURNS (1992)
KANSAS CITY (1996)
PRIVATE PARTS (1996)
MAGNOLIA (1999)

**MURRAY, Bill**
*acteur américain (1950-)*
CADDYSHACK (1980)
STRIPES (1981)
GHOSTBUSTERS (1984)
RAZOR'S EDGE, THE (1984)
TOOTSIE (1984)
LITTLE SHOP OF HORRORS (1986)
SCROOGED (1988)
GHOSTBUSTERS 2 (1989)
QUICK CHANGE (1990)
GROUNDHOG DAY (1992)
MAD DOG AND GLORY (1992)
ED WOOD (1994)
KINGPIN (1996)
LARGER THAN LIFE (1996)
SPACE JAM (1996)
MAN WHO KNEW TOO LITTLE, THE (1997)
RUSHMORE (1998)
CHARLIE'S ANGELS (2000)
HAMLET (2000)

**MURRAY, Don**
*acteur américain (1929-)*
BUS STOP (1956)
ADVISE AND CONSENT (1962)
BABY, THE RAIN MUST FALL (1965)
CONQUEST OF THE PLANET OF THE APES (1972)

**MUTI, Ornella**
*actrice italienne (1955-)*
MORT D'UN POURRI (1977)
MÉLODIE MEURTRIÈRE (1978)
AVEUX SPONTANÉS (1979)
FLASH GORDON (1980)
AMOUREUX FOU (1981)
CONTE DE LA FOLIE ORDINAIRE (1982)
FILLE DE TRIESTE, LA (1982)
AMOUR DE SWANN, UN (1983)
FUTUR EST FEMME, LE (1984)
FEMME DE MES AMOURS, LA (1989)
OSCAR (1991)
POUR RIRE! (1997)
SOMEWHERE IN THE CITY (1998)

**MYERS, Mike**
*acteur canadien (1963-)*
SO I MARRIED AN AXE MURDERER (1993)
54 (1998)
AUSTIN POWERS: THE SPY WHO SHAGGED ME (1999)

**NADON, Guy**
*acteur québécois*
J'EN SUIS (1997)
CŒUR AU POING, LE (1998)

**NAKADAI, Tatsuya**
*acteur japonais (1932-)*
HUMAN CONDITION I: NO GREATER LOVE, THE (1959)
FEMME MONTE L'ESCALIER, UNE (1960)
HUMAN CONDITION II: THE ROAD TO ETERNITY, THE (1960)
HUMAN CONDITION III: A SOLDIER'S PRAYER, THE (1961)
SANJURO (1962)
ENTRE LE CIEL ET L'ENFER (1963)
KWAIDAN (1964)
SAMURAI REBELLION (1967)
KAGEMUSHA (1980)
RAN (1985)

**NANCE, Jack**
*acteur américain (1943-1996)*
ERASERHEAD (1976)
DUNE (1984)
JOHNNY DANGEROUSLY (1984)
BLUE VELVET (1986)
BARFLY (1987)
BLOB, THE (1988)
COLORS (1988)
HOT SPOT, THE (1990)
LOVE & A .45 (1994)
LITTLE WITCHES (1996)

**NEESON, Liam**
*acteur irlandais (1953-)*
EXCALIBUR (1981)
BOUNTY, THE (1983)
DUET FOR ONE (1986)
MISSION, THE (1986)
PRAYER FOR THE DYING, A (1987)
SUSPECT (1987)
DEAD POOL, THE (1988)
GOOD MOTHER, THE (1988)
HIGH SPIRITS (1988)
CROSSING THE LINE (1990)
DARKMAN (1990)
ETHAN FROME (1992)
HUSBANDS AND WIVES (1992)
LEAP OF FAITH (1992)
SHINING THROUGH (1992)
SCHINDLER'S LIST (1993)
NELL (1994)
BEFORE AND AFTER (1995)
LUMIÈRE ET COMPAGNIE (1995)
ROB ROY (1995)
MICHAEL COLLINS (1996)
MISÉRABLES, LES (1998)
HAUNTING, THE (1999)
STAR WARS: EPISODE 1 - THE PHANTOM MENACE (1999)
GUN SHY (2000)

**NEILL, Sam**
*acteur australien (1948-)*
ATTACK FORCE Z (1980)
OMEN III, THE: THE FINAL CONFICT (1981)
POSSESSION (1981)
SANG DES AUTRES, LE (1983)
PLENTY (1985)
CRY IN THE DARK, A (1988)
DEAD CALM (1989)
HUNT FOR RED OCTOBER, THE (1990)
DEATH IN BRUNSWICK (1991)
MEMOIRS OF AN INVISIBLE MAN (1992)
PIANO, THE (1992)
JURASSIC PARK (COFFRET) (1993)
JURASSIC PARK (1993)
COUNTRY LIFE (1994)
IN THE MOUTH OF MADNESS (1994)
JUNGLE BOOK, THE (1994)
SIRENS (1994)
RESTORATION (1995)
CHILDREN OF THE REVOLUTION (1996)
EVENT HORIZON (1997)
SNOW WHITE: A TALE OF TERROR (1997)

HORSE WHISPERER, THE (1998)
BICENTENNIAL MAN (1999)
MOLOKAÏ (1999)

**NEUWIRTH, Bebe**
*actrice américaine (1958-)*
GREEN CARD (1990)
MALICE (1993)
ADVENTURES OF PINOCCHIO, THE (1996)
ASSOCIATE, THE (1996)
CELEBRITY (1998)
FACULTY, THE (1998)
SUMMER OF SAM (1999)

**NEWMAN, Paul**
*acteur américain (1925-)*
SOMEBODY UP THERE LIKES ME (1956)
HELEN MORGAN STORY, THE (1957)
CAT ON A HOT TIN ROOF (1958)
LEFT-HANDED GUN, THE (1958)
LONG HOT SUMMER, THE (1958)
EXODUS (1960)
FROM THE TERRACE (1960)
HUSTLER, THE (1961)
PARIS BLUES (1961)
SWEET BIRD OF YOUTH (1962)
HUD (1963)
NEW KIND OF LOVE, A (1963)
PRIZE, THE (1963)
OUTRAGE, THE (1964)
LADY L (1965)
HARPER (1966)
TORN CURTAIN (1966)
COOL HAND LUKE (1967)
HOMBRE (1967)
SECRET WAR OF HARRY FRIGG, THE (1968)
BUTCH CASSIDY & THE SUNDANCE KID (1969)
SOMETIMES A GREAT NOTION (1971)
LIFE AND TIMES OF JUDGE ROY BEAN, THE (1972)
POCKET MONEY (1972)
MACKINTOSH MAN, THE (1973)
STING, THE (1973)
TOWERING INFERNO, THE (1974)
BUFFALO BILL AND THE INDIANS (1976)
DROWNING POOL, THE (1976)
SILENT MOVIE (1976)
SLAP SHOT (1977)
QUINTET (1978)
FORT APACHE, THE BRONX (1980)
ABSENCE OF MALICE (1982)
HARRY AND SON (1984)
COLOR OF MONEY, THE (1986)
BLAZE (1989)
FAT MAN AND LITTLE BOY (1989)
MR. & MRS. BRIDGE (1990)
HUDSUCKER PROXY, THE (1994)
NOBODY'S FOOL (1994)
MESSAGE IN A BOTTLE (1999)

**NEWTON, Thandie**
*actrice africaine (1972-)*
FLIRTING (1990)
GRIDLOCK'D (1996)
LEADING MAN, THE (1996)
LOADED (1996)
BELOVED (1998)
BESIEGED (1998)
MISSION: IMPOSSIBLE II (2000)

**NICHETTI, Maurizio**
*acteur italien (1948-)*
ALLEGRO NON TROPPO (1976)
CHOIX DES SEIGNEURS, LE (1982)
STEFANO QUANTESTORIE (1983)
AMOUR AVEC DES GANTS, L' (1991)

**NICHOLSON, Jack**
*acteur américain (1937-)*
LITTLE SHOP OF HORRORS, THE (1960)
TERROR, THE (1962)
RAVEN, THE (1963)
FLIGHT TO FURY (1966)
SHOOTING, THE (1966)
HELL'S ANGELS ON WHEELS (1967)
REBEL ROUSERS (1967)
HEAD (1968)
PSYCH-OUT (1968)
EASY RIDER (1969)
FIVE EASY PIECES (1970)
ON A CLEAR DAY YOU CAN SEE FOREVER (1970)
CARNAL KNOWLEDGE (1971)
KING OF MARVIN GARDENS, THE (1972)
LAST DETAIL, THE (1973)
CHINATOWN (1974)
FORTUNE, THE (1975)
ONE FLEW OVER THE CUCKOO'S NEST (1975)
PROFESSION: REPORTER (1975)
TOMMY (1975)
LAST TYCOON, THE (1976)
MISSOURI BREAKS, THE (1976)
GOIN' SOUTH (1978)
SHINING, THE (1979)
POSTMAN ALWAYS RINGS TWICE, THE (1981)
REDS (1981)
BORDER, THE (1982)
TERMS OF ENDEARMENT (1983)
PRIZZI'S HONOR (1985)
HEARTBURN (1986)
BROADCAST NEWS (1987)
IRONWEED (1987)
BATMAN (1989)
FEW GOOD MEN, A (1992)
HOFFA (1992)
MAN TROUBLE (1992)
CROSSING GUARD, THE (1995)
BLOOD AND WINE (1996)
EVENING STAR, THE (1996)
MARS ATTACKS! (1996)
AS GOOD AS IT GETS (1997)
PLEDGE, THE (2001)

**NIELSEN, Leslie**
*acteur canadien (1926-)*
FORBIDDEN PLANET (1956)
POSEIDON ADVENTURE, THE (1972)
AMSTERDAM KILL, THE (1977)
AIRPLANE! (1980)
PROM NIGHT (1980)
CREEPSHOW (1983)
NUTS (1987)
NAKED GUN, THE (1988)
REPOSSESSED (1990)
NAKED GUN 2 1/2: THE SMELL OF FEAR, THE (1991)
NAKED GUN 33 1/3: THE FINAL INSULT, THE (1994)
DRACULA: DEAD AND LOVING IT (1995)
SPY HARD (1996)

**NIMOY, Leonard**
*acteur américain (1931-)*
FRANCIS GOES TO WEST POINT (1952)
SATAN'S SATELLITES (1957)
BRAIN EATERS, THE (1958)
BALCONY, THE (1963)
CATLOW (1971)
INVASION OF THE BODY SNATCHERS (1978)
STAR TREK: THE MOTION PICTURE (1979)
STAR TREK II: THE WRATH OF KHAN (1982)
STAR TREK III: THE SEARCH FOR SPOCK (1984)
STAR TREK IV: THE VOYAGE HOME (1986)
STAR TREK V: THE FINAL FRONTIER (1989)
STAR TREK VI: THE UNDISCOVERED COUNTRY (1991)
STAR TREK: FIRST CONTACT (1996)

**NIVEN, David**
*acteur anglais (1910-1983)*
BARBARY COAST (1935)
MUTINY ON THE BOUNTY (1935)
ROSE MARIE (1935)
CHARGE OF THE LIGHT BRIGADE, THE (1936)
DODSWORTH (1936)
BLUEBEARD'S EIGHTH WIFE (1938)
DAWN PATROL, THE (1938)
BACHELOR MOTHER (1939)
REAL GLORY, THE (1939)
SPITFIRE (1942)
IMMORTAL BATTALION, THE (1943)
STAIRWAY TO HEAVEN (1946)
OTHER LOVE, THE (1947)
BISHOP'S WIFE, THE (1948)
ENCHANTMENT (1948)
ELUSIVE PIMPERNEL, THE (1950)
TOAST OF NEW ORLEANS, THE (1950)
MOON IS BLUE, THE (1953)
KING'S THIEF, THE (1955)
AROUND THE WORLD IN 80 DAYS (1956)
MY MAN GODFREY (1957)
BONJOUR TRISTESSE (1958)
SEPARATE TABLES (1958)
ASK ANY GIRL (1959)
PLEASE DON'T EAT THE DAISIES (1960)
GUNS OF NAVARONE, THE (1961)
ROAD TO HONG KONG, THE (1962)
55 DAYS AT PEKING (1963)
BEDTIME STORY (1964)
PINK PANTHER, THE (1964)
LADY L (1965)
CASINO ROYALE (1967)
IMPOSSIBLE YEARS, THE (1968)
CERVEAU, LE (1969)
MURDER BY DEATH (1976)
CANDLESHOE (1977)
DEATH ON THE NILE (1978)
ESCAPE TO ATHENA (1979)
SEA WOLVES, THE (1980)
TRAIL OF THE PINK PANTHER (1982)
CURSE OF THE PINK PANTHER (1983)

**NOËL, Magali**
*actrice française (1932-)*
ÉLÉNA ET LES HOMMES (1956)
ASSASSINS ET VOLEURS (1957)
OH! QUE MAMBO (1959)
DOLCE VITA, LA (1960)
FELLINI SATYRICON (1969)
AMARCORD (1973)
RENDEZ-VOUS D'ANNA, LES (1978)
ANNÉES 80, LES (1983)
MORT DE MARIO RICCI, LA (1983)

**NOIRET, Philippe**
*acteur français (1930-)*
COPAINS, LES (1964)
LADY L (1965)
NIGHT OF THE GENERALS, THE (1967)
ALEXANDRE LE BIENHEUREUX (1968)
ASSASSINATION BUREAU, THE (1968)
TOPAZ (1969)
AVEUX LES PLUS DOUX, LES (1970)
MURPHY'S WAR (1971)
ATTENTAT, L' (1972)
GRANDE BOUFFE, LA (1973)
SERPENT, LE (NIGHT FLIGHT FROM MOSCOW) (1973)
HORLOGER DE SAINT-PAUL, L' (1974)

TOUCHE PAS À LA FEMME BLANCHE (1974)
QUE LA FÊTE COMMENCE! (1975)
JUGE ET L'ASSASSIN, LE (1976)
TAXI MAUVE, UN (1976)
FEMME À SA FENÊTRE, UNE (1977)
ON A VOLÉ LA CUISSE DE JUPITER (1979)
COUP DE TORCHON (1981)
IL FAUT TUER BIRGITT HAAS (1981)
AFRICAIN, L' (1982)
AMI DE VINCENT, L' (1983)
GRAND CARNAVAL, LE (1983)
FORT SAGANNE (1984)
RIPOUX, LES (1984)
4e POUVOIR, LE (1985)
ÉTÉ PROCHAIN, L' (1985)
POURVU QUE CE SOIT UNE FILLE (1986)
FAMILLE, LA (1987)
LUNETTES D'OR, LES (1987)
MASQUES (1987)
NOYADE INTERDITE (1987)
CHOUANS! (1988)
CINÉMA PARADISO (1988)
FEMME DE MES AMOURS, LA (1989)
RETURN OF THE MUSKETEERS, THE (1989)
FAUX ET USAGE DE FAUX (1990)
RIPOUX CONTRE RIPOUX (1990)
J'EMBRASSE PAS (1991)
MAX ET JÉRÉMIE (1992)
TANGO (1992)
FILLE DE D'ARTAGNAN, LA (1994)
GROSSE FATIGUE (1994)
POSTINO, IL (1994)
GRANDS DUCS, LES (1995)
FANTÔME AVEC CHAUFFEUR (1996)
PALMES DE M. SCHUTZ, LES (1996)
BOSSU, LE (1997)
SOLEIL (1997)
PIQUE-NIQUE DE LULU KREUTZ, LE (1999)

**NOLTE, Nick**
*acteur américain (1940-)*
DEEP, THE (1977)
HEART BEAT (1979)
NORTH DALLAS FORTY (1979)
CANNERY ROW (1981)
48 HOURS (1982)
GRACE QUIGLEY (1984)
TEACHERS (1984)
DOWN AND OUT IN BEVERLY HILLS (1986)
EXTREME PREJUDICE (1987)
FAREWELL TO THE KING (1989)
NEW YORK STORIES (1989)
THREE FUGITIVES (1989)
ANOTHER 48 HOURS (1990)
EVERYBODY WINS (1990)
Q & A (1990)
CAPE FEAR (1991)
PRINCE OF TIDES, THE (1991)
LORENZO'S OIL (1992)
PLAYER, THE (1992)
BLUE CHIPS (1994)
I LOVE TROUBLE (1994)
I'LL DO ANYTHING (1994)
JEFFERSON IN PARIS (1995)
MOTHER NIGHT (1996)
MULHOLLAND FALLS (1996)
AFFLICTION (1997)
AFTERGLOW (1997)
NIGHTWATCH (1997)
THIN RED LINE, THE (1998)
BREAKFAST OF THE CHAMPIONS (1999)
SIMPATICO (1999)

**NOONAN, Tom**
*acteur américain (1951-)*
BUNDLE OF JOY (1956)
MANHUNTER (1986)
ROBOCOP 2 (1990)
HEAT (1995)
ASTRONAUT'S WIFE, THE (1999)
PLEDGE, THE (2001)

**NORTON, EDWARD**
*acteur américain (1969-)*
PEOPLE vs. LARRY FLYNT, THE (1996)
PRIMAL FEAR (1996)
AMERICAN HISTORY X (1998)
ROUNDERS (1998)
FIGHT CLUB (1999)
KEEPING THE FAITH (2000)

**NOVAK, Kim**
*actrice américaine (1933-)*
FRENCH LINE, THE (1954)
MAN WITH THE GOLDEN ARM, THE (1955)
EDDY DUCHIN STORY, THE (1956)
PICNIC (1956)
PAL JOEY (1957)
BELL, BOOK AND CANDLE (1958)
STRANGERS WHEN WE MEET (1960)
BOY'S NIGHT OUT (1962)
KISS ME, STUPID (1964)
OF HUMAN BONDAGE (1964)
TALES THAT WITNESS MADNESS (1973)
MIRROR CRACK'D, THE (1980)
LIEBESTRAUM (1991)

**O'BRIEN, Edmond**
*acteur américain (1915-1985)*
KILLERS, THE (1946)
FOR THE LOVE OF MARY (1948)
D.O.A. (1950)
BIGAMIST, THE (1953)
HITCH-HIKER, THE (1953)
BAREFOOT CONTESSA, THE (1954)
PETE KELLY'S BLUES (1954)
D-DAY THE 6th OF JUNE (1956)
GIRL CAN'T HELP IT, THE (1956)
LAST VOYAGE, THE (1960)
FANTASTIC VOYAGE, THE (1966)
99 AND 44/100% DEAD (1974)

**O'BRIEN, Margaret**
*actrice américaine (1937-)*
JOURNEY FOR MARGARET (1942)
CANTERVILLE GHOST, THE (1944)
JANE EYRE (1944)
MEET ME IN ST. LOUIS (1944)
OUR VINES HAVE TENDER GRAPES (1945)
LITTLE WOMEN (1949)
SECRET GARDEN, THE (1949)

**O'BRIEN, Pat**
*acteur américain (1899-1983)*
FRONT PAGE, THE (1931)
AMERICAN MADNESS (1932)
ANGELS WITH DIRTY FACES (1938)
KNUTE ROCKNE, ALL AMERICAN (1940)
SLIGHTLY HONORABLE (1940)
CRACK-UP (1946)
RIFF-RAFF (1947)
FIREBALL, THE (1950)
JOHNNY ONE-EYED (1950)

**O'DONNELL, Chris**
*acteur américain (1970-)*
SCENT OF A WOMAN (1992)
SCHOOL TIES (1992)
THREE MUSKETEERS, THE (1993)
CIRCLE OF FRIENDS (1995)
MAD LOVE (1995)
CHAMBER, THE (1996)
BATMAN & ROBIN (1997)
COOKIE'S FORTUNE (1999)

**O'HARA, Catherine**
*actrice canadienne (1954-)*
AFTER HOURS (1985)
HEARTBURN (1986)
BEETLEJUICE (1988)
BETSY'S WEDDING (1990)
DICK TRACY (1990)
HOME ALONE (1990)
HOME ALONE 2: LOST IN NEW YORK (1992)
PAPER, THE (1994)
SIMPLE TWIST OF FATE, A (1994)
TALL TALE (1995)
BEST IN SHOW (2000)

**O'HARA, Maureen**
*actrice irlandaise (1920-)*
HUNCHBACK OF NOTRE-DAME, THE (1939)
JAMAICA INN (1939)
HOW GREEN WAS MY VALLEY (1941)
BLACK SWAN, THE (1942)
TO THE SHORES OF TRIPOLI (1942)
FALLEN SPARROW, THE (1943)
THIS LAND IS MINE (1943)
MIRACLE ON 34th STREET (1947)
SINBAD THE SAILOR (1947)
SITTING PRETTY (1948)
BAGDAD (1949)
COMANCHE TERRITORY (1950)
RIO GRANDE (1950)
FLAME OF ARABY (1951)
AT SWORD'S POINT (1952)
QUIET MAN, THE (1952)
LADY GODIVA (1955)
LONG GRAY LINE, THE (1955)
MAGNIFICENT MATADOR, THE (1955)
PARENT TRAP, THE (1961)
MR. HOBBS TAKES A VACATION (1962)
McLINTOCK! (1963)
RARE BREED, THE (1966)
BIG JAKE (1971)
ONLY THE LONELY (1991)

**O'NEAL, Ryan**
*acteur américain (1941-)*
LOVE STORY (1970)
PAPER MOON (1973)
THIEF WHO CAME TO DINNER, THE (1973)
BARRY LYNDON (1975)
BRIDGE TOO FAR, A (1977)
DRIVER, THE (1978)
OLIVER'S STORY (1978)
TOUGH GUYS DON'T DANCE (1987)
CHANCES ARE (1989)
FAITHFUL (1996)
BURN HOLLYWOOD BURN (1997)

**O'QUINN, Terry**
*acteur américain (1952-)*
HEAVEN'S GATE (1981)
MRS. SOFFEL (1984)
PLACES IN THE HEART (1984)
EARLY FROST, AN (1986)
SPACE CAMP (1986)
STEPFATHER, THE (1987)
PIN (1989)
BLIND FURY (1990)
COMPANY BUSINESS (1991)
PRISONERS OF THE SUN (1991)
ROCKETEER, THE (1991)
TOMBSTONE (1993)
GHOSTS OF MISSISSIPPI (1996)
PRIMAL FEAR (1996)
BREAST MEN (1997)

**O'SULLIVAN, Maureen**
*actrice américaine (1911-)*
CONNECTICUT YANKEE, A (1931)
SKYSCRAPER SOULS (1932)
STRANGE INTERLUDE (1932)
TARZAN, THE APE MAN (1932)
TARZAN AND HIS MATE (1934)
THIN MAN, THE (1934)
ANNA KARENINA (1935)
DAVID COPPERFIELD (1935)
DEVIL DOLL, THE (1936)
TARZAN ESCAPES (1936)
DAY AT THE RACES, A (1937)
PRISONER OF ZENDA, THE (1937)
TARZAN FINDS A SON! (1939)
TARZAN'S SECRET TREASURE (1941)
TARZAN'S NEW YORK ADVENTURE (1942)
BIG CLOCK, THE (1948)
ALL I DESIRE (1953)
HANNAH AND HER SISTERS (1986)
PEGGY SUE GOT MARRIED (1986)

**O'TOOLE, Peter**
*acteur irlandais (1932-)*
SAVAGE INNOCENTS, THE (1959)
LAWRENCE OF ARABIA (1962)
LORD JIM (1965)
BIBLE, THE (1966)
HOW TO STEAL A MILLION (1966)
CASINO ROYALE (1967)
NIGHT OF THE GENERALS, THE (1967)
LION IN WINTER, THE (1968)
GOODBYE, MR. CHIPS (1969)
MURPHY'S WAR (1971)
MAN OF LA MANCHA (1972)
RULING CLASS, THE (1972)
BECKET (1974)
ROSEBUD (1975)
ROGUE MALLE (1976)
CALIGULA (1979)
STUNT MAN, THE (1980)
MASADA (1981)
MY FAVORITE YEAR (1982)
LAST EMPEROR, THE (1987)
HIGH SPIRITS (1988)
RAINBOW THIEF, THE (1990)
KING RALPH (1991)
GULLIVER'S TRAVELS (1995)
FAIRY TALE: A TRUE STORY (1997)
JOAN OF ARC (1999)
MOLOKAÏ (1999)

**OAKLAND, Simon**
*acteur américain (1922-1983)*
BROTHERS KARAMAZOV, THE (1958)
I WANT TO LIVE! (1958)
PSYCHO (1960)
RISE AND FALL OF LEGS DIAMOND, THE (1960)
SATAN BUG, THE (1964)
SAND PEBBLES, THE (1966)
BULLITT (1968)
ON A CLEAR DAY YOU CAN SEE FOREVER (1970)
CHATO'S LAND (1971)
NIGHT STALKER (1971)

**OATES, Warren**
*acteur américain (1928-1982)*
RISE AND FALL OF LEGS DIAMOND, THE (1960)
RIDE THE HIGH COUNTRY (1962)
RETURN OF THE MAGNIFICIENT SEVEN (1966)
SHOOTING, THE (1966)
IN THE HEAT OF THE NIGHT (1967)
THERE WAS A CROOKED MAN (1970)
BADLANDS (1973)
THIEF WHO CAME TO DINNER, THE (1973)
TOM SAWYER (1973)
BRING ME THE HEAD OF ALFREDO GARCIA (1974)
RACE WITH THE DEVIL (1975)
BRINK'S JOB, THE (1978)
1941 (1979)
STRIPES (1981)
BORDER, THE (1982)
BLUE THUNDER (1983)
TOUGH ENOUGH (1983)

**OBERON, Merle**
*actrice anglaise (1911-1979)*
PRIVATE LIFE OF HENRY VIII, THE (1933)
PRIVATE LIFE OF DON JUAN, THE (1934)
SCARLET PIMPERNEL, THE (1934)
DARK ANGEL, THE (1935)
THESE THREE (1936)
DIVORCE OF LADY X, THE (1938)
LYDIA (1941)
THAT UNCERTAIN FEELING (1941)
SONG TO REMEMBER, A (1945)
BERLIN EXPRESS (1948)
DESIREE (1954)
OSCAR, THE (1966)

**OCHSENKNECHT, Uwe**
*acteur allemand (1956-)*
BATEAU, LE (1981)
MES DEUX HOMMES (1985)
KASPAR HAUSER (1993)

**OGIER, Bulle**
*actrice française (1939-)*
ANGE AU PARADIS, UN (1973)
CHARME DISCRET DE LA BOURGEOISIE, LE (1974)
MARIAGE (1974)
MAÎTRESSE (1975)
BANDE DES QUATRE, LA (1988)
NORD (1991)
PERSONNE NE M'AIME (1994)
REGARDE LES HOMMES TOMBER (1994)
N'OUBLIE PAS QUE TU VAS MOURIR (1995)
AU CŒUR DU MENSONGE (1998)
SHATTERED IMAGE (1998)
SOMEWHERE IN THE CITY (1998)

**OHANA, Claudia**
*actrice brésilienne (1962-)*
ERENDIRA (1983)
FABLE OF THE BEAUTIFUL PIGEON FANCIER (1988)
LUZIA (1988)

**OLDMAN, Gary**
*acteur anglais (1958-)*
SID AND NANCY (1986)
PRICK UP YOUR EARS (1987)
TRACK 29 (1988)
CRIMINAL LAW (1989)
CHATTAHOOCHEE (1990)
ROSENCRANTZ AND GUILDENSTERN ARE DEAD (1990)
STATE OF GRACE (1990)
JFK (1991)
BRAM STOKER'S DRACULA (1992)
FALLEN ANGELS 2 (1993)
ROMEO IS BLEEDING (1993)
IMMORTAL BELOVED (1994)
LEON: THE PROFESSIONAL (1994)
MURDER IN THE FIRST (1994)
PROFESSIONAL, THE (1994)
SCARLET LETTER, THE (1995)
BASQUIAT (1996)
AIR FORCE ONE (1997)
FIFTH ELEMENT, THE (1997)
LOST IN SPACE (1998)
CONTENDER, THE (2000)
HANNIBAL (2001)

**OLIN, Lena**
*actrice suèdoise (1955-)*
FOLLES AVENTURES DE PICASSO, LES (1978)
FANNY ET ALEXANDRE (1983)
APRÈS LA RÉPÉTITION (1984)
ENEMIES, A LOVE STORY (1989)
HAVANA (1990)
MR. JONES (1993)
ROMEO IS BLEEDING (1993)
NIGHT AND THE MOMENT, THE (1994)
LUMIÈRE ET COMPAGNIE (1995)
NIGHT FALLS ON MANHATTAN (1996)
POLISH WEDDING (1997)
MYSTERY MEN (1999)
NINTH GATE, THE (1999)
CHOCOLAT (2000)

**OLIVIER, Laurence**
*acteur anglais (1907-1989)*
FIRE OVER ENGLAND (1937)
DIVORCE OF LADY X, THE (1938)
AS YOU LIKE IT (1939)
CLOUDS OVER EUROPE (1939)
PRIDE AND PREJUDICE (1940)
REBECCA (1940)
49th PARALLEL, THE (1941)
THAT HAMILTON WOMAN (1941)
HENRY V (1945)
HAMLET (1948)
CARRIE (1952)
RICHARD III (1955)
PRINCE AND THE SHOWGIRL, THE (1957)
ENTERTAINER, THE (1960)
SPARTACUS (1960)
OTHELLO (1965)
KHARTOUM (1966)
SHOES OF THE FISHERMAN, THE (1968)
BATTLE OF BRITAIN (1969)
NICHOLAS AND ALEXANDRA (1971)
SLEUTH (1972)
LOVE AMONG THE RUINS (1975)
COLLECTION, THE (1976)
JESUS OF NAZARETH (1976)
MARATHON MAN (1976)
SEVEN PERCENT SOLUTION, THE (1976)
BRIDGE TOO FAR, A (1977)
BETSY, THE (1978)
BOYS FROM BRAZIL, THE (1978)
DRACULA (1979)
LITTLE ROMANCE, A (1979)
JAZZ SINGER, THE (1980)
CLASH OF THE TITANS (1981)
BOUNTY, THE (1983)
JIGSAW MAN, THE (1984)

**OLMOS, Edward James**
*acteur américain (1947-)*
BALLAD OF GREGORIO CORTEZ, THE (1982)
STAND AND DELIVER (1987)
AMERICAN ME (1992)
CAUGHT (1996)
SELENA (1996)
12 ANGRY MEN (1997)
DISPARITION DE GARCIA LORCA, LA (1997)
BONANNO: A GODFATHER'S STORY (1999)

**ORMOND, Julia**
*actrice anglaise (1965-)*
STALIN (1992)
LEGENDS OF THE FALL (1994)
NOSTRADAMUS (1994)

FIRST KNIGHT (1995)
SABRINA (1995)
CAPTIVES (1996)
SMILLA'S SENSE OF SNOW (1996)
ANIMAL FARM (1999)

**OZ, Frank**
*acteur anglais (1944-)*
EMMET OTTER'S JUG-BAND CHRISTMAS (1977)
MUPPET MOVIE, THE (1979)
BLUES BROTHERS, THE (1980)
EMPIRE STRIKES BACK, THE (1980)
AMERICAN WEREWOLF IN LONDON, AN (1981)
RETURN OF THE JEDI (1983)
TRADING PLACES (1983)
MUPPETS TAKE MANHATTAN, THE (1984)
SPIES LIKE US (1985)
LABYRINTH (1986)
INNOCENT BLOOD (1992)
MUPPET CHRISTMAS CAROL, THE (1992)
MUPPET TREASURE ISLAND (1996)
BLUES BROTHERS 2000 (1998)
MUPPETS FROM SPACE (1999)
STAR WARS: EPISODE 1 - THE PHANTOM MENACE (1999)

**PACINO, Al**
*acteur américain (1940-)*
GODFATHER, THE (1972)
SCARECROW (1973)
SERPICO (1973)
GODFATHER, PART 2, THE (1974)
DOG DAY AFTERNOON (1975)
BOBBY DEERFIELD (1977)
AND JUSTICE FOR ALL (1979)
CRUISING (1980)
AUTHOR! AUTHOR! (1982)
SCARFACE (1983)
REVOLUTION (1986)
SEA OF LOVE (1989)
DICK TRACY (1990)
FRANKIE & JOHNNY (1991)
GODFATHER, PART 3, THE (1991)
GLENGARRY GLEN ROSS (1992)
SCENT OF A WOMAN (1992)
CARLITO'S WAY (1993)
HEAT (1995)
CITY HALL (1996)
LOOKING FOR RICHARD (1996)
DEVIL'S ADVOCATE (1997)
DONNIE BRASCO (1997)
ANY GIVEN SUNDAY (1999)
INSIDER, THE (1999)

**PAGE, Geraldine**
*actrice américaine (1924-1987)*
HONDO (1953)
SUMMER AND SMOKE (1961)
DEAR HEART (1964)
HAPPIEST MILLIONAIRE, THE (1967)
BEGUILED, THE (1971)
J.W. COOP (1972)
INTERIORS (1978)
DOLLMAKER, THE (1984)

**PAGNOL, Jacqueline**
*actrice française (1926-)*
TOPAZE (1950)
ADHÉMAR (OU LE JOUET DE LA FATALITÉ) (1951)
MANON DES SOURCES (1952)

**PALANCE, Jack**
*acteur américain (1919-)*
HALLS OF MONTEZUMA, THE (1950)
PANIC IN THE STREETS (1950)
SUDDEN FEAR (1952)
ARROWHEAD (1953)
SHANE (1953)
I DIED A THOUSAND TIMES (1955)
ATTACK (1956)
LONELY MAN, THE (1957)
BARABBAS (1961)
MÉPRIS, LE (1963)
PROFESSIONALS, THE (1966)
MONTE WALSH (1970)
CHATO'S LAND (1971)
HORSEMEN, THE (1971)
DRACULA (1973)
BAGDAD CAFE (1988)
BATMAN (1989)
CITY SLICKERS (1991)
CITY SLICKERS II: THE LEGEND OF CURLY'S GOLD (1994)
COPS AND ROBBERSONS (1994)

**PALIN, Michael**
*acteur anglais (1943-)*
AND NOW FOR SOMETHING COMPLETELY DIFFERENT (1972)
MONTY PYTHON AND THE HOLY GRAIL (1974)
JABBERWOCKY (1977)
MONTY PYTHON'S LIFE OF BRIAN (1979)
MISSIONARY, THE (1982)
MONTY PYTHON LIVE AT THE HOLLYWOOD BOWL (1982)
SECRET POLICEMAN'S OTHER BALL, THE (1982)
TIME BANDITS (1982)
MONTY PYTHON'S THE MEANING OF LIFE (1983)
BRAZIL (1985)
PRIVATE FUNCTION, A (1985)
FISH CALLED WANDA, A (1988)
MR. TOAD'S WILD RIDE (1996)

**PALLETTE, Eugene**
*acteur américain (1889-1954)*
BATTLE OF THE CENTURY, THE (1927)
GHOST GOES WEST, THE (1935)
MY MAN GODFREY (1936)
100 MEN AND A GIRL (1937)
ADVENTURES OF ROBIN HOOD, THE (1938)
BIG STREET (1942)

**PALMER, Lilli**
*actrice allemande (1914-1986)*
SECRET AGENT (1936)
CLOAK AND DAGGER (1946)
BODY AND SOUL (1947)
NO MINOR VICES (1948)
ANASTASIA (1956)
MONTPARNASSE 19 (1957)
BUT NOT FOR ME (1959)
COUNTERFEIT TRAITOR, THE (1962)
OPERATION CROSSBOW (1965)
DUEL À LA VODKA (1966)
BOYS FROM BRAZIL, THE (1978)

**PALMINTERI, Chazz**
*acteur américain (1951-)*
OSCAR (1991)
INNOCENT BLOOD (1992)
NIGHT AND THE CITY (1992)
BRONX TALE, A (1993)
BULLETS OVER BROADWAY (1994)
JADE (1995)
PEREZ FAMILY, THE (1995)
DIABOLIQUE (1996)
FAITHFUL (1996)
MULHOLLAND FALLS (1996)
HURLYBURLY (1998)
ANALYZE THIS (1999)
EXCELLENT CADAVERS (1999)

**PALTROW, Gwyneth**
*actrice américaine (1972-)*
MOONLIGHT AND VALENTINO (1995)
SEVEN (1995)
EMMA (1996)
HARD EIGHT (1996)
PALLBEARER, THE (1996)
SLIDING DOORS (1997)
GREAT EXPECTATIONS (1998)
HUSH (1998)
PERFECT MURDER, A (1998)
SHAKESPEARE IN LOVE (1998)
TALENTED MR. RIPLEY, THE (1999)
BOUNCE (2000)

**PAPAS, Irène**
*actrice grecque (1926-)*
ANTIGONE (1961)
GUNS OF NAVARONE, THE (1961)
BROTHERHOOD, THE (1968)
ANNE OF THE THOUSAND DAYS (1969)
DON'T TORTURE A DUCKLING (1972)
MESSAGE, THE (MOHAMMED, MESSENGER OF GOD) (1976)
IPHIGÉNIE (1978)
BLOODLINE (1979)
CHRIST S'EST ARRÊTÉ À EBOLI, LE (1979)
LION OF THE DESERT (1981)
ERENDIRA (1983)
INTO THE NIGHT (1985)
ISLAND (1989)

**PAQUIN, Anna**
*actrice canadienne (1982-)*
PIANO, THE (1992)
FLY AWAY HOME (1996)
JANE EYRE (1996)
AMISTAD (1997)
FINDING FORRESTER (2000)
HURLYBURLY (1998)
IT'S THE RAGE (1999)
SHE'S ALL THAT (1999)
ALMOST FAMOUS (2000)

**PARILLAUD, Anne**
*actrice française (1961-)*
GIRLS (1980)
PATRICIA, UN VOYAGE POUR L'AMOUR (1980)
POUR LA PEAU D'UN FLIC (1981)
BATTANT, LE (1982)
JUILLET EN SEPTEMBRE (1989)
QUELLE HEURE EST-IL? (1989)
NIKITA (1990)
INNOCENT BLOOD (1992)
MAP OF THE HUMAN HEART (1992)
À LA FOLIE (1994)
FRANKIE STARLIGHT (1995)
MAN IN THE IRON MASK, THE (1998)
SHATTERED IMAGE (1998)

**PARKER, Cecil**
*acteur anglais (1897-1971)*
STORM IN A TEACUP (1937)
CAPTAIN BOYCOTT (1947)
MAGIC BOW (1947)
QUARTET (1949)
MAN IN THE WHITE SUIT, THE (1951)
STUDY IN TERROR, A (1965)

**PARKER, Sarah Jessica**
*actrice américaine (1965-)*
FIRST BORN (1984)
FOOTLOOSE (1984)

GIRLS JUST WANT TO HAVE FUN (1985)
L.A. STORY (1991)
HONEYMOON IN VEGAS (1992)
HOCUS POCUS (1993)
STRIKING DISTANCE (1993)
ED WOOD (1994)
MIAMI RHAPSODY (1994)
IF LUCY FELL (1995)
EXTREME MEASURES (1996)
FIRST WIVES CLUB, THE (1996)
MARS ATTACKS! (1996)
STATE AND MAIN (2000)

**PASDAR, Adrian**
*acteur américain (1965-)*
SOLARBABIES (1986)
NEAR DARK (1987)
CARLITO'S WAY (1993)
JUST LIKE A WOMAN (1993)
POMPATUS OF LOVE, THE (1996)
BROTHER'S KISS, A (1997)

**PATTON, Will**
*acteur américain (1954-)*
AFTER HOURS (1985)
EVERYBODY WINS (1990)
CLIENT, THE (1994)
PUPPET MASTERS, THE (1994)
POSTMAN, THE (1997)
ARMAGEDDON (1998)
ENTRAPMENT (1999)
JESUS' SON (1999)
GONE IN SIXTY SECONDS (2000)
REMEMBER THE TITANS (2000)

**PAXTON, Bill**
*acteur américain (1955-)*
ALIENS (1986)
ONE FALSE MOVE (1990)
BOXING HELENA (1993)
MONOLITH (1993)
APOLLO 13 (1995)
TITANIC (1997)
MIGHTY JOE YOUNG (1998)
SIMPLE PLAN, A (1998)

**PECK, Gregory**
*acteur américain (1916-)*
DAYS OF GLORY (1944)
KEYS OF THE KINGDOM, THE (1944)
SPELLBOUND (1945)
DUEL IN THE SUN (1946)
GENTLEMAN'S AGREEMENT (1947)
PARADINE CASE, THE (1948)
GUNFIGHTER, THE (1950)
CAPTAIN HORATIO HORNBLOWER (1951)
DAVID AND BATHSHEBA (1951)
SNOWS OF KILIMANJARO, THE (1952)
ROMAN HOLIDAY (1953)
MILLION POUND NOTE, THE (1954)
PURPLE PLAIN, THE (1954)
MAN IN THE GREY FRANNEL SUIT, THE (1956)
MOBY DICK (1956)
DESIGNING WOMAN (1957)
BIG COUNTRY, THE (1958)
BELOVED INFIDEL (1959)
ON THE BEACH (1959)
PORK CHOP HILL (1959)
GUNS OF NAVARONE, THE (1961)
CAPE FEAR (1962)
HOW THE WEST WAS WON (1962)
TO KILL A MOCKINGBIRD (1962)
CAPTAIN NEWMAN, M.D. (1963)
BEHOLD A PALE HORSE (1964)
MIRAGE (1965)
ARABESQUE (1966)
MACKENNA'S GOLD (1969)
MAROONED (1969)
STALKING MOON, THE (1969)
BILLY TWO HATS (1973)
OMEN, THE (1976)
MacARTHUR (1977)
BOYS FROM BRAZIL, THE (1978)
SEA WOLVES, THE (1980)
SCARLET AND THE BLACK, THE (1983)
AMAZING GRACE AND CHUCK (1987)
OLD GRINGO (1989)
CAPE FEAR (1991)
OTHER PEOPLE'S MONEY (1991)
MOBY DICK (1997)

**PELLETIER, Gilles**
*acteur québécois (1925-)*
I CONFESS (1953)
BINGO (1973)
GREAT LAND OF SMALL, THE (1986)
JÉSUS DE MONTRÉAL (1989)
PORTION D'ÉTERNITÉ (1989)
NELLIGAN (1991)

**PENA, Elizabeth**
*actrice américaine (1961-)*
DOWN AND OUT IN BEVERLY HILLS (1986)
JACOB'S LADDER (1990)
DEAD FUNNY (1995)
LONE STAR (1995)
RUSH HOUR (1998)

**PENN, Christopher**
*acteur américain (1964-)*
RUMBLE FISH (1983)
AT CLOSE RANGE (1985)
PALE RIDER (1985)
MOBSTERS (1991)
RESERVOIR DOGS (1991)
BEETHOVEN'S 2nd (1993)
MUSIC OF CHANCE, THE (1993)
SHORT CUTS (1993)
IMAGINARY CRIMES (1994)
TO WONG FOO, THANKS FOR EVERYTHING, JULIE NEWMAR (1995)
FUNERAL, THE (1996)
MULHOLLAND FALLS (1996)
DECEIVER (1997)
RUSH HOUR (1998)

**PENN, Sean**
*acteur américain (1960-)*
TAPS (1981)
FAST TIMES AT RIDGEMONT HIGH (1982)
BAD BOYS (1983)
CRACKERS (1984)
FALCON AND THE SNOWMAN, THE (1984)
RACING WITH THE MOON (1984)
AT CLOSE RANGE (1985)
COLORS (1988)
JUDGMENT IN BERLIN (1988)
CASUALTIES OF WAR (1989)
STATE OF GRACE (1990)
CARLITO'S WAY (1993)
DEAD MAN WALKING (1995)
LOVED (1996)
GAME, THE (1997)
HUGO POOL (1997)
SHE'S SO LOVELY (1997)
HURLYBURLY (1998)
THIN RED LINE, THE (1998)
SWEET AND LOWDOWN (1999)
BEFORE NIGHT FALLS (2000)

**PEPPARD, George**
*acteur américain (1928-1994)*
STRANGE ONE, THE (1957)
HOME FROM THE HILL (1960)
CARPETBAGGERS, THE (1964)
OPERATION CROSSBOW (1965)
BLUE MAX, THE (1966)
ROUGH NIGHT IN JERICHO (1967)
TOBRUK (1967)
GROUNDSTAR CONSPIRACY, THE (1972)

**PEREZ, Rosie**
*actrice américaine (1964-)*
FEARLESS (1993)
IT COULD HAPPEN TO YOU (1994)
SOMEBODY TO LOVE (1994)
BROTHER'S KISS, A (1997)
SUBWAY STORIES (1997)

**PÉREZ, Vincent**
*acteur suisse (1965-)*
CYRANO DE BERGERAC (1990)
INDOCHINE (1991)
FANFAN (1992)
PAR-DELÀ LES NUAGES (1995)
CROW: CITY OF ANGELS, THE (1996)
BOSSU, LE (1997)
TALK OF ANGELS (1998)
TEMPS RETROUVÉ, LE (1999)
I DREAMED OF AFRICA (2000)
LIBERTIN, LE (2000)

**PERKINS, Anthony**
*acteur américain (1932-1992)*
FRIENDLY PERSUASION (1956)
FEAR STRIKES OUT (1957)
LONELY MAN, THE (1957)
TIN STAR, THE (1957)
DESIRE UNDER THE ELMS (1958)
MATCHMAKER, THE (1958)
GREEN MANSIONS (1959)
ON THE BEACH (1959)
PSYCHO (1960)
GOODBYE AGAIN (1961)
FOOL KILLER, THE (1965)
CATCH 22 (1970)
SOMEONE BEHIND THE DOOR (1971)
DÉCADE PRODIGIEUSE, LA (1972)
LIFE AND TIMES OF JUDGE ROY BEAN, THE (1972)
LAST OF SHEILA, THE (1973)
MURDER ON THE ORIENT EXPRESS (1974)
MAHOGANY (1975)
BLACK HOLE, THE (1979)
HOMME, DEUX FEMMES, UN (1979)
FFOLKES (1980)
PSYCHO 2 (1983)
CRIMES OF PASSION (1984)
PSYCHO 3 (1986)
DAUGHTER OF DARKNESS (1990)

**PERKINS, Elizabeth**
*actrice américaine (1961-)*
ABOUT LAST NIGHT... (1986)
BIG (1988)
AVALON (1990)
LOVE AT LARGE (1990)
DOCTOR, THE (1991)
HE SAID, SHE SAID (1991)
MIRACLE ON 34th STREET (1994)
MOONLIGHT AND VALENTINO (1995)
28 DAYS (2000)
IF THESE WALLS COULD TALK II (2000)

**PERLMAN, Ron**
*acteur américain (1950-)*
GUERRE DU FEU, LA (1981)
CRONOS (1992)
ADVENTURES OF HUCK FINN, THE (1993)
CITÉ DES ENFANTS PERDUS, LA (1995)
ALIEN RESURRECTION (1997)
FROGS FOR SNAKES (1998)
HAPPY TEXAS (1999)
ENEMY AT THE GATES (2000)
TITAN A.E. (2000)

**PERRIN, Jacques**
*acteur français (1941-)*
317e SECTION, LA (1965)
DEMOISELLES DE ROCHEFORT, LES (1967)
PEAU D'ÂNE (1971)
NOIRS ET BLANCS EN COULEURS (1976)
CRABE TAMBOUR, LE (1977)
LÉGION SAUTE SUR KOLWEZI, LA (1979)
QUARANTIÈMES RUGISSANTS, LES (1982)
ANNÉE DES MÉDUSES, L' (1984)
JUGE, LE (1984)
PAROLE DE FLIC (1985)
CINÉMA PARADISO (1988)
COURSE DE L'INNOCENT, LA (1992)
MONTPARNASSE-PONDICHÉRY (1993)

**PERSSON, Essy**
*actrice suédoise (1941-)*
I, A WOMAN (1965)
MISSION STARDUST (1968)
THERESE AND ISABELLE (1968)
CRY OF THE BANSHEE (1970)

**PESCI, Joe**
*acteur américain (1943-)*
RAGING BULL (1979)
EUREKA (1981)
ONCE UPON A TIME IN AMERICA (1984)
BACKTRACK (1988)
LETHAL WEAPON 2 (1989)
BETSY'S WEDDING (1990)
GOODFELLAS (1990)
HOME ALONE (1990)
JFK (1991)
HOME ALONE 2: LOST IN NEW YORK (1992)
LETHAL WEAPON 3 (1992)
MY COUSIN VINNY (1992)
PUBLIC EYE, THE (1992)
BRONX TALE, A (1993)
JIMMY HOLLYWOOD (1994)
CASINO (1995)
LETHAL WEAPON 4 (1998)

**PETERS, Jean**
*actrice américaine (1926-)*
CAPTAIN FROM CASTILE (1947)
IT HAPPENS EVERY SPRING (1949)
AS YOUNG AS YOU FEEL (1951)
NIAGARA (1953)
PICKUP ON SOUTH STREET (1953)
APACHE (1954)
THREE COINS IN THE FOUNTAIN (1954)
ANY WEDNESDAY (1966)
DEADLY TRACKERS, THE (1973)

**PFEIFFER, Michelle**
*actrice américaine (1957-)*
CHARLIE CHAN AND THE CURSE OF THE DRAGON QUEEN (1981)
GREASE 2 (1982)
SCARFACE (1983)
LADYHAWKE (1984)
INTO THE NIGHT (1985)
SWEET LIBERTY (1986)
AMAZON WOMEN ON THE MOON (1987)
DANGEROUS LIAISONS (1988)
MARRIED TO THE MOB (1988)
TEQUILA SUNRISE (1988)
FABULOUS BAKER BOYS, THE (1989)
RUSSIA HOUSE, THE (1990)
FRANKIE & JOHNNY (1991)
LOVE FIELD (1991)
BATMAN RETURNS (1992)
AGE OF INNOCENCE, THE (1993)
DANGEROUS MINDS (1995)
ONE FINE DAY (1996)
TO GILLIAN ON HER 37TH BIRTHDAY (1996)
THOUSAND ACRES, A (1997)
DEEP END OF THE OCEAN, THE (1999)
MIDSUMMER NIGHT'S DREAM, A (1999)
STORY OF US, THE (1999)

**PHILIPE, Gérard**
*acteur français (1922-1959)*
BEAUTÉ DU DIABLE, LA (1949)
RONDE, LA (1950)
FANFAN LA TULIPE (1951)
BELLES DE NUIT, LES (1952)
SEPT PÉCHÉS CAPITAUX, LES (1952)
ORGUEILLEUX, LES (1953)
ROUGE ET LE NOIR, LE (1954)
MONTPARNASSE 19 (1957)
JOUEUR, LE (1958)
LIAISONS DANGEREUSES, LES (1959)

**PHILLIPS, Lou Diamond**
*acteur américain (1962-)*
LA BAMBA (1987)
STAND AND DELIVER (1987)
RENEGADES (1989)
AGAGUK - SHADOW OF THE WOLF (1992)
COURAGE UNDER FIRE (1996)
BIG HIT, THE (1998)
BATS (1999)
BROKEDOWN PALACE (1999)
SUPERNOVA (1999)
PICKING UP THE PIECES (2000)

**PHOENIX, River**
*acteur américain (1970-1993)*
EXPLORERS (1985)
MOSQUITO COAST, THE (1986)
STAND BY ME (1986)
LITTLE NIKITA (1988)
RUNNING ON EMPTY (1988)
INDIANA JONES & THE LAST CRUSADE (1989)
I LOVE YOU TO DEATH (1990)
DOGFIGHT (1991)
MY OWN PRIVATE IDAHO (1991)
SNEAKERS (1992)
THING CALLED LOVE, THE (1993)

**PICARD, Luc**
*acteur québécois (1961-)*
SAUF-CONDUITS, LES (1983)
COMMENT FAIRE L'AMOUR AVEC UN NÈGRE SANS SE FATIGUER (1989)
DING ET DONG: LE FILM (1990)
NELLIGAN (1991)
SARRASINE, LA (1992)
CAP TOURMENTE (1993)
DOUBLURES (1993)
SEXE DES ÉTOILES, LE (1993)
OCTOBRE (1994)
ERREUR SUR LA PERSONNE (1995)
DERNIER SOUFFLE, LE (1999)
15 FÉVRIER 1839 (2000)
FEMME QUI BOIT, LA (2001)

**PICCOLI, Michel**
*acteur français (1925-)*
FRENCH CAN-CAN (1955)
SORCIÈRES DE SALEM, LES (1957)
DOULOS, LE (1962)
JOURNAL D'UNE FEMME DE CHAMBRE, LE (1963)
MÉPRIS, LE (1963)
LADY L (1965)
CURÉE, LA (1966)
PARIS BRÛLE-T-IL? (1966)
BELLE DE JOUR (1967)
DEMOISELLES DE ROCHEFORT, LES (1967)
DANGER: DIABOLIK! (1968)
PRISONNIÈRE, LA (1968)
CHOSES DE LA VIE, LES (1969)
TOPAZ (1969)
MAX ET LES FERRAILLEURS (1970)
ATTENTAT, L' (1972)
DÉCADE PRODIGIEUSE, LA (1972)
GRANDE BOUFFE, LA (1973)
NOCES ROUGES, LES (1973)
CHARME DISCRET DE LA BOURGEOISIE, LE (1974)
FANTÔME DE LA LIBERTÉ, LE (1974)
TOUCHE PAS À LA FEMME BLANCHE (1974)
7 MORTS SUR ORDONNANCE (1976)
ENFANTS GÂTÉS, LES (1977)
MÉLODIE MEURTRIÈRE (1978)
PETITE FILLE EN VELOURS BLEU, LA (1978)
ÉTAT SAUVAGE, L' (1978)
PRIX DE LA SURVIE, LE (1979)
ATLANTIC CITY (1980)
DERRIÈRE LA PORTE (1982)
PASSANTE DU SANS-SOUCI, LA (1982)
PASSION (1982)
PRIX DU DANGER, LE (1983)
SUCCESS IS THE BEST REVENGE (1984)
ADIEU BONAPARTE (1985)
PARTIR, REVENIR (1985)
PÉRIL EN LA DEMEURE (1985)
MAUVAIS SANG (1986)
PURITAINE, LA (1986)
HOMME VOILÉ, L' (1987)
MILOU EN MAI (1990)
BAL DES CASSE-PIEDS, LE (1991)
BELLE NOISEUSE, LA (1991)
CAVALE DES FOUS, LA (1993)
RUPTURE(S) (1993)
ANGE NOIR, L' (1994)
CENT ET UNE NUITS, LES (1994)
PASSION IN THE DESERT (1997)
RIEN SUR ROBERT (1998)

**PICKFORD, Mary**
*actrice américaine (1893-1979)*
AMARILLY OF CLOTHESLINE ALLEY (1918)
STELLA MARIS (1918)
LOVE LIGHT, THE (1921)
TESS OF THE STORM COUNTRY (1922)
SPARROWS (1926)
MY BEST GIRL (1927)
COQUETTE (1929)

**PIDGEON, Walter**
*acteur canadien (1897-1984)*
SARATOGA (1937)
GIRL OF THE GOLDEN WEST, THE (1938)
LISTEN, DARLING (1938)
SHOPWORN ANGEL, THE (1938)
TOO HOT TO HANDLE (1938)
DARK COMMAND (1940)
BLOSSOMS IN THE DUST (1941)
HOW GREEN WAS MY VALLEY (1941)
MRS. MINIVER (1942)
MADAME CURIE (1943)

MRS. PARKINGTON (1944)
COMMAND DECISION (1948)
JULIA MISBEHAVES (1948)
THAT FORSYTE WOMAN (1949)
MINIVER STORY, THE (1950)
BAD AND THE BEAUTIFUL, THE (1952)
MILLION DOLLAR MERMAID (1952)
EXECUTIVE SUITE (1954)
LAST TIME I SAW PARIS, THE (1954)
MEN OF THE FIGHTING LADY (1954)
HIT THE DECK (1955)
FORBIDDEN PLANET (1956)
ADVISE AND CONSENT (1962)
FUNNY GIRL (1968)
LINDBERGH KIDNAPPING CASE, THE (1976)
SEXTETTE (1977)

**PILON, Donald**
*acteur québécois (1938-)*
RED (1969)
DEUX FEMMES EN OR (1970)
MÂLES, LES (1970)
CHATS BOTTÉS, LES (1971)
BULLDOZER (1973)
PYX, THE (1973)
FANTASTICA (1980)
PLOUFFE, LES (1981)
CRIME D'OVIDE PLOUFFE, LE (1984)
GUÊPE, LA (1986)
TISSERANDS DU POUVOIR, LES (1988)
HISTOIRE INVENTÉE, UNE (1990)
PRINCE LAZURE (1992)
ANGÉLO, FRÉDO ET ROMÉO (1996)

**PINKETT, Jada**
*actrice américaine (1971-)*
MENACE II SOCIETY (1993)
JASON'S LYRIC (1994)
TALES FROM THE CRYPT PRESENTS: DEMON KNIGHT (1995)
NUTTY PROFESSOR, THE (1996)
SCREAM 2 (1997)
BAMBOOZLED (2000)

**PISIER, Marie-France**
*actrice française (1944-)*
FÉMININ FÉMININ (1971)
COUSIN, COUSINE (1974)
BAROCCO (1976)
AMOUR EN FUITE, L' (1978)
BANQUIÈRE, LA (1980)
CHANEL SOLITAIRE (1981)
BOULEVARD DES ASSASSINS (1982)
AMI DE VINCENT, L' (1983)
AS DES AS, L' (1983)
PRIX DU DANGER, LE (1983)
NANAS, LES (1984)
PARKING (1985)
POURQUOI MAMAN EST DANS MON LIT? (1994)
TEMPS RETROUVÉ, LE (1999)

**PITT, Brad**
*acteur américain (1964-)*
JOHNNY SUEDE (1991)
THELMA & LOUISE (1991)
COOL WORLD (1992)
RIVER RUNS THROUGH IT, A (1992)
KALIFORNIA (1993)
FAVOR, THE (1994)
INTERVIEW WITH THE VAMPIRE (1994)
LEGENDS OF THE FALL (1994)
12 MONKEYS (1995)
SEVEN (1995)
SLEEPERS (1996)
DEVIL'S OWN, THE (1997)
SEVEN YEARS IN TIBET (1997)
MEET JOE BLACK (1998)
FIGHT CLUB (1999)
SNATCH (2000)
MEXICAN, THE (2001)

**PIVEN, Jeremy**
*acteur américain (1965-)*
DR. JEKYLL AND MS. HYDE (1995)
GROSSE POINT BLANK (1997)
KISS THE GIRLS (1997)
PHOENIX (1998)
FAMILY MAN, THE (2000)
RED LETTERS (2000)

**PLANCHON, Roger**
*acteur français (1932-)*
DOSSIER 51, LE (1978)
GRAND FRÈRE, LE (1982)
7e CIBLE, LA (1984)

**PLATT, Oliver**
*acteur américain (1960-)*
FUNNY BONES (1995)
TALL TALE (1995)
EXECUTIVE DECISION (1996)
DANGEROUS BEAUTY (1997)
BULWORTH (1998)
DOCTOR DOLITTLE (1998)
IMPOSTORS, THE (1998)
SIMON BIRCH (1998)
BICENTENNIAL MAN (1999)
LAKE PLACID (1999)
GUN SHY (2000)

**PLEASENCE, Donald**
*acteur anglais (1919-1995)*
TALE OF TWO CITIES, A (1958)
LOOK BACK IN ANGER (1959)
CIRCUS OF HORRORS (1960)
GREAT ESCAPE, THE (1963)
GREATEST STORY EVER TOLD, THE (1965)
HALLELUJAH TRAIL, THE (1965)
FANTASTIC VOYAGE, THE (1966)
NIGHT OF THE GENERALS, THE (1967)
SOLDIER BLUE (1970)
THX-1138 (1971)
FROM BEYOND THE GRAVE (1973)
TALES THAT WITNESS MADNESS (1973)
BARRY McKENZIE HOLDS HIS OWN... (1974)
COUNT OF MONTE CRISTO, THE (1975)
ESCAPE TO WITCH MOUNTAIN (1975)
EAGLE HAS LANDED, THE (1976)
JESUS OF NAZARETH (1976)
LAST TYCOON, THE (1976)
LIENS DE SANG, LES (1977)
TELEFON (1977)
HALLOWEEN (1978)
SGT. PEPPER'S LONELY HEART CLUB BAND (1978)
ALL QUIET ON THE WESTERN FRONT (1979)
DRACULA (1979)
ESCAPE FROM NEW YORK (1980)
HALLOWEEN II (1981)
CREEPERS (PHENOMENA) (1984)
DJANGO STRIKES AGAIN (1984)
GROUND ZERO (1987)
PRINCE OF DARKNESS (1987)
HALLOWEEN IV: THE RETURN OF MICHAEL MYERS (1988)
HANNA'S WAR (1988)
HALLOWEEN V: THE REVENGE OF MICHAEL MYERS (1989)
SHADOWS AND FOG (1992)
ADVOCATE, THE (1994)

**PLIMPTON, Martha**
*actrice américaine (1970-)*
RIVER RAT, THE (1984)
ANOTHER WOMAN (1988)
SHY PEOPLE (1988)
PARENTHOOD (1990)
STANLEY & IRIS (1990)
CHANTILLY LACE (1993)
I SHOT ANDY WARHOL (1996)
LAST SUMMER IN THE HAMPTONS (1997)
PECKER (1998)
200 CIGARETTES (1999)

**PLOWRIGHT, Joan**
*actrice anglaise (1929-)*
EQUUS (1977)
BRIMSTONE & TREACLE (1982)
DROWNING BY NUMBERS (1987)
AVALON (1990)
ENCHANTED APRIL (1992)
LAST ACTION HERO (1993)
PYROMANIAC'S LOVE STORY, A (1995)
101 DALMATIANS (1996)
MR. WRONG (1996)
TEA WITH MUSSOLINI (1999)
DINOSAUR (2000)

**PLUMMER, Amanda**
*actrice américaine (1957-)*
FISHER KING, THE (1991)
NOSTRADAMUS (1994)
DRUNKS (1995)
BUTTERFLY KISS (1996)
DON'T LOOK BACK (1996)
8 1/2 WOMEN (1999)

**PLUMMER, Christopher**
*acteur canadien (1927-)*
FALL OF THE ROMAN EMPIRE, THE (1964)
SOUND OF MUSIC, THE (1964)
INSIDE DAISY CLOVER (1965)
NIGHT OF THE GENERALS, THE (1967)
BATTLE OF BRITAIN (1969)
PYX, THE (1973)
MAN WHO WOULD BE KING, THE (1975)
RETURN OF THE PINK PANTHER, THE (1975)
SPIRAL STAIRCASE, THE (1975)
SILENT PARTNER, THE (1978)
HANOVER STREET (1979)
MURDER BY DECREE (1979)
RIEL (1979)
STARCRASH (1979)
SOMEWHERE IN TIME (1980)
EYEWITNESS (1981)
SCARLET AND THE BLACK, THE (1983)
DREAMSCAPE (1984)
STAR TREK VI: THE UNDISCOVERED COUNTRY (1991)
12 MONKEYS (1995)
DOLORES CLAIBORNE (1995)
INSIDER, THE (1999)

**POIRET, Jean**
*acteur français (1926-1992)*
ASSASSINS ET VOLEURS (1957)
OH! QUE MAMBO (1959)
ROI DE CŒUR, LE (1966)
GRANDE LESSIVE, LA (1968)
MUR DE L'ATLANTIQUE, LE (1970)
DERNIER MÉTRO, LE (1980)
7e CIBLE, LA (1984)
LIBERTÉ, ÉGALITÉ, CHOUCROUTE (1985)
POULET AU VINAIGRE (1985)
MIRACULÉ, LE (1986)
SAISONS DU PLAISIR, LES (1988)

LACENAIRE (1990)
SISSI - LA VALSE DES CŒURS (1992)

**POITIER, Sidney**
*acteur américain (1924-)*
NO WAY OUT (1950)
RED BALL EXPRESS (1952)
BLACKBOARD JUNGLE (1955)
GOODBYE, MY LADY (1956)
BAND OF ANGELS (1957)
SOMETHING OF VALUE (1957)
DEFIANT ONES, THE (1958)
PARIS BLUES (1961)
RAISIN IN THE SUN, A (1961)
PRESSURE POINT (1962)
LILIES OF THE FIELD (1963)
BEDFORD INCIDENT, THE (1965)
GREATEST STORY EVER TOLD, THE (1965)
PATCH OF BLUE, A (1965)
SLENDER THREAD, THE (1965)
DUEL AT DIABLO (1966)
GUESS WHO'S COMING TO DINNER? (1967)
IN THE HEAT OF THE NIGHT (1967)
TO SIR, WITH LOVE (1967)
FOR LOVE OF IVY (1968)
LOST MAN, THE (1969)
BROTHER JOHN (1970)
THEY CALL ME MISTER TIBBS! (1970)
BUCK AND THE PREACHER (1971)
ORGANIZATION, THE (1971)
LET'S DO IT AGAIN (1975)
LITTLE NIKITA (1988)
SHOOT TO KILL (1988)
SNEAKERS (1992)
JACKAL, THE (1997)

**POLANSKI, Roman**
*acteur polonais (1933-)*
INNOCENTS CHARMEURS, LES (1960)
RÉPULSION (1965)
FEARLESS VAMPIRE KILLERS, THE (1967)
MAGIC CHRISTIAN, THE (1969)
DIARY OF FORBIDDEN DREAMS (WHAT?) (1973)
ANDY WARHOL'S DRACULA (1974)
CHINATOWN (1974)
LOCATAIRE, LE (1976)
GROSSE FATIGUE (1994)
PURE FORMALITÉ, UNE (1994)

**POLLEY, Sarah**
*actrice canadienne (1979-)*
ADVENTURES OF BARON MUNCHAUSEN, THE (1989)
HANGING GARDEN, THE (1997)
JOE'S SO MEAN TO JOSEPHINE (1997)
SWEET HEREAFTER, THE (1997)
LAST NIGHT (1998)
EXISTENZ (1999)
GO (1999)
GUINEVERE (1999)

**PORTAL, Louise**
*actrice québécoise (1950-)*
TAUREAU (1973)
LAROSE, PIERROT ET LA LUCE (1982)
CORDÉLIA (1983)
DÉCLIN DE L'EMPIRE AMÉRICAIN, LE (1986)
TINAMER (1987)
MES MEILLEURS COPAINS (1989)
AMOUREUSES, LES (1992)
SOUS-SOL (1996)
GRAND SERPENT DU MONDE, LE (1998)
FULL BLAST (1999)
SOUVENIRS INTIMES (1999)

MUSES ORPHELINES, LES (2000)
SAINT JUDE (2000)

**POSEY, Parker**
*actrice américaine (1968-)*
MIXED NUTS (1994)
PARTY GIRL (1994)
DAYTRIPPERS, THE (1995)
DRUNKS (1995)
FLIRT (1995)
HOUSE OF YES, THE (1996)
SUBURBIA (1996)
CLOCKWATCHERS (1997)
HENRY FOOL (1997)
BEST IN SHOW (2000)

**POULIN, Julien**
*acteur québécois (1946-)*
GAMMICK, LA (1974)
TI-MINE, BERNIE PIS LA GANG (1976)
LUCIEN BROUILLARD (1983)
ANNÉES DE RÊVES, LES (1984)
CRIME D'OVIDE PLOUFFE, LE (1984)
ELVIS GRATTON (1985)
MATOU, LE (1985)
GASPARD ET FILS (1988)
COMMENT FAIRE L'AMOUR AVEC UN NÈGRE SANS SE FATIGUER (1989)
PARTY, LE (1989)
DOUBLURES (1993)
OREILLE D'UN SOURD, L' (1996)
DERNIER SOUFFLE, LE (1999)
ELVIS GRATTON II: MIRACLE À MEMPHIS (1999)
PETIT CIEL, LE (1999)
15 FÉVRIER 1839 (2000)

**POWELL, Dick**
*acteur américain (1904-1963)*
42nd STREET (1933)
ON THE AVENUE (1937)
CHRISTMAS IN JULY (1940)
IN THE NAVY (1941)
STAR SPANGLED RHYTHM (1942)
IT HAPPENED TOMORROW (1944)
MURDER, MY SWEET (1944)
CORNERED (1945)
PITFALL (1948)
STATION WEST (1948)
CRY DANGER (1950)
BAD AND THE BEAUTIFUL, THE (1952)

**POWELL, William**
*acteur américain (1892-1984)*
LAST COMMAND, THE (1928)
DISHONORED (1931)
EVELYN PRENTICE (1934)
MANHATTAN MELODRAMA (1934)
THIN MAN, THE (1934)
RECKLESS (1935)
AFTER THE THIN MAN (1936)
EX-MRS. BRADFORD, THE (1936)
GREAT ZIEGFIELD, THE (1936)
LIBELED LADY (1936)
MY MAN GODFREY (1936)
DOUBLE WEDDING (1937)
LAST OF MRS. CHEYNEY, THE (1937)
ANOTHER THIN MAN (1939)
I LOVE YOU AGAIN (1940)
LOVE CRAZY (1941)
SHADOW OF THE THIN MAN (1941)
THIN MAN GOES HOME, THE (1944)
SENATOR WAS INDISCREET, THE (1947)
SONG OF THE THIN MAN (1947)
MR. PEABODY AND THE MERMAID (1948)

HOW TO MARRY A MILLIONAIRE (1953)
MISTER ROBERTS (1955)

**POWER, Tyrone**
*acteur américain (1913-1958)*
BIG TRAIL, THE (1930)
LLOYD'S OF LONDON (1936)
ALEXANDER'S RAGTIME BAND (1938)
IN OLD CHICAGO (1938)
MARIE ANTOINETTE (1938)
JESSE JAMES (1939)
RAINS CAME, THE (1939)
ROSE OF WASHINGTON SQUARE, THE (1939)
SECOND FIDDLE (1939)
JOHNNY APOLLO (1940)
MARK OF ZORRO, THE (1940)
BLOOD AND SAND (1941)
BLACK SWAN, THE (1942)
SON OF FURY (1942)
CRASH DIVE (1943)
RAZOR'S EDGE, THE (1946)
CAPTAIN FROM CASTILE (1947)
RAWHIDE (1951)
PONY SOLDIER (1952)
LONG GRAY LINE, THE (1955)
EDDY DUCHIN STORY, THE (1956)

**PRESLEY, Elvis**
*acteur américain (1935-1977)*
LOVE ME TENDER (1956)
JAILHOUSE ROCK (1957)
KING CREOLE (1958)
FLAMING STAR (1960)
G.I. BLUES (1960)
BLUE HAWAII (1961)
FUN IN ACAPULCO (1963)
KISSIN' COUSINS (1963)
PARADISE, HAWAIIAN STYLE (1965)

**PRESTON, Kelly**
*actrice américaine (1962-)*
52 PICK-UP (1986)
CITIZEN RUTH (1996)
JERRY MAGUIRE (1996)
ADDICTED TO LOVE (1997)
NOTHING TO LOSE (1997)
HOLY MAN (1998)
FOR LOVE OF THE GAME (1999)

**PRICE, Vincent**
*acteur américain (1911-1993)*
PRIVATE LIVES OF ELIZABETH AND ESSEX, THE (1939)
HOUSE OF THE SEVEN GABLES, THE (1940)
INVISIBLE MAN RETURNS, THE (1940)
SONG OF BERNADETTE, THE (1943)
KEYS OF THE KINGDOM, THE (1944)
LAURA (1944)
LEAVE HER TO HEAVEN (1945)
LONG NIGHT, THE (1947)
THREE MUSKETEERS, THE (1948)
CHAMPAGNE FOR CAESAR (1950)
HOUSE OF WAX (1953)
TEN COMMANDMENTS, THE (1956)
FLY, THE (1958)
HOUSE ON HAUNTED HILL (1959)
RETURN OF THE FLY, THE (1959)
TINGLER, THE (1959)
FALL OF THE HOUSE OF USHER, THE (1960)
MASTER OF THE WORLD (1961)
PIT AND THE PENDULUM, THE (1961)
TALES OF TERROR (1962)
TOWER OF LONDON (1962)
BEACH PARTY (1963)
DIARY OF A MADMAN (1963)
HAUNTED PALACE, THE (1963)

RAVEN, THE (1963)
COMEDY OF TERRORS, THE (1964)
MASQUE OF THE RED DEATH, THE (1964)
TOMB OF LIGEIA (1965)
DR. GOLDFOOT AND THE BIKINI MACHINE (1966)
DR. GOLDFOOT AND THE GIRL BOMBS (1966)
HOUSE OF 1,000 DOLLS (1967)
CONQUEROR WORM, THE (1968)
CRY OF THE BANSHEE (1970)
SCREAM AND SCREAM AGAIN (1970)
ABOMINABLE DR. PHIBES, THE (1971)
DR. PHIBES RISES AGAIN (1972)
THEATRE OF BLOOD (1973)
MADHOUSE (1974)
HOUSE OF THE LONG SHADOWS (1982)
BACKTRACK (1988)
EDWARD SCISSORHANDS (1990)

**PROCHNOW, Jürgen**
*acteur allemand (1957-)*
HONNEUR PERDU DE KATHARINA BLUM, L' (1975)
BATEAU, LE (1981)
KEEP, THE (1983)
DUNE (1984)
SEVENTH SIGN, THE (1988)
DRY WHITE SEASON, A (1989)
FOURTH WAR, THE (1990)
MAN INSIDE, THE (1990)
BODY OF EVIDENCE (1992)
IN THE MOUTH OF MADNESS (1994)
JUDGE DREDD (1995)
ENGLISH PATIENT, THE (1996)
AIR FORCE ONE (1997)
REPLACEMENT KILLERS, THE (1997)

**PROULX, LUC**
*acteur québécois*
FANTÔMES DES TROIS MADELEINE, LES (2000)
OREILLE D'UN SOURD, L' (1996)
CŒUR AU POING, LE (1998)
FULL BLAST (1999)
15 FÉVRIER 1839 (2000)

**PROVOST, Guy**
*acteur québécois (1925-)*
HOMME ET SON PÉCHÉ, UN (1949)
SÉRAPHIN (1949)
AVENTURES D'UNE JEUNE VEUVE, LES (1974)
ORDRES, LES (1974)
HOLD-UP (1985)
FRÈRE ANDRÉ, LE (1987)
CONCIERGERIE, LA (1997)

**PRYCE, Jonathan**
*acteur anglais (1947-)*
BRAZIL (1985)
CARRINGTON (1995)
EVITA (1996)
REGENERATION (1997)
TOMORROW NEVER DIES (1997)
RONIN (1998)
STIGMATA (1999)
GAME OF DEATH, THE (2000)

**PRYOR, Richard**
*acteur américain (1940-)*
DYNAMITE CHICKEN (1971)
LADY SINGS THE BLUES (1972)
HIT! (1973)
CAR WASH (1976)
SILVER STREAK (1976)
BLUE COLLAR (1978)
CALIFORNIA SUITE (1978)
IN GOD WE TRU$T (1980)
STIR CRAZY (1980)
SUPERMAN III (1983)
HARLEM NIGHTS (1989)

**PULLMAN, Bill**
*acteur américain (1954-)*
SPACEBALLS (1987)
ACCIDENTAL TOURIST, THE (1988)
SERPENT AND THE RAINBOW, THE (1988)
COLD FEET (1989)
SIBLING RIVALRY (1990)
LIEBESTRAUM (1991)
LEAGUE OF THEIR OWN, A (1992)
NEWSIES (1992)
SINGLES (1992)
SOMMERSBY (1992)
MALICE (1993)
MR. JONES (1993)
SLEEPLESS IN SEATTLE (1993)
FAVOR, THE (1994)
LAST SEDUCTION, THE (1994)
CASPER (1995)
INDEPENDANCE DAY (1996)
LOST HIGHWAY (1996)
MR. WRONG (1996)
END OF VIOLENCE, THE (1997)
BROKEDOWN PALACE (1999)
LAKE PLACID (1999)
LUCKY NUMBERS (2000)
TITAN A.E. (2000)

**QUAID, Dennis**
*acteur américain (1954-)*
SEPTEMBER 30, 1955 (1978)
BREAKING AWAY (1979)
LONG RIDERS, THE (1980)
CAVEMAN (1981)
JAWS 3 (1983)
RIGHT STUFF, THE (1983)
TOUGH ENOUGH (1983)
DREAMSCAPE (1984)
ENEMY MINE (1986)
BIG EASY, THE (1987)
INNERSPACE (1987)
SUSPECT (1987)
D.O.A. (1988)
EVERYBODY'S ALL-AMERICAN (1988)
GREAT BALLS OF FIRE! (1989)
COME SEE THE PARADISE (1990)
POSTCARDS FROM THE EDGE (1990)
FLESH AND BONE (1993)
SOMETHING TO TALK ABOUT (1995)
DRAGONHEART (1996)
SWITCHBACK (1997)
PARENT TRAP, THE (1998)
PLAYING BY HEART (1998)
ANY GIVEN SUNDAY (1999)
FREQUENCY (2000)
TRAFFIC (2000)

**QUAID, Randy**
*acteur américain (1953-)*
LAST PICTURE SHOW, THE (1971)
LAST DETAIL, THE (1973)
PAPER MOON (1973)
APPRENTICESHIP OF DUDDY KRAVITZ, THE (1974)
BOUND FOR GLORY (1976)
MISSOURI BREAKS, THE (1976)
MIDNIGHT EXPRESS (1978)
GUYANA TRAGEDY: THE STORY OF JIM JONES (1980)
LONG RIDERS, THE (1980)
HEARTBEEPS (1981)
FOOL FOR LOVE (1986)
NO MAN'S LAND (1987)
SWEET COUNTRY (1988)
BLOODHOUNDS OF BROADWAY (1989)
NATIONAL LAMPOON'S CHRISTMAS VACATION (1989)
OUT COLD (1989)
PARENTS (1989)
DAYS OF THUNDER (1990)
QUICK CHANGE (1990)
TEXASVILLE (1990)
MURDER IN THE HEARTLAND (1993)
CURSE OF THE STARVING CLASS, THE (1994)
PAPER, THE (1994)
INDEPENDANCE DAY (1996)
KINGPIN (1996)
LAST DANCE (1996)
HARD RAIN (1998)
ADVENTURES OF ROCKY AND BULLWINKLE, THE (2000)

**QUINN, Aidan**
*acteur américain (1959-)*
DESPERATELY SEEKING SUSAN (1985)
EARLY FROST, AN (1986)
MISSION, THE (1986)
STAKEOUT (1987)
CRUSOE (1988)
AVALON (1990)
HANDMAID'S TALE, THE (1990)
AT PLAY IN THE FIELDS OF THE LORD (1991)
LIES OF THE TWINS (1991)
PLAYBOYS, THE (1992)
BENNY & JOON (1993)
BLINK (1994)
LEGENDS OF THE FALL (1994)
MARY SHELLEY'S FRANKENSTEIN (1994)
LUMIÈRE ET COMPAGNIE (1995)
STARS FELL ON HENRIETTA, THE (1995)
COMMANDMENTS (1996)
LOOKING FOR RICHARD (1996)
MICHAEL COLLINS (1996)
ASSIGNMENT, THE (1997)
IN DREAMS (1998)
PRACTICAL MAGIC (1998)
MUSIC OF THE HEART (1999)

**QUINN, Anthony**
*acteur mexicain (1915-2001)*
GHOST BREAKERS, THE (1940)
ROAD TO SINGAPORE (1940)
BLOOD AND SAND (1941)
BLACK SWAN, THE (1942)
ROAD TO MOROCCO (1942)
GUADALCANAL DIARY (1943)
OX-BOW INCIDENT, THE (1943)
BACK TO BATAAN (1945)
SINBAD THE SAILOR (1947)
BLOWING WILD (1954)
STRADA, LA (1954)
MAGNIFICENT MATADOR, THE (1955)
LUST FOR LIFE (1956)
NOTRE-DAME DE PARIS (1957)
BLACK ORCHID, THE (1958)
HELLER IN PINK TIGHTS (1959)
SAVAGE INNOCENTS, THE (1959)
PORTRAIT IN BLACK (1960)
BARABBAS (1961)
GUNS OF NAVARONE, THE (1961)
LAWRENCE OF ARABIA (1962)
REQUIEM FOR A HEAVYWEIGHT (1962)
BEHOLD A PALE HORSE (1964)
BATAILLE DE SAN SEBASTIAN, LA (1968)
SHOES OF THE FISHERMAN, THE (1968)
SECRET OF SANTA VITTORIA, THE (1969)
R.P.M. (1970)
ACROSS 110th STREET (1972)
DON IS DEAD, THE (1973)

HÉRITAGE, L' (1976)
MESSAGE, THE (MOHAMMED, MESSENGER OF GOD) (1976)
GREEK TYCOON, THE (1978)
LION OF THE DESERT (1981)
MAN OF PASSION, A (1988)
REVENGE (1990)
JUNGLE FEVER (1991)
MOBSTERS (1991)
ONLY THE LONELY (1991)
LAST ACTION HERO (1993)
SOMEBODY TO LOVE (1994)

**RABAL, Francisco**
*acteur espagnol (1925-)*
NAZARIN (1958)
RELIGIEUSE, LA (1966)
BELLE DE JOUR (1967)
SORCERER (1977)
STILTS (LOS ZANCOS), THE (1984)
CAMORRA (1985)
PADRE NUESTRO (1985)
HEURE DES SORTILÈGES, L' (1986)
TEMPS DU SILENCE, LE (1986)
ATTACHE-MOI! (1990)
MANUEL, LE FILS EMPRUNTÉ (1990)
AUTRE, L' (1991)
JOUR ET LA NUIT, LE (1997)
PAJARICO - PETIT OISEAU SOLITAIRE (1997)

**RAFT, George**
*acteur américain (1895 -1980)*
NIGHT AFTER NIGHT (1932)
SCARFACE (1932)
SOULS AT SEA (1937)
SPAWN OF THE NORTH (1938)
THEY DRIVE BY NIGHT (1940)
FOLLOW THE BOYS (1944)
JOHNNY ANGEL (1945)
NOCTURNE (1946)
SOME LIKE IT HOT (1959)
OCEAN'S ELEVEN (1960)
LADIES' MAN, THE (1961)
PATSY, THE (1964)
CASINO ROYALE (1967)
HAMMERSMITH IS OUT (1972)
SEXTETTE (1977)
MAN WITH BOGART'S FACE, THE (1980)

**RAIMU**
*acteur français (1883-1946)*
MARIUS (1931)
FANNY (1932)
CÉSAR (1936)
FAISONS UN RÊVE (1936)
PERLES DE LA COURONNE, LES (1937)
FEMME DU BOULANGER, LA (1938)
COLONEL CHABERT, LE (1943)

**RAINS, Claude**
*acteur anglais (1889-1967)*
INVISIBLE MAN, THE (1933)
MYSTERY OF EDWIN DROOD, THE (1935)
ANTHONY ADVERSE (1936)
PRINCE AND THE PAUPER, THE (1937)
ADVENTURES OF ROBIN HOOD, THE (1938)
FOUR DAUGHTERS (1938)
MR. SMITH GOES TO WASHINGTON (1939)
THEY MADE ME A CRIMINAL (1939)
SEA HAWK, THE (1940)
HERE COMES MR. JORDAN (1941)
KINGS ROW (1942)
NOW, VOYAGER (1942)
CASABLANCA (1943)
CASABLANCA (SPECIAL EDITION) (1943)
PHANTOM OF THE OPERA (1943)
PASSAGE TO MARSEILLES (1944)
NOTORIOUS (1946)
LOST WORLD, THE (1960)
LAWRENCE OF ARABIA (1962)
GREATEST STORY EVER TOLD, THE (1965)

**RAMBEAU, Marjorie**
*actrice américaine (1889-1970)*
MIN AND BILL (1930)
INSPIRATION (1931)
LAUGHING SINNERS (1931)
PRIMROSE PATH, THE (1940)
ANY NUMBER CAN PLAY (1949)

**RAMPLING, Charlotte**
*actrice anglaise (1946-)*
KNACK, AND HOW TO GET IT, THE (1965)
GEORGY GIRL (1966)
DAMNÉS, LES (1969)
ASYLUM (1972)
NIGHT PORTER, THE (1973)
FAIS VITE AVANT QUE MA FEMME REVIENNE (1975)
FAREWELL, MY LOVELY (1975)
TAXI MAUVE, UN (1976)
ORCA (1977)
STARDUST MEMORIES (1980)
ON NE MEURT QUE DEUX FOIS (1985)
ANGEL HEART (1986)
MAX, MON AMOUR (1986)
MASCARA (1987)
D.O.A. (1988)
SIGNS AND WONDERS (2000)

**RANDALL, Tony**
*acteur américain (1920-)*
PILLOW TALK (1959)
ADVENTURES OF HUCKLEBERRY FINN, THE (1960)
LET'S MAKE LOVE (1960)
LOVER COME BACK (1961)
BOY'S NIGHT OUT (1962)
7 FACES OF DR. LAO (1964)
BRASS BOTTLE, THE (1964)
ROBIN AND THE SEVEN HOODS (1964)
SEND ME NO FLOWERS (1964)
ALPHABET MURDERS, THE (1966)
EVERYTHING YOU ALWAYS WANTED TO KNOW ABOUT SEX BUT WERE AFRAID TO ASK (1972)
KING OF COMEDY, THE (1982)
FATAL INSTINCT (1993)

**RAPAPORT, Michael**
*acteur américain (1970-)*
HIGHER LEARNING (1994)
MIGHTY APHRODITE (1995)
BEAUTIFUL GIRLS (1996)
COPLAND (1997)
METRO (1997)
SUBWAY STORIES (1997)
PALMETTO (1998)
DEEP BLUE SEA (1999)
6TH DAY, THE (2000)
BAMBOOZLED (2000)
LUCKY NUMBERS (2000)
MEN OF HONOR (2000)
SMALL TIME CROOKS (2000)

**RATHBONE, Basil**
*acteur anglais (1892-1967)*
ANNA KARENINA (1935)
CAPTAIN BLOOD (1935)
DAVID COPPERFIELD (1935)
ADVENTURES OF MARCO POLO, THE (1938)
ADVENTURES OF ROBIN HOOD, THE (1938)
DAWN PATROL, THE (1938)
IF I WERE KING (1938)
ADVENTURES OF SHERLOCK HOLMES, THE (1939)
HOUND OF THE BASKERVILLES, THE (1939)
SON OF FRANKENSTEIN (1939)
TOWER OF LONDON (1939)
MARK OF ZORRO, THE (1940)
RHYTHM ON THE RIVER (1940)
BLACK CAT, THE (1941)
INTERNATIONAL LADY (1941)
SHERLOCK HOLMES AND THE SECRET WEAPON (1942)
SHERLOCK HOLMES AND THE VOICE OF TERROR (1942)
ABOVE SUSPICION (1943)
SHERLOCK HOLMES IN WASHINGTON (1943)
BATHING BEAUTY (1944)
FRENCHMAN'S CREEK (1944)
PEARL OF DEATH, THE (1944)
SCARLET CLAW, THE (1944)
SHERLOCK HOLMES AND THE SPIDER WOMAN (1944)
HOUSE OF FEAR, THE (1945)
PURSUIT TO ALGIERS (1945)
DRESSED TO KILL (1946)
TERROR BY NIGHT (1946)
CASANOVA'S BIG NIGHT (1954)
COURT JESTER, THE (1956)
LAST HURRAH, THE (1958)
TALE OF TWO CITIES, A (1958)
MAGIC SWORD, THE (1962)
TALES OF TERROR (1962)
COMEDY OF TERRORS, THE (1964)
HILLBILLYS IN A HAUNTED HOUSE (1967)
ROMEO & JULIET (1968)

**RAY, Aldo**
*acteur américain (1926-1991)*
MARRYING KIND, THE (1952)
BATTLE CRY (1955)
MEN IN WAR (1957)
GOD'S LITTLE ACRE (1958)

**RAYE, Martha**
*actrice américaine (1916-1994)*
RHYTHM ON THE RANGE (1936)
BIG BROADCAST OF 1938, THE (1938)
COLLEGE SWING (1938)
GIVE ME A SAILOR (1938)
NEVER SAY DIE (1939)
KEEP'EM FLYING (1941)
PIN UP GIRL (1944)
MONSIEUR VERDOUX (1947)
PUFNSTUF (1970)

**REAGAN, Ronald**
*acteur américain (1911-)*
DARK VICTORY (1939)
KNUTE ROCKNE, ALL AMERICAN (1940)
SANTA FE TRAIL (1940)
KINGS ROW (1942)
BEDTIME FOR BONZO (1951)
LAW AND ORDER (1953)
TENNESSEE'S PARTNER (1955)
KILLERS, THE (1964)

**REBHORN, James**
*acteur américain*
SCENT OF A WOMAN (1992)
CARLITO'S WAY (1993)
8 SECONDS (1994)
GAME, THE (1997)
SNOW FALLING ON CEDARS (1999)
ADVENTURES OF ROCKY AND BULLWINKLE, THE (2000)
MEET THE PARENTS (2000)

**REDFORD, Robert**
*acteur américain (1937-)*
INSIDE DAISY CLOVER (1965)
CHASE, THE (1966)
THIS PROPERTY IS CONDEMNED (1966)
BAREFOOT IN THE PARK (1967)
BUTCH CASSIDY & THE SUNDANCE KID (1969)
DOWNHILL RACER (1969)
TELL THEM WILLIE BOY IS HERE (1969)
CANDIDATE, THE (1972)
JEREMIAH JOHNSON (1972)
STING, THE (1973)
GREAT GATSBY, THE (1974)
3 DAYS OF THE CONDOR (1975)
GREAT WALDO PEPPER, THE (1975)
ALL THE PRESIDENT'S MEN (1976)
BRIDGE TOO FAR, A (1977)
ELECTRIC HORSEMAN, THE (1979)
BRUBAKER (1980)
NATURAL, THE (1984)
LEGAL EAGLES (1986)
OUT OF AFRICA (1986)
HAVANA (1990)
RIVER RUNS THROUGH IT, A (1992)
SNEAKERS (1992)
INDECENT PROPOSAL (1993)
HORSE WHISPERER, THE (1998)

**REDGRAVE, Michael**
*acteur anglais (1908-1985)*
SECRET AGENT (1936)
LADY VANISHES, THE (1938)
DEAD OF NIGHT (1946)
SECRET BEYOND THE DOOR (1948)
BROWNING VERSION, THE (1951)
IMPORTANCE OF BEING EARNEST, THE (1952)
CONFIDENTIAL REPORT (MR. ARKADIN) (1955)
TIME WITHOUT PITY (1956)
SHAKE HANDS WITH THE DEVIL (1959)
INNOCENTS, THE (1961)
LONELINESS OF THE LONG DISTANCE RUNNER, THE (1962)
HEROES OF TELEMARK, THE (1965)
HILL, THE (1965)
BATTLE OF BRITAIN (1969)
GOODBYE, MR. CHIPS (1969)
NICHOLAS AND ALEXANDRA (1971)

**REDGRAVE, Vanessa**
*actrice anglaise (1937-)*
MAN FOR ALL SEASONS, A (1966)
MORGAN: A SUITABLE CASE FOR TREATMENT (1966)
BLOW-UP (1967)
CAMELOT (1967)
CHARGE OF THE LIGHT BRIGADE, THE (1968)
ISADORA (1968)
DEVILS, THE (1971)
MARY, QUEEN OF SCOTS (1971)
MURDER ON THE ORIENT EXPRESS (1974)
SEVEN PERCENT SOLUTION, THE (1976)
AGATHA (1977)
JULIA (1977)
BEAR ISLAND (1980)
BOSTONIANS, THE (1984)
STEAMING (1984)
PRICK UP YOUR EARS (1987)
MAN FOR ALL SEASONS, A (1988)
ORPHEUS DESCENDING (1990)
HOUSE OF THE SPIRITS, THE (1993)
MOTHER'S BOYS (1993)
LITTLE ODESSA (1994)
MONTH BY THE LAKE, A (1995)
LOOKING FOR RICHARD (1996)
MISSION: IMPOSSIBLE (1996)
DÉJÀ VU (1997)
MRS. DALLOWAY (1997)
DEEP IMPACT (1998)
LULU ON THE BRIDGE (1998)
CRADLE WILL ROCK (1999)
GIRL, INTERRUPTED (1999)
IF THESE WALLS COULD TALK II (2000)
PLEDGE, THE (2001)

**REED, Donna**
*actrice américaine (1921-1986)*
EYES IN THE NIGHT (1942)
HUMAN COMEDY, THE (1943)
PICTURE OF DORIAN GRAY, THE (1945)
THEY WERE EXPANDABLE (1945)
GREEN DOLPHIN STREET (1947)
IT'S A WONDERFUL LIFE (1947)
HANGMAN'S KNOT (1952)
CADDY, THE (1953)
FROM HERE TO ETERNITY (1953)
GUN FURY (1953)
BENNY GOODMAN STORY, THE (1955)

**REED, Oliver**
*acteur anglais (1938-1999)*
CURSE OF THE WEREWOLF, THE (1961)
PARANOIAC (1963)
GIRL-GETTERS, THE (1966)
ASSASSINATION BUREAU, THE (1968)
DANTE'S INFERNO (1968)
OLIVER! (1968)
WOMEN IN LOVE (1969)
DEVILS, THE (1971)
THREE MUSKETEERS, THE (1974)
FOUR MUSKETEERS, THE (1975)
TEN LITTLE INDIANS (1975)
TOMMY (1975)
BURNT OFFERINGS (1976)
BROOD, THE (1979)
CONDORMAN (1981)
LION OF THE DESERT (1981)
CASTAWAY (1986)
CAPTIVE (1987)
ADVENTURES OF BARON MUNCHAUSEN, THE (1989)
RETURN OF THE MUSKETEERS, THE (1989)
PIT AND THE PENDULUM, THE (1991)
FUNNY BONES (1995)
GLADIATOR, THE (2000)

**REED, Pamela**
*actrice américaine (1949-)*
LONG RIDERS, THE (1980)
MELVIN AND HOWARD (1980)
EYEWITNESS (1981)
RIGHT STUFF, THE (1983)
CLAN OF THE CAVE BEAR, THE (1986)
CADILLAC MAN (1990)
CHATTAHOOCHEE (1990)
KINDERGARTEN COP (1990)
BOB ROBERTS (1992)
PASSED AWAY (1992)
JUNIOR (1994)
BEAN: THE ULTIMATE DISASTER MOVIE (1997)
PROOF OF LIFE (2000)

**REEVE, Christopher**
*acteur américain (1952-)*
SUPERMAN: THE MOVIE (1978)
SOMEWHERE IN TIME (1980)
SUPERMAN II (1980)
DEATHTRAP (1982)
MONSIGNOR (1982)
SUPERMAN III (1983)
BOSTONIANS, THE (1984)
AVIATOR, THE (1985)
STREET SMART (1987)
SUPERMAN IV: THE QUEST FOR PEACE (1987)
SWITCHING CHANNELS (1988)
NOISES OFF! (1992)
REMAINS OF THE DAY, THE (1993)
SPEECHLESS (1994)

**REEVES, Keanu**
*acteur américain (1965-)*
RIVER'S EDGE (1986)
DANGEROUS LIAISONS (1988)
PERMANENT RECORD (1988)
PRINCE OF PENNSYLVANIA, THE (1988)
BILL AND TED'S EXCELLENT ADVENTURE (1989)
I LOVE YOU TO DEATH (1990)
PARENTHOOD (1990)
BILL AND TED'S BOGUS JOURNEY (1991)
MY OWN PRIVATE IDAHO (1991)
POINT BREAK (1991)
BRAM STOKER'S DRACULA (1992)
MUCH ADO ABOUT NOTHING (1993)
EVEN COWGIRLS GET THE BLUES (1994)
LITTLE BUDDHA (1994)
SPEED (1994)
JOHNNY MNEMONIC (1995)
CHAIN REACTION (1996)
FEELING MINNESOTA (1996)
DEVIL'S ADVOCATE (1997)
MATRIX, THE (1999)
GIFT, THE (2000)
REPLACEMENTS, THE (2000)

**REGGIANI, Serge**
*acteur français (1922-)*
RONDE, LA (1950)
CASQUE D'OR (1951)
NAPOLÉON (1954)
MISÉRABLES, LES (1957)
PARIS BLUES (1961)
DOULOS, LE (1962)
GUÉPARD, LE (1962)
AVENTURIERS, LES (1966)
CAÏDS, LES (1973)
TOUCHE PAS À LA FEMME BLANCHE (1974)
BON ET LES MÉCHANTS, LE (1975)
CHAT ET LA SOURIS, LE (1975)
FANTASTICA (1980)
MAUVAIS SANG (1986)
IL Y A DES JOURS... ET DES LUNES (1990)
PLEIN FER (1990)
J'AI ENGAGÉ UN TUEUR (1991)

**REID, Kate**
*actrice anglaise (1930-1993)*
ANDROMEDA STRAIN, THE (1971)
ATLANTIC CITY (1980)
DEATH OF A SALESMAN (1985)
MURDER IN THE HEARTLAND (1993)

**REINER, Rob**
*acteur américain (1945-)*
JERK, THE (1979)
THIS IS SPINAL TAP (1984)
THROW MOMMA FROM THE TRAIN (1987)
MISERY (1990)
POSTCARDS FROM THE EDGE (1990)
FOR BETTER AND FOR WORSE (1992)
SLEEPLESS IN SEATTLE (1993)
BULLETS OVER BROADWAY (1994)
MIXED NUTS (1994)
FIRST WIVES CLUB, THE (1996)
PRIMARY COLORS (1998)
ED TV (1999)
STORY OF US, THE (1999)

**REMICK, Lee**
*actrice américaine (1935-1991)*
FACE IN THE CROWD, A (1957)
LONG HOT SUMMER, THE (1958)
ANATOMY OF A MURDER (1959)
DAYS OF WINE AND ROSES (1962)
EXPERIMENT IN TERROR (1962)
BABY, THE RAIN MUST FALL (1965)
HALLELUJAH TRAIL, THE (1965)
NO WAY TO TREAT A LADY (1968)
SOMETIMES A GREAT NOTION (1971)
OMEN, THE (1976)
TELEFON (1977)
EUROPEANS, THE (1979)
COMPETITION, THE (1980)

**RENAUD, Gilles**
*acteur québécois (1944-)*
JE SUIS LOIN DE TOI MIGNONNE (1976)
ONE MAN (1977)
CUISINE ROUGE, LA (1979)
FANTASTICA (1980)
HOMME À TOUT FAIRE, L' (1980)
PLOUFFE, LES (1981)
FEMME DE L'HÔTEL, LA (1984)
JOURNÉE EN TAXI, UNE (1984)
DAME EN COULEURS, LA (1985)
FRÈRE ANDRÉ, LE (1987)
SOUS LES DRAPS, LES ÉTOILES (1989)
AMOUREUX FOU (1991)
SEXE DES ÉTOILES, LE (1993)
FEMME QUI BOIT, LA (2001)

**RENO, Jean**
*acteur français (1948-)*
HYPOTHÈSE DU TABLEAU VOLÉ, L' (1978)
DERNIER COMBAT, LE (1982)
PASSANTE DU SANS-SOUCI, LA (1982)
NOTRE HISTOIRE (1984)
SUBWAY (1985)
I LOVE YOU (1986)
GRAND BLEU, LE (1988)
NIKITA (1990)
OPÉRATION CORNED BEEF (1992)
LEON: THE PROFESSIONAL (1994)
FRENCH KISS (1995)
PAR-DELÀ LES NUAGES (1995)
FOR ROSEANNA (1996)
JAGUAR, LE (1996)
MISSION: IMPOSSIBLE (1996)
AMOUR DE SORCIÈRE, UN (1997)
GODZILLA (1998)
RONIN (1998)
RIVIÈRES POURPRES, LES (2000)

**RENOIR, Jean**
*acteur français (1894-1979)*
PARTIE DE CAMPAGNE, UNE (1936)
GRANDE ILLUSION LA (1937)
BÊTE HUMAINE, LA (1938)
RÈGLE DU JEU, LA (1939)
PETIT THÉÂTRE DE JEAN RENOIR, LE (1969)

**RENUCCI, Robin**
*acteur français (1956-)*
INVITATION AU VOYAGE (1982)
QUARANTIÈMES RUGISSANTS, LES (1982)
COUP DE FOUDRE (1983)
MOTS POUR LE DIRE, LES (1983)
PETITE BANDE, LA (1983)
FORT SAGANNE (1984)
ESCALIER C (1985)
AMANT MAGNIFIQUE, L' (1986)
MAL D'AIMER, LE (1986)
ÉTATS D'ÂME (1986)
BLANC DE CHINE (1987)
MASQUES (1987)
DAMES GALANTES (1990)
FAUX ET USAGE DE FAUX (1990)
PUTAIN DU ROI, LA (1990)
DEUX FRAGONARD, LES (1997)
ENFANTS DU SIÈCLE, LES (1999)

**REVILL, Clive**
*acteur néo-zélandais (1930-)*
HEADLESS GHOST, THE (1959)
KALEIDOSCOPE (1966)
AVANTI! (1972)
LEGEND OF HELL HOUSE, THE (1973)

**REY, Fernando**
*acteur espagnol (1915-1994)*
MIRACLE OF MARCELINO, THE (1955)
NAVAJO JOE (1966)
RETURN OF THE MAGNIFICIENT SEVEN (1966)
GUNS OF THE MAGNIFICENT SEVEN (1969)
COLD EYES OF FEAR (1971)
FRENCH CONNECTION, THE (1971)
CHARME DISCRET DE LA BOURGEOISIE, LE (1974)
FEMME AUX BOTTES ROUGES, LA (1974)
GRANDE BOURGEOISE, LA (1974)
FRENCH CONNECTION II (1975)
JESUS OF NAZARETH (1976)
SEVEN BEAUTIES (PASQUALINO) (1976)
CET OBSCUR OBJET DU DÉSIR (1977)
CHASTE ET PURE (1977)
ÉLISA MON AMOUR (1977)
DERNIER AMANT ROMANTIQUE, LE (1978)
QUINTET (1978)
GRAND EMBOUTEILLAGE, LE (1979)
MONSIGNOR (1982)
AMOUR INTERDIT, UN (1984)
HIT, THE (1984)
PADRE NUESTRO (1985)
MOON OVER PARADOR (1988)
NAKED TANGO (1991)
1492: CONQUEST OF PARADISE (1992)

**REYNOLDS, Burt**
*acteur américain (1936-)*
NAVAJO JOE (1966)
EVERYTHING YOU ALWAYS WANTED TO KNOW ABOUT SEX BUT WERE AFRAID TO ASK (1972)
DELIVERANCE (1973)
MAN WHO LOVED CAT DANCING, THE (1973)
SHAMUS (1973)
LONGEST YARD, THE (1974)
HUSTLE (1975)
SILENT MOVIE (1976)
SMOKEY AND THE BANDIT (1977)
STARTING OVER (1979)
SMOKEY AND THE BANDIT 2 (1980)
CANNONBALL RUN, THE (1981)
BEST LITTLE WHOREHOUSE IN TEXAS, THE (1982)
STROKER ACE (1983)
CITY HEAT (1984)
SWITCHING CHANNELS (1988)
BREAKING IN (1989)
PLAYER, THE (1992)
CITIZEN RUTH (1996)
STRIPTEASE (1996)
BOOGIE NIGHTS (1997)
RAVEN (1997)
MYSTERY, ALASKA (1999)

**RHAMES, Ving**
*acteur américain (1961-)*
CON AIR (1995)
STRIPTEASE (1996)
ROSEWOOD (1997)
OUT OF SIGHT (1998)
BRINGING OUT THE DEAD (1999)
ENTRAPMENT (1999)
MISSION: IMPOSSIBLE II (2000)

**RICH, Claude**
*acteur français (1929-)*
SEPT PÉCHÉS CAPITAUX, LES (1952)
NI VU, NI CONNU (1958)
CAPORAL ÉPINGLÉ, LE (1961)
SEPT PÉCHÉS CAPITAUX, LES (1962)
CHASSE À L'HOMME, LA (1964)
COPAINS, LES (1964)
MARIÉE ÉTAIT EN NOIR, LA (1968)
RACE DES SEIGNEURS, LA (1974)
STAVISKY (1974)
ADIEU POULET (1975)
CRABE TAMBOUR, LE (1977)
GUERRE DES POLICES, LA (1979)
REVANCHE, LA (1981)
MOTS POUR LE DIRE, LES (1983)
MARIA CHAPDELAINE (1984)
ESCALIER C (1985)
ADIEU, JE T'AIME (1987)
CIGOGNES N'EN FONT QU'À LEUR TÊTE, LES (1989)
PROMOTION CANAPÉ (1990)
ACCOMPAGNATRICE, L' (1992)
SOUPER, LE (1992)
COLONEL CHABERT, LE (1994)
DIS-MOI OUI (1994)
FILLE DE D'ARTAGNAN, LA (1994)
CAPITAINE CONAN (1996)
JARDIN DES PLANTES, LE (1996)
HOMÈRE: LA DERNIÈRE ODYSSÉE (1997)
LAUTREC (1998)
BÛCHE, LA (1999)
DERRIÈRE, LE (1999)

**RICHARD, Pierre**
*acteur français (1934-)*
ALEXANDRE LE BIENHEUREUX (1968)
DISTRAIT, LE (1970)
GRAND BLOND AVEC UNE CHAUSSURE NOIRE, LE (1972)
RETOUR DU GRAND BLOND, LE (1974)
COURSE À L'ÉCHALOTE (1975)
JOUET, LE (1976)
JE SUIS TIMIDE... MAIS JE ME SOIGNE (1978)
C'EST PAS MOI, C'EST LUI (1980)
CHÈVRE, LA (1981)
CHIEN DANS UN JEU DE QUILLES, UN (1982)
COMPÈRES, LES (1983)
JUMEAU, LE (1984)
FUGITIFS, LES (1987)
À GAUCHE EN SORTANT DE L'ASCENSEUR (1988)
ON PEUT TOUJOURS RÊVER (1990)
CAVALE DES FOUS, LA (1993)
PARTIE D'ÉCHECS, LA (1993)
AMOUR CONJUGAL, L' (1995)
MILLE ET UNE RECETTES DU CUISINIER AMOUREUX, LES (1998)

**RICHARDSON, Miranda**
*actrice anglaise (1958-)*
DANCE WITH A STRANGER (1985)
EAT THE RICH (1987)
EMPIRE OF THE SUN (1987)
FOOL, THE (1990)
CRYING GAME, THE (1992)
DAMAGE (1992)
ENCHANTED APRIL (1992)
CENTURY (1993)
NIGHT AND THE MOMENT, THE (1994)
TOM & VIV (1994)

FATHERLAND (1995)
SWANN (1995)
KANSAS CITY (1996)
APOSTLE, THE (1997)
BIG BRASS RING, THE (1999)
SLEEPY HOLLOW (1999)
GET CARTER (2000)

**RICHARDSON, Natasha**
*actrice anglaise (1963-)*
GOTHIC (1986)
MONTH IN THE COUNTRY, A (1987)
PATTY HEARST (1988)
FAT MAN AND LITTLE BOY (1989)
COMFORT OF STRANGERS, THE (1990)
HANDMAID'S TALE, THE (1990)
FAVOUR, THE WATCH AND THE VERY BIG FISH, THE (1992)
NELL (1994)

**RICHARDSON, Ralph**
*acteur anglais (1902-1983)*
MAN WHO COULD WORK MIRACLES, THE (1936)
THINGS TO COME (1936)
CITADEL, THE (1938)
DIVORCE OF LADY X, THE (1938)
SOUTH RIDING (1938)
CLOUDS OVER EUROPE (1939)
FOUR FEATHERS (1939)
FALLEN IDOL, THE (1948)
HEIRESS, THE (1949)
RICHARD III (1955)
EXODUS (1960)
LONG DAY'S JOURNEY INTO NIGHT (1962)
DOCTOR ZHIVAGO (1965)
KHARTOUM (1966)
BATTLE OF BRITAIN (1969)
DOLL'S HOUSE, A (1973)
O, LUCKY MAN! (1973)
ROLLERBALL (1974)
JESUS OF NAZARETH (1976)
FOUR FEATHERS, THE (1977)
MAN IN THE IRON MASK, THE (1977)
DRAGONSLAYER (1981)
TIME BANDITS (1982)
GIVE MY REGARDS TO BROAD STREET (1984)
GREYSTOKE: THE LEGEND OF TARZAN (1984)

**RICKMAN, Alan**
*acteur anglais (1946-)*
DIE HARD (1988)
JANUARY MAN, THE (1989)
CLOSET LAND (1990)
QUIGLEY DOWN UNDER (1990)
ROBIN HOOD: PRINCE OF THIEVES (1991)
BOB ROBERTS (1992)
CLOSE MY EYES (1992)
FALLEN ANGELS (1993)
MESMER (1994)
AWFULLY BIG ADVENTURE, AN (1995)
LUMIÈRE ET COMPAGNIE (1995)
RASPUTIN, DARK SERVANT OF DESTINY (1995)
SENSE AND SENSIBILITY (1995)
JUDAS KISS (1998)
DOGMA (1999)
GALAXY QUEST (1999)

**RIEGERT, Peter**
*acteur américain (1947-)*
CROSSING DELANCEY (1947)
LOCAL HERO (1983)
OSCAR (1991)
GYPSY (1993)
INFINITY (1996)
PASSION OF MIND (2000)

**RINGWALD, Molly**
*actrice américaine (1968-)*
BREAKFAST CLUB, THE (1985)
KING LEAR (1987)
PICK-UP ARTIST, THE (1987)
FOR KEEPS (1988)
FRESH HORSES (1988)
STAND, THE (1993)
TEACHING MRS. TINGLE (1999)

**RIOUX, Geneviève**
*actrice québécoise (1963-)*
DÉCLIN DE L'EMPIRE AMÉRICAIN, LE (1986)
QUI A TIRÉ SUR NOS HISTOIRES D'AMOUR? (1986)
CRUISING BAR (1989)
CARGO (1990)

**RITTER, Thelma**
*actrice américaine (1905-1969)*
MIRACLE ON 34th STREET (1947)
ALL ABOUT EVE (1950)
AS YOUNG AS YOU FEEL (1951)
PICKUP ON SOUTH STREET (1953)
TITANIC (1953)
REAR WINDOW (1954)
DADDY LONG LEGS (1955)
PILLOW TALK (1959)
MISFITS, THE (1961)
BIRDMAN OF ALCATRAZ (1962)
HOW THE WEST WAS WON (1962)
MOVE OVER, DARLING (1963)
NEW KIND OF LOVE, A (1963)
BOEING BOEING (1965)
INCIDENT, THE (1967)

**ROBARDS, Jason**
*acteur américain (1922-)*
ABRAHAM LINCOLN (1930)
ISLE OF THE DEAD (1945)
DESPERATE (1947)
BY LOVE POSSESSED (1961)
THOUSAND CLOWNS, A (1965)
ANY WEDNESDAY (1966)
HOUR OF THE GUN (1967)
ISADORA (1968)
NIGHT THEY RAIDED MINSKY'S, THE (1968)
ONCE UPON A TIME IN THE WEST (1968)
BALLAD OF CABLE HOGUE, THE (1970)
JULIUS CAESAR (1970)
TORA! TORA! TORA! (1970)
JOHNNY GOT HIS GUN (1971)
PAT GARRETT & BILLY THE KID (1973)
APOCALYPSE 2024 (A BOY AND HIS DOG) (1975)
ALL THE PRESIDENT'S MEN (1976)
JULIA (1977)
COMES A HORSEMAN (1978)
HURRICANE (1979)
MELVIN AND HOWARD (1980)
MAX DUGAN RETURNS (1983)
DAY AFTER, THE (1984)
SAKHAROV (1984)
SOMETHING WICKED THIS WAY COMES (1984)
GOOD MOTHER, THE (1988)
BLACK RAINBOW (1989)
PARENTHOOD (1990)
QUICK CHANGE (1990)
STORYVILLE (1992)
ADVENTURES OF HUCK FINN, THE (1993)
PHILADELPHIA (1993)
PAPER, THE (1994)
THOUSAND ACRES, A (1997)
MAGNOLIA (1999)

**ROBBINS, Tim**
*acteur américain (1958-)*
NO SMALL AFFAIR (1984)
SURE THING, THE (1985)
HOWARD THE DUCK (1986)
TOP GUN (1986)
5 CORNERS (1988)
BULL DURHAM (1988)
TAPEHEADS (1988)
ERIK THE VIKING (1989)
MISS FIRECRACKER (1989)
CADILLAC MAN (1990)
JACOB'S LADDER (1990)
JUNGLE FEVER (1991)
BOB ROBERTS (1992)
PLAYER, THE (1992)
SHORT CUTS (1993)
HUDSUCKER PROXY, THE (1994)
I.Q. (1994)
PRÊT-À-PORTER (1994)
SHAWSHANK REDEMPTION, THE (1994)
NOTHING TO LOSE (1997)
ARLINGTON ROAD (1999)
HIGH FIDELITY (2000)
MISSION TO MARS (2000)
ANTITRUST (2001)

**ROBERT, Yves**
*acteur français (1920-)*
GRANDES MANŒUVRES, LES (1955)
AVENTURE C'EST L'AVENTURE, L' (1972)
JUGE ET L'ASSASSIN, LE (1976)
GARCON! (1983)
CRISE, LA (1992)
MONTPARNASSE-PONDICHÉRY (1993)

**ROBERTS, Eric**
*acteur américain (1956-)*
KING OF THE GYPSIES (1978)
STAR 80 (1983)
POPE OF GREENWICH VILLAGE, THE (1984)
COCA-COLA KID, THE (1985)
RUNAWAY TRAIN (1985)
PORTES TOURNANTES, LES (1988)
FINAL ANALYSIS (1991)
LONELY HEARTS (1991)
SPECIALIST, THE (1994)
CABLE GUY, THE (1996)
HEAVEN'S PRISONERS (1996)
IT'S MY PARTY (1996)
ODYSSEY, THE (1997)
LANSKY (1999)

**ROBERTS, Julia**
*actrice américaine (1967-)*
CRIME STORY (1986)
MYSTIC PIZZA (1988)
STEEL MAGNOLIAS (1989)
FLATLINERS (1990)
PRETTY WOMAN (1990)
DYING YOUNG (1991)
HOOK (1991)
SLEEPING WITH THE ENEMY (1991)
PLAYER, THE (1992)
PELICAN BRIEF, THE (1993)
I LOVE TROUBLE (1994)
PRÊT-À-PORTER (1994)
SOMETHING TO TALK ABOUT (1995)
EVERYONE SAYS I LOVE YOU (1996)
MARY REILLY (1996)
MICHAEL COLLINS (1996)
CONSPIRACY THEORY (1997)
MY BEST FRIEND'S WEDDING (1997)

STEPMOM (1998)
NOTTING HILL (1999)
RUNAWAY BRIDE (1999)
ERIN BROCKOVICH (2000)
MEXICAN, THE (2001)

**ROBINSON, Edward G.**
*acteur américain (1893-1973)*
LITTLE CAESAR (1930)
OUTSIDE THE LAW (1930)
BARBARY COAST (1935)
BULLETS OR BALLOTS (1936)
KID GALAHAD (1937)
AMAZING DR. CLITTERHOUSE, THE (1938)
TALES OF MANHATTAN (1942)
DOUBLE INDEMNITY (1944)
MR. WINKLE GOES TO WAR (1944)
OUR VINES HAVE TENDER GRAPES (1945)
SCARLET STREET (1945)
STRANGER, THE (1946)
RED HOUSE, THE (1947)
ALL MY SONS (1948)
KEY LARGO (1948)
HOUSE OF STRANGERS (1949)
TIGHT SPOT (1955)
TEN COMMANDMENTS, THE (1956)
SEVEN THIEVES (1960)
MY GEISHA (1961)
PRIZE, THE (1963)
CHEYENNE AUTUMN (1964)
ROBIN AND THE SEVEN HOODS (1964)
CINCINNATI KID, THE (1965)
SOYLENT GREEN (1973)

**ROCHEFORT, Jean**
*acteur français (1930-)*
CARTOUCHE (1962)
ANGÉLIQUE, MARQUISE DES ANGES (1964)
MERVEILLEUSE ANGÉLIQUE (1964)
ANGÉLIQUE ET LE ROY (1966)
À CŒUR JOIE (1966)
GRAND BLOND AVEC UNE CHAUSSURE NOIRE, LE (1972)
COMPLOT, LE (1973)
FANTÔME DE LA LIBERTÉ, LE (1974)
HORLOGER DE SAINT-PAUL, L' (1974)
MON DIEU, COMMENT SUIS-JE TOMBÉE SI BAS (1974)
RETOUR DU GRAND BLOND, LE (1974)
SALUT L'ARTISTE! (1974)
INNOCENTS AUX MAINS SALES, LES (1975)
QUE LA FÊTE COMMENCE! (1975)
CRABE TAMBOUR, LE (1977)
NOUS IRONS TOUS AU PARADIS (1977)
CAVALEUR, LE (1978)
IL FAUT TUER BIRGITT HAAS (1981)
DIMANCHE DE FLIC, UN (1982)
GRAND FRÈRE, LE (1982)
INDISCRÉTION, L' (1982)
AMI DE VINCENT, L' (1983)
FRANKENSTEIN 90 (1984)
GALETTE DU ROI, LA (1985)
MOUSTACHU, LE (1987)
JE SUIS LE SEIGNEUR DU CHÂTEAU (1989)
MARI DE LA COIFFEUSE, LE (1990)
AMOUREUX FOU (1991)
BAL DES CASSE-PIEDS, LE (1991)
TANGO (1992)
CIBLE ÉMOUVANTE (1993)
PRÊT-À-PORTER (1994)
GRANDS DUCS, LES (1995)
PALACE (1995)
RIDICULE (1996)
TOM EST TOUT SEUL (1996)
PLACARD, LE (2000)

**ROGERS, Ginger**
*actrice américaine (1911-1995)*
TIP OFF, THE (1931)
42nd STREET (1933)
FLYING DOWN TO RIO (1933)
GAY DIVORCEE, THE (1934)
ROMANCE IN MANHATTAN (1934)
ROBERTA (1935)
TOP HAT (1935)
FOLLOW THE FLEET (1936)
SWING TIME (1936)
SHALL WE DANCE? (1937)
CAREFREE (1938)
BACHELOR MOTHER (1939)
STORY OF VERNON & IRENE CASTLE, THE (1939)
KITTY FOYLE (1940)
PRIMROSE PATH, THE (1940)
MAJOR AND THE MINOR, THE (1942)
ONCE UPON A HONEYMOON (1942)
ROXIE HART (1942)
TALES OF MANHATTAN (1942)
TENDER COMRADE (1943)
BARKLEYS OF BROADWAY, THE (1949)
MONKEY BUSINESS (1952)
FOREVER FEMALE (1953)
TIGHT SPOT (1955)

**ROGERS, Mimi**
*actrice américaine (1956-)*
GUNG HO! (1986)
SOMEONE TO WATCH OVER ME (1987)
DESPERATE HOURS (1990)
RAPTURE, THE (1991)
SHOOTING ELIZABETH (1992)
FAR FROM HOME: THE ADVENTURES OF YELLOW DOG (1994)
MONKEY TROUBLE (1994)
AUSTIN POWERS (1997)
LOST IN SPACE (1998)

**ROJO, Maria**
*actrice, mexicaine (1943-)*
MARY MY DEAREST (1983)
MIDAQ ALLEY (1995)
ESMERALDA COMES BY NIGHT (1997)

**ROONEY, Mickey**
*acteur américain (1920-)*
AH, WILDERNESS (1935)
RIFF RAFF (1935)
CAPTAINS COURAGEOUS (1937)
BOYS TOWN (1938)
LOVE FINDS ANDY HARDY (1938)
ADVENTURES OF HUCKLEBERRY FINN, THE (1939)
ANDY HARDY GETS SPRING FEVER (1939)
BABES IN ARMS (1939)
STRIKE UP THE BAND (1940)
ANDY HARDY'S PRIVATE SECRETARY (1941)
BABES ON BROADWAY (1941)
LIFE BEGINS FOR ANDY HARDY (1941)
MEN OF BOYS TOWN (1941)
ANDY HARDY'S DOUBLE LIFE (1942)
HUMAN COMEDY, THE (1943)
THOUSANDS CHEER (1943)
NATIONAL VELVET (1944)
ANDY HARDY MEETS DEBUTANTE (1945)
FIREBALL, THE (1950)
ATOMIC KID, THE (1954)
BRIDGES AT TOKO-RI, THE (1954)
FRANCIS IN THE HAUNTED HOUSE (1956)
PLATINUM HIGH SCHOOL (1960)
BREAKFAST AT TIFFANY'S (1961)
REQUIEM FOR A HEAVYWEIGHT (1962)
IT'S A MAD, MAD, MAD, MAD WORLD (1963)
HOW TO STUFF A WILD BIKINI (1965)
COMIC, THE (1969)
THAT'S ENTERTAINMENT (1974)
DOMINO PRINCIPLE, THE (1977)
PETE'S DRAGON (1977)
BLACK STALLION, THE (1979)
ODYSSEY OF THE PACIFIC, THE (1982)
ERIK THE VIKING (1989)
THAT'S ENTERTAINMENT! PART 3 (1994)
BABE: PIG IN THE CITY (1998)

**ROSSELLINI, Isabella**
*actrice italienne (1952-)*
BLUE VELVET (1986)
SIESTA (1987)
TOUGH GUYS DON'T DANCE (1987)
COUSINS (1989)
DAMES GALANTES (1990)
LIES OF THE TWINS (1991)
DEATH BECOMES HER (1992)
FALLEN ANGELS (1993)
FEARLESS (1993)
IMMORTAL BELOVED (1994)
INNOCENT, THE (1995)
BIG NIGHT (1996)
CRIME OF THE CENTURY (1996)
ODYSSEY, THE (1997)
DON QUIXOTE (2000)

**ROTH, Tim**
*acteur anglais (1961-)*
HIT, THE (1984)
TO KILL A PRIEST (1988)
ROSENCRANTZ AND GUILDENSTERN ARE DEAD (1990)
RESERVOIR DOGS (1991)
BODIES, REST AND MOTION (1993)
HEART OF DARKNESS (1993)
MURDER IN THE HEARTLAND (1993)
LITTLE ODESSA (1994)
PULP FICTION (1994)
FOUR ROOMS (1995)
ROB ROY (1995)
CAPTIVES (1996)
GRIDLOCK'D (1996)
DECEIVER (1997)
HOODLUM (1997)
LÉGENDE DU PIANISTE SUR L'OCÉAN, LA (1999)
LUCKY NUMBERS (2000)

**ROURKE, Mickey**
*acteur américain (1950-)*
1941 (1979)
FADE TO BLACK (1980)
EUREKA (1981)
HEAVEN'S GATE (1981)
BODY HEAT (1982)
DINER (1982)
RUMBLE FISH (1983)
POPE OF GREENWICH VILLAGE, THE (1984)
9 1/2 WEEKS (1985)
ANGEL HEART (1986)
BARFLY (1987)
PRAYER FOR THE DYING, A (1987)
FRANCESCO (1989)
HOMEBOY (1989)
JOHNNY HANDSOME (1989)
DESPERATE HOURS (1990)
DOUBLE TEAM (1997)
RAINMAKER,THE (1997)
BUFFALO 66 (1998)
THURSDAY (1998)
ANIMAL FACTORY (2000)
GET CARTER (2000)
PLEDGE, THE (2001)

**ROUX, Jean-Louis**
*acteur québécois*
ÉCLAIR AU CHOCOLAT (1978)
RIEL (1979)
ODYSSEY OF THE PACIFIC, THE (1982)
CORDÉLIA (1983)
HOTEL NEW HAMPSHIRE, THE (1984)
TINAMER (1987)
PORTES TOURNANTES, LES (1988)
SALUT VICTOR! (1988)
CARGO (1990)
TIRELIRE, COMBINES & CIE (1992)
MON AMIE MAX (1993)
MONSIEUR RIPOIS (1994)
LISTE NOIRE (1995)
THIRD MIRACLE, THE (1999)

**ROWLANDS, Gena**
*actrice américaine (1936-)*
LONELY ARE THE BRAVE (1962)
CHILD IS WAITING, A (1963)
FACES (1968)
MINNIE AND MOSKOWITZ (1971)
OPENING NIGHT (1977)
BRINK'S JOB, THE (1978)
GLORIA (1980)
TEMPEST (1982)
LOVE STREAMS (1984)
EARLY FROST, AN (1986)
LIGHT OF DAY (1987)
ANOTHER WOMAN (1988)
ONCE AROUND (1990)
NIGHT ON EARTH (1991)
NEON BIBLE, THE (1994)
SOMETHING TO TALK ABOUT (1995)
SHE'S SO LOVELY (1997)
HOPE FLOATS (1998)
MIGHTY, THE (1998)
PAULIE (1998)
PLAYING BY HEART (1998)

**ROY, Gildor**
*acteur québécois (1960-)*
PARTY, LE (1989)
DING ET DONG: LE FILM (1990)
ASSASSIN JOUAIT DU TROMBONE, L' (1991)
REQUIEM POUR UN BEAU SANS-CŒUR (1992)
FLORIDA, LA (1993)
LOUIS 19, LE ROI DES ONDES (1994)
CABOOSE (1996)
KARMINA (1996)

**RUBIN, Jennifer**
*actrice américaine (1964-)*
BAD DREAMS (1988)
BITTER HARVEST (1993)
SCREAMERS (1995)
LITTLE WITCHES (1996)
LOVED (1996)

**RUEHL, Mercedes**
*actrice américaine (1948-)*
FOUR FRIENDS (1982)
84 CHARING CROSS ROAD (1986)
HEARTBURN (1986)
RADIO DAYS (1987)
SECRET OF MY SUCCESS, THE (1987)
BIG (1988)
MARRIED TO THE MOB (1988)
SLAVES OF NEW YORK (1989)
FISHER KING, THE (1991)
LAST ACTION HERO (1993)
LOST IN YONKERS (1993)
FOR ROSEANNA (1996)
SUBWAY STORIES (1997)
GIA (1998)
MINUS MAN, THE (1999)

**RUSH, Geoffrey**
*acteur australien (1951-)*
CHILDREN OF THE REVOLUTION (1996)
SHINE (1996)
ELIZABETH (1998)
MISÉRABLES, LES (1998)
SHAKESPEARE IN LOVE (1998)
HOUSE ON HAUNTED HILL (1999)
MYSTERY MEN (1999)
QUILLS (2000)
THE TAILOR OF PANAMA (2001)

**RUSSELL, Jane**
*actrice américaine (1921-)*
OUTLAW, THE (1943)
PALEFACE, THE (1948)
MACAO (1952)
MONTANA BELLE (1952)
SON OF PALEFACE (1952)
GENTLEMEN PREFER BLONDES (1953)
FRENCH LINE, THE (1954)

**RUSSELL, Kurt**
*acteur américain (1951-)*
HORSE IN THE GRAY FLANEL SUIT, THE (1969)
COMPUTER WORE TENNIS SHOES, THE (1970)
BAREFOOT EXECUTIVE, THE (1971)
STRONGEST MAN IN THE WORLD, THE (1974)
ELVIS (1979)
ESCAPE FROM NEW YORK (1980)
THING, THE (1982)
SILKWOOD (1983)
SWING SHIFT (1984)
MEAN SEASON, THE (1985)
BIG TROUBLE IN LITTLE CHINA (1986)
OVERBOARD (1987)
TEQUILA SUNRISE (1988)
BACKDRAFT (1991)
TOMBSTONE (1993)
STARGATE (1994)
ESCAPE FROM L.A. (1996)
EXECUTIVE DECISION (1996)
BREAKDOWN (1997)
SOLDIER (1998)

**RUSSELL, Rosalind**
*actrice américaine (1908-1976)*
EVELYN PRENTICE (1934)
FORSAKING ALL OTHERS (1934)
CHINA SEAS (1935)
CRAIG'S WIFE (1936)
NIGHT MUST FALL (1937)
CITADEL, THE (1938)
HIS GIRL FRIDAY (1939)
THEY MET IN BOMBAY (1941)
SISTER KENNY (1946)
MAJORITY OF ONE, A (1956)
PICNIC (1956)
AUNTIE MAME (1958)
GYPSY (1962)

**RUSSELL, Theresa**
*actrice américaine (1957-)*
BODY AND SOUL (1925)
LAST TYCOON, THE (1976)
STRAIGHT TIME (1978)
EUREKA (1981)
RAZOR'S EDGE, THE (1984)
INSIGNIFICANCE (1985)
BLACK WIDOW (1987)
ARIA (1988)
TRACK 29 (1988)
KAFKA (1991)
COLD HEAVEN (1992)
BEING HUMAN (1994)
GRAVE INDISCRETION (1995)
TALES OF EROTICA II (1996)

**RUSSO, Rene**
*actrice américaine (1954-)*
MAJOR LEAGUE (1989)
ONE GOOD COP (1991)
FREEJACK (1992)
LETHAL WEAPON 3 (1992)
IN THE LINE OF FIRE (1993)
GET SHORTY (1995)
OUTBREAK (1995)
RANSOM (1996)
TIN CUP (1996)
BUDDY (1997)
LETHAL WEAPON 4 (1998)
THOMAS CROWN AFFAIR, THE (1999)
ADVENTURES OF ROCKY AND BULLWINKLE, THE (2000)

**RYAN, Meg**
*actrice américaine (1962-)*
RICH AND FAMOUS (1981)
TOP GUN (1986)
INNERSPACE (1987)
D.O.A. (1988)
PRESIDIO, THE (1988)
PROMISED LAND (1988)
JOE VERSUS THE VOLCANO (1990)
DOORS, THE (1991)
FLESH AND BONE (1993)
SLEEPLESS IN SEATTLE (1993)
I.Q. (1994)
FRENCH KISS (1995)
RESTORATION (1995)
COURAGE UNDER FIRE (1996)
ADDICTED TO LOVE (1997)
CITY OF ANGELS (1998)
HURLYBURLY (1998)
HANGING UP (2000)
PROOF OF LIFE (2000)

**RYAN, Robert**
*acteur américain (1909-1973)*
BEHIND THE RISING SUN (1943)
SKY'S THE LIMIT, THE (1943)
TENDER COMRADE (1943)
CROSSFIRE (1947)
BERLIN EXPRESS (1948)
CAUGHT (1949)
SET-UP, THE (1949)
BORN TO BE BAD (1950)
FLYING LEATHERNECKS, THE (1951)
ON DANGEROUS GROUND (1951)
RACKET, THE (1951)
BEWARE, MY LOVELY (1952)
CLASH BY NIGHT (1952)
NAKED SPUR, THE (1953)
BAD DAY AT BLACK ROCK (1954)
ESCAPE TO BURMA (1955)
MEN IN WAR (1957)
GOD'S LITTLE ACRE (1958)
ODDS AGAINST TOMORROW (1959)
KING OF KINGS (1961)
BATTLE OF THE BULGE (1965)
PROFESSIONALS, THE (1966)
CUSTER OF THE WEST (1967)
DIRTY DOZEN, THE (1967)
HOUR OF THE GUN (1967)
ANZIO (1968)
LAWMAN (1971)
OUTFIT, THE (1974)

**RYDER, Winona**
*actrice américaine (1971-)*
BEETLEJUICE (1988)
GREAT BALLS OF FIRE! (1989)
HEATHERS (1989)
EDWARD SCISSORHANDS (1990)
MERMAIDS (1990)
NIGHT ON EARTH (1991)
BRAM STOKER'S DRACULA (1992)
AGE OF INNOCENCE, THE (1993)
HOUSE OF THE SPIRITS, THE (1993)
LITTLE WOMEN (1994)
REALITY BITES (1994)
HOW TO MAKE AN AMERICAN QUILT (1995)
BOYS (1996)
CRUCIBLE, THE (1996)
ALIEN RESURRECTION (1997)
CELEBRITY (1998)
GIRL, INTERRUPTED (1999)
AUTUMN IN NEW YORK (2000)
LOST SOULS (2000)

**RYU, Chishu**
*acteur japonais (1904-1993)*
EARLY SUMMER (1951)
GOOD MORNING (1959)
SALAUDS DORMENT EN PAIX, LES (1960)
HUMAN CONDITION III: A SOLDIER'S PRAYER, THE (1961)

**SABOURIN, Marcel**
*acteur québécois (1935-)*
FESTIN DES MORTS, LE (1964)
DEUX FEMMES EN OR (1970)
MARTIEN DE NOËL, LE (1970)
ON EST LOIN DU SOLEIL (1970)
MAUDITE GALETTE, LA (1971)
TEMPS D'UNE CHASSE, LE (1972)
BINGO (1973)
DERNIÈRES FIANÇAILLES, LES (1973)
MORT D'UN BÛCHERON, LA (1973)
TAUREAU (1973)
TI-MINE, BERNIE PIS LA GANG (1976)
J.A. MARTIN, PHOTOGRAPHE (1977)
HOMME À TOUT FAIRE, L' (1980)
CORDÉLIA (1983)
JOUR «S...», LE (1983)
MARIO (1984)
ALFRED LALIBERTÉ: SCULPTEUR (1986)
ÉQUINOXE (1986)
PORTES TOURNANTES, LES (1988)
SOUS LES DRAPS, LES ÉTOILES (1989)
FILLE DU MAQUIGNON, LA (1990)
BUMS DU PARADIS, LES (1991)
FABULEUX VOYAGE DE L'ANGE, LE (1991)
FÊTE DES ROIS, LA (1994)
LILIES (1996)
OREILLE D'UN SOURD, L' (1996)
AUJOURD'HUI OU JAMAIS (1998)
REVOIR JULIE (1998)
SOUVENIRS INTIMES (1999)

**SÄGEBRECHT, Marianne**
*actrice allemande (1945-)*
SUGARBABY (1985)
BAGDAD CAFE (1988)
ROSALIE FAIT SES COURSES (1989)
EROTIQUE (1994)
OGRE, THE (1996)
SOLEIL (1997)

**SAINT, Eva Marie**
*actrice américaine (1924-)*
ON THE WATERFRONT (1954)
RAINTREE COUNTY (1957)
NORTH BY NORTHWEST (1959)
EXODUS (1960)
ALL FALL DOWN (1962)
36 HOURS (1964)
SANDPIPER, THE (1965)
GRAND PRIX (1966)
RUSSIANS ARE COMING! THE RUSSIANS ARE COMING!, THE (1966)
STALKING MOON, THE (1969)
CURSE OF KING TUT'S TOMB, THE (1980)
LAST DAYS OF PATTON, THE (1986)
NOTHING IN COMMON (1986)
I DREAMED OF AFRICA (2000)

**SAINTE-MARIE, Chloé**
*actrice québécoise*
SCANDALE (1980)
GUÊPE, LA (1986)
MISS MOSCOU (1991)
POSTIÈRE, LA (1992)
PUDDING CHÔMEUR (1996)

**SALVATORI, Renato**
*acteur italien (1933-1988)*
CAMARADES, LES (1963)
BURN! (1969)

**SAN GIACOMO, Laura**
*actrice américaine (1962-)*
PRETTY WOMAN (1990)
QUIGLEY DOWN UNDER (1990)
STAND, THE (1993)
NINA TAKES A LOVER (1994)
STUART SAVES HIS FAMILY (1995)

**SANDA, Dominique**
*actrice française (1951-)*
CONFORMISTE, LE (1970)
FIRST LOVE (1970)
JARDIN DES FINZI CONTINI, LE (1970)
MACKINTOSH MAN, THE (1973)
STEPPENWOLF (1974)
1900 (1976)
HÉRITAGE, L' (1976)
CHANSON DE ROLAND, LA (1978)
INDISCRÉTION, L' (1982)
I, THE WORST OF ALL (1990)
RIVIÈRES POURPRES, LES (2000)

**SANDERS, George**
*acteur anglais (1906-1972)*
LLOYD'S OF LONDON (1936)
MAN WHO COULD WORK MIRACLES, THE (1936)
ALLEGHENY UPRISING (1939)
BITTER SWEET (1940)
FOREIGN CORRESPONDENT (1940)
HOUSE OF THE SEVEN GABLES, THE (1940)
REBECCA (1940)
BLACK SWAN, THE (1942)
MOON AND SIXPENCE, THE (1942)
SON OF FURY (1942)
TALES OF MANHATTAN (1942)
THIS LAND IS MINE (1943)
ACTION IN ARABIA (1944)
PICTURE OF DORIAN GRAY, THE (1945)
STRANGE AFFAIR OF UNCLE HARRY, THE (1945)
FOREVER AMBER (1947)
GHOST AND MRS. MUIR, THE (1947)
LURED (1947)
PRIVATE AFFAIRS OF BEL AMI, THE (1947)
SAMSON AND DELILAH (1949)
ALL ABOUT EVE (1950)
IVANHOE (1952)
KING RICHARD AND THE CRUSADERS (1954)
KING'S THIEF, THE (1955)
SOLOMON AND SHEBA (1959)
LAST VOYAGE, THE (1960)
IN SEARCH OF THE CASTAWAYS (1962)
SHOT IN THE DARK, A (1964)
ENDLESS NIGHT (1971)
PSYCHOMANIA (1971)

**SANDLER, Adam**
*acteur américain (1966-)*
MIXED NUTS (1994)
BULLETPROOF (1996)
HAPPY GILMORE (1996)
BIG DADDY (1999)
LITTLE NICKY (2000)

**SANDRELLI, Stefania**
*actrice italienne (1946-)*
DIVORCE À L'ITALIENNE (1962)
SÉDUITE ET ABANDONNÉE (1964)
PARTNER (1968)
CONFORMISTE, LE (1970)
NOUS NOUS SOMMES TANT AIMÉS (1974)
POLICE PYTHON 357 (1975)
1900 (1976)
GRAND EMBOUTEILLAGE, LE (1979)
CLÉ, LA (1983)
POURVU QUE CE SOIT UNE FILLE (1986)
FAMILLE, LA (1987)
LUNETTES D'OR, LES (1987)
NOYADE INTERDITE (1987)
PETIT DIABLE, LE (1989)
SLEAZY UNCLE, THE (1989)
JAMBON JAMBON (1992)

**SANDS, Julian**
*acteur anglais (1958-)*
PRIVATES ON PARADE (1982)
KILLING FIELDS, THE (1984)
DOCTOR AND THE DEVILS, THE (1985)
GOTHIC (1986)
ROOM WITH A VIEW, A (1986)
SIESTA (1987)
MANIKA, UNE VIE PLUS TARD (1989)
ARACHNOPHOBIA (1990)
IMPROMPTU (1990)
SOLEIL MÊME LA NUIT, LE (1990)
HUSBANDS AND LOVERS (1991)
NAKED LUNCH (1991)
BOXING HELENA (1993)
LEAVING LAS VEGAS (1995)
LOSS OF SEXUAL INNOCENCE, THE (1999)

**SARANDON, Susan**
*actrice américaine (1946-)*
JOE (1970)
FRONT PAGE, THE (1974)
GREAT WALDO PEPPER, THE (1975)
ROCKY HORROR PICTURE SHOW, THE (1975)
KING OF THE GYPSIES (1978)
PRETTY BABY (1978)
ATLANTIC CITY (1980)
TEMPEST (1982)
BUDDY SYSTEM, THE (1983)
HUNGER, THE (1983)
COMPROMISING POSITIONS (1985)
MUSSOLINI AND I (1985)
BULL DURHAM (1988)
SWEET HEARTS DANCE (1988)
DRY WHITE SEASON, A (1989)
JANUARY MAN, THE (1989)
LIGHT SLEEPER (1991)
THELMA & LOUISE (1991)
BOB ROBERTS (1992)
LORENZO'S OIL (1992)
PLAYER, THE (1992)
CLIENT, THE (1994)
LITTLE WOMEN (1994)

SAFE PASSAGE (1994)
DEAD MAN WALKING (1995)
ILLUMINATA (1998)
STEPMOM (1998)
ANYWHERE BUT HERE (1999)
JOE GOULD'S SECRET (2000)

**SARRAZIN, Michael**
*acteur canadien (1940-)*
FLIM FLAM MAN, THE (1967)
THEY SHOOT HORSES, DON'T THEY? (1969)
PURSUIT OF HAPPINESS, THE (1971)
SOMETIMES A GREAT NOTION (1971)
CABARET (1972)
GROUNDSTAR CONSPIRACY, THE (1972)
FOR PETE'S SAKE (1974)
LOVES AND TIMES OF SCARAMOUCHE (1975)
FIGHTING BACK (1982)

JOSHUA THEN AND NOW (1985)
MASCARA (1987)
MALAREK (1988)

**SARTAIN, Gailard**
*acteur américain*
ALL OF ME (1984)
BLAZE (1989)
FRIED GREEN TOMATOES (1991)
PATRIOT, THE (1998)

**SAVAGE, John**
*acteur américain (1949-)*
BAD COMPANY (1972)
HAIR (1979)
ONION FIELD, THE (1979)
INSIDE MOVES (1980)
SALVADOR (1985)
HUNTING, THE (1992)
THIN RED LINE, THE (1998)
MESSAGE IN A BOTTLE (1999)

**SAXON, John**
*acteur américain (1935-)*
RELUCTANTE DEBUTANTE, THE (1958)
GIRL WHO KNEW TOO MUCH, THE (1963)
NIGHT CALLER FROM OUTER SPACE (1965)
APPALOOSA, THE (1966)
JOE KIDD (1972)
ENTER THE DRAGON (1973)
SWISS CONSPIRACY, THE (1975)
ELECTRIC HORSEMAN, THE (1979)
FAST COMPANY (1979)
NIGHTMARE ON ELM STREET, A (1984)

**SCACCHI, Greta**
*actrice italienne (1960-)*
HEAT AND DUST (1983)
BURKE & WILLS (1985)
COCA-COLA KID, THE (1985)
DEFENCE OF THE REALM (1985)
DEFENSE OF THE REALM (1985)
GOOD MORNING, BABYLON (1987)
HOMME AMOUREUX, UN (1987)
PRESUMED INNOCENT (1990)
SHATTERED (1991)
PLAYER, THE (1992)
SALT ON OUR SKIN (1992)
BROWNING VERSION, THE (1994)
COUNTRY LIFE (1994)
JEFFERSON IN PARIS (1995)
RASPUTIN, DARK SERVANT OF DESTINY (1995)
ODYSSEY, THE (1997)
SERPENT'S KISS (1997)
LADIES ROOM (1999)

**SCARWID, Diana**
*actrice américaine (1955-)*
GUYANA TRAGEDY: THE STORY OF JIM JONES (1980)
INSIDE MOVES (1980)
MOMMIE DEAREST (1981)
STRANGE INVADERS (1982)
PSYCHO 3 (1986)
BRENDA STARR (1987)
NEON BIBLE, THE (1994)

**SCHEIDER, Roy**
*acteur américain (1935-)*
FRENCH CONNECTION, THE (1971)
KLUTE (1971)
OUTSIDE MAN, THE (1973)
JAWS (1975)
MARATHON MAN (1976)
SORCERER (1977)
JAWS 2 (1978)
ALL THAT JAZZ (1979)
LAST EMBRACE (1979)
STILL OF THE NIGHT (1982)
BLUE THUNDER (1983)
2010: THE YEAR WE MAKE CONTACT (1984)
52 PICK-UP (1986)
MEN'S CLUB, THE (1986)
FOURTH WAR, THE (1990)
RUSSIA HOUSE, THE (1990)
NAKED LUNCH (1991)
ROMEO IS BLEEDING (1993)
MYTH OF THE FINGERPRINTS, THE (1997)
RKO 281: BATTLE OVER CITIZEN KANE (1999)

**SCHELL, Maximilian**
*acteur autrichien (1930-)*
JUDGMENT AT NUREMBERG (1961)
TOPKAPI (1964)
CHÂTEAU, LE (1968)
FIRST LOVE (1970)
ODESSA FILE, THE (1974)
PEDESTRIAN, THE (1974)
BRIDGE TOO FAR, A (1977)
CROSS OF IRON (1977)
JULIA (1977)
BLACK HOLE, THE (1979)
CHOSEN, THE (1981)
ROSE GARDEN, THE (1989)
FRESHMAN, THE (1990)
STALIN (1992)
FAR OFF PLACE, A (1993)
LITTLE ODESSA (1994)
TELLING LIES IN AMERICA (1997)
DEEP IMPACT (1998)
JOHN CARPENTER'S VAMPIRES (1998)
JOAN OF ARC (1999)

**SCHNEIDER, Maria**
*actrice française (1952-)*
DERNIER TANGO À PARIS, LE (1972)
PROFESSION: REPORTER (1975)
DÉROBADE, LA (1979)
AU PAYS DES JULIETS (1991)

**SCHNEIDER, Romy**
*actrice autrichienne (1938-1982)*
SISSI (1955)
SISSI IMPÉRATRICE (1956)
SISSI ET SON DESTIN (1957)
CHRISTINE (1958)
KATIA (1959)
BOCCACCIO 70 (1962)
CARDINAL, THE (1963)
PISCINE, LA (1968)
CHOSES DE LA VIE, LES (1969)
MAX ET LES FERRAILLEURS (1970)
QUI? (1970)
ASSASSINATION OF TROTSKY, THE (1972)
CÉSAR ET ROSALIE (1972)
MOUTON ENRAGÉ, LE (1973)
TRAIN, LE (1973)
IMPORTANT C'EST D'AIMER, L' (1974)
INNOCENTS AUX MAINS SALES, LES (1975)
FEMME À SA FENÊTRE, UNE (1977)
AMOUR DE PLUIE, UN (1978)
HISTOIRE SIMPLE, UNE (1978)
BLOODLINE (1979)
BANQUIÈRE, LA (1980)
MORT EN DIRECT, LA (1980)
GARDE À VUE (1981)
PASSANTE DU SANS-SOUCI, LA (1982)

**SCHWARZENEGGER, Arnold**
*acteur autrichien (1947-)*
LONG GOODBYE, THE (1973)
STAY HUNGRY (1976)
CONAN THE BARBARIAN (1982)
CONAN THE DESTROYER (1984)
COMMANDO (1985)
PREDATOR (1985)
TERMINATOR, THE (1985)
RAW DEAL (1986)
RUNNING MAN, THE (1987)
RED HEAT (1988)
KINDERGARTEN COP (1990)
TOTAL RECALL (1990)
TERMINATOR 2: JUDGMENT DAY (1991)
DAVE (1993)
LAST ACTION HERO (1993)
JUNIOR (1994)
ERASER (1996)
JINGLE ALL THE WAY (1996)
BATMAN & ROBIN (1997)
END OF DAYS (1999)
6TH DAY, THE (2000)

**SCHYGULLA, Hanna**
*actrice allemande (1943-)*
GODS OF THE PLAGUE (1969)
MARCHAND DE QUATRE SAISONS, LE (1971)
LARMES AMÈRES DE PETRA VON KANT, LES (1973)
FAUX MOUVEMENT (1974)
MARIAGE DE MARIA BRAUN, LE (1978)
BERLIN ALEXANDERPLATZ (1980)
NUIT DE VARENNES, LA (1982)
AMIE, L' (1983)
AMOUR EN ALLEMAGNE, UN (1983)
HISTOIRE DE PIERRA, L' (1983)
FUTUR EST FEMME, LE (1984)
DEAD AGAIN (1991)
AUX PETITS BONHEURS (1993)
LÉA (1996)
SUMMER OF MISS FORBES, THE (1998)

**SCIORRA, Annabella**
*actrice américaine (1964-)*
CADILLAC MAN (1990)
INTERNAL AFFAIRS (1990)
REVERSAL OF FORTUNE (1990)
HARD WAY, THE (1991)
JUNGLE FEVER (1991)
HAND THAT ROCKS THE CRADLE, THE (1992)
MR. WONDERFUL (1993)
NIGHT WE NEVER MET, THE (1993)
ROMEO IS BLEEDING (1993)
ADDICTION, THE (1995)
FUNERAL, THE (1996)
COPLAND (1997)
MR. JEALOUSY (1997)
NEW ROSE HOTEL (1998)

**SCOFIELD, Paul**
*acteur anglais (1922-)*
MAN FOR ALL SEASONS, A (1966)
KING LEAR (1970)
BARTLEBY (1972)
SCORPIO (1973)
HENRY V (1989)
HAMLET (1990)
QUIZ SHOW (1994)
CRUCIBLE, THE (1996)
ANIMAL FARM (1999)

**SCOTT, Campbell**
*acteur américain (1962-)*
LONGTIME COMPANION (1990)
SHELTERING SKY, THE (1990)
DYING YOUNG (1991)
SINGLES (1992)
MRS. PARKER AND THE VICIOUS CIRCLE (1994)
DAYTRIPPERS, THE (1995)
INNOCENT, THE (1995)
IMPOSTORS, THE (1998)
SPANISH PRISONER, THE (1998)
TOP OF THE FOOD CHAIN, THE (1999)

**SCOTT, George C.**
*acteur américain (1927-1999)*
ANATOMY OF A MURDER (1959)
HUSTLER, THE (1961)
LIST OF ADRIAN MESSENGER, THE (1963)
DR. STRANGELOVE (1964)
BIBLE, THE (1966)
NOT WITH MY WIFE YOU DON'T! (1966)
FLIM FLAM MAN, THE (1967)
PETULIA (1968)
PATTON (1970)
HOSPITAL, THE (1971)
LAST RUN, THE (1971)
NEW CENTURIONS, THE (1972)
RAGE (1972)
HINDENBURG, THE (1975)
ISLANDS IN THE STREAM (1977)
CHANGELING, THE (1979)
HARDCORE (1979)
FORMULA, THE (1980)
TAPS (1981)
LAST DAYS OF PATTON, THE (1986)
EXORCIST III, THE (1990)
MALICE (1993)
ANGUS (1995)
12 ANGRY MEN (1997)
GLORIA (1998)
INHERIT THE WIND (1999)

**SCOTT-THOMAS, Kristin**
*actrice anglaise (1960-)*
AGENT TROUBLE (1987)
HANDFUL OF DUST, A (1988)
BILLE EN TÊTE (1989)
FORCE MAJEURE (1989)
AUX YEUX DU MONDE (1991)
BITTER MOON (1992)
FOUR WEDDINGS AND A FUNERAL (1993)
ÉTÉ INOUBLIABLE, UN (1994)
ANGELS & INSECTS (1995)
CONFESSIONNAL, LE (1995)
GULLIVER'S TRAVELS (1995)
RICHARD III (1995)
ENGLISH PATIENT, THE (1996)
POMPATUS OF LOVE, THE (1996)
AMOUR & CONFUSIONS (1997)
HORSE WHISPERER, THE (1998)
RANDOM HEARTS (1999)

**SEAGAL, Steven**
*acteur américain (1952-)*
ABOVE THE LAW (1988)
EXECUTIVE DECISION (1996)
PATRIOT, THE (1998)

**SEBERG, Jean**
*actrice américaine (1938-1979)*
SAINT JOAN (1957)
BONJOUR TRISTESSE (1958)
MOUSE THAT ROARED, THE (1959)
À BOUT DE SOUFFLE (1959)
LILITH (1964)
MOMENT TO MOMENT (1965)
FINE MADNESS, A (1966)
ROUTE DE CORINTHE, LA (1967)
PAINT YOUR WAGON (1969)
AIRPORT (1970)
MACHO CALLAHAN (1970)
ATTENTAT, L' (1972)

**SEGAL, George**
*acteur américain (1934-)*
KING RAT (1965)
SHIP OF FOOLS (1965)
QUILLER MEMORANDUM, THE (1966)
ST. VALENTINE'S DAY MASSACRE, THE (1967)
NO WAY TO TREAT A LADY (1968)
BRIDGE AT REMAGEN, THE (1969)
OWL AND THE PUSSYCAT, THE (1970)
BLUME IN LOVE (1972)
TOUCH OF CLASS, A (1973)
TERMINAL MAN, THE (1974)
DUCHESS AND THE DIRTY FOX, THE (1976)
FUN WITH DICK AND JANE (1977)
ROLLERCOASTER (1977)
LOOK WHO'S TALKING (1989)
FOR THE BOYS (1991)
TO DIE FOR (1995)
CABLE GUY, THE (1996)
FLIRTING WITH DISASTER (1996)
IT'S MY PARTY (1996)

**SEIGNER, Emmanuelle**
*actrice française (1966-)*
ANNÉE DES MÉDUSES, L' (1984)
DÉTECTIVE (1985)
COURS PRIVÉ (1986)
FRANTIC (1988)
BITTER MOON (1992)
SOURIRE, LE (1994)
PLACE VENDÔME (1997)
NINTH GATE, THE (1999)

**SELLECK, Tom**
*acteur américain (1945-)*
MYRA BRECKINRIDGE (1970)
COMA (1978)
3 MEN AND A BABY (1987)
QUIGLEY DOWN UNDER (1990)
CHRISTOPHER COLUMBUS: THE DISCOVERY (1992)
IN & OUT (1997)

**SELLERS, Peter**
*acteur anglais (1925-1980)*
JOHN AND JULIE (1954)
LADYKILLERS, THE (1955)
TOM THUMB (1958)
CARLTON BROWNE OF THE F.O. (1959)
I'M ALL RIGHT, JACK (1959)
MOUSE THAT ROARED, THE (1959)
MILLIONAIRESS, THE (1960)
LOLITA (1962)
ONLY TWO CAN PLAY (1962)
ROAD TO HONG KONG, THE (1962)
HEAVENS ABOVE (1963)
DR. STRANGELOVE (1964)
PINK PANTHER, THE (1964)
SHOT IN THE DARK, A (1964)
AFTER THE FOX (1966)
BOBO, THE (1967)
CASINO ROYALE (1967)
I LOVE YOU, ALICE B. TOKLAS (1968)
PARTY, THE (1968)
MAGIC CHRISTIAN, THE (1969)
THERE'S A GIRL IN MY SOUP (1970)
RETURN OF THE PINK PANTHER, THE (1975)
MURDER BY DEATH (1976)
PINK PANTHER STRIKES AGAIN, THE (1976)
REVENGE OF THE PINK PANTHER, THE (1978)
BEING THERE (1979)
FIENDISH PLOT OF DR. FU MANCHU, THE (1979)
PRISONER OF ZENDA, THE (1979)
TRAIL OF THE PINK PANTHER (1982)

**SERRAULT, Michel**
*acteur français (1928-)*
DIABOLIQUES, LES (1954)
ASSASSINS ET VOLEURS (1957)
OH! QUE MAMBO (1959)
REPOS DU GUERRIER, LE (1962)
ROI DE CŒUR, LE (1966)
GASPARDS, LES (1973)
C'EST PAS PARCE QU'ON A RIEN À DIRE QU'IL FAUT FERMER SA GUEULE (1974)
PRÉPAREZ VOS MOUCHOIRS (1976)
ARGENT DES AUTRES, L' (1978)
CAGE AUX FOLLES, LA (1978)
ASSOCIÉ, L' (1979)
BUFFET FROID (1979)
CAGE AUX FOLLES 2, LA (1980)
GARDE À VUE (1981)
DEUX HEURES MOINS LE QUART AVANT JÉSUS CHRIST (1982)
FANTÔMES DU CHAPELIER, LES (1982)
QUARANTIÈMES RUGISSANTS, LES (1982)
BON PLAISIR, LE (1983)
MORTELLE RANDONNÉE (1983)
À MORT L'ARBITRE (1984)
CAGE AUX FOLLES 3, LA (1985)
LIBERTÉ, ÉGALITÉ, CHOUCROUTE (1985)
ON NE MEURT QUE DEUX FOIS (1985)
ROIS DU GAG, LES (1985)
MIRACULÉ, LE (1986)
EN TOUTE INNOCENCE (1987)
BONJOUR L'ANGOISSE (1989)
COMÉDIE D'AMOUR (1989)
DOCTEUR PETIOT (1990)
BONHEUR EST DANS LE PRÉ, LE (1995)
NELLY ET MONSIEUR ARNAUD (1995)
BEAUMARCHAIS L'INSOLENT (1996)
ARTEMISIA (1997)
ASSASSIN(S) (1997)
RIEN NE VA PLUS (1997)
ENFANTS DU MARAIS, LES (1998)
MONDE DE MARTY, LE (1999)
LIBERTIN, LE (2000)

**SERREAU, Coline**
*actrice française (1948-)*
7 MORTS SUR ORDONNANCE (1976)
BELLE VERTE, LA (1996)

**SEVIGNY, CHLÖE**
*actrice américaine (1974-)*
GUMMO (1997)
LAST DAYS OF DISCO, THE (1998)
PALMETTO (1998)
BOYS DON'T CRY (1999)
MAP OF THE WORLD, A (1999)

AMERICAN PSYCHO (2000)
IF THESE WALLS COULD TALK II (2000)

**SEYMOUR, Jane**
*actrice américaine (1951-)*
LIVE AND LET DIE (1973)
FOUR FEATHERS, THE (1977)
SINBAD AND THE EYE OF THE TIGER (1977)
OH! HEAVENLY DOG (1980)
SOMEWHERE IN TIME (1980)
SCARLET PIMPERNEL, THE (1982)
RÉVOLUTION FRANÇAISE 1: LES ANNÉES LUMIÈRE, LA (1989)
RÉVOLUTION FRANÇAISE 2: LES ANNÉES TERRIBLES, LA (1989)

**SEYMOUR HOFFMAN, Philip**
*acteur américain (1967-)*
BOOGIE NIGHTS (1997)
HAPPINESS (1998)
PATCH ADAMS (1998)
FLAWLESS (1999)
MAGNOLIA (1999)
TALENTED MR. RIPLEY, THE (1999)
STATE AND MAIN (2000)

**SEYRIG, Delphine**
*actrice française (1932-1990)*
ANNÉE DERNIÈRE À MARIENBAD, L' (1961)
MURIEL OU LE TEMPS D'UN RETOUR (1965)
ACCIDENT (1967)
BAISERS VOLÉS (1968)
DAUGHTERS OF DARKNESS (1971)
PEAU D'ÂNE (1971)
DAY OF THE JACKAL, THE (1973)
DOLL'S HOUSE, A (1973)
CHARME DISCRET DE LA BOURGEOISIE, LE (1974)
INDIA SONG (1975)
ANNÉES 80, LES (1983)
GOLDEN EIGHTIES (1985)

**SHARIF, Omar**
*acteur égyptien (1932-)*
LAWRENCE OF ARABIA (1962)
BEHOLD A PALE HORSE (1964)
FALL OF THE ROMAN EMPIRE, THE (1964)
DOCTOR ZHIVAGO (1965)
NIGHT OF THE GENERALS, THE (1967)
FUNNY GIRL (1968)
MAYERLING (1968)
MACKENNA'S GOLD (1969)
HORSEMEN, THE (1971)
DROIT D'AIMER, LE (1972)
JUGGERNAUT (1974)
FUNNY LADY (1975)
PINK PANTHER STRIKES AGAIN, THE (1976)
BLOODLINE (1979)
OH! HEAVENLY DOG (1980)
TOP SECRET! (1984)
MARTINGALE, LA (1987)
RAINBOW THIEF, THE (1990)
MAYRIG (1991)
588 RUE PARADIS (1992)
GULLIVER'S TRAVELS (1995)
13TH WARRIOR, THE (1999)

**SHATNER, William**
*acteur canadien (1931-)*
BROTHERS KARAMAZOV, THE (1958)
JUDGMENT AT NUREMBERG (1961)
GO ASK ALICE (1972)
DEVIL'S RAIN, THE (1975)
STAR TREK: THE MOTION PICTURE (1979)
AIRPLANE II: THE SEQUEL (1982)
STAR TREK II: THE WRATH OF KHAN (1982)
STAR TREK III: THE SEARCH FOR SPOCK (1984)
STAR TREK IV: THE VOYAGE HOME (1986)
STAR TREK V: THE FINAL FRONTIER (1989)
BILL AND TED'S BOGUS JOURNEY (1991)
STAR TREK VI: THE UNDISCOVERED COUNTRY (1991)
NATIONAL LAMPOON'S LOADED WEAPON 1 (1993)
STAR TREK: GENERATIONS (1994)
STAR TREK: FIRST CONTACT (1996)
MISS CONGENIALITY (2000)

**SHAW, Robert**
*acteur anglais (1927-1978)*
FROM RUSSIA WITH LOVE (1963)
MAN FOR ALL SEASONS, A (1966)
CUSTER OF THE WEST (1967)
JAWS (1975)
BLACK SUNDAY (1976)
ROBIN & MARIAN (1976)
SWASHBUCKLER (1976)
DEEP, THE (1977)
FORCE 10 FROM NAVARONE (1978)

**SHAWN, Wallace**
*acteur américain (1943-)*
ALL THAT JAZZ (1979)
MANHATTAN (1979)
ATLANTIC CITY (1980)
MY DINNER WITH ANDRÉ (1981)
STRANGE INVADERS (1982)
DEAL OF THE CENTURY (1983)
BOSTONIANS, THE (1984)
CRACKERS (1984)
HOTEL NEW HAMPSHIRE, THE (1984)
MICKI + MAUDE (1984)
BEDROOM WINDOW, THE (1987)
PRICK UP YOUR EARS (1987)
PRINCESS BRIDE, THE (1987)
RADIO DAYS (1987)
MODERNS, THE (1988)
SCENES FROM THE CLASS STRUGGLE IN BEVERLY HILLS (1989)
MOM AND DAD SAVED THE WORLD (1992)
SHADOWS AND FOG (1992)
MRS. PARKER AND THE VICIOUS CIRCLE (1994)
CLUELESS (1995)
CRITICAL CARE (1998)
MY FAVORITE MARTIAN (1999)

**SHEARER, Norma**
*actrice américaine (1900-1983)*
STUDENT PRINCE IN OLD HEIDELBERG, THE (1927)
DIVORCEE, THE (1930)
FREE SOUL, A (1931)
PRIVATE LIVES (1931)
SMILIN' THROUGH (1932)
STRANGE INTERLUDE (1932)
RIPTIDE (1934)
ROMEO AND JULIET (1936)
MARIE ANTOINETTE (1938)

**SHEEN, Charlie**
*acteur américain (1965-)*
FERRIS BUELLER'S DAY OFF (1986)
PLATOON (1986)
NO MAN'S LAND (1987)
BACKTRACK (1988)
EIGHT MEN OUT (1988)
COURAGE MOUNTAIN (1989)
MAJOR LEAGUE (1989)
ROOKIE, THE (1990)
HOT SHOTS! (1991)
HOT SHOTS! PART DEUX (1993)
NATIONAL LAMPOON'S LOADED WEAPON 1 (1993)
TERMINAL VELOCITY (1994)
ARRIVAL, THE (1996)
MONEY TALKS (1997)
BEING JOHN MALKOVICH (1999)

**SHEEN, Martin**
*acteur américain (1940-)*
INCIDENT, THE (1967)
CATCH 22 (1970)
RAGE (1972)
BADLANDS (1973)
CASSANDRA CROSSING, THE (1977)
APOCALYPSE NOW (1979)
GANDHI (1982)
DEAD ZONE, THE (1983)
BELIEVERS, THE (1987)
SIESTA (1987)
DA (1988)
JUDGMENT IN BERLIN (1988)
GETTYSBURG (1993)
AMERICAN PRESIDENT, THE (1995)
MONUMENT AVE. (1997)
SPAWN (1997)

**SHEFFER, Craig**
*acteur américain (1960-)*
THAT WAS THEN, THIS IS NOW (1985)
SOME KIND OF WONDERFUL (1987)
NIGHTBREED (1990)
EYE OF THE STORM (1991)
FIRE IN THE SKY (1993)
SLEEP WITH ME (1994)
MISS EVERS' BOYS (1996)
BLISS (1997)

**SHEPARD, Sam**
*acteur américain (1943-)*
DAYS OF HEAVEN (1978)
FRANCES (1982)
RIGHT STUFF, THE (1983)
CRIMES OF THE HEART (1986)
FOOL FOR LOVE (1986)
BABY BOOM (1987)
FAR NORTH (1988)
STEEL MAGNOLIAS (1989)
BRIGHT ANGEL (1991)
DEFENSELESS (1991)
THUNDERHEART (1992)
PELICAN BRIEF, THE (1993)
SAFE PASSAGE (1994)
SNOW FALLING ON CEDARS (1999)
ALL THE PRETTY HORSES (2000)
HAMLET (2000)
ONE KILL (2000)

**SHEPHERD, Cybill**
*actrice américaine (1950-)*
THE LAST PICTURE SHOW (1971)
DAISY MILLER (1974)
TAXI DRIVER (1976)
LADY VANISHES, THE (1979)
CHANCES ARE (1989)

**SHERMAN, Lowell**
*acteur américain (1885-1934)*

**SHIMURA, Takashi**
*acteur japonais (1905-1982)*
HOMMES QUI MARCHENT SUR LA QUEUE DU TIGRE, LES (1945)
JE NE REGRETTE PAS MA JEUNESSE (1946)
DRUNKEN ANGEL (1948)
SEPT SAMOURAÏS, LES (1954)
I LIVE IN FEAR (1955)

GODZILLA, KING OF THE MONSTERS (1956)

**SHUE, Elisabeth**
*actrice américaine (1963-)*
KARATE KID, THE (1983)
LINK (1985)
BACK TO THE FUTURE 2 (1989)
BACK TO THE FUTURE 3 (1990)
LEAVING LAS VEGAS (1995)
DECONSTRUCTING HARRY (1997)
SAINT, THE (1997)
PALMETTO (1998)
MOLLY (1999)
HOLLOW MAN (2000)

**SICOTTE, Gilbert**
*acteur québécois (1948-)*
TI-CUL TOUGAS (1975)
JE SUIS LOIN DE TOI MIGNONNE (1976)
AFFAIRE COFFIN, L' (1980)
FANTASTICA (1980)
BONS DÉBARRAS, LES (1981)
CORDÉLIA (1983)
ANNÉES DE RÊVES, LES (1984)
MARIA CHAPDELAINE (1984)
ANNE TRISTER (1986)
LÉOLO (1992)
SARRASINE, LA (1992)
SHABBAT SHALOMI (1992)
CAP TOURMENTE (1993)
POTS CASSÉS, LES (1993)
ENFANT D'EAU, L' (1995)

**SIGNORET, Simone**
*actrice française (1921-1985)*
FANTOMAS (1947)
RONDE, LA (1950)
CASQUE D'OR (1951)
DIABOLIQUES, LES (1954)
SORCIÈRES DE SALEM, LES (1957)
SHIP OF FOOLS (1965)
PARIS BRÛLE-T-IL? (1966)
CHAT, LE (1971)
GRANGES BRÛLÉES, LES (1972)
RUDE JOURNÉE POUR LA REINE (1973)
POLICE PYTHON 357 (1975)

**SILVER, Ron**
*acteur américain (1946-)*
ENTITY, THE (1981)
SILKWOOD (1983)
GARBO TALKS (1984)
ENEMIES, A LOVE STORY (1989)
FELLOW TRAVELLER, THE (1989)
BLUE STEEL (1990)
REVERSAL OF FORTUNE (1990)
MR. SATURDAY NIGHT (1992)
ARRIVAL, THE (1996)
GIRL 6 (1996)

**SILVERMAN, Jonathan**
*acteur américain (1966-)*
GIRLS JUST WANT TO HAVE FUN (1985)
BRIGHTON BEACH MEMOIRS (1986)
ODD COUPLE II, THE (1998)

**SILVERSTONE, Alicia**
*actrice américaine (1976-)*
CLUELESS (1995)
BATMAN & ROBIN (1997)
EXCESS BAGGAGE (1997)
BLAST FROM THE PAST (1998)
LOVE'S LABOUR LOST (1999)

**SIMMONS, Jean**
*actrice anglaise (1929-)*
BLACK NARCISSUS (1946)
GREAT EXPECTATIONS (1946)
HAMLET (1948)
ANDROCLES AND THE LION (1952)
ROBE, THE (1953)
DEMETRIUS AND THE GLADIATORS (1954)
DESIREE (1954)
EGYPTIAN, THE (1954)
GUYS AND DOLLS (1955)
THIS COULD BE THE NIGHT (1957)
BIG COUNTRY, THE (1958)
ELMER GANTRY (1960)
GRASS IS GREENER, THE (1960)
SPARTACUS (1960)
ROUGH NIGHT IN JERICHO (1967)
HAPPY ENDING, THE (1969)
HOW TO MAKE AN AMERICAN QUILT (1995)

**SIMON, Michel**
*acteur français (1895-1975)*
PASSION DE JEANNE D'ARC, LA (1928)
CHIENNE, LA (1931)
BOUDU SAUVÉ DES EAUX (1932)
ATALANTE, L' (1934)
QUAI DES BRUMES (1938)
CIRCONSTANCES ATTÉNUANTES (1939)
BEAUTÉ DU DIABLE, LA (1949)
POISON, LA (1951)

**SIMON, Simone**
*actrice française (1911-)*
BÊTE HUMAINE, LA (1938)
DEVIL AND DANIEL WEBSTER, THE (1941)
CAT PEOPLE (1942)
CURSE OF THE CAT PEOPLE, THE (1946)
RONDE, LA (1950)
PLAISIR, LE (1952)

**SINATRA, Frank**
*acteur américain (1915-)*
STEP LIVELY (1944)
ANCHORS AWEIGH (1945)
IT HAPPENED IN BROOKLYN (1947)
TILL THE CLOUDS ROLL BY (1947)
MIRACLE OF THE BELLS, THE (1948)
ON THE TOWN (1949)
TAKE ME OUT TO THE BALL GAME (1949)
MEET DANNY WILSON (1952)
FROM HERE TO ETERNITY (1953)
SUDDENLY (1954)
GUYS AND DOLLS (1955)
MAN WITH THE GOLDEN ARM, THE (1955)
NOT AS A STRANGER (1955)
TENDER TRAP, THE (1955)
HIGH SOCIETY (1956)
PAL JOEY (1957)
PRIDE AND THE PASSION,THE (1957)
KINGS GO FORTH (1958)
SOME CAME RUNNING (1958)
NEVER SO FEW (1959)
CAN-CAN (1960)
OCEAN'S ELEVEN (1960)
DEVIL AT 4 O'CLOCK, THE (1961)
MANCHURIAN CANDIDATE, THE (1962)
ROAD TO HONG KONG, THE (1962)
4 FOR TEXAS (1963)
COME BLOW YOUR HORN (1963)
LIST OF ADRIAN MESSENGER, THE (1963)
PARIS WHEN IT SIZZLES (1964)
ROBIN AND THE SEVEN HOODS (1964)
NONE BUT THE BRAVE (1965)
ASSAULT ON A QUEEN (1966)
OSCAR, THE (1966)
LADY IN CEMENT (1968)
DIRTY DINGUS MAGEE (1970)
THAT'S ENTERTAINMENT (1974)
FIRST DEADLY SIN, THE (1980)
LISTEN UP: THE LIVES OF QUINCY JONES (1990)

**SINISE, Gary**
*acteur américain (1955-)*
MY NAME IS BILL W. (1989)
JACK THE BEAR (1992)
MIDNIGHT CLEAR, A (1992)
OF MICE AND MEN (1992)
STAND, THE (1993)
FORREST GUMP (1994)
QUICK AND THE DEAD, THE (1994)
APOLLO 13 (1995)
ALBINO ALLIGATOR (1996)
RANSOM (1996)
SNAKE EYES (1998)
IT'S THE RAGE (1999)
MISSION TO MARS (2000)
REINDEER GAMES (2000)

**SIZEMORE, Tom**
*acteur américain (1964-)*
MATTER OF DEGREES, A (1991)
PASSENGER 57 (1992)
DEVIL IN A BLUE DRESS (1995)
HEAT (1995)
RELIC, THE (1997)
ENEMY OF THE STATE (1998)
SAVING PRIVATE RYAN (1998)
BRINGING OUT THE DEAD (1999)
PLAY IT TO THE BONE (1999)
RED PLANET (2000)

**SKARSGARD, Stellan**
*acteur suédois (1951-)*
OX, THE (1991)
LANCE-PIERRES, LE (1993)
AMOUR EST UN POUVOIR SACRÉ, L' (1996)
GOOD WILL HUNTING (1997)
INSOMNIA (1997)
MY SON THE FANATIC (1997)
RONIN (1998)
DEEP BLUE SEA (1999)
PASSION OF MIND (2000)
SIGNS AND WONDERS (2000)

**SKELTON, Red**
*acteur américain (1913-)*
PANAMA HATTIE (1942)
I DOOD IT (1943)
THOUSANDS CHEER (1943)
BATHING BEAUTY (1944)
SHOW-OFF, THE (1946)
MERTON OF THE MOVIES (1947)
FULLER BRUSH MAN, THE (1948)
NEPTUNE'S DAUGHTER (1949)
LOVELY TO LOOK AT (1952)
OCEAN'S ELEVEN (1960)
THOSE MAGNIFICENT MEN IN THEIR FLYING MACHINES (1965)

**SKERRITT, Tom**
*acteur américain (1933-)*
M*A*S*H (1970)
THIEVES LIKE US (1974)
DEVIL'S RAIN, THE (1975)
ALIEN (1979)
FIGHTING BACK (1982)
DEAD ZONE, THE (1983)
SPACE CAMP (1986)
TOP GUN (1986)
BIG TOWN, THE (1987)
POLTERGEIST III (1988)
STEEL MAGNOLIAS (1989)
ROOKIE, THE (1990)
KNIGHT MOVES (1992)

RIVER RUNS THROUGH IT, A (1992)
SINGLES (1992)

**SKYE, Ione**
*actrice anglaise (1971-)*
CARMILLA (1990)
GAS FOOD LODGING (1991)
GIRLS IN PRISON (1994)
FOUR ROOMS (1995)
SIZE OF WATERMELONS, THE (1996)

**SLATER, Christian**
*acteur américain (1969-)*
NAME OF THE ROSE, THE (1986)
HEATHERS (1989)
PUMP UP THE VOLUME (1990)
TALES FROM THE DARKSIDE: THE MOVIE (1990)
KUFFS (1991)
MOBSTERS (1991)
ROBIN HOOD: PRINCE OF THIEVES (1991)
STAR TREK VI: THE UNDISCOVERED COUNTRY (1991)
INTERVIEW WITH THE VAMPIRE (1994)
JIMMY HOLLYWOOD (1994)
MURDER IN THE FIRST (1994)
BED OF ROSES (1996)
BROKEN ARROW (1996)
HARD RAIN (1998)
CONTENDER, THE (2000)

**SMITH, Kurtwood**
*acteur américain (1943-)*
MIDNIGHT HOUR, THE (1985)
COMPANY BUSINESS (1991)
FORTRESS (1993)
LAST OF THE DOGMEN (1995)
CITIZEN RUTH (1996)

**SMITH, Maggie**
*actrice anglaise (1934-)*
PUMPKIN EATER, THE (1964)
OTHELLO (1965)
HONEY POT, THE (1967)
HOT MILLIONS (1968)
PRIME OF MISS JEAN BRODIE, THE (1969)
MURDER BY DEATH (1976)
CALIFORNIA SUITE (1978)
DEATH ON THE NILE (1978)
CLASH OF THE TITANS (1981)
QUARTET (1981)
EVIL UNDER THE SUN (1982)
MISSIONARY, THE (1982)
PRIVATE FUNCTION, A (1985)
ROOM WITH A VIEW, A (1986)
LONELY PASSION OF JUDITH HEARNE, THE (1987)
HOOK (1991)
SISTER ACT (1992)
SECRET GARDEN, THE (1993)
SISTER ACT 2: BACK IN THE HABIT (1993)
RICHARD III (1995)
LAST SEPTEMBER (1998)
TEA WITH MUSSOLINI (1999)

**SMITH, Will**
*acteur américain (1968-)*
MADE IN AMERICA (1993)
SIX DEGREES OF SEPARATION (1993)
BAD BOYS (1995)
INDEPENDANCE DAY (1996)
MEN IN BLACK (1997)
ENEMY OF THE STATE (1998)
LEGEND OF BAGGER VANCE, THE (2000)

**SNIPES, Wesley**
*acteur américain (1962-)*
MAJOR LEAGUE (1989)
KING OF NEW YORK, THE (1990)
MO' BETTER BLUES (1990)
JUNGLE FEVER (1991)
NEW JACK CITY (1991)
PASSENGER 57 (1992)
DEMOLITION MAN (1993)
RISING SUN (1993)
MONEY TRAIN (1995)
TO WONG FOO, THANKS FOR EVERYTHING, JULIE NEWMAR (1995)
FAN, THE (1996)
MURDER AT 1600 (1997)
ONE NIGHT STAND (1997)
BLADE (1998)
DOWN IN THE DELTA (1998)
ART OF WAR (2000)

**SOMMER, Elke**
*actrice allemande (1940-)*
PRIZE, THE (1963)
LISA AND THE DEVIL (1972)
TORTURE CHAMBER OF BARON BLOOD, THE (1972)
LISA AND THE DEVIL/HOUSE OF EXORCISM (1974)
SWISS CONSPIRACY, THE (1975)
TEN LITTLE INDIANS (1975)
PRISONER OF ZENDA, THE (1979)

**SOMMER, Josef**
*acteur allemand (1934-)*
DIRTY HARRY (1971)
STEPFORD WIVES, THE (1975)
FRONT, THE (1976)
CLOSE ENCOUNTERS OF THE THIRD KIND (1977)
OLIVER'S STORY (1978)
HIDE IN PLAIN SIGHT (1980)
REDS (1981)
ABSENCE OF MALICE (1982)
SOPHIE'S CHOICE (1982)
STILL OF THE NIGHT (1982)
SILKWOOD (1983)
D.A.R.Y.L. (1985)
BLOODHOUNDS OF BROADWAY (1989)
CHANCES ARE (1989)
MIGHTY DUCKS, THE (1992)
SHADOWS AND FOG (1992)
MALICE (1993)
DON'T DRINK THE WATER (1994)
NOBODY'S FOOL (1994)
MOONLIGHT AND VALENTINO (1995)
STRANGE DAYS (1995)
CHAMBER, THE (1996)
PROPOSITION, THE (1997)
PATCH ADAMS (1998)
FAMILY MAN, THE (2000)
NEXT BEST THING, THE (2000)
SHAFT (2000)

**SORDI, Alberto**
*acteur italien (1919-)*
COURRIER DU CŒUR, LE (1952)
INUTILES, LES (1953)
THOSE MAGNIFICENT MEN IN THEIR FLYING MACHINES (1965)
GRAND EMBOUTEILLAGE, LE (1979)
MARQUIS S'AMUSE, LE (1980)
JE SAIS QUE TU SAIS (1982)

**SORVINO, Mira**
*actrice américaine (1969-)*
AMONGST FRIENDS (1993)
MIGHTY APHRODITE (1995)
ROMY & MICHELE'S HIGH SCHOOL REUNION (1995)
SWEET NOTHING (1995)
MIMIC (1997)
REPLACEMENT KILLERS, THE (1997)
AT FIRST SIGHT (1998)
LULU ON THE BRIDGE (1998)
SUMMER OF SAM (1999)

**SORVINO, Paul**
*acteur américain (1939-)*
LAW AND ORDER (1953)
CRY UNCLE! (1971)
DAY OF THE DOLPHIN, THE (1973)
TOUCH OF CLASS, A (1973)
GAMBLER, THE (1974)
BRINK'S JOB, THE (1978)
CRUISING (1980)
REDS (1981)
DICK TRACY (1990)
GOODFELLAS (1990)
ROCKETEER, THE (1991)
NIXON (1995)
MEN WITH GUNS (1997)
MONEY TALKS (1997)
MOST WANTED (1997)
BULWORTH (1998)
KNOCK OFF (1998)

**SOUCHON, Alain**
*acteur français (1944-)*
TOUT FEU, TOUT FLAMME (1982)
ÉTÉ MEURTRIER, L' (1983)
COMÉDIE! (1988)
JANE B. PAR AGNÈS V. (1988)
FÊTE DES PÈRES, LA (1989)

**SPACEK, Sissy**
*actrice américaine (1949-)*
PRIME CUT (1972)
BADLANDS (1973)
CARRIE (1976)
HEART BEAT (1979)
COAL MINER'S DAUGHTER (1980)
MISSING (1982)
RIVER, THE (1984)
MARIE (1985)
CRIMES OF THE HEART (1986)
LONG WALK HOME, THE (1990)
HARD PROMISES (1991)
JFK (1991)
GRASS HARP, THE (1996)
IF THESE WALLS COULD TALK (1996)
AFFLICTION (1997)
BLAST FROM THE PAST (1998)
STRAIGHT STORY, THE (1999)

**SPACEY, Kevin**
*acteur américain (1959-)*
HEARTBURN (1986)
DAD (1989)
HENRY & JUNE (1990)
CONSENTING ADULTS (1992)
GLENGARRY GLEN ROSS (1992)
REF, THE (1994)
OUTBREAK (1995)
SEVEN (1995)
SWIMMING WITH SHARKS (1995)
L.A. CONFIDENTIAL (1997)
MIDNIGHT IN THE GARDEN OF GOOD
AND EVIL (1997)
HURLYBURLY (1998)
NEGOTIATOR, THE (1998)
AMERICAN BEAUTY (1999)

BIG KAHUNA (1999)
PAY IT FORWARD (2000)

**SPADER, James**
*acteur américain (1960-)*
ENDLESS LOVE (1981)
PRETTY IN PINK (1986)
BABY BOOM (1987)
LESS THAN ZERO (1987)
SEX, LIES, AND VIDEOTAPE (1989)
BAD INFLUENCE (1990)
BOB ROBERTS (1992)
STORYVILLE (1992)
MUSIC OF CHANCE, THE (1993)
DREAM LOVER (1994)
STARGATE (1994)
2 DAYS IN THE VALLEY (1996)
CRASH (1996)
DRIFTWOOD (1997)
CRITICAL CARE (1998)
SUPERNOVA (1999)

**SPANO, Vincent**
*acteur américain (1962-)*
BABY, IT'S YOU (1983)
BLACK STALLION RETURNS, THE (1983)
AND GOD CREATED WOMAN (1987)
GOOD MORNING, BABYLON (1987)
ROUGE VENISE (1988)
CITY OF HOPE (1991)
ALIVE (1992)
TIE THAT BINDS, THE (1995)

**STACK, Robert**
*acteur américain (1919-)*
MORTAL STORM, THE (1940)
TO BE OR NOT TO BE (1942)
MR. MUSIC (1950)
TARNISHED ANGELS, THE (1958)
JOHN PAUL JONES (1959)
LAST VOYAGE, THE (1960)
CARETAKERS, THE (1963)
1941 (1979)
AIRPLANE! (1980)
BIG TROUBLE (1985)
JOE VERSUS THE VOLCANO (1990)

**STALLONE, Sylvester**
*acteur américain (1946-)*
BANANAS (1971)
LORDS OF FLATBUSH, THE (1974)
DEATH RACE 2000 (1975)
FAREWELL, MY LOVELY (1975)
PRISONER OF SECOND AVENUE, THE (1975)
ROCKY (1976)
F.I.S.T. (1978)
PARADISE ALLEY (1978)
ROCKY II (1979)
NIGHTHAWKS (1981)
FIRST BLOOD (1982)
ROCKY III (1982)
ROCKY IV (1985)
ROCKY V (1985)
COBRA (1986)
OVER THE TOP (1987)
OSCAR (1991)
CLIFFHANGER (1993)
DEMOLITION MAN (1993)
SPECIALIST, THE (1994)
ASSASSINS (1995)
JUDGE DREDD (1995)
DAYLIGHT (1996)
BURN HOLLYWOOD BURN (1997)
COPLAND (1997)
GET CARTER (2000)

**STAMP, Terence**
*acteur anglais (1939-)*
COLLECTOR, THE (1964)
FAR FROM THE MADDING CROWD (1967)
HISTOIRES EXTRAORDINAIRES (1968)
TEOREMA (1968)
HIT, THE (1984)
LINK (1985)
LEGAL EAGLES (1986)
SICILIAN, THE (1987)
ALIEN NATION (1988)
ADVENTURES OF PRISCILLA, QUEEN OF THE DESERT, THE (1994)
MIND BENDER (1995)
BLISS (1997)
BOWFINGER (1999)
LIMEY, THE (1999)
RED PLANET (2000)

**STANTON, Harry Dean**
*acteur américain (1926-)*
PROUD REBEL, THE (1958)
COOL HAND LUKE (1967)
KELLY'S HEROES (1970)
PAT GARRETT & BILLY THE KID (1973)
GODFATHER, PART 2, THE (1974)
FAREWELL, MY LOVELY (1975)
RANCHO DELUXE (1975)
MISSOURI BREAKS, THE (1976)
STRAIGHT TIME (1978)
ALIEN (1979)
ROSE, THE (1979)
BLACK MARBLE, THE (1980)
ESCAPE FROM NEW YORK (1980)
MORT EN DIRECT, LA (1980)
ONE FROM THE HEART (1982)
CHRISTINE (1983)
PARIS, TEXAS (1984)
ONE MAGIC CHRISTMAS (1985)
REPO MAN (1985)
FOOL FOR LOVE (1986)
PRETTY IN PINK (1986)
SLAMDANCE (1987)
LAST TEMPTATION OF CHRIST, THE (1988)
MR. NORTH (1988)
FOURTH WAR, THE (1990)
MAN TROUBLE (1992)
AGAINST THE WALL (1993)
DOWN PERISCOPE (1996)
SHE'S SO LOVELY (1997)
MIGHTY, THE (1998)
STRAIGHT STORY, THE (1999)

**STANWYCK, Barbara**
*actrice américaine (1907-1990)*
MIRACLE WOMAN, THE (1931)
BITTER TEA OF GENERAL YEN, THE (1933)
ANNIE OAKLEY (1935)
INTERNES CAN'T TAKE MONEY (1937)
STELLA DALLAS (1937)
GOLDEN BOY (1939)
REMEMBER THE NIGHT (1940)
BALL OF FIRE (1941)
LADY EVE, THE (1941)
MEET JOHN DOE (1941)
GREAT MAN'S LADY, THE (1942)
DOUBLE INDEMNITY (1944)
STRANGE LOVE OF MARTHA IVERS (1946)
OTHER LOVE, THE (1947)
SORRY, WRONG NUMBER (1948)
EAST SIDE, WEST SIDE (1949)
TO PLEASE A LADY (1950)
CLASH BY NIGHT (1952)
ALL I DESIRE (1953)
TITANIC (1953)
BLOWING WILD (1954)
EXECUTIVE SUITE (1954)
ESCAPE TO BURMA (1955)
MAVERICK QUEEN, THE (1955)
CRIME OF PASSION (1957)
NIGHT WALKER, THE (1964)

**STEELE, Barbara**
*actrice anglaise (1938-)*
MASQUE DU DÉMON, LE (1961)
PIT AND THE PENDULUM, THE (1961)
8 1/2 (1963)
NIGHTMARE CASTLE (1966)
CAGED HEAT (1974)
PIRANHA (1978)
PRETTY BABY (1978)

**STEENBURGEN, Mary**
*actrice américaine (1953-)*
GOIN' SOUTH (1978)
TIME AFTER TIME (1979)
MELVIN AND HOWARD (1980)
RAGTIME (1981)
MIDSUMMER NIGHT'S SEX COMEDY, A (1982)
CROSS CREEK (1983)
DEAD OF WINTER (1985)
ONE MAGIC CHRISTMAS (1985)
MISS FIRECRACKER (1989)
BACK TO THE FUTURE 3 (1990)
LONG WALK HOME, THE (1990)
PARENTHOOD (1990)
BUTCHER'S WIFE, THE (1991)
PHILADELPHIA (1993)
PONTIAC MOON (1994)
GULLIVER'S TRAVELS (1995)
MY FAMILY (1995)
NIXON (1995)
POWDER (1995)

**STEIGER, Rod**
*acteur américain (1925-)*
ON THE WATERFRONT (1954)
COURT MARTIAL OF BILLY MITCHELL, THE (1955)
OKLAHOMA! (1955)
HARDER THEY FALL, THE (1956)
AL CAPONE (1959)
SEVEN THIEVES (1960)
DOCTOR ZHIVAGO (1965)
LOVED ONE, THE (1965)
PAWNBROKER, THE (1965)
IN THE HEAT OF THE NIGHT (1967)
NO WAY TO TREAT A LADY (1968)
ILLUSTRATED MAN, THE (1969)
FISTFUL OF DYNAMITE, A (1971)
LUCKY LUCIANO (1974)
INNOCENTS AUX MAINS SALES, LES (1975)
BREAKTHROUGH (1978)
F.I.S.T. (1978)
AMITYVILLE HORROR, THE (1979)
CHOSEN, THE (1981)
LION OF THE DESERT (1981)
SWORD OF GIDEON (1986)
JANUARY MAN, THE (1989)
MEN OF RESPECT (1991)
PLAYER, THE (1992)
SINATRA (1992)
SPECIALIST, THE (1994)
MARS ATTACKS! (1996)
INCOGNITO (1997)
MODERN VAMPIRES (1998)
END OF DAYS (1999)

**STÉVENIN, Jean-François**
*acteur français (1944-)*
ARGENT DE POCHE, L' (1976)
36 FILLETTE (1988)
PEAUX DE VACHES (1988)

MARIS, LES FEMMES, LES AMANTS, LES (1989)
À CAUSE D'ELLE (1993)
BIDOCHON, LES (1996)
BOSSU, LE (1997)
K (1997)
NOIR COMME LE SOUVENIR (1997)
... COMME ELLE RESPIRE (1998)
À VENDRE (1998)

**STEWART, James**
*acteur américain (1908-1997)*
ROSE MARIE (1935)
AFTER THE THIN MAN (1936)
BORN TO DANCE (1936)
NAVY BLUE AND GOLD (1937)
MADE FOR EACH OTHER (1938)
OF HUMAN HEARTS (1938)
SHOPWORN ANGEL, THE (1938)
DESTRY RIDES AGAIN (1939)
MR. SMITH GOES TO WASHINGTON (1939)
MORTAL STORM, THE (1940)
PHILADELPHIA STORY, THE (1940)
SHOP AROUND THE CORNER, THE (1940)
IT'S A WONDERFUL LIFE (1947)
MAGIC TOWN (1947)
CALL NORTHSIDE 777 (1948)
ROPE (1948)
BROKEN ARROW (1949)
MALAYA (1949)
STRATTON STORY, THE (1949)
HARVEY (1950)
JACKPOT, THE (1950)
GREATEST SHOW ON EARTH, THE (1951)
NO HIGHWAY IN THE SKY (1951)
BEND OF THE RIVER (1952)
NAKED SPUR, THE (1953)
THUNDER BAY (1953)
GLENN MILLER STORY, THE (1954)
REAR WINDOW (1954)
FAR COUNTRY, THE (1955)
MAN FROM LARAMIE, THE (1955)
STRATEGIC AIR COMMAND (1955)
MAN WHO KNEW TOO MUCH, THE (1956)
SPIRIT OF ST. LOUIS, THE (1957)
BELL, BOOK AND CANDLE (1958)
ANATOMY OF A MURDER (1959)
F.B.I. STORY, THE (1959)
HOW THE WEST WAS WON (1962)
MAN WHO SHOT LIBERTY VALANCE, THE (1962)
MR. HOBBS TAKES A VACATION (1962)
CHEYENNE AUTUMN (1964)
DEAR BRIGITTE (1965)
FLIGHT OF THE PHOENIX, THE (1965)
SHENANDOAH (1965)
RARE BREED, THE (1966)
FIRECREEK (1967)
BANDOLERO! (1968)
CHEYENNE SOCIAL CLUB, THE (1970)
THAT'S ENTERTAINMENT (1974)
SHOOTIST, THE (1976)
AIRPORT '77 (1977)

**STEWART, Paul**
*acteur américain (1908-1986)*
CITIZEN KANE (1941)
JOHNNY EAGER (1941)
CHAMPION (1949)
EASY LIVING (1949)
BAD AND THE BEAUTIFUL, THE (1952)
KISS ME DEADLY (1955)
KING CREOLE (1958)
CHILD IS WAITING, A (1963)
GREATEST STORY EVER TOLD, THE (1965)
IN COLD BLOOD (1967)
DAY OF THE LOCUST, THE (1974)
OPENING NIGHT (1977)
REVENGE OF THE PINK PANTHER, THE (1978)
TEMPEST (1982)

**STILLER, Ben**
*acteur américain (1965-)*
FRESH HORSES (1988)
REALITY BITES (1994)
CABLE GUY, THE (1996)
FLIRTING WITH DISASTER (1996)
PERMANENT MIDNIGHT (1998)
THERE'S SOMETHING ABOUT MARY (1998)
MYSTERY MEN (1999)
KEEPING THE FAITH (2000)
MEET THE PARENTS (2000)

**STING**
*acteur anglais (1951-)*
QUADROPHENIA (1979)
BRIMSTONE & TREACLE (1982)
SECRET POLICEMAN'S OTHER BALL, THE (1982)
DUNE (1984)
BRIDE, THE (1985)
PLENTY (1985)
STING: BRING ON THE NIGHT (1985)
JULIA AND JULIA (1987)
STORMY MONDAY (1988)
ADVENTURES OF BARON MUNCHAUSEN, THE (1989)
GRAVE INDISCRETION (1995)
LOCK, STOCK & TWO SMOKING BARRELS (1998)

**STOCKWELL, Dean**
*acteur américain (1936-)*
ANCHORS AWEIGH (1945)
GENTLEMAN'S AGREEMENT (1947)
SONG OF THE THIN MAN (1947)
SECRET GARDEN, THE (1949)
KIM (1950)
STARS IN MY CROWN (1950)
COMPULSION (1959)
LONG DAY'S JOURNEY INTO NIGHT (1962)
PSYCH-OUT (1968)
TRACKS (1976)
DUNE (1984)
PARIS, TEXAS (1984)
TO LIVE AND DIE IN L.A. (1985)
BLUE VELVET (1986)
GARDENS OF STONE (1987)
BACKTRACK (1988)
MARRIED TO THE MOB (1988)
PLAYER, THE (1992)
LANGOLIERS, THE (1994)
MR. WRONG (1996)
AIR FORCE ONE (1997)
RAINMAKER,THE (1997)

**STOLTZ, Eric**
*acteur américain (1961-)*
MASK (1985)
NIGHT OF LOVE, A (1987)
SOME KIND OF WONDERFUL (1987)
HAUNTED SUMMER (1988)
FLY II, THE (1989)
SAY ANYTHING... (1989)
MEMPHIS BELLE (1990)
SINGLES (1992)
BODIES, REST AND MOTION (1993)
KILLING ZOE (1994)
LITTLE WOMEN (1994)
NAKED IN NEW YORK (1994)
PULP FICTION (1994)
SLEEP WITH ME (1994)
FLUKE (1995)
KICKING AND SCREAMING (1995)
PROPHECY, THE (1995)
ROB ROY (1995)
2 DAYS IN THE VALLEY (1996)
GRACE OF MY HEART (1996)
INSIDE (1996)
ANACONDA (1997)
MR. JEALOUSY (1997)
HOUSE OF MIRTH, THE (2000)
ONE KILL (2000)

**STONE, Lewis**
*acteur américain (1879-1953)*
LOST WORLD, THE (1925)
ROMANCE (1930)
INSPIRATION (1931)
MASK OF FU MANCHU, THE (1932)
QUEEN CHRISTINA (1933)
LOVE FINDS ANDY HARDY (1938)
ANDY HARDY GETS SPRING FEVER (1939)
ANDY HARDY'S PRIVATE SECRETARY (1941)
LIFE BEGINS FOR ANDY HARDY (1941)
ANDY HARDY'S DOUBLE LIFE (1942)
ANDY HARDY MEETS DEBUTANTE (1945)
SUN COMES UP, THE (1948)
ANY NUMBER CAN PLAY (1949)
ANGELS IN THE OUTFIELD (1951)

**STONE, Sharon**
*actrice américaine (1958-)*
STARDUST MEMORIES (1980)
ABOVE THE LAW (1988)
TOTAL RECALL (1990)
DIARY OF A HITMAN (1991)
HE SAID, SHE SAID (1991)
BASIC INSTINCT (1992)
LAST ACTION HERO (1993)
SLIVER (1993)
INTERSECTION (1994)
QUICK AND THE DEAD, THE (1994)
SPECIALIST, THE (1994)
CASINO (1995)
DIABOLIQUE (1996)
LAST DANCE (1996)
GLORIA (1998)
MIGHTY, THE (1998)
SPHERE (1998)
MUSE, THE (1999)
SIMPATICO (1999)
IF THESE WALLS COULD TALK II (2000)

**STOWE, Madeleine**
*actrice américaine (1958-)*
STAKEOUT (1987)
CLOSET LAND (1990)
REVENGE (1990)
LAST OF THE MOHICANS, THE (1992)
ANOTHER STAKEOUT (1993)
SHORT CUTS (1993)
BAD GIRLS (1994)
BLINK (1994)
CHINA MOON (1994)
12 MONKEYS (1995)
PROPOSITION, THE (1997)
PLAYING BY HEART (1998)
GENERAL'S DAUGHTER, THE (1999)

**STRATHAIRN, David**
*acteur américain (1949-)*
AT CLOSE RANGE (1985)
PASSION FISH (1992)
FIRM, THE (1993)
RIVER WILD, THE (1994)
LOSING ISAIAH (1995)
IN THE GLOAMING (1997)
L.A. CONFIDENTIAL (1997)

SIMON BIRCH (1998)
LIMBO (1999)
LIMBO (1999)
MAP OF THE WORLD, A (1999)

**STREEP, Meryl**
*actrice américaine (1949-)*
JULIA (1977)
DEER HUNTER, THE (1978)
HOLOCAUST (1978)
KRAMER vs. KRAMER (1979)
MANHATTAN (1979)
SEDUCTION OF JOE TYNAN, THE (1979)
FRENCH LIEUTENANT'S WOMAN, THE (1981)
SOPHIE'S CHOICE (1982)
STILL OF THE NIGHT (1982)
SILKWOOD (1983)
FALLING IN LOVE (1985)
PLENTY (1985)
HEARTBURN (1986)
OUT OF AFRICA (1986)
IRONWEED (1987)
CRY IN THE DARK, A (1988)
POSTCARDS FROM THE EDGE (1990)
SHE-DEVIL (1990)
DEFENDING YOUR LIFE (1991)
DEATH BECOMES HER (1992)
HOUSE OF THE SPIRITS, THE (1993)
RIVER WILD, THE (1994)
BEFORE AND AFTER (1995)
BRIDGES OF MADISON COUNTY, THE (1995)
MARVIN'S ROOM (1996)
DANCING AT LUGHNASA (1998)
ONE TRUE THING (1998)
MUSIC OF THE HEART (1999)

**STREISAND, Barbra**
*actrice américaine (1942-)*
FUNNY GIRL (1968)
HELLO, DOLLY! (1969)
ON A CLEAR DAY YOU CAN SEE FOREVER (1970)
OWL AND THE PUSSYCAT, THE (1970)
FOR PETE'S SAKE (1974)
FUNNY LADY (1975)
STAR IS BORN, A (1976)
NUTS (1987)
LISTEN UP: THE LIVES OF QUINCY JONES (1990)
PRINCE OF TIDES, THE (1991)
MIRROR HAS TWO FACES, THE (1996)

**SUKOWA, Barbara**
*actrice allemande (1950-)*
BERLIN ALEXANDERPLATZ (1980)
DIMANCHE DE FLIC, UN (1982)
ÉQUATEUR (1983)
EUROPA (1992)
THIRD MIRACLE, THE (1999)

**SULLAVAN, Margaret**
*actrice américaine (1911-1960)*
SHINING HOUR (1938)
SHOPWORN ANGEL, THE (1938)
SHOP AROUND THE CORNER, THE (1940)

**SULLIVAN, Barry**
*acteur américain (1912-1994)*
ANY NUMBER CAN PLAY (1949)
BAD AND THE BEAUTIFUL, THE (1952)
MAVERICK QUEEN, THE (1955)
QUEEN BEE (1955)
GATHERING OF EAGLES, A (1963)
PLANET OF THE VAMPIRES (1965)

**SUTHERLAND, Donald**
*acteur canadien (1935-)*
BEDFORD INCIDENT, THE (1965)
DR. TERROR'S HOUSE OF HORRORS (1965)
DIRTY DOZEN, THE (1967)
ALEX IN WONDERLAND (1970)
KELLY'S HEROES (1970)
M*A*S*H (1970)
START THE REVOLUTION WITHOUT ME (1970)
JOHNNY GOT HIS GUN (1971)
KLUTE (1971)
DON'T LOOK NOW (1973)
DAY OF THE LOCUST, THE (1974)
1900 (1976)
EAGLE HAS LANDED, THE (1976)
KENTUCKY FRIED MOVIE, THE (1976)
LIENS DE SANG, LES (1977)
INVASION OF THE BODY SNATCHERS (1978)
GREAT TRAIN ROBBERY, THE (1979)
MURDER BY DECREE (1979)
BEAR ISLAND (1980)
ORDINARY PEOPLE (1980)
EYE OF THE NEEDLE (1981)
MAX DUGAN RETURNS (1983)
CRACKERS (1984)
HEAVEN HELP US (1985)
REVOLUTION (1986)
DRY WHITE SEASON, A (1989)
LOST ANGELS (1989)
BETHUNE: THE MAKING OF A HERO (1990)
EMINENT DOMAIN (1990)
BACKDRAFT (1991)
JFK (1991)
SCREAM OF STONE (1991)
AGAGUK - SHADOW OF THE WOLF (1992)
BUFFY THE VAMPIRE SLAYER (1992)
BUSTER'S BEDROOM (1992)
SIX DEGREES OF SEPARATION (1993)
DISCLOSURE (1994)
PUPPET MASTERS, THE (1994)
CITIZEN X (1995)
OUTBREAK (1995)
NATURAL ENEMY, THE (1996)
TIME TO KILL, A (1996)
ASSIGNMENT, THE (1997)
FALLEN (1997)
ART OF WAR (2000)

**SUTHERLAND, Kiefer**
*acteur canadien (1966-)*
STAND BY ME (1986)
LOST BOYS, THE (1987)
PROMISED LAND (1988)
BAY BOY, THE (1989)
FLASHBACK (1989)
RENEGADES (1989)
FLATLINERS (1990)
FEW GOOD MEN, A (1992)
THREE MUSKETEERS, THE (1993)
COWBOY WAY, THE (1994)
TERESA'S TATTOO (1994)
EYE FOR AN EYE, AN (1995)
DARK CITY (1997)
LAST DAYS OF FRANKIE THE FLY, THE (1997)
PICKING UP THE PIECES (2000)

**SUZMAN, Janet**
*actrice sud-africaine (1939-)*
DRAUGHTSMAN'S CONTRACT, THE (1982)
LEON THE PIG FARMER (1993)

**SWANSON, Gloria**
*actrice américaine (1897-1983)*
MALE AND FEMALE (1919)
AFFAIRS OF ANATOL, THE (1921)
QUEEN KELLY (1928)
SADIE THOMPSON (1928)
TONIGHT OR NEVER (1931)
SUNSET BOULEVARD (1950)

**SWANSON, Kristy**
*actrice américaine (1970-)*
DEADLY FRIEND (1986)
FERRIS BUELLER'S DAY OFF (1986)
FLOWERS IN THE ATTIC (1987)
BUFFY THE VAMPIRE SLAYER (1992)
HIGHER LEARNING (1994)
PHANTOM, THE (1996)
BIG DADDY (1999)
DUDE, WHERE'S MY CAR? (2000)

**SWAYZE, Patrick**
*acteur américain (1954-)*
OUTSIDERS, THE (1983)
DIRTY DANCING (1987)
ROAD HOUSE (1989)
GHOST (1990)
POINT BREAK (1991)
CITY OF JOY (1992)
TALL TALE (1995)
TO WONG FOO, THANKS FOR EVERYTHING, JULIE NEWMAR (1995)

**TAMBLYN, Russ**
*acteur américain (1934-)*
GUN CRAZY (1949)
SAMSON AND DELILAH (1949)
FATHER OF THE BRIDE (1950)
AS YOUNG AS YOU FEEL (1951)
FATHER'S LITTLE DIVIDEND (1951)
SEVEN BRIDES FOR SEVEN BROTHERS (1954)
HIT THE DECK (1955)
FASTEST GUN ALIVE, THE (1956)
LAST HUNT, THE (1956)
PEYTON PLACE (1957)
HIGH SCHOOL CONFIDENTIAL (1958)
TOM THUMB (1958)
CIMARRON (1960)
HOW THE WEST WAS WON (1962)
HAUNTING, THE (1963)
SATAN'S SADIST (1970)

**TAMBOR, Jeffrey**
*acteur américain (1944-)*
AND JUSTICE FOR ALL (1979)
BRENDA STARR (1987)
THREE O'CLOCK HIGH (1987)
LIFE STINKS (1991)
MAN WHO CAPTURED EICHMANN, THE (1996)
DOCTOR DOLITTLE (1998)
MEET JOE BLACK (1998)
MUPPETS FROM SPACE (1999)
TEACHING MRS. TINGLE (1999)
HOW THE GRINCH STOLE CHRISTMAS (2000)
POLLOCK (2000)

**TAMIROFF, Akim**
*acteur russe (1899-1972)*
ANTHONY ADVERSE (1936)
GENERAL DIED AT DAWN, THE (1936)
SPAWN OF THE NORTH (1938)
GREAT McGINTY, THE (1940)
TEXAS RANGERS RIDES AGAIN (1940)
FIVE GRAVES TO CAIRO (1943)
BRIDGE OF SAN LUIS REY, THE (1944)
ANASTASIA (1956)
TOUCH OF EVIL (1958)
BACCHANTES (1963)
TOPKAPI (1964)
ALPHAVILLE (1965)
AFTER THE FOX (1966)

**TANDY, Jessica**
*actrice américaine (1909-1994)*
SEVENTH CROSS, THE (1944)
FOREVER AMBER (1947)
SEPTEMBER AFFAIR (1950)
DESERT FOX, THE (1951)
LIGHT IN THE FOREST, THE (1958)
BIRDS, THE (1963)
STILL OF THE NIGHT (1982)
BOSTONIANS, THE (1984)
COCOON (1985)
BATTERIES NOT INCLUDED (1987)
FOXFIRE (1987)
COCOON: THE RETURN (1988)
HOUSE ON CARROLL STREET, THE (1988)
DRIVING MISS DAISY (1989)
FRIED GREEN TOMATOES (1991)
CAMILLA (1994)
NOBODY'S FOOL (1994)

**TARANTINO, Quentin**
*acteur américain (1963-)*
RESERVOIR DOGS (1991)
PULP FICTION (1994)
SLEEP WITH ME (1994)
DESPERADO (1995)
DESTINY TURNS ON THE RADIO (1995)
FOUR ROOMS (1995)
FROM DUSK TILL DAWN (1995)
GIRL 6 (1996)
GOD SAID HA! (1998)

**TATI, Jacques**
*acteur français (1908-1982)*
SYLVIE ET LE FANTÔME (1946)
JOUR DE FÊTE (VERSION COULEUR) (1949)
MON ONCLE (1958)
PLAY TIME (1967)
TRAFIC (1971)
PARADE (1974)

**TAYLOR, Elizabeth**
*actrice américaine (1932-)*
JANE EYRE (1944)
NATIONAL VELVET (1944)
JULIA MISBEHAVES (1948)
CONSPIRATOR (1949)
LITTLE WOMEN (1949)
BIG HANGOVER, THE (1950)
FATHER OF THE BRIDE (1950)
FATHER'S LITTLE DIVIDEND (1951)
PLACE IN THE SUN, A (1951)
IVANHOE (1952)
LOVE IS BETTER THAN EVER (1952)
ELEPHANT WALK (1954)
LAST TIME I SAW PARIS, THE (1954)
RHAPSODY (1954)
GIANT (1956)
RAINTREE COUNTY (1957)
CAT ON A HOT TIN ROOF (1958)
SUDDENLY, LAST SUMMER (1959)
BUTTERFIELD 8 (1960)
CLEOPATRA (1963)
SANDPIPER, THE (1965)
COMEDIANS, THE (1967)
REFLECTIONS IN A GOLDEN EYE (1967)
TAMING OF THE SHREW, THE (1967)
BOOM! (1968)
DR. FAUSTUS (1968)
SECRET CEREMONY (1968)
HAMMERSMITH IS OUT (1972)
ASH WEDNESDAY (1973)
DIVORCE HIS, DIVORCE HER (1973)
DRIVER'S SEAT, THE (1973)
THAT'S ENTERTAINMENT (1974)
MIRROR CRACK'D, THE (1980)
RUMOR MILL, THE (1985)
FLINTSTONES, THE (1994)

**TAYLOR, Lili**
*actrice américaine (1974-)*
BRIGHT ANGEL (1991)
DOGFIGHT (1991)
HOUSEHOLD SAINTS (1993)
SHORT CUTS (1993)
ADDICTION, THE (1995)
GIRLS TOWN (1996)
I SHOT ANDY WARHOL (1996)
RANSOM (1996)
SUBWAY STORIES (1997)
PECKER (1998)
HAUNTING, THE (1999)

**TAYLOR, Robert**
*acteur américain (1911-1969)*
BROADWAY MELODY OF 1936 (1935)
GORGEOUS HUSSY, THE (1936)
BROADWAY MELODY OF 1938 (1937)
CAMILLE (1937)
PERSONAL PROPERTY (1937)
THREE COMRADES (1938)
BILLY THE KID (1941)
JOHNNY EAGER (1941)
CONSPIRATOR (1949)
QUO VADIS? (1951)
ABOVE AND BEYOND (1952)
IVANHOE (1952)
ALL THE BROTHERS WERE VALIANT (1953)
KNIGHTS OF THE ROUND TABLE (1953)
D-DAY THE 6th OF JUNE (1956)
LAST HUNT, THE (1956)
LAW AND JAKE WADE, THE (1958)
PARTY GIRL (1958)
NIGHT WALKER, THE (1964)

**TAYLOR, Rod**
*acteur australien (1929-)*
CATERED AFFAIR, THE (1956)
GIANT (1956)
RAINTREE COUNTY (1957)
SEPARATE TABLES (1958)
ASK ANY GIRL (1959)
TIME MACHINE, THE (1960)
BIRDS, THE (1963)
GATHERING OF EAGLES, A (1963)
SUNDAY IN NEW YORK (1963)
36 HOURS (1964)
GLASS BOTTOM BOAT, THE (1966)
DARK OF THE SUN (1968)
DEADLY TRACKERS, THE (1973)

**TEMPLE, Shirley**
*actrice américaine (1928-)*
BABY TAKES A BOW (1934)
BRIGHT EYES (1934)
NOW AND FOREVER (1934)
CURLY TOP (1935)
LITTLE COLONEL, THE (1935)
LITTLEST REBEL, THE (1935)
DIMPLES (1936)
POOR LITTLE RICH GIRL (1936)
HEIDI (1937)
JUST AROUND THE CORNER (1938)
LITTLE MISS BROADWAY (1938)
LITTLE PRINCESS, THE (1939)
BLUE BIRD, THE (1940)
BACHELOR AND THE BOBBY-SOXER, THE (1947)
FORT APACHE (1948)

**TENNANT, Victoria**
*actrice anglaise (1953-)*
INSEMINOID (1981)
ALL OF ME (1984)
FLOWERS IN THE ATTIC (1987)
PESTE, LA (1992)

**THATCHER, Torin**
*acteur indien (1905-1981)*
AFFAIR IN TRINIDAD (1952)
HOUDINI (1953)
ROBE, THE (1953)
BLACK SHIELD OF FALWORTH, THE (1954)
DIANE (1955)
LADY GODIVA (1955)
LOVE IS A MANY SPLENDORED THING (1955)
7th VOYAGE OF SINBAD, THE (1958)
JACK THE GIANT KILLER (1962)

**THAUVETTE, Guy**
*acteur québécois (1944-)*
GRAND ROCK, LE (1967)
CUISINE ROUGE, LA (1979)
AFFAIRE COFFIN, L' (1980)
LUCIEN BROUILLARD (1983)
MARIA CHAPDELAINE (1984)
ANNE TRISTER (1986)
FOUS DE BASSAN, LES (1987)
SOUS LES DRAPS, LES ÉTOILES (1989)
CARGO (1990)
RAFALES (1990)
NELLIGAN (1991)

**THÉRIAULT, Serge**
*acteur québécois (1948-)*
GINA (1973)
BEAUX DIMANCHES, LES (1974)
GAMMICK, LA (1974)
BONS DÉBARRAS, LES (1981)
CORDÉLIA (1983)
DING ET DONG: LE FILM (1990)
RAFALES (1990)
SPHINX, LE (1995)
BOYS, LES (1997)
32 AOÛT SUR TERRE, UN (1998)
BOYS II, LES (1998)

**THERON, Charlize**
*actrice allemande (1975-)*
DEVIL'S ADVOCATE (1997)
CELEBRITY (1998)
MIGHTY JOE YOUNG (1998)
ASTRONAUT'S WIFE, THE (1999)
CIDER HOUSE RULES, THE (1999)
LEGEND OF BAGGER VANCE, THE (2000)
MEN OF HONOR (2000)
REINDEER GAMES (2000)

**THEWLIS, David**
*acteur anglais (1963-)*
AFRAID OF THE DARK (1992)
NAKED (1993)
BLACK BEAUTY (1994)
RESTORATION (1995)
TOTAL ECLIPSE (1995)
DRAGONHEART (1996)
ISLAND OF DR. MOREAU, THE (1996)
SEVEN YEARS IN TIBET (1997)
BESIEGED (1998)
BIG LEBOWSKI, THE (1998)

**THOMAS, Henry**
*acteur américain (1971-)*
E.T. THE EXTRA-TERRESTRIAL (1982)
FIRE IN THE SKY (1993)
CURSE OF THE STARVING CLASS, THE (1994)
LEGENDS OF THE FALL (1994)
MOBY DICK (1997)
NIAGARA, NIAGARA (1997)

SUICIDE KINGS (1997)
ALL THE PRETTY HORSES (2000)

**THOMPSON, Emma**
*actrice anglaise (1959-)*
FORTUNES OF WAR (1987)
HENRY V (1989)
IMPROMPTU (1990)
TALL GUY, THE (1990)
DEAD AGAIN (1991)
HOWARD'S END (1991)
PETER'S FRIENDS (1992)
IN THE NAME OF THE FATHER (1993)
MUCH ADO ABOUT NOTHING (1993)
REMAINS OF THE DAY, THE (1993)
JUNIOR (1994)
CARRINGTON (1995)
SENSE AND SENSIBILITY (1995)
JUDAS KISS (1998)
PRIMARY COLORS (1998)

**THOMPSON, Jack**
*acteur australien (1940-)*
BREAKER MORANT (1979)
BURKE & WILLS (1985)
GROUND ZERO (1987)
FAR OFF PLACE, A (1993)
SUM OF US, THE (1994)
EXCESS BAGGAGE (1997)
MIDNIGHT IN THE GARDEN OF GOOD AND EVIL (1997)

**THREE STOOGES**
*acteurs américains*
HAVE ROCKET, WILL TRAVEL (1959)
THREE STOOGES IN ORBIT, THE (1962)
THREE STOOGES MEET HERCULES, THE (1962)
4 FOR TEXAS (1963)
IT'S A MAD, MAD, MAD, MAD WORLD (1963)
THREE STOOGES GO AROUND THE WORLD IN A DAZE, THE (1963)
OUTLAWS IS COMING, THE (1965)

**THULIN, Ingrid**
*actrice suédoise (1929-)*
FOUR HORSEMEN OF THE APOCALYPSE, THE (1961)
COMMUNIANTS, LES (1963)
SILENCE, LE (1963)
CRIS ET CHUCHOTEMENTS (1972)
APRÈS LA RÉPÉTITION (1984)

**THURMAN, Uma**
*actrice américaine (1970-)*
DANGEROUS LIAISONS (1988)
ADVENTURES OF BARON MUNCHAUSEN, THE (1989)
HENRY & JUNE (1990)
FINAL ANALYSIS (1991)
JENNIFER 8 (1992)
MAD DOG AND GLORY (1992)
EVEN COWGIRLS GET THE BLUES (1994)
PULP FICTION (1994)
MONTH BY THE LAKE, A (1995)
BATMAN & ROBIN (1997)
GATTACA (1997)
AVENGERS, THE (1998)
MISÉRABLES, LES (1998)
SWEET AND LOWDOWN (1999)

**TIERNEY, Gene**
*actrice américaine (1920-1991)*
RETURN OF FRANK JAMES, THE (1940)
SHANGHAI GESTURE, THE (1941)
SON OF FURY (1942)
HEAVEN CAN WAIT (1943)
LAURA (1944)
LEAVE HER TO HEAVEN (1945)
RAZOR'S EDGE, THE (1946)
GHOST AND MRS. MUIR, THE (1947)
NIGHT AND THE CITY (1950)
NEVER LET ME GO (1953)
EGYPTIAN, THE (1954)
LEFT HAND OF GOD, THE (1955)
ADVISE AND CONSENT (1962)
TOYS IN THE ATTIC (1963)

**TIERNEY, Lawrence**
*acteur américain (1919-)*
BACK TO BATAAN (1945)
BORN TO KILL (1947)
CUSTER OF THE WEST (1967)
RESERVOIR DOGS (1991)

**TIFO, Marie**
*actrice québécoise (1949-)*
BONS DÉBARRAS, LES (1981)
JOUR «S...», LE (1983)
LUCIEN BROUILLARD (1983)
RIEN QU'UN JEU (1983)
JOURNÉE EN TAXI, UNE (1984)
MARIA CHAPDELAINE (1984)
POUVOIR INTIME (1986)
FOUS DE BASSAN, LES (1987)
KALAMAZOO (1988)
T'ES BELLE JEANNE (1988)
DANS LE VENTRE DU DRAGON (1989)
POTS CASSÉS, LES (1993)

**TILLY, Jennifer**
*actrice canadienne (1958-)*
NO SMALL AFFAIR (1984)
HIGH SPIRITS (1988)
FABULOUS BAKER BOYS, THE (1989)
LET IT RIDE (1989)
SCORCHERS (1991)
AGAGUK - SHADOW OF THE WOLF (1992)
MADE IN AMERICA (1993)
BULLETS OVER BROADWAY (1994)
GETAWAY, THE (1994)
BOUND (1996)
LIAR LIAR (1997)
HIDE AND SEEK (2000)

**TILLY, Meg**
*actrice canadienne (1960-)*
FAME (1980)
TEX (1982)
BIG CHILL, THE (1983)
PSYCHO 2 (1983)
AGNES OF GOD (1985)
GIRL IN A SWING, THE (1988)
MASQUERADE (1988)
CARMILLA (1990)
LEAVING NORMAL (1992)
BODY SNATCHERS (1993)
FALLEN ANGELS 2 (1993)
SLEEP WITH ME (1994)

**TIMSIT, Patrick**
*acteur français (1959-)*
PAULETTE (1986)
BAL DES CASSE-PIEDS, LE (1991)
MAYRIG (1991)
ÉPOQUE FORMIDABLE, UNE (1991)
CRISE, LA (1992)
ELLES N'OUBLIENT JAMAIS (1993)
INDIEN DANS LA VILLE, UN (1994)
BELLE VERTE, LA (1996)
PÉDALE DOUCE (1996)
COUSIN, LE (1997)
MARQUISE (1997)
PAPARAZZI (1998)

**TODD, Richard**
*acteur irlandais (1919-)*
STAGE FRIGHT (1950)
STORY OF ROBIN HOOD, THE (1952)
ASYLUM (1972)

**TOGNAZZI, Ugo**
*acteur italien (1922-1990)*
AMOUR À LA VILLE, L' (1953)
ROGOPAG (1962)
BARBARELLA (1968)
PORCHERIE (1969)
GRANDE BOUFFE, LA (1973)
TOUCHE PAS À LA FEMME BLANCHE (1974)
CANARD À L'ORANGE, LE (1975)
MESDAMES ET MESSIEURS, BONSOIR (1976)
CABINE DES AMOUREUX, LA (1977)
CAGE AUX FOLLES, LA (1978)
GRAND EMBOUTEILLAGE, LE (1979)
CAGE AUX FOLLES 2, LA (1980)
TRAGÉDIE D'UN HOMME RIDICULE, LA (1981)
CAGE AUX FOLLES 3, LA (1985)
TOLÉRANCE (1989)

**TOMEI, Marisa**
*actrice américaine (1964-)*
CHAPLIN (1992)
MY COUSIN VINNY (1992)
ONLY YOU (1994)
PEREZ FAMILY, THE (1995)
MY OWN COUNTRY (1998)

**TOMLIN, Lily**
*actrice américaine (1939-)*
LATE SHOW, THE (1977)
9 TO 5 (1980)
INCREDIBLE SHRINKING WOMAN, THE (1981)
ALL OF ME (1984)
BIG BUSINESS (1988)
PLAYER, THE (1992)
SHADOWS AND FOG (1992)
SHORT CUTS (1993)
AND THE BAND PLAYED ON (1994)
BLUE IN THE FACE (1995)
TEA WITH MUSSOLINI (1999)
KID, THE (2000)

**TORRENCE, Ernest**
*acteur anglais (1878 -1933)*
TOL'ABLE DAVID (1921)
COVERED WAGON, THE (1923)
HUNCHBACK OF NOTRE-DAME, THE (1923)
PETER PAN (1924)
KING OF KINGS, THE (1927)
STEAMBOAT BILL Jr. (1928)
I COVER THE WATERFRONT (1933)

**TOTO**
*acteur italien (1898-1967)*
1860 (1933)
PIGEON, LE (1958)
OISEAUX PETITS ET GRANDS, DES (1965)

**TRACY, Spencer**
*acteur américain (1900-1967)*
RIFF RAFF (1935)
FURY (1936)
LIBELED LADY (1936)
SAN FRANCISCO (1936)
CAPTAINS COURAGEOUS (1937)
BOYS TOWN (1938)
MANNEQUIN (1938)
TEST PILOT (1938)

STANLEY AND LIVINGSTONE (1939)
EDISON, THE MAN (1940)
NORTHWEST PASSAGE (1940)
DR. JEKYLL AND MR. HYDE (1941)
MEN OF BOYS TOWN (1941)
KEEPER OF THE FLAME (1942)
TORTILLA FLAT (1942)
GUY NAMED JOE, A (1944)
SEVENTH CROSS, THE (1944)
THIRTY SECONDS OVER TOKYO (1945)
BOOM TOWN (1946)
SEA OF GRASS, THE (1946)
CASS TIMBERLANE (1947)
STATE OF THE UNION (1948)
ADAM'S RIB (1949)
MALAYA (1949)
FATHER OF THE BRIDE (1950)
FATHER'S LITTLE DIVIDEND (1951)
PAT AND MIKE (1952)
BAD DAY AT BLACK ROCK (1954)
BROKEN LANCE (1954)
MOUNTAIN, THE (1956)
DESK SET (1957)
LAST HURRAH, THE (1958)
OLD MAN AND THE SEA, THE (1958)
INHERIT THE WIND (1960)
DEVIL AT 4 O'CLOCK, THE (1961)
JUDGMENT AT NUREMBERG (1961)
IT'S A MAD, MAD, MAD, MAD WORLD (1963)
GUESS WHO'S COMING TO DINNER? (1967)

**TRAVERS, Bill**
*acteur anglais (1922-1994)*
BHOWANI JUNCTION (1955)
GORGO (1961)
BORN FREE (1965)
DUEL AT DIABLO (1966)
RING OF BRIGHT WATER (1969)
BOULEVARD DU RHUM (1971)

**TRAVIS, Nancy**
*actrice américaine (1962-)*
3 MEN AND A BABY (1987)
FALLEN ANGELS (1993)
SO I MARRIED AN AXE MURDERER (1993)
FLUKE (1995)

**TRAVOLTA, John**
*acteur américain (1954-)*
DEVIL'S RAIN, THE (1975)
CARRIE (1976)
SATURDAY NIGHT FEVER (1977)
GREASE (1978)
BLOW-OUT (1981)
PERFECT (1985)
LOOK WHO'S TALKING (1989)
PULP FICTION (1994)
GET SHORTY (1995)
BROKEN ARROW (1996)
MICHAEL (1996)
PHENOMENON (1996)
FACE/OFF (1997)
MAD CITY (1997)
SHE'S SO LOVELY (1997)
CIVIL ACTION, A (1998)
PRIMARY COLORS (1998)
GENERAL'S DAUGHTER, THE (1999)
BATTLEFIELD EARTH (2000)
LUCKY NUMBERS (2000)

**TREMBLAY, Johanne-Marie**
*actrice québécoise (1950-)*
À CORPS PERDU (1988)
JÉSUS DE MONTRÉAL (1989)
PORTION D'ÉTERNITÉ (1989)
MOODY BEACH (1990)
PAS DE RÉPIT POUR MÉLANIE (1990)
BEING AT HOME WITH CLAUDE (1991)
SARRASINE, LA (1992)
TIRELIRE, COMBINES & CIE (1992)
LOUIS 19, LE ROI DES ONDES (1994)

**TREVOR, Claire**
*actrice américaine (1909-2000)*
BABY TAKES A BOW (1934)
AMAZING DR. CLITTERHOUSE, THE (1938)
ALLEGHENY UPRISING (1939)
STAGECOACH (1939)
DARK COMMAND (1940)
TEXAS (1941)
DESPERADOES, THE (1943)
MURDER, MY SWEET (1944)
JOHNNY ANGEL (1945)
CRACK-UP (1946)
BORN TO KILL (1947)
RAW DEAL (1948)
BORDERLINE (1950)
STRANGER WORE A GUN, THE (1953)
MOUNTAIN, THE (1956)

**TRINTIGNANT, Jean-Louis**
*acteur français (1930-)*
ET DIEU CRÉA LA FEMME (1956)
LIAISONS DANGEREUSES, LES (1959)
SEPT PÉCHÉS CAPITAUX, LES (1962)
MERVEILLEUSE ANGÉLIQUE (1964)
HOMME ET UNE FEMME, UN (1966)
PARIS BRÛLE-T-IL? (1966)
HOMME À ABATTRE, UN (1967)
BICHES, LES (1968)
MA NUIT CHEZ MAUD (1969)
CONFORMISTE, LE (1970)
ATTENTAT, L' (1972)
DÉFENSE DE SAVOIR (1973)
MOUTON ENRAGÉ, LE (1973)
OUTSIDE MAN, THE (1973)
TRAIN, LE (1973)
FEMME DU DIMANCHE, LA (1975)
FLIC STORY (1975)
ORDINATEUR DES POMPES FUNÈBRES, L' (1976)
ARGENT DES AUTRES, L' (1978)
AFFAIRE D'HOMMES, UNE (1980)
ASSASSIN QUI PASSE, UN (1980)
BANQUIÈRE, LA (1980)
GRAND PARDON, LE (1981)
PASSION D'AMOUR (1981)
BOULEVARD DES ASSASSINS (1982)
NUIT DE VARENNES, LA (1982)
BON PLAISIR, LE (1983)
CRIME, LA (1983)
FEMMES DE PERSONNE (1984)
PARTIR, REVENIR (1985)
RENDEZ-VOUS (1985)
ÉTÉ PROCHAIN, L' (1985)
FEMME DE MA VIE, LA (1986)
HOMME ET UNE FEMME: VINGT ANS DÉJÀ, UN (1986)
MOUSTACHU, LE (1987)
BUNKER PALACE HOTEL (1989)
MERCI LA VIE (1991)
REGARDE LES HOMMES TOMBER (1994)
FIESTA (1996)
CEUX QUI M'AIMENT PRENDRONT LE TRAIN (1997)

**TRINTIGNANT, Marie**
*actrice française (1962-)*
ÇA N'ARRIVE QU'AUX AUTRES (1971)
DÉFENSE DE SAVOIR (1973)
PREMIER VOYAGE (1980)
ÉTÉ PROCHAIN, L' (1985)
NOYADE INTERDITE (1987)
AFFAIRE DE FEMMES, UNE (1988)
ALBERTO EXPRESS (1990)
NUIT D'ÉTÉ EN VILLE (1990)
BETTY (1991)
CIBLE ÉMOUVANTE (1993)
MARMOTTES, LES (1993)
APPRENTIS, LES (1995)
NOUVELLES DU BON DIEU, DES (1995)
CRI DE LA SOIE, LE (1996)
PONETTE (1996)
PORTRAITS CHINOIS (1996)
COUSIN, LE (1997)
... COMME ELLE RESPIRE (1998)

**TRUFFAUT, François**
*acteur français (1932-1984)*
400 COUPS, LES (1959)
ENFANT SAUVAGE, L' (1970)
NUIT AMÉRICAINE, LA (1973)
HISTOIRE D'ADÈLE H., L' (1975)
CLOSE ENCOUNTERS OF THE THIRD KIND (1977)
HOMME QUI AIMAIT LES FEMMES, L' (1977)
CHAMBRE VERTE, LA (1978)

**TUCCI, Stanley**
*acteur américain (1960-)*
PUBLIC EYE, THE (1992)
PELICAN BRIEF, THE (1993)
MRS. PARKER AND THE VICIOUS CIRCLE (1994)
SOMEBODY TO LOVE (1994)
DAYTRIPPERS, THE (1995)
BIG NIGHT (1996)
LIFE LESS ORDINARY, A (1997)
IMPOSTORS, THE (1998)
MIDSUMMER NIGHT'S DREAM, A (1999)
JOE GOULD'S SECRET (2000)

**TUCKER, Forrest**
*acteur américain (1919-1986)*
CORONER CREEK (1948)
SANDS OF IWO JIMA (1949)
BUGLES IN THE AFTERNOON (1952)
PONY EXPRESS (1953)
THREE VIOLENT PEOPLE (1956)
ABOMINABLE SNOWMAN, THE (1957)
AUNTIE MAME (1958)
CRAWLING EYE, THE (1958)
CHISUM (1970)

**TULLY, Tom**
*acteur américain (1908-1982)*
ADVENTURE (1946)
TILL THE END OF TIME (1946)
BRANDED (1950)
TOMAHAWK (1951)
LOVE IS BETTER THAN EVER (1952)
MOON IS BLUE, THE (1953)

**TURCOT, Louise**
*actrice québécoise (1944-)*
INITIATION, L' (1969)
DEUX FEMMES EN OR (1970)
PANIQUE (1977)
PEAU ET LES OS, LA (1988)

**TURNER, Kathleen**
*actrice américaine (1954-)*
BODY HEAT (1982)
MAN WITH TWO BRAINS, THE (1983)
CRIMES OF PASSION (1984)
ROMANCING THE STONE (1984)
JEWEL OF THE NILE, THE (1985)
PRIZZI'S HONOR (1985)
PEGGY SUE GOT MARRIED (1986)

JULIA AND JULIA (1987)
ACCIDENTAL TOURIST, THE (1988)
SWITCHING CHANNELS (1988)
HOUSE OF CARDS (1993)
NAKED IN NEW YORK (1994)
SERIAL MOM (1994)
MOONLIGHT AND VALENTINO (1995)
REAL BLONDE, THE (1997)
SIMPLE WISH, A (1997)
BEAUTIFUL (2000)

**TURNER, Lana**
*actrice américaine (1920-1995)*
LOVE FINDS ANDY HARDY (1938)
DR. JEKYLL AND MR. HYDE (1941)
JOHNNY EAGER (1941)
POSTMAN ALWAYS RINGS TWICE, THE (1946)
CASS TIMBERLANE (1947)
GREEN DOLPHIN STREET (1947)
HOMECOMING (1948)
THREE MUSKETEERS, THE (1948)
BAD AND THE BEAUTIFUL, THE (1952)
MERRY WIDOW, THE (1952)
DIANE (1955)
PRODIGAL, THE (1955)
SEA CHASE, THE (1955)
PEYTON PLACE (1957)
IMITATION OF LIFE (1959)
PORTRAIT IN BLACK (1960)
BY LOVE POSSESSED (1961)
MADAME X (1966)

**TURNER, Tina**
*actrice américaine (1938-)*
TOMMY (1975)
MAD MAX 3: BEYOND THE THUNDERDOME (1985)
LAST ACTION HERO (1993)

**TURTURRO, John**
*acteur américain (1957-)*
DESPERATELY SEEKING SUSAN (1985)
TO LIVE AND DIE IN L.A. (1985)
COLOR OF MONEY, THE (1986)
GUNG HO! (1986)
HANNAH AND HER SISTERS (1986)
SICILIAN, THE (1987)
5 CORNERS (1988)
BACKTRACK (1988)
DO THE RIGHT THING (1989)
MILLER'S CROSSING (1990)
MO' BETTER BLUES (1990)
STATE OF GRACE (1990)
BARTON FINK (1991)
JUNGLE FEVER (1991)
MEN OF RESPECT (1991)
BRAIN DONORS (1992)
MAC (1992)
FEARLESS (1993)
BEING HUMAN (1994)
QUIZ SHOW (1994)
CLOCKERS (1995)
SEARCH AND DESTROY (1995)
BOX OF MOONLIGHT (1996)
GIRL 6 (1996)
BIG LEBOWSKI, THE (1998)
ILLUMINATA (1998)
ROUNDERS (1998)
SOURCE, THE (1999)
O BROTHER, WHERE ART THOU? (2000)

**TYLER, Liv**
*actrice américaine (1977-)*
SILENT FALL (1994)
HEAVY (1995)
STEALING BEAUTY (1996)
THAT THING YOU DO! (1996)
INVENTING THE ABBOTTS (1997)
ARMAGEDDON (1998)
COOKIE'S FORTUNE (1999)
ONEGIN (1999)
DR. T AND THE WOMEN (2000)

**ULLMANN, Liv**
*actrice suédoise (1939-)*
PERSONA (1966)
HEURE DU LOUP, L' (1967)
HONTE, LA (1968)
PASSION, UNE (1969)
DE LA PART DES COPAINS (1970)
NIGHT VISITOR, THE (1970)
EMIGRANTS, THE (1971)
CRIS ET CHUCHOTEMENTS (1972)
NEW LAND, THE (1972)
BRIDGE TOO FAR, A (1977)
SERPENT'S EGG, THE (1977)
SONATE D'AUTOMNE (1978)
POURVU QUE CE SOIT UNE FILLE (1986)
GABY: A TRUE STORY (1987)
BAY BOY, THE (1989)
ROSE GARDEN, THE (1989)
OX, THE (1991)
LUMIÈRE ET COMPAGNIE (1995)

**USTINOV, Peter**
*acteur anglais (1921-)*
QUO VADIS? (1951)
PLAISIR, LE (1952)
BEAU BRUMMELL (1954)
EGYPTIAN, THE (1954)
LOLA MONTÈS (1955)
SPARTACUS (1960)
SUNDOWNERS, THE (1960)
TOPKAPI (1964)
LADY L (1965)
COMEDIANS, THE (1967)
BLACKBEARD'S GHOST (1968)
HOT MILLIONS (1968)
HAMMERSMITH IS OUT (1972)
JESUS OF NAZARETH (1976)
LOGAN'S RUN (1976)
TAXI MAUVE, UN (1976)
LAST REMAKE OF BEAU GESTE, THE (1977)
DEATH ON THE NILE (1978)
TARKA THE OTTER (1979)
CHARLIE CHAN AND THE CURSE OF THE DRAGON QUEEN (1981)
EVIL UNDER THE SUN (1982)
THIRTEEN AT DINNER (1985)
APPOINTMENT WITH DEATH (1988)
RÉVOLUTION FRANÇAISE 1: LES ANNÉES LUMIÈRE, LA (1989)
RÉVOLUTION FRANÇAISE 2: LES ANNÉES TERRIBLES, LA (1989)
LORENZO'S OIL (1992)
ANIMAL FARM (1999)

**VALENTINO, Rudolph**
*acteur italien (1895-1926)*
COBRA (1920)
SHEIK, THE (1921)
BLOOD AND SAND (1922)
EAGLE, THE (1925)
SON OF THE SHEIK (1926)

**VALLEE, Rudy**
*acteur américain (1901-1986)*
SECOND FIDDLE (1939)
BACHELOR AND THE BOBBY-SOXER, THE (1947)
SO THIS IS NEW YORK (1948)
HOW TO SUCCEED IN BUSINESS WITHOUT REALLY TRYING (1967)

**VALLI, Alida**
*actrice italienne (1921-)*
MIRACLE OF THE BELLS, THE (1948)
PARADINE CASE, THE (1948)
THIRD MAN, THE (1949)
SENSO (1954)
BIJOUTIERS DU CLAIR DE LUNE, LES (1957)
CRI, LE (1957)
ŒDIPE ROI (1967)
STRATÉGIE DE L'ARAIGNÉE, LA (1969)
LISA AND THE DEVIL (1972)
LISA AND THE DEVIL/HOUSE OF EXORCISM (1974)
1900 (1976)
CASSANDRA CROSSING, THE (1977)
SUSPIRIA (1977)
INFERNO (1980)
JUPON ROUGE, LE (1987)
MONTH BY THE LAKE, A (1995)

**VAN CLEEF, Lee**
*acteur américain (1925-1989)*
HIGH NOON (1952)
BEAST FROM 20,000 FATHOMS, THE (1953)
LAWLESS BREED, THE (1953)
BIG COMBO, THE (1954)
CONQUEROR, THE (1956)
IT CONQUERED THE WORLD (1956)
CHINA GATE (1957)
GUNFIGHT AT THE O.K. CORRAL (1957)
LONELY MAN, THE (1957)
TIN STAR, THE (1957)
HOW THE WEST WAS WON (1962)
MAN WHO SHOT LIBERTY VALANCE, THE (1962)
FOR A FEW DOLLARS MORE (1965)
GOOD, THE BAD AND THE UGLY, THE (1966)
EL CONDOR (1970)
ESCAPE FROM NEW YORK (1980)

**VAN DAMME, Jean-Claude**
*acteur belge (1961-)*
HARD TARGET (1993)
MAXIMUM RISK (1996)
DOUBLE TEAM (1997)
KNOCK OFF (1998)
LEGIONNAIRE (1998)

**VAN DYKE, Dick**
*acteur américain (1925-)*
BYE BYE BIRDIE (1963)
MARY POPPINS (1964)
FITZWILLY (1967)
CHITTY CHITTY BANG BANG (1968)
COMIC, THE (1969)
COLD TURKEY (1971)

**VAN PEEBLES, Mario**
*acteur américain (1957-)*
SWEET SWEETBACK'S BAADASSSSS SONG (1971)
COTTON CLUB, THE (1984)
HEARTBREAK RIDGE (1986)
JAWS 4: THE REVENGE (1987)
NEW JACK CITY (1991)
POSSE (1993)
HIGHLANDER III: THE SORCERER (1994)
PANTHER (1995)

**VANEL, Charles**
*acteur français (1892-1989)*
SALAIRE DE LA PEUR, LE (1952)
DIABOLIQUES, LES (1954)
TO CATCH A THIEF (1955)
TINTIN ET LE MYSTÈRE DE LA TOISON D'OR (1961)
MALDONNE (1968)

ILS... (1970)
PUCE ET LE PRIVÉ, LA (1980)
SAISONS DU PLAISIR, LES (1988)

**VAUGHN, Robert**
*acteur américain (1932-)*
GOOD DAY FOR A HANGING (1958)
TEENAGE CAVEMAN (1958)
MAGNIFICENT SEVEN, THE (1960)
BULLITT (1968)
BRIDGE AT REMAGEN, THE (1969)
JULIUS CAESAR (1970)
TOWERING INFERNO, THE (1974)
STARSHIP INVASIONS (1977)
S.O.B. (1981)
SUPERMAN III (1983)
BLACK MOON RISING (1986)
JOE'S APARTMENT (1996)
BASEKETBALL (1998)

**VEIDT, Conrad**
*acteur allemand (1893-1943)*
CABINET DU DR. CALIGARI, LE (1919)
INDIAN TOMB, THE (2 VOLUMES) (1921)
DARK JOURNEY (1937)
SPY IN BLACK, THE (1939)
CONTRABAND (1940)
THIEF OF BAGDAD, THE (1940)
ALL THROUGH THE NIGHT (1941)
ABOVE SUSPICION (1943)
CASABLANCA (1943)
CASABLANCA (SPECIAL EDITION) (1943)

**VELEZ, Lupe**
*actrice mexicaine (1908-1944)*
GAUCHO, THE (1928)

**VENORA, Diane**
*actrice américaine (1952-)*
F/X (1986)
HEAT (1995)
SUBSTITUTE, THE (1995)
13TH WARRIOR, THE (1999)
INSIDER, THE (1999)
HAMLET (2000)

**VENTURA, Lino**
*acteur italien (1919-1987)*
CRIME ET CHÂTIMENT (1956)
ASCENSEUR POUR L'ÉCHAFAUD (1957)
MONTPARNASSE 19 (1957)
CHEMIN DES ÉCOLIERS, LE (1959)
TAXI POUR TOBROUK, UN (1960)
CHARGE DES REBELLES, LA (1963)
GRANDES GUEULES, LES (1965)
AVENTURIERS, LES (1966)
DEUXIÈME SOUFFLE, LE (1966)
RAPACE, LE (1968)
CLAN DES SICILIENS, LE (1969)
DERNIER DOMICILE CONNU (1969)
BOULEVARD DU RHUM (1971)
AVENTURE C'EST L'AVENTURE, L' (1972)
BONNE ANNÉE, LA (1973)
EMMERDEUR, L' (1973)
ADIEU POULET (1975)
PAPILLON SUR L'ÉPAULE, UN (1978)
GARDE À VUE (1981)
MISÉRABLES, LES (1982)
RUFFIAN, LE (1982)
CENT JOURS À PALERME (1983)
7e CIBLE, LA (1984)
SWORD OF GIDEON (1986)

**VERNIER, Pierre**
*acteur français (1931-)*
JARDINIER D'ARGENTEUIL, LE (1966)
PARIS BRÛLE-T-IL? (1966)
CAROLINE CHÉRIE (1967)
STAVISKY (1974)
MONSIEUR KLEIN (1976)
I... COMME ICARE (1979)
TENDRES COUSINES (1980)
JOSÉPHA (1981)
PROFESSIONNEL, LE (1981)
QU'EST-CE QU'ON ATTEND POUR ÊTRE HEUREUX? (1982)
AMI DE VINCENT, L' (1983)
MARGINAL, LE (1983)
COURS PRIVÉ (1986)
SOLITAIRE, LE (1987)
À GAUCHE EN SORTANT DE L'ASCENSEUR (1988)
ITINÉRAIRE D'UN ENFANT GÂTÉ (1989)
ROMUALD ET JULIETTE (1989)
BELLE HISTOIRE, LA (1991)
BETTY (1991)
INCONNU DANS LA MAISON, L' (1992)
MISÉRABLES DU XXe SIÈCLE, LES (1995)

**VIARD, KARIN**
*actrice française*
ADULTÈRE (MODE D'EMPLOI) (1995)
RANDONNEURS, LES (1997)
NOUVELLE ÈVE, LA (1998)
ENFANTS DU SIÈCLE, LES (1999)
HAUT LES CŒURS! (1999)

**VILLERET, Jacques**
*acteur français (1951-)*
GUEULE OUVERTE, LA (1973)
TOUTE UNE VIE (1974)
BON ET LES MÉCHANTS, LE (1975)
AMOUR DE PLUIE, UN (1978)
ROBERT ET ROBERT (1978)
RIEN NE VA PLUS (1979)
SOUPE AUX CHOUX, LA (1981)
DANTON (1982)
GRAND FRÈRE, LE (1982)
CIRCULEZ, Y'A RIEN À VOIR (1983)
GARCON! (1983)
MORFALOUS, LES (1983)
PAPY FAIT DE LA RÉSISTANCE (1983)
ÉDITH ET MARCEL (1983)
GALETTE DU ROI, LA (1985)
HOLD-UP (1985)
FRÈRES PÉTARD, LES (1986)
DERNIER ÉTÉ À TANGER (1987)
ÉTÉ EN PENTE DOUCE, L' (1987)
BAL DES CASSE-PIEDS, LE (1991)
SECRETS PROFESSIONNELS DU DR. APFELGLÜCK, LES (1991)
588 RUE PARADIS (1992)
FAVOUR, THE WATCH AND THE VERY BIG FISH, THE (1992)
PARANO (1993)
DÎNER DE CONS, LE (1998)
ENFANTS DU MARAIS, LES (1998)
MOOKIE (1998)

**VITTI, Monica**
*actrice italienne (1931-)*
AVVENTURA, L' (1960)
DÉSERT ROUGE, LE (1964)
FEMME ÉCARLATE, LA (1968)
FANTÔME DE LA LIBERTÉ, LE (1974)
BLONDE, UNE BRUNE ET UNE MOTO, UNE (1975)
CANARD À L'ORANGE, LE (1975)
RAISON D'ÉTAT, LA (1977)
MONSTRESSES, LES (1978)
HISTOIRE D'AIMER (1980)
JE SAIS QUE TU SAIS (1982)

**VLADY, Marina**
*actrice française (1938-)*
CRIME ET CHÂTIMENT (1956)
SEPT PÉCHÉS CAPITAUX, LES (1962)
ATOUT CŒUR À TOKYO POUR O.S.S. 117 (1966)
COMPLOT, LE (1973)
QUE LA FÊTE COMMENCE! (1975)
SECRETS DE LA PRINCESSE DE CARDIGNAN, LES (1982)
7 MORTS SUR ORDONNANCE (1976)
TANGOS: L'EXIL DE GARDEL (1985)
EXPLOITS D'UN JEUNE DON JUAN, LES (1987)

**VOIGHT, Jon**
*acteur américain (1938-)*
MIDNIGHT COWBOY (1968)
CATCH 22 (1970)
DELIVERANCE (1973)
CONRACK (1974)
ODESSA FILE, THE (1974)
COMING HOME (1978)
CHAMP, THE (1979)
TABLE FOR FIVE (1983)
RUNAWAY TRAIN (1985)
DESERT BLOOM (1986)
HEAT (1995)
MISSION: IMPOSSIBLE (1996)
ANACONDA (1997)
MOST WANTED (1997)
RAINMAKER,THE (1997)
ROSEWOOD (1997)
ENEMY OF THE STATE (1998)
GENERAL, THE (1998)

**VOLONTÈ, Gian-Maria**
*acteur italien (1933-1994)*
HERCULE À LA CONQUÊTE DE L'ATLANTIDE (1961)
FISTFUL OF DOLLARS, A (1964)
FOR A FEW DOLLARS MORE (1965)
CERCLE ROUGE, LE (1970)
SACCO & VANZETTI (1971)
LUCKY LUCIANO (1974)
CHRIST S'EST ARRÊTÉ À EBOLI, LE (1979)
MORT DE MARIO RICCI, LA (1983)
AFFAIRE ALDO MORO, L' (1986)
OPEN DOORS (1990)

**VON STROHEIM, Erich**
*acteur autrichien (1885-1957)*
INTOLERANCE (1916)
HEARTS OF THE WORLD (1918)
FOOLISH WIVES (1921)
AS YOU DESIRE ME (1932)
GRANDE ILLUSION, LA (1937)
SO ENDS OUR NIGHT (1941)
FIVE GRAVES TO CAIRO (1943)
MASK OF DIJON, THE (1946)
SUNSET BOULEVARD (1950)
NAPOLÉON (1954)

**VON SYDOW, Max**
*acteur suédois (1929-)*
MADEMOISELLE JULIE (1950)
SEPTIÈME SCEAU, LE (1956)
FRAISES SAUVAGES, LES (1957)
SOURCE, LA (1959)
COMME DANS UN MIROIR (1961)
COMMUNIANTS, LES (1963)
GREATEST STORY EVER TOLD, THE (1965)
HAWAII (1966)
QUILLER MEMORANDUM, THE (1966)
HEURE DU LOUP, L' (1967)

HONTE, LA (1968)
PASSION, UNE (1969)
NIGHT VISITOR, THE (1970)
EMIGRANTS, THE (1971)
NEW LAND, THE (1972)
EXORCIST, THE (1973)
STEPPENWOLF (1974)
3 DAYS OF THE CONDOR (1975)
EXORCIST II: THE HERETIC (1977)
HURRICANE (1979)
FLASH GORDON (1980)
MORT EN DIRECT, LA (1980)
CONAN THE BARBARIAN (1982)
NEVER SAY NEVER AGAIN (1983)
STRANGE BREW (1983)
DREAMSCAPE (1984)
DUNE (1984)
QUO VADIS? (1985)
DUET FOR ONE (1986)
HANNAH AND HER SISTERS (1986)
PELLE LE CONQUÉRANT (1988)
AWAKENINGS (1990)
KISS BEFORE DYING, A (1991)
OX, THE (1991)
EUROPA (1992)
MEILLEURES INTENTIONS, LES (1992)
SILENT TOUCH, THE (1992)
NEEDFUL THINGS (1993)
CITIZEN X (1995)
JUDGE DREDD (1995)
HAMSUN (1996)
PRIVATE CONFESSIONS (1997)
JERUSALEM (1998)
SNOW FALLING ON CEDARS (1999)
EXORCIST, THE: THE VERSION YOU'VE NEVER SEEN (2000)

**WAGNER, Robert**
*acteur américain (1930-)*
LET'S MAKE IT LEGAL (1951)
TITANIC (1953)
BROKEN LANCE (1954)
PRINCE VALIANT (1954)
MOUNTAIN, THE (1956)
PINK PANTHER, THE (1964)
HARPER (1966)
MADAME SIN (1971)
TOWERING INFERNO, THE (1974)
MIDWAY (1976)
AIRPORT '79: THE CONCORDE (1979)
TRAIL OF THE PINK PANTHER (1982)
CURSE OF THE PINK PANTHER (1983)
PLAYER, THE (1992)
DRAGON: THE BRUCE LEE STORY (1993)
AUSTIN POWERS (1997)
AUSTIN POWERS: THE SPY WHO SHAGGED ME (1999)
PLAY IT TO THE BONE (1999)

**WAITS, Tom**
*acteur américain (1949-)*
OUTSIDERS, THE (1983)
RUMBLE FISH (1983)
COTTON CLUB, THE (1984)
DOWN BY LAW (1986)
IRONWEED (1987)
TOM WAITS: BIG TIME (1988)
BEARSKIN (1989)
COLD FEET (1989)
AT PLAY IN THE FIELDS OF THE LORD (1991)
FISHER KING, THE (1991)
QUEEN'S LOGIC (1991)
BRAM STOKER'S DRACULA (1992)
SHORT CUTS (1993)
MYSTERY MEN (1999)

**WALBROOK, Anton**
*acteur autrichien (1900-1967)*
49th PARALLEL, THE (1941)
RED SHOES, THE (1948)
LOLA MONTÈS (1955)

**WALKEN, Christopher**
*acteur américain (1943-)*
ANDERSON TAPES, THE (1972)
NEXT STOP, GREENWICH VILLAGE (1976)
ANNIE HALL (1977)
ROSELAND (1977)
DEER HUNTER, THE (1978)
LAST EMBRACE (1979)
DOGS OF WAR, THE (1980)
HEAVEN'S GATE (1981)
PENNIES FROM HEAVEN (1981)
BRAINSTORM (1983)
DEAD ZONE, THE (1983)
AT CLOSE RANGE (1985)
MILAGRO BEANFIELD WAR, THE (1987)
BILOXI BLUES (1988)
COMMUNION (1989)
HOMEBOY (1989)
COMFORT OF STRANGERS, THE (1990)
KING OF NEW YORK, THE (1990)
McBAIN (1991)
SARAH, PLAIN AND TALL (1991)
ALL-AMERICAN MURDER (1992)
BATMAN RETURNS (1992)
GRAND PARDON 2, LE (1992)
MISTRESS (1992)
PULP FICTION (1994)
ADDICTION, THE (1995)
NICK OF TIME (1995)
PROPHECY, THE (1995)
SEARCH AND DESTROY (1995)
THINGS TO DO IN DENVER WHEN YOU'RE DEAD (1995)
FUNERAL, THE (1996)
LAST MAN STANDING (1996)
TOUCH (1996)
EXCESS BAGGAGE (1997)
SUICIDE KINGS (1997)
BLAST FROM THE PAST (1998)
ILLUMINATA (1998)
NEW ROSE HOTEL (1998)

**WALKER, Robert**
*acteur américain (1918-1951)*
CLOCK, THE (1945)
SONG OF LOVE (1947)
TILL THE CLOUDS ROLL BY (1947)
ONE TOUCH OF VENUS (1948)
STRANGERS ON A TRAIN (1951)
ENSIGN PULVER (1964)

**WALLACH, Eli**
*acteur américain (1915-)*
BABY DOLL (1956)
MAGNIFICENT SEVEN, THE (1960)
SEVEN THIEVES (1960)
MISFITS, THE (1961)
HOW THE WEST WAS WON (1962)
LORD JIM (1965)
GOOD, THE BAD AND THE UGLY, THE (1966)
HOW TO STEAL A MILLION (1966)
ACE HIGH (1969)
CERVEAU, LE (1969)
DEEP, THE (1977)
DOMINO PRINCIPLE, THE (1977)
HUNTER, THE (1980)
SKOKIE (1981)
NUTS (1987)
GODFATHER, PART 3, THE (1991)
MISTRESS (1992)
NIGHT AND THE CITY (1992)
ASSOCIATE, THE (1996)
KEEPING THE FAITH (2000)

**WALSH, J.T.**
*acteur américain (1943-1998)*
POWER (1985)
HANNAH AND HER SISTERS (1986)
HOUSE OF GAMES (1987)
TIN MEN (1987)
GOOD MORNING, VIETNAM (1988)
TEQUILA SUNRISE (1988)
THINGS CHANGE (1988)
BIG PICTURE, THE (1989)
DAD (1989)
CRAZY PEOPLE (1990)
GRIFTERS, THE (1990)
MISERY (1990)
NARROW MARGIN (1990)
RUSSIA HOUSE, THE (1990)
BACKDRAFT (1991)
DEFENSELESS (1991)
FEW GOOD MEN, A (1992)
HOFFA (1992)
RED ROCK WEST (1992)
NATIONAL LAMPOON'S LOADED WEAPON 1 (1993)
NEEDFUL THINGS (1993)
BLUE CHIPS (1994)
CLIENT, THE (1994)
MIRACLE ON 34th STREET (1994)
SILENT FALL (1994)
NIXON (1995)
SLING BLADE (1995)
CRIME OF THE CENTURY (1996)
EXECUTIVE DECISION (1996)
BREAKDOWN (1997)
NEGOTIATOR, THE (1998)
PLEASANTVILLE (1998)

**WALSH, M. Emmet**
*acteur américain (1935-)*
MIDNIGHT COWBOY (1968)
ALICE'S RESTAURANT (1969)
LITTLE BIG MAN (1970)
GET TO KNOW YOUR RABBIT (1972)
SERPICO (1973)
PRISONER OF SECOND AVENUE, THE (1975)
MIKEY & NICKY (1976)
AIRPORT '77 (1977)
SLAP SHOT (1977)
STRAIGHT TIME (1978)
JERK, THE (1979)
BRUBAKER (1980)
ORDINARY PEOPLE (1980)
REDS (1981)
BLADE RUNNER (1982)
FAST-WALKING (1982)
SILKWOOD (1983)
BLOOD SIMPLE (1984)
POPE OF GREENWICH VILLAGE, THE (1984)
HARRY AND THE HENDERSONS (1987)
MILAGRO BEANFIELD WAR, THE (1987)
NO MAN'S LAND (1987)
RAISING ARIZONA (1987)
CLEAN AND SOBER (1988)
SUNSET (1988)
CHATTAHOOCHEE (1990)
NARROW MARGIN (1990)
BITTER HARVEST (1993)
EQUINOX (1993)
MUSIC OF CHANCE, THE (1993)
FREE WILLY 2: THE ADVENTURE HOME (1995)
GLASS SHIELD, THE (1995)
PANTHER (1995)
ALBINO ALLIGATOR (1996)

**WARD, Fred**
*acteur américain (1943-)*
BELLE STARR (1979)
SOUTHERN COMFORT (1981)
TRAIN OF DREAMS (1987)
PRINCE OF PENNSYLVANIA, THE (1988)
MIAMI BLUES (1990)
CAST A DEADLY SPELL (1991)
DANGEROUS BEAUTY (1997)
ROAD TRIP (2000)

**WARD, Rachel**
*actrice anglaise (1957-)*
DEAD MEN DON'T WEAR PLAID (1982)
AGAINST ALL ODDS (1984)
HOW TO GET AHEAD IN ADVERTISING (1989)
AFTER DARK MY SWEET (1992)

**WARD, Simon**
*acteur anglais (1941-)*
FRANKENSTEIN MUST BE DESTROYED! (1970)
DRACULA (1973)
ALL CREATURES GREAT AND SMALL (1974)
FOUR FEATHERS, THE (1977)
ÉTINCELLE, L' (1983)
EMILY BRONTË'S WUTHERING HEIGHTS (1992)

**WARDEN, Jack**
*acteur américain (1920-)*
RED BALL EXPRESS (1952)
12 ANGRY MEN (1957)
DARBY'S RANGERS (1958)
RUN SILENT, RUN DEEP (1958)
DONOVAN'S REEF (1963)
THIN RED LINE, THE (1964)
BRIAN'S SONG (1971)
BILLY TWO HATS (1973)
MAN WHO LOVED CAT DANCING, THE (1973)
APPRENTICESHIP OF DUDDY KRAVITZ, THE (1974)
SHAMPOO (1975)
ALL THE PRESIDENT'S MEN (1976)
DEATH ON THE NILE (1978)
HEAVEN CAN WAIT (1978)
AND JUSTICE FOR ALL (1979)
BEING THERE (1979)
BEYOND THE POSEIDON ADVENTURE (1979)
CHAMP, THE (1979)
CRACKERS (1984)
AVIATOR, THE (1985)
SEPTEMBER (1987)
PRESIDIO, THE (1988)
PROBLEM CHILD (1990)
PROBLEM CHILD 2 (1991)
NIGHT AND THE CITY (1992)
PASSED AWAY (1992)
TOYS (1992)
GUILTY AS SIN (1993)
BULLETS OVER BROADWAY (1994)
MIGHTY APHRODITE (1995)
THINGS TO DO IN DENVER WHEN YOU'RE DEAD (1995)
ÎLE DE MON ENFANCE, L' (1997)
BULWORTH (1998)
REPLACEMENTS, THE (2000)

**WASHINGTON, Denzel**
*acteur américain (1954-)*
POWER (1985)
SOLDIER'S STORY, A (1985)
CRY FREEDOM (1987)
GLORY (1989)
HEART CONDITION (1990)
MO' BETTER BLUES (1990)
RICOCHET (1991)
MALCOLM X (1992)
MISSISSIPPI MASALA (1992)
MUCH ADO ABOUT NOTHING (1993)
PELICAN BRIEF, THE (1993)
PHILADELPHIA (1993)
CRIMSON TIDE (1995)
DEVIL IN A BLUE DRESS (1995)
COURAGE UNDER FIRE (1996)
PREACHER'S WIFE, THE (1996)
FALLEN (1997)
HE GOT GAME (1998)
SIEGE, THE (1998)
BONE COLLECTOR, THE (1999)
HURRICANE, THE (1999)
REMEMBER THE TITANS (2000)

**WATSON, Emily**
*actrice anglaise (1967-)*
AMOUR EST UN POUVOIR SACRÉ, L' (1996)
BOXER, THE (1997)
METROLAND (1997)
HILARY AND JACKIE (1998)
ANGELA'S ASHES (1999)
CRADLE WILL ROCK (1999)

**WAYNE, John**
*acteur américain (1907-1979)*
BIG TRAIL, THE (1930)
OVERLAND STAGE RAIDERS (1938)
ALLEGHENY UPRISING (1939)
STAGECOACH (1939)
DARK COMMAND (1940)
LONG VOYAGE HOME, THE (1940)
SEVEN SINNERS (1940)
SHEPHERD OF THE HILLS, THE (1941)
PITTSBURGH (1942)
REAP THE WILD WIND (1942)
REUNION IN FRANCE (1942)
SPOILERS, THE (1942)
LADY TAKES A CHANCE, A (1943)
FIGHTING SEABEES, THE (1944)
TALL IN THE SADDLE (1944)
BACK TO BATAAN (1945)
FLAME OF BARBARY COAST (1945)
THEY WERE EXPANDABLE (1945)
3 GODFATHERS (1948)
FORT APACHE (1948)
RED RIVER (1948)
FIGHTING KENTUCKIAN, THE (1949)
SANDS OF IWO JIMA (1949)
SHE WORE A YELLOW RIBBON (1949)
RIO GRANDE (1950)
FLYING LEATHERNECKS, THE (1951)
OPERATION PACIFIC (1951)
QUIET MAN, THE (1952)
HONDO (1953)
BLOOD ALLEY (1955)
SEA CHASE, THE (1955)
CONQUEROR, THE (1956)
SEARCHERS, THE (1956)
JET PILOT (1957)
LEGEND OF THE LOST (1957)
BARBARIAN AND THE GEISHA, THE (1958)
HORSE SOLDIERS, THE (1959)
RIO BRAVO (1959)
ALAMO, THE (1960)
NORTH TO ALASKA (1960)
COMANCHEROS, THE (1961)
HATARI! (1962)
HOW THE WEST WAS WON (1962)
MAN WHO SHOT LIBERTY VALANCE, THE (1962)
DONOVAN'S REEF (1963)
McLINTOCK! (1963)
CIRCUS WORLD (1964)
GREATEST STORY EVER TOLD, THE (1965)
IN HARM'S WAY (1965)
SONS OF KATIE ELDER, THE (1965)
CAST A GIANT SHADOW (1966)
EL DORADO (1967)
GREEN BERETS, THE (1968)
HELLFIGHTERS (1968)
CHISUM (1970)
RIO LOBO (1970)
BIG JAKE (1971)
COWBOYS (1971)
CAHILL: UNITED STATES MARSHAL (1973)
MCQ (1974)
ROOSTER COGBURN (1975)
SHOOTIST, THE (1976)

**WEAVER, Sigourney**
*actrice américaine (1949-)*
ANNIE HALL (1977)
ALIEN (1979)
EYEWITNESS (1981)
DEAL OF THE CENTURY (1983)
GHOSTBUSTERS (1984)
ALIENS (1986)
HALF MOON STREET (1986)
GORILLAS IN THE MIST (1988)
GHOSTBUSTERS 2 (1989)
1492: CONQUEST OF PARADISE (1992)
ALIEN 3 (1992)
DAVE (1993)
DEATH AND THE MAIDEN (1994)
COPYCAT (1995)
JEFFREY (1995)
NEVER TALK TO STRANGERS (1995)
ALIEN RESURRECTION (1997)
ICE STORM, THE (1997)
SNOW WHITE: A TALE OF TERROR (1997)
GALAXY QUEST (1999)
MAP OF THE WORLD, A (1999)

**WEBB, Jack**
*acteur américain (1920-1982)*
HE WALKED BY NIGHT (1949)
DRAGNET (1954)
D.I., THE (1957)

**WEBBER, Robert**
*acteur américain (1924-1989)*
12 ANGRY MEN (1957)
DON'T MAKE WAVES (1967)
GREAT WHITE HOPE, THE (1970)
MIDWAY (1976)
10 (1979)
PRIVATE BENJAMIN (1980)

**WEISSMULLER, Johnny**
*acteur américain (1904-1984)*
TARZAN, THE APE MAN (1932)
TARZAN AND HIS MATE (1934)
TARZAN FINDS A SON! (1939)
TARZAN'S SECRET TREASURE (1941)
TARZAN'S NEW YORK ADVENTURE (1942)

**WELCH, Raquel**
*actrice américaine (1940-)*
FANTASTIC VOYAGE, THE (1966)
ONE MILLION YEARS B.C. (1966)
PLUS VIEUX MÉTIER DU MONDE, LE (1967)
BANDOLERO! (1968)
LADY IN CEMENT (1968)
MAGIC CHRISTIAN, THE (1969)
MYRA BRECKINRIDGE (1970)
HANNIE CAULDER (1972)
BLUEBEARD (1973)
LAST OF SHEILA, THE (1973)
THREE MUSKETEERS, THE (1974)
FOUR MUSKETEERS, THE (1975)
ANIMAL, L' (1977)

NAKED GUN 33 1/3: THE FINAL INSULT, THE (1994)
FOLLE D'ELLE (1997)

**WELLER, Peter**
*acteur américain (1947-)*
SHOOT THE MOON (1982)
OF UNKNOWN ORIGIN (1983)
ADVENTURES OF BUCKAROO BANZAI ACROSS THE 8th DIMENSION, THE (1984)
FIRST BORN (1984)
ROBOCOP (1987)
CAT CHASER (1988)
ROBOCOP 2 (1990)
NAKED LUNCH (1991)
NEW AGE, THE (1994)
MIGHTY APHRODITE (1995)
PAR-DELÀ LES NUAGES (1995)
SCREAMERS (1995)

**WELLES, Orson**
*acteur américain (1915-1985)*
CITIZEN KANE (1941)
JOURNEY INTO FEAR (1942)
FOLLOW THE BOYS (1944)
JANE EYRE (1944)
STRANGER, THE (1946)
TOMORROW IS FOREVER (1946)
LADY FROM SHANGHAI, THE (1948)
MACBETH (1948)
THIRD MAN, THE (1949)
OTHELLO (1952)
NAPOLÉON (1954)
THREE CASES OF MURDER (1954)
CONFIDENTIAL REPORT (MR. ARKADIN) (1955)
MOBY DICK (1956)
MAN IN THE SHADOW (1957)
LONG HOT SUMMER, THE (1958)
TOUCH OF EVIL (1958)
COMPULSION (1959)
ROGOPAG (1962)
MAN FOR ALL SEASONS, A (1966)
CASINO ROYALE (1967)
CATCH 22 (1970)
START THE REVOLUTION WITHOUT ME (1970)
DÉCADE PRODIGIEUSE, LA (1972)
GET TO KNOW YOUR RABBIT (1972)
F FOR FAKE (1973)
MAN WHO SAW TOMORROW, THE (1981)
SOMEONE TO LOVE (1987)

**WERNER, Oskar**
*acteur autrichien (1922-1984)*
LOLA MONTÈS (1955)
JULES ET JIM (1961)
SHIP OF FOOLS (1965)
SPY WHO CAME IN FROM THE COLD, THE (1965)
FAHRENHEIT 451 (1966)
SHOES OF THE FISHERMAN, THE (1968)

**WEST, Mae**
*actrice américaine (1892-1980)*
NIGHT AFTER NIGHT (1932)
I'M NO ANGEL (1933)
SHE DONE HIM WRONG (1933)
BELLE OF THE NINETIES (1934)
GOIN' TO TOWN (1935)
GO WEST, YOUNG MAN (1936)
EVERY DAY'S A HOLIDAY (1937)
KLONDIKE ANNIE (1939)
MY LITTLE CHICKADEE (1940)
HEAT'S ON, THE (1943)
MYRA BRECKINRIDGE (1970)
SEXTETTE (1977)

**WHALLEY-KILMER, Joanne**
*actrice anglaise (1964-)*
PINK FLOYD - THE WALL (1982)
DANCE WITH A STRANGER (1985)
GOOD FATHER, THE (1987)
TO KILL A PRIEST (1988)
SCANDAL (1989)
CROSSING THE LINE (1990)
SHATTERED (1991)
STORYVILLE (1992)
GOOD MAN IN AFRICA, A (1993)
MOTHER'S BOYS (1993)

**WHITAKER, Forest**
*acteur américain (1961-)*
COLOR OF MONEY, THE (1986)
PLATOON (1986)
STAKEOUT (1987)
BIRD (1988)
GOOD MORNING, VIETNAM (1988)
JOHNNY HANDSOME (1989)
DOWNTOWN (1990)
DIARY OF A HITMAN (1991)
RAGE IN HARLEM, A (1991)
CONSENTING ADULTS (1992)
CRYING GAME, THE (1992)
BODY SNATCHERS (1993)
BLOWN AWAY (1994)
JASON'S LYRIC (1994)
PRÊT-À-PORTER (1994)
SMOKE (1995)
SPECIES (1995)
GHOST DOG: THE WAY OF THE SAMURAI (1999)
BATTLEFIELD EARTH (2000)

**WIDMARK, Richard**
*acteur américain (1914-)*
KISS OF DEATH (1947)
ROAD HOUSE (1948)
STREET WITH NO NAME, THE (1948)
HALLS OF MONTEZUMA, THE (1950)
NIGHT AND THE CITY (1950)
NO WAY OUT (1950)
PANIC IN THE STREETS (1950)
DON'T BOTHER TO KNOCK (1952)
PICKUP ON SOUTH STREET (1953)
BROKEN LANCE (1954)
SAINT JOAN (1957)
LAW AND JAKE WADE, THE (1958)
ALAMO, THE (1960)
JUDGMENT AT NUREMBERG (1961)
HOW THE WEST WAS WON (1962)
CHEYENNE AUTUMN (1964)
BEDFORD INCIDENT, THE (1965)
ALVAREZ KELLY (1966)
MADIGAN (1968)
MURDER ON THE ORIENT EXPRESS (1974)
TO THE DEVIL... A DAUGHTER (1976)
DOMINO PRINCIPLE, THE (1977)
ROLLERCOASTER (1977)
COMA (1978)
SWARM, THE (1978)
HANKY PANKY (1982)
AGAINST ALL ODDS (1984)
COLD SASSY TREE (1989)

**WIEST, Dianne**
*actrice américaine (1948-)*
FOOTLOOSE (1984)
FALLING IN LOVE (1985)
PURPLE ROSE OF CAIRO, THE (1985)
HANNAH AND HER SISTERS (1986)
LOST BOYS, THE (1987)
RADIO DAYS (1987)
SEPTEMBER (1987)
COOKIE (1989)
EDWARD SCISSORHANDS (1990)
PARENTHOOD (1990)
LITTLE MAN TATE (1991)
BULLETS OVER BROADWAY (1994)
COPS AND ROBBERSONS (1994)
DRUNKS (1995)
ASSOCIATE, THE (1996)
BIRDCAGE, THE (1996)
HORSE WHISPERER, THE (1998)

**WILDER, Gene**
*acteur américain (1935-)*
BONNIE AND CLYDE (1967)
PRODUCERS, THE (1969)
START THE REVOLUTION WITHOUT ME (1970)
EVERYTHING YOU ALWAYS WANTED TO KNOW ABOUT SEX BUT WERE AFRAID TO ASK (1972)
BLAZING SADDLES (1974)
LITTLE PRINCE, THE (1974)
ADVENTURE OF SHERLOCK HOLMES' SMARTER BROTHER, THE (1975)
SILVER STREAK (1976)
FRISCO KID, THE (1979)
STIR CRAZY (1980)
HANKY PANKY (1982)

**WILLIAMS, Esther**
*actrice américaine (1923-)*
ANDY HARDY'S DOUBLE LIFE (1942)
BATHING BEAUTY (1944)
GUY NAMED JOE, A (1944)
EASY TO WED (1946)
ON AN ISLAND WITH YOU (1948)
NEPTUNE'S DAUGHTER (1949)
TAKE ME OUT TO THE BALL GAME (1949)
DUCHESS OF IDAHO (1950)
MILLION DOLLAR MERMAID (1952)
DANGEROUS WHEN WET (1953)
EASY TO LOVE (1953)
THAT'S ENTERTAINMENT! PART 3 (1994)

**WILLIAMS, Robin**
*acteur américain (1952-)*
POPEYE (1980)
SURVIVORS, THE (1983)
MOSCOW ON THE HUDSON (1984)
GOOD MORNING, VIETNAM (1988)
ADVENTURES OF BARON MUNCHAUSEN, THE (1989)
DEAD POETS SOCIETY (1989)
AWAKENINGS (1990)
CADILLAC MAN (1990)
DEAD AGAIN (1991)
FISHER KING, THE (1991)
HOOK (1991)
SHAKES THE CLOWN (1991)
TOYS (1992)
MRS. DOUBTFIRE (1993)
BEING HUMAN (1994)
JUMANJI (1995)
NINE MONTHS (1995)
TO WONG FOO, THANKS FOR EVERYTHING, JULIE NEWMAR (1995)
BIRDCAGE, THE (1996)
JACK (1996)
FATHER'S DAY (1997)
FLUBBER (1997)
GOOD WILL HUNTING (1997)
PATCH ADAMS (1998)
BICENTENNIAL MAN (1999)
JAKOB THE LIAR (1999)

**WILLIAMS, Treat**
*acteur américain (1952-)*
HAIR (1979)
PRINCE OF THE CITY (1981)

FLASHPOINT (1984)
THINGS TO DO IN DENVER WHEN YOU'RE DEAD (1995)
PHANTOM, THE (1996)
DEEP RISING (1998)
DEEP END OF THE OCEAN, THE (1999)

**WILLIAMS, Vanessa L.**
*actrice américaine (1963-)*
PICK-UP ARTIST, THE (1987)
ERASER (1996)
HOODLUM (1997)
ODYSSEY, THE (1997)
SOUL FOOD (1997)
DON QUIXOTE (2000)
SHAFT (2000) (2000)

**WILLIAMS III, Clarence**
*acteur américain (1939-)*
52 PICK-UP (1986)
AGAINST THE WALL (1993)
TALES FROM THE HOOD (1995)
FROGS FOR SNAKES (1998)
GENERAL'S DAUGHTER, THE (1999)
LIFE (1999)
LÉGENDE DU PIANISTE SUR L'OCÉAN, LA (1999)

**WILLIAMSON, Nicol**
*acteur écossais (1938-)*
HAMLET (1969)
SEVEN PERCENT SOLUTION, THE (1976)
HUMAN FACTOR, THE (1980)
EXCALIBUR (1981)
RETURN TO OZ (1985)
ADVOCATE, THE (1994)
MR. TOAD'S WILD RIDE (1996)

**WILLIS, Bruce**
*acteur américain (1955-)*
BLIND DATE (1987)
DIE HARD (1988)
SUNSET (1988)
IN COUNTRY (1989)
LOOK WHO'S TALKING (1989)
BONFIRE OF THE VANITIES, THE (1990)
DIE HARD 2: DIE HARDER (1990)
BILLY BATHGATE (1991)
HUDSON HAWK (1991)
LAST BOY SCOUT, THE (1991)
MORTAL THOUGHTS (1991)
DEATH BECOMES HER (1992)
PLAYER, THE (1992)
NATIONAL LAMPOON'S LOADED WEAPON 1 (1993)
STRIKING DISTANCE (1993)
COLOR OF NIGHT (1994)
NOBODY'S FOOL (1994)
NORTH (1994)
PULP FICTION (1994)
12 MONKEYS (1995)
DIE HARD WITH A VENGEANCE (1995)
FOUR ROOMS (1995)
LAST MAN STANDING (1996)
FIFTH ELEMENT, THE (1997)
JACKAL, THE (1997)
ARMAGEDDON (1998)
MERCURY RISING (1998)
SIEGE, THE (1998)
BREAKFAST OF THE CHAMPIONS (1999)
SIXTH SENSE, THE (1999)
STORY OF US, THE (1999)
KID, THE (2000)

**WILSON, Lambert**
*acteur français (1958-)*
CHANEL SOLITAIRE (1981)
FIVE DAYS, ONE SUMMER (1982)
SAHARA (1983)
SANG DES AUTRES, LE (1983)
FEMME PUBLIQUE, LA (1984)
RENDEZ-VOUS (1985)
ROUGE BAISER (1985)
BLEU COMME L'ENFER (1986)
BELLY OF AN ARCHITECT, THE (1987)
CHOUANS! (1988)
EL DORADO (1988)
HIVER 54: L'ABBÉ PIERRE (1989)
SUIVEZ CET AVION (1989)
HOMME ET DEUX FEMMES, UN (1991)
JEFFERSON IN PARIS (1995)
LEADING MAN, THE (1996)
MARQUISE (1997)
LAST SEPTEMBER (1998)
ON CONNAIT LA CHANSON (1998)
DON QUIXOTE (2000)

**WILSON, Owen**
*acteur américain*
BOTTLE ROCKET (1995)
CABLE GUY, THE (1996)
ANACONDA (1997)
ARMAGEDDON (1998)
PERMANENT MIDNIGHT (1998)
HAUNTING, THE (1999)
MINUS MAN, THE (1999)
MEET THE PARENTS (2000)
SHANGHAI NOON (2000)

**WINCOTT, Michael**
*acteur canadien (1959-)*
1492: CONQUEST OF PARADISE (1992)
CROW, THE (1994)
BASQUIAT (1996)
ALIEN RESURRECTION (1997)
BEFORE NIGHT FALLS (2000)

**WINGER, Debra**
*actrice américaine (1955-)*
THANK GOD IT'S FRIDAY (1978)
CANNERY ROW (1981)
OFFICER AND A GENTLEMAN, AN (1982)
TERMS OF ENDEARMENT (1983)
LEGAL EAGLES (1986)
BLACK WIDOW (1987)
MADE IN HEAVEN (1987)
BETRAYED (1988)
EVERYBODY WINS (1990)
SHELTERING SKY, THE (1990)
LEAP OF FAITH (1992)
DANGEROUS WOMAN, A (1993)
SHADOWLANDS (1993)
FORGET PARIS (1995)

**WINNIGER, Charles**
*acteur américain (1884-1969)*
EVERY DAY'S A HOLIDAY (1937)
THREE SMART GIRLS GROW UP (1939)

**WINSLET, Kate**
*actrice anglaise (1975-)*
HEAVENLY CREATURES (1994)
SENSE AND SENSIBILITY (1995)
HAMLET (1996)
JUDE (1996)
TITANIC (1997)
HIDEOUS KINKY (1998)
HOLY SMOKE (1999)
QUILLS (2000)

**WINTERS, Shelley**
*actrice américaine (1922-)*
TONIGHT AND EVERY NIGHT (1945)
DOUBLE LIFE, A (1947)
GANGSTER, THE (1947)
NEW ORLEANS (1947)
PLACE IN THE SUN, A (1951)
MEET DANNY WILSON (1952)
PHONE CALL FROM A STRANGER (1952)
EXECUTIVE SUITE (1954)
I DIED A THOUSAND TIMES (1955)
NIGHT OF THE HUNTER, THE (1955)
DIARY OF ANNE FRANK, THE (1959)
ODDS AGAINST TOMORROW (1959)
LOLITA (1962)
BALCONY, THE (1963)
GREATEST STORY EVER TOLD, THE (1965)
PATCH OF BLUE, A (1965)
ALFIE (1966)
HARPER (1966)
ENTER LAUGHING (1967)
BUONA SERA, MRS. CAMPBELL (1968)
SCALPHUNTERS, THE (1968)
BLOODY MAMA (1970)
BLUME IN LOVE (1972)
POSEIDON ADVENTURE, THE (1972)
SHATTERED (1972)
CLEOPATRA JONES (1973)
LOCATAIRE, LE (1976)
NEXT STOP, GREENWICH VILLAGE (1976)
PETE'S DRAGON (1977)
KING OF THE GYPSIES (1978)
ELVIS (1979)
S.O.B. (1981)
STEPPING OUT (1991)
HEAVY (1995)
PORTRAIT OF A LADY, THE (1996)

**WOOD, Elijah**
*acteur américain (1981-)*
BACK TO THE FUTURE 2 (1989)
AVALON (1990)
INTERNAL AFFAIRS (1990)
PARADISE (1991)
FOREVER YOUNG (1992)
RADIO FLYER (1992)
ADVENTURES OF HUCK FINN, THE (1993)
GOOD SON, THE (1993)
NORTH (1994)
FLIPPER (1996)
DEEP IMPACT (1998)
FACULTY, THE (1998)

**WOOD, Natalie**
*actrice américaine (1938-1981)*
TOMORROW IS FOREVER (1946)
GHOST AND MRS. MUIR, THE (1947)
MIRACLE ON 34th STREET (1947)
DRIFTWOOD (1948)
JACKPOT, THE (1950)
JUST FOR YOU (1952)
STAR, THE (1952)
REBEL WITHOUT A CAUSE (1955)
SEARCHERS, THE (1956)
BOMBERS B-52 (1957)
KINGS GO FORTH (1958)
MARJORIE MORNINGSTAR (1958)
CASH McCALL (1960)
SPLENDOR IN THE GRASS (1961)
GYPSY (1962)
SEX AND THE SINGLE GIRL (1964)
GREAT RACE, THE (1965)
INSIDE DAISY CLOVER (1965)
THIS PROPERTY IS CONDEMNED (1966)
BOB & CAROL & TED & ALICE (1969)
CANDIDATE, THE (1972)
METEOR (1979)
BRAINSTORM (1983)

**WOODARD, Alfre**
*actrice américaine (1953-)*
KILLING FLOOR, THE (1985)
MANDELA (1987)
SCROOGED (1988)
GRAND CANYON (1991)
PASSION FISH (1992)
BOPHA! (1993)
CROOKLYN (1994)
PIANO LESSON, THE (1995)
MISS EVERS' BOYS (1996)
PRIMAL FEAR (1996)
STAR TREK: FIRST CONTACT (1996)
DOWN IN THE DELTA (1998)
MUMFORD (1999)
DINOSAUR (2000)

**WOODS, James**
*acteur américain (1947-)*
GAMBLER, THE (1974)
NIGHT MOVES (1975)
GIFT OF LOVE, THE (1978)
HOLOCAUST (1978)
ONION FIELD, THE (1979)
BLACK MARBLE, THE (1980)
FAST-WALKING (1982)
SPLIT IMAGE (1982)
AGAINST ALL ODDS (1984)
ONCE UPON A TIME IN AMERICA (1984)
CAT'S EYE (1985)
JOSHUA THEN AND NOW (1985)
SALVADOR (1985)
BEST SELLER (1987)
BOOST, THE (1988)
IMMEDIATE FAMILY (1989)
MY NAME IS BILL W. (1989)
HARD WAY, THE (1991)
CHAPLIN (1992)
DIGGSTOWN (1992)
FALLEN ANGELS (1993)
CURSE OF THE STARVING CLASS, THE (1994)
GETAWAY, THE (1994)
SPECIALIST, THE (1994)
CASINO (1995)
NIXON (1995)
GHOSTS OF MISSISSIPPI (1996)
KILLER: A JOURNAL OF MURDER (1996)
CONTACT (1997)
KICKED IN THE HEAD (1997)
ANOTHER DAY IN PARADISE (1998)
JOHN CARPENTER'S VAMPIRES (1998)
ANY GIVEN SUNDAY (1999)
GENERAL'S DAUGHTER, THE (1999)

**WOODWARD, Joanne**
*actrice américaine (1930-)*
THREE FACES OF EVE, THE (1957)
LONG HOT SUMMER, THE (1958)
FUGITIVE KIND, THE (1959)
FROM THE TERRACE (1960)
PARIS BLUES (1961)
FINE MADNESS, A (1966)
RACHEL, RACHEL (1968)
SUMMER WISHES, WINTER DREAMS (1973)
DROWNING POOL, THE (1976)
SYBIL (1976)
HARRY AND SON (1984)
GLASS MENAGERIE, THE (1987)
MR. & MRS. BRIDGE (1990)
PHILADELPHIA (1993)

**WRIGHT PENN, Robin**
*acteur américain (1966-)*
LOVED (1996)
SHE'S SO LOVELY (1997)
HURLYBURLY (1998)
MESSAGE IN A BOTTLE (1999)

**WYNN, Keenan**
*acteur américain (1916-1986)*
EASY TO WED (1946)
THREE MUSKETEERS, THE (1948)
THAT MIDNIGHT KISS (1949)
ANGELS IN THE OUTFIELD (1951)
ROYAL WEDDING (1951)
BELLE OF NEW YORK (1952)
BATTLE CIRCUS (1953)
MEN OF THE FIGHTING LADY (1954)
GLASS SLIPPER, THE (1955)
SHACK OUT ON 101 (1955)
DEEP SIX, THE (1957)
PERFECT FURLOUGH, THE (1958)
ABSENT-MINDED PROFESSOR, THE (1961)
SON OF FLUBBER (1963)
AMERICANIZATION OF EMILY, THE (1964)
BIKINI BEACH (1964)
POINT BLANK (1967)
MACKENNA'S GOLD (1969)
HERBIE RIDES AGAIN (1974)
DEVIL'S RAIN, THE (1975)
LASERBLAST (1978)
BLACK MOON RISING (1986)

**YAMAZAKI, Tsutomu**
*acteur japonais (1936-)*
BARBE-ROUSSE (1965)
KAGEMUSHA (1980)
FUNERAL, THE (1984)
TAMPOPO (1986)
TAXING WOMAN, A (1988)

**YANNE, Jean**
*acteur français (1933-)*
BOUCHER, LE (1970)
SAUT DE L'ANGE, LE (1971)
RAISON D'ÉTAT, LA (1977)
DEUX HEURES MOINS LE QUART AVANT JÉSUS-CHRIST (1982)
HANNAH K. (1983)
PAPY FAIT DE LA RÉSISTANCE (1983)
JOURNÉE EN TAXI, UNE (1984)
ATTENTION BANDITS (1987)
FUCKING FERNAND (1987)
BAL DES CASSE-PIEDS, LE (1991)
INDOCHINE (1991)
MADAME BOVARY (1991)
SÉVILLANE, LA (1992)
PROFIL BAS (1993)
À LA MODE (FAUSTO) (1993)
REGARDE LES HOMMES TOMBER (1994)
HUSSARD SUR LE TOIT, LE (1995)
NOUVELLES DU BON DIEU, DES (1995)
BELLE VERTE, LA (1996)
TENUE CORRECTE EXIGÉE (1997)
JE RÈGLE MON PAS SUR LE PAS DE MON PÈRE (1998)

**YEOH, Michelle**
*actrice malésienne (1962-)*
DRUNKEN MASTER (1979)
ROYAL WARRIORS (1986)
MAGNIFICENT WARRIORS (1987)
BUTTERFLY & SWORD (1992)
CROUCHING TIGER, HIDDEN DRAGON (2000)
EXECUTIONERS, THE (1993)
SUPERCOP 2 (1993)
TOMORROW NEVER DIES (1997)

**YORK, Michael**
*acteur anglais (1942-)*
ACCIDENT (1967)
SMASHING TIME (1967)
TAMING OF THE SHREW, THE (1967)
ROMEO & JULIET (1968)
CABARET (1972)
MURDER ON THE ORIENT EXPRESS (1974)
THREE MUSKETEERS, THE (1974)
FOUR MUSKETEERS, THE (1975)
JESUS OF NAZARETH (1976)
LOGAN'S RUN (1976)
ISLAND OF DR. MOREAU, THE (1977)
LAST REMAKE OF BEAU GESTE, THE (1977)
DEATH ON THE NILE (1978)
FEDORA (1978)
AU NOM DE TOUS LES MIENS (1983)
SUCCESS IS THE BEST REVENGE (1984)
SWORD OF GIDEON (1986)
RETURN OF THE MUSKETEERS, THE (1989)
AUSTIN POWERS (1997)
AUSTIN POWERS: THE SPY WHO SHAGGED ME (1999)

**YOUNG, Loretta**
*actrice américaine (1913-)*
PLATINUM BLONDE (1931)
CRUSADES, THE (1935)
STORY OF ALEXANDER GRAHAM BELL, THE (1939)
NIGHT TO REMEMBER, A (1942)
CHINA (1943)
ALONG CAME JONES (1945)
STRANGER, THE (1946)
FARMER'S DAUGHTER, THE (1947)
BISHOP'S WIFE, THE (1948)
RACHEL AND THE STRANGER (1948)
COME TO THE STABLE (1949)

**YOUNG, Robert**
*acteur américain (1907-)*
SIN OF MADELON CLAUDET, THE (1931)
STRANGE INTERLUDE (1932)
TODAY WE LIVE (1933)
SECRET AGENT (1936)
BRIDE WORE RED, THE (1937)
NAVY BLUE AND GOLD (1937)
SHINING HOUR (1938)
THREE COMRADES (1938)
MORTAL STORM, THE (1940)
NORTHWEST PASSAGE (1940)
LADY BE GOOD (1941)
CAIRO (1942)
JOURNEY FOR MARGARET (1942)
CANTERVILLE GHOST, THE (1944)
CROSSFIRE (1947)
THEY WON'T BELIEVE ME (1947)
SITTING PRETTY (1948)
THAT FORSYTE WOMAN (1949)
SECOND WOMAN, THE (1951)

**YOUNG, Sean**
*actrice américaine (1959-)*
STRIPES (1981)
BLADE RUNNER (1982)
DUNE (1984)
NO WAY OUT (1987)
BOOST, THE (1988)
COUSINS (1989)
KISS BEFORE DYING, A (1991)
HOLD ME, THRILL ME, KISS ME (1992)
ACE VENTURA: PET DETECTIVE (1993)
FATAL INSTINCT (1993)
EVEN COWGIRLS GET THE BLUES (1994)
DR. JEKYLL AND MS. HYDE (1995)
PROPRIETOR, THE (1996)

**YUN-FAT, Chow**
*acteur chinois (1955-)*
AUTUMN'S TALE, AN (1985)
BETTER TOMORROW, A (1986)
BETTER TOMORROW 2, A (1987)
CITY ON FIRE (1987)
PRISON ON FIRE II (1987)
PRISON ON FIRE (1987)
CITY WAR (1988)
KILLER, THE (1989)
KILLERS TWO (1989)
BETTER TOMORROW III, A (1990)
FUN, THE LUCK AND THE TYCOON, THE (1990)
GOD OF KILLERS ()
GOD OF GAMBLERS (1990)
GOD OF GAMBLER'S RETURN (1991)
FULL CONTACT (1992)
HARD BOILED (1992)
NOW YOU SEE ME, NOW YOU DON'T (1994)
PEACE HOTEL (1995)
ONCE A THIEF (1996)
REPLACEMENT KILLERS, THE (1997)
ANNA AND THE KING (1999)
SHANGHAI KILLER ()
CORRUPTOR, THE (1999)

**ZABOU**
*actrice française (1959-)*
ELLE VOIT DES NAINS PARTOUT (1981)
BANZAÏ (1983)
GWENDOLINE (1984)
COMPLEXE DU KANGOUROU, LE (1986)
ÉTATS D'ÂME (1986)
FUCKING FERNAND (1987)
CIGOGNES N'EN FONT QU'À LEUR TÊTE, LES (1989)
DANDIN (1989)
LA BAULE-LES PINS (1989)
MOITIÉ MOITIÉ (1989)
PROMOTION CANAPÉ (1990)
SECRETS PROFESSIONNELS DU DR. APFELGLÜCK, LES (1991)
ÉPOQUE FORMIDABLE, UNE (1991)
588 RUE PARADIS (1992)
CRISE, LA (1992)
TENUE CORRECTE EXIGÉE (1997)
MA PETITE ENTREPRISE (1999)

**ZETA-JONES, Catherine**
*actrice anglaise (1969-)*
MASK OF ZORRO, THE (1998)
ENTRAPMENT (1999)
HAUNTING, THE (1999)
HIGH FIDELITY (2000)
TRAFFIC (2000)

**ZUCCO, George**
*acteur anglais (1886-1960)*
BRIDE WORE RED, THE (1937)
FIREFLY, THE (1937)
SARATOGA (1937)
ADVENTURES OF SHERLOCK HOLMES, THE (1939)
NEW MOON (1940)
INTERNATIONAL LADY (1941)
MONSTER AND THE GIRL, THE (1941)
TOPPER RETURNS (1941)
MY FAVORITE BLONDE (1942)
MAD GHOUL, THE (1943)
FLYING SERPENT, THE (1946)
LURED (1947)
BARKLEYS OF BROADWAY, THE (1949)

**ZUNIGA, Daphne**
*actrice américaine (1963-)*
SURE THING, THE (1985)
SPACEBALLS (1987)
FLY II, THE (1989)

**ZYLBERSTEIN, Elsa**
*actrice française (1969-)*
ALISÉE (1991)
AMOUREUSE (1991)
BEAU FIXE (1992)
MINA TANNENBAUM (1993)
PORTRAITS CHINOIS (1996)
HOMME EST UNE FEMME COMME LES AUTRES, L' (1997)
METROLAND (1997)
TENUE CORRECTE EXIGÉE (1997)
LAUTREC (1998)
TEMPS RETROUVÉ, LE (1999)

# LES FILMOGRAPHIES DES RÉALISATEURS

**AARON, Paul**
*réalisateur américain*
MAXIE (1985)

**ABRAHAMS, Jim**
*réalisateur américain (1944-)*
AIRPLANE! (1980)
TOP SECRET! (1984)
RUTHLESS PEOPLE (1986)
BIG BUSINESS (1988)
HOT SHOTS! (1991)
HOT SHOTS! PART DEUX (1993)

**ADLON, Percy**
*réalisateur allemand (1935-)*
CÉLESTE (1981)
FIVE LAST DAYS, THE (1982)
SUGARBABY (1985)
BAGDAD CAFE (1988)
ROSALIE FAIT SES COURSES (1989)
SALMONBERRIES (1991)

**AKERMAN, Chantal**
*réalisatrice belge (1950-)*
JE, TU, IL, ELLE (1974)
RENDEZ-VOUS D'ANNA, LES (1978)
TOUTE UNE NUIT (1982)
ANNÉES 80, LES (1983)
GOLDEN EIGHTIES (1985)
DIVAN À NEW YORK, UN (1996)

**ALDA, Alan**
*réalisateur américain (1936-)*
FOUR SEASONS, THE (1981)
SWEET LIBERTY (1986)
NEW LIFE, A (1988)
BETSY'S WEDDING (1990)

**ALDRICH, Robert**
*réalisateur américain (1918-1983)*
APACHE (1954)
KISS ME DEADLY (1955)
ATTACK (1956)
AUTUMN LEAVES (1956)
SODOM AND GOMORRAH (1962)
4 FOR TEXAS (1963)
FLIGHT OF THE PHOENIX, THE (1965)
HUSH... HUSH, SWEET CHARLOTTE (1965)
DIRTY DOZEN, THE (1967)
KILLING OF SISTER GEORGE, THE (1968)
TOO LATE THE HERO (1970)
GRISSOM GANG, THE (1971)
LONGEST YARD, THE (1974)
HUSTLE (1975)
FRISCO KID, THE (1979)

**ALEA, Tomàs Gutiérrez**
*réalisateur cubain (1928-1996)*
LETTERS FROM THE PARK (1988)
STRAWBERRY AND CHOCOLATE (1993)
GUANTANAMERA (1995)

**ALLÉGRET, Marc**
*réalisateur français (1900-1973)*
FANNY (1932)
AMANT DE LADY CHATTERLY, L' (1955)
SOIS BELLE ET TAIS-TOI (1958)

**ALLÉGRET, Yves**
*réalisateur français (1907-1987)*
SEPT PÉCHÉS CAPITAUX, LES (1952)
ORGUEILLEUX, LES (1953)
GERMINAL (1963)

**ALLEN, Irwin**
*réalisateur américain (1916-1991)*
LOST WORLD, THE (1960)
FIVE WEEKS IN A BALLOON (1962)
TOWERING INFERNO, THE (1974)
SWARM, THE (1978)
BEYOND THE POSEIDON ADVENTURE (1979)

**ALLEN, Woody**
*réalisateur américain (1935-)*
TAKE THE MONEY AND RUN (1969)
BANANAS (1971)
EVERYTHING YOU ALWAYS WANTED TO KNOW ABOUT SEX BUT WERE AFRAID TO ASK (1972)
SLEEPER (1973)
LOVE AND DEATH (1975)
ANNIE HALL (1977)
INTERIORS (1978)
MANHATTAN (1979)
STARDUST MEMORIES (1980)
MIDSUMMER NIGHT'S SEX COMEDY, A (1982)
BROADWAY DANNY ROSE (1984)
PURPLE ROSE OF CAIRO, THE (1985)
HANNAH AND HER SISTERS (1986)
RADIO DAYS (1987)
SEPTEMBER (1987)
ANOTHER WOMAN (1988)
CRIMES AND MISDEMEANORS (1989)
NEW YORK STORIES (1989)
ALICE (1991)
HUSBANDS AND WIVES (1992)
SHADOWS AND FOG (1992)
MANHATTAN MURDER MYSTERY (1993)
BULLETS OVER BROADWAY (1994)
DON'T DRINK THE WATER (1994)
MIGHTY APHRODITE (1995)
EVERYONE SAYS I LOVE YOU (1996)
DECONSTRUCTING HARRY (1997)
CELEBRITY (1998)
SWEET AND LOWDOWN (1999)
SMALL TIME CROOKS (2000)

**ALMODOVAR, Pedro**
*réalisateur espagnol (1951-)*
PEPI, LUCI, BOM (1980)
LABYRINTH OF PASSION (1982)
DARK HABITS (1984)
MATADOR (1986)
LOI DU DÉSIR, LA (1987)
FEMMES AU BORD DE LA CRISE DE NERFS (1988)
ATTACHE-MOI! (1990)
TALONS AIGUILLES (1992)
KIKA (1993)
FLEUR DE MON SECRET, LA (1995)
EN CHAIR ET EN OS (1997)
TOUT SUR MA MÈRE (1999)

**ALTMAN, Robert**
*réalisateur américain (1925-)*
JAMES DEAN STORY, THE (1957)
COUNTDOWN (1968)
THAT COLD DAY IN THE PARK (1969)
BREWSTER McCLOUD (1970)
M*A*S*H (1970)
McCABE & MRS. MILLER (1971)
LONG GOODBYE, THE (1973)
THIEVES LIKE US (1974)
NASHVILLE (1975)
BUFFALO BILL AND THE INDIANS (1976)
QUINTET (1978)
POPEYE (1980)
COME BACK TO THE FIVE AND DIME, JIMMY DEAN, JIMMY DEAN (1982)
STREAMERS (1983)
SECRET HONOR (1984)
FOOL FOR LOVE (1986)
BEYOND THERAPY (1987)
O.C. AND STIGGS (1987)
ARIA (1988)
PLAYER, THE (1992)
SHORT CUTS (1993)
PRÊT-À-PORTER (1994)
KANSAS CITY (1996)
GINGERBREAD MAN, THE (1997)
COOKIE'S FORTUNE (1999)
DR. T AND THE WOMEN (2000)

**AMAR, Denis**
*réalisateur français (1946-)*
ADDITION, L' (1984)
HIVER 54: L'ABBÉ PIERRE (1989)

**AMELIO, Gianni**
*réalisateur italien (1945-)*
OPEN DOORS (1990)
LAMERICA (1994)

**AMIEL, Jon**
*réalisateur anglais (1948-)*
QUEEN OF HEARTS (1989)
SOMMERSBY (1992)
COPYCAT (1995)
MAN WHO KNEW TOO LITTLE, THE (1997)
ENTRAPMENT (1999)

**ANDERS, Allison**
*réalisatrice américaine (1955-)*
GAS FOOD LODGING (1991)
MY CRAZY LIFE (MI VIDA LOCA) (1993)
FOUR ROOMS (1995)
GRACE OF MY HEART (1996)

**ANDERSON, Lindsay**
*réalisateur anglais (1923-1994)*
THIS SPORTING LIFE (1963)
IF.... (1968)
O, LUCKY MAN! (1973)
LOOK BACK IN ANGER (1980)
BRITANNIA HOSPITAL (1982)

**ANDERSON, Michael**
*réalisateur anglais (1920-)*
AROUND THE WORLD IN 80 DAYS (1956)
SHAKE HANDS WITH THE DEVIL (1959)
OPERATION CROSSBOW (1965)
QUILLER MEMORANDUM, THE (1966)
SHOES OF THE FISHERMAN, THE (1968)
DOC SAVAGE: THE MAN OF BRONZE (1974)
LOGAN'S RUN (1976)
ORCA (1977)
SWORD OF GIDEON (1986)
MILLENNIUM (1989)
20,000 LEAGUES UNDER THE SEA (1997)

**ANGELOPOULOS, Theo**
*réalisateur grec (1936-)*
PAS SUSPENDU DE LA CIGOGNE, LE (1991)
REGARD D'ULYSSE, LE (1995)

**ANNAKIN, Ken**
*réalisateur anglais (1914-)*
QUARTET (1949)
STORY OF ROBIN HOOD, THE (1952)
SWISS FAMILY ROBINSON (1960)
LONGEST DAY, THE (1962)
BATTLE OF THE BULGE (1965)
THOSE MAGNIFICENT MEN IN THEIR FLYING MACHINES (1965)
THOSE DARING YOUNG MEN IN THEIR JAUNTY JALOPIES (1969)
FIFTH MUSKETEER, THE (1979)
PIRATE MOVIE, THE (1982)
NEW ADVENTURES OF PIPPI LONGSTOCKING, THE (1988)

**ANNAUD, Jean-Jacques**
*réalisateur français (1943-)*
NOIRS ET BLANCS EN COULEURS (1976)
GUERRE DU FEU, LA (1981)
NAME OF THE ROSE, THE (1986)
BEAR, THE (1989)
LOVER, THE (1991)
SEVEN YEARS IN TIBET (1997)
ENEMY AT THE GATES (2000)

**ANTONIONI, Michelangelo**
*réalisateur italien (1912-)*
AMOUR À LA VILLE, L' (1953)
CRI, LE (1957)
AVVENTURA, L' (1960)
DÉSERT ROUGE, LE (1964)
BLOW-UP (1967)
PROFESSION: REPORTER (1975)
IDENTIFICATION D'UNE FEMME (1982)
PAR-DELÀ LES NUAGES (1995)

**APTED, Michael**
*réalisateur anglais (1941-)*
COLLECTION, THE (1976)
AGATHA (1977)
COAL MINER'S DAUGHTER (1980)
CONTINENTAL DIVIDE (1981)
GORKY PARK (1983)
FIRST BORN (1984)
STING: BRING ON THE NIGHT (1985)
GORILLAS IN THE MIST (1988)
35 UP (1991)
CLASS ACTION (1991)
INCIDENT AT OGLALA (1992)
THUNDERHEART (1992)
BLINK (1994)
MOVING THE MOUNTAIN (1994)
NELL (1994)
EXTREME MEASURES (1996)
42 UP (1998)

**ARAKI, Gregg**
*réalisateur américain (1960-)*
LIVING END, THE (1992)
DOOM GENERATION, THE (1995)
TOTALLY F***ED UP (1996)
NOWHERE (1997)
SPLENDOR (1999)

**ARANDA, Vincente**
*réalisateur espagnol*
TEMPS DU SILENCE, LE (1986)
À COUPS DE CROSSE (1986)
LOVERS (1992)
INTRUSO (1993)
LIBERTARIAS (1995)

**ARCADY, Alexandre**
*réalisateur français (1947-)*
COUP DE SIROCCO, LE (1978)
GRAND PARDON, LE (1981)
GRAND CARNAVAL, LE (1983)
HOLD-UP (1985)
DERNIER ÉTÉ À TANGER (1987)
POUR SACHA (1991)
GRAND PARDON 2, LE (1992)
DIS-MOI OUI (1994)
K (1997)

**ARCAND, Denys**
*réalisateur québécois (1941-)*
ON EST AU COTON (1970)
MAUDITE GALETTE, LA (1971)
QUÉBEC: DUPLESSIS ET APRÈS... (1972)
GINA (1973)
RÉJEANNE PADOVANI (1973)
CONFORT ET L'INDIFFÉRENCE, LE (1976)
CRIME D'OVIDE PLOUFFE, LE (1984)
DÉCLIN DE L'EMPIRE AMÉRICAIN, LE (1986)
JÉSUS DE MONTRÉAL (1989)
MONTRÉAL VU PAR... (1991)
LOVE AND HUMAN REMAINS (1993)
JOYEUX CALVAIRE (1996)
STARDOM (2000)

**ARGENTO, Dario**
*réalisateur italien (1943-)*
OISEAU AU PLUMAGE DE CRISTAL, L' (1969)
CAT O'NINE TAILS, THE (1971)
DEEP RED (THE HATCHET MURDERS) (1976)
SUSPIRIA (1977)
INFERNO (1980)
PLAISIR DE LA PEUR, LE (1982)
CREEPERS (PHENOMENA) (1984)
STENDHAL SYNDROME, THE (1996)

**ARMSTRONG, Gillian**
*réalisatrice australienne (1950-)*
MRS. SOFFEL (1984)
HIGH TIDE (1987)
LAST DAYS OF CHEZ NOUS, THE (1993)
LITTLE WOMEN (1994)
OSCAR AND LUCINDA (1997)

**ARNOLD, Jack**
*réalisateur américain (1916-1992)*
IT CAME FROM OUTER SPACE (1953)
CREATURE FROM THE BLACK LAGOON (1954)
REVENGE OF THE CREATURE (1955)
TARANTULA (1955)
INCREDIBLE SHRINKING MAN, THE (1957)
MAN IN THE SHADOW (1957)
HIGH SCHOOL CONFIDENTIAL (1958)
MONSTER ON THE CAMPUS (1958)
MOUSE THAT ROARED, THE (1959)
NO NAME ON THE BULLET (1959)
BLACK EYE (1974)
SWISS CONSPIRACY, THE (1975)

**ARRABAL, Fernando**
*réalisateur espagnol (1932-)*
J'IRAI COMME UN CHEVAL FOU (1973)
ODYSSEY OF THE PACIFIC, THE (1982)

**ASHBY, Hal**
*réalisateur américain (1929-1988)*
LANDLORD, THE (1970)
HAROLD AND MAUDE (1971)
LAST DETAIL, THE (1973)
SHAMPOO (1975)
BOUND FOR GLORY (1976)
COMING HOME (1978)
BEING THERE (1979)
LET'S SPEND THE NIGHT TOGETHER (1983)
8 MILLION WAYS TO DIE (1986)

**ASQUITH, Anthony**
*réalisateur anglais (1902-1968)*
PYGMALION (1938)
BROWNING VERSION, THE (1951)
IMPORTANCE OF BEING EARNEST, THE (1952)
MILLIONAIRESS, THE (1960)

**ATTENBOROUGH, Richard**
*réalisateur anglais (1923-)*
BRIDGE TOO FAR, A (1977)
MAGIC (1978)
GANDHI (1982)
CHORUS LINE, A (1986)
CRY FREEDOM (1987)
CHAPLIN (1992)
SHADOWLANDS (1993)
IN LOVE AND WAR (1996)
GREY OWL (1999)

**AUGUST, Bille**
*réalisateur danois (1948-)*
BASTIEN LE MAGICIEN (1984)
PELLE LE CONQUÉRANT (1988)
MEILLEURES INTENTIONS, LES (1992)
HOUSE OF THE SPIRITS, THE (1993)
SMILLA'S SENSE OF SNOW (1996)
JERUSALEM (1998)
MISÉRABLES, LES (1998)

**AUTANT-LARA, Claude**
*réalisateur français (1903-)*
SYLVIE ET LE FANTÔME (1946)
SEPT PÉCHÉS CAPITAUX, LES (1952)
ROUGE ET LE NOIR, LE (1954)
JOUEUR, LE (1958)
PLUS VIEUX MÉTIER DU MONDE, LE (1967)

**AVILDSEN, John G.**
*réalisateur américain (1936-)*
JOE (1970)
CRY UNCLE! (1971)
SAVE THE TIGER (1973)
ROCKY (1976)
FORMULA, THE (1980)
NEIGHBORS (1981)
KARATE KID, THE (1983)
ROCKY V (1985)
KARATE KID, PART II, THE (1986)
FOR KEEPS (1988)
KARATE KID, PART III, THE (1989)
LEAN ON ME (1989)
POWER OF ONE, THE (1992)
8 SECONDS (1994)

**AVNET, Jon**
*réalisateur américain (1947-)*
FRIED GREEN TOMATOES (1991)
RED CORNER (1997)

**AXEL, Gabriel**
*réalisateur danois (1918-)*
FESTIN DE BABETTE, LE (1987)
ROYAL DECEIT (1994)
CHRISTIAN (1989)

**BABENCO, Hector**
*réalisateur argentin (1946-)*
LUCIO FLAVIO (1978)
PIXOTE (1980)
KISS OF THE SPIDER WOMAN (1985)
IRONWEED (1987)
AT PLAY IN THE FIELDS OF THE LORD (1991)

**BACON, Lloyd**
*réalisateur américain (1890-1955)*
42nd STREET (1933)
MARKED WOMAN (1939)
KNUTE ROCKNE, ALL AMERICAN (1940)
ACTION IN THE NORTH ATLANTIC (1943)
FIGHTING SULLIVANS, THE (1945)
IT HAPPENS EVERY SPRING (1949)
MISS GRANT TAKES RICHMOND (1949)
FULLER BRUSH GIRL, THE (1950)
FRENCH LINE, THE (1954)

**BADHAM, John**
*réalisateur américain (1939-)*
REFLECTIONS OF MURDER (1974)
SATURDAY NIGHT FEVER (1977)
DRACULA (1979)
BLUE THUNDER (1983)

AMERICAN FLYERS (1985)
SHORT CIRCUIT (1986)
STAKEOUT (1987)
BIRD ON A WIRE (1990)
HARD WAY, THE (1991)
ANOTHER STAKEOUT (1993)
POINT OF NO RETURN (1993)
NICK OF TIME (1995)
INCOGNITO (1997)

**BAGGOT, King**
*réalisateur américain (1874-1948)*
TUMBLEWEEDS (1925)

**BAILLARGEON, Paule**
*réalisatrice québécoise (1945-)*
CUISINE ROUGE, LA (1979)
SONIA (1986)
SOLO (1991)
SEXE DES ÉTOILES, LE (1993)

**BAKER, Roy Ward**
*réalisateur anglais (1916-)*
DON'T BOTHER TO KNOCK (1952)
NIGHT TO REMEMBER, A (1958)
QUATERMASS AND THE PIT (1967)
ANNIVERSARY, THE (1968)
SCARS OF DRACULA, THE (1970)
ASYLUM (1972)
DR. JEKYLL AND SISTER HYDE (1972)
LEGEND OF THE 7 GOLDEN VAMPIRES (1973)

**BAKSHI, Ralph**
*réalisateur américain (1938-)*
FRITZ THE CAT (1971)
HEAVY TRAFFIC (1973)
STREET FIGHT (COONSKIN) (1975)
LORD OF THE RINGS, THE (1978)
AMERICAN POP (1981)
HEY GOOD LOOKIN' (1982)
COOL WORLD (1992)

**BALASKO, Josiane**
*réalisatrice française (1951-)*
MA VIE EST UN ENFER (1992)
GAZON MAUDIT (1994)

**BALLARD, Carroll**
*réalisateur américain (1937-)*
BLACK STALLION, THE (1979)
NEVER CRY WOLF (1983)
NUTCRACKER MOTION PICTURE, THE (1986)
FLY AWAY HOME (1996)

**BARKER, Clive**
*réalisateur anglais (1952-)*
CLIVE BARKER'S SALOME AND THE FORBIDDEN ()
HELLRAISER (1987)
NIGHTBREED (1990)
LORD OF ILLUSIONS (1995)

**BARNET, Boris**
*réalisateur russe (1902-1965)*
JEUNE FILLE AU CARTON À CHAPEAU, LA (1927)

**BARRETO, Bruno**
*réalisateur brésilien (1955-)*
DONA FLOR ET SES DEUX MARIS (1976)
AMOR BANDIDO (1979)
GABRIELA (1983)
STORY OF FAUSTA, THE (1988)
CARRIED AWAY (1996)
FOUR DAYS IN SEPTEMBER (1997)
BOSSA NOVA (1999)

**BARTABAS**
*réalisateur français (1957-)*
MAZEPPA (1992)
CHAMANE (1995)

**BARTEL, Paul**
*réalisateur américain (1938-)*
PRIVATE PARTS (1973)
DEATH RACE 2000 (1975)
EATING RAOUL (1984)
NOT FOR PUBLICATION (1984)
LUST IN THE DUST (1985)
SCENES FROM THE CLASS STRUGGLE IN BEVERLY HILLS (1989)

**BARTON, Charles**
*réalisateur américain (1902-1981)*
TIME OF THEIR LIVES, THE (1946)
ABBOTT & COSTELLO MEET FRANKENSTEIN (1948)
ABBOTT & COSTELLO MEET THE KILLER BORIS KARLOFF (1949)
DANCE WITH ME HENRY (1956)
SHAGGY DOG, THE (1959)

**BAVA, Mario**
*réalisateur italien (1914-1980)*
HERCULE CONTRE LES VAMPIRES (1961)
MASQUE DU DÉMON, LE (1961)
GIRL WHO KNEW TOO MUCH, THE (1963)
BLOOD AND BLACK LACE (1965)
PLANET OF THE VAMPIRES (1965)
DR. GOLDFOOT AND THE GIRL BOMBS (1966)
DANGER: DIABOLIK! (1968)
HATCHET FOR A HONEYMOON (1971)
LISA AND THE DEVIL (1972)
TORTURE CHAMBER OF BARON BLOOD, THE (1972)
LISA AND THE DEVIL/HOUSE OF EXORCISM (1974)
HOUSE OF EXORCISM (1975)

**BEATTY, Warren**
*réalisateur américain (1937-)*
HEAVEN CAN WAIT (1978)
REDS (1981)
DICK TRACY (1990)
BULWORTH (1998)

**BEAUDIN, Jean**
*réalisateur québécois (1939-)*
DIABLE EST PARMI NOUS, LE (1972)
J.A. MARTIN, PHOTOGRAPHE (1977)
CORDÉLIA (1983)
MARIO (1984)
MATOU, LE (1985)
BEING AT HOME WITH CLAUDE (1991)
SOUVENIRS INTIMES (1999)

**BEAUDINE, William**
*réalisateur américain (1892-1970)*
SPARROWS (1926)
BELA LUGOSI MEETS A BROOKLYN GORILLA (1952)
BILLY THE KID vs. DRACULA (1966)
JESSE JAMES MEET FRANKENSTEIN'S DAUGHTER (1966)

**BEAUDRY, Jean**
*réalisateur québécois (1947-)*
JACQUES ET NOVEMBRE (1984)
MATINS INFIDÈLES, LES (1989)
PAS DE RÉPIT POUR MÉLANIE (1990)
TIRELIRE, COMBINES & CIE (1992)
CRI DE LA NUIT, LE (1995)

**BEAUMONT, Harry**
*réalisateur américain (1888-1966)*
OUR DANCING DAUGHTERS (1928)
BROADWAY MELODY (1929)
DANCE, FOOLS, DANCE (1931)
LAUGHING SINNERS (1931)
SHOW-OFF, THE (1946)

**BEAUVOIS, Xavier**
*réalisateur français (1967-)*
NORD (1991)
N'OUBLIE PAS QUE TU VAS MOURIR (1995)

**BECKER, Harold**
*réalisateur américain (1950-)*
ONION FIELD, THE (1979)
BLACK MARBLE, THE (1980)
TAPS (1981)
BOOST, THE (1988)
SEA OF LOVE (1989)
MALICE (1993)
CITY HALL (1996)
MERCURY RISING (1998)

**BECKER, Jacques**
*réalisateur français (1906-1960)*
ANTOINE ET ANTOINETTE (1947)
RENDEZ-VOUS DE JUILLET (1949)
CASQUE D'OR (1951)
ALI BABA ET LES QUARANTE VOLEURS (1954)
MONTPARNASSE 19 (1957)

**BECKER, Jean**
*réalisateur français (1938-)*
ÉTÉ MEURTRIER, L' (1983)
ÉLISA (1994)
ENFANTS DU MARAIS, LES (1998)

**BEINEIX, Jean-Jacques**
*réalisateur français (1946-)*
DIVA (1980)
LUNE DANS LE CANIVEAU, LA (1983)
37°2 LE MATIN (1986)
ROSELYNE ET LES LIONS (1989)
IP5 - L'ÎLE AUX PACHYDERMES (1992)

**BELLOCCHIO, Marco**
*réalisateur italien (1939-)*
HENRY IV (1984)
DIABLE AU CORPS, LE (1986)
CONVICTION, THE (1990)

**BELLON, Yannick**
*réalisatrice française (1924-)*
AMOUR VIOLÉ, L' (1977)
AMOUR NU, L' (1981)
ENFANTS DU DÉSORDRE, LES (1989)

**BELMONT, Véra**
*réalisatrice française (1931-)*
ROUGE BAISER (1985)
MILENA (1990)
MARQUISE (1997)

**BEMBERG, Maria Luisa**
*réalisatrice argentine (1940-1995)*
CAMILA (1984)
MISS MARY (1986)
I, THE WORST OF ALL (1990)
I DON'T WANT TO TALK ABOUT IT (1993)

**BENEDEK, Laslo**
*réalisateur hongrois (1907-1992)*
NIGHT VISITOR, THE (1970)

**BENIGNI, Roberto**
*réalisateur italien (1952-)*
PETIT DIABLE, LE (1989)
JOHNNY CURE-DENT (1992)
MONSTRE, LE (1994)
LA VIE EST BELLE (1997)

**BENJAMIN, Richard**
*réalisateur américain (1938-)*
MY FAVORITE YEAR (1982)
CITY HEAT (1984)
RACING WITH THE MOON (1984)
MONEY PIT, THE (1986)
LITTLE NIKITA (1988)
MY STEPMOTHER IS AN ALIEN (1988)
DOWNTOWN (1990)
MERMAIDS (1990)
MADE IN AMERICA (1993)

**BENNETT, Compton**
*réalisateur américain (1900-1974)*
SEVENTH VEIL, THE (1945)
THAT FORSYTE WOMAN (1949)
KING SOLOMON'S MINES (1950)

**BENTON, Robert**
*réalisateur américain (1932-)*
BAD COMPANY (1972)
LATE SHOW, THE (1977)
KRAMER vs. KRAMER (1979)
STILL OF THE NIGHT (1982)
PLACES IN THE HEART (1984)
NADINE (1987)
BILLY BATHGATE (1991)
NOBODY'S FOOL (1994)

**BENZ, Obie**
*réalisateur américain (1949-)*
HEAVY PETTING (1988)

**BÉRAUD, Luc**
*réalisateur français (1945-)*
PLEIN SUD (1981)
MONSIEUR RIPOIS (1994)

**BERESFORD, Bruce**
*réalisateur australien (1940-)*
BARRY McKENZIE HOLDS HIS OWN... (1974)
BREAKER MORANT (1979)
PUBERTY BLUES (1981)
TENDER MERCIES (1983)
KING DAVID (1985)
CRIMES OF THE HEART (1986)
FRINGE DWELLERS, THE (1986)
ARIA (1988)
DRIVING MISS DAISY (1989)
BLACK ROBE (1991)
RICH IN LOVE (1992)
GOOD MAN IN AFRICA, A (1993)
SILENT FALL (1994)
LAST DANCE (1996)
PARADISE ROAD (1997)
DOUBLE JEOPARDY (1999)

**BERGMAN, Andrew**
*réalisateur américain (1945-)*
FRESHMAN, THE (1990)
HONEYMOON IN VEGAS (1992)
IT COULD HAPPEN TO YOU (1994)
STRIPTEASE (1996)

**BERGMAN, Ingmar**
*réalisateur suédois (1918-)*
SOIF, LA (1949)
JEUX D'ÉTÉ (1950)
ATTENTE DES FEMMES, L' (1952)
MONIKA (1952)
NUIT DES FORAINS, LA (1953)
LEÇON D'AMOUR, UNE (1954)
RÊVES DE FEMMES (1955)
SOURIRES D'UNE NUIT D'ÉTÉ (1955)
SEPTIÈME SCEAU, LE (1956)
FRAISES SAUVAGES, LES (1957)
SOURCE, LA (1959)
ŒIL DU DIABLE, L' (1960)
COMME DANS UN MIROIR (1961)
COMMUNIANTS, LES (1963)
SILENCE, LE (1963)
PERSONA (1966)
HEURE DU LOUP, L' (1967)
HONTE, LA (1968)
PASSION, UNE (1969)
RITE, LE (1969)
CRIS ET CHUCHOTEMENTS (1972)
SCÈNES DE LA VIE CONJUGALE (1973)
FLÛTE ENCHANTÉE, LA (1974)
SERPENT'S EGG, THE (1977)
SONATE D'AUTOMNE (1978)
DE LA VIE DES MARIONETTES (1980)
FANNY ET ALEXANDRE (1983)
MAKING OF FANNY AND ALEXANDER, THE (1983)
APRÈS LA RÉPÉTITION (1984)

**BERKE, William**
*réalisateur américain (1903-1958)*
DICK TRACY, DETECTIVE (1945)

**BERKELEY, Busby**
*réalisateur américain (1895-1976)*
BABES IN ARMS (1939)
THEY MADE ME A CRIMINAL (1939)
STRIKE UP THE BAND (1940)
BABES ON BROADWAY (1941)
TAKE ME OUT TO THE BALL GAME (1949)

**BERNARD-AUBERT, Claude**
*réalisateur français (1930-)*
AFFAIRE DOMINICI, L' (1972)
PORTES DE FEU, LES (1972)
ADIEU, JE T'AIME (1987)

**BERNDS, Edward**
*réalisateur américain (1905-)*
QUEEN OF OUTER SPACE (1958)
THREE STOOGES IN ORBIT, THE (1962)
THREE STOOGES MEET HERCULES, THE (1962)

**BERNHARDT, Curtis**
*réalisateur américain (1899-1981)*
POSSESSED (1947)
SIROCCO (1951)
MERRY WIDOW, THE (1952)
MISS SADIE THOMPSON (1953)
BEAU BRUMMELL (1954)
INTERRUPTED MELODY (1955)

**BERRI, Claude**
*réalisateur français (1934-)*
MOMENT D'ÉGAREMENT, UN (1977)
MAÎTRE D'ÉCOLE, LE (1981)
TCHAO PANTIN (1983)
JEAN DE FLORETTE (1986)
MANON DES SOURCES (1986)
GERMINAL (1993)
LUCIE AUBRAC (1997)
DÉBANDADE, LA (1999)

**BERRY, John**
*réalisateur américain (1917-1999)*
CASBAH (1948)
OH! QUE MAMBO (1959)

**BERTOLUCCI, Bernardo**
*réalisateur italien (1940-)*
GRIM REAPER, THE (1962)
BEFORE THE REVOLUTION (1964)
PARTNER (1968)
STRATÉGIE DE L'ARAIGNÉE, LA (1969)
CONFORMISTE, LE (1970)
DERNIER TANGO À PARIS, LE (1972)
1900 (1976)
TRAGÉDIE D'UN HOMME RIDICULE, LA (1981)
LAST EMPEROR, THE (1987)
SHELTERING SKY, THE (1990)
LITTLE BUDDHA (1994)
STEALING BEAUTY (1996)
BESIEGED (1998)

**BESSON, Luc**
*réalisateur français (1959-)*
DERNIER COMBAT, LE (1982)
SUBWAY (1985)
GRAND BLEU, LE (1988)
NIKITA (1990)
LEON: THE PROFESSIONAL (1994)
PROFESSIONAL, THE (1994)
FIFTH ELEMENT, THE (1997)
MESSENGER, THE: THE STORY OF JOAN OF ARC (1999)

**BIGELOW, Kathryn**
*réalisatrice américaine (1951-)*
LOVELESS, THE (1983)
NEAR DARK (1987)
BLUE STEEL (1990)
POINT BREAK (1991)
STRANGE DAYS (1995)

**BILL, Tony**
*réalisateur américain (1940-)*
5 CORNERS (1988)
CRAZY PEOPLE (1990)
HOME OF OUR OWN, A (1993)

**BINAMÉ, Charles**
*réalisateur québécois*
AUTRE HOMME, UN (1990)
C'ÉTAIT LE 12 DU 12 ET CHILI AVAIT LES BLUES (1993)
ELDORADO (1994)
CŒUR AU POING, LE (1998)
BEAUTÉ DE PANDORE, LA (1999)

**BIRD, Antonia**
*réalisatrice anglaise (1959-)*
PRIEST (1994)
MAD LOVE (1995)
FACE (1997)
RAVENOUS (1999)

**BIRKIN, Andrew**
*réalisateur anglais (1945-)*
BURNING SECRET (1988)
CEMENT GARDEN, THE (1992)
SALT ON OUR SKIN (1992)

**BLANC, Michel**
*réalisateur français (1953-)*
MARCHE À L'OMBRE (1984)
GROSSE FATIGUE (1994)

**BLIER, Bertrand**
*réalisateur français (1939-)*
PRÉPAREZ VOS MOUCHOIRS (1976)
BUFFET FROID (1979)
BEAU-PÈRE (1981)
FEMME DE MON POTE, LA (1983)
NOTRE HISTOIRE (1984)

TENUE DE SOIRÉE (1986)
MERCI LA VIE (1991)
MON HOMME (1996)

**BOETTICHER, Budd**
*réalisateur américain (1916-)*
BEHIND LOCKED DOORS (1948)
RED BALL EXPRESS (1952)
MAN FROM THE ALAMO (1953)
MAGNIFICENT MATADOR, THE (1955)
COMANCHE STATION (1960)
RISE AND FALL OF LEGS DIAMOND, THE (1960)

**BOGART, Paul**
*réalisateur américain (1919-)*
MARLOWE (1969)
SKIN GAME (1971)
TORCH SONG TRILOGY (1988)

**BOGDANOVICH, Peter**
*réalisateur américain (1939-)*
TARGETS (1968)
LAST PICTURE SHOW, THE (1971)
PAPER MOON (1973)
DAISY MILLER (1974)
SAINT JACK (1979)
THEY ALL LAUGHED (1981)
MASK (1985)
ILLEGALLY YOURS (1988)
TEXASVILLE (1990)
NOISES OFF! (1992)
THING CALLED LOVE, THE (1993)

**BOISSET, Yves**
*réalisateur français (1939-)*
CRAN D'ARRÊT (1970)
SAUT DE L'ANGE, LE (1971)
ATTENTAT, L' (1972)
FOLLE À TUER (1975)
JUGE FAYARD DIT «LE SHÉRIF», LE (1976)
TAXI MAUVE, UN (1976)
PRIX DU DANGER, LE (1983)
BLEU COMME L'ENFER (1986)
DOUBLE IDENTITY (1989)

**BOLESLAWSKI, Richard**
*réalisateur polonais (1889-1937)*
RASPUTIN AND THE EMPRESS (1932)
HOLLYWOOD PARTY (1934)
PAINTED VEIL, THE (1934)
MISÉRABLES, LES (1935)
THEODORA GOES WILD (1936)
LAST OF MRS. CHEYNEY, THE (1937)

**BONDARCHUK, Sergei**
*réalisateur russe (1920-1994)*
GUERRE ET PAIX (1968)

**BOORMAN, John**
*réalisateur anglais (1933-)*
HAVING A WILD WEEKEND (1965)
POINT BLANK (1967)
HELL IN THE PACIFIC (1968)
DELIVERANCE (1973)
EXORCIST II: THE HERETIC (1977)
EXCALIBUR (1981)
EMERALD FOREST, THE (1985)
HOPE AND GLORY (1987)
BEYOND RANGOON (1995)
GENERAL, THE (1998)
THE TAILOR OF PANAMA (2001)

**BORDEN, Lizzie**
*réalisatrice américaine (1954-)*
BORN IN FLAMES (1983)
EROTIQUE (1994)

**BORDERIE, Bernard**
*réalisateur français (1924-1978)*
ANGÉLIQUE (COFFRET)
ANGÉLIQUE, MARQUISE DES ANGES (1964)
HARDI! PARDAILLAN (1964)
MERVEILLEUSE ANGÉLIQUE (1964)
ANGÉLIQUE ET LE ROY (1966)
ANGÉLIQUE ET LE SULTAN (1967)
INDOMPTABLE ANGÉLIQUE (1967)
CATHERINE, IL SUFFIT D'UN AMOUR (1969)

**BOROWCZYK, Walerian**
*réalisateur polonais (1923-)*
HISTOIRE D'UN PÉCHÉ (1975)

**BORSOS, Phillip**
*réalisateur canadien (1953-1995)*
GREY FOX, THE (1982)
MEAN SEASON, THE (1985)
ONE MAGIC CHRISTMAS (1985)
BETHUNE: THE MAKING OF A HERO (1990)
FAR FROM HOME: THE ADVENTURES OF YELLOW DOG (1994)

**BORZAGE, Frank**
*réalisateur américain (1893-1962)*
FAREWELL TO ARMS, A (1932)
DESIRE (1936)
MANNEQUIN (1938)
SHINING HOUR (1938)
THREE COMRADES (1938)
MORTAL STORM, THE (1940)
STRANGE CARGO (1940)
SMILIN' THROUGH (1941)
I'VE ALWAYS LOVED YOU (1946)
MAGNIFICENT DOLL (1946)
MOONRISE (1948)

**BOUCHAREB, Rachid**
*réalisateur algérien*
CHEB (1991)
POUSSIÈRES DE VIE (1995)

**BOUGHEDIR, Férid**
*réalisateur tunisien*
HALFAOUINE, L'ENFANT DES TERRASSES (1990)
ÉTÉ À LA GOULETTE, UN (1996)

**BOULTING, John**
*réalisateur anglais (1913-1985)*
PRIVATE'S PROGRESS (1955)
I'M ALL RIGHT, JACK (1959)
HEAVENS ABOVE (1963)

**BOULTING, Roy**
*réalisateur anglais (1913-)*
CARLTON BROWNE OF THE F.O. (1959)
THERE'S A GIRL IN MY SOUP (1970)

**BOUVIER, François**
*réalisateur québécois (1948-)*
JACQUES ET NOVEMBRE (1984)
MATINS INFIDÈLES, LES (1989)
POTS CASSÉS, LES (1993)
HISTOIRES D'HIVER (1998)

**BOYLE, Danny**
*réalisateur anglais (1956-)*
SHALLOW GRAVE (1994)
LIFE LESS ORDINARY, A (1997)
BEACH, THE (2000)

**BRAHM, John**
*réalisateur américain (1893-1982)*
SINGAPORE (1947)

**BRANAGH, Kenneth**
*réalisateur anglais (1960-)*
HENRY V (1989)
DEAD AGAIN (1991)
PETER'S FRIENDS (1992)
MUCH ADO ABOUT NOTHING (1993)
MARY SHELLEY'S FRANKENSTEIN (1994)
HAMLET (1996)
MIDWINTER'S TALE, A (1996)
LOVE'S LABOUR LOST (1999)

**BRANDO, Marlon**
*réalisateur américain (1924-)*
ONE-EYED JACKS (1961)

**BRANNON, Fred C.**
*réalisateur américain (1901-1953)*
PURPLE MONSTER STRIKES (1945)
SATAN'S SATELLITES (1957)

**BRAULT, Michel**
*réalisateur québécois (1928-)*
POUR LA SUITE DU MONDE (1963)
ENTRE LA MER ET L'EAU DOUCE (1967)
ACADIE, L'ACADIE, L' (1970)
ORDRES, LES (1974)
MONTRÉAL VU PAR... (1991)
SHABBAT SHALOM! (1992)
MON AMIE MAX (1993)
OZIAS LEDUC (1996)
QUAND JE SERAI PARTI...VOUS VIVREZ ENCORE (1998)

**BREL, Jacques**
*réalisateur belge (1929-1979)*
FRANZ (1971)

**BRESSON, Robert**
*réalisateur français (1907-)*
DAMES DU BOIS DE BOULOGNE, LES (1945)
JOURNAL D'UN CURÉ DE CAMPAGNE, LE (1950)
PICKPOCKET (1959)
MOUCHETTE (1967)

**BREST, Martin**
*réalisateur américain (1951-)*
GOING IN STYLE (1979)
BEVERLY HILLS COP (1984)
MIDNIGHT RUN (1988)
SCENT OF A WOMAN (1992)
MEET JOE BLACK (1998)

**BRICKMAN, Marshall**
*réalisateur américain (1941-)*
MANHATTAN PROJECT, THE (1986)

**BRICKMAN, Paul**
*réalisateur américain*
RISKY BUSINESS (1983)
MEN DON'T LEAVE (1990)

**BRIDGES, Alan**
*réalisateur anglais (1927-)*
BRIEF ENCOUNTER (1974)
PETITE FILLE EN VELOURS BLEU, LA (1978)
RETURN OF THE SOLDIER, THE (1981)
SHOOTING PARTY, THE (1984)

**BRIDGES, James**
*réalisateur américain (1936-1993)*
PAPER CHASE, THE (1973)
CHINA SYNDROME, THE (1978)
SEPTEMBER 30, 1955 (1978)
PERFECT (1985)

**BRISSEAU, Jean-Claude**
*réalisateur français*
DE BRUIT ET DE FUREUR (1986)
NOCE BLANCHE (1989)
CÉLINE (1992)
ANGE NOIR, L' (1994)

**BRITTAIN, Donald**
*réalisateur canadien (1928-1989)*
SWEETHEART! (CANADA'S SWEETHEART) (1985)

**BROOK, Peter**
*réalisateur anglais (1925-)*
LORD OF THE FLIES (1963)
MARAT SADE (1966)
KING LEAR (1970)
MAHABHARATA, THE (1989)

**BROOKS, Albert**
*réalisateur américain (1947-)*
REAL LIFE (1979)
LOST IN AMERICA (1985)
DEFENDING YOUR LIFE (1991)
MOTHER (1997)
MUSE, THE (1999)

**BROOKS, James L.**
*réalisateur américain (1940-)*
TERMS OF ENDEARMENT (1983)
BROADCAST NEWS (1987)
I'LL DO ANYTHING (1994)
AS GOOD AS IT GETS (1997)

**BROOKS, Mel**
*réalisateur américain (1926-)*
PRODUCERS, THE (1969)
BLAZING SADDLES (1974)
SILENT MOVIE (1976)
HIGH ANXIETY (1977)
HISTORY OF THE WORLD, PART 1 (1981)
SPACEBALLS (1987)
LIFE STINKS (1991)
ROBIN HOOD: MEN IN TIGHTS (1993)
DRACULA: DEAD AND LOVING IT (1995)

**BROOKS, Richard**
*réalisateur américain (1912-1992)*
BATTLE CIRCUS (1953)
LAST TIME I SAW PARIS, THE (1954)
BLACKBOARD JUNGLE (1955)
CATERED AFFAIR, THE (1956)
LAST HUNT, THE (1956)
SOMETHING OF VALUE (1957)
BROTHERS KARAMAZOV, THE (1958)
CAT ON A HOT TIN ROOF (1958)
ELMER GANTRY (1960)
SWEET BIRD OF YOUTH (1962)
LORD JIM (1965)
PROFESSIONALS, THE (1966)
IN COLD BLOOD (1967)
HAPPY ENDING, THE (1969)
DOLLARS (1972)
BITE THE BULLET (1975)
LOOKING FOR MR. GOODBAR (1977)

**BROTHESS QUAY, The**
*réalisateur anglais (1947-)*
INSTITUTE BENJAMENTA (1995)

**BROWN, Clarence**
*réalisateur américain (1890-1987)*
LAST OF THE MOHICANS, THE (1920)
EAGLE, THE (1925)
FLESH AND THE DEVIL (1926)
ANNA CHRISTIE (1930)
ROMANCE (1930)
FREE SOUL, A (1931)
INSPIRATION (1931)
POSSESSED (1931)
CHAINED (1934)
SADIE McKEE (1934)
AH, WILDERNESS (1935)
ANNA KARENINA (1935)
GORGEOUS HUSSY, THE (1936)
CONQUEST (1938)
OF HUMAN HEARTS (1938)
RAINS CAME, THE (1939)
EDISON, THE MAN (1940)
THEY MET IN BOMBAY (1941)
HUMAN COMEDY, THE (1943)
NATIONAL VELVET (1944)
SONG OF LOVE (1947)
INTRUDER IN THE DUST (1949)
TO PLEASE A LADY (1950)
ANGELS IN THE OUTFIELD (1951)

**BROWNING, Tod**
*réalisateur américain (1882-1962)*
OUTSIDE THE LAW (1930)
DRACULA (1931)
FREAKS (1932)
MARK OF THE VAMPIRE (1935)
DEVIL DOLL, THE (1936)

**BUCQUET, Harold S.**
*réalisateur américain (1891-1946)*
ON BORROWED TIME (1939)

**BUÑUEL, Luis**
*réalisateur espagnol (1900-1983)*
ÂGE D'OR, L' (1930)
GREAT MADCAP, THE (1948)
LOS OLVIDADOS (1950)
SUSANA (1950)
FEMME SANS AMOUR, UNE (1951)
EL (THIS STRANGE PASSION) (1952)
ENJÔLEUSE, L' (1952)
ON A VOLÉ UN TRAIN (1953)
NAZARIN (1958)
JEUNE FILLE, LA (1960)
ANGE EXTERMINATEUR, L' (1962)
JOURNAL D'UNE FEMME DE CHAMBRE, LE (1963)
SIMON OF THE DESERT (1965)
BELLE DE JOUR (1967)
CHARME DISCRET DE LA BOURGEOISIE, LE (1974)
FANTÔME DE LA LIBERTÉ, LE (1974)
CET OBSCUR OBJET DU DÉSIR (1977)

**BURNETT, Charles**
*réalisateur américain (1944-)*
TO SLEEP WITH ANGER (1990)
GLASS SHIELD, THE (1995)

**BURNS, Edward**
*réalisateur américain (1968-)*
BROTHERS McMULLEN, THE (1995)
SHE'S THE ONE (1996)
NO LOOKING BACK (1998)

**BURTON, Tim**
*réalisateur américain (1960-)*
PEE-WEE'S BIG ADVENTURE (1985)
BEETLEJUICE (1988)
BATMAN (1989)
EDWARD SCISSORHANDS (1990)
BATMAN RETURNS (1992)
ED WOOD (1994)
MARS ATTACKS! (1996)
SLEEPY HOLLOW (1999)

**BUTLER, David**
*réalisateur américain (1894-1979)*
CONNECTICUT YANKEE, A (1931)
BRIGHT EYES (1934)
LITTLE COLONEL, THE (1935)
LITTLEST REBEL, THE (1935)
PIGSKIN PARADE (1936)
CAUGHT IN THE DRAFT (1941)
ROAD TO MOROCCO (1942)
THEY GOT ME COVERED (1943)
IT'S A GREAT FEELING (1949)
TEA FOR TWO (1950)
APRIL IN PARIS (1952)
BY THE LIGHT OF THE SILVERY MOON (1952)
CALAMITY JANE (1953)
KING RICHARD AND THE CRUSADERS (1954)

**BUTLER, Robert**
*réalisateur américain (1927-)*
COMPUTER WORE TENNIS SHOES, THE (1970)
BAREFOOT EXECUTIVE, THE (1971)

**BUZZELL, Edward**
*réalisateur américain (1897-1985)*
AT THE CIRCUS (1938)
GO WEST (1941)
EASY TO WED (1946)
SONG OF THE THIN MAN (1947)
NEPTUNE'S DAUGHTER (1949)

**CABANNE, Christy**
*réalisateur américain (1888-1950)*
MUMMY'S HAND, THE (1940)

**CACOYANNIS, Michael**
*réalisateur grec (1922-)*
STELLA (1955)
GIRL IN BLACK, A (1956)
MATTER OF DIGNITY (1957)
ATTILA 74: THE RAPE OF CYPRUS (1975)
IPHIGÉNIE (1978)
SWEET COUNTRY (1988)

**CAHN, Edward L.**
*réalisateur américain (1899-1963)*
GIRLS IN PRISON (1956)
DRAGSTRIP GIRL (1957)
INVASION OF THE SAUCER MEN (1957)
MOTORCYCLE GANG (1957)
IT! THE TERROR FROM BEYOND SPACE (1958)
INVISIBLE INVADERS (1959)
BEAUTY AND THE BEAST (1962)

**CAMERON, James**
*réalisateur canadien (1954-)*
ALIEN (COFFRET TRILOGIE)
ALIEN 20TH ANNIVERSARY COLLECTION (COFFRET 5 VOLUMES)
ALIENS (1986)
ABYSS, THE (1989)
TERMINATOR 2: THE ULTIMATE DVD EDITION ()
TERMINATOR COLLECTION, THE
TERMINATOR, THE (1985)
TERMINATOR 2: JUDGMENT DAY (COFFRET) (1991)
TERMINATOR 2: JUDGMENT DAY (1991)
TITANIC (1997)

**CAMPBELL, Martin**
*réalisateur néo-zélandais*
CRIMINAL LAW (1989)
CAST A DEADLY SPELL (1991)
DEFENSELESS (1991)
NO ESCAPE (1994)
GOLDEN EYE (1995)
MASK OF ZORRO, THE (1998)

**CAMPION, Jane**
*réalisatrice néo-zélandaise (1954-)*
SWEETIE (1989)
ANGEL AT MY TABLE, AN (1990)
PIANO, THE (1992)
PORTRAIT OF A LADY, THE (1996)
HOLY SMOKE (1999)

**CAMUS, Marcel**
*réalisateur français (1912-1982)*
ORFEU NEGRO (1959)
MUR DE L'ATLANTIQUE, LE (1970)
OTALIA DE BAHIA (1976)

**CANNON, Danny**
*réalisateur américain*
JUDGE DREDD (1995)
PHOENIX (1998)

**CANTIN, Roger**
*réalisateur québécois (1949-)*
SIMON LES NUAGES (1989)
ASSASSIN JOUAIT DU TROMBONE, L' (1991)
GRAND ZÈLE, LE (1992)
MATUSALEM (1993)
MATUSALEM 2: LE DERNIER DES BEAUCHESNE (1997)

**CAPRA, Frank**
*réalisateur américain (1897-1991)*
FRANK CAPRA & JAMES STEWART (COFFRET)
FRANK CAPRA (COFFRET)
BROADWAY BILL (1934)
LADY FOR A DAY (1933)
STRONG MAN, THE (1926)
LONG PANTS (1927)
AMERICAN MADNESS (1932)
BITTER TEA OF GENERAL YEN, THE (1933)
MIRACLE WOMAN, THE (1931)
PLATINUM BLONDE (1931)
IT HAPPENED ONE NIGHT (1934)
MR. DEEDS GOES TO TOWN (1936)
LOST HORIZON (1937)
MR. SMITH GOES TO WASHINGTON (1939)
MEET JOHN DOE (1941)
ARSENIC AND OLD LACE (1944)
IT'S A WONDERFUL LIFE (1947)
STATE OF THE UNION (1948)
RIDING HIGH (1950)
HERE COMES THE GROOM (1951)
POCKETFUL OF MIRACLES (1961)

**CARAX, Léos**
*réalisateur français (1962-)*
BOY MEETS GIRL (1983)
MAUVAIS SANG (1986)
AMANTS DU PONT-NEUF, LES (1991)

**CARLE, Gilles**
*réalisateur québécois (1929-)*
RED (1969)
MÂLES, LES (1970)
MORT D'UN BÛCHERON, LA (1973)
ANGE ET LA FEMME, L' (1977)
FANTASTICA (1980)
PLOUFFE, LES (1981)
MARIA CHAPDELAINE (1984)
CINÉMA, CINÉMA (1985)
DIABLE D'AMÉRIQUE, LE (1986)
GUÊPE, LA (1986)
MISS MOSCOU (1991)
MONTRÉAL OFF (1992)
POSTIÈRE, LA (1992)
PUDDING CHÔMEUR (1996)

**CARLSEN, Henning**
*réalisateur danois (1927-)*
DILEMME (1962)
FAIM, LA (1966)

**CARNÉ, Marcel**
*réalisateur français (1909-1996)*
HÔTEL DU NORD (1938)
QUAI DES BRUMES (1938)
JOUR SE LÈVE, LE (1939)
VISITEURS DU SOIR, LES (1942)
ENFANTS DU PARADIS, LES (1945)
ASSASSINS DE L'ORDRE, LES (1970)
MERVEILLEUSE VISITE, LA (1974)

**CARO, Marc**
*réalisateur français*
DELICATESSEN (1991)
CITÉ DES ENFANTS PERDUS, LA (1995)

**CARPENTER, John**
*réalisateur américain (1948-)*
DARK STAR (1974)
ASSAULT ON PRECINCT 13 (1976)
HALLOWEEN (1978)
ELVIS (1979)
ESCAPE FROM NEW YORK (1980)
FOG, THE (1980)
THING, THE (1982)
CHRISTINE (1983)
STARMAN (1984)
BIG TROUBLE IN LITTLE CHINA (1986)
PRINCE OF DARKNESS (1987)
THEY LIVE (1988)
MEMOIRS OF AN INVISIBLE MAN (1992)
BODY BAGS (1993)
IN THE MOUTH OF MADNESS (1994)
ESCAPE FROM L.A. (1996)
JOHN CARPENTER'S VAMPIRES (1998)

**CARRIÈRE, Marcel**
*réalisateur québécois (1935-)*
POUR LA SUITE DU MONDE (1963)
O.K... LALIBERTÉ (1973)
TI-MINE, BERNIE PIS LA GANG (1976)

**CASSAVETES, John**
*réalisateur américain (1929-1989)*
SHADOWS (1959)
CHILD IS WAITING, A (1963)
FACES (1968)
HUSBANDS (1970)
MINNIE AND MOSKOWITZ (1971)
KILLING OF A CHINESE BOOKIE, THE (1976)
OPENING NIGHT (1977)
GLORIA (1980)
LOVE STREAMS (1984)
BIG TROUBLE (1985)

**CASSAVETES, Nick**
*réalisateur américain (1959-)*
SHE'S SO LOVELY (1997)

**CASTLE, Nick**
*réalisateur américain (1947-)*
LAST STARFIGHTER, THE (1984)
DENNIS THE MENACE (1993)
MAJOR PAYNE (1994)
MR. WRONG (1996)

**CASTLE, William**
*réalisateur américain (1914-1977)*
HOUSE ON HAUNTED HILL (1959)
TINGLER, THE (1959)
13 GHOSTS (1960)
NIGHT WALKER, THE (1964)
STRAIT-JACKET (1964)

**CATES, Gilbert**
*réalisateur américain*
I NEVER SANG FOR MY FATHER (1970)
SUMMER WISHES, WINTER DREAMS (1973)

**CATON-JONES, Michael**
*réalisateur anglais (1957-)*
SCANDAL (1989)
MEMPHIS BELLE (1990)
DOC HOLLYWOOD (1991)
THIS BOY'S LIFE (1992)
ROB ROY (1995)
JACKAL, THE (1997)

**CAVALIER, Alain**
*réalisateur français (1931-)*
THÉRÈSE (1986)
LIBERA ME (1993)

**CAVANI, Liliana**
*réalisatrice italienne (1936-)*
NIGHT PORTER, THE (1973)
DERRIÈRE LA PORTE (1982)
OBSESSION À BERLIN (1986)
FRANCESCO (1989)

**CHABAT, Alain**
*réalisateur algérien (1958-)*
DIDIER (1997)

**CHABOT, Jean**
*réalisateur québécois (1945-)*
NUIT AVEC HORTENSE, LA (1988)
SANS RAISON APPARENTE (1996)

**CHABROL, Claude**
*réalisateur français (1930-)*
BEAU SERGE, LE (1958)
BONNES FEMMES, LES (1960)
SEPT PÉCHÉS CAPITAUX, LES (1962)
TIGRE SE PARFUME À LA DYNAMITE, LE (1965)
ROUTE DE CORINTHE, LA (1967)
BICHES, LES (1968)
FEMME INFIDÈLE, LA (1968)
BOUCHER, LE (1970)
RUPTURE, LA (1970)
DÉCADE PRODIGIEUSE, LA (1972)
NADA (1973)
NOCES ROUGES, LES (1973)
PARTIE DE PLAISIR, UNE (1974)
FOLIES BOURGEOISES (1975)
INNOCENTS AUX MAINS SALES, LES (1975)
LIENS DE SANG, LES (1977)
CHEVAL D'ORGUEIL, LE (1979)
FANTÔMES DU CHAPELIER, LES (1982)
SANG DES AUTRES, LE (1983)
POULET AU VINAIGRE (1985)
MASQUES (1987)
AFFAIRE DE FEMMES, UNE (1988)
JOURS TRANQUILLES À CLICHY (1989)
CLUB EXTINCTION (DOCTEUR M.) (1990)
BETTY (1991)
MADAME BOVARY (1991)
ENFER, L' (1993)
CÉRÉMONIE, LA (1995)
RIEN NE VA PLUS (1997)
AU CŒUR DU MENSONGE (1998)
MERCI POUR LE CHOCOLAT (2000)

**CHAFFEY, Don**
*réalisateur américain (1917-1990)*
JASON AND THE ARGONAUTS (1963)

THREE LIVES OF THOMASINA, THE (1964)
ONE MILLION YEARS B.C. (1966)
PETE'S DRAGON (1977)
GIFT OF LOVE, THE (1978)

**CHAHINE, Youssef**
*réalisateur égyptien (1926-)*
ALEXANDRIA WHY? (1978)
EGYPTIAN STORY, AN (1982)
ADIEU BONAPARTE (1985)
ALEXANDRIA AGAIN AND FOREVER (1990)
DESTIN, LE (1997)

**CHAN, Jackie**
*réalisateur chinois (1954-)*
EAGLE SHADOW FIST (1973)
SNAKE AND CRANE ARTS OF SHAOLIN (1980)
DRAGON STRIKE (1982)
JACKIE CHAN'S POLICE FORCE
(POLICE STORY) (1985)
ARMOUR OF GOD (1986)
PROJECT A (1987)
POLICE STORY 2 (1988)
MIRACLES (1989)
ISLAND OF FIRE (1990)
OPÉRATION CONDOR (1991)
PROJECT A II (1991)
36 CRAZY FISTS (1996)
JACKIE CHAN'S WHO AM I? (1998)

**CHAPLIN, Charles**
*réalisateur américain (1889-1977)*
KID, THE / DOG'S LIFE, A ()
CIRCUS, THE (1928)
BURLESQUE ON CARMEN, A (1915)
CITY LIGHTS (1931)
GOLD RUSH, THE (1925)
KID, THE (1921)
MODERN TIMES (1936)
GREAT DICTATOR, THE (1940)
MONSIEUR VERDOUX (1947)
LIMELIGHT (1952)
KING IN NEW YORK, A (1957)
COUNTESS FROM HONG KONG, A (1967)

**CHAREF, Mehdi**
*réalisateur français (1951-)*
THÉ AU HAREM D'ARCHIMÈDE, LE (1985)
MISS MONA (1986)
AU PAYS DES JULIETS (1991)

**CHATILIEZ, Étienne**
*réalisateur français*
TATIE DANIELLE (1990)
BONHEUR EST DANS LE PRÉ, LE (1995)

**CHÉREAU, Patrice**
*réalisateur français (1944-)*
HOMME BLESSÉ, L' (1983)
REINE MARGOT, LA (1993)
CEUX QUI M'AIMENT PRENDRONT LE TRAIN
(1997)

**CHOUIKH, Mohamed**
*réalisateur algérien*
CITADELLE, LA (1988)
ARCHE DU DÉSERT, L' (1997)

**CHRISTENSEN, Benjamin**
*réalisateur danois (1879-1959)*
SORCELLERIE À TRAVERS LES ÂGES, LA (1918)

**CHRISTIAN-JAQUE**
*réalisateur français (1904-1994)*
FRANÇOIS 1er (1937)
PERLES DE LA COURONNE, LES (1937)
FANFAN LA TULIPE (1951)
MADAME SANS-GÊNE (1961)
DOCTEUR JUSTICE (1975)

**CIMINO, Michael**
*réalisateur américain (1943-)*
THUNDERBOLT AND LIGHTFOOT (1974)
DEER HUNTER, THE (1978)
HEAVEN'S GATE (1981)
SICILIAN, THE (1987)
DESPERATE HOURS (1990)
SUNCHASER (1996)

**CLAIR, René**
*réalisateur français (1898-1981)*
CHAPEAU DE PAILLE D'ITALIE, UN (1928)
SOUS LES TOITS DE PARIS (1930)
MILLION, LE (1931)
À NOUS LA LIBERTÉ (1931)
GHOST GOES WEST, THE (1935)
FLAME OF NEW ORLEANS, THE (1941)
FOREVER AND A DAY (1943)
I MARRIED A WITCH (1943)
IT HAPPENED TOMORROW (1944)
AND THEN THERE WERE NONE (1945)
BEAUTÉ DU DIABLE, LA (1949)
BELLES DE NUIT, LES (1952)
GRANDES MANŒUVRES, LES (1955)

**CLARK, Bob**
*réalisateur américain (1941-)*
BLACK CHRISTMAS (1974)
MURDER BY DECREE (1979)
PORKY'S (1981)
CHRISTMAS STORY, A (1984)

**CLAUSEN, Erik**
*réalisateur danois*
ROCKING SILVER (1983)
HOMME DANS LA LUNE, L' (1986)
RAMI & JULIET (1988)

**CLAYTON, Jack**
*réalisateur anglais (1921-1995)*
INNOCENTS, THE (1961)
PUMPKIN EATER, THE (1964)
GREAT GATSBY, THE (1974)
SOMETHING WICKED THIS WAY COMES (1984)
LONELY PASSION OF JUDITH HEARNE, THE
(1987)

**CLÉMENT, René**
*réalisateur français (1913-1996)*
JEUX INTERDITS (1951)
PARIS BRÛLE-T-IL? (1966)
MAISON SOUS LES ARBRES, LA (1971)

**CLIFFORD, Graeme**
*réalisateur américain*
FRANCES (1982)
BURKE & WILLS (1985)

**CLINE, Edward**
*réalisateur américain (1892-1961)*
THREE AGES, THE (1923)
MILLION DOLLAR LEGS (1932)
BANK DICK, THE (1940)
MY LITTLE CHICKADEE (1940)
NEVER GIVE A SUCKER AN EVEN BREAK
(1941)

**CLOUSE, Robert**
*réalisateur américain*
ENTER THE DRAGON (1973)
BLACK BELT JONES (1974)
AMSTERDAM KILL, THE (1977)
PACK, THE (1977)
GAME OF DEATH (1978)
BIG BRAWL, THE (1980)

**CLOUZOT, Henri-Georges**
*réalisateur français (1907-1977)*
ASSASSIN HABITE AU 21, L' (1942)
CORBEAU, LE (1943)
SALAIRE DE LA PEUR, LE (1952)
DIABOLIQUES, LES (1954)
MYSTÈRE PICASSO, LE (1956)
PRISONNIÈRE, LA (1968)

**COCTEAU, Jean**
*réalisateur français (1889-1963)*
SANG D'UN POÈTE, LE (1930)
BELLE ET LA BÊTE, LA (1946)
ORPHIC CYCLE (COFFRET)
AIGLE À DEUX TÊTES, L' (1948)
PARENTS TERRIBLES, LES (1948)
ORPHÉE (1949)
TESTAMENT D'ORPHÉE (1960)

**COEN, Joel**
*réalisateur américain (1954-)*
BLOOD SIMPLE (1984)
RAISING ARIZONA (1987)
MILLER'S CROSSING (1990)
BARTON FINK (1991)
HUDSUCKER PROXY, THE (1994)
FARGO (1996)
BIG LEBOWSKI, THE (1998)
O BROTHER, WHERE ART THOU? (2000)

**COHEN, Larry**
*réalisateur américain (1941-)*
BLACK CAESAR (1973)
IT'S ALIVE! (1974)
Q: THE WINGED SERPENT (1982)
RETURN TO SALEM'S LOT, A (1987)
ORIGINAL GANGSTAS (1996)

**COHEN, Rob**
*réalisateur américain (1949-)*
DRAGON: THE BRUCE LEE STORY (1993)
DAYLIGHT (1996)
DRAGONHEART (1996)
RAT PACK, THE (1998)

**COLLINSON, Peter**
*réalisateur américain (1938-1980)*
ITALIAN JOB, THE (1969)
SPIRAL STAIRCASE, THE (1975)
TEN LITTLE INDIANS (1975)

**COLUMBUS, Chris**
*réalisateur américain (1959-)*
HOME ALONE (1990)
ONLY THE LONELY (1991)
HOME ALONE 2: LOST IN NEW YORK
(1992)
MRS. DOUBTFIRE (1993)
NINE MONTHS (1995)
STEPMOM (1998)
BICENTENNIAL MAN (1999)

**COMENCINI, Luigi**
*réalisateur italien (1916-)*
DON CAMILLO EN RUSSIE (1965)
MON DIEU, COMMENT SUIS-JE TOMBÉE
SI BAS? (1974)
FEMME DU DIMANCHE, LA (1975)
MESDAMES ET MESSIEURS, BONSOIR
(1976)
TENTATIONS À L'ITALIENNE (1976)
GRAND EMBOUTEILLAGE, LE (1979)

**COMFORT, Lance**
*réalisateur américain (1908-1966)*
HOTEL RESERVE (1944)

**CONNOR, Kevin**
*réalisateur anglais (1940-)*
FROM BEYOND THE GRAVE (1973)
LAND THAT TIME FORGOT, THE (1975)
AT THE EARTH'S CORE (1976)
PEOPLE THAT TIME FORGOT, THE (1977)
MOTEL HELL (1980)

**CONWAY, Jack**
*réalisateur américain (1887-1952)*
OUR MODERN MAIDENS (1929)
RED-HEADED WOMAN (1932)
GIRL FROM MISSOURI, THE (1934)
TALE OF TWO CITIES, A (1935)
LIBELED LADY (1936)
SARATOGA (1937)
TOO HOT TO HANDLE (1938)
LET FREEDOM RING (1939)
LOVE CRAZY (1941)
DRAGON SEED (1944)
BOOM TOWN (1946)
HUCKSTERS, THE (1947)
JULIA MISBEHAVES (1948)

**COOLIDGE, Martha**
*réalisatrice américaine (1946-)*
REAL GENIUS (1985)
RAMBLING ROSE (1991)
LOST IN YONKERS (1993)
ANGIE (1994)
IF THESE WALLS COULD TALK II (2000)

**COOPER, Merian C.**
*réalisateur américain (1893-1973)*
GRASS (1925)
CHANG (1927)
KING KONG (1933)

**COPPOLA, Francis Ford**
*réalisateur américain (1939-)*
DEMENTIA 13 (1963)
GODFATHER TRILOGY (25TH ANNIVERSARY), THE
GODFATHER TRILOGY, THE
FINIAN'S RAINBOW (1968)
CONVERSATION, THE (1974)
APOCALYPSE NOW (1979)
RAIN PEOPLE, THE (1969)
GODFATHER, THE (1972)
GODFATHER, PART 2, THE (1974)
ONE FROM THE HEART (1982)
OUTSIDERS, THE (1983)
RUMBLE FISH (1983)
COTTON CLUB, THE (1984)
PEGGY SUE GOT MARRIED (1986)
GARDENS OF STONE (1987)
NEW YORK STORIES (1989)
GODFATHER, PART 3, THE (1991)
BRAM STOKER'S DRACULA (1992)
JACK (1996)
RAINMAKER,THE (1997)

**CORBIAU, Gérard**
*réalisateur belge (1941-)*
MAÎTRE DE MUSIQUE, LE (1988)
ANNÉE DE L'ÉVEIL, L' (1991)
FARINELLI (1994)

**CORBUCCI, Sergio**
*réalisateur italien (1927-1990)*
DJANGO (1966)
NAVAJO JOE (1966)
MÉLODIE MEURTRIÈRE (1978)
SUPER FUZZ (1981)

**CORMAN, Roger**
*réalisateur américain (1926-)*
DAY THE WORLD ENDED, THE (1955)
IT CONQUERED THE WORLD (1956)
CARNIVAL ROCK (1957)
MACHINE GUN KELLY (1958)
TEENAGE CAVEMAN (1958)
BUCKET OF BLOOD, A (1959)
CREATURE FROM THE HAUNTED SEA (1960)
FALL OF THE HOUSE OF USHER, THE (1960)
LITTLE SHOP OF HORRORS, THE (1960)
PIT AND THE PENDULUM, THE (1961)
PREMATURE BURIAL (1962)
TALES OF TERROR (1962)
TERROR, THE (1962)
TOWER OF LONDON (1962)
HAUNTED PALACE, THE (1963)
RAVEN, THE (1963)
MASQUE OF THE RED DEATH, THE (1964)
TOMB OF LIGEIA (1965)
ST. VALENTINE'S DAY MASSACRE, THE (1967)
BLOODY MAMA (1970)
FRANKENSTEIN UNBOUND (1990)

**CORNEAU, Alain**
*réalisateur français (1943-)*
POLICE PYTHON 357 (1975)
MENACE, LA (1977)
CHOIX DES ARMES, LE (1981)
FORT SAGANNE (1984)
MÔME, LE (1986)
TOUS LES MATINS DU MONDE (1991)
ENFANTS DE LUMIÈRE, LES (1995)
NOUVEAU MONDE, LE (1995)
COUSIN, LE (1997)

**CORNELIUS, Henry**
*réalisateur sud-africain (1913-1958)*
GENEVIEVE (1953)
I AM A CAMERA (1955)

**COSMATOS, George P.**
*réalisateur italien (1941-)*
CASSANDRA CROSSING, THE (1977)
ESCAPE TO ATHENA (1979)
OF UNKNOWN ORIGIN (1983)
COBRA (1986)
TOMBSTONE (1993)

**COSTA-GAVRAS, Constantin**
*réalisateur grec (1933-)*
Z (1969)
MISSING (1982)
HANNAH K. (1983)
CONSEIL DE FAMILLE (1986)
BETRAYED (1988)
MUSIC BOX (1990)
PETITE APOCALYPSE, LA (1992)
MAD CITY (1997)

**COSTNER, Kevin**
*réalisateur américain (1955-)*
DANCES WITH WOLVES (1991)
POSTMAN, THE (1997)

**COWARD, Noel**
*réalisateur anglais (1899-1973)*
IN WHICH WE SERVE (1942)

**COX, Alex**
*réalisateur anglais (1954-)*
REPO MAN (1985)
SID AND NANCY (1986)
STRAIGHT TO HELL (1987)
HIGHWAY PATROLMAN (1992)

**COX, Paul**
*réalisateur australien (1940-)*
LONELY HEARTS (1981)
ISLAND (1989)
GOLDEN BRAID (1990)
NUN AND THE BANDIT, THE (1992)
MOLOKAÏ (1999)

**CRAVEN, Wes**
*réalisateur américain (1939-)*
LAST HOUSE ON THE LEFT (1972)
HILLS HAVE EYES, THE (1977)
SWAMP THING (1981)
NIGHTMARE ON ELM STREET, A (1984)
HILLS HAVE EYES PART II, THE (1985)
DEADLY FRIEND (1986)
SERPENT AND THE RAINBOW, THE (1988)
SHOCKER (1990)
PEOPLE UNDER THE STAIRS, THE (1991)
SCREAM (1996)
SCREAM 2 (1997)
MUSIC OF THE HEART (1999)
SCREAM 3 (2000)

**CRICHTON, Charles**
*réalisateur anglais (1910-)*
DEAD OF NIGHT (1946)
LAVENDER HILL MOB, THE (1951)
FISH CALLED WANDA, A (1988)

**CRISP, Donald**
*réalisateur américain (1880-1974)*
DON Q, SON OF ZORRO (1925)

**CROMWELL, John**
*réalisateur américain (1888-1979)*
OF HUMAN BONDAGE (1934)
PRISONER OF ZENDA, THE (1937)
MADE FOR EACH OTHER (1938)
IN NAME ONLY (1939)
ABE LINCOLN IN ILLINOIS (1940)
SO ENDS OUR NIGHT (1941)
SON OF FURY (1942)
ANNA AND THE KING OF SIAM (1946)
DEAD RECKONING (1947)
RACKET, THE (1951)

**CRONENBERG, David**
*réalisateur canadien (1943-)*
SHIVERS (THE PARASITE MURDERS) (1974)
RABID (1976)
BROOD, THE (1979)
FAST COMPANY (1979)
SCANNERS (1980)
DEAD ZONE, THE (1983)
FLY, THE (1986)
DEAD RINGERS (1988)
NAKED LUNCH (1991)
RABID & SHIVERS (COFFRET) ()
M BUTTERFLY (1993)
CRASH (1996)
EXISTENZ (1999)

**CROWE, Cameron**
*réalisateur américain (1957-)*
SAY ANYTHING... (1989)
SINGLES (1992)
JERRY MAGUIRE (1996)
ALMOST FAMOUS (2000)

**CRUZE, James**
*réalisateur américain (1884-1942)*
COVERED WAGON, THE (1923)

**CRYSTAL, Billy**
*réalisateur américain (1947-)*
MR. SATURDAY NIGHT (1992)
FORGET PARIS (1995)

**CUKOR, George**
*réalisateur américain (1899-1983)*
DINNER AT EIGHT (1933)
LITTLE WOMEN (1933)
DAVID COPPERFIELD (1935)
SYLVIA SCARLETT (1935)
ROMEO AND JULIET (1936)
CAMILLE (1937)
HOLIDAY (1938)
PHILADELPHIA STORY, THE (1940)
SUSAN AND GOD (1940)
KEEPER OF THE FLAME (1942)
GASLIGHT (1944)
DOUBLE LIFE, A (1947)
ADAM'S RIB (1949)
BORN YESTERDAY (1950)
MARRYING KIND, THE (1952)
PAT AND MIKE (1952)
IT SHOULD HAPPEN TO YOU (1954)
STAR IS BORN, A (1954)
BHOWANI JUNCTION (1955)
LES GIRLS (1957)
HELLER IN PINK TIGHTS (1959)
LET'S MAKE LOVE (1960)
SONG WITHOUT END (1960)
MY FAIR LADY (1964)
LOVE AMONG THE RUINS (1975)
CORN IS GREEN, THE (1979)
RICH AND FAMOUS (1981)

**CURTIS, Dan**
*réalisateur américain (1928-)*
HOUSE OF DARK SHADOWS (1970)
NIGHT OF DARK SHADOWS (1970)
DRACULA (1973)
BURNT OFFERINGS (1976)
CURSE OF THE BLACK WIDOW, THE (1977)

**CURTIZ, Michael**
*réalisateur hongrois (1888-1962)*
CAPTAIN BLOOD (1935)
CHARGE OF THE LIGHT BRIGADE, THE (1936)
KID GALAHAD (1937)
ADVENTURES OF ROBIN HOOD, THE (1938)
ANGELS WITH DIRTY FACES (1938)
DODGE CITY (1938)
FOUR DAUGHTERS (1938)
PRIVATE LIVES OF ELIZABETH AND ESSEX, THE (1939)
SANTA FE TRAIL (1940)
SEA HAWK, THE (1940)
CASABLANCA (SPECIAL EDITION) (1943)
CASABLANCA (1943)
PASSAGE TO MARSEILLES (1944)
MILDRED PIERCE (1945)
MY DREAM IS YOURS (1949)
FORCE OF ARMS (1950)
I'LL SEE YOU IN MY DREAMS (1951)
JIM THORPE - ALL AMERICAN (1951)
JAZZ SINGER, THE (1953)
EGYPTIAN, THE (1954)
HELEN MORGAN STORY, THE (1957)
KING CREOLE (1958)
PROUD REBEL, THE (1958)
ADVENTURES OF HUCKLEBERRY FINN, THE (1960)
BREATH OF SCANDAL, A (1960)
COMANCHEROS, THE (1961)

**DAHL, John**
*réalisateur américain (1956-)*
KILL ME AGAIN (1989)
RED ROCK WEST (1992)
LAST SEDUCTION, THE (1994)
ROUNDERS (1998)

**DAMIANI, Damiano**
*réalisateur italien (1922-)*
AMITYVILLE II: THE POSSESSION (1982)
INQUIRY, THE (1987)

**DANTE, Joe**
*réalisateur américain (1946-)*
PIRANHA (1978)
HOWLING, THE (1980)
GREMLINS (1984)
EXPLORERS (1985)
AMAZON WOMEN ON THE MOON (1987)
INNERSPACE (1987)
BURBS, THE (1989)
GREMLINS 2: THE NEW BATCH (1990)
MATINEE (1993)
SMALL SOLDIERS (1998)

**DASH, Julie**
*réalisatrice américaine (1952-)*
DAUGHTERS OF THE DUST (1991)
SUBWAY STORIES (1997)

**DASSIN, Jules**
*réalisateur américain (1911-)*
REUNION IN FRANCE (1942)
CANTERVILLE GHOST, THE (1944)
BRUTE FORCE (1947)
NAKED CITY, THE (1948)
NIGHT AND THE CITY (1950)
NEVER ON SUNDAY (1960)
TOPKAPI (1964)
DREAM OF PASSION (1978)

**DAVES, Delmer**
*réalisateur américain (1904-1977)*
DESTINATION TOKYO (1943)
DARK PASSAGE (1947)
RED HOUSE, THE (1947)
BROKEN ARROW (1949)
NEVER LET ME GO (1953)
DEMETRIUS AND THE GLADIATORS (1954)
BADLANDERS, THE (1956)
3:10 TO YUMA (1957)
COWBOY, THE (1958)
KINGS GO FORTH (1958)
SUMMER PLACE, A (1959)
ROME ADVENTURE (1961)

**DAVIES, Terence**
*réalisateur anglais (1945-)*
DISTANT VOICES, STILL LIVES (1988)
LONG DAY CLOSES, THE (1992)
NEON BIBLE, THE (1994)
HOUSE OF MIRTH, THE (2000)

**DAY, Robert**
*réalisateur anglais (1922-)*
CORRIDORS OF BLOOD (1958)
HAUNTED STRANGLER, THE (1958)
MAN WITH BOGART'S FACE, THE (1980)

**DE ANTONIO, Emile**
*réalisateur américain (1920-1989)*
PAINTERS PAINTING (1972)

**DE BONT, Jan**
*réalisateur néerlandais (1944-)*
SPEED (1994)
SPEED 2: CRUISE CONTROL (1997)
HAUNTING, THE (1999)

**DE BROCA, Philippe**
*réalisateur français (1933-)*
CARTOUCHE (1962)
SEPT PÉCHÉS CAPITAUX, LES (1962)
HOMME DE RIO, L' (1964)
ROI DE CŒUR, LE (1966)
PLUS VIEUX MÉTIER DU MONDE, LE (1967)
MAGNIFIQUE, LE (1973)
CAVALEUR, LE (1978)
ON A VOLÉ LA CUISSE DE JUPITER (1979)
PSY (1980)
AFRICAIN, L' (1982)
LOUISIANA (1984)
GITANE, LA (1985)
CHOUANS! (1988)
CLÉS DU PARADIS, LES (1992)
JARDIN DES PLANTES, LE (1996)
BOSSU, LE (1997)

**DE CORDOVA, Frederick**
*réalisateur américain (1910-)*
COUNTESS OF MONTE CRISTO, THE (1948)
FOR THE LOVE OF MARY (1948)
BEDTIME FOR BONZO (1951)

**DE LA PATELLIÈRE, Denys**
*réalisateur français (1921-)*
TAXI POUR TOBROUK, UN (1960)
CAROLINE CHÉRIE (1967)
TATOUÉ, LE (1968)

**DE NIRO, Robert**
*réalisateur américain (1943-)*
BRONX TALE, A (1993)

**DE PALMA, Brian**
*réalisateur américain (1940-)*
GREETINGS (1968)
GET TO KNOW YOUR RABBIT (1972)
SISTERS (1973)
PHANTOM OF THE PARADISE (1974)
CARRIE (1976)
OBSESSION (1976)
FURY, THE (1978)
BLOW-OUT (1981)
DRESSED TO KILL (1981)
SCARFACE (1983)
BODY DOUBLE (1984)
CASUALTIES OF WAR (1989)
BONFIRE OF THE VANITIES, THE (1990)
RAISING CAIN (1992)
CARLITO'S WAY (1993)
MISSION: IMPOSSIBLE (1996)
SNAKE EYES (1998)
MISSION TO MARS (2000)

**DE SICA, Vittorio**
*réalisateur italien (1902-1974)*
MIRACLE À MILAN (1951)
INDISCRETION OF AN AMERICAN WIFE (1954)
CIOCIARA, LA (1961)
BOCCACCIO 70 (1962)
ENFANTS NOUS REGARDENT, LES (1963)
HIER, AUJOURD'HUI ET DEMAIN (1963)
AFTER THE FOX (1966)
FLEURS DU SOLEIL, LES (1969)
TEMPS DES AMANTS, LE (1969)
JARDIN DES FINZI CONTINI, LE (1970)

**De TOTH, André**
*réalisateur hongrois (1913-)*
RAMROD (1946)
OTHER LOVE, THE (1947)

PITFALL (1948)
HOUSE OF WAX (1953)
STRANGER WORE A GUN, THE (1953)
INDIAN FIGHTER, THE (1955)

**DEARDEN, Basil**
*réalisateur anglais (1911-1971)*
DEAD OF NIGHT (1946)
LEAGUE OF GENTLEMEN, THE (1960)
KHARTOUM (1966)
ASSASSINATION BUREAU, THE (1968)
MAN WHO HAUNTED HIMSELF, THE (1970)

**DEARDEN, James**
*réalisateur anglais (1949-)*
PASCALI'S ISLAND (1988)
KISS BEFORE DYING, A (1991)
ROGUE TRADER (1999)

**DEL RUTH, Roy**
*réalisateur américain (1895-1961)*
KID MILLIONS (1934)
BROADWAY MELODY OF 1936 (1935)
BORN TO DANCE (1936)
BROADWAY MELODY OF 1938 (1937)
ON THE AVENUE (1937)
CHOCOLATE SOLDIER, THE (1941)
TOPPER RETURNS (1941)
PHANTOM OF THE RUE MORGUE (1954)
ALLIGATOR PEOPLE, THE (1959)

**DELANNOY, Jean**
*réalisateur français (1908-)*
ASSASSIN A PEUR LA NUIT, L' (1942)
ÉTERNEL RETOUR, L' (1943)
SYMPHONIE PASTORALE, LA (1946)
NOTRE-DAME DE PARIS (1957)
MARIE DE NAZARETH (1995)

**DELON, Alain**
*réalisateur français (1935-)*
POUR LA PEAU D'UN FLIC (1981)
BATTANT, LE (1982)

**DeMILLE, Cecil B.**
*réalisateur américain (1881-1959)*
CARMEN (1915)
CHEAT, THE (1915)
JOAN THE WOMAN (1917)
MALE AND FEMALE (1919)
AFFAIRS OF ANATOL, THE (1921)
TEN COMMANDMENTS, THE (1923)
KING OF KINGS, THE (1927)
MADAM SATAN (1930)
SIGN OF THE CROSS, THE (1932)
CLEOPATRA (1934)
CRUSADES, THE (1935)
PLAINSMAN, THE (1936)
REAP THE WILD WIND (1942)
STORY OF DR. WASSELL, THE (1944)
SAMSON AND DELILAH (1949)
GREATEST SHOW ON EARTH, THE (1951)
TEN COMMANDMENTS, THE (1956)

**DEMME, Jonathan**
*réalisateur américain (1944-)*
CAGED HEAT (1974)
LAST EMBRACE (1979)
MELVIN AND HOWARD (1980)
STOP MAKING SENSE (1984)
SWING SHIFT (1984)
SOMETHING WILD (1986)
SWIMMING TO CAMBODIA (1987)
MARRIED TO THE MOB (1988)
COUSIN BOBBY (1991)
SILENCE OF THE LAMBS, THE (1991)
PHILADELPHIA (1993)
SUBWAY STORIES (1997)
BELOVED (1998)

**DEMME, Ted**
*réalisateur américain (1964-)*
REF, THE (1994)
BEAUTIFUL GIRLS (1996)
MONUMENT AVE. (1997)
SUBWAY STORIES (1997)
LIFE (1999)
BLOW (2001)

**DEMY, Jacques**
*réalisateur français (1931-1990)*
LOLA (1961)
SEPT PÉCHÉS CAPITAUX, LES (1962)
PARAPLUIES DE CHERBOURG, LES (1964)
DEMOISELLES DE ROCHEFORT, LES (1967)
PEAU D'ÂNE (1971)
ÉVÉNEMENT LE PLUS IMPORTANT DEPUIS QUE
L'HOMME A MARCHÉ SUR LA LUNE, L' (1973)
PARKING (1985)

**DEPARDIEU, Gérard**
*réalisateur français (1948-)*
TARTUFFE, LE (1984)
PONT ENTRE DEUX RIVES, UN (1998)

**DERAY, Jacques**
*réalisateur français (1929-)*
PISCINE, LA (1968)
BORSALINO (1970)
DOUCEMENT LES BASSES (1971)
OUTSIDE MAN, THE (1973)
BORSALINO AND Co. (1974)
FLIC STORY (1975)
PAPILLON SUR L'ÉPAULE, UN (1978)
3 HOMMES À ABATTRE (1980)
MARGINAL, LE (1983)
ON NE MEURT QUE DEUX FOIS (1985)
SOLITAIRE, LE (1987)
BOIS NOIRS, LES (1989)
NETCHAÏEV EST DE RETOUR (1991)
SECRETS DE LA PRINCESSE DE CARDIGNAN, LES (1982)
CRIME, UN (1993)
OURS EN PELUCHE, L' (1994)

**DEREN, Maya**
*réalisatrice américaine (1917-1961)*

**DEUTCH, Howard**
*réalisateur américain*
PRETTY IN PINK (1986)
SOME KIND OF WONDERFUL (1987)
GETTING EVEN WITH DAD (1994)
GRUMPIER OLD MEN (1995)
ODD COUPLE II, THE (1998)
REPLACEMENTS, THE (2000)

**DEVILLE, Michel**
*réalisateur français (1931-)*
MOUTON ENRAGÉ, LE (1973)
DOSSIER 51, LE (1978)
PETITE BANDE, LA (1983)
PÉRIL EN LA DEMEURE (1985)
LECTRICE, LA (1988)
NUIT D'ÉTÉ EN VILLE (1990)
TOUTES PEINES CONFONDUES (1992)
AUX PETITS BONHEURS (1993)
CONFESSIONS DU DOCTEUR SACHS, LES (1999)

**DeVITO, Danny**
*réalisateur américain (1944-)*
THROW MOMMA FROM THE TRAIN (1987)
HOFFA (1992)

**DiCILLO, Tom**
*réalisateur américain (1954-)*
JOHNNY SUEDE (1991)
LIVING IN OBLIVION (1994)
BOX OF MOONLIGHT (1996)
REAL BLONDE, THE (1997)

**DIEGUES, Carlos**
*réalisateur brésilien (1940-)*
BYE BYE BRÉSIL (1980)
QUILOMBO (1984)
SUBWAY TO THE STARS (1987)
TIETA OF AGRESTE (1996)

**DIETERLE, William**
*réalisateur allemand (1893-1972)*
SATAN MET A LADY (1936)
STORY OF LOUIS PASTEUR, THE (1936)
LIFE OF EMILE ZOLA, THE (1937)
HUNCHBACK OF NOTRE-DAME, THE (1939)
DEVIL AND DANIEL WEBSTER, THE (1941)
KISMET (1944)
LOVE LETTERS (1945)
PORTRAIT OF JENNIE (1948)
SEPTEMBER AFFAIR (1950)
SALOME (1953)
ELEPHANT WALK (1954)

**DMYTRYK, Edward**
*réalisateur américain (1908-)*
BEHIND THE RISING SUN (1943)
CAPTIVE WILD WOMAN (1943)
TENDER COMRADE (1943)
MURDER, MY SWEET (1944)
BACK TO BATAAN (1945)
CORNERED (1945)
TILL THE END OF TIME (1946)
CROSSFIRE (1947)
CAINE MUTINY, THE (1953)
BROKEN LANCE (1954)
END OF THE AFFAIR (1954)
LEFT HAND OF GOD, THE (1955)
MOUNTAIN, THE (1956)
RAINTREE COUNTY (1957)
CARPETBAGGERS, THE (1964)
MIRAGE (1965)
ALVAREZ KELLY (1966)
ANZIO (1968)
SHALAKO (1968)
BLUEBEARD (1973)

**DOILLON, Jacques**
*réalisateur français (1944-)*
PIRATE, LA (1983)
PURITAINE, LA (1986)
COMÉDIE! (1988)
FILLE DE 15 ANS, LA (1989)
PETIT CRIMINEL, LE (1990)
AMOUREUSE (1991)
JEUNE WERTHER, LE (1992)
PONETTE (1996)

**DONALDSON, Roger**
*réalisateur australien (1945-)*
BOUNTY, THE (1983)
MARIE (1985)
NO WAY OUT (1987)
CADILLAC MAN (1990)

GETAWAY, THE (1994)
SPECIES (1995)
DANTE'S PEAK (1997)

**DONEN, Stanley**
*réalisateur américain (1924-)*
ON THE TOWN (1949)
ROYAL WEDDING (1951)
LOVE IS BETTER THAN EVER (1952)
SINGIN' IN THE RAIN (1952)
SEVEN BRIDES FOR SEVEN BROTHERS (1954)
IT'S ALWAYS FAIR WEATHER (1955)
FUNNY FACE (1957)
PAJAMA GAME, THE (1957)
DAMN YANKEES (1958)
INDISCREET (1958)
GRASS IS GREENER, THE (1960)
CHARADE (1963)
ARABESQUE (1966)
LITTLE PRINCE, THE (1974)
SATURN 3 (1980)
BLAME IT ON RIO (1983)

**DONNER, Clive**
*réalisateur anglais (1926-)*
LUV (1967)
ROGUE MALLE (1976)
NUDE BOMB, THE (1980)
CHARLIE CHAN AND THE CURSE OF THE DRAGON QUEEN (1981)
SCARLET PIMPERNEL, THE (1982)
STEALING HEAVEN (1988)
FOR BETTER AND FOR WORSE (1992)

**DONNER, Richard**
*réalisateur américain (1939-)*
LOLA (1969)
OMEN, THE (1976)
SUPERMAN: THE MOVIE (1978)
INSIDE MOVES (1980)
LADYHAWKE (1984)
GOONIES, THE (1985)
LETHAL WEAPON (1987)
SCROOGED (1988)
LETHAL WEAPON 2 (1989)
LETHAL WEAPON 3 (1992)
RADIO FLYER (1992)
MAVERICK (1994)
ASSASSINS (1995)
CONSPIRACY THEORY (1997)
LETHAL WEAPON 4 (1998)

**DÖRRIE, Dorris**
*réalisatrice allemande (1955-)*
MES DEUX HOMMES (1985)
ME AND HIM (1989)
HAPPY BIRTHDAY! (TURKE) (1992)

**DOUGLAS, Gordon**
*réalisateur américain (1909-1993)*
BLACK ARROW, THE (1948)
KISS TOMORROW GOODBYE (1950)
McCONNELL STORY, THE (1955)
THEM! (1955)
BOMBERS B-52 (1957)
CALL ME BWANA (1963)
RIO CONCHOS (1964)
ROBIN AND THE SEVEN HOODS (1964)
IN LIKE FLINT (1967)
LADY IN CEMENT (1968)
THEY CALL ME MISTER TIBBS! (1970)
SLAUGHTER'S BIG RIPOFF (1973)

**DOVZHENKO, Alexander**
*réalisateur russe (1894-1956)*
TERRE, LA (1930)

**DOWNEY, Robert**
*réalisateur américain (1936-)*
PUTNEY-SWOPE (1969)
TOO MUCH SUN (1990)
HUGO POOL (1997)

**DREYER, Carl Theodor**
*réalisateur danois (1889-1968)*
PAGES ARRACHÉES DU LIVRE DE SATAN (1919)
MAÎTRE DU LOGIS, LE (1925)
PASSION DE JEANNE D'ARC, LA (1928)
JOUR DE COLÈRE (1943)
PAROLE, LA (1954)
GERTRUDE (1964)

**DRIVER, Sara**
*réalisatrice américaine (1956-)*
SLEEPWALK (1987)

**DUIGAN, John**
*réalisateur australien*
ROMERO (1989)
FLIRTING (1990)
SIRENS (1994)
LEADING MAN, THE (1996)
MOLLY (1999)

**DUKE, Bill**
*réalisateur américain (1943-)*
KILLING FLOOR, THE (1985)
RAGE IN HARLEM, A (1991)
DEEP COVER (1992)
SISTER ACT 2: BACK IN THE HABIT (1993)
HOODLUM (1997)

**DURAS, Marguerite**
*réalisatrice française (1914-1996)*
INDIA SONG (1975)
ENFANTS, LES (1984)

**DUVAL, Daniel**
*réalisateur français (1944-)*
DÉROBADE, LA (1979)

**DUVIVIER, Julien**
*réalisateur français (1896-1967)*
POIL DE CAROTTE (1931)
GOLEM, LE (1937)
PÉPÉ LE MOKO (1937)
GREAT WALTZ, THE (1938)
LYDIA (1941)
TALES OF MANHATTAN (1942)
PETIT MONDE DE DON CAMILLO, LE (1952)
RETOUR DE DON CAMILLO, LE (1953)
DIABOLIQUEMENT VÔTRE (1967)

**DWAN, Allan**
*réalisateur américain (1885-1981)*
ROBIN HOOD (1922)
IRON MASK, THE (1929)
HOLLYWOOD PARTY (1934)
HEIDI (1937)
THREE MUSKETEERS, THE (1939)
DRIFTWOOD (1948)
SANDS OF IWO JIMA (1949)
MONTANA BELLE (1952)
SILVER LODE (1954)
ESCAPE TO BURMA (1955)
PEARL OF THE SOUTH PACIFIC (1955)
TENNESSEE'S PARTNER (1955)
NORTHWEST OUTPOST (1974)

**EASTWOOD, Clint**
*réalisateur américain (1930-)*
CLINT EASTWOOD COMEDY (COFFRET)
CLINT EASTWOOD WESTERN (COFFRET)
BRONCO BILLY (1980)
EIGER SANCTION, THE (1975)
PLAY MISTY FOR ME (1971)
HIGH PLAINS DRIFTER (1973)
OUTLAW JOSEY WALES, THE (1976)
GAUNTLET, THE (1977)
FIREFOX (1982)
HONKYTONK MAN (1983)
SUDDEN IMPACT (1983)
PALE RIDER (1985)
HEARTBREAK RIDGE (1986)
BIRD (1988)
ROOKIE, THE (1990)
PERFECT WORLD, A (1993)
BRIDGES OF MADISON COUNTY, THE (1995)
ABSOLUTE POWER (1996)
MIDNIGHT IN THE GARDEN OF GOOD AND EVIL (1997)

**EBERHARDT, Thom**
*réalisateur américain*
NIGHT OF THE COMET (1984)

**EDEL, Uli**
*réalisateur allemand (1947-)*
MOI, CHRISTIANE F., 13 ANS, DROGUÉE, PROSTITUÉE (1981)
LAST EXIT TO BROOKLYN (1989)
BODY OF EVIDENCE (1992)
RASPUTIN, DARK SERVANT OF DESTINY (1995)

**EDWARDS, Blake**
*réalisateur américain (1922-)*
PINK PANTHER (COFFRET), THE ()
EXPERIMENT IN TERROR (1962)
SHOT IN THE DARK, A (1964)
PARTY, THE (1968)
DAYS OF WINE AND ROSES (1962)
OPERATION PETTICOAT (1959)
BREAKFAST AT TIFFANY'S (1961)
BREAKFAST AT TIFFANY'S (COFFRET) (1961)
PERFECT FURLOUGH, THE (1958)
GREAT RACE, THE (1965)
PINK PANTHER, THE (1964)
RETURN OF THE PINK PANTHER, THE (1975)
PINK PANTHER STRIKES AGAIN, THE (1976)
REVENGE OF THE PINK PANTHER, THE (1978)
10 (1979)
S.O.B. (1981)
TRAIL OF THE PINK PANTHER (1982)
CURSE OF THE PINK PANTHER (1983)
MICKI + MAUDE (1984)
THAT'S LIFE! (1986)
BLIND DATE (1987)
SUNSET (1988)
SKIN DEEP (1989)
SWITCH (1991)
SON OF THE PINK PANTHER (1993)

**EGOYAN, Atom**
*réalisateur canadien (1961-)*
NEXT OF KIN (1984)
FAMILY VIEWING (1987)
SPEAKING PARTS (1989)
ADJUSTER, THE (1991)
MONTRÉAL VU PAR... (1991)
CALENDAR (1993)
EXOTICA (1994)
SWEET HEREAFTER, THE (1997)
FELICIA'S JOURNEY (1999)

**EISENSTEIN, Sergei**
*réalisateur russe (1898-1948)*
GRÈVE, LA (1924)

CUIRASSÉ POTEMKINE, LE (1925)
IVAN LE TERRIBLE 1 et 2
OCTOBRE (1927)
QUE VIVA MEXICO! (1931)
ALEXANDER NEVSKY (1938)
IVAN LE TERRIBLE, 1re PARTIE (1942)
IVAN LE TERRIBLE, 2e PARTIE (1946)

**EMMERICH, Roland**
*réalisateur allemand (1955-)*
MOON 44 (1989)
STARGATE (1994)
INDEPENDANCE DAY (1996)
GODZILLA (1998)
PATRIOT, THE (2000)

**ENDFIELD, Cy**
*réalisateur africain (1914-1995)*
MYSTERIOUS ISLAND (1961)

**ENRICO, Robert**
*réalisateur français (1931-2001)*
GRANDES GUEULES, LES (1965)
AVENTURIERS, LES (1966)
HO! (1968)
BOULEVARD DU RHUM (1971)
CAÏDS, LES (1973)
AU NOM DE TOUS LES MIENS (1983)
DE GUERRE LASSE (1988)
RÉVOLUTION FRANÇAISE 1: LES ANNÉES LUMIÈRE, LA (1989)

**ENRIGHT, Ray**
*réalisateur américain (1896-1965)*
SPOILERS, THE (1942)
CORONER CREEK (1948)
MONTANA (1950)

**EPHRON, Nora**
*réalisatrice américaine (1941-)*
SLEEPLESS IN SEATTLE (1993)
MIXED NUTS (1994)
MICHAEL (1996)
LUCKY NUMBERS (2000)

**ERICE, Victor**
*réalisateur espagnol (1940-)*
ESPRIT DE LA RUCHE, L' (1973)

**ERMAN, John**
*réalisateur américain*
EARLY FROST, AN (1986)
STELLA (1990)

**FALARDEAU, Pierre**
*réalisateur québécois (1946-)*
COFFRET PIERRE FALARDEAU (3 VOLUMES)
ELVIS GRATTON (1985)
PARTY, LE (1989)
STEAK, LE (1992)
OCTOBRE (1994)
ELVIS GRATTON II: MIRACLE À MEMPHIS (1999)
15 FÉVRIER 1839 (2000)

**FARROW, John**
*réalisateur australien (1904-1963)*
FIVE CAME BACK (1939)
CHINA (1943)
COMMANDOS STRIKE AT DAWN (1943)
BIG CLOCK, THE (1948)
COPPER CANYON (1949)
HONDO (1953)
SEA CHASE, THE (1955)
JOHN PAUL JONES (1959)

**FASSBINDER, Rainer Werner**
*réalisateur allemand (1945-1982)*
GODS OF THE PLAGUE (1969)
MARCHAND DE QUATRE SAISONS, LE (1971)
LARMES AMÈRES DE PETRA VON KANT, LES (1973)
TOUS LES AUTRES S'APPELLENT ALI (1974)
FOX ET SES AMIS (1975)
I ONLY WANT YOU TO LOVE ME (1976)
ROULETTE CHINOISE (1976)
DÉSESPOIR (1977)
MARIAGE DE MARIA BRAUN, LE (1978)
BERLIN ALEXANDERPLATZ (1980)
QUERELLE (1982)

**FAVREAU, Robert**
*réalisateur québécois (1948-)*
SOLEIL A PAS D'CHANCE, LE (1975)
PORTION D'ÉTERNITÉ (1989)
NELLIGAN (1991)
MUSES ORPHELINES, LES (2000)

**FELLINI, Federico**
*réalisateur italien (1920-1993)*
MASINA DIRECTED BY FELLINI (COFFRET 3 VOLUMES)
CLOWNS, LES (1970)
AMARCORD (1973)
FELLINI ROMA (1971)
STRADA, LA (1954)
HISTOIRES EXTRAORDINAIRES (1968)
BOCCACCIO 70 (1962)
JULIETTE DES ESPRITS (1965)
NUITS DE CABIRIA, LES (1957)
FELLINI SATYRICON (1969)
FEUX DU MUSIC-HALL, LES (1951)
AMOUR À LA VILLE, L' (1953)
COURRIER DU CŒUR, LE (1952)
IL BIDONE (1955)
DOLCE VITA, LA (1960)
INUTILES, LES (1953)
8 1/2 (1963)
RÉPÉTITION D'ORCHESTRE (1978)
CITÉ DES FEMMES, LA (1980)
ET VOGUE LE NAVIRE! (1983)
GINGER ET FRED (1985)
INTERVISTA (1987)

**FERET, René**
*réalisateur français (1945-)*
MYSTÈRE ALEXINA, LE (1985)
BAPTÊME (1989)

**FERNANDEL**
*réalisateur français (1903-1971)*
ADHÉMAR (OU LE JOUET DE LA FATALITÉ) (1951)

**FERRARA, Abel**
*réalisateur américain (1952-)*
DRILLER KILLER, THE (1979)
MS. 45 (1981)
FEAR CITY (1984)
CRIME STORY (1986)
GLADIATOR, THE (1986)
CHINA GIRL (1987)
CAT CHASER (1988)
KING OF NEW YORK, THE (1990)
BAD LIEUTENANT (1992)
BODY SNATCHERS (1993)
DANGEROUS GAME (1993)
ADDICTION, THE (1995)
FUNERAL, THE (1996)
BLACKOUT, THE (1997)
SUBWAY STORIES (1997)
NEW ROSE HOTEL (1998)

**FERRERI, Marco**
*réalisateur italien (1928-1996)*
PETITE VOITURE, LA (1960)
GRANDE BOUFFE, LA (1973)
TOUCHE PAS À LA FEMME BLANCHE (1974)
RÊVE DE SINGE (1977)
PIPICACADODO (1979)
SEEKING ASYLUM (1979)
CONTE DE LA FOLIE ORDINAIRE (1982)
HISTOIRE DE PIERRA, L' (1983)
FUTUR EST FEMME, LE (1984)
I LOVE YOU (1986)

**FEYDER, Jacques**
*réalisateur belge (1885-1948)*
KISS, THE (1929)
KERMESSE HÉROÏQUE, LA (1935)
KNIGHT WITHOUT ARMOUR (1937)

**FIGGIS, Mike**
*réalisateur anglais (1949-)*
STORMY MONDAY (1988)
INTERNAL AFFAIRS (1990)
LIEBESTRAUM (1991)
MR. JONES (1993)
BROWNING VERSION, THE (1994)
LEAVING LAS VEGAS (1995)
ONE NIGHT STAND (1997)
LOSS OF SEXUAL INNOCENCE, THE (1999)
MISS JULIE (1999)
TIME CODE (2000)

**FINCHER, David**
*réalisateur américain (1963-)*
ALIEN (COFFRET TRILOGIE) ()
ALIEN 20TH ANNIVERSARY COLLECTION (COFFRET 5 VOLUMES) ()
ALIEN 3 (1992)
SEVEN (1995)
GAME, THE (1997)
FIGHT CLUB (1999)

**FISHER, Terence**
*réalisateur anglais (1904-1980)*
FOUR-SIDED TRIANGLE (1953)
CURSE OF FRANKENSTEIN, THE (1957)
HORROR OF DRACULA (1958)
REVENGE OF FRANKENSTEIN (1958)
HOUND OF THE BASKERVILLES, THE (1959)
MUMMY, THE (1959)
BRIDES OF DRACULA, THE (1960)
CURSE OF THE WEREWOLF, THE (1961)
PHANTOM OF THE OPERA, THE (1962)
GORGON, THE (1964)
DRACULA, PRINCE OF DARKNESS (1965)
ISLAND OF TERROR (1966)
FRANKENSTEIN CREATED WOMAN (1967)
DEVIL RIDES OUT, THE (1968)
FRANKENSTEIN MUST BE DESTROYED!(1970)
FRANKENSTEIN AND THE MONSTER FROM HELL (1974)

**FLAHERTY, Robert**
*réalisateur américain (1884-1951)*
NANOOK OF THE NORTH (1921)
TABU (1931)
MAN OF ARAN (1934)
ELEPHANT BOY (1937)
LOUISIANA STORY (1948)

**FLEISCHER, Richard**
*réalisateur américain (1916-)*
CONAN: THE BARBARIAN & THE DESTROYER (COFFRET)
FANTASTIC VOYAGE / VOYAGE TO THE BOTTOM OF THE SEA (1961)

SO THIS IS NEW YORK (1948)
COMPULSION (1959)
20,000 LEAGUES UNDER THE SEA (1954)
BARABBAS (1961)
BOSTON STRANGLER, THE (1968)
DON IS DEAD, THE (1973)
NARROW MARGIN, THE (1952)
FOLLOW ME QUIETLY (1949)
FANTASTIC VOYAGE, THE (1966)
DOCTOR DOLITTLE (1967)
TORA! TORA! TORA! (1970)
10 RILLINGTON PLACE (1971)
LAST RUN, THE (1971)
SEE NO EVIL (1971)
NEW CENTURIONS, THE (1972)
SOYLENT GREEN (1973)
MR. MAJESTYK (1974)
MANDINGO (1975)
JAZZ SINGER, THE (1980)
TOUGH ENOUGH (1983)
CONAN THE DESTROYER (1984)

**FLEMING, Victor**
*réalisateur américain (1883-1949)*
MOLLYCODDLE, THE (1920)
BOMBSHELL (1932)
RED DUST (1932)
RECKLESS (1935)
CAPTAINS COURAGEOUS (1937)
TEST PILOT (1938)
GONE WITH THE WIND (1939)
DR. JEKYLL AND MR. HYDE (1941)
TORTILLA FLAT (1942)
GUY NAMED JOE, A (1944)
ADVENTURE (1946)
JOAN OF ARC (1948)

**FLOREY, Robert**
*réalisateur français (1900-1979)*
COCOANUTS, THE (1929)
MURDERS IN THE RUE MORGUE (1932)
JOHNNY ONE-EYED (1950)

**FLYNN, John**
*réalisateur américain*
OUTFIT, THE (1974)
ROLLING THUNDER (1977)
BEST SELLER (1987)
NAILS (1992)
BRAINSCAN (1994)

**FOLEY, James**
*réalisateur américain*
AT CLOSE RANGE (1985)
AFTER DARK MY SWEET (1992)
GLENGARRY GLEN ROSS (1992)
FEAR (1996)
CORRUPTOR, THE (1999)

**FORBES, Bryan**
*réalisateur anglais (1928-)*
SEANCE ON A WET AFTERNOON (1964)
KING RAT (1965)
STEPFORD WIVES, THE (1975)

**FORCIER, André**
*réalisateur québécois (1947-)*
BAR SALON (1973)
NIGHT CAP (1974)
EAU CHAUDE, L'EAU FRETTE, L' (1976)
AU CLAIR DE LA LUNE (1982)
KALAMAZOO (1988)
HISTOIRE INVENTÉE, UNE (1990)
COMTESSE DE BATON ROUGE, LA (1997)

**FORD, Aleksander**
*réalisateur polonais (1908-1980)*
CHEVALIERS TEUTONIQUES, LES (1960)

**FORD, John**
*réalisateur américain (1895-1973)*
LOST PATROL, THE (1934)
INFORMER, THE (1935)
MARY OF SCOTLAND (1936)
HURRICANE, THE (1937)
DRUMS ALONG THE MOHAWK (1939)
STAGECOACH (1939)
GRAPES OF WRATH, THE (1940)
LONG VOYAGE HOME, THE (1940)
HOW GREEN WAS MY VALLEY (1941)
THEY WERE EXPANDABLE (1945)
MY DARLING CLEMENTINE (1946)
FUGITIVE, THE (1947)
3 GODFATHERS (1948)
FORT APACHE (1948)
SHE WORE A YELLOW RIBBON (1949)
RIO GRANDE (1950)
QUIET MAN, THE (1952)
MOGAMBO (1953)
SUN SHINES BRIGHT, THE (1953)
LONG GRAY LINE, THE (1955)
MISTER ROBERTS (1955)
SEARCHERS, THE (1956)
LAST HURRAH, THE (1958)
HORSE SOLDIERS, THE (1959)
SERGEANT RUTLEDGE (1960)
HOW THE WEST WAS WON (1962)
MAN WHO SHOT LIBERTY VALANCE, THE (1962)
DONOVAN'S REEF (1963)
CHEYENNE AUTUMN (1964)

**FORMAN, Milos**
*réalisateur tchèque (1932-)*
AMOURS D'UNE BLONDE, LES (1965)
ONE FLEW OVER THE CUCKOO'S NEST (1975)
HAIR (1979)
RAGTIME (1981)
AMADEUS (1984)
PEOPLE vs. LARRY FLYNT, THE (1996)
MAN ON THE MOON (1999)

**FORSYTH, Bill**
*réalisateur écossais (1946-)*
THAT SINKING FEELING (1979)
GREGORY'S GIRL (1981)
LOCAL HERO (1983)
HOUSEKEEPING (1987)
BREAKING IN (1989)
BEING HUMAN (1994)

**FOSSE, Bob**
*réalisateur américain (1927-1987)*
SWEET CHARITY (1969)
CABARET (1972)
LENNY (1975)
ALL THAT JAZZ (1979)
STAR 80 (1983)

**FOSTER, Jodie**
*réalisatrice américaine (1962-)*
LITTLE MAN TATE (1991)
HOME FOR THE HOLIDAYS (1995)

**FOURNIER, Claude**
*réalisateur québécois (1931-)*
DEUX FEMMES EN OR (1970)
CHATS BOTTÉS, LES (1971)
POMME, LA QUEUE ET LES PÉPINS, LA (1974)
JE SUIS LOIN DE TOI MIGNONNE (1976)
CHIENS-CHAUDS, LES (1980)
BONHEUR D'OCCASION (1983)
TISSERANDS DU POUVOIR, LES (1988)
TISSERANDS DU POUVOIR 2: LA RÉVOLTE, LES (1988)
J'EN SUIS (1997)

**FRANCIS, Freddie**
*réalisateur anglais (1917-)*
EVIL OF FRANKENSTEIN, THE (1963)
PARANOIAC (1963)
NIGHTMARE (1964)
DR. TERROR'S HOUSE OF HORRORS (1965)
SKULL, THE (1965)
DRACULA HAS RISEN FROM THE GRAVE (1968)
TALES FROM THE CRYPT (1972)
TALES THAT WITNESS MADNESS (1973)
LEGEND OF WEREWOLF (1975)
DOCTOR AND THE DEVILS, THE (1985)

**FRANJU, Georges**
*réalisateur français (1912-1987)*
GRAND MÉLIÈS, LE (1952)
YEUX SANS VISAGE, LES (1959)

**FRANK, Christopher**
*réalisateur français (1942-1994)*
JOSÉPHA (1981)
ANNÉE DES MÉDUSES, L' (1984)
FEMMES DE PERSONNE (1984)
ELLES N'OUBLIENT JAMAIS (1993)

**FRANK, Melvin**
*réalisateur américain (1913-1988)*
ABOVE AND BEYOND (1952)
COURT JESTER, THE (1956)
FACTS OF LIFE, THE (1960)
STRANGE BEDFELLOWS (1964)
BUONA SERA, MRS. CAMPBELL (1968)
TOUCH OF CLASS, A (1973)
PRISONER OF SECOND AVENUE, THE (1975)
DUCHESS AND THE DIRTY FOX, THE (1976)

**FRANKENHEIMER, John**
*réalisateur américain (1930-)*
ALL FALL DOWN (1962)
BIRDMAN OF ALCATRAZ (1962)
MANCHURIAN CANDIDATE, THE (1962)
SEVEN DAYS IN MAY (1964)
GRAND PRIX (1966)
SECONDS (1966)
FIXER, THE (1968)
GYPSY MOTHS, THE (1969)
HORSEMEN, THE (1971)
99 AND 44/100% DEAD (1974)
FRENCH CONNECTION II (1975)
BLACK SUNDAY (1976)
PROPHECY (1979)
52 PICK-UP (1986)
FOURTH WAR, THE (1990)
AGAINST THE WALL (1993)
BURNING SEASON, THE (1994)
ISLAND OF DR. MOREAU, THE (1996)
RONIN (1998)
REINDEER GAMES (2000)

**FRANKLIN, Carl**
*réalisateur américain (1949-)*
ONE FALSE MOVE (1990)
DEVIL IN A BLUE DRESS (1995)
ONE TRUE THING (1998)

**FRANKLIN, Sidney**
*réalisateur américain (1893-1972)*
GUARDSMAN, THE (1931)
PRIVATE LIVES (1931)

SMILIN' THROUGH (1932)
GOOD EARTH, THE (1937)

**FREARS, Stephen**
*réalisateur anglais (1941-)*
GUMSHOE (1971)
HIT, THE (1984)
MY BEAUTIFUL LAUNDRETTE (1985)
PRICK UP YOUR EARS (1987)
SAMMY & ROSIE GET LAID (1987)
DANGEROUS LIAISONS (1988)
GRIFTERS, THE (1990)
HERO (1992)
SNAPPER, THE (1993)
MARY REILLY (1996)
HIGH FIDELITY (2000)

**FREEMAN, Morgan**
*réalisateur américain (1937-)*
BOPHA! (1993)

**FREGONESE, Hugo**
*réalisateur argentin (1908-1987)*
BLOWING WILD (1954)

**FREUND, Karl**
*réalisateur allemand (1890-1969)*
MUMMY, THE (1932)
MAD LOVE (1935)

**FRICKE, Ron**
*réalisateur américain*
BARAKA: WORLD BEYOND WORDS (1992)

**FRIEDKIN, William**
*réalisateur américain (1939-)*
NIGHT THEY RAIDED MINSKY'S, THE (1968)
BOYS IN THE BAND, THE (1970)
FRENCH CONNECTION, THE (1971)
EXORCIST, THE (1973)
SORCERER (1977)
BRINK'S JOB, THE (1978)
CRUISING (1980)
DEAL OF THE CENTURY (1983)
TO LIVE AND DIE IN L.A. (1985)
RAMPAGE (1987)
GUARDIAN, THE (1990)
BLUE CHIPS (1994)
JADE (1995)
12 ANGRY MEN (1997)
EXORCIST, THE: THE VERSION YOU'VE NEVER SEEN (2000)
RULES OF ENGAGEMENT (2000)

**FUEST, Robert**
*réalisateur anglais (1927-)*
ABOMINABLE DR. PHIBES, THE (1971)
DR. PHIBES RISES AGAIN (1972)
FINAL PROGRAM, THE (1973)
DEVIL'S RAIN, THE (1975)
APHRODITE (1982)

**FULLER, Samuel**
*réalisateur américain (1911-)*
STEEL HELMET, THE (1951)
PICKUP ON SOUTH STREET (1953)
CHINA GATE (1957)
MERRILL'S MARAUDERS (1962)
SHOCK CORRIDOR (1963)
NAKED KISS, THE (1964)
BIG RED ONE, THE (1980)

**FURIE, Sidney J.**
*réalisateur canadien (1933-)*
LEATHER BOYS, THE (1963)
IPCRESS FILE, THE (1965)
APPALOOSA, THE (1966)
LADY SINGS THE BLUES (1972)
HIT! (1973)
ENTITY, THE (1981)
SUPERMAN IV: THE QUEST FOR PEACE (1987)
HIDE AND SEEK (2000)

**GAGNÉ, Jacques**
*réalisateur québécois (1936-)*
PIÈGES DE LA MER, LES (1981)

**GAGNON, Claude**
*réalisateur québécois (1949-)*
LAROSE, PIERROT ET LA LUCE (1982)
KID BROTHER, THE (1987)
PIANIST, THE (1992)

**GAINSBOURG, Serge**
*réalisateur français (1928-1991)*
ÉQUATEUR (1983)
CHARLOTTE FOR EVER (1986)
STAN THE FLASHER (1990)

**GALLAND, Philippe**
*réalisateur français (1947-)*
QUART D'HEURE AMÉRICAIN, LE (1982)
MARIAGE DU SIÈCLE, LE (1985)

**GALLONE, Carmine**
*réalisateur italien (1886-1973)*
GRANDE BAGARRE DE DON CAMILLO, LA (1955)
DON CAMILLO MONSEIGNEUR (1961)

**GANCE, Abel**
*réalisateur français (1889-1981)*
NAPOLÉON (1927)
GRAND AMOUR DE BEETHOVEN, UN (1936)
J'ACCUSE (1938)

**GARCIA, Nicole**
*réalisatrice française (1948-)*
FILS PRÉFÉRÉ, LE (1994)
PLACE VENDÔME (1997)

**GARNETT, Tay**
*réalisateur américain (1894-1977)*
CHINA SEAS (1935)
JOY OF LIVING (1938)
SEVEN SINNERS (1940)
SLIGHTLY HONORABLE (1940)
MRS. PARKINGTON (1944)
POSTMAN ALWAYS RINGS TWICE, THE (1946)
CONNECTICUT YANKEE IN KING ARTHUR'S COURT, A (1949)
FIREBALL, THE (1950)

**GATLIF, Tony**
*réalisateur algérien (1948-)*
GASPARD ET ROBINSON (1990)
LATCHO DROM (1993)
MONDO (1995)
GADJO DILO (L'ÉTRANGER FOU) (1998)

**GERASIMOV, Sergei**
*réalisateur russe (1906-1985)*
LEO TOLSTOY (1984)

**GERMI, Pietro**
*réalisateur italien (1914-1974)*
DIVORCE À L'ITALIENNE (1962)
SÉDUITE ET ABANDONNÉE (1964)

**GIBSON, Mel**
*réalisateur australien (1956-)*
MAN WITHOUT A FACE, THE (1993)
BRAVEHEART (1995)

**GILBERT, Brian**
*réalisateur*
NOT WITHOUT MY DAUGHTER (1990)
TOM & VIV (1994)

**GILBERT, Lewis**
*réalisateur anglais (1920-)*
SINK THE BISMARCK! (1960)
DAMN THE DEFIANT! (1962)
7TH DAWN, THE (1964)
ALFIE (1966)
OPERATION DAYBREAK (1975)
SPY WHO LOVED ME, THE (1977)
MOONRAKER (1979)
EDUCATING RITA (1983)
SHIRLEY VALENTINE (1989)
STEPPING OUT (1991)

**GILLIAM, Terry**
*réalisateur américain (1940-)*
MONTY PYTHON AND THE HOLY GRAIL (1974)
JABBERWOCKY (1977)
TIME BANDITS (1982)
BRAZIL (1985)
ADVENTURES OF BARON MUNCHAUSEN, THE (1989)
FISHER KING, THE (1991)
12 MONKEYS (1995)
FEAR AND LOATHING IN LAS VEGAS (1998)

**GILLIAT, Sidney**
*réalisateur américain (1908-1994)*
ONLY TWO CAN PLAY (1962)
ENDLESS NIGHT (1971)

**GILLING, John**
*réalisateur anglais*
GAMMA PEOPLE, THE (1956)
NIGHT CALLER FROM OUTER SPACE (1965)
PLAGUE OF THE ZOMBIES, THE (1965)
REPTILE, THE (1966)
MUMMY'S SHROUD, THE (1967)

**GIOVANNI, José**
*réalisateur français (1923-)*
RAPACE, LE (1968)
DERNIER DOMICILE CONNU (1969)
SCOUMOUNE, LA (1972)
DEUX HOMMES DANS LA VILLE (1973)
GITAN, LE (1975)
COMME UN BOOMERANG (1976)
ÉGOUTS DU PARADIS, LES (1978)
RUFFIAN, LE (1982)
MON AMI LE TRAÎTRE (1989)

**GIRARD, François**
*réalisateur québécois*
CARGO (1990)
PETER GABRIEL: SECRET WORLD LIVE (1993)
32 SHORT FILMS ABOUT GLENN GOULD (1995)

**GIRAUDEAU, Bernard**
*réalisateur français (1947-)*
AUTRE, L' (1991)
CAPRICES D'UN FLEUVE, LES (1995)

**GIRAULT, Jean**
*réalisateur français (1924-1982)*
FAITES SAUTER LA BANQUE (1963)
GORILLES, LES (1964)

GENDARME DE SAINT-TROPEZ, LE (1964)
GENDARME À NEW YORK, LE (1965)
GRANDES VACANCES, LES (1967)
GENDARME SE MARIE, LE (1968)
GORILLES, LES (1968)
GENDARME EN BALADE, LE (1970)
CHARLOTS FONT L'ESPAGNE, LES (1972)
PERMIS DE CONDUIRE, LE (1973)
ANNÉE SAINTE, L' (1976)
GENDARME ET LES EXTRA-TERRESTRES, LE (1978)
AVARE, L' (1979)
SOUPE AUX CHOUX, LA (1981)
GENDARME ET LES GENDARMETTES, LE (1982)

**GIROD, Francis**
*réalisateur français (1944-)*
ÉTAT SAUVAGE, L' (1978)
BANQUIÈRE, LA (1980)
GRAND FRÈRE, LE (1982)
BON PLAISIR, LE (1983)
DESCENTE AUX ENFERS (1986)
LACENAIRE (1990)

**GLADU, André**
*réalisateur québécois (1945-)*
REEL DU PENDU, LE (1972)
MARC-AURÈLE FORTIN (1983)
PELLAN (1986)
LIBERTY STREET BLUES (1988)
CONQUÊTE DU GRAND ÉCRAN - L'AVENTURE DU CINÉMA QUÉBÉCOIS, LA (1996)

**GLEN, John**
*réalisateur anglais (1932-)*
FOR YOUR EYES ONLY (1981)
OCTOPUSSY (1983)
LIVING DAYLIGHTS, THE (1987)
LICENCE TO KILL (1989)
CHRISTOPHER COLUMBUS: THE DISCOVERY (1992)

**GLENVILLE, Peter)**
*réalisateur anglais (1913-1996)*
ME AND THE COLONEL (1958)
SUMMER AND SMOKE (1961)
HOTEL PARADISO (1966)
COMEDIANS, THE (1967)
BECKET (1974)

**GOBBI, Sergio**
*réalisateur italien (1938-)*
MALDONNE (1968)
TEMPS DES LOUPS, LE (1969)
ARBALÈTE, L' (1984)
NUIT DU RISQUE, LA (1986)
REWIND (1998)

**GODARD, Jean-Luc**
*réalisateur français (1930-)*
À BOUT DE SOUFFLE (1959)
FEMME EST UNE FEMME, UNE (1961)
ROGOPAG (1962)
SEPT PÉCHÉS CAPITAUX, LES (1962)
MÉPRIS, LE (1963)
BANDE À PART (1964)
ALPHAVILLE (1965)
PIERROT LE FOU (1965)
MASCULIN, FÉMININ (1966)
PLUS VIEUX MÉTIER DU MONDE, LE (1967)
SYMPATHY FOR THE DEVIL (ONE PLUS ONE) (1970)
ICI ET AILLEURS (1974)
NUMÉRO DEUX (1975)
COMMENT ÇA VA? (1976)
PASSION (1982)
PRÉNOM: CARMEN (1983)
DÉTECTIVE (1985)
GODARD COLLECTION, THE (COFFRET)
JE VOUS SALUE MARIE (1985)
KING LEAR (1987)
ARIA (1988)
ALLEMAGNE ANNÉE 90, NEUF ZÉRO (1990)
NOUVELLE VAGUE (1990)

**GODBOUT, Jacques**
*réalisateur québécois (1933-)*
KID SENTIMENT (1967)
IXE-13-1971)
GAMMICK, LA (1974)
DERRIÈRE L'IMAGE (1978)
COMME EN CALIFORNIE (1983)
EN DERNIER RECOURS (1987)
ALIAS WILL JAMES (1988)
MOUTON NOIR, LE (1992)
AFFAIRE NORMAN WILLIAM, L' (1994)
SORT DE L'AMÉRIQUE, LE (1996)

**GOLD, Jack**
*réalisateur anglais (1960-)*
NAKED CIVIL SERVANT, THE (1975)
SAKHAROV (1984)
ESCAPE FROM SOBIBOR (1991)

**GOMEZ, Nick**
*réalisateur américain (1963-)*
LAWS OF GRAVITY (1992)
NEW JERSEY DRIVE (1995)
DROWNING MONA (2000)

**GORDON, Bert I.**
*réalisateur américain (1922-)*
AMAZING COLOSSAL MAN, THE (1957)
ATTACK OF THE PUPPET PEOPLE (1958)
EARTH vs. THE SPIDER (1958)
MAGIC SWORD, THE (1962)

**GORDON, Keith**
*réalisateur américain (1961-)*
CHOCOLATE WAR, THE (1988)
MIDNIGHT CLEAR, A (1992)
MOTHER NIGHT (1996)

**GORDON, Michael**
*réalisateur américain (1909-1993)*
CYRANO DE BERGERAC (1950)
PILLOW TALK (1959)
PORTRAIT IN BLACK (1960)
BOY'S NIGHT OUT (1962)
MOVE OVER, DARLING (1963)
TEXAS ACROSS THE RIVER (1966)
IMPOSSIBLE YEARS, THE (1968)

**GORDON, Stuart**
*réalisateur américain (1946-)*
RE-ANIMATOR (1985)
DOLLS (1986)
FROM BEYOND (1986)
DAUGHTER OF DARKNESS (1990)
PIT AND THE PENDULUM, THE (1991)
FORTRESS (1993)
CASTLE FREAK (1995)

**GORETTA, Claude**
*réalisateur, suisse (1929-)*
INVITATION, L' (1973)
PAS SI MÉCHANT QUE ÇA (1974)
DENTELLIÈRE, LA (1977)
MORT DE MARIO RICCI, LA (1983)

**GOSSELIN, Bernard**
*réalisateur québécois (1934-)*
MARTIEN DE NOËL, LE (1970)
JEAN CARIGNAN, VIOLONEUX (1975)

**GOULDING, Edmund**
*réalisateur anglais (1891-1959)*
GRAND HOTEL (1932)
RIPTIDE (1934)
DAWN PATROL, THE (1938)
DARK VICTORY (1939)
OLD MAID, THE (1939)
GREAT LIE, THE (1941)
FOREVER AND A DAY (1943)
RAZOR'S EDGE, THE (1946)

**GRANDPERRET, Patrick**
*réalisateur français*
ENFANT LION, L' (1993)
MAÎTRE DES ÉLÉPHANTS, LE (1996)

**GRANGIER, Gilles**
*réalisateur français (1911-1996)*
GRANDS SEIGNEURS, LES (1962)
CUISINE AU BEURRE, LA (1963)

**GRANIER-DEFERRE, Pierre**
*réalisateur français (1927-)*
HORSE, LA (1969)
CHAT, LE (1971)
TRAIN, LE (1973)
RACE DES SEIGNEURS, LA (1974)
ADIEU POULET (1975)
FEMME À SA FENÊTRE, UNE (1977)
TOUBIB, LE (1979)
AMI DE VINCENT, L' (1983)
COURS PRIVÉ (1986)
NOYADE INTERDITE (1987)

**GREEN, Alfred E.**
*réalisateur américain (1889-1960)*
DISRAELI (1929)
DANGEROUS (1935)
MR. WINKLE GOES TO WAR (1944)
THOUSAND AND ONE NIGHTS, A (1945)
JOLSON STORY, THE (1946)
COPACABANA (1947)
FABULOUS DORSEYS, THE (1947)
FOUR FACES WEST (1948)

**GREEN, Guy**
*réalisateur anglais (1913-)*
DIAMOND HEAD (1962)
PATCH OF BLUE, A (1965)

**GREENAWAY, Peter**
*réalisateur anglais (1942-)*
DRAUGHTSMAN'S CONTRACT, THE ( 1982)
BELLY OF AN ARCHITECT, THE (1987)
DROWNING BY NUMBERS (1987)
COOK, THE THIEF, HIS WIFE & HER LOVER, THE (1989)
PROSPERO'S BOOKS (1991)
PILLOW BOOK, THE (1996)
8 1/2 WOMEN (1999)

**GREENE, David**
*réalisateur anglais (1921-)*
MADAME SIN (1971)
GODSPELL (1973)
COUNT OF MONTE CRISTO, THE (1975)
HARD COUNTRY (1981)
BUSTER (1988)

**GREYSON, John**
*réalisateur canadien*
LILIES (1996)

**GRIFFITH, David W.**
*réalisateur américain (1875-1948)*
JUDITH OF BETHULIA (1913)
BIRTH OF A NATION, THE (1915)
INTOLERANCE (1916)
HEARTS OF THE WORLD (1918)
BROKEN BLOSSOMS (1919)
ORPHANS OF THE STORM (1922)
AMERICA (1924)
ISN'T LIFE WONDERFUL (1924)
SALLY OF THE SAWDUST (1925)
STRUGGLE, THE (1931)

**GRIMAULT, Paul**
*réalisateur français (1905-1994)*
ROI ET L'OISEAU, LE (1979)

**GROSBARD, Ulu**
*réalisateur américain (1929-)*
STRAIGHT TIME (1978)
FALLING IN LOVE (1985)
GEORGIA (1995)
DEEP END OF THE OCEAN, THE (1999)

**GROULX, Gilles**
*réalisateur québécois (1931-1994)*
CHAT DANS LE SAC, LE (1964)
OÙ ÊTES-VOUS DONC? (1967)
ENTRE TU ET VOUS (1969)
24 HEURES OU PLUS (1972)

**GUÉDIGUIAN, Robert**
*réalisateur français (1953-)*
DIEU VOMIT LES TIÈDES (1989)
ARGENT FAIT LE BONHEUR, L' (1992)
À LA VIE, À LA MORT (1996)
MARIUS ET JEANETTE (1998)
À LA PLACE DU CŒUR (1998)

**GUERRA, Ruy**
*réalisateur mozambicain (1931-)*
ERENDIRA (1983)
FABLE OF THE BEAUTIFUL PIGEON FANCIER (1988)

**GUILLERMIN, John**
*réalisateur anglais (1925-)*
BLUE MAX, THE (1966)
BRIDGE AT REMAGEN, THE (1969)
EL CONDOR (1970)
SHAFT IN AFRICA (1973)
TOWERING INFERNO, THE (1974)
KING KONG (1976)
DEATH ON THE NILE (1978)
SHEENA (1984)
KING KONG LIVES (1986)

**GUITRY, Sacha**
*réalisateur français (1885-1957)*
FAISONS UN RÊVE (1936)
MON PÈRE AVAIT RAISON (1936)
NOUVEAU TESTAMENT, LE (1936)
ROMAN D'UN TRICHEUR, LE (1936)
DÉSIRÉ (1937)
PERLES DE LA COURONNE, LES (1937)
QUADRILLE (1937)
REMONTONS LES CHAMPS-ÉLYSÉES (1938)
POISON, LA (1951)
NAPOLÉON (1954)
ASSASSINS ET VOLEURS (1957)

**GÜNEY, Yilmaz**
*réalisateur turc (1937-1984)*
MUR, LE (1983)

**GURY, Paul**
*réalisateur français (1888-1974)*
HOMME ET SON PÉCHÉ, UN (1949)
SÉRAPHIN (1949)

**GUY, Suzanne**
*réalisatrice québécoise (1956-)*
BLEUS AU CŒUR, LES (1987)
NEW YORK DORÉ (1990)

**GYLLENHAAL, Stephen**
*réalisateur américain (1949-)*
PARIS TROUT (1991)
DANGEROUS WOMAN, A (1993)
LOSING ISAIAH (1995)
HOMEGROWN (1998)

**HAAS, Philip**
*réalisateur anglais*
MUSIC OF CHANCE, THE (1993)
ANGELS & INSECTS (1995)
BLOOD ORANGES, THE (1997)

**HACKFORD, Taylor**
*réalisateur américain (1944-)*
IDOLMAKER, THE (1980)
OFFICER AND A GENTLEMAN, AN (1982)
AGAINST ALL ODDS (1984)
EVERYBODY'S ALL-AMERICAN (1988)
BLOOD IN ... BLOOD OUT (1993)
DOLORES CLAIBORNE (1995)
DEVIL'S ADVOCATE (1997)
PROOF OF LIFE (2000)

**HAINES, Randa**
*réalisatrice américaine (1945-)*
CHILDREN OF A LESSER GOD (1986)
DOCTOR, THE (1991)

**HALEY, Jack Jr.**
*réalisateur américain (1933-2001)*
THAT'S ENTERTAINEMENT! (1974)

**HALL, Alexander**
*réalisateur américain (1894-1968)*
GOIN' TO TOWN (1935)
HERE COMES MR. JORDAN (1941)
THEY ALL KISSED THE BRIDE (1942)
DOWN TO EARTH (1947)
GREAT LOVER, THE (1949)
BECAUSE YOU'RE MINE (1952)
FOREVER DARLING (1956)

**HALL, Peter**
*réalisateur anglais (1930-)*
MIDSUMMER NIGHT'S DREAM, A (1968)
ORPHEUS DESCENDING (1990)
NEVER TALK TO STRANGERS (1995)

**HALLSTRÖM, Lasse**
*réalisateur suédois (1946-)*
MA VIE DE CHIEN (1985)
CHILDREN OF NOISY VILLAGE, THE (1986)
MORE ABOUT THE CHILDREN OF NOISY VILLAGE (1986)
ONCE AROUND (1990)
SOMETHING TO TALK ABOUT (1995)
CIDER HOUSE RULES, THE (1999)
CHOCOLAT (2000)

**HAMILTON, Guy**
*réalisateur anglais (1922-1986)*
COLDITZ STORY, THE (1954)
GOLDFINGER (1964)
FUNERAL IN BERLIN (1966)
BATTLE OF BRITAIN (1969)
DIAMONDS ARE FOREVER (1971)
LIVE AND LET DIE (1973)
MAN WITH THE GOLDEN GUN, THE (1974)
FORCE 10 FROM NAVARONE (1978)
MIRROR CRACK'D, THE (1980)
EVIL UNDER THE SUN (1982)

**HAMPTON, Christopher**
*réalisateur anglais (1946-)*
CARRINGTON (1995)
SECRET AGENT, THE (1996)

**HANCOCK, John**
*réalisateur américain (1939-)*
BANG THE DRUM SLOWLY (1973)
PRANCER (1991)

**HANKS, Tom**
*réalisateur américain (1956-)*
FALLEN ANGELS 2 (1993)
THAT THING YOU DO! (1996)

**HANSEL, Marion**
*réalisatrice belge (1949-)*
NOCES BARBARES, LES (1987)
IL MAESTRO (1989)
SUR LA TERRE COMME AU CIEL (1991)
LI (1995)
QUARRY, THE (1998)

**HANSON, Curtis**
*réalisateur américain*
AROUSERS, THE (1970)
BEDROOM WINDOW, THE (1987)
BAD INFLUENCE (1990)
HAND THAT ROCKS THE CRADLE, THE (1992)
RIVER WILD, THE (1994)
L.A. CONFIDENTIAL (1997)

**HARE, David**
*réalisateur anglais (1947-)*
STRAPLESS (1989)

**HAREL, Philippe**
*réalisateur français (1956-)*
HISTOIRE DU GARÇON QUI VOULAIT QU'ON L'EMBRASSE, L' (1993)
FEMME DÉFENDUE, LA (1997)
RANDONNEURS, LES (1997)

**HARK, Tsui**
*réalisateur vietnamien (1951-)*
BETTER TOMORROW III, A (1990)
CHINESE GHOST STORY III, A (1991)
EAST IS RED, THE (1993)
CHINESE FEAST, THE (1995)
DOUBLE TEAM (1997)
KNOCK OFF (1998)

**HARLIN, Renny**
*réalisateur finlandais (1959-)*
PRISON (1987)
NIGHTMARE ON ELM STREET 4: THE DREAM MASTER, A (1988)
DIE HARD 2: DIE HARDER (1990)
CLIFFHANGER (1993)
CUTTHROAT ISLAND (1995)
LONG KISS GOODNIGHT, THE (1996)
DEEP BLUE SEA (1999)

**HARRINGTON, Curtis**
*réalisateur américain (1928-)*
NIGHT TIDE (1963)

**HART, Harvey**
*réalisateur canadien (1928-)*
FORTUNE AND MEN'S EYES (1971)
PYX, THE (1973)

**HARTLEY, Hal**
*réalisateur américain (1960-)*
SURVIVING DESIRE (1991)
SIMPLE MEN (1992)
AMATEUR (1994)
FLIRT (1995)
HENRY FOOL (1997)

**HARVEY, Anthony**
*réalisateur anglais (1931-)*
LION IN WINTER, THE (1968)
GRACE QUIGLEY (1984)

**HASKIN, Byron**
*réalisateur américain (1899-1984)*
HIS MAJESTY O'KEEFE (1953)
NAKED JUNGLE, THE (1954)
CONQUEST OF SPACE (1955)
CAPTAIN SINBAD (1963)
ROBINSON CRUSOE ON MARS (1964)

**HATHAWAY, Henry**
*réalisateur américain (1898-1985)*
NOW AND FOREVER (1934)
LIVES OF A BENGAL LANCER, THE (1935)
GO WEST, YOUNG MAN (1936)
TRAIL OF THE LONESOME PINE, THE (1936)
SOULS AT SEA (1937)
SPAWN OF THE NORTH (1938)
REAL GLORY, THE (1939)
JOHNNY APOLLO (1940)
SHEPHERD OF THE HILLS, THE (1941)
DARK CORNER, THE (1945)
HOUSE ON 92nd ST., THE (1945)
13 RUE MADELEINE (1947)
KISS OF DEATH (1947)
CALL NORTHSIDE 777 (1948)
DESERT FOX, THE (1951)
RAWHIDE (1951)
NIAGARA (1953)
PRINCE VALIANT (1954)
RACERS, THE (1954)
LEGEND OF THE LOST (1957)
NORTH TO ALASKA (1960)
SEVEN THIEVES (1960)
HOW THE WEST WAS WON (1962)
CIRCUS WORLD (1964)
SONS OF KATIE ELDER, THE (1965)
NEVADA SMITH (1966)
LAST SAFARI, THE (1967)
5 CARD STUD (1968)

**HAWKS, Howard**
*réalisateur américain (1896-1977)*
CRIMINAL CODE, THE (1931)
SCARFACE (1932)
TODAY WE LIVE (1933)
BARBARY COAST (1935)
COME AND GET IT (1936)
BRINGING UP BABY (1938)
HIS GIRL FRIDAY (1939)
ONLY ANGELS HAVE WINGS (1939)
BALL OF FIRE (1941)
SERGEANT YORK (1941)
TO HAVE AND HAVE NOT (1944)
BIG SLEEP, THE (1946)
RED RIVER (1948)
SONG IS BORN, A (1948)
I WAS A MALE WAR BRIDE (1949)
BIG SKY, THE (1952)
MONKEY BUSINESS (1952)
GENTLEMEN PREFER BLONDES (1953)
LAND OF THE PHARAOHS (1955)
RIO BRAVO (1959)
HATARI! (1962)
MAN'S FAVORITE SPORT? (1964)
EL DORADO (1967)
RIO LOBO (1970)

**HAYDN, Richard**
*réalisateur anglais (1905-1985)*
MR. MUSIC (1950)

**HAYEUR, Isabelle**
*réalisatrice québécoise*
BÊTE DE FOIRE, LA (1992)

**HAYNES, Todd**
*réalisateur américain (1961-)*
POISON (1991)
SAFE (1994)

**HÉBERT, Bernar**
*réalisateur québécois -*
PETIT MUSÉE DE VELASQUEZ, LE (1994)
NUIT DU DÉLUGE, LA (1996)

**HECHT, Ben**
*réalisateur américain (1893-1964)*
ANGELS OVER BROADWAY (1940)
SPECTER OF THE ROSE (1946)

**HECKERLING, Amy**
*réalisatrice américaine (1954-)*
FAST TIMES AT RIDGEMONT HIGH (1982)
JOHNNY DANGEROUSLY (1984)
LOOK WHO'S TALKING (1989)
CLUELESS (1995)

**HEERMAN, Victor**
*réalisateur anglais (1893-1977)*
ANIMAL CRACKERS (1930)

**HEISLER, Stuart**
*réalisateur américain (1894-1979)*
MONSTER AND THE GIRL, THE (1941)
GLASS KEY, THE (1942)
ALONG CAME JONES (1945)
BLUE SKIES (1946)
SMASH UP, THE STORY OF A WOMAN (1947)
TOKYO JOE (1949)
CHAIN LIGHTNING (1950)
DALLAS (1950)
STAR, THE (1952)
I DIED A THOUSAND TIMES (1955)

**HELLMAN, Monte**
*réalisateur américain (1932-)*
FLIGHT TO FURY (1966)
SHOOTING, THE (1966)

**HENENLOTTER, Frank**
*réalisateur américain (1950-)*
BASKET CASE (1982)
BASKET CASE II (1989)
FRANKENHOOKER (1990)

**HENSON, Jim**
*réalisateur américain (1936-1990)*
EMMET OTTER'S JUG-BAND CHRISTMAS (1977)
DARK CRYSTAL, THE (1983)
LABYRINTH (1986)

**HEREK, Stephen**
*réalisateur américain (1958-)*
BILL AND TED'S EXCELLENT ADVENTURE (1989)
MIGHTY DUCKS, THE (1992)
THREE MUSKETEERS, THE (1993)
MR. HOLLAND'S OPUS (1995)
101 DALMATIANS (1996)
HOLY MAN (1998)

**HERMOSILLO, Jaime Humberto**
*réalisateur mexicain (1942-)*
MARY MY DEAREST (1983)
DONA HERLINDA AND HER SON (1986)
ESMERALDA COMES BY NIGHT (1997)
SUMMER OF MISS FORBES, THE (1998)

**HÉROUX, Denis**
*réalisateur québécois (1940-)*
INITIATION, L' (1969)
7 FOIS... (PAR JOUR) (1971)
QUELQUES ARPENTS DE NEIGE (1972)
J'AI MON VOYAGE (1973)
POUSSE MAIS POUSSE ÉGAL (1974)
BORN FOR HELL (1991)

**HERZ, Michael**
*réalisateur américain (1949-)*
STUCK ON YOU! (1984)
TOXIC AVENGER, THE (1985)
TOXIC AVENGER, PART 2, THE (1989)
SGT. KABUKIMAN N.Y.P.D. (1996)

**HERZOG, Werner**
*réalisateur allemand (1942-)*
EVEN DWARFS STARTED SMALL (1970)
AGUIRRE, LA COLÈRE DE DIEU (1972)
ÉNIGME DE KASPAR HAUSER, L' (1974)
CŒUR DE VERRE (1976)
BALLADE DE BRUNO, LA (1977)
NOSFERATU: FANTÔME DE LA NUIT (1978)
FITZCARRALDO (1982)
PAYS OÙ RÊVENT LES FOURMIS VERTES, LE (1984)
HERDSMEN OF THE SUN (1988)
SCREAM OF STONE (1991)
MON ENNEMI INTIME (1999)

**HESSLER, Gordon**
*réalisateur anglais (1941-)*
CRY OF THE BANSHEE (1970)
SCREAM AND SCREAM AGAIN (1970)
GOLDEN VOYAGE OF SINBAD, THE (1974)
GIRL IN A SWING, THE (1988)

**HESTON, Charlton**
*réalisateur américain (1924-)*
MAN FOR ALL SEASONS, A (1988)

**HEYNEMANN, Laurent**
*réalisateur français (1948-)*
IL FAUT TUER BIRGITT HAAS (1981)
STELLA (1983)
FAUX ET USAGE DE FAUX (1990)

**HIBBS, Jesse**
*réalisateur américain (1906-1985)*
TO HELL AND BACK (1955)

**HICKOX, Douglas**
*réalisateur anglais (1929-)*
THEATRE OF BLOOD (1973)

**HICKS, Scott**
*réalisateur australien (1953-)*
SHINE (1996)
SNOW FALLING ON CEDARS (1999)

**HIGGINS, Colin**
*réalisateur américain (1941-1988)*
FOUL PLAY (1978)
9 TO 5 (1980)
BEST LITTLE WHOREHOUSE IN TEXAS, THE (1982)

**HILL, George Roy**
*réalisateur américain (1922-)*
PERIOD OF ADJUSTMENT (1962)
TOYS IN THE ATTIC (1963)
HAWAII (1966)
THOROUGHLY MODERN MILLIE (1967)
BUTCH CASSIDY & THE SUNDANCE KID (1969)
SLAUGHTERHOUSE-FIVE (1972)
STING, THE (1973)
GREAT WALDO PEPPER, THE (1975)
SLAP SHOT (1977)
LITTLE ROMANCE, A (1979)
LITTLE DRUMMER GIRL, THE (1984)

**HILL, Walter**
*réalisateur américain (1942-)*
HARD TIMES (1975)
DRIVER, THE (1978)
LONG RIDERS, THE (1980)
SOUTHERN COMFORT (1981)
48 HOURS (1982)
STREETS OF FIRE (1984)
CROSSROADS (1986)
EXTREME PREJUDICE (1987)
RED HEAT (1988)
JOHNNY HANDSOME (1989)
ANOTHER 48 HOURS (1990)
GERONIMO: AN AMERICAN LEGEND (1993)
LAST MAN STANDING (1996)
SUPERNOVA (1999)

**HILLER, Arthur**
*réalisateur canadien (1923-)*
AMERICANIZATION OF EMILY, THE (1964)
TOBRUK (1967)
OUT-OF-TOWNERS, THE (1969)
POPI (1969)
LOVE STORY (1970)
HOSPITAL, THE (1971)
PLAZA SUITE (1971)
MAN OF LA MANCHA (1972)
SILVER STREAK (1976)
IN-LAWS, THE (1979)
AUTHOR! AUTHOR! (1982)
MAKING LOVE (1982)
LONELY GUY, THE (1984)
TEACHERS (1984)
BABE, THE (1992)

**HILLYER, Lambert**
*réalisateur américain (1889-19??)*
TOLL GATE, THE (1920)
SHOCK, THE (1923)
DRACULA'S DAUGHTER (1936)
INVISIBLE RAY, THE (1936)

**HITCHCOCK, Alfred**
*réalisateur anglais (1899-1980)*
ALFRED HITCHCOCK (COFFRET 14 VOLUMES) ()
ALFRED HITCHCOCK (COFFRET 3 VOLUMES) ()
ALFRED HITCHCOCK (COFFRET 4 VOLUMES) ()
LODGER, THE (1926)
EASY VIRTUE (1927)
RING, THE (1927)
FARMER'S WIFE, THE (1928)
BLACKMAIL (1929)
JUNO AND THE PAYCOCK (1929)
MANXMAN, THE (1929)
MURDER (1930)
SKIN GAME, THE (1931)
NUMBER 17 (1932)
RICH AND STRANGE (1932)
MAN WHO KNEW TOO MUCH, THE (1934)
39 STEPS, THE (1935)
SABOTAGE (1936)
SECRET AGENT (1936)
LADY VANISHES, THE (1938)
JAMAICA INN (1939)
FOREIGN CORRESPONDENT (1940)
REBECCA (1940)
MR. AND MRS. SMITH (1941)
SUSPICION (1941)
SABOTEUR (1942)
SHADOW OF A DOUBT (1943)
LIFEBOAT (1944)
SPELLBOUND (1945)
NOTORIOUS (1946)
PARADINE CASE, THE (1948)
ROPE (1948)
STAGE FRIGHT (1950)
STRANGERS ON A TRAIN (1951)
I CONFESS (1953)
DIAL M FOR MURDER (1954)
REAR WINDOW (1954)
TO CATCH A THIEF (1955)
MAN WHO KNEW TOO MUCH, THE (1956)
NORTH BY NORTHWEST (1959)
PSYCHO (1960)
BIRDS, THE (1963)
MARNIE (1964)
TORN CURTAIN (1966)
TOPAZ (1969)
FRENZY (1972)
FAMILY PLOT (1975)

**HODGES, Mike**
*réalisateur anglais (1932-)*
GET CARTER (1971)
TERMINAL MAN, THE (1974)
FLASH GORDON (1980)
MORONS FROM OUTER SPACE (1985)
PRAYER FOR THE DYING, A (1987)
BLACK RAINBOW (1989)
CROUPIER (1998)

**HOFFMAN, Michael**
*réalisateur américain*
PROMISED LAND (1988)
SOME GIRLS (1989)
SOAPDISH (1991)
RESTORATION (1995)
ONE FINE DAY (1996)
MIDSUMMER NIGHT'S DREAM, A ( 1999)

**HOGAN, James**
*réalisateur américain (1891-1943)*
TEXANS, THE (1938)
TEXAS RANGERS RIDES AGAIN (1940)
MAD GHOUL, THE (1943)

**HOGAN, Paul J.**
*réalisateur australien*
MURIEL'S WEDDING (1994)
MY BEST FRIEND'S WEDDING (1997)

**HOLLAND, Agnieszka**
*réalisatrice polonaise (1948-)*
FEVER (1980)
LONELY WOMAN, A (1981)
ANGRY HARVEST (1986)
TO KILL A PRIEST (1988)
EUROPA, EUROPA (1990)
OLIVIER, OLIVIER (1992)
SECRET GARDEN, THE (1993)
TOTAL ECLIPSE (1995)
THIRD MIRACLE, THE (1999)

**HOLLAND, Tom**
*réalisateur américain (1943-)*
FRIGHT NIGHT (1985)
FATAL BEAUTY (1987)
CHILD'S PLAY (1988)
TEMP, THE (1993)
LANGOLIERS, THE (1994)

**HOLT, Seth**
*réalisateur palestinien (1923-1971)*
NANNY, THE (1965)

**HONDA, Inoshiro**
*réalisateur japonais (1911-1993)*
GODZILLA, KING OF THE MONSTERS (1956)
RODAN (1957)
MOTHRA (1962)
GODZILLA vs. MOTHRA (1964)
GHIDRAH, THE THREE-HEADED MONSTER (1965)
GODZILLA vs. MONSTER ZERO (1966)
GODZILLA'S REVENGE (1969)
TERROR OF MECHAGODZILLA (1975)

**HOOPER, Tobe**
*réalisateur américain (1946-)*
TEXAS CHAINSAW MASSACRE, THE (1975)
SALEM'S LOT (1979)
POLTERGEIST (1982)
LIFEFORCE (1985)
INVADERS FROM MARS (1986)
TEXAS CHAINSAW MASSACRE 2, THE (1986)
SPONTANEOUS COMBUSTION (1990)
BODY BAGS (1993)
MANGLER, THE (1994)

**HOPPER, Dennis**
*réalisateur américain (1936-)*
EASY RIDER (1969)
OUT OF THE BLUE (1981)
BACKTRACK (1988)
COLORS (1988)
HOT SPOT, THE (1990)

**HOSKINS, Bob**
*réalisateur anglais (1942-)*
RAGGEDY RAWNEY, THE (1990)

**HOSSEIN, Robert**
*réalisateur français (1927-)*
MISÉRABLES, LES (1982)

**HOUGH, John**
*réalisateur anglais (1941-)*
SUDDEN TERROR (1970)
LEGEND OF HELL HOUSE, THE (1973)
ESCAPE TO WITCH MOUNTAIN (1975)
INCUBUS (1982)

**HOWARD, Leslie**
*réalisateur anglais (1893-1943)*
SPITFIRE (1942)

**HOWARD, Ron**
*réalisateur américain (1954-)*
NIGHT SHIFT (1982)
SPLASH (1984)
COCOON (1985)
GUNG HO! (1986)
PARENTHOOD (1990)
BACKDRAFT (1991)
FAR AND AWAY (1992)
PAPER, THE (1994)
APOLLO 13-1995)

RANSOM (1996)
ED TV (1999)
HOW THE GRINCH STOLE CHRISTMAS (2000)

**HOWARD, William K.**
*réalisateur américain (1899-1954)*
EVELYN PRENTICE (1934)
PRINCESS COMES ACROSS, THE (1936)
FIRE OVER ENGLAND (1937)
JOHNNY COME LATELY (1943)

**HUBERT, Jean-Loup**
*réalisateur français*
SMALA, LA (1984)
GRAND CHEMIN, LE (1986)
APRÈS LA GUERRE (1989)
REINE BLANCHE, LA (1992)
À CAUSE D'ELLE (1993)
MARTHE (1997)

**HUDLIN, Reginald**
*réalisateur américain (1961-)*
HOUSE PARTY (1990)
BOOMERANG (1992)
GREAT WHITE HYPE, THE (1996)
LADIES MAN, THE (2000)

**HUDSON, Hugh**
*réalisateur anglais (1936-)*
CHARIOTS OF FIRE (1981)
GREYSTOKE: THE LEGEND OF TARZAN (1984)
REVOLUTION (1986)
LOST ANGELS (1989)
MY LIFE SO FAR (1999)
I DREAMED OF AFRICA (2000)

**HUGHES, Albert**
*réalisateur américain (1972-)*
MENACE II SOCIETY (1993)
DEAD PRESIDENTS (1995)
AMERICAN PIMP (1999)

**HUGHES, Allen**
*réalisateur américain (1972-)*
AMERICAN PIMP (1999)

**HUGHES, Howard**
*réalisateur américain (1905-1976)*
HELL'S ANGELS (1930)
OUTLAW, THE (1943)

**HUGHES, John**
*réalisateur américain (1950-)*
BREAKFAST CLUB, THE (1985)
FERRIS BUELLER'S DAY OFF (1986)
PLANES, TRAINS AND AUTOMOBILES (1987)
SHE'S HAVING A BABY (1988)
CURLY SUE (1991)

**HUI, Ann**
*réalisatrice chinoise (1947-)*
SONG OF THE EXILE (1990)

**HUMBERSTONE, Bruce**
*réalisateur américain (1903-1986)*
I WAKE UP SCREAMING (1941)
SUN VALLEY SERENADE (1941)
TO THE SHORES OF TRIPOLI (1942)
PIN UP GIRL (1944)
DESERT SONG, THE (1952)
TEN WANTED MEN (1954)

**HUNG, Sammo**
*réalisateur chinois (1952-)*
HEART OF DRAGON (1985)
EASTERN CONDORS (1986)
MILLIONAIRE'S EXPRESS, THE (1986)
DRAGONS FOREVER (1988)

**HUNG, Tran Anh**
*réalisateur vietnamien (1962-)*
ODEUR DE LA PAPAYE VERTE, L' (1993)
CYCLO (1995)

**HUNTER, Tim**
*réalisateur américain*
TEX (1982)
RIVER'S EDGE (1986)
PAINT IT BLACK (1989)
LIES OF THE TWINS (1991)
SAINT OF FORT WASHINGTON, THE (1993)

**HURST, Brian Desmond**
*réalisateur anglais (1900-1986)*
DANGEROUS MOONLIGHT (1941)
SIMBA (1955)

**HUSTON, John**
*réalisateur américain (1906-1987)*
MALTESE FALCON, THE (1941)
ACROSS THE PACIFIC (1942)
KEY LARGO (1948)
ASPHALT JUNGLE, THE (1950)
AFRICAN QUEEN, THE (1951)
RED BADGE OF COURAGE, THE (1951)
MOULIN ROUGE (1952)
BEAT THE DEVIL (1954)
MOBY DICK (1956)
HEAVEN KNOWS, MR. ALLISON (1957)
BARBARIAN AND THE GEISHA, THE (1958)
MISFITS, THE (1961)
LIST OF ADRIAN MESSENGER, THE (1963)
NIGHT OF THE IGUANA, THE (1964)
BIBLE, THE (1966)
CASINO ROYALE (1967)
REFLECTIONS IN A GOLDEN EYE (1967)
FAT CITY (1972)
LIFE AND TIMES OF JUDGE ROY BEAN, THE (1972)
MACKINTOSH MAN, THE (1973)
MAN WHO WOULD BE KING, THE (1975)
ANNIE (1982)
PRIZZI'S HONOR (1985)
DEAD, THE (1987)
PHOBIA (1989)

**HUTTON, Brian G.**
*réalisateur américain (1935-)*
KELLY'S HEROES (1970)
FIRST DEADLY SIN, THE (1980)

**HYAMS, Peter**
*réalisateur américain (1943-)*
CAPRICORN ONE (1978)
HANOVER STREET (1979)
OUTLAND (1981)
STAR CHAMBER, THE (1983)
2010: THE YEAR WE MAKE CONTACT (1984)
PRESIDIO, THE (1988)
NARROW MARGIN (1990)
STAY TUNED (1992)
RELIC, THE (1997)
END OF DAYS (1999)

**ICHIKAWA, Kon**
*réalisateur japonais (1915-)*
FEUX DANS LA PLAINE, LES (1959)
ÉTRANGE OBSESSION, L' (1959)
BEING TWO ISN'T EASY (1962)
TOKYO OLYMPIAD (1965)

**IMAMURA, Shohei**
*réalisateur japonais (1926-)*
FEMME INSECTE, LA (1963)
PORNOGRAPHERS, THE (1966)
EIJANAIKA (1981)
BALLADE DE NARAYAMA, LA (1983)
BLACK RAIN (1989)
ANGUILLE, L' (1997)
DOCTEUR AGAKI (1998)
DR. AKAGI (1998)

**IMHOOF, Markus**
*réalisateur suisse (1941-)*
BOAT IS FULL, THE (1981)

**INAGAKI, Hiroshi**
*réalisateur japonais (1905-)*
SAMURAI 1, 2 & 3 (COFFRET)
SAMURAI 1: MUSASHI MYAMOTO (1954)
SAMURAI 2: DUEL AT ICHIJOJI (1955)
SAMURAI 3: DUEL AT GANRYU (1956)
CHUSHINGURA (1962)

**IRVIN, John**
*réalisateur anglais (1940-)*
DOGS OF WAR, THE (1980)
GHOST STORY (1981)
RAW DEAL (1986)
HAMBURGER HILL (1987)
EMINENT DOMAIN (1990)
MONTH BY THE LAKE, A (1995)
CITY OF INDUSTRY (1996)

**ITAMI, Juzo**
*réalisateur japonais (1933-1998)*
FUNERAL, THE (1984)
TAMPOPO (1986)
TAXING WOMAN RETURN, A (1988)
TAXING WOMAN, A (1988)
MINBO: OR THE GENTLE ART OF JAPANESE EXTORSION (1992)

**IVORY, James**
*réalisateur américain (1928-)*
HOUSEHOLDER, THE (1963)
SHAKESPEARE WALLAH (1965)
BOMBAY TALKIE (1970)
SAVAGES (1972)
AUTOBIOGRAPHY OF A PRINCESS (1975)
ROSELAND (1977)
HULLABALOO OVER GEORGIE & BONNIE'S PICTURES (1978)
EUROPEANS, THE (1979)
QUARTET (1981)
HEAT AND DUST (1983)
BOSTONIANS, THE (1984)
ROOM WITH A VIEW, A (1986)
MAURICE (1987)
SLAVES OF NEW YORK (1989)
MR. & MRS. BRIDGE (1990)
HOWARD'S END (1991)
REMAINS OF THE DAY, THE (1993)
JEFFERSON IN PARIS (1995)
SURVIVING PICASSO (1996)
SOLDIER'S DAUGHTER NEVER CRIES, A (1998)

**JACKSON, Mick**
*réalisateur anglais (1943-)*
THREADS (1984)
CHATTAHOOCHEE (1990)
L.A. STORY (1991)
BODYGUARD, THE (1992)

**JACKSON, Peter**
*réalisateur néo-zélandais (1961-)*
BAD TASTE (1987)

MEET THE FEEBLES (1989)
BRAIN DEAD (DEAD ALIVE) (1992)
HEAVENLY CREATURES (1994)
FRIGHTENERS, THE (1996)

**JAGLOM, Henry**
*réalisateur américain (1939-)*
TRACKS (1976)
SITTING DUCKS (1980)
CAN SHE BAKE A CHERRY PIE? (1983)
ALWAYS (1985)
SOMEONE TO LOVE (1987)
NEW YEAR'S DAY (1989)
EATING (1990)
DÉJÀ VU (1997)
LAST SUMMER IN THE HAMPTONS (1997)

**JANCSO, Miklos**
*réalisateur hongrois (1921-)*
ROUGES ET BLANCS (1968)
HUNGARIAN RHAPSODY (1983)

**JARDIN, Alexandre**
*réalisateur français (1965-)*
FANFAN (1992)

**JARMAN, Derek**
*réalisateur anglais (1942-1994)*
SEBASTIANE (1976)
JUBILEE (1977)
TEMPEST, THE (1979)
ANGELIC CONVERSATION, THE (1985)
CARAVAGGIO (1986)
LAST OF ENGLAND, THE (1987)
ARIA (1988)
GARDEN, THE (1990)
EDWARD II (1991)
DEREK JARMAN'S BLUE (1993)

**JARMUSCH, Jim**
*réalisateur américain (1953-)*
STRANGER THAN PARADISE (1984)
DOWN BY LAW (1986)
MYSTERY TRAIN (1990)
NIGHT ON EARTH (1991)
DEAD MAN (1995)
GHOST DOG: THE WAY OF THE SAMURAI (1999)

**JARROTT, Charles**
*réalisateur anglais (1927-)*
ANNE OF THE THOUSAND DAYS (1969)
MARY, QUEEN OF SCOTS (1971)
CONDORMAN (1981)

**JESSUA, Alain**
*réalisateur français (1932-)*
JEU DE MASSACRE (1966)
CHIENS, LES (1979)
PARADIS POUR TOUS (1982)
FRANKENSTEIN 90 (1984)
EN TOUTE INNOCENCE (1987)

**JEUNET, Jean-Pierre**
*réalisateur français (1955-)*
ALIEN 20TH ANNIVERSARY COLLECTION
(COFFRET 5 VOLUMES) ()
DELICATESSEN (1991)
CITÉ DES ENFANTS PERDUS, LA (1995)
ALIEN RESURRECTION (1997)

**JEWISON, Norman**
*réalisateur canadien (1926-)*
THRILL OF IT ALL, THE (1963)
SEND ME NO FLOWERS (1964)
CINCINNATI KID, THE (1965)
RUSSIANS ARE COMING! THE RUSSIANS
ARE COMING!, THE (1966)
IN THE HEAT OF THE NIGHT (1967)
THOMAS CROWN AFFAIR, THE (1968)
FIDDLER ON THE ROOF (1971)
JESUS CHRIST SUPERSTAR (1973)
ROLLERBALL (1974)
F.I.S.T. (1978)
AND JUSTICE FOR ALL (1979)
AGNES OF GOD (1985)
SOLDIER'S STORY, A (1985)
MOONSTRUCK (1987)
IN COUNTRY (1989)
OTHER PEOPLE'S MONEY (1991)
ONLY YOU (1994)
BOGUS (1996)
HURRICANE, THE (1999)

**JING, Wong**
*réalisateur chinois*
GOD OF GAMBLERS (1990)
GOD OF GAMBLER'S RETURN (1991)
CITY HUNTER (1992)
NEW LEGEND OF SHAOLIN, THE (1994)
HIGH RISK (1995)
DEADLY CHINA HERO (1997)

**JOANOU, Phil**
*réalisateur américain (1962-)*
THREE O'CLOCK HIGH (1987)
STATE OF GRACE (1990)
FINAL ANALYSIS (1991)
FALLEN ANGELS 2 (1993)
HEAVEN'S PRISONERS (1996)
ENTROPY (1999)

**JODOROWSKY, Alejandro**
*réalisateur chilien (1930-)*
SANTA SANGRE (1989)
RAINBOW THIEF, THE (1990)

**JOFFE, Roland**
*réalisateur anglais (1945-)*
KILLING FIELDS, THE (1984)
MISSION, THE (1986)
FAT MAN AND LITTLE BOY (1989)
CITY OF JOY (1992)
SCARLET LETTER, THE (1995)
GOODBYE LOVER (1998)

**JOHNSON, Nunnally**
*réalisateur américain (1897-1977)*
MAN IN THE GREY FRANNEL SUIT, THE
(1956)

**JOLIVET, Pierre**
*réalisateur français*
COMPLEXE DU KANGOUROU, LE (1986)
FORCE MAJEURE (1989)
EN PLEIN CŒUR (1998)
MA PETITE ENTREPRISE (1999)

**JONES, Terry**
*réalisateur anglais (1942-)*
MONTY PYTHON AND THE HOLY GRAIL (1974)
MONTY PYTHON'S LIFE OF BRIAN (1979)
MONTY PYTHON'S THE MEANING OF LIFE
(1983)
PERSONAL SERVICES (1987)
ERIK THE VIKING (1989)
MR. TOAD'S WILD RIDE (1996)

**JORDAN, Neil**
*réalisateur irlandais (1950-)*
COMPANY OF WOLVES, THE (1984)
MONA LISA (1986)
HIGH SPIRITS (1988)
MIRACLE, THE (1990)
CRYING GAME, THE (1992)
INTERVIEW WITH THE VAMPIRE (1994)
MICHAEL COLLINS (1996)
BUTCHER BOY, THE (1997)
IN DREAMS (1998)
END OF THE AFFAIR, THE (1999)

**JOST, Jon**
*réalisateur américain (1943-)*
ALL THE VERMEERS IN NEW YORK (1990)
BED YOU SLEEP IN, THE (1993)
SURE FIRE (1993)

**JUGNOT, Gérard**
*réalisateur français (1951-)*
PINOT, SIMPLE FLIC (1984)
SCOUT TOUJOURS... (1985)
ÉPOQUE FORMIDABLE, UNE (1991)
MEILLEUR ESPOIR FÉMININ (2000)

**JURAN, Nathan Hertz**
*réalisateur autrichien (1907-)*
BLACK CASTLE, THE (1952)
LAW AND ORDER (1953)
20 MILLION MILES TO EARTH (1956)
DEADLY MANTIS, THE (1957)
7th VOYAGE OF SINBAD, THE (1958)
ATTACK OF THE 50 FOOT WOMAN (1958)
BRAIN FROM PLANET AROUS, THE (1958)
GOOD DAY FOR A HANGING (1958)
JACK THE GIANT KILLER (1962)
FIRST MEN IN THE MOON (1964)

**JUTRA, Claude**
*réalisateur québécois (1930-1986)*
À TOUT PRENDRE (1963)
MON ONCLE ANTOINE (1971)
KAMOURASKA (VERSION LONGUE) (1973)
BY DESIGN (1981)
DAME EN COULEURS, LA (1985)
SURFACING (1986)

**KAIGE, Chen**
*réalisateur chinois (1952-)*
LIFE ON A STRING (1991)
ADIEU MA CONCUBINE (1993)

**KALATOZOV, Mikhail**
*réalisateur russe (1903-1973)*
QUAND PASSENT LES CIGOGNES (1957)
JE SUIS CUBA (1964)
RED TENT, THE (1971)

**KALIN, Tom**
*réalisateur américain (1962-)*
SWOON (1991)

**KAMINKA, Didier**
*réalisateur français*
TANT QU'IL Y AURA DES FEMMES (1987)
CIGOGNES N'EN FONT QU'À LEUR TÊTE, LES
(1989)
PROMOTION CANAPÉ (1990)

**KANEW, Jeff**
*réalisateur américain*
GOTCHA! (1985)

**KANIN, Garson**
*réalisateur américain (1912-)*
BACHELOR MOTHER (1939)

**KAPLAN, Jonathan**
*réalisateur américain (1947-)*
OVER THE EDGE (1979)

PROJECT X (1987)
ACCUSED, THE (1988)
IMMEDIATE FAMILY (1989)
LOVE FIELD (1991)
FALLEN ANGELS (1993)
BAD GIRLS (1994)
BROKEDOWN PALACE (1999)

**KAR-WAI, Wong**
*réalisateur chinois (1958-)*
ASHES OF TIME (1994)
CHUNGKING EXPRESS (1994)
IN THE MOOD FOR LOVE (2000)

**KASDAN, Lawrence**
*réalisateur américain (1949-)*
BODY HEAT (1982)
BIG CHILL, THE (1983)
SILVERADO (1985)
ACCIDENTAL TOURIST, THE (1988)
I LOVE YOU TO DEATH (1990)
GRAND CANYON (1991)
FRENCH KISS (1995)
MUMFORD (1999)

**KASSOVITZ, Mathieu**
*réalisateur français (1968-)*
HAINE, LA (1995)
ASSASSIN(S) (1997)
RIVIÈRES POURPRES, LES (2000)

**KASSOVITZ, Peter**
*réalisateur français*
AU BOUT DU BOUT DU BANC (1978)
DRÔLES D'OISEAUX (1992)
JAKOB THE LIAR (1999)

**KAUFMAN, Philip**
*réalisateur américain (1936-)*
GREAT NORTHFIELD, MINNESOTA RAID, THE (1972)
INVASION OF THE BODY SNATCHERS (1978)
RIGHT STUFF, THE (1983)
HENRY & JUNE (1990)
RISING SUN (1993)
QUILLS (2000)

**KAURISMÄKI, Aki**
*réalisateur finlandais (1957-)*
ARIEL (1988)
LENINGRAD COWBOYS GO AMERICA (1989)
MATCH FACTORY GIRL, THE (1990)
J'AI ENGAGÉ UN TUEUR (1991)

**KAURISMÄKI, Mika**
*réalisateur finlandais (1955-)*
HELSINKI NAPOLI (1987)
AMAZON (1991)

**KAWALEROWICZ, Jerzy**
*réalisateur ukrainien (1922-)*
MÈRE JEANNE DES ANGES (1960)
PHARAON, LE (1965)
AUSTERIA (1982)

**KAZAN, Elia**
*réalisateur grec (1909-)*
SEA OF GRASS, THE (1946)
GENTLEMAN'S AGREEMENT (1947)
PINKY (1949)
PANIC IN THE STREETS (1950)
STREETCAR NAMED DESIRE, A (1951)
ON THE WATERFRONT (1954)
EAST OF EDEN (1955)
BABY DOLL (1956)
FACE IN THE CROWD, A (1957)
SPLENDOR IN THE GRASS (1961)
AMERICA, AMERICA (1963)
ARRANGEMENT, THE (1969)
LAST TYCOON, THE (1976)

**KEACH, James**
*réalisateur américain (1947-)*
STARS FELL ON HENRIETTA, THE (1995)

**KEATON, Diane**
*réalisatrice américaine (1946-)*
HEAVEN (1987)
HANGING UP (2000)

**KEIGHLEY, William**
*réalisateur américain (1889-1984)*
BULLETS OR BALLOTS (1936)
PRINCE AND THE PAUPER, THE (1937)
ADVENTURES OF ROBIN HOOD, THE (1938)
STREET WITH NO NAME, THE (1948)
MASTER OF BALLANTRAE, THE (1952)

**KELLY, Gene**
*réalisateur américain (1912-1996)*
ON THE TOWN (1949)
SINGIN' IN THE RAIN (1952)
IT'S ALWAYS FAIR WEATHER (1955)
HELLO, DOLLY! (1969)
CHEYENNE SOCIAL CLUB, THE (1970)
THAT'S ENTERTAINMENT! PART 2 (1976)

**KENTON, Erle C.**
*réalisateur américain (1896-1980)*
ISLAND OF LOST SOULS (1933)
GHOST OF FRANKENSTEIN, THE (1942)
PARDON MY SARONG (1942)
HOUSE OF FRANKENSTEIN (1944)
HOUSE OF DRACULA (1945)

**KERSHNER, Irvin**
*réalisateur américain (1923-)*
FINE MADNESS, A (1966)
FLIM FLAM MAN, THE (1967)
RETURN OF A MAN CALLED HORSE, THE (1976)
EYES OF LAURA MARS (1978)
EMPIRE STRIKES BACK, THE (1980)
NEVER SAY NEVER AGAIN (1983)
ROBOCOP 2 (1990)

**KIDRON, Beeban**
*réalisatrice anglaise (1961-)*
ORANGES ARE NOT THE ONLY FRUIT (1990)
ANTONIA & JANE (1992)
TO WONG FOO, THANKS FOR EVERYTHING, JULIE NEWMAR (1995)

**KIESLOWSKI, Krzysztof**
*réalisateur polonais (1941-1996)*
PERSONNEL (SUBSIDIARIES) (1975)
BLIND CHANCE (1981)
DÉCALOGUE, LE (COFFRET 5 VOLUMES) (1987)
DÉCALOGUE 1: TU HONORERAS UN SEUL DIEU (1988)
DÉCALOGUE 2: TU NE PRONONCERAS LE NOM DE DIEU QU'AVEC RESPECT (1988)
DÉCALOGUE 3: TU SANCTIFIERAS LE JOUR DU SEIGNEUR (1988)
DÉCALOGUE 4: TU HONORERAS TON PÈRE ET TA MÈRE (1988)
DÉCALOGUE 5: TU NE TUERAS POINT (1987)
DÉCALOGUE 6: TU NE FERAS PAS D'IMPURETÉ (1988)
DÉCALOGUE 7: TU NE VOLERAS PAS (1988)
DÉCALOGUE 8: TU NE MENTIRAS PAS (1988)
DÉCALOGUE 9: TU NE CONVOITERAS PAS
DÉCALOGUE 10: TU NE CONVOITERAS PAS LE BIEN D'AUTRUI (1989)
LA FEMME DE TON VOISIN (1989)
DOUBLE VIE DE VÉRONIQUE, LA (1991)

**KING, Henry**
*réalisateur américain (1886-1982)*
TOL'ABLE DAVID (1921)
LLOYD'S OF LONDON (1936)
ALEXANDER'S RAGTIME BAND (1938)
IN OLD CHICAGO (1938)
JESSE JAMES (1939)
STANLEY AND LIVINGSTONE (1939)
BLACK SWAN, THE (1942)
SONG OF BERNADETTE, THE (1943)
CAPTAIN FROM CASTILE (1947)
GUNFIGHTER, THE (1950)
DAVID AND BATHSHEBA (1951)
I'D CLIMB THE HIGHEST MOUNTAIN (1951)
SNOWS OF KILIMANJARO, THE (1952)
LOVE IS A MANY SPLENDORED THING (1955)
CAROUSEL (1956)
BELOVED INFIDEL (1959)

**KINOSHITA, Keisuke**
*réalisateur japonais (1912-)*
NARAYAMA BUSHI-KO (1957)

**KINUGASA, Teinosuke**
*réalisateur japonais (1896-1982)*
PORTE DE L'ENFER, LA (1954)

**KLAPISCH, Cédric**
*réalisateur français (1962-)*
PÉRIL JEUNE, LE (1994)
AIR DE FAMILLE, UN (1996)
CHACUN CHERCHE SON CHAT (1996)
PEUT-ÊTRE (1999)

**KLEISER, Randal**
*réalisateur américain (1946-)*
GREASE (1978)
BLUE LAGOON, THE (1980)
BIG TOP PEE WEE (1988)
GETTING IT RIGHT (1989)
HONEY, I BLEW UP THE KID (1992)
IT'S MY PARTY (1996)

**KLIMOV, Elem**
*réalisateur russe (1933-)*
RASPUTIN (1977)
MASSACRE (1985)

**KLOVES, Steve**
*réalisateur américain (1960-)*
FABULOUS BAKER BOYS, THE (1989)
FLESH AND BONE (1993)

**KOBAYASHI, Masaki**
*réalisateur japonais (1916-)*
HUMAN CONDITION I: NO GREATER LOVE, THE (1959)
HUMAN CONDITION II: THE ROAD TO ETERNITY, THE (1960)
HUMAN CONDITION III: A SOLDIER'S PRAYER, THE (1961)
KWAIDAN (1964)
SAMURAI REBELLION (1967)

**KONCHALOVSKY, Andrei**
*réalisateur russe (1937-)*
SIBERIADE (1978)
MARIA'S LOVERS (1984)

RUNAWAY TRAIN (1985)
DUET FOR ONE (1986)
SHY PEOPLE (1988)
HOMER & EDDIE (1989)
CERCLE DES INTIMES, LE (1991)
ODYSSEY, THE (1997)

**KORDA, Alexander**
*réalisateur hongrois (1893-1956)*
MARIUS (1931)
PRIVATE LIFE OF HENRY VIII, THE (1933)
PRIVATE LIFE OF DON JUAN, THE (1934)
REMBRANDT (1936)
THAT HAMILTON WOMAN (1941)

**KORDA, Zoltan**
*réalisateur hongrois (1895-1961)*
SANDERS OF THE RIVER (1935)
ELEPHANT BOY (1937)
DRUM, THE (1938)
DRUMS (1938)
FOUR FEATHERS (1939)
JUNGLE BOOK (1942)
SAHARA (1942)

**KOSTER, Henry**
*réalisateur allemand (1905-1988)*
THREE SMART GIRLS (1936)
100 MEN AND A GIRL (1937)
THREE SMART GIRLS GROW UP (1939)
IT STARTED WITH EVE (1941)
BISHOP'S WIFE, THE (1948)
COME TO THE STABLE (1949)
HARVEY (1950)
NO HIGHWAY IN THE SKY (1951)
ROBE, THE (1953)
DESIREE (1954)
D-DAY THE 6th OF JUNE (1956)
MY MAN GODFREY (1957)
NAKED MAJA, THE (1958)
STORY OF RUTH, THE (1960)
MR. HOBBS TAKES A VACATION (1962)
DEAR BRIGITTE (1965)

**KOTCHEFF, Ted**
*réalisateur canadien (1931-)*
BILLY TWO HATS (1973)
APPRENTICESHIP OF DUDDY KRAVITZ, THE (1974)
FUN WITH DICK AND JANE (1977)
NORTH DALLAS FORTY (1979)
FIRST BLOOD (1982)
SPLIT IMAGE (1982)
JOSHUA THEN AND NOW (1985)
SWITCHING CHANNELS (1988)

**KRAMER, Stanley E.**
*réalisateur américain (1913-2001)*
NOT AS A STRANGER (1955)
PRIDE AND THE PASSION,THE (1957)
DEFIANT ONES, THE (1958)
ON THE BEACH (1959)
INHERIT THE WIND (1960)
JUDGMENT AT NUREMBERG (1961)
IT'S A MAD, MAD, MAD, MAD WORLD (1963)
SHIP OF FOOLS (1965)
GUESS WHO'S COMING TO DINNER? (1967)
SECRET OF SANTA VITTORIA, THE (1969)
R.P.M. (1970)
BLESS THE BEASTS AND CHILDREN (1972)
DOMINO PRINCIPLE, THE (1977)

**KUBRICK, Stanley**
*réalisateur américain (1928-1999)*
KILLER'S KISS (1955)
KILLING, THE (1956)
PATHS OF GLORY (1957)
SPARTACUS (1960)
LOLITA (1962)
DR. STRANGELOVE (1964)
2001: A SPACE ODYSSEY (1968)
CLOCKWORK ORANGE, A (1971)
BARRY LYNDON (1975)
SHINING, THE (1979)
FULL METAL JACKET (1987)
STANLEY KUBRICK COLLECTION (COFFRET 7 VOLUMES)
EYES WIDE SHUT (1999)

**KULESHOV, Lev**
*réalisateur russe (1899-1970)*
EXTRAORDINARY ADVENTURES OF MR. WEST IN THE LAND OF THE BOLCHEVIKS, THE (1924)

**KULIK, Buzz**
*réalisateur américain (1922-)*
BRIAN'S SONG (1971)
SHAMUS (1973)
LINDBERGH KIDNAPPING CASE, THE (1976)
HUNTER, THE (1980)

**KUROSAWA, Akira**
*réalisateur japonais (1910-)*
LÉGENDE DU GRAND JUDO, LA (1943)
HOMMES QUI MARCHENT SUR LA QUEUE DU TIGRE, LES (1945)
JE NE REGRETTE PAS MA JEUNESSE (1946)
MERVEILLEUX DIMANCHE, UN (1947)
DRUNKEN ANGEL (1948)
CHIEN ENRAGÉ, UN (1949)
RASHOMON (1950)
SEPT SAMOURAÏS, LES (1954)
I LIVE IN FEAR (1955)
BAS-FONDS, LES (1957)
CHÂTEAU DE L'ARAIGNÉE, LE (1957)
FORTERESSE CACHÉE, LA (1958)
SALAUDS DORMENT EN PAIX, LES (1960)
SANJURO (1962)
ENTRE LE CIEL ET L'ENFER (1963)
BARBE-ROUSSE (1965)
DODES 'KA-DEN (1970)
AIGLE DE LA TAÏGA, L' (1975)
KAGEMUSHA (1980)
RAN (1985)
RÊVES (1990)
RHAPSODY IN AUGUST (1991)
MADADAYO (1993)

**KURYS, Diane**
*réalisatrice française (1948-)*
DIABOLO MENTHE (1977)
COCKTAIL MOLOTOV (1979)
COUP DE FOUDRE (1983)
HOMME AMOUREUX, UN (1987)
LA BAULE-LES PINS (1989)
APRÈS L'AMOUR (1991)
À LA FOLIE (1994)
ENFANTS DU SIÈCLE, LES (1999)

**KUSTURICA, Emir**
*réalisateur yougoslave (1955-)*
PAPA EST EN VOYAGE D'AFFAIRES (1985)
TEMPS DES GITANS, LE (1989)
ARIZONA DREAM (1992)
CHAT NOIR, CHAT BLANC (1998)

**LA CAVA, Gregory**
*réalisateur américain (1892-1952)*
GABRIEL OVER THE WHITE HOUSE (1933)
MY MAN GODFREY (1936)
STAGE DOOR (1937)
PRIMROSE PATH, THE (1940)

**LABRECQUE, Jean-Claude**
*réalisateur québécois (1938-)*
NUIT DE LA POÉSIE, LA (1970)
AFFAIRE COFFIN, L' (1980)
NUIT DE LA POÉSIE 1980, LA (1980)
ANNÉES DE RÊVES, LES (1984)
FRÈRE ANDRÉ, LE (1987)
NUIT DE LA POÉSIE 1991, LA (1991)

**LABRO, Philippe**
*réalisateur français (1936-)*
ALPAGUEUR, L' (1976)
CRIME, LA (1983)
RIVE DROITE, RIVE GAUCHE (1984)

**LACHMAN, Harry**
*réalisateur américain (1886-1975)*
BABY TAKES A BOW (1934)
OUR RELATIONS (1936)

**LAM, Ringo**
*réalisateur chinois (1954-)*
CITY ON FIRE (1987)
PRISON ON FIRE (1987)
PRISON ON FIRE II (1987)
SCHOOL ON FIRE (1988)
FULL CONTACT (1992)
BURNING PARADISE (1994)
ADVENTURER, THE (1995)
MAXIMUM RISK (1996)

**LAMONT, Charles**
*réalisateur américain (1895-1993)*
HIT THE ICE (1943)
BAGDAD (1949)
ABBOTT AND COSTELLO IN THE FOREIGN LEGION (1950)
ABBOTT & COSTELLO MEET THE INVISIBLE MAN (1951)
FLAME OF ARABY (1951)
ABBOTT & COSTELLO GO TO MARS (1953)
ABBOTT & COSTELLO MEET DR. JEKYLL AND MR. HYDE (1953)
ABBOTT & COSTELLO MEET THE KEYSTONE KOPS (1955)
ABBOTT & COSTELLO MEET THE MUMMY (1955)
FRANCIS IN THE HAUNTED HOUSE (1956)

**LAMORISSE, Albert**
*réalisateur français (1922-1970)*
BALLON ROUGE, LE / CRIN-BLANC ()
BALLON ROUGE, LE (1955)

**LAMOTHE, Arthur**
*réalisateur québécois (1928-)*
MÉMOIRE BATTANTE (1983)
ÉQUINOXE (1986)
CONQUÊTE DE L'AMÉRIQUE, LA (1992)

**LANCTÔT, Micheline**
*réalisatrice québécoise (1947-)*
HOMME À TOUT FAIRE, L' (1980)
SONATINE (1983)

**LANDERS, Lew**
*réalisateur américain (1901-1962)*
BAD LANDS (1939)
RETURN OF THE VAMPIRE, THE (1943)
MASK OF DIIJON, THE (1946)

**LANDIS, John**
*réalisateur américain (1950-)*
KENTUCKY FRIED MOVIE, THE (1976)
NATIONAL LAMPOON'S ANIMAL HOUSE (1978)
BLUES BROTHERS, THE (1980)
AMERICAN WEREWOLF IN LONDON, AN (1981)

TRADING PLACES (1983)
INTO THE NIGHT (1985)
SPIES LIKE US (1985)
THREE AMIGOS! (1986)
AMAZON WOMEN ON THE MOON (1987)
COMING TO AMERICA (1988)
OSCAR (1991)
INNOCENT BLOOD (1992)
BLUES BROTHERS 2000 (1998)

**LANFIELD, Sidney**
*réalisateur américain (1900-1972)*
HOUND OF THE BASKERVILLES, THE (1939)
MY FAVORITE BLONDE (1942)
STATION WEST (1948)
LEMON DROP KID, THE (1951)
SKIRTS AHOY! (1952)

**LANG, Fritz**
*réalisateur allemand (1890-1976)*
ARAIGNÉES, LES (1919)
NIBELUNGEN, LES (1924)
SIEGFRIED (1924)
METROPOLIS (1926)
ESPIONS, LES (1928)
M (1931)
TESTAMENT DU DR. MABUSE, LE (1933)
FURY (1936)
RETURN OF FRANK JAMES, THE (1940)
HANGMEN ALSO DIE (1943)
MINISTRY OF FEAR (1944)
SCARLET STREET (1945)
CLOAK AND DAGGER (1946)
SECRET BEYOND THE DOOR (1948)
CLASH BY NIGHT (1952)
RANCHO NOTORIOUS (1952)
BIG HEAT, THE (1953)
BLUE GARDENIA, THE (1953)
DIABOLIQUE DR. MABUSE, LE (1960)

**LANG, Walter**
*réalisateur américain (1896-1972)*
LITTLE PRINCESS, THE (1939)
BLUE BIRD, THE (1940)
TIN PAN ALLEY (1940)
MOON OVER MIAMI (1941)
SONG OF THE ISLANDS (1942)
STATE FAIR (1945)
MOTHER WORE TIGHTS (1947)
SITTING PRETTY (1948)
CHEAPER BY THE DOZEN (1950)
JACKPOT, THE (1950)
THERE'S NO BUSINESS LIKE SHOW BUSINESS (1954)
KING AND I, THE (1956)
DESK SET (1957)
BUT NOT FOR ME (1959)
CAN-CAN (1960)

**LAPINE, James**
*réalisateur*
IMPROMPTU (1990)
LIFE WITH MIKEY (1993)

**LASSETER, John**
*réalisateur américain (1957-)*
TOY STORY (1995)
BUG'S LIFE, A (1998)
TOY STORY 2 (1999)

**LATTUADA, Alberto**
*réalisateur italien (1914-)*
FEUX DU MUSIC-HALL, LES (1951)
AMOUR À LA VILLE, L' (1953)
FILLE, LA (1978)

**LAUGHTON, Charles**
*réalisateur anglais (1899-1962)*
NIGHT OF THE HUNTER, THE (1955)

**LAUTNER, Georges**
*réalisateur français (1926-)*
SEINS DE GLACE, LES (1975)
MORT D'UN POURRI (1977)
ILS SONT FOUS, CES SORCIERS (1978)
FLIC OU VOYOU (1979)
PROFESSIONNEL, LE (1981)
ATTENTION! UNE FEMME PEUT EN CACHER UNE AUTRE (1983)
JOYEUSES PÂQUES (1984)
CAGE AUX FOLLES 3, LA (1985)
MAISON ASSASSINÉE, LA (1989)
INCONNU DANS LA MAISON, L' (1992)

**LAUZIER, Gérard**
*réalisateur français (1932-)*
T'EMPÊCHES TOUT LE MONDE DE DORMIR! (1981)
P'TIT CON (1983)
MON PÈRE, CE HÉROS (1991)
PLUS BEAU MÉTIER DU MONDE, LE (1996)
FILS DU FRANÇAIS, LE (1999)

**LAUZON, Jean-Claude**
*réalisateur québécois (1953-1997)*
LÉOLO (1992)

**LE CHANOIS, Jean-Paul**
*réalisateur français (1909-1985)*
ÉCOLE BUISSONNIÈRE, L' (1948)
MISÉRABLES, LES (1957)
JARDINIER D'ARGENTEUIL, LE (1966)

**LEACOCK, Philip**
*réalisateur anglais (1917-)*
CURSE OF KING TUT'S TOMB, THE (1980)

**LEAN, David**
*réalisateur anglais (1908-1991)*
IN WHICH WE SERVE (1942)
BRIEF ENCOUNTER (1945)
BLITHE SPIRIT (1946)
GREAT EXPECTATIONS (1946)
OLIVER TWIST (1948)
HOBSON'S CHOICE (1954)
SUMMERTIME (1955)
BRIDGE ON THE RIVER KWAI, THE (1957)
LAWRENCE OF ARABIA (1962)
DOCTOR ZHIVAGO (1965)
RYAN'S DAUGHTER (1970)
PASSAGE TO INDIA, A (1985)

**LeBORG, Reginald**
*réalisateur américain (1902-)*
CALLING DR. DEATH (1943)
INNER SANCTUM: CALLING DR. DEATH (1943)
DEAD MAN'S EYE (1944)
INNER SANCTUM: DEAD MAN'S EYES (1944)
INNER SANCTUM: STRANGE CONFESSION
INNER SANCTUM: WEIRD WOMAN (1944)
JUNGLE WOMAN (1944)
MUMMY'S GHOST, THE (1944)
DIARY OF A MADMAN (1963)

**LECONTE, Patrice**
*réalisateur français (1947-)*
BRONZÉS, LES (1978)
BRONZÉS FONT DU SKI, LES (1979)
MA FEMME S'APPELLE REVIENS (1981)
CIRCULEZ, Y'A RIEN À VOIR (1983)
SPÉCIALISTES, LES (1985)
MONSIEUR HIRE (1989)
MARI DE LA COIFFEUSE, LE (1990)
TANGO (1992)
PARFUM D'YVONNE, LE (1993)
GRANDS DUCS, LES (1995)
RIDICULE (1996)
1 CHANCE SUR 2 (1997)
FILLE SUR LE PONT, LA (1998)

**LEDUC, Jacques**
*réalisateur québécois (1941-)*
ON EST LOIN DU SOLEIL (1970)
DERNIER GLACIER, LE (1984)
CHARADE CHINOISE (1987)
ENFANT SUR LE LAC, L' (1991)
MONTRÉAL VU PAR... (1991)
ÂGE DE BRAISE, L' (1998)

**LEE, Ang**
*réalisateur taïwainais (1954-)*
PUSHING HANDS (1991)
SALÉ SUCRÉ (1994)
SENSE AND SENSIBILITY (1995)
ICE STORM, THE (1997)
RIDE WITH THE DEVIL (1999)
CROUCHING TIGER, HIDDEN DRAGON (2000)

**LEE, Spike**
*réalisateur américain (1956-)*
SHE'S GOTTA HAVE IT (1986)
SCHOOL DAZE (1988)
DO THE RIGHT THING (1989)
MO' BETTER BLUES (1990)
JUNGLE FEVER (1991)
MALCOLM X (1992)
CROOKLYN (1994)
CLOCKERS (1995)
GET ON THE BUS (1996)
GIRL 6 (1996)
4 LITTLE GIRLS (1997)
HE GOT GAME (1998)
SUMMER OF SAM (1999)
BAMBOOZLED (2000)
ORIGINAL KINGS OF COMEDY, THE (2000)

**LEFEBVRE, Jean-Pierre**
*réalisateur québécois (1941-)*
JUSQU'AU CŒUR (1968)
MON AMIE PIERRETTE (1968)
DERNIÈRES FIANCAILLES, LES (1973)
JOUR «S...», LE (1983)
ALFRED LALIBERTÉ: SCULPTEUR (1986)
FABULEUX VOYAGE DE L'ANGE, LE (1991)
AUJOURD'HUI OU JAMAIS (1998)

**LEHMANN, Michael**
*réalisateur américain*
HEATHERS (1989)
MEET THE APPLEGATES (1989)
HUDSON HAWK (1991)

**LEIGH, Mike**
*réalisateur anglais (1943-)*
BLEAK MOMENTS (1971)
HARD LABOUR (1973)
NUTS IN MAY (1976)
ABIGAIL'S PARTY (1977)
KISS OF DEATH (1977)
GROWN UPS (1980)
HOME SWEET HOME (1982)
FOUR DAYS IN JULY (1984)
HIGH HOPES (1988)
LIFE IS SWEET (1990)
NAKED (1993)
SECRETS & LIES (1996)
CAREER GIRLS (1997)
TOPSY-TURVY (1999)

**LEISEN, Mitchell**
*réalisateur américain (1898-1972)*
HANDS ACROSS THE TABLE (1935)
EASY LIVING (1937)
BIG BROADCAST OF 1938, THE (1938)
MIDNIGHT (1939)
REMEMBER THE NIGHT (1940)
LADY IS WILLING, THE (1942)
FRENCHMAN'S CREEK (1944)
TO EACH HIS OWN (1946)
GOLDEN EARRINGS (1947)

**LELAND, David**
*réalisateur anglais (1947-)*
CROSSING THE LINE (1990)

**LELOUCH, Claude**
*réalisateur français (1937-)*
FILLE ET DES FUSILS, UNE (1965)
HOMME ET UNE FEMME, UN (1966)
SMIC, SMAC, SMOC (1971)
AVENTURE C'EST L'AVENTURE, L' (1972)
BONNE ANNÉE, LA (1973)
MARIAGE (1974)
TOUTE UNE VIE (1974)
BON ET LES MÉCHANTS, LE (1975)
CHAT ET LA SOURIS, LE (1975)
ROBERT ET ROBERT (1978)
ÉDITH ET MARCEL (1983)
PARTIR, REVENIR (1985)
HOMME ET UNE FEMME: VINGT ANS DÉJÀ, UN (1986)
ATTENTION BANDITS (1987)
ITINÉRAIRE D'UN ENFANT GÂTÉ (1989)
IL Y A DES JOURS... ET DES LUNES (1990)
BELLE HISTOIRE, LA (1991)
TOUT ÇA... POUR ÇA! (1992)
MISÉRABLES DU XXe SIÈCLE, LES (1995)
HASARDS OU COÏNCIDENCES (1998)

**LEMMON, Jack**
*réalisateur américain (1925-2001)*
KOTCH (1971)

**LEONARD, Robert Z.**
*réalisateur américain (1889-1968)*
DIVORCEE, THE (1930)
SUSAN LENOX: HER FALL AND RISE (1931)
STRANGE INTERLUDE (1932)
GREAT ZIEGFIELD, THE (1936)
FIREFLY, THE (1937)
MAYTIME (1937)
GIRL OF THE GOLDEN WEST, THE (1938)
NEW MOON (1940)
PRIDE AND PREJUDICE (1940)
IN THE GOOD OLD SUMMERTIME (1949)
DUCHESS OF IDAHO (1950)
KING'S THIEF, THE (1955)

**LEONE, Sergio**
*réalisateur italien (1921-1989)*
COLOSSE DE RHODES, LE (1960)
FISTFUL OF DOLLARS, A (1964)
FOR A FEW DOLLARS MORE (1965)
GOOD, THE BAD AND THE UGLY, THE (1966)
MAN WITH NO NAME, THE (TRILOGIE)
FISTFUL OF DYNAMITE, A (1971)
ONCE UPON A TIME IN THE WEST (1968)
ONCE UPON A TIME IN AMERICA (1984)

**LEPAGE, Robert**
*réalisateur québécois*
CONFESSIONNAL, LE (1995)
POLYGRAPHE, LE (1996)
NÔ (1998)
POSSIBLE WORLDS (2000)

**LeROY, Mervyn**
*réalisateur américain (1900-1987)*
LITTLE CAESAR (1930)
TONIGHT OR NEVER (1931)
I AM A FUGITIVE FROM A CHAIN GANG (1932)
ANTHONY ADVERSE (1936)
BLOSSOMS IN THE DUST (1941)
JOHNNY EAGER (1941)
RANDOM HARVEST (1942)
MADAME CURIE (1943)
THIRTY SECONDS OVER TOKYO (1945)
HOMECOMING (1948)
ANY NUMBER CAN PLAY (1949)
EAST SIDE, WEST SIDE (1949)
LITTLE WOMEN (1949)
QUO VADIS? (1951)
LOVELY TO LOOK AT (1952)
MILLION DOLLAR MERMAID (1952)
MISTER ROBERTS (1955)
BAD SEED, THE (1956)
MAJORITY OF ONE, A (1956)
NO TIME FOR SERGEANTS (1958)
F.B.I. STORY, THE (1959)
DEVIL AT 4 O'CLOCK, THE (1961)
GYPSY (1962)
MOMENT TO MOMENT (1965)

**LESTER, Mark L.**
*réalisateur américain (1946-)*
ROLLER BOOGIE (1979)
COMMANDO (1985)

**LESTER, Richard**
*réalisateur américain (1932-)*
HARD DAY'S NIGHT, A (1964)
HELP! (1965)
KNACK, AND HOW TO GET IT, THE (1965)
FUNNY THING HAPPENED ON THE WAY TO THE FORUM, A (1966)
HOW I WON THE WAR (1967)
PETULIA (1968)
JUGGERNAUT (1974)
THREE MUSKETEERS, THE (1974)
FOUR MUSKETEERS, THE (1975)
RITZ, THE (1976)
ROBIN & MARIAN (1976)
CUBA (1979)
SUPERMAN II (1980)
SUPERMAN III (1983)
RETURN OF THE MUSKETEERS, THE (1989)

**LEVIN, Henry**
*réalisateur américain (1909-1980)*
JOLSON SINGS AGAIN (1949)
LONELY MAN, THE (1957)
JOURNEY TO THE CENTER OF THE EARTH (1959)
MURDERERS' ROW (1966)
AMBUSHERS, THE (1968)
THAT MAN BOLT (1973)

**LEVINSON, Barry**
*réalisateur américain (1942-)*
DINER (1982)
NATURAL, THE (1984)
TIN MEN (1987)
GOOD MORNING, VIETNAM (1988)
RAIN MAN (1989)
AVALON (1990)
BUGSY (1991)
TOYS (1992)
DISCLOSURE (1994)
JIMMY HOLLYWOOD (1994)
SLEEPERS (1996)
SPHERE (1998)
LIBERTY HEIGHTS (1999)

**LEWIS, Herschell Gordon**
*réalisateur américain (1926-)*
BLOOD FEAST (1963)
2000 MANIACS (1964)
color me BLOOD RED (1965)
GRUESOME TWOSOME, THE (1967)
SUBURBAN ROULETTE (1967)
TASTE OF BLOOD, A (1967)
SCUM OF THE EARTH (1968)
SHE-DEVILS ON WHEELS (1968)
THIS STUFF'LL KILL YA! (1971)

**LEWIS, Jerry**
*réalisateur américain (1926-)*
BELLBOY, THE (1960)
ERRAND BOY, THE (1961)
LADIES' MAN, THE (1961)
NUTTY PROFESSOR, THE (1963)
PATSY, THE (1964)
FAMILY JEWELS, THE (1965)
BIG MOUTH, THE (1967)

**LEWIS, Joseph H.**
*réalisateur américain (1900-)*
INVISIBLE GHOST, THE (1941)
GUN CRAZY (1949)
BIG COMBO, THE (1954)
LAWLESS STREET, A (1955)
TERROR IN TEXAS A TOWN (1958)

**LI, Jet**
*réalisateur chinois (1963-)*
BORN TO DEFENCE (1986)

**LINDSAY-HOGG, Michael**
*réalisateur américain*
LET IT BE (1970)
OBJECT OF BEAUTY, THE (1991)
FRANKIE STARLIGHT (1995)

**LINKLATER, Richard**
*réalisateur américain (1962-)*
SLACKER (1991)
DAZED AND CONFUSED (1993)
BEFORE SUNRISE (1995)
SUBURBIA (1996)
NEWTON BOYS, THE (1998)

**LITVAK, Anatole**
*réalisateur russe (1902-1974)*
MAYERLING (1936)
AMAZING DR. CLITTERHOUSE, THE (1938)
LONG NIGHT, THE (1947)
SNAKE PIT, THE (1948)
SORRY, WRONG NUMBER (1948)
ANASTASIA (1956)
GOODBYE AGAIN (1961)
FIVE MILES TO MIDNIGHT (1962)
NIGHT OF THE GENERALS, THE (1967)

**LIVINGSTON, Jennie**
*réalisatrice américaine (1962-)*
PARIS IS BURNING (1991)

**LLOYD, Frank**
*réalisateur écossais (1888-1960)*
OLIVER TWIST (1922)
CAVALCADE (1933)
MUTINY ON THE BOUNTY (1935)
IF I WERE KING (1938)
FOREVER AND A DAY (1943)
BLOOD ON THE SUN (1945)

**LOACH, Ken**
*réalisateur anglais (1936-)*
FAMILY LIFE (1972)

HIDDEN AGENDA (1990)
RIFF RAFF (1991)
LADYBIRD, LADYBIRD (1993)
RAINING STONES (1993)
CARLA'S SONG (1996)
LAND AND FREEDOM (1996)
MY NAME IS JOE (1998)

**LOGAN, Joshua**
*réalisateur américain (1908-1988)*
BUS STOP (1956)
PICNIC (1956)
SAYONARA (1957)
SOUTH PACIFIC (1958)
FANNY (1961)
ENSIGN PULVER (1964)
CAMELOT (1967)
PAINT YOUR WAGON (1969)

**LOMBARDI, Francisco J.**
*réalisateur péruvien*
BOCA DEL LOBO, LA (1988)
TOMBÉS DU CIEL (1990)

**LONCRAINE, Richard**
*réalisateur anglais (1946-)*
FULL CIRCLE (1977)
BRIMSTONE & TREACLE (1982)
MISSIONARY, THE (1982)
BELLMAN & TRUE (1988)
RICHARD III (1995)

**LORD, Jean-Claude**
*réalisateur québécois (1943-)*
COLOMBES, LES (1972)
BINGO (1973)
PARLEZ-NOUS D'AMOUR (1976)
PANIQUE (1977)
ÉCLAIR AU CHOCOLAT (1978)
TOBY McTEAGUE (1985)
GRENOUILLE ET LA BALEINE, LA (1987)

**LOSEY, Joseph**
*réalisateur américain (1909-1984)*
TIME WITHOUT PITY (1956)
GYPSY AND THE GENTLEMAN, THE (1958)
EVA (1963)
SERVANT, THE (1963)
KING & COUNTRY (1964)
ACCIDENT (1967)
BOOM! (1968)
SECRET CEREMONY (1968)
ASSASSINATION OF TROTSKY, THE (1972)
DOLL'S HOUSE, A (1973)
ROMANTIC ENGLISHWOMAN, THE (1975)
MONSIEUR KLEIN (1976)
ROUTES DU SUD, LES (1978)
STEAMING (1984)

**LUBIN, Arthur**
*réalisateur américain (1901-1995)*
BLACK FRIDAY (1940)
HOLD THAT GHOST (1940)
BUCK PRIVATES (1941)
IN THE NAVY (1941)
KEEP'EM FLYING (1941)
RIDE 'EM COWBOY (1942)
PHANTOM OF THE OPERA (1943)
ALI BABA AND THE FORTY THIEVES (1944)
NEW ORLEANS (1947)
FRANCIS (THE TALKING MULE) (1949)
IMPACT (1949)
FRANCIS GOES TO THE RACES (1951)
RHUBARB (1951)
FRANCIS GOES TO WEST POINT (1952)
FRANCIS COVERS THE BIG TOWN (1953)
FRANCIS JOINS THE WACS (1954)
FRANCIS IN THE NAVY (1955)
LADY GODIVA (1955)
INCREDIBLE MR. LIMPET, THE (1963)

**LUBITSCH, Ernst**
*réalisateur allemand (1892-1947)*
STUDENT PRINCE IN OLD HEIDELBERG, THE (1927)
MERRY WIDOW, THE (1934)
ANGEL (1937)
BLUEBEARD'S EIGHTH WIFE (1938)
NINOTCHKA (1939)
SHOP AROUND THE CORNER, THE (1940)
THAT UNCERTAIN FEELING (1941)
TO BE OR NOT TO BE (1942)
HEAVEN CAN WAIT (1943)

**LUCAS, George**
*réalisateur américain (1944-)*
THX-1138 (1971)
AMERICAN GRAFFITI (1973)
STAR WARS (1977)
STAR WARS: EPISODE 1 - THE PHANTOM MENACE (1999)

**LUDWIG, Edward**
*réalisateur américain (1900-1982)*
FIGHTING SEABEES, THE (1944)
BLACK SCORPION, THE (1957)

**LUHRMANN, Baz**
*réalisateur australien*
STRICTLY BALLROOM (1992)

**LUMET, Sidney**
*réalisateur américain (1924-)*
12 ANGRY MEN (1957)
FUGITIVE KIND, THE (1959)
LONG DAY'S JOURNEY INTO NIGHT (1962)
FAIL-SAFE (1964)
HILL, THE (1965)
PAWNBROKER, THE (1965)
GROUP, THE (1966)
LAST OF THE MOBILE HOT-SHOTS (1970)
ANDERSON TAPES, THE (1972)
OFFENCE, THE (1973)
SERPICO (1973)
MURDER ON THE ORIENT EXPRESS (1974)
DOG DAY AFTERNOON (1975)
NETWORK (1976)
EQUUS (1977)
PRINCE OF THE CITY (1981)
DEATHTRAP (1982)
GARBO TALKS (1984)
POWER (1985)
MORNING AFTER, THE (1986)
RUNNING ON EMPTY (1988)
FAMILY BUSINESS (1989)
Q & A (1990)
STRANGER AMONG US, A (1992)
GUILTY AS SIN (1993)
NIGHT FALLS ON MANHATTAN (1996)
CRITICAL CARE (1998)
GLORIA (1998)

**LUNA, Bigas**
*réalisateur espagnol (1946-)*
JAMBON JAMBON (1992)
MACHO (1993)
FEMME DE CHAMBRE DU TITANIC, LA (1997)

**LUPINO, Ida**
*réalisatrice anglaise (1918-1995)*
NOT WANTED (1949)
BIGAMIST, THE (1953)
HITCH-HIKER, THE (1953)

**LYNCH, David**
*réalisateur américain (1946-)*
ERASERHEAD (1976)
ELEPHANT MAN, THE (1980)
DUNE (1984)
BLUE VELVET (1986)
LOST HIGHWAY (1996)
STRAIGHT STORY, THE (1999)

**LYNE, Adrian**
*réalisateur américain (1941-)*
FLASHDANCE (1983)
9 1/2 WEEKS (1985)
FATAL ATTRACTION (1988)
JACOB'S LADDER (1990)
INDECENT PROPOSAL (1993)
LOLITA (1997)

**LYNN, Jonathan**
*réalisateur anglais (1943-)*
CLUE (1985)
MY COUSIN VINNY (1992)
SGT. BILKO (1996)

**MACHATY, Gustav**
*réalisateur polonais (1901-1963)*
EXTASE (1933)

**MACKENDRICK, Alexander**
*réalisateur américain (1912-1993)*
MAN IN THE WHITE SUIT, THE (1951)
LADYKILLERS, THE (1955)
SWEET SMELL OF SUCCESS (1957)
DON'T MAKE WAVES (1967)

**MACKENZIE, John**
*réalisateur anglais (1932-)*
LONG GOOD FRIDAY, THE (1980)
FOURTH PROTOCOL, THE (1987)

**MAKAVEJEV, Dusan**
*réalisateur yougoslave (1932-)*
HOMME N'EST PAS UN OISEAU, L' (1965)
AFFAIRE DE CŒUR, UNE (1967)
INNOCENCE SANS PROTECTION, L' (1968)
SWEET MOVIE (1974)
MONTENEGRO (1982)
COCA-COLA KID, THE (1985)
NIGHT OF LOVE, A (1987)

**MAKK, Karoly**
*réalisateur hongrois (1925-)*
AMOUR (1970)
JEUX DE CHATS (1974)
NUIT TRÈS MORALE, UNE (1977)
ANOTHER WAY (1982)

**MALICK, Terrence**
*réalisateur américain (1942-)*
BADLANDS (1973)
DAYS OF HEAVEN (1978)
THIN RED LINE, THE (1998)

**MALLE, Louis**
*réalisateur français (1932-1995)*
MONDE DU SILENCE, LE (1955)
ASCENSEUR POUR L'ÉCHAFAUD (1957)
HISTOIRES EXTRAORDINAIRES (1968)
SOUFFLE AU CŒUR, LE (1971)
PRETTY BABY (1978)
ATLANTIC CITY (1980)
MY DINNER WITH ANDRÉ (1981)
CRACKERS (1984)

ALAMO BAY (1985)
AU REVOIR LES ENFANTS (1988)
MILOU EN MAI (1990)
DAMAGE (1992)

**MAMET, David**
*réalisateur américain (1947-)*
HOUSE OF GAMES (1987)
THINGS CHANGE (1988)
HOMICIDE (1991)
OLEANNA (1994)
SPANISH PRISONER, THE (1998)
STATE AND MAIN (2000)

**MAMOULIAN, Rouben**
*réalisateur georgien (1897-1987)*
DR. JEKYLL AND MR. HYDE (1932)
SONG OF SONGS, THE (1932)
QUEEN CHRISTINA (1933)
GAY DESPERADO (1936)
GOLDEN BOY (1939)
MARK OF ZORRO, THE (1940)
BLOOD AND SAND (1941)
SILK STOCKINGS (1957)

**MANDEL, Robert**
*réalisateur américain (1957-)*
F/X (1986)
SCHOOL TIES (1992)
SUBSTITUTE, THE (1995)

**MANDOKI, Luis**
*réalisateur mexicain*
GABY: A TRUE STORY (1987)
MESSAGE IN A BOTTLE (1999)

**MANFREDI, Nino**
*réalisateur italien (1921-)*
NU DE FEMME (1987)

**MANKIEWICZ, Francis**
*réalisateur québécois (1944-1993)*
TEMPS D'UNE CHASSE, LE (1972)
BEAUX SOUVENIRS, LES (1981)
BONS DÉBARRAS, LES (1981)
AND THEN YOU DIE (1987)
PORTES TOURNANTES, LES (1988)

**MANKIEWICZ, Joseph Leo**
*réalisateur américain (1909-1993)*
GHOST AND MRS. MUIR, THE (1947)
HOUSE OF STRANGERS (1949)
LETTER TO THREE WIVES, A (1949)
ALL ABOUT EVE (1950)
PEOPLE WILL TALK (1951)
5 FINGERS (1952)
JULIUS CAESAR (1953)
BAREFOOT CONTESSA, THE (1954)
GUYS AND DOLLS (1955)
SUDDENLY, LAST SUMMER (1959)
CLEOPATRA (1963)
HONEY POT, THE (1967)
THERE WAS A CROOKED MAN (1970)
SLEUTH (1972)

**MANN, Anthony**
*réalisateur américain (1906-1967)*
STRANGE IMPERSONATION (1946)
DESPERATE (1947)
RAILROADED (1947)
RAW DEAL (1948)
T-MEN (1948)
HE WALKED BY NIGHT (1949)
BEND OF THE RIVER (1952)
NAKED SPUR, THE (1953)
THUNDER BAY (1953)
GLENN MILLER STORY, THE (1954)
FAR COUNTRY, THE (1955)
MAN FROM LARAMIE, THE (1955)
STRATEGIC AIR COMMAND (1955)
SAVAGE WILDERNESS (1956)
MEN IN WAR (1957)
TIN STAR, THE (1957)
GOD'S LITTLE ACRE (1958)
MAN OF THE WEST (1958)
CIMARRON (1960)
EL CID (1961)
FALL OF THE ROMAN EMPIRE, THE (1964)
HEROES OF TELEMARK, THE (1965)

**MANN, Daniel**
*réalisateur américain (1912-1991)*
COME BACK, LITTLE SHEBA (1952)
I'LL CRY TOMORROW (1955)
ROSE TATTOO, THE (1955)
TEAHOUSE OF THE AUGUST MOON, THE (1956)
LAST ANGRY MAN, THE (1959)
BUTTERFIELD 8 (1960)
OUR MAN FLINT (1965)
FOR LOVE OF IVY (1968)
MAN WHO BROKE A 1000 CHAINS, THE (1987)

**MANN, Delbert**
*réalisateur américain (1920-)*
MARTY (1955)
DESIRE UNDER THE ELMS (1958)
SEPARATE TABLES (1958)
LOVER COME BACK (1961)
THAT TOUCH OF MINK (1962)
GATHERING OF EAGLES, A (1963)
DEAR HEART (1964)
FITZWILLY (1967)
PINK JUNGLE, THE (1968)
ALL QUIET ON THE WESTERN FRONT (1979)
LAST DAYS OF PATTON, THE (1986)

**MANN, Michael**
*réalisateur américain (1943-)*
THIEF (1981)
KEEP, THE (1983)
MANHUNTER (1986)
LAST OF THE MOHICANS, THE (1992)
HEAT (1995)
INSIDER, THE (1999)

**MARQUAND, Richard**
*réalisateur anglais (1938-1987)*
EYE OF THE NEEDLE (1981)
RETURN OF THE JEDI (1983)
JAGGED EDGE (1985)

**MARSHALL, Frank**
*réalisateur américain (1946-)*
ARACHNOPHOBIA (1990)
ALIVE (1992)
CONGO (1995)

**MARSHALL, Garry**
*réalisateur américain (1935-)*
NOTHING IN COMMON (1986)
OVERBOARD (1987)
BEACHES (1988)
PRETTY WOMAN (1990)
FRANKIE & JOHNNY (1991)
DEAR GOD (1996)
RUNAWAY BRIDE (1999)

**MARSHALL, George**
*réalisateur américain (1891-1975)*
SHOW THEM NO MERCY (1935)
DESTRY RIDES AGAIN (1939)
GHOST BREAKERS, THE (1940)
TEXAS (1941)
STAR SPANGLED RHYTHM (1942)
BLUE DAHLIA, THE (1946)
MONSIEUR BEAUCAIRE (1946)
MY FRIEND IRMA (1949)
FANCY PANTS (1950)
HOUDINI (1953)
SCARED STIFF (1953)
RED GARTERS (1954)
GAZEBO, THE (1959)
IT STARTED WITH A KISS (1959)
HOW THE WEST WAS WON (1962)

**MARSHALL, Penny**
*réalisatrice américaine (1942-)*
JUMPIN' JACK FLASH (1986)
BIG (1988)
AWAKENINGS (1990)
LEAGUE OF THEIR OWN, A (1992)
RENAISSANCE MAN (1994)
PREACHER'S WIFE, THE (1996)

**MARTON, Andrew**
*réalisateur américain (1904-)*
KING SOLOMON'S MINES (1950)
GREEN FIRE (1954)
MEN OF THE FIGHTING LADY (1954)
LONGEST DAY, THE (1962)
THIN RED LINE, THE (1964)
CLARENCE THE CROSS-EYED LION (1965)

**MASTERSON, Peter**
*réalisateur américain (1934-)*
FULL MOON IN BLUE WATER (1988)

**MATE, Rudolph**
*réalisateur polonais (1898-1964)*
DARK PAST, THE (1948)
BRANDED (1950)
D.O.A. (1950)
GREEN GLOVE, THE (1952)
BLACK SHIELD OF FALWORTH, THE (1954)
THREE VIOLENT PEOPLE (1956)
DEEP SIX, THE (1957)
FOR THE FIRST TIME (1959)

**MAY, Elaine**
*réalisatrice américaine (1932-)*
NEW LEAF, A (1971)
MIKEY & NICKY (1976)
ISHTAR (1987)

**MAY, Joe**
*réalisateur autrichien (1880-1954)*
INDIAN TOMB, THE (2 VOLUMES) (1921)
HOUSE OF THE SEVEN GABLES, THE (1940)
INVISIBLE MAN RETURNS, THE (1940)

**MAYO, Archie**
*réalisateur américain (1891-1968)*
NIGHT AFTER NIGHT (1932)
PETRIFIED FOREST, THE (1936)
BLACK LEGION (1937)
ADVENTURES OF MARCO POLO, THE (1938)
THEY SHALL HAVE MUSIC (1939)
ORCHESTRA WIVES (1942)
CRASH DIVE (1943)
NIGHT IN CASABLANCA, A (1946)

**MAZURSKY, Paul**
*réalisateur américain (1930-)*
BOB & CAROL & TED & ALICE (1969)
ALEX IN WONDERLAND (1970)
BLUME IN LOVE (1972)
HARRY AND TONTO (1974)
NEXT STOP, GREENWICH VILLAGE (1976)

TEMPEST (1982)
MOSCOW ON THE HUDSON (1984)
DOWN AND OUT IN BEVERLY HILLS (1986)
MOON OVER PARADOR (1988)
ENEMIES, A LOVE STORY (1989)
SCENES FROM A MALL (1991)
FAITHFUL (1996)

**McBRIDE, Jim**
*réalisateur américain (1941-)*
DAVID HOLZMAN'S DIARY (1968)
BREATHLESS (1983)
BIG EASY, THE (1987)
GREAT BALLS OF FIRE! (1989)

**McCAREY, Leo**
*réalisateur américain (1898-1969)*
FINISHING TOUCH (1928)
LIBERTY (1929)
DUCK SOUP (1933)
BELLE OF THE NINETIES (1934)
SIX OF A KIND (1934)
RUGGLES OF RED GAP (1935)
AWFUL TRUTH, THE (1937)
LOVE AFFAIR (1939)
ONCE UPON A HONEYMOON (1942)
GOING MY WAY (1944)
BELLS OF ST.MARY'S, THE (1945)
GOOD SAM (1948)
AFFAIR TO REMEMBER, AN (1957)

**McDONALD, Bruce**
*réalisateur canadien*
ROADKILL (1989)
HIGHWAY 61 (1991)
DANCE ME OUTSIDE (1994)
HARD CORE LOGO (1996)

**McELWEE, Ross**
*réalisateur américain (1947-)*
SHERMAN'S MARCH (1986)
TIME INDEFINITE (1993)

**McLAGLEN, Andrew V.**
*réalisateur anglais (1920-)*
McLINTOCK! (1963)
SHENANDOAH (1965)
RARE BREED, THE (1966)
DEVIL'S BRIGADE, THE (1967)
BANDOLERO! (1968)
HELLFIGHTERS (1968)
CHISUM (1970)
CAHILL: UNITED STATES MARSHAL (1973)
BREAKTHROUGH (1978)
FFOLKES (1980)
SEA WOLVES, THE (1980)
SAHARA (1983)
ON WINGS OF EAGLES (1987)

**McLAREN, Norman**
*réalisateur canadien (1914-1987)*

**McLEOD, Norman Z.**
*réalisateur américain (1898-1964)*
MONKEY BUSINESS (1931)
HORSE FEATHERS (1932)
IT'S A GIFT (1935)
LADY BE GOOD (1941)
PANAMA HATTIE (1942)
KID FROM BROOKLYN, THE (1946)
ROAD TO RIO (1947)
SECRET LIFE OF WALTER MITTY, THE (1947)
PALEFACE, THE (1948)
LET'S DANCE (1950)
CASANOVA'S BIG NIGHT (1954)
ALIAS JESSE JAMES (1959)

**McLEOD WILCOX, Fred**
*réalisateur américain (1905-1964)*
THREE DARING DAUGHTERS (1948)
SECRET GARDEN, THE (1949)
FORBIDDEN PLANET (1956)

**McNAUGHTON, John**
*réalisateur américain (1950-)*
HENRY: PORTRAIT OF A SERIAL KILLER (1986)
BORROWER, THE (1991)
SEX, DRUGS, ROCK & ROLL (1991)
MAD DOG AND GLORY (1992)
GIRLS IN PRISON (1994)
NORMAL LIFE (1995)
LANSKY (1999)

**McTIERNAN, John**
*réalisateur américain (1951-)*
PREDATOR (1985)
NOMADS (1986)
DIE HARD (1988)
HUNT FOR RED OCTOBER, THE (1990)
MEDECINE MAN (1992)
LAST ACTION HERO (1993)
DIE HARD WITH A VENGEANCE (1995)
13TH WARRIOR, THE (1999)
THOMAS CROWN AFFAIR, THE (1999)

**MEDAK, Peter**
*réalisateur anglais (1940-)*
RULING CLASS, THE (1972)
ODD JOB, THE (1978)
CHANGELING, THE (1979)
MEN'S CLUB, THE (1986)
KRAYS, THE (1990)
LET HIM HAVE IT (1991)
ROMEO IS BLEEDING (1993)
PONTIAC MOON (1994)
HUNCHBACK, THE (1997)

**MELANÇON, André**
*réalisateur québécois (1942-)*
GUERRE DES TUQUES, LA (1984)
BACH ET BOTTINE (1986)
FIERRO... L'ÉTÉ DES SECRETS (1989)
RAFALES (1990)

**MELVILLE, Jean-Pierre**
*réalisateur français (1917-1973)*
SILENCE DE LA MER, LE (1947)
ENFANTS TERRIBLES, LES (1950)
BOB LE FLAMBEUR (1955)
LÉON MORIN, PRÊTRE (1961)
DOULOS, LE (1962)
DEUXIÈME SOUFFLE, LE (1966)
SAMOURAI, LE (1967)
CERCLE ROUGE, LE (1970)

**MÉNARD, Robert**
*réalisateur québécois (1947-)*
JOURNÉE EN TAXI, UNE (1984)
T'ES BELLE JEANNE (1988)
CRUISING BAR (1989)
AMOUREUX FOU (1991)
HOMME DE RÊVE, L' (1991)
ENFANT D'EAU, L' (1995)

**MENZEL, Jiri**
*réalisateur tchèque (1938-)*
LARKS ON A STRING (1969)
MON CHER PETIT VILLAGE (1985)

**MEREDITH, Burgess**
*réalisateur américain (1908-1997)*
MAN ON THE EIFFEL TOWER, THE (1949)

**MESZAROS, Marta**
*réalisatrice hongroise (1934-)*
GIRL, THE (1968)
RIDDANCE (1973)
ADOPTION (1975)
BYE BYE LITTLE RED RIDING HOOD (1989)

**METZGER, Radley**
*réalisateur américain (1929-)*
CARMEN, BABY (1967)
THERESE AND ISABELLE (1968)
SCORE (1976)
CAT AND THE CANARY, THE (1977)

**MEYER, Nicholas**
*réalisateur américain (1945-)*
TIME AFTER TIME (1979)
STAR TREK II: THE WRATH OF KHAN (1982)
DAY AFTER, THE (1984)
DECEIVERS, THE (1988)
COMPANY BUSINESS (1991)
STAR TREK VI: THE UNDISCOVERED COUNTRY (1991)

**MEYER, Russ**
*réalisateur américain (1922-)*
IMMORAL MR. TEAS, THE (1959)
EVE AND THE HANDYMAN (1961)
LORNA (1964)
FANNY HILL (1965)
MUDHONEY (1965)
FASTER PUSSYCAT, KILL... KILL... (1966)
MONDO TOPLESS (1966)
MOTOR PSYCHO (1966)
COMMON-LAW CABIN (1967)
GOOD MORNING... AND GOODBYE! (1967)
FINDERS KEEPERS... LOVERS WEEPERS (1968)
CHERRY... & HARRY & RAQUEL (1969)
BEYOND THE VALLEY OF THE DOLLS (1970)
BLACKSNAKE (1970)
SUPER VIXENS (1975)
BENEATH THE VALLEY OF THE ULTRA-VIXENS (1979)

**MICHEAUX, Oscar**
*réalisateur américain (1884-1951)*
BODY AND SOUL (1925)
LYING LIPS (1939)

**MIHALKA, George**
*réalisateur québécois (1952-)*
SCANDALE (1980)
CHEMIN DE DAMAS, LE (1988)
FLORIDA, LA (1993)
BULLET TO BEIJING (1995)

**MIKHALKOV, Nikita**
*réalisateur russe (1945-)*
PARTITION INACHEVÉE POUR PIANO MÉCANIQUE (1976)
ESCLAVE DE L'AMOUR, L' (1977)
OBLOMOV (1980)
SOLEIL TROMPEUR (1994)
ANNA 6-18 (1995)

**MILESTONE, Lewis**
*réalisateur russe (1895-1980)*
ALL QUIET ON THE WESTERN FRONT (1930)
FRONT PAGE, THE (1931)
RAIN (1932)
HALLELUJAH, I'M A BUM! (1933)
GENERAL DIED AT DAWN, THE (1936)
OF MICE AND MEN (1939)
PURPLE HEART, THE (1944)
STRANGE LOVE OF MARTHA IVERS (1946)
ARCH OF TRIUMPH (1948)

NO MINOR VICES (1948)
RED PONY, THE (1949)
HALLS OF MONTEZUMA, THE (1950)
PORK CHOP HILL (1959)
OCEAN'S ELEVEN (1960)
MUTINY ON THE BOUNTY (1962)

**MILIUS, John**
*réalisateur américain (1944-)*
BIG WEDNESDAY (1978)
CONAN: THE BARBARIAN & THE DESTROYER (COFFRET)
CONAN THE BARBARIAN (1982)
FAREWELL TO THE KING (1989)

**MILLAND, Ray**
*réalisateur gallois (1905-1986)*
PANIC IN YEAR ZERO (1962)

**MILLER, Claude**
*réalisateur français (1942-)*
DITES-LUI QUE JE L'AIME (1977)
GARDE À VUE (1981)
MORTELLE RANDONNÉE (1983)
PETITE VOLEUSE, LA (1989)
ACCOMPAGNATRICE, L' (1992)
SOURIRE, LE (1994)
ENFANTS DE LUMIÈRE, LES (1995)
CLASSE DE NEIGE, LA (1998)
CHAMBRE DES MAGICIENNES, LA (1999)

**MILLER, George**
*réalisateur australien (1943-1998)*
MAD MAX (1979)
MAD MAX 2: THE ROAD WARRIOR (1981)
MAN FROM SNOWY RIVER, THE (1982)
AVIATOR, THE (1985)
MAD MAX 3: BEYOND THE THUNDERDOME (1985)
NEVERENDING STORY II: THE NEXT CHAPTER, THE (1989)
LORENZO'S OIL (1992)
ANDRE (1994)
BABE: PIG IN THE CITY (1998)

**MINER, Steve**
*réalisateur américain (1951-)*
FRIDAY THE 13TH PART II (1981)
FRIDAY THE 13TH PART III (1982)
HOUSE (1985)
FOREVER YOUNG (1992)
MY FATHER THE HERO (1994)
HALLOWEEN H20: TWENTY YEARS LATER (1998)
LAKE PLACID (1999)

**MINGHELLA, Anthony**
*réalisateur anglais (1954-)*
MR. WONDERFUL (1993)
ENGLISH PATIENT, THE (1996)
TALENTED MR. RIPLEY, THE (1999)

**MINGOZZI, Gianfranco**
*réalisateur italien (1932-)*
LAST DIVA, THE (1982)
BELLISSIMO: IMAGES OF THE ITALIAN CINEMA (1987)
EXPLOITS D'UN JEUNE DON JUAN, LES (1987)
FEMME DE MES AMOURS, LA (1989)

**MINNELLI, Vincente**
*réalisateur américain (1910-1986)*
CABIN IN THE SKY (1943)
I DOOD IT (1943)
MEET ME IN ST. LOUIS (1944)
CLOCK, THE (1945)
PIRATE, THE (1948)
MADAME BOVARY (1949)
FATHER OF THE BRIDE (1950)
AMERICAN IN PARIS, AN (1951)
FATHER'S LITTLE DIVIDEND (1951)
BAD AND THE BEAUTIFUL, THE (1952)
BAND WAGON, THE (1953)
BRIGADOON (1954)
LONG, LONG TRAILER, THE (1954)
KISMET (1955)
LUST FOR LIFE (1956)
TEA AND SYMPATHY (1956)
DESIGNING WOMAN (1957)
GIGI (1958)
RELUCTANTE DEBUTANTE, THE (1958)
SOME CAME RUNNING (1958)
BELLS ARE RINGING, THE (1960)
HOME FROM THE HILL (1960)
FOUR HORSEMEN OF THE APOCALYPSE, THE (1961)
COURTSHIP OF EDDIE'S FATHER, THE (1963)
GOODBYE CHARLIE (1964)
SANDPIPER, THE (1965)
ON A CLEAR DAY YOU CAN SEE FOREVER (1970)

**MIZOGUCHI, Kenji**
*réalisateur japonais (1898-1956)*
OSAKA ELEGY (1936)
SISTERS OF GION (1936)
STORY OF THE LAST CHRYSANTHEMUM, THE (1939)
47 RONIN, PART 1 (1942)
47 RONIN, PART 1 & 2 (1942)
47 RONIN, PART 2 (1942)
CONTES DE LA LUNE VAGUE APRÈS LA PLUIE, LES (1953)
INTENDANT SANSHO, L' (1954)
RUE DE LA HONTE, LA (1957)

**MOCKY, Jean-Pierre**
*réalisateur français (1929-)*
GRANDE LESSIVE, LA (1968)
À MORT L'ARBITRE (1984)
MIRACULÉ, LE (1986)
AGENT TROUBLE (1987)
SAISONS DU PLAISIR, LES (1988)
NOIR COMME LE SOUVENIR (1997)

**MOLANDER, Gustaf**
*réalisateur finlandais (1888-1973)*
SWEDENHIELM, LES (1935)
INTERMEZZO (1936)
DOLLAR (1937)
ONLY ONE NIGHT (1939)

**MOLINARO, Édouard**
*réalisateur français (1928-)*
SEPT PÉCHÉS CAPITAUX, LES (1962)
CHASSE À L'HOMME, LA (1964)
HIBERNATUS (1969)
AVEUX LES PLUS DOUX, LES (1970)
EMMERDEUR, L' (1973)
IRONIE DU SORT, L' (1973)
DRACULA PÈRE ET FILS (1976)
HOMME PRESSÉ, L' (1977)
CAGE AUX FOLLES, LA (1978)
CAUSE TOUJOURS, TU M'INTÉRESSES (1979)
CAGE AUX FOLLES 2, LA (1980)
POUR CENT BRIQUES, T'AS PLUS RIEN (1982)
PALACE (1984)
À GAUCHE EN SORTANT DE L'ASCENSEUR (1988)
SOUPER, LE (1992)
BEAUMARCHAIS L'INSOLENT (1996)

**MONICELLI, Mario**
*réalisateur italien (1915-)*
PIGEON, LE (1958)
BOCCACCIO 70 (1962)
CAMARADES, LES (1963)
MESDAMES ET MESSIEURS, BONSOIR (1976)
MARQUIS S'AMUSE, LE (1980)
POURVU QUE CE SOIT UNE FILLE (1986)

**MONTALDO, Giuliano**
*réalisateur italien (1930-)*
SACCO & VANZETTI (1971)
CONTROL (1987)
LUNETTES D'OR, LES (1987)
TIME TO KILL (1989)

**MONTGOMERY, Robert**
*réalisateur américain (1904-1981)*
LADY IN THE LAKE (1946)
GALLANT HOURS, THE (1960)

**MOORE, Michael**
*réalisateur américain (1954-)*
PARADISE, HAWAIIAN STYLE (1965)
FASTEST GUITAR ALIVE, THE (1968)
ROGER & ME (1989)
CANADIAN BACON (1995)
BIG ONE, THE (1997)

**MOORHOUSE, Jocelyn**
*réalisateur australien (1960-)*
PROOF (1991)
HOW TO MAKE AN AMERICAN QUILT (1995)
THOUSAND ACRES, A (1997)

**MOREAU, Jeanne**
*réalisatrice française (1928-)*
LUMIÈRE (1975)

**MORETTI, Nanni**
*réalisateur italien (1953-)*
PALOMBELLA ROSSA (1990)
JOURNAL INTIME (1993)
APRILE (1998)

**MORIN, Robert**
*réalisateur québécois*
REQUIEM POUR UN BEAU SANS-CŒUR (1992)
QUICONQUE MEURT, MEURT À DOULEUR (1998)

**MORRIS, Errol**
*réalisateur américain (1948-)*
GATES OF HEAVEN (1987)
THIN BLUE LINE, THE (1988)
BRIEF HISTORY OF TIME, A (1992)
FAST, CHEAP & OUT OF CONTROL (1997)
MR. DEATH: THE RISE AND FALL OF FRED A. LEUCHTER JR. (1999)

**MORRISSEY, Paul**
*réalisateur américain (1939-)*
FLESH (1969)
HEAT (1972)
ANDY WARHOL'S FRANKENSTEIN (1973)
ANDY WARHOL'S DRACULA (1974)
BEETHOVEN'S NEPHEW (1985)
MIXED BLOOD (1985)
SPIKE OF BENSONHURST (1988)

**MOYLE, Allan**
*réalisateur canadien*
PUMP UP THE VOLUME (1990)
NEW WATERFORD GIRL (1999)

**MULCAHY, Russell**
*réalisateur australien (1953-)*
HIGHLANDER (1986)
HIGHLANDER 2: THE QUICKENING (1991)
RICOCHET (1991)
SHADOW, THE (1994)

**MULLIGAN, Robert**
*réalisateur américain (1925-)*
FEAR STRIKES OUT (1957)
GREAT IMPOSTOR, THE (1960)
COME SEPTEMBER (1961)
TO KILL A MOCKINGBIRD (1962)
LOVE WITH THE PROPER STRANGER (1963)
BABY, THE RAIN MUST FALL (1965)
INSIDE DAISY CLOVER (1965)
STALKING MOON, THE (1969)
PURSUIT OF HAPPINESS, THE (1971)
SUMMER OF '42 (1971)
OTHER, THE (1972)
SAME TIME, NEXT YEAR (1978)
CLARA'S HEART (1988)
MAN IN THE MOON, THE (1991)

**MURNAU, Friedrich Wilhelm**
*réalisateur allemand (1889-1931)*
NOSFERATU (1922)
DERNIER DES HOMMES, LE (1924)
FAUST (1926)
TABU (1931)

**MURPHY, Geoff**
*réalisateur américain (1938-)*
QUIET EARTH, THE (1985)
FREEJACK (1992)
DON'T LOOK BACK (1996)

**NAIR, Mira**
*réalisatrice indienne (1957-)*
SALAAM BOMBAY! (1988)
MISSISSIPPI MASALA (1992)
PEREZ FAMILY, THE (1995)
KAMA SUTRA: A TALE OF LOVE (1996)
MY OWN COUNTRY (1998)

**NARIZZANO, Silvio**
*réalisateur canadien (1927-)*
DIE! DIE! MY DARLING! (1965)
GEORGY GIRL (1966)
BODY IN THE LIBRARY, THE (1985)

**NAVA, Gregory**
*réalisateur américain (1949-)*
EL NORTE (1983)
TIME OF DESTINY, A (1988)
MY FAMILY (1995)
SELENA (1996)

**NEAME, Ronald**
*réalisateur anglais (1911-)*
CARD, THE (1952)
MILLION POUND NOTE, THE (1954)
MAN WHO NEVER WAS, THE (1956)
HORSE'S MOUTH, THE (1958)
I COULD GO ON SINGING (1963)
CHALK GARDEN, THE (1964)
GAMBIT (1966)
PRIME OF MISS JEAN BRODIE, THE (1969)
SCROOGE (1970)
POSEIDON ADVENTURE, THE (1972)
ODESSA FILE, THE (1974)
METEOR (1979)
HOPSCOTCH (1980)
FIRST MONDAY IN OCTOBER (1981)

**NEEDHAM, Hal**
*réalisateur américain (1937-)*
SMOKEY AND THE BANDIT (1977)
SMOKEY AND THE BANDIT 2 (1980)
CANNONBALL RUN, THE (1981)
STROKER ACE (1983)

**NEGULESCO, Jean**
*réalisateur roumain (1900-1993)*
HUMORESQUE (1946)
JOHNNY BELINDA (1948)
ROAD HOUSE (1948)
PHONE CALL FROM A STRANGER (1952)
HOW TO MARRY A MILLIONAIRE (1953)
TITANIC (1953)
THREE COINS IN THE FOUNTAIN (1954)
DADDY LONG LEGS (1955)
BEST OF EVERYTHING, THE (1959)

**NEILL, Roy William**
*réalisateur américain (1887-1946)*
EVENING WITH SHERLOCK HOLMES (4 DVD)
BLACK ROOM, THE (1935)
FRANKENSTEIN MEETS THE WOLF MAN (1942)
SHERLOCK HOLMES AND THE SECRET WEAPON (1942)
SHERLOCK HOLMES IN WASHINGTON (1943)
PEARL OF DEATH, THE (1944)
SCARLET CLAW, THE (1944)
SHERLOCK HOLMES AND THE SPIDER WOMAN (1944)
HOUSE OF FEAR, THE (1945)
PURSUIT TO ALGIERS (1945)
BLACK ANGEL (1946)
DRESSED TO KILL (1946)
TERROR BY NIGHT (1946)

**NELSON, Ralph**
*réalisateur américain (1916-1987)*
REQUIEM FOR A HEAVYWEIGHT (1962)
LILIES OF THE FIELD (1963)
FATHER GOOSE (1964)
DUEL AT DIABLO (1966)
CHARLY (1968)
SOLDIER BLUE (1970)

**NEUMANN, Kurt**
*réalisateur allemand (1908-1958)*
KRONOS RAVAGER OF PLANET (1957)

**NEWELL, Mike**
*réalisateur anglais (1942-)*
MAN IN THE IRON MASK, THE (1977)
DANCE WITH A STRANGER (1985)
AMAZING GRACE AND CHUCK (1987)
GOOD FATHER, THE (1987)
ENCHANTED APRIL (1992)
INTO THE WEST (1992)
FOUR WEDDINGS AND A FUNERAL (1993)
AWFULLY BIG ADVENTURE, AN (1995)
DONNIE BRASCO (1997)
PUSHING TIN (1999)

**NEWMAN, Joseph M.**
*réalisateur américain (1909-)*
LOVE NEST (1951)
PONY SOLDIER (1952)
THIS ISLAND EARTH (1955)
THUNDER OF DRUMS, A (1961)

**NEWMAN, Paul**
*réalisateur américain (1925-)*
RACHEL, RACHEL (1968)
SOMETIMES A GREAT NOTION (1971)
HARRY AND SON (1984)
GLASS MENAGERIE, THE (1987)

**NIBLO, Fred**
*réalisateur américain (1874-1948)*
MARK OF ZORRO, THE (1920)
THREE MUSKETEERS, THE (1921)
BLOOD AND SAND (1922)
BEN-HUR (1926)
MYSTERIOUS LADY, THE (1928)

**NICHETTI, Maurizio**
*réalisateur italien (1948-)*
STEFANO QUANTESTORIE (1983)
AMOUR AVEC DES GANTS, L' (1991)

**NICHOLS, Dudley**
*réalisateur américain (1895-1960)*
SISTER KENNY (1946)

**NICHOLS, Mike**
*réalisateur américain (1931-)*
GRADUATE, THE (1967)
CATCH 22 (1970)
CARNAL KNOWLEDGE (1971)
DAY OF THE DOLPHIN, THE (1973)
FORTUNE, THE (1975)
SILKWOOD (1983)
HEARTBURN (1986)
BILOXI BLUES (1988)
POSTCARDS FROM THE EDGE (1990)
REGARDING HENRY (1991)
BIRDCAGE, THE (1996)
PRIMARY COLORS (1998)

**NICHOLSON, Jack**
*réalisateur américain (1937-)*
GOIN' SOUTH (1978)

**NIMOY, Leonard**
*réalisateur américain (1931-)*
STAR TREK III: THE SEARCH FOR SPOCK (1984)
STAR TREK IV: THE VOYAGE HOME (1986)
3 MEN AND A BABY (1987)
GOOD MOTHER, THE (1988)

**NOONAN, Chris**
*réalisateur australien (1953-)*
BABE (1995)

**NOYCE, Phillip**
*réalisateur australien (1950-)*
HEATWAVE (1983)
DEAD CALM (1989)
BLIND FURY (1990)
PATRIOT GAMES (1992)
SLIVER (1993)
CLEAR AND PRESENT DANGER (1994)
SAINT, THE (1997)
BONE COLLECTOR, THE (1999)

**NUGENT, Elliott**
*réalisateur américain (1899-1980)*
GIVE ME A SAILOR (1938)
NEVER SAY DIE (1939)
JUST FOR YOU (1952)

**NUNEZ, Victor**
*réalisateur américain (1945-)*
RUBY IN PARADISE (1993)

**O'CONNOR, Pat**
*réalisateur, irlandais (1943-)*
CAL (1984)
MONTH IN THE COUNTRY, A (1987)
JANUARY MAN, THE (1989)
CIRCLE OF FRIENDS (1995)
INVENTING THE ABBOTTS (1997)
DANCING AT LUGHNASA (1998)

**ODETS, Clifford**
*réalisateur américain (1906-1963)*
NONE BUT THE LONELY HEART (1944)

**OLCOTT, Sidney**
*réalisateur canadien (1873-1949)*
FROM THE MANGER TO THE CROSS (1912)

**OLIVERA, Hector**
*réalisateur argentin (1931-)*
FUNNY DIRTY LITTLE WAR (1983)
RÉPRESSION (1986)
SHADOW YOU SOON WILL BE, A (1994)

**OLIVIER, Laurence**
*réalisateur anglais (1907-1989)*
HENRY V (1945)
HAMLET (1948)
RICHARD III (1955)
PRINCE AND THE SHOWGIRL, THE (1957)

**OLMI, Ermanno**
*réalisateur italien (1931-)*
ARBRE AUX SABOTS, L' (1978)

**OPHÜLS, Marcel**
*réalisateur allemand (1927-)*
AMOUR À VINGT ANS, L' (1962)
CHAGRIN ET LA PITIÉ, LE (1971)
HOTEL TERMINUS: THE LIFE AND TIMES OF KLAUS BARBIE (1988)

**OPHÜLS, Max**
*réalisateur allemand (1902-1957)*
LIEBELEI (1932)
DAME DE TOUT LE MONDE, LA (1934)
DE MAYERLING À SARAJEVO (1940)
LETTER FROM AN UNKNOWN WOMAN (1948)
CAUGHT (1949)
RONDE, LA (1950)
PLAISIR, LE (1952)
MADAME DE... (1953)
LOLA MONTÈS (1955)

**OSHIMA, Nagisa**
*réalisateur japonais (1932-)*
OBSÉDÉ EN PLEIN JOUR, L' (1966)
EMPIRE DES SENS, L' (1976)
EMPIRE DE LA PASSION, L' (1978)
MERRY CHRISTMAS, MR. LAWRENCE (1983)
MAX, MON AMOUR (1986)
TABOU (1999)

**OURY, Gérard**
*réalisateur français (1919-)*
CORNIAUD, LE (1964)
GRANDE VADROUILLE, LA (1966)
CERVEAU, LE (1969)
FOLIE DES GRANDEURS, LA (1971)
AVENTURES DE RABBI JACOB, LES (1973)
AS DES AS, L' (1983)
LÉVY ET GOLIATH (1986)
FANTÔME AVEC CHAUFFEUR (1996)

**OZ, Frank**
*réalisateur anglais (1944-)*
DARK CRYSTAL, THE (1983)
MUPPETS TAKE MANHATTAN, THE (1984)
LITTLE SHOP OF HORRORS (1986)
DIRTY ROTTEN SCOUNDRELS (1988)
HOUSESITTER (1992)
INDIAN IN THE CUPBOARD, THE (1995)
IN & OUT (1997)
BOWFINGER (1999)

**OZU, Yasujiro**
*réalisateur japonais (1903-1963)*
EARLY SUMMER (1951)
GOOD MORNING (1959)
HERBES FLOTTANTES (1959)

**PABST, Georg Wilhelm**
*réalisateur allemand (1885-1967)*
RUE SANS JOIE, LA (1925)
AMOUR DE JEANNE NEY, L' (1927)
LOULOU (1928)
JOURNAL D'UNE FILLE PERDUE (1929)
QUATRE DE L'INFANTERIE (1930)
OPÉRA DE QUAT'SOUS, L' (1931)
TRAGÉDIE DE LA MINE, LA (1931)

**PACINO, Al**
*réalisateur américain (1940-)*
LOOKING FOR RICHARD (1996)

**PAGE, Anthony**
*réalisateur anglais*
LADY VANISHES, THE (1979)
GRACE KELLY STORY, THE (1983)

**PAGNOL, Marcel**
*réalisateur français (1895-1974)*
ANGÈLE (1934)
JOFROI (1934)
CÉSAR (1936)
JOFROI & REGAIN (COFFRET)
REGAIN (1937)
FEMME DU BOULANGER, LA (1938)
SCHPOUNTZ, LE (1938)
TOPAZE (1950)
MANON DES SOURCES & UGOLIN (COFFRET) (1952)
MANON DES SOURCES (1952)
LETTRES DE MON MOULIN 1, LES (1954)
LETTRES DE MON MOULIN II, LES (1954)
LETTRES DE MON MOULIN, LES (COFFRET) (1954)

**PAKULA, Alan J.**
*réalisateur américain (1928-1998)*
STERILE CUCKOO, THE (1969)
KLUTE (1971)
PARALLAX VIEW, THE (1974)
ALL THE PRESIDENT'S MEN (1976)
COMES A HORSEMAN (1978)
STARTING OVER (1979)
SOPHIE'S CHOICE (1982)
DREAM LOVER (1985)
ORPHANS (1987)
SEE YOU IN THE MORNING (1989)
PRESUMED INNOCENT (1990)
CONSENTING ADULTS (1992)
PELICAN BRIEF, THE (1993)
DEVIL'S OWN, THE (1997)

**PAL, George**
*réalisateur hongrois (1908-1980)*
TOM THUMB (1958)
TIME MACHINE, THE (1960)
ATLANTIS, THE LOST CONTINENT (1961)
7 FACES OF DR. LAO (1964)

**PALCY, Euzhan**
*réalisateur martiniquais (1957-)*
RUE CASES-NÈGRES (1984)
DRY WHITE SEASON, A (1989)

**PALUD, Hervé**
*réalisateur français (1953-)*
JACQUES MESRINE (1983)
FRÈRES PÉTARD, LES (1986)
SECRETS PROFESSIONNELS DU DR. APFELGLÜCK, LES (1991)
INDIEN DANS LA VILLE, UN (1994)
MOOKIE (1998)

**PANAMA, Norman**
*réalisateur américain (1914-)*
ABOVE AND BEYOND (1952)
COURT JESTER, THE (1956)
ROAD TO HONG KONG, THE (1962)
NOT WITH MY WIFE YOU DON'T! (1966)

**PANFILOV, Gleb**
*réalisateur russe (1934-)*
THÈME (1979)

**PARADJANOV, Sergei**
*réalisateur arménien (1924-1990)*
CHEVAUX DE FEU, LES (1964)
COULEUR DE GRENADE (1969)
LÉGENDE DE LA CITADELLE DE SOURAM, LA (1984)
ASHIK KERIB (1988)

**PARK, Nick**
*réalisateur anglais*
CHICKEN RUN (2000)

**PARKER, Alan**
*réalisateur anglais (1944-)*
BUGSY MALONE (1976)
MIDNIGHT EXPRESS (1978)
FAME (1980)
PINK FLOYD - THE WALL (1982)
SHOOT THE MOON (1982)
BIRDY (1984)
ANGEL HEART (1986)
MISSISSIPPI BURNING (1988)
COME SEE THE PARADISE (1990)
COMMITMENTS, THE (1991)
ROAD TO WELLVILLE, THE (1994)
EVITA (1996)
ANGELA'S ASHES (1999)

**PARKS, Gordon**
*réalisateur américain (1912-)*
LEARNING TREE, THE (1969)
SHAFT (1971)
SHAFT'S BIG SCORE! (1972)
SUPERFLY (1972)

**PARRISH, Robert**
*réalisateur américain (1916-1995)*
CRY DANGER (1950)
PURPLE PLAIN, THE (1954)
BOBO, THE (1967)
CASINO ROYALE (1967)
JOURNEY TO THE FAR SIDE OF THE SUN (DOPPELGANGER) (1969)

**PASCAL, Christine**
*réalisatrice française (1953-1996)*
GARCE, LA (1984)
PETIT PRINCE A DIT, LE (1992)
ADULTÈRE (MODE D'EMPLOI) (1995)

**PASOLINI, Pier Paolo**
*réalisateur italien (1922-1975)*
ACCATTONE! (1961)
ROGOPAG (1962)
LOVE MEETINGS (1963)
ÉVANGILE SELON SAINT MATTHIEU, L' (1964)
OISEAUX PETITS ET GRANDS, DES (1965)
ŒDIPE ROI (1967)
TEOREMA (1968)
PORCHERIE (1969)

MÉDÉE (1970)
DÉCAMERON, LE (1971)
CONTES DE CANTERBURY, LES (1972)
MILLE ET UNE NUITS, LES (1974)
SALO OU LES CENT VINGT JOURNÉES DE SODOME (1975)

**PASSER, Ivan**
*réalisateur tchèque (1933-)*
CUTTER'S WAY (1981)
HAUNTED SUMMER (1988)
STALIN (1992)

**PASTRONE, Giovanni**
*réalisateur italien (1883-1959)*
CABIRIA (1914)

**PEARCE, Richard**
*réalisateur américain (1943-)*
NO MERCY (1986)
LONG WALK HOME, THE (1990)
LEAP OF FAITH (1992)
FAMILY THING, A (1996)

**PECKINPAH, Sam**
*réalisateur américain (1926-1984)*
RIDE THE HIGH COUNTRY (1962)
MAJOR DUNDEE (1965)
BALLAD OF CABLE HOGUE, THE (1970)
STRAW DOGS (1971)
GETAWAY, THE (1972)
JUNIOR BONNER (1972)
PAT GARRETT & BILLY THE KID (1973)
BRING ME THE HEAD OF ALFREDO GARCIA (1974)
KILLER ELITE, THE (1975)
CROSS OF IRON (1977)
CONVOY (1978)
OSTERMAN WEEKEND, THE (1984)

**PEERCE, Larry**
*réalisateur américain (1935-)*
INCIDENT, THE (1967)
ASH WEDNESDAY (1973)
ELVIS AND ME (1988)

**PELLETIER, Gabriel**
*réalisateur québécois*
AUTOMNE SAUVAGE, L' (1992)
MEURTRE EN MUSIQUE (1994)
KARMINA (1996)

**PENN, Arthur**
*réalisateur américain (1922-)*
LEFT-HANDED GUN, THE (1958)
MIRACLE WORKER, THE (1962)
CHASE, THE (1966)
BONNIE AND CLYDE (1967)
ALICE'S RESTAURANT (1969)
LITTLE BIG MAN (1970)
NIGHT MOVES (1975)
MISSOURI BREAKS, THE (1976)
FOUR FRIENDS (1982)
DEAD OF WINTER (1985)
TARGET (1985)
INSIDE (1996)

**PENN, Sean**
*réalisateur américain (1960-)*
INDIAN RUNNER, THE (1991)
CROSSING GUARD, THE (1995)
PLEDGE, THE (2001)

**PERRAULT, Pierre**
*réalisateur québécois (1927-1999)*
POUR LA SUITE DU MONDE (1963)
RÈGNE DU JOUR, LE (1966)
ACADIE, L'ACADIE, L' (1970)
RETOUR À LA TERRE, LE (1976)
BÊTE LUMINEUSE, LA (1982)

**PERRON, Clément**
*réalisateur québécois (1929-)*
CINÉMA ET RÉALITE (1966)
C'EST PAS LA FAUTE À JACQUES CARTIER (1967)
TAUREAU (1973)
PARTIS POUR LA GLOIRE (1975)

**PERRY, Frank**
*réalisateur américain (1930-1995)*
DAVID AND LISA (1963)
SWIMMER, THE (1968)
DOC (1971)
RANCHO DELUXE (1975)
MOMMIE DEAREST (1981)
MONSIGNOR (1982)
COMPROMISING POSITIONS (1985)

**PETERSEN, Wolfgang**
*réalisateur allemand (1941-)*
BATEAU, LE (1981)
NEVERENDING STORY, THE (1984)
ENEMY MINE (1986)
SHATTERED (1991)
IN THE LINE OF FIRE (1993)
OUTBREAK (1995)
AIR FORCE ONE (1997)
PERFECT STORM, THE (2000)

**PETRI, Elio**
*réalisateur italien (1929-1982)*
DIXIÈME VICTIME, LA (1965)
BUONE NOTIZIE, LE (1979)

**PETRIE, Daniel**
*réalisateur canadien (1920-)*
BRAMBLE BUSH, THE (1960)
RAISIN IN THE SUN, A (1961)
SYBIL (1976)
BETSY, THE (1978)
FORT APACHE, THE BRONX (1980)
DOLLMAKER, THE (1984)
COCOON: THE RETURN (1988)
BAY BOY, THE (1989)
MY NAME IS BILL W. (1989)
LASSIE (1994)
INHERIT THE WIND (1999)

**PETRIE, Donald**
*réalisateur américain (1954-)*
MYSTIC PIZZA (1988)
GRUMPY OLD MEN (1993)
FAVOR, THE (1994)
RICHIE RICH (1994)
ASSOCIATE, THE (1996)
MY FAVORITE MARTIAN (1999)
MISS CONGENIALITY (2000)

**PEVNEY, Joseph**
*réalisateur américain (1920-)*
STRANGE DOOR, THE (1951)
MEET DANNY WILSON (1952)
AWAY ALL BOATS (1956)
ISTANBUL (1957)
MAN OF A THOUSAND FACES (1957)
TORPEDO RUN (1958)
CASH McCALL (1960)

**PIALAT, Maurice**
*réalisateur français (1925-)*
GUEULE OUVERTE, LA (1973)
LOULOU (1980)
À NOS AMOURS (1983)
POLICE (1984)
SOUS LE SOLEIL DE SATAN (1987)

**PIERSON, Frank**
*réalisateur américain (1925-)*
STAR IS BORN, A (1976)
KING OF THE GYPSIES (1978)

**PING, Yuen Woo**
*réalisateur chinois*
DRUNKEN FIST BOXING (1976)
SNAKE IN THE EAGLE'S SHADOW (1978)
DRUNKEN MASTER (1979)
IRON MONKEY (1993)
TAI CHI MASTER, THE (1993)
FIST OF LEGEND (1994)
TAI CHI II (1996)

**PINHEIRO, José**
*réalisateur français (1945-)*
MOTS POUR LE DIRE, LES (1983)
PAROLE DE FLIC (1985)
MON BEL AMOUR, MA DÉCHIRURE (1987)
FEMME FARDÉE, LA (1990)

**PINOTEAU, Claude**
*réalisateur français (1925-)*
GRAND ESCOGRIFFE, LE (1977)
7e CIBLE, LA (1984)
ÉTUDIANTE, L' (1989)
PALMES DE M. SCHUTZ, LES (1996)

**PINTILIE, Lucian**
*réalisateur roumain (1933-)*
CHÊNE, LE (1992)
ÉTÉ INOUBLIABLE, UN (1994)

**PLANCHON, Roger**
*réalisateur français (1932-)*
DANDIN (1989)
LOUIS, ENFANT ROI (1992)
LAUTREC (1998)

**POIRÉ, Jean-Marie**
*réalisateur français (1945-)*
HOMMES PRÉFÈRENT LES GROSSES, LES (1981)
PÈRE NOËL EST UNE ORDURE, LE (1982)
PAPY FAIT DE LA RÉSISTANCE (1983)
MES MEILLEURS COPAINS (1989)
OPÉRATION CORNED BEEF (1992)
ANGES GARDIENS, LES (1994)

**POIRET, Jean**
*réalisateur français (1926-1992)*
ZÈBRE, LE (1992)

**POIRIER, Anne-Claire**
*réalisatrice québécoise (1932-)*
QUARANTAINE, LA (1982)
MOURIR À TUE-TÊTE (1983)
SALUT VICTOR! (1988)
IL Y A LONGTEMPS QUE JE T'AIME (1989)

**POITIER, Sidney**
*réalisateur américain (1924-)*
BUCK AND THE PREACHER (1971)
LET'S DO IT AGAIN (1975)
HANKY PANKY (1982)
FAST FORWARD (1985)

**POLANSKI, Roman**
*réalisateur polonais (1933-)*
COUTEAU DANS L'EAU, LE (1962)
REPULSION (1965)

FEARLESS VAMPIRE KILLERS, THE (1967)
ROSEMARY'S BABY (1968)
MACBETH (1971)
DIARY OF FORBIDDEN DREAMS (WHAT?) (1973)
CHINATOWN (1974)
LOCATAIRE, LE (1976)
TESS (1979)
PIRATES (1986)
FRANTIC (1988)
BITTER MOON (1992)
DEATH AND THE MAIDEN (1994)
NINTH GATE, THE (1999)

**POLLACK, Sydney**
*réalisateur américain (1934-)*
SLENDER THREAD, THE (1965)
THIS PROPERTY IS CONDEMNED (1966)
SCALPHUNTERS, THE (1968)
CASTLE KEEP (1969)
THEY SHOOT HORSES, DON'T THEY? (1969)
JEREMIAH JOHNSON (1972)
3 DAYS OF THE CONDOR (1975)
BOBBY DEERFIELD (1977)
ELECTRIC HORSEMAN, THE (1979)
ABSENCE OF MALICE (1982)
TOOTSIE (1984)
OUT OF AFRICA (1986)
HAVANA (1990)
FIRM, THE (1993)
SABRINA (1995)
RANDOM HEARTS (1999)

**POLONSKY, Abraham**
*réalisateur américain (1910-)*
FORCE OF EVIL (1949)
TELL THEM WILLIE BOY IS HERE (1969)

**PONTECORVO, Gillo**
*réalisateur italien (1919-)*
BATAILLE D'ALGER, LA (1965)
BURN! (1969)

**POOL, Léa**
*réalisatrice suisse (1950-)*
STRASS CAFÉ (1980)
FEMME DE L'HÔTEL, LA (1984)
ANNE TRISTER (1986)
À CORPS PERDU (1988)
DEMOISELLE SAUVAGE, LA (1991)
MONTRÉAL VU PAR... (1991)
MOUVEMENTS DU DÉSIR (1993)
EMPORTE-MOI (1998)

**POST, Ted**
*réalisateur américain (1918-)*
HANG'EM HIGH (1967)
BENEATH THE PLANET OF THE APES (1970)
MAGNUM FORCE (1973)
GO TELL THE SPARTANS (1978)

**POTTER, H.C.**
*réalisateur américain (1904-1977)*
SHOPWORN ANGEL, THE (1938)
STORY OF VERNON & IRENE CASTLE, THE (1939)
FARMER'S DAUGHTER, THE (1947)
MR. BLANDINGS BUILDS HIS DREAM HOUSE (1948)
TIME OF YOUR LIFE, THE (1948)
MINIVER STORY, THE (1950)
THREE FOR THE SHOW (1955)

**POUDOVKINE, Vsevolod**
*réalisateur russe (1893-1953)*
DESERTER (1933)
END OF SAINT PETERSBURG, THE (1927)
STORM OVER ASIA (1928)

**POWELL, Dick**
*réalisateur américain (1904-1963)*
SPLIT SECOND (1953)
CONQUEROR, THE (1956)
ENEMY BELOW, THE (1957)

**POWELL, Michael**
*réalisateur anglais (1905-1990)*
SPY IN BLACK, THE (1939)
CONTRABAND (1940)
THIEF OF BAGDAD, THE (1940)
49th PARALLEL, THE (1941)
BLACK NARCISSUS (1946)
STAIRWAY TO HEAVEN (1946)
RED SHOES, THE (1948)
ELUSIVE PIMPERNEL, THE (1950)
TALES OF HOFFMANN (1951)
PEEPING TOM (1960)

**PRÉGENT, Johanne**
*réalisatrice québécoise (1950-)*
PEAU ET LES OS, LA (1988)
BLANCHE EST LA NUIT (1989)
AMOUREUSES, LES (1992)
ÎLE DE SABLE, L' (1999)

**PREMINGER, Otto**
*réalisateur autrichien (1906-1986)*
LAURA (1944)
FOREVER AMBER (1947)
MOON IS BLUE, THE (1953)
CARMEN JONES (1954)
RIVER OF NO RETURN (1954)
COURT-MARTIAL OF BILLY MITCHELL, THE (1955)
MAN WITH THE GOLDEN ARM, THE (1955)
SAINT JOAN (1957)
BONJOUR TRISTESSE (1958)
ANATOMY OF A MURDER (1959)
EXODUS (1960)
ADVISE AND CONSENT (1962)
CARDINAL, THE (1963)
IN HARM'S WAY (1965)
ROSEBUD (1975)
HUMAN FACTOR, THE (1980)

**PRIMUS, Barry**
*réalisateur américain (1939-)*
MISTRESS (1992)

**PRINCE**
*réalisateur américain (1960-)*
SIGN O'THE TIME (1987)

**PROTAZANOV, Yakov**
*réalisateur russe (1881-1945)*
AELITA: QUEEN OF MARS (1924)

**PUENZO, Luis**
*réalisateur argentin (1946-)*
HISTOIRE OFFICIELLE, L' (1985)
OLD GRINGO (1989)
PESTE, LA (1992)

**PYUN, Albert**
*réalisateur américain*
CAPTAIN AMERICA (1989)
RAVEN HAWK (1996)

**QUINE, Richard**
*réalisateur américain (1920-1989)*
MY SISTER EILEEN (1955)
FULL OF LIFE (1956)
SOLID GOLD CADILLAC, THE (1956)
BELL, BOOK AND CANDLE (1958)
STRANGERS WHEN WE MEET (1960)
PARIS WHEN IT SIZZLES (1964)
SEX AND THE SINGLE GIRL (1964)
HOW TO MURDER YOUR WIFE (1965)
PRISONER OF ZENDA, THE (1979)

**QUINN, Anthony**
*réalisateur mexicain (1915-)*
BUCCANEER, THE (1958)

**RACHED, Tahani**
*réalisatrice égyptienne (1947-)*
AU CHIC RESTO POP (1990)

**RADFORD, Michael**
*réalisateur anglais (1946-)*
ANOTHER TIME, ANOTHER PLACE (1983)
1984 (1984)
POSTINO, IL (1994)
B. MONKEY (1999)

**RAFELSON, Bob**
*réalisateur américain (1935-)*
HEAD (1968)
HEAD: STARRING THE MONKEES (1968)
FIVE EASY PIECES (1970)
KING OF MARVIN GARDENS, THE (1972)
STAY HUNGRY (1976)
POSTMAN ALWAYS RINGS TWICE, THE (1981)
BLACK WIDOW (1987)
MOUNTAINS OF THE MOON (1990)
MAN TROUBLE (1992)
BLOOD AND WINE (1996)

**RAIMI, Sam**
*réalisateur américain (1959-)*
EVIL DEAD, THE (1982)
CRIMEWAVE (1985)
EVIL DEAD II: DEAD AT DAWN (1987)
DARKMAN (1990)
ARMY OF DARKNESS: EVIL DEAD 3-1992)
QUICK AND THE DEAD, THE (1994)
SIMPLE PLAN, A (1998)
FOR LOVE OF THE GAME (1999)
GIFT, THE (2000)

**RAMIS, Harold**
*réalisateur américain (1944-)*
CADDYSHACK (1980)
GROUNDHOG DAY (1992)
STUART SAVES HIS FAMILY (1995)
MULTIPLICITY (1996)
ANALYZE THIS (1999)
BEDAZZLED (2000)

**RAPPENEAU, Jean-Paul**
*réalisateur français (1932-)*
SAUVAGE, LE (1975)
TOUT FEU, TOUT FLAMME (1982)
CYRANO DE BERGERAC (1990)
HUSSARD SUR LE TOIT, LE (1995)

**RAPPER, Irving**
*réalisateur américain (1898-)*
NOW, VOYAGER (1942)
ANOTHER MAN'S POISON (1951)
FOREVER FEMALE (1953)
MARJORIE MORNINGSTAR (1958)
MIRACLE, THE (1959)

**RASH, Steve**
*réalisateur américain*
BUDDY HOLLY STORY, THE (1978)
QUEEN'S LOGIC (1991)
EDDIE (1996)

**RATOFF, Gregory**
*réalisateur russe (1897-1960)*
INTERMEZZO (1939)
ROSE OF WASHINGTON SQUARE, THE (1939)
ADAM HAD FOUR SONS (1941)
FOOTLIGHT SERENADE (1942)
HEAT'S ON, THE (1943)

**RAY, Nicholas**
*réalisateur américain (1911-1979)*
KNOCK ON ANY DOOR (1949)
BORN TO BE BAD (1950)
IN A LONELY PLACE (1950)
FLYING LEATHERNECKS, THE (1951)
ON DANGEROUS GROUND (1951)
JOHNNY GUITAR (1954)
REBEL WITHOUT A CAUSE (1955)
PARTY GIRL (1958)
SAVAGE INNOCENTS, THE (1959)
KING OF KINGS (1961)
55 DAYS AT PEKING (1963)
LIGHTNING OVER WATER (NICK'S MOVIE) (1980)

**RAY, Satyajit**
*réalisateur indien (1921-1992)*
COMPLAINTE DU SENTIER, LA (1955)
APARAJITO (1956)
MONDE D'APU, LE (1959)
HOME AND THE WORLD, THE (1984)
STRANGER, THE (1991)

**REDFORD, Robert**
*réalisateur américain (1937-)*
ORDINARY PEOPLE (1980)
MILAGRO BEANFIELD WAR, THE (1987)
RIVER RUNS THROUGH IT, A (1992)
QUIZ SHOW (1994)
HORSE WHISPERER, THE (1998)
LEGEND OF BAGGER VANCE, THE (2000)

**REED, Carol**
*réalisateur anglais (1906-1976)*
NIGHT TRAIN TO MUNICH (1940)
IMMORTAL BATTALION, THE (1943)
ODD MAN OUT (1947)
FALLEN IDOL, THE (1948)
THIRD MAN, THE (1949)
KID FOR TWO FARTHINGS, A (1955)
KEY, THE (1958)
AGONY AND THE ECSTASY, THE (1965)
OLIVER! (1968)

**REGGIO, Godfrey**
*réalisateur américain*
KOYAANISQATSI (1983)
POWAQQATSI (1988)

**REINER, Carl**
*réalisateur américain (1923-)*
ENTER LAUGHING (1967)
COMIC, THE (1969)
JERK, THE (1979)
DEAD MEN DON'T WEAR PLAID (1982)
MAN WITH TWO BRAINS, THE (1983)
ALL OF ME (1984)
SIBLING RIVALRY (1990)
FATAL INSTINCT (1993)
THAT OLD FEELING (1997)

**REINER, Rob**
*réalisateur américain (1945-)*
THIS IS SPINAL TAP (1984)
SURE THING, THE (1985)
STAND BY ME (1986)
PRINCESS BRIDE, THE (1987)
MISERY (1990)
FEW GOOD MEN, A (1992)
NORTH (1994)
AMERICAN PRESIDENT, THE (1995)
GHOSTS OF MISSISSIPPI (1996)
STORY OF US, THE (1999)

**REIS, Irving**
*réalisateur américain (1906-1953)*
BIG STREET (1942)
CRACK-UP (1946)
BACHELOR AND THE BOBBY-SOXER, THE (1947)
ALL MY SONS (1948)
ENCHANTMENT (1948)

**REISNER, Charles**
*réalisateur américain (1987-1962)*
STEAMBOAT BILL Jr. (1928)
BIG STORE, THE (1941)
LOST IN A HAREM (1944)

**REISZ, Karel**
*réalisateur anglais (1926-)*
SATURDAY NIGHT AND SUNDAY MORNING (1960)
MORGAN: A SUITABLE CASE FOR TREATMENT (1966)
ISADORA (1968)
GAMBLER, THE (1974)
FRENCH LIEUTENANT'S WOMAN, THE (1981)
SWEET DREAMS (1985)
EVERYBODY WINS (1990)

**REITMAN, Ivan**
*réalisateur canadien (1946-)*
STRIPES (1981)
GHOSTBUSTERS (1984)
LEGAL EAGLES (1986)
GHOSTBUSTERS 2 (1989)
KINDERGARTEN COP (1990)
DAVE (1993)
JUNIOR (1994)
FATHER'S DAY (1997)
SIX DAYS, SEVEN NIGHTS (1998)

**RENOIR, Jean**
*réalisateur français (1894-1979)*
CHIENNE, LA (1931)
BOUDU SAUVÉ DES EAUX (1932)
CRIME DE MONSIEUR LANGE, LE (1935)
PARTIE DE CAMPAGNE, UNE (1936)
GRANDE ILLUSION, LA (1937)
MARSEILLAISE, LA (1937)
BÊTE HUMAINE, LA (1938)
RÈGLE DU JEU, LA (1939)
THIS LAND IS MINE (1943)
SOUTHERNER, THE (1945)
DIARY OF A CHAMBERMAID (1946)
RIVER, THE (1951)
CAROSSE D'OR, LE (1952)
FRENCH CAN-CAN (1955)
ÉLÉNA ET LES HOMMES (1956)
DÉJEUNER SUR L'HERBE, LE (1959)
CAPORAL ÉPINGLÉ, LE (1961)
PETIT THÉÂTRE DE JEAN RENOIR, LE (1969)

**RESNAIS, Alain**
*réalisateur français (1922-)*
HIROSHIMA, MON AMOUR (1958)
ANNÉE DERNIÈRE À MARIENBAD, L' (1961)
MURIEL OU LE TEMPS D'UN RETOUR (1965)
STAVISKY (1974)
PROVIDENCE (1977)
MON ONCLE D'AMÉRIQUE (1980)
I WANT TO GO HOME! (1989)
NO SMOKING (1993)
SMOKING (1993)
ON CONNAÎT LA CHANSON (1998)

**REYNOLDS, Kevin**
*réalisateur américain (1949-)*
FANDANGO (1985)
BEAST, THE (1988)
ROBIN HOOD: PRINCE OF THIEVES (1991)
RAPA-NUI (1994)
187 (1997)

**RICH, David Lowell**
*réalisateur américain (1923-)*
HAVE ROCKET, WILL TRAVEL (1959)
MADAME X (1966)
THAT MAN BOLT (1973)
AIRPORT '79: THE CONCORDE (1979)
ENOLA GAY: THE MEN, THE MISSION, THE ATOMIC BOMB (1980)

**RICHARD, Pierre**
*réalisateur français (1934-)*
DISTRAIT, LE (1970)
JE SUIS TIMIDE... MAIS JE ME SOIGNE (1978)
C'EST PAS MOI, C'EST LUI (1980)
ON PEUT TOUJOURS RÊVER (1990)

**RICHARDSON, Tony**
*réalisateur anglais (1928-1991)*
LOOK BACK IN ANGER (1959)
ENTERTAINER, THE (1960)
LONELINESS OF THE LONG DISTANCE RUNNER, THE (1962)
TOM JONES (1963)
LOVED ONE, THE (1965)
MADEMOISELLE (1966)
CHARGE OF THE LIGHT BRIGADE, THE (1968)
HAMLET (1969)
NED KELLY (1970)
BORDER, THE (1982)
HOTEL NEW HAMPSHIRE, THE (1984)
BLUE SKY (1991)

**RIEFENSTAHL, Leni**
*réalisatrice allemande (1902-)*
DIEUX DU STADE, LES (1938)

**RISI, Dino**
*réalisateur italien (1917-)*
AMOUR À LA VILLE, L' (1953)
TIGER AND THE PUSSYCAT, THE (1967)
PARFUM DE FEMME (1974)
MON FILS EST ASSASSIN (CHER PAPA) (1978)

**RITCHIE, Michael**
*réalisateur américain (1938-2001)*
DOWNHILL RACER (1969)
CANDIDATE, THE (1972)
PRIME CUT (1972)
SMILE (1975)
DIVINE MADNESS (1980)
ISLAND, THE (1980)
SURVIVORS, THE (1983)
GOLDEN CHILD, THE (1986)
DIGGSTOWN (1992)
COPS AND ROBBERSONS (1994)
SIMPLE WISH, A (1997)

**RITT, Martin**
*réalisateur américain (1919-1990)*
BLACK ORCHID, THE (1958)
LONG HOT SUMMER, THE (1958)
PARIS BLUES (1961)
HUD (1963)
OUTRAGE, THE (1964)

SPY WHO CAME IN FROM THE COLD, THE (1965)
HOMBRE (1967)
BROTHERHOOD, THE (1968)
GREAT WHITE HOPE, THE (1970)
MOLLY MAGUIRES, THE (1970)
SOUNDER (1972)
CONRACK (1974)
FRONT, THE (1976)
NORMA RAE (1979)
CROSS CREEK (1983)
MURPHY'S ROMANCE (1985)
NUTS (1987)
STANLEY & IRIS (1990)

**RIVETTE, Jacques**
*réalisateur français (1928-)*
RELIGIEUSE, LA (1966)
BANDE DES QUATRE, LA (1988)
BELLE NOISEUSE, LA (1991)
JEANNE LA PUCELLE 1: LES BATAILLES (1993)
JEANNE LA PUCELLE 2: LES PRISONS (1993)
SECRET DÉFENSE (1998)

**ROBBINS, Matthew**
*réalisateur américain*
DRAGONSLAYER (1981)
BATTERIES NOT INCLUDED (1987)

**ROBBINS, Tim**
*réalisateur américain (1958-)*
BOB ROBERTS (1992)
DEAD MAN WALKING (1995)
CRADLE WILL ROCK (1999)

**ROBERT, Yves**
*réalisateur français (1920-)*
NI VU, NI CONNU (1958)
GUERRE DES BOUTONS, LA (1961)
COPAINS, LES (1964)
ALEXANDRE LE BIENHEUREUX (1968)
GRAND BLOND AVEC UNE CHAUSSURE NOIRE, LE (1972)
RETOUR DU GRAND BLOND, LE (1974)
SALUT L'ARTISTE! (1974)
NOUS IRONS TOUS AU PARADIS (1977)
JUMEAU, LE (1984)
CHÂTEAU DE MA MÈRE, LE (1990)
GLOIRE DE MON PÈRE, LA (1990)
BAL DES CASSE-PIEDS, LE (1991)
MONTPARNASSE-PONDICHÉRY (1993)

**ROBINSON, Bruce**
*réalisateur anglais (1946-)*
HOW TO GET AHEAD IN ADVERTISING (1989)
JENNIFER 8 (1992)

**ROBSON, Mark**
*réalisateur américain (1913-1978)*
SEVENTH VICTIM, THE (1943)
ISLE OF THE DEAD (1945)
CHAMPION (1949)
HOME OF THE BRAVE (1949)
MY FOOLISH HEART (1949)
RETURN TO PARADISE (1953)
BRIDGES AT TOKO-RI, THE (1954)
HARDER THEY FALL, THE (1956)
PEYTON PLACE (1957)
INN OF THE SIXTH HAPPINESS, THE (1958)
FROM THE TERRACE (1960)
PRIZE, THE (1963)
DADDY'S GONE A-HUNTING (1969)
EARTHQUAKE (1974)

**ROCHANT, Éric**
*réalisateur français (1961-)*
MONDE SANS PITIÉ, UN (1989)
AUX YEUX DU MONDE (1991)
PATRIOTES, LES (1994)

**ROCHLIN, Sheldon**
*réalisateur américain*
PARADISE NOW (1970)
SIGNALS THROUGH THE FLAMES (1983)

**ROCKWELL, Alexandre**
*réalisateur américain (1956-)*
SOMEBODY TO LOVE (1994)

**RODDAM, Franc**
*réalisateur anglais (1946-)*
QUADROPHENIA (1979)
BRIDE, THE (1985)
ARIA (1988)
K2 (1991)
MOBY DICK (1997)

**RODRIGUEZ, Robert**
*réalisateur américain (1969-)*
EL MARIACHI (1992)
DESPERADO (1995)
FOUR ROOMS (1995)
FROM DUSK TILL DAWN (1995)
FACULTY, THE (1998)
SPY KIDS (2001)

**ROEG, Nicolas**
*réalisateur anglais (1928-)*
DON'T LOOK NOW (1973)
MAN WHO FELL TO EARTH, THE (1976)
EUREKA (1981)
INSIGNIFICANCE (1985)
CASTAWAY (1986)
ARIA (1988)
TRACK 29 (1988)
COLD HEAVEN (1992)
HEART OF DARKNESS (1993)
TALES OF EROTICA II (1996)

**ROEMER, Michael**
*réalisateur allemand (1928-)*
NOTHING BUT A MAN (1964)

**ROGELL, Albert S.**
*réalisateur américain (1901-)*
TIP OFF, THE (1931)
BLACK CAT, THE (1941)

**ROHMER, Éric**
*réalisateur français (1920-)*
MA NUIT CHEZ MAUD (1969)
GENOU DE CLAIRE, LE (1970)
AMOUR L'APRÈS-MIDI, L' (1972)
BEAU MARIAGE, LE (1982)
PAULINE À LA PLAGE (1983)
NUITS DE LA PLEINE LUNE, LES (1984)
RAYON VERT, LE (1986)
QUATRE AVENTURES DE REINETTE ET MIRABELLE (1987)
AMI DE MON AMIE, L' (1988)
ARBRE, LE MAIRE ET LA MÉDIATHÈQUE, L' (1992)
RENDEZ-VOUS DE PARIS, LES (1994)
CONTE D'ÉTÉ (1996)
CONTE D'AUTOMNE (1998)

**ROMERO, George A.**
*réalisateur américain (1940-)*
NIGHT OF THE LIVING DEAD (1968)
SEASON OF THE WITCH (1972)
CRAZIES, THE (1973)
MARTIN (1976)
DAWN OF THE DEAD (1978)
KNIGHTRIDERS (1981)
CREEPSHOW (1983)
DAY OF THE DEAD (1985)
MONKEY SHINES (1988)
DARK HALF, THE (1993)

**ROODT, Darrell James**
*réalisateur sud-africain (1962-)*
STICK, THE (1989)
SARAFINA! (1992)
CRY, THE BELOVED COUNTRY (1995)

**ROSE, Bernard**
*réalisateur anglais (1960-)*
PAPERHOUSE (1988)
CANDYMAN (1992)
IMMORTAL BELOVED (1994)
LEON TOLSTOY'S ANNA KARENINA (1997)

**ROSENBERG, Stuart**
*réalisateur américain (1927-)*
COOL HAND LUKE (1967)
APRIL FOOLS, THE (1969)
POCKET MONEY (1972)
LAUGHING POLICEMAN, THE (1974)
DROWNING POOL, THE (1976)
AMITYVILLE HORROR, THE (1979)
BRUBAKER (1980)
POPE OF GREENWICH VILLAGE, THE (1984)

**ROSI, Francesco**
*réalisateur italien (1922-)*
LUCKY LUCIANO (1974)
CHRIST S'EST ARRÊTÉ À EBOLI, LE (1979)
CARMEN (1984)

**ROSS, Herbert**
*réalisateur américain (1927-)*
GOODBYE, MR. CHIPS (1969)
OWL AND THE PUSSYCAT, THE (1970)
PLAY IT AGAIN, SAM (1972)
LAST OF SHEILA, THE (1973)
FUNNY LADY (1975)
SUNSHINE BOYS, THE (1975)
SEVEN PERCENT SOLUTION, THE (1976)
GOODBYE GIRL, THE (1977)
CALIFORNIA SUITE (1978)
NIJINSKI (1980)
PENNIES FROM HEAVEN (1981)
I OUGHT TO BE IN PICTURES (1982)
MAX DUGAN RETURNS (1983)
FOOTLOOSE (1984)
DANCERS (1987)
SECRET OF MY SUCCESS, THE (1987)
STEEL MAGNOLIAS (1989)
MY BLUE HEAVEN (1990)
BOYS ON THE SIDE (1994)

**ROSSELLINI, Roberto**
*réalisateur italien (1906-1977)*
ROME, VILLE OUVERTE (1945)
PAISA (1946)
ALLEMAGNE ANNÉE ZÉRO (1948)
STROMBOLI (1950)
SEPT PÉCHÉS CAPITAUX, LES (1952)
GENERAL DELLA ROVERE (1960)
ROGOPAG (1962)
PRISE DE POUVOIR PAR LOUIS XIV, LA (1966)
MESSIAH, THE (1978)

**ROSSEN, Robert**
*réalisateur américain (1908-1966)*
BODY AND SOUL (1947)
ALL THE KING'S MEN (1949)
ALEXANDER THE GREAT (1956)

ISLAND IN THE SUN (1957)
THEY CAME TO CORDURA (1959)
HUSTLER, THE (1961)
LILITH (1964)

**ROSSIF, Frédéric**
*réalisateur français (1922-1990)*
CONTES SAUVAGES, LES (1992)

**ROUFFIO, Jacques**
*réalisateur français (1928-)*
7 MORTS SUR ORDONNANCE (1976)
PASSANTE DU SANS-SOUCI, LA (1982)
J'AI BIEN L'HONNEUR (1984)
ÉTAT DE GRÂCE, L' (1987)

**ROWLAND, Roy**
*réalisateur américain (1910-1995)*
HOLLYWOOD PARTY (1934)
OUR VINES HAVE TENDER GRAPES (1945)
BUGLES IN THE AFTERNOON (1952)
5000 FINGERS OF DR. T, THE (1953)
HIT THE DECK (1955)
GUN GLORY (1957)
SEVEN HILLS OF ROME (1958)

**ROY, Richard**
*réalisateur canadien*
MOODY BEACH (1990)
CABOOSE (1996)

**ROZEMA, Patricia**
*réalisatrice canadienne (1959-)*
I'VE HEARD THE MERMAIDS SINGING (1987)
MONTRÉAL VU PAR... (1991)
MANSFIELD PARK (1999)

**RUBBO, Michael**
*réalisateur australien (1938-)*
PEANUT BUTTER SOLUTION, THE (1986)
TOMMY TRICKER AND THE STAMP TRAVELLER (1989)
RETURN OF TOMMY TRICKER, THE (1994)

**RUBEN, Joseph**
*réalisateur américain (1951-)*
DREAMSCAPE (1984)
STEPFATHER, THE (1987)
SLEEPING WITH THE ENEMY (1991)
GOOD SON, THE (1993)
MONEY TRAIN (1995)
RETURN TO PARADISE (1998)

**RUBIN, Bruce Joel**
*réalisateur américain (1943-)*
MY LIFE (1993)

**RUDOLPH, Alan**
*réalisateur américain (1943-)*
PREMONITION (1972)
ENDANGERED SPECIES (1982)
CHOOSE ME (1984)
SONGWRITER (1984)
MADE IN HEAVEN (1987)
MODERNS, THE (1988)
LOVE AT LARGE (1990)
MORTAL THOUGHTS (1991)
EQUINOX (1993)
MRS. PARKER AND THE VICIOUS CIRCLE (1994)
AFTERGLOW (1997)
BREAKFAST OF THE CHAMPIONS (1999)

**RUIZ, Raul**
*réalisateur chilien (1941-)*
HYPOTHÈSE DU TABLEAU VOLÉ, L' (1978)
TOIT DE LA BALEINE, LE (1981)
SHATTERED IMAGE (1998)
TEMPS RETROUVÉ, LE (1999)

**RUSH, Richard**
*réalisateur américain (1930-)*
HELL'S ANGELS ON WHEELS (1967)
PSYCH-OUT (1968)
FREEBIE AND THE BEAN (1974)
STUNT MAN, THE (1980)
COLOR OF NIGHT (1994)

**RUSSELL, Ken**
*réalisateur anglais (1927-)*
DANTE'S INFERNO (1968)
MUSIC LOVERS, THE (1970)
BOY FRIEND, THE (1971)
DEVILS, THE (1971)
SAVAGE MESSIAH (1972)
MAHLER (1974)
LISZTOMANIA (1975)
TOMMY (1975)
ALTERED STATES (1980)
CRIMES OF PASSION (1984)
GOTHIC (1986)
ARIA (1988)
LAIR OF THE WHITE WORM, THE (1988)
SALOME'S LAST DANCE (1988)
RAINBOW, THE (1989)
LADY CHATTERLEY (1992)
MIND BENDER (1995)
TALES OF EROTICA II (1996)

**RYDELL, Mark**
*réalisateur américain (1934-)*
REIVERS, THE (1969)
COWBOYS (1971)
ROSE, THE (1979)
ON GOLDEN POND (1981)
RIVER, THE (1984)
FOR THE BOYS (1991)
INTERSECTION (1994)
CRIME OF THE CENTURY (1996)

**SAGAL, Boris**
*réalisateur américain (1923-1981)*
OMEGA MAN, THE (1971)
MASADA (1981)

**SAÏA, Louis**
*réalisateur québécois (1950-)*
BOYS I & II, LES (COFFRET)
SPHINX, LE (1995)
BOYS, LES (1997)
BOYS II, LES (1998)

**SAKS, Gene**
*réalisateur américain (1921-)*
BAREFOOT IN THE PARK (1967)
ODD COUPLE, THE (1968)
CACTUS FLOWER (1969)
LAST OF THE RED HOT LOVERS (1972)
BRIGHTON BEACH MEMOIRS (1986)
FINE ROMANCE, A (1992)

**SALVATORES, Gabriele**
*réalisateur italien (1950-)*
STRADA BLUES (1989)
MEDITERRANEO (1991)

**SANDERS-BRAHMS, Helma**
*réalisatrice allemande (1940-)*
LAPUTA (1986)
FÉLIX (1988)

**SANDRICH, Mark**
*réalisateur américain (1900-1945)*
GAY DIVORCEE, THE (1934)
TOP HAT (1935)
FOLLOW THE FLEET (1936)
SHALL WE DANCE? (1937)
CAREFREE (1938)
HOLIDAY INN (1942)
SO PROUDLY WE HAIL (1943)
HERE COME THE WAVES (1944)

**SANTELL, Alfred**
*réalisateur américain (1895-)*
INTERNES CAN'T TAKE MONEY (1937)
JACK LONDON (1943)

**SANTLEY, Joseph**
*réalisateur américain (1890-1970)*
COCOANUTS, THE (1929)

**SARGENT, Joseph**
*réalisateur américain (1925-)*
COLOSSUS: THE FORBIN PROJECT (1970)
TAKING OF PELHAM ONE TWO THREE, THE (1974)
MacARTHUR (1977)
JAWS 4: THE REVENGE (1987)
INCIDENT, THE (1990)
MISS EVERS' BOYS (1996)

**SAURA, Carlos**
*réalisateur espagnol (1932-)*
CARLOS SAURA, COFFRET 1 (3 VOLUMES)
CARLOS SAURA, COFFRET 2 (3 VOLUMES)
AY, CARMELA! (1990)
CARMEN (1983)
CHARGE DES REBELLES, LA (1963)
HUNT, THE (1966)
EL DORADO (1988)
STILTS (LOS ZANCOS), THE (1984)
ÉLISA MON AMOUR (1977)
PEPPERMINT FRAPPÉ (1967)
JARDIN DES DÉLICES, LE (1970)
CRIA CUERVOS (1976)
MAMAN A CENT ANS (1979)
NOCES DE SANG (1981)
AMOUR SORCIER, L' (1986)
OUTRAGE (1992)
FLAMENCO (1995)
PAJARICO - PETIT OISEAU SOLITAIRE (1997)
TANGO (1998)

**SAUTET, Claude**
*réalisateur français (1924-)*
CHOSES DE LA VIE, LES (1969)
MAX ET LES FERRAILLEURS (1970)
CÉSAR ET ROSALIE (1972)
HISTOIRE SIMPLE, UNE (1978)
GARCON! (1983)
QUELQUES JOURS AVEC MOI (1989)
CŒUR EN HIVER, UN (1992)
ENFANTS DE LUMIÈRE, LES (1995)
NELLY ET MONSIEUR ARNAUD (1995)

**SAVILLE, Philip**
*réalisateur anglais (1897-1979)*
STOP THE WORLD: I WANT TO GET OFF (1966)

**SAVILLE, Victor**
*réalisateur anglais (1897-1979)*
DARK JOURNEY (1937)
STORM IN A TEACUP (1937)
SOUTH RIDING (1938)
FOREVER AND A DAY (1943)
TONIGHT AND EVERY NIGHT (1945)
GREEN DOLPHIN STREET (1947)

CONSPIRATOR (1949)
KIM (1950)
SILVER CHALICE, THE (1954)

**SAVOCA, Nancy**
*réalisatrice américaine (1960-)*
DOGFIGHT (1991)
HOUSEHOLD SAINTS (1993)
IF THESE WALLS COULD TALK (1996)

**SAYLES, John**
*réalisateur américain (1950-)*
RETURN OF THE SECAUCUS 7 (1979)
BABY, IT'S YOU (1983)
LIANNA (1983)
BROTHER FROM ANOTHER PLANET, THE (1984)
MATEWAN (1987)
EIGHT MEN OUT (1988)
CITY OF HOPE (1991)
PASSION FISH (1992)
SECRET OF ROAN INISH, THE (1994)
LONE STAR (1995)
MEN WITH GUNS (1997)
LIMBO (1999)
LIMBO (1999)

**SCHAFFNER, Franklin J.**
*réalisateur américain (1920-1989)*
BEST MAN, THE (1964)
PLANET OF THE APES (1968)
PATTON (1970)
NICHOLAS AND ALEXANDRA (1971)
PAPILLON (1973)
ISLANDS IN THE STREAM (1977)
BOYS FROM BRAZIL, THE (1978)
SPHINX (1981)

**SCHATZBERG, Jerry**
*réalisateur américain (1927-)*
SCARECROW (1973)
SEDUCTION OF JOE TYNAN, THE (1979)
NO SMALL AFFAIR (1984)
STREET SMART (1987)

**SCHELL, Maximilian**
*réalisateur autrichien (1930-)*
FIRST LOVE (1970)
PEDESTRIAN, THE (1974)
MARLENE (1983)

**SCHEPISI, Fred**
*réalisateur australien (1939-)*
BARBAROSA (1982)
ICEMAN (1983)
PLENTY (1985)
ROXANNE (1987)
CRY IN THE DARK, A (1988)
RUSSIA HOUSE, THE (1990)
SIX DEGREES OF SEPARATION (1993)
I.Q. (1994)
FIERCE CREATURES (1996)

**SCHERTZINGER, Victor**
*réalisateur américain (1889-1941)*
ONE NIGHT OF LOVE (1934)
RHYTHM ON THE RIVER (1940)
ROAD TO SINGAPORE (1940)
BIRTH OF THE BLUES (1941)
ROAD TO ZANZIBAR (1941)

**SCHLESINGER, John**
*réalisateur anglais (1926-)*
BILLY LIAR (1963)
DARLING (1965)
FAR FROM THE MADDING CROWD (1967)
MIDNIGHT COWBOY (1968)
SUNDAY, BLOODY SUNDAY (1971)
DAY OF THE LOCUST, THE (1974)
MARATHON MAN (1976)
FALCON AND THE SNOWMAN, THE (1984)
BELIEVERS, THE (1987)
MADAME SOUSATZKA (1988)
PACIFIC HEIGHTS (1990)
EYE FOR AN EYE, AN (1995)
INNOCENT, THE (1995)
COLD COMFORT FARM (1996)
NEXT BEST THING, THE (2000)

**SCHLÖNDORFF, Volker**
*réalisateur allemand (1939-)*
COUP DE GRÂCE, LE (1976)
TAMBOUR, LE (1979)
AMOUR DE SWANN, UN (1983)
DEATH OF A SALESMAN (1985)
HANDMAID'S TALE, THE (1990)
OGRE, THE (1996)
PALMETTO (1998)
LEGENDS OF RITA, THE (2000)

**SCHOEDSACK, Ernest B.**
*réalisateur américain (1893-1979)*
GRASS (1925)
CHANG (1927)
MOST DANGEROUS GAME, THE (1932)
KING KONG (1933)
SON OF KONG (1933)
DR. CYCLOPS (1940)
MIGHTY JOE YOUNG (1949)

**SCHOENDOERFFER, Pierre**
*réalisateur français (1928-)*
317e SECTION, LA (1965)
CRABE TAMBOUR, LE (1977)

**SCHRADER, Paul**
*réalisateur américain (1946-)*
BLUE COLLAR (1978)
HARDCORE (1979)
AMERICAN GIGOLO (1980)
CAT PEOPLE (1982)
MISHIMA (1985)
LIGHT OF DAY (1987)
PATTY HEARST (1988)
COMFORT OF STRANGERS, THE (1990)
LIGHT SLEEPER (1991)
TOUCH (1996)
AFFLICTION (1997)

**SCHROEDER, Barbet**
*réalisateur français (1941-)*
MORE (1969)
GÉNÉRAL IDI AMIN DADA (1974)
MAÎTRESSE (1975)
KOKO, LE GORILLE QUI PARLE (1977)
BARFLY (1987)
REVERSAL OF FORTUNE (1990)
SINGLE WHITE FEMALE (1992)
KISS OF DEATH (1994)
BEFORE AND AFTER (1995)
DESPERATE MEASURES (1998)

**SCHUMACHER, Joel**
*réalisateur américain (1942-)*
INCREDIBLE SHRINKING WOMAN, THE (1981)
ST. ELMO'S FIRE (1985)
LOST BOYS, THE (1987)
COUSINS (1989)
FLATLINERS (1990)
DYING YOUNG (1991)
FALLING DOWN (1992)
CLIENT, THE (1994)
BATMAN FOREVER (1995)
CHAMBER, THE (1996)
TIME TO KILL, A (1996)
BATMAN & ROBIN (1997)
8 MM (1999)
FLAWLESS (1999)

**SCHUSTER, Harold**
*réalisateur américain (1902-1986)*
SO DEAR TO MY HEART (1948)

**SCOLA, Ettore**
*réalisateur italien (1931-)*
NOUS NOUS SOMMES TANT AIMÉS (1974)
AFFREUX, SALES ET MÉCHANTS (1975)
MESDAMES ET MESSIEURS, BONSOIR (1976)
JOURNÉE PARTICULIÈRE, UNE (1977)
PASSION D'AMOUR (1981)
NUIT DE VARENNES, LA (1982)
BAL, LE (1984)
MACARONI (1985)
FAMILLE, LA (1987)
QUELLE HEURE EST-IL? (1989)
MARIO, MARIA ET MARIO (1994)

**SCORSESE, Martin**
*réalisateur américain (1942-)*
BOXCAR BERTHA (1972)
MEAN STREETS (1973)
ALICE DOESN'T LIVE HERE ANYMORE (1975)
TAXI DRIVER (1976)
NEW YORK, NEW YORK (1977)
LAST WALTZ, THE (1978)
RAGING BULL (1979)
KING OF COMEDY, THE (1982)
AFTER HOURS (1985)
COLOR OF MONEY, THE (1986)
LAST TEMPTATION OF CHRIST, THE (1988)
NEW YORK STORIES (1989)
GOODFELLAS (1990)
CAPE FEAR (1991)
AGE OF INNOCENCE, THE (1993)
CASINO (1995)
KUNDUN (1997)
BRINGING OUT THE DEAD (1999)

**SCOTT, Campbell**
*réalisateur américain (1962-)*
BIG NIGHT (1996)

**SCOTT, Ridley**
*réalisateur anglais (1939-)*
ALIEN (COFFRET TRILOGIE) ()
ALIEN 20TH ANNIVERSARY COLLECTION (COFFRET 5 VOLUMES) ()
1492: CONQUEST OF PARADISE (1992)
BLACK RAIN (1989)
ALIEN (1979)
DUELLISTS, THE (1977)
BLADE RUNNER (1982)
LEGEND (1985)
SOMEONE TO WATCH OVER ME (1987)
THELMA & LOUISE (1991)
G.I. JANE (1997)
GLADIATOR, THE (2000)
HANNIBAL (2001)

**SCOTT, Tony**
*réalisateur anglais (1944-)*
HUNGER, THE (1983)
TOP GUN (1986)
DAYS OF THUNDER (1990)
REVENGE (1990)
LAST BOY SCOUT, THE (1991)
CRIMSON TIDE (1995)
FAN, THE (1996)
ENEMY OF THE STATE (1998)

**SEARS, Fred F.**
*réalisateur américain (1913-1957)*
TEENAGE CRIME WAVE (1955)

**SEATON, George**
*réalisateur américain (1911-1979)*
MIRACLE ON 34th STREET (1947)
COUNTRY GIRL, THE (1954)
TEACHER'S PET (1957)
COUNTERFEIT TRAITOR, THE (1962)
36 HOURS (1964)
AIRPORT (1970)

**SEDGWICK, Edward**
*réalisateur américain (1892-1953)*
CAMERAMAN, THE (1928)
DOUGHBOYS (1930)
FREE AND EASY (1930)
SPEAK EASILY (1932)

**SEIDELMAN, Susan**
*réalisatrice américaine (1952-)*
DESPERATELY SEEKING SUSAN (1985)
MAKING MR. RIGHT (1987)
COOKIE (1989)
SHE-DEVIL (1990)

**SEILER, Lewis**
*réalisateur américain (1900-1963)*
PITTSBURGH (1942)
GUADALCANAL DIARY (1943)
TANKS ARE COMING, THE (1951)

**SEITER, William**
*réalisateur américain (1895-1964)*
DIPLOMANIACS (1933)
SONS OF THE DESERT (1934)
ROBERTA (1935)
DIMPLES (1936)
ROOM SERVICE (1938)
ALLEGHENY UPRISING (1939)
BELLE OF THE YUKON (1944)
ONE TOUCH OF VENUS (1948)

**SEITZ, George B.**
*réalisateur américain (1888-1944)*
LAST OF THE MOHICANS, THE (1936)
LOVE FINDS ANDY HARDY (1938)
ANDY HARDY'S PRIVATE SECRETARY (1941)
LIFE BEGINS FOR ANDY HARDY (1941)
ANDY HARDY'S DOUBLE LIFE (1942)
ANDY HARDY MEETS DEBUTANTE (1945)

**SEKELY, Steve**
*réalisateur hongrois (1889-1979)*
HOLLOW TRIUMPH (THE SCAR) (1948)
DAY OF THE TRIFFIDS, THE (1963)

**SELICK, Henry**
*réalisateur anglais*
NIGHTMARE BEFORE CHRISTMAS, THE (1993)
JAMES & THE GIANT PEACH (1996)

**SELTZER, David**
*réalisateur américain (1940-)*
PUNCHLINE (1988)
SHINING THROUGH (1992)

**SENNETT, Mack**
*réalisateur québécois (1880-1960)*
TILLIE'S PUNCTURED ROMANCE (1914)

**SERREAU, Coline**
*réalisatrice française (1948-)*
POURQUOI PAS? (1977)
QU'EST-CE QU'ON ATTEND POUR ÊTRE HEUREUX? (1982)
ROMUALD ET JULIETTE (1989)
CRISE, LA (1992)
BELLE VERTE, LA (1996)

**SHADYAC, Tom**
*réalisateur américain (1960-)*
ACE VENTURA: PET DETECTIVE (1993)
NUTTY PROFESSOR, THE (1996)
LIAR LIAR (1997)
PATCH ADAMS (1998)

**SHARP, Don**
*réalisateur anglais (1922-)*
KISS OF THE VAMPIRE (1963)
FACE OF FU MANCHU, THE (1965)
BRIDES OF FU MANCHU, THE (1966)
PSYCHOMANIA (1971)
FOUR FEATHERS, THE (1977)
BEAR ISLAND (1980)

**SHATNER, William**
*réalisateur canadien (1931-)*
STAR TREK V: THE FINAL FRONTIER (1989)

**SHBIB, Bashar**
*réalisateur québécois (1957-)*
MEMOIRS (1985)
JULIA HAS TWO LOVERS (1990)
LANA IN LOVE (1992)
DRAGHOULA (1994)
RIDE ME (1994)
SENSES, THE: HOT SAUCE (1996)
SENSES, THE: PANIC (1996)
SENSES, THE: STRICTLY SPANKING (1996)
SENSES, THE: TAXI FOR L.A. (1996)
SENSES, THE: THE PERFUMER (1996)

**SHEAR, Barry**
*réalisateur américain (1920-1979)*
ACROSS 110th STREET (1972)
DEADLY TRACKERS, THE (1973)

**SHELTON, Ron**
*réalisateur américain (1945-)*
BULL DURHAM (1988)
BLAZE (1989)
COBB (1994)
TIN CUP (1996)
PLAY IT TO THE BONE (1999)

**SHERIDAN, Jim**
*réalisateur irlandais (1949-)*
MY LEFT FOOT (1989)
FIELD, THE (1990)
IN THE NAME OF THE FATHER (1993)
BOXER, THE (1997)

**SHERMAN, Lowell**
*réalisateur américain (1885-1934)*
MORNING GLORY (1933)
SHE DONE HIM WRONG (1933)

**SHERMAN, Vincent**
*réalisateur américain (1906-)*
ALL THROUGH THE NIGHT (1941)
ADVENTURES OF DON JUAN, THE (1948)
HARRIET CRAIG (1950)
LONE STAR (1951)
AFFAIR IN TRINIDAD (1952)

**SHINDO, Kaneto**
*réalisateur japonais (1912-)*
FEMME DIABOLIQUE, LA (ONIBABA) (1964)

**SIDNEY, George**
*réalisateur américain (1916-)*
THOUSANDS CHEER (1943)
BATHING BEAUTY (1944)
ANCHORS AWEIGH (1945)
HARVEY GIRLS, THE (1946)
CASS TIMBERLANE (1947)
THREE MUSKETEERS, THE (1948)
SHOW BOAT (1951)
SCARAMOUCHE (1952)
KISS ME KATE (1953)
EDDY DUCHIN STORY, THE (1956)
PAL JOEY (1957)
BYE BYE BIRDIE (1963)

**SIEGEL, Don**
*réalisateur américain (1912-1991)*
BIG STEAL, THE (1949)
DUEL AT SILVER CREEK, THE (1952)
RIOT IN CELL BLOCK 11 (1954)
INVASION OF THE BODY SNATCHERS (1956)
FLAMING STAR (1960)
HELL IS FOR HEROES (1962)
KILLERS, THE (1964)
COOGAN'S BLUFF (1968)
MADIGAN (1968)
BEGUILED, THE (1971)
DIRTY HARRY (1971)
CHARLEY VARRICK (1973)
SHOOTIST, THE (1976)
TELEFON (1977)
ESCAPE FROM ALCATRAZ (1979)

**SIMONEAU, Guy**
*réalisateur québécois (1953-)*
PLUSIEURS TOMBENT EN AMOUR (1980)
EST-CE AINSI QUE LES HOMMES VIVENT? (1992)

**SIMONEAU, Yves**
*réalisateur québécois (1956-)*
POUVOIR INTIME (1986)
FOUS DE BASSAN, LES (1987)
DANS LE VENTRE DU DRAGON (1989)
PERFECTLY NORMAL (1990)
MOTHER'S BOYS (1993)
AMELIA EARHART, THE FINAL FLIGHT (1994)

**SINATRA, Frank**
*réalisateur américain (1915-)*
NONE BUT THE BRAVE (1965)

**SINGLETON, John**
*réalisateur américain (1968-)*
BOYZ'N THE HOOD (1991)
POETIC JUSTICE (1993)
HIGHER LEARNING (1994)
ROSEWOOD (1997)
SHAFT (2000) (2000)

**SINISE, Gary**
*réalisateur américain (1955-)*
MILES FROM HOME (1988)
OF MICE AND MEN (1992)

**SIODMAK, Robert**
*réalisateur américain (1900-1973)*
SON OF DRACULA (1943)
PHANTOM LADY (1944)
STRANGE AFFAIR OF UNCLE HARRY, THE (1945)
DARK MIRROR, THE (1946)
KILLERS, THE (1946)
SPIRAL STAIRCASE, THE (1946)

CRISS CROSS (1949)
CRIMSON PIRATE, THE (1952)
KATIA (1959)
CUSTER OF THE WEST (1967)

**SIRK, Douglas**
*réalisateur allemand (1900-1987)*
LURED (1947)
ALL I DESIRE (1953)
MAGNIFICENT OBSESSION (1954)
ALL THAT HEAVEN ALLOWS (1955)
BATTLE HYMN (1957)
TARNISHED ANGELS, THE (1958)
IMITATION OF LIFE (1959)

**SJÖBERG, Alf**
*réalisateur suédois (1903-1980)*
TOURMENTS (1944)
MADEMOISELLE JULIE (1950)

**SKOLIMOWSKI, Jerzy**
*réalisateur polonais (1938-)*
HANDS UP (1967)
SHOUT, THE (1978)
MOONLIGHTING (1982)
SUCCESS IS THE BEST REVENGE (1984)
LIGHTSHIP, THE (1985)
TORRENTS OF SPRING (1989)

**SLUIZER, George**
*réalisateur néerlandais (1932-)*
HOMME, DEUX FEMMES, UN (1979)
HOMME QUI VOULAIT SAVOIR, L' (1988)
COMMISSIONER, THE (1997)

**SMIGHT, Jack**
*réalisateur américain (1926-)*
HARPER (1966)
KALEIDOSCOPE (1966)
NO WAY TO TREAT A LADY (1968)
SECRET WAR OF HARRY FRIGG, THE (1968)
ILLUSTRATED MAN, THE (1969)
MIDWAY (1976)

**SMITH, John N.**
*réalisateur québécois (1943-)*
MASCULINE MYSTIQUE, THE (1984)
SITTING IN LIMBO (1986)
TRAIN OF DREAMS (1987)
BOYS OF ST. VINCENT, THE (1992)
DANGEROUS MINDS (1995)

**SODERBERGH, Steven**
*réalisateur américain (1963-)*
SEX, LIES, AND VIDEOTAPE (1989)
KAFKA (1991)
FALLEN ANGELS 2 (1993)
KING OF THE HILL (1993)
GRAY'S ANATOMY (1997)
SCHIZOPOLIS (1997)
OUT OF SIGHT (1998)
LIMEY, THE (1999)
ERIN BROCKOVICH (2000)
TRAFFIC (2000)

**SOLANAS, Fernando**
*réalisateur argentin (1936-)*
TANGOS: L'EXIL DE GARDEL (1985)

**SONNENFELD, Barry**
*réalisateur américain*
ADDAMS FAMILY, THE (1991)
ADDAMS FAMILY VALUES, THE (1993)
GET SHORTY (1995)
MEN IN BLACK (1997)

**SORDI, Alberto**
*réalisateur italien (1919-)*
JE SAIS QUE TU SAIS (1982)

**SPHEERIS, Penelope**
*réalisatrice américaine (1945-)*
DECLINE OF THE WESTERN CIVILIZATION, THE (1981)
SUBURBIA (THE WILD SIDE) (1984)
DUDES (1987)
DECLINE OF THE WESTERN CIVILIZATION II: THE METAL YEARS, THE (1988)
LITTLE RASCALS, THE (1994)
SENSELESS (1998)

**SPIELBERG, Steven**
*réalisateur américain (1947-)*
INDIANA JONES (COFFRET 4 VOLUMES)
DUEL (1971)
COLUMBO: MURDER BY THE BOOK (1971)
SUGARLAND EXPRESS, THE (1974)
JAWS (1975)
CLOSE ENCOUNTERS OF THE THIRD KIND (1977)
1941 (1979)
RAIDERS OF THE LOST ARK (1981)
HOOK (1991)
E.T. THE EXTRA-TERRESTRIAL (1982)
INDIANA JONES & THE TEMPLE OF DOOM (1984)
COLOR PURPLE, THE (1985)
EMPIRE OF THE SUN (1987)
ALWAYS (1989)
INDIANA JONES & THE LAST CRUSADE (1989)
JURASSIC PARK/LOST WORLD, THE (COFFRET)
JURASSIC PARK (1993)
JURASSIC PARK (COFFRET) (1993)
SCHINDLER'S LIST (1993)
AMISTAD (1997)
LOST WORLD: JURASSIC PARK, THE (1997)
SAVING PRIVATE RYAN (1998)

**SPRY, Robin**
*réalisateur canadien (1939-)*
ACTION: THE OCTOBER CRISIS OF 1970 (1973)
ONE MAN (1977)
SUZANNE (1980)
OBSESSED (1988)
CRY IN THE NIGHT, A (1992)

**STEVENS, George**
*réalisateur américain (1904-1975)*
KENTUCKY KERNELS (1934)
ALICE ADAMS (1935)
ANNIE OAKLEY (1935)
SWING TIME (1936)
DAMSEL IN DISTRESS, A (1937)
QUALITY STREET (1937)
GUNGA DIN (1939)
PENNY SERENADE (1941)
TALK OF THE TOWN, THE (1942)
MORE THE MERRIER, THE (1943)
I REMEMBER MAMA (1948)
PLACE IN THE SUN, A (1951)
SHANE (1953)
GIANT (1956)
DIARY OF ANNE FRANK, THE (1959)
GREATEST STORY EVER TOLD, THE (1965)
SEPARATE BUT EQUAL (1991)

**STEVENSON, Robert**
*réalisateur anglais (1905-1986)*
JOAN OF PARIS (1942)
FOREVER AND A DAY (1943)
JANE EYRE (1944)
MY FORBIDDEN PAST (1951)
OLD YELLER (1957)
DARBY O'GILL AND THE LITTLE PEOPLE (1959)
ABSENT-MINDED PROFESSOR, THE (1961)
IN SEARCH OF THE CASTAWAYS (1962)
SON OF FLUBBER (1963)
MARY POPPINS (1964)
THAT DARN CAT! (1965)
BLACKBEARD'S GHOST (1968)
LOVE BUG, THE (1969)
BEDKNOBS AND BROOMSTICKS (1971)
HERBIE RIDES AGAIN (1974)
ISLAND AT THE TOP OF THE WORLD, THE (1974)

**STONE, Oliver**
*réalisateur américain (1946-)*
SEIZURE (1974)
HAND, THE (1981)
SALVADOR (1985)
PLATOON (1986)
TALK RADIO (1988)
BORN ON THE FOURTH OF JULY (1989)
DOORS, THE (1991)
JFK (1991)
HEAVEN & EARTH (1993)
NATURAL BORN KILLERS (1994)
NIXON (1995)
ANY GIVEN SUNDAY (1999)

**STREISAND, Barbra**
*réalisatrice américaine (1942-)*
PRINCE OF TIDES, THE (1991)
MIRROR HAS TWO FACES, THE (1996)

**STRICK, Joseph**
*réalisateur américain (1923-)*
BALCONY, THE (1963)
JAMES JOYCE: A PORTRAIT OF THE ARTIST AS A YOUNG MAN (1979)

**STROCK, Herbert L.**
*réalisateur américain (1918-)*
BLOOD OF DRACULA (1957)
TEENAGE FRANKENSTEIN (1957)
HOW TO MAKE A MONSTER (1958)
CRAWLING HAND, THE (1964)

**STURGES, John**
*réalisateur américain (1910-1992)*
MAGNIFICENT YANKEE, THE (1950)
ESCAPE FROM FORT BRAVO (1953)
BAD DAY AT BLACK ROCK (1954)
GUNFIGHT AT THE O.K. CORRAL (1957)
LAW AND JAKE WADE, THE (1958)
OLD MAN AND THE SEA, THE (1958)
NEVER SO FEW (1959)
MAGNIFICENT SEVEN, THE (1960)
BY LOVE POSSESSED (1961)
GREAT ESCAPE, THE (1963)
SATAN BUG, THE (1964)
HALLELUJAH TRAIL, THE (1965)
HOUR OF THE GUN (1967)
ICE STATION ZEBRA (1969)
MAROONED (1969)
JOE KIDD (1972)
MCQ (1974)
EAGLE HAS LANDED, THE (1976)

**STURGES, Preston**
*réalisateur américain (1898-1959)*
CHRISTMAS IN JULY (1940)
GREAT McGINTY, THE (1940)
SULLIVAN'S TRAVELS (1941)
PALM BEACH STORY, THE (1942)
MIRACLE OF MORGAN'S CREEK, THE (1943)
GREAT MOMENT, THE (1944)
HAIL THE CONQUERING HERO (1944)

SIN OF HAROLD DIDDLEBOCK, THE (1947)
BEAUTIFUL BLONDE FROM BASHFUL BEND, THE (1949)

**STURRIDGE, Charles**
*réalisateur anglais (1951-)*
ARIA (1988)
HANDFUL OF DUST, A (1988)
GULLIVER'S TRAVELS (1995)
FAIRY TALE: A TRUE STORY (1997)

**SUBIELA, Eliseo**
*réalisateur argentin (1944-)*
MAN FACING SOUTHEAST (1986)
CÔTÉ OBSCUR DU CŒUR, LE (1992)

**SVANKMAJER, Jan**
*réalisateur tchèque (1934-)*
ALICE (1988)
FAUST (1994)

**SWAIM, Bob**
*réalisateur américain (1943-)*
NUIT DE SAINT-GERMAIN DES PRÉS, LA (1977)
BALANCE, LA (1982)
HALF MOON STREET (1986)
MASQUERADE (1988)

**SZABO, Istvan**
*réalisateur hongrois (1938-)*
PÈRE (1966)
25 RUE DES SAPEURS (1973)
MÉPHISTO (1981)
COLONEL REDL (1985)
HANUSSEN (1988)
MEETING VENUS (1991)
SWEET EMMA, DEAR BÕBE (1992)
SUNSHINE (1999)

**TACCHELLA, Jean-Charles**
*réalisateur français (1925-)*
COUSIN, COUSINE (1974)
IL Y A LONGTEMPS QUE JE T'AIME (1979)
CROQUE LA VIE (1981)
ESCALIER C (1985)
DAMES GALANTES, LES (1990)
HOMME DE MA VIE, L' (1992)

**TAMAHORI, Lee**
*réalisateur néo-zélandais (1950-)*
ONCE WERE WARRIORS (1994)
MULHOLLAND FALLS (1996)
EDGE, THE (1997)

**TANA, Paul**
*réalisateur québécois (1947-)*
CAFÉ ITALIA MONTRÉAL (1985)
SARRASINE, LA (1992)
DÉROUTE, LA (1998)

**TANNER, Alain**
*réalisateur suisse (1929-)*
JONAS QUI AURA 25 ANS EN L'AN 2000 (1976)
ANNÉES-LUMIÈRE, LES (1981)
FLAMME DANS MON CŒUR, UNE (1987)
JOURNAL DE LADY M., LE (1993)

**TARANTINO, Quentin**
*réalisateur américain (1963-)*
RESERVOIR DOGS (1991)
PULP FICTION (1994)
FOUR ROOMS (1995)
JACKIE BROWN (1997)

**TARKOVSKY, Andrei**
*réalisateur russe (1932-1986)*
ENFANCE D'IVAN, L' (1962)
ANDREI RUBLEV (1966)
SOLARIS (1972)
MIROIR, LE (1974)
STALKER (1979)
NOSTALGHIA (1983)
SACRIFICE, LE (1986)

**TASHLIN, Frank**
*réalisateur américain (1913-1972)*
SON OF PALEFACE (1952)
ARTISTS AND MODELS (1955)
GIRL CAN'T HELP IT, THE (1956)
HOLLYWOOD OR BUST (1956)
GEISHA BOY, THE (1958)
ROCK-A-BYE BABY (1958)
CINDERFELLA (1960)
DISORDERLY ORDERLY, THE (1964)
ALPHABET MURDERS, THE (1966)
GLASS BOTTOM BOAT, THE (1966)

**TATI, Jacques**
*réalisateur français (1908-1982)*
JOUR DE FÊTE (VERSION COULEUR) (1949)
MON ONCLE (1958)
PLAY TIME (1967)
TRAFIC (1971)
PARADE (1974)

**TAUROG, Norman**
*réalisateur américain (1899-1981)*
RHYTHM ON THE RANGE (1936)
BOYS TOWN (1938)
BROADWAY MELODY OF 1940 (1940)
LITTLE NELLIE KELLY (1940)
MEN OF BOYS TOWN (1941)
THAT MIDNIGHT KISS (1949)
TOAST OF NEW ORLEANS, THE (1950)
RICH, YOUNG AND PRETTY (1951)
JUMPING JACKS (1952)
CADDY, THE (1953)
STOOGE, THE (1953)
BUNDLE OF JOY (1956)
PARDNERS (1956)
ONIONHEAD (1958)
G.I. BLUES (1960)
BLUE HAWAII (1961)
DR. GOLDFOOT AND THE BIKINI MACHINE (1966)

**TAVERNIER, Bertrand**
*réalisateur français (1941-)*
HORLOGER DE SAINT-PAUL, L' (1974)
QUE LA FÊTE COMMENCE! (1975)
JUGE ET L'ASSASSIN, LE (1976)
ENFANTS GÂTÉS, LES (1977)
MORT EN DIRECT, LA (1980)
COUP DE TORCHON (1981)
MISSISSIPPI BLUES (1982)
DIMANCHE À LA CAMPAGNE, UN (1984)
ROUND MIDNIGHT (1986)
PASSION BÉATRICE, LA (1987)
DADDY NOSTALGIE (1990)
L.627 (1992)
FILLE DE D'ARTAGNAN, LA (1994)
APPÂT, L' (1995)
CAPITAINE CONAN (1996)
ÇA COMMENCE AUJOURD'HUI (1999)

**TAVIANI, Vittorio et Paolo**
*réalisateurs italiens (1929-) et (1931-)*
ALLONSANFAN (1974)
PADRE, PADRONE (1977)
NUIT DE SAN LORENZO, LA (1982)
KAOS (1984)
GOOD MORNING, BABYLON (1987)
SOLEIL MÊME LA NUIT, LE (1990)
FIORILE (1993)

**TAYLOR, Sam**
*réalisateur américain (1895-1958)*
MY BEST GIRL (1927)
COQUETTE (1929)
NOTHING BUT TROUBLE (1944)

**TEAGUE, Lewis**
*réalisateur américain (1941-)*
FIGHTING BACK (1982)
CUJO (1983)
CAT'S EYE (1985)
JEWEL OF THE NILE, THE (1985)

**TÉCHINÉ, André**
*réalisateur français (1943-)*
BAROCCO (1976)
RENDEZ-VOUS (1985)
LIEU DU CRIME, LE (1986)
J'EMBRASSE PAS (1991)
MA SAISON PRÉFÉRÉE (1993)
ROSEAUX SAUVAGES, LES (1994)
ALICE ET MARTIN (1998)

**TEMPLE, Julien**
*réalisateur anglais (1953-)*
GREAT ROCK 'N ROLL SWINDLE, THE (1980)
ABSOLUTE BEGINNERS (1986)
ARIA (1988)
EARTH GIRLS ARE EASY (1989)
FILTH AND THE FURY, THE (1999)

**TESHIGAHARA, Hiroshi**
*réalisateur japonais (1927-2001)*
FEMME DE SABLE, LA (1964)

**TETZLAFF, Ted**
*réalisateur américain (1903-)*
RIFF-RAFF (1947)

**THOMAS, Ralph**
*réalisateur anglais (1915-)*
CLOUDED YELLOW, THE (1950)
DOCTOR IN THE HOUSE (1954)
CAMPBELL'S KINGDOM (1957)
DOCTOR AT LARGE (1957)
TALE OF TWO CITIES, A (1958)
DOCTOR IN TROUBLE (1970)

**THOMPSON, J. Lee**
*réalisateur anglais (1914-)*
NORTHWEST FRONTIER (FLAME OVER INDIA) (1959)
TIGER BAY (1959)
GUNS OF NAVARONE, THE (1961)
CAPE FEAR (1962)
TARAS BULBA (1962)
MACKENNA'S GOLD (1969)
CONQUEST OF THE PLANET OF THE APES (1972)
BATTLE FOR THE PLANET OF THE APES (1973)
GREEK TYCOON, THE (1978)

**THORPE, Richard**
*réalisateur américain (1896-1991)*
TARZAN ESCAPES (1936)
DOUBLE WEDDING (1937)
NIGHT MUST FALL (1937)
ADVENTURES OF HUCKLEBERRY FINN, THE (1939)
TARZAN FINDS A SON! (1939)
TARZAN'S SECRET TREASURE (1941)

TARZAN'S NEW YORK ADVENTURE (1942)
ABOVE SUSPICION (1943)
THIN MAN GOES HOME, THE (1944)
DATE WITH JUDY, A (1948)
ON AN ISLAND WITH YOU (1948)
SUN COMES UP, THE (1948)
MALAYA (1949)
GREAT CARUSO, THE (1951)
IVANHOE (1952)
PRISONER OF ZENDA, THE (1952)
ALL THE BROTHERS WERE VALIANT (1953)
KNIGHTS OF THE ROUND TABLE (1953)
STUDENT PRINCE, THE (1954)
PRODIGAL, THE (1955)
JAILHOUSE ROCK (1957)
HONEYMOON MACHINE, THE (1961)
HORIZONTAL LIEUTENANT, THE (1961)
FUN IN ACAPULCO (1963)

**TOBACK, James**
*réalisateur américain (1944-)*
FINGERS (1978)
PICK-UP ARTIST, THE (1987)
BLACK AND WHITE (1999)

**TOKAR, Norman**
*réalisateur américain (1920-1979)*
HAPPIEST MILLIONAIRE, THE (1967)
HORSE IN THE GRAY FLANEL SUIT, THE (1969)
CANDLESHOE (1977)
CAT FROM OUTER SPACE, THE (1978)

**TOLKIN, Michael**
*réalisateur américain*
RAPTURE, THE (1991)
NEW AGE, THE (1994)

**TORNATORE, Giuseppe**
*réalisateur italien (1956-)*
MAÎTRE DE LA CAMORRA, LE (1986)
CINÉMA PARADISO (1988)
ILS VONT TOUS BIEN (1990)
PURE FORMALITÉ, UNE (1994)
STARMAKER, THE (1996)
LÉGENDE DU PIANISTE SUR L'OCÉAN, LA (1999)
MALÈNA (2000)

**TOURNEUR, Jacques**
*réalisateur français (1904-1977)*
CAT PEOPLE (1942)
I WALKED WITH A ZOMBIE (1943)
LEOPARD MAN, THE (1943)
DAYS OF GLORY (1944)
CANYON PASSAGE (1946)
OUT OF THE PAST (1947)
BERLIN EXPRESS (1948)
EASY LIVING (1949)
FLAME AND THE ARROW, THE (1950)
STARS IN MY CROWN (1950)
CURSE OF THE DEMON (1958)
COMEDY OF TERRORS, THE (1964)

**TOURNEUR, Maurice**
*réalisateur français (1876-1961)*
LAST OF THE MOHICANS, THE (1920)

**TOWNSEND, Robert**
*réalisateur américain (1957-)*
EDDIE MURPHY RAW (1987)
HOLLYWOOD SHUFFLE (1987)
FIVE HEARTBEATS, THE (1991)
B.A.P. S. (BLACK AMERICAN PRINCESSES) (1997)

**TREUT, Monika**
*réalisatrice allemande (1954-)*
SEDUCTION: THE CRUEL WOMAN (1985)
MY FATHER IS COMING (1991)

**TRINTIGNANT, Nadine**
*réalisatrice française (1934-)*
ÇA N'ARRIVE QU'AUX AUTRES (1971)
DÉFENSE DE SAVOIR (1973)
PREMIER VOYAGE (1980)
ÉTÉ PROCHAIN, L' (1985)

**TROELL, Jan**
*réalisateur suédois (1931-)*
EMIGRANTS, THE (1971)
NEW LAND, THE (1972)
HURRICANE (1979)
HAMSUN (1996)

**TRUEBA, Fernando**
*réalisateur espagnol (1955-)*
BELLE ÉPOQUE (1992)

**TRUFFAUT, François**
*réalisateur français (1932-1984)*
400 COUPS, LES (1959)
TIREZ SUR LE PIANISTE (1960)
JULES ET JIM (1961)
AMOUR À VINGT ANS, L' (1962)
PEAU DOUCE, LA (1964)
FAHRENHEIT 451 (1966)
BAISERS VOLÉS (1968)
MARIÉE ÉTAIT EN NOIR, LA (1968)
SIRÈNE DU MISSISSIPPI, LA (1969)
DOMICILE CONJUGAL (1970)
ENFANT SAUVAGE, L' (1970)
2 ANGLAISES ET LE CONTINENT, LES (1971)
NUIT AMÉRICAINE, LA (1973)
HISTOIRE D'ADÈLE H., L' (1975)
ARGENT DE POCHE, L' (1976)
HOMME QUI AIMAIT LES FEMMES, L' (1977)
AMOUR EN FUITE, L' (1978)
CHAMBRE VERTE, LA (1978)
DERNIER MÉTRO, LE (1980)
FEMME D'À CÔTÉ, LA (1981)

**TUCCI, Stanley**
*réalisateur américain (1960-)*
BIG NIGHT (1996)
IMPOSTORS, THE (1998)
JOE GOULD'S SECRET (2000)

**TUNG, Ching Siu**
*réalisateur chinois*
HISTOIRES DE FANTÔMES CHINOIS (1987)
CHINESE GHOST STORY III, A (1991)
SWORDSMAN II (1991)
BUTTERFLY & SWORD (1992)

**TURPIN, André**
*réalisateur québécois (1965-)*
COSMOS (1996)

**TURTURRO, John**
*réalisateur américain (1957-)*
MAC (1992)
ILLUMINATA (1998)

**TUTTLE, Frank**
*réalisateur américain (1892-1963)*
ROMAN SCANDALS (1933)
THIS GUN FOR HIRE (1942)

**ULLMANN, Liv**
*réalisatrice suédoise (1939-)*
SOFIE (1992)
KRISTIN LAVRANSDATTER (1995)
PRIVATE CONFESSIONS (1997)

**ULMER, Edgar G.**
*réalisateur australien (1900-1972)*
BLACK CAT, THE (1934)
GREEN FIELDS (1937)
SINGING BLACKSMITH, THE (1937)
LIGHT AHEAD, THE (1939)
MOON OVER HARLEM (1939)
BLUEBEARD (1944)
DETOUR (1945)
CARNEGIE HALL (1947)
RUTHLESS (1948)
MAN FROM PLANET X, THE (1951)
AMAZING TRANSPARENT MAN, THE (1960)

**UNDERWOOD, Ron**
*réalisateur américain (1953-)*
CITY SLICKERS (1991)
HEART AND SOULS (1993)
SPEECHLESS (1994)
MIGHTY JOE YOUNG (1998)

**UYS, Jamie**
*réalisateur sud-africain (1921-1996)*
GODS MUST BE CRAZY, THE (1981)
GODS MUST BE CRAZY 2, THE (1989)

**VADIM, Roger**
*réalisateur français (1928-2000)*
ET DIEU CRÉA LA FEMME (1956)
BIJOUTIERS DU CLAIR DE LUNE, LES (1957)
LIAISONS DANGEREUSES, LES (1959)
ET MOURIR DE PLAISIR (1960)
REPOS DU GUERRIER, LE (1962)
SEPT PÉCHÉS CAPITAUX, LES (1962)
CURÉE, LA (1966)
BARBARELLA (1968)
HISTOIRES EXTRAORDINAIRES (1968)
HELLÉ (1972)
DON JUAN 73-1973)
NIGHT GAMES (1979)
SURPRISE PARTY (1983)
AND GOD CREATED WOMAN (1987)

**VAN ACKEREN, Robert**
*réalisateur allemand (1946-)*
FEMME FLAMBÉE, LA (1983)
PIÈGE DE VÉNUS, LE (1987)

**VAN DORMAEL, Jaco**
*réalisateur belge (1957-)*
TOTO LE HÉROS (1991)
HUITIÈME JOUR, LE (1996)

**VAN DYKE II, W.S.**
*réalisateur américain (1889-1943)*
TRADER HORN (1931)
TARZAN, THE APE MAN (1932)
FORSAKING ALL OTHERS (1934)
MANHATTAN MELODRAMA (1934)
THIN MAN, THE (1934)
I LIVE MY LIFE (1935)
NAUGHTY MARIETTA (1935)
ROSE MARIE (1935)
AFTER THE THIN MAN (1936)
LOVE ON THE RUN (1936)
SAN FRANCISCO (1936)
PERSONAL PROPERTY (1937)
MARIE ANTOINETTE (1938)
ROSALIE (1938)
SWEETHEARTS (1938)
ANDY HARDY GETS SPRING FEVER (1939)
ANOTHER THIN MAN (1939)
BITTER SWEET (1940)

I LOVE YOU AGAIN (1940)
SHADOW OF THE THIN MAN (1941)
CAIRO (1942)
I MARRIED AN ANGEL (1942)
JOURNEY FOR MARGARET (1942)

**VAN PEEBLES, Mario**
*réalisateur américain (1957-)*
NEW JACK CITY (1991)
POSSE (1993)
PANTHER (1995)

**VAN PEEBLES, Melvin**
*réalisateur américain (1932-)*
PERMISSION, LA (1967)
SWEET SWEETBACK'S BAADASSSSS SONG (1971)
DON'T PLAY US CHEAP (1973)

**VAN SANT, Gus**
*réalisateur américain (1952-)*
DRUGSTORE COWBOY (1989)
FINDING FORRESTER (2000)
MY OWN PRIVATE IDAHO (1991)
EVEN COWGIRLS GET THE BLUES (1994)
TO DIE FOR (1995)
GOOD WILL HUNTING (1997)
PSYCHO (1998)

**VARDA, Agnès**
*réalisatrice française (1928-)*
AGNÈS VARDA COLLECTION (COFFRET)
CLÉO DE 5 À 7 (1961)
BONHEUR, LE (1965)
SANS TOIT NI LOI (1985)
JANE B. PAR AGNÈS V. (1988)
KUNG-FU MASTER! (1988)
JACQUOT DE NANTES (1990)
CENT ET UNE NUITS, LES (1994)
GLANEURS ET LA GLANEUSE, LES (2000)

**VEBER, Francis**
*réalisateur français (1937-)*
JOUET, LE (1976)
CHÈVRE, LA (1981)
COMPÈRES, LES (1983)
FUGITIFS, LES (1987)
THREE FUGITIVES (1989)
JAGUAR, LE (1996)
DÎNER DE CONS, LE (1998)
PLACARD, LE (2000)

**VERHOEVEN, Michael**
*réalisateur allemand (1938-)*
NASTY GIRL, THE (1990)

**VERHOEVEN, Paul**
*réalisateur hollandais (1938-)*
KEETJE TIPPEL (1976)
SOLDIER OF ORANGE (1978)
SPETTERS (1980)
QUATRIÈME HOMME, LE (1983)
FLESH + BLOOD (1985)
ROBOCOP (1987)
TOTAL RECALL (1990)
BASIC INSTINCT (1992)
SHOWGIRLS (1995)
STARSHIP TROOPERS (1997)
HOLLOW MAN (2000)

**VERNEUIL, Henri**
*réalisateur français (1920-)*
FRUIT DÉFENDU, LE (1952)
SOIS BELLE ET TAIS-TOI (1958)
GRAND CHEF, LE (1959)
SINGE EN HIVER, UN (1963)
BATAILLE DE SAN SEBASTIAN, LA (1968)
CLAN DES SICILIENS, LE (1969)
SERPENT, LE (NIGHT FLIGHT FROM MOSCOW) (1973)
I... COMME ICARE (1979)
MILLE MILLIARDS DE DOLLARS (1982)
MORFALOUS, LES (1983)
MAYRIG (1991)
588 RUE PARADIS (1992)

**VERNOUX, Marion**
*réalisatrice française*
PERSONNE NE M'AIME (1994)
LOVE, ETC. (1996)
RIEN À FAIRE (1999)

**VERTOV, Dziga**
*réalisateur polonais (1896-1954)*
KINO-EYE / TROIS CHANTS SUR LÉNINE (1934)
MAN WITH THE MOVIE CAMERA, THE (1929)

**VIDOR, Charles**
*réalisateur hongrois (1900-1959)*
LADY IN QUESTION, THE (1940)
DESPERADOES, THE (1943)
COVER GIRL (1944)
SONG TO REMEMBER, A (1945)
GILDA (1946)
LOVES OF CARMEN, THE (1948)
HANS CHRISTIAN ANDERSEN (1952)
RHAPSODY (1954)
LOVE ME OR LEAVE ME (1956)
SWAN, THE (1956)
FAREWELL TO ARMS, A (1957)
SONG WITHOUT END (1960)

**VIDOR, King**
*réalisateur américain (1894-1982)*
BIG PARADE, THE (1925)
CROWD, THE (1928)
SHOW PEOPLE (1928)
HALLELUJAH (1929)
CHAMP, THE (1931)
OUR DAILY BREAD (1934)
STELLA DALLAS (1937)
CITADEL, THE (1938)
COMRADE X (1940)
NORTHWEST PASSAGE (1940)
DUEL IN THE SUN (1946)
FOUNTAINHEAD, THE (1949)
MAN WITHOUT A STAR (1955)
SOLOMON AND SHEBA (1959)

**VIGNE, Daniel**
*réalisateur français (1942-)*
HOMMES, LES (1972)
RETOUR DE MARTIN GUERRE, LE (1982)

**VIGO, Jean**
*réalisateur français (1905-1934)*
ATALANTE, L' (1934)

**VINCENT, Christian**
*réalisateur français*
DISCRÈTE, LA (1990)
BEAU FIXE (1992)
SÉPARATION, LA (1994)

**VISCONTI, Luchino**
*réalisateur italien (1906-1976)*
AMANTS DIABOLIQUES, LES (1942)
SENSO (1954)
ROCCO ET SES FRÈRES (1960)
BOCCACCIO 70 (1962)
GUÉPARD, LE (1962)
DAMNÉS, LES (1969)
MORT À VENISE (1971)
INNOCENT, L' (1976)

**VON STERNBERG, Josef**
*réalisateur autrichien (1894-1969)*
DOCKS OF NEW YORKS, THE (1928)
LAST COMMAND, THE (1928)
ANGE BLEU, L' (1930)
MOROCCO (1930)
DISHONORED (1931)
BLONDE VENUS (1932)
SHANGHAI EXPRESS (1932)
SCARLET EMPRESS, THE (1934)
CRIME AND PUNISHMENT (1935)
DEVIL IS A WOMAN, THE (1935)
SHANGHAI GESTURE, THE (1941)
JET PILOT (1957)

**VON STROHEIM, Erich**
*réalisateur autrichien (1885-1957)*
FOOLISH WIVES (1921)
GREED (1923)
QUEEN KELLY (1928)

**VON TRIER, Lars**
*réalisateur danois (1956-)*
ELEMENT OF CRIME (1984)
EUROPA (1992)
KINGDOM 1, THE (1994)
AMOUR EST UN POUVOIR SACRÉ, L' (1996)
KINGDOM 1 & 2, THE (COFFRET)
KINGDOM 2, THE (1997)
IDIOTS, LES (1998)
DANCER IN THE DARK (2000)

**VON TROTTA, Margarethe**
*réalisatrice allemande (1942-)*
HONNEUR PERDU DE KATHARINA BLUM, L' (1975)
SECOND AWAKENING OF CHRISTA KLAGES, THE (1978)
SISTERS, OR THE BALANCE OF HAPPINESS (1979)
AMIE, L' (1983)
FÉLIX (1988)
PROMESSE, LA (1994)

**WACHOWSKI, Larry et Andy**
*réalisateurs américains (1965-) & (1967-)*
BOUND (1996)
MATRIX, THE (1999)

**WAGGNER, George**
*réalisateur américain (1894-1984)*
MAN MADE MONSTER (1941)
CLIMAX, THE (1944)
FIGHTING KENTUCKIAN, THE (1949)
OPERATION PACIFIC (1951)

**WAJDA, Andrzej**
*réalisateur polonais (1927-)*
ILS AIMAIENT LA VIE (1957)
CENDRES ET DIAMANT (1958)
DERNIÈRE CHARGE, LA (1959)
INNOCENTS CHARMEURS, LES (1960)
SAMSON (1961)
SIBERIAN LADY MACBETH (1961)
AMOUR À VINGT ANS, L' (1962)
MÉLI-MÉLO (1968)
CHASSE AUX MOUCHES, LA (1969)
BOIS DE BOULEAUX, LE (1970)
TERRE DE LA GRANDE PROMESSE, LA (1975)
HOMME DE MARBRE, L' (1977)
DEMOISELLES DE WILKO, LES (1979)
HOMME DE FER, L' (1980)

DANTON (1982)
AMOUR EN ALLEMAGNE, UN (1983)
KORCZAK (1990)

**WALLACE, Richard**
*réalisateur américain (1894-1951)*
LITTLE MINISTER, THE (1934)
NIGHT TO REMEMBER, A (1942)
FALLEN SPARROW, THE (1943)
IT'S IN THE BAG (1945)
SINBAD THE SAILOR (1947)
LET'S LIVE A LITTLE (1948)

**WALSH, Raoul**
*réalisateur américain (1887-1981)*
REGENERATION (1915)
THIEF OF BAGDAD, THE (1924)
SADIE THOMPSON (1928)
BIG TRAIL, THE (1930)
COLLEGE SWING (1938)
KLONDIKE ANNIE (1939)
ROARING TWENTIES, THE (1939)
DARK COMMAND (1940)
THEY DRIVE BY NIGHT (1940)
HIGH SIERRA (1941)
GENTLEMAN JIM (1942)
THEY DIED WITH THEIR BOOTS ON (1942)
OBJECTIVE BURMA! (1945)
PURSUED (1947)
ALONG THE GREAT DIVIDE (1951)
CAPTAIN HORATIO HORNBLOWER (1951)
DISTANT DRUMS (1951)
GUN FURY (1953)
LAWLESS BREED, THE (1953)
LION IS IN THE STREETS, A (1953)
BATTLE CRY (1955)
KING AND FOUR QUEENS, THE (1956)
BAND OF ANGELS (1957)
ESTHER AND THE KING (1960)

**WALTERS, Charles**
*réalisateur américain (1911-1982)*
GOOD NEWS (1947)
EASTER PARADE (1948)
BARKLEYS OF BROADWAY, THE (1949)
SUMMER STOCK (1950)
DANGEROUS WHEN WET (1953)
EASY TO LOVE (1953)
LILI (1953)
GLASS SLIPPER, THE (1955)
TENDER TRAP, THE (1955)
HIGH SOCIETY (1956)
ASK ANY GIRL (1959)
PLEASE DON'T EAT THE DAISIES (1960)

**WANG, Wayne**
*réalisateur chinois (1949-)*
DIM SUM: A LITTLE BIT OF HEART (1984)
SLAMDANCE (1987)
EAT A BOWL OF TEA (1989)
JOY LUCK CLUB, THE (1993)
BLUE IN THE FACE (1995)
SMOKE (1995)
CHINESE BOX (1997)
ANYWHERE BUT HERE (1999)

**WARD, Vincent**
*réalisateur néo-zélandais (1956-)*
NAVIGATOR: A MEDIEVAL ODYSSEY, THE / (1988)
MAP OF THE HUMAN HEART (1992)

**WARGNIER, Régis**
*réalisateur français (1948-)*
FEMME DE MA VIE, LA (1986)
JE SUIS LE SEIGNEUR DU CHÂTEAU (1989)
INDOCHINE (1991)
FEMME FRANÇAISE, UNE (1994)
EST-OUEST (1999)

**WATERS, John**
*réalisateur américain (1946-)*
MONDO TRASHO (1969)
MULTIPLE MANIACS (1970)
PINK FLAMINGOS (1972)
FEMALE TROUBLE (1973)
DESPERATE LIVING (1977)
POLYESTER (1981)
HAIRSPRAY (1988)
CRY-BABY (1990)
SERIAL MOM (1994)
PECKER (1998)
CECIL B. DEMENTED (2000)

**WAYNE, John**
*réalisateur américain (1907-1979)*
ALAMO, THE (1960)
GREEN BERETS, THE (1968)

**WEBB, Robert D.**
*réalisateur américain (1903-)*
SEVEN CITIES OF GOLD (1955)
LOVE ME TENDER (1956)

**WEGENER, Paul**
*réalisateur allemand (1874-1948)*
ÉTUDIANT DE PRAGUE, L' (1913)
GOLEM, THE (1920)

**WEIR, Peter**
*réalisateur australien (1944-)*
CARS THAT ATE PARIS, THE (1974)
PICNIC AT HANGING ROCK (1975)
LAST WAVE, THE (1977)
PLUMBER, THE (1979)
GALLIPOLI (1981)
MOSQUITO COAST, THE (1986)
DEAD POETS SOCIETY (1989)
GREEN CARD (1990)
FEARLESS (1993)

**WELLES, Orson**
*réalisateur américain (1915-1985)*
CITIZEN KANE (1941)
IT'S ALL TRUE (1942)
MAGNIFICENT AMBERSONS, THE (1942)
STRANGER, THE (1946)
LADY FROM SHANGHAI, THE (1948)
MACBETH (1948)
OTHELLO (1952)
CONFIDENTIAL REPORT (MR. ARKADIN) (1955)
TOUCH OF EVIL (1958)
F FOR FAKE (1973)

**WELLMAN, William A.**
*réalisateur américain (1896-1975)*
PUBLIC ENEMY, THE (1931)
NOTHING SACRED (1937)
GREAT MAN'S LADY, THE (1942)
ROXIE HART (1942)
OX-BOW INCIDENT, THE (1943)
STORY OF G.I. JOE, THE (1945)
MAGIC TOWN (1947)
BATTLEGROUND (1949)
ACROSS THE WIDE MISSOURI (1951)
TRACK OF THE CAT (1954)
BLOOD ALLEY (1955)
GOODBYE, MY LADY (1956)
DARBY'S RANGERS (1958)
LAFAYETTE ESCADRILLE (1958)

**WENDERS, Wim**
*réalisateur allemand (1945-)*
ANGOISSE DU GARDIEN DE BUT AU MOMENT DU PENALTY, L' (1971)
LETTRE ÉCARLATE, LA (1972)
ALICE DANS LES VILLES (1973)
FAUX MOUVEMENT (1974)
AU FIL DU TEMPS (1976)
AMI AMÉRICAIN, L' (1977)
LIGHTNING OVER WATER (NICK'S MOVIE) (1980)
HAMMETT (1981)
ÉTAT DES CHOSES, L' (1982)
PARIS, TEXAS (1984)
TOKYO-GA (1985)
AILES DU DÉSIR, LES (1987)
NOTEBOOK ON CITIES AND CLOTHES (1990)
SI LOIN, SI PROCHE (1992)
PAR-DELÀ LES NUAGES (1995)
END OF VIOLENCE, THE (1997)
BUENA VISTA SOCIAL CLUB (1999)

**WERKER, Alfred L.**
*réalisateur américain (1896-1975)*
ADVENTURES OF SHERLOCK HOLMES, THE (1939)
HE WALKED BY NIGHT (1949)
LOST BOUNDARIES (1949)

**WERTMULLER, Lina**
*réalisatrice italienne (1928-)*
MIMI MÉTALLO BLESSÉ DANS SON HONNEUR (1972)
ALL SCREWED UP (1973)
LOVE & ANARCHY (1973)
SEVEN BEAUTIES (PASQUALINO) (1976)
NIGHT FULL OF RAIN, A (1978)
BELLE STARR (1979)
SOTTO, SOTTO (1984)
CAMORRA (1985)
SUMMER NIGHT WITH A GREEK PROFILE, ALMOND EYES AND A SCENT OF BASIL (1987)
CIAO, PROFESSORE! (1993)

**WHALE, James**
*réalisateur anglais (1896-1957)*
FRANKENSTEIN (1931)
OLD DARK HOUSE, THE (1932)
INVISIBLE MAN, THE (1933)
BRIDE OF FRANKENSTEIN, THE (1935)
SHOW BOAT (1936)

**WHELAN, Tim**
*réalisateur américain (1893-1957)*
DIVORCE OF LADY X, THE (1938)
ST. MARTIN'S LANE (1938)
CLOUDS OVER EUROPE (1939)
THIEF OF BAGDAD, THE (1940)
INTERNATIONAL LADY (1941)
STEP LIVELY (1944)

**WHITAKER, Forest**
*réalisateur américain (1961-)*
STRAPPED (1993)
HOPE FLOATS (1998)

**WICKI, Bernhard**
*réalisateur australien (1919-)*
LONGEST DAY, THE (1962)
MORITURI (1965)

**WIDERBERG, Bo**
*réalisateur suédois (1930-1996)*
ELVIRA MADIGAN (1967)
ALL THINGS FAIR (1996)

**WIENE, Robert**
*réalisateur allemand (1881-1938)*
CABINET DU DR. CALIGARI, LE (1919)

**WILDER, Billy**
*réalisateur autrichien (1906-)*
MAUVAISE GRAINE (BAD SEED) (1933)
MAJOR AND THE MINOR, THE (1942)
FIVE GRAVES TO CAIRO (1943)
DOUBLE INDEMNITY (1944)
LOST WEEKEND, THE (1945)
EMPEROR WALTZ, THE (1948)
FOREIGN AFFAIR, A (1948)
SUNSET BOULEVARD (1950)
STALAG 17 (1953)
SABRINA (1954)
SEVEN YEAR ITCH, THE (1955)
LOVE IN THE AFTERNOON (1956)
SPIRIT OF ST. LOUIS, THE (1957)
SOME LIKE IT HOT (1959)
APARTMENT, THE (1960)
ONE, TWO, THREE (1961)
IRMA LA DOUCE (1963)
KISS ME, STUPID (1964)
FORTUNE COOKIE, THE (1966)
PRIVATE LIFE OF SHERLOCK HOLMES, THE (1970)
AVANTI! (1972)
FRONT PAGE, THE (1974)
FEDORA (1978)
BUDDY BUDDY (1981)

**WILSON, Hugh**
*réalisateur américain (1943-)*
POLICE ACADEMY (1984)
GUARDING TESS (1994)
FIRST WIVES CLUB, THE (1996)
BLAST FROM THE PAST (1998)

**WINCER, Simon**
*réalisateur australien (1943-)*
PHAR LAP (1983)
D.A.R.Y.L. (1985)
LIGHTHORSEMEN, THE (1987)
QUIGLEY DOWN UNDER (1990)
FREE WILLY (1993)
PHANTOM, THE (1996)

**WINKLER, Irwin**
*réalisateur américain (1931-)*
GUILTY BY SUSPICION (1990)
NIGHT AND THE CITY (1992)
NET, THE (1995)
AT FIRST SIGHT (1998)

**WINNER, Michael**
*réalisateur anglais (1935-)*
GIRL-GETTERS, THE (1966)
CHATO'S LAND (1971)
LAWMAN (1971)
SCORPIO (1973)
DEATH WISH (1974)
SENTINEL, THE (1976)
BIG SLEEP, THE (1978)
APPOINTMENT WITH DEATH (1988)
CHORUS OF DISAPPROVAL, A (1988)

**WINTERBOTTOM, Michael**
*réalisateur anglais (1961-)*
GO NOW (1995)
BUTTERFLY KISS (1996)
JUDE (1996)
I WANT YOU (1998)

**WISE, Robert**
*réalisateur américain (1914-)*
BODY SNATCHER, THE (1945)
CURSE OF THE CAT PEOPLE, THE (1946)
BORN TO KILL (1947)
BLOOD ON THE MOON (1948)
SET-UP, THE (1949)
DAY THE EARTH STOOD STILL, THE (1951)
DESERT RATS, THE (1953)
EXECUTIVE SUITE (1954)
HELEN OF TROY (1956)
SOMEBODY UP THERE LIKES ME (1956)
THIS COULD BE THE NIGHT (1957)
I WANT TO LIVE! (1958)
RUN SILENT, RUN DEEP (1958)
ODDS AGAINST TOMORROW (1959)
HAUNTING, THE (1963)
SOUND OF MUSIC, THE (1964)
SAND PEBBLES, THE (1966)
STAR! (1968)
ANDROMEDA STRAIN, THE (1971)
HINDENBURG, THE (1975)
AUDREY ROSE (1977)
STAR TREK: THE MOTION PICTURE (1979)
ROOFTOPS (1989)

**WISHMAN, Doris**
*réalisatrice américaine*
NUDE ON THE MOON (1961)
BAD GIRLS GO TO HELL (1965)
DEADLY WEAPONS (1970)
LET ME DIE A WOMAN (1978)

**WITNEY, William**
*réalisateur américain (1910-)*
HAWK OF THE WILDERNESS (1938)
MASTER OF THE WORLD (1961)

**WONG, Kar-Wai**
*réalisateur chinois (1958-)*
FALLEN ANGELS (1995)
HAPPY TOGETHER (1997)

**WOO, John**
*réalisateur chinois (1948-)*
HAND OF DEATH, THE (1975)
RUN TIGER RUN (1985)
BETTER TOMORROW, A (1986)
HEROES SHED NO TEARS (1986)
BETTER TOMORROW 2, A (1987)
KILLER, THE (1989)
KILLERS TWO (1989)
BULLET IN THE HEAD (1990)
HARD BOILED (1992)
HARD TARGET (1993)
BROKEN ARROW (1996)
ONCE A THIEF (1996)
STRIKE OF DEATH (1996)
FACE/OFF (1997)
HONG-KONG FACE-OFF (1997)
MISSION: IMPOSSIBLE II (2000)

**WOOD, Edward D. Jr.**
*réalisateur américain (1922-1978)*
GLEN OR GLENDA? (1953)
JAIL BAIT (1954)
BRIDE OF THE MONSTER (1955)
PLAN 9 FROM OUTER SPACE (1959)
NIGHT OF THE GHOULS (1960)
SINISTER URGE, THE (1961)

**WOOD, Sam**
*réalisateur américain (1883-1949)*
HOLD YOUR MAN (1933)
NIGHT AT THE OPERA, A (1935)
DAY AT THE RACES, A (1937)
MADAME X (1937)
NAVY BLUE AND GOLD (1937)
GOODBYE, MR. CHIPS (1939)
KITTY FOYLE (1940)
OUR TOWN (1940)
DEVIL AND MISS JONES, THE (1941)
KINGS ROW (1942)
PRIDE OF THE YANKEES, THE (1942)
FOR WHOM THE BELL TOLLS (1943)
CASANOVA BROWN (1944)
COMMAND DECISION (1948)
STRATTON STORY, THE (1949)

**WYLER, William**
*réalisateur américain (1902-1981)*
COME AND GET IT (1936)
DODSWORTH (1936)
THESE THREE (1936)
DEAD END (1937)
JEZEBEL (1938)
LETTER, THE (1940)
LITTLE FOXES, THE (1941)
MRS. MINIVER (1942)
BEST YEARS OF OUR LIVES, THE (1946)
HEIRESS, THE (1949)
CARRIE (1952)
ROMAN HOLIDAY (1953)
DESPERATE HOURS, THE (1955)
FRIENDLY PERSUASION (1956)
BIG COUNTRY, THE (1958)
BEN-HUR (1959)
CHILDREN'S HOUR, THE (1961)
COLLECTOR, THE (1964)
HOW TO STEAL A MILLION (1966)
FUNNY GIRL (1968)

**YANNE, Jean**
*réalisateur français (1933-)*
DEUX HEURES MOINS LE QUART AVANT JÉSUS-CHRIST (1982)
LIBERTÉ, ÉGALITÉ, CHOUCROUTE (1985)

**YARBROUGH, Jean**
*réalisateur américain (1900-)*
DEVIL BAT, THE (KILLER BATS) (1940)
NAUGHTY NINETIES, THE (1945)
HOUSE OF HORRORS (1946)
SHE-WOLF OF LONDON (1946)
BRUTE MAN, THE (1947)
HILLBILLYS IN A HAUNTED HOUSE (1967)

**YATES, Peter**
*réalisateur anglais (1929-)*
BULLITT (1968)
MURPHY'S WAR (1971)
FOR PETE'S SAKE (1974)
MOTHER, JUGS & SPEED (1976)
DEEP, THE (1977)
BREAKING AWAY (1979)
EYEWITNESS (1981)
KRULL (1983)
DRESSER, THE (1984)
ELENI (1985)
SUSPECT (1987)
HOUSE ON CARROLL STREET, THE (1988)
ROOMMATES (1994)
RUN OF THE COUNTRY, THE (1995)
DON QUIXOTE (2000)

**Yi-MOU, Zhang**
*réalisateur chinois (1950-)*
ÉPOUSES ET CONCUBINES (1991)

**YORKIN, Bud**
*réalisateur américain (1926-)*
COME BLOW YOUR HORN (1963)

INSPECTOR CLOUSEAU (1968)
START THE REVOLUTION WITHOUT ME (1970)
THIEF WHO CAME TO DINNER, THE (1973)
ARTHUR 2: ON THE ROCKS (1988)
LOVE HURTS (1991)

**YOUNG, Harold**
*réalisateur américain (1897-)*
SCARLET PIMPERNEL, THE (1934)
MUMMY'S TOMB, THE (1942)
FROZEN GHOST, THE (1944)
INNER SANCTUM: THE FROZEN GHOST (1944)
JUNGLE CAPTIVE (1944)

**YOUNG, Robert M.**
*réalisateur américain (1924-)*
ONE-TRICK PONY (1980)
BALLAD OF GREGORIO CORTEZ, THE (1982)
DOMINICK AND EUGENE (1988)
SPLITTING HEIRS (1993)
CAUGHT (1996)

**YOUNG, Terence**
*réalisateur anglais (1915-1994)*
CORRIDOR OF MIRRORS (1948)
BLACK TIGHTS (1960)
DR. NO (1962)
FROM RUSSIA WITH LOVE (1963)
THUNDERBALL (1965)
MAYERLING (1968)
ARBRE DE NOËL, L' (1969)
DE LA PART DES COPAINS (1970)
SOLEIL ROUGE (1971)
KLANSMAN, THE (1974)
BLOODLINE (1979)
JIGSAW MAN, THE (1984)

**ZAMPA, Luigi**
*réalisateur italien (1905-1991)*
MONSTRESSES, LES (1978)

**ZANUSSI, Krzysztof**
*réalisateur polonais (1939-)*
ANNÉE DU SOLEIL TRANQUILLE, L' (1984)
SILENT TOUCH, THE (1992)

**ZEFFIRELLI, Franco**
*réalisateur italien (1923-)*
TAMING OF THE SHREW, THE (1967)
ROMEO & JULIET (1968)
BROTHER SUN, SISTER MOON (1972)
JESUS OF NAZARETH (1976)
CHAMP, THE (1979)
ENDLESS LOVE (1981)
OTHELLO (1986)
HAMLET (1990)
JANE EYRE (1996)
TEA WITH MUSSOLINI (1999)

**ZEMECKIS, Robert**
*réalisateur américain (1952-)*
I WANNA HOLD YOUR HAND (1978)
ROMANCING THE STONE (1984)
BACK TO THE FUTURE (1985)
BACK TO THE FUTURE 2 (1989)
BACK TO THE FUTURE 3-1990)
DEATH BECOMES HER (1992)
FORREST GUMP (1994)
CONTACT (1997)
CAST AWAY (2000)

**ZETTERLING, Mai**
*réalisatrice suédoise (1925-1994)*
SCRUBBERS (1982)

**ZIDI, Claude**
*réalisateur français (1934-)*
BIDASSES EN FOLIE, LES (1971)
FOUS DU STADE, LES (1972)
COURSE À L'ÉCHALOTE (1975)
AILE OU LA CUISSE, L' (1976)
ANIMAL, L' (1977)
SOUS-DOUÉS, LES (1980)
INSPECTEUR LA BAVURE (1981)
SOUS-DOUÉS EN VACANCES, LES (1982)
BANZAÏ (1983)
RIPOUX, LES (1984)
ROIS DU GAG, LES (1985)
ASSOCIATION DE MALFAITEURS (1987)
DEUX (1989)
RIPOUX CONTRE RIPOUX (1990)
TOTALE, LA (1991)
PROFIL BAS (1993)
ARLETTE (1997)
ASTÉRIX ET OBÉLIX CONTRE CÉSAR (1998)

**ZIEFF, Howard**
*réalisateur américain (1943-)*
HOUSE CALLS (1978)
PRIVATE BENJAMIN (1980)
DREAM TEAM, THE (1989)
MY GIRL (1991)
MY GIRL 2 (1994)

**ZINNEMANN, Fred**
*réalisateur autrichien (1907-1997)*
EYES IN THE NIGHT (1942)
SEVENTH CROSS, THE (1944)
SEARCH, THE (1948)
MEN, THE (1950)
HIGH NOON (1952)
MEMBER OF THE WEDDING, THE (1952)
FROM HERE TO ETERNITY (1953)
OKLAHOMA! (1955)
NUN'S STORY, THE (1959)
SUNDOWNERS, THE (1960)
BEHOLD A PALE HORSE (1964)
MAN FOR ALL SEASONS, A (1966)
DAY OF THE JACKAL, THE (1973)
JULIA (1977)
FIVE DAYS, ONE SUMMER (1982)

**ZUCKER, David**
*réalisateur américain (1947-)*
NAKED GUN, THE (1988)
NAKED GUN 2 1/2: THE SMELL OF FEAR, THE (1991)
BASEKETBALL (1998)

**ZUCKER, Jerry**
*réalisateur américain (1950-)*
AIRPLANE! (1980)
TOP SECRET! (1984)
RUTHLESS PEOPLE (1986)
GHOST (1990)
FIRST KNIGHT (1995)

**ZULAWSKI, Andrzej**
*réalisateur polonais (1942-)*
IMPORTANT C'EST D'AIMER, L' (1974)
POSSESSION (1981)
FEMME PUBLIQUE, LA (1984)
AMOUR BRAQUE, L' (1985)

**ZWICK, Edward**
*réalisateur américain (1952-)*
ABOUT LAST NIGHT... (1986)
GLORY (1989)
LEAVING NORMAL (1992)
LEGENDS OF THE FALL (1994)
COURAGE UNDER FIRE (1996)
SIEGE, THE (1998)

# NOTES

## NOTES

## NOTES

## NOTES

transcontinental
IMPRESSION
IMPRIMERIE GAGNÉ